Joecks/Jäger/Randt
Steuerstrafrecht

Steuerstrafrecht

KOMMENTAR

§§ 369–412 AO; § 32 ZollVG; §§ 26a, 26c UStG; §§ 73 ff., § 261 StGB

bearbeitet von

Prof. Dr. Jens Bülte
Professor an der Universität Mannheim

Dr. Markus Ebner, LL.M.
Richter am Landgericht Nürnberg-Fürth

Prof. Dr. Andreas Grötsch
Dipl.-Kfm., Rechtsanwalt,
Steuerberater, FA für Steuerrecht,
FB für Internationales Steuerrecht

Prof. Dr. Markus Jäger
Richter am BGH,
Honorarprofessor an den Universitäten
Leipzig und Dresden

Johann-Nikolaus Karstens
Rechtsanwalt

Dr. Karsten Randt
Rechtsanwalt,
FA für Steuerrecht und Strafrecht

Dr. Karsten Webel, LL.M. (Indiana)
Leitender Regierungsdirektor

begründet von

Dr. Klaus Franzen
Staatsrat a.D., vormals
MinDirg am BMF Bonn

Dr. Brigitte Gast-de Haan
Rechtsanwältin,
FAin für Steuerrecht

9., völlig überarbeitete Auflage 2023

Zitiervorschlag:
Joecks/Jäger/Randt/Bülte AO § 375 Rn. 1

Bearbeiterverzeichnis

Es wurden bearbeitet von

Prof. Dr. Jens Bülte
Einleitung
§§ 370, 375, Anhang III, IV

Dr. Markus Ebner
§§ 372, 376, 380–383b, 394

Prof. Dr. Andreas Grötsch
§ 370

Prof. Dr. Markus Jäger
§§ 370, 373, 374, 379–382, 384, 396, 397, Anhang I

Johann-Nikolaus Karstens
§§ 369, 384a, 393

Dr. Karsten Randt
§§ 370, 371, 377, 378, 385–392, 395, 398, 398a

Dr. Karsten Webel
Einleitung, §§ 399–412, Anhang II

Paragrafenangaben ohne Normangaben sind solche der Abgabenordnung (AO).

www.beck.de

ISBN 978 3 406 72879 2

© 2023 Verlag C.H. Beck oHG
Wilhelmstraße 9, 80801 München
Satz, Druck und Bindung: Druckerei C.H. Beck Nördlingen
(Adresse wie Verlag)
Umschlaggestaltung: Druckerei C.H. Beck Nördlingen

chbeck.de/nachhaltig

Gedruckt auf säurefreiem, alterungsbeständigem Papier
(hergestellt aus chlorfrei gebleichtem Zellstoff)

Vorwort zur 9. Auflage

Das Steuerstrafrecht bleibt weiterhin im Fokus der Öffentlichkeit, der Strafverfolgungsbehörden und auch des Gesetzgebers. Zum Beispiel durch die Entwicklungen rund um die Cum-ex-Geschäfte und die immer wieder stattfindenden Ankäufe von Datenträgern (zuletzt die Datenbank des Dubai Land Department) wird immer wieder deutlich, welche Ausmaße Steuerstraftaten haben und zu welchen massiven Steuerausfällen es durch sie kommen kann. Dies führt nicht nur dazu, dass die Arbeitsbelastung der Strafverfolgungsbehörden, der Beraterschaft und der Gerichte in diesem Bereich immer weiter zunimmt, sondern auch die entsprechend schweren Folgen für unsere Gesellschaft werden allgemein wahrgenommen. Folgerichtig haben Steuerstraftaten von größerem Umfang ihren Charakter als Kavaliersdelikt und Ausdruck der Geschäftstüchtigkeit lange verloren. Auf der anderen Seite darf aber nicht verkannt werden, dass im Bereich der „alltäglichen" Steuerhinterziehung das Unrechtsbewusstsein weiterhin nur schwach ausgeprägt ist. Aufgrund einer objektiv zwar eher geringen, subjektiv aber als hoch empfundenen Steuerquote nimmt der Wunsch nach einer Steuerentlastung, der nicht nur mit legalen Mitteln verfolgt wird, derzeit deutlich zu.

Trotzdem ist festzustellen, dass sich ein gesellschaftlicher Wandel fortsetzt, der der Steuerehrlichkeit einen höheren Stellenwert zumisst und sie als Grundlage eines funktionierenden Gemeinwesens erkennt. Vor diesem Hintergrund sind auch die Aktivitäten des Gesetzgebers in diesem Bereich einzuordnen, der in der Regel die Strafbarkeit erweitert und die Möglichkeiten der Strafverfolgungsorgane zur Verfolgung von Steuerstraftaten verbessert. Insoweit ist beispielhaft hinzuweisen auf

- die Änderungen der strafrechtlichen Verjährungsregeln, die sich auch im Hinblick auf Selbstanzeigen und die steuerliche Verjährung auswirken,
- die Ausweitung der Geldwäschestrafbarkeit auf alle Auszahlungsfälle der Steuerhinterziehung,
- die sich aus der Streichung des § 26b UStG und die Einführung des neuen § 26a Abs. 1 UStG ergebende Verschärfung,
- die Ermöglichung der rückwirkenden Einziehung sowie
- die Ausweitung des Katalogs für Telefonüberwachungen gem. § 100a StPO auf bandenmäßige Steuerhinterziehungen in großem Ausmaß.

Auch in der Entwicklung der Rechtsprechung findet eine fortschreitende gesellschaftliche Veränderung Ausdruck, was zum Beispiel

- zur materiell-strafrechtlichen Beurteilung der Cum-ex-Geschäfte durch den BGH,
- zu den Änderungen in der Rechtsprechung zu den Konkurrenzen und dem Kompensationsverbot sowie
- zur neuen Rechtsprechung zum Vorliegen eines Tatbestandsirrtums im Steuerstrafrecht und Sozialversicherungsrecht

geführt hat.

Die Erläuterung und kritische Würdigung der gesetzgeberischen Maßnahmen, die Begleitung der Rechtsprechung sowie die Auswertung der neueren Literatur sowohl auf nationaler als auch auf internationaler Ebene sind schon seit vielen Jahren das Anliegen dieses Kommentars, das auch mit der mittlerweile 9. Auflage konsequent weiterverfolgt wird. Daneben soll dem Leser selbstverständlich auch ein umfassender und praxistauglicher Überblick über die mit den jeweiligen Normen verbundenen rechtlichen Fragen gegeben werden.

Die Erweiterung und Zusammensetzung der Autorenschaft macht deutlich, dass der Kommentar weiterhin das Ziel verfolgt, die unterschiedlichen Blickwinkel von Wissenschaft, Rechtsprechung, Strafverfolgung und Verteidigung zu berücksichtigen und zum

Nutzen der Leserschaft nicht nur darzustellen, sondern auch inhaltlich zu würdigen und Argumentationshilfen für die Praxis zu schaffen.

Besonders würdigen möchten wir an dieser Stelle den verstorbenen Namensgeber, Herrn Professor *Dr. Wolfgang Joecks,* der den vorliegenden Kommentar in den vorherigen Auflagen maßgeblich mitgeprägt hat. Daher bestand Einigkeit, dass sein Name weiterhin prägend erhalten bleiben soll. Seinen Verdiensten um die Rechtsfortentwicklung des Wirtschafts- und (Steuer-)Strafrechts im Laufe seines beruflichen und politischen Lebens möchten wir an dieser Stelle ausdrücklich gedenken.

Die Manuskripte der vorliegenden Neuauflage wurden Juli 2022 abgeschlossen; im August wurden die Druckfahnen bis zur Druckreife korrigiert, so dass alle wichtigen neuen Literaturhinweise und Rechtsprechungsfundstellen noch Berücksichtigung fanden.

Da die Autoren bei allem Bemühen jedoch nicht gegen Fehler gefeit sind, werden die Leser gebeten, kritische Hinweise und Anregungen an steuerrecht@beck.de zu senden.

Im September 2022 *Verlag und Autoren*

Vorwort zur 1. Auflage

Das Steuerstrafrecht umfasst ein Grenzgebiet, auf dem sich das Strafrecht und das Steuerrecht überschneiden. Aus dem Blickwinkel des Strafrechts und des Steuerrechts erscheint es jeweils als eine besonders schwierige und unübersichtliche Materie.

Eine bleibende Schwierigkeit rührt daher, dass die Zuwiderhandlungen gegen Steuergesetze in Blankettvorschriften normiert sind, die durch das Steuerrecht ausgefüllt werden müssen. Zudem wurde das Steuerstrafrecht bis zu dem Urteil des Bundesverfassungsgerichts vom 6. Juni 1967 (BGBl. I 625) vorwiegend von den Finanzbehörden im Verwaltungsstrafverfahren praktiziert, das dem Einblick der Öffentlichkeit entzogen war. Es ist daher verständlich, dass die öffentliche Meinung über die Handhabung des Steuerstrafrechts in starkem Maße von gefühlsbetonten Vorstellungen bestimmt war und dass die besonderen Probleme des Steuerstrafrechts durch die Rechtsprechung bisher nur unvollständig erhellt werden konnten.

Nach dem Inkrafttreten der Gesetze zur Änderung strafrechtlicher Vorschriften der Reichsabgabenordnung vom 10. August 1967 (BGBl. I 877) und vom 12. August 1968 (BGBl. I 953) sowie des neuen Gesetzes über Ordnungswidrigkeiten vom 24. Mai 1968 (BGBl. I 481) wird das Steuerstrafrecht deutlicher in das Blickfeld der Öffentlichkeit rücken und mit zunehmender Zahl der veröffentlichten Entscheidungen vielleicht auch der Rechtswissenschaft einen stärkeren Anreiz bieten.

Durch die Gesetzesänderungen ist manche überkommene Streitfrage gegenstandslos geworden. Anderseits hat die Einführung von Steuerordnungswidrigkeiten neue Fragen hervorgerufen.

Wir hoffen, dass die durch die Reform zunächst ausgelöste Rechtsunsicherheit bald überwunden wird und das vorgelegte Erläuterungswerk sich hierbei als zuverlässiges Hilfsmittel bewährt. Mit Rücksicht auf die unterschiedlichen Belange eines mehr strafrechtlich und eines mehr steuerrechtlich vorgebildeten Benutzers haben wir über den Wortlaut der §§ 391–409 AO hinaus auch die Grundbegriffe und Grundsätze des allgemeinen Strafrechts und des Steuerrechts kurz erläutert und das weiterführende Schrifttum aus beiden Bereichen so ausführlich angegeben, wie dies im vorgegebenen Rahmen vertretbar war.

Das Manuskript wurde am 1. April 1969 abgeschlossen; nach diesem Stichtag konnten Gesetzgebung, Rechtsprechung und Schrifttum nur noch vereinzelt berücksichtigt werden.

Die Einleitung und die §§ 391–401, 404 AO sind von Klaus Franzen, die §§ 402, 405–409 AO von Dr. Brigitte Gast bearbeitet worden.

Verbesserungsvorschläge werden wir stets dankbar begrüßen.

Bonn und Köln, im Mai 1969

KLAUS FRANZEN   BRIGITTE GAST

Inhaltsverzeichnis

Vorwort zur 9. Auflage	V
Vorwort zur 1. Auflage	VII
Abkürzungs- und Literaturverzeichnis	XI
Geschlossene Wiedergabe des Gesetzestextes (§§ 369–412 AO)	XXXI
Einleitung	1

Achter Teil. Straf- und Bußgeldvorschriften, Straf- und Bußgeldverfahren

Erster Abschnitt. Strafvorschriften

§ 369	Steuerstraftaten	49
§ 370	Steuerhinterziehung	101
§ 371	Selbstanzeige bei Steuerhinterziehung	313
§ 372	Bannbruch	414
§ 373	Gewerbsmäßiger, gewaltsamer und bandenmäßiger Schmuggel	437
§ 374	Steuerhehlerei	462
§ 375	Nebenfolgen	483
§ 375a	*(aufgehoben)*	511
§ 376	Verfolgungsverjährung	512

Zweiter Abschnitt. Bußgeldvorschriften

§ 377	Steuerordnungswidrigkeiten	555
§ 378	Leichtfertige Steuerverkürzung	577
§ 379	Steuergefährdung	600
§ 380	Gefährdung der Abzugsteuern	637
§ 381	Verbrauchsteuergefährdung	655
§ 382	Gefährdung der Einfuhr- und Ausfuhrabgaben	680
§ 383	Unzulässiger Erwerb von Steuererstattungs- und Vergütungsansprüchen	702
§ 383a	*(aufgehoben)*	710
§ 383b	Pflichtverletzung bei Übermittlung von Vollmachtsdaten	711
§ 384	Verfolgungsverjährung	721
§ 384a	Verstöße nach Artikel 83 Absatz 4 bis 6 der Verordnung (EU) 2016/679	728

Dritter Abschnitt. Strafverfahren

1. Unterabschnitt. Allgemeine Vorschriften

§ 385	Geltung von Verfahrensvorschriften	735
§ 386	Zuständigkeit der Finanzbehörde bei Steuerstraftaten	745
§ 387	Sachlich zuständige Finanzbehörde	763
§ 388	Örtlich zuständige Finanzbehörde	772
§ 389	Zusammenhängende Strafsachen	783
§ 390	Mehrfache Zuständigkeit	787
§ 391	Zuständiges Gericht	792
§ 392	Verteidigung	805
§ 393	Verhältnis des Strafverfahrens zum Besteuerungsverfahren	832
§ 394	Übergang des Eigentums	865

Inhaltsverzeichnis

§ 395	Akteneinsicht der Finanzbehörde	868
§ 396	Aussetzung des Verfahrens	871

2. Unterabschnitt. Ermittlungsverfahren

I. Allgemeines

§ 397	Einleitung des Strafverfahrens	889
§ 398	Einstellung wegen Geringfügigkeit	925
§ 398a	Absehen von Verfolgung in besonderen Fällen	934

II. Verfahren der Finanzbehörde bei Steuerstraftaten

§ 399	Rechte und Pflichten der Finanzbehörde	944
§ 400	Antrag auf Erlass eines Strafbefehls	1014
§ 401	Antrag auf Anordnung von Nebenfolgen im selbständigen Verfahren	1023

III. Stellung der Finanzbehörde im Verfahren der Staatsanwaltschaft

§ 402	Allgemeine Rechte und Pflichten der Finanzbehörde	1031
§ 403	Beteiligung der Finanzbehörde	1036

IV. Steuer- und Zollfahndung

§ 404	Steuer- und Zollfahndung	1041

V. Entschädigung der Zeugen und der Sachverständigen

§ 405	Entschädigung der Zeugen und der Sachverständigen	1081

3. Unterabschnitt: Gerichtliches Verfahren

§ 406	Mitwirkung der Finanzbehörde im Strafbefehlsverfahren und im selbständigen Verfahren	1086
§ 407	Beteiligung der Finanzbehörde in sonstigen Fällen	1089

4. Unterabschnitt. Kosten des Verfahrens

§ 408	Kosten des Verfahrens	1094

Vierter Abschnitt. Bußgeldverfahren

§ 409	Zuständige Verwaltungsbehörde	1102
§ 410	Ergänzende Vorschriften für das Bußgeldverfahren	1104
§ 411	Bußgeldverfahren gegen Rechtsanwälte, Steuerberater, Steuerbevollmächtigte, Wirtschaftsprüfer oder vereidigte Buchprüfer	1113
§ 412	Zustellung, Vollstreckung, Kosten	1117

Anhang I: § 32 ZollVG	1122
Anhang II: §§ 26a, 26c UStG	1132
Anhang III: §§ 73 ff. StGB	1151
Anhang IV: § 261 StGB	1184
Sachverzeichnis	1265

Abkürzungs- und Literaturverzeichnis

aA	anderer Ansicht
aaO	am angegebenen Ort
Abg.	Abgeordneter
Abk.	Abkommen
ABl.	Amtsblatt
abl.	ablehnend
ABl. EG/ABl. EU	Amtsblatt der Europäischen Gemeinschaften/der Europäischen Union
Abramowski 1991	Abramowski, Die strafbefreiende Selbstanzeige – eine verfassungswidrige Privilegierung?, 1991 (vergriffen)
Abs.	Absatz
AbschG	Abschöpfungserhebungsgesetz
Abschn.	Abschnitt
abw.	abweichend
AbwAG	Abwasserabgabengesetz
Achenbach/Ransiek/Rönnau/*Bearb.*	Achenbach/Ransiek/Rönnau, Handbuch Wirtschaftsstrafrecht, 5. Aufl. 2019
Adick/Bülte/*Bearb.* FiskalStrafR	Fiskalstrafrecht, 2. Aufl. 2019
aE	am Ende
AEAO	Anwendungserlass zur Abgabenordnung
aF	alte Fassung
AfA	Absetzung(en) für Abnutzung
AG	Aktiengesellschaft; Amtsgericht; Ausführungsgesetz
ähnl.	ähnlich
AktG	Aktiengesetz
Aktuelle Fragen	Aktuelle Fragen des materiellen Steuerstrafrechts, 13 Vorträge, hrsg. vom Bundesminister der Finanzen, 1959 (vergriffen)
allgM	allgemeine Meinung
AltölG	Altölgesetz
aM	anderer Meinung
Amelung-Festschr.	Böse/Sternberg-Lieben, Grundlagen des Straf- und Strafverfahrensrechts – Festschrift für Knut Amelung zum 70. Geburtstag, 2009
AMG	Arzneimittelgesetz
ÄndG	Änderungsgesetz
Anh.	Anhang
Anm.	Anmerkung
AntBewV	Anteilsbewertungsverordnung
AnVNG	Angestelltenversicherungs-Neuregelungsgesetz
AnwBl.	Anwaltsblatt
AO	Abgabenordnung
AO-Handbuch	Handbuch des steuerlichen Verwaltungs- und Verfahrensrechts
AOAnpG	Landesgesetz(e) zur Anpassung von Gesetzen an die Abgabenordnung
AOAnwG	Landesgesetz(e) zur Anwendung der Abgabenordnung
AöR	Zeitschrift „Archiv für öffentliches Recht"
AO-StB	Zeitschrift „AO-Steuerberater"
AOStrafÄndG	Gesetz zur Änderung strafrechtlicher Vorschriften der Reichsabgabenordnung und anderer Gesetze v. 10.8.1967
AOStrafÄndG 2	Zweites Gesetz zur Änderung strafrechtlicher Vorschriften der Reichsabgabenordnung und anderer Gesetze v. 12.8.1968
ArbG	Arbeitgeber
ArbN	Arbeitnehmer
arg.	dies folgt aus
ARSt	Aufsichtsratsteuer

Abkürzungs- und Literaturverzeichnis

Art.	Artikel
ASB	Anweisungen für das Straf- und Bußgeldverfahren
AStBV	Anweisungen für das Straf- und Bußgeldverfahren (Steuer) 2020
AStG	Gesetz über die Besteuerung bei Auslandsbeziehungen (Außensteuergesetz)
AufenthaltG/EWG	Gesetz über Einreise und Aufenthalt von Staatsangehörigen der Mitgliedstaaten der Europäischen Wirtschaftsgemeinschaft
aufgeh.	aufgehoben
Aufl.	Auflage
AÜG	Arbeitnehmerüberlassungsgesetz
ausf.	ausführlich
AuslG	Ausländergesetz
ausschl.	ausschließlich
AWD	Außenwirtschaftsdienst der Zeitschrift „Betriebs-Berater", ab 1975 „Recht der internationalen Wirtschaft"
AWG	Außenwirtschaftsgesetz
AWHH/*Bearb.*	Arzt/Weber/Heinrich/Hilgendorf, Strafrecht Besonderer Teil, 4. Aufl. 2021
AWRundsch	Zeitschrift „Deutsche Außenwirtschafts-Rundschau"
AWV	Außenwirtschaftsverordnung
AZO	Allgemeine Zollordnung (außer Kraft seit 1.1.1994)
Bachmann 1993	Bachmann, Vorsatz und Rechtsirrtum im allgemeinen Strafrecht und im Steuerstrafrecht, Diss. Kiel 1993
Bad	Badisch
BadWürtt	Baden-Württembergisch
BAföG	Bundesausbildungsförderungsgesetz
BAGE 9, 243	Entscheidung des Bundesarbeitsgerichts, Bd. 9, S. 243
BAFin	Bundesanstalt für Finanzdienstleistungsaufsicht
BAnz	Bundesanzeiger
Barske/Gapp	Barske/Gapp, Steuerstrafrecht und Steuerstrafverfahrensrecht, 3. Aufl. 1959
Bay	Bayerisch
BayBS	Bereinigte Sammlung des bayerischen Landesrechts
BayObLG	Bayerisches Oberstes Landesgericht
BayObLGSt 1975, 15	Entscheidung des Bayerischen Obersten Landesgerichts in Strafsachen, 1975, S. 15
BayVBl.	Bayerische Verwaltungsblätter
BB	Zeitschrift „Betriebs-Berater"
BBG	Bundesbeamtengesetz
BBiG	Berufsbildungsgesetz
Bd.	Band
BdF	Bundesminister der Finanzen
BdF v. 31.5.1982	Erlass des Bundesministers der Finanzen v. 31.5.1982
BDG	Bundesdisziplinargesetz
BDH	Bundesdisziplinarhof
BDSG	Bundesdatenschutzgesetz
BeamtVG	Beamtenversorgungsgesetz
BeckOK AO/*Bearb.*	Pfirrmann/Rosenke/Wagner, BeckOK AO, 20. Aufl. 2022
BeckOK Datenschutzrecht/*Bearb.*	Wolff/Brink, BeckOK Datenschutzrecht, 41. Aufl. 2022
BeckOK OWiG/*Bearb.*	Graf, BeckOK OWiG, 35. Aufl. 2022
BeckOK StGB/*Bearb.*	v. Heintschel-Heinegg, BeckOK StGB, 54. Aufl. 2022
BeckOK StPO/*Bearb.*	Graf, BeckOK StPO mit RiStBV und MiStra, 44. Aufl. 2022
BeckOK BVerfGG/*Bearb.*	Walter/Grünewald, BeckOK BVerfGG, 13. Aufl. 2022
BefStG	Beförderungsteuergesetz
Begr.	amtliche Begründung
Beil.	Beilage
Bek.	Bekanntmachung
ber./Ber.	berichtigt/Berichtigung
BergPG	Gesetz über Bergmannsprämien

Abkürzungs- und Literaturverzeichnis

BerlinFG	Berlinförderungsgesetz
Berthold 1993	Berthold, Der Zwang zur Selbstbezichtigung aus § 370 Abs. 1 AO und der Grundsatz des nemo tenetur, 1993
Beschl.	Beschluss
betr.	betreffend
BetrVG	Betriebsverfassungsgesetz
BewachV	Verordnung über das Bewachungsgewerbe
BewDV	Durchführungsverordnung zum Bewertungsgesetz
BewG	Bewertungsgesetz
Bf.	Beschwerdeführer(in)
BFH	Bundesfinanzhof
BFHE 135, 95	Entscheidungen des Bundesfinanzhofs, Bd. 135, S. 95
BFH/NV	Sammlung amtlich nicht veröffentlichter Entscheidungen des Bundesfinanzhofs
BFHGrS	Bundesfinanzhof, Großer Senat
BGB	Bürgerliches Gesetzbuch
BGBl. I, II	Bundesgesetzblatt Teil I, II
BGH	Bundesgerichtshof
BGHGrS	Bundesgerichtshof, Großer Senat in Strafsachen
BGHR	Sammlung „Rechtsprechung des Bundesgerichtshofs"
BGHSt 5, 27	Entscheidungen des Bundesgerichtshofs in Strafsachen, Bd. 5, S. 27
BGHZ 11, 181	Entscheidungen des Bundesgerichtshofs in Zivilsachen, Bd. 11, S. 181
BGS	Bundesgrenzschutz
BHO	Bundeshaushaltsordnung
BierSt	Biersteuer
BierStG	Biersteuergesetz
BierStV	Biersteuerverordnung
BImSchG	Bundes-Immissionsschutzgesetz
BImSchV 8	Achte Verordnung zur Durchführung des Bundes-Immissionsschutzgesetzes
BJagdG	Bundesjagdgesetz v. 29.9.1976
BKA	Bundeskriminalamt
BKGG	Bundeskindergeldgesetz
BlStA	Zeitschrift „Blätter für Steuerrecht, Sozialversicherung und Arbeitsrecht"
Blumers/Göggerle	Blumers/Göggerle, Handbuch des Verteidigers und Beraters im Steuerstrafverfahren, 2. Aufl. 1989
BMF	Bundesminister(ium) der Finanzen
BMJ	Bundesminister(ium) der Justiz
BMR SteuerStR/ *Bearb.*	Bender/Möller/Retemeyer, Steuerstrafrecht (Losebl.), 55. Aufl. 2022
BMWi	Bundesminister(ium) für Wirtschaft
BNatSchG	Bundesnaturschutzgesetz
BNotO	Bundesnotarordnung
BORA	Berufsordnung für Rechtsanwälte
BörsG	Börsengesetz
BörsUSt	Börsenumsatzsteuer
BPersVG	Bundespersonalvertretungsgesetz
BpO (St)	Allgemeine Verwaltungsvorschrift für die Betriebsprüfung – Betriebsprüfungsordnung vom 15. März 2000 (BStBl. I S. 369)
BPolBG	Bundespolizeibeamtengesetz
BPolG	Gesetz über die Bundespolizei
BPräs.	Bundespräsident
BR	Bundesrat
BR-Drs. 420/66	Drucksache des Bundesrates Nr. 420 aus 1966
BranntwMonAB	Ausführungsbestimmungen zum Gesetz über das Branntweinmonopol
BranntwMonG	Gesetz über das Branntweinmonopol
BranntwSt	Branntweinsteuer
BRAO	Bundesrechtsanwaltsordnung
BRD	Bundesrepublik Deutschland
BReg	Bundesregierung

Abkürzungs- und Literaturverzeichnis

Brem.	Bremisch
Breyer 1999	Breyer, Der Inhalt der strafbefreienden Selbstanzeige, 1999
v. Briel/Ehlscheid/ *Bearb.*	Steuerstrafrecht, 2. Aufl. 2001 (vergriffen)
BRRG	Beamtenrechtsrahmengesetz
BrStV	Branntweinsteuerverordnung
BSHG	Bundessozialhilfegesetz
BStBl.	Bundessteuerblatt Teil III, ab 1.1.1968 Teil II, Entscheidungen des Bundesfinanzhofs
BStBl. I	Bundessteuerblatt Teil I, Veröffentlichungen des Bundesministers der Finanzen und der obersten Finanzbehörden der Länder
BT	Bundestag
BT-Drs. 14/189	Drucksache des Bundestages – 14. Wahlperiode – Nr. 189
BTierÄrzteO	Bundes-Tierärzteordnung
BtMAHV	Betäubungsmittel-Außenhandelsverordnung
BtMG	Betäubungsmittelgesetz
BtMVV	Betäubungsmittel-Verschreibungsverordnung
Buchholz 1990	Buchholz, Der Betroffene im parlamentarischen Untersuchungsausschuß, 1990
Bühler-Festschr.	Spitaler, Probleme des Finanz- und Steuerrechts, Festschrift für Ottmar Bühler, 1954 (vergriffen)
BuW	Zeitschrift „Bauen und Wirtschaft"
BVerfG	Bundesverfassungsgericht
BVerfGE 22, 49	Entscheidungen des Bundesverfassungsgerichts, Bd. 22, S. 49
BVerfGG	Gesetz über das Bundesverfassungsgericht
BVerwG	Bundesverwaltungsgericht
BVerwGE 9, 22	Entscheidungen des Bundesverwaltungsgerichts, Bd. 9, S. 22
BVFG	Bundesvertriebenengesetz
BVG	Bundesversorgungsgesetz
BWahlG	Bundeswahlgesetz
BZBl.	Bundeszollblatt
BZRG	Bundeszentralregistergesetz
BZSt	Bundeszentralamt für Steuern
ChemG	Chemikaliengesetz
Dannecker 1984	Dannecker, Steuerhinterziehung im internationalen Wirtschaftsverkehr, 1984 (vergriffen)
Dauses/Ludwigs/*Bearb.* EU-WirtschaftsR-HdB	Dauses/Ludwigs Handbuch des EU-Wirtschaftsrechts (Losebl.), 56. Aufl. 2022
DB	Zeitschrift „Der Betrieb"
DBA	Doppelbesteuerungsabkommen
ddz	Zeitschrift „Der deutsche Zollbeamte"
Dencker 1977	Dencker, Verwertungsverbote im Strafprozeß, 1977 (vergriffen)
DepotG	Gesetz über die Verwahrung und Anschaffung von Wertpapieren
DGStZ	Deutsche Gemeindesteuer-Zeitung (ab 1980: Zeitschrift für Kommunalfinanzen)
dh	das heißt
DHS/*Bearb.*	Dürig/Herzog/Scholz, Grundgesetz, Kommentar, Stand Januar 2022, München
Dibbert 1999	Dibbert, Ermittlungen in Großunternehmen, 1999 (vergriffen)
Diss.	Dissertation
DJ	Zeitschrift „Deutsche Justiz"
DJZ	Deutsche Juristen-Zeitung
DNotZ	Deutsche Notar-Zeitschrift
DOG	Deutsches Obergericht für das Vereinigte Wirtschaftsgebiet der amerikanischen und britischen Besatzungszone
DÖV	Zeitschrift „Die Öffentliche Verwaltung"
DR	Zeitschrift „Deutsches Recht"

Abkürzungs- und Literaturverzeichnis

Dreher-Festschr.	Jescheck/Lüttger, Festschrift für Eduard Dreher zum 70. Geburtstag am 29. April 1977, 1977
Dreier/*Bearb.*	Dreier, Grundgesetz Kommentar: GG, 3. Aufl. 2018
Dreßler	Dreßler, Gewinn- und Vermögensverlagerungen in Niedrigsteuerländer und ihre steuerliche Überprüfung, 4. Aufl. 2007
DRiG	Deutsches Richtergesetz
DRiZ	Deutsche Richterzeitung
DStJG 2, 6	Veröffentlichungen der Deutschen Steuerjuristischen Gesellschaft e. V., Bd. 2, S. 6
DStR	bis 1961: „Deutsche Steuer-Rundschau" ab 1962: „Deutsches Steuerrecht"
DStRE	Zeitschrift „Deutsches Steuerrecht Entscheidungen"
DStZ	Deutsche Steuer-Zeitung, Ausgabe A
DStZ/B	Deutsche Steuer-Zeitung, Ausgabe B, Eildienst
DüngeV	Düngeverordnung
Dünnebier-Festschr.	Hanack/Rieß/Wendisch, Festschrift für Hanns Dünnebier zum 75. Geburtstag am 12. Juni 1982, 1982
Dürig/Herzog/Scholz/*Bearb.*	Herzog/Scholz/Herdegen/Klein, Grundgesetz-Kommentar, 97. Aufl. 2022
DV	Durchführungsverordnung
DVBl.	Deutsches Verwaltungsblatt
DVR	Deutsche Verkehrsteuer-Rundschau
E 1936	Entwurf eines Strafgesetzbuches 1936
E 1960	Entwurf eines Strafgesetzbuches 1960 (BT-Drs. III/2150)
E 1962	Entwurf eines Strafgesetzbuches 1962 (BT-Drs. IV/650, V/32)
EAG	Europäische Atomgemeinschaft
EAO 1974	Entwurf einer Abgabenordnung (AO 1974), BT-Drs. VI/1982
EBO	Eisenbahn-Bau- und Betriebsordnung
Eb. Schmidt I, II, III	Eberhard Schmidt, Lehrkommentar zur Strafprozeßordnung und zum Gerichtsverfassungsgesetz Teil I, 2. Aufl. 1964, Teil II 1957, Teil III 1960, Nachtrag Bd I 1967, Bd II 1970 (vergriffen)
Eb. Schmidt-Festschr.	Brockelmann/Gallas/Schmidt, Festschrift für Eberhard Schmidt zum 70. Geburtstag, 1961 (vergriffen)
EFTA	Europäische Freihandelsassoziation
EF-VO	Einreise-Freimengen-Verordnung
EFG	Entscheidungen der Finanzgerichte
EG	Einführungsgesetz; Europäische Gemeinschaft; EG-Vertrag
EG-EStRG	Einführungsgesetz zum Einkommensteuerreformgesetz
EGAO	Einführungsgesetz zur Abgabenordnung
EGFinSchG	EG-Finanzschutzgesetz
EGGVG	Einführungsgesetz zum Gerichtsverfassungsgesetz
EGKS	Europäische Gemeinschaft für Kohle und Stahl
EGKStRG	Einführungsgesetz zum Körperschaftsteuerreformgesetz
EGMR	Europäischer Gerichtshof für Menschenrechte
EGOWiG	Einführungsgesetz zum Gesetz über Ordnungswidrigkeiten
EGRealSt	Einführungsgesetz zu den Realsteuergesetzen
EGStGB	Einführungsgesetz zum Strafgesetzbuch
EGStPO	Einführungsgesetz zur Strafprozeßordnung
Ehlers/Lohmeyer	Ehlers/Lohmeyer, Steuerstraf- und Steuerordnungswidrigkeitenrecht, 5. Aufl. 1982 (vergriffen)
EigZulG	Eigenheimzulagengesetz
einhM	einhellige Meinung
Einl Rn. 98	Einleitung Randnummer 98
einschl.	einschließlich
EnergieStG	Energiesteuergesetz
EnSichG	Energiesicherungsgesetz
EntwLStG	Entwicklungsländer-Steuergesetz
Erbs/Kohlhaas/*Bearb.*	Erbs/Kohlhaas, Strafrechtliche Nebengesetze (Losebl.), Stand: Mai 2022
ErbSt	Erbschaftsteuer
ErbStDV	Erbschaftsteuer-Durchführungsverordnung

Abkürzungs- und Literaturverzeichnis

ErbStG	Erbschaftsteuer- und Schenkungsteuergesetz
ErgAbg	Ergänzungsabgabe zur Einkommen- und/oder Körperschaftsteuer
Erl.	Erlass
ESt	Einkommensteuer
EStDV	Einkommensteuer-Durchführungsverordnung
EStG	Einkommensteuergesetz
EStR	Einkommensteuer-Richtlinien
EU	Europäische Union
EuGH	Gerichtshof der Europäischen Union
EUR	Euro
EUSt	Einfuhrumsatzsteuer
EUStBV	Einfuhrumsatzsteuer-Befreiungsordnung
ev.	evangelisch
EW	Einheitswert
EWG	Europäische Wirtschaftsgemeinschaft
Externe RechVUVO	Verordnung über die Rechnungslegung von Versicherungsunternehmen
F	Fach (in der Zeitschrift „Neue Wirtschafts-Briefe"); Fachteil (in der Zeitschrift „Der deutsche Zollbeamte")
FA	Finanzamt
FA-FS	Festschrift 50 Jahre Arbeitsgemeinschaft der Fachanwälte für Steuerrecht e. V. und 50 Jahre Steuerrechtliche Jahresarbeitstagung: Der Fachanwalt für Steuerrecht im Rechtswesen, 1999 (vergriffen)
FAG	Gesetz über Fernmeldeanlagen
FahrlG	Fahrlehrergesetz
FamRZ	Zeitschrift für das gesamte Familienrecht
FDG/*Bearb.*	Flore/Dörn/Gillmeister, Steuerfahndung und Steuerstrafverfahren, 2. Aufl. 2002 (vergriffen)
FertigpackV	Verordnung über Fertigpackungen
Festg.	Festgabe
Festschr.	Festschrift
Fett-MeldeV	Fett-Meldeverordnung
FeuerschSt	Feuerschutzsteuer
FeuerschStG	Feuerschutzsteuergesetz
FFG	Filmförderungsgesetz
FG	Finanzgericht
FGO	Finanzgerichtsordnung
FinB	Finanzbehörde
FinMin	Finanzministerium
FinN	Finanznachrichten des Bundesministeriums der Finanzen
Fischer	Strafgesetzbuch: StGB, 69. Aufl. 2022
Fissenewert 1993	Fissenewert, Der Irrtum bei der Steuerhinterziehung, 1993
FK-KartellR/*Bearb.*	Jaeger/Kokott/Pohlmann/Schroeder/Kulka, Frankfurter Kommentar zum Kartellrecht, 101. Aufl. 2022
Flore/Tsambikakis/*Bearb.*	Flore/Tsambikakis, Steuerstrafrecht, 2. Aufl. 2016
FR	Finanz-Rundschau
Frank	Frank, Das Strafgesetzbuch für das Deutsche Reich, 18. Aufl. 1931 (vergriffen)
Frees 1991	Frees, Die steuerrechtliche Selbstanzeige, Frankfurt 1991
FS (s. a. Verfasser-Festschr.)	Festschrift
Fuchs	Fuchs, Handbuch des Steuerstrafrechts und des Steuerstrafverfahrensrechts, 1949 (vergriffen)
Fuhrhop 1979	Fuhrhop, Der Steuervorteilsbegriff i. S. des § 370 AO, Diss. Kiel 1979 (vergriffen)
Fülbier/Aepfelbach/Langweg/*Bearb.*	Fülbier/Aepfelbach/Langweg, GWG – Kommentar zum Geldwäschegesetz, 5. Aufl. 2006
Fußn.	Fußnote

Abkürzungs- und Literaturverzeichnis

FuttmG	Futtermittelgesetz
FuttmV	Futtermittelverordnung
FVG	Gesetz über die Finanzverwaltung
G + V-Rechnung	Gewinn- und Verlustrechnung
G, Ges.	Gesetz(e)
GA	Zeitschrift „Goltdammers Archiv für Strafrecht"
Gallas-Festschr.	Lackner/Leferenz/Schmidt/Welp/Wolff, Festschrift für Wilhelm Gallas zum 70. Geburtstag, 1973
GastG	Gaststättengesetz
GBl.	Gesetzblatt
GbR	Gesellschaft bürgerlichen Rechts
geänd.	geändert
GedS/GS	Gedächtnisschrift
gem.	gemäß
GenG	Gesetz betreffend die Erwerbs- und Wirtschaftsgenossenschaften
GenTG	Gesetz zur Regelung der Gentechnik
GesSt	Gesellschaftsteuer
GewArch	Zeitschrift „Gewerbearchiv"
GewO	Gewerbeordnung
GewSt	Gewerbesteuer
GewStDV	Gewerbesteuer-Durchführungsverordnung
GewStG	Gewerbesteuergesetz
GewStR	Gewerbesteuer-Richtlinien
GFlAusnV	Geflügelfleischausnahmeverordnung
GG	Grundgesetz für die Bundesrepublik Deutschland
ggf.	gegebenenfalls
GHN/*Bearb.*	Grabitz/Hilf/Nettesheim, Das Recht der Europäischen Union: EUV/AEUV, 76. Aufl. 2022
GJW/*Bearb.*	Graf/Jäger/Wittig, Wirtschafts- und Steuerstrafrecht, 2. Aufl. 2017
GKG	Gerichtskostengesetz
glA	gleicher Ansicht
GmbH	Gesellschaft mit beschränkter Haftung
GmbHG	Gesetz betreffend die Gesellschaften mit beschränkter Haftung
GmbHR	GmbH-Rundschau
GMBl.	Gemeinsames Ministerialblatt
Göhler/*Bearb.*	Göhler, Ordnungswidrigkeitengesetz: OWiG, 18. Aufl. 2021
Gola/Heckmann/*Bearb.*	Gola/Heckmann, Bundesdatenschutzgesetz, 3. Aufl. 2022
Gosch AO/FGO/*Bearb.*	Gosch, Abgabenordnung Finanzgerichtsordnung (Losebl.), 169. Aufl. 2022
Gräber/*Bearb.*	Gräber, Finanzgerichtsordnung: FGO, 8. Aufl. 2015/9. Aufl. 2019
Graf/*Bearb.*	Graf, Strafprozessordnung: StPO, 4. Aufl. 2021
Gräfe/Wollweber/Schmeer	Gräfe/Wollweber/Schmeer, Steuerberaterhaftung, 7. Aufl. 2021
grdl.	grundlegend
GrESt	Grunderwerbsteuer
GrEStG	Grunderwerbsteuergesetz
GrSt	Grundsteuer
GrStG	Grundsteuergesetz
GrStR	Grundsteuer-Richtlinien
GrStRG	Gesetz zur Reform des Grundsteuerrechts
GS	Preußische Gesetzes-Sammlung; Zeitschrift „Der Gerichtssaal"
Joecks-GedS	Dünkel/Fahl/Hardtke/Harrendorf/Regge/Sowada, Gedächtnisschrift für Wolfgang Joecks, Strafrecht – Wirtschaftsstrafrecht – Steuerrecht, 2018
GüKG	Güterkraftverkehrsgesetz
GüKTV	Verordnung über die Tarifüberwachung nach dem Güterkraftverkehrsgesetz
GüKWV	Verordnung über Beförderungs- und Begleitpapiere, zusammenfassende Übersichten und die statistische Erfassung der Beförderungsleistungen im Güterverkehr

Abkürzungs- und Literaturverzeichnis

GVBl.	Gesetz- und Verordnungsblatt
GVG	Gerichtsverfassungsgesetz
GVL	Gasöl-Verwendungsgesetz-Landwirtschaft
GWB	Gesetz gegen Wettbewerbsbeschränkungen
GwG	Geldwäschegesetz
GWG	Geringwertiges Wirtschaftsgut
GZT	Gemeinsamer Zolltarif der Europäischen Gemeinschaft gem. VO Nr. 2658/87 über die zolltarifliche und statistische Nomenklatur sowie den gemeinsamen Zolltarif
HAG	Heimarbeitsgesetz
Hagedorn 1991	Hagedorn, Steuerhinterziehung und Finanzpolitik, 1991 (zugl. Diss. Hagen 1991)
Halbs.	Halbsatz
HandwO	Handwerksordnung
Hardtke 1995	Hardtke, Steuerhinterziehung durch verdeckte Gewinnausschüttung, 1995 (zugl. Diss. Greifswald 1994)
Hartmann/Metzenmacher/*Bearb.*	Hartmann/Metzenmacher, Umsatzsteuergesetz (Losebl.), Stand: 2022
Hartung	Hartung, Steuerstrafrecht, 3. Aufl. 1962 (vergriffen)
Heghmanns StrafR BT	Heghmanns, Strafrecht Besonderer Teil, 2. Aufl. 2021
HeimG	Heimgesetz
HeimsicherungsV	Verordnung über die Pflichten der Träger von Altenheimen, Altenwohnheimen und Pflegeheimen für Volljährige im Fall der Entgegennahme von Leistungen zum Zweck der Unterbringung eines Bewohners oder Bewerbers
Heine-GedS	Gropp/Hecker/Kreuzer/Ringelmann/Witteck/Wolfslast, Strafrecht als ultima ratio: Gießener Gedächtnisschrift für Günter Heine, 2016
Heinitz-Festschr.	Lüttger/Blei/Hanau, Festschrift für Ernst Heinitz zum 70. Geburtstag am 1. Januar 1972, 1972
HeizölkennzV	Heizölkennzeichnungsverordnung
Hellmann 1995	Hellmann, Das Neben-Strafverfahrensrecht der Abgabenordnung, 1995 (vergriffen)
Henssler/Prütting/*Bearb.*	Henssler/Prütting, Bundesrechtsanwaltsordnung: BRAO, 5. Aufl. 2019
Hermanns/Kleier	Hermanns/Kleier, Grenzen der Aufsichtspflicht in Betrieben und Unternehmen: zur Bedeutung des § 130 OWiG in der Praxis, 1987
Herzog/*Bearb.*	Herzog, Geldwäschegesetz (GwG), 4. Aufl. 2020
Hess.	Hessisch
HESt	Höchstrichterliche Entscheidungen, Sammlung von Entscheidungen der Oberlandesgerichte und der obersten Gerichte in Strafsachen (1948/50)
HFR	Zeitschrift „Höchstrichterliche Finanzrechtsprechung"
HGA	Hypothekengewinnabgabe
HGB	Handelsgesetzbuch
HhBG	Haushaltsbegleitgesetz
HHR/*Bearb.*	Herrmann/Heuer/Raupach, Einkommensteuer- und Körperschaftsteuergesetz (Losebl.), Stand: Februar 2018
HHS/*Bearb.*	Bearb. in: Hübschmann/Hepp/Spitaler, Abgabenordnung, Finanzgerichtsordnung (Losebl.), Stand: Dezember 2017
Hirsch-Festschr.	Müller, Festschrift für Günter Hirsch zum 65. Geburtstag, 2008
HK-OWiG/*Bearb.*	Lemke/Mosbacher, Ordnungswidrigkeitengesetz, 2. Aufl. 2005 (vergriffen)
HK-StPO/*Bearb.*	Heidelberger Kommentar, Gercke/Julius/Temming/Zöller (Hrsg.), Strafprozessordnung, 5. Aufl. 2012 (vergriffen)
hL	herrschende Lehre
hl	Hektoliter
hM	herrschende Meinung
Hmb	Hamburgisch
Hoffschmidt 1988	Hoffschmidt, Über die Rechtfertigung der strafbefreienden Selbstanzeige im Steuerstrafrecht (§ 371 AO), Diss. Bielefeld 1988 (vergriffen)

Abkürzungs- und Literaturverzeichnis

Hoffmann 1998	Hoffmann, Die Ausschlußtatbestände der Selbstanzeige bei Steuerhinterziehung, 1998
Holper 1981	Holper, Die steuerrechtliche Selbstanzeige – ein Sonderfall des Rücktritts vom vollendeten Delikt, Diss. Würzburg 1981 (vergriffen)
Honig-Festschr.	Festschrift für Richard M. Honig zum 80. Geburtstag, 1970 (vergriffen)
HRR	Höchstrichterliche Rechtsprechung, Beilage zur „Juristischen Rundschau" (bis 1942)
Hrsg.	Herausgeber
Hüls/Reichling/*Bearb.*	Hüls/Reichling, Heidelberger Kommentar Steuerstrafrecht, 2. Aufl. 2020
HZA	Hauptzollamt
HZAZustV	Verordnung über die Übertragung von Zuständigkeiten auf Hauptzollämter für den Bereich mehrerer Hauptzollämter
iE	im Einzelnen
idF	in der Fassung
idR	in der Regel
IHKG	Gesetz zur vorläufigen Regelung des Rechts der Industrie- und Handelskammern
II. WoBauG	Zweites Wohnungsbaugesetz
INF, InF	Zeitschrift „Die Information über Steuer und Wirtschaft für Industrie, Handel, Handwerk und Gewerbe"
InfStW	Zeitschrift „Info aus Steuer und Wirtschaft"
insbes.	insbesondere
InsO	Insolvenzordnung
Interne RechVUVO	Verordnung über die Rechnungslegung von Versicherungsunternehmen gegenüber dem Bundesaufsichtsamt für das Versicherungswesen
InvZul	Investitionszulage
InvZulG	Investitionszulagengesetz
IRG	Gesetz über die internationale Rechtshilfe in Strafsachen
iS, iSd, iSv	im Sinne, im Sinne des, im Sinne von
IStR	Zeitschrift „Internationales Steuerrecht"
iVm	in Verbindung mit
JA	Zeitschrift „Juristische Arbeitsblätter"
Jakobs	Jakobs, Strafrecht, Allgemeiner Teil, 2. Aufl. 1993
JbFSt	Jahrbuch der Fachanwälte für Steuerrecht
JBlSaar	Justizblatt des Saarlandes
Jescheck-Festschr.	Vogler, Festschrift für Hans-Heinrich Jescheck zum 70. Geburtstag, 1985
Jescheck/Weigend	Jescheck/Weigend, Lehrbuch des Strafrechts, Allgemeiner Teil, 5. Aufl. 1996
Jg.	Jahrgang
JGG	Jugendgerichtsgesetz
JMBl. NW	Justizministerialblatt für Nordrhein-Westfalen
Joecks 1998	Joecks, Praxis des Steuerstrafrechts, 1998
Joecks/Jäger StGB	Joecks/Jäger, Strafgesetzbuch, 12. Aufl. 2018
Joecks StPO	Joecks, Strafprozessordnung, 4. Aufl. 2015
JStG	Jahressteuergesetz
JStErgG	Jahressteuer-Ergänzungsgesetz
JR	Zeitschrift „Juristische Rundschau"
JuMoG	Justizmodernisierungsgesetz
Jura	Zeitschrift „Juristische Ausbildung"
JurBüro	Zeitschrift „Das juristische Büro"
JuS	Zeitschrift „Juristische Schulung"
Justiz	Die Justiz, Amtsblatt des Justizministeriums Baden-Württemberg
JustizentlG	Gesetz zur Entlastung der Rechtspflege
JVEG	Justizvergütungs- und Entschädigungsgesetz
JVKostO	Verordnung über die Kosten im Bereich der Justizverwaltung
JW	Zeitschrift „Juristische Wochenschrift"
JZ	Zeitschrift „Juristenzeitung"

Abkürzungs- und Literaturverzeichnis

KaffeeSt	Kaffeesteuer
KaffeeStDV	Kaffeesteuer-Durchführungsverordnung
KaffeeStG	Kaffeesteuergesetz
KAG	Kommunalabgabengesetz
Kap.	Kapitel
KapErhStG	Gesetz über steuerrechtliche Maßnahmen bei Erhöhung des Nennkapitals aus Gesellschaftsmitteln
KapSt	Kapitalertragsteuer
kath.	katholisch
KBV	Kleinbetragsverordnung
KF-VO	Kleinsendungs-Einfuhrfreimengen-Verordnung
Kfz	Kraftfahrzeug
KfzSt	Kraftfahrzeugsteuer
KG	Kammergericht; Kommanditgesellschaft
KGA	Kreditgewinnabgabe
KGaA	Kommanditgesellschaft auf Aktien
KHBV	Krankenhaus-Buchführungsverordnung
Kiel 1989	Kiel, Die Verjährung bei der vorsätzlichen Steuerverkürzung, Diss. Kiel 1989 (vergriffen)
Kindhäuser/Böse StrafR BT II	Kindhäuser/Böse, Strafrecht Besonderer Teil II – Straftaten gegen Vermögensrechte, 11. Aufl. 2020
Kirchhof/Seer/Bearb.	Kirchhof/Seer, Einkommensteuergesetz, 21. Aufl. 2022
Kissel/Mayer/Bearb.	Kissel/Mayer, Gerichtsverfassungsgesetz: GVG, 10. Aufl. 2021
KiSt	Kirchensteuer
KiStG	Kirchensteuergesetz
KiStO	Kirchensteuerordnung
KiStRG	KirchensteuerrahmengesetzKK-StPO/*Bearb.* Hannich, Karlsruher Kommentar zur Strafprozessordnung: StPO, 8. Aufl. 2019
KK-OWiG/*Bearb.*	Mitsch, Karlsruher Kommentar zum Ordnungswidrigkeitengesetz: OWiG, 5. Aufl. 2018
Klein 1989	Klein, Die Auswirkungen der unterschiedlichen Beweislast im Steuerrecht und im Strafrecht, Diss. Köln 1989 (vergriffen)
Klein/*Bearb.*	Klein, Abgabenordnung, 16. Aufl. 2022
Kleinknecht-Festschr.	Gössel/Kauffmann, Strafverfahren im Rechtsstaat: Festschrift für Theodor Kleinknecht zum 75. Geburtstag am 18. August 1985, 1985
Klug-Festschr.	Kohlmann, Festschrift für Ulrich Klug zum 70. Geburtstag, 1983 (vergriffen)
KMR-StPO/*Bearb.*	von Heintschel-Heinegg/Bockemühl, KMR – StPO, Kommentar zur Strafprozessordnung (Losebl.), begründet von Kleinknecht, Müller und Reitberger, Stand: September 2022
Koch/Scholtz/*Bearb.*	Koch/Scholtz, Abgabenordnung, 5. Aufl. 1996 (vergriffen)
Koenig/*Bearb.*	Koenig, Abgabenordnung, 3. Aufl. 2014
Kohlmann/*Bearb.*	Kohlmann, Steuerstrafrecht (Losebl.), 75. Aufl. 2022
Kohlmann-Festschr.	Festschrift für Günter Kohlmann zum 70. Geburtstag, 2003
KÖSDI	Zeitschrift „Kölner Steuerdialog"
Korn-Festschr.	Carlé/Stahl/Strahl, Gestaltung und Abwehr im Steuerrecht, Festschrift für Klaus Korn zum 65. Geburtstag, 2005 (vergriffen)
KraftStDV	Kraftfahrzeugsteuer-Durchführungsverordnung
KraftStG	Kraftfahrzeugsteuergesetz
Krause-Festschr.	Carlé/Stahl/Strahl, Festschrift für Friedrich-Wilhelm Krause zum 70. Geburtstag, 1990 (vergriffen)
Krenberger/Krumm/Bearb.	Krenberger/Krumm, Ordnungswidrigkeitsgesetz: OWiG, 7. Aufl. 2022
KRG	Kontrollratsgesetz
KriegswaffG	Gesetz über die Kontrolle von Kriegswaffen
krit.	kritisch
KrWaffKontrG	Gesetz über die Kontrolle von Kriegswaffen
KrWG	Kreislaufwirtschaftsgesetz
KSt	Körperschaftsteuer
KStDV	Körperschaftsteuer-Durchführungsverordnung

Abkürzungs- und Literaturverzeichnis

KStG	Körperschaftsteuergesetz
KStR	Körperschaftsteuer-Richtlinien
KStZ	Zeitschrift „Kommunale Steuerzeitung"
KSVG	Künstlersozialversicherungsgesetz
Kühn/v. Wedelstädt/ *Bearb.*	Kühn/v. Wedelstädt, Abgabenordnung und Finanzgerichtsordnung, 22. Aufl. 2018
Kühne-Festschr.	Esser, Festschrift für Hans-Heiner Kühne zum 70. Geburtstag, 2013
KVGKG	Kostenverzeichnis, Anlage zum Gerichtskostengesetz
KVStG	Kapitalverkehrsteuergesetz
KWG	Gesetz über das Kreditwesen
KWG SteuerstrafR/ *Bearb.*	Kuhn/Weigell/Görlich, Steuerstrafrecht, 3. Aufl. 2019
KWKG	Gesetz über die Kontrolle von Kriegswaffen
Lackner/Kühl/*Bearb.*	Lackner/Kühl, Strafgesetzbuch: StGB, 29. Aufl. 2018
Lackner-Festschr.	Küper/Puppe/Tenckhoff, Festschrift für Karl Lackner zum 70. Geburtstag am 18. Februar 1987, 1987
LAG	Lastenausgleichsgesetz
Lammerding/Hackenbroch/ Sudan	Lammerding/Hackenbroch/Sudan, Steuerstrafrecht, 8. Aufl. 2004
Lange-Festschr.	Warda/Waider/von Hippel/Meurer, Festschrift für Richard Lange zum 70. Geburtstag, 1976
Leise	Leise, Die Einleitung der Untersuchung im Verwaltungs-Steuerstrafverfahren, 1962 (vergriffen)
Leitner/Rosenau/ *Bearb.*	Leitner/Rosenau, Wirtschafts- und Steuerstrafrecht, 2. Aufl. 2022
Leitner, Toifl, Brandl	Österreichisches Finanzstrafrecht, 3. Aufl. 2008
Lemcke 1995	Lemcke, Die Sicherstellung gem. § 94 StPO und deren Förderung durch die Inpflichtnahme Dritter als Mittel des Zugriffs auf elektronisch gespeicherte Daten, 1995
Lemke/Mosbacher	Lemke/Mosbacher, Ordnungswidrigkeitengesetz, 2. Aufl. 2005
Lenckner-Festschr.	Eser, Festschrift für Theodor Lenckner zum 70. Geburtstag, 1998
Leopold/Madle/Rader/ *Bearb.*	Leopold/Madle/Rader, AO-Praktikerkommentar (Losebl.), Stand: August 2022
LeuchtmSt	Leuchtmittelsteuer
LFA	Landesfinanzamt (heute: Oberfinanzdirektion)
LG	Landgericht
li. Sp.	linke Spalte
LK-StGB/*Bearb.*	Leipziger Kommentar Strafgesetzbuch, 10. Aufl. ab 1978 hrsg. von Jescheck, Russ, Willms; 11. Aufl. ab 1992 hrsg. von Jähnke, Laufhütte, Odersky, 12. Aufl. ab 2007 hrsg. von Laufhütte, Rissing-van Saan, Tiedemann, 13. Aufl. hrsg. von Cirener/Radtke/Rissing-van Saan/Rönnau/Schluckebier
LKV	Landes- und Kommunalverwaltung; Verwaltungsrechts-Zeitschrift für die Länder Berlin, Brandenburg, Mecklenburg-Vorpommern, Sachsen, Sachsen-Anhalt und Thüringen
LM	Entscheidungen des Bundesgerichtshofs im Nachschlagewerk des BGH von Lindenmaier/Möhring
LMBG	Lebensmittel- und Bedarfsgegenständegesetz
LMRG	Gesetz zur Gesamtreform des Lebensmittelrechts
Löffler 1992	Löffler, Grund und Grenzen der steuerstrafrechtlichen Selbstanzeige, 1992
Losebl.	Loseblattausgabe
Löwe-Krahl 1989	Löwe-Krahl, Steuerstrafrechtliche Risiken typischer Banktätigkeiten, Diss. Kiel 1989 (vergriffen)
Löwe-Krahl 2000	Löwe-Krahl, Steuerhinterziehung bei Bankgeschäften, 2. Aufl. 2000
Löwe/Rosenberg/ *Bearb.*	Löwe/Rosenberg, Die Strafprozessordnung und das Gerichtsverfassungsgesetz: StPO, 27. Aufl. 2017

Abkürzungs- und Literaturverzeichnis

LSt	Lohnsteuer
LStDV	Lohnsteuer-Durchführungsverordnung
LStJA	Lohnsteuerjahresausgleich
LStR	Lohnsteuer-Richtlinien
LT-Drs.	Landtags-Drucksache
LTZ/*Bearb.*	Leipold/Tsambikakis/Zöller, AnwaltKommentar StGB, 3. Aufl. 2020
Lütt 1988	Lütt, Das Handlungsunrecht der Steuerhinterziehung, Frankfurt 1988 (vergriffen)
LwG	Landwirtschaftsgesetz
LwVG	Gesetz über das gerichtliche Verfahren in Landwirtschaftssachen
MaBV	Makler- und Bauträgerverordnung
MarkenG	Gesetz über den Schutz von Marken und sonstigen Kennzeichen
Marktordnungswaren-meldeV	Marktordnungswaren-Meldeverordnung
Maschke 1996	Maschke, Die Sanktionierung von Verstößen gegen die Aufsichtspflicht in Betrieben und Unternehmen, 1996 (vergriffen)
Mat.	Materialien zur Strafrechtsreform, 1954
Matt/Renzikowski/*Bearb.*	Matt/Renzikowski, Strafgesetzbuch: StGB, 2. Aufl. 2020
Mattern I	Mattern, Steuer-Strafrecht I, Leitfaden durch das materielle Steuerstrafrecht, 1949 (vergriffen)
Mattern II	Mattern, Steuer-Strafrecht II, Leitfaden durch das Steuer-Strafverfahren, 1949 (vergriffen)
Matzky 1999	Matzky, Zugriff auf EDV im Strafprozeß, 1999
Maunz/Dürig	Maunz/Dürig/Herzog/Scholz, Grundgesetz (Losebl.), Stand: September 2017
Maurach AT/1	Maurach/Zipf/Jäger, Strafrecht, Allgemeiner Teil, Bd. 1, 9. Aufl. 2018
Maurach AT/2	Maurach/Gössel/Zipf, Strafrecht, Allgemeiner Teil, Bd. 2, 8. Aufl. 2014
Maurach BT/1	Maurach/Schroeder/Maiwald, Strafrecht, Besonderer Teil, Bd. 1, 10. Aufl. 2009
Maurach BT/2	Maurach/Schroeder/Maiwald, Strafrecht, Besonderer Teil, Bd. 2, 10. Aufl. 2013
Mayer-Festschr.	Geerds/Naucke, Beiträge zur gesamten Strafrechtswissenschaft: Festschrift für Hellmuth Mayer zum 70. Geburtstag am 1. Mai 1965, 1966 (vergriffen)
maW	mit anderen Worten
MDR	Zeitschrift „Monatsschrift für Deutsches Recht"
mE	meines Erachtens
Mehle-Festschr.	Hiebl/Kassebohm/Lille, Festschrift für Vokmar Mehle: zum 65. Geburtstag am 11.11.2009, 2009
MessEG	Mess- und Eichgesetz
Meyer-Goßner/Schmitt/*Bearb.*	Meyer-Goßner/Schmitt, Strafprozessordnung, 65. Aufl. 2022
MilchFettG	Milch- und Fettgesetz
MinöStG	Mineralölsteuergesetz
MinöStDV	Mineralölsteuer-Durchführungsverordnung
Mio	Million(en)
MiStra	Anordnung über Mitteilungen in Strafsachen
MitbestG	Mitbestimmungsgesetz
mN	mit Nachweisen
MOG	Gesetz zur Durchführung der gemeinsamen Marktorganisationen
Möller 1996	Möller, Die Berichtigungspflicht nach § 153 I AO und die strafrechtlichen Folgen einer Pflichtverletzung, 1996
Moser	Moser, Das Strafverfahren nach der Reichsabgabenordnung, 2. Aufl. 1942 (vergriffen)
Mrd.	Milliarde(n)
MRK	Konvention zum Schutze der Menschenrechte und Grundfreiheiten
MschrKrim	Monatsschrift für Kriminologie und Strafrechtsreform
MStbl.	Mitteilungsblatt der Steuerberater

Abkürzungs- und Literaturverzeichnis

Müller/Wabnitz/ Janovsky	Müller/Wabnitz/Janovsky, Wirtschaftskriminalität, 4. Aufl. 1997 (vergriffen)
Müller-Gugenberger/ Bearb.	Müller-Gugenberger, Wirtschaftsstrafrecht, 7. Aufl. 2020
MüKoStGB/Bearb.	Münchener Kommentar zum Strafgesetzbuch, Bd. 1, 2. Aufl. 2011, Bd. 7, 2. Aufl. 2015, 3. Aufl. 2018 (3. Quartal)
MV	Mitteilungsverordnung
M/V	Mecklenburg-Vorpommern
mwN	mit weiteren Nachweisen
mWv	mit Wirkung vom
MZK	VO (EG) Nr. 450/2008 des Europäischen Parlaments und des Rates zur Festlegung des Zollkodex der Gemeinschaft (Modernisierter Zollkodex)
NBW	Zeitschrift „Neue Betriebswirtschaft"
Nds.	Niedersächsisch
NdsFG	Niedersächsisches Finanzgericht
NdsRpfl	Zeitschrift „Niedersächsische Rechtspflege"
nF	neue Fassung
NJW	Zeitschrift „Neue Juristische Wochenschrift"
NK-StGB/Bearb.	Kindhäuser/Neumann/Paefgen, Strafgesetzbuch (= Nomos Kommentar zum Strafgesetzbuch), 5. Aufl. 2017
NK-WiStR (NK-WSS)	Leitner/Rosenau, Wirtschafts- und Steuertrafrecht, 2. Aufl. 2022, Baden-Baden
NotV	Notverordnung
NRT	Nettoregistertonne(n)
NStE	Neue Entscheidungssammlung zum Strafrecht
NStZ	Zeitschrift „Neue Zeitschrift für Strafrecht" (ab 1981)
NStZ-RR	Zeitschrift „NStZ-Rechtsprechungsreport"
nv	nicht veröffentlicht
NVwZ	Zeitschrift „Neue Zeitschrift für Verwaltungsrecht" (ab 1982)
NW	Nordrhein-Westfalen, nordrhein-westfälisch
NWB	Zeitschrift „Neue Wirtschafts-Briefe für Steuer- und Wirtschaftsrecht" (zitiert nach Fach und Seite)
o. V.	ohne Verfasserangabe
OF-Bezirk	Oberfinanzbezirk
OFD	Oberfinanzdirektion
OHG	offene Handelsgesellschaft
Oldenb	Oldenburgisch
OLG	Oberlandesgericht
OLGSt	Entscheidungen der Oberlandesgerichte in Strafsachen
OR-Geschäft	Geschäft ohne Rechnung
OrgKG	Gesetz zur Bekämpfung des illegalen Rauschgifthandels und anderer Erscheinungsformen der Organisierten Kriminalität
OrgStA	Ordnung über Organisation und Dienstbetrieb der Staatsanwaltschaften
OSL/Bearb.	Offerhaus/Söhn/Lange, Umsatzsteuer (Losebl.), 345. Aufl. 2022
ÖsterrBAO	Bundesgesetz v. 28.6.1961, betreffend allgemeine Bestimmungen und das Verfahren für die von den Abgabenbehörden des Bundes verwalteten Abgaben – Bundesabgabenordnung –
ÖsterrBGBl.	Bundesgesetzblatt für die Republik Österreich (zitiert nach Jahrgang und laufender Nummer der Gesetze)
ÖsterrFinStG	Bundesgesetz v. 26.6.1958, betr. das Finanzstrafrecht und das Finanzstrafverfahrensrecht – FinanzstrafG –
OVG	Oberverwaltungsgericht
OWiG	Gesetz über Ordnungswidrigkeiten
Paal/Pauly/Bearb.	Paal/Pauly, Datenschutz-Grundverordnung Bundesdatenschutzgesetz: DS-GVO BDSG, 3. Aufl. 2021
PartG	Parteiengesetz

Abkürzungs- und Literaturverzeichnis

PassG	Gesetz über das Passwesen
PatAnwO	Patentanwaltsordnung
PatG	Patentgesetz
PBefG	Personenbeförderungsgesetz
PersonalausweisG	Gesetz über Personalausweise
Peters-Festschr.	Baumann/Tiedemann, Einheit und Vielfalt des Rechts, Festschrift für Karl Peters zum 70. Geburtstag, 1974 (vergriffen)
Pfaff	Pfaff, Kommentar zur steuerlichen Selbstanzeige, 1977 (vergriffen)
PfandlV	Pfandleiherverordnung
Pfeiffer	Pfeiffer, Strafprozessordnung und Gerichtsverfassungsgesetz, 5. Aufl. 2005 (beck-online, sonst vergriffen)
PflSchG	Pflanzenschutzgesetz
PflVG, PflVersG	Gesetz über die Pflichtversicherung für Kraftfahrzeughalter
Pohl 1990	Pohl, Steuerhinterziehung durch Steuerumgehung, 1990 (vergriffen)
PostG	Gesetz über das Postwesen
PreisstatG	Gesetz über die Preisstatistik
Preuß.	Preußisch
PStR	Zeitschrift „Praxis des Steuerstrafrechts"
Quedenfeld/Füllsack/ *Bearb.*	Quedenfeld/Füllsack, Verteidigung in Steuerstrafsachen, 5. Aufl. 2016
RA	Rechtsanwalt
RABgO, RAO	Reichsabgabenordnung
RAO 1919	Reichsabgabenordnung v. 13.12.1919
RAO 1931	Reichsabgabenordnung v. 22.5.1931
RAO 1967	Vorschriften der Reichsabgabenordnung
RAO 1968	Vorschriften der Reichsabgabenordnung idF des 2. AO-StrafÄndG
RBerG	Rechtsberatungsgesetz
RBewG	Reichsbewertungsgesetz
RdF	Reichsminister der Finanzen
ReblausVO	Verordnung zur Bekämpfung der Reblaus
Rebmann/Roth/ Herrmann	Rebmann/Roth/Herrmann, Gesetz über Ordnungswidrigkeiten (Losebl.), 31. Aufl. 2021
RechtsV	Rechtsverordnung
RechVersV	Verordnung über die Rechnungslegung von Versicherungsunternehmen
RegBl.	Regierungsblatt
RegE	Regierungsentwurf
Reiß 1987	Reiß, Besteuerungsverfahren und Strafverfahren, 1987 (vergriffen)
RKL UStG/*Bearb.*	Reiß/Kraeusel/Langer, Umsatzsteuergesetz – UStG mit Nebenbestimmungen, Gemeinschaftsrecht (Losebl.), 178. Aufl. 2022
Rengier-Festschr.	Brand/Hecker/Weißer, Festschrift für Rudolf Rengier zum 70. Geburtstag, 2018
Rengier StrafR BT I	Rengier, Strafrecht Besonderer Teil I, 24. Aufl. 2022
RennwLottAB	Ausführungsbestimmungen zum Rennwett- und Lotteriegesetz
RennwLottG	Rennwett- und Lotteriegesetz
RennwSt	Rennwettsteuer
re. Sp.	rechte Spalte
Reuß 1979	Reuß, Grenzen steuerlicher Mitwirkungspflichten, 1979 (vergriffen)
rev.	revidiert
RFH	Reichsfinanzhof
RFHE 11, 104	Amtliche Sammlung der Entscheidungen des Reichsfinanzhofs, Bd. 11, S. 104
RFHGrS	Reichsfinanzhof, Großer Senat
RflSt	Reichsfluchtsteuer
RG	Reichsgericht
RGSt 70, 162	Entscheidung des Reichsgerichts in Strafsachen, Bd. 70, S. 162
RGBl. I, II	Reichsgesetzblatt Teil I, Teil II
RGGrS	Reichsgericht, Großer Senat

Abkürzungs- und Literaturverzeichnis

Radtke/Hohmann/*Bearb.*	Radtke/Hohmann, Strafprozessordnung, 1. Aufl. 2011, 2. Aufl. 2023
RhldPf	Rheinland-Pfalz
RiStBV	Richtlinien für das Strafverfahren und das Bußgeldverfahren
RiVASt	Richtlinien für den Verkehr mit dem Ausland in strafrechtlichen Angelegenheiten
RIW	Zeitschrift „Recht der Internationalen Wirtschaft"
RKR/*Bearb.*	Rolletschke/Kemper/Roth, Steuerstrafrecht, Kommentar (Losebl.), Stand: Mai 2022
RMBl.	Reichsministerialblatt
Rn.	Randnummer
Rogall 1977	Rogall, Der Beschuldigte als Beweismittel gegen sich selbst, 1977
röm.-kath.	römisch-katholisch
Rolletschke	Rolletschke, Steuerstrafrecht, 5. Aufl. 2021
RöV	Verordnung über den Schutz vor Schäden durch Röntgenstrahlen
Roxin StrafR AT II	Roxin, Strafrecht Allgemeiner Teil, Band 2: Besondere Erscheinungsformen der Straftat, 2003
Roxin-Festschr.	Schünemann/Achenbach/Bottke/Haffke/Rudolphi, Festschrift für Claus Roxin zum 70. Geburtstag am 15. Mai 2001, 2001
Roxin II-Festschr.	Heinrich/Jäger/Schünemann, Festschrift für Claus Roxin zum 80. Geburtstag am 15. Mai 2011, 2011
RPf	Rheinland-Pfälzisch
RPfleger	Zeitschrift „Der deutsche Rechtspfleger"
RpflEntlG	Gesetz zur Entlastung der Rechtspflege
RPräs	Reichspräsident
RReg	Reichsregierung
Rs.	Rechtssache
Rspr	Rechtsprechung
RStBl.	Reichssteuerblatt
RT-Drs.	Drucksache des Deutschen Reichstags
Rüping 1981	Rüping, Steuerfahndungsergebnisse und ihre Verwertbarkeit, 1981 (vergriffen)
Rüsken/*Bearb.*	Rüsken, Zollrecht – Recht des grenzüberschreitenden Warenverkehrs (Losebl.), 210. Aufl. 2022
RVG	Rechtsanwaltsvergütungsgesetz
RVO	Reichsversicherungsordnung
RVRV	Verordnung über den Zahlungsverkehr, die Buchführung und die Rechnungslegung in der Rentenversicherung v. 3.8.1981 (BGBl. I 809)
RWP	Zeitschrift „Rechts- und Wirtschaftspraxis"
Rz.	Randziffer
RZBl.	Reichszollblatt
S.	Seite; Satz
Saarl.	Saarländisch
SachBezV	Sachbezugsverordnung
Sächs.	Sächsisch
SAM	Zeitschrift „Steueranwaltsmagazin"
Sb. I	Sammlung des bereinigten niedersächs. Rechts, Bd. I
SchaumBranntwV	Verordnung über Schaumwein und Branntwein aus Wein
Schaumburg/Peters/*Bearb.*	Schaumburg/Peters, Internationales Steuerstrafrecht, 2. Aufl. 2021
SchaumwSt	Schaumweinsteuer
SchaumwStG	Schaumweinsteuergesetz
SchaumwZwStV	Verordnung zur Durchführung des Gesetzes zur Besteuerung von Schaumwein und Zwischenerzeugnissen
SchenkSt	Schenkungsteuer
SchfG	Schornsteinfegergesetz
SchfV	Verordnung über das Schornsteinfegerwesen
SchG	Schöffengericht
SchlH	Schleswig-Holsteinisch

XXV

Abkürzungs- und Literaturverzeichnis

SchlHA	Zeitschrift „Schleswig-Holsteinische Anzeigen"
Schlüchter-GedS	Duttge, Gedächtnisschrift für Ellen Schlüchter, 2002 (vergriffen)
Schmidt/*Bearb.*	Weber-Grellet, Einkommensteuergesetz, 41. Aufl. 2022
Schmitt-Festschr.	Festschrift für Rudolf Schmitt zum 70. Geburtstag, 1992 (vergriffen)
Schmitz/Tillmann	Schmitz/Tillmann, Das Steuerstrafverfahren, Leitfaden, 1983 (vergriffen)
Schöll/Leopold/Madle/Rader	s. Leopold/Madle/Rader/*Bearbeiter*
Schönke/Schröder/*Bearb.*	Schönke/Schröder, Strafgesetzbuch, 29. Aufl. 2014
Schork/Groß/*Bearb.* BankStrafR	Schork/Groß, Bankstrafrecht, 2013
Schröder-GedS	Stree, Gedächtnisschrift für Horst Schröder, 1978 (vergriffen)
Schwarz/Pahlke/*Bearb.*	Schwarz/Pahlke, Kommentar zur AO/FGO (Losebl.), Stand: Januar 2018
SchwarzarbG	Gesetz zur Bekämpfung der Schwarzarbeit
schweiz	schweizerisch
Schwinge-Festschr.	Evers/Friauf/Hanack/Reinhardt, Festschrift für Erich Schwinge zum 70. Geburtstag, 1973 (vergriffen)
SDÜ	Schengener Durchführungsübereinkommen
SeetgbV	Verordnung über Seetagebücher v. 8.2.1985 (BGBl. I, 306)
SGB	Sozialgesetzbuch
SGG	Sozialgerichtsgesetz
Simon/Vogelberg	Simon/Vogelberg, Steuerstrafrecht, 3. Aufl. 2011
Simon/Wagner	Simon/Wagner, Steuerstrafrecht, 4. Aufl. 2015
SK-StGB/*Bearb.*	Rudolphi/Horn/Samson, Systematischer Kommentar zum Strafgesetzbuch (Losebl.), Bd. 1, 2 Allgemeiner Teil, Bd. 3–5 Besonderer Teil, Stand: September 2014
SK-StPO/*Bearb.*	Wolter, Systematischer Kommentar zur Strafprozessordnung: SK-StPO, 5. Aufl. 2015
SoldG	Soldatengesetz
SolZG	Solidaritätszuschlaggesetz
SortG	Sortenschutzgesetz
SparPG	Spar-Prämiengesetz
Spendel-Festschr.	Seebode, Festschrift für Günter Spendel zum 70. Geburtstag, 1992
Spindler/Schuster/*Bearb.*	Spindler/Schuster, Recht der elektronischen Medien, 4. Aufl. 2019
Spitaler-Festschr.	Thoma, Gegenwartsfragen des Steuerrechts, Festschrift für Armin Spitaler, 1958
SprengG	Sprengstoffgesetz
SprengV 1	Erste Verordnung zum Sprengstoffgesetz
SSW-StGB/*Bearb.*	Satzger/Schluckebier/Widmaier, StPO – Strafprozessordnung mit GVG und EMRK, 5. Aufl. 2022
StA	Staatsanwalt(schaft)
StabG	Gesetz zur Förderung der Stabilität und des Wachstums der Wirtschaft
StahlInvZulG	Gesetz über eine Investitionszulage in der Eisen- und Stahlindustrie
StÄndG	Steueränderungsgesetz
StAnpG	Steueranpassungsgesetz
StArch	Zeitschrift „Steuer-Archiv"
StB	Zeitschrift „Der Steuerberater"
StBer	Steuerberater
StBerG	Steuerberatungsgesetz
Stbg	Zeitschrift „Die Steuerberatung"
StBGebV	Steuerberatergebührenverordnung
StbJb	Steuerberater-Jahrbuch
StBp	Zeitschrift „Die steuerliche Betriebsprüfung"
StEK	Steuererlasse in Karteiform
Sten. Ber.	Sitzungsprotokoll des Deutschen Bundestages
StGB	Strafgesetzbuch
StGläubiger	Steuergläubiger
StKRep	Steuer-Kongress-Report

Abkürzungs- und Literaturverzeichnis

Stock-Festschr.	Spendel, Festschrift für Ulrich Stock zum 70. Geburtstag am 8. Mai 1966, 1966 (vergriffen)
Stpfl	Steuerpflichtiger
StPO	Strafprozessordnung
StPr	Zeitschrift „Der Steuerpraktiker"
StQ	Zeitschrift „Die Quintessenz des Steuerlichen Schrifttums"
StR	Steuerrecht
str.	streitig
Stratenwerth/Kuhlen StrafR AT	Stratenwerth/Kuhlen, Strafrecht Allgemeiner Teil, 6. Aufl. 2011 (vergriffen)
StraBEG	Strafbefreiungserklärungsgesetz
StraBuDV	Dienstvorschrift für Strafsachen- und Bußgeldverfahren (Aufgabenwahrnehmung und Organisation)
StrbEG	Gesetz über die strafbefreiende Erklärung von Einkünften aus Kapitalvermögen und von Kapitalvermögen
Streck	Streck/Spatscheck/Talaska, Die Steuerfahndung, 5. Aufl. 2017
Stree/Wessels-Festschr.	Küper/Welp/Dencker/Marxen/Schneider/Struensee/Vormbaum, Festschrift für Walter Stree und Johannes Wessels zum 70. Geburtstag, 1993 (vergriffen)
StrEG	Gesetz über die Entschädigung für Strafverfolgungsmaßnahmen
StRK	Steuerrechtsprechung in Karteiform, begründet von Mrozek
StrK	Strafkammer
StrlSchV	Strahlenschutzverordnung
StRR	Zeitschrift „Rechtsprechungsreport Strafrecht"
StrRG 1	Erstes Gesetz zur Reform des Strafrechts v. 25.6.1969
StrRG 2	Zweites Gesetz zur Reform des Strafrechts v. 4.7.1969
StrRG 3	Drittes Gesetz zur Reform des Strafrechts v. 20.5.1970
StrRG 4	Viertes Gesetz zur Reform des Strafrechts v. 23.11.1973
StrRG 6	Sechstes Gesetz zur Reform des Strafrechts v. 26.1.1998
StrS	Strafsenat
stRspr	ständige Rechtsprechung
StSchuldner	Steuerschuldner
StStatG	Gesetz über Steuerstatistiken
StuF	Zeitschrift „Steuern und Finanzen"
StuW	Zeitschrift „Steuer und Wirtschaft", bis 1970 zitiert nach Spalten, ab 1971 zitiert nach Seiten
StV	Zeitschrift „Der Strafverteidiger"
StVÄG 1979	Strafverfahrensänderungsgesetz 1979
StVG	Straßenverkehrsgesetz
StVj	Zeitschrift „Steuerliche Vierteljahres-Schrift"
StVollzG	Strafvollzugsgesetz
StVZO	Straßenverkehrs-Zulassungs-Ordnung
StWa	Zeitschrift „Steuer-Warte"
StZBl.	Steuer- und Zollblatt für Berlin
SubvG	Subventionsgesetz
Suhr/Naumann/ Bilsdorfer	Suhr/Naumann/Bilsdorfer, Steuerstrafrecht-Kommentar, 4. Aufl. 1986 (vergriffen)
Suhr 1989	Suhr, Rechtsgut der Steuerhinterziehung und Steuerverkürzung im Festsetzungsverfahren, 1989
SVRV	Sozialversicherungs-Rechnungsverordnung
SWR/*Bearb.*	Schwarz/Widmann/Radeisen, Kommentar zum Umsatzsteuergesetz (Losebl.), 229. Aufl. 2022
TabSt	Tabaksteuer
TabStDV	Tabaksteuer-Durchführungsverordnung
TabStG	Tabaksteuergesetz
Taeger/Gabel/*Bearb.*	Taeger/Gabel, DSGVO – BDSG – TTDSG, 4. Aufl. 2022
TÄHAV	Verordnung über tierärztliche Hausapotheken

Abkürzungs- und Literaturverzeichnis

Terstegen	Terstegen, Steuer-Strafrecht einschl. Verfahrensrecht, 1956 (vergriffen)
Teske 1987	Teske, Die Abgrenzung der Zuständigkeiten und der Beweisverfahren im Besteuerungsverfahren und im Steuerstrafverfahren unter besonderer Berücksichtigung des § 393 AO de lege lata und de lege ferenda, Diss. Köln 1987
Thür	Thüringen
TierGesG	Tiergesundheitsgesetz
TierSG	Tierseuchengesetz
TierZG	Tierzuchtgesetz
Tipke I	Tipke, Die Steuerrechtsordnung, Bd. 1, 2. Aufl. 2000
Tipke/Lang/*Bearb.*	Tipke/Lang, Steuerrecht, 23. Aufl. 2018
Tipke/Kruse/*Bearb.*	Tipke/Kruse, Abgabenordnung (ohne Steuerstrafrecht), Finanzgerichtsordnung (Losebl.), Stand: November 2017
Tipke-Festschr.	Lang, J., Die Steuerrechtsordnung in der Diskussion. Festschrift für Klaus Tipke, 1995 (vergriffen)
Troeger/Meyer	Troeger/Meyer, Steuerstrafrecht, 2. Aufl. 1957 (vergriffen)
Tröndle-Festschr.	Jescheck/Vogler, Festschrift für Herbert Tröndle zum 70. Geburtstag am 24. August 1989, 1989
TrZollG	Truppenzollgesetz
TrZollVO	Truppenzollverordnung
Tz.	Textziffer
u. a.	und andere; unter anderem
UHaft	Untersuchungshaft
UmwStG	Umwandlungssteuergesetz
UmwStG 1977	Gesetz über steuerliche Maßnahmen bei Änderung der Unternehmensform
UR	Zeitschrift „Umsatzsteuer-Rundschau" (ab 1985)
Urt.	Urteil
USG	Unterhaltssicherungsgesetz
USt	Umsatzsteuer
UStB	Zeitschrift „Der Umsatzsteuerberater"
USt-BinnenG	Gesetz zur Anpassung des Umsatzsteuergesetzes und anderer Rechtsvorschriften an den EG-Binnenmarkt (Umsatzsteuerbinnenmarktgesetz)
UStDV	Umsatzsteuer-Durchführungsverordnung
UStErstVO	Verordnung über die Erstattung von Umsatzsteuer an ausländische ständige diplomatische Missionen und berufskonsularische Vertretungen sowie an ihre ausländischen Mitglieder
UStG	Umsatzsteuergesetz
UStR	Umsatzsteuer-Richtlinien/Umsatzsteuer-Rundschau (Zeitschrift; jetzt: VR)
uU	unter Umständen
UWG	Gesetz gegen den unlauteren Wettbewerb
UZK	Zollkodex der Union
VA	Vermögensabgabe; Verwaltungsakt
vBpr.	vereidigter Buchprüfer
VerbVerbG	Gesetz zur Überwachung strafrechtlicher und anderer Verbringungsverbote
VerhDJT	Verhandlungen des Deutschen Juristentages
VermBDV	Verordnung zur Durchführung des Fünften Vermögensbildungsgesetzes
VermBG 5	Fünftes Vermögensbildungsgesetz
VersAG	Gesetz über die Beaufsichtigung der privaten Versicherungsunternehmungen
VersSt	Versicherungsteuer
VersStDV	Versicherungsteuer-Durchführungsverordnung
VersStG	Versicherungsteuergesetz
VerstV	Verordnung über gewerbsmäßige Versteigerungen
VersV	Versicherungsordnung
Vfg.	Verfügung
VG	Verwaltungsgericht
vGA	verdeckte Gewinnausschüttung

Abkürzungs- und Literaturverzeichnis

VGH	Verwaltungsgerichtshof
vgl.	vergleiche
VgnSt	Vergnügungsteuer
VgnStG	Vergnügungsteuergesetz
vH	vom Hundert
VO	Verordnung (nachgestellt auch ... V)
Vogler/Wilkitzki	Vogler/Wilkitzki, Gesetz über die internationale Rechtshilfe in Strafsachen, 1992 (vergriffen)
Vor/Vorbem.	Vorbemerkung
VRS	Verkehrsrecht-Sammlung
VSF	Vorschriftensammlung Bundes-Finanzverwaltung
VSichG	Verkehrssicherstellungsgesetz
VSt	Vermögensteuer
VStG	Vermögensteuergesetz
VStR	Vermögensteuer-Richtlinien
VStRG	Vermögensteuerreformgesetz
vT	vom Tausend
VuB	Verbote und Beschränkungen des grenzüberschreitenden Warenverkehrs
VwGO	Verwaltungsgerichtsordnung
VwKostG	Verwaltungskostengesetz
VwVfG	Verwaltungsverfahrensgesetz
VwZG	Verwaltungszustellungsgesetz
VZ	Veranlagungszeitraum
VZollG	Vereinszollgesetz
WaffG	Waffengesetz
WaffV 1	Erste Verordnung zum Waffengesetz
WaffV 3	Dritte Verordnung zum Waffengesetz
Wannemacher/*Bearb.*	Wannemacher, Steuerstrafrecht, 6. Aufl. 2013
Wassmann 1991	Wassmann, Die Selbstanzeige im Steuerrecht, 1991 (vergriffen)
WaStrG	Bundeswasserstraßengesetz
WDO	Wehrdisziplinarordnung
WEG	Wohnungseigentumsgesetz
WehrStG	Wehrstrafgesetz
WeinG	Weingesetz
WeinÜberwV	Wein-Überwachungs-Verordnung
WeinV	Wein-Verordnung
WeinwirtG	Weinwirtschaftsgesetz
Welzel	Welzel, Das Deutsche Strafrecht, 11. Aufl. 1969
Welzel-Festschr.	Stratenwerth/Kaufmann/Geilen/Hirsch/Schreiber/Jakobs/Loos, Festschrift für Hans Welzel zum 70. Geburtstag am 25. März 1974, 1974
Wessels/Hillenkamp/Schuhr StrafR BT II	Wessels/Hillenkamp/Schuhr, Strafrecht Besonderer Teil 2, 45. Aufl. 2022
Westpfahl 1987	Westpfahl, Die strafbefreiende Selbstanzeige im Steuerrecht, München 1987 (vergriffen)
WHG	Wasserhaushaltsgesetz
WiGBl.	Gesetzblatt der Verwaltung des Vereinigten Wirtschaftsgebietes
WiKG 1	Erstes Gesetz zur Bekämpfung der Wirtschaftskriminalität
WiKG 2	Zweites Gesetz zur Bekämpfung der Wirtschaftskriminalität
WiSichG	Wirtschaftssicherstellungsgesetz
WiStG	Wirtschaftsstrafgesetz 1954
wistra	Zeitschrift für Wirtschafts- und Steuerstrafrecht
Witte/*Bearb.*	Witte, Zollkodex, 6. Aufl. 2013
Witte UZK/*Bearb.*	Witte, Zollkodex der Union, 8. Aufl. 2022
WiVerw	Wirtschaft und Verwaltung, Vierteljahresbeilage zum Gewerbearchiv
WJS WirtschaftsStrafR-HdB/*Bearb.*	Wabnitz/Janovski/Schmitt, Handbuch Wirtschafts- und Steuerstrafrecht, 5. Aufl. 2020
WM	Wertpapier-Mitteilungen, Teil IV B, Rechtsprechung
WoGG	Wohngeldgesetz

Abkürzungs- und Literaturverzeichnis

WoPDV	Verordnung zur Durchführung des Wohnungsbau-Prämiengesetzes
WoPG	Wohnungsbau-Prämiengesetz
WPg	Zeitschrift „Die Wirtschaftsprüfung"
WpHG	Wertpapierhandelsgesetz
Wpr	Wirtschaftsprüfer
WprO	Wirtschaftsprüferordnung
WSt	Wechselsteuer
WT	Zeitschrift „Der Wirtschaftstreuhänder", seit 1963 vereinigt mit der Zeitschrift „Die Wirtschaftsprüfung"
WuB	Entscheidungssammlung zum Wirtschafts- und Bankrecht
Württ	Württembergisch
ZAP	Zeitschrift für die Anwaltspraxis
zB	zum Beispiel
ZBl.	Zentralblatt für das Deutsche Reich
ZDG	Zivildienstgesetz
Zentes/*Glaab*/*Bearb.*	Zentes/Glaab, GwG – Geldwäschegesetz, 3. Aufl. 2022
ZerlG	Zerlegungsgesetz
ZFA	Zollfahndungsamt
ZFdG	Zollfahndungsdienstgesetz
ZfK	Zeitschrift für Kommunalfinanzen
ZfZ	Zeitschrift für Zölle und Verbrauchsteuern
ZIP	Zeitschrift für Wirtschaftsrecht; bis 1982 „Zeitschrift für Wirtschaft und Insolvenzpraxis"
Zipf-GedS	Gössel/Triffterer, Gedächtnisschrift für Heinz Zipf, 1999
zit.	zitiert
ZK	VO (EWG) Nr. 2913/92 des Rates zur Festlegung des Zollkodex der Gemeinschaften
ZKA	Zollkriminalamt
ZKDVO	Verordnung (EWG) Nr. 2454/93 der Kommission mit Durchführungsvorschriften zu der Verordnung (EWG) Nr. 2913/92 des Rates zur Festlegung des Zollkodex der Gemeinschaften
ZKI	Zollkriminal-Institut
ZKredW	Zeitschrift für das gesamte Kreditwesen
ZollbefrVO	Verordnung (EWG) Nr. 918/83 des Rates über das gemeinschaftliche System der Zollbefreiungen
ZollRÄndG	Zollrechtsänderungsgesetz
ZollV	Zollverordnung
ZollVG	Zollverwaltungsgesetz
ZonenRFG	Zonenrandförderungsgesetz
ZPr	Zeitschrift „Die Zollpraxis"; ab 1973 „Zoll aktuell"
ZSchwR	Zeitschrift für Schweizerisches Recht
ZSEG	Gesetz über die Entschädigung von Zeugen und Sachverständigen
ZStW	Zeitschrift für die gesamte Strafrechtswissenschaft
zT	zum Teil
Ztschr.	Zeitschrift
ZuckMeldV	Zuckermeldeverordnung
zust.	zustimmend
zutr.	zutreffend
zw.	Zweifelnd
ZWH	Zeitschrift für Wirtschaftsstrafrecht und Haftung im Unternehmen
ZWVO	VO (EWG) Nr. 803/68 über den Zollwert der Waren
zz., zZ	zurzeit, zur Zeit

Abgabenordung (AO)

– Auszug –

In der Fassung der Bekanntmachung vom 1. Oktober 2002

(BGBl. I S. 3866, ber. 2003 S. 61)

FNA 610-1-3

Zuletzt geändert durch Zweites Gesetz zur Änderung der Abgabenordnung und des Einführungsgesetzes zur Abgabenordnung vom 12.7.2022 (BGBl. I S. 1142)[1]

Achter Teil. Straf- und Bußgeldvorschriften, Straf- und Bußgeldverfahren

Erster Abschnitt. Strafvorschriften

§ 369 Steuerstraftaten

(1) Steuerstraftaten (Zollstraftaten) sind:
1. Taten, die nach den Steuergesetzen strafbar sind,
2. der Bannbruch,
3. die Wertzeichenfälschung und deren Vorbereitung, soweit die Tat Steuerzeichen betrifft,
4. die Begünstigung einer Person, die eine Tat nach den Nummern 1 bis 3 begangen hat.

(2) Für Steuerstraftaten gelten die allgemeinen Gesetze über das Strafrecht, soweit die Strafvorschriften der Steuergesetze nichts anderes bestimmen.

§ 370 Steuerhinterziehung

(1) Mit Freiheitsstrafe bis zu fünf Jahren oder mit Geldstrafe wird bestraft, wer
1. den Finanzbehörden oder anderen Behörden über steuerlich erhebliche Tatsachen unrichtige oder unvollständige Angaben macht,
2. die Finanzbehörden pflichtwidrig über steuerlich erhebliche Tatsachen in Unkenntnis lässt oder
3. pflichtwidrig die Verwendung von Steuerzeichen oder Steuerstempeln unterlässt und dadurch Steuern verkürzt oder für sich oder einen anderen nicht gerechtfertigte Steuervorteile erlangt.

(2) Der Versuch ist strafbar.

(3) [1]In besonders schweren Fällen ist die Strafe Freiheitsstrafe von sechs Monaten bis zu zehn Jahren. [2]Ein besonders schwerer Fall liegt in der Regel vor, wenn der Täter
1. in großem Ausmaß Steuern verkürzt oder nicht gerechtfertigte Steuervorteile erlangt,
2. seine Befugnisse oder seine Stellung als Amtsträger oder Europäischer Amtsträger (§ 11 Absatz 1 Nummer 2a des Strafgesetzbuchs) missbraucht,
3. die Mithilfe eines Amtsträgers oder Europäischen Amtsträgers (§ 11 Absatz 1 Nummer 2a des Strafgesetzbuchs) ausnutzt, der seine Befugnisse oder seine Stellung missbraucht,
4. unter Verwendung nachgemachter oder verfälschter Belege fortgesetzt Steuern verkürzt oder nicht gerechtfertigte Steuervorteile erlangt,
5. als Mitglied einer Bande, die sich zur fortgesetzten Begehung von Taten nach Absatz 1 verbunden hat, Umsatz- oder Verbrauchssteuern verkürzt oder nicht gerechtfertigte Umsatz- oder Verbrauchssteuervorteile erlangt oder

---

[1] Letzter, redaktionell berücksichtigter Rechtsstand.

6. eine Drittstaat-Gesellschaft im Sinne des § 138 Absatz 3, auf die er alleine oder zusammen mit nahestehenden Personen im Sinne des § 1 Absatz 2 des Außensteuergesetzes unmittelbar oder mittelbar einen beherrschenden oder bestimmenden Einfluss ausüben kann, zur Verschleierung steuerlich erheblicher Tatsachen nutzt und auf diese Weise fortgesetzt Steuern verkürzt oder nicht gerechtfertigte Steuervorteile erlangt.

(4) ¹Steuern sind namentlich dann verkürzt, wenn sie nicht, nicht in voller Höhe oder nicht rechtzeitig festgesetzt werden; dies gilt auch dann, wenn die Steuer vorläufig oder unter Vorbehalt der Nachprüfung festgesetzt wird oder eine Steueranmeldung einer Steuerfestsetzung unter Vorbehalt der Nachprüfung gleichsteht. ²Steuervorteile sind auch Steuervergütungen; nicht gerechtfertigte Steuervorteile sind erlangt, soweit sie zu Unrecht gewährt oder belassen werden. ³Die Voraussetzungen der Sätze 1 und 2 sind auch dann erfüllt, wenn die Steuer, auf die sich die Tat bezieht, aus anderen Gründen hätte ermäßigt oder der Steuervorteil aus anderen Gründen hätte beansprucht werden können.

(5) Die Tat kann auch hinsichtlich solcher Waren begangen werden, deren Einfuhr, Ausfuhr oder Durchfuhr verboten ist.

(6) ¹Die Absätze 1 bis 5 gelten auch dann, wenn sich die Tat auf Einfuhr- oder Ausfuhrabgaben bezieht, die von einem anderen Mitgliedstaat der Europäischen Union verwaltet werden oder die einem Mitgliedstaat der Europäischen Freihandelsassoziation oder einem mit dieser assoziierten Staat zustehen. ²Das Gleiche gilt, wenn sich die Tat auf Umsatzsteuern oder auf die in Artikel 1 Absatz 1 der Richtlinie 2008/118/EG des Rates vom 16. Dezember 2008 über das allgemeine Verbrauchsteuersystem und zur Aufhebung der Richtlinie 92/12/EWG (ABl. L 9 vom 14.1.2009, S. 12) genannten harmonisierten Verbrauchsteuern bezieht, die von einem anderen Mitgliedstaat der Europäischen Union verwaltet werden.

(7) Die Absätze 1 bis 6 gelten unabhängig von dem Recht des Tatortes auch für Taten, die außerhalb des Geltungsbereiches dieses Gesetzes begangen werden.

§ 370a [aufgehoben]

§ 371 Selbstanzeige bei Steuerhinterziehung

(1) ¹Wer gegenüber der Finanzbehörde zu allen Steuerstraftaten einer Steuerart in vollem Umfang die unrichtigen Angaben berichtigt, die unvollständigen Angaben ergänzt oder die unterlassenen Angaben nachholt, wird wegen dieser Steuerstraftaten nicht nach § 370 bestraft. ²Die Angaben müssen zu allen unverjährten Steuerstraftaten einer Steuerart, mindestens aber zu allen Steuerstraftaten einer Steuerart innerhalb der letzten zehn Kalenderjahre erfolgen.

(2) ¹Straffreiheit tritt nicht ein, wenn
1. bei einer der zur Selbstanzeige gebrachten unverjährten Steuerstraftaten vor der Berichtigung, Ergänzung oder Nachholung
   a) dem an der Tat Beteiligten, seinem Vertreter, dem Begünstigten im Sinne des § 370 Absatz 1 oder dessen Vertreter eine Prüfungsanordnung nach § 196 bekannt gegeben worden ist, beschränkt auf den sachlichen und zeitlichen Umfang der angekündigten Außenprüfung, oder
   b) dem an der Tat Beteiligten oder seinem Vertreter die Einleitung des Straf- oder Bußgeldverfahrens bekannt gegeben worden ist oder
   c) ein Amtsträger der Finanzbehörde zur steuerlichen Prüfung erschienen ist, beschränkt auf den sachlichen und zeitlichen Umfang der Außenprüfung, oder
   d) ein Amtsträger zur Ermittlung einer Steuerstraftat oder einer Steuerordnungswidrigkeit erschienen ist oder
   e) ein Amtsträger der Finanzbehörde zu einer Umsatzsteuer-Nachschau nach § 27b des Umsatzsteuergesetzes, einer Lohnsteuer-Nachschau nach § 42g des Einkommensteuergesetzes oder einer Nachschau nach anderen steuerrechtlichen Vorschriften erschienen ist und sich ausgewiesen hat oder

2. eine der Steuerstraftaten im Zeitpunkt der Berichtigung, Ergänzung oder Nachholung ganz oder zum Teil bereits entdeckt war und der Täter dies wusste oder bei verständiger Würdigung der Sachlage damit rechnen musste,
3. die nach § 370 Absatz 1 verkürzte Steuer oder der für sich oder einen anderen erlangte nicht gerechtfertigte Steuervorteil einen Betrag von 25.000 Euro je Tat übersteigt, oder
4. ein in § 370 Absatz 3 Satz 2 Nummer 2 bis 6 genannter besonders schwerer Fall vorliegt.

²Der Ausschluss der Straffreiheit nach Satz 1 Nummer 1 Buchstabe a und c hindert nicht die Abgabe einer Berichtigung nach Absatz 1 für die nicht unter Satz 1 Nummer 1 Buchstabe a und c fallenden Steuerstraftaten einer Steuerart.

(2a) ¹Soweit die Steuerhinterziehung durch Verletzung der Pflicht zur rechtzeitigen Abgabe einer vollständigen und richtigen Umsatzsteuervoranmeldung oder Lohnsteueranmeldung begangen worden ist, tritt Straffreiheit abweichend von den Absätzen 1 und 2 Satz 1 Nummer 3 bei Selbstanzeigen in dem Umfang ein, in dem der Täter gegenüber der zuständigen Finanzbehörde die unrichtigen Angaben berichtigt, die unvollständigen Angaben ergänzt oder die unterlassenen Angaben nachholt. ²Absatz 2 Satz 1 Nummer 2 gilt nicht, wenn die Entdeckung der Tat darauf beruht, dass eine Umsatzsteuervoranmeldung oder Lohnsteueranmeldung nachgeholt oder berichtigt wurde. ³Die Sätze 1 und 2 gelten nicht für Steueranmeldungen, die sich auf das Kalenderjahr beziehen. ⁴Für die Vollständigkeit der Selbstanzeige hinsichtlich einer auf das Kalenderjahr bezogenen Steueranmeldung ist die Berichtigung, Ergänzung oder Nachholung der Voranmeldungen, die dem Kalenderjahr nachfolgende Zeiträume betreffen, nicht erforderlich.

(3) ¹Sind Steuerverkürzungen bereits eingetreten oder Steuervorteile erlangt, so tritt für den an der Tat Beteiligten Straffreiheit nur ein, wenn er die aus der Tat zu seinen Gunsten hinterzogenen Steuern, die Hinterziehungszinsen nach § 235 und die Zinsen nach § 233a, soweit sie auf die Hinterziehungszinsen nach § 235 Absatz 4 angerechnet werden, innerhalb der ihm bestimmten angemessenen Frist entrichtet. ²In den Fällen des Absatzes 2a Satz 1 gilt Satz 1 mit der Maßgabe, dass die fristgerechte Entrichtung von Zinsen nach § 233a oder § 235 unerheblich ist.

(4) ¹Wird die in § 153 vorgesehene Anzeige rechtzeitig und ordnungsmäßig erstattet, so wird ein Dritter, der die in § 153 bezeichneten Erklärungen abzugeben unterlassen oder unrichtig oder unvollständig abgegeben hat, strafrechtlich nicht verfolgt, es sei denn, dass ihm oder seinem Vertreter vorher die Einleitung eines Straf- oder Bußgeldverfahrens wegen der Tat bekannt gegeben worden ist. ²Hat der Dritte zum eigenen Vorteil gehandelt, so gilt Absatz 3 entsprechend.

§ 372 Bannbruch

(1) Bannbruch begeht, wer Gegenstände entgegen einem Verbot einführt, ausführt oder durchführt.

(2) Der Täter wird nach § 370 Abs. 1, 2 bestraft, wenn die Tat nicht in anderen Vorschriften als Zuwiderhandlung gegen ein Einfuhr-, Ausfuhr- oder Durchfuhrverbot mit Strafe oder mit Geldbuße bedroht ist.

§ 373 Gewerbsmäßiger, gewaltsamer und bandenmäßiger Schmuggel

(1) ¹Wer gewerbsmäßig Einfuhr- oder Ausfuhrabgaben hinterzieht oder gewerbsmäßig durch Zuwiderhandlungen gegen Monopolvorschriften Bannbruch begeht, wird mit Freiheitsstrafe von sechs Monaten bis zu zehn Jahren bestraft. ²In minder schweren Fällen ist die Strafe Freiheitsstrafe bis zu fünf Jahren oder Geldstrafe.

(2) Ebenso wird bestraft, wer
1. eine Hinterziehung von Einfuhr- oder Ausfuhrabgaben oder einen Bannbruch begeht, bei denen er oder ein anderer Beteiligter eine Schusswaffe bei sich führt,

2. eine Hinterziehung von Einfuhr- oder Ausfuhrabgaben oder einen Bannbruch begeht, bei denen er oder ein anderer Beteiligter eine Waffe oder sonst ein Werkzeug oder Mittel bei sich führt, um den Widerstand eines anderen durch Gewalt oder Drohung mit Gewalt zu verhindern oder zu überwinden, oder
3. als Mitglied einer Bande, die sich zur fortgesetzten Begehung der Hinterziehung von Einfuhr- oder Ausfuhrabgaben oder des Bannbruchs verbunden hat, eine solche Tat begeht.

(3) Der Versuch ist strafbar.

(4) § 370 Abs. 6 Satz 1 und Abs. 7 gilt entsprechend.

§ 374 Steuerhehlerei

(1) Wer Erzeugnisse oder Waren, hinsichtlich deren Verbrauchsteuern oder Einfuhr- und Ausfuhrabgaben nach Artikel 5 Nummer 20 und 21 des Zollkodex der Union hinterzogen oder Bannbruch nach § 372 Abs. 2, § 373 begangen worden ist, ankauft oder sonst sich oder einem Dritten verschafft, sie absetzt oder abzusetzen hilft, um sich oder einen Dritten zu bereichern, wird mit Freiheitsstrafe bis zu fünf Jahren oder mit Geldstrafe bestraft.

(2) ¹Handelt der Täter gewerbsmäßig oder als Mitglied einer Bande, die sich zur fortgesetzten Begehung von Straftaten nach Absatz 1 verbunden hat, so ist die Strafe Freiheitsstrafe von sechs Monaten bis zu zehn Jahren. ²In minder schweren Fällen ist die Strafe Freiheitsstrafe bis zu fünf Jahren oder Geldstrafe.

(3) Der Versuch ist strafbar.

(4) § 370 Absatz 6 und 7 gilt entsprechend.

§ 375 Nebenfolgen

(1) Neben einer Freiheitsstrafe von mindestens einem Jahr wegen
1. Steuerhinterziehung,
2. Bannbruchs nach § 372 Abs. 2, § 373,
3. Steuerhehlerei oder
4. Begünstigung einer Person, die eine Tat nach den Nummern 1 bis 3 begangen hat,

kann das Gericht die Fähigkeit, öffentliche Ämter zu bekleiden, und die Fähigkeit, Rechte aus öffentlichen Wahlen zu erlangen, aberkennen (§ 45 Abs. 2 des Strafgesetzbuchs).

(2) ¹Ist eine Steuerhinterziehung, ein Bannbruch nach § 372 Abs. 2, § 373 oder eine Steuerhehlerei begangen worden, so können
1. die Erzeugnisse, Waren und andere Sachen, auf die sich die Hinterziehung von Verbrauchsteuer oder Einfuhr- und Ausfuhrabgaben nach Artikel 5 Nummer 20 und 21 des Zollkodex der Union, der Bannbruch oder die Steuerhehlerei bezieht, und
2. die Beförderungsmittel, die zur Tat benutzt worden sind,

eingezogen werden. ²§ 74a des Strafgesetzbuchs ist anzuwenden.

§ 375a [aufgehoben]

§ 376 Verfolgungsverjährung

(1) In den in § 370 Absatz 3 Satz 2 Nummer 1 bis 6 genannten Fällen besonders schwerer Steuerhinterziehung beträgt die Verjährungsfrist 15 Jahre; § 78b Absatz 4 des Strafgesetzbuches gilt entsprechend.

(2) Die Verjährung der Verfolgung einer Steuerstraftat wird auch dadurch unterbrochen, dass dem Beschuldigten die Einleitung des Bußgeldverfahrens bekannt gegeben oder diese Bekanntgabe angeordnet wird.

(3) Abweichend von § 78c Absatz 3 Satz 2 des Strafgesetzbuches verjährt in den in § 370 Absatz 3 Satz 2 Nummer 1 bis 6 genannten Fällen besonders schwerer Steuerhinterziehung die Verfolgung spätestens, wenn seit dem in § 78a des Strafgesetzbuches bezeichneten Zeitpunkt das Zweieinhalbfache der gesetzlichen Verjährungsfrist verstrichen ist.

Zweiter Abschnitt. Bußgeldvorschriften

§ 377 Steuerordnungswidrigkeiten

(1) Steuerordnungswidrigkeiten (Zollordnungswidrigkeiten) sind Zuwiderhandlungen, die nach diesem Gesetz oder den Steuergesetzen mit Geldbuße geahndet werden können.

(2) Für Steuerordnungswidrigkeiten gelten die Vorschriften des Ersten Teils des Gesetzes über Ordnungswidrigkeiten, soweit die Bußgeldvorschriften dieses Gesetzes oder der Steuergesetze nichts anderes bestimmen.

§ 378 Leichtfertige Steuerverkürzung

(1) [1]Ordnungswidrig handelt, wer als Steuerpflichtiger oder bei Wahrnehmung der Angelegenheiten eines Steuerpflichtigen eine der in § 370 Abs. 1 bezeichneten Taten leichtfertig begeht. [2]§ 370 Abs. 4 bis 7 gilt entsprechend.

(2) Die Ordnungswidrigkeit kann mit einer Geldbuße bis zu fünfzigtausend Euro geahndet werden.

(3) [1]Eine Geldbuße wird nicht festgesetzt, soweit der Täter gegenüber der Finanzbehörde die unrichtigen Angaben berichtigt, die unvollständigen Angaben ergänzt oder die unterlassenen Angaben nachholt, bevor ihm oder seinem Vertreter die Einleitung eines Straf- oder Bußgeldverfahrens wegen der Tat bekannt gegeben worden ist. [2]Sind Steuerverkürzungen bereits eingetreten oder Steuervorteile erlangt, so wird eine Geldbuße nicht festgesetzt, wenn der Täter die aus der Tat zu seinen Gunsten verkürzten Steuern innerhalb der ihm bestimmten angemessenen Frist entrichtet. [3]§ 371 Absatz 4 gilt entsprechend.

§ 379 Steuergefährdung

(1) [1]Ordnungswidrig handelt, wer vorsätzlich oder leichtfertig
1. Belege ausstellt, die in tatsächlicher Hinsicht unrichtig sind,
2. Belege gegen Entgelt in den Verkehr bringt,
3. nach Gesetz buchungs- oder aufzeichnungspflichtige Geschäftsvorfälle oder Betriebsvorgänge nicht oder in tatsächlicher Hinsicht unrichtig aufzeichnet oder aufzeichnen lässt, verbucht oder verbuchen lässt,
4. entgegen § 146a Absatz 1 Satz 1 ein dort genanntes System nicht oder nicht richtig verwendet,
5. entgegen § 146a Absatz 1 Satz 2 ein dort genanntes System nicht oder nicht richtig schützt oder
6. entgegen § 146a Absatz 1 Satz 5 gewerbsmäßig ein dort genanntes System oder eine dort genannte Software bewirbt oder in den Verkehr bringt

und dadurch ermöglicht, Steuern zu verkürzen oder nicht gerechtfertigte Steuervorteile zu erlangen. [2]Satz 1 Nr. 1 gilt auch dann, wenn Einfuhr- und Ausfuhrabgaben verkürzt werden können, die von einem anderen Mitgliedstaat der Europäischen Union verwaltet werden oder die einem Staat zustehen, der für Waren aus der Europäischen Union auf Grund eines Assoziations- oder Präferenzabkommens eine Vorzugsbehandlung gewährt; § 370 Abs. 7 gilt entsprechend. [3]Das Gleiche gilt, wenn sich die Tat auf Umsatzsteuern bezieht, die von einem anderen Mitgliedstaat der Europäischen Union verwaltet werden.

(2) Ordnungswidrig handelt, wer vorsätzlich oder leichtfertig
1. der Mitteilungspflicht nach § 138 Absatz 2 Satz 1 nicht, nicht vollständig oder nicht rechtzeitig nachkommt,

1a. entgegen § 144 Absatz 1 oder Absatz 2 Satz 1, jeweils auch in Verbindung mit Absatz 5, eine Aufzeichnung nicht, nicht richtig oder nicht vollständig erstellt,

1b. einer Rechtsverordnung nach § 117c Absatz 1 oder einer vollziehbaren Anordnung auf Grund einer solchen Rechtsverordnung zuwiderhandelt, soweit die Rechtsverordnung für einen bestimmten Tatbestand auf diese Bußgeldvorschrift verweist,

1c. entgegen § 138a Absatz 1, 3 oder 4 eine Übermittlung des länderbezogenen Berichts oder entgegen § 138a Absatz 4 Satz 3 eine Mitteilung nicht, nicht vollständig oder nicht rechtzeitig (§ 138a Absatz 6) macht,

1d. der Mitteilungspflicht nach § 138b Absatz 1 bis 3 nicht, nicht vollständig oder nicht rechtzeitig nachkommt,

1e. entgegen § 138d Absatz 1, entgegen § 138f Absatz 1, 2, 3 Satz 1 Nummer 1 bis 7 sowie 9 und 10 oder entgegen § 138h Absatz 2 eine Mitteilung über eine grenzüberschreitende Steuergestaltung nicht oder nicht rechtzeitig macht oder zur Verfügung stehende Angaben nicht vollständig mitteilt,

1f. entgegen § 138g Absatz 1 Satz 1 oder entgegen § 138h Absatz 2 die Angaben nicht, nicht richtig, nicht vollständig oder nicht rechtzeitig mitteilt,

1g. entgegen § 138k Satz 1 in der Steuererklärung die Angabe der von ihm verwirklichten grenzüberschreitenden Steuergestaltung nicht, nicht richtig, nicht vollständig oder nicht rechtzeitig macht,

2. die Pflichten nach § 154 Absatz 1 bis 2c verletzt.

(3) Ordnungswidrig handelt, wer vorsätzlich oder fahrlässig einer Auflage nach § 120 Abs. 2 Nr. 4 zuwiderhandelt, die einem Verwaltungsakt für Zwecke der besonderen Steueraufsicht (§§ 209 bis 217) beigefügt worden ist.

(4) Die Ordnungswidrigkeit nach Absatz 1 Satz 1 Nummer 1 und 2, Absatz 2 Nummer 1a, 1b und 2 sowie Absatz 3 kann mit einer Geldbuße bis zu 5.000 Euro geahndet werden, wenn die Handlung nicht nach § 378 geahndet werden kann.

(5) Die Ordnungswidrigkeit nach Absatz 2 Nummer 1c kann mit einer Geldbuße bis zu 10.000 Euro geahndet werden, wenn die Handlung nicht nach § 378 geahndet werden kann.

(6) Die Ordnungswidrigkeit nach Absatz 1 Satz 1 Nummer 3 bis 6 kann mit einer Geldbuße bis zu 25.000 Euro geahndet werden, wenn die Handlung nicht nach § 378 geahndet werden kann.

(7) Die Ordnungswidrigkeit nach Absatz 2 Nummer 1 und 1d bis 1g kann mit einer Geldbuße bis zu 25.000 Euro geahndet werden, wenn die Handlung nicht nach § 378 geahndet werden kann.

§ 380 Gefährdung der Abzugsteuern

(1) Ordnungswidrig handelt, wer vorsätzlich oder leichtfertig seiner Verpflichtung, Steuerabzugsbeträge einzubehalten und abzuführen, nicht, nicht vollständig oder nicht rechtzeitig nachkommt.

(2) Die Ordnungswidrigkeit kann mit einer Geldbuße bis zu fünfundzwanzigtausend Euro geahndet werden, wenn die Handlung nicht nach § 378 geahndet werden kann.

§ 381 Verbrauchsteuergefährdung

(1) Ordnungswidrig handelt, wer vorsätzlich oder leichtfertig Vorschriften der Verbrauchsteuergesetze oder der dazu erlassenen Rechtsverordnungen

1. über die zur Vorbereitung, Sicherung oder Nachprüfung der Besteuerung auferlegten Pflichten,

2. über Verpackung und Kennzeichnung verbrauchsteuerpflichtiger Erzeugnisse oder Waren, die solche Erzeugnisse enthalten, oder über Verkehrs- oder Verwendungsbeschränkungen für solche Erzeugnisse oder Waren oder

Abgabenordung

3. über den Verbrauch unversteuerter Waren in den Freihäfen

zuwiderhandelt, soweit die Verbrauchsteuergesetze oder die dazu erlassenen Rechtsverordnungen für einen bestimmten Tatbestand auf diese Bußgeldvorschrift verweisen.

(2) Die Ordnungswidrigkeit kann mit einer Geldbuße bis zu fünftausend Euro geahndet werden, wenn die Handlung nicht nach § 378 geahndet werden kann.

§ 382 Gefährdung der Einfuhr- und Ausfuhrabgaben

(1) Ordnungswidrig handelt, wer als Pflichtiger oder bei der Wahrnehmung der Angelegenheiten eines Pflichtigen vorsätzlich oder fahrlässig Zollvorschriften, den dazu erlassenen Rechtsverordnungen oder den Verordnungen des Rates der Europäischen Union oder der Europäischen Kommission zuwiderhandelt, die

1. für die zollamtliche Erfassung des Warenverkehrs über die Grenze des Zollgebiets der Europäischen Union sowie über die Freizonengrenzen,
2. für die Überführung von Waren in ein Zollverfahren und dessen Durchführung oder für die Erlangung einer sonstigen zollrechtlichen Bestimmung von Waren,
3. für die Freizonen, den grenznahen Raum sowie die darüber hinaus der Grenzaufsicht unterworfenen Gebiete

gelten, soweit die Zollvorschriften, die dazu oder die auf Grund von Absatz 4 erlassenen Rechtsverordnungen für einen bestimmten Tatbestand auf diese Bußgeldvorschrift verweisen.

(2) Absatz 1 ist auch anzuwenden, soweit die Zollvorschriften und die dazu erlassenen Rechtsverordnungen für Verbrauchsteuern sinngemäß gelten.

(3) Die Ordnungswidrigkeit kann mit einer Geldbuße bis zu fünftausend Euro geahndet werden, wenn die Handlung nicht nach § 378 geahndet werden kann.

(4) Das Bundesministerium der Finanzen kann durch Rechtsverordnungen die Tatbestände der Verordnungen des Rates der Europäischen Union oder der Europäischen Kommission, die nach den Absätzen 1 bis 3 als Ordnungswidrigkeiten mit Geldbuße geahndet werden können, bezeichnen, soweit dies zur Durchführung dieser Rechtsvorschriften erforderlich ist und die Tatbestände Pflichten zur Gestellung, Vorführung, Lagerung oder Behandlung von Waren, zur Abgabe von Erklärungen oder Anzeigen, zur Aufnahme von Niederschriften sowie zur Ausfüllung oder Vorlage von Zolldokumenten oder zur Aufnahme von Vermerken in solchen Dokumenten betreffen.

§ 383 Unzulässiger Erwerb von Steuererstattungs- und Vergütungsansprüchen

(1) Ordnungswidrig handelt, wer entgegen § 46 Abs. 4 Satz 1 Erstattungs- oder Vergütungsansprüche erwirbt.

(2) Die Ordnungswidrigkeit kann mit einer Geldbuße bis zu fünfzigtausend Euro geahndet werden.

§ 383a [aufgehoben]

§ 383b Pflichtverletzung bei Übermittlung von Vollmachtsdaten

(1) Ordnungswidrig handelt, wer den Finanzbehörden vorsätzlich oder leichtfertig
1. entgegen § 80a Absatz 1 Satz 3 unzutreffende Vollmachtsdaten übermittelt oder
2. entgegen § 80a Absatz 1 Satz 4 den Widerruf oder die Veränderung einer nach § 80a Absatz 1 übermittelten Vollmacht durch den Vollmachtgeber nicht unverzüglich mitteilt.

(2) Die Ordnungswidrigkeit kann mit einer Geldbuße bis zu zehntausend Euro geahndet werden.

§ 384 Verfolgungsverjährung

Die Verfolgung von Steuerordnungswidrigkeiten nach den §§ 378 bis 380 verjährt in fünf Jahren.

§ 384a Verstöße nach Artikel 83 Absatz 4 bis 6 der Verordnung (EU) 2016/679

(1) Vorschriften dieses Gesetzes und der Steuergesetze über Steuerordnungswidrigkeiten finden keine Anwendung, soweit für eine Zuwiderhandlung zugleich Artikel 83 der Verordnung (EU) 2016/679 unmittelbar oder nach § 2a Absatz 5 entsprechend gilt.

(2) Für Verstöße nach Artikel 83 Absatz 4 bis 6 der Verordnung (EU) 2016/679 im Anwendungsbereich dieses Gesetzes gilt § 41 des Bundesdatenschutzgesetzes entsprechend.

(3) Eine Meldung nach Artikel 33 der Verordnung (EU) 2016/679 und eine Benachrichtigung nach Artikel 34 Absatz 1 der Verordnung (EU) 2016/679 dürfen in einem Straf- oder Bußgeldverfahren gegen die meldepflichtige Person oder einen ihrer in § 52 Absatz 1 der Strafprozessordnung bezeichneten Angehörigen nur mit Zustimmung der meldepflichtigen Person verwertet werden.

(4) Gegen Finanzbehörden und andere öffentliche Stellen werden im Anwendungsbereich dieses Gesetzes keine Geldbußen nach Artikel 83 Absatz 4 bis 6 der Verordnung (EU) 2016/679 verhängt.

Dritter Abschnitt. Strafverfahren
1. Unterabschnitt. Allgemeine Vorschriften

§ 385 Geltung von Verfahrensvorschriften

(1) Für das Strafverfahren wegen Steuerstraftaten gelten, soweit die folgenden Vorschriften nichts anderes bestimmen, die allgemeinen Gesetze über das Strafverfahren, namentlich die Strafprozessordnung, das Gerichtsverfassungsgesetz und das Jugendgerichtsgesetz.

(2) Die für Steuerstraftaten geltenden Vorschriften dieses Abschnitts, mit Ausnahme des § 386 Abs. 2 sowie der §§ 399 bis 401, sind bei dem Verdacht einer Straftat, die unter Vorspiegelung eines steuerlich erheblichen Sachverhalts gegenüber der Finanzbehörde oder einer anderen Behörde auf die Erlangung von Vermögensvorteilen gerichtet ist und kein Steuerstrafgesetz verletzt, entsprechend anzuwenden.

§ 386 Zuständigkeit der Finanzbehörde bei Steuerstraftaten

(1) [1]Bei dem Verdacht einer Steuerstraftat ermittelt die Finanzbehörde den Sachverhalt. [2]Finanzbehörde im Sinne dieses Abschnitts sind das Hauptzollamt, das Finanzamt, das Bundeszentralamt für Steuern und die Familienkasse.

(2) Die Finanzbehörde führt das Ermittlungsverfahren in den Grenzen des § 399 Abs. 1 und der §§ 400, 401 selbständig durch, wenn die Tat
1. ausschließlich eine Steuerstraftat darstellt oder
2. zugleich andere Strafgesetze verletzt und deren Verletzung Kirchensteuern oder andere öffentlich-rechtliche Abgaben betrifft, die an Besteuerungsgrundlagen, Steuermessbeträge oder Steuerbeträge anknüpfen.

(3) Absatz 2 gilt nicht, sobald gegen einen Beschuldigten wegen der Tat ein Haftbefehl oder ein Unterbringungsbefehl erlassen ist.

(4) [1]Die Finanzbehörde kann die Strafsache jederzeit an die Staatsanwaltschaft abgeben. [2]Die Staatsanwaltschaft kann die Strafsache jederzeit an sich ziehen. [3]In beiden Fällen kann die Staatsanwaltschaft im Einvernehmen mit der Finanzbehörde die Strafsache wieder an die Finanzbehörde abgeben.

§ 387 Sachlich zuständige Finanzbehörde

(1) Sachlich zuständig ist die Finanzbehörde, welche die betroffene Steuer verwaltet.

(2) ¹Die Zuständigkeit nach Absatz 1 kann durch Rechtsverordnung einer Finanzbehörde für den Bereich mehrerer Finanzbehörden übertragen werden, soweit dies mit Rücksicht auf die Wirtschafts- oder Verkehrsverhältnisse, den Aufbau der Verwaltungsbehörden oder andere örtliche Bedürfnisse zweckmäßig erscheint. ²Die Rechtsverordnung erlässt, soweit die Finanzbehörde eine Landesbehörde ist, die Landesregierung, im Übrigen das Bundesministerium der Finanzen. ³Die Rechtsverordnung des Bundesministeriums der Finanzen bedarf nicht der Zustimmung des Bundesrates. ⁴Das Bundesministerium der Finanzen kann die Ermächtigung nach Satz 1 durch Rechtsverordnung, die nicht der Zustimmung des Bundesrates bedarf, auf eine Bundesoberbehörde übertragen. ⁵Die Landesregierung kann die Ermächtigung auf die für die Finanzverwaltung zuständige oberste Landesbehörde übertragen.

§ 388 Örtlich zuständige Finanzbehörde

(1) Örtlich zuständig ist die Finanzbehörde,
1. in deren Bezirk die Steuerstraftat begangen oder entdeckt worden ist,
2. die zur Zeit der Einleitung des Strafverfahrens für die Abgabenangelegenheiten zuständig ist oder
3. in deren Bezirk der Beschuldigte zur Zeit der Einleitung des Strafverfahrens seinen Wohnsitz hat.

(2) ¹Ändert sich der Wohnsitz des Beschuldigten nach Einleitung des Strafverfahrens, so ist auch die Finanzbehörde örtlich zuständig, in deren Bezirk der neue Wohnsitz liegt. ²Entsprechendes gilt, wenn sich die Zuständigkeit der Finanzbehörde für die Abgabenangelegenheit ändert.

(3) Hat der Beschuldigte im räumlichen Geltungsbereich dieses Gesetzes keinen Wohnsitz, so wird die Zuständigkeit auch durch den gewöhnlichen Aufenthaltsort bestimmt.

§ 389 Zusammenhängende Strafsachen

¹Für zusammenhängende Strafsachen, die einzeln nach § 388 zur Zuständigkeit verschiedener Finanzbehörden gehören würden, ist jede dieser Finanzbehörden zuständig. ²§ 3 der Strafprozessordnung gilt entsprechend.

§ 390 Mehrfache Zuständigkeit

(1) Sind nach den §§ 387 bis 389 mehrere Finanzbehörden zuständig, so gebührt der Vorzug der Finanzbehörde, die wegen der Tat zuerst ein Strafverfahren eingeleitet hat.

(2) ¹Auf Ersuchen dieser Finanzbehörde hat eine andere zuständige Finanzbehörde die Strafsache zu übernehmen, wenn dies für die Ermittlungen sachdienlich erscheint. ²In Zweifelsfällen entscheidet die Behörde, der die ersuchte Finanzbehörde untersteht.

§ 391 Zuständiges Gericht

(1) ¹Ist das Amtsgericht sachlich zuständig, so ist örtlich zuständig das Amtsgericht, in dessen Bezirk das Landgericht seinen Sitz hat. ²Im vorbereitenden Verfahren gilt dies, unbeschadet einer weitergehenden Regelung nach § 58 Abs. 1 des Gerichtsverfassungsgesetzes, nur für die Zustimmung des Gerichts nach § 153 Abs. 1 und § 153a Abs. 1 der Strafprozessordnung.

(2) ¹Die Landesregierung kann durch Rechtsverordnung die Zuständigkeit abweichend von Absatz 1 Satz 1 regeln, soweit dies mit Rücksicht auf die Wirtschafts- oder Verkehrsverhältnisse, den Aufbau der Verwaltungsbehörden oder andere örtliche Bedürfnisse

zweckmäßig erscheint. ²Die Landesregierung kann diese Ermächtigung auf die Landesjustizverwaltung übertragen.

(3) Strafsachen wegen Steuerstraftaten sollen beim Amtsgericht einer bestimmten Abteilung zugewiesen werden.

(4) Die Absätze 1 bis 3 gelten auch, wenn das Verfahren nicht nur Steuerstraftaten zum Gegenstand hat; sie gelten jedoch nicht, wenn dieselbe Handlung eine Straftat nach dem Betäubungsmittelgesetz darstellt, und nicht für Steuerstraftaten, welche die Kraftfahrzeugsteuer betreffen.

§ 392 Verteidigung

(1) Abweichend von § 138 Abs. 1 der Strafprozessordnung können auch Steuerberater, Steuerbevollmächtigte, Wirtschaftsprüfer und vereidigte Buchprüfer zu Verteidigern gewählt werden, soweit die Finanzbehörde das Strafverfahren selbständig durchführt; im Übrigen können sie die Verteidigung nur in Gemeinschaft mit einem Rechtsanwalt oder einem Rechtslehrer an einer deutschen Hochschule im Sinne des Hochschulrahmengesetzes mit Befähigung zum Richteramt führen.

(2) § 138 Abs. 2 der Strafprozessordnung bleibt unberührt.

§ 393 Verhältnis des Strafverfahrens zum Besteuerungsverfahren

(1) ¹Die Rechte und Pflichten der Steuerpflichtigen und der Finanzbehörde im Besteuerungsverfahren und im Strafverfahren richten sich nach den für das jeweilige Verfahren geltenden Vorschriften. ²Im Besteuerungsverfahren sind jedoch Zwangsmittel (§ 328) gegen den Steuerpflichtigen unzulässig, wenn er dadurch gezwungen würde, sich selbst wegen einer von ihm begangenen Steuerstraftat oder Steuerordnungswidrigkeit zu belasten. ³Dies gilt stets, soweit gegen ihn wegen einer solchen Tat das Strafverfahren eingeleitet worden ist. ⁴Der Steuerpflichtige ist hierüber zu belehren, soweit dazu Anlass besteht.

(2) ¹Soweit der Staatsanwaltschaft oder dem Gericht in einem Strafverfahren aus den Steuerakten Tatsachen oder Beweismittel bekannt werden, die der Steuerpflichtige der Finanzbehörde vor Einleitung des Strafverfahrens oder in Unkenntnis der Einleitung des Strafverfahrens in Erfüllung steuerrechtlicher Pflichten offenbart hat, dürfen diese Kenntnisse gegen ihn nicht für die Verfolgung einer Tat verwendet werden, die keine Steuerstraftat ist. ²Dies gilt nicht für Straftaten, an deren Verfolgung ein zwingendes öffentliches Interesse (§ 30 Abs. 4 Nr. 5) besteht.

(3) ¹Erkenntnisse, die die Finanzbehörde oder die Staatsanwaltschaft rechtmäßig im Rahmen strafrechtlicher Ermittlungen gewonnen hat, dürfen im Besteuerungsverfahren verwendet werden. ²Dies gilt auch für Erkenntnisse, die dem Brief-, Post- und Fernmeldegeheimnis unterliegen, soweit die Finanzbehörde diese rechtmäßig im Rahmen eigener strafrechtlicher Ermittlungen gewonnen hat oder soweit nach den Vorschriften der Strafprozessordnung Auskunft an die Finanzbehörden erteilt werden darf.

§ 394 Übergang des Eigentums

¹Hat ein Unbekannter, der bei einer Steuerstraftat auf frischer Tat betroffen wurde, aber entkommen ist, Sachen zurückgelassen und sind diese Sachen beschlagnahmt oder sonst sichergestellt worden, weil sie eingezogen werden können, so gehen sie nach Ablauf eines Jahres in das Eigentum des Staates über, wenn der Eigentümer der Sachen unbekannt ist und die Finanzbehörde durch eine öffentliche Bekanntmachung auf den drohenden Verlust des Eigentums hingewiesen hat. ²§ 10 Abs. 2 Satz 1 des Verwaltungszustellungsgesetzes ist mit der Maßgabe anzuwenden, dass anstelle einer Benachrichtigung der Hinweis nach Satz 1 bekannt gemacht oder veröffentlicht wird. ³Die Frist beginnt mit dem Aushang der Bekanntmachung.

§ 395 Akteneinsicht der Finanzbehörde

¹Die Finanzbehörde ist befugt, die Akten, die dem Gericht vorliegen oder im Fall der Erhebung der Anklage vorzulegen wären, einzusehen sowie beschlagnahmte oder sonst sichergestellte Gegenstände zu besichtigen. ²Die Akten werden der Finanzbehörde auf Antrag zur Einsichtnahme übersandt.

§ 396 Aussetzung des Verfahrens

(1) Hängt die Beurteilung der Tat als Steuerhinterziehung davon ab, ob ein Steueranspruch besteht, ob Steuern verkürzt oder ob nicht gerechtfertigte Steuervorteile erlangt sind, so kann das Strafverfahren ausgesetzt werden, bis das Besteuerungsverfahren rechtskräftig abgeschlossen ist.

(2) Über die Aussetzung entscheidet im Ermittlungsverfahren die Staatsanwaltschaft, im Verfahren nach Erhebung der öffentlichen Klage das Gericht, das mit der Sache befasst ist.

(3) Während der Aussetzung des Verfahrens ruht die Verjährung.

2. Unterabschnitt. Ermittlungsverfahren

I. Allgemeines

§ 397 Einleitung des Strafverfahrens

(1) Das Strafverfahren ist eingeleitet, sobald die Finanzbehörde, die Polizei, die Staatsanwaltschaft, eine ihrer Ermittlungspersonen oder der Strafrichter eine Maßnahme trifft, die erkennbar darauf abzielt, gegen jemanden wegen einer Steuerstraftat strafrechtlich vorzugehen.

(2) Die Maßnahme ist unter Angabe des Zeitpunkts unverzüglich in den Akten zu vermerken.

(3) Die Einleitung des Strafverfahrens ist dem Beschuldigten spätestens mitzuteilen, wenn er dazu aufgefordert wird, Tatsachen darzulegen oder Unterlagen vorzulegen, die im Zusammenhang mit der Straftat stehen, derer er verdächtig ist.

§ 398 Einstellung wegen Geringfügigkeit

¹Die Staatsanwaltschaft kann von der Verfolgung einer Steuerhinterziehung, bei der nur eine geringwertige Steuerverkürzung eingetreten ist oder nur geringwertige Steuervorteile erlangt sind, auch ohne Zustimmung des für die Eröffnung des Hauptverfahrens zuständigen Gerichts absehen, wenn die Schuld des Täters als gering anzusehen wäre und kein öffentliches Interesse an der Verfolgung besteht. ²Dies gilt für das Verfahren wegen einer Steuerhehlerei nach § 374 und einer Begünstigung einer Person, die eine der in § 375 Abs. 1 Nr. 1 bis 3 genannten Taten begangen hat, entsprechend.

§ 398a Absehen von Verfolgung in besonderen Fällen

(1) In Fällen, in denen Straffreiheit nur wegen § 371 Absatz 2 Satz 1 Nummer 3 oder 4 nicht eintritt, wird von der Verfolgung einer Steuerstraftat abgesehen, wenn der an der Tat Beteiligte innerhalb einer ihm bestimmten angemessenen Frist
1. die aus der Tat zu seinen Gunsten hinterzogenen Steuern, die Hinterziehungszinsen nach § 235 und die Zinsen nach § 233a, soweit sie auf die Hinterziehungszinsen nach § 235 Absatz 4 angerechnet werden, entrichtet und
2. einen Geldbetrag in folgender Höhe zugunsten der Staatskasse zahlt:
    a) 10 Prozent der hinterzogenen Steuer, wenn der Hinterziehungsbetrag 100.000 Euro nicht übersteigt,
    b) 15 Prozent der hinterzogenen Steuer, wenn der Hinterziehungsbetrag 100.000 Euro übersteigt und 1.000.000 Euro nicht übersteigt,

c) 20 Prozent der hinterzogenen Steuer, wenn der Hinterziehungsbetrag 1.000.000 Euro übersteigt.

(2) Die Bemessung des Hinterziehungsbetrags richtet sich nach den Grundsätzen in § 370 Absatz 4.

(3) Die Wiederaufnahme eines nach Absatz 1 abgeschlossenen Verfahrens ist zulässig, wenn die Finanzbehörde erkennt, dass die Angaben im Rahmen einer Selbstanzeige unvollständig oder unrichtig waren.

(4) ¹Der nach Absatz 1 Nummer 2 gezahlte Geldbetrag wird nicht erstattet, wenn die Rechtsfolge des Absatzes 1 nicht eintritt. ²Das Gericht kann diesen Betrag jedoch auf eine wegen Steuerhinterziehung verhängte Geldstrafe anrechnen.

II. Verfahren der Finanzbehörde bei Steuerstraftaten

§ 399 Rechte und Pflichten der Finanzbehörde

(1) Führt die Finanzbehörde das Ermittlungsverfahren auf Grund des § 386 Abs. 2 selbständig durch, so nimmt sie die Rechte und Pflichten wahr, die der Staatsanwaltschaft im Ermittlungsverfahren zustehen.

(2) ¹Ist einer Finanzbehörde nach § 387 Abs. 2 die Zuständigkeit für den Bereich mehrerer Finanzbehörden übertragen, so bleiben das Recht und die Pflicht dieser Finanzbehörden unberührt, bei dem Verdacht einer Steuerstraftat den Sachverhalt zu erforschen und alle unaufschiebbaren Anordnungen zu treffen, um die Verdunkelung der Sache zu verhüten. ²Sie können Beschlagnahmen, Notveräußerungen, Durchsuchungen, Untersuchungen und sonstige Maßnahmen nach den für Ermittlungspersonen der Staatsanwaltschaft geltenden Vorschriften der Strafprozessordnung anordnen.

§ 400 Antrag auf Erlass eines Strafbefehls

Bieten die Ermittlungen genügenden Anlass zur Erhebung der öffentlichen Klage, so beantragt die Finanzbehörde beim Richter den Erlass eines Strafbefehls, wenn die Strafsache zur Behandlung im Strafbefehlsverfahren geeignet erscheint; ist dies nicht der Fall, so legt die Finanzbehörde die Akten der Staatsanwaltschaft vor.

§ 401 Antrag auf Anordnung von Nebenfolgen im selbständigen Verfahren

Die Finanzbehörde kann den Antrag stellen, die Einziehung selbständig anzuordnen oder eine Geldbuße gegen eine juristische Person oder eine Personenvereinigung selbständig festzusetzen (§§ 435, 444 Abs. 3 der Strafprozessordnung).

III. Stellung der Finanzbehörde im Verfahren der Staatsanwaltschaft

§ 402 Allgemeine Rechte und Pflichten der Finanzbehörde

(1) Führt die Staatsanwaltschaft das Ermittlungsverfahren durch, so hat die sonst zuständige Finanzbehörde dieselben Rechte und Pflichten wie die Behörden des Polizeidienstes nach der Strafprozessordnung sowie die Befugnisse nach § 399 Abs. 2 Satz 2.

(2) Ist einer Finanzbehörde nach § 387 Abs. 2 die Zuständigkeit für den Bereich mehrerer Finanzbehörden übertragen, so gilt Absatz 1 für jede dieser Finanzbehörden.

§ 403 Beteiligung der Finanzbehörde

(1) ¹Führt die Staatsanwaltschaft oder die Polizei Ermittlungen durch, die Steuerstraftaten betreffen, so ist die sonst zuständige Finanzbehörde befugt, daran teilzunehmen. ²Ort und Zeit der Ermittlungshandlungen sollen ihr rechtzeitig mitgeteilt werden. ³Dem Vertreter der Finanzbehörde ist zu gestatten, Fragen an Beschuldigte, Zeugen und Sachverständige zu stellen.

(2) Absatz 1 gilt sinngemäß für solche richterlichen Verhandlungen, bei denen auch der Staatsanwaltschaft die Anwesenheit gestattet ist.

(3) Der sonst zuständigen Finanzbehörde sind die Anklageschrift und der Antrag auf Erlass eines Strafbefehls mitzuteilen.

(4) Erwägt die Staatsanwaltschaft, das Verfahren einzustellen, so hat sie die sonst zuständige Finanzbehörde zu hören.

IV. Steuer- und Zollfahndung

§ 404 Steuer- und Zollfahndung

[1] Die Behörden des Zollfahndungsdienstes und die mit der Steuerfahndung betrauten Dienststellen der Landesfinanzbehörden sowie ihre Beamten haben im Strafverfahren wegen Steuerstraftaten dieselben Rechte und Pflichten wie die Behörden und Beamten des Polizeidienstes nach den Vorschriften der Strafprozessordnung. [2] Die in Satz 1 bezeichneten Stellen haben die Befugnisse nach § 399 Abs. 2 Satz 2 sowie die Befugnis zur Durchsicht der Papiere des von der Durchsuchung Betroffenen (§ 110 Abs. 1 der Strafprozessordnung); ihre Beamten sind Ermittlungspersonen der Staatsanwaltschaft.

V. Entschädigung der Zeugen und der Sachverständigen

§ 405 Entschädigung der Zeugen und der Sachverständigen

[1] Werden Zeugen und Sachverständige von der Finanzbehörde zu Beweiszwecken herangezogen, so erhalten sie eine Entschädigung oder Vergütung nach dem Justizvergütungs- und -entschädigungsgesetz. [2] Dies gilt auch in den Fällen des § 404.

3. Unterabschnitt. Gerichtliches Verfahren

§ 406 Mitwirkung der Finanzbehörde im Strafbefehlsverfahren und im selbständigen Verfahren

(1) Hat die Finanzbehörde den Erlass eines Strafbefehls beantragt, so nimmt sie die Rechte und Pflichten der Staatsanwaltschaft wahr, solange nicht nach § 408 Abs. 3 Satz 2 der Strafprozessordnung Hauptverhandlung anberaumt oder Einspruch gegen den Strafbefehl erhoben wird.

(2) Hat die Finanzbehörde den Antrag gestellt, die Einziehung selbständig anzuordnen oder eine Geldbuße gegen eine juristische Person oder eine Personenvereinigung selbständig festzusetzen (§ 401), so nimmt sie die Rechte und Pflichten der Staatsanwaltschaft wahr, solange nicht mündliche Verhandlung beantragt oder vom Gericht angeordnet wird.

§ 407 Beteiligung der Finanzbehörde in sonstigen Fällen

(1) [1] Das Gericht gibt der Finanzbehörde Gelegenheit, die Gesichtspunkte vorzubringen, die von ihrem Standpunkt für die Entscheidung von Bedeutung sind. [2] Dies gilt auch, wenn das Gericht erwägt, das Verfahren einzustellen. [3] Der Termin zur Hauptverhandlung und der Termin zur Vernehmung durch einen beauftragten oder ersuchten Richter (§§ 223, 233 der Strafprozessordnung) werden der Finanzbehörde mitgeteilt. [4] Ihr Vertreter erhält in der Hauptverhandlung auf Verlangen das Wort. [5] Ihm ist zu gestatten, Fragen an Angeklagte, Zeugen und Sachverständige zu richten.

(2) Das Urteil und andere das Verfahren abschließende Entscheidungen sind der Finanzbehörde mitzuteilen.

4. Unterabschnitt. Kosten des Verfahrens

§ 408 Kosten des Verfahrens

[1] Notwendige Auslagen eines Beteiligten im Sinne des § 464a Abs. 2 Nr. 2 der Strafprozessordnung sind im Strafverfahren wegen einer Steuerstraftat auch die gesetzlichen

Gebühren und Auslagen eines Steuerberaters, Steuerbevollmächtigten, Wirtschaftsprüfers oder vereidigten Buchprüfers. ²Sind Gebühren und Auslagen gesetzlich nicht geregelt, so können sie bis zur Höhe der gesetzlichen Gebühren und Auslagen eines Rechtsanwalts erstattet werden.

Vierter Abschnitt. Bußgeldverfahren

§ 409 Zuständige Verwaltungsbehörde

¹Bei Steuerordnungswidrigkeiten ist zuständige Verwaltungsbehörde im Sinne des § 36 Abs. 1 Nr. 1 des Gesetzes über Ordnungswidrigkeiten die nach § 387 Abs. 1 sachlich zuständige Finanzbehörde. ²§ 387 Abs. 2 gilt entsprechend.

§ 410 Ergänzende Vorschriften für das Bußgeldverfahren

(1) Für das Bußgeldverfahren gelten außer den verfahrensrechtlichen Vorschriften des Gesetzes über Ordnungswidrigkeiten entsprechend:

1. die §§ 388 bis 390 über die Zuständigkeit der Finanzbehörde,
2. § 391 über die Zuständigkeit des Gerichts,
3. § 392 über die Verteidigung,
4. § 393 über das Verhältnis des Strafverfahrens zum Besteuerungsverfahren,
5. § 396 über die Aussetzung des Verfahrens,
6. § 397 über die Einleitung des Strafverfahrens,
7. § 399 Abs. 2 über die Rechte und Pflichten der Finanzbehörde,
8. die §§ 402, 403 Abs. 1, 3 und 4 über die Stellung der Finanzbehörde im Verfahren der Staatsanwaltschaft,
9. § 404 Satz 1 und Satz 2 erster Halbsatz über die Steuer- und Zollfahndung,
10. § 405 über die Entschädigung der Zeugen und der Sachverständigen,
11. § 407 über die Beteiligung der Finanzbehörde und
12. § 408 über die Kosten des Verfahrens.

(2) Verfolgt die Finanzbehörde eine Steuerstraftat, die mit einer Steuerordnungswidrigkeit zusammenhängt (§ 42 Abs. 1 Satz 2 des Gesetzes über Ordnungswidrigkeiten), so kann sie in den Fällen des § 400 beantragen, den Strafbefehl auf die Steuerordnungswidrigkeit zu erstrecken.

§ 411 Bußgeldverfahren gegen Rechtsanwälte, Steuerberater, Steuerbevollmächtigte, Wirtschaftsprüfer oder vereidigte Buchprüfer

Bevor gegen einen Rechtsanwalt, Steuerberater, Steuerbevollmächtigten, Wirtschaftsprüfer oder vereidigten Buchprüfer wegen einer Steuerordnungswidrigkeit, die er in Ausübung seines Berufs bei der Beratung in Steuersachen begangen hat, ein Bußgeldbescheid erlassen wird, gibt die Finanzbehörde der zuständigen Berufskammer Gelegenheit, die Gesichtspunkte vorzubringen, die von ihrem Standpunkt für die Entscheidung von Bedeutung sind.

§ 412 Zustellung, Vollstreckung, Kosten

(1) ¹Für das Zustellungsverfahren gelten abweichend von § 51 Abs. 1 Satz 1 des Gesetzes über Ordnungswidrigkeiten die Vorschriften des Verwaltungszustellungsgesetzes auch dann, wenn eine Landesfinanzbehörde den Bescheid erlassen hat. ²§ 51 Abs. 1 Satz 2 und Absatz 2 bis 5 des Gesetzes über Ordnungswidrigkeiten bleibt unberührt.

(2) ¹Für die Vollstreckung von Bescheiden der Finanzbehörden in Bußgeldverfahren gelten abweichend von § 90 Abs. 1 und 4, § 108 Abs. 2 des Gesetzes über Ordnungswidrigkeiten die Vorschriften des Sechsten Teils dieses Gesetzes. ²Die übrigen Vorschriften

des Neunten Abschnitts des Zweiten Teils des Gesetzes über Ordnungswidrigkeiten bleiben unberührt.

(3) Für die Kosten des Bußgeldverfahrens gilt § 107 Absatz 4 des Gesetzes über Ordnungswidrigkeiten auch dann, wenn eine Landesfinanzbehörde den Bußgeldbescheid erlassen hat; an Stelle des § 19 des Verwaltungskostengesetzes in der bis zum 14. August 2013 geltenden Fassung gelten § 227 und § 261 dieses Gesetzes.

Einleitung

Schrifttum: S. vor → Rn. 19, 38, 47, 62, 70, 123.

Übersicht

	Rn.
I. Das Steuerstrafrecht im Rechtssystem	1–3
II. Besonderheiten der Zuwiderhandlungen gegen Steuergesetze	4–37
1. Dogmatische Besonderheiten	4–7
2. Das durch die §§ 369 ff. AO geschützte Rechtsgut	8–18
3. Die kriminologische Eigenart steuerlicher Zuwiderhandlungen	19–31a
4. Besonderheiten des Steuerstrafverfahrens	32–37
III. Die geschichtliche Entwicklung des Steuerstrafrechts	38–152
1. Rechtszustand vor 1919	38–46
a) Materielles Steuerstrafrecht	38, 39
b) Steuerstrafverfahren	40–46
2. Das Steuerstrafrecht in der RAO 1919 und Änderungen bis 1933	47–61
3. Änderungen des Steuerstrafrechts durch die nationalsozialistische Gesetzgebung	62–68
4. Partielle Änderungen in der Nachkriegszeit	69
5. Änderungsvorhaben und Änderungen von 1950 bis 1965	70–80
6. Der Verfassungsstreit um das Verwaltungsstrafverfahren	81–85
7. AOStrafÄndG 1967/68 und OWiG 1968	86–91
8. Einflüsse der Strafrechtsreform und anderer Gesetzesänderungen	92–99
9. Reform der Reichsabgabenordnung	100–104
10. Änderungen nach der großen AO-Reform	105–122
11. Organisatorische Entwicklung	123–126
12. Blick auf die jüngere Rechtsprechung im Steuerstrafrecht	127–152
a) Vorsatz und Irrtum	128
b) Umsatzsteuerstrafrecht	129–132
c) Europäisierung des Steuerstrafrechts	133
d) Cum-Ex-Verfahren	134
e) Feststellungen zu den Besteuerungsgrundlagen	135
f) Strafzumessung	136–141
g) Vollendung	142
h) Verjährung	143
i) Teilnahme	144–146
j) Verbrauchsteuern	147, 148
k) Konkurrenzen	149
l) Selbstanzeige	150
m) Einziehung	151
n) Auslieferungsrecht	152
IV. Rechtsquellen und Schrifttum	153–162
1. Steuerstraf- und Steuerbußgeldrecht	153–158
2. Steuerrecht	159–162

I. Das Steuerstrafrecht im Rechtssystem

Steuerstrafrecht ist im weitesten Sinne der Sammelbegriff für alle Gesetze, die straf- oder -ordnungswidrigkeitenrechtliche Sanktionen wegen Zuwiderhandlungen gegen Steuergesetze androhen und das Straf- oder Bußgeldverfahren durch Sondervorschriften der Eigenart steuerlicher Zuwiderhandlungen anpassen. Im engeren Sinne umfasst das Steuerstrafrecht die Strafvorschriften der §§ 369–376 AO und § 26c UStG sowie die Straftatbestände in den Abgabengesetzen der Länder. In jedem Falle umschreibt der doppeldeutige Begriff einen Grenzbereich, in dem das Strafrecht und das Steuerrecht ineinander übergreifen (→ Rn. 2). Diese Lage hat zur Folge, dass das Steuerstrafrecht – vom Mittelpunkt des Steuerrechts oder des Strafrechts aus betrachtet – jeweils am Rande des rechtswissenschaftlichen Interesses und der rechtswissenschaftlichen Erkenntnis erscheint. 1

2 Strafrecht und Steuerrecht sind im Steuerstrafrecht auf mehrfache Weise miteinander verknüpft:
1. *historisch* ist das Steuerstrafrecht aus dem Steuerrecht erwachsen und herkömmlich in Steuergesetzen geregelt, auch soweit die angedrohten Sanktionen Kriminalstrafen sind;
2. *rechtspolitisch* dient das Steuerstrafrecht der Sicherung der Steuererträge, auf deren vollständiges Aufkommen Bund, Länder und Gemeinden zur Erfüllung ihrer öffentlichen Aufgaben angewiesen sind;
3. *dogmatisch* weisen die Tatbestände des Steuerstrafrechts teils normative Merkmale (steuerlich erheblich, Steuerverkürzung in § 370 I Nr. 1 AO; str.) teils Blankettverweisungen (pflichtwidrig in § 370 I Nr. 2 AO) auf, die durch das Steuerrecht konkretisiert und ausgefüllt werden müssen;
4. *verfahrensrechtlich* sind die Ermittlung von Steuerstraftaten und die Verfolgung von Steuerordnungswidrigkeiten gem. §§ 386 ff. AO weitgehend Finanzbehörden anvertraut, die durch ihre Tätigkeit im Besteuerungsverfahren Steuerverkürzungen und andere Zuwiderhandlungen gegen Steuergesetze am ehesten entdecken und aufklären können. Aus dem Nebeneinander von Besteuerungsverfahren und Steuerstraf- oder -bußgeldverfahren erwachsen allerdings besondere Abgrenzungsschwierigkeiten (vgl. dazu §§ 393, 397 AO), die in anderen Strafverfahren wegen der getrennten Kompetenzen von Verwaltungs- und Strafverfolgungsbehörden (so) nicht vorkommen.

3 **Die vielfältige Verknüpfung des Steuerstrafrechts mit dem Steuerrecht** hat Vorstellungen hervorgerufen, nach denen das Steuerstrafrecht als ein Bestandteil des Steuerrechts und das Steuerstrafverfahren als ein verlängertes Besteuerungsverfahren anzusehen sei (vgl. zB *Mattern* DStZ 1957, 97 u. ZStW 67 [1955], 365, 368, 375). Bezeichnend ist die abschwächende Meinung von *Moser,* das Steuerstrafrecht sei *auch* Strafrecht, die Steuerstrafsache *auch* Strafsache und das Steuerstrafverfahren *auch* Strafverfahren (DStR 1956, 463). Von dieser Betrachtungsweise hat sich auch die Praxis im früheren Verwaltungsstrafverfahren (→ Rn. 81 ff.) nicht völlig freihalten können, so dass zB bei der Einleitung oder Einstellung eines Strafverfahrens oder bei der Strafzumessung bisweilen steuerrechtsähnliche Billigkeits- oder fiskalische Zweckmäßigkeitserwägungen angestellt wurden. Nachdem das Spannungsverhältnis zwischen dem Zwang zur Strafverfolgung und dem minder schweren Unrechtsgehalt der früheren Vergehen nach den §§ 402, 406 u. 413 RAO 1931 durch deren Umwandlung in Ordnungswidrigkeiten (vgl. §§ 404–409 RAO 1968, heute §§ 378–382 AO) und das für sie geltende Opportunitätsprinzip (§ 47 OWiG) aufgelöst ist, kann kein Zweifel mehr bestehen, dass die §§ 369–376 AO trotz ihrer engen Beziehungen zum Steuerrecht dem Strafrecht angehören (so schon BFHGrS 10.2.1958, BStBl. III 198 f.). Dies ergibt sich eindeutig aus den angedrohten Strafen und den Verweisungen des § 369 II und des § 385 II AO auf die allgemeinen Gesetze über das Strafrecht und das Strafverfahren.

II. Besonderheiten der Zuwiderhandlungen gegen Steuergesetze

1. Dogmatische Besonderheiten

4 **Zuwiderhandlungen gegen Steuergesetze** können – soweit sie mit Sanktionen geahndet werden – als Vergehen iSd § 12 II StGB mit Strafe bedroht sein („Steuerstraftaten" iSd § 369 I AO), oder als Ordnungswidrigkeiten iSd § 1 I OWiG mit Geldbuße geahndet werden („Steuerordnungswidrigkeiten" iSd § 377 I AO). Der im Jahr 2001 eingeführte Verbrechenstatbestand des § 370a AO ist durch Gesetz vom 21.12.2007 gestrichen worden. Seine Funktion der Strafschärfung – allerdings ohne Verbrechenscharakter – hat teilweise die Neuregelung in § 370 III 2 Nr. 5 AO übernommen (→ § 370 Rn. 561 ff.). Mit der Einführung von Steuerordnungswidrigkeiten durch das 2. AOStrafÄndG (→ Rn. 89) hat der Gesetzgeber einen klaren Trennungsstrich zwischen kriminellem Unrecht und Ordnungsunrecht gezogen. Dem Ordnungsunrecht wurden diejenigen Tatbestände zugeordnet, die vorher ausschließlich mit Geldstrafe bedroht waren (§§ 402, 413 RAO) oder bei denen Freiheitsstrafe zwar angedroht war, aber in der Praxis nicht verhängt wurde (§ 406 RAO). Von den verbliebenen Straftatbeständen sind Steuerhinterziehung, Bannbruch und Steuerhehlerei (§§ 370, 372, 374 AO) im Regelfall mit Freiheitsstrafe bis zu 5 Jahren oder mit Geldstrafe (§§ 40–43 StGB) bedroht. Gewerbsmäßiger, gewaltsamer und bandenmäßiger Schmuggel werden seit dem 1.1.2008 mit einer Regelstrafe von sechs Monaten bis zu zehn Jahren geahndet. Für Steuerordnungswidrigkeiten verdeutlichen die Bußgelddrohungen zwischen 5.000 und 50.000 Euro in den §§ 378 ff. AO im Vergleich zu der regelmäßigen Geldbuße bis zu 1.000 EUR (§ 17 OWiG), dass die Zuwiderhandlungen nach den §§ 378–383b AO im Hinblick auf die Bedeutung der Rechtsbeeinträchtigungen zum *schwerwiegenden* Bereich des Ordnungsunrechts gehören.

Ob und welche Tatbestandsmerkmale im Steuerstrafrecht Blankettverweisungen oder normative Tatbestandsmerkmale beinhalten, ist eine in Rechtsprechung und Wissenschaft heftig umstrittene Frage. In einigen Bereichen ist die Antwort eindeutig, etwa soweit es § 379 I Nr. 4 bis 6 oder II AO betrifft. Hier wird auf Verstöße gegen bestimmte steuerrechtliche Vorschriften verwiesen – die allerdings ihrerseits vielfach normative Tatbestandsmerkmale enthalten –, und der Ordnungswidrigkeitentatbestand ist ohne den Bezug zu den Verweisungsobjekten unvollständig. Umstritten ist dagegen der Charakter der Tatbestandsmerkmale der steuerlichen Erheblichkeit und der Steuerverkürzung in § 370 AO. Hier ist es durchaus nachvollziehbar, von einem vollständigen Straftatbestand auszugehen, der zwar zur Konkretisierung des strafrechtlichen Vorwurfs der Bezugnahme auf das Steuerrecht bedarf, aber das grundsätzliche Unrecht bereits eigenständig festlegt (zum Streitstand *Bülte* GS Joecks, 2018, 365; *Juchem* wistra 2014, 300; HHS/*Peters* AO § 370 Rn. 41 ff.). Der Begriff der Pflichtwidrigkeit in § 370 I Nr. 2 AO erscheint dagegen weniger abschließend in seiner Bestimmung des Unrechts (vgl. *Dannecker* FS Achenbach, 2011, 83). Letztlich ist daher jeder einzelne Tatbestand eines Sanktionsgesetzes auf den Charakter seiner Verweisung hin zu prüfen und dann die Frage zu beantworten, welche Folgen sich aus der dogmatischen Einordung einer Verweisung ergeben (vgl. *Bülte* JuS 2015, 769 ff.).

Die Selbstanzeige nach § 371 AO bietet dem Täter einer Steuerhinterziehung (§ 370 AO) noch nach vollendeter und beendeter Tat die Möglichkeit, durch eine Berichtigungserklärung und die Nachzahlung des verkürzten Steuerbetrags Straffreiheit zu erlangen (vgl. auch § 378 III AO für die Steuerordnungswidrigkeit der leichtfertigen Steuerverkürzung).

Die Verjährung der Verfolgung einer Steuerstraftat wird nach § 376 II AO außer durch die allgemeinen Unterbrechungshandlungen nach § 78c I Nr. 1–12 StGB auch dadurch unterbrochen, dass dem Beschuldigten die Einleitung des Bußgeldverfahrens wegen einer Steuer*ordnungswidrigkeit* bekannt gegeben oder diese Bekanntgabe angeordnet wird. Abweichend von dem bislang Üblichen sah § 376 I AO seit dem 25.12.2008 vor, dass sich die Verjährungsfrist von fünf auf zehn Jahre erhöhte, wenn die Tat die Voraussetzungen eines benannten Regelbeispiels nach § 370 III 2 AO erfüllt. Diese Frist wurde zum 29.12.2020 auf 15 Jahre verlängert (→ Rn. 117).

2. Das durch die §§ 369 ff. AO geschützte Rechtsgut

Welches Rechtsgut die Steuerhinterziehung schützt, ist umstritten (zum Streitstand HHS/*Peters* AO § 370 Rn. 27 ff.). Nach Ansicht von *Isensee* (NJW 1985, 1008) stellt § 370 AO allein die Zuwiderhandlung gegen Gesetzesbefehle unter Strafe (ähnl. *Kohlmann*, Grundfragen, S. 19). Andere gehen von einer rein formalen Schutzfunktion aus, die die steuerlichen Offenbarungspflichten (*Schulze* DStR 1964, 416; *Ehlers* FR 1976, 505) bzw. Wahrheitspflichten gegenüber den Finanzbehörden (*Mölinger* S. 380) oder allein den formalen Bestand der Steueransprüche (*Backes* S. 149 f.) erfasst. *Salditt* meint, § 370 AO schütze nicht die öffentlichen Kassen, sondern eine gleichmäßige Lastenverteilung (FS Tipke, 1995, 475, 477 ff.; *ders.* StraFo 1997, 65; ebenso *Tipke,* Besteuerungsmoral und Steuermoral, 2000, S. 97). *Dannecker* sieht das Besteuerungssystem als Schutzgut des § 370 AO (*ders.,* Steuerhinterziehung, S. 175 f.). Der eher materielle Gegenansatz geht davon aus, die Steuerhinterziehung stelle einen Angriff auf Vermögensinteressen des steuererhebenden Staates dar und sei daher Vermögensdelikt (vgl. die Nachweise bei *Suhr* 1988, 12 ff.; *Hardtke* 1995, 62). Die Rechtsprechung sieht die Sicherung des staatlichen Steueranspruchs, dh des rechtzeitigen und vollständigen Steueraufkommens als Rechtsgut der Steuerhinterziehung an (BGH 13.9.2018, BGHSt 63, 203). Für diese Auffassung spricht, dass die Steuerhinterziehung neben dem Verstoß gegen die steuerlichen Pflichten eine Steuerverkürzung voraussetzt. Daher reicht zumindest der Verstoß gegen Mitteilungs- oder Wahrheitspflichten nicht aus, um das strafbare Unrecht zu begründen (vgl. *Suhr* 1988, 177). Es ist auch zutreffend, dass auch reine Vermögensverletzungen strafbares Unrecht ausmachen können, wie der Blick auf §§ 263, 266 StGB zeigt (vgl. aber *Kohlmann* DStJG 6 (1983), 19 f.). Aber das rechtfertigt nicht den Schluss, dass die Verteilungsgerechtigkeit oder die Funktionsfähigkeit des Besteuerungssystems nicht Rechtsgut des § 370 AO sein können. Die Steuerhinterziehung als reines Delikt gegen staatliches Vermögen zu verstehen, würde jedenfalls die Frage nach der Berechtigung der Gestaltung des § 370 AO als Gefährdungsdelikt aufwerfen.

9   Unklar ist, ob das Steueraufkommen in der jeweiligen Steuerart oder insgesamt geschützt wird. Die hM geht davon aus, es gehe um das Steueraufkommen in der jeweiligen Steuerart (vgl. nur RG 16.6.1925, RGSt 59, 258; BGH 1.2.1989, BGHSt 36, 102; BGH 16.10.1981, wistra 1982, 31; BayObLG 21.4.1982, wistra 1982, 199; *Kirchhof* NJW 1985, 2981; *Wassmann* ZfZ 1987, 165; *Krieger* 1988, 90; *Hanßen* 1984, 31; *Löffler* 1992, 115). Eine Begründung wird hierfür jedoch nicht gegeben. Vielleicht diente das Bemühen, verschiedene Steuerarten isoliert zu betrachten, allein dem – zwischenzeitlich hinfälligen – Versuch, einen Fortsetzungszusammenhang zwischen der Hinterziehung verschiedener Steuerarten zu vermeiden (vgl. *Suhr* 1988, 32; *Bachmann* 1993, 160; *Hardtke* 1995, 63; krit. auch Kohlmann/*Ransiek* AO § 370 Rn. 55). Allein *Franzen* begründete seine Auffassung mit der Überlegung, die „überaus differenzierte Verteilung von Ertragshoheit, Verwaltungshoheit und Gesetzgebungshoheit bei den verschiedenen Steuern auf Bund, Länder und Gemeinden …" (DStR 1965, 188; → 3. Aufl. Einl Rn. 8) erfordere ein Abstellen auf die einzelnen Steuerarten. Nach diesem Ansatz wäre aber letztlich die Ertragshoheit für das Rechtsgut maßgeblich. Das würde dazu führen, dass nicht nach Steuerarten, sondern nach wirtschaftlicher Berechtigung des Steuergläubigers differenziert werden müsste. Dann müsste man auf das vollständige Aufkommen jedes einzelnen Ertragsanteils abstellen (*Suhr* 1988, 29; *Hardtke* 1995, 64). Bei den Vermögensdelikten wird aus gutem Grund nicht danach differenziert, wer Geschädigter der Straftat ist. Auch bei der Steuerhinterziehung gibt es keinen Anlass, nach Steuerarten zu differenzieren. Im Übrigen war die hM insofern nicht konsequent, als sie etwa eine „Teilidentität" von Körperschaft- und Einkommensteuer annahm, wenn sie in diesem Zusammenhang einen Fortsetzungszusammenhang für möglich hielt (vgl. RG 24.8.1936, RStBl. 947; BayObLG 26.4.1982, wistra 1982, 198; *Hardtke* 1995, 65). Bei dem von § 370 AO geschützten Rechtsgut handelt es sich somit um das staatliche Interesse am vollständigen und rechtzeitigen Aufkommen der Steuern im Ganzen (*Hardtke* 1995, 66; Kohlmann/*Ransiek* AO § 370 Rn. 54). Die Steuerhinterziehung ist zudem kein reines Vermögensdelikt; vielmehr sind die Lastengleichheit und die Funktionsfähigkeit des Besteuerungssystems ebenfalls geschützt. Zu weiteren Konsequenzen → § 370 Rn. 26 ff.

10   **Das öffentliche Interesse am vollständigen und rechtzeitigen Aufkommen der Steuern ist besonders schutzwürdig,** weil Bund, Länder und Gemeinden sonst nicht in der Lage wären, die ihnen obliegenden öffentlichen Aufgaben zu erfüllen. Die Verwendung der Steuererträge steht nicht im Belieben der Steuergläubiger, sondern ist ihnen durch die von den Parlamenten beschlossenen Haushaltsgesetze weitgehend vorgeschrieben. Die Höhe der gesetzlich auferlegten Steuern ist einerseits vom Bedarf, andererseits von der Leistungsfähigkeit der Volkswirtschaft und des einzelnen Staatsbürgers abhängig. Aus dem Grundsatz der Steuergerechtigkeit folgt das Gebot der Gleichmäßigkeit der Besteuerung, das bei den sachbezogenen Steuerarten gleiche Steuern und bei den personenbezogenen Steuerarten gleiche Steuern von Schuldnern mit gleicher Leistungsfähigkeit zu fordern gebietet. Die Gleichmäßigkeit der Besteuerung ist nach Art. 3 I GG nicht nur ein verfassungsrechtliches Gebot an die Steuergesetzgeber (vgl. BVerfG 3.12.1958, BVerfGE 9, 3, 9; BVerfG 22.6.1995, BVerfGE 93, 121; BVerfG 9.3.2004, BVerfGE 110, 94), sondern auch ein Gebot an die Finanzverwaltung, bei der Durchführung der Steuergesetze das Interesse der rechtstreuen Steuerschuldner gegenüber denen zu wahren, die sich der ihnen gesetzlich zugemessenen Steuerlast auf widerrechtliche Weise zu entziehen versuchen (§ 85 AO; BVerfG 27.6.1991, BVerfGE 84, 239, 268).

Das öffentliche Interesse am vollständigen und rechtzeitigen Aufkommen der einzelnen Steuern ist auch besonders schutzbedürftig. Die Finanzbehörden müssen bei der Ermittlung der Besteuerungsgrundlagen und bei der Festsetzung der Steuern Massenarbeit leisten. Die Möglichkeiten einer durchgreifenden Kontrolle sind begrenzt. Außenprüfungen (§§ 193 ff. AO) können letztlich nur bei Großbetrieben regelmäßig durchgeführt werden, bei anderen, insbes. bei Klein- und Kleinstbetrieben, finden Prüfungen selten statt. Bei der Unzahl der von einem Stpfl in einem mehrjährigen Prüfungszeitraum abgewickelten Geschäftsvorfälle muss sich jede Außenprüfung auf Stichproben beschränken. Außerdem ist es zugunsten eines gesunden „Steuerklimas" geboten, nicht jedermann von vornherein mit Misstrauen entgegenzutreten. Diese Umstände sind den Stpfl durchaus bekannt und verstärken die Versuchung, es mit den steuerrechtlichen Pflichten gegenüber den anonymen Steuergläubigern weniger genau zu nehmen als mit privatrechtlichen Verpflichtungen, die meist auf Grund persönlicher Beziehungen durch Vertrag um einer unmittelbaren Gegenleistung willen begründet werden.

Der durch die Verletzung steuerrechtlicher Pflichten verursachte Schaden geht über das Vorstellungsvermögen der meisten Steuerzahler weit hinaus, andererseits fehlen verlässliche Zahlen (vgl. auch WJS WirtschaftsStrafR-HdB/*Dannecker/Bülte* Kap. 1 Rn. 16a: Blindschätzungen, „d. h. Spekulationen"). Das Hellfeld in Gestalt von Mehrergebnissen der Außenprüfung und der Steuerfahndung ist nur begrenzt geeignet, Erkenntnisse über das Dunkelfeld, also das wirkliche Ausmaß der Steuerhinterziehung zu gewinnen. Die Mehrergebnisse der Außenprüfung ergeben sich insbes. aus der KSt und der Prüfung von Konzernen, auf die 11,6 von 15,2 Mrd. EUR entfielen (Monatsbericht des BMF Oktober 2020, S. 36). Bei den Mehrergebnissen nach Außenprüfung bei Konzernen mag es sich zudem primär um zeitliche Verlagerungen handeln (vgl. *Neddermeyer* BB 1994 Beil. 10; *ders.* BB 1995, 1378).

Schätzungen über das Dunkelfeld und den wirklichen Umfang der Steuerhinterziehung zeigen ein buntes Bild. Dabei muss man darauf achten, dass man nicht Umsatz und Steuer gleichsetzt bzw. Gestaltungen in die Berechnungen einbezieht, die unter dem Stichwort „Harmful Tax Practices" politisch heftig in der Diskussion sind, aber mit Steuerhinterziehung nichts zu tun haben. Ein Bericht des Bundesrechnungshofes nach § 99 BHO v. 3.9.2003 (BT-Drs. 15/1495, 8) ging für die USt von einem Steuerschaden von über 11 Mrd. EUR pro Jahr aus (vgl. auch BT-Drs. 14/4226 Nr. 68). Das ifo Institut schätzte den Schaden für 2007 auf 14 Mrd. EUR (2005: 18,5 Mrd. EUR; BT-Drs. 16/8662, 1). Waren bisher insbes. Handys und CPUs betroffen, ist es jetzt der Handel mit Verschmutzungsrechten, der zu einem großen Teil mit kriminellen Praktiken abgewickelt wird. Der Kettenbetrug im Baugewerbe soll dazu führen, dass 500.000 Arbeitsplätze und jährlich etwa 64 Mrd. EUR Steuereinnahmen und rd. 56 Mrd. EUR Sozialversicherungsbeiträge verloren gehen (BT-Drs. 15/1495, 10). In einem Entschließungsantrag von Bündnis 90 (BT-Drs. 19/30511) ist von 5.7 Mrd. Euro Schaden allein durch internationale Gewinnverlagerungen die Rede. Ob diese Zahlen bei ihrer Erhebung valide waren und heute vergleichbar Gültigkeit beanspruchen können, ist unsicher. Auch wenn manche Beträge überhöht erscheinen mögen (vgl. auch *Thießen* Wirtschaftsdienst 2011, 194), besteht jedenfalls ein erheblicher Handlungsbedarf für Gesetzgeber, Justiz und Verwaltung.

14 Für die Europäische Union bezifferte der Brite *Richard Murphy* vom Tax Justice Network in einer Untersuchung für das Europaparlament im Jahre 2012 den Gesamtschaden auf eine Billion Euro; dies umfasst aber auch Fälle strafrechtlich nicht relevanter Steuerflucht. Für Deutschland kommt *Murphy* für 2009 auf entgangene Steuereinnahmen in Höhe von 160 Mrd. EUR, *Schneider* auf 65,5 Mrd. EUR. Darin eingerechnet sind auch betrügerische Karussellgeschäfte. Untersuchungen von *Feld* und *Schneider* (2010) gehen davon aus, dass 1,6 bis 2,8 Prozent des Bruttoinlandsproduktes auf Steuerhinterziehung entfallen. Bei einem BIP von 2,74 Billionen EUR wären dies zwischen 33 und 76,7 Mrd. EUR (siehe auch *Enste/Schneider* Wirtschaftsdienst 2006, 185; *Koch* Wirtschaftsdienst 2006, 192).

15 Geht man davon aus, dass der Schattenwirtschaft zu 40 Prozent Schwarzarbeit zugrunde liegt, geht es dort um Ausfälle bei der Umsatzsteuer von bis zu 22 Mrd. EUR, bei der Einkommensteuer von über 20 Mrd. EUR. Der Bundesrechnungshof bezifferte die Schäden im Bereich der Karussellgeschäfte auf etwa 20 Mrd. EUR. Nimmt man Einkünfte aus Kapitalvermögen hinzu, könnte es um einen Betrag von bis zu 100 Mrd. EUR gehen, wobei durch die Abzugsteuer (und niedrige Zinssätze) die Summe der hinterzogenen Beträge gesunken sein mag. Die Mehrergebnisse der Außenprüfung geben insofern wenig Anhaltspunkte, da sie zwar zu Mehrsteuern führen, aber nicht gesagt ist, was beispielsweise im Rahmen der Körperschaftsteuer durch veränderte Gewinnabgrenzungen und periodische Verschiebungen an Beträgen zusammenkam. Insofern ist Anhaltspunkt allenfalls das, was in den Monatsberichten des Bundesfinanzministeriums jährlich als „Mehrergebnis" der Steuerfahndung dokumentiert ist. Die dort ermittelten Mehrsteuern von bis zu 2,2 Mrd. EUR pro Jahr bestätigen wiederum die Einschätzung, es könne um bis zu 100 Mrd. EUR gehen (vgl. auch WJS WirtschaftsStrafR-HdB/*Pflaum* Kap. 21 Rn. 5).

16 Außer dem unmittelbaren Schaden für die Allgemeinheit ist die **demoralisierende Wirkung** von Steuerstraftaten auf andere Stpfl zu beachten, besonders die Wirkung auf steuerehrliche Wettbewerber, die gegenüber einem steuerunehrlichen Konkurrenten entweder Wettbewerbsnachteile in Kauf nehmen oder seinem Beispiel folgen müssen (→ Rn. 24; *Bottke* wistra 1991, 2; WJS WirtschaftsStrafR-HdB/*Dannecker/Bülte* Kap. 1 Rn. 17; ferner *Tiedemann,* Welche strafrechtliche Mittel empfehlen sich für eine wirksame Bekämpfung der Wirtschaftskriminalität, Gutachten 1972, S. C 21 ff.). In der Tat besteht die Gefahr einer Sog- oder Spiralwirkung, wenn Bauleistungen zu Dumpingpreisen angeboten werden können, weil Werkunternehmer ihre steuerlichen oder sozialversicherungsrechtlichen Pflichten nicht erfüllen. Die demoralisierende Wirkung mag sich im Übrigen dann verstärken, wenn der die Gesetze Beachtende das Gefühl entwickeln muss, dass die unseriösen Wettbewerber keinerlei Sanktionen zu befürchten haben. Insofern dient es durchaus auch Zielen der positiven Generalprävention, wenn im Zusammenhang mit der Bekämpfung der Schwarzarbeit die zur Kontrolle eingesetzten Kräfte des Zolls deutlich aufgestockt werden (vgl. *Joecks/Randt* Steueramnestie Rn. 120 ff.). Die Sozialpsychologie bestätigt, dass das „Klima" die Bereitschaft bestimmt, Steuerhinterziehungen zu begehen. Wer meint, „alle" täten es, wird eher das Nämliche tun, als wenn jemand meint, Steuerhinterziehungen seien eine Ausnahmeerscheinung (vgl. *Franzen* NKP 2008, 94 [98]).

17 Andererseits liegt es zum Teil im System begründet, wenn Privatpersonen auf Schwarzarbeit ausweichen. Kleinere Dienst- bzw. Handwerkerleistungen im Haushalt sind am Markt praktisch kaum erhältlich. Wer lediglich einige Fliesen verlegen oder aber eine neue Gardinenleiste montieren lassen möchte, könnte Mühe haben, jemanden zu finden, der sich für diesen geringen Arbeitsaufwand die Mühe macht, auch nur ein Angebot zu unterbreiten. Insofern ist es nachvollziehbar, wenn Private dann auf eine (bezahlte) „Nachbarschaftshilfe" ausweichen. Im Zusammenhang mit haushaltsnahen Dienstleistungen hat der Gesetzgeber zum Teil über das Haushaltsscheck-Verfahren den Weg in die Legalität erleichtert. Vergleichbares sollte auch für andere Bereiche des wirtschaftlichen Lebens erwogen werden.

18 Will man Steuerhinterziehung nicht nur mit dem stumpfen Schwert härterer Strafdrohungen und härterer Strafen bekämpfen, sind Maßnahmen nötig, mit denen einerseits die vom Bürger „gefühlte" Entdeckungswahrscheinlichkeit erhöht wird, andererseits deutlich gemacht wird, dass der Ehrliche eben nicht der Dumme, sondern der Gute ist (plakativ *Tipke* Steuerrechtsordnung III², S. 1723).

3. Die kriminologische Eigenart steuerlicher Zuwiderhandlungen

Schrifttum: *Reiwald,* Die Gesellschaft und ihre Verbrecher, 1948; *Sutherland,* White-Collar-Crimes, 1949; *Terstegen,* Unlauterer Wettbewerb durch Steuerhinterziehung, 1958; *ders.,* Die sog. „Weiße-Kragen-Kriminalität", Sonderdruck des BKA 1961, 81–118; *Zirpins/Terstegen,* Wirtschaftskriminalität, 1963; *Strümpel,* Steuermoral und Steuerwiderstand der deutschen Selbständigen, 1966; *Tiedemann,* Die Bekämpfung der Wirtschaftskriminalität als Aufgabe der Gesetzgebung am Beispiel der Steuer- und Subventionsdelinquenz, GA 1974, 1; *Opp,* Soziologie der Wirtschaftskriminalität, 1975; *Tiedemann,* Wirtschaftsrecht und Wirtschaftskriminalität, Bd. 1 Allgemeiner Teil, Bd. 2 Besonderer Teil, 1976; *Heinz,* Die Bekämpfung der Wirtschaftskriminalität mit strafrechtlichen Mitteln, GA 1977, 193 u. 225; *Mönch,* Steuerkriminalität und Sanktionswahrscheinlichkeit, 1978; *Meine,* Das Strafmaß bei der Steuerhinterziehung, MschrKrim 1982, 342; *Liebl,* Das Erscheinungsbild der Steuerhinterziehung in der Wirtschaftskriminalität, wistra 1982, 15, 50; *Martin Müller,* Zolldelikte, 1983; *Otto/Weber,* Konzeption und Grundsätze des Wirtschaftsstrafrechts, Dogmatischer Teil I/II, ZStW 96 (1984), 339/376; *Heinz,* Kriminologischer Teil, ZStW 96 (1984), 455; *Bayer/Reichl,* Ein Verhaltensmodell zur Steuerhinterziehung, 1997; *Schneider,* Steuervermeidung – ein Kavaliersdelikt?, DB 1997, 485; *Müller/Wabnitz/Janovsky,* Wirtschaftskriminalität, 4. Aufl. 1997; *Kirchler/Berger,* Macht die Gelegenheit den Dieb?, in: Jahrbuch der Absatz und Verbrauchsforschung 44 (1998), 439; *Fetchenhauer,* Psychologische Ansätze zur Erklärung von Steuerhinterziehung, Schwarzarbeit und (Sozial-)Versicherungsbetrug, in: *Lamnek* (Hrsg.), Der Sozialstaat zwischen Markt und Hedonismus, 1999, 404; *Joecks,* Steuergesetzgebung, Kapitalflucht und Gesetzesvollzug, in: *Rodi* (Hrsg.), Recht und Wirkung, 2002, 157; *Feld,* Rückführung von Fluchtkapital als Voraussetzung für den fiskalischen Erfolg einer Abgeltungssteuer?, in: *Schick* (Hrsg.), Veranlagung – Abgeltung – Steuerfreiheit, 2003, 43; *Dannecker,* Strafen und Strafzwecke im Deutschen und Österreichischen Steuerstrafrecht/Finanzstrafrecht, in: *Leitner* (Hrsg.), Finanzstrafrecht 2007, 35; *Kirchler/Mühlbacher,* Kontrollen und Sanktionen im Steuerstrafrecht aus Sicht der Rechtspsychologie, in: *Leitner* (Hrsg.), Finanzstrafrecht 2007, 9; *Hofmann,* Steuermoral, 2010; *Schmid,* Steuern, Wahrnehmung und Entscheidungsprozesse, 2012; *Joecks,* Strafen oder Werben?, SAM 2015, 11.

19 **Kriminologisch** sind zwei verschiedenartige Gruppen von Zuwiderhandlungen zu unterscheiden: einerseits die mit den physischen Straftaten des allgemeinen Strafrechts vergleichbaren Delikte des Schmuggels und der Schwarzbrennerei; andererseits die den sonstigen Wirtschaftsdelikten nahestehenden, oft mit ihnen zusammentreffenden intellektuellen Begehungsformen. Die Zoll- oder Monopolstraftaten der ersten Gruppe sind anschaulich und tragen unverkennbar den Stempel der Rechtswidrigkeit; denn der Schmuggler an der Grenze und der Schwarzbrenner entfalten eine körperliche Tätigkeit, die sich auf die Beförderung oder Herstellung einer Sache bezieht und wahrnehmbare Spuren hinterlässt oder handgreifliche Beweise erbringt. Ungleich schwieriger erkennbar und erheblich gefährlicher für das angegriffene Rechtsgut (→ Rn. 8) sind die Erscheinungsformen der intellektuellen Steuerverkürzung.

20 **Nach der Art der Tatausführung** sind intellektuelle Steuerzuwiderhandlungen dadurch gekennzeichnet, dass ihre Begehung keine physische Anstrengung, daher im Regelfall auch keine körperlichen Werkzeuge oder Hilfsmittel erfordert. Das strafbare Verhalten vollzieht sich hier in Formen, die die rechtswidrige Zielsetzung auch dann nicht ohne Weiteres erkennen lassen, wenn der Täter den Erfolg der Steuerverkürzung *durch positives Tun* anstrebt, zB bei Ertragsteuern durch das Vortäuschen höherer Betriebsausgaben. Selbst wenn derartige Täuschungen durch Absprachen mit Geschäftspartnern und Austausch unrichtiger Belege von langer Hand vorbereitet sind, hinterlassen sie doch wenig Spuren. Überdies erwachsen die meisten intellektuellen Steuerverfehlungen aus *Unterlassungen,* sei es, dass der Stpfl dem FA seine Existenz verheimlicht (vgl. zB OLG Frankfurt 18.10.1961, NJW 1962, 974), oder er nur bestimmte Umsätze oder Einkünfte verschweigt. In solchen Fällen erlaubt der Sachverhalt ohne umfassende Kenntnis der Verhältnisse keinen Schluss auf die objektiven oder subjektiven Voraussetzungen einer Steuerstraftat. Vergleichbar ist die Sachlage bei einem (Subventions-, Versicherungs-, Kredit-)Betrug (§§ 263–265b

StGB), bei der Untreue (§ 266 StGB) und bei den Insolvenzstraftaten (§§ 283–283d StGB). Es ist ein gemeinsames Phänomen dieser Delikte, dass hier der oder die potenziellen Täter bekannt sind, aber Tat und Taterfolg ermittelt werden müssen. Die allgemeinen Vermögensdelikte gelangen meist durch Strafanzeigen zur Kenntnis der Strafverfolgungsbehörden, die dann bei ihren Ermittlungen durch sachdienliche Hinweise der Geschädigten unterstützt werden. Dagegen sind FinB und StA bei Zuwiderhandlungen gegen Steuergesetze auf sich gestellt. Auch ist der Erfolg der Steuerverkürzung nicht einfach zu ermitteln, weil hierbei auf die steuererheblichen Tatsachen – vorbehaltlich des § 370 IV 3 AO (→ § 370 Rn. 91 ff.) – alle im Einzelfall einschlägigen Normen des Steuerrechts angewendet werden müssen.

21 Freilich unterscheidet sich die Steuerhinterziehung in vielen Konstellationen von den erwähnten Vermögensdelikten. Niemand ist gezwungen, seine Versicherung zu betrügen, aber die meisten Bürger sind verpflichtet, Steuererklärungen einzureichen. Während es beim Betrug klassischerweise darum geht, einen Gewinn zu erzielen, geht es in vielen Fällen der Steuerhinterziehung darum, einen Verlust zu vermeiden. Wer ohnehin eine Steuererstattung zu erwarten hat, wird möglicherweise seltener auf die Idee kommen, weitere Ausgaben vorzutäuschen. Wer sich einer beträchtlichen Nachzahlung gegenübersieht, wird eher dazu neigen, Einnahmen zu verschweigen oder Ausgaben vorzutäuschen. Menschen reagieren risikoavers bei erwarteten Gewinnen und risikofreudig bei erwarteten/befürchteten Verlusten (*Franzen* NKP 2008, 72 [76]).

22 **Der Täterkreis** ist bei Zuwiderhandlungen gegen Steuergesetze *rechtlich* begrenzt. Dies gilt zunächst für § 378 I AO, der die Amtsträger der Finanzbehörden von dem Vorwurf der leichtfertigen Steuerverkürzung ausnimmt; ebenso gilt dies für die Täterschaft bei Steuerhinterziehung durch Unterlassen (→ § 370 Rn. 30). Im Übrigen ist der Täterkreis namentlich nicht dadurch eingeschränkt, dass Täter einer Zuwiderhandlung nur sein kann, wer als Stpfl oder Vertreter eines Stpfl steuerrechtliche Pflichten im eigenen Interesse verletzt, wenn auch in der Praxis die weitaus meisten Zuwiderhandlungen zum eigenen Vorteil begangen werden.

23 **Zum eigenen Vorteil** kann Steuern nur verkürzen, wer als StSchuldner in Betracht kommt und das Besteuerungsverfahren zu beeinflussen vermag. Dabei ist das Ausmaß an Gelegenheit unterschiedlich: Ist es beim Arbeitnehmer zB die Zahl der Fahrten bzw. die Entfernung zwischen Wohnung und Arbeitsstätte, die manipuliert wird, haben Gewerbetreibende weitaus mehr Möglichkeiten der Hinterziehung und nutzen diese auch. Innerhalb der gesamten Bevölkerung bilden die Gewerbetreibenden, die freiberuflich Tätigen sowie die Arbeitnehmer mit Kapital- oder Grundvermögen die **soziale Mittelschicht,** seltener Oberschicht, die typischerweise den Täterkreis im Bereich der Wirtschaftskriminalität bildet (vgl. *Kaiser,* Kriminologie, 3. Aufl. 1996, § 73 Rn. 5; WJS WirtschaftsStrafR-HdB/*Dannecker/Bülte* Kap. 1 Rn. 19 ff.; *Schwind* Kriminologie, 24. Aufl. 2021, 21/21; diff. WJS WirtschaftsStrafR-HdB/*Pflaum* Kap. 21 Rn. 6). Die Täter von Zuwiderhandlungen gegen Steuergesetze können daher oft zu Recht als *white collar criminals* und die Zuwiderhandlungen selbst als *white collar crimes* bezeichnet werden *(Sutherland),* ohne dass damit behauptet werden soll, die Steuermoral sei in verschiedenen Schichten der Bevölkerung unterschiedlich ausgeprägt (→ Rn. 25).

24 Da der Umfang einer Steuerverkürzung von der wirtschaftlichen Potenz des Täters abhängt, scheint auch die Feststellung grundsätzlich berechtigt, dass viele Steuerstraftaten auf das **Motiv des übersteigerten Bereicherungsstrebens** zurückzuführen sind (vgl. WJS WirtschaftsStrafR-HdB/*Kummer*[3] Kap. 18 Rn. 3). Steuerstraftaten gehören zur Wohlstandskriminalität. Die häufig zu hörende Verteidigung eines Beschuldigten, er *„habe es wegen seiner hohen Einkünfte nicht nötig",* Steuern zu hinterziehen, ist, wie die Beobachtungen in der Praxis bestätigen, im Ansatz verfehlt; denn je höher die Einkünfte eines Stpfl sind, umso stärker ist bei progressivem Steuertarif der Anreiz zu vorsätzlicher Steuerverkürzung (zu den Motiven von Steuerhinterziehern auch *Tipke* Steuerrechtsordnung III[2], S. 1704 ff.)

Andererseits zeigt die Sozialpsychologie, dass der Widerstand gegen Steuern dann besonders groß ist, wenn die Steuerzahlungen als Verlust wahrgenommen werden. Menschen sind risikoavers bei Gewinnen und risikofreudig bei Verlusten (vgl. *Schmid,* Steuern, Wahrnehmung und Entscheidungsprozesse, 2012, S. 81 ff.). Dies mag erklären, warum selbstständige Unternehmer scheinbar krimineller sind als Arbeitnehmer (WJS Wirtschafts-StrafR-HdB/*Dannecker/Bülte* Kap. 1 Rn. 19b: „special opportunity crimes"). Bei der ersten Gruppe treffen also Risikofreude und Gelegenheit zusammen. Ängstlichere Menschen machen sich eher nicht selbstständig, sondern werden als nichtselbstständig Beschäftigte ihr Geld verdienen. Bei ihnen wird die Einkommensteuer schon vom Lohn abgezogen, ihr Referenzpunkt für die Frage „Verlust oder Gewinn" ist das Nettoeinkommen. Bei den „mutigen" Menschen, die sich selbstständig machen, ist zunächst einmal das Bruttoeinkommen Referenzpunkt, jeder Euro, den sie über die Vorauszahlung hinaus leisten müssen, ist „Verlust" und bei Verlusten sind Menschen risikofreudiger (→ § 370 Rn. 32). **25**

Steuerstraftaten aus Not sind hingegen Ausnahmeerscheinungen. Sie kommen als Steuerhinterziehung (§ 370 AO) vor, wenn zahlungsschwache Unternehmer die Entrichtung oder Beitreibung der vom Gewinn unabhängigen USt dadurch verzögern oder zu vermeiden trachten, dass sie die Abgabe der monatlich fälligen Voranmeldungen (§ 18 I 1, II, IIa UStG) unterlassen, die erzielten Umsätze zu niedrig angeben oder das FA im Beitreibungsverfahren mit falschen Angaben hinhalten. Die Ordnungswidrigkeit der Nichtabführung einbehaltener LSt (§ 380 AO) ist kennzeichnend für notleidende Arbeitgeber, die nur noch zur Zahlung der Nettolöhne in der Lage sind und bei dem nach § 38 IV EStG vorgeschriebenen Verfahren (Kürzung der Bruttolöhne so weit, bis die LSt aus den verfügbaren Mitteln abgeführt werden kann, oder Anzeige an das FA, das dann die LSt vom Arbeitnehmer nachfordert) ihre Arbeitnehmer verlieren würden. Dagegen sind bei Anträgen auf Stundung (§ 222 AO) oder Erlass (§ 227 AO) einer Steuer falsche Angaben aus Not besonders selten, weil die geltend gemachte wirtschaftliche Bedrängnis entweder wirklich gegeben ist oder in Wahrheit gerade nicht besteht. **26**

Unter einem notlageähnlichen Zwang können Steuerstraftaten begangen werden, wenn ein Stpfl bei scharfem Konkurrenzkampf in den Sog eines steuerunehrlichen Wettbewerbers gerät (Beispiele bei *Terstegen,* Unlauterer Wettbewerb, 1958, sowie in BT-Drs. III/2751 100, 107, 113, 116). Eine vergleichbare Konfliktsituation kann auch innerhalb eines Unternehmens für Angestellte bestehen, deren Chef eine Beteiligung an seinen Steuerverfehlungen verlangt oder sogar die Bereitschaft erwartet, dass ein Angestellter als Strohmann die Verantwortung übernimmt. **Steuerstraftaten aus Staatsverdrossenheit,** aus Unzufriedenheit mit der staatlichen Ausgabenpolitik oder Zweifeln an der Steuergerechtigkeit (vgl. *Strümpel* FR 1966, 339) bilden scheinbar seltene Ausnahmen, wenngleich solche moralisch indifferenten Tatmotive von Beschuldigten ähnlich oft geltend gemacht werden wie „*staatsbürgerliches Verantwortungsbewusstsein*" von Denunzianten eines Steuerhinterziehers, die ihre wirklichen Beweggründe bemänteln möchten. Andererseits scheint die Kompliziertheit des Steuerrechts tatsächlich das Klima für Steuerstraftaten zu schaffen. **27**

Das soziale Unwerturteil über Zuwiderhandlungen gegen Steuergesetze stand dabei in der Vergangenheit oft in einem krassen Missverhältnis zu der Schärfe der gesetzlichen Straf- und Bußgelddrohungen (→ Rn. 4) und zu dem Schaden, der durch schuldhafte Steuerverkürzungen verursacht wird (→ Rn. 12). Die Tatsache, dass der Steuerausfall letzten Endes von den ehrlichen und gewissenhaften Steuerzahlern getragen werden muss, wurde vielfach übersehen (dazu pointiert *Schneider* DB 1997, 485). Manche Steuerzahler, die von einer erfolgreichen Steuerhinterziehung erfahren, halten „das Finanzamt", personifiziert durch die Beamten der Finanzverwaltung, oder den allmächtigen, unpersönlichen, stets zahlungsfähigen Staat für geschädigt, keinesfalls aber sich selbst als Glied der Gemeinschaft aller Staatsbürger. Das unmittelbare Verhältnis zwischen den Forderungen und den Leistungen der öffentlichen Hand wird bisweilen verkannt. Den anonymen Steuergläubigern wurde Schadenfreude zuteil, während in Wirklichkeit eine *kollektive Selbstschädigung* (*Opp* MschrKrim 1983, 1, 8 ff.) stattfindet. Das Mitgefühl galt bisweilen dem ertappten Täter, **28**

dessen äußere Erscheinung sich von der landläufigen Vorstellung von einem Verbrecher deutlich abhebt. Der Steuerhinterzieher wurde deshalb in der Sprache des Volkes als *„Steuersünder"* bezeichnet und damit neben den *„Verkehrssünder"* auf die unterste Stufe der Kriminalität gestellt. Zu dieser öffentlichen Meinung hatte die bis 1967/68 bestehende Gesetzeslage wesentlich beigetragen, besonders infolge der fehlenden Unterscheidung, teilweise sogar geleugneten Unterscheidbarkeit zwischen kriminellem Unrecht und Ordnungsunrecht (vgl. namentlich *Mattern* ZStW 67 [1955], 368, 375; DStZ 1957, 97 Fn. 3) und der möglichen Ahndung vorsätzlicher Verkürzung von Steuern in Millionenhöhe durch Unterwerfungsverhandlungen unter Ausschluss der Öffentlichkeit nach § 445 RAO.

29 Das **gesellschaftliche Urteil** über den Steuerhinterzieher, das weithin identisch war mit der Vorstellung eines *„raffinierten Geschäftsmannes"* (vgl. *Strümpel* FR 1966, 339), wandelte sich auch nicht dadurch, dass nach der Reform des materiellen Steuerstrafrechts durch das 2. AOStrafÄndG (→ Rn. 86) Steuerstraftaten von Ordnungswidrigkeiten abgehoben sind und nach der Reform des Steuerstrafverfahrens durch das AOStrafÄndG (→ Rn. 86) die Täter einer Steuerstraftat nur noch von den ordentlichen Gerichten abgeurteilt werden und häufiger als früher auf Freiheitsstrafen erkannt wurde (vgl. *Niese* ZStW 70 [1958], 337 u. *Rudolf Müller* NJW 1960, 609). Geldstrafen wurden immer noch als Bestätigung dafür aufgefasst, dass es sich bei Steuerstraftaten um „Kavaliersdelikte" handele. Die öffentliche Meinung, deren Verbrecherbild an Mördern und Dieben ausgerichtet ist, hielt daran fest, *„daß die Bezahlung einer Geldstrafe, sie mag in die Millionen gehen, keine Schande bedeutet, wohl aber die Verbüßung einer kurzen Freiheitsstrafe für einen kleinen Diebstahl"* (*Reiwald* 1948, 182 f.). *Reiwald* trifft auch den psychologischen Kern der Problematik mit dem Hinweis, dass die Gesellschaft Zuwiderhandlungen gegen Steuergesetze als sog. opferlose Delikte wegen der mangelnden Anschaulichkeit der Tat und ihrer Folgen weit weniger als Aggression empfindet als handgreifliche Straftaten gegen körperliche Rechtsgüter. Diese psychologische Tatsache wird – unabhängig von der jeweiligen steuer- und strafgesetzlichen Gestaltung – stets wirksam bleiben und eine ständige gesellschaftspolitische Aufklärung erfordern.

30 *Der Gesetzgeber* leistete über Jahrzehnte einen nicht unerheblichen Beitrag zur **Verharmlosung von Zuwiderhandlungen** gegen Steuergesetze. Dies betraf jedenfalls die Versteuerung von Einkünften aus Kapitalvermögen, bei denen aus volkswirtschaftlichen Gründen eine Abschottung von Kreditinstituten über § 30a AO erfolgte und technische Möglichkeiten eines Datenabgleichs nicht genutzt wurden (vgl. zum ausländischen Recht *Knist*, Kapitalvermögen und Steuerhinterziehung, 1996). Andererseits musste der Stpfl erhebliche strafrechtliche Konsequenzen besorgen, wenn seine Hinterziehungen bei den Einkünften aus Kapitalvermögen, sei es nun im Rahmen von Zufallsfunden, sei es im Rahmen von systematischen Ermittlungen bei Großbanken, aufgedeckt werden. Dem *ultima-ratio*-Prinzip wird solch eine Situation nicht gerecht (vgl. den Abschlussbericht der Arbeitsgruppe Steuerausfälle, StB 1994, 399, 446). Allerdings haben sich im Hinblick auf den Gesetzesvollzug Veränderungen dadurch ergeben, dass die Ermittlungsmöglichkeiten der Zollfahndung verstärkt, der Zoll bei der Bekämpfung der illegalen Beschäftigung stärker eingesetzt und die Nutzung der EDV in der Außenprüfung verbessert worden sind (vgl. *Joecks/Randt* Steueramnestie Rn. 77 ff.). Ein solches Umdenken war auch mehr als nötig, um zu vermeiden, dass das Steuerstrafrecht mangels ordnungsgemäßen Vollzuges nicht verfassungsrechtlich problematisch werden sollte. Immerhin hatte das BVerfG im Zusammenhang mit der Besteuerung der Kapitaleinkünfte und der Spekulationsgewinne (BVerfG 27.6.1991, BVerfGE 84, 239; BVerfG 9.3.2004, BVerfGE 110, 94) klargestellt, dass eine an sich dem Gleichheitssatz entsprechende Regelung dann verfassungswidrig werden kann, wenn sein Vollzug letztlich zum Zufall verkümmert. Im Steuerstrafrecht war gab und gibt es noch Anzeichen für gravierende Vollzugsprobleme (vgl. auch *Joecks* Recht und Wirkung, 157).

31 Andererseits ist eine solche „Aufrüstung" der Ermittlungsbehörden nicht unbedingt der entscheidende Schritt. Aus Sicht des Staates gibt es nämlich zwei unterschiedliche Strategien, Steuerpflichtige zur Kooperation zu bewegen: Entweder können die Zugriffsmöglichkeiten der staatlichen Behörden gestärkt und Kooperation somit erzwungen werden, oder man versucht, das Vertrauen der Bürger zu gewinnen, um die freiwillige Zuarbeit zu fördern (*Kirchler/Mühlbacher* in Leitner [Hrsg.], Finanzstrafrecht 2007, S. 9, 12; *Joecks* SAM 2015, 11). Nach den Erkenntnissen der Wirtschaftspsychologie hängt Steuerehrlichkeit zum einen von der Macht des Staates ab, zum anderen vom Vertrauen der Bürger in den Staat und die Steuerbehörden (*Kirchler/Mühlbacher* in Leitner [Hrsg.], Finanzstrafrecht 2007, S. 13). Vor allem Studien aus den USA haben gezeigt, dass Compliance regelmäßig weiter führt als negative Generalprävention, also Abschreckung. Dabei herrschen in der Bevölkerung zum Teil ohnehin Vorstellungen über Steuererhebung und Steuervollzug, die nicht unbedingt sehr realitätsnah sind (*Feld/Schneider*, Argumente zu Marktwirtschaft und Politik, Nr. 112, Januar 2011; *Hofmann*, Steuermoral, 2010, S. 15).

In den letzten Jahren hat mit Blick auf die großen Steuerskandale in der allgemeinen **31a** Anschauung allerdings ein Wertewandel stattgefunden. Steuerhinterziehungen im großen Stil – wie zB Cum-Ex-Gestaltungen – werden nicht mehr als Kavaliersdelikte, sondern als organisierte Finanzkriminalität wahrgenommen. Die Sensibilität für Steuerhinterziehung – aber auch für Steuerverschwendung (sog. Ausländer-Maut) – steigt, das Verständnis für solche Verhaltensweisen sinkt und Bewunderung für organisierte Finanzkriminalität wird allenfalls noch unter selbst Tatgeneigten geäußert.

4. Besonderheiten des Steuerstrafverfahrens

Die besonderen strafverfahrensrechtlichen Befugnisse der Finanzbehörden wur- **32** den 1967/68 stark beschränkt. Zunächst hatte das BVerfG mit Urt. v. 6.6.1967 (BVerfGE 22, 49 = BGBl. 1967 I 626) § 421 II und §§ 445, 447 RAO über die Strafgewalt der Finanzbehörden für nichtig erklärt (→ Rn. 79). Alsdann verloren die Finanzbehörden gem. Art. 1 Nr. 1 AOStrafÄndG die Befugnis, im gerichtlichen Steuerstrafverfahren die Rechte eines Nebenklägers auszuüben (§ 467 I, § 472 I RAO) oder sogar die öffentliche Klage selbst zu erheben (§ 472 II–IV RAO). Schließlich fiel mit dem Inkrafttreten des 2. AO-StrafÄndG die Befugnis weg, ein Steuerstrafverfahren wegen Geringfügigkeit ohne Zustimmung des Gerichts einzustellen (§ 447 II RAO, Art. 6 § 4 AOStrafÄndG); vgl. jedoch § 432a RAO, eingefügt durch das EGStGB, dem heute § 398 AO entspricht.

Nach geltendem Recht haben die Finanzbehörden in *jedem* Strafverfahren wegen einer **33** Steuerstraftat die **Befugnisse der Polizeibehörden und der Ermittlungspersonen** (→ Rn. 109) **der StA** (§ 402 I iVm § 399 II 2 AO). Unter den Voraussetzungen des § 386 II AO sind sie für das Ermittlungsverfahren mit den Rechten und Pflichten der StA ausgestattet (§ 399 I AO); darüber hinaus können sie in geeigneten Fällen unmittelbar beim Amtsgericht den Erlass eines Strafbefehls beantragen (§ 400 AO) sowie den Antrag stellen, Einziehung oder Verfall selbstständig anzuordnen oder eine Geldbuße gegen eine jur. Person oder eine Personenvereinigung selbstständig festzusetzen (§ 401 AO). *Polizeiliche* Befugnisse haben auf einem sachlich begrenzten Bereich auch Behörden oder Amtsträger anderer Verwaltungszweige, zB Forstbehörden. Ohne Parallele ist dagegen die Übertragung *staatsanwaltschaftlicher* Befugnisse auf Verwaltungsbehörden außerhalb der Justiz. Die Ausnahme zugunsten der Finanzbehörden berücksichtigt die besonderen Bedingungen, unter denen Zuwiderhandlungen gegen Steuergesetze entdeckt werden und ermittelt werden müssen (→ Rn. 5). Zwar hat die Einschränkung des Ermittlungsmonopols der StA Kritik hervorgerufen (*de With* DRiZ 1963, 397), jedoch hat der Gesetzgeber pragmatischen Gesichtspunkten den Vorrang vor dogmatischen Bedenken eingeräumt. Der Steuerstrafrechtspflege wäre nicht gedient, wenn die ohnehin überlastete StA auf dem schwierigen Gebiet strafbarer Zuwiderhandlungen gegen Abgabengesetze jedes Ermittlungsverfahren selbst führen müsste. Über das frühere Recht hinaus ist seit 1967 von vornherein die StA für die Ermittlungen zuständig, wenn eine Steuerstraftat mit einer anderen Straftat zusammentrifft (§ 386 II AO) oder gegen den Beschuldigten Haftbefehl erlassen ist (§ 386 III AO); ferner kann sie jede Steuer- oder Monopolstrafsache jederzeit an sich ziehen (§ 386 IV 2 AO).

34 **Einzelne Sondervorschriften,** die grundsätzlich in jedem Steuerstrafverfahren gelten, finden sich in:

§ 391 AO über die *Konzentration des Gerichtsstandes* in Steuerstrafsachen bei den Amtsgerichten, in deren Bezirk das Landgericht seinen Sitz hat;

§ 392 AO über die *Verteidigung in Steuerstrafsachen* mit der Regelung, dass auch StBer, StBev, Wpr und vBpr in begrenztem Umfang die Befugnisse eines Verteidigers ausüben können;

§ 393 II AO über den verlängerten *Schutz des Steuergeheimnisses* (§ 30 AO) in Bezug auf Tatsachen oder Beweismittel, die der Stpfl der FinB vor Einleitung des Strafverfahrens (§ 397 I AO) in Erfüllung steuerrechtlicher Pflichten offenbart hat;

§ 397 und § 393 I AO über die *Abgrenzung des Steuerstrafverfahrens* vom Besteuerungsverfahren mit Rücksicht darauf, dass das Strafverfahren sich regelmäßig aus einem Besteuerungsverfahren entwickelt und die FinB für beide Verfahren zuständig ist, jedoch das Strafverfahren von anderen Grundsätzen beherrscht wird (vgl. § 136 I, § 136a I, § 163a III, IV StPO) als das Besteuerungsverfahren, in dem der Stpfl zu einer umfassenden Offenbarung seiner steuerlichen Verhältnisse und zur Mitwirkung an der Ermittlung der steuererheblichen Tatsachen verpflichtet ist;

§ 395 AO über die Befugnis der FinB, in jeder Lage des Strafverfahrens *die Akten der StA und des Gerichts* einzusehen und sichergestellte oder beschlagnahmte Sachen zu besichtigen (vgl. 49 OWiG);

§ 396 AO über die Befugnis der FinB, StA oder des Gerichts, *das Strafverfahren auszusetzen,* bis das Besteuerungsverfahren rechtskräftig abgeschlossen ist, falls die Beurteilung der Tat als Steuerhinterziehung davon abhängt, ob ein Steueranspruch besteht, ob Steuern verkürzt oder ob nicht gerechtfertigte Steuervorteile erlangt sind; diese Vorschrift entspricht im Grundsatz dem Vorbild des § 262 II StPO, der über seinen Wortlaut hinaus bei verwaltungs-, arbeits- und sozialrechtlichen Vorfragen entsprechend anzuwenden ist (*Kaiser* NJW 1963, 1190; zust. KK-StPO/*Kuckein* StPO § 262 Rn. 2 und Meyer-Goßner/ Schmitt/*Schmitt* StPO § 262 Rn. 10);

§ 398 AO über die Befugnis der StA, *Strafverfahren* in den Fällen von Steuerhinterziehung und Steuerhehlerei sowie Begünstigung wegen Geringfügigkeit ohne Zustimmung des Gerichts *einzustellen* (vgl. § 153 I 2 StPO);

§ 403 AO über die Befugnis der FinB, *an Ermittlungen der Polizei oder der StA wegen einer Steuerstraftat teilzunehmen* und sich zu einer von der StA beabsichtigten Einstellung des Verfahrens zu äußern, sowie

§ 404 AO über die *Befugnisse der Steuer- und Zollfahndung.*

35 **Die Sondervorschriften über das gerichtliche Steuerstrafverfahren** beschränken sich auf

§ 406 AO über *die Mitwirkung der FinB im Strafbefehlsverfahren* und im selbstständigen Verfahren und

§ 407 AO über die *Beteiligung der FinB in sonstigen Fällen,* damit sie in jeder Lage des Strafverfahrens die Gesichtspunkte vorbringen kann, die von ihrem Standpunkt aus für die Entscheidung des Gerichts bedeutsam sind (vgl. § 76 OWiG).

36 **Sondervorschriften für das Verfahren wegen Zuwiderhandlungen gegen Zoll- und Verbrauchsteuergesetze** sind beseitigt bis auf:

§ 394 AO über den *Übergang des Eigentums an Sachen,* die ein unbekannter Schmuggler auf der Flucht zurückgelassen hat – eine Vorschrift, deren praktische Bedeutung zweifelhaft erscheint, und

§ 32 ZollVG über die *Nichtverfolgung* bestimmter Zollstraftaten und Zollordnungswidrigkeiten im *Reiseverkehr* (→ Rn. 76).

37 **Der ausgewählte Täterkreis bei Zuwiderhandlungen gegen Steuergesetze** (→ Rn. 22) und die mangelnde Anschaulichkeit des mit Strafe oder Geldbuße bedrohten Verhaltens bereiten der Verfolgung dieser Zuwiderhandlungen in der Praxis besondere Schwierigkeiten. Wer Steuergesetzen zuwiderhandelt, genießt in der Gesellschaft oft hohes

Ansehen und verfügt über einflussreiche Beziehungen, die nicht selten zu dem Zweck eingesetzt werden, ein drohendes Strafverfahren von vornherein zu unterbinden. Hauptverhandlungen wegen Steuerstraftaten haben namentlich um des Prestiges willen, das der Angeklagte zu verteidigen hat, die Tendenz, sich zu Monsterprozessen auszuwachsen. Zu Recht bemerkt *Sarstedt,* dass sich unser Strafverfahren zur Aburteilung von Intelligenzverbrechen schlecht eigne; denn *„wo etwa eine umfangreiche Buchführung die Grundlage des Beweises ist, türmt der starre Mündlichkeitsgrundsatz oft schier unüberwindliche Hindernisse auf"* (DRiZ 1960, 260). Strafprozessuale Erleichterungen (etwa das Selbstleseverfahren nach § 249 II StPO) haben hier nicht entscheidend helfen können. Die Praxis namentlich der Landgerichte reagiert auf die Schwierigkeiten durch einen großflächigen Einsatz von strafprozessualen Verständigungen (→ § 404 Rn. 151 ff.).

III. Die geschichtliche Entwicklung des Steuerstrafrechts

1. Rechtszustand vor 1919

Schrifttum: *Ernst Löbe,* Das deutsche Zollstrafrecht, 1./4. Aufl. 1881/1912; *Bonnenberg,* Das Strafverfahren in Zoll- und Steuersachen, 1./2. Aufl. 1899/1902.

a) Materielles Steuerstrafrecht

Bis zur ersten allgemeinen Kodifikation in der RAO 1919 (→ Rn. 47) war das Steuerstrafrecht – bei aller Verschiedenheit im Einzelnen – in der Weise geregelt, dass jedem Steuergesetz ein Abschnitt über Straftatbestände und Verfahrensvorschriften angegliedert war. Materiell wurde namentlich zwischen *„absichtlichen"* oder *„wissentlichen"* Steuerverkürzungen (*„Hinterziehung",* in Württemberg: *„Steuergefährdung"*) und anderen Zuwiderhandlungen (*„Kontrollvergehen"*) unterschieden, vgl. zB den V. Abschnitt des Sächs. Gewerbe- und PersonalStG v. 24.12.1845 (GVBl. 311): *„Von Hinterziehungen und Ordnungswidrigkeiten",* der in § 69 eine bemerkenswerte Begriffsbestimmung der Steuerhinterziehung enthielt (→ § 370 Rn. 1), in § 70 Geldstrafe in Höhe des 4-fachen Betrages der hinterzogenen Steuer oder – wenn dieser Betrag mit Bestimmtheit nicht zu ermitteln war – nach richterlichem Ermessen 1 bis 50 Thaler androhte. Andere Zuwiderhandlungen waren gem. § 71 nach richterlichem Ermessen mit Ordnungsstrafe von 1 bis 20 Thalern zu ahnden. Die wegen Hinterziehung verwirkte Strafe war *„bei eintretendem Unvermögen in verhältnismäßige Gefängnisstrafe zu verwandeln",* die Ordnungsstrafe nicht. Nach Art. 25 BayEStG v. 31.5.1856 (GVBl. 49) unterlag, wer eine unrichtige Erklärung seiner Einkünfte abgegeben hatte, einer Geldstrafe, welche dem 3-fachen Betrag der verkürzten Steuer gleichkam. Später wurde die in einem festen Verhältnis zum verkürzten Steuerbetrag stehende Geldstrafe meist durch einen Strafrahmen abgelöst, jedoch blieben die Ausmaße solcher Rahmen jeweils durch ein Vielfaches der verkürzten Steuer begrenzt, zB betrug die Geldstrafe bei Hinterziehung gem. § 63 SächsEStG v. 22.12.1874 (GVBl. 471) *„je nach dem Grad der dabei an den Tag gelegten Böswilligkeit"* das 4- bis 10-fache, desgl. gem. § 66 I PreußEStG v. 24.6.1891 (GS 175), gem. Art. 70 I WürttEStG v. 8.8.1903 (RegBl. 261) das 7- bis 10-fache, gem. § 43 PreußErgänzungsStG v. 14.7.1893 (GS 134) sogar das 10- bis 25-fache des hinterzogenen Steuerbetrages. Dieses **Multiplarstrafensystem** überdauerte in Teilbereichen des Steuerstrafrechts noch die RAO 1919 und wurde im Zollstrafrecht erst durch Gesetz v. 4.7.1939 (RGBl. I 1181) vollends beseitigt (→ Rn. 67). Freiheitsstrafen waren wegen Steuervergehen in keinem Falle angedroht. Vereinzelt war sogar die Umwandlung nicht beitreibbarer Geldstrafen in Ersatzfreiheitsstrafe ausgeschlossen, zB nach § 64 OldenbStempelStG v. 12.5.1906 (GBl. 793) sowie nach § 76 S. 2 SächsEStG v. 24.7.1900 (GVBl. 562) dann, wenn die Geldstrafe nicht wegen Hinterziehung verhängt worden war. Die drakonisch anmutende Höhe der angedrohten Geldstrafen mag eine hinreichend abschreckende Wirkung entfaltet haben.

39 **Das materielle Zollstrafrecht** wurde durch Art. 3 des Staatsvertrages zwischen dem Norddt. Bund, Bayern, Württemberg, Baden und Hessen, die Fortdauer des Zoll- und Handelsvereins betr. v. 8.7.1867 (BGBl. 81) gem. §§ 134 ff. VZollG v. 1.7.1869 (BGBl. 317) einheitlich geregelt und als allgemeines Recht für das gesamte Gebiet des späteren Deutschen Reiches in Kraft gesetzt. Die hauptsächlichen Straftatbestände waren *„Kontrebande"* (= Bannbruch), die gem. § 134 VZollG mit *„Konfiskation"* (= Einziehung) der Bannware und mit Geldstrafe im doppelten Betrag des Warenwertes bedroht war, sowie *„Defraudation"* (= Hinterziehung der Eingangsabgaben), die gem. § 135 VZollG mit Konfiskation der Schmuggelware und mit Geldstrafe in Höhe des 4-fachen Betrages der vorenthaltenen Abgaben bedroht war. Die Geldstrafen wurden gem. § 140 VZollG beim ersten Rückfall verdoppelt; jeder weitere Rückfall zog gem. § 141 VZollG regelmäßig eine Freiheitsstrafe nach sich, die nach der verwirkten Geldstrafe zu bemessen war, jedoch 2 Jahre nicht überschreiten durfte. Die Tathandlungen der Kontrebande und Defraudation waren nach § 136 VZollG in allen Variationen definiert. § 137 I VZollG bestimmte, dass die angedrohten Strafen bereits durch den Nachweis der *objektiven* Tatbestandsmerkmale verwirkt waren; die Schuld wurde kraft Gesetzes *vermutet*. Konnte der Beschuldigte nachweisen, *„daß er eine Kontrebande oder Defraudation nicht habe verüben können oder eine solche nicht beabsichtigt gewesen sei"*, trat nach § 137 II iVm § 152 VZollG an die Stelle der Strafdrohungen eine Ordnungsstrafe bis zu 50 Thalern. Andererseits bestimmten die §§ 144, 145 VZollG Strafschärfungen bei erschwerenden Umständen der Tat, zB Verbergen der Schmuggelware in geheimen Behältnissen oder Verletzen eines amtlichen Warenverschlusses; ferner regelten § 146 VZollG den Bandenschmuggel, § 147 VZollG den Schmuggel *„unter dem Schutz einer Versicherung"* und § 148 VZollG den bewaffneten Schmuggel. Subsidiär war nach § 152 VZollG *jede* Übertretung einer Vorschrift des VZollG oder der öffentlich bekannt gemachten Verwaltungsvorschriften mit Ordnungsstrafe bis zu 50 Thalern bedroht, desgl. nach § 160 VZollG das Anbieten von Geschenken oder anderen Vorteilen, sofern nicht Bestechung vorlag, sowie nach § 161 VZollG die Widersetzlichkeit gegen Zollbeamte, sofern damit keine Beleidigung oder tätlicher Widerstand verbunden war. Wegen des Strafverfahrens in Zollsachen verwies § 165 VZollG auf die Landesgesetze.

b) Steuerstrafverfahren

40 Die Vielfalt der Straftatbestände wurde bis zum Inkrafttreten der StPO v. 1.2.1877 am 1.10.1879 (→ Rn. 46) noch übertroffen durch die verschiedenartigen Gestaltungen des Verfahrensrechts, die in den einzelnen Ländern teils gesondert, teils gleichmäßig für Zuwiderhandlungen gegen Zoll- und Verbrauchsteuergesetze und für Zuwiderhandlungen gegen Besitz- und Verkehrsteuergesetze galten:

41 In **Preußen** war die Ahndung von Steuerdelikten durch Finanzbehörden bereits nach § 45 der VO wegen verbesserter Einrichtung der Provinzialpolizei und Finanzbehörden v. 26.12.1808 (GS 464) vorgesehen. Gem. § 155 der Zoll- und Verbrauchsteuer-Ordnung v. 26.5.1818 (GS 102) wurde ein besonderes Steuerstrafverfahren eingeführt, dem eine besondere Regelung des Verfahrens bei Zollvergehen in dem Gesetz wegen Untersuchung und Bestrafung der Zollvergehen v. 23.1.1838 (GS 78) folgte. Danach war die Strafkompetenz der Zollbehörden auf Geldstrafen beschränkt und dem Beschuldigten das Recht eingeräumt, jederzeit *„auf rechtliches Gehör anzutragen"* und damit die Zuständigkeit der Gerichte herbeizuführen. Dieses Gesetz wurde erst durch das Gesetz betr. das Verwaltungsstrafverfahren wegen Zuwiderhandlungen gegen die Zollgesetze und die sonstigen Vorschriften über indirekte Reichs- und Landesabgaben v. 26.7.1897 (GS 237) abgelöst. Danach waren die Zollbehörden in jedem Falle für die *„vorläufige Feststellung des Sachverhalts im Verwaltungswege zuständig"*. Bei Zuwiderhandlungen, die nur mit Geldstrafe oder Einziehung bedroht waren, oblag ihnen auch die Entscheidung, falls nicht zugleich andere Strafgesetze verletzt waren oder der Beschuldigte wegen der Zuwiderhandlung festgenommen und dem Richter vorgeführt worden war. Innerhalb der Verwaltung war die Entscheidungskompetenz je nach der Strafdrohung zwischen den Hauptzoll- und Hauptsteuerämtern und der Provinzialsteuerbehörde aufgeteilt. Nach § 20 konnte der Beschuldigte, wenn er *„die Zuwiderhandlung und deren Thatbestand an Amtsstelle vorbehaltlos einräumte"*, sich der Strafe *„unter Verzicht auf Erlaß eines Strafbescheids sofort unterwerfen"*, jedoch konnte die Unterwerfung bis zur Genehmigung durch die zuständige Verwaltungsbehörde widerrufen werden. Fand eine Unterwerfung nicht statt oder wurde sie nicht genehmigt, musste die Behörde die Verhandlungen nach Abschluss der Untersuchung an die StA abgeben oder einen Strafbescheid erlassen, gegen den der Beschuldigte entweder Beschwerde ergreifen oder auf gerichtliche Entscheidung antragen konnte. Auf das Preuß. Gesetz von 1897 verwiesen zahlreiche spätere Reichsgesetze, zB § 27 SchaumwStG v. 9.5.1902 (RGBl. 155), § 53 BrauStG v. 7.6.1906 (RGBl. 675), § 32 LeuchtmStG v. 15.7.1909 (RGBl. 880), § 24 WechselstempelStG v. 15.7.1909 (RGBl. 825), § 54 ZuwachsStG v. 14.2.1911 (RGBl. 33), § 39 WeinStG v. 26.7.1918 (RGBl. 831), § 42 ZündwStG v. 10.9.1919 (RGBl. 1629), § 31 SpielkStG v. 10.9.1919 (RGBl. 1643), § 79 TabStG v. 12.9.1919 (RGBl. 1667). Das ZuwachsStG ermächtigte die Landesregierungen zu bestimmen, dass an die Stelle der HZÄ und Zolldirektivbehörden andere Staatsbehörden traten; im Übrigen blieb in Besitz- und Verkehrsteuersachen die Regelung des Strafverfahrens den einzelnen Steuergesetzen vorbehalten. Nach § 70 II PreußEStG v. 24.6.1891 (GS 175) stand die Untersuchung und Entscheidung dem Gericht zu, *„wenn nicht der Beschuldigte die von der Regierung vorläufig festgesetzte Geldstrafe binnen einer ihm bekannt gemachten Frist freiwillig zahlte"*; für das Amtsdelikt der Verletzung des Steuergeheimnisses nach § 69 fand nach § 70 VI nur das gerichtliche Strafverfahren statt.

In **Württemberg** hatten die §§ 98, 99 des Verwaltungsediktes für die Gemeinden, Oberämter und Stiftungen v. 1.3.1822 (RegBl. 131) den allgemeinen Verwaltungsbehörden eine Strafgewalt in allgemeinen und in Steuerstrafsachen verliehen, die auch kleinere Freiheitsstrafen umfasste. Mit Art. 34 des Zoll-Strafgesetzes v. 15.5.1838 (RegBl. 291) wurde die Möglichkeit einer freiwilligen Unterwerfung unter eine vom HZA festgesetzte Geldstrafe oder Konfiskation eingeführt. Das Gesetz betr. das Verfahren der Verwaltungsbehörden bei Zuwiderhandlungen gegen Zoll- und Steuergesetze v. 25.8.1879 (RegBl. 259) beseitigte die Befugnis der Verwaltungsbehörden, Freiheitsstrafen zu verhängen, und übertrug die Untersuchung und Ahndung der leichteren Zoll- und Steuerdelikte den Zoll- und Steuerbehörden. Nach Art. 11 wurden die Strafbescheide, wenn die Strafe und der Wert der einzuziehenden Sachen zusammen 300 Mark nicht überstiegen, von den Hauptzoll- oder Hauptsteuerämtern, sonst von der vorgesetzten Direktivbehörde erlassen; für Beschwerden gegen Strafbescheide der Hauptämter war die Direktivbehörde, sonst das Finanzministerium zuständig. Ein Unterwerfungsverfahren war nicht vorgesehen.

In **Baden** umfasste die Strafkompetenz der Behörden nach Art. 1 des Gesetzes, das Verfahren in Steuerstrafsachen betr., v. 22.6.1837 (RegBl. 131) festbestimmte Geldstrafen und solche bis zum Betrag von 25 fl., jedoch konnte der Beschuldigte nach Art. 4 jederzeit *„die Untersuchung und Aburteilung in gerichtlichem Wege"* verlangen. Nach Art. 31–35 der in Vollzug des Gesetzes von 1837 erlassenen VO, das Verfahren in Steuer- und Zollstrafsachen betr., v. 22.9.1864 (RegBl. 669) fand ein *„Unterwerfungsverfahren"* statt, *„wenn der Beschuldigte sich dem Ausspruche der Finanzbehörde unter Verzichtleistung auf gerichtliche Verhandlung und Entscheidung, sowie unter Verzichtleistung auf den Rekurs zum Recht unterwerfen zu wollen erklärte"*. Unterwarf der Beschuldigte sich nicht, war nicht etwa ein Strafbescheid zu erteilen, sondern nach Art. 37 die gerichtliche Verfolgung einzuleiten. Gem. §§ 136–143 des Gesetzes zur Einführung der Reichsjustizgesetze v. 3.3.1879 (GVBl. 91) wurde das Verfahren an die StPO angeglichen.

In **Sachsen** gehörte die Untersuchung und Bestrafung der „Hinterziehungen und Ordnungswidrigkeiten" gem. § 74 Gewerbe- und PersonalStG v. 24.12.1845 (GVBl. 311) in erster Instanz *„vor die ordentliche Obrigkeit des Angeschuldigten"*, dh vor die für ihn zuständige Steuerbehörde, in zweiter und letzter Instanz vor das Finanzministerium. Nach der Neuregelung gem. § 65 EStG v. 22.12.1874 (GVBl. 471) war bei Hinterziehungen gem. Art. 44 I Nr. 4 SächsStPO v. 11.8.1855 (GVBl. 322) stets der Einzelrichter zuständig, dagegen bei Ordnungswidrigkeiten gem. § 69 EStG 1874 iVm dem Gesetz über das Verfahren in Verwaltungsstrafsachen v. 22.4.1873 (GVBl. 291) die Einschätzungskommission. Diese konnte – wie andere Verwaltungsbehörden – gem. §§ 4, 5 des Gesetzes von 1873 durch *„vorläufige Strafverfügung"* Geldstrafen und Haftstrafen bis zu 6 Wochen verhängen. Eine Beschwerde an die vorgesetzte Behörde war nicht gegeben; vielmehr galt nach § 6 III *„jede Äußerung eines Angeschuldigten, durch welche er zu erkennen gab, daß er sich bei der Strafverfügung nicht beruhigen wolle"*, als Antrag auf gerichtliche Entscheidung. Die Aufteilung der Kompetenzen zwischen Justiz und Finanzverwaltung nach dem Unrechtsgehalt der Zuwiderhandlungen stellt ein bemerkenswertes, in der Zwischenzeit vergessenes Vorbild der heutigen, durch die Änderungsgesetze von 1967/68 (→ Rn. 86) eingeführten Regelung dar; sie wurde jedoch seinerzeit im Hinblick auf die StPO v. 1.2.1877 (→ Rn. 46) bereits durch § 74 EStG v. 2.7.1878 (GVBl. 129) dahin geändert, dass den Steuerbehörden – wie in anderen Ländern – die Befugnis eingeräumt wurde, auch wegen Steuerhinterziehung Strafbescheide zu erlassen; vgl. auch § 10 des Gesetzes über das Verfahren in Verwaltungsstrafsachen v. 8.3.1879 (GVBl. 87).

45 In **Bayern** wurden die Strafanträge nach Art. 26 EStG v. 31.5.1856 (GBl. 49) vom StA gestellt und begründet, jedoch die Strafe vom Steuerausschuss verhängt und vom Rentamt vollzogen. Gegen den Strafbeschluss des Steuerausschusses stand dem Beschuldigten und dem StA nach Art. 27 das Recht der Reklamation zu, die nach Art. 28 – wie bei Reklamationen gegen eine Steuerberechnung – von dem erweiterten Steuerausschuss endgültig beschieden wurde; eine Anrufung der Gerichte war nicht vorgesehen. Nach Art. 70 I EStG v. 19.5.1881 (GVBl. 441) richteten sich die Zuständigkeit und das Verfahren nach dem GVG und der StPO, jedoch war daneben für alle Zuwiderhandlungen gegen Zoll- und Steuergesetze nach Art. 86 ff. des Gesetzes zur Ausführung der Reichs-StPO v. 18.8.1879 (GVBl. 781) ein Verwaltungsstrafverfahren eingerichtet. Nach Art. 89 konnten Zollstrafsachen durch einen Strafbescheid der Zollbehörde erledigt werden, gegen den der Beschuldigte gerichtliche Entscheidung beantragen konnte; eine Beschwerde an die höhere Verwaltungsbehörde war ausgeschlossen. In Steuerstrafsachen stand nach Art. 98 die Untersuchung dem Rentamt und die Bestrafung dem Steuerausschuss zu. Gegen den Strafbeschluss konnte der Beschuldigte nach Art. 99 I wahlweise gerichtliche Entscheidung beantragen oder *„nach Maßgabe der Steuergesetze reclamiren"*. Ein Unterwerfungsverfahren war nicht vorgesehen.

46 **Die im gesamten Reichsgebiet am 1.10.1879 in Kraft getretene StPO v. 1.2.1877** (RGBl. 253) hatte in einem besonderen Abschnitt über das *„Verfahren bei Zuwiderhandlungen gegen die Vorschriften über die Erhebung öffentlicher Abgaben und Gefälle"* (§§ 459–469 StPO) Rahmenvorschriften gesetzt, die zwar den Fortbestand der landesgesetzlichen Vorschriften über das Verwaltungsstrafverfahren erlaubten, sie aber bestimmten Beschränkungen unterwarf. Nach § 459 I StPO durfte durch Strafbescheid einer Verwaltungsbehörde nur Geldstrafe oder Einziehung festgesetzt werden. § 459 II StPO ordnete an, dass der Beschuldigte, wenn er nicht eine nach den Landesgesetzen zugelassene Beschwerde an die höhere Verwaltungsbehörde erhob, gegen den Strafbescheid gerichtliche Entscheidung beantragen konnte, und dass der Strafbescheid die Verjährung der Strafverfolgung unterbrach. Von den §§ 460 ff. StPO über das gerichtliche Verfahren in Steuerstrafsachen regelte § 463 StPO die richterliche Umwandlung einer durch Strafbescheid festgesetzten Geldstrafe in Ersatzfreiheitsstrafe, § 464 StPO räumte der Finanzbehörde eine selbstständige Anklagebefugnis ein und § 467 StPO gab ihr, falls die StA öffentliche Klage erhoben hatte, die Befugnisse eines Nebenklägers. Vorbehaltlich der §§ 453–455, 459–463 StPO blieben die Landesgesetze über das Verwaltungsstrafverfahren nach § 6 II Nr. 3 EGStPO v. 1.2.1877 (RGBl. 346) unberührt. Auch konnten die Landesgesetzgeber innerhalb der Rahmenvorschriften der StPO neue Verfahrensvorschriften einführen, vgl. zB das Hessische Gesetz, die Einführung des Verwaltungsstrafbescheids bei Zuwiderhandlungen gegen die Vorschriften über die Erhebung öffentlicher Abgaben und Gefälle betr., v. 20.9.1890 (GVBl. 193). Nach § 449 S. 1 RAO 1919 wurden die §§ 459–469 StPO für den Anwendungsbereich der RAO außer Kraft gesetzt; sie galten danach nur noch für Strafverfahren wegen der Beeinträchtigung solcher Steuern, auf die die RAO nicht anwendbar war, insbes. die Gemeindeabgaben. Nach der StPO idF v. 22.3.1924 (RGBl. I 322) erhielten die §§ 459–469 StPO 1877 zunächst mit nahezu unverändertem Wortlaut die Stellung der §§ 419–429 StPO, wurden dann aber gem. § 445 RAO 1919 idF der 3. Teils Kap. IV Art. 1 Nr. 78 der NotV v. 1.12.1930 (RGBl. I 517) außer Kraft gesetzt, soweit die Vorschriften der RAO über das gerichtliche Steuerstrafverfahren anzuwenden waren. Schließlich wurden sie durch Art. 3 Nr. 180 des Gesetzes zur Wiederherstellung der Rechtseinheit v. 12.9.1950 (BGBl. 1950 I 455) aufgehoben. Gleichzeitig bestimmte Art. 3 Nr. 206 durch eine neue Fassung des § 6 II Nr. 2 EGStPO, dass landesrechtliche Vorschriften über das Verfahren bei Zuwiderhandlungen gegen Abgabengesetze nur noch auf die RAO verweisen durften (Schriftl. Ber. zu BT-Drs. I/1138, 71, 73 sowie Sten. Ber. S. 2886).

2. Das Steuerstrafrecht in der RAO 1919 und Änderungen bis 1933

Schrifttum: *Becker*, Die Reichsabgabenordnung, 1./7. Aufl. 1921/30; *Mrozek*, Kommentar zur Reichsabgabenordnung, II. Band, 1./3. Aufl. 1920/24; *Juliusberger*, Steuerstrafrecht, 1921; *Heinrich*, Handbuch des Steuerstrafrechts, 1923; *Simon*, Die Strafvorschriften des Tabaksteuergesetzes, ZfZ 1923, 377; 1924, 24, 30; *Jadesohn*, Das geltende Reichssteuerstrafrecht, ZfZ 1924, 11; *ders.*, Der neueste Stand des Salz-, Zucker-, Leuchtmittel- und Zündwarensteuerstrafrechts, ZfZ 1924, 27; *ders.*, Die Vereinfachung des Steuerstrafrechts durch die Dritte Steuernotverordnung, DStZ 1924, 131; *Lelewer*, Steuer-Strafrecht, 1925; *Cattien*, Reichssteuerstrafrecht und Reichssteuerstrafverfahren, 1./2. Auf. 1925/29; *Nieberl*, Die Reichsabgabenordnung, 1932.

Nachdem bereits das VZollG v. 1.7.1869 (→ Rn. 39), die §§ 459–469 StPO v. 1.2.1877 **47** (→ Rn. 46) und das Preuß. Gesetz v. 26.7.1897 (→ Rn. 41) einzelne Schritte auf dem Wege zu einer reichseinheitlichen Regelung des Steuerstrafrechts darstellten, wurde eine erste, wenn auch unvollständige Zusammenfassung der nach Ländern und Steuerarten überaus zersplitterten Materie im **3. Teil der Reichsabgabenordnung v. 13.12.1919** (RGBl. 1993) vollzogen (Begr. s. Aktenstück Nr. 759 der Verfassunggebenden deutschen Nationalversammlung, S. 598 ff.). *Hartung* (I vor § 391 RAO) urteilt, dass diese Tat des Gesetzgebers auf dem Teilgebiet des Steuerstrafrechts ebenso anregend und fruchtbar gewirkt habe wie 50 Jahre vorher die Schaffung des StGB von 1871 für die deutsche Strafrechtswissenschaft überhaupt. In Wirklichkeit ist das Steuerstrafrecht zumindest bis in die siebziger Jahre des letzten Jahrhunderts ein Stiefkind der Rechtswissenschaft geblieben. Aber sicherlich bildete der 3. Teil der RAO 1919 trotz dogmatischer und systematischer Mängel einen bedeutenden Fortschritt gegenüber dem früheren Recht, das zunächst auf Teilgebieten noch weiter galt und durch die spätere Novellengesetzgebung nach und nach abgebaut wurde. Das materielle Zollstrafrecht wurde erst 1939 in die RAO übernommen (→ Rn. 67). Auch in Strafsachen wegen bestimmter Besitz- und Verkehrsteuern blieb das bisherige Recht bestehen. Eine Reihe von Steuergesetzen war im Ganzen aus dem Anwendungsbereich der §§ 353 ff. RAO 1919 ausgenommen (vgl. §§ 451–453). Hinzu kam, dass die §§ 353 ff. RAO 1919 in einigen Fällen die bisherigen Vorschriften der einzelnen Steuergesetze, vornehmlich wegen der angedrohten Strafen, in Bezug nahmen oder ihnen gegenüber nur subsidiär galten (vgl. §§ 357, 359 I und V, §§ 363, 367 I, § 369 I, § 379), so dass die RAO ursprünglich nur eine lose Klammer um das gesamte Abgabenstrafrecht bildete (*Rahn* ZfZ 1940, 155). In rechtsstaatlicher Hinsicht erscheint die RAO 1919 – wie kaum anders zu erwarten – als ein Kind ihrer Zeit, eher noch als Kodifikation wilhelminischen Denkens.

Im materiellen Steuerstrafrecht der §§ 355–384 RAO 1919 war § 359 RAO von **48** besonderer Bedeutung. Diese Vorschrift bestimmte die Tatbestandsmerkmale der Steuerhinterziehung, verwies jedoch wegen der angedrohten Hauptstrafen „*auf die einzelnen Gesetze*", nach denen das Multiplarstrafsystem (→ Rn. 38) mit unterschiedlichen Maßstäben weiter galt. Soweit der Betrag der Steuerverkürzung nicht festgestellt werden konnte, war nach § 362 RAO auf eine Geldstrafe von 20 Mark bis zu 1 Mio Mark zu erkennen; desgl. nach § 368 RAO bei Steuerhehlerei. Für Steuerhinterziehung oder -hehlerei im ersten Rückfall drohte § 369 RAO doppelte Geldstrafen sowie Freiheitsstrafen an. Umgekehrt war die fahrlässige Steuerverkürzung unter der missverständlichen Bezeichnung „*Steuergefährdung*" gem. § 367 RAO mit Geldstrafe bedroht, deren Höchstbetrag halb so hoch war wie bei Hinterziehung. Ferner wurden Zuwiderhandlungen gegen bestimmte, im 2. Teil der RAO 1919 geregelte Pflichten mit Geldstrafen bedroht, namentlich

– nach § 371 RAO vorsätzliches Zuwiderhandeln gegen das Verbot des § 165 I RAO über das Errichten eines Kontos, das Hinterlegen oder Verpfänden von Wertsachen oder das Mieten eines Schließfachs unter einem falschen oder erdichteten Namen;
– nach § 372 RAO vorsätzliches oder fahrlässiges Zuwiderhandeln gegen die Gebote des § 165 II, III RAO, sich beim Errichten eines Kontos, Annehmen von Wertsachen oder Überlassen eines Schließfachs über die Person des Verfügungsberechtigten zu vergewissern oder bei späterer Erkenntnis eines falschen oder erdichteten Namens das Guthaben, die Wertsachen oder den Inhalt des Schließfachs nur mit Zustimmung des FA an den Berechtigten herauszugeben;
– desgl. das Vernachlässigen der besonderen Mitteilungspflichten des Vorstands einer AG, Bergwerksgesellschaft oder GmbH nach § 187 RAO, der Banken nach § 189 RAO (Mitteilung von Kundenverzeichnissen) und der Treuhänder, Vertreter oder Pfandgläubiger nach § 190 RAO.

Schließlich war gem. § 373 RAO mit Geldstrafe bis zum Doppelten des verkürzten Steuerbetrags bedroht, wer als Testamentsvollstrecker, Pfleger, Liquidator, Erbschaftsbesitzer, Erwerber eines Unternehmens usw. vorsätzlich die Verpflichtung aus § 97 RAO versäumte, Steuerverkürzungen eines verstorbenen oder weggefallenen Stpfl oder eines Vorgängers anzuzeigen.

Wegen der Straftaten nach den §§ 359, 367, 371–373 RAO konnte unter den Voraussetzungen des § 374 RAO **strafbefreiende Selbstanzeige** erstattet werden. Dies galt nicht für Straftaten

– nach § 375 RAO, der mit Geldstrafe bis zu 500 Mark bedrohte, „*wer geschäftsmäßig in Angeboten oder Aufforderungen, die an einen größeren Personenkreis gerichtet waren*", darauf hinwies, „*daß bei Geschäftsabschlüssen in bestimmter Weise außer dem geschäftlichen Zweck noch Ersparungen oder Vorteile bei der Besteuerung erreicht werden konnten*",
– nach § 376 RAO (Verletzung des Steuergeheimnisses) sowie
– nach § 377 RAO, der Ordnungsstrafe bis 500 Mark jedem androhte, der „*den im Interesse der Steuerermittlung oder Steueraufsicht erlassenen Vorschriften der Steuergesetze oder den dazu ergangenen und öffentlich oder den Beteiligten besonders bekanntgemachten Verwaltungsbestimmungen durch andere als die in den Steuergesetzen unter Strafe gestellten Handlungen oder Unterlassungen zuwiderhandelte.*"

49 **Zahlreiche weitere Sühne- und Sicherungsmittel** waren neben den Geld- und Freiheitsstrafen vorgesehen, § 365 I und § 368 S. 2 RAO schrieben bei Steuerhinterziehung und -hehlerei zwingend die **Einziehung** der steuerpflichtigen Erzeugnisse und zollpflichtigen Waren vor, auf welche sich die Tat bezog. Konnte die Einziehung nicht vollzogen werden, musste nach § 365 II RAO auf Wertsatz und, soweit der Wert der Erzeugnisse oder Waren nicht zu ermitteln war, auf Zahlung einer Geldsumme bis zu 300.000 Mark erkannt werden. Außerdem war, wenn ein Herstellungsbetrieb entgegen § 194 I RAO nicht angemeldet war, nach § 365 III RAO die Einziehung „*aller in den Betriebs- und Lagerräumen vorhandenen Vorräte an steuerpflichtigen Erzeugnissen sowie der zur Herstellung dienenden Geräte verwirkt*". Ferner unterlagen der Einziehung nach § 370 RAO „*steuerpflichtige Erzeugnisse, die im Handel nicht vorschriftsmäßig verpackt oder bezeichnet angetroffen wurden oder nicht vorschriftsmäßig versteuert waren*". Schließlich konnten nach § 371 II RAO Vermögenswerte eingezogen werden, die mit der Absicht der Steuerhinterziehung unter falschem oder erdichtetem Namen verbucht, hinterlegt, verpfändet oder deponiert waren. Wo „*die Strafe der Einziehung*" vorgesehen war, konnte nach § 379 RAO „*auf*

Einziehung erkannt werden, gleichviel, wem die Gegenstände gehörten und ob gegen eine bestimmte Person ein Strafverfahren eingeleitet war". Einer mehr steuer- als strafrechtlichen Denkweise entstammten die §§ 381, 382 RAO über die **Haftung der Vertretenen, Geschäftsherrn oder Haushaltungsvorstände für Geldstrafen** sowie Kosten des Strafverfahrens und der Strafvollstreckung, die ihren Vertretern, Verwaltern, Bevollmächtigten, Angestellten oder Angehörigen auferlegt worden waren. Diese Vorschriften wurden als §§ 416, 417 AO 1931 erst 1967 durch das AOStrafÄndG aufgehoben. Zu Recht bemerkt *Hartung* (I 1 zu §§ 416, 417 RAO 1931), dass hier *„das rein fiskalische Interesse an der Einbringung der Geldstrafe dem Gesetzgeber die Feder geführt hat"*.

Nach § 363 RAO war auf **öffentliche Bekanntmachung** der Bestrafung zu erkennen, **50** wenn wegen Steuerhinterziehung oder -hehlerei (§ 368 S. 2 RAO) eine Geldstrafe von mehr als 5.000 Mark (später: 500 DM) verhängt worden war, und nach § 364 RAO waren bereits neben einer Gefängnisstrafe von mindestens 3 Monaten die **bürgerlichen Ehrenrechte** abzuerkennen (vgl. demgegenüber § 45 StGB). Auch diese als §§ 399, 400 RAO 1931 fortgeltenden Vorschriften wurden erst 1967/68 aufgehoben.

Das Strafverfahren war nach §§ 385–443 RAO 1919 für Steuer- und Zollstrafsachen **51** gleichmäßig geregelt. Nach § 386 I (= § 421 I RAO 1931) hatten die FÄ (HZÄ) den Sachverhalt einer Steuerzuwiderhandlung selbstständig zu erforschen, wenn nicht der Beschuldigte wegen Steuerhinterziehung festgenommen und dem Richter vorgeführt worden war. Nach § 386 II (= § 421 II RAO 1931) stand dem FA auch die Entscheidung zu, wenn entweder die Zuwiderhandlung nur mit Geldstrafe und/oder Einziehung bedroht war oder das FA nur auf diese Strafen erkennen wollte. Die Ermittlungs- und Entscheidungskompetenz der Finanzbehörden bestand nach § 387 (= § 422 RAO 1931) auch dann, wenn dieselbe Handlung zugleich als Steuerzuwiderhandlung und nach einem anderen Gesetz mit Strafe bedroht, die Strafe aber aus dem Steuergesetz zu entnehmen war. Bei begründetem Tatverdacht konnte das FA entweder nach § 411 I 2 (= § 446 I 2 RAO 1931) die Verhandlungen an die StA abgeben oder seine Strafbefugnis nach § 410 (= § 445 RAO 1931) in Form einer Unterwerfungsverhandlung oder nach § 412 (= § 447 RAO 1931) in Form eines Strafbescheids ausüben. Die Unterwerfung stand nach § 410 S. 2 einer rechtskräftigen Verurteilung gleich. Gegen einen Strafbescheid konnte der Beschuldigte nach § 415 (= § 450 RAO 1931) Beschwerde einlegen oder gerichtliche Entscheidung beantragen. Über die Beschwerde entschied das LFA (später: „OFD"). Nicht angefochtene Straf- oder Beschwerdebescheide hatten nach § 423 (= § 458 RAO 1931) die Wirkung eines rechtskräftigen Urteils und waren nach § 424 (= § 459 RAO 1931) von den Finanzämtern zu vollstrecken. Konnte eine Geldstrafe oder ein Wertersatz nicht beigetrieben werden, war das AG nach § 435 (= § 470 RAO 1931) verpflichtet, die Geldstrafe auf Antrag des FA in Freiheitsstrafe umzuwandeln. Hatte der Beschuldigte gerichtliche Entscheidung beantragt, übermittelte das FA die Verhandlungen nach § 427 (= § 462 RAO 1931) der StA mit dem Antrag, die Entscheidung des Gerichts herbeizuführen; eine Anklageschrift wurde nicht eingereicht. Das Gericht musste auf den Antrag des FA nach § 428 II (= § 463 II RAO 1931) die Hauptverhandlung anberaumen. War eine Verurteilung wegen Steuerhinterziehung oder Steuergefährdung (später: *„fahrlässige Steuerverkürzung"*) davon abhängig, ob ein Steueranspruch bestand oder ob und in welcher Höhe ein Steueranspruch verkürzt war, und hatte der RFH über diese Fragen im Rechtsmittelverfahren über den Steuerbescheid entschieden, war der Strafrichter nach § 433 (= § 468 RAO 1931) daran gebunden. War die Steuerfestsetzung ohne Entscheidung des RFH rechtskräftig geworden, musste der Strafrichter, wenn er von der Steuerfestsetzung abweichen wollte, die Entscheidung des RFH einholen und sie seinem Urteil zugrunde legen. Das FA besaß nach §§ 432, 437 (= §§ 467, 472 RAO 1931) die Rechte eines Nebenklägers; hatte die StA einen Antrag auf Verfolgung einer Steuerzuwiderhandlung abgelehnt, konnte das FA die öffentliche Klage sogar selbst erheben und die Funktion der StA ausüben.

Die gesetzliche Regelung des Unterwerfungsverfahrens wurde durch die **VO des RdF** **52** **über die Unterwerfung im Strafverfahren gemäß § 410 RAO** v. 1.11.1921

(RGBl. 1328) ergänzt. Nach § 2 II–IV dieser Verordnung wurde die Unterwerfung erst mit der Genehmigung durch den Vorsteher des FA oder das LFA wirksam. Dagegen blieb der Beschuldigte bis zum Ablauf einer Frist von 3 Monaten an seine Unterwerfungserklärung gebunden. Diese Vorschrift war für den Beschuldigten ungünstiger als § 20 III Preuß. Gesetz v. 1897 (→ Rn. 41).

53   Die **3. StNotV v. 14.2.1924** (RGBl. 174) brachte in Art. VIII unter „*Vereinfachung des Steuerstrafrechts*" eine neue Fassung des § 359 I (= § 396 I RAO 1931), nach der die Strafe für Hinterziehung nicht mehr den einzelnen Steuergesetzen zu entnehmen war, sondern – abgesehen vom VZollG, TabStG, WeinStG und BefStG – einheitlich geregelt wurde. Der Höchstbetrag der Geldstrafe war nun unbeschränkt; ihr Mindestbetrag betrug bei Zöllen und Verbrauchsteuern das 4-fache der Steuerverkürzung. Konnte der hinterzogene Betrag nicht festgestellt werden oder waren Besitz- oder Verkehrsteuern hinterzogen, betrug die Geldstrafe gem. § 27 StGB aF mindestens 3 Mark; daneben konnte auf Gefängnis bis zu 2 Jahren erkannt werden. Steuerhinterziehung und -hehlerei waren damit als Vergehen iSd § 1 II StGB aF qualifiziert. Demgemäß wurden die Sondervorschriften in den §§ 360, 361 sowie § 362 RAO 1919 über Versuch, Beihilfe und Begünstigung bei Übertretungen gestrichen. Nach § 363 nF (= § 399 RAO 1931) konnte die Veröffentlichung einer Bestrafung wegen Steuerhinterziehung oder -hehlerei auch im Rahmen einer Unterwerfung angeordnet werden. Für diese Delikte war bei Rückfall nach § 369 nF (= § 404 RAO 1931) Gefängnis bis zu 5 Jahren angedroht; nur bei mildernden Umständen konnte allein auf Geldstrafe erkannt werden. Die nach § 367 (= § 402 RAO 1931) für fahrlässige Steuerverkürzung angedrohte Geldstrafe wurde nun – unabhängig von der Hinterziehungsstrafe – einheitlich auf 3 bis 100.000 Mark bemessen, desgl. die Geldstrafe für eine Zuwiderhandlung nach § 373 RAO (→ Rn. 48). In einem neuen § 369a (= § 405 RAO 1931) wurden die zuvor in einzelnen Steuergesetzen (zB EStG, KVStG, WStG) geregelten Steuerzeichenvergehen zusammengefasst, nicht aber die entsprechenden Vorschriften des TabStG und des WeinStG. Im Ganzen hat die 3. StNotV bei einer verschärfenden Tendenz eine Vereinfachung des Strafrechts nur bei bestimmten Steuerarten herbeigeführt; namentlich war das EStG v. 10.8.1925 (RGBl. I 189) von strafrechtlichen Vorschriften völlig entlastet. Gleichzeitig wurde jedoch in § 80 RBewG v. 10.8.1925 (RGBl. I 124) ein neuer Straftatbestand der Irreführung der mit der Wertermittlung befassten Behörden eingeführt, der erst 1930 in die RAO übernommen wurde (→ Rn. 55). Die Tradition, strafrechtliche Vorschriften im Zusammenhang mit der jeweiligen Steuer zu regeln, war noch einmal stärker gewesen als das Streben nach Zusammenfassung des Steuerstrafrechts in der RAO, obwohl diese durch Art. V G v. 10.8.1925 (RGBl. I 241) ohnehin geändert wurde, insbes. § 427 II RAO, nach dessen Neufassung auf Antrag des FA zur Hauptverhandlung vor dem Schöffengericht ein zweiter Amtsrichter zugezogen werden musste.

54   Die strafrechtlichen Sondervorschriften des **WeinStG** bestanden nur noch kurze Zeit fort, da das WeinStG in seiner letzten Fassung v. 10.8.1925 (RGBl. I 248) durch Art. VII des **Gesetzes über Steuermilderungen zur Erleichterung der Wirtschaftslage v. 31.3.1926** (RGBl. I 185) aufgehoben wurde. Das durch Art. VIII desselben Gesetzes erlassene **SchaumwStG** enthielt in § 12 einen neuen Straftatbestand. Für das Unterlassen der Anmeldung eines Herstellungsbetriebes, das Aufbewahren unversteuerten Schaumweins außerhalb genehmigter Lagerräume oder den Gewahrsam an Schaumwein ohne Steuerzeichen wurde eine Ordnungsstrafe angedroht, die mindestens das 4-fache der beeinträchtigten Steuer betrug. Andererseits war das SchaumwStG das erste Verbrauchsteuergesetz, das eine Bestrafung wegen *vermuteten Verschuldens* nicht mehr gestattete; anders noch § 100 II TabStG idF des Art. II Nr. 13 G v. 10.8.1925 (RGBl. I 244).

55   Einen weiteren Schritt zur Zusammenfassung der Straftatbestände in der RAO vollzog der Reichstag (RT-Drs. IV/1506) durch das **Gesetz zur Änderung des TabStG v. 22.12.1929** (RGBl. I 234), nach dessen Art. VI Nr. 12 die Strafvorschriften der §§ 56, 57, 60–68, 70, 72–75, 77–81 TabStG v. 12.9.1919 (RGBl. 1667) gestrichen wurden. Bestehen blieben jedoch § 58 TabStG *("Die Tabaksteuerhinterziehung wird insbesondere dann als vorliegend angenommen, wenn ...")* und § 59 TabStG *("Der Tabaksteuerhinterziehung wird gleichgeachtet, wenn ...")*. Indessen wurde § 453 RAO 1919 aufgehoben, der die Fortgeltung materieller Strafvorschriften bestimmter Steuergesetze angeordnet hatte; ausf. *Jancke* ZfZ 1930, 23, 27.

Umfassende Änderungen der RAO 1919 brachte der 3. Teil Kap. IV Art. 1 **der NotV 56 des RPräs zur Sicherung von Wirtschaft und Finanzen v. 1.12.1930** (RGBl. I 517, 545), die jedoch das Steuerstrafrecht nahezu unberührt ließ. Hervorzuheben ist außer der Übernahme des § 80 II RBewG in § 360 (= § 397 RAO 1931) die Änderung des § 376 I (= § 412 RAO 1931), durch die wegen des Tatbestandes der Verletzung des Steuergeheimnisses auf § 10 II, III (= § 22 RAO 1931) verwiesen und die Begrenzung der Geldstrafe auf 3.000 Mark aufgehoben wurde. Aufgrund Art. 5 § 4 wurde der RdF ermächtigt, den Wortlaut der RAO mit fortlaufender Paragraphenfolge neu bekanntzumachen. Nach der Bek. v. 22.5.1931 (RGBl. I 161) waren die §§ 355–361 RAO 1919 fortan als §§ 391–398, die §§ 363–439 RAO 1919 fortan als §§ 399–474 und die §§ 441–443 RAO 1919 fortan als §§ 475–477 bezeichnet.

Kennzeichnend für die Finanzlage des Reiches war die der RReg in Kap. VII des **57** 3. Teils der NotV 1930 erteilte Ermächtigung zu einer Steueramnestie, durch die Steuerhinterzieher nicht nur von Strafe, sondern auch von der Nachzahlungspflicht befreit werden sollten, wenn sie verheimlichte Vermögensgegenstände oder Einkünfte der Steuerbehörde anzeigten. Die RReg machte von dieser Ermächtigung keinen Gebrauch, jedoch wurde eine entsprechende Regelung im Rahmen der selbstständigen **SteueramnestieV des RPräs v. 23.8.1931** (RGBl. I 449) erlassen. Die SteueramnestieV verfolgte zunächst das Ziel, die Vermögenswerte zu erfassen, die einer Familienstiftung im Ausland zugewendet worden waren; sie begründete hierfür – rückwirkend – eine Steuerpflicht im Inland und eine Anzeigepflicht, deren vorsätzliche Verletzung gem. § 8 SteueramnestieV mit der Strafe für Steuerhinterziehung und darüber hinaus in besonders schweren Fällen mit Zuchthaus bis zu 10 Jahren bedroht wurde. Die gleiche Strafe galt für die Verletzung besonderer Anzeigepflichten über Beteiligungen an einer Gesellschaft im Ausland (§ 13) sowie für die Verletzung der Pflicht zur Anzeige des Vermögens im Rahmen der allgemeinen Vermögenserklärung auf den 1.1.1931 (§ 14). Auf der anderen Seite wurde nach §§ 15 ff. SteueramnestieV von Strafe (auch Disziplinarstrafe) und von der Pflicht zur Nachzahlung von VSt, ESt, KSt, GewSt, USt, ErbSt und SchenkSt befreit, wer bisher verheimlichte Besteuerungsgrundlagen in der Zeit vom 18.7. bis 16.9.1931 nachmeldete, falls ihm nicht schon vor dem 18.7.1931 eröffnet worden war, dass die Steuerbehörde Kenntnis von den Werten hatte. Durch die **2. SteueramnestieV v. 19.9.1931** (RGBl. I 493) wurde die Frist bis zum 15.10.1931 verlängert und darüber hinaus angeordnet, dass die straf- und steuerbefreiende Wirkung der Amnestie außer durch Selbstanzeige auch durch fristgerechte Zeichnung und Bezahlung der steuerfreien Reichsbahn-Anleihe 1931 erlangt werden konnte; vgl. auch § 6 Nr. 2 ArbeitsspendenG v. 1.6.1933 (RGBl. I 324). Zugleich wurde der Straftatbestand des § 14 II der 1. SteueramnestieV durch § 15 der 2. SteueramnestieV ersetzt, der für besonders schwere Fälle ebenfalls Zuchthaus bis zu 10 Jahren androhte. Infolge der Steueramnestie wurden 1931 Vermögenswerte von 2093 Mio RM und Einkommen von 132 Mio RM nachträglich angemeldet (StW 1932, 895).

Die §§ 1–4 der VO des RPräs gegen die Kapital- und Steuerflucht v. 18.7.1931 58 (RGBl. I 373) begründeten die Pflicht, ausländische Zahlungsmittel oder Forderungen in ausländischer Währung der Reichsbank anzubieten, Zuwiderhandlungen waren mit Gefängnis, in besonders schweren Fällen mit Zuchthaus bis zu 10 Jahren bedroht, daneben mit Geldstrafe in unbeschränkter Höhe, Einziehung der zurückbehaltenen Werte und Bekanntmachung der Bestrafung (§ 5). Ähnliches galt für die Verletzung der Pflicht zur Anzeige von Beteiligungen an einer Gesellschaft, an der nicht mehr als 5 Personen oder deren Angehörige zusammen zu mehr als der Hälfte beteiligt waren (§ 6). Die Amnestievorschrift des § 8 stellte – dem Vorbild der SteueramnestieV (→ Rn. 57) folgend – bei rechtzeitiger Erfüllung der auferlegten Pflichten Straf- und Steuerfreiheit in Aussicht.

59 Die **4. VO des RPräs zur Sicherung von Wirtschaft und Finanzen und zum Schutze des inneren Friedens** v. 8.12.1931 führte im 7. Teil, Kap. III, 1. Abschnitt (RGBl. I 699, 731) für Reichsangehörige, die nach dem 31.3.1931 ihren Wohnsitz im Inland aufgegeben hatten oder aufgaben, eine **Reichsfluchtsteuer** ein, die ein Viertel des gesamten steuerpflichtigen Vermögens betrug, im Zeitpunkt der Aufgabe des inländischen Wohnsitzes entstand, gleichzeitig fällig wurde und ohne besondere Anforderung zu entrichten war; ein Steuerbescheid wurde nur auf Antrag erteilt. Wurde die RflSt bei Fälligkeit nicht gezahlt, war für jeden halben Monat ein Zuschlag von 5 vH des Rückstandes verwirkt. Hatte der Stpfl binnen 2 Monaten weder die Steuer entrichtet noch nachgewiesen, dass er wieder im Inland wohnte, war er nach § 9 Nr. 1 wegen Steuerflucht mit Gefängnis nicht unter 3 Monaten und mit Geldstrafe zu bestrafen; der Höchstbetrag der Geldstrafe war unbeschränkt. Nach § 9 Nr. 2 musste das FA gegen den Stpfl einen **„Steuersteckbrief"** erlassen, der die Aufforderung enthielt, den Stpfl vorläufig festzunehmen und ihn dem Amtsrichter vorzuführen. Konnte der Stpfl dem Amtsrichter weder die Entrichtung der RflSt noch die Wiederbegründung eines Wohnsitzes im Inland nachweisen, hatte der Amtsrichter den Stpfl gem. § 11 III der Polizei zu übergeben. Die Polizeihaft endete, wenn Haftbefehl erging, das Gericht über das Vergehen der Steuerflucht entschieden oder das FA die Entlassung angeordnet hatte. Ferner hatte das FA nach § 9 Nr. 3 zur Sicherung der Steuer, der Zuschläge, der Geldstrafe und Kosten *das gesamte inländische Vermögen des Stpfl zu beschlagnahmen*. Die vorgeschriebene Bekanntmachung des Steuersteckbriefs und der Vermögensbeschlagnahme enthielt auch das Verbot an alle Schuldner, Zahlungen an den Stpfl zu bewirken, und die Aufforderung, dem FA die dem Stpfl zustehenden Forderungen anzuzeigen. Wer die Anzeige vorsätzlich oder fahrlässig nicht erstattete, war nach § 10 V, sofern nicht Steuerhinterziehung (§ 396 RAO) oder Steuergefährdung (§ 402 RAO) vorlag, wegen einer Steuerordnungswidrigkeit iSd § 413 RAO 1931 zu verfolgen. Die Vorschriften über die RflSt wurden gem. Art. 1 des 4. Teils der VO v. 23.12.1932 (RGBl. I 571) zunächst bis zum 31.12.1934 verlängert (s. weiterhin → Rn. 65).

60 In der **VO des RPräs zur Anpassung einiger Gesetze und Verordnungen an die veränderte Lage von Wirtschaft und Finanzen** v. 23.12.1931 (RGBl. I 779) wurde im 2. Teil „Bekämpfung des Schmuggels" unter § 1 Nr. 4 in §§ 134, 154 VZollG zusätzlich die Einziehung der Beförderungsmittel vorgeschrieben, die der Täter zur Tat benutzt hatte, *„gleichviel, wem diese gehörten und ob gegen eine bestimmte Person ein Strafverfahren eingeleitet wurde."*

61 Die **VO des RPräs über Maßnahmen auf dem Gebiete der Finanzen, der Wirtschaft und der Rechtspflege** v. 18.3.1933 (RGBl. I 109) brachte in Kap. II unter „Bekämpfung des Schmuggels" einzelne Änderungen des VZollG und der RAO. In § 134 II VZollG und § 401 I 2 RAO wurde die Ausnahme von der Einziehung der Beförderungsmittel, die dem allgemeinen Verkehr dienten, auf Fahrzeuge beschränkt, *die unabhängig von den Weisungen des Fahrgastes oder Benutzers verkehrten,* um die Einziehung von Kraftdroschken, die zum Schmuggeln benutzt wurden, zu ermöglichen. Durch einen neuen § 158 II VZollG wurde das Verhältnis zwischen Bannbruch und Zollhinterziehung in der Weise geregelt, dass bei tateinheitlichem Zusammentreffen nur wegen Zollhinterziehung zu bestrafen war. Im Zusammenhang damit wurde durch einen neuen § 396 VI RAO klargestellt, dass Zollhinterziehung auch hinsichtlich solcher Waren begangen werden konnte, deren Ein-, Aus- oder Durchfuhr verboten war (vgl. heute § 370 V AO; vorher bejahend RFH 7.3.1928, RFHE 23, 162, 163 ff., verneinend RG 15.4.1926, RGSt 60, 171, 172 ff.).

3. Änderungen des Steuerstrafrechts durch die nationalsozialistische Gesetzgebung

Schrifttum: *Voß,* Steuern im Dritten Reich, 1995; *Werner,* Das Wirtschaftsstrafrecht im Nationalsozialismus: Ein historisches Beispiel für die machtpolitische Bedeutung des Strafrechts, KritV 1991, 139 ff.

Auf dem Gebiet des Steuerstrafrechts begann die nat.-soz. Gesetzgebung mit dem **62 Gesetz gegen Verrat der Deutschen Volkswirtschaft v. 12.6.1933** (RGBl. I 360), nach dem Vermögenstücke im Wert von mehr als 1.000 RM, die sich am 1.6.1933 im Ausland befanden, aber dem FA nicht angegeben worden waren, und Devisen im Wert von mehr als 200 RM, die der Reichsbank nicht angeboten worden waren, dem FA bis zum 31.8.1933 angezeigt werden mussten. Nach § 7 trat bei fristgerechter Anzeige für die bereits vollendeten Steuer- oder Devisenzuwiderhandlungen Straffreiheit ein, jedoch mussten die verkürzten Steuern nachgezahlt werden. Reichsangehörige, welche die Anzeigepflicht vorsätzlich vernachlässigten, waren nach § 8 *„wegen Verrats der Deutschen Volkswirtschaft"* mit Zuchthaus nicht unter 3 Jahren zu bestrafen; selbst bei mildernden Umständen war Zuchthaus bis zu 10 Jahren (!) angedroht. Bei fahrlässiger Versäumung der Anzeigepflicht war die Strafe Gefängnis nicht unter einem Jahr. Gegen vorsätzlich oder fahrlässig handelnde Täter, die nicht Reichsangehörige waren, musste auf Gefängnis innerhalb der allgemeinen Grenzen erkannt werden. Für die Aburteilung waren Sondergerichte zuständig, die auf Grund der VO v. 21.3.1933 (RGBl. I 136) in einem vereinfachten Verfahren zu entscheiden hatten, zB konnte das Sondergericht eine Beweiserhebung ablehnen, *„wenn es die Überzeugung gewonnen hatte, daß die Beweiserhebung für die Aufklärung der Sache nicht erforderlich war"*. Gegen die Urteile der Sondergerichte war kein Rechtsmittel gegeben.

Die Auswirkungen dieser maßlosen Regelung müssen selbst für die damaligen Machthaber **63** erschreckend gewesen sein; denn bereits kurze Zeit nach dem Anlaufen zahlreicher Sondergerichtsverfahren führte das **Steueranpassungsgesetz v. 16.10.1934** (RGBl. I 925; Begr. RStBl. 1398) gewisse Milderungen des Volksverratsgesetzes herbei. Zunächst wurde gem. § 22 StAnpG die Anzeigefrist bis zum 31.12.1934 verlängert. Wurde auch die verlängerte Frist versäumt, konnte gem. § 23 Nr. 5 StAnpG bei verschwiegenen Vermögenstücken und Devisen im Gesamtwert unter 10.000 DM die Strafe bei mildernden Umständen so bemessen werden, *„als habe der Täter eine Steuerhinterziehung begangen"*. Für solche Fälle wurde nach § 23 Nr. 6 StAnpG die Straffestsetzung dem FA im Verfahren nach den §§ 420 ff. RAO übertragen, falls das FA mildernde Umstände bejahte und auf Geldstrafe erkennen wollte. Auf Grund §§ 28 ff. StAnpG wurden die wegen Zuwiderhandlungen gegen das Volksverratsgesetz bereits anhängigen Strafverfahren eingestellt und die bereits erkannten Freiheits- und Geldstrafen, soweit sie noch nicht vollstreckt waren, erlassen. Einstellungen des Strafverfahrens oder Straferlass wurden hinfällig, wenn sich später herausstellte, dass der Täter seiner Anzeigepflicht auch bis zum Ablauf der verlängerten Frist nicht nachgekommen war.

Von den zahlreichen Änderungen der RAO durch § 21 StAnpG war das Steuerstrafrecht **64** kaum betroffen. Dem § 395 RAO über Irrtum wurde ein neuer Absatz 2 angefügt, wonach wegen Fahrlässigkeit strafbar war, wer die Tat aus Mangel an Sorgfalt für erlaubt gehalten hatte. In einen neuen Absatz 3 des § 419 RAO wurde aus § 22 WStG v. 12.7.1930 (RGBl. I 219) die Vorschrift übernommen, dass bei WSt-Vergehen die Verfolgungsverjährung erst mit Ablauf des Jahres begann, in dem der Wechsel fällig geworden war; dagegen blieb der Straftatbestand des § 21 WStG gem. § 45 III Nr. 5 StAnpG bestehen. In dem Abschnitt über das Strafverfahren wurde § 430 RAO um Vorschriften über die Beschlagnahme in einem militärischen Dienstgebäude oder auf einem Kriegsschiff und § 439 RAO um eine Vorschrift über die vorläufige Festnahme von Soldaten ergänzt.

Die Regelung der RflSt (→ Rn. 59) war durch das **Gesetz über Änderung der Vor- 65 schriften über die RflSt v. 18.5.1934** (RGBl. I 392) noch verschärft worden (vgl. *Voß* 1995, 146 ff.). Nach § 7 nF konnte das FA Sicherheitsleistung schon dann verlangen, wenn sie nach seinem Ermessen erforderlich war, um künftige Ansprüche auf RflSt, deren

Entstehung *"wahrscheinlich"* war, zu sichern. Nach § 9 nF traten die Voraussetzungen der Strafbarkeit, des Steuersteckbriefes und der Vermögensbeschlagnahme schon dann ein, wenn der Stpfl nicht die gesamte RflSt binnen eines Monats entrichtet hatte; auch konnte die einmal entstandene Steuerpflicht nicht mehr dadurch beseitigt werden, dass der Stpfl in das Inland zurückkehrte. Gem. § 43 I StAnpG wurde die Geltung der Vorschriften über die RflSt bis zum 31.12.1937 verlängert; vgl. wegen weiterer Verlängerungen das Gesetz v. 19.12.1937 (RGBl. I 1385) und wegen der Einführung in Österreich Abschn. II der VO v. 14.4.1938 (RGBl. I 389). Es besteht kein Zweifel, dass die nat.-soz. Machthaber die 1933 vorgefundenen Vorschriften über die RflSt als ein willkommenes Mittel ansahen, um sich an den von ihnen aus politischen oder rassischen Gründen bedrohten Auswanderern zu bereichern. Hier sei nur auf die Steuersteckbriefe gegen *Arnold Zweig* (RStBl. 1934, 128), *Alfred Döblin* (RStBl. 1934, 227) und *Otto Klemperer* (RStBl. 1934, 840) hingewiesen; nicht wenige andere mögen sich wegen der drakonischen Ausgestaltung der RflSt zu spät zur Flucht entschlossen haben. Weitere Vorschriften, wie zB die VO über die Anmeldung des Vermögens von Juden v. 26.4.1938 (RGBl. I 414), die VO über eine Sühneleistung der Juden v. 12.11.1938 (RGBl. I 1579) mit DV v. 21.11.1938 (RGBl. I 1638) und die VO über den Einsatz des jüdischen Vermögens v. 3.12.1938 (RGBl. I 1709), reichen über den Rahmen des Steuerstrafrechts hinaus, da sie bereits unmittelbar auf Entziehung, nicht einmal mehr scheinbar auf bloße Besteuerung des Vermögens abzielten.

66 Nach Abschn. III der VO v. 14.4.1938 (RGBl. I 389) wurde mit der RAO 1931 das reichsdeutsche Steuerstraf- und -verfahrensrecht auch in **Österreich** eingeführt, wo es bis zum Erlass des Bundesgesetzes v. 26.6.1958, betr. das Finanzstrafrecht und das Finanzstrafverfahrensrecht (Österr. BGBl. Nr. 129) in Kraft blieb.

67 Bedeutsame Änderungen des Steuerstrafrechts brachte das **Gesetz zur Änderung der Reichsabgabenordnung v. 4.7.1939** (RGBl. I 1181). Im Zusammenhang mit den 1938/39 auf Grund G v. 8.9.1939 (RGBl. I 1162) neu bekannt gemachten Verbrauchsteuergesetzen wurde das Zoll- und Verbrauchsteuerstrafrecht nunmehr nahezu vollständig in der RAO zusammengefasst; Ausnahmen: Steuerzeichenvergehen nach § 79 TabStG idF v. 4.4.1939 (RGBl. I 721) und verbotswidrige Verwendung vergällten Salzes nach § 9 II SalzStG idF v. 23.12.1938 (RGBl. I 26). Zugleich wurden die Schuldvermutungstatbestände (vgl. *Hänselmann* ZfZ 1926, 103) und die Multiplarstrafen (→ Rn. 38) beseitigt, die oft in keinem Verhältnis zu der Tat standen und *"dem Ansehen der Strafrechtspflege abträglich waren"* (*Rahn* ZfZ 1940, 157). An die Stelle des bisherigen § 134 VZollG trat der neue § 401a RAO (Bannbruch), an die Stelle der §§ 146–148 VZollG der neue § 401b RAO (schwerer Schmuggel). Nach § 403 RAO nF (Steuerhehlerei) konnte als Vortat auch Bannbruch in Betracht kommen; ferner wurde der Wortlaut dem § 259 StGB (Sachhehlerei) angepasst. Die Änderungen des § 404 RAO (Rückfall) und des § 410 RAO (Selbstanzeige) waren nur durch die Gleichstellung des Bannbruchs mit der Steuerhinterziehung bedingt. § 394 RAO, der ermöglicht hatte, dass Betriebsinhaber die strafrechtliche Verantwortung für Verbrauchsteuern auf Betriebsleiter übertragen konnten, wurde in Angleichung an das allgemeine Strafrecht gestrichen. § 406 RAO über die Einziehung bestimmter verbrauchsteuerpflichtiger Erzeugnisse wurde durch die neuen §§ 200, 200a RAO über die Sicherstellung von Waren, Erzeugnissen und Geräten im Aufsichtswege ersetzt. Die Straftatbestände der §§ 407–409 und 411 RAO wurden teils ersatzlos aufgehoben, teils durch § 413 RAO nF ersetzt, Steuerordnungswidrigkeiten iSd § 413 RAO waren mit Geldstrafe bis zu 10.000 RM bedroht, wurden jedoch nach § 3 II StRegV nicht in das Strafregister eingetragen. Der allgemeine Begriff *"Steuerzuwiderhandlungen"* wurde mit Rücksicht auf § 1 StGB aF in *"Steuervergehen"* umgewandelt. Im Ganzen enthielt das Gesetz von 1939 hoffnungsvolle Ansätze zu einer Entrümpelung des Steuerstrafrechts, die leider erst lange Zeit nach dem Kriege fortgeführt wurde (→ Rn. 86 ff.).

68 Die auf Grund des **Gesetzes über die Bestrafung von Zuwiderhandlungen gegen die Zollvorschriften und die Ein-, Aus- und Durchfuhrbestimmungen benachbarter Zollgebiete v. 15.8.1943** (RGBl. I 539) erlassene VO über die Bestrafung von

Zuwiderhandlungen gegen die niederländischen Zollvorschriften v. 28.9.1943 (RZBl. 242) erscheint im Hinblick auf § 370 VI AO erwähnenswert, weil hiernach das deutsche Steuerstrafrecht *ausländische* Abgaben und *ausländische* Verbote und Beschränkungen des grenzüberschreitenden Warenverkehrs schützen sollte; vgl. *Zweck* ZfZ 1943, 129.

4. Partielle Änderungen in der Nachkriegszeit

Während der ersten Nachkriegsjahre 1945/48 wurde das Steuerstrafrecht nicht geändert. **69** Erst kurz vor Verabschiedung des GG wurde § 410 RAO gem. Abschn. II § 4 des **2. Gesetzes zur vorläufigen Neuordnung von Steuern v. 20.4.1949** (WiGBl. 69) für den Bereich des Vereinigten Wirtschaftsgebietes der amerikanischen und britischen Besatzungszone neu gefasst, insbes. die Selbstanzeige durch den Wegfall der Worte „*... ohne dazu durch eine unmittelbare Gefahr der Entdeckung veranlaßt zu sein*" erleichtert (→ § 371 Rn. 4). Außerdem wurde die strafbefreiende Wirkung einer Selbstanzeige auf Zuwiderhandlungen gegen Art. IX (Bestandsaufnahme) des Anhangs zum G Nr. 64 v. 20.6.1948 (ABl. der Militärregierung, Ausgabe K, S. 10) und gegen die Preis- und Bewirtschaftungsbestimmungen ausgedehnt, wenn der Täter an das FA einen „*Reuezuschlag*" in Höhe von 10 vH der verkürzten Steuern oder – wenn größer – 10 vH des Mehrerlöses entrichtete, den er durch die Tat erzielt hatte. Andererseits wurde in Abschn. III unter der Überschrift „*Verschärfung der Steuerstrafen*" § 396 I RAO dahin geändert, dass Steuerhinterziehung in erster Linie mit Gefängnis, daneben mit Geldstrafe bedroht war und nur bei mildernden Umständen allein auf Geldstrafe erkannt werden konnte. Die Strafdrohung des § 404 RAO wurde bereits für den *ersten* Rückfall auf Gefängnis nicht unter 3 Monaten verschärft. Ferner konnte die Berufsausübung nach § 42 I StGB aF verboten werden. Gleichlautende Änderungsvorschriften wurden einen Tag vor dem Zusammentritt des ersten Bundestages in Rheinland-Pfalz gem. Abschn. 2 und 3 des Landesgesetzes zur vorläufigen Neuordnung von Steuern v. 6.9.1949 (GVBl. 469) erlassen. Die genannten Gesetze wurden gem. Art. 125 I GG partiell geltendes Bundesrecht. In Berlin, Baden u. Württemberg-Hohenzollern blieb es bei dem früheren Wortlaut der §§ 396, 404 u. 410 RAO, denn von der Überleitungsmöglichkeit des Art. 127 GG wurde kein Gebrauch gemacht.

5. Änderungsvorhaben und Änderungen von 1950 bis 1965

Schrifttum: *Franzen,* Die Steuergesetzgebung der Nachkriegszeit in Westdeutschland (1945–1961), 1995.

In der 1. Legislaturperiode des Bundestages zielte die erste Änderung des Steuerstraf- **70** rechts mit dem **Gesetz zur Änderung des § 410 RAO v. 7.12.1951** (BGBl. I 941) darauf ab, die bei der Reform dieser Vorschrift durch das Gesetz v. 20.4.1949 (→ Rn. 69) begangenen Fehler auszumerzen. Das Konzept, durch Verminderung der Voraussetzungen für die strafbefreiende Selbstanzeige und gleichzeitige Verschärfung der Strafdrohungen „*die Steuermoral zu heben*" (BT-Drs. I/2395), hatte nicht nur die erhoffte Wirkung verfehlt (vgl. OLG Stuttgart 17.7.1950, DStZ/B 1950, 440), sondern geradezu das Gegenteil bewirkt. Deshalb wurde nach § 410 RAO nF die Straffreiheit versagt, wenn die Selbstanzeige erst nach dem Erscheinen eines Prüfers der Finanzbehörde oder nach Bekanntgabe der Einleitung einer steuerstrafrechtlichen Untersuchung oder dann erstattet worden war, wenn der Täter wusste oder damit rechnen musste, dass die Tat bereits entdeckt war. In einem neuen Absatz 4 des § 410 RAO wurde die „*Einleitung der steuerstrafrechtlichen Untersuchung*" definiert (vgl. heute § 397 AO). Ferner wurde in einem neuen § 411 RAO die Selbstanzeige unter erleichterten Voraussetzungen für fahrlässige Steuerverkürzung nach § 402 RAO gesondert geregelt. Fälle schweren Schmuggels iSd § 401b RAO wurden aus dem Kreis der selbstanzeigefähigen Steuerstraftaten wieder ausgeschieden. Insgesamt führte das Gesetz v. 7.12.1951, in Berlin übernommen durch Gesetz v. 28.2.1952 (GVBl. 125), zu einer bundeseinheitlichen Fassung der Vorschriften über die Selbstanzeige, die sich im Wesentlichen bewährt hat (→ § 371 Rn. 20 ff.).

71 Ein Antrag des Zentrums v. 7.11.1950, die Rückfallvoraussetzungen nach § 404 S. 1 RAO zu mildern und sie den Rückfallvorschriften des StGB anzupassen (BT-Drs. I/1572), wurde der BReg als Material überwiesen (Sten. Ber. S. 4568). Tatsächlich hatten im BMF bereits Vorarbeiten für eine Änderung der §§ 391 ff. RAO begonnen, die hauptsächlich darauf abzielten, der nach der Währungsreform beobachteten Steigerung der Steuerstraftaten entgegenzuwirken (statistische Angaben s. 1. Aufl. Einl 55). Als Gegenmaßnahme wurde in Aussicht genommen, bereits nach einmaliger Bestrafung wegen Steuerhinterziehung ein Berufsverbot durch die OFD zu ermöglichen, jedoch wurde ein dahingehender Entwurf zur Änderung des § 198 RAO in der Kabinettsitzung am 2.8.1951 wegen verfassungsrechtlicher Bedenken zurückgestellt.

72 Die weiteren Erörterungen zwischen den Ressorts führten zu dem **Regierungsentwurf eines Gesetzes zur Änderung von steuerstrafrechtlichen Vorschriften der RAO und anderer Steuergesetze v. 21.10.1952** (BR-Drs. 430/52). Danach sollte der Tatbestand der Steuerhinterziehung bei gemilderter Strafdrohung unverändert bleiben. Im Vorfeld der Hinterziehung sollte durch einen neuen Tatbestand der Steuergefährdung Geldstrafe bis zu 100.000 DM sowie Gefängnis bis zu 2 Jahren demjenigen angedroht werden, der Bücher oder Aufzeichnungen unrichtig führte, unrichtige Belege ausstellte oder Bücher, Aufzeichnungen oder Belege beseitigte und sich dabei bewusst war, dass infolge seines Verhaltens eine Steuerverkürzung eintreten konnte (vgl. den späteren § 406 RAO, → Rn. 74). Für besonders schwere Fälle gewerbsmäßigen, bandenmäßigen oder gewaltsamen Schmuggels oder Steuerzeichenfälschung war Zuchthaus bis zu 10 Jahren vorgesehen. Durch gerichtliches Strafferkenntnis wegen Steuerhinterziehung, Bannbruch oder Steuerhehlerei sollte dem Verurteilten bis zu 5 Jahren untersagt werden können, seinen Beruf oder sein Gewerbe fortzusetzen, *„wenn er bei Begehung der Straftat seinen Beruf oder sein Gewerbe mißbraucht hatte, wenn er steuerliche Pflichten, die ihm kraft seines Berufes oder ... Gewerbes oblagen, grob verletzt hatte, oder wenn die Straftat sich auf Steuern bezog, die im Zusammenhang mit Beruf oder Gewerbe zu leisten waren, und der Täter durch die Tat eine besonders gemeinschädliche Haltung bekundet hatte"*. Die Strafschärfung wegen Rückfalls sollte weiterhin beim ersten Rückfall eingreifen, jedoch sollte *„bei nur geringer Schuld"* die Mindeststrafe von 3 Monaten Gefängnis unterschritten oder nur Geldstrafe verhängt werden können. Im Abschnitt über das Steuerstrafverfahren waren Vorschriften über die Wiederaufnahme eines Verwaltungsstrafverfahrens vorgesehen. Zur Zusammenfassung der Steuerstrafsachen bei bestimmten Gerichten war – über den späteren § 476a RAO (→ Rn. 67) und den heutigen § 391 AO hinaus – vorgesehen, dass bei sachlicher Zuständigkeit des LG alle Steuerstrafsachen innerhalb eines OLG-Bezirks bei einer Strafkammer konzentriert werden sollten.

73 Die **Begründung des Entwurfs** hatte einleitend hervorgehoben, dass *„Klarheit und Systematik des Steuerstrafrechts verbessert"*, *„seine Vorschriften dem allgemeinen Strafrecht stärker angepaßt"* und *„in mancher Beziehung die rechtsstaatlichen Gesichtspunkte stärker betont"* werden müßten. Aber gerade unter diesen Aspekten konnte der Entwurf nur Enttäuschung hervorrufen. Von den überkommenen Institutionen wurden – mit Ausnahme der Strafbarkeit des Zuwiderhandelns gegen Verfügungen der Steuerbehörden – auch solche nicht angetastet, die systemwidrig waren und sich obendrein als entbehrlich erwiesen hatten, wie zB die Strafhaftung gem. §§ 416, 417 RAO oder die Befugnis des FA, gem. § 472 II–IV RAO anstelle der StA die öffentliche Klage selbst zu erheben und in der Hauptverhandlung zu vertreten (vgl. weiterhin *Münn* DRiZ 1953, 220). In den Ausschussberatungen des BR wurden gegen das unverändert beibehaltene Verwaltungsstrafverfahren im Hinblick auf Art. 92 und 19 IV GG verfassungsrechtliche Bedenken geltend gemacht und dem Plenum vorgeschlagen, das Steuerstrafrecht dem WiStG 1949 anzugleichen. Ein entsprechender Antrag von Bayern fand jedoch in der 96. Sitzung des BR am 12.11.1952 keine Mehrheit. Der BR ließ es dabei bewenden, mehr als 70 einzelne Änderungen des Entwurfs vorzuschlagen (Sitzungsbericht S. 546 ff.). Infolge neuer Meinungsverschiedenheiten zwischen BMF, BMJ und BMWi, die sich auf die Beibehaltung des § 472 II–IV RAO und des § 477 I RAO sowie auf die Einführung einer Vorschrift bezogen, nach der Einstellungen des Steuerstrafverfahrens nach § 153 III StPO von der Zustimmung des FA abhängen sollten, konnte die Gegenäußerung der BReg zur Stellungnahme des BR erst Ende Mai 1953 beschlossen werden. Der Entwurf wurde zwar noch am 10.6.1953 im BT eingebracht, aber nicht mehr beraten.

Zu Beginn der 2. Legislaturperiode wurde der verfallene Entwurf von vornherein auf besonders vordringliche und rechtspolitisch unstreitige Gegenstände beschränkt. Obwohl die Begründung (BT-Drs. II/1593) hierzu nur auf die Strafrechtsreform hinwies, war für die Beschränkung wohl auch die Besorgnis maßgebend, der BT könne auch auf dem Gebiet des Steuerstrafrechts Ordnungswidrigkeiten iSd OWiG v. 25.3.1952 (BGBl. 1952 I 177) einführen oder sich die aufkeimenden Bedenken gegen die Verfassungsmäßigkeit des Verwaltungsstrafverfahrens (→ Rn. 81 ff.) zu eigen machen (vgl. *Mattern* DStZ 1953, 21). Aus dem ersten Grunde wurde der Begriff *Steuerordnungswidrigkeiten* für Vergehen nach § 413 RAO beseitigt und der Tatbestand der fahrlässigen Steuerverkürzung nach § 402 RAO auf *leichtfertiges* Verhalten beschränkt. Aus dem zweiten Grunde wurde von Änderungen der Vorschriften über das Steuerstrafverfahren, mit Ausnahme eines neuen § 476a RAO über die Konzentration der Zuständigkeit der Gerichte, abgesehen. Unter diesen Umständen war der Gesetzgeber nicht genötigt, eine die Strafbefugnis der FinB bestätigende Vorschrift in seinen Willen aufzunehmen. In der Hauptsache zielte der Entwurf darauf ab, für Steuerhinterziehung und -hehlerei (§§ 396, 403 RAO) eine bundeseinheitliche, gegenüber dem Rechtszustand im Vereinigten Wirtschaftsgebiet und in Rheinland-Pfalz mildere Strafdrohung einzuführen (→ § 370 Rn. 3) und durch eine Neufassung des § 404 RAO für „*leichte Fälle*" einer Rückfalltat die Möglichkeit zu eröffnen, dass allein auf Geldstrafe erkannt werden konnte. Zur Bekämpfung des Belegschwindels wurde unter der Bezeichnung „*Steuergefährdung*" der neue Tatbestand des § 406 RAO geprägt, der jedoch in der Praxis, wenn man die Zahl der Bestrafungen (jährlich unter 40) zum Maßstab nimmt, die von ihm erhoffte Wirkung nicht entfaltet hat, namentlich ist die angedrohte Gefängnisstrafe bis 1966 in keinem einzigen Fall verhängt worden. Der Entwurf wurde ohne nennenswerte Diskussion (Schriftl. Ber. zu BT-Drs. II/1731) in der 136. Sitzung des BT am 21.3.1956 (Sten. Ber. S. 7046) verabschiedet und als Gesetz zur Änderung des Dritten Teiles der Reichsabgabenordnung v. 11.5.1956 (BGBl. I 418) verkündet; vgl. *Gossrau* GA 1956, 333; *Mattern* DStR 1956, 265, 289; DStR 1956, 328 u. StbJb 1955/56, 459; *Terstegen* FR 1956, 357; *Wittneben* DStZ 1956, 185.

Nach widerstreitenden Entschließungen des BT v. 21.3.1956 (Sten. Ber. S. 7046 u. 7062), des BR v. 20.4.1956 (BR-Drs. 110/56) und des BT v. 29.8.1957 (Sten. Ber. S. 13521) und kontroversen Äußerungen im Schrifttum (→ Rn. 81) und angesichts des unverminderten Zuspruchs, den die Beteiligten – aus welchen Motiven auch immer – dem Verwaltungsstrafverfahren zuteil werden ließen, sah sich die BReg zwischen Skylla und Charybdis gestellt, zumal die Entschließungen des BT durchaus nicht den einmütigen Willen des Parlaments wiedergaben. Sofern in den folgenden zehn Jahren im BT eine Reform des Steuerstrafverfahrens angemahnt wurde, geschah dies ausschließlich von Seiten der Opposition; vgl. die Fragen des Abg. *Dr. Arndt* vom 24.6.1960 (Sten. Ber. S. 6925 D) und des Abg. *Jahn-Marburg* vom 17.5.1966 (Sten. Ber. S. 1786 D). In dieser Lage beschränkte die BReg ihre Initiative zur Gesetzgebung längere Zeit auf einzelne Gegenstände des Steuerstrafrechts, die mehr am Rande des rechtspolitischen Interesses lagen.

Das neue Zollgesetz v. 14.6.1961 (BGBl. I 737) brachte in § 80 ZG eine strafverfahrensrechtliche Vorschrift, nach der die „*im Reiseverkehr über die Grenze*" begangenen Zollvergehen nicht verfolgt werden, wenn sich die Tat auf Waren bezieht, die weder zum Handel noch zur gewerblichen Verwendung bestimmt und insgesamt nicht mehr als 200 DM wert sind; gem. § 57 VII ZG konnte in solchen Fällen ein Zollzuschlag bis zur Höhe der Eingangsabgaben, jedoch mindestens 3 und höchstens 100 DM, erhoben werden. In der Begründung wurde ausgeführt, dass der Täter im Reiseverkehr „*außerhalb seiner normalen Lebens- und Berufsverhältnisse in die Rolle des Stpfl gerät*"; Tatmotiv sei weniger die Geldersparnis, sondern „*der bekannte Reiz, dem Zoll ein Schnippchen zu schlagen*" (BT-

Drs. III/2201, 76 u. 65). Der Anwendungsbereich des § 80 ZG wurde durch das 2. VerbrauchStÄndG v. 16.8.1961 (BGBl. I 1323), durch Art. 1 Nr. 25 des 11. UStÄndG v. 16.8.1961 (BGBl. I 1330) und schließlich hinsichtlich der BierSt durch Art. 4 Nr. 3 G v. 23.4.1963 (BGBl. I 197) auf die anderen Eingangsabgaben ausgedehnt. Dank des § 80 ZG ging die Zahl der Unterwerfungsverhandlungen, Strafbescheide und Abgaben an die StA in Zoll- und Verbrauchsteuerstrafsachen von 26.438 im Jahre 1960 auf 9009 im Jahre 1962 zurück. Die Regelung wurde erst mit Wirkung v. 1.1.1994 durch § 32 ZollVG abgelöst.

77 Den Regierungsentwurf eines StÄndG 1961 (BT-Drs. III/2573) nahm der BT zum Anlass für eine **Änderung der Einziehungsvorschriften** (Schriftl. Ber. zu BT-Drs. III/2706). Nach dem Vorbild der §§ 113, 115, 119 E 1960 (BT-Drs. III/2150), das bereits in §§ 39–41 AWG und §§ 24, 25 KriegswaffG verwirklicht war, wurden durch Art. 17 Nr. 16 ff. **StÄndG 1961** v. 13.7.1961 (BGBl. I 981, 994) die zwingenden Vorschriften der §§ 401, 401a II 2, 403 II 2 RAO über die Einziehung von Schmuggelgut und Schmugglerfahrzeugen durch die Ermessensvorschrift des § 414 RAO ersetzt, durch § 414a RAO über Wertersatz ergänzt und in § 414b RAO eine Entschädigung an Drittberechtigte eingeführt; vgl. *Rümelin* ZfZ 1961, 206; *Buschmann* BlStA 1961, 353.

78 Durch Art. 2 Nr. 17 des **Gesetzes zur Änderung des FVG, der RAO und anderer Steuergesetze v. 23.4.1963** (BGBl. I 197) wurde § 413 I Nr. 1c RAO an das ZollG v. 14.6.1961 angepasst; Begr. BT-Drs. IV/ 352, 6 f. Über den Einfluss der „kleinen Strafprozessreform" gem. **StPÄG v. 19.12.1964** (BGBl. I 1067) auf das Steuerstrafverfahren vgl. *Bode* FR 1965, 250; *Gehre* DStR 1965, 250; *Oswald* MDR 1966, 644; *Lohmeyer* JR 1967, 87.

79 Für die Zumessung von Geldstrafen wegen Steuerhinterziehung ist bedeutsam, dass der BT auf Initiative seines Finanzausschusses (Schriftl. Ber. zu BT-Drs. IV/3189, 12) gem. Art. 5 StÄndG 1965 v. 14.5.1965 (BGBl. I 377, 384) in einem neuen § 4a StSäumG mit Wirkung ab 1.1.1966 die **Verzinsung hinterzogener Steuern** anordnete, um den Nutznießern einer Steuerhinterziehung den durch die Tat erlangten Zinsvorteil wieder zu entziehen.

80 Nur vorübergehende Bedeutung hatte die **Vereinfachung des § 468 RAO 1931** über die Pflicht des Strafrichters zur Anrufung des BFH und seine Bindung an steuerrechtliche Vorentscheidungen, die auf Initiative des Rechtsausschusses des BT (Schriftl. Ber. zu BT-Drs. IV/3523, 15) gem. § 162 Nr. 52 FGO v. 6.10.1965 (BGBl. I 1477) im Vorgriff auf die Reform des Steuerstrafrechts vollzogen wurde (vgl. *Hartung* NJW 1966, 484). Bereits durch das AOStrafÄndG (→ Rn. 86) wurde die Vorschrift auf die Aussetzung des Strafverfahrens reduziert (vgl. heute § 396 AO).

6. Der Verfassungsstreit um das Verwaltungsstrafverfahren

81 **Im Schrifttum** wurde schon kurze Zeit nach Inkrafttreten des GG erörtert, ob die gem. §§ 420 ff. RAO 1931 von den Finanzbehörden ausgeübte Strafgewalt mit der Verfassung vereinbar sei. Zunächst wurde die Frage allgemein bejaht, vgl. *Bühler* (FS Rosenfeld, 1949, 203), *Friesenhahn* (FS Thoma, 1950, 21), *Maunz* (Deutsches Staatsrecht, 1. Aufl. 1951, S. 152). Erst nachdem 1952 im BR (→ Rn. 72) und 1956/57 im BT (→ Rn. 75) Zweifel laut geworden waren, wurde in vielfachen Veröffentlichungen geltend gemacht, dass die §§ 420 ff. RAO 1931 sowie die §§ 34 ff. PostG v. 28.10.1871 (RGBl. 1871, 347), gemessen am Rechtsstaatsprinzip, an Art. 20 II, Art. 92 und 101 I 2 GG, verfassungswidrig seien; ferner verstoße § 445 RAO 1931 wegen der Unanfechtbarkeit der Unterwerfungsverhandlung gegen Art. 19 IV GG sowie § 470 RAO 1931 wegen der Bindung des Strafrichters gegen Art. 104 II 1 GG (ausf. → 1. Aufl. Einl Rn. 66). Geltend gemacht wurde auch, dass die strafrechtliche Entscheidungsbefugnis der FinB mit Art. 6 I MRK unvereinbar sei, so zB v. *Weber* ZStW 65 (1953) 337; *ders.* MDR 1955, 386; *Woesner* NJW 1961, 1381; aM etwa *Echterhölter* JZ 1956, 145.

Die geschichtliche Entwicklung des Steuerstrafrechts 82–86 **Einleitung**

Die Bundesregierung hatte 1957 auf die Entschließungen des BT (→ Rn. 75) ein 82 Rechtsgutachten von *Friedrich Klein* eingeholt und sich fortan dessen Meinung, das Verwaltungsstrafverfahren sei als *„Vorschaltverfahren"* rechtmäßig, angeschlossen; zu den Stellungnahmen gegenüber dem BT → Rn. 88 sowie in fortschreitend abgeschwächter Form Begr. zu den Entwürfen eines AO-StPO-ÄG (BT-Drs. IV/2476, 15) und eines AOStrafÄndG (BT-Drs. V/1812, 18). Unterdessen veröffentlichten die obersten FinB des Bundes und der Länder Erlasse betr. *Durchführung des Unterwerfungsverfahrens nach § 445 AO 1931* (BZBl. 1956, 570, 668; 1960, 324; BStBl. II 1956, 71; BStBl. II 1960, 127), betr. *Abgabe von Steuerstrafverfahren an die StA* (BZBl. 1960, 378; BStBl. II 1960, 161) und betr. *Wiederaufnahme von Verwaltungs-Steuerstrafverfahren* (BZBl. 1960, 333; BStBl. II 1960, 127), die rechtsstaatliche Erfordernisse stärker hervorkehren sollten.

Die Rechtsprechung hatte mit Urt. des BFH v. 7.4.1954 (BStBl. III 1954, 165) zu- 83 nächst geklärt, dass mit Rücksicht auf Art. 19 IV GG – abw. vom Wortlaut des § 450 II 1 RAO 1931 – auch gegen Beschwerdebescheide der OFD gerichtliche Entscheidung beantragt werden konnte. Die ursprüngliche Auffassung des BFH, dass der Rechtsweg zu den *Finanz*gerichten führe, wurde nach heftiger Kritik im Schrifttum durch Urt. des BFHGrS v. 10.2.1958 (BStBl. III 198) zugunsten der ordentlichen Gerichte geändert. Diese Entscheidung wurde auch von den ordentlichen Gerichten gebilligt (OLG Karlsruhe 25.4.1958, ZfZ 1958, 245; BGH 21.4.1959, BGHSt 13, 102). In der grundsätzlichen Frage der Verfassungsmäßigkeit der Strafgewalt der FinB folgte der 1. StrS des BGH 21.4.1959, BGHSt 13, 102, der Auffassung von *Friedrich Klein* (→ Rn. 82). Obwohl das Urteil im Schrifttum überwiegend abgelehnt wurde (zB *A. Arndt* NJW 1959, 1230; *Bettermann* DÖV 1959, 761), blieb es für die Rspr der ordentlichen Gerichte richtungweisend (BGH 20.7.1960, BGHSt 15, 73; OLG Hamm 10.11.1961, NJW 1962, 827; OLG Frankfurt 23.9.1964, NJW 1965, 261; OLG Oldenburg 23.10.1964, MDR 1965, 219; zw. BVerwG 13.6.1959, BVerwGE 12, 322, 325; OLG Köln 15.7.1966, NJW 1966, 2229).

Das Bundesverfassungsgericht war mit der Prüfung des Verwaltungsstrafverfahrens 84 erst seit 1960 befasst, und zwar mit den Verfassungsbeschwerden 2 BvR 53 u. 375/60 gegen Strafbescheide eines FA, der Verfassungsbeschwerde 2 BvR 18/65 gegen eine Unterwerfungsverhandlung und dem Vorlagebeschluss 2 BvL 1/62 des AG Kassel (DB 1962, 1161), der jedoch unzulässig war (ausf. → 1. Aufl. Einl Rn. 69). Auf die Verfassungsbeschwerden erkannte das BVerfG durch Urt. v. 6.6.1967 (BVerfGE 22, 49):

„Kriminalstrafen können nach Art. 92 erster Halbsatz GG nur durch die Richter verhängt 85 *werden. Sie dürfen deshalb auch bei minder gewichtigen strafrechtlichen Unrechtstatbeständen nicht in einem Verwaltungsvorverfahren ausgesprochen werden. §§ 421 II, 445 und 447 I [RAO 1931], nach denen die Finanzämter Kriminalstrafen verhängen können, sind deshalb mit dem Grundgesetz unvereinbar und daher nichtig"* (Leitsätze). In den Gründen wurde ferner ausgesprochen, dass *„diejenigen Vorschriften der RAO, die sich auf die nichtigen Bestimmungen beziehen, vorab § 470 RAO, gegenstandslos werden"*. Die Entscheidung war, soweit sie sich auf das Strafbescheidsverfahren bezog, mit 4 gegen 3 Stimmen, soweit sie die Unterwerfung betraf, einstimmig ergangen; krit. *Schmidt-Bleibtreu* BB 1967, 832; *Cordier* NJW 1967, 2141. Über die in der Zeit zwischen der Verkündung des Urt. des BVerfG v. 6.6.1967 (BGBl. 1967 I 625) und dem Inkrafttreten des AOStrafÄndG (→ Rn. 91) am 13.8.1967 bestehende Rechtslage vgl. BdF v. 15.6.1967 u. FinB Hamburg v. 26.6.1967, DStZ/B 274, 298, sowie *Franzen* DStR 1967, 433.

7. AOStrafÄndG 1967/68 und OWiG 1968

Angesichts der rechtspolitischen und verfassungsrechtlichen Kritik an der Strafbefugnis 86 der FinB hatte das BMF bereits seit 1959 eine Reform des Steuerstrafverfahrens vorbereitet (ausf. → 1. Aufl. Einl Rn. 73), die schließlich am 13.5.1964 als **Entwurf eines Gesetzes zur Änderung strafrechtlicher Vorschriften der Reichsabgabenordnung sowie zur Änderung der Strafprozeßordnung und anderer Gesetze (AO-StPO-ÄG)** am

13.5.1964 von der BReg beschlossen wurde (BR-Drs. 227/64). Wesentlicher Inhalt war im 1. Teil die Abschaffung des Verwaltungsstrafverfahrens und die Aufhebung einzelner Vorschriften des materiellen Steuerstrafrechts, die gegenstandslos waren oder mit allgemeinen Grundsätzen des Strafrechts nicht mehr in Einklang standen, im 2. Teil eine Reform der Vorschriften der StPO über das Einziehungsverfahren (ausf. *Göhler* Beilage zum BAnz 138/64). Nach Beschlussfassung des BR am 5.6.1964 (Sitzungsbericht, S. 97) wurde der Entwurf am 18.7.1964 im BT eingebracht (BT-Drs. IV/2476) und am 16.10.1964 federführend dem Finanzausschuss überwiesen (Sten. Ber. S. 6905 D), der im letzten Jahr der 4. Legislaturperiode jedoch nicht mehr in der Lage war, die Beratungen aufzunehmen. In der Öffentlichkeit hatte der Entwurf zwiespältige Aufnahme gefunden, namentlich in Kreisen der Wirtschaft und der steuerberatenden Berufe, die an einer Beibehaltung des Unterwerfungsverfahrens interessiert waren (Schrifttum → 1. Aufl. Einl Rn. 73).

87 **Zu Beginn der 5. Legislaturperiode** brachte die BReg im Oktober 1966 die Entwürfe eines neuen OWiG (BT-Drs. V/1269) und eines EGOWiG (BT-Drs. V/1319) ein. Der Entwurf des OWiG ermöglichte es, die Reform des Steuerstrafrechts auf die materiellen Vorschriften auszudehnen und bestimmte Zuwiderhandlungen, die bis dahin mit Strafe bedroht waren, in Ordnungswidrigkeiten umzuwandeln. Dieses Vorhaben entsprach einer alten Forderung des BT (→ Rn. 75) und dem mit der Strafrechtsreform von Anfang an verfolgten Bestreben der BReg, im gesamten Bereich des Strafrechts eine Trennung zwischen kriminellem Unrecht und Ordnungsunrecht vorzunehmen. Bei der Unterscheidung der Zuwiderhandlungen gegen Steuergesetze wurde als maßgebend erachtet, welche Handlungen mit Taten vergleichbar waren, die auch nach dem E 1962 mit krimineller Strafe bedroht bleiben sollten. Demgemäß blieben in dem neuen **Entwurf eines Gesetzes zur Änderung strafrechtlicher Vorschriften der Reichsabgabenordnung und anderer Gesetze (AOStrafÄndG)** Steuerhinterziehung, Bannbruch, Steuerhehlerei, Steuerzeichenfälschung und die Verletzung des Steuergeheimnisses dem kriminellen Unrecht zugeordnet. Andererseits sollten leichtfertige Steuerverkürzung, Steuergefährdung iSd § 406 RAO 1956 (→ Rn. 74) und die Vergehen nach § 413 RAO 1956 zu Steuerordnungswidrigkeiten herabgestuft werden. Die Vorschriften über das Steuerstrafverfahren wurden aus dem verfallenen Entwurf eines AO-StPO-ÄG (→ Rn. 86) übernommen. Zur Regelung des Bußgeldverfahrens wegen Steuerordnungswidrigkeiten wurde weitgehend auf die Vorschriften des OWiG-Entwurfs verwiesen. Der Entwurf des AOStrafÄndG wurde am 30.5.1967 im BT eingebracht (BT-Drs. V/1812) und am 9.6.1967 ohne Aussprache an die zuständigen Ausschüsse überwiesen (Sten. Ber. S. 5553 A).

88 Der Entschließung des BR (BT-Drs. V/1812, 47), die endgültige Entscheidung über die Beseitigung des Unterwerfungsverfahrens bis zur Entscheidung des BVerfG über die anhängigen Verfassungsbeschwerden (→ Rn. 84) zurückzustellen und das Unterwerfungsverfahren beizubehalten, falls das BVerfG dies zulasse, widersprach die BReg in ihrer Gegenäußerung wie folgt: *„Nach Auffassung der BReg würde es rechtsstaatlichen Grundsätzen zuwiderlaufen, wenn trotz der … Trennung des Ordnungsunrechts vom Kriminalunrecht die Ahndungsbefugnis der FÄ bei den verbleibenden Straftaten beibehalten würde … Die Ahndung von kriminellem Unrecht sollte den Gerichten vorbehalten bleiben. Zu berücksichtigen ist außerdem, daß die Vorschriften über die Strafbefugnis der FÄ ohnehin auf die Dauer nicht fortgelten könnten, weil sie mit dem künftigen Tagessatzsystem des Entwurfs eines neuen StGB … unvereinbar sind. Es besteht im übrigen kein unabweisbares Bedürfnis dafür, das Unterwerfungsverfahren beizubehalten … Das Verfahren kann … dadurch abgeschlossen werden, daß an die Stelle der bisher notwendigen Genehmigung der Unterwerfungsverhandlung der Erlaß des richterlichen Strafbefehls tritt. Bei den Steuerordnungswidrigkeiten kann das Verfahren künftig noch einfacher zum Abschluß gebracht werden …"* (BT-Drs. V/1812, 50).

89 Der Entwurf wurde nach dem Urt. des BVerfG 6.6.1967 (→ Rn. 85) bereits am 21./23.6.1967 von den Ausschüssen beraten (Schriftl. Ber. BT-Drs. V/1941) und in der Plenarsitzung am 28.6.1967 verabschiedet (Sten. Ber. S. 5781). Dabei mussten diejenigen Teile, welche die Einführung von Steuerordnungswidrigkeiten betrafen, wegen ihrer Verzahnung mit dem noch nicht zu Ende beratenen OWiG-Entwurf abgetrennt werden. Aus dem Abschnitt über das Strafverfahren wurde – nach lebhafter Debatte und mit knapper Mehrheit – die Vorschrift über die Nebenklagebefugnis des FA gestrichen. Abgelehnt wurde ferner eine Vorschrift, nach der eine Durchsicht der Geschäftspapiere des von einer Durchsuchung Betroffenen – abw. von § 110 StPO aF – auch der StA und dem FA zustehen sollte (krit. *Franzen* DStR 1967, 437), sowie eine dem § 468 RAO idF der FGO (→ Rn. 80) wörtlich entsprechende Vorschrift über die Bindung des Strafrichters an Entscheidungen des BFH über steuerrechtliche Vorfragen. Nachdem die Mehrheit der Länder im BR am 14.7.1967 einen Antrag von Nordrhein-Westfalen, den Vermittlungsausschuss anzurufen, nicht unterstützt hatte, wurde das **AOStrafÄndG v. 10.8.1967** am 12.8.1967 verkündet (BGBl. 1967 I 877) und trat am 13.8.1967 in Kraft (vgl. *Göhler* Beil. zum BAnz 152/67; *Franzen* DStR 1967, 433, 533, 564; *Loose* DStZ 1967, 277; krit. *Naumann* FR 1967, 395; *Scheuffele* BB 1967, 953; *Skuhr* JR 1967, 370; *Rössler* MDR 1968, 288 u. StW 1968, 139).

Die Beratungen des BT über das OWiG und das EGOWiG wurden im März 1968 **90** abgeschlossen (Schriftl. Ber. BT-Drs. V/2600 u. 2601). Die Gesetze wurden vom BT am 27.3.1968 verabschiedet (Sten. Ber. S. 8484). Gegen beide Gesetze rief der BR am 26.4.1968 den Vermittlungsausschuss an (Sitzungsbericht, S. 96), dessen Vorschlägen (BT-Drs. V/2888/89) der BT am 10.5.1968 (Sten. Ber. S. 9249), der BR am 10.5.1968 (Sitzungsbericht, S. 113) zustimmte. **OWiG und EGOWiG v. 24.5.1968** (BGBl. I 481, 503) traten am 1.10.1968 in Kraft (vgl. *Göhler* JZ 1968, 583, 613).

Die Beratungen des BT über die Einführung von Steuerordnungswidrigkeiten **91** wurden im Mai 1968 abgeschlossen (Schriftl. Ber. BT- Drs. V/2928). Die hierzu erforderlichen Vorschriften wurden mit wenigen Änderungen aus dem AOStrafÄndG-Entwurf (→ Rn. 87) übernommen und zu dem **2. AOStrafÄndG** zusammengefasst, das der BT am 31.5.1968 (Sten. Ber. S. 9680) verabschiedete. Die vom BR am 14.6.1968 durch Anrufung des Vermittlungsausschusses erhobenen Bedenken richteten sich hauptsächlich gegen den vom BT eingefügten § 448 RAO, nach welchem gegen Rechtsanwälte und steuerliche Berater wegen einer in Ausübung ihres Berufes begangenen Steuerordnungswidrigkeit ein Bußgeldbescheid erst erlassen werden durfte, wenn das ehren- oder berufsgerichtliche Verfahren in der sachgleichen Angelegenheit zu einer Maßnahme gegen den Berufsangehörigen geführt hatte (vgl. heute § 411 AO). Der BR wies darauf hin, dass diese Regelung den Gleichheitssatz des Art. 3 I GG verletze und mit anderen Gesetzen nicht übereinstimme, nach denen das ehren- oder berufsgerichtliche Verfahren hinter das allgemeine Verfahren zurücktritt (BT-Drs. V/3013). Indessen blieb gerade § 448 RAO nach den Vorschlägen des Vermittlungsausschusses bestehen, während anderen Anträgen des BR entsprochen wurde, namentlich der Erhöhung des Höchstbetrages der Geldstrafen gem. § 392 I RAO u. § 122 I BranntwMonG von 1 Mio auf 5 Mio DM. Den Antrag, die Verjährungsfrist für alle Steuerordnungswidrigkeiten auf 5 Jahre zu verlängern, berücksichtigte der Vermittlungsausschuss nur in Bezug auf die §§ 405 u. 406 RAO, obwohl Zuwiderhandlungen nach § 406 RAO stets innerhalb kurzer Zeit entdeckt werden und Zuwiderhandlungen nach § 405 RAO binnen 2 Jahren regelmäßig in eine mindestens versuchte Steuerhinterziehung übergehen. Den Vorschlägen des Vermittlungsausschusses (BT-Drs. V/3042) stimmten der BT am 26.6.1968 (Sten. Ber. S. 9920) und der BR am 5.7.1968 (Sitzungsbericht, S. 180) zu. Das **2. AOStrafÄndG v. 12.8.1968** (BGBl. I 953) trat am 1.10.1968 – gleichzeitig mit dem OWiG und EGOWiG – in Kraft (vgl. *Bock* DB 1968, 1326; *Henneberg* BB 1968, 906; *Loose* DStZ 1968, 265; *Lohmeyer* GA 1969, 257; *Stobbe* ZfZ 1969, 193, 229, 264). Die Verfassungsmäßigkeit einzelner Vorschriften des neuen Rechts wurde wiederum in Zweifel gezogen, jedoch von den Gerichten letzten Endes bestätigt (ausf. → 2. Aufl. Einl Rn. 74).

8. Einflüsse der Strafrechtsreform und anderer Gesetzesänderungen

92 Art. 64 des 1. StrRG v. 25.6.1969 (BGBl. I 645, 672) änderte § 401 I RAO, um diese Vorschrift über die Aberkennung der Amtsfähigkeit und der Wählbarkeit als Nebenfolgen einer Freiheitsstrafe von mindestens einem Jahr wegen bestimmter Steuerstraftaten an die Neufassung des § 45 StGB anzupassen (1. Schriftl. Ber. BT-Drs. V/4094, 58).

93 Durch § 24 II VwKostG v. 23.6.1970 (BGBl. I 821) wurde § 449 III RAO eingefügt, der über die Kosten des Bußgeldverfahrens wegen Steuerordnungswidrigkeiten eine dem heutigen § 412 III AO entsprechende Regelung traf (BR-Drs. 530/69, 6; BT-Drs. VI/330, 20, 22; Schriftl. Ber. BT-Drs. VI/605, 12).

94 Art. 5 AStG v. 8.9.1972 (BGBl. I 1713) erweiterte den Bußgeldtatbestand des § 405 II RAO auf Zuwiderhandlungen gegen den neu eingefügten § 165d III RAO über die Pflicht, bestimmte Auslandsbeziehungen dem FA zu melden (Begr. BT-Drs. VI/2883, 34; heute § 379 II Nr. 1 iVm § 138 II AO).

95 Durch Art. 8 I des 1. StVRG v. 9.12.1974 (BGBl. I 3393, 3413) wurde § 438 II RAO wie § 169b StPO über das Schlussgehör gestrichen und § 439 S. 2 RAO an die geänderte Fassung des § 110 I StPO über die Befugnis zur Durchsicht der Papiere des von der Durchsuchung Betroffenen sowie § 447 I Nr. 6 RAO an die geänderte Fassung des § 438 RAO angepasst (Begr. BT-Drs. 7/551, 1 13; Ausschussbericht BT-Drs. 7/2600, 15, 71).

96 Das 2. StrRG v. 4.7.1969 (BGBl. I 717) sollte die Reform des Allgemeinen Teils des StGB abschließen und ursprünglich am 1.10.1973 in Kraft treten. Wegen der Schwierigkeiten, außer dem Besonderen Teil des StGB mehr als 300 sonstige Gesetze zu diesem Zeitpunkt anzupassen, musste das Inkrafttreten durch G v. 30.7.1973 (BGBl. I 909) auf den 1.1.1975 hinausgeschoben werden. Indessen ging das **EGStGB v. 2.3.1974** (BGBl. I 469) über eine bloße Anpassung hinaus und änderte in Art. 18 seinerseits wieder Vorschriften des 2. StrRG, bevor sie in Kraft getreten waren. In der **Neufassung des StGB v. 2.1.1975** (BGBl. I 2) erscheint der Allgemeine Teil in neuer Paragraphenfolge. Eine bedeutsame sachliche Änderung bildet die Bemessung der Geldstrafe nach Tagessätzen gem. § 40 StGB (→ § 369 Rn. 137). Auch wenn das Gesetz – wie zB § 373 AO – nur Freiheitsstrafe androht, kann das Gericht unter den Voraussetzungen des § 41 StGB *neben* der Freiheitsstrafe eine Geldstrafe verhängen oder unter den Voraussetzungen des § 47 II StGB *anstelle* einer kurzen Freiheitsstrafe allein auf Geldstrafe erkennen.

97 **Die Vorschriften des 3. Teils der RAO** wurden gem. Art. 161 EGStGB den Änderungen des StGB mWv 1.1.1975 angepasst (Antrag des Sonderausschusses für die Strafrechtsreform, BT-Drs. 7/1232, 272; Ausschussbericht BT-Drs. 7/1261, 51 f.). Zahlreiche Änderungen betrafen nur den Sprachgebrauch, vor allem den Austausch der Begriffe *„Steuervergehen"* und *„Zollvergehen"* durch *„Steuerstraftaten"* und *„Zollstraftaten"*. In systematischer Hinsicht wurde die Steuerzeichenfälschung (§ 399 RAO 1968) als eigenständiger Straftatbestand aufgehoben und durch die neuen §§ 148, 149 StGB über Wertzeichenfälschung und deren Vorbereitung ersetzt; der Straftatbestand der Verletzung des Steuergeheimnisses (§ 400 RAO 1968) wurde als § 355 StGB in das Strafgesetzbuch übernommen. Während auf die Verfolgung der Wertzeichenfälschung, soweit sie Steuerzeichen betrifft, gemäß § 391 I Nr. 3 RAO idF des EGStGB (heute § 369 I Nr. 3 AO) wegen ihrer Eigenschaft als Steuerstraftat die Sondervorschriften über das Steuerstrafverfahren anzuwenden sind, hat die Verletzung des Steuergeheimnisses die formale Eigenschaft einer Steuerstraftat verloren, so dass für die Verfolgung – wie bei der Verletzung des Dienst- oder des Post- und Fernmeldegeheimnisses nach den §§ 206, 353b StGB – nur noch die Vorschriften der StPO und des GVG gelten. Die Tatbestände der Steuerhinterziehung, der leichtfertigen Steuerverkürzung und der Steuergefährdung wurden durch Ergänzungen des § 392 V und des § 405 I 2 RAO (heute § 370 VI, § 379 I 2 AO) auf Eingangsabgaben der Mitglieder der europäischen Freihandelsassoziation und die mit ihr assoziierten Staaten ausgedehnt; gleichzeitig wurde § 392 V 2 RAO 1968 (Wahrung der Gegenseitigkeit sowie des Grundsatzes *ne bis in idem* in dem anderen Staat) aufgegeben, da diese Voraussetzung bei keinem EG-Staat gegeben war und § 392 V RAO aF deshalb keine praktische Bedeutung erlangt hatte (*Donhauser* ZfZ 1974, 94). In der Fassung des EGStGB berücksichtigt § 392 V 2 RAO (heute § 370 VI AO) die Ablösung des Personalprinzips durch das Territorialprinzip nach § 3 StGB idF des 2. StrRG. § 398 RAO über Steuerhehlerei wurde hinsichtlich der Tathandlung an § 259 StGB über Sachhehlerei angepasst. § 402 I RAO wurde aufgehoben im Hinblick auf § 78 III Nr. 4 StGB. Die Verweisungsvorschriften des § 404 IV, des § 405 IV und des § 406 III RAO wurden ersetzt durch § 410 RAO (heute § 384 AO), der für die Verfolgung aller Steuerordnungswidrigkeiten eine 5-jährige Verjährungsfrist bestimmte. Der neue § 432a RAO (heute § 398 AO) eröffnete die Möglichkeit, bei geringwertiger Steuerverkürzung von der Verfolgung einer Steuerhinterziehung oder -hehlerei ohne Zustimmung des Gerichts abzusehen. Aufgehoben wurden § 429 RAO 1967 über die Rückgabe sichergestellter oder beschlagnahmter Sachen mit Rücksicht auf die allgemeine Regelung in § 111c VI StPO idF des Art. 19 Nr. 29 EGStGB sowie § 443 RAO 1967 über Besonderheiten des Abwesenheitsverfahrens, das durch Art. 19 Nr. 75 EGStGB allgemein beseitigt wurde (1. Antrag und 1. Bericht des Sonderausschusses für die Strafrechtsreform, BT-Drs. 7/1232, 273 f. und BT-Drs. 7/1261, 51); ausf. *Henneberg* BB 1974, 705.

Durch das 3. ÄndGStBerG v. 24.6.1975 (BGBl. I 1509) wurde § 107a RAO über **98** die Befugnis zur *geschäftsmäßigen Hilfeleistung in Steuersachen,* der durch Art. 2 RBerG v. 13.12.1935 (RGBl. I 1478) in die RAO eingefügt worden war, aus systematischen Gründen in das StBerG übernommen, da die Vorschrift dem Zweck der AO, das Besteuerungsverfahren zu regeln, nur mittelbar dient (Begr. BT-Drs. 7/2852, 29). Der Bußgeldtatbestand des § 409 RAO 1968 wurde durch § 160 StBerG idF v. 4.11.1975 (BGBl. 1975 I 2735) ersetzt und gleichzeitig erweitert auf Zuwiderhandlungen gegen das *Verbot der Werbung* nach § 8 StBerG. Im Bußgeldverfahren waren nach § 164 StBerG wegen der Zuständigkeit der FinB für die Ausführung des StBerG (Begr. BT-Drs. 7/2852, 29, 46) §§ 446, 447 I Nr. 1, 2, 5–8 und II sowie § 449 RAO (heute §§ 409, 4101 Nr. 1, 2, 6, 8, 9, 11 und II sowie § 412 AO) entsprechend anzuwenden.

Durch § 159 III 1 RAO idF des Art. 2 Nr. 3 des 3. ÄndGStBerG (heute § 46 IV 1 AO) **99** wurde der *geschäftsmäßige Erwerb von Steuererstattungs- und Vergütungsansprüchen* zum Zwecke der Einziehung oder sonstigen Verwertung auf eigene Rechnung verboten und gem. § 409a RAO (heute § 383 AO) mit Geldbuße bis zu 100.000 DM bedroht. Damit soll der Praxis unseriöser „Kreditgeber" begegnet werden, Erstattungsansprüche gegen eine vorbehaltlose Abtretung mit geringen Beträgen „vorzufinanzieren" und dabei die Unkenntnis mancher Arbeitnehmer, namentlich der damals so genannten Gastarbeiter, über die tatsächliche Höhe einer voraussichtlichen LSt-Erstattung auszunutzen (Begr. BT-Drs. 7/2852, 47).

9. Reform der Reichsabgabenordnung

Zu Beginn der 6. Legislaturperiode hatte Bundeskanzler *Brandt* bereits in seiner Regie- **100** rungserklärung vom 28.10.1969 eine umfassende Reform der RAO angekündigt (Sten. Ber. S. 24). Der Regierungsentwurf einer „AO 1974" wurde am 19.3.1971 im BT eingebracht (BT-Drs. VI/1982), in einer Arbeitsgruppe „AO-Reform" des Finanzausschusses weitgehend beraten, jedoch wegen der vorzeitigen Auflösung des BT am 22.9.1972 nicht mehr verabschiedet. Zu Beginn der 7. Legislaturperiode wurde der Entwurf in unveränderter Fassung am 25.1.1973 aus der Mitte des BT von den Fraktionen der SPD und FDP erneut eingebracht (BT-Drs. 7/79), am 1.2.1973 dem Finanzausschuss federführend sowie dem Innen- und Rechtsausschuss mitberatend überwiesen (Sten. Ber. S. 424) und nach 25 Sitzungen eines Unterausschusses „AO-Reform" und weiteren 12 Sitzungen des Finanzausschusses am 27.11.1975 vom BT beschlossen (Bericht und Antrag des Finanzausschusses BT-Drs. 7/4292, Sten. Ber. S. 14032 ff.). Der BR rief am 18.12.1975 wegen verschiedener steuerrechtlicher Punkte (Sitzungsbericht, S. 442) den Vermittlungsausschuss an, dessen Vorschlägen (BT-Drs. 7/4664) der BT am 12.2.1976 (Sten. Ber. S. 15407 ff.)

Einleitung 101, 102　　　　　　　　　Die geschichtliche Entwicklung des Steuerstrafrechts

und der BR am 20.2.1976 (Sitzungsbericht, S. 38 f.) zustimmten. Als **Abgabenordnung (AO 1977) v. 16.3.1976** (BGBl. I 613) trat das Gesetz am 1.1.1977 in Kraft; vorweg traten die Ermächtigungsvorschriften (u. a. § 382 IV, § 387 II, § 391 II AO) gem. § 415 II AO bereits am 24.3.1976 in Kraft (krit. *Hübner* JR 1977, 58).

101　**Der 8. Teil der AO 1977** enthält die §§ 369–384 AO über Steuerstraftaten und Steuerordnungswidrigkeiten sowie die §§ 385–412 AO über das Straf- und Bußgeldverfahren. Gliederung und Wortlaut der Vorschriften entsprechen weitgehend dem Rechtszustand am 1.1.1975 (→ Rn. 96 ff.). Bedeutsame Änderungen brachte die neue Fassung der *Steuerhinterziehung*. § 370 I AO unterscheidet drei Begehungsformen: unrichtige oder unvollständige Angaben über steuerlich erhebliche Tatsachen, pflichtwidriges In-Unkenntnis-Lassen der FinB über steuerlich erhebliche Tatsachen sowie pflichtwidriges Unterlassen der Verwendung von Steuerzeichen oder Steuerstemplern; das ungeschriebene Tatbestandsmerkmal der Steuerunehrlichkeit (→ 1. Aufl. § 392 RAO Rn. 39 ff.) ist entfallen. § 370 III AO verschärft die Strafdrohung auf Freiheitsstrafe von 6 Monaten bis zu 10 Jahren für *besonders schwere Fälle*, für die das ursprüngliche Gesetz vier Beispiele anführte. § 370 IV AO definiert die Steuerverkürzung und bestimmt als maßgebenden Zeitpunkt die Festsetzung, und zwar gegenüber einer bisher unsicheren Rspr auch die *vorläufige* Steuerfestsetzung (so schon BGH 1.1.1966, DStZ/B 1967, 32; zw. BGH 20.7.1965, ZfZ 1966, 23; BFH 12.11.1975, DB 1976, 468; aM BayObLG 27.5.1964, NJW 1964, 2172; OLG Hamm 25.3.1960, NJW 1960, 1830). § 370 II AO erklärt – wie § 393 I RAO – den Versuch der Steuerhinterziehung für strafbar; der bisherige § 393 II RAO, der bei bestimmten Steuern die Irreführung der mit der Wertermittlung befassten Behörden dem Versuch der Steuerhinterziehung gleichsetzte, ist weggefallen. Weggefallen ist ferner die Gleichsetzung der Strafdrohung für eigennützige Begünstigung mit der Strafdrohung für Steuerhinterziehung. § 371 AO regelt die *Selbstanzeige* bei Steuerhinterziehung wie vorher § 395 RAO mit der Änderung, dass die Nachzahlung der hinterzogenen Steuern als Voraussetzung der Straffreiheit im Hinblick auf eine kriminalpolitisch unerwünschte Auslegung (BayObLG 27.4.1972, BayObLGSt 1972, 105) statt auf „die Steuern, die er schuldet" auf „die zu seinen Gunsten hinterzogenen Steuern" bezogen wird. Der Tatbestand des *schweren Schmuggels* wurde bei gewerbsmäßigem Bannbruch nach § 373 I AO abw. von § 397 I RAO beschränkt auf Zuwiderhandlungen gegen Monopolvorschriften; die Strafvorschriften des § 373 II Nr. 1–3 AO über gewaltsame und bandenmäßige Begehungsweise wurden an entsprechend qualifizierte Tatbestände des schweren Diebstahls nach § 244 I Nr. 1–3 StGB idF des 1. StrRG und des schweren Raubes nach § 250 I Nr. 1, 2 u. 4 StGB idF des EGStGB angepasst.

102　**Die Vorschriften über das Straf- und Bußgeldverfahren** wurden nur vereinzelt geändert. Der neue § 385 II AO berücksichtigte die Rspr des BGH, der – abw. von der in → 1. Aufl. § 392 RAO Rn. 176 vertretenen Auffassung – das Vorspiegeln eines Sachverhalts, um Steuererstattungen oder -vergütungen zu erlangen, als Betrug nach § 263 StGB beurteilt hatte (BGH 11.4.1972, NJW 1972, 1287; BGH 17.10.1973, ZfZ 1974, 148); das Gesetz bestimmt nun für die Verfolgung solcher Straftaten jedenfalls die Anwendung der Vorschriften über das Steuerstrafverfahren mit Ausnahme von § 386 II und §§ 399–401 AO (vgl. aber → § 385 Rn. 36). Die Möglichkeit der Aussetzung des Steuerstrafverfahrens bis zum rechtskräftigen Abschluss des Besteuerungsverfahrens, die nach § 442 RAO nur für das gerichtliche Verfahren gegeben war, wurde durch Einordnung des neuen § 396 AO in die allgemeinen Vorschriften auf das Ermittlungsverfahren ausgedehnt. § 405 AO regelt die Entschädigung der Zeugen und Sachverständigen, die bereits im Ermittlungsverfahren von einer FinB zu Beweiszwecken herangezogen werden. Abw. von dem bisher geltenden Recht und dem Vorschlag des Entwurfs, eine dem § 448 RAO 1967 (→ Rn. 91) entsprechende Vorschrift beizubehalten, hat sich der BT der Auffassung des BR angeschlossen, dass es – auch unter dem Gesichtspunkt des Gleichheitsgrundsatzes – nicht zu vertreten ist, den Erlass eines Bußgeldbescheides gegen einen Angehörigen der steuerberatenden Berufe wegen einer Steuerordnungswidrigkeit von einer vorherigen ehren- oder berufsgerichtlichen Maßnahme oder von einer Rüge der Berufskammer abhängig zu machen, jedoch ist – gegen das Votum des Rechtsausschusses – nach § 411 AO in diesen Fällen vor Erlass eines Bußgeldbescheides der zuständigen Berufskammer Gelegenheit zu geben, die Gesichtspunkte vorzubringen, die aus ihrer Sicht für die Entscheidung von Bedeutung sind (BT-Drs. 7/4292, 8, 9 u. 48).

Die übrigen Verfahrensvorschriften entsprechen meist wörtlich den §§ 420 ff. RAO mit der Änderung, dass der Begriff *"Finanzamt"* mit Rücksicht auf die im Steuerstrafverfahren tätigen Hauptzollämter, die Zollfahndungsämter und die mit der Steuerfahndung betrauten Dienststellen der Landesfinanzbehörden jeweils durch den allgemeinen Begriff *"Finanzbehörde"* ersetzt worden ist. Im 4. Teil der AO 1977, der die Vorschriften über die Durchführung der Besteuerung enthält, bestimmt der neue § 208 AO die Aufgaben und Befugnisse der Steuer- und Zollfahndung; § 404 und § 410l Nr. 9 AO regeln ihre besonderen Befugnisse im Steuerstraf- und Bußgeldverfahren (vgl. § 439 RAO 1967 und § 19 FVG aF). **103**

Durch das EGAO v. 14.12.1976 (BGBl. I 3341) wurden die Bundesgesetze einzeln an die AO 1977 angepasst. Abw. vom alten Recht bestimmen Art. 5, 50, 74, 82 und 83 EGAO durch die Vorschriften des § 29a BerlinFG, des § 8 II WoPG, des § 5b II SparPG (bis 31.12.1999), des § 5a BergPG und des § 14 III 5. VermbG, dass für Arbeitnehmerzulage in Berlin (West), Wohnungsbauprämie, Sparprämie, Bergmannsprämie und Arbeitnehmer-Sparzulage die Vorschriften der AO über Steuervergütungen sowie insbes. die Strafvorschriften des § 370 I–IV, der §§ 371, 375 I und des § 376 bzw. die Bußgeldvorschriften der §§ 378, 379 I, IV und des [§ 383 und] § 384 AO entsprechend gelten; ferner gelten in diesen Fällen und bei Begünstigung nach § 257 StGB für das Strafverfahren die §§ 385–408 bzw. für das Bußgeldverfahren die §§ 409–412 AO. Das Erschleichen oder leichtfertige Erwirken einer Zulage oder Prämie ist also wie Steuerhinterziehung nach § 370 AO strafbar bzw. wie leichtfertige Steuerverkürzung nach § 378 AO mit Geldbuße bedroht, wobei der Täter durch Selbstanzeige nach § 371 bzw. § 378 III AO Straf- oder Bußgeldfreiheit erlangen kann (vgl. ferner § 35 I MOG idF der Bekanntmachung vom 20.9.1995 (BGBl. I 1146) sowie § 14 AbwAG). Diese Ausdehnung des Anwendungsbereichs von Vorschriften des 8. Teils der AO auf Zulagen und Prämien, bei denen bisher nur (vorsätzliches) Erschleichen als Betrug nach § 263 StGB strafbar war, beruht im Wesentlichen auf der Initiative des BT (Antrag und Bericht des Finanzausschusses BT-Drs. 7/5456 u. BT-Drs. 7/5458, 1 sowie 6); der Regierungsentwurf des EGAO hatte sie nur für die Arbeitnehmerzulage nach § 29 BerlinFG, darüber hinaus aber auch für die Investitionszulagen nach dem InvZulG und nach § 19 BerlinFG vorgesehen (BT-Drs. 7/261, 38, 53 u. 55). Die vom Gesetzgeber getroffene Unterscheidung zwischen Subventionen, deren Erschleichung nach § 264 StGB strafbar ist, und Zulagen und Prämien, deren Erschleichung nach § 370 AO strafbar ist, richtet sich danach, ob es sich um Leistungen der öffentlichen Hand zur Förderung der Wirtschaft oder um Leistungen auf dem sozialen Sektor handelt (Begr. zum 1. WiKG, BT-Drs. 7/3441, 23 f., sowie Bericht und Antrag des Sonderausschusses für die Strafrechtsreform, BT-Drs. 7/5291, 10 ff.). Für die Verfolgung der Erschleichung einer Investitionszulage sowie einer Begünstigung – strafbar nach § 264 StGB bzw. § 257 iVm § 264 StGB – schreiben § 20 BerlinFG und § 8 InvZulG 1999 die entsprechende Anwendung der §§ 385–408 AO über die Verfolgung von Steuerstraftaten vor, da die Gewährung der Investitionszulagen von den Finanzbehörden verwaltet wird, die auf dem betreffenden Gebiet auch für die Gewährung von indirekten Subventionen in Form von Steuervergünstigungen zuständig sind (Begr. BT-Drs. 7/ 3441, 48, Bericht und Antrag des Sonderausschusses für die Strafrechtsreform, BT-Drs. 7/5291, 24). **104**

10. Änderungen nach der großen AO-Reform

Durch Art. 5 **StVÄG 1979 v. 5.10.1978** (BGBl. I 1645, 1653) wurde § 391 III AO mit Rücksicht auf § 74c I Nr. 3 und § 74e GVG beschränkt auf die Konzentration der Zuständigkeit für Steuerstraftaten beim Amtsgericht; gleichzeitig wurde in § 400 AO der Begriff *"Strafrichter"* der Änderung des § 408 StPO entsprechend durch *"Richter"* ersetzt (Begr. BT- **105**

Drs. 8/976, 70 f.). Durch Art. 5 **G zur Neuordnung des Betäubungsmittelrechts v. 28.7.1981** (BGBl. I 681, 702) wurde die Ausnahmevorschrift des § 391 IV Hs. 2 AO, nach der die gem. § 391 I 1 AO für den Regelfall vorgeschriebene Konzentration der Zuständigkeit unterbleibt, auf diejenigen Fälle ausgedehnt, in denen mit der Steuerstraftat eine Straftat nach dem BtMG zusammentrifft, um die „*Kenntnis der örtlichen Verhältnisse, insbesondere der örtlichen Drogenszene*" zu nutzen (Begr. BR-Drs. 546/79, 39, BT-Drs. 8/3551, 48 u. 54).

106 **Art. 17 SteuerreformG 1990** v. 25. Juli 1988 (BGBl. I 1093, 1128) unternahm mit dem Gesetz über die strafbefreiende Erklärung von Einkünften aus Kapitalvermögen und von Kapitalvermögen (StrbEG) einen erneuten Versuch (→ Rn. 56), mittels einer Steueramnestie unbekannte Steuerquellen zu erschließen. Bis zum 31. Dezember 1990 befristet, wurde eine Möglichkeit geschaffen, durch die Nacherklärung von Einkünften und Vermögensteilen für bestimmte Jahre nicht nur Straffreiheit zu erlangen, sondern auch entgegen §§ 169 II 2, 173 I Nr. 1 AO eine Änderung für Altjahre zu verhindern (dazu *Joecks*, Die neue Verwaltungsregelung zum Steueramnestiegesetz, 1989). Art. 2 des USt-BinnenG v. 25.8.1992 (BGBl. I 1548) führte zu einer Änderung des § 370 VI 2–4, VII, § 372 I, § 379 II 3 AO und zu einer Erweiterung der deutschen Strafgewalt bei der Verkürzung von Steuern ausländischer Staaten (→ § 370 Rn. 39 ff.). Einer weiteren Anpassung diente das 3. Gesetz zur Änderung des Steuerbeamten-Ausbildungsgesetzes v. 21.12.1992 (BGBl. 1992 I 2118). Schließlich brachte Art. 8 des Verbrauchsteuer-Binnenmarktgesetzes v. 21.12.1992 (BGBl. I 2150, 2203) eine weitere Änderung des § 370 VI AO zur Anpassung an den Binnenmarkt. Ein dem Gesetzgeber insoweit unterlaufener Fehler wurde mit dem EG-FinSchG v. 10.9.1998 (BGBl. II 2322) zwischenzeitlich korrigiert (→ § 370 Rn. 47). Mit Art. 4 des Grenzpendlergesetzes v. 24.6.1994 (BGBl. I 1395) wurde in § 382 I AO eine Anpassung an die durch die Aufhebung des Zollgesetzes und die zum 1.1.1994 wirksam gewordene Einführung des § 31 ZollVG bzw. § 30 ZollVO vorgenommen. Endlich wurde § 32 ZollVG in seinem Wortlaut durch das ZollVÄndG v. 20.12.1996 (BGBl. I 2030) der großzügigen Durchführung in der Praxis angepasst (vgl. *Bender* ZfZ 1997, 110).

107 Im Zuge der Einführung des Euro wurde durch Gesetz vom 19.12.2000 (BGBl. I 1790) in den Bußgeldtatbeständen der AO mWv 1.1.2002 jeweils der DM-Betrag auf EUR umgestellt. Durch das **Steuerverkürzungsbekämpfungsgesetz (StVBG)** v. 19.12.2001 (BGBl. I 3922) wurde ein Verbrechenstatbestand der gewerbsmäßigen oder bandenmäßigen Steuerhinterziehung als § 370a AO in die Abgabenordnung eingestellt; zugleich wurden mit den §§ 26b, 26c UStG [heute: §§ 26a, 26c UStG] ein Ordnungswidrigkeiten- und ein Straftatbestand eingeführt, der die Nichtzahlung von Umsatzsteuer unter bestimmten Voraussetzungen sanktioniert. Der vordergründig auf die Bekämpfung der Umsatzsteuerkarussellgeschäfte ausgerichtete § 370a wurde wenig später mit Wirkung v. 28.7.2002 im Zusammenhang mit dem 5. Gesetz zur Änderung des Steuerbeamtenausbildungsgesetzes wiederum geändert und erhielt die bis 28.12.2007 geltende Fassung (BGBl. I 2715, 2722; → § 370 Rn. 14).

108 Durch Art. 1 des **Gesetzes zur Förderung der Steuerehrlichkeit** wurde ein **Strafbefreiungserklärungsgesetz (StraBEG)** eingeführt (Gesetz v. 23.12.2003, BGBl. I 2928; BStBl. I 2004, 22). Die Regelungen des Strafbefreiungserklärungsgesetzes treten neben die der Selbstanzeige und sehen eine pauschale Nachversteuerung vor, die für den Regelfall deutlich günstiger ist als die Nachzahlung im Rahmen des § 371 III AO. Das StraBEG ist im Anhang 2 der 6. Aufl. kommentiert.

109 Durch das 1. JuMoG vom 24.8.2004 (BGBl. I 2198) wurde § 152 I GVG dahingehend geändert, dass der Begriff des Hilfsbeamten durch den der Ermittlungsperson ersetzt wurde. Folgeänderungen ergaben sich hierfür bei den §§ 392, 397, 399, 404 AO (Art. 12g XI, BGBl. I 2208). Das Gesetz ist am 1.9.2004 in Kraft getreten.

110 Durch Art. 3 des **Gesetzes zur Neuregelung der Telekommunikationsüberwachung** und anderer verdeckter Ermittlungsmaßnahmen sowie zur Umsetzung der RL 2006/24/EG vom 21.12.2007 wurde mWv 1.1.2008 § 370a AO gestrichen. Gleichzeitig wurden der besonders schwere Fall in § 370 III 2 Nr. 1 AO modifiziert und eine neue Nummer 5 eingeführt. Siehe dazu auch → § 370 Rn. 14.

111 Durch das JStG 2009 wurde eine bedeutsame Änderung der Verfolgungsverjährung vorgenommen. Die bisher geltende fünfjährige Verjährungsfrist wurde für Fälle, die als benannte Regelbeispiele im § 370 III 2 AO enthalten sind, von fünf auf zehn Jahre verlängert (→ Rn. 127 zur weiteren Verlängerung).

112 Durch das **Schwarzgeldbekämpfungsgesetz** wurde mWv 3.5.2011 (GV 28.4.2011, BGBl. I 676) die strafbefreiende Selbstanzeige (§ 371 AO) grundlegend umgestaltet und erschwert, strafbefreiende Teilselbstanzeigen gibt es nicht mehr; für Hinterziehungen großen Ausmaßes gibt es nur noch die Möglichkeit einer obligatorischen Einstellung nach Zahlung eines Zuschlags (§ 398a AO). Mit G v. 22.12.2014 (BGBl. I 2451) wurden zum 1.1.2015 die Anforderungen an den zeitlichen Umfang der Selbstanzeige erhöht, der Schwellenbetrag für die Selbstanzeige gesenkt und zugleich die Möglichkeit wiedereröffnet, trotz laufender Außenprüfung für nicht in den Prüfungszeitraum fallende Jahre eine Selbstanzeige zu erstatten.

113 Mit dem **Gesetz zur Bekämpfung der Korruption** vom 20.11.2015 (BGBl. I 2025) wurden die Regebeispiele des § 370 III 2 Nr. 2 und 3 AO auf europäische Amtsträger ausgeweitet.

114 Das **Gesetz zur Modernisierung des Besteuerungsverfahrens** vom 18.7.2016 (BGBl. I 1679) führte mit § 383b AO eine Vorschrift gegen die Verletzung von Pflichten bei der elektronischen Übermittlung von Vollmachtsdaten ein.

115 Mit dem **Steuerumgehungsbekämpfungsgesetz** vom 23.6.2017 (BGBl. I 1682) reagierte der Gesetzgeber auf die Veröffentlichung der sog. Panama-Papers und schuf in § 370 III 2 Nr. 6 AO ein zusätzliches Regelbeispiel. Danach gilt die Nutzung von **Drittstaaten-Gesellschaften** zur Verschleierung steuerlich erheblicher Tatsachen bei der Steuerhinterziehung als typischer besonders schwerer Fall des § 370 AO. Im Steuerordnungswidrigkeitenrecht wurde durch dieses Gesetz § 379 AO verändert, um die Regelung zB den neuen Vorgaben für elektronische Aufzeichnungssysteme und neuen Mitteilungspflichten anzupassen. Für das Steuerverfahrensrecht brachte das Gesetz den Wegfall des sog. Bankgeheimnisses in § 30a AO, die Möglichkeit von Sammelauskunftsersuchen in § 93 AO, Mitteilungs-, Aufbewahrungs- und Identifizierungspflichten mit Blick auf Drittgesellschaften in den §§ 138 ff. AO, 147a, 154 AO und Verlängerungen und Unterbrechungen von Verjährungsfristen bei Drittgesellschaften (§§ 170 VII, 228, 231 AO).

116 § 383a AO wurde mit Gesetz vom 17.7.2017 (BGBl. I 2541) aufgehoben und in § 384a AO eine Regelung zur Lösung von Konkurrenzfragen zwischen deutschem Steuerordnungswidrigkeitenrecht und **europäischem Datenschutzrecht** eingeführt.

117 Die wichtigsten Gesetzesänderungen im Steuerstrafrecht betreffen allerdings fraglos die **Verjährung**. Nach einer Anpassung der Verjährung an die Ergänzung der Regelbeispiele durch das Steuerumgehungsbekämpfungsgesetz vom 23.6.2017 (BGBl. I 1682) wurde § 376 I AO durch das Zweite Corona-Steuerhilfegesetz vom 29.6.2020 (BGBl. I 1512) erneut geändert (vgl. BT-Drs. 19/20058, 28 f.). Mit Wirkung zum 1.7.2020 wurde durch Art. 6 Nr. 3 lit. a des Gesetzes ein Halbsatz eingefügt, der die Streitfrage beantwortet, ob § 78b IV StGB mit dem Ruhen der Verjährung auch auf Fälle des § 370 III 2 AO anwendbar ist. Die gravierendere Änderung war aber fraglos die Ergänzung des Art. 6 Nr. 3 lit. b. Der Verjährungsvorschrift des § 376 AO wurde ein Absatz 3 angefügt, der die absolute Verjährung in Abweichung von § 78c III 2 StGB auf das Zweieinhalbfache der Regelverjährung verlängerte. Noch im selben Jahr – zum 29.12.2020 – wurde diese Regelverjährung durch das Jahressteuergesetz 2020 (BGBl. I 3096) für besonders schwere Fälle der Steuerhinterziehung unter dem Eindruck des Cum-Ex-Skandals erneut verlängert, nun auf 15 Jahre. Damit ergibt sich nunmehr eine theoretisch mögliche Verfolgungsverjährung für Steuerhinterziehungen im besonders schweren Fall von 42,5 Jahren bis zum erstinstanzlichen Urteil.

117a Bereits unter dem 27.11.2020 (BR-Drs. 638/20) hatte der Bundesrat den **Entwurf eines „Gesetzes zur Änderung der Abgabenordnung – Gesetz zur umfassenden Verfolgung der organisieren Steuerhinterziehung"** vorgelegt. Vorgeschlagen wurde eine

Einleitung 118, 119   Die geschichtliche Entwicklung des Steuerstrafrechts

Ausweitung des § 370 III 2 Nr. 5 AO auf alle **Formen der bandenmäßigen Begehung** von Steuerhinterziehungen zur Erlangung von Steuervorteilen. Es sollte also die Begrenzung auf Umsatz- und Verbrauchsteuern aufgehoben werden. Hintergrund dieses Vorschlags waren – mal wieder – die Erfahrungen mit den Cum-Ex-Konstellationen, die sich als eine neue Form der organisierten Kriminalität herausgestellt habe, die man bei Schaffung der alten Regelung nicht im Blick gehabt habe. Da auch bei Cum-Ex-Geschäften und verwandten Konstellationen internationale, hochprofessionelle und konspirative Tätergruppen tätig würden, sei eine Anpassung des Strafrahmens an diese Form der organisierten Wirtschaftskriminalität notwendig, die auf die Hinterziehung von Ertragsteuern abziele. Mit der Erhöhung des Strafrahmens sei eine Ausweitung der strafprozessualen Ermittlungsmöglichkeiten verbunden, die sich über den Verweis des § 100a II Nr. 2 Buchst. a StPO ergäben. Diese besonderen Ermittlungsmaßnahmen seien mit Blick auf die Professionalität und Internationalität sowie den Organisationsgrad der Tätergruppen erforderlich, um diese Form des Kriminalität zu bekämpfen (BR-Drs. 638/30, S. 5 ff.). Der Antrag wurde unter dem 16.2.2022 durch das Land Nordrhein-Westfalen erneut vorgelegt (BR-Drs. 66/22) und mit Beschluss vom 11.3.2022 erneut in den Bundestag eingebracht. Die Bundesregierung nahm unter dem 27.4.2022 (BT-Drs. 20/1518, S. 8) jedoch ablehnend Stellung und erklärte, sie wolle bis Ende des Jahres einen eigenen Gesetzesvorschlag vorlegen, der die Vereinbarungen des Koalitionsvertrages zur effektiveren Bekämpfung von Steuerkriminalität und aggressiver Steuergestaltung umsetzen soll. Der Entwurf soll ferner die Strategien gegen Steuerhinterziehung, ihre personelle und organisatorische Stärkung beinhalten, die Informationsmöglichkeiten verbessern und die Ermittlungsbehörden stärken.

118   Auch im Zusammenhang mit der **Einziehung im Steuerstrafrecht** kam es zu gesetzlichen Neuregelungen: Durch das Gesetz zur Reform der strafrechtlichen Vermögensabschöpfung vom 13.4.2017 war mit Wirkung zum 1.7.2017 (BGBl. I S. 872) eine grundlegende Neuregelung der strafrechtlichen Abschöpfungsvorschriften in Kraft getreten. Es wurde jedoch wurde rasch deutlich, dass diese im Steuerstrafrecht unter einem grundlegenden Mangel litt (vgl. nur *Rettke/Feindt* DStR 2018, 2357). Es war schlicht übersehen worden, dass Steueransprüche nach § 47 AO durch Verjährung erlöschen. Um diesen Fehler zu beseitigen, wurde durch das **Zweite Corona-Steuerhilfegesetz** (BGBl. I 1512) ein § 375a AO in die AO eingefügt (BT-Drs. 19/20058, 28). Die Vorschrift regelte, dass die Verjährung nach § 47 AO der Einziehung nach den §§ 73 ff. StGB nicht entgegensteht. In Art. 97 § 33 EGAO war insofern angeordnet, dass die Vorschrift nur für bis zum 1.7.2020 nicht verjährte Steueransprüche gelten sollte. Der Verzicht auf eine rückwirkende Anwendung der Einziehungsvorschriften wurde jedoch ebenfalls im Kontext des **Cum-Ex-Skandals** für untragbar und einen Verstoß gegen den Grundsatz, dass Verbrechen sich nicht lohnen dürfe, gehalten. § 375a AO wurde mit Art. 27 Nr. 28 des Jahressteuergesetzes 2020 (BGBl. I 3096) wieder gestrichen. Art. 47 des Gesetzes änderte § 73e I StGB dahingehend, dass die Verjährung von Ansprüchen nicht als Erlöschen im Sinne des Einziehungsrechts anzusehen ist. Zudem wurde durch Art. 48 des Jahressteuergesetzes 2020 in Art. 316j EGStGB u. a. geregelt, dass die Neuregelung auch auf Taten anwendbar ist, die vor dem 29.12.2020 begangen wurden, soweit eine Steuerhinterziehung von großem Ausmaß vorliegt und die Verjährung von Steueransprüchen nach dem 1.7.2020 eingetreten ist. Es kann also zu einer Einziehung mit echter Rückwirkung kommen. Die Entscheidung des BVerfG (BVerfGE 156, 354 = NJW 2021, 1222) vom 10.2.2021 ließ bereits erwarten, dass das Gericht diese Entscheidung des Gesetzgebers nicht verfassungsrechtlich beanstanden wird. Mit seinem Nichtannahmebeschluss vom 7.4.2022 (2 BvR 2194/21, NZWiSt 2022, 276 ff.) hat die 2. Kammer des 2. Senats diese Erwartung bestätigt und ist auch in der Frage nach der Verfassungsmäßigkeit des Art. 361j EGStGB der Entscheidung des 2. Senats des Gerichts gefolgt. Die angegriffene Entscheidung des BGH (28.7.2021, NJW 2022, 90) in einem Cum-Ex-Verfahren wurde damit bestätigt.

119   Art. 12 Nr. 19 des Gesetzes zur steuerlichen Förderung der Elektromobilität vom 12.12.2019 (BGBl. I 2451) ergänzte mit Wirkung zum 1.1.2020 das **Umsatzsteuerge-**

setz. Die neue Vorschrift kann auch Auswirkungen auf das Steuerstrafrecht haben. Mit dem eingefügten § 25f UStG wurde die Versagung des Vorsteuerabzugs und der Steuerbefreiung bei Beteiligung an einer Steuerhinterziehung ausdrücklich im Gesetz geregelt. Es handelt sich um die Umsetzung einer langjährigen Missbrauchsrechtsprechung von EuGH, BGH und BFH (→ § 370 Rn. 362 ff.), die nunmehr auch eine gesetzliche Grundlage findet und so auch im Steuerstrafrecht Rechtssicherheit bringen soll. Mit Art. 14 Nr. 19 ff. des Jahressteuergesetzes 2020 (BGBl. I 3096) wurden die Sanktionsvorschriften §§ 26 ff. UStG angepasst. Die Bußgeldvorschriften wurden in § 26a UStG zusammengeführt, § 26b UStG gestrichen und § 26c UStG nunmehr auf § 26a I UStG bezogen.

Mit dem **Gesetz zur strafrechtlichen Bekämpfung der Geldwäsche** vom 9.3.2021 **120** (BGBl. I 327) erfolgte dann zum 18.3.2021 eine Änderung des Strafrechts, die auf das Steuerstrafrecht mittelbar erhebliche Auswirkungen haben kann: Die Steuerhinterziehung, die bislang nur in bei banden- oder gewerbsmäßiger Begehung Vortat zur Geldwäsche war, wurde aufgrund des nun in § 261 StGB verankerten sog. All-Crime-Ansatzes allgemein Vortat zur Steuerhinterziehung (BT-Drs. 19/24180, 12 ff.; eingehend → § 261 Rn. 19 ff.). Das führt in Fällen, in denen aufgrund der Steuerhinterziehung eine Auszahlung erfolgt, zu weitreichenden Folgen bei der Einziehung (insbes. nach § 76a IV StGB) und kann zu einer umfassenden Infektion von Vermögenswerten führen. Die vormalige Sonderregelung in § 261 I 3 StGB aF, die vorsah, dass auch Steuerersparnisse Gegenstand der Geldwäsche sein können sollten, wurde mangels praktischer Umsetzbarkeit gestrichen (BT-Drs. 19/24180, 17). Zu Einzelheiten → Anh. IV Rn. 1 ff.

In der Organisation der Steuerbehörden gab es **Umstrukturierungen.** So wurde mit **121** dem Gesetz zur Neuorganisation der Zollverwaltung vom 3.12.2015 (BGBl. I 2178) die Generalzolldirektion in Bonn eingerichtet, in die die Mittelbehörden des Bundes sowie das Zollkriminalamt als funktionale Einheit integriert wurden. Bei der Generalzolldirektion wurde für den Zollfahndungsdienst eine Direktion Zollkriminalamt eingerichtet. Die Strukturen der Ortsebene der Zollverwaltung ist dabei unberührt geblieben. Mit dem Jahressteuergesetz 2020 vom 21.12.2020 (BGBl. I 3096) wurde die Zuständigkeit des Bundeszentralamtes für Steuern die Aufgabe der Steuerfahndung nach § 208 I 1 Nr. 3 AO übertragen, soweit ihr ihm die Aufgaben der Steuerverwaltung übertragen sind.

In der **Strafprozessordnung** haben sich in den letzten Jahren eine Reihe von Änderun- **122** gen ergeben. So brachte das Gesetz zur effektiveren und praxistauglicheren Ausgestaltung des Strafverfahrens vom 17.8.2017 (BGBl. I 3202) nicht nur die Online-Durchsuchung mit sich, sondern es erfolgte auch eine Umstrukturierung der Vorgaben für den Schutz des privaten Lebensbereichs bei geheimen Ermittlungsmaßnahmen in §§ 110a ff. StPO. Ferner wurde die Aufzeichnung von Aussagen von Beschuldigten ermöglicht und die Pflicht für Zeugen statuiert eine Ladung der Staatsanwaltschaft zur Vernehmung Folge zu leisten.

Mit der Änderung der Strafprozessordnung durch das **Gesetz zur Fortentwicklung der StPO** vom 25.6.2021 (BGBl. I 2099) wurde mit Wirkung zum 1.7.2021 in § 95a StPO die Möglichkeit der heimlichen Beschlagnahme bei Gewahrsam Dritter geschaffen und in § 99 II StPO ein Auskunftsverlangen an Postdienstunternehmen eingeführt. Ferner wurde der Katalog für Telefonüberwachung (§ 100a StPO) um die bandenmäßige Steuerhinterziehung im großen Ausmaß ergänzt.

11. Organisatorische Entwicklung

In der Finanzverwaltung hatte eine fortschreitende Konzentration der Ermittlung, **123** Verfolgung und Ahndung von Steuerverfehlungen bereits in den 50er Jahren begonnen, und zwar mit der Organisation von Steuerfahndungsstellen und von Gemeinsamen Strafsachenstellen für den Bereich mehrerer FÄ. Die Gemeinsamen Strafsachenstellen nahmen zunächst nur eine zusammenfassende Sachbearbeitung der Steuerstrafsachen wahr; das für den jeweiligen Einzelfall zuständige FA blieb „Herr des Verfahrens" (→ § 387 Rn. 6). Später wurde durch Rechtsverordnungen auf Grund § 422 II RAO 1967 (heute: § 387 II

AO 1977) die Zuständigkeit zur Ausübung der gesetzlichen Befugnisse im Steuerstraf- und -bußgeldverfahren auf bestimmte FÄ und HZÄ konzentriert (→ § 387 Rn. 6 ff.). Für die Fahndungsaufgaben wurden in der Bundesfinanzverwaltung auf Grund § 1 Nr. 4 aF (jetzt: § 1 Nr. 3 FVG), § 12 I FVG seit 1971 als örtliche Behörden neben den HZÄ besondere **Zollfahndungsämter** gebildet. Zum 1.1.2016 wurde die Generalzolldirektion gegründet, die als Oberbehörde auch im Hinblick auf die Zollfahndungsämter und das Zollkriminalamt die Leitungsfunktion wahrnimmt. Demgegenüber ist die Steuerfahndung in den Finanzverwaltungen der Länder unterschiedlich organisiert. Überwiegend ist die Steuerfahndung als **Dienststelle eines FA** organisiert. Spezielle FÄ für Fahndung und Strafsachen gibt es in Berlin, Hamburg, Niedersachsen und Nordrhein-Westfalen (Schwarz/Pahlke/*Klaproth* AO § 404 Rn. 6). Dem Beispiel von Hamburg folgend sind mittlerweile in zahlreichen Bundesländern – auch in Berlin, Bremen, Mecklenburg-Vorpommern, Rheinland-Pfalz, Sachsen, Sachsen-Anhalt und Schleswig-Holstein – Strafsachenstelle und Steuerfahndung in sog. **Einheitssachgebieten** zusammengefasst (vgl. *Webel* AO-StB 2007, 137). Die gegen diese Organisationsform geltend gemachten Bedenken konnten sich nicht durchsetzen (→ § 404 Rn. 14). Zum gegenwärtigen Rechtszustand → § 387 Rn. 6.

Ein Tätigkeitsbereich, der in den Finanzverwaltungen in den letzten Jahren immer größere Bedeutung erlangt, ist die Steueraufsicht. Ein großer Teil dieser Tätigkeit wird in Sonderbereichen der strafrechtlichen Bereiche der Finanzämter geleistet, die zB als „Servicestelle Steueraufsicht" (ServiSta) bezeichnet werden (→ § 404 Rn. 18). Diese Stellen arbeiten u. a. risikoträchtige Prüffelder systematisch auf und erschließen sämtliche dazu verfügbaren Informationen im Rahmen der Steueraufsicht gem. § 208 I Nr. 3 AO. Die sich daraus ergebenden Informationen werden dann je nach Einzelfall entweder im Rahmen der Strafverfolgung oder im Besteuerungsverfahren abgearbeitet.

124 Im Hinblick auf Steuerstrafverfahren mit Auslandsbezug nimmt das **Bundeszentralamt für Steuern** (BZSt) mehrere Funktionen wahr. So wurde beim BZSt die **Informationszentrale Ausland (IZA)** eingerichtet (vgl. BMF 6.2.2012, BStBl. I 2012, 241), deren Aufgabe es ist, bei Auslandssachverhalten Informationen zu beschaffen sowie auszuwerten und die Außenprüfungs- und Steuerfahndungsdienste zu unterstützen (§ 5 I Nr. 6 FVG iVm BMF 9.9.2019, BStBl. I 2019, 907). Darüber hinaus versorgt das BZSt die Bundes- und Landesfinanzbehörden auch auf anderen Wegen mit steuerlich relevanten Daten (vgl. zB § 5 I Nrn. 5–6, 9, 13, 15–17, 28, 28a FVG). Im Hinblick auf die Bekämpfung des USt-Betruges sind zB die folgenden Datenbanken vorhanden (BT-Drs. 18/568, 7 ff.): „USEG – Umsatzsteuer EG", in der über das europäische Mehrwertsteuer-Informationsaustauschsystem (MIAS) nach unionsrechtlichen Vorgaben zu Kontrollzwecken ausgetauschte Daten gespeichert sind. Diese können über das Verfahren „USLO" (Umsatzsteuer Länder Online) von den Landesfinanzbehörden einschließlich der Steuerfahndung abgerufen werden. Davon gesondert werden konkrete Betrugsfälle in der „Zentralen Datenbank zur Speicherung und Auswertung von Umsatzsteuer-Betrugsfällen und Entwicklung von Risikoprofilen (ZAUBER)" erfasst. Ferner existiert eine „Zentrale Stelle zur Koordinierung von Prüfungsmaßnahmen in länder- und staatenübergreifenden Umsatzsteuer-Betrugsfällen (KUSS)". Auch für den Informationsaustausch mit ausländischen Steuerverwaltungen, der idR im Rahmen von DBA vereinbart wird (→ § 399 Rn. 311 ff.), ist auf Grund § 5 I Nr. 5 bis 6 FVG das *Bundeszentralamt für Steuern* in Bonn zuständig.

125 **Von den Justizverwaltungen der Länder** wurden erst geraume Zeit nach der Beseitigung des Verwaltungsstrafverfahrens (→ Rn. 86 ff.) Schwerpunktstaatsanwaltschaften zur wirksamen Bekämpfung der Wirtschaftskriminalität eingerichtet und mit bilanzkundigem Personal ausgestattet (vgl. *Schwind/Gehrich* JR 1980, 228). Demgegenüber hatte eine Spezialisierung der Gerichtsbarkeit für Steuerstrafsachen bereits auf Grund des § 476a RAO 1956 (→ § 391 Rn. 1) mit der konzentrierten Zuständigkeit einer Abteilung *eines* AG in jedem LG-Bezirk und *einer* Strafkammer beim jeweiligen LG begonnen; vgl. später § 426 RAO 1967 und § 391 AO 1977. Die Regelung in der RAO gab das Vorbild für eine allgemeine Konzentration der Wirtschaftsstrafsachen bei *einem* LG für den Bereich mehrerer

LG durch RechtsV auf Grund der Ermächtigungsnorm des § 74c I Nr. 4 GVG, die durch Art. 1 G v. 8.9.1971 (BGBl. I 1513) eingeführt und zB in Nordrhein-Westfalen durch die VO über die Zusammenfassung der Wirtschaftsstrafsachen v. 7.8.1972 (GV. 1972, 255) alsbald genutzt wurde. Auf Grund des § 74c I Nr. 3 GVG in der durch Art. 6 Nr. 1 des 1. WiKG v. 29.7.1976 (BGBl. I 2034) geänderten Fassung wurde bei den LG die Bildung von *Wirtschaftsstrafkammern* vorgeschrieben (vgl. ferner Art. 2 Nr. 7 StVÄG 1979, Rn. 105). Besondere Steuerstrafkammern waren fortan entbehrlich (→ § 391 Rn. 4); demgemäß wurde § 391 III AO auf *Steuerstrafabteilungen beim Amtsgericht* reduziert (→ Rn. 105).

Welchen Einfluss die **Finanzministerien** des Bundes und der Länder in Steuerstrafsachen nehmen dürfen, ist ungeklärt. Sicher ist zunächst, dass dieser nicht weiter reichen darf als der der Justizministerien in allgemeinen Strafverfahren (vgl. dazu *Kurzrock*, Die Zulässigkeit politischer Einflussnahme auf Strafverfahren, 2003). Die in Steuerstrafsachen tätigen Organe der FinB (Strafsachenstelle, Steuerfahndung) sind aber primär im justiziellen Bereich tätig, so dass schon fraglich ist, ob fachliche Anweisungen generalisierender Art wie etwa die für das Straf- und Bußgeldverfahren überhaupt eine Ermächtigungsgrundlage besitzen (→ § 399 Rn. 6). Soweit darüber hinaus die Finanzverwaltung Merkblätter erarbeitet, die für den strafrechtlichen Bereich inhaltliche Verbindlichkeit beanspruchen, mangelt es an dieser. Äußerungen des Bundesfinanzministeriums, mögen sie auch mit den FinMin der Länder abgestimmt sein, haben im strafrechtlichen Bereich nicht mehr Aussagekraft als solche in der Literatur (*Joecks/Randt* DStR 2004, 337). Etwas anderes gilt hingegen für den organisatorischen und personellen Bereich, in dem die in Steuerstrafverfahren tätigen Organe der Finanzbehörde gegenüber dem jeweiligen Finanzministerium weisungsgebunden sind. **126**

12. Blick auf die jüngere Rechtsprechung im Steuerstrafrecht

Die Entwicklung des Steuerstrafrechts in den Jahren 1995 bis 2011 ist nach einem Gutachten von *Schünemann* zur „Bekämpfung der Haushaltsuntreue" aus dem Jahr 2011 durch erhebliche Verschärfungen geprägt. Zeichnet man die Entwicklung von dem Zeitpunkt nach, zu dem der 1. Strafsenat die Zuständigkeit für die Steuerhinterziehung übernahm, so findet sich eine Reihe von Entscheidungen, die tatsächlich eine deutlich strengere Anwendung des Steuerstrafrechts erkennen lassen. Der 1. Strafsenat (BGH 2.12.2008, BGHSt 53, 79) legte die Grenze des großen Ausmaßes mit 50.000 Euro fest (ergänzt durch BGH 27.10.2015, BGHSt 61, 28), nahm eine Strafbarkeit der unterlassenen Berichtigung bei vorheriger Steuerhinterziehung mit dolus eventualis an (BGH 17.3.2009, BGHSt 53, 210) und schränkte die Möglichkeiten der Selbstanzeige, insbes. durch den Wegfall der Teilselbstanzeige erheblich ein (BGHSt 55, 180). Im Folgenden soll die Entwicklung der Rechtsprechung der letzten zehn Jahre in groben Zügen nachgezeichnet werden. **127**

a) Vorsatz und Irrtum

Der 1. Strafsenat des BGH stellte im Jahr 2012 (BGH 8.9.2001, NZWiSt 2012, 71) die seit vielen Jahrzehnten anerkannte sog. **Steueranspruchstheorie** obiter dictum in Frage, korrigierte diesen offenkundigen Irrtum allerdings in späteren Entscheidungen (BGH 10.1.2019, NZWiSt 2019, 261) ausdrücklich wieder. Der Vorsatz müsse sich im Falle des Erlangens einer veräußerten Sache durch Unterschlagung auch darauf beziehen, dass der Weiterverkauf illegal erlangter Sachen der Gewerbesteuer unterfällt (BGH 18.8.2020, NStZ 2021, 297). Jedoch handele der Täter mit Vorsatz hinsichtlich des Steueranspruchs, wenn er dessen Entstehung für möglich halte und billigend in Kauf nehme. Auch setze die Annahme von Steuerhinterziehungsvorsatz nicht voraus, dass der Täter konkrete Vorstellungen über die steuerliche Einordnung des unrichtig erklärten Sachverhalts habe (BGH 10.1.2019, NZWiSt 2019, 261). Den Irrtum über das Eintreten eines Schadens sah der BGH allerdings nicht als vorsatzausschließenden Tatbestandsirrtum an, sondern lediglich als Grund für eine Strafmilderung (BGH 17.9.2020, PStR 2020, 98). In einer Entscheidung zur Umsatzsteuer- **128** hinterziehung durch Unterlassen hat der BGH betont, dass auch die Willenskomponente des Vorsatzes ernst zu nehmen und zu prüfen ist (BGH 11.2.2020, NStZ 2020, 487).

b) Umsatzsteuerstrafrecht

129 Im Umsatzsteuerstrafrecht übertrug der 1. Strafsenat die europäische Rechtsprechung zum **Mehrwertsteuerrecht** (EuGH NJW 2011, 203) nach einem Vorlageverfahren beim EuGH (BGH 7.7.2009, wistra 2009, 441) ohne Modifikationen auf das Steuerstrafrecht und stützte damit die Strafbarkeit auf eine mit dem Wortlaut des deutschen Strafgesetzes schwer zu vereinbarende **europäische Missbrauchsklausel** (BGH 20.10.2011, BGHSt 57, 32). Diese Rechtsprechung konkretisierte der BGH in späteren Entscheidungen stetig und korrigierte dabei bisweilen die Vorinstanzen, die insbes. die Voraussetzungen der Versagung von Steuervorteilen nicht immer hinreichend herausarbeiteten (vgl. nur BGH 5.2.2014, NZWiSt 2014, 112; BGH 29.1.2015, NStZ 2015, 283; BGH 19.11.2014, NStZ 2015, 289; BGH 14.1.2015, NZWiSt 2015, 263; BGH 13.1.2015, NZWiSt 2015, 274). Der BGH stellte insbes. mit Blick auf den Vorsteuerabzug fest, dass dieser nicht nachträglich entfällt, wenn der Unternehmer später von seiner Einbindung in die Hinterziehungsstruktur erfährt (BGH 20.8.2019, NZWiSt 2020, 111). Hinsichtlich der Zurechnung des Wissens eines Mitarbeiters um die Einbindung in eine Hinterziehungsstruktur hat der BGH (BGH 15.5.2018, wistra 2019, 63; vgl. auch OLG Karlsruhe 16.3.2015, NZWiSt 2015, 233) auf die Rspr des BFH (BFH BFHE 202, 222) verwiesen und einer juristischen Person als Steuersubjekt nicht nur die Kenntnis ihres Geschäftsführers nach § 35 GmbHG, sondern auch nach § 166 BGB analog ihrer Mitarbeiter zugerechnet.

129a Der EuGH hat sich in einer Reihe von Entscheidungen zur Frage der **Rechnung als Voraussetzung des Vorsteuerabzugs** geäußert und hier eine weniger formale Betrachtungsweise angemahnt: EuGH v. 15.9.2016 – C-518/14, DStR 2016, 2211 (Senatex); v. 12.8.2018 – C-664/16, DStRE 2018, 1524 (Vadan); v. 21.10.2021 – C-80/20, DStRE 2021, 1443 (Wilo Salmson France).

130 Der BGH entschied ferner zu **§ 14c-UStG-Fällen** (BGH 6.2.2014, ZWH 2014, 318) und dort zur Schadenshöhe, dass der Schaden über die Höhe des unberechtigten Vorsteuerabzugs nicht hinausgehe (BGH 21.8.2014, NStZ 2015, 282). Er äußerte sich zu den notwendigen Feststellungen zur Umsatzsteuerhinterziehung bei Verurteilung (BGH 23.7.2015, wistra 2015, 476) wie Freispruch (BGH 10.11.2015, NZWiSt 2017, 36). Ferner befasste sich die Rechtsprechung mit Umsatzsteuerkarussellen, der Strafbarkeit des sog. Missing Traders (BGH 7.9.2016, NZWiSt 2017, 32), Strohmanngeschäften (BGH 23.8.2017, NZWiSt 2018, 498), ausländischen Ebay-Accounts (BGH 14.10.2020, NZWiSt 2021, 275), der Berechnung des Steuerschadens (BGH 12.10.2016, NZWiSt 2018, 103) und der Abgrenzung von Täterschaft und Teilnahme bei der Umsatzsteuerhinterziehung (BGH 5.9.2017, NZWiSt 2018, 66). Zudem hat sich der 1. Strafsenat mit Fragen des Leistungsempfängers auseinandergesetzt (BGH 10.2.2021, wistra 2021, 285).

131 In einer Grundlagenentscheidung zum **Kompensationsverbot** bei der Umsatzsteuerhinterziehung (BGH 13.9.2018, BGHSt 63, 203) hat der BGH angenommen, Vorsteuern könnten bei der Ermittlung des (tatbestandlichen) Verkürzungsumfangs unmittelbar verringernd zu berücksichtigen sein (vgl. auch BGH 24.7.2019, wistra 2020, 114; BGH 14.10.2020, NZWiSt 2021, 275; BGH 11.3.2021, wistra 2022, 113 mAnm *Webel*; BGH 23.11.2021, NStZ-RR 2022, 49).

132 Bei der Bestimmung des **Konkurrenzverhältnisses** zwischen unrichtigen Umsatzsteuervoranmeldungen und unrichtiger Umsatzsteuerjahreserklärung hat der BGH seine Rechtsprechung aufgegeben, die von Tatmehrheit und bis zu 13 Taten ausging. Der Senat nimmt nun bei reiner Wiederholung unrichtiger Angaben aus den Voranmeldungen in der Jahreserklärung an, die Hinterziehungen durch die Voranmeldungen seien mitbestrafte Vortaten im Verhältnis zur Steuerhinterziehung durch die Jahreserklärungen (BGH 13.7.2017, wistra 2018, 43). Es sei insofern auch von einer prozessualen Tat auszugehen (BGH 25.2.218, NZWiSt 2019, 428). Diese Rechtsprechung hat der BGH auch auf das Verhältnis zwischen

Taten durch Nichtabgabe der Voranmeldungen und durch unrichtige Jahreserklärung ausgeweitet (BGH NZWiSt 2020, 458). Etwas anderes gelte jedoch, wenn die Tat in der Steuerjahreserklärung mangels Zustimmung der Finanzbehörde nicht vollendet wird (BGH 6.10.2021, NZWiSt 2022, 17).

c) Europäisierung des Steuerstrafrechts

Eine **Verweisung** auf eine nicht mehr in Kraft befindliche Richtlinie der EU sah der BGH als ausreichende Grundlage für eine Strafbarkeit wegen Verbrauchsteuerhinterziehung an (BGH 20.11.2013, NZWiSt 2014, 177). In einer Entscheidung zur Steuerhinterziehung im Zusammenhang mit **CO_2-Zertifikaten** entschied der BGH, dass diese ein ähnliches Recht iSv Art. 56 I Buchst. a RL (EG) 112/2006 sein können, stützte darauf die Steuerbarkeit und die Hinterziehung von Umsatzsteuern (BGH 22.7.2015, NZWiSt 2017, 185) und machte grundlegende Ausführungen zu Art. 103 II GG. Zu den Voraussetzungen eines Scheingeschäfts iSv § 41 AO durch **Nutzung einer spanischen Gesellschaft** äußerte sich der BGH in der Entscheidung vom 5.9.2017 (BGH 5.9.2017, wistra 2018, 224).

d) Cum-Ex-Verfahren

Ferner hat der BGH am 28.7.2021 (BGH NJW 2022, 90) über die Revision gegen das Urteil des LG Bonn 18.3.2020 (BeckRS 2020, 13619) entschieden und sich damit höchstrichterlich zu einer Cum-Ex-Konstellation geäußert. Dabei hat der 1. Strafsenat eine Strafbarkeit der doppelten Geltendmachung von Kapitalertragsteuererstattungen bzw. -anrechnungen in Leerverkaufsfällen angenommen und eine doppelte Zuordnung von Wirtschaftsgütern nach § 39 II Nr. 1 AO verneint.

e) Feststellungen zu den Besteuerungsgrundlagen

Nicht nur im Umsatzsteuerstrafrecht, sondern auch in anderen Bereichen des Steuerstrafrechts ging der 1. Strafsenat auf die notwendigen **Feststellungen zu den Besteuerungsgrundlagen** ein (BGH 21.5.2019, wistra 2019, 466) und setzte sich in diesem Zusammenhang mit dem Begriff des Zuflusses von Einkünften (BGH 28.10.2015, NStZ 2016, 292) sowie mit verdeckten Gewinnausschüttungen bei Nutzung von Dienstfahrzeugen auseinander (BGH 1.12.2015, NJW 2016, 1747). Verdeckte Gewinnausschüttungen und ihre Verschleierung als Steuerstraftat waren auch Gegenstand der Entscheidung vom 1.12.2015 (BGH NStZ 2016, 300; ferner BGH 20.12.2017, NZWiSt 2018, 469).

f) Strafzumessung

Mit der **Strafzumessungsentscheidung** vom 22.5.2012 (NJW 2012, 2599) stellte der Senat fest, dass bei einer Hinterziehungssumme von mehr als einer Million Euro grundsätzlich keine bewährungsfähige Freiheitsstrafe mehr in Betracht komme. Jedoch komme auch bei Hinterziehungsbeträgen von unter einer Million Euro trotzdem eine Freiheitsstrafe von über zwei Jahren in Betracht, wenn die Umstände des Einzelfalls dies rechtfertigen (BGH 12.11.2016, NStZ-RR 2016, 107; BGH 13.3.2019, NZWiSt 2019, 388). Mit Blick auf die **verschuldeten Auswirkungen der Tat** nach § 46 StGB sei bei § 370 AO der Hinterziehungsbetrag nicht allein entscheidend, eine schematische und „quasi tarifmäßige" Strafbestimmung sei unzulässig. Es sei eine Gesamtwürdigung notwendig; das gelte insbes. bei Serienstraftaten, bei denen auch bei der Zumessung der Einzelstrafe die Gesamtserie in den Blick zu nehmen sei (BGH 25.4.2017, NZWiSt 2018, 196; ferner BGH 7.3.2018, wistra 2018, 484). Die Verhängung einer Geldstrafe neben einer Freiheitsstrafe dürfe nicht allein dem Zweck dienen, die Freiheitsstrafe unter das gebotene Maß herabzusetzen (BGH 13.9.2019, NZWiSt 2019, 388).

Mit Entscheidung vom 27.1.2015 (BGH NStZ 2015, 466) erklärte der 1. Strafsenat, dass **kein** Steuerstraftäter einen **Anspruch auf ein rechtzeitiges Eingreifen der Strafverfolgungsbehörden** habe; eine kausale Mitverursachung von hohen Steuerschäden durch die Finanzverwaltung bedeute nicht per se einen Strafmilderungsgrund (vgl. auch BGH 15.5.2018, wistra 2019, 63). Zur Lebensleistung hat der BGH in der Entscheidung zu

Einleitung 138–143   Die geschichtliche Entwicklung des Steuerstrafrechts

Werner Mauss (BGH 10.1.2019, NZWiSt 2019, 261) ausgeführt, dass für die Strafzumessung die Beurteilung der Schuld des Täters und nicht dessen Lebensführung oder Lebensleistung relevant sei, so dass auch beruflicher Erfolg eine Steuerhinterziehung in Millionenhöhe nicht ohne weiteres in einem günstigeren Licht erscheinen lasse. Strafmildernd gewürdigt werden dürfe dagegen der drohende Verlust der beruflichen Existenz (BGH 27.7.2016, NZWiSt 2017, 39) oder eine besonders geringe kriminelle Energie (BGH 12.1.2016, NStZ-RR 2016, 107; BGH 14.1.2020, PStR 2020, 100). Auch gezahlte Schwarzlöhne verringern nach Auffassung des BGH den Umfang der Verkürzung und wirken damit strafmildernd (BGH 13.11.2019, wistra 2020, 114 ff.).

138   Nutze ein Täter gezielt die Schwächen von Kontrollmechanismen der Finanzverwaltung aus, so sei dies **strafschärfend** zu bewerten. Auch eine besonders sorgsame Tatplanung führe zu einer Strafschärfung (BGH 24.5.2017, NZWiSt 2017, 473).

139   Für die Anwendung der Vorschriften über einen besonders schweren Fall hat der BGH festgestellt, dass bei vor dem 1.1.2008 beendeten Fällen noch die Feststellung des groben Eigennutzes notwendig sei (BGH 30.6.2016, NZWiSt 2017, 31). Zur **Bandenmitgliedschaft** bei § 370 III 2 AO stellte der BGH im Zusammenhang mit Strafverfahren gegen Bankmitarbeiter fest, auch eine untergeordnete Gehilfentätigkeit könne ausreichend sein, um dieses Merkmal des Regelbeispiels zu begründen (BGH 15.5.2018, wistra 2019, 63).

140   Eine **rechtsstaatswidrige Verzögerung des Steuerstrafverfahrens** für drei Jahre hat der BGH nicht als Verfahrenshindernis angesehen und festgestellt, dass wegen Verstoßes gegen Art. 6 I MRK eine Lösung nach dem Vollstreckungsmodell in Betracht komme (BGH 11.8.2016, wistra 2017, 108).

141   Der BGH hat zudem angemahnt, dass die **Feststellungen zu den Strafzumessungsgründen** für die betroffenen Steuerarten und Besteuerungszeiträumen exakte Ausführungen beinhalten müssen (BGH 2.3.2016, wistra 2016, 268; BGH 24.5.2017, wistra 2017, 445). Ferner hat der BGH seine Schätzungsrechtsprechung konkretisiert (BGH 23.11.2015, NZWiSt 2016, 359; BGH 10.8.2016, ZWH 2017, 133; BGH 20.12.2016, HFR 2017, 970; BGH 8.8.2019, NStZ-RR 2020, 22; BGH 14.10.2020, NZWiSt 2021, 275).

g) Vollendung

142   Zur **Vollendung der Umsatzsteuerhinterziehung** konstatierte der 1. Strafsenat, sie sei mit Eintritt des Verkürzungserfolges bzw. dem Erlangen des Steuervorteils gegeben. In Vergütungsfällen sei dies mit der Zustimmung nach § 168 S. 2 AO der Fall (BGH 13.10.2015, NZWiSt 2016, 350; BGH 6.4.2016, NZWiSt 2016, 441; BGH v. 21.4.2021, FD-StrafR 2021, 43983 mAnm *Böhm*). Hierzu bedürfe es Feststellungen im Urteil (BGH 9.5.2017, StV 2018, 36). Ferner merkte der BGH an, dass es einer **Vollendung der Steuerhinterziehung** nicht entgegenstehe, wenn die Finanzbehörde nur aus ermittlungstaktischen Gründen einer Steuervergütung nach § 168 S. 2 AO zustimmt, also bewusst die Steuerverkürzung zulässt (BGH 21.11.2012, NStZ 2013, 411). Der BGH stellte zudem hinsichtlich der Geltung der Verlängerung der Frist zur Abgabe der Umsatzsteuer nach § 109 AO fest, dass diese nur durch die Beauftragung des Steuerberaters für exakt diese Erklärung aufgeschoben werde (BGH 8.12.2016, wistra 2017, 234). Vollendet werden könne die Steuerhinterziehung auch bereits durch Erlangen eines unrichtigen Gewerbesteuermessbescheid, weil dieser einen nicht gerechtfertigten Steuervorteil iSv § 370 I AO bedeute (BGH 12.7.2016, NZWiSt 2017, 66).

h) Verjährung

143   Die Verschärfungen der **Verjährungsvorschriften** hielt der BGH in der Entscheidung vom 5.3.2013 (NZWiSt 2013, 272) auch auf Altfälle für anwendbar. Er stellte ferner zum Verjährungsbeginn bei der **Umsatzsteuerhinterziehung** durch Unterlassen fest, die Tat sei zu dem Zeitpunkt beendet, in dem die Umsatzsteuererklärung spätestens abzugeben war (BGH 15.10.2015, StraFo 2016, 33; v. 1.6.2021, BeckRS 2021, 18683). Die **Hinterziehung** einer **Veranlagungsteuer** sei mit dem wesentlichen Abschluss der Veranlagungsarbeiten

beendet, und die Verjährungsfrist des § 376 AO gelte für alle Straftaten, die im Zeitpunkt der Verjährungsverlängerung durch die Gesetzesänderung noch nicht verjährt waren (BGH 26.10.2016, NZWiSt 2017, 68). Bei der **Gewerbesteuerhinterziehung** durch Erlangung eines unrichtigen Gewerbesteuermessbescheids sah der BGH den Zeitpunkt der Beendigung grundsätzlich erst mit Bekanntgabe der Folgebescheide gegeben (BGH 11.7.2019, NZWiSt 2020, 30). Mit Blick auf die Verjährungsunterbrechung hat der BGH (7.6.2021, wistra 2021, 494) die grundsätzliche Beschränkung auf die im Durchsuchungsbeschluss gegenständlichen Tatvorwürfe festgestellt.

i) Teilnahme

Mit Blick auf die **Beteiligung** an der Steuerhinterziehung entschied der BGH (BGH 27.1.2015, wistra 2015, 235), dass bei der Beurteilung des Gewichts einer Beihilfe zur Steuerhinterziehung als besonders schwerer Fall die Gesamtwürdigung der Beihilfe maßgeblich sei (vgl. auch BGH 6.9.2016, NStZ 2017, 356). Zudem urteilte der BGH zu den Konkurrenzen bei Beihilfehandlungen, dass die Frage nach Tatmehrheit oder Tateinheit grundsätzlich von der Zahl der Haupttaten abhänge, wenn mehrere Beihilfehandlungen vorliegen (BGH 22.5.2015, NZWiSt 2016, 324); liege nur eine Beihilfehandlung vor, so sei nur eine Beihilfetat gegeben (BGH wistra 2020, 21). Seine Rechtsprechung zur **berufsneutralen Beihilfe** zur Steuerhinterziehung hat der BGH bestätigt (BGH 21.12.2016, NZWiSt 2017, 362).

Seine Rechtsprechung zu **§ 28 StGB** mit Blick auf die steuerliche Erklärungspflicht (zB BGH 6.9.2016, NStZ 2017, 356) hat der BGH dagegen ausdrücklich aufgegeben und die Vorschrift für anwendbar erklärt (BGH 23.10.2018, BGHSt 63, 282). Diese Eigenschaft sei ein **besonderes persönliches Merkmal,** dessen Fehlen beim Teilnehmer zur Strafmilderung führe. In Fortsetzung dieser Rechtsprechung hat der BGH eine doppelte Strafrahmenverschiebung bei der Beihilfe zur Tatbegehung durch Unterlassen als grundsätzlich geboten angesehen (BGH 13.3.2019, NStZ-RR 2019, 213; BGH 21.5.2019, wistra 2019, 508; BGH 13.3.2019, NStZ 2020, 495; BGH 23.7.2019, NZWiSt 2020, 191).

Bei der Verurteilung wegen Beihilfe zur Umsatzsteuerhinterziehung sei der das Strafmaß bestimmende **Schaden** wirtschaftlich zu betrachten; die fehlende Erstattungsfähigkeit der Vorsteuer dürfe nicht zur doppelten Schadensberücksichtigung führen (BGH 28.6.2017, StraFo 2017, 377).

j) Verbrauchsteuern

Der BGH hat sich zur Hinterziehung von Schaumweinsteuern (BGH 9.5.2015, NStZ 2016, 296), zum Verhältnis von Steuerhinterziehung im besonders schweren Fall zum gewerbsmäßigen **Schmuggel** (BGH 2.9.2015, NStZ 2016, 47, BGH 20.6.2017, wistra 2018, 133), zu Täterschaft und Vollendung bei der Hinterziehung von **Tabaksteuern** durch Unterlassen und zur Beurteilung der Durchleitung durch mehrere Mitgliedstaaten (BGH 29.4.2015, NZWiSt 2016, 74) geäußert. Zur Tabaksteuerhinterziehung hat der 1. Strafsenat festgestellt, dass nur Täter sein könne, wer selbst eine Pflicht zur Aufklärung steuerlich erheblicher Tatsachen habe. Steuerschuldner sei nur, wer die Tabakwaren versendet oder verbringt. Dabei sei zwar nicht entscheidend, dass der Steuerschuldner selbst transportiert, doch ein gewisses Maß an Herrschaft notwendig (BGH 23.3.2017, NStZ 2018, 544; präzisiert in BGH 27.6.2018, NStZ 2019, 158). Zur Abgrenzung zwischen Tabaksteuerhinterziehung und Steuerhehlerei komme es darauf an, ob der Täter vor Beendigung des Verbringensvorgangs den Besitz an den unversteuerten Tabakwaren erlangt hat (BGH 24.4.2019, NJW 2019, 3167). Im Zusammenhang mit der Tabaksteuer hat der BGH festgestellt, dass sich aus dem nemo-tenetur-Grundsatz eine Reduzierung der Erklärungspflichten ergeben kann, soweit keine strafbefreiende Selbstanzeige mehr möglich sei (BGH 23.5.2019, wistra 2019, 509). Zur Hinterziehung der französischen Biersteuer hat der BGH über die Anwendbarkeit von § 370 VI 2, VII AO zur Bedeutung unrichtiger

Eingangsmeldungen und über die Behördeneigenschaft französischer Steuerbehörden entschieden (BGH 2.4.2020, NZWiSt 2020, 309).

148 Zwischen Steuerhehlerei durch Verschaffen nicht den Einfuhrabgaben unterworfener Tabakwaren und der Hinterziehung von Tabaksteuern durch Unterlassen bei Einführen ins Inland besteht nach Auffassung der Rechtsprechung Tatmehrheit (BGH 9.12.2015, wistra 2016, 194). Die Anstiftung zur Steuerhinterziehung sei mitbestrafte Nachtat zu der Steuerhehlerei, die sich auf die durch die Haupttat des angestifteten erlangten Waren bezieht (BGH 11.7.2019, BGHSt 64, 152). Ferner hat der BGH die Änderung der Rechtsprechung zu § 259 StGB auf § 374 AO übertragen und verlangt nun für die **Vollendung der Steuerhehlerei** den Absatzerfolg (BGH 13.7.2016, NZWiSt 2017, 234).

k) Konkurrenzen

149 Auch in der Rechtsprechung zu den **Konkurrenzen** wurde das Steuerstrafrecht fortentwickelt. So hatte der BGH zunächst konstatiert, dass bei der Übermittlung mehrerer bewusst unrichtiger Steuererklärungen für einen Veranlagungszeitraum an das Finanzamt nur eine Steuerhinterziehung vorliegt (BGH NZWiSt 2016, 232). Der BGH hatte ferner angenommen, dass bei der Abgabe mehrerer Steuererklärungen für unterschiedliche Steuern und Besteuerungszeiträume durch eine tatsächliche Handlung nur eine Tat im konkurrenzrechtlichen Sinne (§ 52 StGB) gegeben sei. Diese Rechtsprechung hat der BGH aufgegeben und Tatmehrheit nach § 53 StGB angenommen, wenn mehrere Erklärungspflichten verletzt werden (BGH 22.1.2018, NZWiSt 2019, 28; BGH 24.7.2019, wistra 2020, 114; BGH 6.8.2020, NStZ 2021, 295).

l) Selbstanzeige

150 In der Rechtsprechung zur **Selbstanzeige** hat der BGH sich zu den Voraussetzungen der Teilselbstanzeige in Altfällen und den Auswirkungen verunglückter Selbstanzeigen auf die Strafzumessung geäußert (BGH NZWiSt 2019, 81). Ferner hat er zur Umsatzsteuernachschau als Sperrgrund nach § 371 II 1 Nr. 1e AO entschieden (BGH 25.7.2019, NZWiSt 2020, 115).

m) Einziehung

151 Der BGH hat eine Einziehung nach §§ 73, 73c StGB ausgeschlossen, wenn der Täter durch die Tatbegehung **wirtschaftlich nichts erlangt** hat, weil er lediglich eine Scheinrechnung ausgestellt hat, ohne dass ihm etwas zugeflossen ist (BGH 5.6.2019, NJW 2020, 79). Auch bei Hinterziehung der Tabaksteuer könne nur der tatsächliche wirtschaftliche Vorteil eingezogen werden (BGH 11.7.2019, BGHSt 64, 146; BGH 11.2.2020, wistra 2020, 332). Bei **Transportfahrten** zur Tabaksteuerhinterziehung unterliegt nach der Judikatur nur der Transportlohn der Einziehung (BGH 8.8.2019, NStZ-RR 2019, 348). Die ersparte Steuer sieht der BGH dagegen als einziehungsfähig an (BGH 21.8.2019, wistra 2020, 33). Bei der Tabaksteuer – aber auch für alle anderen Vebrauch- und Warensteuern – ist allerdings nur der aus dem Verkauf erzielte Erlös einziehungsfähig (BGH 22.10.2019, wistra 2020, 333; NZWiSt 2020, 423). Zu weiteren Entscheidungen → Anh III.

n) Auslieferungsrecht

152 Im Zusammenhang mit dem Auslieferungsersuchen in die Schweiz wegen Steuerhinterziehung im Kontext von Cum-Ex-Gestaltungen hat das OLG Frankfurt a. M. angenommen, dass insofern auch eine Strafbarkeit wegen gewerbsmäßigen Bandenbetruges nach § 263 V StGB in Betracht komme (OLG Frankfurt a. M. 6.5.2021, wistra 2021, 406). Damit hat der Senat des OLG das seit Jahrzehnten anerkannte strafrechtsdogmatische Konkurrenzverhältnis von Steuerhinterziehung und Betrug in Frage gestellt (vgl. nur *Mosbacher* NJW 2021, 1916; *Müller-Metz* NStZ-RR 2021, 249).

IV. Rechtsquellen und Schrifttum

1. Steuerstraf- und Steuerbußgeldrecht

Schrifttum: Neues Schrifttum: *Bender/Möller/Retemeyer,* Das Zoll- und Verbrauchsteuerstrafrecht, Leitfaden (Losebl.), Stand: März 2022; *v. Briel/Ehlscheid,* Steuerstrafrecht, 1997; *Schwarz/Pahlke,* Abgabenordnung, Kommentar (Losebl.), Stand: Mai 2022; *Ehlers/Lohmeyer,* Steuerstraf- und Steuerordnungswidrigkeitenrecht einschließlich Verfahrensrecht, 5. Aufl. 1982; *Flore/Tsambikakis,* Steuerstrafrecht, Kommentar, 2. Aufl. 2016; *Graf/Jäger/Wittig,* Wirtschafts- und Steuerstrafrecht, Kommentar, 2. Aufl. 2017; *Hübschmann/ Hepp/Spitaler,* Kommentar zur Abgabenordnung (Losebl.), Stand: März 2022; *Joecks,* Praxis des Steuerstrafrechts, 1998; *Joecks/Miebach* (Hrsg.), Münchener Kommentar zum Strafgesetzbuch Band VII, 4. Aufl. 2022; *Koch/Scholtz,* Kommentar zur Abgabenordnung, 5. Aufl. 1996; *Klein,* Abgabenordnung, Kommentar, 16. Aufl. 2022; *Kohlmann,* Steuerstrafrecht, Kommentar (Losebl.), Stand: Dezember 2014; *Kühn/v. Wedelstädt,* Kommentar zur Abgabenordnung 22. Aufl. 2018; *Müller-Gugenberger/Bieneck,* Wirtschaftsstrafrecht, 7. Aufl. 2011; *Rolletschke,* Steuerstrafrecht, 5. Aufl. 2022; *Rolletschke/Kemper,* Steuerverfehlungen, Kommentar (Losebl.), Stand: 12/2021; *Hadamitzky/Senge* in *Erbs/Kohlhaas,* Strafrechtliche Nebengesetze, Kurzkommentar (Losebl.), Bd. 1, Stand: Dezember 2021; *Suhr/Naumann/Bilsdorfer,* Steuerstrafrecht-Kommentar, 4. Aufl. 1986; Tipke/Kruse AO/FGO, Stand. 02.2022; *Wabnitz/Janovsky/Schmitt,* Handbuch des Wirtschafts- und Steuerstrafrechts, 5. Aufl. 2020; *Wannemacher,* Steuerstrafrecht, 6. Aufl. 2003.
Zu älterem Schrifttum → 6. Aufl. Einl vor Rn. 102.

Zum StGB und JGG vor → § 369 Rn. 1 u. 149 zu, **zum OWiG** vor → § 377 Rn. 1.

Das materielle Steuerstrafrecht ist hinsichtlich der Steuern, auf die die AO anzuwenden ist, hauptsächlich im 1. Abschn. des 8. Teils der AO (§§ 369–376) geregelt; ergänzend gelten die §§ 1–79b StGB sowie bei Jugendlichen und Heranwachsenden die §§ 1–32, 105, 106 JGG und bei Soldaten die §§ 1–14a WehrStG. § 369 I Nr. 3 AO verweist wegen der Fälschung von Steuerzeichen und deren Vorbereitung auf die §§ 148, 149 StGB, und § 369 I Nr. 4 AO nimmt wegen der Begünstigung einer Person, die eine Steuerstraftat begangen hat, auf § 257 StGB Bezug. Steuerstraftatbestände des Bundesrechts außerhalb der AO enthält § 26c UStG; § 23 RennwLottG wurde zwischenzeitlich aufgehoben. Das materielle **Monopolstrafrecht,** in den §§ 119–124 BranntwMonG besonders geregelt, wurde durch G v. 19.12.1985 (BGBl. 1985 I 2436) aufgehoben, jedoch verweist § 128 BranntwMonG für Vorspiegelungstaten auf die §§ 385 ff. AO. **153**

Steuerordnungswidrigkeiten sind im 2. Abschn. des 8. Teils der AO (§§ 377–384) geregelt; ergänzend gelten die §§ 1–34 OWiG. Die einzelnen Steuergesetze des Bundesrechts enthalten mit Ausnahme des § 26a UStG 2021 und der §§ 50e, 50f EStG keine Bußgeldtatbestände, die das Steueraufkommen schützen; § 30 BierStG und § 36 TabStG enthalten nur noch eine Verweisung auf § 381 AO. Das Monopolrecht enthält Bußgeldtatbestände in § 126 BranntwMonG. Ferner sind in §§ 31, 31a ZollVG Bußgeldtatbestände enthalten. **154**

Die Sondervorschriften über das Steuerstrafverfahren sind mit Ausnahme des § 32 ZollVG im 3. Abschn. des 8. Teils der AO (§§ 385–408) zusammengefasst; ergänzend gelten das GVG und die StPO. Bei Strafverfahren gegen Jugendliche und Heranwachsende sind vorrangig die §§ 33–81, 102–104 sowie 107–109 und 112 JGG anzuwenden. § 32 ZollVG enthält eine Sondervorschrift über die Nichtverfolgung von Bagatellstraftaten im Reiseverkehr über die Grenze. Für das Strafverfahren wegen Monopolstraftaten in Vorspiegelungsfällen (→ Rn. 106) werden die §§ 385–408 AO mit Ausnahme von § 386 II, 399–401 gem. § 128 BranntwMonG in Bezug genommen. **155**

Die **Anweisungen für das Straf- und Bußgeldverfahren (Steuer)** – AStBV (St) – erläutern aus Verwaltungssicht strafverfahrensrechtliche Fragen, die sich auch aus den Befugnissen der FinB nach Maßgabe der StPO ergeben. Eine Bindungswirkung für Gerichte oder StA ergibt sich hieraus nicht; überdies ist der Erlass solcher Anweisungen durch die Länder rechtswidrig (→ § 385 Rn. 16 und → Rn. 116). **156**

Die Sondervorschriften über das Bußgeldverfahren wegen Steuerordnungswidrigkeiten bilden mit den §§ 409–412 AO den 4. Abschn. des 8. Teils der AO. § 410 I AO verweist grundsätzlich auf die §§ 35–110 OWiG, die durch die AO nur in Einzelheiten **157**

ergänzt oder abgewandelt werden. Auf die §§ 409, 410 und 412 AO verweist § 129 II BranntwMonG wegen des Verfahrens bei Monopolordnungswidrigkeiten.

158 **Zum Schutz der Landes- und Gemeindesteuern,** für die nach § 1 AO die AO unmittelbar nicht gilt, verweisen die Gesetze der Länder vielfach auf die §§ 369 ff. AO. Die allgemeinen Verweisungen beziehen sich in Niedersachsen auch auf die KiSt. Neben allgemeinen Verweisungen enthält das Steuerrecht der Länder noch besondere Straf- und Bußgeldvorschriften (zB §§ 16, 18 KAG-SH), in denen zum Teil auf Vorschriften der AO verwiesen wird. So enthält § 16 KAG-SH zwar einen eigenen Straftatbestand, verweist für die Geltung des Kompensationsverbotes (§ 370 IV AO), die Selbstanzeige und die Verjährung aber auf die AO (§ 16 I 2 KAG-SH). Solche Lösungen finden sich auch in zahlreichen anderen Kommunalabgabengesetzen (→ § 371 Rn. 50).

2. Steuerrecht

159 Die Tatbestände der §§ 370, 373, 374, 378 und 379 I AO nehmen mit dem Merkmal der Steuerverkürzung auf das gesamte materielle und formelle Steuerrecht Bezug. Andere Vorschriften regeln die Ahndung von Zuwiderhandlungen gegen bestimmte steuerrechtliche Pflichten, die entweder im Bußgeldtatbestand selbst (§§ 379 II, III, 383 AO) oder durch Verweisungen der pflichtbegründenden Vorschriften auf die Bußgeldtatbestände (§§ 381, 382 AO) bezeichnet werden. In allen Vorschriften greift das materielle Steuerstraf- und -bußgeldrecht auf das Steuerrecht zurück. Zu bedenken ist dabei, dass steuerliche Beweislastregeln, Vermutungen und Fiktionen im Strafrecht keine unmittelbare Wirkung haben (→ § 370 Rn. 73; ferner *Bülte* JZ 2014, 603, 609 f.).

160 Im Rahmen der normative Tatbestandsmerkmale konkretisierenden und blankettausfüllenden Normen hat auch das Unionsrecht bereits eine erhebliche Bedeutung erlangt. Im Bereich der Zölle gilt dies ohnehin (→ § 382 Rn. 18 f.), aber auch für die Umsatzsteuer. Bei den harmonisierten besonderen Verbrauchsteuern gibt es ebenfalls wichtige Einflüsse (vgl. § 370 VI AO). Durch den Vertrag von Lissabon hat die EU zwar in Art. 325 AEUV nach zutreffender Auffassung die Kompetenz zur Schaffung von Unionsstrafrecht zum Schutz ihrer finanziellen Interessen erhalten. Aber davon hat sie noch keinen Gebrauch gemacht. Jedoch wurden zum Schutz der finanziellen Interessen Übereinkommen geschlossen und die Richtlinie (EU) 2017/1371 erlassen, die auch Vorgaben für die strafrechtliche Verfolgung von Mehrwertsteuerhinterziehungen beinhaltet. Aus der Rspr des EuGH ergibt sich zudem schon seit längerem eine klare Tendenz, den Schutz von Steuern auch über das Strafrecht zu forcieren (vgl. nur *Dannecker* in Leitner (Hrsg.), Finanzstrafrecht 2013, 143 ff.; WJS WirtschaftsStrafR-HdB/*Dannecker/Bülte* Kap. 2 Rn. 91 ff., 246 ff., 334 ff.).

161 Die unterschiedlichen Fassungen eines Steuergesetzes gelten jeweils nur für bestimmte Zeiträume *(„Steuerabschnitte", „Veranlagungszeiträume")*. Nach § 2 IV StGB bleibt für die Feststellung einer Steuerverkürzung oder einer Zuwiderhandlung gegen bestimmte steuerrechtliche Pflichten regelmäßig dasjenige Steuergesetz maßgebend, das bei Erfüllung des Steuertatbestandes gegolten hat (→ § 369 Rn. 22 ff.).

162 Heftig umstritten war die Anwendbarkeit des § 2 StGB für den Fall, dass das BVerfG eine steuerrechtliche Norm für mit dem Grundgesetz unvereinbar erklärt, zugleich aber ihre weitere (befristete) Anwendung anordnet, wie dies das Bundesverfassungsgericht mit seiner Entscheidung vom 22.7.1995 (NJW 1995, 2615) im Hinblick auf das VStG vorsah. Siehe hierzu → § 369 Rn. 30 und → § 370 Rn. 491.

Achter Teil. Straf- und Bußgeldvorschriften, Straf- und Bußgeldverfahren

Erster Abschnitt. Strafvorschriften

§ 369 Steuerstraftaten

(1) Steuerstraftaten (Zollstraftaten) sind:
1. Taten, die nach den Steuergesetzen strafbar sind,
2. der Bannbruch,
3. die Wertzeichenfälschung und deren Vorbereitung, soweit die Tat Steuerzeichen betrifft,
4. die Begünstigung einer Person, die eine Tat nach den Nummern 1 bis 3 begangen hat.

(2) Für Steuerstraftaten gelten die allgemeinen Gesetze über das Strafrecht, soweit die Strafvorschriften der Steuergesetze nichts anderes bestimmen.

Schrifttum zum allgemeinen Strafrecht: *Fischer,* Strafgesetzbuch mit Nebengesetzen und Verordnungen, 68. Aufl. 2021; *Jakobs,* Strafrecht, Allgemeiner Teil, 2. Aufl. 1991; *Jescheck/Weigend,* Lehrbuch des Strafrechts, Allgemeiner Teil, 5. Aufl. 1996; *Kühl,* Lehrbuch des Strafrechts, Allgemeiner Teil, 8. Aufl. 2017; *Lackner/Kühl,* Strafgesetzbuch mit Erläuterungen, 30. Aufl. 2021; Leipziger Kommentar zum Strafgesetzbuch [LK], 11. Aufl. 2006 ff., herausgegeben von *Laufhütte, Rissing-van Saan* und *Tiedemann,* 12. Aufl. 2019 herausgegeben von *Laufhütte, Rissing-van Saan und Tiedemann; Maurach/Zipf,* Strafrecht, Allgemeiner Teil, Teilband 1 [AT/1], 8. Aufl. 1992; *Maurach/Gössel/Zipf,* Allgemeiner Teil, Teilband 2 [AT/2], 7. Aufl. 1989; *Maurach/Schroeder/Maiwald,* Besonderer Teil, Teilband 1 [BT/1], 10. Aufl. 2009; Münchener Kommentar zum Strafgesetzbuch [MüKoStGB], Band I, 9. Aufl. 2021, herausgegeben von *Schubert; Roxin,* Strafrecht, Allgemeiner Teil I, 4. Aufl. 2006, Allgemeiner Teil II, 2003; *Schäfe/Sander/van Gemmeren,* Praxis der Strafzumessung, 5. Aufl. 2012; *Schönke/Schröder,* Strafgesetzbuch, 30. Aufl. 2019; *Stratenwerth/Kuhlen,* Strafrecht, Allgemeiner Teil, 6. Aufl. 2011; Systematischer Kommentar zum Strafgesetzbuch [SK]. Band I: Allgemeiner Teil, Band II: Besonderer Teil, 9. Aufl. herausgegeben von *Wolter;Wolters; Welzel,* Das Deutsche Strafrecht, 11. Aufl. 1969.

Übersicht

	Rn.
I. Allgemeines	1–4
1. Entstehungsgeschichte	1, 2
2. Zweck der Vorschrift	3, 4
II. Begriff der Steuerstraftat	5–12
1. Natürliche Steuerstraftaten (§ 369 I Nr. 1 AO)	5–8
2. Bannbruch (§ 369 I Nr. 2 AO)	9, 10
3. Wertzeichenfälschung (§ 369 I Nr. 3 AO)	11
4. Begünstigung (§ 369 I Nr. 4 AO)	12
III. Geltung der allgemeinen Gesetze (§ 369 II AO)	13–154
1. Umfang der Verweisung	13–16
2. Geltung des Strafgesetzbuches	17–148
a) Auslegung, Analogie, zeitliche und räumliche Geltung der Strafgesetze	18–35a
aa) Nulla poena sine lege	18–21
bb) Die zeitliche Geltung der Strafgesetze	22–32
cc) Die räumliche Geltung des deutschen Strafrechts	33–35a
b) Die Elemente der Straftat	36–39
aa) Die Tatbestandsmäßigkeit	36, 37
bb) Die Rechtswidrigkeit	38
cc) Die Schuld	39
c) Das vorsätzliche vollendete Delikt	40–56
aa) Die Handlung	41
bb) Der objektive Tatbestand	42–48

	Rn.
cc) Der subjektive Tatbestand	49–55
dd) Kongruenz	56
d) Das versuchte Delikt	57–68
aa) Kein Tatererfolg	57
bb) Subjektiver Tatbestand	58
cc) Objektiver Tatbestand	59–61
dd) Untauglicher Versuch	62, 63
ee) Rücktritt, § 24 StGB	64–68
e) Die Beteiligung	69–84
aa) Formen der Beteiligung	69
bb) Die Täterschaft	70–77
cc) Die Teilnahme	78–84
f) Das fahrlässige Delikt	85
g) Das Unterlassungsdelikt	86–94
aa) Überblick	86, 87
bb) Unterscheidung von Begehen und Unterlassen	88
cc) Der Tatbestand des Unterlassungsdeliktes	89–92
dd) Die Beteiligung durch Unterlassen und am Unterlassen	93
ee) Der Versuch der Unterlassung	94
h) Rechtswidrigkeit	95–97
i) Schuld	98, 99
k) Irrtum	100–109
aa) Erscheinungsformen des Irrtums	100
bb) Tatumstandsirrtum und Verbotsirrtum	101–107
cc) Versuch und Wahndelikt	108, 109
l) Konkurrenzlehre	110–131
aa) Überblick	110
bb) Handlungseinheit	111–116
cc) Gesetzeskonkurrenz	117–123
dd) Tateinheit	124–126a
ee) Tatmehrheit	127–129
ff) Wahlfeststellung	130, 131
m) Strafen und Strafzumessung	132–148
aa) Allgemeines	132
bb) Strafrahmen der Steuerstraftaten	133, 134
cc) Freiheitsstrafe	135, 136
dd) Geldstrafe	137–142
ee) Strafzumessungserwägungen	143–148
3. Geltung des Jugendgerichtsgesetzes	149–153
a) Inhalt und Bedeutung der Verweisung auf das JGG	149, 150
b) Persönlicher Anwendungsbereich des JGG	151
c) Die Sanktionen des Jugendstrafrechts	152, 153
4. Geltung des Wehrstraf- und des Zivildienstgesetzes	154
IV. Wertzeichenfälschung	155–181
1. Entstehungsgeschichte	155
2. Zweck, Anwendungsbereich und Bedeutung	156–158
3. Fälschen von Steuerzeichen (§ 148 I Nr. 1 StGB)	159–163
4. Weitere Tathandlungen	164–168
a) Sichverschaffen	164
b) Als echt verwenden	165
c) Feilhalten	166, 167
d) In Verkehr bringen	168
5. Wiederverwenden von Steuerzeichen (§ 148 II StGB)	169
6. Versuch	170
7. Vorbereitung der Fälschung von Steuerzeichen (§ 149 StGB)	171–175
8. Einziehung	176, 176a
9. Geltung für Auslandstaten	177
10. Konkurrenzfragen	178–181
V. Begünstigung	182–208
1. Begünstigung als Steuerstraftat	182–184
2. Die Rechtsnatur der Begünstigung	185
3. Der objektive Tatbestand	186–192
a) Die Vortat muss eine rechtswidrige Tat iSv § 11 I Nr. 5 StGB sein	187
b) Abgrenzung	188, 189
c) Tathandlung	190–192
4. Der subjektive Tatbestand	193–199

	Rn.
5. Strafen	200
6. Straffreiheit	201–207
7. Konkurrenzfragen	208

I. Allgemeines

1. Entstehungsgeschichte

§ 369 AO 1977 geht auf § 391 RAO idF des Art. 1 Nr. 3 des 2. AO-StrafÄndG v. **1** 12.8.1968 (BGBl. I 953) zurück, der die §§ 391, 392 RAO 1931 zusammengefasst hatte. § 391 I RAO entsprach § 356 RAO 1919, der zunächst mit unverändertem Wortlaut als § 392 RAO 1931 neu bekannt gemacht worden war. In der Neufassung gem. Art. I Nr. 10 und 26 v. 4.7.1939 (RGBl. I 1181) war die Vorschrift um den aus dem VZollG in die RAO übernommenen Tatbestand des Bannbruchs (§ 401a RAO) erweitert und der Begriff *„Steuerzuwiderhandlungen"* durch *„Steuervergehen"* ersetzt worden. § 369 I AO spricht nicht mehr von Steuer- und Zollvergehen, sondern von Steuerstraftaten und Zollstraftaten. Eine terminologische Änderung enthält Nr. 1, die nicht wie § 391 RAO *„strafbare Zuwiderhandlungen gegen Steuergesetze"* erfasst, sondern *„Taten, die nach den Steuergesetzen strafbar sind"*. Aufgenommen wurde zudem in Nr. 3 die Wertzeichenfälschung, soweit sie Steuerzeichen betrifft. Dies wurde erforderlich, nachdem die Steuerzeichenfälschung nach § 399 RAO aus der AO herausgenommen wurde und vom Tatbestand der Wertzeichenfälschung nach §§ 148 ff. StGB erfasst wird. Nr. 4 entspricht § 391 Nr. 3 RAO. Eine inhaltliche Veränderung hat sich jedoch durch das EGStGB ergeben, da nach § 257 StGB als Begünstigung nur noch die früher sog. sachliche Begünstigung bestraft wird. Die früher sog. persönliche Begünstigung ist in § 258 StGB aufgegangen und wird als Strafvereitelung bezeichnet. Mangels einer entsprechenden Verweisung in Nr. 4 ist die Strafvereitelung in Fällen von Steuerhinterziehung jetzt keine Steuerstraftat mehr (→ Rn. 12). Auch Geldwäsche als Anschlussdelikt der Steuerhinterziehung ist nicht in der Auflistung enthalten.

§ 369 II AO stimmt im Wortlaut mit § 391 II RAO überein, bis auf die Ver- **2** wendung des Begriffs *„Steuerstraftat"* statt *„Steuervergehen"*. § 391 II RAO ging auf § 391 RAO 1931 (= § 355 RAO 1919) zurück und enthielt nur die Abweichung, dass mit Rücksicht auf das JGG nicht mehr allein auf das StGB, sondern auf die *„allgemeinen Gesetze über das Strafrecht"* verwiesen wurde. Andererseits wurde der Vorbehalt, *„soweit die Steuergesetze nichts Abweichendes vorschreiben"*, auf die *„Strafvorschriften der Steuergesetze"* beschränkt.

2. Zweck der Vorschrift

§ 369 I AO entlastet die Gesetzestechnik durch Einführung einer Sammelbezeich- **3** nung für Straftaten nach den §§ 370, 372–374 AO. Die Sammelbezeichnung umfasst auch den Straftatbestand des § 26c UStG (Gewerbsmäßige oder bandenmäßige Schädigung des Umsatzsteueraufkommens). Durch den Begriff *„Steuerstraftaten"* werden die allgemeinen Vorschriften des materiellen Steuerstrafrechts im 1. Abschn. und die Vorschriften über das Steuerstrafverfahren im 3. Abschn. des 8. Teils der AO auf die genannten Straftaten bezogen, ohne dass sie jeweils im Einzelnen angeführt zu werden brauchen.

Die rückgreifende Verweisung des § 369 II AO auf die allgemeinen Gesetze **4** **über das Strafrecht** bringt zum Ausdruck, dass außer den Vorschriften des StGB auch die materiellen Vorschriften des JGG für Steuerstraftaten gelten. Die Vorschrift hat nur deklaratorische Bedeutung (GJW/*Allgayer* AO § 369 Rn. 2, 15). Ohne sie würde nichts anderes gelten, da die §§ 370–376 AO offensichtlich keine vollständige Regelung des materiellen Steuerstrafrechts darstellen, sondern außer den einzelnen Straftatbeständen nur wenige Vorschriften enthalten, die von den allgemeinen Gesetzen über das Strafrecht abweichen. Andere strafrechtliche Nebengesetze verzichten auf eine dem § 369 II AO entsprechende

Vorschrift (Ausnahme: § 3 WehrStG). Eine ausdrückliche Verweisung mit dem Vorbehalt des § 369 II Hs. 2 AO ist jedoch zweckmäßig; sie klärt das Verhältnis zwischen den allgemeinen Vorschriften der Steuergesetze und der Strafgesetze in dem Sinne, dass nur die Strafvorschriften der Steuergesetze gegenüber den allgemeinen Strafgesetzen spezieller sind.

II. Begriff der Steuerstraftat

1. Natürliche Steuerstraftaten (§ 369 I Nr. 1 AO)

5 **§ 369 I Nr. 1 AO weicht von § 391 Nr. 1 RAO erheblich ab.** Nach altem Recht waren Steuervergehen strafbare Zuwiderhandlungen gegen Steuergesetze. Daraus konnte geschlossen werden, es genüge für die Einordnung als Steuervergehen die Verletzung einer steuerlichen Pflicht, gleichgültig ob der Straftatbestand selbst ein Steuergesetz war. Da der Gesetzgeber den Bruch des Steuergeheimnisses, der eine Zuwiderhandlung gegen ein Steuergesetz (§ 30 AO) ist, nicht als Steuerstraftat einordnen wollte, hat er die jetzt geltende Fassung von § 369 I Nr. 1 AO gewählt. Der Bruch des Steuergeheimnisses sei nunmehr keine Steuerstraftat mehr, da er nicht nach einem Steuergesetz, sondern nach § 355 StGB strafbar ist. Die Regelung bereitet jedoch deshalb Schwierigkeiten, weil die gesonderte Nennung des Bannbruchs (§ 372 AO) in § 369 I Nr. 2 AO darauf hindeutet, dass eine Strafbarkeit nach einem Steuergesetz nicht schon dann gegeben ist, wenn der Straftatbestand in einem Steuergesetz (der AO) enthalten ist. Daraus entsteht folgendes Dilemma: Wird die Strafbarkeit nach einem Steuergesetz iS von § 369 I Nr. 1 AO im formalen Sinne als Ansiedlung des Tatbestandes in einem Steuergesetz verstanden, dann ist § 369 I Nr. 2 AO überflüssig und hätte rein deklaratorische Bedeutung, da der Bannbruch nach diesem Kriterium schon gem. Nr. 1 Steuerstraftat ist (MüKoStGB/*Schmitz* AO § 369 Rn. 8; differenzierend Kohlmann/*Ransiek* AO § 369 Rn. 31). Würde dagegen die „Strafbarkeit nach einem Steuergesetz" derart im materiellen Sinne interpretiert werden, dass der Tatbestand dem Schutz des Steueraufkommens zu dienen bestimmt sein muss, dann müsste der Bruch des Steuergeheimnisses entgegen den Absichten des Gesetzgebers doch wieder als Steuerstraftat bezeichnet werden. Eine Lösung des Problems ist nur auf folgendem Weg möglich: Dasjenige Gesetz, das die Strafbarkeit der Tat begründet, muss ein Steuergesetz sein. Eine Strafnorm ist nur dann ein Steuergesetz iS von § 369 I Nr. 1 AO, wenn sie Verhaltensweisen erfasst, die das Steueraufkommen *unmittelbar* verringern oder gefährden. Dazu gehören die Tatbestände in den §§ 370, 373, 374 AO. Dagegen sind die §§ 353 und 355 StGB keine Steuergesetze, da die entsprechenden Taten das Steueraufkommen allenfalls *mittelbar* gefährden (ähnlich Schwarz/Pahlke/*Webel* AO § 369 Rn. 1a, Erbs/Kohlhaas/ *Hadamitzky*/*Senge* AO § 369 Rn. 2).

6 **Strafbare Verletzungen von Steuergesetzen** sind zu unterscheiden von Zuwiderhandlungen, die als Steuerordnungswidrigkeiten mit Geldbuße geahndet werden können (§ 377 I AO) oder die besonderen steuerrechtlichen Sanktionen unterliegen, wie zB Verspätungszuschläge (§ 152 AO), Säumniszuschläge (§ 240 AO) oder Zwangsmittel (§§ 328 ff. AO). Erfüllt dasselbe Verhalten zugleich die Merkmale einer Steuerstraftat und einer Steuerordnungswidrigkeit, wird nach § 21 I OWiG nur das Strafgesetz angewendet. Dagegen ist die Konkurrenz zwischen der straf- oder bußrechtlichen Ahndung einer Zuwiderhandlung und einer besonderen steuerrechtlichen Sanktion gesetzlich nicht geregelt. Auch hat die Rspr noch nicht geklärt, ob und ggf. unter welchen Umständen eine Häufung der Sanktionen rechtsstaatlich unbedenklich ist. Gegen die Festsetzung eines Verspätungszuschlags (§ 152 AO) kann mangels Strafcharakter der Grundsatz ne bis in idem nicht angeführt werden. Die Festsetzung wird durch eine verhängte Geldbuße oder Geldstrafe nicht berührt (und umgekehrt). Allerdings ist bei der Ausübung des Ermessens die mögliche Kumulation der Sanktionen zu berücksichtigen(vgl. Tipke/Kruse/*Seer* AO § 152 Rn. 4). Gleichermaßen erscheint gesichert, dass in Fällen, in denen über eine Geld-

buße der wirtschaftliche Vorteil des Täters abgeschöpft werden soll (§ 17 IV OWiG), den Vorteil kompensierende Umstände berücksichtigt werden müssen (→ § 377 Rn. 33).

Der Übergang vom Begriff „Steuervergehen" zu „Steuerstraftaten" soll der 7 Sprachvereinheitlichung dienen und lediglich die Abgrenzung von Straftaten und Ordnungswidrigkeiten leisten (Art. 161 EGStGB).

Zollstraftaten sind solche Steuerstraftaten, die sich auf Zölle beziehen. Da Einfuhr- und 8 Ausfuhrabgaben nach Art. 5 Nr. 20 und Nr. 21 des Zollkodex der Union gem. § 3 III 1 AO unter den Steuerbegriff der AO fallen, hätte der Begriff „Zollstraftaten" in § 369 I AO nicht erwähnt zu werden brauchen. Eine Klarstellung erschien jedoch zweckmäßig, weil andere Gesetze auf die *„für Zollstraftaten geltenden Vorschriften"* verweisen. Steuerhehlerei (§ 374 AO) ist eine Zollstraftat, falls hinsichtlich der gehehlten Sache Einfuhr-/Ausfuhrabgaben hinterzogen worden sind.

2. Bannbruch (§ 369 I Nr. 2 AO)

Bannbruch (§ 372 AO) wird durch § 369 I Nr. 2 AO konstitutiv zu einer Steuer- 9 **straftat** iS der straf- und strafverfahrensrechtlichen Vorschriften der AO erklärt. Ohne § 369 I Nr. 2 AO wäre Bannbruch keine Steuerstraftat (→ Rn. 5; glA Klein/*Jäger* AO § 369 Rn. 5; Erbs/Kohlhaas/*Hadamitzky/Senge* AO § 369 Rn. 5; abl. MüKoStGB/ *Schmitz* AO § 369 Rn. 8; zT anders Kohlmann/*Ransiek* AO § 369 Rn. 31), da Zuwiderhandlungen gegen die in nichtsteuerlichen Gesetzen aus steuerfremden Gründen, etwa zum Schutz der Gesundheit von Menschen, Tieren und Pflanzen (→ § 372 Rn. 2, 43 ff.), erlassenen Ein-, Aus- und Durchfuhrverbote die Besteuerung nicht beeinträchtigen, wenn nicht – wie oft – zugleich der Straftatbestand der Steuerhinterziehung (§ 370 AO) erfüllt wird. Das häufige Zusammentreffen von Zuwiderhandlungen gegen ein Einfuhrverbot mit der Hinterziehung von Eingangsabgaben und die Tatsache, dass die Zollbehörden zugleich über die Einhaltung der steuerlichen Vorschriften und der Verbote und Beschränkungen des grenzüberschreitenden Warenverkehrs zu wachen haben, bildet den Grund, den Bannbruch kraft Gesetzes den natürlichen Steuerstraftaten gleichzustellen. Auf diese Weise wird gewährleistet, dass die Zollbehörden für beiderlei Zuwiderhandlungen dieselben strafverfahrensrechtlichen Befugnisse haben (s. jedoch → § 372 Rn. 97 ff.).

Unter den Begriff des Bannbruchs iS des § 369 I Nr. 2 AO fallen nur Taten, die *mit* 10 *Strafe bedroht sind,* sei es unmittelbar nach § 372 II iVm § 370 I, II AO (→ § 372 Rn. 83) oder nach außersteuerlichen Gesetzen (→ § 372 Rn. 43) oder unter erschwerenden Umständen nach § 373 AO (→ § 373 Rn. 10). Dagegen erfasst § 369 I Nr. 2 AO diejenigen Taten nicht, die zwar die Begriffsbestimmung des § 372 I AO erfüllen, aber nur mit Geldbuße geahndet werden können. Bloße Ordnungswidrigkeiten sind keine Steuer*straftaten* (Klein/*Jäger* AO § 369 Rn. 5; MüKoStGB/*Schmitz* AO § 369 Rn. 14).

3. Wertzeichenfälschung (§ 369 I Nr. 3 AO)

Durch Art. 161 Nr. 5 EGStGB wurde der besondere Tatbestand der Steuerzeichen- 11 fälschung in § 399 RAO aufgehoben. Gleichzeitig wurde in § 391 Nr. 3 RAO die Wertzeichenfälschung, soweit sie Steuerzeichen betrifft, zur Steuerstraftat erklärt. Die Fälschung von Steuerzeichen und deren Vorbereitung wird seit dem 1.1.1975 durch die neu geschaffenen Vorschriften in den §§ 148 ff. StGB (Wertzeichenfälschung) erfasst. Einzelheiten zur Wertzeichenfälschung → Rn. 155 ff.

4. Begünstigung (§ 369 I Nr. 4 AO)

Das StGB von 1975 unterscheidet zwischen Begünstigung (§ 257 StGB) und Strafver- 12 eitelung (§ 258 StGB). Da § 369 I Nr. 4 AO (ebenso schon § 391 I Nr. 4 RAO idF von Art. 161 Nr. 1 EGStGB) nur von Begünstigung spricht, ist die Strafvereitelung iS von § 258 StGB keine Steuerstraftat mehr (Kohlmann/*Ransiek* AO § 369 Rn. 52; Erbs/Kohlhaas/*Hadamitzky/Senge* AO § 369 Rn. 7). Wer die Bestrafung oder die Unterwerfung eines anderen unter eine Maßnahme ganz oder zum Teil vereitelt, begeht mithin keine Steuerstraftat. Eine solche liegt nur vor, sofern die Vortat eine Steuerstraftat iS von § 369 I Nr. 1–3 AO ist (ausf. → Rn. 182 ff.).

III. Geltung der allgemeinen Gesetze (§ 369 II AO)

1. Umfang der Verweisung

13 **Allgemeine Gesetze über das Strafrecht** iS des § 369 II AO sind in erster Linie die Vorschriften des Allgemeinen Teils des StGB, aber auch allgemeine Bestimmungen, die im Besonderen Teil des StGB erscheinen, zB § 357 StGB über die Verleitung von Untergebenen zu strafbaren Handlungen und § 358 StGB über die in diesem Falle mögliche Nebenfolge der Amtsunfähigkeit. Danach unterliegt zB der Vorsteher eines FA, der wissentlich die Beteiligung eines Amtsangehörigen an einer Steuerhinterziehung geschehen lässt, nach § 357 StGB iVm § 370 AO der Strafe aus § 370 AO und der Nebenfolge aus § 358 StGB (vgl. Flore/Tsambikakis/*Gaede* AO § 369 Rn. 39). Zu den allgemeinen Gesetzen über das Strafrecht gehören ferner die §§ 1–32, 105 und 106 JGG (→ Rn. 152 ff.) sowie § 1 I, II, § 2 Nr. 2, §§ 3, 5, 7, 12, 14 WehrStG (auch → Rn. 154).

14 Die Verweisung des § 369 II AO bezieht sich auf das StGB, die materiellen Vorschriften des JGG und die allgemeinen Bestimmungen des WehrStG **in ihrem jeweiligen Bestand**, nicht nur auf die Vorschriften, die zz. des In-Kraft-Tretens des § 369 AO am 1.1.1977 gegolten haben; sie ist deklaratorisch. Künftige Änderungen des StGB usw. wirken sich daher ohne weiteres auch auf das Steuerstrafrecht aus.

15 Über die positiven Vorschriften hinaus umfasst die Verweisung des § 369 II AO auch diejenigen **allgemeinen Lehren,** die Rspr und Rechtslehre zum Strafrecht entwickelt haben, zB zur Wahlfeststellung (→ Rn. 130 f.), zum Irrtum (→ Rn. 100 ff.), zur Konkurrenzlehre (→ Rn. 110 ff.), oder die künftig noch entwickelt werden (Erbs/Kohlhaas/*Hadamitzky/Senge* AO § 369 Rn. 8). Neue Auslegungsgrundsätze zum Nachteil des Täters widersprechen nicht dem Verbot des Art. 103 II GG über die Rückwirkung von Strafgesetzen (vgl. auch BVerfG 11.11.1964, BVerfGE 18, 224, 240 f.).

16 **Strafvorschriften der Steuergesetze, die** gegenüber den allgemeinen Vorschriften über das Strafrecht **etwas anderes bestimmen,** sind nur noch § 371 AO über die strafbefreiende Selbstanzeige bei Steuerhinterziehung und § 376 AO im Verhältnis zu §§ 78, 78c StGB über die Dauer der Strafverfolgungsverjährung und ihre Unterbrechung durch die Bekanntgabe der Einleitung eines Bußgeldverfahrens. Dagegen machen § 375 I AO (Verlust der Amtsfähigkeit und der Wählbarkeit) und § 375 II AO (Einziehung) lediglich von den in § 45 II und § 74 III 2 StGB vorgesehenen Möglichkeiten Gebrauch.

2. Geltung des Strafgesetzbuches

17 Da das Steuerstrafrecht keinen speziellen Allgemeinen Teil enthält, § 369 II AO vielmehr auf die allgemeinen Gesetze über das Strafrecht verweist, ist die Anwendung der Steuerstrafrechtssätze auf einen konkreten Fall nur bei Berücksichtigung der gesamten Regeln des Allgemeinen Strafrechts möglich. Gerade die Grundsätze des Allgemeinen Strafrechts sind jedoch gesetzlich nur in sehr geringem Umfange geregelt und weitgehend von Rspr und Strafrechtswissenschaft entwickelt worden. Angesichts der immer noch erheblichen Lückenhaftigkeit des StGB findet sich im Allgemeinen Teil des Strafrechts eine Fülle von Streit- und Zweifelsfragen, die eine umfassende Darstellung im Rahmen des Steuerstrafrechts unmöglich macht. Die folgende Erörterung des Allgemeinen Strafrechts muss sich daher in mehrfacher Hinsicht beschränken. Sie kann das allgemeine Strafrecht nur darstellen, soweit es für das Steuerstrafrecht bedeutsam ist. Aber auch in diesem verengten Rahmen ist nur eine Wiedergabe der Grundzüge möglich. Ihre Darstellung

kann nur einen ersten Überblick verschaffen und Hinweise für weitere Überlegungen geben.

a) Auslegung, Analogie, zeitliche und räumliche Geltung der Strafgesetze

aa) Nulla poena sine lege. Die für das gesamte Strafrecht grundlegende Vorschrift findet sich in § 1 StGB, der mit Art. 103 II GG identisch ist.

§ 1 StGB Keine Strafe ohne Gesetz
Eine Tat kann nur bestraft werden, wenn die Strafbarkeit gesetzlich bestimmt war, bevor die Tat begangen wurde.

§ 1 StGB enthält den Grundsatz: *„Nulla poena sine lege scripta, stricta, certa, praevia."* Jede Bestrafung einer Tat setzt demnach ein zur Tatzeit geltendes *(praevia)*, seinem Wortlaut nach auf die Tat anwendbares *(stricta)*, geschriebenes *(scripta)* und hinreichend bestimmtes *(certa)* Gesetz voraus. Damit enthält § 1 StGB das Analogieverbot, das Verbot von Gewohnheitsrecht, das Bestimmtheitsgebot und das Rückwirkungsverbot.

Das Analogieverbot verbietet die Ausdehnung eines Strafgesetzes auf einen vom Gesetz nicht geregelten Fall, auch wenn dieser Fall dem vom Gesetz geregelten Fall so sehr ähnelt, dass eine Anwendung des Gesetzes als sinnvoll erscheint (krit. zum Analogieverbot: *Sax* Das strafrechtliche Analogieverbot, 1953, *Jakobs* AT 4/35 ff.). Die Schwierigkeiten des Analogieverbots bestehen in der Abgrenzung der Analogie von der Auslegung (vgl. auch HHS/*Rüping* AO § 369 Rn. 22). Der Bereich auch im Strafrecht gebotener Auslegung wird überschritten, wenn der mögliche Wortsinn des Gesetzes das Ergebnis nicht mehr deckt. Dann handelt es sich um Analogie (BGH 12.3.1953, BGHSt 4, 144, 148; *Jescheck/Weigend* S. 134 f.). § 1 StGB verbietet die Analogie im Strafrecht nicht generell, sondern nur dann, wenn sie die Norm über den Wortlaut hinaus *zum Nachteil* des Täters ausdehnt. Weiterhin darf eine Verurteilung nicht auf (ungeschriebenes) Gewohnheitsrecht gestützt werden. Freilich ist Gewohnheitsrecht anwendbar, soweit es den Täter begünstigt; zu den Einzelheiten s. Schönke/Schröder/*Hecker* StGB § 1 Rn. 9 ff.

Das Bestimmtheitsgebot wird jedenfalls dann verletzt, wenn der Strafgesetzgeber ohne Not Generalklauseln verwendet und damit die Bestimmung des strafbaren Verhaltens nicht mehr selbst vornimmt, sondern dem Richter überlässt (BGH 18.11.1969, BGHSt 23, 167, 171; *Grünwald* ZStW 76 [1966], 16; *Lenckner* JuS 1968, 305; Schönke/Schröder/ *Hecker* StGB § 1 Rn. 17 ff.). Die Tatbestände der §§ 370 ff. AO sind insoweit unbedenklich, da sie zwar durch die Normen des Steuerrechts ausgefüllt werden müssen (Blanketttatbestände), diese aber regelmäßig hinreichend bestimmt sind (vgl. BGH 27.1.1982, wistra 1982, 108, zu § 42 AO sowie → § 370 Rn. 215). Problematisch ist allerdings die Verjährungsregelung in § 376 I. Zum **Rückwirkungsverbot** → Rn. 22 ff.

bb) Die zeitliche Geltung der Strafgesetze ergibt sich aus:

§ 2 StGB Zeitliche Geltung
(1) Die Strafe und ihre Nebenfolgen bestimmen sich nach dem Gesetz, das zur Zeit der Tat gilt.
(2) Wird die Strafdrohung während der Begehung der Tat geändert, so ist das Gesetz anzuwenden, das bei Beendigung der Tat gilt.
(3) Wird das Gesetz, das bei Beendigung der Tat gilt, vor der Entscheidung geändert, so ist das mildeste Gesetz anzuwenden.
(4) ¹Ein Gesetz, das nur für eine bestimmte Zeit gelten soll, ist auf Taten, die während seiner Geltung begangen sind, auch dann anzuwenden, wenn es außer Kraft getreten ist. ²Dies gilt nicht, soweit ein Gesetz etwas anderes bestimmt.
(5) Für Einziehung und Unbrauchbarmachung gelten die Absätze 1 bis 4 entsprechend.
(6) Über Maßregeln der Besserung und Sicherung ist, wenn gesetzlich nichts anderes bestimmt ist, nach dem Gesetz zu entscheiden, das zur Zeit der Entscheidung gilt.

Für die gesetzliche Beschreibung einer strafbaren Handlung und die angedrohte Strafe ist nach § 2 I StGB grundsätzlich *das Gesetz maßgebend, das zur Tatzeit gilt*. Eine Tat ist in dem

Zeitpunkt begangen, indem der Täter die für die Verwirklichung des Tatbestandes entscheidende Handlung ausgeführt hat oder in dem er – bei einer pflichtwidrig unterlassenen Handlung – spätestens hätte handeln müssen; auf den Eintritt eines zum Tatbestand gehörenden Erfolges kommt es nicht an (§ 8 StGB). Für Dauerdelikte gilt § 2 II StGB. Maßgeblich ist hinsichtlich der Strafdrohung die Beendigung der Tat. Tatteile, die vor In-Kraft-Treten des neuen Gesetzes straflos waren, dürfen jedoch nicht nach dem neuen Gesetz bestraft werden (SK-StGB/*Rudolphi* StGB § 2 Rn. 3 f.). Sind an einer Tat mehrere Personen beteiligt, ist die Tatzeit für den Tatbeitrag jedes Teilnehmers selbstständig zu beurteilen.

23   **Bei Verschiedenheit der Gesetze von der Tat bis zur Aburteilung** ist nach § 2 III StGB das mildeste Gesetz anzuwenden. Demgemäß tritt ohne ausdrückliche Vorschrift des ÄndG abw. von § 2 I StGB zugunsten des Täters eine Rückwirkung des späteren Gesetzes ein, wenn es *„für den Einzelfall nach seinen besonderen Umständen die mildere Beurteilung zuläßt"* (stRspr, BGH 5.3.1991, wistra 1991, 213; BGH 28.1.2010, BGHSt 55, 11; BGH 3.5.2011, NStZ 2012, 44; BGH 7.3.2012, wistra 2012, 235). Dabei kommt es auf den *gesamten* Rechtszustand an; auch die Steuergesetze als blankettausfüllende Normen sind zu berücksichtigen (→ Rn. 26; wegen der Ausnahme für blankettausfüllende Zeitgesetze → Rn. 25). Nicht zulässig ist es, teils das alte, teils das neue Gesetz anzuwenden (BGH 8.9.1964, BGHSt 20, 22, 29 f.). Allerdings soll es nach Ansicht des BVerfG (BVerfG 29.11.1989, BVerfGE 81, 132) das Rückwirkungsverbot nicht verletzen, dass die Tat zwischen ihrer Begehung und der Entscheidung vorübergehend nicht mit Strafe oder Geldbuße bedroht war. Auch für eine nachträgliche Verlängerung einer Verjährungsfrist gilt § 2 StGB nicht, soweit die ursprüngliche Frist bei Inkrafttreten der Regelung noch nicht abgelaufen war. Dies hat für die verlängerte Frist der Verfolgungsverjährung bei Steuerhinterziehung im (benannten) besonders schweren Fall nach § 376 mehrfach Relevanz (→ § 376 Rn. 18).

24   **Wird ein Straftatbestand nach der Tat in einen Bußgeldtatbestand umgewandelt,** gilt § 2 StGB entsprechend (BGH 24.11.1958, BGHSt 12, 148, 153). Aus diesem Grunde enthielt Art. 12 des 2. AOStrafÄndG keine materiellrechtliche Übergangsvorschrift für Zuwiderhandlungen gegen die früheren Straftatbestände der §§ 402, 406, 413 RAO aF, die vor dem In-Kraft-Treten des ÄndG begangen, jedoch bis zum 1.10.1968 noch nicht rechtskräftig abgeurteilt waren.

25   **Für Zeitgesetze** schließt § 2 IV den § 2 III StGB aus, dh bei Strafgesetzen, die Zeitgesetze sind, bestimmt sich die Strafe stets nach dem Gesetz, das zur Tatzeit gilt, auch wenn vor der Aburteilung der Tat ein milderes Gesetz erlassen worden ist. Zeitgesetz *„ist nicht nur ein Gesetz, das kalendermäßig begrenzt ist, sondern auch ein solches, das, mag es auch nicht ausdrücklich nur vorübergehend Geltung beanspruchen, nach seinem Inhalt eine nur als vorübergehend gedachte Regelung für wechselnde Zeitverhältnisse treffen will"* (BGH 2.11.1951, NJW 1952, 72; vgl. auch BGH 9.3.1954, BGHSt 6, 30, 37; BGH 27.8.2010, wistra 2011, 70; *Laaths* Das Zeitgesetz gem. § 2 Abs. 4 StGB, 1995). Der Grundsatz der Rückwirkung des mildesten Rechts nach § 2 II StGB beruht auf dem Gedanken, dass in dem neuen Gesetz eine geänderte Rechtsauffassung zum Durchbruch gelangt ist. Dieser Gedanke trifft nicht zu, wenn Gebote und Verbote wegen besonderer tatsächlicher Verhältnisse nur für eine vorübergehende Zeit erlassen oder verschärft und später wegen Änderung dieser Verhältnisse wieder gemildert oder außer Kraft gesetzt werden (Schönke/Schröder/ *Hecker* StGB § 2 Rn. 37; krit. *Tiedemann* FS Peters, 1974, 200 ff.). In solchen Fällen darf auch eine gemilderte Strafnorm oder ihre Aufhebung nicht zurückwirken, da Zeitgesetze sonst *„gegen Ende ihrer Geltungszeit an Wirksamkeit verlören und Beschuldigte dem Versuch unterliegen könnten, das Verfahren zu verzögern"* (Begr. zu § 2 E 1962, BT-Drs. IV/650, 107). Ob eine Gesetzesänderung auf einem Wandel der Rechtsüberzeugung beruht (und deshalb § 2 III StGB anzuwenden ist) oder ob die Gesetzesänderung einer Änderung der tatsächlichen Verhältnisse folgt (und deshalb § 2 IV StGB gilt), ist oft nicht einfach zu entscheiden. Zweifelsfrei beruht jedoch die Neufassung der §§ 369 ff. AO auf einer gewandelten Rechtsüberzeugung.

Für die Blankettatbestände des Steuerstrafrechts ergibt sich die besondere Frage, **26** ob § 2 III StGB auch bei einer Änderung der blankettausfüllenden Vorschriften des Steuerrechts mit der Folge anzuwenden ist, dass eine Einschränkung der Besteuerungsgrundlagen oder eine Ermäßigung des Steuertarifs strafrechtlich berücksichtigt werden muss. Die Rspr hatte diese Frage früher verneint, wenn nur die ergänzenden Normen geändert wurden und die Strafvorschrift selbst unverändert blieb (RG 28.2.1916, RGSt 49, 410, 413 mwN sowie BGH 5.4.1955, BGHSt 7, 291, 294). Später hat der BGH erkannt, dass sich mit dem Wechsel der ausfüllenden Norm ein wesentliches Element des Strafgesetzes ändert, das bei der Beurteilung des mildesten Strafgesetzes iS des § 2 III StGB nicht unberücksichtigt bleiben darf (BGH 8.1.1965, BGHSt 20, 177, 181). Zugleich hat der BGH (BGH 8.1.1965, BGHSt 20, 177, 181) aber festgestellt, dass die blankettausfüllende Norm des § 8 MinöStG idF v. 5.12.1957 (BGBl. I 1833) ein Zeitgesetz war (speziell für die Abzugsfähigkeit von Parteispenden *Franzheim* NStZ 1982, 137; *Schäfer* wistra 1983, 170; *Tiedemann* 1985, 30 ff.; aM MüKoStGB/*Schmitz* StGB § 2 Rn. 37 ff.). Auch *Kunert* (NStZ 1982, 276) stimmt dem BGH im Grundsatz zu, meint aber, die Vorschriften über die steuerliche Behandlung von Parteispenden seien keine Zeitgesetze, sondern angesichts der verfassungsgerichtlichen Rspr zu diesem Problemkreis ein Musterbeispiel für eine *lex aeterna* (vgl. auch Schwarz/Pahlke/*Klaproth* AO § 369 Rn. 35).

Die Rechtslage ist jedoch weitaus differenzierter zu beurteilen (ausf. *Samson* **27** wistra 1983, 235; vgl. auch Schönke/Schröder/*Hecker* StGB § 2 Rn. 37). Wird ein Steuergesetz aufgehoben oder durch ein anderes (milderes) Steuergesetz abgelöst, ist zunächst durch Auslegung zu ermitteln, ob dies nach dem Willen des Gesetzgebers tatsächlich zur Folge haben soll, dass die alte Vorschrift außer Kraft tritt. Bei Steuergesetzen, die nicht das Verfahren (s. dazu → Rn. 28), sondern Grund und Höhe von staatlichen Steueransprüchen betreffen, ist das keinesfalls selbstverständlich. Werden solche Vorschriften geändert, hat das eher regelmäßig zur Folge, dass die alte, den Steueranspruch betreffende Vorschrift für die zurückliegenden Veranlagungszeiträume gültig bleibt und die neue Vorschrift nur für die folgenden Veranlagungszeiträume gelten soll. Da die Steuerhinterziehung nach § 370 AO ebenso wie die leichtfertige Steuerverkürzung nach § 378 AO einen Angriff auf einen bestehenden Steueranspruch des Staates darstellt, wird die tatbestandsmäßige Verkürzung eines in einem bestimmten VZ bestehenden Steueranspruchs nicht dadurch beseitigt, dass in einem folgenden VZ ein solcher Anspruch nicht mehr entstehen könnte (*Samson*, Hypothetische Kausalverläufe, 1972, 238). Eine Steuerhinterziehung kann in einer solchen Lage sogar noch in einem Zeitpunkt begangen werden, in dem die neue (mildere) Vorschrift bereits in Kraft getreten ist. Wird zB ein Besteuerungstatbestand mWv 1.1.2019 abgeschafft, ist dennoch in der Steuererklärung für 2018 der alte Besteuerungstatbestand zu berücksichtigen und im Steuerbescheid in Ansatz zu bringen, selbst wenn erst in den folgenden Jahren die Erklärung abgegeben und der Bescheid erteilt wird. Man kann daher § 2 III StGB schon deshalb nicht anwenden, weil das (Besteuerungs-)Gesetz für den maßgeblichen VZ gar nicht beseitigt worden ist (vgl. auch BGH 28.1.1987, wistra 1987, 139). Deutlich wird dies auch am Beispiel der Vermögensteuer, die mangels Vereinbarkeit mit dem Grundgesetz auslief; die Besteuerungsvorschriften blieben aber bis zum faktischen Außerkrafttreten wirksam, die Verkürzung von Vermögensteuer blieb strafbar (→ Rn. 30; → § 370 Rn. 492).

Anders mag das bei Vorschriften sein, die das Verfahren im weitesten Sinne betreffen. **28** Würde zB die Berichtigungspflicht nach § 153 I AO beseitigt oder eingeschränkt, käme eine Rückwirkung der milderen Vorschrift durchaus in Betracht, sofern die Änderung auf einer gewandelten Rechtsüberzeugung und nicht auf einer Veränderung der tatsächlichen Verhältnisse beruht.

Erklärt das BVerfG eine blankettausfüllende Norm des Steuerrechts vor der Entschei- **29** dung des Strafrichters für nichtig, kann der Beschuldigte – wenn die Steuerpflicht ganz wegfällt – nicht wegen Steuerhinterziehung bestraft werden (so seinerzeit zB zur Besteuerung von Spekulationsgeschäften mit Wertpapieren für die Veranlagungszeiträume 1997 und 1998 nach BVerfG 9.3.2004 [BVerfGE 110, 94]). Auch ein strafbarer Versuch kommt nicht in Betracht, wenngleich der Täter geglaubt haben mag, einen Steueranspruch zu verkürzen. Da es diesen Steueranspruch nicht gab, liegt ein strafloses Wahndelikt vor (→ Rn. 108 f.). Im Übrigen hat das BVerfG in seinem Urteil klargestellt, dass „*die Verfassungswidrigkeit der vorgelegten Norm ... die Geltung der verlängerten Festsetzungsfrist nach § 169 Abs. 2 Satz 2 AO für Fälle* [ausschließt], *in denen allein Spekulationsgewinne unzulänglich deklariert worden sind.*"

30 Reduziert sich der Schuldvorwurf, muss dies im Rahmen der Strafzumessung berücksichtigt werden. So führen etwa die Beschlüsse des BVerfG zu Grund- und Kinderfreibetrag (BVerfG 29.5.1990, BVerfGE 82, 60) zu einer partiellen Verfassungswidrigkeit des EStG, die auch strafrechtliche Relevanz hat (*Gast-de Haan* DB 1991, 2490; *Sdrenka* StB 1991, 452). Gleiches gilt im Hinblick auf die Entscheidung des BVerfG zu den Spekulationsgewinnen (→ Rn. 29). Ergeht die Entscheidung des BVerfG *nach* rechtskräftiger Verurteilung des Beschuldigten, kann dieser auf Grund § 79 I BVerfGG die Wiederaufnahme des Strafverfahrens beantragen. Dies gilt nach Auffassung des BGH entgegen § 363 I StPO auch dann, wenn allein der Zweck verfolgt wird, eine andere Strafbemessung herbeizuführen (BGH 9.5.1963, BGHSt 18, 339). Folgerichtig hat das BVerfG (BVerfG 8.11.2006, wistra 2007, 60) eine Revisionsentscheidung des BayObLG (BayObLG 11.3.2003, wistra 2003, 315) verworfen, in der das Gericht eine Verurteilung wegen Hinterziehung von ESt auf Spekulationsgewinne des Jahres 1997 bestätigt hatte. Mittlerweile ist höchstrichterlich und verfassungsrechtlich geklärt, dass für die Jahre ab 1999 verfassungsrechtliche Bedenken nach Einführung des Kontenabrufverfahrens nicht mehr bestehen (BFH 29.11.2005, wistra 2006, 154; BVerfG 10.1.2008, DStR 2008, 197; BGH 9.10.2007, wistra 2008, 21). Demgegenüber hatte das LG Augsburg (wistra 2007, 272) angenommen, die spätere Entwicklung im Hinblick auf das Kontenabrufverfahren könne keine Rückwirkung für bereits abgeschlossene Besteuerungszeiträume dergestalt entfalten, dass die Strafbarkeit wieder auflebte (*Joecks* wistra 2006, 401; aM *Allgayer* wistra 2007, 133). Nachdem das BVerfG eine Verfassungsbeschwerde gegen die BGH-Entscheidung vom 9.10.2007 nicht angenommen hat (BGH 7.5.2008, wistra 2008, 461), ist Klarheit geschaffen. Die Jahre ab 1999 sind auch strafrechtlich verfolgbar.

31 Zweifelhaft war die Anwendbarkeit des § 2 StGB, wenn das BVerfG eine blankettausfüllende Norm des Steuerrechts nicht für nichtig, sondern für mit dem GG **unvereinbar** erklärt, die (befristete) weitere Anwendbarkeit der steuerrechtlichen Vorschrift anordnet und der Gesetzgeber innerhalb der ihm gesetzten Frist keine verfassungskonforme Neuregelung schafft, so dass die Norm mit Ablauf der Frist gänzlich hinfällig wird. So geschehen ist dies mit der Tarifvorschrift des § 10 VStG. Der BGH hat zutreffend entschieden, dass die Hinterziehung von Vermögensteuer für Besteuerungszeiträume bis zum 31.12.1996 strafbar bleibt (BGH 7.11.2001, BGHSt 47, 138). Hier liegt entweder schon kein Fall des § 2 StGB vor (vgl. SK-StGB/*Rudolphi* StGB § 2 Rn. 8c) oder aber es handelt sich insoweit um ein Zeitgesetz (→ § 370 Rn. 492).

32 **Über Maßregeln der Besserung und Sicherung** iS des § 61 StGB, von denen bei Steuerstraftaten namentlich die Anordnung des Berufsverbots nach § 70 StGB in Betracht kommen kann, normiert § 2 VI StGB eine echte Ausnahme vom Rückwirkungsverbot. Danach ist stets nach demjenigen Gesetz zu entscheiden, das zz. der Entscheidung gilt. Solche Maßnahmen erfüllen keinen Sühnezweck, sondern dienen der Gefahrenabwehr (BVerfG NJW 2004, 739; krit. MüKoStGB/*Schmitz* StGB § 2 Rn. 77 ff. mwN.; vgl. jedoch Art. 301, 303 und 305 EGStGB, die für die durch das EGStGB bewirkten Änderungen eine Sonderregelung treffen). Der Grundsatz des § 2 VI StGB gilt daher auch für andere strafrechtliche Maßnahmen mit Sicherungszweck, zB für die Einziehung von Gegenständen, wenn sie „*nach ihrer Art und den Umständen die Allgemeinheit gefährden oder wenn die Gefahr besteht, daß sie der Begehung rechtswidriger Taten dienen werden*" (§ 74 II Nr. 2 StGB; vgl. auch SK-StGB/*Rudolphi* StGB § 2 Rn. 18).

cc) Die räumliche Geltung des deutschen Strafrechts. Das sog. **internationale** 33
Strafrecht behandelt die Frage, wann deutsches Strafrecht auf Taten mit Auslandsbeziehungen anzuwenden ist. Das StGB ist am 1.1.1975 vom Personalprinzip zum Territorialprinzip übergegangen. Das deutsche Strafrecht ist daher nicht mehr auf jede Tat eines Deutschen anzuwenden, gleichgültig wo er sie begangen hat (so das Personalprinzip), sondern auf jede in Deutschland begangene Tat, gleichgültig ob sie von einem Deutschen oder einem Ausländer begangen wurde (Territorialprinzip). Zu den Prinzipien des internationalen Strafrechts s. SK-StGB/*Hoyer* StGB § 3 Rn. 8 ff. und Schönke/Schröder/*Eser*/ *Weißer* StGB § 3 Rn. 11 ff. Für das Steuerstrafrecht bedeutsam sind folgende Vorschriften:

§ 3 StGB Geltung für Inlandstaten
Das deutsche Strafrecht gilt für Taten, die im Inland begangen werden.

§ 4 StGB Geltung für Taten auf deutschen Schiffen und Luftfahrzeugen
Das deutsche Strafrecht gilt, unabhängig vom Recht des Tatorts, für Taten, die auf einem Schiff oder in einem Luftfahrzeug begangen werden, das berechtigt ist, die Bundesflagge oder das Staatszugehörigkeitszeichen der Bundesrepublik Deutschland zu führen.

§ 9 StGB Ort der Tat
(1) Eine Tat ist an jedem Ort begangen, an dem der Täter gehandelt hat oder im Falle des Unterlassens hätte handeln müssen oder an dem der zum Tatbestand gehörende Erfolg eingetreten ist oder nach der Vorstellung des Täters eintreten sollte.
(2) ¹Die Teilnahme ist sowohl an dem Ort begangen, an dem die Tat begangen ist, als auch an jedem Ort, an dem der Teilnehmer gehandelt hat oder im Falle des Unterlassens hätte handeln müssen oder an dem nach seiner Vorstellung die Tat begangen werden sollte. ²Hat der Teilnehmer an einer Auslandstat im Inland gehandelt, so gilt für die Teilnahme das deutsche Strafrecht, auch wenn die Tat nach dem Recht des Tatorts nicht mit Strafe bedroht ist.

Bei Taten mit Auslandsbezug ist zunächst zu untersuchen, ob der deutsche *Tatbestand* 34
überhaupt erfüllt ist (Schönke/Schröder/*Eser*/*Weißer* StGB § 3 Rn. 31, SK-StGB/*Hoyer* StGB § 3 Rn. 7). Das ist bei den Tatbeständen des Steuerstrafrechts grundsätzlich nur dann der Fall, wenn sich die Tat auf inländische Steuern (§§ 370, 373, 374 AO) oder auf inländische Ein-, Aus- und Durchfuhrverbote bezieht (§ 373 AO). Eine Ausnahme von diesem Grundsatz findet sich nur in § 370 VI, § 373 IV, § 374 IV u. § 379 I 2 AO, die Eingangsabgaben bestimmter europäischer Staaten bzw. Umsatzsteuern und harmonisierte Verbrauchsteuern mit einbeziehen. Durch die Streichung des Gegenseitigkeitserfordernisses in § 370 VI 3 AO wird sich die Bedeutung der Regelung deutlich erhöhen. Dagegen wird die Hinterziehung von anderen ausländischen Steuern oder Zöllen und die Verletzung ausländischer Ein-, Aus- und Durchfuhrverbote von den Tatbeständen der §§ 370 ff. AO schon nicht erfasst.

Steht fest, dass die Tat einen Tatbestand der §§ 370 ff. AO erfüllt, ist weiter zu prüfen, 35
ob der *Tatbestand* nach den Regeln der §§ 3 ff. StGB auf die Tat *anzuwenden* ist. Nach § 3 StGB ist das der Fall, wenn die Tat im Inland begangen wurde; zum Streit um den völkerrechtlichen und den sog. funktionellen Inlandsbegriff s. Schönke/Schröder/*Eser*/ *Weißer* vor § 3 StGB Rn. 38 ff. und SK-StGB/*Hoyer* StGB § 3 Rn. 3 ff., jeweils mwN. Nach § 9 I StGB ist eine Tat überall dort begangen, wo der Täter gehandelt hat, wo er beim Unterlassungsdelikt hätte handeln müssen, wo der tatbestandsmäßige Erfolg eingetreten ist oder nach der Tätervorstellung eintreten sollte. Bei der **Steuerhinterziehung** tritt die Steuerverkürzung als tatbestandsmäßiger Erfolg stets im Inland ein, so dass § 370 AO nach den §§ 3, 9 StGB immer dann anzuwenden ist, wenn die Tat sich auf eine inländische Steuer bezieht (aA MüKoStGB/*Schmitz*/*Wulf* AO § 370 Rn. 47, die hinsichtlich des Taterfolgs auf den Ort der Bekanntgabe des Steuerbescheids abstellen). Mit der Bejahung des Tatbestandes steht daher zugleich seine Anwendbarkeit iS des internationalen Strafrechts fest. Das Gleiche gilt für den **Bannbruch.** Die verbotswidrige Ein-, Aus- und Durchfuhr berührt immer inländisches Gebiet. Für die Hinterziehung ausländischer Ein-

gangsabgaben findet sich in § 370 VI 2 AO eine Ausnahme vom Territorialprinzip. Das deutsche Strafrecht gilt bezüglich dieser Tat unabhängig vom Tatort. § 374 II Hs. 2 AO trifft die entsprechende Regelung für die Steuerhehlerei. Probleme können nur bei der **Steuerhehlerei** iS von § 374 I AO auftreten. Wenn der Täter die in § 374 I AO bezeichneten Erzeugnisse oder Waren im Ausland ankauft, sich verschafft, sie absetzt oder abzusetzen hilft, ist § 374 I AO nach den §§ 3, 9 I StGB nicht anwendbar, da weder die Handlung noch der tatbestandsmäßige Erfolg im Inland angesiedelt sind. Die Anwendung von § 374 I AO kann jedoch über § 5 Nr. 12 und 13 StGB erfolgen, wenn die Tat von einem deutschen Amtsträger oder für den öffentlichen Dienst besonders Verpflichteten während eines dienstlichen Aufenthalts oder in Beziehung auf den öffentlichen Dienst oder von einem Ausländer als Amtsträger usw. begangen wird. Die Anwendung von § 374 I AO über § 7 II StGB kommt zwar theoretisch in Betracht, wird aber wohl nicht praktisch werden, da § 7 II StGB voraussetzt, dass die Steuerhehlerei in Bezug auf inländische Steuern usw. von dem ausländischen Tatortrecht erfasst wird. Für die strafrechtliche Ahndung von Taten, die auf einem Schiff mit deutscher Bundesflagge begangen wird, gilt gem. § 4 StGB unabhängig vom Recht des Tatorts das deutsche Strafrecht (vgl. OLG Schleswig 17.9.1997, NStZ-RR 1998, 313).

35a Für die Teilnahme an einer Steuerstraftat gilt § 9 II StGB. Danach ist die Teilnahme sowohl an dem Ort begangen, an dem die Tat begangen ist, als auch an jedem Ort, an dem der Teilnehmer gehandelt hat oder im Falle des Unterlassens hätte handeln müssen oder an dem nach seiner Vorstellung die Tat begangen werden sollte. Darüber hinaus gilt das deutsche Strafrecht für die Teilnahme, wenn der Teilnehmer an einer Auslandstat im Inland gehandelt hat. Dies gilt selbst dann, wenn die Tat nach dem Recht des Tatorts nicht mit Strafe bedroht ist (vgl. OLG Schleswig 17.9.1997, NStZ-RR 1998, 313).

b) Die Elemente der Straftat

Ein Verhalten kann nur dann bestraft werden, wenn es tatbestandsmäßig, rechtswidrig und schuldhaft ist.

36 **aa) Die Tatbestandsmäßigkeit.** Ein Verhalten ist tatbestandsmäßig, wenn es diejenigen Merkmale aufweist, die in einem Strafgesetz abstrakt beschrieben werden. Die einzelnen im Strafgesetz enthaltenen Begriffe (zB *„Behörde", „Steuer", „verkürzen"* in § 370 I AO) werden als **Tatbestandsmerkmale,** die konkreten Elemente der Tat (wie zB das FA in X, die Einkommensteuererklärung des Herrn Y) werden als Sachverhaltselemente oder **Tatumstände** bezeichnet. Weist ein konkretes Verhalten Tatumstände auf, die sämtliche Merkmale eines Tatbestandes erfüllen, so wird das Verhalten als tatbestandsmäßig bezeichnet.

37 **Der Tatbestand beschreibt in abstrakter Weise das Verhalten,** das verboten und unter den weiteren Voraussetzungen der Rechtswidrigkeit und der Schuld strafbar ist. Der Tatbestand hat dabei einmal die Funktion, Typen verbotenen Verhaltens in möglichst anschaulicher Weise zu beschreiben *(Leitbildfunktion);* er hat darüber hinaus die Aufgabe, in Erfüllung des Bestimmtheitsgebots in Art. 103 II GG und § 1 StGB den Bereich des verbotenen vom Bereich des erlaubten Verhaltens möglichst genau abzugrenzen *(Garantiefunktion).* Leitbild- und Garantiefunktion zwingen den Gesetzgeber, die Vielfalt des strafrechtlich missbilligten Verhaltens nicht in generalklauselartigen Regeln von höchster Abstraktion zusammenzufassen, sondern auf mittlerer Abstraktionsstufe in einer Mehrzahl von Einzelvorschriften zu beschreiben. Das geschieht auf zwei verschiedenen Wegen. Im Besonderen Teil bildet der Gesetzgeber unterschiedliche Typen strafbaren Verhaltens in Form der einzelnen Strafgesetze. So wäre zB die Formulierung einer einzigen Vorschrift mit dem Inhalt: *„Wer das inländische Steueraufkommen gefährdet..."* im Hinblick auf das Bestimmtheitsgebot unzulässig. Stattdessen unterscheidet das Gesetz zwischen Steuerhinterziehung und Steuerhehlerei sowie im Bereich der Ordnungswidrigkeiten zwischen leichtfertiger Steuerverkürzung und verschiedenen Gefährdungstatbeständen. Auf einem

zweiten Weg erfolgt die Auffächerung des verbotenen Verhaltens durch den Allgemeinen Teil des Strafrechts, dessen Vorschriften nicht nur die Definition einzelner Merkmale der Tatbestände des Besonderen Teils, sondern auch deren Abwandlungen enthalten. So ergibt sich aus den §§ 25 ff. StGB, dass zB Steuerhinterziehung in der Form der Alleintäterschaft, der Mittäterschaft, der mittelbaren Täterschaft, der Anstiftung und der Beihilfe begangen werden kann. Abwandlungen finden sich auch in § 13 StGB, aus dem sich ergibt, dass die Tatbestände nicht nur durch Handeln, sondern auch durch Unterlassen erfüllt werden können, und aus § 22 StGB, der die Voraussetzungen des strafbaren Versuchs beschreibt.

bb) Die Rechtswidrigkeit. Mit der Tatbestandsmäßigkeit eines Verhaltens steht nur **38** fest, dass das Verhalten ein solches ist, das typischerweise verboten ist, also das fragliche Tun oder Unterlassen im Widerspruch zum Recht steht (vgl. Schönke/Schröder/*Eisele* StGB vor § 13 Rn. 46). Auf der Stufe der Rechtswidrigkeit ist zu prüfen, ob das konkrete Verhalten auch tatsächlich verboten war. Das Gesetz bedient sich dabei der Regel-Ausnahme-Technik. Ein tatbestandsmäßiges Verhalten ist auch konkret rechtswidrig (= verboten), wenn kein Rechtfertigungsgrund eingreift. Die Rechtfertigungsgründe finden sich zum Teil im StGB, können aber der gesamten Rechtsordnung entnommen werden; → Rn. 95 ff.

cc) Die Schuld. Der Täter kann nur bestraft werden, wenn er die konkret rechtswid- **39** rige Tat schuldhaft begangen hat. Schuld ist Vorwerfbarkeit. Die Tat ist vorwerfbar, wenn der Täter sie nach den Regeln des StGB hätte vermeiden können. Das setzt mindestens voraus, dass er in der Lage war, das Unrecht seines Verhaltens einzusehen und sich nach dieser Einsicht zu richten (ausf. → Rn. 98 ff.).

c) Das vorsätzliche vollendete Delikt

Die Grundform deliktischen Verhaltens ist die durch Handlung begangene vorsätzliche **40** vollendete Straftat des Alleintäters. Unterlassung, Versuch, Fahrlässigkeit und Beteiligung mehrerer sind Abwandlungen dieser Grundform.

aa) Die Handlung. Tatbestandsmäßiges Verhalten setzt nach jeder Auffassung eine **41** Handlung im weiteren Sinne voraus. Damit ist aber lediglich gesagt, dass die Straftat eine willkürliche menschliche Reaktion auf die Außenwelt als die Mindestvoraussetzung verlangt. Wer eine unbeherrschbare Reflexbewegung vornimmt, handelt ebensowenig wie der, der als Bewusstloser Pflichten nicht erfüllt (SK-StGB/*Rudolphi* StGB vor § 1 Rn. 19 ff.; *Stratenwerth/Kuhlen* 6/5 ff.). Ob die Handlung darüber hinaus weitere Elemente enthält, ist zwischen **kausaler** und **finaler Handlungslehre** (zu weiteren Lehren *Roxin* 8/26 ff.) umstritten. Der Streit betrifft im Wesentlichen das Problem, ob die Handlung den Vorsatz iS bewussten Einsatzes von Körperbewegungen zur Erreichung eines bestimmten Zieles voraussetzt. Dies behauptet die finale Handlungslehre, während die kausale Handlungslehre sich mit der Willkürlichkeit der Körperbewegung begnügt und die Ansteuerung bestimmter Ziele nicht als Handlungselement anerkennt (ausf. *Roxin* 8/10 ff. und SK-StGB/*Rudolphi* StGB vor § 1 Rn. 25 ff. jeweils mwN). Der Streit hat ausschließlich systematische Bedeutung. Für die finale Handlungslehre gehört der Vorsatz zur Handlung und ist damit Tatbestandselement; die kausale Handlungslehre meint demgegenüber, Vorsatz und Fahrlässigkeit seien verschiedene Schuldformen. Die Argumente der streitenden Meinungen können hier nicht ausgebreitet und erörtert werden. Die weitere Darstellung folgt der finalen Handlungslehre, nach der Vorsatz und Fahrlässigkeit Tatbestandsmerkmale sind. Unterschiede in den praktischen Ergebnissen bestehen zwischen kausaler und finaler Handlungslehre nicht.

bb) Der objektive Tatbestand. Der objektive Tatbestand des Begehungsdeliktes setzt **42** zunächst eine Handlung im engeren Sinne im Unterschied zur Unterlassung voraus. Über die manchmal schwierige Abgrenzung zur Unterlassung ausf. → Rn. 88.

43 In vielen Tatbeständen genügt jede beliebige Handlung. So liegt es bei den reinen Verursachungsdelikten: Den Tatbestand erfüllt hier jede Handlung, die den tatbestandsmäßigen Erfolg verursacht. Die Tatbestände des Steuerstrafrechts sind sämtlich anders konstruiert; sie beschreiben die vorausgesetzte Handlung in bestimmter Weise. § 370 I AO verlangt, dass der Täter unrichtige oder unvollständige Angaben macht; § 372 AO, dass er Gegenstände ein-, aus- oder durchführt; § 374 I AO, dass er Erzeugnisse oder Waren ankauft, sich verschafft, absetzt oder abzusetzen hilft. Wann diese Handlungsmodalitäten erfüllt sind, ist eine Frage des Besonderen Teils, s. dazu die Erläuterungen bei den einzelnen Tatbeständen. Jedoch ist zu beachten, dass sämtliche Tathandlungen der Straftatbestände in Verursachungen zerlegt werden können. Falsche Angaben macht, wer verursacht, dass der Behörde unrichtige Tatsachen vorgespiegelt werden; einen Gegenstand führt nicht nur derjenige ein, der ihn selbst über die Grenze trägt, sondern auch derjenige, der die Einfuhr durch einen anderen verursacht, vorausgesetzt, er ist nach § 25 StGB Täter.

44 Soweit der Tatbestand neben einer bestimmten Handlung noch den **Eintritt eines bestimmten Erfolges** voraussetzt, muss die Handlung den Erfolg verursacht haben. § 370 I Nr. 1 AO ist nicht schon dann erfüllt, wenn der Täter die unrichtige Steuererklärung abgibt und die Steuer zu niedrig festgesetzt wird. Die Festsetzung muss außerdem durch die unrichtige Erklärung verursacht worden sein. Daran mag es fehlen, wenn der zuständige Finanzbeamte die Unrichtigkeit erkennt und die Steuer aus anderen Gründen, sei es aus Gefälligkeit oder auf Grund eines Rechenfehlers, zu niedrig festsetzt (→ § 370 Rn. 288).

45 So wird die **Kausalität** zum vordergründig-zentralen Merkmal der Erfolgsdelikte. Nach der Äquivalenztheorie ist jede Bedingung eines Erfolges gleichermaßen Ursache. Alle Ursachen sind gleichwertig; zwischen bedeutsamen und nebensächlichen Ursachen wird nicht unterschieden. Die Äquivalenztheorie bedient sich als Erkenntnishilfe der sog. *conditio-sine-qua-non*-Formel. Nach ihr ist Ursache jede Bedingung, die nicht hinweggedacht werden kann, ohne dass der Erfolg in seiner konkreten Gestalt entfiele (BGH 28.9.1951, BGHSt 1, 332; BGH 27.11.1951, BGHSt 2, 20, 24; BGH 25.1.1955, BGHSt 7, 112, 114; SK-StGB/*Rudolphi* StGB vor § 1 StGB Rn. 39 ff.; Schönke/Schröder/*Eisele* StGB vor § 13 Rn. 73 ff.; *Stratenwerth/Kuhlen* 8/17). Damit wird der Rahmen möglicher strafrechtlicher Haftung außerordentlich weit gezogen. Dementsprechend werden in Rspr u. Literatur einschränkende Kriterien gesucht.

46 So will die **Adäquanztheorie** den Kreis der durch die Äquivalenztheorie bestimmten Ursachen in einem zweiten Schritt einschränken, indem sie *besonders unwahrscheinliche Kausalverläufe* ausscheidet. Sie bedient sich dabei des Instruments eines gedachten Beobachters der Situation, den sie – in einem Gedankenexperiment – mit dem Tatsachenwissen eines sorgfältigen Beobachters und dem höchstmöglichen Erfahrungswissen ausstattet. Wenn dieser gedachte Beobachter vor Ablauf der Kausalkette erklärt hätte, der Erfolg werde nicht eintreten, dann ist die Bedingung keine Ursache iS der Adäquanztheorie. Diese im Zivilrecht herrschende Kausalitätstheorie wird im Strafrecht nur von wenigen vertreten (s. auch *Maurach/Zipf* AT/1 S. 249 ff.), da sie wegen der Ungenauigkeit der Kriterien häufig keine eindeutigen Aussagen ermöglicht.

47 Die **Relevanztheorie** differenziert zwischen der mit Hilfe der Bedingungstheorie zu ermittelnden Kausalität eines bestimmten Verhaltens und der davon zu unterscheidenden normativen Frage nach der rechtlichen Relevanz des konkreten erfolgsverursachenden Geschehens (vgl. SK-StGB/*Rudolphi* StGB vor § 1 Rn. 56). Maßgeblich sind dabei im Gegensatz zur Adäquanztheorie nicht (nur) Erfahrungs- und Wahrscheinlichkeitsurteile, sondern ausschließlich normative Gesichtspunkte, so der Sinn und Zweck des jeweiligen Straftatbestandes und die allgemeinen Grundsätze der tatbestandlichen Unrechtslehre.

48 **Die Lehre von der objektiven Zurechnung** stimmt mit den Ergebnissen der Relevanztheorie, soweit diese präzise genug fassbar sind, überwiegend überein (vgl. SK-StGB/*Rudolphi* StGB vor § 1 Rn. 57). Danach ist ein durch menschliches Verhalten verursachter Unrechtserfolg nur dann objektiv zurechenbar, wenn dieses Verhalten eine rechtlich missbilligte Gefahr des Erfolgseintritts geschaffen hat und diese Gefahr sich auch tatsächlich in dem konkreten erfolgsverursachenden Geschehen realisierte (*Roxin* 11/41; SK-StGB/*Rudolphi* StGB vor § 1 Rn. 57; *Jescheck/Weigend* 286f.; *Puppe* JuS 1982, 660; Schönke/Schröder/*Eisele* StGB vor § 13 Rn. 92). Ähnlich spricht *Otto* (FS Maurach, 1977, 92ff.) von einem Prinzip der „Steuerbarkeit" bzw. einem „Risikoerhöhungsprinzip", und *Jakobs* von der „Verwirklichung der Modellgefahr" (ZStW 89 [1977], 1ff.; FS Lackner, 1987, 53). Dementsprechend besteht das tatbestandsmäßige Verhalten in der Vornahme einer unerlaubt gefährlichen Handlung (SK-StGB/*Rudolphi* StGB vor § 1 Rn. 57). Die in diesem Kontext erörterten Fallgruppen (Übersicht bei *Roxin* 11/47ff.) haben für das Steuerstrafrecht unterschiedliche Relevanz. Bedeutsam kann sein der Ausschluss der Zurechnung bei Risikoverringerung (*Roxin* 11/47f.), der Ausschluss der Zurechnung in den Fällen des erlaubten Risikos (*Roxin* 11/65ff.) und das Prinzip der Zuordnung zum fremden Verantwortungsbereich (*Roxin* 11/137ff.), und zwar namentlich für die Frage der Strafbarkeit der Teilnahme (dazu → § 370 Rn. 511ff.).

cc) Der subjektive Tatbestand. Der subjektive Tatbestand setzt nach der finalen **49** Handlungslehre **Vorsatz** und nach jeder Auffassung etwa erforderliche weitere **subjektive Unrechtselemente** voraus. Der hier geforderte Tatvorsatz ist die subjektive Beziehung zwischen dem Täter und den Tatumständen. Im Einzelnen ist zwischen Gegenstand und Intensität des Vorsatzes zu unterscheiden.

Die geläufige Formulierung, Vorsatz sei Wissen und Wollen der Tatumstände, ist im **50** Hinblick auf die verschiedenen Vorsatzformen zu unpräzise. Immerhin drückt sie zutreffend aus, dass der Vorsatz ein **intellektuelles** und ein **voluntatives Element** enthält. Im Einzelnen sind **drei Vorsatzformen** zu unterscheiden: *dolus directus* 1. Grades, *dolus directus* 2. Grades und *dolus eventualis*.

Der direkte Vorsatz 1. Grades (*dolus directus* 1. Grades oder Absicht) wird durch das **51** voluntative Element bestimmt. Diese Vorsatzform liegt vor, wenn der Täter einen Erfolg als End- oder Zwischenziel anstrebt, er also um des Zieles willen handelt (BGH 12.2.1953, BGHSt 4, 107, 109; BGH 28.11.1962, BGHSt 18, 151, 155; BGH 26.7.1967, BGHSt 21, 283f.; *Welzel* NJW 1962, 20; *Oehler* NJW 1966, 1634; SK-StGB/*Rudolphi/Stein* StGB § 16 Rn. 40). **Direkter Vorsatz 2. Grades** (*dolus directus* 2. Grades) liegt hinsichtlich solcher Tatumstände vor, deren Existenz oder Verursachung der Täter für sicher oder für mit einem Ziel notwendig verbunden hält (SK-StGB/*Rudolphi/Stein* StGB § 16 Rn. 42; *Stratenwerth/Kuhlen* 8/107; Schönke/Schröder/*Sternberg-Lieben/Schuster* StGB § 15 Rn. 68f.). Über die Definition des **Eventualvorsatzes** (*dolus eventualis*) besteht Streit. Einig ist man sich noch darüber, dass diese Vorsatzform im intellektuellen Bereich wenigstens voraussetzt, dass der Täter die Existenz oder den Eintritt des betreffenden Tatumstandes für möglich hält.

Ob darüber hinaus eine **voluntative Beziehung** bestehen muss, ist streitig. Die Litera- **52** tur hält dies zT für nicht erforderlich, sondern präzisiert das intellektuelle Moment in dem Sinne, dass sie ein konkretes Für-möglich-Halten fordert (*Schmidhäuser* GA 1957, 305ff.; 1958, 161ff.; Schönke/Schröder/*Sternberg-Lieben/Schuster* StGB § 15 Rn. 84) oder fordert, dass der Täter den möglichen Erfolgseintritt ernst genommen hat (*Jescheck/Weigend* S. 240; *Roxin* JuS 1964, 61; vgl. auch *Stratenwerth/Kuhlen* 8/112ff.). Der **BGH** hat einmal gemeint, der Täter müsse außerdem den Erfolgseintritt billigen (BGH 22.11.1957, zit. bei *Schmidhäuser* GA 1958, 163ff.). An anderer Stelle hat er jedoch ausgeführt, ein „*Billigen im Rechtssinne*" liege immer dann vor, wenn der Täter den Erfolgseintritt für möglich halte und dennoch handele (BGH 22.4.1955, BGHSt 7, 363, 369). Später hat der BGH (BGH 13.7.1978, GA 1979, 107) doch wieder ein voluntatives Moment für erforderlich gehalten, ohne dies freilich zu präzisieren. Keinen Eventualvorsatz habe, wer „*mit der als möglich erkannten Folge nach seiner Willensrichtung nicht einverstanden sei ... und deshalb auf ihren Nichteintritt vertraut.*" Zwei Jahre später wieder anders (BGH 16.7.1980, JZ 1981, 35 m. krit. Anm. Köhler): „*Die Annahme von Billigung liegt nahe, wenn der Täter sein Vorhaben trotz* *äußerster Gefährlichkeit durchführt, ohne auf einen glücklichen Ausgang vertrauen zu können, und wenn er es dem Zufall überläßt, ob sich die von ihm erkannte Gefahr verwirklicht oder nicht."* Schließlich will *Herzberg* eine Abgrenzung zwischen *dolus eventualis* und bewusster Fahrlässigkeit allein im Rahmen des objektiven Tatbestandes als möglich ansehen. Sie habe nach der Qualität der vom Täter erkannten Gefahr zu erfolgen. Entscheidend sei, ob der Täter die Gefahr „abgeschirmt" habe. Bei der Umsetzung dieser Erklärungsmodelle im Steuerstrafrecht ist zu bedenken, dass die Definitionen durchweg am Beispiel von Tötungsdelikten entwickelt worden sind. Ebenso wie bei der Untreue dürfte man sich auch im sonstigen Wirtschaftsstrafrecht darauf einigen können, dass die für die Abgrenzung zwischen gefährlicher Körperverletzung mit Todesfolge und vorsätzlicher Tötung entwickelten Kriterien nur mit Vorsicht zu übertragen sind (vgl. auch BGH 16.4.2008, wistra 2008, 342).

53   Was den **Gegenstand des Vorsatzes** angeht, so wird von der überwiegenden Auffassung zwischen **normativen** und **deskriptiven Tatbestandsmerkmalen** unterschieden. Deskriptive Merkmale seien aus der Umgangssprache entnommene Merkmale. Bei ihnen genüge es für den Vorsatz, wenn der Täter diejenigen tatsächlichen Umstände kenne, die das Tatbestandsmerkmal erfüllten. Wer einen Hund verbotswidrig einführt, hat den Vorsatz bezüglich des Merkmals Gegenstand auch dann, wenn er meint, Hunde könnten weder Sachen noch Gegenstände sein. Eine zutreffende rechtliche Einordnung (Subsumtion) ist nicht erforderlich (Schönke/Schröder/*Sternberg-Lieben*/*Schuster* StGB § 15 Rn. 43 ff.; SK-StGB/*Rudolphi*/*Stein* StGB § 16 Rn. 15). Anders ist die Situation bei den sogenannten normativen Merkmalen, die der Rechtssprache entnommen sind, wie zB Behörde, Steuer, Steuerverkürzung. Bei diesen Merkmalen hat der Täter nur dann Vorsatz, wenn er die tatsächlichen Umstände kennt, die den Begriff erfüllen, und ungefähr weiß, dass diese Umstände das bestimmte Merkmal ausfüllen. Es ist also erforderlich, dass er den Begriffskern des normativen Merkmals laienhaft erfasst hat, sog. *Parallelwertung in der Laiensphäre* (BGH 28.10.1952, BGHSt 3, 248; BGH 24.9.1953, BGHSt 4, 347, 352; Schönke/Schröder/*Sternberg-Lieben*/*Schuster* StGB § 15 Rn. 43a; SK-StGB/*Rudolphi*/*Stein* StGB § 16 Rn. 15a). Wer unrichtige Angaben gegenüber einer FinB macht, muss also die steuerliche Erheblichkeit der Tatsache zwar nicht steuerrechtlich präzise, aber doch in dem Sinne erkannt haben, dass er weiß, die Tatsache werde – möglicherweise *(dolus eventualis)* – für seine Steuerschuld von Bedeutung sein (sog. „Steueranspruchstheorie", vgl. BGH 13.11.1953, BGHSt 5, 90, 92; vgl. auch BGH 10.11.1999, wistra 2000, 137; BGH 23.2.2000, wistra 2000, 217, 219; vgl. auch OLG Köln 4.3.2004, NJW 2004, 3504; BGH 4.9.2019, wistra 2021, 76; zur Kritik → § 370 Rn. 502).

54   Nach **§ 15 StGB** ist eine Tat nur dann strafbar, wenn der Täter vorsätzlich handelt, es sei denn, das Gesetz bedroht fahrlässiges Handeln ausdrücklich mit Strafe. Sämtliche Steuerstraftaten können nur vorsätzlich begangen werden. Soweit Leichtfertigkeit mit einer Sanktion bedroht ist, handelt es sich um Ordnungswidrigkeiten. In **§ 16 StGB** ist festgelegt, dass der Täter nur dann vorsätzlich handelt, wenn er sämtliche Umstände kennt, die zum gesetzlichen Tatbestand gehören. Nach § 16 II StGB werden dem Täter auch nur solche strafverschärfenden Umstände zugerechnet, hinsichtlich derer er Vorsatz hatte; zum Irrtum → Rn. 100 ff.

55   **Sonstige subjektive Unrechtselemente** sind solche Merkmale, die eine subjektive Lage des Täters voraussetzen, die keine Entsprechung im objektiven Tatbestand zu haben braucht. Es handelt sich dabei um sog. Delikte mit überschießender Innentendenz. So setzt zB die Steuerhehlerei in § 374 I AO die Bereicherungsabsicht als subjektives Unrechtselement voraus. Es genügt, wenn der Täter die Bereicherung will. Ob sie tatsächlich eintritt, ist für die Erfüllung des Merkmals unerheblich. Bei Steuerstraftaten werden solche Absichten im Sinne überschießender Innentendenz vorausgesetzt; bei § 374 I AO: *„um sich oder einen Dritten zu bereichern"*; § 148 I Nr. 1 StGB: *„in der Absicht ..., daß sie als echt verwendet oder in Verkehr gebracht werden oder daß ein solches Verwenden oder Inverkehrbringen ermöglicht werde"*; § 148 I Nr. 2 StGB: wie Nr. 1; § 257 StGB: *„Absicht ..., ihm die Vorteile*

der Tat zu sichern". Bei den Absichten im Sinne überschießender Innentendenz genügt regelmäßig nicht *dolus eventualis,* vielmehr ist teilweise *dolus directus* 1. Grades, teilweise *dolus directus* 2. Grades vorausgesetzt; Einzelheiten s. bei den Tatbeständen.

dd) Kongruenz. Objektiver Tatbestand und Vorsatz müssen darüber hinaus in dem 56 Sinne kongruent sein, dass der Täter sich diejenigen konkreten Tatumstände vorstellt, die den objektiven Tatbestand erfüllen. Es sind Fälle denkbar, in denen der objektive Tatbestand durch einen Tatumstand A erfüllt wird und der Täter sich einen anderen Tatumstand B vorstellt, der den objektiven Tatbestand auch erfüllt hätte, wenn er gegeben wäre. Diese Konstellationen werden – wenn nicht nach den Regeln über die objektive Zurechnung (→ Rn. 48) – unter den Stichworten *„Abweichung des Kausalverlaufs", „error in objecto"* und *„aberratio ictus"* behandelt (SK-StGB/*Rudolphi/Stein* StGB § 16 Rn. 36 ff. mwN). Bei Steuerstraftaten sind sie jedoch kaum relevant. Zu denken wäre etwa an eine Verwechslung des Steuergläubigers. Wer KfzSt hinterzieht und meint, das Aufkommen stünde trotz der Änderung zum 1.7.2009 nicht dem Bund, sondern „seinem" Bundesland zu, unterläge einem unbeachtlichen *error in persona.*

d) Das versuchte Delikt

§ 22 StGB Begriffsbestimmung
Eine Straftat versucht, wer nach seiner Vorstellung von der Tat zur Verwirklichung des Tatbestandes unmittelbar ansetzt.

aa) Kein Tatererfolg. Hat der Täter nicht sämtliche Merkmale des objektiven Tatbestan- 57 des verwirklicht, so kommt Versuch in Betracht. Nach § 23 I StGB ist der Versuch des Verbrechens immer, der **Versuch** des Vergehens nur dann **strafbar,** wenn das Gesetz dies ausdrücklich bestimmt. Sämtliche Steuerstraftaten sind Vergehen (§ 12 II StGB). Der Versuch ist kraft ausdrücklicher Anordnung strafbar bei Steuerhinterziehung (§ 370 II AO), Bannbruch (§§ 372 II iVm 370 II AO), schwerem Schmuggel (§ 373 AO enthält keine ausdrückliche Bestimmung, stellt jedoch lediglich eine Strafrahmenerhöhung für bestimmte Fälle nach §§ 370 und 372 AO dar), Steuerhehlerei (§ 374 I iVm § 370 II AO) und Wertzeichenfälschung (§ 148 III StGB). Nicht strafbar ist der Versuch bei Begünstigung (§ 257 StGB; aber → Rn. 182).

bb) Subjektiver Tatbestand. Der Versuch setzt zunächst den gesamten **subjektiven** 58 **Tatbestand** des Deliktes voraus. Der Täter muss also Vorsatz und ggf. sonstige subjektive Unrechtselemente aufweisen, → Rn. 55 ff.

cc) Objektiver Tatbestand. Der objektive Tatbestand des Versuchs erfordert nach 59 § 22 StGB *unmittelbares* Ansetzen zur Verwirklichung des Tatbestandes. Mit dieser Formel wollte der Gesetzgeber gegenüber der früheren Rspr eine Einschränkung der Versuchsstrafbarkeit erreichen (E 1962, Begr. S. 144; *Stratenwerth/Kuhlen* 11/35; Schönke/Schröder/*Bosch* StGB § 22 Rn. 25). Dennoch bereitet die Abgrenzung des grundsätzlich *straflosen Vorbereitungsstadiums* von der *strafbaren Versuchshandlung* auch heute noch erhebliche Schwierigkeiten. Indem das Gesetz ein unmittelbares Ansetzen zur Tatbestandsverwirklichung verlangt, trägt es den Gesichtspunkten der formell-objektiven Theorie Rechnung, die die unmittelbare Nähe zur im Tatbestand beschriebenen Handlung für maßgeblich hält und jede Vorverlegung des Versuchsbeginns als rechtsstaatlich bedenkliche Auflösung der Tatbestandsgrenzen bezeichnet (*Stratenwerth/Kuhlen* 11/30; Schönke/Schröder/*Bosch* StGB § 22 Rn. 26 u. SK-StGB/*Rudolphi* StGB § 22 Rn. 9). Die gesetzliche Formulierung ist jedoch weiter als die formell-objektive Theorie, weil sie nicht den Beginn der tatbestandsmäßigen Handlung selbst voraussetzt, sondern sich mit vorhergehenden Handlungen begnügt. Welche dies sind, ergibt sich aus der von *Frank* gebildeten Formel der materiell-objektiven Theorie. Danach gehören alle diejenigen Handlungen zum Versuch, *„die vermöge ihrer notwendigen Zusammengehörigkeit mit der Tatbestandshandlung für die natürliche Auf-*

fassung als deren Bestandteil erscheinen" (*Frank* II StGB § 43 aF Rn. 2b). Die Präzisierung dieser Formel versucht das Gesetz, indem es ein unmittelbares Ansetzen verlangt. Als Versuch ist daher diejenige Handlung zu bezeichnen, die *„derjenigen Handlung unmittelbar vorgelagert ist, die ein Tatbestandsmerkmal erfüllt".* Ob ein solcher Zusammenhang besteht, ist nach dem Täterplan zu beurteilen (individuell-objektive Theorie); so die heute hM (SK-StGB/*Rudolphi* StGB § 22 Rn. 11 u. *Lackner/Kühl* StGB § 22 Rn. 4; *Stratenwerth/Kuhlen* 11/36 ff.; BGH 16.9.1975, BGHSt 26, 201 ff.).

60 Der in Rspr und Lehre bisher mehrfach verwendete Gedanke *der unmittelbaren Gefährdung des Rechtsgutes* und die Bestimmung der Versuchsgrenze nach tatsächlichen oder vermeintlichen kriminalpolitischen Bedürfnissen (BGH 20.12.1951, NJW 1952, 514; BGH 7.2.1952, BGHSt 2, 380; BGH 10.9.1953, BGHSt 4, 333 f.; BGH 25.10.1955, BGHSt 9, 62 f.; Schönke/Schröder/*Eser/Bosch* StGB § 22 Rn. 42 ff.) lässt sich auf der Grundlage von § 22 StGB nicht mehr halten (vgl. auch *Stratenwerth/Kuhlen* 11/41).

61 Auch die Formel vom unmittelbaren Ansetzen liefert nur eine ungefähre Leitlinie, die der **Präzisierung** bedarf. Dem am Tatbestand ausgerichteten Ansatzpunkt entsprechend lässt sich diese Präzisierung jedoch nur anhand der einzelnen in den Tatbeständen beschriebenen Tathandlungen gewinnen (SK-StGB/*Rudolphi* StGB § 22 Rn. 13). Von gewisser allgemeiner Bedeutung sind jedoch folgende Konstellationen: Hat der Täter alles seinerseits Erforderliche getan, so dass nach seiner Vorstellung das Geschehen ohne weiteres Zutun des Täters seinen Lauf nehmen wird (sog. *beendeter Versuch*), dann soll nach verbreiteter Auffassung jedenfalls auch das Versuchsstadium erreicht sein (LK-StGB/*Busch* StGB § 43 aF Rn. 33a). Wie *Roxin* (FS Maurach, 1977, 213 ff.) gezeigt hat, ist dies jedoch nicht zutreffend. Beim sog. beendeten Versuch sind nämlich zwei Fallvarianten auseinanderzuhalten: Hat der Täter die Kausalkette derart in Gang gesetzt, dass sie seinen Einflussbereich bereits verlassen hat, dann liegt Versuch vor. Ist dies jedoch nicht der Fall, kann der Täter vielmehr auf die in seinem Bereich noch befindliche Kausalkette jederzeit inhibierend einwirken, so befindet er sich noch nicht im Versuchsstadium. Das ist vielmehr erst dann der Fall, wenn die Kausalkette seinen Bereich verlassen hat (*Roxin* in FS Maurach, 1977, 213 ff.; SK-StGB/*Rudolphi* 19; Schönke/Schröder/*Eser/Bosch* StGB § 22 Rn. 42). Wer unrichtige Buchungen vornimmt, so dass ohne sein weiteres Zutun von seinem gutgläubigen Angestellten später eine unrichtige Steuererklärung abgegeben werden wird, hat zwar alles seinerseits Erforderliche getan. Da die Kausalkette seinen Obhutsbereich jedoch noch nicht verlassen hat, liegt noch kein Versuch der Steuerhinterziehung vor, selbst wenn es nicht seiner eigenen Unterschrift unter der Erklärung bedarf. Das ist erst dann der Fall, wenn die Steuererklärung abgesandt worden ist (vgl. *A. Müller* AO-StB 2005, 28, 30). Die Fälschung eines Belegs zum Zwecke der Vorsteuererschleichung ist zwar strafbare Urkundenfälschung, aber ebenso wenig Versuch der Steuerhinterziehung (aM offenbar *Sell/Schencking/Derlien* S. 37) wie die Beantragung einer Steuernummer (BGH 27.9.2002, wistra 2003, 20). Der Eintritt in Kaufverhandlungen zum Erwerb von Schmuggelgut ist bei der Steuerhehlerei ein unmittelbares Ansetzen zur Verwirklichung des Tatbestandsmerkmals des Ankaufens nur dann, wenn sich die Übergabe der Waren oder Erzeugnisse an den Käufer sofort anschließen kann und soll, sobald eine Einigung über den Kaufpreis zustande gekommen ist, und die Verhandlung so der Verschaffung der Verfügungsgewalt unmittelbar vorgelagert ist (BGH 7.11.2007, wistra 2008, 105, 106). Ebenso beginnt mit dem versuchten Bannbruch noch nicht, wer im Pkw seines gutgläubigen Freundes Waren versteckt. Der Versuch beginnt frühestens, wenn der gutgläubige Fahrer aus dem Zugriffsbereich des Täters entlassen wird bzw. sich auf den Weg zur Grenze begibt (→ § 370 Rn. 539 ff.).

62 **dd) Untauglicher Versuch.** Der untaugliche Versuch ist strafbar. § 23 III StGB sieht jedoch die Möglichkeit vor, von Strafe abzusehen oder die Strafe zu mildern (§ 49 II StGB), wenn der Täter aus grobem Unverstand verkannt hat, dass die Tat wegen der Art des Objekts oder des Tatmittels überhaupt nicht vollendet werden konnte. Dies wird

Geltung der allgemeinen Gesetze (§ 369 II AO) 63–68 § 369

allerdings nur in seltenen Ausnahmefällen gegeben sein (BGH 25.10.1994, NStZ 1995, 120; vgl. auch OLG Stuttgart 7.6.2001, NStZ-RR 2001, 370).

Zur Abgrenzung von **Versuch und Wahndelikt** → Rn. 108 f. **63**

ee) Rücktritt, § 24 StGB. Ist die Tat noch nicht vollendet, so kann sich der Täter gem. **64** § 24 StGB Straffreiheit verdienen. Über die Einordnung des Rücktritts als persönlichen Strafausschließungsgrund oder als Entschuldigungsgrund besteht Streit, der jedoch nur systematische und keine praktische Bedeutung besitzt (SK-StGB/*Rudolphi* StGB § 26 Rn. 6 mwN).

Das Verhältnis von § 371 AO zu § 24 StGB ist zum Teil umstritten. Einigkeit **65** besteht noch darüber, dass der Täter einer Steuerhinterziehung sich auch schon im Versuchsstadium Straffreiheit über § 371 AO verdienen kann (Kohlmann/*Schauf* AO § 371 Rn. 821; BGH 20.7.1965, BB 1966, 107 = BeckRS 1965, 31178336; s. auch BGH 13.5.1983, wistra 1983, 197). Zum Teil wird die Ansicht vertreten, § 24 StGB greife *nur beim unbeendeten Versuch* ein, während § 371 AO beim beendeten Versuch den Rücktritt nach § 24 StGB ausschließe (*Hartung* VIII zu §§ 410, 411 RAO 1951). Andere wollen *auch beim beendeten Versuch* Rücktritt und Selbstanzeige mit der Wirkung nebeneinander anwenden, dass dem Täter die jeweils günstigste Norm zugutekommt (Kohlmann/*Schauf* AO § 371 Rn. 821). Der Streit ist deshalb von Bedeutung, weil § 371 AO im Versuchsstadium teilweise enger und teilweise weiter als § 24 StGB ist. § 24 StGB ist für den Täter günstiger als § 371 AO, weil er materiell Freiwilligkeit voraussetzt und nicht schon dann ausgeschlossen wird, wenn der Täter bei verständiger Würdigung der Sachlage mit der Entdeckung rechnen musste. Andererseits ist § 24 StGB für den Täter ungünstiger als § 371 AO, weil jeder beliebige Umstand die Freiwilligkeit auszuschließen vermag, während § 371 II Nr. 1–2 AO „Unfreiwilligkeit" nur bei den dort aufgezählten Umständen unterstellt (Kohlmann/*Schauf* AO § 371 Rn. 821). Allerdings ist ein Rücktritt auch bei einer geplanten Verkürzung großen Ausmaßes (§ 371 II Nr. 3) grundsätzlich denkbar.

Die These, § 371 AO verdränge § 24 StGB für den Fall des beendeten Versuchs, ist **66** unhaltbar. Sie beruht letztlich auf der Verkennung des Begriffs des beendeten Versuchs. Ein beendeter Versuch liegt – vorbehaltlich der bei Rn. 60 dargestellten Ausnahmen – immer dann vor, wenn der Täter glaubt, alles für die Vollendung der Tat Erforderliche getan zu haben. Der Versuch der Steuerhinterziehung ist danach schon dann beendet, wenn der Täter die unrichtige Steuererklärung oder den Antrag auf Gewährung eines Steuervorteils in den Briefkasten geworfen oder dem Boten mit auf den Weg gegeben hat (vgl. aber → § 370 Rn. 541). Zu entsprechenden Beispielen bei Bannbruch und Schmuggel s. → § 371 Rn. 418. Warum in diesen Fällen Straflosigkeit nicht schon dadurch verdient werden kann, dass der Brief von der Post oder dem Boten wieder zurückgeholt wird, sondern eine Berichtigungserklärung erforderlich sein soll, ist nicht einzusehen. Nachdem der BGH zunächst Bedenken geäußert hatte (BGH 13.5.1983, wistra 1983, 197), hat er zwischenzeitlich seine Auffassung im hier vertretenen Sinne geändert (BGH 19.3.1991, BGHSt 37, 340). Auch in der Literatur dürfte es mittlerweile herrschende Meinung sein, dass § 371 AO die Anwendung der Vorschriften des Allgemeinen Teils des StGB über den Rücktritt vom Versuch nicht ausschließt (Kohlmann/*Schauf* AO § 371 Rn. 821 ff., HHS/*Rüping* AO § 371 Rn. 226). Andererseits ist § 371 AO auch in solchen Fällen anwendbar, in denen ein Rücktritt vom Versuch an der Freiwilligkeit scheitert (vgl. *Brauns* wistra 1985, 171). Eine andere Frage ist, ob in solchen Fällen nicht schon die Sperrwirkung des § 371 II AO eingetreten ist; vgl. auch → § 371 Rn. 415 ff..

Hat der Täter noch nicht alles getan, was er für die Herbeiführung des Erfolges für **67** erforderlich hält, so genügt es, wenn er die weiteren Tätigkeitsakte unterlässt. Hat er dagegen alles getan, dann muss er den Erfolgseintritt verhindern.

Für den **(vollendeten) Rücktritt** nach § 24 I 1 StGB ist erforderlich, dass das Täter- **68** verhalten für das Ausbleiben des Erfolges kausal wird. Demgegenüber behandelt § 24 I 2 StGB den **versuchten Rücktritt**: Sofern der Erfolg ausbleibt, ohne dass der Täter dafür die Ursache gesetzt hat, genügt es für die Strafbefreiung, wenn er sich bemüht hat, den Erfolg zu vermeiden. In allen Fällen ist Freiwilligkeit erforderlich. Freiwilligkeit liegt jedenfalls dann nicht vor, wenn der Täter erkennt, dass er den Erfolg nicht herbeiführen kann (Schönke/Schröder/*Eser/Bosch* StGB § 24 Rn. 46 mwN). Darüber hinaus handelt der Täter auch dann unfreiwillig, wenn er glaubt, die Situation habe sich gegenüber seinem Plan derart nachteilig geändert, dass das Entdeckungsrisiko zu groß oder die aus der Tat erwarteten Vorteile zu gering oder zu unwahrscheinlich geworden sind, eine Abstandnahme von der Tat also der „Verbrechervernunft" entspricht (SK-StGB/*Rudolphi* StGB § 24 Rn. 25 mwN). In allen anderen Fällen autonomer Entscheidung ist der Rücktritt freiwillig.

§ 24 II StGB trifft eine Sonderregelung für den **Rücktritt bei Beteiligung mehrerer Personen;** dazu *Walter/Schneider* JA 2008, 262; *Scheinfeld* JuS 2006, 397.

e) Die Beteiligung

69 **aa) Formen der Beteiligung.** Wirken bei der Tat mehrere Personen mit, so werden sie vom Gesetz je nach dem Gewicht ihrer Beteiligung unterschiedlich behandelt. Unter dem Begriff der **Beteiligung** werden *Täterschaft* und *Teilnahme* zusammengefasst (§ 28 II StGB). Bei der **Täterschaft** werden *Alleintäter, Mittäter* und *mittelbare* Täter (§ 25 StGB) unterschieden. **Teilnahme** ist *Anstiftung* oder *Beihilfe* (§ 28 I StGB).

70 **bb) Die Täterschaft.** Der Täter muss den gesamten Tatbestand erfüllen. Er muss insbesondere die Tathandlung vornehmen. Da jedoch die Tathandlungen jedenfalls der Steuerstraftaten in Verursachungen zerlegt werden können (→ Rn. 43) und andererseits auch der Teilnehmer den tatbestandsmäßigen Erfolg mitverursachen muss, entstehen Schwierigkeiten bei der Abgrenzung von Täterschaft und Teilnahme, sofern mehrere Personen an der Tat beteiligt sind.

71 Über die **Abgrenzung von Täterschaft und Teilnahme** streiten heute im Wesentlichen nur noch die sogenannte *animus*-Theorie und die Tatherrschaftslehre.

72 **Die Rspr und ein Teil der Lehre bevorzugen die animus-Theorie.** Danach unterscheiden sich Täterschaft und Teilnahme im Prinzip nicht im objektiven Bereich. Täter und Teilnehmer verursachen den tatbestandsmäßigen Erfolg gleichermaßen. Da nach der im Strafrecht herrschenden Äquivalenztheorie alle Ursachen eines Erfolges gleichwertig sind, komme eine Differenzierung der Beteiligungsformen je nach dem objektiven Tatbeitrag nicht in Betracht. Maßgeblich sei vielmehr allein der Wille. Der Täter habe Täterwillen *(animus auctoris),* der Teilnehmer Teilnehmerwillen *(animus socii).* Der Täter wolle die Tat als eigene, der Teilnehmer wolle die Tat als fremde. Der Täterwille ergebe sich aus dem Interesse am Taterfolg sowie aus dem Willen zur Tatherrschaft (BGH 12.2.1952, BGHSt 2, 150, 151 ff.; BGH 8.1.1952, BGHSt 2, 169 f.; BGH 25.6.1954, BGHSt 6, 226 f.; BGH 21.6.1955, BGHSt 8, 70, 73; BGH 19.10.1962, BGHSt 18, 87 ff.; BGH 16.3.1982, NStZ 1982, 243; BGH 14.11.1984, NStZ 1985, 165; BGH 12.11.1987, wistra 1988, 106; vgl. aber BGH 8.1.1992, wistra 1992, 181). Deutlich ist mittlerweile die Tendenz, innerhalb einer „wertenden Gesamtbetrachtung" aller Umstände des Einzelfalls stärker auch auf objektive Kriterien abzustellen (vgl. BGH 20.1.1998, StV 1998, 540).

73 Demgegenüber will die im Schrifttum inzwischen überwiegend vertretene **Tatherrschaftslehre** die Beteiligungsformen primär nach *objektiven* Kriterien unterscheiden. Neben der für alle Beteiligungsformen erforderlichen Mitverursachung des tatbestandsmäßigen Erfolges setze die Täterschaft noch Tatherrschaft voraus *(Jescheck/Weigend* S. 531 ff.; *Maurach/Gössel/Zipf* AT 2 S. 247; *Stratenwerth/Kuhlen* 12/16 f.; SK-StGB/*Hoyer* StGB § 25 Rn. 10 ff.). Dabei werden mehrere Tatherrschaftsformen unterschieden: Tatherrschaft in der Form der *Handlungsherrschaft* besitze, wer die tatbestandsmäßige Handlung selbst vornehme (Alleintäter, → Rn. 75). *Tatherrschaft kraft überlegenen Wissens oder Willens* übe aus, wer (als mittelbarer Täter, → Rn. 76) einen anderen durch Täuschung oder Zwang für seine Ziele einsetze. Schließlich besitze *funktionale Tatherrschaft,* wer mit wenigstens einem

anderen auf Grund gemeinsamen Tatentschlusses die Tat arbeitsteilig begehe (Mittäter, → Rn. 77). Wer sich dagegen an einer Tat beteilige, ohne Tatherrschaft zu besitzen, sei nur Teilnehmer (→ Rn. 78 ff.). Dabei ist die Tatherrschaftslehre in der jüngeren Literatur etwa von *Jakobs* (AT 21/3, 16, 33 ff.) bzw. *Stein* (Die strafrechtliche Beteiligungsformenlehre, 1988, 238 ff.), zT kritisiert, zT modifiziert, zT fundiert worden.

Die Tatherrschaftslehre ist der *animus*-Theorie im Wesentlichen aus drei Gründen vorzuziehen: Wenn das Gesetz in § 25 I StGB als Täter denjenigen bezeichnet, der die Tat selbst begeht, dann ist damit die Grundthese der animus-Theorie, es könne auch derjenige bloß Teilnehmer sein, der alle Tatbestandsmerkmale selbst erfülle, vom Gesetz zurückgewiesen (Schönke/Schröder/*Heine/Weißer* StGB vor § 25 Rn. 57). Die animus-Theorie widerspricht ihrer Ausgangsthese, die Beteiligungsformen seien wegen der Gleichwertigkeit aller Ursachen im objektiven Bereich nicht zu unterscheiden (*Baumann* JuS 1963, 90; NJW 1963, 562), durch die Annahme eines Tatherrschaftswillens selbst. Wenn es Tatherrschaftswillen gibt, muss es auch Tatherrschaft geben können, und damit sind die Beteiligungsformen doch nach objektiven Kriterien unterscheidbar. Schließlich ist die animus-Theorie rechtsstaatlich bedenklich, da sie die Unterscheidung von Täterschaft und Teilnahme weitgehend ins Belieben des Richters stellt (*Stratenwerth/Kuhlen* 12/13; SK-StGB/ *Hoyer* StGB § 25 Rn. 8 f.). 74

Täter ist nach der 1. Alternative des § 25 I StGB, wer die Tat *selbst* begeht, dh die tatbestandsmäßige Handlung selbst vornimmt. Wer täuscht, den Gegenstand selbst über die Grenze bringt oder die Sache ankauft, ist immer Täter der Steuerhinterziehung, des Bannbruchs oder der Steuerhehlerei, gleichgültig ob er die Tat „als eigene will" oder nicht. 75

Mittelbarer Täter ist, wer die Tat *durch einen anderen* begeht. Dies setzt voraus, dass er die tatbestandsmäßige Handlung von einem anderen vornehmen lässt, den er kraft überlegenen Wissens oder Willens beherrscht. Überlegenes Wissen besitzt der Hintermann jedenfalls dann, wenn das Werkzeug einzelne Tatumstände nicht kennt, der Steuerberater zB vom Klienten getäuscht, gutgläubig falsche Angaben in einer Steuererklärung macht und diese etwa in elektronischer Form und authentifiziert an das Finanzamt übermittelt. Überlegenheit besitzt jedenfalls derjenige, der einen Schuldunfähigen verwendet, indem er zB ein Kind oder gutgläubige Spediteure (vgl. BGH 27.11.2002, BGHSt 48, 108) für den Schmuggel benutzt oder das Werkzeug unter massiver Drohung oder Zwang (vgl. § 35 StGB) im Rahmen von § 25 StGB einsetzt (*Stratenwerth/Kuhlen* 12/46 ff.; SK-StGB/*Hoyer* StGB § 25 Rn. 42 ff.). Wieweit darüber hinaus mittelbare Täterschaft möglich ist, ist umstritten (*Stratenwerth/Kuhlen* 12/46 ff.; *Roxin* FS Lange, 1976, 173 ff.). 76

Mittäterschaft setzt zunächst einen gemeinsamen Tatentschluss voraus. Ob der Mittäter darüber hinaus auch noch einen wesentlichen Tatbeitrag leisten muss oder ob auch geringfügige und für die Tat unwesentliche Beiträge genügen, ist umstritten. Wer nach subjektiven Kriterien die Täterschaft bestimmt, wird jeden Beitrag genügen lassen können (BGH 23.1.1958, BGHSt 11, 268, 271; BGH 10.3.1961, BGHSt 16, 12 f.; vgl. aber BGH 5.5.1981, wistra 1982, 28; BGH 26.11.1986, wistra 1987, 106; BGH 15.7.1999, wistra 1999, 386). Die Tatherrschaftslehre kann sich damit nicht begnügen. Nach ihr muss jeder Mittäter im Gesamtplan einen wesentlichen, die Tat erst ermöglichenden Beitrag leisten (*Stratenwerth/Kuhlen* 12/91 ff.; SK-StGB/*Hoyer* StGB § 25 Rn. 109). Dabei ist umstritten, ob eine Abwesenheit bei der eigentlichen Tatbegehung durch die intensive Mitwirkung in der Planungs- bzw. Vorbereitungsphase der Tat kompensiert werden kann (*Stratenwerth/ Kuhlen* 12/93 f.; MüKoStGB/*Joecks/Scheinfeld* StGB § 25 Rn. 168 ff.). Zur sukzessiven Beteiligung → Rn. 80. 77

cc) Die Teilnahme. Die Teilnahme setzt eine **vorsätzliche und rechtswidrige Haupttat** voraus. Vor Prüfung der Teilnahme ist daher zunächst festzustellen, dass ein anderer einen Straftatbestand vorsätzlich als Täter und rechtswidrig verwirklicht hat. Dagegen braucht der Haupttäter nicht schuldhaft gehandelt zu haben (§ 29 StGB). Die früher streitige Frage, ob Teilnahme an unvorsätzlicher Haupttat möglich ist, ist durch das Gesetz 78 entschieden worden, das in §§ 26, 27 StGB eine vorsätzliche Haupttat voraussetzt. Als Haupttat genügt auch ein (strafbarer) Versuch. Der Teilnehmer ist dann wegen Anstiftung oder Beihilfe zum versuchten Delikt zu bestrafen.

79 Der Teilnehmer muss die Haupttat **mitverursacht** haben. Der **Anstifter** verursacht die Haupttat, indem er den Vorsatz des Haupttäters hervorruft. Der **Gehilfe** verursacht die Haupttat auf sonstige Weise mit. Zentrales Problem ist die Qualität der Beziehung zwischen Gehilfenhandlung und Haupttat. Was nämlich unter **Kausalität der Beihilfe** zu verstehen ist, ist umstritten. Die hM in der Literatur meint, der Gehilfe müsse für die Haupttat iS der Äquivalenztheorie ursächlich geworden sein (*Jescheck/Weigend* S. 694; *Kühl* AT 20/214; SK-StGB/*Hoyer* StGB § 27 Rn. 9 ff.; *Samson* FS Peters, 1974, 132; *Dreher* MDR 1972, 555 f.). Das kann durch physische wie auch psychische Kausalität geschehen. **Physische Beihilfe** begeht, wer den Pkw für den Schmuggel zur Verfügung stellt, die unrichtige Steuererklärung zum Finanzamt bringt oder unrichtige Belege ausstellt. **Psychische Beihilfe** begeht jedenfalls, wer durch seine Ratschläge die Tat ermöglicht oder erleichtert. So leistet psychische Beihilfe zur Steuerhinterziehung, wer als Steuerberater Hinweise für die günstigsten und am wenigsten riskanten Manipulationen gibt oder wer den ungefährlichsten Weg über die grüne Grenze empfiehlt (zur bloßen Anwesenheit vgl. BGH 20.12.1995, wistra 1996, 184). Die Rspr will darüber hinaus Beihilfe auch dann annehmen, wenn die Haupttat nicht mitverursacht, sondern lediglich gefördert wurde (BGH 1.8.2000, BGHSt 46, 107, 109; ausf. MüKoStGB/*Joecks/Scheinfeld* StGB § 27 Rn. 41 ff.). Sie gelangt auf diese Weise zu der nicht unbedenklichen Form der psychischen Beihilfe durch **Stärkung des Tatentschlusses**. Es leiste daher auch Beihilfe, wer dem Täter die letzten Bedenken ausrede oder ihn in seinem Entschluss bestärke (RG 10.2.1941, RGSt 75, 112; BGH 16.12.1954, VRS 8 (1955) 199, 201; BGH 10.1.1956, BGHSt 8, 390 f.; BGH 15.6.1962, VRS 23 (1962) 207, 209; krit. dazu *Stratenwerth/Kuhlen* 12/159). Zwischenzeitlich verlangt der BGH freilich besonders sorgfältige Feststellungen, dass sich der bloß psychische Gehilfenbeitrag auch wirklich auf die Haupttat ausgewirkt hat (vgl. BGH 20.12.1995, wistra 1996, 184; BGH 3.5.1996, wistra 1996, 259; BGH 15.7.1999, wistra 1999, 387). Darüber hinaus meinen einige Autoren, Gehilfe sei schon, wer die Tat chancenreicher mache, gleichgültig, ob er für die Tatausführung tatsächlich ursächlich werde (*Schaffstein* FS Honig, 1970, 173 ff.; weitere Modifizierungen bei *Herzberg* GA 1971, 7 f.; *Vogler* FS Honig, 1970, 309 ff.). Diese Lehre von der Risikoerhöhung macht jedoch die straflose versuchte Beihilfe auf unzulässige Weise zur vollendeten Beihilfe (*Samson* FS Peters, 1974, 130 ff.).

80 Nach überwiegender Auffassung soll Beihilfe noch **nach Vollendung der Tat bis zu ihrer Beendigung** möglich sein (BGH 24.6.1952, BGHSt 3, 40, 43 zum Bannbruch; BGH 8.7.1954, BGHSt 6, 248, 251; BGH 6.5.1960, BGHSt 14, 280; BGH 30.6.1964, BGHSt 19, 323, 325; *Jescheck/Weigend* S. 551; Schönke/Schröder/*Heine/Weißer* StGB § 27 Rn. 20). Dabei wird als Beendigung der Tat derjenige Zeitpunkt verstanden, an dem die materielle Rechtsgutverletzung eingetreten ist. Zum Teil versteht man unter Beendigung aber auch die Realisierung einer etwa vorhandenen überschießenden Innentendenz (→ Rn. 55). So kann nach dieser Auffassung Beihilfe auch begehen, wer nach Anweisung der Steuervergütung tätig wird und dadurch bewirkt, dass die Zahlung beim Täter auch tatsächlich ankommt. Diese Auffassung ist abzulehnen, da sie einerseits die Grenzen des Tatbestandes durch das unsichere Kriterium der Tatbeendigung sprengt und andererseits die strafwürdigen Fälle durch den Tatbestand der Begünstigung erfasst werden können (*Isenbeck* NJW 1965, 2326; SK-StGB/*Hoyer* StGB § 27 Rn. 18; *Stratenwerth/Kuhlen* 12/133).

81 Der Teilnehmer muss **Vorsatz** bezüglich der Haupttat und seiner Mitverursachung haben. Hinsichtlich der Haupttat ist bedeutsam, dass er deren Vollendung wollen muss. Wer die Vollendung der Haupttat nicht will, ist strafloser *agent provocateur* (*Plate* ZStW 84 [1972], 294; *Küper* GA 1974, 321). Dabei sind die Anforderungen an den Vorsatz bezüglich der Haupttat bei der Beihilfe geringer als bei der Anstiftung (BGH 15.5.1996, wistra 1996, 232).

Geltung der allgemeinen Gesetze (§ 369 II AO) 82–85 § 369

Wer durch den Haupttäter verwirklichte **qualifizierende Umstände** nicht kennt, wird 82
nur wegen Teilnahme am Grunddelikt bestraft. Begeht der Haupttäter einen Bannbruch
mit Waffen iS des § 373 II Nr. 1 AO, so wird der Gehilfe nur wegen Beihilfe zum
einfachen Bannbruch bestraft, wenn er nicht weiß, dass der Haupttäter eine Schusswaffe
bei sich hat.

Von dem Grundsatz, dass dem Teilnehmer diejenigen vom Haupttäter realisierten 83
Umstände zugerechnet werden, die er kennt *(Akzessorietät),* macht § 28 II StGB eine
Ausnahme. Die dort näher beschriebenen Umstände werden dem Teilnehmer nur und
schon dann zugerechnet, wenn er sie selbst aufweist (sog. *Limitierung der Akzessorietät).* § 28
II StGB schreibt dies für modifizierende (straferhöhende, strafmildernde und strafausschließende) persönliche, täterbezogene Merkmale vor. Der Begriff der **„besonderen Merkmale"** ist noch nicht hinreichend sicher geklärt (*Herzberg* ZStW 88 [1976], 68 ff.; *Langer*
FS Lange, 1976, 241; *Vogler* FS Lange, 1976, 265). Bei Steuerstraftaten sind Merkmale nach
§ 28 II StGB die Gewerbsmäßigkeit nach § 373 AO (→ § 373 Rn. 14), die Bandenzugehörigkeit nach § 370 III 2 Nr. 5 und § 373 II Nr. 3 AO (→ § 373 Rn. 38) bzw. § 26c
UStG. § 28 II StGB hat folgende Auswirkungen: Begeht der Haupttäter eine einfache
Steuerhehlerei nach § 374 I AO, so wird der Gehilfe wegen Beihilfe zur gewerbsmäßigen
Steuerhehlerei bestraft, sofern er selbst gewerbsmäßig handelt. Handelt der Haupttäter
gewerbsmäßig, nicht aber der Gehilfe, so wird der Haupttäter wegen gewerbsmäßiger
Steuerhehlerei, der Gehilfe wegen Beihilfe zur einfachen Steuerhehlerei bestraft.

Der **Anstifter** wird gem. § 26 StGB wie der Haupttäter bestraft. Gem. § 27 S. 2 StGB 84
kann die Strafe des Gehilfen nach den Grundsätzen des § 49 I StGB gemildert werden.
Eine obligatorische Strafmilderung sieht § 28 I StGB für den Fall vor, dass der Gehilfe ein
strafbegründendes persönliches Merkmal nicht aufweist. Im Bereich des Steuerstrafrechts
sind solche Merkmale die Pflicht iS von § 370 I Nr. 2, 3 AO (zu den Garantenpflichten
allgemein wie hier LK-StGB/*Schünemann* StGB § 28 Rn. 58; *Fischer* StGB § 28 Rn. 5a u.
SK-StGB/*Hoyer* StGB § 28 Rn. 35; *Vogler* FS Lange, 1976, 265; *Langer* FS Lange, 1976,
241, 262; aM *Geppert* ZStW 82 [1970], 40; *Jescheck/Weigend* S. 620 f.) und die Bereicherungsabsicht in § 374 AO (zur Bereicherungsabsicht allgemein wie hier SK-StGB/*Hoyer*
StGB § 28 Rn. 35; wohl auch BGH 20.5.1969, BGHSt 22, 375, 380 v.; BGH 15.7.1969,
BGHSt 23, 39 f.; aM *Maurach* JuS 1969, 254; *Stratenwerth/Kuhlen* 12/196; *Herzberg* ZStW
88 [1976], 90). Wird der Stpfl angestiftet, die Steuererklärung nicht abzugeben, so wird der
Stpfl als Haupttäter nach § 370 I Nr. 2 AO und der Anstifter nach § 370 I Nr. 2 AO iVm
§ 26 StGB mit obligatorischer Strafmilderung nach § 28 I, § 49 I StGB bestraft, da er das
strafbegründende persönliche Merkmal der Pflichtigkeit nicht selbst aufweist. Demgegenüber geht der BGH (BGH 25.1.1995, wistra 1995, 189) davon aus, die in § 370 I Nr. 2
AO angesprochene Pflicht sei kein besonderes persönliches Merkmal iS des § 28 I StGB.
Das Argument des BGH, die Steuergesetze bestimmten, wer zur Abgabe einer Steuererklärung verpflichtet sei und die steuerrechtlichen Pflichten knüpften an objektive Vorgänge
des täglichen Lebens an, trägt dies nicht. Gleiches gilt für die Erwägung, die Pflichten
träfen jeden, bei dem die tatsächlichen Voraussetzungen vorlägen, an die das Gesetz eine
Erklärungspflicht anknüpfe. Nicht anders ist es bei der Untreue, wo derjenige erfasst wird,
der eben eine bestimmte Pflichtenstellung hat. Deutlich wird die Schwäche der Argumentation auch in dem obiter dictum des BGH, wonach Gleiches für die Pflicht des Arbeitgebers, Lohnsteuern anzumelden, gelten soll.

f) Das fahrlässige Delikt

Wegen vorsätzlicher Begehung kann nur bestraft werden, wer alle Tatumstände 85
(→ Rn. 36) in seinen Vorsatz aufgenommen hat und sich rechtfertigende Umstände nicht
vorstellt (→ Rn. 103). Irrt der Täter auch nur über **einen** Tatumstand, scheidet das Vorsatzdelikt aus, da es an dessen vollem Handlungsunrecht fehlt. Nach § 15 StGB setzt die
Bestrafung Vorsatz voraus, es sei denn, das Gesetz bedroht fahrlässiges Handeln ausdrücklich mit Strafe. Steuerstraftaten können mangels entsprechender ausdrücklicher Anordnung

Karstens 71

nicht fahrlässig begangen werden. Die leichtfertige Begehung ordnet die AO in einigen Fällen als Ordnungswidrigkeit ein. Nur bei § 382 AO genügt einfache Fahrlässigkeit. Zur leichtfertigen Begehung s. § 378 AO.

g) Das Unterlassungsdelikt

86   **aa) Überblick.** Die Tatbestände der Strafgesetze erfassen in erster Linie menschliches *Handeln*. Unter bestimmten Voraussetzungen ist aber auch das *Unterlassen* mit Strafe bedroht. Die Strafbarkeit des Unterlassens kann sich auf zwei Wegen ergeben. Am eindeutigsten ist die Situation dann, wenn das Gesetz einen besonderen Unterlassungstatbestand selbst aufstellt. Das ist zB in § 370 I Nr. 2 AO (unterlassene Aufklärung der Finanzbehörden) und Nr. 3 (unterlassene Verwendung von Steuerzeichen oder Steuerstemplern) geschehen. Eine Bestrafung des Unterlassens kommt aber auch dann in Betracht, wenn das Gesetz keinen besonderen Unterlassungstatbestand enthält. § 13 StGB sieht nämlich vor, dass – freilich mit fakultativer Strafmilderung nach § 49 I StGB – aus dem Tatbestand eines Begehungsdeliktes auch bestraft werden kann, wer es unter bestimmten Umständen unterlässt, den im Tatbestand beschriebenen Erfolg abzuwenden. § 13 StGB schreibt dafür zweierlei vor: Der Täter muss rechtlich dafür einzustehen haben, dass der Erfolg nicht eintritt (Garantenstellung), und das Unterlassen muss der Tatbestandsverwirklichung durch ein Tun entsprechen (Gleichwertigkeit). Rspr und Schrifttum verwenden in diesem Zusammenhang die Begriffe *„echte"* und *„unechte"* Unterlassungsdelikte, deren Definition streitig ist. Zum Teil werden die Begriffe „echt" und „unecht" iS von erfolgsfreien und erfolgsbezogenen verstanden (*Jescheck/Weigend* AT, 605). Nach einer anderen Terminologie, der hier gefolgt werden soll, werden diejenigen Delikte, die in besonderen Unterlassungstatbeständen erfasst sind, als echte Unterlassungsdelikte bezeichnet. Unter unechten Unterlassungsdelikten versteht man dagegen solche Unterlassungsdelikte, deren Strafbarkeit sich über § 13 StGB aus einem Begehungstatbestand ergibt (*Armin Kaufmann*, Die Dogmatik der Unterlassungsdelikte, 1959, S. 206 ff.).

87   **Die Unterscheidung von echten und unechten Unterlassungsdelikten** hat auch für die Steuerhinterziehung erhebliche Bedeutung, obwohl § 370 I Nr. 2 und 3 AO die Unterlassung gesondert unter Strafe stellt. Es sind nämlich Fälle der Steuerhinterziehung durch Unterlassen denkbar, in denen das Unterlassen des Täters nicht oder nur mühsam durch Nr. 2 erfasst werden kann, so dass ein unechtes Unterlassungsdelikt nach § 370 I Nr. 1 AO, § 13 StGB in Betracht kommt, s. → § 370 Rn. 176 ff. Praktische Bedeutung hat das unechte Unterlassungsdelikt auch im Bereich der Begünstigung, → Rn. 192.

88   **bb) Unterscheidung von Begehen und Unterlassen.** Jedenfalls für den Bereich der unechten Unterlassungsdelikte ist die Unterscheidung von Begehung und Unterlassung von erheblicher praktischer Bedeutung, da das Unterlassen nur unter den einschränkenden Voraussetzungen von § 13 StGB strafbar ist. Zu der heftig umstrittenen Frage werden im Wesentlichen zwei Grundpositionen vertreten. Die Rspr und ein Teil des Schrifttums wollen bei mehrdeutigen Handlungen danach unterscheiden, wo der *„Schwerpunkt der Vorwerfbarkeit"* liegt (BGH 17.2.1954, BGHSt 6, 46, 59; *Mezger* JZ 1958, 281). Die im Schrifttum überwiegende Ansicht hält dieses Kriterium für unbrauchbar, da es auf einem Zirkelschluss beruht. Ob der Schwerpunkt der Vorwerfbarkeit beim Handeln oder beim Unterlassen liegt, lässt sich erst feststellen, nachdem geklärt wurde, ob der Täter tatbestandsmäßig gehandelt oder unterlassen hatte, da die Vorwerfbarkeit die Erfüllung eines Tatbestandes voraussetzt (*Roxin* ZStW 74 [1962], 418; SK-StGB/*Rudolphi*/*Stein* StGB vor § 13 Rn. 6). Welche Kriterien die Unterscheidung von Handeln und Unterlassen stattdessen tragen sollen, ist äußerst umstritten. Einige meinen, der Handelnde setze Energie ein, während der Unterlassende den gebotenen Energieeinsatz nicht vornehme (*Engisch* FS Gallas, 1973, 171 ff.; *Rudolphi*/*Stein* StGB vor § 13 Rn. 6). Andere halten für entscheidend, dass zwar Handeln und Unterlassen gleichermaßen für den Erfolg ursächlich seien, dass jedoch die Existenz des Täters selbst beim Handeln, nicht jedoch beim Unterlassen den

Erfolg verursache (*Jescheck/Weigend* S. 603, *Kühl* AT 18/15; *Samson* FS Welzel, 1974, 579; ähnl. *Stratenwerth/Kuhlen* 13/3).

cc) Der Tatbestand des Unterlassungsdeliktes. Der Tatbestand jedes Unterlassungsdeliktes setzt die Nichtvornahme einer bestimmten Handlung voraus. Hier erfolgt die Abgrenzung zum Begehungsdelikt. Eine Handlung unterlässt nur, wer zu ihrer Vornahme wenigstens physisch in der Lage war. Wer handlungsunfähig ist, unterlässt nicht. Soweit der Tatbestand einen Erfolg verlangt, muss dieser eingetreten und durch das Unterlassen verursacht worden sein. Die Kausalität zwischen Unterlassung und Erfolg – die vielfach auch als hypothetische oder Quasikausalität bezeichnet wird – ist dann gegeben, wenn der Erfolg bei Vornahme der Handlung ausgeblieben wäre; zur Frage, ob es für die Erfolgszurechnung genügt, wenn die Handlung das Risiko des Erfolgseintritts vermindert hätte, s. SK-StGB/*Rudolphi/Stein* StGB vor § 13 Rn. 24. Der Tatbestand setzt weiterhin diejenigen Umstände voraus, die die Handlungspflicht des Täters begründen; auf sie muss sich auch der Vorsatz erstrecken (BGH 29.5.1961, BGHSt 16, 155, 157f.; SK-StGB/*Rudolphi/Stein* StGB vor § 13 Rn. 15 mwN). Nach § 370 I Nr. 2 und 3 AO sind das die tatsächlichen Umstände, die das Unterlassen zu einem *„pflichtwidrigen"* iS von § 370 I Nr. 2, 3 AO machen (→ § 370 Rn. 245 ff.). Soweit ein Unterlassen gem. § 13 StGB ein Begehungsdelikt erfüllt, handelt es sich um diejenigen Umstände, die den Täter zum Garanten machen, sog. **Garantenstellungen.** Diese Garantenstellungen sind von Rspr und Literatur in Form des Gewohnheitsrechts entwickelt worden. Die den Garantenstellungen entsprechenden gewohnheitsrechtlich geltenden Garantenpflichten werden nach zwei verschiedenen Kriterien geordnet.

Die sog. **Rechtsquellenlehre** unterscheidet die Garantenpflichten nach formalen Gesichtspunkten und kennt Garantenpflichten aus: 1. Gesetz oder Verordnung, 2. Vertrag oder tatsächlicher Übernahme, 3. konkreten Lebensbeziehungen und 4. vorangegangenem gefährdenden rechtswidrigen Verhalten (sog. Ingerenz, s. *Jescheck/Weigend* S. 625 f.; SK-StGB/*Rudolphi/Stein* StGB § 13 Rn. 24 mwN). Die im Vordringen begriffene **materielle (Funktionen-)Lehre** unterscheidet dagegen nach dem Inhalt der Garantenpflichten. Auf einer ersten Stufe unterscheidet sie zwischen dem *„Hütergaranten"* und dem *„Überwachergaranten".* Der Hütergarant ist zum Schutz des betreffenden Rechtsgutes verpflichtet, während der Überwachergarant zur Eindämmung bestimmter Gefahrenquellen verpflichtet ist (*Jescheck/Weigend* S. 626 f.; SK-StGB/*Rudolphi/Stein* StGB § 13 Rn. 26 ff.). So beruht die Garantenpflicht eines Behördenangestellten, der bei festgestellter Steuerhinterziehung nichts unternimmt, um dem Steuerpflichtigen die Vorteile der Tat zu entziehen, nach der formalen Rechtsquellenlehre auf Gesetz (§ 116 I AO); nach der materiellen Einteilung ist er kraft Gesetzes Hütergarant und als solcher zur Anzeige verpflichtet (Begünstigung durch Unterlassen, §§ 257, 13 StGB). Zu den Garantenpflichten ausf. SK-StGB/*Rudolphi/Stein* StGB § 13 Rn. 23 ff. mwN sowie die Erläuterungen zu den einzelnen Tatbeständen.

Der Vorsatz des Täters muss sich auf alle Tatumstände beziehen. Er muss also wissen, dass der Erfolgseintritt droht und dass er zur Abwendung des Erfolges in der Lage ist. Nach Rspr und hL gehört zum Vorsatz auch die Kenntnis derjenigen Umstände, die die Garantenpflicht begründen. Dagegen soll die Kenntnis der Pflicht selbst für den Vorsatz nicht erforderlich sein (BGH 29.5.1961, BGHSt 16, 155; SK-StGB/*Rudolphi/Stein* StGB vor § 13 Rn. 36). Dies wird zu Recht kritisch gesehen (→ § 370 Rn. 504), da die Pflichtwidrigkeit (zB § 370 I Nr. 2 AO als echtes Unterlassungsdelikt) bzw. das Einstehen-Müssen (§ 13 StGB) Tatbestandsmerkmale sind.

Die Äquivalenz von Handeln und Unterlassen wird von § 13 I StGB gesondert vorausgesetzt: *„... und wenn das Unterlassen der Verwirklichung des gesetzlichen Tatbestandes durch ein Tun entspricht".* Die Formulierung des Gesetzes wird überwiegend so interpretiert, dass zwischen **Handlungs- oder Bewirkungsäquivalenz** und **Modalitätenäquivalenz** unterschieden wird. Die Handlungsäquivalenz wird durch die Garantenstellung hergestellt. Beim reinen Verursachungsdelikt ist die Nichtabwendung eines Erfolges durch Unterlassen der Verursachung durch aktives Tun bereits dann gleichwertig, wenn der Unterlassende Garant war. Eine weitere Prüfung der Gleichstellung erübrigt sich dann. Bei denjenigen Delikten, die nicht jede Erfolgsverursachung durch beliebiges Tun, sondern nur bestimmte Handlungsmodalitäten erfassen, ist auf einer zweiten Stufe zu prüfen, ob das Unterlassen auch der bestimmten im Tatbestand beschriebenen Handlung gleichwertig ist, sog. Modalitätenäquivalenz (SK-StGB/*Rudolphi*/*Stein* StGB § 13 Rn. 10; Schönke/Schröder/ *Bosch* StGB § 13 Rn. 4; *Jescheck*/*Weigend* S. 600 f.). Die Modalitätenäquivalenz wird bedeutsam bei der Steuerhinterziehung durch Unterlassen in den Fällen des § 370 I Nr. 1 AO (→ § 370 Rn. 174).

93 dd) **Die Beteiligung durch Unterlassen und am Unterlassen. Die Beteiligung durch Unterlassen und am Unterlassen** ist lebhaft umstritten (ausf. SK-StGB/*Rudolphi*/ *Stein* StGB vor § 13 Rn. 54 ff.). Bei der *Beteiligung durch Unterlassen* (insbesondere am Begehungsdelikt) ist str., ob und nach welchen Kriterien zwischen Täterschaft und Teilnahme unterschieden werden kann. Während die Rspr (BGH 12.2.1952, BGHSt 2, 150 f.; BGH 15.5.1959, BGHSt 13, 162, 166; BGH 5.7.1960, NJW 1960, 1821) Täterschaft und Teilnahme auch hier nach den allgemeinen Kriterien der animus-Theorie (→ Rn. 72) unterscheiden will, vertritt die Literatur überwiegend abweichende Auffassungen. Zum Teil wird auf die Kriterien der Tatherrschaftslehre zurückgegriffen (*Jescheck*/*Weigend* S. 696), zum Teil wird nach der Art der Garantenstellung unterschieden (Schönke/Schröder/ *Heine*/*Weißer* StGB vor § 25 Rn. 95 ff.). Demgegenüber weist eine andere Gruppe von Autoren darauf hin, dass diejenigen Kriterien, die beim Begehungsdelikt zur Unterscheidung von Täterschaft und Teilnahme verwendet werden, wegen der ganz andersartigen Struktur des Unterlassens auf das Unterlassungsdelikt nicht übertragen werden könnten. Daraus wird zum Teil geschlossen, es gebe überhaupt keine Teilnahme durch Unterlassen, der unterlassende Garant sei immer Täter (*Welzel* S. 222; ähnl. *Grünwald* GA 1959, 110); andere Autoren folgen dem nur grundsätzlich und halten den unterlassenden Garanten nur dann für einen Teilnehmer, wenn er nicht sämtliche für die Täterschaft erforderlichen Tatbestandsmerkmale erfüllt (*Roxin*, Täterschaft, S. 459 ff.; SK-StGB/*Rudolphi*/*Stein* StGB vor § 13 Rn. 61). Die **Teilnahme durch Handeln** am Unterlassungsdelikt wird überwiegend für möglich gehalten und nach den allgemeinen Kriterien von der Täterschaft abgegrenzt (SK-StGB/*Rudolphi*/*Stein* StGB vor § 13 Rn. 62 mwN). Abweichend meint *Welzel* (S. 206 f.), der Handelnde sei hier immer Täter.

94 ee) **Der Versuch der Unterlassung.** Nach hM können Unterlassungsdelikte die Stadien der Vorbereitung, des **Versuchs** und der Vollendung durchlaufen (*Jescheck*/*Weigend* S. 637; *Maurach*/*Gössel*/*Zipf* AT/2 S. 33; SK-StGB/*Rudolphi*/*Stein* StGB vor § 13 Rn. 63). Die Abgrenzung von Vorbereitung und Versuch ist beim Unterlassungsdelikt umstritten. Einige halten den Versuch schon dann für gegeben, wenn der Täter die erste Erfolgsabwendungsmöglichkeit nicht ergreift (*Maihofer* GA 1958, 297; *Maurach*/*Gössel*/*Zipf* AT/2 S. 24), nach anderer Auffassung beginnt der Versuch erst, wenn der Täter die letzte Handlungsmöglichkeit verstreichen lässt (*Welzel* 221). Man wird aber mit einer dritten Meinung den Versuch des Unterlassungsdeliktes schon, aber auch erst dann beginnen lassen müssen, wenn der Täter eine Handlungsmöglichkeit verstreichen lässt, die nach seiner Vorstellung für die Erfolgsabwendung aussichtsreicher ist als die dann noch verbleibenden Handlungsmöglichkeiten (*Jescheck*/*Weigend* 638; Schönke/Schröder/*Eser*/*Bosch* StGB § 22 Rn. 50; SK-StGB/*Rudolphi*/*Stein* StGB vor § 13 Rn. 65; *Stratenwerth*/*Kuhlen* 14/4). Dennoch will die hM in den Fällen des § 370 I Nr. 2 AO den Versuchsbeginn schon annehmen, wenn der Täter den Zeitpunkt verstreichen lässt, bis zu dem er seine Erklärung noch innerhalb der Erklärungsfrist dem Finanzamt zustellen kann (vgl. → § 370 Rn. 543).

h) Rechtswidrigkeit

95 Die Tat ist regelmäßig dann rechtswidrig, wenn der Tatbestand erfüllt ist und **keine Rechtfertigungsgründe** eingreifen. Die Rechtswidrigkeitsprüfung beschränkt sich also auf die Untersuchung, ob ein Rechtfertigungsgrund gegeben ist. Lediglich bei den sog. offenen Tatbeständen muss die Rechtswidrigkeit positiv festgestellt werden. Offene Tatbestände (zB § 240 StGB: Nötigung; § 253 StGB: Erpressung) gibt es im Bereich der Steuerstraftaten jedoch nicht.

Rechtfertigungsgründe finden sich teilweise im StGB, können aber der gesamten **96** Rechtsordnung entnommen werden. Im Bereich der Steuerstraftaten spielen Rechtfertigungsgründe keine besondere Rolle. Insbesondere ist darauf hinzuweisen, dass der **rechtfertigende Notstand nach § 34 StGB** eine Steuerhinterziehung auch dann nicht zu rechtfertigen vermag, wenn die unrichtige Steuererklärung abgegeben wurde, um den Betrieb des Stpfl. Und die damit verbundenen Arbeitsplätze zu erhalten. Zwar ist eine Tat nach § 34 StGB dann gerechtfertigt, wenn sie ein Interesse verletzt, um ein erheblich höherwertiges Interesse zu bewahren (SK-StGB/*Günther* StGB § 34 Rn. 1 f.). Diese Voraussetzungen mögen im Einzelfall gegeben sein. Nach § 34 S. 2 StGB muss die Tat jedoch ein *angemessenes* Mittel sein, die Gefahr abzuwenden. Tatbestandsmäßiges Verhalten ist immer dann kein angemessenes Mittel iS von § 34 S. 2 StGB, wenn Verfahrensgesetze die Art regeln, in der Gefahren abgewendet werden dürfen (SK-StGB/*Günther* StGB § 34 Rn. 52; *Maurach/Zipf* AT/1 S. 387; *Stratenwerth/Kuhlen* 9/110; ähnl. Schönke/Schröder/*Perron* StGB § 34 Rn. 35). Gegenüber den aus hohen Steuerschulden drohenden Gefahren sind die allein angemessenen Abwehrmittel in den §§ 218 ff. AO geregelt. Kommen zB Stundung (§ 222 AO), Zahlungsaufschub (§ 223 AO) oder Erlass (§ 227 AO) nicht in Betracht, so sind die aus der Vollstreckung entstehenden Nachteile hinzunehmen. Eine Steuerhinterziehung kann insoweit nicht gem. § 34 StGB gerechtfertigt werden. Das bedeutet freilich nicht, dass § 34 StGB auf Steuerstraftaten nie anzuwenden wäre. Soweit der Täter andere als die durch die Zahlung der Steuer entstehenden Gefahren abwenden will, kann in Ausnahmefällen eine Rechtfertigung aus § 34 StGB in Betracht kommen, zB wenn die Unterlassung nach § 370 I Nr. 2 oder 3 AO durch Drohung eines Dritten erzwungen wird oder wenn ein Bannbruch nach § 372 I AO begangen wird, weil die Grenze zur Rettung eines lebensgefährlich Verletzten ohne die an sich gebotene Anzeige möglichst schnell überschritten werden muss.

Bei Unterlassungsdelikten greifen grundsätzlich dieselben Rechtfertigungsgründe ein **97** wie bei Begehungsdelikten; lediglich der rechtfertigende Notstand (dann: sog. Pflichtenkollision) erfährt geringfügige Modifizierungen (SK-StGB/*Rudolphi/Stein* StGB vor § 13 Rn. 42).

i) Schuld

Die rechtswidrige Tat ist schuldhaft begangen, wenn sie dem Täter vorgeworfen **98** werden kann. Die Vorwerfbarkeit setzt zunächst die Schuldfähigkeit voraus. Schuldfähigkeit fehlt gem. § 19 StGB dem zur Tatzeit noch nicht 14 Jahre alten Kind; sie fehlt gem. § 20 StGB weiterhin demjenigen, der bei Begehung der Tat wegen einer krankhaften Störung, wegen einer tiefgreifenden Bewusstseinsstörung oder wegen Schwachsinns oder einer anderen schweren seelischen Abartigkeit unfähig ist, das Unrecht der Tat einzusehen oder nach dieser Einsicht zu handeln (ausf. Schönke/Schröder/*Perron/Weißer* StGB § 20; SK-StGB/*Rudolphi* StGB vor § 19 Rn. 1 ff.). Die Vorschrift wird durch § 17 StGB in Bezug auf den allgemeinen Verbotsirrtum ergänzt und modifiziert (→ Rn. 101 ff.). Schließlich kann die Schuld durch Schuldausschließungsgründe im Einzelfall aufgehoben sein. Die in den §§ 33, 35 StGB geregelten Fälle der Entschuldigung sind aber für das Steuerstrafrecht ohne praktische Bedeutung.

Besondere Beachtung verdient der bei Unterlassungsdelikten eingreifende Entschuldi- **99** gungsgrund der **Unzumutbarkeit.** Er liegt vor, wenn dem Täter die Erfüllung der Handlungspflicht wegen der damit verbundenen Aufopferung eigener billigenswerter Interessen nicht zugemutet werden kann (BGH 18.3.1952, BGHSt 2, 194, 204; BGH 17.2.1954, BGHSt 6, 46, 57; BGH 14.11.1957, BGHSt 11, 135, 137; *Welzel* JZ 1958, 494; SK-StGB/ *Rudolphi/Stein* StGB vor § 13 Rn. 51). Unstreitig ist der Entschuldigungsgrund dann gegeben, wenn der Täter durch das Unterlassen andere – geringerwertige, sonst § 34 StGB – Güter rettet und seine Motivationsfreiheit wegen des eigenen Interesses stark eingeschränkt ist. Umstritten ist vor allem die – auch für das Steuerstrafrecht praktisch bedeutsame – Frage, ob die **Gefahr einer Strafverfolgung** zur Entschuldigung führen kann (dafür bei Gefahr eigener Strafverfolgung: *Welzel* JZ 1958, 495; *Geilen* FamRZ 1964, 386; aM BGH 14.11.1957, BGHSt 11, 136; SK-StGB/*Rudolphi/Stein* StGB vor § 13 Rn. 52 u. Schönke/Schröder/*Bosch* StGB vor § 13 Rn. 155f; vgl. auch OLG Hamburg 7.5.1996, wistra 1996, 239). Sofern die Vornahme der gebotenen Handlung Angehörige in die Gefahr der Strafverfolgung versetzt, neigt auch der BGH zur Annahme von Unzumutbarkeit (BGH 17.2.1954, BGHSt 6, 57; BGH 14.11.1957, BGHSt 11, 136f.); → § 393 Rn. 36ff. Im Übrigen tendiert der 1. StrS dazu, Zumutbarkeit gegebenenfalls durch die Annahme eines Beweisverwertungs- oder Beweisverwendungsverbotes „herzustellen" (BGH 17.3.2009, BGHSt 53, 210).

k) Irrtum

100   **aa) Erscheinungsformen des Irrtums.** Die Frage, wie ein Irrtum des Täters über strafrechtlich erhebliche Umstände zu behandeln ist, weist viele verzweigte Einzelprobleme auf, die ihrerseits vielfach umstritten sind. Dabei sind die Grundstrukturen des Problems noch einfach nachvollziehbar. Zunächst muss zwischen dem Irrtum und dem umgekehrten Irrtum unterschieden werden. Der **einfache Irrtum** (auch *Irrtum zugunsten* genannt) liegt dann vor, wenn sich der Täter eine Lage vorstellt, die für ihn günstiger als die Wirklichkeit ist. Der **umgekehrte Irrtum** (auch *Irrtum zuungunsten*) ist gegeben, wenn die vom Täter vorgestellte Lage ungünstiger als die Wirklichkeit ist. Der Irrtum kann ein vorsatzausschließender Tatumstandsirrtum oder Verbotsirrtum sein; der umgekehrte Irrtum führt zum Versuch oder zum (straflosen) sog. Wahndelikt. Umstritten ist sowohl die Abgrenzung von Tatumstands- und Verbotsirrtum wie auch die Unterscheidung von Versuch und Wahndelikt.

101   **bb) Tatumstandsirrtum und Verbotsirrtum.** Der Irrtum über einen Tatumstand beseitigt nach § 16 I 1 StGB den Tatvorsatz. In Betracht kommt dann nur noch Fahrlässigkeit, soweit diese mit Strafe bedroht ist, → Rn. 85. Der Verbotsirrtum beseitigt dagegen nicht den Vorsatz, sondern betrifft die Schuld. Seine Regelung findet sich in § 17 StGB. Gem. § 17 S. 1 StGB handelt der Täter ohne Schuld und ist daher straflos, wenn er den Irrtum nicht vermeiden konnte; zur Vermeidbarkeit s. SK-StGB/*Rudolphi* StGB § 17 Rn. 24ff. Der **Verbotsirrtum** ist **vermeidbar,** wenn der Täter bei Anspannung seines Gewissens (BGH 18.3.1952, BGHSt 2, 194, 201) und bei Ausschöpfung der ihm zur Verfügung stehenden Erkenntnismittel (BGH 23.12.1952, BGHSt 4, 1, 5; Schönke/Schröder/*Sternberg-Lieben/Schuster* StGB § 17 Rn. 14 mwN) in der Lage ist, das Unrecht der Tat einzusehen. Gerade im Nebenstrafrecht kann dies für die Vermeidbarkeit aber nicht genügen. Der Täter muss vielmehr einen *Anlass* haben, sich um die rechtliche Erheblichkeit seines Verhaltens zu kümmern, sei es, dass er an der Rechtmäßigkeit zweifelt (SK-StGB/*Rudolphi* StGB § 17 Rn. 31; Schönke/Schröder/*Sternberg-Lieben/Schuster* StGB § 17 Rn. 14), sei es, dass er sich in einem rechtlich geregelten Bereich bewegt und er wenigstens dies weiß (Schönke/Schröder/*Sternberg-Lieben/Schuster* StGB § 17 Rn. 14ff. mwN). Befand er sich dagegen im vermeidbaren Verbotsirrtum, so bleibt die Schuld des vorsätzlichen Delikts erhalten, jedoch kann die Strafe nach § 49 I StGB gemildert werden.

102   Wegen der damit gegebenen strengeren Behandlung des Verbotsirrtums kommt der **Abgrenzung von Tatumstandsirrtum und Verbotsirrtum** erhebliche praktische Bedeutung zu. Da der Vorsatz sich auf alle Tatumstände zu beziehen hat, liegt ein vorsatzausschließender Irrtum nach § 16 StGB immer dann vor, wenn der Täter einen Tatumstand nicht gekannt hat, der zur Erfüllung eines Tatbestandsmerkmals erforderlich ist. Der Verbotsirrtum kommt dagegen erst in Betracht, wenn ein vorsatzausschließender Irrtum nicht vorliegt (SK-StGB/*Rudolphi* StGB § 17 Rn. 18). Der Verbotsirrtum ist dann

gegeben, wenn der Täter bei Kenntnis aller Tatumstände die Rechtswidrigkeit seines Verhaltens nicht erkannt hat, also nicht wusste, dass seine Handlung verboten oder die unterlassene Handlung geboten war (zur Schwierigkeit bei der Abgrenzung bei normativen Tatbestandsmerkmalen vgl. → Rn. 105 ff.). Zweifelhaft ist dabei, ob ein Verbotsirrtum schon dann ausscheidet, wenn der Täter immerhin weiß, dass es ihm vom Recht verboten ist, unrichtige Steuererklärungen abzugeben, aber nicht glaubt, seine Pflichtwidrigkeit sei strafbar. Überwiegend wird für eine solche Konstellation der Verbotsirrtum abgelehnt (→ § 370 Rn 505; SK-StGB/*Rudolphi* StGB § 17 Rn. 5 und Schönke/Schröder/*Sternberg-Lieben/Schuster* StGB § 17 Rn. 5; aM MüKoStGB/*Joecks/Kulhanek* StGB § 17 Rn. 5).

Streit besteht über die Behandlung **rechtfertigender Umstände.** Die von der Rspr **103** und der hL vertretene eingeschränkte Schuldtheorie lässt bei irriger Annahme rechtfertigender Umstände den Vorsatz entfallen und kommt nur dann zum Verbotsirrtum, wenn der Täter die Existenz oder den Umfang eines Rechtfertigungsgrundes zu seinen Gunsten verkennt (BGH 6.6.1952, BGHSt 3, 105 f.; BGH 1.7.1952, BGHSt 3, 194 f.; SK-StGB/ *Rudolphi/Stein* StGB § 16 Rn. 10 mwN). Demgegenüber wollen einige Autoren nach der sog. strengen Schuldtheorie auch den Irrtum über rechtfertigende Umstände (auch Erlaubnistatbestandsirrtum genannt) als Verbotsirrtum behandeln (*Welzel* S. 168 f.; *Hirsch,* Die Lehre von den negativen Tatbestandsmerkmalen, 1960, S. 314 ff.).

Nach hM entfällt beim unechten Unterlassungsdelikt der Vorsatz, sofern der Täter **104** diejenigen Umstände nicht kennt, die die Garantenpflicht begründen. Dagegen führe die isolierte Unkenntnis der Garantenpflicht selbst nur zum Gebotsirrtum, der nach § 17 StGB zu behandeln sei (BGH 29.5.1961, BGHSt 16, 155 ff.; SK-StGB/*Rudolphi/Stein* StGB vor § 13 Rn. 36).

Trotz der prinzipiell klaren Abgrenzung von Tatumstandsirrtum und Verbotsirrtum **105** bestehen im Einzelnen zahlreiche Schwierigkeiten. Sie betreffen vor allem die **normativen Tatbestandsmerkmale** und die **Blankett-Tatbestände.** Festzuhalten ist zunächst, dass es für die Grenzziehung keinesfalls auf die früher bedeutsam gewesene Unterscheidung von Rechts- und Tatsachenirrtum ankommt. Der Vorsatz kann vielmehr sowohl auf Grund eines Tatsachen- wie auch auf Grund eines Rechtsirrtums entfallen. Der Vorsatz der Steuerhinterziehung fehlt daher nicht nur demjenigen, der nicht weiß, dass er bestimmte Einkünfte hatte, sondern auch demjenigen, der die Einkünfte zwar kennt, aber glaubt, er brauche sie nicht zu versteuern. Der Vorsatz entfällt in beiden Fällen, weil den Tätern die Existenz eines Steueranspruchs nicht bekannt ist. Ob der Tatrichter ihm glaubt, ist eine andere Frage (vgl. BGH 23.2.2000, wistra 2000, 217).

Kommt demnach ein Verbotsirrtum nur dann in Betracht, wenn der Täter alle Tat- **106** umstände kennt und lediglich die Rechtswidrigkeit seines Verhaltens nicht erkennt, dann bereiten diejenigen Tatbestände Schwierigkeiten, in denen einzelne Merkmale die Rechtswidrigkeit des Verhaltens selbst kennzeichnen. Der Irrtum über normative Tatbestandsmerkmale ist überwiegend nach den oben (→ Rn. 53) dargestellten Grundsätzen zu lösen. Der Täter hat keinen Vorsatz, wenn er die **Parallelwertung in der Laiensphäre** nicht leistet. Hat er den konkreten Umstand jedoch in seiner rechtlichen Begrifflichkeit ungefähr erfasst und meint er dennoch, er erfülle ein bestimmtes Tatbestandsmerkmal nicht **(Subsumtionsirrtum),** so ist dies unerheblich, es sei denn, der Täter hält sein Verhalten deshalb nicht für rechtswidrig. In diesem Fall unterliegt er einem Verbotsirrtum.

Die Verweisung strafrechtlicher Tatbestände auf andere Rechtsnormen geschieht in **107** vielfältiger Weise. Soweit diese Verweisung derart vorgenommen wird, dass der anderen Norm nur ein Teil des Straftatbestandes zu entnehmen ist, handelt es sich bei der Verweisung um ein normatives Tatbestandsmerkmal, das nach den oben (→ Rn. 105) dargestellten Grundsätzen zu behandeln ist. Schwieriger wird die Beurteilung echter **Blankett-Tatbestände,** die durch eine Verweisung dazu zwingen, die gesamte Rechtswidrigkeit der Ausfüllungsnorm zu entnehmen (für diesen engen Begriff des Blankett-Tatbestandes auch Schönke/Schröder/*Sternberg-Lieben/Schuster* StGB § 15 Rn. 103). Beispiele im Steuerstrafrecht sind die Pflichtwidrigkeit in § 370 I Nr. 2 AO, die dazu nötigt, die Handlungspflicht anderen Normen zu entnehmen, und die Ein-, Aus- und Durchfuhrverbote beim Bannbruch gem. § 372 AO, die den Tatbestand des Bannbruches selbst enthalten. Zum Irrtum über die Blankett-Tatbestände wird heute – auf der Grundlage von § 17 StGB – überwiegend die Ansicht vertreten, dass der Vorsatz des Täters grundsätzlich lediglich die einzelnen Merkmale der Ausfüllungsnorm umfassen müsse und dass die Unkenntnis der Ausfüllungsnorm selbst nur zum Verbotsirrtum führe (Schönke/Schröder/*Sternberg-Lieben*/*Schuster* StGB § 15 Rn. 100 ff.; SK-StGB/*Rudolphi*/*Stein* StGB § 16 Rn. 18a; *Maurach*/*Zipf* AT/1 S. 541 ff.). Andererseits wird mit Verweis auf die Pflichtwidrigkeit der Nichtabgabe der steuerlichen Erklärung als Tatbestandsmerkmal des § 370 I Nr. 2 AO vertreten, dass in der Unkenntnis der Erklärungspflicht ein Tatbestandsirrtum vorliegt (→ § 370 Rn. 504). Es komme zwar nicht darauf an, die exakte steuerliche Grundlage zu kennen, aus der sich die Erklärungspflicht ergibt. Glaubt der StPfl jedoch, nicht zur steuerlichen Erklärung verpflichtet zu sein, handelt er nicht vorsätzlich pflichtwidrig. Aus praktischer Sicht ist allerdings darauf hinzuweisen, dass die nicht erkannte Erklärungspflicht regelmäßig darauf beruhen wird, dass der StPfl bereits den materiellen Steueranspruch verkennt, sodass es an einem Vorsatz der Steuerverkürzung fehlt (→ § 370 Rn. 501 ff.).

108   **cc) Versuch und Wahndelikt.** Die beim umgekehrten Irrtum erforderliche Unterscheidung zwischen Versuch und Wahndelikt erfolgt prinzipiell ebenso wie die Unterscheidung zwischen Tatumstandsirrtum und Verbotsirrtum. Nimmt der Täter irrig tatsächlich nicht gegebene Tatumstände an, so kommt Versuch in Betracht; erkennt er alle Umstände zutreffend, glaubt er aber irrig, er verhalte sich rechtswidrig, so bleibt er straflos, sog. Wahndelikt (Schönke/Schröder/*Eser*/*Bosch* StGB § 22 Rn. 78 ff.; *Maurach*/*Gössel*/*Zipf* AT/2 S. 45 f.; SK-StGB/*Rudolphi* StGB § 22 Rn. 30; krit. zu diesem Umkehrschluss *Engisch* FS Heinitz, 1972, 185; *Baumann* NJW 1962, 16; *Roxin* JZ 1996, 985). Das bedeutet zB für den Bannbruch, dass die irrige Vorstellung eines nicht existenten Einfuhrverbots zum straflosen Wahndelikt führt. Dagegen begeht einen versuchten Bannbruch nach § 372 II, § 370 II AO, wer irrig annimmt, in seinem Lkw befänden sich Waren, die tatsächlich unter ein Einfuhrverbot fielen. Insofern greift es zu kurz, wenn *A. Müller* (AO-StB 2005, 28, 30) meint, es begehe ein bloßes Wahndelikt, wer keine Steuererklärung einreicht, obwohl er sich für steuerpflichtig hält oder eine Ware irrtümlich als zu verzollen ansieht. Wenn der Täter sich irrtümlich einen Sachverhalt vorstellt, der zur Steuerpflicht führte oder die Ware zur zu verzollenden machte, begeht er einen Versuch. Geht er irrtümlich von einer Zollpflicht der als solche richtig erkannten, mitgeführten Ware aus, verbleibt es beim Wahndelikt (→ § 370 Rn. 534 ff.). Zur vermeintlichen Verkürzung verfassungswidriger Steuern → Rn. 29 f.

109   **Beim Unterlassungsdelikt** ist zu unterscheiden: Hält der Täter irrig garantenpflichtbegründende Umstände für gegeben, so begeht er einen Versuch. Glaubt er dagegen bei zutreffender Erkenntnis der äußeren Umstände, aus ihnen ergebe sich für ihn eine Handlungspflicht, die in Wahrheit jedoch nicht besteht, so liegt ein strafloses Wahndelikt vor (BGH 29.5.1961, BGHSt 16, 155, 160; SK-StGB/*Rudolphi* StGB § 22 Rn. 33). Das bedeutet für das Merkmal der Pflichtigkeit in § 370 I Nr. 2 AO: Der Täter begeht einen Versuch nach § 370 I Nr. 2, II AO, wenn er eine Berichtigung nach § 153 I AO nicht vornimmt, obwohl er sich irrig für den Erben des Stpfl hält. Dagegen begeht ein strafloses Wahndelikt, wer nach Ablauf der Festsetzungsfrist erkennt, dass er eine unrichtige Erklärung abgegeben hat, und die Berichtigung unterlässt, obwohl er sich nach § 153 I AO für verpflichtet hält (vgl. auch die problematische Entscheidung des KG 9.9.1981, wistra 1982, 196 zur Nichtabgabe von ESt-Erklärungen für die Jahre 1977–1979).

l) Konkurrenzlehre

110   **aa) Überblick.** Bei der Grundform des strafbaren Verhaltens erfüllt eine Handlung des Täters die Merkmale nur eines Tatbestandes. Es sind aber auch Fälle häufig, in denen der Täter durch eine Handlung mehrere Tatbestände oder durch mehrere Handlungen mehrere Tatbestände erfüllt. Das Gesetz regelt in den §§ 52 ff. StGB, wie in solchen Fällen zu verfahren ist. Die Anwendung dieser Vorschriften setzt mehrere gedankliche Operationen voraus. Zunächst ist zu klären, ob der Täter **eine oder mehrere Handlungen** begangen hat, → Rn. 108 ff. Sodann ist zu untersuchen, ob er durch die eine oder die mehreren Handlungen nur **ein oder mehrere Gesetze** verletzt hat. Hat der Täter durch eine oder durch mehrere Handlungen nur ein Gesetz verletzt, so ist dieses Gesetz anzuwenden. Hat er dagegen mehrere Gesetze verletzt, so greifen die allgemeinen Regeln der Konkurrenzlehre (§§ 52 ff. StGB) ein. Hat der Täter durch eine Handlung mehrere Gesetze verletzt (durch Überschreiten der Grenze begeht er Zollhinterziehung und Bannbruch), so liegt Idealkonkurrenz oder Handlungseinheit vor. Verletzt der Täter durch mehrere Handlungen mehrere Gesetze, so handelt es sich um Realkonkurrenz oder Handlungsmehrheit. Von der Frage, ob der Täter mehrere Gesetze verletzt hat, ist die Frage zu unterscheiden, ob er die Merkmale mehrerer Tatbestände erfüllt hat. Es kann nämlich ein Täterverhalten mehrere Tatbestände erfüllen, ohne dass eine mehrfache Gesetzesverletzung vorliegt. Wer gewerbsmäßig Bannbruch begeht, erfüllt den Tatbestand in § 372 AO und § 373 AO. Anwendbar ist jedoch nur § 373 AO als das speziellere Gesetz. Hat der Täter mehrere Tatbestände erfüllt, von denen jedoch nur einer anzuwenden ist, so handelt es sich um eine scheinbare Konkurrenz, die Gesetzeskonkurrenz genannt wird, → Rn. 118 ff. Es ist also für alle Konkurrenzfragen jeweils zu klären, erstens, *ob der Täter eine oder mehrere Handlungen begangen hat,* und zweitens, *ob er ein Gesetz oder mehrere Gesetze verletzt hat.*

bb) Handlungseinheit. Als Fälle *einer* Handlung werden herkömmlich bezeichnet: die 111 Handlungseinheit im natürlichen Sinne, die natürliche Handlungseinheit und die tatbestandliche Handlungseinheit. Die Figur der Fortsetzungstat hat sich nach entsprechenden Entscheidungen des Großen Senats und des 5. Strafsenats erledigt (→ Rn. 115).

(1) **Handlungseinheit im natürlichen Sinne** ist gegeben, wenn der Täter *eine* Kör- 112 perbewegung auf Grund *eines* Willensentschlusses vorgenommen hat. Gleichgültig ist dann, wie viele Erfolge er dadurch verursacht und wie viele Gesetze er durch sie verletzt (BGH 5.1.1951, BGHSt 1, 20, 21 f.; BGH 3.8.1962, BGHSt 18, 26 f.; SK-StGB/*Jäger* StGB vor § 52 Rn. 46).

(2) Die Rspr kennt daneben den Begriff der **natürlichen Handlungseinheit.** Diese 113 Form der Handlungseinheit soll vorliegen, wenn der Täter mehrere Körperbewegungen vornimmt, die jedoch *„bei natürlicher Betrachtungsweise"* als eine Einheit angesehen werden müssen. Die Rspr hält dafür zT den engen räumlichen und zeitlichen Zusammenhang zwischen den Einzelakten (BGH 27.3.1953, BGHSt 4, 219 f.), zT aber den einheitlichen zugrunde liegenden Tatentschluss für maßgeblich (BGH 20.12.1956, BGHSt 10, 129 f.; BGH 23.1.1957, BGHSt 10, 230 f.). Im Schrifttum wird der Begriff der natürlichen Handlungseinheit – zumindest in dieser Weite – überwiegend abgelehnt (*Jescheck/Weigend* S. 713; *Maurach/Gössel/Zipf* AT/2 S. 411; *Schönke/Schröder/Sternberg/Lieben/Bosch* StGB vor § 52 Rn. 22; vgl. auch SK-StGB/*Jäger* StGB vor § 52 Rn. 47 f.).

(3) **Tatbestandliche Handlungseinheit** liegt dann vor, wenn ein Tatbestand mehrere 114 Körperbewegungen zu einer rechtlichen Bewertungseinheit zusammenfasst. Das ist zunächst bei mehraktigen oder zusammengesetzten Delikten eindeutig, wie zB beim Raub, der Gewalt und Wegnahme oder bei der Vergewaltigung, die Gewalt und Beischlaf voraussetzt (LK-StGB/*Rissingvan Saan* StGB vor § 52 Rn. 16 und SK-StGB/*Jäger* StGB vor § 52 Rn. 13). Eine tatbestandliche Handlungseinheit ist aber auch dann gegeben, wenn der Täter auf Grund gleicher Motivationslage durch mehrere Einzelakte, die in engem räumlichen und zeitlichen Zusammenhang stehen, das tatbestandliche Unrecht intensiviert (*R. Schmitt* ZStW 75 [1963], 46; *Jescheck/Weigend* S. 711 f.; SK-StGB/*Jäger* StGB vor § 52 Rn. 22). Ein solcher Fall liegt zB vor, wenn der Täter durch mehrere Einzelakte unmittelbar nacheinander mehrere Steuerzeichen fälscht. Auch das Dauerdelikt ist ein Fall tatbestandlicher Handlungseinheit. Im **Dauerdelikt** werden solche natürlichen Handlungen zu einer rechtlichen Handlungseinheit verbunden, die der Täter vornimmt, um einen

rechtswidrigen Zustand herzustellen und aufrechtzuerhalten (zB bei Freiheitsberaubung, § 239 StGB). Dauerdelikte werden mit der Begründung des rechtswidrigen Zustands vollendet, aber erst mit seiner Aufhebung beendet. Die Möglichkeit *fahrlässiger* Begehung eines Dauerdelikts wird zwar allgemein bejaht, auch für die aus dauernder Unachtsamkeit unterlassene Abgabe von Steuererklärungen (RG 12.2.1942, RGSt 76, 68, 70). Abgelehnt wird die Möglichkeit eines fahrlässigen Dauerdelikts von der hM jedoch für die leichtfertige Abgabe mehrerer unrichtiger Steuererklärungen, weil der Täter bei jeder einzelnen abgegebenen Steuererklärung *„auf Grund jedesmal neuer Sachlagen die Frage (seiner Steuerpflicht) von neuem zu prüfen und einen neuen Entschluß zu fassen"* habe (RG 12.2.1942, RGSt 76, 68, 70; BGH 17.3.1953, bei *Herlan* GA 1954, 58; BGH 22.12.1959, DStZ/B 1960, 130; OLG Bremen 17.8.1960, ZfZ 1960, 371; aM *Suhr* 1977, S. 316 f.).

115 (4) In der **fortgesetzten Handlung** fasste die frühere Rspr natürliche Handlungen und Handlungseinheiten (BGH 30.6.1964, BGHSt 19, 323, 325) zu einer **Handlung im Rechtssinne** zusammen, wenn die Einzelakte im Wesentlichen gleichartig waren und dasselbe Rechtsgut beeinträchtigten und wenn sie auf einem einheitlichen Entschluss (*„Gesamtvorsatz"*) beruhten (vgl. → 3. Aufl. Rn. 103–105 sowie SK-StGB/*Jäger* StGB vor § 52 Rn. 29 ff.). Für die Steuerhinterziehung bedeutete die Annahme der fortgesetzten Handlung insbesondere, dass die Verjährung erst mit Beendigung des letzten Teilaktes begann. Dabei hatte in der Vergangenheit die Rechtsprechung die Figur zunächst ganz erheblich ausgeweitet, bis sie dann Ende der 80er Jahre zu Restriktionen zurückfand, insbesondere verlangte, dass der Täter mit einem Gesamtvorsatz handelte, der von vornherein sämtliche Teile der Handlungsreihe als Teilstücke eines einheitlichen Geschehens so umfassen musste, dass die einzelnen Teilakte als unselbständige Bestandteile einer Tat erschienen (vgl. den Überblick und die Nachweise bei *R. Schmitz* wistra 1993, 127).

116 Der Große Senat des BGH hat mit Beschluss v. 3.5.1994 (BGHSt 40, 138) das Institut jedoch praktisch aufgegeben. Eine Einordnung eines Verhaltens als fortgesetzte Handlung sei nur denkbar, *„wenn dies zur sachgerechten, dh dem Sinn des Gesetzes entsprechenden Erfassung des durch die mehreren Verwirklichungen des Tatbestandes begangenen Unrechts und der Schuld unumgänglich ist"* (BGHSt 40, 138, 190). Ausdrücklich bezog sich diese Entscheidung auf die §§ 174, 176 StGB sowie den Tatbestand des Betruges (§ 263 StGB). Wenig später hat der 5. Strafsenat mit Entscheidung vom 20.6.1994 (BGHSt 40, 195) ebenfalls die Anwendbarkeit der fortgesetzten Handlung im Rahmen des § 370 AO verneint. Auch bei anderen Steuerstraftaten ist insofern ein Fortsetzungszusammenhang kaum denkbar.

117 cc) **Gesetzeskonkurrenz.** Bei **Gesetzeskonkurrenz** treffen auf eine Straftat dem Wortlaut nach *mehrere* Strafgesetze zu, jedoch ergibt sich aus dem Verhältnis der Vorschriften zueinander, dass in Wirklichkeit nur *eine* von ihnen anwendbar ist.

118 (1) **Bei Spezialität** geht das besondere dem allgemeinen Gesetz vor, zB § 373 AO (gewerbsmäßiger Schmuggel) dem § 372 AO (Bannbruch).

119 (2) **Bei Subsidiarität** tritt dasjenige Gesetz zurück, das auf Grund einer ausdrücklichen Vorschrift (Subsidiaritätsklausel) oder sonst erkennbar nur für den Fall gelten soll, dass kein anderes Gesetz eingreift, zB § 372 AO (Bannbruch) gegenüber § 29 I Nr. 1 BtMG, § 74 I Nr. 2 TierSG usw. (→ § 372 Rn. 43).

120 (3) **Mitbestrafte Nachtat** ist eine Handlung, die nicht besonders bestraft wird, weil (und soweit) sie sich in der Sicherung oder Auswertung einer durch die Vortat erlangten Position erschöpft, zB Hehlereihandlungen iS des § 374 AO mit selbst geschmuggelten Waren. Auch die wahrheitswidrige Angabe in einer Schenkungsteuererklärung, keine Vorschenkungen erhalten zu haben, ist mitbestrafte Nachtat soweit diese keine Auswirkungen auf Festsetzung der dortigen Schenkungsteuer hat (etwa durch Inanspruchnahme eines nicht gerechtfertigten Freibetrags oder eines niedrigeren Schenkungsteuersatzes; vgl. BGH 10.2.2015, BGHSt 60, 188).

121 Eine Nachtat ist nicht straflos, wenn sie einen neuen, andersartigen Schaden verursacht (BGH 4.2.1954, BGHSt 5, 295, 297), zB Betrug (§ 263 StGB) durch Verkauf gefälschter

Steuerzeichen (§ 148 StGB) an einen ahnungslosen Abnehmer oder wenn sie den durch die Vortat entstandenen Schaden erweitert (BGH 22.4.1954, BGHSt 6, 67).

Ob die Nachtat straflos ist, wenn die Vortat nicht bestraft werden kann, weil sie nicht **122** erweislich ist oder weil ihrer Aburteilung verfahrensrechtliche Hindernisse entgegenstehen, zB Verjährung, ist umstritten (dagegen [für Strafbarkeit] BGH 11.1.1955, zit. bei *Dallinger* MDR 1955, 269; BGH 23.8.1968, NJW 1968, 2115; BGH 22.7.1970, GA 1971, 83; BGH 10.2.2015, DStR 2015, 1867; OLG Braunschweig 28.6.1963, NJW 1963, 1936; OLG Frankfurt a. M. 11.7.2005, wistra 2006, 198; LK-StGB/*Rissing/van Saan* StGB vor § 52 Rn. 145 f., aM Schönke/Schröder/*Sternberg/Lieben/Bosch* StGB vor § 52 Rn. 136 mwN, *Schneider* wistra 2001, 408).

(4) War nach früherer Entscheidungen (BGH 10.12.1991, wistra 1992, 93) keine mit- **123** bestrafte Nachtat anzunehmen, wenn in einer Umsatzsteuerjahreserklärung die Angaben aus den unrichtigen Umsatzsteuervoranmeldungen wiederholt werden, geht die neuere Rspr von einer **mitbestraften Vortat** aus (BGH 13.7.2017, wistra 2018, 43; 25.10.2018, wistra 2019, 203 mAnm *Rolletschke*). Dasselbe gilt, wenn nach unterlassenen oder unrichtigen Umsatzsteuervoranmeldungen keine Umsatzsteuerjahreserklärung abgegeben wird (BGH 25.7.2019, wistra 2019, 458). Mitbestrafte Vortat sind ferner zB eine Vorbereitungshandlung (vgl. § 149 StGB) oder ein Versuch (vgl. § 370 AO) gegenüber dem später vollendeten Vergehen oder eine Anstiftung im Verhältnis zu einer Tat, an der sich der Anstifter später als Mittäter beteiligt.

dd) Tateinheit. Tateinheit (= Idealkonkurrenz) liegt vor, wenn *eine* Handlung **124** (→ Rn. 111 ff.) *mehrere* Gesetze verletzt, die gleichzeitig anwendbar sind (→ Rn. 117 ff.). Die Mehrheit kann durch mehrmalige Verletzung desselben Gesetzes durch *eine* Handlung, zB Hinterziehung mehrerer Steuern durch *eine* unrichtige Erklärung (gleichartige Tateinheit) oder durch Verletzung verschiedener Gesetze, zB § 370 AO und § 267 StGB (ungleichartige Tateinheit) gebildet werden. Die Tateinheit regelt:

§ 52 StGB Tateinheit
(1) Verletzt dieselbe Handlung mehrere Strafgesetze oder dasselbe Strafgesetz mehrmals, so wird nur auf eine Strafe erkannt.
(2) ¹Sind mehrere Strafgesetze verletzt, so wird die Strafe nach dem Gesetz bestimmt, das die schwerste Strafe androht. ²Sie darf nicht milder sein, als die anderen anwendbaren Gesetze es zulassen.
(3) Geldstrafe kann das Gericht unter den Voraussetzungen des § 41 neben Freiheitsstrafe gesondert verhängen.
(4) Auf Nebenstrafen, Nebenfolgen und Maßnahmen (§ 11 Absatz 1 Nummer 8) muss oder kann erkannt werden, wenn eines der anwendbaren Gesetze dies vorschreibt oder zulässt.

Für die Verletzung mehrerer Gesetze durch dieselbe Handlung (oder Handlungs- **125** einheit) ist erforderlich und genügend, dass die Ausführungshandlungen beider Straftaten mindestens teilweise identisch sind (BGH 11.1.1955, BGHSt 7, 149, 151; RG 26.9.1932, RGSt 66, 359, 362 zu TabSt-Hinterziehung und Warenzeichenvergehen). Werden mehrere unrichtige Steuererklärungen in einem Briefumschlag in den Briefkasten des Finanzamts geworfen, werden mehrere Steuerhinterziehungen durch eine Handlung auf den Weg gebracht (→ § 370 Rn. 542, 72b). Der BGH verlangt darüber hinaus, dass in den Erklärungen übereinstimmende unrichtige Angaben über die Besteuerungsgrundlagen enthalten sind (BGH 23.7.2014, wistra 2014, 443; BGH 22.1.2018, wistra 2019, 103, 105). Einheitlicher Entschluss zu mehreren Handlungen (RG 18.3.1924, RGSt 58, 113, 116), einheitlicher Zweck oder Beweggrund (BGH 11.1.1955, BGHSt 7, 149, 151) oder Handeln an demselben Ort und zu derselben Zeit (BGH 31.8.1962, BGHSt 18, 29, 32 f.; BGH 1.9.1982, wistra 1982, 226) reichen nicht aus. Das Prinzip der Verklammerung durch Identität in einem Punkt der Tatausführung gilt nur dann nicht, wenn bei dem Zusammentreffen mehrerer Handlungseinheiten derjenige Teilakt, der das Bindeglied bildet, im Unrechtsgehalt hinter den übrigen Teilen der Handlungseinheit zurückbleibt (BGH 3.8.1962, BGHSt 18, 26, 28 f.; BGH 16.10.1962, NJW 1963, 57). Unter den genannten

Voraussetzungen ist Tateinheit auch möglich zwischen vorsätzlicher und fahrlässiger Tat (BGH 13.7.1951, BGHSt 1, 278, 280).

126 Nach dem **Absorptionsprinzip des § 52 StGB** ist bei ungleichartiger Tateinheit (→ Rn. 124) immer auch aus dem milderen Gesetz zu verurteilen, die Strafe aber dem Gesetz zu entnehmen, das die schwerste Strafe androht. Bei dem Vergleich der Strafdrohungen gilt nicht die abstrakte Betrachtungsweise des § 12 StGB; vielmehr sind die im konkreten Fall erfüllten gesetzlichen Strafschärfungs- und -milderungsgründe mit ihren besonderen Strafrahmen zu berücksichtigen (RG 28.11.1940, RGSt 75, 14; RG 10.12.1940, RGSt 75, 19). Für die Schwere der angedrohten Strafe kommt es auf das abstrakte Höchstmaß der Hauptstrafe, bei gleicher Art und Schwere der Hauptstrafe auf Nebenstrafen und erst dann auf das Mindestmaß der Strafe an. Das mildere Gesetz bleibt insofern bedeutsam, als es bei der Strafzumessung schärfend ins Gewicht fallen kann (OLG Hamburg 14.3.1950, JR 1951, 86; OLG Köln 3.4.1956, MDR 1956, 374), sein Mindestmaß nicht unterschritten werden darf (§ 52 II 2 StGB; BGH 24.4.1951, BGHSt 1, 152, 156) und auf Nebenstrafen, Nebenfolgen und Maßnahmen erkannt werden kann oder muss, wenn nur das mildere Gesetz sie vorschreibt oder zulässt (§ 52 IV StGB; RG 22.3.1939, RGSt 73, 148, 150); denn es darf dem Täter nicht zum Vorteil gereichen, dass er durch seine Tat nicht nur eine, sondern mehrere Strafvorschriften verletzt hat (BGH 11.2.1955, BGHSt 7, 307, 312).

126a Für den **Gehilfen** liegt Tateinheit vor, wenn er mit einer Unterstützungshandlung zu mehreren Haupttaten oder durch mehrere Unterstützungshandlungen zu einer Haupttat eines anderen Hilfe geleistet hat (BGH 4.3.2008, NStZ-RR 2008, 168). Die (einheitliche) Beteiligung des Gehilfen bei der Anbahnung des Gesamtgeschäfts steht hingegen der Annahme von Tatmehrheit nicht entgegen, sofern der Gehilfe jeweils im Nachgang selbstständige Unterstützungshandlungen zu den Haupttaten geleistet hat (BGH 22.9.2008, NJW 2009, 690).

127 ee) **Tatmehrheit. Tatmehrheit** (= Realkonkurrenz) liegt vor, wenn mehrere Handlungen (Handlungseinheiten) mehrere Gesetze verletzen, sei es mehrmals dasselbe Gesetz (gleichartige Tatmehrheit) oder verschiedene Gesetze (ungleichartige Tatmehrheit). Die gesetzliche Regelung der Tatmehrheit enthalten die §§ 53–55 StGB, namentlich:

§ 53 StGB Tatmehrheit

(1) Hat jemand mehrere Straftaten begangen, die gleichzeitig abgeurteilt werden, und dadurch mehrere Freiheitsstrafen oder mehrere Geldstrafen verwirkt, so wird auf eine Gesamtstrafe erkannt.
(2) ¹Trifft Freiheitsstrafe mit Geldstrafe zusammen, so wird auf eine Gesamtstrafe erkannt. ²Jedoch kann das Gericht auf Geldstrafe auch gesondert erkennen; soll in diesen Fällen wegen mehrerer Straftaten Geldstrafe verhängt werden, so wird insoweit auf eine Gesamtgeldstrafe erkannt.
(3) § 52 Abs. 3 und 4 gilt sinngemäß.

§ 54 StGB Bildung der Gesamtstrafe

(1) ¹Ist eine der Einzelstrafen eine lebenslange Freiheitsstrafe, so wird als Gesamtstrafe auf lebenslange Freiheitsstrafe erkannt. ²In allen übrigen Fällen wird die Gesamtstrafe durch Erhöhung der verwirkten höchsten Strafe, bei Strafen verschiedener Art durch Erhöhung der ihrer Art nach schwersten Strafe gebildet. ³Dabei werden die Person des Täters und die einzelnen Straftaten zusammenfassend gewürdigt.
(2) ¹Die Gesamtstrafe darf die Summe der Einzelstrafen nicht erreichen. ²Sie darf bei zeitiger Freiheitsstrafe fünfzehn Jahre und bei Geldstrafe siebenhundertzwanzig Tagessätze nicht übersteigen.
(3) Ist eine Gesamtstrafe aus Freiheits- und Geldstrafe zu bilden, so entspricht bei der Bestimmung der Summe der Einzelstrafen ein Tagessatz einem Tag Freiheitsstrafe.

128 Nach dem **Asperationsprinzip der §§ 53, 54 StGB** führt das Zusammentreffen mehrerer selbstständiger Handlungen nicht zu einer Häufung der verwirkten Freiheitsstrafen, sondern zu einer Verschärfung der verwirkten schwersten Einzelstrafe; anders beim Zusammentreffen von zeitiger Freiheitsstrafe und Geldstrafe, bei dem das Gericht gem. § 53 II StGB zwischen der Bildung einer Gesamt(freiheits)strafe und der Kumulierung von

Freiheits- und Geldstrafe wählen kann. Soweit das Asperationsprinzip gilt, sind zunächst für alle Taten die konkret verwirkten Einzelstrafen festzusetzen. Alsdann ist die schwerste Einzelstrafe als Einsatzstrafe zur Bildung der Gesamtstrafe zu erhöhen, und zwar bei Freiheitsstrafe um mindestens eine Einheit nach § 39 StGB. Zur Kollision von § 54 und § 39 StGB s. SK-StGB/*Jäger* StGB § 54 Rn. 7. Nach oben muss die Gesamtstrafe um mindestens eine Einheit Freiheitsstrafe hinter der Summe der Einzelstrafen zurückbleiben. Innerhalb dieses Rahmens muss der Richter die Gesamtstrafe nach pflichtgemäßem Ermessen bestimmen (BGH 6.10.1955, BGHSt 8, 205, 210 f.; BGH 7.4.1994, StV 1994, 425; BGH 12.4.1994, StV 1994, 424). Die in der Gesamtstrafe aufgehenden Einzelstrafen sind in den Urteilsgründen aufzuführen. Im Rechtsmittelverfahren bleibt jede Einzelstrafe von der Aufhebung der Gesamtstrafe und anderer Einzelstrafen idR unberührt.

Eine nachträgliche Gesamtstrafenbildung schreibt vor: **129**

§ 55 StGB Nachträgliche Bildung der Gesamtstrafe

(1) ¹Die §§ 53 und 54 sind auch anzuwenden, wenn ein rechtskräftig Verurteilter, bevor die gegen ihn erkannte Strafe vollstreckt, verjährt oder erlassen ist, wegen einer anderen Straftat verurteilt wird, die er vor der früheren Verurteilung begangen hat. ²Als frühere Verurteilung gilt das Urteil in dem früheren Verfahren, in dem die zugrundeliegenden tatsächlichen Feststellungen letztmals geprüft werden konnten.

(2) Nebenstrafen, Nebenfolgen und Maßnahmen (§ 11 Abs. 1 Nr. 8), auf die in der früheren Entscheidung erkannt war, sind aufrechtzuerhalten, soweit sie nicht durch die neue Entscheidung gegenstandslos werden.

Taten, die bei gleichzeitiger Aburteilung gem. §§ 53, 54 StGB behandelt worden wären, sollen gem. § 55 StGB bei getrennter Aburteilung durch Einbeziehung in das alte Urteil genauso behandelt werden (BGH 11.2.1988, BGHSt 35, 215),

1. sofern die durch die frühere Verurteilung verhängte Strafe noch nicht vollstreckt, verjährt oder erlassen ist (vgl. BGH 28.10.1958, BGHSt 12, 94) und
2. die neue Tat (wenn auch nur möglicherweise, vgl. OLG Oldenburg 12.2.1959, GA 1960, 28) vor der früheren Verurteilung begangen worden ist.

Unter diesen Voraussetzungen soll der Täter nach § 55 StGB durch den verfahrensrechtlichen Zufall gemeinsamer oder getrennter Aburteilung seiner mehreren Straftaten weder besser noch schlechter gestellt werden (BGH 16.12.1954, BGHSt 7, 180, 182; BGH 6.3.1962, BGHSt 17, 173, 175). Je nach den Umständen kann es nach § 55 StGB erforderlich sein, eine frühere Gesamtstrafe wieder aufzulösen (BGH 24.1.1956, BGHSt 9, 5) und für diejenigen Einzelstrafen, bei denen die Voraussetzungen der Zusammenfassung vorliegen, eine neue Gesamtstrafe zu bilden (BGH 11.1.1963, GA 1963, 374).

ff) **Wahlfeststellung. § 2b StGB,** der durch Art. 2 G v. 28.6.1935 (RGBl. I 839) **130** eingefügt worden war, lautete: „Steht fest, daß jemand gegen eines von mehreren Strafgesetzen verstoßen hat, ist aber eine Tatfeststellung nur wahlweise möglich, so ist der Täter aus dem mildesten Gesetz zu bestrafen."

Nach Aufhebung der Vorschrift durch Art. 1 KRG Nr. 11 v. 30.1.1946 (ABl. 55) hat die Rspr im Anschluss an den Beschluss der Vereinigten StrS des RG 2.5.1934 (RGSt 68, 257) **wahldeutige Verurteilungen** für zulässig erachtet, wenn

1. nach Ausschöpfung aller Ermittlungsmöglichkeiten (RG 11.11.1938, JW 1939, 221) bzw. Erkenntnismittel (BGH 7.11.1957, BGHSt 11, 100) und des Grundsatzes in *dubio pro reo* eine eindeutige Tatfeststellung nicht getroffen werden kann (BGH 4.12.1958, BGHSt 12, 386, 388; BGH 11.11.1966, BGHSt 21, 152). Lassen die Feststellungen nur die Möglichkeit offen, dass der Angeklagte Täter oder Gehilfe ist, muss er wegen Beihilfe verurteilt werden (BayObLG 9.11.1966, NJW 1967, 361);
2. jede der in Frage kommenden tatsächlichen Möglichkeiten – und zwar unter Ausschluss jeder weiteren Möglichkeit (BGH 4.12.1958, BGHSt 12, 386) – zusammen mit dem eindeutig festgestellten Sachverhalt ein Strafgesetz verletzt und

3. bei Verschiedenheit der möglicherweise verletzten Strafgesetze die aus ihnen folgenden Schuldvorwürfe rechtsethisch und psychologisch gleichwertig sind, dh wenn ihnen im allgemeinen Rechtsempfinden eine gleiche oder ähnliche sittliche Bewertung zuteil wird und wenn die seelische Beziehung des Täters zu den mehreren in Frage stehenden Verhaltensweisen einigermaßen gleichartig ist (stRspr seit BGH 15.10.1956, BGHSt 9, 390, 394; vgl. BGH 11.11.1966, BGHSt 21, 152). Diese Voraussetzungen fehlen zB im Verhältnis zwischen einer Steuerstraftat und einer Rauschtat (§ 323a StGB). Die Rauschtat ist dann Auffangtatbestand.

Als gleichwertig anerkannt sind bislang:

131 – Alleintäterschaft und Mittäterschaft (RG 27.11.1902, RGSt 36, 18 f.) sowie Täterschaft und Anstiftung (BGH 19.4.1951, BGHSt 1, 127) oder Täterschaft und Beihilfe (BayObLG 9.11.1966, NJW 1967, 361) in Bezug auf dasselbe Delikt;
– Steuerhinterziehung (§ 370 AO) und Steuerhehlerei (§ 374 AO; RKR/Schützeberg AO § 369 Rn. 48), und zwar auch bei gewerbsmäßiger Begehungsweise (BGH 16.4.1953, BGHSt 4, 128; BGH 20.2.1974, NJW 1974, 803).

Ob an dieser Rechtsprechung festgehalten werden kann, wird die nahe Zukunft zeigen. Die Diskussion um die verfassungsrechtliche Zulässigkeit des Instituts (vgl. *Ceffinato* Jura 2014, 655) wird durch einen Anfragebeschluss des 2. Strafsenats des BGH neue Impulse bekommen. Nach Auffassung des Senats (Beschl. des BGH 28.1.2014, wistra 2014, 345) verstößt die richterrechtlich entwickelte Rechtsfigur der ungleichartigen Wahlfeststellung gegen Art. 103 Abs. 2 GG. Daher sei eine wahldeutige Verurteilung wegen (gewerbsmäßigen) Diebstahls oder gewerbsmäßiger Hehlerei unzulässig. Mittlerweile haben der 1. Strafsenat (Beschluss vom 24. Juni 2014 – 1 ARs 14/14) und der 5. Strafsenat (Beschluss vom 16. Juli 2014 – 5 ARs 39/14) entschieden, dass sie an ihrer bisherigen Rechtsprechung festhalten wollen. So könnte es demnächst eine Entscheidung des Großen Senats in Strafsachen geben.

Im Tenor der Entscheidung sind beide alternativ verletzten Gesetze anzuführen. Die Strafe ist dem Gesetz zu entnehmen, das bei konkreter Betrachtung die geringste Strafe zulässt (BGH 10.1.1957, zit. bei *Dallinger* MDR 1957, 397).

m) Strafen und Strafzumessung

132 **aa) Allgemeines. Strafe** iS des StGB ist die Zufügung eines Übels, hauptsächlich in Form einer Freiheitsentziehung oder Zahlungspflicht, die eine missbilligende Antwort der Rechtsgemeinschaft auf schuldhaft begangenes Unrecht ist (LK-StGB/*Jescheck/Weigend* Einl. Rn. 23). Sie dient den Zwecken der Spezial- und Generalprävention. Sie wird in ihrer Höhe durch das Maß der Schuld begrenzt, darf dieses Maß aber unterschreiten, soweit spezialpräventive Bedürfnisse dies notwendig machen und generalpräventive Mindesterfordernisse dem nicht entgegenstehen (*Roxin* AT 3/55). Das Schuldprinzip (keine Strafe ohne Schuld) hat Verfassungsrang (BVerfG 15.10.1966, BVerfGE 20, 323). Der Gesetzgeber ist daher verpflichtet, Mindest- und Höchststrafen so festzusetzen, dass die möglichen Schuldstufen einer Tat berücksichtigt werden können. Nach hM besteht angesichts der Unmöglichkeit, jeden Grad der Schuld in einer absolut bestimmten Strafe auszudrücken, innerhalb der gesetzlichen Strafrahmen für den Richter ein gewisser Spielraum, innerhalb dessen jede Strafe noch als schuldangemessen angesehen werden kann (BGH 24.6.1954, NJW 1954, 1416; BGH 10.11.1954, BGHSt 7, 28, 32; BGH 7.11.2007, wistra 2008, 58; *Maurach/Gössel/Zipf* AT/2 S. 537 ff.; LK-StGB/*Gribbohm* StGB § 46 Rn. 9, 326). Nur in diesem Spielraum können der Zweck einer Abschreckung der Allgemeinheit (Generalprävention) und einer erzieherischen Einwirkung auf den Täter (Spezialprävention) und weitere Umstände bei der Strafzumessung berücksichtigt werden (vgl. BGH 8.4.1957, BGHSt 10, 259, 264 f.). Nach abw. Meinungen hat der Richter keinen Spielraum, sondern muss für eine bestimmte Tat die einzige schuldangemessene Strafe finden (*Eb. Schmidt* SJZ 1946, 209) oder jedenfalls in einem schöpferischen Akt die Strafe

bestimmen, die nach seiner Auffassung die gerechte ist, ohne dass er für sich in Anspruch nehmen kann, die einzige gerechte Strafe gefunden zu haben (*Dreher* JZ 1968, 211). Hiernach bildet der gesetzliche Strafrahmen eine kontinuierliche Schwereskala möglicher Tatbestandsverwirklichungen, in die der Richter seinen Fall richtig einzuordnen hat, so dass auch die angedrohte Höchststrafe für jede konkrete Tatbestandsverwirklichung bedeutsam ist, weil sie den Maßstab mitbestimmt, an dem der Einzelfall zu messen ist.

bb) Strafrahmen der Steuerstraftaten. Die AO 1977 hat die Strafrahmen für Steuerstraftaten beibehalten, die durch das EGStGB eingeführt worden sind. Sämtliche Steuerstraftaten werden mit Freiheitsstrafe allein oder wahlweise mit Freiheitsstrafe oder Geldstrafe bedroht. Über die Nebenfolge der Aberkennung der Amtsfähigkeit und Wählbarkeit → § 375 Rn. 16, über die Einziehung → § 375 Rn. 28.

Allein mit Freiheitsstrafe sind die Steuerhinterziehung in einem besonders schweren Fall (§ 370 III AO), der gewerbsmäßige usw. Schmuggel (§ 373 AO) und die gewerbsmäßige Steuerhehlerei (§§ 374, 373 AO) bedroht. Gem. § 47 I StGB darf eine Freiheitsstrafe unter sechs Monaten jedoch nur verhängt werden, wenn besondere Umstände in der Tat oder der Täterpersönlichkeit dies „*zur Einwirkung auf den Täter oder zur Verteidigung der Rechtsordnung unerläßlich machen*". Kommt danach eine Freiheitsstrafe von wenigstens sechs Monaten nicht in Betracht, so hat das Gericht auch dann zu Geldstrafe zu verurteilen, wenn eine solche nicht angedroht ist. Dieser Fall kann bei § 370 III AO (Mindeststrafe 6 Monate) nicht eintreten. Zur Geldstrafe neben Freiheitsstrafe → Rn. 142. Für die anderen Steuerstraftaten droht das Gesetz ausnahmslos in erster Linie Freiheitsstrafe und wahlweise Geldstrafe an. Damit sind die Strafrahmen der Steuerstraftaten dem allgemeinen Strafrahmensystem angepasst. Besonderheiten wie die Androhung von Geldstrafe in erster Linie oder die Androhung von Freiheitsstrafe und kumulativer Geldstrafe bestehen nicht mehr; zum Rechtszustand vor dem 1.1.1975 s. 1. Aufl. RAO § 391 Rn. 37 ff.

cc) Freiheitsstrafe. Die zeitige Freiheitsstrafe beträgt nach den allgemeinen Vorschriften mindestens einen Monat und höchstens fünfzehn Jahre (§ 38 II StGB). Für die Steuerstraftaten ist das **Höchstmaß** der Freiheitsstrafe jedoch: zehn Jahre bei der Steuerhinterziehung in einem besonders schweren Fall (§ 370 III AO) und (seit 22.12.2007) bei gewerbsmäßigem Schmuggel (§ 373) und bei gewerbsmäßiger Steuerhehlerei (§ 374 II), fünf Jahre bei Steuerhinterziehung (§ 370 I AO), Bannbruch (§ 372 AO), gewerbsmäßigem Schmuggel im minder schweren Fall (§ 373 I 2 AO), Steuerhehlerei (§ 374 AO), gewerbs- oder bandenmäßiger Schädigung des Umsatzsteueraufkommens (§ 26c UStG), Wertzeichenfälschung (§ 148 StGB) und Begünstigung (§ 257 StGB) und zwei Jahre bei der einfachen Vorbereitung einer Wertzeichenfälschung (§ 149 StGB). Gem. § 39 StGB ist die kleinste Einheit bei Freiheitsstrafe unter einem Jahr eine Woche, sonst ein Monat. Die Mindesthöhe der Freiheitsstrafe wird für Steuerstraftaten erhöht auf sechs Monate bei Steuerhinterziehung in einem besonders schweren Fall (§ 370 III AO) und bei gewerbsmäßigem Schmuggel (§ 373 AO) und gewerbsmäßiger Steuerhehlerei (§ 374 II AO). Modifizierungen dieser Strafrahmen ergeben sich aus § 49 I StGB, dessen Anwendung auf die Beihilfe (§ 27 S. 2 StGB) und bei Fehlen strafbegründender persönlicher Merkmale (§ 28 I StGB) sowie in § 35 II StGB *vorgeschrieben* und bei unechten Unterlassungsdelikten (§ 13 II StGB), Verbotsirrtum (§ 17 StGB), verminderter Schuldfähigkeit (§ 21 StGB) und Versuch (§ 23 II StGB) *zugelassen* ist.

Strafaussetzung zur Bewährung kann gem. § 56 I StGB bei Freiheitsstrafe bis zu einem Jahr, unter besonderen Umständen – die bei Ersttätern einer Steuerhinterziehung idR gegeben sind – gem. § 56 II StGB auch bei Freiheitsstrafe bis zu zwei Jahren gewährt werden. Die Vollstreckung einer Freiheitsstrafe von sechs Monaten bis zu einem Jahr ist nur dann geboten, wenn „*eine Aussetzung der Strafe zur Bewährung im Hinblick auf schwerwiegende Besonderheiten des Einzelfalls für das allgemeine Rechtsempfinden unverständlich erscheinen müßte und dadurch das Vertrauen der Bevölkerung in die Unverbrüchlichkeit des Rechts erschüttert werden könnte*" (BGH 11.1.2001, wistra 2001, 216). Generalpräventive Erwägungen dürfen nicht dazu führen, bestimmte Tatbestände oder Tatbestandsgruppen unter diesem Gesichtspunkt von der Möglichkeit einer Strafaussetzung auf Bewährung auszuschließen. Bei einer Steuerverkürzung von mehr als 1 Mio. Euro kommt eine Bewährungsstrafe nur bei besonders gewichtigen Milderungsgründen in Betracht (BGH 7.2.2012, 1 StR 525/11; vgl. → § 370 Rn. 603).

137   dd) **Geldstrafe.** Die Geldstrafe wird gem. § 40 StGB nach **Tagessätzen** verhängt. Dieses durch das EGStGB zum 1.1.1975 eingeführte Geldstrafensystem will durch verbesserte Anpassung an die Leistungsfähigkeit des Verurteilten eine gerechtere Geldstrafenbemessung erreichen. Grundsätzlich erfolgt die Festsetzung der Geldstrafe in zwei Schritten (Schönke/Schröder/*Kinzig* StGB § 40 Rn. 2 ff. u. SK-StGB/*Horn/Wolters* StGB § 40 Rn. 2 ff.).

138   In einem ersten Schritt wird die **Zahl der Tagessätze** festgelegt. Sie beträgt mindestens 5 und höchstens 360 Tagessätze, sofern das Gesetz nichts anderes bestimmt (§ 40 I 2 StGB). Bei der Gesamtstrafenbildung ist das Höchstmaß der Geldstrafe 720 Tagessätze (§ 54 II 2 StGB). Abweichungen finden sich für die Steuerstraftaten nicht. Bei der Bestimmung der Zahl der Tagessätze hat das Gericht sämtliche gem. § 46 StGB für die Strafzumessung erheblichen Umstände zu berücksichtigen. In der Praxis erfolgt zumindest bei Ersttätern oftmals eine Orientierung an speziellen Formeln oder Tabellen, mit deren Hilfe unter Berücksichtigung der Höhe der verkürzten Steuern die Zahl der Tagessätze ermittelt wird (vgl. RKR/*Schützeberg* AO § 369 Rn. 56).

139   Nachdem die Zahl der Tagessätze bestimmt wurde, hat das Gericht in einem zweiten Schritt die **Höhe der einzelnen Tagessätze** zu bestimmen. Dabei hat es grundsätzlich nur die Leistungsfähigkeit des Täters zu berücksichtigen. Nach § 40 II 2 StGB geht es von dem Nettoeinkommen aus, das der Täter an einem Tag durchschnittlich hat oder haben könnte. Ein Tagessatz beträgt mindestens 1 und höchstens 30.000 EUR (§ 40 II 3 StGB). Die Bestimmung des Nettoeinkommens bereitet Schwierigkeiten, insbes. die Frage, welche Zahlungsverpflichtungen des Angeklagten von seinem tatsächlichen Einkommen abzuziehen sind (Schönke/Schröder/*Kinzig* StGB § 40 Rn. 8 ff.; *Grebing* JZ 1976, 745; *Frank* NJW 1976, 2329). Dem Grundgedanken des Tagessatzsystems widerspricht es, bei der Bestimmung der Tagessatzhöhe Strafzumessungsgesichtspunkte wie die Höhe der Schuld oder spezial- oder generalpräventive Aspekte zu berücksichtigen (*Zipf* ZStW 86 [1974], 523; *Horn* NJW 1974, 628; krit. Schönke/Schröder/*Kinzig* StGB § 40 Rn. 6 ff.; *Tröndle* ZStW 86 [1974], 554 ff.). Diese Umstände dürfen nur bei der Bestimmung der Tagessatzzahl herangezogen werden. Ebenfalls unzulässig ist es, das Produkt aus Tagessatzzahl und Tagessatzhöhe abzumildern, weil der absolute Betrag der Geldstrafe bezogen auf den verkürzten Betrag „unverhältnismäßig" erscheint. Hat ein schwerreicher Steuerpflichtiger 5.000 EUR Steuern hinterzogen und sollte dies eine Geldstrafe von 10 Tagessätzen rechtfertigen, wird eben ein Höchsttagessatz von 30.000 EUR angewandt und eine Geldstrafe von 300.000 EUR verhängt. Dies ist vom Gesetz so gewollt.

140   Die **Beiziehung der Steuerakten** zur Ermittlung der Einkommens- und Vermögensverhältnisse ist unzulässig (*Wieczorek* wistra 1987, 173; aM Koch/Scholtz/*Scheurmann-Kettner* AO § 369 Rn. 57; vgl. auch den Hinweis in BGH 30.9.1992, wistra 1993, 19, 21). Im Rahmen der Reform des Geldstrafensystems zum 1.1.1975 war die in § 49 III 2 StGB-AE vorgesehene Möglichkeit der Beiziehung der Steuerakten ausdrücklich verworfen worden (vgl. LK-StGB/*Häger* StGB § 40 Rn. 75). Diese gesetzgeberische Entscheidung kann nicht dadurch unterlaufen werden, dass unter Berufung auf § 30 IV Nr. 1 AO die Beiziehung der (aktuellen) Steuerakten für zulässig erachtet wird (so aber Koch/Scholtz/*Scheurmann-Kettner* AO § 369 Rn. 579). Die Anweisungen für das Straf- und Bußgeldverfahren enthalten in der neuen Fassung vom 18.12.2003 (BStBl. I 654) einen entgegenstehenden Hinweis nicht mehr (vgl. AStBV 112 III 2 aF).

141   Bei uneinbringlicher Geldstrafe wird **Ersatzfreiheitsstrafe** vollstreckt, bei der ein Tag Freiheitsstrafe einem Tagessatz entspricht (§ 43 StGB).

Hat sich der Täter durch die Tat bereichert oder zu bereichern versucht, kann gem. § 41 142
StGB eine **Geldstrafe** auch neben Freiheitsstrafe verhängt werden, gleichgültig ob das
Gesetz Geldstrafe androht oder nicht.

ee) Strafzumessungserwägungen. Maßgeblich für die Strafzumessung bei Steuerhin- 143
terziehung sind gem. § 369 II AO die in § 46 II StGB aufgeführten Kriterien. Diese
Bestimmung enthält eine Vielzahl von Aspekten, die bei der Abwägung durch das Gericht
zu berücksichtigen sind. Abgesehen von der zum Teil allzu schematischen Zumessung von
Geldstrafen enthält das Steuerstrafrecht eine Besonderheit dergestalt, dass sich aus seiner
Materie teilweise besondere Gesichtspunkte ergeben, die der Beachtung bedürfen.

Nach dem Wechsel der Zuständigkeit in Steuerstrafsachen vom 5. zum 1. Strafsenat des 144
BGH mit Wirkung vom 1.8.2008 deutet sich, zumindest auf höchstrichterlicher Ebene,
eine Verschärfung der Sanktionspraxis an. Bereits wenige Monate nach dem Zuständig-
keitswechsel hatte der 1. Strafsenat eingefordert, bei Steuerhinterziehung in Millionenhöhe
Freiheitsstrafen zur Bewährung nur noch ausnahmsweise zu verhängen (BGH 2.12.2008,
BGHSt 53, 71). Diese Linie hat der Senat in der Folgezeit fortgesetzt und zugleich
klargestellt, dass damit nicht etwa gesagt wäre, dass bei Steuerhinterziehungen in Nicht-
Millionenhöhe keine Freiheitsstrafe über zwei Jahre verhängt werden dürfte (→ § 370
Rn. 572).

Bislang wurde auch eine **rechtsstaatswidrige Verfahrensverzögerung** als bedeut- 145
samer Strafzumessungsfaktor eingeordnet (6 Jahre zwischen Geständnis und Aburteilung;
BGH 16.5.2002, wistra 2002, 299 mwN.; EGMR 2.10.2003, wistra 2004, 177 mAnm
Gaede wistra 2004, 166). Mit der Entscheidung des Großen Senats vom 17.1.2008 (wistra
2008, 137) hat die Rechtsprechung in Fällen der rechtsstaatswidrigen Verfahrensverzögerung aber vom Strafzumessungsmodell auf das sog. „Anrechnungsmodell" umgestellt.
Damit wird jetzt jeweils eine Strafe festgesetzt, bei der die rechtsstaatswidrige Verfahrensverzögerung ausgeblendet wird. Sodann wird in einem zweiten Schritt festgesetzt, dass ein
bezifferter Teil der verhängten Strafe als vollstreckt gilt.

Eine **gesamtschuldnerische Haftung** des Angeklagten gem. § 71 AO konnte nach der 146
bisherigen Rechtsprechung zu einer Strafmilderung führen (BGH 24.10.2002, wistra 2003,
100). Anders soll es sein, wenn eine Inanspruchnahme angesichts der Vermögenslosigkeit
des Täters unwahrscheinlich ist (BGH 25.9.2012, wistra 2013, 67 Rn. 61 f.). Eine auf Zeit
geplante Verkürzung ist deutlich weniger gewichtig als eine solche auf Dauer (vgl. BGH
21.1.1998, wistra 1998, 146).

Bei Hinterziehung von **Umsatzsteuer** ist die Korrekturmöglichkeit von Scheinrech- 147
nungen im Rahmen der Strafzumessung zu berücksichtigen (BGH 11.7.2002, BGHSt 47,
343). Andererseits ist bei einem USt-Karussell der durch das System verursachte Gesamtschaden zu ermitteln und in die Strafzumessung einzustellen, wenn den einzelnen Beteiligten die Struktur und die Funktionsweise des Karussells bekannt sind (BGH 11.7.2002,
BGHSt 47, 343; vgl. auch BGH 11.12.2002, wistra 2003, 140).

Bei der Hinterziehung von **Branntweinsteuer** ist es bei der Strafzumessung im Hinblick 148
auf die verschuldeten Auswirkungen der Tat (§ 46 II 2 StGB) in gesamtwirtschaftlicher
Betrachtung zu berücksichtigen, wenn verkürzte Steuerforderungen des deutschen Steuerfiskus nur aus formalen Gründen entstanden sind (BGH 24.10.2002, wistra 2003, 100, 108
mAnm *Bender* wistra 2003, 147): Im konkreten Fall wäre keine Branntweinsteuer angefal-
len, wenn der Alkohol nicht falsch deklariert, sondern ordnungsgemäß in dem dafür vorgesehenen innergemeinschaftlichen Versandverfahren unter Steueraussetzung ausgeführt
worden wäre.

3. Geltung des Jugendgerichtsgesetzes

Schrifttum: *Brunner/Dölling*, Jugendgerichtsgesetz, Kommentar, 13. Aufl. 2017; *Eisenberg*, Jugendgerichtsgesetz, Kommentar, 22. Aufl. 2021; *Diemer/Schatz/Sonnen*, Jugendgerichtsgesetz, Kommentar,
8. Aufl. 2020; *Ostendorf*, Kommentar zum Jugendgerichtsgesetz, 11. Aufl. 2021; *Schaffstein/Beulke/Swoboda*,

Jugendstrafrecht, 15. Aufl. 2014; ferner *Schefold*, Der jugendliche Steuersünder, StW 1944, 321; *Mattern*, Steuerstrafrecht und Jugendliche, DStR 1953, 249; *Böckmann*, Das Zusammentreffen von Jugendstrafrecht und Steuerstrafrecht, Diss. Münster 1964.

a) Inhalt und Bedeutung der Verweisung auf das JGG

149 **Allgemeine Gesetze über das Strafrecht** iS des § 369 II AO sind auch die materiellen Vorschriften der §§ 1–32, 105, 106 und 112a JGG, die ihrerseits gem. § 2 JGG die allgemeinen Vorschriften des StGB verdrängen. Nach § 2 II JGG gelten die *„allgemeinen Vorschriften"* nur, soweit das JGG, *„nichts anderes bestimmt"*. Zu den allgemeinen Vorschriften iS des § 2 II JGG gehören alle Rechtsnormen, die keine Rücksicht auf das Alter nehmen (*Dallinger/Lackner* JGG § 2 Rn. 3, *Eisenberg* JGG § 2 Rn. 1), also auch alle Vorschriften des Steuerstrafrechts (*B. Goetzeler* NJW 1960, 1656), das keine Sondervorschriften über Steuerstraftaten Jugendlicher enthält. Auf die Vorschriften der §§ 33–104, 107 ff. JGG über die Jugendgerichtsverfassung, das Jugendstrafverfahren, den Vollzug usw. verweist § 385 I AO.

150 **Steuerstraftaten durch jugendliche oder heranwachsende Täter** kommen nicht selten vor, beschränken sich aber meist auf die Hinterziehung von Eingangsabgaben und Steuerhehlerei durch jugendliche Grenzgänger oder Seeleute und die Hinterziehung von ESt durch unrichtige Angaben im Rahmen einer Antragsveranlagung gem. § 46 II Nr. 8 EStG.

b) Persönlicher Anwendungsbereich des JGG

151 Das JGG gilt, wenn ein **Jugendlicher** oder **Heranwachsender** eine Verfehlung begeht, die nach den allgemeinen Vorschriften (→ Rn. 149) mit Strafe bedroht ist (§ 1 I JGG). Jugendlicher ist, wer zZ der Tat 14, aber noch nicht 18, Heranwachsender, wer zZ der Tat 18, aber noch nicht 21 Jahre alt ist (§ 1 II JGG). Ein Jugendlicher ist strafrechtlich verantwortlich, wenn er zZ der Tat nach seiner sittlichen und geistigen Entwicklung reif genug ist, das Unrecht der Tat einzusehen und nach dieser Einsicht zu handeln (§ 3 S. 1 JGG). Die Verfehlung eines Heranwachsenden ist nach dem Jugendstrafrecht zu beurteilen, *„wenn*

1. die Gesamtwürdigung der Persönlichkeit des Täters bei Berücksichtigung auch der Umweltbedingungen ergibt, daß er zur Zeit der Tat nach seiner sittlichen und geistigen Entwicklung noch einem Jugendlichen gleichstand, oder

2. es sich nach der Art, den Umständen oder den Beweggründen der Tat um eine Jugendverfehlung handelt".

Das Jugendstrafrecht (§§ 3–32, 105 JGG) gilt im Ganzen auch für die Dauer des Wehrdienstverhältnisses eines Jugendlichen oder Heranwachsenden; wegen einzelner Abweichungen vgl. § 112a JGG.

c) Die Sanktionen des Jugendstrafrechts

152 Anstelle der für Straftaten Erwachsener angedrohten Freiheits- und Geldstrafen (→ Rn. 132 ff.) sieht das Jugendstrafrecht vor, dass aus Anlass der Straftat eines Jugendlichen **Erziehungsmaßregeln** angeordnet werden können und nur dann, wenn diese nicht ausreichen, die Straftat mit Zuchtmitteln oder mit Jugendstrafe geahndet wird (§ 5 I, II JGG). Erziehungsmaßregeln sind gem. § 9 JGG die Erteilung von Weisungen (vgl. §§ 10, 11 JGG), Erziehungsbeistandschaft und Fürsorgeerziehung (vgl. § 12 JGG iVm §§ 30, 34 SGB VIII). Mit Zuchtmitteln ahndet der Richter die Straftat, wenn einerseits Erziehungsmaßregeln nicht ausreichen (§ 5 II JGG), andererseits *„Jugendstrafe nicht geboten ist, dem Jugendlichen aber eindringlich zum Bewußtsein gebracht werden muß, daß er für das von ihm begangene Unrecht einzustehen hat"* (§ 13 JGG). Zuchtmittel sind gem. § 13 II JGG die Verwarnung (§ 14 JGG), die Erteilung von Auflagen (§ 15 JGG) und der Jugendarrest, der als Freizeitarrest höchstens 2 Freizeiten, als Kurzarrest höchstens 4 Tage und als Dauerarrest höchstens 4 Wochen betragen darf (§ 16 JGG). Seit 7.3.2013 kann Jugendarrest auch neben einer zur Bewährung ausgesetzten Jugendstrafe quasi als „Warnschussarrest" angeordnet werden (§ 16a JGG; dazu *Kinzig/Schnierle* JuS 2014, 210). Zuchtmittel haben nach § 13 III JGG nicht die Rechtswirkungen einer Strafe und werden nicht in das

Strafregister eingetragen. Jugendstrafe (= Freiheitsentzug in einer Jugendstrafanstalt) wird verhängt, *„wenn wegen der schädlichen Neigungen des Jugendlichen, die in der Tat hervorgetreten sind, Erziehungsmaßregeln oder Zuchtmittel zur Erziehung nicht ausreichen oder wenn wegen der Schwere der Schuld Strafe erforderlich ist"* (§ 17 II JGG). Ohne Rücksicht auf die Strafrahmen des allgemeinen Strafrechts beträgt die Jugendstrafe mindestens 6 Monate und idR höchstens 5 Jahre (vgl. § 18 I JGG).

Von den Nebenfolgen darf auf Verlust der Amtsfähigkeit und Wählbarkeit (vgl. § 375 I AO) gegen einen Jugendlichen nicht erkannt werden (§ 6 JGG). Dagegen ist die Einziehung (vgl. § 375 II AO) durch das JGG nicht ausgeschlossen. Die Einziehung widerspricht nicht den Erziehungsgrundsätzen des Jugendstrafrechts und ist daher bei Jugendlichen und Heranwachsenden zulässig (BGH 13.7.1954, BGHSt 6, 258).

4. Geltung des Wehrstraf- und des Zivildienstgesetzes

Schrifttum: *Schölz/Lingens,* Wehrstrafgesetz, Kommentar, 4. Aufl. 2000

Das WStG idF v. 24.5.1974 (BGBl. I 1213), zuletzt geändert durch Art. 10 VIII des G v. 30.10.2017 (BGBl. I 3618), gilt nach seinem § 1 I für **alle Straftaten, die Soldaten der Bundeswehr begehen,** sowie nach § 1 II auch für Straftaten, durch die militärische Vorgesetzte, die nicht Soldaten sind, ihre Pflichten verletzen. Praktische Bedeutung für das Steuerstrafrecht hat namentlich:

§ 10 WStG Geldstrafe bei Straftaten von Soldaten

Bei Straftaten von Soldaten darf Geldstrafe nicht verhängt werden, wenn besondere Umstände, die in der Tat oder der Persönlichkeit des Täters liegen, die Verhängung von Freiheitsstrafe zur Wahrung der Disziplin gebieten.

Die Wahrung der Disziplin kann eine Freiheitsstrafe insbesondere bei Schmuggelvergehen erfordern, dh Hinterziehung von Einfuhr- oder Ausfuhrabgaben (§ 370 I AO) oder Bannbruch (§ 372 AO), die im Zusammenhang mit Kommandierungen eines Soldaten ins Ausland begangen werden. Darüber hinaus kann die militärische Disziplin eine Freiheitsstrafe auch erfordern, wenn zwischen der Straftat und dem Dienstverhältnis als Soldat kein Zusammenhang besteht, zB wenn Soldaten einer grenznahen Garnison sich in ihrer Freizeit als Schmuggler betätigen (krit. *Peschke* NZW 1987, 159).

IV. Wertzeichenfälschung

§ 148 StGB Wertzeichenfälschung

(1) Mit Freiheitsstrafe bis zu fünf Jahren oder mit Geldstrafe wird bestraft, wer
1. amtliche Wertzeichen in der Absicht nachmacht, daß sie als echt verwendet oder in Verkehr gebracht werden oder daß ein solches Verwenden oder Inverkehrbringen ermöglicht werde, oder amtliche Wertzeichen in dieser Absicht so verfälscht, daß der Anschein eines höheren Wertes hervorgerufen wird,
2. falsche amtliche Wertzeichen in dieser Absicht sich verschafft oder
3. falsche amtliche Wertzeichen als echt verwendet, feilhält oder in Verkehr bringt.

(2) Wer bereits verwendete amtliche Wertzeichen, an denen das Entwertungszeichen beseitigt worden ist, als gültig verwendet oder in Verkehr bringt, wird mit Freiheitsstrafe bis zu einem Jahr oder mit Geldstrafe bestraft.

(3) Der Versuch ist strafbar.

§ 149 StGB Vorbereitung der Fälschung von Geld und Wertzeichen

(1) Wer eine Fälschung von Geld oder Wertzeichen vorbereitet, indem er
1. Platten, Formen, Drucksätze, Druckstöcke, Negative, Matrizen, Computerprogramme oder ähnliche Vorrichtungen, die ihrer Art nach zur Begehung der Tat geeignet sind,

2. Papier, das einer solchen Papierart gleicht oder zum Verwechseln ähnlich ist, die zur Herstellung von Geld oder amtlichen Wertzeichen bestimmt und gegen Nachahmung besonders gesichert ist, oder
3. Hologramme oder andere Bestandteile, die der Sicherung gegen Fälschung dienen,

herstellt, sich oder einem anderen verschafft, feilhält, verwahrt oder einem anderen überläßt, wird, wenn er eine Geldfälschung vorbereitet, mit Freiheitsstrafe bis zu fünf Jahren oder mit Geldstrafe, sonst mit Freiheitsstrafe bis zu zwei Jahren oder mit Geldstrafe bestraft.

(2) Nach Absatz 1 wird nicht bestraft, wer freiwillig
1. die Ausführung der vorbereiteten Tat aufgibt und eine von ihm verursachte Gefahr, daß andere die Tat weiter vorbereiten oder sie ausführen, abwendet oder die Vollendung der Tat verhindert und
2. die Fälschungsmittel, soweit sie noch vorhanden und zur Fälschung brauchbar sind, vernichtet, unbrauchbar macht, ihr Vorhandensein einer Behörde anzeigt oder sie dort abliefert.

(3) Wird ohne Zutun des Täters die Gefahr, daß andere die Tat weiter vorbereiten oder sie ausführen, abgewendet oder die Vollendung der Tat verhindert, so genügt an Stelle der Voraussetzungen des Absatzes 2 Nr. 1 das freiwillige und ernsthafte Bemühen des Täters, dieses Ziel zu erreichen.

§ 150 StGB Einziehung

Ist eine Straftat nach diesem Abschnitt begangen worden, so werden das falsche Geld, die falschen oder entwerteten Wertzeichen und die in § 149 bezeichneten Fälschungsmittel eingezogen.

§ 152 StGB Geld, Wertzeichen und Wertpapiere eines fremden Währungsgebiets

Die §§ 146 bis 151 sind auch auf Geld, Wertzeichen und Wertpapiere eines fremden Währungsgebiets anzuwenden.

1. Entstehungsgeschichte

155 **§ 148 StGB wurde durch das EGStGB eingeführt,** um verschiedene Einzelregelungen über Wertzeichenfälschungen in einer Vorschrift zusammenzufassen (→ Einleitung Rn. 91). Soweit § 148 StGB auch die Fälschung von Steuerzeichen regelt, ersetzt er § 399 RAO, in dem die Steuerzeichenfälschung gesondert behandelt worden war. § 148 StGB wird im Folgenden nur insoweit behandelt, wie dies für Steuerzeichen bedeutsam ist. Soweit sich eine Tat nach den §§ 148, 149 StGB auf Steuerzeichen bezieht, ist sie gem. § 369 I Nr. 3 AO Steuerstraftat.

2. Zweck, Anwendungsbereich und Bedeutung

156 Die §§ 148, 149 StGB dienen (auch) dem **Schutz des Rechtsverkehrs** mit Steuerzeichen und mittelbar dem Schutz des Aufkommens derjenigen Steuern, die ohne besondere Festsetzung des Steueranspruchs durch die Verwendung und Entwertung on Steuerzeichen entrichtet werden. Die Bedeutung des 148 StGB für das Steuerstrafrecht ist insoweit gering, dass zu den relevanten Steuerzeichen aktuell nur Tabaksteuerzeichen (in Form von Tabaksteuerbanderolen gem. § 17 I TabStG zählen. Die TabSt ist durch Verwendung der Steuerzeichen zu entrichten. Die Verwendung umfasst das Entwerten und das Anbringen der Steuerzeichen an den Kleinverkaufspackungen, bevor die Tabakerzeugnisse aus dem Herstellungsbetrieb entfernt oder zum Verbrauch im Herstellungsbetrieb entnommen werden.

157 **Für Steuerzeichen besteht ein besonderes Schutzbedürfnis,** da sie keine Urkunden iS der §§ 267, 348 StGB darstellen (RG 18.6.1928, RGSt 62, 203, 204 ff.) und als eine besondere Art von Beweiszeichen auch nicht dem Schutz des § 275 StGB unterliegen (RG 22.11.1921, RGSt 56, 240). Andererseits sind auch Steuerzeichen mit öffentlicher Autorität ausgestellt (RG 13.1.1930, RGSt 63, 380 f.). Ihre (Ver-)Fälschung liegt kriminologisch in der Nähe der Geld- und der Urkundenfälschung. Daher ist auch ein weitreichender Schutz gegen Vorbereitungshandlungen zur Fälschung von Steuerzeichen erforderlich, den § 149 StGB gewährleistet (→ Rn. 171 ff.).

Allein nach § 370 AO wäre der strafrechtliche Schutz der TabSt wegen der geringen **158**
Steuerbeträge oft wirkungslos, obwohl wegen der besonderen Art des Besteuerungsverfahrens (→ Rn. 156) ein besonderes Schutzbedürfnis besteht. Die TabSt ist zwar relativ hoch (vgl. § 2 TabStG), jedoch ist der auf die einzelne Kleinverkaufspackung entfallende Steuerbetrag gering.

3. Fälschen von Steuerzeichen (§ 148 I Nr. 1 StGB)

Echte Steuerzeichen werden nur von den zuständigen Finanzbehörden ausgegeben; **159**
sie dienen dann auf Kleinverkaufspackungen von Tabakwaren zum Beweis dafür, dass die Steuer bezahlt worden ist. Das **Fälschen** in seinen beiden Erscheinungsformen des Nachmachens oder der Verfälschung besteht darin, dass ein falscher Anschein über die Herkunft, dh über den Ausgeber des Zeichens, hervorgerufen wird. Das falsche oder verfälschte Zeichen gibt sich den Anschein, als sei es von der dazu befugten Finanzbehörde hergestellt und gegen Zahlung des auf ihm vermerkten Entgelts ausgegeben worden. In Wirklichkeit ist es entweder überhaupt nicht von der zuständigen Stelle ausgegeben worden, oder es stammt zwar von ihr, ist aber in seinem rechtserheblichen Inhalt, etwa der Angabe über den Steuerbetrag oder über die Menge der versteuerten Tabakwaren, von unbefugter Seite verändert worden. Im ersten Fall ist das Zeichen *„nachgemacht"*, im zweiten Fall ist es *„verfälscht"*.

Nachmachen liegt immer dann vor, wenn dem Täter die Befugnis zur Herstellung des **160**
Steuerzeichens fehlt. Deshalb ist § 148 I Nr. 1 StGB auch erfüllt, wenn ein Unbefugter Steuerzeichen mittels echter Platten oder Papiere herstellt, die er sich beschafft hat. Nachmachen ist auch das sog. *„Schnippeln"* von Steuerzeichen, die aus Teilen verschiedener bereits verwendeter Zeichen zu einem anscheinend vollständigen Zeichen zusammengesetzt werden (RG 2.10.1930, JW 1931, 321). Ein Nachmachen ist auch darin erblickt worden, dass außer Kurs gesetzte Steuerzeichen mit einem Kleinverkaufspreis versehen und verwendet worden sind (RG 6.1.1939, HRR Nr. 297), jedoch ist ein Steuerzeichen nur dann *unecht*, wenn das bei seiner Herstellung nachgeahmte Vorbild zur Zeit der Nachbildung amtliche Geltung hat (RG 8.4.1924, JW 1925, 262).

Verfälschen eines echten Steuerzeichens liegt zB vor, wenn der die Preisangabe **161**
enthaltende Teil eines bereits verwendeten Steuerzeichens durch einen eine höhere Preisangabe enthaltenden Ausschnitt aus einem anderen Steuerzeichen überklebt oder ersetzt wird (vgl. RG 14.1.1929, RGSt 62, 427, 428 f.; RG 2.10.1930, JW 1931, 321; RG 26.2.1931, RGSt 65, 180; KG 1.10.1937, JW 1938, 172). Bloßes Unkenntlichmachen der Wertbezeichnung oder der Inhaltsangabe ist kein Verfälschen, sondern ein Vernichten des Steuerzeichens, das mangels einer entsprechenden Strafvorschrift straflos ist (RG 14.11.1923, RZBl. 1924, 42 f.). Das verfälschte Wertzeichen muss den Anschein eines höheren Wertes hervorrufen.

Das Fälschen von Steuerzeichen ist nur strafbar, wenn der Täter mit der **Absicht** handelt, **162**
dass das Steuerzeichen als echt verwendet oder in Verkehr gebracht oder dass ein solches Verwenden oder Inverkehrbringen ermöglicht werde. Die Tathandlung muss also darauf gerichtet sein, die durch den steuerbaren Vorgang ausgelöste oder auf dem Erzeugnis ruhende Steuer zu ersparen und damit das Steueraufkommen zu beeinträchtigen (RG 8.4.1924, JW 1925, 262; vgl. auch RG 2.10.1930, JW 1931, 321). Ob der Täter beabsichtigt hat, das falsche Steuerzeichen *selbst* zu verwenden oder ob nach seiner Vorstellung ein Dritter von der Fälschung Gebrauch machen sollte, ist belanglos (RG 10.1.1922, RGSt 56, 275 f. zu § 66 I TabStG 1919); erforderlich ist nur, dass er überhaupt mit der rechtswidrigen Absicht tätig geworden ist, das Steuerzeichen zur Täuschung über die ordnungsmäßige Versteuerung der Tabakware zu verwenden. § 148 I Nr. 1 StGB greift aber auch ein, wenn die falschen Steuerzeichen nicht ihrer bestimmungsgemäßen Verwendung zugeführt, sondern sonst in Verkehr gebracht werden sollen. § 148 I Nr. 1 StGB erfasst daher anders als § 399 I RAO auch den Fall, in dem der Täter die Verwendung nach dem

Inverkehrbringen nur für möglich hält (BT-Drs. 7/550, 228; vgl. Schönke/Schröder/*Sternberg-Lieben* StGB § 148 Rn. 6 mwN; aA MüKoStGB/*Erb* StGB § 148 Rn. 10), dagegen nicht den Fall, in dem jemand lediglich um zu „renommieren" falsche Steuerzeichen eines besonders hohen Wertes herstellt und damit ordnungsmäßig versteuerte, billigere Erzeugnisse versieht, um sie Gästen oder Kunden unentgeltlich anzubieten und dabei in ihnen die Vorstellung von einem höheren Wert der Gabe zu erwecken (RG 25.3.1929, JW 1929, 2431, zu § 399 I RAO). Soll auf diese Weise zB ein Sammler über den Wert der Ware getäuscht werden, kommt neben § 148 I Nr. 1 StGB (Schönke/Schröder/*Sternberg-Lieben* StGB § 148 Rn. 6) der Straftatbestand des Betruges nach § 263 StGB in Betracht (vgl. auch BGH 10.5.1983, BGHSt 31, 380).

163 **Vollendet ist das Vergehen nach § 148 I Nr. 1 StGB,** wenn die Fälschung derart gelungen ist, dass sie von arglosen, nicht besonders sachkundigen Betrachtern übersehen werden könnte, falls die mit dem falschen oder verfälschten Steuerzeichen versehenen Urkunden oder Erzeugnisse in den Verkehr gebracht werden (RG 18.4.1932, RGSt 66, 217 f.). Nicht erforderlich ist, dass auch sachkundige Steuerbeamte oder branchenkundige Kaufleute getäuscht werden können (vgl. BGH 4.10.1951, NJW 1952, 311; BGH 17.12.1953, NJW 1954, 564). Dass allein der Täter die Fälschung für gelungen erachtet, reicht für die Vollendung der Tat nicht aus. Der Versuch der Steuerzeichenfälschung ist nach § 148 III StGB strafbar.

4. Weitere Tathandlungen

a) Sichverschaffen

164 Dem Steuerzeichenfälscher steht gleich, wer sich **falsche Steuerzeichen verschafft** und dabei mit der Absicht nach § 148 I Nr. 1 StGB (→ Rn. 162) handelt. Sich verschaffen heißt, falsche Steuerzeichen bewusst in Besitz zu nehmen (BGH 10.1.1952, BGHSt 2, 116 f. zu § 147 StGB), und zwar zur *eigenen* Verfügung. Diese Voraussetzung fehlt bei einem bloßen Verteilungsgehilfen, der den Gewahrsam für einen anderen ausübt (BGH 19.9.1952, BGHSt 3, 154, 156 zu § 147 StGB); dieser kann daher nur wegen Beihilfe zu § 148 I Nr. 2 StGB bestraft werden. Im Übrigen genügt jeder Erwerb von Steuerzeichen, der sich in Kenntnis der Unechtheit vollzieht, auch ein Erwerb durch Fund, Diebstahl oder Unterschlagung (RG 4.11.1937, JW 1937, 3301); *abgeleiteter* Erwerb ist nicht erforderlich (RGSt 67, 294, 296 zu § 148 StGB). Für die Kenntnis, dass die erworbenen Steuerzeichen gefälscht oder verfälscht sind, genügt *bedingter* Vorsatz (BGH 10.1.1952, BGHSt 2, 116; OLG Köln 7.3.1950, DRZ 1950, 453; aM RG 9.2.1925, RGSt 59, 79 f. – sämtl. zu § 147 StGB).

b) Als echt verwenden

165 Als echt verwendet werden falsche oder verfälschte Steuerzeichen dann, wenn sie zur Täuschung über die Entrichtung der Steuerschuld in der von den Steuergesetzen vorgeschriebenen Weise (→ Rn. 159) auf Kleinverkaufspackungen von Tabakwaren angebracht werden. Wer *versehentlich* verwendete Steuerzeichen wieder ablöst und auf einer anderen Packung verwendet, begeht keine tatbestandsmäßige Handlung, da durch die versehentlich verklebte Marke noch keine fällige Steuerschuld getilgt worden ist (BGH 18.5.1954, LM § 405 RAO aF Nr. 1; zw. *Troeger/Meyer* S. 90). TabSt-Banderolen sind verwendet, sobald die mit ihnen versehenen Kleinverkaufspackungen den Herstellungsbetrieb verlassen haben (BGH 18.5.1954, LM § 405 RAO aF Nr. 1).

c) Feilhalten

166 Feilhalten ist das Bereithalten zum Verkauf (BGH 24.6.1970, BGHSt 23, 290 zu § 4 LebmG). Der feilgehaltene Gegenstand braucht nicht unbedingt bereits fertig vorhanden zu sein. Ein Feilhalten kann auch in einem Anbieten der alsbaldigen Herstellung und Lieferung liegen und auch schon durch ein einzelnes Angebot gegenüber einem einzelnen Interessenten erfüllt werden (BGH 29.3.1960, NJW 1960, 1154, zu § 6 PatG). In jedem

Falle muss der Täter die ernsthafte Absicht des Verkaufs haben (OLG Celle 11.5.1967, GA 1968, 56, zu § 4 Nr. 2 LebmG). Der BGH (BGH 24.6.1970, BGHSt 23, 286, 292) neigt dazu, Eventualvorsatz hinsichtlich eines möglichen Verkaufs für ausreichend zu halten.

Ob der Täter das falsche Steuerzeichen als echt ausgibt oder offenbart, dass es 167 falsch ist, macht keinen Unterschied. Die Worte *„als echt"* gehören nur zu *„verwendet"*, nicht auch zu *„feilhalten oder in Verkehr bringen"* (glA *Hartung* II RAO 1931 § 405 2b im Anschluss an BGH 17.4.1951, BGHSt 1, 143 zu § 147 StGB; BGH 5.8.1980, BGHSt 29, 311; Schönke/Schröder/*Sternberg-Lieben* StGB § 146 Rn. 22, § 147 Rn. 5; aM OLG Stuttgart 26.3.1980, NJW 1980, 2089; vgl. aber *Prittwitz* NStZ 1989, 10; *Puppe* JZ 1986, 994).

d) In Verkehr bringen

Dies heißt, die Steuerzeichen an andere mit dem (mindestens bedingten) Willen ab- 168 zugeben, dass diese sie (in Kenntnis oder Unkenntnis der mangelnden Echtheit, → Rn. 167) für steuerliche Zwecke verwenden. Unerheblich ist, ob die Abgabe entgeltlich oder unentgeltlich erfolgt. Die Absicht, sich zu bereichern oder einen anderen zu schädigen, kann fehlen. Auch ist für die Tatbestandsmäßigkeit der Handlung gleichgültig, ob der Täter die falschen Steuerzeichen selbst angefertigt oder sich von dem Fälscher oder einem Mittelsmann verschafft hat. Die Gefährdungshandlung des Inverkehrbringens verliert jedoch ihre selbstständige Bedeutung dann, wenn der Täter sich selbst der Fälschung der abgegebenen Steuerzeichen nach § 148 I Nr. 1 StGB schuldig gemacht hat (→ Rn. 159).

5. Wiederverwenden von Steuerzeichen (§ 148 II StGB)

Tatobjekt sind bereits verwendete Steuerzeichen, von denen das Entwertungszeichen 169 beseitigt worden ist. Das Entwertungszeichen braucht nicht völlig beseitigt zu sein; es genügt, wenn es durch ein anderes Entwertungszeichen unkenntlich gemacht worden ist. Dabei ist es gleichgültig, ob das alte Entwertungszeichen vom Täter oder von einem Dritten beseitigt wurde. Den Tatbestand erfüllt, wer das Steuerzeichen als gültig verwendet oder in Verkehr bringt. Das Steuerzeichen wird als gültig verwendet, wenn es am neuen Platz den Eindruck erweckt, als sei es erstmalig verwendet worden. Es wird in Verkehr gebracht, wenn es vom Täter anderen Personen zugänglich gemacht wird. Dafür ist nicht Voraussetzung, dass es als Steuerzeichen eingesetzt wird; vielmehr genügt es, wenn es an einen Sammler weitergegeben wird. Insofern ist § 148 II StGB erheblich weiter als § 399 II RAO (BT-Drs. 7/550, 228). Demgegenüber erfasst § 148 II StGB nicht mehr das *„sich verschaffen"* und *„feilhalten"*.

6. Versuch

Der Versuch sämtlicher Taten nach § 148 I und II StGB ist strafbar (§ 148 III StGB). 170 Dies ist angesichts der Tatsache, dass § 149 StGB sogar Vorbereitungshandlungen erfasst, nur konsequent.

7. Vorbereitung der Fälschung von Steuerzeichen (§ 149 StGB)

§ 149 StGB erfasst die Vorbereitung der Fälschung von Geld und Wertzeichen in einem 171 Tatbestand. Gegenüber der Vorbereitung der Geldfälschung (Freiheitsstrafe bis zu 5 Jahren oder Geldstrafe) droht das Gesetz für die Vorbereitung der Wertzeichenfälschung, welche die Steuerzeichenfälschung mit umfasst, nur Freiheitsstrafe bis zu 2 Jahren oder Geldstrafe an. § 149 StGB erfasst nur echte Vorbereitungshandlungen, wie sich aus einem Vergleich mit § 148 III StGB und § 127 OWiG ergibt. Das bedeutet im Einzelnen: § 149 StGB unterscheidet sich von § 127 OWiG allein dadurch, dass § 149 StGB Vorbereitung einer Fälschung voraussetzt. Wer also die Tathandlungen nach § 149 StGB, § 127 OWiG vornimmt, ohne dass er den Fälschungsvorsatz hat, begeht nur eine Ordnungswidrigkeit nach

§ 127 OWiG. Hat er Fälschungsvorsatz, so erfüllt er den Tatbestand nach § 149 StGB. Setzt er darüber hinaus gem. § 22 StGB zum Fälschen unmittelbar an, so verlässt er den Bereich von § 149 StGB und begeht einen Versuch nach § 148 III iVm §§ 22 ff. StGB.

172 **Gegenstand der Tat** sind nach § 149 I Nr. 1 StGB Platten, Formen, Drucksätze, Druckstöcke, Negative und ähnliche Vorrichtungen. Durch Gesetz vom 22.8.2002 (BGBl. 2002 I 3387) wurden Computerprogramme und Hologramme hinzugefügt. Ansonsten handelt es sich durchgehend um solche Gegenstände, von denen das gefälschte Steuerzeichen unmittelbar abgenommen werden kann. Dagegen genügen nicht Platten usw., die erst noch bearbeitet werden müssen. Andererseits ist es nicht erforderlich, dass der Täter bereits alle zur Fälschung erforderlichen Geräte beisammen hat (Schönke/Schröder/*Sternberg-Lieben* StGB § 149 Rn. 3). Die Vorrichtungen müssen zur Steuerzeichenfälschung tatsächlich geeignet sein (vgl. BGH 25.10.1993, NStZ 1994, 124); es genügt nicht, wenn der Täter dies nur annimmt.

173 Als **Tathandlungen** nennt das Gesetz das Herstellen, das sich oder einem anderen Verschaffen (→ Rn. 164), das Feilhalten (→ Rn. 166), das Verwahren und das einem anderen Überlassen. Die Vorrichtung ist hergestellt, wenn sie bis auf geringe Ergänzungen gebrauchsfertig ist (Schönke/Schröder/*Sternberg-Lieben* StGB § 149 Rn. 6). Die Vorrichtung verwahrt, wer an ihr Gewahrsam hat. Überlassen heißt, einem anderen die Verfügungsgewalt derart zu übertragen, dass der Empfänger in die Lage versetzt wird, die Sache zum Zweck der Fälschung zu gebrauchen (KG 25.3.1953, NJW 1953, 1274, zu § 281 I StGB).

174 Der Täter muss durch die Handlung **eine Fälschung vorbereiten,** wobei es gleichgültig ist, ob er oder ein anderer die Fälschung begehen will. Die Fälschung muss aber bereits in groben Umrissen konkretisiert sein (Schönke/Schröder/*Sternberg-Lieben* StGB § 149 Rn. 7).

175 **Der Rücktritt** von einer Tat nach § 149 StGB ist in § 149 II, III StGB gesondert geregelt, weil bei formeller Vollendung der Tat § 24 StGB nicht in Betracht kommt, das Delikt materiell jedoch nur Vorbereitungshandlung ist. § 149 II, III StGB entspricht weitgehend der Rücktrittsregelung nach § 24 StGB (→ Rn. 64 ff.), freilich mit der Besonderheit, dass der Täter über die Voraussetzungen des § 24 StGB hinaus gem. § 149 II Nr. 2 StGB die noch brauchbaren Fälschungsmittel entweder unbrauchbar macht, sie der Behörde abliefert oder ihr Vorhandensein dort anzeigt.

8. Einziehung

176 Die Vorschrift des § 150 StGB ist mit Gesetz zur Reform der strafrechtlichen Vermögensabschöpfung v. 13.4.2017 (BGBl. I 872) geändert worden. Der frühere Verweis des § 150 I StGB auf die Regelung des erweiterten Verfalls (§ 73d StGB aF) ist durch die für alle Straftatbestände geltende erweiterte Einziehung von Taterträgen bei Tätern und Teilnehmern (§ 73a StGB) obsolet geworden.

176a Die Einziehung der unechten oder wiederverwendeten Steuerzeichen sowie der Fälschungsmittel (§ 149 StGB) schreibt § 150 StGB zwingend vor; sie erfolgt gem. § 74 I-III StGB. Über die Voraussetzungen der Einziehung → § 375 Rn. 33 ff.

9. Geltung für Auslandstaten

177 Nach § 152 StGB gelten die §§ 148, 149 StGB auch für Auslandstaten. Abgesehen von der Sinnhaftigkeit einer solchen Regelung für ausländische Steuerzeichen ist jedenfalls eine Anwendbarkeit des § 370 AO außerhalb der Grenzen des § 370 VI AO in diesen Fällen ausgeschlossen (vgl. Flore/Tsambikakis/*Gaede* AO § 369 Rn. 15).

10. Konkurrenzfragen

Verwirklicht jemand mehrere Tatbestände der §§ 148, 149 StGB nacheinander, 178 geht nach den Regeln der Gesetzeskonkurrenz (→ Rn. 118 ff.) ein Vergehen der Vorbereitung (§ 149 StGB) in dem Vergehen der höheren Stufe der Gefährdung (sich verschaffen, § 148 I Nr. 2 StGB) sowie eine Gefährdungshandlung in dem Vergehen der Fälschung (§ 148 I Nr. 1 StGB) oder der Verwendung usw. (§ 148 I Nr. 3 StGB) oder Wiederverwendung usw. (§ 148 II StGB) auf (RG 18.4.1932, RGSt 66, 217 f.; RG 28.11.1933, RGSt 67, 401, 406). Tatmehrheit (§ 53 StGB) kommt nur in Betracht, wenn derselbe Täter mehrere Taten nach den §§ 148, 149 StGB begeht, die nicht im Zusammenhang aufeinander folgen.

Auch mehrfaches Verwirklichen gleichstufiger Tatbestandshandlungen ist nur 179 eine einzige Straftat (BGH 14.1.1954, BGHSt 5, 381, 383 zu § 184 I Nr. 1 StGB aF mwN). Wer zB falsche Steuerzeichen herstellt und diese zT selbst verwendet und zT verkauft, begeht nur *ein* Vergehen nach § 148 I StGB. Tatmehrheit (§ 53 StGB) liegt jedoch zB dann vor, wenn jemand sowohl falsche Steuerzeichen herstellt als auch bereits verwendete echte Steuerzeichen wiederverwendet.

Werden die Verletzungstatbestände der Fälschung oder der Wiederverwendung von 180 Steuerzeichen verwirklicht, trifft das Vergehen nach § 148 I oder II StGB regelmäßig in Tateinheit mit **Steuerhinterziehung** nach § 370 AO, nämlich mit Hinterziehung derjenigen Steuer zusammen, die durch vorschriftsmäßige Verwendung von Steuerzeichen hätte entrichtet werden müssen (RG 19.3.1928, RGSt 62, 78, 81).

Verschafft sich jemand gefälschte Steuerzeichen zum Zwecke der Verwendung oder 181 bereits verwendete Steuerzeichen zum Zwecke der Wiederverwendung durch **Diebstahl** nach § 242 StGB, **Unterschlagung** nach § 246 StGB oder **Untreue** nach § 266 StGB, so treffen diese Tatbestände mit § 148 StGB in Tateinheit zusammen.

V. Begünstigung

§ 257 StGB Begünstigung

(1) Wer einem anderen, der eine rechtswidrige Tat begangen hat, in der Absicht Hilfe leistet, ihm die Vorteile der Tat zu sichern, wird mit Freiheitsstrafe bis zu fünf Jahren oder mit Geldstrafe bestraft.
(2) Die Strafe darf nicht schwerer sein als die für die Vortat angedrohte Strafe.
(3) ¹Wegen Begünstigung wird nicht bestraft, wer wegen Beteiligung an der Vortat strafbar ist. ²Dies gilt nicht für denjenigen, der einen an der Vortat Unbeteiligten zur Begünstigung anstiftet.
(4) ¹Die Begünstigung wird nur auf Antrag, mit Ermächtigung oder auf Strafverlangen verfolgt, wenn der Begünstiger als Täter oder Teilnehmer der Vortat nur auf Antrag, mit Ermächtigung oder auf Strafverlangen verfolgt werden könnte. ² § 248a gilt sinngemäß.

1. Begünstigung als Steuerstraftat

§ 391 I Nr. 3 RAO bezeichnete als Steuervergehen die Begünstigung einer Person, die 182 ein natürliches Steuervergehen oder einen Bannbruch begangen hatte; § 394 RAO ordnete für die Begünstigung in Vorteilsabsicht die Strafe der Steuerhinterziehung an. Nunmehr ist Steuerstraftat nach § 369 I Nr. 4 AO die Begünstigung einer Person, die eine Tat nach Nr. 1–3 begangen hat; § 394 RAO ist ersatzlos weggefallen.

Dies hat zur Konsequenz, dass Steuerstraftat iS von § 369 I Nr. 4 AO nur noch die sog. 183 sachliche Begünstigung ist. Die persönliche Begünstigung (Strafvereitelung, § 258 StGB) kann dagegen nicht mehr als Steuerstraftat begangen werden (→ Rn. 12). Wegen der ersatzlosen Streichung von § 394 RAO gilt jetzt uneingeschränkt die Strafdrohung nach § 257 I, II StGB. Die Strafe kann daher niedriger sein als die der Steuerhinterziehung (→ Rn. 200).

184 Soweit die Begünstigung tateinheitlich mit Strafvereitelung zusammentrifft, ist für die Verfolgung die Staatsanwaltschaft zuständig (→ § 386 Rn. 14).

2. Die Rechtsnatur der Begünstigung

185 Obwohl die (sachliche) Begünstigung die Absicht des Täters voraussetzt, dem Vortäter die Vorteile der Tat zu sichern (Absichtsdelikt), ist sie kein Vermögensdelikt (so aber *Bockelmann* NJW 1951, 621). Sie erfasst vielmehr gegen die Rechtsordnung gerichtete Handlungen, die die Restitution des rechtmäßigen Zustandes vereiteln sollen (BGH 16.6.1971, BGHSt 24, 166; BGH 24.10.1989, BGHSt 36, 277; BFH 26.10.1998, wistra 1999, 103; Schönke/Schröder/*Hecker* StGB § 257 Rn. 1). Das liegt daran, dass die Begünstigung als Vortat nicht ein Vermögensdelikt voraussetzt und daher zB auch in Bezug auf einen Bannbruch begangen werden kann.

3. Der objektive Tatbestand

186 Der objektive Tatbestand setzt voraus, dass ein anderer eine rechtswidrige Tat begangen hat und dass der Begünstige ihm Beistand leistet.

a) Die Vortat muss eine rechtswidrige Tat iSv § 11 I Nr. 5 StGB sein

187 Die Vortat muss daher den objektiven und subjektiven Tatbestand eines Strafgesetzes erfüllen und rechtswidrig sein. Soweit die Begünstigung *Steuer*straftat ist, kommen als Vortaten nur vorsätzliche Taten in Betracht, da die in § 369 I Nr. 1–3 AO bezeichneten Taten nur bei vorsätzlicher Begehung strafbar sind. Dagegen ist es gleichgültig, ob der Vortäter ohne Schuld handelt oder wegen eines persönlichen Schuldausschließungsgrundes straflos ist (Schönke/Schröder/*Hecker* StGB § 257 Rn. 3). Die im allgemeinen Strafrecht streitige Frage, ob die Vortat Vermögensdelikt sein muss, ist für das Steuerstrafrecht bedeutungslos, da § 369 I Nr. 1–3 AO die geeigneten Vortaten verbindlich bezeichnet, nämlich gem. § 369 I Nr. 1 AO die natürlichen Steuerstraftaten (→ Rn. 5), den Bannbruch (Nr. 2) sowie die Wertzeichenfälschung, soweit sie Steuerzeichen betrifft (Nr. 3). Die Vortat braucht nicht vollendet zu sein, auch ein strafbarer Versuch kommt als Vortat in Betracht. Praktisch wird dies selten der Fall sein, da der Vortäter dann den Vorteil bereits aus dem Versuch erlangt haben müsste (Schönke/Schröder/*Hecker* StGB § 257 Rn. 5; siehe aber BGH 3.12.2013, wistra 2014, 219).

b) Abgrenzung

188 Umstritten ist die **Abgrenzung von Begünstigung und Beihilfe** zur Vortat.
Dies gilt zunächst hinsichtlich der sog. **vorgeleisteten Begünstigung,** bei der der Täter vor Beginn der Vortat handelt, der begünstigende Erfolg aber nach Vollendung eintreten soll. Hier lehnt die überwiegende Ansicht Begünstigung zu Recht ab (*Class* FS Stock, 1966, 117; Kohlmann/*Ransiek* AO § 369 Rn. 67), da es für § 257 StGB als Unternehmenstatbestand nicht auf den Erfolg, sondern auf die Handlung des Beistandleistens ankommt.

189 Das Verhältnis von Beihilfe und Begünstigung ist auch im Bereich zwischen **Versuch und Beendigung** der Vortat umstritten. *Hecker* (in Schönke/Schröder StGB § 257 Rn. 7) wollen nur Beihilfe zulassen, während die hM Beihilfe und Begünstigung je nach der Willensrichtung des Handelnden für möglich hält. Wolle er bei der Beendigung der Haupttat helfen, liege Beihilfe vor; Begünstigung sei gegeben, wenn er die Sicherung der Vorteile der Vortat erstrebe (BGH 23.4.1953, BGHSt 4, 132 f.; OLG Köln Urt. v. 14.4.1989, NJW 1990, 587; Kohlmann/*Ransiek* AO § 369 Rn. 68; *Geppert* Jura 1994, 441 ff.; BGH 1.9.1999, NStZ 2000, 31). Wer die wohl noch überwiegend vertretene Auffassung, Beihilfe sei im Stadium zwischen Vollendung und Beendigung der Haupttat möglich, nicht teilt (→ Rn. 79), kann in diesem Bereich lediglich eine Begünstigung annehmen. Nach Beendigung der Tat kommt nur noch § 257 StGB in Betracht (BGH 1.10.2007, wistra 2008, 20; BGH 16.4.2014, wistra 2014, 391).

c) Tathandlung

Die begünstigende Tathandlung besteht darin, dass der Täter dem Vortäter Hilfe 190 leistet. Unterschiedlich beantwortet wird die Frage, ob die Handlung objektiv *geeignet* sein muss, die Lage des Vortäters zu verbessern (so RG 20.11.1923, RGSt 58, 13, 15; RG 28.4.1942, RGSt 76, 122 f.; BGH 30.4.1953, BGHSt 4, 221, 225; BGH 26.10.1998, wistra 1999, 103; Schönke/Schröder/*Hecker* StGB § 257 Rn. 11; MüKoStGB/*Cramer* StGB § 257 Rn. 16), oder ob sie sogar die Lage des Vortäters *tatsächlich* verbessert haben muss (so RG 1.7.1929, RGSt 63, 240 f.; RG 15.1.1942, RGSt 76, 31, 34; BGH 20.5.1952, BGHSt 2, 375 f.) oder ob der Handlung des Begünstigers *weder abstrakt noch im konkreten Falle* eine solche Eignung innewohnen muss (so RG 23.4.1917, RGSt 50, 364). Die zuletzt genannte Auffassung erblickt in § 257 StGB einen sog. Unternehmenstatbestand, der Vollendung und Versuch auf eine Stufe stellt. Für sie spricht, dass § 258 StGB (Strafvereitelung) und § 258a StGB (Strafvereitelung im Amt) abw. von § 257 StGB ausdrücklich auf den Erfolg abheben *(„Wer... vereitelt")* und den Versuch ausdrücklich für strafbar erklären (*Schröder* NJW 1962, 1038). Dagegen wird eingewendet, dass es bei fehlender Eignung an einer notwendigen abstrakten Gefahr für das geschützte Restitutionsinteresse mangelt (MüKoStGB/*Cramer* StGB § 257 Rn. 16). Allerdings genügt für § 257 StGB, dass der Täter mit irgendeiner Handlung das Ziel anstrebt, die Lage des Vortäters in Bezug auf den Tatvorteil zu verbessern, ohne dass es darauf ankommt, ob der erstrebte Erfolg eintritt oder nach den Umständen des konkreten Falles eintreten kann, sodass es auf die Eignung nicht ankommen kann Aber auch nach der hier vertretenen Meinung muss die Handlung sinnvoll sein. Ein von vornherein unnötiges oder unnützes (zB Gebet) oder geradezu zweckwidriges Verhalten, das unter keinen Umständen eine „Hilfe" bedeuten kann, wird vom Tatbestand der Begünstigung nicht erfasst (ebenso Kohlmann/*Ransiek* AO § 369 Rn. 62).

Begünstigende Hilfe kann zB geleistet werden durch Zupacken bei der Bergung von 191 Schmuggelgut, durch falsche Angaben über den Aufenthaltsort einer geschmuggelten Sache (RG 7.11.1919, RGSt 54, 41), durch Mitwirken beim Absatz (BGH 15.5.1952, BGHSt 2, 362, 363 f.), beim Verbergen oder beim Überbringen an einen Dritten (BGH 1.4.1953, BGHSt 4, 122, 124), beim „Waschen" von Geldern (BGH 26.10.1998, wistra 1999, 103) und durch anonymen Geldtransfer ins Ausland (BGH 1.8.2000, BGHSt 46, 107), sofern der Zweck verfolgt wird, den Zugriff der Behörde zu erschweren.

Durch Unterlassen kann Hilfe nur geleistet werden, sofern eine besondere Rechts- 192 pflicht zum Handeln verletzt wird. Eine solche Rechtspflicht kann aus einer *amtlichen Stellung* erwachsen, zB ist ein Zugführer, der zugleich Bahnpolizeibeamter ist, zur Meldung eines von ihm entdeckten Schmuggels verpflichtet (RG 3.10.1918, RGSt 53, 108 für den Fall eines Diebstahls). *Dienstvorgesetzte* in der Finanzverwaltung sind zur Strafanzeige verpflichtet, wenn ihnen zur Kenntnis kommt, dass ein Steuer- oder Zollbeamter an einer Steuerhinterziehung oder an einer anderen Steuerstraftat mitgewirkt hat.

4. Der subjektive Tatbestand

Der Täter muss zunächst **Vorsatz** hinsichtlich der Vortat und der Hilfeleistung haben. 193 Insoweit genügt Eventualvorsatz (→ Rn. 51). Der Begünstiger muss wissen, dass der Vortäter eine rechtswidrige Tat begangen und dadurch einen Vorteil erlangt hat; die Art der Tat und des Vorteils braucht er nicht in allen Einzelheiten zu kennen (RG 15.1.1942, RGSt 76, 31, 34; Schönke/Schröder/*Hecker* StGB § 257 Rn. 20). Wer zB für einen Flüchtigen, von dem er weiß, dass *„die Polizei hinter ihm her ist"*, eine Kassette in Verwahrung nimmt, braucht nicht zu wissen, ob der Inhalt gestohlen oder geschmuggelt ist oder ob er aus Edelsteinen, Gold oder Rauschgift besteht. Der Begünstiger muss weiter

194 Ferner muss der Begünstiger die **Absicht** haben, dem Täter die Vorteile der Tat zu sichern. Unter Absicht ist hier *dolus directus* 1. Grades zu verstehen (Schönke/Schröder/*Hecker* StGB § 257 Rn. 17;BGH 12.2.1953, BGHSt 4, 108; BGH 30.1.1985, StV 1985, 505). Entgegen der Auffassung der Vorauflagekann *dolus directus* 2. *Grades* (→ Rn. 51), also das sichere Wissen um den Begünstigungseffekt, nicht genügen. Dies würde den § 257 StGB im Verhältnis zum Absichtsbegriff des § 258 StGB unzulässig ausdehnen (vgl. Cramer NStZ 2000, 246, 247).. Es muss zudem Vorsatz des Täters sein, dem Vortäter die Vorteile gegen ein Entziehen zugunsten des Verletzten zu sichern (BGH 22.5.1958, NJW 1958, 1244); eine Handlung, die nur der Erhaltung der durch die Vortat erlangten Sache gegen Naturgewalten, Diebstahl eines Dritten usw. dient, genügt nicht (RG 15.1.1942, RGSt 76, 31, 33; RG 14.2.1938, JW 1938, 793). In der Mitwirkung beim Verkauf oder Verzehr geschmuggelter Sachen liegt nur dann eine Begünstigung, wenn damit ein drohender Zugriff der Strafverfolgungsbehörde vereitelt werden soll (BGH 15.5.1952, BGHSt 2, 362, 364; BGH 1.4.1953, BGHSt 4, 122, 123 ff. für Fälle eines Diebstahls). Ausreichend ist der Wille, einen solchen Zugriff zu *erschweren* (RG 19.4.1934, HRR Nr. 1422).

195 **Als Vorteil iS des § 257 I StGB** kommen nicht nur Vermögensvorteile in Betracht (hM, RG 7.3.1918, RGSt 54, 132, 134; *Maurach/Schroeder/Maiwald* BT/2 S. 438; Schönke/Schröder/*Hecker* StGB § 257 Rn. 18). Es muss jedoch ein Rechtsanspruch darauf bestehen, dem Vortäter die Vorteile zu entziehen. Daher kann sich die begünstigende Handlung nur auf Vorteile beziehen, die *unmittelbar* durch die Vortat erlangt worden sind (RG 21.5.1920, RGSt 55, 18 f.). Kein Vorteil iS des § 257 I StGB ist, was zB durch Verkauf oder Tausch einer geschmuggelten Sache erworben ist. Demgegenüber ist ein solcher „Vorteil", was der Täter durch die Erschleichung einer Steuererstattung erlangt hat.

196 Das Geld, das der Vortäter durch **unversteuerte Geschäfte** eingenommen hat, wurde zunächst ausgeschieden, da dieser Erwerb die Steuerpflicht erst begründet habe und nicht schon durch die Steuerhinterziehung erlangt worden sei (BGH 13.11.1952, bei *Dallinger* MDR 1953, 147). Später hat der BGH (BGH 26.10.1998, wistra 1999, 103) angenommen, ein hinreichender Vorteil iSd § 257 StGB könne auch in einer zu niedrigen Steuerfestsetzung liegen, dh in der tatsächlichen „Ersparnis" von Abgaben. Die Unmittelbarkeit sei gewahrt, wenn zum Zeitpunkt der Begünstigungshandlung bei konkreter wirtschaftlicher Betrachtungsweise die erlangte Steuerersparnis als geldwerter Vorteil im Vermögen des Vortäters noch vorhanden ist, ohne dass es auf die Sachidentität ankäme (BGH 26.10.1998, NStZ-RR 1999, 184; vgl. auch BGH 27.8.1986, NStZ 1987, 22; BGH 24.10.1989, BGHSt 36, 277; Kohlmann/*Ransiek* AO § 369 Rn. 55, Erbs/Kohlhaas/*Hadamitzky/Senge* AO § 369 Rn. 7 und Schwarz/Pahlke/*Webel* AO § 369 Rn. 109).

197 Fraglich ist allerdings schon, ob deliktisch „erlangt", wer deliktisch „behält". Im vom BGH zu entscheidenden Fall (BGH 26.10.1998, wistra 1999, 103) hätte angesichts der Vermögenssituation des Vortäters die Steuerschuld nur mit Mitteln von diesem Konto beglichen werden können. Die Lösung führt aber zu kaum überwindbaren Schwierigkeiten, wenn der Täter über weiteres Geldvermögen verfügt. Wer Kapitaleinkünfte aus dem Ausland nicht erklärt, ist nicht verpflichtet, darauf entfallende Steuern mit den auf dem Auslandskonto verfügbaren Beträgen zu entrichten. Unklar ist auch, wie zu verfahren ist, wenn der Täter zwischenzeitlich Abhebungen (gar iVm weiteren „sauberen" Einzahlungen) vornimmt. Wird dann zunächst der Vorteil entnommen, der „saubere" Teil, jeweils beides quotal oder nach dem Prinzip „first in, first out"? Die Entscheidung des BGH erweckt den Eindruck, es käme lediglich darauf an, dass überhaupt noch Vermögen vorhanden ist). Eine parallele Problematik hatte sich für die „ersparten Aufwendungen" als taugliches Tatobjekt der Geldwäsche gem. § 261 StGB aF gestellt (vgl. *Meyer* GWuR 2021, 61).

Die Auffassung des BGH mag allenfalls dann akzeptabel sein, wenn es um Beträge geht, **198** die letztlich das gesamte Geldvermögen des Täters ausmachen, weil dann die (verkürzte) Steuer von eben diesem Konto beglichen worden wäre und der Steueranteil mit der Vollendung der Tat zur „Beute" derselben wird. In allen anderen Fällen ist – wenn es an einem konkreten Surrogat fehlt, das die Existenz der „Beute" nachvollziehbar macht (vgl. BGH 24.10.1989, BGHSt 36, 277, 282) – der Vorteil kein solcher, der *durch* die Tat iSd § 257 StGB erlangt ist.

Der Vortäter muss noch im Besitz des durch die Tat erlangten Vorteils sein (BGH **199** 24.10.1989, BGHSt 36, 281; BGH 16.11.1993, NStZ 1994, 187, 188; *Fischer* StGB § 257 Rn. 6).

5. Strafen

Die Begünstigung ist gemäß § 257 I StGB mit **Freiheitsstrafe** bis zu 5 Jahren oder mit **200** Geldstrafe bedroht. Gem. § 257 II StGB darf die Strafe jedoch nicht schwerer sein als die für die Vortat angedrohte Strafe. Sofern die für die Vortat angedrohte Höchststrafe niedriger ist als 5 Jahre Freiheitsstrafe, reduziert sich die Höchststrafe für die Begünstigung auf diese Höhe. Im Steuerstrafrecht kann ein solcher Fall nur bei der Begünstigung zu einem Bannbruch eintreten, sofern der Bannbruch nicht nach § 372 II iVm § 370 AO, sondern aus dem besonderen Strafgesetz bestraft wird. Im Übrigen sind die Vortaten nach § 369 I Nr. 1–3 AO regelmäßig ebenfalls mit Freiheitsstrafe bis zu 5 Jahren bedroht. Sofern die Vortat mit einer höheren Mindest- oder Höchststrafe bedroht ist (§ 370 III AO), hat dies für den Strafrahmen der Begünstigung keine Bedeutung.

6. Straffreiheit

Die im Folgenden zusammenfassend behandelten Fälle der Straflosigkeit einer Begüns- **201** tigung weisen dogmatisch erhebliche Unterschiede auf.

Die Selbstbegünstigung erfüllt schon den Tatbestand in § 257 I StGB nicht, da dort **202** die Begünstigung eines *anderen* vorausgesetzt wird. Der Tatbestandsausschluss beruht auf dem Gedanken der mitbestraften Nachtat (vgl. Schönke/Schröder/*Hecker* StGB § 257 Rn. 24; → Rn. 121).

Da der Vortäter durch die Selbstbegünstigung keinen Tatbestand erfüllt, ist auch die **203** **Teilnahme** eines Außenstehenden an der Selbstbegünstigung mangels Haupttat (→ Rn. 78) keine Teilnahme. Die Veranlassung des Vortäters zu einer Selbstbegünstigung ist daher nicht etwa Anstiftung zu einer Tat nach § 257 StGB (Schönke/Schröder/*Hecker* StGB § 257 Rn. 15). Leistet der Beteiligte dagegen Hilfe, so ist zu unterscheiden: Sofern sein Beitrag nur Beihilfe ist, bleibt er mangels Haupttat straflos; sofern er jedoch Täter ist, erfüllt er den Tatbestand nach § 257 StGB selbst. Die Abgrenzung von Täterschaft und Beihilfe ist gem. § 25 StGB vorzunehmen. Da für § 257 StGB jede irgendwie geeignet erscheinende Handlung genügt, begründet der helfende Beitrag jedoch regelmäßig Handlungsherrschaft iS der 1. Alternative des § 25 I StGB (→ Rn. 73; ebenso Schönke/Schröder/*Hecker* StGB § 257 Rn. 15).

Der Beteiligte an der Vortat wird gem. § 257 III 1 StGB nicht bestraft, sofern er **204** wegen der Vortat strafbar ist. Nach dem Gedanken der straflosen Nachtat wird hier jedoch nicht die Tatbestandsmäßigkeit oder Rechtswidrigkeit ausgeschlossen; die Vorschrift hebt für diesen Fall lediglich die Strafdrohung auf (Schönke/Schröder/*Hecker* StGB § 257 Rn. 25). § 257 III 1 StGB setzt die Strafbarkeit des Begünstigers wegen Beteiligung an der Vortat, sei es als Täter oder Teilnehmer, voraus. Dagegen sind die verfahrensrechtlichen Voraussetzungen einer Bestrafung nicht erforderlich.

Davon macht § 257 III 2 StGB für den Fall eine Ausnahme, dass der an der Vortat **205** Beteiligte die Begünstigung durch **Anstiftung eines an der Vortat nicht Beteiligten** leistet. Die – problematische – Vorschrift beruht auf dem Gedanken der Korrumpierung des sonst Unbeteiligten; dies ist weder dogmatisch sachgemäß noch kriminalpolitisch geboten. Dementsprechend ist die Vorschrift eng auszulegen (Schönke/Schröder/*Hecker* StGB § 257 Rn. 27; SK-StGB/*Hoyer* StGB § 257 Rn. 34).

206 **Durch Selbstanzeige nach § 371 AO** kann Straffreiheit wegen Begünstigung zu einer Steuerstraftat im Allgemeinen nicht erworben werden. Dies folgt zwingend aus dem Wortlaut des § 371 AO *("in den Fällen des § 370")* und daraus, dass die Begünstigung einen selbstständigen Tatbestand und nicht eine besondere Form der Teilnahme an der Steuerhinterziehung bildet (s. auch → § 371 Rn. 45; ebenso Kohlmann/*Schauf* AO § 371 Rn. 65). Wenn dagegen die vor der Steuerhinterziehung gemachte Zusage der Begünstigung als psychische Beihilfe (→ Rn. 79) zu werten ist, dann ist auf sie § 371 AO anwendbar. Solange die Selbstanzeige noch nicht erfolgt ist, besteht die Strafbarkeit der Beihilfe, so dass die nachfolgende Begünstigung gem. § 257 III 1 StGB straflos ist (→ Rn. 204). Begünstigt der Gehilfe freilich nach erklärter Selbstanzeige, liegen die Voraussetzungen von § 257 III 1 StGB nicht vor, und die Begünstigung ist nach § 257 I StGB strafbar (vgl. aber → § 371 Rn. 240). Allerdings ist ein solcher Fall kaum denkbar, da § 371 III AO dem Betreffenden regelmäßig zu sichernde Vorteile entziehen wird.

207 Ob nach wirksamer **Selbstanzeige** die vor dieser begangene Begünstigung verfolgbar ist, ist zweifelhaft. Zu denken ist an den Fall, dass jemand einem anderen hilft, seine „Beute" aus der Erschleichung von Umsatzsteuererstattungen zu verbergen und dieser danach eine strafbefreiende Selbstanzeige erstattet. Bezogen auf die nunmehr nachzuentrichtende Umsatzsteuer ist wegen § 371 III AO eine Begünstigung kaum denkbar. Im Hinblick auf die vor Erstattung der Selbstanzeige geleistete Hilfe dürfte § 257 I StGB aber anwendbar bleiben. Insoweit mag aber die Anwendung des § 46a StGB naheliegen (vgl. → § 398 Rn. 29).

7. Konkurrenzfragen

208 **Eine mehrfache Unterstützung** desselben Vortäters ist nur unter den Voraussetzungen der natürlichen Handlungseinheit (→ Rn. 112) und der tatbestandlichen Handlungseinheit (→ Rn. 114) eine einheitliche Handlung. Zwischen Begünstigung zur Hinterziehung von Einfuhr-/Ausfuhrabgaben und Verbrauchsteuern einerseits und **Steuerhehlerei** (§ 374 AO) andererseits kann Tateinheit (§ 52 StGB) bestehen (RG 14.6.1928, RGSt 47, 221 f.).

§ 370 Steuerhinterziehung

(1) Mit Freiheitsstrafe bis zu fünf Jahren oder mit Geldstrafe wird bestraft, wer
1. den Finanzbehörden oder anderen Behörden über steuerlich erhebliche Tatsachen unrichtige oder unvollständige Angaben macht,
2. die Finanzbehörden pflichtwidrig über steuerlich erhebliche Tatsachen in Unkenntnis lässt oder
3. pflichtwidrig die Verwendung von Steuerzeichen oder Steuerstemplern unterlässt

und dadurch Steuern verkürzt oder für sich oder einen anderen nicht gerechtfertigte Steuervorteile erlangt.

(2) Der Versuch ist strafbar.

(3) ¹In besonders schweren Fällen ist die Strafe Freiheitsstrafe von sechs Monaten bis zu zehn Jahren. ²Ein besonders schwerer Fall liegt in der Regel vor, wenn der Täter
1. in großem Ausmaß Steuern verkürzt oder nicht gerechtfertigte Steuervorteile erlangt,
2. seine Befugnisse oder seine Stellung als Amtsträger oder Europäischer Amtsträger (§ 11 Absatz 1 Nummer 2a des Strafgesetzbuchs) missbraucht,
3. die Mithilfe eines Amtsträgers oder Europäischen Amtsträgers (§ 11 Absatz 1 Nummer 2a des Strafgesetzbuchs) ausnutzt, der seine Befugnisse oder seine Stellung missbraucht,
4. unter Verwendung nachgemachter oder verfälschter Belege fortgesetzt Steuern verkürzt oder nicht gerechtfertigte Steuervorteile erlangt,
5. als Mitglied einer Bande, die sich zur fortgesetzten Begehung von Taten nach Absatz 1 verbunden hat, Umsatz- oder Verbrauchssteuern verkürzt oder nicht gerechtfertigte Umsatz- oder Verbrauchssteuervorteile erlangt oder
6. eine Drittstaat-Gesellschaft im Sinne des § 138 Absatz 3, auf die er alleine oder zusammen mit nahestehenden Personen im Sinne des § 1 Absatz 2 des Außensteuergesetzes unmittelbar oder mittelbar einen beherrschenden oder bestimmenden Einfluss ausüben kann, zur Verschleierung steuerlich erheblicher Tatsachen nutzt und auf diese Weise fortgesetzt Steuern verkürzt oder nicht gerechtfertigte Steuervorteile erlangt.

(4) ¹Steuern sind namentlich dann verkürzt, wenn sie nicht, nicht in voller Höhe oder nicht rechtzeitig festgesetzt werden; dies gilt auch dann, wenn die Steuer vorläufig oder unter Vorbehalt der Nachprüfung festgesetzt wird oder eine Steueranmeldung einer Steuerfestsetzung unter Vorbehalt der Nachprüfung gleichsteht. ²Steuervorteile sind auch Steuervergütungen; nicht gerechtfertigte Steuervorteile sind erlangt, soweit sie zu Unrecht gewährt oder belassen werden. ³Die Voraussetzungen der Sätze 1 und 2 sind auch dann erfüllt, wenn die Steuer, auf die sich die Tat bezieht, aus anderen Gründen hätte ermäßigt oder der Steuervorteil aus anderen Gründen hätte beansprucht werden können.

(5) Die Tat kann auch hinsichtlich solcher Waren begangen werden, deren Einfuhr, Ausfuhr oder Durchfuhr verboten ist.

(6) ¹Die Absätze 1 bis 5 gelten auch dann, wenn sich die Tat auf Einfuhr- oder Ausfuhrabgaben bezieht, die von einem anderen Mitgliedstaat der Europäischen Union verwaltet werden oder die einem Mitgliedstaat der Europäischen Freihandelsassoziation oder einem mit dieser assoziierten Staat zustehen. ²Das Gleiche gilt, wenn sich die Tat auf Umsatzsteuern oder auf die in Artikel 1 Absatz 1 der Richtlinie 2008/118/EG des Rates vom 16. Dezember 2008 über das allgemeine Verbrauchsteuersystem und zur Aufhebung der Richtlinie 92/12/EWG

(ABl. L 9 vom 14.1.2009, S. 12) genannten harmonisierten Verbrauchsteuern bezieht, die von einem anderen Mitgliedstaat der Europäischen Union verwaltet werden.

(7) Die Absätze 1 bis 6 gelten unabhängig von dem Recht des Tatortes auch für Taten, die außerhalb des Geltungsbereiches dieses Gesetzes begangen werden.

Schrifttum: S. → Einleitung vor Rn. 116; Monographien und Aufsätze s. vor → Rn. 1, 33, 72, 91, 110, 123, 151, 176, 192, 210, 246, 250, 259, 268, 291, 300, 311, 331, 351, 371, 376, 441, 481, 501, 511, 531, 561, 601, 611, 621, 626, 641, 643, 671, 682, 685, 701, 706, 721, 737, 741.

Übersicht

	Rn.
I. Allgemeines	1–20
1. Entstehungsgeschichte	1–17
2. Bedeutung der Steuerhinterziehung	18–20
II. Grundfragen	21–30
1. Systematik des Gesetzes	21–25
2. Rechtsgut	26–29
3. Blankettstraftatbestand	30
III. Täter	31–46
1. Überblick	31, 32
2. Täterschaft bei § 370 I Nr. 1 AO	33–36
a) Allgemein	33
b) Unmittelbare Täterschaft, § 25 I Alt. 1 StGB	34
c) Mittelbare Täterschaft, § 25 I Alt. 2 StGB	35
d) Mittäterschaft, § 25 II StGB	36
3. Täterschaft bei § 370 I Nr. 2 AO	37
4. Einzelfälle möglicher Täter	38–46
a) Steuerberater	38–42
b) Finanzbeamte	43
c) Ehegatten	44
d) Strohleute und faktische Organe	45, 46
IV. Erfolg der Steuerhinterziehung	47–165
1. Überblick	47
2. Steuerverkürzung	48–140
a) Gegenstand der Verkürzung	48–66
aa) Soll-Einnahmen	48, 49
bb) Bedeutung der Nichtzahlung von Steuern	50
cc) Steuern	51–54
dd) Abgaben europäischer Staaten	55–66
b) Begriff der Verkürzung	67–85
aa) Bedeutung des Verkürzungserfolges	67
bb) Die Definition des Verkürzungserfolges	68–75
cc) Erscheinungsformen des Verkürzungserfolges	76–83
(1) Allgemeiner Begriff der Steuerverkürzung	77–79
(2) Sonderfragen	80–83
dd) Zusammenfassung:	84, 85
c) Umfang des Verkürzungserfolges	86–140
aa) Feststellung des Verkürzungserfolges	91–108
(1) Steuerliche Beweislastregeln und Schätzung	92–99
(2) Schätzung von Besteuerungsgrundlagen	100–108
bb) Tat- und schuldgerechte Aufteilung der Steuerverkürzung	109–111
cc) Kompensationsverbot (§ 370 IV 3 AO)	112–130
dd) Steuerverkürzung auf Zeit	131–138
ee) Die Bedeutung des § 370 V AO	139, 140
3. Nicht gerechtfertigte Steuervorteile	141–165
a) Begriff des Steuervorteils	141–161
aa) Überblick	141–143
bb) Vorteile im Bereich des Steuerrechts	144–153
cc) Begriff des Vorteils	154–161
b) Nicht gerechtfertigter Steuervorteil	162–164
c) Vollendung der Vorteilserlangung	165

	Rn.
V. Das tatbestandsmäßige Verhalten	166–500
1. Überblick	166
2. Allgemeine Problematik	167–179
a) Problemfälle	167–172
b) Lösung	173–179
3. Steuerhinterziehung durch Handeln	180–238
a) Überblick	180
b) Angaben machen	181–186
c) Angaben über Tatsachen	187–196
d) Unrichtige oder unvollständige Angaben	197–199
e) Steuerlich erhebliche Tatsachen	200
f) Gegenüber Finanz- oder anderen Behörden	201, 202
g) Einzelfälle der Steuerhinterziehung durch Handeln	203–238
aa) Vorbemerkungen	203–205
bb) Scheingeschäfte und Steuerumgehung	206–216
cc) Unrichtige Gewinnermittlung	217–224
dd) Veruntreuungen als Ursache einer fehlerhaften Gewinnermittlung	225–230
ee) Fehlerhafte Steuererklärungen und unrichtige Auskünfte	231–233
ff) Angaben außerhalb des Festsetzungsverfahrens	234, 235
gg) Angaben im Verhältnis von Grundlagen- und Folgebescheiden	236
hh) Verletzung steuerlicher Formvorschriften und Nachweiserfordernissen	237, 238
4. Steuerhinterziehung durch Unterlassen gem. § 370 I Nr. 2 AO	239–286
a) Überblick	239
b) Unkenntnis von steuerlich erheblichen Tatsachen	240–244
c) Unterlassen	245
d) Erklärungspflicht	246–257
e) Einzelfälle der Steuerhinterziehung durch Unterlassen	258–286
aa) Nichterfüllung von Erfassungs- und Anzeigepflichten	258, 259
bb) Nichtabgabe von Steuervoranmeldungen	260–263
cc) Nichtabgabe von Steuererklärungen oder Steueranmeldungen	264–269
dd) Unterlassene Berichtigung von Erklärungen (§ 153 AO)	270–280
ee) Erklärungspflichten in besonderen Fällen	281
ff) Zweckwidrige Verwendung steuerbegünstigter Sachen	282–286
5. Steuerhinterziehung durch Nichtverwenden von Steuerzeichen und Steuerstemplern (§ 370 I Nr. 3 AO)	287
6. Beziehung zwischen Verhalten und Erfolg	288–295
7. Besonderheiten bei Besitz- und Verkehrsteuern	296–370
a) Lohnsteuer	296–305
b) Körperschaftsteuer	306–323
c) Steuerhinterziehung bei Auslandsbeziehungen	324–338
aa) Verlagerung von Einkünften	324–331
bb) Grenzüberschreitende Schmiergelder	332–338
d) Bauabzugsteuer	339–343
e) Hinterziehung von Erbschaft- und Schenkungsteuer	344–356
f) Hinterziehung von Gewerbesteuer	357
g) Hinterziehung von Umsatzsteuer	358–370
8. Besonderheiten bei Verbrauchsteuern	371–440
a) Begriff und Erscheinungsformen der Verbrauchsteuerhinterziehung	371–375
b) Hinterziehung von Tabaksteuer	376–420
c) Hinterziehung von Verbrauchsteuern auf Alkohol	421–425
d) Hinterziehung von Energiesteuer	426–435
e) Hinterziehung von Kaffeesteuer	436
f) Hinterziehung von Stromsteuer	437
g) Verbrauchsteuerrechtliche Vermutungen	438–440
9. Einfuhr- und Ausfuhrabgaben	441–480
a) Zölle	441–444
b) Sonstige Einfuhrabgaben	445
c) Ausfuhrabgaben	446
d) Zollstraftaten	447
e) Erscheinungsformen der Hinterziehung von Einfuhrabgaben	448–459
f) Zollrechtliche Vermutungen und Nachweispflichten	460–480
10. Sonstige Besonderheiten	481–500
a) Steuerstraftaten im Erhebungs- und Vollstreckungsverfahren	481–490
b) Hinterziehung „verfassungswidriger" Steuern	491–500

§ 370

Steuerhinterziehung

	Rn.
VI. Vorsatz, Unrechtsbewusstsein	501–510
VII. Teilnahmehandlungen	511–530
1. Allgemeines	511
2. Teilnahmeformen	512–519a
a) Anstiftung	512–514b
b) Beihilfe	515–519a
3. Sonderfragen	520–530
a) Teilnahme durch Mitarbeiter/Werkunternehmer/Arbeitgeber/Vermieter	520, 521
b) Zusammenveranlagung von Ehegatten	522–523
c) Teilnahme des steuerlichen Beraters	524–524c
d) Verantwortlichkeit von Bankangestellten	525–530
VIII. Versuch	531–560
1. Allgemeines	531, 532
2. Tatentschluss – subjektiver Tatbestand	533–538
3. Unmittelbares Aussetzen – objektiver Tatbestand	539–553
4. Zum Rücktritt vom Versuch (§ 24 StGB)	554–560
IX. Besonders schwere Fälle (§ 370 III AO)	561–600
1. Allgemeines	561–563
2. Die einzelnen Regelbeispiele	564–584
a) § 370 III 2 Nr. 1 AO	564–573
b) § 370 III 2 Nr. 2 AO	574
c) § 370 III 2 Nr. 3 AO	575
d) § 370 III 2 Nr. 4 AO	576
e) § 370 III 2 Nr. 5 AO	577–583
f) § 370 III 2 Nr. 6 AO	584
3. Allgemeine Lehren	585–600
X. Strafen und Nebenfolgen	601–720
1. Strafen	601–604
2. Strafrechtliche Nebenfolgen	605–610
3. Steuerrechtliche Nebenfolgen	611–670
a) Haftung für hinterzogene Steuerbeträge	611–620
b) Verlängerte Festsetzungsfrist	621–625
c) Hinterziehungszinsen	626–640
d) Hinterzogene Steuern bei Einheitsbewertung und in der Bilanz	641, 642
e) Geldstrafen, Geldbußen, Schmiergelder und Strafverfahrenskosten	643–670
4. Verwaltungsrechtliche Nebenfolgen	671–700
a) Untersagung der Gewerbeausübung	671–679
b) Widerruf Gaststättenerlaubnis	680
c) Ausschluss von öffentlichen Aufträgen	681
d) Ausweisung von Ausländern	682–684
e) Pass- und Personalausweisrecht	685–689
f) Waffenrecht	690
g) Jagdschein	691
h) Sonstige	692–700
5. Zivilrechtliche Folgen	701–705
6. Berufsrechtliche Folgen	706–720
XI. Konkurrenzfragen	721–753
1. Die Hinterziehung mehrerer Steuern	721–741
a) Abgabe unrichtiger steuerlicher Erklärungen	721–729
b) Beihilfe zu einer oder mehreren Haupttaten	730, 731
c) Unterlassung mehrerer Steuererklärungen	732
d) Kein Anwendungsbereich für Fortsetzungszusammenhang	733, 734
e) Verhältnis von Umsatzsteuervoranmeldung und Umsatzsteuerjahreserklärung	735–737
f) Mitbestrafte Nachtat/Vortat	738–740
g) Schmuggel und Hinterziehung von Ertragsteuern	741
2. Verhältnis des § 370 AO zu anderen Steuerstraf- und -bußgeldtatbeständen	742–748
3. Verhältnis des § 370 AO zu §§ 263 ff. StGB	749–751
4. Verhältnis des § 370 AO zu sonstigen Straftatbeständen	752, 753

I. Allgemeines

1. Entstehungsgeschichte

Schrifttum: *Schneider*, Die historische Entwicklung des Straftatbestandes der Steuerhinterziehung, Diss. Köln 1987.

Vor 1919 enthielt jedes einzelne Steuergesetz der Länder und des Reiches eine Strafvorschrift gegen *absichtliche* oder *wissentliche* Steuerverkürzung. Der frühzeitig verwendete Begriff „*Hinterziehung*" (in Württemberg: „Steuergefährdung", in Zoll- und Verbrauchsteuergesetzen lange Zeit noch: „*Defraudation*") war vorwiegend, aber nicht ausschließlich auf vorsätzliche Taten beschränkt. Eine der Entwicklung vorauseilende Begriffsbestimmung bietet § 69 des Sächs. Gewerbe- und PersonalStG v. 24.12.1845 (GVBl. 31, 1):

„Eine Hinterziehung der Gewerbe- und Personalsteuer begeht,

1. *wer den Betrieb eines Steuerpflichtigen Gewerbes oder die Eigenschaft, welche ihn zur Personalsteuer verpflichtet, auf Befragen ableugnet und hierdurch der Steuer entweder gänzlich sich entzieht oder einen geringeren Ansatz veranlaßt, als von ihm, den gesetzlichen Vorschriften nach, zu entrichten gewesen wäre;*

2. *wer über den Umfang seines Gewerbebetriebes oder über sonstige Verhältnisse, von welchen die Bestimmung des Steuerbeitrags abhängig ist, sich erwiesener Maßen wissentlich unrichtige Angaben hat zu Schulden kommen lassen, durch welche das Steuerinteresse verkürzt worden ist, oder, falls die Unrichtigkeit nicht entdeckt worden wäre, verkürzt worden sein würde ..."*

Im Übrigen waren meist nur einzelne bestimmte Handlungen oder Unterlassungen, namentlich in Bezug auf die Abgabe einer Steuererklärung, mit Strafe bedroht, vgl. zB Art. 26 BadEStG v. 20.6.1884 (GVBl. 321). Soweit die Strafvorschriften bereits an das Verursachen der Steuerverkürzung anknüpften und als Erfolgsdelikte ausgestaltet waren, hatte der Gesetzgeber ihnen oft umfangreiche Kataloge beispielhafter Tathandlungen beigegeben, insbes. in den Zoll- und Verbrauchsteuergesetzen, vgl. zB § 136 VZollG; §§ 28, 29 BrauStG v. 31.5.1872 (RGBl. 153); Art. 34, 35 BadWeinStG v. 19.5.1882 (GVBl. 137); §§ 43, 44 ZuckStG v. 27.5.1896 (RGBl. 117); § 17 ZigarrettenStG v. 3.6.1906 (RGBl. 620); §§ 22, 24 WeinStG und §§ 42, 44, 45 BierStG v. 26.7.1918 (RGBl. 831, 863). Bei Besitz- und Verkehrsteuern wurde die Tathandlung im Lauf der Entwicklung stärker abstrahiert und zunächst auf unrichtige, unvollständige oder unterlassene Angaben gegenüber der Steuerbehörde bezogen, vgl. § 66 PreußEStG v. 24.6.1891 (GS 175); § 79 I PreußKAG v. 14.7.1893; §§ 49, 50 ErbStG v. 3.6.1906 (RGBl. 654); § 50 ZuwachsStG v. 14.2.1911 (RGBl. 33); § 56 WehrbeitragsG und § 76 BesitzStG v. 3.7.1913 (RGBl. 505, 524); § 33 KriegsStG v. 21.6.1916 (RGBl. 561). Am Ende dieser Entwicklung wurde ganz davon abgesehen, die Tathandlung näher zu umschreiben, vgl. zB § 38 I 1 UStG v. 26.7.1918 (RGBl. 779): *„Wer vorsätzlich die Umsatzsteuer hinterzieht oder einen ihm nicht gebührenden Steuervorteil erschleicht, wird ... bestraft."*

Für vollendete Hinterziehung verlangten die meisten Gesetze, dass eine Steuerverkürzung bereits eingetreten war, also „keine Steuer oder zu wenig Steuer in Ansatz gebracht oder ein Steuerabgang oder Rückersatz zur Ungebühr festgestellt wurde", so zB Art. 26 BadEStG v. 20.6.1884 (GVBl. 321); zT genügte es, dass unrichtige oder unvollständige Angaben „zur Verkürzung der Steuer zu führen geeignet" waren, so zB Art. 65 BayEStG v. 19.5.1881 (GVBl. 441); ähnl. Art. 70 III WürttEStG v. 8.8.1903 (RegBl. 261).

Die Strafdrohungen waren ursprünglich auf Geldstrafen beschränkt, sei es mit oder ohne die Möglichkeit einer Umwandlung in Ersatzfreiheitsstrafe, vgl. einerseits § 76 SächsEStG v. 24.7.1900 (GVBl. 562) und Art. 80 IV BayEStG v. 14.8.1900 (GVBl. 493), andererseits § 64 OldenbStempelStG v. 12.5.1906 (GVBl. 793). Bemessen waren die Geldstrafen stets in einem Vielfachen der verkürzten Steuer (Multiplarstrafen, → Einl Rn. 38).

Nur für den Fall, dass der verkürzte Steuerbetrag nicht ermittelt werden konnte, waren zahlenmäßig begrenzte Höchstbeträge, zB 5.000 Mark gem. Art. 74 IV 2 BayEStG v. 14.8.1910 (GVBl. 493), oder Mindestbeträge, zB 100 Mark gem. § 66 I PreußEStG v. 24.6.1891 (GS 175), bestimmt. In Bayern war bis 1910 vorgeschrieben, dass die verhängten Geldstrafen dem Armenfonds der Gemeinde zufielen. in welcher der Stpfl wohnte, vgl. Art. 47 BayGewStG v. 1.7.1856 (GBl. 139) und Art. 75 BayEStG v. 9.6.1899 (GVBl. 227).

5 Die **fakultative Anordnung** einer Freiheitsstrafe (Gefängnis bis zu 6 Monaten) enthielten erstmalig § 571 WehrbeitragsG sowie § 77 BesitzStG v. 3.7.1913 (RGBl. 505, 524) für den Fall, dass der gefährdete Steuerbetrag nicht weniger als 10 vH der geschuldeten Steuer, mindestens aber 300 Mark ausmachte, oder der Stpfl wegen Besitzsteuerhinterziehung bereits vorbestraft war. § 34 I KriegsStG v. 21.6.1916 (RGBl. 561) drohte neben Geldstrafe Gefängnisstrafe bis zu einem Jahr an, neben der auch die bürgerlichen Ehrenrechte aberkannt werden konnten. Schließlich wurde gem. § 22 I SteuerfluchtG v. 26.7.1918 (RGBl. 951) Gefängnis nicht unter 3 Monaten zwingend vorgeschrieben.

6 Mit § 359 RAO 1919 wurde **erstmalig eine allgemeine Vorschrift über vorsätzliche Steuerverkürzung** eingeführt, die dem Vorbild des § 38 I 1 UStG (→ Rn. 2) entsprach (Begr. s. Aktenstück Nr. 759 der Verfassungsgebenden Nationalversammlung S. 598). § 359 I AO 1919 unterschied sich von den späteren Straftatbeständen nur durch die Strafdrohung, derentwegen zunächst auf die „in den einzelnen Gesetzen (für Hinterziehung) angedrohten Strafen" verwiesen und der Mindestbetrag einer Geldstrafe auf 20 Mark bemessen wurde. Die Absätze 2–4 entsprachen dem späteren § 396 II–IV AO 1931. Absatz 5 lautete: „*Die Vorschriften der Zoll- und Verbrauchsabgabengesetze, nach denen eine Bestrafung wegen Steuerhinterziehung eintritt, ohne daß der Vorsatz der Hinterziehung festgestellt zu werden braucht, bleiben unberührt.*"

7 Nach mehrfacher Änderung der Mindeststrafen durch die Gesetzgebung der Inflationszeit wurde in § 359 I AO 1919 die Strafdrohung gem. Art. VIII Nr. 1 der 3. **StNotV** v. 14.2.1924 (RGBl. I 74) wie folgt gefasst: „*... wird wegen Steuerhinterziehung mit Geldstrafe bestraft. Der Höchstbetrag der Geldstrafe ist unbeschränkt. Bei Zöllen und Verbrauchsteuern ist die Geldstrafe mindestens auf das Vierfache des hinterzogenen Betrags zu bemessen, falls der Betrag der Steuerverkürzung oder des Steuervorteils festgestellt werden kann. Neben der Geldstrafe kann auf Gefängnis bis zu zwei Jahren erkannt werden.*" Zugleich wurde dem Absatz 5 folgender Satz 2 angefügt: „*Auf Gefängnis kann jedoch nur erkannt werden, wenn der Vorsatz der Hinterziehung festgestellt wird.*" Mit diesem Wortlaut wurde die Vorschrift als **§ 396 RAO 1931** neu bekanntgemacht. Durch Kap. II Art. 2 Nr. 1 der VO v. 18.3.1933 (RGBl. I 109) wurde als Absatz 6 der heutige Absatz 5 angefügt. Gemäß Art. I Nr. 12 des **Gesetzes v. 4.7.1939** (RGBl. I 1181) wurden Absatz 1 Satz 3 über die Bemessung der Geldstrafe bei Hinterziehung von Zöllen und Verbrauchsteuern sowie Absatz 5 über die Schuldvermutung bei Zoll- und Verbrauchsteuerhinterziehung gestrichen; Absatz 6 wurde Absatz 5.

8 Durch § 9 Nr. 1 des **2. Gesetzes zur vorläufigen Neuordnung von Steuern** v. 20.4.1949 (WiGBl. 69) sowie § 9 Nr. 1 des gleichlautenden Gesetzes von Rheinland-Pfalz v. 6.9.1949 (GVBl. 496) wurde die Strafdrohung in Absatz 1 wie folgt verschärft: „*... wird wegen Steuerhinterziehung mit Gefängnis bestraft. Neben der Gefängnisstrafe ist auf Geldstrafe zu erkennen. Der Höchstbetrag der Geldstrafe ist unbeschränkt. Bei mildernden Umständen, insbesondere bei geringen Vergehen, kann ausschließlich auf Geldstrafe erkannt werden.*" In Baden, Württ.-Hohenzollern und Berlin blieb es bei der Fassung von 1939 (→ Rn. 6 aE).

9 Nach der **bundeseinheitlichen Neufassung des § 396 I RAO** gem. Art. 1 Nr. 1 des Gesetzes v. 11.5.1956 (BGBl. I 418) wurde die Strafdrohung auf „*Geldstrafe oder Gefängnis und Geldstrafe*" gemildert (Begr. s. BT-Drs. II/1593, 4).

10 Durch Art. 1 Nr. 4 des **2. AOStrafÄndG** v. 12.8.1968 (BGBl. 1968 I 953) wurde die Vorschrift umnumeriert und mit der Überschrift versehen. Der bisherige Absatz 4 über Steuerumgehung wurde gestrichen; Absatz 5 wurde Absatz 4 (Begr. BT-Drs. V/1812, 22). Die im RegE vorgesehene Begrenzung der Geldstrafe auf 1 Mio DM in § 392 RAO wurde auf Antrag des BRates (BT-Drs. V/3013), dem der Vermittlungsausschuss zustimmte (BT-Drs. V/3042), auf 5 Mio DM erhöht. Die Fassung des neu angefügten Absatzes 5 über die Hinterziehung von Eingangsabgaben anderer EWG-Staaten wurde durch den BTag um die Nr. 2 ergänzt, damit Doppelbestrafungen derselben Tat in der BRD und dem steuerberechtigten anderen Staat ausgeschlossen sind (2. Schriftl. Ber. zu BT-Drs. V/2928). **Durch Art. 161 EGStGB** v. 2.3.1974 (BGBl. 1974 I 469) wurde mWv 2.1.1975 **§ 392 RAO** an den neuen Allgemeinen Teil des StGB angepasst. Die Anpassung betraf im Besonderen die Androhung von Geldstrafe (→ Einl Rn. 91). Im Übrigen erhielt die Ausdehnung des Tatbestandes auf die Eingangsabgaben europäischer Staaten im Wesentlichen ihre jetzige Form (→ Einl Rn. 87).

In der AO 1977 hat § 370 AO eine völlige Neufassung gegenüber § 392 RAO 11 erfahren. Die wesentlichen Veränderungen bestehen in der grundlegenden Umgestaltung des Tatbestandes der Steuerhinterziehung in § 370 I AO, der sich von § 392 RAO vor allem durch die Aufgliederung in verschiedene Verhaltensmodalitäten unterscheidet. Neu ist die Einführung besonders schwerer Fälle in § 370 III AO, die dem Vorbild des StGB folgt. Schließlich enthält § 370 IV AO eine Erweiterung insoweit, als nunmehr klargestellt wird, dass der Steuerfestsetzung auch die Steuerfestsetzung unter Vorbehalt der Nachprüfung, die vorläufige Steuerfestsetzung sowie bestimmte Steueranmeldungen gleichstehen (krit. *Hübner* JR 1977, 58).

Mit der Schaffung des EG-Binnenmarktes zum 1.1.1993 wurde § 370 VI AO 12 erheblich umgestaltet (USt-BinnenmarktG vom 25.8.1992, BGBl. 1992, 1548). Der frühere § 370 VI 2 wurde zu Abs. 7, neue Sätze 2 bis 4 wurden angefügt. § 370 VI 2 AO wurde erneut geändert durch das VerbrSt-BinnenmarktG v. 21.12.1992 (BGBl. 1992 I 2150). Mit dem EGFinSchG hat der Gesetzgeber mWv 22.9.1998 (BGBl. 1998 II 2322) in Absatz 7 eine „Klarstellung" vorgenommen (→ Rn. 65).

Das **StÄndG 2001** (BGBl. 2001 I 3794) brachte Änderungen des § 370 VI 1, § 373 I, II 13 Nr. 1–3, §§ 374, 375 II 1 Nr. 1, § 378 I 2 AO. Dabei wurde im Interesse einer Vereinheitlichung der Terminologie (Klein/*Jäger* AO § 373 Rn. 2) der Begriff der Eingangsabgaben durch die Wörter „Einfuhr- oder Ausfuhrabgaben" ersetzt.

Art. 3 des **Gesetzes zur Neuregelung der Telekommunikationsüberwachung** und 14 anderer verdeckter Ermittlungsmaßnahmen sowie zur Umsetzung der Richtlinie 2006/24/EG vom 21.12.2007 (→ Einl Rn. 110) brachte eine Veränderung des § 370 III 2 Nr. 1 AO. Da mit dem nämlichen Gesetz § 370a AO gestrichen wurde, übernimmt die Neuregelung in § 370 III 2 Nr. 5 AO teilweise seine Funktion.

Mit dem **JStG 2010** ist das Erfordernis der Gegenseitigkeit in § 370 VI 3 gestrichen 15 worden. Welche Konsequenzen dies für Sachverhalte hat, die vor Inkrafttreten der Änderung verwirklicht wurden, ist zweifelhaft (vgl. *Tully/Merz* wistra 2011, 121 und → Rn. 62).

Durch Art. 6 des **Gesetzes zur Bekämpfung der Korruption** vom 20.11.2015 16 (BGBl. 2015 I 2025) wurde in § 370 III 2 Nr. 2 u. Nr. 3 nach dem Wort „Amtsträger" die Wörter „oder europäischer Amtsträger" ergänzt.

Durch das **Steuerumgehungsbekämpfungsgesetz vom 23.6.2017** (BGBl. 2017 I 17 1682) wurde in § 370 III 2 Nr. 6 AO ein weiteres Regelbeispiel betreffend die Einschaltung einer Drittstaat-Gesellschaft, auf die der Stpfl oder ihm nahestehende Personen von ihm beherrschenden oder bestimmenden Einfluss haben und die zur Verschleierung steuerlich erheblicher Tatsachen eingesetzt wurde, neu eingefügt.

2. Bedeutung der Steuerhinterziehung

Die Schwerpunkte der Steuerstraftaten haben sich in den vergangenen Jahren vor dem 18 Hintergrund veränderter steuerrechtlicher Rahmenbedingungen verschoben. So sind die Zeiten einer Steuerhinterziehung unter Einschaltung ausländischer Domizilgesellschaften (→ Rn. 327) stark rückläufig. Die Steuerhinterziehung in Bezug auf Einkünfte aus Kapitalvermögen hat sich in erheblichem Umfange reduziert, nachdem im Inland von den Banken eine **Quellensteuer** als Abgeltungssteuer einbehalten wird. Zudem tauschen eine große Vielzahl von Staaten aufgrund des „Common Reporting Standard" **(CRS)** Informationen über Konten bzw. Vermögensanlagen automatisch aus. Zu den Staaten iSd § 1 I FKAustG, mit denen der automatische Austausch von Informationen über Finanzkonten in Steuersachen erfolgte, zählen:

1. Mitgliedstaaten der Europäischen Union aufgrund der Richtlinie 2011/16/EU des Rates vom 15. Februar 2011 über die Zusammenarbeit der Verwaltungsbehörden im Bereich der Besteuerung und zur Aufhebung der Richtlinie 77/799/EWG (ABl. L 64 vom 11.3.2011, S. 1; Amtshilferichtlinie) in der Fassung der Richtlinie 2014/107/EU (ABl. L 359 vom 16.12.2014, S. 1),
2. Drittstaaten, die Vertragsparteien der von der Bundesrepublik Deutschland in Berlin unterzeichneten Mehrseitigen Vereinbarung vom 29. Oktober 2014 zwischen den zuständigen Behörden über den automatischen Austausch von Informationen über Finanzkonten (BGBl. 2015 II S. 1630, 1632) sind und diese in ihr nationales Recht verpflichtend aufgenommen haben sowie Vertragsparteien des Übereinkommens über die gegenseitige Amtshilfe in Steuersachen (BGBl. 2015 II S. 966, 967) sind und die gewährleisten, dass sie die Voraussetzungen des § 7 Absatz 1, insbesondere Buchstabe e der Mehrseitigen Vereinbarung vom 29. Oktober 2014 zwischen den zuständigen Behörden über den automatischen Austausch von Informationen über Finanzkonten erfüllen sowie
3. Drittstaaten, die Verträge mit der Europäischen Union zur Vereinbarung des automatischen Austauschs von Informationen über Finanzkonten im Sinne der unter Nummer 1 angeführten Richtlinie 2014/107/EU (ABl. L 359 vom 16.12.2014, S. 1) geschlossen haben, sowie
4. Drittstaaten, mit denen die Bundesrepublik Deutschland ein Abkommen über den steuerlichen Informationsaustausch geschlossen hat, nach dem ein automatischer Austausch von Informationen vereinbart werden kann.

Zunehmen wird die Steuerhinterziehung im gewerblichen Bereich durch das Ansteigen von Geschäften im sog. E-Commerce, der den nationalen Steuerverwaltungen wenig Ansatzpunkte für Kontrollen bietet (vgl. *Schmitz* in Strunk (Hrsg.), Steuern und Electronic Commerce, 2000, S. 348 ff.). Insbesondere der Handel im Internet führt nicht nur zu zahlreichen Strafverfahren wegen Betruges zum Nachteil getäuschter Käufer, sondern auch zu Steuerstrafverfahren. – Siehe zur Thematik noch *Hagedorn* Steuerhinterziehung und Finanzpolitik, 1991.

19 Gemäß den **Monatsberichten des BMF** wurden in den letzten Jahren von der Steuerfahndung bundesweit folgende Anzahl von Fällen bearbeitet: in 2020 34.140 Fälle, in 2019 34.682 Fälle, in 2018 34.057 Fälle, in 2017 34.712 Fälle und 2016 36.667 Fälle. Die **Mehrergebnisse durch Ermittlungsmaßnahmen** der Steuerfahndungsstelle haben sich in den letzten Jahren wie folgt entwickelt: in 2020 3,3 Mrd. EUR, in 2019 2,829 Mrd. EUR, in 2018 2,625 Mrd. EUR, in 2017 ca. 2,9 Mrd. EUR, in 2016 3,179 Mrd. EUR. Im Jahr 2002 haben sich demgegenüber die Mehrsteuern nach Steuerfahndungsmaßnahmen auf noch lediglich ca. 1,5 Mrd. EUR belaufen.

Die **Bußgeld- und Strafsachenstellen haben folgende Anzahl von Fällen** in den letzten Jahren bearbeiten (2020: 53.977, 2019: 54.369, 2018: 57.523, 2017: 62.261, 2016: 72.940). Die Freiheitsstrafen haben sich in den letzten Jahren kumulativ auf folgende Jahre belaufen: 2020 1.288 Jahre, in 2019 1.234 Jahre, in 2018 1.472 Jahre, in 2017 1.586 Jahre, in 2016 1.513 Jahre. Die Festsetzung von Geldstrafen im Steuerstrafverfahren haben sich wie folgt entwickelt: in 2020 19,4 Mio. EUR, in 2019 17,7 Mio. EUR, in 2018 17,6 Mio. EUR, in 2017 29,4 Mio. EUR, in 2016 28,9 Mio. EUR. Bundesweit wurden Steuerstrafverfahren gegen Zahlung einer Geldauflage nach § 153a StPO in folgender Größenordnung eingestellt: in 2020 32,2 Mio. EUR, in 2019 34,4 Mio. EUR, in 2018 40,1 Mio. EUR, in 2017 15,3 Mio. EUR, in 2016 46,8 Mio. EUR). Festzuhalten ist, dass die von der Steuerfahndungsstelle erledigten Fälle sich in den letzten Jahren kaum verändert haben. Demgegenüber ist die Zahl der von der Bußgeld- und Strafsachenstelle bearbeiteten Fälle leicht rückläufig. Dies mag jedoch noch auf die Auswirkungen der Ermittlungsmaßnahmen aufgrund erworbener ausländischer Bank-Datenträger und Selbstanzeigen betreffend nicht versteuerte ausländische Kapitaleinkünfte zurückzuführen sein, die zu einer Flut von eingeleiteten Ermittlungsverfahren geführt haben. Die Mehrergebnisse der Steuerfahndungsmaßnahmen sind ebenfalls weitestgehend konstant. Auffällig ist jedoch, dass die Anzahl der kumulativ festgesetzten Freiheitsstrafen sowie die festgesetzten Geldstrafen tendenziell als auch Geldauflagen nach § 153a StPO rückläufig sind. Dies ist bemerkenswert, zumal nach der Rspr. des BGH bei Hinterziehungsbeträgen in Millionenhöhe eine aussetzungsfähige Freiheitsstrafe nur bei Vorliegen besonders gewichtiger Milderungsgründe in Betracht kommt (BGH 7.2.2012, BGHSt 57, 123). Die Anzahl der hohen Geldstrafen und erheblich festgesetzten Auflagen nach § 153a StPO in den Jahren 2016 und 2017 hängt vermutlich auch noch mit der Vielzahl abgeschlossener Steuerstrafverfahren aufgrund nicht versteuerter Kapitaleinkünfte zusammen, da es sich regelmäßig um sehr wohlhabende Stpfl gehandelt hatte und dementsprechend hohe Geldstrafen bzw. Auflagen festgesetzt wurden. Bemerkenswert ist in diesem Zusammenhang jedoch, dass jedes Jahr die festgesetzten Geldauflagen nach § 153a StPO deutlich die festgesetzten Geldstrafen übersteigen. Unter den festgestellten Mehrsteuern besitzt die Umsatzsteuer mit Abstand das größte Gewicht (2020: Umsatzsteuer: 737 Mio. EUR, Einkommensteuer: 342 Mio EUR, sonstige Steuern: 346 Mio. EUR, Gewerbesteuer: 182 Mio. EUR, Körperschaftsteuer: 1.109 Mio. EUR, Lohnsteuer: 77 Mio. EUR; 2019: Umsatzsteuer 933 Mio. EUR, Einkommensteuer: 649 Mio. EUR, sonstige Steuern: 625 Mio. EUR, Gewerbesteuer: 186 Mio. EUR, Körperschaftsteuer: 107 Mio. EUR, Lohnsteuer: 70 Mio. EUR; 2018: Umsatzsteuer: 1.030 Mio. EUR, Einkommensteuer: 509 Mio. EUR, sonstige Steuern: 348 Mio. EUR, Gewerbesteuer: 169 Mio. EUR, Körperschaftsteuer: 115 Mio. EUR, Lohnsteuer: 79 Mio. EUR).

Im Bereich der Zollstraftaten bzw. Straftaten im Zuständigkeitsbereich des Zollfahndungsdienstes haben sich nach den Monatsberichten des BMF im Rahmen der Bekämpfung der Schwarzarbeit und illegalen Beschäftigungen die Anzahl der eingeleiteten Ermittlungsverfahren wegen Strafverfahren wie folgt entwickelt: in 2020 104.787, in 2019 114.997, in 2018 111.004. Die Gesamt-Schadenssummen aus Prüfungen und Ermittlungen der Finanzkontrolle Schwarzarbeit (FKS) hatten sich wie folgt entwickelt: in 2020 972,5 Mio. EUR, in 2019 801,2 Mio. EUR, in 2018 867,2 Mio. EUR. Insbesondere die Zahlen des Jahres 2020 sind beachtlich, da zahlreiche Branchen (wie zB Gaststätten- und Beherbergungsgewerbe, Friseurhandwerk, Messebau sowie Veranstaltungen) von den Maßnahmen zur Eindämmung der COVID-19-Pandemie erheblich betroffen waren, was auch Auswirkungen auf die Prüftätigkeit der FKS hatte.

II. Grundfragen

1. Systematik des Gesetzes

§ 370 AO fasst die Vorschriften in §§ 392, 393 RAO zusammen und modifiziert sie in verschiedener Hinsicht. Die Vorschrift enthält nicht nur den Grundtatbestand der Steuerhinterziehung, sondern eine Fülle ergänzender Regelungen.

Der Grundtatbestand der Steuerhinterziehung findet sich in § 370 I AO. Ergänzungen des Grundtatbestandes enthalten die Absätze IV bis VII. Absatz 4 definiert und ergänzt den tatbestandsmäßigen Erfolg der Steuerhinterziehung. Absatz 5 stellt klar, dass Steuer- und Zollhinterziehung auch dann begangen werden können, wenn die die Steuerpflicht auslösende Einfuhr, Ausfuhr oder Durchfuhr von Waren verboten ist. Absatz 6 schließlich dehnt den Tatbestand auf die Eingangsabgaben bestimmter europäischer Länder aus. Absatz 7 enthält eine Abweichung vom Territorialitätsprinzip (→ § 369 Rn. 33).

Die Versuchsstrafbarkeit (früher § 393 RAO) ist in § 370 II AO angeordnet. Absatz 3 führt eine Strafrahmenerhöhung für **besonders schwere Fälle** ein. Das Gesetz enthält hier eine Neuerung gegenüber der RAO und verwendet dabei in Satz 2 Nr. 1 bis 6 die im StGB vielfach verwendete Regelbeispieltechnik.

Der Grundtatbestand der Steuerhinterziehung ist in § 370 I AO gegenüber § 392 I RAO im Bereich der **Tathandlung** stärker ausdifferenziert worden. Das Gesetz bedient sich bei der Bestimmung des Tatbestandes einer bemerkenswerten Kombinationstechnik, bei der es drei Verhaltensweisen mit zwei Erfolgen – jeweils alternativ – kombiniert. Den Tatbestand erfüllt, wer einen der beiden Erfolge durch eine der drei Verhaltensweisen erfüllt. Auf diese Weise enthält das Gesetz zumindest theoretisch **sechs Tatbestandsvarianten** (ähnl. Flore/Tsambikakis/*Flore* AO § 370 Rn. 12). Tatsächlich sind es faktisch eher fünf, da ein Erschleichen von Steuervorteilen durch das Unterlassen der Verwendung von Steuerzeichen kaum denkbar ist.

25 Auf der Erfolgsseite wird die Verkürzung von Steuern und die Erlangung nicht gerechtfertigter Steuervorteile unterschieden. Auf der Verhaltensseite bemüht sich der Gesetzgeber, das unter der Geltung von § 392 RAO entwickelte ungeschriebene Tatbestandsmerkmal der **Steuerunehrlichkeit** zu erfassen. Das Gesetz enthält in Absatz 1 Nr. 1 den Begehungstatbestand und regelt in Nr. 2 und 3 zwei Unterlassungsfälle. Durch diese Ausdifferenzierung auf der Verhaltensseite gewinnt die Vorschrift an inhaltlicher Bestimmtheit; gleichzeitig tritt jedoch die mit der Tatbestandsbestimmtheit notwendig verbundene Gefahr von Strafbarkeitslücken auf (→ Rn. 166 ff.).

2. Rechtsgut

26 **Welches Rechtsgut die Steuerhinterziehung schützt,** ist umstritten (Übersicht bei *Suhr* 1989, 18 ff.). Nach Ansicht von *Isensee* (NJW 1985, 1008) stellt § 370 AO allein die Zuwiderhandlung gegen Gesetzesbefehle unter Strafe (ähnl. *Kohlmann* DStJG 6, 19). Andere gehen von einer rein formalen Schutzfunktion aus, die allein die steuerlichen Offenbarungspflichten (*Schulze* DStR 1964, 416; *Ehlers* FR 1976, 505) bzw. Wahrheitspflichten gegenüber den FinB (*Möllinger*, Abgabenordnung, 1977, S. 380) oder allein den formalen Bestand der Steueransprüche (*Backes*, Zur Problematik der Abgrenzung von Tatbestands- und Verbotsirrtum im Steuerstrafrecht, Diss. Köln 1981, S. 149 f.) schütze. *Salditt* (FS Tipke, 1995, 475, 477 ff.; *ders.* StraFo 1997, 65; *ders.* in Flore/Tsambikakis Einführung Rn. 4) meint, § 370 AO schütze nicht die öffentlichen Kassen, sondern eine gleichmäßige Lastenverteilung. Überwiegend wird jedoch davon ausgegangen, dass der Tatbestand der Steuerhinterziehung einen Angriff auf Vermögensinteressen des steuererhebenden Staates darstellt und daher Vermögensdelikt ist (vgl. die Nachweise bei *Suhr* 1989, S. 12 ff.; *Hardtke* 1995, S. 62). Dieser Auffassung ist zuzustimmen (vgl. → Einl Rn. 8). Den Schutz steuerlicher Mitteilungs- oder Wahrheitspflichten als Rechtsgut anzusehen, vernachlässigt den Umstand, dass die Steuerhinterziehung neben dem Verstoß gegen diese Pflichten zusätzlich eine Steuerverkürzung als Erfolg voraussetzt (*Suhr* 1988, S. 177). Dass ein reines Vermögensinteresse, also auch der Schutz der öffentlichen Kasse, durchaus Rechtsgutqualität besitzt, zeigen entgegen der Auffassung von *Kohlmann* (DStJG 6, 19 f.) schon der Betrugs- und Untreuetatbestand. Die Verletzung der Mitwirkungspflichten ist also lediglich Voraussetzung des tatbestandsmäßigen Verhaltens. Andererseits darf die Einordnung als Straftatbestand zum Schutz öffentlicher Kassen nicht dazu verleiten, allzu große Parallelen zum Betrugtatbestand zu sehen (→ Rn. 569).

27 Die Steuerhinterziehung ist zwar Erfolgsdelikt, jedoch **nicht notwendig Verletzungsdelikt** (ebenso Kohlmann/*Ransiek* AO § 370 Rn. 57). Der Erfolg der Steuerhinterziehung – die Steuerverkürzung – setzt bei Taten im Festsetzungsverfahren nicht die wirkliche Verletzung des Steueranspruches oder die wirkliche Beeinträchtigung des Steueraufkommens voraus. Wegen der Legaldefinition des Erfolges in § 370 IV AO begnügt sich der Tatbestand damit, dass die Durchsetzung des Steueranspruchs gefährdet ist. Diese Gefährdung besteht im Besteuerungsverfahren kraft gesetzlicher Definition immer dann, wenn die Steuerfestsetzung nicht rechtzeitig oder nicht in voller Höhe erfolgt ist. Außerhalb des Anwendungsbereichs des § 370 IV 1 AO ergibt sich die Verkürzung durch einen Vergleich von Ist- und Soll-Steuer, ähnlich der Schadensberechnung beim Betrug (Klein/*Jäger* AO § 370 Rn. 85).

Wenn auf der anderen Seite das Gesetz als tatbestandsmäßiges Verhalten die Täuschung 28
über steuerlich erhebliche Tatsachen oder die unterlassene Aufklärung über solche Tatsachen erfasst, dann nimmt es damit Bezug auf die in der AO und in den besonderen Steuergesetzen vorgenommene **Verteilung von Aufklärungs- und Mitwirkungspflichten** zwischen dem Stpfl einerseits und dem die Besteuerungsgrundlagen ermittelnden Staat andererseits. Nur soweit der Staat nicht selbst in der Lage ist, die Besteuerungsgrundlagen zu ermitteln, und daher dem Bürger Mitwirkungspflichten auferlegt hat, kommt eine Steuerhinterziehungshandlung als Verletzung dieser Mitwirkungspflichten in Betracht. Damit wird zwar die Mitwirkungspflicht nicht zum Rechtsgut des Tatbestandes; ihre Verletzung ist jedoch Voraussetzung jedes tatbestandsmäßigen Verhaltens (OLG Köln 31.1.2017, wistra 2017, 363).

Ob das **Steueraufkommen** in der jeweiligen Steuerart oder insgesamt geschützt wird, 29
ist damit noch nicht geklärt. Die bislang hM ist der Auffassung, es gehe um das Steueraufkommen in der jeweiligen Steuerart (vgl. RG 16.6.1925, RGSt 59, 258; BGH 1.2.1989, BGHSt 36, 102; BGH 16.10.1981, wistra 1982, 31; BGH 6.6.2007, BGHSt 51, 356; BayObLG 21.4.1982, wistra 1982, 199; Kohlmann/*Ransiek* AO § 370 Rn. 55, RKR/*Rolletschke* AO § 370 Rn. 13, Kühn/v. Wedelstädt/*Blesinger* AO § 370 Rn. 2; *Kirchhof* NJW 1985, 2981; *Wassmann* ZfZ 1987, 165; *Krieger* 1988, S. 90; *Hanßen* 1984 S. 31; *Löffler* 1992 S. 115). Eine Begründung wird hierfür jedoch nicht gegeben. Offenbar dient das Bestreben, verschiedene Steuerarten isoliert zu betrachten, allein dem seit 1994 hinfälligen Bemühen, einen Fortsetzungszusammenhang zwischen der Hinterziehung verschiedener Steuerarten zu vermeiden (vgl. *Suhr* 1989, S. 32; *Bachmann* 1993, S. 160; *Hardtke* 1995, S. 63). Allein *Franzen* (DStR 1965, 188; → 3. Aufl., Einl Rn. 8) begründete diese Auffassung mit der Überlegung, die *„überaus differenzierte Verteilung von Ertragshoheit, Verwaltungshoheit und Gesetzgebungshoheit bei den verschiedenen Steuern auf Bund, Länder und Gemeinden …"* erfordere ein Abstellen auf die einzelnen Steuerarten. Ein Argument kann dies deshalb nicht sein, weil die Ertragshoheit auch bei den einzelnen Steuern durchaus unterschiedlich ist, also etwa dem Bund und den Ländern zu verschiedenen Teilen zusteht. Dann müsste man jedoch auf das vollständige Aufkommen jedes einzelnen Ertragsanteils abstellen (*Suhr* 1988, S. 29; *Hardtke* 1995, S. 64). Bei den Vermögensdelikten wird aus gutem Grund nicht danach differenziert, wer Geschädigter der Straftat ist. Auch bei der Steuerhinterziehung gibt es keinen Grund, nach Steuerarten zu differenzieren. Im Übrigen war die hM insofern nicht konsequent, als sie etwa eine „Teilidentität" von KSt und ESt annahm, wenn sie in diesem Zusammenhang einen Fortsetzungszusammenhang für möglich hielt (vgl. RG 24.8.1936, RStBl. 1936, 947; BayObLG 21.4.1982, wistra 1982, 198; *Hardtke* 1995, S. 65). Bei dem von § 370 AO geschützten Rechtsgut handelt es sich somit um das staatliche Interesse am vollständigen und rechtzeitigen Aufkommen der Steuern im Ganzen (*Hardtke* 1995, S. 66; vgl. auch MüKoStGB/*Schmitz/Wulf* AO § 370 Rn. 6ff.). Dies führt freilich nicht dazu, dass es für das Vorliegen einer Steuerverkürzung auf eine globale Betrachtung der Situation des konkreten Stpfl ankäme; dem steht § 370 IV 3 AO entgegen (→ Rn. 123).

§ 370 AO ist kein Schutzgesetz iSd § 823 II BGB (BFH 19.8.2008, wistra 2008, 477). Auch gesetzwidrige Einkünfte (§ 40 AO) können Gegenstand einer Steuerhinterziehung sein (BVerfG 12.4.1996, wistra 1996, 227; Klein/*Jäger* AO § 370 Rn. 3).

3. Blankettstraftatbestand

Nach der Rspr. handelt es sich bei der Steuerhinterziehung gem. § 370 AO um einen 30
sog. **Blankettstraftatbestand** (BVerfG 29.4.2010, wistra 2010, 396, 403; BGH 7.1.2001, BGHSt 47, 138, 141). Bei Blankettstraftatbeständen wie den § 370 AO wird das bei Strafe verbotene Verhalten nicht durch die Blankettnorm selbst vollständig beschrieben sondern es ergeben sich die Strafbarkeitsvoraussetzungen aus einer Kumulation der im Straftatbestand unmittelbar normierten Merkmale und denjenigen, der in Bezug genommenen,

außerstrafrechtlichen Norm. Im Rahmen des § 370 AO ist stets ein Rückgriff auf die materiellen Steuergesetze erforderlich, aus denen sich ergibt, wann und welche steuerlichen Erklärungen mit welchem Inhalt abzugeben sind und in welcher Höhe der Steueranspruch entsteht. Insofern ist § 370 AO eine Blankettstrafnorm, und zwar nicht lediglich in der Unterlassungsvariante des § 370 I Nr. 2 AO, der eine echte Blankettverweisung auf die in anderen Steuergesetzen normierten Erklärungspflichten vorsieht, sondern auch in § 370 I Nr. 1 AO (vgl. *Klein/Jäger* AO § 370 Rn. 5). Sämtliche Tatbestände des § 370 AO enthalten normative Tatbestandsmerkmale, wie „steuerlich erhebliche Tatsachen" und „Steuern verkürzt", deren Auslegung ein Rückgriff auf andere Steuergesetze voraussetzt. Erst die Kumulation von Blankettstrafgesetz und der blankettausfüllenden Normen bilden zusammen die maßgebliche Strafvorschrift (*Bülte* JuS 2015, 769, 770). *Schmitz/Wulf* differenzieren dagegen nach der Steuerhinterziehung durch aktives Tun gem. § 370 I Nr. 1 AO, wonach diesbezüglich kein Blankettstraftatbestand existieren soll, und der Unterlassungsvariante nach § 370 I Nr. 2 AO, wonach ein Blankettstraftatbestand vorliegen soll (MüKoStGB/*Schmitz/Wulf* AO § 370 Rn. 19 f.). Der Straftatbestand der Steuerhinterziehung entspricht als Blankettstrafnorm den Anforderungen des Grundgesetzes (BVerfG 15.10.1990, NStZ 1991, 88). Da die Tatbestände der außerstrafrechtlichen Norm in den Blankettstraftatbestand hineingelesen werden müssen, um zum Gesamttatbestand zu gelangen, muss sich auch der Vorsatz auf die Elemente des Gesamttatbestands beziehen (*Radtke* in GS Joecks, 551; MüKoStGB/*Joecks* StGB § 16 Rn. 44). Nach zutreffender Auffassung führt sowohl ein Irrtum über die tatsächlichen Umstände, als auch über deren rechtliche Bewertung zu einem den Vorsatz sausschließenden Tatbestandsirrtum iSd § 16 StGB (*Radtke* in GS Joecks, 551 ff.; *Grötsch* NStZ 2020, 591, 594; BGH 13.3.2019, NZWiSt 2019, 343; BGH 24.1.2018, wistra 2018, 339; → Rn. 502 f.).

III. Täter

1. Überblick

31 Aus dem Wortlaut des § 370 I AO lässt sich nicht unmittelbar entnehmen, welche gravierenden Unterschiede in Bezug auf den Kreis der tauglichen Täter zwischen der Steuerhinterziehung durch aktives Tun gem. § 370 I Nr. 1 AO und der Steuerhinterziehung durch Unterlassen gem. § 370 I Nr. 2 AO bestehen. Die Formulierung „wer" deutet auf ein Allgemeindelikt ohne Beschränkung des Kreises tauglicher Täter hin und spricht nicht für das Vorliegen eines sog. Sonderdelikts, bei dem der Täterkreis häufig über Statusbegriffe festgelegt wird (MüKoStGB/*Radtke* StGB § 14 Rn. 36). Wer die Statusbegriffe nicht in der eigenen Person aufweist, kann nicht Täter, sondern allenfalls Teilnehmer eines Sonderdelikts sein. Bei der Tatbestandsvariante der Steuerhinterziehung durch aktives Tun gem. **§ 370 I Nr. 1 AO** geht die Rspr. des BGH davon aus, dass **kein Sonderdelikt** vorliegt und dementsprechend der Täter auch derjenige sein kann, den selbst keine steuerlichen Pflichten treffen (BGH 5.9.2017, NZWiSt 2018, 66). Auch bei der Unterlassungsvariante nach § 370 I Nr. 2 AO handelt es sich nach der Rspr. des BGH nicht um ein Sonderdelikt des Stpfl (BGH 9.4.2013, BGHSt 58, 218). Allerdings erfolgt hier situations- und täterbezogen eine Einschränkung des Kreises tauglicher Täter, denn Täter (bzw. auch Mittäter) der Unterlassungsvariante kann nur derjenige sein, der selbst zur Aufklärung steuerlich erheblicher Tatsachen besonders verpflichtet ist (BGH 9.4.2013, BGHSt 58, 218; BGH 23.8.2018, NStZ-RR 2018, 16). Diese Beschränkung des Täterkreises ergibt sich aus der Formulierung **„pflichtwidrig"** in § 370 I Nr. 2 AO. Bei dieser vorausgesetzten Erklärungspflicht handelt es sich um ein **besonderes persönliches Merkmal iSd § 28 I StGB** (BGH 23.10.2018, wistra 2019, 330), bei dessen Fehlen die Strafe zwingend nach § 49 I StGB zu mildern ist und das bei einem Zusammentreffen mit einer als Beihilfe bewerteten Tatbeteiligung eine doppelte Strafrahmenverschiebung nach sich zieht (BGH 16.9.2020, wistra 2021, 278).

Eine Begrenzung des Täterkreises erfolgt lediglich bei den Unterlassungsvarianten 32
des Tatbestandes (vgl. BGH 12.11.1986, wistra 1987, 147; BGH 9.4.2013, BGHSt 58,
218). Da das jeweilige Unterlassen nach Absatz 1 Nr. 2 und 3 pflichtwidrig sein muss, kann
Täter der Steuerhinterziehung durch Unterlassen nur derjenige sein, den eine besondere
Pflicht zur Aufklärung der FinB (Nr. 2) oder zur Verwendung von Steuerzeichen oder
Steuerstemplern trifft (Nr. 3). Das Merkmal „pflichtwidrig" in § 370 I Nr. 2 AO bezieht
sich allein auf das Verhalten des Täters, nicht auf dasjenige eines anderen Tatbeteiligten.
Damit kommt eine Zurechnung fremder Pflichtverletzungen auch dann nicht in Betracht,
wenn sonst nach allgemeinen Grundsätzen Mittäterschaft vorliegen würde. Täter einer
Steuerhinterziehung durch Unterlassen kann nur derjenige sein, der selbst zur Aufklärung
steuerlicher Tatsachen **besonders** verpflichtet ist (BGH 23.10.2018, BGHSt 63, 282;
BGH 16.9.2020, wistra 2021, 278 mAnm *Grötsch*). Eine eigene Rechtspflicht zur Aufklärung über steuerlich erhebliche Tatsachen trifft gem. § 35 AO auch den Verfügungsberechtigten. Verfügungsberechtigter iSd Vorschrift kann auch ein steuernder Hintermann
sein, der ihm gegenüber weisungsabhängige „Strohleute" im Rechtsverkehr nach außen
im eigenen Namen auftreten lässt (BGH 9.4.2013, BGHSt 58, 218; dazu *Höll* wistra 2014,
455). Einzelheiten zur Handlungspflicht → Rn. 252 ff. Demgegenüber kann der Täter der
Begehungsvariante des Tatbestandes jedermann sein. Das ergibt sich für den Fall der
Steuerverkürzung schon daraus, dass eine besondere Vorteilsabsicht nicht vorausgesetzt
wird. Im Fall der Erlangung ungerechtfertigter Steuervorteile genügt es, wenn der Täter
diese Vorteile für sich oder einen anderen erlangt. Demgegenüber kann Täter einer leichtfertigen Steuerverkürzung (Ordnungswidrigkeit) nach § 378 AO nicht jedermann sein,
sondern nur, wer Stpfl ist oder die Angelegenheiten eines Stpfl wahrnimmt (→ § 378
Rn. 9 ff.).

2. Täterschaft bei § 370 I Nr. 1 AO

a) Allgemein

Da § 370 I Nr. 1 AO im Unterschied zu der Unterlassungsvariante kein Pflichtwidrig- 33
keitsmerkmal aufweist, kann die Tathandlung grundsätzlich durch jede beliebige Person
begangen werden, die tatsächlich in der Lage ist, auf die Festsetzung, Erhebung oder
Vollstreckung der gesetzlich geschuldeten Steuer zum Nachteil des jeweiligen Steuergläubigers einzuwirken (Klein/*Jäger* AO § 370 Rn. 25a; BGH 5.9.2017, NZWiSt 2018, 66,
67). Auch wenn es sich bei § 370 I Nr. 1 AO um ein Erklärungsdelikt handelt, sind
tatbestandsmäßig nicht nur unrichtige Steuererklärungen, sondern auch etwa unrichtige
oder unvollständige Bekundungen über steuerlich erhebliche Tatsachen, wie etwa ein
Antrag auf Herabsetzung von Vorauszahlungen bzw. auf Stundung sowie Ausführungen im
Zusammenhang mit Betriebsprüfungen oder tatsächlichen Verständigungen (Weckerle,
Steuerstrafrecht an der Schnittstelle zum Steuerrecht, 171, 173).

b) Unmittelbare Täterschaft, § 25 I Alt. 1 StGB

Täter iSe unmittelbaren Täterschaft nach § 25 I Alt. 1 StGB ist derjenige, der sämtliche 34
Tatbestandsmerkmale in eigener Person verwirklicht. Dabei bedeutet jedoch die Verwirklichung sämtlicher Tatbestandsmerkmale in eigener Person nicht notwendig, dass § 370 I
Nr. 1 AO ein eigenhändiges Delikt ist, sondern dass der Tatbestand in unmittelbarer
Täterschaft auch durch Personen verwirklicht werden kann, die selbst keine steuerlichen
Erklärungen abgeben, jedoch durch sonstige unrichtige, steuerlich erhebliche Angaben auf
ein Besteuerungsverfahren Einfluss genommen haben (BGH 5.9.2017, NZWiSt 2018, 66,
67). Da auch bei Steuererklärungen lediglich bzgl. einiger Steuerarten eine eigenhändige
Unterschrift vorgeschrieben ist (vgl. § 150 III AO) und bei einer elektronischen Übermittlung von Steuererklärungen eine Unterschrift fehlt (vgl. § 150 VII AO), kommt es entscheidend darauf an, wem die abgegebenen Erklärungen bzw. sonstigen Angaben zuzurechnen sind (vgl. *Heuel/Harink* AO-StB 2020, 49, 50 betreffend die Abgabe von

elektronischen Steuererklärungen). Unmittelbarer Täter ist diesbezüglich wer bestimmt, für wen und mit welchem Inhalt die Erklärung in den Rechtsverkehr gelangt (Kohlmann/*Ransiek* AO § 370 Rn. 107.1). Übermittelt ein Steuerberater lediglich eine Steuererklärung, ohne an dieser mitgewirkt zu haben, so handelt er lediglich als Bote (Klein/*Jäger* AO § 370 Rn. 25c). Gleiches gilt, wenn eine Sekretärin auf Anweisung ihres Chefs das Steuererklärungsformular unrichtig ausfüllt und nach Unterschrift des Chefs bei der Finanzbehörde einreicht (Kohlmann/*Ransiek* AO § 370 Rn. 107.4). Macht ein Steuerberater dagegen etwa in einer Umsatzsteuervoranmeldung vorsätzlich unrichtige Angaben für seine Mandanten, so kommt eine Steuerhinterziehung als Täter und nicht lediglich Beihilfe, in Betracht (BGH 10.10.2017, BGHSt 63, 29). Ebenso hat der BGH ausgeführt, dass die Erstellung und Übersendung unrichtiger Umsatzsteuervoranmeldungen eines früheren Alleingesellschafters und Geschäftsführers einer GmbH bulgarischen Rechts für eine inländische Zweigniederlassung eine Verurteilung wegen täterschaftlich begangener Steuerhinterziehung tragen würde (BGH 5.9.2017, NZWiSt 2018, 66). Der Angeklagte war in dem der Entscheidung zugrunde liegenden Sachverhalt weder als Vertreter iSv § 34 AO, noch als Verfügungsberechtigter gem. § 35 AO angesehen worden.

c) Mittelbare Täterschaft, § 25 I Alt. 2 StGB

35 Auch im Steuerstrafrecht kommt grundsätzlich eine Steuerhinterziehung in mittelbarer Täterschaft, insbes. aufgrund Tatherrschaft mittels **überlegenen Wissens,** in Betracht, auch wenn diese Konstellationen nicht allzu häufig sind (→ § 369 Rn. 76). So liegt beispielsweise eine mittelbare Täterschaft eines steuerlichen Beraters vor, wenn dieser den Stpfl vorsätzlich unrichtig über die steuerlichen Erklärungspflichten informiert und der Stpfl darauf vertrauend unvorsätzlich die Erklärungspflichten verletzt und dadurch ein Hinterziehungserfolg eintritt (BGH 10.7.2019, wistra 2020, 154). Gleiches gilt, wenn ein steuerlicher Berater ein nicht legales „Steuersparmodell" entwickelt und die Anleger im Vertrauen auf die rechtliche Anerkennung die von dem steuerlichen Berater vorbereiteten Erklärungen unterzeichnen und diese bei dem FA eingereicht werden (BGH 11.12.2015, BGHSt 61, 92). Ferner macht sich ein Geschäftsführer einer Personengesellschaft bei Einreichung einer unrichtigen Feststellungserklärung nicht nur als unmittelbarer Alleintäter strafbar, sondern auch hinsichtlich der Einkommensteuerhinterziehung in mittelbarer Täterschaft, wenn die Mitunternehmer (gutgläubig) unrichtige Einkommensteuererklärungen einreichen (BGH 19.12.1990, BGHSt 37, 266). Ebenso kommt eine Tatbegehung in mittelbarer Täterschaft in Betracht, wenn ein Stpfl unzutreffende Rechnungen ausstellt und der gutgläubige Empfänger diese steuerentlastend bei dem FA einreicht und etwa zu Unrecht einen Vorsteuerabzug beantragt (BFH 31.7.1996, BStBl. II 1996, 554). Auch in Unternehmensstrukturen kommen Steuerhinterziehungen in mittelbarer Täterschaft grundsätzlich in Betracht. Dies ist insbes. dann denkbar, wenn ein leitender Mitarbeiter einen Kausalbeitrag zur Steuerhinterziehung leistet und unzutreffende Informationen an den Leiter oder Mitarbeiter der Steuerabteilung weiterleitet und diese (in gutem Glauben) eine unzutreffende Steuererklärung einreichen (BGH 15.5.2018, wistra 2019, 63; BGH 9.5.2017, wistra 2017, 390).

d) Mittäterschaft, § 25 II StGB

36 Da § 370 I Nr. 1 AO kein Sonderdelikt ist, können auch solche Personen **Mittäter** (→ § 369 Rn. 77) der Steuerhinterziehung durch positives Tun sein, dem das Gesetz keine (eigenen) steuerlichen Pflichten zuweist, sofern die Voraussetzungen einer gemeinschaftlichen Tatbegehung iSd § 25 II StGB vorliegen (BGH 9.4.2013, BGHSt 58, 218, 225). Eine Mittäterschaft wird angenommen, wer nicht nur fremdes Tun fördert, sondern einen eigenen Tatbeitrag derart in eine gemeinschaftliche Tat einfügt, dass sein Beitrag als Teil der Tätigkeit des anderen und umgekehrt dessen Tun als Ergänzung seines eigenen Tatbeitrags erscheint. Wesentliche Anhaltspunkte, ob eine Mittäterschaft bzw. eine Beteiligung vorliegt, können hierfür der Umfang der Tatbeteiligung, das eigene Interesse am Taterfolg sowie die Tatherrschaft oder wenigstens der Wille zur Tatherrschaft sein (BGH 7.10.2014, NStZ-RR 2015, 184, 185). Da bei Vorliegen eines gemeinsamen Tatplans der die Mittäterschaft begründende Beteiligungsakt nicht zwingend im Ausführungsstadium der Tat vorliegen muss, sollen nach dem BGH (BGH 28.11.2017, wistra 2018, 254) bei Vorliegen der für Mittäterschaft relevanten Indizien grundsätzlich auch Beratungsleistungen, die in unrichtige Steuererklärungen münden und eine Steuerverkürzung zur Folge haben, die Strafbarkeit einer Steuerhinterziehung in Mittäterschaft für den Beratenden begründen. Nach der hier vertretenen Auffassung kommt eine Mittäterschaft des steuerlichen Beraters jedoch nur in Betracht, wenn dieser (Mit-)Urheber der unrichtigen oder unvollständigen Erklärung ist und die Erklärung insgesamt mitgetragen hat (BFH 16.4.2002, BStBl. II 2002, 501; Kohlmann/*Ransiek* AO § 370 Rn. 114). Beschränkt sich die Tätigkeit des steuerlichen Beraters auf Beratungen und wirkt er an der Erstellung der Steuererklärung nicht mit, so kommt nach der hier vertretenen Auffassung eine Mittäterschaft nicht in Betracht, da der steuerliche Berater keine Herrschaft darüber besitzt, mit welchem Erklärungsinhalt die Steuererklärung in den Rechtsverkehr gegeben wird (Kohlmann/*Ransiek* AO § 370 Rn. 114; aA wohl Klein/*Jäger* AO § 370 Rn. 32).

3. Täterschaft bei § 370 I Nr. 2 AO

37 Nach der Rspr. des BGH kann Täter (auch Mittäter) einer Steuerhinterziehung durch Unterlassen gem. § 370 I Nr. 2 AO nur derjenige sein, der selbst zur **Aufklärung steuerlich erheblicher Tatsachen besonders verpflichtet** ist (BGH 9.4.2013, BGHSt 58, 218). Solche Offenbarungspflichten können sich primär aus den gesetzlich besonders festgelegten steuerlichen Erklärungspflichten, jedoch auch aus allgemeinen Garantenpflichten ergeben, wobei diese jedoch eine untergeordnete Rolle spielen sollen (BGH 9.4.2013, BGHSt 58, 218). Nach der Rspr. des BGH kann „jedermann" eine Steuerhinterziehung durch Unterlassen begehen, sofern er selbst zur Aufklärung steuerlich erheblicher Tatsachen besonders verpflichtet ist. Eine Zurechnung fremder Pflichtverletzungen kommt jedoch auch dann nicht in Betracht, wenn sonst nach allgemeinen Grundsätzen eine Mittäterschaft vorliegen würde (BGH 9.4.2013, BGHSt 58, 218). Bestehen zwei gleichermaßen steuerlich verpflichtete Personen oder neben einem formalen zusätzlich ein faktischer Geschäftsführer, bedarf es einer Zurechnung über § 25 StGB nicht, denn beide verwirklichen den Unterlassungstatbestand jeweils für sich vollständig (Tipke/Kruse/*Krumm* AO § 370 Rn. 36; BGH 23.8.2017, wistra 2018, 80). Insofern macht sich auch ein Geschäftsführer einer Steuerhinterziehung durch Unterlassen strafbar, der intern nicht für die steuerlichen und finanziellen Bereiche zuständig ist (Tipke/Kruse/*Krumm* AO § 370 Rn. 36). Tatbeteiligte ohne entsprechende Pflichten können sich ausschließlich als Teilnehmer gem. § 26 oder § 27 StGB der Unterlassungstat strafbar machen.

4. Einzelfälle möglicher Täter

a) Steuerberater

38 Ein Steuerberater kommt als unmittelbarer Täter nach § 370 I Nr. 1 AO in Betracht, wenn er **im eigenen Namen** vorsätzlich unrichtige Angaben für seinen Mandanten, etwa durch Erstellung und Übersendung unzutreffender Umsatzsteuervoranmeldungen tätigt (BGH 10.10.2017, BGHSt 63, 29). Praktisch bedeutsam sind diese Konstellationen insbes. bei Umsatzsteuervoranmeldungen, Lohnsteueranmeldungen, Erbschaftsteuererklärungen oder in der Ausnahmesituation des § 150 III AO (Kohlmann/*Ransiek* AO § 370 Rn. 108). Gleiches gilt, wenn der Steuerberater in unberechtigter Weise die Herabsetzung von Einkommensteuervorauszahlungen beantragt (OLG Stuttgart 21.5.1987, wistra 1987, 263; NdsFG 18.12.2006, DStRE 2008, 1353, 1354).

39 Eine unmittelbare Steuerhinterziehung nach § 370 I Nr. 1 AO liegt nicht vor, wenn der Steuerberater die Steuererklärung seines Mandanten lediglich vorbereitet und diese vom

Stpfl unterzeichnet und eingereicht wird, weil es an eigenen Angaben des Steuerberaters gegenüber dem FA fehlt (BFH 29.10.2013, BStBl. II 2014, 295; BayObLG 9.11.1993, DStR 1994, 410). Es ist seine Erklärung, für die er mit seiner Unterschrift die Verantwortung übernommen hat, nicht die des Steuerberaters. Dies gilt selbst im Falle eines sog. **Mitwirkungsvermerks** des Steuerberaters, weil sich die Mitwirkung bei der Anfertigung der Steuererklärung auf die Vorbereitung der Steuererklärung des Stpfl beschränkt und eine vom Steuerberater gegenüber seinem Mandanten geschuldete und erbrachte Leistung darstellt (BFH 19.10.2013, BStBl. II 2014, 295). Der Steuerberater macht bei einer Vorbereitung der Steuererklärung, wenn sich dessen Tätigkeit auf die Vorbereitung der Steuererklärung des Stpfl beschränkt, selbst keine unrichtigen oder unvollständigen Angaben (BFH 2.4.2014, BStBl. II 2014, 698). Handelt der Steuerberater auf Anweisung seines Mandanten, dann liegen Angaben des Mandanten und nicht Angaben des Steuerberaters vor (Tipke/Kruse/*Krumm* AO § 370 Rn. 32). Wenn der Mandant die Verantwortung für die Daten übernimmt, ist der Steuerberater letztendlich nur der **Bote** (Tipke/Kruse/*Krumm* AO § 370 Rn. 32; *Beyer* NWB 2016, 1304, 1309). Täter ist, wer die Entscheidungsherrschaft über die Erklärung und den Inhalt hat (*Spatschek/Wimmer* AO-StB 2017, 121, 124; *Hellmann* in GS Joecks, 483, 491 f.).

40 Grundsätzlich kommt ferner eine Steuerhinterziehung von **Steuerberater** und Stpfl in Mittäterschaft in Betracht. Wesentliches Kriterium zur Abgrenzung von Mittäterschaft und Teilnahme sind das eigene Interesse am Erfolg der Tat, der Umfang der Tatbeteiligung, die objektive Tatherrschaft und der Wille zur Tatherrschaft (BGH 9.4.2013, BGHSt 58, 218, 226 Rn. 43).

Eine Steuerhinterziehung in mittelbarer Täterschaft kommt insbes. in Betracht, wenn ein Steuerberater ein steuerlich nicht anerkanntes „Steuersparmodell" entwickelt und die Stpfl im Vertrauen auf seine Richtigkeit die von ihm vorbereiteten Steuererklärungen unterzeichnen und diese beim FA eingereicht werden (BGH 11.12.2015, BGHSt 61, 92). Allein die Übermittlung einer Steuererklärung, ohne dass der Stpfl die Steuererklärung vorbereitet hat, begründet kein strafbares Verhalten, da in dieser Konstellation der Steuerberater lediglich als Bote tätig wird. Die Frage, ob eine Beihilfe oder Mittäterschaft eines Steuerberaters in Betracht kommt, wenn er in Absprache mit dem Stpfl unrichtige Angaben in der Steuererklärung tätigt, richtet sich nach den allgemeinen strafrechtlichen Grundsätzen (→ Rn. 71 ff., → § 369 Rn. 86 ff.).

41 Sofern sich nicht aus den §§ 34 u. 35 AO etwas anderes ergibt, trifft den Steuerberater grundsätzlich **keine Erklärungs- und Aufklärungspflicht.** Insofern kommt der Steuerberater nicht als tauglicher Täter iSd § 370 I Nr. 2 AO in Betracht.

42 Auch eine Strafbarkeit wegen einer unterlassenen Berichtigung nach **§ 153 AO** kommt für den Steuerberater nicht in Betracht, da er nicht vom Anwendungsbereich dieser Norm erfasst wird (Klein/*Jäger* AO § 370 Rn. 31; offengelassen in BFH 29.10.2013, BStBl. II 2014, 295) Auch eine Rechtspflicht aus **Ingerenz** besteht nach Bemerken eines Fehlers eines Steuerberaters nach der hier vertretenen Auffassung nicht, da der Steuerberater sich bei einer Berichtigung nach § 153 AO, zu der sein Mandant nicht zugestimmt hat, sich einer Strafbarkeit nach § 203 I Nr. 3 StGB wegen dem Offenbaren von Geheimnissen aussetzen würde. Insofern würde eine Pflicht zur Berichtigung nach § 153 AO für einen Steuerberater an der Zumutbarkeit scheitern (→ Rn. 251).

b) Finanzbeamte

43 Auch Finanzbeamte kommen grundsätzlich als Täter einer Steuerhinterziehung in Betracht (BGH 6.6.2007, BGHSt 51, 356; BFH 25.10.2005, BStBl. II 2006, 356), was sich bereits aus § 370 III 2 Nr. 2 und Nr. 3 AO ergibt (Klein/*Jäger* AO § 370 Rn. 35). Macht etwa ein Finanzbeamter für einen fingierten Stpfl die Erstattung in Wirklichkeit nicht zutreffender Steueranrechnungsbeträge geltend, so macht er sich nicht nur wegen Untreue, sondern tateinheitlich auch wegen Steuerhinterziehung strafbar (BGH 6.6.2007, BGHSt 51, 356).

c) Ehegatten

Ein Ehegatte, der eine gemeinsame Steuererklärung lediglich mitunterzeichnet, wird **44** nicht Mittäter, selbst wenn er davon Kenntnis besitzt, dass sein Ehegatte unzutreffende Angaben in der gemeinsamen Steuererklärung getätigt hat, diese ihn jedoch nicht betreffen (BGH 17.4.2008, wistra 2008, 310, 313; BFH 16.4.2002, BStBl. II 2002, 501; Klein/*Jäger* AO § 370 Rn. 25b). Der Erklärungsgehalt der Unterschrift des jeweiligen Ehegatten betrifft die Tatsachen, die ihn betreffen. Ein Ehegatte macht in seiner Einkommensteuererklärung Angaben nur zu dem Sachverhalt, der seiner Wissenssphäre zuzurechnen ist (vgl. zur Steuererklärung, BFH 14.1.1998, BStBl. II 1999, 203). Betreffen die unrichtigen Angaben jedoch Einkünfte beider Ehegatten wie zB bei einer Mitunternehmereigenschaft, Grundstücksgemeinschaft, Sonderausgaben, außergewöhnliche Belastungen oder die Anwendung des Splitting-Tarifs, kommt eine Mittäterschaft in Betracht (Kohlmann/*Ransiek* AO § 370 Rn. 115 und 115.2).

d) Strohleute und faktische Organe

Auch **Strohleute** kommen als taugliche Täter einer Steuerhinterziehung in Betracht, da **45** die steuerlichen Pflichten nach § 34 I AO die formell wirksam bestellten Organpersonen treffen (BGH 14.4.2010, PStR 2010, 130). Insofern ist eine Strafbarkeit nach § 370 I Nr. 2 AO gegeben, wenn für die Gesellschaft keine Steuererklärung eingereicht wird. Geben der Strohmann und ein faktisches Organ gemeinsam vorsätzlich eine unzutreffende Steuererklärung ab, so liegt eine mittäterschaftlich begangene Steuerhinterziehung nach § 370 I Nr. 1 AO vor. Wird durch ein faktisches Organ einem Strohmann eine Steuererklärung vorgegeben, so soll regelmäßig eine tatbestandsmäßige Handlung des Strohmanns vorliegen, wenn er die Steuererklärung blind unterschreibt (Klein/*Jäger* AO § 370 Rn. 25b). Dies ergibt sich daraus, dass selbst bei einem weiteren Geschäftsführer (auch wenn dieser für den steuerlichen Bereich zuständig wäre) den anderen Geschäftsführer im Rahmen der Gesamtverantwortung (§ 114 HGB) gem. § 34 AO die steuerlichen Pflichten der Gesellschaft in eigener Person treffen. Ein Geschäftsführer ist verpflichtet, sich innerhalb des ihm Möglichen und Zumutbaren zu vergewissern, ob die mit dieser Aufgabe betraute Person (auch wenn es ein formaler Mitgeschäftsführer ist) die ihm übertragenen Aufgaben ordnungsgemäß ausführt (BGH 10.11.1999, wistra 2000, 137). Nichts anderes soll gelten, wenn die vorbereitete Erklärung von einem faktischen Organ vorbereitet wird. Zu beachten ist allerdings, dass ein Strohmann bzw. vorgeschobener Einzelunternehmer, der nach überschlägiger Prüfung eine vorbereitete Steuererklärung unterzeichnet, nicht automatisch vorsätzlich handelt. Allein das Wissen darüber, dass der Grund einer Bestellung als formeller Inhaber einer Einzelfirma darin liegt, dass der frühere Inhaber diese Position aufgrund einer vorherigen Insolvenz nicht mehr einnehmen kann, rechtfertigt für sich allein nicht den Schluss, dass billigend in Kauf genommen wurde, dass der mit der Generalvollmacht versehene und als (faktischer) Geschäftsführer agierende vorherige Inhaber seinen steuerlichen Verpflichtungen nicht nachkommen würde (BGH 11.2.2020, wistra 2020, 375).

Faktische Organpersonen werden nach der Rspr. als gesetzliche Vertreter gem. § 34 I **46** AO qualifiziert (BGH 28.6.1966, BGHSt 21, 101; *Jäger* NStZ 2017, 453) Überzeugender erscheint jedoch eine Verantwortung nach § 34 I AO nicht anzunehmen, da ein formeller Bestellungsakt fehlt, mit der Folge, dass gerade keine rechtliche Vertretungsbefugnis besteht (Kohlmann/*Ransiek* AO § 370 Rn. 118.3). Allerdings kann ein faktischer Geschäftsführer, der die Geschicke einer Gesellschaft nach innen und außen lenkt, als Verfügungsberechtigter iSd § 35 AO und als Vermögensverwalter nach § 34 III AO angesehen werden (BGH 23.8.2017, NStZ-RR 2018, 16). Verfügungsberechtigter iSd § 35 AO ist derjenige, der nach dem Gesamtbild der Verhältnisse rechtlich und wirtschaftlich über Mittel, die einem anderen zuzurechnen sind, verfügen kann und als solcher nach außen auftritt (BFH 5.8.2010, BFH/NV 2011, 81). Nicht ausreichend ist allerdings eine rein tatsächliche Verfügungsmacht, etwa die Möglichkeit über wirtschaftlichen Druck über die Verfügungen der StPfl Einfluss zu nehmen; vielmehr muss die Verfügungsmöglichkeit rechtlich eingeräumt worden sein (BGH 23.8.2017, NStZ-RR 2018, 16). *Ransiek* ist insofern zuzustimmen, dass faktische Organpersonen grds. als taugliche Täter iSd § 370 I Nr. 2 AO anzusehen sind (Kohlmann/*Ransiek* AO § 370 Rn. 118.4). Nach *Ransiek* soll eine faktische Organperson aber auch über § 35 AO nach § 370 I Nr. 2 AO durch Unterlassen täterschaftlich verantwortlich sein, wenn ein eigener Tatbeitrag fehlt (Kohlmann/*Ransiek* AO § 370 Rn. 113.11). Diesbezüglich ist jedoch zu beachten, dass im Falle einer Abgabe einer Steuererklärung für die Gesellschaft § 370 I Nr. 2 AO bei den faktischen Organpersonen keine Anwendung findet. Sofern eine unzutreffende Steuererklärung eingereicht wurde, stellt sich die Frage, inwieweit die unzutreffenden Angaben in der Steuererklärung auch der faktischen Organperson im Wege einer Mittäterschaft zugerechnet werden können. Nach der Rspr. des BGH setzt die Beteiligung an der Tatausführung dabei keine Mitwirkung im eigentlichen Ausführungsstadium der Tat voraus, sondern es sollen Vorbereitungs- und Unterstützungshandlungen im Vorfeld der eigenen Tatbegehung genügen (BGH 2.7.2008, NStZ 2009, 25, 26). Hatte die faktische Organperson bei Einreichung der unzutreffenden Steuererklärung jedoch keine Kenntnis von der objektiv unzutreffenden Steuererklärung, so ist diese bei einer später eingetretenen Kenntnis von der unrichtigen Steuererklärung verpflichtet, die Erklärung unverzüglich nach § 153 AO zu berichtigen. Sofern die faktische Organperson dieser Berichtigung nicht nachkommt, käme eine Steuerhinterziehung durch Unterlassen nach § 370 I Nr. 2 AO in Betracht.

IV. Erfolg der Steuerhinterziehung

1. Überblick

47 Die Steuerhinterziehung ist ein **Erfolgsdelikt.** Das Delikt ist also erst dann vollendet, wenn der im Tatbestand beschriebene Erfolg eingetreten ist. Solange dies noch nicht geschehen ist, kommt nur Versuch in Betracht. Das Gesetz unterscheidet zwischen zwei verschiedenen Erfolgen, von denen der Täter des vollendeten Delikts wenigstens einen verursacht haben muss: Die Steuerverkürzung und die Erlangung eines nicht gerechtfertigten Steuervorteils. Die praktisch größte Bedeutung besitzt der Erfolg der Steuerverkürzung. Dementsprechend finden sich bei ihm auch die meisten Kontroversen in Schrifttum und Rspr. Ergänzende Vorschriften finden sich in Abs. 4, der die Steuerverkürzung für das Festsetzungsverfahren definiert, in Abs. 6, der Taten gegen Eingangsabgaben, Umsatzsteuern und harmonisierte Verbrauchsteuern bestimmter europäischer Länder in den Tatbestand mit einbezieht, sowie in Abs. 4 S. 3, der die Begriffe der Steuerverkürzung und der Erlangung von Steuervorteilen für eine bestimmte Fallgruppe modifiziert.

2. Steuerverkürzung

Schrifttum: *Ehlers,* Zum Begriff der Steuerverkürzung – Versuch einer Entwirrung, FR 1958, 455; *Plückebaum,* Zur Frage der Abgrenzung zwischen Versuch und Vollendung bei der Steuerhinterziehung, DStZ 1959, 66; *Franzen,* Zur schuldgerechten Aufteilung der Steuerverkürzung (§§ 396, 402 AO), DStR 1964, 380; *ders.,* Zur Vollendung der Steuerverkürzung (§§ 396, 402 AO), DStR 1965, 187; *Henke,* Wird bei einer vorläufigen Steuerfestsetzung nur eine versuchte Verkürzung von Steuereinnahmen bewirkt?, DStZ 1965, 195; *Ulmer,* Vollendung der Steuerverkürzung bei vorläufiger Veranlagung, FR 1965, 247; *v. Witten,* Steuerverkürzung bei vorläufiger Steuerfestsetzung, DStZ 1965, 232; *Kötting,* BGH-Urteil zur Steuerverkürzung bei vorläufiger Steuerfestsetzung, DStZ 1967, 285; *Lohmeyer,* Der Vorteilsausgleich nach § 396 Abs. 3 Halbsatz 2 AO, Inf 1968, 267; *Depiereux,* Die strafrechtlichen Folgen der Nichtabgabe von Steuererklärungen, DStR 1970, 55 I; *Schleeh,* Der tatbestandsmäßige Erfolg der Verkürzung von Steuereinnahmen, FR 1971, I 18; *ders.,* Rechtsgut und Handlungsobjekt beim Tatbestand der Steuerverkürzung, NJW 1971, 739; *ders.,* Die Steuerhinterziehung nach dem Entwurf einer Abgabenordnung (AO 1974), StW 1972, 310; *Henneberg,* Strafrechtliche Begriffe im steuerstrafrechtlichen Gewand in der höchstrichterlichen Rechtsprechung, DStR 1972, 551; *Göggerle,* Zur Frage des geschützten Rechtsguts im Tatbestand der Steuerhinterziehung, BB 1982, 1851; *Hartmann/Christians,* Grundstruktur der Steuerhinterziehung und der leichtfertigen Steuerverkürzung, DB 1985, 1909; *Suhr,* Rechtsgut der Steuerhinterziehung und Steuerverkürzung im

Festsetzungsverfahren, 1989; *Gribbohm/Utech*, Probleme des allgemeinen Steuerstrafrechts, NStZ 1990, 209; *Gast-de Haan*, Steuerstrafrechtliche Konsequenzen der Entscheidungen des Bundesverfassungsgerichts zum Familienlastenausgleich, BB 1991, 2490; *Hagedorn*, Steuerhinterziehung und Finanzpolitik, 1991 (zugleich Diss. Hagen 1991); *Weyand*, Internationales Steuerstrafrecht, Inf 1993, 461; *Rönnau*, Die Verkürzung von Kirchensteuern – ein Betrug ohne Folgen?, wistra 1995, 47; *Hardtke*, Steuerhinterziehung durch verdeckte Gewinnausschüttung, 1995; *Keßeböhmer/Schmitz*, Hinterziehung ausländischer Steuern und Steuerhinterziehung im Ausland, wistra 1995, 1; *Hardtke/Leip*, Strafverfolgungsverjährung bei Steuerhinterziehung infolge verdeckter Gewinnausschüttung, NStZ 1996, 217; *Döllel*, Zur Anwendbarkeit von § 370 AO bei Beihilfehandlungen auf einem unter deutscher Flagge fahrenden Schiff, wistra 1998, 70; *Kohlmann*, Zur Ahndung grenzüberschreitender Steuerhinterziehungen, FS Hirsch, 1999, 577; *Bender*, Rechtsfragen bei dem Transitschmuggel mit Zigaretten, wistra 2001, 161; *Schmitz/Wulf*, Erneut: Steuerhinterziehung ausländischer Steuern und Steuerhinterziehung im Ausland, § 370 Abs. 6, 7 AO, wistra 2001, 361; *Harms*, Von Transactien, ordonnances de non-lieu und anderen europäischen Besonderheiten – der lange Weg zu einer europäischen Strafrechtsordnung, FS Rieß, 2002, 725; *Schmitz*, Versuchsbeginn, Vollendung und Beginn der Verfolgungsverjährung bei ausgebliebener Steuerfestsetzung, FS Kohlmann, 2003, 517; *Niehaus*, Blankettnormen und Bestimmtheitsgebot vor dem Hintergrund zunehmender europäischer Rechtssetzung, wistra 2004, 206; *Sorgenfrei*, Steuerhinterziehung in mittelbarer Täterschaft bei Publikumsgesellschaften, wistra 2006, 370; *Weidemann*, Ist der Steuerhinterziehungstatbestand ein Blankettgesetz?, wistra 2006, 132; *Klötzer*, Modernisierung des Zollkodex – Der Weg zum europäischen Zollstrafrecht, wistra 2007, 1; *Hentschel*, Braucht die Steuerfahndung noch den § 370 VI 2 und 3 AO?, DStR 2009, 1076; *Jäger*, Die Auswirkungen der Osterweiterung der Europäischen Union auf das deutsche Steuerstrafrecht, FS Amelung, 2009, 447; *Spatscheck/Höll*, Die Beteiligung an der ausländischen Steuerhinterziehung und ihre Folgen im Inland, SAM 2011, 64; *Tully/Merz*, Zur Strafbarkeit der Hinterziehung ausländischer Umsatz- und Verbrauchsteuern nach der Änderung des § 370 VI AO im JStG 2010, wistra 2011, 121.

a) Gegenstand der Verkürzung

aa) Soll-Einnahmen. Der Begriff der Verkürzung von Steuern ist umstritten. 48
Einige Autoren meinen, der Erfolg der Steuerhinterziehung bestehe in der Verkürzung von Steuereinnahmen (so noch der Wortlaut des § 392 I RAO 1968; 1. Aufl., RAO § 392 Rn. 12). Andere sind der Ansicht, Gegenstand der Verkürzung sei der Steueranspruch (*Welzel* NJW 1953, 486; *Hartung* IV 1 zu § 396 RAO 1931; RG 76, 195 3.7.1942; OLG Hamburg 16.12.1965, NJW 1966, 845). Wer die Steuereinnahmen als Gegenstand der Tat ansieht, weist darauf hin, dass der Steueranspruch als schuldrechtliche Beziehung zwischen Täter und StGläubiger durch die im Gesetz erfassten Tathandlungen in seiner rechtlichen Existenz überhaupt nicht beeinträchtigt werden kann, es gehe vielmehr immer nur darum, dass dem Fiskus diejenigen Einnahmen tatsächlich vorenthalten würden, die ihm rechtlich zustünden. Die Vertreter der Gegenansicht weisen demgegenüber darauf hin, dass unter Einnahmen nur die tatsächlich vereinnahmten Gelder zu verstehen seien. Bei einem solchen Verständnis würde der Tatbestand des § 370 I AO einerseits zu eng, weil Gegenstand der Tat nur noch die tatsächlich geleisteten Geldmittel sein könnten, und andererseits zu weit, weil der Zugriff des ungetreuen Kassenbeamten des Staates auf die bereits vereinnahmten Mittel erfasst würde. Allerdings wird weder die Ansicht vertreten, nur die Beeinträchtigung des rechtlichen Bestandes des Steueranspruchs genüge für § 370 I AO, noch beziehen die Anhänger der Gegenmeinung den Begriff der Steuereinnahme auf die tatsächlich vereinnahmten Gelder.

Es ist zwischen Ist-Einnahme und Soll-Einnahme zu unterscheiden. Steuerverkürzung ist 49
dann das **Zurückbleiben der Ist-Steuer hinter der Soll-Steuer** (BGH 8.5.2019, NZWiSt 2019, 461 Rn. 8; Klein/*Jäger* AO § 370 Rn. 85). Diese Aussage betrifft aber nur den Fall, dass es außerhalb des Festsetzungsverfahrens zu einer Steuerverkürzung kommt. Im Rahmen des § 370 IV 1 AO ist hingegen nicht auf die Vereinnahmung abzustellen, sondern auf die Festsetzung. Zu vergleichen ist dann die festgesetzte (Ist-)Steuer mit der festzusetzenden (Soll-)Steuer. Kommt es wegen Untätigkeit des Stpfl schon nicht zu einer Steuerfestsetzung, ist die gesamte Soll-Steuer verkürzt. Dabei handelt es sich freilich noch um eine recht pauschale Definition, die erheblicher Verfeinerung bedarf (→ Rn. 67 ff.). So stellt das Gesetz nicht auf die Vereinnahmung der Steuer, sondern auf deren Festsetzung ab.

bb) Bedeutung der Nichtzahlung von Steuern. Aus dem klaren Wortlaut des § 370 50
I ergibt sich, dass die schlichte **Nichtzahlung von Steuern** keine Steuerhinterziehung

darstellt, selbst wenn die Steuern bereits rechtskräftig festgesetzt worden sind (BGH 6.4.2016, NZWiSt 2016, 242, 243; BGH 13.10.2005, wistra 2006, 66; Wannemacher/ *Kürzinger* Rn. 50). Bei Abzugssteuern, wie etwa der Lohnsteuer nach §§ 38 ff. EStG, der Kapitalertragssteuer nach §§ 43 ff. EStG und der Bauabzugssteuer nach §§ 48 ff. EStG kommt jedoch bereits bei Leichtfertigkeit eine Ordnungswidrigkeit nach § 380 AO in Betracht (→ § 380 Rn. 6 ff.). Im Umsatzsteuerrecht führt die Nichtzahlung von Umsatzsteuer nach § 26a UStG zu einer Ordnungswidrigkeit und im Falle der speziellen Voraussetzungen des § 26c UStG (gewerbs- oder bandenmäßiger Betrug) zu einer Straftat. Hatte ein Stpfl dagegen eine unzutreffende Steuererklärung eingereicht oder die Einreichung einer Steuererklärung (fristgemäß) unterlassen, so führt die Zahlung der Steuern (ohne die notwendigen Angaben) nicht zu einem Entfallen der Strafbarkeit (Klein/*Jäger* AO § 370 Rn. 106; MüKoStGB/*Schmitz/Wulf* AO § 370 Rn. 54).

51   cc) **Steuern.** Gegenstand der Tat ist zunächst ein Steueranspruch. Da die AO gem. § 1 I AO nur für Steuern nach Bundesrecht oder nach dem Recht der Europäischen Union gilt, sind Landessteuern nicht unmittelbar erfasst, sondern nur dann, wenn die Landessteuergesetze auf die AO (einschließlich des 8. Teils) ausdrücklich verweisen (MüKoStGB/*Schmitz/ Wulf* AO § 370 Rn. 55). Einbezogen sind nach § 1 II Nr. 8, § 3 II AO zudem die Grund- und Gewerbesteuer als Realsteuern, obwohl sie von den Gemeinden verwaltet werden (MüKoStGB/*Schmitz/Wulf* AO § 370 Rn. 55). Die AO definiert den Begriff der Steuer in § 3 AO. Herkömmlich wird gesagt, auch der Solidaritätszuschlag gehöre hierzu (Klein/*Jäger* AO § 370 Rn. 15, Flore/Tsambikakis/*Flore* AO § 370 Rn. 21, RKR/*Rolletschke* AO § 370 Rn. 164). Überzeugend ist dies nicht, da das Gesetz in § 1 SolZG von einer Ergänzungsabgabe spricht. Der Wortlaut steht einer Erfassung hinterzogener Solidaritätszuschläge daher entgegen. Allerdings handelt es sich hier dann oftmals (nur) um ein Problem der Strafzumessung, so dass das Revisionsgericht vielfach ausschließen kann, dass die Höhe der Strafe auf der Einbeziehung des Solidaritätszuschlags beruht. Problematisch ist demgegenüber die Erreichung des Schwellenwertes für das große Ausmaß im Rahmen der Selbstanzeige nach § 371 II Nr. 3 AO, für die verlängerte Verjährungsfrist nach § 376 I iVm § 370 III 2 Nr. 1 AO sowie für die Bestimmung des Zuschlages nach § 398a I Nr. 2 AO.

52   Kraft gesetzlicher Gleichstellung in § 3 I 2 AO sind auch **Zölle und Abschöpfungen** Steuern iS der AO. Keine Steuern sind die steuerlichen Nebenleistungen nach § 3 III AO wie die Verspätungszuschläge (§ 152), Zinsen (§§ 233–237), Säumniszuschläge (§ 240; BayObLG 1.12.1980, NStZ 1981, 147), Zwangsgelder (§ 329) und Kosten (§§ 178, 337– 345; BGH 19.12.1997, BGHSt 43, 381; krit. HHS/*Peters* AO § 370 Rn. 252). Gemäß § 239 I 1 AO sind jedoch auf Zinsen die für die Steuern geltenden Vorschriften entsprechend anzuwenden. Grundsätzlich findet § 370 AO also auch auf Zinsen Anwendung (ebenso HHS/*Peters* AO § 370 Rn. 249 ff.; MüKoStGB/*Schmitz/Wulf* AO § 370 Rn. 61). Demgegenüber meinte der BGH zunächst, wegen des Bestimmtheitsgebots komme eine Auslegung des § 370 AO nicht in Betracht, die erst über § 3 III AO zu einer Strafbarkeit führe (BGH 19.12.1997, BGHSt 43, 381, 406; vgl. Schwarz/Pahlke/*Dumke/Webel* AO § 370 Rn. 83; krit. HHS/*Peters* AO § 370 Rn. 251 f.). Mittlerweile hat aber der BGH Zinsen auf Steuererstattungsbeträge gem. § 233a AO als Steuervorteil iSd § 370 I AO eingeordnet (BGH 6.6.2007, BGHSt 51, 356). Entscheidend war dabei, dass die Verzinsung von Steuernachforderungen und Steuererstattungen dem Grundsatz der Gleichmäßigkeit der Besteuerung Rechnung tragen und unmittelbar dem zu schützenden Rechtsgut des § 370 AO, nämlich dem Anspruch des Steuergläubigers auf den vollen Ertrag jeder einzelnen Steuer, dienen soll (BGH 6.6.2007, BGHSt 51, 356; siehe zur zinslosen Stundung noch BGH 11.9.2007, wistra 2008, 22). Etwas anderes gilt jedoch, wenn die Zinsen, wie etwa Hinterziehungszinsen nach § 235 AO, Folgen der Tat sind (MüKoStGB/*Schmitz/Wulf* AO § 370 Rn. 61).

53   Ob die Einordnung der **Zinsen als Steuervorteil** auch dann gilt, wenn es nicht um die Verzinsung erschlichener Erstattungen geht, ist zweifelhaft. Erklärt der Stpfl seinen Gewinn

bewusst zu hoch, damit er angesichts des niedrigen Marktzinses nach einer Außenprüfung in den Genuss der Vollverzinsung mit 0,5 vH für jeden vollen Monat kommt, mögen überhöhte Angaben zu den Einnahmen steuerlich erhebliche Tatsachen sein. Dennoch drängt sich nicht auf, dass diese vom Gesetz vorgegebene Folge der Verzinsung strafwürdig sein soll. Im Übrigen wäre dann der Stpfl endgültig zwischen Skylla und Charybdis: Erklärt er zu wenig, begeht er eine Steuerhinterziehung, erklärt er zu viel und hält dabei für möglich, dass er in den Genuss der Vollverzinsung kommt, erschleicht er einen Steuervorteil. Dies spricht dafür, für die zweite Konstellation § 370 AO nicht anzuwenden (vgl. RKR/*Rolletschke* AO § 370 Rn. 168).

Kirchensteuern sind nicht Steuern iSd § 370 AO (BGH 17.4.2008, wistra 2008, 310). **54** Art. 4 III EGStGB hat den Landesgesetzgebern die Möglichkeit eingeräumt, die Strafvorschriften der §§ 369 ff. AO für anwendbar zu erklären. Zur Anwendbarkeit des § 263 StGB in solchen Fällen → § 386 Rn. 31; BGH 17.4.2008, wistra 2008, 310, 312.

dd) Abgaben europäischer Staaten. Nach § 370 VI 1 AO sind die Absätze 1 bis 5 **55** auch auf **Einfuhr- und Ausfuhrabgaben** bestimmter europäischer Länder anzuwenden (StÄndG 2001, BGBl. 2001 I 3794). Die Bedeutung der Vorschrift beruht darauf, dass die §§ 369 ff. AO sich nur auf solche Steuern beziehen, die von der BRD erhoben werden; Steuern ausländischer Staaten werden dagegen nicht geschützt (→ § 369 Rn. 34; vgl. auch HHS/*Peters* AO § 370 AO Rn. 17). § 370 VI 1 AO dehnt die Tatbestände der Steuerhinterziehung auf bestimmte Einfuhr- und Ausfuhrabgaben aus, die nicht von der BRD erhoben werden. Eine entsprechende Regelung in § 374 IV AO verweist für die Steuerhehlerei sowie in § 373 IV AO für den gewerbsmäßigen, gewaltsamen und bandenmäßigen Schmuggel auf § 370 VI AO. § 370 I bis V ist auch anwendbar, wenn sich die Tat auf Umsatzsteuern oder auf bestimmte harmonisierte Verbrauchsteuern bezieht, die von einem anderen Mitgliedstaat der Europäischen Gemeinschaften verwaltet werden (§ 370 VI 2). Hier war darüber hinaus bislang Voraussetzung, dass die Gegenseitigkeit zur Zeit der Tat verbürgt und dies in einer Rechtsverordnung gem. § 370 VI 4 festgestellt ist. Diese Einschränkung war nach Bedenken des Bundesrates in die Gesetzesfassung aufgenommen worden (vgl. *Keßböhmer/Schmitz* wistra 1995, 1).

Eingangsabgaben iS des bis 22.12.2001 geltenden **§ 370 VI 1 aF** waren gem. § 1 III **56** ZG der „*Zoll einschließlich der Abschöpfung, die Einfuhrumsatzsteuer und die anderen für eingeführte Waren zu erhebenden Verbrauchsteuern*". Diese für das Zollrecht geltende Definition wurde allgemein auch auf § 370 VI AO angewendet. Mit dem In-Kraft-Treten des Zollkodex zum 1.1.1994 ist das deutsche Zollgesetz jedoch aufgehoben worden. Soweit der einheitliche Zollkodex Lücken ließ, zB durch die mangelnde Zuständigkeit der Gemeinschaft im organisatorischen Bereich, sollten diese durch das ebenfalls seit 1.1.1994 geltende bundesdeutsche Zollverwaltungsgesetz (ZollVG) geschlossen werden (vgl. *Hohrmann* DStR 1994, 455). Weder im Zollkodex (vgl. Art. 4 Nr. 10 ZK) noch im Zollverwaltungsgesetz (vgl. § 1 I 3 ZollVG) wurde jedoch der Begriff der Eingangsabgaben verwendet. Stattdessen wird jeweils der Begriff der Einfuhrabgaben benutzt (vgl. *Keßböhmer/Schmitz* wistra 1995, 1). Dabei reicht der Begriff der Einfuhrabgabe weiter, weil darunter gem. Art. 4 Nr. 10 Zollkodex auch „*Abgaben mit gleicher Wirkung bei der Einfuhr der Waren*" erfasst werden (vgl. *Keßböhmer/Schmitz* wistra 1995, 2; RKR/*Rolletschke* AO § 370 Rn. 330).

Mit dem StÄndG 20.12.2001 (BGBl. 2001 I 3794) verwendet § 370 AO den zollrecht- **57** lich korrekten Begriff der **Einfuhr- und Ausfuhrabgaben**. Gemäß Art. 5 Nr. 20 u. 21 UZK stellen Einfuhr- und Ausfuhrabgaben gem. § 3 III Steuern iSd AO dar. Durch die Neufassung dieser Vorschriften durch das EG-FinanzschutzG ist dies eindeutig (MüKoStGB/*Schmitz/Wulf* AO § 370 Rn. 63; HHS /*Peters* AO § 370 Rn. 21). Gemäß Art. 5 Nr. 20 UZK sind Einfuhrabgaben die für die Einfuhr von Waren zu entrichtende Abgaben (Klein/*Jäger* AO § 370 Rn. 150). Entsprechendes gilt für Ausfuhrabgaben iSd Art. 5 Nr. 21 UZK. Der am 9.10.2013 beschlossene Zollkodex der Union (UZK = VO [EU] Nr. 952/2013 des Europäischen Parlaments und des Rates, ABl. EU 2013 Nr. L 269/1) hat mit Wirkung zum 1.5.2016 den bisherigen Zollkodex ersetzt (Art. Art. 288 II UZK). Zur bisherigen Definition der Einfuhr- und Ausfuhrabgaben in Art. 4 Nr. 10 und 11 ZK vgl. die → 5. Aufl. Rn. 41.

58 **Zölle sind Steuern,** die nach Maßgabe des Zolltarifs der EU beim Warenverkehr über die Grenze erhoben werden (vgl. MüKoStGB/*Schmitz/Wulf* AO § 370 Rn. 64). Zu den Zöllen zählen auch die **Antidumpingzölle** (BGH 27.8.2010, wistra 2011, 70). Bis zur Änderung des Abs. 6 durch das StÄndG 2001 (→ Rn. 13) waren lediglich Einfuhrzölle erfasst, nunmehr gilt die Vorschrift auch für (derzeit nicht erhobene) Ausfuhrzölle. Abschöpfungen werden heute in Folge der WTO-Verhandlungen nicht mehr erhoben (MüKoStGB/*Schmitz/Wulf* § 370 AO Rn. 64 aE). **Einfuhrumsatzsteuer** und sonstige Verbrauchsteuern sind Steuern, die über die (Antidumping-)Zölle hinaus für die Einfuhr von Waren erhoben werden. Nach Auffassung des BGH (8.11.2000, wistra 2001, 62; vgl. auch BGH 21.2.2001, wistra 2001, 263) handelt es sich auch bei der Einfuhrumsatzsteuer um eine Abgabe iSd § 370 VI 1 AO. Auch *Ransiek* (Kohlmann/*Ransiek* AO § 370 Rn. 552) teilt diese Auffassung; kritisch dagegen *Schmitz* und *Wulf* (MüKoStGB/*Schmitz/Wulf* AO § 370 Rn. 63). Demgegenüber will ein Teil der Literatur hier § 370 VI 2 AO angewendet wissen (*Bender* wistra 2001, 161, 164; *Schmitz/Wulf* wistra 2001, 361, 368). Da § 370 VI 2 AO mangels Vorliegens einer Rechtsverordnung zur Verbürgung der Gegenseitigkeit (→ Rn. 63) bislang praktisch leerlief, hätte dies zur Folge, dass die Hinterziehung von Verbrauchsteuern und USt in dieser Variante praktisch in Deutschland straflos war; dies wäre im Hinblick auf den Zigaretten- und Alkoholschmuggel letztlich eine unhaltbare Konsequenz gewesen. Mit dem Wegfall der Verbürgung der Gegenseitigkeit ist der Meinungsstreit mE obsolet geworden (→ Rn. 63).

59 § 370 VI AO erfasst nicht die deutschen Verbrauchsteuern *(„von einem anderen Mitgliedstaat der ...")*; diese werden vielmehr durch § 370 I–V AO unmittelbar geschützt.

60 Als **Gläubigerstaaten** erfasst § 370 VI AO die anderen Mitgliedstaaten der EU (Belgien, Bulgarien, Dänemark, Estland, Finnland, Frankreich, Griechenland, Republik Irland, Italien, Kroatien, Lettland, Litauen, Luxemburg, Malta, Niederlande, Österreich, Polen, Portugal, Rumänien, Schweden, Slowakische Republik, Slowenien, Spanien, Tschechische Republik, Ungarn und Zypern) sowie der EFTA (Island, Liechtenstein, Norwegen, Schweiz). Ungeklärt ist bislang die Frage, ob Großbritannien nach dem zum 31.1.2020 erfolgten EU-Austritt noch als Gläubigerstaat iSd § 370 VI AO angesehen werden kann (vgl. *Beyer* AO-StB 2021, 67). Nach hiesiger Auffassung findet § 370 VI AO für nach dem 30.1.2020 begangene Steuerhinterziehungen iSd § 370 VI AO in Zusammenhang mit Großbritannien aufgrund des klaren Wortlautes keine Anwendung mehr.

Da sich die EU aufgrund der Umstellung ihrer Finanzierung ursprünglich in immer stärkerem Maße aus Abschöpfungen direkt finanzierte (Beschluss des Rates der EG v. 21.4.1970, BGBl. 1970 II 1261), die von den Mitgliedstaaten eingezogen werden, genügt es, wenn die Einfuhrabgabe von einem Mitgliedstaat *verwaltet* wird. Die Einfuhrabgabe muss ihm nicht letztlich zustehen. Hinsichtlich der übrigen Staaten kommt es dagegen darauf an, ob die Einfuhrabgaben ihnen zustehen.

61 Soweit § 370 I–V AO auf die Einfuhr- oder Ausfuhrabgaben ausländischer Staaten anzuwenden ist, gilt iE Folgendes: Da es sich um die **Anwendung deutschen Strafrechts** durch den deutschen Richter handelt, sind die deutschen Vorschriften nach den hier geltenden Grundsätzen anzuwenden (BGH 8.11.2000, wistra 2001, 62). Wenn *Schmitz* und *Wulf* (wistra 2001, 361, 365) daraus schließen, damit entfalle in diesen Fällen die Anwendbarkeit des § 370 I Nr. 2 AO, weil ausländische Zoll- oder Finanzämter keine Finanzbehörden iSd § 6 II AO seien, überzeugt dies nicht. Im Rahmen des Abs. 6 S. 1 und 2 sind denknotwendig Angaben ggü. den zuständigen *ausländischen* Behörden gemeint (Kohlmann/*Ransiek* AO § 370 Rn. 254).

62 Für die Beantwortung der Frage, ob eine Einfuhrabgabe geschuldet ist oder ob eine Aufklärungspflicht besteht, kommt es auf die einschlägigen ausländischen Rechtsvorschriften an, da die Eingangsabgaben in dem jeweiligen sich aus dem ausländischen Recht

Umsatzsteuern oder harmonisierte Verbrauchsteuern werden nach der Neufassung des § 370 VI AO zum 14.12.2010 auch erfasst, soweit sie von einem anderen Mitgliedstaat der EG verwaltet werden. Harmonisierte Verbrauchsteuern sind Steuern auf Energie, Alkohol, alkoholische Getränke und Tabakwaren. Die Verweisung in § 370 VI 2 AO in ihrer geltenden Fassung wie in ihren früheren Fassungen auf unionsrechtliche Vorschriften dient nach Auffassung des BGH lediglich der begrifflichen Konkretisierung der im Gesetz genannten „harmonisierten Verbrauchsteuern für Waren". Für diesen Zweck komme es auf die Geltung der unionsrechtlichen Vorschrift nicht an (BGH 20.11.2013, wistra 2014, 145). Hier war früher Voraussetzung, dass die Gegenseitigkeit der Strafverfolgung verbürgt und dies in einer Rechtsverordnung nach § 370 VI 4 AO festgestellt worden war. Ein solches Erfordernis war auf Drängen des Bundesrates in das Gesetz aufgenommen worden, offenbar um andere Staaten zu motivieren, vergleichbare Regelungen zu schaffen (vgl. *Keßeböhmer/Schmitz* wistra 1995, 1). Diese Einschränkung ist durch Gesetz vom 7.12.2011 (BGBl. 2011 I 2592) mWv 14.12.2011 gestrichen worden. Da es sich hier um Verfahrensrecht handelt, wird nach dem Grundsatz „Neues Verfahrensrecht gilt" diese Streichung Konsequenzen auch für Altfälle haben (so *Tully/Merz* wistra 2012, 121). Auch *Jäger* (Klein/*Jäger* AO § 370 Rn. 159) geht davon aus, dass es entgegen der bisher herrschenden Meinung nicht um eine objektive Bedingung der Strafbarkeit ginge (so etwa *Keßeböhmer/Schmitz* wistra 1995, 1, 4; *Walter/Lohse/Dürrer* wistra 2012, 125; *Ransiek* HRRS 2009, 421; Kohlmann/*Ransiek* AO § 370 Rn. 557), sondern um eine Prozessvoraussetzung. Daher könnten seit Aufhebung des Erfordernisses der Verbürgung der Gegenseitigkeit solche Fälle der Hinterziehung im Ausland in Deutschland ohne weiteres verfolgt werden (ebenso *Tully/Merz* wistra 2012, 121, 122 f.; HHS/*Peters* AO § 370 Rn. 265). Da mit dem Erfordernis der Gegenseitigkeit nicht etwa ein Vertrauenstatbestand geschaffen werden sollte, sondern lediglich Druck auf andere Staaten ausgeübt werden sollte, vergleichbare Regelungen zu schaffen (BT-Drs. 12/2906, 45), tritt die Strafbarkeit wegen einer (Beteiligung an einer) Steuerhinterziehung im Ausland auch für die Vergangenheit neben die der eigenen Steuerhinterziehung im Inland durch die unberechtigte Behandlung der Lieferung als steuerfreie innergemeinschaftliche (vgl. Schwarz/Pahlke/*Dumke/Webel* AO § 370 Rn. 290). Ob dann die Beihilfe zur Tat im Ausland und die eigene Steuerhinterziehung eine Tat im strafprozessualen Sinne bilden (so *Tully/Merz* wistra 2012, 121, 124; siehe auch *Spatscheck/Höll* SAM 2011, 64, 67 f.), ist zweifelhaft.

§ 370 VII AO ordnet für Taten nach Abs. 1–6 **die Geltung des „Weltrechtsprinzips"** an. Soweit sich Verkürzungserfolge im Inland ergeben, ergibt sich die Strafbarkeit des im Ausland Handelnden bereits über § 9 I StGB (→ § 369 Rn. 35), so dass es des § 370 VII AO nicht bedarf, wenn etwa ein im Ausland lebender Stpfl eine unrichtige Festsetzung bezüglich seiner Inlandseinkünfte bewirkt (*Keßeböhmer/Schmitz* wistra 1995, 6; *Kohlmann* FS Hirsch, 1999, 590 ff.). Entgegen *Keßeböhmer/Schmitz* (wistra 1995, 7) bedarf es eines Rückgriffs auf § 370 VII AO aber auch dann nicht, wenn eine Steuerhinterziehung durch Unterlassen im Raum steht. In diesen Fällen sollte der Verkürzungserfolg im Inland eintreten, was gem. § 9 I StGB ebenfalls ausreicht. Überdies war es die Verpflichtung des Stpfl, seine Erklärung im Inland abzugeben, so dass er *auch* im Inland hätte handeln müssen. Insoweit läuft § 370 VII AO leer.

Für Taten nach § 370 VI AO galt nach seinem ursprünglichen Wortlaut § 370 VII AO zunächst nicht. Hier handelte es sich offenbar um ein Versehen des Gesetzgebers, der aus dem ehemaligen § 370 VI 2 AO, der sich konkret auf den S. 1 desselben Absatzes bezog, einen Absatz 7 machte, ohne die Verweisung auf die Absätze 1–6 vorzusehen (vgl. auch § 379 I S. 2). Die Literatur wollte dennoch § 370 VII AO auf Taten gem. Absatz 6 anwenden (Koch/Scholtz/*Scheurmann-Kettner* AO § 370 Rn. 70, Erbs/Kohlhaas/*Hadamitzky/Senge* AO § 370 Rn. 60; *Stoffers* EuZW 1994, 306 f.; *Weyand* INF 1993, 463). Angesichts des Bestimmtheitsgebots des Art. 103 II GG wurde dies hier bereits in der 4. Auflage abgelehnt und auf die Notwendigkeit einer Gesetzesänderung verwiesen. Nachdem in der Rechtsprechung gestritten wurde, ob das gesetzgeberische Versehen übersehen werden darf (LG Kiel 10.6.1997, wistra 1997, 275; OLG Schleswig 17.9.1997, wistra 1998, 30 mit zust. Anm. *Döllel* wistra 1998, 70; BayObLG 28.11.2000, wistra 2001, 233) hat der Gesetzgeber mit dem EGFinSchG mWv 22.9.1998 (BGBl. 1998 II 2322) eine entsprechende „Klarstellung" vorgenommen. Ob allerdings eine Erstreckung des Absatzes 7 auf die Fälle des § 370 VI 2 AO sinnvoll ist (vgl. die Beispiele bei *Keßeböhmer/Schmitz* wistra 1995, 6) erscheint zweifelhaft. Nach der hier vertretenen Auffassung können freilich Taten vor dem 22.9.1998 nicht über die Anordnung des § 370 VII AO bestraft werden (anders Erbs/Kohlhaas/*Hadamitzky/Senge* AO § 370 Rn. 60). Nachdem der BGH (21.2.2001, wistra 2001, 263 mit abl. Anm. *Schmitz/Wulf* wistra 2001, 361) die Auffassung vertreten hatte, dass es sich bei der in § 370 VII AO fehlenden Verweisung auf Abs. 6 um ein „offenkundiges redaktionelles Versehen" gehandelt hat, hat das BVerfG (19.12.2002, wistra 2003, 255) entschieden, dass diese Auslegung den möglichen Wortsinn der Vorschrift sprengt und damit die Grenze verfassungsrechtlich zulässiger Interpretation übersteigt. Eine andere Frage ist, ob nicht aus anderen Gründen deutsches Strafrecht Anwendung finden kann (vgl. OLG Schleswig 17.9.1997, wistra 1998, 30 mAnm *Döllel* wistra 1998, 70).

66 Für die Aburteilung der Steuerhinterziehung bezüglich Einfuhr- oder Ausfuhrabgaben ausländischer Staaten gilt in begrenztem Umfang das **Verbot der Doppelbestrafung**. So ergibt sich aus Art. 54 des Schengener Übereinkommens vom 19.6.1990, insoweit in Kraft ab 15.3.1995, dass keines der Mitgliedsländer eine Straftat mehr verfolgen kann, wenn diese in einem anderen Mitgliedstaat bereits rechtskräftig abgeurteilt wurde (dazu EuGH 5.6.2014, wistra 2015, 140; EuGH 18.7.2007, NJW 2007, 3412; vgl. LG Hamburg 14.9.1995, wistra 1995, 358; OLG Hamburg 8.3.1996, wistra 1996, 193; BGH 13.5.1997, wistra 1997, 268; BGH 2.2.1999, wistra 1999, 193; BGH 10.6.1999, wistra 1999, 393; BGH 10.6.1999, BGHSt 45, 123; BGH 28.2.2001, BGHSt 46, 307; StrafG Eupen 27.1.1999, wistra 1999, 479; *Harms* FS Rieß, 2002, 725). Mittlerweile ist Art. 54 SDÜ durch Art. 50 GrCh ergänzt worden. Danach tritt der – unionsweite – Strafklageverbrauch schon ein, wenn der Täter in der Union rechtskräftig verurteilt oder freigesprochen worden ist, während Art. 54 SDÜ darüber hinaus verlangt, dass die Sanktion bereits vollstreckt worden ist. Nach Auffassung des BGH (BGH 25.10.2010, BGHSt 56, 11) wird Art. 54 SDÜ nicht durch Art. 50 GrCh verdrängt, da Art. 52 I 1 GrCh eine gesetzliche Einschränkung der in der GrCh genannten Rechte und Freiheiten anerkennt. Art. 54 SDÜ soll eine solche Einschränkung darstellen (vgl. auch Kohlmann/*Ransiek* AO § 370 Rn. 563; *Satzger*, Internationales und europäisches Strafrecht, 6. Aufl., § 10 Rn. 68; aA *Böse* GA 2011, 504). Das **Verbot der Doppelbestrafung** gilt grundsätzlich auch für Verfahren, in denen die Staatsanwaltschaft eines Mitgliedstaates ohne Mitwirkung eines Gerichts ein in diesem Mitgliedstaat eingeleitetes Verfahren einstellt, nachdem der Beschuldigte bestimmte Auflagen (zB Geldauflage) erfüllt (in Deutschland § 153a StPO; vgl. auch EuGH 11.2.2003, C-187/01 – Gözütok und C-385/01 – Brügge, NJW 2003, 1173; HHS/*Peters* AO § 370 Rn. 273). Nach § 153c II StPO kann die Staatsanwaltschaft von der Verfolgung von Straftaten absehen, die außerhalb des ordentlichen Geltungsbereichs des Gesetzes begangen wurden, wenn wegen der Tat im Ausland schon eine Strafe gegen den Beschuldigten vollstreckt worden ist und die im Inland zu erwartende Strafe nach Anrechnung der ausländischen Strafe nicht ins Gewicht fiele (Klein/*Jäger* AO § 370 Rn. 162).

b) Begriff der Verkürzung

67 **aa) Bedeutung des Verkürzungserfolges.** Der Eintritt des Verkürzungserfolges entscheidet nicht nur darüber, ob für die Steuerhinterziehung nur Versuchsstrafe oder Vollendungsstrafe ausgesprochen werden kann, sondern vor allem auch darüber, ob noch ein Rücktritt nach § 24 StGB oder nur eine strafbefreiende Selbstanzeige nach § 371 AO möglich ist (→ § 369 Rn. 65 f.).

bb) Die Definition des Verkürzungserfolges. Das Gesetz definiert in § 370 IV 1 **68** AO, ausgefüllt durch Sätze 2 bis 4, den Begriff des Verkürzungserfolges in einer Weise, die nicht zwingend mit einem wirtschaftlichen Schaden des Fiskus verbunden ist. Es stellt nicht eine wirtschaftliche Verkürzung in den Vordergrund, sondern einen Vergleich der festgesetzten Steuern (oben → Rn. 48). Angeknüpft wird an eine zu niedrige oder an eine Nicht-Festsetzung. Die Formulierung des Gesetzes deutet darauf hin, dass drei Formen des Erfolgseintritts zu unterscheiden seien (nicht, nicht in voller Höhe und nicht rechtzeitig festgesetzt). In Wahrheit handelt es sich jedoch nur um zwei Erscheinungsformen, da die nicht rechtzeitige Festsetzung auch den Fall der völlig unterbliebenen Festsetzung umfasst. Der Erfolg der Steuerverkürzung tritt nämlich in der Alternative der *„nicht rechtzeitigen"* Festsetzung nicht erst dann ein, wenn die Steuer verspätet festgesetzt wird, sondern bereits in dem Zeitpunkt, in dem die rechtzeitige Festsetzung unterbleibt. Sowohl bei der zu niedrigen Festsetzung wie auch bei der nicht rechtzeitigen Festsetzung sind dann jeweils die verschiedenen Erscheinungsformen der Festsetzung zu unterscheiden.

Die erste Form des Erfolgseintritts besteht darin, dass die FinB die geschuldete **69** Steuer **zu niedrig** festsetzt. Dass bereits mit der Festsetzung (bzw. deren Wirksamwerden durch Bekanntgabe, § 155 I, § 122 AO) die Tat vollendet ist, ist keine Selbstverständlichkeit (gegen den Ausnahmecharakter der Vorschrift *Franzen*, RAO § 392 Rn. 23; vgl. auch *Suhr* 1989, S. 89 ff.). Die zu geringe Vereinnahmung der Steuer steht damit nämlich noch nicht fest, da der StSchuldner die Steuern innerhalb des üblichen Zahlungszeitraums in der zutreffenden Höhe bezahlen kann. Wegen der Legaldefinition in § 370 IV 1 AO verhindert eine solche Zahlung jedoch den Erfolgseintritt nicht mehr, da die Vollendung schon mit der Festsetzung eingetreten ist. Der Täter kann demnach Straffreiheit nur noch durch Selbstanzeige gem. § 371 AO erlangen. Das Gesetz erfasst daher hier die Vermögensgefährdung als Vermögensschaden. Der vom Gesetz erfasste Grad der Vermögensgefährdung ist aber je nach der Art der Festsetzung ein sehr unterschiedlicher. Zwar kann die durch Täuschung bewirkte endgültige Festsetzung gem. § 173 I Nr. 1 AO wieder geändert werden. Das Maß der durch die Tat bewirkten Vermögensgefährdung ist jedoch auf der Grundlage der Annahme zu bestimmen, dass die FinB die Täuschung nicht kennt. Dann ist aber die Annahme einer schadensgleichen Gefährdung bei endgültiger Festsetzung unproblematisch. Anders liegt dies bei den übrigen Formen der Festsetzung. Bei der Festsetzung unter dem allgemeinen Vorbehalt der Nachprüfung gem. § 164 AO ist der Vorgang für die FinB noch nicht endgültig abgeschlossen, so dass die Möglichkeit der Entdeckung der Täuschung näher liegt als bei der endgültigen Festsetzung. Das Maß der Vermögensgefährdung ist dadurch geringer. Noch geringer ist die Vermögensgefährdung bei der vorläufigen Festsetzung gem. § 165 AO, soweit die Vorläufigkeit reicht, da der FinB hier die konkrete Ungewissheit aktuell bewusst ist. Beruht die vorläufige Festsetzung schließlich auf dem Verdacht einer Täuschung durch den StSchuldner, dann ist die Vermögensgefährdung allenfalls noch theoretischer Natur. Soweit schließlich eine Steueranmeldung gem. § 168 AO einer Festsetzung unter dem Vorbehalt der Nachprüfung ohne Zustimmung der FinB gleichsteht, werden von § 370 IV 1 AO auch Fälle erfasst, in denen überhaupt keine Gefährdung des Vermögens des StGläubigers eingetreten ist. Nach § 370 IV 1 AO ist der steuerverkürzende Erfolg nämlich auch dann eingetreten, wenn der Stpfl eine unrichtige – aber gem. § 168 S. 1 AO dennoch der Festsetzung gleichstehende – Steueranmeldung abgibt und die FinB die Unrichtigkeit sofort erkennt (jedoch → Rn. 292 ff.). Das von der Vorschrift erfasste **Maß der Vermögensgefährdung** reicht daher von der schadensgleichen Gefährdung bis zum Fehlen einer konkreten Gefahr.

Bei der zweiten Alternative der unterbliebenen rechtzeitigen Festsetzung ist die **70** Lage nicht anders. So wie die zu niedrige Festsetzung die Vollendung im Bereich der mengenmäßigen Vermögensschädigung (zu geringe Steuereinnahmen) in den Bereich der Gefährdung vorverlegt, so erfasst die nicht rechtzeitige Festsetzung die Gefahr eines Verspätungsschadens. Diese Gleichstellung ist zunächst nur konsequent, da ein Vermögensschaden bei wirtschaftlicher Betrachtung sowohl vorliegt, wenn eine Forderung nicht in voller Höhe realisiert wird, wie auch dann gegeben ist, wenn sie nicht zum hypothetischen Leistungstermin (→ Rn. 68), sondern später erfüllt wird. Bei der Ermittlung der Festsetzungsverspätung ist ähnlich wie bei der Ermittlung des Verspätungsschadens der Zeitpunkt der tatsächlichen Festsetzung mit dem Zeitpunkt zu vergleichen, an dem die Festsetzung ohne die Täuschung durch den Täter erfolgt wäre. Soweit bei den Veranlagungssteuern die ordnungsgemäßen Steuererklärungen über einen bestimmten Zeitraum bearbeitet werden, ist hypothetischer Festsetzungszeitpunkt daher nach bisherigem Verständnis das Ende der Veranlagungsarbeiten in dem zuständigen Veranlagungsbezirk (→ Rn. 73 f.).

71 In allen Fällen kommt es nicht darauf an, dass die Steuer nicht bezahlt worden ist und auch nicht darauf, dass der Stpfl bei korrekter Festsetzung hätte zahlen oder in sein Vermögen hätte vollstreckt werden können (→ Rn. 78 f.). Die bloße Nichtzahlung ist iRd des § 370 AO irrelevant. Hierfür könnte im Einzelfall § 380 AO bzw. §§ 26a, 26c UStG einschlägig sein.

72 Im Übrigen unterscheidet das Gesetz zwischen Fälligkeitssteuern und Veranlagungssteuern. Soweit gesagt wird, bei **Fälligkeitssteuern** solle die Steuerverkürzung eingetreten sein, sobald die Steuer am Fälligkeitstermin nicht gezahlt worden ist (BGH 24.9.1953, NJW 1953, 1841; 28.11.1957, ZfZ 1958, 147) ist dies missverständlich. Gibt der Stpfl rechtzeitig eine vollständige Steueranmeldung ab, macht er sich schon nicht strafbar. Dass er nicht zahlt, hat zunächst einmal nur Säumniszuschläge oder ein Bußgeld nach § 26a UStG zur Folge. Bei den **Veranlagungssteuern,** bei denen die Fälligkeit erst nach einem Verwaltungsakt des Finanzamts eintritt, kommt es ebenfalls nicht auf das Verstreichenlassen des Fälligkeitstermins an, sondern auf die entsprechende zu niedrige oder Nicht-Festsetzung. Es kommt also zu einem Eintritt eines Verkürzungserfolgs, bevor die entsprechende Steuer fällig ist. Überdies wird eine bedeutsame Ausnahme für den Fall des Unterlassens gemacht. Verhindert der Täter, dass er veranlagt wird, indem er keine Erklärung einreicht, wird seine Steuerschuld mangels Bekanntgabe der Festsetzung auch nicht fällig (§ 220 II 2 AO). Eine Vollendung könnte hier nie eintreten. Um dieses Ergebnis zu vermeiden, nimmt die herrschende Meinung an, dass der Verkürzungserfolg eintritt, wenn die Veranlagung und Festsetzung bei ordnungsgemäßer Abgabe der Steuererklärung erfolgt wäre.

73 Zugunsten des Täters wird derjenige Zeitpunkt gewählt, in dem die **Veranlagungsarbeiten in dem betreffenden Bezirk „im Großen und Ganzen" abgeschlossen** sind (BGH 1.3.1956, BStBl. I 441; BGH 17.7.1979, GA 1980, 219; BGH 28.10.1998, wistra 1999, 385; BGH 7.11.2001, BGHSt 47, 138; OLG Hamm 6.12.1962, FR 1963, 301; OLG Hamburg 16.12.1965, NJW 1966, 845; OLG Düsseldorf 4.4.2005, wistra 2005, 353 mAnm *Rolletschke* DStZ 2006, 78; Klein/*Jäger* AO § 370 Rn. 92a; HHS/*Peters* AO § 370 Rn. 306 und Kohlmann/*Ransiek* AO § 370 Rn. 413; *Dörn* DStZ 1998, 165; siehe auch *Schmitz* in FS Kohlmann, 518 f.). Daran ist zunächst richtig, dass für die Ermittlung eines fiktiven Vollendungszeitpunktes der Grundsatz „in dubio pro reo" Anwendung finden muss. Dabei wird man freilich nicht darauf abstellen dürfen, ob die Veranlagungsarbeiten für Stpfl dieser Art und das betreffende Steuerjahr „im Großen und Ganzen" abgeschlossen waren, sondern fragen müssen, wann denn nun wirklich der letzte betreffende Stpfl veranlagt worden ist (*Schmitz* in FS Kohlmann, 519). Eine OFD-Verfügung, mit der praktisch kraft Feststellung des Veranlagungsschlusses der Vollendungszeitpunkt festgelegt wird, ist nicht angängig (vgl. auch *Dörn* wistra 1993, 241).

74 Der **BGH** (BGH 7.11.2001, BGHSt 47, 138 mAnm *Wulf* wistra 2003, 89; siehe auch OLG München 1.10.2001, wistra 2002, 34) nimmt eine für den Beginn der Verfolgungsverjährung maßgebliche Tatbeendigung an, wenn ein Steuerbescheid ergangen ist oder wenn feststeht, dass ein solcher Bescheid nicht mehr ergehen wird: „*Die Hinterziehung einer Veranlagungssteuer durch Unterlassen ist als beendet anzusehen, wenn das zuständige Finanzamt die Veranlagungsarbeiten in dem betreffenden Bezirk für den maßgeblichen Zeitraum allgemein abgeschlossen hat. Erst dann ist regelmäßig nicht mehr mit einer Veranlagung zu rechnen.*". Mit Beschluss v. 19.11.2011 hat der BGH (wistra 2012, 484 Rn. 9 mAnm *Wulf* wistra 2012, 485) in einem *obiter dictum* erwogen, für die Tatvollendung bei einfach gelagerten Sachverhalten grundsätzlich pauschal von einer Bearbeitungszeit von längstens einem Jahr auszugehen. Auch wenn solch eine bundesweite einheitliche Regelung eine vereinfachte Rechtsanwendung und eine Vorhersehbarkeit für den Stpfl zur Folge hätte, ist dieser Rechtsgedanke abzulehnen. Das Abstellen auf die Verhältnisse des jeweiligen Stpfl steht im Widerspruch zu einer pauschalisierten (verkürzten) Bearbeitungszeit (*Wulf* wistra 2012, 485, 486; MüKoStGB/*Schmitz*/*Wulf* AO § 370 Rn. 106). Zudem wäre völlig unklar, wann ein „einfach gelagerter Sachverhalt" vorliegt und dementsprechend die pauschale Bearbeitungszeit angewendet werden soll. Erfreulicherweise hat der BGH seit dem Beschluss vom 19.11.2011 diese Ansicht auch nicht weiter vertreten (Klein/*Jäger* AO § 370 Rn. 92c). Es ist davon auszugehen, dass die zunehmende Automatisierung und elektronische Datenverarbeitung in den Finanzbehörden sowie die Einführung eines elektronischen Risikomanagementsystems in Zukunft dazu führen können, einen sichereren Nachweis der hypothetischen Veranlagung zu erbringen (Tipke/Kruse/*Krumm* AO § 370 Rn. 95; MüKoStGB/*Schmitz*/*Wulf* AO § 370 Rn. 107).

Wenn das Gesetz auch Steueranmeldungen einer Festsetzung unter dem Vorbehalt der Nachprüfung gleichstellt, lässt sich dies nicht damit begründen, dass in allen Fällen eine Vermögensgefährdung deshalb vorliege, weil die Chancen einer Steuereinnahme zur rechten Zeit und in zutreffender Höhe generell gemindert seien. § 370 IV 1 AO beschreibt gerade nicht ausnahmslos Fälle einer konkreten Vermögensgefährdung. Das Gemeinsame aller in § 370 IV 1 AO erfassten Fälle, von der Steuerfestsetzung ohne Vorbehalt bis zur Steueranmeldung, besteht vielmehr darin, dass der FinB jeweils die erforderliche Vollstreckungsgrundlage fehlt. Bei Veranlagungssteuern tritt gem. § 220 II 2 AO die für die Vollstreckung gem. § 254 I AO erforderliche Fälligkeit für die Differenz zwischen geschuldeter und zu niedrig festgesetzter Steuer nicht ein. Bei den Fälligkeitsteuern mit Voranmeldung fehlt in Höhe der nicht angemeldeten Steuer die Voranmeldung, die das für die Vollstreckung erforderliche Leistungsgebot gem. § 254 I 4 AO ersetzen würde. In allen Fällen fehlt also diejenige Vollstreckungsgrundlage, welche die FinB bei ordnungsgemäßem Täterverhalten erlangt hätte. Wenn das Gesetz in § 370 IV 1 AO das Fehlen dieser Vollstreckungsgrundlage für die Vollendung generell und unabhängig davon genügen lässt, ob die Steuereinnahmen tatsächlich gefährdet sind, dann scheint es dadurch den Tatbestand der Steuerverkürzung jedenfalls im Anwendungsbereich von § 370 IV 1 AO zu einem abstrakten Gefährdungsdelikt zu machen: für die Vollendung genügt der Eintritt eines bestimmten im Gesetz beschriebenen Erfolges, der weder mit einer Vermögensschädigung noch einer Vermögensgefährdung notwendig identisch ist. Da aber der Tatbestand neben dem Täterverhalten und dem steuerverkürzenden Erfolg als Bindeglied zwischen beiden mindestens die dem Täterverhalten entsprechende Unkenntnis der Behörde voraussetzt (→ Rn. 292 ff.), wird § 370 I AO schließlich doch nicht zu einem abstrakten Gefährdungsdelikt. Unkenntnis der FinB und tatsächliches Fehlen einer Vollstreckungsgrundlage zusammen begründen dann die konkrete Vermögensgefährdung (aM *Suhr* 1989, S. 89 ff.). Grundlegend anders will der BGH auf ein Bindeglied zwischen Tathandlung und Verkürzungserfolg jedenfalls insofern verzichten, als eine Fehlvorstellung der FinB entbehrlich sein soll (BGH 22.8.2012, wistra 2013, 65; BGH 21.11.2012, wistra 2013, 107).

cc) Erscheinungsformen des Verkürzungserfolges. Die Bestimmung des Verkürzungserfolges wird einmal dadurch erschwert, dass der Charakter des Delikts der Steuerhinterziehung als **Verletzungs- oder Gefährdungsdelikt** höchst zweifelhaft ist (s. dazu *Schleeh* FR 1971, 118, 120); vgl. auch *Hardtke* (1995, S. 139), der zutreffend auf die Gefahr hinweist, dass aus der Steuerhinterziehung ein abstraktes Gefährdungsdelikt wird. Zum anderen entstehen Probleme aus der Erfolgsdefinition in § 370 IV 1 AO, die gegenüber § 392 III RAO dadurch vergrößert worden sind, dass das Gesetz bestimmte Steueranmeldungen der Steuerfestsetzung gleichstellt (krit. auch *Schleeh* StW 1972, 310). Eine Lösung ist nur in der Weise möglich, dass der Begriff des Verkürzungserfolges zunächst unabhängig von § 370 IV 1 AO definiert wird. Das ist erforderlich, weil eine Steuerverkürzung auch außerhalb des von § 370 IV 1 AO geregelten Bereichs begangen werden kann. Zum anderen lässt sich die Bedeutung der Regelung in § 370 IV 1 AO nur ermessen, wenn zuvor der allgemeine Begriff der Steuerverkürzung festgelegt worden ist.

77 **(1) Allgemeiner Begriff der Steuerverkürzung.** Zunächst ist daran festzuhalten, dass im Grundsatz die Steuerverkürzung eine (gedachte) **Unterschreitung der Ist-Einnahme** unter die Soll-Einnahme darstellt. Dies ist deshalb bedeutsam, weil eine Steuerhinterziehung nicht nur im Zeitraum bis zur Steuerfestsetzung – hier meint „Einnahme" iSd Gesetzes idR nicht die kassenmäßige Vereinnahmung, sondern auch noch nach zutreffender Steuerfestsetzung, zB im Vollstreckungsverfahren, möglich ist. In diesem Bereich ist jeweils zu fragen, wann und in welchem Umfange die Steuer ohne das pflichtwidrige Verhalten des Täters bei ordnungsmäßigem Ablauf des Verfahrens vereinnahmt worden wäre. Täuscht der Täter im Vollstreckungsverfahren Zahlungsunfähigkeit vor (RG 11.4.1934, RStBl. 695) oder macht er in der eidesstattlichen Versicherung unrichtige Angaben über die Vermögensstücke (RG 23.8.1938, RStBl. 889; BGH 1.4.1960, BGHSt 14, 348) und unterlässt die FinB deshalb erfolgversprechende Vollstreckungsmaßnahmen, so tritt die Vollendung der Steuerverkürzung in dem Zeitpunkt und Umfang ein, in dem die Vollstreckungsmaßnahmen erfolgreich gewesen wäre (→ Rn. 485).

78 Die Unterschreitung der Soll-Einnahme kann auf zwei Arten erfolgen: Im ersten Fall sind die tatsächlichen Leistungen des StSchuldners **mengenmäßig niedriger** als die geschuldeten Leistungen. Der Staat erleidet einen echten Vermögensschaden. Der Vermögensschaden wird im Bereich der Steuerhinterziehung nach hM freilich nicht rein wirtschaftlich bestimmt. Es kommt demnach nicht darauf an, ob die tatsächlichen Einnahmen hinter dem zurückbleiben, was faktisch ohne die Täuschung hätte erlangt werden können. Es wird vielmehr der Steueranspruch zum Nennwert eingesetzt und lediglich gefragt, ob die tatsächliche Einnahme hinter der geschuldeten Steuer zurückbleibt. Dementsprechend soll es nicht darauf ankommen, ob der StSchuldner mittellos ist und deshalb auch ohne Täuschung die Steuer nicht hätte beigetrieben werden können (BGH 16.1.1962, zit. bei *Herlan* GA 1963, 67; *Buschmann/Luthmann* S. 14; HHS/*Peters* AO § 370 Rn. 300; Kohlmann/*Ransiek* AO § 370 Rn. 394; aM *Suhr* 1989, 135 ff.). Diese Auffassung kann in undifferenzierter Weise jedenfalls für das Vollstreckungsverfahren nicht akzeptiert werden. Wie immer man den Verkürzungserfolg definiert: Ist der StSchuldner mittellos und wären Vollstreckungsmaßnahmen daher ohnehin erfolglos geblieben, dann fehlt es spätestens an der Kausalität von Täuschung und Verkürzungserfolg (vgl. BGH 19.12.1997, wistra 1998, 180, 184 mAnm *Gribbohm* NStZ 1998, 573; unten → Rn. 485; vgl. auch Klein/*Jäger* AO § 370 Rn. 85; Kohlmann/*Ransiek* AO § 370 Rn. 394). Es empfiehlt sich daher, bereits bei der Bestimmung des Verkürzungsbegriffs die wirtschaftliche Betrachtungsweise anzuwenden und im Beispielsfall bereits den Verkürzungserfolg zu verneinen (ähnl. *Göggerle* BB 1982, 1851). Dabei ist allerdings zu berücksichtigen, dass die Vollstreckungsaussichten nicht nur in Bezug auf den konkreten Vollstreckungsversuch zu berechnen sind, sondern in die Betrachtung auch spätere Chancen weiterer Vollstreckungsmaßnahmen einbezogen werden müssen, die durch das täuschende Täterverhalten vereitelt werden können. Weitergehend will *Suhr* (1989, S. 135 ff.) auch im Festsetzungsverfahren eine Steuerverkürzung bei Vermögenslosigkeit des Stpfl verneinen.

79 Der Verkürzungserfolg ist auch dann gegeben, wenn die Steuererklärungspflicht **verspätet erfüllt** und die Steuer verspätet festgesetzt wird. Dabei handelt es sich um einen Verspätungsschaden, der dem mengenmäßigen Schaden grundsätzlich gleichsteht (einhM, vgl. RG 22.4.1926, RGSt 60, 185; OLG Köln 26.9.1958, NJW 1958, 2078; OLG Hamburg 16.12.1965, NJW 1966, 845; OLG Hamburg 27.1.1970, NJW 1970, 1385). Die Schwierigkeiten bestehen hier in der Bestimmung des Soll-Zeitpunktes, der mit dem Ist-Zeitpunkt der Zahlung zu vergleichen ist. Wenn die hM bei den Fälligkeitsteuern den Soll-Zeitpunkt mit dem Fälligkeitszeitpunkt identifiziert (→ Rn. 72), dann ist dies nicht nur deshalb problematisch, weil bei dieser Betrachtung die Kausalität zwischen Täuschungsverhalten und Überschreitung des Fälligkeitstermins nicht festgestellt werden kann, sondern vor allem auch deshalb kein brauchbarer Ansatz, weil mit ihm Verspätungsschäden im Vollstreckungsverfahren nicht erfasst werden können. Auch kann schließlich nicht diejenige Fallgruppe sinnvoll beurteilt werden, in der aufgrund der Täuschung gerade der Fälligkeitstermin hinausgeschoben wird, zB bei Erschleichung einer Fristverlängerung aufgrund einer Täuschung. Der Verspätungsschaden kann nach alledem nur auf der Grundlage der hier allein angemessenen wirtschaftlichen Betrachtungsweise in der Art bestimmt werden, dass der Zeitpunkt der tatsächlichen Leistung mit demjenigen Zeitpunkt verglichen wird, in dem die Zahlung ohne das täuschende Täterverhalten erfolgt wäre. Bei der Bestimmung dieses hypothetischen Leistungszeitpunktes kann nun freilich nicht generell unterstellt werden, dass der Täter freiwillig geleistet hätte, sondern es ist zu fragen, ob Vollstreckungsmaßnahmen ohne das täuschende Täterverhalten nötig gewesen wären und ob sie zum Erfolg geführt hätten. Diese Interpretation des Soll-Zeitpunktes ist einmal deshalb erforderlich, weil der täuschende Täter seine mangelnde Bereitschaft zu freiwilliger Leistung durch die Tat hinreichend offenbart hat, so dass schon gar nicht die faktische Chance einer früheren Zahlung bestand. Zum anderen hat die Täuschung das Ausbleiben dieser früheren Leistung nicht verursacht. Wenn der Täter nicht getäuscht hätte, hätte er die freiwillige Leistung verweigern und es auf die Vollstreckung ankommen lassen können.

(2) Sonderfragen. Ob die **einheitliche und gesonderte Feststellung des Gewinns**, 80 zB bei Personengesellschaften, Steuerfestsetzung im Hinblick auf § 370 IV AO ist, könnte zweifelhaft sein wegen § 181 II AO, der festlegt, dass auf diese Feststellungsbescheide die Vorschriften über die Steuerfestsetzung entsprechend anzuwenden sind. Die Frage hat erhebliche Bedeutung insbes. für Publikums-Personengesellschaften (s. *Sorgenfrei* wistra 2006, 370). Die Praxis sah bislang hier nicht die Feststellung des Gewinns der Gesellschaft, sondern erst den Steuerbescheid beim einzelnen Gesellschafter als Steuerfestsetzung und Eintritt der Verkürzung an (BGH 20.6.1980, BB 1980, 1090; BGH 7.2.1984, wistra 1984, 142). Daraus folgte für die Strafverfolgung die lästige und zeitraubende Notwendigkeit, sämtliche Steuerbescheide aller Gesellschafter heranzuziehen und für jeden von ihnen den verkürzten Steuerbetrag zu errechnen. Vergleichbare Probleme stellen sich auch bei der gesonderten Feststellung von Verlusten im Einkommensteuerrecht (§ 10d EStG), sowie im Hinblick auf die gesonderte Feststellung des verwendbaren Eigenkapitals iSd § 47 KStG aF (*Hardtke* 1995, S. 170 ff.; *ders.* AO-StB 2002, 92).

Auch beginnt die **Verjährungsfrist** erst, wenn der letzte Gesellschafter seinen Steuer- 81 bescheid erhalten oder sich der festgestellte Verlust in einem anderen Jahr ausgewirkt hat. Man wird dieser Auffassung de lege lata kaum widersprechen können, da die Feststellung des Gewinns noch keinen unmittelbaren Einfluss auf den Steueranspruch hat, eine Steuerfestsetzung durch ihn gerade nicht stattfindet. Auch steht bei Erlass eines unrichtigen Gewinnfeststellungsbescheides noch keineswegs fest, ob durch ihn tatsächlich Steuern verkürzt werden, da die einzelnen Steueransprüche gegen die Gesellschafter auch von deren übrigen Einkünften abhängen. Aus Gründen der Prozessökonomie dürfte sich jedoch de lege ferenda eine auch steuerstrafrechtliche Gleichstellung der Feststellungsbescheide mit den Festsetzungsbescheiden empfehlen. Überdies ist zweifelhaft, ob nicht zumindest in einigen der in Rede stehenden Fälle mit dem Ergehen eines feststellenden Bescheides bereits ein Steuervorteil erschlichen wurde, so dass beispielsweise bei der gesonderten Verlustfeststellung bereits zu diesem Zeitpunkt eine vollendete Steuerhinterziehung gegeben ist (vgl. *Patzelt* 1990, 107; *Dallmeyer* ZStW124 [2012], 711, 723; *Hardtke/Leip* NStZ 1996, 217, 220; FA Strafrecht/*Hardtke* Teil E Kap. 2 Rn. 52; BGH 10.12.2008, BGHSt 53, 99; zust. BFH 11.10.2013, wistra 2014, 151; BGH 12.7.2016, wistra 2016, 410; aM HHS/*Peters* AO § 370 Rn. 354; *Sorgenfrei* wistra 2006, 375; *Blesinger* wistra 2009, 294; siehe auch *Jope* DStZ 2009, 247; kritisch MüKoStGB/*Schmitz/Wulf* AO § 370 Rn. 112; *Rolletschke* wistra 2009, 332) und die Verjährung bereits zu diesem Zeitpunkt beginnt (vgl. → § 376 Rn. 32).

82 Allerdings meint der BGH, es sei nicht nötig, die entsprechenden Steuervorteile durch Erlangen eines unrichtigen Feststellungsbescheids auch zu quantifizieren (BGH 22.11.2012, BGHSt 58, 50). Dies ist auch vor dem Hintergrund, dass die verlängerte Verjährungsfrist nach § 376 I AO und die Sperrwirkung nach § 371 II 2 Nr. 3 AO an (absolute) Beträge anknüpft, nicht überzeugend (vgl. *Joecks* SAM 2014, 78; vgl. zur Kritik → Rn. 161, 570).

83 Zweifelhaft ist, ob von einer Steuerverkürzung gesprochen werden kann, wenn der Täter zwar in der ESt-Erklärung Kapitaleinkünfte verschwiegen hat, bei der Gutschrift der Kapitalerträge aber soviel **Abzugsteuer einbehalten** worden ist, dass dies die Mehrsteuer abdeckt. Nach Meinung des FG München (10.11.2005, wistra 2006, 470) ist auch in solchen Fällen der (objektive) Tatbestand der Steuerhinterziehung erfüllt. *Rolletschke* (wistra 2006, 471, 472) hat insofern zutreffend darauf hingewiesen, dass mangels Steuerzahllast schon keine Steuerverkürzung gegeben ist und die anrechenbare Kapitalertragsteuer und Körperschaftsteuer auch nicht dem Kompensationsverbot (§ 370 IV 3 AO) unterliegen. Sind also Steueranrechnungsbeträge in entsprechender Höhe vorhanden, wird das durch § 370 AO geschützte Rechtsgut nicht berührt (*Nöhren* 2005, S. 107). Der BFH hat in der Revisionsentscheidung in der Sache (BFH 26.2.2008, DStR 2008, 1281) die Rechtsfrage offen gelassen, sich mit einer teleologischen Auslegung des § 169 II 2 AO begnügt und eine Verlängerung der Festsetzungsfrist verworfen. Andererseits hat der BFH eine Steuerverkürzung für den Fall bejaht, dass der Stpfl dem Zinsabschlag unterliegende Kapitalerträge nicht erklärte und keine entsprechenden Steuerbescheinigungen besaß (BFH 29.4.2008, DStR 2008, 1377). Hier liege eine Steuerverkürzung auch dann vor, wenn der persönliche Steuersatz niedriger war als die Abzugsteuer auf Tafelpapiere in Höhe von 35 vH. Der BFH lässt dabei offen, ob eine Steuerhinterziehung auch dann vorliegt, wenn die Festsetzung zu niedrig ist, die Nachforderung durch die spätere Berücksichtigung der Kapitalerträge aber durch einbehaltene und nachgewiesene Abzugsteuern kompensiert wird. Die Frage wird man aber verneinen müssen (RKR/*Rolletschke* AO § 370 Rn. 230 ff.). Dem Fiskus ist wirtschaftlich ein Schaden nicht entstanden und § 370 IV 3 AO ist nicht einschlägig, da der Täter die Abzugsbeträge nur in Verbindung mit der Erklärung der Kapitaleinkünfte geltend machen kann.

84 dd) Zusammenfassend lässt sich Folgendes festhalten: **Außerhalb des Festsetzungsverfahrens** besteht der Verkürzungserfolg in einem Vermögensschaden, der in einem mengenmäßigen Schaden wie auch in einem Verspätungsschaden bestehen kann. Beide Schäden sind nach wirtschaftlicher Betrachtung in der Weise zu bestimmen, dass die tatsächliche Leistung bzw. der tatsächliche Leistungszeitpunkt mit derjenigen Leistung bzw. demjenigen Leistungszeitpunkt verglichen werden, die bei fehlender Täuschung hätten durchgesetzt werden können. Hier weist der Tatbestand der Steuerhinterziehung in Gestalt der Ermittlung der Steuerverkürzung deutliche Parallelen zum (Vermögensschaden beim) Betrug auf.

85 In **§ 370 IV 1 AO** stellt das Gesetz die **Vermögensgefährdung im Festsetzungsverfahren** dem Vermögensschaden gleich. Soweit das Gesetz die nicht rechtzeitige Festsetzung ausreichen lässt, erfasst es durchgehend die konkrete Gefahr von Verspätungsschäden. Soweit die zu niedrige Festsetzung den Verkürzungserfolg ausmacht, werden sowohl konkrete Gefahren des mengenmäßigen wie auch konkrete Gefahren des Verspätungsschadens erfasst. Nicht anders ist es, wenn das Erwirken eines unrichtigen Feststellungsbescheides als das Erschleichen eines Steuervorteils eingeordnet wird.

c) Umfang des Verkürzungserfolges

86 **Verurteilende Entscheidungen** müssen die tatsächlichen Grundlagen, auf denen die Steuerpflicht beruht, genauso bestimmt und unzweideutig nachweisen wie die sonstigen Merkmale des gesetzlichen Tatbestandes (RG – 4 D 789/37 – 17.12.1937, zit. bei *Hartung* III 4b zu § 396 RAO 1931). Die verurteilenden Entscheidungen müssen klar erkennen lassen, welche Abgabenart in welchem Besteuerungszeitraum verkürzt worden sind und welche innere Einstellung der Angeklagte dazu hatte (BGH 19.11.2014, wistra 2015, 147; BGH 1.9.2015, wistra 2015, 477; BGH 24.5.2017, wistra 2017, 445). In den Urteilsgründen muss auch festgehalten sein, welche Tatsachen eine zutreffende Steuererklärung hätte enthalten müssen und welche Steuer aufgrund des konkreten Sachverhalts geschuldet war (Klein/*Jäger* AO § 370 Rn. 462). Erst aus einem Vergleich der geschuldeten und der festgesetzten Steuer ergibt sich die verkürzte Steuer (BGH 12.5.2009, wistra 2009, 398; *Jäger*, NStZ 2017, 453, 456). Im Falle einer Verurteilung wegen Beihilfe zur Steuerhinterziehung ist es erforderlich, dass die Haupttat auch hinsichtlich der Tatzeit jedenfalls so exakt festgestellt ist, dass erkennbar wird, dass die Haupttat durch die Unterstützungshandlung des Gehilfen gefördert worden ist (Klein/*Jäger* AO § 370 Rn. 465). Diesem Erfordernis ist nicht genüge getan, wenn offen bleibt, ob die Haupttat bereits vor der Unterstützungshandlung beendet war (BGH 23.1.2019, wistra 2019, 243 Rn. 20). Von dem Erfordernis, die für die Steuerschuld maßgebenden Vorschriften des Steuerrechts im Einzelnen anzugeben, kann allenfalls dann abgesehen werden, wenn der Angeklagte die Entstehung der Steuerschuld nicht bestritten bzw. eingeräumt hat und selbst sachkundig ist (BGH 25.10.2000, wistra 2001, 22; BGH 13.7.2011, BeckRS 2011, 19806; OLG Saarbrücken 23.8.1999, wistra 2000, 38).

Der **Unrechts- und Schuldgehalt** ist maßgeblich von der Größe des erstrebten und **87** erzielten Vermögensschadens abhängig. Das Gericht ist daher verpflichtet, im Einzelfall die **Höhe der hinterzogenen Steuer exakt festzustellen** (BGH 27.1.1984, StV 1984, 497; BGH 15.3.2005, wistra 2005, 307; BGH 13.10.2005, wistra 2006, 66; BGH 19.4.2007, wistra 2007, 346; OLG Rostock 11.7.2005, StV 2006, 528; OLG Düsseldorf 14.2.1984, wistra 1984, 154; HHS/*Peters* AO § 370 Rn. 331; Kohlmann/*Ransiek* AO § 370 Rn. 468 ff.; *Franzen* DStR 1964, 380). Die Berechnungsdarstellung in dem Urteil muss nicht nur die Summe der vorsätzlich verkürzten Steuern, sondern auch deren Berechnung im Einzelnen enthalten (BayObLG 24.1.1963, DStZ 1963, 112; OLG Düsseldorf 14.2.1984, wistra 1984, 154; OLG Stuttgart 4.5.1984, wistra 1984, 239; BGH 30.7.1985, wistra 1986, 23; 12.5.1989, wistra 1989, 264; 3.1.1990, wistra 1990, 150; 26.4.2001, wistra 2001, 266; 5.2.2004, wistra 2004, 185; 9.6.2004, wistra 2004, 424; 16.5.2013, wistra 2013, 353; 24.5.2017, wistra 2017, 445; OLG Koblenz 25.1.1996, wistra 1996, 152; Klein/*Jäger* AO § 370 Rn. 461 ff.; Koch/Scholtz/*Scheurmann-Kettner* AO § 370 Rn. 37, Kohlmann/ *Ransiek* AO § 370 Rn. 474 ff., Schwarz/Pahlke/*Dumke/Webel* § 370 Rn. 89). Die Berechnung muss für jede Steuerart und jeden Steuerabschnitt gesondert erfolgen (BGH 21.5.2019, wistra 2019, 466 Rn. 8). Dabei sind sämtliche Parameter anzugeben, welche die Grundlage für die Steuerberechnung bilden (BGH 7.2.2019, BeckRS 2019, 7336; BGH 11.10.2018, wistra 2019, 108 Rn. 12; BGH 6.7.2018, wistra 2019, 74 Rn. 14; Klein/*Jäger* AO § 370 Rn. 466).

Sofern ein entsprechender Anlass besteht, muss sich aus den Urteilsgründen ergeben, ob **88** Steuern in großem Ausmaß iSv § 370 III 2 Nr. 1 AO (vgl. dazu → Rn. 564 ff.) verkürzt worden sind (Klein/*Jäger* AO § 370 Rn. 469b). Ebenfalls muss es sich aus den Urteilsgründen ergeben, wenn ein Gericht trotz Vorliegen eines Regelbeispiels einen besonders schweren Fall abgelehnt hat (BGH 5.5.2011, wistra 2011, 347).

Im Bereich der **Umsatzsteuerhinterziehung** muss bei einem unberechtigten Steuer- **89** ausweis iSv § 14c II UStG in den Urteilsgründen ausgeführt werden, zu welchem Zeitpunkt und in welcher Höhe die Steuer entstanden ist (BGH 7.2.2019, wistra 2019, 465). Das rückdatierte Datum der Scheinrechnungen ist nicht ausreichend (BGH 11.10.2018, wistra 2019, 286 Rn. 16). Da eine Steueranmeldung nur unter den Voraussetzungen des § 168 AO einer Steuerfestsetzung unter dem Vorbehalt der Nachprüfung gleich steht, muss in den Urteilsgründen ausgeführt werden, ob die Finanzbehörde der Steueranmeldung zugestimmt hat (vgl. § 168 S. 2 AO; BGH 20.9.2018, wistra 2019, 62 Rn. 5; BGH 24.8.2017, wistra 2018, 257 Rn. 22). Nicht ausreichend ist eine bloße Feststellung, dass in einem konkreten Betrag zu Unrecht eine Vorsteuer geltend gemacht wurde, da hierdurch nicht erkennbar ist, ob die Steuerhinterziehung bereits vollendet war (BGH 25.1.2018, NStZ-RR 2018, 141 Rn. 5; Klein/Jäger AO § 370 Rn. 467).

90 Die Urteilsgründe müssen erkennen lassen, dass das **Gericht** die streitgegenständlichen materiellen Steueransprüche im **Grunde und der Höhe nach selbständig geprüft hat.** Insofern ist es unzulässig, wenn diesbzgl. lediglich auf Betriebsprüfungs- oder Steuerfahndungsberichte verwiesen wird (BGH 9.6.2004, wistra 2004, 424). Ebenso reicht alleine ein Geständnis des Angeklagten für eine Verurteilung nicht aus (Klein/Jäger AO § 370 Rn. 468). Auch in Schätzungsfällen müssen die Urteilsgründe nachvollziehbar sämtliche Schätzungsgrundlagen enthalten (BGH 6.10.2014, wistra 2015, 63 Rn. 10).

aa) Feststellung des Verkürzungserfolges

Schrifttum: *Ball*, In dubio pro fisco, JW 1921, 547; *Suhr*, Bestrafung aus §§ 396, 402 AO bei Schätzung der Besteuerungsgrundlagen wegen Steuerverkürzung, BB 1950, 784; *Hammer*, Schätzung und Indizienbeweis, DStZ 1958, 193; *Lohmeyer*, Schätzungen als Schuldnachweis im Steuerstrafverfahren, NJW 1959, 373; ferner Inf 1962, 21 und WPg 192, 591; *Mittelbach*, Verprobung und Schätzung nach Richtsätzen, BlStA 1964, 51; *M. Weber*, Steuerschätzungen als Beweis in Steuerstrafverfahren, DStR 1968, 272; *Stobbe*, Die Schätzung im Spiegel der höchstrichterlichen Rechtsprechung, StBp 1968, Beil. zu Nr. 11; *Lohmeyer*, Die Bedeutung des § 217 AO für das Strafverfahren, ZfZ 1968, 74; *ders.*, Die Bedeutung der Schätzung von Besteuerungsgrundlagen für den Nachweis einer Steuerverkürzung im Steuerstrafverfahren, DStZ 1973, 372; *Mittelbach*, Die Schätzung im Steuerrecht, NWB Fach 17, 765 (Stand: 1977); *ders.*, Überprüfung von Schätzungen des Unternehmens bei einer Außenprüfung, StBp 1979, 244; *Wysocki*, Einzelfragen zur Verwendung gebundener Schätzverfahren bei der Stichproben-Inventur, WPg 1980, 28; *Bilsdorfer*, Die Bedeutung von Schätzungen für das Steuerstraf- und -ordnungswidrigkeitenrecht, DStZ 1982, 298; *Pelchen*, Die Verwertung steuerrechtlicher Schätzungen im Strafverfahren, MDR 1982, 10; *Reichel*, Die Abgabenordnung kennt keinen Schätzungszwang, BB 1982, 1981; *Styppmann*, Methoden zur Feststellung der Steuerverkürzung und Schätzung im Steuerstrafverfahren, wistra 1983, 95; *Streck*, Steuerfestsetzung unter Vorbehalt der Nachprüfung und Steuerhinterziehung, NStZ 1985, 17; *Lohmeyer*, Zur Höhe der Steuerverkürzung, Inf. 1985, 5; *Schuhmann, H.*, Schätzung der Besteuerungsgrundlagen unter dem Vorbehalt der Nachprüfung, DStZ 1986, 161; *Spiegel*, Probleme der Schätzung im Steuerstrafverfahren, wistra 1987, 48; *Klein*, Die Auswirkungen der unterschiedlichen Beweislast im Steuerrecht und im Strafrecht, Diss. Köln 1989; *Joecks*, Steuerliche Schätzungen im Strafverfahren, wistra 1990, 52; *Barkmann*, Übertragbarkeit der steuerlichen Schätzungsmethoden in das Steuerstrafverfahren, Diss. Kiel 1991; *Schuhmann, H.*, Übernahme strafgerichtlicher Feststellungen durch die Finanzgerichte, DStZ 1993, 115; *Dörn*, Schätzung im Steuerstraf- und im Besteuerungsverfahren, wistra 1993, 1, 50; *Lürssen*, Die §§ 159–161 AO und das Steuerstrafrecht, 1993; *Huchel*, Schätzungen im Steuerstrafverfahren, Diss. Tübingen 1994; *Keßböhmer*, Beweis steuermindernder Tatsachen im Besteuerungsverfahren und im Steuerstrafverfahren, 1995; *Hild*, Schätzungen im Steuer- und Strafrecht, DB 1996, 2300; *Keßböhmer*, Nachweispflichten in Steuergesetzen aus steuerrechtlicher und steuerstrafrechtlicher Sicht, wistra 1996, 334; *Dörn*, Eingang von Kontrollmaterial bei Nichtabgabe von Steuererklärungen, DStZ 1997, 73; *Hellmann*, Richterliche Überzeugungsbildung und Schätzung bei der Bemessung strafrechtlicher Sanktionen, GA 1997, 503; *Kahlen*, Nachweis von Erlösen aus Tafelgeschäften, PStR 1998, 43; *KK*, Geltung des „in dubio pro reo" im Steuerstrafrecht, KÖSDI 1998, 11 646; *Krause, D.-M.*, Besonderheiten der Beweislast bei der Feststellung von Steuerdelikten im finanzgerichtlichen Verfahren, DStR 1998, 553; *Kahlen*, Ungeklärte Vermögenszuwächse, PStR 1999, 74; *Volk*, Schätzung im Finanzstrafrecht, Aktuelles zum Finanzstrafrecht 2000, 35; *Harms*, Die Stellung des Finanzbeamten im Steuerstrafverfahren, Schlüchter-GS 2002, 451; *Volk*, Zur Schätzung im Steuerstrafrecht, FS Kohlmann, 2003, 579; *Haas*, Das Verhältnis der Schätzungen im steuerlichen Ermittlungsverfahren zum Steuerstrafverfahren, FS DAI, 2003, 469; *Wessing/Katzung*, Die Schätzung im Steuerstrafverfahren im Überblick, SAM 2008, 21; *Rolletschke*, Steuerhinterziehung trotz überschießender Anrechnungsbeträge?, wistra 2009, 332; *Schützeberg*, Die Schätzung im Besteuerungs- und im Steuerstrafverfahren, Stbg 2009, 33; *Wulf*, Steuerhinterziehung trotz abgeführter Kapitalertragsteuer?, Stbg 2009, 133; *Hild*, Progressionsadäquate Berechnung vorsätzlicher Steuerhinterziehungsbeträge, Stbg 2010, 357; *Gehm*, Problemfeld Schätzung im Steuer- und Steuerstrafverfahren, NZWiSt 2012, 408. *Ebner*, Die Begründung der Schätzungshöhe, AO-StB 2017, 319; *Reichling*, Voraussetzungen und Grenzen von Schätzungsbefugnissen in Steuerstrafverfahren, wistra 2019, 222; *Durst*, Voraussetzungen und Grenzen der Schätzungsbefugnis im Besteuerungs- und Steuerstrafverfahren, Kösdi 2020, 21743; *Madauß*, Verschiedene Aspekte einer steuerlichen und steuerstrafrechtlichen Schätzung, NZWiSt 2020, 169.

91 Die **Ermittlung der verkürzten Steuer** erfolgt nach den Regeln des Strafprozessrechts unter Berücksichtigung des Kompensationsverbotes. Konsequenz ist zum einen, dass nicht jedes steuerliche Mehrergebnis eine Verkürzung iSd § 370 AO darstellt, und dass es andererseits Fälle gibt, in denen es trotz fehlenden Mehrergebnisses wegen des Vorteilsausgleichsverbots zu einer Steuerverkürzung gekommen ist.

(1) Steuerliche Beweislastregeln und Schätzung. Der **Strafrichter** ermittelt den 92 Sachverhalt nach den Regeln des Strafprozessrechts. Eine Bindung an bestandskräftige Steuerbescheide besteht nicht (*Barkmann* 1991, S. 71 ff.). Soweit *Kirchhof* (NJW 1985, 2977; *ders.* NJW 1986, 1315) die These vertritt, nicht das Gesetz sei in einem solchen Fall Grundlage für das Erhebungsverfahren, sondern der Steuerbescheid, ist dies nicht überzeugend. Steuerbescheide wirken lediglich deklaratorisch. Ihre Richtigkeit oder Unrichtigkeit ist von einer Vielzahl von Faktoren bestimmt, die sich zum Teil der Sphäre des Stpfl entziehen. Auch die Gefahr einer Divergenz (vgl. § 396 AO) erzwingt eine solche Lösung nicht (*Klein* 1989, S. 29). Der Grundsatz der freien Beweiswürdigung (§ 261 StPO) steht dem entgegen; eine entsprechende Bindung ist bereits 1967 ersatzlos gestrichen worden (vgl. *Klein* 1989, S. 30).

Das Steuerrecht sieht teilweise vor, dass steuermindernde Tatsachen nur berücksichtigt 93 werden können, wenn bestimmte Nachweis- bzw. Dokumentationspflichten erfüllt sind. Die Bedeutung solcher steuerlicher Beweislastregeln im Strafrecht ist umstritten. Würden solche Nachweise als materiell-rechtliche Voraussetzung des Steuerrechts qualifiziert werden, so könnte ihnen auch steuerstrafrechtlich Bedeutung zukommen. Dies würde dazu führen, dass die Geltendmachung steuermindernder Tatsachen, ohne den erforderlichen Nachweis erbringen zu können, den objektiven Tatbestand des § 370 I AO erfüllt, da der geforderte Nachweis dann zu den „steuerlich erheblichen Tatsachen" gehören würde (MüKoStGB/*Schmitz/Wulf* AO § 370 Rn. 182).

Bei lediglich formalen Nachweisanforderungen, bei denen es um die Fragen der Beweis- 94 last geht, ist der Grundsatz „in dubio pro reo" (vgl. BGH 24.6.1987, wistra 1987, 292; MüKoStGB/*Schmitz/Wulf* AO § 370 Rn. 183) anzuwenden. **Steuerliche Fiktionen und Beweisvermutungen** zu Lasten eines Stpfl, die das abgabenrechtliche Verfahren erleichtern sollen, gelten im Strafverfahren nicht (BGH 16.1.2020, wistra 2020, 419 Rn. 42; *Dürrer*, Beweislastverteilung und Schätzung im Steuerstrafrecht, S. 97 ff.; Kohlmann/*Hilgers-Klautzsch* AO § 385 Rn. 676; teils aA Kohlmann/*Ransiek* AO § 370 Rn. 459). Während steuerrechtlich von einer Voraussetzung ausgegangen werden kann, die die größte Wahrscheinlichkeit für sich hat, kommt es steuerstrafrechtlich auf die Feststellung solcher Besteuerungsgrundlagen an, die nach der vollen Überzeugung des Strafrichters als erwiesen anzusehen sind (*Joecks* wistra 1990, 54; *Hardtke* 1995, 58; *Volk* in FS Kohlmann, 580).

Demgegenüber will *Klein* (Die Auswirkungen der unterschiedlichen Beweislast im 95 Steuerrecht und im Strafrecht, 1989; dagegen *Keßeböhmer* 1995, 85 ff.) differenzieren. Im Rahmen des Tatserfolges, dh der Frage, ob Steuern verkürzt sind bzw ob ein Steuervorteil erlangt ist, müsse die jeweils einschlägige steuerliche Beweislastnorm angewandt werden; bezüglich aller übrigen Voraussetzungen gelte der strafrechtliche Grundsatz in dubio pro reo (aaO S. 82 f.). Sein Beispiel in diesem Zusammenhang (aaO S. 83) zeigt jedoch, dass er dabei einem Denkfehler unterliegt. Er erwähnt das Beispiel eines gefälschten Beleges, der in die Buchhaltung einfließt, wobei der Täter für möglich hält, dass dieser Betrag nicht nachweisbar ist und er die Beweislast trägt. Nach Ansicht *Kleins* liegt in diesem Fall eine vollendete Verkürzung vor. Eine Verkennung dieses Umstandes durch die hM zeige eine unzulässige Lösung vom Steuerrecht, da ja das FA *„den entsprechenden Betrag von A nachfordern kann, zumindest soweit nicht die vierjährige Festsetzungsfrist des § 169 Abs. 2 Satz 1 Nr. 2 AO abgelaufen ist ..., obwohl nach der hM eine Steuerverkürzung nicht vorliegt."* Die hM konstruiere zwei verschiedene Steueransprüche, einen steuerrechtlichen und einen strafrechtlichen (aaO S. 83). Diese Argumentation trägt jedoch das Ergebnis nicht. Es geht um das „normale" Problem, bei welchem Überzeugungsgrad vom Vorliegen der Schuld des Angeklagten der Strafrichter zu einer Verurteilung kommen kann. So mag der Richter vor dem Hintergrund der Belegfälschung zu dem Ergebnis kommen, dass es eine Betriebsausgabe der vom Stpfl behaupteten Art überhaupt nicht gab. Kann er dies nicht, muss er zugunsten des Angeklagten entscheiden. Im Übrigen führt *Kleins* Lösung zu unerträglichen Ergebnissen, wenn etwa Fragen der Beweiswürdigung im Raum stehen, also zwar gewichtige Indizien für das Vorhandensein einer Betriebsausgabe existieren, aber ein Nachweis durch einen Beleg nicht erbracht werden kann, oder aber die Finanzverwaltung neben den üblichen gesetzlichen Anforderungen – wie etwa bei Vertragsbeziehungen zwischen nahen Familienangehörigen – gesteigerte Nachweisanforderungen aufstellt. Dies bedeutet nicht, dass schon jeder Zweifel des Strafrichters zu einem Freispruch führen muss, sondern dass der Strafrichter das Vorliegen oder Nichtvorliegen steuerlich erheblicher Umstände und damit die Existenz der Steuerverkürzung nach dem Maßstab der üblichen Beweisanforderungen zu beurteilen hat.

96 Allgemeine Mitwirkungspflichten iSv § 90 II AO sowie die allgemeinen (formalen) Beweismitteln, die in § 92 AO beispielhaft aufgezählt sind und von der Finanzverwaltung nach ihrem Ermessen zur Ermittlung des steuerlichen Sachverhalts verwendet werden können, stellen keine Tatsachen iSd § 370 I Nr. 1 AO dar mit der Folge, dass ihr Fehlen steuerstrafrechtlich nicht relevant ist (Wannemacher/*Kürzinger* Rn. 88; *Spriegel* wistra 1998, 241). Ein Rückgriff auf die Vermutungen der §§ 158 u. 161 AO sowie auf die Nachweisregel des § 159 AO ist zur Feststellung des strafrechtlichen Tatbestands nicht möglich, da steuerliche Fiktionen und Beweisvermutungen im Strafverfahren keine Anwendung finden (BGH 16.1.2020, wistra 2020, 419 Rn. 42; aA Kohlmann/*Ransiek* AO § 370 Rn. 460). Es gelten vielmehr die Grundsätze der freien Beweiswürdigung (§ 261 StPO).

97 Äußerst umstritten ist die Rechtslage, wenn das Gesetz das Vorhandensein **bestimmter Nachweise als materielle Voraussetzung** ansieht. Der **BFH** hatte diverse **Nachweispflichten** zu materiellen Voraussetzungen des Anspruchs auf eine Steuerminderung erklärt. Dies hat insbes. die Anforderungen an den Nachweis einer Ausfuhrlieferung nach § 6 IV UStG (BFH 30.6.2000, BFH/NV 2001, 212) bzw. einer innergemeinschaftlichen Lieferung nach § 6a III UStG (BGH 12.5.2005, wistra 2005, 308, 309) sowie Voraussetzungen des Vorsteuerabzugs nach § 15 I Nr. 1 S. 2 UStG (BFH 31.7.2007, BFH/NV 2008, 416, 417) betroffen. Der EuGH hat in der Entscheidung „Collée" entschieden, dass die nach §§ 17a, 17c UStDV iVm § 6a UStG geforderten Beleg- und Buchnachweise keine materielle Voraussetzung einer steuerbefreienden innergemeinschaftlichen Lieferung sind (EuGH 27.9.2007, Slg 2007, I-7861–7896). Der BFH ist dieser Rspr. gefolgt (BFH 8.11.2007, BStBl. II 2009, 55; BFH 6.12.2007, BStBl. II 2009, 57). Mit Urteil vom 16.1.2020 (BGHSt 64, 252) hat der BGH ausgeführt, dass eine Steuerbefreiung nach § 6a UStG in Betracht kommt, wenn trotz formaler Nachweismängel feststeht, dass die Voraussetzungen des § 6a I UStG vorliegen (vgl. auch EuGH 20.10.2016 – C 24/15, DStR 2016, 2525 Rn. 39 u. EuGH 9.2.2017 – C 21/16, DStR 2017, 490 Rn. 36). Der EuGH hat allerdings auch ausgeführt, dass es einem Mitgliedsstaat nicht verwehrt ist, die Ausstellung unrichtiger Rechnungen als Steuerhinterziehung anzusehen und eine Steuerbefreiung bei Ausfuhrlieferungen zu versagen, wenn die Rechnungen und Erklärungen gegenüber der Finanzbehörde deshalb falsch sind, um dem Abnehmer die Hinterziehung von Mehrwertsteuer in dem anderen Mitgliedsstaat zu ermöglichen (EuGH 7.12.2010, Slg 2010, I-12605 –12653 Rn. 47 ff.; vgl. auch EuGH v. 18.12.2014, DStR 2015, 573 Rn. 50, 64). Nach dem BGH ist eine steuerbefreite innergemeinschaftliche Lieferung nicht anzuerkennen, wenn der inländische Unternehmer in kollusivem Zusammenwirken mit dem tatsächlichen Abnehmer die Lieferung an einen Zwischenhändler vortäuscht, um dem Abnehmer die Hinterziehung von Steuern zu ermöglichen. In diesem Fall soll derjenige eine Steuerhinterziehung begehen, der eine steuerbefreite innergemeinschaftliche Lieferung behauptet, da eine betrügerische oder missbräuchliche Berufung auf das Gemeinschaftsrecht nicht erlaubt sei (BGH 20.11.2008, BGHSt 53, 45; vgl. auch → Rn. 237).

Mit Urteil v. 12.3.2020 (BStBl. II 2020, 608) hat der BFH mit Hinweis auf das Urteil des **EuGH** (EuGH 17.10.2019 – C-653/18, DStR 2019, 2254, 2257) nun ausgeführt, dass eine Ausfuhrlieferung steuerfrei ist, *„wenn sie die materiellen Voraussetzungen hierbei erfüllt; dies gilt auch dann, wenn der Stpfl bestimmten formellen Anforderungen nicht genügt."* Eine Ausfuhrlieferung ist zum einen aber steuerpflichtig, wenn der Verstoß gegen eine formelle Anforderung den sicheren Nachweis verhindert, dass die materiellen Anforderungen erfüllt sind (BFH 12.3.2020, BStBl. II 2020, 608; EuGH 17.10.2019 – C-653/18, DStR 2019,

2254, 2257). Dagegen verstößt die Forderung, dass der Empfänger der Waren in dem Drittstaat in jedem Fall identifiziert werden muss, ohne dass geprüft wurde, ob die materiellen Voraussetzungen für diese Befreiung, insbes. die Verbringung der betroffenen Waren aus dem Zollgebiet der Union, erfüllt sind, sowohl gegen den Grundsatz der Verhältnismäßigkeit als auch gegen den Grundsatz der steuerlichen Neutralität (EuGH 17.10.2019 – C-653/18, DStR 2019, 2254, 2257 Rn. 31). Zum Anderen kann sich ein Stpfl, der sich vorsätzlich an einer der Funktion des gemeinsamen Mehrwertsteuersystems gefährdenden Steuerhinterziehung beteiligt hat, für die Zwecke der Mehrwertsteuerbefreiung nicht auf den Grundsatz der Steuerneutralität berufen. Der Missbrauch, auf den der BGH abstellt, findet auch bei einer innergemeinschaftlichen Lieferung nur bei dem ausländischen Abnehmer statt. Eine deutsche Umsatzsteuer wird diesbezüglich nicht verkürzt, so dass die Missbrauchsrechtsprechung des EuGH in systematischer Hinsicht problematisch ist (MüKoStGB/*Schmitz/Wulf* AO § 370 Rn. 188; *Walter/Lohse/Dürrer* wistra 2012, 125; *Wulf/Alvermann* DB 2011, 731; aA BGH 12.5.2005, wistra 2005, 308; vgl. auch → Rn. 367).

Nach der Rspr. des BGH können auch bei **Bewirtungsaufwendungen** erforderliche Nachweise iSd § 4 V 1 Nr. 2 EStG im Einspruchsverfahren oder sogar erst in der letzten mündlichen Verhandlung vor dem FG nachgereicht werden (BFH 30.3.2006, BStBl. II 2006, 634, 637; BFH 14.12.1994, BStBl. II 1995, 515, 517). Die Annahme einer materiell-rechtlichen Voraussetzung würde jedoch voraussetzen, dass diese Nachweise im Zeitpunkt der Geltendmachung (in der Steuererklärung) bereits vorliegen (Wannemacher/*Kürzinger* Rn. 92 f.). 98

Nach der hier vertretenen Auffassung sollen sämtliche steuerlichen Nachweispflichten, Beweisregeln bzw. Beweismittelregeln, die die Finanzverwaltung entlasten und Missbrauch vorbeugen sollen, im Strafverfahren keine Anwendung finden (*Grötsch* Stbg 2017, 500, 506; MüKoStGB/*Schmitz/Wulf* AO § 370 Rn. 189 f.). Spricht man steuergesetzlich normierten Nachweisvorschriften generell die materiell-rechtliche Qualität ab, so würde durch ihr Fehlen das Rechtsgut nicht beeinträchtigt, da ein materieller Steueranspruch, der zu schützen wäre, dann überhaupt nicht bestehen würde (Wannemacher/*Kürzinger* Rn. 96). 99

(2) Schätzung von Besteuerungsgrundlagen. Bei fehlenden oder lückenhaften Erklärungen und Aufzeichnungen des Stpfl hat die FinB die Besteuerungsgrundlagen zu schätzen: 100

§ 162 AO Schätzung von Besteuerungsgrundlagen

(1) ¹Soweit die Finanzbehörde die Besteuerungsgrundlagen nicht ermitteln oder berechnen kann, hat sie sie zu schätzen. ²Dabei sind alle Umstände zu berücksichtigen, die für die Schätzung von Bedeutung sind.

(2) ¹Zu schätzen ist insbesondere dann, wenn der Steuerpflichtige über seine Angaben keine ausreichenden Aufklärungen zu geben vermag oder weitere Auskunft oder eine Versicherung an Eides statt verweigert oder seine Mitwirkungspflicht nach § 90 Abs. 2 verletzt. ²Das Gleiche gilt, wenn der Steuerpflichtige Bücher oder Aufzeichnungen, die er nach den Steuergesetzen zu führen hat, nicht vorlegen kann, wenn die Buchführung oder die Aufzeichnungen der Besteuerung nicht nach § 158 zugrunde gelegt werden oder wenn tatsächliche Anhaltspunkte für die Unrichtigkeit oder Unvollständigkeit der vom Steuerpflichtigen gemachten Angaben zu steuerpflichtigen Einnahmen oder Betriebsvermögensmehrungen bestehen und der Steuerpflichtige die Zustimmung nach § 93 Abs. 7 Satz 1 Nr. 5 nicht erteilt. ³Hat der Steuerpflichtige seine Mitwirkungspflichten nach § 12 des Gesetzes zur Abwehr von Steuervermeidung und unfairem Steuerwettbewerb verletzt, so wird widerlegbar vermutet, dass in Deutschland steuerpflichtige Einkünfte in Bezug zu Staaten oder Gebieten im Sinne des § 3 Absatz 1 des Gesetzes zur Abwehr von Steuervermeidung und unfairem Steuerwettbewerb
1. bisher nicht erklärt wurden, tatsächlich aber vorhanden sind, oder
2. bisher zwar erklärt wurden, tatsächlich aber höher sind als erklärt.

(3) ¹Verletzt ein Steuerpflichtiger seine Mitwirkungspflichten nach § 90 Absatz 3 dadurch, dass er keine Aufzeichnungen über einen Geschäftsvorfall vorlegt, oder sind die über einen Geschäftsvorfall vorgelegten Aufzeichnungen im Wesentlichen unverwertbar oder wird festgestellt, dass der Steuerpflichtige Aufzeichnungen im Sinne des § 90 Absatz 3 Satz 8 nicht zeitnah erstellt hat, so wird

widerlegbar vermutet, dass seine im Inland steuerpflichtigen Einkünfte, zu deren Ermittlung die Aufzeichnungen im Sinne des § 90 Absatz 3 dienen, höher als die von ihm erklärten Einkünfte sind. ²Hat in solchen Fällen die Finanzbehörde eine Schätzung vorzunehmen und können diese Einkünfte nur innerhalb eines bestimmten Rahmens, insbesondere nur auf Grund von Preisspannen bestimmt werden, kann dieser Rahmen zu Lasten des Steuerpflichtigen ausgeschöpft werden. ³Bestehen trotz Vorlage verwertbarer Aufzeichnungen durch den Steuerpflichtigen Anhaltspunkte dafür, dass seine Einkünfte bei Beachtung des Fremdvergleichsgrundsatzes höher wären als die auf Grund der Aufzeichnungen erklärten Einkünfte, und können entsprechende Zweifel deswegen nicht aufgeklärt werden, weil eine ausländische, nahe stehende Person ihre Mitwirkungspflichten nach § 90 Abs. 2 oder ihre Auskunftspflichten nach § 93 Abs. 1 nicht erfüllt, ist Satz 2 entsprechend anzuwenden.

(4) bis (5) ...

101 Im Steuerstrafverfahren ist die Schätzung von Besteuerungsgrundlagen zulässig, wenn feststeht, dass der Stpfl einen Besteuerungstatbestand erfüllt hat, die tatsächlichen Verhältnisse, die für die Bemessung der Steuer maßgebend sind, aber ungewiss sind (BGH 16.9.2020, wistra 2021, 278). Gegenstand der Schätzung sind nur die unbekannten Besteuerungsgrundlagen, nicht der zugrundeliegende Lebenssachverhalt (vgl. FG RhPf 20.11.2002, DStRE 2004, 86) und nicht die Steuer selbst; diese ist vielmehr aus den geschätzten Besteuerungsgrundlagen zu errechnen. Zu den Besteuerungsgrundlagen, die geschätzt werden können, gehören bei der USt außer der Summe der Umsätze auch die abziehbaren Vorsteuerbeträge (str., glA HessFG 10.3.1976, UStR 1977, 197; *Schuhmann* UStR 1977, 111; *Weiß* UStR 1977, 157; aM FG RhPf 26.5.1975, EFG 1975, 608; FG Münster 29.10.1976, UStR 1977, 197; OFD Frankfurt 28.7.1977, BB 1977, 1387; siehe aber BGH 2.11.1995, wistra 1996, 106).

102 Da eine Schätzung in Steuerstrafverfahren häufig auf steuerlichen Schätzungen basiert, wird zunächst auf die Voraussetzungen einer steuerlichen Schätzung eingegangen: Bei einer Schätzung durch die Finanzverwaltung muss erstens geprüft werden, ob eine **Schätzung dem Grunde** nach möglich ist, zweitens eine **sachgerechte Auswahlentscheidung** betreffend verschiedenen (gleich geeigneter Schätzmethoden getroffen werden) und drittens eine sachgerechte Durchführung der **Schätzung der Höhe nach** erfolgen (*Kulosa* SAM 2017, 9; *Ebner* AO-StB 2017, 319, 321). Gem. § 162 II 2 AO darf das FA Besteuerungsgrundlagen schätzen, wenn die Buchführung oder die Aufzeichnung der Besteuerung nicht nach § 158 AO zugrunde gelegt werden oder wenn tatsächlich Anhaltspunkte für die Unrichtigkeit oder Unvollständigkeit der vom Stpfl gemachten Angaben zu steuerpflichtigen Einnahmen oder Betriebsvermögensmehrung bestehen. Eine formell ordnungsgemäße Buchführung gewährt gem. § 158 AO einen „Vertrauensvorschuss" und begründet eine Rechtsvermutung zu Gunsten der sachlichen Richtigkeit der gesamten Buchführung (Tipke/Kruse/*Seer* AO § 162 Rn. 38 und § 158 Rn. 3). Das Ergebnis einer formell ordnungsmäßen Buchführung ist nur insoweit nicht der Besteuerung zugrunde zu legen, als die Vermutung des § 158 AO vom FA konkret widerlegt wird (Tipke/Kruse/ *Seer* AO § 162 Rn. 39 und § 158 Rn. 5 ff.). Eine Buchführung kann trotz einzelner Mängel nach den § 140–148 AO aufgrund der Gesamtwertung formell ordnungsgemäß sein (Tipke/Kruse/*Seer* AO § 162 Rn. 39 und § 158 Rn. 13; vgl. zu den formellen Anforderungen bei einer Gewinnermittlungsart nach § 4 III EStG, BFH 12.7.2017, BFH/ NV 2017, 1204). Insoweit kommt der unterschiedlichen sachlichen Gewichtung der Mängel ausschlaggebende Bedeutung zu (BFH 25.1.1990, BFH/NV 1990, 484). Das Ergebnis einer formell ordnungsgemäßen Buchführung ist erst in Frage gestellt, wenn sie mit an Sicherheit grenzender Wahrscheinlichkeit ganz oder teilweise sachlich unrichtig ist (BFH 20.9.1999, BFH/NV 2000, 304 Rn. 3). Ist die Vermutung der formellen Ordnungsmäßigkeit widerlegt, ergibt sich aus der gesetzlichen Einschränkung „soweit", dass die sachlich unrichtigen Teile der Buchführung richtigzustellen sind. Es sind nur die Teile der Buchführung zu korrigieren, auf die sich die sachlichen Beanstandungen beziehen (BFH 13.7.2010, BFH/NV 2010, 2015 Rn. 5; BFH 25.1.1990, BFH/NV 1990, 484 Rn. 1). Eine Korrektur der Besteuerungsgrundlagen kann erst durch eine Schätzung nach § 162 I–III AO insoweit erfolgen, als die Finanzbehörde die Besteuerungsgrundlagen nicht ermitteln oder berechnen kann; eine gezielte Korrektur also nicht möglich ist (BFH 13.7.2010, BFH/NV 2010, 2015 Rn. 5). Durch diesen Vorrang der Sachverhaltsermittlung und –feststellung ist die Finanzbehörde somit verpflichtet, alle zugänglichen Unterlagen, Belege und Auskünfte des Stpfl zu berücksichtigen (vgl. FG Nürnberg 4.10.2018, EFG 2018, 1866, 1867 zu einem nichtigen Schätzbescheid, wenn das FA trotz vorhandener Möglichkeiten, den Sachverhalt aufzuklären und Schätzungsgrundlagen zu ermitteln, krass von den tatsächlichen Gegebenheiten abweicht). Die Auswahl einer Schätzmethode steht im pflichtgemäßen Ermessen der Finanzbehörde. Kommt eine bestimmte Schätzmethode dem Ziel, das wahrscheinlichste Ergebnis zu erzielen, voraussichtlich näher als eine andere, ist die erstgenannte Schätzmethode unter Ermessensgesichtspunkten vorzugswürdig (BFH 25.3.2015, BStBl. II 2015, 743 Rn. 60; BFH 18.12.1984, BStBl. II 1986, 226 Rn. 42). Hat der Stpfl in grober Weise gegen seine steuerlichen Mitwirkungspflichten verstoßen, so soll die Finanzverwaltung innerhalb eines Spielraums, den die gegebenen Anhaltspunkte bieten, an die oberste Grenze gehen können (BFH 9.3.1967, BFHE 88, 212). Auch bei der Festsetzung eines Sicherheitszuschlags sind die konkreten betriebsbezogenen Tatsachen zu berücksichtigen (BFH 20.3.2017, BStBl. II 2017, 992).

Die erforderliche selbstständige Feststellung des Strafrichters hinsichtlich der 103 Besteuerungsgrundlagen, die für den Grund und den Umfang einer Steuerverkürzung maßgebend sind, steht unter dem Gebot, dass unüberwindbare Zweifel zugunsten des Angeklagten ausschlagen müssen (*Stypmann* wistra 1983, 95; *Joecks* wistra 1990, 54; *Hild* DB 1996, 2303; *Volk* in FS Kohlmann, 586). Dieses Gebot erfordert jedoch nicht, dass dem Angeklagten jeder erdenkliche Einwand abgenommen und der Betrag der von ihm verschwiegenen Einnahmen auf Heller und Pfennig belegt werden müsste (*Dörn* wistra 1993, 50; vgl. auch *Hellmann* GA 1997, 510). Es würde der Gerechtigkeit widersprechen, wenn der Täter einer Steuerstraftat deshalb Straffreiheit beanspruchen könnte, weil die Strafgerichte zu einer genauen Ermittlung der Besteuerungsgrundlagen außerstande sind, obwohl der Täter diesen Mangel, zB durch pflichtwidriges Unterlassen oder durch Vernichten von Aufzeichnungen, selbst herbeigeführt hat (BGH 16.6.1954, NJW 1954, 1819; BGH 26.10.1998, wistra 1999, 103; *Volk,* Aktuelles zum Finanzstrafrecht 2000, 45). Dies bedeutet jedoch nicht, dass hier im Steuerstrafverfahren so etwas wie eine actio illicita in causa eingeführt würde (*Joecks* wistra 1990, 55; vgl. auch *Huchel* 1994, 62 ff.). Der Grundsatz in dubio pro reo wird durch ein Vorverhalten des Beschuldigten nicht eingeschränkt.

Der genaue Nachweis einer Steuerverkürzung ist nur möglich anhand eigener Aufzeich- 104 nungen des Stpfl oder der Belege seiner Geschäftspartner. Fehlt solches Beweismaterial, ist auch der Strafrichter gehalten, sich seine Überzeugung von dem wirklichen Sachverhalt aufgrund sonstiger Anhaltspunkte zu bilden und den Umfang der verwirklichten Besteuerungsgrundlagen aus Hilfstatsachen zu erschließen. Eine Schätzung der Besteuerungsgrundlagen durch den Tatrichter bedarf es allerdings auch dann, wenn der Täter ein Geständnis abgelegt hat, dieses jedoch auf einer Schätzung des Täters beruht (*Klein/Jäger* AO § 370 Rn. 96a). Insofern können die Feststellungen über die von einem Unternehmer getätigten Umsätze nur dann auf dessen Geständnis gestützt werden, wenn er den Umfang seiner Umsätze kennt; andernfalls hat der Tatrichter die Besteuerungsgrundlagen eigenständig zu schätzen (BGH 7.11.2018, wistra 2019, 244 Rn. 7; BGH 29.8.2018, wistra 2019, 205 Rn. 4; *Klein/Jäger* AO § 370 Rn. 96a). Die Übernahme von steuerlichen Sicherheitszuschlägen in einer strafrechtlichen Verkürzungsberechnung ist unzulässig, weil diesbezüglich unterschiedliche Beweisgrundsätze im Strafverfahren gelten.

Auch im Steuerstrafverfahren gilt der **Vorrang der Sachaufklärung vor einer Schät-** 105 **zung.** Die Ermittlung des wahren Sachverhalts ist das zentrale Anliegen des Strafprozesses, ohne den das materielle Schuldprinzip nicht verwirklicht werden kann (BVerfG 26.5.1981, NJW 1981, 1719, 1722). Ist eine Ermittlung der Einkünfte nicht möglich, so kann das Tatgericht schätzen. Während die steuerliche Schätzung denjenigen Betrag bestimmen soll, der die größte Wahrscheinlichkeit für sich hat, kommt es bei den gleichen Anhaltspunkten im Strafverfahren auf die Feststellung der Beträge an, die nach der **vollen Überzeugung**

des Strafrichters (BGH 11.12.1952, BGHSt 3, 377, 383; BGH 29.8.2018, NStZ 2019, 153) als erwiesen anzusehen sind (HHS/*Peters* AO § 370 Rn. 341; Kohlmann/*Ransiek* AO § 370 Rn. 486). Das Strafgericht darf die von der Finanzverwaltung ermittelten bzw. geschätzten Besteuerungsgrundlagen nicht ungeprüft übernehmen, sondern hat im Wege der freien Beweiswürdigung (§ 261 StPO) die Tatsachen zu bewerten und sich selbst ein Bild von der Höhe des Schadens zu machen (MüKoStGB/*Schmitz/Wulf* AO § 370 Rn. 192; BGH 7.11.2018, wistra 2019, 244). Unüberwindbare Zweifel müssen sich zu Gunsten des Angeklagten auswirken (BGH 16.9.2020, wistra 2021, 278). Erforderlichenfalls hat der Tatrichter einen als erwiesen angesehenen **Mindestschuldumfang festzustellen** (BGH 16.9.2020, wistra 2021, 278; BGH 10.11.2009, wistra 2010, 148; Klein/*Jäger* AO § 370 Rn. 96). Dies bedeutet, dass der Tatrichter die Schätzung der Höhe nach auf den Betrag zu begrenzen hat, der mindestens hinterzogen worden ist (Klein/*Rüsken* AO § 162 Rn. 19a).

Allein aus dem Aufwand für die Lebensführung und aus der Vermögensbildung des Angeklagten (Sparguthaben, Wertpapiere, Erwerb und Bebauung von Grundstücken usw.) kann im Vergleich zu den erklärten Einkünften häufig auf einen Mindestbetrag geschlossen werden, den der Angeklagte der Besteuerung entzogen haben muss, wenn sich seine Erklärungen über eine anderweitige Herkunft der Mittel als unrichtig oder als unglaubhaft erweisen (vgl. *Dörn* wistra 1993, 4; über den Nachweis einer Steuerverkürzung durch die sog. Geldverkehrsrechnung s. BFH 2.3.1982, BStBl. II 1984, 504).

106 Kommt ausgehend von vorhandenen Tatsachen eine andere Schätzmethode nicht in Betracht, kann der Tatrichter die Besteuerungsgrundlagen auch pauschal (BGH 10.8.2016, ZWH 2017, 133) und gestützt auf die **Richtsatzsammlung des BMF** schätzen (BGH 6.4.2016, wistra 2016, 363; BGH 6.10.2014, wistra 2015, 63 Rn. 10; BGH 29.1.2014, wistra 2014, 276; Klein/*Jäger* AO § 370 Rn. 96b). Solch eine Vorgehensweise ist typischerweise dann erforderlich, wenn Buchhaltungsunterlagen gänzlich fehlen. Die amtlichen Richtsätze der Finanzverwaltung für die Gewinnermittlung bei nichtbuchführenden Gewerbetreibenden sind Erfahrungssätze, die gebietsweise aus den Ergebnissen von Betriebsprüfungen vergleichbarer buchführender Betriebe für bestimmte Zeitabschnitte und bestimmte Geschäftszweige gewonnen sind. Sie bilden ein brauchbares Hilfsmittel, wenn die Richtsätze nicht als bindend erachtet, sondern auf Grund selbstständiger Prüfung unter Berücksichtigung besonderer Umstände des jeweiligen Gewerbebetriebes übernommen werden (BGH 24.5.2007, wistra 2007, 345; vgl. ferner BFH 18.10.1983, BStBl. II 1984, 88, zur steuerlichen Schätzungsbefugnis bei Unterschreiten des untersten Rohgewinnaufschlagsatzes der Richtsatzsammlung; zum Beweiswert eines *Chi-Quadrat*-Tests vgl. FG Münster 14.8.2003, EFG 2004, 9). Existieren konkrete Anhaltspunkte für eine positivere Ertragslage, so muss der Tatrichter sich nicht an den untersten Werten in der Richtsatzsammlung orientieren (BGH 28.7.2010, wistra 2011, 28). Ein Ansatz des Mittelwerts der amtlichen Richtsatzsammlung erfordert, dass in den Urteilsgründen konkret ausgeführt wird, aufgrund welcher Anknüpfungsgrundlagen das Gericht davon ausgeht, dass der Betrieb zumindest den Mittelsatz der Richtsatzsammlung erreicht hat (BGH 20.12.2016, HFR 2017, 970 Rn. 17). Auch bei einer Schätzung basierend auf der Richtsatzsammlung ist das Tatgericht verpflichtet, die Einzelheiten des jeweiligen Gewerbebetriebs zu berücksichtigen (BGH 20.12.2016, HFR 2017, 970 Rn. 17). Bei vorhandenen Zweifeln darf das Tatgericht nicht ohne weiteres ein als wahrscheinlich angesehenen Wert aus der Richtsatzsammlung zugrunde legen, sondern muss einen als erwiesen angesehenen Mindestschuldumfang feststellen (BGH 20.12.2016, HFR 2017, 970 Rn. 17; BGH 6.4.2016, wistra 2016, 363; Klein/*Jäger* AO § 370 Rn. 96b). Eine Bargeldverkehrsrechnung kann als sehr grobe Schätzmethode nur subsidär zur Anwendung kommen (BGH 5.9.2019, AO-StB 2020, 106). Kann sich der Tatrichter aufgrund der vorliegenden Anhaltspunkte trotz Anwendung aller geeigneten Erkenntnismittel nicht davon überzeugen, dass der Angeklagte Besteuerungsgrundlagen in Höhe eines bestimmten Mindestbetrages verschwiegen und mindestens den entsprechenden Steuerbetrag hinterzogen hat, muss er auf Freispruch erkennen, weil es an einer für den Schuldspruch notwendigen Voraussetzung fehlt (OLG Bremen 5.8.1964, ZfZ 1965, 22).

Für eine Verurteilung wegen Umsatzsteuerhinterziehung ist Voraussetzung, dass sich **107** den **Urteilsgründen** entnehmen lässt, wie sich die Mehrumsätze errechnen, hinsichtlich derer der Angeklagte Umsatzsteuer hinterzogen haben soll. Die angenommenen Summen müssen sich zumindest auf der Grundlage der mitgeteilten Einzelparameter nachvollziehen lassen.

Bei einer **Lohnsteuerhinterziehung** kann die Lohnsumme unter Anwendung eines **108** Prozentsatzes bezogen auf den Nettoumsatz des Unternehmens dann geschätzt werden, wenn keine anderweitig verlässlichen Beweismittel existieren oder nur mit unverhältnismäßigen Aufwand oder ohne nennenswerten zusätzlichen Erkenntnisgewinn zu beschaffen sind (Klein/*Jäger* AO § 370 Rn. 97). Haben der Arbeitgeber und der Arbeitnehmer sich darauf verständigt, dass ein schwarz entrichtetes Arbeitsentgelt voll und ohne Abzüge an den Arbeitnehmer ausgezahlt werden soll, so ist dies steuerrechtlich (im Gegensatz zur Sozialversicherung, vgl. § 14 II 2 SGB IV) als Bruttolohnabrede zu qualifizieren (BGH 13.5.1992, BGHSt 38, 285; BGH 13.1.1993, wistra 1993, 148). Im Bereich von lohnintensiven Baugewerbe kann bei illegalen Beschäftigungsverhältnissen eine Lohnquote von bis zu 2/3 des Nettoumsatzes möglich sein. Diese kann geschätzt werden (BGH 10.11.2009, wistra 2010, 148; BGH 2.12.2008, wistra 2009, 107; BGH 21.4.2016, NStZ-RR 2016, 244). Erforderlich ist selbstverständlich, dass im Wege der Schätzung jedoch die individuellen Verhältnisse des Betriebs beachtet werden. Eine Schätzung der Lohnquote hat zu unterbleiben, wenn eine tatsachenfundierte Berechnung anhand der bereits vorliegenden bzw. erhebbaren Beweismittel möglich erscheint (BGH 10.11.2009, wistra 2010, 148). Solange der Arbeitnehmer dem Arbeitgeber schuldhaft den Abruf der elektronischen Lohnsteuerabzugsmerkmale nicht ermöglicht, ist die Lohnsteuer nach Steuerklasse VI zu ermitteln (Klein/*Jäger* AO § 370 Rn. 97). Die Regelung des § 39c EStG gilt jedoch nur für die Durchführung des laufenden Lohnsteuer-Abzugs im jeweiligen Kalenderjahr (Klein/*Jäger* AO § 370 Rn. 97). Würde man die steuerlichen Nachweispflichten auch strafrechtlich berücksichtigen, so könnte im Einzelfall ein Stpfl, der diesen steuerlichen Nachweispflichten formal nicht nachkommt, verurteilt werden, obwohl anhand anderer Tatsachen feststeht, dass die Voraussetzungen für eine steuermindernde Tatsache vorliegen. Es ist nur im Bereich des Steuerrechts hinzunehmen, dass steuerliche Nachweispflichten und Beweisregeln existieren, die die Finanzverwaltung entlasten und einen Missbrauch vermeiden sollen, eine Übernahme dieser Regeln im Strafverfahren ist nicht statthaft. Das Tatgericht ist nicht an steuerliche Beweisgrundsätze gebunden (vgl. → Rn. 103 ff.).

bb) Tat- und schuldgerechte Aufteilung der Steuerverkürzung. Haben mehrere **109** **Personen unabhängig voneinander zu einer Steuerverkürzung beigetragen,** muss der Betrag der Steuerverkürzung für jeden von ihnen gesondert berechnet werden.

Beispiel (Stpfl sei ledig):
Einkommen lt. unrichtiger Steuererklärung: 16.000 EUR; ESt: 1.597 EUR
+ vom Stpfl verschwiegene Einkünfte: 2.500 EUR
+ vom Prokuristen verschwiegene Einkünfte: 1.500 EUR
tatsächlich zu versteuerndes Einkommen: 20.000 EUR; ESt: 2.638 EUR.

Die ESt von (16.000 + 2.500 =) 18.500 EUR beträgt 2.236 EUR; also hat der Stpfl (2.236 ./. 1.597 =) 639 EUR verkürzt. Die ESt von (16.000 + 1.500 =) 17.500 EUR beträgt 1.983 EUR; also hat der Prokurist (1.983 ./. 1.597 =) 386 EUR verkürzt. Dass die Summe der individuell verkürzten Beträge von (639 + 386 =) 1.025 EUR hinter der insgesamt verkürzten Steuer von (2.638 ./. 1.597 =) 1.041 EUR zurückbleibt, beruht auf dem progressiven ESt-Tarif (→ Rn. 110).

Nur vorsätzlich bewirkte Steuerverkürzungen werden vom Tatbestand des § 370 **110** AO erfasst. Beruht der Gesamtbetrag der verkürzten Steuereinnahmen bei einer Steuerart für einen Veranlagungszeitraum nur zT auf vorsätzlichem Verhalten, zT dagegen auf leichtfertig, (leicht) fahrlässig oder schuldlos unrichtigen oder fehlenden Angaben, müssen

§ 370   111   Steuerhinterziehung

bei der Berechnung der Steuerverkürzung iSd § 370 AO die nicht vorsätzlich verkürzten Teilbeträge ausgeschieden werden.

Beispiel (Stpfl sei ledig):
Einkommen lt. unrichtiger Steuererklärung:	16.000 EUR; ESt: 1.597 EUR
+ vorsätzlich verschwiegene Einkünfte von	1.500 EUR
	17.500 EUR; ESt: 1.983 EUR.
+ leichtfertig abgesetzte Privatausgabe von	250 EUR
+ fahrlässig überhöhte AfA von	2.000 EUR
tatsächlich zu versteuerndes Einkommen:	20.000 EUR; ESt: 2.638 EUR

Von den objektiv verkürzten Steuereinnahmen in Höhe von insgesamt (2.638 ./. 1.597 =) 1.041 EUR beträgt die vorsätzliche Steuerverkürzung nur (1.983 ./. 1.597 =) 386 EUR.

111   **Bei einer Steuer mit progressivem Tarif** – wie namentlich der ESt – ist es erforderlich, dass der vorsätzlich verkürzte Teilbetrag einer zusammengesetzten Steuerverkürzung (wie im Beispiel → Rn. 109) von denjenigen Besteuerungsgrundlagen aus berechnet wird, die der Täter kannte und in seinen Vorsatz aufgenommen hatte, nicht etwa unter Einschluss weiterer Besteuerungsgrundlagen, aus denen ohne sein Wissen und seinen Willen eine erhöhte Steuerverkürzung erwachsen ist. Unrichtig wäre es, den vorsätzlich verkürzten Steuerbetrag von der Spitze her, von den tatsächlichen Besteuerungsgrundlagen ausgehend, im Beispiel → Rn. 109 wie folgt zu berechnen:

Tatsächlich zu versteuerndes Einkommen:	20.000 EUR; ESt: 2.638 EUR
./. vorsätzlich verschwiegene Einkünfte von:	500 EUR
zu versteuerndes Einkommen ohne nicht vorsätzliche Fehler:	18.500 EUR; ESt: 2.236 EUR
	Unterschiedsbetrag (statt 386 EUR): 402 EUR.

Zu vergleichbaren Fragen bei der Erbschaft- und Schenkungsteuer siehe → Rn. 350 f.

cc) Kompensationsverbot (§ 370 IV 3 AO)

Schrifttum: *Ehlers,* Der Begriff der Steuerverkürzung – Versuch einer Entwirrung, FR 1958, 455; *Lohmeyer,* Nachträglich geltend gemachte Ermäßigungsgründe, StBp 1964, 294; *ders.,* Der Vorteilsausgleich nach § 396 Abs. III Halbs. 2 AO, Inf 1968, 267; *Kohlmann/Sandermann,* Die strafrechtliche Bekämpfung von Steuerverkürzung – unlösbare Aufgabe für den Gesetzgeber?, StW 1974, 221; *Haas,* Gleichstellung von Versuch und Vollendung im Steuerstrafrecht? Ein kritischer Beitrag zu § 370 Abs. IV S. 3 der AO, BB 1980, 1885; *Meine,* Das Vorteilsausgleichsverbot in § 370 Abs. IV S. 3 AO 1977, wistra 1982, 129; *ders.,* Das Vorteilsausgleichsverbot in § 370 Abs. IV. S. 3 AO 1977, 1984; *Bublitz,* Der Verlustabzug gem. § 10d EStG im Steuerstrafrecht, DStR 1985, 653; *Wassmann,* Das Kompensationsverbot gem. § 370 Abs. 4 Satz 3 AO, ZfZ 1987, 162; *Patzelt,* Ungerechtfertigte Steuervorteile und Verlustabzug im Steuerstrafrecht, Diss. Köln 1990; *Meine,* Zum Streitstand: Das Kompensationsverbot gem. § 370 Abs. 4 Satz 3 AO, wistra 1991, 127; *Schuhmann,* Verkürzung von Einfuhrumsatzsteuer und Vorsteuerabzug, wistra 1992, 208; *Hardtke,* Steuerhinterziehung durch verdeckte Gewinnausschüttung, 1995; *Beck,* Die Bedeutung der Wahlrechte des materiellen Steuerrechts, DStR 1996; *ders.,* Steuerliche Wahlrechte und Steuerverkürzung nach § 370 Abs. 4 AO, wistra 1998, 131; *Lilje/Müller,* Ansparrücklage versus Kompensationsverbot, wistra 2001, 205; *Ott,* Spekulationsverluste und das Kompensationsverbot, PStR 2001, 153; *Meine,* Der Irrtum über das Kompensationsverbot, wistra 2002, 361; *Haas,* Das Verhältnis der Schätzungen im steuerlichen Ermittlungsverfahren zum Steuerstrafverfahren, FS DAI, 2003, 469; *A. Müller,* Das Kompensationsverbot, AO-StB 2003, 131; *Schindhelm,* Das Kompensationsverbot im Delikt der Steuerhinterziehung, 2004; *Menke,* Die Bedeutung des so genannten Kompensationsverbots in § 370 AO, wistra 2005, 125; *Stahlschmidt,* Das Kompensationsverbot bei der Steuerhinterziehung, StuB 2005, 361; *Menke,* Folgen unterlassenen Vorsteuerabzugs bei gleichzeitiger Hinterziehung von Umsatzsteuer, wistra 2006, 167; *Rolletschke,* Der Tatbestand der Steuerhinterziehung (§ 370 AO), ZSteu 2006, 33; *Leplow,* Betriebsausgaben und Kompensationsverbot, PStR 2007, 229; *Gaede,* Steuerstrafrecht als Blankettstrafrecht auch bei Steuerhinterziehung zum Nachteil anderer EU-Mitglieder, wistra 2007, 184; *Bülte,* Das Kompensationsverbot: Ein origenär strafrechtliches Rechtsinstitut des Steuerstrafrechts, 1. Teil, NZWiSt 2016, 1; *Bülte,* Das Kompensationsverbot: Ein origenär strafrechtliches Rechtsinstitut des Steuerstrafrechts, 2. Teil, NZWiSt 2016, 52; *Roth,* Rechtsprechungsänderung: Kompensationsverbot für Vorsteuer aus Bezugsgeschäften aufgehoben, PStR 2019, 4; *Gehm,* Das Kompensationsverbot nach § 370 Abs. 4 S. 3 AO – Eine kritische Betrachtung, AO-StB 2019, 59; *Madauß,* Folgefragen aus dem Urteil des BGH v. 13.9.2018 zur Kompensationsfähigkeit von Vorsteuern, NZWiSt 2019, 101; *Wulf/Hinz,* Neue Vorgaben des BGH zur Reichweite von § 370 Abs. 4 S. 3 AO („Kompensationsverbot") in Fällen der Umsatzsteuerhinterziehung, Stbg 2019, 320; *Spatscheck/Wimmer,* Änderung der BGH-Rechtsprechung zum Kompensationsverbot bei der Umsatzsteuerhinterziehung, DStR

2019, 777; *Peter*, Das Kompensationsverbot im Wandel der Zeit, BB 2019, 288; *Von der Meden*, Kein Kompensationsverbot für die Anrechnung der Vorsteuer, DStR 2019, 600; *Rolletschke*, Das Kompensationsverbot im Verhältnis von Ausgangs- zur Eingangsumsatzsteuer, wistra 2020, 270; *Tormöhlen*, Das Kompensationsverbot des § 370 Abs. 4 S. 3 AO im Spiegel von Rechtsprechung und Literatur, AO-StB 2020, 389.

Welcher Steuerbetrag verkürzt worden ist, ergibt sich im Regelfall (Ausnahmen → Rn. 113 ff.) aus einem Vergleich der gesetzlich geschuldeten Steuer (= Steueranspruch, vgl. § 37 AO) mit derjenigen Steuer, die das FA infolge der Tathandlung festgesetzt (oder nicht festgesetzt) hat. Die gesetzlich geschuldete Steuer wird durch Anwendung der materiellen Vorschriften des jeweiligen Steuergesetzes auf den wirklichen Sachverhalt ermittelt. Der Steueranspruch stimmt mit den verkürzten Steuereinnahmen überein, falls der Stpfl überhaupt keine Steuererklärung abgegeben und das FA eine Steuerschuld auch nicht rechtzeitig aufgrund einer Schätzung der Besteuerungsgrundlagen (vgl. § 162 AO) festgesetzt hat. Hat der Stpfl eine Steuererklärung abgegeben, liegt eine Steuerverkürzung vor, wenn und soweit der Steuerbetrag, den das FA nach den Angaben des Stpfl festgesetzt hat oder bei richtiger Rechnung (vgl. BGH 1.12.1953, DStR 1954, 470) und richtiger Rechtsanwendung auf den erklärten Sachverhalt hätte festsetzen müssen, hinter der gesetzlich geschuldeten Steuer zurückbleibt. Hat das FA die Besteuerungsgrundlagen wegen fehlender oder unvollständiger Angaben des Stpfl nach § 162 AO zu niedrig geschätzt, entspricht die Steuerverkürzung dem Unterschied zwischen der aufgrund einer Schätzung festgesetzten Steuer und dem Steuerbetrag, den das FA bei vollständiger Kenntnis des steuererheblichen Sachverhalts hätte festsetzen müssen. **112**

§ 370 IV 3 AO modifiziert diesen Grundsatz durch Einführung des sogenannten Kompensationsverbotes (Vorteilsausgleichsverbot). Danach soll eine Verkürzung auch dann vorliegen, *„wenn die Steuer, auf die sich die Tat bezieht, aus anderen Gründen hätte ermäßigt oder der Steuervorteil aus anderen Gründen hätte beansprucht werden können"*. Inhalt und Sinn dieser Vorschrift sind umstritten. **113**

Das RG hatte die Vorschrift, die seit der RAO 1919 mit im Wesentlichen unverändertem Wortlaut (§ 369 III 2 RAO 1919) existiert, überwiegend so ausgelegt dass unter *„anderen Gründen"* nur solche Steuerermäßigungsgründe zu verstehen seien, die dem Täter zum Zeitpunkt der Tathandlung unbekannt waren. Alle zu diesem Zeitpunkt dem Täter bewussten, in der Steuererklärung aber nicht mitgeteilten Minderungsgründe müssten berücksichtigt werden, da der Täter insoweit nicht den Vorsatz der Steuerverkürzung gehabt habe (RG 6.7.1933, JW 2396; RG 2.12.1935, RGSt 70, 3; zu den übrigen Entscheidungen des RG s. *Meine* 1984, S. 13 ff.). **114**

Der BGH hat sich von dieser subjektiven Interpretation des RG abgewandt und eine objektive Auslegung der Vorschrift bevorzugt (so schon BGH 3.6.1954, BGHSt 7, 336; *Schindhelm* 2004, 59; aM HHS/*Peters* AO § 370 Rn. 376). Die Regelung des Kompensationsverbots wurde früher damit begründet, dass das Strafgericht zur Feststellung des tatbestandlichen Hinterziehungsumfangs nicht den gesamten Steuerfall dahingehend überprüfen muss, ob sich nicht möglicherweise aus bisher von dem Stpfl nicht geltend gemachten Steuerermäßigungen Kompensationen ergeben, die den durch die Hinterziehung erzielten Vorteil wieder legalisieren (BGH 18.11.1960, BStBl. I 1961, 495). Nachdem das Kompensationsverbot jedoch heutzutage nicht mehr auf Ebene der Strafzumessung Anwendung findet, kann diese Begründung nicht mehr überzeugen (Klein/*Jäger* AO § 370 Rn. 131; MüKoStGB/*Schmitz/Wulf* AO § 370 Rn. 167). Andere Gründe im Sinne der Norm „sind Tatsachen, auf die sich der Täter zur Rechtfertigung seines Verhaltens im Strafverfahren beruft, obwohl er sie im Besteuerungsverfahren nicht vorgebracht hat, und die bei entsprechendem Vortrag gegenüber der Finanzverwaltung zu einer Ermäßigung der Steuerschuld geführt hätten" (BGH 28.1.1987, BGHSt 34, 272; Klein/*Jäger* AO § 370 Rn. 129). **115**

Nach der Rspr. des BGH findet das Kompensationsverbots jedoch keine Anwendung, wenn die verschwiegenen steuererhöhenden Umstände in einem unmittelbaren **wirtschaftlichen Zusammenhang** mit ebenfalls verschwiegenen steuermindernden Umstän- **116** den stehen (BGH 26.6.1984, wistra 1984, 183; siehe auch BayObLG 21.4.1982, wistra 1982, 199). Dies ist insbes. der Fall, wenn Steuerminderungen sich ohne weiteres von Rechts wegen ergeben hätten, wenn der Täter anstelle der fehlerhaften die der Wahrheit entsprechenden Angaben gemacht hätte (BGH 8.5.1979, MDR 1979, 772; Klein/*Jäger* AO § 370 Rn. 133). Hinsichtlich der Frage, wann ein unmittelbarer wirtschaftlicher Zusammenhang zwischen steuermindernden und steuererhöhenden Umständen ergeben lässt, besteht eine teilweise äußerst unübersichtliche Rspr. des BGH, die häufig auch keine detaillierten Begründungen für die Anwendung bzw. Ablehnung des Kompensationsverbots enthält (vgl. zu Details *Bülte* NZWiSt 2016, 1 u. NZWiSt 2016, 52).

117 **Im Einzelnen hat der BGH ein Kompensationsverbot nach § 370 IV 3 AO bejaht:**

im Verhältnis zwischen nicht verbuchten Geschäften und Anschaffungskosten anderer als der „schwarz" *gekauften Ware* (BGH StRK AO 77 § 370 Rn. 3; Klein/*Jäger* AO § 370 Rn. 136);

bei Betriebseinnahmen im Verhältnis zu Betriebsausgaben, für die der Empfänger nicht benannt werden kann und daher dem FA eine Ermessensentscheidung nach § 205a RAO = § 160 AO zusteht (BGH 18.11.1960, BStBl. I 1961, 495; BGH 8.5.1979, MDR 1979, 772; vgl. aber → Rn. 223);

bei Betriebseinnahmen im Verhältnis zu nachzuholenden oder zu erhöhenden Einlagebuchungen sowie *zu nachzuholenden Rückstellungen für Schadensersatzpflichten,* obwohl sich diese auf diejenigen Gegenstände beziehen, durch deren Veräußerung die Erlöse erzielt wurden (BGH 28.2.1978, BB 1978, 1302);

bei erschlichenen Ausfuhrvergütungen für nicht erfolgte Ausfuhren im Verhältnis zu nicht beanspruchten Ausfuhrvergütungen für erfolgte andere Ausfuhren (BGH 20.2.1962, NJW 1962, 2311, zu § 16 II UStG 1951);

im Verhältnis von früheren Betriebsverlusten mit späteren Gewinnen (BGH 26.6.1984, wistra 1984, 183);

im Verhältnis von Scheinrechnungen, um Schwarzlohnzahlungen zu verschleiern (BGH 12.9.1990, HFR 1991, 496 Rn. 4);

im Verhältnis von tatsächlichen nicht geltend gemachten Betriebsausgaben zu vorgelegten Scheinrechnungen über in Wirklichkeit nicht entstandene Betriebsausgaben (BGH 6.8.2020, NStZ 2021, 295 Rn. 22);

für Befreiungstatbestände bzgl. der Umsatzsteuer, sofern für ihre Feststellung ein weiteres verwaltungsrechtliches Prüfverfahren erforderlich ist (BGH 5.2.2004, wistra 2004, 147, 149);

für Verlustabzüge, die nicht von Amts wegen zu berücksichtigen sind (BGH 26.6.1984, wistra 1984, 183 zur damaligen Fassung des § 10d EStG);

bei einem Verlustrücktrag nach § 10d Abs. 1 EStG, da der Abzugsbetrag zum Zeitpunkt der Tathandlung noch nicht existiert hat und insofern den Taterfolg nicht ausschließen kann (BGH 25.4.2001, wistra 2001, 309);

bei Verwendung eines Altguthabens zur Begleichung einer Zahlungsverpflichtung, die in keinem wirtschaftlichen Bezug zu verschwiegenen Zahlungszuflüssen steht (BGH 11.3.2021, SpuRt 2021, 215).

118 **Demgegenüber wurde ein Kompensationsverbot nach § 370 IV 3 AO verneint:**

bei Betriebseinnahmen im Verhältnis zu (nachzuholenden) Rückstellungen für die hinterzogenen Umsatz- und Gewerbesteuern (BGH 3.6.1954, BGHSt 7, 336; BGH 31.1.1978, StRK AO 1977 § 370 R.2; BGH 7.12.1978, HFR 1979, 207; BGH 17.4.2008, wistra 2008, 310; BGH 2.12.2008, wistra 2009, 68), bei der Berechnung einer Hinterziehung von Einkommensteuer und Gewerbesteuer ist die ebenfalls verkürzte Umsatzsteuer gewinnmindernd zu berücksichtigen (BGH 18.8.2020, NStZ 2021, 297; BGH 10.7.2019, wistra 2020, 154 Rn. 15);

bei Betriebseinnahmen im Verhältnis zu den damit zusammenhängenden Betriebsausgaben (BGH 31.1.1978, StRK AO 1977 § 370 R.2; vgl. auch BGH 17.3.2005, wistra 2005, 311; BGH 6.8.2020, NStZ 2021, 295; BGH 5.9.2019, StV 2020, 738);

in Bezug auf eine nicht geltend gemachte, von Amts wegen vorzunehmende Verteilung von Einnahmen über mehrere Jahre (BGH 23.6.1976, MDR 1976, 770);

bei Betriebseinnahmen im Verhältnis zu einem von Amts wegen zu berücksichtigenden Verlustvortrag (BayObLG 21.4.1982, wistra 1982, 199, für § 10d EStG 1976; anders BGH 26.6.1984, wistra 1984, 183);

bei einer überhöhten Ausfuhrvergütung für das angebliche Bestimmungsland A im Verhältnis zum (niedrigeren) Anspruch auf Ausfuhrvergütung für das wirkliche Bestimmungsland B (BGH 27.8.1974, JZ 1975, 183);

bei Angabe von einem tatsächlichen Zahlungsabfluss, obwohl der Betriebsausgabengrund und der Zahlungsempfänger ausgetauscht wurde (BGH 23.10.2018, wistra 2019, 190 Rn. 74);

bei an Mitarbeitern zusätzlich gezahlten „schwarzen" Löhnen (BGH 5.9.2019, wistra 2019, 190; BGH 24.7.2019, wistra 2020, 114 Rn. 10);

bei Schmiergeldzahlungen, die zur Erzielung von Einkünften geleistet wurden (BGH 12.5.1989, wistra 1989, 264; BGH 20.7.1988, HFR 1989, 686, wobei gem. § 4 V 1 Nr. 10 EStG Schmiergeldzahlungen nicht mehr als Betriebsausgaben abgesetzt werden können, sodass diese frühere Rspr. überholt ist);

bei Vorsteuern, wenn ein wirtschaftlicher Zusammenhang zwischen Ein- und Ausgangsumsatz besteht (BGH 13.9.2018, BGHSt 63, 203); Dies gilt jedoch nur bezogen auf das jeweilige Steuerschuldverhältnis (BGH 16.1.2020, wistra 2020, 514 Rn. 46). Es kommt nicht darauf an, dass ein unmittelbarer wirtschaftlicher Zusammenhang mit den verschwiegenen Besteuerungsgrundlagen der selben Veranlagungsperiode besteht (*Wulf/Hinz* Stbg 2019, 320, 322). Die neue Rspr., wonach bei Vorsteuern, wenn ein wirtschaftlicher Zusammenhang zwischen Ein- und Ausgangsumsatz besteht, das Kompensationsverbot keine Anwendung findet, ist auch auf eine Umsatzsteuerhinterziehung durch Tun (§ 370 I 1) zu übertragen (*Meden* DStR 2019, 600). Bisher noch nicht entschieden ist, ob das Kompensationsverbot bei Vorsteuern betreffend Gemeinkosten Anwendung findet (dafür *Madauß* NZWiSt 2019, 294, 296);

bei einem innergemeinschaftlichen Erwerb (§ 1 I Nr. 5, § 1a UStG) und dem korrespondierenden Vorsteuerabzug gem. § 15 I Nr. 1 Nr. 3 UStG (BFH 21.5.2014, NZWiSt 2014, 469 Rn. 52).

Die Literatur zum Kompensationsverbot meint zum Teil, die Regelung führe zur Annahme einer vollendeten Steuerhinterziehung, obwohl kein Steuerschaden eingetreten sei (*Ehlers* FR 1958, 458; *Kohlmann/Sandermann* StW 1974, 231). Daraus wird zT geschlossen, die Steuerhinterziehung sei kein Verletzungs-, sondern lediglich ein (abstraktes) Gefährdungsdelikt; *Kohlmann/Sandermann* fordern aaO de lege ferenda die Streichung der Vorschrift. *Meine* (1984, 54 ff. und wistra 1982, 129) will die Vorschrift so wie das RG interpretieren und nur dann anwenden, wenn der Täter die anderen Gründe nicht gekannt habe. Für ihn reduziert sich die Vorschrift auf die Gleichstellung von Versuch und Vollendung im Strafrahmen. *Menke* (wistra 2005, 125, 131) meint, § 370 IV 3 AO habe gar keine materiell-rechtliche Funktion, da sich die Behandlung der „*anderen Gründe*" schon aus dem Umstand ergebe, dass zB Vorsteuern nur zu berücksichtigen seien, wenn sie auch geltend gemacht wurden (ebenso in wistra 2006, 167). Daher sei die Ust ohne eine Minderung um Vorsteuerbeträge verkürzt, wenn der Stpfl keine Voranmeldung einreiche (*Menke* wistra 2006, 169). 119

Bei einer Lösung des Problems ist zu differenzieren. Zunächst ergibt sich bereits aus dem Wortlaut der Vorschrift (*„andere Gründe"*), dass vom Kompensationsverbot nur solche Steuerermäßigungsgründe betroffen sein können, die sich von den die Tat ausmachenden Gründen unterscheiden lassen. Bei diesen kann es sich nur um die dem FA erklärten Gründe handeln, da erst mit der Erklärung die Tat der Steuerhinterziehung beginnt. Bereits hieraus folgt, dass das Kompensationsverbot dort nicht eingreifen kann, wo der Täter überhaupt keine Gründe vorgetragen hat; die im Strafverfahren vorgetragenen können in einem solchen Fall schon begrifflich keine „*anderen Gründe*" sein. Das bedeutet, dass § 370 IV 3 AO in den Fällen nicht anzuwenden ist, in denen der Täter die Steuer- 120 hinterziehung durch Unterlassen begangen haben soll, also überhaupt keine Erklärung abgegeben hat (so mit Recht *Meine* 1984, S. 70 ff. und wistra 1982, 133 f.; MüKoStGB/*Schmitz/Wulf* AO § 370 Rn. 169; *Schindhelm* 2004, 110, 158 f.; *Haas* GS Joecks, 2018, 447, 463 f.; *Gehm* AO-StB 2019, 59, 62). Demgegenüber wenden Teile der Literatur das **Kompensationsverbot** auch in der **Unterlassungsvariante des § 370 I Nr. 2 AO** an (Kohlmann/*Ransiek* AO § 370 Rn. 519 f.; Tipke/Kruse/*Krumm* AO § 370 Rn. 109; HHS/*Peters* AO § 370 Rn. 374; *Bülte* NZWiSt 2016, 52, 56 f.; *Menke* wistra 2006, 167, 169; *Tormöhlen* AO-StB 2020, 398, 400). Nachdem der BGH ursprünglich das Kompensationsverbot auch bei Unterlassenstaten für anwendbar gehalten hat (BGH 24.10.1990, NStZ 1991, 89) hat er diese Frage in einer aktuellen Entscheidung nun offengelassen (BGH 13.9.2018, BGHSt 63, 203). Die Anwendung des Kompensationsverbots bei Unterlassenstaten kann jedoch zu äußerst problematischen Wertungswidersprüchen führen: Ein Stpfl gibt in seiner Einkommensteuererklärung Einkünfte aus Gewerbebetrieb in Höhe von 800.000 EUR an und verschweigt eine zusätzlich erhaltene Provision in Höhe von 100.000 EUR, zudem hat er in seiner Einkommensteuererklärung wahrheitsgemäß Verluste aus Vermietung und Verpachtung in Höhe von 1 Mio. EUR angegeben, so dass letztlich wegen der Nichtangabe der Provision nur diesbezüglich ein nicht gerechtfertigter Steuervorteil aufgrund eines Verlustfeststellungsbescheids existiert. Hat der Stpfl demgegenüber keine Steuererklärung eingereicht, so könnten die Verluste aus Vermietung und Verpachtung nicht mit den Einkünften aus Gewerbebetrieb verrechnet werden, so dass die Steuerverkürzung sich auf die auf Einkünften in einer Gesamthöhe von 900.000 EUR beruhende Steuer belaufen würde, was zu einer deutlichen Schlechterstellung als bei einer Steuerhinterziehung durch aktives Tun führen würde.

121 Bei einer Einkommensteuerhinterziehung wäre (bei Anwendung des Kompensationsverbots im Rahmen des § 370 I Nr. 2 AO) nicht mehr die Steuer auf das Einkommen, sondern letztlich eine Steuer auf den Gewinn abzgl. zuordenbarer Betriebsausgaben verkürzt. Posten, die erst auf dem Weg von dem Gesamtbetrag der Einkünfte hin zum zu versteuernden Einkommen in Abzug zu bringen wären, dürften nicht berücksichtigt werden. Diesem Einwand ist die Lösung von *Menke* (wistra 2005, 125; wistra 2006, 167) in noch stärkerem Maße ausgesetzt. Machte man mit seiner Lösung ernst, würde in Schätzungsfällen die Summe der Einnahmen für die Berechnung der hinterzogenen ESt zu Grunde gelegt werden, die Betriebsausgaben wären erst iRd Strafzumessung zu betrachten. Sofern ein unmittelbarer wirtschaftlicher Zusammenhang zwischen Betriebseinnahmen und Betriebsausgaben besteht, führt das Kompensationsverbot nicht dazu, dass Betriebsausgaben bei einer Schätzung bei der tatbestandsmäßigen Verkürzung nicht zu berücksichtigen sind (vgl. auch BGH 24.7.2019, wistra 2020, 114). Da nach der hier vertretenen Auffassung bei § 370 I Nr. 2 AO das Kompensationsverbot keine Anwendung findet, sind bei einer Schätzung sämtliche steuerrelevanten Aspekte zu berücksichtigen. Gibt der Stpfl jedoch eine unzureichende Steuererklärung ab und schätzt das FA die Einkünfte bzw. Umsätze, so können steuermindernde Tatsachen bei der Feststellung der Steuerverkürzung nur berücksichtigt werden, wenn sie in einem unmittelbaren wirtschaftlichen Zusammenhang mit den Einnahmen bzw. Umsätzen stehen (vgl. MüKoStGB/*Schmitz/Wulf* AO § 370 Rn. 171).

122 Insgesamt entspricht es auch praktischen Erwägungen, einen „anderen Grund" nur anzunehmen, wenn dem FA tatsächlich Gründe vorgetragen wurden. Eine Anwendung des Kompensationsverbotes kommt aber auch dort nicht in Betracht, wo dem FA in einer Steuererklärung nur ein Saldo, etwa aus Betriebseinnahmen und -ausgaben, ohne weitere Konkretisierung mitgeteilt wird. Beruht diese Mitteilung darauf, dass der Stpfl in der Buchhaltung fingierte Betriebsausgaben gebucht und gleichzeitig tatsächliche Ausgaben nicht gebucht hat, dann sind die tatsächlichen Betriebsausgaben schon deshalb keine „anderen Gründe", weil die fingierten Ausgaben dem FA nicht mitgeteilt wurden (anders die Rspr.; → Rn. 117). Derselbe Gedanke gilt im Verhältnis von Betriebseinnahmen zu Betriebsausgaben und auch dort, wo es um eine Ermessensentscheidung des FA nach § 160

AO geht (anders die ältere Rspr.; → Rn. 117). Zur Anwendung des Kompensationsverbotes kommt es hier schon deshalb nicht, weil der Täter keine Tathandlung nach § 370 I 1 AO begangen hat (*Meine* 1984, S. 80 ff. und wistra 1982, 132).

In den verbleibenden Fällen ist die **Anwendung des Kompensationsverbotes** zu prüfen. Gäbe es § 370 IV 3 AO nicht, dann könnte folgende Konstellation entstehen: Der Täter, der unter dem Vorbehalt der Nachprüfung veranlagt wird, gibt für das Kalenderjahr 2010 eine ESt-Erklärung mit einem zu niedrigen Gewinn ab und lässt zugleich Werbungskosten bei den Einkünften aus Kapitalvermögen in nämlicher Höhe weg. Er hätte hier – existierte § 370 IV 3 AO nicht – zwar die Tathandlung (Täuschung über steuerlich erhebliche Tatsachen) begangen, jedoch keine Steuerverkürzung verursacht. Beantragt er später, den Steuerbescheid nach § 164 II AO zu ändern und seine Werbungskosten zu berücksichtigen, dann begeht er schon keine Tathandlung; den Verkürzungserfolg führt er jedoch durch Komplettierung des Tatablaufs herbei (vgl. auch MüKoStGB/*Schmitz/Wulf* AO § 370 Rn. 167). Ähnliche Konstellationen sind bei der ESt denkbar, sofern zB der Verlustvortrag nur auf Antrag des Stpfl stattfindet, und auch dort, wo eine nachträgliche Korrektur des Steuerbescheides auf Antrag möglich ist. Dass dieser Fall nach § 173 I Nr. 2 AO vom Stpfl nicht ohne Schwierigkeiten herbeigeführt werden kann (so *Meine* 1984, S. 61), bedeutet noch nicht, dass er *unmöglich* ist. § 370 IV 3 AO erfasst daher denjenigen Fall, in dem eine Täuschungshandlung noch keinen Steuerschaden herbeiführt, wohl aber die Möglichkeit eröffnet, in einem zweiten Akt den Steuerschaden durch wahrheitsgemäße Anträge zu verursachen. Im ersten Akt bewirkt der Täter durch Herbeiführung dieser Möglichkeit eine Vermögensgefährdung, die angesichts der Tatbestandslosigkeit des zweiten Aktes einem Vermögensschaden gleichgestellt werden kann.

Geht man von diesem **Sinn der Vorschrift** aus, dann kommt es im Einzelfall darauf an, ob die geschilderte Konstellation tatsächlich gegeben ist. Mit seinem Kriterium des „unmittelbaren" wirtschaftlichen Zusammenhanges zwischen Erhöhungs- und Ermäßigungsgründen trifft der BGH durchaus das Richtige. Besteht ein solcher Zusammenhang, dann ist bei nachträglicher Geltendmachung der Ermäßigungsgründe die Gefahr einer Entdeckung der damit zusammenhängenden, in der Erklärung weggelassenen Erhöhungsgründe so groß, dass die Vermögensgefährdung entfällt. Das Kompensationsverbot ist damit ein Fall schadensgleicher Vermögensgefährdung (*Hardtke* 1995, S. 144 mwN; krit. *Haas* FS DAI, 2003, 469). Daher sind Steueranrechnungsbeträge (Körperschaftsteuer, Kapitalertragsteuer) keine „*anderen Gründe*", denn es ist nicht möglich, diese Abzugsbeträge geltend zu machen, ohne zugleich die entsprechenden Einkünfte zu erklären (oben → Rn. 83; vgl. auch *Rolletschke* wistra 2006, 471, 472; *Nöhren* 2005, S. 107). Dies gilt auch für die Vorsteuer aus nicht erklärten innergemeinschaftlichen Erwerben (*Beneke* BB 2015, 410; aA BFH 21.5.2014, NZWiSt 2014, 469 Rn. 52) und für die Anrechnung ausländischer Steuern bei nicht erklärten ausländischen Einkünften. Freilich ist der BGH in der Anwendung des Grundsatzes nicht immer konsequent. So ist insbes. die Entscheidung zu unterlassenen Einlagebuchungen (→ Rn. 117) vom eigenen Ausgangspunkt des BGH her nicht zutreffend. Im Grundsatz ist der Rspr jedoch zuzustimmen, da sie der Vorschrift eine Interpretation gibt, die sich auf einen vernünftigen Sinn zurückführen lässt. Schon die Möglichkeit, die nichterklärten „anderen Gründe" später gefahrlos nachreichen zu können, stellt bereits eine schadensgleiche Vermögensgefährdung dar (*Hardtke* 1995, S. 144, 148). In der Praxis ist häufig die Konstellation anzutreffen, dass Betriebseinnahmen (etwa durch Kassenmanipulationen oder Verbuchung von Schecks auf Privatkonten) nicht vollständig erfasst werden und dadurch diese Gelder als Schwarzlöhne an Mitarbeiter ausgezahlt werden. Bei einer späteren Geltendmachung dieser Betriebsausgaben (Schwarzlöhne) würde sich die Frage der Mittelherkunft stellen, was letztendlich zu einer erheblichen Entdeckungsgefahr, der ursprünglich bewirkten Steuerverkürzung führen würde. Die gleiche Problematik stellt sich auch, wenn ein Stpfl fingierte Betriebsausgaben durch Abdeckrechnungen geltend macht, um andere Betriebsausgaben, wie etwa Schwarzlöhne oder einen schwarzen Wareneinkauf zu verschleiern. Nach Auffassung des BGH (BGH 6.8.2020,

NStZ 2021, 295 Rn. 22) ist das Kompensationsverbot anzuwenden, wenn Betriebsausgaben durch Vorlage von Scheinrechnungen über in Wirklichkeit nicht entstandene Betriebsausgaben verschleiert werden. Davon abzugrenzen ist die Konstellation, wenn weder die Betriebseinnahmen noch die zugehörigen Betriebsausgaben geltend gemacht wurden (BGH 5.9.2019, StV 2020, 738).

125 Andererseits bemüht der BGH das Kompensationsverbot in einer Konstellation, die mit § 370 IV 3 AO wenig zu tun hat. In dem Fall (BGH 5.2.2004, wistra 2004, 147) hatte der Angeklagte Umsatzsteuer hinterzogen und iRd laufenden Strafverfahrens, z. T. sogar erst nach der erstinstanzlichen Entscheidung des LG, Bescheinigungen vorgelegt, nach der die von ihm erbrachten Leistungen nach § 4 Nr. 21 Buchst. b UStG 1993 bzw. § 4 Nr. 21 Buchst. a Doppelbuchst. bb UStG 1999 umsatzsteuerfrei seien. Der BGH meinte, einer Berücksichtigung dieser Bescheinigungen stünde das Kompensationsverbot entgegen. Da nicht die Gefahr bestand, dass diese Bescheinigungen ohne einen Zusammenhang mit den Umsätzen vorgelegt werden könnten, reduziert der BGH den Anwendungsbereich des § 370 IV 3 AO auf die Vermeidung von Lästigkeiten, während andererseits die entsprechenden Umstände durchaus bei der Strafzumessung zu berücksichtigen sind (aaO S. 149). Tatsächlich ist dies kein Fall des § 370 IV 3 AO, weil das Vorliegen einer solchen Bescheinigung materielle Voraussetzung für die Steuerfreiheit der Umsätze ist und diese Frage zum Zeitpunkt der Tat – der Einreichung einer unrichtigen oder der Nichteinreichung der richtigen Voranmeldung – beantwortet werden muss.

126 Nach den nämlichen Regeln bestimmt sich die steuerstrafrechtliche **Behandlung steuerlicher Wahlrechte** (Übersicht bei *Beck* 1996, S. 107 ff.). Soweit *Beck* (1996 sowie wistra 1998, 131, 134) hieran Zweifel äußert, sind diese nicht berechtigt. Gerade das von ihm angeführte Beispiel der Ausschöpfung von dem Grunde nach beantragter Sonder-AfA nach Tatentdeckung belegt die Notwendigkeit der Anwendung des § 370 IV 3 AO, weil in diesen Fällen die Gefahr besteht, dass der Täter ohne eine solche Entdeckung später risikolos die AfA in einem anderen Veranlagungszeitraum geltend macht. Gleiches gilt für die Ansparrücklage nach § 7g EStG (*Lilje/Müller* wistra 2001, 205, 209; vgl. auch MüKoStGB/*Schmitz/Wulf* AO § 370 Rn. 177).

127 Die von § 370 IV 3 AO gemeinte Konstellation ist wohl auch gegeben, wenn im Rahmen einer verdeckten Gewinnausschüttung zu prüfen ist, inwiefern diese angesichts der Gliederung der verwendbaren Eigenkapitals steuerfreie Ausschüttungen ermöglicht. Eine steuerlich denkbare Ausschüttung aus dem EK 04 könnte strafrechtlich ein *anderer Grund* sein, weil sonst die Gefahr besteht, dass es zunächst zu einer Täuschungshandlung ohne Verkürzung und dann – ggf. Jahre – später zu einer Verkürzung ohne Tathandlung kommt.

128 Soweit **Ermäßigungsgründe** dem Kompensationsverbot unterfallen, sind sie iRd Strafzumessung zu berücksichtigen (BGH 6.9.2011, wistra 2012, 29 Rn. 120; BGH 2.11.1995, wistra 1996, 106). Gegebenenfalls können Vorsteuerbeträge geschätzt werden. Dies gilt aber nur, wenn es zumindest Anhaltspunkte dafür gibt, dass abzugsfähige Vorsteuern entstanden sind (vgl. BGH 8.1.2008, wistra 2008, 153; BGH 11.7.2002, BGHSt 47, 343, 351; BGH 5.2.2004, wistra 2004, 147).

129 Die Anwendung des Kompensationsverbots hat **keine Auswirkung auf die Zahlungspflicht** des § 371 III AO (Kohlmann/*Ransiek* AO § 370 Rn. 509) sowie auf die Festsetzung von Hinterziehungszinsen (MüKoStGB/*Schmitz/Wulf* AO § 370 Rn. 181). Umstritten ist, ob sich das Kompensationsverbot bei Bestimmen der Betragsgrenze des § 371 II 1 Nr. 3 AO und bei der Höhe des Zuschlags nach § 398a I Nr. 2 AO Anwendung findet (*Madauß* NZWiSt 2012, 456, 457; Beckenper/*Schmitz/Wegner/Wulf* wistra 2011, 281, 284; *Roth* NZWiSt 2012, 174, 175; für die Anwendbarkeit MüKoStGB/*Schmitz/Wulf* AO § 370 Rn. 181). Die Anwendung des Kompensationsverbot ist nunmehr in § 398a II AO durch Verweis auf § 370 IV AO explizit geregelt. Nach dem Wortlaut des § 398a II AO findet das Kompensationsverbot aber nur Anwendung bei der Bestimmung des Hinterziehungsbetrages, der für den prozentualen (10 %, 15 %, 20 %) Anteil maßgeblich ist. Die

Begrifflichkeit „hinterzogene Steuern" ist in § 398a II AO gerade nicht benannt, sodass Grundlage des prozentualen Zuschlages der wirtschaftliche Schaden (zB bei einer Verkürzung auf Zeit der Zinsschaden) ist (siehe auch Tipke/Kruse/*Seer* AO § 398a Rn. 21).

130 Aufgrund der Streichung der Vorschrift des § 73 I 2 StGB aF mit Wirkung zum 1.7.2017 kommt im Steuerstrafrecht nicht nur die Einziehung des *für* eine Steuerstraftat Erlangte, sondern auch des *durch* eine solche Tat Erlangte in Betracht. Der Täter einer Steuerstraftat kann auch dadurch „etwas" iSv § 73 I StGB erlangt haben, dass er sich Aufwendungen erspart hat. Insofern kann im Rahmen einer Steuerhinterziehung auch ein Betrag in Höhe nicht gezahlter Steuern in Gestalt ersparter Aufwendungen der Einziehung unterliegen (BGH 4.7.2018, wistra 2018, 471; BGH 11.7.2019, NJW 2019, 3012; BGH 24.7.2019, NStZ 2020, 47; BGH 8.8.2019, NStZ-RR 2019, 348; BGH 21.8.2019, wistra 2020, 33). Zu beachten ist allerdings, dass offene Steuerschulden nicht automatisch über die Rechtsfigur der ersparten Aufwendungen einen Vorteil iSd § 73 I StGB begründen. Ein der Einziehung unterliegender wirtschaftlicher Vorteil liegt bei einer Steuerhinterziehung nur dann vor, soweit sich die im Wert der Waren verkörperte Steuerersparnis im Vermögen des Täters widerspiegelt (BGH 23.5.2019, wistra 2019, 450; BGH 11.7.2019, BGHSt 64, 146). Hat der Stpfl etwa (mittels Abdeckrechnungen) nicht entstandene Betriebsausgaben geltend gemacht, jedoch tatsächlich entstandene Betriebsausgaben nicht angegeben, so findet das Kompensationsverbot bei der Einziehung keine Anwendung. Für die **Einziehung** ist maßgeblich, ob und in welchem Umfang sich die für die verkürzten Steuern ersparten Aufwendungen im Vermögen des Täters niederschlagen. Im Falle von Scheinrechnungen, die als sog. Abdeckrechnungen tatsächlich entstandene Betriebsausgaben verschleiern, ist aber im Umfang dieser Betriebsausgaben kein Zuwachs im Vermögen des Täters vorhanden (BGH 6.8.2020, NStZ 2021, 295).

dd) Steuerverkürzung auf Zeit

Schrifttum: *Franzen,* Zur Vollendung der Steuerverkürzung (§§ 396, 402 AO), DStR 1965, 187; *Fr.-Chr. Schroeder,* Nichtabgabe von Umsatzsteuervoranmeldungen, BB 1966, 519; *Depiereux,* Die strafrechtlichen Folgen der Nichtabgabe von Steuererklärungen, DStR 1970, 551; *Schleeh,* Der tatbestandsmäßige Erfolg der Verkürzung von Steuereinnahmen, FR 1971, 118; *Henneberg,* Bedarf es, insbesondere bei den Fälligkeitssteuern, zum Schutze des Steueranspruchs des Strafbestands „Steuerhinterziehung auf Zeit"?, Inf. 1980, 292; *Göggerle,* Summum ius summa iniuria – Probleme der Strafzumessung bei den Hinterziehungstatbeständen des § 370 AO, DStR 1981, 308; *Kohlmann,* Steuerstrafrecht in der Bewährung, wistra 1982, 2; *Bilsdorfer,* Die Steuerverkürzung auf Zeit, DStJG 6, 155; *Hentschel,* Strafrechtliche Beurteilung der Umsatzsteuerhinterziehung, UR 1999, 476; *Vogelberg,* Die Steuerverkürzung auf Zeit, ZAP 1999, Fach 21, 195; *Lang,* Steuerrecht und Tatbestand der Steuerhinterziehung – Zum 70. Geburtstag von Günter Kohlmann, StuW 2003, 289; *Tiedtke,* Umsatzsteuerbetrug in Theorie und Praxis, UR 2004, 6; *Rolletschke,* Steuerverkürzung auf Zeit/ Steuerverkürzung auf Dauer, DStZ 2006, 78.

131 Das Gesetz stellt die **Steuerverkürzung auf Zeit** *(„nicht rechtzeitig")* der Steuerverkürzung der Höhe nach *(„nicht festgesetzt")* ausdrücklich gleich (→ Rn. 70). Der Umfang des Verkürzungserfolges ist hier jedoch anders zu bestimmen als bei der endgültigen Steuerverkürzung. Während bei dieser die Differenz zwischen festgesetzter und geschuldeter Steuer den Steuerschaden ausmacht, bewirkt der Täter einer zeitlichen Verkürzung lediglich einen Zinsverlust. Das ist auch der Grund dafür, dass von einigen Autoren eine Herausnahme der zeitlichen Verkürzung aus dem Straftatbestand gefordert wird (s. zB *Schleeh* BB 1972, 535; *Tiedemann* NJW 1972, 663 und JZ 1975, 185; *Leise* DStR 1971, 59; *Henneberg* Inf 1980, 292; *Göggerle* DStR 1981, 308; *Kohlmann* wistra 1982, 2).

132 So einleuchtend die grundsätzliche Differenzierung zwischen zeitlicher und endgültiger Verkürzung ist, so schwer fällt die **Abgrenzung im Detail,** weil der Steueranspruch des Staates auch bei unzutreffender Steuerfestsetzung nicht untergeht, sondern bis zum Ablauf der (bei Steuerhinterziehung verlängerten) Festsetzungsfrist weiterbesteht und noch geltend gemacht werden kann. Der Sache nach kann daher von endgültiger Steuerverkürzung eigentlich erst nach Ablauf der Festsetzungsfrist die Rede sein. Wenn das Gesetz dennoch die unrichtige Festsetzung als endgültige Verkürzung ansieht, dann erfasst es damit auch bloße zeitliche Verkürzungen. Eine Differenzierung kann daher nicht auf der Ebene der gesetzlichen Unterscheidung der Verkürzungserfolge *("nicht oder nicht rechtzeitig")* erfolgen. Vielmehr geht es allein um eine Quantifizierung des vom Tatvorsatz getragenen Verkürzungserfolges. Hat der Täter lediglich eine spätere Festsetzung gewollt, dann handelt es sich (nur) um eine Verkürzung auf Zeit; wollte er sich der Steuerschuld auf Dauer entziehen, dann ist ihm eine endgültige Verkürzung zuzurechnen (in diesem subjektiven Sinne differenzieren auch *Kohlmann* wistra 1982, 2 und *Bilsdorfer* DStJG 6, 171 ff.; vgl. auch BGH 21.1.1998, wistra 1998, 146; 20.4.1999, wistra 1999, 298; 19.10.1999, wistra 2000, 64 mAnm *Carlé* wistra 2000, 99; 10.11.1999, wistra 2000, 139). Die Verkürzung auf Dauer und auf Zeit unterscheiden sich also nicht im Erfolgs-, sondern im Handlungsunrecht durch das entsprechende Vorstellungsbild des Täters (*Suhr* 1989, 122 ff.).

133 **Geänderte Rechtsprechung.** Die ursprüngliche Rspr. des BGH hat in einer unrichtigen oder unterlassenen Umsatzsteuer-Voranmeldung eine Steuerverkürzung auf Zeit angenommen und als tatbestandsmäßigen Erfolg auf den Hinterziehungsschaden abgestellt (BGH 10.12.1991, BGHSt 38, 165 wistra 1997, 186; BGH 22.10.1997, BGHSt 43, 270, 276). Gleiches galt für Lohnsteueranmeldungen (BGH 4.2.1997, wistra 1997, 187; BGH 30.7.1985, wistra 1986, 23; BFH 21.2.1992, wistra 1992, 196) sowie für Vorauszahlungen auf die Einkommensteuer, Körperschaftsteuer sowie Kapitalertragsteuer (BFH 15.4.1997, BStBl. II 1997, 600; FG Nürnberg 24.3.1993, EFG 1993, 698). Mit dem Urteil vom 17.3.2009 (BGHSt 53, 221) hat der BGH klargestellt, dass es sich zwar bei Abgabe falscher Umsatzsteuer-Voranmeldungen um eine Steuerverkürzung auf Zeit handelt, der Umfang der verkürzten Steuern bzw. ungerechtfertigt erlangten Steuervorteile sich jedoch auch hier nach dem Nominalbetrag bemisst (Klein/*Jäger* AO § 370 Rn. 111). Das Verhältnis zwischen Umsatzsteuer-Voranmeldungen und einer Umsatzsteuer-Jahreserklärung ist eine Gesetzeskonkurrenz in Form der mitbestraften Vortaten (BGH 13.7.2017, wistra 2018, 43 Rn. 50). Mit Urteil vom 8.2.2011 (BGHSt 56, 153, Rn. 15 ff.) hat der BGH seine Rspr. auch im Bereich der Lohnsteuervoranmeldungen geändert und geht diesbezüglich nun auch bei der Verkürzungsberechnung von dem Nominalbetrag aus.

134 Da nach der hier vertretenen Auffassung für die Abgrenzung einer Steuerhinterziehung auf Dauer bzw. Steuerhinterziehung auf Zeit auf das **Vorstellungsbild des Täters** abzustellen ist, kommt eine Steuerverkürzung auf Zeit etwa auch dann in Betracht, wenn ein Stpfl eine unrichtige Jahreserklärung einreicht, jedoch beabsichtigt, diese zu einem bestimmten Zeitpunkt zu korrigieren, in dem er dann über die Liquidität zur Steuerzahlung verfügt. Die Tatsache, dass gesetzlich eine weitere Erklärung vorgesehen ist, wie im Bereich des Umsatzsteuerrechts, ist dementsprechend nicht von entscheidender Bedeutung, denn der Täter kann auch bei Abgabe der Umsatzsteuervoranmeldung schon die Vorstellung haben, die Umsatzsteuer dauerhaft zu verkürzen und dementsprechend auch eine unzutreffende Umsatzsteuer-Jahreserklärung einzureichen (vgl. auch Kohlmann/*Ransiek* AO § 370 Rn. 501).

135 Auch wenn sich bei einer **Steuerhinterziehung auf Zeit** der tatbestandsmäßige Erfolg nicht auf den Zinsschaden, sondern auf den Nominalbetrag beläuft, so ist der Zinsschaden für die Strafzumessung von erheblicher Bedeutung (BGH 17.3.2009, BGHSt 53, 221). Der **Verspätungsschaden** ist in Anlehnung an die Vorschriften über Hinterziehungszinsen (§§ 235, 238 AO) mit 0,5 % des nicht rechtzeitig festgesetzten Steuerbetrags pro Monat zu berechnen (BGH 22.10.1997, BGHSt 43, 270, 276; 21.1.1998, wistra 1998, 146). Zu beachten ist jedoch, dass der BFH erhebliche verfassungsrechtliche Zweifel an der Höhe des Zinssatzes nach § 238 AO angesichts eines strukturell und nachhaltig verfestigten niedrigen Marktzinsniveaus hat (BFH 25.4.2018, BStBl. II 2018, 415; BFH 3.9.2018, BFH/NV 2018, 1279; BFH 4.7.2019, BFH/NV 2019, 1060; vgl. auch BVerfG 8.7.2021, DStR 2021, 1934). Mit Beschluss vom 8.7.2021 (DStR 2021, 1934) erklärte das BVerfG die Zinshöhe für die Zinszeiträume ab 1.1.2014 für verfassungswidrig, wobei das BVerfG allerdings aus haushaltswirtschaftlichen Gründen die Fortgeltung der verfassungswidrigen

Regelung bis zum 31.12.2018 anordnete. Zugleich verpflichtete das BVerfG den Gesetzgeber, bis zum 31.7.2022 eine der Verfassung entsprechende Rechtslage herzustellen, die sich rückwirkend auf alle Verzinsungszeiträume nach dem Jahr 2018 erstreckt und insoweit auch alle noch nicht bestandskräftigen Hoheitsakte erfasst. Da der deutlich niedrigere Zinsschaden als der Nominalbetrag von erheblicher Bedeutung im Rahmen der Strafzumessung ist, sollte in geeigneten Fällen häufig von den Einstellungsvorschriften der §§ 153, 153a StPO, § 398 AO Gebrauch gemacht werden (vgl. auch MüKoStGB/*Schmitz/ Wulf* AO § 370 Rn. 127). *Schmitz* und *Wulf* wollen demgegenüber auf eine Differenzierung im Erfolgsunrecht und nicht im Handlungsunrecht abstellen (MüKoStGB/*Schmitz/ Wulf* AO § 370 Rn. 128, 137; *Haas* in GS Joecks, 447, 463).

Dennoch darf nicht übersehen werden, dass die Tatbestandsmäßigkeit der zeitlichen **136** Verkürzung besonders bei den Steueranmeldungen zu einer Flut von strafbaren Steuerhinterziehungen führt, deren sich die Praxis nur durch die gekünstelt wirkende Konstruktion einer Selbstanzeige durch Nachholung der Steuer(-vor)anmeldung erwehren kann (→ § 371 Rn. 93). Da die Selbstanzeige mittlerweile voraussetzt, dass der Täter sämtliche unverjährten Jahre einer Steuerart korrigiert, kann man eigentlich nicht so leicht die verspätet eingereichte Voranmeldung als strafbefreiend behandeln. Die Praxis behalf sich bis zur Einfügung eines § 371 IIa AO indem sie contra legem quasi eine nicht vorsätzliche Verhaltensweise vermutete (→ § 398a Rn. 6; → § 371 Rn. 351). Insofern ist die Verkürzung auf Zeit kriminalpolitisch in höchstem Maße bedenklich. Gleiches gilt für den Fall, dass das FA einen ihm bekannten Stpfl bewusst zu spät schätzt. Hat das FA Anhaltspunkte aus Vorjahren, ist es problematisch, wenn es die FinB faktisch in der Hand hat, die Tat nur bis zum Versuch oder gar bis zur Vollendung gewähren zu lassen.

Welche Konsequenzen eine Verkürzung auf Zeit haben kann, zeigt die Entscheidung des **137** BFH vom 15.4.1997 (BStBl. II 1997, 600): Wer mit der Abgabe einer unrichtigen Steuererklärung zu niedrige Vorauszahlungsbescheide für Folgejahre verursacht, begeht auch insoweit eine Hinterziehung. Wer hierzu Hilfe leistet, haftet für den etwaigen Ausfall der Vorauszahlungen nach § 71 AO (krit. *Achenbach* KFR 1997, F. 2 § 370 AO; siehe auch Kohlmann/*Ransiek* AO § 370 Rn. 401 f.). Diese Auslegung ist – wie auch sonst oft – von dem Bemühen gekennzeichnet, über die Anwendung des § 370 AO die für Steuerhinterziehung vorgesehenen steuerlichen Konsequenzen zu ziehen, etwa bezüglich der Anwendbarkeit der §§ 71, 169 II 2, § 173 II AO.

Festzuhalten bleibt, dass die Steuerverkürzungen ein schillerndes Bild bieten. Sie reichen **138** von dem Täter, der – einem Betrüger gleich – mit vorgetäuschten Unternehmen und unrichtigen oder gefälschten Rechnungen nicht mehr einbringliche Vorsteuern erschleicht, bis hin zu dem die Umsatzsteuer für eine absolut insolvente Kapitalgesellschaft nicht anmeldet und bei dem das Kompensationsverbot zu einer Strafbarkeit selbst dann führt, wenn entsprechende Vorsteuern die Zahllast auf Null stellen.

ee) Die Bedeutung des § 370 V AO. Die erläuternde Vorschrift des § 370 V AO war **139** 1933 (→ Rn. 6) als § 396 VI in die RAO 1931 eingefügt worden, um eine seinerzeit zwischen RG und RFH entstandene steuerrechtliche Streitfrage mit verbindlicher Wirkung für die Strafgerichte auszuräumen. Zuvor hatte in stRspr das RG die Auffassung vertreten, dass Zollhinterziehung begrifflich nur beim Schmuggel solcher Sachen möglich sei, deren Einfuhr erlaubt ist (vgl. RG 9.7.1931, RGSt 65, 344 mwN). Seit der Ergänzung des Gesetzes ist zweifelsfrei, dass Eingangsabgaben auch dann entstehen und verkürzt werden können, wenn die geschmuggelte Sache nach besonderen Verbotsvorschriften (→ § 372 Rn. 40 ff.) nicht hätte eingeführt werden dürfen. In solchen Fällen trifft Bannbruch (§ 372) oder der jeweilige Sondertatbestand regelmäßig in Tateinheit mit der Hinterziehung der Eingangsabgaben zusammen (→ Rn. 742).

§ 370 V AO entspricht weitgehend dem Europäischen **Zollrecht,** da Art. 83 I UZK **140** regelt, dass eine Einfuhr- oder Ausfuhrzollschuld grundsätzlich auch hinsichtlich solcher

Waren entsteht, die Einfuhr- oder Ausfuhrverboten oder -beschränkungen gleich welcher Art unterliegen (MüKoStGB/*Schmitz/Wulf* AO § 370 Rn. 216). Zu beachten ist jedoch, dass Art. 83 II UZK Falschgeld, Suchtstoffe oder psychotrope Stoffe, die keiner strengen Überwachung unterliegen, von einer Zollschuld ausnimmt. In dieser Konstellation soll in Anlehnung an die Rspr. des EuGH, wonach keine Zollerhebung auf illegal in das Gemeinschaftsgebiet verbrachte Betäubungsmittel (EuGH 5.2.1981, NStZ 1981, 185; EuGH 26.10.1982, NStZ 1983, 79) und Falschgeld (EuGH 6.12.1990, ZfZ 1991, 106, 107) entstehen soll, wenn diese nicht in den (legalen) Wirtschaftsverkehr eingehen. In dieser Konstellation entsteht keine Zollschuld und auch keine EUSt (vgl. EuGH 28.2.1984, NStZ 1984, 268; EuGH 6.12.1990, ZfZ 1991, 106, 107). Eine Strafbarkeit für Einfuhrzölle ergibt sich auch nicht aus Art. 83 III UZK, die zum Zwecke der Strafverfolgung das Entstehen einer Zollschuld fingiert, wenn im Strafrecht eines Mitgliedsstaats vorgesehen ist, dass die Zölle als Grundlage für die Verhängung von Strafmaßnahmen entzogen werden, oder dass aufgrund des Bestehens einer Zollschuld strafrechtliche Verfolgung eingeleitet werden (Klein/*Jäger* AO § 370 Rn. 147). Da jedoch eine entsprechende nationale deutsche Regelung in § 370 AO nicht existiert, findet Art. 83 III UZK auf das deutsche Strafrecht keine Anwendung. Verstöße gegen Verbringungsverbote hinsichtlich Betäubungsmitteln sind nach dem BtMG zu ahnden (vgl. § 372 II AO) bzw. nach § 373 AO zu bestrafen (Klein/*Jäger* AO § 370 Rn. 147).

3. Nicht gerechtfertigte Steuervorteile

a) Begriff des Steuervorteils

Schrifttum: *Herdemerten*, Betrug oder Hinterziehung bei Erschleichung von Umsatzsteuervergütungen, NJW 1962, 781; *A. Vogel*, Erschleichen von Spar-Prämien und Wohnungsbauprämien, BB 1962, 793; *Coring*, Steuerstraftaten im Zusammenhang mit dem Ausfuhrförderungsgesetz, DStR 1962, 7; *Lohmeyer*, Steuerhinterziehung bei Umsatzsteuervergütung, UStR 1963, 54; *v. Canstein*, Der Erstattungsanspruch im Steuerrecht, 1966; *Lohmeyer*, Die Vorteilserschleichung im Steuerstrafverfahren, GA 1967, 321; *Felix*, Konkurrenz zwischen Betrug und Steuerhinterziehung, NJW 1968, 1219; *Lohmeyer*, Das Verhältnis der Steuerhinterziehung zum Betrug, MDR 1969, 440; *E. Müller*, Betrug und Steuerhinterziehung in Vergütungsfällen, NJW 1977, 746; *Fuhrhop*, Der Steuervorteilsbegriff i. S. des § 370 AO, Diss. Kiel 1979; *Lohmeyer*, Die Vorteilserlangung im Steuerstrafrecht, Inf 1989, 217; *Weiss*, Weitere Ausweitung der Steuerhinterziehung gegenüber dem Betrugstatbestand, UR 1994, 367; *Hardtke*, Steuerhinterziehung durch verdeckte Gewinnausschüttung, 1995; *Streck/Mack/Schwedhelm*, Bei Anträgen auf Herabsetzung von Einkommensteuer-Vorauszahlungen müssen gesamtumstände dargelegt werden, Stbg 1995, 278; *Hentschel*, Strafrechtliche Beurteilung der Umsatzsteuerhinterziehung, UR 1999, 476; *Müller*, Das Erlangen nicht gerechtfertigter Steuervorteile – der Stiefbruder der Steuerverkürzung, DStZ 2001, 613; *Hardtke*, Feststellungsbescheide als Taterfolg der Steuerhinterziehung, AO-Stb 2002, 92; *Rolletschke*, Die Revisionsentscheidung zum „untreuen" Finanzbeamten, wistra 2006, 249; *Sorgenfrei*, Steuerhinterziehung in mittelbarer Täterschaft bei Publikumsgesellschaften, wistra 2006, 370; *Tormöhlen*, Steuerhinterziehung mittels Manipulation von EDV-Eingaben durch einen Finanzbeamten, DStZ 2006, 262; *Blesinger*, Grundlagenbescheide als Gegenstand einer Steuerhinterziehung?, wistra 2009, 294; *Wittig*, Die Rechtsprechung zur Steuerhinterziehung durch Erlangen eines unrichtigen Feststellungsbescheides, ZIS 2011, 660; *Wulf*, Unrichtige Feststellungsbescheide als Taterfolg der Steuerhinterziehung?, Stbg 2011, 418; *Madauß*, Der nichtgerechtfertigte Steuervorteil durch einen (Verlust)feststellungsbescheid und dessen Bewertung im Rahmen der Strafzumessung, NZWiSt 2013, 131; *Wittig*, Zu den verfassungsrechtlichen Anforderungen an die Steuerhinterziehung durch Erlangen eines unrichtigen Feststellungsbescheids, HRRS 2013, 393; *Joecks*, Erschleichung von Steuervorteilen und Bezifferungsgebot, SAM 2014, 78; *Langel/Betzinger*, Steuerstrechtliche Beurteilung und Behandlung zu Unrecht zu hoch festgestellter steuerlicher Verluste, DB 2015, 1925; *Langel/Stumm*, Steuerverkürzung und Erlangung nicht gerechtfertigter Steuervorteile, DB 2015, 2720; *Lemmer*, Steuerhinterziehung durch ertragsteuerliche Verlustfeststellungen-Lösungsmodelle praktisch bedeutsamer Fallkonstellationen, NZWiSt 2016, 427; *Beyer*, Steuerhinterziehung: Taterfolg bei steuerlichen Grundlagen- und Folgebescheiden, NZWiSt 2017, 172.

141 **aa) Überblick.** Eine Steuerhinterziehung begeht auch, wer nicht gerechtfertigte Steuervorteile erlangt. Ob die Erlangung nicht gerechtfertigter Steuervorteile der Sache nach ein Unterfall der Steuerverkürzung ist (so *Hardtke* AO-StB 2002, 94), kann dahinstehen, da das Gesetz beide Folgen nebeneinanderstellt und eigenständig behandelt.

142 **Der Begriff des Steuervorteils** bereitet erhebliche Schwierigkeiten. Einerseits wird über die Frage gestritten, in welcher Weise die Erlangung nicht gerechtfertigter Steuervorteile von der Steuerverkürzung abzugrenzen sei. Andererseits ist bzw. war lange Zeit streitig, ob Steuervergütungen auch dann Steuervorteile sind, wenn der gesamte der Vergütung zugrundeliegende Vorgang vom Täter erfunden und vorgetäuscht wurde. Die Definition des Steuervorteils ist insoweit von erheblicher praktischer Bedeutung, wie es um die Abgrenzung von Steuerhinterziehung (§ 370 AO), Betrug (§ 263 StGB) und Subventionsbetrug (§ 264 StGB) geht, da die Merkmale dieser Tatbestände erhebliche Unterschiede aufweisen.

Der Begriff des Steuervorteils kann nur in zwei Schritten definiert werden. Da Steuervorteil ein dem Stpfl gewährter Vorteil im Bereich des Steuerrechts ist, muss einerseits geklärt werden, welche Vorteile gemeint sind; zum anderen muss der Bereich des Steuerrechts, innerhalb dessen die Vorteile gewährt werden, abgegrenzt werden. Dabei bestimmt der Vorteilsbegriff die Grenzziehung (innerhalb von § 370 AO) zwischen Steuerverkürzung und Erlangung ungerechtfertigter Steuervorteile. Durch die Definition des Bereichs des Steuerrechts wird § 370 AO vom Betrug und vom Subventionsbetrug abgegrenzt. **143**

bb) Vorteile im Bereich des Steuerrechts. Hier ist der Begriff des Steuervorteils von den übrigen staatlichen Leistungen an den Bürger abzugrenzen. Die Notwendigkeit dieser Abgrenzung ergibt sich aus der Tatsache, dass die unberechtigte Inanspruchnahme von staatlichen vermögenswerten Leistungen nicht nur in § 370 AO als Steuerverkürzung, sondern auch in § 263 StGB als Betrug und in § 264 StGB als Subventionsbetrug strafrechtlich erfasst ist. **144**

Die umfassende und zugleich engste Regelung findet sich im **Betrugstatbestand** nach § 263 StGB. Der Betrug setzt zunächst eine Täuschungshandlung voraus. Sie muss einen Irrtum in einem anderen hervorrufen. Der Irrende muss über eigenes oder ihm nahestehendes Vermögen verfügen. Die Verfügung muss einen Vermögensschaden herbeiführen. Insoweit muss der Täter Vorsatz aufweisen. Außerdem muss er die Absicht haben, sich oder einen anderen zu Unrecht zu bereichern. § 263 StGB ist nicht nur insoweit enger als § 370 AO, als jeder Anspruch auf die Leistung entweder schon den Schaden oder die Rechtswidrigkeit der Bereicherung beseitigt, während dies bei der Steuerhinterziehung wegen § 370 IV 3 AO nicht der Fall ist. § 263 StGB verlangt auch einen Irrtum des Verfügenden, dies kann bei der Steuerhinterziehung nicht vorausgesetzt werden (→ Rn. 288 ff.). Andererseits besteht beim Betrug nicht die Möglichkeit, Straffreiheit nach Vollendung der Tat zu erlangen, während die strafbefreiende Selbstanzeige nach § 371 AO diesen Weg bei der Steuerhinterziehung eröffnet. **145**

Subventionsbetrug nach § 264 StGB ist demgegenüber schon dann vollendet, wenn der Täter die Täuschungshandlung vorgenommen hat. Der Tatbestand setzt weder einen Irrtum des getäuschten Beamten voraus (anders § 263 StGB) noch einen Vermögensschaden oder eine Vermögensgefährdung (anders § 263 StGB und § 370 AO). Darüber hinaus ist der leichtfertige Subventionsbetrug gem. § 264 V StGB als Vergehen strafbar, während der versuchte Subventionsbetrug nur in den Fällen des 264 I Nr. 2 StGB strafbar ist. Demgegenüber ist der Versuch des Betruges (§ 263 II StGB) und der Steuerhinterziehung (§ 370 II) generell mit Strafe bedroht, während die leichtfertige Steuerhinterziehung gem. § 378 AO nur eine Ordnungswidrigkeit bildet und der leichtfertige Betrug straflos ist. **146**

Das Verhältnis von §§ 263, 264 StGB zu § 370 AO wird nach überwiegender Ansicht so bestimmt, dass die Steuerhinterziehung nach § 370 AO gegenüber den anderen Tatbeständen exklusiv ist. Das bedeutet, dass in Bezug auf Steuern und Steuervorteile iS des § 370 AO schon tatbestandlich keine Tat nach §§ 263, 264 StGB begangen werden kann (RG 25.4.1929, RGSt 63, 142; BGH 22.1.1953, ZfZ 1953, 381; BGH 17.4.2008, wistra 2008, 310, 312). Gegenüber dem Betrug ist schließlich der Subventionsbetrug spezieller. Das bedeutet, dass bei Erfüllung von § 264 StGB die Betrugsvorschrift nicht mehr anzuwenden ist, dass aber § 263 StGB auch im Hinblick auf Subventionen eingreift, wenn eine der Voraussetzungen von § 264 StGB nicht erfüllt ist. **147**

148 **Die gesetzliche Lage erschwert die Abgrenzung** von Steuervorteil, Subvention und sonstigen Leistungen nach § 263 StGB. Das liegt einmal daran, dass die Legaldefinition der Subvention in § 264 VIII StGB dem Wortlaut nach auch auf Steuervorteile jedenfalls insoweit anwendbar ist, als diese in Geldleistungen bestehen. Die weitere Schwierigkeit ergibt sich daraus, dass die einzelnen Gesetze, welche die Leistungsvoraussetzungen und das Verfahren regeln, sehr unterschiedliche Beziehungen zu den Strafnormen herstellen.

149 **Eine Definition des Begriffs des Steuervorteils** ist erst möglich, wenn zuvor das Verhältnis zu Subventionen gem. § 264 StGB und sonstigen Leistungen gem. § 263 StGB bestimmt ist. Dabei ist festzustellen, dass die Subvention nur ein Unterfall derjenigen Leistungen darstellt, die vom Betrugstatbestand erfasst sind. Ihre besonderen Merkmale sind in § 264 VIII 1 Nr. 1 und Nr. 2 StGB vom Gesetz festgelegt. Die Subvention ist danach eine Leistung aus öffentlichen Mitteln nach Bundes- oder Landesrecht oder dem Recht der Europäischen Union, die drei Elemente enthält. Die Leistung muss einem Betrieb oder Unternehmen gewährt werden; die Subventionierung Privater wird daher von § 264 StGB nicht erfasst. Sie muss wenigstens teilweise ohne Gegenleistung gewährt werden. Schließlich muss sie den Zweck haben, der Förderung der Wirtschaft zu dienen. Das dritte Merkmal scheidet bei inländischen Subventionen (anders § 264 VIII 1 Nr. 2 StGB bei Mitteln der EU) insbes. Sozial-, Kultur- und Forschungssubventionen aus (ausf. zum Subventionsbegriff vgl. *Fischer* StGB § 264 Rn. 6 ff.).

150 Über die **Zugehörigkeit eines Vorteils zum Bereich des Steuerrechts** wird am Beispiel der USt-Vergütungen gestritten. Der BGH hielt die USt-Vergütungen grundsätzlich für einen Steuervorteil (BGH 20.2.1962, NJW 1962, 2311, zu § 16 II UStG 1951), meinte jedoch zunächst, die USt-Vergütung sei dann kein Steuervorteil, wenn der gesamte Geschäftsvorgang vorgetäuscht werde; in diesem Fall sei nicht Steuerhinterziehung, sondern Betrug gegeben (BGH 11.4.1972, NJW 1972, 1287, zu § 18 II 5 UStG 1967). Demgegenüber hielt die hM in der Literatur die Vorsteuervergütung schon früh uneingeschränkt für einen Steuervorteil (vgl. *Felix* NJW 1968, 1219 und *Erich Müller* NJW 1977, 746). Der BGH hat später seine Rspr. entsprechend geändert. Nachdem zunächst die Erschleichung von Vorsteuererstattungen iRe *inaktiven* GmbH als Steuerhinterziehung qualifiziert worden war (BGH 1.2.1989, wistra 1989, 226) und dies sodann auf den Bereich der Ertragsteuern erweitert wurde (BGH 3.11.1989, wistra 1990, 58), hat der BGH mit Beschluss v. 23.3.1994 (BGHSt 40, 109) einen vollständigen Rechtsprechungswandel vollzogen. *„Fälle, in denen die Existenz eines Unternehmens nur vorgetäuscht wird, für das sodann ohne Bezug auf reale Vorgänge fingierte Umsätze angemeldet und Vorsteuererstattungen begehrt werden, sind nicht als Betrug, sondern als Steuerhinterziehung zu beurteilen."* (vgl. auch BGHSt 36, 100).

151 Der Streit über die rechtliche Einordnung der Steuervergütungen ist durch **§ 370 IV 2 AO** erledigt, da dort ausdrücklich bestimmt ist, dass Steuervorteile auch Steuervergütungen sind. Die in der Diskussion über die Behandlung der USt-Vergütung behandelten Argumente sind aber auch für die generelle Abgrenzung von Steuervorteil und Vorteil nach §§ 263, 264 StGB von Bedeutung. Die hM definiert Steuervorteile als solche Vorteile, die auf einen Steueranspruch bezogen sind oder wie die Steuervergütung dessen Umkehrung darstellen (Kohlmann/*Ransiek* AO § 370 Rn. 426; *Felix* NJW 1968, 1219; *Erich Müller* NJW 1977, 746). Zum Teil wird (auch) darauf abgestellt, dass es um Besserstellungen außerhalb des Festsetzungsverfahrens gehen soll (HHS/*Peters* AO § 370 Rn. 352). *Franzen* (RAO § 392 Rn. 176) hält für maßgeblich, dass die Tat den Ertrag einer Steuer beeinträchtigt und diese Folge auf der Anwendung eines Steuergesetzes beruht.

152 Die angemessene Einordnung bereitet deshalb Schwierigkeiten, weil sie zT den Ertrag einer bestimmten Steuer unmittelbar mindern (s. zB damaliger § 3 BergPG: Minderung des Ertrags der Lohnsteuer). Bei der Arbeitnehmersparzulage könnte darüber hinaus die Ansicht vertreten werden, es handle sich um steuerrechtliche Regelungen, da die vom Arbeitgeber erbrachten Leistungen mit der von ihm abzuführenden Lohnsteuer verrechnet werden und ein etwaiger Überschuss an ihn ausgezahlt wird. Man wird aber die von

Franzen (RAO § 392 Rn. 176) vertretene Ansicht dennoch halten können: Die Verrechnung der vom Arbeitgeber erbrachten Leistungen erfolgt hier zwar äußerlich nach dem Verfahren des Vorsteuerabzuges bei der USt, dennoch handelt es sich nicht um steuerrechtliche Regelungen. Die Vorschriften sind deshalb nicht Steuergesetze, weil sie nicht die Höhe von Steueransprüchen regeln, sondern lediglich eine Möglichkeit eröffnen, andere Ansprüche mit Steueransprüchen zu verrechnen. Die Anordnung einer entsprechenden Anwendung von § 370 AO auf die Bergmannsprämie ist demnach nicht überflüssig, da solche Leistungen keine Steuervorteile sind. Soweit allerdings der Arbeitgeber durch die Vortäuschung nicht erbrachter Leistungen eine Kürzung der von ihm zu zahlenden Lohnsteuer erwirkt, begeht er eine Steuerhinterziehung in der Form der Steuerverkürzung, da er den gegen ihn gerichteten Steueranspruch beeinträchtigt.

Mit *Franzen* (RAO § 392 Rn. 176) ist also ein *Vorteil dem Bereich des Steuerrechts zuzurechnen, wenn er den Ertrag einer Steuer mindert und dies auf der Anwendung eines Steuergesetzes beruht.* Unerheblich ist, ob es zu einer Auszahlung oder zu einer Verrechnung des Erstattungsbetrags kommt (BGH wistra 2012, 191; Klein/*Jäger* AO § 371 Rn. 120). 153

cc) Begriff des Vorteils. Der Begriff des Steuervorteils iSd § 370 I AO ist gesetzlich 154 nicht näher bestimmt. Da jeder Verkürzung von Steuereinnahmen zum Nachteil des anspruchsberechtigten StGläubigers ein ungerechtfertigter Vorteil des Stpfl gegenübersteht, kann der Begriff „Steuervorteil" nur besondere Vorteile kennzeichnen. Aber auch in diesem beschränkten Sinne bereitet eine Begriffsbestimmung wegen der mangelhaften Begriffsdisziplin des Gesetzes erhebliche Schwierigkeiten. Dem Wortlaut des § 370 I AO entsprechen nur §§ 70, 71, 150 VI Nr. 4, § 235 II, § 371 III, § 379 I und § 398 AO; an anderen Stellen spricht das Gesetz von „*Steuervergütungen*" (§§ 1, 32, 37, 43, 46, 69, 73, 74, 75, 80, 85, 155 IV, §§ 169, 169, 170 III, §§ 178, 236, 240 AO), „*Steuererstattungen*" (§§ 32, 37, 46, 69 AO), „*Steuervergünstigungen*" (§§ 50, 51, 58, 59, 60, 63, 64, 67a III, § 153 II, III AO), „*Freistellung von einer Steuer*" (§ 155 I 3 AO) sowie nebeneinander von „*Steuerbefreiung, Steuerermäßigung oder sonstiger Steuervergünstigung*" (§ 153 II AO).

Eine materielle Abgrenzung des Steuervorteils vom Regelfall der Besteuerung ist 155 nicht möglich, da die zT überaus stark differenzierenden Steuergesetze eine „Normal"-Steuer (vgl. *Terstegen* S. 103) nicht festzustellen erlauben, es sei denn, man ginge von einem Sachverhalt aus, dessen Merkmale bei mehreren rechtlichen Möglichkeiten jeweils die höhere oder höchste Steuer auslösen. In diesem Sinne wäre bei der ESt zB die Tatsache, dass ein Stpfl verheiratet ist, bereits als Sonderfall anzusehen, da der Familienstand des Verheirateten gem. § 32a V EStG die Anwendung des vorteilhaften Splitting-Tarifs begründet.

Das Erfordernis eines förmlichen Antrags kann ebenfalls nicht als allgemeines 156 Merkmal eines Steuervorteils iSd § 370 AO gelten. Einerseits werden gewisse Vorteile, die das Gesetz an bestimmte Tatsachen knüpft, auch von Amts wegen gewährt, zB die Anwendung des Splitting-Tarifs auf Ehegatten gem. § 32a V iVm § 26 EStG. Andererseits werden steuermindernde Tatsachen, zB Betriebsausgaben, regelmäßig nur berücksichtigt, falls und soweit sie ausdrücklich geltend gemacht werden. Wäre der Begriff des Steuervorteils auf antragsgebundene Vergünstigungen beschränkt, so würden durch die Veranlagung einer Steuererklärung, die in mehrfacher Hinsicht unrichtig ist, meistens zugleich „Steuern verkürzt" und „nicht gerechtfertigte Steuervorteile erlangt" – ein denkbares, systematisch aber wenig sinnvolles Ergebnis (zust. Kohlmann/*Ransiek* AO § 370 Rn. 427; *Lohmeyer* Inf 1989, 217; *Müller* DStZ 2001, 614).

Bei einer Abgrenzung nach Verfahrensabschnitten ist ein Steuervorteil iSd § 370 I 157 AO Inhalt und Gegenstand jeder begünstigenden Verfügung der FinB, die der Stpfl außerhalb einer Steuererklärung (vgl. § 150) erstrebt und die ihm außerhalb eines Steuerfestsetzungsverfahrens erteilt wird (ähnl. bereits *Barske/Gapp* S. 57; vgl. auch Kohlmann/*Ransiek* AO § 370 Rn. 428; HHS/*Peters* AO § 370 Rn. 360). **Eine begünstigende Verfügung** kann die festgesetzte Steuerschuld mindern oder beseitigen, zB durch Herabsetzung einer ESt-Vorauszahlung gem. § 37 III 3 EStG (OLG Stuttgart 21.5.1987, wistra 1987, 263; Koch/Scholtz/*Scheurmann-Kettner* AO § 370 Rn. 38), die Bildung eines LSt-Abzugsmerkmals in Form eines Steuerfreibetrags (Klein/*Jäger* AO § 370 Rn. 124, Erlass gem. § 227 AO (→ Rn. 481 f.), Hinausschieben der Fälligkeit einer Steuer, Stundung nach § 222 AO (→ Rn. 482), Einstellung der Zwangsvollstreckung bzw. Beschränkung oder Aufhebung Vollstreckungsmaßnahmen, oder die Steuer nach § 261 AO niederzuschlagen (LG Düsseldorf 25.10.2012, NZWiSt 2014, 70, 72). Auch kann es einen Steuervorteil darstellen, dass die FinB eine belastende Verfügung unterlässt, zB die Festsetzung oder Erhöhung einer Vorauszahlung nach § 37 EStG, die Anforderung einer Sicherheitsleistung nach § 361 II AO, die Pfändung von Sachen oder Forderungen nach den §§ 281 ff. AO (vgl. auch *Hardtke* 1995, 114; BGH 19.12.1997, wistra 1998, 180, 184). Aus den oben aufgeführten Beispielen ergibt sich, dass ein Steuervorteil nicht zwangsläufig voraussetzt, dass der Vorteil in Form eines Verwaltungsakts gewährt wurde (Klein/*Jäger* AO § 370 Rn. 121).

158 **Steuererstattungen** bilden dann keinen Steuervorteil iSd § 370 I AO, wenn die Entscheidung über einen Erstattungsanspruch zusammen mit der Festsetzung einer Steuer getroffen wird und nur die kassenmäßige Folge der Tatsache ist, dass die Steuerschuld bei der Veranlagung oder beim LSt-Jahresausgleich niedriger festgesetzt worden ist als die Summe der geleisteten Vorauszahlungen oder der abgeführten LSt. Hier ist die Erstattung nicht Gegenstand einer begünstigenden Verfügung des FA (→ Rn. 157). Anders liegen dagegen diejenigen Fälle einer Erstattung, über die das FA im Erhebungsverfahren durch einen besonderen Bescheid entscheidet, zB bei Erstattungen auf Grund einer Täuschung des FA darüber, dass ein höherer Betrag als tatsächlich geschehen vorausgezahlt, abgeführt oder beigetrieben worden sei.

159 **Steuervergütungen** sind gem. § 370 IV 2 AO stets Steuervorteile iSd § 370 I AO. Abweichend von Steuererstattungen (→ Rn. 158) setzen Steuervergütungen nicht voraus, dass der Anspruchsberechtigte eine der Vergütung entsprechende Steuer gezahlt hat (vgl. zB §§ 36b ff. EStG und § 16 II UStG). Entscheidend für das Vorliegen einer Steuervergütung ist nur, dass der vergütete Betrag nach steuerrechtlichen Vorschriften bemessen und festgesetzt worden ist. Unter dieser Voraussetzung wird nämlich durch eine – dem Grunde oder der Höhe nach – nicht gerechtfertigte Festsetzung der Vergütung in jedem Falle der Steuerertrag im Ergebnis ebenso gemindert wie in den Fällen einer nicht gerechtfertigten Steuererstattung oder einer unmittelbaren Verkürzung der Steuereinnahmen durch Verschweigen von Besteuerungsgrundlagen (näher → Rn. 150 ff.). Ebenso ist auch der Bezug von Kindergeld als Steuervergütung gem. § 31 S. 3 EStG als Steuervorteil zu qualifizieren (BFH 6.4.2017, BStBl. II 2017, 997). Keine Steuervergütung ist die Eigenheimzulage, auch wenn sie zu Lasten der ESt-Einnahmen des Staates geht (BGH 6.6.2007, wistra 2007, 391).

160 **Begünstigende verfahrensrechtliche Verfügungen** können ebenfalls einen Steuervorteil iSd § 370 I AO darstellen, wenn von dem Ergebnis des Verfahrens Grund, Höhe oder Fälligkeit einer Steuerschuld oder die Gewährung einer Steuervergütung abhängen können, zB bei Wiedereinsetzung gem. § 110 AO (ebenso Klein/*Jäger* AO § 370 Rn. 123; aM OLG Hamm 14.10.2008, wistra 2009, 80; zw. Kohlmann/*Ransiek* AO § 370 Rn. 433).

161 Auch ein **unrichtiger Feststellungsbescheid** iRe einheitlichen und gesonderten Feststellung des Gewinns (§ 180 AO) stellt einen nicht gerechtfertigten Steuervorteil dar (BGH, wistra 2009, 114 mAnm *Jope* DStZ 2009, 247; BGHSt 58, 50; BFH, wistra 2014, 151; BGH 12.7.2016, wistra 2016, 410; *Hardtke* AO-StB 2002, 92; Hardtke/*Leip* NStZ 1996, 217, 219; Klein/*Jäger* AO § 370 Rn. 122; aA *Beckemper* NStZ 2002, 518, 520; *Sorgenfrei* wistra 2006, 370; krit. HHS/*Peters* AO § 370 Rn. 354; betr. die Nichtabgabe einer gesonderten und einheitlichen Feststellungserklärung FG Köln 16.1.2019, EFG 2019, 657), da der Feststellungsbescheid für den Einkommensteuerbescheid als Folgebescheid bindend ist. Dem steht nicht entgegen, dass die beabsichtigte Steuerverkürzung erst mit der

Festsetzung in dem Folgebescheid bewirkt wird (BGH, wistra 1984, 142). Dies gilt auch bei einem unrichtigen Gewerbesteuer-Messbescheid (BGH, NZWiSt 2017, 66) sowie bei einem unzutreffenden Verlustfeststellungsbescheid gem. § 10d IV EStG (LG Berlin 22.8.2018, NZWiSt 2019, 301 mit krit. Anm. *Glass* NZWiSt 2019, 302). Wirkt sich ein aufgrund unzutreffender Angaben erlangter unrechtmäßiger Verlustvortrag in späteren Jahren steuermindernd aus, so soll nach *Langel/Stumm* (DB 2015, 2720, 2723) die spätere „Nutzung" des festgestellten steuerlichen Verlusts keine weitere Steuerhinterziehung darstellen (vgl. auch *Beyer* NZWiSt 2017, 172). Nach der hier vertretenen Auffassung ist es sowieso zwingend erforderlich, bei dem unzutreffenden Feststellungsbescheid den Steuerschaden zu ermitteln bzw. möglichst konkret zu schätzen (→ Rn. 82), so dass bei einem weiteren steuerstrafrechtlichen Vorwurf durch die steuermindernde Auswirkung in späteren Jahren eine Doppelbestrafung vorliegen würde. *Schmitz* und *Wulf* qualifizieren die Erlangung eines unrichtigen Feststellungsbescheids durch unrichtige Angaben dagegen nicht als unrechtmäßigen Steuervorteil, da es sich diesbzgl. lediglich um Vorbereitungshandlungen für eine spätere Steuerhinterziehung handelt (MüKoStGB/*Schmitz/Wulf* AO § 370 Rn. 142). Ein nicht gerechtfertigter Steuervorteil kommt danach lediglich dann in Betracht, wenn der unrichtige Feststellungsbescheid dem Veranlagungsbescheid nach folgt (MüKoStGB/*Schmitz/Wulf* AO § 370 Rn. 142).

b) Nicht gerechtfertigter Steuervorteil

Nicht gerechtfertigt ist ein Steuervorteil, den der Stpfl bei richtiger Rechtsanwendung **162** auf den wirklichen Sachverhalt nicht beanspruchen kann. Steuervorteile, die aus Billigkeitsgründen gewährt werden (zB gem. §§ 163, 227 oder 258), sind ungerechtfertigt, wenn sie auf Grund unwahrer Angaben rechtswidrig bewilligt werden (RG 25.2.1926, RGSt 60, 97; ebenso HHS/*Peters* AO § 370 Rn. 362; Klein/*Jäger* AO § 370 Rn. 125). Zu beachten ist, dass Fehler des FA, die nicht auf unrichtigen Angaben des Stpfl beruhen, nicht dem Stpfl zuzurechnen sind, selbst wenn er sie erkennt (BFH 4.12.2012, wistra 2013, 238, Rn. 25; MüKoStGB/*Schmitz/Wulf* AO § 370 Rn. 148).

Macht das Gesetz die Gewährung von Steuervorteilen davon abhängig, dass **163** bestimmte sachliche Voraussetzungen durch förmliche Nachweise wie etwa besondere Aufzeichnungen oder Verzeichnisse (zB § 6c II EStG; § 7a VIII EStG bzw. § 6 IV UStG) nachgewiesen werden, so liegt nach der hier vertretenen Auffassung kein nicht gerechtfertigter Steuervorteil vor, wenn die materiell-rechtlichen Voraussetzungen vorliegen (MüKoStGB/*Schmitz/Wulf* AO § 370 Rn. 150; *Spriegel* wistra 1998, 241, 244 ff.; vgl. auch *Wulf* StbG 2008, 328, 330 f.; aA BGH 20.2.1962, NJW 1962, 2311; vgl. auch BFH 2.4.1997, BFH/NV 1997, 629, 630; BFH 5.2.2004, BFH/NV 2004, 988, 989; BFH 30.3.2006, DStR 2006, 988, 989). Nach der hier vertretenen Auffassung sollten steuerliche Nachweispflichten als steuerliche Beweis(mittel)regeln qualifiziert werden, die im Strafverfahren keine Anwendung finden (vgl. → Rn. 237, 331; MüKoStGB/*Schmitz/Wulf* AO § 370 Rn. 150, 190; vgl. auch *Keßeböhmer*, Beweis steuermindernder Tatsachen, 15 ff.; *Keßeböhmer* wistra 1996, 334 ff.).

Anders als im Steuerfestsetzungsverfahren kommt ein **Taterfolg** im Erhebungs- und **164** Vollstreckungsverfahren nicht schon dann in Betracht, wenn eine abstrakte Vermögensgefährdung vorliegt (MüKoStGB/*Schmitz/Wulf* AO § 370 Rn. 153). Voraussetzung ist in dieser Konstellation vielmehr, dass durch die Handlung des Täters eine aussichtsreiche Vollstreckungsmöglichkeit vereitelt wurde (→ Rn. 485; vgl. auch BGH 19.12.1997, wistra 1998, 180, 184 mAnm *Gribbohm* NStZ 1998, 573; Klein/*Jäger* AO § 370 Rn. 80, 85). Nicht überzeugend ist demgegenüber das Urteil des BGH vom 22.11.2012 (wistra 2013, 199 Rn. 16 f.), wonach es keine konkreten Bestimmungen des Schadens bedürfe, sondern „*die Feststellung und Bezifferung der Auswirkungen eines Steuervorteils*" unterbleiben könne (*Langel/Betzinger* DB 2015, 1025; *Lemmer* NZWiSt 2016, 427). *Schmitz* und *Wulf* (MüKoStGB/*Schmitz/Wulf* AO § 370 Rn. 74) weisen zu Recht darauf hin, dass das BVerfG mit der „Al-Qaida"-Entscheidung (BVerfG 7.12.2001, wistra 2012, 102 Rn. 176) auch für den Falle einer bloßen Vermögensgefährdung die Bezifferung des tatsächlichen Schadens gefordert hatte (vgl. zur Kritik auch *Wittig* ZIS 2011, 660, 667; *Brüning* in FS Samson, 537, 554; *Hellmann* in FS Achenbach, 141, 152; *Wulf* in GS Joecks, 657, 663; *Bley*, Erwirken eines unrichtigen Grundlagenbescheides, 170, 199 ff.; *Radwan*, Erwirken eines unrichtigen Grundlagenbescheides im Feststellungsverfahren, 79 ff.). *Schmitz* und *Wulf* ist zuzustimmen, dass eine völlige Lösung der Strafzumessung vom materiellen Schaden mit § 46 StGB nicht vereinbar ist (MüKoStGB/*Schmitz*/*Wulf* AO § 370 Rn. 154). Es erscheint problematisch, wenn der BGH bei der Vorteilserlangung die „Dimension der Gefährdung des geschützten Rechtsguts" ausreichen lassen will, sich solch ein ausgewiesener Steuervorteil jedoch bei der Steuerveranlagung völlig unterschiedlich auswirken kann (MüKoStGB/ *Schmitz*/*Wulf* AO § 370 Rn. 154). Eine fehlende Bezifferung der Auswirkung eines Steuervorteils ist insbes. dann äußerst problematisch zu klären, wenn ein besonders schwerer Fall iSd § 370 III 2 AO vorliegt, was aufgrund der aktuellen Regelung des § 376 AO in diversen Fällen faktisch zu einem Nichteintritt der absoluten Verjährung führen kann.

In der Praxis stellen Ermittlungsbehörden und Tatgerichte nach wie vor teilweise auf den nicht gerechtfertigten Steuervorteil ab, ohne dass ein Steuerschaden beziffert wird. Es wäre nicht überzeugend und mit § 46 StGB nicht in Einklang zu bringen, wenn etwa ein Täter, der einen nicht gerechtfertigten Steuervorteil in Höhe von 100.000 EUR erlangt, strafrechtlich eine höhere Strafe erhält, als etwa ein Stpfl., der Einkünfte in Höhe von 100.000 EUR verschweigt und in Abhängigkeit von seinen individuellen Steuersatz konkret deutlich weniger Steuern (maximal in Höhe des Spitzensteuersatzes) verkürzt. Nach der hier vertretenen Auffassung sollten Gerichte wie folgt vorgehen: Lässt sich ein Steuerschaden konkret berechnen, etwa aufgrund eines unzutreffenden Verlustfeststellungsbescheides, der aufgrund eines Verlustrücktrags in dem Vorjahr zu einer Steuerverkürzung geführt hat, so ist der Steuerschaden konkret zu berechnen. Auch in Fällen eines ungerechtfertigten Verlustfeststellungsbescheides, der sich in den Folgejahren auswirkt, können in vielen Konstellationen die Steuern konkret berechnet werden, da Ermittlungsverfahren oftmals erst mehrere Jahre nach der konkreten Tat der Erlangung eines nicht gerechtfertigten Steuervorteils abgeschlossen werden. Lässt sich in einem Fall eine konkrete Steuerberechnung nicht durchführen, so hat das Tatgericht anhand der individuellen steuerlichen Verhältnisse eine möglichst konkrete Schätzung der Steuerverkürzung (anhand des wahrscheinlichsten Szenarios) vorzunehmen. Es wäre in dieser Konstellation nicht mit dem Grundsatz in dubio pro reo in Einklang zu bringen, pauschal den Spitzensteuersatz zu unterstellen (Klein/*Jäger* AO § 370 Rn. 284 will demgegenüber als Bezugsgröße den aufgrund der zu niedrig festgestellten Besteuerungsgrundlagen höchstens gefährdeten Betrag zugrunde legen). Existieren Konstellationen, in denen es vermutlich nicht mehr zu einem Steuerschaden kommen kann (zB Rentner hat 3 Mio. EUR Verlustvorträge und in einem Jahr 50.000 EUR an Einkünften nicht versteuert), so sollten Gerichte die Verfahren nach § 153a StPO mit einer moderaten Auflage einstellen.

c) Vollendung der Vorteilserlangung

165 Erlangt sind Steuervorteile gem. § 370 IV 2 Hs. 2 AO, soweit sie gewährt oder belassen werden. Die hM hat den insoweit gleichlautenden § 392 III RAO in der Weise ausgelegt, dass der Erfolg der Vorteilserlangung nicht erst dann eintritt, wenn die begünstigende Verfügung wirksam geworden (die Steuervergütung oder -erstattung ausgezahlt) ist, sondern bereits mit der Bekanntgabe der Verfügung selbst (*Hartung* § 396 VIII 1a RAO 1931; RG 8.10.1925, RGSt 59, 401). Diese Interpretation des Vollendungserfolges ist im Hinblick auf die Terminologie des SubvG, das in § 2 I SubvG zwischen Bewilligung und Gewährung der Subvention unterscheidet, nicht ganz unbedenklich. Wegen der schwierigen Abgrenzung von Steuerverkürzung und Erlangung von Steuervorteilen empfiehlt sich jedoch, das Gewähren eines Steuervorteils iSd Bewilligung auszulegen (vgl. *Hardtke* 1995, S. 130). Die wirksame Verfügung der FinB ist Grundlage für den tatsächlichen Eintritt des Vorteils, so wie die Festsetzung der Steuer Grundlage für deren Vollstreckung ist. Da auch bei der Vorteilserlangung wenigstens Unkenntnis der Behörde vom zutreffenden Sachverhalt hinzukommen muss (→ Rn. 291 ff.) ist die Steuerhinterziehung auch in der Form der Vorteilserlangung ein konkretes Gefährdungsdelikt (→ Rn. 75 ff.). Dasselbe gilt für das Belassen eines Steuervorteils.

V. Das tatbestandsmäßige Verhalten

Schrifttum: *Bockelmann*, Betrug verübt durch Schweigen, FS Eb. Schmidt, 1961, 437; *Lohmeyer*, Zum Tatbestandsmerkmal der Steuerunehrlichkeit, FR 1960, 478; *Stegmaier*, Wann ist man „steuerunehrlich"?, FR 1961, 209; *Lohmeyer*, Zum Begriff der „Steuerunehrlichkeit", DStZ 1963, 107; *Buschmann*, Steuerunehrlichkeit als Tatbestandsmerkmal?, NJW 1964, 2140; *J. Schulze*, Steuerhinterziehung durch Unterlassen, Abgabe von Steuererklärungen – ein Beitrag zur Auslegung des ungeschriebenen Tatbestandsmerkmals der Steuerunehrlichkeit, DStR 1964, 384, 416; *Leise*, Zum ungeschriebenen Tatbestandsmerkmal der „Steuerunehrlichkeit" bei vorsätzlich bewirkter Steuerverkürzung, ZfZ 1965, 193; *Henke*, Kritische Bemerkungen zur Auslegung des § 396 AO, FR 1966, 188; *Lohmeyer*, Steuerunehrlichkeit als Tatbestandsmerkmal der Steuerhinterziehung, BlStA 1966, 209; *Buschmann*, Die steuerstrafrechtliche Pflichtverletzung, NJW 1968, 1613; *Samson/Horn*, Steuerunehrlichkeit und Steuerhinterziehung durch Unterlassen, NJW 1970, 393; *Schleeh*, Das ungeschriebene Tatbestandsmerkmal des steuerunehrlichen Verhaltens, FR 1970, 604; *ders.*, Die Tathandlung des Verkürzens von Steuereinnahmen, BB 1970, 1535; *ders.*, Gibt es zwei verschiedene Tatbestände der Steuerverkürzung?, NJW 1971, 552; *ders.*, Rechtsgut und Handlungsobjekt beim Tatbestand der Steuerverkürzung, NJW 1971, 739; *Samson/Horn*, Nochmals: Zur Steuerhinterziehung durch Unterlassen, NJW 1971, 1686; *Schleeh*, Die Bedeutung der steuerlichen Pflichten für das Steuerstrafrecht, BB 1971, 815; *ders.*, Nochmals: Zum Tatbestand der Steuerverkürzung, NJW 1972, 518; *ders.*, Der Straftatbestand der Steuerverkürzung de lege ferenda, BB 1972, 532; *ders.*, Die Steuerhinterziehung nach dem Entwurf einer Abgabenordnung (AO 1974), StW 1972, 310; *Henneberg*, Steuerstraf- und Bußgeldrecht nach der AO 77, BB 1976, 1554; *Lohmeyer*, Die Straf- und Bußgeldvorschriften der AO 77, DStZ 1976, 239; *Hilgers*, Täuschung und/oder Unkenntnis der Finanzbehörde – notwendige Voraussetzung der Strafbarkeit wegen Steuerhinterziehung, Diss. Köln 1985; *Borchers*, Steuerhinterziehung nur bei notwendiger Teilnahme und Irrtum des Finanzbeamten?, wistra 1987, 86; *Lütt*, Das Handlungsunrecht der Steuerhinterziehung, 1988; *Weyand*, Steuerhinterziehung unter Beteiligung von Amtsträgern der Finanzbehörde, wistra 1988, 180; *Dörn*, Steuerhinterziehung durch Antrag auf Herabsetzung der Vorauszahlungen?, DStR 1995, 868; *Rößler*, Neue Tatsachen bei Handlungen eines ungetreuen Finanzbeamten, DStZ 1998, 871; *Spatscheck/Mantas*, Strafrechtlich relevante Pflichten bei der Abgabe von Erklärungen, PStR 2000, 101; *Gibhardt*, Hinterziehung von Umsatzsteuer im europäischen Binnenmarkt, 2001; *Wulf*, Handeln und Unterlassen im Steuerstrafrecht, 2001; *Weidemann/Weidemann*, Handeln und Unterlassen im Steuerstrafrecht, wistra 2005, 207, *Schauf*, Kenntnis der Finanzbehörde schließt Tatbestand der Steuerhinterziehung durch Unterlassen aus, PStR 2017, 135; *Roth*, Keine Steuerhinterziehung durch Unterlassen, wenn das Finanzamt Kenntnis hat, PStR 2018, 270; *Grötsch/Stürzl*, Die „Unkenntnis" in § 370 Abs. 1 Nr. 2 AO – zugleich Rechtsprechung von OLG Oldenburg vom 10.7.2018, wistra 2019, 79; *Roth*, Steuerhinterziehung durch Unterlassen: Bei Kenntnis der Finanzbehörden ausgeschlossen? NZWiSt 2017, 308; *Häger*, Wegfall der Strafbarkeit wegen Steuerhinterziehung bei dem Finanzamt vorliegenden Daten – Auswirkungen des § 150 Abs. 7 S. 2 AO und des Urteils des OLG Köln wistra 2017, 363 auf die Anwendung des § 370 AO, wistra 2017, 369; *Roth*, Elektronische Daten im Finanzamt: 150 Abs. 7 S. 2 AO n. F. als Totengräber der Steuerhinterziehung?, wistra 2018, 152; *Rolletschke*, Auswirkungen der elektronischen Datenübermittlung (93c AO) auf die Strafbarkeit nach § 370 Abs. 1 Nr. 2 AO, NZWiSt 2018, 185; *Beyer*, Auswirkungen der Erklärungsfiktion des § 150 Abs. 7, S. 2 AO im Steuerstrafrecht bei Mitteilungen Dritter gem. § 93c AO, NZWiSt 2018, 359; *Grötsch/Stürzl*, Die „Unkenntnis" in § 370 Abs. 1 Nr. 2 AO, wistra 2019, 127; *Heuel/Harink*, Steuerhinterziehung im Zeitalter elektronischer Steuererklärungen, AO-StB 2020, 49.

1. Überblick

Anders als § 392 RAO beschreibt § 370 I AO das tatbestandsmäßige Verhalten des Täters der Steuerhinterziehung ausdrücklich. Das Gesetz erfasst in § 370 I Nr. 1–3 AO eine Handlungs- und zwei Unterlassungsvarianten. Es bemüht sich dabei um die Erfassung des zu § 392 RAO entwickelten ungeschriebenen Tatbestandsmerkmals der Steuerunehrlichkeit. Dagegen hat das Gesetz nicht ausdrücklich geregelt, welcher Zusammenhang zwischen dem Verhalten des Täters und dem Erfolgseintritt bestehen muss. Das farblose „dadurch" lässt der Auslegung erheblichen Spielraum (→ Rn. 291 ff.).

2. Allgemeine Problematik

a) Problemfälle

167 Obwohl § 392 RAO im Tatbestand genügen ließ, dass der Täter bewirkte, dass Steuereinnahmen verkürzt würden, bestand in Rspr und Literatur doch Einigkeit darüber, dass **nicht jede Verursachung einer Steuerverkürzung** den Tatbestand erfüllte. Nicht tatbestandsmäßig sollte etwa handeln, wer durch Drohung oder Gewalt oder durch eine Vollstreckungsvereitelung die Verkürzung von Steuereinnahmen verursachte oder die Steuer schlicht nicht zahlte (RG 13.5.1937, RGSt 71, 216; RG 3.7.1942, RGSt 76, 198; BGH 11.3.1952, BGHSt 2, 185; BGH 3.4.1952, BGHSt 2, 340; *Samson/Horn* NJW 1970, 593). Dieser Effekt wurde durch Einführung des ungeschriebenen Merkmals der *„Steuerunehrlichkeit"* erreicht. Den Tatbestand erfüllte nach einhelliger Auffassung nur, wer durch steuerunehrliches Verhalten eine Steuerverkürzung bewirkte. Nach umfangreicher kontroverser Diskussion setzte sich die Auffassung durch, dass unter dem Merkmal der Steuerunehrlichkeit nichts anderes zu verstehen sei als das Verursachen der Steuerverkürzung durch Täuschung. In Parallele zum Betrug konnte das Merkmal der Steuerunehrlichkeit vom Begehungstäter durch aktive Täuschung und vom Unterlassungstäter durch Täuschung durch Unterlassen erfüllt werden (*Samson/Horn* NJW 1970, 593).

168 Der Gesetzgeber hat sich dieser Ansicht angeschlossen und in Nr. 1 die **Täuschung durch Handeln** und in den Nrn. 2, 3 bestimmte Formen der **Täuschung durch Unterlassen** erfasst. Das Gesetz trägt der Erkenntnis, dass die Steuerhinterziehung jedenfalls im Bereich des Täterverhaltens dem Betrug (durch Handeln und durch Unterlassen) vollkommen entspricht, in den Nrn. 1–3 jedoch nur in äußerst unvollkommener Weise Rechnung. Daraus entstehen zahlreiche schwierige Probleme (s. auch *Schleeh* StW 1972, 310).

169 Schon *Bockelmann* (FS Eb. Schmidt, 437) hat in seiner grundlegenden Untersuchung zum Betrug durch Unterlassen aufgezeigt, dass dem aktiven Täuschen zwei verschiedene Varianten des Unterlassens entsprechen können. Es macht zunächst im Tatsächlichen einen Unterschied, ob der Täter pflichtwidrig einen anderen über Tatsachen dadurch nicht aufklärt, dass er ihm bestimmte Informationen nicht übermittelt, oder ob er einen im Entstehen begriffenen Irrtum nicht durch sonstiges Verhalten unterbindet. Für den Betrug kommt *Bockelmann* (FS Eb. Schmidt, 437) zu von der hM (Schönke/Schröder/*Perron* StGB § 263 Rn. 18) abweichenden Ergebnis, dass ein Betrug durch Unterlassen nur dann vorliege, wenn der Täter einen im Entstehen begriffenen Irrtum nicht verhindere. Dagegen scheide Betrug durch Unterlassen aus, wenn der Täter einen bereits vorhandenen Irrtum oder die Unkenntnis des Opfers nicht beseitige.

170 Die Regelung in § 370 I AO hat nun die seltsame Konsequenz, dass als Steuerhinterziehung durch Unterlassen lediglich die eine von *Bockelmann* (FS Eb. Schmidt, 437) herausgearbeitete Unterlassungsvariante erfasst wird. § 370 I Nr. 2 AO regelt nämlich nur denjenigen Fall, in dem der Täter die FinB pflichtwidrig über steuerlich erhebliche Tatsachen **in Unkenntnis** lässt. Dagegen behandelt das Gesetz, bis auf die Regelung des § 153 AO, nicht den anderen Fall, in dem der Täter das **Entstehen eines Irrtums nicht verhindert**. Die zunächst naheliegend erscheinende Auffassung, es lasse immer pflichtwidrig in Unkenntnis, wer einen im Entstehen begriffenen Irrtum pflichtwidrig nicht verhindere, ist unzutreffend. Das liegt einmal daran, dass die Pflicht zur Aufklärung nicht immer mit der Pflicht zur Verhinderung eines Irrtums identisch ist. Die Regelungslücke ist zwar noch in Fällen unbedenklich, in denen der Stpfl nichts unternimmt, wenn er erkennt, dass sich der Außenprüfer auf Grund unvollständiger Unterlagen oder unübersichtlicher Buchführung zu irren beginnt; in diesen Fällen verletzt der Stpfl wenigstens seine Pflicht zur Mitteilung des wahren Sachverhalts (§ 200 AO). Problematisch wird jedoch die Beurteilung derjenigen Fälle, in denen keine Pflicht zur Aufklärung besteht. Wer mit seinem minderjährigen – zur Zollhinterziehung entschlossenen – Sohn die Grenze zu überschreiten beginnt, hat zwar als Überwachergarant (→ § 369 Rn. 90) die Pflicht, den Sohn vom Schmuggel abzuhalten; er ist jedoch nicht verpflichtet, bei der Zollstelle die bereits im Versuchsstadium steckende Tat des Sohnes anzuzeigen, da insoweit Unzumutbarkeit (→ § 369 Rn. 99) gegeben ist. In diesem Fall scheidet Nr. 2 mangels einer Pflicht zur Mitteilung und wegen Entschuldigung aus. Die Pflicht, den Schmuggel durch Einwirkung auf den Sohn zu unterbinden, scheint aber nach dem Wortlaut von § 370 I AO nicht strafbewehrt zu sein.

Erkennt der Inhaber eines Unternehmens, dass sein **Prokurist** unrichtige Steuererklärungen für die Firma abzugeben beginnt, dann ist er verpflichtet, dagegen einzuschreiten. Sind die unrichtigen Erklärungen abgegeben worden, ist er verpflichtet, die wahren Tatsachen mitzuteilen (§ 153 I AO). Verletzt der Unternehmer die Pflicht nach § 153 I AO, so erfüllt er den Tatbestand des § 370 I Nr. 2 AO.

Die Fassung von § 370 I AO wirft aber auch im **Begehungsbereich** Probleme auf. Wer als nicht zur Abgabe von Erklärungen Verpflichteter den zur Abgabe von Steuererklärungen Verpflichteten daran – sei es durch Täuschung oder Zwang – hindert, erfüllt den Unterlassungstatbestand nach § 370 I Nr. 2 AO mangels Pflichtverletzung nicht. Täter oder Mittäter einer Steuerhinterziehung durch Unterlassen kann nur derjenige sein, der selbst zur Aufklärung steuerlich erheblicher Tatsachen besonders verpflichtet ist (BGH 9.4.2013, BGHSt 58, 218 Rn. 56; BGH 23.10.2018, NStZ 2020, 493 Rn. 19; BGH 16.9.2020, wistra 2021, 278). Den Begehungstatbestand nach § 370 I Nr. 1 AO erfüllt er aber auch nicht, weil er keine unrichtigen oder unvollständigen Angaben macht. Auch insoweit enthält § 370 AO jedenfalls nach seinem Wortlaut eine Regelungslücke.

b) Lösung

Da § 370 I Nr. 2 AO nur die eine der beiden möglichen Täuschungen durch Unterlassen, nämlich nur die unterlassene Beseitigung der Unkenntnis des wahren Sachverhalts erfasst, kommt für die Erfassung der anderen Unterlassungsvariante (Nichthinderung des Entstehens eines Irrtums), bis auf die Regelung des § 153 AO, lediglich die **Anwendung von § 370 I Nr. 1 AO in Verbindung mit § 13 StGB** in Betracht. Das würde voraussetzen, dass die unterlassene Verhinderung des Entstehens eines Irrtums bei vorhandener Garantenstellung dem Täuschen durch aktives Handeln gleichsteht.

Was zunächst die sog. **Modalitätenäquivalenz** (→ § 369 Rn. 92) angeht, ist festzustellen, dass die Gleichwertigkeit von Handeln und Unterlassen bei der Täuschung des Betruges umstritten ist. Aber selbst nach der engsten, von *Bockelmann* (FS Eb. Schmidt, 437) vertretenen Auffassung steht es einem aktiven Täuschen gleich, wenn der Täter es unterlässt, einen im Entstehen begriffenen Irrtum zu verhindern. Die Modalitätenäquivalenz kann daher für diese Fallgruppe angenommen werden.

Schwierigkeiten entstehen jedoch daraus, dass das Gesetz in § 370 I Nr. 2 AO einen – anderen – Unterlassungsfall gesondert erfasst. Daraus könnte abgeleitet werden, dass damit der Kreis des strafbaren Unterlassens in § 370 AO **abschließend geregelt** sei.

Teilweise wird die Auffassung vertreten, dass auch **§ 370 I Nr. 1 AO gemäß § 13 StGB durch Unterlassen begangen** werden kann. Ein solcher Fall soll dann vorliegen, wenn ein Garantenpflichtiger das Entstehen eines Irrtums und die daraus folgende Steuerverkürzung pflichtwidrig nicht abwendet (BGH 19.12.1997, BGHSt 43, 381, 396; Klein/*Jäger* AO § 370 Rn. 41a; Leitner/*Jäger*, Finanzstrafrecht 2010, 9, 20; *Bülte* BB 2010, 607, 610). Gemäß § 13 II StGB kann die Strafe des § 370 I Nr. 1 AO dann nach § 49 I StGB gemildert werden.

Allerdings können die sich aus dem Wortlaut von § 370 I Nr. 1 AO ergebenden **Probleme bei der Begehung** nur teilweise gelöst werden. Wer einen anderen durch Täuschung oder Zwang zur Täuschung der FinB veranlasst, begeht eine Steuerhinterziehung in mittelbarer Täterschaft nach § 370 I Nr. 1 AO iVm § 25 I StGB (→ § 369 Rn. 76). Demgegenüber bereitet die Erfassung desjenigen Schwierigkeiten, der einen anderen durch Täuschung oder Zwang veranlasst, die diesem gebotene Erklärung nicht abzugeben. Zwar verursacht dieser Täter durch Handeln, dass die FinB über steuerlich erhebliche Tatsachen in Unkenntnis bleibt. Den Begehungstatbestand nach § 370 I Nr. 1 AO erfüllt er jedoch auch in mittelbarer Täterschaft nicht, da er gegenüber der FinB keine unrichtigen Angaben macht. Eine Unterlassung nach § 370 I Nr. 2 AO scheidet aus, wenn der Täter zur Aufklärung der FinB nicht selbst verpflichtet ist.

178 **Eine teilweise Erfassung dieser Fallgruppe** ist über die Teilnahme möglich. Solange der – auf Grund von Täuschung oder Zwang – Unterlassende eine tatbestandsmäßige, rechtswidrige und vorsätzliche Haupttat nach § 370 I Nr. 2 AO begeht, ist der Handelnde wegen Anstiftung nach § 26 StGB zu dieser Tat strafbar. Gehen Täuschung oder Zwang aber so weit, dass dem Unterlassenden der Vorsatz oder (bei absolutem Zwang) die Handlungsmöglichkeit fehlt, liegt keine Haupttat mehr vor, und strafbare Teilnahme des Handelnden scheidet aus (→ § 369 Rn. 78). Eine Lösung dieses Problems – das übrigens auch bei § 370 I Nr. 3 AO auftreten kann – ist auf der Grundlage des Gesetzes nicht möglich. Wie oft der Fall in der Praxis vorkommt, sei hier dahingestellt.

179 In der Praxis stellt sich die Frage, ob § 370 I Nr. 1 AO gem. § 13 StGB, aufgrund **Ingerenz,** durch Unterlassen begangen werden kann, insbes. bei einem steuerlichen Berater, der ohne Vorsatz objektiv unzutreffende Steuererklärungen eingereicht hat. Selbst wenn man diesbezüglich eine Berichtigungspflicht nach § 370 I Nr. 1 AO iVm § 13 StGB aufgrund Ingerenz bejahen würde, so ist zu beachten, dass eine Berichtigung für den steuerlichen Berater ohne die Zustimmung seines Mandanten zur Berichtigung regelmäßig aufgrund der Strafdrohung des § 203 I Nr. 3 StGB nicht zumutbar wäre. Zwar ist zutreffend, dass § 369 II AO für das Steuerstrafrecht auf die allgemeinen Regeln des Strafrechts verweist und somit auch § 13 StGB grundsätzlich Anwendung findet (vgl. auch Leitner/*Rosenau*/*Pelz* AO § 370 Rn. 83). Jedoch ist zu beachten, dass die AO mit § 153 AO eine spezielle Regelung für Offenbarungspflichten enthält. Würde man dennoch § 13 StGB iVm § 370 I Nr. 1 AO als allgemeine Handlungspflicht für eine Korrektur aufrechterhalten, so würde die speziell geregelte steuerliche Erklärungs- und Berichtigungspflicht des § 153 AO ihre Bedeutung verlieren. Sofern konkrete steuerliche Korrekturvorschriften bestehen, entfalten sie eine speziellere Regelung und haben eine Sperrwirkung für die allgemeine Regelung des § 13 StGB zur Folge (Kohlmann/*Ransiek* AO § 370 Rn. 225; Tipke/Kruse/*Krumm* AO § 370 Rn. 59; MüKoStGB/*Schmitz*/*Wulf* AO § 370 Rn. 332; *Reichling*/*Lange* NStZ 2014, 311, 313). Für eine Verdrängung der allgemeinen Ingerenz-Regelungen durch die Spezialvorschrift des § 153 AO spricht auch, dass generell im Steuerrecht allgemeine Mißbrauchsregeln durch Spezialvorschriften verdrängt werden. So ist u. a. anerkannt, dass die Mißbrauchsregelung des § 42 AO nicht zur Anwendung kommt, wenn der Sachverhalt zugleich unter eine spezielle Mißbrauchsregelung fällt, jedoch ein Tatbestandsmerkmal dieser Spezialvorschrift nicht erfüllt ist (BFH 13.12.1989, BStBl. II 1990, 474, 477; BFH 23.10.1996, BStBl. II 1998, 90; BFH 20.3.2002, BStBl. II 2003, 50, 53).

Nach der Rspr steht fest, dass sich für den **Steuerberater** aus der bloßen beruflichen Stellung noch keine **Garantenstellung** aus § 13 I StGB ableiten lässt (BGH 20.12.1995, wistra 1996, 184, 188; BGH 1.2.2007, wistra 2007, 224, 226). Allerdings hat der BGH ausgeführt, dass er eine aus § 13 StGB abgeleitete Handlungspflicht im Falle einer Beihilfe durch Unterlassen zum Begehungstatbestand des § 370 I Nr. 1 AO grundsätzlich für denkbar hält (BGH 23.10.2018, NStZ 2020, 493 Rn. 19; BGH v. 9.5.2017, NZWiSt 2018, 379, 385). Nachdem mit § 153 AO eine spezielle Regelung für Berichtigungspflichten in der AO existiert, wäre es auch im Hinblick auf das Bestimmtheitsgebot des Art. 103 II GG problematisch, etwa einem Steuerberater, der aufgrund der ausdrücklichen Regelung des § 153 AO von dieser Berichtigungsvorschrift nicht umfasst wird und insofern darauf vertrauen darf, dass keine gesetzliche Berichtigungspflicht für ihn besteht, ihn dennoch aufgrund der allgemeinen Regelung des § 13 StGB zu verurteilen, wenn er trotzdem keine Berichtigung vornimmt (→ Rn. 42).

3. Steuerhinterziehung durch Handeln

a) Überblick

Gemäß § 370 I Nr. 1 AO begeht eine Steuerhinterziehung durch Handeln, wer dadurch Steuern verkürzt oder ungerechtfertigte Steuervorteile erlangt, dass er Finanzbehörden oder anderen Behörden über steuerlich erhebliche Tatsachen unrichtige oder unvollständige Angaben macht. Das Gesetz beschreibt mit dieser Formulierung die Täuschungshandlung, die auf weiten Strecken der Täuschungshandlung des Betruges entspricht.

b) Angaben machen

Der Täter muss Angaben machen. Darunter ist eine Handlung zu verstehen, die auf die Psyche eines anderen in der Weise einwirkt bzw. einwirken kann, dass in diesem die Vorstellung von Tatsachen entstehen soll. Ob die unrichtige Vorstellung wirklich entsteht, ist hier noch unerheblich (→ Rn. 288 ff.). Der Täter macht jedenfalls dann Angaben, wenn er eine ausdrückliche – schriftliche oder mündliche – Erklärung abgibt. Auf die Lesbarkeit der Unterschrift kommt es nicht an (BGH 27.9.2002, wistra 2003, 20). Eine Steuerhinterziehung ist auch dann nicht ausgeschlossen, wenn die eingereichte Steuererklärung keine **Unterschrift** trägt (BGH 14.1.2015, wistra 2015, 273 Rn. 84). § 370 AO setzt tatbestandlich auch keine wirksame Steuererklärung voraus, vielmehr ist allein die zu einer Steuerverkürzung oder zu einem ungerechtfertigten Steuervorteil führende Bekundung ausreichend (Kohlmann/*Ransiek* AO § 370 Rn. 214; Leitner/*Rosenau*/*Pelz* AO § 370 Rn. 58; GJW/*Rolletschke* AO § 370 Rn. 44).

Angaben macht auch, wer seine Erklärung durch **Datenträger** oder durch **Datenfernübertragung** an das FA übermittelt. Insofern bewirkt die Nutzung des Projektes ELSTER auf der Grundlage der Steuerdaten-ÜbermittlungsVO vom 28.1.2003 (BGBl. I 139) keine Veränderung der Strafrechtslage. Steuererklärungen über das papierlose **„ELSTER II-Online"**-Verfahren sowie über das Rechenzentrum der **DATEV eG** erfüllen das Merkmal des „Angaben Machens" (MüKoStGB/*Schmitz*/*Wulf* AO § 370 Rn. 226). Problematisch ist allerdings, dass es an einer eigenhändigen Unterschrift fehlt (*Schelling* PStR 2008, 114). Aber auch bei körperlicher Abgabe einer nicht unterschriebenen und damit unwirksamen Steuererklärung werden immerhin Angaben gemacht (BGH 14.1.2015, wistra 2015, 273 Rn. 84). Allerdings werden die Daten vielfach nicht unmittelbar vom Stpfl, sondern vom Steuerberater übermittelt. Insofern mag es im Einzelfall schwierig sein festzustellen, wer die Verantwortung für eine unrichtige Umsatzsteuervoranmeldung oder ähnliches trägt. Es handelt sich aber um ein normales Problem der Ermittlung des Sachverhalts. Unzutreffende Angaben sind jedenfalls demjenigen als Eigene zuzurechnen, der die alleinige **Tatherrschaft über die (elektronische) Einreichung** inhaltlich unrichtiger Steuererklärungen hat (BGH 5.9.2017, NZWiSt 2018, 66; Klein/*Jäger* AO § 370 Rn. 40). Übermittelt der Steuerberater mittels ELSTER II oder DATEV die Steuererklärung des Stpfl, so ist der Stpfl, regelmäßig als Erklärender anzusehen (*Heuel*/*Harink* AO-StB 2020, 49; → Rn. 39). Unrichtige Angaben können iRd § 370 I Nr. 1 AO aber auch durch jeden Dritten, wie etwa den steuerlichen Berater, getätigt werden (BGH 20.12.1989, wistra 1990, 149; BGH 6.9.2016, wistra 2017, 104 Rn. 35).

Reichen **Ehegatten** eine gemeinsame Steuererklärung (für eine Zusammenveranlagung) ein, so können unzutreffende Angaben eines Ehegatten dem anderen auch bei dessen Kenntnis von der Unvollständigkeit, diesem strafrechtlich nicht zugerechnet werden, soweit sich seine Tätigkeit auf die bloße Mitunterzeichnung der Erklärung beschränkt (BFH 16.4.2002, wistra 2002, 353; BGH 17.4.2008, wistra 2008, 310; OLG Karlsruhe 16.10.2007, wistra 2008, 35; *Wulf* StBG 2009, 133).

Problematisch ist, ob die übrigen Handlungen, die im **Bereich des Betruges** ebenfalls als Täuschung behandelt werden, als „Machen von Angaben" interpretiert werden können. Die Dogmatik des Betrugstatbestandes stellt neben die ausdrückliche Täuschung, die nicht nur durch wörtliche Erklärungen, sondern auch durch eindeutige Gesten verübt werden kann, zunächst weitere Formen der ausdrücklichen Täuschung. Dazu gehört es, wenn der Täter dem anderen Zeichen zugänglich macht, die kraft Verkehrssitte oder Vereinbarung zur Übermittlung von Gedanken bestimmt sind, zB automatische Aufzeichnungsgeräte wie Kilometerzähler am Kfz oder sonstige Mengenzähler (krit. MüKoStGB/*Hefendehl* StGB § 263 Rn. 103). Ein Teil der Literatur rechnet es auch zur ausdrücklichen Täuschung, wenn der Täter die Beschaffenheit einer sonstigen Sache in der Absicht verändert, dadurch einen Irrtum herbeizuführen, zB durch Verdecken von Unfallschäden am Pkw oder von Mängeln an Gebäuden. Daneben wird schließlich die **konkludente Erklärung** für ausreichend erachtet, bei der das Opfer aus sonstigem Täterverhalten Schlüsse ziehen soll (Schönke/Schröder/*Perron* StGB § 263 Rn. 14 ff.). Die Grenzen zur **Täuschung durch Unterlassen** sind hier freilich fließend.

185   Die Frage nach der **Reichweite der aktiven Täuschungshandlung** ist bei der Steuerhinterziehung nicht von so erheblicher Bedeutung wie beim Betrug. Im Bereich des Steuerfestsetzungsverfahrens werden wegen der Formalisierung der abzugebenden Erklärungen (§ 150 I AO) insbes. Fälle der echten ausdrücklichen Täuschung durch Verwendung von schriftlichen oder mündlichen Worten praktisch bedeutsam. Auch wenn konkludente Täuschungen insbes. im Vollstreckungsverfahren (etwa Kopfschütteln über vorhandenes Vermögen iRe Besprechung wegen einer beantragten Stundung bzw. einem Erlass) oder im Bereich der Zollhinterziehung (Benutzung des „grünen Ausgangs" an der Zollstelle des Flughafens) in Betracht kommen (MüKoStGB/*Schmitz/Wulf* AO § 370 Rn. 227), kommen sie grundsätzlich auch in anderen Bereichen in Betracht. So wird etwa durch die Vorlage von Rechnungen zur Geltendmachung der Vorsteuer konkludent behauptet, dass es sich um eine echte, von einem anderen Unternehmer ausgestellte Rechnung handelt (BGH 24.6.2009, wistra 2009, 396; Kohlmann/*Ransiek* AO § 370 Rn. 216). Ebenso kann sich aus der Übersendung von Rechnungen an das FA, wie etwa Büromaterial oder Fachbuchrechnungen, konkludent die Erklärung ergeben, dass diese Rechnungen betrieblich veranlasst waren (vgl. auch MüKoStGB/*Schmitz/Wulf* AO § 370 Rn. 228).

186   Sofern **mitteilungspflichtige Stellen gem. § 93c AO Daten elektronisch an die Finanzverwaltung** übermitteln müssen, gelten diese gem. **§ 150 VII 2 AO** als Angaben des Stpfl, sofern dieser in seiner Steuererklärung nicht abweichende Angaben tätigt. In Betracht kommen etwa Angaben über Rentenbezugsmitteilungen (§ 22a I EStG), LSt-Bescheinigungen (§ 41b I EStG) sowie Mitteilungen über Arbeitslosengeld (§ 32b III EStG). Eine Steuererklärung, die solche elektronisch übermittelten Daten nicht enthält, gilt gleichwohl als vollständig. Ungeklärt ist bisher, inwieweit nicht elektronisch übermittelte Daten bzw. Daten, die nicht gem. § 93c AO übermittelt wurden, ebenfalls den Stpfl zugerechnet werden. Denkbar sind hier beispielsweise Daten aufgrund der EU-Amtshilferichtlinie, die von den ausländischen Behörden an das Bundeszentralamt für Steuern (BZSt) von dort an die zuständigen Landesfinanzbehörden weitergeleitet werden (§ 5 FKAustG). Teilweise wird eine analoge Anwendung des § 150 VII 2 AO für solch übermittelte Daten als denkbar angenommen (*Häger* wistra 2017, 369, 372). Hat der zuständige Sachbearbeiter jedoch Kenntnis von diesen Daten oder befinden sich die Informationen in den einschlägigen Akten, so wirken diese Daten nach der hier vertretenen Auffassung tatbestandsausschließend (→ Rn. 293).

c) Angaben über Tatsachen

Schrifttum: *Burchardt*, Fehlerhafte Beratung und steuerstrafrechtliche Verantwortlichkeit, StKRep 1965, 168; *Tipke*, An den Grenzen der Steuerberatung: Steuervermeidung, Steuerumgehung, Steuerhinterziehung, StbJb 1972/73, 509; *Lohmeyer*, Steuerliche Bilanzdelikte und ihre strafrechtliche Würdigung, GA 1972, 302; *ders.*, Umfang und Grenzen der steuerstraf- und bußgeldrechtlichen Haftung der Angehörigen der rechts- und steuerberatenden Berufe, GA 1973, 97; *ders.*, Die steuerstrafrechtliche Verantwortung von Steuerberater und Mandant, 1978; *Leisner*, Die allgemeine Bindung der Finanzverwaltung an die Rechtsprechung, 1981; *Gast-de Haan*, Objektive Steuerverkürzung bei auflösend bedingtem Sonderausgabenabzug? FR 1982, 588; *Danzer*, Die strafrechtliche Verantwortlichkeit des steuerlichen Beraters, Grundfragen 1983, 67; *Hanßen*,

Steuerhinterziehung und leichtfertige Steuerverkürzung (§§ 370, 378 AO) durch Abweichen von der höchstrichterlichen Finanzrechtsprechung – insbesondere durch Steuerberater?, Diss. Kiel 1984; *ders.*, Steuerhinterziehung und leichtfertige Steuerverkürzung (§§ 370, 378 AO) durch Abweichen von der höchstrichterlichen Finanzrechtsprechung – insbesondere durch Steuerberater?, GA 1985, 582; *Krieger*, Tatbestandsprobleme im Parteispendenverfahren, wistra 1987, 195; *ders.*, Täuschung über Rechtsauffassungen im Steuerstrafrecht, 1987; *Irrgang*, Steuerhinterziehung durch Abweichung von der Auffassung der Finanzverwaltung oder höchstrichterlicher Rechtsprechung?, DB 1988, 781; *Fissenewert*, Das Risiko des Steuerberaters hinsichtlich des Vertretens eigener (abweichender) Rechtsansichten bei der Abgabe von Steuererklärungen, DStR 1992, 1488; *Pipping*, Die „steuerlich erheblichen Tatsachen" im Rahmen der Steuerhinterziehung, Diss. Tübingen 1998; *Spriegel*, Umfang und Erklärungsinhalt von steuerlichen Tatsachenangaben im Sinne des § 370 AO, wistra 1998, 241; *Dörn*, Hinweispflicht bei Abweichung von der Rechtsansicht der Finanzverwaltung, wistra 2000, 334; *Wulf*, Handeln und Unterlassen im Steuerstrafrecht, 2001; *Harms*, Steuerliche Beratung im Dunstkreis des Steuerstrafrechts, Stbg 2005, 12; *Peters*, Betrug und Steuerhinterziehung trotz Erklärung wahrer Tatsachen, 2010; *ders.*, Steuerhinterziehung trotz Erklärung wahrer Tatsachen?, NZWiSt 2012, 361.

187 Es muss sich um **Angaben über Tatsachen** handeln. Tatsachen sind Umstände der realen Welt; sie sind von Werturteilen und Begriffen zu unterscheiden. Da die Behauptung einer zukünftigen Tatsache ebenfalls ein „Werturteil" ist, wird man ebenso wie bei § 263 StGB nur die Angaben über gegenwärtige Tatsachen ausreichen lassen können (*Gast-de Haan* FR 1982, 588). Dabei ist freilich zu bedenken, dass die Behauptung einer zukünftigen Tatsache regelmäßig die Behauptung einer gegenwärtigen – inneren – Tatsache mitenthält. Die Erklärung, man werde in drei Wochen zahlen, enthält die Behauptung der inneren Tatsache, man sei jetzt zur späteren Zahlung entschlossen und jetzt überzeugt, dass Zahlungsfähigkeit in Zukunft bestehen werde (*Joecks* StGB § 263 Rn. 31). Schließlich enthalten Werturteile häufig einen Tatsachenkern. Die Behauptung, man sei Eigentümer einer Sache, enthält die Behauptung derjenigen tatsächlichen Umstände, die zur Begründung des Eigentums geführt haben (s. zum Ganzen Schönke/Schröder/*Perron* StGB § 263 Rn. 8 ff.). Auch die innere Einstellung eines Stpfl kann eine falsche Angabe über Tatsachen darstellen. Dies ist etwa der Fall, wenn der Stpfl meint, dass das Tatbestandsmerkmal der Gewinnerzielungsabsicht bzw. Überschusserzielungsabsicht (nicht) vorliegt bzw. dass keine bedingte Veräußerungsabsicht (etwa im Bereich des gewerblichen Grundstückshandels) vorliegt (MüKoStGB/*Schmitz/Wulf* AO § 370 Rn. 239).

188 **Problemlos** ist die Abgrenzung dort, wo der Täter die reinen Tatsachen angibt und zusätzlich Werturteile und Rechtsmeinungen äußert: Nur die Tatsachenbehauptungen sind tatbestandlich erheblich. Eine Steuerhinterziehung kann nicht dadurch begangen werden, dass der FinB eine (unrichtige) Rechtsauffassung vorgetragen und von dieser zu Unrecht übernommen wird (vgl. auch Koch/Scholtz/*Scheurmann-Kettner* AO § 370 Rn. 23). Der Idee nach hat der Stpfl lediglich Tatsachen zu liefern und die FinB in eigener Verantwortung das Steuerrecht anzuwenden. Mit der Formulierung des Gesetzes („über steuerlich erhebliche Tatsachen") wird diese idealtypische Verteilung der Aufgaben in Bezug genommen.

189 Die **Finanzverwaltung** hat freilich durch die ihr eingeräumte Möglichkeit, die Steuererklärungsformulare zu gestalten (§ 150 I AO), die Verhältnisse grundlegend umgewandelt. Der weitaus überwiegende Teil der zu beantwortenden Fragen verlangt vom Stpfl umfangreiche Steuerrechtskenntnisse sowie die Ermittlung von Subsumtionsergebnissen. Soweit das Gesetz die Selbstberechnung der Steuer verlangt (§ 150 I 2 AO), trifft den Stpfl sogar eine gesetzliche Pflicht zur Subsumtion unter zuvor von ihm ermittelte Steuerrechtsnormen.

190 Jedenfalls die ältere (überwiegend noch zum Merkmal der Steuerunehrlichkeit entstandene) Literatur und Rspr meint, eine Steuerhinterziehung begehe auch, wer seinen Angaben **unzutreffende Rechtsansichten** zugrunde lege (RG 26.6.1934, RGSt 68, 234; *Burchardt* StKRep 1965, 180; *Leisner* Bindungswirkung S. 111 f.; *Lohmeyer* GA 1972, 306 f.; 1973, 103, 106). Dies wird zum Teil mit praktischen Erwägungen begründet (*Burchardt* aaO). Zum Teil wird erklärt, die höchstrichterliche Rspr stelle den Empfängerhorizont des FA dar, auf ihn habe sich der Erklärende einzustellen und insbs. ausdrücklich darauf hinzuweisen, wenn er eine abweichende Rechtsansicht zugrunde zu legen beabsichtige (*Danzer* Grundfragen S. 94). Die Gegenansicht verweist insbes. auf die fehlende gesetzliche Verpflichtung zur rechtlichen Subsumtion durch den Stpfl (*Tipke* StbJb 1972/73, 526 ff.; *Hanßen* 1984, aaO). *Hanßen* meint daher, die Steuererklärung sei solange zutreffend, wie der Stpfl auch nur irgendeine vertretbare Rechtsansicht seinen Tatsachenangaben zugrunde lege. *Krieger* (1987, S. 106) hält die Täuschung über Rechtsauffassungen insoweit für irrelevant, als das Merkmal „Tatsache" eine Rechtsauffassung nicht umfasst; verkürzte Angaben, die (verdeckt) sowohl Tatsachenbehauptungen als auch Rechtsauffassungen enthielten, könnten daher hinsichtlich der letztgenannten nicht Angaben über Tatsachen sein (aaO S. 106).

191 Diese Auffassungen sind wenig zufriedenstellend. Dass die höchstrichterliche Rspr nicht stets den **Empfängerhorizont** des FA darstellt, zeigt schon die Existenz von Erlassen, in denen die Nichtanwendung von Urteilen des BFH angeordnet wird, wenngleich zu konzedieren ist, dass eine Anklage in einem solchen Fall noch nicht bekannt geworden ist (vgl. Rolletschke/Kemper/*Rolletschke* AO § 370 Rn. 77). Konsequent müsste *Danzer* (Grundfragen S. 94) vom Stpfl eigentlich die Ermittlung der Rechtsvorstellungen des konkret zuständigen Finanzbeamten verlangen, da diese den wahren Empfängerhorizont darstellen, an dem der Inhalt der Erklärung gemessen wird. Die Gegenansicht führt praktisch zur Unbrauchbarkeit der Steuererklärungen für die Finanzbehörden. Das Dilemma rührt daher, dass § 370 I AO angesichts seines eindeutigen Wortlautes (*„steuerlich erhebliche Tatsachen"*) an ein Modell der Balance von Ermittlung durch das FA und Mitwirkung durch den Stpfl anknüpft, das in der Rechtswirklichkeit so überhaupt nicht existiert.

192 Nach der Rspr des BGH (BGH 10.11.1999, wistra 2000, 137) steht es dem Stpfl frei, in seiner Steuererklärung die für ihn günstigste Rechtsansicht zu vertreten. Allerdings muss er gem. § 90 I 2 AO die für die Besteuerung relevanten Tatsachen vollständig und richtig offen legen, damit die Finanzverwaltung eine zutreffende steuerliche Bewertung durchführen kann. Eine Offenbarungspflicht besteht nach Ansicht des BGH insofern für sämtliche Sachverhaltselemente, deren Relevanz objektiv zweifelhaft ist und die Frage, ob eine Hinweispflicht auch dann besteht, wenn der Erklärende eine abweiche Rechtsansicht der Finanzverwaltung lediglich für möglich erachtet, hat der BGH in der damaligen Entscheidung ausdrücklich offen gelassen (MüKoStGB/*Schmitz/Wulf* AO § 370 Rn. 243). Festzuhalten ist, dass der Stpfl jedenfalls dann keine unrichtigen Angaben macht, wenn er in seiner Erklärung alle für eine steuerliche Rechtsfrage **relevanten Tatsachen richtig und vollständig** darstellt. In einer solchen Konstellation stellt eine günstige Rechtsansicht keine Steuerhinterziehung dar, da alle relevanten Tatsachen offengelegt worden sind (BGH 10.11.1999, wistra 2000, 137 Rn. 3b). Zudem liegen ebenfalls keine unzutreffenden Angaben vor, wenn der Stpfl zwar nicht sämtliche relevanten Tatsachen für eine (von der Finanzverwaltung) abweiche Rechtsauffassung vorlegt, er jedoch entsprechend seiner Rechtsansicht sämtliche relevanten Angaben vorlegt und auf die von der Finanzverwaltung abweichende Rechtsauffassung hinweist (BGH 10.11.1999, wistra 2000, 137 Rn. II 3c bb). In dieser Konstellation wird der Finanzverwaltung erkennbar, welche Tatsachen dem mitgeteilten Subsumtionsergebnis des Stpfl zugrunde liegen, so dass das Finanzamt über die formularmäßige Erklärung hinaus weitere Sachverhaltsdetails abfragen kann, um eine eigene abweichende Rechtsauffassung umsetzen zu können (MüKoStGB/*Schmitz/Wulf* AO § 370 Rn. 244). Kritisch ist jedoch die undifferenzierte Aussage des BGH zu werten, wonach jede Abweichung von der Rechtsprechung, den Richtlinien der Finanzverwaltung oder der regelmäßigen Veranlagungspraxis erkennbar zu machen sei (ebenso MüKoStGB/ *Schmitz/Wulf* AO § 370 Rn. 245). Zwar ist diesbzgl. auf den objektivierten Empfänger und die Finanzverwaltung abzustellen, doch muss diesbzgl. die existierende Rechtsprechung mitberücksichtigt werden (MüKoStGB/*Schmitz/Wulf* AO § 370 Rn. 247; *Randt* FS Schaumburg, 2009, 1255; *Wulf* FS Streck, 2011, 627). Jegliche Abweichung von den Richtlinien der Finanzverwaltung wäre als bloßer Verwaltungsgehorsam als (versuchtes) Vergehen ansonsten strafbar (MüKoStGB/*Schmitz/Wulf* AO § 370 Rn. 246). Nach der hier vertretenen Auffassung ist es nicht möglich, dass die Finanzverwaltung einseitig durch die Veröffentlichung von Richtlinien und Erlasse den maßgeblichen Empfängerhorizont bestimmt (MüKoStGB/*Schmitz/Wulf* AO § 370 Rn. 246; aA Rolletschke/Kemper/*Rolletschke* AO § 370 Rn. 76 ff; demgegenüber stellt Tipke/Kruse/*Krumm* AO § 370 Rn. 50 allein auf amtliche Veröffentlichung im BStBl. I oder II ab). In diesem Zusammenhang ist zu beachten, dass Verwaltungsrichtlinien lediglich interne Bindungswirkung für die Finanzverwaltung haben, während Stpfl aus ihnen weder Rechte herleiten können noch durch sie verpflichtet werden (*Kohlmann*, Steuerverwaltungsvorschriften und Steuerstrafrecht, DStJG 5, 308 f., Kohlmann/*Ransiek* AO § 370 Rn. 239). Existiert etwa für die streitgegenständliche Rechtsfrage eine für den Stpfl günstige BFH-Entscheidung, so muss er nicht auf einen Nicht-Anwendungserlass der Finanzverwaltung hinweisen. Existiert keine höchstrichterliche Entscheidung des BFH zu der streitgegenständlichen Rechtsfrage, so ist der Stpfl nach der hier vertretenen Auffassung nicht verpflichtet, auf abweichende Richtlinien der Finanzverwaltung hinzuweisen, sofern zumindest für seine Rechtsansicht finanzgerichtliche Rspr. existiert. Die Finanzverwaltung kann in solch einer Konstellation nicht mehr darauf vertrauen, dass der Stpfl sich an die (für ihn formal unverbindlichen) Richtlinien orientiert (MüKoStGB/*Schmitz/Wulf* AO § 370 Rn. 248; *Randt* in FS Schaumburg, 1255, 1263 nach dem FG München soll demgegenüber eine Offenbarungspflicht bestehen, FG München 16.8.2007, BeckRS 2007, 260, 24137). Existiert zu einer Steuerrechtsfrage bisher keine konkrete Rspr. und keine Verwaltungsauffassung, so kann der Stpfl seiner Steuererklärung jede vertretbare Rechtsansicht zugrunde legen. Als vertretbar ist zu qualifizieren, was in einschlägigen Kommentaren oder in der Fachliteratur für zutreffend erachtet wird. Allein die Tatsache, dass für eine Steuererklärung für Rechtsfragen diverse Auffassungen existieren, kann nicht zu unrichtigen Tatsachenangaben in dieser Konstellation führen (MüKoStGB/*Schmitz/Wulf* AO § 370 Rn. 247).

Nur eine unvertretbare Rechtsauffassung ist kein Werturteil mehr, sondern eine – unrichtige – Tatsache (vgl. *Krieger* 1987, S. 32 ff.; *Bachmann* 1993, S. 155; *Hardtke* 1995, S. 33; *Pipping* 1998, S. 120; MüKoStGB/*Schmitz/Wulf* AO § 370 Rn. 247, aM Klein/*Jäger* AO § 370 Rn. 44). Die Berufung auf „interessante Außenseitermeinungen", die im seriösen Schrifttum keine Anerkennung gefunden haben, hilft also nicht weiter (*Harms* Stbg 2005, 12, 14; Kohlmann/*Ransiek* AO § 370 Rn. 244). Die Auffassung, dass eine vertretbare Rechtsansicht (wenn keine Rspr. und Verwaltungsauffassung existiert) eine unzutreffende Angabe darstellen soll, ist mit der Wortlautbindung des Strafrechts (Art. 103 II GG) nicht in Einklang zu bringen.

Durch die Einführung des § 150 VII 1 AO hat der Gesetzgeber der Rspr. des BGH **193** insofern Rechnung getragen, als der Stpfl auch bei einer elektronischen eingereichten Steuererklärung die Möglichkeit haben muss, seiner Erklärung eine von der Verwaltungsauffassung abweichende Rechtsansicht zugrunde zu legen, der Finanzbehörde jedoch gleichwohl den betroffenen Sachverhalt mitzuteilen (Klein/*Jäger* AO § 370 Rn. 44b). Die amtlich vorgeschriebenen Steuererklärungs-Vordrucke bzw. Datensätze enthalten dementsprechend seit dem Veranlagungszeitraum 2017 ein Feld, in dem angegeben werden soll, wenn über die Angaben in der Steuererklärung hinaus weitere oder abweichende Angaben oder Sachverhalte berücksichtigt werden sollen bzw. wenn die in der Steuererklärung umfassten Angaben einer von der Verwaltungsauffassung abweichende Rechtsansicht zugrunde gelegt wurde. In der Zeile 45 des Mantelbogens zum amtlichen Formular der ESt-Erklärung 2020 soll der Stpfl ankreuzen, wenn über die Angaben in der Steuererklärung hinaus weitere oder abweichende Angaben oder Sachverhalte zu berücksichtigen sind. Diese sollen in einer beigefügten Anlage, welche mit der Überschrift „ergänzende Angaben zur Steuererklärung" gekennzeichnet ist, angegeben werden. Gleiches gilt, wenn bei den in der Steuererklärung erfassten Angaben bewusst eine von der Verwaltungsauffassung abweichende Rechtsauffassung zugrunde gelegt wurde. Macht der Stpfl davon bewusst keinen Gebrauch, so ist dies eine unzutreffende Angabe, wenn er den Sachverhalt nicht vollständig offen gelegt hat und die abweichende Verwaltungsauffassung von der finanzgerichtlichen Rspr. nicht gedeckt ist. Existiert jedoch zu der Auffassung der Finanzverwaltung eine abweichende finanzgerichtliche Rspr., so macht der Stpfl keine Angaben, auch wenn er in dem Formular nicht mit der Ziffer „1" auf diese abweichende Auffassung hinweist. Hintergrund ist, dass die Formulierung in Erklärungsvordrucken nicht geeignet sind, den Umfang der steuerlichen Mitwirkungspflichten zu ändern. Das Gesetz schreibt der Finanzverwaltung lediglich vor, dem Stpfl bei der elektronischen Übermittlung von Daten die Möglichkeit einzuräumen, auf abweichende Rechtsansichten oder ergänzende Sachverhaltsdetails hinzuweisen (§ 150 VII 1 AO). Eine Anordnung, die ihren Pflichtenkreis des Stpfl hierdurch erweitert, wird durch das Gesetz jedoch gerade nicht getroffen (MüKoStGB/*Schmitz/Wulf* AO § 370 Rn. 249).

194 Bedeutung haben die ab 2007 eingeführten **„Freitextfelder"** möglicherweise insofern, in welcher Form und an welcher Stelle ein erforderlicher Hinweis anzubringen ist. In Fällen der automatisierten Bearbeitung ist es für die Finanzverwaltung ohne den an der richtigen Stelle gesetzten Hinweis nicht möglich, diejenigen Fälle konkret zu prüfen, in denen der Stpfl sich auf eine abweichende Rechtsansicht stützt (MüKoStGB/*Schmitz/Wulf* AO § 370 Rn. 250). Die Fälle, in denen keine ausschließlich automatisionsgeschützte Steuerfestsetzung erfolgt, sind unter Berücksichtigung sämtlicher Umstände des Einzelfalls zu beurteilen, ohne dass dem „Freitextfeld" allein eine ausschlaggebende Bedeutung zukommt (MüKoStGB/*Schmitz/Wulf* AO § 370 Rn. 250; vgl. auch Tipke/Kruse/*Krumm* AO § 370 Rn. 51). Dem Stpfl bleibt es jedoch grundsätzlich unbenommen, parallel zu den elektronischen Übermittlungen schriftlich auf ergänzende Unterlagen hinzuweisen.

195 Die damit entstehenden **Strafbarkeitslücken** sind hinnehmbar, weil in der Praxis ohnehin bei Beanstandungen in der Außenprüfung im Hinblick auf vertretbar erscheinende Rechtsauffassungen Strafverfahren regelmäßig nicht durchgeführt werden und der Stpfl, der in der Folge weiterhin die als unzutreffend erkannte Rechtsauffassung seiner Buchhaltung zugrunde legt, über die Unvertretbarkeit seiner Auffassung unterrichtet ist. Im Übrigen wäre daran zu denken, in diesen Fällen zwar den Empfängerhorizont eines „gedachten" Finanzbeamten zugrundezulegen, wie es etwa die Finanzrechtsprechung im Rahmen des § 173 I Nr. 2 AO tut, zugleich aber – ähnlich der Untreue – besonders hohe Anforderungen an die Feststellung des dolus eventualis zu stellen. Die Praxis der Rspr. ist dies jedoch nicht (vgl. etwa BGH 15.11.1994, wistra 1995, 69; BGH 10.11.1999, wistra 2000, 137 mAnm *Dörn* wistra 2000, 334: Offenbarungspflicht für Sachverhaltselemente, deren rechtliche Relevanz objektiv zweifelhaft ist).

196 Zweifelhaft ist im Übrigen, inwiefern entsprechend der Rspr. zum Betrug (BGH 26.4.2001, BGHSt 47, 1; BGH 4.12.2003, wistra 2004, 103) durch Behauptung wahrer Tatsachen eine unrichtige Erklärung auch dann vorliegen kann, wenn der Stpfl zwar insgesamt wahrheitsgemäße Angaben macht, die gesamte Erklärung aber darauf ausgerichtet ist, dass das FA gegenteilige Schlüsse zieht (dazu *Peters,* Betrug und Steuerhinterziehung trotz Erklärung wahrer Tatsachen, 2010).

d) Unrichtige oder unvollständige Angaben

197 **Eine Angabe ist unrichtig,** wenn die in ihr enthaltene Behauptung mit der Wirklichkeit nicht übereinstimmt. Schwierigkeiten bereitet die unvollständige Angabe. Diese Alternative ist nur dann bedeutsam, wenn die gemachten Angaben als solche richtig sind. Die Frage, ob eine Angabe unvollständig ist, lässt sich nur beantworten, wenn man die tatsächliche Angabe mit einem anderen Maßstab vergleicht. Vergleicht man die tatsächlichen Angaben mit derjenigen Angabe, zu der der Erklärende verpflichtet ist, dann wird die Grenze zu § 370 I Nr. 2 AO verwischt, da dann nicht mehr mit Sicherheit ermittelt werden kann, ob eine unvollständige Angabe aktiv handelnd gemacht wurde oder ob der Täter die Angabe der fehlenden Teile pflichtwidrig unterlassen hat (vgl. *Lütt* 1988, S. 53 ff.). Man wird daher die Vollständigkeit der Angaben nicht an der Pflicht zur Angabe, sondern an einem anderen Maßstab messen müssen. Dafür bietet sich die ausdrücklich oder konkludent behauptete Vollständigkeit an. Es ist daher im Einzelfall zu ermitteln, ob der

Erklärende ausdrücklich oder konkludent mitbehauptet, er habe sämtliche erheblichen Umstände aus einem bestimmten Umkreis vollständig erklärt; das wird bei Steuererklärungen nach § 150 I AO regelmäßig der Fall sein. Ist dies der Erklärung zu entnehmen, dann ist zu prüfen, ob die fehlende Angabe zu dem vom Täter bezeichneten Umkreis gehört. Nur in diesem Fall hat er eine unvollständige Angabe gemacht. Aufgrund der gesetzlichen Verpflichtung zur Vollständigkeit von Steuererklärungen (§ 90 I 2 AO) und der darauf bezogenen Versicherung (§ 150 II AO) stellt jede unvollständige Steuererklärung auch eine unrichtige Steuererklärung dar (MüKoStGB/*Schmitz/Wulf* AO § 370 Rn. 236). Insofern hat die Tatbestandsvariante der unvollständigen Angaben vorrangig eine Klarstellungsfunktion. Unvollständige Angaben liegen beispielsweise dann vor, wenn ein Stpfl in seiner Schenkungssteuererklärung (Mantelbogen der Schenkungssteuererklärung, Zeile 20) wahrheitswidrig verschweigt, vom Schenker zuvor keine weiteren Schenkungen erhalten zu haben und die vom Schenker erhaltenen Vorschenkungen (in den Zeilen 110 bis 114 des Mantelbogens der Schenkungserklärung) nicht aufführt (BGH 10.2.2015 NStZ 2016, 34; Kohlmann/*Ransiek* AO § 370 Rn. 248). Dagegen scheidet die Begehung nach § 370 I Nr. 1 AO aus, wenn er pflichtwidrig Angaben weglässt, seine Angabe aber keine Vollständigkeitserklärung enthält. In diesem Fall unterlässt der Täter nach § 370 I Nr. 2 AO.

Aufgrund des zum 1.1.2017 in Kraft getretenen § 150 VII 2 AO sind dem Stpfl unter **198** den dort genannten Voraussetzungen die von mitteilungspflichtigen Stellen übermittelten Daten zuzurechnen. Fehlen diesbezüglich eigene Angaben in der Steuererklärung des Stpfl, ist diese nicht unvollständig (*Roth* wistra 218, 152, 153; *Beyer* NZWiSt 2018, 359; *Rolletschke* NZWiSt 2018, 185; Kohlmann/*Ransiek* AO § 370 Rn. 249).

Wer in dem Mantelbogen einen **Verlustvortrag** ankreuzt, der durch einen Fehler allein **199** des Finanzamts festgestellt worden ist, macht keine „unrichtige" Angabe (BFH 4.12.2012, BFHE 239, 495). Bei einer anderen Lösung würde überspielt, dass der Stpfl Fehler des Finanzamts nicht korrigieren muss (→ Rn. 272) und der Feststellungsbescheid das FA bindet, solange er nicht aufgehoben worden ist. Ob auch eine innere Tatsache miterklärt sein kann ist zweifelhaft. Nach Auffassung des KG soll die rechtmäßige Geltendmachung der Ansparabschreibung nach § 7g III EStG in der Fassung vom 9.12.2004 über die bloße Bezeichnung eines Investitionsvorhabens hinaus den Willen voraussetzen, die Planung tatsächlich umzusetzen (KG 3.12.2012, wistra 2013, 245).

e) Steuerlich erhebliche Tatsachen

Die Tatsachen müssen steuerlich erheblich sein. Tatsachen sind dann steuerlich erheb- **200** lich, wenn sie zur **Ausfüllung eines Besteuerungstatbestandes** herangezogen werden müssen, also Grund, Höhe oder Fälligkeit des Steueranspruchs oder des Steuervorteils beeinflussen. Darüber hinaus sind aber auch solche Tatsachen steuerlich erheblich, welche die FinB sonst zur Einwirkung auf den Steueranspruch veranlassen können (vgl. *Bachmann* 1993, S. 163; *Hardtke* 1995, S. 30). Steuerlich erhebliche Tatsachen können grundsätzlich im Steuerfestsetzungsverfahren, Rechtsbehelfsverfahren (BGH 7.7.1993, wistra 1993, 302) bei dem Abschluss einer tatsachlichen Verständigung (BGH 26.10.1998, wistra 1999, 103) bei Erklärungen über Vorauszahlungen (OLG Stuttgart 21.5.1987, wistra 1987, 263) im Beitreibungsverfahren (BGH 21.8.2012, wistra 2012, 482 mAnm *Wulf* StBg 2013, 116) sowie im finanzgerichtlichen Verfahren (OLG München 24.7.2012, wistra 2012, 490) in Betracht kommen. Demgegenüber sind unzutreffende Angaben in einem Steuerstrafverfahren steuerlich nicht erheblich, da in diesem Verfahren der Stpfl nicht der Wahrheitspflicht unterliegt (MüKoStGB/*Schmitz/Wulf* AO § 370 Rn. 263).

f) Gegenüber Finanz- oder anderen Behörden

Die Angaben müssen gegenüber Finanzbehörden oder gegenüber anderen Behörden **201** gemacht werden. Mit Hilfe dieses Merkmals werden lediglich Täuschungshandlungen gegenüber Privatpersonen ausgeschieden, die diese zu einem steuerverkürzenden Verhalten unmittelbar veranlassen. So liegt es zB, wenn Sachen, bezüglich derer Vollstreckungsmaßnahmen drohen, an andere veräußert werden. Dagegen genügen Angaben gegenüber Privatpersonen jedenfalls dann, wenn diese die Angaben mit Willen des Täters gutgläubig an Finanz- und andere Behörden, die steuerliche Entscheidungen treffen (Koch/Scholtz/ *Scheurmann-Kettner* AO § 370 Rn. 21), weitergeben (§ 370 I Nr. 1 AO, § 25 I Alt. 2 StGB, → § 369 Rn. 69). Wer dagegen den Steuerberater veranlassen will, vorsätzlich unrichtige Angaben weiterzuleiten, macht dem Steuerberater gegenüber schon keine unrichtigen Angaben, sondern versucht, diesen zur Steuerhinterziehung anzustiften. Macht der Stpfl Angaben gegenüber einer Behörde, die selbst keine steuerlich erhebliche Entscheidung zu treffen hat, von der aber der Stpfl eine Weiterleitung an die zuständige (Finanz-)Behörde erwartet, liegt ein Fall der mittelbaren Täterschaft vor.

202 Ob unrichtige **Angaben gegenüber einem Finanzgericht** ausreichen, ist zweifelhaft. Das OLG München hat dies bejaht (24.7.2012, wistra 2012, 490). Die Meinungen in der Literatur sind geteilt. *Ransiek* (Kohlmann/*Ransiek* AO § 370 Rn. 253) meint, der Begriff der Behörde in § 6 AO hindere nicht die Anwendbarkeit des § 11 I Nr. 7 StGB. *Schmitz* und *Wulf* (MüKoStGB/*Schmitz/Wulf* § 370 Rn. 271), halten den Rückgriff auf § 11 I Nr. 7 StGB mittlerweile für vertretbar. Immerhin verweist § 369 II AO auf die allgemeinen Gesetze, der Behördenbegriff in § 6 AO ist erkennbar nicht auf das Steuerstrafrecht zugeschnitten. Wenn also nach § 11 I Nr. 7 StGB Behörde auch ein Gericht ist, gilt dies auch im Steuerstrafrecht. Ein anderes Ergebnis wäre auch nach dem Normzweck nicht vertretbar, da ansonsten der Stpfl in einem finanzgerichtlichen Verfahren (erstmals) risikolos unzutreffende Tatsachen vortragen könnte. Im Übrigen ist zu bedenken, dass in einem finanzgerichtlichen Verfahren immer auch ein Vertreter der FinB vertreten ist und (ebenfalls) Adressat der Täuschung wird. Da nur „steuerlich erhebliche" Tatsachen in Betracht kommen, scheiden jedoch andere Gericht, wie etwa Nachlassgerichte oder Familiengerichte, als Empfänger der unrichtigen Angaben aus. Vor einem Strafgericht gilt ohnehin keine Wahrheitspflicht für den Angeklagten.

g) Einzelfälle der Steuerhinterziehung durch Handeln

203 **aa) Vorbemerkungen.** Die **Abgabe unrichtiger Steuererklärungen führt zu einer Steuerverkürzung,** wenn der Stpfl einzelne steuerbegründende oder -erhöhende Tatsachen weggelassen oder nicht berücksichtigt hat, zB durch Nichtangabe bestimmter Einkünfte oder zu niedriger Angabe der erzielten Einkünfte, namentlich nach mangelnder Berücksichtigung von Bareinnahmen, oder wenn der Stpfl steuerbefreiende oder -mindernde Tatsachen vorgetäuscht hat, zB durch Absetzen fingierter Betriebsausgaben oder durch Erklären von Sonderausgaben (§§ 10 ff. EStG) oder Aufwendungen als außergewöhnliche Belastung (§§ 33 f. EStG), die er überhaupt nicht oder nicht in der erklärten Höhe oder nicht zu dem angegebenen Zweck oder nicht in dem jeweiligen Veranlagungszeitraum geleistet hat. Unrichtig ist auch eine ESt-Erklärung, mit der wahrheitswidrig das Vorliegen der Voraussetzungen einer Zusammenveranlagung behauptet wird (*Dörn* StB 1997, 198).

204 **Der Zeitfolge nach** kann das Weglassen steuererhöhender Tatsachen oder das Vortäuschen steuermindernder Tatsachen – von der Abgabe der Steuererklärung aus rückwärts betrachtet – entweder erst durch fehlerhaftes Ausfüllen der Erklärungsvordrucke vollzogen werden (→ Rn. 231 ff.) oder schon durch fehlerhafte oder unterlassene Buchungen und/ oder eine entsprechend unrichtige Gewinnermittlung vorbereitet (→ Rn. 217 ff.) oder noch früher bereits dadurch angebahnt worden sein, dass zum Zweck der Steuerminderung bestimmte Rechtsgeschäfte nur zum Schein vorgenommen waren oder ein wirklicher rechtsgeschäftlicher Wille zur Tarnung gegenüber dem FA durch Missbrauch von Formen und Gestaltungsmöglichkeiten des bürgerlichen Rechts verwirklicht wurde (→ Rn. 206 ff.).

205 **Die Ermittlung der Fehlerquelle(n)** einer unrichtigen Steuererklärung ist von besonderer Bedeutung für die Erkenntnis und den Beweis der subjektiven Tatmerkmale sowie für die Erkenntnis der Täterpersönlichkeit und die Strafzumessung. Für die Abgren-

Das tatbestandsmäßige Verhalten 205 § 370

zung zwischen Versuch und Vollendung der Steuerhinterziehung sind die vor der Abgabe der unrichtigen Steuererklärung vollzogenen Vorgänge ohne Bedeutung (→ Rn. 540).

bb) Scheingeschäfte und Steuerumgehung

Schrifttum: *Strauß,* Steuerumgehung und Steuerstrafrecht, JW 1931, 275; *Boethke,* Das Wesen der Steuerumgehung nach § 5 RAbgO, JW 1931, 278; *Löhlein,* Der Mißbrauch von Formen und Gestaltungsmöglichkeiten, StW 1948, 681; *Thoma,* Mißbräuchliche Steuerumgehung, StbJb 1950, 57; *ders.,* Grundsätzliches zur Frage des Mißbrauchs von Formen und Gestaltungsmöglichkeiten im Steuerrecht, FS Bühler, 1954, 233; *Fahrensbach,* Verdeckte Gewinnausschüttung und Steuerumgehungsabsicht, FR 1955, 155; *Böhmer,* Erfüllung und Umgehung des Steuertatbestandes, 1958; *Felix,* Steuerumgehung und Steuereinsparung, StW 1959, 373; *v. Wallis,* Die Bedeutung des § 6 StAnPG, FR 1959, 318; *ders.,* Steuerumgehung, FR 1960, 9; *Horstmann,* Unzulässige Tatbestands- und Rechtsgestaltung im Umsatzsteuer-Vergütungsrecht, UStR 1960, 81; *Tipke/ Kruse,* Zur Frage der Steuerumgehung, FR 1961, 29; *Löhlein,* Zur Abgrenzung von Steuerumgehung und Steuerersparnis, StW 1962, 385; *v. Wallis,* Gestaltungsmißbrauch, FR 1963, 189; *Blencke,* Gestaltungsfreiheit im Steuerrecht und ihre Grenzen, 1964; *Kottke,* Der rechtsgeschäftliche Wille als Kriterium für die mißbräuchliche Steuerumgehung, WPg 1963, 347; *Oswald,* Steuerumgehung bei der Erbschaft- und Grunderwerbsteuer, DNotZ 1964, 535; *Paulick,* Steuereinsparung und Steuerumgehung, StbJb 1963/64, 372; *Böttcher/Beinert,* Die steuerliche Anerkennung der Gewinnverteilung bei Familien-Personengesellschaften, DB 1965, 373; *Plückebaum,* Angemessenheit der Gewinnverteilung bei Familiengesellschaften, StBp 1965, 63; *Bachmayr,* Der sogenannte Steueroasen-Erlaß, FR 1965, 392; *Eichhorn,* Die legitime Basisgesellschaft, BB 1965, 239; *Haas,* Steuerbasen in Steueroasen, DStR 1965, 245; *Debatin,* Einkommens- und Vermögensverlagerungen in sog. Steueroasenländer unter Ausnutzung des zwischenstaatlichen Steuergefälles, DB 1965, 1022; *Flüge,* Zur Behandlung der sogenannten Basisgesellschaft, BB 1965, 1829; *Hopfenmüller,* Die Basisgesellschaft – Gestaltungsfreiheit oder Mißbrauch?, StbJb 1965/66, 451; *Huber,* Über die Notwendigkeit der §§ 5 und 6 StAnPG, StW 1966, 394; *Oswald,* Zum Problem der Steuerumgehung, namentlich bei Grundstücksgeschäften, JR 1966, 216; *ders.,* Die Mißbrauchsvorschrift des § 6 StAnPG in der Sicht der Rspr. des BFH, DStR 1966, 464; *Huber/Krebs,* Untersuchung einer Konformität zwischen Steuerrecht und Privatrecht unter besonderer Berücksichtigung des Mißbrauchstatbestandes, StW 1967, 98; *Riedel,* Die Steuerumgehung, Diss. Münster, 1968; *Ruppel,* Exzesse des Ehegatten-Arbeitsverhältnisses, FR 1969, 473; *Schuhmann,* Vertragsgestaltung – Gestaltungsmißbrauch, BB 1970, 1493; *Tipke,* An den Grenzen der Steuerberatung: Steuervermeidung, Steuerumgehung, Steuerhinterziehung, StbJb 1972/73, 509; *Kruse,* Steuerumgehung zwischen Steuervermeidung und Steuerhinterziehung, StbJb 1978/79, S. 443; *Danzer,* Die Steuerumgehung, 1981; *Giemulla,* Die Haftung des Steuerberaters bei unzulässiger Steuervermeidung, DStZ 1982, 20; *Piltz,* Steuerumgehung bei ausländischen Betriebstätten und Personengesellschaften, RIW 1982, 414; *Kirchhof,* Steuerumgehung und Auslegungsmethoden, StW 1983, 173; *Schulze-Osterloh,* Unbestimmtes Steuerrecht und strafrechtlicher Bestimmtheitsgrundsatz, Grundfragen 1983, 43; *Ulsenheimer,* Zur Problematik der überlangen Verfahrensdauer und richterlichen Aufklärungspflicht im Strafprozeß sowie zur Frage der Steuerhinterziehung durch Steuerumgehung, wistra 1983, 12; *Wurster,* Der Mißbrauchsbegriff bei der Steuerumgehung, BB 1983, 173; *Kottke,* Das unechte Tatbestandsmerkmal des ungewöhnlichen Weges in § 42 der Abgabenordnung, BB 1983, 1146; *Breitenbach,* Die Eignung der Bauherrenerlasse zur Diagnose von Steuerumgehungen, DB 1983, 1788; *Rauer,* Mißbrauch von Gestaltungsmöglichkeiten des Rechts durch Einschaltung einer Basisgesellschaft, DB 1983, 2276; *Kottke,* Scheingeschäfte und Scheinhandlungen im Steuerrecht, Inf 1984, 553; *Ulmer,* Steuervermeidung, Steuerumgehung, Steuerhinterziehung, DStZ 1986, 292; *Pütz,* Strafbare Steuerumgehung bei der gewerblichen Zwischenvermietung, wistra 1989, 201; *Wagner,* Gewerbliche Zwischenvermietung ist keine strafbare Steuerumgehung, wistra 1989, 321; *Pohl,* Steuerhinterziehung durch Steuerumgehung, 1990; *Meine,* Steuervermeidung, Steuerumgehung, Steuerhinterziehung, wistra 1992, 81; *Lürssen,* Die §§ 159–161 AO und das Steuerstrafrecht, 1993; *Kottke,* Steuerersparung, Steuerumgehung, Steuerhinterziehung, 10. Aufl. 1994; *Klos,* Steuerliche Absetzbarkeit von Darlehenszahlungen an eine ausländische Domizilgesellschaft, BuW 1995; *Fischer,* Die Umgehung des Steuergesetzes, DB 1996, 644; 417; *Kaligin,* Internationale Geschäftsbeziehungen im Blickwinkel der Außenprüfung und Steuerfahndung, Harzburger Steuerprotokoll 1996, 153; *Hundt,* Entwicklung des deutschen Mißbrauchsverständnisses bei grenzüberschreitenden Gestaltungen, FS Debatin, 1997, 153; *Joecks,* Abzugsverbot für Bestechungs- und Schmiergelder – Korruptionsbekämpfung durch Steuerrecht?, DStR 1997, 1025; *Müller-Franken,* Das Verbot des Abzugs der „Zuwendung von Vorteilen" nach dem Jahressteuergesetz 1996, StuW 1997, 3; *Schneider,* Steuervermeidung – ein Kavaliersdelikt?, DB 1997, 485; *Joecks,* Steuerrechtliche Behandlung der Bestechung, in: Pieth/Eigen (Hrsg.), Korruption im internationalen Geschäftsverkehr, 1998, 373; *Nietzer,* Die rechtliche Behandlung von Schmiergeldzahlungen in den USA („Foreign Corrupt Practises Act") und Deutschland, IStR 1998, 187; *Boldt,* Steuerliche Behandlung von Schmiergeldern, 1999; *Park,* Die Ausweitung des Abzugsverbots für Bestechungs- und Schmiergelder durch das Steuerentlastungsgesetz 1999/2000/2002, DStR 1999, 1097; *Hofmann/Zimmermann,* Steuerliche Behandlung von Schmiergeldern als Hindernis für die effiziente Korruptionsbekämpfung, ZRP 1999, 49; *Spatscheck/Alvermann,* Die Aufforderung zur Gläubiger- oder Empfängerbenennung nach § 160 AO, DStR 1999, 1427; *Stuhr/Walz,* Steuerliche Behandlung von Schmiergeldern, StuB 1999, 118; *Kiesel,* Die Zuwendung an Angestellte und Beauftragte im Ausland und das Abzugsverbot in § 4 Abs. 5 Nr. 10 EStG, DStR 2000, 949; *Quedenfeld,* Die Hinterziehung von Steuern auf

Schmiergeldzahlungen, PStR 2000, 54; *Wichterich/Glockemann,* Steuer- und strafrechtliche Aspekte von Schmiergeldzahlungen an Mitarbeiter von Staatsunternehmen, Information StW 2000, 1, 40; *Dannecker,* Die Bedeutung der Pflicht zur Benennung von Gläubigern und Zahlungsempfängern nach § 160 AO, wistra 2001, 241; *Apitz,* Benennung von Gläubigern und Zahlungsempfängern, AO-StB 2003, 97; *Hagen,* Das Empfängerbenennungsverlangen nach § 160 AO, DStZ 2004, 564; *Apitz,* Benennung von Gläubigern und Zahlungsempfängern (§ 160 AO) im Spannungsfeld einer strafrechtlichen Beurteilung, DStZ 2006, 688 *Wirtz,* Das Al Capone-Prinzip – Risiken und Chancen einer „Gewinnabschöpfung durch Besteuerung" nach dem Steuerverkürzungsbekämpfungsgesetz, 2006; *Stetter,* Die Lösung der Fälle mittelbarer Selbstbelastung wegen einer Steuerstraftat durch Erfüllung steuerrechtlicher Erklärungspflichten, 2007; *Birnbaum/Matschke,* Gestaltungsmissbrauch und Steuerhinterziehung, NZWiSt 2013, 446; *Wäger,* Der Kampf gegen die Steuerhinterziehung, UR 2015, 81.

206 **Die Tatbestände eines Scheingeschäfts und einer Steuerumgehung durch Missbrauch** von Formen und Gestaltungsmöglichkeiten des bürgerlichen Rechts sind steuerrechtlich geregelt in:

§ 41 AO Unwirksame Rechtsgeschäfte

(1) ¹Ist ein Rechtsgeschäft unwirksam oder wird es unwirksam, so ist dies für die Besteuerung unerheblich, soweit und solange die Beteiligten das wirtschaftliche Ergebnis dieses Rechtsgeschäfts gleichwohl eintreten und bestehen lassen. ²Dies gilt nicht, soweit sich aus den Steuergesetzen etwas anderes ergibt.

(2) ¹Scheingeschäfte und Scheinhandlungen sind für die Besteuerung unerheblich. ²Wird durch ein Scheingeschäft ein anderes Rechtsgeschäft verdeckt, so ist das verdeckte Rechtsgeschäft für die Besteuerung maßgebend.

§ 42 AO Missbrauch von rechtlichen Gestaltungsmöglichkeiten

(1) ¹Durch Missbrauch von Gestaltungsmöglichkeiten des Rechts kann das Steuergesetz nicht umgangen werden. ²Ist der Tatbestand einer Regelung in einem Einzelsteuergesetz erfüllt, die der Verhinderung von Steuerumgehungen dient, so bestimmen sich die Rechtsfolgen nach jener Vorschrift. ³Anderenfalls entsteht der Steueranspruch beim Vorliegen eines Missbrauchs im Sinne des Absatzes 2 so, wie er bei einer den wirtschaftlichen Vorgängen angemessenen rechtlichen Gestaltung entsteht.

(2) ¹Ein Missbrauch liegt vor, wenn eine unangemessene rechtliche Gestaltung gewählt wird, die beim Steuerpflichtigen oder einem Dritten im Vergleich zu einer angemessenen Gestaltung zu einem gesetzlich nicht vorgesehenen Steuervorteil führt. ²Dies gilt nicht, wenn der Steuerpflichtige für die gewählte Gestaltung außersteuerliche Gründe nachweist, die nach dem Gesamtbild der Verhältnisse beachtlich sind.

207 Ein **Scheingeschäft liegt vor,** wenn eine Willenserklärung einem anderen gegenüber abgegeben wird und **beide Teile** sich darüber einig sind, dass das Erklärte in Wirklichkeit nicht gewollt ist (vgl. BGHZ 2.11.2005, NStZ-RR 2006, 283; BGH 7.11.2006, wistra 2007, 112 mAnm *Weidemann* wistra 2007, 425; BGH 6.9.2012, NJW 2012, 3455). Solche Fälle sind recht häufig bei Arbeits- oder Gesellschaftsverträgen zwischen Ehegatten, zwischen Eltern und Kindern oder sonst zwischen nahen Verwandten. Auf den Willen der Beteiligten, ein Rechtsgeschäft nur zum Schein zu tätigen, kann nur aus äußeren Tatsachen geschlossen werden. Dabei ist namentlich zu prüfen, ob klare Vereinbarungen vorliegen, die im Verhältnis der Beteiligten untereinander auch tatsächlich verwirklicht werden (vgl. BVerfG 14.4.1959, BVerfGE 9, 237, 245 f.). Als Scheingeschäft ist zB angesehen worden, dass die Ehefrau ihr bisheriges Haushaltsgeld als „Lohn" ausgezahlt erhält, diesen *„Lohn aber nach dem übereinstimmenden Willen der Eheleute – wie vorher – als Haushaltsgeld zu verwenden hat und auch nicht einen Teil davon zu ihrer freien Verfügung behalten darf* (FG RhPf 1.6.1966, EFG 1966, 406), oder dass ein 31 jähriger Schreiner den von seinem Vater übernommenen Betrieb seiner 63-jährigen, von Geburt an blinden Tante „überträgt" und den Betrieb als deren „Generalbevollmächtigter" fortführt (FG München 1.3.1967, EFG 1967, 592). Zur Scheingründung einer Gesellschaft zwischen Verwandten zu dem alleinigen Zweck, die ESt des Alleininhabers durch eine – in Wahrheit nicht vollzogene – Verteilung des Gewinns zu mindern, vgl. BFH 9.12.1959, BStBl. III 1960, 180. Bemerkenswert war ein Fall, der vom BGH (BGH 26.7.2012, wistra 2012, 477) zu entscheiden war: Dort hatte der

Täter einen ursprünglichen Vertrag mit einem Automobil-Konzern aufheben und durch einen Vertrag ersetzen lassen, der scheinbar mit einer in der Schweiz ansässigen Gesellschaft geschlossen worden war. Der BGH ging von einem Scheingeschäft aus, so dass sich die Frage nach einer Steuerumgehung (§ 42 AO) oder einer Hinzurechnungsbesteuerung nach den §§ 7 ff. AStG nicht stellte (vgl. auch Klein/*Jäger* AO § 370 Rn. 47). Jede vertragliche Regelung, deren Folgen die Parteien nur steuerlich, nicht auch zivilrechtlich gelten lassen wollen, ist als Scheingeschäft zu beurteilen (BGH 18.11.1976, BGHZ 67, 334). Auch ein formunwirksamer Treuhandvertrag ist als steuerlich wirksam zu qualifizieren, wenn die Beteiligten das Treuhandverhältnis gewollt und vollzogen haben. Wird der Treuhandvertrag gleichwohl in den Steuererklärungen als unwirksam behandelt, ist der Tatbestand des § 370 I Nr. 1 erfüllt (BGH 6.9.2012, BGHSt 58, 1). An sich ist ein Scheingeschäft iSv § 41 II AO nicht strafbar. Die Strafbarkeit resultiert jedoch daraus, wenn der Scheincharakter des Geschäfts verschleiert wird und die Besteuerungsgrundlage des verdeckten Geschäfts in der Steuererklärung nicht offen gelegt werden (BGH, NStZ 2008, 412; BGH wistra 2007 112; Klein/*Jäger* AO § 370 Rn. 47).

Dieselben steuer- und strafrechtlichen Folgen treten ein, wenn dem FA einzelne **208** Merkmale eines wirklich gewollten Rechtsgeschäfts vorgetäuscht werden. In Betracht kommen namentlich Scheinabreden über den Gewinnverteilungsschlüssel einer Gesellschaft, die Höhe des vereinbarten Arbeitslohnes oder die Höhe des vereinbarten Kaufpreises, der nicht selten durch Vortäuschen eines Beratungshonorars vermindert wird (s. zB BGH 23.2.1983, HFR 1984, 21), ferner den Beginn eines Gesellschafts- oder Arbeitsverhältnisses oder den Zeitpunkt einer Zuwendung. Spektakulär war auch der Fall, der vom BGH am 7.2.2012 zu entscheiden war (BGH 7.2.2012, BGHSt 57, 123): Der Täter hatte zum einen einen Teil seiner Erlöse aus der Veräußerung von Geschäftsanteilen „steuersparend" falsch eingeordnet, zum anderen auf ihn zustehende Tantiemen verzichtet und stattdessen einen Betrag in entsprechender Höhe an Ehefrau und Kinder „schenken" lassen.

Die **Rückdatierung von Rechtsgeschäften** ist insbes. dann steuerlich erheblich, wenn **209** dabei die Grenzen eines Veranlagungszeitraums überschritten werden, um Steuerminderungen bereits für einen Zeitraum oder zu einem Zeitpunkt eintreten zu lassen, in dem das jeweilige Rechtsgeschäft noch nicht gewollt war oder noch nicht vollzogen wurde. Im Ergebnis besteht hier kein Unterschied gegenüber sonstigen Handlungen, die dem FA einen Sachverhalt vortäuschen sollen, der hinsichtlich seiner steuererheblichen Merkmale mit der Wirklichkeit nicht übereinstimmt.

(Form-)Unwirksame Rechtsgeschäfte sind aufgrund § 41 I 1 AO steuerlich maßgeblich, **210** solange und soweit die Beteiligten das wirtschaftliche Ergebnis des Rechtsgeschäfts eintreten und bestehen lassen.

Eine Steuerumgehung durch Missbrauch von Formen und Gestaltungsmög- 211 lichkeiten des Rechts iSd § 42 AO liegt vor, wenn eine rechtliche Gestaltung gewählt wird, die zur Erreichung des erstrebten wirtschaftlichen Ziels unangemessen ist, der Steuerminderung dienen soll und durch wirtschaftliche oder sonstige beachtliche außersteuerliche Gründe nicht zu rechtfertigen ist (BFH 17.11.1999, BStBl. II 2001, 822; BFH 17.3.2010, BStBl. II 2010, 622 Rn. 47). Die Annahme eines Gestaltungsmissbrauchs erfordert überdies eine zweckgerichtete Handlung zur Umgehung eines Steuergesetzes (BFH 18.3.2004, BStBl. II 2004, 787; BFH 19.1.2017, BStBl. II 2017, 456,). Der Stpfl darf jedoch seine Verhältnisse grundsätzlich so gestalten, dass keine oder möglichst geringe Steuern anfallen (BFH 19.1.2017, BStBl. II 2017, 456 f.).

Die Rspr. hat etwa einen Gestaltungsmissbrauch angenommen für: die Konstruktion **212** der „Kettenschenkung" zur **Umgehung der Schenkungsteuer** (BFH 14.3.1962, BStBl. III 1962, 206), die Gründung von Scheinstandorten zur Umgehung der BefSt für den Werkfernverkehr (SchlHFG 24.9.1959, EFG 1960, 46), die Einschaltung eines „Zwischenhändlers" (FG Hamburg 27.10.1955, EFG 1956, 93, bestätigt durch BFH 22.1.1960, BStBl. III 111; FG Kassel 30.11.1959, DStZ/B 1960, 337) oder die Gründung einer

„Firma" (BFH 12.2.1964, HFR 1964, 266) eigens zur Erlangung der USt-Ausfuhrhändlervergütung alten Rechts, die Gründung einer Kapitalgesellschaft zwecks Steuerersparung, wenn die Gesellschaft überhaupt keinen eigenen Geschäftsbetrieb entfaltet (RFH 1.10.1935, RStBl. 148), namentlich die Errichtung von bloßen „Briefkastenfirmen" ohne eigenen Geschäftsbetrieb oder sog. „Basisgesellschaften" in einem niedrig besteuernden Land, etwa in einigen Kantonen der Schweiz oder in Liechtenstein, die einem deutschen Stpfl gehören oder vollständig von ihm beherrscht und vom Inland her geleitet werden (vgl. BGH 30.5.1990, wistra 1990, 307; ausf. → Rn. 327 ff.). Bei einem Einsatz von ausländischen Kapitalgesellschaften wird in der Praxis teilweise vorschnell ein Gestaltungsmissbrauch unterstellt, wie sich etwa bei sog. „Goldfinger-Gestaltungen" gezeigt hat (BFH 19.1.2017, BStBl. II 2017, 456; BFH 19.1.2017, BStBl. II 2017, 466). Auch wenn in der Einschaltung einer ausländischen Kapitalgesellschaft im Einzelfall kein Gestaltungsmissbrauch vorliegt, ist regelmäßig weiterhin zu prüfen, ob die Geschäftsführung auch im Ausland betrieben wurde.

213 Im Unterschied zu früheren Fassungen enthält § 42 AO in Abs. 1 Satz 2 und 3 nunmehr eine ausdrückliche Regelung zum Verhältnis einzelsteuergesetzlicher Umgehungsverhinderungsregelungen gegenüber der Missbrauchsklausel der AO. Der Wortlaut lässt keinen Zweifel daran, dass solche einzelsteuergesetzlichen Vorschriften die Anwendung des § 42 AO nur dann verdrängen, wenn sie tatbestandlich einschlägig sind. Sind sie tatbestandlich nicht einschlägig *(„anderenfalls")*, dann wird § 42 AO nicht verdrängt. Für eine gesetzestechnisch begründete „automatische" Abschirmwirkung der einzelsteuergesetzlichen Umgehungsverhinderungsvorschrift ist danach kein Raum. Auch der allgemein anerkannte Auslegungsgrundsatz „lex specialis derogat legi generali" ist für sich genommen nicht geeignet, eine solche Abschirmwirkung zu entfalten (s. hierzu BFH 17.11.2020, BStBl. II 2021, 580 Rn. 20).

214 **Die Strafbarkeit einer Steuerumgehung** iSd § 42 AO ist durch die Aufhebung des früheren § 396 IV AO 1931 durch das 2. AOStrafÄndG nicht etwa beseitigt oder beschränkt (oder gar erweitert) worden; vielmehr ist sie nunmehr allein nach § 370 I Nr. 1 – 3 AO zu beurteilen. In sachlicher Hinsicht hat sich dadurch nichts geändert. Die Anwendung des Hinterziehungstatbestands auf Fälle der Steuerumgehung ist nicht mehr oder weniger problematisch als vorher. Das allgemeine Erfordernis der Steuerunehrlichkeit, das § 396 IV RAO 1931 hervorgehoben hatte, ist jetzt durch die Verhaltensalternativen in § 370 I Nr. 1–3 AO ersetzt. Die Steuerumgehung ist nicht als solche, sondern nur dann strafbar, wenn der Stpfl oder ein Dritter das FA über die Tatsachen, die ihn zur Wahl einer ungewöhnlichen Gestaltung bewogen haben, oder über einzelne Merkmale dieser Gestaltung und der dadurch geregelten Verhältnisse getäuscht oder bewusst im unklaren gelassen und dadurch dem FA die Möglichkeit der Prüfung versperrt oder erschwert hat, ob die Voraussetzungen des § 42 AO nach den maßgebenden steuerrechtlichen Kriterien vorliegen oder nicht (BFH 1.2.1983, wistra 1983, 202; BGH 11.7.2008, BGHR AO § 42 Missbrauch 2; OLG Düsseldorf 26.8.1988, wistra 1989, 72; OLG Bremen 26.4.1985, StV 1985, 283; *Kruse* StbJb 1978/79, S. 451, *Giemulla* DStZ 1982, 20). Liegen sie vor und hat der Stpfl dem FA die Kenntnis des steuererheblichen Sachverhalts durch ein Verhalten nach § 370 I Nr. 1–3 AO vorsätzlich vorenthalten, ist eine Steuerhinterziehung vollendet, sobald der ohne Anwendung des § 42 AO erlassene Steuerbescheid bekanntgegeben wird. Liegen hingegen die steuerrechtlichen Kriterien des § 42 AO in Wirklichkeit nicht vor, hat jedoch der Stpfl in falscher Einschätzung der Sachlage angenommen, er müsse das FA über den Sachverhalt täuschen oder im unklaren lassen, um die Anwendung des § 42 AO zu vermeiden, kommt (strafbarer) untauglicher Versuch der Steuerhinterziehung in Betracht (→ Rn. 537).

215 **Gelegentlich geäußerte Bedenken** gegen die Übernahme der Steuerumgehung in den Begriff der Steuerverkürzung (*Schulze-Osterloh* DStJG 6, 43; *Ulsenheimer* wistra 1983, 15) sind auch im Hinblick auf das strafrechtliche Bestimmtheitsgebot (Art. 103 II GG, § 1 StGB: nullum crimen, nulla poena sine lege) unbegründet; so auch der BGH (27.1.1982, wistra 1982, 108), freilich mit der fragwürdigen Begründung, die Rspr habe der Vorschrift hinreichend Konturen gegeben (dagegen mit Recht *Ulsenheimer* wistra 1983, 16). Die verfassungsrechtlichen Bedenken beruhen letztlich auf der unzutreffenden Annahme, die Steuerhinterziehung stelle einen echten Blankett-Tatbestand dar, dessen wirklicher Inhalt erst unter Berücksichtigung der blankettausfüllenden Steuerrechtsnormen ermittelt werden könne. Diese Annahme ist vor allem deshalb unzutreffend, weil das Gesetz den Tatbestand des § 370 I AO als durch Täuschung bewirkte Vermögensschädigung originär und hinreichend bestimmt hat. In derselben Weise knüpft das StGB beim Diebstahl an das fremde Eigentum und beim Betrug an schuldrechtliche Ansprüche unter den Beteiligten an, ohne dass hier ernsthaft die notwendig werdende Berücksichtigung des Sachenrechts und des Schuldrechts (einschl. § 242 BGB) als Verstoß gegen das Bestimmtheitsgebot bezeichnet worden wäre. Der Vorschlag von *Schulze-Osterloh* (DStJG 6, 64 ff.), im Steuerstrafrecht nur die „harten" Normen des Steuerrechts, nicht aber zB die §§ 41, 42 AO anzuwenden, führte dazu, dass das Steuerstrafrecht Steueransprüche schützen würde, die nicht existierten, und dass die existierenden Steueransprüche strafrechtlich nicht geschützt würden. Auch die Einwände, die *Pohl* (1990) erhoben hat, schlagen nicht durch.

Soweit § 42 AO mit Wirkung vom 1.1.2008 eine geänderte Fassung erhalten hat, in der **216** der Missbrauch definiert wird (Abs. 2 S. 1) und beim Vorliegen der Voraussetzungen nur dann entfällt, *„wenn der Steuerpflichtige für die gewählte Gestaltung außersteuerliche Gründe nachweist, die nach dem Gesamtbild der Verhältnisse beachtlich sind"*, hat dies nur begrenzt steuerstrafrechtliche Relevanz. Die in Absatz 2 enthaltene gesetzliche Definition des Begriffs „Missbrauch" entspricht im Wesentlichen der bisherigen Definition des BFH (*Mack/Wollweber* DStR 2008, 182, 184). Die in § 42 II 2 AO enthaltene Vermutungsregel dürfte eher ein Fall der Umkehr der objektiven Beweislast sein (*Mack/Wollweber* DStR 2008, 182, 185). Diese kann aber auf das Steuerstrafrecht nicht übertragen werden; hier gilt der Grundsatz in dubio pro reo. Allerdings mag es im Einzelfall so deutlich sein, dass ein Gestaltungsmissbrauch gegeben ist, dass es des Rückgriffs auf den Zweifelsgrundsatz nicht bedarf. Dieser findet nur Anwendung, wo der Tatrichter (zu Recht) Zweifel hat.

cc) Unrichtige Gewinnermittlung. Gewinn ist nach § 4 I EStG der Unterschieds- **217** betrag zwischen dem Betriebsvermögen am Schluss und am Anfang eines Wirtschaftsjahres, vermehrt um den Wert der Entnahmen und vermindert um den Wert der (Geld- oder Sach-)Einlagen, die der Stpfl dem Betrieb zugeführt hat; Entnahmen sind alle Wirtschaftsgüter (Barentnahmen, Waren, Erzeugnisse, Nutzungen und Leistungen), die der Stpfl dem Betrieb für sich, seinen Haushalt oder andere betriebsfremde Zwecke im Laufe des Wirtschaftsjahres entnommen hat. Die Gewinnermittlung setzt voraus, dass am Anfang und am Schluss des Jahres Vermögensübersichten aufgestellt und die im Laufe des Jahres vorgenommenen Entnahmen und Einlagen aufgezeichnet werden. Dementsprechend können Unrichtigkeiten in einer Bilanz, welche die Grundlage für die Erklärung der Einkünfte aus Gewerbebetrieb bildet, dadurch bewirkt werden, dass Gegenstände des Betriebsvermögens (Aktiva) weggelassen oder zu gering angesetzt oder auf der anderen Seite Verbindlichkeiten (Passiva) vorgetäuscht oder zu hoch angesetzt werden; ferner dadurch, dass Privatentnahmen aus dem Betriebsvermögen nicht vollständig hinzugerechnet oder umgekehrt Einlagen vorgetäuscht oder zu hoch ausgewiesen werden. Diesen Fehlern in der Bilanz entspricht in der G+V-Rechnung das Nichtverbuchen von Betriebseinnahmen oder das Verbuchen von Privatausgaben oder Privatentnahmen als Betriebsausgaben. Strafrechtliche Relevanz erlangen diese Fehler jedoch erst dann, wenn sie in eine konkrete Steuererklärung einfließen und diese dem FA eingereicht wird.

Durch eine **zu niedrige Bewertung oder das Weglassen von Aktiva** wird der **218** Gewinn rechtswidrig gemindert, wenn bei Wirtschaftsgütern des Anlagevermögens abw. von den gesetzlichen Bewertungsvorschriften (§§ 6–7k EStG) AfA in einer Höhe vorgenommen werden, für welche die sachlichen oder persönlichen Voraussetzungen fehlen oder gar nicht erst aktiviert wird (vgl. § 6 II 1 EStG). In Betracht kommt namentlich die

Berechnung der AfA nach einer voraussichtlichen Nutzungsdauer, die erheblich unterhalb der allgemeinen Lebenserfahrung liegt und auch den besonderen betrieblichen Verhältnissen des Stpfl nicht entspricht. Für die allgemeinen und die branchengebundenen Wirtschaftsgüter des Anlagevermögens hat der BdF im Benehmen mit den beteiligten Wirtschaftskreisen AfA-Tabellen herausgegeben, welche die betriebsgewöhnliche Nutzungsdauer (§ 7 I 2 EStG) aller möglichen Maschinen und Betriebsvorrichtungen rahmenmäßig bestimmen (vgl. dazu Brandis/Heuermann/*Brandis* EStG § 7 Rn. 351 ff.; LBP ESt/*Handzig* EStG § 7 Rn. 196), dh der Finanzverwaltung und dem Stpfl als Anhaltspunkt dienen (BFH 8.6.1961, HFR 1962, 78). Ihre Beachtung schließt einen strafrechtlichen Vorwurf gegen den Stpfl unter allen Umständen aus. Der Vorwurf einer Täuschungshandlung ist ferner stets ausgeschlossen, wenn der Stpfl eine abw. höhere AfA dem FA in der Gewinnermittlung oder den beigefügten Anlagen erkennbar macht oder wenn die Abweichung auf Grund besonderer betrieblicher Umstände gerechtfertigt ist. Wer hingegen unerkennbar willkürlich Absetzungen vornimmt, die in einem krassen, dem Stpfl durchaus bewussten Missverhältnis zur Wirklichkeit stehen, zB einen wenig benutzten PKW innerhalb von 2 Jahren abschreibt, handelt steuerrechtswidrig. Ob der Vorwurf vorsätzlicher Handlungsweise begründet ist, hängt in erster Linie von den kaufmännischen und steuerrechtlichen Kenntnissen und Erfahrungen des Stpfl ab. Vorsatz liegt regelmäßig dann vor, wenn ein Stpfl bei früheren Betriebsprüfungen über die Unzulässigkeit seiner Bewertungsmethode aufgeklärt worden ist, der Berichtigung zugestimmt hat oder im Rechtsmittelverfahren unterlegen ist, in der Folgezeit aber sein unrichtiges Bewertungsverfahren trotzdem beibehalten hat (vgl. OFD Hamburg 19.8.1960, FR 1960, 575). Ist der Stpfl von der Richtigkeit seiner abweichenden Auffassung überzeugt, steht es ihm frei, diese Auffassung von vornherein offen geltend zu machen und erforderlichenfalls auch vor den Finanzgerichten zu verfechten.

219 **Für die Bewertung von Forderungen** gilt, dass die Bewertungsfreiheit des vorsichtigen Stpfl ihre Grenze findet, wo das im Bilanzansatz berücksichtigte Risiko entweder überhaupt nicht besteht, zB bei einer Wertberichtigung hinsichtlich unstreitiger Forderungen gegen die öffentliche Hand, oder wo ein bestehendes Risiko bewusst übertrieben wird; vgl. RG 12.2.1942, RGSt 76, 68 zu einer ungerechtfertigten Abschreibung von Forderungen, die regelmäßig zum größten Teil später doch noch eingingen, über das Konto „Dubio".

220 **Auf der Passivseite der Bilanz** werden Verbindlichkeiten namentlich in Form von Darlehen – vorzugsweise aus dem Ausland – vorgetäuscht, denen in Wirklichkeit keine Darlehenshingabe zugrunde liegt, sondern das Bestreben des Stpfl, seinen Gewinn zu mindern und womöglich gleichzeitig die aus unverbuchten Einnahmen stammenden Gelder dem Betrieb wieder zuzuführen, um Kreditzinsen zu sparen. Diesem Zweck dient auch die Buchung fingierter Einlagen, bei der die Herkunft der Mittel durchweg mit privaten Verwandtendarlehen oder mit Spielbankgewinnen erklärt wird; vgl. zur Buchung fingierter Darlehen und Einlagen BGH 3.6.1954, BGHSt 7, 336 ff. Für die Bildung von Rückstellungen, insbes. wegen drohender Inanspruchnahme aus Bürgschaften, Mängelhaftung, Patentverletzung usw., gilt das gleiche wie umgekehrt für die Bewertung von Forderungen (→ Rn. 219). So nimmt der BFH einen Gestaltungsmissbrauch an, wenn Geld nur kurzfristig in den Betrieb eingelegt wird, um die Hinzurechnung nach § 4 IV a EStG aF zu umgehen (BFH 21.8.2012, DStR 2012, 2369).

221 **Durch Nichtverbuchen von Betriebseinnahmen und Vortäuschen von Betriebsausgaben** werden die weitaus häufigsten Fälle vorsätzlicher Steuerhinterziehung bewirkt (vgl. *Dörn* Stbg 1996, 153). Dem Nichtverbuchen von Betriebseinnahmen geht im Verkehr mit anderen buchführungspflichtigen Stpfl oft die Abrede voraus, dass keine Rechnung erteilt wird (sog. OR-Geschäft; zu zivilrechtlichen Folgen OLG Brandenburg 8.2.2007, BauR 2007, 1107) und der Geschäftspartner die entsprechende Ausgabe ebenfalls nicht bucht, damit die Entdeckung des Geschäftsvorfalls durch Kontrollmitteilungen erschwert wird; die Bezahlung erfolgt dann in bar oder durch Barscheck. Dem Vortäuschen von

Betriebsausgaben dienen dagegen Gefälligkeitsrechnungen, in denen insbes. Gegenstände, die bereits ihrer Art nach in die Privatsphäre weisen, zB Schmuck, wertvolle Garderobe und Einrichtungsgegenstände, als Werbeartikel, Berufskleidung oder Büromöbel bezeichnet werden (vgl. dazu § 379 I 1 AO).

Gezahlten Betriebsausgaben kann das FA nach § 160 AO die Abzugsfähigkeit als Betriebsausgaben (§ 4 IV EStG) oder Werbungskosten (§ 9 EStG) versagen, wenn der Stpfl sich auf Verlangen weigert, die Empfänger zu benennen; das gleiche gilt für den Abzug von Schulden und anderen Lasten. 222

§ 160 AO Benennung von Gläubigern und Zahlungsempfängern

(1) ¹Schulden und andere Lasten, Betriebsausgaben, Werbungskosten und andere Ausgaben sind steuerlich regelmäßig nicht zu berücksichtigen, wenn der Steuerpflichtige dem Verlangen der Finanzbehörde nicht nachkommt, die Gläubiger oder die Empfänger genau zu benennen. ²Das Recht der Finanzbehörde, den Sachverhalt zu ermitteln, bleibt unberührt.

(2) ...

Nach der Rspr ist § 160 AO eine Ermessensvorschrift, die dem FA – über den Wortlaut hinaus – auch gestattet, den Abzug nur eines Teils der ohne Empfängernachweis gebuchten Zahlungen zu versagen (BFH 5.5.1966, BStBl. 1966 III 518; BFH 18.5.1967, BStBl. III 1967 627). Da die genannten Zuwendungen von Natur aus Betriebsausgaben sind und der Stpfl nicht voraussehen kann, ob und in welchem Umfang das FA nach Abgabe der Steuererklärung den Empfängernachweis verlangen und die Abzugsfähigkeit versagen wird, kann allein in der gewinnmindernden Buchung von tatsächlich geleisteten (Schmiergeld-)Zahlungen auch dann kein täuschendes Verhalten erblickt werden, wenn der Stpfl den jeweiligen Zahlungsempfänger in seiner Buchführung nicht benennt (vgl. BGH 22.11.1985, BGHSt 33, 383; *Dannecker* wistra 2001, 244; *Lürssen* 1993, S. 63 ff.). Hier liegt im Zeitpunkt der Einreichung der Steuererklärung schon deshalb keine unrichtige Angabe vor, da tatsächlich Betriebsausgaben entstanden sind und noch nicht feststeht, ob das zu einer etwaigen Nicht-Abziehbarkeit führende Benennungsverlangen des FA ergehen wird (MüKoStGB/*Schmitz/Wulf* AO § 370 Rn. 253). Die bloße Nichtbenennung eines Zahlungsempfängers erfüllt nicht den Tatbestand des § 370 I Nr. 1 AO (*Reichling* DStR 2017, 289 ff.). Auch das Vorliegen von Scheinrechnungen durch den Stpfl zur Verhinderung eines Benennungsverlangens nach § 160 AO begründet nicht automatisch eine Steuerhinterziehung (BGH 22.11.1985, BGHSt 33, 383), da die Geltendmachung tatsächlich angefallener und deswegen abzugsfähiger Betriebsausgaben oder Werbungskosten keine Tathandlung darstellt (BGH 28.2.2002, NStZ 2004, 575). 223

Nach dem BGH sind **Bestechungsgelder** keine Betriebsausgaben *„auch dann, wenn solche [strafbaren] Handlungen im Zusammenhang mit der Tätigkeit in einem Betrieb begangen werden"* (BGH 8.3.1966 – 5 StR 344/65, zit. bei *Lohmeyer* NJW 1968, 389 in Fn. 9). Die gewinnmindernde Buchung von gezahlten Bestechungsgeldern führe daher stets zu einer Steuerverkürzung. Abgesehen davon, dass auch die Zahlung von Schmiergeldern an Angestellte von Privatunternehmen vielfach eine vorsätzliche strafbare Handlung gem. § 299 StGB nF (§ 12 UWG aF) ist (vgl. BGH 25.5.1976, DB 1976, 1776), ist mit der Neuregelung in § 4 V 2 Nr. 10 EStG klargestellt, dass solche Zahlungen nicht per se dem Abzugsverbot des § 12 EStG unterfallen, sondern Betriebsausgaben darstellen. Eine andere Frage ist, ob es sich hier um *abzugsfähige* Betriebsausgaben handelt, was regelmäßig zu verneinen sein wird (→ Rn. 332 ff.). 224

dd) Veruntreuungen als Ursache einer fehlerhaften Gewinnermittlung

Schrifttum: *Lohmeyer,* Zur Frage der Unzumutbarkeit im Steuerstrafrecht, NJW 1958, 1431; *Suhr,* Abzug nicht belegter Betriebsausgaben und Veruntreuungen als Steuerhinterziehung, DB 1961, 1238; *Schirp,* Steuerstrafrechtliche Folgen von Veruntreuungen durch Angestellte und sonstige dritte Personen, Stbg 1962, 161; *Grunst,* Steuerhinterziehung durch Unterlassen, 1996; *Wulf,* Handeln und Unterlassen im Steuerstrafrecht, 2001.

225 **Untreue oder Unterschlagung durch Angestellte** können das Ergebnis der Gewinnermittlung – je nach den Umständen – verfälschen, aber auch ohne Einfluss bleiben.

226 **Ein zu hoher Gewinn** wird ermittelt, wenn der Stpfl in Unkenntnis der Veruntreuungen Bestände an Roh- und Hilfsstoffen, Halbfabrikaten, Waren oder Bargeld ausweist, die am Bilanzstichtag bereits unterschlagen oder gestohlen waren, oder wenn Kundenforderungen ausgewiesen werden, die ein ungetreuer Angestellter bereits für sich eingezogen hat (BGH 5.3.1968, JR 1968, 347), oder wenn Lieferantenschulden unberücksichtigt bleiben, die der Stpfl auf Grund unrichtiger Buchungsunterlagen für beglichen hält – vorausgesetzt, dass die jeweilige Schadensersatzforderung aus unerlaubter Handlung (§§ 823, 826 BGB) gegen den ungetreuen Angestellten dubios ist und eine Ersatzforderung gegen eine Versicherung nicht besteht.

227 Ist die **Regressforderung** realisierbar oder besteht eine ausreichende Versicherung, wird der in Unkenntnis der Veruntreuungen ermittelte Gewinn im Ergebnis nicht beeinflusst, da die zu aktivierende Regress- oder Versicherungsforderung die Fehlbestände ausgleicht oder den noch offenen Verbindlichkeiten gegenübersteht. Ist die Regressforderung nicht realisierbar, ist der Gewinn niedriger, eine Steuerverkürzung entfällt ebenfalls.

228 **Ein zu niedriger Gewinn** wird ermittelt, wenn die Tat bereits vor Aufstellung der Bilanz entdeckt worden ist, und zwar die entstandenen Schäden gewinnmindernd berücksichtigt werden, jedoch die Aktivierung einer realisierbaren Regressforderung oder einer Versicherungsforderung unterlassen wird. Hierin kann – je nach der subjektiven Vorstellung des Stpfl – die Ursache einer vorsätzlichen oder leichtfertigen Steuerverkürzung liegen. Gleiches gilt, wenn der Umfang des erlittenen Schadens dem FA gegenüber größer dargestellt wird, als er tatsächlich eingetreten ist.

229 Ist der **ungetreue Angestellte innerhalb der Firma selbst für die Gewinnermittlung zuständig,** ergibt sich die Frage, ob es ihm zuzumuten ist, durch die steuerrechtlich gebotene Aktivierung der Regressforderung seine eigene strafbare Handlung zu offenbaren. Die gleiche Sachlage kann auch in der Person eines steuerlichen Beraters eintreten, der Untreue, Unterschlagung oder Betrug gegenüber demjenigen Mandanten begangen hat, der ihn mit der Gewinnermittlung beauftragte. Hierzu hat der BGH mit Urt. v. 18.10.1956 (BStBl. I 1957, 122 f.) im Einklang mit der sonstigen Rspr zur Unzumutbarkeit (→ § 369 Rn. 99) ausgeführt: *„Der Angeklagte hätte (die Ersatzforderungen gegen sich) ... in den zur Gewinnermittlung nach § 4 I EStG dem FA vorgelegten Bilanzen unter die Außenstände aufnehmen ... müssen. Die ihm dadurch drohende Gefahr der Entdeckung entband ihn hiervon nicht. Wenn ihm auch nicht zuzumuten war, sich selbst einer strafbaren Handlung zu bezichtigen, so kann dadurch doch eine zu ihrer Verdeckung verübte weitere Straftat nicht straflos bleiben ... Eine so weitgehende Vergünstigung wäre gegenüber dem Rechtsbrecher, der durch eigenes Verschulden in eine Zwangslage geraten ist, aus der er sich nur durch eine neue erhebliche Verletzung der Rechtsordnung befreien zu können glaubt, selbst nach den Grundsätzen der Güter- und Pflichtenabwägung schon aus rechtsstaatlichen Erwägungen nicht zu verantworten."* Als mitbestrafte Nachtat (→ § 369 Rn. 121) kann die Steuerhinterziehung nicht angesehen werden, weil durch sie ein anderes Rechtsgut verletzt wird als durch die vorausgegangene Untreue, Unterschlagung oder den Betrug zum Nachteil des Stpfl (BGH 18.10.1956, BStBl. I 1957, 122 f. unter Hinweis auf BGH 22.4.1954, BGHSt 6, 67). Dieselben Grundsätze hat der BGH mit Urteil vom 18.11.1960 (BStBl. I 1961, 495) für den Fall, dass der kaufmännische Leiter einer Firma Erlöse aus Verkäufen für sich verwendet, bestätigt; vgl. ferner OLG Hamm (20.9.1960, BB 1960, 1234) zur Steuerhinterziehung eines steuerlichen Beraters durch Unterschlagung des ihm zur Einzahlung ausgehändigten Steuerbetrags und Nichtabgabe einer USt-Voranmeldung; ebenso BFH 7.11.1973 (DStR 1974, 152). Diese Grundsätze der Rspr sind jedoch in hohem Maße bedenklich; s. dazu → Rn. 252 und *Grunst* 1996, 168 ff.

230 Hat der **ungetreue Angestellte mit der Gewinnermittlung nichts zu tun,** so ist zu unterscheiden: Wird die Tat bis zur Gewinnermittlung (genauer: bis zur Vorlage der Steuererklärung und der Bilanz beim FA) nicht entdeckt, wirkt sich der unbekannte Schaden – je nach der Realisierbarkeit der Regressforderung – entweder gewinnerhöhend

oder -neutral aus (→ Rn. 210 ff.); in diesem Fall tritt ein steuerverkürzender Erfolg nicht ein. Wird dagegen die durch die Tat bewirkte Gewinnminderung, nicht jedoch die Regressforderung erfasst, so erfolgt zwar eine Steuerverkürzung. Der Täter des Vermögensdelikts ist jedoch auf Grund seines Vorverhaltens allein nicht zur Aufklärung verpflichtet (BFH 7.11.1973, DStR 1974, 152; aM *Lohmeyer* NJW 1958, 1431 sowie *Franzen* in → 1. Aufl., RAO § 392 Rn. 89). Wird aber die Tat bereits entdeckt, bevor die Bilanz dem FA vorgelegt wird, kann eine Gewinnminderung nur dadurch herbeigeführt werden, dass der Geschädigte die Tat seinerseits als Basis für eine Steuerhinterziehung benutzt, indem er eine realisierbare Regressforderung oder eine Versicherungsforderung nicht aktiviert oder in seiner Gewinnermittlung einen größeren Schaden vortäuscht, als er dem wirklichen Sachverhalt entspricht. Selbst wenn man in solchen Fällen noch eine Ursächlichkeit zwischen der schadenstiftenden Untreue usw. und der Steuerhinterziehung bejahen wollte, so wird doch regelmäßig ein die Steuerverkürzung umfassender Vorsatz des ungetreuen Angestellten fehlen.

ee) Fehlerhafte Steuererklärungen und unrichtige Auskünfte. Auch ohne Vorbereitung durch Scheingeschäfte (→ Rn. 207), missbräuchliche und undurchsichtige Rechtsgestaltung (→ Rn. 206) oder unrichtige Buchführung und Gewinnermittlung (→ Rn. 217 ff.) können Steuerverkürzungen durch Abgabe unrichtiger Steuererklärungen begangen werden, wenn die Fehler allein in der Erklärung liegen, sei es,
– dass ein buchführungspflichtiger Stpfl keine Bücher oder sonstige Aufzeichnungen geführt hat und in die Steuererklärung Angaben einsetzt, die er vorsätzlich zu niedrig geschätzt hat, oder
– dass ein Stpfl seinen Gewinn zwar auf Grund ordnungsmäßiger Buchführung oder einer Überschussrechnung nach § 4 III EStG ermittelt hat, aber geringere Ergebnisse in die Steuererklärung überträgt und das Vorhandensein von Büchern und Aufzeichnungen leugnet oder ihr Abhandenkommen vortäuscht oder dem FA anstelle der richtigen eine frisierte Gewinnermittlung vorlegt, oder
– dass ein nichtbuchführungspflichtiger Stpfl Einkünfte aus selbstständiger Arbeit, Kapitalvermögen oder Vermietung und Verpachtung vorsätzlich zu niedrig erklärt, oder
– dass aufgrund zu hoher Gewinnverlagerungen in das niedrig besteuernde Ausland der inländische Gewinn zu niedrig angesetzt wird (vgl. BGH 27.1.1982, wistra 1982, 108). Der Tatnachweis, dass möglicherweise unzutreffende Verrechnungspreise hinsichtlich der Gewinnverteilung zwischen Stammhaus und Betriebsstätte angesetzt worden sind, kommt jedoch nur in Betracht, wenn die Verrechnungspreise sich außerhalb einer noch akzeptablen Bandbreite befinden (vgl. auch Klein/*Jäger* AO § 370 Rn. 48; zu den Anforderungen an den Tatnachweis vgl. auch LG Frankfurt 28.3.1996, wistra 1997, 152), oder
– dass wahrheitswidrig ein Auslandswohnsitz in einer Steuererklärung behauptet wird (FG BaWü 19.3.2013 – 3 K 4628/10), und dementsprechend in der eingereichten Steuererklärung die Besteuerungshoheit für Einkünfte (teilweise) eingeschränkt wird. Wird aufgrund eines wahrheitswidrig behaupteten Auslandswohnsitz keine Steuererklärung eingereicht, kommt § 370 I Nr. 2 AO in Betracht, oder
– dass der zutreffende Sachverhalt durch unrichtige Angaben verschleiert wird und dadurch eine verdeckte Gewinnausschüttung verschwiegen wird (BGH 24.5.2007, NStZ 2008, 412; BVerfG 26.6.2008, NJW 2008, 3346). Zu beachten ist allerdings, dass eine verdeckte Gewinnausschüttung weder steuer- noch strafrechtlich verboten, und dementsprechend für sich alleine keine Steuerhinterziehung darstellt, wenn sie offen in der Steuererklärung ausgewiesen wird (BGH 4.5.1990, wistra 1991, 27; Wassermeyer, BB 1989, 1382; *Wagner/Hermann*, BB 1999, 698; Klein/*Jäger* AO § 370 Rn. 53). Wurde etwa eine verdeckte Gewinnausschüttung dadurch begangen, dass private Anschaffungen von abnutzbaren Wirtschaftsgütern der Kapitalgesellschaft in Rechnung gestellt wurden, ergibt sich der Hinterziehungsumfang nur aus den jeweils zu Unrecht geltend gemachten

Abschreibungsbeträgen und nicht sofort aus dem vollständigen Rechnungsbetrag, wenn die Wirtschaftsgüter als Betriebsvermögen aktiviert worden sind (BGH 1.12.2015, NStZ 2016, 300).

232 **Unmittelbar durch Vorlage einer unrichtigen Buchführung** können Steuereinnahmen verkürzt werden, wenn die Handlung dem Zweck einer erstmaligen Steuerfestsetzung dient. Das ist entweder der Fall, wenn Stpfl, die der Aufgabe einer Gewinnermittlung nicht gewachsen sind, mit ihren Büchern oder Aufzeichnungen beim FA erscheinen und den Sachbearbeiter bitten, aus den mitgebrachten Unterlagen die für die Veranlagung erforderlichen Angaben zu entnehmen, oder wenn die Bücher oder Aufzeichnungen dem Betriebsprüfer vorgelegt werden, damit dieser aus ihnen die Besteuerungsgrundlagen für den letzten Steuerabschnitt des Prüfungszeitraums, für den der Stpfl noch keine Steuererklärung (oder -voranmeldung) abgegeben hatte, entnimmt (einhM, vgl. GJW/*Rolletschke* AO § 370 Rn. 44; MüKoStGB/*Schmitz/Wulf* AO § 370 Rn. 225; Suhr 1977, S. 248 unter Hinweis auf BGH 28.11.1957, ZfZ 1958, 145, 147 sowie auf BayObLG 4.12.1958 – RReg. 4 St 363/58 und OLG Hamm 22.10.1959 – 2 Ss 782/59).

233 **Unrichtige schriftliche oder mündliche Auskünfte** können ebenfalls die Tathandlung einer Steuerhinterziehung darstellen. In Betracht kommen namentlich Auskünfte, die der Stpfl oder ein anderer Wissensträger (Ehegatte, Angestellter, steuerlicher Berater, Geschäftsfreund usw.) auf Verlangen dem FA im Steuerermittlungsverfahren zur Erläuterung einer in bestimmten Punkten – zunächst unbewusst – unvollständigen oder nicht genügend substantiierten Steuererklärung unrichtig erteilt, um Steuern zum eigenen Vorteil oder gefälligkeitshalber zum fremden Vorteil zu verkürzen.

234 **ff) Angaben außerhalb des Festsetzungsverfahrens.** Auskünfte im Rechtsbehelfsverfahren (BGH 1.2.1989, BGHSt 36, 105), in der Außenprüfung oder im Verfahren zur Prüfung der Notwendigkeit einer Änderung des Steuerbescheids (BGH 26.10.1998, wistra 1999, 103) unterfallen dem § 370 I Nr. 1 AO. Dass Auskünfte zu einer (unrichtigen/ unwirksamen) tatsächlichen Verständigung führen, ändert an der Strafbarkeit nichts (BGH 26.10.1998, wistra 1999, 103; vgl. auch *Salditt* StuW 1998, 283; Schaumburg/Peters/*Peters* Rn. 11.143). Zu unrichtigen Angaben im Vollstreckungsverfahren → Rn. 481 ff.

235 Unrichtige Angaben über steuerlich erhebliche Tatsachen macht auch, wer eine **Änderung des bestandskräftigen Steuerbescheids** nach § 173 I Nr. 2 AO dadurch zu erreichen versucht, dass er zB bei der Erklärung übersehene, an sich abzugsfähige Werbungskosten nachträglich geltend macht und dabei unrichtig zum groben Verschulden vorträgt, das die Änderung zu seinen Gunsten in der Regel hindert. Zweifelhaft ist in diesen Fällen allein das Vorliegen einer Steuerverkürzung, da der Bescheid ja materiell zum Nachteil des Stpfl unrichtig ist. Andererseits ist der Steueranspruch durch den bestandskräftigen Bescheid „tituliert"; dies spricht dafür, auch das Erwirken der Durchbrechung der Bestandskraft dem § 370 IV 1 AO unterfallen zu lassen (aA OLG Hamm 14.10.2008, wistra 2009, 80). Ansonsten geht es um die Frage, ob der Täuschende Vorsatz hat bzw. ob man solche Fälle wirklich anklagen sollte; der Stpfl ist mit der Bestandskraft des Bescheides idR hinreichend bestraft. Zur Täuschung gegenüber dem Finanzgericht → Rn. 202.

236 **gg) Angaben im Verhältnis von Grundlagen- und Folgebescheiden.** Unrichtige Angaben in einer **Feststellungserklärung** (zur einheitlichen und gesonderten Feststellung des Gewinns) stellen einen nicht gerechtfertigten Steuervorteil dar (BGH 10.12.2008, wistra 2009, 114). Verweist ein Stpfl in der Erklärung betreffend den Folgebescheid auf den unzutreffenden Grundlagenbescheid und hat er positive Kenntnis davon, dass der Grundlagenbescheid durch unrichtige Angaben erwirkt wurde, so macht er seinerseits in der Erklärung betreffend den Folgebescheid unrichtige Angaben (BGH 20.5.1981, BGHSt 30, 122; MüKoStGB/*Schmitz/Wulf* AO § 370 Rn. 262; aA *Streck* NStZ 1984, 414). Ist der Grundlagenbescheid jedoch ohne vorsätzlich unrichtige Angaben bewirkt worden, so wirkt sich die verfahrensrechtliche Trennung von Feststellungs- und Veranlagungsverfahren auch strafrechtlich aus. Der Stpfl kann auf einen solchen unzutreffenden Grundlagenbescheid Bezug nehmen, ohne sich selbst dem Vorwurf unrichtige Angaben zu machen auszusetzen (MüKoStGB/*Schmitz/Wulf* AO § 370 Rn. 262).

hh) Verletzung steuerlicher Formvorschriften und Nachweiserfordernissen. Zunächst ist zu beachten, dass steuerliche Beweislast- und Vermutungsregeln im Steuerstrafverfahren keine Anwendung finden (BGH 13.10.1994, wistra 1995, 67 für das Zollrecht; OLG Düsseldorf 26.8.1988, NStZ 1989, 370 mAnm *Rainer*; *Keßeböhmer* wistra 1996, 334; *Spriegel* wistra 1998, 241; Wannemacher/*Kürzinger* Rn. 87 ff.). Macht ein Stpfl in seiner Steuererklärung steuermindernde Tatsachen geltend, ohne dass im Zeitpunkt der Einreichung der Steuererklärung die gesetzlich vorgeschriebenen Nachweisvoraussetzungen vorliegen, so liegt nach der hier vertretenen Auffassung ebenfalls keine unzutreffende Angabe vor, wenn die Formvorschriften bis zum Schluss der mündlichen Verhandlung bei dem Finanzgericht nachgereicht werden können (vgl. → Rn. 163). Der EuGH hat mittlerweile betreffend die Voraussetzung von Buch- und Belegnachweisen (§§ 6 u. 6a UStG) im Hinblick auf steuerfreie Ausfuhr-Lieferungen bzw. innergemeinschaftliche Lieferungen klargestellt, dass es sich diesbezüglich um eine Frage des steuerlichen Nachweises handelt, und dass bei einem anderweitig feststellbaren Sachverhalt die Steuerbefreiung nicht allein wegen des Verstoßes gegen die Formvorschriften versagt werden darf (EuGH 27.9.2007, DStR 2007, 1811; EuGH 27.9.2007, HFR 2007, 1254). Auch der BFH (BFH 8.11.2007, DB 2008, 850) und der BGH (BGH 20.11.2008, wistra 2009, 159, 160; BGH 19.8.2009, wistra 2009, 475) haben sich dieser Rspr. angeschlossen und anerkannt, dass es sich bei den Buch- und Belegnachweisen nicht um eine materielle Voraussetzung der Steuerbefreiung handelt.

Auch eine **fehlende klare Vereinbarung zwischen nahestehenden Personen oder Angehörigen** hat lediglich für eine steuerliche Beweiswürdigung Bedeutung, stellt jedoch keine materiell-rechtliche Voraussetzung dar (vgl. BFH 21.10.2014, DStR 2015, 353). Auch wenn etwa Bewirtungsaufwendungen oder Aufwendungen für Geschenke tatsächlich erfolgt sind, jedoch keine (zeitnahe) Aufzeichnung im Sinne von § 4 VII EStG erfolgt ist, scheidet lediglich eine steuerliche Anerkennung als Betriebsausgaben aus (BFH 31.7.1990, BStBl. II 1991, 28). Ein strafrechtlicher Vorwurf muss nach der hier vertretenen Auffassung jedoch ausscheiden, wenn die Betriebsausgaben tatsächlich erfolgt sind und lediglich die formellen Aufzeichnungspflichten nicht (zeitnah) erfolgt sind (ebenso Klein/*Jäger* AO § 370 Rn. 43; aA Tipke/Kruse/*Krumm* AO § 370 Rn. 40). Hintergrund ist, dass § 370 AO das öffentliche Interesse am Steueraufkommen schützt. Stellen im Einzelfall steuergesetzlich normierte Nachweiserfordernisse keine materiell-rechtliche Voraussetzung dar, so wird durch ihr Fehlen bereits das Rechtsgut nicht beeinträchtigt, da ein materieller Steueranspruch, der zu schützen wäre, nicht vorliegt (Wannemacher/*Kürzinger* Rn. 96). Nach der hier vertretenen Auffassung sollen steuerliche Beweislastregelungen jedoch unabhängig von ihrer tatbestandlichen Ausgestaltung für den Nachweis der Tatsachen im Strafverfahren keine Bindungswirkung entfalten können (→ Rn. 93; *Keßeböhmer*, 1 ff.; *Keßeböhmer* wistra 1996, 334; *Spriegel* wistra 1998, 241; MüKoStGB/*Schmitz/Wulf* AO § 370 Rn. 258). Auch für die Tathandlung ist zwischen der Mitteilung der Besteuerungsgrundlagen und deren Nachweis zu unterscheiden (*Spriegel* wistra 1998, 241, 247; MüKoStGB/*Schmitz/Wulf* AO § 370 Rn. 259). Sieht das Gesetz etwa vor, dass eine Steueranrechnung nur bei Vorlage einer Steuerbescheinigung möglich ist, so kann der Erklärung bzw. dem Antrag auf Anrechnung von Körperschaftssteuer oder Kapitalertragssteuer (ohne Vorlage der zwingenden Bescheinigung) nicht konkludent die Behauptung entnommen werden, dass der Nachweis vorliegt (MüKoStGB/*Schmitz/Wulf* AO § 370 Rn. 259; aA BFH 29.4.2008, BFH/NV 2008, 1391, wobei diese Entscheidung vor der Rechtsprechungsänderung des BGH zu den nicht mehr als materielle Voraussetzung qualifizierten Buch- und Belegnachweisen ergangen ist). Erklärt ein Stpfl dagegen in der eingereichten Steuererklärung ausdrücklich, dass er im Besitz von Körperschaftsteuer bzw. Kapitalertragssteuerbescheinigungen ist, liegen diesbezüglich unrichtige Angaben iSd § 370 I Nr. 1 vor (vgl. auch Kohlmann/*Ransiek* § 370 AO Rn. 233; Leitner/Rosenau/*Pelz* AO § 370 Rn. 55).

4. Steuerhinterziehung durch Unterlassen gem. § 370 I Nr. 2 AO

a) Überblick

239 Die Steuerhinterziehung durch Unterlassen nach § 370 I Nr. 2 AO kann nur dadurch begangen werden, dass der Täter die FinB über steuerlich erhebliche Tatsachen pflichtwidrig in Unkenntnis lässt. Voraussetzung ist demnach zunächst, dass der FinB steuerlich erhebliche Tatsachen unbekannt sind. Weiterhin muss der Täter in der Lage sein, diese Unkenntnis zu beseitigen, und dies unterlassen. Schließlich muss er zur Beseitigung der Unkenntnis verpflichtet sein. Bei § 370 I Nr. 2 AO handelt es sich um ein **echtes Unterlassungsdelikt** (BGH 24.9.2019, NJW 2019, 3532, 3535). Täter einer Steuerhinterziehung durch Unterlassen gem. § 370 I Nr. 2 AO kann nur derjenige sein, der **selbst zur Aufklärung steuerlich erheblicher Tatsachen besonders verpflichtet ist** (BGH 9.4.2013, BGHSt 58, 218, Rn. 46). Das Innehaben einer eigenen Aufklärungspflicht beschränkt den Kreis tauglicher Täter notwendig auf die Inhaber einer solchen Pflicht. Da die Pflichtenstellung notwendig täterschaftsbegründend ist, handelt es sich bei § 370 I Nr. 2 AO um ein **Sonderdelikt** derjenigen, die in einem steuerlich bedeutsamen Sachverhaltsgeschehen Träger einer Aufklärungspflicht sind. Gibt ein Stpfl eine unvollständige Steuererklärung ab, behauptet jedoch die Vollständigkeit seiner Angaben, so kommt nicht § 370 I Nr. 2 AO, sondern § 370 I Nr. 1 AO in Betracht (ebenso Klein/*Jäger* AO § 370 Rn. 60; aA *Weidemann/Weidemann* wistra 2005, 207, die zu Unrecht auf das Unterlassen als angeblichen Schwerpunkt strafrechtlich relevanten Handelns abstellen).

b) Unkenntnis von steuerlich erheblichen Tatsachen

240 **Die einzelnen Elemente des Begriffs „steuerlich erhebliche Tatsachen"** entsprechen den Merkmalen beim Begehungstatbestand; s. zum Begriff der Tatsache oben → Rn. 187, zum Begriff der steuerlichen Erheblichkeit oben → Rn. 200.

241 **Die Unkenntnis der FinB** ist nicht erst dann gegeben, wenn der Behörde der gesamte steuerpflichtige Vorgang unbekannt ist. Unkenntnis liegt auch dann vor, wenn zB die Existenz des Gewerbebetriebes und die Tatsache, dass steuerpflichtige Umsätze gemacht werden, bekannt sind, mangels rechtzeitiger USt-Voranmeldung jedoch die genaue Höhe der steuerpflichtigen Umsätze unbekannt bleibt (ausf. → Rn. 260 ff.); zur Schätzungsmöglichkeit in solchen Fällen → Rn. 290. Dagegen liegt nach der hier vertretenen Auffassung keine Unkenntnis vor, wenn das FA von anderer Seite die erforderliche Information rechtzeitig erhalten hat. Gerade in Zeiten der Automatisierung erlangen diese Konstellationen erhebliche Bedeutung, da die Veranlagungsstellen automatisiert diverse Informationen von Dritten erhalten, wie etwa Rentenbezüge gem. § 22a I EStG, Lohneinkünfte gem. § 41b I EStG, elektronische Lohnsteuer-Abzugsmerkmale, § 39 IV EStG oder Lohnersatzleistungen, § 32b I Nr. 1 EStG. Dabei ist es dann unerheblich, dass der Täter selbst keine Erklärung abgegeben hat. Auch fehlt die Unkenntnis, wenn der Stpfl zwar die erforderlichen Angaben gemacht hat, jedoch pflichtwidrig die Formblätter nicht verwendet hat (§ 150 I AO). Teilweise wird die Ansicht vertreten, dass ein In-Unkenntnis-Lassen immer dann vorliegen soll, wenn der Erklärungspflichtige pflichtwidrig die steuerlich erheblichen Tatsachen nicht dem FA mitgeteilt hat (LG Aurich 8.11.2017, wistra 2018, 179, Rn. 39 ff.; Klein/*Jäger* AO § 370 Rn. 60b; *Roth* NZWiSt 2017, 308). Bei der vorausgesetzten Unkenntnis in § 370 I Nr. 2 AO soll es sich nach diesen Auffassungen um eine Handlungsbeschreibung, die aus Sicht des Täters zu interpretieren ist, handeln (*Roth* NZWiSt 2017, 208). Diese Ansicht ist abzulehnen. Da es sich bei dem Begriff „Unkenntnis" um ein Tatbestandsmerkmal des objektiven Tatbestands handelt, ist der Begriff objektiv zu verstehen und nicht aus der Sicht des Täters zu interpretieren (MüKoStGB/*Schmitz/Wulf* AO § 370 Rn. 379). Das LG Aurich begründet seine Rspr. mit dem angeblichen Zweck und der Systematik des Gesetzes, lässt jedoch eine Auseinandersetzung mit dem Stand der wissenschaftlichen Diskussion sowie der Rspr. des I. Senats zur Bedeutung der Unkenntnis im Rahmen von § 370 I Nr. 1 AO vermissen (MüKoStGB/*Schmitz/Wulf* AO § 370 Rn. 379). Die relevanten Fragen der Erfolgszurechnung sowie die Grundstruktur des § 370 AO als Fehlinformationsdelikt, die im Falle des Unterlassens eine Strafbarkeit wegen Vollendung lediglich dann zulassen, wenn das FA sich in Unkenntnis befindet, werden von dem LG Aurich nicht ansatzweise diskutiert (MüKoStGB/*Schmitz/Wulf* AO § 370 Rn. 379; vgl. auch *Gaede*, Steuerbetrug, 57). Geschützt wird durch § 370 AO das öffentliche Interesse am vollständigen und rechtzeitigen Aufkommen der einzelnen Steuern. Nicht vom Schutzzweck umfasst sind hingegen die steuerlichen Mitwirkungs- und Erklärungspflichten als solche. Ist die Finanzverwaltung in der Lage, die Steuer richtig festzusetzen, weil sie Kenntnis von den für die Steuerfestsetzung relevanten Informationen hat, scheidet ein Zurechnungszusammenhang aus (*Grötsch/Stürzl* wistra 2019, 127, 129; *Schauf/Höpfner* PStR 2017, 135; *Roth* PStR 2018, 270). Auch hat sich das LG Aurich nicht mit den Entscheidungen des BGH vom 14.12.2010 (BGH wistra 2011, 168) und 21.12.2012 (BGH wistra 2013, 469) auseinandergesetzt. In einem Obiter Dictum hat der BGH ausgeführt:

„*Im Gegensatz zu § 370 I Nr. 2 AO ist bei § 370 I Nr. 1 AO – schon nach seinem Wortlaut – nicht auf eine Kenntnis oder Unkenntnis der Finanzbehörden abzustellen oder das ungeschriebene Merkmal der „Unkenntnis" der Finanzbehörde vom wahren Sachverhalt in den Tatbestand hineinzulesen".*

Diese Aussage des BGH lässt zumindest die Tendenz zu einem Erfordernis einer tatsächlichen Unkenntnis im Rahmen des § 370 I Nr. 2 AO erkennen. Auch der BFH hat in seiner Entscheidung vom 4.12.2012 (wistra 2013, 238, 240) für eine Unkenntnis im Rahmen des § 370 I Nr. 2 AO gefordert, dass dem FA die relevanten Informationen auch tatsächlich nicht bekannt waren:

„*Hat nämlich die Finanzbehörde – auf welchem Weg auch immer – die erforderlichen Informationen erhalten (hier im Streitfall durch die Steuererklärung des Klägers), so scheidet eine Steuerhinterziehung durch Unterlassen aus.*"

Insofern ist es konsequent, dass das OLG Oldenburg die Entscheidung des LG Aurich aufgehoben hat (OLG Oldenburg 10.7.2018, wistra 2019, 79). Diese Ansicht vertritt auch das OLG Köln in der Entscheidung vom 31.1.2017 (wistra 2017, 363) sowie das FG Düsseldorf mit Urteil vom 26.5.2021 (NZWiSt 2022, 68 mAnm Modauß), wonach es begrifflich nicht möglich sei, die Finanzbehörden in Unkenntnis zu lassen, wenn hier alle relevanten Informationen vorliegen.

Glaubt der Stpfl, das FA sei nicht in vollem Umfange informiert, kommt Versuch in Betracht. Weiß er, dass die FinB die erforderlichen Umstände kennt, scheidet eine Steuerhinterziehung ganz aus.

Problematisch ist das Merkmal der Unkenntnis dann, wenn zB der für die ESt zuständige **242** Beamte auf Grund zutreffender Angaben zur ESt-Erklärung auch die Höhe des umsatzsteuerpflichtigen Umsatzes kennt, der Täter jedoch keine USt-Erklärung abgegeben hat, so dass sich der für die USt zuständige Beamte in Unkenntnis befindet. Durch die Annahme, dass die **Unkenntnis beim zuständigen Finanzbeamten** zu beseitigen ist (vgl. dazu BayObLG 14.3.2002, wistra 2002, 393), wird der Stpfl nicht unbillig belastet. Glaubt er nämlich, die FinB werde auf Grund innerbehördlicher Kommunikation die Angaben der einen Steuererklärung auch dem Beamten der anderen Abteilung zuleiten, fehlt der Verkürzungsvorsatz, so dass § 370 I AO ausscheidet. Hat der Stpfl diese Vorstellung nicht, dann will er eine Steuerhinterziehung; hier besteht kein Anlass, den Tatbestand nicht anzuwenden.

Soweit es dagegen um dieselbe Steuer geht, ist nicht die Unkenntnis desjenigen Beamten **243** maßgeblich, der für die Bearbeitung zuständig ist. Angesichts des jederzeit möglichen Austauschs des Sachbearbeiters ist Kenntnis jedenfalls dann gegeben, wenn sich die Information in den einschlägigen Akten befindet, sei es auf Grund von Kontrollmitteilungen oder auf Grund von Aktenvermerken über private Mitteilungen. Nach der zutreffenden Ansicht des OLG Köln gelten auch Informationen als bekannt, auf die der Sachbearbeiter im Rahmen seiner konkreten Zuständigkeit jederzeit Zugriff hat (OLG Köln 30.1.2017, NZWiSt 2017, 317; MüKoStGB/*Schmitz/Wulf* AO § 370 Rn. 380). Existieren Datenbanken, auf die der Veranlagungssachbearbeiter Zugriff hat, so entfällt eine Strafbarkeit mangels Unkenntnis der Finanzbehörde, auch wenn diese Datenbanken unzulänglich aufgebaut oder sortiert sind. Hat der zuständige Sachbearbeiter keine Zugriffsmöglichkeit für solch eine Datenbank, so wird das Tatbestandsmerkmal der Unkenntnis nicht entfallen. Geht der Stpfl jedoch davon aus, dass das FA Kenntnis von dem relevanten Sachverhalt hat ist zu prüfen, ob ein Vorsatz in Bezug auf die erforderliche „Unkenntnis" nicht vorliegt (vgl. auch MüKoStGB/*Schmitz/Wulf* AO § 370 Rn. 381). Darüber hinaus wird aber auch bei aktenmäßig nicht festgehaltener Kenntnis des zuständigen Beamten der Unterlassungstatbestand ausscheiden müssen. Ist zwar der unmittelbar zuständige Bearbeiter nicht informiert, hat aber ein in der Behördenhierarchie übergeordneter Amtsträger, der jederzeit in die Entscheidung eingreifen kann, konkrete Kenntnis von dem relevanten Sachverhalt, liegt ebenfalls keine Unkenntnis der Behörde vor (vgl. Koch/Scholtz/*Scheurmann-Kettner* AO § 370 Rn. 26); zur vergleichbaren Problematik bei der Steuerhinterziehung durch Handeln → Rn. 292 ff.

244 Sofern mitteilungspflichtige Stellen gem. § 93c AO Daten elektronisch an die Finanzverwaltung übermitteln müssen, gelten diese gem. § 150 VII 2 AO als Angaben des Stpfl, sofern dieser in seiner Steuererklärung nicht abweichende Angaben tätigt. Diese Daten gelten auch dann als Daten des Stpfl und wirken diesebezüglich tatbestandsausschließend, wenn der Stpfl keine Steuererklärung eingereicht hat (*Beyer* NZWiSt 2018, 359; aA *Rolletschke* NZWiSt 2018, 185; *Häger* wistra 2017, 369, 371; *Roth* wistra 2018, 152). Die Schlussfolgerung, dass eine automatisierte Veranlagung nur bei Vorliegen (irgendeiner) Steuererklärung geschieht, ist nicht zwingend. Ferner wäre eine Nichtanwendung des § 150 VII 1 AO im Falle der Nichtabgabe einer Steuererklärung mit dem strafrechtlichen Bestimmtheitsgebot des Art. 103 II GG und Art. 7 I EMRK nicht in Einklang zu bringen, da der Wortlaut solch eine klare Differenzierung nicht vorsieht (*Beyer* NZWiSt 2018, 359).

c) Unterlassen

245 Der Stpfl erfüllt den Tatbestand nur dann, wenn er eine zur Aufklärung geeignete und ihm mögliche Handlung nicht vornimmt (→ § 369 Rn. 89). Vor allem muss ihm die **Aufklärung der FinB möglich sein.** Diese Aufklärung wird ihm nicht schon dadurch unmöglich, dass er aus Nachlässigkeit keine Aufzeichnungen gemacht hat oder die Aufzeichnungen verlorengegangen sind. Er muss dann der FinB diesen Umstand sowie diejenigen Tatsachen bekanntgeben, die eine zutreffende Schätzung ermöglichen.

d) Erklärungspflicht

246 Der Stpfl muss **pflichtwidrig** unterlassen haben. Täter einer Steuerhinterziehung durch Unterlassen gem. § 370 I Nr. 2 AO kann nur derjenige sein, der selbst zur Aufklärung steuerlich erheblicher Tatsachen besonders verpflichtet ist (BGH 9.4.2013, BGHSt 58, 218 ff.). Das Tatbestandsmerkmal „pflichtwidrig" bezieht sich allein auf das Verhalten des Täters und nicht allgemein auf dasjenige irgendeines Tatbeteiligten. Damit kommt eine Zurechnung fremder Pflichtverletzungen auch dann nicht in Betracht, wenn sonst nach allgemeinen Grundsätzen Mittäterschaft vorliegen würde (BGH 9.4.2013, BGHSt 58, 218 ff. Rn. 64). Das Innehaben einer **eigenen Aufklärungspflicht** beschränkt den Kreis **tauglicher Täter** notwendig auf die Inhaber einer solchen Pflicht. Bei der Erklärungspflicht iSd § 370 I Nr. 2 AO handelt es sich um ein besonders persönliches Merkmal iSd § 28 I StGB (BGH 23.10.2018, NJW 2019, 1621; BGH 21.5.2019, wistra 2019, 508; BGH 12.2.2020, wistra 2020, 423; *Wimmer* PStR 2019, 149). Den Verpflichteten trifft insofern eine Sonderpflicht höchst persönlicher Art (BGH 23.10.2018, BGHSt 63, 28 Rn. 19). **Tatbeteiligte ohne entsprechende Pflicht** können sich ausschließlich als

Teilnehmer gem. §§ 26, 27 StGB strafbar machen. Bei der Strafzumessung für einen Teilnehmer, den selbst die Erklärungspflicht nicht trifft, ist insofern neben der Strafrahmenverschiebung gem. §§ 27, 49 I StGB eine weitere gem. §§ 28 I, 49 I StGB durchzuführen, sofern nicht die Tat allein wegen des Fehlens der steuerlichen Erklärungspflicht als strafbegründendem persönlichen Merkmal als Beihilfe statt als Täterschaft zu werten ist (BGH 13.3.2019, NStZ-RR 219, 213; BGH 21.5.2019, wistra 2019, 508). Die steuerlichen Erklärungspflichten ergeben sich regelmäßig aus den Einzelsteuergesetzen. Daneben existieren diverse Anzeigepflichten.

Pflichten zur Abgabe von Steuererklärungen (§§ 149 f. AO) ergeben sich namentlich aus § 56 EStDV, § 31 KStG iVm § 56 EStDV, § 25 GewStDV, § 31 ErbStG (hier nach vorhergehender Anzeige gem. § 30 ErbStG iVm §§ 4–11 ErbStDV; § 18 I–III UStG → Rn. 334 ff.), vgl. zu Steuererklärungspflichten bei der Hinzurechnungsbesteuerung *Süß* IStR 2017, 904. Pflichten zur Abgabe von Steueranmeldungen ergeben sich bei den Besitz- und Verkehrsteuern aus § 41a EStG, § 45a I EStG, § 73e S. 1 EStDV, § 8 VersStG; vgl. ferner die Pflichten aus der RennwSt nach § 18 I RennwLottAB. Bei den Verbrauchsteuern bestehen Pflichten zur Abgabe monatlicher Anmeldungen der hergestellten Erzeugnisse und der entstandenen Steuer gem. § 21 II 3, § 22 II 2, § 23 VI 1, § 33 I, § 39 I EnergieStG, § 12 I KaffeeStG, § 15 SchaumwStG, § 144 BranntwMonG (vgl. BGH 24.10.2002, wistra 2003, 100); vgl. ferner die Pflichten der Brauereien nach § 15 BierStG.

Kraft Gesetzes ist zur Abgabe einer Steuererklärung jeder verpflichtet, der nach den einzelnen Steuergesetzen einen Steuertatbestand verwirklicht hat. Auch der Beteiligte an einer Personengesellschaft hat nach der Rspr. des BGH und BFH, unabhängig vom Vorliegen eines Gewinnfeststellungsbescheids der Personengesellschaft, eine Erklärung über seine Einkünfte aus der Beteiligung abzugeben (BGH 20.5.1981, BGHSt 30, 122; BFH 23.7.2013, wistra 2013, 485). Der Gesellschafter soll zumindest die Einkünfte aus seiner Beteiligung in seiner Einkommensteuererklärung schätzen, auch wenn der entsprechende Feststellungsbescheid noch nicht vorliegt. Diese Auffassung ist nach der hier vertretenen Ansicht unzutreffend, da es allein Aufgabe der Personengesellschaft ist, eine zutreffende Feststellungserklärung einzureichen, die dann von dem Veranlagungsfinanzamt des Gesellschafters bindend in den Folgebescheid aufgenommen werden muss. Bei juristischen Personen obliegt die Verpflichtung den zuständigen Organen (§ 34 I 1 AO). Selbst wenn ein Strohmann nur formal als Organ bestellt wurde, bleibt er zur Abgabe von Steuererklärungen verpflichtet (BGH 14.4.2010, PStR 2010, 130) Für nicht rechtsfähige Personenvereinigungen und Vermögensmassen haben gem. § 34 I 1 AO die Geschäftsführer die Erklärungen abzugeben. Fehlt ein Geschäftsführer, so trifft die Pflicht die Gesellschafter oder Mitglieder (§ 34 II AO).

Eine Steuererklärungspflicht haben ferner:
– *gesetzliche Vertreter eines Stpfl* (§ 34 I 1 AO), Vermögensverwalter (§ 34 III AO) einschl. Insolvenzverwalter. Mit Eröffnung des Insolvenzverfahrens erlischt die Erklärungspflicht des Stpfl und geht auch für die vor dem Zeitpunkt der Insolvenzeröffnung liegenden Zeiträume auf den Insolvenzverwalter bzw. Treuhänder über. Insofern kann der Insolvenzschuldner ab dem Zeitpunkt der Eröffnung des Insolvenzverfahrens nicht mehr Täter einer Steuerhinterziehung gem. § 370 I Nr. 2 AO sein (BGH 10.8.2017, wistra 2018, 42);
– *Mitglieder einer Erbengemeinschaft* sowie die zur Verwaltung und Verwendung von Zweck- und Sondervermögen oder unselbstständigen Stiftungen bestellten Treuhänder oder Bevollmächtigten (§ 34 I–III AO);
– *als Bevollmächtigte oder Verfügungsberechtigte auftretende Personen* (§ 35 iVm § 34 I AO).

Nach dem BFH kommt es darauf an, ob der Verfügungsberechtigte aufgrund einer besonderen Rechtsbeziehung die Möglichkeit hat, den formal eingesetzten gesetzlichen Vertreter anzuweisen, für ihn zu handeln (BFH 24.4.1991, BFH/NV 1992, 76; BFH 16.3.1995, BStBl. II 1995, 859). Eine rein tatsächliche Position ohne jede rechtliche

Einwirkungsmöglichkeit ist dementsprechend nicht ausreichend (MüKoStGB/*Schmitz*/ *Wulf* AO § 370 Rn. 354). Nach der Rspr. des BGH setzt eine Verfügungsbefugnis zum einen die Fähigkeit, rechtlich und wirtschaftlich über die Wirtschaftsgüter eines anderen verfügen und dadurch die steuerlichen Pflichten erfüllen zu können, und zum anderen ein entsprechendes Auftreten nach außen voraus (BGH 9.4.2013, DStR 2013, 177). Die notwendige rechtliche Verfügungsmacht ergibt sich aus den Vorschriften des Bürgerlichen Rechts, wobei eine Anscheins- oder Duldungsvollmacht ausreicht (BFH 16.3.1995, BStBl. II 1995, 859). Für ein notwendiges Auftreten nach außen ist ausreichend, wenn der Verfügungsberechtigte sich an eine begrenzte Öffentlichkeit wendet (BFH 5.8.2010, BFH/NV 2011, 81; BGH 23.8.2017, wistra 2018, 80 Rn. 18). Ein Auftreten gegenüber den Finanzbehörden wird demgegenüber nicht vorausgesetzt (BFH 16.3.1995, BStBl. II 1995, 859). Allein die Möglichkeit über wirtschaftlichen Druck Entscheidungen zu beeinflussen, ist für die Anwendung des § 35 AO nicht ausreichend (BGH 9.4.2013, wistra 2013, 314; BGH 23.8.2017, wistra 2018, 80). Demgegenüber geht die allgemeine strafrechtliche Rspr. des BGH zur faktischen Geschäftsführung (vgl. hierzu auch *Mayr* ZJS 2018, 212) weiter, da diesbezüglich allein die tatsächliche Bestimmung aller Geschäftsabläufe ausreichend ist (BGH 22.9.1982, BGHSt 31, 118; BGH 10.5.2000, BGHSt 46, 62). Dementsprechend soll es einer faktischen Organstellung nicht entgegenstehen, wenn der Betroffene keine Befugnis zur Führung über das Geschäftskonto hat, solange der formale Geschäftsinhaber seinen diesbezüglichen Wünschen nachkommt (BGH 22.9.1982, BGHSt 31, 118). Der BGH hat die Frage, ob die strafrechtlichen Grundsätze zur Rechtsfigur des „faktischen Geschäftsführers" im Steuerstrafrecht ergänzend neben § 35 AO zur Anwendung kommen, bisher nicht explizit geklärt (vgl. BGH 12.12.1986, wistra 1987, 147; 8.11.1989, wistra 1990, 97). Nach der hier vertretenen Auffassung bestimmen sich die Voraussetzungen für faktische Geschäftsführer allein anhand der Regelung und Rspr. des BFH zu § 35 AO. Die allgemeinen strafrechtlichen Grundsätze zur „faktischen Geschäftsführung" können nicht die gesetzlich normierte Regelung des § 35 AO aushebeln. Zur Ausfüllung des Merkmals „pflichtwidrig" in § 370 I Nr. 2 AO sind die steuerlichen Rechts- und Verfahrensnormen heranzuziehen (MüKoStGB/*Schmitz*/*Wulf* AO § 370 Rn. 355; vgl. auch BayObLG 29.1.1991, wistra 1991, 195; *Kaiser*/*Grimm* DStR 2014, 179). Einen nur allgemein mit der Beratung und Vertretung beauftragten Wpr, StBer oder StBev trifft kraft Gesetzes keine Pflicht zur Abgabe von Steuererklärungen für seinen Mandanten. Auch in Fällen der Verfügungsberechtigung ist im Übrigen zu bedenken, dass eine Vertretung bei der eigenhändigen Unterschrift gem. § 150 III 1 AO nur in Ausnahmefällen zulässig ist.

250 Daneben kommt eine **Verpflichtung für Mitarbeiter,** und auch ausstehende Dritte, insbes. steuerliche Berater, aufgrund § 14 II Nr. 2 StGB in Betracht. Für solche Betriebsbeauftragte kommt insbes. die Abgabe von Umsatzsteuer- und Lohnsteuervoranmeldungen in Betracht. Dagegen scheidet eine Verantwortung betreffend die Abgabe von Steuererklärungen aus, die Kraft gesetzlicher Vorschriften eigenhändig durch den Stpfl zu unterzeichnen sind.

251 Teilweise wird vertreten, dass sich darüber hinaus weitere Offenbarungs- und Handlungspflichten auch aus einer aus pflichtwidrigem Vorverhalten ergebenen Garantenstellung (sog. Ingerenz) ergeben können (BGH 9.4.2013, BGHSt 58, 218 Rn. 97; BGH 9.5.2017, wistra 2017, 300; Klein/*Jäger* AO § 370 Rn. 61c). Im Steuerrecht existiert in § 153 AO diesbzgl. eine Sonderregelung, die auch die Fälle der Ingerenz umfasst. Diesbezüglich wird der Stpfl verpflichtet, bei nachträglicher Kenntnis eine ursprünglich objektiv fehlerhafte Steuererklärung zu korrigieren. Dies gilt unabhängig davon, ob der Stpfl in nicht vorwerfbarer Weise, leichtfertig oder bedingt vorsätzlich (so zumindest der BGH, → Rn. 255) gehandelt hat. Insofern werden auch die Fälle von Ingerenz von § 153 AO speziell geregelt. Die Frage, ob trotzdem über § 13 StGB noch ein ergänzender Anwendungsbereich für eine Berichtigungspflicht besteht, erlangt insbes. deshalb Bedeutung, da von dem persönlichen Anwendungsbereich des § 153 AO der Stpfl, die nach den §§ 34 u.

35 AO verpflichteten Personen sowie der Gesamtrechtsnachfolger, nicht jedoch dritte Personen, wie etwa steuerliche Berater, erfasst werden. Die Anwendung des § 13 StGB neben § 153 AO ist jedoch abzulehnen, da ansonsten über den Umweg des Strafrechts Erklärungspflichten gegenüber der Finanzverwaltung entstehen, die in keinem Steuergesetz normiert sind (Niedersächsisches FG mAnm *Schlepp* wistra 2004, 454; *Wulf,* Handeln und Unterlassen, 110 f.; MüKoStGB/*Schmitz/Wulf* AO § 370 Rn. 358). Ferner ist zu beachten, dass das Bestimmtheitsgebot vorsieht, dass Straftatbestände so gefasst sein müssen, dass das verbotene Verhalten eindeutig erkennbar ist. Das Bestimmtheitsgebot wird verfehlt, wenn der Gesetzgeber bestimmte Verhaltensweisen für strafbar erklärt, aber auf eine Regelung der Voraussetzungen im Einzelfall verzichtet (MükoStGB/*Schmitz* § 1 StGB Rn. 61). Der Gesetzgeber hat sein selbstgestecktes Ziel, die Strafbarkeit wegen Unterlassens durch die Einführung des § 13 StGB auf eine ausreichende Grundlage zu stellen, verfehlt (MükoStGB/*Schmitz* § 1 StGB Rn. 61; Schürmann, Unterlassensstrafbarkeit, 126 ff.). Zudem ergibt sich nicht aus dem Gesetz, wann das Unterlassen der Verwirklichung des gesetzlichen Tatbestands durch ein Tun entspricht. Durch die Regelung des § 153 AO, der die Fälle der Ingerenz umfasst, existiert zumindest für den § 370 AO eine Spezialregelung, die die allgemeine Regelung des § 13 StGB verdrängt. Ein anderes Ergebnis wäre auch mit dem Bestimmtheitsgebot nicht vereinbar, da etwa ein Steuerberater aus der gesetzlichen Regelung des § 153 AO weiß, dass für ihn diese Berichtigungspflicht nicht greift. Würde man aufgrund der allgemeinen Regelung des § 13 StGB jedoch „durch die Hintertür" und entgegen dem klaren Wortlaut des § 153 AO dennoch eine Berichtigungspflicht statuieren, so wäre die Pflichtwidrigkeit eines unterlassenen Verhaltens für den Steuerberater nicht erkennbar (ebenso MüKoStGB/*Schmitz/Wulf* AO § 370 Rn. 358; Kohlmann/*Ransiek* AO § 370 Rn. 225; Tipke/Kruse/*Krumm* AO § 370 Rn. 59; *Reichling/Lange* NStZ 2014, 311, 313; vgl. auch → Rn. 42).

Ob die Erklärungspflicht untergeht, wenn der Täter sich durch ihre Erfüllung selbst **252** einer strafbaren Handlung bezichtigen würde, bedurfte nach dem sog. Gemeinschuldnerbeschluss des BVerfG (BVerfG 13.1.1981, BVerfGE 56, 37) neuer Überlegungen (auch → § 393 Rn. 45 ff.). Die in → Rn. 229 dargestellte Rspr ist sämtlich vor der Entscheidung des BVerfG und in der maßgeblichen Hinsicht mit ungenügendem Problembewusstsein ergangen. Angesichts der grundrechtlichen Verankerung des sog. nemo-tenetur-Prinzips in Art. 2 I GG und in anderen Regelungen (→ § 393 Rn. 8) kann nach der Entscheidung des BVerfG zwar der Gesetzgeber zur Befriedigung der Informationsinteressen Dritter den Straftäter zur Selbstbezichtigung anhalten; er muss dann aber ein Verwertungsverbot oder gar Verwendungsverbot für ein mögliches Strafverfahren konstituieren. Das nemo-tenetur-Prinzip sieht vor, dass niemand kraft gesetzlicher Verpflichtung, deren Verletzung sanktioniert wird, gezwungen werden kann, Informationen Preis zu geben, die zu einer strafrechtlichen Verfolgung gegen ihn genutzt werden können (BVerfG 13.1.1981, BVerfGE 56, 37). Dabei sind zwei Konstellationen zu unterscheiden: In der einen würde der Stpfl sich durch wahrheitsgemäße Angaben eines Allgemeindelikts bezichtigen, das von der FinB wegen §§ 393 II 2, 30 IV Nr. 5 AO an die StA übermittelt werden könnte. In den besonders bedeutsamen Bestechungsdelikten besteht gem. § 4 V Nr. 10 S. 3 EStG sogar eine Verpflichtung der Finanzbehörden entsprechenden Tatsachen bei einem Verdacht an die Ermittlungsbehörden weiterzuleiten (BFH 14.7.2008, DStR 2008, 1734). In der anderen Konstellation belastet er sich wegen einer Steuerhinterziehung, die ohnehin in den Zuständigkeitsbereich der FinB gehört.

Der BGH hat für den Fall der **Selbstbelastung wegen einer Steuerhinterziehung 253** zutreffend entschieden, dass die strafbewährte Pflicht zur Abgabe einer Umsatzsteuerjahreserklärung entfällt, wenn wegen der Abgabe unrichtige Steuervoranmeldungen für den nämlichen Zeitraum ein Strafverfahren anhängig ist (BGH 26.4.2001, BGHSt 47, 8 mAnm *Salditt* PStR 2001, 141; BGH 1.8.2018, NStZ-RR 2018, 379). Ebenso ist eine Verurteilung wegen vollendeter Steuerhinterziehung durch Unterlassen nicht möglich, wenn gegen den an sich Erklärungspflichtigen bereits ein Strafverfahren wegen versuchter Steuerhinterziehung (durch Unterlassen) eingeleitet und bekannt gegeben worden ist (BGH 23.1.2002, wistra 2002, 150; OLG Frankfurt/Main 11.7.2005, wistra 2006, 198; vgl. auch → § 393 Rn. 45). Durch die Einleitung eines Steuerstrafverfahrens nach Beginn des Versuchsstadiums, scheidet eine vollendete Steuerhinterziehung aus (BGH 22.8.2012, wistra 2013, 65).

254 Anders will der BGH entscheiden, wenn sich die Erklärungspflicht nicht auf ein Jahr bezieht, für das es bereits ein Strafverfahren gibt. In solchen Fällen will der BGH die Pflicht zur Abgabe einer wahrheitsgemäßen Steuererklärung nicht suspendieren (BGH 10.1.2002, wistra 2002, 149). Der nemo-tenetur-Grundsatz erlaube nicht die Begehung neuerlichen Unrechts. Ist also gegen den Stpfl ein Strafverfahren wegen Hinterziehung von Einkommensteuer auf Kapitaleinkünfte für die Jahre 2011 bis 2013 anhängig, muss er die Kapitaleinkünfte für das Jahr 2014 wahrheitsgemäß erklären, auch wenn aus deren Höhe Rückschlüsse für Altjahre möglich sind. Der BGH ließ insoweit offen, inwiefern die in der wahrheitsgemäßen Folgeerklärung enthaltenen Angaben zu Lasten des Stpfl für Altjahre verwendet werden dürfen; er deutete lediglich an, es käme ein Verwendungsverbot in Betracht. Dieses hat er mittlerweile (BGH 12.1.2005, wistra 2005, 148) zu Recht ausdrücklich angenommen. Soweit zutreffende Angaben in den Erklärungen mittelbar zu einer Selbstbelastung des Stpfl hinsichtlich zurückliegender Besteuerungszeiträume oder anderer Steuerarten führen, dürfen diese Angaben nicht gegen seinen Willen in einem Strafverfahren gegen ihn verwendet werden (BGH 12.1.2005, wistra 2005, 148, 149). Insofern dürfte die Erklärung noch nicht einmal als Ermittlungsansatz genutzt werden (→ § 393 Rn. 31).

255 Nach der Rspr. des **BGH** soll ein Stpfl selbst dann zur Berichtigung nach § 153 I AO verpflichtet sein, wenn er die ursprüngliche Steuererklärung mit einem Eventualvorsatz falsch eingereicht und nachträglich sichere Kenntnis von der Unrichtigkeit seiner vorangegangen Erklärung erlangt hat (BGH 17.3.2009, wistra 2009, 312). Nach dem BGH soll diese Verpflichtung unproblematisch sein, da der Stpfl ja eine Selbstanzeige erstatten könne. Nur wenn aufgrund von Sperrgründen gem. § 371 II AO keine strafbefreiende Wirkung mehr möglich ist, soll ein Verwertungsverbot eingreifen. Kann der Stpfl jedoch nicht die Steuern gem. § 371 III AO nachentrichten, so soll es gerechtfertigt sein, dass kein Verwertungsverbot eintritt. Diese Verpflichtung des BGH, dass ein bedingt vorsätzlich handelnder Steuerhinterzieher sich bei nachträglich sicherer Kenntnis selbst belasten muss, verstößt gegen das nemo-tenetur-Prinzip. Dies verdeutlicht auch die Neuregelung des § 398a AO, wonach bei einer Steuerhinterziehung von mehr als 25.000,00 EUR ein Strafzuschlag entrichtet werden muss, damit die Tat strafrechtlich nicht weiter verfolgt wird. Zudem ist es nicht gerechtfertigt, dass ein Stpfl, der Steuern aufgrund einer Nacherklärung nicht entrichten kann, generell strafrechtlich verfolgt wird. Hat etwa ein Stpfl bedingt vorsätzlich Steuern verkürzt, gerät beispielsweise dann durch ein von ihm nicht zu vertretendes Ereignis, etwa die Corona-Pandemie, in finanzielle Schwierigkeiten und erlangt später sichere Kenntnis von der Steuerverkürzung, so ist es mit dem nemo-tenetur-Grundsatz nicht in Einklang zu bringen, dass dieser Stpfl sich selbst belasten müsste, ohne dass ein Verwertungsverbot eintritt (vgl. diesbezüglich auch MüKoStGB/*Schmitz/Wulf* AO § 370 Rn. 375). Nach der Rspr. des BGH soll demgegenüber die Strafbewährung für einen Steuerhehler, der sich zu gewerblichen Zwecken unversteuerte Zigaretten beschafft hat, eine Erklärungspflicht aus § 23 I 3 TaBStG im Hinblick auf den nemo-tenetur-Grundsatz suspendiert sein (BGH 23.5.2019, wistra 2019, 509 Rn. 15).

256 Für den Fall der **Selbstbelastung mit einem Allgemeindelikt** hatte der BGH einen Mittelweg beschreiten wollen (BGH 5.5.2004, wistra 2004, 391). Nach Auffassung des 5. Strafsenats liegt es nahe, in solchen Fällen an die Konkretisierung der gebotenen steuerlichen Erklärungen möglicherweise niedrigere Anforderungen zu stellen als sonst nach § 90 AO geboten. *„Eine solche Reduzierung des Erklärungsumfangs könnte etwa darin bestehen, dass die Einkünfte nur betragsmäßig, nicht aber unter genauer Bezeichnung der Einkunftsquelle zu benennen sein werden"* (BGH 5.5.2004, wistra 2004, 391, 393; BGH 11.11.2004, wistra 2005, 58, 63 f.; vgl. auch BGH 26.10.2006, wistra 2007, 17). Hintergrund ist der Umstand, dass das Steuergeheimnis nur begrenzt vor der Weitergabe von Informationen an die Staatsanwaltschaft wegen eines Allgemeindelikts schützt. Zwar untersagt § 393 I 1 AO die Weitergabe dessen, was der Stpfl in Erfüllung steuerlicher Pflichten offenbart hat. Hiervon macht aber § 393 II 2 AO eine Ausnahme, wenn die Unterrichtung der StA in einem besonderen öffentlichen Interesse liegt. Insofern sollen die Durchbrechungsgründe nach § 30 IV Nr. 5 lit. a, b AO Anwendung finden. Zweifel an der Verfassungsmäßigkeit der Vorschrift hat der BGH nicht (vgl. aber → § 393 Rn. 97 ff.). Der von ihm beschrittene Weg ist aber nur begrenzt gangbar. Es mag Fälle geben, in denen die fehlende Zuordnung von Einkünften zu einer konkreten Einkunftsart noch keine Ermittlungsansätze ermöglicht (vgl. auch *Stetter* 2007, 158 ff.). Wenn aber ein Oberbürgermeister einer großen Stadt, in der es einen Korruptionsskandal gibt, für das konkrete Jahr einen stattlichen sechsstelligen Eurobetrag „diffus" erklärt, ist dies schon ein mittelbares Geständnis (vgl. *Wulf* wistra 2006, 95). Es hilft hier nur, wenn man contra legem ebenso ein Verwendungsverbot bejaht wie es der 5. Strafsenat für Fälle der Selbstbelastung wegen Steuerhinterziehung angenommen hat (vgl. dazu auch die Vorlageentscheidung des LG Göttingen v. 11.12.2007, wistra 2008, 231, die bedauerlicherweise vom BVerfG nicht angenommen wurde).

Solange diese Frage in Rspr. und Literatur nicht mit der hinreichenden Sicherheit geklärt ist, mag man die Erfüllung der Erklärungspflicht iSd Unterlassungsdogmatik für unzumutbar halten (vgl. → § 393 Rn. 45 ff.; *Berthold* 1993, S. 106 ff.; vgl. auch *Streck/Spatscheck* wistra 1998, 334). 257

e) Einzelfälle der Steuerhinterziehung durch Unterlassen

aa) Nichterfüllung von Erfassungs- und Anzeigepflichten. Der **Erfassung der** 258 **Steuerpflichtigen** dient bei Besitz- und Verkehrsteuern in erster Linie die Personenstands- und Betriebsaufnahme, die nach § 134 AO den Gemeinden als Hilfsstellen der FÄ obliegt. Den Gemeinden gegenüber müssen Grundstückseigentümer, Wohnungsinhaber sowie Inhaber von Betriebstätten und Lagerräumen die in § 135 AO bestimmten Angaben machen. Die Stpfl selbst haben die ihnen obliegenden polizeilichen Meldepflichten über Zuzug, Umzug oder Wegzug nach § 136 AO auch im Interesse der Besteuerung zu erfüllen. Unmittelbar dem zuständigen FA müssen juristische Personen nach § 137 AO diejenigen Ereignisse melden, die für die steuerliche Erfassung von Bedeutung sind. Desgl. hat dem zuständigen FA nach § 138 AO zu melden, wer einen land- und forstwirtschaftlichen Betrieb, einen gewerblichen Betrieb oder eine Betriebstätte eröffnet oder eine freiberufliche Tätigkeit (vgl. § 18 EStG) beginnt. Der **Erfassung der Hersteller verbrauchsteuerbarer Erzeugnisse** bei den zuständigen Zollstellen dienen hauptsächlich die Pflichten zur Anmeldung des Herstellungsbetriebes (vgl. § 139 I 1 AO sowie Koenig/Cöster AO § 139 Rn. 2 und Tipke/Kruse/*Brandis* AO § 139 Rn. 1).

Wer einer Pflicht zur Erfassung als Steuerpflichtiger nicht nachkommt, hält die 259 FinB über seine persönliche Steuerpflicht in Unkenntnis (→ Rn. 239 ff.) und verhindert dadurch von vornherein, dass gegen ihn – soweit gesetzlich vorgesehen – eine Vorauszahlung festgesetzt, die Abgabe einer Steuer(vor)anmeldung oder einer (Jahres-)Steuererklärung gem. § 328 AO erzwungen oder die gesetzlich geschuldete Steuer auf Grund einer Schätzung der Besteuerungsgrundlagen nach § 162 AO festgesetzt und vollstreckt werden kann. Aus der Rspr vgl. zum Verheimlichen eines Gewerbebetriebs OLG Köln 31.3.1953 (ZfZ 1953, 186), BGH 16.6.1954 (NJW 1954, 1819 betr. Pelztierzucht) und BGH 1.3.1956 (BStBl. I 1956, 441), zum Verheimlichen einer freiberuflichen Tätigkeit OLG Frankfurt 18.10.1961 (NJW 1962, 974). In diesen Fällen wird jedoch eine Steuerhinterziehung nur dann gegeben sein, wenn bereits das Nichtmitteilen etwa der Aufnahme der Erwerbstätigkeit ursächlich für den Eintritt einer Steuerverkürzung wird. So wird im Hinblick auf die Umsatzsteuer die Nichtabgabe der Voranmeldung die eigentliche Tathandlung sein (vgl. § 18 I UStG). Anders ist dies, wenn wegen der Aufnahme der gewerblichen Tätigkeit Anlass für das FA besteht, den Erlass von Vorauszahlungsbescheiden zu prüfen. Bei der ESt, KSt und GewSt tritt eine Verkürzung ein, falls und sobald das FA durch das Schweigen des Stpfl davon abgehalten wird, einen Vorauszahlungsbescheid zu erteilen. Gibt der Stpfl, der die Anmeldung eines Gewerbebetriebs oder einer freiberuflichen Tätigkeit usw. unterlassen hat, fristgerecht eine Jahressteuererklärung ab, bevor das FA auf andere Weise von seiner steuerträchtigen Betätigung erfahren hat, beschränkt sich die Steuerverkürzung auf die vermiedenen Vorauszahlungen. Insoweit kann die Abgabe der Jahressteuererklärung als Selbstanzeige gewürdigt werden (str.; → § 371 Rn. 94), die gem. § 371 III AO bei fristgerechter Nachzahlung des Betrages, den das FA ohne das steuerunehrliche Verhalten als Vorauszahlung festgesetzt hätte, strafbefreiende Wirkung hat. Gibt der Stpfl keine Jahressteuererklärung ab, wird *dadurch* die gesetzlich entstandene Jahressteuerschuld verkürzt. Buchführungs- und Aufzeichnungspflichten iSd §§ 140–148 AO erfüllen nicht den Tatbestand des § 370 I Nr. 2 AO, da diese nur der Vorbereitung von Steuererklärungen dienen. Ebenso ist der Tatbestand des § 370 I Nr. 2 AO nicht erfüllt, wenn eine Mitteilung betreffend grenzüberschreitende Steuergestaltungen iSd §§ 138d ff. AO nicht erfolgt.

bb) Nichtabgabe von Steuervoranmeldungen

Schrifttum: *Leise*, Strafrechtliche Folgen bei verspäteter Abgabe oder bei Nichtabgabe von Umsatzsteuer-Voranmeldung, BB 1949, 79; *Suhr*, Festgesetzte Steuervorauszahlungen und Steuerstrafrecht, BB 1950, 477; *Luther*, Straflose Vortat bei Abgabe falscher Umsatzsteuer- und Beförderungsteuervoranmeldungen, BB 1962, 94; *Fr.-Chr. Schroeder*, Zur Strafbarkeit der Nichtabgabe von Umsatzsteuer-Voranmeldungen, DB 1964, 149; *Henke*, Wann ist ein Umsatzsteuervergehen begangen?, BB 1964, 256; *Leise*, Mitbestrafte Nachtat bei der Umsatzsteuer, StuF 1965, 323 und Inf 1965, 435; *Fischer*, Kritik der strafrechtlichen Rspr. bei Fälligkeitsteuern, DStZ 1965, 375 mit Erwiderungen von *Kulla* DStZ 1966, 42, *Reinisch* DStZ 1966, 72 und *Henke* DStZ 1966, 88; *Fr.-Chr. Schroeder*, Zur Strafbarkeit der Nichtabgabe von Umsatzsteuer-Voranmeldungen, DB 1966, 519; *Herdemerten*, Zur Nichtstrafbarkeit bei verspäteten Abgabe von Umsatzsteuervoranmeldungen, DStR 1970, 198; *Depiereux*, Die strafrechtlichen Folgen der Nichtabgabe von Steuererklärungen, DStR 1970, 551; *Herdemerten*, Keine Steuerunehrlichkeit bei verspäteter Abgabe bzw. Nichtabgabe von Steuererklärungen, DStR 1970, 751; *Leise*, Nochmals: Zur Nichtstrafbarkeit der verspäteten Abgabe von Umsatzsteuervoranmeldungen, DStR 1971, 57; *Depiereux*, Keine Steuerunehrlichkeit bei verspäteter Abgabe bzw. Nichtabgabe von Steuererklärungen?, DStR 1971, 59; *Wilke*, Erscheinungsformen der Hinterziehung von Umsatzsteuer, wistra 1989, 295; *Dörn*, Strafverfolgung der Nichtabgabe von Umsatzsteuer-Voranmeldungen, Stbg 1996, 447; *Grunst*, Steuerhinterziehung durch Unterlassen, 1996; *Wulf*, Handeln und Unterlassen im Steuerstrafrecht, 2001; *Obenhaus*, Drohende Strafverfolgung bei unpünktlicher Abgabe von Steueranmeldungen, Stbg 2012, 97.

260 **Steuervoranmeldungen dienen dem Zweck,** das FA frühzeitig und fortlaufend über die Grundlagen eines gesetzlich entstandenen Steueranspruchs zu unterrichten. Steuervoranmeldungen sind Steuererklärungen (§ 150 I 2 AO iVm § 18 I UStG) für kürzere Zeiträume als ein Jahr (Monat oder Kalendervierteljahr), an die sich nach Ablauf des Kalenderjahres die Pflicht zur Abgabe einer Jahressteuererklärung anschließt, die gem. § 168 AO einer Steuerfestsetzung unter Vorbehalt der Nachprüfung gleichsteht.

261 **Die Pflicht zur Abgabe von Steuervoranmeldungen** ergibt sich namentlich aus § 18 I UStG. Wenn der Stpfl dem FA als Unternehmer bekannt ist und er die Abgabe einer USt-Voranmeldung zum gesetzlichen Termin, dh bis zum 10. eines Monats (bei monatlicher Voranmeldung) oder zum 10. 4., 10. 7., 10. 10. oder 10. 1. (bei vierteljährlicher Voranmeldung) unterlässt, hat das FA die USt nach Ablauf der Voranmeldungsfrist gem. § 18 I 4 UStG auf Grund geschätzter Besteuerungsgrundlagen festzusetzen.

262 **Eine Steuerverkürzung tritt bereits mit Ablauf des Voranmeldungszeitraumes ein;** denn bis dahin hätte die voranzumeldende Steuer auch entrichtet werden müssen (vgl. auch *Riehl* wistra 1996, 130). Dies gilt ungeachtet der Höhe des später von Amts wegen festgesetzten Betrages, für dessen Fälligkeit nach § 18 I 4 UStG – wie bei rechtzeitiger Voranmeldung – gleichfalls der 10. Tag nach Ablauf der Voranmeldungsfrist gilt. Wenn die Vorauszahlung von Amts wegen mindestens ebenso hoch festgesetzt wird wie der Betrag, den der Stpfl voranzumelden unterlassen hat, kann die Minderung der Steuereinnahmen durch die um kurze Zeit verzögerte Zahlung oder Beitreibungsmöglichkeit so

gering sein, dass sie vernachlässigt werden darf. Dies führt im Hinblick auf § 370 II AO jedoch nicht zur Straffreiheit, wenn der Stpfl auf eine zu niedrige Schätzung und Festsetzung der Vorauszahlung spekuliert hatte. Eine Steuerverkürzung liegt stets vor, wenn die von Amts wegen festgesetzten Beträge niedriger sind als die kraft Gesetzes geschuldeten Beträge. Werden die im Laufe des Jahres entstandenen Unterschiedsbeträge nachträglich, insbes. in einer USt-Jahreserklärung dem FA offenbart, kann der Stpfl dadurch unter den übrigen Voraussetzungen des § 371 AO Straffreiheit erlangen.

Falls der Stpfl auch die **Abgabe einer USt-Jahreserklärung unterlässt** oder eine unrichtige Jahressteuererklärung abgibt, nach der die Steuerverkürzung der Summe der unterbliebenen oder zu niedrig festgesetzten Vorauszahlungen entspricht, entsteht die Frage nach dem Konkurrenzverhältnis zwischen Voranmeldungen und Jahressteuererklärung. Hierbei ist davon auszugehen, dass die für die einzelnen Voranmeldungszeiträume vorangemeldete oder von Amts wegen festgesetzte USt nur Teilbeträge der USt-Jahresschuld darstellen, die nach Ablauf des Kalenderjahres auf Grund einer Jahreserklärung oder einer Schätzung der Besteuerungsgrundlagen in einer Summe für das ganze Jahr festzusetzen ist. Erst aufgrund der unzutreffenden Jahreserklärung wird eine endgültige Steuerverkürzung bewirkt (BGH 22.10.1997, wistra 1998, 67). Trotzdem bemisst sich der Umfang der verkürzten Steuern nach der Rspr. des BGH auf den Normalbetrag. Der Zinsschaden für die Hinterziehung auf Zeit wirkt sich nur im Wege der Strafzumessung aus. Nach der neuen Rspr. des BGH ist das Verhältnis zwischen **Umsatzsteuer-Voranmeldungen und einer Umsatzsteuersteuerjahreserklärung** eines der Gesetzeskonkurrenz in Form der **mitbestraften Vortaten** (BGH 13.7.2017, wistra 2018, 43 Rn. 50). Unrichtige Umsatzsteuervoranmeldungen sind insofern durch die Aburteilung der zugehörigen Umsatzsteuer-Jahreserklärung mitbestraft (Klein/*Jäger* AO § 370 Rn. 111). 263

cc) Nichtabgabe von Steuererklärungen oder Steueranmeldungen

Schrifttum: *Hammer*, Hinterziehung im Vollstreckungsverfahren und durch Nichtabgabe von Steuererklärungen, StWa 1957, 98; *Pfaff*, Zur Einleitung des Steuerstrafverfahrens, insbesondere bei Nichtabgabe von Steuererklärungen, WT 1962, 162 und Inf 1962, 455; *Hoffmann*, Die Nichterfüllung der steuerlichen Erklärungspflichten und § 396 AO, FR 1963, 293 und Inf 1963, 203; *Schirp*, Strafrechtliche Folgen bei Nichtabgabe von Steuererklärungen, StB 1963, 141; *Lohmeyer*, Steuerhinterziehung durch Nichtabgabe von Steuererklärungen, NJW 1963, 1191; *Schulze*, Steuerhinterziehung durch Unterlassen der Abgabe von Steuererklärungen, DStR 1964, 384 und 416; *Schuhmann*, Form und Inhalt der Steuererklärungen, BB 1977, 692; *Pfaff*, Vorsteuerabzug in straf- bzw. bußgeldrechtlicher Sicht, DStZ 1978, 435; *Bilsdorfer*, Die Bedeutung des Umsatzsteuerabzugsverfahrens für das Steuerstraf- und Steuerordnungswidrigkeitenrecht, DStZ 1981, 163; *Dietz*, Bestrafung wegen Steuerhinterziehung durch verspäteter Anmeldung und Zahlung von Umsatzsteuer und Lohnsteuer?, DStR 1981, 372; *Ulmer*, Die verspätete Abgabe von Steuererklärungen im Steuerstrafrecht, wistra 1983, 22; *Firgau*, Strafrechtsschutz für überschießende Steuereinnahmen?, wistra 1986, 247; *Ferschel*, Die Abgrenzung versuchter von vollendeter Steuerhinterziehung im Falle des § 370 I Nr. 2 AO bei Ergehen eines Schätzungssteuerbescheides, wistra 1990, 177; *Dörn*, Nochmals: Strafverfolgung der Nichtabgabe von Steuererklärungen, wistra 1991, 10; *ders.*, Nichtabgabe der Steuererklärung, wistra 1993, 241; *ders.*, Versuch oder Vollendung der Steuerverkürzung durch Nichtabgabe von Steuererklärungen bei Veranlagungssteuern, DStZ 1994, 39; *Grunst*, Steuerhinterziehung durch Unterlassen, 1996; *Hofmann*, Steuerstrafrechtliche Behandlung der Nichtabgabe von Steueranmeldungen und Steuervoranmeldungen durch die Finanzverwaltung, DStR 1997, 1789; *Buse*, Die untätige Finanzbehörde, wistra 2008, 51; s. auch das Schrifttum vor → Rn. 110, 246, 501.

Steuererklärungen im engeren Sinne sind förmliche Erklärungen über die von einem Stpfl in einem bestimmten Zeitraum (Kalenderjahr oder abw. Wirtschaftsjahr) oder – bei einmaligen Steuern – zu einem bestimmten Zeitpunkt verwirklichten Besteuerungsgrundlagen zum Zwecke der Steuerfestsetzung durch das FA. **Steueranmeldungen** sind nach § 150 I 3 AO Steuererklärungen, in denen der Stpfl eine Steuer selbst berechnen muss; eine Festsetzung der Steuer durch Steuerbescheid ist nach § 167 AO nur erforderlich, wenn die Festsetzung zu einer abweichenden Steuer führt. 264

Die Vorschrift des § 149 I 2, 3 AO, nach der zur Abgabe einer Steuererklärung über die Vorschriften der einzelnen Steuergesetze hinaus jeder verpflichtet ist, der dazu vom FA individuell oder durch öffentliche Bekanntmachung aufgefordert wird, ist trotz ihrer 265 konstitutiven Bedeutung für das Steuerrecht steuerstrafrechtlich ohne Belang. Wer es entgegen den Vorschriften der einzelnen Steuergesetze unterlässt, dem FA die von ihm verwirklichten Steuertatbestände innerhalb der Frist mitzuteilen, die das jeweilige Steuergesetz vorschreibt, handelt hiernach rechtswidrig und regelmäßig auch mit dem Erfolg einer Steuerverkürzung. Wer hingegen in dem jeweiligen Steuerabschnitt keinen Tatbestand verwirklicht hat, der (bei Berücksichtigung von Freibeträgen, Freigrenzen usw.) gem. § 38 AO eine Steuerschuld hat entstehen lassen, kann sich einer Steuerhinterziehung auch dann nicht schuldig machen, wenn er eine besondere Aufforderung des FA zur Abgabe einer Steuererklärung vorsätzlich missachtet. Zwar kann ihn das FA durch steuerrechtliche Zwangsmittel nach § 328 AO zur Abgabe einer Steuererklärung anhalten, um eine verbindliche und nachprüfbare Äußerung des Stpfl über seine steuerlichen Verhältnisse zu erlangen. Steuerstrafrechtlich hat eine Aufforderung nach § 149 I 2 AO jedoch nur zur Folge, dass der Stpfl, der einen Steuertatbestand verwirklicht hat, in einem späteren Strafverfahren nicht geltend machen kann, dass er sich seiner gesetzlichen Pflicht zur Abgabe einer Steuererklärung nicht bewusst gewesen sei.

266 **In welcher Form eine Steuererklärung abzugeben ist,** regelt § 150 I 1 AO in der Weise, dass die Erklärung grundsätzlich auf amtlich vorgeschriebenen Vordrucken zu erfolgen hat, es sei denn, eine mündliche Steuererklärung ist zugelassen. Ferner hat der Stpfl nach § 150 II AO zu versichern, dass er die Angaben in der Steuererklärung nach bestem Wissen und Gewissen gemacht hat. An die Abgabe einer schriftlichen Erklärung tritt vermehrt die Übermittlung der Daten durch „Datenfernübertragung" im Wege der EDV (vgl. § 150 I iVm VI bis VIII AO und § 87a AO). Die Einhaltung der vorgeschriebenen Form und die Abgabe der vorgeschriebenen Versicherung sind jedoch für das Vorliegen einer Steuererklärung nicht wesentlich (vgl. auch BGH 27.9.2002, wistra 2003, 20). Amtliche Vordrucke und Muster sollen nur die Bearbeitung erleichtern und die Vollständigkeit der Erklärungen gewährleisten (RFH 9.7.1931, RStBl. 332). Die Wahrheitsversicherung ist nur ein Aufruf zur Wahrheit, eine Mahnung, den Vordruck sorgfältig auszufüllen (einhM, vgl. *Franzen* DStR 1964, 382; *Tipke/Kruse/Seer* AO § 150 Rn. 45). Eine Steuererklärung kann zB auch die formlose Mitteilung des Stpfl darstellen, dass er im vergangenen Jahr wegen Krankheit keine Umsätze und Einkünfte erzielt, sondern von Sozialhilfe gelebt habe. Ist eine solche Mitteilung unrichtig, so ist die dadurch bewirkte Steuerverkürzung – wie bei der Abgabe einer förmlichen unrichtigen Erklärung – bereits in dem Zeitpunkt eingetreten, in dem das FA sich entschließt, den Stpfl nicht zu veranlagen (sog. „n. v.-Fall") oder jedenfalls einen Steuerbetrag nicht festzusetzen (sog. „Null-Fall").

267 **Eine durch Nichtabgabe einer Steuererklärung bewirkte Steuerhinterziehung** liegt namentlich dann vor, wenn der Stpfl beim FA nicht geführt wird und sich durch das Unterlassen der Abgabe von Steuererklärungen der Besteuerung schlechthin entziehen will. Zum Zeitpunkt der Vollendung der Tat → Rn. 72 ff. Die häufigsten Fälle dieser Art sind Schwarzarbeiter (vgl. FG Münster 7.9.1966, DStZ/B 1967, 38) und ArbN mit Nebeneinkünften aus Vermietung und Verpachtung, insbes. Zimmervermietung an Studenten, Messebesucher, Kongressteilnehmer usw., oder aus selbstständiger Arbeit, die 410 EUR übersteigen (vgl. § 46 II Nr. 1 EStG), ferner Wandergewerbetreibende, Handelsvertreter ohne festen Wohnsitz oder mit häufig wechselndem Wohnsitz und Sortiment, fliegende Händler, Vermittler von Gelegenheitsgeschäften, Heilpraktiker (vgl. OLG Frankfurt 18.10.1961, NJW 1962, 974), Hellseher, Schausteller, Catcher, Vortragskünstler aller Art, Prostituierte (vgl. BFHGrS 23.6.1964, BStBl. III 1964, 500). Eine weitere Gruppe bilden diejenigen Kleingewerbetreibenden, die es bewusst auf eine Schätzung ihrer Umsätze und Gewinne nach § 162 AO ankommen lassen wollen und das Ergebnis dann, wenn die Schätzung zu niedrig ausgefallen ist, hinnehmen, oder aber, wenn sie zu hoch ausgefallen ist, den Steuerbescheid mit detaillierten Angaben anfechten (vgl. RG 21.7.1938, RStBl. 906; OLG Karlsruhe 5.3.1964, BB 1966, 1379). Weitere Beispiele aus der Rspr: BGH 15.11.1951 – 1 StR 159/51 und BGH 16.6.1954 – 3 StR 222/53, zit. bei *Lohmeyer* NJW 1954, 374; OLG Frankfurt 30.3.1960, NJW 1960, 1684; OLG Hamm 6.12.1962, BB 1963, 459.

Die **verspätete Abgabe einer Steuererklärung** steht einer Nichtabgabe grundsätzlich 268
gleich; denn, vom Merkmal einer Verkürzung der Steuereinnahmen aus betrachtet, besteht
nur ein gradueller Unterschied, ob nach dem Ablauf der Steuererklärungsfrist ein mehr
oder minder langer Zeitraum vergeht, bis der Stpfl die Besteuerungsgrundlagen doch noch
von sich aus erklärt oder ob sie inzwischen durch eine Anzeige oder durch amtliche
Ermittlungen zur Kenntnis des FA kommen und dem FA ermöglichen, die gesetzlich
geschuldete Steuer nachträglich festzusetzen. Unstreitig ist, dass auch eine vorübergehende
Minderung der Steuereinnahmen eine Steuerverkürzung darstellt (→ Rn. 70 f.), eine unterschiedliche strafrechtliche Beurteilung kann sich jedoch aus folgenden Umständen ergeben.

Soweit die Steuergesetze nichts anderes bestimmen, sind die Steuererklärungen, wie etwa 269
Einkommensteuer, Körperschaftssteuer, Gewerbesteuer- und Umsatzsteuerjahreserklärungen, spätestens 7 Monate nach Ablauf des Kalenderjahres einzureichen (§ 149 II 1 AO).
Für die Veranlagungszeiträume bis einschließlich 2017 gilt § 140 II 1 AO noch in der
bisherigen Fassung, wonach die Erklärung innerhalb von fünf Monaten nach Ablauf des
Veranlagungszeitraums abzugeben waren (Art. 97 § 10a IV EGAO). Bei Beauftragung von
Steuerkanzleien iSv §§ 3 u. 4 StBerG verlängert sich die Frist zur Abgabe der Steuererklärungen auf 14 Monate nach Ablauf des Voranmeldungszeitraums (§ 149 III AO). Auch
hier gilt die bisherige Fassung bis einschließlich 2017. Aufgrund des klaren Wortlauts des
§ 149 III AO muss der Auftrag für die Erstellung einer Steuererklärung bereits zu dem
Zeitpunkt erteilt worden sein, zu dem ohne **Beauftragung eines Steuerberaters** die
Frist ablaufen würde (BGH 8.12.2016, wistra 2017, 234). Eine vorzeitige Beendigung des
steuerlichen Mandatsverhältnisses hatte früher die gewährte Fristverlängerung, die nach
alter Rechtslage durch einen Verwaltungsakt gewährt wurde, nicht entfallen lassen (BGH
12.6.2013, wistra 2013, 430). Da die neue Rechtslage die Fristverlängerung an die Beauftragung von Steuerberatern knüpft, dürfte die Fristverlängerung entfallen, sobald der
zugrundeliegende Auftrag nicht mehr besteht (MüKoStGB/*Schmitz/Wulf* AO § 370
Rn. 315). Allerdings wird dem Stpfl nach Beendigung des Mandats eine angemessene Frist
zur Erstellung und Einreichung der Steuererklärung eingeräumt werden müssen (BGH
12.6.2013, wistra 2013, 430 Rn. 17; Klein/*Jäger* AO § 370 Rn. 72e). Steuerhinterziehung
(durch Handeln) begeht jedoch, wer einen Antrag auf Fristverlängerung mit unwahren
Behauptungen begründet hat und dann den Ablauf der erschlichenen Fristverlängerung
abwartet, wenn es dadurch zu einer verspäteten Festsetzung kam.

dd) Unterlassene Berichtigung von Erklärungen (§ 153 AO)

Schrifttum: *Lohmeyer,* Zur Frage der Unzumutbarkeit im Steuerstrafrecht, NJW 1958, 1431; *Lohmeyer,* Die Pflicht zur Berichtigung einer Steuererklärung nach § 165e AO, WPg 1963, 442; *v. Witten,* Zur Strafbarkeit der Verletzung der Nachzeigepflicht nach § 165e AO, NJW 1963, 567 mit Erwiderung von *Henke* NJW 1963, 1098; *Teichner,* Nacherklärung des Konkursverwalters im Besteuerungsverfahren?, NJW 1968, 688; *Lohmeyer,* Die Berichtigung von Erklärungen nach § 153 AO, DStZ 1978, 366; *Brenner,* Von der Strafbarkeit des steuerlichen Garanten, DRiZ 1981, 412; *Brenner,* Muß der Steuerberater die Steuererklärung berichtigen, wenn er zugunsten seines Mandanten Steuern verkürzt hat?, BB 1987, 1856; *H. Schuhmann,* Berichtigung von Erklärungen (§ 153 AO) und Selbstanzeige, wistra 1994, 45; *Dörn,* Steuerstraf- oder bußgeldrechtliche Verantwortlichkeit des Steuerpflichtigen oder/und des Steuerberaters?, StBp 1995, 25, 49; *Achenbach,* Der BGH zu den Strafbarkeitsrisiken des nachträglich bösgläubigen Steuerberaters, Stbg 1996, 299; *Dörn,* Vorwurf der Steuerhinterziehung (§ 370 AO) bei Delegation steuerlicher Pflichten, insbesondere bei Beantragung der Herabsetzung von Vorauszahlungen, DStZ 1996, 168; *Grunst,* Steuerhinterziehung durch Unterlassen, 1996; *Möller,* Die Berichtigungspflicht nach § 153 I AO und die strafrechtlichen Folgen einer Pflichtverletzung, 1996; *Joecks,* Berichtigungspflichten des nachträglich bösgläubigen Steuerberaters, Information StW 1997, 21; *Krekeler,* Straf- und bußgeldrechtliche Risiken des steuerlichen Beraters, StraFo 1997, 132; *Dörn,* Steuerstraf- oder bußgeldrechtliche Verantwortlichkeit des Steuerberaters, StB 1998, 157; *Vernekohl,* Berichtigungspflicht des Steuerberaters gem. § 153 AO, PStR 1998, 83; *Hoppe,* Steuerstraf- und bußgeldrechtliche Verantwortung des Steuerberaters, 2000; *Wulf,* Handeln und Unterlassen im Steuerstrafrecht, 2001; *Harms,* Steuerliche Beratung im Dunstkreis des Steuerstrafrechts, Stbg 2005, 12; *J. R. Müller,* Die Berichtigungserklärung nach § 153 AO, SteuerStud 2005, 141; *A. Müller,* Erblasser, Erbe und Steuerstraftat, AO-StB 2006, 239; *Ott,* Schwarzkonten im Erbfall, ErbStbg 2007, 245; *Rolletschke,* Neuere Entwicklung im Steuerstrafrecht, Stbg 2007, 367; *Schwedhelm,* Erben im Visier der Steuerfahndung, FR 2007, 937 mit

Erwiderung *Gebhardt* FR 2008, 24; *Bülte*, Die neuere Rspr. des BGH zur Strafbewehrung von § 153 AO, BB 2010, 607; *Weidemann*, Zur Anzeige- und Berichtigungspflicht nach § 153 AO, wistra 2010, 5; *Biesgen/Noel*, Die Berichtigung nach § 153 AO und der Nemo-tenetur-Grundsatz, SAM 2012, 182; siehe auch das Schrifttum vor → § 378 Rn. 52.

270 **Wer nach Abgabe einer Steuererklärung erkennt,** dass seine Erklärung (zu Vorauszahlungsbescheiden *Dörn* DStZ 1996, 169) unrichtig oder unvollständig ist, unterliegt der besonderen Anzeigepflicht nach:

§ 153 AO Berichtigung von Erklärungen

(1) ¹Erkennt ein Steuerpflichtiger nachträglich vor Ablauf der Festsetzungsfrist,
1. dass eine von ihm oder für ihn abgegebene Erklärung unrichtig oder unvollständig ist und dass es dadurch zu einer Verkürzung von Steuern kommen kann oder bereits gekommen ist oder
2. dass eine durch Verwendung von Steuerzeichen oder Steuerstemplern zu entrichtende Steuer nicht in der richtigen Höhe entrichtet worden ist,

so ist er verpflichtet, dies unverzüglich anzuzeigen und die erforderliche Richtigstellung vorzunehmen. ²Die Verpflichtung trifft auch den Gesamtrechtsnachfolger eines Steuerpflichtigen und die nach den §§ 34 und 35 für den Gesamtrechtsnachfolger oder den Steuerpflichtigen handelnden Personen.

(2), (3) ... (→ Rn. 282)

Bereits vor Einführung des § 165e RAO hatte der GrS des RFH in einem Gutachten v. 4.12.1933 (RStBl. 1934, 24) ausgesprochen, dass derjenige, der eine unrichtige oder unvollständige Erklärung abgegeben habe, sie unverzüglich berichtigen oder ergänzen müsse, sobald er die Mängel erkenne, und zwar auch dann, wenn ihn kein Verschulden treffe. Gleichwohl war es dem Gesetzgeber ratsam erschienen, diese Grundsätze in § 165e I RAO gem. § 28 Nr. 36 EGRealStG v. 1.12.1936 (RGBl. I 969) zu kodifizieren. Die Neufassung in § 153 I AO entspricht weitgehend § 165e I RAO; sie umreißt den Kreis der Erklärungspflichtigen jedoch präziser und bezieht die unrichtige Verwendung von Steuerzeichen und Steuerstemplern mit ein.

271 Nach § 153 I AO sind nur der Stpfl (§ 33 I AO), sein **Gesamtrechtsnachfolger** sowie die nach §§ 34, 35 AO für beide handelnden Personen zur Berichtigung verpflichtet. Waren mehrere Steuererklärungen von dem Erblasser unrichtig oder unvollständig abgegeben, so bestehen die Pflichten zur Anzeige und Berichtigung der jeweiligen Erklärungen nebeneinander, mit der Folge, dass bei einem Unterlassen der Berichtigung die Beträge auch für die Frage der Verjährung bzw. ob ein besonders schwerer Fall iSd § 370 III Nr. 1 AO vorliegt, nicht zusammenzurechnen sind (Klein/*Jäger* AO § 370 Rn. 63a). Dagegen sind **Steuerberater** idR nicht berichtigungspflichtig (BGH 20.12.1995, wistra 1996, 184; Klein/*Jäger* AO § 370 Rn. 65; *Möller* 1996, S. 192; *Schwarz/Pahlke/Dumke/Webel* AO § 370 Rn. 61; *Achenbach* Stbg 1996, 299; *Joecks* Inf StW 1997, 21; *Dörn* StB 1998, 159; *Grunst* 1996, S. 117 ff.; *Harms* Stbg 2005, 13); Gleiches gilt für Personen, die nach § 33 II AO sonst Auskünfte erteilt haben. Die Pflicht trifft nicht nur den, der selbst die unrichtige Erklärung abgegeben hat, sondern auch denjenigen, für den eine solche Erklärung abgegeben wurde. Die Abgabe einer förmlichen Steuererklärung ist nicht erforderlich. Für das Kindergeld trifft § 68 I EStG eine Sonderregelung.

272 Gemäß § 153 I 1 Nr. 1 AO hat der Stpfl nicht nur eine von ihm, sondern auch eine für ihn abgegebene Erklärung zu berichtigen. Hat der Stpfl eine zutreffende Erklärung eingereicht und das FA einen für ihn günstigen unrichtigen Steuerbescheid erlassen, so trifft den Stpfl **keine Berichtigungspflicht** (BFH 4.12.2012, DStR 2013, 703; Tipke/Kruse/*Seer* § 153 AO Rn. 10).

273 Hat ein Stpfl zunächst die **Herabsetzung von Steuervorauszahlungen beantragt,** und erweist sich später dieser Herabsetzungsantrag als unzutreffend, so ist der Stpfl zur Berichtigung verpflichtet, wenn er die Unrichtigkeit seines Antrags vor Abgabe der Einreichung der Jahressteuererklärung erkennt (Klein/*Jäger* AO 370 Rn. 63). Dies gilt auch, wenn der Stpfl erkennt, dass Dritte, zB Rentenversicherungsträger gem. § 93c AO, falsche elektronische Daten an die Finanzbehörde weitergeleitet haben, da diese Angaben dem Stpfl gem. § 150 VII 2 AO zuzurechnen sind (*Häger* wistra 2017, 369, 371). Auch die unzutreffende Einreichung einer Erbschaftsteuererklärung durch einen Testamentsvollstrecker löst eine Berichtigungspflicht der Erben aus (BGH 11.9.2007, wistra 2008, 22). Nach Ansicht des BGH soll für die Stpfl auch dann eine Berichtigungspflicht eintreten, wenn ein Notar aufgrund ihn selbst treffender gesetzlicher Pflichten, zB aus § 18 GrEStG dem FA unzutreffende Angaben übermittelt (BGH 11.7.2008, PStR 2008, 250). Diese Auffassung ist jedoch abzulehnen, da der Notar in dieser Konstellation nicht eine Steuererklärung „für den Steuerpflichtigen" abgibt, sondern eine Erklärung in seiner Pflicht als Amtsperson übermitteln (MüKoStGB/*Schmitz/Wulf* AO § 370 Rn. 330).

Beruht die Unrichtigkeit der ursprünglichen Erklärung auf Leichtfertigkeit, begründet § 153 I AO die Anzeigepflicht bei nachträglicher Erkenntnis der Unrichtigkeit auch dann, wenn die Steuer schon zu niedrig festgesetzt worden ist und das hierfür ursächliche Verhalten des Stpfl als leichtfertige Steuerverkürzung gemäß § 378 AO mit Geldbuße geahndet werden könnte. Noch vor dem 2. AOStrafÄndG hat der BGH im Urt. v. 1.11.1966 (DStZ/B 1967, 32) ausgeführt, dass das vorausgegangene Tun der leichtfertigen Steuerverkürzung nur geringes strafrechtliches Gewicht habe und es in solchen Fällen zumutbar sei, dass der nach § 165e I RAO Verpflichtete den Eintritt weiterer erheblicher Folgen seines Verhaltens selbst auf die Gefahr verhindere, sich dabei einer Strafverfolgung auszusetzen (ebenso vorher KG 27.12.1957 – 1 Ss 393/57, zit. bei *Lohmeyer* NJW 1958, 1431; OLG Hamm 12.1.1959, NJW 1959, 1504 mit zust. Anm. *Hartung* JZ 1960, 98; glA *Barske* DStZ 1958, 25; *Henke* NJW 1963, 1098; *Lohmeyer* ZfZ 1968, 301; *Suhr* 1977, S. 383; abw. *Berger* BB 1951, 304; aM v. *Witten* NJW 1963, 570). Die durch leichtfertiges Verschulden herbeigeführte Zwangslage des Stpfl sei vergleichbar mit der Lage nach einem selbst verschuldeten Verkehrsunfall (*Barske* DStZ 1958, 25), der die Pflicht nicht ausschließe, sich selbst der Feststellung seiner Person usw. zu stellen, wenn der Beteiligte den Vorwurf vorsätzlicher Entfernung vom Unfallort (§ 142 StGB) vermeiden will. Auch das mit Freiheitsstrafe bewehrte Fluchtverbot oder Mitwirkungsgebot des § 142 StGB sei mit dem GG vereinbar (BVerfG 29.5.1963, BVerfGE 16, 191, 193 f.). Überdies bestünde selbst die theoretische Möglichkeit der Festsetzung einer Geldbuße nach § 378 I, II AO im Anschluss an die Erfüllung der Anzeigepflicht des § 153 I AO nur dann, wenn die Voraussetzungen des § 378 III AO ausnahmsweise nicht vorliegen (so → 3. Aufl. Rn. 150). Diese Argumentation wird freilich dem aktuellen Stand der Diskussion um das nemo-tenetur-Prinzip nur bedingt gerecht. Richtig ist, dass von einer Zwangssituation nicht gesprochen werden kann, wenn mit der Berichtigungserklärung iS des § 153 I AO zugleich eine bußgeldbefreiende Selbstanzeige iS des § 378 III AO gegeben ist. In vielen Fällen ist aber zugleich einer der Gefährdungstatbestände der §§ 379 ff. AO erfüllt (*Möller* 1995, S. 137 ff.). Angemessen erscheint es, in diesen Fällen zwar von einem Bestehen der Pflicht iS des § 153 I AO auszugehen, daran aber zwingend die Einstellung des Bußgeldverfahrens gemäß § 47 OWiG zu knüpfen (*Möller* 1996, S. 146 ff.; s. aber auch KG 7.5.1992, wistra 1994, 36, 37; *Dörn* wistra 1995, 7), wenn man nicht ohnehin ein Beweisverwendungsverbot annehmen will.

Ob die **Berichtigungspflicht** besteht, wenn der Stpfl die Fehlerhaftigkeit seiner Erklärung im Zeitpunkt ihrer Abgabe zwar noch nicht positiv kannte, jedoch diese Möglichkeit und ihre Folgen von vornherein im Sinne des bedingten Vorsatzes in Kauf genommen hatte, ist zweifelhaft (vgl. etwa OLG Hamm 12.1.1959, NJW 1959, 1504; *Witten* NJW 1963, 567). Dagegen spricht, dass dann der mit sicherem Wissen handelnde Täter besser behandelt wird als der mit dolos eventualis (→ 7. Aufl.; Rn. 182). Dennoch will der erste Strafsenat des BGH eine Berichtigungspflicht auch nach bedingt vorsätzlicher Steuerhinterziehung annehmen (BGH 17.3.2009, BGHSt 53, 210). Die sich daraus ergebende strafbewehrte Pflicht sei erst suspendiert, wenn für den konkreten Zeitraum die Bekanntgabe des Steuerstrafverfahrens erfolgt sei (vgl. auch BGH 26.4.2001, BGHSt 47, 8). Die Entscheidung mag mit dem Wortlaut des § 153 I AO vereinbar sein (*Bülte* BB 2009, 607), ist zu Recht aber überwiegend auf Ablehnung gestoßen (vgl. Kohlmann/*Ransiek* AO § 370 Rn. 337; *Schützeberg* BB 2009, 190; *Weidemann* wistra 2010, 5; siehe auch *Rolletschke*/

Burkard DStZ 2011, 627). Der klare Wortlaut „erkennt" schließt letztendlich eine Berichtigungspflicht nach § 153 AO aus, da ein nachträgliches Erkennen nicht möglich ist, wenn man bereits zuvor (aufgrund dolus eventualis) eine Kenntnis hatte. Auch derjenige hat Kenntnis der Tatumstände iSd § 16 I StGB, der lediglich ernsthaft mit dem Vorliegen der Tatumstände rechnet (Kohlmann/*Ransiek* AO § 370 Rn. 337). Entgegen der Annahme des 1. Strafsenats macht diese Rspr. den Tatbestand der Steuerhinterziehung partiell zu einem Delikt, indem nicht nur das Erwirken eines unrichtigen Steuerbescheids unter Strafe gestellt ist, sondern auch die Nichtbeseitigung dieses Bescheids (vgl. schon *v. Witten* NJW 1963, 567). Da die Berichtigungspflicht erst mit dem Eintritt der steuerlichen Verjährung endet, verschiebt sich auch die strafrechtliche Verjährung deutlich nach hinten, wenn man nicht annimmt, dass nach dem Erkennen der Unrichtigkeit ein fiktiver Veranlagungszeitpunkt für die Änderungsbescheide auch zum Beginn einer neuen fünf- oder fünfzehnjährigen Verfolgungsjährungsfrist führt. Dabei ist noch zu klären, ob die Berichtigungspflicht an die reguläre Festsetzungsfrist anknüpft oder etwa § 169 II 2 AO Anwendung findet. Da die Festsetzungsfrist nicht abläuft, bevor die strafrechtliche Verjährungsfrist geendet hat (§ 171 VII AO), könnte die Verjährung unendlich hinausgeschoben sein. Selbst wenn § 171 VII AO nicht einschlägig ist, kommt es zu einer Verlängerung der Verjährungsfrist um bis zu fünf oder fünfzehn Jahren, wenn das „Erkennen" erst kurz vor Ablauf der regulären erfolgt, mit der Konsequenz, dass die Festsetzungsfrist ebenfalls nicht abläuft.

276 Dabei erkennt der BGH, dass sich der Täter einem **Zwang zur Selbstbelastung** ausgesetzt sehen mag, meint aber, der Täter könne regelmäßig durch eine Selbstanzeige Sanktionsfreiheit erlangen (BGH 17.3.2009, BGHSt 53, 210 Rn. 26). Sollte dies einmal nicht möglich sein, weil einer der Sperrgründe des § 371 II AO vorliege, könne dem durch ein Beweisverwertungs- oder -verwendungsverbot Rechnung getragen werden (BGH 17.3.2009. BGHSt 53, 210 Rn. 27). Sei eine wirksame Selbstanzeige nicht möglich, weil der Stpfl nicht in der Lage sei, die verkürzten Steuern innerhalb der ihm gesetzten angemessenen Frist nachzuentrichten, komme eine Suspendierung der strafbewehrten Erklärungspflicht nicht in Betracht, wenn der Täter bei fristgemäßer Erfüllung seiner Erklärungspflichten in der Lage gewesen wäre, die Beträge zu bezahlen (BGH 17.3.2009. BGHSt 53, 210 Rn. 29). Ein Verstoß gegen das *Nemo-tenetur*-Prinzip liegt jedoch dann vor, wenn in dieser Konstellation ein Beweisverwertungs- oder Verwendungsverbot nicht eintritt (vgl. *Schwartz* wistra 2011, 81).

277 **Unverzüglich, also ohne schuldhaftes Zögern,** muss die Anzeige nach § 153 I AO erstattet werden. Schuldhaft ist das Verzögern der Anzeige nur solange nicht, wie der Anzeigepflichtige bei bestem Willen nicht in der Lage war, seine Erkenntnis der FinB mitzuteilen. Nach der hier vertretenen Auffassung hat der Stpfl selbstverständlich das Recht, einen Experten zu der Frage, ob ein Berichtigungsbedarf besteht, zu konsultieren. Eine starre Frist kommt nicht in Betracht. Vielmehr ist jeder Fall für sich zu betrachten. Bei komplexen Fällen sollte eine Frist von einigen Wochen nicht zu beanstanden sein (Klein/*Rätke* AO § 370 Rn. 20 gehen bei einem komplexen, unternehmensbezogenen Sachverhalt von zwei Wochen aus). Im Rahmen der Anzeige sollen die bereits bekannten Tatsachen mitgeteilt werden, damit die FinB die Besteuerungsgrundlagen ggfs schätzen kann (Klein/*Rätke* AO § 370 Rn. 20; *Helmrich* DStR 2009, 2132). Nach der hier vertretenen Auffassung muss nur die **Anzeige** gegenüber der FinB unverzüglich erfolgen. Die Berichtigung selbst kann der Anzeige zeitlich nachfolgen, wenn der anzuzeigende Sachverhalt noch nicht genau bekannt ist oder wenn für die Berichtigung eine gewisse Zeit erforderlich ist, zB wegen Aufbereitung der Unterlagen (Klein/*Rätke* AO § 370 Rn. 20) bzw. für die Erstellung von Steuererklärungen. Häufig muss man diesbezüglich auf steuerliche Berater oder Rechtsanwälte zurückgreifen, was naturgemäß erhebliche Zeit in Anspruch nehmen kann.

Nach der hier vertretenen Auffassung ist die Anzeige- und Berichtigungspflicht iSd § 153 I AO vergleichbar mit einer Schenkungs- bzw. Erbschaftsanzeige iSd § 30 ErbStG in Zusammenhang mit der nachgehenden Aufforderung zur Abgabe einer Schenkungs- bzw.

Erbschaftsteuererklärung iSd § 31 ErbStG (→ Rn. 347). Dies hat zur Folge, dass kein steuerstrafrechtlicher Vorwurf erhoben werden kann, wenn die Anzeige gegenüber der Finanzverwaltung rechtzeitig eingereicht wurde, der Stpfl (mangels Aufforderung der Finanzverwaltung) aber in den nächsten Monaten noch keine Berichtigung einreicht hat. Sogar im Rahmen einer Selbstanzeige reicht die Offenlegung des zu korrigierenden Sachverhalts gegenüber der Finanzverwaltung aus. Insofern kann im Rahmen des § 153 AO, bei dem die ursprüngliche Erklärung nicht bewußt falsch erstattet wurde, ein strafrechtlicher Vorwurf nicht damit begründet werden, dass nach einer unverzüglichen Anzeige nicht zeitnah eine Berichtigung erfolgt ist. Nimmt sich der Stpfl unangemessen lange Zeit für eine (verspätete) Anzeige, kann die verspätete Nacherklärung unter den Voraussetzungen des § 371 II AO noch als rechtzeitige Selbstanzeige wirken und bei bereits eingetretener Steuerverkürzung unter der Voraussetzung des § 371 III AO zur Straffreiheit führen. Überdies ist es in diesen Fällen regelmäßig nur zum Versuch gekommen (→ Rn. 279).

Aufgrund des klaren Wortlauts „Verkürzung von Steuern" ist die Berichtspflicht nach **278** § 153 I AO nicht auf Fälle der Vorteilserlangung analog zu übertragen. Zwar spricht der Sinn und Zweck der Vorschrift für eine Anwendung auch auf Fälle der Vorteilserlangung (Kohlmann/*Ransiek* AO § 370 Rn. 337), doch gilt das Analogieverbot des Art. 103 II GG nach der hier vertretenen Auffassung auch für die Norm des § 153 AO (auch MüKoStGB/ *Schmitz/Wulf* AO § 370 Rn. 335; aA Kohlmann/*Ransiek* AO § 370 Rn. 336). Der durch das Gesetz festgelegte Bereich des Strafbaren definiert gleichzeitig den Bereich des gesetzlich zulässigen, mithin straflosen Verhaltens (MüKoStGB/*Schmitz/Wulf* StGB § 1 Rn. 74). Erfasst der klare Wortlaut des § 153 I AO jedoch nicht die Fälle der **Vorteilserlangung,** so wird dadurch definiert, dass in dieser Konstellation eine unterlassene Berichtigung straflos ist.

Wer die Anzeigepflicht nach § 153 I AO nicht erfüllt, nachdem er die Unrichtigkeit **279** seiner vorausgegangenen (unverschuldet, fahrlässig oder leichtfertig oder bedingt vorsätzlich [→ Rn. 275] unrichtigen) Erklärung erkannt hat, macht sich der Steuerhinterziehung schuldig (so schon RFH 47, 204), falls das Unterlassen *„mit dem Vorsatz erfolgt, dadurch weiterhin Steuereinnahmen zu verkürzen"* (so BayObLG 24.8.1961 – RReg. 4 St 205/61 im Anschluss an OLG Hamm 12.1.1959, NJW 1959, 1504; stRspr, vgl. BGH 1.11.1966, DStZ/B 1967, 32; grundsätzlich aM nur *v. Witten* NJW 1963, 570). Ob diese Unterlassenstat auch vollendet ist, hängt davon ab, wie spät nach dem „Erkennen" die Tat entdeckt wird. Insobesondere bei einer bloß verzögerlichen Erstattung der Anzeige wird es regelmäßig an einer (fiktiven) Steuerfestsetzung mangeln. Eine leichtfertige Steuerverkürzung durch Unterlassen der Anzeige nach einer vorausgegangenen (unverschuldet oder leicht fahrlässig) unrichtigen Erklärung ist ausgeschlossen, da § 153 I AO die Erkenntnis der Unrichtigkeit voraussetzt. Ein nachträgliches Nichterkennen der Unrichtigkeit genügt auch dann nicht, wenn die mangelnde Erkenntnis auf grober Fahrlässigkeit beruht (im Ergebnis ebenso, aber mit abw. Begründung *v. Witten* NJW 1963, 570; *Lohmeyer* ZfZ 1968, 301).

„Nachträgliches Erkennen" liegt nur bei einer sicheren Kenntnis der ursprünglich unrichtigen oder unvollständigen Erklärung vor (vgl. BGH 17.3.2009, wistra 2009, 312; Tipke/Kruse/*Seer* AO § 153 Rn. 16; HHS/*Heuermann* AO § 153 Rn. 13b). Nach dem BMF muss der Anzeige- und Berichtspflichtige nachträglich vor Ablauf der Festsetzungsfrist die Unrichtigkeit oder Unvollständigkeit der Erklärung tatsächlich erkennen, bloßes Erkennen-Können bzw. Erkennen-Müssen reicht nicht aus. Erkennen bedeutet vielmehr das Wissen von der Unrichtigkeit oder Unvollständigkeit der Erklärung (BMF 23.5.2016, BStBl. I 2016, 490, Rn. 2.4.).

Die Berichtigungspflicht besteht auch dann, wenn es bereits zu einer Steuerfestsetzung **280** gekommen ist, solange die Festsetzungsfrist (§ 169 II AO) noch nicht abgelaufen ist. Zweifelhaft ist aber, ob dies auch strafrechtlich durchschlägt. Zu dem Zeitpunkt des Erkennens der Unrichtigkeit der Erklärung ist ein Verkürzungserfolg erst einmal eingetreten, eine Vertiefung ist insofern nicht mehr möglich (*Schmitz* wistra 1993, 248; *Möller* 1996, S. 176). Ob man hieraus den Schluss ziehen kann, in solchen Konstellationen sei eine Steuerhinterziehung schlechthin nicht mehr denkbar (vgl. *Samson* wistra 1990, 247; *Möller* 1996, S. 172 ff.), erscheint jedoch zweifelhaft. Richtig ist, dass das Gesetz in § 370 IV 2 AO bei den Steuervorteilen das Gewähren und das Belassen gleichstellt, während es bei der Steuerverkürzung nur die unrichtige Festsetzung der Steuer, nicht aber das Bestehenlassen des unrichtigen Bescheides ausdrücklich erfasst (*Samson* wistra 1990, 247). Konsequenz ist jedenfalls, dass für die Frage, ob in den Fällen der Nichtberichtigung eine Verkürzung eingetreten ist, nicht allein ein Vergleich zwischen Ist- und Sollsteuer anzustellen ist, sondern sich eine Verkürzung nur nach den Regeln ergeben kann, wie sie etwa auch sonst bei Steuerverkürzungen außerhalb des Festsetzungsverfahrens, etwa im Beitreibungsverfahren, gelten (→ Rn. 481 ff. und *Grunst* 1996, 94 ff.). Es erfolgt also keine bloße Anknüpfung an den nominal verkürzten Betrag; nötig ist die Ermittlung und Bezifferung des dem Fiskus durch die Untätigkeit entstandenen Schaden.

281 **ee) Erklärungspflichten in besonderen Fällen.** Ergibt sich eine steuerliche Erklärungspflicht nicht direkt aus den Steuergesetzen, so führt ein Missbrauch von Gestaltungsmöglichkeiten iSd § 42 I 2 AO nicht zu einer steuerlichen Erklärungs- bzw. Anzeigepflicht (BGH 11.7.2008, PStR 2008, 250; MüKoStGB/*Schmitz/Wulf* AO § 370 Rn. 309; Klein/*Jäger* AO § 370 Rn. 66). Ebenso handelt es sich bei der Verpflichtung von Amtsträgern zur Anzeige von Steuerstraftaten gem. § 116 I 1 AO nicht um eine Erklärungspflicht iSd § 370 I Nr. 2 AO (Klein/*Jäger* AO § 370 Rn. 67). Allerdings kann sich in solch einer Konstellation der Amtsträger wegen Strafvereitelung durch Unterlassen strafbar machen (*Bülte* NStZ 2009, 57).

ff) Zweckwidrige Verwendung steuerbegünstigter Sachen

Schrifttum: *Lenkewitz*, Zollgut in der Zollgutverwendung und die Pflicht zur vorherigen Anzeige seiner nichtzweckgerechten Verwendung nach § 165e Abs. 2 (§ 396 Abs. 2) der Abgabenordnung, ZfZ 1964, 321; *Samson*, Die Zweckentfremdung (§ 392 Abs. 2 AO), GA 1970, 321; *Lenkewitz*, Gedanken und Überlegungen zu den zweckgebundenen Zollbegünstigungen und zur Sicherung der Zollerhebung bei zweckwidriger Verwendung, ZfZ 1971, 292; *Tiedemann*, Der Versuch der Zweckentfremdung im Steuerstrafrecht, JR 1973, 412; *Columbus*, Zur Problematik des Übergangs der bedingten Mineralölsteuerschuld beim Handel mit steuerbegünstigtem Mineralöl, insbesondere im Heizölstreckengeschäft, ZfZ 1982, 262.

282 Gemäß § 392 II RAO beging auch Steuerhinterziehung, *„wer Sachen, für die ihm Steuerbefreiung oder Steuervorteile gewährt sind, zu einem Zweck verwendet, der der Steuerbefreiung oder dem Steuervorteil, die er erlangt hat, nicht entspricht, und es zum eigenen Vorteil oder zum Vorteil eines anderen unterläßt, dies dem Finanzamt vorher rechtzeitig anzuzeigen"*. Dieser oder ein ähnlicher Tatbestand ist in § 370 AO nicht mehr enthalten. Die sog. „Zweckentfremdung" konnte seit dem 1.1.1977 nur noch durch den allgemeinen Tatbestand der Steuerhinterziehung in § 370 I AO erfasst werden. In Betracht kam hier der Tatbestand der Steuerhinterziehung durch Unterlassen in § 370 I Nr. 2 AO iVm § 153 II, III AO.

§ 153 AO Berichtigung von Erklärungen

(1) ... (→ Rn. 270)
(2) Die Anzeigepflicht besteht ferner, wenn die Voraussetzungen für eine Steuerbefreiung, Steuerermäßigung oder sonstige Steuervergünstigung nachträglich ganz oder teilweise wegfallen.
(3) Wer Waren, für die eine Steuervergünstigung unter einer Bedingung gewährt worden ist, in einer Weise verwenden will, die der Bedingung nicht entspricht, hat dies vorher der Finanzbehörde anzuzeigen.

283 Der Anwendungsbereich von § 153 III AO lag im Bereich der **Zölle und Verbrauchsteuern.** Für das Zollrecht gilt die allgemeine Anzeigepflicht des § 153 III AO jedoch nicht mehr.
Diese Vorschrift wird seit dem 1.5.2016 geltenden UZK inkl. dem DA bzw. zuvor durch den ZK überlagert.
§ 153 II AO soll der Finanzverwaltung die Überwachung von Normen erleichtern, die einen steuerlichen Vorteil gewähren, wenn die Voraussetzung über eine bestimmte Zeit-

Das tatbestandsmäßige Verhalten 284, 285 § 370

dauer vorliegen (Tipke/Kruse/*Seer* AO § 153 Rn. 27). Erfasste Fälle von § 153 II AO sind insbes. die Herabsetzung von Steuervorauszahlungen, Steuerbefreiungen jeglicher Art, Billigkeitsentscheidungen wie etwa Stundung (§ 222 AO), Erlass (§ 227 AO) oder Niederschlagung der Steuer (§ 258 AO) (Tipke/Kruse/*Seer* AO § 153 Rn. 27). § 153 II AO erfasst weiterhin den Fall, dass die Vergünstigungsvoraussetzungen zunächst vorliegen, nachträglich jedoch entfallen sind. Existieren in Einzelsteuergesetzen spezielle Anzeigepflichten, so gehen diese als Spezialregelungen § 153 II AO vor (Tipke/Kruse/*Seer* AO § 153 Rn. 28).

§ 50 AO Erlöschen und Unbedingtwerden der Verbrauchsteuer, Übergang der bedingten Verbrauchsteuerschuld

(1) Werden nach den Verbrauchsteuergesetzen Steuervergünstigungen unter der Bedingung gewährt, dass verbrauchsteuerpflichtige Waren einer besonderen Zweckbestimmung zugeführt werden, so erlischt die Steuer nach Maßgabe der Vergünstigung ganz oder teilweise, wenn die Bedingung eintritt oder wenn die Waren untergehen, ohne dass vorher die Steuer unbedingt geworden ist.

(2) ...

(3) Die Steuer wird unbedingt,

1. wenn die Waren entgegen der vorgesehenen Zweckbestimmung verwendet werden oder ihr nicht mehr zugeführt werden können. ²Kann der Verbleib der Waren nicht festgestellt werden, so gelten sie als nicht der vorgesehenen Zweckbestimmung zugeführt, wenn der Begünstigte nicht nachweist, dass sie ihr zugeführt worden sind,
2. in sonstigen gesetzlich bestimmten Fällen.

Die Bedeutung der Bestimmung wurde durch das Verbrauchsteuer-Binnenmarktgesetz **284** vom 21.12.1992 (BGBl. I 2150) praktisch auf Null reduziert, da die Verbrauchsteuergesetze nach ihrer Neufassung zum 1.1.1993 auf die Konstruktion bedingt entstandener Verbrauchsteuern verzichten (Tipke/Kruse/*Drüen* AO § 50 Rn. 1). Einzelne Verbrauchssteuergesetze regeln anstelle der bisherigen bedingten Steuerschuld die Erlaubnispflicht für eine steuerfreie Verwendung bzw. eine Steueraussetzung. Eine zweckwidrige Verwendung bzw. Entnahme aus einem Steuerlager führt zur Entstehung der Steuerschuld und nicht mehr dazu, dass eine bedingte Steuerschuld unbedingt wird (Kohlmann/*Ransiek* AO § 370 Rn. 355). Die Norm bleibt anwendbar auf Verbrauchsteuern, die vor dem 1.1.1993 entstanden sind (Tipke/Kruse/*Drüen* AO § 50 Rn. 2) und spielt insofern steuerstrafrechtlich praktisch keine Rolle mehr. Soweit erwogen wurde, die Vorschrift als Auffangtatbestand für Fälle einzusetzen, die in den Verbrauchsteuergesetzen nicht abschließend geregelt sind (vgl. Schwarz/Pahlke/*Wöhner* AO § 50 Rn. 2), hat sich dies durch entsprechende Verweisungen auf § 50 AO erledigt (Tipke/Kruse/*Drüen* AO § 50 Rn. 2). Eine bedingte Steuerschuld als solche gibt es ohnehin nicht mehr (Kohlmann/*Ransiek* AO § 370 Rn. 355). In der Bundesrepublik Deutschland existieren Verbrauchsteuergesetze für Mineralöl (EnergieStG, früher MinöStG), Erdgas (EnergieStG) Strom (StromStG), Tabak (TabStG), Branntwein (BranntwMonG), Bier (BierStG), Schaumwein (SchaumwZwStG), Kaffee (KaffeeStG), Alkopops (AlkopopStG) und Wein, für den der Steuersatz allerdings „Null" beträgt. Pflichten zur Anzeige ergeben sich heute jeweils aus den Verbrauchsteuergesetzen (vgl. zB § 15 IV 3 BierStG, 143 IV 3 BranntwMonG, § 30 II 2 EnergieStG, § 8 I TabStG). Erledigt hat sich hiermit auch der Streit, ob die Pflicht zur vorherigen Anzeige nach § 153 III AO überhaupt Relevanz für den Tatbestand der Steuerhinterziehung hat (vgl. → 5. Aufl. Rn. 189 ff.).

Mineralöl kann gem. § 2 I Nr. 5. 2 EnergieStG zu Heizzwecken und gem. § 2 II Nr. 5 **285** EnergieStG zum Antrieb von begünstigten Anlagen (§ 3 EnergieStG) steuerbegünstigt verwendet werden. Der Normalsteuersatz entsteht, wenn das Mineralöl zu einem anderen als dem steuerbegünstigten Zweck verwendet wird (§ 20 I EnergieStG). Steuerlich erheblich ist hier die zweckwidrige Verwendung selbst, so dass eine Steuerhinterziehung gem. § 370 I Nr. 2 AO nicht dadurch begangen werden kann, dass die Absicht zweckwidriger Verwendung nicht angezeigt wird. Da gem. §§ 20 IV 3, 21 II 4 EnergieStG der Steuerschuldner die zweckwidrige Verwendung (und nicht die darauf bezogene Absicht) unverzüglich anzuzeigen hat, wird eine Steuerhinterziehung durch Unterlassen erst durch Verletzung dieser Pflicht, nicht schon durch die zweckwidrige Verwendung des Mineralöls begangen. Soweit Speiseöl aus dem Supermarkt „verdieselt" wird, was bei einigen Fahrzeugen nach geringfügigen Umbauten möglich sein soll, ist ebenfalls nicht auf die „originelle" Verwendung, sondern auf die Verletzung der Pflicht zur Mitteilung abzustellen (vgl. auch FG Hamburg 27.11.2012, PStR 2013, 120).

286 Die Pflicht zur vorherigen Anzeige nach § 153 III AO ist demnach für den Tatbestand der Steuerhinterziehung in seiner jetzigen Fassung und wegen der Änderung der blankettausfüllenden Gesetze praktisch bedeutungslos geworden. Allerdings mag die Verletzung der Anzeigepflicht Auswirkungen auf die steuerrechtliche Haftung haben, zB nach § 69 AO.

5. Steuerhinterziehung durch Nichtverwenden von Steuerzeichen und Steuerstemplern (§ 370 I Nr. 3 AO)

287 Hat der Stpfl eine Steuer ohne Mitwirkung der FinB durch **Verwenden von Steuerzeichen oder Steuerstemplern** zu entrichten, macht er sich der Steuerhinterziehung schuldig, wenn er es in Kenntnis der Steuerpflicht **willentlich unterlässt**, die Steuerzeichen vorschriftsmäßig zu verwenden, vgl. BGH 25.9.1959, ZfZ 1960, 112. § 370 I Nr. 3 AO soll neben dem Nichtverwenden von Steuerzeichen und Steuerstemplern auch die nichtrechtzeitige Verwendung bzw. Verwendung in nicht vorgeschriebener Höhe umfassen (Klein/*Jäger* AO § 370 Rn. 76). Der Straftatbestand des § 370 I Nr. 3 AO wird auch dann erfüllt, wenn Tabakwaren ohne Steuerzeichen nach Deutschland verbracht werden und dadurch die mit dem Verbringen der Zigaretten ins Steuergebiet entstandene Tabaksteuer verkürzt wird (BGH 11.7.2019, NJW 2019, 3012, Rn. 11). Liegt in solch einer Konstellation ebenfalls eine Unterlassungstat gem. § 370 I Nr. 2 AO wegen Nichtabgabe einer Steuererklärung über die Tabaksteuer vor, so tritt diese als mitbestrafte Nachtat hinter § 370 I Nr. 3 AO zurück (Klein/*Jäger* AO § 370 Rn. 77). Neben einer Straftat wegen Steuerhehlerei (§ 374 AO) durch Sich-Verschaffen von Zigaretten ohne Steuerzeichen existiert nach dem BGH keine weitere Strafbarkeit nach § 370 I Nr. 3 AO (BGH 11.7.2019, NJW 2020, 412).

6. Beziehung zwischen Verhalten und Erfolg

288 **Bei § 392 RAO war streitig,** welche Beziehung zwischen dem Verhalten des Täters und dem Erfolg der Steuerverkürzung bzw. der Erlangung nicht gerechtfertigter Steuervorteile bestehen müsse. Während Einigkeit darüber bestand, dass das Täterverhalten den tatbestandsmäßigen Erfolg wenigstens mitverursacht haben musste, wurde darüber gestritten, ob zur Kausalität noch ein weiteres Element hinzukommen müsse. Eine vereinzelt vertretene Meinung forderte als ein derartiges zusätzliches Element den Irrtum des zuständigen Beamten (*Schleeh* BB 1970, 1536; FR 1971, 118 ff.; BB 1972, 532). Demgegenüber war die hM der Auffassung, dies sei jedenfalls nicht iS einer konkreten Fehlvorstellung erforderlich, es genüge vielmehr die Unkenntnis des Beamten (so zB BGH 24.4.1952, DStR 1952, 445; BGH 24.9.1953, NJW 1953, 1841; BGH 20.12.1954, ZfZ 1955, 282; BGH 1.3.1956, BStBl. I 441; BGH 18.11.1960, ZfZ 1961, 268). Der BGH (19.10.1999, wistra 2000, 63 mAnm *Carlé* wistra 2000, 99) hält die Kenntnis grundsätzlich für irrelevant, ließ aber zunächst offen, wie zu entscheiden wäre, wenn der FinB die richtigen Daten des Stpfl positiv bekannt sind (aaO S. 64); siehe auch BGH 21.10.1997, wistra 1998, 64). Der BFH (28.4.1998, BStBl. II 1998, 458 mAnm *Rößler* DStZ 1998, 871) ging zunächst davon aus, auch ein zuständiger Finanzbeamter könne Steuerhinterziehung durch zu niedrige Festsetzung begehen. Vorauszusetzen sei aber eine Kollusion zwischen dem Beamten und dem begünstigten Stpfl. Später verzichtete der BFH gänzlich auf irgendeinen Irrtum oder eine Kollusion und bejahte die Strafbarkeit des Sachbearbeiters eines FA auch für den Fall, dass er ohne Kenntnisnahme anderer Bediensteter die Erstattung von Vorsteuern bewirkt

(BFH 25.10.2005, BStBl. II 2006, 356). Insofern trete in beiden Fällen der Tatbestand der Steuerhinterziehung neben den der Untreue. In beiden Fällen war aber auch evident, dass es darum ging, die steuerrechtlichen Folgen der Steuerhinterziehung nutzbar zu machen (Haftung nach § 71). Der 5. Strafsenat (BGH 6.6.2007, wistra 2007, 388) ist dem für den Fall des „untreuen" Finanzbeamten gefolgt. Die Veranlagung fiktiver Personen sei niemandem innerhalb der Finanzverwaltung zugewiesen. Somit habe der Angeklagte jedenfalls außerhalb seines Zuständigkeitsbereichs gehandelt und seine Kenntnis vom möglichen Sachverhalt stehe einer Tatbestandsverwirklichung nicht entgegen (BGH 6.6.2007, wistra 2007, 388, 390; → Rn. 293). Das Argument des BGH, schon aus 370 III 2 Nr. 2 und 3 AO ergebe sich, dass es auf die Unkenntnis eines Finanzbeamten nicht ankommen könne (vgl. BGH 14.12.2010, wistra 2011, 186; BGH 21.11.2012, wistra 2013, 107), überzeugt nicht (ebenso *Weidemann* wistra 2013, 469). Der Täter muss *dadurch* Steuern verkürzen, dass er täuscht oder pflichtwidrig in Unkenntnis lässt. Wer unmittelbar mechanisch Daten eingibt, täuscht allenfalls einen Computer.

Für die Neufassung des Tatbestandes in § 370 AO verschärft sich das Problem dadurch, dass § 370 IV 1 AO die Steuerfestsetzung und die Steueranmeldung gleichstellt. Setzt der Erfolg bei den Veranlagungsteuern wenigstens noch eine Reaktion der FinB in Form einer Steuerfestsetzung bzw. ihrer Unterlassung voraus, so dass hier Kausalität zwischen Täterverhalten und Verhalten der FinB erforderlich ist, so scheint bei den Fälligkeitsteuern auch dieses Merkmal überflüssig zu sein, da die vom Täter vorgenommene Steueranmeldung ohne jede Reaktion der FinB den Erfolgseintritt bewirkt (→ Rn. 292). **289**

Für den Fall der Steuerhinterziehung durch Unterlassen setzt § 370 I Nr. 2 AO jedoch schon nach seinem Wortlaut voraus, dass der Täter die „Unkenntnis" der FinB nicht beseitigt. Das bedeutet für die Veranlagungsteuern folgendes: Hat die FinB die für die Steuerfestsetzung erforderlichen Kenntnisse – zB aufgrund einer Kontrollmitteilung – selbst, kann die Unterlassung der Aufklärung durch den Täter den objektiven Tatbestand nicht erfüllen. Weiß der Täter nichts von der Kenntnis der FinB, begeht er einen Versuch. Das gilt selbst dann, wenn die Behörde trotz ihrer Kenntnis und nur wegen der unterlassenen Erklärung des Täters eine zu niedrige oder gar keine Steuerfestsetzung vornimmt. Dasselbe muss auch gelten, wenn die FinB in der Lage ist, eine zutreffende oder höhere und rechtzeitige Schätzung nach § 162 AO vorzunehmen, da unter Unkenntnis in § 370 I Nr. 2 AO nur das Fehlen derjenigen Informationen verstanden werden kann, die zur Steuerfestsetzung erforderlich sind. Wenn die Steuerverkürzung bei rechtzeitiger und zutreffender (oder höherer) Schätzung nicht eintritt, muss die Unkenntnis als Bindeglied zwischen dem Unterlassen des Täters und dem steuerverkürzenden Erfolg bereits wegfallen, wenn die FinB soviel Kenntnisse besitzt, dass sie wenigstens zutreffend und rechtzeitig schätzen kann. Denn eine Strafbarkeit nach § 370 I Nr. 2 AO setzt tatbestandlich ein In-Unkenntnis-Lassen der FinB über steuerlich erhebliche Tatsachen voraus. Nur soweit eine Unkenntnis der FinB vorliegt, kann sich das nach dem Wortlaut des § 370 I Nr. 2 AO tatbestandlich missbilligte, sich aus dem Unterlassen (von zur Steuerfestsetzung erforderlicher Angaben) ergebende Risiko verwirklichen. Kennt hingegen die FinB die steuerlich erheblichen Tatsachen, ist sie aufgrund ihrer Sachverhaltskenntnis ohne weiteres in der Lage, die entsprechenden Steuern festzusetzen. Wenn es also trotz der Kenntnis des Finanzamts von Besteuerungsgrundlagen nicht zur (rechtzeitigen) Festsetzung der entsprechenden Steuern kommt, realisiert sich insoweit nicht das sich aus einem pflichtwidrigen Unterlassen von Angaben durch den Stpfl ergebende Risiko für den Steueranspruch. Unterbleibt die an sich mögliche Schätzung, liegt nur ein Versuch vor, sofern der Täter glaubte, die Behörde sei zur Schätzung nicht in der Lage. **290**

Nicht anders ist die Lage bei den **Fälligkeitsteuern mit Steueranmeldung.** Freilich bereitet die verunglückte Gesetzesfassung hier Schwierigkeiten in der Konstruktion (krit. auch *Schleeh* StW 1972, 313). Unterlässt der Täter pflichtwidrig die Steueranmeldung, dann kann nicht gut davon gesprochen werden, er habe die FinB durch die Unterlassung der Steueranmeldung in Unkenntnis gehalten und dadurch die Steuerverkürzung in Form des **291**

Ausbleibens einer Steueranmeldung bewirkt. Das pflichtwidrige Verhalten (Nichtabgabe der Steueranmeldung) ist identisch mit dem steuerverkürzenden Erfolg (Fehlen einer Steueranmeldung), daher kann jenes nicht diesen verursacht haben. Da aber § 370 I Nr. 2 iVm V Hs. 2 AO auch voraussetzt, dass der Täter die FinB in Unkenntnis lässt, ist auch für diese Tatbestandsvariante erforderlich, dass die FinB nicht diejenige Information besitzt, die sie zur eigenen Steuerfestsetzung befähigen würde.

292 Dasselbe gilt für die **Steuerverkürzung durch Handeln** nach § 370 I Nr. 1 AO. Zwar setzt der Tatbestand hier nur voraus, dass der Täter unrichtige oder unvollständige Angaben macht. Von einem Irrtum der FinB ist nicht die Rede (*Schleeh* StW 1972, 311). Dennoch ist auch hier wenigstens die Unkenntnis der FinB vom wahren Sachverhalt zu verlangen (im Ergebnis ebenso MüKoStGB/*Schmitz/Wulf* AO § 370 Rn. 277 ff.; Kohlmann/*Ransiek* AO § 370 Rn. 578, der einen Zurechnungszusammenhang nur dann verneint, wenn der zuständige Veranlagungsbeamte von allen für die Veranlagung bedeutsamen Tatsachen Kenntnis hat und zudem sämtliche Beweismittel bekannt und verfügbar sind; aA BGH 14.12.2010, wistra 2011, 186; BGH 21.11.2012, wistra 2013, 107; Klein/*Jäger* AO § 370 Rn. 42). Verzichtete man darauf und ließe die unzutreffenden Angaben des Täters und die dadurch verursachte unrichtige Steuerfestsetzung auch dann genügen, wenn die Behörde die unrichtige Festsetzung in Kenntnis des wahren Sachverhalts vornähme, ergäben sich unerträgliche Spannungen zwischen § 370 I Nr. 1 und Nr. 2 AO (vgl. *Lütt* 1988, S. 62 ff.; *Wulf* 2001, S. 54). Je nachdem nämlich, ob man das Täterverhalten als das „Machen unvollständiger Angaben" oder das teilweise „Unterlassen zutreffender Angaben" interpretierte, käme dem Täter einmal die anderweit erlangte Kenntnis der Behörde zugute, ein anderes Mal jedoch nicht. Um diese Wertungswidersprüche, die allgemein bekannt sind, auszuhebeln, wird neuerdings teilweise die Ansicht vertreten, dass bei § 370 I Nr. 2 AO (trotz des klaren Wortlauts) ebenfalls eine Unkenntnis der Finanzbehörde nicht als Tatbestandsmerkmal vorausgesetzt wird (so *Roth* NZWiSt 2017, 308, 309; LG Aurich 8.11.2017, wistra 2018, 179; Klein/*Jäger* AO § 370, Rn. 42). Diese Auffassung überzeugt nicht, da der klare Wortlaut des § 370 I Nr. 2 AO eine Unkenntnis der Finanzbehörde ausdrücklich voraussetzt und eine Interpretation entgegen des Wortlauts mit dem Bestimmtheitsgebot des § 103 II GG nicht in Einklang steht (→ Rn. 241 ff.). § 370 AO ist nach seiner Grundstruktur ein Fehl-Informationsdelikt, so dass bei Vorlage der relevanten Informationen für eine zutreffende Veranlagung der tatbestandsmäßige Erfolg nicht in zurechenbarer Weise eintreten kann (MüKoStGB/*Schmitz/Wulf* AO § 370 Rn. 277). Die Steuerverkürzung durch Handeln setzt demnach bei den Veranlagungsteuern voraus, dass die FinB die Steuerfestsetzung nicht, nicht in zutreffender Höhe oder nicht rechtzeitig vornimmt, weil sie wegen der unrichtigen oder unvollständigen Angaben des Täters zu einer zutreffenden und rechtzeitigen Festsetzung nicht in der Lage ist (ebenso *Schleeh* aaO). Besteht die Möglichkeit einer zutreffenden oder höheren und rechtzeitigen Schätzung, dann fehlt ebenfalls der erforderliche Zusammenhang von Täterhandeln und Erfolgseintritt. Ebenso wie beim Unterlassen setzt die Steuerverkürzung durch Handeln auch bei den Veranlagungsteuern voraus, dass die FinB wegen des Täterverhaltens zur eigenen Steuerfestsetzung nicht in der Lage ist.

293 Nur bei dieser Interpretation des Tatbestandes lässt sich der Gefahr (→ Rn. 75) begegnen, dass aus dem Tatbestand der Steuerhinterziehung ein abstraktes Gefährdungsdelikt wird, das die fiskalischen Interessen des Staates nur noch sehr mittelbar dadurch schützt, dass es den bloßen Ungehorsam des Bürgers erfasst. Erst durch die Einfügung des Merkmals der Unkenntnis der FinB wird § 370 I Nr. 1 AO auf die Vermögensbeschädigung und die konkrete Vermögensgefährdung begrenzt. Wenn der BGH (19.10.1999, wistra 2000, 63; BGH 14.12.2010, wistra 2011, 186; BGH 21.11.2012, wistra 2013, 107; siehe auch *Wulf* 2001, S. 165 ff.) dem entgegenhält, § 370 III 2 Nr. 2 und 3 AO sprächen gegen eine solche Lösung, überzeugt dies nicht. Nach der hier vertretenen Ansicht ist der Tatbestand des § 370 I Nr. 1 AO jedoch erfüllt, wenn einerseits ein Amtsträger der Finanzbehörde kollusiv mit dem Stpfl zum Nachteil der Finanzbehörde zusammenwirkt oder andererseits ein nichtzuständiger Amtsträger erfundene Steuererstattungen veranlagt (BGH 6.6.2007, wistra 2007, 388 Rn. 24; → Rn. 274). In allen anderen Fällen ist nach der hier vertretenen Auffassung eine Kenntnis der Finanzbehörde auch bei § 370 I Nr. 1 AO tatbestandsausschließend. Diese Differenzierung steht dann auch im Einklang mit § 370 III 2 Nr. 2 u. 3 AO, da in diesen Konstellationen nach der hier vertretenen Auffassung eine Kenntnis gerade nicht tatbestandsausschließend wirkt. Zur Frage, welche Kenntnis konkret vorliegen muss, → Rn. 241 ff.

Konsequent steht nach dem **BGH** einer vollendeten Steuerhinterziehung dann erst recht nicht entgegen, dass Finanzbehörden zwar einen Tatverdacht hatten, gleichwohl aber aus ermittlungstaktischen Gründen, um den Erfolg äußerst umfangreicher Ermittlungen zur Aufdeckung und Zerschlagung eines groß angelegten Umsatzsteuerhinterziehungssystems nicht zu gefährden, Steuervergütungen gem. § 168 S. 2 AO zugestimmt haben. Denn Straftäter haben keinen Anspruch darauf, dass die Finanz- oder Ermittlungsbehörden so rechtzeitig gegen sie einschreiten, dass der Eintritt des Taterfolgs verhindert wird (BGH 21.11.2012, wistra 2013, 107).

einstweilen frei

7. Besonderheiten bei Besitz- und Verkehrsteuern

a) Lohnsteuer

Schrifttum: *Lohmeyer*, Die Strafbarkeit von Lohnsteuervergehen, NJW 1957, 980; *Leise*, Zur Strafbarkeit des Arbeitgebers bei verspäteter Lohnsteuer-Anmeldung und Abführung, Anm. zu OLG Frankfurt, BlStA 1965, 212; *Hoffmann*, Zur Steuerberechnung bei Lohnsteuerdelikten, DStR 1967, 205; *Henneberg*, Anmerkungen zur Verteidigung bei Lohnsteuerverkürzungen, DStR 1980, 63; *Pfaff*, Lohnsteuer-Zuwiderhandlungen, StBp 1983, 9 ff.; *Meine*, Die Schätzung der Lohnsteuer und der Sozialversicherungsbeiträge in Lohnsteuer- und Beitragsverkürzungsfällen, wistra 1985, 100; *Klaubert*, Rechtliche Stellung des Arbeitgebers beim Lohnsteuerabzug, Diss. Bochum 1988; *Rauch*, Zur Bemessungsgrundlage von Lohnsteuern und Beiträgen zur Gesamtsozialversicherung bei Schwarzlohn, DStZ 1990, 375; *Meine*, Die Berechnung der Lohnsteuer und der Sozialversicherungsbeiträge in Lohnsteuer- und Beitragsverkürzungsfällen, wistra 1991, 205; *Flore/Buhmann*, Ermittlungsverfahren gegen Sportvereine wegen Abgabe unrichtiger LSt-Anmeldungen, PStR 1999, 208; *Gehm*, Der praktische Fall – Steuerstrafrechtliche Klausur – Ärger mit dem Finanzamt, JuS 2001, 1214; *I. M. Meyer*, Steuer(straf)rechtliche Verantwortlichkeit und Haftung des GmbH-Geschäftsführers, PStR 2003, 185; *Spatscheck/Ehnert*, Hinterziehungsgefahr bei Mitarbeiterbeteiligungsmodellen, PStR 2003, 273; *Thum/Selzer*, Die Strafbarkeit des Arbeitgebers bei illegaler Beschäftigung im Lichte der neuen Rspr. des BGH, wistra 2011, 290; *Wulf*, Zum Steuerschaden bei der Lohnsteuerverkürzung, Stbg 2012, 266.

Lohnsteuer ist die Einkommensteuer der Arbeitnehmer für Einkünfte aus nichtselbstständiger Arbeit (§ 19 EStG), die gem. § 38 I EStG durch Steuerabzug vom Arbeitslohn erhoben wird. Steuerschuldner ist der Arbeitnehmer; der Arbeitgeber haftet für die Einbehaltung und Abführung der Lohnsteuer (§ 38 III iVm § 42d EStG), soweit es sich nicht um eine „*eigene*" Lohnsteuer handelt. Arbeitnehmer ist, wer aus einem gegenwärtigen oder früheren Dienstverhältnis Arbeitslohn bezieht (§ 1 I LStDV). In einem Dienstverhältnis steht, wer dem Arbeitgeber seine Arbeitskraft schuldet (§ 1 II LStDV; BFH 24.11.1961, BStBl. III 1962, 37). Eine nichtselbstständige Tätigkeit setzt voraus, dass der Arbeitnehmer vom Arbeitgeber persönlich abhängig ist. Dies wird bei einer Beschäftigung in einem fremden Betrieb angenommen, wenn der Arbeitnehmer in dessen Betrieb eingegliedert ist und betreffend die Arbeitszeit, Dauer sowie den Ort und die Art der Tätigkeit einem umfassenden Weisungsrecht des Arbeitgebers unterliegt. Für eine selbstständige Tätigkeit spricht ein eigenes Unternehmerrisiko, das Vorhandensein einer eigenen Betriebsstätte, die Verfügungsmöglichkeit über die eigene Arbeitskraft und eine im Wesentlichen frei zugestaltene Tätigkeit und Arbeitszeit (Klein/*Jäger* AO § 370 Rn. 401). Ob jemand selbstständig oder nicht selbstständig tätig ist, hängt davon ab, welche Merkmale überwiegen, wobei maßgebend das Gesamtbild der Arbeitsleistung ist (BGH 13.12.2018, wistra 2019, 198, Rn. 25). Die Lohnsteuerkarte wurde ab dem 1.1.2013 durch elektronische Lohnsteuerabzugsmerkmale (ELStAM, § 39 IV EStG) ersetzt. Der Arbeitgeber ist hiernach verpflichtet, die bei ihm beschäftigten Arbeitnehmer für den Abruf der ELStAM anzumelden und die ELStAM für die darauffolgende nächste Lohnabrechnung abzurufen. Hat das FA Lohnsteuerabzugsmerkmale gebildet, teilt sie diese dem BZSt zum Zweck der Bereitstellung für den automatisierten Abruf durch den Arbeitgeber mit (vgl. § 39e EStG). Arbeitslohn sind alle (einmaligen oder laufenden) Einnahmen (§ 8 EStG), die dem Arbeitnehmer aus seinem Dienstverhältnis zufließen – gleichgültig, ob ein Rechtsanspruch besteht, unter welcher Bezeichnung oder in welcher Form die Einnahmen gewährt werden. Die Lohnsteuer bemisst sich in der Höhe, dass sie der Einkommensteuer entspricht, die der Arbeitnehmer schuldet, wenn er nur Einkünfte aus nichtselbstständiger Arbeit erzielt (§ 38a II EStG). Bei der Ermittlung der Lohnsteuer werden die Besteuerungsgrundlagen des Einzelfalles durch die Einreihung der Arbeitnehmer in Steuerklassen (§ 38b EStG), Feststellung von Freibeträgen und Hinzurechnungsbeträgen (§ 39a EStG) sowie Bereitstellung von elektronischen Lohnsteuerabzugsmerkmalen (§ 39e EStG) oder Ausstellung von entsprechenden Bescheinigungen für den Lohnsteuerabzug (§§ 39 III und 39e VII u. VIII EStG) berücksichtigt (§ 38a IV EStG). Verkürzungen sind in der Form denkbar, dass entweder vom Arbeitnehmer ein zu niedriger Steuerabzug vom Arbeitslohn verursacht wird, oder aber der Arbeitgeber seiner Verpflichtung, Steuerbeträge anzumelden, nicht nachkommt.

297 Der **Arbeitnehmer macht sich der Lohnsteuer-Hinterziehung schuldig,** wenn er die Speicherung unrichtiger Lohnsteuerabzugsmerkmale (§ 39 EStG) herbeiführt bzw. pflichtwidrig nicht berichtigt und dadurch bewirkt, dass der Arbeitgeber die Lohnsteuer deshalb unzutreffend zu niedrig anmeldet und abführt. Die Eintragungen können insbes. Werbungskosten, Sonderausgaben, Familienstand, außergewöhnliche Belastungen oder Verluste aus anderen Einkunftsarten (vgl. BFH 26.1.1973, BStBl. II 1973, 423) betreffen. Hierbei handelt der Arbeitnehmer regelmäßig als mittelbarer Täter (→ § 369 Rn. 76). Bei dem Antrag auf Ermittlung eines unzutreffenden Lohnsteuerabzugsmerkmals beginnt der Versuch der Hinterziehung ab Antragstellung, da der Arbeitnehmer dann alles getan hat, was er zur Tatverwirklichung zu tun hat, und er das Geschehen aus der Hand gibt; bei der Eintragung unberechtigter Freibeträge beginnt der Versuch des Erschleichens eines Steuervorteils mit der Stellung des Antrages beim FA. Im Übrigen kann der Arbeitnehmer entweder Teilnehmer oder Mittäter einer Lohnsteuerhinterziehung durch den Arbeitgeber sein, wenn dieser mit seinem Wissen oder auf seine Initiative eine unzutreffende Lohnsteueranmeldung bzw. keine Lohnsteueranmeldung (fristgerecht) einreicht. Inwiefern in der Person des Arbeitnehmers dann eine Verkürzung auf Dauer oder auf Zeit vorliegt, hängt von seinem Vorstellungsbild ab. Will er im Rahmen der Einkommensteuererklärung korrekte Angaben machen, mithin den verkürzten Betrag nachentrichten, liegt lediglich eine Verkürzung auf Zeit vor, so dass insofern ein erheblich geringerer Schuldumfang zugrunde zu legen ist, als wenn er beabsichtigt, die entsprechenden Vorteile auf Dauer zu behalten. Bei Schwarzlohnabreden handeln der Arbeitnehmer und Arbeitgeber in den Fällen des § 370 I Nr. 1 AO als Mittäter. Vereinbaren der Arbeitnehmer und Arbeitgeber im Rahmen einer Schwarzlohnabrede, dass keine Lohnsteuer angemeldet wird, kommt eine mittäterschaftliche Begehung nicht in Betracht, da der Arbeitnehmer diesbezüglich nicht zur Aufklärung steuerlicher Tatsachen besonders verpflichtet ist und ein besonderes persönliches Merkmal iSd § 28 I StGB bei ihm nicht vorliegt. Insofern kommt in solch einer Konstellation lediglich eine Beihilfe des Arbeitnehmers in Betracht (BGH 16.9.2020, wistra 2021, 278 mAnm Grötsch).

298 Der **Arbeitgeber macht sich einer Lohnsteuer-Hinterziehung schuldig,** wenn er es entgegen § 41a EStG vorsätzlich unterlässt, eine Lohnsteueranmeldung rechtzeitig beim FA einzureichen oder wenn er vorsätzlich zu niedrige Beträge anmeldet. Einzubehalten und anzumelden ist die Lohnsteuer vom bezahlten Lohn, nicht etwa nur die tatsächlich einbehaltene Lohnsteuer (BGH 3.9.1970, BGHSt 23, 319; aM BayObLG 5.6.1967, GA 1968, 86 f.). Auf den Zeitpunkt der Zahlung der (rechtzeitig und richtig) angemeldeten Lohnsteuer kommt es nicht an (anders § 380 AO), ebensowenig wie bei einer Steuer, die aufgrund einer (rechtzeitig abgegebenen richtigen) Steuererklärung vom FA festgesetzt worden ist (BGH 3.4.1952, BGHSt 2, 338; OLG Frankfurt 8.11.1967, ZfZ 1968, 78). Dabei ist zu beachten, dass zum Teil Bußgeldvorschriften die Anwendbarkeit der §§ 369 ff. AO und damit auch des § 370 AO sperren können (vgl. § 50e EStG idF des Gesetzes zur Intensivierung der Bekämpfung der Schwarzarbeit und damit zusammenhängender Steuerhinterziehung vom 23.7.2004, BGBl. 2004 I 1842, 1856; → § 378 Rn. 5). § 50e EStG hat zur Folge, dass die Nichtanmeldung von pauschalierter Lohnsteuer bei geringfügigen Beschäftigungen im Privathaushalt von der steuerstrafrechtlichen Verfolgung ausgeschlossen ist und nur noch als Ordnungswidrigkeit verfolgt werden kann. Zu beachten ist jedoch, dass sowohl für den Arbeitgeber, als auch für den Arbeitnehmer die Bußgeldtatbestände der §§ 377 bis 384 AO anwendbar bleiben. Eine vorsätzliche Steuerhinterziehung kommt dagegen in Betracht, wenn der Arbeitgeber und der Arbeitnehmer das Arbeitsverhältnis einvernehmlich aufspalten und mehrere kurzfristige oder geringfügige Beschäftigungen mit Pauschalisierungsmöglichkeiten fingieren (sog. Lohnsplitting; Kohlmann/*Hilgers-Klautzsch* AO § 370 Rn. 1324).

Durch die verspätete Abgabe der Lohnsteuer-Anmeldung tritt eine vorübergehende Steuerverkürzung in gleicher Weise ein wie bei der verspäteten Abgabe einer sonstigen Steuererklärung (→ Rn. 261 f.). Für den Vorsatz genügt es, dass der Arbeitgeber wusste oder damit rechnete, dass und zu welchem Zeitpunkt er zur Abgabe der Lohnsteueranmeldung verpflichtet war (BayObLG 18.6.1964, DB 1964, 1142; OLG Frankfurt 9.9.1964, BlStA 1965, 211). Nach der neuen Rspr. des BGH ist ein Irrtum über die Arbeitgebereigenschaft in § 41a EStG und die daraus folgende Pflicht als Tatbestandsirrtum zu behandeln (BGH 24.1.2018, wistra 2018, 339; vgl. auch BGH 24.9.2019, BGHSt 64, 195 sowie BGH 8.1.2020 wistra 2020, 260 Rn. 6 zu § 266a StGB). 299

Nimmt der Arbeitgeber die entsprechenden Lohnzahlungen nicht in eine Lohnsteueranmeldung auf, liegt in der Regel eine Verkürzung auf Dauer vor. So verhält es sich etwa in den Fällen des „Lohnsplitting", bei dem der Arbeitgeber den aus dem Ausland stammenden Arbeitnehmern einen Teil des Lohns als „Auslagenersatz" auf ein ausländisches Konto überweist (FG Hamburg 20.6.2013, NZWiSt 2014, 37; siehe auch FG München 11.12.2012, BeckRS 2013, 95001). Geht der Arbeitgeber davon aus, der Arbeitnehmer werde die entsprechenden Zuflüsse im Rahmen der Einkommensteuererklärung ordnungsgemäß erklären, ändert dies zwar nichts an der Hinterziehung von Lohnsteuer. Da aber die Lohnsteuer als Steuer des Arbeitnehmers faktisch nichts anderes ist als eine besondere Form der Einkommensteuervorauszahlung für nichtselbstständig Beschäftigte, wird man im Rahmen der Strafzumessung davon ausgehen müssen, dass der Arbeitgeber lediglich eine Verkürzung auf Zeit in sein Vorstellungsbild aufgenommen hatte. Liegt ein „Lohnsplitting" in der Form vor, dass der Arbeitgeber und der Arbeitnehmer ein Arbeitsverhältnis einvernehmlich „aufspalten" und unter dem Namen von Angehörigen bzw. nahestehenden Personen mehrere geringfügige Beschäftigungsverhältnisse fingieren, so wird regelmäßig eine Verkürzung auf Dauer vorliegen. 300

Reicht der Arbeitgeber eine unzutreffende Lohnsteueranmeldung ein, weil er etwa von den elektronischen Lohnsteuerabzugsmerkmalen abweicht, eine andere als die Lohnsteuerklasse VI zugrunde legt, obwohl er hierzu nach § 39c I 1 EStG verpflichtet wäre, oder legt er der Anmeldung einen zu niedrigen unzutreffenden Arbeitslohn zugrunde, so führt dies zu einer Verkürzung von Lohnsteuern. 301

Die Höhe der Verkürzung bestimmt sich nach den individuellen Besteuerungsmerkmalen bzw. § 39c EStG. Der BGH hatte in Fällen, in denen Arbeitgeber und Arbeitnehmer einvernehmlich zur Hinterziehung der Lohnsteuer zusammenwirkten, ursprünglich eine Nettolohnvereinbarung gesehen (BGH 24.9.1986, BGHSt 34, 166). In Anknüpfung an die Rspr. des BFH war der BGH davon ausgegangen, dass in solchen Fällen nach der Vereinbarung das Arbeitsentgelt dem Arbeitnehmer mit der Auszahlung auf Dauer ungekürzt verbleiben solle. In der tatsächlichen Gestaltung solcher Lohnabreden und der vom Arbeitgeber selbst herbeigeführten Unmöglichkeit, im späteren Haftungsfall die betreffenden Arbeitnehmer in Regress zu nehmen, hatte der BGH eine „Übernahme" der Lohnabzugs- 302 teile durch den Arbeitgeber schon im Zeitpunkt der Lohnzahlung gesehen, so dass eine entsprechende „Hochschleusung" des Steuersatzes erfolgte (zur früheren Diskussion *Hardtke* 1995, S. 106 mwN). Nachdem der BGH in Anknüpfung an die Entscheidung des BFH v. 21.2.1992 (BStBl. II 1992, 443) diese Auffassung ausdrücklich aufgegeben hat (BGH 13.5.1992, BGHSt 38, 285), kann in der einvernehmlichen Steuerverkürzung eine Nettolohnabrede nur noch in seltenen Ausnahmefällen erblickt werden, in denen eine ausdrückliche entsprechende Vereinbarung getroffen wurde (aber → Rn. 305). Ein zusätzlicher geldwerter Vorteil in Höhe der nachzuentrichtenden Lohnsteuer kommt im Zeitpunkt der Zahlung des Arbeitgebers aufgrund Haftungsinanspruchnahme in Betracht, wenn die Lohnsteuer nicht weiter belastet wird (vgl. *Spriegel/Seipl* DStR 1995, 1169, 1170 ff.). Auch aus der Nachzahlung von Arbeitgeberanteilen zur Sozialversicherung soll dem Arbeitnehmer ein geldwerter Vorteil zufließen, obwohl Sozialversicherungsnachzahlungen gem. § 28g SGB IV ohnehin vom Arbeitgeber geschuldet werden (BFH 13.9.2007, BStBl. II 2008, 58).

303 Dementsprechend richtet sich die Höhe der verkürzten Lohnsteuer im Regelfall nach den **persönlichen Besteuerungsmerkmalen des betroffenen Arbeitnehmers** (§ 39c I EStG; BGH 13.5.1992, wistra 1992, 259, 260; 4.2.1997, wistra 1997, 187; 15.1.2014, wistra 2014, 280; 7.12.2016, NZWiSt 2017, 230). Ist aber die genaue Berechnung der endgültig geschuldeten Lohnsteuern nicht möglich, weil die tatsächlichen Verhältnisse der Arbeitnehmer nicht aufklärbar sind, kann von geschätzten (ggf. niedrigeren) Durchschnittssteuersätzen ausgegangen werden (BGH 25.10.2000, wistra 2001, 22; BGH 14.6.2011, wistra 2011, 344). Lag nach der damaligen Rechtslage eine Lohnsteuer-Karte nicht vor, war die Lohnsteuer nach der Klasse VI zugrunde zu legen (BGH 8.2.2011, BGHSt 56, 153). Die Lohnsteuerklasse VI ist ebenfalls zugrunde zu legen, wenn der Arbeitgeber den Arbeitnehmer fälschlicherweise als Selbständigen behandelt und ihm entsprechend Honorare gezahlt hat, die nur scheinbar dem § 15 oder § 18 EStG unterfielen. Bei der Strafzumessung ist in diesen Fällen aber lediglich von einem Zinsschaden auszugehen, wenn der Arbeitgeber davon überzeugt war, der Arbeitnehmer werde die angeblich „selbständig" erzielten Honorare in seiner Einkommensteuererklärung ordnungsgemäß angeben. Haben der Arbeitgeber und der Arbeitnehmer einvernehmlich eine **Schwarzlohnabrede** getroffen und beabsichtigen eine Steuerhinterziehung „auf Dauer", so ist die verkürzte Steuer nach der neuen Rspr. des BGH nicht nach den Verhältnissen des jeweiligen Arbeitnehmers, sondern nach der Lohnsteuerklasse VI zu ermitteln (BGH 8.2.2011, BGHSt 56, 153). An dieser Rspr. ist jedoch zu kritisieren, dass Steuerschuldner der Lohnsteuer der jeweilige Arbeitnehmer ist. Werden im Rahmen eines Strafverfahrens die tatsächlichen Verhältnisse des Arbeitnehmers vorgelegt bzw. ermittelt, so kann und ist seine konkrete Einkommensteuerverkürzung zu ermitteln. Auch wenn der Arbeitgeber und Arbeitnehmer beabsichtigt hatten, keine Steueranmeldung einzureichen, ist nach der hier vertretenen Auffassung die Höhe der objektiven Steuerverkürzung anhand der tatsächlichen Verhältnisse zu ermitteln, sofern diese Daten dem Gericht vorliegen. Bei Teilschwarzlohnabreden bemisst sich der Hinterziehungsumfang nach der Lohnsteuerklasse, die sich aus dem Lohnsteuer-Abzugsmerkmalen ergibt (BGH 8.2.2011, BGHSt 56, 153 Rn. 19). Verhindert der Arbeitnehmer schuldhaft, dass der Arbeitgeber den Abruf der elektronischen Lohnsteuer-Abzugsmerkmale nicht durchführen kann, so ist die Lohnsteuer nach der Lohnsteuerklasse VI zu ermitteln (§ 39c I 1 EStG; Klein/*Jäger* AO § 370 Rn. 412). Zu beachten ist, dass eine Lohnsteuerhinterziehung des Arbeitgebers und eine evtl. Beihilfe zur Einkommensteuerhinterziehung des Arbeitnehmers dasselbe Steueraufkommen betreffen und insofern nicht einfach zusammengerechnet werden dürfen (BGH 20.3.2002, wistra 2002, 221, 224; Wannemacher/ *Seipl* Rn. 959).

304 Sofern die Schwarzlöhne nicht mehr anhand von Unterlagen, wie etwa Aufzeichnungen über Arbeitszeiten konkret ermittelt werden können, kommt eine Schätzung der Lohnsumme in Betracht (BGH 6.2.2013, wistra 2013, 277 Rn. 55). Es ist dann eine branchenübliche Lohnquote des betreffenden Gewerbes zu ermitteln (Kohlmann/*Hilgers-Klautzsch*

AO § 370 Rn. 1341). Im Bereich des lohnintensiven Baugewerbes sind bei illegalen Beschäftigungsverhältnissen Lohnquoten von zwei Dritteln des Nettoumsatzes grundsätzlich möglich (BGH 10.11.2009, wistra 2010, 148 Rn. 21). Bestehen Anhaltspunkte für geringfügig entlohnte Beschäftigungsverhältnisse iSv § 8 I Nr. 1 SGB IV, so muss geklärt werden, ob und in welchem Umfang diese vorliegen (BGH 6.2.2013, wistra 2013, 277, Rn. 34 ff.).

Die Berechnung der **Höhe der Beitragshinterziehung** nach § 266a StGB bei Schwarzarbeit richtet sich seit dem 1.8.2002 (G. v. 24.7.2002, BGBl. 2002 I 2787) nach der Vorgabe in § 14 II 2 SGB IV. Danach gilt die Zahlung des Schwarzlohns nicht mehr wie bisher – für die Berechnung der Sozialversicherungsbeiträge – als Bruttolohnabrede, sondern als Nettolohnabrede, mit der Folge, dass das ausbezahlte Arbeitsentgelt zu einem Bruttolohn hochzurechnen ist. Konsequenz ist, dass der Hinterziehungsbetrag höher ausfällt als bei Annahme einer Bruttolohnabrede. Inwiefern dies auch für die Hinterziehung von LSt Relevanz haben kann, ist zweifelhaft (vgl. BGH 2.12.2008, BGHSt 53, 71). Da eine vergleichbare Regelung im EStG fehlt, verbleibt es zunächst bei der bisherigen Lösung (→ Rn. 302). Da aber der Arbeitnehmeranteil nach § 14 II 2 SGB IV aufaddiert und der Lohn „hochgeschleust" wird, könnte sich insofern auch die Summe der verkürzten LSt erhöhen. 305

b) Körperschaftsteuer

Schrifttum: *Utech/Meine,* Das körperschaftsteuerliche Anrechnungsverfahren, wistra 1989, 331; *dies.,* Verdeckte Gewinnausschüttungen, wistra 1989, 241; *Wassermeyer,* Zur Rspr. des Bundesgerichtshofs bei Steuerhinterziehung wegen verdeckter Gewinnausschüttung, BB 1989, 1382; *Merkt,* Die verdeckte Gewinnausschüttung im Steuerstrafrecht, BB 1991, 313; *Flume,* Besteuerung von Untreue, Unterschlagung oder Diebstahl als verdeckte Gewinnausschüttung, DB 1993, 1945; *Wassermeyer,* Unterschlagung als verdeckte Gewinnausschüttung, DB 1993, 1260; *Hardtke,* Steuerhinterziehung durch verdeckte Gewinnausschüttung, 1995; *Gosch,* Steuerhinterziehung – Übernahme von Kostenfolgen des Strafurteils, Haftung, verdeckte Gewinnausschüttung, StBp 1995, 92; *Hardtke/Leip,* Strafverfolgungsverjährung bei Steuerhinterziehung infolge verdeckter Gewinnausschüttung, NStZ 1996, 217; *Hardtke,* Zur Tathandlung bei Steuerhinterziehung infolge verdeckter Gewinnausschüttung, wistra 1997, 17; *H L,* Steuerhinterziehung durch verdeckte Gewinnausschüttung, DB 1997, 2462; *Weyand,* Verdeckte Gewinnausschüttungen und Steuerhinterziehung, Information StW 1997, 457; *Flore,* Steuerstrafrechtliche Risiken in der GmbH, GmbH-StB 1998, 102; *Mihm,* Strafrechtliche Konsequenzen verdeckter Gewinnausschüttungen, 1998; *Flore,* Steuerhinterziehung durch verdeckte Gewinnausschüttung?, GmbH-StB 1999, 75; *Hardtke,* Die strafrechtliche Gleichstellung von Festsetzungs- und Feststellungsbescheiden als Taterfolg der Steuerhinterziehung, insbesondere bei der Feststellung des verwendbaren Eigenkapitals nach § 47 KStG, FS FAStR, 1999, 629; *Reck,* Gemeinnützige Vereine und Steuerhinterziehung, D-spezial 1999, Nr. 38, 5; *Schwedhelm,* Verdeckte Gewinnausschüttung und (Steuer-)Strafrecht, StraFo 1999, 361; *Wagner/Hermann,* Verdeckte Gewinnausschüttung bei der Ein-Personen-GmbH, einmal nicht nur steuerrechtlich, BB 1999, 608; *Muhler,* Körperschaftsteuerhinterziehung durch verschwiegene Einnahmen, wistra 2001, 89, 130; *Schindhelm,* Das Kompensationsverbot im Delikt der Steuerhinterziehung, 2004; *Weidemann,* Verdeckte Gewinnausschüttung und das Steuerstrafrecht, wistra 2007, 201; *Madauß,* Verdeckte Gewinnausschüttung und Steuerhinterziehung, NZWiSt 2013, 207.

Körperschaftsteuer ist die Personensteuer vom Einkommen der Körperschaften und bestimmter Vermögensmassen. Steuerschuldner sind die Körperschaften iS der §§ 1–4 KStG, sofern sie nicht nach den §§ 5, 6 KStG persönlich von der Körperschaftsteuer befreit sind. Steuergegenstand ist nach § 7 KStG das Einkommen, das die Stpfl innerhalb eines Kalenderjahres (oder eines davon abweichenden Wirtschaftsjahres) bezogen haben. Die Hinterziehung von Körperschaftsteuer hat in der Praxis in der Vergangenheit oftmals erhebliche Probleme ausgelöst, so dass von den §§ 154, 154a StPO häufig Gebrauch gemacht wurde. In den letzten Jahren mehren sich jedoch die Verurteilungen wegen Körperschaftsteuerhinterziehungen. 306

Eine **Verkürzung der Körperschaftsteuer** liegt vor, wenn die aufgrund unrichtiger Körperschaftsteuererklärung festgesetzte Körperschaftsteuer niedriger ist als die gesetzlich geschuldete (vgl. *Mihm* 1998, S. 133 ff.). Neben den üblichen Manipulationen bei der Gewinnermittlung bzw. dem Verschweigen von Einnahmen kommt dies insbes. dann in Betracht, wenn in einer Körperschaftsteuererklärung eine verdeckte Gewinnausschüttung 307 nicht entsprechend erklärt worden ist (vgl. BGH 7.11.1988, BGHSt 36, 21; BGH 24.1.1990, wistra 1990, 193; BGH 4.5.1990, wistra 1991, 27; BFH 22.2.1989, BStBl. II 1989, 631). Zudem mehren sich in den letzten Jahren Ermittlungsverfahren betreffend ausländische Kapitalgesellschaften, deren **Geschäftsführung** jedoch (weitestgehend) aus Deutschland **betrieben** wird, mit der Folge, dass die ausländische Kapitalgesellschaft in Deutschland unbeschränkt körperschaftssteuerpflichtig ist (→ Rn. 328 sowie BGH 13.3.2019, wistra 2019, 424 mAnm Grötsch). Ferner stellt sich in Betriebsprüfungen häufig die Frage, ob eine inländische Kapitalgesellschaft, die im Ausland eine **Betriebsstätte** unterhält, den Gewinn zwischen dem Stammhaus und der ausländischen Betriebsstätte gem. Art. 5 II bis VIII OECD-Musterabkommen zutreffend abgegrenzt hat. Aufgrund der teilweise schwierigen Bewertungsfragen handelt es sich diesbezüglich häufig primär um steuerrechtliche Fragen, bei denen nicht standardmäßig ein Steuerstrafverfahren eingeleitet wird. Vereinzelt können auch Ermittlungsverfahren bei gemeinnützigen Vereinen (§ 5 I Nr. 9 KStG) eingeleitet werden, wenn der Verein seine Einnahmen entgegen § 63 AO nicht ausschließlich für satzungsgemäße Zwecke verwendet hat bzw. unzutreffende Abgrenzungen zwischen dem gemeinnützigen Bereich und dem wirtschaftlichen Geschäftsbetrieb erfolgt sind und dementsprechend keine zutreffende Körperschaftssteuererklärung eingereicht wurde. Aufgrund der teilweise sehr komplizierten Vorschriften des Gemeinnützigkeitsrechts in den §§ 51 ff. AO fehlt es jedoch diesbezüglich häufig am Vorsatz (vgl. Wannemacher/*Seipl* Rn. 1010).

308 **Eine verdeckte Gewinnausschüttung im Sinne des § 8 III 2 KStG** ist nach überkommenem Verständnis eine Vermögensminderung oder verhinderte Vermögensmehrung der Kapitalgesellschaft, die durch das Gesellschaftsverhältnis veranlasst ist, sich auf die Höhe des Unterschiedsbetrag gem. § 4 I 1 EStG iVm § 8 I KStG auswirkt und in keinem Zusammenhang mit einer offenen Ausschüttung steht (vgl. BGH 17.4.2008, wistra 2008 311; BGH 24.5.2007, DStRE 2008, 169; BGH 6.7.2004, wistra 2004, 467; BFH 18.11.1980, BStBl. II 1981, 260; BFH 14.11.1984, BStBl. II 1985, 227; BFH 11.2.1987, BStBl. II 1987, 461; BFH 22.2.1989, BStBl. II 1989, 475; BFH 28.11.2001, BFH/NV 2002, 543; BFH 4.6.2003, BStBl. II 2004, 139; *Wagner/Hermann* BB 1999, 609). Allerdings erschließt sich die Feststellung einer verdeckten Gewinnausschüttung nach der neueren Rspr. des BFH nicht mehr durch eine Abgrenzung zwischen betrieblicher und gesellschaftlicher Sphäre (*Weidemann* wistra 2007, 201, 203).

309 Nach der Rspr. des BFH verfügen **Kapitalgesellschaften** nicht über **private Vermögenssphären** (BFH 4.12.1996, BFHE 182, 123). Dies hat zur Folge, dass sämtliche Vermögensminderungen begrifflich zwingend Betriebsausgaben darstellen. Eine Steuerverkürzung tritt dann nur ein, wenn die Betriebsausgaben einem steuerlichen Abzugsverbot, wie etwa nach § 4 V EStG, § 160 AO etc., unterliegen oder nach § 8 III KStG außerbilanziell hinzugerechnet werden.

310 Trägt eine Kapitalgesellschaft etwa die Kosten einer privaten Auslandsreise (vgl. BFH 6.4.2005, BStBl. II 2005, 666), oder eines Einfamilienhauses eines Gesellschafters (BFH 17.11.2004, BFHE 208, 519) oder einer Segeljacht (BFH 4.12.1996, BFHE 182, 123), so handelt es sich auch diesbezüglich um Betriebsausgaben, die keine vGA darstellen. Als vGA kommt allerdings die (nachfolgende) unterlassene Erstattung dieser durch das Gesellschaftsverhältnis veranlassten Kosten durch den Gesellschafter in Betracht. Schadensersatzansprüche gegen den Gesellschafter, führen nicht automatisch zu einer vGA. Allerdings kann der Verzicht auf einen möglichen Schadenersatzanspruch gegen den Gesellschafter eine Einkommensminderung und insofern eine vGA darstellen (BFH 12.10.2010, BFH/NV 2011, 69). Eine verdeckte Gewinnausschüttung in Form einer verhinderten Vermögensmehrung kommt etwa in Betracht, wenn ein Gesellschafter-Geschäftsführer Geschäftschancen, die der Kapitalgesellschaft zustehen, als eigenes Geschäft realisiert oder Kenntnisse der Gesellschaft über geschäftliche Möglichkeiten an sich zieht und für eigene Rechnung nutzt (BFH 12.12.1990 BStBl. II 1991, 593; BGH 6.9.2012, BGHSt 58, 1 Rn. 51; BGH 6.9.2012, wistra 2013, 21 Rn. 49 ff.; Klein/*Jäger* AO § 370 Rn. 420).

Ein rechnerischer Mehrerlös aufgrund einer steuerlich zulässigen Schätzung, etwa auf- **311** grund eines nicht ordnungsgemäßen Kassenbuchs von Kassenfehlbeträgen (vgl. BFH 9.8.2000, GmbHR 2001, 208; BFH 24.6.2014, BFH/NV 2014, 1501; aA BFH 22.9.2004, BStBl. II 2005, 160) oder aufgrund einer Mengenverprobung (Wannemacher/*Seipl* Rn. 1018) begründen noch keine vGA. Ebenso rechtfertigen ungeklärte Vermögenszuflüsse beim Gesellschafter-Geschäftsführer noch keine vGA (BFH 22.9.2004, BStBl. II 2005, 160; BFH 18.6.2003, BFH/NV 2003, 1450; BFH 26.2.2003, BFH/NV 2003, 1221).

Voraussetzung für eine vGA ist ferner, dass der Vorteil einem Gesellschafter bzw. einer **312** ihm nahestehenden Person zugewendet wird. Der Umstand des „Nahestehens" kann sich aus familienrechtlichen, gesellschaftsrechtlichen, schuldrechtlichen oder rein tatsächlichen Gründen ergeben. Nahestehend sind neben den Angehörigen iSd § 15 AO auch Personen, zu denen eine wechselseitige, auf jahrelange geschäftliche Zusammenarbeit zurückgehende Beziehung besteht (BGH 2.11.2010, NStZ 2011, 294). Ein Vermögensvorteil fließt dem Gesellschafter auch dann zu, wenn eine Kapitalgesellschaft an einen Dritten zahlt und dadurch eine Verpflichtung des Gesellschafters erfüllt (BGH 2.11.2010, NStZ 2011, 294; BGH 11.11.2003, wistra 2004, 109). Hat ein Geschäftsführer einer Kapitalgesellschaft, der nicht zugleich Gesellschafter ist und auch keinem der Gesellschafter nahesteht, einen unangemessenen Vorteil erlangt, so kann darin keine vGA liegen (BGH 13.7.1994, BStBl. II 1995, 198). Eine Zurechnung an andere Personen kann lediglich über ein Treuhandverhältnis in Betracht kommen (BGH 10.1.2019, wistra 2019, 374 Rn. 24, BGH 8.9.2019, wistra 2019, 427; Klein/*Jäger* AO § 370 Rn. 420).

Veruntreut oder unterschlägt ein leitender Mitarbeiter oder Fremd-/Geschäfts- 313 führer Vermögen, so handelt es sich ebenfalls um abzugsfähige Betriebsausgaben. Ist diese widerrechtliche Handlung den Gesellschaftern nicht bekannt, ist diese Maßnahme des Mitarbeiters nicht durch das Gesellschaftsverhältnis veranlasst (BFH 19.6.2007, BStBl. II 2007, 830). Zu beachten ist allerdings, dass die Kapitalgesellschaft bei Kenntnis von den Unterschlagungen bzw. Veruntreuungen eines Mitarbeiters bzw. Geschäftsführers verpflichtet ist, eine Schadensersatzforderung zu aktivieren. Nach der Rspr. des BFH sind solche Schadensersatzansprüche aus Straftaten allerdings erst dann zu aktivieren, wenn sie tituliert oder durch den Mitarbeiter anerkannt worden sind (BFH 22.6.2006, BStBl. II 2006, 838, 842 f.). Unterbleibt solche eine Aktivierung einer Schadensersatzforderung, so führt dies zwar zu einer Steuerverkürzung bei der GmbH, jedoch liegt keine vGA vor, da diesbezüglich kein Vorteil einem Gesellschafter oder einer nahestehenden Person zugewendet wurde. Wird eine Unterschlagung bzw. Untreue durch einen Gesellschafter-Geschäftsführer begangen, der nicht alleiniger Gesellschafter ist, so liegt auch diesbezüglich nicht automatisch eine vGA vor, da diese voraussetzt, dass die Vermögensminderung auf eine der Gesellschaft zurechenbare Entscheidung zurückzuführen ist. Diesbezüglich ist jedoch grundsätzlich eine Zustimmung oder zumindest Duldung durch die Organe der Gesellschaft notwendig (*Gosch* KStG § 8 Rn. 250 ff.). Die gleiche rechtliche Situation wie bei Untreue- und Unterschlagungshandlungen stellt sich, bei Einbuchung von Scheinrechnungen (vgl. BFH 19.6.2007, BStBl. II 2007, 830) oder Vereinnahmung von Schwarzeinnahmen an der Gesellschaft vorbei (Wannemacher/*Seipl* Rn. 1029). Erhalten jedoch die anderen Gesellschafter Kenntnis von den inkriminierten Handlungen des Gesellschafter-Geschäftsführers und machen trotzdem keinen Schadensersatz gegen diesen geltend, so kommt diesbezüglich eine vGA in Betracht. Vereinnahmt ein Alleingesellschafter-Geschäftsführer Einnahmen an der Kapitalgesellschaft vorbei, ist von einer stillschweigenden Billigung der Gesellschaft auszugehen, so dass diesbezüglich eine vGA anzunehmen ist (vgl. BFH 22.10.2003, BFH/NV 2004, 667; BFH 14.10.1992, BStBl. II 1993, 352).

Für die Frage, ob eine Vermögensminderung oder verhinderte Vermögensmehrung **314** durch das Gesellschaftsverhältnis veranlasst ist, stellt die Rspr. auf die Abgrenzungskriterien „Fremdvergleich" und „Angemessenheit" ab. Maßgeblich ist, ob ein ordentlicher und gewissenhafter Geschäftsführer die Vereinbarung auch mit einem Nicht-Gesellschafter getroffen hätte. Allerdings erfolgt diese Prüfung nicht lediglich aus der Sicht der Kapitalgesellschaft, sondern auch aus der Sicht eines Dritten. Hätte ein Dritter einer für die Gesellschaft vorteilhaften Vereinbarung nicht zugestimmt, kann deren Veranlassung im Gesellschaftsverhältnis liegen (sog. doppelter Fremdvergleich; Streck/*Schwedhelm* KStG, § 8 Rn. 240). Allerdings handelt es sich bei dem „doppelten Fremdvergleich" nur um ein widerlegbares Indiz.

315 Eine durch das Gesellschaftsverhältnis veranlasste Unterschiedsbetragsminderung ist jedoch nur dann eine vGA, wenn die Unterschiedsbetragsminderung bei der Kapitalgesellschaft die abstrakte Eignung hat, beim Gesellschafter einen sonstigen Bezug iSd § 20 I Nr. 1 S. 2 EStG auszulösen (BFH 7.8.2002, BStBl. II 2004, 131; BFH 21.7.2011, BFH/NV 2011, 2116).

316 Die **Rechtsprechung des BFH** hat für Leistungen an **beherrschende Gesellschafter** oder diesen nahestehende Personen Erleichterungen eingeführt, als insofern schon dann eine vGA vorliegen soll, wenn Zahlungen im Rahmen eines Leistungsaustausches erfolgen, ohne dass diesen eine zivilrechtlich wirksame, klare und eindeutige, von vornherein abgeschlossene und tatsächlich durchgeführte Vereinbarung zugrunde läge. Diese auf formale Kriterien abstellende Betrachtungsweise des Rückwirkungsverbots ist allerdings in den letzten Jahren durch die Rspr. des BFH gelockert worden. Seitdem werden diese formalen Aspekte nur noch als Indiz gegen die Ernsthaftigkeit eines abgeschlossenen Vertrages und nicht mehr als allein entscheidendes Kriterium für die Annahme einer vGA angesehen. Die Rechtsprechungsänderung geht insbes. auf die Rspr. des BVerfG zurück, insbes. auf den Beschluss des BVerfG vom 7.11.1995 (BStBl. II 1996, 34). Das BVerfG hat in diesem Beschluss grundsätzlich beschlossen, dass einzelne formale Kriterien allein nicht zur Versagung der Anerkennung vertraglicher Vereinbarungen zwischen nahestehenden Personen führen dürfen. Dieses Grundprinzip muss auch auf das Verhältnis zwischen einer Kapitalgesellschaft und ihrem beherrschenden Gesellschafter übertragen werden. Somit wäre es verfassungswidrig, das Fehlen einer klaren, von vornherein abgeschlossenen und/oder zivilrechtlich wirksamen Vereinbarung mit dem beherrschenden Gesellschafter im Sinne von absoluten Tatbestandsvoraussetzungen zu verstehen. Sie sind indiziell zu würdigen, ob sie den Rückschluss auf eine Veranlassung durch das Gesellschaftsverhältnis zulassen (FG Hamburg 31.10.2011, DStRE 2012, 1445 Rn. 23; BFH 29.10.1997, BStBl. II 1998, 573 Rn. 17). *Frotscher* (Frotscher/Drüen/*Frotscher* KStG Anhang zu § 8 KStG Rn. 147 ff.) führt darüber hinaus aus, dass eine vorherige, klare und eindeutige sowie zivilrechtlich wirksame Vereinbarung immer dann entbehrlich ist, wenn an dem schuldrechtlichen Charakter der Leistungsbeziehung kein Zweifel bestehen könne. Dies gilt insbes. in Fällen mit ständigen Lieferungs- und Leistungsbeziehungen und dabei insbes. dann, wenn die Leistungsbeziehungen schon in der Vergangenheit eindeutig als schuldrechtlich behandelt worden sind (siehe zu dieser Thematik Dötsch/Pung/Möhlenbrock/*Lang* KStG § 8 Abs. 3 Teil C Rn. 200–206).

Die ursprüngliche, **noch** nicht modifizierte Auffassung des BFH wird auch vom BGH für bedeutsam gehalten (BGH 24.5.2007, DStRE 2008, 169), kann aber im Strafrecht kaum gelten. Wenn die Verwaltung etwa davon ausgeht, der Gesellschafter habe den Nachweis zu erbringen, dass eine klare und eindeutige Vereinbarung vorliege und entsprechend dieser Vereinbarung verfahren worden sei (vgl. BFH 24.1.1990, BStBl. II 1990, 645), ist dies für das Strafrecht ebensowenig handhabbar wie sonstige steuerliche Beweisregeln (vgl. *Hardtke* 1995, 49, 56; Wannemacher/*Seipl* Rn. 1026; → Rn. 94). Liegt den Zahlungen an den Gesellschafter ein Leistungsaustausch zugrunde, muss der Strafrichter feststellen, ob es sich um ein unangemessenes Entgelt gehandelt hat (vgl. BGH 3.3.1993, wistra 1993, 185; *Schwedhelm* StraFo 1999, 362). Ob die vertraglichen Vereinbarungen den hohen Anforderungen der Finanzverwaltung genügen, kann insofern nicht entscheidend sein (→ Rn. 92 f.). In den vom BGH entschiedenen Fällen wurde letztlich auch nie an Nachweiserfordernisse angeknüpft, sondern jeweils festgestellt, dass bewusste Missbräuche stattgefunden hatten (vgl. nur BGH 24.5.2007, DStRE 2008, 169).

317 Nicht erklärte Umsätze sind regelmäßig gem. § 1 I Nr. 1 UStG umsatzsteuerpflichtig. Vom Gesellschafter vereinnahmte **Schwarzerlöse sind Bruttobeträge,** so dass die ver-

kürzte Umsatzsteuer mit 19/119 herauszurechnen ist (BGH 18.12.1991, wistra 1992, 103; BGH 13.1.1993, wistra 1993, 109). Auf Ebene der Gesellschaft ist eine vGA außerhalb der Steuerbilanz wieder hinzuzurechnen (BFH 24.10.2018, BFHE 263, 153; BFH 24.4.2002, BFHE 199, 157). Bei dem begünstigten Anteilseigner führt die vGA zu Einkünften aus Kapitalvermögen (§ 20 I 1 Nr. 1 S. 2 EStG), sobald sie dem Gesellschafter oder der ihm nahestehenden Person zugeflossen ist (BGH 2.11.2010, NStZ 2011, 294). Bei privatbeteiligten natürlichen Personen bzw. Personengesellschaften findet ab dem VZ 2009 die Abgeltungssteuer (§ 32d EStG) Anwendung (bis 31.12.2008 hat das Halbeinkünfteverfahren Anwendung gefunden). Ist der Anteilseigner zumindest zu 25% bzw. bei einer beruflichen Tätigkeit für die Gesellschaft zumindest nicht 1% an der Kapitalgesellschaft beteiligt, so kann der Gesellschafter die vGA wahlweise nach dem Teileinkünfteverfahren versteuern (§ 3 Nr. 40, § 32d II Nr. 3 EStG). Bei betrieblich beteiligten natürlichen Personen bzw. Personengesellschaften kommt ab dem VZ 2009 das Teileinkünfteverfahren zur Anwendung, wonach 60% der Einkünfte aus den vGA mit dem persönlichen Steuersatz zu versteuern sind (§ 20 VIII iVm § 32d I 1 EStG, § 3 Nr. 40 EStG). Ist Anteilseigner eine andere Kapitalgesellschaft, so ist die vGA nach § 8b I KStG körperschaftssteuerfrei, wobei 5% der vGA als pauschal nicht abzugsfähige Betriebsausgaben zu versteuern ist (§ 8b V KStG).

Da nach der aktuellen Rspr. des **BFH** zwischen einer Kapitalgesellschaft und ihren **318** Gesellschaftern neben betrieblich veranlassten Rechtsbeziehungen lediglich offene oder verdeckte Gewinnausschüttungen sowie Kapitalrückzahlungen existieren, kommt in diesem Verhältnis keine freigebige Zuwendung in Betracht (BFH 30.1.2013, BStBl. II 2013, 930; BFH 27.8.2014, BStBl. II 2015, 249; BFH 13.9.2017, BStBl. II 2018, 296). Insofern scheidet eine mögliche Doppelbelastung infolge einer vGA und einer Schenkungssteuer in dieser Konstellation aus. Wird ein Vermögensvorteil jedoch einer nahestehenden Person zugewendet, so kommt eine Schenkung im Verhältnis zwischen dem Gesellschafter und der nahestehenden Person in Betracht (FG Münster 31.1.2002, EFG 2002, 627; Oberste Finanzbehörden der Länder 20.4.2018, BStBl. I 2018, 632 Tz. 2.6.2; R E 7.5 VII 6).

Eine vGA ist als solches nicht strafbar. Im Übrigen erhält der **Erklärungsvordruck** zur **319** KSt-Erklärung ausdrücklich ein Feld für (vGA). Eine Steuerhinterziehung infolge einer vGA kommt dann in Betracht, wenn die zugrundeliegenden Tatsachen nicht oder nicht vollständig erklärt werden und infolgedessen eine Steuerverkürzung bzw. ein nicht gerechtfertigter Steuervorteil eintritt.

Für Veranlagungszeiträume, in denen damals **noch das Anrechnungsverfahren an-** **320** **wendbar** war, musste bei einer gemeinsamen Verurteilung wegen Körperschaftssteuer- und Einkommensteuerhinterziehung bei der Strafzumessung berücksichtigt werden, dass die auf die verdeckten Gewinnausschüttungen entfallende Körperschaftssteuer gem. § 36 II EStG auf die Einkommensteuer anzurechnen gewesen wäre, damit eine Doppelbelastung vermieden wird. Mit Beschluss vom 20.12.2017 hat der BGH (wistra 2018, 275) diese Grundsätze auch auf die Rechtslage nach Einführung des Halbeinkünfteverfahrens mit Wirkung ab dem VZ 2001 angewandt. Da eine Anrechnung der Körperschaftssteuer seit dem Systemwechsel vom Anrechnungs- zum Halbeinkünfteverfahren nicht mehr existiert, hatte diese Rspr. zur Folge, dass ein Teil der Steuerverkürzung keine strafrechtliche Sanktionierung erfährt (Klein/*Jäger* AO § 370 Rn. 421a). Der BGH hat mit Beschluss vom 22.1.2018 (NZWiSt 2019, 28 Rn. 34) nun jedoch entschieden, dass ab dem VZ 2009, seitdem das Teileinkünfteverfahren Anwendung findet, eine Doppelbelastung, der iRd Strafzumessung Rechnung zu tragen wäre, nicht mehr vorliegt.

einstweilen frei **321–323**

c) Steuerhinterziehung bei Auslandsbeziehungen

Schrifttum: *Dannecker,* Steuerhinterziehung im internationalen Wirtschaftsverkehr, 1984; *Gramich,* Erfahrungen bei der Ermittlung von Domizilfirmen, wistra 1993, 41; *Weyand,* Internationales Steuerstrafrecht, Inf. 1993, 461; *Klos,* Steuerliche Absetzbarkeit von Darlehenszahlungen an eine ausländische Domizilgesellschaft, BuW 1995, 417; *Kaligin,* Internationale Geschäftsbeziehungen im Blickwinkel der Außenprüfung und

Steuerfahndung, Harzburger Steuerprotokoll 1996, 153; *Hundt,* Entwicklung des deutschen Mißbrauchsverständnisses bei grenzüberschreitenden Gestaltungen, FS Debatin, 1997, 153; *Joecks,* Abzugsverbot für Bestechungs- und Schmiergelder – Korruptionsbekämpfung durch Steuerrecht?, DStR 1997, 1025; *Müller-Franken,* Das Verbot des Abzugs der „Zuwendung von Vorteilen" nach dem Jahressteuergesetz 1996, StuW 1997, 3; *Joecks,* Steuerrechtliche Behandlung der Bestechung, in: Pieth/Eigen (Hrsg.), Korruption im internationalen Geschäftsverkehr, Neuwied 1998, 373; *Dörn,* Steuerhinterziehung bei Einschaltung von Domizilgesellschaften, StB 1998, 74; *Nietzer,* Die rechtliche Behandlung von Schmiergeldzahlungen in den USA („Foreign Corrupt Practises Act") und Deutschland, IStR 1998, 187; *Boldt,* Steuerliche Behandlung von Schmiergeldern, 1999; *Homann/Zimmermann,* Steuerliche Behandlung von Schmiergeldern als Hindernis für die effiziente Korruptionsbekämpfung, ZRP 1999, 49; *Park,* Die Ausweitung des Abzugsverbots für Bestechungs- und Schmiergelder durch das Steuerentlastungsgesetz 1999/2000/2002, DStR 1999, 1097; *Hensel,* Auskunftspflicht bei Guernsey-Trust, IStR 1999, 47; *Spatscheck/Alvermann,* Die Aufforderung zur Gläubiger- oder Empfängerbenennung nach § 160 AO, DStR 1999, 1427; *Stuhr/Walz,* Steuerliche Behandlung von Schmiergeldern, StuB 1999, 118; *Kiesel,* Die Zuwendung an Angestellte und Beauftragte im Ausland und das Abzugsverbot in § 4 Abs. 5 Nr. 10 EStG, DStR 2000, 949; *Quedenfeld,* Die Hinterziehung von Steuern auf Schmiergeldzahlungen, PStR 2000, 54; *Wichterich/Glockemann,* Steuer- und strafrechtliche Aspekte von Schmiergeldzahlungen an Mitarbeiter von Staatsunternehmen, Information StW 2000, 1, 40; *Randt,* Schmiergeldzahlungen bei Auslandssachverhalten, BB 2000, 1006; *Walter,* Angestelltenbestechung, internationales Strafrecht und Steuerstrafrecht, wistra 2001, 321; *Weidemann,* Zum Abzugsverbot des § 4 V S. 1 Nr. 10 EStG: Erfasst § 299 II StGB auch „Auslandssachverhalte"?, DStZ 2002, 329; *Randt,* Abermals: Neues zur Korruptionsbekämpfung: Die Ausdehnung des Angestelltenbestechung des § 299 StGB auf den Weltmarkt, BB 2002, 2252; *Blumers/Kinzl,* Kapitaltransfer über die Grenze und Vermutung der Steuerhinterziehung, DB 2004, 401; *Dreßler,* Gewinn- und Vermögensverlagerungen in Niedrigsteuerländer und ihre steuerliche Überprüfung, 4. Aufl. 2007; *Biesgen/Noel,* Die aktuelle Entwicklung im grenzüberschreitenden Informationsaustausch, SAM 2014, 5; *Schaumburg/Peters,* Internationales Steuerstrafrecht, 2014, *Süß,* Steuererklärungspflichten bei der Hinzurechnungsbesteuerung, IStR 2017, 904.

324 **aa) Verlagerung von Einkünften. Unbeschränkt Steuerpflichtige** (§ 1 I EStG) haben ihr Welteinkommen in der Bundesrepublik Deutschland zu versteuern. Die relativ hohe Steuerbelastung in der BRD schafft dabei Anreize, Einkünfte faktisch oder auch rechtlich dem Zugriff des deutschen Fiskus zu entziehen. Tatsächlich ist dies möglich, weil die Zugriffsmöglichkeiten des deutschen Fiskus in der Regel an der Staatsgrenze enden. Nur im Wege der Amts- und Rechtshilfe können Erkenntnisse über ausländische Einkünfte gewonnen werden, wenn der Stpfl nicht seinerseits entsprechende Informationen liefert oder aber Unterlagen vorhält (→ § 399 Rn. 125 ff.). Rechtlich ist dies möglich, soweit der Stpfl – etwa im gewerblichen Bereich – Konstruktionen wählt, die zu einer Steuerfreistellung im Inland (unter Progressionsvorbehalt) führen, wie dies etwa für die Gewinne ausländischer Betriebsstätten in allen Doppelbesteuerungsabkommen vorgesehen ist. Die Frage, inwiefern das Nichterklären ausländischer Einkunftsquellen und Einkünfte steuerstrafrechtliche Relevanz hat, bestimmt sich zunächst nach rein steuerrechtlichen Regeln, insbes. in Doppelbesteuerungsabkommen.

325 **Ausländische Zinseinkünfte** unterliegen durchweg der deutschen Besteuerung. Soweit die Zinsen aus einem Land zufließen bzw. in einem Land entstehen, mit dem die BRD kein DBA hat, ergibt sich dies unmittelbar aus § 1 I, § 20 EStG. Soweit ein DBA mit dem ausländischen Staat abgeschlossen wurde, sieht dieses durchweg vor, dass der Wohnsitzstaat ein uneingeschränktes Besteuerungsrecht – ggf. unter Anrechnung ausländischer Quellensteuern – hat. Dies gilt für Zinsen wie Dividenden und Lizenzen gleichermaßen. Aufgrund der in den letzten Jahren häufig erfolgten Medienberichterstattungen über die Zinspflicht betreffend nicht versteuerter ausländischer Zinseinkünfte und die Geschäftspraktiken deutscher und ausländischer Großbanken wird die Verteidigungsstrategie, dass der Stpfl davon ausgegangen sei, die ausländischen Zinseinkünfte seien in Deutschland steuerfrei, kaum mehr erfolgreich eingesetzt werden können (vgl. damals aber BayObLG 30.1.1990, wistra 1990, 202).

326 § 41 u. § 42 AO (→ Rn. 206 ff., 212) können grundsätzlich auch auf grenzüberschreitende Gestaltungen Anwendung finden (*Lüdicke* in FS 100 Jahre SteuerRspr. BFH 1053 ff.). In der Praxis erfolgen häufig Gewinnverschiebungen in das Ausland, was als „Base Erosion and Profit Shifting" bezeichnet wird. Häufig werden in dieser Konstellation ausländische Basisgesellschaften eingesetzt.

Soweit sich der Steuerinländer einer **Basisgesellschaft** im Ausland (Domizilgesellschaft) 327
bedient, liegen die Probleme in der Regel im Tatsächlichen. Wenn es sich bei der ausländischen Gesellschaft um eine „Briefkastenfirma" handelt (vgl. *Dannecker* 1984, 70; *Dörn* StB
1998, 74; Schaumburg/Peters/*Schaumburg* Rn. 15.214 ff.) und nur Scheingeschäfte vorliegen (*Dannecker* 1984, 71), ist dies steuerlich nicht anzuerkennen (→ Rn. 207). Die Berücksichtigung angeblich gezahlter Betriebsausgaben in der Steuererklärung bewirkt eine Steuerhinterziehung, soweit der Stpfl vorsätzlich handelt. Erfolgt die Gewinnverlagerung in der
Form, dass von Seiten der Briefkastenfirma Rechnungen an Geschäftspartner gestellt werden, obwohl die Leistungen vom Inländer erbracht wurden, liegt ein Scheingeschäft nur vor,
wenn der Geschäftspartner ebenfalls über die mangelnde Ernstlichkeit informiert ist. Sonst
ist ein Fall der Steuerumgehung (→ Rn. 211) zu prüfen. Die Anwendung des § 42 AO setzt
voraus, dass die Einschaltung einer Basisgesellschaft unangemessen ist (→ Rn. 211 f.). Dies
wird vermutet, wenn wirtschaftliche oder sonst beachtliche Gründe fehlen (BFH
23.10.2002, HFR 2003, 325, 326; BFH 23.1.1992, BStBl. II 1993, 84, 87). Als wirtschaftliche Gründe anerkannt werden von der Rspr. beispielsweise die Funktion als Konzernspitze
eines weltweit tätigen Unternehmens (BFH 19.1.1975, BStBl. II 1975, 553, 555), ein
Beteiligungserwerb im größeren Umfang (BFH 29.7.1996, BStBl. II 1997, 261, 263) oder
die Erlangung günstiger Finanzierungsmöglichkeiten (BFH 29.7.1996, BStBl. II 1997, 268,
269; BFH 20.3.2002, BStBl. II 2003, 50) oder wenn dies im Zusammenhang mit der
Vorbereitung eines Wohnsitzwechsels oder der beruflichen Tätigkeit des inländischen Stpfl
einhergeht (BFH 7.2.1975, BStBl. II 1976, 608, 609 f.). Für die Frage einer wirtschaftlichen
Tätigkeit einer Basisgesellschaft ist auch von Bedeutung, ob die Gesellschaft tatsächlich ein
Unternehmerrisiko trägt (BFH 6.12.1995, BStBl. II 1997, 118, 120). Als Indiz für wirtschaftliche Gründe erkennt der BFH auch eine eigene wirtschaftliche Tätigkeit der Auslandsgesellschaft an (BFH 31.5.2005, BStBl. II 2006, 118, 120; BFH 17.11.2004, BFH/NV
2005, 1016, 1017), wobei auch die Erzielung von Einkünften aus einer passiven Tätigkeit,
wie etwa aus Kapitalanlagegeschäften, ausreichen (BFH 23.10.1991, BStBl. II 1992, 1026,
1028). Indizien für die Verneinung einer wirtschaftlichen Tätigkeit der ausländischen Gesellschaft sind insbes. fehlendes eigenes Personal, fehlende eigene Geschäftsräume sowie eine
fehlende eigene Geschäftsausstattung, insbes. fehlende eigene Telefon- und Telefaxanschlüsse (BFH 29.1.2008, StR 2008, 364, 366, BFH 6.12.1995, BStBl. II 1997, 118, 120), wobei
der BFH auch die Möglichkeit zur Übertragung bestimmter Tätigkeiten an Dritte („Outsourcing") anerkannt hat (BFH 19.1.2000, BFH/NV 2000, 778; BFH 20.3.2002, BStBl. II
2003, 50). Insofern ist nach der Rspr. des BFH eine Teilnahme am wirtschaftlichen Verkehr
auch durch eine Managementgesellschaft möglich, auch wenn die ausländische Gesellschaft
kein eigenes Personal besitzt (BFH 19.1.2000, BStBl. II 2001, 222). Ist die Einschaltung
einer Basisgesellschaft missbräuchlich iSd § 42 AO, so erfolgt ein „Durchgriff" auf die hinter
der Basisgesellschaft stehende Person. Handelt es sich um eine Geschäftsbeziehung eines
inländischen Einzelunternehmers mit einer Basisgesellschaft, hinter der wiederum der inländische Unternehmer steht, so wird anstelle der Handelskette „Einzelunternehmer-Basisgesellschaft-Endabnehmer/Lieferant" die Kette „Einzelunternehmer-Endabnehmer/Lieferant" fingiert (Wannemacher/*Seipl* Rn. 1378). Wurde eine ausländische Basisgesellschaft
durch einen Gesellschafter einer inländischen Personengesellschaft eingesetzt, so fingiert
§ 42 AO eine Kette „Personengesellschaft-Gesellschafter-Endabnehmer/Lieferant". In dieser Konstellation wird der Gewinn der Basisgesellschaft regelmäßig als Sonderbetriebseinnahme des Gesellschafters der Personengesellschaft zugerechnet (Wannemacher/*Seipl*
Rn. 1379). Hat ein Gesellschafter eine Kapitalgesellschaft einer ausländischen Basisgesellschaft zwischengeschaltet, so wird die Kette „Kapitalgesellschaft-Gesellschafter-Endabnehmer/Lieferant" fingiert. Gewinne der Basisgesellschaft werden im Ergebnis als verdeckte
Gewinnausschüttung der Kapitalgesellschaft an ihren Kapitalgesellschafter qualifiziert (BFH
9.12.1980, BStBl. II 1981, 339, 342). Der Missbrauch von steuerlichen Gestaltungsmöglichkeiten iSv § 42 AO ist als solcher nicht strafbar (BFH 11.7.2008, BGHR AO § 42 Missbrauch 2). Teilt der Stpfl jedoch der Finanzverwaltung die für die zutreffende Besteuerung

der wirtschaftlichen Vorgänge steuerlich erheblichen Tatsachen nicht mit, sind seine Angaben unvollständig iSv § 370 I Nr. 1 AO (BGH 30.5.1990, wistra 1990, 307; BGH 1.2.1983, BStBl. II 1983, 534; Klein/*Jäger* AO § 370 Rn. 47). Nach der Rspr. des BGH ist die Reichweite des § 42 AO im Bereich der Einschaltung einer Basisgesellschaft im niedrigbesteuernden Ausland hinreichend bestimmt (BGH 27.1.1982, wistra 1982, 108).

328 **Liegt kein Gestaltungsmissbrauch iSv § 42 AO vor,** ist ferner zu prüfen, ob die Geschäftsführung der ausländischen Basisgesellschaft im Inland betrieben wird, mit der Folge, dass die Gesellschaft dann im Inland unbeschränkt körperschaftsteuer- und gewerbesteuerpflichtig wäre (BFH 19.3.2002, IStR 2002, 707; BFH 30.5.1990, wistra 1990, 307, 308; BGH 13.3.2019, wistra 2019, 424). Gibt eine ausländische Kapitalgesellschaft, obwohl die Geschäftsführung im Inland betrieben wurde, keine Steuererklärungen ab, kommt eine Steuerhinterziehung durch Unterlassen nach § 370 I Nr. 2 AO in Betracht. § 10 AO regelt, dass der Ort der Geschäftsleitung von dem Mittelpunkt der geschäftlichen Oberleitung abhängt. Entscheidend ist, an welchem Ort die für die Geschäftsführung nötigen Maßnahmen von einiger Wichtigkeit angeordnet werden. Dies ist regelmäßig der Ort, an dem die zur Vertretung befugten Personen die ihnen obliegende laufende Geschäftsführungstätigkeit entfalten, dh an dem sie die tatsächlichen, organisatorischen und rechtsgeschäftlichen Handlungen vornehmen, die der gewöhnliche Betrieb der Gesellschaft mit sich bringt (sog. Tagesgeschäfte). Wird die Geschäftsführung an verschiedenen Orten ausgeübt, so sind die Tätigkeiten nach ihrer Bedeutung zu gewichten, wobei dem Ort der kaufmännischen Leitung Vorrang vor dem Ort der technischen Leitung zukommt (BFH 23.1.1991, BStBl. II 1991, 554). Kann eine Gewichtung der geschäftsführenden Tätigkeiten zu keinem klaren Ergebnis führen, so können nach nationalem Recht mehrere Geschäftsleitungs-Betriebsstätten bestehen (BFH 30.1.2002, BFH/NV 2002, 1128, 1129). Zu beachten ist, dass das OECD-MA und die DBA das nationale Besteuerungsrecht einschränken können. Existieren nach den nationalen Gesetzen mehrere Geschäftsleitungs-Betriebsstätten, so regelt Art. 4 III OECD-MA, dass die Gesellschaft nur in dem Vertragsstaat als ansässig gilt, in dem sich der Ort ihrer tatsächlichen Geschäftsleitung befindet. Diesbezüglich kommt nach Art. 4 III OECD-MA nur ein einziger Ort in Betracht (Lehner in V/L, 7. Aufl., Art. 4 Rn. 266 mVwa BFH 1.3.1966, BStBl. III 1966, 207; Wassermeyer/*Kaeser*, DBA, Art. 4 Rn. 102). Liegt der Ort der tatsächlichen Geschäftsleitung in Deutschland, so ist für die Frage einer Steuerhinterziehung zu prüfen, ob nicht im Ausland eine Betriebsstätte iSv Art. 7 I, Art. 5 I OECD-MA existiert und dieser ein entsprechender Anteil des Gewinns zuzurechnen ist (vgl. zu Details BGH 13.3.2019, wistra 2019, 424 mAnm *Grötsch*). Da die Regelungen im Einzelfall äußerst komplex sind, weist der BGH zutreffend darauf hin, dass in dieser Konstellation die Frage eines Vorsatzes explizit zu prüfen, und möglicherweise ein Tatbestandsirrtum denkbar ist (BGH 13.3.2019, wistra 2019, 424 mAnm *Grötsch*).

329 Eine **Hinzurechnungsbesteuerung nach AStG** kommt nur in Betracht, wenn § 42 AO keine Anwendung findet. § 42 AO ist insofern vorrangig vor den §§ 7 f. AStG zu prüfen (BFH 23.10.1991, BStBl. II 1992, 1026, 1027; BFH 10.6.1992, BStBl. II 1992, 1029, 1031; BFH 19.1.2000, BStBl. II 2001, 222, 223). Hintergrund ist, dass die §§ 7 ff. AStG voraussetzen, dass die fraglichen Einkünfte der Zwischengesellschaft zuzurechnen sind. Da die Anwendung des § 42 AO dazu führt, dass die Einkünfte nicht der ausländischen Basisgesellschaft, sondern dem dahinterstehenden Stpfl zuzurechnen sind, kommen die §§ 7 ff. AStG nur in Betracht, wenn § 42 AO nicht eingreift (Gosch/*Stöber* AO § 42 Rn. 58; aA *Gosch* DStJG 36 [2013], 291, 2013 mVwa BFH 29.1.2008, BStBl. II 2008, 978). Handelt es sich um eine passive Gesellschaft iSd § 8 AStG und kommt steuerlich eine Hinzurechnungsbesteuerung in Betracht, bedarf die Prüfung der strafrechtlichen Relevanz solcher Sachverhalte besonderer Sorgfalt. § 8 AStG ist durch eine Vielzahl von Formulierungen gekennzeichnet, die die objektive Beweislast auf den Stpfl verlagern *("es sei denn, der Steuerpflichtige weist nach ...")*. Da es sich hier um Fragen des formalen Nachweises, nicht aber um materielle Voraussetzungen steuerlicher Rechtsfolgen handelt (→ Rn. 163, 237), muss der Strafrichter in diesen Fällen die Möglichkeit der Übernahme steuerlicher Feststellungen besonders sorgfältig prüfen. Eine Verurteilung wird in solchen Fällen nicht schon dann in Betracht kommen, wenn der Stpfl nicht nachweist, dass das ausländische Unternehmen auch mit Dritten Geschäfte in dem von § 8 AStG geforderten Umfang gemacht hat, sondern erst dann, wenn für den Strafrichter sicher feststeht, dass es sich um eine passive Gesellschaft handelt (siehe zu Steuererklärungspflichten bei der Hinzurechnungsbesteuerung *Süß* IStR 2017, 904).

Seit dem Jahr 2003 haben sich die Dokumentationsanforderung im Bereich der **Verrechnungspreise** erheblich verschärft. In- und ausländische Kapitalgesellschaften sind selbstständige Steuersubjekte. Für jede einzelne (verbundene) Kapitalgesellschaft sind die Einkünfte gesondert zu ermitteln. Ist bei verbundenen Unternehmen ein Drittfremdverhalten nicht gegeben, so kommt eine Einkünftekorrektur nach § 1 AStG in Betracht. Gemäß § 1 V AStG ist auch eine Betriebsstätte wie ein eigenständiges und unabhängiges Unternehmen zu behandeln, so dass auch hier das Arm's Length Principle, wonach Verrechnungspreise zwischen dem Unternehmen und seiner Betriebsstätte wie zwischen zwei fremden Dritten zu ermitteln sind, Anwendung findet (Kohlmann/*Peters* AO § 370 Rn. 1587). Im Steuerrecht existieren bei grenzüberschreitenden Sachverhalten spezielle Aufzeichnungspflichten gem. § 90 III AO („Sachverhaltsdokumentation", „Angemessenheitsdokumentation" und „Gewinnabgrenzungsaufzeichnungsverordnung"). Bei Verstoß gegen diese steuerlichen Mitwirkungspflichten sehen § 162 III und IV AO Schätzungsregelungen für die Finanzverwaltung und Zuschläge vor. Ein steuerstrafrechtlicher Vorwurf scheidet jedoch aus, wenn der Stpfl sich redlich und ernsthaft um eine dem Fremdvergleich genügende Preisbildung für seine steuerlichen Einkünfteermittlung bemüht und die Finanzverwaltung über die Verwendung abweichender, jedoch vertretbarer Methoden in Kenntnis gesetzt hat (Kohlmann/*Peters* AO § 370 Rn. 1594). Da in der Praxis ein (einziger) zutreffender Verrechnungspreis nicht existiert (*Gocke/Ditz* in FS Streck, 495, 498, 508) kann ein strafrechtlicher Vorwurf wegen eines unzutreffenden Verrechnungspreises nur dann erhoben werden, wenn der angegebene Verrechnungspreis außerhalb der feststellbaren Bandbreiten und bei Anwendung eines hypothetischen Fremdvergleichs außerhalb des maßgeblichen Einigungsbereichs liegt (Kohlmann/*Peters* AO § 370 Rn. 1594). Ein steuerstrafrechtlicher Vorwurf kann insofern weder mit der Vermutung gem. § 162 III 1 AO, noch mit einer Schätzung gem. § 162 III 2 AO begründet werden (*Leitner/Dannecker/Schaumburg* Finanzstrafrecht 2003, 182 f. Kohlmann/*Peters* AO § 370 Rn. 1597). Aufgrund des Grundsatzes „in dubio pro reo" ist für den Stpfl die günstigste zulässige Berechnungsmethode anzuwenden. Der Stpfl darf innerhalb einer Bandbreite den günstigsten Wert für sich wählen (BFH 17.10.2001, BStBl. II 2004, 171; BFH 6.4.2005, DStR 2005, 1307). Eine vorsätzliche Steuerhinterziehung kommt bei Verrechnungspreisen in Betracht, wenn der Stpfl Verrechnungspreise zugrunde gelegt hat, die außerhalb jeglicher Bandbreite liegen, er eine völlig falsche Methode angewendet hat oder der Stpfl bewusst Teilkosten ohne Begründung ermittelt hat (Kohlmann/*Peters* AO § 370 Rn. 1598; Schaumburg/*Peters*, Internationales Steuerstrafrecht 2014, Rn. 15.163).

Im Übrigen ist zu bedenken, dass steuerliche Beweiserleichterungen bzw. gesteigerte Mitwirkungspflichten (etwa §§ 90 II, 160 AO, § 16 AStG) im Steuerstrafrecht nach der hier vertretenen Auffassung keine Anwendung finden (→ Rn. 163, 237).

bb) Grenzüberschreitende Schmiergelder. Ursprünglich waren Zahlungen von Schmiergeldern ins Ausland primär unter dem Aspekt der **Empfängerbenennung (§ 160 AO)** bedeutsam. Die Einschränkung des Schmiergeldabzugs zum 1.1.1996 war steuerstrafrechtlich irrelevant, da die Versagung der Abzugsfähigkeit von einer förmlichen Entscheidung der Justiz bzw. einer Verwaltungsbehörde im Hinblick auf die Zahlung vorausgesetzt war (vgl. *Joecks* DStR 1997, 1025). Da überdies praktisch ausschließlich Zahlungen an Inländer erfasst waren, war der Abzug „nützlicher Verwendungen" bei Zahlungen ins Ausland nicht gefährdet.

333   Mit dem **Steuerreformgesetz** 1999/2000/2002 genügt für die Versagung der Abzugsfähigkeit jedoch, dass sich die Zuwendung als strafbares oder ordnungswidriges Verhalten darstellt (vgl. BMF 10.10.2002, BStBl. I 2002, 1031). Entgegen der früheren Rechtslage ist eine rechtskräftige Verurteilung insofern nicht mehr erforderlich.

§ 4 V 1 Nr. 10 S. 1 EStG

(5) ¹Die folgenden Betriebsausgaben dürfen den Gewinn nicht mindern: ...
10. die Zuwendung von Vorteilen sowie damit zusammenhängenden Aufwendungen, wenn die Zuwendung der Vorteile eine rechtswidrige Handlung darstellt, die den Tatbestand eines Strafgesetzes oder eines Gesetzes verwirklicht, das die Ahndung mit einer Geldbuße zulässt. ...

334   Was mit „**rechtswidriger Tat**" gemeint ist, ergibt sich aus dem Gesetzentwurf der BReg (BT-Drs. 14/23), der einzelne Taten aufführte, nämlich: §§ 108b, 108e, 299, 300, 333, 334, 335 StGB, ergänzt durch Art. 2 §§ 1 und 2 des Gesetzes zum Protokoll zum Übereinkommen über den Schutz der finanziellen Interessen der Europäischen Gemeinschaften vom 10. September 1998 (BGBl. 1998 II 2340) und Art. 2 §§ 1 bis 3 des Gesetzes vom 10. September 1998 zu dem Übereinkommen vom 17. Dezember 1997 über die Bekämpfung der Bestechung ausländischer Amtsträger im internationalen Geschäftsverkehr (BGBl. 1997 II 2327), § 48 WStG, § 119 I BetrVG, § 21 II in Verbindung mit § 81 I Nr. 1 des Gesetzes gegen den unlauteren Wettbewerb, § 405 III Nr. 3 und 7 AktG, § 152 GenG oder § 23 I Nr. 3 des Gesetzes betreffend die gemeinsamen Rechte der Besitzer von Schuldverschreibungen. Durch das Gesetz zur Bekämpfung von Korruption im Gesundheitswesen vom 30.5.2016 (BGBl. 2016 I 1254) werden durch die Vorschriften der §§ 299a, 299b StGB auch Taten im Gesundheitswesen umfasst.

335   Da bereits im September 1998 mit dem **EuBestG** (BGBl. 1998 II 2340) die Anwendbarkeit der deutschen Strafbestimmung über Bestechung und Bestechlichkeit bei Zahlungen an EU-Amtsträger angeordnet war, ist bei Strafbarkeit solcher Zahlungen zugleich die Geltendmachung des Betrages als Betriebsausgabe steuerstrafrechtlich relevant. Wird aus der Steuererklärung nicht erkennbar, dass es sich um eine solche inkriminierte Leistung handelt, ist diese unrichtig (vgl. BGH 13.9.2010, BGHSt 55, 288; Klein/*Jäger* AO § 370 Rn. 415). Die unrichtige Erklärung führt zu einer Steuerverkürzung, so dass der objektive Tatbestand der Steuerhinterziehung erfüllt ist.

336   Mit dem **IntBestG** (Gesetz zu dem Übereinkommen vom 17. Dezember 1997 über die Bekämpfung der Bestechung ausländischer Amtsträger im internationalen Geschäftsverkehr; BGBl. 1997 II 2327) ist die Anwendbarkeit deutscher Strafbestimmungen auf sämtliche Zahlungen an ausländische Amtsträger ausgedehnt worden, sofern diese sich nicht nur als Vorteilsgewährung, sondern als Bestechung darstellen. Die entsprechende Bestimmung ist am 15.2.1999 in Kraft getreten, so dass seit diesem Zeitpunkt die Abzugsfähigkeit zu versagen ist und die Geltendmachung danach gezahlter Beträge auch steuerstrafrechtliche Relevanz haben kann.

337   Bei der **Bestechung von Angestellten** (§ 299 StGB, der damals durch Art. 1 Nr. 3 des Gesetzes zur Bekämpfung der Korruption vom 13.8.1997 in das StGB eingefügt wurde) war lange Zeit unklar, inwiefern auch Zahlungen an im Ausland Tätige strafbar sind. Die Rspr. zu § 12 UWG aF ging davon aus, dass durchweg nur Inlandssachverhalte erfasst sind, da der inländische Wettbewerb bzw. der Wettbewerb zwischen Inländern geschützt sei (vgl. *Kiesel* DStR 2000, 949, 950). Insoweit waren Zahlungen (nur) gem. § 299 II StGB strafbar, wenn mehrere inländische Gewerbetreibende im Ausland konkurrieren oder der Wettbewerb zwischen ausländischen und (mehreren) deutschen Mitbewerbern im Ausland besteht. Durch das Anfügen des Abs. 3 an § 299 StGB wurde der Anwendungsbereich der Vorschrift durch Gesetz v. 22.8.2002 (BGBl. 2002 I 3387) auf Handlungen im ausländischen Wettbewerb ausgedehnt worden. Mit dieser Ergänzung wurde die gemeinsame Maßnahme der Europäischen Union vom 22.12.1998 betreffend die Bestechung im privaten Sektor (ABl. EG Nr. L 358/2) sowie die Regelung der Art. 7, 8 des strafrechtlichen Korruptionsübereinkommens des Europarats aufgegriffen. Dabei ist der Gesetzgeber deut-

lich über das hinausgegangen, was ihm von EU-Seite vorgegeben war (vgl. *Randt* BB 2002, 2253; *Schmitz* RIW 2003, 194). Straflos bleibt in diesem Zusammenhang allerdings noch die Zuwendung an den Geschäftsinhaber, so dass insofern auch ein Betriebsausgabenabzug möglich ist. Von besonderem Interesse war die Frage, inwiefern Zahlungen an Gewerkschaften und Berufsverbände wegen eines Verstoßes gegen § 119 I Nr. 1 BetrVG ebenfalls das Abzugsverbot auslösen (so BGH 13.9.2010, BGHSt 55, 288; vgl. auch *Pasewaldt* ZIS 2008, 75). § 299 StGB wurde durch Gesetz v. 20.11.2015 (BGBl. 2015 I 2025) neugefasst und enthält nun wieder zwei Absätze. Der Anwendungsbereich erstreckt sich jedoch unverändert auch auf den Wettbewerb auf einem ausländischen Markt.

Besteht bei der Finanzverwaltung lediglich ein **Verdacht** einer straf- oder bußgeldbewährten Vorteilszuwendung, so hat sie zur Ermittlung eines unbekannten Zahlungsempfängers ein Benennungsverlangen nach § 160 AO durchzuführen. Kommt der Stpfl diesem Benennungsverlangen nicht nach, so ist es regelmäßig nicht zu beanstanden, wenn die Nichtabziehbarkeit derartiger Betriebsausgaben auf § 160 AO gestützt wird, sofern die Finanzverwaltung nicht zweifelsfrei nachweisen kann, dass eine Vorteilszuwendung vorliegt (Kohlmann/*Heuel* AO § 160 Rn. 1222). Die bloße Nichtbenennung eines tatsächlichen Zahlungsempfängers trotz eines Benennungsverlangens stellt keine eigene Steuerhinterziehung dar (Kohlmann/*Heuel* AO § 160 Rn. 1221). Dies gilt auch dann, wenn der Stpfl dem Benennungsverlangen nicht nachkommt, obwohl er hiervon Kenntnis hat, da es sich bei § 160 AO um eine Ermessensvorschrift handelt und die Ausübung dieses Ermessens durch die Finanzverwaltung für den Stpfl nicht vorhersehbar ist (Streck/Spatscheck/Tallaska/ *Spatscheck,* Die Steuerfahndung, Rn. 1421). § 160 AO begründet keine Pflicht zur Gläubiger- oder Empfängerbenennung. Die Rechtsfolge erschöpft sich vielmehr darin, der Finanzbehörde die Möglichkeit zu eröffnen, die steuerliche Berücksichtigung der Aufwendungen zu versagen (BGH 28.11.2002, NStZ 2004, 575; Wannemacher/*Maurer* Rn. 1304; Tipke/Kruse/*Seer* AO § 160 Rn. 3). Eine Strafbarkeit des Stpfl wegen Steuerhinterziehung zu eigenen Gunsten scheidet selbst dann aus, wenn der Stpfl den Empfänger verschleiert, in dem er etwa die Ausgaben unter einen falschen Namen vertuscht, vorausgesetzt der Abzugsfähigkeit stehen keine anderen Gründe entgegen. Solch ein Verhalten stellt lediglich eine straflose Vorbereitungshandlung dar (Wannemacher/*Maurer* Rn. 1305). Solange die Finanzverwaltung kein Benennungsverlangen gestellt hat, überschreitet solch ein Verhalten das straflose Vorbereitungsstadium nicht (BGH 22.11.1985, wistra 1986, 109). Die Grenze zwischen strafloser Vorbereitungshandlung und strafbaren Versuchsstadien ist allerdings überschritten, wenn die Finanzbehörde ein Benennungsverlangen stellt und der Stpfl im Rahmen dieses Benennungsverlangens unzutreffende Angaben macht (Wannemacher/ *Maurer* Rn. 1306). Existiert dagegen ein Anfangsverdacht hinsichtlich einer Korruptionsstraftat, so ist die Finanzbehörde verpflichtet, diesen Verdacht der Staatsanwaltschaft gem. § 4 V Nr. 10 S. 3 EStG mitzuteilen. Liegen die Voraussetzungen für eine Korruptionsstraftat vor, so scheidet eine Anwendung des § 160 AO aus (BMF v. 10.10.2002, BStBl. I 2002, 1031). In dieser Konstellation ist bei vorliegenden Voraussetzungen der objektive Tatbestand der Steuerhinterziehung erfüllt.

d) Bauabzugssteuer

Schrifttum: *Hentschel,* Straf- und bußgeldrechtliche Fragen im Zusammenhang mit dem neuen Steuerabzug bei Bauleistungen, InfStW 2002, 6; *Kindshofer,* Bauabzugsteuer: Ein neues Betätigungsfeld für Steuerverkürzung?, PStR 2003, 160.

Die **Nichtabführung der Abzugsteuer** nach § 48a EStG unterfällt als Ordnungswidrigkeit dem § 380 AO (vgl. RKR/*Roth* AO § 380 Rn. 14a).

Zweifelhaft ist aber die strafrechtliche Würdigung des **Erschleichens einer unrichtigen Freistellungsbescheinigung** nach § 48b EStG. Wer als Leistender durch unrichtige Angaben bewirkt, dass eine solche Bescheinigung ergeht und in der Folge durch den Leistungsempfänger in gutem Glauben kein Steuerabzug vorgenommen wird, kann sich wegen Steuerhinterziehung in mittelbarer Täterschaft strafbar machen; der Leistungsempfänger ist sein gutgläubiges Werkzeug (§ 370 I Nr. 1 AO, § 25 I 2. Alt. StGB). Die Tat ist vollendet, wenn die unrichtige Anmeldung eingereicht worden ist (*Kindshofer* PStR 2003, 160).

340 Ist der **Leistungsempfänger eingeweiht,** kommt eine Anstiftung oder Mittäterschaft in Betracht. Bewirkt der Leistende aber durch seine Täuschung, dass der Leistungsempfänger schon keine (unrichtige) Anmeldung einreicht, scheidet eine Strafbarkeit nach § 370 I Nr. 2 AO in mittelbarer Täterschaft aus, weil der Leistende nicht selbst Täter sein kann.

341 Möglich wäre aber auch die **Anknüpfung an die Freistellungsbescheinigung.** Dann müsste es sich insofern um einen Steuervorteil handeln, der erschlichen worden ist. *Kindshofer* (PStR 2003, 160) sieht hingegen in dem Erwirken einer unrichtigen Freistellungsbescheinigung eine straflose Vorbereitungshandlung. Der Versuch beginne mit dem Absenden der Rechnung durch den Leistenden an den Leistungsempfänger. Dem ist zuzustimmen, wenn der Leistungsempfänger gutgläubig ist (→ § 369 Rn. 61). Ist der Leistungsempfänger bösgläubig, beginnt der Versuch erst mit dem unmittelbaren Ansetzen zur Einreichung der unrichtigen Anmeldung nach § 48a EStG bzw. unmittelbar vor Verstreichenlassen des Fälligkeitstermins.

342 Der Leistungsempfänger kann eine Steuerhinterziehung nur zugunsten des Leistenden begehen, da dieser Steuerschuldner ist (§ 48 I EStG). Der Leistungsempfänger erfüllt den objektiven Tatbestand, wenn er die Bauabzugssteuer nicht fristgemäß anmeldet, obwohl keine gültige Freistellungsbescheinigung vorliegt (Kohlmann/*Hilgers-Klautzsch* AO § 370 Rn. 1351). Liegt zwar kein gültiger Freistellungsbescheid vor, wären jedoch die objektiven Voraussetzungen für die Freistellung gegeben, so spricht viel dafür, dass dann der Leistungsempfänger keine Steuerhinterziehung begeht (Kohlmann/*Hilgers-Klautzsch* AO § 370 Rn. 1351 Wannemacher/*Seipl* Rn. 996).

343 *einstweilen frei*

e) Hinterziehung von Erbschaft- und Schenkungsteuer

Schrifttum: *Stegmaier,* Die Festsetzungsverjährung im Erbschaft- und Schenkungsteuerrecht, DStZ 1996, 83; *Häfke,* Steuerliche Pflichten, Rechte und Haftung des Testamentsvollstreckers, ZEV 1997, 429; *Theml,* Unterschiedlicher Beginn der Festsetzungsfrist (§ 170 AO) im Erbschaftsteuerrecht für die an einem Erbfall beteiligten Erwerber, DStR 1998, 1118; *Viskorf,* Erbschaftsteuererklärungspflicht des Testamentsvollstreckers, FR 1999, 1257; *Wendt,* Anzeigepflicht und Abgabe einer Erbschaftsteuer-Erklärung, AktStR 1999, 581; *Viskorf,* Verpflichtung des Testamentsvollstrecker zur Abgabe einer Erbschaftsteuererklärung, FR 2000, 404; *Götz,* Lebzeitige Beendigung der Zugewinngemeinschaft als Gestaltungsmittel zur Erlangung rückwirkender Steuer- und Straffreiheit bei unbenannten Zuwendungen, DStR 2001, 417; *Rolletschke,* Die Hinterziehung von Erbschaft-/Schenkungsteuer, wistra 2001, 287; *Kindshofer/Wegner,* Ist die Hinterziehung von Erbschaftsteuer weiterhin strafbar?, PStR 2007, 46; *Sackreuther,* Strafrechtliche Besonderheiten bei Erbschaftsteuerhinterziehung, PStR 2011, 254; *Esskandari/Bick,* Wann beginnt die Verjährung bei der Hinterziehung von Erbschaft- und Schenkungsteuer?, ErbStB 2012, 108.

344 Die Tat kann dabei in **zwei Stufen** verwirklicht werden (Klein/*Jäger* AO § 370 Rn. 440). Der Täter kann nämlich schon bei der Anzeige täuschen oder eine solche unterlassen, so dass das FA schon keine Steuererklärung anfordert. Er hat dann über steuerlich erhebliche Tatsachen unrichtige Angaben gemacht oder das FA pflichtwidrig in Unkenntnis gelassen und dadurch bewirkt, dass es zu einer Steuerfestsetzung nicht kam. Wird der steuerpflichtige Vorgang korrekt angezeigt, begeht eine Steuerhinterziehung, wer nach entsprechender Anforderung einer Erklärung diese mit unrichtigen Angaben einreicht bzw. es unterlässt, innerhalb der gesetzten Frist eine Steuererklärung einzureichen.

345 **Unrichtige Angaben** iS des § 370 I Nr. 1 AO macht, wer eine unrichtige Erbschaft- oder Schenkungsteuererklärung abgibt. Mit der Neuregelung des Erbschaftsteuerrechts zum 1.1.2009 wird es neue Bereiche der Täuschung geben. Ging es bislang insbes. um das Verschweigen von Vermögen des Erblassers (vgl. BGH 11.9.2007, wistra 2008, 22), werden die neueren Regelungen über die Verschonung von begünstigtem Betriebsvermögen (vgl. §§ 13a ff. ErbStG) kriminogen wirken (→ Rn. 352). Wird in der Folge die Erbschaftsteuer zu niedrig festgesetzt, kommt es zu einer Steuerverkürzung; die Steuerhinterziehung ist damit vollendet (Wannemacher/*Seipl* Rn. 1064).

Fordert die Finanzverwaltung einen Stpfl zur Abgabe einer Erbschafts- bzw. Schenkung- 346
steuererklärung auf, so wandelt sich die potenzielle Verpflichtung des § 31 ErbStG zu einer
gesetzlichen Steuererklärungspflicht im Sinne von § 370 I Nr. 2 AO, so dass bei nicht
fristgerechter Einreichung einer Steuererklärung eine Steuerhinterziehung durch Unterlassen vorliegt (*Wannemacher/Seipl* Rn. 1068). Nach zutreffender Auffassung soll eine Vollendung entsprechend dem Grundsatz *in dubio pro reo* erst vorliegen, wenn bei hypothetisch
pflichtgemäß eingereichter Steuererklärung spätestens ein Steuerbescheid bekannt gegeben
worden wäre (*Schmitz* in FS Kohlmann, 517, 525). Diesbezüglich ist zu unterstellen, dass
die Erklärung unter allen gleichzeitig angeforderten Steuererklärungen als letzte bearbeitet
worden wäre (*Wannemacher/Seipl* Rn. 1069).

Der Täter lässt das FA iSd § 370 I Nr. 2 AO pflichtwidrig über steuerlich erhebliche 347
Tatsachen **in Unkenntnis**, wenn er der Anzeigepflicht (§ 30 ErbStG, §§ 1–11 ErbStDV)
nicht nachkommt. Wegen der vielen Ausnahmen von der Anzeigepflicht bedarf deren
Feststellung (objektiv wie subjektiv; FG Köln 23.3.1998, EFG 1998, 1171; FG Düsseldorf
26.3.2000, EFG 2000, 1239; BFH 30.1.2002, BFH/NV 2002, 917) besonderer Sorgfalt.
Das Unterlassen der Anzeige ist „pflichtwidrig". Der BGH will die Bearbeitungsdauer bei
der Finanzbehörde im Rahmen dieser fiktiven Steuerfestsetzung mit einem Monat ansetzen
(BGH 25.7.2011, BGHSt 56, 298 Rn. 41). Dass das FA erst nach der Anzeige eine
Entscheidung über die Anforderung der Steuererklärung trifft, schadet nicht, da ohnehin
zur Überzeugung des Richters feststehen muss, dass nach der Anzeige die Erklärung eingereicht und die Steuer festgesetzt worden wäre. Insofern ist die Situation kaum anders als bei
einer Verletzung der Berichtigungspflicht nach § 153 I AO (→ § 376 Rn. 46). Eine Vollendung wird freilich erst dann anzunehmen sein, wenn es zu einer fiktiven Festsetzung der
Erbschaftsteuer gekommen wäre. Angesichts der dreimonatigen Frist für die Anzeige der
entsprechenden steuerpflichtigen Erwerbe (§ 30 ErbStG), einer Minimalfrist bis zur Abgabe der Steuererklärung (vgl. § 31 ErbStG) und der nötigen Bearbeitungsdauer (vgl. aber
§ 31 VII ErbStG) lässt sich der entsprechende Zeitpunkt schwer feststellen. In dubio pro
reo wird man für die Berechnung der Verjährung auf einen sehr frühen fiktiven Veranlagungszeitpunkt abstellen müssen, für die Frage des Übergangs vom Versuch zur Vollendung auf einen späten (vgl. *Wannemacher/Seipl* Rn. 1069; *Simon/Vogelberg* S. 98 sowie
→ § 376 Rn. 41). Wie bei anderen Steuerarten fallen auch bei der Verkürzung von ErbSt
Vollendung und Beendigung zusammen (→ § 376 Rn. 40). Zwar beginnt die Festsetzungsfrist etwa bei Schenkungen erst mit Kenntnis der FinB oder dem Tod des Schenkers
(§ 170 V Nr. 2); wegen § 171 VII AO würde die Verfolgungsverjährung aber nie eintreten, wenn man eine Beendigung erst mit dem Ablauf der steuerlichen Festsetzungsfrist
annähme. Diese Problematik stellte sich früher auch bei der ESt und USt; der BGH hat sie
in dem hier vertretenen Sinne gelöst (BGH 11.12.1990, wistra 1991, 215; BGH
10.12.1991, BGHSt 38, 165; → § 376 Rn. 40).

Für den Bereich der **Schenkungsteuer** geht der BGH von einer Anzeigepflicht aus, die 348
binnen dreier Monate zu erfüllen ist (§ 30 I ErbStG). Er will dann die Veranlagung und
deren Bekanntgabe binnen eines weiteren Monats zugrunde legen, so dass vier Monate
nach der jeweiligen Schenkung die jeweilige Unterlassungstat vollendet und beendet ist
(BGH 25.7.2011, BGHSt 56, 298 Rn. 42).

Die **Zusammenrechnung früherer Erwerbe** (§ 14 ErbStG) ist ebenfalls Gegenstand 349
der Erklärungspflicht iSd § 31 ErbStG. Soweit erstmalig mit einer zutreffenden Erbschaftsteuererklärung die Vorerwerbe bekannt werden, sind diese entweder bereits strafrechtlich
verjährt oder es liegt insoweit eine Selbstanzeige vor, die unter den Voraussetzungen des
§ 371 AO zur Straffreiheit führt. Sollte die Selbstanzeige nicht möglich sein, wäre die
entsprechende Erbschaftsteuererklärung insoweit unverwertbar (→ § 393 Rn. 45 ff.).

Werden bei der Abgabe einer Erklärung entsprechende **Vorerwerbe verschwiegen,** 350
hinsichtlich derer bereits eine Steuerhinterziehung durch Unterlassen begangen wurde,
liegt eine unrichtige Angabe iS des § 370 I Nr. 1 AO vor. Fraglich ist allerdings, worauf
sich der strafrechtliche Vorwurf bezieht. Denkbar wäre folgende Konstruktion: Wer bei

einem Todesfall im Jahre 2020 einen seinerzeit nicht erklärten Vorerwerb aus dem Jahre 2011 verschweigt, nimmt der FinB die Möglichkeit, nunmehr noch Schenkungsteuer für das Jahr 2011 festzusetzen. Diese ist steuerlich noch nicht verjährt, da die Festsetzungsfrist erst mit dem Tod des Schenkers oder der Kenntnis der FinB beginnt (§ 170 V Nr. 2 AO). Die seinerzeitige Hinterziehung von Schenkungsteuer wäre strafrechtlich an sich schon mehrere Jahre verjährt (→ Rn. 347), und selbst mit einer wahrheitsgemäßen Erbschaftsteuererklärung würde bei einem Verschweigen des Vorerwerbs eine neuerliche Steuerhinterziehung für das Jahr 2011 begangen werden. Die Annahme einer straflosen Nachtat hilft nicht weiter, wenn man wie die Rspr. einen Rückgriff auf diese zulässt, wenn die Vortat verjährt ist (→ § 376 Rn. 7 und BGH 10.2.2015, wistra 2015, 320). Konsequenz wäre eine strafbewehrte Erklärungspflicht, die Jahrzehnte umfassen kann, denn man könnte dann auch argumentieren, dass bei einer Erklärung des Vorerwerbs des Jahres 2011 im Rahmen einer ErbSt-Erklärung für 2011 auch noch (die steuerlich nicht verjährten) Vorerwerbe der Jahre ab 2001 hätten angegeben werden müssen usw. Da dies der gesetzgeberischen Grundwertung (5/15-Jahresfrist für die Strafverfolgungsverjährung) widerspricht und hier durch die Hintertür die fortgesetzte Tat wieder eingeführt würde, kommt man nur zu einer Lösung, wenn man zwar eine Erklärung der Vorerwerbe fordert, diese aber nur begrenzt auf den aktuellen Steuerfall berücksichtigt (*Grötsch* NStZ 2016, 38; aM BGH 10.2.2015, wistra 2015, 320). Der Vorwurf der Steuerverkürzung durch eine Steuerhinterziehung gem. § 370 I Nr. 1 AO beschränkt sich dann zunächst auf das nunmehr nicht Erklärte. Da mehrere, innerhalb von zehn Jahren von derselben Person anfallende Vermögensvorteile zusammengerechnet werden (§ 14 I 1 ErbStG; Vorerwerbe) wirkt sich das Geschehen in der Vergangenheit auf die Höhe des Steuersatzes (vgl. § 19 I ErbStG) sowie die mögliche Berücksichtigung von Freibeträgen (§ 16 ErbStG) aus. Dabei ist die für die vorherige Tat geschuldete Erbschaftsteuer auch dann in Abzug zu bringen, wenn sie tatsächlich wegen der Hinterziehung durch Unterlassen nicht festgesetzt und beglichen worden ist. Verkürzt ist also die Steuer auf den neuerlichen Erwerb, nur für den Steuersatz und mögliche Freibeträge kommt es auch auf die Vorerwerbe an. Nämliches gilt für die Steuerhinterziehung durch Unterlassen, bei der die „Kettenreaktion" ebenso denkbar ist.

351 Ist unklar, ob der Erbe bereits bei Abgabe der Steuererklärung um die Unrichtigkeit wusste (§ 370 I Nr. 1 AO) oder dies erst wenig später erkannte (§ 370 I Nr. 2 AO), kann eine Verurteilung auch dann erfolgen, wenn nur die Steuerhinterziehung durch Handeln angeklagt war. Da es um denselben Steueranspruch geht, handelt es sich um eine Tat iS des § 264 StPO (BGH 11.9.2007, wistra 2008, 22). Dies gilt jedenfalls dann, wenn die Notwendigkeit einer Berichtigung nach § 153 AO dem Erben bereits vor Erlass des Steuerbescheides bewusst war.

352 Neue **Erscheinungsformen der Hinterziehung von Erbschaftsteuer** gibt es, seit für Erbfälle ab 1.1.2009 **Verschonungsregelungen für Betriebsvermögen** usw. eingeführt wurden. Der Verschonungsabschlag setzt voraus, dass die Lohnsumme betreffend den 85%igen Verschonungsabschlag gem. § 13a I und III ErbStG bzw. bei dem 100%igen Verschonungsabschlag gem. § 13a X ErbStG innerhalb von 5 Jahren bzw. 7 Jahren die entsprechenden Mindestlohnsummen nicht unterschreitet. Der Erwerber muss – ähnlich der Umsatzsteuer – die Unterschreitung der Ausgangslohnsumme dem FA innerhalb einer Frist von sechs Monaten nach Ablauf des jeweiligen Wirtschaftsjahres anzeigen (§ 13a VII 1 ErbStG). Da die Vorschriften über die Steueranmeldung gelten und der Stpfl den Steuerbetrag selbst zu berechnen hat, führt die Nichteinhaltung der Anzeigefrist zu einer vollendeten Steuerhinterziehung.

353 Ein **Verschonungsabschlag** entfällt ebenso rückwirkend wie ein Abzugsbetrag (§ 13a VI ErbStG), wenn die Behaltensfrist von fünf bzw. sieben Jahren nicht eingehalten wird. Im Hinblick auf diese Frist trifft den Erwerber die Pflicht, den entsprechenden Tatbestand innerhalb einer Frist von einem Monat, nachdem dieser verwirklicht wurde, anzuzeigen. Nach Verstreichen dieser Frist lässt er das FA pflichtwidrig in Unkenntnis (§ 370 I Nr. 2 AO) und es liegt eine versuchte Steuerhinterziehung vor. Ebenso wie bei der unterlassenen

Erklärung von Erbschaftsteuer (→ Rn. 347) wird dann im Schätzungswege der Vollendungszeitpunkt festzustellen sein. Insoweit kommt es darauf an, wann es bei Erfüllung der Anzeigepflicht zu einer Festsetzung von Erbschaftsteuer gekommen wäre.

Stellen Erben fest, dass der Erblasser seinerseits in nicht festsetzungsverjährter Zeit eine Schenkung erhalten oder Vermögen geerbt hat, dies jedoch nicht gegenüber dem FA erklärt hat, so ist der Gesamtrechtsnachfolger gem. § 153 I 2 AO, genauso wie bei Einkommensteuerverkürzungen durch den Erblasser verpflichtet, dies unverzüglich dem FA anzuzeigen. Eine Missachtung dieser Verpflichtung stellt eine Steuerhinterziehung durch Unterlassen dar. 354

Das ErbStG regelt eine Reihe von **Anzeigepflichten,** die dem FA die Prüfung erleichtern, ob und wen es konkret zur Abgabe einer Erbschaftsteuer- bzw. Schenkungssteuererklärung aufzufordern hat. Zu einer schriftlichen Anzeige ist der Erwerber, bei einer Schenkung zudem der Schenker (§ 30 I und II ErbStG) verpflichtet. Gemäß § 30 III ErbStG entfällt die Anzeigepflicht, wenn eine Verfügung von Todes wegen oder eine Schenkung gerichtlich oder notariell beurkundet ist (BFH 16.10.1996, BStBl. II 1997, 73). Allerdings bleibt die Pflicht zur Anzeige gem. § 30 III 1 Hs. 2 ErbStG bestehen, wenn zum Erwerb Grundbesitz, Betriebsvermögen, Anteile an Kapitalgesellschaften, die nicht der Anzeigepflicht nach § 33 ErbStG unterliegen, oder Auslandsvermögen gehört. Die Anzeigepflicht betrifft jeden Beteiligten. Nach zutreffender Auffassung entfällt die Anzeigepflicht jedoch, wenn ein anderer Beteiligter bereits eine Anzeige erstattet hat (Wannemacher/*Seipl* Rn. 1055; Meincke/Hannes/Holtz/*Meincke* ErbStG § 30 Rn. 4; vgl. auch BFH 30.10.1996, BStBl. II 1997, 11). Nach zutreffender Ansicht entfällt eine Anzeigepflicht auch, wenn eindeutig und klar feststeht, dass keine Steuerpflicht entstanden ist (Wannemacher/*Seipl* Rn. 1059). Insofern unterliegt ein Erwerb, der unter den Tatbestand einer Steuerbefreiung nach § 13 ErbStG fällt oder ein Erwerb, der, auch bei Berücksichtigung möglicher Vorerwerbe, den jeweiligen Freibetrag nach § 16 ErbStG nicht übersteigt, nicht der Anzeigepflicht (vgl. auch BFH 11.6.1958, BStBl. III 1958, 339). 355

Eine Verurteilung wegen Hinterziehung von Erbschaftsteuer bzw. Schenkungsteuer setzt voraus, dass das Strafgericht ausreichende Feststellung zum Bestand und Wert des Nachlasses im Zeitpunkt des Erbfalles bzw. der Schenkung trifft und die Besteuerungsgrundlagen in den Urteilsgründen darlegt (BGH 21.3.2017, wistra 2017, 355). Existieren aufgrund eines DBA Freistellungen, so ist für die strafrechtliche Verkürzungsberechnung darauf abzustellen, ob der Erwerb in Deutschland steuerpflichtig ist oder dem Progressionsvorbehalt gem. § 19 II ErbStG unterliegt. Kommt mit DBA-Staaten die Anrechnungsmethode zur Anwendung, so wird, wie mit sonstigen Staaten ohne Erbschaftsteuer-DBA, die im Ausland festgesetzte und bezahlte ausländische Erbschafteuer grundsätzlich auf die deutsche Steuer angerechnet (§ 21 ErbStG). Die Feststellung des Vorsatzes bedarf insbes. bei den Ersatztatbeständen, aber auch bei der erweiterten unbeschränkten Steuerpflicht (§ 2 I Nr. 1b ErbStG) besonderer Sorgfalt (vgl. Schaumburg/Peters/*Schaumburg* Rn. 16.20), wenngleich die Praxis der Strafgerichtsbarkeit nicht eben zurückhaltend ist (vgl. BGH 12.6.2013, wistra 2013, 471). 356

f) Hinterziehung von Gewerbesteuer

Ob der Nähe ihrer Bemessungsgrundlage zur steuerlichen Gewinnermittlung wirken sich Fehler dort regelmäßig auch bei der GewSt aus. Besonderheiten mögen sich aus Hinzurechnungen und Kürzungen (§§ 8, 9 GewStG) ergeben. Erzielen **Freiberufler,** wie etwa Rechtsanwälte oder Steuerberater, neben Einkünften aus freiberuflicher Tätigkeit noch zusätzlich gewerbliche Einkünfte, wie etwa durch Vermittlung von Kapitalanlagen bzw. Provisionen für Vermittlung von Grundstücken, so können diese gewerblichen Einkünfte die freiberuflichen Einkünfte einer Sozietät gem. § 15 III Nr. 1 EStG infizieren (BFH 9.7.1964, BStBl. III 1964, 530). Eine Besonderheit ergibt sich aus dem Zerlegungsverfahren nach § 28 ff. GewStG: In den letzten Jahren mehren sich Ermittlungsverfahren wegen einer fingierten **Aufspaltung eines tatsächlich einheitlichen Gewerbebetriebs** 357 bzw. die Angabe einer Betriebsstätte in einer Gemeinde mit einem niedrigen Gewerbesteuerhebesatz, obwohl der Gewerbebetrieb tatsächlich in einer Gemeinde mit höheren Gewerbesteuerhebesatz betrieben wurde. Nach der hier vertretenen Auffassung kann die verkürzte Gewerbesteuer der wahren Betriebsstättengemeinde mit der festgesetzten Gewerbesteuer der Gemeinde mit dem angeblichen Sitz saldiert werden. Diesbezüglich steht das Kompensationsverbot nicht entgegen, da die unzutreffende Sitzangabe untrennbar verbunden ist und insofern keinen „anderen Grund" iSd § 370 IV 3 AO darstellt (Wannemacher/*Seipl* Rn. 1041). Unabhängig davon wird sich in diesen Fällen der Vorsatz allenfalls auf die Differenz der Gewerbesteuerverkürzung aufgrund der unterschiedlichen Gewerbesteuerhebesätze richten können.

g) Hinterziehung von Umsatzsteuer

Schrifttum: *Gibhardt*, Hinterziehung von Umsatzsteuer im europäischen Binnenmarkt, 2001; *Hellmann*, Steuerstrafrechtliche Risiken umsatzsteuerfreier innergemeinschaftlicher Lieferungen, wistra 2005, 161; *Nöhren*, Die Hinterziehung von Umsatzsteuer, 2005; *Rolletschke*, Die Strafbarkeit wegen einer unrichtigen strafbefreienden Erklärung, wistra 2005, 410; *Webel*, Schädigung des Umsatzsteueraufkommens, PStR 2005, 259; *Gotzens/Wiese*, Steuerstrafrechtliche Risiken bei Auslandslieferungen, PStR 2006, 151; *Kemper*, Umsatzsteuerkarusselle (§ 370 VO AO und Art. 280 IV EGV), NStZ 2006, 593; *Kußmaul/Hillmer*, Umsatzsteuerbetrug – Ausprägungsformen und bisherige Maßnahmen des Gesetzgebers, SteuerStud 2006, 525; *Tormöhlen*, Steuerstraf- und bußgeldrechtliche Reaktion auf Umsatzsteuer-Karussellgeschäfte, UVR 2006, 207; *Friedrich*, Schädigung des Umsatzsteueraufkommens, PStR 2007, 82; *Bielefeld*, Fortbildung des Umsatzsteuerstrafrechts durch den EuGH?, wistra 2007, 9; *A. Müller*, Die Umsatzsteuerhinterziehung, AO-StB 2008, 80; *Wulf*, Steuerstrafrechtlicher Vorwurf bei innergemeinschaftlichen Lieferungen – grundlegende Änderungen durch die neuere Rechtsprechung, Stbg 2008, 328; *Bülte*, Steuerrechtliche und steuerstrafrechtliche Risiken der Steuerbefreiung innergemeinschaftlicher Lieferungen (§ 6a UStG) im Lichte der neueren Rechtsprechung des EuGH, CCZ 2009, 98; *Hentschel*, Braucht die Steuerfahndung noch den § 370 Abs. 6 Sätze 2, 3 AO?, DStR 2009, 1076; *Moosburger*, Ist seit der EuGH-Entscheidung „Albert Collée" ein steuerstrafrechtlicher Vorwurf bei innergemeinschaftlichen Lieferungen passe?, Stbg 2009, 260; *Muhler*, Die Umsatzsteuerhinterziehung, wistra 2009, 1; *Ransiek*, § 370 AO und Steuerbefreiungen für innergemeinschaftliche Lieferungen, HRRS 2009, 421; *Sackreuther*, Umsatzsteuerbetrug: Die steuerstrafrechtliche Verantwortung des Unternehmers, PStR 2009, 62; *Sterzinger*, Konsequenzen der missbräuchlichen Geltendmachung der Umsatzsteuerfreiheit bei innergemeinschaftlicher Lieferung, BB 2009, 1563; *Wulf*, Strafbarkeit bei innergemeinschaftlichen Lieferungen – der neue Begründungsansatz des BGH, Stbg 2009, 313; *Bülte*, Das Steuerstrafrecht im Spannungsfeld zwischen der Missbrauchsrechtsprechung des EuGH und dem nullum-crimen-Grundsatz am Beispiel der innergemeinschaftlichen Lieferung, BB 2010, 1759; *Bülte*, Zur Strafbarkeit der Verschleierung von Sanktionsansprüchen als Umsatzsteuerhinterziehung, HRRS 2011, 465; *Jahn/Gierlich*, Strafrechtliche Relevanz umsatzsteuerlicher Nachweispflichten nach dem Urteil des EuGH, SAM 2011, 162; *Gehm*, Steuerliche und steuerstrafrechtliche Aspekte des Umsatzsteuerkarussells, NJW 2012, 1257; *Gehm*, Das Umsatzsteuer-Karussellgeschäft im Licht der aktuellen Rechtsprechung, NWB 2012, 3237; *Walter/Lohse/Dürrer*, Innergemeinschaftliche Lieferung und Mehrwertsteuerhinterziehung in Deutschland und im EU-Ausland, wistra 2012, 125; *Weber*, Die Schuld im Umsatzsteuerkarussell und im Kettengeschäft, BB 2012, 2440; *Madauß*, Aspekte der Umsatzsteuerhinterziehung, NZWiSt 2015, 23.

358 Die Umsatzsteuer ist aufgrund ihrer Struktur eine **Anmeldesteuer**. Der Stpfl muss die Steuer selbst berechnen (§ 18 I, III UStG). Da der Stpfl mit der Anmeldung keine Belege einreichen muss, erfolgt oftmals keine Prüfung durch die Finanzverwaltung, so dass es sich bei der Umsatzsteuer um eine sehr hinterziehungsanfällige Steuer handelt (Klein/*Jäger* AO § 370 Rn. 370). Die Formen der Umsatzsteuerhinterziehung reichen von der Nichterklärung bzw. nicht vollständigen Erklärung von Umsätzen, der Erklärung von Umsätzen mit einem unzutreffenden Umsatzsteuersatz, der unzutreffenden Geltendmachung von Steuerbefreiungen, der Nichterklärung von unberechtigt ausgewiesener Umsatzsteuer aufgrund § 14c UStG bis zur unberechtigten Geltendmachung von Vorsteuerbeträgen.

359 Begangen wird die Hinterziehung von Umsatzsteuer namentlich durch die Abgabe unrichtiger Voranmeldungen oder durch die nicht rechtzeitige bzw. unterbliebene Abgabe von Voranmeldungen. Die Abgabe falscher Umsatzsteuervoranmeldungen führt grundsätzlich lediglich zu einer Steuerhinterziehung auf Zeit. Erst durch die Abgabe einer falschen Jahreserklärung bzw. durch die nicht rechtzeitige Jahreserklärung wird eine endgültige Steuerverkürzung bewirkt (vgl. BGH 29.4.1997, wistra 1997, 262). Zu beachten ist jedoch, dass auch bei einer **Steuerhinterziehung auf Zeit** der tatbestandliche Hinterziehungsumfang aus dem Nominalbetrag der verkürzten Steuern und nicht aus den Hinterziehungszinsen resultiert. Die Einreichung einer unrichtigen USt-Voranmeldung stellt im Verhältnis zu einer unrichtigen USt-Jahreserklärung eine mitbestrafte Vortat dar (BGH 13.7.2017, wistra 2018, 43). Dies gilt auch bei einer Steuerhinterziehung durch Unterlassen (BGH 25.10.2018, wistra 2019, 203). Die Einreichung einer zutreffenden Umsatzsteuerjahreserklärung stellt eine Selbstanzeige im Hinblick auf die ursprünglich unzutreffenden Umsatzsteuervoranmeldungen dar.

Steuerstrafrechtliche Probleme durch Versagung eines Vorsteuerabzugs erfolgen insbes. bei „Scheinrechnungen", Problemen mit der „Identität zwischen Rechnungsaussteller und Leistungserbringer", „formellen Mängel einer Rechnungsstellung" sowie „Einbindung in eine Umsatzsteuerhinterziehung". Die **fehlende Berechtigung zum Vorsteuerabzug** ist evident, wenn es sich um eine Scheinrechnung handelt, die Eingang in die Buchhaltung gefunden hat (BGH 16.5.2013, wistra 2013, 353). Gleiches gilt, wenn der Rechnungssteller nur scheinbar ein Unternehmer ist (BGH 22.5.2003, wistra 2003, 344; BGH 6.2.2014, ZWH 2014, 318). Nach der Rspr. des BFH und BGH beurteilt sich die Frage, wer bei einem Umsatz als Leistender anzusehen ist, grundsätzlich nach den zivilrechtlichen Vereinbarungen (BGH 9.4.2013, BGHSt 58, 218). „Vorgeschobene" Strohmanngeschäfte zwischen einem „Strohmann" und dem Leistungsempfänger sind umsatzsteuerrechtlich (wie auch zivilrechtlich) unbeachtlich, wenn sie nur zum Schein (vgl. § 41 II AO) abgeschlossen sind, mithin die Vertragsparteien – der „Strohmann" und der Leistungsempfänger – einverständlich oder stillschweigend davon ausgehen, dass die Rechtswirkungen des Geschäfts gerade nicht zwischen ihnen, sondern zwischen dem Leistungsempfänger und dem „Hintermann" eintreten sollen (BGH 5.2.2014, wistra 2014, 191; BFH 11.3.2020, BFHE 268, 376; BGH 23.8.2017, wistra 2018, 80). Weiß der Dritte nicht um die Strohmanneigenschaft des unmittelbar Handelnden, bilden der Strohmann und sein Hintermann nicht etwa eine umsatzsteuerliche Mitunternehmerschaft (vgl. BGH 8.7.2014, wistra 2014, 444), da es eine solche nicht gibt. Gültig ist dann die Feststellung, dass der Hintermann Eigengeschäfte getätigt hat. Im Übrigen kommt es für die Kenntnis um die Hintergründe nicht auf den Zeitpunkt der Voranmeldung, sondern auf den der Leistung an (BGH 1.10.2013, wistra 2014, 141; BGH 19.11.2014, NStZ-RR 2015, 46; BGH 29.1.2015, wistra 2015, 189).

Die Ausübung des Rechts auf Vorsteuerabzug darf nicht davon abhängig gemacht werden, dass in der Rechnung die Anschrift angegeben ist, unter der der Rechnungsaussteller seine wirtschaftliche Tätigkeit ausübt (EuGH 15.11.2017, DStR 2017, 2544). Eine postalische Erreichbarkeit mit gelegentlicher Schreibtischbenutzung ist ausreichend (BFH 21.6.2018, BStBl. II 2018, 809). Zur Präzisierung der Rechnungsangaben können auch andere Geschäftsunterlagen herangezogen werden, wenn hierauf im Rechnungsdokument Bezug genommen wird. Allerdings muss eine berichtigungsfähige Rechnung Angaben tatsächlicher Art enthalten, die es erlauben, die abgerechnete Leistung zu identifizieren (BFH 12.3.2020, BStBl. II 2020, 604). Eine berichtigungsfähige Rechnung liegt jedenfalls dann vor, wenn Angaben zum Rechnungsaussteller, zum Leistungsempfänger, zur Leistungsbeschreibung, zum Entgelt und zur gesondert ausgewiesenen Umsatzsteuer in der Rechnung enthalten sind. Vervollständigt ein Unternehmer die Angaben nach Einleitung eines Steuerstrafverfahrens, so entfaltet die Rechnungsberichtigung steuerliche Rückwirkung (BFH 20.10.2016, BStBl. II 2020, 593). Nach der Rspr des EuGH v. 15.9.2016 (DStR 2016, 2211) darf die Finanzbehörde bei nicht ordnungsgemäßer Rechnung den Vorsteuerabzug nicht verweigern, wenn sie über sämtliche Daten verfügt, um zu prüfen, ob die materiellen Voraussetzungen erfüllt sind (aA BMF 18.9.2020, BStBl. I 2020, 976 Rn. 10 ff.).

Ferner ist ein Vorsteuerabzug zu versagen, wenn aufgrund objektiver Umstände feststeht, dass das Recht auf Vorsteuerabzug in betrügerischer Weise oder missbräuchlich geltend gemacht wird (EuGH 22.10.2015, BB 2015, 2787 Rn. 47 f.). Dies ist nicht nur der Fall, wenn der Stpfl selbst eine Steuerhinterziehung begeht, sondern auch dann, wenn ein Stpfl wusste oder hätte wissen müssen, dass er mit seinem Erwerb an einen Umsatz teilnahm, der in eine Mehrwertsteuerhinterziehung einbezogen war. Die Versagung des Vorsteuerabzugs soll eine Konsequenz sein, die dem Mehrwertsteuersystem als inhärent anzusehen ist (EuGH 18.12.2014, DStR 2015, 573 Rn. 59, 62). Problematisch ist jedoch, dass diese Missbrauchsrechtsprechung des **EuGH** nicht vom Wortlaut des § 15 I Nr. 1 UStG gedeckt ist und insofern ein Verstoß gegen Art. 103 II GG darstellt (vgl. *Jäger* in GS Joecks, 218, 513, 525; *Grötsch* NStZ 2021, 303). Die Rspr. darf strafbarkeitsausschließende Tatbestände nicht einschränken, indem sie anstelle des Gesetzgebers Regelungen trifft (vgl. BVerfG 16.6.2011, wistra 2011, 458 Rn. 57 f.). Diese Problematik hat auch der Gesetzgeber bei der Neuregelung des § 25f UStG erkannt, indem er in der Gesetzesbegründung ausführt, dass § 25f UStG auch der Einhaltung des Bestimmtheitsgrundsatzes dient. Bei dem maßgeblichen Vorstellungsbild der Bösgläubigkeit des Unternehmers handelt es sich um eine Frage des objektiven Tatbestands der Steuerhinterziehung. Eine Zurechnung des Wissens von Mitarbeitern soll in analoger Anwendung des § 166 BGB erfolgen (BGH 15.5.2018, wistra 2019, 63). Für die Bösgläubigkeit kommt es auf den Zeitpunkt der Ausführung der Lieferung oder sonstigen Leistungen an, sodass eine nachträgliche Kenntniserlangung, beispielsweise im Zeitpunkt der Abgabe der Umsatzsteuervoranmeldungen, steuerrechtlich irrelevant ist. Eine spätere Kenntnis löst auch keine Berichtigungspflicht nach § 153 AO aus (BGH 20.8.2019, wistra 2020, 160).

Zum 1.1.2020 ist die Neuregelung des § 25f UStG anzuwenden:

§ 25f UStG Versagung des Vorsteuerabzugs und der Steuerbefreiung bei Beteiligung an einer Steuerhinterziehung

(1) Sofern der Unternehmer wusste oder hätte wissen müssen, dass er sich mit der von ihm erbrachten Leistung oder seinem Leistungsbezug an einem Umsatz beteiligt, bei dem der Leistende oder ein anderer Beteiligter auf einer vorhergehenden oder nachfolgenden Umsatzstufe in eine begangene Hinterziehung von Umsatzsteuer oder Erlangung eines nicht gerechtfertigten Vorsteuerabzugs im Sinne des § 370 der Abgabenordnung oder in eine Schädigung des Umsatzsteueraufkommens im Sinne der §§ 26b, 26c [ab 1.7.2021: §§ 26a, 26c] einbezogen war, ist Folgendes zu versagen:
1. die Steuerbefreiung nach § 4 Nummer 1 Buchstabe b in Verbindung mit § 6a,
2. der Vorsteuerabzug nach § 15 Absatz 1 Satz 1 Nummer 1,
3. der Vorsteuerabzug nach § 15 Absatz 1 Satz 1 Nummer 3 sowie
4. der Vorsteuerabzug nach § 15 Absatz 1 Satz 1 Nummer 4.

(2) § 25b Absatz 3 und 5 ist in den Fällen des Absatzes 1 nicht anzuwenden.

Nicht nachvollziehbar ist allerdings, weshalb der Gesetzgeber in § 25f UStG auch eine einbezogene Umsatzsteuerhinterziehung auf einer nachfolgenden Umsatzstufe als problematisch qualifiziert hat, nachdem nach der Rspr. des BGH für die Bösgläubigkeit der Zeitpunkt der Leistungserbringung maßgeblich ist.

363 Soweit **Umsatzsteuerkarusselle** (dazu Bericht des BRH 2000, Tz. 68; *Reiß* UR 2002, 561, 565 f.; *Nöhren* 2005 S. 250 ff.; *Klein/Jäger* AO § 370 Rn. 373 im Raum stehen, liegen die Probleme vielfach im Tatsächlichen, nicht im Rechtlichen. In der Regel werden in diesen Fällen von mehreren Tätern reale oder fingierte Geschäfte abgewickelt: Es wird (scheinbar) aus einem anderen Mitgliedstaat der EU Ware erworben (innergemeinschaftlicher Erwerb). Der Erwerber („missing trader") veräußert die Ware unter dem Netto-Einstandspreis an einen (mehr oder minder gutgläubigen) Dritten unter offenem USt-Ausweis. Der Dritte veräußert dann weiter – zB wiederum steuerfrei in das Ausland („Distributor") – und zieht die Vorsteuer. Der missing trader meldet die Umsatzsteuer nicht an; die „Beute" wird unter den Akteuren – zB auch mit zwischengeschalteten weiteren Personen („Buffer") – geteilt. Der missing trader macht sich wegen der unterlassenen Anmeldung der Umsatzsteuer strafbar nach § 370 I Nr. 2 AO, andere dolose Beteiligte sind zumindest Teilnehmer an dessen Tat. Ist der missing trader nicht Unternehmer iSd § 2 UStG, begeht eine täterschaftliche Steuerhinterziehung, „wer in Steuerverkürzungsabsicht Vorsteuer aus Rechnungen geltend macht", die von einer solchen Person gestellt wurden (BGH 22.5.2003, wistra 2003, 344). Hinsichtlich der Beweiswürdigkeit bei der Geltendmachung fehlender Kenntnis von der Zwischenschaltung eines missing traders vgl. BGH 11.11.2015, NStZ-RR 2016, 47. Die vorstehenden Ausführungen zu Umsatzsteuerkarussellen geltend ebenfalls für **Kettengeschäfte,** bei denen die Ware allerdings nicht im Kreis bewegt wird (vgl. BGH 30.4.2009, BGHSt 53, 311).

Wer in einer Rechnung einen höheren als den geschuldeten Steuerbetrag gesondert **364** ausweist (sog. **unrichtiger Steuerausweis**), schuldet nach § 14c I 1 UStG den Mehrbetrag. Wer unberechtigt die Steuer ausweist, schuldet gem. § 14c II 1 UStG den ausgewiesenen Betrag (sog. **unberechtigter Steuerausweis;** *Nöhren* 2005, S. 138). Dies betrifft vor allem Kleinunternehmer, bei denen USt nach § 19 I UStG nicht erhoben wird (*Nöhren* 2005, S. 139). Wer solche unberechtigt ausgewiesenen Beträge nicht fristgerecht anmeldet, erfüllt den objektiven Tatbestand der Steuerhinterziehung (*Nöhren* 2005, S. 150). Auch eine in **Scheinrechnungen ausgewiesene Umsatzsteuer** ist vom Aussteller geschuldet und anzumelden (BGH 19.12.2019, BeckRS 2019, 34321). Wer Blankorechnungen ausstellt, die von einem Dritten später vervollständigt werden, erstellt Rechnungen im Sinne des § 14c II 2 UStG. Eine Anmeldepflicht besteht aber erst für den (Vor-)Anmeldungszeitraum, in dem die Rechnung vervollständigt wurde (BGH 15.1.2014, ZWH 2014, 437). Dass er gem. § 14c II 3 UStG die Möglichkeit hat, nach Rückgängigmachung eines Vorsteuerabzugs den entsprechenden Steuerbetrag zu berichtigen, schließt die Strafbarkeit grundsätzlich nicht aus (*Nöhren* 2005, S. 151; BGH 20.3.2002, wistra 2002, 221 Rn. 27; BGH 20.2.2001, wistra 2001, 220 Rn. 9). Allerdings mag man in der nachträglichen Berichtigung eine Selbstanzeige iSd § 371 AO sehen (*Nöhren* 2005, S. 152; offengelassen von BGH 11.7.2002, BGHSt 47, 343). Der Verkürzungsschaden in Fällen des unrichtigen oder unberechtigten Steuerausweises ist nach Auffassung des BGH wegen der Berichtigungsmöglichkeit nur ein solcher auf Zeit (BGH 11.7.2002, BGHSt 47, 343 Rn. 21). Da aber die Unterscheidung zwischen Verkürzung auf Zeit und auf Dauer grundsätzlich nach dem Vorstellungsbild des Täters erfolgt, ist entscheidend, ob er überhaupt eine Rechnungsberichtigung beabsichtigte (*Nöhren* 2005, S. 153 f.). Bei der Strafzumessung hat das Strafgericht den Zusammenhang zwischen Steuerentstehung gem. § 14c II 2 UStG und unberechtigten Vorsteuerabzug zugunsten des Angeklagten zu berücksichtigen (BGH 21.8.2014, wistra 2015, 33).

Innergemeinschaftliche Lieferungen sind grundsätzlich gem. § 4 Nr. 1b) UStG iVm. **365** § 6a UStG steuerfrei. Werden innergemeinschaftliche Lieferungen allerdings lediglich vorgetäuscht, so liegt keine Steuerbefreiung vor, so dass die Nichterklärung des dann vorliegenden Inlandumsatzes eine Steuerhinterziehung darstellt. Der EuGH hat mit Urteil v. 27.9.2007 (Slg. 2007, I-7861–7896) allerdings klargestellt, dass die Buch- und Belegnachweise gem. §§ 17a ff. UStDV keine materiellen Voraussetzungen für die Befreiung als innergemeinschaftliche Lieferung sind. Allerdings ist § 6a 1 Nr. 3 UStG nach der Rspr des BGH unionsrechtskonform dahingehend auszulegen, dass der Erwerb des Gegenstands einer Lieferung beim Empfänger dann nicht den Vorschriften der Umsatzbesteuerung in einer anderen Mitgliedschaft unterliegt, wenn die im Bestimmungsland vorgesehene Erwerbsbesteuerung durch kollusives Verhalten umgangen werden soll, um dem Empfänger einen ungerechtfertigten Steuervorteil zu verschaffen (BGH 20.10.2011, BGHSt 57, 32). Nach der Rspr des EuGH (7.12.2010, Slg. 2010, I-12605–12653) ist die Steuerbefreiung zu versagen, wenn ernsthafte Gründe existieren, dass der mit der fraglichen Lieferung zusammenhängende innergemeinschaftliche Erwerb im Bestimmungsland der Zahlung der Umsatzsteuer entgehen könnte. Verschleiert insofern der Lieferant durch kollusives Zusammenwirken mit dem wahren Erwerber einer innergemeinschaftlichen Lieferung dessen Identität, damit die Lieferung im Bestimmungsland der Besteuerung entgeht, so ist die Steuerfreiheit gem. § 6a UStG zu versagen, da der Erwerb im Bestimmungsland faktisch nicht den Vorschriften der Umsatzbesteuerung unterliegt (BGH 20.10.2011, BGHSt 57, 32 Rn. 14). Zudem ist die Steuerbefreiung zu versagen, wenn der Unternehmer unter Verstoß gegen die Pflichten zum Buch- und Belegnachweis die Identität des Erwerbers verschleiert, um diesem im Bestimmungsmitgliedstaat eine Mehrwertsteuerhinterziehung zu ermöglichen (BGH 20.10.2011, BGHSt 57, 32 Rn. 21 ff.). Nach dem EuGH (18.12.2014, DStR 2015, 573 Rn. 50, 64) ist eine Steuerbefreiung zu versagen, sofern anhand objektiver Umstände nachgewiesen ist, dass der Stpl wusste oder hätte wissen müssen, dass der streitgegenständliche Umsatz im Rahmen einer Lieferkette Bestandteil einer Mehrwertsteuerhinterziehung war. Zu beachten ist allerdings, dass Art. 325 AEUV nicht erlaubt, gegen den Gesetzmäßigkeitsgrundsatz zu verstoßen, der die Prinzipien der Vorhersehbarkeit, der Bestimmtheit und des Verbots der Rückwirkung von Strafgesetzen beinhaltet (EuGH 5.12.2017, wistra 2018, 117). Insofern ist die Verfolgung einer Steuerhinterziehung diesbezüglich hinsichtlich Art. 103 II GG problematisch (vgl. auch Klein/Jäger AO § 370 Rn. 383a).

Hat ein Unternehmer jedoch eine Lieferung als steuerfrei behandelt, obwohl die Voraussetzungen des § 6a I UStG nicht vorlagen, ist die Lieferung dennoch gem. § 6a IV UStG als steuerfrei zu behandeln, wenn die Inanspruchnahme der Steuerbefreiung auf unrichtigen Angaben des Abnehmers basiert und der Unternehmer die Unrichtigkeit dieser Angaben auch bei Beachtung der Sorgfalt eines ordentlichen Kaufmanns nicht erkennen konnte. In solch einer Konstellation scheidet eine Steuerhinterziehung aus (BGH 12.10.2016, wistra 2017, 233).

366 Gemäß § 4 Nr. 1 Buchst. b) UStG gilt die Steuerbefreiung für innergemeinschaftliche Lieferungen seit dem 1.1.2020 nicht, wenn der Unternehmer seiner Pflicht zur Abgabe einer zusammenfassenden Meldung (§ 18a UStG) nicht nachgekommen ist oder soweit er diese im Hinblick auf die jeweilige Lieferung unrichtig oder unvollständig abgegeben hat. Im Zeitraum zwischen Ausführung der Leistung und dem Ablauf der Erklärungsfrist für die zusammenfassende Meldung müssen die Voraussetzungen der Steuerbefreiung vorliegen. Entfällt die Steuerbefreiung jedoch etwa aufgrund einer Pflichtverletzung rückwirkend, so ist der Stpfl gem. § 153 II AO anzeigepflichtig. Erfolgt eine „Zusammenfassende Meldung" nachträglich, so entfällt der Versagungsgrund rückwirkend, so dass nach der hier vertretenen Auffassung kein Raum für eine Steuerhinterziehung besteht, da letztendlich kein Steuerschaden eingetreten ist. Voraussetzung der Steuerfreiheit ist ferner ab 1.1.2020, dass der Unternehmer die USt-ID des Abnehmers verwendet. Hinsichtlich der Versagung der Steuerbefreiung aufgrund § 25f UStG vgl. die Ausführungen in → Rn. 362.

367 **Eine Ausfuhrlieferung** ist gem. § 4 Nr. 1a) UStG steuerfrei, wenn sie die materiellen Voraussetzungen des § 6 UStG diesbezüglich erfüllt; dies gilt selbst dann, wenn der Stpfl bestimmte formelle Anforderungen nicht erfüllt (BFH 12.3.2020, BStBl. II 2020, 608 Rn. 15; EuGH 17.10.2019, DStR 2019, 2254 Rn. 28). Bei einer Ausfuhrlieferung besteht, im Unterschied zu einer innergemeinschaftlichen Lieferung, aber keine Korrespondenz zwischen der Steuerfreiheit, der Ausfuhrlieferung und der Besteuerung in dem Drittstaat (EuGH 17.10.2019, DStR 2019, 2254 Rn. 33 ff.). Bei einer Ausfuhrlieferung besteht keine Gefahr eines Steuerbetrugs oder finanzieller Verluste für das gemeinsame Mehrwertsteuersystem. Soweit der EuGH darauf verweist, dass der Begehungsort einer betrügerischen Handlung in einem Drittstaat nicht ausreicht, um das Vorliegen irgendeines Drucks zum Nachteil des gemeinsamen Mehrwertsteuersystem auszuschließen, folgt hieraus nicht, dass betrügerische Handlungen in einem Drittstaat zum Verlust der Steuerbefreiung für die Ausfuhrlieferung führen, sondern es ist nur eine Prüfung erforderlich, ob sich aus Handlungen in einem Drittstaat eine Schädigung des Steueraufkommens innerhalb der EU ergeben (BFH 12.3.2020, BStBl. II 2020, 608; EuGH 17.10.2019, DStR 2019, 2254 Rn. 28).

368 Wird eine Umsatzsteuer zwar zutreffend angemeldet, jedoch zum Fälligkeitszeitpunkt nicht oder nicht vollständig abgeführt, so kann darin eine Ordnungswidrigkeit gem. § 26a UStG vorliegen. Im Falle einer gewerbs- oder bandenmäßigen Schädigung des Steueraufkommens gem. § 26c UStG kommt eine Straftat in Betracht.

369 Wird in einer **Steuervoranmeldung** ein Erstattungsbetrag geltend gemacht, dem die Finanzbehörde nicht zustimmt, liegt nach Auffassung des BGH selbst dann nur eine versuchte Steuerhinterziehung vor, wenn in Wirklichkeit eine hohe Zahllast hätte angemeldet werden müssen (BGH 19.3.2013, wistra 2013, 463; BGH 23.7.2014, wistra 2014, 486; BGH 7.10.2014, wistra 2015, 188). Bei Steueranmeldungen mit Vorsteuerüberschuss tritt der Vollendungserfolg erst mit Zustimmung der Finanzbehörde ein (§ 168 S. 2 AO). Deshalb muss das tatrichterliche Urteil entsprechende Feststellungen enthalten (BGH 7.10.2014, wistra 2015, 188). Zum Versuchsbeginn bei Einschaltung eines Tatmittlers s. BGH 6.2.2014, wistra 2015, 29.

einstweilen frei 370

8. Besonderheiten bei Verbrauchsteuern

Schrifttum: *Rendels,* Schwerpunkte des Verbrauchsteuer-Binnenmarktgesetzes, DStR 1993, 114; *Jatzke,* Das neue Verbrauchsteuerrecht, BB 1993, 41; *Jarsombeck,* Privates Verbringen im verbrauchsteuerrechtlichen Binnenmarkt, AWPrax 2001, 419; *Bender,* Zur Hinterziehung der Branntweinsteuer durch Entziehung der Ware aus dem Steueraussetzungsverfahren, wistra 2003, 147; *Reiche/Reiche,* Entziehen aus dem Steueraussetzungsverfahren im deutschen Verbrauchsteuerrecht – BFH contra BGH?, ZfZ 2003, 146; *Buse/Bohnert,* Steuerstrafrechtliche Änderungen zur Bekämpfung des Umsatz- und Verbrauchsteuerbetruges, NJW 2008, 618; *Weidemann,* Verbrauchsteuern als Fälligkeit- und Veranlagungsteuern unter dem Blickwinkel des Steuerstrafrechts, ZfZ 2008, 97; *Jäger,* Die Auswirkungen der Osterweiterung der Europäischen Union auf das deutsche Steuerstrafrecht, Festschrift für Knut Amelung zum 70. Geburtstag, 2009 S. 447; *Tully/Bruns* Selbstanzeige und Verbrauchsteuerstrafrecht, ZfZ 2010, 294; *Leplow,* Zoll- und Verbrauchsteuerstrafrecht: BGH-Rechtsprechung von Juni 08 bis Februar 11, PStR 2011, 207; *Möller/Retemeyer,* Neues aus dem Zoll- und Verbrauchsteuerstrafrecht 2011, ZfZ 2011, 288 und 2013, 313; *Tully/Merz* Zur Strafbarkeit der Hinterziehung ausländischer Umsatz- und Verbrauchsteuern nach der Änderung des § 370 VI im JStG 2010, wistra 2011, 121; *Retemeyer/Möller,* Strafrechtlich relevanter Schaden bei der Hinterziehung von Verbrauchsteuern, PStR 2013, 49; *Seer,* Die besonderen Verbrauchsteuern und die Umsatzsteuer – ein unabgestimmtes Konglomerat, ZfZ 2013, 146; *Leplow,* Abweichungen im Zoll- und Verbrauchsteuerstrafrecht vom Besteuerungsverfahren, wistra 2014, 421; *Bothe/Rodatz* Grenzenlose Haftung – Droht einem Steuerhinterzieher in Deutschland eine Inanspruchnahme für ausländische Steuern iSd § 370 Abs. 6 AO?, DStR 2021, 1525.

Weiteres Schrifttum s. vor → Rn. 376

a) Begriff und Erscheinungsformen der Verbrauchsteuerhinterziehung

Der Begriff der Verbrauchsteuerhinterziehung umfasst die Hinterziehung von Verbrauchsteuern mit Ausnahme derjenigen, die als Einfuhrabgaben geschuldet werden (§ 1 I 3 ZollVG); denn für diese gelten weitgehend die Vorschriften über die Zölle entsprechend (→ Rn. 445). Die Hinterziehung von harmonisierten Verbrauchsteuern iSv Art. 1 I der Verbrauchsteuersystemrichtlinie 2008/118/EG des Rates vom 16.12.2008 (ABl. EU 2009 Nr. L 9 S. 12, zuletzt geändert durch Art. 56 der Richtlinie [EU] 2020/262 vom 19.12.2019, ABl. 2020 Nr. L 58 S. 4), die von einem anderen Mitgliedstaat der EU verwaltet werden, ist gem. § 370 VI 1 AO ebenfalls mit Strafe bedroht. Die Verweisung auf die Richtlinie dient dabei lediglich der begrifflichen Konkretisierung des Begriffs der Verbrauchsteuern (BGH 20.11.2013, wistra 2014, 145). Eine vorübergehend fehlerhafte Verweisung des Gesetzgebers auf die Vorgängerrichtlinie, die bereits außer Kraft getreten war, konnte daher ebenfalls den Zweck der Begriffskonkretisierung erfüllen; Taten zwischen Aufhebung der Vorgängerrichtlinie und Anpassung der Verweisung an das neue Unionsrecht blieben daher verfolgbar (BGH 20.11.2013, wistra 2014, 145). 371

Große praktische **Bedeutung** hat die Hinterziehung von Verbrauchsteuern bei der Heizölverdieselung (Verkürzung von Energiesteuer) und in Gestalt der Hinterziehung von Tabak-, Alkohol- und Biersteuer. Ein Großteil der Verbrauchsteuern wird dabei im Zusammenhang mit dem Überschreiten von Binnengrenzen der EU verkürzt. 372

Die einzelnen Verbrauchsteuergesetze stellen für die Steuerentstehung nicht allgemein auf den „Verbrauch", sondern auf die **Überführung in den steuerrechtlich freien Verkehr** – und damit auf einen *Realakt* – ab. Verbrauchsteuerpflichtige Waren befinden sich entweder im verbrauchsteuerrechtlich freien Verkehr oder in einem Verfahren der Steueraussetzung bzw. in einem zollrechtlichen Nichterhebungsverfahren. Der Straftatbestand der Steuerhinterziehung (§ 370 AO) setzt demgegenüber nicht an dem Realakt der Überführung in den steuerrechtlich freien Verkehr, sondern an der Verletzung von *steuerrechtlichen Erklärungspflichten* an, die der Gesetzgeber an die Steuerentstehung geknüpft 373 hat (vgl. GJW/*Tully* AO § 370 Rn. 517). Bei steuerfreien Verwendungen kommt es nicht zu einer Steuerentstehung. Hierbei handelt es sich um Verwendungen, die entweder von Gesetzes wegen – erlaubnisunabhängig – steuerbefreit sind oder die für die Steuerbefreiung einer allgemeinen Erlaubnis oder einer (statusbegründenden) förmlichen Einzelerlaubnis bedürfen (zu den Einzelheiten vgl. *Retemeyer/Möller* PStR 2013, 49). So dürfen etwa Energieerzeugnisse iSv § 4 EnergieStG, zB Gasöl, steuerfrei zu anderen Zwecken als zur Verwendung als Kraft- oder Heizstoffen oder zur Herstellung von Kraft- oder Heizstoffen verwendet werden (§ 25 I EnergieStG; s. dazu → Rn. 426). Ist die Verbrauchsteuer – etwa durch Entnahme aus einem Steuerlager, ohne dass sich ein Steueraussetzungsverfahren angeschlossen hat – entstanden, besteht kein Wahlrecht, diesen Vorgang nachträglich in ein Steueraussetzungsverfahren umzuwandeln, sodass die Steuer wieder wegfiele (vgl. BFH 20.2.2012, ZfZ 2013, 27).

374 Häufige Erscheinungsformen der Verbrauchsteuerhinterziehung sind:
– *Entfernen von Waren aus einem Steuerlager* ohne anschließende Erklärung der dabei entstandenen Steuer in einer Steuererklärung oder Steueranmeldung;
– Andere Formen der *Entziehung von Waren aus einem Steueraussetzungsverfahren* ohne anschließende Erklärung der dabei entstandenen Steuer in einer Steuererklärung oder Steueranmeldung;
– *Missbrauch steuerbegünstigter Verfahren,* zB zweckwidrige Verwendung von Mineralöl (sog. Heizölverdieselung);
– *Bezug oder Verbringen verbrauchsteuerpflichtiger Waren (zB Tabakwaren)* aus einem anderen EU-Mitgliedstaat ohne entsprechende Angaben in einer Steuererklärung oder Steueranmeldung.

375 Nicht selten stehen die Taten im **Zusammenhang mit Buchhaltungs- und Urkundendelikten,** mit denen die Steuerverkürzungen verschleiert werden.

b) Hinterziehung von Tabaksteuer

Schrifttum: *Hampel,* Steuerhinterziehung bei Verbringen von Tabakwaren aus dem freien Verkehr eines Mitgliedstaates der EU in das Steuergebiet der Bundesrepublik Deutschland, ZfZ 1996, 358; *Allgayer/Sackreuther,* §§ 52 ff. StGB: Konkurrenzen bei der illegalen Einfuhr von Zigaretten, PStR 2009, 44; *Jäger,* Die Auswirkungen der Osterweiterung der Europäischen Union auf das deutsche Steuerstrafrecht, FS Amelung, 2009, S. 447; *Weidemann,* Vorbereitungshandlung und Versuch bei Tabaksteuerhinterziehung, wistra 2009, 174; *Middendorp,* Verbringen von Tabakwaren des steuerrechtlich freien Verkehrs anderer Mitgliedstaaten, ZfZ 2011, 197; *Höll,* Neufassung des Tabaksteuergesetzes, PStR 2011, 50; *Weidemann,* Tabaksteuerstrafrecht, wistra 2012, 1 und 49; *Wegner,* Tabaksteuerentstehung beim Zigarettenschmuggel in Privatfahrzeugen, PStR 2013, 188; *Weidemann,* Steuerschuldnerschaft und strafrechtliche Verantwortlichkeit bei Verbringung von Tabakwaren, wistra 2013, 422; *Leplow,* Abweichungen im Zoll- und Verbrauchsteuerstrafrecht vom Besteuerungsverfahren, wistra 2014, 421; *Allgayer/Sackreuther,* Anmerkung zum Beschluss des BFH vom 12.12.2012 (VII R 44/11) – Zu dem Empfängerbegriff im Sinne des Tabakgesetzes, NZWiSt 2014, 235; *Weidemann,* Anmerkung zum Urteil des EuGH vom 3.7. 2014 (C-165/13), wistra 2014, 433; *Rüsken,* Anmerkung zum Urteil des EuGH vom 3.7.2014 (C-165/13), ZfZ 2014, 255, 256; *Jäger,* Stellung, Abgrenzung und Sanktionierung der Steuerhinterziehung im Strafrechtssystem, DStJG 38, 29; *Weidemann,* Anm. zum Urteil des BFH v. 11.11.2014 (VII R 44/11), ZfZ 2015, 111; *Ebner,* Anm. zum Beschluss des BGH v. 27.7.2016 (1 StR 5/20 – Tabaksteuer-Hinterziehung durch Verbergen von nicht gestelltem Wasserpfeifentabak in einem Steuerlager), HFR 2017, 181; *Leplow,* Zur Strafbarkeit des Zigarettenschmuggels wegen Steuerhinterziehung im Durchfuhrland, wistra 2016, 20; *Bongartz/Schröer-Schallenberg,* Verbrauchsteuerrecht, 3. Aufl. 2018; *Ebner,* Mittelbare Täterschaft beim Zigarettenschmuggel, HFR 2019, 431; *Lampe,* Tabaksteuer: Die Einziehung des Erlangten, PStR 2019, 259; *Weidemann,* Rauchtabak und Tabakrauch im Steuer(straf)recht: Problemfelder, wistra 2019, 122; *Weidemann,* Änderung des tabaksteuerrechtlichen Einfuhrbegriffs in „Schmuggelfällen"?, wistra 2020, 278; *Weidemann,* Tabaksteuer und Steuerstrafrecht, 2020; *Ebner,* Anm. zum Beschluss des BGH v. 1.4.2020 (1 StR 5/20 – Steuergegenstand und Vorsatz bei der Verkürzung von Tabaksteuer), HFR 2021, 721.

376 Erhebliche Steuerausfälle entstehen durch die **Hinterziehung von Tabaksteuer.**

377 Die Tabaksteuer ist durch **Verwendung von Steuerzeichen,** die wie Briefmarken eine geldähnliche Funktion haben, zu entrichten; dies geschieht durch Entwerten und Anbringen der Steuerzeichen an den Kleinverkaufspackungen (spätestens) zum Zeitpunkt der Steuerentstehung (§ 17 I TabStG).

§ 17 TabStG Verwendung von Steuerzeichen, Steueranmeldung, Steuererklärung

(1) ¹Für Tabakwaren ist die Steuer durch Verwendung von Steuerzeichen zu entrichten. ²Die Verwendung umfasst das Entwerten und das Anbringen der Steuerzeichen an den Kleinverkaufspackungen. ³Die Steuerzeichen müssen verwendet sein, wenn die Steuer entsteht.
(2)–(4) ...

Diese **Erhebungstechnik** ist eine nur im Tabaksteuerrecht vorgesehene Besonderheit. Der entscheidende Wert der Steuerzeichen liegt in ihrer Publizitätswirkung. Sie müssen deshalb bereits vor der Steuerentstehung, dh der Entnahme in den freien Verkehr, verwendet sein, auch wenn sie erst danach ihre steuerrechtliche Wirkung entfalten. Im Zeitpunkt der Steuerentstehung wird der Tabaksteueranspruch durch die verwendeten Steuerzeichen innerhalb einer logischen Sekunde sofort mit der Folge des Erlöschens erfüllt (*Bongartz/Schröer-Schallenberg* VerbrauchStR Kap. K Rn. 50 ff.). Für die Erhebung tritt an die Stelle der erloschenen Tabaksteuer die durch den Bezug der Steuerzeichen entstandene Steuerzeichenschuld (*Bongartz/Schröer-Schallenberg* VerbrauchStR Kap. K Rn. 54). Da die Verwendung der Steuerzeichen lediglich die Erhebung der Tabaksteuer betrifft, sind Tabakwaren, für die keine Steuerzeichen verwendet wurden, auch dann „versteuert", wenn sie einen Steuerentstehungstatbestand (zB bei „Schmuggelware" gem. § 23 TabStG) verwirklicht haben (*Bongartz/Schröer-Schallenberg* VerbrauchStR Kap K Rn. 55). Die Steuerzeichen sind ausschließlich beim Hauptzollamt Bielefeld zu beziehen (§ 32 I TabStV). Bezugsberechtigt sind gem. § 17 II 1 TabStG der Hersteller und der Einführer sowie nach § 17 II 2 TabStG alle weiteren Personen, die zur Bestimmung des Kleinverkaufspreises berechtigt sind.

Die **Steuerentstehung** tritt zum Zeitpunkt der Überführung von Tabakwaren in den steuerrechtlich freien Verkehr ein, es sei denn, es schließt sich eine Steuerbefreiung an (§ 15 I TabStG). Wenn die Tabaksteuer entsteht, müssen die Steuerzeichen angebracht sein (§ 17 I 3 TabStG). Tabakwaren werden in den steuerrechtlich freien Verkehr überführt durch

– die *Entnahme aus einem Steuerlager,* es sei denn, es schließt sich ein weiteres Verfahren der Steueraussetzung an; einer Entnahme steht der Verbrauch im Steuerlager gleich (§ 15 II Nr. 1 TabStG);
– die *Herstellung ohne Erlaubnis* nach § 6 TabStG (§ 15 II Nr. 2 TabStG);
– eine *Unregelmäßigkeit* nach § 14 TabStG *während der Beförderung* unter Steueraussetzung (§ 15 II Nr. 4 TabStG);
– das *Verbringen* von Tabakwaren in das deutsche Steuergebiet zu gewerblichen Zwecken ohne vorige Verwendung von Steuerzeichen außerhalb eines Steueraussetzungsverfahrens.

Aus anderen Mitgliedstaaten der EU können Tabakwaren von registrierten Empfängern **unter Steueraussetzung** bezogen werden (§§ 7, 12 I Nr. 2 Buchst. b TabStG). Die Tabaksteuer entsteht dann mit der **Entnahme aus dem Verfahren unter Steueraussetzung** bei Aufnahme in den Betrieb des registrierten Empfängers (§ 15 II Nr. 3 TabStG). Zu diesem Zeitpunkt müssen die Steuerzeichen verwendet sein (§ 17 I 3 TabStG). Eine Verwendung der Steuerzeichen erst durch den registrierten Empfänger kommt aufgrund des besonderen Steuerzeichensystems nicht in Betracht (*Bongartz/Schröer-Schallenberg* VerbrauchStR Kap. K Rn. 90). Zur Steuerentstehung beim gewerblichen Verbringen aus dem steuerrechtlich freien Verkehr eines anderen EU-Mitgliedstaats → Rn. 384 ff.

Tabaksteuer wird – außer bei der Einfuhr in das Gebiet der Europäischen Union als Einfuhrabgabe (→ Rn. 445) – häufig durch **Unterlassen** hinterzogen.

Wer pflichtwidrig die Verwendung von Steuerzeichen unterlässt, handelt tatbestandsmäßig im Sinne von **§ 370 I Nr 3 AO**. Nach dieser Vorschrift macht sich strafbar, wer pflichtwidrig die Verwendung von Steuerzeichen oder Steuerstempeln unterlässt und dadurch Steuern verkürzt. Gemäß § 17 I 1 TabStG ist die Steuer für Tabakwaren durch Verwendung von Steuerzeichen zu entrichten; die Steuerzeichen müssen entwertet und an den Kleinverkaufspackungen angebracht sein, wenn die Steuer entsteht (§ 17 I 2, 3 TabStG). Gemäß § 370 I Nr. 3 AO strafbar ist daher etwa Entnahme von Tabakwaren aus dem Steuerlager durch den Hersteller (Steuerlagerinhaber) ohne vorherige Verwendung von Steuerzeichen (§ 17 I 3 TabStG iVm § 15 II Nr. 1, IV Nr. 1 TabStG).

382 Eine Steuerhinterziehung durch Unterlassen im Sinne von **§ 370 I Nr 2 AO** begeht zB, wer als Steuerschuldner bei einem der nachfolgenden **Steuerentstehungssachverhalte** entgegen einer steuerlichen Erklärungspflicht (zB § 17 III TabStG) als Steuerschuldner keine Steueranmeldung bzw. Steuererklärung abgibt:

– *Entfernen von Tabakwaren aus einem Steuerlager* (§ 15 II Nr. 1, IV 1 Nr. 1 iVm § 17 III TabStG);
– *sonstige Entziehung von Tabakwaren aus dem Verfahren der Steueraussetzung* (§ 15 II Nr. 4, IV 1 Nr. 4 iVm § 17 III TabStG);
– *Verbringen von Tabakwaren des freien Verkehrs anderer EU-Mitgliedstaaten* in das Steuergebiet der Bundesrepublik Deutschland (§ 23 I 3 iVm § 17 I TabStG);
– *nachträgliche Änderung des Kleinverkaufspreises* (§ 153 I Nr. 2 AO);
– *steuerfreier Verkauf von Deputaten an* Dritte (§ 30 III TabStG).

383 Werden Zigaretten in einem **Steuerlager** zum Verbrauch entnommen oder aus einem Steuerlager entfernt, ohne dass sich ein weiteres Steueraussetzungsverfahren (zB Beförderungen gem. §§ 10 ff. TabStG) anschließt, entsteht die Tabaksteuer (§ 15 II Nr 1 TabStG). Im Falle einer unrechtmäßigen Entnahme hat die Person, die die Tabakwaren entnommen hat oder in deren Namen die Tabakwaren entnommen worden sind, sowie jede Person, die an der unrechtmäßigen Entnahme beteiligt war (§ 15 IV 1 Nr. 1 TabStG), unverzüglich eine Steuererklärung abzugeben (§ 17 III TabStG). Erklärungspflichtig ist somit etwa auch ein Dieb. Verletzt er diese Pflicht, ist er gem. § 370 I Nr. 2 AO strafbar. Der Steuerlagerinhaber, der zur Entnahme berechtigt ist, hat vor der Entnahme Steuerzeichen anzubringen. Tut er dies nicht, ist er gem. § 370 I Nr. 3 AO strafbar.

384 Das **Verbringen zu gewerblichen Zwecken** und der Versandhandel aus dem freien Verkehr eines anderen Mitgliedstaats der EU außerhalb eines Verfahrens unter Steueraussetzung werden in § 23 TabStG geregelt; das Verbringen durch eine Privatperson zum Eigenverbrauch ist steuerfrei (§ 22 I TabStG). Das Verbringen ist dabei ein *Realakt;* auf eine Kenntnis des Handelnden vom Vorhandensein verbrauchsteuerpflichtiger Waren kommt es nicht an (BFH v. 10.10.2007, BFHE 218, 469).

385 **Einfuhrabgaben,** auf die die Vorschriften des Zollrechts Anwendung finden, werden beim Überschreiten von EU-Binnengrenzen **nicht verkürzt,** da die Einfuhr lediglich das unmittelbare Verbringen von Nichtgemeinschaftsware in das Zollgebiet der EU ist (BGH 27.1.2015, wistra 2015, 236). Die gem. Art. 139 UZK (zuvor Art. 40 ZK) für den Eingang von Waren in das Zollgebiet der EU vorgeschriebene Pflicht zur Gestellung der Waren besteht an den EU-Binnengrenze nicht. Ob die verbrauchsteuerpflichtigen Waren in dem anderen Mitgliedstaat legal oder illegal in den steuerrechtlich freien Verkehr gelangt sind, ist ohne Bedeutung. Maßgeblich ist allein, ob sie sich überhaupt in einem Mitgliedstaat der EU im freien Verkehr befunden haben, bevor sie in das Steuergebiet der Bundesrepublik Deutschland verbracht worden sind.

386 Werden Tabakwaren, an denen keine deutschen Steuerzeichen angebracht sind, zu gewerblichen Zwecken **aus dem steuerrechtlich freien Verkehr eines anderen Mitgliedstaates** der EU in das deutsche Steuergebiet verbracht oder versandt, entsteht die Tabaksteuer, wenn die Tabakwaren in Deutschland erstmals zu gewerblichen Zwecken in Besitz gehalten werden (§ 23 I 1 TabStG). Unerheblich ist dabei, ob der Verbringer oder Versender von den Tabakwaren Kenntnis hatte (vgl. BFH 10.10.2007, DStRE 2008, 380, 382). Steuerschuldner ist, wer die Lieferung vornimmt oder die Tabakwaren in Besitz hält und der Empfänger, sobald er Besitz an den Tabakwaren erlangt hat (§ 23 I 2 TabStG). Der Steuerschuldner handelt pflichtwidrig im Sinne von **§ 370 I Nr. 2 AO,** wenn er nicht gem. § 23 I 3 TabStG iVm § 17 I TabStG unverzüglich eine Steuererklärung abgibt (BGH

8.7.2014, wistra 2014, 486; BGH 28.8.2008, BGHR AO § 370 I Konkurrenzen 20 = wistra 2008, 470; BGH 1.2.2007, wistra 2007, 224; BGH 14.3.2007, wistra 2007, 262, 264 zu § 19 S. 3 TabStG aF). Das Erfordernis unverzüglichen Handelns gebietet, das nächstgelegene Hauptzollamt als zuständige Finanzbehörde (§ 6 II Nr. 5 AO) aufzusuchen und dort eine Steuererklärung abzugeben. Der Umstand, dass die Tabakwaren dann gem. § 23 I 5 TabStG iVm § 215 AO sicherzustellen und gem. § 216 AO in das Eigentum des Bundes zu überführen sind, macht die Abgabe der Steuererklärung nicht unzumutbar.

Hat sich der Täter bereits mit der Übernahme der Tabakwaren in Deutschland wegen **387** Steuerhehlerei (§ 374 AO) strafbar gemacht, steht dies im Hinblick auf das **Verbot des Zwangs zur Selbstbelastung** (sog. Nemo-tenetur-Grundsatz) einer strafbewehrten Pflicht zur Abgabe einer Steuererklärung über die Zigaretten aufgrund der Inbesitznahme zu gewerblichen Zwecken (§ 23 I 3 TabStG) entgegen (vgl. BGH 23.5.2019, BGHR AO § 374 Konkurrenzen 6). Denn er befindet sich dann in einer unauflösbaren Konfliktsituation. Würde er die Tabakwaren in dem dafür vorgesehenen Verfahren bei der zuständigen Zollbehörde erklären, würde er damit zugleich die begangene Steuerhehlerei durch den Ankauf oder das Sich-Verschaffen der Tabakwaren offenbaren. Dies führt strafrechtlich zur Unzumutbarkeit, überhaupt Angaben zu machen, weil die Offenbarung naheliegend die Einleitung eines Ermittlungsverfahrens wegen Steuerhehlerei nach sich zöge. Eine Steuerhinterziehung durch Unterlassen (§ 370 I Nr. 2 AO iVm § 23 I 3 TabStG) scheidet dann aus.

§ 23 TabStG Tabakwaren des steuerrechtlich freien Verkehrs anderer Mitgliedstaaten, Versandhandel

(1) ¹Werden Tabakwaren in anderen als den in § 22 Absatz 1 genannten Fällen entgegen § 17 **388** Absatz 1 aus dem steuerrechtlich freien Verkehr eines anderen Mitgliedstaats in das Steuergebiet verbracht oder werden diese dorthin versandt (gewerbliche Zwecke), entsteht die Steuer, wenn die Tabakwaren erstmals zu gewerblichen Zwecken in Besitz gehalten werden. ²Steuerschuldner ist, wer die Lieferung vornimmt oder die Tabakwaren in Besitz hält und der Empfänger, sobald er Besitz an den Tabakwaren erlangt hat. ³Der Steuerschuldner hat über Tabakwaren, für die die Steuer entstanden ist, unverzüglich eine Steuererklärung abzugeben. ⁴Die Steuer ist sofort fällig. ⁵Die Tabakwaren sind nach § 215 der Abgabenordnung sicherzustellen.

[ab 13.2.2023

(1) ¹Im Sinn dieses Abschnitts werden Tabakwaren zu gewerblichen Zwecken geliefert, wenn sie

1. aus dem steuerrechtlich freien Verkehr eines Mitgliedstaats in einen anderen Mitgliedstaat befördert werden und
2. an eine Person geliefert werden, die keine Privatperson ist.

²Eine Lieferung zu gewerblichen Zwecken ist nur möglich, wenn die Tabakwaren vom Verpackungszwang nach § 16 befreit sind. ³Bei Lieferungen zu gewerblichen Zwecken dürfen Tabakwaren nur von einem zertifizierten Versender zu einem zertifizierten Empfänger befördert werden. ⁴Davon unbeschadet können zertifizierte Empfänger außerhalb des Steuergebiets in Empfang genommene Tabakwaren in das Steuergebiet verbringen oder verbringen lassen.*]*

(2)–(4) ...

§ 22 TabStG Erwerb durch Privatpersonen

(1) Tabakwaren, die eine Privatperson für ihren Eigenbedarf in anderen Mitgliedstaaten im steuerrechtlich freien Verkehr erwirbt und selbst in das Steuergebiet befördert (private Zwecke), sind steuerfrei.

(2)–(4) ...

Der Hauptzweck des § 23 TabStG besteht nicht in der Normierung eines Steuerent- **389** stehungstatbestands, sondern in einem **Verbot des Verbringens** oder Versendens von Tabakwaren des steuerrechtlich freien Verkehrs **ohne** vorschriftsmäßig verwendete **deutsche Steuerzeichen** (*Bongartz/Schröer-Schallenberg* VerbrauchStR Kap. K Rn. 96). Verbotswidrig ohne deutsche Steuerzeichen nach Deutschland in den steuerrechtlich freien Verkehr verbrachte Tabakwaren sind nach § 215 AO sicherzustellen (§ 23 I 5 TabStG). Dies gilt unabhängig davon, welche Person die Tabakwaren verbracht, versendet oder empfangen hat. Von § 23 TabStG nicht erfasst werden Tabakwaren, die mit deutschen Steuerzeichen versehen sind, etwa weil ein zum Bezug von Steuerzeichen gem. § 17 II TabStG berechtigter Hersteller Versender ist und die Steuerzeichen verwendet hat.

390 Der Verbringer hat **keine Wahlmöglichkeit,** ob er Steuerzeichen verwendet oder ob er stattdessen die Tabaksteuer unverzüglich nach dem Verbringen bei den Zollbehörden anmeldet. Er muss, will er sich nicht nach § 370 I Nr. 3 AO strafbar machen, vor dem Verbringen der Tabakwaren nach Deutschland Steuerzeichen verwenden. Denn die Anmeldung im Fall des § 23 I 3 TabStG dient nicht der Abfertigung der Tabakwaren für den steuerrechtlich freien Verkehr; sie soll allein die Erhebung der gem. § 23 I 2 TabStG entstandenen Tabaksteuer und die Sicherstellung (§ 215 AO) und Einziehung der Tabakwaren (§ 375 II AO) der nicht ordnungsgemäß in den steuerrechtlich freien Verkehr überführten Tabakwaren gewährleisten.

391 Im Falle der **Nichtverwendung deutscher Steuerzeichen beim Verbringen** unversteuerter Tabakwaren aus einem anderen EU-Mitgliedstaat nach Deutschland zu gewerblichen Zwecken ist der Verbringer nicht nur Steuerschuldner der Tabaksteuer (vgl. § 23 I 2 TabStG), sondern auch tauglicher Täter einer Steuerhinterziehung gem. **§ 370 I Nr. 3 AO** (BGH 11.7.2019, BGHSt 64, 146, 148; zu § 19 TabStG aF vgl. auch BFH 9.7.1996 – VII B 14/96, BFH/NV 1996, 934; FG Düsseldorf 1.12.1995, ZfZ 1996, 152; *Jäger* in FS Amelung, 165, 447). Er muss dafür Sorge tragen, dass für die Tabakwaren beim Eingang in das Steuergebiet der Bundesrepublik Deutschland deutsche Steuerzeichen verwendet sind.

392 Soweit vertreten wird, Täter einer solchen Straftat könne nur derjenige Steuerschuldner sein, der selbst berechtigt ist, deutsche Steuerzeichen zu beziehen (vgl. etwa Schreiben des BMF 14.6.2007 – III B 7 – S 0701/07/0003; *Hampel* ZfZ 1996, 358; *Weidemann* ZfZ 2008, 97, 99; *Weidemann* wistra 2012, 1, 6), ist dem nicht zu folgen (glA *Middendorp* ZfZ 2011, 197, 204 mwN; *Allgayer/Sackreuther* PStR 2009, 44, 46). Bei § 370 I Nr. 3 AO handelt es sich um kein Sonderdelikt, das zur Umgrenzung des Täterkreises Statusbezeichnungen verwendet (vgl. dazu MüKoStGB/*Radtke* StGB § 14 Rn. 36); insbesondere enthält dieser Straftatbestand keine Eingrenzung des Täterkreises auf „berechtigte Bezieher" von Steuerzeichen. Zur Verwendung der Steuerzeichen ist daher auch derjenige verpflichtet, der durch das Verbringen der Tabakwaren in das Steuergebiet gem. § 23 I 2 TabStG Steuerschuldner wird (vgl. BGH 11.7.2019, BGHSt 64, 146, 149). Seine Pflicht zur Verwendung von Steuerzeichen ergibt sich aus § 23 I 2 iVm § 17 I 3 TabStG. Gelingt es dem Besitzer der Tabakwaren nicht, Steuerzeichen von einem zur Bestellung von Steuerzeichen Berechtigten anbringen zu lassen, ist ihm regelmäßig zumutbar, das Verbringen der Tabakwaren aus dem anderen Mitgliedstaat zu unterlassen, sofern nicht die Beförderung in einem Steueraussetzungsverfahren erfolgen kann.

393 Umstritten ist in solchen Fällen das **Konkurrenzverhältnis der Hinterziehungstaten** gem. § 370 I Nr. 2 AO und § 370 I Nr. 3 AO (vgl. GJW/*Tully* AO § 370 Rn. 524).

394 Im Hinblick auf die an die Verletzung unterschiedlicher Handlungspflichten anknüpfende Strafbarkeit können beide Straftatbestände nebeneinander verwirklicht werden und **schließen sie sich tatbestandlich nicht aus.** Insbesondere handelt es sich bei der Strafnorm des § 370 I Nr. 3 AO auch nicht lediglich um einen Auffangtatbestand, der als subsidiär hinter die Tatbestände des § 370 I Nr. 1 und 2 AO zurücktritt (glA *Middendorp* ZfZ 2011, 197; *Allgayer/Sackreuther* PStR 2009, 44, 46; aA *Hampel* ZfZ 1996, 358).

395 Angesichts der engen Verzahnung der Pflichten, an deren Verletzung die beiden Straftatbestände anknüpfen, sowie des Umstandes, dass beide Pflichten der Sicherung des Steueraufkommens für die betroffenen Tabakwaren dienen, spricht vieles für die Annahme von **Tateinheit** (§ 52 StGB; vgl. auch *Middendorp* ZfZ 2011, 197 mwN). Allerdings entstehen die Pflichten zeitlich nacheinander und sind sie auf unterschiedliche Handlungen gerichtet, die sich nicht überschneiden. Die primäre Pflicht ist die Entrichtung der Tabaksteuer durch die Verwendung von Steuerzeichen (Steuerbanderolen) vor Überführung der Tabakwaren in den freien Verkehr. Erst und nur, wenn der Täter seiner Verpflichtung zur Verwendung von Steuerzeichen nicht nachgekommen ist, muss er den Zollbehörden durch die Abgabe einer Steuererklärung die Möglichkeit geben, die geschuldete Tabaksteuer festzusetzen.

Damit stellt sich die Unterlassungstat nach § 370 I Nr. 2 AO iVm § 23 I 3 TabStG jedenfalls im Hinblick auf die geschuldete Tabaksteuer als reine Sicherungstat dar, durch die im Ergebnis kein weiterer Steuerschaden entsteht, da dem Staat die Tabaksteuer nicht doppelt zusteht. Dies spricht eher für die Annahme einer Gesetzeskonkurrenz, bei der die Straftat nach § 370 I Nr. 2 AO als **mitbestrafte Nachtat** hinter die Unterlassungstat gem. § 370 I Nr. 3 AO zurücktritt (BGH 11.7.2019, BGHSt 64, 146, 149). Mitbestraft und damit straflos ist eine selbständige strafbare Handlung dann, wenn durch sie der Erfolg einer Vortat nur ausgenutzt oder gesichert wird und ihr gegenüber der Vortat kein eigenständiger weitergehender Unrechtsgehalt zukommt (BGH 10.2.2015, NJW 2015, 2354 Rn. 29 mwN; *Fischer* StGB Vor § 52 Rn. 65 mwN; Schönke/Schröder/*Sternberg-Lieben/Bosch* StGB Vor § 52 Rn. 129 ff.). Zumindest darf aber bei einer Verurteilung in der Strafzumessung nicht außer Betracht bleiben, dass durch die Verletzung der Pflicht zur Abgabe einer Steuererklärung nach § 23 I 3 TabStG trotz neuen Handlungsunrechts im Ergebnis kein weitergehender Steuerschaden entstanden ist. Wird der Täter wegen Steuerhinterziehung gem. § 370 I Nr. 2 AO (vgl. auch BGH 8.7.2014, wistra 2014, 486) und nicht (auch) nach § 370 I Nr. 3 AO verurteilt, stellt dies für ihn jedenfalls keine Beschwer dar (BGH 11.7.2019, BGHSt 64, 146, 149).

Sind Tabakwaren entgegen § 17 I TabStG **ohne Verwendung von deutschen Steuerzeichen** zu gewerblichen Zwecken aus dem steuerrechtlich freien Verkehr eines anderen Mitgliedstaats der EU in das deutsche Steuergebiet **eingeführt worden,** wird gem. § 23 I 2 TabStG auch derjenige Steuerschuldner (und damit tauglicher Täter einer Steuerhinterziehung gem. § 370 I Nr. 2 AO), der die Tabakwaren in Besitz hält und der Empfänger, sobald er Besitz an den Tabakwaren erlangt hat. Als **Besitzer** in diesem Sinn ist ausgehend von der Rechtsprechung des Gerichtshofs der Europäischen Union (EuGH) jede Person anzusehen, welche die Tabakwaren zu gewerblichen Zwecken im Besitz hält, selbst wenn sie nicht die erste Besitzerin im Bestimmungsmitgliedstaat gewesen ist (vgl. EuGH 3.7.2014, wistra 2014, 433 zu Art. 33 III der Richtlinie 2008/118 des Rates vom 16. Dezember 2008 über das allgemeine Verbrauchsteuersystem und zur Aufhebung der Richtlinie 92/12 [ABl. EU 2009 Nr. L 9, S. 12]).

Für die von § 23 I TabStG im Wortlaut abweichende Vorgängervorschrift des *§ 19 Satz 3 TabStG aF* hatte der BGH entschieden, dass in Fällen des unversteuerten Verbringens in das deutsche Steuergebiet als weiterer Steuerschuldner neben dem Verbringer und dem Versender allein derjenige als **Empfänger** der Ware in Betracht kommt, der im Rahmen des Verbringungs- bzw. Versendungsvorgangs selbst den Besitz an den Tabakwaren erlangt hat (BGH 2.2.2010, wistra 2010, 226). Der BFH hatte Zweifel, ob ausgehend von dieser Auslegung § 19 S. 3 TabStG aF noch mit Art. 9 I der Richtlinie 92/12/EWG des Rates vom 25.2.1992 in Einklang steht, und legte diese Frage deshalb dem EuGH zur Vorabentscheidung vor (BFH 12.12.2012, ZfZ 2013, 138). Der EuGH hat hierauf für die Richtlinie 92/12/EWG entschieden, dass eine Auslegung, mit der die Eigenschaft als Schuldner der Verbrauchsteuer auf den ersten Besitzer der Waren begrenzt würde, im Widerspruch zum Zweck dieser Richtlinie stünde (EuGH 3.7.2014, wistra 2014, 433 mit Anm. *Rüsken* ZfZ 2014, 255).

Daran anschließend hat der BFH im Verfahren VII R 44/11 abschließend entschieden (BFH 11.11.2014, BFH/NV 2015, 629), dass bei richtlinienkonformer Auslegung des § 19 TabStG aF **der bloße Besitz** verbrauchsteuerpflichtiger Waren zu gewerblichen Zwecken **die Steuerschuldnerschaft begründe.** Eine richtlinienkonforme Auslegung sei dabei auch zulasten des Steuerpflichtigen möglich.

Die Rspr des BGH zum **Begriff des Empfängers** in § 19 S. 3 TabStG aF ist im Steuerstrafrecht gleichwohl weiter anzuwenden. Eine Auslegung, die über den möglichen Wortsinn des Gesetzeswortlauts hinausgeht, ist auch dann unzulässig, wenn sie nach den dem nationalen Gesetz zugrundeliegenden EU-Richtlinien an sich geboten wäre (vgl dazu auch *Allgayer/Sackreuther* NZWiSt 2014, 235; *Weidemann* wistra 2013, 422). Dies wäre hier der Fall. Denn würde für die Steuerschuldnerschaft allein auf das Merkmal des Besitzes abgestellt, verlöre das einschränkende Merkmal „Empfänger" jegliche Bedeutung (glA *Weidemann* wistra 2013, 433; *Leplow* wistra 2014, 421, 423; vgl. auch *Rüsken* ZfZ 2014, 255). Eine abweichende Auslegung im Strafrecht anhand der Maßstäbe des Art. 103 II GG stünde auch nicht im Widerspruch mit der Rspr des BFH. Er hat ausdrücklich darauf hingewiesen (BFH 11.11.2014, BFH/NV 2015, 629), dass durch sein Urteil keine Entscheidung darüber getroffen sei, ob § 19 TabStG aF im Hinblick auf eine mögliche Strafbarkeit aus § 370 I Nr. 2 AO aus strafrechtlicher Sicht den Anforderungen des Art. 103 II GG entspreche. Bei einer Anknüpfung an den bloßen Besitz wäre dies jedoch nicht der Fall. Zwar kann nach dem allgemeinen Sprachgebrauch als „Empfänger" jede Person verstanden werden, an die etwas Bestimmtes gerichtet ist bzw. an die etwas Bestimmtes übermittelt wird. Der Wortsinn des Wortes „Empfänger" ergibt sich hier aber aus dem Kontext mit den übrigen Formulierungen in § 19 TabStG aF. Danach ist nach einer Steuerentstehung durch Verbringen oder Versenden aus einem anderen Mitgliedstaat der Europäischen Union Steuerschuldner der Tabaksteuer u. a. „der Empfänger, sobald er Besitz an den Tabakwaren erlangt hat". Es kommt somit auf die Besitzerlangung vor Abschluss des Verbringungsverfahrens an. Das Tatbestandsmerkmal „Empfänger" hätte nach der Auslegung durch den BFH keine eigenständige Bedeutung; maßgeblich wäre allein der bloße Besitz. Jedenfalls für das Strafrecht ist damit eine richtlinienkonforme Auslegung des § 19 TabStG aF nicht möglich (vgl. auch *Jäger* DStJG 38, 29, 39).

400 In Umsetzung der Verbrauchsteuer-System-Richtlinie 2008/118/EG hat der Gesetzgeber § 19 TabStG aF mit Wirkung vom 1.4.2010 durch die Regelung des **§ 23 TabStG** ersetzt. Nunmehr wird der Besitzer ausdrücklich neben dem Empfänger genannt. Damit ist klargestellt, dass nicht nur der (erste) Empfänger, sondern auch jeder weitere Besitzer (zu gewerblichen Zwecken) Steuerschuldner wird. Nach der Rspr des BGH ändert dies aber nichts daran, dass nur der vor Beendigung des Verbringungsvorgangs erlangte Besitz an unversteuerten Tabakwaren eine Strafbarkeit wegen Steuerhinterziehung gem. § 370 Nr. 2 AO (nun iVm § 23 I 3 TabStG) begründen kann. Denn der nach Beendigung des Verbringungsvorgangs begründete Besitz an unversteuerten Tabakwaren werde allein durch den Tatbestand der Steuerhehlerei (§ 374 I AO) strafrechtlich erfasst. Mit den Strafnormen des § 370 I Nr. 2 und 3 AO und des § 374 I Var. 1, 2 AO werde zwar – zum Schutz desselben Steueranspruchs – unterschiedliches Tatunrecht sanktioniert, nämlich die Verletzung einer eigenen steuerrechtlichen Pflicht des Täters durch die Steuerhinterziehung durch Unterlassen (§ 370 I Nr. 2 und 3 AO) einerseits und die Perpetuierung des durch den Vortäter geschaffenen steuerrechtswidrigen Zustands durch den Tatbestand der Steuerhehlerei andererseits. Allerdings griffen beide Straftatbestände dergestalt ineinander, dass eine lückenlose strafrechtliche Verfolgung von vorsätzlich steuerrechtswidrigem Verhalten und damit eine effektive Durchsetzung des staatlichen Steueranspruchs gewährleistet sei (BGH 24.4.2019, BGHR AO § 370 Abs. 1 Nr. 2 Täter 6).

401 Die **Berechnung der verkürzten Tabaksteuer** bestimmt sich nach § 2 TabStG. Die tarifliche Tabaksteuer auf Zigaretten setzt sich aus einem *spezifischen Steueranteil* in Cent je Stück *sowie* einem *wertbezogenen Steueranteil* in Prozent des Kleinverkaufspreises zusammen. Zur Gewährleistung eines Mindeststeuerbetrages enthält das TabStG zudem einen Mindeststeuersatz je Stück. Zur Berechnung der Tabaksteuer bedarf es als Bezugsgrößen der Menge an Zigaretten in Stück und des Kleinverkaufspreises der Zigaretten. Für die Berechnung des Mindeststeuersatzes auf Zigarette bedarf es zusätzlich des gewichteten durchschnittlichen Kleinverkaufspreises.

402 Der **Kleinverkaufspreis** von Zigaretten (§ 3 I TabStG) ist derjenige Preis, den der Hersteller oder Einführer als Einzelhandelspreis für Zigaretten je Stück bestimmt. Wird nur der Packungspreis bestimmt, gilt als Kleinverkaufspreis der Preis, der sich aus dem Packungspreis je Stück ergibt. Dieser Kleinverkaufspreis gilt auch für die Tabaksteuer auf gefälschte Markenzigaretten; einem „Schwarzmarktpreis" kommt in diesem Zusammenhang keine Bedeutung zu (BGH 7.6.2004, wistra 348). Der gewichtete durchschnittliche Kleinverkaufspreis (§ 3 VII TabStG) kann dem elektronischen Bundesanzeiger entnommen werden. Das BMF macht dort im Monat Januar eines jeden Jahres mit Wirkung ab 15. Februar desselben Jahres die aus der Geschäftsstatistik (§ 34 TabStG) für das Vorjahr ermittelten gewichteten durchschnittlichen Kleinverkaufspreise für Zigaretten und Feinschnitt für Zwecke der Berechnung der Mindeststeuer auf diese Tabakwaren bekannt. Der gewichtete durchschnittliche Kleinverkaufspreis ist der Preis, der sich aus dem in Abschnitt 1.3 der zusammenfassenden Übersichten der Geschäftsstatistik für das Vorjahr angegebenen Kleinverkaufswert für Zigaretten, geteilt durch die dort angegebene Menge an Zigaretten, berechnet und unter Durchschnittspreise ausgewiesen wird. Abschnitt 1.3 ist der vom Statistischen Bundesamt unter www.destatis.de veröffentlichten Fachserie 14, Reihe 9.1.1. zu entnehmen. Bei Rauchtabak wird der Kleinverkaufspreis je Kilogramm bestimmt (§ 3 I TabStG). Zur Bestimmung des Kleinverkaufspreises s. auch *Bongartz/ Schröer-Schallenberg* VerbrauchStR Kap. K Rn. 25).

Für Zigaretten gelten gem. § 2 TabStG folgende **Tabaksteuersätze:**

– Bis 31.12.2021 beträgt der *tarifliche Steuersatz* 9,82 Cent je Stück und 21,69 % Prozent des Kleinverkaufspreises; von da an erhöht er sich stufenweise zum 1.1.2022, 1.1.2023 und 1.1.2025; zudem bestimmt § 2 II TabStG einen *Mindeststeuersatz*.

– Ab 1.1.2026 gelten folgende Steuersätze: *Tariflicher Steuersatz:* 12,28 Cent je Stück und 19,84 % des Kleinverkaufspreises; *Mindeststeuersatz:* 100 Prozent der Gesamtsteuerbelastung durch die Tabaksteuer und die Umsatzsteuer auf den gewichteten durchschnittlichen Kleinverkaufspreis für Zigaretten abzüglich der Umsatzsteuer des Kleinverkaufspreises der zu versteuernden Zigarette, mindestens jedoch der Betrag, der sich aus § 2 I Nr. 1 Buchst. e TabstG ergibt.

Der Zeitpunkt der **Vollendung und Beendigung** einer Hinterziehung von Tabaksteuer hängt von der Begehungsform ab. Liegt die Hinterziehungshandlung in der pflichtwidrigen Nichtverwendung von Steuerzeichen (§ 370 I Nr 3 AO) gilt Folgendes: Da die Steuerzeichen verwendet sein müssen, wenn die Steuer entsteht (§ 17 I 3 TabStG), wird die Tabaksteuer mit der pflichtwidrigen, dh ohne Verwendung von Steuerzeichen vorgenommenen, Überführung in den steuerrechtlich freien Verkehr (§ 15 TabStG) verkürzt.

Im Übrigen hängen die Zeitpunkte der Vollendung und Beendigung einer Hinterziehung von Tabaksteuer davon ab, ob eine *Steueranmeldung* (§ 150 I 3 AO) oder eine *Steuererklärung* abzugeben war und ob der jeweilige Erklärungspflichtige eine Erklärung abgegeben oder dies unterlassen hat. Insoweit gelten die allgemeinen Grundsätze. Ob eine Steueranmeldung oder eine Steuererklärung abzugeben ist, ergibt sich aus den entsprechenden Bestimmungen des Tabaksteuergesetzes (zB § 17 II 1 TabStG: Steueranmeldung; § 17 III, § 23 I 3 TabStG: Steuererklärung). Die Wirkungen einer Steueranmeldung ergeben sich aus § 168 AO. Da in Fällen, in denen die Tabaksteuer auf eine Steuererklärung hin festzusetzen ist, mangels kontinuierlichem abschnittsbezogenem Veranlagungsverfahren kein allgemeiner Veranlagungsschluss festgestellt werden kann, ist bei einer Hinterziehung durch Unterlassen (§ 370 I Nr. 2 AO) die Tat vollendet, wenn bei rechtzeitiger Abgabe einer Steuererklärung mit der Bekanntgabe einer Steuerfestsetzung zu rechnen gewesen wäre. Sofern keine Anhaltspunkte für Besonderheiten ersichtlich sind, ist davon auszugehen, dass die Tabaksteuer unverzüglich nach Eingang der Steuererklärung festgesetzt worden wäre. Mit der Vollendung ist die Hinterziehung der Tabaksteuer in der Regel zugleich beendet. Werden Tabakwaren entgegen § 17 I TabStG ohne gültige Steuerzeichen (Steuerbanderolen) in das deutsche Steuergebiet verbracht, ist nach der Rspr des Bundesgerichtshof die dabei unter Verstoß gegen die Erklärungspflicht aus § 23 I TabStG begangene Hinterziehung von Tabaksteuer für den Versender oder Verbringer allerdings frühestens dann beendet, wenn die Tabakwaren die „gefährliche" Phase des Grenzübertritts passiert haben und der Verbringer oder Versender sein Unternehmen insgesamt erfolgreich abgeschlossen hat. Dies ist in der Regel dann der Fall, wenn die Tabakwaren ihren Bestimmungsort erreicht haben und dort „zur Ruhe gekommen" sind (vgl. BGH 2.2.2010, wistra 2010, 226 mwN; BGH 8.7.2014, wistra 2014, 486).

406 Besonderheiten gelten für den **Schwarzhandel mit Zigaretten** in geringerem Umfang. Gemäß § 37 I TabStG handelt lediglich ordnungswidrig, wer vorsätzlich oder fahrlässig Zigaretten in Verpackungen erwirbt, an denen ein gültiges Steuerzeichen nicht angebracht ist, soweit der einzelnen Tat nicht mehr als 1.000 Zigaretten zugrunde liegen. Die §§ 369 bis 374 der Abgabenordnung finden dann keine Anwendung.

407–420 *einstweilen frei*

c) Hinterziehung von Verbrauchsteuern auf Alkohol

421 Große Steuerschäden werden auch durch die Verkürzung der Verbrauchsteuern auf **Alkohol** (zB Biersteuer und Alkoholsteuer auf Alkoholerzeugnisse iSd § 1 II AlkStG) herbeigeführt. Die Verbrauchsteuern entstehen, wenn die Erzeugnisse in den steuerrechtlich freien Verkehr überführt werden. Dies geschieht zB durch Entnahme der Waren aus einem Verfahren der Steueraussetzung (etwa die steuerbefreite Beförderung), die – auch unrechtmäßige – Erzeugung von Waren außerhalb eines Verfahrens der Steueraussetzung und jede – auch unrechtmäßige – Einfuhr verbrauchsteuerpflichtiger Waren, sofern sie nicht einem Verfahren der Steueraussetzung unterstellt worden sind. Aufgrund des G v. 21.6.2013 (BGBl. 2013 I 1650) wurde das deutsche Branntweinmonopol in zwei Stufen (30.9.2013 und 31.12.2017) vollständig abgeschafft. Seit 1.1.2018 werden die bisherigen branntweinsteuerrechtlichen Vorschriften in veränderter Form im Alkoholsteuergesetz (AlkStG) fortgeführt.

422 Bei einer **Einfuhr** der Waren aus einem Drittland entstehen die Verbrauchsteuern (als Einfuhrabgaben) mit der Überführung in den freien Verkehr, sofern die Waren nicht am Ort der Einfuhr in ein Steueraussetzungsverfahren überführt werden. Zum Teil gelten die Zollvorschriften entsprechend (zB § 18 SchaumwZwStG; → Rn. 445).

423 Beim **Verbringen** von verbrauchsteuerpflichtigen Waren **zu gewerblichen Zwecken** aus dem freien Verkehr eines EU-Mitgliedstaates außerhalb von Beförderungen unter Steuerbefreiung (vgl. zB § 10 I BierStG) sind – weil keine Einfuhr gegeben ist – die Zollvorschriften nicht anzuwenden. Eine Steuerverkürzung liegt in solchen Fällen dann vor, wenn der Bezieher der Waren nach dem Verbringen in das deutsche Steuergebiet nicht unverzüglich eine Steuererklärung abgibt (vgl. zB § 20 V 1 BierStG). Erzeugnisse, die eine Privatperson für ihren Eigenbedarf in anderen Mitgliedstaaten im steuerrechtlich freien Verkehr erwirbt und selbst in das Steuergebiet befördert (private Zwecke), sind steuerfrei (vgl. zB § 19 I BierStG).

424 Verbrauchsteuern werden auch dadurch verkürzt, dass etwa in Biersteuererklärungen (§ 15 I 1 BierStG) unrichtige Angaben über Bierausgänge gemacht werden oder unter Steueraussetzung transportiertes Bier (§§ 11, 12 BierStG) **dem Steueraussetzungsverfahren entzogen** wird, ohne dass eine entsprechende Steueranmeldung abgegeben wird (§ 15 II BierStG). Dies gilt bei einem Entziehen verbrauchsteuerpflichtiger Waren aus einem Steueraussetzungsverfahren selbst dann, wenn die Waren nicht im deutschen Steuergebiet verbleiben, sondern plangemäß im Ausland (zB in Polen) abgesetzt werden. So entsteht etwa die Steuerschuld für Bier, das von Tschechien in einem Steueraussetzungsverfahren nach Deutschland transportiert worden ist, gem. § 14 II Nr. 4 BierStG bereits dann, wenn die ursprünglichen Beförderungspapiere über Alkohol durch neue Papiere über Chemikalien ersetzt werden. Denn ein Entziehen der Ware aus dem Steueraussetzungsverfahren liegt vor, wenn für die Zollbehörden die bestehende Kontrolle oder Kontrollmöglichkeit über die Waren beseitigt wird, so dass für sie die Eigenschaft der Waren als verbrauchsteuerpflichtig, aber unversteuert nicht mehr erkennbar ist (vgl. BGH 24.10.2002, wistra 2003, 100).

425 Die Steuer ist **durch Unterlassen** gem. § 370 I Nr. 2 AO **hinterzogen,** wenn der Steuerschuldner über die Waren, für die die Steuer entstanden ist, nicht unverzüglich eine Steuererklärung abgibt (zB § 15 I BierStG). Erklärungspflichtiger Steuerschuldner – und damit tauglicher Täter einer Steuerhinterziehung – ist der Versender und derjenige, der die Erzeugnisse aus der Beförderung entnommen hat, sowie jeder, der an der unrechtmäßigen

Entnahme aus dem Steueraussetzungsverfahren beteiligt war und wusste oder vernünftigerweise hätte wissen müssen, dass die Entnahme unrechtmäßig war (§ 14 IV Nr. 4 BierStG). Gegenüber der früheren Rechtslage (vgl. dazu BGH 24.10.2002, wistra 2003, 100, 102: nur die Mittäter einer Entziehung der Ware aus dem Steueraussetzungsverfahren) ist der Kreis tauglicher Täter damit deutlich erweitert. Wird also etwa Bier, das unter Steueraussetzung zur Ausfuhr zu befördern ist (§ 12 I BierStG), von dem Beförderungsfahrzeug abgeladen, ohne dass unverzüglich eine Steueranmeldung abgegeben wird, kommen als Täter einer Steuerhinterziehung durch Unterlassen nicht nur diejenigen Personen in Betracht, die die Abladung vorgenommen oder veranlasst haben, sondern auch der Versender sowie die Fahrer, wenn sie die Entnahme aus dem Steueraussetzungsverfahren ermöglicht haben. Die Entnahme stellt eine Unregelmäßigkeit bei der Beförderung (§ 14 II Nr. 4 BierStG) dar; die Steuerschuldnerschaft ergibt sich aus § 14 IV Nr. 4 BierStG, die strafbewehrte (§ 370 I Nr 2 AO) Pflicht zur unverzüglichen Abgabe einer Steueranmeldung aus § 15 I BierStG.

d) Hinterziehung von Energiesteuer

426 Energieerzeugnisse wie etwa Kraft- und Heizstoffe unterliegen der Energiesteuer (§ 1 EnergieStG). Für bestimmte Energieerzeugnisse kann jedoch ein Steueraussetzungsverfahren eröffnet werden (§ 4 EnergieStG). Sie dürfen dann mit behördlicher Erlaubnis zu bestimmten Zwecken, nicht aber als Heiz- oder Kraftstoff, steuerfrei verwendet werden (zB §§ 24, 25 EnergieStG). Im Falle einer **zweckwidrigen Verwendung** entsteht die Energiesteuer (zB § 30 EnergieStG). Der Steuerschuldner hat dann unverzüglich eine Steuererklärung abzugeben und muss darin die Steuer selbst berechnen. Kommt er dieser Verpflichtung nicht nach, macht er sich gem. § 370 I Nr. 2 AO einer Steuerhinterziehung durch Unterlassen strafbar (vgl. BGH 27.1.2015, NStZ 2015, 466).

427 Nichts anderes gilt für den Fall der sog. **Heizölverdieselung.** Denn gem. § 2 III Nr. 1 EnergieStG gilt für ordnungsgemäß gekennzeichnetes Gasöl (= Heizöl) im freien Verkehr ein ermäßigter Steuersatz. Es unterliegt nach § 61 EnergieStG der Steueraufsicht. Wer Heizöl, zB entgegen § 46 EnergieStV als Dieselkraftstoff, zweckwidrig verwendet, hat nach § 21 II 4 EnergieStG für die dabei entstandene Energiesteuer (§ 21 I EnergieStG) unverzüglich eine Steueranmeldung einzureichen. Unterlässt er dies, hinterzieht er iS von § 370 I Nr. 2 AO die durch sein Verhalten entstandene Energiesteuer.

428 Werden andere Energieerzeugnisse außerhalb eines Steuerlagers mit Energieerzeugnissen iS von § 4 EnergieStG vermischt und entsteht hierdurch als **Gemisch** ein Energieerzeugnis iS von § 4 EnergieStG, entsteht für die hinzugemischten Energieerzeugnisse die Energiesteuer, wenn das Gemisch als Kraft- oder Heizstoff oder als Zusatz oder Verlängerungsmittel hierfür abgegeben oder verwendet wird (§ 23 I Nr. 3 EnergieStG). Wird die beabsichtigte Verwendung nicht vorher dem Hauptzollamt angezeigt, hat der Steuerschuldner die entstandene Energiesteuer unverzüglich anzumelden (§ 23 VI 3 EnergieStG). Kommt er dieser Verpflichtung nicht nach, macht er sich wegen Steuerhinterziehung durch Unterlassen strafbar (BGH 27.1.2015, NStZ 2015, 466).

429 Dasselbe gilt, wenn **ermäßigt versteuerte Energieerzeugnisse** zu nicht begünstigten Zwecken abgegeben oder verwendet werden (§ 20 I EnergieStG; vgl. dazu BGH 16.1.2020, BGHSt 64, 252, 261).

einstweilen frei **430–435**

e) Hinterziehung von Kaffeesteuer

436 Die deutsche Kaffeesteuer ist unionsrechtlich nicht harmonisiert. Der Steuersatz für Röstkaffee beträgt derzeit 2,19 EUR je Kilogramm und für löslichen Kaffee 4,78 EUR je Kilogramm (§ 2 I KaffeeStG). Hinterziehungsanfällig ist vor allem der Versandhandel mit Kaffee aus dem EU-Ausland an Privatpersonen in Deutschland. Die Kaffeesteuer entsteht in solchen Fällen mit der Auslieferung des Kaffees an den Empfänger (§ 18 II 1, 2 KaffeeStG). Strafrechtlich von Bedeutung sind insbes. folgende Handlungspflichten: Hat der Versandhändler – wozu er verpflichtet ist – die Tätigkeit vorher angezeigt und in Deutschland einen Beauftragten benannt, hat der Beauftragte unverzüglich nach Entstehen der Kaffeesteuer eine Steueranmeldung abzugeben. Wird das Verfahren nicht eingehalten, hat der Versandhändler selbst für die Kaffeesteuer unverzüglich eine Steueranmeldung abzugeben (§ 18 V 5 KaffeeStG; vgl. auch BGH 18.1.2011, wistra 2011, 309).

f) Hinterziehung von Stromsteuer

437 Im Stromsteuerrecht gibt es Steuerbefreiungen, Steuerermäßigungen und Steuerentlastungen, insbes. für das produzierende Gewerbe. Werden solche Vergünstigungen in Anspruch genommen, obwohl deren Voraussetzungen ganz oder für Teilmengen nicht vorliegen, kommt eine Steuerhinterziehung durch Verletzung steuerlicher Erklärungspflichten in Betracht.

g) Verbrauchsteuerrechtliche Vermutungen

438 Verbrauchsteuerrechtliche Vermutungen haben strafrechtlich nur begrenzte Relevanz. Begründet etwa das Vorhandensein von Fehlmengen in einer Brauerei die Vermutung der Steuerschuldentstehung nach § 161 AO, darf im Strafverfahren nicht ohne weiteres von einer entstandenen Steuerschuld ausgegangen werden. Solche steuerlichen Fiktionen oder Beweisvermutungen zulasten des Steuerpflichtigen, die das abgabenrechtliche Verfahren erleichtern sollen, gelten im Strafverfahren nicht (BGH 16.1.2020, BGHSt 64, 252, 265 mwN; vgl. auch *Dürrer*, Beweislastverteilung und Schätzung im Steuerstrafrecht, 2010, S. 97 mwN). Bestehen Zweifel an der Entstehung der Steuerschuld, ist insoweit nach dem *Grundsatz in dubio pro reo* zu verfahren (vgl. OLG Brandenburg 12.3.2003, StV 2004, 7).

439, 440 *einstweilen frei*

9. Einfuhr- und Ausfuhrabgaben

Schrifttum: *Lenkewitz*, Im Zollgrenzbezirk gefundenes Schmuggelgut und die strafrechtlichen Folgen seiner Nichtgestellung, ZfZ 1954, 353; *Stäglich*, Zur steuerstrafrechtlichen Nichtgestellung gefundenen Zollgutes, NJW 1954, 1431; *Reichwald*, „Besatzungsschmuggel" nach Beendigung des Besatzungsregimes, ZPr 1955, 124; *Mann*, Die steuer- und strafrechtlichen Folgen des Truppenschmuggels, ZfZ 1956, 233; *Fuchs*, Einzelfragen zum Truppenvertrag und Truppenzollgesetz, ZfZ 1956, 257; *ders.*, Versuchte und vollendete Steuerverkürzung im Reiseverkehr, ZPr 1957, 121; *Baur*, Beitrag zur Problematik des Truppenschmuggels, ZfZ 1957, 199; *Poschar*, Malzzoll und Zollhinterziehung, FR 1957, 312; *Pfaff*, Steuer-(Zoll-)straftaten und Steuer-(Zoll-)ordnungswidrigkeiten, StBp 1977, 212; *Harbusch/Sauer*, Justiz und Zoll, ZfZ 1978, 138; *Ellinger/Sticker*, Zollrechtliche und steuerstrafrechtliche Aspekte der Betäubungsmittelkriminalität, ZfZ 1978, 294; *Müller/Wabnitz*, Zoll- und Einfuhrumsatzsteuerhinterziehung beim Verbringen von Drittlandware über das Gebiet der DDR in die Bundesrepublik, NJW 1981, 155; *Baumann*, Zur Ahndung von Zollzuwiderhandlungen in EG-Mitgliedstaaten, ZfZ 1982, 226; *Bender*, Die Nichtgestellung im Zollgutversand durch den Warenempfänger als Zollstraftat/-bußtat, ZfZ 1988, 169; *Brenner*, Die Zollhinterziehung durch Unterlassen der Berichtigungspflicht durch den Zolldeklaranten, ZfZ 1988, 66; *Tiedemann*, Der Strafschutz der Finanzinteressen der Europäischen Gemeinschaft, NJW 1990, 2226; *Bender*, Zollhinterziehung nach der BuchmErfVO, ZfZ 1992, 66; *Funck-Brentano*, Gemeinschaftsrecht und Zollhinterziehung, EuZW 1992, 745; *Langer*, Umsatzsteuer im Binnenmarkt – Übergangsregelung ab 1.1.1993, DB 1992, 395; *Rendels*, Schwerpunkte des Verbrauchsteuer-Binnenmarktgesetzes, DStR 1993, 114; *Stumpf*, Das Umsatzsteuer-Binnenmarktgesetz, NJW 1993, 95; *Tiedemann*, Europäisches Gemeinschaftsrecht und Strafrecht, NJW 1993, 23; *Voelcker*, Das Umsatzsteuer-Binnenmarktgesetz in Grundfällen, DStR 1993, 103; *Weidemann*, Steuerhinterziehung durch den Importeur?, wistra 1993, 214; *Keßeböhmer/Schmitz*, Hinterziehung ausländischer Steuern und Steuerhinterziehung im Ausland, § 370 Abs. 6 und 7 AO, wistra 1995, 1; *Anton*, Zum Begriff des Entziehens aus zollamtlicher Überwachung, ZfZ 1995, 2; *Hampel*, Steuerhinterziehung bei Verbringen von Tabakwaren aus dem freien Verkehr eines Mitgliedstaates der EU in das Steuergebiet der Bundesrepublik Deutschland, ZfZ 1996, 358; *Schrömbges/Bahr/Neumann*, Das Verfahren ARGUS – Risikokategorie bei der Warenkontrolle von Erstattungswaren, ZfZ 1996, 362; *Janovsky*, Die Strafbarkeit des illegalen grenzüberschreitenden Warenverkehrs, NStZ 1998, 117; *Bender*, Rechtsfragen um den Transitschmuggel mit Zigaretten, wistra 2001, 161; *Gibhardt*, Hinterziehung von Umsatzsteuer im europäischen Binnenmarkt, 2001; *Bender*, Zur Hinterziehung der Branntweinsteuer durch Entziehung der Ware aus dem Steueraussetzungsverfahren, wistra 2003, 147; *Bender*, Gestellung, Zollanmeldung und Entziehen aus der zollamtlichen Überwachung in der jüngsten Rechtsprechung des BGH, ZfZ 2003, 255; *Bender*, Ist der Zigarettenschmuggel seit dem 4. März 2004 straffrei?, wistra 2004, 368; *Fuchs*, Nicht nur Fahrer und Beifahrer können verbringen und daher gestellungspflichtig sein, ZfZ 2005, 284; *Bender*, Der EuGH und das Zollstrafrecht, wistra 2006, 41;

Klötzer, Modernisierung des Zollkodex – Der Weg zum europäischen Zollstrafrecht?, wistra 2007, 1; *Weidemann*, Verbrauchsteuern als Fälligkeit- und Veranlagungsteuern unter dem Blickwinkel des Steuerstrafrechts, ZfZ 2008, 97; *Allgayer/Sackreuther*, §§ 52 ff. StGB: Konkurrenzen bei illegaler Einfuhr von Zigaretten, PStR 2009, 44; *Jäger*, Die Auswirkungen der Osterweiterung der Europäischen Union auf das deutsche Steuerstrafrecht, FS Amelung, 2009 S. 447; *Retemeyer/Möller*, Zollstraftaten und Zollordnungswidrigkeiten, AW-Prax 2009, 340; *Leplow*, Zoll- und Verbrauchsteuerstrafrecht: BGH-Rechtsprechung von Juni 08 bis Februar 11, PStR 2011, 207; *Möller*, Europäisches Strafrecht und das Zollstrafrecht, ZfZ 2011, 39; *Möller/Retemeyer*, Neues aus dem Zoll- und Verbrauchsteuerstrafrecht, ZfZ 2011, 288 und 2013, 313; *Weerth*, Das Zollstrafrecht und das Zollordnungswidrigkeitenrecht der EU-27 – ein Vergleich der unterschiedlichen Sanktionierung und ein Ausblick auf den MZK, ZfZ 2012, 173; *Harksen*, Zoll und Einfuhrumsatzsteuer in der Praxis, BB 2013, 2144; *Klötzer-Assion*, Zollkodex – Modernisierter Zollkodex – Unionszollkodex – Fortschritt oder Rolle rückwärts im Europäischen Zollrecht?, wistra 2014, 92; *Möller*, Hinterziehung von Einfuhrumsatzsteuer, AW-Prax, 2013, 27; *Lux*, Einführung in den Zollkodex der Union (UZK), ZfZ 2014, 178 (Teil I), 243 (Teil II), 270 (Teil III) u. 314 (Teil IV); *Weidemann*, Unrichtige Angaben in der CN-Erklärung: Strafbarkeit des Versenders?, PStR 2013, 188; *Leplow*, Abweichungen im Zoll- und Verbrauchsteuerstrafrecht vom Besteuerungsverfahren, wistra 2014, 421; *Leplow* Anmerkung zu BGH v 14.10.15 – 1 StR 521/14, wistra 2016, 77; *Möller/Retemeyer*, Erlöschen der Zollschuld nach dem UZK: Was ist mit der Zollverkürzung?, PStR 2018, 181.

a) Zölle

Seit Schaffung der Zollunion gibt es in der EU **keine nationalen Zölle der Mitgliedstaaten** mehr (Art. 28, 30 AEUV, früher: Art. 23, 25 EG); Zoll wird an den Binnengrenzen nicht mehr erhoben. Dies geschieht allein an den Außengrenzen der EU auf der Grundlage des Gemeinsamen Zolltarifs und eines EU-einheitlichen Zollrechts, geregelt im **Zollkodex der Union** (VO Nr. 952/2013/EU des Europäischen Parlaments und des Rates vom 9.10.2013 zur Festlegung des Zollkodex der Union, ABl. EU Nr. L 296/1, ber. Nr. L 287/90 = UZK), der in weiten Teilen erst am 1.5.2016 in Kraft getreten ist (vgl. dazu Art. 288 II UZK; zusf. *Klötzer-Assion* wistra 2014, 92). Zuvor galten der **Zollkodex** (VO Nr. 2913/92/EWG des Rates zur Festlegung des Zollkodexes der Gemeinschaften vom 12.10.1992, ABl. EG Nr. L 302/1) und seinen Durchführungsvorschriften. Das Zollverwaltungsgesetz (ZollVG) hat nur noch eine ergänzende Funktion. Bereits am 23.4.2008 war ein **Modernisierter Zollkodex** (MZK) beschlossen worden (VO Nr. 450/2008/EG des Europäischen Parlaments und des Rates v. 23.4.2008 zur Festlegung des Zollkodexes der Gemeinschaft, ABl. EU Nr. L 145/1), durch den die Rechtsvorschriften des Zollkodexes vereinfacht und die Zollverfahren gestrafft werden sollten. Bevor jedoch der Großteil der Vorschriften des MZK in Kraft treten konnte, trat der UZK an seine Stelle.

Zölle werden idR als Wertzölle in Höhe des Produkts aus Zollwert und Zollsatz erhoben. Dabei gibt der Wertzollsatz an, welcher Prozentsatz an Zoll von der Bezugsgröße Zollwert zu erheben ist. Daneben gibt es auch noch spezifische Zölle, deren Bemessungsgrundlage von bestimmten Maßeinheiten abhängig ist. Sie können auch mit Wertzöllen kombiniert sein. Der Zollsatz ergibt sich aus der VO Nr. 2658/87/EWG des Rates vom 23.7.1987 über die **zolltarifliche und statistische Nomenklatur** sowie den Gemeinsamen Zolltarif (ABl. EG Nr. L 256/1) und deren Anhängen. Mit dieser Verordnung wurde eine als „Kombinierte Nomenklatur" (KN) bezeichnete Warennomenklatur eingeführt, die sowohl den Erfordernissen des Gemeinsamen Zolltarifs als auch denen der Außenhandelsstatistik der EU entspricht. Zur Gewährleistung der Aktualität bestimmt Art. 12 dieser Verordnung, dass die Europäische Kommission jedes Jahr die vollständige Fassung der Kombinierten Nomenklatur mit den geltenden Zollsätzen zu veröffentlichen hat (s. zB die Durchführungsverordnung (EU) 2020/1577 der Kommission vom 21.9.2020 zur Änderung des Anhangs I der Verordnung Nr. 2658/87/EWG, ABl. EU Nr. L 361/1). Der elektronische Zolltarif kann über die Internetadresse http://www.ezt-online.de abgerufen werden. Die Ermittlung des Zollwerts bestimmt sich nach Maßgabe der Art. 70 ff. UZK.

Für die **Zollwertermittlung** stehen mehrere Methoden zur Verfügung, die in der vorgegebenen Reihenfolge zu prüfen sind (Art. 70, 74 UZK). Die vorrangige Grundlage für den Zollwert von Waren ist der Transaktionswert, dh der für die Waren bei einem

Verkauf zur Ausfuhr in das Zollgebiet der EU tatsächlich gezahlte oder zu zahlende Preis (Art. 70 I UZK). Bei dessen Ermittlung kann zB bei Zigarettengeschäften auf die Angaben von an den Geschäften beteiligten Personen, auf sichergestellte Rechnungen oder Verkaufserlöse oder auf Erkenntnisse aus der Telekommunikationsüberwachung zurückgegriffen werden. Kann der Zollwert nicht anhand des Transaktionswerts bestimmt werden, sind nachrangige Methoden der Zollwertbestimmung anzuwenden (Art. 74 UZK). Wenn keine dieser Methoden zur Ermittlung des Zollwerts geführt hat, ist der Zollwert zollrechtlich nach der sog. Schlussmethode, dh auf der Grundlage von in der Gemeinschaft verfügbaren Daten und unter Einsatz „sinnvoller Hilfsmittel" zu bestimmen (Art. 74 III UZK). Als letzte Methode bleibt damit die *Schätzung*. Anknüpfungspunkte für die Schätzung können dabei mangels besserer Erkenntnisse auch die von Zollverwaltung in Abhängigkeit von der Zigarettenmenge festgesetzten „Anhaltswerte" für die zollwertrechtliche Bewertung eingeschmuggelter Zigaretten und eingeschmuggelten Rauchtabaks sein. Die jeweils aktuellen Anhaltswerte sind in der Anlage 5 der Dienstvorschrift des Bundesministeriums der Finanzen für Strafsachen- und Bußgeldverfahren (StraBuDV) abgedruckt (s. dazu E-VSF-Nachrichten, Ausgabe 05/2018 Nr. 21 S. 7 vom 30.1.2018). Solche Wertansätze der Zollverwaltung, bei denen abgestuft nach der Menge der eingeführten Zigaretten feste Zollwerte zugrunde gelegt werden sollen, wenn der tatsächlich für die Zigaretten gezahlte Preis nicht nachgewiesen werden kann, dürfen allerdings nicht ungeprüft in das Strafverfahren übernommen werden. Vielmehr sind bei der Schätzung die vom Besteuerungsverfahren abweichenden strafrechtlichen Verfahrensgrundsätze (§ 261 StPO) zu beachten (st. Rspr; vgl. BGH 26.4.2001, wistra 2001, 308/309; BGH 7.6.2004, wistra 2004, 348; BGH 24.5.2007, wistra 2007, 345; BGH 19.7.2007, wistra 2007, 470; BGH 25.3.2010, wistra 2010, 228; BGH 13.7.2011, wistra 2011 28; vgl. auch Klein/*Jäger* AO § 370 Rn. 96a mwN).

444 Strafbar ist auch die **Hinterziehung von Antidumpingzöllen** (BGH v. 27.8.2010, wistra 2011, 70 mit Anm. *Möller/Retemeyer* wistra 2011, 143). Antidumpingzölle sind als Zölle Einfuhrabgaben iSv § 3 III (BFH 12.7.2007, BFHE 217, 351). Obwohl es sich bei Antidumpingmaßnahmen um wirtschaftspolitisch motivierte Maßnahmen handelt, ergibt sich ein Verbot der Bestrafung der Hinterziehung solcher Zölle nicht aus dem Allgemeinen Zoll- und Handelsabkommen (GATT 1994); denn die Strafbarkeit knüpft nicht an die Einfuhr, sondern an die unrichtige Anmeldung der aufgrund von EU-Verordnungen entstandenen Antidumpingzölle an (BGH 27.8.2010, wistra 2011, 70). Eine Bestrafung für begangene Verstöße kann auch noch dann erfolgen, wenn die Antidumpingmaßnahmen bereits wieder außer Kraft getreten sind. Zwar verlangt § 2 III StGB, dass das mildeste Gesetz anzuwenden ist, wenn das bei Beendigung der Tat geltende Gesetz – dazu zählen auch blankettausfüllende Normen – vor der Entscheidung geändert worden ist. Diese Norm greift aber nicht ein, weil es sich bei den EU-Verordnungen über Antidumpingmaßnahmen um Zeitgesetze iSv § 2 IV StGB handelt, die auch nach ihrer Aufhebung für den Regelungszeitraum fortgelten (BGH 27.8.2010, wistra 2011, 70).

b) Sonstige Einfuhrabgaben

445 Zu den Einfuhrabgaben gehören neben den Zöllen auch die bei der Einfuhr zu erhebenden **Verbrauchsteuern,** wie etwa die Tabaksteuer und die Einfuhrumsatzsteuer (→ § 373 Rn. 11). Für den Fall der Steuerentstehung durch Überführung in den steuerrechtlich freien Verkehr im Wege der **Einfuhr** verweisen die Verbrauchsteuergesetze entweder insgesamt (zB § 21 II UStG) oder teilweise – etwa hinsichtlich Fälligkeit und Steuerverfahren – auf die für Zölle geltenden Vorschriften (zB § 18 III SchaumwZwStG; § 21 III TabStG; § 15 III KaffeeStG; § 19b III EnergieStG). Über die Vorschrift des § 370 VI 1 AO werden auch verkürzte Einfuhrabgaben erfasst, die von dem Mitgliedstaat der Einfuhr verwaltet werden, wenn dies nicht die Bundesrepublik Deutschland ist. Maßgeblich sind dann zB bei „Zigarettenschmuggel" die Regelungen über die Tabaksteuer und die Umsatzsteuer des Einfuhrstaates. Zwar sind diese Abgaben für die Umsatzsteuer durch die Mehrwertsteuersystemrichtlinie (Richtlinie 2006/112/EG des Rates v. 28.11.2006 über das gemeinsame Mehrwertsteuersystem, ABl. EU Nr. L 347/1, zuletzt geändert durch Art. 1 der Richtlinie [EU] 2021/1159 vom 13.7.2021, ABl. EU Nr. L 250/ 1) und für die Tabaksteuer durch die Tabaksteuerrichtlinie (Richtlinie 2011/64/EU des Rates vom 21.6.2011 über die Struktur und die Sätze der Verbrauchsteuern auf Tabakwaren, ABl. EU Nr. L 176/24) weitgehend harmonisiert. Ob jedoch die jeweiligen nationalen Steuertatbestände die Erhebung von Einfuhrabgaben im Sinne des § 370 VI 1 AO regeln und ob die Vorschriften als Ausfüllungsnormen für die deutschen Blankettstraftatbestände hinreichend bestimmt sind, ist auf der Grundlage des deutschen Steuerrechts in einer vergleichenden Wertung festzustellen (BGH 25.9.1990, BGHR AO § 370 VI Eingangsabgaben 2 und BGH 8.11.2000, wistra 2001, 62). Sofern dies nicht der Fall ist, wird die Verkürzung der ausländischen Abgaben von den deutschen Steuerstraftatbeständen nicht erfasst (vgl. Art. 103 II GG).

Der Umstand, dass die entstandene Einfuhrumsatzsteuer bei der Umsatzsteuer sofort wieder als Vorsteuer abziehbar ist (§ 15 I Nr. 2 UStG), führt nicht dazu, dass die Einfuhrsteuer nicht hinterzogen werden könnte (BGH 26.6.2012, wistra 2012, 440 u. BGH 4.9.2013, wistra 2014, 25).

c) Ausfuhrabgaben

Ausfuhrabgaben werden derzeit in der EU nicht erhoben. Zum Begriff der Ausfuhrabgaben → § 373 Rn. 11). **446**

d) Zollstraftaten

Zollstraftaten sind solche Steuerstraftaten, die sich auf Einfuhr- und Ausfuhrabgaben **447** beziehen, also auf die für die Einfuhr und Ausfuhr von Waren zu entrichtenden Abgaben (Art. 5 Nr. 20, 21 UZK), darunter insbesondere die Zölle. § 3 III AO stellt klar, dass Einfuhr- und Ausfuhrabgaben nach Art. 5 Nr. 20, 21 UZK Steuern im Sinne der AO sind. Auf sie sind daher – soweit keine zollstrafrechtlichen Sonderregelungen eingreifen – die Vorschriften der §§ 369 ff. AO anwendbar. Zollstrafrechtliche Sondertatbestände im Rahmen der AO sind die §§ 372–374 AO; hinzu kommt als „zollrechtliche" Ordnungswidrigkeit der Tatbestand des § 382 AO (Gefährdung von Einfuhr- und Ausfuhrabgaben). Nach § 370 VI 1 AO sind die Vorschriften des § 370 I–V AO auch dann anwendbar, wenn sich die Tat auf Einfuhr- oder Ausfuhrabgaben bezieht, die von einem anderen Mitgliedstaat der EU verwaltet werden oder die einem Mitgliedstaat der Europäischen Freihandelsassoziation oder einem mit dieser assoziierten Staat zustehen. Da derartige Taten nach § 370 VII AO unabhängig vom Recht des Tatortes strafbar sind, können sie in Deutschland auch dann strafrechtlich verfolgt werden, wenn sie außerhalb Deutschlands begangen worden sind.

e) Erscheinungsformen der Hinterziehung von Einfuhrabgaben

In der Praxis von Bedeutung sind insbesondere folgende **Erscheinungsformen der 448 Hinterziehung** von Zöllen und anderen Einfuhrabgaben:

– Der Täter verbringt Waren über die Grenze und entzieht sich seiner Gestellungspflicht (Art. 139 UZK) in der Weise, dass er die Zollstelle umgeht. Er bewirkt dadurch, dass die Zollbehörde von dem Vorgang keine Kenntnis nehmen kann und daher von vornherein nicht in der Lage ist, einen Abgabenbescheid zu erlassen (sog. *Schmuggel über die grüne Grenze*). Insoweit bestehen zwar kriminologische Besonderheiten, aber keine strafrechtlich bedeutsamen Unterschiede gegenüber der Nichtabgabe einer förmlichen Steuererklärung durch einen Stpfl, der dem FA nicht bekannt ist (→ Rn. 259 ff.).
– Der Täter überschreitet die Grenze zwar an der Zollstelle, verneint aber die Frage des Beamten, ob er etwas zu verzollen habe (vgl. BayObLG 5.11.1996, wistra 1997, 111 m. abl. Anm. *Bender* wistra 1997, 233; typisch ist dies etwa bei *Schmuggel im Reiseverkehr.*
– Der Täter gestellt zwar die Ware, macht aber unrichtige Angaben über Menge, Stückzahl, Beschaffenheit oder Zollwert (typisch für *Abgabenhinterziehung im Importhandel*, möglich auch im Reiseverkehr).

– Der Täter gibt bei der Gestellung von Waren eine Zollanmeldung ab, in der versteckte oder durch besonders angebrachte Vorrichtungen *verheimlichte Waren* nicht enthalten sind (vgl. EuGH 4.3.2004 – C-238/02 und C-246/02, wistra 2004, 376 und EuGH 3.3.2005 – C-195/03, ZfZ 2005, 192, 194).

– Der Täter erwirbt im Inland von Angehörigen fremder Truppen Waren, die für die Verwendung durch die Truppe abgabenfrei eingeführt oder aus einem inländischen Herstellungsbetrieb entfernt worden sind, und unterlässt es, sie bei der Zollbehörde zu gestellen (sog. *„Besatzungs-„ oder „Truppenschmuggel"*).

449 Beim **„Durchschmuggeln" einfuhrabgabenpflichtiger Waren** sind nationale Besteuerungsinteressen nur dann nicht tangiert, wenn die Waren nicht in den freien Verkehr gelangen. Im freien Verkehr befinden sich die Waren aber schon dann, wenn sie bei der Einfuhr nicht gestellt worden sind und deshalb auch nicht in einem externen Versandverfahren (Art. 226 UZK) befördert werden. Eine Zollstraftat liegt auch dann vor, wenn die in einem Versandverfahren transportierten Waren der zollamtlichen Überwachung entzogen worden sind (vgl. Art. 79 UZK). Wird Deutschland in einem unionsrechtlichen Versandverfahren als Transitland genutzt, um verbrauchsteuerpflichtige Waren in ein nicht zur EU gehörendes Drittland zu schmuggeln, tauschen die Täter häufig die Frachtpapiere gegen solche über Waren aus, die dort mit keinen oder geringen Abgaben belastet sind (zB Chemikalien). Hiermit wollen sie verhindern, dass die Zollbehörden diejenigen des Drittlandes (Empfängerstaats) über die tatsächlich beförderte Ware unterrichten können. In solchen Fällen führt der Verstoß gegen die an die Entziehung der Ware aus dem Versandverfahren anknüpfende Erklärungspflicht zu einer Steuerhinterziehung im Sinne des § 370 I Nr. 2 AO; denn beim vorschriftswidrigen Austausch der Begleitdokumente entstehen regelmäßig Einfuhrabgaben (Art. 79 I Buchst. a UZK), die verkürzt werden, wenn sie nicht fristgemäß (Art. 104 f. UZK) buchmäßig erfasst werden (vgl. BGH 27.11.2002, wistra 2003, 266). Sind die Waren schon bei der Einfuhr in die EU nicht gestellt oder in die Zollanmeldung nicht aufgenommen worden, sind die Einfuhrabgaben wegen vorschriftswidrigen Verbringens der Waren in das Gebiet der EU nach Art. 79 I Buchst. a UZK entstanden (EuGH v. 3.3.2005 – C-195/03, ZfZ 2005, 192, 194). In Fällen des „Durchschmuggelns" ist allerdings der Tatvorsatz bezogen auf eine Steuerhinterziehung in Deutschland besonders zu prüfen, wenn die Transportbehältnisse während des gesamten Transports versiegelt geblieben sind. Ist die Ware nicht umgeladen worden, drängt es sich nicht ohne weiteres auf, dass der Täter davon ausgegangen ist, deutsche Einfuhrabgaben zu hinterziehen. Vielmehr könnte der Vorsatz eher auf die Verkürzung von Einfuhrabgaben des Landes gerichtet gewesen sein, in dem die Ware letztlich in den freien Verkehr gelangen sollte. Für eine Strafbarkeit wegen Steuerhinterziehung genügt jedoch auch hinsichtlich der in Deutschland verkürzten Abgaben bedingter Tatvorsatz.

450 Eine **Zollwertverkürzung** wird namentlich durch sog. Unterfakturierung begangen, dh durch unrichtige Zollanmeldung unter Vorlage fingierter Rechnungen, in denen ein niedrigerer als der in Wirklichkeit vereinbarte Preis ausgewiesen wird (vgl. zB BFH 16.3.1965, BStBl. III 269; LG Hildesheim 27.2.2008 – 15 KLs 5423 Js 68028/05 – betr. Holzimporte aus Russland, bestätigt durch BGH 22.9.2008 – 1 StR 347/08, BeckRS 2008, 20929). Diese Methode wird häufig angewendet bei Postsendungen aus dem Ausland mit Medikamenten, Kosmetika, Zuchtperlen, Werkzeugen, optischen Geräten, elektronischem Zubehör, Schallplatten, Jagdwaffen usw. an private oder auch gewerbliche Käufer im Inland, die dann mit separatem Brief richtige Rechnungen erhalten. Eine Ausfertigung doppelter Rechnungen entfällt oft bei der Unterfakturierung von Lieferungen zwischen in- und ausländischen Kapitalgesellschaften, die wirtschaftlich miteinander verbunden sind. Die durch Unterfakturierung beim ausländischen Verkäufer entstehenden Verluste und die beim inländischen Käufer entstehenden Gewinne gleichen sich handelsrechtlich in der Konzernbilanz aus. Auch wird die rechtswidrig erzielte Ersparnis von Einfuhrabgaben regelmäßig nicht durch das zwischen dem Ausland und Deutschland bestehende Ertragsteuergefälle beeinträchtigt. Vielmehr erhöht es den Tatanreiz, wenn die inländische Tochtergesellschaft mit Verlust arbeitet und die ausländische Muttergesellschaft den von ihr zu versteuernden Gewinn (in Höhe der Unterfakturierung) auf die Tochtergesellschaft verlagern kann.

Durch **Aufteilung des Rechnungspreises** kann der Zollbehörde ein unrichtiger Zollwert zB in der Weise vorgespiegelt werden, dass von dem ausgewiesenen Preis bereits Vorauszahlungen abgesetzt sind oder Vertriebskosten (Frachten, Versicherungen, Umschließungen, Provisionen) oder Lizenzgebühren nur auf einer der Behörde verheimlichten besonderen Rechnung erscheinen oder Teile des Kaufpreises als Kosten für Montage, Reparaturen, Marktforschung oder sonstige Dienstleistungen bezeichnet werden (vgl. *Bender/Möller/Retemeyer* Rn. C 932 ff.). Ferner kann die Feststellung des Zollwertes durch das Vortäuschen von Preisnachlässen, Einführungsrabatten usw. beeinträchtigt werden oder dadurch, dass anstelle der tatsächlich begründeten unmittelbaren Rechtsbeziehungen zwischen dem ausländischen Exporteur und dem inländischen Importeur das Eigenhandelsgeschäft eines inländischen Vermittlers vorgetäuscht wird, der die Ware angeblich auf eigene Rechnung zu einem niedrigeren Preis aus dem Ausland erworben und erst dann zu dem (von vornherein vereinbarten) Preis an den inländischen Abnehmer weiterveräußert hat.

Eine **falsche Tarifierung** kann durch unrichtige Anmeldung tariferheblicher Beschaffenheitsmerkmale herbeigeführt werden, zB durch Anmeldung gereinigter Bettfedern als roher Federn, Nickelanoden als Nickelkathoden, haltbarer Konserven als vorübergehend haltbarer usw. (weitere Beispiele aus der Praxis bei *Bender/Möller/Retemeyer* Rn. C 962 ff.). Von doppeltem Interesse sind vorgeblich antike Waren, zB Waffen und Teppiche, mit deren Falschanmeldung der Täter zugleich die Absicht verfolgt, anschließend mit Hilfe der zollamtlich bestätigten Falschanmeldung inländische Interessenten zu betrügen. Gelingt das Vorhaben der Falschanmeldung, so liegt eine mittelbare Falschbeurkundung iSd § 271 StGB nicht vor, da die Beweiskraft des Zollpapiers den Wert und die tarifliche Eigenschaft der Ware nicht umfasst (BGH 6.10.1965, ZfZ 1966, 82).

Wegen der unionsrechtlichen Bezüge muss ggf. ein **Vorabentscheidungsverfahren** beim EuGH durchgeführt werden (vgl. Art. 267 II AEUV). Der BGH als letzte nationale Instanz ist verpflichtet, ein solches Verfahren bei der Auslegung von Unionsrecht durchzuführen (Art. 267 III AEUV), wenn nicht zu entscheidungserheblichen Fragen bereits eine gesicherte Rechtsprechung des EuGH vorliegt oder die richtige Auslegung des Unionsrechts derart offenkundig ist, dass vernünftige Zweifel an der Entscheidung der gestellten Fragen nicht bestehen können (vgl. EuGH 6.10.1982, CILFIT, NJW 1983, 1257 und EuGH 15.9.2005, Slg. 2005, I-8151; BGH 24.10.2002, wistra 2003, 100; BGH 27.11.2002, wistra 2003, 266). Insofern ist der EuGH auch gesetzlicher Richter im Sinne des Grundgesetzes. Wird die Vorlagepflicht missachtet, kann deshalb der verfassungsrechtliche Anspruch auf den gesetzlichen Richter im Sinne von Art. 101 I 2 GG verletzt sein (vgl. BVerfG 12.6.1990, BVerfGE 82, 159, 193 ff.; BVerfG 11.1.2008, BVerfGE 13, 171; *Harms/Heine* in FS Hirsch, 2008, S. 85, 96).

Beispiele aus der Rechtsprechung
- Zum *Schmuggel über die grüne Grenze:* BGH 1.2.2007, wistra 2007, 224;
- Zum Schmuggel beim Grenzübergang *an der Zollstelle*
  – durch Verneinen der Frage nach mitgeführten Waren: BGH 15.7.1999, NStZ 1999, 609; BGH 12.8.1999, wistra 1999, 426; vgl. auch EuGH 23.9.2004 – C-414/02, Spedition Ulustrans, Slg. 2004, I-8633;
  – durch Anmeldung von Tarnware oder von nach Art und Beschaffenheit anderer Ware: BGH 26.9.2012, wistra 2013, 31; BGH 22.5.2012, wistra 2012, 350; BGH 30.10.2003, wistra 2004, 63; BGH 19.6.2003, wistra 2003, 389; BGH 16.2.1994, wistra 1994, 230; vgl. auch EuGH 4.3.2004, wistra 2004, 376; EuGH 3.3.2005, ZfZ 2005, 192; BFH 20.7.2004, ZfZ 2005, 13;
  – durch Verbergen von Zollgut in einem Kfz: BGH 5.4.1955, BGHSt 7, 291; BGH 21.7.1998, wistra 1998, 348;

- durch Mitführen von Treibstoff im Kraftstofftank: BGH 8.12.1955, BB 1956, 713; BGH 9.10.1959, ZfZ 1960, 272;
- durch Falschangaben zur Überführung von Nichtgemeinschaftswaren in das Nichterhebungsverfahren der Truppenverwendung (§ 2 III, § 3 TrZollG): BGH 24.6.1952, BGHSt 3, 40, 44 („US-Frachtgut");
- Zum Schmuggel *an der Zollstelle* bei Beendigung eines Versandverfahrens und Abfertigung für den freien Verkehr
  - durch Vorlage zu niedriger Rechnungen bei der Zollanmeldung (Unterfakturierung) bei Holzimporten aus Russland: LG Hildesheim 27.2.2008 – 15 KLs 5423 Js 68028/05, bestätigt durch BGH 11.9.2008 – 1 StR 347/08, BeckRS 2008, 20929.
- Zum Schmuggel *in andere EU-Mitgliedstaaten:* BGH 14.3.2007, wistra 262; BGH 1.2.2007, wistra 2007, 224; BGH 22.7.2004, wistra 2004, 475; BGH 30.10.2003, wistra 2004, 63; BGH 21.2.2001, wistra 2001, 263; BGH 8.11.2000, wistra 2001, 62.
- Zur Steuerhinterziehung durch *Entziehen von Nichtunionsware aus zollamtlicher Überwachung:* BGH 20.4.1999, NStZ 1999, 571 (zum Begriff der Bande überholt!); BGH 27.11.2002, BGHSt 48, 108 mit Anm. *Bender* ZfZ 2003, 255; vgl. auch zur Entziehung aus einem Steueraussetzungsverfahren BGH 24.10.2002, BGHSt 48, 52 mit Anm. *Bender* wistra 2003, 147.
- Zum Schmuggel durch *Nichtgestellen gefundenen Zollguts:* BGH 27.1.1953, BGHSt 4, 36; OLG Oldenburg 16.6.1953, ZfZ 1954, 155.
- Zum *Besatzungs- oder Truppenschmuggel*
  - hinsichtlich geschenkter Tabakwaren: OLG Braunschweig 19.9.1952, ZfZ 1953, 21; BayObLG 17.12.1959, ZfZ 1961, 84;
  - hinsichtlich als Pfand angenommener Tabakwaren: OLG Karlsruhe 30.7.1953, NJW 1954, 246;
  - hinsichtlich Kaffee, Tee, Tabakwaren, Spirituosen oder Lebensmittel, die von Angehörigen fremder Truppen erworben wurden: BGH 22.10.1953, BGHSt 5, 53;
  - durch unbefugtes Benutzen des PKW eines Mitglieds der Streitkräfte: BFH 31.10.1957, ZfZ 1958, 55;
  - durch Aufbewahren von Waren aus Besatzungsbeständen: OLG Köln v. 19.1.1954, ZfZ 1954, 158 und OLG Köln 8.4.1952, ZfZ 1954, 156;
  - durch Diebstahl von Truppengut: BGH 25.11.1959, BGHSt 13, 399; BFH 31.10.1957, ZfZ 1958, 53; OLG Bremen 9.1.1957, ZfZ 1957, 220.

455 Rechtliche Probleme wirft insbesondere der Umstand auf, dass in vielen Fällen der **Hinterziehung von Einfuhrabgaben** lediglich eine Steuerhinterziehung **durch Unterlassen** nach § 370 I Nr. 2 AO in Betracht kommt. Es ist dann die Frage zu klären, wer von den an der Tat Beteiligten verpflichtet war, eine entsprechende steuerliche Erklärung einzureichen (vgl. BGH 9.4.2013, BGHSt 58, 218). So wird etwa beim „Schmuggel" über die sog. grüne Grenze keine Erklärung abgegeben. Wird dagegen im normalen grenzüberschreitenden Verkehr die Ladung falsch deklariert, liegt eine Tat nach § 370 I Nr. 1 AO vor. Weiß der das Fahrzeug lenkende Lkw-Fahrer nicht um eine verborgene Zigarettenladung, ist der Hintermann mittelbarer Täter (§ 25 I 2. Alt. StGB) einer Steuerhinterziehung durch aktives Tun.

456 Schwieriger zu beantworten ist die Frage nach der **Strafbarkeit von Hinterleuten,** wenn die einfuhrabgabenpflichtige Ware – zB Zigaretten – von Fahrern, die von dem Schmuggelgut keine Kenntnis hatten, ohne Gestellung (Art. 5 Nr. 33 UZK) und unter Umgehung von Zollstellen, dh über die sog. grüne Grenze, in das Zollgebiet der EU eingeführt worden ist. Die aufgrund vorschriftswidrigen Verbringens nach Art. 79 UZK entstandenen Einfuhrabgaben sind dann wegen Verletzung der Pflicht zur Gestellung (Art. 139 UZK) der eingeführten Waren nicht festgesetzt und damit verkürzt worden. In einem solchen Fall hängt die Strafbarkeit der Hinterleute im Wesentlichen von der Art und Weise der Einfuhr sowie von Art und Maß der Kontrolle der Hinterleute über den konkreten Einfuhrvorgang ab (s. dazu BGH 1.2.2007, wistra 2007, 224). Die Fahrer der Transportfahrzeuge sind regelmäßig bereits deswegen als bösgläubig anzusehen, weil sie Waren aus einem Drittland unter bewusster Umgehung der Zollstellen in das Zollgebiet der

EU eingeführt haben. Die Hinterleute haben sich damit zumindest als Anstifter oder Gehilfen einer Steuerhinterziehung durch Unterlassen strafbar gemacht. Eine Strafbarkeit wegen täterschaftlicher Steuerhinterziehung kommt nach hergebrachter Dogmatik der Unterlassungsdelikte dagegen nur dann in Betracht, wenn die Hinterleute in eigener Person gestellungspflichtig waren. Denn Täter einer Steuerhinterziehung durch Unterlassen (§ 370 I Nr. 2 AO) kann nur derjenige sein, den eine besondere Pflicht zur Aufklärung der Finanzbehörden trifft (stRspr; vgl. nur BGH 9.4.2013, BGHSt 58, 218; s. auch → Rn. 47).

Da gem. Art. 40 ZK aF (im Gegensatz zu Art. 139 UZK) nur der **Verbringer** gestellungspflichtig war, muss bei vor dem 1.5.2016 durchgeführten Einfuhren für jede an einem „Schmuggel" beteiligte Person gesondert geprüft werden, ob sie als Verbringer einzustufen ist. Bei der Auslegung dieses rein unionsrechtlichen Begriffs sind die vom EuGH hierfür aufgestellten Grundsätze zu beachten. Den Begriff des „Verbringens" iSv Art. 38 ZK aF und Art. 40 ZK aF hat der EuGH für die nationalen Gerichte verbindlich ausgelegt: Danach „verbringen" bei der Einfuhr mit einem Kraftfahrzeug „diejenigen" Personen die Nichtgemeinschaftsware in das Zollgebiet der Gemeinschaft, „die die Herrschaft über das Fahrzeug im Zeitpunkt der Verbringung haben, nämlich u. a. die Fahrer, und zwar derjenige, der das Fahrzeug lenkt, und sein Beifahrer oder Ersatzmann, sofern er sich im Fahrzeug befindet. Ferner ist auch „eine andere im Fahrzeug befindliche Person" Verbringer, wenn nachgewiesen ist, dass sie hinsichtlich der Verbringung der Waren Verantwortung trägt (EuGH 4.3.2004, wistra 2004, 376). Entscheidendes Kennzeichen des in Art. 38 ZK aF und Art. 40 ZK aF bezeichneten Verbringers und alleiniger Anknüpfungspunkt für die Gestellungspflicht in Art. 40 ZK aF ist damit nach dem Wortlaut dieser Entscheidung die Herrschaft über das Fahrzeug bei der Einfuhr. Herrschaft über das Transportfahrzeug haben aber nicht nur der Fahrer, weil er das Fahrzeug steuert, und seine Begleiter im Fahrzeug, sondern kraft ihrer Weisungsbefugnis auch diejenigen Organisatoren des Transports, die beherrschenden Einfluss auf den Fahrzeugführer haben, indem sie die Entscheidung zur Durchführung des Transports treffen und die Einzelheiten der Fahrt (zB Fahrtroute, Ort und Zeit der Einfuhr) bestimmen. Deshalb ist nach der Rspr des BGH auch als Verbringer anzusehen, wer kraft seiner Weisungsbefugnis beherrschenden Einfluss auf das Transportfahrzeug hat, indem er die Entscheidung zur Durchführung des Transports trifft oder die Einzelheiten der Fahrt bestimmt (BGH 27.6.2018, NStZ 2019, 158). Wer den Auftrag für den Transport eines Containers gibt, eine Lagerhalle, die er zuvor selbst angemietet hat, als Lieferort vorgibt und im Gegensatz zu Spedition und Fahrer Kenntnis vom wahren Inhalt des Containers hat, hat in diesem Sinne Herrschaft über die transportierte Ware beim Verbringen (BGH NStZ 2019, 158).

Strafbarkeitslücken bestanden im Anwendungsbereich von Art. 40 ZK aF (dh bei Einfuhren vor dem 1.5.2016) allenfalls in Fallkonstellationen, in denen sich Hintermänner für das Verbringen in das Zollgebiet der EU vorsatzloser Fahrer bedienten, dabei selbst keine unmittelbare Kontrolle über die Einfuhr ausübten, aber regelhafte Abläufe ausnutzten, um die „Schmuggelware" im Zielland wieder entgegennehmen zu können. Ein derartiger Fall ist etwa dann gegeben, wenn die Hintermänner in einem Lkw-Anhänger mit besonderen Vorrichtungen ein festes Schmuggelversteck einrichteten, dort Zigaretten verbargen und nach Beladung mit Tarnware eine in das Schmuggelvorhaben nicht eingeweihte Spedition mit dem Transport an einen vorgegebenen Zielort im Zollgebiet der EU beauftragten. Bei einem solchen Sachverhalt machte sich bei Zugrundelegung der herrschenden Dogmatik der Unterlassungsdelikte keiner der Beteiligten strafbar, sofern die Einfuhr in das Zollgebiet der EU an einer Stelle vorgenommen wurde, an der keine Zollkontrolle stattfand.

Im **Anwendungsbereich des Unionszollkodex** (seit 1.5.2016) bestehen solche Strafbarkeitslücken nicht mehr. Denn Art. 139 UZK enthält eine **erweiterte Gestellungspflicht,** die neben dem Verbringer auch den Auftraggeber des Transports und denjenigen trifft, der die Verantwortung für die Beförderung in das Zollgebiet der Union übernommen hat (insb. den Spediteur).

f) Zollrechtliche Vermutungen und Nachweispflichten

460 **Zollrechtliche Vermutungen** haben ebenso wie Vermutungen im Verbrauchsteuerrecht (→ Rn. 438) strafrechtlich nur begrenzte Relevanz. Wird steuer- bzw. zollrechtlich die Entstehung einer Abgabe vermutet, darf im Strafverfahren nicht ohne weiteres von einer entstandenen Steuerschuld ausgegangen werden. Steuerliche Fiktionen oder Beweisvermutungen zulasten des Steuerpflichtigen, die das abgabenrechtliche Verfahren erleichtern sollen, gelten im Strafverfahren nicht (BGH 16.1.2020, BGHSt 64, 252, 265 mwN). Bestehen Zweifel an der Entstehung der Steuerschuld, ist nach dem Grundsatz *in dubio pro reo* zu verfahren.

461 Im Hinblick auf die Betragsgrenze für verkürzte Einfuhrabgaben beim sog. **Schmuggelprivileg** des § 32 ZollVG ist auch die sog. Schlussmethode nach Art. 74 III UZK nur modifiziert anwendbar. Es gelten die Grundsätze für die Schätzung im Strafverfahren (dazu → Rn. 121 ff.). Die Beschaffenheitsvermutung für alle angemeldeten Waren bei Teilbeschau (Art. 190 UZK) gilt im Strafverfahren – unabhängig davon, ob der Anmelder eine zusätzliche Zollbeschau verlangt hat (Art. 190 II 2 UZK) – ebenfalls nicht (so bereits zum früheren § 17 I ZG BGH 24.6.1987, wistra 1987, 292).

462 Dasselbe gilt für zollrechtliche **Nachweispflichten**. Bei diesen handelt es sich um Beweislastregeln, nach denen der betroffene Zollbeteiligte die ihm günstigen Umstände in bestimmter Form belegen muss. Für den strafrechtlichen Vorwurf der Zoll- oder Steuerhinterziehung bedarf es indes der in freier Beweiswürdigung gewonnenen tatrichterlichen Überzeugung, dass Einfuhrabgaben verkürzt worden sind (BGH 16.1.2020, BGHSt 64, 252, 265 mwN). Die fehlenden Nachweise können dabei allerdings im Rahmen der gebotenen Aufklärung indiziell zur Überzeugungsbildung herangezogen werden (BGH 22.4.1999, NStZ-RR 1999, 280; vgl. auch BGH 13.10.1994, wistra 1995, 67, 69).

463–480 *einstweilen frei*

10. Sonstige Besonderheiten

a) Steuerstraftaten im Erhebungs- und Vollstreckungsverfahren

Schrifttum: *Bansemer,* Steuerhinterziehung im Beitreibungsverfahren, wistra 1994, 327; *Gribbohm,* Zur Strafbarkeit der Verkürzung von steuerlichen Nebenleistungen im Beitreibungsverfahren, NStZ 1998, 572; *Grote,* Steuerhinterziehung außerhalb des Festsetzungsverfahrens und im Mineralölsteuerverfahren, 1989; *HL,* Steuerhinterziehung im Beitreibungsverfahren, DB 1992, 2065; *Kahlen,* Die „Vorteilserschleichung" im Beitreibungsverfahren, PStR 1999, 162; *Kasiske,* Tatbegriff und Zwangsmittelverbot bei wiederholter Steuerhinterziehung, HRRS 2013, 225; *Kottke,* Steuerhinterziehung im Erhebungs- und Beitreibungsverfahren, StB 1999, 63; *Olbing,* Steuerhinterziehung und Restschuldbefreiung, Stbg 2007, 275; *Wulf,* Steuerhinterziehung im Beitreibungsverfahren, Stbg 2013, 116.

481 **Durch wahrheitswidrig begründete Anträge auf Stundung** nach § 222 AO oder nach einer Sondervorschrift, wie zB § 28 ErbStG, wird ein (vorübergehender) nicht gerechtfertigter Steuervorteil erlangt, wenn die FinB in Kenntnis der wirklichen Liquiditätsverhältnisse keine Stundung gewährt oder erheblich höhere Raten gefordert hätte. Da gestundete Steuerforderungen zwar mit Zinsen (§ 234 AO) in Höhe von 0,15 % (§ 233a AO ab 2019, vorher: 0,5 %) pro Monat (§ 238 AO; zur Verfassungswidrigkeit des vorgeltenden Zinssatzes BVerfG 8.7.2021 NJW 2021, 3309), jedoch nicht mit Säumniszuschlägen belastet werden (§ 240 AO), bietet die Stundung, je nach Niveau des Marktzinses, einen Anreiz zur billigen Kreditbeschaffung (vgl. BFH 10.8.1961, BStBl. II 488; *Lohmeyer* FR 1964, 170; *Grote* 1989, 18 ff. mwN). In der derzeitigen Tiefzinsphase dürfte sich das allerdings kaum als Anreiz darstellen. Indessen kann von dem Erlangen einer Stundung als nicht gerechtfertigtem Steuervorteil nur gesprochen werden, wenn der Stpfl gegenüber dem FinB unwahre Angaben über seine Zahlungsfähigkeit macht (vgl. *Kottke* StB 1999, 64). Die unrichtige Erklärung kann auch durch unvollständige Information erfolgen, wenn etwa der Stpfl zwar wahrheitsgemäß auf den Rückgang seiner Umsätze hinweist, aber bewusst die begründete Erwartung verschweigt, in den nächsten, in den nämlichen Besteuerungszeitraum fallenden Monaten wieder erheblich höhere Umsätze zu erzielen. Kein Fall des § 370 I AO liegt vor, wenn der

Stpfl sich eine ESt-Vorauszahlung mit der zutreffenden Begründung stunden lässt, dass die Jahressteuerschuld bereits durch die bisherigen Vorauszahlungen gedeckt ist (vgl. BFH 29.4.1966, BStBl. III 369).

Wird durch unrichtige oder unterlassene Angaben ein **Steuererlasses** nach § 227 AO **482** bewirkt, so liegt zunächst einmal ein wirksamer Verwaltungsakt vor, der den Steueranspruch zum Erlöschen bringt (§ 47 AO). Die Rücknahmemöglichkeit (§ 130 II Nr. 3 AO) ändert an dem zu Unrecht gewährten vorläufigen Steuervorteil nichts (*Bender* Tz 63.3b). Der tatbestandliche Erfolg iSv § 370 IV AO ist eingetreten und damit der Tatbestand erfüllt.

Der Steuerpflichtige erlangt ebenso einen nicht gerechtfertigten Steuervorteil, wenn er **483** eine **einstweilige Einstellung der Zwangsvollstreckung** nach § 258 AO erreicht. Irrelevant ist, dass in diesen Fällen die Vollstreckung fortgesetzt werden kann, wenn sie zu einem späteren Zeitpunkt Erfolg verspricht. Das gilt auch für den Erlass, wenn das FA die unrichtigen Angaben des Stpfl erkennt und nach § 130 II Nr. 3 AO verfährt.

Im Zusammenhang mit der Vollstreckung kann Steuerhinterziehung durch jede **484** unrichtige oder pflichtwidrig unterlassene Erklärung begangen werden, die dazu führt, dass die zwangsweise Einziehung einer fälligen Steuer verhindert, das Zwangsverfahren verzögert oder das Vollstreckungsergebnis gemindert wird; das Erlangen einer bestimmten positiven Verfügung der FinB ist nicht erforderlich (RG 16.2.1937, RStBl. 387; BGH 1.3.1956, BStBl. I 441; *Hartung* JR 1956, 383). Es genügt zB die unrichtige Erklärung gegenüber der FinB über die wirtschaftliche Lage, das Einkommen oder die Vermögensverhältnisse, oder die Täuschung des Vollziehungsbeamten über das Vorhandensein pfändbarer Sachen. Auch in der Hingabe eines ungedeckten Schecks an die Finanzkasse oder den Vollziehungsbeamten (BGH 19.11.1956, 2 StR 416/56, zitiert bei *Herlan* GA 1958, 49) kann eine taugliche Tathandlung nach § 370 I Nr. 1 AO liegen, wenn der Aussteller seiner eigenen Erwartung zuwider zum Ausdruck gebracht hat, dass der Scheck bei Vorlage eingelöst werde. Die Hingabe eines Schecks enthält die schlüssige Erklärung, dieser sei bei Begebung gedeckt, oder zumindest bei Vorlage, oder werde jedenfalls trotz mangelnden Guthabens eingelöst (vgl. BGH 25.6.1952, BGHSt 3, 69; *Kottke* StB 1999, 64). Ist der Stpfl davon überzeugt, dass der Scheck bei Vorlage eingelöst wird und lassen unvorhergesehene Umstände den Scheck platzen, etwa eine unerwartete Kontenpfändung durch Dritte, so ist bereits der objektive Tatbestand nicht erfüllt. Es werden dann keine unrichtigen Angaben gemacht, weil die mit der Hingabe des Schecks erfolgte Erklärung aus der ex ante Sicht objektiv zutreffend war. Die später eintretenden Ereignisse machen die Erklärung nicht rückwirkend unrichtig.

Ist jemand wegen Steuerhinterziehung im Festsetzungsverfahren rechtskräftig verurteilt **484a** oder freigesprochen worden, so löst dies für die Hinterziehung derselben Steuern im Beitreibungsverfahren grundsätzlich keinen **Strafklageverbrauch** aus (BGH 21.8.2012, wistra 2012, 482). Anders kann dies möglicherweise sein, wenn das Gesamtgeschehen aus irgendeinem Grund nur als einheitliches Geschehen bewertet werden kann, so dass es sich um einen einheitlichen historischen Vorgang handelt. Der BGH hat zudem darauf hingewiesen, dass es sich um eine prozessuale Tat handelt, wenn nach Abgabe einer falschen Steuererklärung gegenüber der Veranlagungsstelle der FinB das Ziel der Steuerverkürzung in der Folge im Rechtsmittelverfahren weiterverfolgt wird (BGH 21.8.2012, NZWiSt 2012, 470, 471 mAnm *Stahl*). Zudem ist bei der Beurteilung des Strafklageverbrauchs die konkurrenzrechtliche Einordnung als tateinheitlich oder tatmehrheitlich lediglich ein Indiz, entscheidend ist die Bewertung des tatsächlichen Vorgangs, denn die materiell-strafrechtlichen Vorschriften (§§ 52 ff. StGB) können für die Geltung eines verfassungsrechtlichen Prozessgrundrechts keine Vorgaben machen (eingehend hierzu *Bülte* NZWiSt 2017, 49, 53 ff.).

Ein Erfolg im Sinne des § 370 IV 1 AO liegt bei der Steuerhinterziehung im Vollstre- **485** ckungsverfahren nicht schon dann vor, wenn die Verletzung der Erklärungspflicht eine Untätigkeit des Fiskus verursacht, sondern setzt voraus, dass damit aussichtsreiche Vollstreckungsmöglichkeiten vereitelt wurden (vgl. BGH 19.12.1997, wistra 1998, 180, 184 mAnm *Gribbohm* NStZ 1998, 573; *Klein/Jäger* § 370 Rn. 80, 85; FA Strafrecht/*Hardtke* 6/ 2 Rn. 53). Der Steueranspruch kann hier also nicht mit dem Nennwert angesetzt, sondern muss wirtschaftlich bewertet werden (*Grote* 1989, 62 ff.). Vereitelt der Stpfl die Vollstreckung einer Steuerforderung mit einem Nennwert von 100 zu einem Zeitpunkt, zu dem die pfändbare Habe 30 betrug, liegt nicht ein Schaden von 100, sondern von 30 vor. Die Feststellung eines Verkürzungserfolges setzt also eine Bewertung der pfändbaren Habe unter Beachtung der Schuldnerschutzvorschriften der ZPO voraus (BGH 19.12.1997, wistra 1998, 180; *Grote* 1989, 62 ff.; *Kottke* StB 1999, 65).

486 Da zum Tatbestand des § 370 I AO Tathandlung und Taterfolg gehören, genügt eine **unrichtige Erklärung** allein ebenso wenig wie die Verzögerung einer aussichtslosen Vollstreckung. An einem pflichtwidrigen Erklärungsverhalten fehlt es, wenn der Stpfl sich einer beabsichtigten Vollstreckungsmaßnahme gewaltsam widersetzt (vgl. RG 12.12.1935, RGSt 70, 10; RG 12.10.1937, RStBl. 1149) oder sich der Vollstreckung durch Flucht ins Ausland entzieht (*v. Claer* DStZ 1958, 99). Insofern ist Vorsicht bei der Übernahme älterer Rechtsprechung (vgl. 3. Aufl. Rn. 182) geboten. In der Hingabe wertloser Sicherheiten oder eines Schecks, um Vollstreckungsaufschub zu erreichen (RG 15.2.1926, RGSt 60, 97 f.) liegt zwar eine pflichtwidrig unrichtige konkludente Erklärung. Doch hängt der Eintritt eines Verkürzungserfolgs davon ab, ob sonst aussichtsreiche Vollstreckungsmaßnahmen möglich waren. Die Freigabe einer bereits gepfändeten Sache oder Forderung ist nur Taterfolg, soweit die gepfändete Sache auch verwertbar oder die Forderung werthaltig war. Ein Erfolg liegt vor bei der Erreichung der Freigabe von Pfandstücken, die das FA versteigern lassen wollte, soweit Rechte Dritter nicht entgegenstanden (vgl. RG 19.10.1936, RStBl. 1060). Die unrichtige Erklärung mag in diesen Fällen darin liegen, dass ein fingierter Sicherungsübereignungsvertrag vorgelegt wird (vgl. RG aaO sowie BGH 22.1.1953 zit. bei *Herlan* GA 1953, 151).

487 **Die Abtretung einer Forderung** an die FinB, die der Stpfl selbst einzieht, um den Betrag für sich zu verbrauchen, bevor das FA den Drittschuldner benachrichtigen kann (*Krah* StWa 1954, 153) erfüllt den Tatbestand der Steuerhinterziehung nur unter zwei Voraussetzungen. Zum einen muss der Stpfl bereits zum Zeitpunkt der Abtretung der Forderung die Absicht gehabt haben, den Betrag selbst einzuziehen. Nur dann ist es vertretbar, die täuschungsgeneigte Abtretung als taugliche Tathandlung, als unrichtige Erklärung über eine steuerlich erhebliche Tatsache, nämlich über die Erfüllungsbedingungen des Steueranspruchs anzusehen. Zum anderen muss ein tatbestandlicher Erfolg, eine Steuerverkürzung aufgrund der Tathandlung eingetreten sein. Das setzt hier voraus, dass die Vollstreckungsaussichten des Fiskus durch die Tathandlung feststellbar verringert worden sind. Hat der Stpfl den Plan, die Forderung trotz Abtretung selbst einzuziehen, erst später gefasst, ist die Einziehung der Forderung steuerstrafrechtlich nicht relevant, weil § 153 I AO außerhalb des Festsetzungsverfahrens keine Anwendung findet (→ Rn. 270 ff.). Ebenso irrelevant ist die heimliche Veräußerung einer vom FA gepfändeten oder dem FA zur Sicherheit übereigneten Sache (zur Rechtslage nach der RAO LG Braunschweig 18.3.1953, DStZ/B 280; AG Mannheim 2.1.1964, BB 1965, 233; aM BGH 1.3.1956, BStBl. I 441; LG Kassel 8.3.1954, DStZ/B 1954, 218; *Kessler* DStZ/B 1954, 218; *Henke* NJW 1967, 1006; 3. Aufl. Rn. 182). In diesen Fällen fehlt es an einer Tathandlung, weil der Stpfl durch die Veräußerung an Dritte nichts gegenüber der FinB erklärt. Anders kann das zu bewerten sein, wenn der Stpfl bereits im Zeitpunkt der Sicherungsübereignung an die FinB die Absicht hatte, den Gegenstand zu unterschlagen. Dann kann in der Übereignungserklärung eine konkludente Erklärung gesehen werden, keine Maßnahmen geplant zu haben, die den Vertragszweck konterkarieren (vgl. auch BGH 15.12.2006, NJW 2007, 784). Darin kann eine Erklärung über steuervollstreckungserhebliche Tatsachen gesehen werden. Im Übrigen bleibt es in diesen Fällen bei der Strafbarkeit wegen Pfandkehr bzw. Vollstreckungsvereitelung oder Unterschlagung.

488 **Unrichtige Angaben in einer eidesstattlichen Versicherung** nach § 284 AO sind nach den nämlichen Kriterien zu beurteilen (vgl. BGH 21.8.2012, wistra 2012, 482).

Wurde durch die Täuschung die Möglichkeit des Fiskus vereitelt, durch Zugriff auf die gegenwärtigen Vermögensgegenstände des Schuldners Steueransprüche zu realisieren (vgl. RG 29.8.1938, RStBl. 889; BGH 1.4.1960, BGHSt 14, 345, 348; BGH 13.2.1958, BGHSt 11, 223, 225 zu Arbeitseinkünften; vgl. auch BGH 15.12.1955, BGHSt 8, 399 f.; BGH 24.7.1968, NJW 1968, 2251), liegt auch ein Erfolg iSd § 370 IV 1 AO vor. Ist dies nicht feststellbar, mag ein Versuch der Steuerhinterziehung gegeben sein bzw. hat es mit der Strafbarkeit nach § 156 StGB sein Bewenden. Dies gilt insbes. dann, wenn der Stpfl nichtpfändbare Vermögensgegenstände verschwiegen hat, wenn nicht in diesen Fällen ohnehin schon die Strafbarkeit nach § 156 StGB entfällt (vgl. BayObLG 10.4.1991, wistra 1991, 230).

einstweilen frei **489, 490**

b) Hinterziehung „verfassungswidriger" Steuern

Schrifttum: *Deganhardt,* Kann die Hinterziehung verfassungswidriger Steuern strafbar sein? DStR 2001, 1370; *Meine,* Zu den strafrechtlichen Auswirkungen der Vermögensteuerentscheidung des Bundesverfassungsgerichts vom 22.6.1995, DStR 1999, 2101; *Rolletschke,* Nochmals: Die Vermögensteuerhinterziehung, DStZ 2001, 550; *Salditt,* Hinterziehung ungerechter Steuern, FS Tipke, 1995, 475; *Schlepp,* Hinterziehung von Vermögensteuer auf Neu- und Nachveranlagungszeitpunkte, DStZ 2001, 282; *Urban,* Steuerstrafrechtliche Konsequenzen des „Vermögensteuerbeschlusses" des BVerfG vom 22.6.1995, DStR 1998, 1995.

Mit Blick auf verfassungswidrige Steuergesetze (Zinsbesteuerung, Vermögensteuer) ist **491** zu unterscheiden: Stellt das BVerfG fest, dass ein Steuergesetz nichtig ist, so scheidet eine Strafbarkeit wegen Steuerhinterziehung aus. Der vermeintlich verkürzte Steueranspruch bestand ex tunc nicht und konnte nicht dem Schutz des Steuerstrafrechts unterliegen. Wird das Steuergesetz dagegen „nur" als mit dem Grundgesetz unvereinbar angesehen, so folgt daraus nicht, dass die Erhebung der Steuer rückwirkend verfassungswidrig war, sondern lediglich ab einem bestimmten Zeitpunkt unzulässig ist (zu dieser Unterscheidung BVerfG 22.6.1995, BVerfGE 93, 121, 133 f.). Nach der Entscheidung des BVerfG vom 22.6.1995 (BVerfGE 93, 121) und dem Entfallen der Vermögensteuer zum 1.1.1997 war heftig umstritten, inwiefern die (Bestrafung einer) Hinterziehung von Vermögensteuer überhaupt noch möglich war. Dabei war unstreitig, dass die *Erhebung* von Vermögensteuer für Zeiträume vor 1997 auch noch nach diesem Stichtag möglich ist (BFH 29.7.1998, BStBl. II 632; BVerfG 30.3.1998, NJW 1998, 1854).

Aber auch die Hinterziehung von Vermögensteuer wurde **weiterhin als strafbar** **492** **angesehen** (BGH 7.11.2001, BGHSt 47, 138 mAnm *Haass* NStZ 2002, 484; BayObLG 10.9.2002, wistra 2003, 117; HHS/*Peters* § 370 Rn. 67 ff.; vgl. auch *Rolletschke* DStZ 2001, 550; *Schlepp* DStZ 2001, 282; NdsFG 2.6.2003, EFG 2003, 1279). Hier entsteht allerdings das Problem, dass das BVerfG einerseits die Verfassungswidrigkeit des Steuergesetzes festgestellt hat, das Gesetz aber andererseits weiter Geltung beansprucht. Aus Letzterem kann gefolgert werden, dass auch eine Verkürzung der geschuldeten und von dem Verdikt der Verfassungswidrigkeit nicht unmittelbar betroffenen Steuer noch möglich sei. Wenn die Steuer weiterhin erhoben werden darf, bedarf sie grundsätzlich auch des Schutzes des Steuerstrafrechts, um nicht einen Steueranspruch „zweiter Klasse" entstehen zu lassen (vgl. OLG Hamburg 5.12.2000, wistra 2001, 113; OLG Frankfurt a. M. 15.6.1999, NJW 2000, 2368). Weil es sich bei dem Merkmal des Steueranspruchs nach zutreffender Auffassung um ein normatives Tatbestandsmerkmal handelt, kommt auch eine Anwendung von § 2 III StGB nicht in Betracht (vgl. LK-StGB/*Dannecker/Schuhr* § 2 Rn. 113; iE auch *Meine* DStR 1999, 2101; aA: *Degenhardt* wistra 2001, 1370, 1373 f.).

Selbst wenn damit der Tatbestand des § 370 I AO auch bei der Verkürzung von Steuern erfüllt ist, die auf einer später für mit dem Grundgesetz unvereinbar erklärten Rechtsgrundlage basieren, so stellt sich doch die Frage nach der Verhältnismäßigkeit einer Kriminalstrafe in diesen Fällen. *Ransiek* (Kohlmann/*Ransiek* AO, § 370 Rn. 1476 f.) hat darauf hingewiesen, dass die Sanktionierung der Verkürzung von Steuern, deren rechtliche Grundlage vornehmlich aus haushalterischen Gründen nicht für nichtig erklärt wurde, gegen den Schuldgrundsatz verstoße. Eine solche Steuer müsse aus dem Schutzbereich des

§ 370 AO ausgeschlossen werden. Darüber hinaus hat *Salditt* (FS Tipke, 1995, 475, 479) kritisiert, es könne kaum eine Steuer durch § 370 AO geschützt werden dürfen, deren Erhebung wegen des Verstoßes gegen die Belastungsgleichheit als mit der Verfassung unvereinbar angesehen wird, wenn die Strafvorschrift gleichzeitig dem Schutz genau dieser Belastungsgleichheit im Steuerrecht diene. Akzeptiert man *Salditts* Prämisse mit Blick auf das Rechtsgut des § 370 AO (→ Rn. 8), dann wäre eine Bestrafung in der Tat sinnwidrig. Aber auch im Übrigen steht die Verhältnismäßigkeit einer Strafbarkeit.

493 Soweit Zweifel an der Verfassungsmäßigkeit der **Besteuerung von Spekulationsgewinnen** bestanden, haben mehrere Entscheidungen des BFH und des BGH dahingehend Klarheit geschaffen, dass für die Jahre ab 1999 diese zu bejahen ist und damit auch eine Bestrafung zulässig ist. Lediglich für die Jahre 1997 und 1998 existiert keine steuerliche Regelung, so dass auch § 370 AO nicht eingreifen kann (→ § 369 Rn. 30).

494–500 *einstweilen frei*

VI. Vorsatz, Unrechtsbewusstsein

Schrifttum: *Bachmann,* Vorsatz und Rechtsirrtum im allgemeinen Strafrecht und im Steuerstrafrecht, 1993; *Backes,* Zur Problematik der Abgrenzung von Tatbestands- und Verbotsirrtum im Steuerstrafrecht, Diss. Köln 1981; *ders.,* Die Abgrenzung von Tatbestands- und Verbotsirrtum im Steuerstrafrecht, StuW 1982, 253; *Bülte,* Der Irrtum über das Verbot im Wirtschaftsstrafrecht, NStZ 2013, 65; *Dollinger,* Das Unrechtsbewußtsein im Steuerstrafrecht, BB 1952, 801; *Dörn,* Die Bedeutung der Prüfung von Vorsatz und Leichtfertigkeit im Steuerstraf- und Steuerordnungswidrigkeitenverfahren, Inf. 1990, 488; *Duttge,* Ein neuer Vorsatzbegriff?, HRRS 2012, 359; *Fissenewert,* Der Irrtum bei der Steuerhinterziehung, 1993; *Glöggler,* Irrtumsfragen im Steuerstrafrecht, NJW 1953, 488; *Haas,* Das Verhältnis der Schätzungen im steuerlichen Ermittlungsverfahren zum Steuerstrafverfahren, FS DAI, 2003, 469; *Hartung,* Schuldprobleme im Steuerstrafrecht, Aktuelle Fragen, S. 31 ff.; *v. d. Heide,* Tatbestands- und Vorsatzprobleme bei der Steuerhinterziehung nach § 370 AO, Diss. Bochum 1986; *Hoff,* Das Handlungsunrecht der Steuerhinterziehung, 1999; *Höll/Hinghaus,* Vorsatz und Leichtfertigkeit bei Indizienbeweis, PStR 2010, 223; *Joecks,* Vorsatz und Leichtfertigkeit, SAM 2012, 26; *Kuhlen,* Vorsätzliche Steuerhinterziehung trotz Unkenntnis der Steuerpflicht?, FS Kargl, 2015, 297; *Kuse,* Das Kompensationsverbot bei der Steuerhinterziehung, 2021; *Leise,* Irrtumslehre und steuerliches Straf- und Bußgeldrecht, DStR 1972, 556; *Lohmeyer,* Schuldprobleme im Steuerstrafrecht, GA 1966, 161; *Lohmeyer,* Die Schuld bzw. Vorwerfbarkeit bei Zuwiderhandlungen gegen Steuergesetze, DStZ 1974, 426; *Lüderssen,* Die Parteispendenproblematik – Vorsatz und Irrtum, wistra 1983, 223; *Lütt,* Das Handlungsunrecht der Steuerhinterziehung, 1988; *Löwe-Krahl,* Der subjektive Tatbestand des § 370 AO, PStR 2012, 66; *F. Meyer,* Der Verbotsirrtum im Steuerstrafrecht, NStZ 1986, 443; *F. Meyer,* Enthält der Tatbestand der Steuerhinterziehung ein ungeschriebenes Tatbestandsmerkmal, das jeglichen Verbotsirrtum ausschließt?, NStZ 1987, 500; *A. Müller,* Der Vorsatz und sein Nachweis im Steuerrecht und Steuerstrafrecht, AO-StB 2003, 385; *Netzler,* Der Verbotsirrtum im Steuerstrafrecht, 1961; *Pfaff,* Irrtum im Steuerstraf- und Bußgeldrecht, StBp 1979, 256; *Ransiek,* Vorsatz des Arbeitgebers bei Vorenthalten von Arbeitsentgelt und Lohnsteuerhinterziehung, PStR 2011, 74; *Ransiek/Hüls,* Zum Eventualvorsatz bei Steuerhinterziehung, NStZ 2011, 678; *Ransiek,* Blankettstraftatbestand und Tatumstandsirrtum, wistra 2012, 365; *Reck,* Täter, Irrtum und Vorsatz bei der Steuerhinterziehung im Unternehmen und im privaten Bereich, BuW 2001, 363; *Reiß,* Tatbestandsirrtum und Verbotsirrtum bei der Steuerhinterziehung, wistra 1987, 161; *Samson,* Irrtumsprobleme im Steuerstrafrecht, Grundfragen 1983, 99; *Schlüchter,* Zur Irrtumslehre im Steuerstrafrecht, wistra 1985, 43 ff.; *Singer,* Ehegattenverantwortlichkeit im Steuerstrafrecht, StuB 2002, 905; *Stieler,* Rechtsirrtum im Steuerstrafrecht, SJZ 1950, 527; *Stieler,* Der Bundesgerichtshof zur Frage des Rechtsirrtums im Steuerstrafrecht, BB 1953, 434; *Solka,* Vorsatz und Irrtum bei der Steuerhinterziehung, BLJ 2013, 19; *Thum/Selzer,* Die Strafbarkeit des Arbeitgebers bei illegaler Beschäftigung im Lichte der neuen Rechtsprechung des BGH, wistra 2011, 290; *Tiedemann,* Zur legislatorischen Behandlung des Verbotsirrtums in Ordnungswidrigkeiten- und Steuerstrafrecht, ZStW 79 [1969] 869; *Warda,* Die Abgrenzung von Tatbestands- und Verbotsirrtum bei Blankettstrafgesetzen, 1955; *Thomas,* Die Steueranspruchstheorie und der Tatbestandsirrtum im Steuerstrafrecht, NStZ 1987, 260; *Thomas,* Die Anwendung europäischen materiellen Rechts im Strafverfahren, NJW 1991, 2233; *Vogelberg,* Bedingter Hinterziehungsvorsatz eines verstorbenen Steuerpflichtigen, PStR 2000, 63; *Wegner,* Verabschiedet sich der Gesetzgeber von der „Leichtfertigkeit" im Wirtschafts- und Steuerstrafrecht?, HRRS 2012, 510; *Weidemann,* Ist der Steuerhinterziehungstatbestand ein Blankettgesetz?, wistra 2006, 132; *Weidemann,* Vorsatz und Irrtum bei Lohnsteuerhinterziehung und Beitragsvorenthaltung, wistra 2010, 463; *Welzel,* Irrtumsfragen im Steuerstrafrecht, NJW 1953, 486; *Welzel,* Der Verbotsirrtum im Nebenstrafrecht, JZ 1956, 238; *Wulf,* Bedingter Vorsatz im Steuerstrafrecht – Abschied von der „Steueranspruchslehre"?, Stbg 2012, 19.

501 Die Steuerhinterziehung kann **nur vorsätzlich begangen** werden. Das ergibt sich aus § 369 II AO, § 15 StGB. Dem Grundsatz nach muss sich der Vorsatz auf alle diejenigen tatsächlichen Umstände erstrecken, die den Tatbestand erfüllen, sowie bei normativen Tatbestandsmerkmalen die *„Parallelwertung in der Laiensphäre"* enthalten (→ § 369 Rn. 53). Dagegen gehört zum Vorsatz nicht die Kenntnis vom allgemeinen Verbotensein des Verhaltens. Jedoch ist ein allgemeines Unrechtsbewusstsein Voraussetzung für die Strafbarkeit, dessen Fehlen ein Verbotsirrtum nach § 17 StGB ist (→ § 369 Rn. 101).

Nach der als **Steueranspruchstheorie** bezeichneten Rechtsprechung (vgl. nur BGH 4.9.2019, wistra 2021, 76 Rn. 21) gehört zum Vorsatz der Steuerhinterziehung, dass der Täter den Steueranspruch dem Grunde und der Höhe nach kennt oder zumindest für möglich hält und ihn auch verkürzen will. Es handelt sich in der Sache aber nicht um eine Theorie, weil sie keine spezifische Lösung für das Steuerstrafrecht beinhaltet, sondern schlicht eine konsequente Anwendung des geltenden allgemeinen Strafrechts. Aus § 16 I 1 StGB ergibt sich, dass der Täter jeden Umstand kennen muss, der zum gesetzlichen Tatbestand gehört. Ob es sich dabei um einen tatsächlichen oder rechtlichen Umstand handelt, ist irrelevant (vgl. *Bülte* NStZ 2013, 65 ff.). Die gegen diese Lösung zeitweilig vorgebrachten Einwände (GJW/*Allgayer* AO § 369 Rn. 26) überzeugen nicht (vgl. nur *Kuhlen* FS Kargl, 2015, 297 ff.). Die Kritik an der Steueranspruchstheorie basiert auf der seit langem überholten (vgl. nur *Welzel* NJW 1953, 486) und mit dem Gesetzeswortlaut nicht zu vereinbarenden Auffassung, nur Tatsachenirrtümer könnten Tatbestandsirrtümer nach § 16 StGB sein und Rechtsirrtümer ausschließlich Verbotsirrtümer nach § 17 StGB.

Der BGH hatte dennoch Bedenken gegen die stRspr (seit BGH 13.11.1953, BGHSt 5, 90) formuliert (BGH 8.9.2011, wistra 2011, 465; siehe auch BGH 13.6.2013, wistra 2013, 471), seine Zweifel dann aber nicht nur rasch als unbegründet erkannt, sondern auch die zwingende Konsequenz aus § 16 StGB (vgl. *Radtke* in GS Joecks 543, 554 ff.) auch für § 266a StGB und Irrtümer über die pflichtbegründende Arbeitgebereigenschaft gezogen (angedeutet in BGH 24.1.2018, wistra 2018, 340; entschieden in BGH 24.9.2019, NJW 2019, 3532, 3533 ff.). Insofern weist der 1. Strafsenat ausdrücklich auf die Parallele zwischen § 370 I Nr. 2 AO und § 266a StGB hin. Die gegen diese Rechtsprechungsänderung als „steuerstrafrechtliche Interpretation" gerichtete Kritik in der Literatur (zB *Ceffinato* wistra 2020, 230, 232) gerät mit dem Gesetzeswortlaut in Konflikt, weil sie den Irrtum über das Tatbestandsmerkmal Arbeitgeber entgegen § 16 StGB als Verbotsirrtum behandeln will (vgl. LK-StGB/*Vogel/Bülte* StGB § 16 Rn. 39 ff.; eingehend HHS/*Peters* AO § 370 Rn. 453 ff.).

Zum Vorsatz der Steuerhinterziehung durch Handeln gehört das Wissen, dass der Täter pflichtwidrig unrichtig, unvollständig oder nicht erklärt und dadurch eine Steuerverkürzung entsteht, sei es durch zu niedrige oder verspätete Festsetzung oder durch verspätete Beitreibung, bzw. dadurch ein nicht gerechtfertigter Steuervorteil erlangt wird. Diese Merkmale muss der Täter allerdings nicht juristisch exakt subsumieren, sondern es reicht aus, wenn er die sozial-normative Bedeutung seiner Handlung in Bezug auf die gesetzlichen Vorgaben (sog. „Parallelwertung in der Laiensphäre") erkennt. Er muss daher insbesondere wissen, dass ein Steueranspruch gegen ihn oder einen anderen existiert, auf den er einwirkt (hM und stRspr seit BGH 13.11.1953, BGHSt 5, 90 ff.; BGH 4.9.2019, BeckRS 2019, 46436 Rn. 21; instruktiv *Radtke* in GS Joecks 543, 554 ff.) und ggf. Kenntnis von der Pflicht zur Abgabe der Steuererklärung haben. Die Anspruchsgrundlage muss er dagegen nicht kennen oder auch nur wissen, aus welcher Steuerart sich der Anspruch gegen ihn ergibt (HHS/unklar OLG Hamm 6.5.1970, ZfZ 1971, 340, das den Irrtum über die Einordnung eines Einfuhrgutes unter eine Warennummer des Zolltarifs ohne Begründung als Verbotsirrtum bezeichnet). Zu Recht verneint der BGH (8.3.1983, wistra 1983, 113) den Hinterziehungsvorsatz bei einem Steuerberater, der durch Vorlage unrichtiger Belege eine vermeintlich unrichtige Rechtsauffassung eines Steuerbeamten überwinden will (s. auch OLG Karlsruhe 17.8.1978, BB 1979, 1134; *Bachmann* 1993, 181; BGH 23.2.2000, wistra 2000, 217). Ebenso zutreffend hat der BGH den Steuerhinterziehungsvorsatz bei einem Irrtum über die Versicherungssteuerpflichtigkeit einer Leistung (§ 4 Nr. 10 UStG) abgelehnt (BGH 4.9.2019, BeckRS 2019, 46436 Rn. 23).

504 Zum Vorsatz der **Steuerhinterziehung durch Unterlassen** gehört darüber hinaus nach hM nur die Kenntnis der Tatsachen, die die Pflicht zur Erklärung gegenüber der Finanzbehörde begründen (Klein/*Jäger* AO § 370 Rn. 179; *Bachmann* 1993, 195; aA zutr. OLG Bremen 24.4.1985, StV 1985, 282). Dagegen brauche der Täter die Aufklärungspflicht selbst nicht zu kennen (→ § 369 Rn. 102). Das überzeugt jedoch kaum, weil die Pflichtwidrigkeit der Nichterklärung ein Tatbestandsmerkmal ist und daher vom Vorsatz umfasst sein muss. Wer nicht weiß, dass eine Pflicht existiert, kann nicht vorsätzlich pflicht*widrig* handeln. Daher führt auch die Unkenntnis der Pflicht eine Erklärung abzugeben zum Vorsatzausschluss nach § 16 I 1 StGB (vgl. LK-StGB/*Vogel/Bülte* StGB § 15 Rn. 60, § 16 Rn. 44a mwN; ebenso Tipke/Kruse/*Krumm* AO § 370 Rn. 129, der die Anwendung von § 16 StGB in diesen Fällen als „freiheitsgewährleistendes Ventil" bezeichnet). Im Tatbestandsirrtum, nicht im Verbotsirrtum befindet sich daher entgegen der wohl hM, wer weiß, dass er steuerpflichtige Umsätze macht, aber glaubt, er brauche keine UStVoranmeldung abzugeben (aA → § 369 Rn. 91; *Leise* DStR 1972, 558; *Bachmann* 1993, 194 f.). Nicht erforderlich ist aber die Kenntnis der exakten steuerrechtlichen Grundlagen einer Erklärungspflicht, hier reicht die grundsätzliche Kenntnis aus, zur Erklärung verpflichtet zu sein (vgl. *Joecks* SAM 2012, 26).

504a Ein **Tatbestandsirrtum** nach § 16 I 1 StGB, der den Steuerhinterziehungsvorsatz ausschließt, liegt dagegen auch nach der hM vor, wenn der Täter über Aufklärungspflichten gegenüber der Finanzbehörde (zB aus § 153 AO) irrt (eingehend HHS/*Peters* § 370 Rn. 455). Denn der Steuerhinterziehungsvorsatz verlangt die Kenntnis von dem Bestehen und dem Umfang der steuerrechtlichen Erklärungs- und Handlungspflichten (OLG Bremen 26.4.1985, StV 1985, 282, 283; *Thomas* NStZ 1987, 260, 263 f.; Kohlmann/*Ransiek* AO § 370 Rn. 665). Das ergibt sich daraus, dass die Vorschrift des § 370 I Nr. 2 AO die Verletzung der Pflicht ausdrücklich als Voraussetzung des objektiven Tatbestandes bezeichnet (HHS/*Peters* § 370 Rn. 458 ff.).

504b Das hiergegen vorgebrachte Argument, es gehe letztlich „um die Anforderungen an die Vermeidbarkeit des Gebotsirrtums" (→ 8. Aufl. § 370 Rn. 504), überzeugt nicht, denn für einen Tatbestandsirrtum spielt die Vermeidbarkeit schlicht keine Rolle. Vielfach basiert die Unkenntnis der Erklärungspflicht ohnehin auf der Unkenntnis des Steueranspruchs (ebenso Kohlmann/*Ransiek* AO § 370 Rn. 670), so dass es am Verkürzungsvorsatz fehlt (*Samson* Grundfragen S. 106 ff.).

504c Soweit im Irrtum über die Anwendbarkeit des Kompensationsverbotes ein Verbotsirrtum gesehen wird (*Bachmann* 1993, 181 f.), überzeugt das nicht. § 370 IV 3 AO beeinflusst unmittelbar das Tatbestandsmerkmal der Steuerverkürzung. Das bedeutet, dass der Täter, der weiß, dass der Steueranspruch aufgrund eines anderen Grundes zu ermäßigen ist, aber die Regelung des § 370 IV 3 AO nicht kennt, insofern nicht vorsätzlich handelt. Dass es sich hierbei um einen reinen Rechtsirrtum handelt, ist nicht von Relevanz, weil der Irrtum sich nicht auf die allgemeine Rechtswidrigkeit bezieht, sondern unmittelbar auf das Tatbestandsmerkmal der Steuerverkürzung (vgl. *Kuse* Kompensationsverbot, 2021, 254 ff.).

505 **Dem Täter fehlt das Unrechtsbewusstsein,** wenn er die Rechtswidrigkeit seines Verhaltens nicht kennt. Nur wenn dieser Irrtum nicht auf einem vorsatzausschließenden Tatumstandsirrtum beruht, also auf einem Irrtum über die allgemeine Rechtswidrigkeit, handelt es sich um einen (isolierten) Verbots- oder (bei Unterlassungsdelikten) Gebotsirrtum, der nach § 17 StGB zu behandeln ist. Davon ist der strafrechtlich unerhebliche sog. Strafbarkeitsirrtum zu unterscheiden. Weiß der Täter, dass sein Verhalten rechtswidrig ist, glaubt er aber irrig, das Verhalten sei nicht strafbar, so handelt er nach hM mit Unrechtsbewusstsein (vgl. LK-StGB/*Vogel/Bülte* StGB § 17 Rn. 15; Schönke/Schröder/*Sternberg-Lieben/Schuster* StGB § 17 Rn. 5; aM MüKoStGB/*Joecks/Kulhanek* StGB § 17 Rn. 14).

506 Für die Erfüllung des subjektiven Tatbestandes des § 370 I AO reicht **grundsätzlich Eventualvorsatz** aus (zum Begriff → § 369 Rn. 51). Soweit in der Voraufl. angenommen wurde, es sei problematisch, diese Vorsatzform ausreichen zu lassen, soweit die Erfüllung der Erklärungspflicht nur die Kenntnis von Rechtsnormen voraussetzt (→ Rn. 190 ff.), dürfte diese Kritik das voluntative Element des Vorsatzes unterschätzen. Eine Steuererklärung kann zwar unrichtig sein, weil der Stpfl von einer objektiv unzutreffenden Rechtsansicht ausgegangen ist, das führt aber selbst dann nicht zu einer Strafbarkeit wegen vorsätzlicher Steuerhinterziehung, wenn der selbstkritische Stpfl es für möglich gehalten hat, dass einzelne von ihm angewendete Rechtssätze auch anders ausgelegt werden können, als er es tut. In einem solchen Fall von Hinterziehungsvorsatz zu sprechen, wäre in der Tat wenig sinnvoll, würde aber auch den allgemeinen Anforderungen an den Vorsatz nicht gerecht. Voraussetzung für vorsätzliches Handeln ist neben dem Erkennen der möglichen Tatbestandserfüllung auch, dass er diese **Möglichkeit ernsthaft in Rechnung** stellt und die Tatbestandsverwirklichung billigend in Kauf nimmt (vgl. nur BGH 1.3.2018, BGHSt 63, 88 ff.; BGH 11.2.2020, NStZ 2020, 487 Rn. 11 ff.). Daher hat der BGH deutlich gemacht, dass auch im Wirtschaftsstrafrecht die Feststellung des bedingten Vorsatzes besonderer Sorgfalt bedarf, insbesondere soweit es das voluntative Element des Vorsatzes betrifft (BGH 16.4.2008, wistra 2008, 342, 343 unter Bezugnahme auf BGH 26.8.2003, BGHSt 48, 331, 348). Ein ernsthaftes Rechnen mit dem Erfolg (Wissenselement) scheidet nach dieser Rspr. aus, wenn der Täter seine rechtliche Bewertung für möglicherweise aber nicht mit überwiegender Wahrscheinlichkeit steuermindernd und unzutreffend hält. Ist er von der Richtigkeit seiner Auffassung überzeugt, so kann zudem selbst bei hoher Wahrscheinlichkeit einer anderweitigen Auslegung durch die Finanzbehörden nicht angenommen werden, er habe den Eintritt einer Steuerverkürzung billigend in Kauf genommen. Insofern wird in der Praxis oftmals vorschnell Hinterziehungsvorsatz bejaht (vgl. die berechtigte Kritik von *Rolletschke* in GJW/*Rolletschke* AO § 370 Rn. 23).

Neben dem Vorsatz setzt die Steuerhinterziehung keinerlei weitere subjektive Merkmale voraus. Abweichend von § 392 II RAO ist es nicht Voraussetzung, dass der Täter zum eigenen oder fremden Vorteil handelt. Soweit es die Tatvariante des Erlangens nicht gerechtfertigter Steuervorteile für sich *oder einen anderen* in § 370 I AO betrifft, stellt diese Formulierung klar, dass Täter nicht nur sein kann, wer sich selbst einen Vorteil verschafft, sondern auch jeder Dritte (vgl. HHS/*Peters* AO § 370 Rn. 427 mwN).

einstweilen frei

VII. Teilnahmehandlungen

Schrifttum: *App,* Beihilfe zur Steuerhinterziehung, StB 1993, 189; *App,* Beihilfe zur Steuerhinterziehung durch Sachgebietsleiter, StB 1993, 189; *Behr,* Die Strafbarkeit von Bankmitarbeitern als Steuerhinterziehungsgehilfen bei Vermögenstransfers ins Ausland, wistra 1999, 245; *Bielefeld/Prinz,* Riskante Hilfe zur Hinterziehung deutscher Steuern aus dem Ausland, DStR 2008, 1122; *Bilsdorfer,* Aktuelle und permanente Probleme im Spannungsfeld von Bank, Kunden und Finanzamt, DStR 1996, 1953; *Burkhard,* Ehegattenverantwortlichkeit im Steuerstrafrecht, DStZ 1998, 829; *Burkhard,* Keine Ehegattenverantwortlichkeit im Steuerstrafrecht, DStZ 2002, 750; *Dörn,* Fragen des Steuerstraf- und Steuerordnungswidrigkeitenrechts bei Beauftragung eines Steuerberaters, DStZ 1993, 478; *Dörn,* Steuerstraf- oder bußgeldrechtliche Verantwortlichkeit des Steuerberaters, wistra 1994, 290; *Dörn,* Ermittlungen des Finanzamts bei dauerndem Getrenntleben von Eheleuten, StB 1997, 197; *Dörn,* Beihilfe des Steuerberaters zur Steuerhinterziehung des Mandanten, BuW 1999, 295; *Flücken,* Der Steuerberater als Täter der Steuerhinterziehung (und anderer Straftaten), Stbg. 1987, 294; *Gallandi,* Die strafrechtliche Haftung von Bankangestellten, wistra 1988, 295; *Gast-de Haan,* Strafrechtliche Risiken der Steuerberatung, Harzburger Protokoll 1992, 25; *Gössel,* Probleme notwendiger Teilnahme bei Betrug, Steuerhinterziehung und Subventionsbetrug, wistra 1985, 125; *Harzer/Vogt,* Mitarbeit von Banken an Steuerhinterziehungen – Ein Problem der Beihilfekausalität, StraFo 2000, 39; *Hassemer,* Professionelle Adäquanz, wistra 1995, 41, 81; *Hillenbrand,* Scheckwechslergeschäfte als Mittel zur Steuerhinterziehung, wistra 2003, 375; *Jakobs,* Regreßverbot beim Erfolgsdelikt, ZStW 89 (1977), 1; *Joecks,* Die Stellung der Kreditwirtschaft im steuerstrafrechtlichen Ermittlungsverfahren gegen Kunden, WM 1998, Beilage Nr. 1; *Kaligin,* Steuerfahndung bei Banken, WM 1996, 2267; *Kottke,* Zum Mitunterzeichnen der Einkommensteuererklärung durch den Ehegatten bei nicht deklarierten Bankzinsen, FR 1998, 683; *Kottke,* Tafelgeschäfte, NWB Fach 21, 1357 (10/1999); *Lohmeyer,* Der Steuerberater als Täter oder Teilnehmer einer Steuerzuwiderhandlung, Stbg 1985, 297; *Löwe-Krahl,* Steuerstrafrechtliche Risiken typischer Banktätigkeiten, Diss. Kiel 1989; *Löwe-Krahl,* Beteiligung von Bankangestellten an Steuerhinterziehungen ihrer Kunden, wistra 1995, 201; *Löwe-Krahl,* Steuerhinterziehung bei Bankgeschäften, 2. Aufl. 2000; *Marx,* Steuerstraf- und bußgeldrechtliche Verantwortung des Steuerberaters, DStR 1993, 1901; *Meyer-Arndt,* Beihilfe durch neutrale Handlungen?, wistra 1989, 281; *A. Müller,* Ehegatten im Steuerstrafrecht: Mitunterzeichnung der Steuererklärung, AO-StB 2005, 147; *Philipowski,* Steuerrechtliche Probleme bei Bankgeschäften, Grundfragen 1983, 131; *Podewils/Hellinger,* Strafrechtliche Risiken für steuerliche Berater, DStZ 2013, 662; *Ransiek,* Pflichtwidrigkeit und Beihilfeunrecht. Der Dresdner Bank-Fall und andere Beispiele, wistra 1997, 41; *Reinisch,* Die steuerstrafrechtliche Bedeutung des Mitunterzeichnens der Einkommensteuererklärung durch den Ehegatten, DStR 1965, 589; *Rogat,* Die Zurechnung bei der Beihilfe, 1997; *Rolletschke,* Die steuerstrafrechtliche Verantwortlichkeit des einen Antrag auf Zusammenveranlagung mitunterzeichnenden Ehegatten, DStZ 1999, 216–219; *Rolletschke,* Nochmals: Die Steuerhinterziehung eines Ehegatten durch Mitunterzeichnung der gemeinsamen Steuererklärung, DStZ 2000, 677; *Rolletschke,* Einmal mehr: Die Steuerhinterziehung eines Ehegatten durch Mitunterzeichnung der gemeinsamen Steuererklärung, wistra 2002, 454; *Samson/Schillhorn,* Beihilfe zur Steuerhinterziehung durch anonymisierten Kapitaltransfer?, wistra 2001, 1; *Singer,* Ehegattenverantwortlichkeit im Steuerstrafrecht, StuB 2002, 905; *Schaaf,* Die mögliche strafrechtliche Verantwortlichkeit des steuerlichen Beraters, AO-StB 2012, 349; *Streck/Mack,* Steuerpflicht von Zinserträgen aus Luxemburg, Stbg 1993, 25; *Tag,* Beihilfe durch neutrales Verhalten, JR 1997, 49; *Vahrenbrink,* Die vorgeleistete Begünstigung (§§ 257, 258 StGB) – Zugleich ein Beitrag zur Kausalität der Beihilfe, 1997; *Voßmeyer,* Von der Weitsicht eines Bankers – Bemerkungen zur Tragweite des Gehilfenvorsatzes, DStR 1998, 842; *Weyand,* Strafbarkeitsrisiko des Steuerberaters: Buchführungs- und Bilanzdelikte im Insolvenzverfahren, StuB 1999, 178; *Wohlleben,* Beihilfe durch äußerlich neutrale Handlungen, 1997; *Wulf,* Steuerhinterziehung bei zusammenveranlagten Ehegatten (§ 26b EStG) – Praxisprobleme und Lösungen, Stbg 2009, 165.

1. Allgemeines

511 Bei Anstiftung oder Beihilfe zur Steuerhinterziehung ist weder der Kreis der möglichen Teilnehmer noch die Art der Teilnahmehandlung durch Besonderheiten des Steuerstrafrechts beschränkt. So kann eine Anstiftung zur Steuerhinterziehung durch Unterlassen auch durch eine Person begangen werden, die selbst nicht Steuerpflichtiger ist (→ Rn. 32 f.). Der **Anstifter** verursacht die Haupttat, indem er den Tatentschluss des Haupttäters hervorruft (→ § 369 Rn. 79). Der **Gehilfe** wirkt an der Haupttat durch psychische oder physische Unterstützung mit, ggf. auch durch Stärkung des Tatentschlusses (→ § 369 Rn. 79). Probleme ergeben sich in diesem Zusammenhang namentlich daraus, dass viele potentielle Teilnehmer sich im Rahmen ihres üblichen Geschäftsgebarens bewegen und sich die Frage stellt, ob wegen sozialadäquaten Verhaltens eine Strafbarkeit entfallen muss. Diese unter dem Stichwort „objektive Zurechnung" (→ § 369 Rn. 48) in der allgemeinen Strafrechtsdogmatik intensiv erörterte Frage ist noch nicht annähernd beantwortet, so dass auch im steuerstrafrechtlichen Bereich eine Vielzahl offener Fragen existiert.

2. Teilnahmeformen

a) Anstiftung

512 Anstifter ist nach § 26 StGB, wer einen anderen vorsätzlich zu dessen vorsätzlicher Steuerhinterziehung bestimmt. Das ist zB dann der Fall, wenn ein Notar den Vertragschließenden rät, in einem Grundstückskaufvertrag zum Zwecke der „Steuerersparnis" den Kaufpreis niedriger anzugeben (RG 7.1.1924, RGSt 58, 54 ff.; vgl. auch RG 26.11.1925, RGSt 60, 6, 8; RG 25.11.1926, RGSt 61, 42 f.). Veranlasst ein Arbeitnehmer, der nicht mit der Einbehaltung von Lohnsteuer beauftragt ist, die Lohnbuchhalterin, vom Arbeitslohn eines Kollegen zu wenig Lohnsteuer einzubehalten, so begeht er eine Anstiftung zur Steuerhinterziehung (BayObLG 5.6.1967, GA 1968, 86). Die Lohnbuchhalterin ist (mittelbare) Täterin. Anstiftung zur Kfz-Steuer-Hinterziehung begeht ein Händler, der den Käufer eines neuen Pkw veranlasst, das Kennzeichen eines alten Fahrzeugs weiterzuverwenden (OLG Hamm 9.2.1960, ZfZ 1961, 88).

513 **Die Abgrenzung zwischen Mittäterschaft und Anstiftung** richtet sich nach den üblichen Kriterien (→ § 369 Rn. 77). Hiernach beurteilt sich auch, inwiefern etwa „*Gestaltungsempfehlungen*" des steuerlichen Beraters als Teilnahme oder Mittäterschaft zu qualifizieren sind (vgl. BGH 24.8.1983, wistra 1983, 252; 8.8.1985, wistra 1986, 27; 18.6.1991, wistra 1991, 343; 28.3.2007, wistra 2007, 261; Kohlmann/*Ransiek* AO § 370 Rn. 143).

514 Auch sog. **neutrale Handlungen** können Anstiftung zur Steuerhinterziehung sein. Empfiehlt etwa ein Bankmitarbeiter einem Kunden, sein Festgeld bei der ausländischen Tochtergesellschaft anzulegen, um den Zinsabschlag „zu sparen", mag dieses Verhalten bankentypisch sein, auch wenn der Bankangestellte damit rechnet, dass der Kunde diese Empfehlung zum Anlass nehmen wird, nunmehr sämtliche Kapitaleinkünfte nicht mehr in der inländischen Steuererklärung anzugeben. Diese Üblichkeit ändert aber nichts an der Strafbarkeit wegen Anstiftung, die im vorliegenden Fall naheliegt, wenn der Vorschlag ausdrücklich auf das „Sparen" von Steuern gerichtet ist (vgl. BGH 1.8.2000, BGHSt 46, 107; ferner *Kudlich* in FS Tiedemann, 211 ff.).

Letztlich gelten hier die gleichen Bedingungen, unter denen auch die Beihilfe durch sog. 514a neutrales Handeln strafbar sein kann (→ Rn. 525). Eine Strafbarkeit wegen **Anstiftung** zur **Lohnsteuerhinterziehung** kommt daher in Betracht, wenn der Täter einen Unternehmer zu Bedingungen beauftragt, unter denen die verlangte Tätigkeit offenkundig nicht kostendeckend durchgeführt werden kann und der Unternehmer deswegen aufgrund von Scheinselbständigkeitskonstruktionen u. a. Lohnsteuern nicht anmeldet (vgl. *Bülte/Hagemeier* NStZ 2015, 317 ff., HKVStrafR-HdB III/*Murmann* § 53 Rn. 68; diff. MüKo-StGB/*Joecks/Scheinfeld* StGB § 26 Rn. 62).

Der Anstifter muss die **Haupttat nicht in allen Einzelheiten** kennen, um den erforderli- 514b chen Teilnahmevorsatz zu entwickeln (BGH 21.4.1986, BGHSt 34, 63, 64 f. mwN; LK-StGB/*Kühl* StGB § 76 Rn. 5). Es ist ausreichend, wenn ihm die wesentlichen Dimensionen des Unrechts der Tat bekannt sind (*Roxin* AT II 26/136). Eine unbestimmte Aufforderung zur Begehung nicht näher bezeichneter Straftaten reicht jedoch nicht aus. Eine gewisse Kenntnis der Haupttat – deren Kriterien jedoch nach der Rspr. des BGH nicht abstrakt definiert werden können – muss gegeben sein, weil andernfalls das *„Erfordernis der Bestimmtheit derart ausgehöhlt"* würde, *„daß es seine Funktion, die strafrechtliche Haftung des Anstifters zu legitimieren, gleichzeitig aber auch zu begrenzen, nicht mehr erfüllen könnte. […] Der Vorsatz des Anstifters muß aber, ohne sämtliche Einzelheiten der auszuführenden Haupttat schon zu erfassen, jedenfalls soviel von den sie kennzeichnenden Merkmalen enthalten, daß die Tat selbst als konkret-individualisierbares Geschehen erkennbar ist. Da es hieran fehlt, ist eine Verurteilung des Angekl. wegen Anstiftung zur schweren räuberischen Erpressung mit Recht unterblieben."* (BGH 21.4.1986, BGHSt 34, 63, 64 f.).

b) Beihilfe

Beihilfe begeht, wer die vorsätzlich-rechtswidrige Haupttat vorsätzlich fördert oder 515 erleichtert (stRspr zB BGH 9.7.2015, NStZ-RR 2015, 343, 344; BGH 4.2.2016, NStZ-RR 2016, 136, 137; BGH 17.5.2018, NStZ 2019, 461; ferner → § 369 Rn. 79). Dabei fordert die Rechtsprechung keine Kausalität im engeren Sinne und lässt eine Beihilfe nur dann ausscheiden, wenn die Handlung, nicht geeignet war, die Haupttat zu fördern und erkennbar nutzlos war (BVerfG 8.2.2017, NJW 2017, 1460, 1461; bereits RG 18.3.1924, RGSt 58, 113 f.; ferner BGH 10.1.1956, BGHSt 8, 390 [392] – stRspr). Nach der Rspr. kann Beihilfe bis zur Beendigung der Straftat geleistet werden (vgl. nur BGH 1.9.1999, NStZ 2000, 31). Sie kann im Einzelfall auch durch ausschließlich psychische Unterstützung des Täters begangen werden, wenn der Täter durch die reine physische Anwesenheit des Gehilfen in seinem Tatentschluss bestärkt und ihm ein Gefühl der Sicherheit vermittelt wird. Jedoch muss die Tat objektiv gefördert oder erleichtert werden und der Gehilfe sich dessen bewusst sein. Das „reine Dabeisein" bei der Tat kann nur ausnahmsweise dann eine Beihilfe darstellen, wenn den potenziellen Gehilfen eine Rechtspflicht trifft, die Steuerhinterziehung zu verhindern, was zB bei Amtsträgern der FinB der Fall oder bei einem pflichtwidrigen Vorverhalten des Unterlassenen (Ingerenz) sein kann (vgl. BGH 20.12.1995, NStZ 1995, 563, 564). Dann wird die Beihilfe allerdings durch Unterlassen begangen, was zur Anwendung von § 13 II StGB führt.

Inwiefern jede **Ursächlichkeit für die Teilnahmestrafbarkeit** ausreicht, ist zweifelhaft 515a und heftig umstritten (zum Streitstand *Dannecker/Hagemeier*, Finanzstrafrecht 2008, S. 69 ff.). Diskutiert wird, ob unter dem Aspekt der objektiven Zurechnung bestimmte Verhaltensweisen auszugrenzen sind bzw. ob Aspekte der Sozialadäquanz oder professionellen Adäquanz eine Rolle spielen (→ Rn. 518 ff.). Letztlich ist aber nicht die soziale Üblichkeit entscheidend, weil sich auch ein offenkundig illegales Handeln in der Praxis eingeschliffen haben kann, sondern die Unrechtsneutralität der Handlung (iE ebenso BGH 26.1.2017, NStZ 2017, 461 f.). Maßgeblich ist also, ob die Beihilfehandlung bereits eine spezifische Gefahr für das mit der Haupttat verletzte Rechtsgut schafft. Unrechtsneutralität scheidet daher aus, wenn es um die strafrechtliche Beurteilung der Handlung eines Garanten geht, denn dieser ist auf Posten gestellt, um den Erfolg zu verhindern und kann daher nicht „neutral" handeln, weil bereits sein Unterlassen tatbestandlich ist. Sein aktives Tun und Unterlassen sind stets gefahrspezifisch.

516 **Bei Schmuggel** liegt ein Rückgriff auf Aspekte der Sozialadäquanz eher fern, weil die in Frage kommenden Handlungen regelmäßig nicht unrechtsneutral sind. Wer Verstecke in Hohlräumen eines Kfz anfertigt (OLG Köln 20.1.1959, ZfZ 1960, 276), leistet Beihilfe zur Hinterziehung von Einfuhrabgaben. Wer als Zollbeamter einen wahrheitswidrigen Schlussabfertigungsvermerk auf einem Zollbegleitschein erteilt (BGH 11.12.1952, ZfZ 1953, 86; ähnlich BGH 11.1.1959, BGHSt 7, 149) oder unter Verletzung der Garantenpflicht duldet, dass ein Schmuggler über das Zollgitter eines Freihafens klettert (OLG Bremen 10.8.1950, ZfZ 1950, 367), macht sich der Beihilfe zur Steuerhinterziehung schuldig. Aber auch hier stellt sich die Frage nach der Sozialadäquanz, wenn der Täter Schmuggler zum Eingang des Freihafens befördert und von dort wieder aufnimmt (OLG Bremen 5.10.1955, ZfZ 1955, 371), wenn der Täter Schmuggelware von einem grenznahen Lagerungsort abholt (BGH 21.6.1955, BGHSt 8, 70) oder der Täter es gestattet, dass Schmuggler das Zollgut auf einem grenznahen Anwesen verstecken (BGH 24.5.1955, ZfZ 1955, 256). Die Frage ist, ob sich der entsprechende Täter im Rahmen seiner professionellen Adäquanz bewegt. Handelt es sich beispielsweise bei der Person, die Schmuggler zum Eingang des Freihafens befördert, um einen Taxifahrer, mag Sozialadäquanz in Betracht kommen (→ Rn. 520 f.).

517 **Bei Besitz- und Verkehrsteuern** ist die Grenze zur Strafbarkeit jedenfalls dort überschritten, wo das Verhalten des Teilnehmers sich nur noch als auf die Förderung einer fremden Steuerhinterziehung gerichtetes Handeln verstehen lässt. Dies ist etwa der Fall, wenn ein Lieferant mehrere Rechnungen statt einer erteilt, um dem Abnehmer die sofortige Absetzbarkeit der angeschafften Sache nach § 6 II EStG zu ermöglichen (LG Kassel 12.9.1955, NJW 1956, 35) oder Waren ohne Rechnung oder unter falschem Empfängernamen liefert, um solchermaßen das Nichtverbuchen der Eingangsrechnungen zu erleichtern (vgl. OLG Köln 26.9.1958, NJW 1958, 2078; BFH 21.1.2004, wistra 2004, 313; siehe auch FG Rheinland-Pfalz 7.1.2015, wistra 2015, 284).

518 **Nach welchen Regeln** die Bestimmung für die Haupttat förderlicher Teilnahmehandlungen zu erfolgen hat, ist noch nicht abschließend geklärt. Die Literatur kennt u. a. eine Unterbrechung der objektiven Zurechnung bei Risikoverringerung (*Roxin/Greco* § 11/53 ff.), fehlender Gefahrschaffung (*Roxin/Greco* § 11/55 ff.), in den Fällen des erlaubten Risikos (*Roxin/Greco* § 11/65 ff.), unter dem Begriff des fehlenden Schutzzwecks der Norm (*Roxin/Greco* § 11/84 ff.) und die Zuordnung zum fremden Verantwortungsbereich (*Roxin/Greco* § 11/137 ff.). Weitere Fälle – etwa die Förderung fremder Selbstgefährdung u. ä. – sind für das Steuerstrafrecht nicht von Relevanz. *Hassemer* (wistra 1995, 45) erwähnt als „ausbaufähige Lehren" erlaubtes Risiko, Schutzzweck der Norm und soziale Adäquanz. Bei der Übertragung dieser Zurechnungslehren ist jedoch Vorsicht geboten, weil bei der Beihilfe zumindest nicht die Kausalitätsmaßstäbe angelegt werden, für die die Lehre von der objektiven Zurechnung entwickelt wurde.

518a Insoweit könnte eine „Unterbrechung der Zurechnung" namentlich in Betracht kommen, wenn der potenzielle Teilnehmer ein äußerlich neutrales, *„unauffälliges"* Verhalten an den Tag legt (*Jakobs* AT S. 762), die Beihilfehandlung von der Haupttat weit entfernt ist, beispielsweise nur auf das Stadium der Vorbereitung bezogen ist (*Schuhmann* 1986, 57 f.), der Handelnde keine Tatherrschaft aufweist (*Hirsch* ZStW 1962, 98), der Gehilfe sich nicht äußerlich erkennbar mit dem Haupttäter solidarisiert hat (*Schuhmann* 1986, 60 ff.) oder die Zurechnung zum Unrecht unverhältnismäßig wäre (*Löwe-Krahl* 1989, 114 ff.; zusammenfassend *Hassemer* wistra 1995, 45). *Hassemer* hat in Zusammenhang mit der Adäquanz banktypischen Handelns den Begriff der **„professionellen Adäquanz"** geprägt (wistra 1995, 84 ff.). Die „leges professionis" gäben einen Rahmen vor. Indizien für das Verlassen des Bereichs professioneller Adäquanz seien etwa die Umstellung des Angebots auf Leistungen, die für den Bereich der

Profession neu seien und fremd blieben und zugleich als Voraussetzungen krimineller Zielverfolgung angesehen werden müssten, der Aufbau eines Systems, dessen Funktion nicht mit neutralen Zielen erklärt werden könne oder die Anpassung von Regelungen an fremde deliktische Pläne (wistra 1995, 86). Zu einer objektiven Regelveränderung müsse immer auch die Disposition des Handelnden treten, kriminelle Ziele zu verfolgen (wistra 1995, 86 f.).

Letztlich helfen alle diese Ansätze in der Regel kaum weiter. Der Ausschluss jedes **518b** unauffälligen Verhaltens aus der Strafbarkeit führt dazu, dass auch bewusste und gezielte Mitwirkungen an fremdem Unrecht straflos bleiben. Es dürfte kaum dem Telos der §§ 26, 27 StGB entsprechen, den besonders geschickt und daher unauffällig vorgehenden Gehilfen aus der Beihilfestrafbarkeit herauszunehmen, wenn er gezielt zur Förderung der fremden Tat handelt. Diese Kritik gilt auch für das Erfordernis der objektiven Solidarisierung mit dem Haupttäter als Kriterium für die Beihilfe. Überlegungen zur Tatherrschaft führen beim Gehilfen ebenso wenig weiter wie allgemeine Erwägungen zur Verhältnismäßigkeit. Der Gedanke der sozialen oder professionellen Adäquanz leidet schließlich daran, dass Kriterien für die Bestimmung der „Angemessenheit" fehlen. Oftmals ist berufstypisches Verhalten gerade nicht adäquat, sondern zumindest unangemessen oder sogar illegal, wie das Verhalten mancher Banken beim Werben um Kunden mit dem Angebot der Steuerhinterziehung gezeigt hat. Wenn es banktypisch und legal war, Kunden ein Nummernkonto einzurichten, um die Kapitalertragsteuer zu „sparen", so ändert diese Berufsüblichkeit nichts an der Strafbarkeit solchen Verhaltens als Beihilfe zur Steuerhinterziehung. Die Begriffe der „Sozialadäquanz" oder professionellen Adäquanz bringen damit wenig Klarheit.

Der **Bundesgerichtshof** (BGH 20.9.1999, wistra 1999, 459; BGH 1.8.2000, BGHSt **519** 46, 107 mAnm *Jäger* wistra 2000, 344; BGH 18.6.2003, wistra 2003, 385; BGH 22.1.2014, NZWiSt 2014, 139, 141 f.; BGH 21.8.2014, StV 2015, 83; BGH 26.1.2017, NStZ 2017, 461) vertritt die Auffassung, eine generelle Straflosigkeit von „neutralen", „berufstypischen" oder „professionell adäquaten" Handlungen komme nicht in Betracht. Daher seien die Begriffe auch nicht geeignet, strafbare Beihilfe von erlaubtem Handeln eindeutig abzugrenzen. Die Lösung der Problematik habe auf der Ebene des subjektiven Tatbestandes zu erfolgen. Ziele das Handeln des Haupttäters ausschließlich darauf ab, eine strafbare Handlung zu begehen, und **wisse der Hilfeleistende** das, so sei sein Tatbeitrag als Beihilfehandlung zu werten. Halte es der Hilfeleistende hingegen lediglich für möglich, dass sein Tun zur Begehung einer Straftat genutzt werde, so liege regelmäßig keine strafbare Beihilfehandlung vor, es sei denn, *„das von ihm erkannte Risiko strafbaren Verhaltens des von ihm Unterstützten war derart hoch, dass er sich mit seiner Hilfeleistung die Förderung eines erkennbaren tatgeneigten Täters angelegen sein ließ"* (BGH 20.9.1999, wistra 1999, 459). Diese Anknüpfung der Strafbarkeit an ein sicheres Wissen, also den direkten Vorsatz, findet sich auch in einer Entscheidung des BVerfG zur Strafbarkeit von Strafverteidigern durch Entgegennahme von Verteidigerhonorar wegen Geldwäsche nach § 261 StGB (BVerfG 30.3.2004, wistra 2004, 217; ferner in § 261 I 3 StGB seit 18.3.2021), in der allerdings bedingt vorsätzliches Verhalten *generell* aus dem Bereich strafbaren Handelns herausgenommen wird.

Der Nachteil dieser Lösung des BGH ist, der Bruch mit dem Grundsatz der Gleichbe- **519a** handlung der Vorsatzformen (vgl. *Roxin* AT II § 29 Rn. 219; ferner *Bülte* BB 2010, 607, 612). Obwohl §§ 26, 27 StGB nur von Vorsatz sprechen, soll der direkte Vorsatz anders behandelt werden als der Eventualvorsatz. Außerdem findet ein Rückbezug des subjektiven Tatbestandes auf objektive Risikoumstände statt, wenn zum Eventualvorsatz das so weit erhöhte Risiko der Förderung fremder Straftaten hinzukommen muss, dass das Hilfeleisten in Kenntnis dieser Situation als bewusstes Bemühen um die Förderung des fremden Unrechts erscheint. Damit wird eine strafrechtsdogmatisch nicht unbedenkliche eigenständige Vorsatzform zwischen dolus eventualis und dolus directus 2. Grades geschaffen. Brauchbare Lösungen für die Praxis und trotz aller begrifflichen Unklarheit mehr Sicherheit als die Lösungsvorschläge der Literatur schafft der BGH damit dennoch (krit. *Samson/ Schillhorn* wistra 2001, 1). Daher ist die von der Rspr. entwickelte Lösung die derzeit vorzugswürdige, auch weil sie in der Regel gut vertretbare Ergebnisse liefert.

3. Sonderfragen

a) Teilnahme durch Mitarbeiter/Werkunternehmer/Arbeitgeber/Vermieter

520 Bei der Mitwirkung von Angestellten an der Steuerhinterziehung des Arbeitgebers ist die Reichweite des § 27 StGB auch mit Blick auf die oben dargestellten Grundsätze problematisch:

Fertigt ein Mitarbeiter in Kenntnis der Sach- und Rechtslage die Reinschrift einer unrichtigen steuerlichen Erklärung oder bereitet die elektronische Abgabe vor, die sodann unterzeichnet und eingereicht oder versendet wird, so kann aus dieser Mitwirkung allein noch nicht zwingend auf eine strafbare Teilnahme geschlossen werden (BGH 13.4.1988, wistra 1988, 261). *"Eine für die Wertung als Beihilfe sprechende besondere Sachlage kann aber dann gegeben sein, wenn das ganze Unternehmen, an dem ein Helfer mitwirkt, ausschließlich darauf abzielt, einen Gewinn durch Steuerhinterziehung zu erreichen"* (BGH 13.4.1988, wistra 1988, 261). Der Abschluss eines Werkvertrages macht den Auftraggeber regelmäßig nicht zum Gehilfen der von den Werkunternehmern später begangenen Steuerhinterziehung (BGH 23.6.1992, wistra 1992, 299; vgl. aber → Rn. 514a). Wird durch den Abschluss eines Scheinvertrages eine (lohnsteuerpflichtige) Gehaltszahlung verschleiert, so kann darin eine Beihilfe zur Einkommensteuerhinterziehung des Gehaltsempfängers liegen (BGH 20.3.2002, wistra 2002, 221; s. auch BGH 7.11.2006, wistra 2007, 112). Bei einer Vermietung einer Garage an Schmuggler ist darauf abzustellen, ob diese Räume durch ihre besondere Beschaffenheit oder Lage eine Gefahrenquelle darstellen, die der Vermieter besonders zu sichern oder zu überwachen hätte (BGH 30.9.1992, wistra 1993, 59). Soweit der Vermieter jedoch sichere Kenntnis von der Nutzung der Räumlichkeit hat, wird man eine Beihilfe zum Schmuggel bejahen müssen.

521 Beihilfe leistet, wer es dem Kolonnenführer ermöglicht, seine Bauleistungen unter Einsatz nicht ordnungsgemäß bei dem zuständigen Finanzamt und den Sozialversicherungsträgern gemeldeter Arbeitnehmer „schwarz" zu erbringen, indem er eine nur zum Schein als Baufirma auftretende GmbH zur Verfügung stellt, nach Vorgaben des Kolonnenführers unter deren Firma Rechnungen an die Auftraggeber erstellt und nach Eingang der Zahlungen die entsprechenden Beträge nach Abzug einer „Provision" in Höhe von 8% an den Kolonnenführer weiterreicht, der diese Gelder teils selbst behält, teils zur Auszahlung von Schwarzlöhnen verwendet (BGH 5.6.2013, NZWiSt 2014, 235 mAnm *Gehm*).

b) Zusammenveranlagung von Ehegatten

522 Bei der Zusammenveranlagung von Ehegatten im Einkommensteuerrecht liegt eine Mittäterschaft eines Ehegatten nicht schon dann vor, wenn ein Ehegatte die Erklärung unterzeichnet, obwohl er weiß, dass der andere Ehegatte unrichtige Angaben zu seinen – des anderen Ehegatten – Einkünften gemacht hat (BFH 16.4.2002 BFHE 198, 66, 68ff.; OLG Karlsruhe 16.10.2007, wistra 2008, 35, 36; BGH 17.4.2008, wistra 2008, 310, 313; aM *Reichle* wistra 1998, 92 und *Rolletschke* DStZ 1999, 216, 218). Zwar lässt sich dieses Ergebnis nicht aus § 30 AO oder aus §§ 268 ff. AO (Aufteilung einer Gesamtschuld) herleiten (so zu Recht *Samson* 3. Aufl. Rn. 192; aM *Reinisch* DStR 1965, 589). Doch ergibt sich das Fehlen von Mittäterschaft daraus, dass sich die steuerliche Erklärungspflicht ausschließlich auf die eigenen Einkünfte und sonstigen Besteuerungsgrundlagen bezieht. Ein Ehegatte macht nur Angaben zu dem Sachverhalt, der seiner Wissenssphäre zuzurechnen ist (BFH 16.4.2002, BStBl. II 2002, 501) und erklärt daher nichts zu den Einkünften des jeweils anderen. Die Regelung über die Zusammenveranlagung von Ehegatten (§ 26 II EStG) ist nur der gesetzgeberische Versuch, die Steuersätze beider Ehegatten zu nivellieren (OLG Karlsruhe 16.10.2007, wistra 2008, 35, 36). Die Art der Veranlagung zeigt deutlich, dass auf der Ebene der Ermittlung der Einkünfte jeder Ehegatte selbstständig zu betrachten ist. Der (mit-)unterzeichnende Ehegatte gibt *seine* Steuererklärung ab und stimmt zugleich einer Zusammenveranlagung zu. Die Angaben des anderen fallen damit nicht in den Verantwortungsbereich des Mitunterzeichnenden (vgl. *Roxin/Greco* § 11/111). Die bloße Mitunterzeichnung ist keine Garantieerklärung (vgl. *Burkhard* DStZ 2002, 752).

522a Damit fehlt es also an einer isoliert tauglichen Tathandlung. Das reine Wissen um die unrichtigen Erklärungen begründet darüber hinaus auch keine Tatherrschaft. Dem steht auch nicht entgegen, dass die Tat ohne die Unterschrift des jeweils anderen Ehegatten so nicht begangen werden könnte, denn reine Kausalität reicht für die Tatherrschaft nicht aus, ansonsten wäre der Anstifter stets Mittäter (aA *Rolletschke* DStZ 2002, 677, 678). Erschöpft sich die Unterstützung der Tat des Ehegatten in diesem Antrag, ist darüber hinaus auch die Grenze zur strafbaren Beihilfe noch nicht überschritten (vgl. BFH 16.4.2002, BFHE 198, 66, 68 ff.; OLG Karlsruhe 16.10.2007, wistra 2008, 35, 36; BGH 17.4.2008, wistra 2008, 310, 313; *Burkhard* DStZ 1998, 829, 831 ff.; *Kottke* FR 1998, 685; *Grunst* 1996, 104 ff.). Das ergibt sich unter anderem aus verfassungsrechtlichen Gründen: Der unterzeichnende Ehegatte muss eine Steuererklärung abgeben, will er sich nicht wegen täterschaftlicher Steuerhinterziehung strafbar machen. Er hätte daher nach der Lösung *Rolletschkes* und *Reichles* nur die Alternative zu unterschreiben und sich als Gehilfe strafbar zu machen oder dem Finanzamt die unrichtigen Angaben seines Partners mitzuteilen, zumal eine Unterzeichnung der Erklärung auch familiengerichtlich erzwungen werden kann. Daher verstößt die Annahme einer Beihilfestrafbarkeit gegen den Grundsatz der Selbst- bzw. Familienbelastungsfreiheit aus Art. 1 I 6 GG. Die praktischen Effizienzargumente *Reichles* (wistra 1998, 91) überzeugen nicht, sie sind deutlich von der Sorge geprägt, aus der hier vertretenen Auffassung könnten sich Probleme für die Durchsuchungspraxis ergeben (vgl. wistra 1998, 92 aE) und werden dem Charakter der Steuererklärung von Ehegatten nicht gerecht.

523 An dieser Bewertung als strafloses Verhalten ändert sich auch dadurch nichts, dass der Mitunterzeichnende ein gravierendes Eigeninteresse an dem Erfolg der Steuerhinterziehung hat (OLG Karlsruhe 16.10.2007, wistra 2008, 35, 36; aA → 8. Aufl.). Denn es ist nicht ersichtlich, inwiefern ein solches Interesse eine als Teilnahmehandlung ungeeignete Handlung zu einer geeigneten umqualifizieren oder gar die Tatherrschaft begründen sollte. Letztlich würde das einen Rückfall in die streng subjektive Mittäterschaftslehre der überholten Rspr (zB BGH 19.10.1962, BGHSt 18, 87 ff.) bedeuten, denn auch nach der Rspr ist das Tatinteresse nur eines der Merkmale der Täterschaft; der Schwerpunkt liegt aber beim Willen zur Tatherrschaft bzw. bei der Tatherrschaft (vgl. nur BGH 26.11.2019, NStZ 2020, 344 f.). Auch bei einem gesteigerten Tatinteresse liegt nicht typischerweise eine psychische Beihilfe vor. Eine Beteiligung kommt allerdings in Betracht, wenn sich das Verhalten als psychische Beihilfe in Form einer Bestärkung des Tatentschlusses des Ehegatten darstellt. Dann muss die Handlung aber über das reine Unterzeichnen hinausgehen (so auch FG Köln 6.10.1999, EFG 2000, 201 mit abl. Anm. *Rolletschke* DStZ 2000, 677).

c) Teilnahme des steuerlichen Beraters

524 Der Steuerberater begeht idR nicht schon dadurch eine Beihilfe zur Steuerhinterziehung, dass er die Daten für die Erklärung zusammenstellt und dem Mandanten ein ausgefülltes Formular in dem Wissen liefert, dass dieser bei den Einkünften aus Kapitalvermögen *möglicherweise* unrichtige Angaben gemacht hat oder die entsprechenden Beträge noch modifizieren wird. Hier ist nach den oben dargestellten Grundsätzen der berufsneutralen Handlung eine Beihilfestrafbarkeit abzulehnen, weil der Steuerberater weder sichere Kenntnis von der Steuerhinterziehung seines Mandanten hat noch ein erkennbar erhöhtes Risiko einer Tatbegehung vorliegt. Eine besondere Unrechtsaffinität der Handlung, die eine Beihilfestrafbarkeit begründen könnte, ergibt sich auch nicht aus der beruflichen Stellung des Steuerberaters, denn dieser ist nicht Garant für das Steueraufkommen, sondern steuerlicher Vertreter seines Mandanten (vgl. OLG Karlsruhe 19.3.1986, wistra 1986, 189). Diese Auffassung wird auch durch die Feststellung des BGH (BGH 20.12.1995, NStZ 1996, 563, 565), dass der Steuerberater nicht dazu verpflichtet ist, dem Mandanten eine Selbstanzeige anzuraten, bestätigt.

524a Daher ist die Grenze zur strafbaren Beihilfe in der Regel aber dann überschritten, wenn sich der Berater in den **konkreten Verbrechensplan einbinden** lässt (vgl. FG Nürnberg 10.12.2002, DStRE 2003, 1251). Das kann etwa der Fall sein, wenn der Steuerberater insbes. deshalb an der Tat mitwirkt, weil der Mandant ihm in Hinblick auf die verkürzungsbedingte Höhe der Erstattung ein erhöhtes Honorar zugesagt hat.

524b Weiß der Steuerberater darüber hinaus sicher, dass ihm der Mandant unrichtige Zahlen oder Daten vorgegeben hat, so dass bei zutreffender rechtlicher Bewertung und Verarbeitung in der Erklärung eine Steuerverkürzung verursacht wird, so erfüllt die Handlung des Beraters den Tatbestand der Beihilfe zur Steuerhinterziehung. Durch seine Mitwirkung an der Steuererklärung hat er trotz grundsätzlicher Unrechtsneutralität der Beratungstätigkeit ein rechtlich relevantes Risiko der Steuerverkürzung geschaffen bzw. das bestehende Risiko erhöht. Es kommt auch nicht darauf an, in welchem Stadium der Tat die Beihilfe erbracht wird, der zeitliche Ablauf ist hier irrelevant. Auch eine weit im Voraus – möglicherweise viele Jahre – erbrachte Beratungsleistung kann eine strafbare Beihilfehandlung sein, auch wenn dann die Förderung der Haupttat mitunter schwerer festzustellen sein mag. Die Erstellung einer Steuererklärung im sicheren Wissen um die Unrichtigkeit der Zahlen und Daten ist auch nicht mit dem zutreffenden Rechtsrat eines Rechtsanwalts vergleichbar (vgl. dazu OLG Stuttgart 19.6.1979, NJW 1979, 2573 mAnm *Joecks* JA 1980, 127; vgl. auch BGH 20.9.1999, wistra 1999, 459). Eine zutreffende Auskunft, die ausschließlich die Rechtslage darstellt, begründet oder steigert keine rechtlich relevante Gefahr.

524c In der Praxis dürfte es für die Strafverfolgungsorgane allerdings schwierig sein, sich eine hinreichende Gewissheit über das Wissen des Steuerberaters zu verschaffen, zudem dürfte es sich bei dem sicheren Wissen um die Haupttat nicht um die Regel handeln. Daher dürfen die Strafverfolgungsorgane nicht bei jeder möglichen Steuerhinterziehung durch einen steuerlich beratenen Beschuldigten ohne weiteres von einer Beteiligung des Beraters und damit von einem Wegfall des Beschlagnahmeprivilegs nach § 97 StPO ausgehen.

d) Verantwortlichkeit von Bankangestellten

525 Die strafrechtliche Verantwortung von Bankangestellten (dazu umfassend *Löwe-Krahl*, 2000; *ders.* wistra 1995, 201 ff.) hat in der Vergangenheit zu heftigen Diskussionen geführt. Hier gelten jedoch keine anderen Regeln als für alle anderen Personen auch, die mit Steuerstraftaten in Kontakt kommen können. Die Strafbarkeit der Beihilfe bestimmt sich nach den oben dargestellten Leitlinien der Rechtsprechung. Eine Beihilfe liegt daher etwa dann vor, wenn eine Festgeldanlage in dem sicheren Wissen angenommen wird, dass der Kunde die entsprechenden Kapitaleinkünfte nicht ordnungsgemäß erklären wird (→ Rn. 519). Auch die Finanzierung eines kriminellen Geschäfts bewegt sich nicht mehr im Rahmen der sozialen Adäquanz, wenn die entsprechende Kenntnis von der zukünftigen Tat gegeben ist oder der Bankmitarbeiter sich die Tatbegehung aufgrund der von ihm wahrgenommenen objektiven Umstände angelegen sein lässt. Das ist etwa der Fall, wenn das Kreditinstitut Depots entgegen § 154 AO unter einem falschen Namen eröffnet oder gegen Vorgaben der §§ 10 ff. GwG verstößt. Sozialinadäquat ist es auch, wenn ein Kreditinstitut sich nicht darauf beschränkt, eine quellensteuerfreie Festgeldanlage bei der ausländischen Tochtergesellschaft zu empfehlen, sondern durch die Art und Weise des Geschäftsgebarens zugleich dokumentiert, dass letztlich nicht nur der Liquiditätsvorteil des fehlenden Zinsabschlags genutzt werden soll (so im Fall des BVerfG 23.3.1994, wistra 1994, 221).

526 Das gilt auch für die Abwicklung von Tafelgeschäften oder die Einrichtung von Nummernkonten, weil solche Handlungen ein erhöhtes Risiko in sich tragen, für steuerstrafrechtlich relevante Verschleierungshandlungen genutzt zu werden. Hier reicht also dolus eventualis der Bankmitarbeiter hinsichtlich der Steuerhinterziehung der Kunden aus. Zwar ist es zutreffend, dass es auch andere Gründe als die Steuerhinterziehung geben mag, ein ausländisches Nummernkonto zu nutzen, wie etwa Gläubigerbenachteiligungen oder Benachteiligung eines Ehegatten in einer familienrechtlichen Streitigkeit (→ 8. Aufl. Rn. 525), aber solche rechtswidrigen Zwecksetzungen nehmen der Verwendung des Nummernkontos ihre Unrechtsneutralität. Wer bewusst an einer solchen Verschleierung mitwirkt, handelt nicht berufsneutral, nicht berufsadäquat und verletzt regelmäßig auch Pflichten aus dem GwG (vgl. auch *Marx* DStR 2001, 96).

Insofern hat auch der BGH auf die Revision gegen das Urteil des LG Wuppertal (19.5.1999, wistra 1999, 473; dazu *Behr* wistra 1999, 245) klargestellt, dass zwar nicht jede Ursächlichkeit für die spätere Steuerhinterziehung als Hilfeleistung genügt, die Grenze des Sozialadäquaten in dem entsprechenden Fall durch Anpassung an die deliktischen Pläne der Kunden aber überschritten wurde (BGH 1.8.2000, BGHSt 46, 107 mAnm *Jäger* wistra 2000, 344 sowie *Marx* DStR 2001, 96).

Die mangelnde Nähe zur Begehung der Haupttat und ein mangelndes Tatinteresse führen nicht regelmäßig dazu, dass subalterne Angestellte trotz Ursächlichkeit für die Haupttat des Bankkunden als Gehilfen ausscheiden. Hier ist die Grenze zur Strafbarkeit überschritten, wenn sie sich die Tat des Kunden angelegen sein lassen, weil sie entweder sichere Kenntnis von der Tat haben oder das erhöhte Risiko erkennen und vorsätzlich eine deswegen nicht mehr berufsneutrale Handlung vornehmen, die die Steuerhinterziehung durch den Kunden objektiv fördert oder erleichtert.

einstweilen frei 529, 530

VIII. Versuch

Schrifttum: *Schwarz*, Der Verbotsirrtum seit der Steuerstrafrechtsnovelle von 1956, NJW 1956, 1906; *Bauerle*, Der Beginn der Ausführungshandlung im Steuerstrafrecht sowie die selbstständig strafbaren Vorbereitungshandlungen, Aktuelle Fragen S. 137; *Bilsdorfer*, Die Nichtabgabe von Steuererklärungen der Jahre 1976–1979 als Steuerhinterziehung, Inf 1982, 648; *Burkhardt*, Rechtsirrtum und Wahndelikt, JZ 1981, 681; ders., Zur Abgrenzung von Versuch und Wahndelikt im Steuerstrafrecht, wistra 1982, 19; ders., Nachschlag zum Wahndelikt, GA 2013, 346; *Buse*, Die untätige Finanzbehörde, wistra 2008, 51; *Busse*, Zum „untauglichen Versuch" von Steuerhinterziehungen, BB 1958, 1306; *Ceffinato*, Zum Versuchsbeginn bei der Steuerhinterziehung durch Unterlassen, wistra 2014, 88; *Eschenbach*, Die Abgrenzung zwischen strafloser Vorbereitungsphase und Versuchsbeginn bei der Steuerhinterziehung nach § 370 AO, DStZ 1997, 851; *A. Fuchs*, Versuchte und vollendete Steuerverkürzung im Reiseverkehr, ZPr 1957, 121; *Grote*, Versuch oder Vollendung einer Steuerhinterziehung, AW-Prax 1999, 340; *Henke*, Probleme des Versuchs der Steuerhinterziehung, DStZ 1958, 183; *Herzberg*, Das Wahndelikt in der Rechtsprechung des BGH, JuS 1980, 469; *Höser*, Vorbereitungshandlung und Versuch im Steuerstrafrecht, 1984; *Jäger*, Erklärungspflicht trotz Strafverfahrens?, PStR 2002, 49; *Lammerding*, Nichtabgabe von Jahressteuererklärungen in strafrechtlicher Sicht, BB 1982, 1346; *Meine*, Die Abgrenzung von Vorbereitungshandlung und Versuchsbeginn bei der Hinterziehung von Veranlagungssteuern unter Zuhilfenahme einer falschen Buchführung, GA 1978, 321; *Mösbauer*, Aktuelle Rechtsfragen bei der Abgrenzung des Versuchs von der Vorbereitungshandlung im Steuerstrafrecht, DStZ 1997, 577; *A. Müller*, Straflose Vorbereitungshandlung oder strafbarer Hinterziehungsversuch?, AO-StB 2005, 28; *Reiß*, Zur Abgrenzung von Versuch und Wahndelikt am Beispiel der Steuerhinterziehung, wistra 1986, 200; *Roxin*, Die Abgrenzung von untauglichem Versuch und Wahndelikt, JZ 1996, 20; *Samson*, Irrtumsprobleme im Steuerstrafrecht. Grundfragen. 1983, 99; *Schmitz*, Versuchsbeginn, Vollendung und Beginn der Verfolgungsverjährung bei ausgebliebener Steuerfestsetzung, FS Kohlmann 2003, 517; *Wulf*, Vollendete Steuerhinterziehung trotz voller Sachverhaltskenntnis der Finanzbehörde?, Stbg 2013, 223.

1. Allgemeines

In § 370 II AO ist die **Strafbarkeit des Versuchs der Steuerhinterziehung** ausdrücklich angeordnet. Das ist nach § 23 I StGB Voraussetzung für die Versuchsstrafbarkeit bei Vergehen wie der Steuerhinterziehung (§ 12 II, III StGB). Bis die AO 1977 in Kraft trat, war die Versuchsstrafbarkeit in § 393 I RAO eigenständig geregelt. Die in § 393 II RAO geregelte Irreführung der mit der Wertermittlung befassten Behörden ist ersatzlos entfallen.

Der Versuch der Steuerhinterziehung setzt **Tatentschluss** und damit die Erfüllung des gesamten subjektiven Tatbestands der Steuerhinterziehung sowie ein **unmittelbares Ansetzen** zu dieser Tat (§ 22 StGB) voraus.

2. Tatentschluss – subjektiver Tatbestand

Der Täter einer **versuchten Steuerhinterziehung** muss den **Tatvorsatz aufweisen**, also alle diejenigen tatsächlichen Umstände kennen, die den objektiven Tatbestand der Steuerhinterziehung ausfüllen, und darüber hinaus die bei normativen Merkmalen erforderliche *„Parallelwertung in der Laiensphäre"* leisten (→ Rn. 501 ff.). Er muss also insbes. um die Möglichkeit wissen, dass er eine Steuerverkürzung herbeiführt oder einen Vorteil erlangt, auf den kein Anspruch besteht. Hinsichtlich der Steuerverkürzung und der steuerlichen Erheblichkeit der Angaben genügt es nicht, wenn er die tatsächlichen Umstände kennt, die eine den Steueranspruch begründende Vorschrift ausfüllen. Er muss vielmehr auch wissen, dass ein Steueranspruch besteht, also die Behörde von ihm die Zahlung der Steuer verlangen kann (→ Rn. 502 ff.). Bei Unterlassungsdelikten muss er zudem die Pflicht zur Abgabe der Erklärung kennen oder zumindest für möglich halten und ihre Verletzung billigend in Kauf nehmen.

534 **Die Abgrenzung zwischen strafbarem Versuch und straflosem Wahndelikt** ist problematisch und ihre Kriterien umstritten (vgl. zum allgemeinen Strafrecht *Burkhard* JZ 1981, 681 ff.; *ders.* GA 2013, 346 ff.; *Roxin* JZ 1996, 981 ff.). Dabei werden zwei Fallkonstellationen unterschieden. Befindet sich der Täter im umgekehrten Irrtum über ein normatives Tatbestandsmerkmal, so liegt ein Versuch vor, wenn der Täter sich irrig Umstände vorstellt, die bei ihrem Vorliegen den Tatbestand der Steuerhinterziehung erfüllen würden. Ein strafloses Wahndelikt ist dagegen gegeben, wenn er aufgrund einer rechtlichen Fehlbewertung zu der irrigen Annahme kommt, es liege ein Steueranspruch vor. Gleiches gilt, wenn der StPfl. beim Unterlassungsdelikt irrig eine Handlungspflicht annimmt, weil er die Rechtslage verkennt (s. zu diesen Grundsätzen → § 369 Rn. 108 f.).

535 **Bei der Steuerhinterziehung durch Unterlassen** ist die Anwendung dieser Grundsätze jedoch streitig. Wer keine Steuererklärungen abgibt, obwohl er die Erklärungsfristen – irrtümlich – für verbindlich hält, nimmt – irrig – die Existenz einer Erklärungspflicht auf Grund eines reinen Rechtsirrtums an. Nach den allgemeinen Regeln handelt es sich um ein (strafloses) Wahndelikt (→ § 369 Rn. 109 sowie *Burkhardt* JZ 1981, 681 und wistra 1982, 196; *Samson* Grundfragen S. 99). Soweit hier ein strafbarer Versuch angenommen wurde (KG 9.9.1981, wistra 1982, 196), überzeugt das nicht.

536 Das hierfür (vgl. Voraufl. § 370 Rn. 535) vorgebrachte Argument, die allgemeine Unterscheidung von Versuch und Wahndelikt beim Irrtum über Garantenpflichten (→ § 369 Rn. 109) könne nur dort angewandt werden, wo es sich um eine Pflicht handele, die sich aus dem Straftatbestand selbst, ggf. iVm § 13 StGB, ergebe, nicht jedoch dort, wo sich die Pflicht – „im Vorfeld des Straftatbestandes" – aus anderen Normen – hier den Steuergesetzen – ergebe, überzeugt nicht. Denn der Rechtsirrtum über die Bedeutung normativer Tatbestandsmerkmale zuungunsten des Steuerpflichtigen kann keine Strafbarkeit begründen, weil eine solche Konstruktion der Vorstellung des Täters rechtsetzende Kraft zuschreibt. Nur der Irrtum des Täters über sein Verhalten oder die äußeren Umstände kann einen untauglichen Versuch begründen, nicht der Irrtum über die Strafbarkeit. Dabei ist es auch gleichgültig, ob sich der Irrtum auf das Strafgesetz selbst oder auf ein vorstrafrechtliches Gesetz bezieht (aA *Herzberg* JuS 1980, 470, 472 f.). Die Gegenauffassung führt nicht nur zur Bestrafung wegen einer vorgestellten Steuerhinterziehung, sondern sogar wegen Hinterziehung einer Phantasiesteuer.

537 Daher ist auch bei **irriger Annahme einer Steuerschuld** (Steuerverkürzung als normatives Merkmal) zu unterscheiden. Glaubt der Täter irrig, es liege ein tatsächlicher Umstand vor, der einen Steueranspruch wirklich begründen würde (meint der Täter zB, er habe bestimmte Einkünfte gehabt, die jedoch in Wahrheit ausgeblieben sind), dann hat er den Vorsatz der Steuerhinterziehung. Es kann ein Versuch nach § 370 I, II AO vorliegen (vgl. *Reiß* wistra 1986, 195). Der Irrtum kann aber auch darin bestehen, dass der Täter bei zutreffender Tatsachenkenntnis ein Steuergesetz unrichtig auslegt. Er nimmt zB eine steuerfreie Ausfuhrlieferung nicht in seine Umsatzsteuervoranmeldung auf, obwohl er glaubt, auch solche Lieferungen seien steuerpflichtig (vgl. § 4 Nr. 1, § 6 UStG). Dabei handelt es sich um einen Fall der umgekehrten unrichtigen Parallelwertung in der Laiensphäre (→ § 369 Rn. 108). Die Behandlung dieses Irrtums (zu Ungunsten) des Stpfl. ist umstritten. BGH (BGH 17.10.1961, BGHSt 16, 285) und BayObLG (9.8.1955, NJW 1955, 1568) nehmen einen Versuch an; andere meinen, es handele sich lediglich um ein strafloses Wahndelikt (→ § 369 Rn. 108; RG 30.6.1930, JW 1931, 317;

HHS/*Hellmann* § 370 Rn. 262 f. und Kohlmann/*Ransiek* AO § 370 Rn. 684; *v. Briel/Ehlscheid* 1/19).

Letztlich geht es um die Frage, welche Anforderungen man an den Vorsatz in Bezug auf **538** normative Tatbestandsmerkmale stellt. Wer wie *Burkhardt* (JZ 1981, 681; wistra 1982, 178; GA 2013, 346 ff.) die Auffassung vertritt, zum Vorsatz in Bezug auf die Steuerverkürzung gehöre die Vorstellung von Tatsachen, die einen Steueranspruch – wirklich – begründen sowie die Vorstellung der Steuerschuld in laienhafter Parallelwertung, wird in solchen Fällen ein Wahndelikt annehmen. Wer meint, ein hinreichender Vorsatz liege vor, wenn der Täter die rechtliche Beziehung beeinträchtigen wolle, ohne sich überhaupt konkrete Umstände vorzustellen, durch die die Steuerschuld zustande gekommen ist, wird zu einem (untauglichen) Versuch neigen (→ 6. Aufl. Rn. 259). Für Letzteres wird angeführt, auch der Dieb müsse nur wissen, dass die fremde Sache einem anderen gehöre, und sich nicht konkrete Entstehungsgründe des fremden Eigentums vorstellen (vgl. *Samson* Grundfragen S. 109). Andererseits ist zu bedenken, dass es dann mit der von der eingeschränkten Schuldtheorie als Argument herangezogenen Appell- bzw. Warnfunktion der Tatumstandskenntnis nicht mehr weit her ist. Denn würde der Täter, der eine umgekehrt-unrichtige Parallelwertung in der Laiensphäre leistet, dies zum Anlass nehmen, sich bei einem Rechtskundigen zu informieren, würde ihn dieser auf die strafrechtliche Irrelevanz seines Vorhabens hinweisen. Dies spricht für die Annahme eines Wahndelikts. Das Problem ist freilich auch im allgemeinen Strafrecht noch nicht gelöst (→ § 369 Rn. 108 sowie *Baumann* NJW 1962, 16; *Maurach* NJW 1962, 716; *Traub* JuS 1967, 113).

3. Unmittelbares Aussetzen – objektiver Tatbestand

Der Täter erfüllt gemäß § 22 StGB den objektiven Tatbestand des Versuchs dann, wenn er **539** **nach seiner Vorstellung von der Tat** zur Verwirklichung des Tatbestandes **unmittelbar ansetzt**. Das Gesetz hat mit dieser Formulierung die Bedeutung von Gefährlichkeitserwägungen zu reduzieren versucht und die enge zeitliche und räumliche Beziehung des Versuchsbeginns zur im Tatbestand beschriebenen Handlung hervorgehoben (→ § 369 Rn. 59 ff.).

Der BGH nimmt in ständiger Rspr. an, dass die Grenze von der straflosen Vorbereitung **540** zum strafbaren Versuch überschritten ist, wenn der Täter die Schwelle zum „Jetzt-geht's-los" überschreitet und eine Handlung vornimmt, die ohne wesentlichen Zwischenschritte in die Tatbestandsverwirklichung einmünden soll, so dass sie in unmittelbarer zeitlicher und räumlicher Nähe zur Gefährdung des Rechtsguts führen soll (vgl. nur BGH 26.10.1978, BGHSt 28, 162, 163; 9.3.2006, BGHR StGB § 22 Ansetzen 34; 14.3.2001, BGHR StGB § 22 Ansetzen 29; 7.8.2014, NStZ 2015, 207; 20.9.2016, NStZ 2017, 86; 28.4.2020, StraFo 2020, 296 f.). Dabei müsse das Handeln des Täters stets in Beziehung zu dem in Betracht kommenden Straftatbestand gesetzt werden. Es spreche dabei gegen das Vorliegen eines Versuchs, wenn es „zur Herbeiführung des vom Gesetz vorausgesetzten Erfolges noch eines weiteren – neuen – Willensimpulses bedarf" (BGH 21.12.1982, BGHSt 31, 178, 182; 11.8.2011, NStZ-RR 2011, 367; 7.8.2014, NStZ 2015, 207). Wesentlich für die maßgebliche Abgrenzung sei damit auch das aus Sicht des Täters erreichte Maß der Gefährdung des betroffenen Rechtsguts (BGH 9.3.2006, BGHR StGB § 22 Ansetzen 34; 27.1.2011, NStZ 2011, 517, 518; 28.4.2020, StraFo 2020, 296 f.).

Bei der **Hinterziehung von Veranlagung- und Fälligkeitsteuern** gehört in den **541** Bereich der (noch nicht strafbaren) Vorbereitung jede Handlung, die der Stpfl vor dem Termin zur Abgabe einer Steuererklärung (= Steuer[vor]anmeldung) unternimmt, um die tatbestandsmäßige Handlung zu ermöglichen oder zu erleichtern (RG 7.3.1932, RGSt 66, 154), zB Absprachen mit Lieferanten oder Kunden über den Austausch unrichtiger Rechnungen oder die Nichterteilung von Rechnungen (OR-Geschäfte) zum Zwecke einer wechselseitig unrichtigen oder unterlassenen Buchung von Geschäftsvorfällen, die sich beim Abschluss umsatz-, ertrags- und gewinnmindernd auswirkt, oder die unrichtige oder unterlassene Aufzeichnung von Betriebsvorgängen, die ein unzutreffendes Bild über Art oder

Menge der Herstellung verbrauchsteuerpflichtiger Erzeugnisse vermittelt. Diese Abgrenzung wird bestätigt durch den Bußgeldtatbestand des § 379 I AO, der – jedenfalls für vorsätzliches Tun oder Unterlassen – überflüssig wäre, wenn das jeweilige Verhalten bereits den mit Strafe bedrohten Versuch eines Steuervergehens darstellen würde (vgl. auch *Mösbauer* DStZ 1997, 578). **Vorbereitungshandlungen** sind ferner die unrichtige, unvollständige oder ganz unterlassene Aufnahme von Gegenständen des Anlage- oder Umlaufvermögens bei der Bestandsaufnahme zum Bilanzstichtag, die Aufstellung bewusst unrichtiger Bilanzen, G + V-Rechnungen oder Einnahmeüberschussrechnungen und schließlich das bewusst unrichtige Ausfüllen von Steuererklärungsvordrucken. Sämtliche derartigen Tätigkeiten stellen solange keinen Versuch einer Steuerhinterziehung dar, wie ihre Ergebnisse nicht der FinB zum Zwecke einer zu niedrigen Steuerfestsetzung förmlich oder formlos erklärt oder auch nur zur Kenntnisnahme unterbreitet oder zugänglich gemacht werden.

542 Der BGH (22.3.1979, BB 1980, 1032 mit zust. Anm. *Meine*) hat jedoch den Versuch der Hinterziehung von Veranlagungssteuern bereits dann angenommen, wenn die Erklärungen zur ESt usw. zwar noch nicht abgegeben, wohl aber schon unzutreffende Buchungen vorgenommen und ihnen entsprechende unrichtige USt-Voranmeldungen eingereicht wurden. Der Stpfl habe sich dadurch schon auf die – spätere – Durchführung der Hinterziehung von Veranlagungssteuern festgelegt (ähnl., aber noch weitergehend *Meine* GA 1978, 321). Das erscheint vertretbar, wenn man darauf abstellt, dass der Täter mit der Abgabe der Umsatzsteuervoranmeldung auch die Schwelle zum „Jetzt geht's los" bei der Einkommensteuerhinterziehung überschritten habe. Allerding führt eine solche Bewertung zu einer Gesamtbetrachtung, die schwer mit der getrennten konkurrenzrechtlichen Bewertung der neueren Rspr. des BGH vereinbar ist, die annimmt, der Täter der in einer Postsendung mehrere Steuererklärungen versende, begehe mehrere Steuerhinterziehungen, die zueinander in Tatmehrheit stehen (22.1.2018, wistra 2019, 103, 105; vgl. ferner → Rn. 724a). Zudem hatte sich der BGH damals auch auf die Bewertung der Tat als fortgesetzte Begehung der Steuerhinterziehung gestützt und Tateinheit angenommen. Gegen einen solchen frühen Beginn der Einkommensteuerhinterziehung spricht jedoch, dass mit der Abgabe der Umsatzvoranmeldung oder auch Jahressteuererklärung keine Gefahr für den Einkommensteueranspruch verbunden sein kann. Es liegt keine Handlung vor, die geeignet ist, die Gefahr einer Verkürzung dieses Steueranspruchs zu fördern. Zur Tathandlung der unrichtigen Erklärung bzgl. der Veranlagungssteuern hat der Täter gerade noch nicht unmittelbar angesetzt. Der Versuch beginnt in diesen Fällen frühestens mit Einreichung der Steuererklärung (vgl. *Eschenbach* DStZ 1997, 855; eingehend Tipke/Kruse/*Krumm* AO § 370 Rn. 143a).

543 Ob der Versuch bei der **Steuerhinterziehung durch Handeln** bereits beginnt, wenn der Stpfl die unrichtige Steuererklärung einreicht, ist umstritten. Dabei sei ggf. nach Erklärungsarten zu differenzieren. So vertritt *Eschenbach* (DStZ 1997, 855) die Auffassung, so früh sei im Feststellungsverfahren der notwendige Grad an konkreter Gefährdung noch nicht erreicht, denn der Amtsträger müsse noch den Sachverhalt überprüfen und den Feststellungsbescheid erlassen. Der Versuch beginne erst, wenn dem Veranlagungsfinanzamt Mitteilung über den Erlass des Grundlagenbescheids gemacht werde. Käme es auf die Gefährdung an, wäre fraglich, ob das nicht auch für andere Steuererklärungen, etwa bzgl. der Ertragsteuern, gelten müsste. Betrachtet man die Steuerhinterziehung als einen Fall unmittelbarer Täterschaft, ist richtig, dass der Versuch grundsätzlich jedenfalls dann begonnen hat, wenn der Täter nach seiner Vorstellung von der Tat alles getan hat, was seinerseits zur Herbeiführung des Taterfolges nötig ist (beendeter Versuch). Doch kann hiergegen eingewandt werden, dass die Gefährdung des geschützten Rechtsguts durch den Steuerverkürzungserfolg regelmäßig nicht mit der Abgabe der Erklärung eintreten wird, weil zwischen der Abgabe der Erklärung und ihrer Bearbeitung typischerweise zumindest mehrere Wochen liegen werden. Doch würde die Annahme, dass aufgrund der unklaren Gefährdungssituation noch kein Versuch vorliegt, das Gefährdungselement in der Bestimmung des Versuchsbeginns überbewerten. Es kommt nach § 22 StGB darauf an, ob der Täter nach seiner Vorstellung von der Tat unmittelbar zur Tatbegehung angesetzt hat. Dafür ist die Herbeiführung der Gefahr ein Indiz unter mehreren. Soweit der Täter allerdings alles getan hat, was er zur Tatbegehung nach seiner Vorstellung beizutragen hat, das Geschehen aus der Hand gegeben hat und der Eintritt des tatbestandlichen Erfolgs möglich erscheint, kann vom Versuchsbeginn ausgegangen werden. Für die praktisch wichtigen Konstellationen der Steuerhinterziehung durch unrichtige Angaben zum Grundlagenbescheid, hat die Rspr. des BGH die Bedeutung dieses Problems aber zumindest relativiert, in dem – unzutreffend – bereits das Bewirken eines unrichtig günstigen Grundlagenbescheids als Erlangen eines nicht gerechtfertigten Steuervorteils angesehen wurde (BGH 10.12.2008, BGHSt 53, 99; zust. BFH 11.10.2013, wistra 2014, 151; → Rn. 65; krit. HHS/*Bülte* AO § 376 Rn. 74 f.).

Ein Versuch der Steuerhinterziehung durch aktives Tun liegt auch dann vor, wenn **544** der Stpfl die Besteuerungsgrundlagen zwar zutreffend aufgezeichnet, zusammengestellt und in die Steuererklärung übertragen hat, jedoch beim FA mit einer wahrheitswidrigen Begründung eine Verlängerung der Frist zur Abgabe der Steuererklärung beantragt, um die zu erwartende Nachzahlung hinauszuzögern. Bedient sich der Täter eines Steuerberaters als gutgläubiges Werkzeug, so beginnt der Versuch bereits mit der Übergabe unrichtiger Belege an den Steuerberater, wenn dies ohne Zwischenakte in die Tatbestandserfüllung münden soll, der Steuerberater also ohne weitere Rückfragen letztlich nur noch die Umsetzung leisten, Steuerbeträge aus Eingangs- und Ausgangsrechnungen aufaddieren und in den Steuererklärungen eintragen soll, um diese an das Finanzamt zu übermitteln (BGH 6.2.2014, wistra 2015, 29).

Verhält sich der Stpfl dem FA gegenüber untätig, sei es in der Erwartung, dass die **545** Verwirklichung eines Steuertatbestandes dem FA unbekannt bleiben werde, oder mit dem Willen, durch eine Verzögerung der Abgabe der Steuererklärung eine entsprechend spätere Veranlagung und Fälligkeit der Nachzahlung zu erreichen, oder mit der Absicht, es auf eine – womöglich zu niedrige – Schätzung der Besteuerungsgrundlagen gem. § 162 AO ankommen zu lassen, soll der Versuch der Steuerhinterziehung in dem Zeitpunkt beginnen, zu dem der Stpfl bei pflichtgemäßem Verhalten die Steuererklärung hätte abgeben müssen (vgl. → § 369 Rn. 94). Solange der Stpfl nicht steuerlich beraten ist und auch keinen Antrag auf Verlängerung der Frist zur Abgabe der Erklärung gestellt hat, war das für Einkommen-, Umsatz-, Gewerbe-, Körperschaftsteuer und die Erklärungen für die gesonderte einheitliche Feststellung der 1.6. des Folgejahres oder welcher Termin nun auch gesetzlich festgelegt ist. Soweit der Steuerpflichtige im relevanten Zeitpunkt einen steuerlichen Berater (§§ 3, 4 StBG) beauftragt hat, verlängert sich die Frist bis zum 28.2. des darauffolgenden Jahres (ggf. länger). Gewährte Verlängerungen der Frist führen ebenfalls zu einem Hinausschieben des Versuchsbeginns, nicht aber nur beantragte oder gar nur mögliche Fristverlängerungen, denn sie suspendieren die Pflicht zur Abgabe der Erklärung nicht (vgl. auch MüKoStGB/*Schmitz/Wulf* AO § 370 Rn. 439 wenn auch mit anderen Folgerungen).

Hat der Steuerpflichtige einen **Steuerberater beauftragt** und **kündigt** den **Vertrag 546 vor Abgabe** der Erklärung, so endet damit nach der Rspr. (BGH 12.6.2013, wistra 2013, 430) nicht rückwirkend die Frist für die Abgabe der Erklärung, so dass er nicht ohne weiteres einen Versuch der Steuerhinterziehung begangen hat. Trotzdem hat er nur vorläufig das Recht die Steuererklärung bis zum Ablauf der Frist für steuerlich beratene Steuerpflichtige abzugeben, weil diese Frist nur für den Stpfl gilt, der tatsächlich einen Berater beauftragt hat. Auch der Wille erneut einen Steuerberater zu beauftragen reicht nach Ansicht der Rspr. nicht aus (aA RKR/*Rolletschke* AO § 376 Rn. 22a). Dennoch bleibt die durch einen Verwaltungsakt nach § 118 AO gewährte Fristverlängerung zunächst wirksam und die FinB hat nun zu prüfen, in welcher angemessenen – grundsätzlich kürzeren – Frist, sie den Stpfl zur Abgabe der Erklärung auffordert.

Der von *Schmitz* (wistra 1993, 248, 253 f.; *ders.* in FS Kohlmann, 519, 527) und *Ceffinato* **547** (wistra 2014, 88 ff.) vertretene Ansatz, der Versuch beginne stets erst mit dem Ablauf der generell **verlängerten Frist für steuerlich beratene Steuerpflichtige,** auch wenn es sich um einen nicht steuerlich beratenen Stpfl handele, überzeugt nicht. *Ceffinato* (wistra

2014, 88, 90) geht zu Recht davon aus, dass die Verspätung der Abgabe der Erklärung nicht mit einer Verspätung der Festsetzung und damit mit einer Verkürzung gleichgesetzt werden dürfe. Doch überzeugt die Annahme nicht, die allgemeine Verlängerung im Erlasswege enthalte die Grundaussage, eine Gefährdung des Steueranspruchs könne erst mit dem Ablauf dieser allgemein verlängerten Frist eintreten. Ähnlich argumentierte zuvor schon *Schmitz* (wistra 1993, 248, 252 f.), der annimmt, dass bereits die Möglichkeit einer Fristverlängerung dazu führe, dass eine verspätete Steuerfestsetzung nicht in Betracht komme, wenn die Erklärung bis zum Ablauf der verlängerten Frist abgegeben wurde.

548 Mit der Fristverlängerung soll die **Erklärungsabgabe** zur **effizienteren Festsetzung von Steueransprüchen entzerrt** werden. Gibt ein nicht steuerlich beratener Stpfl seine Erklärung verspätet ab, so führt dies zu einer – wenn auch vorgelagerten – Gefahr der nicht rechtzeitigen Festsetzung der Steueransprüche. Diese abstrakte Gefährdung ist zwar für die Vollendung der Tat nicht ausreichend, aber für den Versuchsbeginn. Auch beim Unterlassungsdelikt ist der Versuchsbeginn grundsätzlich nach den oben genannten Kriterien zu bestimmen. Danach hat der Handlungspflichtige zwar nicht zwingend die erste Handlung vorzunehmen, die seine Handlungspflicht erfüllt (aA *Schmitz* wistra 1993, 248, 253), ein Abwarten bis es zu einer Gefahrsteigerung kommt, stellt jedoch ein unmittelbares Ansetzen dar.

549 Das ist bei nicht steuerlich beratenen Stpfl mit dem **Ablauf** *seiner* **Erklärungsfrist** der Fall und nicht erst, wenn sich der Zeitlauf dem Zeitpunkt genähert hat, in dem die Veranlagungsarbeiten im Großen und Ganzen abgeschlossen sind. Auf diese Weise würden Versuchsbeginn und Vollendungszeitpunkt weitgehend zusammenfallen. Dieses Ergebnis wäre zwar nicht grundsätzlich problematisch, würde aber dem Wesen des Versuchs nicht gerecht. Die Steuerhinterziehung ist ein konkretes Gefährdungsdelikt, so dass die Vollendung bereits mit der konkreten Gefährdung des Rechtsguts gegeben ist. Daher muss bereits eine weiter entfernte Gefährdung des Rechtsguts ausreichend sein muss, um die Versuchsstrafbarkeit zu begründen.

550 Soweit sich *Flore* (Flore/Tsambikakis/*Flore* AO § 370 Rn. 525) auf Art. 103 II GG beruft, um zu begründen, dass für den Versuchsbeginn auf den Zeitpunkt abzustellen sei, in dem die letzte Veranlagung bei dem zuständigen FA durchgeführt wird, ist das unplausibel. Ein Abstellen auf das tatsächliche Ende der Veranlagungsarbeiten bringt nicht mehr Bestimmtheit der Rechtsanwendung, sondern weniger, weil bei Begehung der Tat unklar ist, wann diese letzte Veranlagung stattfinden wird. Der Bestimmtheitsgrundsatz ist kein Universalinstrument zur allgemeinen Beschränkung von als zu weitgehend empfundener Strafbarkeit.

551 **Keinen Versuch der Steuerhinterziehung begeht dagegen,** wer eine falsche Urkunde zum Zwecke einer Täuschung der FinB herstellt (vgl. RG 15.1.1917, RGSt 51, 341, 342 ff. zu § 263 StGB) oder eine Urkunde verfälscht, zB die polizeilichen Kennzeichen zweier Kraftfahrzeuge austauscht, um auf diese Weise die Zulassungsbehörde und anschließend das FA zu täuschen (RG 3.7.1936, RStBl. 831); wer gefälschte Steuerzeichen in Hinterziehungsabsicht erwirbt (RG 15.3.1923, RGSt 57, 183, 184 f.); wer zur Hinterziehung der GrESt einen Vertrag abschließt, der den Kaufpreis zu niedrig angibt. Hier wird mit der Ausführung der Tat begonnen, sobald der Stpfl den inhaltlich unrichtigen Kaufvertrag oder eine entsprechend unrichtige Veräußerungsanzeige dem FA einreicht oder einreichen lässt (§§ 19 f. GrEStG), und zwar ohne Rücksicht darauf, wann der GrESt-Anspruch entsteht (stRspr: RG 23.3.1922, RGSt 56, 316 f.; RG 7.1.1924, RGSt 58, 54 f.; RG 26.11.1925, RGSt 60, 6, 7 ff.; RG 22.11.1928, RGSt 62, 362, 363 f.).

552 **Bei der Hinterziehung von Einfuhr- und Ausfuhrabgaben** und bei Bannbruch (§ 372) gehören zur bloßen Vorbereitung die Leerfahrt des Schmugglers über die Grenze, das Beschaffen der Schmugglerware oder der zur Tarnung bei geladenen Waren jenseits der Grenze, das Beschaffen gefälschter Begleitpapiere und das Verbringen der Schmugglerware in Grenznähe, falls sich das Überschreiten der Grenze noch nicht in einem Zuge anschließen soll. Die **Ausführungshandlung** beginnt regelmäßig erst mit Erreichen der Hoheits-

Besonders schwere Fälle (§ 370 III AO)   553–560   § 370

grenze oder der vor ihr eingerichteten Zollstelle (BGH 6.9.1989, BGHSt 36, 249, 250; vgl. auch BGH 21.1.1983, BGHSt 31, 215), also nicht schon dann, wenn die Schmuggelware zur Grenze hin in Bewegung gesetzt wird. Weitergehend hat das RG (RG 1.10.1918, RGSt 53, 45) den Anfang eines Ausfuhrschmuggels bereits in der Übergabe der Schmuggelware zur Verpackung und Beförderung erblickt. Ähnlich weitgehend hat später der BGH (19.1.1965, BGHSt 20, 150 ff.) mit Rücksicht auf kriminalpolitische Bedürfnisse als Anfang einer verbotenen Ausfuhr bereits das Verladen der Ware angesehen und es als unerheblich beurteilt, ob die Täter nach der Beladung unmittelbar zur Grenze fahren oder noch einen Umweg machen wollten, um andere Waren zuzuladen. Diese Bewertung ist unter der Geltung von § 22 StGB nicht mehr vertretbar (→ Rn. 539). Denkbar ist ein Versuchsbeginn durch Verladung nur, wenn der Transporteur gutgläubig ist und sogleich losfahren soll (vgl. BGH 15.5.1990, StV 408 zum Einchecken eines Koffers). Zu einem Spezialfall (Erschleichung eines überhöhten Kraftstoffausweises bei der Ausreise) s. BayObLG 26.1.1977, ZfZ 1977, 182.

Auch im Übrigen ist bei der Rezeption von Rechtsprechung zum Versuchsbeginn vor 553
dem In-Kraft-Treten des § 22 StGB am 1.1.1975 Vorsicht geboten. So erachtete der BGH einen Versuch verbotener Einfuhr als gegeben, *„wenn das Schmuggelgut in unmittelbare Nähe der Grenze zum Inland (4 km) geschafft ist und die Täter sich (vom Inland her) erfolglos an den Übergangsort begeben haben"* (BGH 29.5.1953, ZfZ 1954, 54), *„wenn der Schmuggler zum Grenzübertritt ansetzt"* (BGH 10.9.1953, BGHSt 4, 333) oder *„wenn die Schmuggler das Schmuggelgut in Richtung auf die Zollgrenze so in Bewegung setzen, daß sie bei natürlicher Betrachtungsweise schon als zu dem Vorgang des Grenzübergangs gehörig gezählt werden müssen"* (BGH 5.4.1955, BGHSt 7, 291, 292). Tatsächlich kann bei einer Entfernung von 4 km noch nicht von einem unmittelbaren Ansetzen gesprochen werden. Erst kurz vor Erreichen des Grenzübergangs oder der davor eingerichteten Zollstelle beginnt der Versuch (zur unerlaubten Einfuhr von Betäubungsmitteln vgl. BGH 6.9.1989, BGHSt 36, 249, 250; s. auch BGH 21.1.1983, BGHSt 31, 215).

4. Zum Rücktritt vom Versuch (§ 24 StGB)

„… und zum Verhältnis von Rücktritt und Selbstanzeige" → § 369 Rn. 65 ff. und 554
→ § 371 Rn. 415 ff.

einstweilen frei 555–560

IX. Besonders schwere Fälle (§ 370 III AO)

Schrifttum: *Schröder,* Gesetzliche und richterliche Strafzumessung, FS Mezger, 1954, 415; *Blei,* Die Regelbeispielstechnik der schweren Fälle und §§ 243, 244 StGB, FS Heinitz 1972, 419; *Wessels,* Zur Problematik der Regelbeispiele für „schwere" und „besonders schwere Fälle", FS Maurach, 1972, 295; *Maiwald,* Bestimmtheitsgebot, tatbestandliche Typisierung und die Technik der Regelbeispiele, FS Gallas, 1973, 137; *Callies,* Die Rechtsnatur der „besonders schweren Fälle" und Regelbeispiele im Strafrecht, JZ 1975, 112; *Maiwald,* Zur Problematik der „besonders schweren Fälle" im Strafrecht, NStZ 1984, 433; *Fabry,* Der besonders schwere Fall der verursachten Tat, NJW 1986, 15; *Felix,* Steuerhinterziehung in besonders schweren Fällen, KÖSDI 1986, 6295; *Weyand,* Steuerhinterziehung unter Beteiligung von Amtsträgern der Finanzbehörde, wistra 1988, 180; *Bender,* Rechtsfragen um den Transitschmuggel mit Zigaretten, wistra 2001, 161; *Bender,* Neuigkeiten im Zoll- und Verbrauchsteuerstrafrecht, ZfZ 2008, 145; *Buse/Bohnert,* Änderungen zur Bekämpfung des Umsatzsteuer- und Verbrauchsteuerbetrugs, NJW 2008, 618; *Rüping/Ende,* Neue Probleme bei schweren Fällen der Steuerhinterziehung, DStR 2008, 13; *Rolletschke,* §§ 370, 370a AO: Neue Gesetzeslage, Stbg 2008, 49; *Spatscheck,* Steuerhinterziehung nach § 370 Abs. 3 AO n. F. und Geldwäschestrafbarkeit, SAM 2008, 82; *v. Wedelstädt,* Neuerungen und Änderungen im Umkreis der Abgabenordnung, DB 2008, 16; *Lübbersmann,* Indizwirkung „versuchter" Regelbeispiele für § 370 III AO, PStR 2010, 238; *Steinberg/Burghaus,* Versuchte Steuerhinterziehung „in großem Ausmaß" nach § 370 Absatz 3 Satz 2 Nr. 1, ZIS 2011, 578; *Wulf,* Wann liegt eine Steuerverkürzung „in großem Ausmaß" vor?, Stbg 2011, 366; *Flaum,* Keine „Neujustierung" der Steuerhinterziehung „großen Ausmaßes", wistra 2012, 376; *Ochs/ Wargowske,* Zum „großen Ausmaß" bei der Steuerhinterziehung – § 370 Absatz 3 Satz 2 Nr. 1 AO, NZWiSt 2012, 369; *Rolletschke/Roth,* Neujustierung der Steuerhinterziehung „großen Ausmaßes" (§ 370 Absatz 3

Satz 2 Nr. 1 AO) aufgrund des Schwarzgeldbekämpfungsgesetzes?, wistra 2012, 216; *Stam,* Das „große Ausmaß" – Ein unbestimmbarer Rechtsbegriff, NStZ 2013, 144; *Wulf,* Steuerhinterziehung „in großem Ausmaß" – Ein Zwischenfazit, SAM 2013, 132.

1. Allgemeines

561 Die Strafrahmenerhöhung für besonders schwere Fälle auf Freiheitsstrafe von sechs Monaten bis zu zehn Jahren in § 370 III AO stellte mit der Einführung zum 1.1.1977 für das Steuerstrafrecht eine Neuerung dar. Das Gesetz verwendet hier eine Methode der Strafrahmenerweiterung, die im StGB bereits mit dem 1.1.1975 eingeführt worden war. Inhaltlich ist die ursprüngliche Fassung des § 370 III AO der entsprechenden Vorschrift beim Subventionsbetrug in § 264 II StGB angepasst. Die vom Gesetz verwendete sog. **Regelbeispieltechnik** für besonders schwere Fälle kombiniert das Prinzip der unbenannten Strafschärfungen mit der tatbestandlichen Bestimmtheit von Qualifizierungen. Die Regelbeispiele sind jedoch selbst nicht Tatbestandsqualifikationen, bei denen der erhöhte Strafrahmen uneingeschränkt angewendet werden muss, sofern die Qualifikation erfüllt ist. Sie sind elastischer. Ist ein Regelbeispiel erfüllt, stellt dies nur ein Indiz für das Vorliegen eines besonders schweren Falles dar, das entkräftet werden kann (BGH 5.9.2017, wistra 2018, 224). Dazu sind sämtliche Umstände heranzuziehen, die das Unrecht oder die Schuld gemindert erscheinen lassen (BGH 1.12.1964, BGHSt 20, 125; BGH 21.4.1970, BGHSt 23, 257; BGH 2.12.2008, BGHSt 53, 71 Rn. 41ff.; BGH 21.5.2019, wistra 2019, 466 Rn. 15). Umgekehrt kann ein (unbenannter) besonders schwerer Fall aber auch dann vorliegen, wenn ein Regelbeispiel nicht erfüllt ist (BGH 21.8.2012, wistra 2013, 28; BGH 27.10.2015, BGHSt 61, 28). Welche Umstände für diese Entscheidung maßgeblich sind, ist lebhaft umstritten (*Rüping/Ende* DStR 2008, 13, 17). Für die Strafzumessung beim Teilnehmer kommt es darauf an, ob er selbst die Voraussetzungen des § 370 III AO erfüllt (BGH 4.1.1983, wistra 1983, 116; 3.11.1999, wistra 2000, 55; BGH 22.9.2008, wistra 2009, 156; BGH 27.1.2015, wistra 2015, 235; BGH 22.7.2015, wistra 2016, 31; BGH 6.9.2016, wistra 2017, 104 Rn. 26).

562 Nach dem 31.12.2007 gilt § 370 III AO in der Fassung des Gesetzes zur Neuregelung der Telekommunikationsüberwachung und anderer verdeckter Ermittlungsmaßnahmen sowie zur Umsetzung der Richtlinie 2006/24/EG (BGBl. 2007 I 3198; → Einleitung Rn. 110). Seitdem ist zum einen die neu eingefügte Nr. 5, zum anderen die modifizierte Regelung in Nr. 1 anwendbar. Mit Wirkung ab dem 25.6.2017 findet das Regelbeispiel des § 370 III 2 Nr. 6 AO Anwendung, wonach ein besonders schwerer Fall in der Regel vorliegt, wenn der Täter:

„*eine Drittstaat-Gesellschaft im Sinne des § 138 Absatz 3, auf die er alleine oder zusammen mit nahestehenden Personen im Sinne des § 1 Absatz 2 des Außensteuergesetzes unmittelbar oder mittelbar einen beherrschenden oder bestimmenden Einfluss ausüben kann, zur Verschleierung steuerlich erheblicher Tatsachen nutzt und auf diese Weise fortgesetzt Steuern verkürzt oder nicht gerechtfertigte Steuervorteile erlangt.*"

Dieses neu geschaffene Regelbeispiel war eine Reaktion des Gesetzgebers auf die sog. „Panama Papers" (vgl. BR-Drs. 816/16, 1 und StUmgBG v. 23.6.2017, BGBl. 2017 I 1682).

563 Die Bedeutung des § 370 III AO hat sich kaum durch die Änderung der Nr. 1 und der Einfügung der Nr. 5 und Nr. 6, sondern insbesondere durch die Änderung des § 376 AO erheblich vergrößert. Mit Wirkung vom 29.12.2020 wurde die Verjährungsfrist für die in § 370 III 2 Nr. 1–6 AO genannten Fälle besonders schwerer Steuerhinterziehung von 10 auf 15 Jahre verlängert. Zudem wurde zum 1.7.2020 gem. § 376 III AO der Zeitpunkt der absoluten Verjährung auf das zweieinhalbfache der gesetzlichen Verjährungsfrist verlängert. Die absolute Verjährungsfrist beträgt damit nun 37,5 Jahre und kann sich bei einer Eröffnung der Anklage vor dem Landgericht gem. § 78b IV StGB iVm § 376 I 1 Hs. 2 AO aufgrund einer fünfjährigen Ruhensphase auf insgesamt 42,5 Jahre verlängern. Da häufig Steuerhinterziehung von Stpfl. begangen werden, die das 40. Lebensjahr überschritten haben, führt diese Regelung häufig zu einer Nichtverjährbarkeit der Steuerhinterziehung in besonders schweren Fällen. Dies ist rechtsstaatlich äußerst problematisch, da der Gesetzgeber in § 78 II StGB eine eindeutige Wertentscheidung getroffen hat, wonach lediglich Verbrechen des Mordes nach § 211 StGB nicht verjähren. § 78 III Nr. 1 StGB sieht vor, dass die Verjährungsfrist nur dann 30 Jahre beträgt, sofern die Taten im Höchstmaß mit lebenslanger Freiheitsstrafe bedroht sind. Die Neuregelung in § 376 AO führt insofern dazu, dass sich die benannten Fälle der besonders schweren Steuerhinterziehung verjährungstechnisch nun im Bereich der Schwerstkriminalität bewegen. Hintergrund für diese unbefriedigende Gesetzesänderung war, dass der Gesetzgeber verhindern wollte, dass Steuerstraftaten aus sog. **Cum-ex-Geschäften** strafrechtlich verjähren. Zu beachten ist jedoch, dass die Verjährung dem Rechtsfrieden und verfahrenspraktischen Erwägungen dienen soll. Zu diesen zählt insbesondere eine Disziplinierungsfunktion gegenüber den Organen der Strafrechtspflege, die vor dem Hintergrund der drohenden Verjährung von Anfang an zu einer ökonomischen und effizienten Verfahrensgestaltung angehalten werden sollen (BGH 1.9.2020, BGHSt 65, 136 Rn. 22; BGH 13.11.2019, wistra 2020, 109 Rn. 23; BGH 26.6.1958, BGHSt 11, 393, 396). Durch die Neuregelungen in § 376 AO ist eine Unwucht im Verjährungssystem von Wirtschafts- und Steuerstraftaten entstanden, da vergleichbare Delikte, wie etwa Betrug, Untreue, Vorenthalten und Veruntreuen von Arbeitsentgelt oder Subventionsbetrug deutlich kürzeren Verjährungsfristen unterliegen. Es bestehen erhebliche Bedenken, ob die Neuregelung des § 376 AO mit dem Schuldprinzip in Einklang steht, da Schuld keine statische Größe ist, sondern mit der Zeit schwindet (*Staudinger* wistra 2021, 307; *Asholt*, Verjährung im Strafrecht, 2016, 224; vgl. auch *Binnewies/Peters* GmbHR 2021, R 64 ff.). Mit Verstreichen der Verjährungsfrist wird das Spannungsverhältnis zwischen Zeit und Recht dahingehend aufgelöst, dass dem eingetretenen Rechtsfrieden der Vorrang vor der Verfolgung der Straftat gewährt wird (BGH 13.11.2019, wistra 2020, 109 Rn. 23; vgl. auch *Krug/Skoupil* wistra 2016, 137, 140). Da durch die Neuregelung des § 376 AO in vielen Fällen jedoch absolut keine Verjährung eintreten kann, ist die Verfassungsmäßigkeit der Neuregelung zu bezweifeln. Zudem ist die Verlängerung der strafrechtlichen Verfolgungsverjährung äußerst problematisch im Hinblick auf das zeitliche Vollständigkeitsgebot einer Selbstanzeige, da in vielen Konstellationen die relevanten Unterlagen nicht mehr vorhanden sein werden.

2. Die einzelnen Regelbeispiele

a) § 370 III 2 Nr. 1 AO

Das Regelbeispiel setzt für Taten vor dem 1.1.2008 (→ Rn. 562) voraus, dass der Täter **aus grobem Eigennutz** *(subjektive Voraussetzung)* **in großem Ausmaß** *(objektive Voraussetzung)* Steuern verkürzt oder nicht gerechtfertigte Steuervorteile erlangt (vgl. BGH 27.3.1994, wistra 1994, 228). Anders als bei § 264 II 2 Nr. 1 StGB ist hier nicht erforderlich, dass der Steuervorteil beim Täter bereits eingegangen ist. Es genügt vielmehr derjenige Erfolg, der für die Vollendung der Steuerhinterziehung ausreicht (→ Rn. 67 ff., 165).

Grob eigennützig soll handeln, wer sich bei seinem Verhalten von dem Streben nach eigenem Vorteil in besonders anstößigem Maße leiten lässt (BGH 20.11.1990, wistra 1991, 106; BGH 24.7.1985, wistra 1985, 228), mit ausgeprägter Gewinnsucht handelt (BGH 7.11.1986, wistra 1987, 71), wenn er sich in guten finanziellen Verhältnissen befindet und aus reiner Geldgier handelt. Erforderlich sein soll eine Gesamtbetrachtung der Tatumstände, in die die vom Täter gezogenen Vorteile, Art, Häufigkeit und Intensität der Aktivitäten ebenso einzubeziehen sind wie der Zweck der Tat (BGH 13.1.1993, wistra 1993, 109). Entscheidend ist, ob sich der Angeklagte gerade hinsichtlich der verkürzten Steuern von besonders anstößigem Gewinnstreben hat leiten lassen (BGH 13.6.2013, wistra 2013, 471). Bei einer Steuerhinterziehung durch Unterlassen wird dies kaum je der Fall sein (vgl. → Einl Rn. 19 f.). Im Übrigen ist das Merkmal des Eigennutzes ein Musterbeispiel für eine Leerformel. Nicht sehr viel bestimmter ist das Merkmal des „groben" Eigennutzes, bei dem nur sicher ist, dass nicht jede Eigennützigkeit ausreicht Nicht ohne Grund ist dieses Merkmal in § 180 StGB gestrichen worden. Die Neuregelung des § 370 III 2 Nr. 1 AO (→ Rn. 562) verzichtet daher zu Recht auf dieses Erfordernis.

566 Ein **großes Ausmaß** der Steuerhinterziehung ist zahlenmäßig nicht zu beschreiben. Möglich soll sein, dass das Ausmaß sich deutlich aus dem noch als durchschnittlich häufig vorkommenden Verkürzungsumfang heraushebt, ein „Täuschungsgebäude großen Ausmaßes" vorliegt (BGH 7.11.1986, wistra 1987, 71). Hiervon wird man erst bei Beträgen ab 500.000 EUR ausgehen können. Im Übrigen mag von Bedeutung sein, ob die Steuer auf Zeit oder endgültig verkürzt werden sollte (vgl. *Felix* KÖSDI 1986, 6298).

567 Der **BGH** wollte ursprünglich bei der **Bestimmung des großen Ausmaßes** nach Verzicht auf das Erfordernis des groben Eigennutzes für Taten seit dem 1.1.2008 betragsmäßig differenzieren. Bereits in seiner Entscheidung vom 2.12.2008 (BGHSt 53, 71) hatte er einen grundsätzlichen Wert von 50.000 EUR favorisiert, dabei aber unterscheiden wollen. Wer Erstattungen erschleicht und einen wirklichen Vermögensverlust herbeiführt, unterfällt der Grenze von 50.000 EUR (BGH 2.12.2008, BGHSt 53, 71). Wer nur etwas nicht erklärt, also geschuldete Steuern behalten will, unterfällt einer Grenze von 100.000 EUR, weil hier letztlich nur eine Gefährdung des Steueranspruchs vorliegen soll (BGH 2.12.2008, BGHSt 53, 71 Rn. 39). Eine Verrechnung mit anderen Steueransprüchen soll einer Auszahlung gleichstehen (BGH 15.12.2011, wistra 2012, 191).

568 Mit Urteil vom 27.10.2015 (BGHSt 61, 28) hat der BGH seine Differenzierung aufgegeben und geht nun von einer Steuerhinterziehung im großen Ausmaß einheitlich – auch bei den Unterlassungsvarianten – von einer **Beitragsgrenze in Höhe von 50.000 EUR** aus. Problematisch ist, dass bei der Berechnung dieses Betrags auch das Kompensationsverbot gem. § 370 IV 3 AO Anwendung finden soll (BGHSt 61, 28 Rn. 47), so dass grundsätzlich ein Regelbeispiel vorliegen kann, auch wenn kein Steuerschaden eingetreten ist.

569 Dieser verschärfte **Begriff des großen Ausmaßes** ist nicht auf eine Änderung des Gesetzes, sondern eine Veränderung in der rechtspolitischen Bewertung der Steuerhinterziehung durch den BGH zurückzuführen (*Kuhlen* S. 152). Ob diese Bewertung Zustimmung verdient, hängt entscheidend vom Grad der Ähnlichkeit zwischen Steuerhinterziehung und Betrug ab (*Kuhlen* S. 153). Tatsächlich ist die These, die Steuerhinterziehung sei dem Betrug nach ihrem Unwertgehalt gleichzusetzen, ebenso verfehlt wie die Gleichschaltung für das große Ausmaß bei beiden Delikten (*Kuhlen* S. 153). Die Fälle, die § 370 AO als vollendete Steuerhinterziehung erfasst, sind zu heterogen für starre Grenzen und Beträge. Gerade bei größeren Unternehmen wird die Überschreitung der 50.000 EUR-Grenze der Regelfall sein. Nachdem die Instanzgerichte einen bedingten Vorsatz sehr häufig unterstellen, ist es oftmals nicht gerechtfertigt, in diesen Fällen ein Indiz für das Vorliegen eines besonders schweren Falls anzunehmen. Letztendlich bleibt zu hoffen, dass die Rechtsprechung bei Überschreiten der 50.000 EUR-Grenze das Verhältnis zwischen deklarierter und hinterzogener Steuer bei der Strafzumessung verstärkt berücksichtigt und in geeigneten Fällen, trotz Überschreitung der absoluten Betragsgrenze von 50.000 EUR, die Indizwirkung des Regelbeispiels entkräftet. Auch eine zeitliche Verkürzung sollte diesbezüglich stark ins Gewicht fallen, genauso wie die Tatsache, dass bei Anwendung des Kompensationsverbots möglicherweise kein Steuerschaden eingetreten ist.

570 Auch in der **Variante der Erlangung nicht gerechtfertigter Steuervorteile** ist eine Wertgrenze zu fordern, ungeachtet der Tatsache, dass der BGH eine Bezifferung der sich aus den nicht gerechtfertigten Steuervorteilen ergebenen Auswirkungen auf den Steueranspruch des Staates nicht verlangt (BGH 22.11.2012, BGHSt 58, 50). Da es sich jedoch bei der Höhe der hinterzogenen Steuern um einen bestimmenden Strafzumessungsgrund handelt, muss auch für die Fälle der Steuerhinterziehung durch Erlangen nicht gerechtfertigter Steuervorteile eine Wertgrenze überschritten werden, damit ein „großes Ausmaß" vorliegt. Nach Jäger (Klein/*Jäger* AO § 370 Rn. 284) soll auch hier die Schwelle 50.000 EUR betragen und als Bezugsgröße der aufgrund der zu niedrig festgestellten

Besteuerungsgrundlagen höchstens gefährdeter Steuerbetrag zugrunde zu legen sein. Nach der hier vertretenen Auffassung ist der aufgrund des nicht gerechtfertigten Steuervorteils später erfolgte Steuerschaden zu berechnen. Existiert eine Konstellation, in der eine Berechnung nicht möglich ist, so ist die Steuerverkürzung anhand der individuellen steuerlichen Verhältnisse des konkreten Stpfl möglichst realistisch zu schätzen. Teilweise existieren Konstellationen, in denen der Steuervorteil vermutlich niemals mehr zu einem Steuerschaden führen wird, etwa wenn ein Rentner einen Verlustvortrag in Höhe von mehreren Millionen Euro hat und einen fünfstelligen Betrag in seiner Einkommensteuererklärung verkürzt hat (→ Rn. 82 und 161).

In solchen Fällen erscheint es sachgerecht, dass das Gericht sich auch bei Überschreitung der Wertgrenze der nicht gerechtfertigten Steuervorteile intensive Gedanken macht, ob in solch einer Konstellation nicht die Indizwirkung des schweren Falls zu entkräften ist. Die Indizwirkung des strafschärfenden Regelbeispiels der Steuerhinterziehung in großem Ausmaß kann kompensiert werden (BGH 5.9.2017, wistra 2018, 224 Rn. 22). Eine insoweit hinreichend begründete Wertung des Tatrichters ist für das Revisionsgericht bindend.

Zweifelhaft ist, inwiefern bei **Hinterziehung durch verschiedene Tathandlungen** 571 bzw. verschiedener Steuerarten die verursachten Steuerschäden addiert werden können. So will *Bittmann* (wistra 2003, 121, 124 zu § 370a aF) darauf abstellen, welcher Steuerschaden „durch alle (bekannten) gewerbs- oder bandenmäßig begangenen Steuerdelikte desselben Täters" verursacht worden ist, also die Verkürzungsbeträge addieren. Gegen diese Lösung sprechen aber gewichtige Gründe. Zunächst einmal führt dies zu unvernünftigen Konsequenzen. Da gewerbsmäßig handelnde Täter in der Regel für einen strafrechtlich nicht verjährten 5-Jahreszeitraum verfolgt werden, wäre praktisch jede Verkürzung in einem Unternehmen erfasst, aber auch der gutverdienende Luxemburg-Anleger, der Erträge von über 20.000 EUR p.a. nicht erklärt. Eine Addition der Verkürzungsbeträge bei einer Mehrzahl von Taten kann aber nicht gemeint sein, sonst hinge das Eingreifen des § 370 III 2 Nr. 1 AO davon ab, wann welche Einzeltaten entdeckt und wie sie angeklagt und abgeurteilt werden (vgl. auch *Vogelberg* PStR 2002, 227, 229). Die Problematik verschärft sich noch angesichts der Verlängerung der Verjährungsfrist durch § 376 I nF, da bei einer Addition von Beträgen im vierstelligen Bereich über fünfzehn Jahre schnell der Wert von 50.000 EUR überschritten wird. Entscheidend kann daher allein die einzelne zu beurteilende Tat im Sinne des § 52 StGB bzw. § 264 StPO sein (BGH 28.10.2004, wistra 2005, 30; BGH 2.12.2008, BGHSt 53, 71 Rn. 40; LG Saarbrücken 10.5.2005, wistra 2005, 355; OLG Saarbrücken 9.12.2005, wistra 2006, 117; *Bender/Möller/Retemeyer* C 101). Dies gilt selbst dann, wenn – schon im Hinblick auf die Gewerbsmäßigkeit – die Mehrzahl von Einzeltaten auf einem vorgefassten Plan beruht, da anderenfalls die (abgeschaffte; → § 369 Rn. 113) Figur der fortgesetzten Handlung wiederbelebt würde.

Damit bleibt die Frage, ob bei einer **Hinterziehung mehrerer Steuerarten durch** 572 **dieselbe Handlung** im Sinne des § 52 StGB eine Addition der Einzelbeträge erfolgen muss, oder insofern ebenfalls jede Gesetzesverletzung für sich betrachtet werden muss. Wer als Unternehmer einen Brutto-Umsatz von 100.000 EUR nicht in der Buchhaltung erfasst und dementsprechend Steuern verkürzt, bewirkt eine Verkürzung von Umsatzsteuer in Höhe von 15.966 EUR (19% aus 100.000) und (bei einer Versteuerung in der oberen Proportionalzone) Einkommensteuer von etwa 36.500 EUR, so dass der Betrag von 50.000 EUR bereits überschritten wäre. Da § 370 III 2 Nr. 1 AO „besonders" schwere Fälle erfasst, ist konsequent auf die Verkürzung bzgl. der einzelnen Steuerarten abzustellen. Erst wenn der für die einzelne Steuerart verkürzte Betrag den Schwellenwert von 50.000 EUR übersteigt, kann insoweit eine Hinterziehung „in großem Ausmaß" vorliegen. Hierfür spricht auch, dass sonst der Unterlassungstäter, bei dem im Hinblick auf mehrere Steuerarten immer Tatmehrheit vorliegt (→ Rn. 723), besser behandelt wird und dass die Einstufung als besonders schwerer Fall mit den massiven Konsequenzen für die strafrechtliche Verjährung kaum davon abhängen kann, ob die Erklärungen in einem oder drei Umschlägen eingereicht wurden (→ Rn. 723). Mit Urteil vom 22.1.2018 hat der BGH seine Rechtsprechung geändert, dass bei bloß zeitlichem Zusammentreffen von mehreren Steuererklärungen, die rechtlich nicht miteinander verknüpft sind und in einem äußeren Akt eingereicht werden, **keine Tateinheit iSv § 52 StGB** mehr vorliegt (wistra 2019, 103 Rn. 20 ff.). Auch bei Abgabe mehrerer elektronischer Steuererklärungen zu verschiedenen Steuerarten (zB ESt/KSt, GewSt, USt) oder verschiedenen Besteuerungszeiträumen liegt Tatmehrheit vor (*Schöler* Stbg 2019, 15).

573 Auch beim Vorliegen eines Regelbeispiels bleibt eine Einstellung nach den §§ 153, 153a StPO möglich (→ § 398 Rn. 14). Überdies muss nicht notwendig der gesamte Strafrahmen ausgeschöpft werden. Im Regelfall sind ohnehin mehrere Taten begangen worden, so dass es zu einer Gesamtstrafenbildung (→ § 369 Rn. 128) kommt.

b) § 370 III 2 Nr. 2 AO

574 Dieses Regelbeispiel setzt voraus, dass der Täter **seine Befugnisse oder seine Stellung als Amtsträger missbraucht.** Da nach der hier vertretenen Auffassung eine Unkenntnis des zuständigen Finanzbeamten in Fällen eines kollusiven Zusammenwirkens mit dem Stpfl nicht vorausgesetzt wird (→ Rn. 293), kommt dieses Regelbeispiel nicht nur bei unzuständigen Finanzbeamten in Betracht, die etwa einen Steuererstattungsfall fingieren (vgl. BGH 11.11.1998, wistra 1999, 63, 64), sondern auch wenn ein Betriebsprüfer etwa steuerschädliche Feststellungen in seinem Bericht nicht vermerkt (teilweise wird vertreten, dass die Kenntnis des (zuständigen) Amtsträgers der Finanzbehörde den objektiven Tatbestand ausschließt MüKoStGB/*Schmitz/Wulf* AO § 370 Rn. 522). Sinn und Zweck des § 370 III AO setzen voraus, dass nur Amtsträger einer Finanzbehörde oder einer sonst mit Steuerangelegenheiten befassten Behörde in Betracht kommen (vgl. Kohlmann/*Schauf* AO § 370 Rn. 1100; *Weyand* wistra 1988, 180). Die Amtsträgereigenschaft ergibt sich für § 370 III Nr. 2 AO wegen § 369 II AO nicht aus § 11 I Nr. 2 StGB, sondern aus § 7 AO. Auf das Problem, ob ein Finanzgericht eine Behörde ist (→ Rn. 202), kommt es hier nicht an. Da die Definitionen aber fast wörtlich übereinstimmen, besteht in der Sache kein Unterschied. Zum Amtsträgerbegriff s. Schönke/Schröder/*Hecker* StGB § 11 Rn. 14 ff. Ist der Steuerschaden geringwertig (vgl. § 248a StGB), spricht viel dafür, die Indizwirkung des Regelbeispiels zu verneinen (OLG Brandenburg 3.3.2005, wistra 2005, 315).

c) § 370 III 2 Nr. 3 AO

575 Der Täter muss die **Mithilfe eines Amtsträgers,** der nach § 370 III 2 Nr. 2 AO handelt, **ausnutzen.** Der Täter selbst ist demnach nicht Amtsträger der FinB; er begeht jedoch die Steuerhinterziehung unter Mithilfe eines Amtsträgers. Dieser kann Mittäter oder Teilnehmer sein. Will der Täter den Amtsträger beherrschen, meint er also, dieser werde die Unrichtigkeit oder Unvollständigkeit seiner Angaben nicht bemerken, greift § 370 III 2 Nr. 3 nicht ein (LG Saarbrücken 14.7.1987, wistra 1988, 202).

d) § 370 III 2 Nr. 4 AO

576 Der Täter muss **nachgemachte oder verfälschte Belege verwenden.** Darunter sind ausschließlich unechte Urkunden zu verstehen (vgl. BGH 16.8.1989, wistra 1990, 26). Unecht ist eine Urkunde, wenn die in ihr enthaltene Erklärung nicht von demjenigen herrührt, der sich aus ihr als Aussteller ergibt (Schönke/Schröder/*Heine/Schuster* StGB § 267 Rn. 48 ff.). Dagegen ist die bloß inhaltlich unwahre Urkunde als schriftliche Lüge keine nachgemachte oder verfälschte Urkunde Weiter muss der Täter unter Verwendung der Urkunden zur Täuschung (BGH 25.1.1983, BGHSt 31, 225) **fortgesetzt Steuern verkürzen.** Für die vergleichbare Formulierung der „fortgesetzten Begehung" in § 244 I Nr. 2 StGB und § 373 II Nr. 3 AO vertrat die hM und Rspr bereits vor Aufgabe der Figur der fortgesetzten Handlung die Auffassung, dass eine fortgesetzte Tat iSd Konkurrenzlehre (→ § 369 Rn. 115 ff.) weder erforderlich noch ausreichend sei (→ § 373 Rn. 67). Dasselbe muss auch hier gelten. In Abweichung zu den Qualifikationen in § 244 I Nr. 2 StGB, § 373 II Nr. 3 und § 374 II AO ist hier jedoch erforderlich, dass der Täter bereits mehrere (mindestens zwei) Steuerhinterziehungen begangen hat (BGH 12.10.1988, BGHSt 35, 374; BGH 16.8.1989, wistra 1990, 26; BGH 21.4.1998, wistra 1998, 265; Klein/*Jäger* AO § 370 Rn. 296; Kohlmann/*Schauf* AO § 370 Rn. 1120). Ein Verwenden liegt nicht schon dann vor, wenn ein gefälschter Beleg Eingang in die Buchhaltung und damit in das Zahlenwerk der Steuererklärung findet (BGH 25.1.1983, BGHSt 31, 225; BGH 5.4.1989, wistra 1989, 228; BGH 12.10.1988, BGHSt 35, 374; BGH 24.1.1989, wistra 1989, 190; Kohlmann/*Schauf* AO § 370 Rn. 1118); nötig ist die Vorlage gegenüber der FinB (BGH 12.10.1988, BGHSt 35, 374). Denkbar ist jedoch, dass dann ein besonders schwerer Fall der Steuerhinterziehung außerhalb der Regelbeispiele vorliegt (vgl. BGH 24.1.1989, wistra 1989, 190; BGH 5.4.1989, wistra 1989, 228; Klein/*Jäger* AO § 370 Rn. 297; Kohlmann/*Schauf* AO § 370 Rn. 1118).

e) § 370 III 2 Nr. 5 AO

§ 370 III 2 Nr. 5 AO wurde zum 1.1.2008 in die Abgabenordnung eingefügt **577** (→ Rn. 562) und ersetzt teilweise den aufgehobenen Verbrechenstatbestand der schweren banden- und gewerbsmäßigen Steuerhinterziehung gemäß § 370a AO aF.

Täter des Regelbeispiels kann nur das Mitglied einer Bande sein. Bande iS der Nr. 5 **578** ist eine Gruppe von Personen, die sich ausdrücklich oder stillschweigend zu fortgesetzter (→ Rn. 579) Begehung von (Steuer-) Straftaten im Hinblick auf Umsatz- oder Verbrauchsteuern verbunden hat (vgl. *Fischer* StGB § 244 Rn. 34). Auch die Rechtsprechung geht seit der Entscheidung des Großen Senats für Strafsachen vom 22.3.2001 (BGHSt 46, 321) davon aus, dass mehr als zwei Personen nötig sind (vgl. zur früheren Rechtsprechung *Sowada* in GS Schlüchter, 383). Irgendein Mindestmaß konkreter Organisation oder festgelegter Strukturen ist ebenso wenig erforderlich wie ein „gefestigter Bandenwille" (BGH 11.9.2003, NStZ 2004, 398, 399) oder ein Tätigwerden in einem „übergeordneten Bandeninteresse" (BGH 4.2.2004, wistra 2004, 262; BGH 27.5.2004, NStZ 2005, 230, 231). Auch Mitarbeiter eines ansonsten legal tätigen Unternehmens können bezogen auf die jeweiligen Steuerstraftaten des Unternehmens als Bande handeln (BGH 15.5.2018, wistra 2019, 63 Rn. 155 ff.) Eine Bandenmitgliedschaft setzt voraus, dass der Betroffene in die Organisation der Bande eingebunden ist, die dort existierenden Regeln akzeptiert, zum Fortbestand der Bande beiträgt und sich an den Straftaten als Täter oder Teilnehmer beteiligt (BGH 9.6.2017, StraFo 2017, 374). Eine Bandenabrede kann selbst dann vorliegen, wenn ein Beteiligter bei allen Bandentaten nur Gehilfe sein soll (BGH 15.1.2002, BGHSt 47, 214, 218; *Bender/Möller/Retemeyer* C 483; *Fischer* StGB § 244 Rn. 39. Theoretisch sind damit auch das dolose Ehepaar und ihr Steuerberater drei Personen, die eine Bande bilden können. Allerdings kann gegen die Annahme einer Bande sprechen, dass sich die Beteiligten zunächst nur aus persönlichen Gründen zusammengeschlossen haben und es erst im weiteren Verlauf zu gemeinsamen Begehungen von Straftaten kommt (*Fischer* StGB § 244 Rn. 37; BGH 19.5.1998, NJW 1998, 2913). Familiäre Verbindungen der handelnden Person stehen der Annahme einer Bande allerdings nicht entgegen (BGH 12.7.2006, NStZ 2007, 339, so dass auch das dolose Ehepaar und ihre erwachsenen Kinder eine Bande bilden könnten.

Eine **fortgesetzte Begehung** ist geplant, wenn die Bande mehrere selbstständige, im **579** Einzelnen ggf. noch ungewisse Taten begehen will. Es muss nicht eine fortgesetzte Tat im überkommenen Sinne (→ § 369 Rn. 115) gegeben sein. Eine auf wenige Stunden begrenzte Verabredung genügt nicht (OLG Hamm 29.4.1981, NJW 1981, 2207; *Fischer* StGB § 244 Rn. 40). Ist eine solche fortgesetzte Begehung geplant, ist bereits die erste Tat für die daran Beteiligten eine bandenmäßige (BGH 17.6.2004, BGHSt 49, 177 Rn. 16; *Bender/Möller/Retemeyer* C 487; aM *Buse/Bohnert* NJW 2008, 618, 621). Demgegenüber macht eine nach Begehung einer ersten gemeinsamen Tat gefasste Bandenabrede für die Zukunft die erste Tat nicht nachträglich zur Bandentat (vgl. BGH 5.8.2005, NStZ 2006, 176).

580 Die Tat muss **als Bandenmitglied** begangen sein. Die Tat muss also in die Gesamtabrede der Bande einbezogen sein (vgl. *Fischer* StGB § 244 Rn. 41; *Bender/Möller/Retemeyer* C 488). Anders als etwa § 244 I Nr. 2 StGB verzichtet § 370 III 2 Nr. 5 AO darauf, dass die Tat unter Mitwirkung eines anderen Bandenmitglieds begangen sein muss.

581 Die Tat muss zur **Verkürzung von Umsatz- oder Verbrauchsteuern** geführt haben bzw. der Täter muss nicht gerechtfertigte Umsatz- oder Verbrauchsteuervorteile erlangt haben. Damit werden vor allem Umsatzsteuerkarusselle erfasst.

582 Nicht nötig ist, dass es sich bei jedem Bandenmitglied um einen Stpfl handelt (BT-Drs. 16/5846, 75; Klein/*Jäger* AO § 370 Rn. 298). Ebenfalls unerheblich ist es, ob die Bande vom Ausland aus operiert. Entscheidend ist, dass der Erfolg in Deutschland eintritt (vgl. § 9 I StGB; → § 369 Rn. 35). Es bleibt allerdings bei dem generellen Erfordernis, dass sich die Tat – soweit es nicht um Einfuhr- oder Ausfuhrabgaben geht – auf das vom deutschen Fiskus verwaltete Steueraufkommen beziehen muss (BT-Drs. 16/5846, 75). Nach der Streichung von § 370 VI 3 und 4 AO kommt allerdings auch eine bandenmäßige Begehung zum Nachteil anderer EU-Staaten Betracht.

583 Liegen die Voraussetzungen des Regelbeispiels des § 370 III 2 Nr. 5 AO vor, so besteht grundsätzlich die **Möglichkeit der Überwachung und Aufzeichnung der Telekommunikation** gem. § 100a II Nr. 2a) StPO.

f) § 370 III 2 Nr. 6 AO

584 Auf alle ab dem 25.6.2017 begangenen Taten findet auch das Regelbeispiel des § 370 III 2 Nr. 6 AO Anwendung. Voraussetzung ist diesbezüglich, dass eine Drittstaaten-Gesellschaft iSd § 138 III AO, auf die der Stpfl alleine oder zusammen mit nahestehenden Personen iSd § 1 II AStG unmittelbar oder mittelbar einen beherrschenden oder bestimmenden Einfluss ausüben kann, zur Verschleierung steuerlich erheblicher Tatsachen nutzt und auf diese Weise fortgesetzt Steuern verkürzt oder nicht gerechtfertigter Steuervorteil erlangt. Wann ein unmittelbar oder mittelbar beherrschender Einfluss ausgeübt werden kann, ist dem Gesetz nicht konkret zu entnehmen. Erstaunlich ist, dass bereits die Möglichkeit hierzu („ausüben kann") nach dem Gesetzeswortlaut als ausreichend angesehen wird. Solch einen Einfluss wird man entweder bei einem rechtlich bindenden Treuhandvertrag oder aufgrund der Einflussmöglichkeit infolge einer gesellschaftsrechtlichen Beteiligung annehmen können (MüKoStGB/*Schmitz/Wulf* AO § 370 Rn. 538). Auch die Formulierung „zur Verschleierung von steuererheblichen Tatsachen" ist unklar. Nach zutreffender Auffassung ist dieses Merkmal nur dann erfüllt, wenn Wirtschaftsgüter bzw. Einnahmen steuerlich unmittelbar dem inländischen Stpfl wirtschaftlich zuzurechnen sind, während die Auslandsgesellschaft formal Eigentümerin oder Anspruchsinhaberin im Außenverhältnis ist (MüKoStGB/*Schmitz/Wulf* AO § 370 Rn. 539). Sind die Wirtschaftsgüter bzw. Einkünfte dagegen der Auslandsgesellschaft zuzurechnen, wird jedoch deren Geschäftsführung aus Deutschland ausgeübt, so unterfällt diese Konstellation nicht dem Regelbeispiel des § 370 III 2 Nr. 6 AO. Eine Verschleierung liegt nach dem Wortsinn in dieser Konstellation nicht vor, da die streitgegenständliche Gesellschaft in Deutschland als Besteuerungsobjekt besteuert wird. Da die Gründung und Unterhaltung von ausländischen Gesellschaften steuerlich zulässig ist, wird der Nachweis einer Verschleierungsabsicht oftmals schwer zu erbringen sein (Klein/*Jäger* AO § 370 Rn. 308). Von einer fortgesetzten Steuerverkürzung ist auszugehen, wenn zuvor zwei gleichartige Taten begangen wurden, und für die dritte Tat dann das Regelbeispiel eingreifen kann (MüKoStGB/*Schmitz/Wulf* AO § 370 Rn. 539). Eine Drittstaaten-Gesellschaft im Sinne von § 138 III AO liegt bei einer Personengesellschaft, Körperschaft, Personenvereinigung oder Vermögensmasse mit Sitz oder Geschäftsleitung in Staaten oder Territorien, die nicht Mitglieder der Europäischen Union oder der Europäischen Freihandelsassoziation (EFTA) sind, vor. Zu beachten ist insofern, dass beispielsweise Gesellschaften mit Geschäftsleitung in Andorra, Liechtenstein oder etwa Malta von dieser Regelung nicht umfasst sind (*Rolletschke/Roth* wistra 2017, 769; *Roth* PStR 2017, 315). Aufgrund der unklaren Gesetzesformulierung werden zurecht verfassungsrechtliche Zweifel mit Blick auf den Bestimmtheitsgrundsatz erhoben (*Peters* AO-StW 2017, 248, 250).

3. Allgemeine Lehren

Der Vorsatz muss sich auf diejenigen Umstände erstrecken, die den besonders schweren 585
Fall begründen. Dieser Vorsatz muss zum Zeitpunkt der Tathandlung, regelmäßig also der Abgabe der unrichtigen Steuererklärung oder des Verstreichenlassens des Abgabetermins für die Erklärung, vorhanden sein.

Da § 370 III AO keinen eigenständigen Tatbestand, sondern nur eine **Strafzumes-** 586
sungsregel enthält, muss die Versuchsstrafbarkeit nicht gesondert angeordnet werden. Legt man die Auffassung des BGH zu § 243 StGB zugrunde, kommt ein Versuch im Hinblick auf § 370 III AO in zweierlei Weise in Betracht: Der Täter vollendet die Steuerhinterziehung, das Regelbeispiel versucht er nur zu verwirklichen. Hier handelt es sich um eine vollendete Steuerhinterziehung in einem versuchten besonders schweren Fall. Oder der Täter versucht die Steuerhinterziehung, wobei er das Regelbeispiel realisiert oder zu realisieren versucht. Dann begeht er eine versuchte Steuerhinterziehung in einem besonders schweren Fall. In beiden Konstellationen ist die Kann-Milderung nach §§ 23 II, 49 I StGB auf den Strafrahmen nach § 370 III AO anzuwenden.

§ 370 III AO enthält keine Tatbestandsmerkmale; der **Versuch** der Steuerhinterziehung 587
beginnt daher nicht schon, wenn der Täter mit der Verwirklichung eines Regelbeispiels beginnt, also zB den Amtsträger zu gewinnen versucht, sondern erst dann, wenn er zu der Tat nach § 370 I AO unmittelbar ansetzt.

Der Versuch eines Regelbeispiels ist dann möglich, wenn der Täter sowohl zur Verwirk- 588
lichung des Tatbestands als auch des Regelbeispiels unmittelbar angesetzt hat (BGH 28.7.2010, wistra 2010, 449; *Klein/Jäger* AO § 370 Rn. 277a). Dabei ist fraglich, in welchen Fällen man die Indizwirkung wirklich bejahen kann. Der BGH will hier entscheidend auf die subjektive Tatseite abstellen, dies liegt bei einem Versuch auf der Hand.

einstweilen frei 589–600

X. Strafen und Nebenfolgen

1. Strafen

Schrifttum: *Kopacek,* Die Freiheitsstrafe bei schweren Steuervergehen in der Praxis, FR 1960, 611; *Bockelmann,* Strafe und Buße als Mittel der Erziehung zu Steuerehrlichkeit, Steuerkongreßreport 1969, 291; *Buschmann,* Steuerstrafen und Steuerbußen, BlStA 1973, 91; *Volk,* Die Parteispenden-Problematik – materielles Steuerstrafrecht nach geltendem Recht, wistra 1983, 219; *Meine,* Die Schätzung der Lohnsteuer und der Sozialversicherungsbeiträge in Lohnsteuer- und Beitragsverkürzungsfällen, wistra 1985, 100; *Meine,* Die Strafzumessung bei der Steuerhinterziehung, 1990; *v. Selle,* Die Vermögensstrafe – eine strafrechtsdogmatische Annäherung, wistra 1993, 216; *Joecks,* Erledigung von Strafverfahren, StraFo 1997, 2; *I. M. Meyer,* Erledigung von Steuerstrafverfahren außerhalb einer Hauptverhandlung, DStR 2005, 1477; *Bilsdorfer,* Klare Strafzumessungsregeln bei Steuerhinterziehung, NJW 2009, 476; *Wulf,* Die Verschärfung des Steuerstrafrechts zum Jahreswechsel 2008/2009, DStR 2009, 459; *Rolletschke,* Strafzumessung bei Kettengeschäften, HRRS 2009, 455; *Rolletschke/Jope,* Die Grundsatzentscheidung des BGH zur Strafhöhe bei Steuerhinterziehung, wistra 2009, 219; *Spatscheck,* Neue Strafzumessungsentscheidung bei Steuerhinterziehung?, SAM 2009, 122; *Rolletschke,* Die Strafzumessung bei Steuerhinterziehung (§ 370 AO), StRR 2011, 355; *Höll,* Strafzumessung im Steuerstrafrecht – Rechnen statt Abwägen?, PStR 2012, 251; *Jäger,* Strafzumessung im Steuerstrafrecht, DStZ 2012, 736; *Matschke,* Strafzumessung im Steuerstrafrecht, wistra 2012, 457; *Peters,* Strafzumessung bei Steuerhinterziehung in Millionenhöhe, NZWiSt 2012, 201; *Reichling,* Die neuere Rechtsprechung des 1. Strafsenats des BGH zum Steuerstrafrecht, StraFo 2012, 316; *Rolletschke,* Rechtsprechungsgrundsätze zur Strafzumessung bei Steuerhinterziehung, NZWiSt 2012, 18; *Talaska,* Steuerhinterziehung: Berufsrechtliche Konsequenzen für den Steuerberater, Stbg 2015, 315; *Radtke,* Begrenzung der tatrichterlichen Strafzumessung?, DRiZ 2018, 250; *Wilke,* Notwendiger Abstimmungsbedarf zwischen Steuerstraf- und Besteuerungsverfahren bei der strafrechtlichen Vermögenseinziehung, wistra 2019, 81.

601 Die Strafdrohung des § 370 I AO weist keinerlei Besonderheiten gegenüber den Vergehen des StGB mehr auf, nachdem schon das EGStGB (Schrifttum vor → Einl Rn. 153) die Voranstellung der Geldstrafe beseitigt hatte. Die Tat kann jetzt mit Freiheitsstrafe bis 5 Jahren oder mit Geldstrafe bestraft werden. Nach § 47 StGB kann Freiheitsstrafe unter 6 Monaten nur in Ausnahmefällen verhängt werden (→ § 369 Rn. 34). Gem. § 41 StGB kann das Gericht neben Freiheitsstrafe auch Geldstrafe verhängen, wenn der Täter sich durch die Tat bereichert oder zu bereichern versucht hat. Der Strafrahmen wird schließlich durch § 370 III AO auf Freiheitsstrafe von sechs Monaten bis zu zehn Jahren angehoben.

602 Im Regelfall der Steuerhinterziehung wird bei einem nicht vorbestraften Täter und erfolgter Schadenswiedergutmachung das Verfahren gegen Zahlung einer Auflage nach § 153a StPO eingestellt oder eine Geldstrafe verhängt (→ § 369 Rn. 137 ff.). Besonders bedeutsam ist für die Strafzumessung unter den Kriterien des § 46 II StGB die „verschuldete Auswirkung der Tat". Die Strafzumessung richtet sich daher nicht zuletzt nach der Höhe der verkürzten Steuer (vgl. RKR/*Schützeberg* AO § 369 Rn. 63 ff., 68; *Köpp* DStR 1984, 367; *Theil* BB 1984, 2181; *Meine,* Strafzumessung bei der Steuerhinterziehung, 1990; *Joecks* 1998, 170 ff.; *ders.* StraFo 1997, 2 ff.). Eventuelle berufsrechtliche Folgen einer Verurteilung sind zu berücksichtigen und erkennbar in die Strafzumessungserwägungen des Gerichts aufzunehmen (BGH v. 17.8.2019, wistra 2020, 66).

603 **Die Grundsatzentscheidung des 1. Strafsenats** (BGH 2.12.2008, BGHSt 53, 71; siehe auch → Rn. 569) ebenso wie Folgeentscheidungen bewirkte, dass die Großzügigkeit, mit der auch bei Hinterziehungen in Millionenhöhe Freiheitsstrafen zur Bewährung ausgesetzt wurden, ein Ende haben. Andererseits sind die Ausführungen in der Entscheidung so, dass auch bei an sich verschärften Anforderungen der „klassische" Fall, dass der Täter geständig ist und die verkürzten Steuern nachentrichtet (BGH 2.12.2008, BGHSt 53, 71 Rn. 45), noch zu einer Bewährungsstrafe führen kann. Dabei stellt der Senat nicht zuletzt darauf ab, in welcher Relation die verkürzten Steuern zu den sonst erklärten und bezahlten stehen (BGH 2.12.2008, BGHSt 53, 71 Rn. 45). Wenn es dann auch noch darauf ankommen kann, wie es mit der Lebensleistung des Täters steht (BGH 2.12.2008, BGHSt 53, 71 Rn. 45; siehe auch LG München II 13.3.2014, wistra 2015, 77), wird klar, dass für einen Manager, der erhebliche Steuern zahlt und ein Auslandskonto „vergessen" hat, auch bei siebenstelligen Beträgen noch eine Freiheitsstrafe mit Strafaussetzung zur Bewährung in Betracht kommen mag, wenn er (frühzeitig) gesteht und die hinterzogenen Steuern nachentrichtet wurden. Zu höheren Strafen mag es bei solchen Tätern kommen, die das Finanzamt „als Bank" (BGH 2.12.2008, BGHSt 53, 71 Rn. 46) betrachteten oder die Steuerhinterziehung in sonstiger Weise gewerbsmäßig oder gar „als Gewerbe" betrieben. Gleiches gilt auch für den Aufbau eines aufwändigen Täuschungssystems, die systematische Verschleierung von Sachverhalten und die Erstellung oder Verwendung unrichtiger oder verfälschter Belege zu Täuschungszwecken (BGH 2.12.2008, BGHSt 53, 71 Rn. 46). Namentlich bei den sog. Umsatzsteuerkarussellgeschäften, bei Kettengeschäften unter Einschaltung sog. „Serviceunternehmen" und im Bereich der illegalen Arbeitnehmerüberlassung will der BGH regelmäßig strafschärfende Gründe bejahen (BGH 2.12.2008, BGHSt 53, 71 Rn. 47). Seit dem o. g. Urteil bestätigte der BGH, dass eine Aussetzung zur Bewährung bei einer Hinterziehung „in Millionenhöhe" nur bei besonders gewichtigen Milderungsgründen erwogen werden kann (BGH v. 7.2.2012, BGHSt 57, 123; v. 13.3.2019, NStZ 2019, 601).

604 Der BGH hat seine Auffassung zur Strafzumessung bei Steuerhinterziehung „in Millionenhöhe", auch im Bereich der gewerbsmäßigen Hinterziehung von Einfuhr- oder Ausfuhrabgaben, in der Folgezeit fortgesetzt (vgl. BGH 7.2.2012, BGHSt 57, 123; BGH 22.5.2012, wistra 2012, 350) und zugleich klargestellt, dass eine Hinterziehung in Nicht-Millionen-Höhe die Verhängung einer nicht aussetzbaren Freiheitsstrafe nicht hindert.

2. Strafrechtliche Nebenfolgen

Wird eine Steuerhinterziehung begangen, so kann das Gericht gem. § 44 StGB ein **605 Fahrverbot** erlassen oder die Fahrerlaubnis gem. § 69 StGB entziehen (vgl. BGH 7.2.1961, BGHSt 15, 316 ff.; BGH 17.4.1962, BGHSt 17, 218; Kohlmann/*Schauf* AO § 370 Rn. 1128.16 ff.). Seit dem 24.8.2017 ist für das Fahrverbot nach § 44 StGB nicht mehr erforderlich, dass die Straftat im Zusammenhang mit der Führung eines Kraftfahrzeuges begangen wurde. Stattdessen soll das Fahrverbot dann in Betracht kommen, wenn unter Berücksichtigung des Strafzweckes eine spezialpräventive Einwirkung auf den Täter erforderlich erscheint (BT-Drs. 18/11272, 12). Voraussetzung ist nach der Rechtsprechung des BGH für die Entziehung nach § 69 StGB, dass der Täter bereit ist, die Sicherheit des Straßenverkehrs seinen eigenen kriminellen Interessen unterzuordnen (BGH GrS 27.4.2005, BGHSt 50, 93). Dies wird nicht schon dann der Fall sein, wenn er die unrichtige Steuererklärung mit seinem PKW in das Finanzamt gebracht hat, sondern allenfalls dann in Betracht kommen, wenn etwa das Kraftfahrzeug zu größeren Schmuggeltransporten eingesetzt wurde (vgl. zu Btm-Beschaffungsfahrten BGH 23.6.1992, NStZ 1992, 586; *Fischer* StGB § 69 Rn. 43 f.).

Ein **Berufsverbot** (§ 70 StGB) kann angeordnet werden, *„wenn die Gesamtwürdigung des* **606** *Täters und die Tat die Gefahr erkennen lässt, dass er bei weiterer Ausübung des Berufs, Berufszweiges, Gewerbes oder des Gewerbezweiges erhebliche rechtswidrige Taten der bezeichneten Art begehen wird.“* Weiterhin ist Voraussetzung, dass die Steuerhinterziehung unter Missbrauch des Berufs oder Gewerbes oder unter grober Verletzung der mit ihnen verbundenen Pflichten begangen wurde (§ 70 I S. 1 StGB). Die Pflicht, Umsatz-, Einkommen- und Gewerbesteuer zu zahlen, ist keine Berufspflicht in diesem Sinne (KG JR 1980, 247; *Fischer* StGB § 70 Rn. 7). Denkbar ist ein Berufsverbot jedoch, wenn die unternehmerische Tätigkeit auf die systematische Hinterziehung von Lohn- und Umsatzsteuern angelegt ist (vgl. BGH 12.9.1994, wistra 1995, 22; aM Erbs/Kohlhaas/*Hadamitzky/Senge* AO § 370 Rn. 86: Berufsverbot nur bei Steuerberatern und Rechtsanwälten möglich). Die Entwicklung eines „Steuermodells" für einen Mandanten durch einen Rechtsanwalt (Fachanwalt für Steuerrecht) und vereidigten Buchprüfer, das diesem ermöglichte, unter Verwendung überhöhter Rechnungen in der Buchhaltung über einen längeren Zeitraum eine Verkürzung von Körperschafts-, Gewerbe-, Umsatz- und Einkommensteuer herbeizuführen, ist grundsätzlich geeignet, ein Berufsverbot für die Berufe Rechtsanwalt und vereidigter Buchprüfer auszulösen (vgl. BGH 20.2.2001, wistra 2001, 220).

Der Täter muss den Beruf oder das Gewerbe bei Begehung der Tat tatsächlich ausgeübt **607** haben. Es genügt insoweit nicht, dass er im Rahmen einer vorgetäuschten Berufs- oder Geschäftstätigkeit handelt (BGH 22.6.2000, wistra 2001, 59).

einstweilen frei **608–610**

3. Steuerrechtliche Nebenfolgen

a) Haftung für hinterzogene Steuerbeträge

Schrifttum: *Felix*, Die steuerliche Haftung des Steuerhinterziehers und Steuerhehlers, FR 1958, 458; *Giemulla*, Die Haftung des Steuerberaters bei unzulässiger Steuervermeidung, DStZ 1982, 20; *Gast-de Haan*, Steuerverfehlungen als Grundlage von steuerlichen und anderen Verwaltungseingriffen, DStJG 6, 187; *Mösbauer*, Die Haftung im Steuerrecht bei Steuerhinterziehung und Steuerhehlerei, NWB F 13, 678 (1985); *Pump*, Psychische Beihilfe des Auftragnehmers oder Subunternehmers als Grundlage der Haftung gem. § 71 AO, StBp 1986, 282; *Joecks*, Haftung des Steuerhinterziehers, wistra 1987, 248; *Bilsdorfer*, Folgen einer steuerlichen Verfehlung, NWB F 13, 741 (1989); *Lausen*, Die Haftung des Vertretenen gem. § 70 AO, wistra 1989, 338; *Spriegel/Jokisch*, Die steuerrechtliche Haftung des GmbH-Geschäftsführers und der Grundsatz der anteiligen Tilgung, DStR 1990, 433; *Buß*, Die Haftung des Steuerhinterziehers nach § 71 AO, Diss. Kiel 1991; *Schmidt/Troschke*, Anteilige Haftung bei Steuerhinterziehung, StB 1994, 9; *Gosch*, Steuerhinterziehungs-Übernahme von Feststellungen des Strafurteils, Haftung, verdeckte Gewinnausschüttung, StBp 1995, 92; *Ludwig*, Die Haftung bei Steuerhinterziehung, PStR 1998, 216; *Gast-de Haan*, Ausgewählte Probleme der Haftung und straf-(bußgeld-)rechtlichen Verantwortlichkeit in Fällen unrichtiger Spendenbestätigungen,

Festschrift 50 Jahre Arbeitsgemeinschaft der Fachanwälte für Steuerrecht e.V. und 50 Jahre Steuerrechtliche Jahresarbeitstagung, 1999, S. 619; *Gehm*, Haftung des Steuerhinterziehers und des Steuerhehlers nach § 71 AO, BuW 2000, 361; *Rödel*, Geschäftsführerhaftung für Sozialversicherungsbeiträge trotz Nichtzahlung der Löhne, INF 2000, 722; *Dißars*, Verfahrensrechtliche Folgen einer Steuerstraftat oder Steuerordnungswidrigkeit, StB 2001, 169; *Pelz*, Die Haftung von Banken für von Kunden hinterzogene Steuern, WM 2003, 1661; *Ehrig*, Haftung des GmbH-Geschäftsführers für Umsatzsteuerrückstände, GmbHR 2003, 1174; *Müller*, In dubio pro reo im Steuerrecht und Steuerstrafrecht, AO-StB 2004, 156; *Schuhmann*, Die Umsatzsteuerhaftung des GmbH-Geschäftsführers, GmbHR 2006, 529; *Stahl*, Steuerliche Folgen aus Steuerstraftaten und Steuerordnungswidrigkeiten, KÖSDI 2006, 15 021; *Pflaum*, Zu den Voraussetzungen der Haftung des Steuerhinterziehers, § 71 AO, wistra 2010, 368; *Jope*, Haftung des Täters und des Gehilfen einer Steuerhinterziehung nach § 71 AO, Stbg 2010, 299; *Gehm*, Überblick zur Haftung des Steuerhinterziehers und Steuerhehlers nach § 71 AO, NZWiSt 2014, 93; *Gehm*, Die Haftung des Steuerberaters gem. § 71 AO, StBp 2018, 13; *Bruschke*, Die Haftung des Steuerhinterziehers nach § 71 AO, BB 2018, 2780.

§ 69 AO Haftung der Vertreter

¹Die in den §§ 34 und 35 bezeichneten Personen haften, soweit Ansprüche aus dem Steuerschuldverhältnis (§ 37) infolge vorsätzlicher oder grob fahrlässiger Verletzung der ihnen auferlegten Pflichten nicht oder nicht rechtzeitig festgesetzt oder erfüllt oder soweit infolgedessen Steuervergütungen oder Steuererstattungen ohne rechtlichen Grund gezahlt werden. ²Die Haftung umfasst auch die infolge der Pflichtverletzung zu zahlenden Säumniszuschläge.

§ 70 AO Haftung des Vertretenen

(1) Wenn die in den §§ 34 und 35 bezeichneten Personen bei Ausübung ihrer Obliegenheiten eine Steuerhinterziehung oder eine leichtfertige Steuerverkürzung begehen oder an einer Steuerhinterziehung teilnehmen und hierdurch Steuerschuldner oder Haftende werden, so haften die Vertretenen, soweit sie nicht Steuerschuldner sind, für die durch die Tat verkürzten Steuern und die zu Unrecht gewährten Steuervorteile.

(2) ¹Absatz 1 ist nicht anzuwenden bei Taten gesetzlicher Vertreter natürlicher Personen, wenn diese aus der Tat des Vertreters keinen Vermögensvorteil erlangt haben. ²Das Gleiche gilt, wenn die Vertretenen denjenigen, der die Steuerhinterziehung oder die leichtfertige Steuerverkürzung begangen hat, sorgfältig ausgewählt und beaufsichtigt haben.

§ 71 AO Haftung des Steuerhinterziehers und des Steuerhehlers

Wer eine Steuerhinterziehung oder eine Steuerhehlerei begeht oder an einer solchen Tat teilnimmt, haftet für die verkürzten Steuern und die zu Unrecht gewährten Steuervorteile sowie für die Zinsen nach § 235 und die Zinsen nach § 233a, soweit diese nach § 235 Absatz 4 auf die Hinterziehungszinsen angerechnet werden.

§ 72 AO Haftung bei Verletzung der Pflicht zur Kontenwahrheit

Wer vorsätzlich oder grob fahrlässig der Vorschrift des § 154 Abs. 3 zuwiderhandelt, haftet, soweit dadurch die Verwirklichung von Ansprüchen aus dem Steuerschuldverhältnis beeinträchtigt wird.

§ 72a AO Haftung Dritter bei Datenübermittlungen an Finanzbehörden

(1) ¹Der Hersteller von Programmen im Sinne des § 87c haftet, soweit die Daten infolge einer Verletzung seiner Pflichten nach § 87c unrichtig oder unvollständig verarbeitet und dadurch Steuern verkürzt oder zu Unrecht steuerliche Vorteile erlangt werden. ²Die Haftung entfällt, soweit der Hersteller nachweist, dass die Pflichtverletzung nicht auf grober Fahrlässigkeit oder Vorsatz beruht.

(2) ¹Wer als Auftragnehmer (§ 87d) Programme zur Verarbeitung von Daten im Auftrag im Sinne des § 87c einsetzt, haftet, soweit

1. auf Grund unrichtiger oder unvollständiger Übermittlung Steuern verkürzt oder zu Unrecht steuerliche Vorteile erlangt werden oder
2. er seine Pflichten nach § 87d Absatz 2 verletzt hat und auf Grund der von ihm übermittelten Daten Steuern verkürzt oder zu Unrecht steuerliche Vorteile erlangt werden.

²Die Haftung entfällt, soweit der Auftragnehmer nachweist, dass die unrichtige oder unvollständige Übermittlung der Daten oder die Verletzung der Pflichten nach § 87d Absatz 2 nicht auf grober Fahrlässigkeit oder Vorsatz beruht.

(3) Die Absätze 1 und 2 gelten nicht für Zusammenfassende Meldungen im Sinne des § 18a Absatz 1 des Umsatzsteuergesetzes.

(4) Wer nach Maßgabe des § 93c Daten an die Finanzbehörden zu übermitteln hat und vorsätzlich oder grob fahrlässig
1. unrichtige oder unvollständige Daten übermittelt oder
2. Daten pflichtwidrig nicht übermittelt,
haftet für die entgangene Steuer.

Für den **Täter einer Steuerhinterziehung oder -hehlerei** begründet § 71 AO eine **611** steuerrechtliche Haftung für die hinterzogenen Steuerbeträge und die Hinterziehungszinsen, um Fällen gerecht zu werden, in denen der Täter zum Vorteil eines anderen gehandelt hat oder sich nicht feststellen lässt, welcher von mehreren Tatbeteiligten als Steuerschuldner in Betracht kommt. Die Haftung bedeutet keine zusätzliche Strafsanktion, sondern soll den durch die Hinterziehungshandlung verursachten Vermögensschaden des Fiskus ausgleichen (BFH 11.2.2002, BFH/NV 2002, 891). Der Steuerschuldner kann nicht zugleich Haftungsschuldner sein, sie stehen in einem Exklusivitätsverhältnis zueinander (BFH 23.6.2020, BFHE 270, 1). § 71 AO normiert eine Haftung für Fälle der Steuerhinterziehung oder -hehlerei. Die Vorschrift greift somit grundsätzlich nicht ein für Subventionsbetrug (ebenso FG Nürnberg 13.10.1995, EFG 1996, 626; Tipke/Kruse/*Loose* AO § 71 Rn. 5a; BFH 19.12.2013, BFHE 244, 217, BStBl II 2015, 119). Anderes gilt nach bisherig verbreiteter Ansicht (BFH 27.4.1999, BStBl. II 1999, 670; Tipke/Kruse/*Loose* § 71 AO Rn. 15; Klein/*Rüsken* AO § 71 Rn. 2a; Flore/Tsambikakis/*Webel* AO § 71 Rn. 11) für die zu Unrecht gewährte Investitionszulage im Wesentl. aufgrund der Verweisung des InvZulG auf die Steuervergütungsvorschriften der AO (§ 14 1 InvZulG [2010] = § 7 I 1 InvZulG [1993] = § 5 V 1 InvZulG [1982]). Der BFH deutet mit Beitrittsaufforderung an das BMF 5.7.2012, BFH/NV 2012, 1761, die Abkehr von dieser Rspr. an, insbes. da es sich bei der Investitionszulage um keine Steuer iSd § 3 I AO handelt und das „Erschleichen" der Zulage strafrechtlich als Subventionsbetrug (§§ 263 f. StGB) und nicht als Steuerhinterziehung geahndet wird. Die Haftung kann vor allem Angestellte treffen, die für den Stpfl. tätig sind, wie zB Geschäftsführer, Prokuristen usw., aber auch den Steuerberater (dazu ausf. *Giemulla* DStZ 1982, 20). Nach der Rspr. bestehen keine Bedenken dagegen, dass das FA den Haftungsbescheid in der Einspruchsentscheidung statt der ursprünglich angenommenen Geschäftsführerhaftung (§§ 34, 69 AO) auf Hinterzieherhaftung gem. § 71 AO stützt (BFH 8.11.1994, BFH/NV 1995, 657). Als Haftenden bestimmt § 71 AO nicht nur den Täter einer Steuerhinterziehung oder -hehlerei, sondern auch den *Teilnehmer*. Die Haftung eines Gehilfen setzt auch die Feststellung voraus, dass dessen Beihilfehandlung für den eingetretenen Erfolg einer Steuerverkürzung mindestens mitursächlich gewesen ist (BFH 26.8.1992, BStBl. II 1993, 8). Wer Barverkaufsrechnungen ohne Empfängerbezeichnung ausstellt, haftet gem. § 71 AO für den aufgrund der Steuerhinterziehung des Kunden entstandenen Schaden (FG Münster 11.12.2001, EFG 2002, 655). Eine Mitwirkung an der Erstellung von Scheinrechnungen, auf denen die unberechtigte Inanspruchnahme von Vorsteuerbeträgen beruht, kann für die Folgen kausal sein (BFH 11.2.2002, BFH/NV 2002, 891). Die bloße Mitunterzeichnung gemeinsamer Steuererklärungen von Ehegatten löst keine Haftungsfolgen aus (BFH 16.4.2002, BFHE 198, 66; BFH 19.2.2008, BFH/NV 2008, 1158; vgl. auch → Rn. 522). Zum Nachweis des (mindestens bedingten) Vorsatzes gehört zwingend die Anhörung vor Erlass eines Haftungsbescheides. Durch Unterlassen eines Hinweises nach § 201 II AO kann sich die FinB die Möglichkeit der erforderlichen zeitnahen Sachverhaltsaufklärung „verbauen" (FG Ba-Wü 13.6.1996, EFG 1996, 1134). Das Fehlen eines die Strafbarkeit begründenden persönlichen Merkmals schließt die Haftung des Teilnehmers nicht aus (BFH 27.5.1986, BFH/NV 1987, 10). Die Heranziehung eines Teilnehmers, vorliegend eines Bankmitarbeiters, nach § 71 AO scheidet aus, wenn der mutmaßliche Haupttäter nicht ermittelt werden kann und folglich nicht festgestellt werden kann, ob eine Haupttat überhaupt begangen wurde bzw. welche Steuer konkret hinterzogen worden ist (glA Flore/Tsambikakis/*Webel* AO § 71 Rn. 12; *Sahan/Ruhmannseder* IStR 2009, 715; vgl. BFH 16.7.2009,

BFHE 226, 30). Wer Steuerschuldner ist, ist nicht zugleich Haftender (BFH 12.5.1970, BStBl. II 606). Das gilt jedoch nicht bei einer Mehrheit von Abgabeschuldnern (BFH 26.6.1990, BFHE 161, 225; HessFG 24.10.1981, EFG 1982, 272). Die Haftung greift auch dann ein, wenn der Täter oder Teilnehmer selbst keinen steuerlichen Vorteil aus der Tat erlangt hat (glA *Bilsdorfer* NWB F 13, 741). Wahlfeststellung zwischen Täterschaft und einer anderen Teilnahmeform sowie zwischen den verschiedenen Teilnahmeformen ist zulässig (Tipke/Kruse/*Loose* AO § 71 Rn. 6). Eine strafgerichtliche Verurteilung setzt § 71 AO nicht voraus. Vielmehr müssen die Finanzbehörden und -gerichte die objektiven und subjektiven Tatbestandsmerkmale des § 370 AO oder des § 374 AO selbstständig feststellen, und zwar nicht nach strafprozessualen Regelungen, sondern nach den Vorschriften der AO unter Beachtung des Grundsatzes *in dubio pro reo* (BFHGrS 5.3.1979, BStBl. II 570; BFH 20.6.2007, BFH/NV 2007, 2057; *Müller* AO-StB 2008, 196; aA Tipke/Kruse/*Loose* AO § 71 Rn. 9 f.). Die Finanzbehörde ist an die Rechtsauffassung und die tatsächlichen Feststellungen des Strafgerichts nicht gebunden (BFH 10.10.1972, BStBl. II 1973, 68; FG Sachsen-Anhalt 6.8.2007, EFG 2007, 1830). Im Aussetzungsverfahren werden ernstliche Zweifel an der Rechtmäßigkeit eines angefochtenen Verwaltungsakts (§ 361 AO, § 69 FGO) nicht schon durch hinreichenden Tatverdacht iSd § 203 StPO ausgeschlossen (BFHGrS 5.3.1979, BStBl. II 570). Das FG kann sich strafgerichtliche Feststellungen zu eigen machen (BFH 8.11.1994, BFH/NV 1995, 657). Einwendungen gegen deren Verwendung müssen substantiiert vorgetragen werden (BFH 10.1.1978, BStBl. II 311 u. BFH 21.6.1988, BStBl. II 841). Feststellungen der Steuerfahndung oder der Bußgeld- und Strafsachenstelle, auf denen zB ein Strafbefehl beruht, sind selbst dann keine strafgerichtlichen Feststellungen, wenn der Strafbefehl (ohne Rechtsmittel oder nach Rücknahme des Einspruchs) rechtskräftig wird. Um divergierende Entscheidungen zu vermeiden, kann die Aussetzung nach § 363 AO oder § 74 FGO zweckmäßig sein (→ § 396 Rn. 12). Bei Einstellungen nach § 153a StPO ist das FG wegen der Unschuldsvermutung daran gehindert, allein aus der Zustimmung des Beschuldigten auf den Nachweis der Steuerstraftat zu schließen (BFH 20.12.2000, BFH/NV 2001, 639). Gleiches gilt für die Einstellung gemäß § 153 II StPO nach Erhebung der Anklage; diese sieht zwar keine Auflage/Weisung wie § 153a StPO zur Beseitigung des an sich bestehenden öffentlichen Interesses an der Strafverfolgung vor, setzt jedoch ebenfalls die Zustimmung des Beschuldigten zur Einstellung des Verfahrens in diesem Stadium voraus.

Die Einstellung des Verfahrens aufgrund § 398a AO (Absehen von Verfolgung) löst zwangsläufig keine Haftung für den 10%igen bzw. einen höheren Zuschlag nach § 71 AO aus, hiergegen spricht bereits der Wortlaut, der die Haftung auf Steuern, Steuervorteile und Zinsen beschränkt und eine Zahlung nach § 398a Nr. 2 AO – selbst wenn ihre Rechtsnatur umstritten ist (Kohlmann/*Schauf* AO § 398a Rn. 4 mwN) – dem nicht unterfällt. Die Nichtbegleichung einer (festgesetzten) Zahlung nach § 398a AO hat lediglich die Unwirksamkeit der Selbstanzeige zur Folge, es entsteht keine „unbeglichene Schuld", welche Voraussetzung für die Haftung nach § 71 AO ist.

612 Der **Umfang der Haftung** des Steuerhinterziehers ist beschränkt auf die Quote der sonstigen Gläubigerbefriedigung (BFH 26.8.1992, BStBl. II 1993, 8; BFH 11.2.2002, BFH/NV 2002, 891). Haftungsvorschriften erschließen keine zusätzlichen Einnahmequellen (*Gast-de Haan* wistra, 1988, 298). Der Charakter des § 71 AO als Schadenersatznorm (BFH 8.11.1988, BStBl. II 1989, 118) verbietet es, den Täter/Teilnehmer für Beträge heranzuziehen, die dem Steuergläubiger auch bei steuerehrlichem Verhalten nicht zugeflossen wären (BFH 13.7.1994, HFR 1995, 189; *Joecks* wistra 1987, 248). Die Vorschrift soll auch nicht etwa neben der Verpflichtung zum Schadensersatz und zusätzlich zu den Strafnormen der §§ 370 ff. AO eine weitere Sanktion begründen (BFH 26.2.1991, BFH/NV 1991, 504). Die Haftungsschuld wegen Lohnsteuerhinterziehung ist – falls keine Nettolohnvereinbarung getroffen worden ist – nach dem Bruttosteuersatz zu berechnen (BFH 29.10.1993, BStBl. II 1994, 197 betr. Arbeitgeberhaftung, NdsFG 7.12.1994, EFG 1995, 698 betr. Geschäftsführerhaftung).

Die **Festsetzungsfrist für Haftungsbescheide** beträgt zehn Jahre (§ 191 III 2 AO). **613**
Das gilt auch bei der Haftung für Hinterziehungszinsen (FG Nürnberg 20.7.1999, EFG
1999, 1209; Tipke/Kruse/*Loose* AO § 71 Rn. 20). Die Frist beginnt mit Ablauf des
Kalenderjahres, in dem der Tatbestand verwirklicht worden ist, an den das Gesetz die
Haftungsfolge knüpft (§ 191 III 3 AO). Bei der Ausstellung einer unrichtigen Spendenbescheinigung (→ § 379 Rn. 18) beginnt also die Frist für die Geltendmachung einer
Haftung nach § 10b IV EStG bereits mit Ausstellung der Bescheinigung, nicht erst mit der
Vorlage dieser Bescheinigung im Rahmen der Steuererklärung des Spenders (vgl. *Gast-de
Haan*, Festschrift 50 Jahre Fachanwalt für Steuerrecht, 619).

Vertretene haften gem. § 70 AO, wenn ihre Vertreter (§ 34 AO) oder Verfügungs- **614**
berechtigten (§ 35 AO) bei Ausübung ihrer Obliegenheiten eine Steuerhinterziehung oder
eine leichtfertige Steuerverkürzung begehen oder an einer Steuerhinterziehung teilnehmen
und hierdurch Steuerschuldner oder -haftende werden. Versuchte Steuerhinterziehung
und Steuerhehlerei lösen keine Haftung aus. Der Vorschrift des § 70 AO liegt der Gedanke
zugrunde, dem Vertretenen das Verhalten des Vertreters zuzurechnen. Ob dieser Grundgedanke eine einschränkende Interpretation des Tatbestandsmerkmales „bei Ausübung
ihrer Obliegenheiten" sowie des Begriffes „Verfügungsberechtigter" gebietet (so *Lausen*
wistra 1989, 338), erscheint zweifelhaft; eine sinnvolle Haftungsbeschränkung dürfte bereits
über § 70 II 1 AO zu erreichen sein.

einstweilen frei **615–620**

b) Verlängerte Festsetzungsfrist

Schrifttum: *Brandis*, Zinsen bei Hinterziehung von Einkommensteuer-Vorauszahlungen, DStR 1990,
510; *Guth*, Verlängerung der Festsetzungsfrist durch unwirksame Bescheide?, DStZ 1990, 538; *Gast-de Haan*,
Keine verlängerten Festsetzungsfristen für Kirchenlohnsteuer bei Lohnsteuerhinterziehung, DStZ 1992, 525;
Hummert, Die Verlängerung der Festsetzungsfrist gemäß § 169 Abs. 2 Satz 2 AO und § 191 Abs. 3 Satz 2
AO für Kirchensteuer bei Steuerhinterziehung, DStZ 1993, 112; *Rößler*, Zehnjährige Festsetzungsfrist bei
Vorliegen eines Schuldausschließungsgrundes, DStZ 1998, 872; *Bornheim*, Verfassungswidrige Steuern und
Verlängerung der Festsetzungsverjährung aufgrund Steuerhinterziehung gem. § 169 Abs. 2 S. 2 AO, Stbg
1998, 549; *ders.*, Hinterziehung von Vermögensteuer – Strafrechtliche Aspekte, Verlängerung der Festsetzungsfrist nach § 169 Abs. 2 S. 2 AO und Festsetzung von Hinterziehungszinsen nach § 235 AO, Stbg 1999,
310; *Resing*, Auswirkungen des Vermögensteuerbeschlusses des BVerfG auf verlängerte Festsetzungsverjährungsfristen und die Festsetzung von Hinterziehungszinsen, DStZ 1999, 922; *Steinhauff*, Verlängerte Festsetzungsverjährung auch bei Steuerhinterziehung eines Miterben, NWB 2018, 774.

§ 169 AO Festsetzungsfrist

(1) ¹Eine Steuerfestsetzung sowie ihre Aufhebung oder Änderung sind nicht mehr zulässig, wenn
die Festsetzungsfrist abgelaufen ist. ²Dies gilt auch für die Berichtigung wegen offenbarer Unrichtigkeit nach § 129. ³Die Frist ist gewahrt, wenn vor Ablauf der Festsetzungsfrist
1. der Steuerbescheid oder im Fall des § 122a die elektronische Benachrichtigung den Bereich der für
die Steuerfestsetzung zuständigen Finanzbehörde verlassen hat oder
2. bei öffentlicher Zustellung nach § 10 des Verwaltungszustellungsgesetzes die Benachrichtigung
bekannt gemacht oder veröffentlicht wird.

(2) ¹Die Festsetzungsfrist beträgt:
1. ein Jahr
für Verbrauchsteuern und Verbrauchsteuervergütungen,
2. vier Jahre
für Steuern und Steuervergütungen, die keine Steuern oder Steuervergütungen im Sinne der
Nummer 1 oder Einfuhr- und Ausfuhrabgaben nach Artikel 5 Nummer 20 und 21 des Zollkodex
der Union sind.

²Die Festsetzungsfrist beträgt zehn Jahre, soweit eine Steuer hinterzogen, und fünf Jahre, soweit sie
leichtfertig verkürzt worden ist. ³Dies gilt auch dann, wenn die Steuerhinterziehung oder leichtfertige
Steuerverkürzung nicht durch den Steuerschuldner oder eine Person begangen worden ist, deren er
sich zur Erfüllung seiner steuerlichen Pflichten bedient, es sei denn, der Steuerschuldner weist nach,
dass er durch die Tat keinen Vermögensvorteil erlangt hat und dass sie auch nicht darauf beruht, dass
er die im Verkehr erforderlichen Vorkehrungen zur Verhinderung von Steuerverkürzungen unterlassen hat.

§ 370　621　　　　　　　　　　　　　　　　　　　　　　　　　　　　　　Steuerhinterziehung

§ 170 AO Beginn der Festsetzungsfrist

(1) Die Festsetzungsfrist beginnt mit Ablauf des Kalenderjahrs, in dem die Steuer entstanden ist oder eine bedingt entstandene Steuer unbedingt geworden ist.

(2) ¹Abweichend von Absatz 1 beginnt die Festsetzungsfrist, wenn

1. eine Steuererklärung oder eine Steueranmeldung einzureichen oder eine Anzeige zu erstatten ist, mit Ablauf des Kalenderjahrs, in dem die Steuererklärung, die Steueranmeldung oder die Anzeige eingereicht wird, spätestens jedoch mit Ablauf des dritten Kalenderjahrs, das auf das Kalenderjahr folgt, in dem die Steuer entstanden ist, es sei denn, dass die Festsetzungsfrist nach Absatz 1 später beginnt,
2. eine Steuer durch Verwendung von Steuerzeichen oder Steuerstemplern zu zahlen ist, mit Ablauf des Kalenderjahrs, in dem für den Steuerfall Steuerzeichen oder Steuerstempler verwendet worden sind, spätestens jedoch mit Ablauf des dritten Kalenderjahrs, das auf das Kalenderjahr folgt, in dem die Steuerzeichen oder Steuerstempler hätten verwendet werden müssen.

²Dies gilt nicht für Verbrauchsteuern, ausgenommen die Energiesteuer auf Erdgas und die Stromsteuer.

(3) Wird eine Steuer oder eine Steuervergütung nur auf Antrag festgesetzt, so beginnt die Frist für die Aufhebung oder Änderung dieser Festsetzung oder ihrer Berichtigung nach § 129 nicht vor Ablauf des Kalenderjahrs, in dem der Antrag gestellt wird.

(4) Wird durch Anwendung des Absatzes 2 Nr. 1 auf die Vermögensteuer oder die Grundsteuer der Beginn der Festsetzungsfrist hinausgeschoben, so wird der Beginn der Festsetzungsfrist für die folgenden Kalenderjahre des Hauptveranlagungszeitraums jeweils um die gleiche Zeit hinausgeschoben.

(5) Für die Erbschaftsteuer (Schenkungsteuer) beginnt die Festsetzungsfrist nach den Absätzen 1 oder 2

1. bei einem Erwerb von Todes wegen nicht vor Ablauf des Kalenderjahrs, in dem der Erwerber Kenntnis von dem Erwerb erlangt hat,
2. bei einer Schenkung nicht vor Ablauf des Kalenderjahrs, in dem der Schenker gestorben ist oder die Finanzbehörde von der vollzogenen Schenkung Kenntnis erlangt hat,
3. bei einer Zweckzuwendung unter Lebenden nicht vor Ablauf des Kalenderjahrs, in dem die Verpflichtung erfüllt worden ist.

(6) Für die Steuer, die auf Kapitalerträge entfällt, die

1. aus Staaten oder Territorien stammen, die nicht Mitglieder der Europäischen Union oder der Europäischen Freihandelsassoziation sind, und
2. nicht nach Verträgen im Sinne des § 2 Absatz 1 oder hierauf beruhenden Vereinbarungen automatisch mitgeteilt werden,

beginnt die Festsetzungsfrist frühestens mit Ablauf des Kalenderjahres, in dem diese Kapitalerträge der Finanzbehörde durch Erklärung des Steuerpflichtigen oder in sonstiger Weise bekannt geworden sind, spätestens jedoch zehn Jahre nach Ablauf des Kalenderjahres, in dem die Steuer entstanden ist.

(7) Für Steuern auf Einkünfte oder Erträge, die in Zusammenhang stehen mit Beziehungen zu einer Drittstaat-Gesellschaft im Sinne des § 138 Absatz 3, auf die der Steuerpflichtige allein oder zusammen mit nahestehenden Personen im Sinne des § 1 Absatz 2 des Außensteuergesetzes unmittelbar oder mittelbar einen beherrschenden oder bestimmenden Einfluss ausüben kann, beginnt die Festsetzungsfrist frühestens mit Ablauf des Kalenderjahres, in dem diese Beziehungen durch Mitteilung des Steuerpflichtigen oder auf andere Weise bekannt geworden sind, spätestens jedoch zehn Jahre nach Ablauf des Kalenderjahres, in dem die Steuer entstanden ist.

621 Die ab dem 1.1.2015 neu eingefügte **Anlaufhemmung für verschwiegene Kapitaleinkünfte** kann im Ergebnis dazu führen, dass Steueransprüche erst in 20 Jahren verjähren (10 + 10). Betroffen davon sind Länder, die nicht Mitglieder der Europäischen Union oder Europäischen Freihandelszone sind und sich nicht dem automatischen Informationsaustausch angeschlossen haben. Anwendung findet die Vorschrift für alle nach dem 31.12.2014 beginnenden Festsetzungsfristen, Art. 97 § 10 Abs. 13 EGAO. Im Rahmen des Gesetzgebungsverfahrens ist im Finanzausschuss darauf hingewiesen worden, dass alle Erträge im Sinne von § 43 EStG darunter fallen sollen, und zwar unabhängig von der Zuordnung zu einer Einkunftsart (BT-Drs. 18/9439). Daher sind neben klassischen Kapitaleinkünften auch Dividenden oder Veräußerungsgewinne erfasst. Fraglich ist allerdings, ob die Vorschrift verfassungsgemäß ist. Das Besteuerungsrecht derart auszudehnen, steht nicht im Einklang mit dem Übermaßverbot, zudem ist fraglich, ob nicht eine Verletzung des Gleichheitsgebotes vorliegt.

§ 171 AO Ablaufhemmung
(1)–(4) ...
(5) ¹Beginnen die Behörden des Zollfahndungsdienstes oder die mit der Steuerfahndung betrauten Dienststellen der Landesfinanzbehörden vor Ablauf der Festsetzungsfrist beim Steuerpflichtigen mit Ermittlungen der Besteuerungsgrundlagen, so läuft die Festsetzungsfrist insoweit nicht ab, bevor die auf Grund der Ermittlungen zu erlassenden Steuerbescheide unanfechtbar geworden sind; Absatz 4 Satz 2 gilt sinngemäß. ²Das Gleiche gilt, wenn dem Steuerpflichtigen vor Ablauf der Festsetzungsfrist die Einleitung des Steuerstrafverfahrens oder des Bußgeldverfahrens wegen einer Steuerordnungswidrigkeit bekannt gegeben worden ist; § 169 Abs. 1 Satz 3 gilt sinngemäß.
(6) ...
(7) In den Fällen des § 169 Abs. 2 Satz 2 endet die Festsetzungsfrist nicht, bevor die Verfolgung der Steuerstraftat oder der Steuerordnungswidrigkeit verjährt ist.
(8) ...
(9) Erstattet der Steuerpflichtige vor Ablauf der Festsetzungsfrist eine Anzeige nach den §§ 153, 371 und 378 Abs. 3, so endet die Festsetzungsfrist nicht vor Ablauf eines Jahres nach Eingang der Anzeige.
(10)–(15) ...

§ 173 AO Aufhebung oder Änderung von Steuerbescheiden wegen neuer Tatsachen oder Beweismittel
(1) ...
(2) ¹Abweichend von Absatz 1 können Steuerbescheide, soweit sie auf Grund einer Außenprüfung ergangen sind, nur aufgehoben oder geändert werden, wenn eine Steuerhinterziehung oder eine leichtfertige Steuerverkürzung vorliegt. ²Dies gilt auch in den Fällen, in denen eine Mitteilung nach § 202 Abs. 1 Satz 3 ergangen ist.

§ 173a AO Schreib- oder Rechenfehler bei Erstellung einer Steuererklärung
Steuerbescheide sind aufzuheben oder zu ändern, soweit dem Steuerpflichtigen bei Erstellung seiner Steuererklärung Schreib- oder Rechenfehler unterlaufen sind und er deshalb der Finanzbehörde bestimmte, nach den Verhältnissen zum Zeitpunkt des Erlasses des Steuerbescheids rechtserhebliche Tatsachen unzutreffend mitgeteilt hat.

Die **Verlängerung der Festsetzungsfrist** für hinterzogene Steuerbeträge auf 10 Jahre **622** (bzw. 5 Jahre bei Leichtfertigkeit) berücksichtigt, dass die Steuerhinterziehung oft erst lange Zeit nach der Entstehung der Steuer, dem Ablauf einer Anmeldungs- oder Erklärungsfrist oder der Abgabe einer unrichtigen Erklärung entdeckt wird. Solche Fälle sind schwer aufzuklären, und die FinB sind oft nicht in der Lage, die entsprechenden Steueransprüche innerhalb der normalen Festsetzungsfrist geltend zu machen. Deshalb hat der Gesetzgeber hierfür die Frist grundsätzlich auf 10 bzw. 5 Jahre verlängert (BFH 31.1.1989, BStBl. II 442). Bei Vorliegen eines Schuldausschließungsgrundes greift die verlängerte Festsetzungsfrist nicht ein, denn § 169 II 2 AO berücksichtigt nicht nur die Schwierigkeiten einer Tatentdeckung, sondern auch den unterschiedlichen Unrechtsgehalt vorsätzlicher und leichtfertiger Verkürzungen (BFH 2.4.1998, BStBl. II 530; im Ergebnis zustimmend *Rößler* DStZ 1998, 811). Dass die verlängerten Festsetzungsfristen im Hinblick auf die Rspr. des BVerfG zur Verfassungswidrigkeit der VSt (BVerfG 22.6.1995, BVerfGE 93, 121) auch bei der Festsetzung von VSt für die Stichtage vor dem 1.1.1997 gelten, ist inzwischen geklärt (bejahend BFH 24.5.2000, HFR 2000, 630 – BVerfG 1 BvR 1242/00; FG Münster 23.8.1999, EFG 2000, 297; FG BaWü 3.1.2000, EFG 2000, 297 – BFH II B 13/0, zweifelnd NdsFG 8.6.2000, DStRE 2000, 940 – BFH II B 84/00; aA *Niebler* Stbg 2001, 117). Ist die hinterzogene oder verkürzte Steuer festgesetzt, ist kein Grund für eine Verlängerung der Zahlungsfrist ersichtlich. Diese beträgt auch für hinterzogene und verkürzte Steuern fünf Jahre (§ 228 S. 2 AO). Die verlängerte Festsetzungsfrist gilt für alle Steuern (§ 3 AO). Auf die Rückforderung zu Unrecht gewährter Investitionszulagen soll die verlängerte Festsetzungsfrist ebenfalls anwendbar sein (BFH 27.4.1999, BStBl. II 670; krit.

zur Anwendung bei der Haftung nach § 71 AO → Rn. 611). Ansprüche auf vorsätzlich vorenthaltene Sozialversicherungsbeiträge verjähren in 30 Jahren nach Ablauf des Kalenderjahres, in dem sie fällig geworden sind (§ 25 I 2 SGB IV). Bedingter Vorsatz genügt, jedoch reichen Zweifel an der Versicherungsfreiheit nicht aus (BSG 13.8.1996, SozR 3–2400 § 25 SGB IV Nr. 6). Die Nacherhebung von Zöllen ist in Art. 103 I, II UZK geregelt. Die regelmäßige 3-Jahresfrist ersetzt die Festsetzungsfrist nach §§ 169 ff. AO. Bei vorsätzlicher Zollhinterziehung greift jedoch die nationale Regelung, also die 10-Jahresfrist, ein (Art. 103 II ZK iVm § 169 II 2 AO). Leichtfertige Verkürzung verlängert diese Festsetzungsfrist nicht (Tipke/Kruse/*Drüen* AO vor § 169 Rn. 11). Die verlängerte Festsetzungsfrist gilt gem. § 169 II 3 AO grundsätzlich auch dann, wenn die Steuerhinterziehung nicht durch den StSchuldner selbst begangen worden ist (BFH 31.1.1989, BStBl. II 442; HessFG 12.9.2001, wistra 2002, 115). Steuerhinterziehung kann auch in *mittelbarer Täterschaft* begangen werden (dazu BFH 13.12.1989, BStBl. II 1990, 340). Steuerhehlerei (§ 374 AO) verlängert die Festsetzungsfrist nicht (Tipke/Kruse/*Kruse* AO § 169 Rn. 16 mwN). Die verlängerte Frist greift nur ein, „soweit" Steuern hinterzogen sind (BFH v. 19.11.1959, BStBl. III 1960, 30). Ggf. muss die Steuer also in hinterzogene (verkürzte) und nicht hinterzogene (verkürzte) Beiträge aufgeteilt werden (FG Nürnberg 12.7.1984, EFG 1984, 592; SaarlFG 11.12.1985, EFG 1986, 158), mit der Folge, dass hinsichtlich derselben Steuerart desselben Veranlagungszeitraums unterschiedliche Verjährungsfristen bestehen. Verfahrensrechtlich gelten dieselben Grundsätze wie für § 71 AO (→ Rn. 611). § 169 II 2 AO findet keine Anwendung, wenn der Täter zwar in der ESt-Erklärung Kapitaleinkünfte verschwiegen hat, bei der Gutschrift der Kapitalerträge aber so viel Abzugsteuer einbehalten worden ist, dass dies die Mehrsteuer abdeckt (BFH 26.2.2008, DStR 2008, 1281 gegen FG München 10.11.2005, wistra 2006, 470; BFH 23.4.2009, BFH/NV 2009, 1397; s. auch *Rolletschke* wistra 2006, 471, 472). Vermögensvorteil iSd § 169 II 3 AO ist nicht nur der spezifische Steuervorteil (§ 370 AO), sondern jede Verbesserung der Vermögenslage, die ohne die Tat nicht eingetreten wäre (BFH 31.1.1989, BStBl. II 442).

623 **Die Vorschriften des § 171 V, VII und IX AO** sollen verhindern, dass die Festsetzungsfrist ablaufen kann, bevor das Strafverfahren abgeschlossen oder eine Selbstanzeige ausgewertet ist. Wird der Umfang einer Fahndungsprüfung nachträglich auf zusätzliche Veranlagungszeiträume erweitert, so wird der Ablauf der Festsetzungsfrist für diese Veranlagungszeiträume nur gehemmt, wenn der Steuerpflichtige die Erweiterung bis zum Ablauf der Frist erkennen konnte (BFH 24.4.2002, BStBl. II 586). Die Ablaufhemmung gem. § 171 AO endet mit dem *Tod des Steuerhinterziehers* (BFH 2.12.1977, BStBl. II 1978, 359). § 171 IX AO ist lex specialis zu § 171 V AO, so dass aufgrund der Selbstanzeige eingeleitete Ermittlungen oder Verfahren keine Hemmung der Festsetzungsfrist über § 171 IX AO hinaus zur Folge haben. Andernfalls liefe die Vorschrift des § 171 IX AO im Regelfall leer.

624, 625 *einstweilen frei*

c) Hinterziehungszinsen

Schrifttum: *Gast-de Haan*, Berechnung von Hinterziehungszinsen, wistra 1988, 298; *Scheurmann-Kettner*, Werbungskostenabzug von Hinterziehungszinsen, BB 1989, 531; *Krabbe*, Verzinsung hinterzogener Steuern. NWB F2, 5252 (1989); *Teske*, Die Bedeutung der Unschuldsvermutung bei Einstellungen gem. §§ 153, 153a StPO im Steuerstrafverfahren, wistra 1989, 131; *Bublitz*, Neue Aspekte bei Hinterziehungszinsen, DStR 1990, 438; *Brandis*, Zinsen bei Hinterziehung von Einkommensteuer-Vorauszahlungen, DStR 1990, 510; *Gast-de Haan*, Verfassungswidrigkeit des Abzugsverbots für Hinterziehungszinsen gem. § 4 Abs. 5 Nr. 8a EStG nF?, StVj 1990, 76; *Hild/Hild*, Keine Inanspruchnahme von GmbH-Geschäftsführern als Schuldner von Hinterziehungszinsen, BB 1991, 2344; *Streck*, Beratungswissen zu Steuerzinsen, DStR 1991, 369; *Fuchsen*, Verfahrensfragen zur Festsetzung von Hinterziehungszinsen auf hinterzogene Gewerbesteuer, DStR 1992, 1307; *Diebold*, Zinsen und Sämmniszuschläge bei Haftungsschulden, BB 1992, 470; *Klos*, Probleme mit Hinterziehungszinsen, StB 1995, 374; *Müller*, Die Auswirkungen der Steuerstraftat im Besteuerungsverfahren, DStZ 1998, 449; *Vernekohl*, Erhebung von Hinterziehungszinsen gegen Erben, PStR 1998, 40; *Dahlmann*,

Festsetzungsverjährung bei Hinterziehungszinsen nach Einstellung des Steuerstrafverfahrens wegen Strafverfolgungsverjährung, DStR 1998, 1246; *Bornheim,* Hinterziehung von Vermögensteuer – Strafrechtliche Aspekte, Verlängerung der Festsetzungsfrist nach § 169 Abs. 2 S. 2 AO und Festsetzung von Hinterziehungszinsen nach § 235 AO, Stbg 1999, 310; *Bilsdorfer,* Die Entwicklung des Steuerstraf- und Steuerordnungswidrigkeitenrechts, NJW 1999, 1675; *Gast-de Haan,* Erlass von Hinterziehungszinsen aus sachlichen Billigkeitsgründen in den sog. Bankenfällen?, DB 1999, 2441; *Vogelberg,* Bedingter Hinterziehungsvorsatz eines verstorbenen Steuerpflichtigen, PStR 2000, 63; *Krieger,* Verjährung von Hinterziehungszinsen, DStR 2002, 750; *Müller,* Die Hinterziehungszinsen, AO-StB 2003, 28.

Die **Verpflichtung zur Zahlung von Zinsen auf hinterzogene Steuerbeträge** gem. 626 §§ 235, 238 AO hat zur Folge, dass der aus einer vorsätzlichen Steuerverkürzung gezogene Zinsgewinn bereits steuerrechtlich abgeschöpft wird, sofern nicht der individuelle Zinsgewinn des StSchuldners oder die von ihm durch die Tat ersparten Kreditzinsen über den gesetzlichen Zinssatz von 6 vH/Jahr hinausgegangen sind. Die Erhebung von Hinterziehungszinsen hat keinen Strafcharakter; sie berührt nicht Art. 6 und Art. 7 I EMRK (EGMR 16.3.2006 – 77792/01, BeckRS 2008, 6647; BFH 1.8.2001, BFH/NV 2002, 155). Die Vorschrift des § 235 AO bezweckt vielmehr, beim Nutznießer einer Steuerhinterziehung dessen Zinsvorteil abzuschöpfen (BFH 27.8.1991, BStBl. II 1992, 9). Die Frage, ob die Entscheidungen des BVerfG über die Verfassungswidrigkeit der Vermögensteuer (BVerfG 22.6.1995, BVerfGE 93, 121) der Festsetzung von Hinterziehungszinsen entgegenstehen, hat die Rspr. inzwischen negativ beantwortet (vgl. → Rn. 622). Hinterziehungszinsen fallen nicht an, soweit Steuern, die Gegenstand einer Hinterziehung bilden, trotz der Straftat rechtzeitig entrichtet worden sind, zB in Form von KapSt auf nicht erklärte Einkünfte aus Kapitalvermögen (FG München 29.11.1983, EFG 1984, 267). Bannbruch (→ § 372 AO), Steuerhehlerei (→ § 374 AO), leichtfertige Steuerverkürzung (→ § 378 AO) sowie Steuergefährdung (→ § 379 AO) lösen keine Zinspflicht aus (*Müller* AO-StB 2003, 29). Es muss eine *vollendete* Steuerhinterziehung vorliegen; Versuch genügt nicht (BFH 12.11.1975, BStBl. II 1976, 260; BFH 27.8.1991, BStBl. II 1992, 9), ebenso wenig Anstiftung oder Beihilfe (glA Tipke/Kruse/*Loose* AO § 235 Rn. 4; Flore/Tsambikakis/*Webel* AO § 235 Rn. 9; *Gosch-Kögel* AO § 235 Rn. 12; aA bezogen auf die Beihilfe zur Hinterziehung von Grunderwerbssteuer BFH 6.11.1974, BStBl. II 1975, 129). Voraussetzung der Verzinsung ist, dass der Tatbestand der Steuerhinterziehung in objektiver und subjektiver Hinsicht erfüllt ist (BFH 13.12.1989, BStBl. II 1990, 340; FG Bremen 3.11.1998, DStRE 1999, 349). Bedingter Vorsatz reicht aus (BFH 19.3.1998, BStBl. II 466). Sind die Steuern im Festsetzungsverfahren geschätzt worden, können sie bei der Anforderung von Hinterziehungszinsen nicht ohne weiteres als verkürzt angesehen werden. Auch hier gilt der Grundsatz *in dubio pro reo* (BFH 14.8.1991, BStBl. II 1992, 128; FG München 8.10.2009, DStRE 2011, 518). Rechtfertigungs- und Schuldausschließungsgründe schließen die Festsetzung von Hinterziehungszinsen aus (BFH 27.8.1991, BStBl. II 1992, 9), nicht hingegen Strafausschließungs- und Strafaufhebungsgründe (FG Düsseldorf 24.5.1989, EFG 1989, 491; FG Bremen 3.11.1998, DStRE 1999, 350), wie zB die Selbstanzeige (BFH 29.4.2008, BFHE 222, 1). Eine Verurteilung ist nicht erforderlich (BFH 7.11.1973, BStBl. II 1974, 125). Über das Vorliegen der Steuerhinterziehung entscheiden FinB und FG selbstständig (dazu krit. *Gast-de Haan* DStJG 6, 187). Das FG kann sich aber die tatsächlichen Feststellungen, Beweiswürdigungen und die rechtliche Beurteilung des Strafverfahrens jedenfalls dann zu eigen machen, wenn keine substantiierten Einwendungen gegen das Strafurteil erhoben werden (BFH 14.10.1999, DB 2000, 258 mwN). Das FG Berlin bejaht die Bindung an ein verurteilendes Strafurteil, verneint sie aber für den Fall eines Freispruchs (FG Berlin 27.1.1999, EFG 1999, 680 zu § 71 AO). Eine „automatische" Zinsfestsetzung nach Einstellung des Verfahrens gem. § 153a StPO (so vielfach die Praxis der Finanzverwaltung) ist unzulässig (BFH 20.12.2000, BFH/NV 2001, 639; *Teske* wistra 1989, 131). Die Unschuldsvermutung verlangt den rechtskräftigen Nachweis der Schuld, bevor diese im Rechtsverkehr allgemein vorgehalten werden kann (BVerfG 26.3.1987, StV 325; BVerfG 29.5.1990, NJW 1990, 2741). Eine strafbefreiende Erklärung löst kraft Gesetzes keine Hinterziehungszinsen aus (§ 8 I 1 StrabEG iVm § 3 IV AO). Die Feststellung, ob Steuern iSd § 235 AO hinterzogen worden sind, kann auch noch nach dem Tod des Stpfl erfolgen (FG München 22.2.1988, EFG 1988, 545; BFH 27.8.1991, BStBl. II 1992, 9; *Vernekohl* PStR 1998, 40; aM *Streck/Raine* StuW 1979, 267). Bei der Feststellung einer Steuerhinterziehung sollte jedoch berücksichtigt werden, dass ein Verstorbener sich nicht wehren kann (*Vogelberg* PStR 2000, 63). Etwaige Zweifel am subjektiven Tatbestand der Steuerhinterziehung seitens des Erblassers gehen zu Lasten der Finanzbehörde (FG Köln 7.6.1990, EFG 1991, 107), zB wenn gesicherte Indizien für die Kenntnis der Zinsdeklarierungspflicht fehlen (*Klos* StB 1995, 374).

627 **Zinsschuldner** ist derjenige, zu dessen Vorteil die Steuern hinterzogen worden sind (§ 235 I 2 AO). Einen Vorteil im Sinne dieser Vorschrift erlangt der Schuldner der hinterzogenen Steuern auch dann, wenn er an der Steuerhinterziehung nicht mitgewirkt hat (BFH 11.5.1982, BStBl. II 689). Gegen einen gutgläubigen Tatmittler, der aufgrund fingierter Rechnungen unberechtigt Vorsteuer in Anspruch genommen hat, können Hinterziehungszinsen festgesetzt werden (BFH 31.7.1996, BStBl. II 354). Maßgebend ist aber nicht irgendein wirtschaftlicher, sondern nur ein steuerlicher Vorteil (BFH 19.4.1989, BStBl. II 596; BFH 27.6.1991, BStBl. II 822). Bei einer Pauschalierung der Lohnsteuer gem. § 40 I 1 Nr. 2 EStG ist der ArbG nicht Schuldner der Hinterziehungszinsen (BFH 5.11.1993, HFR 1994, 338). Der Stpfl schuldet Hinterziehungszinsen auch dann, wenn ein Dritter (zB Steuerberater) die Hinterziehung begangen und die hinterzogenen Beträge veruntreut hat (BFH 27.6.1991, BStBl. II 822). Zinsschuldner kann auch der überlebende Ehegatte sein, wenn er iRd Zusammenveranlagung niedrigere Steuern zu entrichten hatte, wodurch ihm ein Zinsvorteil entstanden ist (NdsFG 13.4.1994, StB 1995, 113). Der GmbH-Geschäftsführer, der Steuern zum Vorteil der GmbH hinterzieht, ist nicht Schuldner der Hinterziehungszinsen (BFH 18.7.1991, BStBl. II 781); Schuldner ist die GmbH (BFH 12.9.1991, BFH/NV 1992, 363).

628 **Gegenstand der Verzinsung** sind die hinterzogenen Steuern (§ 235 I 1 AO). Über die Zinsberechnung bei Steuerverkürzung auf Zeit vgl. → Rn. 54. Für die Feststellung der Bemessungsgrundlage sind aber nicht die Grundsätze des § 370 AO maßgebend. Zinsen sind laufzeitabhängiges Entgelt für Kapitalnutzung (BFH 20.5.1987, BStBl. II 1988, 229) und damit von dem Bestehen einer Steuerschuld abhängig. Folglich gilt das Kompensationsverbot des § 370 IV 3 AO hier nicht (FG Köln 25.5.1988, wistra 1988, 316; glA Gosch/*Kögel* AO § 235 Rn. 21; HHS/*Heuermann* AO § 235 Rn. 20; Klein/*Rüsken* AO § 235 Rn. 19; aA offenbar Tipke/Kruse/*Loose* AO § 235 Rn. 10; nicht eindeutig BFH 12.10.1993, StRK AO 1977 § 235 Nr. 10). Der Zinsschuldner kann ohne Rücksicht auf strafgerichtliche Verurteilungen im Zinsfestsetzungsverfahren alle Tatsachen geltend machen, die zu einer Verminderung der „hinterzogenen Steuer" im Verkürzungszeitraum führen.

629 Der **Zinslauf beginnt mit dem Eintritt der Verkürzung** (vgl. → Rn. 52) und **endet mit der Zahlung** der hinterzogenen Steuern (§ 235 II u. III AO). Wären die hinterzogenen Beträge ohne die Hinterziehung erst nach der Vollendung fällig geworden (zB bei einer Abschlusszahlung) verschiebt sich der Beginn des Zinslaufs auf den späteren Zeitpunkt (§ 235 II AO). Die Festsetzungsfrist beträgt 1 Jahr (§ 239 I 1 AO); bei Geltendmachung von Hinterziehungszinsen durch Haftungsbescheid jedoch 10 Jahre (FG Nürnberg 20.7.1999, EFG 1999, 1209; → Rn. 613). In den Fällen des § 239 I 3 AO beginnt die Festsetzungsfrist bei Mittäterschaft nicht bevor alle eingeleiteten Strafverfahren rechtskräftig abgeschlossen worden sind (BFH 13.7.1994, BFHE 175, 13). Zweifelhaft kann allerdings sein, wie das Tatbestandsmerkmal „rechtskräftiger Abschluss des Strafverfahrens" (§ 239 I 2 Nr. 3 AO) auszulegen ist, wenn der Abschluss nicht durch ein rechtskräftiges Urteil (Strafbefehl) erfolgt. Da eine Einstellungsverfügung nicht vorgesehen, also mehr oder weniger vom Zufall abhängig ist, sollte insoweit (vgl. auch 170 VII AO) auf den Eintritt der Verfolgungsverjährung abgestellt werden (glA *Dahlmann* DStR 1998, 1246). Die Festsetzung von Hinterziehungszinsen liegt nicht im Ermessen der FinB. Betr. das Verfahren der Zinsfestsetzung vgl. Nr. 6 AEAO zu § 235 AO v. 21.12.2010. Die Geltendmachung der Haftung für Hinterziehungszinsen zur Gewerbesteuer setzt nicht voraus, dass vorher ein Grundlagenbescheid („Zinsmessbescheid") erlassen wird (BVerwG 16.9.1997, BVerwGE 105, 223).

Hinterziehungszinsen gehören nicht zu den abzugsfähigen Betriebsausgaben 630 (§ 4 V 1 Nr. 8a EStG, § 10 Nr. 2 KStG). Das Abzugsverbot ist verfassungsrechtlich unbedenklich und rückwirkend anwendbar (BFH 7.12.1994, StRK KStG 1977 § 10 Nr. 2 Rn. 8). Unterbleibt die sofortige Festsetzung der verkürzten Steuer nach Selbstanzeige, so laufen die (nicht abzugsfähigen) Hinterziehungszinsen weiter, bei sofortiger Festsetzung entstünden ab diesem Zeitpunkt abzugsfähige Aussetzungszinsen. Der entsprechende Schaden könnte nach Amtshaftungsgrundsätzen auszugleichen sein (glA *Streck* DStR 1991, 369). Durch das Gesetz zur weiteren steuerlichen Förderung der Elektromobilität und zur Änderung weiterer steuerlicher Vorschriften v. 12.12.2019, BGBl. I 2451 wurde § 4 V 1 Nr. 8a EStG um die Zinsen nach § 233a AO ergänzt, soweit diese nach § 235 IV AO auf die Hinterziehungszinsen angerechnet werden.

Sind an der Hinterziehung **mehrere Personen beteiligt,** so sind die für die Zinsfest- 631 setzung maßgebenden Besteuerungsgrundlagen einheitlich und gesondert festzustellen (BFH 13.7.1994, BFHE 175, 13; ferner betr. GewSt. OVG NRW 10.2.1995 – 22 B 13/95 nv; *Fuchsen* DStR 1992, 1307 u. DStR 1996, 214; *Schwedhelm/Olgemöller* DStR 1995, 1263 betr. GewSt).

Die **Festsetzungsfrist** beim Zinsschuldner beträgt 1 Jahr (§ 239 I AO). Ein Strafver- 632 fahren hat nur dann Einfluss auf die Festsetzungsfrist, wenn es bis zum Ablauf des Jahres eingeleitet wird, in derer die hinterzogenen Steuern unanfechtbar festgesetzt wurden (BFH 24.8.2001, BStBl. II 782). Ein nach diesem Zeitpunkt eingeleitetes Strafverfahren führt hinsichtlich der Hinterziehungszinsen zu keiner Ablaufhemmung der Festsetzungsfrist. § 171 V 2 AO ist in diesem Fall nicht entsprechend anwendbar (FG BaWü 4.7.2002, EFG 2002, 1273).

Die Verfassungsmäßigkeit der **Zinshöhe** von 0,5 % für jeden Monat gem. § 238 AO 633 wurde spätestens mit der Entscheidung des BFH v. 25.4.2018 (DStR 2018, 1020) in Zweifel gezogen, die das BVerfG mit Beschluss v. 8.7.2021 (DStR 2021, 1934) bestätigte. Obwohl das BVerfG feststellt, dass die Zinshöhe bereits seit dem Veranlagungszeitraum 2014 „evident realitätsfern" ist, hat es eine Neuregelung des Zinssatzes ab dem Veranlagungszeitraum 2019 vom Gesetzgeber gefordert. Auch wenn sich die Unvereinbarkeitserklärung durch das BVerfG nicht auf die Hinterziehungszinsen erstreckt, da dieser Verzinsungstatbestand nicht zu entscheiden war, ist die Begründung zu übertragen. Wie die Zinshöhe vom Gesetzgeber neu geregelt wird, bleibt abzuwarten.

einstweilen frei 634–640

d) Hinterzogene Steuern bei Einheitsbewertung und in der Bilanz

Schrifttum: *Fichtelmann,* Zur Abzugsfähigkeit hinterzogener Steuern bei der Einheitsbewertung des Betriebsvermögens und bei der Vermögensteuer, BB 1971, 471; *Schneeweiß,* Abzug von hinterzogenen Steuern bei der Vermögensteuer, BB 1971, 471; *Niemann,* Zur stichtagsgerechten Berücksichtigung hinterzogener Steuern bei der Einheitsbewertung und der Vermögensteuerfestsetzung, DB 1993, 1444.

Schulden können bei der Ermittlung des Gesamt- oder des Betriebsvermögens abge- 641 zogen werden, wenn sie am maßgebenden Stichtag bereits entstanden und noch nicht erlassen sind und eine wirtschaftliche Belastung darstellen (BFH 7.5.1971, BStBl. II 681; BFH 12.12.1975, BStBl. II 1976, 209). Hinterzogene Steuern können nach ständiger Rspr. vor Aufdeckung der Hinterziehung nicht als (Betriebs-)Schulden abgezogen werden. Eine Ausnahme kann gegeben sein, wenn der Stpfl nichts von der Hinterziehung durch einen Dritten zu seinen Gunsten weiß (FG Rheinland-Pfalz 1.10.1999, PStR 2000, 97). Weil der Hinterzieher die Steuerschulden bewusst verheimlicht und auch weiterhin verheimlichen will, rechnet er vor der Aufdeckung der Hinterziehung an den jeweiligen Stichtagen nicht damit, vom FA in Anspruch genommen zu werden. Daher stellen hinterzogene Steuern keine (ernst zu nehmende) wirtschaftliche Belastung dar (RFH 24.6.1937, RStBl. 798;

BFH 8.12.1993, BStBl. II 1994, 216 mwN). Das gilt auch dann, wenn bei dem Stpfl wegen Unregelmäßigkeiten schon einmal eine Fahndungsprüfung durchgeführt wurde und damit zu rechnen ist, dass weitere steueraufsichtliche Maßnahmen erforderlich werden, mit denen die Hinterziehungen aufgedeckt werden können (BFH 18.9.1975, BStBl. II 1976, 87). Das Abzugsverbot hat keinen Sanktionscharakter und verstößt somit nicht gegen Art. 103 III GG (BFH 27.1.1999, PStR 1999, 666). Das Abzugsverbot gilt nur für den steuerunehrlichen Steuerschuldner selbst. Es greift nicht ein, wenn ein Angestellter die Tat ohne Wissen des Steuerschuldners begangen hat (FG Münster 27.9.1990, EFG 1991, 235), wohl aber, wenn ein Organ der Gesellschaft (zB der GmbH-Geschäftsführer) gehandelt hat. Steuerhinterziehungen durch einen von mehreren Gesellschaftern einer OHG zugunsten der Gesellschaft muss sich die Gesellschaft zurechnen lassen (BFH 8.12.1993, BStBl. II 1994, 216). Leichtfertig verkürzte Steuern sind abzugsfähig. Die abweichende Beurteilung leichtfertig verkürzter Steuern verstößt nicht gegen das Gleichbehandlungsgebot des Art. 3 GG, weil es sich um andere Sachverhalte handelt. Bei der leichtfertigen Steuerverkürzung will der Steuerpflichtige die Festsetzung zu niedriger Steuern nicht. Die Verpflichtung zur Zahlung leichtfertig verkürzter Steuern bedeutet daher eine wirtschaftliche Belastung zum maßgebenden Zeitpunkt (BFH 27.1.1999, PStR 1999, 666; BFH 13.1.2005, BStBl. II 2005, 451). Hinterzogene Lohnsteuer ist vom Arbeitgeber in dem Zeitpunkt zu passivieren, in dem er mit seiner Haftungsinanspruchnahme ernsthaft rechnen muss. Für Hinterziehungszinsen auf Lohnsteuer kann regelmäßig keine Rückstellung gebildet werden (BFH 16.2.1996, BStBl. II 592).

642 *einstweilen frei*

e) Geldstrafen, Geldbußen, Schmiergelder und Strafverfahrenskosten

Schrifttum: *Tanzer,* Die Behandlung von Geldstrafen, Bußen und Nebenfolgen einer Straftat im Ertragsteuerrecht, wistra 1984, 159; *Kuhlmann;* Zur Abzugsfähigkeit von Strafverfahrenskosten, DB 1985, 1613; *Meyer-Arndt,* Steuerliche Behandlung von Zahlungen zur Erfüllung von Auflagen oder Weisungen gem. § 153a StPO, BB 1986, 36; *Streck/Schwedhelm,* Kosten der Strafverteidigung als Steuerberatungskosten im Sinn von § 10 Abs. 1 Nr. 6 EStG, FR 1987, 461; *Depping,* Strafverteidigungskosten als Betriebsausgaben, DStR 1994, 1487; *Eilers/Schneider,* Steuerliche Abzugsfähigkeit von Kartellbußen, DStR 2007, 1507; *Joecks,* Abzugsverbot für Bestechungs- und Schmiergelder, DStR 1997, 1025; *Döm,* Grenzbereich der Betriebsausgaben – Zahlungen im Ausland, Bargeschäfte, Bestechungs- und Schmiergelder, BuW 1998, 455; *Brief/Ehlscheid,* Steuerliche Berücksichtigung von Kosten im Steuerstrafverfahren, BB 1999, 2539; *Park,* Die Ausweitung des Abzugsverbots für Bestechungs- und Schmiergelder durch das Steuerentlastungsgesetz 1999/2000/2002, DStR 1999, 1097; *Randt,* Schmiergeldzahlungen bei Auslandssachverhalten, DB 2000, 1006; *Kiesel,* Die Zuwendung an Angestellte und Beauftragte im Ausland und das Abzugsverbot des § 4 Abs. 5 Nr. 10 EStG, DStR 2000, 949; *Stapf,* Steuerliche Folgen der Zuwendung korrumpierender Vorteile ab 1999, DB 2000, 1092; *Achenbach,* Die steuerliche Absetzbarkeit mehrerlösbezogener Kartellgeldbußen, BB 2000, 1116; *Herspink,* Zum Konflikt zwischen der steuerlichen Mitteilungspflicht des § 4 Abs. 5 Nr. 10 EStG und dem nemo-tenetur-Prinzip, wistra 2001, 441; *Weidemann,* Zum Abzugsverbot des § 4 Abs. 5 S. 1 Nr. 10 EStG: Erfasst § 299 Abs. 2 StGB auch Auslandssachverhalte? DStZ 2002, 329; *Schmitz,* Kosten des Strafverfahrens und der Strafverteidigung, StB 2003, 122; *Burchert,* Das Abzugsverbot für Bestechungs- und Schmiergelder i. S. des § 4 Abs. 5 S. 1 Nr. 10 EStG, INF 2003, 260; *Kohlmann,* Steuerstrafrecht, Kommentar, Band I, Stand 11/2012; *Bruschke,* Das steuerliche Abzugsverbot für Sanktionen, DStZ 2009, 489; *Schwartz/Höpfner,* Update zur Selbstanzeige nach dem Schwarzgeldbekämpfungsgesetz, PStR 2014, 170.

643 **Geldbußen, Ordnungsgelder und Verwarnungsgelder,** die von einem inländischen Gericht oder einer inländischen Behörde oder von einem Mitgliedstaat oder von Organen der EU festgesetzt werden, dürfen nicht als Betriebsausgaben (Werbungskosten) abgezogen werden (§ 4 V 1 Nr. 8, § 9 V EStG). Dasselbe gilt für Leistungen zur Erfüllung von Auflagen oder Weisungen, die in einem berufsgerichtlichen Verfahren erteilt werden, soweit die Auflagen oder Weisungen nicht lediglich der Wiedergutmachung des durch die Tat verursachten Schadens dienen (§ 4 V 1 Nr. 8 S. 2 EStG). Der BFH hielt diese Vorschrift für verfassungswidrig, soweit sie den auf die Abschöpfung des wirtschaftlichen Vorteils (§ 17 IV OWiG) entfallenden Teil der Geldbußen vom Abzug als Betriebsausgabe ausschließt (Vorlagebeschl. v. 21.10.1986, BStBl. II 1987, 212). Das BVerfG ist dem jedoch nicht gefolgt (BVerfG 23.1.1990, BVerfGE 81, 228). Danach war es den Betroffenen

überlassen, im Rechtsbehelfsverfahren gegen den Bußgeldbescheid eine verfassungswidrige Bemessung der Geldbuße nach dem Bruttobetrag des Mehrerlöses zu rügen. Eine etwaige doppelte Erfassung des wirtschaftlichen Vorteils (Mehrerlös) konnte daher nur im Billigkeitswege erreicht werden (BFH 24.7.1990, BFHE 161, 509). Nach § 4 V 1 Nr. 8 S. 4 EStG idF des StÄndG 1992 (BGBl. I 297) gilt das Abzugsverbot für Geldbußen nicht, soweit der wirtschaftliche Vorteil, der durch den Gesetzesverstoß erlangt wurde, abgeschöpft worden ist, wenn die Steuern vom Einkommen und Ertrag, die auf den wirtschaftlichen Vorteil entfallen, nicht abgezogen worden sind (vgl. dazu BFH 9.6.1999, BStBl. II 658). Bestehen Abzugsverbote, dürfen keine Rückstellungen gebildet werden. Soweit Ausnahmen zulässig sind (§ 4 V 1 Nr. 8 S. 4 EStG) müssen die Voraussetzungen dafür am Bilanzstichtag vorliegen (BFH 9.6.1999, BStBl. II 656). Zu den Geldbußen zählen alle Sanktionen, die gesetzlich so bezeichnet werden. In Betracht kommen Geldbußen nach dem OWiG, auch soweit sie gegen juristische Personen, Personenvereinigungen oder Personenhandelsgesellschaften festgesetzt worden sind (§ 30 OWiG). Außerdem sind auch diejenigen Geldbußen gemeint, die nach den Disziplinargesetzen des Bundes und der Länder und nach den berufsgerichtlichen Gesetzen festgesetzt werden können (BR-Drs. 117/84, 6). Als Geldbußen, die von Organen der EU festgesetzt werden, kommen vor allem Geldbußen nach Art. 101 ff. AEUV iVm der Verordnung (EG) Nr. 1/2003 in Betracht. Geldbußen der Europäischen Kommission wegen Verstößen gegen das EU-Wettbewerbsrecht sind in vollem Umfang nach § 4 V 1 Nr. 8 S. 1 EStG nicht abzugsfähig, da sie „rein bestrafender Natur sind und nicht als vorteilsabschöpfend gesehen werden können" (BayLfSt vom 5.11.2010 – S 2145.1.1–5/4 St32, zitiert Schreiben der Europäischen Kommission v. 20.5.2010; aA *Eilers/Schneider* DStR 2007, 1507).

Sofern im Zuge der Verhängung einer Geldbuße wegen Kartellordnungswidrigkeiten bei der Abschöpfung des wirtschaftlichen Vorteils die darauf entfallende Ertragsteuer bei deren Festsetzung nicht berücksichtigt wurde, ist der erlangte Mehrerlös in jenem Umfang, in dem er sich mit dem erlangten wirtschaftlichen Vorteil vor Ertragsteuern deckt, nach Maßgabe von § 4 V 1 Nr. 8 S. 4 EStG als Betriebsausgabe abziehbar (BFH 9.6.1999, BFHE 189, 79; BFH 9.6.1999, BFHE 189, 75 u. BFH 23.3.2011, BFH/NV 2011, 460). Darauf, dass sich der abschöpfende Teil der einheitlichen Geldbuße eindeutig abgrenzen lässt, kommt es nicht an (BFH 9.6.1999, BFHE 189, 79). Im Falle, dass die kartellrechtliche Geldbuße (ausnahmsweise) reinen Ahndungscharakter hat und damit nicht „mehrerlösbezogen" festgesetzt wurde, greift das Abzugsverbot nach § 4 V 1 Nr. 8 S. 4 EStG ein (BFH 11.1.2012, BFH/NV 2012, 784; *Wegner* PStR 2011, 89). Entscheidend ist dabei nicht der Abschöpfungswille der entscheidenden Behörde, sondern ob die Geldbuße objektiv eine Abschöpfungswirkung hat (BFH v. 22.5.2019, BStBl. II 663). Die europäische Kartellgeldbuße enthält, soweit keine anderweitigen Anzeichen, keinen Abschöpfungsanteil (BFH 7.11.2013, BStBl. II 2014, 306) Betrieblich veranlasste Geldbußen, die von Gerichten oder Behörden anderer Staaten festgesetzt werden, sind abzugsfähig. Das Abzugsverbot gilt nicht für **Nebenfolgen** vermögensrechtlicher Art, wie zB die Einziehung von Gegenständen, weil hierbei kaum zwischen Nebenfolgen, die ahndungsähnlichen Charakter haben, und anderen Nebenfolgen unterschieden werden kann. **Ordnungsgelder** sind Unrechtsfolgen, die vor allem in den Verfahrensordnungen vorgesehen sind, zB gegen einen Zeugen nach § 890 ZPO. **Zwangsgelder** fallen nicht unter das Abzugsverbot. **Verwarnungsgelder** sind namentlich die in § 56 OWiG so bezeichneten geldlichen Einbußen, die dem Betroffenen aus Anlass einer Ordnungswidrigkeit mit seinem Einverständnis auferlegt werden können. **Leistungen zur Erfüllung von Auflagen oder Weisungen,** die in einem berufsgerichtlichen Verfahren erteilt werden, sind den Geldbußen gleichgestellt (§ 4 V 1 Nr. 8 S. 2 EStG). **Wiedergutmachungsleistungen** sind Betriebsausgaben, wenn sie betrieblich veranlasst sind (§ 4 V 1 Nr. 8 S. 2, § 12 Nr. 4 EStG). Geldbeträge, die in Erfüllung einer Auflage gem. § 153a StPO geleistet werden, gehören gem. § 12 Nr. 4 EStG zu den nichtabzugsfähigen Kosten der Lebensführung. Aufwendungen zur Erfüllung von Auflagen und Leistungen nach § 153a StPO können auch nicht als außergewöhnliche

Randt

Belastung berücksichtigt werden (BFH 19.12.1995, BB 1996, 937). Die **Übernahme von Geldbußen**, Verwarnungsgeldern, Geldstrafen etc., die gegen Beschäftigte verhängt wurden, kann beim Unternehmer betrieblich veranlasster Aufwand sein (*Saller* DStR 1996, 534). Die übernommenen Kosten stellen für den ArbN Arbeitslohn dar, soweit die Übernahme nicht im überwiegend eigenbetrieblichen Interesse erfolgt, und sind nicht als Werbungskosten abziehbar (vgl. BFH v. 22.7.2008, BStBl. II 151).

Mit dem Gesetz zur weiteren steuerlichen Förderung der Elektromobilität und zur Änderung weiterer steuerlicher Vorschriften v. 12.12.2019, BGBl. I 2451 wurde in § 4 V 1 Nr. 8 S. 1 AO „sowie damit zusammenhängende Aufwendungen" zusätzlich aufgenommen. Damit möchte der Gesetzgeber parallel zu § 4 V 1 Nr. 10 EStG regln, dass andere Aufwendungen, die mit der Geldbuße, dem Ordnungsgeld oder dem Verwarnungsgeld im Zusammenhang stehen, wie diese selbst nicht den Gewinn mindern dürfen. Da zB auch die Zinsen zur Finanzierung der Geldbuße, durch die nicht abzugsfähigen Aufwendungen veranlasst sind, fallen sie ebenfalls unter das Abzugsverbot (BT-Drs. 19/13436, 91).

644 Ein **Abzugsverbot für Schmiergelder** wurde mit dem Jahressteuergesetz 1996 (v. 11.10.1995, BGBl. I 1250) in das EStG eingeführt (§ 4 V 1 Nr. 10 EStG). Nach dieser von 1996–1998 (§ 52 XII EStG) geltenden Vorschrift durften Bestechungs- und Schmiergelder dann nicht als Betriebsausgaben abgezogen werden, wenn der Zuwendende oder der Zuwendungsempfänger rechtskräftig bestraft, das Verfahren nach den §§ 153–154e StPO eingestellt oder eine Geldbuße gegen ihn verhängt worden ist. Durch Art. 1 Nr. 5c StEntlG 1999/2000/2002 v. 24.3.1999 (BGBl. I 442) wurde das Abzugsverbot des § 4 V 1 Nr. 10 EStG neu gefasst. Es gilt erstmals für Zuwendungen, die ab 1.1.1999 geleistet werden und erfasst alle Aufwendungen, wenn die Zuwendung der Vorteile eine rechtswidrige Handlung ist, die den Tatbestand eines Strafgesetzes oder eines Gesetzes verwirklicht, das die Ahndung mit einer Geldbuße zulässt. Nach geltendem Recht ist also eine rechtskräftige Ahndung nicht mehr Tatbestandsmerkmal. Der Gesetzgeber hielt diese Erweiterung des Abzugsverbots für erforderlich, weil sich die frühere Regelung als ungeeignet erwiesen hatte, die Korruption wirksam zu bekämpfen. Außerdem sollten auch Leistungen an ausländische Amtsträger erfasst werden (BT-Drs. 14/23; 14/265; BR-Drs. 910/98). Durch Art. 2 §§ 1 und 2 des Gesetzes vom 10.9.1998 zu dem Übereinkommen vom 17.12.1997 über die Bekämpfung der Bestechung ausländischer Amtsträger im internationalen Geschäftsverkehr (BGBl. II 1998, 2327) werden auch die Bestechung ausländischer Amtsträger und Richter, die sich auf eine künftige richterliche Handlung oder Diensthandlung bezieht und die begangen wird, um sich oder einem Dritten einen Auftrag oder einen unbilligen Vorteil im internationalen geschäftlichen Verkehr zu verschaffen oder zu sichern, sowie die Bestechung ausländischer Abgeordneter im Zusammenhang mit internationalem geschäftlichen Verkehr unter Strafe gestellt. Diese Vorschriften treten zusammen mit dem Übereinkommen selbst in Kraft. Nach Art. 2 § 1 des Gesetzes zum Protokoll zum Übereinkommen über den Schutz der finanziellen Interessen der Europäischen Gemeinschaften vom 10.9.1998 (BGBl. II 2340) werden dabei Amtsträger aus den EU-Mitgliedstaaten bei Bestechungshandlungen den inländischen Amtsträgern gleichgestellt. Der Amtsträgerbegriff des Art. 2 § 1 Nr. 2 des Gesetzes vom 10.9.1998 zu dem Übereinkommen vom 17.12.1997 über die Bekämpfung der Bestechung ausländischer Amtsträger im internationalen Geschäftsverkehr bestimmt sich nicht nach § 11 I Nr. 2 StGB. Er ist autonom auf der Grundlage des Übereinkommens über die Bekämpfung der Bestechung ausländischer Amtsträger auszulegen (BGH 29.8.2008, NStZ 2009, 95). Die Anwendung des neuen § 4 V 1 Nr. 10 EStG setzt kein Verschulden und auch keinen Strafantrag voraus. Der subjektive Tatbestand des Strafgesetzes muss erfüllt sein (BFH v. 15.3.2021, DStR 2021, 1992; anders noch Vorinstanz FG Nds v. 13.6.2018, BeckRS 2018, 44193). Die Aufdeckung von Korruptionstaten wird regelmäßig im Rahmen einer Betriebsprüfung erfolgen. Mit der Prüfung der Frage, ob eine rechtswidrige Handlung vorliegt, die den Tatbestand eines Strafgesetzes verletzt (§ 11 I Nr. 5 StGB), dürfte der Betriebsprüfer vermutlich überfordert sein (*Randt* BB 2000, 1006 mwN). Das gilt erst recht für Schmiergeldzahlungen mit Auslandsbezug (dazu eingehend *Stapf* DB 2000, 1092). Für Korruptionstaten mit Auslandsbezug hat der BGH festgestellt, dass § 299 II StGB in der bis zum 29.8.2002 geltenden Fassung nur solche Handlungen im ausländischen Wettbewerb erfasste, die sich auch gegen deutsche Mitbewerber richteten (BGH 29.8.2008, vgl. *Randt* BB 2000, 1009). Waren also durch Zuwendungen an ausländische Angestellte oder Beauftragte eines Unternehmens nur ausländische Wettbewerbsinteressen berührt, so war § 299 StGB und mithin § 4 V 1 Nr. 10 EStG nicht anwendbar. Mit der seit dem 30.8.2002 geltenden Fassung des § 299 III StGB werden deutsche wie ausländische Wettbewerbsinteressen durch § 299 StGB gleichermaßen geschützt. Bis zum 30.8.2002 waren Zuwendungen an ausländische Angestellte oder Beauftragte eines Unternehmens nicht vom Tatbestand des § 299 StGB erfasst (*Randt* BB 2000, 1008; glA *Rönnau* JZ 2007, 1084, aA LG Darmstadt 14.5.2007, CCZ 2008, 37). Seit der Einführung des § 299 III StGB (BT-Drs. 14/8998, 9) sind derartige Zuwendungen nunmehr strafbar und fallen daher auch unter § 4 V 1 Nr. 10 EStG (vgl. Kohlmann/*Schauf* AO § 370 Rn. 1158 f.). Aber auch bei der Auslandsbestechung ist ein Bezug zur deutschen Wirtschaft zu fordern, da sonst der Schutzbereich des § 299 StGB nicht greift (*Randt* BB 2000, 1009).

Gerichte, Staatsanwaltschaften oder Verwaltungsbehörden haben – über § 116 AO hinaus – Tatsachen, die sie dienstlich erfahren und die den Verdacht einer rechtswidrigen Straftat begründen, der Finanzbehörde für Zwecke des Besteuerungsverfahrens und zur Verfolgung von Steuerstraftaten und Steuerordnungswidrigkeiten mitzuteilen und die Finanzbehörde über den Ausgang eines Verfahrens zu unterrichten (§ 4 V 1 Nr. 10 S. 2 EStG). Eine Mitteilungspflicht der Finanzbehörde folgt aus § 4 V 1 Nr. 10 S. 3 EStG. Der die jeweilige Mitteilungspflicht auslösende Verdacht bestimmt sich nach strafrechtlichen Grundsätzen (BFH 14.7.2008, BFHE 220, 348). Es müssen also zureichende tatsächliche Anhaltspunkte für eine Tat nach § 4 V 1 Nr. 10 S. 1 EStG vorliegen. Begründen Tatsachen den Verdacht einer Tat, die den Straftatbestand einer rechtswidrigen Zuwendung von Vorteilen iS des § 299 II StGB erfüllt, so ist die Finanzbehörde ohne eigene Prüfung, ob eine strafrechtliche Verurteilung in Betracht kommt, verpflichtet, die erlangten Erkenntnisse an die Strafverfolgungsbehörden weiterzuleiten, insbesondere muss die Finanzbehörde nicht vor Übermittlung der den Tatverdacht begründenden Tatsachen prüfen, ob hinsichtlich der festgestellten Zuwendungen Strafverfolgungsverjährung eingetreten ist oder Verwertungsverbote bzw. Verwendungsverbote vorliegen (BFH 14.7.2008, BFHE 220, 348). Eine Mitteilungspflicht besteht im Regelfall nicht schon dann, wenn das Abzugsverbot nicht anwendbar ist, insbesondere bei privat mitveranlassten Aufwendungen (BMF 10.10.2002, BStBl. I 1031). Wird der Stpfl aufgefordert, an der Aufklärung eines Sachverhalts mitzuwirken, der vermutete Schmiergeldzahlungen zum Gegenstand hat, ist er zu belehren (→ § 393 I AO). Ein Verstoß gegen die Belehrungspflicht hat regelmäßig ein strafrechtliches Verwertungsverbot zur Folge (*Burchert* INF 2003, 260).

Geldstrafen, die in einem Strafverfahren festgesetzt werden, sowie sonstige Rechtsfolgen vermögensrechtlicher Art, bei denen der Strafcharakter überwiegt, dürfen weder bei den einzelnen Einkunftsarten noch vom Gesamtbetrag der Einkünfte abgezogen werden (§ 12 Nr. 4 EStG). Die Vorschrift erfasst, im Gegensatz zu § 4 V 1 Nr. 8 EStG, auch die im Ausland verhängten Geldstrafen. Der Gesetzgeber hielt die unterschiedliche Behandlung von Geldstrafen mit Rücksicht auf das mit einer Geldstrafe für kriminelles Unrecht verbundene Unwerturteil für gerechtfertigt. Bei ausländischen geldlichen Sanktionen unterhalb der Schwelle des kriminellen Unrechts sollten die Verwaltungen nicht mit Ermittlungen überfordert werden (BT-Drs. 10/1634, 9). Die Differenzierung erscheint jedoch nicht gerechtfertigt (glA *Lang* StuW 1985, 10, 23). Zwar soll der Ausschluss der Abzugsfähigkeit ausländischer Geldstrafen gem. § 12 Nr. 4 EStG insoweit nicht gelten, als ausländische Sanktionen wesentlichen Grundsätzen der deutschen Rechtsordnung widersprechen würden (BR-Drs. 117/84, 10; ebenso BFH 31.7.1991, BStBl. 1992, 85; HHR/*Fissenewert* EStG § 12 Rn. 150). Denkbar ist aber auch, dass mit einer ausländischen Strafe nach deutscher Rechtsvorstellung kein kriminelles Unwerturteil verbunden ist. Der Stpfl müsste also geltend machen, die ausländische „Strafe" falle nicht unter § 12 Nr. 4 EStG und werde mithin auch durch das Abzugsverbot des § 4 V 1 Nr. 8 EStG nicht erfasst. Zu den sonstigen Rechtsfolgen vermögensrechtlicher Art, bei denen der Strafcharakter überwiegt, gehört zB die Einziehung von Gegenständen gem. § 74 II Nr. 1 oder § 76a StGB. Unerheblich ist, ob die Anordnung neben der Hauptstrafe oder nachträglich nach § 76 StGB oder unter den Voraussetzungen des § 76a StGB selbstständig erfolgt ist. Die Anordnung der Einziehung von Taterträgen (§ 73 StGB) dient in erster Linie dem Ausgleich von rechtswidrig erlangten Vermögensvorteilen und hat daher keinen Strafcharakter (ausf. FG Hamburg 18.6.2012, EFG 2012, 2093 zur damaligen Verfallsvorschrift). Siehe zum Verhältnis von Abzugsverbot nach § 4 V 1 Nr. 10 EStG und den verfallsrechtlichen Vorschriften BFH 14.5.2014, BStBl. II, 684.

646 **Verfahrens- oder Verteidigungskosten** können als Betriebsausgaben (Werbungskosten) abzugsfähig sein, und zwar auch bei Vorsatztaten. Voraussetzung ist ein ursächlicher Zusammenhang des Strafverfahrens mit einem betrieblichen Vorgang (BFH 22.7.1986, BStBl. II 845; BFH 13.12.1994, BStBl. II 1995, 457; BFH 18.10.2007, BStBl. II 2008, 223; BFH 9.6.2011, BFH/NV 2011, 1530). Eine Tat, die nur „bei Gelegenheit" einer beruflichen Tätigkeit begangen wurde, führt nicht zum Betriebs- oder Werbungskostenabzug der Verteidigungsaufwendungen (BFH 12.6.2002, BFH/NV 2002, 1441; FG Hamburg 17.12.2010, DStRE 2012, 271; FG Münster 19.8.2011, PStR 2011, 302). Auch ein Abzug als außergewöhnliche Belastung nach § 33 I EStG kommt regelmäßig dann nicht in Betracht (BFH 16.4.2013, BeckRS 2013, 95996). Anders der VI. Senat, der einen Abzug zulassen will, wenn sich die Unausweichlichkeit von Prozesskosten daraus ergibt, dass der Steuerpflichtige zur Durchsetzung seines Rechts den Rechtsweg bestreiten muss (BFH 12.5.2011, BeckRS 2011, 95761). Strafverteidigungskosten eines Beamten sind nicht deswegen Werbungskosten, weil der Betreffende als Beamter zusätzlich mit disziplinarrechtlichen Folgen, insbesondere Gehaltskürzungen, rechnen muss (BFH 8.9.2003, BFH/NV 2004, 42). Nicht betrieblich veranlasst ist die Hinterziehung betrieblicher Steuern, wenn die Minderung der Steuerschuld darauf beruht, dass betriebliche Mittel privat vereinnahmt oder für private Zwecke verwendet wurden (BFH 20.9.1989, BStBl. II 1990, 20). Vorsteuern aus Strafverteidigungskosten sind nach Auffassung des EuGH nicht abzugsfähig (EuGH 21.2.2013 – C-104/12, DB 2013, 497). Da die Verteidigung insbesondere der Vermeidung der Bestrafung diene, seien unmittelbar die privaten Interessen betroffen. Die Entscheidung betrifft den Fall des Vorsteuerabzuges des Organs eines Unternehmens (Vorinstanz FG Köln 30.6.2009 – 8 K 1265/07, EFG 2011, 192). Allerdings erscheint die Abgrenzung, ob die Anwaltsdienstleistungen unmittelbar oder nur mittelbar den privaten Interessen dienen, wenig handhabbar (*Winter* MwStR 2013, 522). Auch darf die dem Stpfl vorgeworfene Tat nicht aus dem Rahmen seiner üblichen beruflichen Tätigkeit fallen (HessFG 1.2.1994, EFG 1994, 1043, betr. eine Kriminalbeamtin, die Rauschgift aus dienstlicher Verwahrung entwendet hatte). Für die Zuordnung einer Handlung zum betrieblichen Bereich ist die Schuldform unerheblich (*Kuhlmann* DB 1985, 1613). Auf Grund einer Vergütungsvereinbarung geleistete Aufwendungen, sofern als betriebliche bzw. berufliche Aufwendungen entstanden, sind als Betriebsausgaben (Werbungskosten) nicht der Höhe nach begrenzt (BFH 18.10.2007, BFHE 219, 197).

647 **Beratungskosten** für eine Selbstanzeige können zwar Betriebsausgaben, Werbungskosten oder Sonderausgaben (nur für Altfälle, § 10 1 Nr. 6 EStG aF) sein. Kapitaleinkünfte unterliegen seit 2009 jedoch einer pauschalen Besteuerung durch die Abgeltungssteuer, so dass ein Abzug ausscheidet (näheres *Findeis/Karlstedt* BB 2011, 2075). Auch für die Jahre vor 2009 scheidet regelmäßig ein Abzug nachträglicher Kosten aus (BFH 2.12.2014, BStBl. II 2015, 387). Die Kosten im Zusammenhang mit der Erstellung einer strafbefreienden Erklärung sind nach herrschender Meinung in der Literatur abzugsfähig, da es sich bei dem Amnestiegesetz dem Grunde nach um eine aufgewertete Selbstanzeige handelt (*Derlien/Schencking* DStR 2006, 553; *Eilers/Schneider* DStR 2007, 1507; *Preising/Kiesel* PStR 2006, 41; *Randt/Schauf* DStR 2006, 537). Die Gegenauffassung will die Beratungskosten bereits in dem pauschalen Bewertungsabschlag des Gesetzes abgegolten sehen (BFH 20.11.2012, DStRE 2013, 501; vorausg. FG Köln 22.12.2009, EFG 2010, 892; OFD Frankfurt 10.10.2005, DB 2005, 2495; OFD Münster 14.9.2006, DB 2006, 2091). Der BFH (20.11.2012, DStRE 2013, 501) begründet die Nichtabzugsfähigkeit dieser Beratungskosten darüber hinaus mit deren Ähnlichkeit zu Steuerstrafverteidigungskosten. Angesichts des bereits verwirklichten Steuerdelikts seien diese auf denselben nichtsteuerlichen privaten Zweck wie bei einer Strafverteidigung ausgerichtet und fänden daher keine einkommensmindernde Berücksichtigung. Teile der Literatur sehen dagegen die Kosten für die Selbstanzeige jedenfalls insoweit als abziehbar an, wie sie die Ermittlung der Steuergrundlage betreffen (Kohlmann/*Schauf* AO § 370 Rn. 1152; *Schwartz/Höpfner* PStR 2014, 170, 178).

Kosten eines Wiederaufnahmeverfahrens sind regelmäßig auch dann keine Werbungskosten, wenn. disziplinarrechtliche Folge der strafrechtlichen Verurteilung die Entfernung aus dem Dienst war (BFH 13.12.1994, BStBl. II 1995, 457). Ist der strafrechtliche Schuldvorwurf privat veranlasst, so können die Verteidigungskosten im Falle eines Freispruchs sowie Verteidigungskosten in einem Bußgeld- oder Ordnungsgeldverfahren im Falle einer förmlichen Einstellung unter den Voraussetzungen des § 33 EStG außergewöhnliche Belastungen sein (BFH 15.11.1957, BStBl. III 1958, 105), sofern es sich nicht um Aufwendungen auf der Grundlage einer Honorarvereinbarung handelt (BFH 18.10.2007, BFHE 219, 197). Zumindest krit. ist die Begr. des BFH zu sehen, der ein über den Gebührensätzen des RVG liegendes Anwaltshonorar nicht als „unabdingbare Voraussetzung für eine effiziente und qualifizierte Steuerverteidigung" bewertet; im Einzelfall kann dies bspw. aufgrund des Umfangs und Schwere des Sachverhalts abweichend beurteilt werden. Auch Strafverfahrenskosten eines Stpfl., der vor Eintritt der Rechtskraft eines Urteils stirbt, können nach § 33 EStG abziehbar sein (BFH 21.6.1989, BStBl. II 831). Bei einer Einstellung des Verfahrens nach § 153a StPO sollen Strafverteidigungskosten nicht zwangsläufig und damit keine außergewöhnliche Belastung sein (BFH 19.12.1995, BStBl. II 1996, 197). Es sind aber durchaus Gründe denkbar, die für eine Zwangsläufigkeit sprechen (*v. Briel/Ehlscheidt* BB 2000, 2539). Ob Strafverteidigungskosten als Steuerberatungskosten iSd § 10 1 Nr. 6 EStG abzugsfähig sein können, war streitig (verneinend BFH 20.9.1989, BStBl. II 1990, 20; bejahend vor allem *Streck-Schwedhelm* FR 1987, 461; *Offerhaus* StBp 1990, 21; *App* DStZ 1990, 424). Dieser Sonderausgabenabzug wurde 2006 aufgehoben. Für die Praxis empfiehlt sich, über die Ermittlung der Besteuerungsgrundlagen und über die Steuerstrafverteidigungskosten getrennte Honorarvereinbarungen zu treffen (*Depping* DStR 1994, 1487; *Hemmelrath* NWB Blickpunkt Steuern 2/90, 4).

einstweilen frei

4. Verwaltungsrechtliche Nebenfolgen

a) Untersagung der Gewerbeausübung

Schrifttum: *Landmann/Rohmer,* Gewerbeordnung und ergänzende Vorschriften, Band I Gewerbeordnung, Kommentar (Losebl.); *Marcks,* Die Untersagungsvorschrift des § 35 Gewerbeordnung, München 1986; *Heß,* Die Gewerbeuntersagung nach § 35 GewO, Neuwied 1987; *Schaeffer,* Der Begriff Unzuverlässigkeit in § 35 Abs. 1 GewO, WiVerw 1982, 100; *Meier,* Verletzung des Steuergeheimnisses (§ 30 AO) im Rahmen des gewerberechtlichen Untersagungsverfahrens gem. § 35 GewO?, GewArch 1985, 319; *Arndt,* Steuergeheimnis, steuerliche Unzuverlässigkeit und gewerberechtliches Untersagungsverfahren, GewArch 1988, 281; *Müller,* Berücksichtigung der Verletzung steuerlicher Pflichten im gewerberechtlichen Verfahren, GewArch 1988, 84; *App,* Einkommensteuerfolgen einer Gewerbeuntersagung, GewArch 1990, 315; *Fischer/Schaaf,* Offenbarung steuerlicher Daten gegenüber Gewerbeuntersagungsbehörden, GewArch 1990, 337; *App,* Auskünfte der Finanzämter an die Gewerbebehörden mit dem Ziel einer Gewerbeuntersagung, LKV 1993, 192; *Heß,* Gewerbeuntersagung und Vertretungsberechtigung, GewArch 1994, 360; *Hofmann,* Gewerbeuntersagung wegen steuerlicher Unzuverlässigkeit, DStR 1999, 201; *ders.,* Gewerbeuntersagung bei Begehung von Steuerdelikten, PStR 1999, 33; *Forkel,* § 35 Abs. 1 GewO: Zur Unzuverlässigkeit insbesondere wegen Steuerrückständen, GewArch 2004, 53; *Fehn,* Die Novellierung des Schwarzarbeitsbekämpfungsgesetzes, ZfZ 2004, 218; *Carlé,* Verwaltungs- und berufsrechtliche Nebenfolgen der Steuerhinterziehung, AO-StB 2004, 453; *Gercke,* Außerstrafrechtliche Nebenfolgen in Wirtschaftsstrafverfahren, wistra 2012, 291;

Bellinghausen, Nebenfolgen der Steuerhinterziehung, ZWH 2013, 395; *Wegner,* Rechtsprechungsübersicht: Nebenfolgen steuerstrafrechtlich relevanter Sachverhalte, wistra 2017, 298; *Heim,* Nebenfolgen einer Verurteilung, NJW-Spezial 2019, 120; *Wegner,* Rechtsprechungsübersicht: Nebenfolgen wirtschafts- oder steuerstrafrechtlich relevanter Sachverhalte, wistra 2019, 442 u. 490; *Hofmann/Pauly,* Strafmilderungsgrund: Verteidiger muss auf drohendes Einreiseverbot in die USA hinweisen, PStR 2019, 61; *Tettinger/Wank/Ennuschat* Kommentar zur Gewerbeordnung, 9. Aufl. 2020; *Kohlmann,* Steuerstrafrecht, Kommentar, Band I, Stand 9/2021; *Wegner,* Rechtsprechungsübersicht: Nebenfolgen wirtschafts- oder steuerstrafrechtlich relevanter Sachverhalte, wistra 2021, 429.

§ 35 GewO Gewerbeuntersagung wegen Unzuverlässigkeit

(1) ¹Die Ausübung eines Gewerbes ist von der zuständigen Behörde ganz oder teilweise zu untersagen, wenn Tatsachen vorliegen, welche die Unzuverlässigkeit des Gewerbetreibenden oder einer mit der Leitung des Gewerbebetriebes beauftragten Person in bezug auf dieses Gewerbe dartun, sofern die Untersagung zum Schutze der Allgemeinheit oder der im Betrieb Beschäftigten erforderlich ist. ²Die Untersagung kann auch auf die Tätigkeit als Vertretungsberechtigter eines Gewerbetreibenden oder als mit der Leitung eines Gewerbebetriebes beauftragte Person sowie auf einzelne andere oder auf alle Gewerbe erstreckt werden, soweit die festgestellten Tatsachen die Annahme rechtfertigen, daß der Gewerbetreibende auch für diese Tätigkeiten oder Gewerbe unzuverlässig ist. ³Das Untersagungsverfahren kann fortgesetzt werden, auch wenn der Betrieb des Gewerbes während des Verfahrens aufgegeben wird.

(2) …

(3) ¹Will die Verwaltungsbehörde in dem Untersagungsverfahren einen Sachverhalt berücksichtigen, der Gegenstand der Urteilsfindung in einem Strafverfahren gegen einen Gewerbetreibenden gewesen ist, so kann sie zu dessen Nachteil von dem Inhalt des Urteils insoweit nicht abweichen, als es sich bezieht auf

1. die Feststellung des Sachverhalts,
2. die Beurteilung der Schuldfrage oder
3. die Beurteilung der Frage, ob er bei weiterer Ausübung des Gewerbes erhebliche rechtswidrige Taten im Sinne des § 70 des Strafgesetzbuches begehen wird und ob zur Abwehr dieser Gefahren die Untersagung des Gewerbes angebracht ist.

²Absatz 1 Satz 2 bleibt unberührt. ³Die Entscheidung über ein vorläufiges Berufsverbot (§ 132a der Strafprozeßordnung), der Strafbefehl und die gerichtliche Entscheidung, durch welche die Eröffnung des Hauptverfahrens abgelehnt wird, stehen einem Urteil gleich; dies gilt auch für Bußgeldentscheidungen, soweit sie sich auf die Feststellung des Sachverhalts und die Beurteilung der Schuldfrage beziehen.

(3a) (weggefallen)

(4) ¹Vor der Untersagung sollen, soweit besondere staatliche Aufsichtsbehörden bestehen, die Aufsichtsbehörden, ferner die zuständige Industrie- und Handelskammer oder Handwerkskammer und, soweit es sich um eine Genossenschaft handelt, auch der Prüfungsverband gehört werden, dem die Genossenschaft angehört. ²Ihnen sind die gegen den Gewerbetreibenden erhobenen Vorwürfe mitzuteilen und die zur Abgabe der Stellungnahme erforderlichen Unterlagen zu übersenden. ³Die Anhörung der vorgenannten Stellen kann unterbleiben, wenn Gefahr im Verzuge ist; in diesem Falle sind diese Stellen zu unterrichten.

(5)–(7) …

(7a) ¹Die Untersagung kann auch gegen Vertretungsberechtigte oder mit der Leitung des Gewerbebetriebes beauftragte Personen ausgesprochen werden. ²Das Untersagungsverfahren gegen diese Personen kann unabhängig von dem Verlauf des Untersagungsverfahrens gegen den Gewerbetreibenden fortgesetzt werden. ³Die Absätze 1 bis 3 und 5 bis 7 sind entsprechend anzuwenden.

(8) ¹Soweit für einzelne Gewerbe besondere Untersagungs- oder Betriebsschließungsvorschriften bestehen, die auf die Unzuverlässigkeit des Gewerbetreibenden abstellen, oder eine für das Gewerbe erteilte Zulassung wegen Unzuverlässigkeit des Gewerbetreibenden zurückgenommen oder widerrufen werden kann, sind die Absätze 1 bis 7a nicht anzuwenden. ²Dies gilt nicht für Vorschriften, die Gewerbeuntersagungen oder Betriebsschließungen durch strafgerichtliches Urteil vorsehen.

(9) Die Absätze 1 bis 8 sind auf Genossenschaften entsprechend anzuwenden, auch wenn sich ihr Geschäftsbetrieb auf den Kreis der Mitglieder beschränkt; sie finden ferner Anwendung auf den Handel mit Arzneimitteln, mit Losen von Lotterien und Ausspielungen sowie mit Bezugs- und Anteilscheinen auf solche Lose und auf den Betrieb von Wettannahmestellen aller Art.

671 Die **Untersagung der Gewerbeausübung** schreibt § 35 I GewO unabhängig von § 70 StGB vor (BVerwG 6.8.1959, NJW 1959, 2324); jedoch bestehen verfahrensrechtliche

Abhängigkeiten nach § 35 III GewO. Gewerbetreibender iS des § 35 I GewO kann auch ein Unternehmensberater sein (VG Darmstadt 17.7.1996, GewArch 1996, 476). *Steuerrückstände* können einen Gewerbetreibenden als gewerberechtlich unzuverlässig erweisen (BVerwG 23.9.1991, GewArch 1992, 22; BVerwG 1.2.1994, GewArch 1995, 116; BVerwG 17.9.1996, GewArch 1996, 411; BVerwG 9.4.1997, GewArch 1999, 72; VG Stuttgart 26.8.2002, GewArch 2003, 36; VG Mecklenburg-Vorpommern 25.11.2002, GewArch 2002, 340; VG Gießen 8.4.2002, GewArch 2003, 253). Das kann schon bei Steuerrückständen in der Höhe von 13.000 EUR der Fall sein (VG München 3.6.2014 – M 16 K 13.5120) und grundsätzlich bereits auf eine einzelne erheblich gewerbebezogene Tat gestützt werden (VGH München 17.8.2020, BeckRS 2020, 24765). Zum Begriff der Steuerrückstände im Rahmen der Beurteilung der gewerberechtlichen Zuverlässigkeit vgl. BVerwG 30.3.1992, GewArch 1992, 298). Wer in Deutschland als „Inlandsbevollmächtigter" und Leiter einer Zweigstelle einer ausländischen Gesellschaft auftritt, kann sich nicht darauf berufen, wegen seiner Abhängigkeit von Weisungen der Muttergesellschaft nicht für Steuerschulden der Gesellschaft im Inland verantwortlich zu sein (VG Darmstadt 3.4.2001, GewArch 2001, 338). Die Einleitung eines Untersagungsverfahrens gegen den Geschäftsführer einer GmbH (§ 35 VIIa GewO) setzt voraus, dass auch gegen die Gesellschaft ein Gewerbeuntersagungsverfahren geführt wird. Eine verfahrensmäßige Verbindung beider Verfahren ist nicht vorgeschrieben (BVerwG 19.12.1995, BVerwGE 100, 187). § 35 VIIa GewO ermächtigt unmittelbar nur zur Untersagung einer etwaigen zukünftigen selbstständigen Ausübung des bisher als Vertretungsberechtigter unselbstständig betriebenen Gewerbes (OVG Münster 20.11.1995, DÖV 1996, 521). Die Untersagung gem. § 35 I GewO liegt nicht im Ermessen der Behörde („ist"); anders im Falle des § 35 VIIa GewO. Maßgebend ist insoweit der Grad der Wahrscheinlichkeit des Ausweichens in die selbstständige Gewerbeausübung (BVerwG 19.12.1995, BVerwGE 100, 187). Dass die Gewerbebehörde lange Zeit auf steuerliche Pflichtverletzungen nicht mit einer Untersagungsverfügung reagiert, begründet bei dem Gewerbetreibenden kein schutzwürdiges Vertrauen und befreit die Behörde auch nicht von ihrer Pflicht, gegen unzuverlässige Gewerbetreibende vorzugehen (BVerwG 25.3.1992, GewArch 1992, 232). Steuerrückstände können auch aus unverschuldeten Schwierigkeiten erwachsen. Die Annahme einer gewerberechtlichen Unzuverlässigkeit ist jedoch – wegen der objektiven Fassung dieses Tatbestandsmerkmals – nicht von einem Verschulden oder einem Charaktermangel des Gewerbetreibenden abhängig (Ennuschat/Wank/Winkler/*Ennuschat* GewO § 35 Rn. 28 ff., 34 mwN; VG Saarlouis 22.8.2018, BeckRS 2018, 21511). Im Einzelfall kann in diesen Fällen eine Untersagung mE ermessenswidrig sein. Steuerstraftaten hingegen begründen ohne weiteres eine gewerberechtliche Unzuverlässigkeit (BVerwG 12.10.1960, DVBl. 1961, 133; BaWüVGH 9.7.1969, GewArch 1970, 32; BaWüVGH 31.5.1972, GewArch 1973, 62). Auch Haftungsschulden eines Gewerbetreibenden (§§ 69, 34, 191 AO) können für die gewerberechtliche Unzuverlässigkeit relevant sein (Hess. VGH 8.6.1994, GewArch 1994, 473). Steuerliche Unzuverlässigkeit kann nicht nur zusammen mit der Nichtabführung von Sozialversicherungsbeiträgen, sondern auch für sich allein die Annahme der Unzuverlässigkeit im gewerberechtlichen Sinne rechtfertigen (OVG Hamburg 8.7.1980, GewArch 1980, 373). Zum ordnungsgemäßen Betrieb eines Gewerbes gehört u. a. jedoch, dass der Gewerbetreibende die mit der Gewerbeausübung zusammenhängenden steuerlichen Zahlungs- und Erklärungspflichten sowie auch die sozialversicherungsrechtlichen Pflichten erfüllt (OVG Saarland 21.6.2010, PStR 2010, 271). Die *Nichtabgabe von Steuererklärungen* begründet für sich allein eine steuerliche Unzuverlässigkeit nur dann, wenn die Erklärungen trotz Erinnerung hartnäckig über längere Zeit nicht abgegeben werden. Etwaige Steuerrückstände müssen, gemessen an den Verhältnissen des jeweiligen Betriebes, erheblich sein. Beträge unter 5.000 EUR reichen regelmäßig nicht aus (BMF 14.12.2010, BStBl. I 1430, aufgehoben durch BMF 19.12.2013, BStBl. I 2014, 19, Tz. 2.2.1). Nach der Rechtsprechung kann die Gewerbeuntersagung wegen beachtlicher Steuerrückstände nur dadurch abgewendet werden, dass der Steuerpflichtige ein tragfähiges Sanierungskonzept vorlegt (BVerwG 8.2.1982, GewArch 1982, 294; BVerwG 5.3.1997, GewArch 1997, 244; HessVGH 26.11.1996, GewArch 1997, 151).

Unzuverlässig iSd § 35 GewO ist aber nur derjenige, der nicht die Gewähr dafür bietet, dass er in Zukunft sein Gewerbe ordnungsgemäß ausüben werde (BVerwG 29.3.1966, GewArch 1966, 200). Die Behörde trifft also eine **Prognoseentscheidung,** indem sie aus dem Fehlverhalten in der Vergangenheit auf ein künftig zu erwartendes Fehlverhalten schließt (Ennuschat/Wank/Winkler/*Ennuschat* GewO § 35 Rn. 31 mwN). Entscheidend ist folglich nicht, ob alte Steuerrückstände getilgt werden, sondern ob eine Untersagung geboten ist, um neue Rückstände zu verhindern. Die Entstehung künftiger Steuerschulden ist nach der gewerberechtlich erforderlichen Prognose nicht davon abhängig, dass ein Konzept zur Begleichung alter Steuerschulden vorgelegt wird. Die Rückführung alter Rückstände ist vielmehr Aufgabe des Vollstreckungsrechts (*Forkel* GewArch 2004, 53). Daher liegt keine Unzuverlässigkeit vor, wenn der Steuerpflichtige durch geeignete Maßnahmen, zB durch Einschaltung eines steuerlichen Beraters, nachprüfbar sicherstellt, dass er seinen öffentlich-rechtlichen Verpflichtungen in Zukunft nachkommt. Für diese Ansicht spricht auch § 21 InsO (vgl. *Forkel* GewArch 2004, 53; aA VG Gießen 8.4.2003, GewArch 2003, 253). Für die Beurteilung der Rechtmäßigkeit einer Untersagungsverfügung ist der Zeitpunkt der letzten Verwaltungsentscheidung maßgebend (BVerwG 16.6.1995, GewArch 1996, 24; VG Regensburg 21.3.2019, BeckRS 2019, 5727).

Sondervorschriften für Rücknahme und Widerruf von gewerblichen Konzessionen enthalten § 15 GastG, § 21 FahrlG, § 3 V GüKG, § 25 PBefG. Die nach § 33c I 1 GewO erforderliche Erlaubnis für das gewerbsmäßige **Aufstellen von Gewinnspielgeräten** ist zu versagen, wenn Tatsachen die Annahme rechtfertigen, dass der Antragsteller die erforderliche Zuverlässigkeit nicht besitzt. Nach § 33c II GewO gehört die Steuerhinterziehung nicht zu den dort genannten Katalogtaten. Gleichwohl kann eine Versagung auch auf § 35 GewO gestützt werden, wenn der Gewerbetreibende nach dem Gesamtbild seines Verhaltens keine Gewähr dafür bietet, dass er sein Gewerbe künftig ordnungsgemäß betreibt. Eine erweiterte Gewerbeuntersagung nach § 35 I 2 GewO, die sich auf das Verbot jedweder gewerblicher Tätigkeit beziehen kann, ist nach ständiger Rechtsprechung des BVerwG dann möglich, wenn Tatsachen vorliegen, die darauf hindeuten, dass eine Unzulässigkeit auch für die weiteren Tätigkeiten anzunehmen ist und der Gewerbetreibende dahin ausweicht (BVerwGE 65, 9).

672 Ob und inwieweit die Offenbarung steuerlicher Daten mit dem **Schutz des Steuergeheimnisses** (§ 30 AO) zu vereinbaren ist, ist umstritten. BVerwG und BFH bejahen übereinstimmend die Offenbarungsbefugnis, soweit dafür ein zwingendes öffentliches Interesse (§ 30 IV Nr. 5 AO) besteht, dh wenn die zu offenbarenden Tatsachen entscheidend dartun, dass der Gewerbetreibende unzuverlässig iS des Gewerberechts ist (BVerwG 2.2.1982, BVerwGE 65, 1; BVerwG 23.9.1991, StRK AO 1977 § 30 R. 11; BFH 10.2.1987, BStBl. II 545; aM *Krause/Steinbach* DÖV 1985, 550; *Gast-de Haan* DStJG 6, 187; *Arndt* GewArch 1988, 281 und StRK-Anm. AO 1977 § 30 R. 7; *Hofmann* DStR 1999, 201 und PStR 1999, 33); wobei das zwingende öffentliche Interesse grundsätzlich nur vorliegt, soweit es sich um Steuern handelt, die durch die gewerbliche Tätigkeit ausgelöst wurden, insbesondere Lohn- und Umsatzsteuer (BMF 14.12.2010, BStBl. I 1430, aufgehoben durch BMF 19.12.2013, BStBl. I 2014, 19, Tz. 1.4; mit Verweis auf BFH 10.2.1987, BStBl. II 545). Bei Personensteuern (insbesondere Einkommen- und Kirchensteuern) oder Erbschaft- bzw. Grunderwerbsteuern für ein privates Objekt besteht ein solcher Zusammenhang nur, soweit diese Steuern durch die gewerbliche Tätigkeit ausgelöst wurden (BMF 14.12.2010 BStBl. I 1430; *Carlé* AO-StB 2004, 453). Rechtskräftige Bußgeldentscheidungen wegen einer Steuerordnungswidrigkeit wurden früher dem Gewerbezentralregister mitgeteilt, wenn die Geldbuße mehr als 200 EUR beträgt (§ 149 II Nr. 3 GewO) und sind zudem in das Wettbewerbsregister einzutragen, wenn die Geldstrafe mehr als 90 Tagessätze oder die Geldbuße wenigstens 2.500 EUR beträgt (§ 2 WRegG).

§ 30 AO steht diesen Mitteilungen durch Gerichte und Behörden nicht entgegen (§ 153a I 12 GewO; vgl. auch § 3 V GüKG). Die FinB muss insoweit eine Vorbeurteilung vornehmen. Mitteilungen über Steuerrückstände sind unzulässig, wenn sie der Finanzbehörde lediglich als Druckmittel dienen, den Gewerbetreibenden zur Zahlung seiner Steuern anzuhalten (BFH 10.2.1987, BStBl. II 545). Ein Gewerbeuntersagungsverfahren soll von der FinB nur dann angeregt werden, wenn die steuerliche Unzuverlässigkeit derart schwerwiegt, dass sich aus ihr allein die gewerberechtliche Unzuverlässigkeit ergibt (BMF v. 14.12.2010, BStBl. I 1430; vgl auch Nr. 8.1 AEAO zu § 30 AO v. 21.12.2010).

Die **Untersagung** einer **Beschäftigung im Freihafen** wegen Unzuverlässigkeit) liegt 673 im Ermessen der Zollbehörden (Art. 244 III, IV UZK). Ein Dritter kann mangels Klage- bzw. Antragsbefugnis keine zulässige Klage auf Verpflichtung der Behörde zur Gewerbeuntersagung erheben (VG Braunschweig 25.6.2018, BeckRS 2018, 14518).
einstweilen frei 674–679

b) Widerruf Gaststättenerlaubnis

Eine Gaststättenerlaubnis ist bei festzustellender Unzuverlässigkeit des Gewerbetreiben- 680 den nach § 15 I Nr. 1 GastG zu widerrufen. So ist der Widerruf zB dann rechtmäßig, wenn dieser vor dem Hintergrund einer Hinterziehungssumme von 1,1 Mio. EUR erfolgt (BayVGH 2.7.2014 – 22 CS 14.1186). Für die Entscheidung spielen auch Erkenntnisse aus Vorverfahren eine Rolle. Eine positive Prognose lässt sich nicht allein wegen ergriffener Compliance-Maßnahmen aufstellen. Siehe auch VG Ansbach 17.10.2012, BeckRS 2012, 60344; VG Koblenz 17.6.2008, PStR 2008, 181; VGH München 12.12.2017, NWB 2018, 392; VGH München 5.10.2018, BeckRS 2018, 25015; VG Regensburg 22.1.2019, BeckRS 2019, 405.

c) Ausschluss von öffentlichen Aufträgen

§ 21 SchwarzArbG Ausschluss von öffentlichen Aufträgen

(1) ¹Von der Teilnahme an einem Wettbewerb um einen Liefer-, Bau- oder Dienstleistungsauftrag der in den §§ 99 und 100 des Gesetzes gegen Wettbewerbsbeschränkungen genannten Auftraggeber sollen Bewerber bis zu einer Dauer von drei Jahren ausgeschlossen werden, die oder deren nach Satzung oder Gesetz Vertretungsberechtigte nach
1. § 8 Abs. 1 Nr. 2, §§ 10 bis 11,
2. § 404 Abs. 1 oder 2 Nr. 3 des Dritten Buches Sozialgesetzbuch,
3. §§ 15, 15a, 16 Abs. 1 Nr. 1, 1c, 1d, 1f oder 2 des Arbeitnehmerüberlassungsgesetzes oder
4. § 266a Abs. 1 bis 4 des Strafgesetzbuches

zu einer Freiheitsstrafe von mehr als drei Monaten oder einer Geldstrafe von mehr als neunzig Tagessätzen verurteilt oder mit einer Geldbuße von wenigstens zweitausendfünfhundert Euro belegt worden sind. ²Das Gleiche gilt auch schon vor Durchführung eines Straf- oder Bußgeldverfahrens, wenn im Einzelfall angesichts der Beweislage kein vernünftiger Zweifel an einer schwerwiegenden Verfehlung nach Satz 1 besteht. ³⁻⁶...
(2) ...

Im Falle des Verstoßes gegen die genannten Vorschriften droht ein Ausschluss von der 681 Teilnahme an öffentlichen Wettbewerben. Bedenklich erscheint Abs. 1 S. 2 der Regelung, der einen Verstoß gegen die Unschuldsvermutung darstellt (glA Kohlmann- *Schauf* 1169 zu § 370 AO; *Fehn* ZfZ 2004, S. 218 (222), *Salditt*, BB-Special 2/2014, 1).

d) Ausweisung von Ausländern

Schrifttum: *Hailbronner,* Ausländerrecht (Losebl. ab 1991); *Renner,* Ausländerrecht, 9. A 2011; *Huber,* Aufenthaltsgesetz, 1. Aufl. 2010; *Westphal/Stoppa,* Straftaten im Zusammenhang mit der unerlaubten Einreise und dem unerlaubten Aufenthalt vor Ausländern nach dem Ausländergesetz, NJW 1999, 2137; *Karl,* Die Strafbarkeit des Arbeitgebers bei illegaler Beschäftigung ausländischer Arbeitnehmer, StV 2003, 696; *Huber,* Das Gesetz zur Neubestimmung des Bleiberechts und der Aufenthaltsbeendigung, NVwZ 2015, 1178; *Bauer/Beichel-Benedetti,* Das neue Ausweisungsrecht, NVwZ 2016, 416; *Wild,* Zur Einbürgerung von Ausländern bei Steuerhinterziehung, PStR 2021, 95.

§ 53 AufenthG Ausweisung

(1) Ein Ausländer, dessen Aufenthalt die öffentliche Sicherheit und Ordnung, die freiheitliche demokratische Grundordnung oder sonstige erhebliche Interessen der Bundesrepublik Deutschland gefährdet, wird ausgewiesen, wenn die unter Berücksichtigung aller Umstände des Einzelfalles vorzunehmende Abwägung der Interessen an der Ausreise mit den Interessen an einem weiteren Verbleib des Ausländers im Bundesgebiet ergibt, dass das öffentliche Interesse an der Ausreise überwiegt.

(2) Bei der Abwägung nach Absatz 1 sind nach den Umständen des Einzelfalles insbesondere die Dauer seines Aufenthalts, seine persönlichen, wirtschaftlichen und sonstigen Bindungen im Bundesgebiet und im Herkunftsstaat oder in einem anderen zur Aufnahme bereiten Staat, die Folgen der Ausweisung für Familienangehörige und Lebenspartner sowie die Tatsache, ob sich der Ausländer rechtstreu verhalten hat, zu berücksichtigen.

(3)–(4)...

§ 54 AufenthG Ausweisungsinteresse

(1) Das Ausweisungsinteresse im Sinne von § 53 Absatz 1 wiegt besonders schwer, wenn der Ausländer
1. wegen einer oder mehrerer vorsätzlicher Straftaten rechtskräftig zu einer Freiheits- oder Jugendstrafe von mindestens zwei Jahren verurteilt worden ist oder bei der letzten rechtskräftigen Verurteilung Sicherungsverwahrung angeordnet worden ist,
1a.–5. ...

(2) Das Ausweisungsinteresse im Sinne von § 53 Absatz 1 wiegt schwer, wenn der Ausländer
1. wegen einer oder mehrerer vorsätzlicher Straftaten rechtskräftig zu einer Freiheitsstrafe von mindestens sechs Monaten verurteilt worden ist,
2.–9. ...

§ 46 AufenthG Ordnungsverfügungen

(1) ...

(2) ¹Einem Ausländer kann die Ausreise in entsprechender Anwendung des § 10 Abs. 1 und 2 des Passgesetzes untersagt werden. ²Im Übrigen kann einem Ausländer die Ausreise aus dem Bundesgebiet nur untersagt werden, wenn er in einen anderen Staat einreisen will, ohne im Besitz der dafür erforderlichen Dokumente und Erlaubnisse zu sein. ³Das Ausreiseverbot ist aufzuheben, sobald der Grund seines Erlasses entfällt.

682 Das am 1.1.2016 in Kraft getreten **Gesetz zur Neubestimmung des Bleiberechts und der Aufenthaltsbeendigung** v. 27.7.2015 (BGBl. I 1386) löste das Zuwanderungsgesetz v. 30.7.2004 (BGBl. I 1950) ab. Das neue Recht unterscheidet nicht mehr zwischen zwingender Ausweisung (§ 53 AufenthG aF), Ausweisung im Regelfall (§ 54 AufenthG aF) und Ermessensausweisung (§ 55 AufenthG aF), sondern enthält eine bloße Abwägungsentscheidung (*Huber* NVwZ 2015, 1178).

683 Eine **Ausweisung** erfolgt, wenn die unter Berücksichtigung des Einzelfalles vorzunehmende Abwägung das öffentliche Interesse an der Ausweisung das private Interesse am Verbleib überwiegt, § 53 AufenthG. Die §§ 54 und 55 AufenthG konkretisieren das Ausweisungsinteresse bzw. das Bleibeinteresse. Darin ist bestimmt, dass ein Ausweisungsinteresse schwer wiegt, wenn der Ausländer wegen einer oder mehrerer vorsätzlicher Straftaten – also auch der Steuerhinterziehung – rechtskräftig zu einer Freiheitsstrafe von min. sechs Monaten verurteilt worden ist, § 54 II Nr. 1 AufenthG. Zu beachten sind hierbei die erhöhten Anforderungen an Asylberechtigte und -bewerber gem. § 53 III, IV AufenthG.

684 *einstweilen frei*

e) Pass- und Personalausweisrecht

Schrifttum: *Friauf,* Passversagung aus steuerlichen Gründen, Schwinge-Festschr. 1973, 247; *Gast-de Haan,* Steuerverfehlungen als Grundlage von steuerlichen und anderen Verwaltungseingriffen, DStJG 6, 188; *Weyand,* Passversagung und -entziehung aus steuerlichen Gründen, INF 1989, 361; *Wegner,* Steuerhinterziehung: Wegen erheblicher Steuerrückstände wurde der Pass eingezogen, PStR 2017, 156; *Wienbracke,* Materiell-rechtliche Voraussetzungen der Passentziehung wegen Steuerschuldnerfluchtgefahr im Spiegel der verwaltungsrechtlichen Spruchpraxis, DStZ 2017, 926 (auch StuW 2017, 377, DStR 2017, 2339).

§ 6 PAuswG Gültigkeitsdauer des Ausweises; vorzeitige Beantragung; räumliche Beschränkungen

(1)–(6) ...

(7) Unter den Voraussetzungen des § 7 Abs. 1 des Passgesetzes kann die zuständige Behörde im Einzelfall anordnen, dass der Ausweis nicht zum Verlassen Deutschlands berechtigt.

(8) Anordnungen nach Absatz 7 dürfen im polizeilichen Grenzfahndungsbestand gespeichert werden.

§ 7 PassG Paßversagung

(1) ¹Der Paß ist zu versagen, wenn bestimmte Tatsachen die Annahme begründen, daß der Paßbewerber
1. ...
2. sich einer Strafverfolgung oder Strafvollstreckung oder der Anordnung oder der Vollstreckung einer mit Freiheitsentziehung verbundenen Maßregel der Besserung und Sicherung, die im Geltungsbereich dieses Gesetzes gegen ihn schweben, entziehen will;
3. ...
4. sich seinen steuerlichen Verpflichtungen entziehen oder den Vorschriften des Zoll- und Monopolrechts oder des Außenwirtschaftsrechts zuwiderhandeln oder schwerwiegende Verstöße gegen Einfuhr-, Ausfuhr- oder Durchfuhrverbote oder -beschränkungen begehen will;
5.–11. ...

(2) ¹Von der Paßversagung ist abzusehen, wenn sie unverhältnismäßig ist, insbesondere wenn es genügt, den Geltungsbereich oder die Gültigkeitsdauer des Passes zu beschränken. ²Die Beschränkung ist im Paß zu vermerken. ³Fallen die Voraussetzungen für die Beschränkung fort, wird auf Antrag ein neuer Paß ausgestellt.

(3), (4) ...

§ 8 PassG Paßentziehung

Ein Paß oder ein ausschließlich als Paßersatz bestimmter amtlicher Ausweis kann dem Inhaber entzogen werden, wenn Tatsachen bekanntwerden, die nach § 7 Abs. 1 die Paßversagung rechtfertigen würden.

§ 10 PassG Untersagung der Ausreise

(1) ¹Die für die polizeiliche Kontrolle des grenzüberschreitenden Verkehrs zuständigen Behörden haben einem Deutschen, dem nach § 7 Abs. 1 ein Paß versagt oder nach § 8 ein Paß entzogen worden ist oder gegen den eine Anordnung nach § 6 Abs. 7 des Personalausweisgesetzes ergangen ist, die Ausreise in das Ausland zu untersagen. ²Sie können einem Deutschen die Ausreise in das Ausland untersagen, wenn Tatsachen die Annahme rechtfertigen, daß bei ihm die Voraussetzungen nach § 7 Abs. 1 vorliegen oder wenn er keinen zum Grenzübertritt gültigen Paß oder Paßersatz mitführt. ³Sie können einem Deutschen die Ausreise in das Ausland auch untersagen, wenn Tatsachen die Annahme rechtfertigen, daß der Geltungsbereich oder die Gültigkeitsdauer seines Passes nach § 7 Abs. 2 Satz 1 zu beschränken ist.

(2), (3) ...

Die Vorschriften über **Passversagung und Passentzug** dienen der Sicherung des staatlichen Steueranspruchs (BVerwG 29.8.1968, DÖV 1969, 74). Diese Beschränkung der allgemeinen Handlungsfreiheit (Art. 2 I GG) ist verfassungsrechtlich nicht zu beanstanden (BadWürttVGH 28.11.1988, RIW 1989, 77; ebenso zu der gleichlautenden Vorschrift des § 7 Buchst. c PassG aF: BVerwG 1.2.1971, NJW 1971, 820 mwN). Da jedoch die Ausreisefreiheit grundgesetzlich geschützt ist (BVerfG 16.1.1957, NJW 1957, 297), ist die Vorschrift des § 7 I Nr. 4 PassG eng auszulegen (OVG Münster 19.8.1980, NJW 1981, 838; *Gast-de Haan* DStJG 6, 209 f.). Einer rechtskräftigen Festsetzung bedarf es nicht; es genügt, wenn die Annahme der Behörde durch bestimmte Tatsachen begründet ist. Für die Annahme von Steuerschulden reicht es aus, dass vollstreckbare Steuerbescheide ergangen sind, die nicht offenbar rechtswidrig sind (BaWüVGH 28.11.1988, RIW 1989, 77; OVG Berlin-Brandenburg 11.9.2007 – 5 S 56/07). Passversagung oder -entzug dürfen nur auf Tatsachen gestützt werden; bloße Vermutungen, der Steuerpflichtige werde seinen Wohnsitz ins Ausland verlegen, reichen nicht aus (VGH München 26.7.1995, BayVerwBl.

Randt

1996, 50). Zwischen den steuerlichen Verpflichtungen und dem angestrebten Aufenthalt im Ausland muss ein Kausalzusammenhang in dem Sinne bestehen, dass Tatsachen die Annahme rechtfertigen, der Passbewerber wolle sich seinen Verpflichtungen entziehen (BVerwG 16.10.1989, DÖV 1990, 787; OVG Münster 2.1.1996, DVBl. 576). Dass der Passinhaber seine Steuerrückstände nicht zahlt, rechtfertigt nicht ohne weiteres die Annahme, der Betroffene wolle sich seinen steuerlichen Verpflichtungen entziehen (BVerwG 1.2.1971, NJW 1971, 820). Es genügt jedoch zB, wenn der Erwerber im Ausland über namhaftes Vermögen verfügt, sich im Zuge der Ermittlungen ins Ausland absetzt und jegliche Auskünfte über seine Vermögenssituation verweigert (BaWüVGH 28.11.1988, RIW 1989, 77). Ebenso kann aus der (erheblichen) Höhe der Steuerrückstände neben weiteren Umständen, wie das Verhalten des Passinhabers, auf das Vorliegen eines Steuerfluchtwillens geschlossen werden (OVG Berlin-Brandenburg 7.11.2011, PStR 2012, 27; OVG Lüneburg 4.11.2008, NJW 2009, 1988; OVG Münster 2.1.1996, DVBl. 576). Die Behörde ist für den Steuerfluchtwillen *beweispflichtig* (BaWüVGH 28.11.1988, RIW 1989, 77). Passversagung und -entziehung dürfen nicht als Druckmittel eingesetzt werden (*Gast-de Haan*, aaO mwN). Andererseits lässt sich kaum bestreiten, dass die Versagung eines Passes wohl stets einen gewissen Druck auf die Zahlungswilligkeit des betreffenden Stpfl. ausübt, was auch dem Zweck der §§ 7, 8 PassG entsprechen dürfte. Nach dem *Grundsatz der Verhältnismäßigkeit* muss die Maßnahme aber nicht nur geeignet, sondern auch erforderlich sein, um den angestrebten Erfolg herbeizuführen (BVerwG 16.10.1989, DÖV 1990, 788; VGH München 26.7.1995, BayVerwBl. 1996, 50). Daher kann die Passversagung zB dann nicht gerechtfertigt sein, wenn die Steuerschulden gering oder im Inland ausreichend abgesichert sind. Unter den Voraussetzungen des § 7 I PassG kann die zuständige Behörde im Einzelfall anordnen, dass ein *Personalausweis* nicht zum Verlassen des Gebietes des Geltungsbereichs des Grundgesetzes über eine Auslandsgrenze berechtigt (§ 6 VII PAuswG). Gem. § 1 I 1 PAuswG bzw. § 1 I 1 PassG hat jeder Deutsche die Pflicht, einen Ausweis zu besitzen, um diesen bei der Einreise nach Deutschland vorlegen zu können. Gem. Satz 3 des § 1 Abs. 1 PAuswG darf vom Ausweisinhaber nicht verlangt werden, den Gewahrsam am Personalausweis aufzugeben. Gem. § 66 III VollstrA ist die zuständige Behörde um die Entziehung des Passes zu ersuchen, wenn Tatsachen die Annahme rechtfertigen, dass der Vollstreckungsschuldner das Inland verlassen will.

686 Die **Ausstellung eines Passes** ist zu versagen, wenn die Voraussetzungen des § 7 PassG vorliegen. Im Gegensatz dazu liegt die Entziehung unter den gleichen Voraussetzungen gem. § 8 PassG im Ermessen der zuständigen Behörde.

687–689 *einstweilen frei*

f) Waffenrecht

690 Eine **Waffenbesitzkarte ist zu versagen** (§ 4 WaffG) oder zu widerrufen (§ 45 II WaffG), wenn Tatsachen die Annahme rechtfertigen, dass der Betreffende die erforderliche Zuverlässigkeit nicht besitzt. Die erforderliche Zuverlässigkeit besitzen gem. Gem. § 5 I Nr. 1 Buchst. b WaffG besitzen solche Personen nicht die erforderliche Zuverlässigkeit, die wegen einer vorsätzlichen Straftat zu einer Freiheitsstrafe von min. einem Jahr rechtskräftig verurteilt worden sind und seit dem Eintritt der Rechtskraft der letzten Verurteilung zehn Jahre noch nicht verstrichen sind. Gem. § 5 II 1 Buchst. a WaffG besitzen Personen *regelmäßig* nicht die erforderliche Sorgfalt, die zu einer Freiheitsstrafe, Jugendstrafe, Geldstrafe von mindestens 60 Tagessätzen oder mindestens zweimal zu einer geringeren Geldstrafe rechtskräftig verurteilt worden sind oder bei denen die Verhängung von Jugendstrafe ausgesetzt worden ist, wenn seit dem Eintritt der Rechtskraft der letzten Verurteilung fünf Jahre noch nicht verstrichen sind. Steuerhinterziehung ist eine derartige Straftat. Eine entsprechende Verurteilung begründet daher in der Regel die Unzuverlässigkeit des Inhabers einer Waffenbesitzkarte (noch zur aF des § 5 WaffG: BVerwG 24.4.1990, DVBl. 1990, 1043; OVG Münster 8.12.1981, AgrarR 1983, 106 mwN u. v. 12.3.1986 – 20 A 2158/84 nv. Zur neuen Fassung siehe VG Münster 5.3.2010, PStR 2010, 213; VG Berlin

4.5.2011, PStR 2011, 223). Ein starkes soziales Engagement rechtfertigt die Rücknahme des Widerrufs nicht (VG Münster 20.8.2001 – I K 2141/00 nv).

g) Jagdschein

Neben der Entziehung der Waffenbesitzkarte droht im Falle der Steuerhinterziehung 691 zusätzlich der Verlust des Jagdscheines nach §§ 18, 17 I 2 BJagdG iVm § 5 WaffG. Fehlen die Zuverlässigkeit oder die persönliche Eignung iSd §§ 5, 6 WaffG darf nur ein Jagdschein nach § 15 VII BJagdG, der sog. Falknerjagdschein, erteilt werden

h) Sonstige

Darüber hinaus sind weitere verwaltungsrechtliche Folgen zu bedenken, insb. soweit es 692 auf etwaige Genehmigungen bzw. Versagungsgründe auf die Zuverlässigkeit der betroffenen Personen abstellt. Diese betreffen etwa:
- Luftverkehrsrechtliche Zuverlässigkeit eines Piloten (vgl. *Wegner* wistra 2017, 298, 301; *ders.* wistra 2019 490);
- Streichung aus der Architektenliste, § 5 BauKaG NRW (vgl. *Wegner* wistra 2019, 442, 446);
- Entziehung Personenbeförderungserlaubnis (vgl. *Wegner* wistra 2019, 490, 490 f.).

Aber auch Einreiseverbote in bestimmte ausländische Länder sind zu beachten und können insb. für Gewerbetreibende, die auf Geschäftsreisen in solche Länder angewiesen sind, einschneidende Folgen haben. So kann ein Visum für die USA versagt werden, wenn eine Person wegen einer sog. CIMT-Straftat *(crime involving moral turpitude)* verurteilt wurde oder diese gestanden hat (8 U.S.C. § 1182(a)(2)(A)(i)(I)); die Steuerhinterziehung ist als solche CIMT-Straftat aufgrund ihrer Betrugsähnlichkeit zu betrachten (siehe auch *Hofmann/Pauly* PStR 2019, 61).

einstweilen frei 693–700

5. Zivilrechtliche Folgen

Schrifttum: *Kruse,* Steuerdruck und Steuergerichte, Rechtsgeschäfte im Spannungsfeld zwischen Privat- und Steuerrecht, NJW 1970, 2185; *Klunzinger,* Nichtigkeitsfolgen bei Rechtsgeschäften mit steuerverkürzender Wirkung, FR 1972, 181; *Kohte/Ahrens/Grote,* Restschuldbefreiung und Verbraucherinsolvenzverfahren, 8. Auflage, 2017).

Verträge, mit denen eine Steuerhinterziehung verbunden ist, sind nach stRspr 701 nicht ohne weiteres, sondern nur dann nach den §§ 134, 138 BGB nichtig, wenn Hauptzweck des Vertrages die Steuerhinterziehung ist (BGH 9.6.1954, BGHZ 14, 25, 31; BGH 8.11.1968, DNotZ 1969, 350; BGH 23.3.1973, WM 1973, 576; BGH 23.10.1975, WMF 1279, 1281; OLG Koblenz 22.2.1979, DB 1979, 833; weitergehend OLG Celle 15.2.1966 – 8 U 98/65, zit. bei *Klunziger* FR 1972, 183). Ein Grundstücksveräußerungsvertrag, in dem aus Gründen der Steuerersparnis ein niedrigerer als der mündlich vereinbarte Kaufpreis beurkundet wurde, ist als Scheinvertrag gemäß § 117 BGB nichtig (BGH 15.5.1970 NJW 1970, 1541). Die Veräußerung eines GmbH-Geschäftsanteils, bei der die Vertragsparteien einen Teil des Kaufpreises zum Gegenstand eines Scheingeschäfts gemacht haben, um die Höhe des Kaufpreises vor dem Finanzamt zu verschleiern, verstößt hingegen weder gegen ein gesetzliches Verbot noch gegen die guten Sitten (BGH 23.2.1983, HFR 1984, 21). Nichtig ist dagegen ein Darlehen zum Ankauf unversteuerter Zigaretten (OLG Köln 29.5.1956, MDR 1957, 34), die Einrichtung eines Bankkontos zu dem Hauptzweck, die eingezahlten Beträge der Besteuerung zu entziehen (RG 29.9.1934, JW 1935, 420 m. zust Anm. *Boesebeck*), ein Kaufvertrag mit einer Ohne-Rechnung-Abrede, wenn diese die Preisvereinbarung beeinflusst hat (BGH 3.7.1968, MDR 1968, 843, sowie OLG Celle aaO), ein Beitrittsvertrag zur Beteiligung an einer KG, wenn die Beitrittserklärung zwecks Verlustzuweisung rückdatiert wurde (*Staudinger/Sack* § 134 Rn. 287). Nichtig ist auch ein Werkvertrag, bei dem Unternehmer und Besteller gegen das SchwarzarbG verstoßen (BGH

23.9.1982, BGHZ 85, 39, 42 ff.), nicht aber dann, wenn nur der Unternehmer gegen das Gesetz verstößt und der Besteller diesen Gesetzesverstoß nicht kennt (BGH 20.12.1984, NJW 1985, 2403). Eine Vereinbarung, den Arbeitslohn „schwarz" auszuzahlen, führt regelmäßig nicht zur Nichtigkeit des Arbeitsvertrages. Soll die Abführung von Steuern und Beiträgen vereinbarungsgemäß teilweise unterbleiben, ist nur diese Abrede und nicht ein Teil der Vergütungsvereinbarung nichtig (BAG 26.2.2003, DB 2003, 1581). Ein Arbeitgeber, der die Schwarzarbeit seines Arbeitnehmers fördert, indem er auf seine Rechnung Material erwirbt und „über seine Bücher laufen lässt", kann aus einer entsprechenden Vereinbarung keine Rechte herleiten (ArbG Wetzlar 26.1.1993, BB 1993, 943). Im Falle eines nichtigen Schwarzarbeitsvertrages kann der vorleistende Schwarzarbeiter gem. §§ 812, 181 II BGB Wertersatz verlangen (BGH 31.5.1990, NJW 1990, 2542; BGH 1.8.2013, wistra 2013, 477; siehe auch BGH 24.4.2008, BGHZ 176, 198, 201). Ein Beratervertrag, der abgeschlossen wird, um das Versprechen eines zusätzlichen Kaufpreises abzudecken, ist nicht nichtig, wenn er eine echte unterstützende Beratung sichern soll (BGH 23.2.1983, NJW 1983, 1843). Allein der Umstand, dass ein Architekt oder Handwerker ohne Rechnungslegung bezahlt wird, führte früher nicht zur Nichtigkeit des Vertrages (BGH 21.12.2000, BB 2001, 385). Seit der Entscheidung des BGH v. 1.8.2013 (wistra 2013, 477) nimmt der 7. Senat die Gesamtnichtigkeit des Vertrages nach § 134 BGB an, wenn ein Verstoß gegen § 1 II Nr. 2 SchwarzArbG durch die Ohne-Rechnung-Abrede vorliegt. Die Nichtigkeit könne nur in dem Fall nicht angenommen werden, in dem sich die Vergütungsabrede nicht verändert hätte, wenn die Rechnungslegung und Steuerabführung ordnungsgemäß erfolgt wäre (BGH 24.4.2008, BGHZ 176, 198, 201). Verpflichtet sich ein Jagdpächter, neben der Jagdpacht jährlich eine Spende für gemeinnützige Zwecke zu leisten, ist der Jagdpachtvertrag nichtig, weil ein wesentliches Element der Schriftform fehlt (BGH 24.3.1994, NJW-RR 1994, 778). Der Mandant, gegen den wegen einer Steuerordnungswidrigkeit ein Bußgeld verhängt worden ist, hat keinen zivilrechtlichen Schadenersatz- oder Erstattungsanspruch dieses Betrages gegen seinen Steuerberater, wenn dieser seine Beratungs- und Sorgfaltspflichten nicht verletzt hat oder ein etwaiges Fehlverhalten nicht ursächlich für die Steuerordnungswidrigkeit war (OLG Stuttgart 30.1.1989, StB 1989, 200). Geht ein Anleger ein Geschäft so an, dass eine Umgehung von Steuerpflichten offenkundig geplant ist, und fördert die Bank dieses Vorgehen bereitwillig, so ist das Wertpapiergeschäft sittenwidrig (OLG Jena 6.6.1995, OLG-NL 1995, 193). Eine Steuerhinterziehung begründet keine Forderung des FA aus unerlaubter Handlung; § 370 AO ist kein Schutzgesetz iSd § 823 II BGB (BFH 24.10.1996, DStRE 1998, 29).

702 Die **Bezahlung einer Geldstrafe** durch einen Dritten erfüllt nicht den Tatbestand der Strafvereitelung. Dabei ist es gleichgültig, ob ein Dritter eine Geldstrafe sogleich bezahlt, sie dem Verurteilten später erstattet oder ob er ein Darlehen gewährt, dessen Rückzahlung er erlässt (BGH 7.11.1990, wistra 1991, 103).

Im **Insolvenzverfahren** droht die Versagung der Restschuldbefreiung gemäß § 290 InsO. Nach § 290 I Nr. 2 InsO ist diese zu versagen, *wenn der Schuldner in den letzten drei Jahren vor dem Antrag auf Eröffnung des Insolvenzverfahrens oder nach diesem Antrag vorsätzlich oder grob fahrlässig schriftlich unrichtige oder unvollständige Angaben über seine wirtschaftlichen Verhältnisse gemacht hat, um [...] Leistungen an öffentliche Kassen zu vermeiden.* Darunter fällt die Steuerhinterziehung (*Kohte/Ahrens/Grote/Busch/Lackmann* InsO § 290 Rn. 27a). Die Voraussetzungen des § 290 I Nr. 2 liegen auch dann vor, wenn zwar eine Selbstanzeige vorliegt, der Schuldner aber neue Steuerschulden hat auflaufen lassen (AG Celle 16.4.2003, ZVI 2003, 367).

703–705 *einstweilen frei*

6. Berufsrechtliche Folgen

Schrifttum: *Hoffmann/Wißmann,* Verurteilung durch Strafbefehl und berufsrechtliche Konsequenzen, PStR 2000, 279; *Wessing,* Nebenfolgen der Selbstanzeige, SAM 2010, 99; *Schmuck/Huber,* Berufs- und vertragsarztrechtliche Konsequenzen nach dem Strafverfahren – Ein Überblick, NJOZ 2011, 1793; *Talaska,* Steuerhinterziehung: Berufsrechtliche Konsequenzen für den Steuerberater, Stbg 2015, 315; *Beckschäfer,* Zur „doppelten" Bestrafung eines Steuerberaters im Strafverfahren und im Verfahren vor der Steuerberaterkammer, ZWH 2016, 398; *Wegner,* Rechtsprechungsübersicht: Nebenfolgen steuerstrafrechtlich relevanter Sachverhalte, wistra 2017, 298; *Gehm,* Berufsrechtliche Folgen bei Selbstanzeigen gem. § 371 AO – eine Risikoanalyse, wistra 2019, 48; *Wegner,* Rechtsprechungsübersicht: Nebenfolgen wirtschafts- oder steuerstrafrechtlich relevanter Sachverhalte, wistra 2019, 442 u. 490; *Durst,* Berufsrechtliche Folgen bei Selbstanzeigen – Risikoanalyse, KÖSDI 2021, 22453; *Wegner,* Rechtsprechungsübersicht: Nebenfolgen wirtschafts- oder steuerstrafrechtlich relevanter Sachverhalte, wistra 2021, 429.

Ein **Beamtenverhältnis** endet, wenn der Beamte durch rechtskräftiges Urteil eines **706** deutschen Gerichts wegen einer vorsätzlichen (Steuer-)Straftat zu einer Freiheitsstrafe von mindestens einem Jahr verurteilt worden ist (§ 41 I Nr. 1 BBG). Mit dem Verlust der Rechtsstellung hat der frühere Beamte keine Ansprüche auf Dienstbezüge und Versorgung (§ 41 II BBG). Ruhestandsbeamten droht die Kürzung oder Aberkennung des Ruhegehalts (OVG Lüneburg 1.12.2005, PStR 2006, 53; BVerwG 6.6.2000, DÖD 2000, 290). Unter denselben Voraussetzungen verlieren Berufssoldaten und Soldaten auf Zeit ihre Rechtsstellung (§§ 48, 54 II SoldG) sowie Bundes- und Landesrichter (§§ 46, 71 DRiG). Ein Beamter begeht ein Dienstvergehen, wenn er schuldhaft die ihm obliegenden Pflichten verletzt (§ 77 I 1 BBG). Außerdienstliche Pflichtverletzungen sind als Dienstvergehen beurteilen, wenn das Verhalten nach den Umständen des Einzelfalles in besonderem Maße geeignet ist, Achtung und Vertrauen in einer für das Amt oder das Ansehen des Beamtentums bedeutsamen Weise zu beeinträchtigen (§ 77 I 2 BBG; BVerwG 18.6.2015, BVerwGE 152, 228, siehe auch BVerwG 27.12.2017, wistra 2018, 356). Das VG Münster hat die Entfernung eines im Justizdienst beschäftigten Beamten bestätigt, der wegen einer Steuerhinterziehung zu einer Gesamtfreiheitsstrafe von 10 Monaten auf Bewährung verurteilt worden ist (VG Münster 8.4.2013 – 13 K 2731/12.0). Die Entfernung aus dem Beamtenverhältnis bzw. die Aberkennung des Ruhegehaltes kommt grds. in Betracht, wenn der Hinterziehungsbetrag einen siebenstelligen EUR-Betrag erreicht (BVerwG 28.7.2011, BVewGE 140, 185). **Steuerhinterziehungen eines Finanzbeamten** in eigener Sache können daher als Dienstvergehen disziplinarrechtlich verfolgt werden (OVG Mecklenburg-Vorpommern 11.10.2011, PStR 2012, 161, BVerwG 27.12.2017, wistra 2018, 356). Die Einleitung liegt im Ermessen der zuständigen Behörde (§§ 14, 21, 22 BDG). **Eine Selbstanzeige schließt ein Disziplinarverfahren nicht aus,** da § 371 AO nur die strafrechtliche nicht aber die disziplinarrechtliche Verfolgung verbietet (vgl. BVerwG 6.6.2000, DÖD 2000, 290; BFH 15.1.2008, NVwZ 2008, 1160). Die Mitteilung an Disziplinarstellen zur Durchführung dienstrechtlicher Maßnahmen bei Beamten und Richtern sowie für sonstige Angehörige der Finanzverwaltung ist in zwei BMF-Schreiben geregelt (BMF 12.3.2010, BStBl. I 2010, 222; 20.6.2011, BStBl. I 2011, 574). Ein relevanter Verstoß, der das Vertrauen der Öffentlichkeit in die Integrität der Verwaltung erschüttert, liegt im Falle der Steuerhinterziehung bei der Finanzverwaltung vor. Für die Prüfung des Verstoßes ist nicht allein der Umfang der Steuerhinterziehung, sondern auch Art und Dauer der Straftat(en) zu berücksichtigen. Entgegen der alten Erlasslage soll es jetzt nicht mehr starr auf die Verkürzungsbeträge ankommen. So wurde ein öffentliches Interesse stets angenommen, wenn die Verkürzung pro Veranlagungszeitraum 5.000 DM (bzw. 2.500 EUR) überschritten hatte (BMF 10.5.2000, BStBl. I 2000, 494). Daher sollte z.B. eine Mitteilung auch bei einer höheren Hinterziehung im privaten Bereich bei nicht deklarierten Erbschaften bzw. deren Erträge möglich sein, wenn sich die Tathandlung in einem Untätigbleiben erschöpft. Diese Hinterziehung tangiert nicht mehr den Kernbereich der dienstlichen Pflichten. Im Einzelfall kann aber die Freiwilligkeit der Selbstanzeige ein maßgeblicher Milderungsgrund sein, der dazu führen kann, dass ein endgültiger Vertrauensverlust nicht festzustellen ist und daher eine Entfernung aus dem Dienst unterbleiben kann (OVG Rheinland-Pfalz 15.4.2005, PStR 2006, 54; BaWüVGH 27.1.2011, PStR 2011, 276). § 49 BeamtStG, § 125c BRRG (gilt für Richter entsprechend, § 46 DRiG) und Nr. 15 MiStra begründet Mitteilungspflichten für Gerichte und Staatsanwaltschaften, und zwar auch insoweit, als sie Daten betreffen, die dem Steuergeheimnis (§ 30 AO) unterliegen. Umfasst hiervon ist die Übermittlung der Anklageschrift, der Antrag auf Erlass eines Strafbefehls sowie die einen Rechtszug abschließende Entscheidung (§ 49 I 1 BeamtStG, § 125c I 1 BRRG). Darüber hinaus in einem Strafverfahren erlangte und dem Steuergeheimnis unterliegende Erkenntnisse dürfen gemäß § 49 IV iVm VI 2 BeamtStG sowie nach § 125c IV iVm VI 2 BRRG unter den Voraussetzungen des § 30 IV Nr. 5 AO mitgeteilt werden. Ein zwingendes öffentliches Interesse an der Übermittlung iSv § 30 IV Nr. 5 AO besteht insbes. wenn die mitteilende Stelle zur Überzeugung gelangt ist, dass ein schweres Dienstvergehen vorliegt, der Sachverhalt mithin geeignet erscheint, eine im Disziplinarverfahren zu verhängende Maßnahme von Gewicht, dh grundsätzlich eine Zurückstufung oder die Entfernung aus dem Dienst, zu tragen (vgl. BVerfG 6.5.2008, NJW 2008, 3489). Die Steuerhinterziehung in erheblicher Höhe durch Angestellte einer Finanzbehörde ist als „wichtiger Grund "zur fristlosen Kündigung auch dann geeignet, wenn der Angestellte die Hinterziehung gemäß § 371 AO selbst angezeigt hat (BAG 21.6.2001, NJW 2002, 2582). Dagegen hat zwischenzeitlich das BVerwG eine Einschränkung vorgenommen. Danach kommt bei einem Hinterziehungsbetrag in siebenstelliger Höhe die Entfernung aus dem Beamtenverhältnis oder die Aberkennung des Ruhegehaltes in Betracht. Allerdings kann trotz der enormen Höhe des Hinterziehungsbetrages die höchste Disziplinarmaßnahme nicht verhängt werden, wenn der Milderungsgrund der freiwilligen Offenbarung (Selbstanzeige aus freien Stücken) greift (BVerwG 11.8.2001, wistra 2012, 27).

707 Bevor gegen einen Rechtsanwalt, Steuerberater, Wirtschaftsprüfer oder vereidigten Buchprüfer wegen einer Steuerordnungswidrigkeit, die er in Ausübung seines Berufs bei der Beratung in Steuersachen begangen hat, ein Bußgeldbescheid erlassen wird, ist der zuständigen Berufskammer Gelegenheit zur Stellungnahme zu geben (→ § 411 AO). Berufspflichtverletzungen (zB §§ 57 ff. StBerG, §§ 43 ff. WPO, §§ 43 ff. BRAO, §§ 14 ff. BNotO) können der zuständigen Berufskammer mitgeteilt werden (§ 10 StBerG). Nicht jede berufliche Fehlleistung ist eine Berufspflichtverletzung (Einzelheiten GLE 23.1.2012, BStBl. I 2012, 205). Während diese Mitteilung im pflichtgemäßen Ermessen der Finanzbehörde liegt (§ 164a I StBerG, § 5 AO), begründen Nr. 23 u. 24 MiStra für bestimmte Angehörige der freien Berufe eine Mitteilungspflicht. Schwere Pflichtverletzungen, zu denen auch Steuerhinterziehungen gehören können, rechtfertigen im Einzelfall Sanktionen bis hin zum Berufsausschluss (BGH 6.8.1993, DStR 1994, 479). § 14 EGGVG erlaubt die Übermittlung personenbezogener Daten des Beschuldigten, die den Gegenstand eines Strafverfahrens betreffen, wenn diese Daten auf eine Berufspflichtverletzung schließen lassen. Steuerliche Verfehlungen durch **Bankmitarbeiter** können die Aufhebung der Erlaubnis nach dem Kreditwesengesetz zur Folge haben (§ 33 I Nr. 2, 3 KWG iVm § 35 II Nr. 3 KWG).

708 Die **ärztliche Approbation** ist gemäß § 5 BÄO zu widerrufen, wenn nachträglich die Voraussetzung nach § 3 I 1 Nr. 2 BÄO weggefallen ist, also der Arzt sich eines Verhaltens schuldig gemacht hat, aus dem sich seine Unwürdigkeit oder Unzuverlässigkeit zur Ausübung des ärztlichen Berufs ergibt. Bereits bei Einleitung des Strafverfahrens kann das Ruhen der Approbation angeordnet werden gem. § 6 I Nr. 1 BÄO (gleichlautend für den zahnärztlichen Beruf § 4 II iVm § 2 I 1 Nr. 2 ZHG bzw. § 5 ZHG). Ein solcher Eingriff in die durch Art. 12 I 1 GG verfassungsrechtlich gewährleistete Freiheit der Berufswahl rechtfertigt das wichtige Gemeinschaftsgut der Gesundheitsversorgung (BVerwG 16.9.1997, NJW 1998, 2757). Die unbestimmten Rechtsbegriffe „Unzuverlässigkeit" und „Unwürdigkeit" werden nicht allein durch eine Straftat ausgefüllt; der Begriff der „Unzuverlässigkeit" wird im Berufsrecht durch die Prognose gekennzeichnet, ob der Betroffene in Zukunft seine beruflichen Pflichten zuverlässig erfüllen wird, „Unwürdigkeit" liegt vor, wenn der Arzt durch sein Verhalten nicht mehr das zur Ausübung des ärztlichen Berufs erforderliche Ansehen und Vertrauen besitzt (BVerwG 9.1.1991, NJW 1991, 1557 mwN). Die strafrechtliche Verurteilung wegen im Zusammenhang mit der Berufsausübung stehender (vorliegend gemeinschaftlichen) Steuerhinterziehung sowie wegen Vorenthaltens von Sozialversicherungsbeiträgen rechtfertigt die Annahme eines schwerwiegenden Fehlverhaltens bei der Einhaltung der beruflichen Verpflichtung als Arzt neben der prognostischen negativen Einschätzung für eine künftige ordnungsgemäße Ausübung des Arztberufes (zur Unzuverlässigkeit; OVG NRW 31.3.2010, PStR 2011, 62). Nicht jedes Steuervergehen führt zur Annahme der Unwürdigkeit iS des § 3 I 1 Nr. 2 BÄO, da Steuervergehen unmittelbar weder einen Rückschluss auf die berufliche Tätigkeit eines Arztes zulassen, noch das Wohlergehen der dem Arzt in besonderer Weise anvertrauten Gesundheit von Menschen betreffen (OVG Lüneburg 4.12.2009, PStR 2010, 34). Vielmehr rechtfertigt nur ein schwerwiegendes, beharrliches Fehlverhalten die Annahme, der Arzt setze sich aus eigenem finanziellem Interesse in einem solchen Maße auch über strafbewehrte, im Interesse der Allgemeinheit bestehende Bestimmungen hinweg, dass er schon deshalb als Arzt untragbar ist (OVG Lüneburg 4.12.2009, PStR 2010, 34; OVG NRW 25.5.1993, MedR 1994, 72). Zur Entziehung der vertragsärztlichen Zulassung, dem Widerruf zur Erlaubnis der Berufsbezeichnung „Hebamme", „Masseur und medizinischer Bademeister" oder dem Widerruf der Heilpraktikererlaubnis siehe *Wegner* wistra 2021, 429.

einstweilen frei

XI. Konkurrenzfragen

1. Die Hinterziehung mehrerer Steuern

Schrifttum: *Arendt,* Fortsetzungszusammenhang zwischen positivem Tun und Unterlassen bei Steuerhinterziehung, ZfZ 1982, 299; *Bauerle,* Fortsetzungszusammenhang und Dauerdelikt im Steuerstrafrecht, Aktuelle Fragen S. 201; *Bender,* Erweiterte Ermittlungsbefugnisse der Finanzbehörden im allgemeinstrafrechtlichen Bereich?, wistra 1998, 93; *Bilsdorfer,* Fortsetzungszusammenhang bei Nichtabgabe und Abgabe von unrichtigen Steuererklärungen, DStR 1982, 132; *Bongartz,* Der Fortsetzungszusammenhang im Steuerstrafrecht, 1990; *Bohnert,* Zur Feststellung des Tatumfangs bei Serientaten, die nicht mehr als fortgesetzte Handlung gewertet werden dürfen, NStZ 1995, 460; *v. Bonin,* Die Hinterziehung mehrerer Steuern, ZfZ 1940, 131; *Dannecker,* Die Rechtsprechungsänderung zur fortgesetzten Handlung und ihre Konsequenzen für Steuerstrafsachen, Finanzstrafrechtliche Tagung, 1997, S. 9; *Ditges / Graß,* Rechtsprechungsänderung zur fortgesetzten Steuerhinterziehung – Konsequenzen für Straf- und Besteuerungsverfahren, DStR 1992, 1001; *Erb,* Die Reichweite des Strafklageverbrauchs bei Dauerdelikten und fortgesetzten Taten, GA 1994, 265; *Geppert,* Die „fortgesetzte Tat" im Spiegel jüngerer Rechtsprechung und neuerer Literatur, Jura 1993, 649; *ders.,* Grundzüge der Konkurrenzlehre, Jura 2000, 598, 651; *Giemulla,* Konkurrenzen im Steuerstrafrecht, Inf 1979, 292; *Hamm,* Das Ende der fortgesetzten Handlung, NJW 1994, 1636; *Henke,* Tatmehrheit, Tateinheit und fortgesetzte Handlung, DStZ 1959, 337; *Kalf,* Muß die Veränderung der Konkurrenzverhältnisse die Strafe beeinflussen?, NStZ 1997, 66; *Klein,* Die negativen Rechtsfolgen des fortgesetzten Delikts im Strafrecht unter besonderer Berücksichtigung des Steuerstrafrechts, Diss. Köln 1986; *Kniffka,* Aspekte der Tateinheit bei Steuerhinterziehung, wistra 1986, 89; *Kohlmann,* Vorschnelle Annahme von Fortsetzungszusammenhang im Steuerstrafrecht?, FR 1985, 517; *Leplow,* Konkurrenzen beim Erlangen nicht gerechtfertigter Steuervorteile, PStR 2008, 13; *Meine,* Tateinheit bei gleichzeitig eingereichten Steuererklärungen, BB 1978, 1309; *Montenbruck,* Steuerhinterziehung und gewerbsmäßiger Schmuggel, wistra 1987, 7; *Rolletschke,* Die Konkurrenz zwischen Beitragsbetrug und Lohnsteuerhinterziehung, wistra 2005, 211; *Rolletschke/Steinhart,* Die steuerstrafrechtliche Konkurrenzlehre und ihre Auswirkungen; insbesondere auf das Selbstanzeigerecht, NZWiSt 2015, 71; *Salditt,* Die Tat bei der Hinterziehung von Einkommensteuer, FS Volk, 2009, 637; *Satzger,* Zum strafrechtlichen Prinzip des Verklammerns und Entklammerns selbstständiger Taten, JR 1998, 518; *Schmitz,* Die fortgesetzte Steuerhinterziehung in der Rechtsprechung des BGH, wistra 1993, 127; *Stahlschmidt,* Steuerhinterziehung, Beitragsvorenthaltung und Betrug im Zusammenhang mit illegaler Beschäftigung, wistra 1984, 209; *Stree,* Probleme der fortgesetzten Tat, FS Krause, 1990, 3057; *Timpe,* Fortsetzungszusammenhang und Gesamtvorsatz, JA 1991, 13; *Walter,* Zur Lehre von den Konkurrenzen, JA 2004, 133; *Wankel,* Strafklageverbrauch und materiellrechtliche Konkurrenzlehre, JA 1997, 231; *Zschockelt,* Die praktische Handhabung nach dem Beschluß des Großen Senats für Strafsachen zur fortgesetzten Handlung, NStZ 1994, 361; *ders.,* Die Auswirkungen der Entscheidung des Großen Senats für Strafsachen zum Fortsetzungszusammenhang, JA 1997, 411.

a) Abgabe unrichtiger steuerlicher Erklärungen

Die Abgabe jeder einzelnen unrichtigen Steuererklärung durch unterschiedliche natürliche Handlungen (vgl. Hüls/Reichling/*Schott* AO § 370 Rn. 434) bildet grundsätzlich eine selbstständige Tat (BGH 28.10.2004, wistra 2005, 30; BGH 2.4.2008, wistra 2008, 266; Kohlmann/*Ransiek* AO § 370 Rn. 871). Treffen in derselben Steuererklärung mehrere **unrichtige Teilerklärungen** zusammen, zB falsche Angaben über die Höhe der Einkünfte aus Gewerbebetrieb und über die Sonderausgaben, wird von der hM *eine* Tatbestandserfüllung angenommen, nicht etwa mehrere, in Tateinheit begangene Taten (krit. *Franzen* DStR 1964, 382); so für mehrere Leistungen in demselben USt-Voranmeldungszeitraum (BGH 21.8.1980, NJW 1980, 2591). Sind dabei mehrere Steuerarten betroffen, seien es auch Kirchensteuer (soweit § 370 AO anwendbar) oder Solidarzuschlag, so liegt insofern Tateinheit vor (Kohlmann/*Ransiek* § 370 Rn. 904). Auch bei der Erklärung der Lohnsteuer für mehrere Arbeitnehmer in einer Erklärung nach § 41a II EStG ist eine einheitliche Tatbestandserfüllung gegeben (Kohlmann/*Ransiek* AO § 370 Rn. 872). Die **Nichtdeklaration bei der Einfuhr von Tabakwaren** führt zur tateinheitlich begangenen Hinterziehung von Einfuhrumsatzsteuer, Zoll und Tabaksteuer (Kohlmann/*Ransiek* AO § 370 Rn. 904, 914). Der einheitliche Antrag auf Stundung oder Erlass mit unrichtigen Angaben über steuerlich erhebliche Tatsachen stellt eine tateinheitliche Steuerhinterziehung dar, wenn sich der Antrag auf unterschiedliche Steuerarten bezieht.

722 **Tateinheit liegt vor** (→ § 369 Rn. 114), wenn durch ein und dieselbe unrichtige Steuererklärung die Steuern mehrerer Steuerarten verkürzt werden, zB ESt und die hiervon abhängige KiSt, sofern diese als Steuerhinterziehung strafbar ist (→ § 386 Rn. 30); USt, GewSt und ESt, wenn der Stpfl nur eine USt-Erklärung abgibt und erklärt, dass sein Gewinn 10% des (zu niedrig) erklärten Umsatzes betrage und das FA daraufhin USt, GewSt und ESt zu niedrig festsetzt (vgl. *Suhr* 1977, S. 192 sowie RG 9.5.1933, RStBl. 577; RG 15.1.1936, RStBl. 114; RG 3.11.1936, RStBl. 1090; BGH 28.11.1957, ZfZ 1958, 145). Desgleichen liegt Tateinheit vor, wenn durch eine Handlung, die nicht in der Abgabe einer unrichtigen Steuererklärung besteht, mehrere Steuerarten zugleich verkürzt werden, zB bei einem wahrheitswidrig begründeten Stundungs- oder Erlassantrag, der sich auf verschiedenartige Steuerrückstände bezieht (*Henke* DStZ 1959, 337; vgl. auch OLG Saarbrücken 25.2.1999, wistra 1999, 276, zur Verletzung der Gestellungspflicht). **Eine Tat** – richtigerweise die Erfüllung eines Tatbestandes und nicht Tateinheit – hat die Rspr (BGH wistra 1990, 300, 301) angenommen, wenn der durch unrichtige Angaben in der Steuererklärung unternommene Versuch eine Steuerverkürzung herbeizuführen durch weitere unrichtige Angaben im Rechtsbehelfsverfahren fortgesetzt wird. Das gilt selbst dann, wenn der Täter diesen Entschluss erst nachträglich gefasst hat, weil es sich um ein einheitliches Geschehen handelt, dass auf einen tatbestandlichen Erfolg gerichtet ist und der Täter nur die Angriffshandlung ändert (vgl. auch Kohlmann/*Ransiek* AO § 370 Rn. 873).

723 Bei der **Abgabe mehrerer unrichtiger Erklärungen zu verschiedenen Steuerarten**, zB USt und ESt, besteht grundsätzlich Tatmehrheit (OLG Neustadt 29.5.1957, DB 1957, 706; Erbs/Kohlhaas/*Hadamitzky/Senge* AO § 370 Rn. 99; Hüls/Reichling/*Schott* AO § 370 Rn. 437), auch wenn die Tathandlungen Folge eines einheitlichen Handlungsentschlusses sind. Dasselbe gilt, wenn GewSt- und ESt-Hinterziehung oder USt- und ESt-Hinterziehung durch Nichtabgabe von Steuererklärungen begangen werden (BGH 23.7.2014, wistra 2014, 443; OLG Hamm 6.12.1962, BB 1963, 459; BayObLG 24.1.1963, DStZ/B 1963, 112; BayObLG StB 1992, 462; Erbs/Kohlhaas/*Hadamitzky/Senge* AO § 370 Rn. 99). Das leitet die Rspr aus der Maßgeblichkeit der steuerlichen Erklärungspflichten für den materiell-rechtlichen Tatbegriff her, berücksichtigt dabei aber nicht hinreichend, dass in § 52 StGB von Handlungen die Rede ist, was nach allg. Meinung die natürliche Körperbewegung meint (→ Rn. 724a f.). Dennoch führt dieser Ansatz regelmäßig zu zutreffenden Ergebnissen.

724 Die materiell-rechtliche **Unterscheidung zwischen Tateinheit und Tatmehrheit** hat indizielle Wirkung für die Reichweite des Strafklageverbrauchs iSv Art. 103 III GG. Im Falle von Tateinheit kommt praktisch nur die Annahme *einer* Tat im Sinne des ne bis in idem Grundsatzes in Betracht. Gleiches gilt, soweit Tatmehrheit, aber dennoch ausnahmsweise eine prozessuale Tat angenommen wird. Für die Bestimmung des Begriffs der Tat im verfassungsrechtlichen Sinne ist jedoch weder das Konkurrenzrecht, noch § 264 StPO endgültig maßgeblich (aA wohl Hüls/Reichling/*Schott* AO § 370 Rn. 456). Für die Bestimmung der Tat iSv Art. 103 III GG ist auch nicht die rechtliche, sondern das tatsächliche Geschehen maßgeblich. Es geht allein um den historischen Geschehensverlauf und seine Untrennbarkeit und Einheitlichkeit (eingehend *Bülte* NZWiSt 2017, 49, 54 ff.).

Tateinheit konnte jedoch nach herkömmlicher Rechtsprechung (seit 1985, vgl. *Mertens* ZWH 2019, 19, 21) in Fällen des aktiven Tuns dann vorliegen, wenn mehrere Erklärungen, zB zur GewSt und ESt, durch **dieselbe körperliche Handlung** abgegeben werden. Das setzte jedoch voraus, dass die Abgabe der mehreren Steuererklärungen nicht nur im äußeren Vorgang zusammenfiel, sondern darüber hinaus auch in den Erklärungen übereinstimmende unrichtige Angaben über die Besteuerungsgrundlagen enthalten waren (BGH 23.7.2014, wistra 2013, 443, 444; zuvor bereits BGH 28.11.1957, ZfZ 1958, 145, 147; 30.5.1967, BB 1967, 948; 17.3.1981, StV 1981, 222 mit vornehmlich subjektiver Anknüpfung; BGH 26.5.1993, wistra 1993, 222; 12.9.1995, wistra 1995, 22; 5.3.1996, wistra 1996, 231 auf die einheitliche Handlung abstellend; aM *Meine* BB 1978, 1309). Es genügte also nach dieser Judikatur ausdrücklich nicht, dass die Steuererklärungen zum gleichen Zeitpunkt abgegeben wurden oder teilweise inhaltlich identische unrichtige Angaben enthielten, vielmehr musste beides kumulativ vorliegen (vgl. auch *Rolletschke* wistra 2019, 133 f.).

Diese Rechtsprechung hat der 1. Strafsenat (22.1.2018, wistra 2019, 103, 105; 28.2.2019, BeckRS 2019, 5258 Rn. 32; 10.7.2019, wistra 2020, 154 mAnm *Pflaum*; 17.9.2019, NZWiSt 2020, 109 mAnm *Gehm*) jedoch aufgegeben und auch das ausnahmsweise Vorliegen von Tateinheit abgelehnt. Auch wenn durch eine körperliche Handlung mehrere Steuererklärungen abgegeben werden – sei es durch eine Handbewegung zum Briefkasten oder durch eine Anweisung zum elektronischen oder postalischen Versenden – und inhaltliche Teilidentität der Erklärungen bestehe, rechtfertige dies nicht die Annahme von Tateinheit, weil nicht durch dieselbe Handlung mehrere Strafgesetze oder dasselbe Strafgesetz mehrfach verletzt (§ 52 StGB) werde (BGH 22.1.2018, wistra 2019, 103, 105). Vielmehr sei die Tathandlung das Machen unrichtiger Angaben gegenüber der FinB über steuerlich erhebliche Tatsachen. Daher sei die für die Tateinheit maßgebliche Ausführungshandlung nicht das Einwerfen in den Briefkasten, sondern das Erklären gegenüber der FinB. Dem äußeren Vorgang des Versendens oder der sonstigen Übermittlung der Erklärung komme für die tatbestandliche Handlung als solche keine Bedeutung zu. Daher mangele es an Teilidentität. Das Geschehen erschöpfe sich „*insoweit im bloßen zeitlichen Zusammenfallen, das nicht anders als die Tatbegehung gelegentlich der Ausführung einer anderen Tat die Voraussetzungen des § 52 StGB nicht erfüllt*". Der BGH begründet diese Lösung damit, dass die von der Literatur (*Rolletschke/Steinhardt* NZWiSt 2015, 71) monierten zufälligen Ergebnisse – je nachdem ob ein oder mehrere Briefumschläge verwendet wurden – mit diesem Ansatz vermieden würden, weil nun der Umstand einer gemeinsamen oder getrennten Versendung irrelevant sei. Damit würden auch die prozessualen Probleme vermieden, die bei Unaufklärbarkeit der Versendungsmodalitäten zur Anwendung des Zweifelsgrundsatzes führten (zu in dubio pro reo in diesem Zusammenhang vgl. Hüls/Reichling/*Schott* AO § 370 Rn. 433).

Durch die elektronische Übermittlung von Steueranmeldungen und -erklärungen mag sich die Frage nicht mehr in der Schärfe stellen, wie zuvor, weil die elektronische Übermittlung mehrerer Handlungen erfordert, und die Mehrzahl von Erklärungen „in einem Umschlag" selten werden. Dennoch kann das Problem der einheitlichen Ausführungshandlung weiterhin auftreten, zB durch eine Anweisung des mittelbaren Täters eine Mehrzahl von Steuerhinterziehungen auf den Weg gebracht werden, für die § 52 StGB gelten kann (vgl. BGH 27.6.1996, wistra 1996, 303; 19.7.2001, wistra 2001, 378; 28.5.2003, wistra 2003, 342).

728 *Joecks* (hier in der → 8. Aufl. Rn. 724) hatte bereits gegen die herkömmliche Rechtsprechung und ihre enge Begrenzung der Tateinheit geltend gemacht, eine **Ausführungs**handlung begründe **stets** Tateinheit (vgl. *Lackner/Kühl* StGB vor § 52 Rn. 3). Daher könne es zwar entgegen der Ansicht des BGH (24.11.2004, wistra 2005, 56 f.) richtig sein, eine natürliche Handlungseinheit zwischen mehreren Handlungen abzulehnen, mit denen die Briefe mit den Erklärungen in den Briefkasten geworfen wurden, nicht aber bei 456 eingeworfenen Umsatzsteuervoranmeldungen jeweils Tatmehrheit anzunehmen, wenn nur festgestellt sei, dass die Täter zwei Fahrten zum Postbriefkasten unternommen hatten. Die Auffassung des BGH, der neben einer tatsächlichen Einheitlichkeit der Handlung auch eine inhaltliche Teilidentität der Erklärungen verlange, sei mit der Rspr. zum allgemeinen Strafrecht nicht vereinbar. So werde vom BGH (23.5.2013, wistra 2013, 389 f.) etwa Tateinheit angenommen, wenn ein Täter sein Unternehmen einmal so organisiert, dass Mitarbeiter eine Vielzahl von Betrugstaten zum Nachteil von Kunden begehen. Eine zusätzliche Beziehung zwischen Tatmittler oder Kunden sei hier nicht gefordert worden (vgl. auch Kohlmann/*Ransiek* AO § 370 Rn. 905, 912).

729 Trotz der zweifellos „zufällig anmutenden Ergebnisse" (*Rolletschke/Steinhardt* NZWiSt 2015, 71) durch das Abstellen auf die tatsächliche Handlung und die Vermeidung der prozessualen Probleme überzeugt die Auffassung des BGH nicht, vielmehr ist der Auffassung von *Joecks* (→ Rn. 724c) beizupflichten, dass es auf die tatsächliche Handlung ankommen muss, wenn nicht (weitere) Friktionen mit dem allgemeinen Strafrecht entstehen sollen. Es ist richtig, dass das Steuerstrafrecht durch das Steuerrecht geprägt ist und die Tathandlung durch die Bezüge zur steuerlichen Erheblichkeit stark normativiert ist. Aber die Annahme des BGH, dem Versenden der Erklärung komme als solcher tatbestandlich keine Bedeutung zu, ist nicht plausibel. Ohne das Versenden der Erklärung werden keine unrichtigen Angaben gemacht, denkt man sich also die Versendung weg, dann fehlt es an der Tathandlung. Insofern liegt die eigenständige Bedeutung des äußeren Versendungsvorgangs auf der Hand. Auch die von *Joecks* monierten Friktionen mit dem allgemeinen Strafrecht sind offenkundig. Wenn der BGH bei Diebstahl aus unterschiedlichen Fahrzeugen in derselben Nacht und am selben Ort Tateinheit (BGH 24.11.2010, wistra 2011, 99, 100) oder aus unterschiedlichen Gepäckstücken im engen zeitlichen und räumlichen Zusammenhang (BGH NStZ-RR 1999, 104) aufgrund natürlicher Handlungseinheit Tateinheit annimmt, kann die Annahme von Tatmehrheit nur dadurch gerechtfertigt werden, dass im § 370 I Nr. 1 AO die mit dem Steuerrechtsbezug verbundene Normativierung die Bedeutung der tatsächlichen Handlung vollständig verdrängt. Damit bricht der BGH mit einem in der Rechtsprechung seit langer Zeit vertretenen Verständnis des Handlungsbegriffs in § 52 StGB als Willensbetätigung im natürlichen Sinne (vgl. nur RG 7.1.1911, RGSt 44, 223, 227; 26.9.1932, 66, 359, 362; BGH 31.8.1962, BGHSt 18, 29, 32 ff.; BGH 9.12.1976, JR 1978, 423). Hier liegt eine natürliche Handlung vor und dennoch nimmt der BGH über eine normative Bewertung Tatmehrheit an. Mit der herkömmlichen Konkurrenzlehre ist das nicht zu vereinen und erscheint daher strafrechtsdogmatisch kaum vertretbar (so zutr. *Rolletschke* wistra 2019, 133, 135; krit. auch Kohlmann/*Ransiek* AO § 370 Rn. 905; zust. dagegen *Gehm* NZWiSt 2019, 31, 32). Die Vereinfachung der Urteilsfindung und Vermeidung von Beweisproblemen allein ist eine bedenkliche Begründung für diesen Bruch mit bewährten Prinzipien und der ständigen Rspr. des BGH (aA wohl *Mertes* ZWH 2019, 21).

b) Beihilfe zu einer oder mehreren Haupttaten

730 Noch nicht aufgegeben hat der BGH wohl die Ansicht, dass eine durch eine Handlung zu mehreren Haupttaten geleistete Hilfe als **tateinheitliche Beihilfe** anzusehen ist (BGH 27.10.1999, NStZ 2000, 83). Konsequenterweise müsste der BGH aber auch hier wohl Tatmehrheit annehmen. Es heißt insofern in der Rspr des BGH (21.4.2020 – 1 StR 486/19 Rn. 7) weiterhin, dass die Frage nach einer tateinheitlich oder tatmehrheitlich begangenen Steuerhinterziehung „von der Anzahl der Beihilfehandlungen und der vom Gehilfen geförderten Haupttaten" abhänge. Eine „(einheitliche) Beihilfe im Sinne des § 52 Abs. 1 StGB [liegt] vor, wenn der Gehilfe mit einer einzigen Unterstützungshandlung zu mehreren Haupttaten eines anderen Hilfe leistet" (vgl. auch BGH 25.7.2019, NStZ-RR 2019, 347; 23.10.2018, wistra 2019, 190; 20.4.2016, NStZ 2017, 354; 22.7.2015, wistra 2016, 31; 13.3.2013, NJW 2013, 2211, 2213; 4.3.2008, wistra 2008, 217). Das ist zutreffend, aber mit der Änderung der Rspr. des BGH zum Konkurrenzverhältnis der Haupttaten schwer vereinbar. Mit dieser Rechtsprechung liegt etwa in der Gründung einer Briefkastenfirma zum Zwecke der Steuerhinterziehung eine tateinheitliche Beihilfe zu allen folgenden Steuerhinterziehungen, zu denen die Hinterziehungsstruktur genutzt wird. Übergibt der Gehilfe dem Täter in einer natürlichen Handlung Scheinrechnungen, die für Steuerhinterziehungen und Taten nach § 266a StGB genutzt werden sollen, so begeht der Gehilfe eine tateinheitliche Beihilfe durch jede Übergabe der Unterlagen (vgl. BGH 4.3.2008, wistra 2008, 217).

731 Wird mit mehreren Handlungen Beihilfe zu einer Haupttat geleistet, liegt nur eine Tatbestandserfüllung, also nur eine Gesetzesverletzung vor (BGH 1.8.2000, BGHSt 46, 107, 116; 18.5.1999, NStZ-RR 1999, 513, 514; 14.5.2020, BeckRS 2020, 19828 Rn. 6). Wird dagegen mit mehreren natürlichen Handlungen zu mehreren Steuerhinterziehungen Hilfe geleistet, liegt Tatmehrheit vor.

c) Unterlassung mehrerer Steuererklärungen

732 Wird die Abgabe mehrerer Steuererklärungen unterlassen, so soll es sich insofern auch dann um tatmehrheitlich begangene Steuerhinterziehungen handeln, wenn die Verkürzung unterschiedlicher Steuern aufgrund eines einheitlichen Tatentschlusses begangen wurde (BGH 30.5.963, BGHSt 18, 376, 379; 28.11.1984, wistra 1985, 66; Hüls/Reichling/*Schott* AO § 370 Rn. 438). Bei der Steuerhinterziehung durch Unterlassen sei daher im Hinblick auf jede Steuerart, jeden Besteuerungszeitraum und jeden Steuerpflichtigen von eigenständigen Taten iSv § 53 StGB auszugehen. Etwas anderes könne nur dann gelten, wenn die erforderlichen Angaben, die der Täter pflichtwidrig unterlassen hat, durch ein und dieselbe Handlung zu erbringen gewesen wäre (BGH 22.1.2018, wistra 2019, 103, 104; 28.10.2004, NJW 2005, 374, 375). Auch komme Tateinheit nicht in Betracht, wenn die Erklärungspflicht gegenüber zwei unterschiedlichen Adressaten zu erfüllen sei (OLG Düsseldorf 2.12.1986, wistra 1987, 191, 192). In solchen Fällen wird aber typischerweise aufgrund des einheitlichen Tatentschlusses eine Tat iSv Art. 103 III GG vorliegen (vgl. *Bülte* NZWiSt 2017, 49, 52 ff.). Diese Bewertung ist dann natürlich nur für die Frage ne bis in idem, nicht für die Konkurrenzen relevant.

d) Kein Anwendungsbereich für Fortsetzungszusammenhang

733 Eine wiederholte (fortgesetzte) Tatbegehung begründet keine Tateinheit. Soweit die Rechtsprechung in der Vergangenheit einen Fortsetzungszusammenhang auch im Rahmen der Steuerhinterziehung für möglich hielt (vgl. → § 369 Rn. 115; → 3. Aufl. Rn. 270 ff.), wurde dies für bestimmte Delikte durch den Beschluss des Großen Senates vom 3. Mai 1994 (BGHSt 40, 138) und ihm folgend vom 5. Senat (BGH 20.6.1994, BGHSt 40, 195) ausdrücklich aufgegeben. Dies ist insofern zu begrüßen, als die unerträglichen Konsequenzen für die Verjährung der Steuerhinterziehung damit abgestellt wurden, führt aber zu einer Reihe schwieriger Probleme (vgl. → § 369 Rn. 115 ff.) und zwingt den Richter in Einzelfällen zu einer überaus mühseligen Darstellung insbes. der Strafzumessung.

734 Ein Anwendungsbereich für den **Fortsetzungszusammenhang** verbleibt nach *Jäger* (Klein/*Jäger* AO § 370 Rn. 250) nur noch in Ausnahmefällen, wenn dies *„zur sachgerechten, dh in dem Sinn des Gesetzes entsprechenden Erfassung des durch die mehreren Verwirklichungen des Straftatbestandes begangenen Unrechts und der Schuld unumgänglich ist."* Wann dies jedoch der Fall sein soll, und ob sich die Anwendung des Konkurrenzrechts auf so vage Kriterien stützen darf, ist zweifelhaft. Letztlich ist kein angemessener Anwendungsbereich mehr erkennbar.

e) Verhältnis von Umsatzsteuervoranmeldung und Umsatzsteuerjahreserklärung

735 Das gilt (entgegen der → 8. Aufl. 2015 Rn. 725) auch für das Verhältnis zwischen unrichtiger oder unterlassener Umsatzsteuervoranmeldung und diese **identisch wiederholende** und **zusammenfassende Umsatzsteuerjahreserklärung** bzw. eine vollständig unterlassene Jahreserklärung. Insofern war der BGH lange Zeit von tatmehrheitlich begangenen Steuerhinterziehungen ausgegangen. Bei der Hinterziehung von Umsatzsteuern durch die unrichtige Voranmeldung und die diese wiederholende Jahreserklärung handelt es sich nach stRspr des BGH (BGH 24.11.2004, BGHSt 49. 359, 362; 12.1.2005, wistra 2005, 145, 146; 17.3.2009, BGHSt 53, 221, 226) um selbständige Taten im Verhältnis der Tatmehrheit. Das wird damit begründet, dass die unrichtige Jahreserklärung neues Erfolgsunrecht und eine über die durch die Folgen der Voranmeldung hinausgehende Gefährdung für das Steueraufkommen hervorrufe, so dass sie nicht mitbestrafte Nachtat der Steuerhinterziehung durch die unrichtigen Voranmeldungen sein könne (BGH 17.3.2009, BGHSt 53, 221, 227). In der Praxis wurde möglichen Problemen durch eine Verdopplung des Unrechts über Verfolgungsbeschränkungen aus § 154a StPO entgegengewirkt (vgl. BGH 6.2.2002, wistra 2002, 185).

736 Seine Rechtsprechung zu diesem Verhältnis der Steuerhinterziehungen durch Voranmeldung und durch Jahreserklärung hat der BGH (BGH 13.8.2017, wistra 2018, 43, 46 mAnm *Pflaum*) „weiterentwickelt und präzisiert" – richtigerweise korrigiert – und angenommen, dass es sich bei den Taten durch unrichtige Voranmeldungen, die bei der Tat in der Jahreserklärung identisch wiederholt und entsprechend unrichtig erklärt werden, um mitbestrafte Vortaten handelt. Die Abgabe der Umsatzsteuervoranmeldung sei nur Durchgangsstadium für die endgültige Steuerhinterziehung durch die Jahressteuererklärung; dort liege der Schwerpunkt des Unrechts der Steuerhinterziehung. Entgegen der Annahme der Steuerhinterziehung durch die Jahreserklärung als mitbestrafte Nachtat, weil die Jahreserklärung oftmals nur der Sicherung der Vorteile durch die unrichtigen Voranmeldungen diene (so *Grommes* NZWiSt 2017, 201, 202; GJW/*Bülte* § 370 AO Rn. 353 ff.), trete eine Vertiefung des Unrechts ein, weil erst die Jahressteuererklärung zur endgültigen Festlegung der Umsatzsteuer führe und damit gegenüber der grundsätzlich als Steuerhinterziehung auf Zeit angelegten Tat durch die Voranmeldung eine Unrechtsvertiefung bewirke (vgl. auch Klein/*Jäger* AO § 370 Rn. 248). Diese Lösung hat zweifellos den prozessualen Vorteil, dass dann ohne Verfahrensbeschränkungen lediglich eine Tat abgehandelt werden muss, sie mag auch das materiell-steuerrechtliche Verhältnis von Vorauszahlungsschuld und Jahressteuer besser abbilden (Klein/*Jäger* AO § 370 Rn. 248), dass aber der Schwerpunkt des Unrechts allerdings in der Wiederholung der unrichtigen Angaben liegen soll, leuchtet nicht ein. Es geht hier nur um die „Sicherung" des bereits eingetretenen Schadens (vgl. auch Klein/*Jäger* AO § 370 Rn. 243, 245). Die Lösung des BGH ist im Ergebnis eine praktikable steuerrechtliche Lösung, die aber nur bedingt zur Strafrechtsdogmatik in anderen Bereichen passt.

737 Für die unterlassene Jahressteuererklärung nach unrichtigen Voranmeldungen für die Umsatzsteuer nimmt *Ebner* (juris-PR-SteuerR 5/2018 Anm. 6, C. III.) an, es lägen tatmehrheitliche Steuerhinterziehungen durch die Umsatzsteuervoranmeldungen vor, weil diese dann nicht mehr als Durchgangsstadium zu der später nicht mehr erfolgenden Jahressteuererklärung angesehen werden könnten. Das überzeugt allerdings nicht, weil kein Grund erkennbar ist, warum die Voranmeldungen nicht Durchgangsstadium zu einer gleichwertig als tatbestandlich behandelten Tatbegehung durch Unterlassen angesehen werden können sollten. Das steuerrechtliche Verhältnis der Festsetzungen, auf das der BGH maßgeblich abstellt, ist identisch, auch wenn die Jahreserklärung nicht abgegeben wird. Daher sind nach konsequenter Anwendung der Rspr. des BGH die Taten durch unrichtige Umsatzsteuervoranmeldungen auch dann mitbestrafte Vortaten, wenn die Jahressteuererklärung nicht abgegeben und damit eine Steuerhinterziehung durch Unterlassen begangen wird.

Konkurrenzfragen 738–743 § 370

f) Mitbestrafte Nachtat/Vortat

Eine mitbestrafte Nachtat kann dann vorliegen, wenn der Täter zur **Sicherung** eines 738 bereits erlangten Vorteils aus einer vorhergehenden Steuerstraftat durch Unterlassen (BGH 10.2.2015, BGHSt 60, 188 zur Schenkungsteuerhinterziehung) handelt, etwa durch Verhinderung einer Neufestsetzung (Klein/*Jäger* AO § 370 Rn. 246; Hüls/Reichling/*Schott* AO § 370 Rn. 445). Gehen die erstrebten Vorteile über die vorangegangene Tat hinaus, so kommt eine Gesetzeskonkurrenz durch Konsumtion jedoch nicht in Betracht. Auch überzeugt die These nicht, dass der Unrechtsgehalt der Hinterziehung von ESt-Vorauszahlungen für die Folgejahre durch die Steuerhinterziehung im Vorjahr erfasst sei (aA: *Pflaum* wistra 2018, 47, 48; hiergegen zutr. Klein/*Jäger* AO § 370 Rn. 248). Mitbestrafte Nachtat dürfte dagegen §§ 26a I, 26c UStG im Verhältnis zur Hinterziehung der Umsatzsteuer nach § 370 AO sein (Kohlmann/*Ransiek* AO § 370 Rn. 889).

Die USt-Voranmeldungen eines Jahres und die anschließende USt-Jahreserklärung des- 739 selben Jahres bilden allerdings eine **einheitliche Tat iS des § 264 StPO** (BGH 24.11.2004, wistra 2005, 66). Demgegenüber sind die LSt-Hinterziehung des ArbG und die ESt-Hinterziehung des ArbN zwei Taten iSd § 264 StPO (OLG Zweibrücken 29.4.2005, PStR 2005, 207; Hüls/Reichling/*Schott* AO § 370 Rn. 440). Der Arbeitnehmer kann sich an der Lohnsteuerhinterziehung durch den Arbeitgeber beteiligen oder diese als mittelbarer Täter begehen. Insofern kann es zu zwölf selbstständigen Steuerhinterziehungen kommen. Daneben kann dann die eigenständige Hinterziehung der Einkommensteuer durch den Arbeitnehmer treten (BGH 8.2.2011, BGHSt 56, 153, 158). Insgesamt mag hier zwar Tatmehrheit oder auch mit Blick auf die Rspr-Änderung bei der USt-Hinterziehung zwölf mitbestrafte Vortaten vorliegen (→ Rn. 735), in jedem Fall ist von einer Tat iSv Art. 103 III GG auszugehen. Soweit eine einheitliche Schwarzlohnabrede getroffen wurde, liegt es ferner nahe von einer prozessualen Tat auszugehen (*Merz/Ebner* PStR 2013, 60; Hüls/Reichling/*Schott* AO § 370 Rn. 440).

Offengelassen hat der BGH, ob eine mitbestrafte Nachtat oder Tatmehrheit vorliegt, 740 wenn der Täter in seiner Steuererklärung mit dolus eventualis unrichtige Angaben gemacht hat und diese nun trotz erlangter positiver Kenntnis nicht berichtigt (BGH 17.3.2008, BGHSt 53, 205, 220). Abgesehen davon, dass die Strafbarkeit der zweiten Handlung in solchen Fällen kaum begründbar ist (vgl. *Bülte* BB 2010, 607 ff.), liegt die Annahme einer mitbestraften Nachtat nahe.

g) Schmuggel und Hinterziehung von Ertragsteuern

Mehrere selbstständige Steuerhinterziehungen werden begangen, wenn zB ein 741 Schmuggler eine selbst eingeschwärzte Ware veräußert und die erzielten Einnahmen nicht versteuert. Auch ist es nicht ausgeschlossen, dass derselbe Stpfl hinsichtlich desselben Steuerbetrages nacheinander mehrmals Steuerhinterziehung begeht, zB zunächst durch Abgabe einer unrichtigen Steuererklärung und später – nach Entdeckung dieser Tat – durch Vereiteln der Vollstreckung der festgesetzten Nachzahlung (Kohlmann/*Ransiek* AO § 370 Rn. 783).

2. Verhältnis des § 370 AO zu anderen Steuerstraf- und -bußgeldtatbeständen

Steuerhinterziehung und Bannbruch (§ 372 AO) treffen regelmäßig in Tateinheit 742 zusammen, wenn bei der Einfuhr einer Sache zugleich gegen ein Ein- oder Durchfuhrverbot verstoßen und eine Einfuhr- oder Ausfuhrabgabe verkürzt wird (vgl. § 370 V AO sowie → § 372 Rn. 84).

Der **gewerbsmäßige, gewaltsame oder bandenmäßige Schmuggel** nach § 373 AO 743 ist eine Qualifikation, die die nichtqualifizierte Form des § 370 AO als lex specialis auch dann verdrängt, wenn die Voraussetzungen des § 370 III AO erfüllt sind (Kohlmann/*Ransiek* AO § 370 Rn. 880).

744 **Steuerhinterziehung und Steuerhehlerei** (§ 374) haben keine gemeinsamen Merkmale; sie werden daher bezüglich desselben Tatobjekts in *Tatmehrheit* begangen (vgl. Kohlmann/*Ransiek* AO § 370 Rn. 880). Begeht derselbe Täter erst Steuerhinterziehung, dann Steuerhehlerei, zB durch das Absetzen einer selbst geschmuggelten Ware, ist die Steuerhehlerei im Verhältnis zur Steuerhinterziehung *mitbestrafte Nachtat* (→ § 369 Rn. 121 und → § 374 Rn. 81). Folgt dagegen umgekehrt auf die Steuerhehlerei eine Steuerhinterziehung, kann weder Fortsetzungszusammenhang angenommen noch die Steuerhinterziehung als mitbestrafte Nachtat der Steuerhehlerei gewürdigt werden, da hierbei verschiedene Steuerarten beeinträchtigt werden (→ § 374 Rn. 83). Die Steuerhehlerei durch Ankauf von Zigaretten, für die die Tabaksteuer hinterzogen wurde (§ 370 I 3 Nr. AO), konsumiert die in der Bestellung liegende Anstiftung zur Steuerhinterziehung, die als Durchgangsdelikt angesehen werden muss (BGH 11.7.2019, NJW 2020, 412, 414). Über die Möglichkeit der Wahlfeststellung zwischen Steuerhinterziehung und -hehlerei s. → § 374 Rn. 95.

745 **Steuerhinterziehung und Steuerzeichenfälschung** werden bei dem Verwenden gefälschter (§ 148 I StGB) oder Wiederverwenden echter Steuerzeichen (§ 148 II StGB) in Tateinheit begangen (→ § 369 Rn. 180).

746 **Erfüllt eine Handlung zugleich die Tatbestände des § 370 AO und einer (Steuer-)Ordnungswidrigkeit,** wird gem. § 21 OWiG nur das Strafgesetz angewendet (→ § 377 Rn. 37). Dies gilt namentlich dann, wenn der Stpfl durch die Abgabe einer unrichtigen Steuererklärung teils vorsätzlich, teils leichtfertig (vgl. § 378) Steuern verkürzt (BGH 17.3.1953, NJW 1953, 1561), aber auch dann, wenn jemand durch unerlaubte Hilfeleistung in Steuersachen (vgl. § 160 StBerG) zum Vorteil seines Auftraggebers Steuern hinterzieht.

747 **Ist eine Steuerordnungswidrigkeit bereits abgeschlossen,** bevor die Ausführung der Steuerhinterziehung beginnt, so gilt der allgemeine Grundsatz, dass *„die geringere Gefährdung eines und desselben Rechtsgutes nur berücksichtigt wird, wenn die Handlung nicht zu einer stärkeren Gefährdung des Rechtsgutes oder zu seiner Verletzung führt"* (BGH 12.8.1954, BGHSt 6, 308, 311); zur mitbestraften Vortat → § 369 AO Rn. 123. Nach diesem allgemeinen Grundsatz ist nur § 370 AO anzuwenden.

748 **Zwischen unbefugter Hilfeleistung in Steuersachen (§ 160 StBerG) und Steuerhinterziehung,** begangen durch Verheimlichen der durch die Hilfeleistung erzielten Einnahmen, besteht Tatmehrheit, so dass die Hilfeleistung nach § 160 StBerG als Ordnungswidrigkeit und die Hinterziehung nach § 370 AO als Straftat jeweils für sich zu beurteilen sind. Das Gleiche gilt für das Verheimlichen eigener Einnahmen aus Schwarzarbeit nach § 1 SchwarzarbG. Wegen des persönlichen Zusammenhangs kann die StA gemäß § 42 OWiG auch die Verfolgung der jeweiligen Ordnungswidrigkeit übernehmen, wenn sie die Straftat nach § 370 AO verfolgt. Ist jedoch die unbefugte Hilfeleistung zugleich Beihilfe zur Steuerhinterziehung, liegt Tateinheit vor (→ Rn. 731).

3. Verhältnis des § 370 AO zu §§ 263 ff. StGB

749 Allgemein zum Verhältnis zwischen §§ 263, 264 StGB und § 370 AO → Rn. 127 ff.

750 **Gesetzeskonkurrenz besteht,** wenn sich der Erfolg einer Handlung, welche zugleich die Merkmale des § 370 AO und des § 263 StGB erfüllt, in der Verkürzung von Steuereinnahmen erschöpft. In diesem Fall geht das Sondergesetz des § 370 AO dem § 263 StGB mit der Folge vor, dass allein § 370 AO anzuwenden ist (einhM seit RG 25.4.1929, RGSt 63, 139, 142; vgl. BGH 22.1.1953, ZfZ 1953, 381; BGH 22.5.1957, zit. bei *Herlan* GA 1958, 49). Das gilt auch dann, wenn wie bei vielen Umsatzsteuerhinterziehungen sogar das Steuerschuldverhältnis vorgetäuscht wird, indem Umsätze fingiert werden (zur grds. gegenteiligen Rechtslage in Österreich *Leitner/Brandl/Kert* Handbuch Finanzstrafrecht, 4. Aufl. 2017, Rn. 1295; vgl. aber auch § 39 II ÖFinStrG). Auch gegenüber § 264b StGB geht § 370 AO vor (*Hüls/Reichling/Schott* AO § 370 Rn. 443).

Tateinheit oder Tatmehrheit kann – je nach den Umständen – zwischen Steuer- 751
hinterziehung und Betrug vorliegen, wenn der Täter mit einer unrichtigen Steuererklärung, dem ihm erteilten unrichtigen Steuerbescheid oder einer von ihm hervorgerufenen unrichtigen Bescheinigung des FA unter den Voraussetzungen des § 263 StGB einen sonstigen Vermögensvorteil zum Nachteil der öffentlichen Hand erschleicht, zB in Bezug auf die Grundsicherung für Arbeitssuchende nach dem SGB II, Prozesskostenhilfe nach §§ 114 ff. ZPO usw. Desgleichen können private Gläubiger mit Hilfe unrichtiger Steuerbescheide betrogen werden, zB Miterben oder Mitgesellschafter, unterhaltsberechtigte (ehemalige) Ehegatten, ferner Angestellte, Vermieter oder Verpächter bei umsatz- oder gewinnabhängigen Tantiemen, Mieten oder Pachten, oder auch Gläubiger einkommensabhängiger Schadensersatzansprüche oder Kreditgeber. Tateinheit mit Betrug ist insbesondere in solchen Fällen denkbar, in denen die nämliche Handlung Auswirkungen nicht nur auf eine Steuer hat, sondern auf andere Vermögensvorteile, die dem § 370 AO nicht unterfallen. Der Fall war dies etwa bei der Eigenheimzulage, bei der durch unrichtige Angaben zu Höhe der Einkünfte einerseits eine Steuerverkürzung eintreten konnte, andererseits die Eigenheimzulage zu Unrecht gewährt wurde. Für Letztere ist der Betrugstatbestand einschlägig.

4. Verhältnis des § 370 AO zu sonstigen Straftatbeständen

Schrifttum: *Dünnebier,* Welchem Gesetz ist die Strafe bei Tateinheit von Diebstahl mit Steuerhinterziehung zu entnehmen?, ZfZ 1952, 70; *Glöggler,* Die Bestrafung der Kfz-Steuervergehen bei Zusammentreffen mit anderen Strafbestimmungen, SJZ 1950, 689; *Lenkewitz,* Tateinheit oder Tatzusammentreffen von Zollhinterziehung und Warenverbringungsvergehen, ZfZ 1953, 166; *Schnitzler,* Kraftstoffausweise als öffentliche Urkunden, MDR 1960, 813.

Beispiele für Tateinheit:
– *Widerstand gegen Vollstreckungsbeamte* (§ 113 StGB) durch gewaltsames Durchbrechen von Straßen- 752
sperren mit Schmuggelfahrzeugen, bei dem das Leben von Zollbeamten gefährdet wird (OLG Köln 12.5.1953, ZfZ 1953, 249), oder durch Gewaltanwendung gegen einen Vollziehungsbeamten (OLG Hamm 24.5.1960, ZfZ 1960, 279);
– *Pfandsiegelbruch* (§ 136 II StGB) oder Verstrickungsbruch (§ 136 StGB), wenn durch das Beiseiteschaffen der gepfändeten Sachen zugleich Steuern hinterzogen werden (BGH 1.3.1956, BStBl. I 441);
– *Falsche Versicherung an Eides Statt* (§ 156 StGB) durch Verschweigen eines Vermögenswertes bei Leistung der Versicherung nach § 284 AO vor dem FA (RG 29.8.1938, JW 1938, 2899; Kohlmann/*Ransiek* AO § 370 Rn. 914);
– *Verleumdung* (§ 187 StGB) der Beamten eines bestimmten Postamts durch die Behauptung, sie hätten einen Brief mit LSt-Anmeldungen, den der Stpfl in Wirklichkeit gar nicht abgesandt hatte, unterschlagen (RG 30.8.1938, RStBl. 865 f.; Kohlmann/*Ransiek* AO § 370 Rn. 914);
– *Diebstahl* (§ 242 StGB) von zoll- und verbrauchsteuerpflichtigen Waren (OLG Frankfurt 16.1.1952, JZ 1952, 314; BGH 25.11.1959, BGHSt 13, 399);
– *Unterschlagung* (§ 246 StGB) und Untreue (§ 266 StGB) eines StBer, der auftragswidrig für seinen Mandanten keine USt-Voranmeldungen abgibt und sich die ihm zur Einzahlung bei der Finanzkasse übergebenen Geldbeträge zueignet (OLG Hamm 20.9.1960, BB 1960, 1234; vgl. auch BGH 22.1.1953, ZfZ 1953, 381);
– *Untreue* (§ 266 StGB) eines Finanzbeamten durch pflichtwidrige Bearbeitung einer fremden Steuersache (BGH 21.10.1997, wistra 1998, 64; BayObLG 29.4.1997, wistra 1997, 313); bei der Bearbeitung der eigenen Steuersache hat der BGH (BGH 26.11.1954, NJW 1955, 192) ebenfalls eine Untreue angenommen, was aber ausgesprochen zweifelhaft ist, weil die Befangenheit hier so offenkundig ist, dass nicht mehr von einem Treubruch die Rede sein kann.
– *Betrug* (§ 263 StGB) und Urkundenfälschung (§ 267 StGB) durch einen kinderlos verheirateten Stpfl, der mit gefälschten Papieren Kindergeld und Kinderfreibeträge erschleicht (SchG Hagen 12.5.1964 – 11 Ms 9/64, zit. bei *Suhr* 1977, S. 197);
– *Urkundenfälschung* (§ 267 StGB) durch Gebrauch falscher Urkunden gegenüber dem FA zum Zwecke der Steuerhinterziehung (RG 3.1.1935, RStBl. 131) oder durch Vorlage einer zu demselben Zweck verfälschten LStKarte an den ArbG (RG 22.3.1926, RGSt 60, 161; RG 14.8.1941, RStBl. 1942, 267) oder zum Zwecke der Verschleierung von Hinterziehungshandlungen dadurch,

§ 370 753

dass ein Schwarzhändler mit Treibstoffen zur Tarnung Quittungen verfälscht und sie seinen Kunden als Ausgabenbelege überlässt (OLG Neustadt 20.3.1963, NJW 1963, 2180 ff. mit abl. Anm. *Henke* sowie abl. Anm. *Kulla* NJW 1964, 168). Das bloße Herstellen falscher Urkunden ist unter dem Blickwinkel des § 370 AO nur straflose Vorbereitungshandlung; kommt es dann zur versuchten oder vollendeten Steuerhinterziehung, ohne dass von den gefälschten Urkunden Gebrauch gemacht würde, sollen Urkundenfälschung und Steuerhinterziehung zueinander im Verhältnis der Tatmehrheit stehen (vgl. BGH 25.1.1983, BGHSt 31, 225).

– *Mittelbare Falschbeurkundung* (§§ 271, 272 StGB) dadurch, dass Zollbeamte bei der Ausreise mit Landkraftfahrzeugen zum Ausstellen unrichtiger Kraftstoffausweise (§ 69 I Nr. 33 ZG 1939) veranlasst werden, mit deren Hilfe der Täter bei der Wiedereinreise Abgaben hinterziehen will (OLG Köln 2.6.1959, ZfZ 1960, 277; 18.10.1963, JMBl. NW 1964, 106; krit. *Schnitzler* MDR 1960, 813). Keine öffentliche Urkunde ist der Überweisungszettel, durch den die bezeichnete Ware als zollamtlich abgefertigt erklärt wird (OLG Bremen 25.8.1965, ZfZ 1966, 83);

– *Aktive Bestechung* (§ 333 StGB aF) durch Zahlen von Schmiergeld an den Buchhalter einer Finanzkasse, der Steuerrückstände durch Falschbuchungen scheinbar verringert (BGH 1.12.1953, DStR 1954, 470);

– *Vergehen nach § 6 PflVersG* durch widerrechtliches Benutzen eines nicht versteuerten und nicht versicherten Kfz (OLG Frankfurt 16.1.1963, NJW 1963, 1072 mit zust. Anm. *Leise*); illegaler Grenzübertritt nach § 11 I Nr. 1 PassG durch Ein- und Ausreise eines Schmugglers, der sich nicht ausweist (BayObLG 16.12.1953, ZfZ 1954, 285).

Beispiele für Tatmehrheit:

753 – *Sachhehlerei* (§ 259 StGB) bei Nichtversteuerung der Einnahmen aus der Veräußerung gehehlter Waren (OLG Hamburg 20.12.1961, NJW 1962, 754; Kohlmann/*Ransiek* AO § 370 Rn. 915);

– **Regelmäßig auch** *Bestechung* (Ausnahmen → Rn. 735), da die Entgegennahme des Vorteils und die durch Bestechung erwirkte Amtshandlung nicht identisch sind (BGH 11.1.1955, BGHSt 7, 149, 151);

– **Unterlassen der** *Abführung von Sozialversicherungsbeiträgen/Beitragsvorenthaltung* und gleichzeitiges Unterlassen der LSt-Anmeldung soll tatmehrheitlich begangen sein, da mehrere, wenn auch gleichartige Handlungspflichten gegenüber verschiedenen Verwaltungsbehörden verletzt werden (BGH 24.7.1987, BGHSt 35, 14; BayObLG 26.11.1985, wistra 1986, 119; Kohlmann/*Ransiek* AO § 370 Rn. 909; AO; aM OLG Düsseldorf 2.12.1986, wistra 1987, 191; vgl. auch *Stahlschmidt* wistra 1984, 210; BGH 30.5.1963, BGHSt 18, 376, 379 zu § 170b StGB in Abkehr von RG 28.6.1934, HRR 1935 Nr. 96; RG 4.11.1935, JW 1936, 515). Das überzeugt aber nur bedingt, weil die Pflichtverletzungen zum einen auf einem einheitlichen Beschluss beruhen und zum anderen das Unterlassen der einen Pflicht die Nichterfüllung der anderen nach sich zieht. Daher liegt hier **Tateinheit** näher. Dass es sich um unterschiedliche prozessuale Taten handeln soll (so auch Hüls/Reichling/Schott AO § 370 Rn. 455) ist nicht begründbar. Es liegt aber in jedem Fall eine Tat iSv Art. 103 III GG vor, so dass die Verurteilung wegen der Steuerstraftat einen Strafklageverbrauch wegen § 266a StGB zur Folge hat und umgekehrt (*Bülte* NZWiSt 2017, 49 ff.).

– Die **Bildung einer kriminellen Vereinigung** (§ 129 I 1 Var. 1 StGB) zur Begehung von Steuerstraftaten, zB durch Umsatzsteuerkarusselle steht in Tatmehrheit zu den im Rahmen dieser Vereinigung begangenen Steuerstraftaten (vgl. BGH 9.7.2015, BGHSt 60, 308 ff.). Die Beteiligung an einer kriminellen Vereinigung (§ 129 I 1 Var. 2 StGB) steht mit der Begehung der Straftaten im Interesse der Vereinigung in Tateinheit (BGH 9.7.2015, BGHSt 60, 308 ff.).

Vgl. Kohlmann/*Ransiek* AO § 370 Rn. 915 mwN.

§ 371 Selbstanzeige bei Steuerhinterziehung

(1) ¹Wer gegenüber der Finanzbehörde zu allen Steuerstraftaten einer Steuerart in vollem Umfang die unrichtigen Angaben berichtigt, die unvollständigen Angaben ergänzt oder die unterlassenen Angaben nachholt, wird wegen dieser Steuerstraftaten nicht nach § 370 bestraft. ²Die Angaben müssen zu allen unverjährten Steuerstraftaten einer Steuerart, mindestens aber zu allen Steuerstraftaten einer Steuerart innerhalb der letzten zehn Kalenderjahre erfolgen.

(2) ¹Straffreiheit tritt nicht ein, wenn
1. bei einer der zur Selbstanzeige gebrachten unverjährten Steuerstraftaten vor der Berichtigung, Ergänzung oder Nachholung
    a) dem an der Tat Beteiligten, seinem Vertreter, dem Begünstigten im Sinne des § 370 Absatz 1 oder dessen Vertreter eine Prüfungsanordnung nach § 196 bekannt gegeben worden ist, beschränkt auf den sachlichen und zeitlichen Umfang der angekündigten Außenprüfung, oder
    b) dem an der Tat Beteiligten oder seinem Vertreter die Einleitung des Straf- oder Bußgeldverfahrens bekannt gegeben worden ist oder
    c) ein Amtsträger der Finanzbehörde zur steuerlichen Prüfung erschienen ist, beschränkt auf den sachlichen und zeitlichen Umfang der Außenprüfung, oder
    d) ein Amtsträger zur Ermittlung einer Steuerstraftat oder einer Steuerordnungswidrigkeit erschienen ist oder
    e) ein Amtsträger der Finanzbehörde zu einer Umsatzsteuer-Nachschau nach § 27b des Umsatzsteuergesetzes, einer Lohnsteuer-Nachschau nach § 42g des Einkommensteuergesetzes oder einer Nachschau nach anderen steuerrechtlichen Vorschriften erschienen ist und sich ausgewiesen hat oder
2. eine der Steuerstraftaten im Zeitpunkt der Berichtigung, Ergänzung oder Nachholung ganz oder zum Teil bereits entdeckt war und der Täter dies wusste oder bei verständiger Würdigung der Sachlage damit rechnen musste,
3. die nach § 370 Absatz 1 verkürzte Steuer oder der für sich oder einen anderen erlangte nicht gerechtfertigte Steuervorteil einen Betrag von 25.000 Euro je Tat übersteigt, oder
4. ein in § 370 Absatz 3 Satz 2 Nummer 2 bis 6 genannter besonders schwerer Fall vorliegt.

²Der Ausschluss der Straffreiheit nach Satz 1 Nummer 1 Buchstabe a und c hindert nicht die Abgabe einer Berichtigung nach Absatz 1 für die nicht unter Satz 1 Nummer 1 Buchstabe a und c fallenden Steuerstraftaten einer Steuerart.

(2a) ¹Soweit die Steuerhinterziehung durch Verletzung der Pflicht zur rechtzeitigen Abgabe einer vollständigen und richtigen Umsatzsteuervoranmeldung oder Lohnsteueranmeldung begangen worden ist, tritt Straffreiheit abweichend von den Absätzen 1 und 2 Satz 1 Nummer 3 bei Selbstanzeigen in dem Umfang ein, in dem der Täter gegenüber der zuständigen Finanzbehörde die unrichtigen Angaben berichtigt, die unvollständigen Angaben ergänzt oder die unterlassenen Angaben nachholt. ²Absatz 2 Satz 1 Nummer 2 gilt nicht, wenn die Entdeckung der Tat darauf beruht, dass eine Umsatzsteuervoranmeldung oder Lohnsteueranmeldung nachgeholt oder berichtigt wurde. ³Die Sätze 1 und 2 gelten nicht für Steueranmeldungen, die sich auf das Kalenderjahr beziehen. ⁴Für die Vollständigkeit der Selbstanzeige hinsichtlich einer auf das Kalenderjahr bezogenen Steueranmeldung ist die Berichtigung, Ergänzung oder Nachholung der Voranmeldungen, die dem Kalenderjahr nachfolgende Zeiträume betreffen, nicht erforderlich.

(3) ¹Sind Steuerverkürzungen bereits eingetreten oder Steuervorteile erlangt, so tritt für den an der Tat Beteiligten Straffreiheit nur ein, wenn er die aus der

§ 371

Tat zu seinen Gunsten hinterzogenen Steuern, die Hinterziehungszinsen nach § 235 und die Zinsen nach § 233a, soweit sie auf die Hinterziehungszinsen nach § 235 Absatz 4 angerechnet werden, innerhalb der ihm bestimmten angemessenen Frist entrichtet. ²In den Fällen des Absatzes 2a Satz 1 gilt Satz 1 mit der Maßgabe, dass die fristgerechte Entrichtung von Zinsen nach § 233a oder § 235 unerheblich ist.

(4) ¹Wird die in § 153 vorgesehene Anzeige rechtzeitig und ordnungsmäßig erstattet, so wird ein Dritter, der die in § 153 bezeichneten Erklärungen abzugeben unterlassen oder unrichtig oder unvollständig abgegeben hat, strafrechtlich nicht verfolgt, es sei denn, dass ihm oder seinem Vertreter vorher die Einleitung eines Straf- oder Bußgeldverfahrens wegen der Tat bekannt gegeben worden ist. ²Hat der Dritte zum eigenen Vorteil gehandelt, so gilt Absatz 3 entsprechend.

Vgl. § 29 ÖsterrFinStrG und *Scheil* Die Selbstanzeige nach § 29 FinStrG, 1995; wegen Rücktritts vom Versuch, Berichtigung falscher Aussagen usw. → Rn. 19 ff.

Schrifttum: Zu § 410 RAO 1951 und zu § 395 RAO 1968 siehe die 7. Aufl.

Zu § 371 AO 1977: *Gesamtdarstellungen/Monographien: Pfaff,* Kommentar zur steuerlichen Selbstanzeige, 1977; *Holper,* Die steuerrechtliche Selbstanzeige – ein Sonderfall des Rücktritts vom vollendeten Delikt, 1981; *Hoffschmidt,* Über die Rechtfertigung der strafbefreienden Selbstanzeige im Steuerstrafrecht (§ 371 AO), 1988; *Westpfahl,* Die strafbefreiende Selbstanzeige im Steuerrecht, 1987; *Abramowski,* Die strafbefreiende Selbstanzeige – eine verfassungswidrige Privilegierung?, 1991; *Wassmann,* Die strafbefreiende Selbstanzeige im Steuerrecht, 1991; *Frees,* Die steuerrechtliche Selbstanzeige, 1991; *Löffler,* Grund und Grenzen der strafbefreienden Selbstanzeige, 1992; *Scheil,* Die Selbstanzeige nach § 29 FinStrG, 1995; *Breyer,* Der Inhalt der strafbefreienden Selbstanzeige, 1999; *Grötsch,* Persönliche Reichweite der Sperrwirkung im Rahmen des § 371 Abs. 2 AO unter besonderer Berücksichtigung von Personen- und Kapitalgesellschaften, 2003; *Stahl,* Selbstanzeige und strafbefreiende Erklärung, 2. Aufl. 2004.

Aufsätze: Maiwald, Zur Selbstanzeige bei Hinterziehung von Einfuhrumsatzsteuer gegenüber dem Finanzamt, UStR 1979, 41; *Eggesiecker/Latz,* Die strafbefreiende Selbstanzeige, Stbg 1980, 214; *Pfaff,* Straf- und Bußgeldfreiheit bei Steuerzuwiderhandlungen, DStZ 1982, 361; *Kratzsch,* Die Schwierigkeiten im Umgang mit der Selbstanzeige, Grundfragen, 1983, 283; *Theil,* Probleme beim Umgang mit der Selbstanzeige in der Praxis, BB 1983, 1274; *Lenckner/Schumann/Winkelbauer,* Grund und Grenzen der strafrechtlichen Selbstanzeige im Steuerrecht und das Wiederaufleben der Berichtigungsmöglichkeit im Fall der Außenprüfung, wistra 1983, 123, 172; *Bilsdorfer,* Aktuelle Probleme der Selbstanzeige, wistra 1984, 93, 131; *Garbers,* Selbstanzeige durch Einreichung der Umsatzsteuerjahreserklärung?, wistra 1984, 49; *Zöbeley,* Zur Verfassungsmäßigkeit der strafbefreienden Selbstanzeige bei Steuerhinterziehung, DStZ 1984, 198; *Mösbauer,* Straffreiheit trotz Steuerhinterziehung, DStZ 1985, 325; *Brauns,* Die Auslegung des § 371 AO im Spannungsfeld strafrechtlicher und steuerpolitischer Zielsetzung – Grundsätze für den Ausgleich eines Zielkonflikts, wistra 1985, 171; *Ziervogel/Lauppe-Assmann,* Die Umsatzsteuerjahreserklärung als Selbstanzeige, wistra 1985, 142; *Wrenger,* Probleme der Selbstanzeige nach §§ 371, 378 III AO, DB 1987, 2325; *Zacharias/Rinnewitz/Spahn,* Zu den Anforderungen an eine strafbefreiende Selbstanzeige iSd § 371 AO unter besonderer Berücksichtigung des Grundsatzes der Vollständigkeit der selbstangezeigten hinterzogenen Beträge, DStZ 1988, 391; *Stahl,* Aktuelle Erkenntnisse zur Selbstanzeige, KÖSDI 1988, 7431; *Joecks,* Die neue Verwaltungsregelung zum Steuer-Amnestiegesetz, 1989; *Teske,* Die neuere Rechtsprechung zur Selbstanzeige, wistra 1990, 139; *Abramowski,* Gibt es eine strafbefreiende Selbstanzeige auch im Steuerstrafrecht der USA?, DStZ 1991, 744; *Neufang,* Aktuelle Probleme bei der Erstattung der Selbstanzeige, Inf. 1991, 21; *Abramowski,* Die strafbefreiende Selbstanzeige (§ 371 AO) im internationalen Vergleich, DStZ 1992, 300; *ders.,* Verfassungswidrigkeit des steuerlichen Selbstanzeigeprivilegs?, DStZ 1992, 460; *Brauns,* Materiell-strafrechtliche Wertaspekte der Selbstanzeige (§ 371 AO), wistra 1987, 233; *Lütger,* Die Selbstanzeige im Steuerstrafrecht, StB 1993, 372; *Schuhmann,* Zur Selbstanzeige bei der Umsatzsteuer, wistra 1994, 253; *ders.,* Berichtigung von Erklärungen und Selbstanzeige, wistra 1994, 45; *Bilsdorfer,* Möglichkeiten der Straffreiheit durch Selbstanzeige von Bankkunden und Bankmitarbeitern, Inf 1995, 6; *Streck,* Die Selbstanzeige – Beratungssituation, DStR 1996, 288; *App,* Checkliste zur Erstattung einer Selbstanzeige nach Steuerhinterziehung, DB 1996, 1009; *Gußen,* Die rechtzeitige Selbstanzeige als Mittel zur Vermeidung des Steuerstrafverfahrens, Möglichkeiten und Grenzen der Selbstanzeige, StB 1997, 358, 404; *Bilsdorfer,* Beratungsempfehlungen für Steuerberater zur Selbstanzeige des Mandanten, Information StW 1998, 330, 362; *Marschall,* Die Selbstanzeige im Umfeld steuerlicher Beratung, BB 1998, 2496, 2553; *Burkhard,* Zum Umgang mit selbstanzeigeunwilligen Mandanten, InfStW 2002, 437; *Heerspink,* Selbstanzeige – Neues und Künftiges, BB 2002, 910; *Elbs/Birke,* Grundzüge des Steuerstrafrechts – Die Selbstanzeige, SteuerStud 2003, 501; *Kohlmann,* Die Selbstanzeige – und was daraus geworden ist, Bochumer Beiträge, 2003, S. 79; *Günther,* Die Selbstanzeige, StWK Gruppe 2, 137 (12/2005); *Peter,* Die Selbstanzeige – Wirksamkeitsvoraussetzungen zur Erlangung der Straffreiheit und Problemfelder, SteuerStud 2005, 557; *Salditt,* Menschenwürde und Steuerpflicht, StuW 2005, 367; *Stahl,* Zum Verfassungsrang der Selbstanzeige, FS Korn, 2005, 757; *Wenzler,* Zulässigkeit und Voraussetzungen der „gestuften"

Selbstanzeige, SAM 2005, 130; *Weyand,* Belehrungspflichten und die Selbstanzeige beim Zusammentreffen von Steuerstrafverfahren und Betriebsprüfung, Information StW 2005, 717; *v. Briel,* Die Bedeutung der subjektiven Tatseite für die steuerstrafrechtliche Selbstanzeigemöglichkeit, SAM 2006, 42; *Eidam,* Neuere Entwicklungen um den Grundsatz der Selbstbelastungsfreiheit und des Rechtsinstituts der Selbstanzeige im Steuerstrafverfahren, wistra 2006, 11; *Hagemeier/Hunsmann,* Strafbefreiende Selbstanzeige, NWB Fach 13, 1085 (4/2006); *Rolletschke,* Die Selbstanzeige im Steuerstrafrecht, ZSteu 2006, 270; *Bilsdorfer,* Selbstanzeige, LSW Gruppe 4/283, 1 (1/2007); *Schwedhelm,* Erben im Visier der Steuerfahndung, FR 2007, 937 mAnm *Gebhardt,* FR 2008, 24; *Webel,* Die „gestufte Selbstanzeige", PStR 2007, 213; *Wenzler,* Prävention im Steuerstrafrecht – Straffreiheit durch Selbstanzeige, SAM 2007, 60; *Wagenführ,* Die Selbstanzeige im Rahmen der Steuerstrafverteidigung, ZAP Fach 20, 499 (2008); *Wegner,* Checkliste: Selbstanzeigenberatung, PStR 2008, 68; *Randt/Schauf,* Selbstanzeige und Liechtenstein-Affäre, DStR 2008, 489; *Salditt,* Liechtenstein: Fragen und Argumente, PStR 2008, 84; *Hüls/Reichling,* Die Selbstanzeige nach § 371 AO im Spannungsfeld zum Insolvenzrecht, wistra 2010, 327; *Bülte,* Der strafbefreiende Rücktritt vom vollendeten Delikt: Partielle Entwertung der strafbefreiende Selbstanzeige gemäß § 371 AO durch § 261 StGB?, ZStW 122 (2010), 550; *Gehm,* Die strafbefreiende Selbstanzeige gemäß § 371 AO in der Diskussion, ZRP 2010, 169; *Habammer,* Die neuen Koordinaten der Selbstanzeige, DStR 2010, 2425; *Joecks,* Aktuelle Fragen der Selbstanzeige, SAM 2010, 144; *Ransiek/Hinghaus,* Tatbegriff und Selbstanzeige nach § 371 AO, StV 2010, 711; *Rolletschke/Jope,* Das neue „Selbstanzeigerecht", StRR 2010, 288; *Roth/Schützeberg,* Der BGH macht reinen Tisch, PStR 2010, 214; *Rüping,* Selbstanzeige und Steuermoral, PStR 2010, 1768; *Tully/Bruns,* Selbstanzeige und Verbrauchsteuerstrafrecht, ZfZ 10, 294; *Webel,* Die Grundsatzentscheidung des BGH zu § 371 AO – Fragen über Fragen, PStR 2010, 189; *Wessing,* Nebenfolgen der Selbstanzeige, SAM 2010, 99; *Wulf,* Auf dem Weg zur Abschaffung der strafbefreienden Selbstanzeige?, wistra 2010, 286.

Zu § 371 ab 3. Mai 2011: *Beckemper/Schmitz/Wegner/Wulf,* Zehn Anmerkungen zur Neuregelung der strafbefreienden Selbstanzeige durch das „Schwarzgeldbekämpfungsgesetz", wistra 2011, 281; *Bruschke,* Reform der Selbstanzeige durch das Schwarzgeldbekämpfungsgesetz, StB 2012, 39; *Erb/Schmitt,* Ausschluss der Selbstanzeige bei Hinterziehungsbeträgen über 50.000 EUR, PStR 2011, 144; *Füllsack/Bürger,* Die Neuregelung der Selbstanzeige, BB 2011, 1239; *Habammer,* Die Neuregelung der Selbstanzeige nach dem Schwarzgeldbekämpfungsgesetz, StBW 2011, 310; *Heuel/Beyer,* Problemfelder der „neuen Selbstanzeige" – 13 neue Fragen mit Antworten, StBW 2011, 315; *Hunsmann,* Die Novellierung der Selbstanzeige durch das Schwarzgeldbekämpfungsgesetz, NJW 2011, 1482; *Mack,* Kritische Stellungnahme zu den geplanten Einschränkungen der Selbstanzeige im Schwarzgeldbekämpfungsgesetz, Stbg 2011, 162; *Obenhaus,* Verschärfung der Selbstanzeige, Stbg 2011, 166; *Pegel,* Neue Haftungsfalle für Steuerberater durch Änderungen bei der strafbefreienden Selbstanzeige, Stbg 2011, 348; *Prowatke/Felten,* Die „neue" Selbstanzeige, DStR 2011, 899; *Rolletschke,* Die neue Selbstanzeige, StRR 2011, 254; *Rolletschke/Roth,* Selbstanzeige: Verschärfte Anforderungen durch das Schwarzgeldbekämpfungsgesetz, Stbg 2011, 200; *Schwartz,* Zur Geringfügigkeitsgrenze bei § 371 AO nF, PStR 2011, 122; *Zanzinger,* Die Einschränkungen der Selbstanzeige durch das Schwarzgeldbekämpfungsgesetz – Klärung erster Zweifelsfragen, DStR 2011, 1397; *Bürger,* Bagatellabweichungen bei Selbstanzeigen, BB 2012, 34; *Jope,* Der Anknüpfungspunkt „geringfügiger Abweichungen" bei der Selbstanzeige: materieller Tatbegriff contra Berichtigungsverbund, NZWiSt 2012, 59; *Gehm,* Die Selbstanzeige gem. § 371 AO – aktuelle Änderung durch das Schwarzgeldbekämpfungsgesetz, Jura 2012, 531; *Mintas,* Die Novellierung der strafbefreienden Selbstanzeige, DB 2011, 2344; *Patzschke,* Die Selbstanzeige als Strafaufhebungsgrund des allgemeinen Strafrechts, 2012; *Prowatke/Kelterborn,* Zur Wirksamkeit von Selbstanzeigen bei „geringfügiger" Unvollständigkeit, DStR 2012, 640; *Spatscheck,* Fallstricke der Selbstanzeige, DB 2013, 1073; *Kemper,* Wieder ein neuer § 371 AO?, DStR 2014, 928; *Patzschke,* Selbstanzeige gemäß § 371 AO und Einspruch gegen den Steuerbescheid, StB 2013, 78; *Helml,* Die Reform der Selbstanzeige im Steuerstrafrecht, 2014; *Schmoeckel,* Die strafbefreiende Selbstanzeige: Missverständnisse aus der historischen Perspektive, StuW 2014, 67; *Wittig,* Die Selbstanzeige bei Steuerstraftaten, Jura 2014, 567.

Zu § 371 ab 1. Januar 2015: *Habammer/Pflaum,* Bleibt die Selbstanzeige noch praktikabel?, DStR 2014, 2267; *Joecks,* Der Regierungsentwurf eines Gesetzes zur Änderung der Abgabenordnung und des Einführungsgesetzes zur Abgabenordnung, DStR 2014, 2261; *Kemper,* Wieder ein neuer § 371 AO?, DStR 2014, 928; *Talaska,* Zur geplanten Verschärfung der Selbstanzeige, Stbg 2014, 462; *Thonemann-Micker/Kanders,* Verschärfung der Selbstanzeige und Handlungsempfehlungen zur Jahreswende, DB 2014, 2125; *Zipfel/Holzner,* Novellierung der strafbefreienden Selbstanzeige im Steuerrecht – Der Regierungsentwurf zur Änderung der Abgabenordnung, BB 2014, 2459; *Buse,* Die Selbstanzeige ab dem 1.1.2015, DB 2015, 89; *Gehm,* Eckpunkte der strafbefreienden Selbstanzeige, StBW 2015, 105; *Hunsmann,* Neuregelung der Selbstanzeige im Steuerstrafrecht, NJW 2015, 113; *Madauß,* Gesetzliche Klarstellungen, fortbestehende und neue Probleme der Selbstanzeige iSd § 371 AO nF – ein Versuch einer Bestandsaufnahme, NZWiSt 2015, 41; *Rolletschke,* Die „Klippen" des neuen Selbstanzeigerechts, StRR 2014, 331; *Beneke,* Die Reform der strafbefreienden Selbstanzeige, BB 2015, 407; *Bruschke,* Selbstanzeige nach dem Gesetz zur Änderung der Abgabenordnung, StB 2015, 75; *Burkhard,* Die Selbstanzeige ab dem 1.1.2015, StraFo 2015, 95; *Schuster,* Die strafbefreiende Selbstanzeige im Steuerstrafrecht – Auslaufmodell oder notwendige Brücke in die Steuerehrlichkeit?, JZ 2015, 27; *Stahl,* Die neue Selbstanzeige ab 2015, KÖSDI 2015, 19167; *Wulf,* Reform der Selbstanzeige – Neue Klippen auf dem Weg zur Strafbefreiung, wistra 2015, 161; *Joecks,* Strafen oder Werben?, SAM 2015, 11.

Weiteres Schrifttum → vor Rn. 54, 90, 107, 116, 124, 140, 200, 301, 341, 354, 400, 415, 423, 427.

§ 371

Übersicht

	Rn.
I. Allgemeines	1–53
1. Entstehungsgeschichte	1–13
2. Begriff und Systematik des § 371 AO	14–19
3. Grund und Verfassungsmäßigkeit der Regelung	20–38
a) Grund der Regelung	20–36
aa) Steuerpolitische Ziele	21, 22
bb) Strafrechtliche Ziele	23, 24
cc) Gesamtwürdigung	25–36
b) Verfassungsmäßigkeit der Regelung	37
c) Konsequenzen	38
4. Rechtsnatur	39–43
5. Der sachliche Anwendungsbereich des § 371 AO	44–52
6. Der zeitliche Anwendungsbereich der Vorschrift	53
II. Die Berichtigung nach § 371 I AO	54–139
1. Die Berichtigungserklärung	54–89
2. Die Form der Selbstanzeige	90–106
3. Die Person des Anzeigeerstatters	107–115
4. Koordinierte Selbstanzeige	116, 117
5. Adressat der Selbstanzeige	118–123
6. Widerruf der Selbstanzeige	124–139
III. Das Erfordernis fristgerechter Nachzahlung nach § 371 III AO	140–199
1. Zweck und Reichweite des § 371 III AO	140–153
2. Die Nachzahlungsfrist	154–168
3. Die Nachzahlung der verkürzten Steuern	169–181
4. Die Zahlung der Hinterziehungszinsen	182–199
IV. Negative Wirksamkeitsvoraussetzungen nach § 371 II AO	200–379
1. Grundgedanke der Regelung	200–204
2. Prüfungsbezogene Sperrgründe	205–260
a) Bekanntgabe einer Prüfungsanordnung (§ 371 II Nr. 1a) AO)	205–214
b) Erscheinen eines Amtsträgers zur steuerlichen Prüfung (§ 371 II Nr. 1c) AO)	215–251
c) Erscheinen eines Amtsträgers zu Ermittlungen (§ 371 II Nr. 1d) AO)	252–254
d) Erscheinen zur Nachschau (§ 371 II Nr. 1e) AO)	255–260
3. Bekanntgabe der Einleitung eines Straf- oder Bußgeldverfahrens (§ 371 II Nr. 1b) AO)	261–300
4. Die Entdeckung der Tat (§ 371 II Nr. 2 AO)	301–340
5. Die Sperrwirkung (§ 371 II Nr. 3 AO)	341–348
6. Besonders schwerer Fall (§ 371 II Nr. 4 AO)	349
7. Einschränkung der Sperrwirkung bei Außenprüfung (§ 371 II 2 AO)	350
8. Einschränkung der Sperrwirkung bei Steueranmeldungen (§ 371 IIa AO)	351–353
9. Wiederaufleben der Berichtigungsmöglichkeit	354–379
V. Die Wirkungen der Selbstanzeige	380–399
1. Strafen und strafrechtliche Nebenfolgen	380–387d
2. Außerstrafrechtliche Folgen der Tat	388–399
a) Disziplinarrecht	388–394a
b) Steuerrechtliche Folgen	395, 396
c) Wettbewerbsregister	397–399
VI. Die Anzeige nach § 371 IV AO	400–414
VII. Konkurrenzfragen	415–426
1. Verhältnis des § 371 AO zu § 24 StGB	415–419
2. Verhältnis des § 371 AO zu § 153 AO	420–422
3. Verhältnis des § 371 AO zu § 46a StGB	423
4. Verhältnis des § 371 AO zu § 261 VIII StGB	424
5. Verhältnis des § 371 AO zu § 4 II EStG und Art. 173 UZK	425
6. Verhältnis des § 371 AO zum StraBEG	426
VIII. Verfahrens- und Kostenfragen	427–433

I. Allgemeines

1. Entstehungsgeschichte

Vorläufer des heutigen § 371 AO waren bereits in den einzelnen Steuergesetzen der deutschen Länder vor der Jahrhundertwende vorhanden (zu weiteren Vorläufern *Scheil* 1995, S. 5 ff.). So bestimmte etwa Art. 30 des Bad.KapitalrentenStG v. 29.6.1874 (GVBl. 361): *„Wird die unterbliebene oder zu niedrig abgegebene Erklärung späterhin nachgetragen oder berichtigt, bevor das Vergehen ... angezeigt worden ist, so fällt jede Strafe weg"*. Vgl. auch § 63 II SächsEStG v. 22.12.1874 (GVBl. 1874, 471): *„Die Strafe tritt nicht ein, falls der Schuldige, bevor die Sache zur Untersuchung an das Gericht abgegeben ist, seine Angaben an der zuständigen Stelle berichtigt oder vervollständigt"*; Art. 66 II BayEStG v. 19.5.1881 (GVBl. 1881, 441): *„Werden ... die unrichtigen oder unvollständigen Angaben ... noch vor der Einleitung eines Strafverfahrens bei dem einschlägigen Rentamte berichtigt oder ergänzt, so tritt anstatt der Hinterziehungsstrafe eine Ordnungsstrafe bis zu 100 Mark ein"*; § 66 III PreußEStG v. 24.6.1891 (GS 175): *„Derjenige Steuerpflichtige, welcher, bevor eine Anzeige erfolgt oder eine Untersuchung eingeleitet ist, seine Angaben an zuständiger Stelle berichtigt oder ergänzt bzw. das verschwiegene Einkommen angibt und die vorenthaltene Steuer in der ihm gesetzten Frist entrichtet, bleibt straffrei"*; Art. 73 WürttEStG v. 8.8.1903 (RegBl. 261): *„Die Verfehlung ... ist straffrei zu lassen, wenn von dem Steuerpflichtigen oder seinem verantwortlichen Vertreter oder Bevollmächtigten, bevor eine Anzeige der Verfehlung bei der Behörde gemacht wurde oder ein strafrechtliches Einschreiten erfolgte, die unrichtige oder unvollständige Angabe bei einer mit der Anwendung dieses Gesetzes befaßten Behörde berichtigt oder ergänzt oder das verschwiegene Einkommen angegeben und hierdurch die Nachforderung der sämtlichen nichtverjährten ... Steuerbeträge ermöglicht wird"*; Art. 67 IV OldenbEStG v. 12.5.1906 (GBl. 1906, 833): *„Derjenige Steuerpflichtige, welcher, bevor eine Anzeige erfolgt oder eine Untersuchung eingeleitet ist, seine Angabe an zuständiger Stelle berichtigt oder ergänzt bzw. die verschwiegenen Erträge angibt und die vorenthaltene Steuer in der ihm gesetzten Frist berichtigt, bleibt straffrei"* (vgl. auch *Breyer* 1999, 90 ff.).

Die landesrechtlichen Vorschriften waren Vorbild für entsprechende Regelungen in den Steuergesetzen des Reiches, vgl. § 50 II ErbStG v. 3.6.1906 (RGBl. 1906, 654): *„Eine Bestrafung findet nicht statt, wenn der Verpflichtete vor erfolgter Strafanzeige oder bevor eine Untersuchung gegen ihn eingeleitet ist, aus freien Stücken seine Angaben berichtigt"*; ähnlich § 50 III ZuwachsStG v. 24.2.1911 (RGBl. 33), § 59 WehrbeitragsG und § 79 BesitzStG v. 3.7.1913 (RGBl. 505, 524), § 35 KriegsStG v. 21.6.1916 (RGBl. 561), § 29 KriegsabgabenG v. 10.9.1919 (RGBl. 1579); sachlich abw. § 25 S. 1 SteuerfluchtG v. 26.7.1918 (RGBl. 951): *„Werden die hinterzogenen Steuerbeträge nebst Zinsen ... gezahlt ..., bevor eine zwangsweise Beitreibung stattgefunden hat, so tritt Straffreiheit für Täter und Teilnehmer ein; ist eine Verurteilung bereits erfolgt, so unterbleibt die weitere Vollstreckung"*.

Mit § 374 RAO 1919 wurde erstmalig eine allgemeine Vorschrift über Straffreiheit in das Steuerstrafrecht eingeführt, die ohne sachliche Änderungen als § 410 RAO 1931 mit folgender Fassung neu bekanntgemacht wurde:

„(1) Wer in den Fällen der §§ 396, 402, 407–409, bevor er angezeigt oder eine Untersuchung gegen ihn eingeleitet ist (§ 441 II), unrichtige oder unvollständige Angaben bei der Steuerbehörde, ohne dazu durch eine unmittelbare Gefahr der Entdeckung veranlaßt zu sein, berichtigt oder ergänzt oder unterlassene Angaben nachholt, bleibt insoweit straffrei. Sind in den Fällen der §§ 396, 407 Steuerverkürzungen bereits eingetreten oder Steuervorteile gewährt oder belassen, so tritt die Straffreiheit nur ein, wenn der Täter die Summe, die er schuldet, nach ihrer Festsetzung innerhalb der ihm bestimmten Frist entrichtet; das gleiche gilt im Falle des § 402.

(2) Wird die im § 117 vorgeschriebene Anzeige rechtzeitig und ordnungsgemäß erstattet, so werden diejenigen, welche die dort bezeichneten Erklärungen abzugeben unterlassen oder unrichtig oder unvollständig abgegeben haben, deshalb nicht strafrechtlich verfolgt, es sei denn, daß vorher gegen sie Strafanzeige erstattet oder eine Untersuchung eingeleitet worden ist."

Aus den Motiven (Verhandlungen der Nationalversammlung Band 331, S. 4136 ff. v. 17.12.1919) ergibt sich, dass Hintergrund der Regelung die Erschließung solcher Steuerquellen sein sollte, die sonst der Finanzbehörde verborgen blieben, zugleich sollte ein Appell zur Rückkehr zur Steuerehrlichkeit ergehen. Hintergrund war offenbar auch die Hilflosigkeit der Finanzbehörden bei der Aufdeckung von Steuerhinterziehungen (vgl. *Breyer* 1999, 96 f.).

4 § 410 RAO 1931 wurde gem. Art. I Nr. 19 des Gesetzes v. 4.7.1939 (RGBl. I 1181) neu gefasst. Anstelle der aufgehobenen §§ 407–409 RAO 1931 wurden die nach Art. I Nr. 15 in die RAO übernommenen Tatbestände des § 401a RAO (Bannbruch) und des § 401b RAO (Schmuggel unter erschwerenden Umständen) in den Kreis der selbstanzeigefähigen Straftaten einbezogen. Die strafbefreiende Wirkung der Selbstanzeige blieb jeweils ausgeschlossen, wenn der Täter bereits angezeigt oder die Untersuchung gegen ihn eingeleitet worden war oder wenn *„eine unmittelbare Gefahr der Entdeckung"* ihn zur Selbstanzeige veranlasst hatte.

5 Nach der Neufassung des § 410 RAO durch Abschn. II § 4 des 2. Gesetzes zur vorläufigen Neuordnung von Steuern v. 20.4.1949 (WiGBl. 69) und Abschn. II § 4 des gleichlautenden Gesetzes von Rheinland-Pfalz v. 6.9.1949 (GVBl. 469) war die Straffreiheit nur noch versagt, wenn dem Täter bereits *„die Einleitung der Untersuchung gegen ihn durch die Steuerbehörde eröffnet"* worden war. In Baden, Württemberg-Hohenzollern und Berlin verblieb es bei der Fassung von 1939.

6 Die bundeseinheitliche Neufassung des § 410 RAO erfolgte durch Art. I Nr. 1 des Gesetzes v. 7.12.1951 (BGBl. 1951 I 941), in Berlin übernommen durch Gesetz v. 28.2.1952 (GVBl. 125); Begr. BT-Drs. I/2395. Aus dem Kreis der selbstanzeigefähigen Straftaten wurde § 401b RAO wieder ausgeschieden; ferner wurde nach § 410 I S. 2 RAO nF die strafbefreiende Wirkung bereits versagt, wenn die Selbstanzeige nach dem Erscheinen eines Prüfers der FinB oder nach Bekanntgabe der Einleitung einer steuerstrafrechtlichen Untersuchung erstattet worden war, sowie aufgrund des neu eingefügten Abs. 2, wenn der Täter wusste oder damit rechnen musste, dass die Tat bereits entdeckt war. Abs. 3 nF entsprach § 410 I 2 RAO aF. Als neuer Abs. 4 wurde eine Legaldefinition der „Einleitung der steuerstrafrechtlichen Untersuchung" eingefügt. Abs. 5 nF entsprach Abs. 2 aF.

7 Durch Art. 6 Nr. 2 StÄndG 1965 v. 14.5.1965 (BGBl. I 377) wurden im § 410 III RAO die Worte *„die Summe, die er schuldet"* durch die Worte *„die verkürzten Steuern"* ersetzt, um klarzustellen, dass die strafbefreiende Wirkung der Selbstanzeige von der Zahlung der durch Art. 5 StÄndG 1965 eingeführten Hinterziehungszinsen nicht abhängen sollte (Schriftl. Ber. BT-Drs. zu IV/3189, 12).

8 Durch Art. 1 Nr. 6 AO StrafÄndG v. 10.8.1967 (BGBl. I 877) wurde § 410 IV RAO 1951 im Hinblick auf § 432 I RAO 1967 gestrichen und § 410 I 2 sowie IV (vorher V) dem Wortlaut des § 432 I RAO 1967 angepasst (Schriftl. Ber. zu BT-Drs. V/1941, 1 f.).

9 Durch Art. 1 Nr. 8 des 2. AO StrafÄndG v. 12.8.1968 (BGBl. I 953) wurde § 410 RAO 1951 als § 395 RAO bezeichnet, mit einer Überschrift versehen und teilweise neu gefasst. In § 395 I RAO 1968 wurde der Bannbruch aus dem Anwendungsbereich der Selbstanzeige herausgenommen. In § 395 II RAO 1968 wurden sämtliche Fälle verspäteter Selbstanzeige (vorher § 410 I 2, Abs. II RAO 1951) zusammengefasst. In § 395 III RAO 1968 wurde hinter den Worten *„die verkürzten Steuern"* der Satz *„die er schuldet"* wieder eingefügt (→ Rn. 7), um klarzustellen, dass die strafbefreiende Wirkung der Selbstanzeige eines Täters, der fremde Steuern hinterzogen hat, nicht davon abhängt, dass der Täter die zum Vorteil eines anderen hinterzogenen Steuern nachzahlt (Begr. BT-Drs. V/1812, 24).

10 In der AO 1977 entspricht § 371 I, II Nr. 1 wörtlich dem § 395 I, II Nr. 1 RAO 1968. In § 371 II Nr. 2 AO wurde auf Antrag des Finanzausschusses des BTages klargestellt, dass es für die Rechtzeitigkeit einer Selbstanzeige in erster Linie darauf ankommt, dass die Tat objektiv noch nicht entdeckt war (BT-Drs. 7/4292, 44). In der neuen Fassung des § 371 III AO wurden die Worte *„Steuern, die er schuldet"* durch die Worte *„die zu seinen Gunsten* *hinterzogenen Steuern"* ersetzt. Die Straffreiheit soll also auch dann von der fristgerechten Nachzahlung abhängen, wenn der Anzeigeerstatter zwar nicht der Steuerschuldner ist, die Steuer aber dennoch zum eigenen Vorteil hinterzogen hat (Begr. BT-Drs. VI/1982, 195). Auf diesem Gedanken beruht auch die mit der AO 1977 eingeführte Vorschrift des § 371 IV 2 AO.

Die Motive zu den verschiedenen Regelungen der Partikulargesetze bzw. der AO lassen **11** präzise Schlüsse auf die Vorstellungen des historischen Gesetzgebers über den Grund der Regelung nicht zu. Wie sich aus den Untersuchungen von *Frees* (1991, S. 32 ff.) ergibt, enthalten die Gesetzesmaterialien praktisch keine Begründungen. Lediglich im Hinblick auf zwei Steueramnestiegesetze lassen sich Rückschlüsse ziehen (Wehrbeitragsgesetz: *„Damit nicht die Furcht vor Strafe, Vermögens- und sonstigen Nachteilen die Beitragspflichtigen abhalte, ihr Vermögen wahrheitsgemäß anzugeben, ist ... vorgesehen, daß Beitragspflichtige, die bisher Vermögen ... der direkten Besteuerung ... entzogen haben, von ... Strafe und der Verpflichtung zur Nachzahlung ... freibleiben"*; RT-Verhandlung, Anlageband 301, Aktenstück 871 S. 22). Im Hinblick auf § 1 des Gesetzes über Steuernachsicht ergibt sich aus den Ausführungen des Berichterstatters (Verhandlungen der Nationalversammlung Bd. 331, S. 4136 ff. – 132. Sitzung v. 17.12.1919), dass über die Amnestierung solche Steuerquellen erschlossen werden sollen, die den Behörden ohne Zutun der Stpfl verborgen blieben. Hintergrund war also offenbar die Erhöhung der Steuereinnahmen und die Hilflosigkeit der Steuerbehörden gegenüber den Tätern, da die Steuerhinterziehung häufig gar nicht erkannt werde. Nach skeptischen Anmerkungen von Abgeordneten der sozialdemokratischen Oppositionsparteien (*Löpel, Cohn* RT-Verhandlung, S. 4137 f.) wurde neben den fiskalischen Interessen auch auf die Hilfe zur Rückkehr zur Steuerehrlichkeit, die das Gesetz enthalte, hingewiesen (*Löpel, Cohn* RT-Verhandlung, S. 4139).

Durch das Schwarzgeldbekämpfungsgesetz erfuhr die Regelung mWv 3.5.2011 eine **12** grundlegende Umgestaltung. Eine Teil-Selbstanzeige führt nicht mehr zur teilweisen Straffreiheit, die Sperrgründe wurden verschärft und u. a. um die Bekanntgabe der Prüfungsanordnung erweitert, bei Hinterziehungen großen Ausmaßes (mehr als 50.000 EUR) ist eine Selbstanzeige nicht mehr möglich; stattdessen ist nach Zahlung der hinterzogenen Steuern und eines Zuschlags eine Einstellung obligatorisch (§ 398a). Zu den zunächst erwogenen Änderungen auch bei der Selbstanzeige nach leichtfertiger Steuerverkürzung (§ 378 III AO) ist es nicht gekommen (→ § 378 Rn. 68).

Mit dem JStG 2015 wurden die Anforderungen an die Selbstanzeige weiter verschärft. **13** So müssen mittlerweile auch die entsprechenden Hinterziehungszinsen nachgezahlt werden, um Straffreiheit zu erlangen. Die Fälle, in denen eine Selbstanzeige allenfalls zu einer Einstellung führen kann, wurden durch Absenkung des Betrages von 50.000 EUR auf 25.000 EUR erweitert (→ Rn. 341). Andererseits ist mit der Neuregelung wieder möglich, trotz einer laufenden Außenprüfung Selbstanzeige für solche Jahre zu erstatten, die nicht selbst Gegenstand der Außenprüfung sind (unten → Rn. 350). Die Ungenauigkeiten/Unklarheiten der Neuregelung haben sogleich die FinVerw dazu animiert, im Verwaltungswege für etwas Klarheit zu sorgen (FM NRW 26.1.2015, DB 2015, 280).

Mit dem Steuerumgehungsbekämpfungsgesetz wurden lediglich Anpassungen zum geänderten § 370 AO vorgenommen, dh die genannten besonders schweren Fälle in § 371 II Nr. 4 AO wurden hinsichtlich des neu eingeführten § 370 III 2 Nr. 6 AO erweitert.

2. Begriff und Systematik des § 371 AO

Der Begriff „Selbstanzeige" – erstmals 1939 durch das RAOÄndG in die Gesetzes- **14** sprache eingeführt (*Breyer* 1999, 99) – ist zwar nicht umfassend, da im Regelfall die Straffreiheit nach § 371 III AO zusätzlich von einer fristgerechten Nachzahlung der hinterzogenen Steuern abhängt, trifft aber den Kern der Sache, da § 371 I AO in jedem Falle eine Anzeige voraussetzt, die vom Stpfl selbst veranlasst sein muss. Der Begriff ist insofern missverständlich, als das Gesetz (bislang, → Rn. 79) nicht voraussetzt, dass der Täter sich ausdrücklich einer Straftat bezichtigt (→ Rn. 91). Die von *Kratzsch* (Grundfragen S. 293 Fn. 47) – ohne eigenen Vorschlag – am Begriff „Selbstanzeige" geübte Kritik *(„Missgriff des Gesetzgebers")* überzeugt nicht. Der Gesetzgeber hat lediglich diejenige Bezeichnung übernommen, die sich im Sprachgebrauch durchgesetzt hatte. Demgegenüber hat sich die Bezeichnung „Selbstberichtigung" (*Vogt* FR 1951, 44; OLG Frankfurt DStZ/B 1954, 58) ebenso wenig durchgesetzt, wie die der „strafbefreienden Wiedergutmachung" (*Terstegen* S. 120). Freilich trifft der Begriff der strafbefreienden Wiedergutmachung den Kern des § 371 AO sehr genau (unten → Rn. 24 ff.). Er ist trotzdem insofern unzureichend, als eine vollständige Schadenswiedergutmachung vom § 371 AO bis zum 1.1.2015 nicht vorausgesetzt war, da etwa die Zahlung von Hinterziehungszinsen (§ 235) nicht notwendige Bedingung für das Erlangen von Straffreiheit war. Überdies ist die reine Schadenswiedergutmachung, zB durch stillschweigende Verlagerung von steuerbegründenden oder -erhöhenden Merkmalen in Erklärungen über spätere Steuerabschnitte oder durch anonyme Nachzahlung der verkürzten Steuern, nicht ausreichend. Andererseits ist nach § 371 III AO eine Nachzahlung der verkürzten Steuer nicht erforderlich, wenn und soweit jemand zugunsten eines Dritten gehandelt hat (→ Rn. 142 ff.). Die Bezeichnung „tätige Reue" (RG 27.6.1940, RStBl. 1940, 650; BVerwG 11.11.1959, BVerwGE1960, 788) ist irreführend, da es auf das ethische Motiv der Reue bei der Selbstanzeige nach § 371 AO ebenso wenig ankommt, wie beim Rücktritt vom Versuch einer Straftat nach § 24 StGB (RG 4.1.1927, RGSt 61, 115, 117; *Terstegen* S. 120; Kohlmann/*Schauf* AO § 371 Rn. 32; *Kopacek* BB 1961, 42; aM *Susat* DStR 1951, 397, der zwischen „sittlicher" und „egoistischer" Reue unterscheiden will).

15 Bei einem systematischen Überblick über die Gliederung des § 371 AO ist zu unterscheiden zwischen solchen Voraussetzungen, die zur Erlangung der Straffreiheit positiv gegeben sein müssen („positive Wirksamkeitsvoraussetzungen"), und solchen, die die strafbefreiende Wirkung des Verhaltens des Täters oder Teilnehmers ausschließen („negative Wirksamkeitsvoraussetzungen", vgl. *Maaßen* FR 1954, 293).

16 **Die positiven Wirksamkeitsvoraussetzungen der Selbstanzeige ergeben sich aus § 371 I, III AO** sowie – für einen Sonderfall – aus § 371 IV AO. Nach Absatz 1 wird straffrei, wer unrichtige oder unvollständige Angaben berichtigt oder ergänzt oder unterlassene Angaben nachholt. Diese Handlungen (Selbstanzeige) und ihr Ergebnis lassen sich unter dem Begriff der „Berichtigung" zusammenfassen. Der im Regelfall einer Steuerhinterziehung erforderlichen Berichtigung nach Absatz 1 entspricht im Sonderfall des Absatzes 4, dass eine nach § 153 AO (→ Rn. 400) vorgeschriebene Anzeige rechtzeitig und ordnungsgemäß erstattet wird. Weitere Wirksamkeitsvoraussetzung ist, dass bei vollendeter Tat nach Absatz 3 die im Zeitpunkt der Berichtigungserklärung bereits vorsätzlich verkürzten Steuerbeträge fristgerecht nachgezahlt werden; bei Selbstanzeigen ab dem 1.1.2015 müssen auch die darauf entfallenden Hinterziehungszinsen beglichen werden.

17 **Die negativen Wirksamkeitsvoraussetzungen der Selbstanzeige** (Ausschließungsgründe) sind in § 371 II AO zusammengefasst. Danach versagt das Gesetz trotz umfassender Berichtigungserklärung und vollständiger Nachzahlung der verkürzten Steuern dem Verhalten des Täters die strafbefreiende Wirkung, wenn dies unter bestimmten Rahmenbedingungen geschieht. So tritt eine Sperrwirkung ein, wenn bei dem Anzeigeerstatter ein Amtsträger der FinB zur steuerlichen Prüfung oder zur Ermittlung einer Steuerstraftat oder einer Steuerordnungswidrigkeit erschienen ist, oder wenn ihm die Anordnung einer Außenprüfung oder die Einleitung eines Straf- oder Bußgeldverfahrens bekanntgegeben worden ist, oder wenn die Tat bereits entdeckt ist und der Anzeigeerstatter dies wusste oder damit rechnen musste. Nach § 371 II Nr. 3 nF ist eine Selbstanzeige ausgeschlossen, wenn die Tat zu einer Verkürzung von mehr als 50.000 EUR geführt hat, seit 1. Januar 2015 gilt ein Schwellenbetrag von 25.000 EUR. Überdies wurde die Sperrwirkung auf die besonders schweren Fälle nach § 370 III 2 Nr. 2 bis 6 ausgedehnt. Im Sonderfall der Fremdanzeige nach Absatz 4 ist die strafbefreiende Wirkung der Selbstanzeige hingegen nur ausgeschlossen, wenn dem Anzeigeerstatter zuvor die Einleitung des Strafverfahrens bekanntgegeben worden war.

Die Freiwilligkeit des selbstanzeigenden Verhaltens ist weder eine allgemeine 18 positive Voraussetzung der Straffreiheit, noch bildet umgekehrt mangelnde Freiwilligkeit einen allgemeinen Ausschließungsgrund für die strafbefreiende Wirkung einer Selbstanzeige, die der Täter unter dem Zwang der Umstände erstattet. Die im Gesetz einzeln angeführten Ausschließungsgründe sind abschließend (→ Rn. 200 ff.).

Die Tendenz, die Freiwilligkeit einer Selbstanzeige zu einem ungeschriebenen Erfordernis der strafbefreienden Wirkung zu erklären (*Susat* DStR 1952, 33; *Troeger/Meyer* S. 258; *Hartung* V 3b zu §§ 410, 411 RAO 1951; *List* S. 45; *Kopacek* BB 1961, 45, DStR 1965, 106 und Straf- und Bußgeldfreiheit S. 174 f.; *Ehlers* DStR 1974, 696 f.; vgl. auch OLG Hamm 26.10.1962, BB 1963, 459) ist jedenfalls seit der Neufassung des § 410 RAO durch G v. 7.12.1951 (→ Rn. 6) verfehlt. Seinerzeit hat der Gesetzgeber es bewusst unterlassen, eine Regelung dahingehend zu treffen, dass mangelnde Freiwilligkeit einer Selbstanzeige die Straffreiheit nähme. Vielmehr hat der Gesetzgeber die Ausschließungsgründe noch stärker als vorher konkretisiert; eine erweiternde Auslegung der Regelungen zu Lasten der Täter von Steuerhinterziehungen wäre unzulässig (*Lenckner* u. a., wistra 1983, 123 f.). Eine solche Interpretation würde gegen Art. 103 II GG verstoßen (Flore/*Tsambikakis/Wessing/Biesgen* AO § 371 Rn. 12). Letztlich kommt in der Forderung nach einer Freiwilligkeit bzw. Nicht-Unfreiwilligkeit des Verhaltens des Täters ein unbegründetes Unbehagen an der Existenz der Regelung zum Ausdruck (→ Rn. 21 ff.).

3. Grund und Verfassungsmäßigkeit der Regelung

a) Grund der Regelung

Rechtfertigung und Zweck der Selbstanzeige sind seit Jahrzehnten umstritten. So 20 ist zweifelhaft, ob die Regelung mit steuerpolitischen oder kriminalpolitischen Erwägungen zu begründen ist, ob sie sich des weiteren mangels Vereinbarkeit mit anderen Bestimmungen des deutschen Strafrechts als „Ausnahmeerscheinung" darstellt (BayObLG 23.1.1985, wistra 1985, 117) oder gar ein „Fremdkörper" ist (*Westpfahl* 1987, S. 13). An der Beantwortung dieser Fragen hängt zum einen die Auslegung der verschiedenen Merkmale des § 371 AO, zum anderen die Frage nach der Verfassungsmäßigkeit oder Verfassungswidrigkeit einer solchen „Ausnahmeregelung".

aa) Steuerpolitische Ziele. Überwiegend soll Einigkeit darüber bestehen, dass die 21 Gründe für die Selbstanzeigeregelung in erster Linie in der steuerpolitischen Zielrichtung des § 371 AO und in den kriminologisch äußerst ungünstigen Bedingungen des Steuerstrafrechts gesucht werden müssen (so Kohlmann/*Schauf* AO § 371 Rn. 30 ff.). Es gehe dem Gesetz um die nachträgliche Erfüllung der steuerlichen Pflichten, um die „Erschließung bisher verheimlichter Steuerquellen" (vgl. RG 8.6.1923, RGSt 57, 313; RG 9.11.1936, RGSt 70, 350, 351; RG 10.6.1942, RGBl. 1942, 865, 867; BGH 11.11.1958, BGHSt 12, 100 f.; BGH 13.10.1998, wistra 1999, 28; BayObLG 7.10.1953, NJW 1954, 244; BayObLG 27.4.1972, DStZ/B 1972, 287; *Bilsdorfer* wistra 1984, 93; *Danzer* AG 1982, 57, 68; Koch/Scholtz/*Scheurmann-Kettner* AO § 371 Rn. 3, Kohlmann/*Schauf* AO § 371 Rn. 30, Schwarz/Pahlke/*Webel* AO § 371 Rn. 3; *Wassmann* 1991, S. 23; Wannemacher/*Vogelberg* Rn. 1381).

Darüber hinaus soll § 371 AO dem Zweck dienen, dem Stpfl die Rückkehr zur Steuer- 22 ehrlichkeit zu erleichtern (vgl. BGH 13.11.1952, BGHSt 3, 373, 375; BGH 13.5.1983, wistra 1983, 197; BGH 24.10.1984, wistra 1985, 74; *Franzen* → 3. Aufl. Rn. 14; *Mattern* NJW 1951, 937; *Danzer* AG 1982, 57, 68; *Westpfahl* 1987, S. 22; vgl. auch *Lenckner u. a.* wistra 1983, 123, 124). Um dem Täter einen Anreiz zur Selbstanzeige zu geben, biete § 371 AO ihm – unter Zurückstellung der an sich geltenden Strafdrohung – in großzügiger Weise Straffreiheit für den Fall seiner Mitwirkung und damit einen unter Umständen sehr bedeutsamen Vorteil an. § 371 AO strebe in erster Linie einen psychischen Effekt auf den Täter an (vgl. RG 8.6.1923, RGSt 57, 313, 315.; RG 4.1.1927, RGSt 61, 115, 118; RG 10.6.1942, RStBl. 1942, 865, 867; BGH 13.11.1952, BGHSt 3, 373, 375; BGH 11.11.1958, BGHSt 12, 100 f.; BayObLG 7.10.1953, NJW 1954, 244; BayObLG 24.2.1972, BB 1972, 524; BayObLG 23.1.1985, wistra 1985, 117; *Bilsdorfer* wistra 1984, 93; *Kratzsch*, Grundfragen S. 291; *Franzen* → 3. Aufl. Rn. 13; *Streck* DStR 1985, 9; Kohlmann/*Schauf* AO § 371 Rn. 31; Erbs/Kohlhaas/*Hadamitzky/Senge* AO § 371 Rn. 1). Die Regelung schaffe einen gesetzlichen Anreiz zur Selbstanzeige und eröffne die Rückkehr zur Steuerehrlichkeit (so *Franzen* → 3. Aufl. Rn. 15).

23 **bb) Strafrechtliche Ziele.** Ein Teil der neueren Literatur versucht demgegenüber, Grund und Grenzen des § 371 AO allein oder überwiegend mit **strafrechtlichen Prinzipien** zu erklären. Dies erfolgt zumeist durch einen Rückgriff auf Erklärungsansätze, die im Bereich der Rechtfertigung des Rücktritts vom Versuch (§ 24 StGB) bzw. der Vorschriften über die tätige Reue angeführt werden. So gehen etwa *Löffler* (1992 S. 104 ff.) unter Rückgriff auf das Reichsgericht (RG 11.5.1922, RGSt 56, 385; RG 8.6.1923, RGSt 57, 313, 315; RG 2.3.1925, RGSt 59, 115, 117; RG 4.1.1927, RGSt 61, 115, 117) und Teile der Literatur (*Schröder* FS Mayer 1966, 377 Fn. 1; *Enno Becker* RAO § 374 Anm. 2; *Wagelaar* RAO § 410 Fn 1; *Bauerle* BB 1953, 28; *Rüffelmacher*, 1956, S. 46 ff., 53; *Grötsch* 2003, S. 21 ff.; siehe auch Kühn/v.Wedelstädt/*Blesinger/Viertelshausen* AO § 371 Rn. 1; *Schuster* JZ 2015, 27, 30) davon aus, die Selbstanzeige könne ohne weiteres in die Rücktrittssystematik eingeordnet werden (vgl. S. 165). Die Rücktrittsregelungen des StGB, aus verschiedenen Epochen der Rechtsentwicklung stammend, stellten kein in sich geschlossenes System mit klaren Strukturprinzipien dar. Insbes. vor dem Hintergrund der modernen Diskussion um „Wiedergutmachung statt Strafe" habe die Selbstanzeige ihren Platz „im offenen System" (*Bottke* Methodik, S. 689 f.) der Rücktrittsvorschriften des allgemeinen Strafrechts (vgl. auch *Frees* 1991 S. 103 ff.).

24 **Die Gleichwertigkeit fiskalischer und kriminalpolitischer Zielsetzungen** betont *Brauns* (wistra 1987, 233). Für ihn ist die Auslegung des § 371 AO ein Problem des Ausgleichs eines Konflikts zwischen strafrechtlichen und steuerpolitischen Zielsetzungen (so schon wistra 1985, 171 ff.). Je mehr man auf den verhaltenssteuernden Effekt der Straffreiheitsverbürgung setze und einen Anreiz zur Offenbarung von Steuerhinterziehung schaffen wolle, desto eher würde man durch eine großzügige Auslegung die Möglichkeit der Selbstanzeige erweitern. Wenn man hingegen die Straffreiheitsverbürgung nur als unliebsamen Fremdkörper werte, würde man bestrebt sein, die Anforderungen so hoch zu schrauben, dass sich der Anwendungsbereich der Norm verenge. Dass strafrechtliche und finanzpolitische Aspekte nebeneinanderstehen, wird beispielsweise auch von *Beckemper* (HHS/*Beckemper* AO § 371 Rn. 15) anerkannt, der freilich dabei den steuerpolitischen Aspekten den Vorrang einräumen will.

25 **cc) Gesamtwürdigung.** Die nach dem Gesetzeswortlaut unter § 371 AO fallenden Sachverhalte sind nicht homogen. Die Legitimation der Vorschrift ergibt sich aus steuerpolitischen, kriminalpolitischen und strafrechtlichen Erwägungen, wobei kriminalpolitische und strafrechtliche Aspekte die größere Bedeutung haben. Sie ist mitnichten ein Fremdkörper im deutschen Strafrecht, wie eine Zusammenstellung auf eine Kleine Anfrage zeigt (BT-Drs. 17/14071, 6 f.). Dort sind sechs Regelungen im StGB und drei im Nebenstrafrecht aufgeführt, darunter § 31d PartG, der eine Selbstanzeige bei unrichtigen Rechenschaftsberichten von Parteien vorsieht. Neuerdings kennt auch das Außenwirtschaftsrecht eine Selbstanzeige für fahrlässige Verstöße (§ 22 Abs. 4 AWG; dazu *Pelz/Hofschneider* wistra 2014, 1).

26 Die Steuerhinterziehung ist ebenso wie die Vermögensdelikte des Strafgesetzbuches insgesamt dadurch ausgezeichnet, **dass die Rechtsgutsverletzung vollständig reparabel ist** (*Löffler* 1992, 124; vgl. auch *Rüffelmacher* S. 52; *Samson* wistra 1983, 235, 240; *Jakobs* JZ 1988, 519, 520). Dieser Umstand hat in anderen Rechtsordnungen zu umfassenden

Regelungen über die Beachtlichkeit tätiger Reue nach Vollendung bzw. Beendigung der Tat geführt (vgl. die Nachweise bei *Abramowski* 1991, S. 14 ff.). So sieht etwa das österreichische Strafrecht (§ 167 ÖStGB) für die meisten Eigentums- und Vermögensdelikte die Möglichkeit vor, durch freiwillige und vollständige Wiedergutmachung Straffreiheit zu erlangen (*Abramowski* 1991, S. 18 f.; vgl. auch *Breyer* 1999, 160 und *Leitner/Toifl/Brandl* Rn. 382 ff.). Mit § 46a StGB hat der Gesetzgeber erstmals eine umfassende Regelung in das Strafgesetzbuch eingestellt. Die strafrechtliche Diskussion (Nachweise bei *Löffler* S. 130ff,; vgl. auch *Albrecht* u. a., Strafrecht – ultima ratio, Empfehlungen der Niedersächsischen Kommission zur Reform des Strafrechts und des Strafverfahrensrechts, 1992; *Albrecht/Hassemer/Voß*, Rechtsgüterschutz durch Entkriminalisierung, Vorschläge der hessischen Kommission „Kriminalpolitik" zur Reform des Strafrechts, 1992) zeigt, dass die Wiedergutmachung in der Lage ist, den Strafzwecken zu genügen und als Sanktionsmittel ausreichend sein kann.

Den Blick auf den strafrechtlichen Gehalt der Selbstanzeigevorschrift hat das Element der **„Freiwilligkeit"**, wie es in § 24 StGB als Voraussetzung für den strafbefreienden Rücktritt vom Versuch vorgesehen ist, eingeführt. Tatsächlich zeigen die Untersuchungen von *Löffler* (1992) und anderen deutlich, dass das seit 1975 im Strafgesetzbuch explizit aufgeführte Moment der *„Freiwilligkeit"*, dessen genaue Definition in Rechtsprechung und Literatur umstritten ist, in vorhergehenden Bestimmungen nicht unbedingt Vorläufer findet. Dass § 371 II AO nicht sauber zwischen autonomen und heteronomen Motiven für die Erstattung der Selbstanzeige trennt, ist kein Argument gegen eine strafrechtliche Ableitung der Bestimmung. Die in § 371 II Nr. 1 und 2 AO enthaltene Regelung definiert Freiwilligkeit iS einer Berechenbarkeit der strafrechtlichen Folgen berichtigender Erklärungen abschließend (→ Rn. 202). Überdies ist mit dem neuen Abs. 2 Nr. 1a), der bereits die Bekanntgabe einer Prüfungsanordnung als Sperrgrund ausreichen lässt, ein deutlicher Schritt auch in Richtung der Freiwilligkeit getan, denn bei der bisherigen Regelung konnte man nicht wirklich annehmen, dass Selbstanzeigen (unmittelbar) vor einer Außenprüfung ein Ausdruck einer autonomen Entscheidung gewesen wären.

§ 371 AO schafft damit die Möglichkeit zur Rückkehr in die Steuerehrlichkeit. Dass dabei „unbekannte Steuerquellen zu sprudeln beginnen" (so der fiskalpolitische Ansatz) ist angenehme Nebenfolge, aber vom Gesetz nicht vorausgesetzt. Auch eine Selbstanzeige für eine in Insolvenz geratene GmbH ist nach allgM möglich, obwohl ein angestellter Geschäftsführer noch nicht einmal die verkürzten Steuern nachentrichten muss, um Straffreiheit zu erlangen (unten → Rn. 142). Bei der Berichtigung einer Schenkungsteuererklärung im Rahmen der erweiterten unbeschränkten Steuerpflicht (vgl. BGH 13.6.2013, wistra 2013, 471) zweifelt niemand an der Möglichkeit einer Selbstanzeige, auch wenn für die Zukunft nichts „sprudeln" wird.

Mithin ist § 371 AO eine **„moderne" Vorschrift** (zust. MüKoStGB/*Kohler* AO § 371 Rn. 21). Sie entspricht dem Zurückdrängen der absoluten Straftheorien und der Erkenntnis, dass die „Einsicht des Täters" und eine Schadenswiedergutmachung zu honorieren sind. Insbes. handelt es sich, wie *Breyer* gezeigt hat (*Breyer* 1999, 23 ff.) durchaus nicht um einen „Fremdkörper" im deutschen Strafrecht. Dieser Wiedergutmachungsaspekt erklärt in vielen Fällen die Straffreiheit des Selbstanzeigeverhaltens des Täters. Er stößt jedoch an Grenzen der Erklärung in den Fällen, in denen eine Straffreiheit trotz eingetretener Steuerverkürzung ohne Nachzahlung der verkürzten Steuern möglich ist, weil der Täter nicht „zu seinen Gunsten" hinterzogen hat (→ Rn. 143). Konsequent müsste ein solcher Ansatz die Straffreiheit im Übrigen nicht nur von der Nachzahlung der verkürzten Steuern, sondern auch von der der Hinterziehungszinsen (§ 235) abhängig machen; dies war aber bislang nicht der Fall. Ebenso wie der fiskalpolitische Ansatz, scheitert die Begründung allein mit dem Aspekt der „Schadenswiedergutmachung" zudem daran, dass nach dem klaren Gesetzeswortlaut die bloße „Reparatur" des Steuerschadens nicht ausreicht, insbes. also die anonyme Begleichung einer Steuerschuld nach dem Wortlaut nicht zur Straffreiheit führt. Dieser Ansatz kann also lediglich erklären, wieso zur Straffreiheit über die Mitteilung der korrekten Besteuerungsgrundlagen hinaus auch die Entrichtung der verkürzten Steuer, mithin die Schadenswiedergutmachung, gehört.

30 Diese **Schadenswiedergutmachung** beseitigt jedoch lediglich das Erfolgsunrecht iS eines Ausfalls des Fiskus. Das in der Abgabe einer unrichtigen Steuererklärung bzw. in der Nichtabgabe einer solchen liegende weitere Unrecht wird erst beseitigt, wenn der Stpfl nunmehr seinen Verpflichtungen, die sich aus den Einzelsteuergesetzen ergeben (vgl. → § 370 Rn. 221), nachkommt. Aus dieser Verpflichtung zur Abgabe wahrheitsgemäßer Erklärungen ergibt sich eine weitere Legitimation für die Vorschrift des § 371 AO. Wie *Lütt* (1988, 60 f.) herausgearbeitet hat, besteht das Handlungsunrecht der Steuerhinterziehung in den Fällen des § 370 I Nr. 1 und 2 AO darin, dass der Täter der FinB nicht wahrheitsgemäße Angaben macht. Auch in den Fällen der Steuerhinterziehung durch Handeln liegt der Vorwurf (in der Regel) nicht darin, dass der Täter wahrheitswidrige Angaben gemacht hat, sondern dass er wahrheitsgemäße Angaben unterlassen hat; § 370 I Nr. 1 AO enthält wie die Nr. 2 ein Unterlassungsdelikt. Wer unrichtige Angaben korrigiert, kommt damit seiner ursprünglichen Verpflichtung nach, das FA über steuerlich erhebliche Tatsachen in Kenntnis zu setzen. Damit wird das Handlungsunrecht kompensiert.

31 Schließlich gibt es Konstellationen, in denen erst die **Möglichkeit der strafbefreienden Selbstanzeige** dem Täter die Möglichkeit eröffnet, in der Zukunft steuerehrlich zu sein (zust. Kohlmann/*Schauf* AO § 371 Rn. 40; *Hoffmann* 1998, 25; *Breyer* 1999, 62; ähnl. *Schuster* JZ 2015, 27, 31). Wer bislang ein eher bescheidenes Einkommen erklärt hatte, wird angesichts der Kontrollmechanismen in der FinB kaum in der Lage sein, Kapitalerträge aus unversteuerten Honoraren ordnungsgemäß zu erklären, ohne dass von Seiten der Finanzverwaltung die bereits begangene Verkürzung entdeckt würde. Wer die Quelle der Erträge dem FA nicht offenbart hat, ist ohne die Möglichkeit der Selbstanzeige gezwungen, künftig die Erträge dieser Quelle dem FA zu verschweigen, will er sich nicht mit einer wahrheitsgemäßen Erklärung selbst belasten (vgl. *Breyer* 1999, 67 ff.). Insbes. bei der Einkommensteuer muss der Täter immer wieder dem FA seine Einkünfte offenbaren. Bei Strafe ist es ihm geboten, wahrheitsgemäße Angaben zu machen; ohne die Möglichkeit der Selbstanzeige würde er dann bei Strafe gezwungen, sich selbst einer Steuerhinterziehung zu bezichtigen. In dieser Situation hat der Gesetzgeber von Verfassungs wegen nur geringe Spielräume. Belässt er es bei einer strafbewehrten Erklärungspflicht, muss er im Hinblick auf die Selbstbelastung für vergangene Zeiträume ein Verwertungs- oder gar Verwendungsverbot akzeptieren (vgl. BVerfG 13.1.1981, BVerfGE 56, 37 ff.; BGH 12.2.2005, wistra 2005, 148; BGH 17.3.2009, BGHSt 53, 210, Rn. 27; → Rn. 8 ff., → § 393 Rn. 51), oder aber schlicht darauf verzichten, in diesen Fällen die Nichterfüllung von Erklärungspflichten zu sanktionieren. Mit § 371 AO nutzt das Gesetz einen Mittelweg, da hierdurch dem liquiden Stpfl die Erfüllung von Erklärungspflichten zumutbar wird (vgl. BVerfG 21.4.1988, wistra 1988, 302).

32 Verfehlt wäre es, von einer Abschaffung der Selbstanzeige irgendwelche „Wunder" zu erwarten. Konsequenz wäre lediglich, dass bei wahrheitsgemäßen Erklärungen für Folgejahre ein Verwendungsverbot eingreift und dem Steuerpflichtigen die Sicherheit genommen würde, die mit der Selbstanzeige – jedenfalls bei Beträgen unter 25.000 EUR – verbunden ist. Der immer wieder bemühte Vergleich mit den Vermögensdelikten trägt nicht, weil in den meisten Fällen der Täter das Finanzamt nicht „betrügt" um etwas zu bekommen, sondern handelt, um einen Verlust zu verringern bzw. zu vermeiden. Erkenntnisse der Sozialpsychologie zeigen aber deutlich, dass Menschen in Erwartung von Verlusten deutlich risikofreudiger sind. Wenn man die Selbstanzeige auf ein Maß reduzieren will, die nicht mehr als „Fremdkörper" wirkt, dann sollte man sich auf Selbstanzeigen beschränken, in denen jemand seine „Ersparnisse" dem Finanzamt offenbart und lediglich die Erschleichung von Steuervorteilen wirklich pekuniärer Art ausgrenzen.

33 **Erkenntnisse der Sozialpsychologie** dazu zeigen explizit, dass Bürger eher resignieren, wenn der Staat ihnen mit Härte gegenübertritt (vgl. *Joecks* SAM 2015, 11). In den

Allgemeines   34–37 § 371

vergangenen knapp vier Jahrzehnten hat auch der Staat wiederholt mit öffentlichen Kampagnen versucht, menschliches Verhalten zu beeinflussen. Vorbehalte gegen die Gurtpflicht wurden so abgebaut, ebenso wie eine Sensibilisierung für die Aids-Prävention durch große Kampagnen erreicht wurde. Plakatwerbung entlang den Bundesfernstraßen im Auftrag des Bundesverkehrsministeriums und des deutschen Verkehrssicherungsrates sollen für Sicherheit auf deutschen Straßen sorgen.

Wir kennen aus Tempo-30-Zonen Smileys, die fröhlich lachen, wenn man nicht **34** schneller als 30 und böse gucken, wenn man schneller fährt. Die Erfahrungen mit diesen Geräten sind extrem gut. Es geht durchaus nicht darum, durch „Nudging" Menschen zu manipulieren; es ist aber zynisch, Menschen zu bestrafen, ohne wirklich ihrem Verhalten entgegen zu wirken. Vielversprechend ist der Ansatz des Verfassungsrechtlers *Cass Sunstein* und des Ökonomen *Richard Thaler* mit ihrem Buch über libertären Paternalismus (Nudge; Wie man kluge Entscheidungen anstößt, 4. Aufl. 2014). Wenn es auch nur gelänge, fünf Prozent der zweifelnden Steuerpflichtigen für das Unternehmen Bundesrepublik Deutschland zu gewinnen, könnte der Staat vier bis fünf Milliarden Euro jährlich mehr einnehmen. Immerhin scheinen Erkenntnisse der Sozialpsychologie nunmehr auch im Bundeskanzleramt angekommen zu sein. Im Herbst 2014 hat das Bundeskanzleramt ein Team von Verhaltensforschern eingestellt, das sich mit alternativen Lösungsansätzen befasst, um „die Wirksamkeit politischer Maßnahmen zu erhöhen" (BT-Drs. 18/48656, 1, vgl. BT-Drs. 19/13042).

Soweit mit dem **Gesetz über die strafbefreiende Erklärung** (→ Einl. Rn. 100) einer **35** solchen strafbefreiende Wirkung auch insoweit beigemessen wurde, als es zu einem Verbot der Änderung von Steuerbescheiden für vor dem Jahre 1984 liegende Zeiträume kam (vgl. *Joecks* 1989, Rn. 66 ff.), hat freilich allein das fiskalpolitische Interesse, bisher verborgene Steuerquellen zu entdecken, den Ausschlag gegeben. Immerhin handelte es sich hier faktisch um ein Amnestiegesetz, zu dessen Anwendbarkeit es allerdings noch eines Tätigwerdens des Stpfl bedurfte. Der Unterschied zur strafbefreienden Selbstanzeige bestand aber nicht zuletzt darin, dass bei der Selbstanzeige eine Rückgabe der in (noch) strafbarer Weise erlangten Vorteile Voraussetzung für das Erlangen von Straffreiheit ist.

Der Selbstanzeige ähnlich ausgestaltet war das **Gesetz über die strafbefreiende Erklä-** **36** **rung** vom 19.12.2003 (Art. 1 des Gesetzes zur Förderung der Steuerehrlichkeit, BGBl. 2003 I 2928), das bis zum 31.3.2005 neben der Selbstanzeige stand. Sein besonderer „Reiz" für den Stpfl lag darin, dass strafbefreiende Erklärungen nach § 1 StraBEG einem deutlich reduzierten Pauschalsteuersatz unterlagen, die strafbefreiende Wirkung auch Personen erfassen konnte, die nicht selbst eine Erklärung eingereicht oder gezahlt hatten, und überdies Steueransprüche verjährten, die vor dem 1.1.1993 entstanden waren (vgl. die Kommentierung im Anhang II der → 6. Aufl.). Hintergrund des Gesetzes waren zum einen fiskalische Gründe – man rechnete mit Mehreinnahmen von 5 Milliarden EUR –, zum anderen ging es um den Versuch eines resignierenden Gesetzgebers, Gutwillige in die Reihen der Steuerehrlichkeit zurückzuholen, um der Vielzahl zu erwartender Ermittlungsverfahren Herr zu werden (→ 6. Aufl., vor § 1 StraBEG Rn. 14 ff.).

b) Verfassungsmäßigkeit der Regelung

Angesichts der für die Regelung der Selbstanzeige ins Feld zu führenden Gründe sind **37** **Zweifel an der Verfassungsmäßigkeit** dem Grunde nach unberechtigt (vgl. *Helml* 2014, S. 24; HHS/*Beckemper* AO § 371 Rn. 20; Erbs/Kohlhaas/*Hadamitzky/Senge* AO § 371 Rn. 2; Kühn/v.Wedelstädt/*Blesinger* AO § 371 Rn. 3; *Zöbeley* DStZ 1984, 198; *Breyer* 1999, 64 ff.). Das AG Saarbrücken hielt § 371 I und III AO für verfassungswidrig, weil die Regelung gegen Art. 3 I und Art. 20 GG verstieße (AG Saarbrücken 2.12.1982, wistra 1983, 84). Das BVerfG hat die Vorlage als unzulässig zurückgewiesen, der BGH (13.5.1983, wistra 1983, 197) hält die Bedenken des AG Saarbrücken für unbegründet. In der Tat ist die Argumentation des AG nicht überzeugend. Soweit das AG verlangt, *„dass jeder Straftäter, der die von ihm tatbestandsmäßig, rechtswidrig und schuldhaft begangene Straftat vor*

Randt   325

Entdeckung anzeigt, von Bestrafung frei bleibt oder bestraft wird", ist diese Argumentation wenig glücklich. Hier ist immerhin zu unterscheiden zwischen solchen Rechtsgutverletzungen, die reparabel sind, und solchen die irreparabel sind. Nur bei reparablen (Eigentums- und Vermögens-)Schäden stellt sich die Frage nach der strafrechtlichen Relevanz einer Schadenswiedergutmachung. Soweit das AG davon ausgeht, die der Regelung zugrunde liegenden finanziellen und fiskalischen Interessen seien *„sachfremde Erwägungen, die sich mit der Gerechtigkeit, wie sie das GG versteht, nicht vereinbaren"* ließen, verkennt es, dass es auch unter strafrechtlichen Aspekten gute Gründe gibt, im Hinblick auf das Strafrecht als ultima ratio auf eine Sanktion bei Schadenswiedergutmachung unter gleichzeitiger Beseitigung des Erfolgsunrechts zu verzichten. Im Übrigen hat *Franzen* bereits in der → 2. Aufl. Rn. 16 (zustimmend *Hein* StB 1983, 145) zutreffend darauf hingewiesen, dass eine staatspolitische Entscheidung des Gesetzgebers einer strafrechtssystematischen Rechtfertigung nicht bedarf. Dass es eine solche jedoch gibt, wurde bereits dargelegt (→ Rn. 23 ff.).

c) Konsequenzen

38 Die Konsequenzen einer vorrangig strafrechtlichen Begründung der Regelung des § 371 AO sind vielgestaltig. Sie hat insbes. Auswirkungen für den Umfang der Nachzahlungspflicht bei Selbstanzeige (§ 371 III), die Auslegung der Sperrwirkungsgründe (§ 371 II), aber auch für die Drittanzeige iSd § 371 IV AO (→ Rn. 400 ff.).

4. Rechtsnatur

39 **Die Selbstanzeige bildet einen persönlichen Strafaufhebungsgrund** (BGH 8.10.1957 – 1 StR 150/57 nv; BayObLG 7.10.1953, NJW 1954, 244 f.; BayObLG 27.4.1972, DStZ/B 1972, 288; OLG Hamburg 27.1.1970, NJW 1970, 1386; OLG Celle 15.7.1971, DStZ/B 1971, 406; OLG Karlsruhe 18.4.1974, NJW 1974, 1577; HHS/*Beckemper* AO § 371 Rn. 26, Kohlmann/*Schauf* AO § 371 Rn. 52, Kühn/v.Wedelstädt/*Blesinger/Viertelhausen* AO § 371 Rn. 2, RKR/*Kemper* AO § 371 Rn. 25; Klein/*Jäger* AO § 371 Rn. 1, Erbs/Kohlhaas/*Hadamitzky/Senge* AO § 371 Rn. 2; BMR SteuerStR/*Möller/Retemeyer* H Rn. 1; *Westpfahl* 1987, 8). Die zum Teil vorgenommene Kennzeichnung als Strafausschließungsgrund (BGH 13.11.1952, NJW 1953, 476; BGH 25.9.1959, DStZ/B 1959, 500; OLG Celle 27.4.1953, DStZ/B 1953, 516; BFH 14.8.1963, HFR 1964, 183; *Lohmeyer* ZfZ 1972, 174; *Tiedemann* JR 1975, 387) entspricht nicht der herrschenden Systematik. Strafausschließungsgründe kommen nur in Betracht, wenn die strafbefreienden Umstände bereits zum Zeitpunkt der Tat vorliegen (*Fischer* StGB vor § 32 Rn. 17; Schönke/Schröder/*Lenckner/Perron* StGB vor § 32 Rn. 133; SK-StGB/*Rudolphi* StGB vor § 19 Rn. 14). Durch die Selbstanzeige jedoch wird der bereits entstandene Strafanspruch rückwirkend wieder beseitigt (arg. aus Abs. 1 aF: *„wird straffrei"*). Die Neuregelung des § 371 I enthält zwar eine andere Formulierung, in der Sache hat sich dadurch aber nichts geändert.

40 Da es sich um einen *persönlichen* Strafaufhebungsgrund handelt, sind die Voraussetzungen des § 371 AO **bei jedem Beteiligten selbständig zu prüfen.** Grundsätzlich kommt sie nur dem Täter oder Teilnehmer selbst zugute, der sie erstattet (HHS/*Beckemper* AO § 371 Rn. 26) und der die sonstigen Voraussetzungen des § 371 AO (Nachzahlung usw.) erfüllt. Zur Bevollmächtigung siehe unten → Rn. 107 ff.

41 **Aus der Rechtsnatur als Strafaufhebungsgrund** folgt weiter,
- dass die Feststellung der Voraussetzungen des § 371 AO in der Hauptverhandlung nicht zur Einstellung des Verfahrens, sondern zum Freispruch des Täters führt (→ Rn. 429; OLG Frankfurt 18.10.1961, NJW 1962, 974; HHS/*Beckemper* AO § 371 Rn. 23, Kohlmann/*Schauf* AO § 371 Rn. 57);
- dass die positiven Voraussetzungen des § 371 AO objektiv vorliegen müssen. Ein Irrtum des Anzeigeerstatters ist unbeachtlich (BGH 14.12.1976, BB 1978, 698), ebenso sein Unvermögen zur fristgerechten Nachzahlung (§ 371 III; OLG Karlsruhe 18.4.1974, BB 1974,

1514) oder das Verschulden eines vom Täter beauftragten Vertreters (*Kratzsch*, Grundfragen 1983, S. 288 f.). Davon unberührt bleibt die Frage, ob im konkreten Fall überhaupt eine Nachzahlungspflicht bestand (unten → Rn. 142) oder die Strafe nicht im Hinblick auf die Wertung des § 46a StGB zumindest gemildert werden muss;
– dass das *Analogieverbot des Art. 103 II GG, § 1 StGB und der Grundsatz in dubio pro reo Anwendung finden* (Kohlmann/*Schauf* AO § 371 Rn. 55 f.; *Simon/Vogelberg* S. 161). Insbes. lässt sich aus dem (angeblichen) Ausnahmecharakter der Vorschrift nicht etwa herleiten, dass der Zweifelsgrundsatz allein bei den negativen Wirksamkeitsvoraussetzungen des § 371 II AO Anwendung finden könnte (so aber offenbar Wannemacher/*Vogelberg* Rn. 1392). Eine andere Frage ist, ob man die Einlassung des Beschuldigten, er habe schriftlich beim FA Selbstanzeige erstattet, als bloße Schutzbehauptung ansieht oder Zweifel beim Rechtsanwender verbleiben.

42 Zwar begründet das Gesetz keine Pflicht zur Selbstanzeige (*Seltmann* StB 1972, 234), dennoch kann eine solche durchaus *in Erfüllung steuerlicher Pflichten* erfolgen (zust. Kohlmann/*Schauf* AO § 371 Rn. 51). Diese Frage ist nicht zuletzt deshalb von Bedeutung, weil die Wahrung des Steuergeheimnisses unter anderem davon abhängt, ob der Täter steuerliche Verhältnisse iSd §§ 30, 393 AO ohne Verpflichtung oder aber in Erfüllung einer solchen offenbart. Allerdings scheint der Bundesfinanzhof offenbar eine solche Pflicht zur Selbstanzeige statuieren zu wollen (vgl. BFH 1.2.2012, wistra 2012, 218).

43 **Pflichten** können sich aus den steuerrechtlichen Vorschriften ergeben, die der Täter bei der Begehung der nunmehr zur Selbstanzeige gebrachten Tat verletzt hat. Deutlich ist dies etwa beim Unterlassen der Abgabe einer Steuererklärung: Der Umstand, dass sich der Täter durch Nichtabgabe einer Steuererklärung der Steuerhinterziehung durch Unterlassen schuldig gemacht hat (§ 370 I Nr. 2, IV 1), beseitigt seine Erklärungspflicht ebenso wenig wie etwa die Rettungspflicht des die Hilfeleistung Unterlassenden (§ 323c StGB), wenn nur Handlungsmöglichkeiten zur Verfügung stehen. Zwar ist auch bei einer Steuerhinterziehung durch Unterlassen die den Verjährungsbeginn auslösende Beendigung mit Vollendung der Tat gegeben; dies ändert jedoch nichts am Fortbestehen steuerlicher Verpflichtungen. Nämliches gilt bei der Steuerhinterziehung durch Begehen (§ 370 I Nr. 1), denn die Pflicht zur wahrheitsgemäßen Erklärung erlischt erst, wenn der Steueranspruch zum Erlöschen gebracht worden ist. Angesichts der verlängerten Festsetzungsfrist des § 169 II 2 AO und der Ablaufhemmung des § 171 VII AO ist dies erst viele Jahre später der Fall. Dass strafrechtlich bereits zu einem früheren Zeitpunkt Verjährung eingetreten sein kann (→ § 376 Rn. 27 ff.), lässt lediglich die Strafbewehrung der Pflicht, nicht jedoch die Pflicht als solche entfallen. Dies entspricht der herkömmlichen Dogmatik des Strafrechts. Auch bei unterlassener Insolvenzantragstellung (§ 15a InsO) fällt die Handlungspflicht erst mit dem Entfallen der Insolvenzantragspflicht fort (BGH 4.4.1979, BGHSt 28, 379 f.; s. auch BGH 28.10.2008, wistra 2009, 117; vgl. auch § 266a StGB, BGH 27.9.1991, wistra 1992, 23). Im Übrigen geht es auch nicht um die Frage, ob eine strafrechtliche Pflicht im Rahmen der Erstattung der Selbstanzeige erfüllt wird, sondern ob die Selbstanzeige in Erfüllung *steuerlicher* Pflichten gegeben ist. Deren Existenz ist aber nicht davon abhängig, ob die Nichterfüllung dieser Pflichten (noch) strafbar ist. Schließlich ist zu bedenken, dass eine Pflichterfüllung auch in den Fällen gegeben ist, in denen der Stpfl eine korrekte Einkommensteuererklärung für das Jahr 2012 nur dann ohne die Gefahr einer Selbstbelastung und Strafverfolgung für davorliegende Zeiträume abgeben kann, wenn er zugleich unrichtige Erklärungen für strafrechtlich noch nicht verjährte Zeiträume (etwa 2007 bis 2011) korrigiert (→ § 393 Rn. 76).

5. Der sachliche Anwendungsbereich des § 371 AO

44 Nach der Überschrift des § 371 AO und dem Wortlaut des Abs. 1 wirkt die Selbstanzeige strafbefreiend nur bei Steuerhinterziehung (§ 370). Ist die Tat lediglich versucht (§ 370 II), tritt die strafbefreiende Selbstanzeige neben die Möglichkeit des Rücktritts nach

§ 24 StGB (vgl. HHS/*Beckemper* AO § 371 Rn. 27 § 371). Die Regelung findet ebenfalls auf Anstifter und Gehilfen (§§ 26, 27 StGB) und bei Selbstanzeigen vor dem 1.1.2015 in besonders schweren Fällen der Steuerhinterziehung – unter Begrenzung durch § 371 II 1 Nr. 3 – Anwendung (vgl. HHS/*Beckemper* AO § 371 Rn. 27, RKR/*Kemper* AO § 371 Rn. 45). Letzteres wird nunmehr durch § 371 II Nr. 4 ausgeschlossen.

45 **Für die Begünstigung** des Täters oder Teilnehmers an einer Steuerhinterziehung gilt § 371 AO nicht, denn die Begünstigung iSd § 257 StGB bildet einen *selbständigen* Straftatbestand (Schönke/Schröder/*Stree/Hecker* StGB vor §§ 257 ff. Rn. 2; HHS/*Beckemper* AO § 371 Rn. 28). Der Vorschlag von *Hartung* (III 4d zu §§ 410, 411 RAO 1951), die Straffreiheit nach § 371 AO durch einen Analogieschluss zugunsten des Beschuldigten zu begründen, ist angesichts des eindeutigen Wortlauts nur als Anregung für eine Änderung des Gesetzes aufzufassen, die der Gesetzgeber nicht berücksichtigt hat, die er allerdings vor dem Hintergrund der zunehmenden Bedeutung einer Schadenswiedergutmachung gegebenenfalls aufgreifen sollte. Nur wer infolge seiner Selbstanzeige, wegen Beteiligung an der Steuerhinterziehung, zB als Mittäter oder Gehilfe, straffrei wird, kann nach § 257 II 1 StGB auch nicht mehr wegen Begünstigung bestraft werden.

46 **Nicht anzuwenden ist § 371 AO** auf Steuerstraftaten, deren Tathandlung nicht durch § 370 AO umschrieben wird. Bei Steuerhehlerei (§ 374) und Steuerzeichenfälschung (§§ 148, 149 StGB iVm § 369 I Nr. 3 AO) ist ein Berichtigen, Ergänzen oder Nachholen unrichtiger, unvollständiger oder verspäteter Angaben, das § 371 AO erfordert, nicht einmal möglich, da diese Tatbestände nicht durch unrichtige Angaben gegenüber der FinB erfüllt werden (RG 26.5.1921, RGSt 56, 6, 11 zu § 368 RAO 1919; vgl. auch HHS/*Beckemper* AO § 371 Rn. 28). Bei *Bannbruch* ist dies zwar denkbar, jedoch fehlt in § 371 I AO eine Verweisung auf § 372 AO, wie sie vor dem 2. AO StrafÄndG (→ Rn. 9) in § 410 I RAO 1951 enthalten war. Für die Fälle schweren Schmuggels (§ 373) – sei der Grundtatbestand Steuerhinterziehung oder Bannbruch – war die strafbefreiende Wirkung einer Selbstanzeige schon vorher ausgeschlossen (→ 3. Aufl. Rn. 20). Hiervon zu unterscheiden ist jedoch die Steuerhinterziehung durch unterlassene oder unrichtige Verwendung von Steuerzeichen (unten → Rn. 67).

47 Ausdrücklich für anwendbar erklärt ist § 371 AO auf die Bergmannsprämie (§ 5a II 1 BergPG – außer Kraft seit 1.1.2012), die Abwasserabgabe nach § 1 Abwasserabgabengesetz (§ 14 AbwAG), die Wohnungsbauprämie (§ 8 II WoPG 1996), die Arbeitnehmer-Sparzulage (§ 14 III 5. VermBG), und die Zulage für Berliner Arbeitnehmer (§ 29a I BerlinFG 1990). Die Regelung findet auf Investitionszulagen (vgl. § 20 BerlinFG 1990, § 8 InvZulG 1999) sowie auf das Erschleichen von sonstigen Subventionen iSd § 264 StGB keine Anwendung (arg. § 264 IV StGB; vgl. *Bilsdorfer* DStZ 1981, 98; HHS/*Beckemper* AO § 371 Rn. 28).

48 **Bei Abgaben zu Marktordnungszwecken** gilt § 371 AO über § 12 I 1 MOG. § 128 BranntwMonG idF vom 16.8.2001 (außer Kraft seit 1.1.2018) sah in Abs. 1 vor, dass die für das Strafverfahren wegen Steuerstraftaten geltenden Vorschriften der Abgabenordnung, mit Ausnahme des § 386 II AO sowie der §§ 399 bis 401 AO, bei einer Straftat, die unter Vorspiegelung monopolrechtlich erheblicher Tatsachen auf die Erlangung von Vermögensvorteilen gerichtet ist und kein Steuerstrafgesetz verletzt, entsprechend anzuwenden waren, so dass § 371 AO einschlägig war (vgl. auch HHS/*Beckemper* AO § 371 Rn. 30). Allerdings sprach die Regelung von den für das Strafverfahren geltenden Vorschriften. Ob man daraus schließen konnte, dass auch der Tatbestand der Selbstanzeige und nicht nur die §§ 385 ff. AO anwendbar waren, war zweifelhaft.

49 Kraft der Verweisung des § 378 III 2 AO gilt § 371 III, IV AO für die Selbstanzeige einer leichtfertigen Steuerverkürzung entsprechend. Zur Wirkung auf andere Steuerordnungswidrigkeiten siehe unten → Rn. 381.

50 **Bei der Hinterziehung von Abgaben der Länder** ist § 371 AO – soweit nicht unmittelbar Bundesrecht gilt – anzuwenden auf Kommunalabgaben aufgrund ausdrücklicher Verweisungen in Baden-Württemberg (§ 7 I 2 des BadWürttKAG), in Bayern

(Art. 14 I 2 BayKAG), in Brandenburg (§ 14 I 2 BraKAG), in Hessen (§ 5 I 2 HessKAG), in Mecklenburg-Vorpommern (§ 16 I 2 M-VKAG), in Niedersachsen (§ 16 III NdsKAG), in Nordrhein-Westfalen (§ 17 I 2 NWKAG), in Rheinland-Pfalz (§ 15 I 2 RPfKAG), im Saarland (§ 13 I 2 SaarlKAG), in Sachsen (§ 5 I 2 SächsKAG), in Sachsen-Anhalt (§ 15 III S.-AnhKAG), in Schleswig-Holstein (§ 16 I 2 SchlHKAG) und in Thüringen (§ 16 I 2 ThürKAG).

Ob § 371 AO für die Verletzung nichtsteuerlicher Strafgesetze in keinem Fall bedeutsam ist (so *Franzen*, → 3. Aufl. Rn. 24), ist zweifelhaft. Richtig ist zunächst, dass dann, wenn eine Steuerhinterziehung mit einer allgemeinen Straftat tateinheitlich oder tatmehrheitlich zusammentrifft, die Wirkung des § 371 AO sich nicht auf die nichtsteuerliche Straftat erstreckt (BGH 11.11.1958, BGHSt 12, 100; HHS/*Beckemper* AO § 371 Rn. 29; *Suhr/ Naumann/Bilsdorfer* AO § 371 Rn. 418). Wenn und soweit jedoch der Stpfl mit der Erstattung der Selbstanzeige steuerliche Pflichten erfüllt, steht einer Weitergabe der über andere Delikte erhaltenen Informationen das Steuergeheimnis (§ 30) entgegen (→ § 393 Rn. 76; zust. Kohlmann/*Schauf* AO § 371 Rn. 71, ähnlich HHS/*Beckemper* AO § 371 Rn. 29). Wird eine unrichtige LSt-Anmeldung korrigiert, lässt dies eine Strafbarkeit wegen Vorenthaltens von Arbeitnehmerbeiträgen zur Sozialversicherung nach § 266a I oder § 263 I StGB unberührt (Kohlmann/*Schauf* AO § 371 Rn. 72). Eine Verwertung der Angaben im Strafverfahren kann jedoch allenfalls unter den Voraussetzungen des § 30 IV, V iVm § 393 II 2 erfolgen (vgl. *Klos* NJW 1996, 2340). **51**

Auf die Kirchensteuer findet § 371 AO ebenso wie der Tatbestand der Steuerhinterziehung (§ 370) keine Anwendung. Als letztes Bundesland hatte Niedersachsen die Anwendung (vgl. Flore/Tsambikakis/*Webel/Biesgen* AO § 371 Rn. 52 mwN) mit Wirkung vom 24.12.2014 mittels § 6 I 2 NdsKiStRG abgeschafft. Aus dieser ausdrücklichen Nichtanwendbarkeit der §§ 369 ff. bei im Übrigen angeordneter Geltung der Vorschriften der Abgabenordnung ergibt sich die Straflosigkeit der Kirchensteuerhinterziehung; ansonsten müsste man im Hinblick auf die §§ 30, 393 AO, sollte man den Betrugstatbestand bei der Hinterziehung von Kirchensteuer für anwendbar halten (→ § 386 Rn. 30; BGH 17.4.2008, wistra 2008, 310, 312), ggf. zu einem Verwendungsverbot der strafbefreiende Selbstanzeige hinsichtlich der Einkommensteuer gelangen (→ § 393 Rn. 76). **52**

6. Der zeitliche Anwendungsbereich der Vorschrift

Für Selbstanzeigen vor dem 3.5.2011 gilt das alte Recht der Selbstanzeige. Dabei ist zu bedenken, dass der Bundesgerichtshof (BGH 20.5.2010, BGHSt 55, 180) entschieden hatte, dass eine Selbstanzeige vollständig richtigstellen muss, um wirksam zu sein (unten → Rn. 76). Dieses Erfordernis des „reinen Tisches" hatte der BGH allerdings anders als die Gesetz gewordene Fassung auf das einzelne Steuerjahr bezogen, also tatbezogen verwendet (Klein/*Jäger* AO § 371 Rn. 33). Diese Rechtsprechung ist durch Art. 97 § 24 EGAO bis zum 29.4.2011 suspendiert worden, so dass das Erfordernis des tatbezogenen „reinen Tisches" nur für wenige Tage gilt. Für davor erstattete Selbstanzeigen gilt also das alte Recht, in dem eine Teil-Selbstanzeige anerkannt war (vgl. auch BGH 20.11.2018, NStZ-RR 2019, 81). Für Selbstanzeigen nach dem 31.12.2014 gilt die Neuregelung namentlich des § 371 I, II; sie hat zum Teil eine positive Rückwirkung auf Altfälle (→ Rn. 239). **53**

II. Die Berichtigung nach § 371 I AO

Schrifttum: *Mattern,* Die „Berichtigung" iSd § 410 AO, DStZ 1950, 352; *Oswald,* Zur „Berichtigungspflicht" bei § 410 AO (Selbstanzeige), StP 1953, 182; *Maaßen,* Selbstanzeige und Auskunftspflicht bei OR-Geschäften, FR 1956, 460; *Lohmeyer,* Die Anwendung von Zwangsmitteln in den Fällen der §§ 410, 411 AO, NJW 1961, 2245; *ders.,* Die nachträgliche Änderung der Berichtigungserklärung in den Fällen der Selbstanzeige (§§ 410, 411 AO), FR 1965, 485; *Henneberg,* „Selbstanzeige dem Grunde nach" und der Verlust der strafbefreienden Wirkung durch verspätete Ergänzung der Angaben, Inf. 1972, 271; *Pfaff,* Wirksame Selbstanzeige auch bei schätzungsweiser Berichtigung infolge nicht ordnungsgemäßer Buchführung, DStR 1975, 622; *Bilsdorfer,* Die Bedeutung von Schätzungen für das Steuerstraf- und -ordnungswidrigkeitenrecht, DStZ 1982, 298; *Zacharias/Rinnewitz/Spahn,* Zu den Anforderungen an eine strafbefreiende Selbstanzeige iSd § 371 AO unter besonderer Berücksichtigung des Grundsatzes der Vollständigkeit der selbstangezeigten hinterzogenen Beträge, DStZ 1988, 391; *Hofmann,* Mandantenberatung bei der steuerlichen Selbstanzeige, DStR 1998, 399; *Breyer,* Der Inhalt der strafbefreiende Selbstanzeige, 1999; *Rolletschke,* § 371 Abs. 1 AO: Die Reichweite der Offenbarungspflicht, DStZ 1999, 566; *Schmitz,* Aktueller Leitfaden zur Selbstanzeige bei Steuerhinterziehung unter Berücksichtigung neuester Rechtsprechung und Literatur, DStR 2001, 1821; *Rolletschke,* Die gestufte Selbstanzeige, wistra 2002, 17; *Webel,* Die „gestufte Selbstanzeige", PStR 2007, 213; *Gehm,* Die strafbefreiende Selbstanzeige gemäß § 371 AO in der Diskussion, ZRP 2010, 169; *Habammer,* Die neuen Koordinaten der Selbstanzeige, DStR 2010, 2425; *Ransiek/Hinghaus,* Tatbegriff und Selbstanzeige nach § 371 AO, StV 2010, 711; *Rolletschke/Jope,* Das neue „Selbstanzeigerecht", StRR 2010, 288; *Roth/Schützeberg,* Der BGH macht reinen Tisch, PStR 2010, 214; *Rüping,* Selbstanzeige und Steuermoral, DStR 2010, 1768; *Tully/Bruns,* Selbstanzeige und Verbrauchsteuerstrafrecht, ZfZ 2010, 294; *Webel,* Die Grundsatzentscheidung des BGH zu § 371 AO – Fragen über Fragen, PStR 2010, 189; *Wulf,* Auf dem Weg zur Abschaffung der strafbefreiende Selbstanzeige?, wistra 2010, 286; *Beckemper/Schmitz/Wegner/Wulf,* Zehn Anmerkungen zur Neuregelung der strafbefreiende Selbstanzeige durch das „Schwarzgeldbekämpfungsgesetz", wistra 2011, 281; *Füllsack/Bürger,* Die Neuregelung der Selbstanzeige, BB 2011, 1239; *Habammer,* Die Neuregelung der Selbstanzeige nach dem Schwarzgeldbekämpfungsgesetz StBW, 2011, 310; *Heuel/Beyer,* Problemfelder der „neuen Selbstanzeige" – 13 neue Fragen mit Antworten, StBW 2011, 315; *Hunsmann,* Die Novellierung der Selbstanzeige durch das Schwarzgeldbekämpfungsgesetz, NJW 2011, 1482; *Obenhaus,* Verschärfung der Selbstanzeige, Stbg 2011, 166; *Prowatke/Felten,* Die „neue" Selbstanzeige, DStR 2011, 899; *Rolletschke,* Die neue Selbstanzeige, StRR 2011, 254; *Rolletschke/Roth,* Selbstanzeige: Verschärfte Anforderungen durch das Schwarzgeldbekämpfungsgesetz, Stbg 2011, 200; *Schwartz,* Zur Geringfügigkeitsgrenze bei § 371 AO nF, PStR 2011, 122; *Zanzinger,* Die Einschränkungen der Selbstanzeige durch das Schwarzgeldbekämpfungsgesetz – Klärung zweier Zweifelsfragen, DStR 2011, 1397; *Habammer/Pflaum,* Bleibt die Selbstanzeige noch praktikabel?, DStR 2014, 2267; *Joecks,* Der Regierungsentwurf eines Gesetzes zur Änderung der Abgabenordnung und des Einführungsgesetzes zur Abgabenordnung, DStR 2014, 2261; *Kemper,* Wieder ein neuer § 371 AO?, DStR 2014, 928; *Zipfel/Holzner,* Novellierung der strafbefreiende Selbstanzeige im Steuerrecht – Der Regierungsentwurf zur Änderung der Abgabenordnung, BB 2014, 2459; *Beneke,* Die Reform der strafbefreiende Stelbstanzeige, BB 2015, 407; *Buse,* Die Selbstanzeige ab dem 1.1.2015, DB 2015, 89; *Hunsmann,* Neuregelung der Sebstanzeige im Steuerstrafrecht, NJW 2015, 113; *Leibold,* Steuersünder unter Druck – Strafbefreiende Selbstanzeige wurde verschärft – Spielräume bei der Strafzumessung werden enger, NZWiSt 2015, 76; *Madauß,* Gesetzliche Klarstellung, fortbestehende und neue Probleme der Selbstanzeige iSd § 371 AO nF – der Versuch einer Bestandsaufnahme, NZWiSt 2015, 41; *Wulf,* Reform der Selbstanzeige – Neue Klippen auf dem Weg zur Strafbefreiung, wistra 2015, 166; *Wulf/Ruske,* Versuchte Steuerhinterziehung und Vollständigkeitsgebot des § 371 AO, PStR 2015, 14; *Schuster/Rübenstahl,* Zur Selbstanzeige bei Tatbeteiligung mehrerer, insbesondere bei Hinterziehung von Unternehmenssteuern, wistra 2020, 129.

1. Die Berichtigungserklärung

54 **Die Selbstanzeigehandlung** besteht nach § 371 I AO darin, dass jemand „*unrichtige oder unvollständige Angaben ... berichtigt oder ergänzt oder unterlassene Angaben nachholt*". Diese Formulierung bezieht sich offensichtlich in erster Linie auf eine vorausgegangene Verletzung von Steuererklärungspflichten nach den §§ 149 ff. AO iVm den einschlägigen Vorschriften der einzelnen Steuergesetze, zB §§ 56 ff. EStDV. Der Wortlaut des § 371 I AO deckt jedoch auch die Fälle ab, in denen der Stpfl einer FinB gegenüber unrichtige Angaben außerhalb einer förmlichen Steuererklärung gemacht hat, die eine Steuerverkürzung zur Folge haben können, zB um eine Stundung nach § 222 AO oder einen Erlass nach § 227 AO zu erschleichen oder um Vollstreckungsmaßnahmen nach den §§ 249 ff. AO zu vereiteln oder zu verzögern (vgl. *Breyer* 1999, 60 ff.). Auch können unrichtige Angaben erst im Verfahren über einen Rechtsbehelf oder gar im Klageverfahren vorgetragen worden sein, um die Behörde oder das Gericht über den wirklichen Sachverhalt zu täuschen und eine den Tatsachen entsprechende Entscheidung zu verhindern (→ § 370 Rn. 212 f.).

55 **Nur für eine bereits verübte Straftat** gewährt § 371 AO Straffreiheit. Die Steuerhinterziehung muss also im Zeitpunkt der Selbstanzeige schon vollendet oder wenigstens versucht worden sein; denn etwas berichtigen oder ergänzen kann nur, wer es zuvor unrichtig oder unvollständig dargestellt hat, nachholen kann man nur, was man vorher versäumt hat. Durch die Anzeige einer *beabsichtigten* Steuerhinterziehung sichert sich der Anzeigende nicht gegen Bestrafung; im Voraus gewährt § 371 AO keine Straffreiheit (BGH 20.7.1965, DStR 1966, 150). Insbes. in Fällen der Steuerhinterziehung durch Unterlassen (§ 370 I Nr. 2) kann sich dann allerdings die Frage stellen, ob die unterlassene Steuerfestsetzung auf einer Unkenntnis der FinB beruht (vgl. → § 370 Rn. 218 f.). Geht es um mehrere Taten, die jeweils unterschiedliche Veranlagungszeiträume betreffen, musste sich die Selbstanzeige schon nach bisherigem Recht tunlichst auf alle erstrecken, für die Strafverfolgungsverjährung noch nicht eingetreten ist, da zu besorgen ist, dass die FinB entsprechende Ermittlungen anstellt und die Bekanntgabe der Verfahrenseinleitung einer späteren Selbstanzeige die Wirksamkeit nimmt. Die Neuregelung des § 371 I AO verlangt, dass nicht nur eine einzelne Tat korrigiert wird, sondern sämtliche unverjährten Taten einer Steuerart. Kommt eine fünfzehnjährige Verjährungsfrist nach § 376 I AO nF in Betracht, sollten auch länger zurückliegende Taten berichtigt werden. Hierbei ist zu berücksichtigen, dass die fünfzehnjährige Verjährung erst ab dem 29.12.2020, mit Inkrafttreten des Jahressteuergesetzes 2020, gilt. Steuerstraftaten, die vor diesem Datum bereits verjährt waren, bleiben verjährt. Durch die Änderung des § 376 I AO tritt seit dem Inkrafttreten eine sukzessive Verlängerung des nicht verjährten Zeitraumes und damit des erforderlichen Berichtigungszeitraumes ein; bis zum 29.12.2025, da ab diesem Zeitpunkt die fünfzehnjährige Verjährungsfrist vollständig greift.

Berichtigen heißt, unrichtige, unvollständige oder fehlende Angaben durch die richtigen und vollständigen zu ersetzen (BGH 24.9.1954, BStBl. I 1954, 528). Jede Berichtigungserklärung erfordert wahrheitsgemäße Angaben über steuerlich erhebliche Tatsachen (BGH 13.11.1952, BGHSt 3, 373, 375 f.). Soweit hierbei im Anschluss an *Mattern* (DStZ 1950, 137, 353; NJW 1951, 940) nicht nur vom Erfordernis der „Materiallieferung", sondern darüber hinaus von der Lieferung eines „neuen" Materials gesprochen wird, ist dies mit dem Gesetzeswortlaut so nicht vereinbar (zutr. Kohlmann/*Schauf* AO § 371 Rn. 156). § 371 I AO setzt lediglich die (objektive) Berichtigung voraus. Inwiefern die der FinB gegebene Information für diese *neu* ist, kann allenfalls im Rahmen der negativen Wirksamkeitsvoraussetzungen (§ 371 II) Bedeutung gewinnen. 56

Die Berichtigung muss sich auf steuerlich erhebliche Tatsachen erstrecken. Regelmäßig sind Zahlenangaben zu machen. Ausnahmen sind etwa dann denkbar, wenn die Zuordnung von Besteuerungsgrundlagen, deren Umfang das FA bereits kennt, zu bestimmten Personen oder Vermögensmassen zu berichtigen ist. Die Erklärung, es seien bei einer von mehreren Tochtergesellschaften noch *„Beträge nachzuaktivieren"*, dies werde *„in der Abschlussbilanz des laufenden Jahres geschehen"*, reicht hierfür nicht aus (BGH 20.7.1965, DStR 1966, 150 f.). 57

Der Inhalt der Berichtigungserklärung muss grundsätzlich denselben Anforderungen genügen, denen der Anzeigeerstatter bei ordnungsgemäßer Erfüllung seiner steuerrechtlichen Offenbarungspflichten schon früher hätte entsprechen müssen (vgl. BGH 11.11.1958, BGHSt 12, 100 f.). So ist es Sache des Stpfl, dem FA die von ihm verwirklichten Besteuerungsgrundlagen nach Art und Umfang darzulegen. Die steuerrechtliche Beurteilung ist Sache des FA, zugleich steht es dem Stpfl frei, den wahrheitsgemäß offenbarten Sachverhalt rechtlich in anderer Weise als die Rechtsprechung und Finanzverwaltung zu würdigen (aM offenbar LG Heidelberg 16.11.2012, wistra 2013, 78). 58

Für den Inhalt gelten keine strengeren Maßstäbe, als sie das FA im Veranlagungsverfahren angelegt hätte, wenn der Stpfl sich von vornherein nach bestem Wissen und Gewissen bemüht hätte, seine Erklärungen richtig und rechtzeitig abzugeben (zust. Koch/Scholtz/*Scheurmann-Kettner* AO § 371 Rn. 11, Kohlmann/*Schauf* AO § 371 Rn. 159). Auch für eine Berichtigung kommt es darauf an, welche genauen Angaben dem jeweiligen Anzeigeerstatter nach den Umständen des Einzelfalls zugemutet werden können (BGH 14.12.1976, BB 1978, 698; LG Hamburg 18.6.1986, wistra 1988, 120). Der Stpfl muss seine Fehler nach Art und Umfang offenbaren und mit seinen Auskünften und den beigefügten oder bezeichneten greifbaren Unterlagen den steuerlichen Zugriff ermöglichen (RG 2.3.1925, RGSt 59, 115, 118; BGH 13.11.1952, NJW 1953, 475; BGH 5.9.1974, NJW 1974, 2293). 59

Ob das FA aufgrund der wahrheitsgemäßen Angaben des Anzeigeerstatters in der Lage sein muss, die Steuern ohne langwierige eigene Nachforschungen richtig festzusetzen (so BGH 13.11.1952, BGHSt 3, 373, 376), ist zweifelhaft. Zutreffend ist, dass das FA mit Hilfe der 60

Selbstanzeige in die Lage versetzt sein muss, den Sachverhalt **ohne die weitere gutwillige Mithilfe des Anzeigeerstatters** aufzuklären (vgl. BGH 20.7.1965, DStR 1966, 150 f.; LG Stuttgart 21.8.1989, wistra 1990, 72; *Zacharias/Rinnewitz/Spahn* DStZ 1988, 391; Kohlmann/*Schauf* AO § 371 Rn. 162). Die Anzeige muss aber nicht sämtliche zahlenmäßigen Angaben derart erschöpfend enthalten, dass das FA die (Berichtigungs-)Veranlagung auf der Stelle durchführen kann (ständige Rspr, vgl. BGH 5.9.1974, NJW 1974, 2293 f.). Der Stpfl verliert den Anspruch auf Straffreiheit nicht schon dadurch, dass die zahlenmäßige Berechnung der Steuer noch eine gewisse eigene Aufklärung durch das FA erfordert, zB durch Beiziehung von Steuerakten oder Anfragen bei Stellen, die dem FA gegenüber zur Auskunft verpflichtet oder zweifellos dazu bereit sind (RG 9.11.1936, RG 70, 350, 352 zur Angabe der Bankkonten, aus deren Bewegungen ohne weiteres das verschwiegene Kapitalvermögen für die steuerlich erheblichen Stichtage abgelesen werden konnte). Die Erklärung, es seien „Lohnsteuern von etwa 8.000 DM nachträglich anzumelden und abzuführen", reicht aus, wenn sich der Zeitraum aus den Gesamtumständen ergibt (OLG Köln 28.8.1979, StB 1980, 283, mit zust. Anm. *Lohmeyer;* wegen einer Fehleinschätzung um 600 DM siehe → Rn. 76).

61 **Unschädlich sind Ermittlungen,** die das FA anstellt, um die Richtigkeit und Vollständigkeit einer Selbstanzeige zu prüfen, sofern diese Prüfung gegenüber den Angaben des Stpfl keine neuen steuerlich erheblichen Tatsachen zutage fördert, deren Entdeckung für sich allein eine Strafverfolgung erforderlich machen würde. Bei geringfügigen Abweichungen liegt eine Anwendung des § 398 AO bzw. § 153 StPO nahe (→ Rn. 423).

62 Ist der Stpfl wegen *fehlender Aufzeichnungen* nicht in der Lage, genaue zahlenmäßige Angaben über die Besteuerungsgrundlagen zu machen, muss er dem FA jedenfalls diejenigen Tatsachen mitteilen, die eine Schätzung (§ 162) ermöglichen, oder einen eigenen Schätzungsvorschlag mit bestimmten Angaben begründen, zB über Umsatz oder über Wareneinsatz und Aufschläge oder über Materialeinsatz, Löhne und Aufschläge oder jedenfalls über den Verbrauch und den Vermögenszuwachs innerhalb der fraglichen Steuerabschnitte. Anhand solcher Angaben ist eine annähernd zutreffende (Berichtigungs-)Veranlagung auch dann möglich, wenn die Buchführung derart im Argen liegt, dass die Einnahmen und Ausgaben nicht rekonstruiert werden können (BGH 5.9.1974, NJW 1974, 2293; RKR/*Kemper* AO § 371 Rn. 109; *Suhr* 1977, S. 370; *Terstegen* S. 121; *Bilsdorfer* DStZ 1982, 302f; aM OLG Köln 20.12.1957, ZfZ 1959, 312; *Kratzsch* StW 1974, 72 f.; vgl. auch Klein/*Jäger* AO § 371 Rn. 53).

63 Soweit etwa *Brenner* die Auffassung vertritt, wer keine oder keine ordnungsgemäße Buchführung habe, könne auch keine ordnungsgemäße Anzeige iSd § 371 I AO erstatten (ZfZ 1979, 141; dagegen zutr. *Wendt/Heyn* ZfZ 1979, 232), geht dies am Gesetzeswortlaut vorbei. § 370 AO sanktioniert nicht die mangelhafte oder fehlerhafte Buchführung – dies tun §§ 283 ff. StGB, §§ 331 ff. HGB –, sondern die auf einer bestimmten Tathandlung beruhende unrichtige oder fehlende Steuerfestsetzung (zust. Kohlmann/*Schauf* AO § 371 Rn. 253 f., MüKoStGB/*Kohler* AO § 371 Rn. 75). Soweit der Stpfl mit seinen Angaben diese zutreffende Steuerfestsetzung ermöglicht, genügt dies auch dem § 371 AO (so auch Kohlmann/*Schauf* AO § 371 Rn. 255; vgl. auch HHS/*Beckemper* AO § 371 Rn. 62). Sofern die Angaben des Stpfl bei Unterlassen der Nachzahlung für eine Verurteilung nach § 370 AO ausreichten, genügen sie auch für eine Selbstanzeige nach § 371 AO (*Theil* BB 1983, 1277; *Gußen* StB 1997, 362; Kohlmann/*Schauf* AO § 371 Rn. 257). Soweit die Schätzung von der FinB verworfen wird, ist zu differenzieren: Wenn aus steuerrechtlichen Erwägungen Sicherheitszuschläge gemacht werden, oder auf der Basis des bekannten Umsatzes mit Gewinnen gerechnet wird, die den oberen Werten der Richtsatzsammlung oder Ähnlichem entsprechen, hat dies zunächst einmal nur steuerrechtliche Relevanz. Für die Selbstanzeige ist in jedem Falle ausreichend, dass solche Tatsachen übermittelt werden, die eine Schätzung nach strafprozessualen Maßstäben (vgl. *Joecks* wistra 1990, 54 ff.) rechtfertigen (zust. Kohlmann/*Schauf* AO § 371 Rn. 257). Die Grenze ist erst dort erreicht, wo sich die Berichtigungserklärung des Stpfl in der bloßen Aufforderung zur Schätzung durch das FA erschöpft.

Insoweit genügt für eine Berichtigung nicht, 64

– *dass der Steuerpflichtige die Unrichtigkeit seiner früheren Erklärungen anerkennt,* ohne sie gleichzeitig durch die richtigen Angaben zu ersetzen (RG 2.3.1925, RGSt 59, 115, 118);
– *dass er das Finanzamt nur auffordert, seine frühere Erklärung „ad acta zu legen"* (LG Frankfurt 12.3.1954, StP 1954, 360), oder einfach mitteilt, die eingereichten Steuererklärungen seien unzutreffend; allerdings bleibt hier eine Anwendung des § 24 StGB denkbar;
– *dass er ohne nähere Angaben erklärt, „Selbstanzeige erstatten zu wollen"* (Henneberg Inf 1972, 493);
– *dass er eine Außenprüfung beantragt* (→ Rn. 100) oder das von einem Prüfer der Finanzbehörde erarbeitete Ergebnis lediglich anerkennt (BGH 24.9.1954, NJW 1954, 2293; OLG Frankfurt 17.11.1960, BB 1961, 628; OLG Düsseldorf 27.5.1981, wistra 1982, 119);
– *dass er bei Erhalt einer Prüfungsanordnung erklärt: „Vorsorglich erstatten wir im Hinblick auf alle sich aus der Betriebsprüfung ergebenden Mehrsteuern Selbstanzeige"* (Felix StQ 1977, 465); eine solche inhaltslose Erklärung kann allenfalls die Wirkung haben, den Prüfer besonders zu motivieren (Bilsdorfer wistra 1984, 96);
– *dass der Steuerpflichtige die Ergebnisse der Außenprüfung anerkennt* (BGH 16.6.2005, wistra 2005, 381);
– *dass er angibt, die Steuer „für noch größere Mengen" an Heizöl hinterzogen zu haben* (BGH 4.3.1970, GA 1971, 115);
– *dass er die Besteuerungsgrundlagen frei oder griffweise schätzt;* in einer Erklärung wie „mein Umsatz beträgt 80 bis 100 Tausend DM jährlich" liegt nach hM keine Berichtigung, Ergänzung oder Nachholung von Angaben (BayObLG 24.1.1963, DStZ/B 1963, 112, 114; Bilsdorfer DStZ 1982, 303 und wistra 1984, 95 f.). Allerdings kommt es darauf an, ob die vom Stpfl vorgenommene Schätzung ohne jegliche Mitteilung von Tatsachen erfolgt (→ Rn. 63);
– *dass er die verkürzten Steuerbeträge ohne berichtigende Erläuterung nachzahlt* (→ Rn. 101);
– *dass der Steuerpflichtige Außenstände statt bei Rechnungsstellung erst im Folgejahr nachbilanziert* (BGH 18.10.1956, BStBl. I 1957, 122);
– *dass der Steuerpflichtige die Finanzbehörde über die Stellung eines Insolvenzantrags unterrichtet* (BGH 13.10.1992, wistra 1993, 68; Kohlmann/*Schauf* AO § 371 Rn. 165).

Ob die Überlassung von Bestandteilen der Buchführung, aus denen der Ver- 65 anlagungsbeamte nur mit erheblichem Zeitaufwand die richtigen Besteuerungsgrundlagen entwickeln könnte, als Berichtigungserklärung genügt, ist zweifelhaft (so aber *Franzen* → 3. Aufl. Rn. 39; zw. Kohlmann/*Schauf* AO § 371 Rn. 184). Im Hinblick auf § 151 AO ist diese Möglichkeit zu bejahen: Wenn dem Stpfl die Abgabe einer schriftlichen Steuererklärung nach seinen persönlichen Verhältnissen nicht zugemutet werden kann, darf die Steuererklärung sogar bei der zuständigen Finanzbehörde zur Niederschrift erklärt werden, insbes. wenn der Stpfl nicht in der Lage ist, eine gesetzlich vorgeschriebene Selbstberechnung der Steuer vorzunehmen oder durch einen Dritten vornehmen zu lassen. Dies gilt etwa dann, wenn dem Stpfl die entsprechenden finanziellen Mittel fehlen (vgl. Tipke/Kruse/*Seer* AO § 151 Rn. 3). Wenn aber schon die Abgabe einer Steuererklärung auf diesem Wege möglich ist, kann erst recht die nicht formgebundene (→ Rn. 90) Selbstanzeige durch bloße Lieferung von Material erstattet werden (vgl. *Breyer* 1999, 187 f. mwN). Eine Grenze wird dort zu ziehen sein, wo der Stpfl sich darauf beschränkt, sämtliche Unterlagen ohne eine Bezeichnung der strafbefangenen Bereiche dem FA einzureichen (vgl. auch BMR SteuerStR/*Möller/Retemeyer* H Rn. 71, 72, die offenbar meinen, aus der Selbstanzeige müsse sich auch vor dem 1.1.2015 das Begangensein einer Steuerstraftat ergeben; unten → Rn. 92).

Ist eine Materiallieferung nicht möglich, ist unerheblich, ob der Stpfl die Lücken 66 oder Fehler einer unbrauchbaren oder mangelhaften „Berichtigung" verschuldet hat oder nicht (einhM, zB LG Hamburg 18.6.1986, wistra 1988, 120; BGH 14 12. 1996, DB 1977, 1347 mwN).

67 Wurde die Steuerhinterziehung durch das pflichtwidrige Unterlassen der Verwendung von Steuerzeichen oder Steuerstemplern begangen (§ 370 I Nr. 3 AO), unterscheidet sich die Berichtigungserklärung nicht von anderen Fällen. Weder muss die Selbstanzeige hier durch eine Anzeige nach § 153 AO erfolgen, noch genügt eine bloße Nachzahlung der verkürzten Steuerbeträge. Auch wird die Selbstanzeige nicht etwa durch das nachträgliche Aufbringen von Steuerzeichen erstattet, sondern durch schlichte Anzeige (Schwarz/Pahlke/*Webel* AO § 371 Rn. 61). Dabei müssen die Besteuerungsgrundlagen gegenüber der FinB richtiggestellt werden, zB durch Angaben über Art und Menge der nicht ordnungsgemäß banderolierten Tabakwaren (zutr. *List* S. 25, glA Kohlmann/*Schauf* AO § 371 Rn. 180 u. Schwarz/Pahlke/*Webel* AO § 371 Rn. 61; *Breyer* 1999, 169, sowie HHS/*Beckemper* AO § 371 Rn. 61).

68 **Nur auf unrichtige eigene Angaben** muss sich die Berichtigung iS einer Materiallieferung beziehen (*Spitaler* FR 1955, 75; *Fließbach* StW 1955, 276 zu BFH 24.11.1954, BStBl. III 1955, 30; *Firnhaber* S. 77 ff.; zw. BFH 24.11.1954, BStBl. III 1955, 30), dh auf Angaben, die der Stpfl entweder persönlich gemacht hat oder die jedenfalls von seinem Vorsatz erfasst waren. Der Stpfl verliert die Anwartschaft auf Straffreiheit nicht, wenn er sich weigert, zusätzliche Angaben zu machen, die die steuerlichen Verhältnisse eines Dritten betreffen, an deren Verschleierung er nicht beteiligt war (vgl. *Maaßen* FR 1956, 460). Hat der Stpfl OR-Geschäfte angezeigt, die regelmäßig von beiden Geschäftspartnern nicht verbucht werden, genügt für die strafbefreiende Wirkung der Berichtigungserklärung, dass der Anzeigeerstatter die in seinen eigenen Steuererklärungen nicht erfassten Besteuerungsgrundlagen nachmeldet, ohne den Namen des Geschäftspartners anzugeben. Soweit er allerdings als Mittäter, Anstifter oder Gehilfe (§ 25 II, §§ 26, 27 StGB) auch für die Steuerhinterziehung des Geschäftspartners mitverantwortlich ist, kann er *insoweit* Straffreiheit – wenn überhaupt (→ Rn. 66) – nur durch Benennung des Geschäftspartners erlangen (zust. Kohlmann/*Schauf* AO § 371 Rn. 188; missverständlich *Lüttger* StB 1993, 373). Im Übrigen darf die FinB den Anzeigeerstatter nicht mit Zwangsmitteln (§§ 328 f., 331 f., 334) zu Offenbarungen zwingen, wenn sich daraus eine (nicht strafbefreiend wirkende) Selbstbelastung ergeben könnte. Liegen dagegen die Voraussetzungen einer Mittäterschaft oder Teilnahme des Anzeigeerstatters an der Steuerhinterziehung des Geschäftspartners *nicht* vor, kann eine Begünstigung (§ 257 StGB) in Betracht kommen; ob dies schon wegen der verweigerten Auskunft möglich ist (so *Franzen* → 3. Aufl. Rn. 41), hängt vom Vorliegen einer Garantenstellung ab.

69 Ob auch in anderen Fällen zur ordnungsgemäßen Selbstanzeige die Beschreibung der Einzelheiten von Geschäftsvorfällen gehört, ist umstritten. Dies betrifft zB die Frage, ob der Kapitaleinkünfte Nacherklärende auch mitteilen muss, bei welcher Bank er sein Kapital angelegt und die Erträge erzielt hat (dafür: *Marschall* BB 1998, 2502; *Rolletschke* DStZ 1999, 566; dagegen: *Hofmann* DStR 1998, 399). Tatsächlich kann es nur darauf ankommen, ob die Nichtbenennung des Geschäftspartners in der Weise zur Tathandlung gehörte, dass durch sie ein Merkmal des Tatbestandes erfüllt wurde (*Breyer* 1999, 240). Da dies idR nicht der Fall ist, gehört die Benennung nicht zum notwendigen Inhalt der Selbstanzeige.

70 **Auch dritte Personen,** sogar Amtsträger einer Finanzbehörde, können sich durch unrichtige, unvollständige oder pflichtwidrig unterlassene Angaben im Besteuerungs-, Erhebungs- oder Vollstreckungsverfahren oder als Auskunftspersonen oder Sachverständige im Verfahren über einen Rechtsbehelf an einer Steuerhinterziehung beteiligt haben und ihre irreführenden Angaben nach § 371 I AO berichtigen. Für die Berichtigung eines Mittäters oder eines Teilnehmers (Anstifters oder Gehilfen) an einer Steuerhinterziehung gilt grundsätzlich nichts anderes als für die Berichtigung eines Alleintäters (Kohlmann/*Schauf* AO § 371 Rn. 188).

71 **Für die Selbstanzeige des Gehilfen** hatte demgegenüber das OLG Hamburg (v. 21.11.1985, wistra 1986, 116 f. m. abl. Anm *Bublitz*) entschieden, dass dieser bereits dann wirksam eine solche erstatten kann, wenn er dem FA lediglich mitteilt, dass bestimmte Steuererklärungen unrichtig sind, und er faktisch nicht in der Lage ist, dem FA die zutreffenden Besteuerungsgrundlagen zu offenbaren (zust. Kohlmann/*Schauf* AO § 371 Rn. 189, MüKoStGB/*Kohler* AO § 371 Rn. 123 u. HHS/*Beckemper* AO § 371 Rn. 79; offen gelassen von BGH 18.6.2003, wistra 2003, 385 u. KG 24.11.2016, NStZ-RR 2017, 215). Die Unmöglichkeit, dem FA die zutreffenden Besteuerungsgrundlagen zu offenbaren, hindert aber auch sonst die Möglichkeit der strafbefreienden Selbstanzeige (oben Rn. 61) und ist zugleich insbes. beim Anstifter ein Problem (so zutr. HHS/*Beckemper* AO § 371 Rn. 80). Andererseits ist zu bedenken, dass der vom OLG Hamburg entschiedene Fall dadurch gekennzeichnet war, dass der Gehilfe ein Steuerberater war, der mangels Lieferung von Daten durch seinen Mandanten „gegriffene" Beträge in die Voranmeldung einsetzte und dem FA übermittelte. Wenn er nunmehr dem FA diesen Umstand mitteilt, macht er eben den Schaden wieder gut, den er zuvor angerichtet hat; insofern erscheint die Entscheidung des OLG Hamburg vertretbar (so auch Schwarz/Pahlke/*Webel* AO § 371 Rn. 143 f. und Kohlmann/*Schauf* AO § 371 Rn. 189, der darauf abstellt, ob ein [Mit-]Täter die nötigen Auskünfte verweigert).

Ob und warum der Mittäter oder Teilnehmer der Steuerhinterziehung nicht in der Lage ist, die konkreten Besteuerungsgrundlagen mitzuteilen, ist grundsätzlich irrelevant. Bedeutsam ist demgegenüber, welchen Beitrag er zu der konkreten Steuerhinterziehung geleistet hat. Entscheidend ist, dass der Mittäter oder Teilnehmer den Beitrag eliminiert, den er seinerzeit zur Begehung der versuchten oder vollendeten Steuerhinterziehung geleistet hat. Soweit ein Mittäter oder Teilnehmer nicht selbst für die Steuerverkürzung verantwortlich ist, weil bestimmte Teilbereiche einer Tat seiner Kenntnis und damit auch seinem (Täter-, Anstifter- oder Gehilfen-)Vorsatz entzogen waren, kann von ihm auch keine Berichtigung erwartet werden (im Ergebnis ebenso *List* S. 25 f.; Kohlmann/*Schauf* AO § 371 Rn. 191). Wer als Anstifter bei einem Dritten den Tatentschluss hervorruft, bestimmte Zahlungen an einen Sportverein steuerrechtswidrig als Spenden geltend zu machen, kann Selbstanzeige schon dadurch erstatten, dass er dem FA hiervon Mitteilung macht. Wer als Gehilfe an OR-Geschäften beteiligt war, genügt dem § 371 AO, wenn er nicht nur die Art und Weise seiner Mitwirkung darlegt, sondern auch Angaben über den Umfang seiner Mitwirkung macht, zB über die Höhe der Umsätze aus OR-Geschäften, an denen er beteiligt war (HHS/*Beckemper* AO § 371 Rn. 81). Dies ergibt sich aus der Parallele des § 371 AO zu den Rücktrittsregelungen in § 24 StGB. So setzt dort der Rücktritt des Tatbeteiligten nach § 24 II StGB in Fällen der Tatvollendung voraus, dass dieser seinen eigenen Tatbeitrag rückgängig macht bzw. die Vollendung der Tat verhindert. Für den § 371 AO genügt es mithin, dass der Täter oder Teilnehmer durch die Offenbarung seiner Tatbeteiligung die Ermittlung zutreffender Besteuerungsgrundlagen ermöglicht. Dies bedeutet nicht eine „Kronzeugenregelung" im Steuerstrafrecht, insbes. ist die bloße Anzeige der strafbaren Mitwirkung nicht genügend. Es ist aber ausreichend, wenn der Mittäter oder Teilnehmer Art und Umfang seines Tatbeitrages nebst den von ihm konkret verkürzten Beträgen dem FA mitteilt (vgl. BGH 18.6.2003, wistra 2003, 385).

Dementsprechend bestimmt sich die Menge der dem FA zu liefernden Informationen nach dem Grad der Mitwirkung an der begangenen Steuerhinterziehung. Der Mittäter, der die Tat entscheidend mitgestaltet hat (und in den Fällen des § 370 I Nr. 2 sogar selbst Steuerpflichtiger sein muss; → § 370 Rn. 32), hat mehr zu korrigieren als der Teilnehmer, der lediglich eine fremde Tat unterstützte oder den Tatentschluss zu dieser hervorrief. Wenn er aber einen erheblichen Beitrag geleistet hat, ist es irrelevant, warum er nunmehr nicht in der Lage ist, die Details zur Rückgängigmachung mitzuteilen. Im Einzelfall mag § 46a StGB helfen (→ Rn. 423).

Enthält eine Erklärung wieder neue, erhebliche Unrichtigkeiten, soll sie nach der Rspr keine „Berichtigung" darstellen und daher nicht zur Straffreiheit führen (RG 27.6.1938, RStBl. 1938, 1133; RG 12.6.1941, RStBl. 1941, 449; BGH 14.12.1976, DB 1977, 1347, BGH 20.11.2018, NStZ-RR 2019, 81; zur Frage, ob hierdurch eine neue Steuerhinterziehung begangen wird siehe → Rn. 106). In dem erstgenannten Urteil hatte das Reichsgericht eine erhebliche Unrichtigkeit – trotz unverändertem Steuersatzes –

bereits darin erblickt, dass der Stpfl die Zuckermengen, für die er Zuckersteuer hinterzogen hatte, stillschweigend im folgenden Monat zusätzlich anmeldete. Indessen sind solche verschleiernden Erklärungen zu unterscheiden von Angaben, die lediglich dem Ausmaß nach hinter der Wirklichkeit zurückbleiben und deshalb – soweit sie der Wirklichkeit näherkommen – *insoweit* Anspruch auf Straffreiheit begründen (→ Rn. 76 ff.; aM BGH 14.12.1976, DB 1977, 1347; wie hier *Barske* DB 1978, 2155; *Leise* BB 1978, 698). Da die strafbefreiende Wirkung der Selbstanzeige auch eine korrekte zeitliche Zuordnung der verkürzten Beträge voraussetzt (→ Rn. 98), liegt im erstgenannten Urteil des Reichsgerichts schon keine Berichtigungserklärung vor. Im Übrigen ist entscheidend, in welchem Maße die vom Stpfl vorgenommene Berichtigung zutreffende Angaben enthält. Dabei ist die strafbefreiende Wirkung nicht ausgeschlossen, wenn der Stpfl sich in der Selbstanzeige zu seinen Ungunsten geirrt hat (BGH 5.9.1974, NJW 1974, 2293).

75 Bis zum Beschluss des BGH vom 20.5.2010 galt: Erklärt der Anzeigeerstatter bewusst zu wenig („Dolose Teilberichtigung"), ließ dies nach herrschender Meinung zum alten Recht die Wirksamkeit der Selbstanzeige bezüglich der erklärten Beträge unberührt (Kohlmann/ *Schauf* AO § 371 Rn. 124, 210 u. Koch/Scholtz/*Scheurmann-Kettner* AO § 371 Rn. 17; *Simon/Vogelberg* S. 172). *Koops* (DB 1999, 2185) hat hiergegen Bedenken jedenfalls in den Fällen, in denen die Tat bereits objektiv entdeckt ist, der Täter hiervon jedoch nichts weiß, und weil er die Aufdeckung befürchtet, eine solche Teil-Selbstanzeige abgibt, um die FinB von weiteren Ermittlungshandlungen abzuhalten. Eine entsprechende Beschränkung ist dem Gesetz aber nicht zu entnehmen. Den „dolosen Plänen" des Täters kann iÜ bei der Strafzumessung für den Teil der Steuerhinterziehung Rechnung getragen werden, der von ihm bewusst nicht erklärt wurde.

76 **Weicht die Selbstanzeige nur geringfügig von den korrekten Besteuerungsgrundlagen ab,** soll es nach bisherigem Verständnis dennoch zur völligen Straffreiheit kommen können (OLG Köln 28.8.1979, DB 1980, 57; OLG Frankfurt a. M. 18.10.1961, NJW 1962, 974 mit abl. Anm *Leise;* Kohlmann/*Schauf* AO § 371 Rn. 221; *Koops* DB 1999, 2184; vgl. auch BGH 13.1.1998, wistra 1999, 27). Als geringfügig hat das OLG Köln (DB 1980, 57) eine Lohnsteuerdifferenz von 600 DM im Verhältnis zu 18.000 DM, das OLG Frankfurt (aaO) eine Umsatzdifferenz von nicht ganz 6 vH angesehen. Tatsächlich erlangt der Täter nur Straffreiheit, *„soweit"* seine Selbstanzeige reicht. Eine andere Frage ist, ob zur Überzeugung des Gerichts feststeht, der Täter habe auch bezüglich des nicht nachgemeldeten (geringfügigen) Teilbetrags seinerzeit vorsätzlich gehandelt. Überdies liegt es in diesen Fällen – vor dem Hintergrund des § 46a StGB (→ Rn. 423 sowie → § 398 Rn. 29) – nahe, von der Strafverfolgung wegen eines geringfügigen Unterschiedsbetrages nach § 398 AO abzusehen oder das Strafverfahren nach § 398 AO oder § 153 II StPO einzustellen (Kohlmann/*Schauf* AO § 371 Rn. 66.2).

77 **Nach der Neuregelung** ist allerdings erforderlich, dass der Erstatter der Selbstanzeige für alle unverjährten Taten einer Steuerart vollständig nacherklärt beziehungsweise berichtigt. Vor diesem Hintergrund stellt sich die Frage nach der Bedeutung von geringfügigen Unterschiedsbeträgen neu. Bislang ging es letztlich um die Frage, ob der nach Teil-Selbstanzeige verbleibende geringfügige Rest von der Wirksamkeit der Selbstanzeige umfasst ist oder aber gegebenenfalls nach § 398 AO, §§ 153 ff. StPO erledigt werden kann. Die Sorge, dass nach neuem Recht jegliche Abweichung insofern schädlich sein könnte, als es der Selbstanzeige dann insgesamt an Wirksamkeit mangelt, ist unbegründet (so bereits BT-Drs. 17/5067 [neu], 19, 21: „nicht auf Euro und Cent genau"; Kohlmann/*Peters* AO § 398 Rn. 55; *Beyer* AO-StB 2011, 119, 120; *Hechtner* DStZ 2011, 265; *Heuel/Beyer* AO-StB 2011, 315; *Prowatke/Felten* DStR 2011, 899; siehe auch *Adick* HRRS 2011, 197, 199). Der Berichterstatter, MdB *Manfred Kolbe,* sprach im Plenum davon, „Bagatellabweichungen" seien nach wie vor möglich; (PlenProt 17/96 S. 10953). Der BGH (BGH 25.7.2011, wistra 2011, 428) will bei unbeabsichtigten Unvollständigkeiten, die nicht mehr als 5 % ausmachen, großzügig sein. Nicht ganz klar ist dabei, ob sich diese 5 vH auf die einzelne Tat, also das einzelne Jahr beziehen, oder aber auf den Selbstanzeigezeitraum, der ja auch

Gegenstand der Selbstanzeige(n) ist (vgl. auch *Bürger* BB 2012, 34). Für Letzteres spricht jedenfalls der Fall, dass der Betreffende an den Regeln über die zeitliche Zuordnung scheitert, also Zufluss und Abfluss nicht richtig einordnen konnte (anders offenbar Klein/ *Jäger* AO § 371 Rn. 73, so auch FM NRW 12.1.2016 – S 0702 – 8f- V A 1). Dolos unvollständige Selbstanzeigen sind allerdings auch bei geringen Abweichungen unwirksam (vgl. FM NRW 12.1.2016 – S 0702 – 8f- V A 1, BeckVerw 333636).

Bei Selbstanzeigen ab 1.1.2015 müssen nach § 371 I 2 sich die Angaben auf alle **78** unverjährten Steuerstraftaten einer Steuerart erstrecken, mindestens aber auf alle Steuerstraftaten einer Steuerart innerhalb der letzten zehn Kalenderjahre. Der Gesetzgeber will damit eine gewisse Synchronisierung zwischen steuerrechtlicher und strafrechtlicher Verjährungsfrist erreichen. Gelingen kann ihm dies nicht, weil der Verjährungsbeginn unterschiedlich bestimmt wird (vgl. *Joecks* DStR 2014, 2262). Dabei hat er eine Regelung geschaffen, die eine Vielzahl von Fragen aufwirft (*Wulf* wistra 2015, 166: „erschütternd ungenau"). So ist unklar, was mit dem Begriff „Kalenderjahre" gemeint ist. Gemeint sein dürften abgeschlossene/volle Kalenderjahre (vgl. *Joecks* DStR 2014, 2262; MüKoStGB/ *Kohler* AO § 371 Rn. 66; siehe auch *Madauß* NZWiSt 2015, 41, 46) wobei es nicht um Zeiträume gehen kann, für die steuerlich bereits Festsetzungsverjährung eingetreten ist (*Beneke* BB 2015, 407; *Leibold* NZWiSt 2015, 76; *Wulf* wistra 2015, 166; vgl. auch BT-Drs. 18/3018, 11). Möglich wäre, vom Datum der Selbstanzeige zehn Jahre zurück zu gehen (vgl. *Hunsmann* NJW 2015, 113). Das Gesetz spricht aber nicht von 120 Monaten, sondern von zehn Kalenderjahren. Sinn macht die Regelung nur, wenn man an die zehnjährige Festsetzungsfrist (§ 169 II 2 AO) anknüpft, also fragt, ob noch eine Änderung der Steuerbescheide nach § 173 I Nr. 1 AO möglich ist. Soweit diese wegen einer Anlaufhemmung nach § 170 II AO länger als zehn Jahre ist, bleibt es bei einem Bruch, der durch die Ablaufhemmung nach § 170 V AO gemildert wird (vgl. *Wulf* wistra 2015, 166).

Mit dieser Ausdehnung der Selbstanzeige, die Ersatz für eine ursprünglich geplante **79** generelle Verlängerung der Verfolgungsverjährung auf zehn Jahre war, verschärft sich die Problematik der unbewusst unvollständigen Selbstanzeige, weil für die weit zurückliegenden Zeiträume eine noch größere Gefahr besteht, dass etwas übersehen werden wird (vgl. auch *Beneke* BB 2015, 407; *Leibold* NZWiSt 2015, 76).

Ob bei einer **mehrere Steuersubjekte** betreffenden Steuerart für alle zugleich Selbst- **80** anzeige erstattet werden muss, ist zweifelhaft. Die Problematik stellt sich, wenn etwa jemand als Verantwortlicher einer Mehrzahl von Personen- oder Kapitalgesellschaften Steuerhinterziehungen begangen hat (vgl. *Buse* DB 2015, 89). Vieles spricht dafür, die Steuerart steuersubjektbezogen zu begreifen (vgl. *Schuster/Rübenstahl* wistra 2020, 129). Ob dies auch im Hinblick auf das Verhältnis zwischen Feststellungs- und Festsetzungsverfahren so ist (vgl. *Buse* DB 2015, 89), ist zweifelhaft.

Bislang ging man davon aus, dass die Selbstanzeige auch in das **„Kleid" einer Berichti- 81 gungserklärung** nach § 153 AO gesteckt werden darf. Nach der Änderung des § 371 AO zum 1.1.2015 war unklar, ob dies auch weiterhin gelten konnte. Immerhin umfasst die Nachzahlungspflicht nunmehr auch die aufgelaufenen Hinterziehungszinsen. Hieraus ließe sich ableiten, dass sich aus der Selbstanzeige nicht nur der Umfang der Nachzahlungspflicht ergeben muss, sondern auch deutlich gemacht sein muss, dass es zur Festsetzung von Hinterziehungszinsen kommen muss. Für Dauersachverhalte stellt sich das Problem so nicht, da ohnehin alle unverjährten Jahre nachgemeldet werden müssen und damit mittelbar die Steuerhinterziehungen zugegeben werden. Virulent wird es aber dann, wenn jemand etwa eine Schenkungsteuererklärung „berichtigt". Da der BGH § 371 AO als Ausnahmevorschrift versteht, die eng auszulegen ist, besteht die Gefahr, dass ein solches Erfordernis der „Selbstbezichtigung" aufgestellt werden wird. Gemeinhin wird aber davon ausgegangen, dass auch weiterhin das „Kleid" einer Berichtigungserklärung verwendet werden kann (vgl. *Schuster/Rübenstahl* wistra 2020, 129), angesichts der fehlenden Rechtsprechung zu diesem Thema, scheinen auch die Finanzbehörden hiervon auszugehen.

einstweilen frei **82–89**

2. Die Form der Selbstanzeige

Schrifttum: *Voigt,* Formlose tätige Reue, FR 1951, 44; *Berger,* Selbstanzeige durch Abgabe der Jahressteuererklärung und bei Schätzung des Gewinns durch das Finanzamt, BB 1951, 919; *Henke,* Ist, wer eine Betriebsprüfung beantragt, wirklich gedeckt in dem Sinne, daß er sich nicht strafbar gemacht hat?, DStZ 1960, 188; *Lohmeyer,* Abgabe der Umsatzsteuererklärung als Selbstanzeige, UStR 1962, 129; *Herdemerten,* Selbstanzeige bei verspäteter Abgabe von USt-Voranmeldungen?, DStR 1970, 198; *Kopacek,* Verspätete Abgabe der Lohnsteueranmeldung als strafbefreiende Selbstanzeige, NJW 1970, 2098; *Henneberg,* Verspätete Abgabe der Lohnsteueranmeldung als strafbefreiende Selbstanzeige?, Inf. 1971, 351; *Garbers,* Selbstanzeige durch Einreichung der Umsatzsteuerjahreserklärung, wistra 1984, 49; *Lauppe-Assmann/Ziervogel,* Die Umsatzsteuer-Jahreserklärung als Selbstanzeige, wistra 1985, 142; *Neck,* Selbstanzeige durch Einreichung der Einkommensteuererklärung, DStR 1985, 505; *Wrenger,* Probleme der Selbstanzeige nach §§ 371, 378 Abs. 3 AO, DB 1987, 2325; *Teske,* Die neuere Rechtsprechung zur Selbstanzeige, wistra 1990, 139; *Schuhmann,* Zur Selbstanzeige bei der Umsatzsteuer, wistra 1994, 253; *Koops/Sensburg,* Die BGH-Rechtsprechung zur Wirksamkeit von sog. Teil-Selbstanzeigen, DB 1999, 2183; *Burkhard,* Strafrechtliches Ermittlungsverfahren trotz Selbstanzeige?, PStR 2001, 46; *Rolletschke,* Die gestufte Selbstanzeige, wistra 2002, 17; *Kohlmann,* Die Selbstanzeige (§ 371 AO) – und was daraus geworden ist, Bochumer Beiträge 2003, 79; *Seipl/Grötsch,* Wiederaufleben der Selbstanzeigemöglichkeit nach Wegfall von Sperrgründen und die Selbstanzeige nach der Teil-Selbstanzeige, wistra 2016, 1; *Randt,* Die Selbstanzeige nach der Selbstanzeige und die unwirksame Teilselbstanzeige als vermeintlich neue Tat, Gedächtnisschrift Joecks, S. 558; *Wulf/Gravenhorst,* Selbstanzeigenberatung: Strafbefreiung durch „Teilselbstanzeigen" und deren nachträgliche Korrektur, PStR 2019, 238; *Schaefer/Bach,* Steuerhinterziehung durch (dolose) Teilselbstanzeige?, wistra 2020, 493; *Bilsdrofer/Kaufmann,* Die gescheiterte Selbstanzeige als Eintrittskarte für eine wirksame Selbstanzeige, BB 2021, 535.

90 **Eine bestimmte Form** ist für die Selbstanzeige nicht vorgeschrieben, insbes. muss die Selbstanzeige nicht – wie etwa die ursprüngliche oder unterlassene Steuererklärung – auf amtlich vorgeschriebenem Vordruck (§ 150) abgegeben werden (*Bilsdorfer* wistra 1983, 95; *Breyer* 1999, 166). Die Berichtigungserklärung kann schriftlich, aber auch mündlich (OLG Düsseldorf 10.12.1958, DB 1960, 458; OLG Hamm 24.5.1961, DB 1961, 968; OLG Köln 28.8.1979, DB 1980, 57; OLG Hamburg 21.11.1985, wistra 1986, 116) abgegeben werden. Schriftliche Erklärungen müssen nicht unterschrieben sein (BayObLG 7.10.1953, NJW 1954, 244 f.; HHS/*Beckemper* AO § 371 Rn. 46, Kohlmann/*Schauf* AO § 371 Rn. 145), wenn sich die Identität des Anzeigeerstatters aus dem Inhalt ergibt. Zur Vermeidung von Missverständnissen sollten mündliche Erklärungen unverzüglich protokolliert werden (vgl. RG 4.1.1927, RG 61, 115, 120). Die Übermittlung per Telefax ist ebenso ausreichend wie eine fernmündliche (vgl. *Breyer* 1999, 167; Kohlmann/*Schauf* AO § 371 Rn. 144; krit. *Franzen* → 3. Aufl. Rn. 44) oder per E-Mail; allerdings sollte der Stpfl sich bewusst sein, dass der Grundsatz „*in dubio pro reo*" nur gilt, *wenn der Tatrichter Zweifel hat* und seine Einlassung, er habe fernmündlich Selbstanzeige erstattet, nicht als bloße Schutzbehauptung abtut. Insofern ist es im Interesse des Stpfl, auf eine entsprechende Dokumentation des Zugangs bei der FinB zu achten.

91 **Der Gebrauch des Wortes „Selbstanzeige"** oder eine Bezugnahme auf § 371 AO ist nicht erforderlich (BGH 13.10.1998, wistra 1999, 28; HHS/*Beckemper* AO § 371 Rn. 46, Kohlmann/*Schauf* AO § 371 Rn. 146; *Breyer* 1999, 175); wobei für die Rechtslage seit dem 1.1.2015 noch leichte Zweifel verbleiben (→ Rn. 81). Die Berichtigungserklärung kann neutral erscheinen und braucht keinen ausdrücklichen Hinweis auf strafrechtliche Aspekte des vorausgegangenen Verhaltens zu bieten (BGH 13.10.1992, wistra 1993, 66; Kohlmann/*Schauf* AO § 371 Rn. 146 u. HHS/*Beckemper* AO § 371 Rn. 46, Erbs/Kohlhaas/*Hadamitzky/Senge* AO § 371 Rn. 12). Der Anzeigeerstatter braucht sich weder auf ersichtliche Weise zu der Verkürzung zu bekennen, noch muss er sich einer strafbaren Handlung bewusst sein, geschweige denn mit seiner Berichtigungserklärung ein strafrechtliches Geständnis verbinden (zutr. *Berger* BB 1951, 919; *Troeger/Meyer* S. 262). Ausreichend ist die Mitteilung der richtigen Besteuerungsgrundlagen, ohne dass es der Angabe eines Motivs bedarf (OLG Celle 5.11.1970, DB 1971, 707; LG Stuttgart 21.8.1989, wistra 1990, 72, 73; aM Müller-Gugenberger/*Küster* Kap. 36 Rn. 190 ff.).

92 **Ein Bestreiten der Strafbarkeit des Verhaltens ist** jedenfalls bei Selbstanzeigen vor dem 1.1.2015 **unschädlich** (vgl. → Rn. 91; Kohlmann/*Schauf* AO § 371 Rn. 148).

Soweit der BGH (BGH 13.10.1992, wistra 1993, 66, 68) voraussetzt, dass die FinB *infolge der Anzeige auch in die Lage versetzt"* wird, *„den staatlichen Steueranspruch wegen der hinterzogenen Steuern nunmehr nachträglich vollständig durchzusetzen, dabei insbesondere auch den nach § 69 AO (wie § 71 AO) haftenden Angeklagten persönlich in Anspruch zu nehmen, ihm gegebenenfalls auch eine Nachzahlungsfrist (§ 371 III AO) zu setzen"*, war dies mit dem Wortlaut des § 371 I AO nicht zu vereinbaren. Ebenso, wie die Zahlung von Hinterziehungszinsen bei Selbstanzeigen vor dem 1.1.2015 nicht Voraussetzung für die Erlangung der Straffreiheit ist, musste die Selbstanzeige bis zur Neuregelung nicht die tatsächlichen Grundlagen für die Festsetzung von Hinterziehungszinsen liefern. Auch der Verweis des BGH auf die Notwendigkeit der Setzung einer Nachzahlungsfrist (§ 371 III) überzeugt nicht. Mit diesem Argument müsste einer Selbstanzeige nicht nur dann die Wirksamkeit abgesprochen werden, wenn in dieser strafbares Verhalten bestritten wird, sondern schon dann, wenn mit der Berichtigungserklärung nicht zugleich die Voraussetzungen der steuerrechtlichen Folgen einer Steuerhinterziehung (verlängerte Festsetzungsfrist gemäß § 169 II 2; Durchbrechung der Änderungssperre nach § 173 II; Haftung des Steuerhinterziehers gemäß § 71; Festsetzung von Hinterziehungszinsen gem. § 235) mitgeteilt werden. Dies wurde von niemandem ernsthaft vorausgesetzt, weil es vom Gesetzeswortlaut schlicht nicht gedeckt war (vgl. auch BGH 13.10.1998, wistra 1999, 28). Auch für die neue Rechtslage ist nicht erkennbar, dass dies ernsthaft vertreten wird.

Die Abgabe einer Steuererklärung kann ebenfalls strafbefreiende Selbstanzeige sein. **93** Sie ist jedenfalls dann ausreichend, wenn der Stpfl dem zuständigen FA überhaupt noch nicht bekannt war (vgl. den Sachverhalt zu OLG Frankfurt 18.10.1961, NJW 1962, 974). Hatte der Stpfl für die fraglichen Steuerarten und Steuerabschnitte unrichtige oder unvollständige Steuererklärungen abgegeben, muss in abweichenden späteren Erklärungen sein Wille zum Ausdruck kommen, dass diese an die Stelle der ursprünglichen Erklärungen treten sollen. Dies ergibt sich idR aus dem Umstand, dass der Stpfl eine bereits eingereichte Erklärung durch eine neue (höhere Steuern ergebende) ersetzt.

Bei der Nachholung nicht vorsätzlich oder leichtfertig unterlassener Steuererklärungen **93a** oder -anmeldungen handelt es sich nicht um eine Berichtigung nach § 153 AO, weil diese bereits nach dem Wortlaut eine vorherige (unrichtige oder unvollständige) Steuererklärung voraussetzt. Vielmehr handelt es sich um die Erfüllung der weiterhin bestehenden, originären Erklärungspflicht. Auch wenn die Frist zur Abgabe verstrichen ist, besteht die Erklärungs- oder Anmeldepflicht weiterhin fort. So haben ausländische (beschränkt) Stpfl in der Vergangenheit häufig nicht erkannt, dass sie für Lizenzzahlung oder Rechtsübertragung für Rechte, die in ein inländisches Register eingetragen sind, Steueranmeldungen nach § 50a EStG abzugeben haben (so aber BMF 6.11.2020, BStBl. I 2020, 1060). Erkennt der Stpfl nunmehr nachträglich, zB durch das BMF-Schreiben, dass er einer Pflicht zur Abgabe der Steueranmeldung unterliegt, so besteht auch nach Ablauf der Abgabefrist diese Pflicht weiterhin fort. Auch liegt keine Selbstanzeige vor, da die unterlassene Abgabe unvorsätzlich erfolgte und richtet sich somit nicht nach den Regelungen des § 371 AO.

Die Abgabe einer Jahreserklärung wurde zu Zeiten des Fortsetzungszusammenhangs **94** (→ § 369 Rn. 115 ff.) überwiegend als strafbefreiende Selbstanzeige eingeordnet. Dies betraf zum einen die kommentarlose Abgabe einer Umsatzsteuerjahreserklärung (§ 18 III UStG), die als wirksame Selbstanzeige hinsichtlich unrichtiger monatlicher Umsatzsteuervoranmeldungen (§ 18 I, II UStG) angesehen wurde (Kohlmann/*Schauf* AO § 371 Rn. 168; RG 14.2.1932, RStBl. 1932, 419; OLG Hamburg 27.1.1970, NJW 1970, 1385; LG Hamburg 25.11.1981, wistra 1983, 266; OLG Hamburg 12.2.1985, wistra 1985, 166 ff.; aM *Garbers* wistra 1984, 49, 51; vgl. auch *Ziervogel/Lauppe-Assmann* wistra 1985, 142, 143 f.; *Ulmer* wistra 1983, 22, 24; *Gußen* StB 1997, 405). Ebenso wurde die Einreichung einer ESt-Jahreserklärung als Selbstanzeige hinsichtlich falscher Angaben zu den ESt-Vorauszahlungen gem. § 37 III EStG eingeordnet (OLG Stuttgart 21.5.1987, wistra 1987, 263; Koch/Scholtz/*Scheurmann-Kettner* AO § 371 Rn. 12, Kohlmann/*Schauf* AO § 371 Rn. 172; *Neck* DStR 1985, 505, 506 f.; aA LG Stuttgart 25.11.1983, wistra 1984,

197). Inwiefern sich diese Auffassung vor dem Hintergrund der Aufgabe der Figur der fortgesetzten Handlung durch den Großen Senat (vgl. → § 369 Rn. 116) halten ließ, war zweifelhaft. Da es eine fortgesetzte Tat bei Steuerhinterziehung nach Auffassung des BGH (BGH 20.6.1994, BGHSt 40, 195, BGH 13.7.2017, StV 2019, 440) nicht mehr gibt, liegt es nicht völlig fern, bei diesen Konstellationen von 13 Taten auszugehen (12 Voranmeldungen, 1 Jahreserklärung), die zueinander im Verhältnis der Tatmehrheit stehen. Immerhin handelt es sich dann um „materiell selbständige Taten, denen eigener Unrechtsgehalt zukommt" (BGH 13.10.1998, wistra 1999, 27; dazu *Koops* DB 1999, 2183). Die unrichtigen oder unvollständigen Umsatzsteuervoranmeldungen stehen als mitbestrafte Vortat in Gesetzeskonkurrenz zu den unrichtigen oder unvollständigen Umsatzsteuerjahreserklärungen (BGH 13.7.2017, StV 2019, 440). Aber auch die Umsatzsteuer ist Jahressteuer und mit Ablauf des Veranlagungszeitraums ist eine Aufgliederung der Umsätze nach Monaten oder Kalendervierteljahren entbehrlich. Selbst wenn innerhalb des Veranlagungszeitraums ein geänderter Steuersatz in Kraft getreten ist, sieht schon der Vordruck eine Unterscheidung zwischen alten Umsätzen und neuen, dem höheren Steuersatz unterliegenden, vor. Eine Zuordnung zu einzelnen Monaten (vgl. *Franzen* → 3. Aufl. Rn. 47; OLG Hamburg 27.1.1970, NJW 1970, 1385; LG Hamburg 9.5.1983, wistra 1983, 266; siehe auch FinB Hamburg DB 1965, 1159) wäre allein für die Festsetzung von Hinterziehungszinsen relevant. Eine dahin gehende Erklärung ist jedoch von § 371 I AO nicht vorausgesetzt (zust. Kohlmann/*Schauf* AO § 371 Rn. 168; *Simon/Vogelberg* S. 171; aM offenbar *Marschall* BB 1998, 2500). Im Gegenteil sollte bereits mit der Änderung durch das StÄndG 1965 klargestellt werden, dass es auf die Zahlung der zeitgleich eingeführten Hinterziehungszinsen nicht ankommen soll (→ Rn. 7).

95 Überdies steht es der FinB frei, ggf. davon auszugehen, dass bereits mit der Voranmeldung für den Monat Januar die entsprechenden, nunmehr nachgemeldeten Beträge verkürzt worden sind, und dies einem etwaigen Zinsbescheid zugrunde zu legen. Eine Zuordnung zu einzelnen Monaten wäre übertriebene Förmelei. Dieser Auffassung hat sich zwischenzeitlich auch der BGH (v. 13.10.1998, wistra 1999, 27; vgl. auch *Kohlmann, Bochumer Beiträge* 2003, S. 93) angeschlossen. Nichts anderes gilt für den Bereich der ESt-Jahreserklärung im Verhältnis zu den Vorauszahlungen (zust. Kohlmann/*Schauf* AO § 371 Rn. 173; aM *Marschall* BB 1998, 2500).

96 Dass im Hinblick auf die Nachzahlungspflicht gemäß § 371 III AO gegebenenfalls aus der ESt-Abschlusszahlung herauszurechnen ist, in welchem Umfange der Stpfl zuvor den Steuervorteil der Herabsetzung von Vorauszahlung erschlichen hatte, nimmt der Jahreserklärung nicht den Charakter der Selbstanzeige. Die häufig anzutreffende Praxis, Umsatzsteuervoranmeldungen auch nach Erkennen erst durch die Jahreserklärung zu korrigieren, ist allerdings problematisch. Zum einen kann dadurch eine Steuerhinterziehung durch Unterlassen der Berichtigungserklärung nach § 153 AO begangen werden und zum anderen wird das Risiko eingegangen, dass die Jahreserklärung durch zwischenzeitliche Ermittlungsmaßnahmen nicht mehr als wirksame Selbstanzeige in Betracht kommt.

97 **Enthält die Einkommensteuerjahreserklärung** Einkünfte aus nichtselbständiger Arbeit, für die Lohnsteuer zu Unrecht nicht einbehalten worden war, oder Einkünfte aus Kapitalvermögen, für die rechtswidrig keine Kapitalertragsteuer bzw. kein Zinsabschlag einbehalten worden war, ist dies nicht ohne Weiteres eine Selbstanzeige zugunsten desjenigen, der seiner Abzugsverpflichtung nicht nachgekommen war (zust. Kohlmann/*Schauf* AO § 371 Rn. 174). Abzugsteuer und ESt betreffen verschiedene Steuersubjekte, so dass eine Selbstanzeige nur dann denkbar ist, wenn der die ESt-Jahreserklärung Einreichende für den entsprechenden Täter handelt. Allerdings kann die Aufnahme solcher Beträge in die Steuererklärung des Stpfl ihn von der strafbaren Teilnahme an der Tat des Anderen befreien oder eine strafbefreiende Selbstanzeige im Hinblick auf eine Steuerhinterziehung in mittelbarer Täterschaft (durch Abgabe unrichtiger Freistellungsaufträge; Vorlage einer unrichtigen Lohnsteuerkarte) darstellen. Zudem liegt in solchen Fällen wegen der ordnungsgemäßen Erklärung im Veranlagungsverfahren oftmals nur ein geringer Zinsschaden vor, der eine Anwendung von § 398 AO, §§ 153, 153a StPO nahelegt.

Die Nachholung unterlassener Angaben in einem anderen Steuerabschnitt ist 98 keine Berichtigung iSd § 371 I AO (BGH 18.10.1956, BStBl. I 1957, 122; *Hartung* III zu §§ 410, 411 RAO 1951; *Ehlers* S. 29; *Suhr* 1977, S. 369; *Pfaff* S. 94). Wer die für *einen* Steuerabschnitt unterlassenen Angaben ohne Erläuterung in der für einen *anderen* Steuerabschnitt abgegebenen Steuererklärung nachholt, zB die in einer ESt-Erklärung verschwiegenen Einkünfte stillschweigend in die Steuererklärung für das folgende Jahr aufnimmt, berichtigt nicht für das Jahr, in dem die Verkürzung eingetreten ist. Auch wer Außenstände erst in der Bilanz eines späteren Jahres ausweist als desjenigen, für das sie hätten ausgewiesen werden müssen, nimmt keine Berichtigung vor. Stellt der Stpfl ihm selbst zugeflossene Einnahmen als seiner Ehefrau zugeflossen dar, liegt ebenfalls keine Berichtigung vor. Hier wird es aber regelmäßig an der Vorstellung des Täters fehlen, durch unrichtige Angaben Steuern zu verkürzen. Im Übrigen sollte man in diesen Fällen bei der Strafzumessung nur den tatsächlich hinterzogenen Betrag berücksichtigen.

Demgegenüber meint *Schauf*, der Fall sei anders zu beurteilen; entscheidend sei allein, ob 99 für die FinB erkennbar vorhergehende unrichtige Angaben richtiggestellt oder nachgeholt würden und es der FinB ohne weitere langwierige Ermittlungen möglich sei, von sich aus weitere Ermittlungen anzustellen und eine entsprechende Berichtigungsveranlagung vorzunehmen (Kohlmann/*Schauf* AO § 371 Rn. 175 f.). Dies ist zutreffend und kein Widerspruch zu den obigen Ausführungen. Auch *Schauf* vertritt offenbar nicht die Auffassung, dass Verstecken eines Zuflusses des Jahres 2013 in der Erklärung für das Jahr 2014 sei schon strafbefreiende Selbstanzeige für das Vorjahr. Ebenso wenig erfüllt die Voraussetzungen des § 371 I AO, wer für das Jahr 2010 eine Betriebsausgabe vortäuscht und dafür im Folgejahr eine Betriebsausgabe in ähnlicher Höhe nicht geltend macht. Es mag sich um ein Vorsatzproblem handeln oder um eine Frage der Strafzumessung; schon die Wertung des § 370 IV 3 AO spricht dagegen, hier eine Selbstanzeige anzunehmen.

Ein Antrag auf Vornahme einer Außenprüfung durch die FinB ist für sich allein 100 keine Berichtigungserklärung, soweit es an materiell berichtigenden Angaben fehlt (OLG Düsseldorf 27.5.1981, wistra 1982, 119). Überdies besteht kein Rechtsanspruch auf ihre Durchführung (BFH 13.8.1970, BStBl. II 1970, 767; BFH 24.10.1972, DStR 1973, 215). Für einen besonders gelagerten Sachverhalt hat der 3. StrS des BGH entschieden, dass ein derartiger Antrag in Verbindung mit dem Hinweis auf die Höhe der Umsätze eines bestimmten gleichartigen Betriebes und sonstigen Auskünften und Aufklärungshilfen als Berichtigung angesehen werden könne (BGH 13.11.1953, BGHSt 3, 373 f.); diese Entscheidung zu § 410 RAO 1949 darf jedoch nicht verallgemeinert werden (*Coring* DStR 1963, 376). In der Regel ist die Anregung eines Stpfl, eine Außenprüfung vorzunehmen, keine Berichtigung (zust. HHS/*Beckemper* AO § 371 Rn. 73, Kohlmann/*Schauf* AO § 371 Rn. 181). Vielfach missverstanden wurde das LG Lüneburg (10.9.1959, DStZ/B 1960, 263), das einen Antrag des Stpfl auf Vornahme einer Betriebsprüfung iVm anderen Hilfstatsachen als Anzeichen dahin gewürdigt hat, dass ein vorsätzliches oder leichtfertiges Bewirken der festgestellten Steuerverkürzung nicht erwiesen sei (zutr. *Henke* DStZ 1960, 188).

Eine stillschweigende Nachzahlung der verkürzten Steuerbeträge – mit oder 101 ohne Namensangabe – stellt keine Selbstanzeigehandlung dar, denn mit einer bloßen Zahlung werden unrichtige Angaben nicht so berichtigt oder unterlassene Angaben nicht so nachgeholt, wie sie richtigerweise hätten gemacht werden müssen (oben → Rn. 14; vgl. BGH 25.9.1959, DStZ/B 1959, 499; HHS/*Beckemper* AO § 371 Rn. 73, Erbs/Kohlhaas/*Hadamitzky/Senge* AO § 371 Rn. 12). Allerdings ist bei einfachen Sachverhalten nicht ausgeschlossen, dass eine Berichtigung auch auf einem für die Finanzkasse bestimmten Zahlkartenabschnitt bzw. mit dem Überweisungsträger erfolgt, wenn zB ein Arbeitgeber in dieser Weise erklärt, dass er im vorangegangenen Monat Lohnsteuer in der überwiesenen Höhe zu wenig angemeldet habe (zust. Kohlmann/*Schauf* AO § 371 Rn. 186). Erfolgt jedoch die Nachzahlung ohne jeden erläuternden Hinweis, so ist das FA nicht einmal in der Lage, die für die Verbuchung des eingegangenen Betrages auf einem bestimmten

Steuerkonto erforderliche Sollstellung zu berichtigen; es müsste den Betrag in Verwahrung nehmen oder zurücküberweisen.

102 **Eine Teil-Selbstanzeige,** in der die steuerlich erheblichen Tatsachen nicht in vollem Umfang zutreffend offenbart werden, bewirkte bis zum 28.4.2011 Straffreiheit nur, aber immerhin, in dem mitgeteilten Umfang (HHS/*Beckemper* AO § 371 Rn. 76). Dies ergibt sich aus dem Wort „**insoweit**" des § 371 I aF, während das Straffreiheitsgesetz 1988 eine strafbefreiende Wirkung nur annahm, „wenn" der Stpfl die zutreffenden Angaben machte (vgl. *Joecks* 1989, S. 25). Seit dem 29.4.2011 gibt es eine solche Teil-Selbstanzeige nicht mehr. Bis zum 3.5.2011 muss die Selbstanzeige zumindest eine Tat, also etwa einen Veranlagungszeitraum, vollständig berichtigen, ab dem 3.5.2011 muss sich die Berichtigung auf alle unverjährten Jahre der entsprechenden Steuerart erstrecken. Seit 1.1.2015 muss sie mindestens die Taten der letzten zehn Jahre umfassen.

103 Nach der Rechtslage vor dem 1.1.2015 war unstrittig, dass sich eine Selbstanzeige aus **mehreren Erklärungen** des Stpfl und/oder seines Beauftragten zusammensetzen (BGH 13.11.1952, BGHSt 3, 373, 375 f.; Kohlmann/*Schauf* AO § 371 Rn. 149) kann. So mochte sich etwa aus weiteren Schreiben nicht nur eine quantitative Ergänzung einer ersten Teil-Selbstanzeige ergeben, sondern sogar erst die Qualität der Selbstanzeige herleiten lassen. Dieses Ergebnis ist unstreitig, wenn zum Zeitpunkt der Abgabe weiterer (berichtigender) Erklärungen noch keine Sperrwirkung iSd § 371 II AO eingetreten war. Zweifelhaft ist aber, ob eine Sperrwirkung dadurch herbeigeführt werden kann, dass das FA ein erstes Schreiben des Stpfl, welches den Anforderungen des § 371 I AO nicht genügt, zum Anlass nehmen darf, gegen den Stpfl ein Steuerstrafverfahren einzuleiten.

104 Elementarer Bestandteil der Rechtslage seit dem 3.5.2011 ist das Vollständigkeitsgebot der Selbstanzeige (BT-Drs. 17/4182, 1, 4; zu den Selbstanzeigen vor dem 3.5.2011 vgl. BGH 20.11.2018, NStZ-RR 2019, 81). Allein hieraus haben Teile der Literatur bereits hergeleitet, dass eine **Selbstanzeige nach der (Teil-)Selbstanzeige** unzulässig sei. Das Vollständigkeitsgebot sollte sog. „Salami"-Taktiken gerade verhindern (zu Nachweisen siehe *Wulf/Gravenhorst* PStR 2019, 238). Das Vollständigkeitsgebot besagt nur, dass eine wirksame Selbstanzeige am Ende voraussetzt, dass der Lebenssachverhalt vollständig korrigiert ist. Es trifft keine Aussage darüber, ob dies in verschiedenen Teilakten (auch) nachgelagert erfolgen kann. Vielmehr folgt aus dem Vollständigkeitsgebot des § 371 I AO, dass zunächst nur die erste unvollständige (Teil-)Selbstanzeige unwirksam ist. Damit ist aber noch keine Aussage zur zweiten Selbstanzeige getroffen. Ist diese vollständig, kann sie durchaus eine strafbefreiende Wirkung entfalten (ausführlich so auch *Wulf/Gravenhorst* PStR 2019, 238).

105 Für die zweite Selbstanzeige, die den Lebenssachverhalt nunmehr vollständig korrigiert, stellt sich dann aber die Frage, ob ein Sperrgrund – insbesondere die Tatentdeckung durch die erste (Teil-)Selbstanzeige – greift (*Wulf/Gravenhorst* PStR 2019, 238, zur Tatentdeckung vgl. *Bilsdorfer/Kaufmann* BB 2021, 535). Eine solche Tatentdeckung wird aber zu verneinen sein, wenn die Ermittlung zu der ersten (Teil-)Selbstanzeige formell abgeschlossen ist. Der Annahme einer Tatentdeckung steht entgegen, dass eine Verfolgung der vermeintlich entdeckten Tat faktisch nicht weiter stattfindet. Die Konstellation ähnelt dem Wiederaufleben der Selbstanzeige nach abgeschlossener Betriebsprüfung. Zuletzt dürfte es auch wegen der Erweiterung der Verfolgungsverjährung für besonders schwere Fälle auf 15 Jahre aus dem fiskalischen Normzweck heraus geboten erscheinen, ein Wiederaufleben der Selbstanzeige zuzulassen. Zum Wiederaufleben der Berichtigungsmöglichkeit → Rn. 354 ff. Für den Fall, dass die Prüfung der ersten Selbstanzeige noch nicht abgeschlossen ist, wird unzweifelhaft eine Tatentdeckung für die gleiche Steuerart und Besteuerungszeiträume anzunehmen sein.

106 Unabhängig davon, stellt sich die Frage, ob die **dolos unvollständige Teilselbstanzeige wiederum eine neue Steuerhinterziehung** begründen kann. Das ist aufgrund der fehlenden steuerlichen Erklärungs- oder Vollständigkeitspflicht einer Selbstanzeige zu verneinen. Es fehlt somit an den unrichtigen oder unvollständigen Angaben iSd § 370 I Nr. 1

AO. Das Vollständigkeitsgebot aus § 371 I AO führt zu einem persönlichen Strafaufhebungsgrund (→ Rn. 41), statuiert aber keine steuerliche Verpflichtung. Die Selbstanzeige nach § 371 AO ist eine strafrechtliche Erklärung zur rückwirkenden Beseitigung des Strafanspruches (vgl. → Rn. 39) und somit einem unvollständigen Teilgeständnis gleichzusetzen, aber keine steuerliche Erklärung iSd §§ 149 f. AO. Auch erwächst die Verpflichtung nicht aus § 153 AO, da die Unvollständigkeit der ersten Erklärung nicht nachträglich erkannt wurde, sondern vorsätzlich geschehen sein muss, da es anderenfalls bereits keine Selbstanzeige nach § 371 AO wäre (ausführlich *Randt* GS Joecks, 2018, 559). Darüber hinaus fehlt es auch an der Kausalität zwischen der unvollständigen Selbstanzeige und dem Verkürzungserfolg, da die Verkürzung bereits vollständig eingetreten ist (zur Frage des Kausalitätserfordernisses aA wohl BGH 10.12.2008, wistra 2009, 114).

3. Die Person des Anzeigeerstatters

Schrifttum: *Spitaler,* Selbstanzeige und Mandantentreue, MStb 1962, 65; *Lohmeyer,* Erstattung der Selbstanzeige durch Bevollmächtigte, DStR 1964, 446; *ders.,* Erstattung von Selbstanzeigen zugunsten Dritter durch den Steuerberater, Stbg 1987, 348; *Pfaff,* Selbstanzeige des Gehilfen, StBp 1987, 86; *Jäger/Birke,* Selbstanzeige bei Scheinfirmen, PStR 2004, 181; *A. Müller,* Die strafbefreiende Selbstanzeige für einen Dritten, AO-StB 2007, 276; *Handel,* Die Stellvertretung bei der Selbstanzeige, DStR 2018, 709; *Schuster/Rübenstahl,* Zur Selbstanzeige bei Tatbeteiligung mehrerer, insbesondere bei Hinterziehung von Unternehmenssteuern, wistra 2020, 129; *Wengenroth,* (Verdeckte) Stellvertretung bei der Selbstanzeige im Unternehmenskontext, PStR 2021, 14; *Binnewies/Görlich,* Die Fremdanzeige gem. § 371 Abs. 4 AO: Vergessenes Relikt oder verborgenes Remedium?, AG 2021, 439.

Aus dem Wortlaut des § 371 AO *("Wer ... berichtigt ..., wird insoweit straffrei")* ergab sich, dass die Selbstanzeige einen persönlichen Strafaufhebungsgrund darstellt (→ Rn. 39). Dies hat sich durch die Neuregelung nicht geändert (→ Rn. 39). Demzufolge erlangt Straffreiheit nur, wer als Täter einer Steuerhinterziehung oder als Teilnehmer (→ Rn. 40) die Selbstanzeige persönlich erstattet. Die Berichtigung kann durch einen bevollmächtigten Vertreter erklärt werden, sofern der Täter oder Teilnehmer sie persönlich veranlasst hat (BGH 13.11.1952, BGHSt 3, 373). Die Selbstanzeige zugunsten eines Dritten erfordert danach eine *besondere* Vollmacht und einen *nach der Tat* erteilten ausdrücklichen Auftrag (RG 11.5.1922, RGSt 56, 385, 387; BayObLG 7.10.1953, NJW 1954, 244). **107**

Die von einem Vertreter ohne Vertretungsmacht oder von einem Geschäftsführer ohne Auftrag abgegebene Erklärung kann für einen Dritten nach hM auch dann keine Rückwirkung entfalten, wenn der Dritte die Selbstanzeige später genehmigt – diese wirkt freilich ex nunc (zust. Kohlmann/*Schauf* AO § 371 Rn. 93) – oder wenn sie nach der jeweils gegebenen Sachlage seinem mutmaßlichen Willen entsprach (HHS/*Beckemper* AO § 371 Rn. 34; Kohlmann/*Schauf* AO § 371 Rn. 92; Koch/Scholtz/*Scheurmann-Kettner* AO § 371 Rn. 8 f. und RKR/*Kemper* AO § 371 Rn. 34; Wannemacher/*Vogelberg* Rn. 1414; *Kratzsch* StW 1974, 72; *Ehlers* DStR 1974, 695; *Pfaff* DStZ 1982, 361 f.). Entgegen *Senge* (Erbs/Kohlhaas/*Hadamitzky/Senge* AO § 371 Rn. 7; ebenso wohl RKR/*Kemper* AO § 371 Rn. 35) ist die Selbstanzeige allerdings nicht gänzlich bedeutungslos; eine Genehmigung wirkt aber nicht *ex tunc*, sondern *ex nunc*, so dass es für die Frage nach einem Vorliegen von Sperrwirkungsgründen nicht auf den Zeitpunkt der Erstattung der Selbstanzeige ankommt, sondern der der Genehmigung des vollmachtlosen Vorgehens entscheidend ist. Dass die bloße Selbstanzeige im Interesse auch eines Dritten nicht ausreicht, ergibt sich mittelbar bereits aus § 371 IV AO (→ Rn. 400). Eine Berichtigungs- oder nachgeholte Erklärung des GmbH-Geschäftsführers hat daher keine strafbefreiende Wirkung für vorsätzlich unrichtige, unvollständige oder unterlassene Steuererklärungen der früheren Geschäftsführer; auch nicht analog § 371 IV AO (KG 24.11.2016, NStZ-RR 2017, 215). **108**

Die Berichtigung durch einen bevollmächtigten Vertreter setzt zwar eine besondere Vollmacht, nicht jedoch deren Schriftform voraus (Erbs/Kohlhaas/*Hadamitzky/Senge* AO § 371 Rn. 7). Auch ein mündlicher Auftrag reicht aus (vgl. BGH 24.10.1984, wistra **109**

1985, 74, 75). Es genügt, dass die Selbstanzeige auf dem Willen des Beteiligten beruht und von ihm veranlasst wurde (so zutr. Kohlmann/*Schauf* AO § 371 Rn. 834). Dennoch ist – selbst wenn die Praxis die Vollmacht in der Regel nicht überprüft (*Bilsdorfer* wistra 1984, 94) – eine schriftliche Vollmacht zu empfehlen (RKR/*Kemper* AO § 371 Rn. 34). Das Verbot der Mehrfachvertretung (§ 146 StPO) steht der Vertretung mehrerer Steuerpflichtiger bei der Erstattung einer Selbstanzeige nicht entgegen, da die Selbstanzeige noch keine Maßnahme der Verteidigung in einem Strafverfahren ist (HHS/*Beckemper* AO § 371 Rn. 40).

110 **Verdeckte Stellvertretung** ist bei Berichtigung durch einen bevollmächtigten Vertreter nach hM zulässig (BayObLG 7.10.1953, NJW 1954, 244; BayObLG 27.4.1972, DStZ/B 1972, 287; HHS/*Beckemper* AO § 371 Rn. 35). Nicht nötig soll sein, dass der Anzeigende erkennen lässt, dass er die Anzeige (auch) im Auftrage eines Dritten erstattet (HHS/*Beckemper* AO § 371 Rn. 35).

111 Auch in Fällen der Vertretung muss die **Person des Vertretenen** der FinB bekannt werden (BGH 5.5.2004, wistra 2004, 309, 310; Kühn/v.Wedelstädt/*Blesinger/Viertelhausen* AO § 371 Rn. 9). Zwar wird man nicht so weit gehen können wie das RG (RG 8.1.1942, RStBl. 1942, 35), das nicht einmal die Selbstanzeige eines verstorbenen Vaters für den als Teilnehmer angeklagten Sohn wirken lassen wollte. Der Vertretene muss – auch wenn die Vertretungsmacht zu diesem Zeitpunkt noch nicht offenbart sein muss – der FinB persönlich bekannt werden. Dies gilt jedenfalls in den Fällen, in denen es zu einer Verkürzung von Steuern bereits gekommen ist, weil nur bei namentlichem Bekanntsein des Täters oder Teilnehmers der Steuerhinterziehung es möglich ist, ihm eine entsprechende Frist zu setzen. Ähnlich argumentierte der 5. Strafsenat des BGH in einem Beschluss vom 21. Juni 1994 (ZfZ 1995, 218): *„Selbst wenn die vom Geschäftsführer H erstattete Selbstanzeige auch zugunsten des Angeklagten erfolgte* (vgl. BGH 24.10.1984, StV 1985, 107), *kommt Straffreiheit nach § 371 AO dem Angeklagten nicht zugute. Eine Fristsetzung nach § 371 III AO gegenüber dem Angeklagten kam nicht in Betracht, weil seine Beteiligung dem Finanzamt nicht bekannt war. Der Angeklagte mußte deshalb eine gegenüber dem Geschäftsführer der GmbH gesetzte Frist gegen sich gelten lassen. Eine Zahlung der Steuerschuld ist nicht erfolgt."* Diese Entscheidung ist zwar insofern abzulehnen, als sie der Fristsetzung gegen einen Mittäter entsprechende Bedeutung für andere Mittäter beimisst, denn § 371 III AO setzt voraus, dass der Täter eine *ihm* gesetzte Frist ungenutzt verstreichen lässt (unten → Rn. 162). Im Ergebnis ist die Entscheidung aber zutreffend, weil die Selbstanzeige voraussetzt, dass der Täter oder Teilnehmer dem FA als potenziell Nachzahlungspflichtiger bekannt wird. Dies bedeutet, dass zwar eine verdeckte Stellvertretung zulässig ist, innerhalb dieser aber die Person des Vertretenen bekannt werden muss. Das Vertretungsverhältnis kann später noch überprüft werden. Eine Mitteilung des (verdeckt) Vertretenen ist allerdings nicht nötig, wenn sich die Tat noch im Versuchsstadium befindet, weil dann eine Fristsetzung und Nachzahlung iSd § 371 III AO ohnehin entbehrlich ist (BGH 5.5.2004, wistra 2004, 309, 310). Wer jedoch von einer Steuerhinterziehung profitiert hat, kann nach § 371 III AO nur straffrei werden, wenn er die zu seinen Gunsten hinterzogenen Steuern; Zinsen und Hinterziehungszinsen entrichtet. Dafür muss der Profiteur namentlich bekannt sein (vgl. *Wengenroth* PStR 2021, 14). Seit dem 3.5.2011 kommt zu dem Argument des § 371 III AO auch noch das des § 398a AO. In den Fällen des § 371 II 1 Nr. 3 und Nr. 4 AO, da hier keine Straffreiheit eintritt und nur von der Strafverfolgung abgesehen werden kann, wenn der an der Tat Beteiligte ua den Geldbetrag nach § 398a I Nr. 2 AO zahlt. Der Vertretene, der sich nicht offenbart, kann diese Anforderung nicht erfüllen.

112 Demgegenüber will *Franzen* (→ 3. Aufl. Rn. 57, 59) der Selbstanzeige durch Dritte weitergehende Wirkungen beimessen. Die Selbstanzeige eines von mehreren Tätern oder Teilnehmern wirke stets zugleich als Fremdanzeige zum Nachteil der anderen, auch wenn diese einen besonderen Auftrag, die Anzeige auch in ihrem Namen zu erstatten, nicht erteilt hätten. Vielfach nähmen Anzeigeerstatter irrtümlich an, dass eine Selbstanzeige ohne weiteres zu Gunsten ihrer Mittäter und Teilnehmer wirke. Das Erfordernis eines besonderen Auftrags bedeute eine besondere Härte, falls Täter und Teilnehmer zueinander in einem rechtlichen oder tatsächlichen Über- und Unterordnungsverhältnis stünden, zB der Unternehmer im Verhältnis zu tatbeteiligten Angestellten oder Eltern im Verhältnis zu tatbeteiligten Kindern (vgl. RG 8.1.1942, RStBl. 1942, 35). Dementsprechend will er das Erfordernis einer besonderen Vollmacht bzw. eines ausdrücklichen Auftrags auf diejenigen Fälle beschränken, in denen der Anzeigeerstatter an der angezeigten Tat nicht beteiligt war. Dagegen solle in den Fällen der Selbstanzeige durch Mittäter und Teilnehmer die Möglichkeit einer „Geschäftsführung ohne Auftrag" analog § 677 BGB und einer „Genehmigung" der Selbstanzeige analog § 184 I BGB anerkannt werden.

Zwar sprechen für diese Auffassung *Franzens* (→ 3. Aufl. Rn. 57, 59) praktische Erwägungen: Insbes. dann, wenn in Unternehmen Selbstanzeigen im Hinblick auf die Verkürzung von Lohnsteuer vorgenommen werden, ist zugleich eine Vielzahl von Arbeitnehmern im Bereich der Einkommensteuer betroffen. Dennoch ist dies von Grund und Wortlaut des § 371 AO nicht gedeckt. Für die auftragslose Fremdanzeige trifft § 371 IV AO eine abschließende Regelung. Vielmehr ist zu differenzieren: Genehmigt der Mittäter oder Teilnehmer die vollzogene Selbstanzeige des Dritten, so ist dies eine Berichtigungserklärung, die zumindest dann strafbefreiend wirkt, wenn nicht zwischenzeitlich eine Sperrwirkung nach § 371 II AO eingetreten ist. Auch eine sonstige „Billigung" einer bereits eingereichten Berichtigungserklärung genügt unter diesen Voraussetzungen dem § 371 I AO. Eine andere Frage ist, inwiefern § 371 IV AO in diesen Fällen nicht ohnehin zu einem Verfahrenshindernis bezüglich des mitbetroffenen Dritten führen muss. Dies gilt insbes. für den Fall der Zusammenveranlagung von Ehegatten, bei denen Konfliktlagen naheliegen (vgl. HHS/*Beckemper* AO § 371 Rn. 39 und unten → Rn. 400 ff.; krit. Kohlmann/*Schauf* AO § 371 Rn. 948). Eine verdeckte Stellvertretung stößt aber seit Einführung des § 398a AO auf das praktische Hindernis, dass in den Fällen des § 371 II 1 Nr. 3 und Nr. 4 AO nicht von der Strafverfolgung abgesehen werden kann, wenn nicht der Geldbetrag nach § 398a I Nr. 2 AO gezahlt wird. Hierfür muss aber der Tatbeteiligte namentlich bekannt sein, da anderenfalls auch keine Fristsetzung möglich ist (so auch *Schuster/Rübenstahl* wistra 2020, 129, siehe auch *Handel* DStR 2018, 709). Die verdeckte Stellvertretung ist nur insoweit zulässig, wie bereits in der Selbstanzeige selbst angezeigt wird, dass diese für einen bestimmten, wenn auch nicht namentlich benannten Täterkreis abgegeben wird. Damit wird in das Ermessen der Verfolgungsbehörde gestellt, durch Anforderungen diesen Täterkreis jederzeit näher zu bestimmen. Eine Bevollmächtigung zur Abgabe der Selbstanzeige muss dann bereits spätestens zum Zeitpunkt der Abgabe vorliegen. Die Offenlegung der bislang verdeckt Vertretenen muss wiederum spätestens bis zur Festsetzung der Zuschläge nach § 398a AO erfolgen.

Im Verhältnis zwischen steuerlichem Berater und Auftraggeber kann sich eine Kollisionslage dann ergeben, wenn der Berater auf die Erstattung einer Selbstanzeige drängt, der Mandant sich dazu jedoch nicht entschließen kann, weil er die Entdeckungsgefahr geringer einschätzt oder sich nicht in der Lage fühlt, die nach § 371 III AO erforderliche Nachzahlung zu leisten (vgl. HHS/*Beckemper* AO § 371 Rn. 37). War der Steuerberater an den Steuerhinterziehungen als Mittäter oder Teilnehmer beteiligt, hindert ihn weder der Aspekt der „Mandantentreue" noch die Pflicht zur Verschwiegenheit nach § 203 StGB daran, für seine Person die erforderliche Berichtigungserklärung abzugeben, denn *„es wäre für ihn unzumutbar, die Interessen seines uneinsichtigen Mandanten vorzuziehen und damit die Gefahr seiner eigenen Bestrafung in Kauf zu nehmen"* (*Spitaler* StB 1962, 65; HHS/*Beckemper* AO § 371 Rn. 37, Kohlmann/*Schauf* AO § 371 Rn. 101; *Bilsdorfer* wistra 1984, 93, 94). Hat sich der Steuerberater (noch) nicht strafbar gemacht, verbietet ihm die strafbewehrte Schweigepflicht (§ 203 StGB) das FA von dem steuerlich zutreffenden Sachverhalt in Kenntnis zu setzen. Ob er das Mandat angesichts der Vorgeschichte niederlegen will, ist keine Frage des Strafrechts. Soweit er im Rahmen seiner künftigen steuerlichen Beratung Fehler zur Vermeidung einer Entdeckung vergangener Verstöße gegen steuerliche Pflichten fortführen müsste, läuft er gegebenenfalls Gefahr, sich als Mittäter oder

Gehilfe strafbar zu machen, so dass eine Niederlegung des Mandats gegebenenfalls der einzige Ausweg ist (vgl. HHS/*Beckemper* AO § 371 Rn. 37).

115 **Bei Selbstanzeigen für Personen- oder Kapitalgesellschaften** erfasst die Selbstanzeige nach Abs. 1 nur im begrenzten Umfange die von der Tat begünstigten Personen. Eine Selbstanzeige im Hinblick auf eine Körperschaftsteuerhinterziehung durch verdeckte Gewinnausschüttung betrifft zunächst einmal nur das Steuersubjekt Körperschaft. Soll die Selbstanzeige auch für die ESt des begünstigten Gesellschafters erfolgen, muss dieser dem Anzeigeerstatter einen entsprechenden Auftrag geben. Bei Personengesellschaften führt eine Berichtigung einer unzutreffenden Erklärung zur einheitlichen und gesonderten Gewinnfeststellung nur zur Straflosigkeit der Personen, die diese Berichtigung veranlasst haben (vgl. HHS/*Beckemper* AO § 371 Rn. 43). Wegen der Bindungswirkung des daraufhin zu ändernden oder zu erlassenden Grundlagenbescheides ist allerdings eine Selbstanzeige bei dem Veranlagungsfinanzamt des einzelnen Beteiligten entbehrlich (vgl. § 171 X AO, § 175 I Nr. 1 AO), so dass diese sich der Selbstanzeige beim FeststellungsFA anschließen können. Ähnliches gilt im Verhältnis von Gewerbesteuermessbescheid und Gewerbesteuerbescheid.

4. Koordinierte Selbstanzeige

Schrifttum: *Vortmann,* Informationspflicht der Banken im Steuerfahndungsverfahren, WM 1996, 1166; *Feldhausen,* Die konzertierte Selbstanzeige in den Bankenfällen, PStR 1998, 24; *ders.,* Das Monheimer Modell als Instrument des Krisenmanagements, PStR 1998, 175; *Plewka/Heerspink,* Die konzertierte Selbstanzeige bei Bankenprüfungen – ein Königsweg zur Straffreiheit?, BB 1998, 1337; *Ditges/Graß,* Zur – kollektiven – Selbstanzeige des Hinterziehungshelfers, BB 1998, 1978; *Rischar,* Die Selbstanzeige im Lichte der Bankdurchsuchungen, BB 1998, 1341; *Voßmeyer/Venn,* Bankenfahndung: Verteidigung zwischen Konfrontation und Anbiederung – Zum sog. Monheimer Modell, Stbg 1998, 260; *Burkhard,* Die Sperrwirkung des § 371 Abs. 2 AO gegenüber Bankmitarbeitern und Bankkunden bei Erscheinen der Steuerfahndung in den sog Bankenfällen, DStZ 1999, 783; *Ransiek,* Die Information der Kunden über strafprozessuale und steuerrechtliche Ermittlungsmaßnahmen bei Kreditinstituten, wistra 1999, 401; *Streck,* Die Banken und Sparkassen in der Spannung zwischen Kundenberatung und Steuerfahndung, WM 1999, 719; *Spatscheck,* Bankenfälle und Selbstanzeigepraxis – ein Zwischenbericht, DB 2000, 492.

116 Im Zusammenhang mit den **Bankenprüfungen** wird die koordinierte bzw. konzertierte Selbstanzeige diskutiert (vgl. etwa *Plewka/Heerspink* BB 1998, 1337; *Ditges/Graß* BB 1998, 1978; *Feldhausen* PStR 1998, 24). Gedacht ist, den in der Bank zur Durchsuchung erscheinenden Beamten anzubieten, die Kunden zu informieren (vgl. auch *Vortmann* WM 1996, 1166) und über die Möglichkeit der Selbstanzeige zu unterrichten. In einigen Fällen fungiert dabei ein Rechtsanwalt als „Selbstanzeigetreuhänder".

117 Konstellationen dieser Art sind letztlich nicht neu. Vergleichbare Probleme stellen sich, wenn in einem Unternehmen Lohnsteuer nacherklärt werden soll und dabei zugleich (aktive wie ausgeschiedene) Mitarbeiter eingebunden werden müssen, um diesen die Möglichkeit zur Korrektur im Hinblick auf die ESt zu geben (zur praktischen Durchführung vgl. *Joecks* 1998, 65). In den Bankenfällen ist der Sinn einer solchen Aktion aber nicht ohne weiteres ersichtlich. Dass die Banken Kunden über entsprechende Untersuchungsmaßnahmen im Hinblick auf die noch mögliche Selbstanzeige unterrichten dürfen, wird wohl nicht bestritten (vgl. *Ransiek* wistra 1999, 491), soweit dem nicht das geldwäscherechtliche Tipping-off-Verbot nach § 47 I GwG entgegensteht. Erstattet der Kunde dann eine Selbstanzeige, stellt sich die Frage, inwieweit bereits eine Sperrwirkung nach § 371 II AO eingetreten ist. Dies wird nur bei namentlich bekannten Kunden bereits der Fall sein. Alles andere ist eine Frage des Standes der Ermittlungen. Lässt sich ein Beamter der Fahndung oder Strafsachenstelle auf ein „Moratorium" ein und unterlässt er in dieser Phase des Anfangsverdachts weitere Ermittlungen, liegt der Vorwurf der Strafvereitelung im Amt (§ 258a StGB) nicht fern.

5. Adressat der Selbstanzeige

Nach dem Wortlaut des § 371 I AO ist die Selbstanzeige bei der FinB zu erstatten, vgl. dazu die Definition des

§ 6 AO Behörden, öffentliche und nicht-öffentliche Stellen, Finanzbehörden

(1) Behörde ist jede öffentliche Stelle, die Aufgaben der öffentlichen Verwaltung wahrnimmt.

(1a) Öffentliche Stellen des Bundes sind die Behörden, die Organe der Rechtspflege und andere öffentlich-rechtlich organisierte Einrichtung des Bundes, der bundesunmittelbaren Körperschaften, der Anstalten und Stiftungen des öffentlichen Rechts sowie deren Vereinigungen ungeachtet ihrer Rechtsform.

(1b) Öffentliche Stellen der Länder sind die Behörden, die Organe der Rechtspflege und andere öffentlich-rechtlich organisierte Einrichtungen eines Landes, einer Gemeinde, eines Gemeindeverbandes oder sonstiger der Aufsicht des Landes unterstehender juristischer Personen des öffentlichen Rechts sowie deren Vereinigungen ungeachtet ihrer Rechtsform.

(1c) ¹Vereinigungen des privaten Rechts von öffentlichen Stellen des Bundes und der Länder, die Aufgaben der öffentlichen Verwaltung wahrnehmen, gelten ungeachtet der Beteiligung nicht-öffentlicher Stellen als öffentliche Stellen des Bundes, wenn
1. sie über den Bereich eines Landes hinaus tätig werden oder
2. dem Bund die absolute Mehrheit der Anteile gehört oder die absolute Mehrheit der Stimmen zusteht.
²Anderenfalls gelten sie als öffentliche Stellen der Länder.

(1d) ¹Nicht-öffentliche Stellen sind natürliche und juristische Personen, Gesellschaften und andere Personenvereinigungen des privaten Rechts, soweit sie nicht unter die Absätze 1a bis 1c fallen. ²Nimmt eine nicht-öffentliche Stelle hoheitliche Aufgaben der öffentlichen Verwaltung wahr, ist sie insoweit öffentliche Stelle im Sinne diese Gesetzes.

(1e) Öffentliche Stellen des Bundes oder der Länder gelten als nicht-öffentliche Stellen im Sinne dieses Gesetzes, soweit sie als öffentlich-rechtliche Unternehmen am Wettbewerb teilnehmen.

(2) Finanzbehörden im Sinne dieses Gesetzes sind die folgenden im Gesetz über die Finanzverwaltung genannten Bundes- und Landesfinanzbehörden:
1. das Bundesministerium der Finanzen und die für die Finanzverwaltung zuständigen obersten Landesbehörden als oberste Behörden,
2. das Bundeszentralamt für Steuern, das Informationstechnikzentrum Bund und die Generalzolldirektion als Bundesoberbehörden,
3. Rechenzentren sowie Landesfinanzbehörden, denen durch eine Rechtsverordnung nach § 17 Absatz 2 Satz 3 Nummer 3 des Finanzverwaltungsgesetzes die landesweite Zuständigkeit für Kassengeschäfte und das Erhebungsverfahren einschließlich der Vollstreckung übertragen worden ist, als Landesoberbehörden,
4. die Oberfinanzdirektionen als Mittelbehörden,
4a. die nach dem Finanzverwaltungsgesetz oder nach Landesrecht an Stelle einer Oberfinanzdirektion eingerichteten Landesfinanzbehörden,
5. die Hauptzollämter einschließlich ihrer Dienststellen, die Zollfahndungsämter, die Finanzämter und die besonderen Landesfinanzbehörden als örtliche Behörden,
6. Familienkassen,
7. die zentrale Stelle im Sinne des § 81 des Einkommensteuergesetzes und
8. die Deutsche Rentenversicherung Knappschaft-Bahn-See (§ 40a Abs. 6 des Einkommensteuergesetzes).

Die engere Begriffsbestimmung des § 386 I 2 AO (Hauptzollamt, Finanzamt, Bundeszentralamt für Steuern und die Familienkasse) gilt ausdrücklich nur für die Vorschriften des 3. Abschnitts des 8. Teils der AO über das Strafverfahren; dort ist eine Begrenzung erforderlich, weil die besonderen strafverfahrensrechtlichen Befugnisse nach den §§ 385 ff. AO nur den besonders bestimmten Finanzbehörden zustehen sollen. Bei der Entgegennahme einer Berichtigungserklärung geht es (noch) nicht um die Ausübung von strafverfahrensrechtlichen Befugnissen, sondern zunächst nur um die Frage, bei welcher Behörde eine Selbstanzeige eingegangen sein muss, damit die strafbefreiende Wirkung eintritt. Ob aber jede FinB iSd § 6 AO unabhängig von ihrer sachlichen und örtlichen Zuständigkeit für die jeweils verkürzte(n) Steuer(n) zur Entgegennahme jeder Selbstanzeige geeignet ist, ist umstritten (vgl. *Berger* BB 1952, 105; *Bilsdorfer* wistra 1984, 96; *Kratzsch*

Grundfragen 1983, S. 290; RKR/*Kemper* AO § 371 Rn. 146; *Streck* S. 135; *Suhr* 1977, S. 346; BMR SteuerStR/*Möller/Retemeyer* H Rn. 60; HHS/*Beckemper* AO § 371 Rn. 51 und Kühn/v. Wedelstädt/*Blesinger/Viertelshausen* AO § 371 Rn. 12). Dagegen könnte sprechen, dass die Steuererklärung auch nicht beim örtlich unzuständigen Finanzamt fristwahrend eingereicht werden kann, sondern es für die Fristwahrung auf den Eingang beim zuständigen Finanzamt ankommt (BFH 13.2.2020, NJW 2020, 2207). Entsprechend könnte die Selbstanzeige erst ihre Wirkung entfalten, wenn sie – etwa durch Weiterleitung des unzuständigen Finanzamtes – beim örtlich zuständigen Finanzamt eingegangen ist. Für die Anzeige- und Berichtigungspflicht nach § 153 AO sieht das BMF diese Verpflichtung aber bereits als erfüllt an, sobald diese beim unzuständigen Finanzamt eingegangen ist; lediglich die Jahresfrist nach § 171 IX AO beginne jedoch erst mit Ablauf des Tages, an dem die weitergeleitete Anzeige bei dem zuständigen Finanzamt eingegangen ist (BMF 23.5.2016, BStBl. I 2016, 490, Tz. 5.4)

119 Nach einer vielfach vertretenen Auffassung muss die Berichtigungserklärung bei der im Einzelfall **örtlich und sachlich zuständigen FinB** eingegangen sein (RG 15.11.1926, RGSt 61, 10 f.; OLG Bremen 31.1.1951, DStZ/B 1951, 212; OLG Frankfurt 16.1.1954, DStZ/B 1954, 58 mit zust. Anm *Keßler;* OLG Frankfurt 18.10.1961, NJW 1962, 974 mit abl. Anm *Leise;* Koch/Scholtz/*Scheurmann-Kettner* AO § 371 Rn. 15). Teilweise wird sogar gefordert, dass die Selbstanzeige bei der zuständigen FinB an Amtsstelle oder bei der zuständigen Veranlagungsstelle eingegangen sein müsse, dass also die Übergabe einer schriftlichen oder die Abgabe einer mündlichen Berichtigungserklärung gegenüber einem Außenbeamten der zuständigen FinB nicht genüge (OLG Frankfurt 18.10.1961, NJW 1962, 974). *Beckemper* (HHS/*Beckemper* AO § 371 Rn. 60) hält jede FinB für zuständig, die mit der Verwaltung gleichartiger Abgaben befasst ist.

120 Auf diese Fragen kommt es immer dann nicht an, wenn die Selbstanzeige tatsächlich den für die Bearbeitung des Steuerfalles zuständigen Amtsträger erreicht hat, bevor ein Ausschlussgrund iSd § 371 II AO die Wirksamkeit der Selbstanzeige hindert. Allerdings ist dem Gesetzeswortlaut nicht zu entnehmen, dass der Berichtigungserfolg (Kenntnisnahme der FinB von dem mitgeteilten Sachverhalt) eingetreten sein muss, bevor einer der Ausschlussgründe des § 371 II AO eingreift. Wenn die Selbstanzeige das zuvor realisierte Unrecht kompensiert (oben → Rn. 26), dann ist diese Voraussetzung der strafbefreienden Selbstanzeige schon dann erfüllt, wenn sich der Stpfl der berichtigenden Erklärung in einer Weise entäußert, die sicherstellt, dass sie den zuständigen Amtsträger erreichen wird (ebenso Kohlmann/*Schauf* AO § 371 Rn. 27 f.). Da alle Finanzbehörden einander zur Amtshilfe verpflichtet sind (§§ 111 ff.), ist eine Berichtigungserklärung schon dann (rechtzeitig) abgegeben, wenn der Stpfl sie an irgendeine FinB iSd § 6 AO übersendet und sich aus ihr ergibt, welche FinB tatsächlich sachlich und örtlich zuständig ist (ähnlich *Wrenger* DB 1987, 2325; Kohlmann/*Schauf* AO § 371 Rn. 275). Es mag zwar merkwürdig anmuten, dass die Selbstanzeige im Hinblick auf verkürzte Lohnsteuer auch bei der Bundesmonopolverwaltung für Branntwein möglich sein soll; dies ist aber vom Gesetzeswortlaut durchaus gedeckt. Aus dem Umstand, dass § 371 I AO nicht von der Berichtigung bei „einer" Finanzbehörde, sondern von „der" FinB spricht, ergibt sich nichts anderes. Damit ist auch Kongruenz zur Anwendung des BMF hinsichtlich der Erfüllung der Anzeige- und Berichtigungspflicht hergestellt. Die (Selbst-)Anzeige ist bereits mit Übermittlung an das unzuständige Finanzamt erfüllt. Nur die Jahresfrist nach § 171 IX AO beginnt mit Ablauf des Tages, an dem die Selbstanzeige beim zuständigen Finanzamt eingegangen ist, da auch erst ab diesem Zeitpunkt die Prüfung der steuerlichen Angaben erfolgen kann.

121 Da auch **Staatsanwaltschaft, Polizei und Gerichte** (§§ 111 ff.) zur Weiterleitung steuererheblicher Informationen an die FinB **verpflichtet** sind, bestehen keine Bedenken, der Auffassung *Schaufs* zu folgen, wonach auch dort angebrachte Schreiben als Selbstanzeigen nach § 371 I AO gewertet werden können. Eine andere Frage ist, ob der Stpfl gut daran tut, sich nicht unmittelbar an das ihm bekannte zuständige FA oder Hauptzollamt zu wenden, und wie zu entscheiden ist, wenn der Stpfl den Weg etwa über die Kindergeldkasse deswegen wählt, weil er damit rechnet, dass diese entgegen §§ 111 ff. AO sein Schreiben nicht an das zuständige FA weiterleitet.

Dementsprechend genügt jedenfalls die **Selbstanzeige gegenüber einem Betriebsprüfer** und einem Fahndungsbeamten im Außendienst (ebenso OLG Celle 18.9.1957, DStZ/B 1957, 517; *Suhr* 1977, S. 346 f.; Kohlmann/*Schauf* AO § 371 Rn. 284, RKR/ *Kemper* AO § 371 Rn. 154; Klein/*Jäger* AO § 371 Rn. 60; *Lohmeyer* Stbg 1959, 121). Allerdings muss die Anzeige zu amtlicher Kenntnis bestimmt sein. Eine „private" Mitteilung genügt selbst dann nicht, wenn sie dem zuständigen Sachbearbeiter des FA gemacht wird (RG 4.2.1924, RGSt 58, 83, 85; Kohlmann/*Schauf* AO § 371 Rn. 286). Grund dafür ist, dass der Finanzbeamte bei privater Kenntnisnahme von einer Steuerhinterziehung grundsätzlich nicht verpflichtet ist, die Erkenntnisse intern weiterzugeben (*Joecks* StGB § 258 Rn. 20). Leitet der Beamte dennoch seine Erkenntnisse weiter, liegt eine wirksame Selbstanzeige vor. Überdies ist zweifelhaft, ob nicht bei gravierenden Steuerhinterziehungen mit der Gefahr weiterer Tatbegehung doch eine Anzeigepflicht bestehen kann (vgl. BGH 3.11.1999, NStZ 2000, 147). 122

Nach der hier vertretenen Auffassung lässt sich also nicht allgemein sagen, der Stpfl trage die Gefahr, dass die an eine steuerfremde Behörde adressierte Selbstanzeige nicht oder – im Hinblick auf § 371 II AO – verspätet bei einer FinB eingehe (so *Franzen* → 3. Aufl. Rn. 70). Entscheidend ist, ob es sich um eine zur Weiterleitung verpflichtete Stelle handelt (aM RG 4.2.1924, RGSt 58, 83, 85; RG 15.11.1926, RG 61, 12 v.; OLG Frankfurt 16.1.1954, DStZ/B 1954, 58; HHS/*Beckemper* AO § 371 Rn. 52) und die Berichtigungserklärung die FinB erreicht. Im Übrigen hat der BFH (BFH 28.2.2008, wistra 2008, 316) für eine Berichtigungsanzeige nach § 153 I AO angenommen, dass die Einreichung bei einem unzuständigen FA zwar ausreiche, zur Berechnung der Ablaufhemmung nach § 171 IX AO jedoch grundsätzlich auf den Eingang beim zuständigen FA abzustellen sei. Dies schließt die hier vertretene Lösung nicht aus, da es dort um Besonderheiten der Verjährung ging, während hier wegen § 116 AO und der zu erwartenden Weiterleitung der Anzeige es mit Einreichung der Selbstanzeige kein (strafloses) „Zurück" des Anzeigeerstatters mehr gibt (→ Rn. 125). 123

6. Widerruf der Selbstanzeige

Schrifttum: *Lohmeyer,* Die nachträgliche Änderung der Berichtigungserklärung in den Fällen der Selbstanzeige (§§ 410, 411 AO), FR 1965, 485; *ders.,* Nachträgliche Änderung der Berichtigungserklärung bei Selbstanzeige (§§ 395, 404 III AO), DB 1974, 1838.

Widerruft der Steuerpflichtige die in seiner Selbstanzeige gemachten tatsächlichen Angaben ganz oder zu einem wesentlichen Teil, so entfällt damit nach hM die strafbefreiende Wirkung der Selbstanzeige (RG 12.6.1941, RGSt 75, 261; *Franzen* → 3. Aufl. Rn. 54, HHS/*Beckemper* AO § 371 Rn. 84, Kohlmann/*Schauf* AO § 371 Rn. 252; Wannemacher/*Vogelberg* Rn. 1441; *Lüttger* StB 1993, 374). *Franzen* beruft sich insoweit auf RG 12.6.1941, RGSt 75, 261: *„Ändert der Steuerpflichtige seine Selbstanzeige nachträglich in einem wesentlichen Punkte, so entzieht er ihr damit selbst den Boden; er kann nicht behaupten, sie sei tatsächlich falsch, und zugleich die Vergünstigung beanspruchen, die das Gesetz an die Selbstanzeige knüpft."* Nach Ansicht *Franzens* ist ein Rückgriff auf den Grundsatz von Treu und Glauben (venire contra factum proprium) dabei nicht nötig. Das Ergebnis folge unmittelbar aus § 371 II Nr. 2 AO: Wer eine wahrheitsgemäße Berichtigungserklärung abgegeben habe, wisse, dass damit seine Tat „entdeckt" sei. Wer die Berichtigungserklärung widerrufe oder einschränke, könne auf diese Weise die Tatsache der Entdeckung nicht wieder aus der Welt schaffen. Demgegenüber stellt *Beckemper* darauf ab, dass eine widersprüchliche Selbstanzeige – und darum handle es sich, wenn man Anzeige und Widerruf zusammennehme – nicht geeignet sei, dem Finanzamt die Festsetzung der geschuldeten Steuer ohne wesentliche zusätzliche Ermittlungen zu ermöglichen (HHS/*Beckemper* AO § 371 Rn. 84). Allerdings sei ein Einspruch gegen einen auf der Grundlage der Selbstanzeige erlassenen Steuer- 124 bescheid noch nicht als Widerruf anzusehen (HHS/*Beckemper* AO § 371 Rn. 85; Wannemacher/*Vogelberg* Rn. 1441; siehe aber LG Heidelberg 16.11.2012, wistra 2013, 78). Auch bleibe die nachträgliche Änderung von Rechtsausführungen auf die Selbstanzeige ohne Einfluss (Vorauflage Kohlmann/*Schauf* AO § 371 Rn. 76).

125 Tatsächlich liegt in den Fällen des Widerrufs einer Selbstanzeige unter Vorbringen unrichtiger Tatsachen eine neuerliche Steuerhinterziehung vor, die sich als versuchte oder vollendete Tat nach § 370 AO darstellen kann. Mit der Berichtigung der unrichtigen Angaben hat der Stpfl die Voraussetzungen des § 371 I AO erfüllt; dieses Anwartschaftsrecht steht zum Zeitpunkt der Abgabe der Berichtigungserklärung fest und wird nicht dadurch „*verwirkt*", dass der Täter später wiederum täuscht. In dieser Täuschung liegt neuerliches Unrecht (vgl. *Breyer* 1999, 236). Das Argument *Franzens*, die Tat sei insoweit „entdeckt" führt im Übrigen nicht zu befriedigenden Ergebnissen. Da zum Inhalt der Berichtigungserklärung nicht notwendig solche Angaben gehören, aus denen sich auf ein vorsätzliches Verhalten des Berichtigenden schließen lässt, ist auch noch nicht in jedem Falle Tatentdeckung iSd § 371 II Nr. 2 AO gegeben (vgl. → Rn. 301 ff.). Kohlmann/ *Schauf* haben dieser Auffassung entgegengehalten, dass Anwartschaftsrecht der Selbstanzeige stünde unter dem Vorbehalt der inhaltlichen Richtigkeit und ihrem Bestand und erlösche, wenn die Angaben widerrufen würden (Kohlmann/*Schauf* AO § 371 Rn. 267). Dem Gesetz ist dies freilich nicht zu entnehmen. Hier wird auf die Rechtsgeschäftslehre zurückgegriffen, wo es noch nicht einmal um eine Willenserklärung geht. Da Einvernehmen besteht, dass geänderte Rechtsausführungen im Änderungs- oder Rechtsbehelfsverfahren nicht schädlich sind, solange der Sachverhalt als solcher unberührt bleibt (Kohlmann/*Schauf* AO § 371 Rn. 268; *Breyer* 1999, 235), ist der Streit regelmäßig irrelevant. Bedeutsam mag er werden, wenn der Täter sich mit seiner neuen „Version" durchsetzt und erst Jahre später das Ganze entdeckt wird, dann kommt es darauf an, wann die Verjährung begann. Dieser neuerliche Verjährungsbeginn mag der Grund sein, warum Kohlmann/*Schauf* die hier favorisierte Lösung ablehnen. Zum Teilwiderruf vgl. *Breyer* 1999, 236. – **Zur Täuschung im Rechtsbehelfsverfahren** vgl. BGH 1.2.1989, BGHSt 36, 105. Danach stehen verschiedene Täuschungshandlungen zueinander im Verhältnis der natürlichen Handlungseinheit.

126–139 *einstweilen frei*

III. Das Erfordernis fristgerechter Nachzahlung (§ 371 III AO)

Schrifttum: *Suhr,* Verwirkung des Rechts auf Straffreiheit nach § 410 AO bei nicht fristgemäßer Zahlung, BB 1951, 221; *Maaßen,* Die Bedeutung der Zahlungsfrist in den Fällen der Selbstanzeige nach §§ 410, 411 AO, DStZ 1952, 237; *Wegemer,* Die „Nachzahlung" bei der Selbstanzeige, StP 1952, 576; *Terstegen,* Die Frist nach § 410 III AO, StW 1954, 381; *Lohmeyer,* Die Frist nach § 410 III AO, FR 1963, 567; *Stumpe,* Zur Fristsetzung nach § 410 III AO bei strafbefreiender Selbstanzeige, StBp 1964, 197 mit Erwiderung von *Lohmeyer* StBp 1964, 266; *Kopacek,* Welche Bedeutung hat die Zahlungsfrist nach § 410 III AO?, DStR 1965, 164; *Henneberg,* Rechtsbehelf gegen die Fristsetzung der Nachzahlungsfrist nach Erstattung einer Selbstanzeige, BB 1973, 1301; *Schuhmann,* Rechtsweg bei Fristsetzung nach § 371 III AO 1977, MDR 1977, 371 mit Erwiderung von *Hübner* MDR 1977, 726; *Großmann,* Überprüfung der Nachzahlungsfrist bei der Selbstanzeige einer Steuerhinterziehung, DB 1979, 1201 mit Erwiderung von *Kramer* DB 1980, 853; *Göggerle,* Inwieweit werden Steuerhinterziehungen durch Vertretungsorgane zu ihren Gunsten i. S. des § 371 III AO begangen?, GmbHR 1980, 173; *Bringewat,* Der „Staatssäckel" als Kriterium der Gesetzesauslegung?, JZ 1980, 347; *Bilsdorfer,* Der Nachzahlungspflichtige bei Steuerverkürzungen, BB 1981, 490; *Meine,* Die Nachzahlungspflicht des GmbH-Geschäftsführers bei der Selbstanzeige einer Steuerstraftat nach altem und neuem Recht, wistra 1983, 59; *Franzen,* Selbstanzeige und Nachzahlung fremder Steuern (§ 371 III AO), DStR 1983, 323; *Wassmann,* Zu den Voraussetzungen des § 371 III AO, ZfZ 1990, 40; *Hild/Hild,* Keine Inanspruchnahme von GmbH-Geschäftsführern als Schuldner von Hinterziehungszinsen, wistra 1991, 331; *Hoffmann,* Die Ausschlußtatbestände der Selbstanzeige bei Steuerhinterziehung, 1998; *Rolletschke,* Die Nachzahlungsfrist des § 371 Abs. 3 AO, DStZ 1999, 287; *Zimmermann,* Nachzahlung bei Selbstanzeige, Diss. Greifswald 2000; *App,* Zur Nachzahlung von vorsätzlich oder leichtfertig verkürzten kommunalen Steuern, KKZ 2005, 51; *Albrecht,* Strafbefreiende Selbstanzeige – Höhe der Nachzahlungspflicht bei einer Steuerverkürzung auf Zeit, DB 2006, 1696; *App,* Nachzahlungspflicht und Nachzahlungsfrist im Fall der Selbstanzeige nach Hinterziehung und nach leichtfertiger

Verkürzung von Zöllen und Verbrauchsteuern, ZfZ 2006, 364; *ders.,* Zur fristgerechten Nachzahlung von hinterzogenen oder leichtfertig verkürzten Steuerbeträgen nach Selbstanzeige des Steuerpflichtigen, StW 2006, 180; *Blesinger/Schwabe/Albrecht,* Strafbefreiende Selbstanzeige – Höhe der Nachzahlungspflicht bei einer Steuerverkürzung auf Zeit, DB 2007, 485; *Rolletschke,* Die Steuernachentrichtung nach § 371 Abs. 3 AO und der Rechtsgrund zum Behaltendürfen, wistra 2007, 371; *Wenzler,* § 371 Abs. 3 AO bei Insolvenz des Selbstanzeigenerstatters, AO-StB 2007, 308; *Klaproth,* Ausgewählte Auswirkungen der Insolvenz des Beschuldigten auf ein Steuerstrafverfahren, wistra 2008, 175; *Esskandari,* Steuerstrafrecht – Rechtsprechung der Strafgerichte 2006/2007, DStZ 2008, 215; *Hüls/Reichling,* Die Selbstanzeige nach § 371 AO im Spannungsfeld zum Insolvenzrecht, wistra 2010, 327; *Hechtner,* Die strafbefreiende Selbstanzeige nach den Änderungen durch das Schwarzgeldbekämpfungsgesetz, DStZ 2011, 265; *Rolletschke/Roth,* Selbstanzeige: Verschärfte Anforderungen durch das Schwarzgeldbekämpfungsgesetz, Stbg 2011, 200, 204; *Joecks,* Einstellung nach Selbstanzeige (§ 398a AO), SAM 2012, 129; *Weidemann,* Gesonderte Anfechtbarkeit der Fristsetzung nach § 371 Abs. 3 AO?, wistra 2012, 332; *Wulf,* Reform der Selbstanzeige – Neue Klippen auf dem Weg zur Strafbefreiung, wistra 2015, 166.

1. Zweck und Reichweite des § 371 III AO

Von der fristgerechten Nachzahlung der hinterzogenen Steuern – seit 1.1.2015 **140** auch der Hinterziehungszinsen (→ Rn. 182 f.) – macht § 371 III AO den Anspruch auf Straffreiheit abhängig. Solange die hinterzogenen Beträge nicht nachgezahlt sind, hat der Täter, der eine Berichtigungserklärung rechtzeitig abgegeben hat, nur eine *Anwartschaft auf Straffreiheit* erworben. Der Strafanspruch besteht noch, ist aber *„auflösend bedingt"* (BGH 3.6.1954, BGHSt 7, 336, 341) durch die Nachzahlung der hinterzogenen Steuern und (Hinterziehungs-)Zinsen innerhalb der gesetzten Frist (vgl. auch BayObLG 3.11.1989, wistra 1990, 159, 162; LG Stuttgart 20.1.1987, wistra 1988, 36; HHS/*Beckemper* AO § 371 Rn. 87). In dieser Bedingung äußert sich der Wiedergutmachungseffekt der Selbstanzeige besonders deutlich: Ist der Erfolg der Steuerhinterziehung schon eingetreten, so reicht die Wiedergutmachung durch die Nacherklärung iSd Abs. 1 nicht aus, um bei einem wirtschaftlich Begünstigten das Strafbedürfnis entfallen zu lassen. Erst die Wiedergutmachung auch des Erfolgsunrechts iSd Abs. 3 macht die „Rückkehr ins Recht" vollkommen und rechtfertigt die Aufhebung des staatlichen Strafanspruchs (so zutr. *Löffler* 1992 S. 187).

Dementsprechend entsteht infolge der bloßen Berichtigung ein **Anspruch auf Straf- 141 freiheit** – abgesehen von → Rn. 144 – nur dann, wenn Steuerverkürzungen (noch) nicht eingetreten sind, dh die Steuerhinterziehung im Zeitpunkt der Berichtigung (noch) nicht vollendet war, sei es, dass die Tat im Versuch steckengeblieben war oder der Täter die Selbstanzeige bereits erstattet hatte, bevor er veranlagt wurde oder – bei Nichtabgabe einer Steuererklärung – veranlagt worden wäre. Durch die Abgabe unrichtiger Vorauszahlungserklärungen oder Umsatzsteuer-Voranmeldungen sind Steuerverkürzungen bereits eingetreten, bevor das FA im Zuge der Veranlagung den Jahressteuerbetrag festsetzt. Bei dem Erschleichen einer Stundung oder eines Erlasses kommt es darauf an, ob das FA dem Antrag bereits stattgegeben hatte oder nicht.

Der Erstatter einer Selbstanzeige muss die zu seinen Gunsten hinterzogenen 142 Steuern nachzahlen, um Straffreiheit zu erreichen. Wer von dieser Nachzahlungspflicht getroffen wird, ist umstritten. Unstreitig scheint, dass der Steuerschuldner die innerhalb des eigenen Steuerschuldverhältnisses hinterzogenen Steuern nachentrichten muss. Zweifelhaft ist hingegen, wie weit die Straffreiheit von der Nachzahlung fremder Steuern abhängt. Die Fassung *„zu seinen Gunsten hinterzogen"* in § 371 III AO ist einerseits enger als die Auslegung, die § 410 III RAO 1951 mit den Worten *„Summe, die er schuldet"* und § 395 III RAO mit den Worten *„Steuern, die er schuldet"* durch die Rspr erfahren hatten (vgl. BGH 3.6.1954, BGHSt 7, 336, 340 ff.; BayObLG 27.4.1972, DStZ/B 1972, 287). Daher brauchen die von einem Angestellten „zugunsten der Firma", dh zum Vorteil des Betriebsinhabers hinterzogenen Steuern weder vom Täter noch von seinem Arbeitgeber entrichtet zu werden, damit die Selbstanzeige des Angestellten wirksam wird. Der Weg zur Straffreiheit ist nicht davon abhängig, dass fremde Steuern fristgerecht nachgezahlt werden. Andererseits ist die ab 1.1.1977 geltende Fassung weiter als die herkömmlich vertretene Auslegung des § 395 RAO 1968, *„wenn der Täter zwar nicht der Steuerschuldner ist, aber gleichwohl zum eigenen Vorteil Steuern hinterzogen hat. Dies ist zum Beispiel der Fall bei der*

Verbrauchsteuerhinterziehung durch Diebstahl aus einem Herstellungsbetrieb" (Begründung zu § 354 EAO 1974, BT-Drs. VI/1982, 195).

143 **Zu eigenen Gunsten** hat der Täter Steuern nicht schon dann hinterzogen, wenn er aus der Tat einen *„Vorteil jeglicher Art"* (so *Meine* wistra 1983, 61) erlangt hat, andererseits muss es sich nicht um einen steuerlichen Vorteil handeln (HHS/*Beckemper* AO § 371 Rn. 94, Erbs/Kohlhaas/*Hadamitzky/Senge* AO § 371 Rn. 19). Nach hM genügen auch Vorteile, die sich der Täter angeeignet hat (BGH 4.7.1979, BGHSt 29, 37; zust. BMF 21.9.1981, BStBl. I 1981, 625; BMR SteuerStR/*Möller/Retemeyer* H Rn. 136; *Bilsdorfer* BB 1981, 491; *Franzen* DStR 1983, 323; *Kohlmann* wistra 1982, 6; abl. *Brenner* ZfZ 1979, 140; *Bringewat* JZ 1980, 347; *Reiß* NJW 1980, 1291). Hingegen genügen nicht die Beträge, die etwa ein Steuerberater durch Honorierung seiner (strafrechtlich relevanten) Mitwirkung an der Tat erhält; § 371 III AO ist keine verkappte Regelung über die Abschöpfung von Vermögensvorteilen nach der Begehung von Steuerhinterziehungen (vgl. auch *Wrenger* DB 1987, 2327). Vorauszusetzen ist, dass der Täter aus der Steuerhinterziehung einen unmittelbaren wirtschaftlichen Vorteil erlangt hat, wie es etwa der Fall ist, wenn eine ungetreue Angestellte im internen Rechnungswesen die zutreffenden Zahlen der Voranmeldung zugrunde legt, dem FA aber unrichtige Werte mitteilt und den Differenzbetrag unterschlägt (so BGH 4.7.1979, BGHSt 29, 37).

144 **Das Erfordernis des unmittelbaren wirtschaftlichen Vorteils** schließt solche Fälle aus, in denen etwa ein Angestellter an der Steuerhinterziehung mitwirkt, um lediglich seinen Arbeitsplatz zu erhalten (BGH 22.7.1987, wistra 1987, 343; Kohlmann/*Schauf* AO § 371 Rn. 303). Nämliches gilt, wenn ein Geschäftsführer Steuern der von ihm geführten GmbH hinterzieht, ohne selbst am Ergebnis der Gesellschaft zu partizipieren. Deshalb hat der BGH einen unmittelbaren wirtschaftlichen Vorteil in einem Fall zu Recht verneint, in dem der angestellte Geschäftsführer einer beherrschenden Gesellschaft, der weder am Gesellschaftsvermögen beteiligt war noch Tantiemen oder sonstige gewinnabhängige Leistungen erhielt, Abgaben einer abhängigen Gesellschaft hinterzogen hatte (BGH 22.7.1987, wistra 1987, 343; vgl. auch *Joecks* wistra 1985, 152). Insbes. kann aus dem Umstand, dass der Geschäftsführer nach § 69 bzw. § 71 AO für die verkürzten Steuern haftet, nicht darauf geschlossen werden, dass die Tat zu seinem Vorteil begangen worden ist (HHS/*Beckemper* AO § 371 Rn. 97, Kohlmann/*Schauf* AO § 371 Rn. 314; *Wassmann* ZfZ 1990, 41; LG Stuttgart 21.8.1989, wistra 1990, 75; aM noch BGH 19.2.1985, wistra 1985, 151 m. abl. Anm. *Joecks* wistra 1985, 152).

145 Wird die **Hinterziehung in einer Ein-Mann-GmbH** durch deren Gesellschafter/ Geschäftsführer bewirkt (vgl. BayObLG 27.4.1972, BayObLGSt 1972, 105), erfolgt die Verkürzung zu seinen Gunsten, weil bei wirtschaftlicher Betrachtungsweise das Vermögen der GmbH vorbehaltlich der Kapitalerhaltungsvorschriften dem Gesellschafter zusteht (HHS/*Beckemper* AO § 371 Rn. 95); auf eine Entnahme oder Gewinnausschüttung kommt es insoweit nicht an (HHS/*Beckemper* AO § 371 Rn. 95; aM *Göggerle* GmbHR 1980, 175 f.). Ähnliches kann sich auch bei einer geringeren Beteiligung des Täters an der Gesellschaft ergeben (OLG Stuttgart 4.5.1984, wistra 1984, 239). Eine andere Frage ist dann der Umfang der nachzuzahlenden Beträge. *Beckemper* (HHS/*Beckemper* AO § 371 Rn. 95) hat in diesem Zusammenhang zu Recht darauf hingewiesen, dass ein unmittelbarer wirtschaftlicher Vorteil selbst bei beherrschenden Gesellschaftern dann nicht angenommen werden kann, wenn die Gesellschaft überschuldet ist, dem Alleingesellschafter wirtschaftlich also an ihr kein positives Vermögen zusteht und sich auch durch die Steuerhinterziehung daran nichts ändert. Anders mag der Fall zu beurteilen sein, wenn der Täter das Volumen der Haftung nach §§ 32a, 32b GmbHG aF bzw die Haftung nach § 64 GmbHG auf diese Art und Weise reduzieren will.

146 **Kein unmittelbarer Vorteil** ergibt sich aus dem Umstand, dass der (Mit-)Täter Ehegatte des Begünstigten ist und etwa Steuern zugunsten des Betriebsinhabers hinterzieht (HHS/*Beckemper* AO § 371 Rn. 96; *Göggerle* GmbHR 1980, 177; vgl. aber auch BGH 4.7.1979, BGHSt 29, 37, 40 f.).

Wie der Betrag der hinterzogenen Steuern, der nachzuzahlen ist, bestimmt werden 147 soll, ist zweifelhaft. Sicher scheint, dass dieser Betrag nicht übereinstimmen muss mit dem gesamten Betrag der Mehrsteuern, die durch eine (erstmalige oder Berichtigungs-)Veranlagung nachträglich festgesetzt worden sind. Der Mehrsteuerbetrag kann den vorsätzlich verkürzten Betrag übersteigen, wenn bei einer Prüfung der steuerlichen Verhältnisse im Anschluss an die Selbstanzeige weitere Besteuerungsgrundlagen entdeckt werden, die der Stpfl fahrlässig oder ohne Verschulden nicht angegeben hatte. Eine Aufteilung des gesamten Mehrsteuerbetrages in hinterzogene und nichthinterzogene Beträge erfordert auch § 71 AO, ferner § 169 II AO, falls die Festsetzungsfrist von einem, vier oder fünf Jahren für nichthinterzogene Steuerbeträge bereits abgelaufen ist, sowie § 235 I 1 AO (zur Aufteilung ausf. *Franzen* DStR 1964, 383; *Franzen* DStR 1965, 321). Steuerliche Nebenleistungen (§ 3 III) zu den vorsätzlich verkürzten Steuern wurden bis zum 1.1.2015 von § 371 III AO angesichts des klaren Wortlauts nicht erfasst (BayObLG 1.12.1980, NStZ 1981, 147; Kohlmann/*Schauf* AO § 371 Rn. 324). Seit dem 1.1.2015 sind auch die Hinterziehungszinsen (§ 235 AO) sowie die Zinsen nach § 233a AO innerhalb einer bestimmten angemessenen Frist zu entrichten. Sonstige Nebenleistungen (§ 3 III AO) können ausnahmsweise für den Fall erfasst sein, dass die steuerlichen Nebenleistungen selbst Gegenstand einer Steuervorteilserschleichung waren. So wäre denkbar, dass mit unrichtigen Angaben der Erlass von Stundungszinsen erreicht wurde (Erschleichung eines Steuervorteils). Wird hier eine Selbstanzeige erstattet, müssen die „verkürzten" Stundungszinsen nachentrichtet werden, um Straffreiheit zu erlangen (vgl. BGH 6.6.2007, BGHSt 51, 356).

Zur Erlangung der Straffreiheit eines **Tatbeteiligten bei der Hinterziehung zu** 148 **eigenen Gunsten** ist es grundsätzlich erforderlich, dass er den Beitrag nachentrichten muss, der seinem Vorteil aus der Steuerhinterziehung entspricht (vgl. etwa Kohlmann/ *Schauf* AO § 371 Rn. 331, der die §§ 270 bis 273 – Aufteilung einer Gesamtschuld – anwenden will; HHS/*Beckemper* AO § 371 Rn. 119; *Löffler* 1992, S. 187 ff.; *Wrenger* DB 1987, 2325, 2327). Insofern weicht die strafrechtliche Vorschrift des § 371 III AO von den steuerlichen Haftungsvorschriften (etwa §§ 69, 71) ab, nach denen angesichts einer Gesamtschuldnerschaft jeder Haftungsschuldner für den gesamten (hinterzogenen) Steuerbetrag in Anspruch genommen werden kann. So würde bei einer mittäterschaftlichen Verkürzung von 1 Mio. EUR, von der jeder der vier Mittäter zu 250.000 EUR partizipierte, jeder der Mittäter steuerlich auf den vollen Wert (1 Mio. EUR) haften, während die Nachzahlungspflicht sich auf den Betrag beschränkt, von dem er unmittelbar profitierte (250.000 EUR). Tragender Gesichtspunkt ist dabei, *„dass dem Täter nicht seine Beute verbleiben darf, wenn er für sich Strafbefreiung in Anspruch nimmt"* (*Löffler* 1992 S. 189). Seine Straffreiheit setzt voraus, dass er den Schaden wiedergutmacht. Da das Gesetz zusätzlich voraussetzt, dass die entsprechenden Beträge *„zu seinen Gunsten"* hinterzogen wurden, beschränkt sich seine Zahlungspflicht auf die Beträge, von denen er wirtschaftlich unmittelbar profitierte. Sollte die Strafverfolgungsfreiheit aber zudem von der Erfüllung der Anforderungen nach § 398a AO abhängen, hat der Tatbeteiligte den Zuschlag nach § 398a I Nr. 2 AO auf den vollen Betrag der hinterzogenen Steuern zu entrichten. Dh im og Beispiel wären die Zuschläge (hier 15%) auf die Verkürzung von 1 Mio. EUR zu entrichten, also 150.000 EUR Zuschlag zu den 250.000 EUR. Gerade im Unternehmensbereich, angesichts größerer Korrekturvolumina, kann dies zu einer unangemessen hohen finanziellen Belastung für die Tatbeteiligten führen.

Konsequenz ist, dass eine **Anknüpfung an den nominal verkürzten Steuerbetrag** 149 unzulässig ist, die Nachzahlungspflicht also – entgegen *Wassmann* (ZfZ 1990, 42) – nicht durch einen Vergleich der festgesetzten Steuer mit der Steuer, *„die zu erheben gewesen wäre"* ermittelt werden kann. Besteht etwa die Steuerhinterziehung darin, dass der Einzelunternehmer die Umsatzsteuervoranmeldung nicht fristgerecht eingereicht hat, erstreckt sich die Nachzahlungspflicht nicht von vornherein auf die gesamte Zahllast, oder gar die in der Voranmeldung auszuweisenden Umsatzsteuern, sondern richtet sich danach, in welchem Umfange der Täter von der Tat profitierte bzw. in welchem Umfange durch sein Verhalten dem Fiskus ein Schaden entstanden ist. Diese wirtschaftliche Betrachtungsweise, die danach fragt, welche Beträge dem Fiskus bei steuerehrlichem Verhalten zugeflossen wären, ist zwischenzeitlich auch von der Rspr des BFH für die Haftung des Steuerhinterziehers gemäß § 71 AO anerkannt (vgl. → § 370 Rn. 611). Der BFH stellt in seinem Urteil vom 26.8.1992 (BFHE 169, 13) – freilich beschränkt auf den Bereich der Haftung für Umsatzsteuer – entscheidend darauf ab, dass die Regelung des § 71 AO Schadenersatzcharakter hat. *„Wäre es auch bei pflichtgemäßem Verhalten (zB fristgerechte Abgabe der Umsatzsteuervoranmeldung) zu dem Steuerausfall gekommen, weil keine Zahlungsmittel und auch keine Vollstreckungsmöglichkeiten für das Finanzamt vorhanden waren und hat der Schuldner mit den im Haftungszeitraum insgesamt geleisteten Zahlungen das Finanzamt nicht gegenüber den anderen Gläubigern benachteiligt, so kann auch der Täter oder Teilnehmer einer Steuerhinterziehung nicht mehr als Haftender in Anspruch genommen werden. Die Geltendmachung eines weitergehenden Haftungsanspruchs nach § 71 AO 1977 würde zu einer nicht gerechtfertigten Privilegierung des Steuerfiskus und zu einer mit dem Sinn und Zweck der Haftungsvorschriften nicht zu vereinbarenden zusätzlichen Sanktion gegenüber dem Haftungsschuldner führen".*

150 Die gleiche Wertung trifft den § 371 III AO (→ Rn. 143). Hinzu kommt, dass der Nachzahlungspflichtige ansonsten bei einem Eingreifen des Kompensationsverbots Beträge entrichten würde, die der Fiskus sogleich – mangels eines Rechtsgrundes zum Behaltendürfen iSd § 37 AO – wieder zurückerstatten müsste (§ 37 II 1; *Albrecht* DB 2006, 1696; *Blesinger* DB 2007, 487; *Rolletschke* Rn. 638, Klein/*Jäger* AO § 371 Rn. 216). Insbes. geht es nicht an, § 371 III AO als rechtlichen Grund iS dieser Bestimmung anzusehen. Auch aus dem Grund der Selbstanzeige lässt sich kein anderes Ergebnis herleiten: Wenn es um Schadenswiedergutmachung bzw. um *„Ablieferung der Beute"* (*Löffler* 1992 S. 189) geht, ist diesem Aspekt Genüge getan, wenn der Täter nachzahlungspflichtig in dem Umfange ist, wie er von der Tat profitiert hat (ähnl. Kohlmann/*Schauf* AO § 371 Rn. 328).

151 Dementsprechend reduziert sich auch die **Problematik des Nichtzahlenkönnens** geschuldeter Steuern. Zwar bleibt es bei dem Grundsatz, dass irrelevant ist, warum der Stpfl zur Zahlung nicht in der Lage ist. Eine solche kritische Konstellation wird sich aber in der Regel nur dann ergeben, wenn zum Zeitpunkt der Fälligkeit des Anspruches bzw. zu dem Zeitpunkt, zu dem bei steuerehrlichem Verhalten der Betrag fällig gewesen wäre, noch genug liquide Mittel vorhanden waren, der Täter aber zwischenzeitlich in Vermögensverfall geraten ist.

152 Bei einer Verkürzung auf Zeit will *Albrecht* (DB 2006, 1696) auf den Zinsschaden abstellen, da der Täter den verkürzten Steuerbetrag nicht seinem Vermögen einverleibt habe, sondern nur dessen Nutzungsmöglichkeit auf Zeit. Dagegen zu Recht *Blesinger* DB 2007, 485; *Schwabe* DB 2007, 488.

153 Damit gilt also auch bei einer als solchen geplanten Verkürzung auf Zeit, dass die Nachzahlungspflicht sich auf den Nominalbetrag bezieht, freilich mit der Besonderheit, dass das Vorteilsausgleichsverbot auszublenden ist. Eine andere Lösung hätte die merkwürdige Konsequenz, dass der Hinterzieher von – wirtschaftlich betrachtet – 2.000 EUR USt zunächst 49.000 EUR an das Finanzamt entrichten muss, um dann auf die Erstattung von 47.000 EUR zu warten. Auch *Jäger* (Klein/*Jäger* AO § 371 Rn. 84 f., 216) will im Rahmen der Nachzahlungspflicht nach § 371 III AO und § 398a Nr. 1 AO auf den Nominalbetrag der Steuerschuld abstellen, also das Kompensationsverbot nicht anwenden. Ansonsten müssten Steuerbeträge entrichtet werden, die der Fiskus mangels eines Rechtsgrundes zum Behaltendürfen wieder erstatten müsste (Klein/*Jäger* AO § 371 Rn. 216, MüKoStGB/ *Kohler* AO § 371 Rn. 160 u. Schwarz/Pahlke/*Webel* AO § 371 Rn. 335).

2. Die Nachzahlungsfrist

154 **Anspruch auf eine Nachzahlungsfrist** hat der Stpfl in jedem Falle. Das Gesetz erfordert eine Fristsetzung aus doppeltem Grunde: Einerseits soll der Stpfl Gelegenheit erhalten, sich auf die Steuernachzahlung in der ermittelten und ihm bekanntgegebenen

Höhe einzustellen; andererseits soll durch den Lauf einer bestimmten angemessenen Frist der Schwebezustand zwischen der Anwartschaft auf Straffreiheit und dem Eintritt oder Verlust der Straffreiheit begrenzt werden (vgl. auch HHS/*Beckemper* AO § 371 Rn. 101). Dabei ist diese Frist eine strafrechtliche (Erbs/Kohlhaas/*Hadamitzky*/*Senge* AO § 371 Rn. 20), die das Besteuerungsverfahren unberührt lässt, so dass durchaus nach Selbstanzeige ein Änderungsbescheid ergehen kann, der eine Abschlusszahlung einfordert, die binnen eines Monats nach Zugang des Bescheides fällig ist. Angesichts der Vermögenslage des Täters kann andererseits eine Fristsetzung iSd § 371 III AO durchaus einen erheblich längeren Zeitraum vorsehen (→ Rn. 157). Ungeachtet dieser Nachzahlungsfrist iSd § 371 III AO kann das FA bereits mit Ablauf des Fälligkeitstages (und der Schonfrist; § 240 III AO) mit Vollstreckungsmaßnahmen gegen den Steuerschuldner beginnen. Soweit es um eine Nachzahlung durch Dritte geht, ergibt sich aus der Nachzahlungspflicht schlechthin keine unmittelbare Vollstreckungsmöglichkeit. Hierfür wäre ein Haftungsbescheid nötig, der wiederum mit einer Zahlungsaufforderung verbunden sein müsste, für die eine Fristsetzung gemäß § 371 III AO aber entbehrlich sein könnte (LG Stuttgart 20.1.1987, wistra 1988, 36 mAnm *Gramich*). An den Ablauf der an die Zahlungsaufforderung gebundenen Frist würden wiederum verwaltungsrechtliche Vollstreckungsmaßnahmen geknüpft.

Auch bei Fälligkeitssteuern ist eine Nachzahlungsfrist zu setzen (Kohlmann/*Schauf* AO § 371 Rn. 343; für Vorauszahlungen RG 30.10.1929, RGSt 63, 305, 307; für Lohnsteuer LG Hamburg 27.9.1951, BB 1953, 254). Bei Veranlagungssteuern kann die Frist nach § 371 III AO mit den Monatsfristen übereinstimmen, nach deren Ablauf Nachzahlungen aufgrund der (Berichtigungs-)Bescheide kraft Gesetzes (zB § 36 IV EStG; § 22 I, § 23 VStG; § 20 II GewStG) fällig werden (*Suhr* BB 1951, 221), indessen besteht *rechtlich* keine Abhängigkeit (OLG Celle 24.2.1955, DStR 1955, 228; vgl. auch HHS/*Beckemper* AO § 371 Rn. 103). **155**

Eine Frist ist selbst dann zu setzen, wenn voraussehbar ist, dass der Täter aus eigenen Mitteln zur Nachzahlung nicht imstande sein wird, zB im Insolvenzfall (BFH 17.12.1981, BStBl. II 1982, 352, unter Berufung auf Kohlmann/*Schauf* AO § 371 Rn. 343; OLG Frankfurt 2.4.1952, BB 1952, 484; vgl. auch LG Wuppertal 6.10.1952, BB 1953, 136), da ihm die Möglichkeit, die Mittel von nahestehenden Personen kreditweise zu beschaffen (→ Rn. 178), nicht von vornherein versagt werden darf. Selbst wenn diese Möglichkeit ausgeschlossen erscheint, verstößt eine Fristsetzung weder gegen das Willkürverbot des Art. 3 GG noch gegen das Sozialstaatsprinzip des Art. 20 I GG (OLG Karlsruhe 18.4.1974, NJW 1974, 1577 f.; krit. *Coring* BB 1974, 1515 f.). Eine Fristsetzung ist entbehrlich, wenn die entsprechenden Steuerbeträge schon gezahlt worden sind. **156**

Die Bestimmung der Frist muss die FinB im Anschluss an die Steuerfestsetzung nach pflichtgemäßem Ermessen vornehmen (HHS/*Beckemper* AO § 371 Rn. 107 f.). Dabei haben strafrechtliche, aus dem Zweck der Selbstanzeige abgeleitete Erwägungen den Vorrang vor wirtschaftlichen und steuerpolitischen Gesichtspunkten (BFH 17.12.1981, BStBl. II 1982, 352, 354; OLG Celle 24.2.1955, DStR 1955, 228). Die Kriterien für die Gewährung einer Stundung gelten nicht (vgl. FG Hannover 27.8.1963, DStZ/B 1963, 402; *Henneberg* BB 1976, 1555; *Kratzsch* Grundfragen S. 301). Eine unangemessen lange Fristsetzung würde nicht nur die Wirkung eines verspäteten Strafausspruches in Frage stellen, sondern auch die Gefahr eines Missbrauchs mit sich bringen, nämlich durch Vorspiegelung einer Nachzahlungsabsicht oder angeblich vorübergehender Hinderungsgründe die Strafverfolgung zu verzögern oder im Hinblick auf die Verjährung zu vereiteln (OLG Karlsruhe 18.4.1974, NJW 1974, 1577 im Anschluss an Kohlmann/*Schauf* AO § 371 Rn. 350 f.). Mit der Einräumung einer Zahlungsfrist soll dem Stpfl die tatsächliche Möglichkeit gegeben werden, nachträglich seine Pflichten zu erfüllen (BFH 17.12.1981, BStBl. II 1982, 352; OLG Karlsruhe 18.4.1974, NJW 1974, 1577; LG Koblenz 13.12.1985, wistra 1986, 79; Kohlmann/*Schauf* AO § 371 Rn. 346, HHS/*Beckemper* AO § 371 Rn. 102). Der Zeitraum ist daher so zu bemessen, dass der Stpfl bei gutem Willen in der Lage sein könnte, den benötigten Geldbetrag – sei es auch **157**

durch Veräußerung von Anlagevermögen – bereitzustellen (vgl. LG Koblenz 13.12.1985, wistra 1986, 79; Kohlmann/*Schauf* AO § 371 Rn. 363, HHS/*Beckemper* AO § 371 Rn. 107 f.; *Lohmeyer* StB 1982, 297, 301). Allerdings ist zu berücksichtigen, dass zwischen Selbstanzeige und Aufforderung zur Nachzahlung der hinterzogenen Steuern bereits ein weiterer Zeitraum vergangen sein kann, so dass der Stpfl sich schon auf die zu erwartende Nachzahlung einrichten konnte (zust. OLG Karlsruhe 18.4.1974, NJW 1974, 1577; LG Hamburg 4.3.1987, wistra 1988, 317; vgl. auch *Mösbauer* DStZ 1985, 330). Dies gilt nicht, wenn zwischen Täter und FA über den Umfang der hinterzogenen Steuern iSd § 371 III AO Streit bestand (vgl. *Coring* BB 1974, 1515). Die Verfügung „Fälligkeit sofort" reicht als Fristsetzung nicht aus (Kohlmann/*Schauf* AO § 371 Rn. 363; aM OLG Düsseldorf 26.3.1953, BB 1953, 1001).

158 Durch eine willkürlich zu kurz bemessene Frist darf es dem Stpfl nicht unmöglich gemacht werden, die Nachzahlung rechtzeitig zu leisten (OLG Bremen 27.11.1957, ZfZ 1958, 84). Soweit der Täter offenbar illiquide ist, muss zwar eine Frist gesetzt werden (OLG Karlsruhe 22.12.2006, wistra 2007, 159, 160; Kohlmann/*Schauf* AO § 371 Rn. 363), dennoch wird eine Frist von mehr als sechs Monaten regelmäßig nicht zu rechtfertigen sein (AG Saarbrücken 21.6.1983, wistra 1983, 268, mit zust. Anm. *Bilsdorfer* DStZ 1983, 415; HHS/*Beckemper* AO § 371 Rn. 110). In der Regel ist die auch für Abschlusszahlungen übliche Monatsfrist eine „angemessene". Unter diese sollte auch in solchen Fällen nicht gegangen werden, in denen der Täter wegen seiner Selbstanzeige sich bereits auf die zu erwartende Nachzahlung einrichten konnte. Unberechtigt ist das Verlangen, die Frist so zu bemessen, dass die Nachzahlung ratenweise aus den laufenden Einkünften geleistet werden kann (AG Saarbrücken 21.6.1983, wistra 1983, 268; *Bilsdorfer* DStZ 1983, 415; *Terstegen* StW 1954, 383 f.).

159 **Weitere belastende Anordnungen** darf die FinB mit einer Fristsetzung nach § 371 III AO nicht verknüpfen, namentlich nicht die Auflage, die Straffreiheit sei davon abhängig, dass der Stpfl neben den hinterzogenen Steuern die laufenden Steuern rechtzeitig entrichte (*Maaßen* DStZ 1952, 237). Das steuerrechtliche Verlangen einer Sicherheitsleistung für die verkürzten Steuern macht eine Fristsetzung für die Nachzahlung nach § 371 III AO weder entbehrlich (glA *Kopacek* S. 141), noch steht eine Sicherheitsleistung der Nachzahlung gleich, wenn sie nicht durch Hinterlegung von Zahlungsmitteln nach § 241 I 1 AO erfolgt (str., → Rn. 175).

160 **Ist die Frist unangemessen kurz, so ist sie unbeachtlich** (LG Koblenz 13.12.1985, wistra 1986, 79, 81; Kohlmann/*Schauf* AO § 371 Rn. 366, Schwarz/Pahlke/*Webel* AO § 371 Rn. 357). Eine unangemessen kurze Frist verlängert sich nicht automatisch auf die zutreffende. Es muss eine neue, angemessene Frist gesetzt werden, wobei insofern allerdings berücksichtigt werden kann, dass wiederum einige Zeit verstrichen ist (→ Rn. 167).

161 **Eine Belehrung über die Folgen** einer nicht fristgerechten Nachzahlung schreibt das Gesetz nicht vor (RG 27.11.1939, RGSt 73, 368, 369; Kohlmann/*Schauf* AO § 371 Rn. 377; aM *Ehlers* S. 42 und *Lohmeyer,* der meint, ohne Belehrung würde die Frist nicht in Lauf gesetzt, siehe StB 1982, 301). Ein Hinweis auf die Bedeutung des § 371 III AO ist jedoch ein *nobile officium* (RKR/*Kemper* AO § 371 Rn. 420) der FinB und in der Praxis üblich und angebracht (*Maaßen* DStZ 1952, 238). Ob die Aufnahme der Belehrung in Nr. 120 II 1 AStBV aus dem nobile officium der Behörde eine Dienstpflicht macht (so HHS/*Beckemper* AO § 371 Rn. 104 mit Fußn. 9), ist angesichts der mangelnden Weisungsbefugnisse der Finanzministerien in steuerstrafrechtlichen Angelegenheiten zweifelhaft.

162 **Erst mit positiver Kenntnis** des Täters wird die Fristsetzung wirksam (OLG Bremen 27.11.1957, ZfZ 1958, 86 f.; LG Hamburg 4.3.1987, wistra 1988, 317, 319; HHS/*Beckemper* AO § 371 Rn. 104 und Kohlmann/*Schauf* AO § 371 Rn. 374). Ist der Aufenthalt des Täters auf Dauer unbekannt, hilft auch eine öffentliche Zustellung des Bescheids über die Fristsetzung (analog § 40 StPO, § 15 VwZG) kaum weiter, wenngleich ansonsten gegen eine öffentliche Zustellung keine Bedenken bestehen (→ Rn. 169; zw. Kohlmann/*Schauf* AO § 371 Rn. 376 und abl. Erbs/Kohlhaas/*Hadamitzky*/*Senge* AO § 371 Rn. 24).

Welche Behörde für die Fristsetzung **sachlich zuständig** ist, ist umstritten. In der Praxis 163 wird in den meisten Bundesländern zunächst gewartet, ob der Stpfl die nach dem Steuerbescheid zu entrichtende Abschlusszahlung erbringt und erst nach Verstreichenlassen des Fälligkeitszeitpunktes eine ausdrückliche Frist iSd § 371 III AO, regelmäßig durch die Strafsachen- und Bußgeldstellen, gesetzt (vgl. AStBV (St) 2020 Nr. 11 V). Die Meinungen in der Literatur sind geteilt. *Rüping* (HHS/*Rüping* AO § 371 Rn. 125 [Stand Mai 2014]), der die Frist als steuerrechtliche qualifiziert, sieht die Zuständigkeit bei der Finanzbehörde, die für die Verwaltung der hinterzogenen Steuer zuständig ist (ähnl. OLG Braunschweig 26.3.1962, DStZ/B 1962, 246; *Stumpe* StBp 1964, 197). *Kopacek* (S. 129 f.) sieht eine Zuständigkeit sowohl der für die Steuerfestsetzung zuständigen FinB als auch der für die Steuerstrafsache sachlich zuständigen. Die herrschende Meinung geht von einer strafrechtlichen Frist aus, so dass für die Fristsetzung die FinB sachlich zuständig ist, in deren Verantwortungsbereich auch die Steuerstrafsache fällt (OLG Celle 24.2.1955, DStR 1955, 228; FG Hannover 27.8.1963, DStZ/B 1963, 402; AG Saarbrücken 21.6.1983, wistra 1983, 268; OLG Karlsruhe 22.12.2006, wistra 2007, 159, 160; *Terstegen* S. 122; WJS WirtschaftsStrafR-HdB/*Pflaum* Kap. 21 Rn. 130; *Esskandari* DStZ 2008, 215; Kohlmann/ *Schauf* AO § 371 Rn. 369; Erbs/Kohlhaas/*Hadamitzky*/*Senge* AO § 371 Rn. 20). Zu Recht verweist *Schauf* (Kohlmann/*Schauf* AO § 371 Rn. 370) auf den strafrechtlichen Charakter der Fristsetzung und auf den Umstand, dass angesichts des in § 393 I AO festgelegten Nebeneinanders von Besteuerungs- und Steuerstrafverfahren dem Täter jedenfalls kein Nachteil daraus entstehen darf, dass verschiedene Stellen ein und derselben FinB zu unterschiedlichen Fristbestimmungen gelangten.

Im Ergebnis ist aber davon auszugehen, dass allein die Strafsachenstelle für die Frist- 164 setzung sachlich zuständig ist. Dies ergibt sich schon daraus, dass allein dort der strafrechtliche Sachverstand vorhanden ist, mit dem aus den im Steuerbescheid insgesamt enthaltenen Nachforderungen die Beträge abgeschichtet werden können, die iSd § 371 III AO als strafbefangene nachzahlungspflichtig sind. Liegt das Ermittlungsverfahren in der Hand der StA, oder ist das Verfahren bereits vor Gericht anhängig, sind StA und Gericht ebenfalls für die Fristsetzung zuständig (OLG Karlsruhe 22.12.2006, wistra 2007, 159, 160; Kohlmann/ *Schauf* AO § 371 Rn. 370, RKR/*Kemper* AO § 371 Rn. 445).

Ob es ein **Rechtsmittel gegen die Fristsetzung** nach § 371 III AO gibt und welcher 165 Rechtsweg eröffnet ist, ist umstritten. § 347 III AO und § 33 II 2 FGO schließen die Anwendung der Vorschriften über das außergerichtliche und das gerichtliche Rechtsbehelfsverfahren auf das Straf- und Bußgeldverfahren ausdrücklich aus (siehe dazu BFH 17.12.1981, BStBl. II 1982, 352; krit. HHS/*Beckemper* AO § 371 Rn. 114 ff.). Andererseits ist es einhellige Auffassung, dass vor dem Hintergrund des Art. 19 IV GG ein Rechtsmittel gegeben sein muss, welches damit begründet werden kann, dass die Fristsetzung wegen Ermessensfehlgebrauchs nicht rechtswirksam geworden sei (vgl. OLG Braunschweig 26.3.1962, DStZ/B 1962, 246; Kohlmann/*Schauf* AO § 371 Rn. 391 mwN). Zum Teil wird darauf abgestellt, dass die Angemessenheit allein im anschließenden Strafverfahren beurteilt werden könnte. *Kramer* (DB 1980, 853) hält die Beschwerde nach § 304 StPO für gegeben, falls die Frist nach Erhebung der Anklage durch ein Gericht gesetzt worden sei; Fristsetzungen durch FinB oder StA seien nicht selbständig anfechtbar, sondern nur im Rahmen des Strafverfahrens gerichtlich zu überprüfen.

Bei der Frage nach dem Rechtsweg gehen die Meinungen noch weiter auseinander. 166 Vor dem Hintergrund der Entscheidung des BFH 17.12.1981 (BStBl. II 1982, 352) wird allerdings der Finanzrechtsweg überwiegend als nicht einschlägig angesehen (so aber OLG Braunschweig 26.3.1962, DStZ/B 1962, 246 und *Hübner* MDR 1977, 726; so auch HHS/ *Beckemper* AO § 371 Rn. 112 f., der den Einspruch nach §§ 347 ff. AO für einschlägig hält; ebenso *Ehlers* DStR 1974, 695). Demgegenüber geht die herrschende Auffassung davon aus, dass der ordentliche Rechtsweg gegeben ist, weil die Frist nach § 371 III AO strafrechtlichen Charakter hat (FG Hannover 27.8.1963, DStZ/B 402; *Lohmeyer* FR 1963, 567, 1964, 171; DStR 1970, 558 und StB 1982, 301; *Kopacek* DStR 1965, 165; Kohlmann/*Schauf* AO § 371 Rn. 393 f.; grundsätzlich auch FG München 25.2.1977, EFG 384; HessFG 8.2.1973, EFG 389; *Suhr* 1977, S. 379; *Henneberg* BB 1973, 1301 und 1976, 1555; *Schuhmann* MDR 1977, 372; *Kramer* DB 1980, 853). Angerufen werden kann der für Steuerstrafsachen zuständige Strafrichter (→ § 391 Rn. 4 ff.). Der Rechtsgedanke des § 305 S. 1 StPO steht dem nicht entgegen (insoweit glA *Großmann* DB 1979, 1201; aM *Kratzsch* Grundfragen S. 301), da die Verfügung einer Frist nach § 371 III AO einem Strafverfahren nicht vorausgehen und es nicht vorbereiten soll (*Kopacek* DStR 1965, 165). Für eine ähnliche Fragestellung, nämlich der Anordnung einer Zuschlagszahlung gem. § 398a AO, wurde der Rechtsweg zu den ordentlichen Gerichten entsprechend § 98 II 2 StPO für zulässig erachtet; auch hier hat der Gesetzgeber versäumt, ein Rechtsbehelfsverfahren vorzusehen (LG Aachen 27.8.2014, wistra 2014, 493, LG Hamburg 20.3.2017, wistra 2017, 284). Die Beschwerde gegen die Fristsetzung hat keine aufschiebende Wirkung, freilich kann diese durch Anordnung des (Steuer-)Strafrichters hergestellt werden (§ 307 II StPO).

167 Die ordentlichen Gerichte dürfen die **Angemessenheit einer Frist** umfassend überprüfen (HHS/*Beckemper* AO § 371 Rn. 115; LG Hamburg 4.3.1987, wistra 1988, 317, 320). Der Richter ist nicht darauf beschränkt zu prüfen, ob eine pflichtwidrige Ermessensausübung stattgefunden hat (*Esskandari* DStZ 2008, 215; aM OLG Karlsruhe 18.4.1974, NJW 1974, 1577, 1578; *Franzen* → 3. Aufl. Rn. 147). Das Gericht kann die Frist verlängern, wenn es die ursprünglich gesetzte Frist nicht für angemessen erachtet; dies kann sogar im Verlauf der Hauptverhandlung geschehen. Eine unangemessen kurze Frist verlängert sich nicht automatisch auf die zutreffende (vgl. LG Koblenz 13.12.1985, wistra 1986, 79; HHS/*Beckemper* AO § 371 Rn. 111). Ist die Fälligkeit der Steuerschuld durch steuerverwaltungsrechtliche Maßnahmen hinausgeschoben, also Stundung gewährt (§ 222) oder aber die Vollziehung des angefochtenen Steuerbescheides ausgesetzt (§ 361 II), ist der Ablauf der Nachzahlungsfrist iSd § 371 III AO gehemmt. Demgegenüber geht die hM offenbar davon aus, dass steuerrechtliche und strafrechtliche Zahlungsfrist auch insoweit auseinanderfallen können, dass die strafrechtliche Frist vor der steuerrechtlichen Fälligkeit abläuft (vgl. *Suhr* BB 1951, 222; *Mattern* DStR 1954, 460; *Kopacek* DStR 1965, 165; *Kratzsch* Grundfragen S. 301). Schauf (Kohlmann/*Schauf* AO § 371 Rn. 106) stimmt der hier vertretenen Auffassung für den Fall der Stundung zu, will aber in den Fällen des § 361 II AO nur „*ausnahmsweise*" folgen. Es ist jedoch kein Fall ersichtlich, in dem besondere strafrechtliche Erwägungen es rechtfertigen könnten, auf der Zahlung eines Steuerbetrages zu bestehen, dessen Rechtmäßigkeit ernstlich zweifelhaft ist oder aber dessen Einziehung vor Entscheidung über den Rechtsbehelf eine unbillige Härte darstellen würde (§ 361 II) bzw. in dem trotz Stundungsbedürftigkeit und Stundungswürdigkeit eine Zahlung vor steuerrechtlicher Fälligkeit geboten sein könnte (ähnl. *Franzen* → 3. Aufl. Rn. 148). Dementsprechend ist davon auszugehen, dass die Nachzahlungsfrist bis zur Fälligkeit des Steuerbetrages gehemmt ist.

168 Problematisch ist dies insofern, als vielfach ein **rechtzeitig eingereichter Stundungsantrag** erst nach Fristablauf beschieden, etwa abgelehnt wird. Der Umstand, dass die Praxis hier dem Stpfl regelmäßig mit einer kurzen Nachfrist hilft (so *Franzen* → 3. Aufl. Rn. 148a), ändert nichts daran, dass die Straffreiheit an sich verwirkt ist. Eine nach Fristablauf gesetzte Nachfrist hat strafrechtlich im Prinzip keine Relevanz. Die gleiche Problematik stellt sich, wenn der Stpfl einen Antrag auf Aussetzung der Vollziehung stellt, der erst nach der gemäß § 371 III AO gesetzten Frist positiv oder negativ beschieden wird. Die Aussage, bis zur Entscheidung über den Antrag auf Aussetzung der Vollziehung sei auch der Ablauf der Frist nach § 371 III AO gehemmt (so *Franzen* → 3. Aufl. Rn. 144; zust. *Wassmann* ZfZ 1990, 44), hilft insofern auch nicht weiter, weil damit strafrechtlich weitergegangen würde als steuerrechtlich. Denn ob eine negative Entscheidung über die Aussetzung der Vollziehung ex tunc oder ex nunc wirkt und eine kurze weitere Nachfrist gesetzt wird, ist eine Entscheidung des Veranlagungsbezirks bzw. der Rechtsbehelfsstelle, die im Hinblick auf die Fristsetzung des § 371 III AO nicht zuständig ist. Andererseits ließe sich argumentieren, dass in die Frage, welche Frist „angemessen" iSd § 371 III AO ist, auch der Aspekt einbezogen werden muss, *wie sicher* es ist, dass der Stpfl die fraglichen Beträge wirklich *„zu seinen Gunsten"* hinterzogen hat. Insofern mag es Fälle geben, in denen es ermessensfehlerhaft ist, eine Frist zu setzen, die so kurz ist, dass eine sachgerechte Entscheidung in dem summarischen Verfahren über die Aussetzung der Vollziehung nicht mehr möglich ist. Dies gilt insbes. dann, wenn der Stpfl angesichts einer Weigerung der FinB das Finanzgericht anrufen muss und dieses nicht innerhalb einer relativ kurzen Frist entscheiden wird. Gleichfalls mag sich eine zunächst scheinbar angemessene Frist als unangemessen kurz herausstellen, wenn der Stpfl vor Ablauf der Rechtsbehelfsfrist Einspruch einlegt und einen Antrag auf Aussetzung der Vollziehung stellt, der ernstliche Zweifel iSd § 361 II AO an der Rechtmäßigkeit der Nachforderung hervorruft. In solchen Fällen ist dann eine *„Nachfrist"* die neue, korrekte Fristsetzung (vgl. auch Kohlmann/*Schauf* AO § 371 Rn. 385).

3. Die Nachzahlung der verkürzten Steuern

Die rechtzeitige Nachzahlung ist – wie die rechtzeitige Berichtigung – eine **objektive Voraussetzung** für den Erwerb des Anspruchs auf Straffreiheit. Es kommt daher nicht darauf an, ob der Stpfl die Frist zur Nachzahlung schuldhaft versäumt hat oder nicht (RG 27.11.1939, RGSt 73, 368, 369). Erforderlich ist jedoch, dass er von der Fristsetzung positive Kenntnis hatte (→ Rn. 162) und die Frist angemessen war. Bei unverschuldeter Versäumung einer dem Stpfl bekannten angemessenen Frist ist weder Nachsicht gemäß § 110 AO noch Wiedereinsetzung in den vorigen Stand gemäß §§ 44 ff. StPO möglich (RG 27.11.1939, RGSt 73, 368, 369; zust. *Suhr* BB 1951, 222; *Berger* BB 1951, 304). Aus keinem Grunde kann der Stpfl verlangen, dass er so gestellt werden müsse, als wenn er fristgerecht gezahlt hätte (aM *Wegemer* StP 1952, 576 für den Fall eines fehlenden Hinweises auf die Bedeutung der Nachzahlungsfrist). **169**

In welcher Form die Nachforderung getilgt wird, ist für die Straffreiheit nach § 371 III AO unerheblich. Außer Barzahlung und Überweisung (vgl. § 224 II) kommt auch eine Aufrechnung des Stpfl mit unstreitigen Erstattungs- oder Vergütungsansprüchen in Betracht (vgl. § 226), sofern sich die gegenseitigen Ansprüche innerhalb der Nachzahlungsfrist aufrechenbar gegenüberstehen (HHS/*Beckemper* AO § 371 Rn. 122, Kohlmann/*Schauf* AO § 371 Rn. 397 f.). Die Aufrechnung kann auch von der FinB erklärt werden (vgl. RG 2.3.1925, RGSt 59, 115). Wird vom Stpfl ein Verrechnungsantrag gestellt, ohne dass ein Erstattungsanspruch, der mit der Nachzahlung verrechnet werden könnte, bereits fällig wäre, wirkt die Aufrechnung nicht zurück, weil die Verrechnung frühestens zu dem Zeitpunkt erfolgen kann, in dem der Erstattungsanspruch fällig war (vgl. Tipke/Kruse/*Loose* AO § 226 Rn. 20). Denn in solchem Fall muss der Stpfl nicht nur den Antrag auf Verrechnung stellen, sondern zugleich eine Stundung der Abschlusszahlung bzw. eine Verlängerung der Nachzahlungsfrist zu erreichen versuchen. **170**

Bei Zahlung durch Scheck war bislang der Tag des Eingangs bei der FinB maßgebend, soweit dieser später eingelöst wird (§ 224 II Nr. 1 AO aF). Seit der Änderung durch G v. 19.12.2006 (BGBl. 2006 I 2876) gilt die Zahlung erst drei Tage nach Eingang des Schecks als geleistet. **171**

Reichen die innerhalb der gesetzten Nachzahlungsfrist gezahlten Beträge nicht aus, um sämtliche fälligen Steuerschulden zu tilgen, muss das FA grundsätzlich die Zahlungen zunächst auf die hinterzogenen Beträge anrechnen. Dies entspricht dem in § 366 II BGB (vgl. auch § 225) ausgeprägten allgemeinen Rechtsgedanken, dass mangels einer anderen Bestimmung des Schuldners eine Zahlung auf die lästigste Verbindlichkeit des Schuldners anzurechnen ist (BGH 3.6.1954, BGHSt 7, 336, 343; HHS/*Beckemper* AO § 371 Rn. 120). Die Lästigkeit wird sich dabei aber nach dem Strafrisiko bestimmen müssen (ebenso Kohlmann/*Schauf* AO § 371 Rn. 406). Insofern liegt es nicht fern, Teilbeträge zunächst auf verkürzte Lohnsteuer, sodann auf verkürzte Umsatzsteuer und erst dann auf verkürzte Personensteuern zu verrechnen. Im Hinblick auf die betreffende Steuer- **172**

art wird sodann der jüngere Betrag zu verrechnen sein, weil – entgegen den üblichen Regeln – vor dem Hintergrund des strafmildernden Zeitablaufs zwischen Tat und Aburteilung die länger zurückliegende Tat „weniger lästig" ist. Dieses Prinzip der „Lästigkeit" wird man auch heranziehen müssen, wenn das FA im Vollstreckungswege vorgeht, etwa nach der Selbstanzeige, für die noch nicht strafrechtlich verjährten Zeiträume zugleich eine Änderung solcher Besteuerungszeiträume erfolgt, für die zwar die strafrechtliche Verjährung, nicht jedoch die Festsetzungsfrist abgelaufen ist. Verrechnet hier das FA mit den strafrechtlich verjährten Zeiträumen, und reichen die liquiden Mittel sodann nicht mehr aus, um die noch strafbefangenen Beträge zu entrichten, wird man eine Verrechnung mit strafrechtlich verjährten Zeiträumen als nicht ermessensgerecht iSd § 225 III AO ansehen müssen und für strafrechtliche Zwecke von einer Zahlung für die strafbefangenen Zeiträume ausgehen müssen.

173 **Nach neuem Recht** wird der Nachzahlende nicht mehr straffrei, *soweit* er bezahlt, sondern nur, *wenn* er die zu seinen Gunsten hinterzogene Steuern nachentrichtet. Wer also auf die einzelnen Jahre nur Teilzahlungen leistet, kommt nicht in den Genuss der Straffreiheit (*Helml* 2014, 151 f.). Da das Gesetz aber von *„der Tat"* und nicht von *„Taten"* spricht, bleibt es möglich, dass zB nur die Steuerschuld für vier von fünf Jahren beglichen wird und dann für diese vier Jahre Straffreiheit eintritt (vgl. HHS/*Beckemper* AO § 371 Rn. 118, RKR/*Kemper* AO § 371 Rn. 404; MüKoStGB/*Kohler* AO § 371 Rn. 179; *Helml* 2014, 151; *Joecks* SAM 2010, 144; *Hechtner* DStZ 2011, 265, 270; *Rolletschke*/*Roth* Stbg 2011, 200, 204; aM Kohlmann/*Schauf* AO § 371 Rn. 405).

174 **Für die Rechtslage ab 1.1.2015** meint allerdings der Finanzausschuss des Bundestages, mit der Erweiterung des Selbstanzeigezeitraumes auf (mindestens) zehn Jahre korrespondiere auch die Pflicht zur Nachzahlung. Daraus folge, *„dass auch bei einfacher Steuerhinterziehung zehn Jahre Steuern nachzuzahlen und zu verzinsen sind"* (BT-Drs. 18/3439, 6). Dies ist zweifellos richtig, damit ist aber noch nicht gesagt, dass die Strafbefreiung für die strafrechtlich noch nicht verjährten Jahre davon abhängt, dass (auch) Steuern und Zinsen für die strafrechtlich bereits verjährten Jahre gezahlt werden. Das Gesetz spricht unverändert von *„der Tat"* und nicht von *„Taten"* (→ Rn. 173). Die Interpretation des Gesetzgebers kommt im Gesetzeswortlaut nicht zum Ausdruck, eine Stellungnahme des Finanzausschusses kann den Wortlaut der Norm nicht überspielen. Straffreiheit tritt also schon dann ein, wenn die strafrechtlich unverjährten Jahre „bedient" werden (ebenso *Wulf* wistra 2015, 163). Insofern ist die Erweiterung des Zeitraums in § 371 I 2 AO nF eine *lex imperfecta*. Dies scheint auch der Regierungsentwurf so zu sehen. Er spricht lediglich von einer Ausdehnung der Berichtigungspflicht auf Jahre, die die FinB bislang schätzen musste (BT-Drs. 18/3018, 11).

175 **Eine Niederschlagung nach § 261 AO** erfüllt die Bedingung des § 371 III AO nicht, da diese keine schuldtilgende Wirkung hat. Gleiches gilt für eine Sicherheitsleistung, da sie kein Zahlungssurrogat darstellt, sondern nur die Sicherheit der Nachforderung gewährleisten soll. Demgegenüber kann eine Ausnahme nur gelten, wenn die Sicherheit durch Hinterlegung von Geld erbracht wird (§ 241 I 1; aM *Wassmann* ZfZ 1990, 42; Kohlmann/*Schauf* AO § 371 Rn. 402). Die Pfändung und Überweisung einer Forderung genügt nicht (RKR/*Kemper* AO § 371 Rn. 402).

176 **Ein Erlass der hinterzogenen Steuern nach § 227 AO** erfüllt wegen der schuldtilgenden Wirkung auch die Bedingung des § 371 III AO (insoweit ebenso Kohlmann/*Schauf* AO § 371 Rn. 401). Allerdings vertritt *Schauf* (aaO) die Auffassung, ein Erlass oder Teilerlass verstoße gegen das Bestimmtheitsgebot des Art. 103 II GG, weil die FinB dann in eigenem Ermessen entscheide, ob und inwieweit ein Steuerhinterzieher bestraft werde. Die Frage ist von relativ geringer praktischer Bedeutung, da man entgegen *Franzen* (→ 3. Aufl. Rn. 154) es nicht ausreichen lassen wird, dass der Erlassantrag vor Ablauf der Frist gestellt ist. Da der Erlass ex nunc wirkt, tritt die schuldtilgende Wirkung und damit die fristgerechte Nachzahlung erst dann ein, so dass die Frist in der Regel versäumt ist. Eine andere Frage ist, ob wegen anhängiger, aussichtsreicher Erlassverhandlungen nicht die dem Stpfl gesetzte Frist im Einzelfall zu kurz bemessen war, so dass mangels wirksamer Frist der Erlass doch noch die Voraussetzungen des § 371 III AO erfüllt. Da jedoch in Fällen der Hinterziehung die Erlasswürdigkeit regelmäßig fehlen wird (BFH 29.4.1981, BStBl. II 1981, 726; BFH 17.12.2007, BFH/NV 2008, 338 zum Insolvenzdelikt), dürfte dieser Fall nicht häufig vorkommen.

Wer die Nachzahlung leistet, ist für die strafbefreiende Wirkung der Selbstanzeige 177 unerheblich. Der Steuerhinterzieher muss die von ihm geschuldete Nachzahlung nicht persönlich aufbringen. Wenn ein Gesamtschuldner fristgerecht zahlt, kommt die Tilgungswirkung der Zahlung auch den anderen Gesamtschuldnern (Tätern oder Teilnehmern an der Steuerhinterziehung) zugute, soweit sie die Berichtigungserklärung rechtzeitig abgegeben haben und die ihnen zur Nachzahlung gesetzte Frist noch nicht abgelaufen ist (BGH 3.6.1954, BGHSt 7, 336, 342; HHS/*Beckemper* AO § 371 Rn. 121).

Auch ein unbeteiligter Dritter kann die nachzuzahlenden Steuern für den Täter der 178 Steuerhinterziehung, der Selbstanzeige erstattet hat, mit strafbefreiender Wirkung entrichten. Selbst im Falle des § 371 III AO liegt in der Zahlung fremder Steuern keine Strafvereitelung iSd § 258 StGB (RKR/*Kemper* AO § 371 Rn. 409, MüKoStGB/*Kohler* AO § 371 Rn. 177; vgl. zur Zahlung fremder Geldstrafen BGH 7.11.1990, BGHSt 37, 226).

Hat ein Steuerpflichtiger für einen Teil seiner eigenen Einkünfte einen **Strohmann** 179 vorgeschoben, sollen nach *Bauerle* (DStZ 1956, 343) im Falle der Selbstanzeige des wirklichen Sachverhalts die von dem Strohmann (vor der Selbstanzeige) entrichteten Steuern auf die von dem Stpfl nachzuzahlenden Steuern nicht angerechnet werden (zust. *Suhr* 1. Aufl. S. 148; zw. *List* S. 34). Diese Auffassung ist so unzutreffend. Entscheidend ist, inwiefern der Steuerbescheid des Strohmanns noch nach Maßgabe des § 173 I Nr. 2, § 174 I AO geändert werden kann, dieser den Erstattungsanspruch formgültig an den Täter abgetreten hat und die Aufrechnung vor dem Ablaufen der Nachzahlungsfrist wirkt oder ein entsprechender Verrechnungsvertrag geschlossen wird. Im Übrigen ist davon auszugehen, dass in diesen Fällen ein Ermessensfehlgebrauch vorläge, würde man die Frist für die Nachzahlung der verkürzten Steuer nicht an die zeitlichen Abläufe der Erstattung beim Strohmann anpassen. Die unterschiedlich langen Bearbeitungszeiten der Selbstanzeige und der Änderung des Steuerbescheides des Strohmannes dürfen nicht zum Nachteil des Stpfl wirken.

Gerät der Täter, der eine Selbstanzeige erstattet hat, **in Insolvenz,** kann er die hin- 180 terzogenen Steuern nicht nachentrichten. Erfolgt die Zahlung aber durch Dritte, kommt ihm dies zugute. Die Zahlung einer fremden Steuerschuld ist ebenso wenig Strafvereitelung, wie die Bezahlung fremder Geldstrafen (→ Rn. 178).

Zweifelhaft ist aber die Rechtslage, wenn der Täter noch kurz vor Insolvenzeröffnung 181 die Zahlung geleistet hat und der Insolvenzverwalter die Zahlung nach §§ 129 ff. InsO anficht. Da dem FA häufig die Vermögensverhältnisse des Stpfl bekannt sind, werden oftmals die Voraussetzungen der Vorsatzanfechtung nach § 133 InsO vorliegen (*Klaproth* wistra 2008, 174, 175). Im Einzelfall mag die Zahlung der Steuerschuld sogar den Tatbestand der Gläubigerbegünstigung (§ 283c StGB) erfüllen. Nach Auffassung von *Klaproth* (wistra 2008, 174, 175) verbleibt es bei der strafbefreienden Wirkung der Selbstanzeige, wenn die FinB das Geld an den Insolvenzverwalter bzw. die Masse auskehren muss. Andererseits will auch er eine Selbstanzeige verneinen, wenn der aus der Selbstanzeige resultierende Betrag im Wege des Lastschriftverfahrens vom Konto des Täters eingezogen und später erfolgreich vom Insolvenzverwalter widerrufen wird. Immerhin sei die Zahlung erst dann endgültig wirksam, wenn ihr der Schuldner zugestimmt habe (*Klaproth* wistra 2008, 174, 175 unter Hinweis auf BGH 25.10.2007, ZIP 2007, 2273). Erfolgt die Zahlung durch einen unbeteiligten Dritten, etwa einen nahen Angehörigen, kommt es nicht zu einer Verringerung der Aktivmasse des Schuldners. Insofern wird in solchen Fällen bei direkter Zahlung der Steuern eine Insolvenzanfechtung nicht in Betracht kommen (*Klaproth* wistra 2008, 174, 176).

4. Die Zahlung der Hinterziehungszinsen

182 Bei Selbstanzeigen ab 1.1.2015 verlangt das Gesetz nicht nur die Nachzahlung verkürzter Steuern, sondern auch die Zahlung von Hinterziehungszinsen nach § 235. Da sich dieses Erfordernis auf die Verzinsung der Steuern bezieht, die der Täter „zu seinen Gunsten" verkürzt hatte, wird der angestellte Geschäftsführer weiterhin Straffreiheit ohne Zahlungen erlangen können (oben → Rn. 144).

183 Ob sich die Obliegenheit zur Zahlung der Hinterziehungszinsen auch auf solche Jahre bezieht, die strafrechtlich bereits verjährt sind, nach der Neuregelung des § 371 I AO aber ebenfalls berichtigt werden müssen, ist zweifelhaft. Der Finanzausschuss (BT-Drs. 18/3439, 6) geht davon aus, dass die Erweiterung des Abs. 1 auch auf solche Altjahre in der Form durchschlägt, dass diese von *„der Nachversteuerungs- bzw. Verzinsungspflicht"* umfasst würden. Tatsächlich gibt der Gesetzeswortlaut eine solche Auslegung nicht her (→ Rn. 174).

184–199 *einstweilen frei*

IV. Negative Wirksamkeitsvoraussetzungen nach § 371 II AO

Schrifttum: *Mattern,* Steuerliche Selbstanzeige und Betriebsprüfung, NJW 1952, 492; *Maaßen,* Negative Wirksamkeitsvoraussetzungen der Selbstanzeige nach § 410 AO, FR 1954, 293; *Kopacek,* Wann tritt Straffreiheit durch Selbstanzeige nicht ein?, BB 1961, 41; *Coring,* Einzelfragen zur Selbstanzeige während der Betriebsprüfung, DStR 1963, 373; *Pfaff,* Erscheinen eines Amtsträgers der Finanzbehörde zur steuerlichen Prüfung oder zur Ermittlung einer Steuerzuwiderhandlung (§ 371 I Nr. 1a AO 1977), StBp 1977, 39; *Brenner,* Erscheinen des Betriebsprüfers – Ausschluß der Selbstanzeige, StBp 1979, 1; *Arens,* Die Selbstanzeige bei der Außenprüfung, StWa 1982, 167; *Zwank,* Zur Prüfung umsatzsteuerlicher Sachverhalte im Rahmen von Lohnsteuer-Außenprüfungen (Prüfungskombination), BB 1982, 982; *Arendt,* Die Ausschlußgründe bei der Selbstanzeige, ZfZ 1985, 267; *Brauns,* Die Auslegung des § 371 AO im Spannungsfeld strafrechtlicher und steuerpolitischer Zielsetzungen, wistra 1985, 171; *Streck,* Praxis der Selbstanzeige, DStR 1985, 9; *Franzen,* Grenzen der strafbefreienden Selbstanzeige, wistra 1986, 210; *Brauns,* Materiell-strafrechtliche Aspekte der Selbstanzeige, wistra 1987, 233; *Joecks,* Möglichkeiten der Selbstanzeige in der Außenprüfung, Stbg 1987, 284; *Teske,* Die Bekanntgabe der Einleitung eines Straf- und Bußgeldverfahrens (§ 371 II Nr. 1b) AO) durch Durchsuchungsbeschlüsse, wistra 1988, 287; *Zacharias,* Zu den Anforderungen an die strafbefreiende Selbstanzeige iSd § 371 AO unter besonderer Berücksichtigung des Grundsatzes der Vollständigkeit der selbstangezeigten hinterzogenen Beträge, DStZ 1988, 391; *Bilsdorfer,* Information der Geschäftspartner bei Ankündigung der Außenprüfung?, StBp 1988, 87; *Weyand,* Selbstanzeige und Betriebsprüfung, StBp 1989, 106; *Stahl,* Aktuelle Erkenntnisse zur Selbstanzeige, KÖSDI 1988, 7431; *Schmidt-Siebig,* Wiederholungsprüfung und Selbstanzeige, StBp 1987, 245; *Mösbauer,* Sperre für die strafbefreiende Selbstanzeige, NStZ 1989, 11; *Wassmann,* Der Ausschlußgrund bei der Selbstanzeige nach § 371 Abs. 1 Nr. 1a AO, ZfZ 1990, 242; *Rainer,* Beratungshinweise zur Selbstanzeige vor und während der Betriebsprüfung oder Steuerfahndung, DStR 1992, 901; *Mösbauer,* Erscheinen in Prüfungsabsicht und Beginn der Außenprüfung, StBp 1997, 57; *Burkhard,* Die Sperrwirkung des § 371 Abs. 2 Nr. 1a AO, wistra 1998, 216, 256; *Hoffmann,* Die Ausschlußtatbestände der Selbstanzeige bei Steuerhinterziehung, 1998; *Mösbauer,* Materiell-rechtliche Folgerungen der Anordnung einer steuerrechtlichen Außenprüfung, DStZ 1998, 127; *Burkhard,* Die Sperrwirkung des § 371 Abs. 2 AO gegenüber Bankmitarbeitern und Bankkunden bei Erscheinen der Steuerfahndung in Bankenfällen, DStZ 1999, 783; *Mösbauer,* Das Erscheinen eines Amtsträgers der Finanzbehörde zur steuerlichen (Außen-)Prüfung als Sperre für die Straffreiheit nach § 371 AO, StBp 1999, 225; *Theil,* Selbstanzeige nach § 371 AO: Berichtigung und Erscheinen eines Amtsträgers, StB 1999, 108; *Keller/Kelnhofer,* Die Sperrwirkung des § 371 Abs. 2 AO unter besonderer Berücksichtigung der neuen Rechtsprechung des BGH, wistra 2001, 369; *Meyer,* Steuerstrafrechtliche Probleme bei Außenprüfungen, DStR 2001, 461; *Rüping,* Tatausgleich durch Selbstanzeige, wistra 2001, 121; *Crößmann,* Die Umsatzsteuer-Nachschau, StBp 2002, 165; *Heerspink,* Selbstanzeige – Neues und Künftiges – Zugleich eine kritische Betrachtung der Rechtswirklichkeit, BB 2002, 910; *Gast-deHaan,* Ist § 27b UStG verfassungswidrig?, PStR 2002, 264; *Grötsch,* Persönliche Reichweite der Sperrwirkung im Rahmen des § 371 Abs. 2 AO unter besonderer Berücksichtigung von Personen- und Kapitalgesellschaften, 2003; *Rund,* Der Ausschluss der Selbstanzeige – Praktische Prüfungsüberlegungen vor der Abgabe der Selbstanzeige, AO-StB 2003, 207; *Bergmann/Eickmann,* Die Ausschlussgründe der strafbefreienden Erklärung und Selbstanzeige im Vergleich, wistra 2004, 372; *Spatscheck,* Bestimmtheit von Strafverfolgungshandlungen, AO-StB 2004, 262; *Salditt,* Selbstanzeige im Fall rechtswidriger Prüfung?, PStR 2005, 233; *Griesel/Mertes,* Rechte und Pflichten: Wenn der Betriebsprüfer ein Strafverfahren einleitet, PStR 2006, 85; *J. R. Müller,* Löst eine rechtswidrige Betriebsprüfung die Sperrwirkung des § 371 Abs. 2 Nr. 1a AO aus?, Stbg 2006, 137; *Tormöhlen,* Steuerverfahrensrechtliche, steuerstrafrechtliche und verfassungsrechtliche Problemfelder der Umsatzsteuer-Nachschau, UVR 2006, 84; *Wolsfeld,* Wer ist Amtsträger im Sinne des § 371 Abs. 2 Nr. 1a AO?, PStR 2006, 20; *Apitz,* Das Verhältnis einer rechtswidrigen oder nichtigen Prüfungsanordnung/-durchführung zur strafbefreienden Selbstanzeige, StBP 2007, 1; *Rolletschke,* Verfahrenseinleitung aufgrund einer Selbstanzeige, wistra 2007, 89; *Schelling,* Selbstanzeige zwischen Prüfungsanordnung und Betriebsprüfung, PStR 2008, 35; *Kemper,* Der neue Sperrtatbestand der Bekanntgabe einer Prüfungsanordnung in § 371 AO, NZWiSt 2012, 56; *Erdbrügger/Jehke,* Die Erleichterungen bei der strafbefreienden Selbstanzeige im Bereich der Umsatz- und Lohnsteuer zum 1.1.2015 (§ 371 Abs. 2a AO), DStR 2015, 385; *Wulf,* Die „prüfungsbezogenen" Sperrgründe nach der Reform des § 371 Abs. 2 AO, SAM 2015, 16; s. ferner vor → Rn. 54, 261, 301, 341 und 354.

1. Grundgedanke der Regelung

Das der **Schadenswiedergutmachung** dienende berichtigende Verhalten des Stpfl **200** führt nicht zu Straffreiheit, wenn die Berichtigungserklärung in einer Situation abgegeben wird, in der ein Festhalten an dem ursprünglichen Tatplan offenbar nicht vernünftig wäre (zur Begründung der Freiwilligkeit beim Rücktritt vom Versuch vgl. SK-StGB/*Rudolphi* StGB § 24 Rn. 19 ff.).

Wer etwa im Rahmen der laufenden Betriebsprüfung oder Steuerfahndungsprüfung **201** ursprüngliche Erklärungen korrigiert, tut dies regelmäßig unter dem Eindruck des Umstandes, dass der Prüfer die entsprechenden Fehler ohnehin erkennen wird. Wer nach Einleitung des Strafverfahrens die Versäumnisse der Vergangenheit offenbart, tritt lediglich die Flucht nach vorne an und versucht, durch ein rückhaltloses Geständnis seine Position zu verbessern. Auch wer nach Tatentdeckung entsprechende Korrekturen vornimmt, tut dies, weil er erkannt hat, dass ein Festhalten an dem ursprünglichen Plan aussichtslos ist.

Insofern ähneln die Ausschlussgründe des § 371 II Nr. 1 und 2 AO dem **Prinzip der 202 Freiwilligkeit,** wie es etwa den Regelungen über den Rücktritt vom Versuch (§ 24 StGB) und der tätigen Reue beim Subventionsbetrug (§ 264 V StGB) zugrunde liegt. Dabei hat es der Gesetzgeber nicht dabei belassen, eine solche Freiwilligkeit als Generalklausel in das Gesetz aufzunehmen, sondern die Situation, in der ein Täter freiwillig oder unfreiwillig handelt, generalisierend und objektivierend beschrieben. So kam es für die Sperrwirkung nach § 371 II Nr. 1a AO aF nicht darauf an, dass der Täter erfahren hat, es werde Prüfung stattfinden; erst mit dem Erscheinen des Prüfers war eine strafbefreiende Wirkung der Berichtigungserklärung ausgeschlossen. Unter dem Aspekt der „Freiwilligkeit" mag man zwar schon mit der Ankündigung der Prüfung die Selbstanzeige als weniger wertvoll qualifizieren; es steht dem Gesetzgeber aber frei, hier formalisierte Regelungen aufzustellen. Mit der Neuregelung zum 3.5.2011 hat der Gesetzgeber im Übrigen entschieden, dass bereits die Bekanntgabe der Außenprüfung zu einer Sperre führt. Dabei kommt es nicht darauf an, welche Motivation der Stpfl in concreto hatte; entscheidend ist, dass das Gesetz in bestimmten Situationen die Freiwilligkeit bzw. Unfreiwilligkeit objektivierend annimmt.

Soweit man für die Selbstanzeige **fiskalpolitische Erwägungen** in den Vordergrund **203** stellt (→ Rn. 21 und Koch/Scholtz/*Scheurmann-Kettner* AO § 371 Rn. 22), gilt letztlich nichts anderes: Eine Selbstanzeige ist ausgeschlossen, wenn die Steuerquelle, die der Selbstanzeigende „zum Sprudeln bringen will", bereits von der FinB bemerkt wurde bzw. nach dem normalen Verlauf der Dinge bemerkt würde. Das Gesetz stellt starre Grenzen für die Wirksamkeit der Selbstanzeige auf, die allerdings vor dem Hintergrund der verschiedenen Wirkgründe der Straffreiheit gegebenenfalls eine restriktive Interpretation der Regelungen des § 371 II AO erfordern.

Bei der Regelung der vermuteten Unfreiwilligkeit differenziert das Gesetz: **204**

– Nr. 1a, c beschreiben eine *sachbezogene Sperrwirkung,*
– Nr. 1b beschreibt eine tatbezogene Sperrwirkung,
– Nr. 2 beschreibt eine personenbezogene Sperrwirkung.

In diesen Konstellationen vermutet das Gesetz, dass Selbstanzeigehandlungen nicht auf autonomen Motiven beruhen; eine andere Frage ist, ob man nicht im Einzelfall den „Gegenbeweis autonomen Verhaltens" zulassen soll (vgl. auch → Rn. 354 ff.). In den

Fällen des § 371 II Nr. 3 AO regelt das Gesetz, dass Verkürzungen großen Ausmaßes (mehr als 50.000 EUR, ab 1.1.2015: 25.000 EUR) die Wirksamkeit einer Selbstanzeige hindern. Die Regelung ist Ergebnis eines Kompromisses und insofern wenig glücklich, als sie zum einen nur einen Teil der benannten besonders schweren Fälle erfasst (§ 370 III 2 Nr. 1), und dies auch nicht richtig, weil der 1. Strafsenat zwischen dem „Griff in die Kasse des Staates" (Grenze: 50.000 EUR) und anderen Fällen (Grenze: 100.000 EUR) differenziert (→ § 370 Rn. 539). Diese unglückliche Differenzierung erledigt sich für Selbstanzeigen ab dem 1.1.2015 insofern, als der Betrag in § 371 II Nr. 3 nicht nur auf 25.000 EUR gesenkt wurde, sondern alle anderen besonders schweren Fälle nach § 370 III 2 Nr. 2 – 6 nF ebenfalls einer Sperre unterliegen (§ 371 II 2 Nr. 4).

2. Prüfungsbezogene Sperrgründe

a) Bekanntgabe einer Prüfungsanordnung (§ 371 II Nr. 1a) AO)

205 Während nach altem Recht eine Sperrwirkung im Rahmen der Außenprüfung erst mit dem Erscheinen des Prüfers einsetzte (jetzt Nr. 1c) und soweit reichte wie die Prüfungsanordnung, genügt seit 3.5.2011 die *Bekanntgabe* einer Prüfungsanordnung iSd § 196 AO. Mit der Bekanntgabe wird dem Steuerpflichtigen deutlich gemacht, dass er nunmehr einer intensiveren steuerlichen Überprüfung (vor Ort) entgegensieht. Vor diesem Hintergrund ist eine strafbefreiende Selbstanzeige nicht mehr eine autonome Entscheidung für die Rückkehr zu Steuerehrlichkeit (→ Rn. 27).

206 Die Forderung des Bundesrates, bereits die Absendung der Prüfungsanordnung für die Sperrwirkung ausreichen zu lassen (BR-Drs. 138/1/10, 79 f.), ist zu Recht nicht Gesetz geworden. Eine solche Regelung hätte dazu geführt, dass man als Berater kaum noch einem Steuerpflichtigen die Selbstanzeige hätte empfehlen können, da man in der Regel nicht hätte sicher sein können, ob nicht eine Prüfungsanordnung unterwegs ist. Die Befürchtung, nunmehr müssten alle Prüfungsanordnungen mit Postzustellungsurkunde bekannt gegeben werden, scheint sich in der Praxis nicht zu bestätigen. Sollte es in Reaktion auf eine angeblich nicht angekommene Prüfungsanordnung zu einer Selbstanzeige kommen, mag der Betreffende noch einmal davongekommen sein. In seiner Person tritt dann eine Sperrwirkung erst ein, wenn der Finanzbeamte zur steuerlichen Prüfung erscheint (§ 371 II Nr. 1c); Klein/*Jäger* AO § 371 Rn. 112).

207 Zum alten Recht ging man davon aus, dass die Außenprüfung nur in dem Umfang sperrt, wie bestimmte Steuerarten und Steuerjahre in der Prüfungsanordnung aufgeführt waren. Bei einer Prüfungsanordnung für die Einkommensteuer 2008 bis 2010 war also eine Selbstanzeige für die Umsatzsteuer 2008 bis 2010 ebenso möglich wie eine Selbstanzeige für die Einkommensteuer vor 2008 und nach 2010. Im Hinblick auf die Möglichkeit der Selbstanzeige für eine andere Steuerart sperrt die Prüfungsanordnung für die ESt weiterhin nicht. Eine Selbstanzeige für andere Jahre der Einkommensteuerhinterziehung war aber nach dem Recht ab 3.5.2011 nicht mehr zulässig, da diese insgesamt gesperrt ist, wenn auch nur für einzelne Zeiträume einer Steuerart Prüfungsanordnungen bekannt gegeben worden sind. Diese gesetzgeberische Entscheidung ist einer teleologischen Reduktion nicht zugänglich (Klein/*Jäger* AO § 371 Rn. 114; *Joecks* SAM 2011, 128, 131; aA *Stahl* Selbstanzeige 3. Aufl. Rn. 255). Die alte Rechtslage ist aber mit der Änderung des § 371 II mWv 1.1.2015 wiederhergestellt worden (→ Rn. 350).

208 Ob sich der **Zeitpunkt der Bekanntgabe** nach der Fiktion des § 122 II AO richtet (dafür HHS/*Beckemper* AO § 371 Rn. 128 u. RKR/*Kemper* AO § 371 Rn. 167; *Wulf/Kamps* BB 2011, 1714; *Rolletschke/Roth* Stbg 2011, 200; *Beckemper/Schmitz/Wegner/Wulf* wistra 2011, 208; *Wulf* SAM 2015, 16) oder auf den tatsächlichen Zugang abzustellen ist, ist zweifelhaft. Gegen Letzteres spricht, dass dem Steuerpflichtigen entgegen der gesetzgeberischen Wertung damit noch ein kurzes Fenster verbleibt, indem er zwischen Erhalt der Anordnung und deren förmlichen fingierten Zugang eine Selbstanzeige erstatten kann. Die Verwaltung hat es aber in der Hand, dieses durch förmliche Bekanntgabe mittels

Postzustellungsurkunde oder persönliche Abgabe beim Steuerpflichtigen zu vermeiden. Bei bestimmten Beratern wird sie im Zweifel auch so verfahren. Des Weiteren werden solche Selbstanzeigen sicherlich einer besonders intensiven und kritischen Überprüfung unterzogen. Die Drei-Tage-Fiktion ändert auch nichts an der Problematik, dass bei Bestreiten des Zugangs einer Prüfungsanordnung die Beweislast beim Finanzamt liegt (vgl. Klein/*Jäger* AO § 371 Rn. 113) und dem Steuerpflichtigen ein weiteres Fenster verschafft wird, in dem er bis zum Erscheinen des Prüfers eine Selbstanzeige erstatten kann, wenn nicht schon andere Gründe der Sperrwirkung eingreifen, etwa die Entdeckung der Tat (vgl. RKR/ *Kemper* AO § 371 Rn. 167).

Ob die Neuregelung eine **telefonische Terminabsprache** zwischen dem Prüfer einerseits und dem Berater bzw. Steuerpflichtigen andererseits untersagt, ist zweifelhaft. Die Problematik war in der Anhörung des Finanzausschusses am 21.2.2011 von Vertretern der deutschen Industrie gerade im Hinblick auf die Groß- und Konzernbetriebsprüfung thematisiert worden, ohne dass sich entsprechende Äußerungen im Bericht des Finanzausschusses fänden. Teilweise hält man eine solche Absprache nicht mehr für zulässig, weil damit diese Steuerpflichtigen bessergestellt würden als andere Steuerpflichtige (so *Wulf/ Kamps* BB 2011, 1711, 1714; RKR/*Kemper* AO § 371 Rn. 167; vgl. auch *Klaproth* Stbg 2015, 75). 209

Aus dem Gesetz selbst ergibt sich aber ein solches Verbot nicht; in einem Anruf bereits eine versuchte Strafvereitelung zu sehen, wäre überzogen. Überdies sprechen Bedürfnisse der Praxis für eine solche Vorgehensweise. Andererseits ist nicht zu leugnen, dass damit eine Ungleichbehandlung eintritt. Sollte sich herausstellen, dass nach solchen Terminabsprachen in größerem Umfange Selbstanzeigen erstattet werden, wird man in der Verwaltung einfach einen Termin bestimmen und bekannt geben, um dann in der Folge eine entsprechende Absprache über die Änderung des Beginns der Prüfung durchzuführen. 210

Bei der persönlichen Reichweite der Sperrwirkung kommt es darauf an, wann die Selbstanzeige erstattet wurde. Die Sperrwirkung tritt bei Selbstanzeigen vor dem 1.1.2015 nur gegenüber demjenigen ein, der Steuerpflichtiger oder dem Steuerpflichtigen als dessen Organ gleichgestellt ist. Für externe Berater oder nicht vertretungsberechtigte Mitarbeiter des Steuerpflichtigen kann eine Sperrwirkung erst eintreten, wenn ein Prüfer zur steuerlichen Prüfung erschienen ist (HHS/*Beckemper* AO § 371 Rn. 130; *Wulf/Kamps* BB 2011, 1711, 1715; *Beckemper/Schmitz/Wegner/Wulf* wistra 2011, 281, 289). Ob es genügt, dass der Berater oder Mitarbeiter von der Bekanntgabe der Prüfungsanordnung in irgendeiner Form Kenntnis erlangt, ist zweifelhaft. 211

Nach der Begründung des Regierungsentwurfs zur Reform der Selbstanzeige per 1.1.2015 soll der Sperrgrund der Prüfungsanordnung allerdings schon dann eingreifen, wenn eine solche auch nur dem „Begünstigten" bekanntgegeben worden ist (BT-Drs. 18/ 3018, 11). Getroffen werden damit insbesondere ausgeschiedene Mitarbeiter. Ob der Betroffene dann davon Kenntnis hat oder nicht, scheint gleichgültig zu sein (BT-Drs. 18/ 3018, 11; *Joecks* DStR 2014, 2262; *Madauß* NZWiSt 2015, 41). Ob der 1. Strafsenat des BGH dieser Linie folgen wird, bleibt abzuwarten. Angesichts der Rigidität, mit der er den Anwendungsbereich der Selbstanzeige seit Übergang der Zuständigkeit zum 1.8.2008 eingrenzt, liegt dies nicht fern. Die Regelung wird jedenfalls dazu führen, dass Selbstanzeigen durch ehemalige Mitarbeiter eher Seltenheit sein werden, da diese regelmäßig nicht wissen, ob ein solcher Sperrgrund etwa durch Bekanntgabe der Prüfungsanordnung (bereits) eingetreten ist (*Beneke* BB 2015, 408; *Joecks* DStR 2014, 2263). 212

Ob die Prüfungsmaßnahme rechtmäßig gewesen sein muss, ist zweifelhaft. Für die Sperrwirkung durch Beginn der Außenprüfung wird teilweise davon ausgegangen, nur eine rechtmäßige Prüfung könne die Sperrwirkung des § 371 II Nr. 1c AO auslösen (Kohlmann/*Schauf* AO § 371 Rn. 1427; *Wassmann* ZfZ 1990, 247; BayObLG 17.9.1986, wistra 1987, 77). Tatsächlich ist insbes. die formale Rechtmäßigkeit einer Außenprüfungsanordnung von so vielen Kriterien abhängig, dass eine Anknüpfung daran nicht sachgerecht scheint (ebenso *Hoffmann* 1998, 176). Naheliegender ist, nach der Verwertbarkeit der 213

Erkenntnisse zu fragen und damit die Lehre von den Verwertungsverboten zu bemühen (HHS/*Beckemper* AO § 371 Rn. 165 f.; *Schmidt-Liebig* StBp 1987, 247; *Joecks* Stbg 1987, 287; *Hoffmann* 1998, 176). Entgegen *Beckemper* (HHS/*Beckemper* AO § 371 Rn. 166) wird man aber nicht darauf abstellen können, inwiefern eine *steuerrechtliche* Verwertbarkeit entfällt, sondern allein strafprozessuale Regeln zugrunde legen können (zust. *Hoffmann* 1998, 176).

214 Leidet hingegen die Prüfungsanordnung an materiellen Mängeln, vermag sie die Sperrwirkung des § 371 II Nr. 1a) AO nicht auszulösen. Eine andere Frage ist, inwiefern infolge der dennoch durchgeführten Prüfungshandlungen Erkenntnisse gewonnen wurden, die strafprozessual verwertbar sind, und die zu einer Tatentdeckung bzw. zu einer Verfahrenseinleitung führten. Der BGH (BGH 16.6.2005, wistra 2005, 381, 383) will die Sperrwirkung nach § 371 II Nr. 1a) AO verneinen, wenn die dem Erscheinen des Amtsträgers zugrunde liegende Prüfungsanordnung nichtig ist. Für Fälle einer bloß rechtswidrigen Prüfungsanordnung will er die Sperrwirkung offenbar ebenfalls bejahen (vgl. auch *Esskandari* DStZ 2006, 722). Dabei ist zu bedenken, dass nach dem ab 1.1.2015 geltenden Recht das Erscheinen des Prüfers neben die Bekanntgabe der Prüfungsanordnung tritt.

b) Erscheinen eines Amtsträgers zur steuerlichen Prüfung (§ 371 II Nr. 1c) AO)

215 Sobald *„ein Amtsträger der Finanzbehörde zur steuerlichen Prüfung oder zur Ermittlung einer Steuerstraftat oder einer Steuerordnungswidrigkeit erschienen"* war, hatte nach der bis zum 1.1.2015 geltenden Regelung eine nach § 371 I AO wegen Steuerhinterziehung erstattete Selbstanzeige keine strafbefreiende Wirkung mehr; anders bei Selbstanzeigen nach § 378 III AO wegen leichtfertiger Steuerverkürzung. Mit der Neuregelung wird in Nr. 1c) der Außenprüfer, in Nr. 1d) der Ermittlungsbeamte und in Nr. 1e) der zur Nachschau Erscheinende erfasst. Ist die Prüfung eine solche iSd § 196 AO, tritt schon mit der Bekanntgabe der Prüfungsanordnung die Sperrwirkung ein (→ Rn. 205 ff.).

216 Bei Vorsatztaten hatte sich die durch Novelle vom 7.12.1951 (→ Rn. 6) eingeführte Sperre als erforderlich erwiesen, weil der Täter sonst die Entdeckung der Tat durch den Prüfer der FinB abwarten, sich dessen Feststellungen zu eigen machen und sie der FinB als *„Berichtigung"* präsentieren könnte, bevor ihm die Einleitung des Strafverfahrens bekanntgegeben wird (vgl. OLG Stuttgart 17.7.1950, DStZ/B 1950, 440). Es wäre jedoch mit dem rechtspolitischen Zweck des § 371 AO unvereinbar, eine derartige Verhaltensweise mit Straffreiheit zu belohnen. Daher soll der Vorsatztäter keine *„tätige Reue"* mehr üben können, *„wenn die Betriebsprüfung im Hause ist"* (Abg. *Dr. Mießner* in der 174. Sitzung des Bundestages v. 14.11.1951, Stenografische Berichte S. 7161 B). Eine entsprechende Regelung war bislang in Abs. 2 Nr. 1a) enthalten.

217 Der Amtsträger muss **zur steuerlichen Prüfung** erschienen sein. Für die bis zum 1.1.2015 geltende Regelung war heftig umstritten, was mit dieser Wendung gemeint war. Umstritten war insbes. die Einordnung von Richtsatzprüfungen und der USt-Nachschau. **Bei Richtsatzprüfungen,** die von der Finanzverwaltung vorgenommen werden, um für bestimmte Branchen Vergleichszahlen (durchschnittliche Gewinnsätze) zu ermitteln, kommt es darauf an, ob der Richtsatzprüfer sich darauf beschränken soll, die maßgebenden Zahlen ohne nähere Prüfung aus der Buchführung des Richtsatzbetriebs zu entnehmen, oder ob mit der Richtsatzprüfung zugleich eine Betriebsprüfung verbunden werden soll (HHS/*Beckemper* AO § 371 Rn. 160, Kohlmann/*Schauf* AO § 371 Rn. 474; *Wassmann* ZfZ 1990, 244). Da § 371 II Nr. 1c) nF die Sperrwirkung *„auf den sachlichen und zeitlichen Umfang der Außenprüfung"* beschränkt und die Nachschau ausdrücklich in § 371 II Nr. 1e) geregelt ist, kann mit der steuerlichen Prüfung nur die Außenprüfung gemeint sein.

218 **Amtsträger der Finanzbehörde** ist der Beamte oder Angestellte einer örtlichen Finanzbehörde, einer OFD, des Bundeszentralamts für Steuern oder einer Gemeindesteuererbehörde, der zur steuerlichen Prüfung erscheint (vgl. auch § 7; HHS/*Beckemper* 148 f., Kohlmann/*Schauf* AO § 371 Rn. 448; *Lüttger* StB 1993, 375). In Betracht kommen nicht nur Amtsträger, die *ständig* im Dienst der Außenprüfung stehen, sondern auch andere Angehörige der Finanzverwaltung, die eine Prüfungsanordnung (§ 196) der zuständigen FinB ausführen wollen oder die im Veranlagungsverfahren als Prüfer tätig werden (BFH 5.4.1984, NJW 1984, 2240).

Amtsträger einer anderen Verwaltungsbehörde stehen Amtsträgern einer FinB angesichts des Wortlauts auch dann nicht gleich, wenn sie aufgrund eines Amtshilfeersuchens der zuständigen FinB tätig werden (HHS/*Beckemper* AO § 371 Rn. 149, Koch/Scholtz/*Scheurmann-Kettner* AO § 371 Rn. 24, Kohlmann/*Schauf* AO § 371 Rn. 449; *Waßmann* ZfZ 1990, 242; aM *Franzen* → 3. Aufl. Rn. 73; *Maaßen* FR 1954, 296; *Kopacek* BB 1961, 42; *Mösbauer* NStZ 1989, 11). Freilich kann bei einem Erscheinen etwa von Polizeibeamten der Ausschlussgrund der Tatentdeckung (→ Rn. 301 ff.) eingetreten sein.

Während man bis zum 3.5.2011 darauf abstellte, auf welche Zeiträume sich die Prüfung (sanordnung) bezog, galt nach dem Recht der Folgejahre, dass das Erscheinen etwa zur Überprüfung einer Voranmeldung für die USt für März 2014 schlechthin die Wirksamkeit einer Selbstanzeige bezüglich der USt für alle unverjährten Jahre sperrte, wenn es sich denn um eine „Prüfung" handelt (zur USt-Nachschau unten → Rn. 224). § 371 II Nr. 1 AO bezieht sich auf alle drei Alternativen, also auch auf die des Erscheinens eines Prüfers (*Joecks* SAM 2011, 128, 132).

Mit der Neuregelung zum 1.1.2015 ist die bis zum 3.5.2011 geltende Rechtslage wiederhergestellt. Nach § 371 II 2 AO nF tritt die Sperre nur für die Jahre ein, auf die sich die Außenprüfung erstreckt. Hintergrund für diese Rückkehr zur alten Rechtslage mag sein, dass die Mitwirkungsbereitschaft des Stpfl vergrößert wird, wenn er die Chance hat, zumindest für einige Jahre noch Straffreiheit zu erlangen.

Steuerliche Prüfung ist nach bislang hM jede (rechtmäßige) Maßnahme der Finanzbehörde, die der Ermittlung und Erfassung der steuerlichen Verhältnisse eines Stpfl dient und das Ziel richtiger und vollständiger Steuerfestsetzung verfolgt (BayObLG 17.9.1986, wistra 1987, 77, 78; HHS/*Beckemper* AO § 371 Rn. 160; *Lüttger* StB 1993, 376; *Waßmann* ZfZ 1990, 243) bzw. der Feststellung dient, ob der Stpfl seine steuerlichen Pflichten richtig erfüllt hat (*Terstegen* S. 123). Erfasst sind damit zunächst einmal die Fälle der Außenprüfung iSd § 193 AO, gleichgültig, ob die Prüfung aus besonderem Grund beabsichtigt ist oder ob es sich um eine turnusmäßige Betriebsprüfung handelt (*Burkhard* wistra 1998, 220), ob Gegenstand der Prüfung verschiedene Steuerarten sind oder aber eine Sonderprüfung, etwa im Hinblick auf die Umsatzsteuer stattfinden soll. Ebenso erfasst sind Prüfungen der Steuer- und Zollfahndung iSd § 208 I 1 Nr. 3, II AO (OLG Celle 27.3.2000, wistra 277 mAnm *Rüping* wistra 2001, 121; HHS/*Beckemper* AO § 371 Rn. 161). Nach hM soll eine Prüfung auch dann gegeben sein, wenn etwa ein Finanzbeamter in den Räumen des Stpfl prüfen soll, ob bestimmte Angaben in Stundungs- oder Erlassanträgen (§§ 222, 227) zutreffen oder ob das von einem Vollstreckungsschuldner im Verfahren nach § 284 AO abgegebene Vermögensverzeichnis oder die von einem Dritten abgegebene Drittschuldnererklärung (§ 316) zutreffen (*Franzen* → 3. Aufl. Rn. 75). Ebenfalls soll die *„betriebsnahe Veranlagung"* (HHS/*Beckemper* AO § 371 Rn. 161) und die Prüfung von Büchern, Geschäftspapieren und sonstigen Urkunden (§ 97) erfasst sein (HHS/*Beckemper* AO § 371 Rn. 161 unter Hinweis auf BayObLG 17.9.1986, wistra 1987, 77; *Weyand* StBp 1989, 109). Demgegenüber sollen Liquiditätsprüfungen nicht der steuerlichen Überprüfung des Stpfl dienen, Richtsatzprüfungen nur insoweit, als sie zugleich die Ermittlung von Besteuerungsgrundlagen im Einzelfall zum Gegenstand haben (Kohlmann/*Schauf* AO § 371 Rn. 473, HHS/*Beckemper* AO § 371 Rn. 160; *Mösbauer* StBp 1999, 228). Nicht zur steuerlichen Prüfung soll ein Außenwirtschaftsprüfer erscheinen, obwohl er zur Betriebsprüfungsstelle der Zollabteilung einer OFD gehört (*Brenner* StBp 1979, 1). Bei Vollziehungsbeamten soll differenziert werden: Erscheine der Vollziehungsbeamte einer FinB mit einem die Überprüfung von Angaben betreffenden Sonderauftrag, soll auch er *„zur steuerlichen Prüfung erschienen"* sein (*Pfaff* StBp 1977, 40). Anders soll es sein, wenn er nur einen Vollstreckungsauftrag ausführen will (vgl. *Waßmann* ZfZ 1990, 244).

223 Diese Auffassungen erscheinen zum Teil ungereimt (zust. *Hoffmann* 1998, 110). Auch der Vollstreckungsbeamte erscheint zur steuerlichen Prüfung, ob vollstreckbare Habe zur Begleichung von Steuerschulden vorhanden ist. Ebenso würde der Wortlaut des § 371 AO auch solche Fälle erfassen, in denen der Steuerfahnder im Rahmen von Ermittlungen iSd § 208 AO bei einem Stpfl lediglich erscheint, um diesen vor Ort als Zeuge in einem gegen Dritte gerichteten Steuerstrafverfahren zu vernehmen: Auch in diesem Zusammenhang erscheint der Steuerfahndungsbeamte immerhin zu einer steuerlichen Prüfung, wenngleich der der steuerlichen Verhältnisse eines anderen. Diese Ungereimtheiten und die Schwierigkeiten einer Begrenzung der Sperrwirkung in einer Vielzahl von *„Prüfungen"* (siehe unten → Rn. 235) sprechen dafür, für den Begriff der Prüfung auf § 171 IV, V AO abzustellen (dazu HHS/*Banniza* AO § 171 Rn. 73 ff.) und andere Ermittlungshandlungen iSd § 92 AO schlechthin nicht für die Sperrwirkung nach § 371 II Nr. 1a) und c) AO genügen zu lassen. Eine betriebsnahe Veranlagung sperrt dementsprechend die strafbefreiende Selbstanzeige nicht (ebenso *Marschall* BB 1998, 2553; aM BayObLG 17.9.1986, wistra 1987, 77). Auch für das Erscheinen des Vollziehungsbeamten sind die Differenzierungsbemühungen der hM (→ Rn. 222) entbehrlich. Eine andere Frage ist, inwiefern die Ermittlungshandlungen iSd § 92 AO zu einer Tatentdeckung bzw. zur Einleitung des Strafverfahrens führten.

224 Die **USt-Nachschau** (vgl. *Crößmann* StBp 2002, 165) soll nach den Gesetzesmaterialien *„keine Prüfung iSd §§ 193 ff. AO"* sein (BT-Drs. 14/6883) und konnte deshalb keine Sperrwirkung auslösen (vgl. Vorauflage). Für Selbstanzeigen ab dem 1.1.2015 enthält § 371 II Nr. 1e) eine ausdrückliche Regelung, wonach Umsatzsteuer-Nachschau (§ 27b UStG), Lohnsteuer-Nachschau (§ 42g EStG) oder eine *„Nachschau nach anderen steuerrechtlichen Vorschriften"* mit dem Erscheinen des Prüfers ebenfalls eine Sperrwirkung auslösen. Damit geht der Gesetzgeber offen davon aus, dass dies bei vergleichbaren Maßnahmen vor dem 1.1.2015 nicht der Fall war (vgl. *Joecks* DStR 2014, 2264; *Madauß* NZWiSt 2015, 41, 42).

225 Ob die Prüfung dem Steuerpflichtigen angekündigt worden ist, oder ob der Amtsträger unvermutet erscheint, ist für den Eintritt der Sperrwirkung gleichgültig. Von dem Erscheinen zur Prüfung ist jedoch die bloße Ankündigung einer Prüfung zu unterscheiden, da sie außerhalb des § 371 II Nr. 1a) die Sperrwirkung noch nicht auslöst (Kohlmann/*Schauf* AO § 371 Rn. 451). Dies gilt auch dann, wenn der Prüfer bei dem Stpfl persönlich erscheint, um mit ihm einen Prüfungstermin zu vereinbaren (*Mattern* DStZ 1951, 414; *Maaßen* FR 1954, 296; *Pfaff* DStZ 1982, 361, 362; HHS/*Beckemper* AO § 371 Rn. 151, Kohlmann/*Schauf* AO § 371 Rn. 451; Klein/*Jäger* AO § 371 Rn. 122). Auch die Vorladung des Stpfl mit seinen Büchern in das FA ist (noch) unschädlich (*Maaßen* DStZ 1951, 414).

226 Zur steuerlichen Prüfung erscheint der Amtsträger, wenn er die ernste Absicht hat, eine Prüfung iSd § 371 II Nr. 1a) AO durchzuführen (*Wassmann* ZfZ 1990, 244). Ist dies der Fall, kommt es nicht darauf an, ob der zur Prüfung erschienene Amtsträger mit der beabsichtigten Prüfung auch beginnt. So greift die Sperrwirkung ein, wenn der zur Prüfung entschlossene Amtsträger in der Wohnung des Stpfl niemanden antrifft (aM *Westpfahl* 1987, 62), dieser ihm nicht öffnet oder sich verleugnen lässt (Kohlmann/*Schauf* AO § 371 Rn. 454; OLG Oldenburg 11.3.1958, NJW 1958, 1407) oder die Prüfung wegen *„unzumutbarer Buchhaltung"* zunächst abgebrochen wird (BGH 23.3.1994, wistra 1994, 228). Der Gesetzgeber hat bewusst nicht an den Beginn der Prüfung angeknüpft. Nachdem diese Möglichkeit bei Beratung der Novelle vom 7.12.1951 (→ Rn. 6) erörtert worden war (*Mattern* NJW 1951, 940), wurde dem Erscheinen zur Prüfung wegen der Beweisklarheit der Vorzug gegeben. Die erforderliche Absicht, mit der Prüfung zu beginnen, wird den Begleitumständen, unter denen der Prüfer erscheint (Tageszeit, Mitbringen der Steuerakten und Hilfsmittel), unschwer zu entnehmen sein. Zweifelhaft ist, ob der Stpfl von dem Erscheinen des Amtsträgers in seinen Betriebs- oder Wohnräumen Kenntnis haben muss (abl. *Maaßen* FR 1954, 296; Kohlmann/*Schauf* AO § 371 Rn. 463) oder ob er selbst die

Prüfungsabsicht erkennen muss. Überwiegend wird angenommen, dass allein entscheidend sei, ob der erschienene Beamte *erkennbar* den ernsthaften Willen habe, die Prüfung durchzuführen (BMR SteuerStR/*Möller/Retemeyer* H Rn. 97; Kohlmann/*Schauf* AO § 371 Rn. 466; *Wassmann* ZfZ 1990, 244). Daran fehlt es, wenn der Prüfer lediglich durch eine „Scheinhandlung" die Hemmung der Verjährung nach § 171 IV AO erreichen will und er sich nach kurzem Aufenthalt aus eigenem Antrieb wieder entfernt, ohne eine Prüfungstätigkeit aufgenommen zu haben (zust. *Wassmann* ZfZ 1990, 244). Die von der Rspr entwickelten Grundsätze über eine wirksame Handlung zur Unterbrechung der Strafverfolgungsverjährung gelten sinngemäß; hier wie dort müssen formale Scheinhandlungen ausscheiden (vgl. BGH 13.6.1956, BGHSt 9, 198, 203; BGH 22.5.1958, NJW 1958, 1004; *Coring* DStR 1963, 374; Kohlmann/*Schauf* AO § 371 Rn. 466; Schönke/Schröder/*Bosch* StGB § 78c Rn. 6, 8).

Wo der Amtsträger erscheinen will, um den Stpfl an einem geeigneten Ort anzutreffen, muss er nach pflichtgemäßem Ermessen unter prüfungstechnischen Gesichtspunkten selbst entscheiden (OLG Oldenburg 11.3.1958, NJW 1958, 1407). Die Prüfung im Betrieb oder in der Wohnung des Stpfl bildet zwar den Regelfall, die Sperrwirkung tritt jedoch auch dann ein, wenn die Prüfung nach Vereinbarung mit dem Stpfl an einem dritten Ort stattfinden soll und die Beteiligten dort zusammentreffen, zB in den Räumen des steuerlichen Beraters oder des Insolvenzverwalters (HHS/*Beckemper* AO § 371 Rn. 157, Kohlmann/*Schauf* AO § 371 Rn. 455). **227**

Findet die Prüfung an Amtsstelle statt, war die Anwendbarkeit des § 371 II Nr. 1a) AO umstritten (vgl. *Grötsch* 2003, 53 ff.; *Hoffmann* 1998, 102 ff.; *Burkhard* wistra 1998, 217). Teilweise wird angenommen, in diesen Fällen sei der Prüfer dann erschienen, wenn der Stpfl oder Steuerberater mit den prüfungsrelevanten Unterlagen im FA das Dienstzimmer des Beamten betritt (RKR/*Kemper* AO § 371 Rn. 214). Ähnlich will *Jäger* (Klein/*Jäger* AO § 371 Rn. 124) nicht auf das Betreten des Finanzamts abstellen, sondern auf den Kontakt mit dem Prüfer. Kohlmann/*Schauf* bezweifeln schlechthin, dass das Erscheinen des Stpfl mit seinen Geschäftsunterlagen in der FinB die Sperrwirkung auslösen kann (Kohlmann/*Schauf* AO § 371 Rn. 456; ebenso *Hoffmann* 1998, 107; *Lüttger* StB 1993, 376; *Merkt* DStR 1987, 712 f.; *Mösbauer* NStZ 1989, 12 und StB 1999, 112). Tatsächlich wird man voraussetzen müssen, dass der Stpfl im FA aufgrund einer Vorladung erscheint (vgl. § 200 II 1) und die Unterlagen mitführt, die als Geschäftsunterlagen für die Prüfung nötig sind (*Westpfahl* 1987, 57). Kohlmann/*Schauf* stimmen dem zu, falls der Stpfl dem Prüfer keinen geeigneten Raum zur Verfügung stellen kann; dann soll er den Eintritt der Sperrwirkung nicht unter Berufung auf diesen Umstand verhindern können (Kohlmann/*Schauf* AO § 371 Rn. 459). Tatsächlich tritt die Sperrwirkung auch sonst ein. Ebenso, wie ein Erscheinen des Prüfers in den Räumen des Stpfl nur dann ein Erscheinen zur Prüfung ist, wenn der Prüfer die ernste Absicht der Durchführung einer solchen hat, wird man freilich voraussetzen müssen, dass der Stpfl das FA betritt, um mit der Übergabe der Unterlagen die Prüfung zu ermöglichen. Will der Stpfl jedoch zunächst dem Finanzbeamten eine Berichtigungserklärung übergeben, ist die Sperrwirkung des § 371 II Nr. 1a) AO noch nicht eingetreten. Würde man in diesen Fällen schon das bloße Betreten des Gebäudes der FinB als schädlich ansehen, würde man den Stpfl praktisch zwingen, zunächst einen Brief an das FA zu senden und der Vorladung nicht Folge zu leisten oder aber die Geschäftsunterlagen zunächst in seinem Pkw zu lassen. Dies wäre eine übertriebene Förmelei (ebenso *Grötsch* 2003, 55). **228**

Leistet der Täter der Vorladung nicht Folge, und übersendet er die entsprechenden Unterlagen per Post, ist zweifelhaft, ob von einem Erscheinen zur Prüfung gesprochen werden kann (vgl. *Hoffmann* 1998, 105). So meint *Hoffmann,* dass der Wortlaut des § 371 II Nr. 1a) AO diese Konstellation nicht erfasse. Das Gesetz setzt aber nicht voraus, dass der Prüfer *bei dem Steuerpflichtigen* erschienen ist, sondern lediglich *„zur steuerlichen Prüfung".* Zur Prüfung kann der Beamte aber auch dann erscheinen, wenn die Prüfung an Amtsstelle durchgeführt wird, weil Räumlichkeiten beim Stpfl nicht zur Verfügung stehen. In diesen **229**

Fällen wird man aber nicht schon auf die Übersendung der Unterlagen per Post abstellen können (zw. RKR/*Kemper* AO § 371 Rn. 214), sondern voraussetzen müssen, dass sich der Prüfer zur Durchführung der Prüfung mit den ihm übersandten Unterlagen befasst (vgl. auch *Grötsch* 2003, 55).

230 **Hat der Steuerpflichtige mehrere Betriebe,** löst das Erscheinen in einem Betrieb die Sperrwirkung auch hinsichtlich einer Steuerhinterziehung aus, die der Stpfl in einem anderen Betrieb begangen hat, es sei denn, die Prüfungsanordnung gilt nur für einen bestimmten Betrieb oder die Prüfung erstreckt sich auf eine Steuerart, die nur in dem Betrieb entstehen kann, in dem der Amtsträger erschienen ist, und die in keinem Zusammenhang mit anderen Steuern steht (HHS/*Beckemper* AO § 371 Rn. 155, Kohlmann/*Schauf* AO § 371 Rn. 460; *Lüttger* StB 1993, 376; *Wassmann* ZfZ 1990, 242).

231 **Bei einem Konzern** schließt das Erscheinen des Prüfers die Selbstanzeige für die Geschäftsführer und die sonstigen Angestellten anderer Gesellschaften allenfalls dann aus, wenn der Prüfer den Auftrag hat, den gesamten Konzern zu prüfen. Bei den einzelnen Unternehmen ist er jedoch nicht schon dann erschienen, wenn er bei der Konzernspitze erscheint (so *Pfaff* S. 112; ähnlich HHS/*Beckemper* AO § 371 Rn. 155; missverstanden von Kohlmann/*Schauf* AO § 371 Rn. 462). Die Zugehörigkeit zu einem Konzern lässt die selbstständige Steuersubjektsqualität des einzelnen Konzernmitgliedes unberührt (*Wassmann* ZfZ 1990, 245). Entscheidend ist insoweit, wo die Prüfungshandlungen für welche Gesellschaften vorgenommen werden, und von wo aus die Anforderung von Unterlagen für die einzelnen Gesellschaften erfolgen soll. Gibt es im Konzern eine zentrale Steuerabteilung, mag für sämtliche Konzerngesellschaften, die von der Prüfungsanordnung umfasst werden, die Prüfung beginnen, wenn der Prüfer dort erscheint (ebenso *Grötsch* 2003, 92). Erfolgt die Verwahrung von Unterlagen bzw. die Bearbeitung der Steuerangelegenheiten dezentral, tritt eine Sperrwirkung erst und nur mit dem Erscheinen vor Ort ein (zur Reichweite der sachlichen Sperrwirkung → Rn. 235).

232 **Der persönliche Umfang der Sperrwirkung** ist begrenzt. Erscheint der Amtsträger bei einem von mehreren Tätern oder Teilnehmern, ist die strafbefreiende Wirkung einer Selbstanzeige zunächst für denjenigen Beteiligten ausgeschlossen, bei dem der Beamte erschienen ist (HHS/*Beckemper* AO § 371 Rn. 163, Kohlmann/*Schauf* AO § 371 Rn. 478). Bei einer betriebsbezogenen Tat soll das Erscheinen des Amtsträgers im Betrieb nicht nur gegen den Betriebsinhaber, sondern gegen alle an der Tat beteiligten Betriebsangehörigen, jedoch nicht gegen außenstehende Täter oder Teilnehmer wirken; ihnen gegenüber könne die Sperrwirkung erst nach § 371 II Nr. 2 AO eintreten (vgl. *Franzen* → 3. Aufl. Rn. 81; Müller-Gugenberger/*Küster* Kap. 36 Rn. 156; *Wassmann* ZfZ 1990. 243). Dasselbe soll, falls der Prüfer zur Prüfung bei einer GmbH erschienen ist, für die persönlichen Steuern eines Gesellschafters gelten, die zwar aus Provisionszahlungen der GmbH herrührten, dort aber ordnungsgemäß verbucht waren und deshalb typischerweise gerade nicht auf Hinterziehung der persönlichen Steuern des Gesellschafters schließen lassen (OLG Düsseldorf 27.5.1981, wistra 1982, 119). Demgegenüber wollen Kohlmann/*Schauf* (AO § 371 Rn. 485) die Frage nach der Sperrwirkung bei Betriebsangehörigen jeweils im Einzelfall beantworten; *Beckemper* (HHS/*Beckemper* AO § 371 Rn. 164) hält sogar die Selbstanzeige eines Betriebsangehörigen noch während der Außenprüfung generell für möglich.

233 Zwar wäre es denkbar, in diesem Zusammenhang auf die Wertung des § 14 StGB bzw. § 130 II OWiG abzustellen. Vor dem Hintergrund der Funktion des § 371 II AO ist jedoch festzustellen, dass mit dem Erscheinen des Prüfers für sämtliche an der Tat Beteiligten das Entdeckungsrisiko sich in einem Maße konkretisiert hat, dass eine Selbstanzeige nicht mehr als originäre Widergutmachungsleistung des Beteiligten angesehen werden könnte. Andererseits ist dann die Differenzierung zwischen noch im Betrieb tätigen und bereits ausgeschiedenen Betriebsangehörigen (vgl. LG Stuttgart 21.8.1989, NStZ 1990, 189 mAnm *Gallandi*) nicht mehr tragfähig. Überdies müsste auch der extern tätige Steuerberater, der als Gehilfe an der Steuerhinterziehung mitgewirkt hat, von der Sperrwirkung betroffen sein. Hier anzunehmen, die Prüfungsanordnung sei an sämtliche zum Zeitpunkt des Erscheinens mit dahingehenden Aufgaben betraute Personen gerichtet (so *Westpfahl* 1987, 83 ff.), widerspricht dem Gesetzeswortlaut.

Zu sachgerechten Ergebnissen kommt man, wenn man entscheidend darauf abstellt, ob der betreffende, die Selbstanzeige Erstattende zum Zeitpunkt der Freigabe seiner Berichtigungserklärung **Kenntnis von dem Beginn der Prüfung,** das heißt, dem Erscheinen des Außenprüfers hatte (vgl. *Grötsch* 2003, 92). Der Wortlaut des § 371 II Nr. 1a) AO setzt jedenfalls nicht voraus, dass der Amtsträger der FinB bei der konkreten Person erschienen ist (vgl. aber *Hoffmann* 1998, 165).

Der sachliche Umfang der Sperrwirkung ist heftig umstritten. Der Wortlaut des Gesetzes ließ die Auslegung zu, dass das Erscheinen jedes Amtsträgers einer FinB die strafbefreiende Wirkung für alle Steuerarten und Steuerabschnitte ausschließt (so etwa *Kopacek* BB 1961, 42; *Coring* DStR 1963, 374; *Kratzsch* StW 1974, 75; *Brenner* StBp 1979, 2 und MDR 1979, 801). Diese Auffassung wird heute indes nicht mehr vertreten und ist mit der gesetzlichen Regelung ab 1.1.2015 nicht vereinbar. Angesichts der starken Untergliederung und Spezialisierung der einzelnen Zweige der Finanzverwaltung erscheint eine differenzierte Betrachtung geboten. Dies beruht nicht zuletzt darauf, dass die einzelnen Prüfungsdienste der Bundes-, Landes- und Gemeindefinanzbehörden jeweils beschränkte Prüfungsaufgaben und Prüfungsmöglichkeiten haben. Auch soweit die Verpflichtung zur Amtshilfe über den Tatbestand der Strafvereitelung im Amt (§ 258a StGB) strafbewehrt ist, ist doch faktisch kaum vorstellbar, dass der auf einem Seeschiff erschienene Zollbeamte feststellt, dass ein Besatzungsmitglied eine ESt-Erstattung erschlichen hat. Insofern besteht heute im Wesentlichen Einvernehmen darüber, dass es unter anderem auf den konkreten Prüfungsauftrag des einzelnen Beamten ankommt (vgl. auch BGH 5.4.2000, wistra 2000, 219 mAnm *Jäger,* wistra 2000, 227). Umstritten ist demgegenüber, welche Bedeutung die sachliche Zuständigkeit der entsendenden FinB bzw. ein wie auch immer gearteter Sachzusammenhang hat oder ob es darauf ankommt, welche Steuern tatsächlich von dem Amtsträger geprüft werden.

Die sachliche Zuständigkeit der entsendenden Finanzbehörde wird als vorrangiges Merkmal für eine sachliche Begrenzung der durch das Erscheinen eines Amtsträgers ausgelösten Sperrwirkung bislang jedenfalls dann anerkannt, wenn eine Prüfungsordnung nach § 196 AO nicht ergangen ist (*Hartung* V 3a zu §§ 410, 411 RAO 1951; *Terstegen* S. 123; *Troeger/Meyer* S. 255), wie insbes. bei Prüfungen der Steuer- oder Zollfahndung.

Die sachliche Zuständigkeit umfasst

a) *bei den Bundesfinanzbehörden* (§ 1 FVG) die Zölle, Abschöpfungen und die bundesgesetzlich geregelten Verbrauchsteuern einschließlich der EUSt und der Biersteuer (§ 12 II FVG); vgl. wegen der Mitwirkung der Zollstellen und der Grenzkontrollstellen bei der Verwaltung der Umsatzsteuer und der KFZ-Steuer ferner § 18 FVG;

b) *bei den Landesfinanzbehörden* (§ 2 FVG) die Steuern mit Ausnahme der Zölle und Verbrauchsteuern (§ 12 II FVG), soweit die Verwaltung nicht aufgrund Art. 108 IV 1 GG den Finanzbehörden oder aufgrund Art. 108 IV 2 GG den Gemeinden oder Gemeindeverbänden übertragen worden ist (§ 17 II FVG); hinsichtlich der Aufgaben und Befugnisse des Bundeszentralamts für Steuern vgl. §§ 5, 19 FVG;

c) *bei den Gemeindesteuerbehörden* die Realsteuern (§ 3 II), soweit nicht die Landesfinanzbehörden zuständig sind, sowie die Kommunalsteuern.

Eingeschränkt ist die sachliche Zuständigkeit einer FinB und ihrer Amtsträger, soweit durch Rechtsverordnung die Verwaltung bestimmter Steuern für den Bereich mehrerer Finanzbehörden bei einer FinB konzentriert ist, zB in einem FA für Erbschaft- und Verkehrsteuer (siehe im Einzelnen → § 387 Rn. 18 ff.).

Darüber hinaus sollte es nach altem Recht in Fällen der Außenprüfung (§ 193 AO) eine Sperrwirkung nach Abs. 2 Nr. 1a) nur für die nach der Anordnung zu prüfenden Steuerarten und die genannten Prüfungszeiträume geben (BGH 15.1.1988, BGHSt 35, 188;

BayObLG 23.1.1985, wistra 1985, 117, 118; LG Verden 27.3.1986, wistra 1986, 228; Koch/Scholtz/*Scheurmann-Kettner* AO § 371 Rn. 28, Kohlmann/*Schauf* AO § 371 Rn. 493; Erbs/Kohlhaas/*Hadamitzky/Senge* AO § 371 Rn. 31; *Westpfahl* 1987, 74). Insbes. die Rspr stellt insoweit nicht mehr auf das Kriterium des Sachzusammenhanges (so *Franzen* → 3. Aufl. Rn. 85 ff.; *ders.*, wistra 1986, 210, 211; ähnl. *Brauns* wistra 1987, 240) ab. Weitere Konsequenz dieser Auffassung war, dass im Rahmen von Sonderprüfungen (etwa für USt oder LSt) die Selbstanzeige für nicht betroffene Steuerarten bzw. nicht betroffene Zeiträume selbst dann möglich war, wenn kraft Zusammenhanges die Gefahr der Entdeckung überaus konkret schien. Diese Rspr war dennoch zu begrüßen, weil damit für den Betroffenen eindeutige Grenzen gezogen sind, die ihm ggf. die Rückkehr zur Steuerehrlichkeit erleichtern. Mit dem Recht ab 3.5.2011 ist die Prüfungsanordnung nur noch für die Begrenzung der zu prüfenden Steuerart relevant, der angeordnete Prüfungszeitraum begrenzt die Sperre nicht mehr (oben → Rn. 207). Da aber mit der **Neuregelung zum 1.1.2015** die vor dem 3.5.2011 geltende Rechtslage praktisch wiederhergestellt wurde, eine laufende Prüfung oder die Anordnung der Außenprüfung also nicht eine wirksame Selbstanzeige für andere, von der Prüfungsanordnung nicht erfasste Jahre hindert, sind auch in der Zwischenzeit erstattete Selbstanzeigen „neben der Außenprüfung" nur scheinbar durch § 371 II Nr. 1a) gesperrt. Es handelt sich bei der Selbstanzeige um einen Strafaufhebungsgrund, der den Regeln des § 2 III StGB unterliegt, also als für den Täter günstigere Regelung zurückwirkt (*Joecks* DStR 2014, 2266; zust. *Hunsmann* NJW 2015, 118; *Wulf* wistra 2015, 165).

240 Problematisch ist der **Rückgriff auf die Prüfungsanordnung** im Rahmen einer Außenprüfung vor dem 3.5.2011 für die hM jedoch insoweit, als damit Freiräume geschaffen werden, die es (scheinbar) in dieser Form bei anderen Prüfungen ohne Prüfungsanordnung so nicht gibt. So hat *Franzen* (wistra 1986, 210, 211) darauf hingewiesen, dass die Sperrwirkung nach § 371 II Nr. 1a) AO auch bei Prüfungen eintreten kann, die einer ausdrücklichen Prüfungsanordnung nicht bedürfen. In dieser Konsequenz hat etwa das BayObLG (17.9.1986, wistra 1987, 77) eine (unbeschränkte) Sperrwirkung für den Fall einer betriebsnahen Veranlagung anerkannt (vgl. *Joecks* Stbg 1987, 284, 285). Es mutet jedoch seltsam an, dass die Sperrwirkung bei der punktuellen Prüfung einzelner Unterlagen im Rahmen der betriebsnahen Veranlagung bzw. bei der Prüfung von Büchern, Geschäftspapieren und sonstigen Urkunden (vgl. HHS/*Beckemper* AO § 371 Rn. 167) weiter reichen soll als die auf systematische Überprüfung ausgerichtete Außenprüfung. Die gleiche Problematik stellt sich im Übrigen im Rahmen der Steuerfahndungs- oder Zollfahndungsprüfung, bei der in der Regel lediglich ein Einleitungsvermerk die Vorwürfe konkretisiert, ohne dass dieser dem Stpfl vorläge. Eine weitere Problematik resultiert daraus, dass die formale Außenprüfungsanordnung die Möglichkeit zu Einzelermittlungsmaßnahmen außerhalb des Prüfungszeitraumes unberührt lässt (vgl. *Papist* DStR 1986, 356), so dass auch im Rahmen der Außenprüfung iSd § 193 AO für den Stpfl immer das Risiko besteht, dass der Prüfer auf weitere, von der Prüfungsanordnung sachlich und zeitlich nicht umfasste Fehler stößt.

241 Trotz dieser Bedenken ist der herrschenden Meinung und Rechtsprechung zuzustimmen. Der Gesetzgeber hat sich für eine vertypte Beschreibung des Entdeckungsrisikos entschieden, insofern ist es durchaus denkbar, ebenso formal den Bereich des Entdeckungsrisikos anhand des Verwaltungsaktes „Prüfungsanordnung" zu beschreiben. Dass es daneben andere Prüfungen gibt, die eine Prüfungsanordnung nicht erfordern, ist nicht unbedingt ein Argument gegen die Rspr. des BGH, sondern kann allenfalls Anlass dafür sein, etwa im Falle der Fahndungsprüfung nach Kriterien zu suchen, die denen der formalisierten Außenprüfung entsprechen (vgl. auch HHS/*Beckemper* AO § 371 Rn. 165 und unten → Rn. 244).

242 **Die betriebsnahe Veranlagung** ist ein „normales" Ermittlungsverfahren, für das ausschließlich die Vorschriften der §§ 93 ff. AO gelten. Zulässig ist nur die Ermittlung einzelner Besteuerungsgrundlagen beim Stpfl im Wege der Augenscheinseinnahme (HHS/

Schallmoser AO vor 193–203 Rn. 202). Diese sind abgekürzte Außenprüfungen (§ 203), wenn sie aufgrund einer Prüfungsanordnung (§ 196) durchgeführt werden (vgl. AEAO Nr. 3 zu § 85). Ist die betriebsnahe Veranlagung abgekürzte Außenprüfung, so gibt es eine die Sperrwirkung begrenzende Prüfungsanordnung. Dass dann eine betriebsnahe Veranlagung, die noch nicht einmal diese Qualität erreicht, nicht umfassend die Sperrwirkung herbeiführen kann, liegt auf der Hand (zust. *Hoffmann* 1998, 149; *Marschall* BB 1998, 2553; aM *Franzen* wistra 1988, 195; *Weyand* StBp 1989, 109; vgl. auch HHS/*Beckemper* AO § 371 Rn. 167). Ob man dann darauf abstellen muss, auf welche Steuern und Veranlagungszeiträume sich die Ermittlungen beziehen (so *Klos* Inf. 1989, 345; zust. HHS/*Beckemper* AO § 371 Rn. 167, Kohlmann/*Schauf* AO § 371 Rn. 511; *Grötsch* 2003, 36 f.), erscheint zweifelhaft. Näher liegt es, in diesen Fällen überhaupt keine Sperrwirkung anzunehmen, denn wenn der Finanzbeamte nicht im Rahmen der (abgekürzten) Außenprüfung erscheint, erscheint er nicht zur steuerlichen Prüfung, sondern zur (betriebsnahen) Veranlagung (→ Rn. 222). Diese Konstellation ist dann vom Wortlaut des § 371 II Nr. 1a) AO nicht erfasst, ggf. kann die Sperre nach § 371 II Nr. 1b), 2 AO eingreifen.

Bei der Nachschau (§ 210) handelt es sich um eine allgemeine Maßnahme der Steueraufsicht, für die eine schriftliche Prüfungsanordnung nicht besteht bzw. erst dann schriftlich auf einen Übergang zur Außenprüfung hingewiesen wird, wenn Feststellungen bei Ausübung der Steueraufsicht hierzu Anlass geben (§ 210 IV 2). Die Nachschau ist keine Außenprüfung, denn die Außenprüfung ist vergangenheits-, die Nachschau gegenwartsbezogen (HHS/*Schallmoser* AO § 210 Rn. 6; Wannemacher/*Vogelberg* Rn. 1460). Daraus wird man schließen müssen, dass auch die Nachschau nicht zu einer Sperrwirkung gem. § 371 II Nr. 1a) AO aF und einer solchen nach § 371 II Nr. 1c) AO nF führt (Kohlmann/ *Schauf* AO § 371 Rn. 472, zT anders HHS/*Beckemper* AO § 371 Rn. 168), zumal die Nachschau nunmehr explizit in § 371 II Nr. 1e) geregelt ist. Eine Lücke entsteht dadurch insofern nicht, als gegebenenfalls die Sperrwirkungsgründe nach § 371 II Nr. 1b), 2 AO eingreifen können.

Bei Ermittlungen der Steuer- und Zollfahndung handelt es sich hingegen um eine „steuerliche Prüfung" (bzw. „Ermittlung einer Steuerstraftat") iSd § 371 II Nr. 1a) AO. Da in diesen Fällen ein schriftlicher Prüfungsauftrag nicht existiert, liegt es nicht fern, eine umfassende Sperrwirkung für sämtliche in den sachlichen Zuständigkeitsbereich der betreffenden Fahndungsstelle fallende Steuerarten und sämtliche, strafrechtlich nicht verjährte Zeiträume anzunehmen (so etwa *Weyand* StBp 1989, 109 und offenbar auch WJS WirtschaftsStrafR-HdB/*Kummer* Kap. 18 Rn. 122). Dies wird überwiegend als unbillig empfunden (vgl. Kohlmann/*Schauf* AO § 371 Rn. 470) und nach Kriterien gesucht, die auch in diesen Fällen die Sperrwirkung begrenzen.

Schauf stellt zunächst auf den Verdachtsgegenstand ab und fragt, welcher tatsächliche Sachverhalt Anlass für das Erscheinen der Fahndungsbeamten war (Kohlmann/*Schauf* AO § 371 Rn. 470). Überdies muss die später selbst angezeigte Tat im sachlichen Zuständigkeitsbereich der entsendenden FinB gelegen haben (Kohlmann/*Schauf* AO § 371 Rn. 470; vgl. auch OLG Celle 21.12.1984, wistra 1985, 84). Im Falle einer Durchsuchung geht *Schauf* (Kohlmann/*Schauf* AO § 371 Rn. 470) davon aus, dass der Ausschlussgrund des § 371 I Nr. 1a) AO nicht zum Tragen komme, sondern ausschließlich § 371 I Nr. 1b) AO, da mit der Durchsuchung konkludent die Einleitung eines Steuerstrafverfahrens bekanntgegeben wird. Die Begrenzung ergebe sich dann formal durch den Durchsuchungsbeschluss, der, wenn er zu unbestimmt abgefasst sei, ebenso wenig generell die Selbstanzeigemöglichkeit ausschließen, wie die Verjährung unterbrechen könne (→ § 376 Rn. 66). Zur Bestimmung des Verfolgungswillens und damit der sachlichen Reichweite der Sperrwirkung könnten ergänzend vorausgegangene Anträge der StA an das AG bzw. die aktenkundig belegten Einleitungsverfügungen der Bustra herangezogen werden, nicht aber die im Bereich des Subjektiven liegenden möglichen umfassenden Ermittlungsabsichten der Fahndungsbeamten. Die damit vorgegebene Beschreibung der Sperrwirkung mag richtig sein; ein Vorrang des § 371 II Nr. 1b) AO ergibt sich aber aus dem Gesetz nicht, zumal idR auch ein Erscheinen *„zur steuerlichen Prüfung"* gegeben ist. Zudem wird übersehen, dass trotz der rigiden Rechtsprechung des BVerfG (→ § 399 Rn. 22) immerhin noch die Anordnung einer Durchsuchung wegen Gefahr im Verzuge, also ohne eine schriftliche Durchsuchungsanordnung, denkbar ist. In diesen Fällen ist auch bei § 371 II Nr. 1b) AO ein Rückgriff auf den Akteninhalt nötig. Zuzugeben ist Kohlmann/*Schauf,* dass jedenfalls bei einem Zusammentreffen der Sperrwirkung nach § 371 II Nr. 1a) und 1b) die Sperre nach Nr. 1a) regelmäßig nicht weiter reichen kann als die, die sich nach Nr. 1b) ergibt.

246 Auch der BGH (BGH 5.4.2000, wistra 2000, 219, 225 mAnm *Jäger* wistra 2000, 227; ähnl. OLG Celle 27.3.2000, wistra 2000, 277) erkennt bislang die Notwendigkeit an, **die Norm einschränkend auszulegen** und die von ihr ausgehende Sperrwirkung formal zu begrenzen. Der Senat lehnt eine Sperrwirkung für die von späteren Selbstanzeigen erfassten Sachverhalte jedenfalls dann ab, wenn sie zum Zeitpunkt, in dem ein Amtsträger zur Ermittlung einer Steuerstraftat erschienen ist, vom Ermittlungswillen des Amtsträgers nicht erfasst waren. Anders sei es jedoch, wenn die später entdeckten Sachverhalte mit dem bisherigen Ermittlungsgegenstand in engem sachlichen Zusammenhang standen (BGH 5.4.2000, wistra 2000, 219, 225). Hintergrund dieser Einschränkung ist offenbar die Sorge, es drohe sonst ein vom Gesetzgeber nicht gewollter Wettlauf zwischen dem Stpfl, der sich angesichts der bevorstehenden Tatentdeckung durch zügig abgegebene Selbstanzeigen noch eine Straffreiheit verschaffen wolle, und den Ermittlungsbehörden, die durch Überprüfung der steuerlichen Vorgänge die Taten erst noch aufdecken müssten (*Jäger* wistra 2000, 228).

247 Hieran ist zunächst richtig, dass eine **Sperrwirkung jedenfalls eintritt,** wenn die später selbst angezeigte Tat vom Ermittlungswillen der entsprechenden Beamten erfasst war. Dies ist im Regelfall auch feststellbar. Der Rückgriff auf die Akten lässt unschwer erkennen, wegen welcher Straftaten die Fahndungsbeamten beim Stpfl *„erschienen"* sind (ebenso *Hoffmann* 1998, 179 f.). Erscheint die Steuerfahndung nach dem Akteninhalt lediglich wegen der Einkünfte aus Kapitalvermögen, bleibt demnach eine wirksame Selbstanzeige im Hinblick auf verkürzte Umsatzsteuer noch möglich, soweit es um die Sperrwirkung gem. § 371 II Nr. 1a) AO geht; eine andere Frage ist die Sperre nach § 371 II Nr. 1b) AO, wenn mit dem Erscheinen der Fahndung zugleich die Verfahrenseinleitung bekannt gegeben wird und zwischen beiden Taten Tateinheit besteht (→ Rn. 286). Unklar bleibt im Übrigen, wann von einem engen unmittelbaren Zusammenhang iSd BGH gesprochen werden kann. Offenbar sollen auch solche Fälle erfasst sein, in denen Zusammenhänge zu anderen Besteuerungszeiträumen bestehen (*Jäger* wistra 2000, 228).

248 Da insbes. bei **Großbetrieben und Konzernen** ständig irgendwelche steuerlichen Prüfungen stattfinden, wäre es unmöglich, jemals eine wirksame Selbstanzeige zu erstatten, wenn nicht die Sperrwirkung der einzelnen Prüfungshandlungen beschränkt würde. Dementsprechend gilt es, anhand von Kriterien die Reichweite der Sperrwirkung zu beschreiben.

249 Eine erste Beschränkung der Sperrwirkung ergibt sich aus den Prüfungsanordnungen selbst, so dass etwa bei einer Umsatzsteuersonderprüfung für einen befristeten Zeitraum die Möglichkeit der Selbstanzeige bezüglich der Ertragsteuern besteht. Andererseits unterliegen Großunternehmen bzw. Konzerne der **Anschlussprüfung,** so dass der Prüfungszeitraum fünf Jahre beträgt und in der Regel die Folgeprüfung kurze Zeit nach Abschluss der Vorprüfung beginnt, dh zu einem Zeitpunkt, in dem ggf. noch nicht einmal Steueränderungsbescheide für den bereits geprüften Zeitraum ergangen sind. Zugleich muss das Unternehmen während der laufenden Prüfung Steuererklärungen für Folgejahre abgeben, und kann dabei in die Konfliktlage kommen, entweder weiterhin unrichtige Erklärungen abzugeben, oder aber mit Abgabe einer richtigen Erklärung quasi ein „Geständnis" hinsichtlich der Unrichtigkeit vorangegangener Erklärungen abzulegen. Soweit die Fehler der Vergangenheit lediglich leichtfertig gemacht wurden, hilft § 378 III AO. Sind die Fehler zwar vorsätzlich gemacht worden, wird die Steuerhinterziehung aber von einem

selbst nicht beteiligten Organ entdeckt, kann gemäß § 371 IV AO noch durch eine Drittanzeige trotz laufender Außenprüfung ein Verfolgungshindernis herbeigeführt werden (→ Rn. 400 ff.).

Ungelöst bleibt der Fall, in dem das nämliche Organ, das die vorsätzlichen Steuerhinterziehungen zu verantworten hatte, noch Verantwortungsträger im Unternehmen ist. Ihm bleibt wirklich nur die Wahl zwischen Geständnis und Fortführung der Steuerstraftaten, wenn man nicht ein Wiederaufleben der Berichtigungsmöglichkeit bereits vor Ergehen etwaiger Änderungsbescheide oder Mitteilungen nach § 201 AO zulässt (→ Rn. 358 ff.). 250

Zum Wiederaufleben der Berichtigungsmöglichkeit nach Abschluss der Prüfung siehe unten → Rn. 354 ff. 251

c) Erscheinen eines Amtsträgers zu Ermittlungen (§ 371 II Nr. 1d) AO)

Amtsträger der Finanzbehörde ist der Beamte oder Angestellte, der zur Ermittlung einer mit Strafe oder Geldbuße bedrohten Zuwiderhandlung erscheint (vgl. auch § 7; HHS/*Beckemper* AO § 371 Rn. 148 f., Kohlmann/*Schauf* AO § 371 Rn. 530; *Lüttger* StB 1993, 375). In Betracht kommen nicht nur Amtsträger, die *ständig* im Dienst der Steuerfahndung oder der Zollfahndung stehen, sondern auch andere Angehörige der Finanzverwaltung, die im Rahmen ihrer dienstlichen Aufgaben und Befugnisse aufgrund eigener Entschließung einschreiten, zB Beamte einer Zollstreife auf einem amtlichen Kontrollgang (OLG Oldenburg 16.6.1953, NJW 1953, 1847; zust. *Hartung* V 3a zu §§ 410, 411 RAO 1951 und *Suhr* 1977, S. 358). 252

Beamte der Steuerfahndung sind auch dann „Amtsträger der Finanzbehörde", wenn sie in einem von der StA geführten (→ § 386 Rn. 21 ff.) steuerstrafrechtlichen Verfahren weisungsgebunden tätig werden (LG Stuttgart v. 21.8.1989, wistra 1990, 72; Erbs/Kohlhaas *Hadamitzky/Senge* AO § 371 Rn. 31; Kühn/v.Wedelstädt/*Blesinger/Viertelhausen* AO § 371 Rn. 21e; *Lüttger* StB 1993, 375). Demgegenüber meint *Schauf* (Kohlmann/*Schauf* AO § 371 Rn. 450; ebenso *Felix* BB 1985, 1781, zust. Vorauflage HHS/*Rüping* AO § 371 Rn. 143; aA HHS/*Beckemper* AO § 371 Rn. 149), in diesen Fällen seien die Beamten bloße Ermittlungspersonen der StA und erfüllten die Voraussetzungen des § 371 II Nr. 1a) AO nicht. Daran ist richtig, dass in solchen Fällen die Beamten der Steuerfahndung nicht „*zur steuerlichen Prüfung*" erscheinen. Sie suchen den Ort aber auf „zur Ermittlung einer Steuerstraftat". Es berührt merkwürdig, dass es darauf ankommen soll, ob dies im Auftrag der StA oder der Strafsachenstelle geschieht. Das Problem relativiert sich, wenn man bedenkt, dass entweder mit dem Erscheinen der Beamten der Ausschlussgrund der Bekanntgabe der Verfahrenseinleitung eintritt (Kohlmann/*Schauf* AO § 371 Rn. 450) oder aber die Beamten bei einem sehr begrenzten Personenkreis „erschienen" sind. So führt das Erscheinen eines Steuerfahnders bei dem Kreditinstitut im Rahmen einer Durchsuchung noch nicht zu einer Sperrwirkung nach § 371 II Nr. 1a) AO beim Kunden, weil der Beamte nicht bei „ihm" erschienen ist. 253

Erschienen zur Ermittlung einer Steuerstraftat oder Steuerordnungswidrigkeit ist der Amtsträger, sobald er das Grundstück mit den Betriebs- oder Wohnräumen eines Stpfl in der Absicht betritt, den Verdacht einer Zuwiderhandlung gegen Steuergesetze aufzuklären. Die telefonische Ankündigung des Eintreffens reicht ebenso wenig aus wie die Ankündigung, die schriftlich, durch Boten oder persönlich geschieht (HHS/*Beckemper* AO § 371 Rn. 150; *Westpfahl* 1987, S. 53; Kohlmann/*Schauf* AO § 371 Rn. 123; *Lüttger* StB 1993, 376). Optische Wahrnehmbarkeit ist nicht erforderlich (HHS/*Beckemper* AO § 371 Rn. 150; *Wassmann* ZfZ 1990, 243). Nötig ist die körperliche Anwesenheit am Prüfungsort (Kohlmann/*Schauf* AO § 371 Rn. 451; *Lüttger* StB 1993, 376; *Mösbauer* StBp 1997, 57). Dazu ist – je nach den örtlichen Gegebenheiten – das Betreten des Betriebsgrundstückes, das Durchschreiten des Fabriktores oder das Überschreiten der Schwelle zur Eingangstür erforderlich. Die Gegenauffassung, die es genügen lässt, wenn der Prüfer zwar noch nicht am Ort der Prüfung eingetroffen, aber bereits in das Blickfeld des Selbstanzeigenden getreten ist (OLG Stuttgart 22.5.1989, NStZ 1989, 436; HHS/*Beckemper* AO § 371 254

Rn. 150; wohl auch *Wassmann* ZfZ 1990, 243) ist zwar vom Wortlaut noch gedeckt, bewirkt aber eine zu weite Vorverlagerung der Sperrwirkung (vgl. *Westpfahl* 1987, S. 54).

d) Erscheinen zur Nachschau (§ 371 II Nr. 1e) AO)

255 Vgl. oben → Rn. 224, 243.

256 Umfasst sind ausdrücklich die Umsatzsteuer- und die Lohnsteuer-Nachschau, aber auch eine andere Nachschau nach anderen steuerrechtlichen Vorschriften. Damit enthält § 371 II Nr. 1e) AO eine Öffnung für weitere Nachschauen, die in der AO geregelt werden. So wurde zum 31.12.2017 die Kassen-Nachschau nach § 146b AO aufgenommen. Zudem ist derzeit lediglich die allgemeine Nachschau nach § 210 AO erfasst (Schwarz/Pahlke/*Webel* AO § 371 Rn. 240, dort auch Nachschauen nach dem Landesrecht, die § 371 AO für anwendbar erklären). Liquiditätsprüfungen, betriebsnahe Veranlagungen und Inaugenscheinnahmen sind keine Nachschau iSd § 371 II Nr. 1e AO (Schwarz/Pahlke/*Webel* AO § 371 Rn. 240).

257 Die Sperrwirkung beschränkt sich auf den sachlichen und zeitlichen Umfang der Nachschau, Nr. 11 II AStBV (St) 2020 (eine differenzierte Auseinandersetzung bzgl. der einzelnen Nachschauen siehe Schwarz/Pahlke/*Webel* AO § 371 Rn. 243 ff.).

258–260 *einstweilen frei*

3. Bekanntgabe der Einleitung eines Straf- oder Bußgeldverfahrens (§ 371 II Nr. 1b) AO)

Schrifttum: Siehe bei § 397 AO.

261 **Ist dem an der Tat Beteiligten (vor dem 1.1.2015 dem Täter) oder seinem Vertreter die Einleitung eines Straf- oder Bußgeldverfahrens** bekanntgegeben worden, bevor dieser eine Selbstanzeige erstattet hat, tritt die strafbefreiende Wirkung der Selbstanzeige nach § 371 II Nr. 1b) AO nicht ein. Dieser tatbezogene Ausschlussgrund, der – ohne das zusätzliche Erfordernis der Bekanntgabe – bereits in den früheren landes- und reichsgesetzlichen Vorschriften über die Selbstanzeige enthalten war (→ Rn. 1), entspricht dem Grundgedanken des § 371 AO (→ Rn. 20 ff.). Wenn ein Straf- oder Bußgeldverfahren eingeleitet ist, ist die Kooperation des Stpfl nicht mehr Ausdruck autonomer Motive, soweit der in der Einleitung enthaltene Vorwurf reicht (→ Rn. 27).

262 Während nach altem Recht bei der Bekanntgabe der Verfahrenseinleitung für die Jahre 2008 bis 2010 bei der nämlichen Steuerart noch für die Jahre davor und danach eine Selbstanzeige möglich war, wenn nicht andere Sperrgründe (zB Tatentdeckung) vorlagen, lässt das neue Recht es genügen, wenn eine Verfahrenseinleitung und Bekanntgabe auch nur für eines der unverjährten Jahre dieser Steuerart erfolgt ist. Die Verfahrenseinleitung muss freilich in zeitlicher Sicht hinreichend konkretisiert sein (*Blesinger* wistra 1994, 151), die Angabe „in nicht rechtsverjährter Zeit" ist zu ungenau (Klein/*Jäger* AO § 371 Rn. 153). Ist aber die Verfahrenseinleitung in Hinblick auf Steuerart, Besteuerungszeitraum und Steuerpflichtigen hinreichend konkret, greift der Sperrgrund ein.

263 **Eingeleitet ist das Strafverfahren** wegen einer Steuerstraftat nach § 397 I AO, *„sobald die Finanzbehörde, die Polizei, die Staatsanwaltschaft, einer ihrer Hilfsbeamten oder der Strafrichter eine Maßnahme trifft, die erkennbar darauf abzielt, gegen jemanden wegen einer Steuerstraftat strafrechtlich vorzugehen"*. Für die Einleitung des Bußgeldverfahrens gilt § 397 AO gemäß § 410 I Nr. 6 AO entsprechend. Die Einleitung besteht in einer konkreten Maßnahme (siehe im Einzelnen → Rn. 7 ff. und → § 397 Rn. 85 ff.). Ein bloßer Vermerk, das Straf- oder Bußgeldverfahren sei eingeleitet, genügt nicht (OLG Köln 1.9.1970, BB 1970, 1335; *Suhr* 1977, S. 354; vgl. auch HHS/*Beckemper* AO § 371 Rn. 135).

264 **Bekanntgegeben** ist die Einleitung eines Strafverfahrens, wenn dem Täter oder seinem Vertreter amtlich mitgeteilt worden ist, dass die Behörde steuerstrafrechtliche Ermittlungen in Gang gesetzt hat. Das Wort „*bekanntgegeben*" ist durch Art. 1 Nr. 8 AO StrafÄndG an die Stelle des Wortes „*eröffnet*" gesetzt worden, um unzutreffende Gedankenassoziationen zwischen der Mitteilung von der Einleitung des Strafverfahrens – also vom Beginn der Erforschung des Sachverhalts – und der Eröffnung des Hauptverfahrens iSd §§ 199 ff. StPO zu unterbinden.

Die Bekanntgabe erfordert stets eine **amtliche Mitteilung.** Mitteilungen von privater 265 Seite oder Informationen aus der Finanzverwaltung, die dem Stpfl infolge einer Indiskretion bekannt werden, ohne dass sie von einem Erklärungswillen der Behörde getragen werden, genügen dem Erfordernis einer Bekanntgabe nicht (zust. Kohlmann/*Schauf* AO § 371 Rn. 569). Sie können jedoch dem Stpfl die Kenntnis vermitteln, dass seine Tat entdeckt ist, und die strafbefreiende Wirkung seiner Selbstanzeige nach § 371 II Nr. 2 AO ausschließen.

Die Form der Bekanntgabe ist gesetzlich nicht bestimmt. Die Bekanntgabe kann 266 durch ein Schreiben der Behörde oder durch die mündliche Erklärung eines mit der Sache befassten Amtsträgers erfolgen (OLG Bremen 31.1.1951, DStZ/B 1951, 212). Fernmündliche Mitteilungen sind zwar möglich, aber praktisch nicht geeignet, da sie zu Zweifeln Anlass geben können (ähnl. Kohlmann/*Schauf* AO § 371 Rn. 570). Andererseits kann bei besonderen Erfahrungen einer Behörde im Einzelfall eine förmliche Zustellung nach §§ 3 ff. VwZG ratsam erscheinen. Jedenfalls gelten irgendwelche Bekanntgabefiktionen nicht. Der Betroffene muss von der Verfahrenseinleitung konkret Kenntnis erlangt haben. Bestreitet er dies, obwohl ihm das Bekanntgabeschreiben förmlich zugegangen ist, handelt es sich um einen normalen Fall der tatrichterlichen Beweiswürdigung.

Ob das Steuergeheimnis einer öffentlichen Bekanntmachung (vgl. § 15 VwZG) ent- 267 gegensteht (so *Franzen* → 3. Aufl. Rn. 95, Kohlmann/*Schauf* AO § 371 Rn. 575) erscheint zweifelhaft, da die Bekanntmachung der Durchführung eines Steuerstrafverfahrens diente (§ 30 IV Nr. 1 AO; zust. RKR/*Kemper* AO § 371 Rn. 179). Eine andere Frage ist, ob eine solche Form der Bekanntgabe sinnvoll ist, weil sich aus dieser Form der Bekanntgabe kaum der Nachweis führen lässt, wann der Stpfl konkrete Kenntnis von der Verfahrenseinleitung erhalten hat.

Die Bekanntgabe der Einleitung eines Strafverfahrens kann auch durch eine **eindeutige** 268 **Amtshandlung** erfolgen, die unzweifelhaft als strafverfahrensrechtliche Maßnahme zur Ermittlung einer Steuerstraftat erkennbar ist (*Kopacek* BB 1961, 44), namentlich durch eine Verhaftung oder vorläufige Festnahme des Verdächtigen (§§ 114 ff., 127 StPO), bei der Zweifel über den strafrechtlichen Zweck der Maßnahme nicht möglich sind, aber auch durch eine Beschlagnahme von Geschäftspapieren oder von Zollgut und verbrauchsteuerbaren Waren (§§ 94, 98 StPO), durch eine Durchsuchung der Wohnung oder der betrieblich genutzten Räume des Verdächtigen (§ 102 StPO) oder durch seine erste Vernehmung (§ 136 StPO). Vorausgesetzt ist allerdings immer, dass es sich etwa bei der Durchsuchung um eine solche nach § 102 StPO, nicht nach § 103 StPO handelt. Soweit mit dem Beginn der Durchsuchung bei einem Kreditinstitut nach §§ 102, 103 StPO zugleich die Einleitung des Strafverfahrens gegen „teils namentlich bekannte, teils unbekannte Kunden" verbunden ist, kann dies eine Sperrwirkung für den Kunden nicht begründen. Zum einen ist ihm selbst die Verfahrenseinleitung nicht bekannt gegeben worden, zum anderen gibt es in diesem Sinne keine Verfahrenseinleitung „gegen unbekannt".

Bei einer Beschlagnahme wird dem Stpfl die richterliche Beschlagnahmeanordnung 269 vorgewiesen, aus der sich zugleich der Vorwurf ergibt bzw. ergeben sollte. Wird die Beschlagnahme bei Gefahr im Verzuge durch einen Fahndungsbeamten als Ermittlungsperson der Staatsanwaltschaft (vgl. § 404 S. 2 AO iVm § 98 I StPO) oder durch einen sonst zur Prüfung erschienenen Amtsträger der FinB angeordnet (vgl. § 399 AO iVm § 98 I StPO), ist der Stpfl jedenfalls mündlich über den Zweck der Maßnahme zu unterrichten. Bedarf es einer Beschlagnahme nicht, weil der Gegenstand freiwillig herausgegeben wird (vgl. § 94 II StPO), lässt das Herausgabeverlangen nicht ohne weiteres schon auf die Einleitung eines Straf- oder Bußgeldverfahrens schließen.

Randt

270 **Bei einer Durchsuchung** schreibt § 106 II 1 StPO ausdrücklich vor, dass der Zweck dieser Maßnahme (§ 102 StPO: Ergreifung einer verdächtigen Person oder Auffindung von Beweismitteln) dem Inhaber der zu durchsuchenden Räume oder Gegenstände (zB Kraftfahrzeug) oder der in seiner Abwesenheit zugezogenen Person *vor Beginn der Durchsuchung* bekanntgemacht werden muss. Diese Bekanntmachung ist eine Bekanntgabe iSd § 371 II Nr. 1b) AO, wenn der Inhaber oder die zugezogene Person entweder mit dem Beschuldigten identisch ist oder wenn sie als sein Vertreter iS dieser Vorschrift (→ Rn. 282) angesehen werden kann. Ergeht der Beschluss in einem Ermittlungsverfahren „gegen Verantwortliche des Unternehmens", genügt dies selbst dann nicht, wenn die Person des Verantwortlichen aus den Akten ggf. ersichtlich ist (vgl. *Teske* wistra 1988, 288, 295).

271 **Bei Vernehmungen** ist die Sachlage eindeutig, wenn ein Amtsträger der Steuer- oder Zollfahndung oder der Strafsachenstelle einer FinB dem Beschuldigten nach § 136 I StPO bereits zu Beginn der Befragung eröffnet, welche Tat ihm zur Last gelegt wird und welche Strafvorschriften in Betracht kommen (Kohlmann/*Schauf* AO § 371 Rn. 576). Vielfach beginnt die Befragung einer Person durch einen Amtsträger der FinB jedoch zunächst im Besteuerungsverfahren zu dem Zweck, die Besteuerungsgrundlagen festzustellen (vgl. § 199 I AO). Gewinnt der Amtsträger hierbei den über eine bloße Vermutung hinausgehenden Verdacht, dass eine Steuerstraftat oder Steuerordnungswidrigkeit vorliegt, für die sein Gesprächspartner als (Mit-)Täter oder Teilnehmer (mit-)verantwortlich ist, muss er entweder von einer weiteren Befragung absehen oder unverzüglich klarstellen, dass weitere Ermittlungen (auch) einem Straf- oder Bußgeldverfahren dienen und die Mitwirkung an Feststellungen zu diesem Zweck nicht mehr erzwungen werden kann (§ 393 I AO); vgl. dazu die Betriebsprüfungsordnung (BpO) v. 15.3.2000 (BStBl. 2000 I 368 ff.):

§ 10 BpO Verdacht einer Steuerstraftat oder -ordnungswidrigkeit

(1) ¹Ergeben sich während einer Außenprüfung zureichende tatsächliche Anhaltspunkte für eine Straftat (§ 152 Abs. 2 StPO), deren Ermittlung der Finanzbehörde obliegt, so ist die für die Bearbeitung dieser Straftat zuständige Stelle unverzüglich zu unterrichten. ²Dies gilt auch, wenn lediglich die Möglichkeit besteht, dass ein Strafverfahren durchgeführt werden muss. ³Richtet sich der Verdacht gegen den Steuerpflichtigen, dürfen hinsichtlich des Sachverhalts, auf den sich der Verdacht bezieht, die Ermittlungen (§ 194 AO) bei ihm erst fortgesetzt werden, wenn ihm die Einleitung des Strafverfahrens mitgeteilt worden ist. ⁴Der Steuerpflichtige ist dabei, soweit die Feststellungen auch für Zwecke des Strafverfahrens verwendet werden können, darüber zu belehren, dass seine Mitwirkung im Besteuerungsverfahren nicht mehr erzwungen werden kann (§ 393 Abs. 1 AO). ⁵Die Belehrung ist unter Angabe von Datum und Uhrzeit aktenkundig zu machen und auf Verlangen schriftlich zu bestätigen (§ 397 Abs. 2 AO).

(2) Absatz 1 gilt beim Verdacht einer Ordnungswidrigkeit sinngemäß.

272 Für die Prüfung in Zollsachen enthält die Prüfungs-DA VSF S 1310 Nr. 22–26 eine vergleichbare Regelung; dem Betroffenen wird vor Beginn der Prüfung ein Merkblatt ausgehändigt, in dem auch auf die (Gefahr der) Selbstbelastung hingewiesen wird (s. auch StraBuDV VSF S 1885). Danach hat der Prüfer in einem solchen Fall grundsätzlich zu veranlassen, dass weitere Ermittlungen durch das Zollfahndungsamt geführt werden. Wird die Außenprüfung in Richtung auf den verdächtigen Sachverhalt gleichwohl fortgesetzt, so darf dies erst geschehen, nachdem dem Stpfl die Einleitung eines Strafverfahrens eröffnet und er über seine Rechte belehrt worden ist; dies ist unter Angabe von Datum und Uhrzeit aktenkundig zu machen (BMR SteuerStR/*Möller/Retemeyer* D Rn. 249).

273 **Der Inhalt der Mitteilung** muss zweifelsfrei erkennen lassen, dass die Behörde oder (bei mündlicher Bekanntgabe) der mit der Sache befasste Amtsträger den Verdacht geschöpft hat, dass eine bestimmte Person durch ein bestimmtes Verhalten eine Steuerstraftat oder Steuerordnungswidrigkeit begangen hat, und dass die Behörde (der Amtsträger) den Willen hat, den steuerstrafrechtlichen Verdacht aufzuklären.

274 Da die Einleitung des Strafverfahrens nach § 397 I AO eine Maßnahme erfordert, die darauf abzielt, gegen jemanden steuerstrafrechtlich vorzugehen, kann es im Zeitpunkt der Bekanntgabe der Einleitung des Strafverfahrens nicht mehr zweifelhaft sein, dass die

Ermittlungen nicht nur auf die Feststellung der Besteuerungsgrundlagen für steuerliche Zwecke abzielen. Die Absicht, strafrechtlich vorzugehen, muss dem Mitteilungsempfänger gegenüber unmissverständlich zum Ausdruck gebracht werden. Mehr oder weniger unbestimmte Andeutungen reichen nicht aus, insbes. nicht ein Vorbehalt in der Schlussbesprechung nach § 201 II AO, dass die strafrechtliche Würdigung der Feststellung einem besonderen Verfahren vorbehalten bleibe (ebenso Kohlmann/*Schauf* AO § 371 Rn. 577). In einem solchen Fall dürfte kein (bisher unausgesprochener) konkreter Tatverdacht vorliegen, sonst wäre der Prüfer bereits vor der Schlussbesprechung verpflichtet gewesen, das Strafverfahren einzuleiten (siehe auch → § 393 Rn. 19).

Die Tat muss sachlich so genau bezeichnet werden, wie dies nach dem Stand der 275 Kenntnisse der Behörde (des Amtsträgers) möglich ist (RG 12.2.1940, RStBl. 314), und zwar vornehmlich durch die Angabe der dem Täter zur Last gelegten Handlungsweise (zB die Vornahme von OR-Geschäften oder das Verschweigen von Warenbeständen oder Forderungen), sowie durch einen Hinweis auf die dadurch verkürzten Steuerarten. Eine zeitliche Abgrenzung ist sinnvoll, aber nicht unbedingt erforderlich. Im Gegensatz zur Betriebsprüfung beziehen sich die im Strafverfahren zu treffenden Maßnahmen weniger auf einen bestimmten Zeitraum als auf einen bestimmten Sachverhalt (*Quenzer* StW 1953, 671). Die in der Verwaltungspraxis vertretene Auffassung, dass in erster Linie die verkürzte Steuerart und der Veranlagungszeitraum anzugeben seien, entspricht eher einer steuerrechtlichen Betrachtungsweise.

Die Angabe einzelner Steuerabschnitte ist nur zweckmäßig, wenn sich im Zeitpunkt 276 der Bekanntgabe der Einleitung des Strafverfahrens bereits übersehen lässt, dass der Täter die entdeckte Hinterziehungsmethode erst von einem bestimmten Steuerabschnitt an angewendet hat oder angewendet haben kann. In anderen Fällen sollte die Angabe der Steuerabschnitte möglichst umfassend sein, damit der Empfänger der Mitteilung nicht in den Irrtum versetzt wird, das Ermittlungsverfahren werde zeitlich begrenzt, obwohl die FinB beabsichtigt, die Hinterziehungsmethode zurückzuverfolgen, soweit die Tat noch nicht verjährt ist.

Eine Angabe des konkreten Strafgesetzes und der Schuldform ist nicht erforderlich 277 (missverständlich *Suhr* 1977, S. 357 vgl. aber auch S. 356, der die Auffassung vertritt, aus der Mitteilung müsse sich ergeben, ob ein Straf- oder Bußgeldverfahren eingeleitet sei). Ob eine Steuerverkürzung vorsätzlich oder leichtfertig begangen worden ist, kann in vielen Fällen erst nach dem Abschluss der Ermittlungen zutreffend beurteilt werden (vgl. auch *Teske* wistra 1988, 292; *Marx* wistra 1987, 208; *Weyand* wistra 1987, 284).

Als Adressaten der Mitteilung bezeichnete das Gesetz bis 1.1.2015 den Täter oder 278 seinen Vertreter. Nach bisher fast einhelliger Auffassung umfasste der Begriff des Täters hier sinngemäß auch den Teilnehmer an der Tat (Anstifter oder Gehilfen; → 5. Aufl. Rn. 177 und Kohlmann/*Schauf* AO § 371 Rn. 579; *Marschall* BB 1998, 2555; *Rolletschke* Rn. 609). Demgegenüber meint *Grötsch* (Stbg 1998, 559, 560; *Grötsch* 2003, 143 f., 166), angesichts des klaren Wortlautes könnten nur Täter iSd § 25 StGB von der Sperrwirkung erfasst sein. Hieran ist richtig, dass auch im Steuerstrafrecht über § 369 II AO die allgemeinen Regeln über das Strafrecht gelten und § 28 II StGB den Begriff des Beteiligten als Oberbegriff, die Begriffe Täter und Teilnehmer als ausfüllende Begriffe versteht. § 371 AO verwendet in Abs. 2 Nr. 1b) und Nr. 2 aF den Begriff des Täters, während er im Abs. 3 vom „*Beteiligten*" spricht. Angesichts des klaren Wortlautes wird man der Auffassung von *Grötsch* folgen müssen (ebenso Flore/Tsambikakis/*Wessing*/Biesgen AO § 371 Rn. 100; MüKoStGB/*Kohler* AO § 371 Rn. 210; *Buse* DB 2015, 98).

Gestützt wird diese Auffassung überdies durch den Wortlaut des § 7 Nr. 2 StraBEG, der 279 ausdrücklich von Beteiligten (Täter und Teilnehmer) spricht. Daher war nach alter Rechtslage nur der Täter betroffen. Abhilfe in dieser wenig sinnhaften Situation konnte nur der Gesetzgeber schaffen. *Jäger* (Klein/*Jäger* AO § 371 Rn. 152) begründet die Abweichung vom Wortlaut des Gesetzes mit der Erwägung, es ginge hier um einen verfahrensrechtlichen Täterbegriff. Damit mag man im Rahmen des § 398a AO argumentieren, der als

Einstellungsvorschrift dem Verfahrensrecht zugehörig ist. Hier geht es aber insofern um materielles Recht, als der Wortlaut eines Strafaufhebungsgrundes unterschritten wird. Damit mag Art. 103 II GG tangiert sein.

280 Im Hinblick auf die Frage der Zulässigkeit einer **Unterschreitung des Wortlautes** ist festzustellen, dass § 371 AO Teil des Normprogramms des § 370 AO ist. Es geht hier nicht um irgendein Verfahrenshindernis, sondern um einen Strafaufhebungsgrund, und dessen Nichtbeachtung mag dem Art. 103 II GG unterfallen (vgl. *Simon*, Gesetzesauslegung im Strafrecht, 2005, S. 190 ff.). Bedenken gegen die Abweichung vom Wortlaut lassen sich auch nicht mit dem Argument vom Tisch wischen, es ginge ja nur um den Allgemeinen Teil. Im Übrigen hat der BGH im Hinblick auf den Wortlaut der Rücktrittsregelung eine solche Wortlautunterschreitung abgelehnt (BGH 14.5.1996, BGHSt 42, 158: „Die ... Auffassung, daß trotz formeller Nichtvollendung des Grundtatbestandes im Hinblick auf den Eintritt der schweren Folge bereits die typische Gefahr des Verbrechens eingetreten und es insofern materiell vollendet sei, dehnt die Grenzen der Strafbarkeit zum Nachteil des Angeklagten in einer Weise aus, die mit dem Gesetzlichkeitsprinzip ... nicht vereinbar ist. Der Grundtatbestand des Raubes kann nicht wegen des Eintritts der schweren Folge durch Auslegung des Gesetzes in ein Unternehmensdelikt umgewandelt werden."). Man mag für eine formal verfahrensrechtliche Vorschrift wie § 398a AO einen verfahrensrechtlichen Täterbegriff vertreten, im Zusammenhang mit einer materiellen Regelung wie § 371 II ist dies nicht angängig.

281 Die Neuregelung in § 371 II AO stützt die hier vertretene Auffassung. Immerhin hat der Gesetzgeber nunmehr fast durchweg den Begriff des Täters durch den *an der Tat Beteiligten* ersetzt (bei Nr. 2 wurde dies übersehen).

282 **Die Worte „oder seinem Vertreter"** sind durch die Novelle vom 7.12.1951 (→ Rn. 6) eingefügt worden, ohne dass die Begründung über die Motive Aufschluss gibt. Bei der Auslegung des Gesetzes ist davon auszugehen, dass der Vertreter iSd § 371 II Nr. 1b) AO nur insofern an die Stelle des Täters einer Steuerhinterziehung tritt, als die Bekanntgabe der Einleitung des Strafverfahrens an ihn die strafbefreiende Wirkung einer nachfolgenden Selbstanzeige ebenso ausschließen soll, als wenn die Mitteilung dem Täter persönlich gemacht worden wäre. Unstreitig ist auch, dass eine besondere Vollmacht des Täters zur „Entgegennahme von Erklärungen iSd § 371 II Nr. 1b) AO" (Kohlmann/*Schauf* AO § 371 Rn. 595) nicht erforderlich ist, sonst käme die Regelung praktisch nicht zur Anwendung. Im Übrigen ist die Reichweite der Regelung umstritten.

283 *Schauf* (Kohlmann/*Schauf* AO § 371 Rn. 596) entscheidet danach, ob der *„Vertreter"* zur Sphäre des Täters gehört, *„ob also unter gewöhnlichen Umständen damit gerechnet werden konnte, daß die mündliche oder schriftliche Einleitung des Steuerstraf- oder Bußgeldverfahrens durch die Mittlerperson an den Täter weitergereicht wurde."* Eine generelle Vollmacht zur Wahrung von Geschäften, Entgegennahme von Willenserklärungen pp, insbes. ein Vertretungsverhältnis iSd §§ 164 ff. BGB brauche nicht vorzuliegen (ähnl. Wannemacher/*Vogelberg* Rn. 1480). *Franzen* (→ 3. Aufl. Rn. 105) zählte zu den Vertretern alle Personen, die den Täter kraft Gesetzes oder aufgrund einer Vollmacht ohnehin in rechtlichen oder steuerlichen Angelegenheiten vertreten oder die im gegebenen Falle aufgrund einer engen Beziehung zu dem Täter die Mitteilung der Einleitung des Straf- oder Bußgeldverfahrens für ihn entgegenzunehmen vermögen und dazu bereit sind. Danach wären Vertreter auch der Ehegatte des Täters, andere volljährige Familienangehörige (*Theil* BB 1983, 1278; *Rolletschke* Rn. 605) und Personen seines Vertrauens oder der Dienstvorgesetzte bei einem Angehörigen der Bundeswehr, des Bundesgrenzschutzes oder der Bereitschaftspolizei (vgl. FG Düsseldorf 18.9.1957, DStZ/B 1957, 517, 519).

284 Vor dem Hintergrund des Gebots der Tatbestandsbestimmtheit wird man mit *Blesinger* (Kühn/v.Wedelstädt/*Blesinger*/*Viertelhausen* AO § 371 Rn. 21; vgl. auch *Zinn* Stbg 1963, 210) den Vertreterbegriff den §§ 34 und 35 AO entnehmen müssen (zust. Flore/Tsambikakis/*Wessing*/Biesgen AO § 371 Rn. 101, MüKoStGB/*Kohler* AO § 371 Rn. 201). Die Unterschiede sind jedoch marginal (zust. Kohlmann/*Schauf* AO § 371 Rn. 596). Wird

etwa der Ehefrau die Eröffnung eines Steuerstrafverfahrens gegen den Ehemann mitgeteilt, und erstattet dieser in unmittelbarem zeitlichen Zusammenhang damit eine Selbstanzeige, wird der Tatrichter zu würdigen haben, ob dieses zeitliche Zusammentreffen Zufall war oder die Ehefrau ihn über die Mitteilung unterrichtet hatte, so dass auch in seiner Person die Voraussetzung der Bekanntgabe unmittelbar erfüllt ist bzw. ihm die Entdeckung der Tat bekannt war. Immerhin ist die Bekanntgabe eine formfreie amtliche Mitteilung, so dass diese nicht daran scheitert, dass das Schreiben über einen Dritten an den Täter gelangt (vgl. §§ 6 f. VwZG). Sollte aber der Ehemann gerade auf dem Weg zum FA gewesen sein, als seine Ehefrau von der Einleitung des Strafverfahrens erfuhr, handelte er offenbar aus autonomen Motiven heraus, so dass der Wirksamkeit der Selbstanzeige keine gewichtigen Gründe entgegenstehen.

Der persönliche Umfang der Sperrwirkung beschränkt sich auf diejenige Person, 285 der oder deren Vertreter die Einleitung des Strafverfahrens bekanntgegeben worden ist. Nach hM hat es auf die Sperrwirkung keinen Einfluss, wenn die der Bekanntgabe folgenden Ermittlungen erweisen, dass die in der Mitteilung als Täter angesprochene Person nur als Teilnehmer an der Tat mitgewirkt hat oder die als Teilnehmer angesprochene Person in Wahrheit als Mittäter oder mittelbarer Täter verantwortlich ist. Wenn man wie hier (→ Rn. 212 ff.) angesichts des klaren Wortlautes bis zum 1.1.2015 nur die Bekanntgabe der Verfahrenseinleitung *gegenüber dem Täter* als Sperrgrund ansieht, wäre eine nach Bekanntgabe der Verfahrenseinleitung erstattete Selbstanzeige des Gehilfen noch wirksam. Umgekehrt würde der Scheingehilfe, der sich später als Täter der Steuerhinterziehung herausstellt, keine wirksame Selbstanzeige mehr erstattet haben. Auch hier dürften die Unterschiede insofern gering sein, als die Rspr ohnehin bei der Abgrenzung zwischen Mittäterschaft und Beihilfe eher zur Bejahung der Voraussetzungen des § 25 II StGB tendiert (MüKoStGB/*Joecks/Schleinfeld* StGB § 25 Rn. 22 ff.).

Der sachliche Umfang der Sperrwirkung für das neue Recht ist klar: Die Bekannt- 286 gabe der Verfahrenseinleitung auch nur für ein Jahr sperrt eine Selbstanzeige für die anderen unverjährten Jahre dieser Steuerart. Für Altfälle bleibt der Streit von Bedeutung.

Franzen (→ 3. Aufl. Rn. 107) wollte auf den Inhalt der Mitteilung abstellen. Je enger die 287 Tat umschrieben sei, umso weiter reiche die Möglichkeit, wegen anderer Steuerstraftaten strafbefreiende Selbstanzeige noch rechtzeitig zu erstatten. *Schauf* (Kohlmann/*Schauf* AO § 371 Rn. 604) knüpft an den materiell-rechtlichen Tatbegriff an (ebenso LG Hamburg 4.3.1987, wistra 1988, 317; Erbs/Kohlhaas/*Hadamitzky/Senge* AO § 371 Rn. 30); dies ähnelt der Auffassung von *Beckemper* (HHS/*Beckemper* AO § 371 Rn. 168 f.), der zugleich aber bezweifelt, dass zur Tat der gesamte Umfang der abgegebenen Steuererklärung gehöre (so aber *Kawlath* wistra 1989, 219; vgl. auch BGH 6.6.1990, wistra 1990, 308; *Mösbauer* DStZ 1999, 358). Andererseits will auch er die gemachten oder fehlenden Angaben in ein und derselben Steuererklärung im Zusammenhang betrachten (aaO 169). *Marschall* (BB 1998, 2555 f.) will nach Einkunftsarten differenzieren. Die Rechtsprechung hat zum Teil auf den strafprozessualen Tatbegriff iSd § 264 StPO abgestellt (vgl. LG Stuttgart 16.4.1985, wistra 1985, 203), andererseits im Rahmen der Tatentdeckung (§ 371 II Nr. 2) eine Selbstanzeige wegen bislang unentdeckter Einzelakte einer fortgesetzten Tat für möglich gehalten, auch wenn bezogen auf andere Akte eine Tatentdeckung anzunehmen war (BGH 12.8.1987, wistra 1987, 342; BGH 27.4.1988, wistra 1988, 308). Nach Aufgabe der Rechtsprechung zur fortgesetzten Handlung stellte der BGH auf die einzelne Handlung, dh auf die Nichtabgabe bzw. die Abgabe einer unrichtigen Steuererklärung ab. Die einzelne Tat bestimmt sich demnach nach Steuerart, Besteuerungszeitraum und Steuerpflichtigem (BGH 5.4.2000, wistra 2000, 226).

An diesen Auffassungen ist zunächst richtig, dass angesichts des materiell-rechtlichen 288 Charakters des § 371 AO der strafprozessuale Tatbegriff (§ 264 StPO) keine Anwendung findet (LG Verden 27.3.1986, wistra 1986, 228). Andererseits ist das Abstellen auf Tateinheit oder Tatmehrheit nicht unproblematisch, weil es zu zufälligen Ergebnissen führen kann. So hängt das Verhältnis der Hinterziehung von GewSt und ESt für den nämlichen

Veranlagungszeitraum unter anderem davon ab, ob beide Erklärungen mit demselben Briefumschlag (identische Körperbewegung) an das FA gesandt wurden oder nicht (→ § 370 Rn. 725 f.). Wäre dies nicht der Fall, hinderte eine Verfahrenseinleitung wegen des Verdachts der ESt-Hinterziehung nicht die Selbstanzeige im Hinblick auf die GewSt. Wären beide Erklärungen im nämlichen Umschlag enthalten gewesen, könnte die Einleitung wegen einer der beiden Steuerarten die Selbstanzeige der anderen hindern. Man wird daher auf die einzelne Steuererklärung abstellen müssen (im Ergebnis ebenso Kohlmann/*Schauf* AO § 371 Rn. 193; *Frick* DStR 1986, 429; *Scheel* wistra 1989, 344; *Hoffmann* 1998, 210; offengelassen von BGH 4.5.2000, wistra 2000, 226; dazu *Jäger* wistra 2000, 228).

289 Die **Sperrwirkung der Verfahrenseinleitung** ist also zu bemessen nach dem Inhalt der Mitteilung und den darin genannten Steuerarten und Besteuerungszeiträumen. Wird diese Mitteilung ihrer Funktion, den Beschuldigten „ins Bild zu setzen", nicht gerecht, indem etwa „wegen Steuerhinterziehung in nicht rechtsverjährter Zeit" eingeleitet wird, ohne nähere Informationen über die Art der Tat zu liefern, kann dies eine Sperrwirkung nicht herbeiführen (ebenso Kohlmann/*Schauf* AO § 371 Rn. 608; vgl. zur Parallelproblematik bei der Verjährung → § 376 Rn. 79).

290 Für Selbstanzeigen seit dem 3.5.2011 entfällt die Beschränkung auf die in der Einleitung genannten Besteuerungszeiträume, weil die Sperre bereits dann eingreift, wenn die Verfahrenseinleitung auch nur für ein einziges Jahr des unverjährten Zeitraums erfolgt.

291 Die Sperrwirkung tritt seit 1.1.2015 ein, wenn die Bekanntgabe gegenüber „*dem an der Tat Beteiligten*" erfolgt ist. Nach dem RegE (BT-Drs. 18/3018, 11) soll damit eine Selbstanzeige des Gehilfen auch dann ausgeschlossen sein, wenn eine Verfahrenseinleitung gegenüber dem Täter erfolgt ist („Zukünftig kann ein Gehilfe der Steuerhinterziehung keine Selbstanzeige mehr abgeben, wenn die Einleitung eines Straf- oder Bußgeldverfahrens dem Täter bekannt gegeben worden ist"). Das Gesetz spricht aber von „dem", nicht von „irgendeinem" an der Tat Beteiligten (vgl. → Rn. 278 ff.). Dies spricht dafür, diesen Sperrgrund weiterhin nicht tat-, sondern personenbezogen zu verstehen (ebenso MüKoStGB/*Kohler* AO § 371 Rn. 214; *Erb/Erdel* NZWiSt 2014, 329; *Buse* DB 2015, 89; s. auch *Joecks* DStR 2014, 2264; abl. *Hunsmann* NJW 2015, 115). Eine andere Frage ist, ob die Tat des Gehilfen nicht schon entdeckt war. Zum Wiederaufleben der Berichtigungsmöglichkeit nach Abschluss des Verfahrens siehe unten → Rn. 354 ff.

292–300 *einstweilen frei*

4. Die Entdeckung der Tat (§ 371 II Nr. 2 AO)

Schrifttum: *Franzen,* Zum Begriff der Entdeckung der Tat im Steuerstrafrecht (§ 410 AO), NJW 1964, 1061; *Leise,* Zum Begriff der Tatentdeckung bei Selbstanzeige, BB 1972, 1500; *Pfaff,* Entdeckung der Tat bei der Selbstanzeige, FR 1972, 415; *ders.,* Entdeckung der Tat nach § 395 AO, StBp 1974, 186, SchlHA 1974, 119 und Inf. 1974, 282; *ders.,* Ausschluß der Straffreiheit wegen Tatentdeckung nach § 371 II Nr. 2 AO n. F., DStZ 1976, 426; *Dietz,* Bestrafung wegen Steuerhinterziehung bei verspäteter Anmeldung und Zahlung von Umsatzsteuer und Lohnsteuer, DStR 1981, 372; *Kohlmann,* Ausgewählte Fragen zum Steuerstrafrecht, WPg 1982, 70, 73 ff.; *Bilsdorfer,* Der Zeitpunkt der Tatentdeckung bei verspäteter Abgabe von Steueranmeldungen, BB 1982, 670; *Baur,* Mangelnde Bestimmtheit von Durchsuchungsbeschlüssen, wistra 1983, 99, 101; *ders.,* Zur „Tatentdeckung" bei der Selbstanzeige, BB 1983, 498 mit Erwiderung von *Dietz* BB 1983, 1207; *Brenner,* Die „Tat-Entdeckung" bei der Selbstanzeige nach BGH und die kriminalistischen Folgerungen, ddz 1984, F 25; *Göggerle/Frank,* Entdeckung der Tat bei der Selbstanzeige gemäß § 371 II Nr. 2 der Abgabenordnung, BB 1984, 398; *Henneberg,* Die Entdeckung der Tat im Steuerstrafrecht, BB 1984, 1679; *Brenner,* Kein Ausschluß der Selbstanzeige, wenn der konkrete Täter noch nicht entdeckt ist, DStZ 1984, 478; *Blumers,* Zur Auslegung des § 371 AO am Beispiel „Tatentdeckung", wistra 1985, 85; *Volk,* Tat und Tatentdeckung bei fortgesetzter Steuerhinterziehung, DStR 1987, 644; *Dörn,* Behandlung von Kontrollmitteilungen in Finanzämtern und Bußgeld- und Strafsachenstellen, DStZ 1991, 747; *Lüttger,* Die Selbstanzeige im Steuerstrafrecht, StB 1993, 377; *Dörn,* Ausschluß der Selbstanzeige durch Tatentdeckung (§ 371 Abs. 2 Nr. 2 AO) nur bei Kenntnis des Täters?, wistra 1998, 175; *Hoffmann,* Die Ausschlußtatbestände der Selbstanzeige bei Steuerhinterziehung, 1998; *Burkhard,* Die Tatentdeckung im Sinne des § 371 Abs. 2 Nr. 2 AO, Stbg 1999, 410; *Mösbauer,* Die Kenntnis des Täters von der Entdeckung der Tat als Sperre für die Straffreiheit nach § 371 AO, StB 1999, 393; *Heerspink,* Selbstanzeige – Neues und Künftiges, BB 2002, 910;

Kohlmann, Die Selbstanzeige – und was daraus geworden ist, Bochumer Beiträge, 2003, S. 79; *Randt/Schauf*, Selbstanzeige und Liechtenstein-Affäre, DStR 2008, 489; *Schwartz*, Tatentdeckung durch die Abgabe einer (unwirksamen) Teilselbstanzeige, wistra 2011, 82; *Bruschke*, Reform der Selbstanzeige durch das Schwarzgeldbekämpfungsgesetz, StB 2012, 39; *Mückenberger/Iannone*, Steuerliche Selbstanzeige trotz Berichterstattung über den Ankauf von Steuer-CDs, NJW 2012, 3481; *Park*, Geldwäscheverdachtsanzeigepflicht von Banken bei Kunden-Selbstanzeigen gem. § 371 AO aufgrund des Geldwäsche-Rundschreibens der BaFin vom 5.3.2014?, NZWiSt 2015, 59; *Schöler*, Tatentdeckung beim Ankauf von Steuer-CDs, DStR 2015, 503; *Schöler*, Tatentdeckung beim Ankauf von Steuer-CDs, DStR 2015, 503; *Wulf*, Tatentdeckung durch Berichterstattung über CD-Ankauf?, SAM 2015, 109; *Wulf*, Steuerstrafrechtliche Tatentdeckung durch ausländische Korruptionsermittlungen?, DB 2017, 2377; *Engler*, Zur Tatentdeckung als Sperrgrund einer strafbefreienden Selbstanzeige, DStR 2017, 2260; *Roth*, Zollkontrolle: Selbstanzeige-Sperrgrund durch Tatentdeckung, PStR 2021, 152, *Bilsdorfer/Kaufmann*, Die gescheiterte Selbstanzeige als Eintrittskarte für eine wirksame Selbstanzeige, BB 2021, 535.

Systematisch ist § 371 II Nr. 2 AO gegenüber den früheren Fassungen der Vorschrift und § 354 II 2 EAO 1974 (BT-Drs. VI/1982) in der Weise verbessert worden, dass zuerst die Entdeckung der Tat und sodann das Wissen oder damit-Rechnen-müssen des Täters angeführt wird. Auf diese Weise wird klargestellt, *„dass es für die Rechtzeitigkeit der Selbstanzeige darauf ankommt, ob die Tat objektiv bereits entdeckt war. Der Täter, der irrtümlich angenommen hatte oder bei verständiger Würdigung der Sachlage damit hätte rechnen müssen, dass die Tat bereits entdeckt war, obwohl dies nicht zutraf, verliert damit noch nicht die Möglichkeit der Selbstanzeige"* (Bericht des Finanzausschusses BT-Drs. 7/4292, 44). Die zur früheren Fassung diskutierte Frage, ob die irrtümliche Annahme der Entdeckung für den Eintritt der Sperrwirkung genüge, ist damit iSd damals herrschenden Meinung (Nachweise → 1. Aufl. § 395 RAO Rn. 130) entschieden und gegenstandslos geworden. **301**

Entdeckt ist die Tat, wenn der Amtsträger einer Behörde mindestens einen Teil des wirklichen Tatgeschehens oder der Tatfolgen unmittelbar selbst wahrgenommen hat (zutr. Kohlmann/*Schauf* AO § 371 Rn. 633 unter Hinweis auf OLG Hamm 26.10.1962, BB 1963, 459 und BayObLG 4.6.1970, DStR 1971, 87). Gemäß BGH erfolgt eine zweistufige Prognose; eine Tat ist dann entdeckt, „wenn bei vorläufiger Tatentdeckung die Wahrscheinlichkeit eines verurteilenden Erkenntnisses gegeben ist [...]. Aufbauend auf dieser bloß vorläufigen Bewertung muss der Sachverhalt, auf den sich der Verdacht bezieht, zudem rechtlich geeignet sein, eine Verurteilung wegen einer Steuerstraftat oder -ordnungswidrigkeit zu rechtfertigen. Ist das Vorliegen eines Sachverhalts wahrscheinlich, der die Aburteilung als Steuerstraftat oder -ordnungswidrigkeit rechtfertigen würde, ist die Tat entdeckt. Die Anforderungen an diese Wahrscheinlichkeitsprognose dürfen schon deshalb nicht zu hoch angesetzt werden, weil sie auf einer (noch) schmalen Tatsachenbasis erfolgen muss" (BGH 20.5.2010, BGHSt 55, 280). Die Tatentdeckung steht nicht dem strafprozessualem Anfangsverdacht gleich (BGH 20.5.2010, BGHSt 55, 280). Es ist weder erforderlich, dass der Täter bekannt ist, noch muss die Besteuerungsgrundlage soweit bekannt sein, dass der genaue Schuldumfang verlässlich beurteilt werden kann; konkrete Anhaltspunkte für die Tat selbst genügen (BGH 20.5.2010, BGHSt 55, 280, vgl. → Rn. 312). Durch das Erfordernis der unmittelbaren Selbstwahrnehmung der Tatwirklichkeit unterscheidet sich die Entdeckung der Tat von einem Tatverdacht, der sich zB auch auf Zeugen vom Hörensagen stützen könnte (vgl. LG Flensburg 20.8.1953, DStR 1953, 574 f.). Der Beobachtung des Tatgeschehens steht die Wahrnehmung des entscheidenden Beweismittels, zB der Aufzeichnungen über unverbuchte Geschäftsvorfälle, gleich. Die Kenntnis von Anhaltspunkten, die den Verdacht einer Steuerhinterziehung begründen und bei pflichtgemäßem Verhalten der beteiligten Amtsträger zur Einleitung des Strafverfahrens führt, genügt für die Entdeckung noch nicht (anders → 1. Aufl. Rn. 122, übernommen durch OLG Hamburg 27.1.1970, NJW 1970, 1385), denn Entdeckung erfordert mehr als Verdacht (BGH 13.5.1983, wistra 1983, 197, unter Hinweis auf § 371 II Nr. 1b) AO; vgl. auch Kohlmann/*Schauf* AO § 371 Rn. 633 sowie *Kratzsch* Grundfragen S. 288 Fußn. 21 und *Theil* BB 1983, 1278). Abzulehnen ist die Auffassung von *Bilsdorfer* (BB 1982, 672) und *Dietz* (DStR 1981, 372), die die Entdeckung als Vorstufe des Verdachts ansehen und damit die Stufenfolge der Erkenntnis umkehren. **302**

303 Die Tat muss als Straftat entdeckt sein (aber → Rn. 311). Dementsprechend genügt es nicht, dass der die Tat Entdeckende den objektiven Verstoß gegen steuerliche Pflichten bemerkt, also eine Steuerverkürzung entdeckt, sondern es muss auch eine Entdeckung vorsätzlichen Verhaltens gegeben sein. Dies ergibt sich schon aus dem Umstand, dass im Rahmen einer leichtfertigen Steuerverkürzung eine bußgeldbefreiende Selbstanzeige nach Tatentdeckung nicht ausgeschlossen ist (so zu Recht HHS/*Beckemper* § 371 Rn. 178). So auch BGH, der die Kenntnis von der Steuerquelle allein nicht ausreichen lässt. Welche Umstände genau hinzukommen müssen, damit eine Tatentdeckung anzunehmen ist, ist allerdings nur im Einzelfall zu beurteilen; jedenfalls ist eine Tatentdeckung dann gegeben, „wenn unter Berücksichtigung der zur Steuerquelle oder zum Auffinden der Steuerquelle bekannten weiteren Umstände nach allgemeiner kriminalistischer Erfahrung eine Steuerstraftat oder -ordnungswidrigkeit nahe liegt. Stets ist die Tat entdeckt, wenn der Abgleich mit den Steuererklärungen des Steuerpflichtigen ergibt, dass die Steuerquelle nicht oder unvollständig angegeben wurde. Entdeckung ist aber auch schon vor einem Abgleich denkbar, etwa bei Aussagen von Zeugen, die dem Steuerpflichtigen nahestehen und vor diesem Hintergrund zum Inhalt der Steuererklärungen Angaben machen können, oder bei verschleierten Steuerquellen, wenn die Art und Weise der Verschleierung nach kriminalistischer Erfahrung ein signifikantes Indiz für unvollständige oder unrichtige Angaben ist" (BGH 20.5.2010, BGHSt 55, 280). So hat auch das LG Stuttgart ausreichen lassen, dass bei einer Zollkontrolle im Kofferraum des Steuerpflichtigen Unterlagen zu Auslandsgeschäften, eine Verbindung zu ausländischen Firmen und Hinweise auf Auslandskonten gefunden wurden und so eine Steuerstraftat aus „kriminalistischer Erfahrung" vorliegt (LG Stuttgart 25.11.2019, Az. 6 KLs 144 Js 105277/11, siehe auch *Roth* PStR 2021, 152). Das LG Stuttgart bejaht damit die Tatentdeckung zeitlich bereits vor Abgleich mit den Steuerunterlagen. Das ist bedenklich, weil das objektive Tatbestandsmerkmal der „Tatentdeckung" insoweit in eine „Tatentdeckungsgefahr" uminterpretiert wird, die nicht mehr vom Wortlaut gedeckt ist.

304 **Eine Entdeckungsgefahr** ist ebenso wenig ausreichend wie ein Verdacht oder die *überwiegende* oder *naheliegende Wahrscheinlichkeit* der Entdeckung (aM AG Husum 8.6.1953, DStR 1953, 547 sowie *Pfaff* DStR 1970, 556 und StBp 1982, 90; ähnl. HHS/*Beckemper* AO § 371 Rn. 179). Zwar ist nicht nötig, dass die Behörde die Tat bereits in allen Einzelheiten und die Tatfolgen in vollem Umfang zu übersehen vermag (arg.: *„zum Teil entdeckt"*). Der Entdecker muss aber auch von den subjektiven Tatbestandsmerkmalen so viel wahrgenommen haben, dass er die strafrechtliche Bedeutung des objektiven Tatgeschehens in ihrem wesentlichen Kern erkannt hat (vgl. RG 28.5.1937, RGSt 71, 244, 243). Eine Entdeckung liegt danach nach hM erst vor, wenn durch die Kenntnis von der Tat eine solche Lage geschaffen wird, die bei vorläufiger Tatbewertung eine Verurteilung des Betroffenen wahrscheinlich macht (BGH 13.5.1983, wistra 1983, 197; BGH 29.11.1983, wistra 1985, 74 mAnm *Blumers* wistra 1985, 85 und *Brauns* StV 1985, 325; BGH 27.4.1988, wistra 1988, 308; OLG Celle 24.1.1984, wistra 1984, 116; BGH 5.4.2000, wistra 2000, 226 mAnm *Jäger* wistra 2000, 228; BGH 5.5.2004, wistra 2004, 309; LG Stuttgart 21.8.1989, wistra 1990, 72, 75; HHS/*Beckemper* AO § 371 Rn. 179, Kohlmann/*Schauf* AO § 371 Rn. 635; Erbs/Kohlhaas/*Hadamitzky/Senge* AO § 371 Rn. 37; *Lüttger* StB 1993, 377; *Volk* DStR 1987, 646).

305 *Dörn* hat in Anknüpfung an *Bilsdorfer* (wistra 1983, 131, 135) diese Definition als zu eng kritisiert (wistra 1993, 170; FDG/*Dörn* S. 303 f.). Nicht nachvollziehbar sei, wieso der Entdeckungsbegriff des § 371 II Nr. 2 AO ein anderer sein solle als in den Vorschriften des § 388 I Nr. 1 AO und in § 37 OWiG. Danach sei eine Tat bereits entdeckt, wenn konkrete Umstände es einer zur Strafverfolgung berufenen Stelle nahelegen, wegen des Verdachts eines Steuerdelikts einzuschreiten. Dieses Argument überzeugt nicht, denn ein entscheidender Unterschied besteht darin, dass § 371 II Nr. 1b) AO die Verfahrenseinleitung erwähnt, die in der Tat bereits bei einem Anfangsverdacht der Straftat erfolgen kann (vgl. → § 397 Rn. 38 ff.). Gewichtiger ist demgegenüber der Einwand, es sei widersprüchlich, dass zum einen ein hinreichender Tatverdacht iSd Wahrscheinlichkeit eines verurteilenden Erkenntnisses vorauszusetzen sei, andererseits die Person des Täters noch nicht feststehen müsse. Dieser Einwand trifft die hier vertretene Auffassung jedoch nicht, weil in der Tat vorauszusetzen ist, dass der betreffende Täter in der Weise identifizierbar ist, dass lediglich sein Name noch nicht feststehen muss.

Zutreffend ist die Kritik jedoch insofern, als nach der Definition der hM die Tatentdeckung eben das voraussetzt, was letztlich Ergebnis des Ermittlungsverfahrens und Voraussetzung für die Eröffnung des Hauptverfahrens (§ 203 StPO) ist. Hierbei besteht jedoch ein Beurteilungsspielraum (Meyer-Goßner/Schmitt/*Schmitt* StPO § 203 Rn. 23). Insofern kann man von Tatentdeckung nicht erst sprechen, wenn der Fall praktisch „durchermittelt" ist, sondern muss in Abhängigkeit von den vorhandenen Indizien prüfen, ob – bei vorläufiger Tatbewertung – ein verurteilendes Erkenntnis wahrscheinlich ist (vgl. auch BGH 5.4.2000, wistra 2000, 226, BGH v. 20.5.2010, BGHSt 55, 280). Danach richtet sich auch, ob eine Tatentdeckung vorliegt, wenn bei einem Kreditinstitut wegen Verdachts der Beihilfe zu den Taten von Kunden durchsucht worden ist und entsprechende belastende Kundenunterlagen gefunden wurden. Jedenfalls in der frühen Phase der Ermittlungen, wenn den Beamten allenfalls bekannt ist, dass eine natürliche Person Kapitaleinkünfte aus dem Ausland hatte, kann von einer Tatentdeckung nicht die Rede sein. Erst wenn der Person konkrete Beträge zugeordnet sind und ihre steuerliche Nichterfassung festgestellt worden ist, mag man von einem so konkreten Verdacht sprechen, dass eine Tatentdeckung bezüglich einzelner Kunden naheliegt.

Nach den nämlichen Kriterien beantwortet sich die Frage, inwiefern eine Tatentdeckung schon gegeben ist, wenn sich der Name eines Stpfl nebst Details auf einer Daten-CD befindet, die ein ungetreuer Mitarbeiter einer Liechtensteiner Bank der Steuerfahndung überlassen hat (vgl. *Randt/Schauf* DStR 2008, 489; *Schöler* DStR 2015, 503). Da die Tat als solche in ihren wesentlichen Teilen wahrgenommen worden sein muss, reicht ein bloßer Anfangsverdacht nicht aus. Dieser mag durch den Umstand begründet werden, dass sich eine natürliche Person auf der Daten-CD mit Details zu dem in Liechtenstein angelegten Vermögen wieder findet. Eine Tatentdeckung kommt aber erst in Betracht, wenn geprüft worden ist, ob die fraglichen Beträge (keinen) Eingang in die Steuererklärung des Stpfl gefunden haben, also ein Abgleich mit der persönlichen Steuerakte erfolgt ist (HHS/*Beckemper* AO § 371 Rn. 182, RKR/*Kemper* AO § 371 Rn. 330ff.; *Randt/Schauf* DStR 2008, 489, 490; *Gehm* NJW 2010, 2064; *Schöler* DStR 2015, 505), wie es etwa in dem vom OLG Schleswig (OLG Schleswig 30.10.2015 – 2 Ss 63/15, urspr. AG Kiel 27.11.2014, SchlHA 2015, 110, siehe auch mAnm *Dann* DStR 2015, 897) entschiedenen Verfahren der Fall war. Überdies ist fraglich, ob die Betroffenen auch mit einer entsprechenden Tatentdeckung rechnen müssen (ebenso RKR/*Kemper* AO § 371 Rn. 330). Solange der Betreffende nicht weiß, dass auch er auf der Daten-CD aufgeführt ist, wird man solches kaum annehmen können (*Randt/Schauf* DStR 2008, 489, 491; weitergehend OLG Schleswig 30.10.2015, Az. 2 Ss 63/15, urspr. AG Kiel 27.11.2014, DStR 2015, 897; dazu *Wulf* SAM 2015, 109).

Einzelfälle zeigen, dass auch die Rechtsprechung den Begriff der „Tatentdeckung" bislang (→ Rn. 311 f.) äußerst restriktiv interpretiert:

Stößt ein *Veranlagungssachbearbeiter* zufällig auf den Namen eines freiberuflich tätigen Steuerpflichtigen, dessen Anfangsbuchstabe auf die Zugehörigkeit zu seinem Bezirk deutet, so liegt in der Anfrage nach seiner Steuernummer noch keine Entdeckung einer Steuerhinterziehung, wenn auch die Möglichkeit besteht, dass der – in Wirklichkeit überhaupt nicht erfasste – Stpfl bei einem anderen FA geführt wird (OLG Frankfurt 18.10.1962, NJW 1962, 976).

Die Kenntnis von dem fruchtlosen *Ablauf einer steuerlichen Erklärungsfrist* bedeutet noch nicht die (objektive) Entdeckung einer Steuerhinterziehung, weil die Fristversäumnis noch keine Rückschlüsse auf eine Steuerschuld und auf den Vorsatz der Steuerhinterziehung erlaubt (OLG Hamburg 27.1.1970, NJW 1970, 1385 mit zust. Anm. *Herdemerten* ebenda sowie abl. Anm. von *Kopacek* NJW 1970, 2098 und *Henneberg* Inf. 1971, 351; ferner *Dietz* DStR 1981, 372; *Bilsdorfer* BB 1982, 670 und wistra 1984, 132 ff.; *Henneberg* DStR 1980,

66; *Kohlmann* WPg 1982, 73 sowie *Baur* BB 1983, 499 f. mit Erwiderung von *Dietz* BB 1983, 1207; aM Erbs/Kohlhaas/*Hadamitzky/Senge* § 371 Rn. 38). Das gilt insbes. dann, wenn die Pflicht zur Abgabe von USt-Voranmeldungen betriebsintern delegiert ist und der Finanzbeamte bei seiner Rückfrage von einer bloßen Säumigkeit des beauftragten Buchhalters ausgegangen ist (OLG Celle 24.1.1984, wistra 1984, 116).

Der Umstand, dass ein Stpfl es zu *Schätzungen* und zu Haftungsbescheiden kommen lässt, rechtfertigt für sich allein noch nicht die Annahme, dass Steuerhinterziehungen entdeckt sind (BayObLG 4.6.1970, DStR 1971, 87; OLG Celle 24.1.1984, wistra 1984, 116).

Werden bei einer *Grenzkontrolle* Belege über Konten oder Schließfächer bei ausländischen Banken gefunden, mag der Anschein für eine Hinterziehung von Ertragsteuern sprechen. Entdeckt ist eine solche Tat jedoch erst dann, wenn ein für die Steuersache zuständiger Beamter feststellt, dass der Stpfl entsprechende Einnahmen in seinen Steuererklärungen nicht berücksichtigt hat (→ Rn. 303, aA LG Stuttgart 25.11.2019 – 6 KLs 144 Js 105277/11, NZWiSt 2021, 355).

309 *Mahnungen oder die Androhung von Zwangsmitteln* reichen nicht aus (vgl. *Leise* DStR 1971, 58). Kontrollmitteilungen, die beim FA über bestimmte Geschäftsvorfälle eines Stpfl eingehen, schließen eine strafbefreiende Selbstanzeige solange nicht aus, bis das FA erfährt oder selbst feststellt, dass die betreffenden Geschäfte nicht verbucht worden sind (zutr. *Pfaff* DStR 1970, 556, *Theil* BB 1983, 1278, *Göggerle/Frank* BB 1984, 399; HHS/*Beckemper* AO § 371 Rn. 182; krit. *Dörn* wistra 1993, 169) und – bei vorläufiger Tatbewertung – vorsätzliches Verhalten naheliegt, so dass eine Selbstanzeige noch rechtzeitig ist, wenn der Stpfl von einem Geschäftsfreund hört, dass der Betriebsprüfer bei ihm eine verfängliche Kontrollmitteilung geschrieben hat (*Eggesiecker/Latz* Stbg 1980, 215).

310 *Veröffentlichungen in einem Nachrichtenmagazin* oder in einer Zeitschrift bieten im Allgemeinen nur Anhaltspunkte für einen Verdacht (→ § 397 Rn. 38 ff.). Die weitergehende Annahme einer Entdeckung ist aber nicht ausgeschlossen. Sie hängt davon ab, wie eingehend und schlüssig die Handlungsweise der beteiligten Personen beschrieben, Umfang und Zeitraum der Tat angegeben und wenn möglich Beweismittel benannt oder abgebildet werden.

311 *„Notwendig ist die Kenntnis vom Kern eines geschichtlichen Vorganges, der die tatsächlichen Merkmale des Tatbestandes der Steuerhinterziehung enthält"* (Klein/*Jäger* AO § 371 Rn. 161). Dabei scheint der BGH zu einer strengeren Auslegung der Vorschrift zu tendieren. Zwar hält er formal an der hergebrachten Definition fest, dass bei vorläufiger Tatbewertung die Verurteilung wahrscheinlich sein müsse (BGH 20.5.2010, BGHSt 55, 180; siehe schon BGH 5.4.2000, wistra 2000, 219). Er will aber die Anforderungen an die Wahrscheinlichkeitsprognose nicht zu hoch ansetzen, weil sie auf einer noch schmalen Tatsachengrundlage erfolgen müsse (BGH 20.5.2010, BGHSt 55, 180; ebenso Klein/*Jäger* AO § 371 Rn. 156, abl. MüKoStGB/*Kohler* AO § 371 Rn. 275; siehe auch → Rn. 302 f.). Ebenso meint der BGH, dass in dieser frühen Situation noch keine Schlüsse auf vorsätzliches Handeln nötig sein müssten (BGH 20.5.2010, BGHSt 55, 180). Es ergebe sich weder aus dem Wortlaut des Gesetzes noch aus dem systematischen Zusammenhang ein Hinweis, dass der Gesetzgeber beim Merkmal der Tatentdeckung allein eine vorsätzliche Steuerhinterziehung vor Augen gehabt hätte (BGH 20.5.2010, BGHSt 55, 180 und Klein/*Jäger* AO § 371 Rn. 162).

312 Einen solchen systematischen Zusammenhang gibt es aber durchaus: die Regelung betrifft nun einmal eine „Tat" iSd § 370 I AO, also vorsätzliche Steuerhinterziehungen, während die vergleichbare Regelung für die leichtfertige Steuerverkürzung allein den Sperrgrund der Bekanntgabe der Verfahrenseinleitung kennt. Ohne Anhaltspunkte für auch vorsätzliches Verhalten kann von einer „Tat" nicht die Rede sein. Zuzugeben ist dem BGH, dass mit dem Beginn der Ermittlungen noch nicht so viel Wissen da sein kann wie mit dem Abschluss der Ermittlungen. Andererseits hat es die Strafsachenstelle oder die Staatsanwaltschaft in der Hand, bei einem entsprechenden Anfangsverdacht mit dem förmlichen Inkulpationsakt der Bekanntgabe der Verfahrenseinleitung die entsprechende Sperrwirkung herbeizuführen. Da ein Anfangsverdacht, der zu Eingriffen im Ermittlungsverfahren legitimiert, und erst in Verbindung mit dem förmlichen Inkulpationsakt eine Sperrwirkung herbeiführt, auch Anhaltspunkte für den subjektiven Tatbestand enthalten muss (vgl. BVerfG 30.3.2004, BVerfGE 110, 226, Rn. 151), kann die Tatentdeckung sich nicht in einem Anfangsverdacht ohne Anhaltspunkte für diesen subjektiven Tatbestand erschöpfen. Schon die Gleichstellung von Anfangsverdacht und Tatentdeckung würde zu einer Verschleifung von Merkmalen eines Strafaufhebungsgrundes führen. Wie groß die Anhaltspunkte für auch vorsätzliches Handeln sein müssen, ist eine andere Frage.

313 Probleme ergeben sich insbesondere dann, wenn das Finanzamt infolge einer Kontrollmitteilung den Steuerpflichtigen zur Stellungnahme auffordert. Generell wird man sagen können, dass die **Art und Weise des Vorgehens des Finanzamts** ein gewichtiges Indiz für das Vorstellungsbild des betreffenden Finanzbeamten ist. Benutzt dieser eine neutrale Formulierung („liegen uns Kontrollmitteilungen vor, nach denen sie Einkünfte aus ... hatten"), zeigt dies deutlich, dass ein konkretes Vorstellungsbild über den subjektiven Tatbestand und damit ein hinreichender Tatverdacht fehlt, sonst hätte das FA gemäß § 393 I 4 AO den Stpfl darüber belehren müssen, dass der Verdacht einer Steuerstraftat besteht und dass seine Mitwirkung nunmehr nicht mehr erzwungen werden kann (vgl. auch BGH 5.4.2000, wistra 2000, 225; *Dörn* wistra 1993, 173; DStZ 1992, 622).

314 **Ob auch die Person des Täters schon entdeckt sein muss**, ist umstritten. *Brenner* (DStZ 1984, 479) fordert das Erkennen des konkreten Täters (so jetzt auch Kohlmann/ *Schauf* AO § 371 Rn. 653). Andere setzen dies jedenfalls dann nicht voraus, wenn der Täterkreis, zB die für das Rechnungswesen verantwortlichen Mitarbeiter eines Großbetriebes, von vornherein eingegrenzt werden kann (so etwa *Franzen* → 3. Aufl. Rn. 121; *Suhr* 1977, S. 364 und *Fischer* StWa 1971, 99). Der BGH (BGH 24.10.1990, wistra 1991, 107, 108) hat die Steuerhinterziehung eines Geschäftsführers einer GmbH als entdeckt angesehen, nachdem Steuerprüfer die Buchhaltungsunterlagen aus den Geschäftsräumen der GmbH mitgenommen hatten und am nächsten Tag auf Schätzungen beruhende Steuerbescheide erlassen worden waren. *Dörn* will zwischen persönlichen und betrieblichen Steuern unterscheiden. Bei persönlichen Steuern (zB ESt) müsse der Täter bekannt sein, bei betrieblichen Steuern (USt, GewSt, KSt) stünde einer Entdeckung der Tat nicht entgegen, dass der Täter noch nicht bekannt sei (wistra 1998, 176). Mittlerweile hat der BGH deutlich gemacht, dass die Tat entdeckt sein muss, nicht die Person des Täters (BGH 20.5.2010, BGHSt 55, 180; siehe auch BGH 5.5.2004, wistra 2004, 309; Klein/*Jäger* AO § 371 Rn. 161).

315 Dass § 371 II Nr. 2 AO auf die **Entdeckung der „Tat"** abstellt (so das Argument der hM), ist zweifellos richtig. Andererseits muss die Nr. 2 auch im Kontext mit Nr. 1a) und Nr. 1c) gesehen werden. Dort sperrt die Entdeckung der Tat bzw. die Prüfung nicht in jedem Fall für alle an der Tat Beteiligten. Ebenso führt eine Verfahrenseinleitung die Sperrwirkung nur für die von der Bekanntgabe der Einleitung betroffenen Personen herbei. Zudem lassen sich Aussagen über das Vorliegen subjektiver Tatbestandsmerkmale (*„hinreichender Tatverdacht"*) praktisch nur treffen, wenn über die Kenntnis des Vorliegens einer objektiven Steuerverkürzung hinaus konkrete Vorstellungen über den möglichen Täter und dessen Vorstellungsbild vorhanden sind. Insofern wird man zumindest voraussetzen müssen, dass – ähnlich der Rechtsprechung und Literatur zu § 78c StGB – der (Haupt-)Täter zumindest bestimmbar ist, dh durch bestimmte Merkmale identifiziert werden kann, die ihn von anderen Personen hinreichend unterscheiden (MüKoStGB/ *Kohler* AO § 371 Rn. 287; vgl. → § 376 Rn. 69 und BGH 16.3.1972, BGHSt 24, 323; BGH 7.3.1961, GA 1961, 239; BGH 12.3.1991, wistra 1991, 217; SK-StGB/*Rudolphi*/ *Wolter* StGB § 78c Rn. 6). Da die Entdeckung der Tat oftmals die Einleitung des Strafverfahrens zur unmittelbaren Folge hat (vgl. etwa § 10 BpO), wird man eine persönliche Sperrwirkung nur bei den Personen annehmen können, die zum Zeitpunkt der Tatentdeckung zumindest identifizierbar sind (ebenso *Hoffmann* 1998, 238 f.; vgl. auch *Grötsch* 2003, 168). Dies wird bei persönlichen Steuern eher der Fall sein als bei betrieblichen Steuern im Rahmen von Großunternehmen.

316 **Welcher Behörde der Amtsträger angehört, der die Tat entdeckt hat,** ist für den Ausschluss der strafbefreienden Wirkung einer Selbstanzeige im Allgemeinen unerheblich. Eine Steuerhinterziehung kann durch jedermann entdeckt werden (BGH 9.5.2017, NJW 2017, 3798, mAnm *Engler* DStR 2017, 2260). Entscheidend ist, dass die in § 386 I 2 AO angeführten Finanzbehörden sowie Polizei und Staatsanwaltschaft dem Legalitätsgrundsatz unterliegen (§ 152 II, § 163 I StPO) und andere Behörden nach § 116 AO verpflichtet sind, den Finanzbehörden Tatsachen, die sie dienstlich erfahren und die den Verdacht einer Steuerstraftat begründen, mitzuteilen, soweit dies nicht durch Sondervorschriften untersagt ist. Eine andere Frage ist, ob man nicht aus der Untätigkeit etwa eines Familienrichters, der im Rahmen des Streites über die Höhe des Zugewinnausgleichs von Schwarzgeldern erfährt, schließen muss, dass dieser die Tat doch nicht entdeckt hat.

317 **Auch eine Privatperson kann eine Steuerhinterziehung entdecken** (aM offenbar *Lüttger* StB 1993, 377). Da Tatentdeckung aber voraussetzt, dass bereits durch die Kenntnis der betreffenden Personen von der Tat eine Lage geschaffen wird, nach der bei vorläufiger Tatbewertung eine Verurteilung des Beschuldigten wahrscheinlich ist (BGH 27.4.1988, wistra 1988, 308; BGH 13.5.1987, wistra 1987, 293, 295; BGH 13.5.1983, wistra 1983, 197; BGH 24.10.1984, wistra 1985, 74), liegt eine Entdeckung nur vor, wenn der Dritte das Verhalten des Stpfl in seinem Sinngehalt erfasst (*Blumers* wistra 1985, 87) und damit zu rechnen ist, dass er seine Kenntnis an die zuständige Behörde weiterleitet, ohne dabei in der Form Rücksicht auf den Täter zu nehmen, dass das Verhalten des Dritten sich zugleich als eine im Auftrag des Täters erstattete Selbstanzeige darstellt. Letzteres ist etwa der Fall, wenn sich ein Gesellschafter den Mitgesellschaftern offenbart und diese sodann auch in seinem Namen (nach § 153) berichtigen (BGH 27.4.1988, wistra 1988, 308). Dieser Fall ist ebenso zu behandeln wie der, in dem der Täter einen Rechtsanwalt oder einen Steuerberater beauftragt, für ihn tätig zu werden (HHS/*Beckemper* AO § 371 Rn. 185, Erbs/Kohlhaas/*Hadamitzky/Senge* AO § 371 Rn. 39). Insofern wird die Kenntnis Dritter von der Tat nur in besonderen Ausnahmefällen (zB persönliche Feindschaft) schon eine Tatentdeckung iSd § 371 II Nr. 2 AO bewirken (ähnl. Kohlmann/*Schauf* AO § 371 Rn. 661; *Mösbauer* StB 1999, 397). Ob eine Geldwäsche-Verdachtsanzeige von Banken bei Selbstanzeigen ihrer Kunden zur Tatentdeckung führt, ist im Wesentlichen ungeklärt (vgl. *Park* NZWiSt 2015, 59, 61; *Löwe-Krahl* PStR 2014, 238). Dabei liegt die Problematik auch darin, dass nach dem Rundschreiben des BaFin eine Verdachtsmeldung nach § 11 Absatz 1 Satz 1 GwG auch dann zu erstatten ist, wenn die Abgabe einer solchen Selbstanzeige auch nur beabsichtigt ist. Wer als Bankkunde Erträgnis-Aufstellungen für länger zurückliegende Zeiträume anfordert, macht sich insofern schon verdächtig.

318 **Soweit ausländische Institutionen** von einer Steuerhinterziehung Kenntnis erlangen, liegt – wenn die sonstigen Voraussetzungen erfüllt sind – eine Tatentdeckung nur vor, wenn eine selbstständige Übermittlung dieser Erkenntnisse an die deutsche Justiz wahrscheinlich ist. Dies hängt davon ab, wie die jeweilige Praxis des betroffenen Staates bei der Rechtshilfe in Fiskalangelegenheiten (→ § 399 Rn. 125 ff.) ausgestaltet ist (vgl. BGH 13.5.1987, wistra 1987, 293; mAnm *Franzen* wistra 1987, 342, HHS/*Beckemper* AO § 371 Rn. 184). In seinem Panzerhaubitzen-Fall hat der BGH entschieden, dass auch ausländische Behörden die Tat iSd § 371 I Nr. 2 AO entdecken können, wenn mit dem ausländischen Staat ein Rechtshilfeabkommen besteht. Hier haben Tatbeteiligte an einer Korruption gegenüber griechischen Behörden umfassende Angaben zur Sache gemacht. Die anschließend vom Stpfl abgegebene Selbstanzeige wurde als unwirksam erachtet, da Rechtshilfe aufgrund der jeweiligen Praxis bei der Rechtshilfe in Fiskalangelegenheiten wahrscheinlich war (BGH 9.5.2017, NJW 2017, 3798, mAnm *Engler* DStR 2017, 2260 der ablehnt, dass eine ausl. Behörde eine Tatentdeckung herbeiführen kann, da ihr die Fachkenntnis fehle).

319 **Ist eine Steuerhinterziehung zum Teil entdeckt,** hat eine Selbstanzeige auch hinsichtlich anderer Teile keine strafbefreiende Wirkung mehr. Zweifelhaft ist dabei, was unter „Teilentdeckung der Tat" zu verstehen ist, ob also der strafprozessuale Tatbegriff gilt (§ 264 StPO), der materiell-rechtliche (§ 52 StGB), und ob gar die in einer Steuererklärung zusammengefassten Angaben getrennt betrachtet werden können. Da nicht anzunehmen ist, dass der Begriff der Tat in § 371 II Nr. 2 AO anders verstanden werden soll als in § 371 II Nr. 1c) AO, gilt der strafprozessuale Tatbegriff nicht. Weitergehend will *Franzen* (→ 3. Aufl. Rn. 126; *ders.* DStR 1964, 380), wenn lediglich Hinterziehungen im Hinblick auf die Einkünfte aus Gewerbebetrieb oder aus selbstständiger Arbeit entdeckt sind, eine strafbefreiende Selbstanzeige wegen weiterer unrichtiger Angaben über einen ganz anderen Sachverhalt, zB Sonderausgaben oder außergewöhnliche Belastungen noch für möglich halten, falls nicht inzwischen einer der anderen Ausschließungsgründe des § 371 II Nr. 1 AO eingreift. So beachtlich diese Auffassung sein mag: Es ist nicht möglich, die Tat auf einen engeren Bereich zu reduzieren, als die Einreichung einer unrichtigen Steuerklärung, die zu einer Steuerverkürzung führt, denn diese Erklärung unterliegt als Ganzes der Überprüfung (vgl. §§ 177, 367 II 2). Sodann mag man – wenn in dem Umschlag mehrere Steuererklärungen enthalten waren – angesichts der damit verbundenen Zufälligkeiten zwischen den verschiedenen Steuerarten differenzieren (→ Rn. 288). Eine weitere Unterscheidung zwischen bereits entdeckten strafbefangenen Einzelangaben und noch nicht entdeckten erscheint jedoch nicht gangbar. Eine andere Frage ist das Wiederaufleben der Berichtigungsmöglichkeit zu einem späteren Zeitpunkt (→ Rn. 354 ff.).

Nach dem seit dem 3.5.2011 geltenden Recht ist die Rechtslage eindeutig: Ist auch nur ein Teil der Tat für ein Jahr entdeckt, wirkt die Sperre dennoch in Gänze und auch für die anderen unverjährten Steuerhinterziehungen dieser Steuerart.

Ob die Tat auch dann zum Teil entdeckt ist, wenn nur **Vorstufen einer vollendeten Steuerhinterziehung** wahrgenommen worden sind, zB Finanzbeamte bei einer Prüfung fehlerhafte Buchungen oder gefälschte Belege gefunden haben, erscheint zweifelhaft (vgl. *Terstegen* S. 126; Kohlmann/*Schauf* AO § 371 Rn. 755). Da die Tat als „Straftat" entdeckt sein muss (vgl. § 378 III), lässt sich aus der Entdeckung einer Steuerordnungswidrigkeit nach den §§ 379 ff. AO noch kein Schluss auf eine Steuerstraftat ziehen. Auch gefälschte Belege, die auf eine Urkundenfälschung hindeuten, betreffen noch nicht unmittelbar die Steuerstraftat (vgl. *Hoffmann* 1998, 240). Unrichtige Buchungen bzw. Urkundenfälschungen im Rahmen der Buchführung sind lediglich straflose Vorbereitungshandlungen, soweit es die Steuerstraftat betrifft. Erst mit dem Einreichen der unrichtigen Belege würde das Gebrauchmachen von der verfälschten Urkunde mit der Täuschung bei der Steuerhinterziehung zusammentreffen. Aber selbst, wenn man in dem Zusammenhang von Tateinheit zwischen beiden Taten ausginge, wäre zu berücksichtigen, dass auch bei der Verfolgungsverjährung diese für jede Gesetzesverletzung selbstständig beginnt (BGH 25.5.1982, wistra 1982, 188) und insofern auch noch keine Teilentdeckung gegeben sein kann. Insofern betrifft der Begriff der Teilentdeckung solche Konstellationen, in denen eine Steuerstraftat (als solche) dem Volumen nach bislang nur zum Teil bekannt ist, also quasi die „Spitze des Eisbergs" gesichtet wurde.

Kenntnis von der Entdeckung liegt vor, wenn der Täter (nicht der Teilnehmer; → Rn. 278 ff. und MüKoStGB/*Kohler* AO § 371 Rn. 295) aus den ihm (nachweislich) bekannten Tatsachen (nachweislich) den Schluss gezogen hat, dass eine Behörde oder ein anzeigewilliger Dritter von seiner Tat so viel erfahren hat, dass bei vorläufiger Tatbewertung seine Verurteilung wahrscheinlich ist (→ Rn. 304). Auf die Erkenntnisquelle des Täters kommt es nicht an. Insbes. wird seine Kenntnis nicht dadurch in Frage gestellt, dass er seine Annahme auf tatsachenbezogene Irrtümer darüber gründet, wie die Behörde von der Tat erfahren hat; es genügt das Ergebnis (so zutr. HHS/*Beckemper* AO § 371 Rn. 188). Wer lediglich als Gehilfe mitgewirkt hat, kann noch eine Selbstanzeige erstatten, wenn denn der Täter noch nichts von der Entdeckung wusste und mit ihr auch nicht rechnen musste. Dies ist eine merkwürdige Konsequenz daraus, dass der Gesetzgeber zwar in Nr. 1a), b) den Begriff des Täters durch den an der Tat Beteiligten ersetzt hat; in der Nr. 2 hat er dies trotz Hinweisen in der Literatur (*Joecks* DStR 2014, 2262) nicht getan.

323   **Mit der Entdeckung rechnen müssen** heißt, dass der Täter aus den ihm (nachweislich) bekannten Tatsachen den Schluss hätte ziehen müssen, dass eine Behörde von seiner Tat der Steuerhinterziehung erfahren hatte. Die der Beweiserleichterung dienende Vermutung des Gesetzes bezieht sich also nicht auf den Stand der Kenntnisse des Täters (arg.: *„bei verständiger Würdigung der Sachlage"*), sondern darauf, ob er aus seinen Kenntnissen die Folgerung auf die Entdeckung der Tat gezogen hat. Dabei geht es nicht um eine (unzulässige) Schuldvermutung oder gar darum, dass der Täter den Beweis führen müsste, von der Tatentdeckung nichts gewusst zu haben (so zutr. Kohlmann/*Schauf* AO § 371 Rn. 729). Vielmehr muss zur Überzeugung des Gerichts feststehen, dass der Täter die die Tatentdeckung kennzeichnenden Umstände positiv gekannt hat. Sodann muss nach der Sachlage der Schluss gezogen werden, dass sich angesichts der dem Täter bekannten Elemente des Sachverhalts die Tatentdeckung aufdrängen musste. Bereits die Kenntnis des Stpfl aus den Medien, dass eine „Steuer-CD" angekauft wurde, reicht aus, dass der Stpfl mit Tatentdeckung rechnen muss (OLG Schleswig 30.10.2015, NZWiSt 2016, 153, urspr. AG Kiel 27.11.2014, SchlHA 2015, 110, siehe auch mAnm *Dann* DStR 2015, 897); in jedem Fall ist aber hier noch zu klären, ob ein Abgleich mit den Steuerunterlagen des Stpfl stattgefunden hat und die Tat damit auch objektiv entdeckt war (→ Rn. 307).

324   **Ob es bei dieser „verständigen Würdigung der Sachlage"** auf das individuelle Verständnis des Täters oder auf das Verständnis eines unbeteiligten Beobachters, eines durchschnittlichen Stpfl ankommt, ist dem Gesetz unmittelbar nicht zu entnehmen (vgl. *Susat* DStR 1952, 52; *Mattern* DStR 1954, 461; Kohlmann/*Schauf* AO § 371 Rn. 731, HHS/*Beckemper* AO § 371 Rn. 191). Da die Selbstanzeige ein persönlicher Strafaufhebungsgrund ist, kann es auch nur auf die persönlichen Fähigkeiten des Täters ankommen, so dass ein quasi-individueller Sorgfaltsmaßstab zu berücksichtigen ist (zust. RKR/*Kemper* AO § 371 Rn. 311). Entscheidend ist also, ob der Täter nach seiner individuellen Erkenntnis- und Urteilsfähigkeit in der konkreten Situation die Tatentdeckung erkennen musste (Kohlmann/*Schauf* AO § 371 Rn. 731, HHS/*Beckemper* AO § 371 Rn. 191; Erbs/Kohlhaas/*Hadamitzky/Senge* AO § 371 Rn. 40; *Hoffmann* 1998, 250). Mithin gilt ein individueller Sorgfaltsmaßstab, *„da es sich bei der Ausschließung von der Rechtswohltat der Selbstanzeige um einen subjektiven Sachverhalt auf strafrechtlichem Gebiet handelt, der nicht anders behandelt werden kann als etwa die Vorhersehbarkeit bei der Fahrlässigkeitstat, die ebenfalls nur rein subjektiv bestimmt werden darf"* (BayObLG 24.2.1972, BB 1972, 524).

325   **Die fälschliche Annahme des Täters,** dass seine Tat entdeckt sei, schließt die Straffreiheit nicht aus (→ Rn. 301; Kohlmann/*Schauf* AO § 371 Rn. 726, RKR/*Kemper* AO § 371 Rn. 287; Erbs/Kohlhaas/Hadamitzky/*Senge* AO § 371 Rn. 37; vgl. auch OLG Hamm v. 26.10.1962, BB 1963, 459). Dies ist zwar vor dem strafrechtlichen Hintergrund der strafbefreienden Wirkung einer Selbstanzeige unsinnig. Die Entstehungsgeschichte (→ Rn. 6 ff.) und der klare Wortlaut lassen aber ein anderes Ergebnis nicht zu.

326   Da es sich bei § 371 AO um einen **persönlichen Strafaufhebungsgrund** handelt, wirken Zweifel, ob eine Tatentdeckung vorlag, ob der Täter diese kannte oder hätte kennen müssen, zu seinen Gunsten (*in dubio pro reo*; Kohlmann/*Schauf* AO § 371 Rn. 734; *Blumers* wistra 1985, 85).

327–340   *einstweilen frei*

5. Die Sperrwirkung nach § 371 II Nr. 3 AO

Schrifttum: *Joecks,* Zweifelsfragen der „neuen" Selbstanzeige, SAM 2011, 128; *Roth,* Die 50.000-Euro-Grenze gem. § 371 II Nr. 3 AO: Nominalbetrag der Steuerhinterziehung oder strafzumessungsrelevanter Schaden?, NZWiSt 2012, 174; *Hunsmann,* Zur Bestimmung des Geldbetrages der hinterzogenen Steuer und des Hinterziehungsbetrages in § 398a Absatz 1 Nr. 2 AO, NZWiSt 2015, 130.

341   Eine Selbstanzeige nach dem 2.5.2011, die alle Voraussetzungen des § 371 I AO erfüllt und der auch keine Sperrwirkung nach 371 II Nr. 1 und 2 AO entgegensteht, ist dennoch unwirksam, wenn der im Rahmen der Tat verkürzte Betrag 50.000 EUR übersteigt (§ 371

II Nr. 3 AO). Die Regelung ist ein Kompromiss zwischen denen, die die Selbstanzeige gänzlich oder zumindest für Fälle der Verkürzung großen Ausmaßes abschaffen wollten, und denen, die auch für Steuerhinterziehungen, die besonders schwere Fälle darstellten, die Selbstanzeige erhalten wollten (vgl. *Joecks* SAM 2011, 128,132). Die Höhe des Betrages orientiert sich an der Rechtsprechung des 1. Strafsenats zu § 370 III 2 Nr. 1 AO (BGH 2.12.2008, NJW 2009, 528; BT-Drs. 17/5067 (neu), 21). Allerdings geht der BGH nicht in allen Fällen bereits bei einem Betrag von 50.000 EUR von einem großen Ausmaß aus, sondern differenziert zwischen dem „Griff in die Kasse des Staates" und normalen Steuerhinterziehungen durch Nichtangabe von Einkünften (→ § 370 Rn. 569). Überdies gilt für Selbstanzeigen seit dem 1.1.2015 ein **Schwellenbetrag von 25.000 EUR.**

Wird der Betrag von 25.000 überschritten, ist eine wirksame Selbstanzeige zwar nicht mehr möglich; das Verfahren ist aber zwingend einzustellen, wenn der Betroffene die zu seinen Gunsten hinterzogenen Steuern entrichtet und einen Zuschlag von 5% bezahlt (§ 398a AO). Der Schwellenbetrag von 25.000 ist zwingend; eine Toleranzgrenze gibt es nicht (Klein/*Jäger* AO § 398a Rn. 13; MüKoStGB/*Kohler* AO § 371 Rn. 312; RKR/*Rolletschke* AO § 398a Rn. 9). 342

Ob der **Schwellenbetrag** überschritten ist, ist für jedes Jahr gesondert zu betrachten. Insofern ist es nicht anders als bei der Frage, ob eine fünfjährige oder eine zehnjährige Frist für die Verfolgungsverjährung gilt (→ § 376 Rn. 16 ff.). So mag bei einer Selbstanzeige für die unverjährten Jahre 2008 bis 2012 allein für das Jahr 2010 der Schwellenbetrag überschritten sein. Während für die anderen Jahre eine wirksame Selbstanzeige vorliegt, kommt für das Jahr 2010 allein die Einstellung nach § 398a AO in Betracht. Dabei bleiben die Selbstanzeigen für die anderen Jahre auch dann wirksam, wenn der Betroffene sich weigert, den Zuschlag für das Jahr 2008 zu bezahlen (Klein/*Jäger* AO § 371 Rn. 187) oder zu einer Zahlung nicht in der Lage ist. 343

Das Gesetz spricht hier nicht vom Täter, so dass die Sperrwirkung für Täter, Anstifter oder Gehilfen (Beteiligte) gleichermaßen gilt (Klein/*Jäger* AO § 371 Rn. 189). Das an anderer Stelle auftretende Problem der Wortlautgrenze für Selbstanzeigen vor dem 1.1.2015 (→ Rn. 280 f.) stellt sich hier also nicht. 344

Inwiefern bei tateinheitlichem Zusammentreffen mehrerer Steuerhinterziehungen eine **Addition der Einzelbeträge** erfolgen muss, ist zweifelhaft. Der BGH hat dies in einem obiter dictum ohne weiteres angenommen (BGH 15.12.2011, wistra 2012, 191; vgl. schon BGH 2.12.2008, BGHSt 53, 71 mAnm *Wulf* DStR 2009, 459; ebenso Klein/*Jäger* AO § 371 Rn. 186; *Rolletschke/Jope* wistra 2009, 218, 221). Demgegenüber will ein Teil der Literatur eine solche Addition nicht vornehmen und allein auf die materiell-rechtliche Tat, die sich auf Steuerart, Steuerjahr und Steuerpflichtigen bezieht, abstellen (Kohlmann/*Schauf* AO § 371 Rn. 777 f., Schwarz/Pahlke/*Webel* AO § 371 Rn. 287, RKR/*Kemper* AO § 371 Rn. 343). Tatsächlich ist es nicht überzeugend, in Fällen von Tateinheit eine Addition der insgesamt verkürzten Beträge vorzunehmen. In Abs. 1 und 2 macht der Gesetzgeber deutlich, dass er jeweils auf die Taten bezüglich einer Steuerart abstellen will. Dann ist es inkonsequent, bei tateinheitlicher Verwirklichung einer Steuerhinterziehung bezüglich der Einkommensteuer, Gewerbesteuer und Umsatzsteuer die Beträge zu addieren. Überdies war es nach damaliger Rechtsprechung oftmals eine Frage des Zufalls, ob der Täter die drei Steuererklärungen in einem Umschlag am selben Tag einreicht oder in mehreren Umschlägen über die Zeit verteilt (zuletzt BGH 24.5.2017, StV 2018, 36; Rspr. geändert durch BGH v. 22.1.2018, NStZ 2019, 154 – seitdem keine Tateinheit durch gleichzeitige Abgabe). Dass davon die Straffreiheit abhängen sollte, drängt sich nicht auf. Denkbar wäre allein der relativ unrealistische Fall, dass jemand die Einkommensteuererklärungen für die Jahre 2013 und 2014 gleichzeitig in einem Umschlag abgibt. Für den Fall ist aber schon fraglich, ob nach der Rechtsprechung des BGH überhaupt ein Fall von Tateinheit vorläge (→ § 369 Rn. 125). Im Übrigen hat *Wessing/Biesgen* (Flore/Tsambikakis/*Wessing/Biesgen* AO § 371 Rn. 140) zutreffend darauf hingewiesen, dass in dem Bericht des Finanzausschusses eine Addition verkürzter Steuerbeträge gerade verworfen wurde 345

(BT-Drs. 17/5067, 21). Auch die Finanzverwaltung geht davon aus, dass die in Tateinheit begangenen Taten nicht zu addieren sind (FM NRW 12.1.2016 – S 0702 – 8f – V A 1, Nr. 17, BeckVerw 333636)

346 **Wie die Verkürzung zu ermitteln ist,** ist in allen Einzelheiten noch nicht hinreichend geklärt. So sollen die Solidaritätszuschläge gem. Finanzverwaltung hinzuzurechnen sein (FM NRW 12.1.2016 – S 0702 – 8f – V A 1, BeckVerw 333636 Nr. 2, aA Kohlmann/*Schauf* AO § 371 Rn. 778; RKR/*Kemper* AO § 371 Rn. 346; *Hunsmann* BB 2011, 2519, 2521 f.; siehe auch → § 369 Rn. 35). Bei einer Verkürzung auf Zeit wird in Teilen der Literatur vertreten, dass der „wahre" Schaden im Sinne einer wirtschaftlichen Betrachtungsweise (*Wulf/Kamps* DB 2011, 1711, 1715) oder der strafzumessungsrelevante Steuerschaden entscheidend sein (RKR/*Kemper* AO § 371 Rn. 346; RKR/*Rolletschke* AO § 398a Rn. 10). Demgegenüber will *Jäger* allein auf den Nominalbetrag abstellen. Auf einen nach Nachzahlung verbleibenden Verzögerungsschaden komme es nicht an (Klein/*Jäger* AO § 371 Rn. 186, so auch Kohlmann/*Schauf* AO § 371 Rn. 776). In der Tat spricht vieles dagegen, bei Verkürzung auf Zeit allein auf den Zinsschaden abzustellen; es ist hier nicht anders als bei der Bestimmung des Umfangs des nachzahlungspflichtigen Betrages nach § 371 III AO. Vielmehr hat der Gesetzgeber bei der Neufassung des § 371 AO nur die Fälle der Umsatzsteuervoranmeldungen und der Lohnsteueranmeldung privilegiert, § 371 IIa AO (vgl. Kohlmann/*Schauf* AO § 371 Rn. 776, → Rn. 351). Anderseits liegt völlig im Dunkeln, wie man den Steuervorteil beim Erschleichen eines unrichtigen Feststellungsbescheids quantifizieren soll (→ § 370 Rn. 81; → § 398a Rn. 17).

347 Anfangs war in diesem Kontext ungeklärt, wie man es mit dem **Kompensationsverbot** halten will (Anm.: Das Beispiel aus der Vorauflage (→ 8. Aufl. Rn. 347) hat sich mit der geänderten Rspr. des BGH 13.9.2018, NStZ 2019, 150 erledigt; das Kompensationsverbot findet für die Anrechnung der Vorsteuer auf die Umsatzsteuer keine Anwendung mehr). Wer ausländische Kapitaleinkünfte nicht erklärt und damit Steuern iHv 53.000 EUR verkürzt, zugleich aber auch übersehen hat, dass er Krankheitskosten mit einer steuerlichen Auswirkung iHv 13.000 EUR als außergewöhnliche Belastungen hätte geltend machen können, bewirkt vor dem Hintergrund des Kompensationsverbotes (§ 370 IV 3 AO) eine – tatbestandsmäßige – Steuerverkürzung von 53.000 EUR, obwohl die steuerliche Zahllast nur 40.000 EUR beträgt. *Rolletschke* (RKR/*Rolletschke* AO § 398a Rn. 10) will offenbar auf die Beträge abstellen, die nach Abzug der dem Kompensationsverbot unterliegenden Werte übrigbleiben, im Beispielsfall also lediglich 40.000 EUR. Demgegenüber will *Jäger* (Klein/*Jäger* AO § 398a Rn. 12, auch Kohlmann/*Schauf* AO § 398a Rn. 776, FM NRW 12.1.2016 – S 0702 – 8f – V A 1, BeckVerw 333636 Nr. 18) das Kompensationsverbot sogar im Rahmen des § 398a AO und damit wohl erst recht im Rahmen des § 371 II Nr. 3 AO anwenden. Ein Abstellen auf den strafzumessungsrelevanten Hinterziehungsschaden hält er für unzulässig. Ein solches Vorgehen finde weder im Gesetzeswortlaut noch in den Gesetzesmaterialien eine Stütze. Dem ist zuzugeben, dass durch die Anwendung des Kompensationsverbots auf § 371 II Nr. 3 AO eine einheitliche Handhabe der § 370 III Nr. 1 AO (vgl. BGH 27.10.2015, NStZ 2016, 288) und § 398a AO geschaffen ist. Dagegen spricht allenfalls, dass ein besonders schwerer Fall nach § 370 III AO trotz Vorliegen eines Regelbeispiels im Rahmen einer Gesamtabwägung abgelehnt werden kann. Eine derartige Abwägung bieten § 371 II Nr. 3 AO und § 398a AO nicht, weswegen die Anwendung des Kompensationsverbotes im Falle des § 370 III Nr. 1 AO nicht zwingend durchschlagen muss. Der Wortlaut des § 371 II Nr. 3 AO spricht dagegen klar von der „verkürzten Steuer", nicht von der hinterzogenen Steuer oder Steuerschaden, weswegen letztlich von der Anwendung des § 370 IV AO auszugehen ist.

348 *Joecks* sprach sich in der Vorauflage dafür aus, dass angesichts der mit § 371 II Nr. 3 AO verbundenen Einschränkung der Selbstanzeige – jedenfalls für Fälle vor dem 1.1.2015 (vgl. § 398a III AO) – nichts gegen eine wortlautunterschreitende Restriktion spreche, mit der zumindest Fälle des Kompensationsverbots ausgegrenzt werden. Hierfür spricht auch, dass im Rahmen der Nachzahlungspflicht die verkürzten Steuern als Saldo begriffen werden, während nur wenige Autoren bei der Verkürzung auf Zeit allein die Begleichung des Zinsschadens voraussetzen wollen. Machte man mit einem solchen Formalismus in Fällen des Kompensationsverbotes ernst, müsste man auch verlangen, dass der Täter zunächst 53.000 EUR Steuern auf Kapitaleinkünfte entrichtet, um dann auf die Erstattung des zu viel bezahlten Betrages von 13.000 EUR zu warten. Bislang ist dies so noch nicht vertreten worden (→ Rn. 153).

6. Besonders schwerer Fall (§ 371 II Nr. 4 AO)

Für Selbstanzeigen ab 1.1.2015 ordnet das Gesetz eine Sperrwirkung auch in den Fällen an, in denen ein besonders schwerer Fall nach § 370 III 2 Nr. 2 – 6 vorliegt. Wie bei der Verjährung wird es nicht darauf ankommen, ob im Einzelfall ein besonders schwerer Fall vorliegt; die Sperrwirkung greift auch ein, wenn später ein besonders schwerer Fall nicht ausgeurteilt wird (→ § 376 Rn. 24).

7. Einschränkung der Sperrwirkung bei Außenprüfung (§ 371 II 2 AO)

Mit der per 1.1.2015 geregelten begrenzten Sperrwirkung der Außenprüfung bzw. der steuerlichen Prüfung kehrt das Recht der Selbstanzeige zur **Rechtslage vor dem 3.5.2011** zurück. Für die Jahre vor und nach der Außenprüfung bleibt eine strafbefreiende Selbstanzeige möglich, wenn nicht einer der anderen Sperrgründe eingreift, also etwa die Tat entdeckt ist oder gar die Einleitung des Steuerstrafverfahrens erfolgte. Andere Regelungen des § 371 AO bleiben durch die Einschränkung in § 371 II 2 AO unberührt. Damit ist also auch eine Selbstanzeige für nicht von der Außenprüfung erfasste Jahre möglich, wenn ein besonders schwerer Fall vorliegt oder der Schwellenbetrag von 25.000 EUR überschritten ist. Freilich wirkt diese dann nicht mehr strafbefreiend, eröffnet ist lediglich der Weg über § 398a AO.

8. Einschränkung der Sperrwirkung bei Steueranmeldungen (§ 371 IIa AO)

Mit der Neuregelung in § 371 IIa zieht der Gesetzgeber Konsequenzen aus dem Umstand, dass die Praxis der Bußgeld- und Strafsachenstellen bei Selbstanzeigen im Hinblick auf Voranmeldungen überfordert war und zum Teil „praeter legem" agierte (vgl. *Joecks* DStR 2014, 2264; *Habammer/Pflaum* DStR 2014, 2269). Für Umsatzsteuervoranmeldungen und Lohnsteueranmeldungen gilt das Vollständigkeitsgebot des Abs. 1 nicht. Es ist also nicht nötig, für die Umsatzsteuer der letzten, gegebenenfalls zehn Jahre, dem Absatz 1 entsprechende Selbstanzeigen zu erstatten. Ebenfalls suspendiert wird die 25.000-Euro-Grenze des § 371 II Nr. 3 AO. Der Sperrgrund der Tatentdeckung (§ 371 II Nr. 2) findet insoweit keine Anwendung, als die Entdeckung der Tat darauf beruht, dass eine Umsatzsteuervoranmeldung oder Lohnsteueranmeldung nachgeholt oder berichtigt wurde (§ 371 IIa 2).

Der Wortlaut von Abs. 2 Satz 1 spricht von einer Verletzung der Pflicht zur rechtzeitigen Abgabe einer vollständigen und richtigen Umsatzsteuervoranmeldung oder Lohnsteueranmeldung. Hieraus könnte man schließen, dass es immer nur um das Unterlassen einer entsprechenden Anmeldung ging. Dagegen spricht aber, dass Satz 1 in der Folge von einer Berichtigung oder Ergänzung von Angaben spricht, also auch offenbar den Fall erfasst, dass eine Voranmeldung unrichtig eingereicht worden ist.

Die Einschränkungen des Abs. 2a Satz 1 und 2 gelten (Satz 3) nicht für Steueranmeldungen, die sich auf das Kalenderjahr beziehen. Da ein Lohnsteuerzahler mit seiner Jahresanmeldung kaum je die Beträge erreichen wird, die im Rahmen des § 371 II Nr. 3 AO eine Sperrwirkung auslösen, mag es sich hier um Fälle handeln, in denen Umsatzsteuerjahreserklärungen im Raume stehen. Für diese verbleibt es zwar bei den grundsätzlichen Regelungen in § 371 I und II AO; zum Vollständigkeitsgebot gehört aber nicht die

Randt

Korrektur von Voranmeldungen für Zeiträume, die dem entsprechenden Kalenderjahr nachfolgen (Abs. 2a Satz 4; *Erdbrügger/Jehke* DStR 2015, 385).

9. Wiederaufleben der Berichtigungsmöglichkeit

Schrifttum: *Mattern,* Steuerliche Selbstanzeige und Betriebsprüfung, NJW 1952, 492 mit Erwiderung von *Schulze-Brachmann* BB 1952, 773; *Bauerle,* Die Selbstanzeige nach Durchführung einer Betriebsprüfung, DStZ 1957, 161; *Heumann,* Strafbefreiende Selbstanzeige nach durchgeführter Betriebsprüfung ab Schlussbesprechung wieder möglich?, StBp 1963, 296 mit Erwiderung von *Suhr* StBp 1964, 19; *Lenckner/Schumann/Winkelbauer,* Grund und Grenzen der strafrechtlichen Selbstanzeige im Steuerrecht und das Wiederaufleben der Berichtigungsmöglichkeit im Fall der Außenprüfung, wistra 1983, 172; *Schwartz,* Tatentdeckung durch die Abgabe einer (unwirksamen) Teilselbstanzeige, wistra 2011, 82; *Bergmann,* Wirksame Selbstanzeige nach vorangegangener Teilselbstanzeige?, JR 2012, 146; *Klaproth,* Selbstanzeige nach abgeschlossener Betriebsprüfung, Stbg 2015, 75; *Wulf,* Die „prüfungsbezogenen" Sperrgründe nach der Reform des § 371 Abs. 2 AO, SAM 2015, 16. *Seipl/Grötsch,* Wiederaufleben der Selbstanzeigemöglichkeit nach Wegfall von Sperrgründen und die Selbstanzeige nach der Teil-Selbstanzeige, wistra 2016, 1.

354 Zum alten Recht war fraglich, wie es mit dem Wiederaufleben einer Berichtigungsmöglichkeit steht, wenn etwa die Außenprüfung mit der Bekanntgabe von Änderungsbescheiden oder der Mitteilung endet, dass die Prüfung zu Veränderungen nicht geführt hat. Die Frage ist vornehmlich im Hinblick auf die nach § 371 II Nr. 1a) AO aF durch das Erscheinen eines Amtsträgers ausgelöste Sperrwirkung erörtert worden. Diese Frage gewinnt aber auch in den Fällen des § 371 II Nr. 1b) und der Nr. 2 AO Bedeutung, wenn etwa das Strafverfahren nach Bekanntgabe der Einleitung ohne Strafklageverbrauch abgeschlossen ist oder aber die „*Tatentdeckung*" so schnell entkräftet wurde, dass es gar nicht zu einer Einleitung des Verfahrens kam.

355 Nachdem die Novelle vom 7.12.1951 (→ Rn. 6) erstmalig bestimmt hatte, dass die strafbefreiende Wirkung einer Selbstanzeige auch durch das Erscheinen eines Prüfers der FinB ausgeschlossen sein sollte, bildete sich in der Verwaltungspraxis (*Terstegen* S. 123) zunächst die Auffassung, dass die **Ausschlusswirkung für alle Zeiten** bestehen bleibe. Im Schrifttum führte *Mattern* wiederholt aus, dass eine zeitlich unbeschränkte Ausschlusswirkung dem Wortlaut und dem Zweck der Vorschrift entspreche (DStR 1952, 78; 1954, 460). Die strafbefreiende Wirkung der Selbstanzeige dürfe keine *„Prämie"* dafür sein, dass der Täter *„die Steuerhinterziehungen so raffiniert angelegt hat, dass sie im Laufe der Prüfung nicht herausgekommen sind, und dass er auch während der Prüfung den Prüfer hinter das Licht geführt hat"* (NJW 1952, 492; im Ergebnis ähnl. *Kratzsch* StuW 1974, 68, 74 und StBp 1975, 260, 262).

356 Demgegenüber geht heute die ganz herrschende Meinung davon aus, dass ein **Wiederaufleben der Selbstanzeige** zumindest in den Fällen des § 371 II Nr. 1a) AO aF und damit des § 371 II Nr. 1c) AO nF möglich ist (*Lenckner u. a.* wistra 1983, 172 ff.; *Schick* FS v. Wallis, 1985, 477, 487; *Kühn/v.Wedelstädt/Blesinger/Viertelhausen* AO § 371 Rn. 17, Kohlmann/*Schauf* AO § 371 Rn. 520, HHS/*Beckemper* AO § 371 Rn. 206, RKR/*Kemper* AO § 371 Rn. 261; *Bilsdorfer* wistra 1984, 131, *Seipl/Grötsch* wistra 2016, 1). Dies ist sachgerecht, weil gerade dann, wenn eine Prüfung die strafbefangenen Beträge nicht aufgedeckt hat, es eher der „Verbrechervernunft" entspräche, nunmehr die Dinge auf sich beruhen zu lassen. Wer trotz (erfolgloser) Prüfung steuerliche Fehler noch korrigiert, handelt aus autonomen Motiven und macht deutlich, dass er einer Bestrafung nicht bedarf. Zweifelhaft ist allein, ob ein Wiederaufleben nur in den Fällen des § 371 II Nr. 1a) AO möglich ist, oder ob auch bei den anderen Ausschließungsgründen die Selbstanzeigemöglichkeit wieder eröffnet sein kann, und wann im Einzelfall von einem Wiederaufleben der Berichtigungsmöglichkeit auszugehen ist.

357 Da der Steuerpflichtige nach der durchgeführten Prüfung offenbar aus autonomen Motiven zur Steuerehrlichkeit zurückkehren will, spricht nichts dagegen, auch nach neuem Recht eine solche Selbstanzeige nach Beendigung der Sperrwirkung anzuerkennen (ebenso *Klaproth* Stbg 2015, 75; *Wulf* SAM 2015, 16). Nicht anders mag es sein, wenn die Bekanntgabe einer Verfahrenseinleitung letztlich in eine Einstellung mangels Tatverdachts mündet.

In Fällen der Prüfung beim Steuerpflichtigen (§ 371 II Nr. 1a) kann eine Selbstanzeige mit strafbefreiender Wirkung auch für die geprüften Steuerarten und -abschnitte wieder erstattet werden, sobald die Prüfung abgeschlossen ist (vgl. zB FM NRW 23.4.1957, FR 1959, 91; ebenso außer den bereits Genannten *Bremer* DB 1951, 991; *Maaßen* FR 1954, 293; *Pfaff* S. 126; *Suhr* 1977, S. 363). So endet die Nachschau mit dem Weggehen des Prüfers (*Klaproth* Stbg 2015, 75). **358**

Abgeschlossen ist eine steuerliche Prüfung spätestens dann, wenn das FA die aufgrund der Prüfung erstmalig erlassenen oder berichtigten Steuer-, Steuermess- oder Feststellungsbescheide abgesandt hat (BGH 15.1.1988, wistra 1988, 151; BGH 23.3.1994, wistra 1994, 228; *Klaproth* Stbg 2015, 75; *Wulf* SAM 2015, 16, 19) oder die Mitteilung nach § 202 I 3 AO ergangen ist, dass die Prüfung zu einer Änderung von Besteuerungsgrundlagen nicht geführt hat (HHS/*Beckemper* AO § 371 Rn. 207, Kohlmann/*Schauf* AO § 371 Rn. 520 f.; *Mösbauer* NStZ 1989, 13; vgl. auch BMF-Schreiben zum Straffreiheitsgesetz, *Joecks* 1989, Rn. 48 ff.). Eine Anknüpfung an den früheren Zeitpunkt der Schlussbesprechung (so *Heumann* StBp 1963, 296) wird überwiegend abgelehnt, weil angesichts der Entscheidungsbefugnis des Veranlagungsbezirks jederzeit Nachermittlungen möglich sind, wenn etwa der Veranlagungsbezirk die tatsächlichen Feststellungen bzw. rechtlichen Würdigungen des Betriebsprüfers nicht akzeptieren will (*Brauns* wistra 1987, 242; *Wassmann* ZfZ 1990, 245 f.). Daher komme es auch nicht auf die Übersendung des Prüfungsberichtes an; erst die Auswertung durch das Veranlagungsfinanzamt schaffe die Zäsur, mit der die latente Entdeckungsgefahr wieder beseitigt sei. **359**

Tatsächlich ist mit der Schlussbesprechung bzw. der Vereinbarung des Verzichts auf die Schlussbesprechung zumindest von Seiten der Außenprüfung eine Zäsur gegeben. Weitere Bindungswirkungen kann es – aus der Sicht des Finanzamts – dann geben, wenn es in diesem Zusammenhang zu einer tatsächlichen Verständigung unter Beteiligung des zuständigen Veranlagungsfinanzamts kam (vgl. BFH 5.10.1990, BStBl. II 1991, 45; BFH 28.7.1993, BFH/NV 1994, 290), so dass insoweit Nachermittlungen unwahrscheinlich sind. Zwar ist zutreffend, dass ein Verbrauch der Außenprüfungsanordnung erst eintritt, wenn entweder die Mitteilung nach § 202 I 3 AO ergeht oder aber ein entsprechender Änderungsbescheid erlassen ist. Ein Abwarten bis zu diesem Zeitpunkt ist aber von vielen Faktoren, etwa der Arbeitsüberlastung im Bereich des Finanzamtes uÄ, abhängig, die das Wiederaufleben der Berichtigungsmöglichkeit zum zufälligen Ereignis machen. Dies spricht dafür, an den **Zeitpunkt der Schlussbesprechung** anzuknüpfen (ebenso *Hoffmann* 1998, 278). Sollten sich spätere Einwände der Veranlagungsstelle ergeben, die neue Ermittlungen nötig machen, wird ein neuerliches Erscheinen im Betrieb wiederum die Sperrwirkung des § 371 II Nr. 1a) AO herbeiführen. Selbst wenn man dem nicht folgt, wird man die in § 171 IV AO zum Ausdruck gekommene gesetzgeberische Wertung dahingehend zu berücksichtigen haben, dass nicht nur die Ablaufhemmung, sondern auch die Sperrwirkung der Außenprüfung endet, *„wenn eine Außenprüfung unmittelbar nach ihrem Beginn für die Dauer von mehr als sechs Monaten aus Gründen unterbrochen wird, die die FinB zu vertreten hat"* (§ 171 IV 2), und die Sperrwirkung ausläuft, wenn seit Ablauf des Kalenderjahres, in dem die Schlussbesprechung stattgefunden hat, oder, wenn sie unterblieben ist, mit Ablauf des Kalenderjahres, in dem die letzten Ermittlungen im Rahmen der Außenprüfung stattgefunden haben, eine vierjährige Frist abgelaufen ist (vgl. § 171 IV 3). **360**

Bei Konzernbetriebsprüfungen führt jedoch auch diese Lösung zu Verwerfungen. Oftmals liegen bei Prüfungen in diesem Rahmen diverse Steuerbescheide aus der Vor-BP noch gar nicht vor oder ist gar die Schlussbesprechung noch nicht durchgeführt bzw. beendet worden, wenn bereits die Prüfungen für Folgezeiträume begonnen wurden. Eine zu restriktive Interpretation würde mithin dazu führen, dass im Rahmen solcher Unternehmen eine strafbefreiende Selbstanzeige praktisch nie möglich wäre. Konsequenz wäre, dass im Rahmen eines solchen Unternehmens begonnene Steuerhinterziehungen „durchgehalten" werden müssten, um eine Selbstbelastung (→ § 393 Rn. 5 ff.) zu vermeiden. Andererseits ist insbes. die Groß- und Konzern-BP eine sehr formalisierte, die insbes. Prüfer- **361**

anfragen in schriftlicher Form kennt, von einer klaren Bildung von Prüfungsschwerpunkten und -feldern gekennzeichnet ist und bei der es ohne weiteres möglich ist, „abgeprüfte" Zeiträume abzuschichten. Hier ist es auch wenig wahrscheinlich, dass von Seiten des Veranlagungsbezirks in irgendeiner Form „Nachbesserungen" eingefordert werden. Im Übrigen reduziert sich das Problem dann, wenn man, wie hier (→ § 393 Rn. 9) annimmt, dass für die in Erfüllung steuerlicher Pflichten gemachten wahrheitsgemäßen Angaben ein Verwertungsverbot besteht.

362 Ergibt sich die Sperrwirkung aus der **Einleitung eines Steuerstraf- oder Steuerordnungswidrigkeitenverfahrens,** lebt die Selbstanzeigemöglichkeit wieder auf, wenn dieses Verfahren abgeschlossen ist. Soweit der Abschluss des Verfahrens durch ein Erkenntnis erfolgt, das den Strafklageverbrauch bewirkt (Freispruch, Urteil, Strafbefehl, Einstellung nach Erfüllung der Auflagen gemäß § 153a StPO), stellt sich diese Frage nicht mehr, weil die Tat ohnehin nicht verfolgbar ist. Aber auch in Fällen der Einstellung nach § 153 StPO, § 398 AO oder § 170 II StPO lebt die Berichtigungsmöglichkeit wieder auf (*Brauns* wistra 1987, 242; HHS/*Beckemper* AO § 371 Rn. 206). Dies ist spätestens der Fall, wenn der Täter Mitteilung von der Einstellung des Verfahrens erhält (so *Brauns* wistra 1987, 242; Erbs/Kohlhaas/*Hadamitzky/Senge* AO § 371 Rn. 30). Ob bereits die Einstellungsverfügung bzw. deren Absendung ausreicht (so HHS/*Beckemper* AO § 371 Rn. 207, Kohlmann/*Schauf* AO § 371 Rn. 618), ist zweifelhaft (vgl. auch *Hoffmann* 1998, 284; *Wulf* SAM 2015, 16, 20).

363 Ob nach einem Eintritt der Sperrwirkung durch das Erscheinen des Prüfers die Möglichkeit der Selbstanzeige wieder auflebt, wenn der Prüfer weggegangen ist (so HHS/*Beckemper* AO § 371 Rn. 207), ist zweifelhaft. Dafür spricht die Logik des Erscheinens bzw. Weggehens, dagegen spricht, dass mit dem Verlassen der Räumlichkeiten des Steuerpflichtigen noch nicht gesagt ist, ob und wann der Prüfer seine Arbeit abgeschlossen hat. Man wird daher darauf abstellen müssen, ob das Verlassen der Räumlichkeiten des Steuerpflichtigen definitiv eine Beendigung der Amtshandlung sein sollte. Dann wäre eine strafbefreiende Selbstanzeige wieder Ausdruck der Autonomie des Selbstanzeigeerstatters.

364 **Ergibt sich die Sperrwirkung aus einer Tatentdeckung** (§ 371 II Nr. 2), gilt Vorstehendes, wenn es infolge der Tatentdeckung zu der Einleitung eines Steuerstrafverfahrens oder zur Durchführung einer steuerlichen Prüfung beim Täter kam. Wird der Verdacht entkräftet, bevor die Sperrwirkung nach § 371 II Nr. 1a) oder 1b) AO herbeigeführt worden ist, muss die Berichtigungsmöglichkeit erst recht wieder aufleben (zust. Kohlmann/*Schauf* AO § 371 Rn. 766). Problematisch ist hier die Feststellung des Zeitpunktes des Wiederauflebens der Berichtigungsmöglichkeit (vgl. auch *Mösbauer* StB 1999, 398). Das Problem erledigt sich insofern, als mangels Unterbrechungshandlungen irgendwann die strafrechtliche Verjährung eintritt. Wird der Stpfl über die „Entkräftung der Tatentdeckung" informiert, mag man an diesen Zeitpunkt anknüpfen. In anderen Fällen wäre denkbar, in Analogie zu § 171 IV 3 AO die Selbstanzeigemöglichkeit wieder aufleben zu lassen, wenn dem Täter nicht binnen sechs Monaten nach Kenntnis von der Tatentdeckung die Einleitung des Verfahrens bekanntgegeben worden ist. Dass dieser Zeitraum nicht zwingend ist, liegt auf der Hand; immerhin beseitigt er im Interesse der Rechtssicherheit einen für den Betroffenen unerträglichen Schwebezustand und schafft Spielräume für eine Selbstanzeige, für die nach Eintritt der strafrechtlichen Verjährung rechtlich kein Anlass mehr bestünde. Liegt ein Fall des „Kennenmüssens" vor, gibt es zwar subjektiv keinen Schwebezustand für den Stpfl, es wäre aber nicht billig, diesen Fall des subjektiv-autonom handelnden Täters schlechter zu behandeln.

365 **Führen Tatentdeckung bzw. Verfahrenseinleitung zur Beantragung eines Strafbefehls** bzw. zur Erhebung der öffentlichen Klage, wird zwar der zu beurteilende Sachverhalt mit bindender Wirkung für das erkennende Gericht begrenzt. Andererseits bleibt eine Nachtragsanklage möglich. Hieraus schloss *Franzen* (3. Aufl., § 376 Rn. 118), die Selbstanzeige bisher nicht entdeckter Teile einer Tat, die mit dem angeklagten Tatsachenkomplex zusammenhingen, sei erst dann für wirksam zu erachten, wenn das anhängige

Verfahren *endgültig* abgeschlossen sei. Die dabei zugrundeliegende Problematik hat sich dadurch erheblich entschärft, dass mittlerweile die jeweilige Steuererklärung die Tat im strafprozessualen Sinne ist, da der BGH die Figur der fortgesetzten Tat aufgegeben hat (→ § 369 Rn. 116; vgl. auch BGH 5.4.2000, wistra 2000, 219, 226). Soweit nun wegen einer konkreten Steuererklärung angeklagt worden ist, ist der Fall tatsächlich noch offen. Insbes. kann sich im Rahmen der Hauptverhandlung eine Erweiterung des Schuldvorwurfes für das fragliche Jahr ergeben. Hiervon bleibt die Möglichkeit unberührt, für andere Steuerarten bzw. Besteuerungszeiträume wirksam Selbstanzeige zu erstatten, wenn etwa die insoweit erhobenen Vorwürfe eingestellt worden sind. Dass die FinB oder StA auch bezogen auf solche Sachverhalte noch „nachbessern" könnte, ist kein Grund, hier die Möglichkeit der Selbstanzeige zu verneinen, denn auch in den Fällen, in denen nach Außenprüfung ein Änderungsbescheid ergangen ist, bleibt vor dem Hintergrund des § 173 II AO eine erneute, eine (weitere) Hinterziehung berücksichtigende Korrektur des Steuerbescheides möglich.

Fraglich ist aber, ob **nach einer Selbstanzeige** noch eine Selbstanzeige möglich ist. Die **366** Problematik stellt sich nach neuem Recht mit noch größerer Schärfe, da während des Gesetzgebungsverfahrens wiederholt betont wurde, der Steuerpflichtige habe nur „einen Schuss" (vgl. *Spatscheck/Höll* AG 2011, 331, 332), eine wiederholte Selbstanzeige sei nicht möglich (vgl. *Joecks* SAM 2011, 128, 129). Andererseits sind entsprechende Vorschläge des Bundesrates gerade nicht umgesetzt worden (vgl. BR-Drs. 138/1/0, 80). Gegen die Wirksamkeit einer solchen Selbstanzeige nach Selbstanzeige mag man anführen, dass mit der ersten unwirksamen weil unvollständigen Selbstanzeige das Finanzamt die Tat ganz oder teilweise bereits entdeckt hat (vgl. *Beyer* AO-StB 2011, 150, 152; *Bergmann* JR 2012, 146; *Schwartz* wistra 2012, 82; siehe auch *Rolletschke/Roth* Stbg 2011, 200, 202 f.). Konsequenz ist dann aber, dass einer unvollständigen Selbstanzeige für das Jahr 2011 für die entsprechende Steuerart auch keine vollständige Selbstanzeige für die Jahre 2008 bis 2010 (und 2011) mehr folgen kann. Immerhin wäre ja die Tat für eine Steuerart und eines der unverjährten Jahre bereits entdeckt. Darüber hinaus ist festzuhalten, dass ein Steuerpflichtiger, dessen Akten nach vermeintlich wirksamer Selbstanzeige, Erlass von Änderungsbescheiden und Nachzahlung des verkürzten Betrages geschlossen wurden, nicht unverdient in den Genuss der strafbefreienden Selbstanzeige käme. Immerhin ist er dann auch zur Nachzahlung der zu seinen Gunsten hinterzogenen Steuern (seit 1.1.2015 nebst Zinsen) verpflichtet. Kommt er mit der Selbstanzeige einer Berichtigungspflicht nach § 153 I AO nach, würde eine andere Lösung zu einem Beweisverwertungs- oder Beweisverwendungsverbot führen. Auch dies spricht dafür, die Wirksamkeit der Selbstanzeige anzunehmen. Überdies wird man den Sperrgrund der Tatentdeckung dahin verstehen müssen, dass er die Entdeckung einer aus Sicht der Finanzverwaltung verfolgbaren Steuerhinterziehung meint. Wenn aber das Verfahren nach Nachzahlung abgeschlossen erscheint, geht niemand mehr im Finanzamt von einer verfolgbaren Steuerhinterziehung aus. Die Situation nach Abschluss des Selbstanzeigeverfahrens ist identisch mit der Situation, als hätte es ein solches Verfahren nie gegeben (*Ransiek/Hinghaus* BB 2011, 227). All dies spricht dafür, eine strafbefreiende Selbstanzeige nach einer unerkannt unwirksamen, weil unvollständigen Selbstanzeige für möglich zu halten.

einstweilen frei **367–379**

V. Die Wirkungen der Selbstanzeige

1. Strafen und strafrechtliche Nebenfolgen

Die von § 370 AO angedrohten Strafen dürfen nicht verhängt werden, wenn die **380** Selbstanzeige rechtzeitig erstattet und die Nachzahlung fristgerecht geleistet worden ist. Bei Tateinheit zwischen der selbst angezeigten Steuerhinterziehung und einer anderen Straftat, zB Steuerzeichenfälschung (§ 148 StGB iVm § 369 I Nr. 3 AO) oder Urkundenfälschung

(§ 267 StGB) kann die Tat nur noch nach den anderen Vorschriften gewürdigt und geahndet werden; dabei ist sorgfältig zu prüfen, inwiefern Verwertungsverbote beachtet werden müssen (→ § 393 Rn. 95 ff.). Die Steuerhinterziehung darf weder bei der Strafzumessung berücksichtigt noch im Tenor des wegen der anderen Straftat ergehenden Urteils oder Strafbefehls erwähnt werden. Möglich bleibt aber der Bewährungswiderruf einer zur Bewährung ausgesetzten vorherigen Strafe gem. § 56f StGB (vgl. *Valbuena/ Rennar* PStR 2021, 18; Kohlmann/*Schauf* AO § 371 Rn. 804 ff.).

381 Die Auswirkung der Selbstanzeige einer vorsätzlichen oder leichtfertigen Steuerverkürzung (§§ 370, 378) auf die **Ahndbarkeit anderer Ordnungswidrigkeiten** (§§ 379 bis 382; § 130 OWiG) ist umstritten. Rechtsprechung und ein Teil der Literatur halten die Ahndbarkeit wegen Ordnungswidrigkeiten im Vorfeld der vorsätzlichen oder leichtfertigen Steuerverkürzung für möglich (HHS/*Beckemper* AO § 371 Rn. 239; Schwarz/Pahlke/ *Webel* AO § 378 Rn. 35; *Dörn* wistra 1995, 5 f.; OLG Frankfurt 8.11.1967, NJW 1968, 263 ff.; OLG Celle 17.7.1979, MDR 1980, 77; KG 7.5.1992, wistra 1994, 36; dazu BVerfG 11.7.1997, wistra 1997, 297; vgl. auch BayObLG 3.3.1980, MDR 1980, 691; *Bringewat* NJW 1981, 1025; *Kohlmann* WPg 1982, 70). Demgegenüber halten andere die Ahndung der Tat als Steuergefährdung iSd §§ 379 bis 382 AO nach Selbstanzeige für ausgeschlossen (*Suhr* 1977, S. 326; *Bornemann* DStR 1973, 691; *Pfaff* DStZ 1982, 365; *Franzen* → 3. Aufl. Rn. 159, Erbs/Kohlhaas/*Hadamitzky/Senge* AO § 379 Rn. 33). Da eine Subsidiarität der Ordnungswidrigkeitentatbestände von der Ahndung des Verhaltens nach anderen Vorschriften abhängt, bleiben diese Ordnungswidrigkeitentatbestände formal anwendbar. Dies ist verfassungsrechtlich grundsätzlich nicht zu beanstanden (BVerfG 11.7.1997, wistra 1997, 297). Andererseits ist hier eine Konstellation gegeben, in der üblicherweise wegen der Gefährdungstatbestände nach § 47 OWiG eine Einstellung des Bußgeldverfahrens erfolgen sollte (Kohlmann/*Schauf* AO § 370 Rn. 338, RKR/*Kemper* AO § 371 Rn. 600). Nach Auffassung des BVerfG (v. 11.7.1997, wistra 1997, 297) ist entscheidend, dass eine Gesamtwürdigung der konkreten Umstände des Einzelfalls vorgenommen wird. Im Übrigen ist fraglich, ob der mit der Selbstanzeige vorgebrachte Sachverhalt überhaupt zum Anknüpfungspunkt für ein Bußgeldverfahren gemacht werden darf (vgl. auch Kohlmann/*Talaska* AO § 379 Rn. 680 ff.).

382–385 *einstweilen frei*

386 Für **Selbstanzeigen seit dem 3.5.2011** gilt das Erfordernis einer vollständigen Berichtigung für alle unverjährten Jahre einer Steuerart. Dabei wurde in der Anhörung im Februar 2011 vor dem Finanzausschuss darauf hingewiesen, dass es ein Problem mit ungewollt unvollständigen Selbstanzeigen geben könnte. Im Bericht des Finanzausschusses wurde darauf hingewiesen, dass marginale Differenzen wie nach bisherigem Recht vernachlässigbar sein sollen. Der 1. Strafsenat will aber schon Abweichungen von mehr als 5 % ausreichen lassen, um die Selbstanzeige zu verwerfen (→ Rn. 77). Eine unwirksame Selbstanzeige bleibt aber in jedem Fall strafmildernd zu berücksichtigen, dabei sind der Umfang und die Gründe für die Unvollständigkeit bei der Strafzumessung zu berücksichtigen. Wie *Webel* zu Recht ausführt, kann die dolose Teilselbstanzeige allenfalls zu einer geringen Strafmilderung führen. Hingegen können undolos verursachte Abweichungen, wie zB versehentlich falsch zugeordnete Erträge zu den Veranlagungszeiträumen oder Fehler in der Datengrundlage, zu bedeutenden Strafmilderungen führen. Das kann sogar so weit gehen, dass eine Einstellung nach §§ 398 AO, 153 ff. StPO in Frage kommt (Schwarz/ Pahlke/*Webel* AO § 371 Rn. 384 ff.).

387 **Strafrechtliche Nebenfolgen** werden regelmäßig von der strafbefreienden Wirkung einer Selbstanzeige mit erfasst. Indessen kann bei einer teilweisen Berichtigung oder teilweisen Nachzahlung eine Aberkennung der Amtsfähigkeit und Wählbarkeit in Betracht kommen, falls trotz teilweiser Straffreiheit noch eine Freiheitsstrafe von mindestens einem Jahr verhängt wird (vgl. § 375 I AO iVm § 45 II StGB). Die Möglichkeit der Einziehung von Erzeugnissen, Waren oder anderen Sachen, auf die sich die Hinterziehung von Zoll oder Verbrauchsteuern bezieht (vgl. § 375 II 1 AO), beschränkt sich im Verhältnis zur

Teilwirkung der Selbstanzeige, während die Möglichkeit der Einziehung der Beförderungsmittel, die zur Tat benutzt worden sind (vgl. § 375 II 2 AO), nur bei voller Wirksamkeit der Selbstanzeige wegfällt. Selbst dann bleibt die Einziehung von gefährlichen Sachen nach § 369 II AO iVm § 74 II 2 StGB zulässig, auch wenn die Sache, zB eine Spezialweste zum Schmuggel von verbrauchsteuerpflichtigen Waren, dem Täter nicht gehört oder der Täter nicht bestraft werden kann (zum Verfahren vgl. § 76a StGB; → § 375 Rn. 83). Zu beachten ist, dass Beträge, die dem Tatbestand der Geldwäsche unterfallen, durch eine strafbefreiende Selbstanzeige, aber auch durch eine Einstellung iSd § 398a AO dekontaminiert werden (*Bülte* ZStW 122 [2010], 554).

Mit dem Gesetz zur Reform der strafrechtlichen Vermögensabschöpfung v. 13.4.2017 **387a** (BGBl. I 872) ist die Einziehung ab dem 1.7.2017 verschärft worden. Unabhängig von der strafrechtlichen Verjährung und der steuerlichen Festsetzungsverjährung ist **eine Einziehung gem. § 76b StGB für 30 Jahre möglich.** Dies hat eine Trennung der strafrechtlichen Verjährung der Tat einerseits und der Möglichkeiten der Abschöpfung/Einziehung der Taterträge andererseits zur Folge. Nach der Einführung der Norm war umstritten, ob diese Einziehung auch auf bereits vergangene Sachverhalte anwendbar ist, wie es die Übergangsregelung des § 316h EGStGB vorschreibt, oder ob diese Übergangsnorm verfassungswidrig ist. Hierbei hat das Bundesverfassungsgericht mit Beschluss v. 10.2.2021 entschieden (BVerfG 10.2.2021, NStZ 2021, 413), dass die Norm verfassungsgemäß ist und das „strafrechtliche Rückwirkungsverbot" des Art. 103 II GG der allgemeinen strafrechtlichen Einziehung nicht entgegensteht. Das Bundesverfassungsgericht stellt im vorbenannten Beschluss zudem ausdrücklich klar, dass auch der Grundsatz des Vertrauensschutzes einer echten Rückwirkung dem „überragend wichtig[em Ziel]", dem Täter den Ertrag seiner Taten nicht dauerhaft zu belassen, nicht entgegensteht. Vielmehr wird dargelegt, dass bereits ab dem 1.7.2017 die Einziehung von Taterträgen im Nachhinein möglich wurde. Daher kann auch bei einer Selbstanzeige die Einziehung über 30 Jahre und damit über den Berichtigungszeitraum hinaus drohen, selbst wenn bereits Festsetzungsverjährung eingetreten ist.

Die **Anwendbarkeit der 30-jährigen Verjährung der Einziehung auf ersparte** **387b** **Aufwendungen** aus der Tat der Steuerhinterziehung ist allerdings zweifelhaft. Das Steuerrecht beinhaltet ein abschließendes System der Festsetzung und Vollstreckungen von Steuerschulden, bis hin zu den abschließenden Bestimmungen von Zinsfestsetzungen. Anders als bei zivilrechtlichen, deliktischen Ansprüchen, bei denen die Verjährungsfrist kongruent zur Einziehung 30 Jahre beträgt, hat sich der Gesetzgeber bei der Steuerhinterziehung auf eine Festsetzungsverjährung von 10 Jahren und für ein austariertes Anlauf- und Ablaufhemmungssystem entschieden. Ob die 30-jährige Verjährungspflicht hier nicht zu unauflösbaren Widersprüchen führt und daher die Verjährung der Einziehung für Steuerstraftaten teleologisch zu reduzieren ist, ist bislang nicht gerichtlich geprüft worden. Einer solchen teleologischen Reduktion wäre aber nicht mit der Begründung des BVerfG vereinbar, dass das überragend wichtige Ziel sei, dem Täter nicht die Erträge zu belassen.

Einzuziehen ist das aus der Tat erlangte Etwas, § 73 Abs. 1 StGB. Ist die Ein- **387c** ziehung des Gegenstandes wegen seiner Beschaffenheit oder aus einem anderen Grund nicht möglich, so wird der Wert des Erlangten eingezogen, § 73c StGB. Gemäß § 73d II StGB darf der Umfang und Wert des Erlangten (einschließlich abzuziehender Aufwendungen) geschätzt werden. Bei dem Delikt der Steuerhinterziehung kann die verkürzte Steuer das erlangte Etwas sein, weil sich der Täter die Aufwendungen für diese Steuer erspart hat (BGH 23.5.2019, NJW 2019, 2698). Da ersparte Aufwendungen wegen ihrer Beschaffenheit nicht einziehbar sind, ist die Einziehung des Wertesatzes anzuordnen.

Weiter ist das **Erfordernis einer Selbstanzeige nach § 261 VIII GwG** zu prüfen, **387d** wenn der Stpfl Steuererstattungen erhalten hat. Ab dem 18.3.2021 (BGBl. I 327) des Geldwäschetatbestandes ist jede Steuerhinterziehung eine geeignete Vortat der Geldwäsche. Auch wer an der Vortat beteiligt ist, begeht eine Geldwäsche, wenn er den Gegenstand in den Verkehr bringt und dabei dessen rechtswidrige Herkunft verschleiert,

§ 261 VII GwG. Damit kann die Verwendung von erlangter Steuererstattung zugleich eine Geldwäschestrafbarkeit begründen. Auch hierfür hat der Gesetzgeber eine Selbstanzeigemöglichkeit geschaffen, § 261 VIII GwG. Sah der § 261 I 3 GwG aF noch vor, dass auch ersparte Aufwendungen aus der Steuerhinterziehung ein tauglicher Geldwäschegegenstand sind, ist diese Ausnahme gestrichen worden. Es sind daher nur noch tatsächlich erlangte Gegenstände, zB Steuererstattungen, erfasst. Eine Übertragung des Vollständigkeitsgebots der steuerlichen Selbstanzeige von § 371 AO auf § 261 VIII StGB erscheint allerdings nicht sachgerecht. Voraussetzung ist allerdings eine geschlossene Darstellung des Lebenssachverhaltes. Diese Darstellung des Lebenssachverhaltes meint § 261 VIII StGB mit „Anzeige" und nicht eine Anzeige nach § 371 AO.

2. Außerstrafrechtliche Folgen der Tat

Schrifttum: *Dörn,* Unterrichtung der Dienstvorgesetzten über Steuerhinterziehungen von Beamten und Richtern, DStZ 2001, 77; *ders.,* Mitteilung von Steuerhinterziehungen von Beamten und Richtern an den Dienstvorgesetzten, wistra 2002, 170; *Hardtke,* Gilt das Steuergeheimnis auch bei Selbstanzeige auch für Beamte?, AO-StB 2003, 98; *Brauns,* Disziplinarrecht und Selbstanzeige, FS Kohlmann, 2003, 387; *Rogall,* Das Verwendungsverbot des § 393 II AO, FS Kohlmann, 2003, 465; *Erb,* Selbstanzeige: Berufsrechtliche Konsequenzen für Rechtsanwälte und Steuerberater, PStR 2008, 17; *Gehm,* Berufsrechtliche Folgen bei Selbstanzeigen gem. § 371 AO – eine Risikoanalyse (§ 371 AO), wistra 2019, 48; *Gehm,* Nach Selbstanzeige Disziplinarverfahren gegen Kriminalbeamten, PStR 2021, 158.

a) Disziplinarrecht

388 **Disziplinarmaßnahmen gegen einen Beamten, Richter oder Soldaten,** der eine strafbefreiende Selbstanzeige erstattet hat, bleiben zulässig (*Terstegen* S. 122); denn im Disziplinarrecht wird der Staat nicht als Träger der Strafgewalt tätig, sondern als Dienstherr, der die Erfüllung der besonderen Pflichten eines bestimmten Lebenskreises sichert (vgl. BVerfG 2.5.1967, BVerfGE 21, 378, 384, BVerfGE 21, 391, 403 ff., siehe für die disziplinarrechtlichen Folgen bei Finanzbeamten BayVGH v. 9.5.2018, wistra 2019, 35 u. für den Leiter einer Finanzbehörde BVerwG v. 27.12.2017, wistra 2018, 356). Die wirksame Selbstanzeige führt zwar dazu, dass Straffreiheit erlangt wird, andere disziplinarische Maßnahme (vgl. Nebenfolgen der Steuerhinterziehung, → § 370 AO Rn. 605 ff.) aber weiterhin möglich sind. Auch ist zu beachten, dass Selbstanzeigen, bei denen ein Amtsträger der Finanzverwaltung der Beteiligung verdächtig ist, ebenso wie bei Parlamentsmitgliedern, Diplomaten und Soldaten immer eine Vorlage an die Staatsanwaltschaft erfolgt, Nr. 22 I Nr. 6, 7 AStBV (St) 2020. Zur Unterscheidung zwischen inner- und außendienstlichen Vergehen siehe *Gehm* wistra 2019, 48 (zum außerdienstlichen Vergehen auch VGH München v. 9.5.2018, wistra 2019, 35).

389 Eine andere Frage ist, ob der Dienstherr über die Selbstanzeige und damit die Verfehlung unterrichtet werden darf. Dass es sich – wie bei Selbstanzeigen von Finanzbeamten – um „hausinterne Kenntnisse" handelt, erlaubt noch nicht die Herausgabe von Informationen an die Personaldienststellen. *Webel* (Schwarz/Pahlke/*Webel* AO § 371 Rn. 40 ff.) hat zu Recht darauf hingewiesen, dass sich das Steuergeheimnis auch auf die Selbstanzeigehandlung erstreckt. Daher bedarf die Weitergabe der Information einer Ermächtigungsgrundlage. Verwaltungsrechtliche Vorschriften (etwa Nr. 15 MiStra; vgl. auch *Flore/Burmann* PStR 1999, 141) reichen insoweit nicht aus. Überdies ist **zugunsten des Betroffenen** § 393 AO auch in Disziplinarverfahren anwendbar (BGH 10.8.2001 – RiSt [R] 1/00 unter II.1.a). Insofern verbietet § 393 II AO die Durchbrechung des Steuergeheimnisses jedenfalls in solchen Fällen, in denen kein besonderes öffentliches Interesse iSd § 30 IV Nr. 5 AO vorliegt. Das öffentliche Interesse liegt aber regelmäßig darin, dass die Integrität und Funktionsfähigkeit des Beamtentums sowie das öffentliche Vertrauen in die Ehrlichkeit und Zuverlässigkeit der Beamten sichergestellt werden soll (BayVGH v. 9.5.2018, wistra 2019, 35, siehe auch *Gehm* wistra 2019, 48 mwN).

390 Die **Disziplinarordnungen** der Länder (vgl. § 20 II DO NW; FG Düsseldorf 8.3.1999, EFG 2000, 87 – dort zum Rechtsschutz) erlauben die Vorlage personenbezogener Behördenunterlagen an Behörden, die Disziplinarbefugnisse ausüben, an Untersuchungsführer und Disziplinargerichte, soweit nicht andere Rechtsvorschriften entgegenstehen. Nötig ist bei fehlender Zustimmung des Betroffenen, dass die Offenbarung für die Durchführung des Disziplinarverfahrens erforderlich ist und überwiegende Interessen des Beamten, anderer Betroffener oder der ersuchten Stelle nicht entgegenstehen. Zentrale Frage ist insoweit, ob das Steuergeheimnis „entgegensteht" oder es sich zB bei § 20 DO NW um einen Durchbrechungsgrund iSd § 30 IV Nr. 2 AO handelt (verneinend *Blesinger* wistra 1991, 298; *Brauns* FS Kohlmann, 2003, 401). Dabei ist zu bedenken, dass in anderen vergleichbaren Bestimmungen das Steuergeheimnis (vgl. § 8 II KWG) oder die FinB (§ 10 I StBerG) ausdrücklich angesprochen werden. *Kruse* (Tipke/Kruse/*Kruse* AO § 30 Rn. 112) geht davon aus, Ehrengerichte könnten außerhalb der steuerberatenden Berufe lediglich mit Zustimmung des Betroffenen unterrichtet werden. Dort ist die Unterrichtung aber auch nur gestattet, soweit eine Berufspflichtverletzung im Raum steht.

Das BRRG enthielt auch nach seiner teilweisen Ablösung durch das BeamtStatG **391** Regelungen über Übermittlungen bei Strafverfahren gegen Beamte (§ 125c BRRG). Nach dessen Abs. 4 dürfen in einem Strafverfahren bekannt gewordene Umstände „*mitgeteilt werden, wenn ihre Kenntnis auf Grund besonderer Umstände des Einzelfalls für dienstrechtliche Maßnahmen gegen einen Beamten erforderlich ist und soweit nicht für die übermittelnde Stelle erkennbar ist, dass schutzwürdige Interessen des Beamten an dem Ausschluß der Übermittlung überwiegen.*" Eine ähnlich lautende Vorschrift ist in § 49 IV BeamtStG enthalten. Das Steuergeheimnis wird insoweit durchbrochen, aber nur, soweit die Voraussetzungen des § 30 IV Nr. 5 AO erfüllt sind (§ 125c VI BRRG). Die Selbstanzeigehandlung ist aber schon keine Erkenntnis aus einem *Strafverfahren*.

Das **BMF** hat mit Schreiben vom 10.5.2000 (BStBl. I 2000, 494) Unterrichtungspflich- **392** ten angenommen, wenn die verkürzte Steuer 5.000 DM oder mehr pro Veranlagungszeitraum beträgt. Als Ermächtigungsgrundlage soll § 30 IV Nr. 5 AO dienen (so offenbar auch der BayVGH 20.4.1983 – 16 B 83 A, zitiert nach Schwarz/Pahlke/*Webel* AO § 371 Rn. 42; OVG Münster 4.5.2000, NVwZ-RR 2001, 775; BGH 10.8.2001 – RiSt [R] 1/00). Ob diese Regelung einschlägig sein kann, ist aber zweifelhaft. Wollte man über § 125c IV BRRG hinaus eine entsprechende Unterrichtung der Disziplinarbehörde zulassen, bedürfte es einer ausdrücklichen gesetzlichen Ermächtigung (vgl. auch *Dörn* DStZ 2001, 78). Demgegenüber hat der BFH (15.1.2008, wistra 2008, 224) angenommen, in einem Strafverfahren gegen einen Beamten gewonnene Erkenntnisse könnten dem Dienstvorgesetzten im Rahmen des § 125c BRRG offenbart werden. Allerdings ist der BFH mit keinem Wort auf die Frage eingegangen, inwiefern nicht im Hinblick auf das Verbot des Zwangs zur Selbstbelastung die Selbstanzeige in Erfüllung steuerlicher Pflichten erfolgte und insofern ein Verwendungsverbot eingreifen könnte. Gegen die Entscheidung des BFH ist keine Verfassungsbeschwerde erhoben worden und es bleibt abzuwarten, wie die Disziplinargerichte mit der Erkenntnisquelle „Selbstanzeige" umgehen.

Soweit man der hier vertretenen Auffassung nicht folgt, stellt sich die Frage, inwiefern ein **393** **unbenannter Fall des § 30 IV Nr. 5 AO und § 30 IV Nr. 1a iVm § 29c I 1 Nr. 6 AO** vorliegt. Die Finanzverwaltung hält diese Normen für regelmäßig einschlägig (Nr. 5.1 AEAO zu § 30, BMF BStBl. I 2018, 201, 2.3; *Gehm* wistra 2019, 48). Für § 30 IV Nr. 5 AO bedeutet das, dass ein *zwingendes* öffentliches Interesse gegeben ist. Damit müssten bei einem Unterbleiben der Mitteilung schwere Nachteile für das allgemeine Wohl eintreten (Tipke/Kruse/*Drüen* AO § 30 Rn. 119 mwN). Wenn das BMF (vgl. Rn. 392) eine solche Situation schon bejahen will, wenn es um Verkürzungsbeträge von 5.000 DM pro Veranlagungszeitraum geht, ist dies nicht nachvollziehbar. Erst bei deutlich höheren Werten mag man ernsthaft darüber sprechen, dass eine den benannten Fällen des § 30 IV Nr. 5 AO entsprechende Situation gegeben ist (vgl. auch *Brauns* FS Kohlmann, 2003, 401 ff.). Soweit sich die Rechtsprechung mit dieser Frage beschäftigte, ging es um das Verschweigen von Zinseinnahmen in einer Gesamthöhe von mehr als 200.000 DM über fünf Jahre (OVG Münster 4.5.2000, NVwZ-RR 2001, 775), in einem anderen Fall (BGH 10.8.2001 – RiSt [R] 1/00,

NJW 2002, 834) stand nicht eine Selbstanzeige im Raum, sondern die Durchbrechung des Steuergeheimnisses nach wahrheitsgemäßer Erklärung steuerpflichtiger Einnahmen (vgl. → § 393 Rn. 76). Bedenkt man, dass die strafbefreiende Selbstanzeige ohnehin ein disziplinarrechtlicher Milderungsgrund ist (OVG Münster 4.5.2000, NVwZ-RR 2001, 775) kann allenfalls bei solchen Beträgen über eine Durchbrechung des Steuergeheimnisses diskutiert werden, die bei einer Bestrafung Sanktionen erforderten, die bei Beamten zur Entfernung aus dem Dienst führen würden (vgl. *Brauns* FS Kohlmann, 2003, 405 ff.).

394 Soweit im Einzelfall die Voraussetzung des § 30 IV Nr. 5 AO im Grundsatz erfüllt sind, stellt sich die weitere Frage, inwiefern **§ 393 AO** eine Offenbarung der mit der Selbstanzeige gelieferten Tatsachen entgegensteht; damit ist Verfassungsrecht tangiert (vgl. → § 393 Rn. 96 ff. sowie Kohlmann/*Schauf* AO § 370 Rn. 1190; siehe auch OLG Hamburg 7.5.1996, wistra 239 zum berufsgerichtlichen Verfahren). Der BGH (10.8.2001 − RiSt [R] 1/00, NJW 2002, 834) hat diese Problematik offenbar nicht gesehen und sich auf Verhältnismäßigkeitserwägungen zurückgezogen (*Rogall* FS Kohlmann, 2003, 497: *„Diese Ausführungen sind nicht haltbar"*). Jedenfalls in solchen Fällen, in denen erst die strafbefreiende Selbstanzeige dem Stpfl für die Zukunft ein steuerehrliches Verhalten ohne Entdeckungsrisiken ermöglichte, wird der nemo-tenetur-Grundsatz die Weitergabe der Informationen von Verfassungs wegen verbieten. Anderenfalls würde man den entsprechenden Beamten letztlich mittelbar zwingen, seine Straftaten fortzusetzen (vgl. noch *Hardtke* AO-StB 2003, 98; *Dörn* wistra 2002, 170).

394a Gleiches gilt für Bundes- und Landesrichter (§§ 46, 71 DRiG, vgl. *Gehm* wistra 2019, 48). Für andere Berufsgruppen wie etwa Angestellte im öffentlichen Dienst, Gewerbetreibende, Steuerberater, Rechtsanwälte, Bankvorstände, Ärzte, Zahnärzte und Apotheker siehe *Gehm,* wistra 2019, 48.

b) Steuerrechtliche Folgen

395 **Die steuerrechtlichen Folgen einer** *Steuerhinterziehung* (→ § 370 Rn. 591 ff.) werden durch eine strafbefreiende Selbstanzeige nicht beseitigt; das gilt namentlich für

die Haftung der gesetzlichen Vertreter und Vermögensverwalter (§ 34) und der Verfügungsberechtigten (§ 35) für die Folgen einer vorsätzlichen Verletzung der ihnen auferlegten Pflichten nach § 69 AO sowie die Haftung der Vertretenen, wenn die in den §§ 34, 35 AO bezeichneten Personen bei Ausübung ihrer Obliegenheiten eine Steuerhinterziehung begehen oder an einer Steuerhinterziehung teilnehmen, für die durch die Tat verkürzten Steuern und die zu Unrecht gewährten Steuervorteile nach § 70 AO;

die Haftung des Steuerhinterziehers nach § 71 AO für die hinterzogenen Steuern und die zu Unrecht gewährten Steuervorteile sowie für die Hinterziehungszinsen nach § 235 AO;

die Verlängerung der steuerrechtlichen Festsetzungsfrist für hinterzogene Steuern auf zehn Jahre nach § 169 II 2 AO;

die Zulässigkeit der Aufhebung oder Änderung von Steuerbescheiden, auch soweit sie aufgrund einer Außenprüfung ergangen sind, nach § 173 II AO;

die Verpflichtung zur Zahlung von Hinterziehungszinsen nach § 235 AO (vgl. BFH 7.11.1973, BStBl. II 1974, 125 f.; Tipke/Kruse/*Loose* AO § 235 Rn. 5 und HHS/*Heuermann* AO § 235 Rn. 17; *Suhr* 1977, S. 383; *Bilsdorfer* wistra 1984, 135), deren Zahlung seit 1.1.2015 ohnehin Wirksamkeitsvoraussetzung der Selbstanzeige ist, oder von Säumniszuschlägen nach § 240 AO.

396 Mit Abgabe der Selbstanzeige erfolgt oftmals eine Akontozahlung, um im Billigkeitsverfahren die ab dem Zeitpunkt der Akontozahlung anfallenden Zinsen erlassen zu bekommen. Es ist aber zu beachten, dass der BFH die Ablaufhemmung nach § 171 XIV AO auch auf die Verlangungszeiträume erstreckt, für die eine Akontozahlungen geleistet wurde (BFH v. 4.8.2020, DStRE 2021, 46). Sind Akontozahlungen auf alle Jahre des Berichtigungszeitraumes geleistet worden, tritt nach dieser Rechtsprechung keine Ablaufhemmung mehr ein. Die Akontozahlung würde gem. BFH ohne rechtlichen Grund erfolgen und begründe daher einen Erstattungsanspruch iSd § 171 XIV AO.

c) Wettbewerbsregister

Ist eine Selbstanzeige wirksam, darf **keine Eintragung in das Bundeswettbewerbs-** **397** **register** erfolgen, auch wenn das Verhalten der natürlichen Person dem Unternehmen nach § 2 III WRegG zuzurechnen ist. Es fehlt insoweit an einem Erkenntnis iSd § 2 WRegG. Ist die Selbstanzeige aber unwirksam oder ergeht eine rechtskräftige Bußgeldentscheidung aufgrund einer Aufsichtspflichtverletzung nach §§ 130, 30 OWiG ist eine Eintragung möglich.

einstweilen frei **398, 399**

VI. Die Anzeige nach § 371 IV AO

Schrifttum: Berger, Die Anzeige („Nacherklärung") gem. § 165e I und die Selbstanzeige gem. § 410 AO im Verhältnis zueinander, BB 1951, 303; *Lohmeyer*, Die Anzeigepflicht bei unrichtiger Steuererklärung im Verhältnis zur Selbstanzeige, DStR 1961, 62; *ders.*, § 410 im Verhältnis zu § 165e AO, WPg 1961, 176; *Kopacek*, Die Offenbarungspflicht und die Selbstanzeige leichtfertiger Verletzungen von Steuerpflichtigen, BB 1962, 875; *Lohmeyer*, Die Pflicht zur Berichtigung einer Steuererklärung nach § 165e AO, WPg 1963, 442; *ders.*, Die Bilanzberichtigung nach § 4 II EStG im Verhältnis zur Anzeigepflicht nach § 165e AO und zur Selbstanzeige, StBp 1964, 39; *ders.*, Das Verhältnis der Bilanzberichtigung zur Anzeigepflicht nach § 165e AO und zur Selbstanzeige nach §§ 410, 411 AO, DStR 1968, 274; *ders.*, Die Bedeutung der Anzeigepflicht nach § 165e AO, ZfZ 1968, 299; *Teichner*, Nacherklärungspflicht des Konkursverwalters im Besteuerungsverfahren?, NJW 1968, 688; *Buchheister*, Das Verhältnis von § 165e AO zu § 4 II BpO(St), StBp 1974, 11; *Lohmeyer*, Die Nacherklärungspflicht aufgrund des § 165e I AO, DVR 1975, 100; *ders.*, Die Berichtigung von Erklärungen nach § 153 AO, DStZ 1978, 366; *ders.*, Strafbefreiende Selbstanzeige und Berichtigungspflicht i. S. des § 153 AO 1977, BlStA 1979, 253; *Samson*, Strafbefreiende Fremdanzeige (§ 371 IV AO) und Berichtigungspflicht (§ 153 I AO), wistra 1990, 245; *Boelsen*, Die Regelung des § 371 IV der Abgabenordnung, 1994; *Schuhmann*, Berichtigung von Erklärungen und Selbstanzeige, wistra 1994, 45; *Bilsdorfer*, Zur Selbstanzeige durch einen Dritten, StBp 1996, 272; *Füllsack*, Zusammenspiel von Selbstanzeige (§ 371 Abs. 1 AO) und strafbefreiender Fremdanzeige (§ 371 Abs. 4 AO), wistra 1997, 285; *Jarke*, Strafbefreiende Drittanzeige nach § 371 Abs. 4 AO bei vorsätzlich falscher Steuererklärung, wistra 1999, 286; *Burkhard*, Straffreiheit bei Selbstanzeige durch Dritte, StBp 2003, 15; *J. R. Müller*, Die Berichtigungserklärung nach § 153 Abs. 1 AO, StBp 2005, 195; *ders.*, Ausgewählte Fragen zur Berichtigungspflicht nach § 153 AO, DStZ 2005, 25; *A. Müller*, Die strafbefreiende Selbstanzeige für einen Dritten, AO-StB 2007, 276; *Binnewies/Görlich*, Die Fremdanzeige gem. § 371 Abs. 4 AO: Vergessenes Relikt oder verborgenes Remedium?, AG 2021, 439. Schrifttum vor → § 153.

§ 371 IV AO regelt die strafrechtliche Wirkung einer Anzeige iSd § 153 AO zugunsten **400** Dritter, die ihre steuerrechtlichen Erklärungspflichten verletzt haben (→ § 370 Rn. 250 ff., 259 ff.).

§ 153 AO Berichtigung von Erklärungen

(1) ¹Erkennt ein Steuerpflichtiger nachträglich vor Ablauf der Festsetzungsfrist,
1. dass eine von ihm oder für ihn abgegebene Erklärung unrichtig oder unvollständig ist und dass es dadurch zu einer Verkürzung von Steuern kommen kann oder bereits gekommen ist oder
2. dass eine durch Verwendung von Steuerzeichen oder Steuerstempeln zu entrichtende Steuer nicht in der richtigen Höhe entrichtet worden ist,

so ist er verpflichtet, dies unverzüglich anzuzeigen und die erforderliche Richtigstellung vorzunehmen. ²Die Verpflichtung trifft auch den Gesamtrechtsnachfolger eines Steuerpflichtigen und die nach den §§ 34 und 35 für den Gesamtrechtsnachfolger oder den Steuerpflichtigen handelnden Personen.

(2) Die Anzeigepflicht besteht ferner, wenn die Voraussetzungen für eine Steuerbefreiung, Steuerermäßigung oder sonstige Steuervergünstigung nachträglich ganz oder teilweise wegfallen.

(3) Wer Waren, für die eine Steuervergünstigung unter einer Bedingung gewährt worden ist, in einer Weise verwenden will, die der Bedingung nicht entspricht, hat dies vorher der Finanzbehörde anzuzeigen.

Ein Verfolgungshindernis, keinen Strafaufhebungsgrund, bildet § 371 IV AO (*Boelsen* **401** 1994, 13; *Kühn/v.Wedelstädt/Blesinger/Viertelhausen* AO § 371 Rn. 35, Kohlmann/*Schauf* AO § 371 Rn. 837, MüKoStGB/*Kohler* AO § 371 Rn. 368; Koch/Scholtz/*Scheurmann-Kettner* AO § 371 Rn. 42: Prozesshindernis). Die Vorschrift *"soll verhindern, dass jemand, der aufgrund des § 153 AO eine Erklärung nachholt oder berichtigt, dadurch Dritte der Strafverfolgung* aussetzt, die die Abgabe der Erklärung unterlassen oder eine unrichtige oder unvollständige Erklärung abgegeben haben. Bliebe die strafrechtliche Verantwortung anderer Personen bestehen, so könnte dies jemanden, der nach § 153 AO verpflichtet ist, eine falsche Erklärung zu berichtigen, davon abhalten, dies zu tun. Deshalb sollen auch Dritte bei einer späteren Berichtigung strafrechtlich nicht verfolgt werden, es sei denn, daß ihnen oder ihren Vertretern vorher wegen der Tat die Einleitung eines Straf- oder Bußgeldverfahrens bekanntgegeben worden ist"* (Begründung zu § 354 EAO 1974, BT-Drs. VI/1982, 195). Abweichend von § 371 I bis III AO regelt § 371 IV AO also nicht die Wirkung einer *Selbst*anzeige, sondern die Wirkung einer *Fremd*anzeige, die dem Anzeigepflichtigen sonst nicht oder kaum zuzumuten wäre.

402 § 153 I AO begründet in Satz 1 eine Pflicht zur Berichtigung fehlerhafter Erklärungen für den Stpfl selbst, während Satz 2 eine solche Pflicht auch für den Gesamtrechtsnachfolger des Stpfl einführt. Zugleich sind die nach §§ 34, 35 AO für den Stpfl handelnden Personen berichtigungspflichtig. Den Steuerberater trifft die Berichtigungspflicht allenfalls, wenn seine Position die der §§ 34, 35 AO erreicht (BGH 20.12.1995, wistra 1996, 184, 188; *Achenbach* Stbg 1996, 226; *Joecks* Inf StW 1997, 21; vgl. auch *Boelsen* 1994, 27; aM *Franzen* → 3. Aufl. Rn. 168a; OLG Koblenz 15.12.1982, wistra 1983, 270; differenzierend *Lohmeyer* DStZ 1978, 368). § 153 II AO enthält eine Pflicht zur Meldung nachträglich eingetretener Veränderungen von Tatsachen bei Steuervergünstigungen, § 153 III AO regelt den besonderen Fall der zweckwidrigen Verwendung von Sachen, die einer Verbrauchsteuer unterliegen und statuiert insofern eine Anzeigepflicht (vgl. → § 370 Rn. 268 ff.). Insolvenzverwalter müssen solche unrichtigen Erklärungen des Gemeinschuldners anzeigen, die ihrem Gegenstand nach die Insolvenzmasse betreffen (*Teichner* NJW 1968, 688; vgl. auch HHS/*Heuermann* AO § 153 Rn. 3; *Boelsen* 1994, 31). Ob ein Betreuer berichtigungspflichtig ist, hängt davon ab, welcher Art die ihm zugewiesene Betreuung ist. Gehören hierzu auch steuerliche Angelegenheiten, mag eine Berichtigungspflicht nach § 153 bestehen.

403 **Die Berichtigungspflicht nach § 153 I 1 Nr. 1 AO** setzt objektiv voraus, dass eine unrichtige oder unvollständige Erklärung abgegeben worden ist, durch die es zu einer Steuerverkürzung kommen kann oder bereits gekommen ist (vgl. *Samson* wistra 1990, 245, 246). In Fällen der Steuerhinterziehung durch Unterlassen findet sie keine Anwendung (KG 24.11.2016, NStZ-RR 2017, 215; *A. Müller* AO-StB 2007, 276, 278; siehe auch → Rn. 93a, 413). Subjektiv erfordert das Gesetz, dass der Stpfl *nachträglich* die objektiven Voraussetzungen erkennt. Die Pflicht besteht mithin nicht, wenn der Stpfl diese Kenntnis schon bei Abgabe der Erklärung hatte. Zum anderen besteht sie nur dann, wenn der Stpfl positive Kenntnis hat; das fahrlässige oder leichtfertige Verkennen löst eine Berichtigungspflicht nicht aus (*Samson* wistra 1990, 245, 246). Ist keine Erklärung abgegeben worden, ist § 153 AO nicht einschlägig; vgl. → Rn. 413.

404 Da nach der neueren Rechtsprechung des BGH eine Berichtigungspflicht nach § 153 AO auch dann besteht, wenn der Täter zuvor bedingt vorsätzlich handelte (→ § 370 Rn. 275), stellt sich die Frage, ob z. B. ein Erkennen nach Bekanntgabe der Prüfungsanordnung oder gar erst in der laufenden Außenprüfung zwar wegen Abs. 2 Nummer 1a) und c) keine wirksame Selbstanzeige mehr gestattet, aber ein Verfahrenshindernis produziert werden könnte. In der Lesart des BGH ist ein erst in der Vorbereitung der Außenprüfung erlangtes sicheres Wissen ein solches, dass die Berichtigungspflicht auslöst. Dann muss es aber auch möglich sein, über die Erfüllung dieser immer noch strafbewährten (→ § 370 Rn. 275) Pflicht ein Verfahrenshindernis herbeizuführen. Ob der 1. Strafsenat diese Konsequenz bedacht hat, darf bezweifelt werden. Da es hier nur um ein Verfolgungshindernis geht, mag man auch über eine teleologische Reduktion des Abs. 4 nachdenken.

405 **Inhaltlich** erfordert *„die in § 153 vorgesehene Anzeige"* die Mitteilung, dass eine Erklärung unrichtig oder unvollständig ist und dass es dadurch zu einer Verkürzung von Steuern kommen kann oder bereits gekommen ist oder dass eine durch Steuerzeichen oder Steuerstempler zu entrichtende Steuer nicht in der richtigen Höhe entrichtet wurde. Das Erfordernis einer Richtigstellung ist zwar anschließend in § 153 I 1 AO, jedoch nicht in

§ 371 IV AO erwähnt; demgemäß wird sie vom Gesetz auch nicht verlangt (glA Klein/ *Jäger* AO § 371 Rn. 243; Koch/Scholtz/*Scheurmann-Kettner* AO § 371 Rn. 44 und HHS/ *Beckemper* AO § 371 Rn. 221; *Boelsen* 1994, 90; aM *Pfaff* S. 205 f.). Dass das Gesetz bei § 371 IV AO lediglich eine Anzeige erfordert, zeigt, dass ihm mehr an schnellen Anzeigen als an vollständigen Berichtigungserklärungen gelegen ist. Die nähere Aufklärung des Sachverhalts soll nicht dem Anzeigeerstatter aufgebürdet, sondern aufgrund der Anzeige von Amts wegen vorgenommen werden. Daher braucht der Anzeigeerstatter nach § 371 IV AO insbes. nicht das Ausmaß der verschwiegenen Besteuerungsgrundlagen anzugeben. Ausreichend ist zB die Anzeige, dass der Stpfl *„mindestens ab Januar 2008 für eine Reihe von Arbeitnehmern keine Lohnsteuer angemeldet und abgeführt hat"* (zust. Koch/Scholtz/*Scheurmann-Kettner* AO § 371 Rn. 44, Kohlmann/*Schauf* AO § 371 Rn. 846).

Rechtzeitig ist die Anzeige erstattet, wenn sie unverzüglich, dh ohne schuldhaftes Zögern, erstattet worden ist (HHS/*Beckemper* AO § 371 Rn. 218). Maßgebend ist der Zeitpunkt, in dem der Anzeigepflichtige positiv erkannt hat, dass der ursprüngliche Stpfl keine oder unvollständige oder unrichtige Erklärungen abgegeben oder durch Steuerzeichen oder Steuerstempler einen zu niedrigen Steuerbetrag entrichtet hatte. Fahrlässiges Nichterkennen oder bloße Zweifel genügen nicht (FG München 16.3.1961, EFG 1961, 354; aM OLG Koblenz 15.12.1982, wistra 1983, 270; *Franzen* → 3. Aufl. Rn. 170). Ein schuldhaftes Zögern dürfte nicht vorliegen, wenn der Stpfl sich vor Abgabe der Anzeige sachkundigen Rat zu der Frage einholen will, ob ihm gegebenenfalls der Vorwurf vorsätzlichen Verhaltens gemacht werden könnte und mithin mehr als die Anzeige einer unrichtigen Steuererklärung, nämlich eine Berichtigungserklärung iSd § 371 I AO nötig ist, oder er im Hinblick auf die Drittanzeige bei Betroffenen klären lassen will, ob diese zur Nachzahlung der verkürzten Steuern in der Lage sind. Ist die Anzeige verspätet, mag sie Selbstanzeige iSd Abs. 1 sein (vgl. Kohlmann/*Schauf* AO § 371 Rn. 847 und unten → Rn. 422). **406**

Ordnungsgemäß wird angezeigt, wenn der Anzeigeerstatter sich mit der Anzeige an eine FinB wendet, die er nach den gegebenen Umständen für zuständig halten kann (zust. HHS/*Beckemper* AO § 371 Rn. 220). Bei mündlichen oder fernmündlichen Anzeigen muss der Sachverhalt einem zur Entgegennahme der Anzeige bereiten Amtsträger so dargelegt werden, dass dieser Gelegenheit hat, darüber einen Vermerk mit denjenigen Angaben aufzunehmen, die der zuständigen FinB eine weitere Aufklärung des Sachverhalts zum Zwecke der steuerlichen Auswertung ermöglichen. Der Begriff *„ordnungsmäßig"* hat nur formale Bedeutung (aM *Pfaff,* S. 205); insbes. lässt sich aus ihm nicht herleiten, dass die Anzeige dem Inhalt nach einer Selbstanzeige entsprechen müsste (so jetzt auch HHS/ *Beckemper* AO § 371 Rn. 221). **407**

Wirkungslos ist die Anzeige nach § 371 IV 1 AO letzter Halbsatz, wenn dem Dritten oder seinem Vertreter zuvor die Einleitung eines Straf- oder Bußgeldverfahrens wegen der Tat bekanntgegeben worden war (vgl. § 371 II Nr. 1b); die anderen Ausschließungsgründe gelten nicht. Darüber hinaus erfordert § 371 IV 2 AO entsprechend § 371 III AO eine fristgerechte Nachzahlung, sofern die fragliche Steuer bereits hinterzogen war (§ 371 IV 2 iVm III; HHS/*Beckemper* AO § 371 Rn. 223; Kohlmann/*Schauf* AO § 371 Rn. 849). Diese Regelung ist erst mit der AO 1977 eingefügt worden (*Boelsen* 1994, 91). Zum eigenen Vorteil gehandelt hat der Dritte, wenn er die Erklärungen unterlassen, unrichtig oder unvollständig abgegeben hat, um eine Steuerverkürzung zu seinen Gunsten (oben → Rn. 141 ff.) zu bewirken (HHS/*Beckemper* AO § 371 Rn. 224; vgl. auch *Boelsen* 1994, 92). **408**

Die rechtzeitige und ordnungsmäßige Anzeige bewirkt, dass ein Dritter, der *„die in § 153 bezeichneten Erklärungen"* nicht, unrichtig oder unvollständig abgegeben hat, deshalb strafrechtlich nicht verfolgt wird. Was unter *„bezeichneten Erklärungen"* zu verstehen ist, welcher Personenkreis also durch das Verfahrenshindernis begünstigt werden soll, ist zweifelhaft (*Samson* wistra 1990, 245; zust. HHS/*Beckemper* AO § 371 Rn. 227; vgl. auch *Boelsen* 1994, 59; OLG Stuttgart 31.1.1996, wistra 1996, 190 mAnm *Bilsdorfer* WiB 1996, **409**

961; AG Bremen 17.2.1998, wistra 1998, 316; LG Bremen 26.6.1998, wistra 317; *Füllsack* wistra 1997, 285, 288; *Jarke* wistra 1999, 286; Wannemacher/*Vogelberg* Rn. 1643; *Grötsch* 2003, 192 ff.). Unstreitig ist jedenfalls derjenige erfasst, der zuvor seinerseits die Berichtigungspflicht nach § 153 AO verletzt hat und sich deshalb nach § 370 I Nr. 2 iVm § 153 AO strafbar gemacht hat.

410 Aus dem Wortlaut des Gesetzes ist deutlich zu entnehmen, dass die Anzeige iSd § 371 IV, § 153 AO zugunsten desjenigen Dritten wirkt, dem eine Pflichtverletzung hinsichtlich der ursprünglichen *„Erklärung"* iSd § 153 I 1 Nr. 1 AO zur Last fällt. In § 153 AO wird zwischen *„Anzeige"* und *„Erklärung"* unterschieden, wobei die Regelung den Begriff der *„Erklärung"* nur für die fehlerhafte Ursprungserklärung verwendet (so *Samson* wistra 1990, 245, 249; zust. HHS/*Rüping* AO § 371 Rn. 219; anders OLG Stuttgart 31.1.1996, wistra 1996, 190). Dies bedeutet, dass die Anzeige des den Vater beerbenden Sohnes auch zugunsten der überlebenden Mutter wirkt, die gemeinsam mit dem verstorbenen Ehemann eine Steuerhinterziehung begangen hat (Beispiele bei *Samson* wistra 1990, 245, 249). Nur eine solche Auslegung wird auch dem Motiv des § 371 IV AO gerecht. Der Sohn ist bei Strafe gezwungen, die entsprechende Korrektur vorzunehmen und würde damit eine ihm nahestehende Person, die Mutter, belasten. Die Angst vor dieser Fremdbelastung soll kein Gegenmotiv zur Anzeigepflicht bilden (*Boelsen* 1994, 83).

411 Soweit der Dritte die Ursprungserklärung nicht vorsätzlich falsch eingereicht hat, sondern sich insofern wegen Steuerhinterziehung durch Unterlassen nach § 153 I iVm § 370 I Nr. 2 AO schuldig gemacht hat, wirkt die Drittanzeige gleichermaßen zu seinen Gunsten. Wenn schon der ursprüngliche Straftäter – etwa die als Mittäterin handelnde Mutter – in den Genuss des § 371 IV AO kommt, muss dies erst recht gelten, wenn ihr im Hinblick auf die betreffenden Steuererklärungen des verstorbenen Vaters/Ehemannes lediglich die Verletzung der Berichtigungspflicht nach § 153 AO vorgeworfen werden kann (*Samson* wistra 1990, 245, 251). Dabei kann dahinstehen, ob es sich hier um einen Analogieschluss zugunsten des Betroffenen handelt, oder sich eine solche Interpretation nicht schon aus einem argumentum a maiore ad minus ergeben muss.

412 **Aus dieser gesetzlichen Situation ergeben sich Gestaltungsmöglichkeiten,** wenn im Hinblick auf die strafbefreiende Selbstanzeige bereits eine Sperrwirkung nach § 371 II Nr. 1a) AO (laufende Prüfung) oder § 371 II Nr. 2 AO (Teilentdeckung) eingetreten ist. So muss der Täter einer Steuerhinterziehung lediglich eine Person iSd §§ 34, 35 AO bzw. als Gesellschafter einen neuen Geschäftsführer für die GmbH bestellen lassen, und diesen über die vorangegangene Steuerhinterziehung informieren. Sofern dann diese Vertreter oder Verfügungsberechtigten ihre Pflicht aus § 153 I AO erfüllen, greift zugunsten des Steuerhinterziehers § 371 IV AO ein (so *Samson* wistra 1990, 245, 251). Zwar mutet es merkwürdig an, und ist mit den Grenzen der üblichen Selbstanzeige nicht zu vereinbaren, dass durch Austausch von Organen usw. trotz Vorliegens einer Sperrwirkung iSd § 371 II Nr. 1 AO noch eine Selbstanzeige möglich sein soll. *Samson* weist aber zu Recht darauf hin, dass solche Kritik nicht die von ihm *„gewonnene Auslegung der Vorschrift, sondern den Gesetzgeber, der bei der Fremdanzeige engere Ausschlußgründe ... als bei der Selbstanzeige angeordnet hat"*, trifft (*Samson* wistra 1990, 245, 251). Zu denken wäre allenfalls an folgende Argumentation: Wer in einer Situation, in der die Selbstanzeige strafbefreiende Wirkung nicht mehr entfalten kann, die „Anzeige" des Dritten initiiert, beauftragt ihn mittelbar zur Erstattung der ihn betreffenden Selbstanzeige iSd § 371 I AO. Diese ist aber wegen einer laufenden steuerlichen Prüfung oder Teilentdeckung nicht mehr möglich, und soweit man einen Vorrang der Selbstanzeige nach § 371 I AO gegenüber den Wirkungen des § 371 IV AO annimmt, würde dann in Fällen der „Anstiftung zur Fremdanzeige" die Selbstanzeige entfallen (zust. HHS/*Beckemper* AO § 371 Rn. 233; FDG/*Dörn* S. 312; aM *Boelsen* 1994, 123 ff.; vgl. auch *Grötsch* 2003, 213 ff.). Jedenfalls kann von Rechtsmissbrauch in solchen Fällen nicht gesprochen werden, in denen der zur Berichtigung Verpflichtete sonst gezwungen wäre, eine ihm nahestehende Person einer Steuerstraftat zu bezichtigen (vgl. → § 393 Rn. 87).

Eine analoge Anwendung des § 371 IV AO kommt in Betracht, wenn die der Norm 413
zugrunde liegende Gefahr einer Gegenmotivation möglich scheint (*Boelsen* 1994, 94; *Samson* wistra 1990, 251). Denkbar ist dies zunächst, wenn der Stpfl unvorsätzlich keine Steuererklärung eingereicht hat. Möglich ist auch, dass in Fällen der vorsätzlich unterlassenen Steuererklärung einer der Verpflichteten nunmehr die Erklärung einreicht, der andere ihn aber nicht zu der darin liegenden strafbefreienden Selbstanzeige bevollmächtigt hat (oben → Rn. 108). Insbes. dann, wenn man eine verdeckte Stellvertretung für unzulässig hält bzw. einer nachträglichen Genehmigung der Vorgehensweise rechtliche Wirkung nicht beimisst (oben → Rn. 108), liegt es nahe, in diesen Fällen § 371 IV AO analog anzuwenden (vgl. Kohlmann/*Schauf* AO § 371 Rn. 845; *Boelsen* 1994, 94 ff., aA KG 24.11.2016, NStZ-RR 2017, 215). Soweit *Boelsen* für die Erstattung der Selbstanzeige darauf abstellt, es läge keine planwidrige Lücke vor (S. 103), weil es sich bei der Selbstanzeige um eine *freiwillige* Leistung des Erstatters handle, trifft dies die Problematik nur begrenzt. Immerhin ist zu bedenken, dass es sich in vielen Fällen der Selbstanzeige um solche handelt, mit denen erst die Zumutbarkeit wahrheitsgemäßer Erklärungen in Folgejahren geschaffen wird (→ Rn. 31), so dass der Betreffende letztlich nur die Wahl hat, mit einer wahrheitsgemäßen Erklärung für Folgejahre sich selbst einer Straftat zu bezichtigen, oder aber mit einer strafbefreienden Selbstanzeige sich die Möglichkeit künftiger wahrheitsgemäßer Erklärungen zwar eröffnet, zugleich eine ihm nahestehende Person aber einer Straftat bezichtigt. Bei dieser Interessenlage, die ausweislich der Motive (→ Rn. 401) offenbar der gesetzgeberischen Wertung des § 371 IV AO iVm § 153 AO zugrunde lag, liegt eine entsprechende Anwendung des § 371 IV AO nahe, wenn man hier nicht ohnehin schon die Regelung unmittelbar anwenden will. Das KG Berlin (24.11.2016, NStZ-RR 2017, 215, auch OLG Stuttgart 31.1.1996, NStZ 1996, 559) lässt eine analoge Anwendung dagegen an der vergleichbaren Interessenslage scheitern. Nach einer systematischen Auslegung soll der Schutz des § 371 IV AO lediglich diejenigen umfassen, die ihrer nachträglichen Anzeigepflicht nach § 153 AO nicht nachgekommen sind, aber nicht diejenigen, die wissentlich eine Steuerhinterziehung begangen haben. Die politische Zielstellung der Selbstanzeige verlange eine vollständige und wahrheitsgemäße Offenlegung und die Nachentrichtung der hinterzogenen Steuern. § 371 IV AO dagegen verlange gerade keine Richtigstellung (→ Rn. 405), sondern lediglich die Anzeige (KG Berlin 24.11.2016, NStZ-RR 2017, 215). Danach verbliebe eine analoge Anwendung nur für die Fälle der unvorsätzlich nicht abgegebenen Steuererklärungen sowie für nur bedingt vorsätzliches Unterlassen (vgl. *Binnewies/Görlich* AG 2021, 439).

Kein Fall des § 371 IV AO liegt vor, wenn eine dritte Person Selbstanzeige erstattet und 414 ihr nunmehr die Einkünfte zuzurechnen sind, hinsichtlich derer dem Beschuldigten Vorwürfe gemacht wurden (FDG/*Dörn* S. 312). Entpuppt sich der Beschuldigte als bloßer Strohmann, mag freilich eine Beteiligung an der Tat des Anzeigeerstatters vorliegen, bezüglich der aber – falls insoweit keine Sperrwirkung eingetreten ist – noch Selbstanzeige erfolgen kann.

VII. Konkurrenzfragen

1. Verhältnis des § 371 AO zu § 24 StGB

Schrifttum: *Kottke*, Verhältnis der Selbstanzeige bei Steuerhinterziehung zum Rücktritt vom Versuch, DStZ 1998, 151; *Wulf*, Selbstanzeigenberatung: Strafbefreiung durch „Teilselbstanzeigen" und deren nachträgliche Korrektur, PStR 2019, 238; *Webel*, Selbstanzeige: Geldwäsche und Selbstanzeige, PStR 2022, 86.

§ 24 StGB Rücktritt

(1) [1] Wegen Versuchs wird nicht bestraft, wer freiwillig die weitere Ausführung der Tat aufgibt oder deren Vollendung verhindert. [2] Wird die Tat ohne Zutun des Zurücktretenden nicht vollendet, so wird er straflos, wenn er sich freiwillig und ernsthaft bemüht, die Vollendung zu verhindern.

(2) ¹Sind an der Tat mehrere beteiligt, so wird wegen Versuchs nicht bestraft, wer freiwillig die Vollendung verhindert. ²Jedoch genügt zu seiner Straflosigkeit sein freiwilliges und ernsthaftes Bemühen, die Vollendung der Tat zu verhindern, wenn sie ohne sein Zutun nicht vollendet oder unabhängig von seinem früheren Tatbeitrag begangen wird.

415 **Abweichend von § 371 AO** erfordert der Strafaufhebungsgrund des § 24 StGB objektiv keine Selbstanzeige, subjektiv aber – explizit – Freiwilligkeit des Rücktritts. Beide Vorschriften stehen selbstständig nebeneinander (BGHSt 37, 340, 345; HHS/*Beckemper* AO § 371 Rn. 235; Erbs/Kohlhaas/*Hadamitzky/Senge* AO § 371 Rn. 5). § 371 AO ist auch auf den Versuch einer Steuerhinterziehung anwendbar und schließt die Anwendbarkeit des § 24 StGB nicht aus (→ § 369 Rn. 66; RG 11.5.1922, RGSt 56, 385, 386 f.; BGH 19.3.1991, BGHSt 37, 340, 345; BGH 5.5.2004, wistra 2004, 310). Dahinter steht nicht zuletzt die Überlegung, dass § 371 AO allgemeine Straffreiheitsvorschriften nicht einschränken, sondern erweitern soll (*Kottke* DStZ 1998, 151).

416 **Bei der Verletzung von Steuererklärungspflichten** kann ein bloßes Nicht-weiter-Handeln die Vollendung der Tat nicht aufhalten, da der Versuch einer Steuerhinterziehung durch eine unrichtige Steuererklärung mit der Abgabe der Erklärung beginnt (→ § 370 Rn. 543) und – zumindest bei Anmeldesteuern – zugleich beendet ist. Dasselbe gilt, wenn der Versuch durch Nichtabgabe einer Steuererklärung (→ § 370 Rn. 545) unternommen wird. In diesen Fällen kann § 24 I 1 StGB in seiner ersten Alternative (Aufgeben der weiteren Ausführung der Tat) keine Bedeutung entfalten. Straffreiheit kann hier nur noch durch positives Tun in Form einer Berichtigungserklärung erworben werden.

417 Die Vorschriften des § 24 StGB und § 371 I AO sind nebeneinander anwendbar (FM NRW 12.1.2016 – S 0702 – 8f- V A 1, BeckVerw 333636; aA *Rolletschke* ZWH 2013, 186, 188). **Die Abgabe einer richtigen oder berichtigten Steuererklärung** führt bei beendetem Versuch aufgrund der zweiten Alternative des § 24 I 1 StGB (Verhindern der Vollendung) zur Straffreiheit, wenn zwar alle Voraussetzungen dieser Vorschrift, aber nicht alle Voraussetzungen des § 371 AO erfüllt sind. Ist dem Täter bereits die Einleitung des Straf- oder Bußgeldverfahrens wegen der Tat bekanntgegeben worden (§ 371 II Nr. 1b) oder die Tat bereits entdeckt und weiß der Täter dies oder muss er damit rechnen (§ 371 II Nr. 2), wird es regelmäßig an der Freiwilligkeit iSd § 24 I 1 StGB fehlen. Indessen ist ein freiwilliger Rücktritt noch möglich, wenn ein Amtsträger der FinB zur steuerlichen Prüfung erschienen ist und der Täter ihm vor Beginn der Prüfung (so *Franzen* → 3. Aufl. Rn. 175) oder während der laufenden Prüfung berichtigende Angaben zu einer bereits eingereichten Steuererklärung, die Gegenstand der Prüfung ist, aber noch nicht zu einem Steuerbescheid führte, macht. Entscheidend ist dann, ob der Rücktritt im Einzelfall noch als freiwillig angesehen werden kann (vgl. zB SK-StGB/*Rudolphi* StGB § 24 Rn. 29), was *Schauf* (Kohlmann/*Schauf* AO § 371 Rn. 823) für den Regelfall verneinen will.

418 **Bei der Hinterziehung von Eingangsabgaben** durch Schmuggel von Waren über die grüne Grenze kommt ein Rücktritt vom unbeendeten Versuch (Aufgeben der weiteren Ausführung der Tat) nach der ersten Alternative des § 24 I 1 StGB in Betracht, wenn der Täter umkehrt, bevor er die Grenze vom Ausland her überschritten hat. Die Freiwilligkeit des Rücktritts ist gegeben, wenn die Tat nach der Vorstellung des Täters ohne wesentlich erhöhtes Risiko noch ausführbar und ihr Zweck noch erreichbar erscheint (vgl. BGH 14.4.1955, BGHSt 7, 296). Der Rücktritt ist ausgeschlossen, wenn die Tat unmöglich geworden ist, zB wenn der Schmuggler die Ware vor der Grenze verloren hat oder wenn äußere Umstände ihm die Besorgnis alsbaldiger Entdeckung und Bestrafung so aufdrängen, dass er die weitere Ausführung der Tat vernünftigerweise nicht auf sich nehmen kann (vgl. BGH 28.2.1956, BGHSt 9, 48, 50; *Oehler* JZ 1953, 561; *Bockelmann* NJW 1955, 1417; *Heinitz* JR 1956, 248; *Schröder* MDR 1956, 321 und JuS 1962, 81 mit weiteren Beispielen aus dem übrigen Strafrecht). Zweifel an der Freiwilligkeit sind zugunsten des Täters zu lösen (BGH 12.3.1969, bei *Dallinger* MDR 1969, 532).

419 **Ein Rücktritt vom beendeten Versuch** der Hinterziehung von Eingangsabgaben ist ebenfalls ohne eine Berichtigungserklärung nach § 371 I AO denkbar, zB wenn ein zum

Schmuggeln über die Grenze geschicktes Kind oder etwa ein Hund von dem im Hintergrund gebliebenen Täter vor dem Überschreiten der Grenze zurückgerufen wird. Erfolgt der Rückruf freiwillig, erwirbt der Täter Straffreiheit nach der zweiten Alternative des § 24 I 1 StGB. Schlägt der Rückruf fehl, und kommt es dennoch nicht zur Vollendung, wird der Täter nach § 24 I 2 StGB straflos, wenn er sich freiwillig und ernsthaft bemüht hat, die Vollendung der Tat zu verhindern, oder – bei zurechenbarer Vollendung – wenn er unter den Voraussetzungen des § 371 I, II AO nachträglich Selbstanzeige erstattet und die hinterzogenen Eingangsabgaben gemäß § 371 III AO fristgerecht nachzahlt. Die Anforderungen an den Rücktritt richten sich nicht nach den Anforderungen an eine Selbstanzeige (*Wulf* PStR 2019, 238)

2. Verhältnis des § 371 AO zu § 153 AO

Beide Vorschriften haben die **Anzeige einer unrichtigen oder unterlassenen Steuererklärung** zum Gegenstand, die der Stpfl oder ein Dritter unter den Voraussetzungen des § 153 AO berichten muss, wenn er bei nachträglicher Erkenntnis des Fehlverhaltens den Vorwurf der Steuerhinterziehung vermeiden will, oder die der Täter einer Steuerhinterziehung oder einer leichtfertigen Steuerverkürzung unter den Voraussetzungen des § 371 bzw. § 378 III AO berichten kann, wenn er nachträglich Anspruch auf Straf- oder Bußgeldfreiheit wegen einer bereits begangenen Tat erwerben will. Zur Abgrenzung hat das BMF in dem Anwendungserlass v. 23.5.2016 (BStBl. I 2016, 490) Stellung genommen. Darin wurde auch die Bedeutung eines Tax Compliance Systems herausgestellt. Ein solches innerbetriebliches Kontrollsystem kann ein Indiz gegen vorsätzliches oder leichtfertiges Verhalten darstellen (BMF 23.5.2016, BStBl. I 2016, 490 Tz. 2.6). Auch wird darin klargestellt, dass „die Anzeige- und Berichtigungspflicht nach § 153 I AO auch dann [besteht], wenn der Steuerpflichtige die Unrichtigkeit seiner Angaben nicht gekannt, aber billigend in Kauf genommen hat [...]" (BMF 23.5.2016, BStBl. I 2016, 490 Tz. 2.2).

Die Grenzen und die strafrechtliche Bedeutung der Nacherklärungspflichten nach § 153 AO sind streitig (vgl. *v. Witten* NJW 1963, 567 sowie → § 370 Rn. 259 ff.). Unabhängig davon ist festzustellen, dass jede nachträgliche Anzeige einer unrichtigen oder unterlassenen Steuererklärung Straf- oder Bußgeldfreiheit – unabhängig von der Bezeichnung der Erklärung – immer dann gewährleistet, wenn sie die Anforderungen des § 371 I AO erfüllt, Ausschließungsgründe nach § 371 II AO fehlen und bei vollendeter Tat die Nachzahlung nach § 371 III AO fristgerecht geleistet wird, oder sofern – mit Wirkung für einen Dritten – die Voraussetzungen des § 371 IV AO vorliegen (glA *Suhr* 1977, S. 385; *List* S. 65).

Wird die Nacherklärungspflicht aus § 153 AO zunächst vorsätzlich oder leichtfertig verletzt, aber später erfüllt, so wirkt die nachträglich abgegebene Nacherklärung wie eine Selbstanzeige in Bezug auf die Steuerhinterziehung oder leichtfertige Steuerverkürzung durch Unterlassen, die durch die zunächst versäumte Erfüllung der Nacherklärungspflicht begangen worden ist (glA *Lohmeyer* Stbg 1960, 282; *Kopacek* BB 1962, 875; *Schuhmann* wistra 1994, 48). Ob dann § 371 IV AO einschlägig ist, hängt davon ab, inwiefern man auch für diesen Fall die Bestimmung analog anwenden will (→ Rn. 413).

3. Verhältnis zu § 46a StGB

Schrifttum: *Blesinger,* Zur Anwendung des Täter-Opfer-Ausgleichs im Steuerstrafrecht, wistra 1996, 90; *Brauns,* Die Wiedergutmachung der Folgen der Straftat durch den Täter, 1996; *Klawitter,* Der Täter-Opfer-Ausgleich (§ 46a StGB) im Steuerstrafverfahren, DStZ 1996, 553; *Kottke,* Täter-Opfer-Ausgleich und Schadenswiedergutmachung bei Steuerhinterziehungen?, Ein modernes Modell zur Strafmilderung für Steuersünder, Information StW 1996, 359; *Woring,* Täter-Opfer-Ausgleich im Steuerstrafrecht?, DStZ 1996, 459; *Schabel,* Erneut: Zur Anwendbarkeit des § 46a StGB im Steuerstrafrecht, wistra 1997, 201; *Kottke,* Täter-Opfer-Ausgleich nach § 46a StGB für Steuerhinterzieher?, DB 1997, 549; *Bornheim,* Taktische Möglichkeit der Fremdanzeige und des Täter-Opfer-Ausgleichs, PStR 1999, 94; *Steffens,* Wiedergutmachung und Täter-Opfer-Ausgleich, 1999.

423 § 46a StGB, der mit Wirkung vom 1.12.1994 eingefügt wurde, sieht fakultativ die Möglichkeit der Strafmilderung bzw. des Absehens von Strafe vor, wenn der Täter den Schaden wiedergutgemacht hat oder sich zumindest ernsthaft darum bemüht hat (vgl. → § 398 Rn. 29). Über § 369 II AO findet die Regelung, die keine Beschränkung auf bestimmte Delikte enthält, auch im Steuerstrafrecht Anwendung (*Schwedhelm/Spatscheck* DStR 1995, 1449, 1450 f.; *Brauns* wistra 1996, 219; *Woring* DStZ 1996, 459; aM *Blesinger* wistra 1996, 190; *Simon/Vogelberg* S. 159). § 46a Nr. 1 StGB ist freilich nicht einschlägig (BGH 25.10.2000, wistra 2001, 22; BayObLG 28.2.1996, wistra 1996, 152; BayObLG 29.4.1997, wistra 1997, 314; *Woring* DStZ 1996, 460). Im Einzelfall möglich ist aber die Anwendung des § 46a Nr. 2 StGB. Während jedoch § 371 AO eine zwingende Rechtsfolge, nämlich die Aufhebung der Strafbarkeit enthält, gibt § 46a StGB dem Gericht die Möglichkeit, nach seinem Ermessen von Strafe abzusehen oder ggf. die Strafe zu mildern. Bedeutung wird § 46a StGB insbes. in solchen Fällen erlangen, in denen der Täter nicht in der Lage ist, eine korrekte Berichtigungserklärung einzureichen (→ Rn. 60), aber erst in der Kooperation mit ihm möglich wird, die zutreffende Steuer zu ermitteln. Denkbar ist auch, dass zwar ein Fall der Sperrwirkung iSd § 371 II AO gegeben ist, der Täter aber dem FA den Weg zu Einkünften weist, bei denen überhaupt kein Entdeckungsrisiko bestand (vgl. *Brauns* wistra 1996, 219). Schließlich gehört hierzu auch der Fall, dass vorhandene Liquidität über Vollstreckungsmaßnahmen abgeschöpft und mit nichtstrafbefangenen Steuern verrechnet worden ist; dies gilt jedenfalls dann, wenn man nicht der hier vertretenen Auffassung folgt, dass das „Lästigkeitsprinzip" eine Verrechnung mit den strafbefangenen Zeiträumen gebietet (→ Rn. 172). Die bloße Zahlung der ohnehin geschuldeten Steuer ist nicht ausreichend. Nötig ist, dass der Täter hierdurch einen persönlichen Verzicht erleidet oder in Not gerät (vgl. BayObLG 29.4.1997, wistra 1997, 314).

4. Verhältnis zu § 261 VIII StGB

424 Verwirklicht der Täter im Zusammenhang mit einer Steuerhinterziehung den Tatbestand der Geldwäsche gem. § 261 StGB (zur Einschränkung der Steuerhinterziehung als taugliche Vortat: BT-Drs. 19/24180, S. 17 und 14/7471, S. 9; OLG Saarbrücken, Beschl. v. 26.5.2021 – 4 Ws 53/21 – Rn. 6, rkr, zu § 261 idF des Art. 1 Nr. 3 Gesetz v. 9.3.2021 BGBl. I 2021, 327 mWv 18.3.2021), kann eine **einheitliche Selbstanzeige mit doppelter Strafaufhebungswirkung** für beide Straftaten erfolgen. Es bedarf keiner gesonderten Anzeige je Tat, sofern die Selbstanzeige jedenfalls bei der Staatsanwaltschaft abgegeben ist. Die Zuständigkeit der Strafverfolgung kann in beiden Fällen bei der Staatsanwaltschaft begründet sein, der Staatsanwaltschaft steht hinsichtlich der Verfolgung von Steuerstraftaten das Evokationsrecht aus § 386 IV 2 AO zu (so auch im Ergebnis *Webel* PStR 2022, 86, 89; aA *Radermacher* AO-StB 2022, 54, 60). Inhaltlich muss die einheitliche Selbstanzeige sowohl die steuerstrafrechtlichen als auch geldwäscherechtlichen Anforderungen erfüllen. Insoweit muss die inhaltliche Ausgestaltung der Anzeige einerseits insbesondere dem Vollständigkeitsgebot der zu korrigierend Bemessungsgrundlage genügen (→ Rn. 56 ff.) und andererseits auch den geldwäscherelevanten Lebenssachverhalt detailliert schildern. Für den Detailierungsgrad der Geldwäschetat dürfte der Maßstab anzusetzen sein, wie er im Kartellrecht für die Kronzeugenregelung Anwendung findet. Hiernach sind für einen wirksamen Geldbußenerlass Informationen und Beweismittel vorzulegen, die es bei einer ex ante-Betrachtung ermöglichen, gezielte Nachprüfungen bei dem Täter durchzuführen und Zuwiderhandlungen festzustellen (WJS WirtschaftsStrafR-HdB/*Dannecker/Müller* Kap. 19 Rn. 250). Zuletzt muss die erforderliche Sicherstellung des geldwäschetauglichen Gegenstandes (rglm. die ungerechtfertigte Steuererstattung) nach § 261 VIII Nr. 2 StGB bedacht werden.

5. Verhältnis des § 371 AO zu § 4 II EStG und Art. 173 UZK

Bilanzberichtigungen nach § 4 II EStG und Berichtigungen von Zollanmeldungen 425
gemäß Art. 173 UZK haben keine strafbefreiende Wirkung, sofern nicht zugleich die
Voraussetzungen des § 371 AO vorliegen (OLG Hamburg 23.12.1953, ZfZ 1954, 313 f.
zu § 76 III ZG 1939; HHS/*Beckemper* AO § 371 Rn. 241). Die Rücknahme einer Zollanmeldung kann Rücktritt vom Versuch (→ Rn. 419) sein.

6. Verhältnis des § 371 AO zum StraBEG

Das zum 31.3.2005 ausgelaufene Gesetz über die strafbefreiende Erklärung (StraBEG) v. 426
23.12.2003 (BGBl. 2003 I 2928) ließ die Möglichkeit der strafbefreienden Selbstanzeige im
Grundsatz unberührt. Zweifelhaft war, inwiefern die strafbefreiende Selbstanzeige und die
strafbefreiende Erklärung nach § 1 StraBEG miteinander dergestalt kombiniert werden
konnten, dass im Hinblick auf ein OR-Geschäft zB für die USt und GewSt der Weg über
das StraBEG, für die Ertragsteuer der Weg über die strafbefreiende Selbstanzeige gewählt
wurde. Vgl. hierzu → 6. Aufl., StraBEG § 1 Rn. 11 ff.

VIII. Verfahrens- und Kostenfragen

Schrifttum: *Dikmen/Wollweber,* Selbstanzeige und Honorar – Die gesetzlichen Gebühren nicht nur als Notlösung, Stbg 2011, 29; *Ueberfeldt/Keller,* Honorar des Steuerberaters bei Selbstanzeige, DStR 2011, 92; *Höpfner,* Außer Spesen nichts gewesen? – Zur Absetzbarkeit der Kosten eines Steuerstrafverfahrens, PStR 2015, 127.

Besteht aufgrund einer Berichtigungserklärung der Verdacht, dass der Stpfl die 427
Mehrsteuer vorsätzlich verkürzt hat, kann die für die Abgabenangelegenheit zuständige
FinB bereits erteilte Steuerbescheide nach § 173 I Nr. 1 AO ändern und die nach §§ 235,
238 AO entstandenen Hinterziehungszinsen festsetzen. Die objektiven und subjektiven
Voraussetzungen des § 370 AO müssen dann im Besteuerungsverfahren und im Rechtsbehelfsverfahren von den Finanzbehörden oder von den Gerichten der Finanzgerichtsbarkeit festgestellt werden, die hierbei den strafverfahrensrechtlichen Grundsatz in dubio pro
reo anzuwenden haben (BFH GrS 5.3.1979, BFHE 127, 140; BFH 20.6.2007, BFH/NV
2057). Nach BFH v. 22.1.1976 (BStBl. II 1976, 250, 252) soll bereits der hinreichende
Verdacht einer Steuerhinterziehung ernstliche Zweifel an der Anwendung der zehnjährigen Festsetzungsfrist für hinterzogene Steuern nach § 169 II 2 AO ausschließen. Dies ist
insofern zutreffend, als die Entscheidung über die Aussetzung der Vollziehung in einem
summarischen Verfahren erfolgt, bei dem sicherlich die Eröffnung des Hauptverfahrens
entscheidende Bedeutung hat. Ist jedoch eine Anklage noch nicht zugelassen, kommt es
vorrangig auf den Vortrag des die Aussetzung Begehrenden an.

Ergeben sich Zweifel an der Vollständigkeit der Berichtigungserklärung und wird 428
deshalb angeordnet, die Verhältnisse des Anzeigeerstatters bzw. des Steuerpflichtigen, zu
dessen Vorteil der Anzeigeerstatter Steuern verkürzt hat, durch einen Amtsträger der FinB
zu prüfen, ist das Strafverfahren einzuleiten (§ 397 I AO), da die Prüfung (mindestens
auch) darauf abzielt, einem strafrechtlichen Verdacht nachzugehen. Ergibt die Prüfung,
dass die Berichtigungserklärung vollständig war oder dass ein weiterer Mehrsteuerbetrag
jedenfalls nicht auf vorsätzlichem Verhalten des Stpfl beruht, stellt die für das Strafverfahren
zuständige FinB dieses nach § 170 II StPO ein. Dieselbe Entscheidung trifft die Staatsanwaltschaft, wenn sie nach § 386 II bis IV AO anstelle der FinB für das Ermittlungsverfahren zuständig ist. Wegen Geringfügigkeit ist das Strafverfahren entsprechend § 398
AO oder § 153 II StPO einzustellen, wenn die Berichtigungserklärung hinsichtlich der
vorsätzlich verkürzten Steuern zwar unvollständig war, der Unterschiedsbetrag jedoch
geringfügig ist (→ § 398 Rn. 16). Nicht angängig ist es, von einer wirksamen Selbstanzeige
trotz „geringfügiger" Abweichungen auszugehen (vgl. OLG Frankfurt a. M. 18.10.1961,

NJW 1962, 974; BGH 14.12.1976, BB 1978, 698; *Streck,* Steuerfahndung Rn. 219). Soweit *Streck* als Faustformel vorschlägt, dass eine Differenz von 10 % unschädlich sei (*Streck,* Steuerfahndung Rn. 219), mag dies noch helfen, wenn der nachgemeldete Betrag als solcher nicht besonders groß war. Bei einer nachgemeldeten Summe von 1 Million sind 10 % aber bereits 100.000 EUR, nur in Bezug auf die 1 Million EUR liegt eine wirksame Selbstanzeige vor; für den Restbetrag wird auch eine Einstellung kaum in Betracht kommen. Eine andere Frage ist jedoch, inwiefern der strafrechtliche Nachweis gelingt, dass der Täter tatsächlich vorsätzlich nicht lediglich die nachgemeldete Summe in Höhe von 1 Million EUR verkürzt hat, sondern darüber hinaus weitere 100.000 EUR. Insbes. in Fällen der Schätzung durch den Stpfl wird eine solche Feststellung kaum möglich sein, in Fällen der dolosen Selbstanzeige (→ Rn. 75), besteht aber auch kein Grund, die Strafbarkeit auch für den Restbetrag entfallen zu lassen, wenn der Täter planvoll das ihm von *Streck* konzedierte Volumen von 10 % ausnutzt. Die Finanzverwaltung Nordrhein-Westfalen geht dagegen davon aus, dass 5 % für den gesamten Berichtigungszeitraum bei undolosen Selbstanzeigen unschädlich sind; dolos unrichtige Selbstanzeigen ziehen in jedem Fall die Unwirksamkeit nach sich (FM NRW 12.1.2016 – S 0702 – 8f – V A 1).

429   **Ist die öffentliche Klage bereits erhoben** und wird die Selbstanzeige vom Gericht (nach vorausgegangenem Strafbefehl oder Eröffnungsbeschluss) erst aufgrund einer Beweisaufnahme in der Hauptverhandlung als wirksam anerkannt, ist durch Urteil auf Freispruch, nicht auf Einstellung zu erkennen (OLG Frankfurt 18.10.1961, NJW 1962, 974, 977; *Bilsdorfer* wistra 1984, 131; *Streck* DStR 1985, 9, 11; Kohlmann/*Schauf* AO § 371 Rn. 796). Auf Einstellung des Verfahrens ist gegenüber Dritten zu erkennen, die nach § 371 IV AO strafrechtlich nicht verfolgt werden können.

430   In allen Abschnitten des Strafverfahrens nach Abgabe der Berichtigungserklärung ist die **Tätigkeit eines Rechtsanwaltes** oder eines Angehörigen der steuerberatenden Berufe als Strafverteidigung, nicht als Steuerberatung anzusehen. Nur die Beratung und Hilfeleistung bei der Fertigung und Abgabe der Berichtigungserklärung, die eine strafrechtliche Würdigung und Stellungnahme nicht erfordert (→ Rn. 54 ff.), ist hiervon auszunehmen, während weitergehende Bemühungen um die strafbefreiende Wirkung der Erklärung und der Nachzahlung bereits Strafverteidigung iSd §§ 137 ff. StPO, § 392 AO darstellen (enger *Seithel* DStR 1980, 155).

431   **Die Gebühren eines Beraters,** der bei einer Selbstanzeige mitgewirkt hat, richteten sich bei einem Rechtsanwalt in einer Steuerstrafsache bislang nach den §§ 83 bis 104 BRAGO, auf die § 105 III BRAGO für die Tätigkeit in einer Bußgeldsache (vgl. § 378 III) verwies. Mit dem Inkrafttreten des Rechtsanwaltsvergütungsgesetzes (RVG) am 1.7.2004 (BT-Drs. 15/1971) ist nunmehr die Anlage 1 Teil 4 zu § 2 II RVG einschlägig. Für die entsprechende Tätigkeit eines Steuerberaters im Rahmen einer Prüfung gibt es ein Zeithonorar nach § 29 StBVV, soweit nicht die folgende Sondervorschrift vorgeht.

§ 30 StBVV Selbstanzeige

(1) Für die Tätigkeit im Verfahren der Selbstanzeige (§§ 371 und 378 Absatz 3 der Abgabenordnung) einschließlich der Ermittlungen zur Berichtigung, Ergänzung oder Nachholung der Angaben erhält der Steuerberater $^{10}/_{10}$ bis $^{30}/_{10}$ einer vollen Gebühr nach Tabelle A (Anlage 1).

(2) Der Gegenstandswert bestimmt sich nach der Summe der berichtigten, ergänzten und nachgeholten Angaben, er beträgt jedoch mindestens 8.000 Euro.

432   Damit ist entscheidend, ob überhaupt ein „*Verfahren der Selbstanzeige*" stattfindet (→ Rn. 431). Falls ja, erhält ein Rechtsanwalt die Gebühr nach Anlage 1 Teil 4 zu § 2 II RVG, ein Steuerberater die Gebühr nach § 30 StBGebV. Hat jedoch der Berater (sei er Rechtsanwalt oder Steuerberater) nur an einer „neutralen" Berichtigungserklärung (→ Rn. 92) mitgewirkt und ist diese von der FinB ohne weitere Erörterungen zur Kenntnis genommen und einem (geänderten oder erstmaligen) Steuerbescheid zugrunde gelegt worden, sind anstelle der genannten Gebührenvorschriften diejenigen Vorschriften anzuwenden, die für die Mitwirkungen an einer Steuererklärung gelten.

Im Übrigen berührt merkwürdig, dass der ohne Honorarvereinbarung tätige Steuerberater für die Unterstützung seines Mandanten in einer Außenprüfung oder Steuerfahndungsprüfung lediglich ein Zeithonorar erhält, während die – fiskalisch ungleich interessantere – Erarbeitung einer Selbstanzeige angesichts der Addition der Werte einzelner Steuerarten und Steuerabschnitte äußerst lukrativ ausgestattet ist.

§ 372 Bannbruch

(1) **Bannbruch begeht, wer Gegenstände entgegen einem Verbot einführt, ausführt oder durchführt.**

(2) **Der Täter wird nach § 370 Abs. 1, 2 bestraft, wenn die Tat nicht in anderen Vorschriften als Zuwiderhandlung gegen ein Einfuhr-, Ausfuhr- oder Durchfuhrverbot mit Strafe oder mit Geldbuße bedroht ist.**

Schrifttum: *Bender,* Welche Bedeutung hat die Subsidiaritätsklausel beim Bannbruch (§ 401a Abs. 3 AO aF)?, ZfZ 1968, 15; *Potrykus,* Zur Einfuhr unzüchtiger Schriften aus dem Ausland, MDR 1969, 269; *Eggers,* Einfuhrverbote, Einfuhrbeschränkungen, ZfZ 1973, 333; *Ricke,* Steuerhinterziehung und Bannbruch in der künftigen Abgabenordnung, ZfZ 1976, 143; *Pfaff,* Steuer-(Zoll-)straftaten und Steuer-(Zoll-)ordnungswidrigkeiten, StBp 1977, 212; *Ellinger/Sticker,* Zollrechtliche und steuerstrafrechtliche Aspekte der Betäubungsmittelkriminalität, ZfZ 1978, 294; *Brenner,* Bannbruch, auch fahrlässiger – „Fossil" oder Notwendigkeit?, ZfZ 1980, 240; *Christiansen,* Bannbruch auf vorgeschobenen Zollstellen, ZfZ 1982, 66; *Prittwitz,* Einfuhr und Durchfuhr von Betäubungsmitteln, NStZ 1983, 350; *Köpp,* Grundfragen der Strafzumessung bei Zolldelikten, insbesondere im Reiseverkehr, DStR 1984, 363; *Kurz,* Die Ein- und Ausfuhr von Waren nach dem Außenwirtschaftsrecht, ddz 1984, F64; *Hesse,* Steuerbefreiung durch Einfuhrverbot?, ZfZ 1984, 194; *Harbusch,* Vorbereitungshandlung und Versuch bei Zollstraftaten, ddz 1985, F1; *Bender,* Die Zollhinterziehung durch Unterlassen der Berichtigungspflicht durch den Zolldeklaranten, ZfZ 1988, 66; *ders.,* Die Nichtgestellung im Zollgutversand beim Warenempfänger als Zollstraftat/-bußtat, ZfZ 1988, 169; *ders., Fehn,* Die Bekämpfung der grenzüberschreitenden Rauschgiftkriminalität als Aufgabe des Zollfahndungsdienstes, wistra 1990, 285; *Huber,* Der Bannbruch und die Eingangsabgabenhinterziehung: Eine kriminologische Untersuchung, 1991; *Fehn,* Ermittlungstätigkeit der Zollfahndung beim Rauschgiftschmuggel nach Verwirklichung des Binnenmarktes, ZfZ 1991, 104; *Rebholz,* Einfuhr, Ausfuhr und Durchfuhr von Betäubungsmitteln – Versuch und Vollendung dieser Tatbestände, Konstanz, 1991; *Fehn,* Ermittlungstätigkeit der Zollfahndung beim Rauschgiftschmuggel nach Verwirklichung des Binnenmarktes, ZfZ 1991, 104; *Bender,* Verbote und Beschränkungen im Binnenmarkt – straf- und bußgeldrechtliche Aspekte, ZfZ 1992, 199; *Pfeil-Kammerer,* Die harmonisierte Behandlung von VuB-Waren im Binnenmarkt, ZfZ 1992, 204; *Wamers,* Marktbeobachtung – Aufgabe des Zollfahndungsdienstes, ZfZ 1993, 70, 101; *Thietz-Bartram,* Ausfuhrbeschränkungen und ihre Strafsanktionen im Lichte des Gemeinschaftsrechts, wistra 1993, 201; *ders.,* Vereinbarkeit strafbewehrter Ausfuhrbeschränkungen mit dem Recht der Europäischen Union, RIW 1994, 839; *Klinkhammer/König,* Die Bekämpfung der Artenschutzkriminalität durch die deutsche Zollverwaltung, ZfZ 1995, 194; *Blankenhagen,* VuB bei der Ausfuhr, ddz 1995, F 18; *Fehn,* Ungenehmigte Einfuhr von radioaktiven Stoffen und Zollzuschlag, ZfZ 1998, 70; *Wamers,* Der Bannbruchtatbestand – ein Problem?, ZfZ 1998, 287; *Janovsky,* Die Strafsanktionen des illegalen grenzüberschreitenden Warenverkehrs, NStZ 1998, 117; *Pfohl,* Artenschutz-Strafrecht, wistra 1999, 161; *Wamers,* Der Bannbruch, AW-Prax 1999, 212; *Beußel,* Bekämpfung der Produkt- und Markenpiraterie – eine Aufgabe der Zollverwaltung, ZfZ 2000, 218; *Bender,* Neuigkeiten im Steuerstrafrecht 2002 für die Zollverwaltung, ZfZ 2002, 146; *Thoss,* Abschied vom Bannbruch, 2004; *Dannecker/Freitag,* Zur europäischen und deutschen Strafgesetzgebung im Recht der Außenwirtschaft und der Finanzsanktionen, ZStW 116, 797 (2004); *Kettner,* Unter Piratenflagge – Strafbarkeit der privaten Einfuhr gefälschter Markenartikel und unerlaubt hergestellter Vervielfältigungsstücke aus Drittländern, BLJ 2007, 117; *Retemeyer/Möller,* Zollstraftaten und Zollordnungswidrigkeiten, AW-Prax 2009, 340; *Cordes,* Die Durchfuhr patentverletzender Erzeugnisse, GRUR 2012, 141; *Beckemper,* Der Bannbruch – Oder: Wie sich die Einfuhr von Vordrucken amtlicher Ausweise oder die Ausfuhr eines Gemäldes als Steuerstraftat verhält, HRRS 2013, 443; *Meinecke,* Auf zwei Gleisen – Der Begriff der Einfuhr in BtMG und AMG, StoffR 2014, 31; *Möller/Retemeyer,* Artikel 42 Unionszollkodex – Eine neue Epoche für das Zollstrafrecht?, ZfZ 2016, 236; *Peukert/Hillgruber/Foerste/Putzke,* Einreisen lassen oder zurückweisen? Was gebietet das Recht in der Flüchtlingskrise an der deutschen Staatsgrenze?, ZAR 2016, 131; *Frick/Wissmann,* Strafzumessungsüberlegungen im Steuer- und Zollstrafrecht – Das ewige Ärgernis, NZWiSt 2018, 438; *Küchenhoff,* Strafbares Entziehen aus der zollamtlichen Überwachung – die Renaissance des Verbotsbannbruchs, NZWiSt 2018, 90; *Möller/Retemeyer,* Im Banne des Bannbruchs – Europäische Sanktionspflicht und nationales Zollstrafrecht, ZfZ 2018, 253; *Markgraf/Wasiak,* Zolllagerdieb Einfuhrabgabenschuldner und Straftäter?, BDZ Fachteil 11/2020, F61; *Möller/Retemeyer,* Zollstrafrecht besonderes Steuerstrafrecht oder einfach nur etwas Besonderes – Strafbarkeitslücken für Zollverstöße?, BDZ Fachteil 10/2021, 61.

Übersicht

	Rn.
1. Entstehungsgeschichte	1
2. Begriff, Zweck und Anwendungsbereich	2–14
3. Objektiver Tatbestand	15–69
a) Objekt des Bannbruchs	15
b) Ein-, Aus- und Durchführen	16–39
c) Einfuhr-, Ausfuhr- und Durchfuhrverbote	40–69

		Rn.
4.	Subjektiver Tatbestand	70
5.	Vorbereitung und Versuch	71–73
6.	Vollendung und Beendigung der Tat	74–79
7.	Täterschaft und Teilnahme	80–82
8.	Subsidiarität der Strafdrohung	83–87
9.	Sonstige Konkurrenzfragen	88–90
10.	Strafen und Nebenfolgen	91–95
11.	Keine strafbefreiende Selbstanzeige	96
12.	Verfahrensfragen	97–104

1. Entstehungsgeschichte

Der Straftatbestand des Bannbruchs wurde aus **§§ 134, 136 VZollG** v. 1.7.1869 (BGBl. des NorddtBundes S. 317) gem. Art. I Nr. 15 G v. 4.7.1939 (RGBl. I 1181) als **§ 401a** in die RAO 1931 übernommen. § 401a II 2 RAO über die Einziehung wurde durch Art. 17 Nr. 16 StÄndG 1961 v. 13.7.1961 (BGBl. I 996) gestrichen (schriftl. Ber. BT-Drs. zu III/2706, 11). In § 401a III RAO wurden gem. § 48 III AWG v. 28.4.1961 (BGBl. I 481) die Worte „*in anderen Vorschriften mit Strafe bedroht*" ersetzt durch die Worte „*nach anderen Vorschriften zu ahnden*" (schriftl. Ber. zu BT-Drs. III/2386, 20). Durch Art. 1 Nr. 9 des 2. AOStrafÄndG v. 12.8.1968 (BGBl. I 953) wurde die Vorschrift als **§ 396** bezeichnet; gleichzeitig wurden die früheren Absätze 2 und 3 zusammengefasst (Begr.: BT-Drs. V/1812, 24). Mit dem Umsatzsteuer-Binnenmarktgesetz (UStBG) v. 25.8.1992 (BGBl. I 1548) wurde in Absatz 1 das bis dahin geltende negative *Tatbestandsmerkmal der unterlassenen Anzeige gestrichen,* wonach die Anzeige der verbotenen Einfuhr usw. gegenüber der zuständigen Zollstelle die Strafbarkeit nach § 372 AO ausschloss. Der Grund hierfür lag in dem Wegfall der Zollstellen an den Binnengrenzen der EU. Für die Außengrenzen hätte man es zwar aus technischen Gründen bei der bis zum In-Kraft-Treten des UStBG geltenden Regelung belassen können. Dem stand aber entgegen, dass die Strafbarkeit des Bannbruchs nicht von unterschiedlichen Voraussetzungen abhängen kann, je nachdem, ob die verbotene Einfuhr usw. über eine Binnengrenze innerhalb der EU oder über eine Außengrenze erfolgt. Seit dem Wegfall des Tatbestandsmerkmals der unterlassenen Anzeige durch das UStBG ist der Tatbestand des Bannbruchs mit dem jeweiligen Tatbestand des Verbringungsverbots deckungsgleich (*Bender* ZfZ 1992, 199, 202).

2. Begriff, Zweck und Anwendungsbereich

Als **„Bannbruch"** (früher: „*Kontrebande*") bezeichnet § 372 I AO die Zuwiderhandlung gegen ein Ein-, Aus- oder Durchfuhrverbot. Solche Verbote sind aus steuerfremden Gründen in zahlreichen nichtsteuerlichen Gesetzen und VO'en normiert (→ Rn. 40 ff.); sie dienen vornehmlich dem Schutz der Gesundheit von Menschen und Tieren, dem Pflanzenschutz sowie der öffentlichen Sicherheit, aber auch der Außenwirtschafts- und Verteidigungspolitik.

Der Straftatbestand des § 372 AO ist eine **Blankettnorm,** die der Ausfüllung durch ein Verbotsgesetz bedarf (allgM, zB BeckOK AO/*Hauer* AO § 372 Rn. 1; Leitner/Rosenau/*Pelz* AO § 372 Rn. 1; *v. Briel*/Ehlscheid § 1 Rn. 175; Wannemacher/*Beil* Rn. 1825; Hüls/Reichling/*Corsten*/Tute AO § 372 Rn. 6; Koch/Scholtz/*Scheurmann-Kettner* AO § 372 Rn. 5). Durch eine Verwaltungsanordnung kann die Norm nicht ausgefüllt werden (vgl. BGH 16.10.1981, wistra 1982, 31, 32).

Der **Zweck des § 372 AO** bestand seit jeher im Schutz der Einfuhrverbote nach den Monopolgesetzen. Mit der Beschränkung des Branntweinmonopols auf die Übernahme des im Monopolgebiet hergestellten Branntweins aus den Brennereien durch die Bundesmonopolverwaltung sowie dessen Verwertung durch G v. 23.12.2003 (BGBl. I 2924, 2926) ist allerdings nun auch das letzte Einfuhrverbot nach einem Monopolgesetz entfallen

(→ Rn. 63, 87). An dem weitergehenden Zweck, als „Auffangtatbestand" sonstige Ein-, Aus- und Durchfuhrverbote zu schützen, ist der Gesetzgeber vorbeigegangen, da er jedes andere im deutschen Recht wurzelnde Verbringungsverbot (→ Rn. 53 ff.) mit besonderen Straf- oder Bußgeldtatbeständen ausgestattet hat. Wegen der Subsidiaritätsklausel in Absatz 2 hat die Vorschrift des § 372 AO außer im Hinblick auf *europarechtliche Verbringungsverbote* (dazu aktuell *Küchenhoff* NZWiSt 2018, 90; → Rn. 87) als eigenständiger Straftatbestand kaum praktische Bedeutung (BeckOK AO/*Hauer* AO § 372 Rn. 2; krit. Hüls/Reichling/*Parsch/Sauer* AO § 372 Rn. 7).

5   Unter den Gesetzeszwecken des § 372 AO lassen sich **materiell-rechtliche und verfahrensrechtliche Zwecke** unterscheiden (vgl. MüKoStGB/*Ebner* AO § 372 Rn. 3; Flore/Tsambikakis/*Klötzer-Assion* AO § 372 Rn. 4 u. 38). Materiell-rechtlich bezweckt die Vorschrift den Schutz nicht durch eigenständige Strafvorschriften bewehrter Einfuhrverbote sowie die Festlegung als Grundtatbestand für die Strafverschärfung nach § 373 AO. Verfahrensrechtlich bezweckt die Vorschrift, strafbare Verstöße gegen Einfuhr-, Ausfuhr- und Durchfuhrverbote im nichtsteuerlichen Bereich *als Steuerstraftaten* zu qualifizieren (§ 369 I Nr. 2 AO) und damit die Anwendung des Steuerstrafverfahrensrechts (§§ 385–408 AO) auf die strafrechtlich zu ahndenden Verbote nichtsteuerlicher Art zu ermöglichen (→ Rn. 97 ff.). Dazu gehört auch die Begründung der funktionellen **Sonderzuständigkeit** des **Steuer- bzw. Wirtschaftsstrafrichters** am AG (vgl. § 391 AO iVm zB § 56 S. 1 Nr. 2 GZVJu) bzw. der **Wirtschaftsstrafkammer** am LG (§ 74c I Nr. 3 GVG), es sei denn, die StA behandelt den Bannbruch nach § 154a I StPO; eine solche Verfolgungsbeschränkung lässt die Zuständigkeit der genannten speziellen Tatgerichte entfallen (LG Hof 12.10.2017, BeckRS 2017, 142648 unter II.2.; GJW/*Tully* AO § 372 Rn. 18; MüKoStGB/*Ebner* AO § 372 Rn. 3; Müller-Gugenberger/*Retemeyer* § 44 Rn. 209; Hüls/Reichling/*Corsten/Tute* AO § 372 Rn. 40).

6   In seiner **praktischen Bedeutung** erfasst § 372 AO folgende Zuwiderhandlungen:
– Verstöße gegen nicht eigenständig strafbewehrte Einfuhrverbote, zB auf Grund von Vorschriften des EU-Rechts, sind unmittelbar nach § 372 I AO strafbar (materielle Konsequenz; dazu → Rn. 87);
– Verstöße gegen bußgeldbewehrte Verbringungsverbote können unter den Bedingungen des § 373 AO als Steuerstraftaten geahndet werden (materielle Konsequenz, dazu → Rn. 86);
– Verstöße gegen nichtsteuerliche strafbewehrte Verbringungsverbote unterliegen der Ermittlungszuständigkeit der Zollverwaltung; es sind die dafür geltenden verfahrensrechtlichen Regeln (§ 208 und §§ 385–408 AO) anzuwenden (formelle Konsequenz, dazu → Rn. 97 f.).

7   Nach der gesetzlichen Begriffsbestimmung in § 372 I AO ist *auch eine dem Verbringungsverbot zuwiderlaufende Ordnungswidrigkeit Bannbruch iSd § 372 AO*, wie sich zudem aus dem Wortlaut des Absatz 2 *(„oder mit Geldbuße bedroht")* klar ergibt (BGH 4.7.1973, BGHSt 25, 215; BMR SteuerStR/*Bender/Möller/Retemeyer* C Rn. 555; *Eggers* ZfZ 1973, 337 f.). Ob ein Verbringungsverbot iSd § 372 AO vorliegt, ist durch Auslegung der jeweiligen Bestimmung zu ermitteln (→ Rn. 40 ff.). Zur Frage der Anwendbarkeit der §§ 409–412 AO auf Fälle, in denen der Bannbruch iSd § 372 I AO in anderen Vorschriften als Ordnungswidrigkeit mit Geldbuße bedroht ist s. → Rn. 99.

8   **Der Tatbestand des § 372 I AO (iVm § 373 II AO)** hat wegen der Fassung des Wortlauts, der Zuwiderhandlungen gegen jedes Ein-, Aus- oder Durchfuhrverbot erfasst, **einen sehr weiten Anwendungsbereich.** Dies allein rechtfertigt indes nicht, einzelne Verbotsnormen „*aus systematischen Gründen*" aus dem Anwendungsbereich auszunehmen, um unter strafrechtlichen Gesichtspunkten für *systemwidrig* erachtete Folgerungen zu vermeiden. Vielmehr ist es für die Anwendung des Straftatbestandes des Bannbruchs gleichgültig, ob der Täter gegen absolute oder relative Verbringungsverbote verstößt und ob diese Verbote im Strafgesetzbuch, in Steuergesetzen oder in anderen Vorschriften des

Nebenstrafrechts enthalten sind (glA BMR SteuerStR/*Bender/Möller/Retemeyer* C Rn. 555; MüKoStGB/*Ebner* AO § 372 Rn. 15; Koch/Scholtz/*Scheurmann-Kettner* AO § 372 Rn. 4/1; krit. HHS/*Tormöhlen* AO § 372 Rn. 1g ff.). Entgegen einer vereinzelt in der Literatur vertretenen Auffassung (*Voß* in der → 6. Aufl. Rn. 5 ff. u. ihm folgend RKR/ *Kemper* AO § 372 Rn. 6 f.) gehören daher **auch folgende Verbringungsverbote** zum Anwendungsbereich des § 372 I AO:

- **Verbringungsverbote, die nur aus Straftatbeständen des StGB** erschlossen werden können, etwa
  - die *Einfuhr von Propagandamitteln oder Kennzeichen verfassungswidriger Organisationen*, strafbar gem. §§ 86, 86a StGB,
  - die *Einfuhr von Sabotagemitteln*, strafbar gem. § 87 I Nr. 3 StGB,
  - die *Ein- und Ausfuhr von pornographischen Schriften*, strafbar gem. §§ 184 ff. StGB,
  - die *Einfuhr von Vorrichtungen oder Papier zur Fälschung von amtlichen Ausweisen*, strafbar gem. § 275 I StGB,
  - die *Ein- und Ausfuhr von Kernbrennstoffen*, strafbar gem. § 328 I Nr. 2 StGB, sowie
- **Verbringungsverbote wettbewerbsrechtlichen Ursprungs,** etwa
  - das Verbot der *Einfuhr bzw. Ausfuhr von Vermehrungsgut einer geschützten Sorte* nach § 10 I Nr. 1 Buchst. a SortSchG idF v. 19.12.1997 (BGBl. I 3164),
  - die wie ein Verbot wirkenden Vorschriften über die Beschlagnahme und Einziehung bei der *Ein- oder Ausfuhr von Waren*, die widerrechtlich *mit einem geschützten Markenzeichen versehen* sind, nach § 14 IV Nr. 3 iVm § 143 I Nr. 3 MarkenG, oder die widerrechtlich international registrierte Marken tragen (vgl. Madrider Protokoll v. 27.6.1989 zum Madrider Abkommen über internationale Registrierung von Marken), nach § 119 iVm § 14 IV Nr. 3 und § 143 I Nr. 3 MarkenG (s. zum Ganzen auch *Kettner* BLJ 2007, 117).

Die der Gegenauffassung zugrunde liegende Annahme, der Gesetzgeber habe die **9** Rechtsfolgen der im StGB normierten Straftaten dort abschließend geregelt und habe die Regelung von Strafschärfungsgründen nicht dem Nebenstrafrecht vorbehalten wollen (so *Voß* → 6. Aufl. Rn. 6), findet weder im Wortlaut des Gesetzes noch in der Gesetzessystematik eine tragfähige Grundlage (glA *Beckemper* HRRS 2013, 445, 446). Vielmehr hat sich der Gesetzgeber gerade im Bewusstsein, dass die Ahndung von Verbringungsverboten nicht allein steuerrechtlichen Zwecken dient, sondern regelmäßig auf andere Schutzobjekte gerichtet ist, mit guten Gründen zur Übernahme des Straftatbestandes des Bannbruchs in die AO entschlossen. Denn den Beamten des Zolldienstes ist es leichter als anderen Behörden möglich, zu überwachen, ob die Verbringungsverbote tatsächlich eingehalten werden. Nach den Bestimmungen des § 1 I, III u. IV ZollVG sind die Zollbehörden allgemein verpflichtet, den grenzüberschreitenden Warenverkehr zollamtlich zu kontrollieren und mit entsprechenden hoheitlichen Befugnissen auf die Einhaltung von Ein-, Aus- und Durchfuhrverboten zu achten (vgl. BGH 22.2.1973, NJW 1973, 814). Die wichtigsten zollrechtlichen Erklärungs- und Meldepflichten bestehen deshalb nicht nur im Interesse der Besteuerung, sondern auch der Überwachung von Verboten und Beschränkungen (vgl. auch BMR SteuerStR/*Bender/Möller/Retemeyer* C Rn. 530 ff.).

Soweit (von *Voß* → 6. Aufl. Rn. 7) geltend gemacht wird, dass der Verstoß gegen wett- **10** bewerbsrechtliche Verbringungsverbote in dem zugehörigen Fachgesetz zum Teil nur auf Antrag des Verletzten strafrechtlich verfolgt würde (zB nach § 39 IV SortSchG), ergibt sich hieraus nichts anderes. Denn bei fehlendem Strafantrag stünde in einem solchen Fall die Subsidiaritätsklausel des § 372 II AO (→ Rn. 83 ff.) einer Strafverfolgung wegen Bannbruchs entgegen. Gerade durch die generelle Zuständigkeit der Zollbehörden für die Verfolgung einer Straftat des Bannbruchs wird aber sichergestellt, dass der Verletzte nach einer Zollkontrolle vom Verstoß gegen ein ihn schützendes Verbringungsverbot erfährt und auf diese Weise in die Lage versetzt wird, einen Strafantrag zu stellen. Die große Bedeutung der Zollbehörden bei den Überwachungsaufgaben im internationalen Handel wird auch im Unionszollkodex (UZK, ABl. EU Nr. L 269/1 v. 10.10.2013, ber. ABl. EU Nr. L 287/90, insbes. Erwägungsgrund 5) hervorgehoben. Danach haben die Zollbehörden „*eine führende Rolle in der Versorgungskette und bei den Überwachungs- und Verwaltungsaufgaben im internationalen Handel und (sind) somit zum Katalysator für die Wettbewerbsfähigkeit von Ländern und Unternehmen geworden*".

11–14 *einstweilen frei*

3. Objektiver Tatbestand

a) Objekt des Bannbruchs

15 Gegenstand des Bannbruchs können nur körperliche, bewegliche Sachen sein (BGH 7.9.1956, BGHSt 9, 351, 353; MüKoStGB/*Ebner* AO § 372 Rn. 20; Kohlmann/*Hilgers-Klautzsch* AO § 372 Rn. 12). Damit deckt sich der Begriff des Gegenstandes gem. § 372 I AO weitgehend mit dem Begriff der Ware iSd Art. 28 AEUV (vgl. GHN/*Herrmann* AEUV Art. 28 Rn. 40 ff.). Es können aber auch Waffen, Munition und Kriegsmaterial sowie Zahlungsmittel (HHS/*Tormöhlen* AO § 372 Rn. 43), Falschgeld, Betäubungsmittel, Leichen und Föten Gegenstand des Bannbruchs sein. Der Umstand, dass für Betäubungsmittel (EuGH 28.2.1984 – C-294/84, Slg. 1984, 1177 – Einberger) und Falschgeld (EuGH 6.12.1990 – C-343/89, Slg. 1990, I-4477 – Witzemann) keine Einfuhrabgaben erhoben werden dürfen (vgl. auch Art. 212 ZK; Art. 84 UZK), berührt die nationalen bzw. – nach einer Vergemeinschaftung – die unionsrechtlichen Verbringungsverbote nicht.

b) Ein-, Aus- und Durchführen

16 Der Begriff der **Einfuhr** kann nur in dem Sinn einheitlich definiert werden, dass es sich um das Verbringen (→ Rn. 25) eines Gegenstandes aus einem fremden Gebiet in das durch § 372 AO bzw. durch andere Normen geschützte Gebiet (Banngebiet) handeln muss. In einigen Gesetzen wird der Begriff der Einfuhr ausdrücklich definiert. Im Übrigen ist durch Auslegung des die Blankettnorm ausfüllenden, jeweils maßgebenden Gesetzes (Verordnung) zu ermitteln, ob eine Einfuhr vorliegt bzw. ein Verbringen als Einfuhr gilt (BGH 21.1.1983, BGHSt 31, 215; MüKoStGB/*Ebner* AO § 372 Rn. 31). Nach diesen Gesetzen (Verordnungen) bestimmen sich die jeweiligen Banngrenzen und Banngebiete (HHS/*Tormöhlen* AO § 372 Rn. 8 ff.). Deshalb sind weder die Begriffsbestimmungen des AWG nach dessen § 2 IX–XI noch die Regelungen der Mehrwertsteuersystemrichtlinie (Art. 30) noch die Regeln des (Unions-)Zollkodexes allgemein für andere Gesetze oder Verordnungen maßgebend. Der Zollkodex definiert den Begriff der Einfuhr nicht, unterstellt aber die Verbringung von Waren in das Zollgebiet der EU der zollamtlichen Überwachung (Art. 37 I ZK; Art. 134 I UZK; s. dazu *Küchenhoff* NZWiSt 2018, 90, 93 – Bannbruch durch Entziehen von Waren aus der zollamtlichen Überwachung; str., → Rn. 87). In der Regel ist durch Einfuhr-, Ausfuhr und Durchfuhrverbote ein Wirtschaftsgebiet geschützt, so dass durch Verbringen von Gegenständen aus einem fremden Wirtschaftsgebiet in das geschützte Wirtschaftsgebiet das Tatbestandsmerkmal der Einfuhr erfüllt wird. Das Wirtschaftsgebiet ist häufig mit dem Hoheitsgebiet identisch. In Fällen, in denen das Gesetz ohne nähere Erläuterung nur von Einfuhr spricht, ist dies iS von Verbringen von Sachen in das Hoheitsgebiet zu verstehen (zB § 29 I Nr. 1 BtMG; §§ 3 III, 22a I Nr. 4 KrWaffG; § 69 IV Nr. 1, V BNatSchG; vgl. *Bender* ZfZ 1992, 199, 202, Fn. 8).

17 Vielfach wird das Tatbestandsmerkmal der Einfuhr im Gesetz ausdrücklich erläutert. Beispielsweise wird der Begriff der **Einfuhr** in § 2 XI AWG, auf den einige Gesetze ausdrücklich verweisen, wie folgt bestimmt als:

§ 2 AWG Begriffsbestimmungen
(1)–(10) [...]
(11) [1] Einfuhr ist
1. die Lieferung von Waren aus Drittländern in das Inland und

2. die Übertragung von Software oder Technologie einschließlich ihrer Bereitstellung auf elektronischem Weg für natürliche und juristische Personen im Inland.
²Werden Waren aus Drittländern in ein Verfahren der Freizone, des externen Versands, des Zolllagers, der vorübergehenden Verwendung oder der aktiven Veredelung übergeführt, so liegt eine Einfuhr erst dann vor, wenn die Waren
1. in der Freizone gebraucht, verbraucht oder verarbeitet werden oder
2. zum zollrechtlich freien Verkehr überlassen werden.
³Satz 2 gilt nicht für Güter, die Einfuhrverboten auf Grundlage der nach diesem Gesetz erlassenen Rechtsverordnungen oder vollziehbaren Anordnungen unterliegen.
(12)–(25) [...]

Als **Zollgebiet der EU** definiert § 2 XXV AWG das Zollgebiet der EG nach Artikel 3 **18** der Verordnung (EWG) Nr. 2913/92 des Rates vom 12.10.1992 zur Festlegung des Zollkodex der Gemeinschaften (ABl. Nr. L 302 vom 19.10.1992, 1) in der jeweils geltenden Fassung. Freizonen sind wie Freilager Teile des Zollgebiets der EU oder in diesem Zollgebiet gelegene, vom übrigen Zollgebiet getrennte Räumlichkeiten für bestimmte Waren (Art. 166 ZK; Art. 243 ff. UZK; näher dazu → § 382 Rn. 33). Das Nichterhebungsverfahren bezeichnet Zollverfahren, die zu keiner Erhebung von Zoll führen (Art. 84–160 ZK), wie etwa das externe Versandverfahren (Art. 91–97 ZK; Art. 134 f. UZK) oder das Verfahren der Zolllagerung (Art. 98–113 ZK; Art. 237, 240 UZK). Die Begriffe der Ein-, Aus- oder Durchfuhr werden davon nicht berührt. Der Tatbestand der Einfuhr nach dem AWG deckt sich bezogen auf Deutschland mit dem Tatbestand des Verbringens in das Zollgebiet der EU (Art. 37 ZK; Art. 134 UZK).

Zum Teil wird als Einfuhr jede Ortsveränderung von Gegenständen in den Geltungs- **19** bereich des Gesetzes aus einem Staat definiert, der nicht Mitglied der EU ist. Entsprechendes gilt für die Ausfuhr (vgl. § 3 II Nr. 7 SprengG). Andere Gesetze definieren die Einfuhr als das Verbringen von Sachen aus einem Drittland in die EU (§ 2 Nr. 12 TierGesG). Wieder andere Gesetze sprechen von dem Verbringen von Sachen aus Drittländern in das Inland (zB § 2 XI AWG [s. o.]; § 53 LFGB) oder in den Geltungsbereich des Gesetzes. Ist dieser im Gesetz nicht besonders abgegrenzt, erstreckt sich der Geltungsbereich auf das Hoheitsgebiet der Bundesrepublik Deutschland. Dazu gehören auch **Helgoland** und **Büsingen,** obwohl beide Gebiete vom Zollgebiet der EU ausgeschlossen sind (Art. 3 I 3. Spiegelstrich ZK; Art. 4 I 4. Spiegelstrich UZK; MüKoStGB/*Ebner* AO § 372 Rn. 28).

Zur **Begrenzung des Einfuhrbegriffs** und/oder zur Abgrenzung von der Durchfuhr **20** bestimmen einzelne Gesetze mit unterschiedlichem Wortlaut, dass bestimmte einem Verbringungsverbot in den Geltungsbereich des Gesetzes unterliegende Gegenstände (zB Arzneimittel) in Freizonen verbracht (zB § 73 I, II Nr. 3 AMG) oder zollamtlich abgefertigt werden dürfen (zB 47 I Vorläufiges Tabakgesetz idF v. 1.9.2005, BGBl. 2005 I 2618; s. dazu jetzt § 27 II TabakerzG iVm Art. 27 AkkreditierungsVO) oder dass die in einem Gesetz normierten Beschränkungen nicht auf einen Gegenstand anzuwenden sind, der *„sich in einem Freihafen oder unter zollamtlicher Überwachung befindet"* (§ 18 I Nr. 1 SaatG für Saatgut und Vermehrungsmaterial).

Der Begriff der **Ausfuhr** kann ebenfalls nur in dem Sinn einheitlich definiert werden, **21** dass es sich um das Verbringen eines Gegenstandes aus dem durch § 372 AO bzw. durch andere Normen geschützten Gebiet in ein fremdes Gebiet handeln muss. In manchen Gesetzen wird der Begriff der Ausfuhr ausdrücklich definiert. Wenn dies nicht der Fall ist, ist durch Auslegung des jeweiligen blankettausfüllenden Gesetzes (Verordnung) zu ermitteln, welcher Vorgang eine Ausfuhr darstellt (vgl. Flore/Tsambikakis/*Klötzer-Assion* § 372 Rn. 24). Das AWG definiert in § 2 III den Begriff der Ausfuhr:

§ 2 AWG Begriffsbestimmungen
(1), (2) [...]
(3) Ausfuhr ist
1. die Lieferung von Waren aus dem Inland in ein Drittland und

2. die Übertragung von Software und Technologie aus dem Inland in ein Drittland einschließlich ihrer Bereitstellung auf elektronischem Weg für natürliche und juristische Personen in Drittländern.
(4)–(25) [...]

Andere Gesetze sprechen vom Verbringen von Sachen *„aus dem Inland in ein Drittland"* (zB § 2 Nr. 13 TierGesG).

22 Der Begriff der **Durchfuhr** bezieht sich auf das Verbringen eines Gegenstandes aus einem fremden Gebiet durch das geschützte Gebiet in ein fremdes Gebiet, ohne dass der Gegenstand in den freien Verkehr des geschützten Gebiets gelangt. Auch insoweit ist das blankettausfüllende Gesetz (Verordnung) dafür maßgebend, ob eine Durchfuhr vorliegt. Der Begriff *„innergemeinschaftliches Verbringen"* umfasst die Durchfuhr (zB § 2 Nr. 14 TierGesG). Deshalb ist die Beförderung von Tieren aus einem fremden Wirtschaftsgebiet durch das Wirtschaftsgebiet unter zollamtlicher Überwachung ohne Umladung und Zwischenlagerung eine Durchfuhr. Es bleibt eine Durchfuhr, wenn etwa Tiere aus einem Seeschiff oder Flugzeug nach der Ankunft im Wirtschaftsgebiet unmittelbar in ein anderes Seeschiff, Flugzeug oder anderes Beförderungsmittel zur direkten Weiterbeförderung aus dem Wirtschaftsgebiet umgeladen werden. Das Durchführen ist ein *selbständiger* Vorgang, nicht etwa die Zusammenfassung eines Einfuhr- und eines Ausfuhrvorgangs (glA Mü-KoStGB/*Ebner* AO § 372 Rn. 39; HHS/*Tormöhlen* AO § 372 Rn. 16; aM OLG Schleswig 15.7.1971, NJW 1971, 2319 zu § 184 StGB aF). Der Unterschied besteht darin, dass die Ware sich bei einer tatbestandsmäßigen Durchfuhr zu keiner Zeit im freien Verkehr des durchfahrenen Gebiets befindet; sie kann daher innerhalb des zu schützenden Gebiets nicht verbreitet werden und deshalb meistens auch nicht diejenige Gefahr hervorrufen, die den Beweggrund für den Erlass eines Einfuhrverbots bildet. Aus diesem Grunde kann das Durchführen von Waren nur dann geahndet werden, wenn ausdrücklich *diese* Art des Verbringens verboten und mit Strafe oder Geldbuße bedroht ist. Beispielsweise ist das nicht genehmigte Verbringen von Betäubungsmitteln verbotene Durchfuhr iSd § 11 I 2 BtMG, wenn die Ware während des Transportes zu keiner Zeit zur Disposition des Durchführenden oder einer anderen Person steht und der durch die Beförderung bedingte Aufenthalt im Inland auf die dafür notwendige Zeit beschränkt ist (BGH 4.4.1984, NStZ 1984, 365; BGH 1.10.1986, BGHSt 34, 180, 183; BGH 22.7.1993, NJW 1994, 61).

23 Bei Flugreisenden liegt eine Durchfuhr auch dann vor, wenn der Aufenthalt eines Transitreisenden nur so kurze Zeit dauert, dass die sonst gegebene Möglichkeit, sich das Fluggepäck aushändigen zu lassen, objektiv nicht besteht (BGH 28.11.1973, NJW 1974, 429; MüKoStGB/*Ebner* AO § 372 Rn. 40). Ausgeschlossen ist die Verfügung auch, wenn das Gepäck unter zollamtlicher Überwachung steht (BGH 5.10.1983, StV 1984, 25). Versuchte Einfuhr (anstelle versuchter Durchfuhr) liegt vor, wenn bei einem kurzen Zwischenaufenthalt das Gepäck in zollamtlicher Kontrolle bleibt, der Täter aber mit der Möglichkeit einer Aushändigung des Gepäcks rechnet (BGH 4.5.1983, BGHSt 31, 376, 378 f.). Denn die Verfügungsgewalt besteht nicht nur dann, wenn der Täter die Bannware (zB Betäubungsmittel) in Händen hält, sondern auch dann, wenn er sie ohne Schwierigkeiten erhalten kann (BGH 25.7.2002, NStZ 2003, 92). Im Unterschied zur früheren Rechtsprechung (BGH 4.5.1983, BGHSt 31, 376 f. u. BGH 26.8.1983, zit. bei *Holtz* MDR 1984, 90) nimmt der BGH allerdings angesichts einer geänderten Beurteilung von Sicherheitsfragen nicht mehr an, dass einem Fluggast das Gepäck bei Zwischenlandungen ohne Weiteres ausgehändigt wird, sofern er nur den Wunsch äußert und den Gepäckschein vorweist. Daher ist die Verfügungsmöglichkeit des Fluggasts in jedem Einzelfall konkret festzustellen (BGH 25.7.2002, NStZ 2003, 92; BGH 16.6.2004, NStZ 2004, 693). Versuchte Einfuhr – abgesehen von Bannware am Körper oder im Handgepäck – kommt somit bei bloßen Zwischenlandungen regelmäßig nur dann in Betracht, wenn sich ein Flugreisender am Zwischenlandeplatz tatsächlich bemüht hat, Zugriff auf sein Gepäck zu erhalten (ebenso zB Tipke/Kruse/*Loose* AO § 372 Rn. 4).

Einfacher ist die Beurteilung, wenn ein **Autofahrer oder Bahnreisender** Bannware im 24
Handgepäck (zB von Luxemburg oder von Belgien nach Kopenhagen) durch Deutschland
befördert; hier findet wegen seiner freien Verfügungsmacht keine Durchfuhr statt, sondern
zunächst eine Einfuhr und anschließend eine Ausfuhr (BGH 21.11.1972, zit. in BGH
28.11.1973, NJW 1974, 429; BGH 21.1.1983, BGHSt 31, 215).

Verbringen ist der Oberbegriff und der Sammelbegriff für Ein-, Aus- und Durchführen 25
(Erbs/Kohlhaas/*Hadamitzky*/*Senge* AO § 372 Rn. 6). Verbringen bedeutet, eine Sache
durch Einwirken eines Menschen – gleichviel auf welche Weise und in welche Richtung –
über eine Außengrenze zu schaffen. Das Verbringen erfordert, dass der Täter an der
Warenbewegung *körperlich* mitwirkt. Es genügt, dass jemand eine Ware, deren Einfuhr
verboten ist, im Ausland bestellt und der Lieferer sie mit der Post ins Inland versendet (RG
9.11.1933, RGSt 67, 345, 347 f. für eine Postsendung mit Kodein, das als Arzneimittel
ausgegeben worden war). Das Überschreiten einer *Außengrenze* ist erforderlich. Daher wird
das Verbringen von Tieren über die innerdeutschen Grenzen eines Seuchensperrbezirks
von § 372 AO nicht erfasst. Gelangt eine Ware *ohne menschliches Zutun* über die Grenze in
das Inland, so wird sie noch nicht *eingeführt*. Verbleibt sie aber mit menschlichen Willen im
Banngebiet, dann ist sie in dieses Gebiet verbracht. Auch die Zollvorschriften gehen davon
aus, dass ein Verbringen in das Zollgebiet erst dann vorliegt, wenn die Waren mit mensch-
lichem Willen im Zollgebiet verbleiben sollen (Witte/*Schulmeister* UZK Art. 134 Rn. 3).
Für ein strafbares Verbringen iSv § 372 AO genügt es indes nicht, das Überschreiten der
Außengrenze nachträglich zu billigen (s. auch MüKoStGB/*Ebner* AO § 372 Rn. 41); der
Vorsatz zum Verbringen muss bereits beim Überschreiten der Grenze vorgelegen haben
(vgl. RG 22.10.1907, RGSt 40, 326 f. für Tiere, die über die Grenze gelaufen waren: Wer
sich dieser Tiere bemächtigt, soll nicht der verbotenen Einfuhr schuldig sein).

Verbringenlassen. Einzelne Verbringungsverbote und die zu ihrem Schutz erlassenen 26
Straf- oder Bußgeldvorschriften erwähnen neben dem Ein-, Aus- oder Durchführen oder
Verbringen noch ein Ein-, Aus- oder Durchführen*lassen* oder ein Verbringen*lassen*, vgl. zB
§ 40 II Nr. 1 SprengG, § 15 I 1 Nr. 2 EnergieStG. In diesen Fällen muss der Täter die
Tatherrschaft über die Einfuhr, Ausfuhr oder Durchfuhr ausüben oder als mittelbarer Täter
(§ 25 I StGB) handeln, um Täter eines Bannbruchs gem. § 372 AO zu sein. Eine generelle
Erweiterung des Blankettstraftatbestandes Bannbruch um Anstiftung und Beihilfe als ver-
selbständigte täterschaftliche Begehungsformen wird durch die Verwendung des Begriffs
Verbringen*lassen* hingegen nicht bewirkt (ebenso Flore/Tsambikakis/*Klötzer-Assion* AO
§ 372 Rn. 31; aA HHS/*Tormöhlen* AO § 372 Rn. 41).

Zielgebiet. Das Zielgebiet für Ein-, Aus- oder Durchführen ist nicht einheitlich zu 27
bestimmen; es hat sich durch die staatsrechtliche Entwicklung nach 1945, die Entwicklung
der EG/EU (vgl. dazu *Schmidt* ZfZ 1972, 294; zu den Auswirkungen des Binnenmarktes:
Bender ZfZ 1992, 199, *Fehn* ZfZ 1991, 104) und durch die Wiedervereinigung gewandelt.
Vorbehaltlich der Unvereinbarkeit mancher Regelungen mit den Bestimmungen des
Unionsrechts (→ Rn. 50) sind aber die nationalen Verbringungsverbote von der Einführung des Binnenmarktes unberührt geblieben. Im Einzelnen beziehen sich Verbringungsverbote (→ Rn. 52 ff.)

- auf den Geltungsbereich des jeweiligen Gesetzes für Waren aus Ländern, die nicht
  Mitgliedstaaten der EU oder *andere Vertragsstaaten des Abkommens über den Europäischen
  Wirtschaftsraum* sind, zB in § 72 AMG;
- auf das Gebiet der Bundesrepublik Deutschland gegenüber *anderen Mitgliedstaaten der
  EG/EU*, zB in § 15 GFLHG in der ursprünglichen Fassung v. 12.7.1973 (BGBl. I 776);
- am häufigsten auf den *Geltungsbereich des jeweiligen Gesetzes* oder der jeweiligen Rechtsverordnung zur Abgrenzung der Bundesrepublik Deutschland gegenüber anderen Staaten.

Als weitere Begriffe werden verwendet
- das *Bundesgebiet,* zB nach § 3 KrWaffG;
- das *Wirtschaftsgebiet* gegenüber *fremden Wirtschaftsgebieten,* zB in § 4 I Nr. 1 u. 2 AWG aF;

- das *Verbringen von Nichtgemeinschaftswaren (Drittlandserzeugnissen) bzw. von Waren aus Vertragsstaaten in das Inland* (Bsp.: § 2 Nr. 19 WeinG), wobei mangels Definition des Begriffs unter „*Inland*" das Gebiet der Bundesrepublik Deutschland unter Einschluss der Zollausschlüsse und der Freizonen zu verstehen ist;
- das *Zollgebiet der EU,* etwa für die Ein- und Ausfuhr von Marktordnungswaren nach § 4 MOG;
- bis zum Außerkrafttreten des BranntwMonG mit Ablauf des 31.12.2017 (→ § 381 Rn. 5) auch das *Monopolgebiet* in *§ 2 BranntwMonG* (vgl. dazu BGH 5.2.1963, ZfZ 1968, 18 mAnm *Skuhr* sowie BFH 14.2.1978, ZfZ 1978, 277).

28 **Von der Hoheitsgrenze** kann die für ein Ein-, Aus- oder Durchfuhrverbot maßgebende Grenzlinie abweichen.

Allgemein werden Waren beim Verkehr über den Bodensee aus der Schweiz erst dann eingeführt, wenn sie an einen deutschen Hafen, an das deutsche Ufer oder an damit verbundene Anlagen gelangt sind (§ 1 ZollV).

Ob das vom Zollgebiet der EU ausgeschlossene Büsingen (Art. 3 I 3. Spiegelstrich ZK bzw. Art. 4 I 4. Spiegelstrich UZK) sowie Freizonen und Freilager (Art. 166 ZK, § 20 ZollVG; Art. 243 UZK) und die österreichischen Gebiete Jungholz und Mittelberg, die Österreich vom Anwendungsbereich seiner Zollvorschriften ausgenommen hat (vgl. hierzu *Rogmann* ZfZ 1996, 194, 197 f.) zum Banngebiet gehören, ist durch Auslegung der Verbotsnormen zu ermitteln, wenn die Gesetze insoweit keine ausdrücklichen Bestimmungen enthalten.

29 **Helgoland,** das nicht zum Zollgebiet der EU gehört (Art. 3 I ZK, Art 4 I UZK), unterliegt in der Regel dem Schutzbereich der Ein-, Aus- und Durchfuhrverbote. **Vorgeschobene Zollstellen auf fremdem Hoheitsgebiet** (Art. 38 III ZK; Art. 135 IV UZK) können die für ein Ein- oder Durchfuhrverbot maßgebende Grenzlinie auf das benachbarte Hoheitsgebiet ausdehnen (ua Erbs/Kohlhaas/*Hadamitzky/Senge* AO § 372 Rn. 6; GJW/*Tully* AO § 372 Rn. 7; MüKoStGB/*Ebner* AO § 372 Rn. 29; Wannemacher/*Beil* Rn. 1833; Kohlmann/*Hilgers-Klautzsch* AO § 372 Rn. 44; aM *Hübner* JR 1984, 82). Voraussetzung ist ein ratifizierter Staatsvertrag, der nicht nur die Grenzabfertigung durch deutsche Amtsträger auf fremdem Gebiet gestattet, sondern darüber hinaus bestimmt, dass (auch) Zuwiderhandlungen gegen Verbote des grenzüberschreitenden Warenverkehrs an der vorgeschobenen Zollstelle oder in der Zone zwischen ihr und der Hoheitsgrenze so zu beurteilen sind, als seien sie auf deutschem Hoheitsgebiet begangen. Unionsrechtliche Vorschriften wie Art. 38 III ZK bzw. Art. 135 IV UZK und kriminologische Erwägungen, dass hinter einer vorgeschobenen Zollstelle keine Kontrolle mehr stattfände, reichen nicht aus.

30 Zweifelsfreie Sonderregelungen enthält zB das *deutsch-schweizerische* Abkommen über die Errichtung nebeneinanderliegender Grenzabfertigungsstellen und die Grenzabfertigung in Verkehrsmitteln während der Fahrt v. 1.6.1961 (ratifiziert durch G v. 1.8.1962, BGBl. II 877; in Kraft ab 13.5.1964, BGBl. II 675), dessen Art. 4 wie folgt lautet:

„(1) In der Zone gelten die Rechts- und Verwaltungsvorschriften des Nachbarstaates, die sich auf die Grenzabfertigung beziehen, wie in der Gemeinde des Nachbarstaates, der die Grenzabfertigungsstelle zugeordnet ist. Sie werden, soweit nicht in Artikel 5 Abweichendes bestimmt ist, von den Bediensteten des Nachbarstaates im gleichen Umfang und mit allen Folgen wie im eigenen Staatsgebiet durchgeführt. Personen dürfen jedoch nur wegen Zuwiderhandlungen gegen die Vorschriften über die Grenzabfertigung des Nachbarstaates oder, wenn sie von den Behörden des Nachbarstaates gesucht werden, festgenommen und in den Nachbarstaat verbracht werden. Die Gemeinde, der die Grenzabfertigungsstelle des Nachbarstaates zugeordnet ist, wird von der Regierung dieses Staates bezeichnet.

(2) Wird in der Zone gegen die sich auf die Grenzabfertigung beziehenden Rechts- und Verwaltungsvorschriften des Nachbarstaates verstossen, so üben die Gerichte und Behörden des Nachbarstaates die Strafgerichtsbarkeit aus und urteilen, als ob die Zuwiderhandlungen in der Gemeinde begangen wären, der die Grenzabfertigungsstelle zugeordnet ist.

(3) Im übrigen gilt in der Zone das Recht des Gebietsstaates. Die Organe des Gebietsstaates dürfen jedoch in der Zone Personen während der Grenzabfertigung durch die Bediensteten des Nachbarstaates oder Personen, die von den Bediensteten dieses Staates in Gewahrsam genommen sind, nur festnehmen nach Herstellung des Einvernehmens zwischen den Bediensteten beider Staaten."

Zur älteren Kasuistik (BtM- u. WaffenR) → 8. Aufl. Rn. 31 ff.   **31**
einstweilen frei   **32–39**

c) Einfuhr-, Ausfuhr- und Durchfuhrverbote

Verbringungsverbote iSd § 372 I AO müssen **durch Gesetz oder Rechtsverordnung** **40**
oder durch Rechtsakte des Rates oder der Kommission der EU angeordnet sein. Gleichgültig ist, welchem Schutzzweck das Verbot dient (MüKoStGB/*Ebner* AO § 372 Rn. 45; zust. HHS/*Tormöhlen* AO § 372 Rn. 44b). Auch ist unerheblich, ob es sich um ein *absolutes* Verbot handelt oder um ein *relatives* Verbot, das Ausnahmen zulässt, wenn bestimmte Voraussetzungen erfüllt sind, zB die seuchenrechtliche Untersuchung von Tieren (ausf. *Eggers* ZfZ 1973, 333). Ob Einfuhr- oder Ausfuhrverbote vorliegen, ist durch Auslegung zu ermitteln. Dasselbe gilt für die Frage, ob Rechtsvorschriften, die nach dem Wortlaut nur die Einfuhr und die Ausfuhr erfassen, auch die Durchfuhr betreffen (vgl. dazu EuGH 6.4.2000 – C-383/98, Slg. 2000, I-2519 – Polo/Lauren).

Die in Bezug genommenen Gesetze unterscheiden teilweise zwischen Verboten und **41**
Beschränkungen. Ob **Beschränkungen** Verbote iSd § 372 AO sind, ist jeweils durch Auslegung der einschlägigen Bestimmungen zu ermitteln. Soweit die Vorschriften nur die Einhaltung von bestimmten **Förmlichkeiten** für die Verbringung verlangen, wie die Einhaltung bestimmter Verkehrswege (§ 2 ZollVG), die Bindung an Öffnungszeiten der Zollstellen (§§ 3, 4 ZollVG) oder die Anmeldung von Waren bei bestimmten Zollstellen (§ 7 ZollV), handelt es sich nicht um Verbringungsverbote (RG 7.11.1929 RGSt 63, 357; MüKoStGB/*Ebner* AO § 372 Rn. 13; Kohlmann/*Hilgers-Klautzsch* AO § 372 Rn. 16). Keine Einfuhrverbote sind auch Anzeigepflichten, zumal wenn diese nicht generell für bestimmte Waren bestehen, sondern nur auf Verlangen der Zollbediensteten zu erfüllen sind, wie im Falle der Einfuhr von Bargeld oder gleichgestellten Zahlungsmitteln im Wert von mehr als 10.000 EUR (§ 12a II ZollVG). Sind **Nachweise** über den Ursprung, die Gesundheit oder die sonstige Beschaffenheit von Tieren oder Gegenständen oder Untersuchungsbefunde oder Bescheinigungen vorzulegen, kommt es darauf an, ob die Waren, für welche die erforderlichen Nachweise nicht vorliegen, nach den einschlägigen Vorschriften von der Einfuhr, Ausfuhr oder Durchfuhr ausgeschlossen werden sollen oder ob die Nachweise nur als Förmlichkeiten zur Kontrolle des Warenverkehrs über die Grenze zu verstehen sind (vgl. die bei HHS/*Tormöhlen* AO § 372 Rn. 49 aufgeführten Beispiele aus der Rspr). Nicht ausreichend für einen Bannbruch ist ein Zuwiderhandeln gegen Bedingungen oder Auflagen, welche die Überwachung der Verbote des grenzüberschreitenden Warenverkehrs nur erleichtern oder vereinfachen sollen; denn in solchen Fällen liegt es in der Hand der Zollbehörden, die Einfuhr an ungeeigneter Stelle zurückzuweisen (RG 7.11.1929, RGSt 63, 357).

Bei den sehr unterschiedlichen Vorschriften kommt es weniger darauf an, ob die Ein-, **42**
Aus- oder Durchfuhr grundsätzlich verboten und ausnahmsweise zugelassen ist oder umgekehrt (zutr. *Eggers* aaO; aM *Fuchs* ZfZ 1954, 67); dies ist oft nur eine Frage der Formulierung, die bei der Verschiedenheit der Epochen und Ressorts, denen die Verbotsvorschriften entstammen, ohnehin nicht einheitlich sein kann. Entscheidend ist vielmehr, ob der Zweck eines (relativen) Verbots unter dem Gesichtspunkt der Gefahrenabwehr auch dann noch gewahrt ist, wenn eine bestimmte Bedingung oder Auflage nicht erfüllt wird.

Zu unterscheiden sind **Verbote wirtschaftlicher und nichtwirtschaftlicher Art:** **43**
Einfuhr-, Ausfuhr- und Durchfuhrverbote wirtschaftlicher wie nichtwirtschaftlicher Art sind mengenmäßige Beschränkungen und Maßnahmen gleicher Wirkung iSd Art. 28 EGV bzw. Art. 34 AEUV (EuGH 11.7.1974 – C-8/74, Slg. 1974, 837 – Dassonville; EuGH 20.2.1979 – 120/78, Slg. 1979, 649 – Cassis de Dijon; Witte/*Hoffmann* UZK Art. 134

§ 372 44–50   Bannbruch

Rn. 44 ff.). Sie sind im Warenverkehr zwischen den Mitgliedstaaten der EU rechtlich nur zulässig, wenn sie durch die in Art. 30 EGV bzw. Art. 36 AEUV aufgeführten Gründe oder durch zwingende Erfordernisse des Allgemeininteresses (EuGH 20.2.1979, 120/78, Slg. 1979, 649 – Cassis de Dijon; EuGH 26.6.1997, C-368/95, Slg. 1997 I-3689 – Familiapress; GHN/*Leible*/T. *Streinz* AEUV Art. 34 Rn. 88 ff.) gerechtfertigt werden können (zum Prüfungsverfahren → Rn. 50). **Verbote wirtschaftlicher Art** gehören in den Bereich der **Handelspolitik** (zum Begriff nach EU-Recht vgl. GHN/*Weiß* AEUV Art. 207 Rn. 24 ff.; vgl. auch Art. 79 und 161 I ZK und die Kommentierung dazu in Witte/*Alexander* ZK Art. 79 Rn. 5 ff. sowie Witte/*Prieß* ZK Art. 161 Rn. 8 ff.) oder der **gemeinsamen Agrarmarktpolitik** (Art. 32–38 EGV; Art. 38–44 AEUV). Es handelt sich um eine reichhaltige Palette insbes. von Einfuhr- und Ausfuhrregelungen, die sich als Schutzmaßnahmen zur Abwehr von Marktstörungen darstellen (vgl. dazu GHN/*Weiß* AEUV Art. 207 Rn. 63, 192 ff. betr. die Handelspolitik und GHN/*Priebe* AEUV Art. 40 Rn. 86. betr. die Agrarmarktordnung; zu den weiteren europarechtlichen Grundlagen s. → 8. Aufl. Rn. 44 ff.).

44–47 *einstweilen frei*

48 Soweit die EU Einfuhr-, Ausfuhr- und Durchfuhrverbote durch Verordnung, also mit unmittelbarer Wirkung (Art. 249 UAbs. 2 EGV; Art. 288 II AEUV), erlässt, kann nach der gegenwärtigen Rechtslage eine **Strafbewehrung nur auf Grund eines nationalen Gesetzes** herbeigeführt werden. Die **Europäische Union** hat grundsätzlich **keine Zuständigkeit zum Erlass von Normen des Strafrechts** (EuGH 2.2.1989 – C-186/87, Slg. 1989, 195, 221 f. – Cowan; *Zuleeg* JZ 1992, 761 ff.). Für die **Bußgeldbewehrung** wird man in den von einer Einzelermächtigung abgedeckten Bereichen eine Zuständigkeit der EU bejahen müssen (Bsp.: Art. 83 DS-GVO). Im Bereich des Wettbewerbs ist die Auferlegung einer Geldbuße bei Verstößen gegen die Wettbewerbsregeln ausdrücklich vorgesehen (Art. 15 der auf Art. 87 EGV alt – jetzt Art. 83 EGV [Art. 103 AEUV] – gestützten VO Nr. 17 v. 6.2.1962, ABl. EG Nr. 13, 204).

49 Die nationale Straf- oder Bußgeldbewehrung geschieht durch Verweisung der Straf- oder Bußgeldnorm auf die einschlägigen Rechtsakte der EU (zB § 32 II Nr. 8 TierGesG; § 48 I Nr. 3 u. 4, § 49 S. 1 Nr. 6 u. 7 WeinG; §§ 58–60 LFGB; §§ 71, 71a BNatSchG; §§ 18, 19 AWG). Nach § 18 I AWG ergibt sich die **Strafnorm** für Verstöße gegen Verbringungsverbote der EU unmittelbar aus dem Gesetz, soweit es um Verstöße gegen **Embargo-Maßnahmen** der EU geht, die auf Beschlüssen des Sicherheitsrats der Vereinten Nationen nach Kapitel VII der Charta der Vereinten Nationen beruhen. Voraussetzung ist, dass die Rechtsakte der EU im Bundesgesetzblatt oder im Bundesanzeiger veröffentlicht worden sind (zB VO [EWG] Nr. 3541/92 betr. Embargo-Maßnahmen gegen den Irak, BAnz. Nr. 49 v. 12.3.1993, 2177). Um Verstöße gegen Rechtsakte der EG/EU als Ordnungswidrigkeiten zu ahnden, bedient sich der Gesetzgeber der Technik der **Rückverweisung**. Nach § 19 IV AWG können durch Rechtsverordnung die Tatbestände aus einem Rechtsakt der EG/EU bezeichnet werden, die als Ordnungswidrigkeit geahndet werden können, soweit dies zur Durchführung der Rechtsakte der EG/EU erforderlich ist. Das AWG bestimmt den Rahmen für die Höhe der Geldbuße (§ 19 VI AWG).

50 Nationale Verbringungsverbote sind auf ihre **Vereinbarkeit mit den Vorschriften des AEUV** zu überprüfen, soweit sie sich auf den Verkehr mit den Mitgliedstaaten der EU auswirken. Die Notwendigkeit der Überprüfung besteht insbes., wenn ein Verbringungsverbot die **Grundfreiheiten** des freien Warenverkehrs, des Dienstleistungsverkehrs und des annexen Zahlungsverkehrs beschränkt. In der Regel wird es dabei um die Frage gehen, ob nationale Einfuhr-, Ausfuhr- oder Durchfuhrverbote im Inner-Unions-Verkehr gem. Art. 36 AEUV aus Gründen der öffentlichen Sittlichkeit, Ordnung und Sicherheit, zum Schutz der Gesundheit und des Lebens von Menschen, Tieren oder Pflanzen, des nationalen Kulturguts von künstlerischem, geschichtlichem oder archäologischem Wert oder des gewerblichen und kommerziellen Eigentums gerechtfertigt sind. Der EuGH hat entschieden, dass auch Waren im Durchfuhrverkehr in den Anwendungsbereich der Art. 34–36 AEUV fallen und dass die Durchfuhr von rechtmäßig in einem Mitgliedstaat hergestellten für einen Drittstaat bestimmten Waren von dem Durchfuhrstaat nicht unter dem Gesichtspunkt der Verletzung eines Markenrechts behindert werden darf (EuGH 23.10.2003 – C-115/02, Slg. 2003, I-12705 – Rioglass). Ergibt die Überprüfung, dass ein Verbringungsverbot gegen das Verbot mengenmäßiger Beschränkungen (Art. 34 AEUV) verstößt, darf eine Strafe oder Geldbuße wegen eines Verstoßes gegen das Verbringungsverbot nicht verhängt werden. Die Straf- oder Bußgelddrohung (nationale Sanktion) ist ebenso unanwendbar wie das gegen das Unionsrecht verstoßende Verbringungsverbot. Entsprechendes gilt, wenn nationale Verbringungsverbote in den **ausschließlichen Zuständigkeitsbereich der EU für die Handelspolitik** (Art. 207 AEUV) eingreifen. Wegen des **Vorrangs des Unionsrechts** gegenüber dem nationalen Recht ist das nationale Recht nicht anzuwenden. Über die Nichtanwendbarkeit entscheiden Verwaltungsbehörden und Gerichte in eigener Zuständigkeit, ohne dass es der Anrufung des – im Übrigen auch nicht zuständigen – Bundesverfassungsgerichts bedarf (EuGH 9.3.1978 – 106/77, Slg. 1978, 629 – Simmenthal II).

Soweit Zweifel an der Auslegung des Unionsrechts im Hinblick auf die Vereinbarkeit nationalen Rechts mit Unionsrecht bestehen, ist ein **Vorabentscheidungsersuchen gemäß Art. 267 AEUV** an den EuGH zu richten (zum Verfahren vgl. *Gündisch/Wienhues*, Rechtsschutz in der europäischen Union, 2. Aufl., S. 116 ff.). Letztinstanzlich entscheidende Gerichte sind zur Vorlage an den EuGH verpflichtet (Art. 267 III AEUV). Die Unanwendbarkeit eines nationalen Verbots im Inner-Unions-Verkehr hebt das Verbot im **Verhältnis zu Drittstaaten** (EuGH 15.6.1976 – C-51/75, Slg. 1976, 811 – EMI/CBS, Warenzeichenrecht) und ggf. entsprechende Herstellungs- oder Verkehrsverbote im Inland (EuGH 14.7.1988 – C-407/85, Slg. 1988, 4233 – 3 Glocken-Pasta, Rn. 25) nicht auf. Eine daraus sich ergebende – sog. **umgekehrte – Diskriminierung** für den Inlands- und Drittlandsverkehr ist jedenfalls nach Unionsrecht unbedenklich (EuGH 14.7.1988 – C-308/86, Slg. 1988, 4369 – Lambert; EuGH 16.2.1995 – C-29/94, Slg. 1995, I-301 – Aubertin). Ob sich unter dem Gesichtspunkt des Gleichheitssatzes verfassungsrechtliche Bedenken ergeben, ist durch die Rechtsprechung des – insoweit zuständigen – Bundesverfassungsgerichts noch nicht allgemein geklärt und kann wohl auch nur von Fall zu Fall beurteilt werden (vgl. *Epiney*, Umgekehrte Diskriminierungen, Zulässigkeit und Grenzen der discrimination à rebours nach europäischem Unionsrecht und nationalem Verfassungsrecht, Köln 1995). Der **EuGH** hat bisher in mehreren Fällen die Grundfreiheiten des Unionsrechts, insbes. die Freiheit des Warenverkehrs so ausgelegt, dass nationale Verbringungsverbote als mit dem Unionsrecht nicht vereinbar beurteilt wurden (zB EuGH 11.7.1974 – C-8/74, Slg. 1974, 837 – Dassonville; EuGH 20.5.1976 – C-104/75, Slg. 1976, 613 – de Peijper; EuGH 20.2.1979 – 120/78, Slg. 1979, 649 – Cassis de Dijon; EuGH 26.6.1980 – C-788/79, Slg. 1980, 2071 – Gilli/Anders [„Obstessig I"]; EuGH 14.7.1983 – C-174/82, Slg. 1983, 2445 – Sandoz [vitaminisierte Lebensmittel]; EuGH 31.1.1984 – C-40/82, Slg. 1984, 283 – Newcastle-Krankheit; EuGH 12.3.1987 – C-178/84, Slg. 1987, 1227 – Reinheitsgebot für Bier; EuGH 2.2.1989 – C-274/84, Slg. 1989, 229 – Reinheitsgebot für Fleischerzeugnisse; EuGH 7.3.1989 – C-215/87, Slg. 1989, 617 – Schumacher [Einfuhr von Arzneimitteln für den persönlichen Bedarf]; EuGH 11.5.1989 – C-76/86, Slg. 1989, 1021 – Milchersatzerzeugnisse).

Soweit noch nationale Verbringungsverbote vorhanden sind und vor dem Unionsrecht bestehen können, bleiben sie bis zu einer Harmonisierung in Kraft. Der Wegfall der Zollgrenzen und der Überwachungstätigkeit der Zollbehörden an den Binnengrenzen ab 1.1.1993 ändert hieran nichts (*Bender* ZfZ 1992, 199, 202; erg. *Peukert/Hillgruber/Foerste/Putzke* ZAR 2016, 131 zur vorübergehenden Wiederaufnahme der Binnengrenzkontrollen aufgrund der sog. Flüchtlingskrise). Ist ein nationales Verbringungsverbot wegen Verstoßes gegen das Unionsrecht unanwendbar, dann ist auch die nationale Straf- oder Bußgeldvorschrift unanwendbar.

53 Die **rechtlichen Grundlagen** der **Verbringungsverbote** sind schwer aufzufinden. Eine Auflistung der Verbote und Beschränkungen findet sich in der Vorschriftensammlung der Bundesfinanzverwaltung **(VSF)**, Stoffgebiet „Sonstige Vorschriften", Abschnitt VuB, SV 0100 – SV 1950. Agrarmarktordnungsrechtliche Verbringungsverbote sind wegen der ständigen Änderungen dort nicht aufgelistet (→ Rn. 64).

54 Bevor die einzelnen Schutzgüter aufgeführt werden, ist hervorzuheben, dass § 372 AO wegen der Subsidiaritätsklausel des Absatzes 2 dann nicht einschlägig ist, wenn die Zuwiderhandlungen gegen Einfuhr-, Ausfuhr- und Durchfuhrverbote in den nachfolgend genannten Rechtsvorschriften mit Strafe oder Geldbuße bedroht sind (→ Rn. 83 ff.), dass aber andererseits die Zuwiderhandlung Bannbruch bleibt mit der Folge, dass die Anschlussnormen der §§ 373, 374 AO unter den dort genannten Voraussetzungen anzuwenden sind (→ Rn. 86). Betroffen sind folgende Schutzgüter:

Schutz der öffentlichen Sittlichkeit, Ordnung und Sicherheit

55 Betroffen sind u. a. Banknotenpapier, Münzen, Medaillen, Schuldurkundenpapier, Falschgeld und gefälschte Urkunden, papiergeldähnliche Drucksachen und Abbildungen, pornographische Darstellungen, Waffen, Munition, Kriegswaffen, Sprengstoffe, Kernbrennstoffe und sonstige radioaktive Stoffe, zB § 3 KrWaffG.

Schutz der Umwelt

56 Betroffen sind Abfälle, Ottokraftstoffe und Chemikalien (zB AbfVerbrG; ChemG).

Schutz der menschlichen Gesundheit

57 Betroffen sind u. a. Fleisch, Geflügelfleisch, methylalkoholhaltige Erzeugnisse, Phosphorzündwaren, Wein, Likörwein, Schaumwein, weinhaltige Getränke und Branntwein aus Wein, Betäubungsmittel und Grundstoffe dafür, Krankheitserreger, Arzneimittel, Lebensmittel einschließlich besonderer Regelungen für Eiprodukte, Enteneier, Speiseeis, Teigwaren, Labaustauschstoffe, Milch und Milcherzeugnisse, Nitritpökelsalz und jodiertes Speisesalz, jodierter Kochsalzersatz und diätetische Lebensmittel, Fischereierzeugnisse, Muscheln und sonstige Bedarfsgegenstände, zB BtMG u. LFGB.

Schutz der Tierwelt

58 Betroffen sind Tiere einschließlich Schutz der Arten u. a. nach dem Washingtoner Artenschutzabkommen, Futtermittel tierischer Herkunft, Futtermittel für Tiere, Tierseuchenerreger und Impfstoffe für Tiere sowie Tierarzneimittel u. a., s. TierGesG.

Schutz der Pflanzenwelt

59 Betroffen sind Pflanzen, insbes. Kulturpflanzen, einschließlich Artenschutz, forstliches Saat- und Pflanzgut, sonstiges Saatgut, vgl. § 1 PflSchG.

Schutz des gewerblich genutzten geistigen Eigentums

60 Betroffen sind Waren, deren Inverkehrbringen Rechte des geistigen Eigentums aufgrund unionsrechtlicher oder innerstaatlicher Rechtsvorschriften oder aufgrund völkerrechtlicher Abkommen verletzt. Auf der Ebene des Unionsrechts gewährleistet die VO (EG) 1383/2003 vom 22.7.2003 über das Vorgehen der Zollbehörden gegen Waren, die im Verdacht stehen, bestimmte Rechte geistigen Eigentums zu verletzen, und die Maßnahmen gegenüber Waren, die erkanntermaßen derartige Rechte verletzen (ABl. EG 2003 Nr. L 196/7 – Produktpiraterie-VO) die Durchsetzung der Ein-, Aus- und Durchfuhrverbote durch die Verwaltung. Für das deutsche Recht ist das Gesetz zur Stärkung des Schutzes des geistigen Eigentums und zur Bekämpfung der Produktpiraterie (PrPG, BGBl. 1990 I 422) einschlägig. Die Schutzrechte sind in den genannten Rechtsvorschriften aufgeführt. Es handelt sich um Schutzrechte für Marken, Patente, Gebrauchsmuster, Geschmacksmuster, die im Hinblick auf ihre Marken, Namen, Aufschriften oder sonstige Zeichen geschützt sind (Gesetz über den Beitritt des Reiches zu dem Madrider Abkommen, betr. die Unterdrückung falscher Herkunftsangaben auf Waren v. 21.3.1925, RGBl. 1925 II 115, BGBl. 1967 I 953, BGBl. 1974 I 469; völkerrechtliche Abkommen über Herkunftsbezeichnungen, zB Abkommen zwischen der Bundesrepublik Deutschland und der Italienischen Republik über den Schutz von Herkunfts-, Ursprungsbezeichnungen und anderen geographischen Bezeichnungen, BGBl. 1965 II 157; Zustimmungsgesetz

v. 17.3.1965, BGBl. II 156 betr. Wein, Käse und andere Erzeugnisse; weitere Abkommen vgl. VSF SV 1206 ff.).

Schutz des Kulturguts
Betroffen sind Kunstwerke und anderes Kulturgut einschließlich Bibliotheksgut und 61 Archivgut (Archive, archivalische Sammlungen, Nachlässe und Briefsammlungen, vgl. u. a. VO [EG] Nr. 116/2009 über die Ausfuhr von Kulturgütern – KultGAVO [ABl. EG Nr. L 39/1] und das mWv 6.8.2016 anstelle des G zum Schutz deutschen Kulturgutes gegen Abwanderung [KultgSchG] in Kraft getretene Kulturgutschutzgesetz – KGSG).

Verbraucherschutz (Sonstige Verbote und Beschränkungen)
Verbote und Beschränkungen zum Verbraucherschutz enthalten zB das Mess- und 62 Eichgesetz (MessEG), das Kristallglaskennzeichnungsgesetz (KristKzG) und das Handelsklassengesetz (HdlKlG).

Der früher bestehende **Schutz des Branntweinmonopols** durch § 3 BranntwMonG 63 wurde durch G v. 23.12.2003 (BGBl. I 2924, 2926) aufgehoben (erg. → § 381 Rn. 5).

Im Bereich des **Agrarmarktordnungsrechts** können Einfuhr- und Ausfuhrverbote im 64 Rahmen des marktordnungspolitischen Instrumentariums ausgesprochen werden (vgl. Dauses/Ludwigs EU-WirtschaftsR-HdB/*Norer/Bloch,* Abschn. G Rn. 141 ff.). Einem Einfuhr- oder Ausfuhrverbot iSd § 372 AO unterliegen nicht Waren, für deren Einfuhr oder Ausfuhr Lizenzen, Vorausfestsetzungsbescheinigungen oder sonstige Bescheide iSd § 18 iVm § 27 I Nr. 2 Buchst. b MOG erforderlich sind. Denn die betroffenen Waren unterliegen keinen mengenmäßigen Beschränkungen und die Lizenzen usw., wie bspw. Lizenzen für die Einfuhr oder Ausfuhr von Getreide (vgl. Art. 176 ff. Gemeinsame Marktorganisations-VO/VO [EU] Nr. 1308/2013), dienen nur der Marktbeobachtung. Aus dem Umstand, dass Einfuhren oder Ausfuhren ohne Vorlage der genannten Dokumente bußgeldbewehrt sind (§ 36 II Nr. 1 und 2 MOG), folgt noch nicht, dass es sich um ein Einfuhr- oder Ausfuhrverbot iSd § 372 AO handelt. Ein Einfuhr- oder Ausfuhrverbot liegt hingegen vor, wenn etwa auf der Grundlage von Art. 179 VO (EU) Nr. 1308/2013 unter den dort genannten Voraussetzungen die Erteilung von Einfuhr- und Ausfuhrlizenzen mengenmäßig begrenzt wird, weil dies einem Einfuhr- und Ausfuhrverbot entspricht. Die Konsequenz dieser Differenzierungen ist, dass ein Verstoß gegen die in § 36 II MOG bezeichneten Verbote unter den Bedingungen des § 373 II AO (bewaffneter oder bandenmäßiger Bannbruch) nicht als Straftat verfolgt werden kann, wenn es sich nicht um Verbringungsverbote iSd § 372 I AO handelt.

Gemäß Art. 291 AEUV haben die Mitgliedstaaten die zum Schutz der Unionsinteressen 65 erforderlichen Maßnahmen zu treffen, die u. a. auch **strafrechtliche Sanktionen** einschließen. Die EU besitzt keine Kompetenz, strafrechtliche Sanktionen bei Verstößen gegen Vorschriften des Unionsrechts zu verhängen (EuGH 17.10.1995 – C-83/94, Slg. 1995 I-3231 – Leifer u. a.). Die **Zuständigkeit** dafür liegt grundsätzlich bei den **Mitgliedstaaten,** die jedoch durch das Strafrecht nicht die Grundfreiheiten beschränken dürfen (EuGH 19.1.1999 – C-348/96, Slg. 1999, I-11). Gelegentlich verpflichtet die EU die Mitgliedstaaten, Sanktionen gegen den Verstoß gegen Unionsvorschriften vorzusehen (zB Art 9 KultGAVO oder Art. 42 UZK; s. dazu → Rn. 87). Entsprechendes gilt für strafrechtsähnliche Sanktionen, wie beispielsweise solche des **Ordnungswidrigkeitenrechts** (aA Mitteilung der Kommission, Die Zollunion im Rahmen des Binnenmarktes, Kom [90] 572 endg. S. 1, 12). Nach der Rechtsprechung des EuGH müssen Verstöße gegen das Unionsrecht nach ähnlichen (analogen) sachlichen und verfahrensrechtlichen Regeln geahndet werden wie nach Art und Schwere gleichartige Verstöße gegen nationales Recht, wobei die Sanktion jedenfalls wirksam, verhältnismäßig und abschreckend sein muss (EuGH 21.9.1989 – C-68/88, Slg. 1989, 2979, 2985 – Kommission/Griechenland; EuGH 2.10.1991 – C-7/90, Slg. 1991 I-4371, 4387 f. – Vandevenne). Gegen diese Grundsätze verstoßende nationale Sanktionen sind wegen des Vorrangs des Unionsrechts unanwendbar, soweit auf das Unionsrecht bezogene nationale Sanktionen den Bürger schwerer treffen als Sanktionen gegen vergleichbare Verstöße gegen nationale Verbote (zu den Folgen der Unanwendbarkeit → Rn. 50).

66–69 *einstweilen frei*

4. Subjektiver Tatbestand

70 **In subjektiver Hinsicht erfordert § 372 AO Vorsatz,** also das Wissen und Wollen aller objektiven Tatbestandsmerkmale; *bedingter* Vorsatz bzw. dolus eventualis (→ § 369 Rn. 51 f.) genügt. Zum Tatbestand gehört auch die Kenntnis oder mindestens das billigende Für-möglich-Halten des Ein-, Aus- oder Durchfuhrverbots (zB Leitner/Rosenau/*Pelz* AO § 372 Rn. 116; HHS/*Tormöhlen* AO § 372 Rn. 60; Kohlmann/*Hilgers-Klautzsch* AO § 372 Rn. 53; Schwarz/Pahlke/*Nikolaus* AO § 372 Rn. 12). Fehlt dem Täter zur Tatzeit dieses Wissen, handelt er im *Irrtum über Tatumstände* iSd § 16 StGB, nicht etwa im *Verbotsirrtum* iSd § 17 StGB (→ § 369 Rn. 100 ff.). Unkenntnis des Einfuhrverbots wird als Schutzbehauptung häufig geltend gemacht (werden); oft ergeben aber die Begleitumstände der Tat eindeutig das Wissen des Täters, verbotswidrig zu handeln. Ist ein Irrtum über Tatumstände nicht zu widerlegen, kommt nach § 16 I 1 StGB eine Bestrafung nach § 372 II AO iVm § 370 I oder II AO (sowie ggf. nach § 373 AO) nicht in Betracht. Dies gilt auch dann, wenn die Unkenntnis des Täters auf Gedankenlosigkeit beruht; denn fahrlässiger Bannbruch ist nicht nach § 372 AO strafbar (§ 15 StGB); anders zB nach § 22a IV KrWaffG, § 29 IV BtMG, § 75 IV IfSG, §§ 51 IV, 52 IV, 53 I WaffG, § 40 IV SprengG, § 31 V TierGesG, § 80 AWV oder § 17 V AWG.

5. Vorbereitung und Versuch

71 **Die Unterscheidung zwischen Vorbereitung und Versuch** des Bannbruchs ist von entscheidender Bedeutung, da bloße Vorbereitungshandlungen straflos sind. Dagegen unterliegen Handlungen, die als versuchter Bannbruch zu werten sind, gem. § 372 II iVm § 370 II AO derselben Strafdrohung wie versuchte Steuerhinterziehung. Nach § 22 StGB kommt es darauf an, wann der Täter nach seiner Vorstellung von der Tat *unmittelbar zur Tatbestandsverwirklichung ansetzt* (vgl. grundlegend BGH 16.9.1975, BGHSt 26, 201 ff.). Bei dem von § 370 AO unabhängigen Tatbestand des § 372 AO ist es ohne Bedeutung, ob das Einfuhrgut mit Einfuhrabgaben belegt ist oder nicht und ggf. wann durch das Verbringen der Sache über eine Grenze ein Abgabenanspruch entsteht. Mit dem Verbringen einer Sache über die Grenze – gleichgültig in welche Richtung – wird daher bereits in dem Zeitpunkt begonnen, in dem der Täter den Entschluss, die Sache verbotswidrig ein- oder auszuführen, dadurch verwirklicht, dass er sie *zu der Grenze hin in Bewegung setzt,* sofern dies mit dem Willen geschieht, den Grenzübertritt *in einem Zuge* anzuschließen (zust. ua Leitner/Rosenau/*Pelz* AO § 372 Rn. 18). Diese Voraussetzung fehlt etwa, wenn Schmuggler beschlossen haben, vor der Grenze zu übernachten und den Grenzübertritt erst am nächsten Morgen vorzunehmen (BGH 13.1.1983, NStZ 1983, 224; zust. BeckOK AO/*Hauer* AO § 372 Rn. 42.1; HHS/*Tormöhlen* AO § 372 Rn. 64). Auch die Übernahme der Bannware, das Anbringen eines Geheimfaches im Fahrzeugtank und das Aufladen der Ware allein sind jeweils noch Vorbereitungshandlungen.

72 **Bei verbotener Einfuhr** sind die Voraussetzungen eines versuchten Bannbruchs zB erfüllt, wenn der Täter eine Ware, etwa mit irreführender Kennzeichnung, bei der Post oder Eisenbahn im Ausland zur Beförderung in das Inland aufgibt. Wird eine Ware zwar in Grenznähe gebracht, dort aber nach vorgefasstem Plan zunächst versteckt, um eine günstige Gelegenheit zum unbeobachteten Grenzübertritt abzuwarten, liegt ein versuchter Bannbruch erst vor, *wenn der Täter mit der Ware zum eigentlichen Grenzübertritt aufbricht* (zust. BeckOK AO/*Hauer* AO § 372 Rn. 42.1). Dass der Versuch bei verbotswidriger Einfuhr über die sog. grüne Grenze stets im Ausland unternommen wird und der Täter dort für die deutschen Verfolgungsbehörden nicht greifbar ist, kann die Tatbestandsmäßigkeit und Strafbarkeit des Verhaltens nicht beeinträchtigen; zum Tatort vgl. § 9 StGB. Zutr. hat der

BGH (10.9.1953, BGHSt 4, 333) den Versuch einer Steuerhinterziehung in einem Fall bejaht, in dem die Ware die Zollgrenze noch nicht überschritten hatte und das Vorhaben in unmittelbarer Grenznähe durch ausländische Zollbeamte verhindert worden war. Von See her ist der Versuch einer verbotswidrigen Einfuhr bereits angenommen worden beim Verbringen der Bannware in Küstengewässer und Annäherung an das Ufer (RG 11.7.1921, RGSt 56, 135, 138).

Für die **verbotene Ausfuhr** hat der BGH (19.1.1965, BGHSt 20, 150) zu § 34 I 73 AWG aF ausgeführt: „*Während bei der Einfuhr die Behörden des eigenen Landes den Beginn des Vorgangs bis zum Erreichen der Hoheitsgrenze nicht unter Kontrolle haben können, dagegen nach Vollendung der Tat die Möglichkeit des Zugriffs haben, da sich die eingeführte Ware und die dafür Verantwortlichen nun in ihrem Machtbereich befinden, verhält es sich bei der Ausfuhr gerade umgekehrt. Sobald die Ware über die Grenze gebracht ist, bleibt den eigenen Behörden regelmäßig nur noch das Nachsehen. Das aber bedeutet nichts anderes, als dass die ernsthafte Gefährdung des geschützten Rechtsguts hier in aller Regel gerade in dem Zeitpunkt beginnt, in dem die Ware auf den Weg zur Grenze gebracht wird. Da auch die Grenzkontrollen sich erfahrungsgemäß häufig auf die Überprüfung der Papiere und die Vornahme von Stichproben beschränken, entspricht es der sich aus der tatsächlichen Unmöglichkeit der Strafverfolgung nach Vollendung der Tat ergebenden besonderen Gefährdung des geschützten Rechtsguts, den Versuch regelmäßig schon im Bereich der Maßnahmen beginnen zu lassen, die den Transportvorgang einleiten. Ob freilich schon das Bereitstellen der für die ungenehmigte Ausfuhr vorgesehenen Waren als Anfang der Ausführung anzusehen ist, wie das RG für die Devisengesetze von 1935 und 1938 angenommen hat (RG 71, 49, 53 v. B. z. 1937; v. 5.1.1940, HRR Nr. 1051), kann offen bleiben. Jedenfalls ist mit dem Aufladen der Waren auf das zum Grenzübertritt vorgesehene Transportmittel, wenn sich dieses nach dem Plane der Täter alsbald zur Grenze in Bewegung setzen soll, ein solcher Grad der Gefährdung erreicht, dass die Annahme des Versuchs gerechtfertigt ist; ob die Täter nach der Beladung unmittelbar zur Grenze fahren oder noch einen Umweg machen oder einen Zwischenaufenthalt nehmen wollen, kann dabei keinen Unterschied begründen, vor allem dann nicht, wenn der Umweg stattfindet, um andere Waren zuzuladen, mit deren Hilfe die verbotswidrig über die Grenze zu bringende Ware besser verborgen werden soll.*" Nicht erforderlich ist daher eine unmittelbare *Annäherung der Ausfuhrware an die Grenze*. Entscheidend ist der *Beginn der Beförderung zur Grenze*; auf den *Abstand von der Grenze* kommt es nicht an.

6. Vollendung und Beendigung der Tat

Rechtlich vollendet ist eine Straftat, sobald alle Merkmale des gesetzlichen Tatbestands 74 erfüllt sind. Falls weitere zur Tat gehörige Wirkungen erst zu einem späteren Zeitpunkt eintreten, ist die Tat erst zu diesem Zeitpunkt *tatsächlich beendet* (BGH 24.6.1952, BGHSt 3, 40, 43). Der Zeitpunkt der Vollendung ist maßgebend für die Abgrenzung vom Versuch (→ Rn. 71 ff.). Die Beendigung entscheidet über die Möglichkeit einer Teilnahme an der Tat (→ Rn. 80 ff.), über die Zurechnung von Qualifikationsmerkmalen (BGH 6.4.1965, BGHSt 20, 194, 197 zu § 250 I Nr. 1 StGB) sowie über den Beginn des Laufs der (gem. § 78 III Nr. 4 StGB fünf Jahre betragenden) Verfolgungsverjährungsfrist (§ 78a StGB; näher → Rn. 102). Wann Bannbruch vollendet und wann er beendet ist, hängt von den Umständen ab, unter denen die Bannware über die Grenze gebracht wird. Vollendet sind Einfuhrdelikte beim illegalen Grenzübertritt beim Passieren der Grenze, beim legalen dann, wenn der Täter die Frage eines Zollbeamten nach Bannware wahrheitswidrig verneint oder Bannware in das Gebiet der Bundesrepublik Deutschland verbringt (*Fischer* StGB § 22 Rn. 16 mit Nachw. aus der Rspr.).

Wird die Bannware der Zollstelle vorgeführt und dort zum freien Verkehr abge- 75 fertigt, weil der Zollbeamte über verbotserhebliche Merkmale getäuscht oder in Unkenntnis gehalten worden ist oder sich über die Rechtslage geirrt hat, ist die Tat idR *gleichzeitig vollendet und beendet* (Gosch AO/FGO/*Makee Mosa* AO § 372 Rn. 17 Koch/Scholtz/*Scheurmann-Kettner* AO § 372 Rn. 9). *Nach der zollamtlichen Abfertigung braucht der*

Täter einen Zugriff der Zollbehörde regelmäßig nicht mehr zu befürchten; er hat die Einfuhr erfolgreich abgeschlossen, sobald er die Abfertigungspapiere in der Hand hat. *Vor der Abfertigung* ist der Bannbruch auch nicht vollendet (BGH 22.2.1973, BGHSt 25, 137, 139 f.; BGH 24.11.1982, BGHSt 31, 163, 164). Bis zur Abfertigung liegt nur ein Versuch vor, dessen Gelingen vom Spürsinn der Zollbeamten abhängt (zust. BeckOK AO/*Hauer* AO § 372 Rn. 52.1); entdecken sie die Bannware, so schlägt der versuchte Bannbruch fehl und die verbotene Einfuhr wird verhindert.

76 **Wird die Zollstelle umgangen,** ist die Einfuhr bereits mit dem Überschreiten der Hoheitsgrenze oder der sonst maßgebenden Grenzlinie vollendet; denn damit ist die Bannware auf deutsches Gebiet verbracht (vgl. BGH 1.10.1986, BGHSt 31, 180, 181; BGH 6.3.1992, NStZ 1992, 338; *Suhr/Naumann/Bilsdorfer* Rn. 315). Das Betreten eines Grabens, der die Grenze bildet, genügt noch nicht (OLG Köln 4.1.1952, NJW 1952, 556 f.; MüKoStGB/*Ebner* AO § 372 Rn. 91). Beendet ist die Tat erst dann, wenn die Bannware „*in Sicherheit gebracht*", „*zur Ruhe gekommen*", „*am Ort ihrer endgültigen Bestimmung angelangt ist*" (BGH 24.6.1952, BGHSt 3, 40, 44; BGH 24.10.1989, NStZ 1990, 39; BGH 18.7.2000, NStZ 2000, 594; BGH 1.2.2007, wistra 2007, 224/225). Bestimmungsort in diesem Sinne ist nicht eine bestimmte Ortschaft, sondern der „*eng begrenzte Raum, der das Ziel der Beförderung ist*", zB die Geschäftsräume des Täters, wenn die Ware dorthin bestellt ist und der Bahnhof oder das Postamt usw. nur als Durchgangsstelle des Beförderungsweges anzusehen sind (vgl. RG 9.11.1933, RGSt 67, 345, 348 f.; *Ebner,* Verfolgungsverjährung im Steuerstrafrecht, 2015, S. 356 f.). Wird die Ware in einem Zwischenlager umgeladen, ist sie noch nicht „zur Ruhe gekommen". Anders sind Fälle zu beurteilen, in denen die Ware geraume Zeit an einem Ort lagert und ihre Weiterbeförderung von weiteren Entscheidungen abhängt, so dass sich nach den Gesamtumständen des Einzelfalls das Zwischenlagern nicht mehr als bloßes Umladen darstellt (BGH 1.2.2007, wistra 2007, 224/225; BeckOK AO/*Hauer* AO § 372 Rn. 54.1; Leitner/Rosenau/*Pelz* AO § 372 Rn. 23). Eine Weiterbeförderung bleibt auch dann außer Betracht, wenn sie der Verwertung der Ware, nicht der Festigung eines noch ungesicherten rechtswidrigen Zustands dient (BGH 18.6.1953, zit. bei *Herlan* GA 1954, 58). Da Zollbedienstete nicht nur im *grenznahen Raum,* sondern im gesamten Bundesgebiet gesteigerte Überwachungsbefugnisse haben, wenn zureichende Anhaltspunkte dafür gegeben sind, dass Waren, die der zollamtlichen Überwachung unterliegen, mitgeführt werden (§ 10 II ZollVG), ist die Tat nicht schon dann beendet, wenn der grenznahe Raum verlassen wird. Es ist daher jeweils nach den Gesamtumständen des Einzelfalls zu beurteilen, wann die Waren in *Sicherheit gebracht* sind und ob noch ein Zugriff von Zollbediensteten zu gewärtigen ist.

77 **Wird Bannware in einem Freihafen** (→ § 381 Rn. 21; MüKoStGB/*Ebner* AO § 372 Rn. 26) **angelandet oder auf dem Postwege an einen Empfänger im Inland befördert,** ist die Einfuhr vollendet, wenn die Ware in das Hoheitsgebiet der Bundesrepublik Deutschland verbracht ist (BGH 22.2.1983, BGHSt 31, 252, 254) oder die Postsendung die Hoheitsgrenze Deutschlands bzw. die – je nach dem räumlichen Geltungsbereich des jeweiligen Verbotsgesetzes – sonst maßgebliche Grenze überschritten hat (BGH 9.3.1983, NJW 1983, 1275; zust. BeckOK AO/*Hauer* AO § 372 Rn. 51).

78 **Das Versuchsstadium der Durchfuhr** einer Ware dauert an, solange sie im Inland zum ausländischen Zielort hin befördert wird, ohne dass sie im Inland dem Zugriff des Täters unterliegt. **Vollendet** ist die Durchfuhr erst, wenn die Ware das Hoheitsgebiet der Bundesrepublik Deutschland wieder verlassen hat (BGH 4.5.1983, BGHSt 31, 374, 379 und BGH 5.10.1983, StV 1984, 25; zust. BeckOK AO/*Hauer* AO § 372 Rn. 53; HHS/*Tormöhlen* AO § 372 Rn. 16).

79 Für Gegenstände, die von oder für **fremde Truppen oder exterritoriale Personen** zollfrei eingeführt werden können, gelten keine Besonderheiten; denn eine persönliche Befreiung von Einfuhrabgaben entbindet nicht von der Beachtung nichtsteuerlicher Einfuhrverbote. War die Einfuhr *erlaubt,* kann ein Bannbruch – im Gegensatz zu Steuerhinterziehung – auch dann nicht mehr begangen werden, wenn die rechtmäßig eingeführte

Ware nachträglich in unbefugte Hände übergeht (glA *Lenkewitz* ZfZ 1966, 137, 139; *Kröner* ddz 1970, 190). Ist die Einfuhr einer Ware – wie im Regelfall – auch für Exterritoriale und für Angehörige fremder Truppen *verboten* (vgl. zB Art. XI [1] und XI [7] NATO-Truppenstatut) und die verbotswidrig eingeführte Ware im Inland zur Ruhe gekommen, können Dritte durch Übernahme der Ware zwar Steuerhehlerei (§ 374 AO), aber nicht mehr Bannbruch begehen.

7. Täterschaft und Teilnahme

Besondere Tätereigenschaften setzt § 372 AO nicht voraus; als Täter kommt jeder **80** Beteiligte in Betracht: der *Lieferant*, der das Verbringen in Gang setzt, der *Abnehmer*, der es veranlasst, und vor allem derjenige, der die Bannware zur Grenze und/oder über die Grenze und/oder von der Grenze zum Bestimmungsort *befördert* (glA HHS/*Tormöhlen* AO § 372 Rn. 78). Wer Bannware durch Führen eines Fahrzeugs über die Grenze verbringt, ist, weil er alle Tatbestandsmerkmale in seiner Person verwirklicht, grundsätzlich auch Täter der unerlaubten Einfuhr, selbst wenn er nur unter dem Einfluss und in Gegenwart eines Mittäters in dessen Interesse (BGH 22.7.1992, BGHSt 38, 315) oder aus Gefälligkeit handelt (BGH 14.10.1992, NStZ 1993, 138). Im Übrigen hängt es von den Tatumständen ab, ob jemand als (Mit-)Täter oder Gehilfe gehandelt hat (Beispiele aus der älteren Judikatur finden sich in der → 8. Aufl. § 372 Rn. 80).

Mittäterschaft und Beihilfe erfordern nicht, dass der Beteiligte *körperlich* am Ver- **81** bringen mitwirkt oder dass sich sein (körperlicher oder geistiger) Tatbeitrag *unmittelbar* auf die Ausführungshandlung bezieht; auch ein Mitwirken an der *Vorbereitung* des Bannbruchs genügt (vgl. BGH 15.7.1999, NStZ 1999, 609), und zwar auch im *Ausland*. Für eine Tatbeteiligung als Mittäter reicht ein auf der Grundlage gemeinsamen Wollens die Tatbestandsverwirklichung fördernder Beitrag aus, der sich auf eine Vorbereitungs- oder Unterstützungshandlung beschränken kann (BGH 15.7.1999, NStZ 1999, 609 mwN). Zum Tatort der Teilnahmehandlung vgl. § 9 II StGB. Bis zur Beendigung der Tat bleibt grds. die Möglichkeit offen, sich noch als Mittäter (§ 25 II StGB) oder Gehilfe (§ 27 StGB) am Bannbruch zu beteiligen (BGH 18.7.2000, NStZ 2000, 594); nach diesem Zeitpunkt können insbes. Steuerhehlerei gem. § 374 AO (zB in Gestalt der Absatzhilfe; Bsp.: OLG Hamburg 15.6.1966, ZfZ 1966, 277 zum Ankauf eingeschmuggelter Papageien) und/oder Begünstigung gem. § 369 I Nr. 2 iVm Nr. 4 AO iVm § 257 StGB in Betracht kommen; auch an Geldwäsche (§ 261 StGB) ist zu denken (erg. → Einl. Rn. 120, → Anh. IV Rn. 1 ff.). Namentlich Beihilfe kommt allerdings auch dann noch in Betracht, wenn sich die verbotswidrig eingeführte Ware bereits *diesseits* der Grenze, aber noch nicht in Sicherheit befindet (→ Rn. 76). Solange sich jemand als Mittäter oder Gehilfe beteiligen kann, kann ein Dritter ihn dazu *anstiften* (§ 26 StGB); ungeachtet dessen ist auch eine Beteiligung an den genannten Anschlussdelikten vorstellbar. Nicht möglich ist es indes, die von einem anderen bewirkte Einfuhr diesseits der Grenze als Alleintäter fortzusetzen, wenn der ursprüngliche Täter sein Vorhaben aufgegeben hat, bevor die Tat beendet war (aA HansOLG Hamburg 15.6.1966, ZfZ 1966, 277, 280).

einstweilen frei **82**

8. Subsidiarität der Strafdrohung

Ist eine Tat als Zuwiderhandlung gegen ein Ein-, Aus- oder Durchfuhrverbot in anderen **83** Vorschriften (als § 372 I AO) **mit Strafe bedroht,** scheidet eine Bestrafung nach § 370 I, II AO aus (§ 372 II AO). Die Tat bleibt aber Bannbruch, auch wenn sie nach anderer Vorschrift und unter anderer Bezeichnung geahndet wird (BGH 22.2.1973, BGHSt 25, 137, 139; aA – *„Strafbarkeit wegen Bannbruchs in dem Schuldspruch ... aufzuführen"* – Leitner/Rosenau/*Pelz* AO § 372 Rn. 27). Damit bleiben die Anknüpfungsnormen § 373 AO (Schmuggel), § 374 AO (Steuerhehlerei), § 375 AO (Nebenfolgen) und § 376 II AO

(Verjährungsunterbrechung bei „*Steuerstraftat*"; zu § 376 I, III AO s. → Rn. 102) anwendbar (glA Schwarz/Pahlke/*Nikolaus* AO § 372 Rn. 16 u. Kohlmann/*Hilgers-Klautzsch* AO § 372 Rn. 95).

84 Ist eine Tat als Zuwiderhandlung gegen ein Ein-, Aus- oder Durchfuhrverbot in anderen Vorschriften nur **mit Geldbuße bedroht,** bewirkt § 372 II Hs. 2 AO eine Umkehrung des in § 21 I OWiG enthaltenen allgemeinen Grundsatzes, dass – abgesehen von Nebenfolgen – nur das Strafgesetz angewendet wird, wenn eine Handlung gleichzeitig Straftat und Ordnungswidrigkeit ist (zust. GJW/*Tully* AO § 372 Rn. 5; HHS/*Tormöhlen* AO § 372 Rn. 89; Hüls/Reichling/*Corsten/Tute* AO § 372 Rn. 31; Kohlmann/*Hilgers-Klautzsch* AO § 372 Rn. 90; aM noch HHS/*Hübner* AO § 372 Rn. 89 in der Vorauf.). Dass der Gesetzgeber für den Bereich des Bannbruchs bewusst die gegenteilige Folge angeordnet hat, ergab sich bereits für § 401a RAO 1939 aus der Änderung des § 401a III durch § 48 I AWG 1961 (→ Rn. 1). Die durch Art. 1 Nr. 9 des 2. AOStrafÄndG 1968 abermals geänderte Fassung *(„mit Strafe oder Geldbuße bedroht")* nahm Rücksicht darauf, dass die Ahndung von Ordnungswidrigkeiten dem Opportunitätsprinzip unterliegt (§ 47 I OWiG). Zugleich bringt diese unverändert fortgeltende Fassung zum Ausdruck, dass § 372 AO gegenüber einer einschlägigen Bußgeldvorschrift auch dann zurücktritt, wenn die für die Verfolgung der Ordnungswidrigkeit zuständige Behörde oder das Gericht nach pflichtgemäßem Ermessen von der Verfolgung und Ahndung der Tat als Ordnungswidrigkeit absieht; insofern weicht § 372 II AO auch von dem allgemeinen Grundsatz des § 21 II OWiG ab.

85 **Versuchter Bannbruch** (→ Rn. 71 ff.) ist gem. § 372 II iVm § 370 II AO **ebenfalls strafbar.** Auch insoweit gilt die Subsidiaritätsklausel des § 372 II Hs. 2 AO. Gesetzliche Ungereimtheiten bestehen jedoch bei den Fällen, in denen die „andere Vorschrift" iSv § 372 II AO nur die vollendete Zuwiderhandlung, nicht aber auch die versuchte Tat mit Geldbuße bedroht. Nach dem Wortlaut des Gesetzes wäre in solchen Fällen die vollendete Tat als Ordnungswidrigkeit, ihr Versuch dagegen als Vergehen zu bestrafen, weil die Subsidiaritätsklausel voraussetzt, dass die konkrete Tat – also auch die versuchte Tat – in anderen Vorschriften mit Strafe oder Geldbuße bedroht ist. Dies wäre aber ein widersinniges Ergebnis mit einem unerträglichen Wertungswiderspruch. Zur Vermeidung dieses Ergebnisses gibt es unterschiedliche Ansätze, von denen allerdings keiner zu einer dogmatisch einwandfreien Lösung führt (ausf. hierzu unter Darlegung des Meinungsstandes *Thoss* 2004, S. 93 ff.). Zu einem von der Wertung her vertretbaren Ergebnis gelangt man, wenn man die Subsidiaritätsklausel so auslegt, dass der Versuch des Bannbruchs nur dann nach § 372 II Hs. 1 iVm § 370 II AO strafbar ist, wenn auch der vollendete Bannbruch aus dieser Vorschrift zu strafen wäre (HHS/*Tormöhlen* AO § 372 Rn. 98; Kohlmann/*Hilgers-Klautzsch* AO § 372 Rn. 92; Klein/*Jäger* AO § 372 Rn. 20; zust. BeckOK AO/*Hauer* AO § 372 Rn. 23, 23.1; Leitner/Rosenau/*Pelz* AO § 372 Rn. 27; Leopold/Madle/Rader/*Zanzinger* AO § 372 Rn. 5; Kühn/v. Wedelstädt/*Blesinger/Viertelhausen* AO § 372 Rn. 3; RKR/*Kemper* AO § 372 Rn. 16; aA wohl Koch/Scholtz/*Scheurmann-Kettner* AO § 372 Rn. 11). Im Ergebnis bestimmt damit stets allein das andere Gesetz (als Spezialnorm), ob die versuchte Tat mit Strafe oder mit Geldbuße bedroht ist oder überhaupt nicht geahndet werden kann. Dies steht wiederum in einem gewissen Spannungsverhältnis mit dem Wortlaut des § 372 I AO, der jede verbotswidrige Verbringung als Bannbruch definiert.

86 **Die Subsidiaritätsklausel gilt nur bei einfacher Tatausführung.** Wird die Zuwiderhandlung gegen ein Einfuhr-, Ausfuhr- oder Durchfuhrverbot bewaffnet oder bandenmäßig begangen, ist der Täter nach § 373 AO zu bestrafen (glA GJW/*Tully* AO § 372 Rn. 13; Kohlmann/*Hilgers-Klautzsch* AO § 372 Rn. 95; RKR/*Kemper* AO § 372 Rn. 17 u. Schwarz/Pahlke/*Nikolaus* AO § 372 Rn. 16; vgl. zudem Begr. BT-Drs. V/1812, 24). Dies gilt auch dann, wenn die Zuwiderhandlung ohne die erschwerenden Merkmale als Ordnungswidrigkeit nur mit einer Geldbuße hätte geahndet werden können (glA BMR SteuerStR/*Bender/Möller/Retemeyer* C Rn. 498; MüKoStGB/*Ebner* AO § 372

Rn. 96, Kohlmann/*Hilgers-Klautzsch* AO § 372 Rn. 95; aM *Thoss* 2004, S. 102 u. HHS/ *Hübner* AO § 372 Rn. 99); denn die Tatbestandsmerkmale des § 372 I AO als Grundtatbestand sind erfüllt (vgl. BGH 22.2.1973, BGHSt 25, 137, 139). Die Strafdrohung des Qualifikationstatbestandes rechtfertigt sich auch in solchen Fällen daraus, dass die aus dem klassischen Strafrecht (vgl. § 244 I, § 250 I u. § 260 StGB) übernommenen Qualifikationsmerkmale des § 373 AO eine erheblich stärkere gesetzwidrige Willensbetätigung des Täters, eine stärkere Gefährdung des geschützten Rechtsguts und/oder eine stärkere Gefährdung der zur zollamtlichen Überwachung an der Grenze, im grenznahen Bereich und auch jenseits dieses Bereichs eingesetzten Zollbeamten (vgl. § 1 I–III, § 10 ZollVG) sowie der bei Kontrollen tätigen Beamten der Bundespolizei begründen als die einfache Tatausführung, und zwar unabhängig davon, ob diese mit Strafe oder nur mit Geldbuße bedroht ist (glA BMR SteuerStR/*Bender/Möller/Retemeyer* Rn. C 498; aA *Beckemper* HRRS 2013, 445, 447).

Der unmittelbare Anwendungsbereich des § 372 AO war zeitweise auf Zuwiderhandlungen gegen § 3 I 1 BranntwMonG beschränkt, nachdem alle anderen Ein-, Aus- und Durchfuhrverbote mit eigenen Straf- oder Bußgeldvorschriften bewehrt waren. Mit der Beschränkung des Branntweinmonopols auf die Übernahme des im Monopolgebiet hergestellten Branntweins aus den Brennereien sowie dessen Verwertung durch G v. 23.12.2003 (BGBl. 2003 I 2924, 2926) ist auch das letzte nationale Einfuhrverbot nach einem Monopolgesetz entfallen. Nunmehr ist die Vorschrift des § 372 AO unmittelbar nur noch auf **Verbringungsverbote des EU-Rechts** anwendbar, soweit das deutsche Recht keine Strafvorschriften für Verstöße zur Verfügung stellt. Ob darunter bereits das **Entziehen von Waren aus der zollamtlichen Überwachung** (Art. 134 UZK) fällt, ist umstritten (bejahend *Küchenhoff* NZWiSt 2018, 90, 93; WJS WirtschaftsStrafR-HdB/*Küchenhoff* Kap. 23 Rn. 95, 421 ff.; abl. *Markgraf/Wasiak* BDZ Fachteil 11/2020, F61, F64 f.; *Möller/Retemeyer* ZfZ 2018, 253, 254: „*Verbotsbegriff des Bannbruchs erfasst nicht Verbote eines abgabenrechtlichen Verfahrens*"; *Möller/Retemeyer* BDZ Fachteil 10/2021, 61, 63; unklar BeckOK AO/*Hauer* AO § 372 Rn. 2, 11.1, 15, 52.2; Hüls/Reichling/*Corsten/Tute* AO § 372 Rn. 1). Die Frage ist vor dem Hintergrund des Sanktionierungsauftrags in Art. 42 UZK (s. auch Art. 291 I AEUV) nicht zweifelsfrei zu beantworten, eine behördliche bzw. justizielle Praxis hat sich, soweit erkennbar, noch nicht herausgebildet. Allerdings spricht auf Basis der Argumentation *Küchenhoffs* (aaO) in der Tat einiges dafür, das „schlichte" Tätigkeitsdelikt des § 372 AO auch insoweit zur Anwendung zu bringen.

9. Sonstige Konkurrenzfragen

Bannbruch und Steuerhinterziehung (§ 370 AO) treffen bei verbotswidriger Einfuhr regelmäßig in Tateinheit (§ 52 StGB) zusammen, wenn bei der Einfuhr aus Drittländern zugleich Einfuhrabgaben (Zoll, VerbrauchSt oder EUSt) hinterzogen werden (BGH 20.7.1971, BGHSt 24, 178, 179; RG 8.1.1935, RGSt 69, 35; Kohlmann/*Hilgers-Klautzsch* AO § 372 Rn. 97). § 370 V AO stellt klar, dass eine Steuerhinterziehung auch hinsichtlich solcher Waren begangen werden kann, deren Einfuhr, Ausfuhr oder Durchfuhr verboten ist. Solche Verbote schließen die Entstehung der Zollschuld nicht aus (Art. 212 S. 1 ZK; Art. 83 UZK). Nur für Falschgeld, Suchtstoffe oder psychotrope Stoffe, die illegal eingeführt werden, ist nach Art. 212 S. 2 ZK (Art. 83 II UZK) im Anschluss an die Rechtsprechung des EuGH (→ Rn. 15) die Entstehung einer Zollschuld ausgeschlossen. Damit scheidet insoweit Tateinheit mit Steuerhinterziehung aus.

Tateinheit zwischen Bannbruch und **mittelbarer Falschbeurkundung** (§ 271 StGB) hat das RG (4.6.1936, RGSt 70, 229 f.) in einem Fall angenommen, in dem ein (landesrechtlich vorgeschriebenes) Ursprungszeugnis für ein geschmuggeltes Pferd erschlichen worden war. Denkbar ist auch Tateinheit zwischen Bannbruch und dem Straftatbestand des § 297 StGB. Dieser lautet:

§ 297 StGB Gefährdung von Schiffen, Kraft- und Luftfahrzeugen durch Bannware

(1) Wer ohne Wissen des Reeders oder des Schiffsführers oder als Schiffsführer ohne Wissen des Reeders eine Sache an Bord eines deutschen Schiffes bringt oder nimmt, deren Beförderung

1. für das Schiff oder die Ladung die Gefahr einer Beschlagnahme oder Einziehung (§§ 74 bis 74f) oder
2. für den Reeder oder den Schiffsführer die Gefahr einer Bestrafung

verursacht, wird mit Freiheitsstrafe bis zu zwei Jahren oder mit Geldstrafe bestraft.

(2) Ebenso wird bestraft, wer als Reeder ohne Wissen des Schiffsführers eine Sache an Bord eines deutschen Schiffes bringt oder nimmt, deren Beförderung für den Schiffsführer die Gefahr einer Bestrafung verursacht.

(3) Absatz 1 Nr. 1 gilt auch für ausländische Schiffe, die ihre Ladung ganz oder zum Teil im Inland genommen haben.

(4) ¹Die Absätze 1 bis 3 sind entsprechend anzuwenden, wenn Sachen in Kraft- oder Luftfahrzeuge gebracht oder genommen werden. ²An die Stelle des Reeders und des Schiffsführers treten der Halter und der Führer des Kraft- oder Luftfahrzeuges.

90 **Tateinheit** kann ferner bestehen zwischen Bannbruch und *Straßenverkehrsgefährdung nach § 315b I Nr. 3 StGB,* begangen durch Zufahren auf einen Zollbeamten, der den Schmuggler zum Halten aufgefordert hatte (BGH 31.1.1980, zit. bei *Holtz* MDR 1980, 455), sowie zwischen Bannbruch und *unerlaubtem Führen einer Schusswaffe* oder *unerlaubter Erwerb von Munition* (BGH 7.9.1982, NStZ 1982, 512). Der Ordnungswidrigkeitstatbestand des Erwerbs von bis zu 1000 Zigaretten ohne gültiges Steuerzeichen iSd § 4 Nr. 12 TabStG für den eigenen Verbrauch (§ 37 I 1 TabStG: „Schwarzhandel mit Zigaretten") schließt die Anwendung der §§ 369–374 AO aus (§ 37 I 2 TabStG).

10. Strafen und Nebenfolgen

91 **Wegen der Strafdrohung für Bannbruch** verweist § 372 II AO auf § 370 I, II AO. Nach § 370 I AO ist die vollendete Tat mit Freiheitsstrafe bis zu fünf Jahren oder mit Geldstrafe bedroht.

92 Die versuchte Tat *kann* nach § 370 II AO iVm § 23 II u. § 49 I StGB in Ausübung pflichtgemäßen Ermessens *milder* bestraft werden. Die Strafobergrenze liegt dann bei versuchtem Bannbruch gem. § 49 I Nr. 2 StGB bei Freiheitsstrafe von drei Jahren und neun Monaten oder Geldstrafe von höchstens 270 Tagessätzen; auf die *Höhe* des Tagessatzes hat die Strafrahmenverschiebung keinen Einfluss.

93 *Anstelle einer kurzen Freiheitsstrafe* ist eine Geldstrafe vorgeschrieben, wenn im Einzelfall eine Freiheitsstrafe von sechs Monaten oder darüber nicht in Betracht kommt und wenn nicht besondere Umstände, die in der Tat oder der Persönlichkeit des Täters liegen, die Verhängung einer Freiheitsstrafe zur Einwirkung auf den Täter oder zur Verteidigung der Rechtsordnung unerlässlich machen (§ 47 I StGB). *Neben einer Freiheitsstrafe* kann eine Geldstrafe verhängt werden, wenn der Täter sich durch die Tat bereichert oder zu bereichern versucht hat und wenn eine Geldstrafe auch unter Berücksichtigung der persönlichen und wirtschaftlichen Verhältnisse des Täters angebracht ist (§ 41 StGB). Wegen der Möglichkeit einer Aberkennung der Amtsfähigkeit und Wählbarkeit vgl. § 375 I AO iVm § 45 II StGB.

94 **Die Möglichkeit einer Einziehung** der Erzeugnisse, Waren und anderen Sachen, auf die sich der Bannbruch bezieht *(„Bannware")* und der *Beförderungsmittel,* die zur Tat benutzt worden sind, besteht nach § 375 II Nr. 1 u. 2 AO; die Einzelheiten regeln §§ 74 ff. StGB (→ § 375 Rn. 42 ff.). Der Bannbruch *bezieht sich* auf alle Sachen, die der Täter einem gesetzlichen Verbot zuwider ein-, aus- oder durchgeführt hat, falls die Tat nach § 372 II Hs. 1 iVm § 370 I oder II AO strafbar ist (→ Rn. 83). Ist die Tat in *anderen* Vorschriften mit Strafe oder Geldbuße bedroht, richtet sich auch die Möglichkeit der Einziehung nach den anderen Gesetzen, die zT über Beförderungsmittel hinaus *alle* Sachen erfassen, die zur Begehung oder Vorbereitung gebraucht worden sind oder bestimmt gewesen sind (vgl. zB § 54 I WaffG), zT enger die Beförderungsmittel *nicht* erfassen (vgl. zB § 33 BtMG; § 61

LFGB). Zum Bannbruch benutzt sind auch Beförderungsmittel, die der Täter oder ein Teilnehmer erst *nach* dem Überschreiten der Grenze einsetzt, um die Bannware in Sicherheit zu bringen (→ Rn. 76).

Die Anordnung der Einziehung (bis 1.7.2017: Verfall) des (Werts eines) Vermögensvorteils, den der Täter oder ein Teilnehmer für die Tat oder aus der Tat erlangt hat (Tatertrag), ist in §§ 73–73e StGB geregelt. **95**

11. Keine strafbefreiende Selbstanzeige

Straffreiheit durch Selbstanzeige kann für Bannbruch nicht erlangt werden, da sich § 371 I AO ausdrücklich nur auf *die Fälle des § 370 AO* bezieht (MüKoStGB/*Ebner* AO § 372 Rn. 94). Wird Selbstanzeige wegen einer mit Bannbruch tateinheitlich zusammentreffenden Steuerhinterziehung (§ 370 AO) erstattet, bleibt die strafbefreiende Wirkung auf die Steuerhinterziehung beschränkt (aA, soweit erkennbar, allein *Küchenhoff* NZWiSt 2018, 90, 95 o. nähere Begr.), jedoch kann die Selbstanzeige der Tat bei der Strafzumessung aus § 372 AO mildernd berücksichtigt werden (zust. BeckOK AO/*Hauer* AO § 372 Rn. 70; HHS/*Tormöhlen* AO § 372 Rn. 109). Auch kann bei weniger schwerwiegenden Zuwiderhandlungen gegen das Ein-, Aus- oder Durchfuhrverbot eine Einstellung des Strafverfahrens nach § 153 StPO bzw. § 398 AO eher in Betracht gezogen werden als in den Fällen, in denen die Tat ohne Selbstanzeige zur Kenntnis der Strafverfolgungsbehörden gelangt ist (ebenso MüKoStGB/*Ebner* AO § 372 Rn. 94; Quedenfeld/Füllsack/*Klinger* Rn. 217; Wannemacher/*Beil* Rn. 1851). **96**

12. Verfahrensfragen

Die besonderen Verfahrensvorschriften der §§ 385–408 AO gelten, sofern ein Bannbruch iSd § 372 I AO nach § 372 II Hs. 1 iVm § 370 I oder II AO strafbar ist (→ Rn. 83). Ausgenommen sind naturgemäß diejenigen Vorschriften, die eine *„Abgabenangelegenheit"* (§ 388 I Nr. 2, II AO), ein *„Besteuerungsverfahren"* (§ 393 AO) oder einen *„Steueranspruch"* oder *„Steuervorteil"* (§ 396 AO) voraussetzen. **97**

Sofern Bannbruch iSd § 372 I AO *in anderen Vorschriften mit Strafe bedroht ist* (§ 372 II Hs. 2 AO), gelten die §§ 385–408 AO ebenfalls (hM; *Bender* ZfZ 1992, 199, 201; GJW/*Tully* AO § 372 Rn. 5, 16; MüKoStGB/*Ebner* AO § 372 Rn. 105; HHS/*Hübner* AO Vor § 372 Rn. 30 ff.; Hüls/Reichling/*Corsten*/Tute AO § 372 Rn. 41; Kohlmann/*Hilgers-Klautzsch* AO § 372 Rn. 107). Die hM entspricht dem Gesichtspunkt der Praktikabilität, wonach die Zollverwaltung als für die Beachtung der Verbote und Beschränkungen zuständige Behörde auch für die Strafverfolgung bei Verstößen gegen nichtsteuerliche Verbotsnormen zuständig sein muss. Sondervorschriften (zB § 37 MOG) stehen dem nicht entgegen. Die in §§ 385–408 AO geregelten Befugnisse bleiben davon unberührt. **98**

Die besonderen Verfahrensvorschriften der §§ 409–412 AO für das steuerstrafrechtliche Bußgeldverfahren gelten, sofern Bannbruch iSd § 372 I AO *in anderen Vorschriften mit Geldbuße bedroht ist* (§ 372 II Hs. 2 AO), **nicht** (BeckOK AO/*Hauer* AO § 372 Rn. 41; *Bender* ZfZ 1992, 199, 202; Leitner/Rosenau/*Pelz* AO § 372 Rn. 31; MüKoStGB/*Ebner* AO § 372 Rn. 106; HHS/*Tormöhlen* AO § 372 Rn. 90b; Kohlmann/*Hilgers-Klautzsch* AO § 372 Rn. 111; aA Leopold/Madle/Rader/*Zanzinger* AO § 372 Rn. 29). Bestätigt wird diese Ansicht durch § 12 ZollVG, wonach die Zollbehörden die Waren und Verwaltungsvorgänge den zuständigen Verwaltungsbehörden vorzulegen haben, wenn Waren unter Verstoß gegen Einfuhr-, Ausfuhr- und Durchfuhrverbote in den oder aus dem Geltungsbereich des ZollVG verbracht werden und der Verstoß nur als Ordnungswidrigkeit geahndet werden kann. **99**

Ist ein *Einfuhr*verbot als Ordnungswidrigkeit mit Geldbuße bedroht und trifft die Zuwiderhandlung mit der Hinterziehung von Einfuhrabgaben zusammen, so ist in diesen Fällen nach § 21 I 1 OWiG nur das Strafgesetz des § 370 AO und damit auch das besondere Strafverfahrensrecht der §§ 385–408 AO anzuwenden. **100**

101 Auf Bannbruch war und ist das sog. **Schmuggelprivileg** des § 32 ZollVG (in der Altfassung bis 15.3.2017: *Verfahrenshindernis,* seit der ab 16.3.2017 geltenden Neufassung: *Opportunitätsvorschrift;* vgl. LG Nürnberg-Fürth 15.5.2019, wistra 2020, 87) aufgrund des insoweit offen gehaltenen Wortlauts der Vorschrift **anwendbar** (str.; glA BMR SteuerStR/*Bender/Möller/Retemeyer* Rn. C 650 u. 1229; Erbs/Kohlhaas/*Hadamitzky/Senge* AO § 372 Rn. 3; Erbs/Kohlhaas/*Häberle* ZollVG § 32 Rn. 4; Leitner/Rosenau/*Pelz* AO § 372 Rn. 32; MüKoStGB/*Ebner* AO § 372 Rn. 107; HHS/*Hübner* AO vor § 372 Rn. 33 betr. § 80 ZollG in der Vorauf.; Hüls/Reichling/*Corsten/Tute* AO § 372 Rn. 44; Leopold/Madle/Rader/*Zanzinger* AO § 372 Rn. 31; Kohlmann/*Hilgers-Klautzsch* AO § 372 Rn. 115; *Voß* → 6. Aufl. Rn. 56.; aA *Jäger* in der Voraufl. mit dem Arg., § 32 ZollVG knüpfe maßgeblich an die jew. (Höhe der) Abgaben-/Steuerverkürzung an; dem zust. BeckOK AO/*Hauer* AO § 372 Rn. 84; Flore/Tsambikakis/*Klötzer-Assion* AO § 372 Rn. 39; HHS/*Tormöhlen* AO § 372 Rn. 90d; Tipke/Kruse/*Loose* AO § 372 Rn. 14; GJW/*Tully* AO § 372 Rn. 5, 16; *Elliger/Sticker* ZfZ 1978, 294, 295; diff. zw. Sanktions- und Verbotsbannbruch iSv § 372 I bzw. II AO: WJS WirtschaftsStrafR-HdB/*Küchenhoff* Kap. 23 Rn. 483; s. auch Dienstanweisung zum Zollschuldrecht VSF Z 09 01 idF v. 2.5.2007, Abs. LXXVI, jew. zur bis 15.3.2017 geltenden aF; offen gelassen bei GJW/*Ebner* ZollVG § 32 Rn. 5 aE: „*Streit … mit Blick auf § 372 Abs. 2 AO praktisch irrelevant*"; ähnl. *Bender* ZfZ 2002, 146, 150).

102 Die **besonderen Verjährungsregelungen** für die „Steuerhinterziehung" in **§ 376 I, III AO** gelten nicht im Fall des Bannbruchs (zu § 376 II AO s. → Rn. 83). Daran ändert auch § 372 II AO nichts, weil § 376 AO keine (Rück-)Verweisung auf den Bannbruch enthält (*Ebner,* Verfolgungsverjährung im Steuerstrafrecht, 2015, S. 150; GJW/*Rolletschke* AO § 376 Rn. 13; HHS/*Bülte* AO § 376 Rn. 2 Fn. 6).

103 Zur funktionellen Zuständigkeit des **Steuer- bzw. Wirtschaftsstrafrichters** am AG und der **Wirtschaftsstrafkammer** am LG → Rn. 5.

104 In den **Schuldspruch** wegen Bannbruchs (Urteilsformel; rechtliche Bezeichnung der Tat) kann vor dem Hintergrund von **§ 260 IV 1, 2 StPO** auch das im jew. Einzelfall verletzte Verbringungsverbot aufgenommen werden (zB „*D. Angekl. ist schuldig des Bannbruchs, begangen durch verbotene Einfuhr* [bzw. Aus-/Durchfuhr] *von … [Bannware]*", vgl. HHS/*Tormöhlen* AO § 327 Rn. 90a).

§ 373 Gewerbsmäßiger, gewaltsamer und bandenmäßiger Schmuggel

(1) ¹Wer gewerbsmäßig Einfuhr- oder Ausfuhrabgaben hinterzieht oder gewerbsmäßig durch Zuwiderhandlungen gegen Monopolvorschriften Bannbruch begeht, wird mit Freiheitsstrafe von sechs Monaten bis zu zehn Jahren bestraft. ²In minder schweren Fällen ist die Strafe Freiheitsstrafe bis zu fünf Jahren oder Geldstrafe.

(2) Ebenso wird bestraft, wer

1. eine Hinterziehung von Einfuhr- oder Ausfuhrabgaben oder einen Bannbruch begeht, bei denen er oder ein anderer Beteiligter eine Schusswaffe bei sich führt,
2. eine Hinterziehung von Einfuhr- oder Ausfuhrabgaben oder einen Bannbruch begeht, bei denen er oder ein anderer Beteiligter eine Waffe oder sonst ein Werkzeug oder Mittel bei sich führt, um den Widerstand eines anderen durch Gewalt oder Drohung mit Gewalt zu verhindern oder zu überwinden, oder
3. als Mitglied einer Bande, die sich zur fortgesetzten Begehung der Hinterziehung von Einfuhr- oder Ausfuhrabgaben oder des Bannbruchs verbunden hat, eine solche Tat begeht.

(3) Der Versuch ist strafbar.

(4) § 370 Abs. 6 Satz 1 und Abs. 7 gilt entsprechend.

Schrifttum: *Bender,* Das Ende des schweren Schmuggels?, ddz 1968 F 29; *Pfaff,* Gewerbsmäßiger, gewaltsamer und bandenmäßiger Schmuggel, ZfZ 1981, 7; *Halla-Heißen,* Auswirkungen der Uruguay-Runde auf die Handelsregelungen der Gemeinschaft für landwirtschaftliche Erzeugnisse, ZfZ 1995, 370; *Janovsky,* Die Strafbarkeit des illegalen grenzüberschreitenden Warenverkehrs, NStZ 1998, 117; *Bender,* Rechtsfragen um den Transitschmuggel mit Zigaretten, wistra 2001, 161; *Bilsdorfer,* Rechtsprechung zum Steuerstraf- und Steuerordnungswidrigkeitenrecht im Jahre 2001, NWB Fach 13, 999; *Bender,* Neuigkeiten im Steuerstrafrecht 2002 für die Zollverwaltung, ZfZ 2002, 146; *Böse,* Der Grundsatz „ne bis in idem" in der Europäischen Union (Art. 54 SDÜ), GA 2003, 744; *Spriegel,* Strafrechtliche Risiken bei grenzüberschreitenden Aktivitäten für Steuerpflichtige und steuerliche Berater; Handbuch der internationalen Steuerplanung 2003, 1663; *Harms,* § 370a AO – Optimierung des steuerstrafrechtlichen Sanktionensystems oder gesetzgeberischer Fehlgriff, FS Kohlmann, 2003, 413; *Bender,* Ist der Zigarettenschmuggel seit dem 4. März 2004 straffrei?, wistra 2004, 368; *Kuhlen,* Internationaler Schmuggel, europäischer Gerichtshof und deutsches Strafrecht, FS Jung, 2007, 445; *Leplow,* Ahndung des Zigarettenschmuggels nach dem 1.5.2004, PStR 2007, 180; *Harms/Jäger,* Aus der Rechtsprechung des BGH zum Steuerstrafrecht, NStZ 2001, 236; 2002, 244, 250; 2003, 189, 194; 2004, 191, 194; *Jäger,* Aus der Rechtsprechung des BGH zum Steuerstrafrecht, NStZ 2008, 21; *Harms/Heine,* Ne bis in idem – Es führt kein Weg am EuGH vorbei, FS G. Hirsch, 2008, 85; *Bender,* Neuigkeiten im Zoll- und Verbrauchsteuerstrafrecht, ZfZ 2008, 145; *Leplow,* Ahndung des Zigarettenschmuggels nach §§ 373, 374 AO nF, PStR 2008, 63; *ders.,* Zigarettenschmuggel, Geldwäsche und Gewinnabschöpfung, PStR 2008, 213; *Wulf,* Telefonüberwachung und Geldwäsche im Steuerstrafrecht, wistra 2008, 321; *Allgayer/Sackreuther,* §§ 52 ff. StGB: Konkurrenzen bei illegaler Einfuhr von Zigaretten, PStR 2009, 44; *Jäger,* Die Auswirkungen der Osterweiterung der Europäischen Union auf das deutsche Steuerstrafrecht, FS Amelung, 2009, S. 447; *Retemeyer/Möller,* Zollstraftaten und Zollordnungswidrigkeiten, AW-Prax 2009, 370; *Leplow,* Zoll- und Verbrauchsteuerstrafrecht: BGH-Rechtsprechung von Juni 2008 bis Februar 2011, PStR 2011, 207; *Möller,* Europäisches Strafrecht und das Zollstrafrecht, ZfZ 2011, 39; *Möller/Retemeyer,* Neues aus dem Zoll- und Verbrauchsteuerstrafrecht, ZfZ 2011, 288 und ZfZ 2013, 313; *Weerth,* Das Zollstrafrecht und das Zollordnungswidrigkeitenrecht der EU-27, ZfZ 2012, 173; *Weidemann* Tabaksteuerstrafrecht, wistra 2012, 1 und 2012, 49; *Möller,* Hinterziehung von Einfuhrumsatzsteuer, AW-Prax 2013, 27; *Kirch-Heim* Anm. zu BGH v. 5.11.2014 – 1 StR 267/11, NStZ 2015, 286; *Leplow,* Zur Strafbarkeit einer Verbrauchsteuerhinterziehung nach Wegfall des Steuererhebungsrechts im Durchfuhrstaat in Fällen des Weitertransports in ein anderes Mitgliedsland der EU und zu der Frage, wer als „Verbringer" einzustufen ist, wistra 2016, 77; *Waschkewitz,* Das Merkmal der Gewerbsmäßigkeit im Wirtschafts- und Steuerstrafrecht bei Handeln zum Vorteil eines Unternehmens – am Beispiel von Straftaten im Gesundheitswesen, wistra 2015, 50; *Ebner,* Tabaksteuer-Hinterziehung durch Verbergen von nicht gestelltem Wasserpfeifentabak in einem Steuerlager (Entscheidungsanmerkung), HFR 2017, 183; *Möller/Retemeyer,* Eine Reform des Schmuggelprivilegs, ZfZ 2017, 235; *Ebner,* Steuerstrafrechtliche Bagatell-Entkriminalisierungtatbestände unter besonderer Berücksichtigung des mWz 16.3.2017 reformierten Schmuggelprivilegs, GS Joecks, 2018, 401; *Weidemann,* Postverkehr und Zollstrafrecht: sinnvolle Neuerungen?, GS Joecks, 2018, 641; *Bauer,* Praktische Fragen im Zusammenhang mit dem organisierten „Schmuggel" von Tabakwaren, NZWiSt 2018, 85; *Weidemann,* Tabaksteuer und Steuerstrafrecht, 2020; *Wegner,* Zigarettenschmuggel, PStR 2021, 83; *Ebner,* Verjährung „XXL" auch bei Schmuggel im „besonders schweren Fall", DStR 2022, 12.

Weiteres Schrifttum s. vor → Rn. 31, 42, 64, 85 u. 88.

Übersicht

	Rn.
1. Entstehungsgeschichte	1–4
2. Zweck und Anwendungsbereich	5–30
a) Qualifikation zu § 370 AO	10–21
b) Qualifikation zu § 372 I AO	22–30
3. Gewerbsmäßiger Schmuggel	31–41
4. Gewaltsamer Schmuggel	42–63
a) Schmuggel mit Schusswaffen (§ 373 II Nr. 1 AO)	45–51
b) Schmuggel mit sonstigen Waffen, Werkzeugen oder Mitteln (§ 373 II Nr. 2 AO)	52–63
5. Bandenmäßiger Schmuggel (§ 373 II Nr. 3 AO)	64–80
6. Mittäterschaft und Teilnahme	81–84
7. Strafbarkeit des Versuchs	85
8. Schwarzhandel mit Zigaretten zum eigenen Bedarf	86
9. Selbstanzeige	87
10. Strafen und Nebenfolgen	88–100
11. Konkurrenzfragen	101–107
12. Verfahrensfragen	108–114

1. Entstehungsgeschichte

1 Eine dem § 373 AO entsprechende Vorschrift wurde durch Art. 1 Nr. 15 G v. 4.7.1939 (RGBl. I 1181) als **§ 401b** in die RAO eingefügt; Abs. 1 war neu, Abs. 2 wurde übernommen aus §§ 146, 148 VZollG v. 1.7.1869 (BGBl. des Nordd. Bundes 317). Durch Art. 1 Nr. 10 des 2. AO-StrafÄndG v. 12.8.1968 (BGBl. I 953) wurde die Vorschrift als **§ 397 RAO** bezeichnet und auf die Hinterziehung von „*Eingangsabgaben*" – anstelle von „*Zöllen*" – erweitert (Begr. BT-Drs. V/1812, 24 f.); ferner wurden in Abs. 2 Nr. 1 die Worte „*gemeinschaftlich mit ihnen*" der Klarheit halber durch die Worte „*mit mindestens zwei von ihnen*" ersetzt (Schriftl. Ber. zu BT-Drs. V/2928, 2).

2 Art. 4 des 1. StrRG v. 25.6.1969 (BGBl. 1969 I 645, 657) passte die Strafdrohung mit *Freiheitsstrafe von drei Monaten bis zu fünf Jahren* dem StGB an.

3 In der Fassung des **§ 373 AO 1977** v. 16.3.1976 (BGBl. I 613) entsprach die Vorschrift wörtlich § 356 RegE (vgl. BT-Drs. VI/1982, 80, Begr. S. 196). Abweichend von § 397 I RAO 1968 wurde der sachliche Anwendungsbereich bei gewerbsmäßigem Bannbruch auf Zuwiderhandlungen gegen *Monopolvorschriften* begrenzt. Zugleich wurden die Vorschriften über den Schmuggel mit Waffen und über Bandenschmuggel an § 244 I StGB (Diebstahl mit Waffen und Bandendiebstahl) angepasst. Zudem war nach § 373 II Nr. 3 AO dieser Fassung abw. von § 397 II Nr. 1 RAO 1968 ausreichend, dass die Tat mit *einem* weiteren Bandenmitglied begangen wurde, sofern sich die Bande „*zur fortgesetzten Begehung der Hinterziehung von Eingangsabgaben oder des Bannbruchs verbunden hat.*" Mit Art. 8 Nr. 24 des StÄndG 2001 wurde das Wort „Eingangsabgaben" durch die Wörter „Einfuhr- oder Ausfuhrabgaben" ersetzt (BGBl. 2001 I 3974).

4 Durch Art. 3 Nr. 4 des **G zur Neuregelung der Telekommunikationsüberwachung** und anderer verdeckter Ermittlungsmethoden sowie zur Umsetzung der Richtlinie 2006/24/EG v. 21.12.2007 (BGBl. I 3198) wurde die Vorschrift des § 373 AO in mehrfacher Hinsicht geändert:

– Mit der ausdrücklichen Regelung der Versuchsstrafbarkeit in einem neuen Abs. 3 wurde klargestellt, dass § 373 AO ein *selbständiger Qualifikationstatbestand* zu § 370 I AO ist.
– Durch Einfügung eines neuen Abs. 4 mit einer gesetzlichen *Verweisung auf § 370 VI 1 und VII AO* wurde der Anwendungsbereich des § 373 AO auf Einfuhr- und Ausfuhrabgaben erweitert, die von einem anderen Mitgliedstaat der Europäischen Gemeinschaften verwaltet werden oder die einem Mitgliedstaat der EFTA oder einem mit dieser assoziierten Staat zustehen (Begr. BR-Drs. 275/07, 176 f.).

– Um zu einem *einheitlichen Bandenbegriff* zu gelangen und um in der Sache nicht gebotene Differenzierungen zu vermeiden, wurde in § 373 II Nr. 3 AO auf das bisherige Qualifikationsmerkmal „unter Mitwirkung eines anderen Bandenmitglieds die Tat ausführt" verzichtet. Es genügt nun, dass der Täter als Mitglied einer Bande, die sich zur fortgesetzten Hinterziehung von Einfuhr- oder Ausfuhrabgaben oder des Bannbruchs verbunden hat, eine solche Tat begeht.
– Durch die *Anhebung des Strafrahmens* auf sechs Monate bis zehn Jahre Freiheitsstrafe (§ 373 I 1 AO) und durch die Einführung eines milderen Strafrahmens von Freiheitsstrafe bis zu fünf Jahren oder Geldstrafe für minder schwere Fälle (§ 373 I 2 AO) wurden Wertungswidersprüche gegenüber dem Strafrahmen des § 370 III AO beseitigt.

2. Zweck und Anwendungsbereich

§ 373 AO enthält zu den Straftatbeständen der Steuerhinterziehung (§ 370 AO) und des Bannbruchs (§ 372 AO) einen **Qualifikationstatbestand** (ebenso Flore/Tsambikakis/ *Schuster*/Schultehinrichs AO § 373 Rn. 1; GJW/*Tully* AO § 373 Rn. 5 u. MüKoStGB/ *Ebner* AO § 373 Rn. 1; Schaumburg/Peters/*Peters* Rn. 11.424), der den jeweiligen Grundtatbestand verdrängt (BGH 5.11.2014, NStZ 2015, 285; BGH 22.5.2012, NStZ 2012, 637; BGH 28.9.1983, BGHSt 32, 95; HHS/*Tormöhlen* AO § 373 Rn. 7, Schwarz/ Pahlke/*Nikolaus* AO § 373 Rn. 2 und Klein/*Jäger* AO § 373 Rn. 9). Dies wurde mit der Regelung der Versuchsstrafbarkeit in § 373 III AO durch Art. 3 Nr. 4 durch G v. 21.12.2007 (BGBl. I 3198) vom Gesetzgeber ausdrücklich klargestellt (vgl. BR-Drs. 275/ 07, 177). Da die Tatbestandsmerkmale der Qualifikationsnorm vom jeweiligen Grundtatbestand (§ 370 oder § 372 AO) abhängig sind, muss dieser in Urteilen bei den angewandten Vorschriften mit genannt werden (vgl. § 267 III 1 StPO).

In der Überschrift des § 373 AO werden die beiden Grundtatbestände unter der populären, in der Gesetzessprache sonst nicht verwendeten Begriff *„Schmuggel"* zusammengefasst. Diese Bezeichnung macht deutlich, dass § 373 AO sich nicht auf die Hinterziehung einer beliebigen Steuer bezieht, sondern nur auf *Einfuhr- und Ausfuhrabgaben,* die beim oder nach dem Verbringen einer Ware über die Grenze auf Grund der Einfuhr oder Ausfuhr entstehen (→ Rn. 9). Andererseits erfasst § 373 AO abw. vom allgemeinen Sprachgebrauch nicht nur Vorgänge, die sich beim körperlichen Verbringen einer Ware über die grüne Grenze oder im Reiseverkehr abspielen, sondern – namentlich beim gewerbsmäßigen Schmuggel – auch „Schreibtischtaten", wie zB unrichtige Angaben über den Zollwert (BMR SteuerStR/*Bender/Möller/Retemeyer* C Rn. 915; MüKoStGB/*Ebner* AO § 373 Rn. 3).

Der Zweck der Vorschrift, Steuerhinterziehung und Bannbruch bei bestimmten Begleitumständen der Tat mit einer Freiheitsstrafe von mindestens sechs Monaten zu bedrohen, beruht in allen Fällen des § 373 AO darauf, dass der jeweilige Täter einen stärkeren gesetzwidrigen Willen entfaltet als ein Täter, der nur einer gelegentlichen Versuchung zum „Schmuggel" nicht widerstehen kann. Zugleich begründet der *gewerbs-* oder *bandenmäßig* handelnde Täter durch seine Bereitschaft zu wiederholter krimineller Begehung eine erhöhte Gefahr für die Einfuhr-, Ausfuhr- oder Monopolabgaben und der *gewaltsam* handelnde Täter eine erhöhte persönliche Gefahr für die im Zollgrenzdienst und im grenznahen Raum (§ 14 ZollVG) eingesetzten Beamten (BGH 13.7.1954, BGHSt 6, 260, 262; BGHGrS 10.11.1958, BGHSt 12, 220, 225; RG 11.2.1935, RGSt 69, 105, 107; BayObLG 25.2.1932, JW 1932, 2820 f.; OLG Köln v. 18.1.1952, MDR 1952, 438). Diese Erwägungen hatten die BReg bereits unter dem Eindruck des „Kaffeekrieges", der nach der Währungsreform an der deutsch-belgischen Grenze gegen bewaffnete und gepanzerte Schmugglerfahrzeuge geführt werden musste, veranlasst, in dem Entwurf eines Gesetzes zur Änderung von steuerstrafrechtlichen Vorschriften der AO u. a. v. 23.10.1952 (BR-Drs. 430/52) für *besonders schwere Fälle* gewerbsmäßigen, bandenmäßigen oder gewaltsamen Schmuggels Zuchthausstrafe bis zu zehn Jahren vorzuschlagen. Trotz der kriminologischen

Verwandtschaft des Schmuggels zu Diebstahl oder Raub mit Waffen (§ 244 I Nr. 1 Buchst. a und b, § 250 I Nr. 1 Buchst. a und b StGB) sowie Bandendiebstahl und Bandenraub (§ 244 I Nr. 2, § 250 I Nr. 2 StGB) ist der Gesetzgeber diesem Vorschlag damals nicht gefolgt (vgl. G v. 11.5.1956, BGBl.1956 I 1181).

8 Zur Vermeidung von Wertungswidersprüchen zwischen Steuerhinterziehung einerseits und Schmuggel andererseits wendete die Rspr allerdings die Strafzumessungsregel des § 370 III AO für besonders schwere Fälle der Steuerhinterziehung (§ 370 AO) auch auf den Tatbestand des Schmuggels (§ 373 AO) an (BGH 28.9.1983, BGHSt 32, 95; BGH 10.9.1986; wistra 1987, 30 f.). Mit der Erweiterung des Strafrahmens für Schmuggel auf Freiheitsstrafe bis zu zehn Jahren durch G v. 21.12.2007 (BGBl. I 3198; → Rn. 4) sind diese Wertungswidersprüche nun durch eine eindeutige gesetzliche Regelung endgültig beseitigt.

9 *Der Anwendungsbereich* des § 373 AO erstreckt sich auf Fälle der Steuerhinterziehung (§ 370 AO) und des Bannbruchs (§ 372 I AO) ohne Unterschied, ob die jeweilige Tat *vollendet* oder nur *versucht* worden ist (§ 373 III AO). Jede Prüfung hat daher mit der Prüfung des Grundtatbestands zu beginnen. Die Vorschrift des § 373 AO enthält vier Qualifikationstatbestände; dieses sind:
– der *gewerbsmäßige Schmuggel* (§ 373 I 1 AO; → Rn. 31 ff.);
– der *gewaltsame Schmuggel mit Schusswaffen* (§ 373 II Nr. 1 AO; → Rn. 45 ff.);
– der *gewaltsame Schmuggel mit Waffen oder sonstigen Werkzeugen oder Mitteln* zur gewaltsamen Verhinderung oder Überwindung von Widerstand (§ 373 II Nr. 2 AO; → Rn. 52 ff.);
– der *bandenmäßige Schmuggel* (§ 373 II Nr. 3 AO; → Rn. 64 ff.).

a) Qualifikation zu § 370 AO

10 In den Fällen des § 370 AO ist die Anwendung des § 373 AO nicht mehr wie früher beschränkt auf die *Hinterziehung von Eingangsabgaben*. Dieser Begriff wurde durch Art. 8 Nr. 24 StÄndG 2001 (BGBl. I 3794, 3804) durch den Begriff der **Einfuhr- und Ausfuhrabgaben** ersetzt, der außer in der AO noch im ZollVG verwendet wird. Damit wurden Wortlaut und Terminologie an den ZK angepasst (BT-Drs. 14/7341, 19). Wie sich aus dem Kontext der Vorschriften, insbes. im Vergleich mit der Fassung des § 374 AO ergibt, ist der Begriff der Einfuhr- und Ausfuhrabgaben iSv § 1 I 3 ZollVG zu verstehen, der die im ZK (jetzt: UZK) geregelten Abgaben um die EUSt und die anderen für eingeführte Waren zu erhebenden Verbrauchsteuern ergänzt (glA BMR SteuerStR/*Bender/Möller/Retemeyer* C Rn. 497; *Kohlmann/Hilgers-Klautzsch* AO § 373 Rn. 14.3 u. Klein/*Jäger* AO § 373 Rn. 25; aM *Voß* in der → 6. Aufl., der in § 373 AO die in § 374 AO enthaltene Bezugnahme auf den ZK vermisste).

• *Einfuhr- und Ausfuhrabgaben im Sinne des Zollverwaltungsgesetzes* sind gem. § 1 I 3 ZollVG
  – die im UZK geregelten Abgaben sowie die EUSt und die anderen für eingeführte Waren zu erhebenden Verbrauchsteuern.
• *Einfuhr- und Ausfuhrabgaben im Sinne des Zollkodexes* waren nach Art. 4 Nr. 10 und 11 ZK aF
  – Zölle und Abgaben mit gleicher Wirkung bei der Einfuhr (Ausfuhr) von Waren sowie
  – bei der Einfuhr (Ausfuhr) erhobene Abgaben, die im Rahmen der gemeinsamen Agrarpolitik oder aufgrund der für bestimmte landwirtschaftliche Verarbeitungsprozesse geltenden Sonderregelungen vorgesehen sind.
• Nach der ab 1.5.2016 geltenden *Definition des Unionszollkodexes* aus Art. 5 Nr. 20 und 21 UZK sind *Einfuhr- und Ausfuhrabgaben* ohne eine inhaltliche Abweichung von der bisherigen Regelung
  – die für die Einfuhr (Ausfuhr) von Waren zu entrichtenden Abgaben.

11 Dementsprechend gehören zu den Einfuhrabgaben und Ausfuhrabgaben iSv § 373 AO:
• **Zölle.** Zölle sind materielle Abgaben, die den Übergang von Waren aus einem fremden Wirtschaftsgebiet in das eigene belasten und formell nach Maßgabe eines Zolltarifs

erhoben werden (vgl. GHN/*Herrmann* AEUV Art. 30 Rn. 9). Auch die Zölle werden regelmäßig nicht mehr durch Abfertigung zum freien Verkehr an der Grenze, sondern im Rahmen von unterschiedlichen, im UZK und in der UZK-DurchführungsV geregelten Zollverfahren erhoben (s. dazu auch → § 370 Rn. 441 ff.). Obwohl die Zölle damit in der Regel im Inland entstehen, handelt es sich ebenso wie bei den Verbrauchsteuern für Waren aus dem Ausland um Einfuhrabgaben. *Abschöpfungen* werden seit dem 1.7.1995 auf der Grundlage der VO (EG) Nr. 3290/94 v. 22.12.1994 (ABl. 1994 L 349, 105) *nicht mehr erhoben.* Sie sind durch variable Zölle und ggf. so genannte Zusatzzölle ersetzt worden, die im Wesentlichen wirtschaftlich die gleiche Funktion wie die früheren Abschöpfungen erfüllen, indem ihre Höhe grundsätzlich auf der Grundlage des Unterschieds des Inlandpreises zum Weltmarktpreis berechnet wird (vgl. VO [EU] Nr. 1308/2013 des Europäischen Parlaments und des Rates v. 17.12.2013 über eine gemeinsame Marktorganisation für landwirtschaftliche Erzeugnisse u. a., ABl. 2013 L 347, 671, zuletzt geändert durch Art. 10 VO [EU] 2020/2220 v. 23.12.2020, ABl. 2020 L 437, 1). Da die variablen Zölle und Zusatzzölle an die Stelle der Abschöpfungen getreten sind, fallen sie unmittelbar unter den Begriff der Einfuhrabgaben iSd § 373 AO. Sie sind Zölle, auf die der UZK anzuwenden ist, und gleichzeitig Abgaben zu Marktordnungszwecken.

- **Verbrauchsteuern allgemeiner** (Einfuhrumsatzsteuer) **oder besonderer Art** (Steuern auf Energieerzeugnisse, Tabak, Bier, Branntwein, Schaumwein, Schaumweinzwischenerzeugnisse, Kaffee), soweit diese auf der Grundlage der *Einfuhr aus* einem *Drittland* in das deutsche Erhebungsgebiet *anfallen* (s. dazu → § 370 Rn. 445). Die Einbeziehung der bei der Einfuhr zu erhebenden Verbrauchsteuern in den Begriff der Einfuhrabgaben rechtfertigt sich damit, dass auf die Erhebung dieser Steuern die zollrechtlichen Vorschriften Anwendung finden und dass es für die Hinterziehung durch Schmuggel keinen Unterschied machen kann, ob sich der Schmuggel auf Zölle oder Verbrauchsteuern bezieht. Zu den Drittländern gehören auch die Mitgliedstaaten des Europäischen Wirtschaftsraums – EWR – *Norwegen, Island und Liechtenstein* (*EWR-Abkommen,* ABl. 1994 Nr. L 1, 3). Verbrauchsteuern auf die Ausfuhr gibt es derzeit nicht. Nicht erforderlich ist, dass die Verbrauchsteuern unmittelbar auf Grund der Einfuhr (Grenzübertritt) durch Abfertigung zum zollrechtlich freien Verkehr an der Grenze entstehen. Um Einfuhrabgaben handelt es sich wegen der sinngemäßen Anwendbarkeit der Zollvorschriften (zB § 19 EnergieStG) vielmehr auch dann, wenn die Waren zunächst im Rahmen eines Zollverfahrens (u. a. Versandverfahren oder Zolllagerverfahren) steuerfrei belassen werden und die Verbrauchsteuer erst später durch Gestellung bei der Bestimmungszollstelle – so für das Versandverfahren – oder durch Entnahme aus dem Zolllager entstehen. 12

- **Abgaben zu Marktordnungszwecken,** die auf Grund von *Einfuhr- oder Ausfuhrvorgängen* erhoben werden. Rechtsgrundlage für diese Abgaben bilden die Verordnungen des Rats der EU oder der Europäischen Kommission. Seit der Umwandlung der Abschöpfungen in Zölle, gibt es keine (eigenständigen) Einfuhrabgaben zu Marktordnungszwecken mehr. Ausfuhrabgaben kommen zum Zwecke der Beseitigung von Handelsstörungen in Betracht (zB Ausgleichsabgaben zur Sicherung von Mindesteinfuhrpreisregelungen). Auf diese Abgaben finden die verfahrensrechtlichen Vorschriften des UZK (Art. 1 UZK, § 5 MOG) und ergänzend die Vorschriften der AO entsprechende Anwendung (§ 12 I 1 MOG). Daraus ergibt sich, dass § 373 AO auf solche Abgaben zu Marktordnungszwecken anzuwenden ist, die bei der Einfuhr oder der Ausfuhr von der Marktordnung unterliegenden Waren aus Drittländern bzw. in Drittländer erhoben werden. 13

- **Einfuhr- und Ausfuhrabgaben, die von anderen Mitgliedstaaten der EU verwaltet werden** oder die *Mitgliedstaaten der EFTA* oder einem mit dieser assoziierten Staat zustehen. Da diese Abgaben nicht von der Bundesrepublik Deutschland erhoben werden, werden sie an sich von den §§ 369 ff. AO und damit auch von § 373 I u. II AO nicht erfasst (hM; vgl. BGH 3.6.1987, wistra 1987, 293; HHS/*Tormöhlen* AO § 373 Rn. 22 u. 14

Kohlmann/*Hilgers-Klautzsch* AO § 373 Rn. 20). Durch das G zur Neuregelung der Telekommunikationsüberwachung u. a. v. 21.12.2007 (→ Rn. 4) hat der Gesetzgeber jedoch den Anwendungsbereich des § 373 AO in einem neuen Abs. 4 ausdrücklich auf diese Einfuhr- und Ausfuhrabgaben erweitert (vgl. Flore/Tsambikakis/*Schuster/Schultehinrichs* AO § 373 Rn. 10).

15 • **Abgaben zollgleicher Wirkung.** Es handelt sich um einen Begriff des EU-Rechts (Art. 30 I AEUV; näher GHN/*Herrmann* AEUV Art. 30 Rn. 11 ff.), der im deutschen Recht keine Entsprechung hat. Der Begriff der zollgleichen Abgabe erschließt sich aus dem wirtschaftlichen Gehalt des Zolls. Es muss sich um eine den Waren wegen des Grenzübertritts einseitig auferlegte finanzielle Belastung handeln. Sie unterscheidet sich vom Zoll dadurch, dass sie nicht als Zoll bezeichnet wird und auch nicht die Merkmale des Zolls erfüllt, namentlich nicht nach Maßgabe des Zolltarifs erhoben wird (EuGH 14.9.1995 – C-485/93, Slg. 1995 I-2655 – Simitzi/Kos). Die Abgabe zollgleicher Wirkung steht aber dem Zoll funktionell gleich. Durch die auf Grund der Erhebung der Abgabe bewirkte Erhöhung des Preises der ein- bzw. ausgeführten Ware (EuGH 10.3.1977 – C-78/76, Slg. 1977, 595 – Steinike und Weinlig) beschränkt sie in gleicher Weise den freien Verkehr der Waren wie ein Zoll (EuGH 10.12.1968 – C 7/68, Kommission/Italien, Slg. 1968, 627; EuGH 3.2.1981 – C-90/79, Kommission/Frankreich, Slg. 1981, 283). Unter den Begriff der Abgaben zollgleicher Wirkung fallen bei der Einfuhr oder Ausfuhr entstehende Abgaben, die nach nationalem Recht sowohl Steuern als auch Gebühren sein können (vgl. GHN/*Herrmann* AEUV Art. 30 Rn. 13 ff.). Im Einzelnen zählen dazu:

16 – *Verwaltungsrechtliche Gebühren.* Gebühren sind allerdings nur dann und nur insoweit Abgaben zollgleicher Wirkung, als sie funktionell einem Zoll entsprechen (nähere Einzelheiten bei GHN/*Herrmann* AEUV Art. 30 Rn. 13 ff.). Eine anlässlich des Grenzübertritts erhobene Belastung ist dann nicht als eine Abgabe zollgleicher Wirkung anzusehen, wenn sie Teil einer allgemeinen inländischen Gebührenregelung ist, die systematisch sämtliche inländischen und eingeführten Waren nach gleichen Kriterien erfasst, wenn sie ein der Höhe nach angemessenes Entgelt für einen dem Wirtschaftsteilnehmer tatsächlich und individuell geleisteten Dienst darstellt *(Kostendeckungsprinzip)* oder – unter bestimmten Voraussetzungen – wegen Kontrollen erhoben wird, die zur Erfüllung von Verpflichtungen aus dem Unionsrecht durchgeführt werden (EuGH 7.7.1994 – C-130/93, Slg. 1994, I-3215 – Lamaire; EuGH 12.1.1983 – C-39/82, Slg. 1983, S. 19/34/34 – Donner; EuGH 9.11.1983 – C-158/82, Kommission/Dänemark, Slg. 1983, 3573/3584). Wenn das Unionsrecht jedoch stichprobenweise durchgeführte Kontrollen der Waren zulässt, in den Mitgliedstaaten aber tatsächlich systematisch Kontrollen durchgeführt werden, sind die dafür erhobenen Kosten auch dann Abgaben zollgleicher Wirkung, wenn die Gebühren dem Kostendeckungsprinzip entsprechen (EuGH 22.6.1994 – C-426/92, Slg. 1994, I-2757 – Deutsches Milchkontor). Materiellrechtliche Grundlage der Gebühren ist idR das nationale Recht. Für die Erhebung dieser Abgaben sind grundsätzlich die Verfahrensvorschriften des nationalen allgemeinen Verwaltungsrechts, nicht aber die des UZK einschlägig (vgl. die Beispiele bei GHN/*Herrmann* AEUV Art. 30 Rn. 13 ff.).

17 – *Steuern.* Auch bei der Einfuhr oder Ausfuhr von Waren zu erhebende Steuern sind nur insoweit Abgaben zollgleicher Wirkung als sie funktionell dem Zoll entsprechen. Eine Steuer ist als Abgabe zollgleicher Wirkung zu charakterisieren, wenn sie nur eingeführte, aber nicht gleiche oder gleichartige Waren aus dem Inland erfasst oder zwar eingeführte wie inländische Erzeugnisse gleichermaßen erfasst, aber die Abgaben für eingeführte Erzeugnisse vollständig zur Subventionierung inländischer Erzeugnisse verwandt werden. Wird das Aufkommen aus den Steuern auf die eingeführten Erzeugnisse nur teilweise für die Subventionierung der inländischen Erzeugnisse verwandt, aber gleicherweise auf eingeführte wie inländische Erzeugnisse erhoben, handelt es sich nicht um eine Abgabe zollgleicher Wirkung (Art. 28 AEUV), sondern um einen Bestandteil eines davon abzugrenzenden Abgabensystems, dessen Vereinbarkeit mit dem AEUV gemäß Art. 110 AEUV zu prüfen ist (zu den Einzelheiten s. GHN/ *Herrmann* AEUV Art. 30 Rn. 12). Denn die Tarifhoheit für Zölle steht der EU zu (EuGH 12.7.1973 – C-8/73, Slg. 1973, 897 – Massey-Ferguson).

- Den Mitgliedstaaten steht ein Recht zur Änderung, Aussetzung oder Aufstellung eigener **18** Tarife ebenso wenig zu (EuGH 18.2.1970 – C-4/69, Slg. 1970, 69 – Bollmann; EuGH 13.12.1973 – C-37/73, Slg. 1973, 1609 – Sociaal Fonds voor de Diamantarbeiders) wie die Erhebung eigener Zölle oder Abgaben gleicher Wirkung (EuGH 7.11.1996 – C-126/94, Slg. 1996, I-5647 – Société Cadi Surgelés; GHN/*Herrmann* AEUV Art. 31 Rn. 7; Dauses/Ludwigs EU-WirtschaftsR-HdB/*Lux* Abschn. C.II Rn. 33). Abgaben zollgleicher Wirkung sind zudem im Warenverkehr zwischen den Mitgliedstaaten wie zwischen Mitgliedstaaten und Drittstaaten verboten, soweit es sich um nationale Abgaben handelt. Auch im Warenverkehr zwischen den Mitgliedstaaten der EU und den Mitgliedstaaten des EWR sind sie nicht erlaubt (Art. 10 EWR-Abkommen, ABl. 1994 L 1, 3). Soweit eine derartige Abgabe nicht zulässig ist, kann sie nicht Gegenstand einer Hinterziehung und Grundlage einer Bestrafung sein. Eine strafrechtliche Sanktion kommt nach rechtsstaatlichen Grundsätzen nur für Verstöße gegen rechtmäßige Vorschriften in Betracht. Für das Unionsrecht ist dies nach der Rechtsprechung des EuGH anerkannt (EuGH 11.9.2003 – C-13/01, Slg. 2003, I-8679 – Safalero Srl). Für das deutsche Recht kann nichts anderes gelten. Die Unwirksamkeit von Regelungen über die Erhebung von Abgaben zollgleicher Wirkung ist von den deutschen Behörden und Gerichten von Amts wegen zu beachten, ohne dass es der Einschaltung des BVerfG bedürfte (EuGH 18.9.2003 – C-416/00, Slg. 2003, I-9343 – Morellato). Die Gerichte können bzw. müssen – im Falle letztinstanzlich entscheidender Gerichte – allerdings bei Entscheidungserheblichkeit dem EuGH im **Vorabentscheidungsverfahren** die Frage vorlegen, ob eine Abgabe zollgleiche Wirkung hat (Art. 267 AEUV).

Nicht von § 373 AO erfasst werden: **19**

- **Verbrauchsteuern auf inländische Erzeugnisse.** Es fehlt insofern an einem Einfuhr- oder Ausfuhrvorgang (Flore/Tsambikakis/*Schuster/Schultehinrichs* AO § 373 Rn. 11). Allerdings liegt ein besonders schwerer Fall (des Grundtatbestands) der Steuerhinterziehung (§ 370 AO) vor, wenn der Täter als Mitglied einer Bande, die sich zur fortgesetzten Begehung von Taten nach § 370 I AO verbunden hat, Umsatz- oder Verbrauchsteuern verkürzt oder nicht gerechtfertigte Umsatz- oder Verbrauchsteuervorteile erlangt (§ 370 III 2 Nr. 5 AO).
- **Verbrauchsteuern auf Waren aus anderen Mitgliedstaaten der EU.** Auch insofern **20** fehlt es an einem Einfuhrvorgang in das Zollgebiet der EU. Die Ware befindet sich durchgängig im Binnenmarkt. Infolgedessen sind auf verbrauchsteuerpflichtige Erzeugnisse aus anderen Mitgliedstaaten nicht die zollrechtlichen Vorschriften anzuwenden, sondern eigenständige Regeln, u. a. betreffend die Steuerentstehung durch Entnahme aus dem Steueraussetzungsverfahren (z. B. § 14 BierStG). Die Hinterziehung von Verbrauchsteuern anderer EU-Mitgliedstaaten wird nicht anders geahndet als die Hinterziehung von Verbrauchsteuern auf deutsche Erzeugnisse (§ 370 VI 1, VII AO).

Zu den **Erscheinungsformen** der Hinterziehung von Einfuhrabgaben → § 370 **21** Rn. 448 ff. Die rechtlichen Probleme, die sich beim Grundtatbestand der Steuerhinterziehung aus dem Umstand ergeben, dass in vielen Fällen des „Schmuggels" lediglich eine *Tatbegehung durch Unterlassen* in Betracht kommt (→ § 370 Rn. 455), bestehen beim Schmuggel nach § 373 AO in gleicher Weise. Dies gilt insbes. für die Frage der Strafbarkeit von Hintermännern beim Schmuggel über die „grüne Grenze" (s. dazu → § 370 Rn. 456). Die Osterweiterung der EU hat im Übrigen dazu geführt, dass in vielen Fällen beim Verbringen verbrauchsteuerpflichtiger Waren in das Steuergebiet der Bundesrepublik Deutschland nicht mehr zugleich die Zollgrenze der EU überschritten wird. In solchen

Fällen handelt es sich bei den beim Verbringen entstehenden Verbrauchsteuern mangels Einfuhr in das Zollgebiet der EU nicht um Einfuhrabgaben iSd § 373 AO. Die Verkürzung derartiger Verbrauchsteuern stellt daher eine Steuerhinterziehung gem. § 370 AO (→ § 370 Rn. 371 ff.), nicht aber einen Schmuggel nach § 373 AO dar; Tatmehrheit mit Steuerhehlerei (§ 374 AO) im Hinblick auf in anderen Mitgliedstaaten der EU verkürzte Einfuhrabgaben ist möglich (BGH 28.8.2008, wistra 2008, 470; BGH 9.6.2011, wistra 2011, 348; BGH 11.7.2019, NJW 2019, 3012 f.; zu den Konkurrenzen vgl. auch BGH 1.2.2007, wistra 2007, 224; BGH 14.3.2007, wistra 2007, 262; *Jäger* FS Amelung, 2009, aaO).

b) Qualifikation zu § 372 I AO

22 In den Fällen des Bannbruchs (§ 372 I AO) führt § 373 AO zu unterschiedlichen Rechtsfolgen. Handelt der Täter **gewerbsmäßig,** kommt eine Bestrafung nach § 373 I AO nur in Betracht, wenn ein Bannbruch durch *Zuwiderhandlung gegen Monopolvorschriften* vorliegt (Flore/Tsambikakis/*Schuster*/Schultehinrichs AO § 373 Rn. 18). Für die übrigen Fälle gewerbsmäßigen Bannbruchs hat der Gesetzgeber ein Strafschärfungsbedürfnis verneint (HHS/*Tormöhlen* AO § 373 Rn. 24). Seit Aufhebung des Einfuhrverbots gem. § 3 BranntwMonG zum 1.1.2004 G. v. 23.12.2003 (BGBl. I 2003, 2924) bestehen allerdings keine Einfuhr-, Ausfuhr- und Durchfuhrverbote nach Monopolvorschriften mehr. § 373 I AO hat daher insoweit derzeit keinen Anwendungsbereich.

23 Wird die Zuwiderhandlung gegen ein Einfuhr-, Ausfuhr- oder Durchfuhrverbot **bewaffnet oder bandenmäßig begangen,** ist der Täter nach § 373 II AO zu bestrafen (→ § 372 Rn. 83; glA Kohlmann/*Hilgers-Klautzsch* AO § 373 Rn. 31, RKR/*Kemper* AO § 373 Rn. 18; vgl. zudem Begr. BT-Drs. V/1812, 24). Dies gilt auch dann, wenn die Zuwiderhandlung ohne die erschwerenden Merkmale nur als Ordnungswidrigkeit und lediglich mit einer Geldbuße hätte geahndet werden können (glA Flore/Tsambikakis/ *Schuster*/Schultehinrichs AO § 373 Rn. 19 u. Kohlmann/*Hilgers-Klautzsch* AO § 373 Rn. 33; BMR SteuerStR/*Bender/Möller/Retemeyer* C Rn. 498; HHS/*Tormöhlen* AO § 373 Rn. 23; aM *Thoss* aaO S. 102 u. HHS/*Hübner* AO § 372 Rn. 99); denn die Tatbestandsmerkmale des Grundtatbestandes des § 372 I AO sind erfüllt (vgl. BGH 22.2.1973, BGHSt 25, 137, 139). Die Strafdrohung des Qualifikationstatbestandes rechtfertigt sich auch in solchen Fällen daraus, dass die aus dem Kernstrafrecht (vgl. § 244 I, § 250 I u. § 260 StGB) übernommenen Qualifikationsmerkmale des § 373 AO eine erheblich stärkere gesetzwidrige Willensbetätigung des Täters, eine stärkere Gefährdung des geschützten Rechtsgutes und eine stärkere Gefährdung der zum Schutz eingesetzten Beamten der Zollbehörden und der Bundespolizei begründen als die einfache Tatausführung, und zwar unabhängig davon, ob diese mit Strafe oder nur mit Geldbuße bedroht ist (glA BMR SteuerStR/ *Bender/Möller/Retemeyer* C Rn. 498; zw. *Beckemper* HRRS 2013, 443, 447).

24 **Ausgeschlossen ist die Anwendung des § 373 AO** in der Variante der Qualifikation des Bannbruchs (§ 372 AO), wenn ein *Verbotsgesetz* für den Fall einer verbotswidrigen Einfuhr, Ausfuhr oder Durchfuhr unter erschwerenden Umständen als abschließende Sonderregelung bereits *selbst eine erhöhte Strafe androht,* wie etwa in § 30a II Nr. 2 BtMG und § 22a KrWaffKontrG (vgl. BMR SteuerStR/*Bender/Möller/Retemeyer* C Rn. 639; Klein/*Jäger* AO § 373 Rn. 13).

25 Zum Teil wird allerdings bezweifelt, dass der Gesetzgeber die straferhöhenden Merkmale für das Schmuggeln von Betäubungsmitteln und (Kriegs-) Waffen außerhalb der Abgabenordnung *abschließend* regeln wollte (vgl. Ellinger/Sticker ZfZ 1978, 295). Bei Annahme eines Vorrangs der Sondertatbestände gegenüber § 373 AO bestehen jedenfalls im Hinblick auf den Schutzzweck des § 373 AO (→ Rn. 5) Ungereimtheiten, weil die Sondertatbestände überwiegend andere Anwendungsvoraussetzungen haben als § 373 AO.

26–30 *einstweilen frei*

3. Gewerbsmäßiger Schmuggel

Schrifttum: *Laubereau*, Ist gewerbsmäßiger Schmuggel nach § 401b RAO ein Sondertatbestand oder lediglich ein Strafschärfungsgrund?, NJW 1952, 171; *Kröner*, Die Gewerbsmäßigkeit bei Zoll- und Steuervergehen, ZfZ 1964, 195; *Brenner*, Mindest- und Höchststrafe bei gewerbsmäßiger Steuerhinterziehung (§ 373 AO), ddz 1981 F 5; *Mondenbruck*, Zum Verhältnis von Steuerhinterziehung und gewerbsmäßigem Schmuggel, wistra 1987, 7; *Waschkewitz*, Das Merkmal der Gewerbsmäßigkeit im Wirtschafts- und Steuerstrafrecht bei Handeln zum Vorteil eines Unternehmens – am Beispiel von Straftaten im Gesundheitswesen, wistra 2015, 50.

Die **Gewerbsmäßigkeit ist,** wenn der Täter Einfuhr- oder Ausfuhrabgaben (→ Rn. 10) hinterzieht oder durch Zuwiderhandlungen gegen Monopolvorschriften Bannbruch begeht, **Qualifikationsmerkmal des Schmuggels gem. § 373 I AO.** Obwohl der Begriff der Gewerbsmäßigkeit in einer Vielzahl von Straftatbeständen des StGB (zB § 180a I, II Nr. 1, § 181a II, § 243 I Nr. 3, § 260, § 263 V, § 292 II 2 Nr. 1 StGB) und des Nebenstrafrechts (zB § 29 III 2 Nr. 1, § 30 I Nr. 2 BtMG) als strafbegründendes oder straferhöhendes Merkmal verwendet wird, fehlt eine gesetzliche Begriffsbestimmung. Der Begriff der Gewerbsmäßigkeit ist nicht tatbestandsspezifisch auszulegen; es gelten die allgemeinen Grundsätze. Nach der Rspr des BGH ist unter dem Begriff der Gewerbsmäßigkeit die Absicht zu verstehen, *sich durch wiederholte Begehung von Straftaten der fraglichen Art eine fortlaufende Einnahmequelle von einiger Dauer und einigem Umfang zu verschaffen* (stRspr; vgl. BGH 8.11.1951, BGHSt 1, 383; BGH 5.4.1957, BGHSt 10, 217, 221; BGH 10.9.1986, wistra 1987, 30; BGH 21.12.1993, NStZ 1994, 193; BGH 11.10.1994, wistra 1995, 60; BGH 19.5.1998, NStZ 1999, 187; BGH 19.12.2007, NStZ 2008, 282; BGH 7.9.2011, wistra 2011, 462; BGH 27.2.2014, NStZ 2014, 271; BGH 19.9.2017, NStZ-RR 2018, 50; BGH 22.10.2019, NStZ 2020, 102; BGH 29.10.2020, NStZ 2021, 235). Die Wiederholungsabsicht des Täters muss sich dabei auf dasjenige Delikt beziehen, dessen Tatbestand durch das Merkmal der Gewerbsmäßigkeit qualifiziert ist (BGH 2.2.2011, NStZ 2011, 515, 516).

Schon eine **einzelne Handlung kann ausreichen,** wenn sie einen auf Wiederholung gerichteten Willen erkennen lässt (BGH 25.7.1963, BGHSt 19, 63, 76; BGH 11.10.1994, wistra 1995, 60; BGH 19.5.1998, NStZ 1999, 187 und BGH 19.12.2007, NStZ 2008, 282). Gewerbsmäßiges Handeln liegt mangels Wiederholungsabsicht etwa dann nicht vor, wenn ein Spediteur sich mit einer einzelnen Schmuggelfahrt zukünftige Aufträge sichern will, bei denen keine Abgaben verkürzt werden sollen; die Aussicht auf wiederholte *gesetzmäßige* Geschäftsabschlüsse genügt nicht (BGH 19.12.1979, HFR 1980, 250). Bloße Vermutungen reichen für die Annahme einer Wiederholungsabsicht nicht aus; der Einbau von Schmuggelverstecken (zB Schmuggeltanks, doppelte Böden) in ein Fahrzeug kann jedoch wegen des damit verbundenen erheblichen Aufwands für die Absicht einer wiederholten Tatbegehung sprechen (vgl. *Janovsky* wistra 1998, 117; MüKoStGB/*Ebner* AO § 373 Rn. 20).

Eine gewerbsmäßige Begehungsweise setzt **eigennütziges Handeln** voraus (BGH 19.12.2007, NStZ 2008, 282).. Die Einnahmen müssen aber nicht die Haupteinnahmequelle des Täters sein. Bloße Nebeneinkünfte reichen aus, wenn sie von einigem Umfang und einigem Gewicht sind (BGH 19.9.2017, NStZ-RR 2018, 50 mwN). Nicht erforderlich ist auch, dass der Täter in Ausübung seines Berufs oder Gewerbes tätig geworden ist (OLG Frankfurt 25.5.1949, ZfZ 1950, 45 f.), aus der Tat *„ein kriminelles Gewerbe gemacht hat"* (BGH 8.11.1951, BGHSt 1, 383; BGH 11.10.1994, wistra 1995, 60) oder den Schmuggel wie einen Beruf betreibt und aus den Einkünften seinen Unterhalt bestreitet. Gewerbsmäßig bedeutet nicht gewerblich (vgl. OLG Stuttgart 10.6.2002, NStZ 2003, 40). Die Frage, wie hoch die erstrebten bzw. erzielten Gewinne sein müssen, um von einer fortlaufenden Einnahmequelle von einigem Umfang oder einigem Gewicht ausgehen zu können, unterliegt der tatrichterlichen Beweiswürdigung im Einzelfall. Dabei ist unerheblich, ob der Täter bereits einen Gewinn erlangt hat. Es kommt auf die Gewinnerwartung des Täters an, also in welchem Umfang er Gewinne erzielen wollte (BGH 19.9.2017, NStZ-RR 2018, 50 mwN). Handelt der Täter allein fremdnützig, scheidet Gewerbsmäßigkeit aus (vgl. zu § 263 StGB: BGH 29.10.2020, NStZ 2021, 235).

34 Die Gewerbsmäßigkeit setzt nicht voraus, dass Bargeld angestrebt wird. Es genügen auch **geldwerte Vermögensvorteile oder die Einsparung von Aufwendungen** (BGH 24.4.2013, NStZ 2013, 549, 550; BGH 19.9.2017, NStZ-RR 2018, 50). Die Ersparnis *notwendiger Ausgaben* ist stets ein geldwerter Vorteil (OLG Hamm 24.5.1957, ZfZ 1957, 339; OLG Stuttgart 10.6.2002, NStZ 2003, 40).

Nicht erforderlich ist, dass sich die Einnahmen unmittelbar aus der Tathandlung ergeben; auch **mittelbare Vermögensvorteile genügen** (BGH 10.9.1986, wistra 1987, 30; BGH 16.2.1994, wistra 1994, 230/234; BGH 5.6.2008, NStZ-RR 2008, 282; BGH 7.9.2011, wistra 2011, 462). Ausreichend ist daher der Erwerb eines mittelbaren geldwerten Vorteils über eine nicht tatbeteiligte Person, die etwa aus dem Verkauf der Ware, hinsichtlich deren Einfuhrabgaben hinterzogen worden sind, Einnahmen erzielt hat. Sollen die vom Tatbeteiligten erstrebten Vorteile an eine von ihm beherrschte Gesellschaft fließen, reicht dies für die Annahme von Gewerbsmäßigkeit nur dann aus, wenn er ohne weiteres auf die Vorteile zugreifen kann (BGH 5.6.2008, wistra 2008, 379; s. auch → Rn. 39).

35 Bezieht sich die Tat auf die Hinterziehung von **Einfuhrumsatzsteuer,** steht nach der Rechtsprechung des Bundesgerichtshofs der Umstand, dass sie sofort wieder als Vorsteuer geltend gemacht werden kann (§ 15 I 1 Nr. 2 UStG), der Annahme von gewerbsmäßigem Handeln nicht notwendig entgegen; dies gilt selbst dann, wenn sich der persönliche Vorteil aus der Sicht des Täters auf einen Liquiditätsvorteil beschränken sollte (BGH 26.6.2012, wistra 2012, 440).

36 **Jedes einzelne Tätigwerden** im Rahmen gewerbsmäßigen Handelns **bildet eine selbständige Straftat.** Die Absicht, gleichartige Schmuggeltaten gewerbsmäßig auszuführen, hat nicht zur Folge, dass alle Handlungen, die aus derselben Absicht erwachsen, rechtlich zu einer sogenannten Sammelstraftat *(„Kollektivdelikt")* vereinigt werden. Allein die Absicht, mehrere Taten iSd § 373 I AO gewerbsmäßig zu begehen, verbindet sie nicht zu einer Handlung im Rechtssinne (stRspr seit RGGrS 21.4.1938, RGSt 72, 164; vgl. BGH 20.2.1951, BGHSt 1, 41; BGH 10.4.1953, NJW 1953, 955; zust. Kohlmann/*Hilgers-Klautzsch* AO § 373 Rn. 48). Seit der BGH im Jahr 1994 seine Rechtsprechung zum *Fortsetzungszusammenhang* aufgegeben hat (BGH 20.6.1994, BGHSt 40, 195 u. BGH 6.6.1994, HFR 1995, 227; dazu *Zschockelt* NStZ 1994, 361; → § 369 Rn. 115 ff.), stellt sich die Frage der Abgrenzung von gewerbsmäßigem und fortgesetztem Schmuggel nicht mehr.

37 Bei **Schmuggel als Serienstraftat** bereitet die *Konkretisierung der einzelnen Taten* nicht selten Schwierigkeiten. Denn es ist bei einer Tatserie grundsätzlich erforderlich, die Einzelakte so konkret und individualisiert zu ermitteln und festzustellen, dass sich daraus die Verwirklichung des objektiven und subjektiven Deliktstatbestandes ergibt (BGH 6.12.1994, BGHSt 40, 374). Steht aber bei Vermögensstraftaten nach der Überzeugung des Tatrichters ein strafbares Verhalten des Täters fest, so kann die Bestimmung des Schuldumfangs im Wege der Schätzung erfolgen, wenn sich Feststellungen nicht auf andere Weise treffen lassen (BGH 12.8.1999, wistra 1999, 426; BGH 10.11.2009, NStZ 2010, 635, 636; BGH 5.5.2004, wistra 2004, 391; jeweils mwN). Die Schätzung ist dann sogar unumgänglich, wenn – wie bei Schmuggel häufig der Fall – über die kriminellen Geschäfte keine Belege oder Aufzeichnungen vorhanden sind (BGH 12.8.1999, wistra 1999, 426). In Fällen dieser Art hat der Tatrichter einen als erwiesen angesehenen Mindestschuldumfang festzustellen. Die Feststellung der Zahl der Einzelakte und die Verteilung des Gesamtschadens auf diese Einzelakte haben sodann nach dem Grundsatz „in dubio pro reo" zu erfolgen. Eine Schätzung ist auch bei Serientaten zulässig, wenn sich die Verteilung eines Gesamtschadens auf die Einzelakte einer genauen Feststellung entzieht (BGH 10.11.2009, NStZ 2010, 635). In Fällen, in denen sich im Rahmen der Schätzung konkrete Kriterien für die Aufteilung des festgestellten Mindestschuldumfangs auf Einzeltaten trotz sorgfältiger Wür-

digung aller Beweisanzeichen nicht feststellen lassen, gebietet dieser Grundsatz im Extremfall die Annahme lediglich einer Tat (BGH 12.8.1999, wistra 1999, 426).

Nur demjenigen Täter oder Teilnehmer ist die Gewerbsmäßigkeit zuzurech- 38
nen, bei dem sie vorliegt. Die Gewerbsmäßigkeit ist ein strafschärfendes *besonderes persönliches Merkmal,* auf das § 28 II StGB Anwendung findet (BGH 13.7.1954, BGHSt 6, 260 f.; BGH 10.9.1986, wistra 1987, 30; BGH 15.3.2005, wistra 2005, 227; Flore/Tsambikakis/ Schuster/Schultehinrichs AO § 373 Rn. 23; GJW/*Tully* AO § 373 Rn. 8; MüKoStGB/*Ebner* AO § 373 Rn. 47). Wer als Teilnehmer nicht selbst gewerbsmäßig handelt, unterliegt nach § 28 II StGB nicht der verschärften Strafdrohung. Das Fehlen des besonderen persönlichen Merkmals führt zu einer Tatbestandsverschiebung. Damit kann der Gehilfe nur wegen Beteiligung am Grunddelikt, nicht aber aus der Qualifikation der gewerbsmäßigen Begehung bestraft werden (BGH 10.9.1986, wistra 1987, 30 u. BGH 15.3.2005, wistra 2005, 227); er ist deshalb in einem solchen Fall wegen Beihilfe zum Grunddelikt der Steuerhinterziehung oder des Bannbruchs zu bestrafen (HHS/*Tormöhlen* AO § 373 Rn. 108 sowie Flore/Tsambikakis/*Schuster*/Schultehinrichs AO § 373 Rn. 23). Handelt ein Gehilfe gewerbsmäßig, ist er in jedem Fall wegen Beihilfe zum Schmuggel zu bestrafen, denn für die Schuld eines Teilnehmers ist es ohne Bedeutung, ob sich der Haupttäter durch die Schmuggelgeschäfte eine laufende Einnahme verschaffen will (vgl. auch BGH 4.11.1954, GA 1955, 366).

Die Vorteile, die einem gewerbsmäßig handelnden Mittäter oder Gehilfen eine dauern- 39
de Einnahmequelle verschaffen sollen, brauchen zwar nicht von derselben Art zu sein wie die des Haupttäters, sie müssen aber unmittelbar aus dem eigenen Tatbeitrag des Mittäters oder Gehilfen erwachsen (BGH 19.12.1979, HFR 1980, 250; GJW/*Tully* AO § 373 Rn. 9).

einstweilen frei 40, 41

4. Gewaltsamer Schmuggel

Schrifttum: *Theis,* Um den Straferschwerungsgrund des Waffenbesitzes, MDR 1950, 328; *Meister,* Zur strafrechtlichen Beurteilung der Verwendung nur scheinbar gefährlicher Waffen, JZ 1952, 676; *Krüger,* Der Schusswaffenbegriff im Waffenrecht des Bundes und der Länder, DRiZ 1970, 88; *Schröder,* Diebstahl und Raub mit Waffen (§§ 244, 250 StGB), NJW 1972, 1833; *Blei,* Strafschutzbedürfnis und Auslegung, FS Henkel, 1974, 109, 121 ff.; *Braunsteffer,* Schwerer Raub gemäß § 250 I Nr. 2 StGB bei (beabsichtigter) Drohung mit einer Scheinwaffe?, NJW 1975, 623; *Küper,* Zum Raub mit einer „Scheinwaffe" (§ 250 I Nr. 2 StGB) – BGH, NJW 1976, 248, JuS 1976, 645; *Amann,* Der Waffenbegriff im Strafgesetzbuch, jur. Diss. Freiburg 1978; *Eser,* „Scheinwaffe" und „Schwerer Raub" (§ 250 I Nr. 2, II StGB), JZ 1981, 761, 821; *Katzer,* Der Diebstahl mit Schusswaffe (§ 244 I Nr. 1 StGB), NStZ 1982, 236; *Hettinger,* Diebstahl mit Waffe (§ 244 Abs. 1 Nr. 1 StGB) durch das Tragen von Schusswaffen nach dem Beschluss des Großen Senats, NStZ 2003, 189; *Hruschka,* Das Beisichführen einer Schusswaffe beim Raub, Anm. zum Urt. des BGH v. 10.8.1982, JZ 1983, 217; *Kühl,* Beisichführen einer Waffe, JR 1983, 425; *Hannich/Kudlich,* Verwenden einer Waffe bei ungeladener Pistole und mitgeführter Munition, NJW 2000, 3475; *Rothschild,* Zur Gefährlichkeit frei verkäuflicher Schreckschusswaffen, NStZ 2001, 406; *Becker,* Waffe und Werkzeug als Tatmittel im Strafrecht, 2003; *Fischer,* Waffen, gefährliche und sonstige Werkzeuge nach dem Beschluss des Großen Senats, NStZ 2003, 189; *Hüpers,* Methode als Waffe oder Methode als Werkzeug – Zum Waffenbegriff im StGB, HRRS 2009, 66; *Lanzrath/Fiebig,* Waffen und (gefährliche) Werkzeuge im Strafrecht, Jura 2009, 348; *Wörner,* Der Waffenbegriff des StGB auf dem verfassungsrechtlichen Prüfstand, ZJS 2009, 236.

Die Qualifikationsmerkmale des § 373 II Nr. 1 u. 2 AO berücksichtigen die 42
stärkere kriminelle Willensbetätigung bewaffneter Schmuggler und die von ihnen ausgehende erhöhte Gefahr für die Beamten des Zollgrenzdienstes (→ Rn. 6). Die mit § 373 II AO für Schmuggel eingeführte Unterscheidung zwischen Schusswaffen (Nr. 1) und sonstigen Waffen, Werkzeugen oder Mitteln (Nr. 2) hatte die gleichartige Unterscheidung in § 244 I Nr. 1 u. 2 StGB aF sowie in § 250 I Nr. 1 u. 2 StGB aF zum Vorbild. Dabei wurden aus dem allgemeinen Bereich der Waffen die Schusswaffen wegen ihrer Lebensgefährlichkeit herausgehoben und allein ihr Beisichführen mit erhöhter Strafe bedroht, selbst wenn ihr Träger nicht den Vorsatz hat, bei der Tat davon Gebrauch zu machen (vgl. BGH 6.5.1971, BGHSt 24, 136, 137 f.). Die Gleichstellung der sonstigen Waffen und

gefährlichen Werkzeuge mit den Schusswaffen in den §§ 244, 250 StGB durch das 6.StRG v. 26.1.1998 (BGBl. I 164) bzw. 3.4.1998 (BGBl. I 702) wurde in § 373 AO allerdings systemwidrig nicht nachvollzogen. Die bei den §§ 244, 250 StGB nicht mehr erforderliche Abgrenzung der Schusswaffen von den sonstigen Waffen ist daher bei § 373 AO weiter von Bedeutung.

43 **Die zusammenfassende Bezeichnung** der Straftaten nach § 373 II Nr. 1 und 2 AO als *gewaltsamer* Schmuggel in der Überschrift zu § 373 AO ist ungenau und irreführend, da der Schmuggel mit Schusswaffen, sonstigen Waffen, Werkzeugen und Mitteln die *Anwendung* von Gewalt nicht voraussetzt. Bei beiden Tatbeständen handelt es sich um *abstrakte Gefährdungsdelikte;* die konkrete Gefährdung eines anderen ist nicht erforderlich (vgl. BGH 18.2.1981, BGHSt 30, 44, 45; BGH 11.5.1999, BGHSt 45, 92).

44 **Als Hilfsmittel der Tat** müssen die (Schuss-)Waffen, Werkzeuge oder Mittel mitgeführt werden. Es genügt, wenn ein anderer an der Tat Beteiligter (Mittäter, Gehilfe) diese Voraussetzung erfüllt. Das bloße Befördern einer (Schuss-)Waffe ist kein „Beisichführen" (vgl. OLG Braunschweig 31.7.1964, JR 1965, 266 f. zu § 14 WaffG 1938). § 373 II Nr. 1 u. 2 AO greift daher nicht ein, wenn die Waffen selbst das Schmuggelgut bilden und verpackt sind oder sich versteckt in einem Fahrzeug an einer schwer zugänglichen Stelle befinden (GJW/*Tully* AO § 373 Rn. 13). Anders ist es, wenn der Täter eine zu schmuggelnde (Schuss-)Waffe griffbereit bei sich hat.

a) Schmuggel mit Schusswaffen (§ 373 II Nr. 1 AO)

45 **Schusswaffen** sind nach der Definition des WaffG *„Gegenstände, die zum Angriff oder zur Verteidigung, zur Signalgebung, zur Jagd, zur Distanzinjektion, zur Markierung, zum Sport oder zum Spiel bestimmt sind und bei denen Geschosse durch einen Lauf getrieben werden"* (Anlage 1, Abschn. 1, Unterabschn. 1 Nr. 1.1 zu § 1 IV WaffG). Unter dem Gesichtspunkt der für § 373 II Nr. 1 AO maßgebenden besonderen Gefährlichkeit eines mit Schusswaffen ausgerüsteten Täters (→ Rn. 42) ist der **strafrechtliche Schusswaffenbegriff** jedoch enger zu bestimmen als der waffenrechtliche Begriff (vgl. BGHGrS 4.2.2003, BGHSt 48, 197, 205; zum Begriff der Waffe → Rn. 52). Es muss sich um Instrumente handeln, mit denen aus einem Lauf vermittels Explosionsgasen oder Luftdruck (BGH 6.5.1971, BGHSt 24, 136) Geschosse gegen den Körper eines anderen abgefeuert werden können. Voraussetzung ist, dass die Waffen erhebliche Verletzungen bewirken können, die aber nicht lebensgefährdend zu sein brauchen (Kohlmann/*Hilgers-Klautzsch* AO § 373 Rn. 56 u. HHS/*Tormöhlen* AO § 373 Rn. 44). Auch *Luftgewehre oder Luftdruckpistolen* fallen unter den Begriff der Schusswaffen (BGH, zit. bei *Dallinger* MDR 1974, 547; BGH 11.1.2000, NStZ 2000, 431; Flore/Tsambikakis/*Schuster/Schultehinrichs* AO § 373 Rn. 27). Dasselbe gilt nach der Rspr des BGH auch für *geladene Schreckschusswaffen* (BGHGrS 4.2.2003, BGHSt 48, 197, 201; BGH 12.10.2005, NStZ 2006, 176). *Signalpistolen* dienen dagegen bei bestimmungsgemäßer Verwendung (→ Rn. 52) weder dem Angriff noch der Verteidigung und sind daher keine Schusswaffen iSv § 373 II Nr. 1 AO (vgl. aber Anlage 1, Abschn. 1, Unterabschn. 1 Nr. 2.9 zu § 1 IV WaffG), können aber „Werkzeug oder Mittel" sein (GJW/*Tully* AO § 373 Rn. 15).

46 Auch **chemisch wirkende Schießgeräte** können Schusswaffen sein. Der BGH bejaht dies insbes. für *Gaspistolen,* die so konstruiert sind, dass aus ihnen Gaspatronen verschossen werden, deren durch Zündung freigegebenes Gas den Lauf nach vorne verlässt und nicht lediglich seitwärts ausströmt (BGHGrS 4.2.2003, BGHSt 48, 197, 201, krit. insoweit *Fischer* StGB § 244 Rn. 8; BGH 13.7.1989, JZ 1989, 964; BGH 6.5.1971, BGHSt 24, 136; vgl. auch BGH 13.7.1989, BGHSt 4, 125, 127; BGH GA 162, 145 f.). **Akustisch** (BGH 28.7.1972, zit. bei *Dallinger* MDR 1972, 925) **oder (rein) optisch wirkende Schießgeräte** fallen hingegen nicht unter die Schusswaffen.

47 **Nur eine funktionsfähige Schusswaffe** entspricht unter dem Gesichtspunkt der Gefährlichkeit des Täters dem Zweck der erhöhten Strafdrohung. Die Schusswaffe iSd § 373 II Nr. 1 AO muss daher **zum Einsatz geeignet** sein (BGH 6.5.1971, BGHSt 24, 136;

Schwarz/Pahlke/*Nikolaus* AO § 373 Rn. 26). Die Funktionsfähigkeit fehlt einer *defekten Waffe*, aber auch einer Waffe, zu welcher der Täter *keine Munition* bei sich führt (BGH 2.10.1952, BGHSt 3, 229, 232 f.; BGH 1.7.1998, BGHSt 44, 103). Erst recht genügt nicht eine *Attrappe,* zB eine Kinderpistole (BGH 6.4.1965, BGHSt 20, 194, 196), oder das *Vortäuschen einer Schusswaffe,* zB durch eine umgedrehte Tabakspfeife (OLG Hamburg 12.11.1947, NJW 1948, 699; aM BGH 20.5.1981, NStZ 1981, 436, mit abl. Anm. *Küper* NStZ 1982, 28); allerdings kann hier uU § 373 II Nr. 2 AO gegeben sein (→ Rn. 54).

Bei sich führen muss der Täter oder ein Teilnehmer die Schusswaffe. Hierbei ist jedoch **48** – im Unterschied zu § 373 II Nr. 2 AO – eine bestimmte Gebrauchsabsicht *nicht* erforderlich (BGH 6.5.1971, BGHSt 24, 136, 137 f. zu § 244 I Nr. 1 StGB aF). Ausreichend ist die bereits aus der bewussten Verfügbarkeit erwachsende Gefahr, die Schusswaffe bei der Straftat auch anzuwenden (BGH 18.2.1981, BGHSt 30, 44, 45 zu § 244 I Nr. 1 StGB aF). Beisichführen hat eine zeitliche und eine räumliche Komponente. Es bedeutet nicht, dass die Schusswaffe während des ganzen Tathergangs am Körper getragen werden muss; vielmehr genügt es, wenn sie der Täter oder Teilnehmer *zu irgendeinem Zeitpunkt* während des Tathergangs, also vom Versuch bis zur Beendigung der Tat (= zeitliche Komponente), einsatzbereit ergreifen kann (= räumliche Komponente; BGH 19.4.2000, wistra 2000, 352; BGH 10.8.1982, BGHSt 31, 105). Nach der Rspr des BGH genügt es sogar, wenn der Täter die Waffe *erst am Tatort an sich nimmt* (BGH 6.4.1965, BGHSt 20, 194, 197 mwN; vgl. auch BGH 23.9.1975, NJW 1976, 248), zB der Schmuggler einem Zollbeamten die Dienstwaffe entreißt und sie bei sich behält (BGH 10.3.1988, StV 1988, 429).

Dagegen reicht es nicht aus, wenn der Täter die Waffe nur während der Anfahrt zum **49** Tatort bei sich führt und dann im abgestellten Wagen liegen lässt (BGH 10.8.1982, BGHSt 31, 105, 106 zu § 250 StGB aF mit zust. Anm. *Hruschka* JZ 1983, 217 u. *Kühl* JR 1983, 425). Tatort ist bei Schmuggeltaten regelmäßig aber nicht nur der Bereich des Grenzübertritts.

Auch wer zum Tragen von Schusswaffen dienstlich verpflichtet ist und mit **50** schussbereiter Dienstwaffe schmuggelt, unterliegt der Strafschärfung nach § 373 II Nr. 1 AO; denn die Gefahr, die von der Schusswaffe ausgeht, ist bei einem Beamten, der sich zu einer Straftat hinreißen lässt, nicht geringer als bei einem anderen Täter (hM; BGH 18.2.1981, BGHSt 30, 44, für Polizeibeamte und OLG Köln 20.9.1977, NJW 1978, 652, für Soldaten; ebenso Flore/Tsambikakis/*Schuster/Schultehinrichs* AO § 373 Rn. 30; GJW/ *Tully* AO § 373 Rn. 18, MüKoStGB/*Ebner* AO § 373 Rn. 25; *Fischer* StGB § 244 Rn. 12 und Schönke/Schröder/*Bosch* StGB § 244 Rn. 6 mwN; *Schröder* NJW 1972, 1835; *Katzer* NStZ 1982, 236; *Hettinger* GA 1982, 525; aM *Hruschka* NJW 1978, 1338).

Subjektiv ist Vorsatz des jeweiligen Täters oder Teilnehmers erforderlich, dh sein **51** Wissen und Wollen, dass entweder er selbst oder ein (Mit-)Täter oder Teilnehmer bei Begehung der Tat eine funktionsfähige Schusswaffe einsatzbereit bei sich führt; bedingter Vorsatz genügt. Ein *Tatumstandsirrtum* (§ 16 StGB) liegt vor, wenn der unbewaffnete Täter oder Teilnehmer irrtümlich annimmt, der bewaffnete (Mit-)Täter oder Teilnehmer verfüge nur über eine ungeladene oder sonst gebrauchsunfähige Schusswaffe. Weiß der Täter nicht, dass sein Gehilfe eine Schusswaffe bei sich führt, kann auch der Gehilfe nur wegen Beihilfe zum Grundtatbestand bestraft werden; weiß er es, greift § 28 II StGB nicht ein, da sich das Beisichführen einer Schusswaffe als tatbezogenes qualifizierendes Unrechtsmerkmal darstellt (vgl. BGH 8.3.2000, NStZ 2000, 431; GJW/*Tully* AO § 373 Rn. 19; Mü-KoStGB/*Ebner* AO § 373 Rn. 48).

b) Schmuggel mit sonstigen Waffen, Werkzeugen oder Mitteln (§ 373 II Nr. 2 AO)

Der Begriff der **Waffe** iSd § 373 II Nr. 2 AO ist wie der des § 244 StGB und der des **52** § 250 StGB ein strafrechtlicher, vom Waffenrecht grundsätzlich unabhängiger Begriff (stRspr und hM; vgl. BGH 4.2.2003, BGHSt 48, 197, 206; *Fischer* StGB § 244 Rn. 3). Als Waffen wurden seit jeher solche im technischen Sinn angesehen, dh *bewegliche Sachen, die*

Jäger

nach ihrer bestimmungsgemäßen Verwendung für Angriffs- oder Verteidigungszwecke gegen Menschen bestimmt und zur Verursachung erheblicher Verletzungen generell geeignet und bestimmt sind (vgl. BGH 17.6.1998, BGHSt 44, 103, 105; BGH 26.1.1998, BGHSt 45, 92, 93; BGH 26.2.1999, NStZ 1999, 301; RG 10.12.1931, JW 1932, 952). Wegen ihrer allgemein hohen Gefährlichkeit hält der BGH bei geladenen Schreckschusspistolen nicht mehr am Erfordernis der Gefährlichkeit (nur) bei bestimmungsgemäßer Verwendung fest (BGH 4.2.2003, BGHSt 48, 197, 206; → Rn. 45). Zum Begriff der Waffe gehört nicht, dass sie *tödliche* Wirkung haben kann, jedoch muss von einer Waffe bei ihrem Einsatz wenigstens die *Gefahr einer Körperverletzung* ausgehen. Auch **Schusswaffen** sind Waffen iSd § 373 II Nr. 2 AO; insoweit ist jedoch § 373 II Nr. 1 AO vorrangig. *Gaspistolen* (→ Rn. 46) sind daher jedenfalls auch Waffen iSd § 373 II Nr. 2 AO, weil sie dazu bestimmt und geeignet sind, Menschen auf chemischen oder (bei Nahschüssen) auf mechanischem Wege zu verletzten (BGH 11.5.1999, BGHSt 45, 92; BGH 26.2.1999, NStZ 1999, 301; BGH 6.5.1971, BGHSt 24, 136, 139 f.; BGH 2.10.1952, BGHSt 3, 229, 233). Gleiches gilt für Pistolen, die mit *Platzpatronen* geladen sind, wegen ihrer akustisch hervorrufbaren Schockwirkung (aM BGH 23.9.1975, NJW 1976, 248; abw. BGH 16.4.1953, BGHSt 4, 125, 127 u. BGH 16.3.1962, GA 1962, 337, mit Rücksicht auf mögliche Gehörschäden) sowie für *Blitzmunition* wegen ihrer starken Blendwirkung und erst recht für *Signalpistolen,* deren Raketenmunition außer der Blendwirkung auch mechanische Verletzungen und Verbrennungen hervorrufen kann. Auch Hieb-, Stoß- oder Stichwaffen, Schlagringe sowie Tränengassprühdosen (BGH 30.8.1968, BGHSt 22, 230 f.) sind Waffen im technischen Sinn (vgl. *Fischer* StGB § 244 Rn. 4 mit weiteren Beispielen).

53   **Sonst ein Werkzeug** ist eine Sache, die zwar nicht als Waffe hergestellt worden ist, aber zur Gewaltanwendung benutzt werden kann, um einen Widerstand zu verhindern oder zu überwinden. Werkzeuge können zB sein ein schwerer *Schraubenschlüssel* (BGH 10.9.1968, NJW 1968, 2386) und andere Sachen, die zum Zuschlagen geeignet sind, aber auch ein *Kraftfahrzeug,* mit dem ein Mensch angefahren werden soll (BGH 11.2.1958, VRS 14, 186, 288), ein *Taschenmesser* (vgl. BGH 3.6.2008, NJW 2008, 2961 zu § 244 StGB) sowie *Fesselungs- oder Knebelungsmittel* (BGH 6.10.1992, NStZ 1993, 79) oder ein *Hund,* der auf Menschen gehetzt wird (BGH 11.1.2000, NStZ 2000, 431 zu § 30a II Nr. 2 StGB; BGH 26.2.1960, BGHSt 14, 152, 153 ff. zu § 223a StGB aF). Auch der *Schuh am Fuß* des Täters kann in Abhängigkeit von den Umständen des Einzelfalls ein Werkzeug sein (BGH 11.2.1982, BGHSt 30, 375 zu § 250 I Nr. 2 StGB aF).

Andere Mittel sind Sachen ohne feste Form, die zum Angriff auf oder zur Abwehr gegen Menschen gebraucht werden können, zB Pfeffer, Säuren, Narkotika, Gase und Vernebelungsmittel.

54   **Ob die scheinbare Gefährlichkeit oder das Vortäuschen einer Waffe** unter dem Gesichtspunkt der Drohung mit Gewalt für die erhöhte Strafe nach § 373 II Nr. 2 AO genügt, war lange umstritten. So wurde früher vertreten, dass im Hinblick auf die Strafdrohung stets auch eine objektive Gefährlichkeit des Tatmittels erforderlich sei; Strafvorschriften, die bewaffneten Tätern höhere Strafen androhten, würden sich gegen den gewalttätigen, nicht den trickreichen Täter richten (vgl. *Voß* in der 6. Aufl. mwN). Mittlerweile ist jedoch geklärt, dass auch sogenannte *Scheinwaffen* als sonstige Werkzeuge bzw. Mittel iSv § 373 II Nr. 2 AO anzusehen sind (vgl. nur MüKoStGB/*Ebner* AO § 373 Rn. 29; Flore/Tsambikakis/*Schuster/Schultehinrichs* AO § 373 Rn. 35; Hüls/Reichling/*Corsten/Tute* § 373 Rn. 27; Erbs/Kohlhaas/*Hadamitzky/Senge* AO § 373 Rn. 17; Klein/ *Jäger* AO § 373 Rn. 43; Schwarz/Pahlke/*Nikolaus* AO § 373 Rn. 32; RKR/*Kemper* AO § 373 Rn. 45; aA lediglich Kohlmann/*Hilgers-Klautzsch* AO § 373 Rn. 69). Zwar geht von Scheinwaffen weder aufgrund ihrer objektiven Beschaffenheit noch im Hinblick auf den vom Täter beabsichtigten Einsatz eine objektive Gefahr aus; sie entfalten jedoch bei ihrer Verwendung durch den Täter als Drohungsmittel eine gefährlichen Werkzeugen und Mitteln vergleichbare *Bedrohungswirkung* (BGH 18.1.2007, NStZ 2007, 332/333 mwN; vgl. zu § 244 StGB auch *Fischer* StGB § 244 Rn. 26 u. Schönke/Schröder/*Bosch* StGB

§ 244 Rn. 15). Ein Grund, § 373 II Nr. 2 AO anders auszulegen als die entsprechenden Regelungen in § 244 I 2 u. § 250 I Nr. 1 StGB, besteht nicht, auch wenn der Gesetzgeber die dort durch das 6. StrRG im Gesetzeswortlaut vorgenommene Klarstellung in § 373 II AO nicht nachvollzogen hat (zutr. MüKoStGB/Ebner AO § 373 Rn. 29). Zu den Scheinwaffen gehören vor allem ungeladene Schusswaffen aller Art (vgl. BGH 17.6.1998, BGHSt 44, 103, 105 f.; BGH 1.7.1998, NStZ 1998, 567; BGH 17.6.1998, NStZ-RR 1998, 294).

Als Drohungsmittel sollen jedoch nach den gesetzgeberischen Vorstellungen Gegen- 55 stände ausscheiden, die offensichtlich ungefährlich sind. Damit sind solche Gegenstände gemeint, deren Täuschungseffekt nicht im Erscheinungsbild des Gegenstandes selbst besteht und die daher den Schein einer Waffe nicht begründen können (vgl. BGH 12.1.1991, BGHSt 38, 116). Da insoweit keine trennscharfen Abgrenzungskriterien bestehen, hat sich eine Kasuistik mit zum Teil sich widersprechenden Entscheidungen ergeben. Als Drohungsmittel scheiden nach der Rspr des BGH zB aus: ein kurzes, gebogenes Plastikrohr (BGH 12.1.1991, BGHSt 38, 116), ein Lippenpflegestift (BGH 20. 6 1996, NStZ 1997, 184) und eine Schrotpatrone ohne Schusswaffe (BGH 9.9.1997, NStZ 1998, 38).

Das Beisichführen einer Waffe, um den Widerstand eines anderen zu über- 56 **winden,** erfordert, dass der Schmuggler (sei er Täter oder nur Gehilfe) die Waffe oder sonst ein Werkzeug oder Mittel zu dem Zweck mitgenommen hat, sie gegen Personen einzusetzen, die sich ihm bei der Ausführung der Tat in den Weg stellen oder ihn am Rückzug hindern wollen, namentlich Zollbeamte und Beamte der Polizei, ggf. aber auch Personen, die keine Amtsträger sind. Der Zweck, den Rückzug zu decken, falls die Tat fehlschlagen sollte, genügt (BGH 30.8.1968, BGHSt 22, 230 f.; BGH 6.4.1965, BGHSt 20, 194, 197; jeweils zu § 250 I Nr. 1 StGB). Zum Beisichführen iSd § 373 II Nr. 2 AO gehört abw. von § 373 II Nr. 1 AO eine *Zweckbestimmung* (→ Rn. 57); indessen ist nicht erforderlich, dass die Waffe (bzw. das Werkzeug oder Mittel) wirklich benutzt wird. Wird sie benutzt, hat der Täter die Waffe auch dann „bei sich geführt", wenn er sie erst während der Tat und nur für kurze Zeit an sich genommen hat; denn die Benutzung einer Waffe ist der deutlichste Ausdruck, den das Beisichführen einer Waffe überhaupt finden kann (vgl. OLG Schleswig 8.11.1967, SchlHA 1968, 266).

Die Anwendung von Gewalt oder die Drohung mit Gewalt, um den Widerstand 57 eines anderen zu verhindern oder zu überwinden, muss den Zweck bilden, zu dem der Täter die Waffe, das Werkzeug oder Mittel bei sich führt. Ohne diese Zweckbestimmung erfüllt das Beisichführen solcher Sachen den Tatbestand des § 373 II Nr. 2 AO nicht, zB wenn ein Schmuggler wegen des beschwerlichen Weges einen Knotenstock benutzt oder ein schmuggelnder Sportschiffer eine Signalpistole bei sich führt, um für einen Seenotfall gerüstet zu sein. Nicht tatbestandsmäßig ist ferner eine beabsichtigte Gewaltanwendung *gegen Sachen,* zB die Mitnahme einer Brechstange, um eine Tür oder einen Zaun zu öffnen.

Zum subjektiven Tatbestand gehören das Wissen und der Wille des Schmugglers, 58 den Gegenstand für den tatbestandsmäßigen Zweck (→ Rn. 57) gebrauchsfertig bei sich zu haben. Während bei Schusswaffen das Bewusstsein der Verfügbarkeit genügt (→ Rn. 42 u. 51), muss der Schmuggler bei sonstigen Waffen, Werkzeugen oder Mitteln wenigstens mit der Möglichkeit rechnen, sie bei der Tat als Mittel zur Anwendung von Gewalt oder zur Drohung mit Gewalt benutzen zu können und damit für alle Fälle eines Widerstandes gerüstet zu sein. Nähere Vorstellungen über die Verwendungsweise sind für den subjektiven *Tatbestand* nicht erforderlich. Ob der Täter von vornherein entschlossen war, bei Widerstand von der Waffe nur als Drohmittel oder auch als Gewaltmittel Gebrauch zu machen, ist nur für die *Strafzumessung* bedeutsam.

Auf (Mit-)Täter und Gehilfen, die selbst keine Waffe (bzw. ein sonstiges Werkzeug 59 oder Mittel) bei sich führen, ist § 373 II Nr. 2 AO nur dann anzuwenden, wenn sie um das Vorhandensein des Gegenstandes wissen (vgl. BGH 2 10. 1952, BGHSt 3, 229, 233 f.). Ihnen ist die Waffe etc. auch dann zuzurechnen, wenn sie an dem Teilabschnitt der Tat nicht körperlich mitgewirkt haben, an dem ein anderer Tatbeteiligter bewaffnet war; aus § 373 II AO ergeben sich für das nicht weniger gefährliche arbeitsteilige Vorgehen beim

Schmuggel keine Einschränkungen (glA Kohlmann/*Hilgers-Klautzsch* AO § 373 Rn. 72; aA *Voß* in der → 6. Aufl. Rn. 31). Weiß der Gehilfe nicht, dass der Täter eine Waffe bei sich führt, kann er nur wegen Beihilfe zum Grundtatbestand verurteilt werden. Dasselbe gilt, wenn der Täter nicht weiß, dass der Gehilfe eine Waffe bei sich führt; § 28 II StGB ist auf tatbezogene Qualifikationsmerkmale nicht anzuwenden (→ Rn. 51).

60–63 *einstweilen frei*

5. Bandenmäßiger Schmuggel (§ 373 II Nr. 3 AO)

Schrifttum: *Vogel,* Kann Bandenschmuggel im Zollbinnenland begangen werden?, ZfZ 1951, 100; *Lenkewitz,* Der Bandenschmuggel in der Rechtsprechung des Bundesgerichtshofes, ZfZ 1955, 166; *Schild,* Der strafdogmatische Begriff der Bande, GA 1982, 55; *ders.,* Die Bande des § 30 BtMG als Organisation, NStZ 1983, 69; *Bender,* Bandenschmuggel – ein hochaktuelles Fossil, ZfZ 2000, 259; *Erb,* Die Neuinterpretation des Bandenbegriffs und der Mitwirkungserfordernisses beim Bandendiebstahl, NStZ 2001, 561; *Wassmann,* Die bandenmäßige Steuerhinterziehung nach § 373 II Nr. 3 AO, ZfZ 2001, 31; *Müller,* Die Konvergenz der Bandendelikte, GA 2002, 318; *Wegner,* Revision des Strafrechts, PStR 2007, 240, 241.

64 **Die erhöhte Strafbarkeit des bandenmäßigen Schmuggels** entspricht der höheren Gefährlichkeit, die von einer *Gruppe* von Tätern ausgeht, die bewusst zusammenwirken. Durch das Zusammenwirken wird die Bekämpfung des Schmuggels erschwert, die Auseinandersetzung mit den Mitgliedern der Bande ggf. verschärft und die Gefährlichkeit des Unternehmens insgesamt erhöht (BGH 21.6.1955, BGHSt 8, 70). Die Gefährlichkeit einer Bande wird heute weniger durch das gemeinsame Auftreten als durch das organisierte Zusammenwirken an verschiedenen Orten und zu verschiedenen Zeiten zur Erreichung eines gemeinsamen Erfolgs zu sehen sein (ähnl. HHS/*Tormöhlen* AO § 373 Rn. 14 u. Kohlmann/*Hilgers-Klautzsch* AO § 373 Rn. 75).

65 Auch **Zollbeamte** können Mitglieder einer Bande iSv § 373 II Nr. 3 AO sein, wenn sie in eine Bandenabrede einbezogen sind und sich aktiv an den Taten beteiligen sollen (vgl. HHS/*Tormöhlen* AO § 373 Rn. 70; OLG Hamburg 30.1.1952, ZfZ 1952, 314, zur Beteiligung eines Wasserschutzpolizisten). Die Gefährlichkeit einer Bande wird regelmäßig nicht dadurch herabgesetzt, dass ihr ein Zollbediensteter angehört. Vielmehr nimmt hierdurch sogar die Gefährdung des Abgabenaufkommens zu. Auch erhöht sich durch die Beteiligung eines Zollbeamten die Gefahr für andere Zollbedienstete, die diese Tat entdecken (HHS/ *Tormöhlen* aaO). Entgegen früherer Rspr (vgl. BGH 24.5.1955, GA 1955, 366; RG 1.12.1892, RGSt 23, 330, 333) können Zollbeamte auch dann Bandenmitglieder sein, wenn sie nicht örtlich und zeitlich mit den übrigen Bandenmitgliedern zusammenwirken (vgl. BGHGrS 26.1.1998, BGHSt 46, 321). Allein in der Bestechung eines Zollbeamten, damit dieser geringere als die geschuldeten Abgaben erhebt, ist regelmäßig allerdings noch keine Bandenabrede zu sehen (vgl. RG 11.2.1935, RGSt 69, 105, 106 f.).

66 **Eine Bande** iSd § 373 II Nr. 3 AO besteht, wenn sich *mindestens drei Personen* mit dem Willen verbunden haben, künftig für eine gewisse Dauer Straftaten des im Gesetz genannten Deliktstyps zu begehen (BGHGrS 22.3.2001, BGHSt 46, 321). Ein „gefestigter Bandenwille" oder ein „Tätigwerden in einem übergeordneten Bandeninteresse" ist nicht erforderlich (BGHGrS 22.3.2001, BGHSt 46, 321). Die früher von der Rspr vertretene Auffassung (vgl. nur BGH 3.4.1970, BGHSt 23, 239; BGH 9.7.1991, BGHSt 38, 26), die auch für den bandenmäßigen Schmuggel galt (BGH 20.4.1999, NStZ 1999, 571), bereits zwei Personen – sogar Ehegatten (vgl. BGH 4.10.1966, zit. bei *Dallinger* MDR 1967, 369) – würden für eine Bande ausreichen, hat der BGH im Jahr 2001 anhand eines Falles des Bandendiebstahls (§ 244 I Nr. 3 StGB) ausdrücklich aufgegeben (BGHGrS 22.3.2001, BGHSt 46, 321). Für den bandenmäßigen Schmuggel (§ 373 II Nr. 3 AO) gilt nichts anderes (ghM; vgl. Kohlmann/*Hilgers-Klautzsch* AO § 373 Rn. 76 u. Schwarz/Pahlke/ Nikolaus AO § 373 Rn. 36; Klein/*Jäger* AO § 373 Rn. 48). Eine Bande iSd § 373 II Nr. 3 AO liegt daher vor, wenn sich mindestens drei Personen zur fortgesetzten Hinterziehung von Einfuhr- oder Ausfuhrabgaben oder des Bannbruchs verbunden haben.

Zur fortgesetzten Begehung von Schmuggeltaten haben sich Personen verbunden, 67 wenn ihre Verbindung auf die Begehung *mehrerer selbständiger,* im Einzelnen noch unbestimmter Straftaten gerichtet ist (vgl. BGH 25.9.1956, GA 1957, 85). Die Planung *einer* Tat, die in mehreren Teilakten ausgeführt werden soll, reicht nicht aus. Sofern aber die Verbindung auf mehrere Taten *abzielt,* genügt die Verwirklichung *einer* Tat, wenn sie in Ausführung einer weitergehenden Absicht begangen worden ist (BGH 4.10.1966 aaO), dh, wenn die *einzige* abzuurteilende Tat nach der Vorstellung der Täter die *erste* von mehreren Taten sein sollte (BGH 25.9.1956, GA 1957, 85).

Eine feste Verabredung mit gegenseitigen Verpflichtungen **braucht nicht vorzuliegen,** eine Organisation mit bestimmter Rollenverteilung und einheitlicher Führung nicht 68 eingerichtet zu sein (vgl. BGH 29.8.1973, GA 1974, 308 zu § 244 und § 250 StGB). Es kann genügen, dass eine *lose Übereinkunft,* eine bestimmte Tat bei künftigen Gegebenheiten gemeinsam zu wiederholen, verwirklicht wird. Eine auf wenige Stunden begrenzte Verabredung reicht nicht aus; erforderlich ist, dass die Beteiligten zur Verwirklichung ihrer kriminellen Pläne *auf geraume* Zeit zusammenwirken wollen (vgl. OLG Hamm 29.4.1981, JR 1982, 207, zu § 244 StGB). Eine solche Übereinkunft kann noch *während* der ersten Tat getroffen werden. Zur Abgrenzung der Bande von der kriminellen Vereinigung iSv § 129 StGB vgl. BGH 8.8.2006, NStZ 2007, 31.

Mitglied einer Bande ist jede Person, die an der bandenmäßigen Verbindung 69 (→ Rn. 67 f.) mit dem Willen beteiligt ist, an der Ausführung der beabsichtigten Straftaten selbst teilzunehmen, sei es als (Mit-)Täter oder als Gehilfe (§§ 25, 27 StGB; zur Mitwirkung als Gehilfe vgl. BGH 15.1.2002, NJW 2002, 1662 f., NStZ 2002, 318 unter Hinweis auf BGHGrS 22.3.2001, BGHSt 46, 321). Wer andere zur fortgesetzten Begehung von Schmuggeltaten anstiftet (§ 26 StGB), aber zur Teilnahme an der Tatausführung nicht bereit ist, gehört nicht zur Bande; er kann aber als Anstifter zu bestrafen sein (vgl. HHS/*Tormöhlen* AO § 373 Rn. 117). Andererseits wird die Zugehörigkeit zu einer Bande nicht dadurch in Frage gestellt, dass Bandenmitglieder untereinander keine „ehrlichen" Partner sind und einer dem anderen hintergehen und das Schmuggelgut allein an sich bringen will (vgl. OLG Köln 19.10.1956, GA 1957, 124).

Eine bandenmäßige **Tatausführung unter Mitwirkung anderer Bandenmitglieder** 70 **ist nicht erforderlich.** Durch G v. 21.12.2007 (BGBl. 2007 I 3198) hat der Gesetzgeber in § 373 II Nr. 3 AO auf das bisherige Qualifikationsmerkmal „unter Mitwirkung eines anderen Bandenmitglieds die Tat ausführt" verzichtet (→ Rn. 1). Es genügt nun, dass der Täter *als Mitglied einer Bande,* die sich zur fortgesetzten Hinterziehung von Einfuhr- oder Ausfuhrabgaben oder des Bannbruchs verbunden hat, *eine solche Tat begeht.* Die Auffassung, dass die als Bandenmitglieder beteiligten Personen während der Ausführung der Tat zu irgendeinem Zeitpunkt zeitlich und örtlich zusammenwirken müssen (vgl. nur BGH 20.4.1999, NStZ 1999, 571) hat die Rspr bereits im Jahr 2001 aufgeben (BGHGrS 22.3.2001, BGHSt 46, 321).

Ein **unmittelbares körperliches Zusammenwirken** der Bandenmitglieder ist für die 71 Erfüllung des Tatbestands des § 373 II Nr. 3 AO ebenfalls nicht erforderlich (BGHGrS 22.3.2001, BGHSt 46, 321; HHS/*Tormöhlen* AO § 373 Rn. 116 u. Kohlmann/*Hilgers-Klautzsch* AO § 373 Rn. 87). Deshalb kann Mittäter eines bandenmäßigen Schmuggels auch sein, wer ohne körperliche Anwesenheit bei der Ausführung der Tat nur die geistige Leitung ausübt oder als Mittäter sonstige für die Durchführung erforderliche Tatbeiträge erbringt. Für die Abgrenzung von Täterschaft und Teilnahme gelten die allgemeinen Grundsätze (BGH 13.8.2002, NStZ 2003, 33).

Ein **bandenmäßiger Schmuggel im Freihafengebiet** kommt nur in Betracht, wenn 72 sich die Bandenabrede auf Taten der Hinterziehung von Einfuhr- oder Ausfuhrabgaben (§ 370 AO) oder des Bannbruchs (§ 372 AO) bezieht. Auch Freihäfen gehören zum Zollgebiet der EU (Art. 243 I UZK). Dabei ist aber zu beachten, dass bei steuerlichen Einfuhrdelikten, bei denen die beabsichtigte Abgabenverkürzung durch falsche Zollanmeldungen bewirkt wird, der Versuch erst mit der Vorlage der wahrheitswidrigen Zollanmeldung beginnt (BGH 19.6.2003, wistra 2003, 389). Die Lagerung unverzollter Waren in einer Freizone und die Vorbereitung der Abgabe falscher Zollanmeldungen sind daher regelmäßig bloße straflose Vorbereitungshandlungen (vgl. BGH 19.6.2003, wistra 2003, 389). Allerdings sieht Art. 245 UZK auch für in eine Freizone verbrachte Waren grundsätzlich eine Gestellungspflicht vor. Insoweit ist im Einzelfall sorgfältig zu prüfen, ob die Verletzung der Gestellungspflicht zur Verkürzung von Einfuhrabgaben führt.

73 **Sowohl Mittäter als auch Gehilfen** können als Mitglieder einer Bande handeln. Da es sich bei der Bandenmitgliedschaft aber um ein besonderes persönliches Merkmal iSd § 28 II StGB handelt, kann ein Mittäter oder Gehilfe, der nicht selbst Bandenmitglied ist, nur wegen Beteiligung am Grunddelikt, nicht aber wegen des Bandendelikts als Qualifikationstatbestand bestraft werden (BGH 24.1.2008, StraFo 2008, 215; BGH 19.7.2006, NStZ-RR 2007, 279, 280 und BGH 15.3.2005, wistra 2005, 228; *Fischer* StGB § 244 Rn. 44 mwN).

74 **Subjektiv** erfordert die Anwendung des § 373 II Nr. 3 AO, dass derjenige, der als Täter oder Gehilfe an einem Schmuggel teilgenommen hat, wusste und wollte, dass er mit mindestens *zwei* weiteren Personen (→ Rn. 66) zu *mehreren* Schmuggeltaten verbunden war (→ Rn. 67 f.).

75 Zu den Anforderungen an die **Sachdarstellung in einem Urteil** wegen bandenmäßigen Schmuggels vgl. BGH 27.10.2004, wistra 2005, 33 und BGH 27.11.2002, wistra 2003, 732; zur Sachdarstellung allgemein vgl. *Jäger* StraFo 2006, 477.

76–80 *einstweilen frei*

6. Mittäterschaft und Teilnahme

81 Der **Anstifter** wird gleich einem Täter bestraft (§ 26 StGB). Sind beim Schmuggel die qualifizierenden Merkmale des § 373 AO – etwa das Führen einer Schusswaffe durch einen Täter oder Teilnehmer – von seinem Vorsatz nicht umfasst, wird der Anstifter nur wegen Anstiftung zum Grundtatbestand der Steuerhinterziehung (§ 370 AO) oder des Bannbruchs (§ 372 AO) bestraft. Dasselbe gilt für einen Gehilfen. Beim Schmuggel ist **Beihilfe** auch noch nach Vollendung der Tat bis zu deren *Beendigung* möglich, dh bis zu dem Zeitpunkt, zu dem die Schmuggelware in Sicherheit gebracht und „zur Ruhe gekommen" ist (BGH 24.6.1952, BGHSt 3, 40, 44; BGH 18.7.2000, NStZ 2000, 594 und BGH 1.2.2007, wistra 2007, 224, 225). Wann dies der Fall ist, hängt von den konkreten Umständen des Einzelfalls ab.

82 Maßgeblich für die Beendigung des Schmuggels ist, ob die Schmuggelware die gefährliche Phase des Grenzübergangs passiert und der Schmuggler sein Unternehmen erfolgreich abgeschlossen hat. In der Regel wird der Schmuggel daher erst dann beendet sein, wenn das Schmuggelgut seinen Bestimmungsort erreicht hat. Wird die Ware auf dem Weg dorthin in einem Zwischenlager umgeladen, ist sie noch nicht „zur Ruhe gekommen". Anders sind jedoch die Fälle zu beurteilen, in denen das Schmuggelgut an einem Ort geraume Zeit lagert und seine Weiterbeförderung von weiteren Entscheidungen abhängt, so dass sich nach den Gesamtumständen des Einzelfalls das Zwischenlagern nicht mehr als ein bloßes Umladen darstellt (BGH 1.2.2007, wistra 2007, 224, 225). Will der Helfer nicht dem Schmuggel zum endgültigen Erfolg verhelfen, sondern befindet er sich „im Lager" eines Erwerbers oder Zwischenhehlers, kommt auch vor Beendigung des Schmuggels nur noch *Steuerhehlerei* oder Beihilfe dazu in Betracht (BGH 18.7.2000, NStZ 2000, 594; → § 374 Rn. 21). Die Abgrenzung der Steuerhehlerei von der Teilnahme an der Vortat richtet sich nach der Willensrichtung des Handelnden (vgl. BGH 7.4.1994, NStZ 1994, 486 zu § 259 StGB).

83 **Die Strafrahmenverschiebung nach unten bei Beihilfe ist** nach § 27 II 2 StGB zwingend. Im Falle eines gewerbs- oder bandenmäßigen Schmuggels (§ 373 I bzw. II Nr. 3 AO) ist dabei zu beachten, dass die Strafrahmenverschiebung aus dem Grundtatbestand vorzunehmen ist, wenn beim Gehilfen das besondere *persönliche* Merkmal (§ 28 II StGB)

der Gewerbsmäßigkeit oder das der Bandenmitgliedschaft nicht gegeben ist (→ Rn. 37, 73). Fehlen beim Anstifter besondere persönliche Merkmale, ist die Strafe dem Strafrahmen des Grundtatbestandes zu entnehmen. Auf die *tatbezogenen* Qualifikationsmerkmale des gewaltsamen Schmuggels (§ 373 II Nr. 1 u. 2 AO), ist § 28 II StGB nicht anwendbar.

Den Täter einer Begünstigung oder Strafvereitelung treffen die Qualifikations- 84 merkmale des § 373 AO auch dann nicht, wenn er wusste, dass der Vortäter gewerbsmäßig, gewaltsam oder bandenmäßig handelte. Die Strafe ist allein aus den Strafrahmen der §§ 257, 258 StGB zu entnehmen; sie darf nicht schwerer sein als die für die Vortat angedrohte Strafe (§§ 257 II, 258 III StGB). Die Strafdrohung umfasst Freiheitsstrafe bis zu fünf Jahren oder Geldstrafe. Bei der Strafzumessung wegen Begünstigung oder Strafvereitelung sind außer den Umständen der begünstigenden oder strafvereitelnden Handlung aber auch die Umstände der Vortat und unter diesen die Merkmale des § 373 AO zu berücksichtigen. Die Möglichkeit einer strafbefreienden Selbstanzeige nach § 371 I AO besteht nicht („in den Fällen des § 370").

7. Strafbarkeit des Versuchs

Schrifttum: *Seelig,* Strafbarkeit des versuchten Schmuggels in einem qualifizierten Fall (§ 373 AO), ZfZ 1981, 8.

Der Versuch des Schmuggels gemäß § 373 AO ist strafbar. Dies hat der Gesetz- 85 geber durch G v. 21.12.2007 (BGBl. I 3198) in § 373 III AO ausdrücklich klargestellt (→ Rn. 1). Für die frühere Gesetzeslage war die Frage der Strafbarkeit des Versuchs umstritten, wurde aber von der zutreffenden hM aus § 370 II iVm § 373 AO bzw. § 370 II iVm § 372 II u. § 373 AO hergeleitet (s. hierzu *Voß* → 6. Aufl. Rn. 42). Soll die Abgabenverkürzung durch die Abgabe falscher Anmeldungen bei der zollamtlichen Abfertigung bewirkt werden, so beginnt der Versuch erst mit der Vorlage der wahrheitswidrigen – unvollständigen – Zollanmeldung (BGH 19.6.2003, wistra 2003, 389). Zum Versuchsbeginn bei steuerlichen Einfuhrdelikten siehe auch *Jäger* NStZ 2004, 191, 195.

8. Schwarzhandel mit Zigaretten zum eigenen Bedarf

§ 373 AO ist nicht anzuwenden, wenn der Täter zum eigenen Verbrauch vorsätzlich 86 oder fahrlässig Zigaretten in Verpackungen erwirbt, an denen ein gültiges Steuerzeichen iSd § 4 Nr. 12 TabStG nicht angebracht ist, soweit der einzelnen Tat nicht mehr als 1000 Zigaretten zugrunde liegen (§ 37 I 2 TabStG). Die Qualifikationsmerkmale des § 373 AO (gewerbsmäßig, gewaltsam, bandenmäßig) dürften allerdings bei der geringen Menge von 1000 Zigaretten idR ohnehin nicht vorliegen.

9. Selbstanzeige

Straffreiheit durch Selbstanzeige ist bei Schmuggel gem. § 373 AO nicht möglich, 87 da § 371 I AO nur die „Fälle des § 370" erwähnt (ferner → § 371 Rn. 46).

10. Strafen und Nebenfolgen

Schrifttum: *Lenkewitz,* Das Zusammentreffen mehrerer Strafschärfungsgründe, ZfZ 1952, 298; 1953, 202; *Beckschäfer,* Zur Frage der Strafzumessung beim Schmuggel in Millionenhöhe (Anmerkung), ZWH 2012, 282; *Beckschäfer,* Zum gewerbsmäßige Schmuggel durch unrichtige Zollanmeldung (Anmerkung), ZWH 2012, 504; *Höll/Heinisch,* Zur Frage der Strafzumessung bei Schmuggel in Millionenhöhe (Anmerkung), NJW 2012, 2600; *Ochs/Wargowske,* Zur Frage der Strafzumessung beim Schmuggel (Anmerkung), NZWiSt 2012, 302; *Matschke,* Strafzumessung im Steuerstrafrecht, wistra 2012, 457; *Zucker,* Schmuggel in Millionenhöhe, AW-Prax 2013, 187.

Die Strafdrohung des § 373 AO umfasst **Freiheitsstrafe** von sechs Monaten bis zu 88 zehn Jahren. Für minder schwere Fälle sieht § 373 I 2 AO Freiheitsstrafe bis zu fünf Jahren oder **Geldstrafe** vor.

89 Vor Inkrafttreten des Gesetzes zur Neuregelung der Telekommunikationsüberwachung und anderer verdeckter Ermittlungsmethoden sowie zur Umsetzung der Richtlinie 2006/24/EG v. 21.12.2007 (BGBl. 2007 I 3198) mit Wirkung ab 1.1.2008 reichte der Strafrahmen von drei Monaten bis zu fünf Jahren Freiheitsstrafe.

90 Auf Altfälle mit Tatzeitpunkten vor dem 1.1.2008 ist gem. § 2 III StGB das im konkreten Fall günstigere Gesetz anzuwenden. Auch soweit der in Betracht kommende Strafrahmen Geldstrafe nicht vorsieht, tritt sie:

a) *an die Stelle* von Freiheitsstrafe *zwingend* dann, wenn im Einzelfall eine Freiheitsstrafe von sechs Monaten oder darüber nicht in Betracht kommt und wenn nicht besondere Umstände, die in der Tat oder der Persönlichkeit des Täters liegen, die Verhängung einer Freiheitsstrafe zur Einwirkung auf den Täter oder zur Verteidigung der Rechtsordnung unerlässlich machen (§ 47 II, I StGB);

b) *neben eine Freiheitsstrafe fakultativ* dann, wenn der Täter sich durch die Tat bereichert oder zu bereichern versucht hat, falls eine Geldstrafe auch unter Berücksichtigung der persönlichen und wirtschaftlichen Verhältnisse des Täters angebracht ist (§ 41 StGB); für die Bemessung einer solchen zusätzlichen Geldstrafe gilt § 40 StGB (→ § 369 Rn. 137 ff.).

Wegen der Möglichkeit der **Aberkennung der Amtsfähigkeit und Wählbarkeit** vgl. § 375 I AO iVm § 45 II StGB sowie wegen der Möglichkeit der **Einziehung** des Schmuggelgutes und der zur Tat benutzten Beförderungsmittel vgl. § 375 II AO iVm § 74a StGB.

91 **Ein Zusammentreffen mehrerer Qualifikationsmerkmale** in derselben Tat hat nicht zur Folge, dass die von § 373 AO angedrohte Mindestfreiheitsstrafe von sechs Monaten ggf. verdoppelt oder verdreifacht wird. Eine Addition von Strafdrohungen ist dem Strafrecht fremd (ausf. bereits *Lenkewitz* ZfZ 1952, 298 sowie ZfZ 1953, 202).

92 Innerhalb des anzuwendenden Strafrahmens ist allerdings für die **Strafzumessung** bedeutsam, ob ein Schmuggler bei derselben Tat mehrere Qualifikationsmerkmale des § 373 AO verwirklicht hat, etwa als Mitglied einer bewaffneten Bande gewerbsmäßig tätig geworden ist.

Im Einzelnen sind besonders zu berücksichtigen:

– *bei gewerbsmäßigem Schmuggel* der Umfang der mit dem Schmuggel erschlossenen Einnahmequelle;

– *bei gewaltsamem Schmuggel* die Gefährlichkeit der (Schuss-)Waffe und der Munition, des sonstigen Werkzeugs oder Mittels und der Grad der Entschlossenheit, von den verfügbaren Gewaltmitteln Gebrauch zu machen;

– *bei bandenmäßigem Schmuggel* die Größe der Bande und die Dauer der Verbindung, ihre (fortlaufende, gelegentliche oder nur vereinzelte) Aktivität, die Stellung des einzelnen Mitglieds innerhalb der Bande (Anführer oder Mitläufer) und die Bedeutung seines Tatbeitrags.

93 Bei **Schmuggel in großem Ausmaß** entfaltet der Strafrahmen des § 370 III AO, der dem des § 373 AO entspricht, eine Sperrwirkung. Dies folgt daraus, dass Schmuggel ein Qualifikationstatbestand der Steuerhinterziehung ist. Bei Schmuggel in großem Ausmaß kommt deshalb die Annahme eines minder schweren Falles des Schmuggels gemäß § 373 I 2 AO allenfalls in besonderen Ausnahmefällen noch in Betracht. Ein solcher Ausnahmefall liegt jedenfalls dann nicht vor, wenn der Schmuggel in organisierten Vertriebsstrukturen stattgefunden hat (BGH 22.5.2012, wistra 2012, 350, Rn. 29).

94 Für den **Schmuggel in Millionenhöhe** gilt die Rspr des BGH zur Strafzumessung bei Steuerhinterziehung in Millionenhöhe entsprechend. Dies folgt aus dem Umstand, dass es sich beim Schmuggel (§ 373 AO) um einen Qualifikationstatbestand der Steuerhinterziehung handelt. Deshalb kommt auch bei Schmuggel in Millionenhöhe eine (aussetzungsfähige) Freiheitsstrafe von nicht mehr als zwei Jahren nur bei Vorliegen besonders gewichtiger Milderungsgründe noch in Betracht (BGH 22.5.2012, wistra 2012, 350, Rn. 34). Dabei ist es ohne Bedeutung, ob die Millionengrenze durch eine einzelne Tat oder erst durch mehrere gleichgelagerte Einzeltaten erreicht worden ist. Der in § 370 III 2 Nr. 1 AO zum Ausdruck kommenden Wertung ist selbst dann Rechnung zu tragen, wenn jede Tat für sich genommen die Grenze zum großen Ausmaß nicht überschreitet (BGH 22.5.2012, wistra 2012, 350, Rn. 37).

Im Rahmen der Strafzumessung bedarf der Umstand der **Haftung für verkürzte** 95 **Steuern nach § 71 AO** beim Täter eines Schmuggels zumeist keiner ausdrücklichen Erörterung, es sei denn der Täter spielte im Gesamtgeschehen nur eine untergeordnete Rolle und war an dem wirtschaftlichen Erfolg der Tat nur in geringem Umfang beteiligt (vgl. BGH 14.3.2007, wistra 2007, 262, 265). Auch dann kommt aber eine strafmildernde Berücksichtigung einer Heranziehung gemäß § 71 AO allenfalls dann in Betracht, wenn der Täter nach den maßgeblichen Umständen des Einzelfalls mit seiner Heranziehung rechnen muss und dies eine besondere Härte darstellt (BGH 25.9.2012, BGHR AO § 370 Abs. 1 Strafzumessung 25).

Strafmildernd ist zu berücksichtigen, wenn die Waren, hinsichtlich deren Abgaben 96 hinterzogen worden sind, **nicht in den freien Verkehr gelangt** sind. Anders stellt sich die Situation dar, wenn die Waren letztendlich in einen anderen Mitgliedstaat der EU gelangt sind. In diesem Fall wäre es rechtsfehlerhaft, zugunsten des Täters zu werten, dem deutschen Fiskus sei nur ein „formaler Schaden" entstanden, weil bei ordnungsgemäßer Gestellung und Überführung der Waren in ein externes Versandverfahren (Art. 226 UZK) im Inland keine Abgaben entstanden wären. Hierin liegt kein strafmildernder Gesichtspunkt, weil die Waren im Zollgebiet der EU in den zollrechtlich freien Verkehr überführt werden sollten, ohne dass eine Entrichtung der hierfür anfallenden Einfuhrabgaben vorgesehen war (BGH 14.3.2007, wistra 2007, 262, 265, 266). Auch hinsichtlich der nationalen Verbrauchsteuern (zB TabSt), die anlässlich der Einfuhr in das Zollgebiet der EU erhoben werden, handelt es sich nicht um eine Steuerverkürzung „aus formalen Gründen". Denn maßgeblich für das Entstehen der Steuer ist nicht der Verkauf der Ware an Endverbraucher, sondern die Überführung in den freien Verkehr im deutschen Steuergebiet (BGH wistra 2007, 262, 266).

Im Falle einer erfolgreichen **„Durchfuhr"** durch Deutschland in einen anderen EU- 97 Mitgliedstaat geht die Befugnis, die Verbrauchsteuer zu erheben, auf diesen Mitgliedstaat über (EuGH 5.3.2015 – C-175/14 Rn. 24, ZfZ 2015, 98 – Prankl). Dieser Umstand lässt jedoch weder die Strafbarkeit des Schmuggels rückwirkend entfallen, noch führt er im Ergebnis zu einer Strafmilderung, wenn das Verbringen in den anderen Mitgliedstaat ebenfalls eine Straftat darstellt (vgl. § 373 IV, § 370 VI AO).

Die mWz 29.12.2020 auf 15 Jahre **angehobenen Verjährungsfrist (§ 376 Abs. 1 nF)** 98 **findet auch auf Taten nach § 373 Anwendung,** wenn gleichzeitig die Voraussetzungen des § 370 III 2 Nr. 1 bis 6 gegeben sind. Der Gesetzgeber hat bei der Neufassung des § 376 I zwar vornehmlich andere Konstellationen im Blick gehabt. Das ist aber nicht geeignet, ein anderes Ergebnis zu begründen. Auch hier würde der Täter – dann durch eine ihm günstigere Verjährungsfrist – privilegiert, weil er zusätzliche Merkmale verwirklicht, die seine Tat qualifizieren (wie hier *Ebner* PStR 2022, 12).

einstweilen frei 99, 100

11. Konkurrenzfragen

Im **Verhältnis zu §§ 370, 372 AO** geht – sofern dieselben Abgaben betroffen sind – 101 § 373 AO als Qualifikationstatbestand vor (→ Rn. 5).

Eine Bestrafung wegen **Geldwäsche** scheidet für einen Täter aus, der sich hinsichtlich 102 eines Gegenstands, der dem Schutz des § 261 StGB unterliegt, nach § 373 AO strafbar gemacht hat, es sei denn, er bringt den Gegenstand in den Verkehr und verschleiert dabei dessen rechtswidrige Herkunft (§ 261 VII StGB in der ab 18.3.2021 geltenden Fassung). Für vor dem 18.3.2021 begangene Geldwäschehandlungen gilt diese Einschränkung nicht (vgl. hierzu die Voraufl. sowie BGH 20.9.2000, wistra 2000, 464).

Mit dem Gesetz zur Verbesserung der Bekämpfung der Organisierten Kriminalität v. 4.5.1998 (BGBl. I 845) wurden § 373 AO und § 374 II AO mit der Begründung in den Vortatenkatalog der Geldwäsche (§ 261 I 2 Nr. 3 StGB) aufgenommen, es handele sich um weitere für die Organisierte Kriminalität typische Straftatbestände (s BT-Drs. 13/8651, 11). Gem. § 261 I 3 StGB konnten dabei auch die durch eine gewerbs- oder bandenmäßige Steuerhinterziehung ersparten Aufwendungen Gegenstand einer strafbaren Geldwäsche iSd § 261 StGB sein. Durch G. v 9.3.2021 (BGBl I 327) erweiterte der Gesetzgeber den Vortatenkatalog auf alle rechtswidrigen Taten. Gestrichen wurde allerdings die Vorschrift des § 261 I 3 StGB, wonach ersparte Aufwendungen für hinterzogene Steuern Tatobjekt sein konnten. Weiterhin taugliche Tatobjekte der Geldwäsche sind unrechtmäßig erlangte Steuererstattungen und Steuervergütungen. Für das Herrühren iSd § 261 I 1 StGB genügt es, dass zwischen dem Gegenstand und der Vortat ein Kausalzusammenhang besteht, der Gegenstand also seine Ursache in der rechtswidrigen Handlung hat. So können etwa Zahlungen aus gewerbs- oder bandenmäßigem Schmuggel herrühren, weil ihnen durch die Schmuggeltat ersparte Aufwendungen zugrunde liegen (vgl zum Schmuggel durch bandenmäßige Verkürzung französischer Biersteuer als Vortat der Geldwäsche BGH 11.5.2016, BGHR StGB § 261 Vortat 3). Das Tatbestandsmerkmal „Herrühren" soll nach dem Willen des Gesetzgebers auch eine Kette von Verwertungshandlungen erfassen, bei denen der ursprüngliche Gegenstand durch einen anderen ersetzt wird, selbst wenn dessen Wert höher ist (BGH 27.10.2018, NZWiSt 2019, 182).

103 Beim Zusammentreffen der **Hinterziehung von Einfuhr- und Ausfuhrabgaben in einem besonders schweren Fall** (§ 370 III AO) mit **Schmuggel** (§ 373 AO) hat die Rspr die Strafe früher dem höheren Strafrahmen des § 370 III AO entnommen. Denn es wäre sinnwidrig gewesen, diesen Strafrahmen nur deshalb nicht zur Anwendung zu bringen, weil zum Grundtatbestand zusätzlich ein Merkmal, das die Tat als Schmuggel qualifiziert, hinzukommt (BGH 5.11.2014, wistra 2015, 103; BGH 28.9.1983, BGHSt 32, 95; BGH 10.9.1986, wistra 1987, 30). Seit der Anhebung des Strafrahmens für Schmuggel durch Gesetz v. 21.12.2007 (BGBl. 2007 I 3198; → Rn. 1) auf Freiheitsstrafe von sechs Monaten bis zu zehn Jahren, der demjenigen des § 370 III AO entspricht, besteht hierfür für nach dem Jahr 2007 begangene Taten kein Bedürfnis und keine Rechtfertigung mehr.

104 Für die **inneren Konkurrenzen** gilt, dass Abs. 2 Nr. 1 (Schusswaffen) und Nr. 2 (Waffen usw.) einander tatbestandlich ausschließen (glA Kohlmann/*Hilgers-Klautzsch* AO § 373 Rn. 153). Im Übrigen besteht zwischen den verschiedenen Begehungsformen, die unterschiedliche Unrechtstypen repräsentieren, nach hM Idealkonkurrenz (BGH 10.7.1975, BGHSt 26, 167, 174; HHS/*Tormöhlen* AO § 373 Rn. 132; aA Kohlmann/*Hilgers-Klautzsch* AO § 373 Rn. 154: „eine Tat").

105 **Tateinheit (§ 52 StGB)** kann bestehen zwischen
– *gewaltsamem Schmuggel* (§ 373 II Nr. 1 oder Nr. 2 AO) und *Widerstand gegen Vollstreckungsbeamte* (§ 113 StGB), wenn ein Täter oder Teilnehmer von der bei sich geführten (Schuss-)Waffe, dem sonstigen Werkzeug oder Mittel gegenüber Zollbeamten oder anderen Vertretern der vollziehenden Staatsgewalt, namentlich Beamten der Polizei, Gebrauch macht, zB wenn Schmugglerfahrzeuge gewaltsam Straßensperren durchbrechen und dabei Zollbeamte gefährdet werden (OLG Köln 12.5.1963, ZfZ 1963, 249). Werden die Beamten verletzt, kommt *gefährliche Körperverletzung* (§ 224 StGB) hinzu, zB wenn Schmuggler mit Stöcken auf Zollbeamte einschlagen (vgl. RG v. 19.11.1937, RZBl. 824);
– *gewaltsamem Schmuggel* (§ 373 II Nr. 1 oder Nr. 2 AO) und unerlaubtem *Führen oder Verbringen einer Schusswaffe* (§ 52 I Nr. 1 WaffG), wenn die Schusswaffe das Schmuggelgut bildet;
– *bandenmäßigem Schmuggel* (§ 373 II Nr. 3 AO) und *Bildung einer kriminellen Vereinigung* (§ 129 StGB), wenn die Schmugglerbande zugleich die Voraussetzungen einer Vereinigung iSd § 129 StGB erfüllt (vgl. dazu BGH 8.8.2006, NStZ 2007, 31);

– *bandenmäßigem Schmuggel* (§ 373 II Nr. 3 AO) und *Urkundenfälschung* (§ 267 StGB), zB bei Verwendung gefälschter Belege zur Täuschung der Zollbeamten (BGH 9.10.1974, BGHSt 26, 4).

Tatmehrheit (§ 53 StGB) kann vorliegen zwischen 106
– *Schmuggel* (§ 373 AO) betr. Einfuhrabgaben *und Steuerhinterziehung* (§ 370 I Nr. 3 AO bzw. § 370 I Nr. 2 AO) betr. deutsche Verbrauchsteuern, wenn zB verbrauchsteuerpflichtige Waren vorschriftswidrig aus einem Drittland in den freien Verkehr eines Mitgliedstaats der EU verbracht worden sind und die Waren noch vor Beendigung des Schmuggels gem. § 373 I iVm IV AO von dort unter Verstoß gegen steuerliche Pflichten in das Steuergebiet der Bundesrepublik Deutschland verbracht werden (glA *Leplow* PStR 2008, 213; *Allgayer/Sackreuther* PStR 2009, 44); dies ist etwa der Fall, wenn ein Schmuggler Zigaretten aus der Ukraine nach Polen einschmuggelt und, bevor diese zur Ruhe gekommen sind, unter Verstoß gegen steuerliche Erklärungs- und Handlungspflichten in das Steuergebiet der Bundesrepublik Deutschland verbringt (vgl. BGH 1.2.2007, wistra 2007, 224);
– *bandenmäßigem Schmuggel* (§ 373 II Nr. 3 AO) und *Diebstahl* (§ 242 StGB), selbst wenn die von Schmugglern gestohlenen Sachen in unmittelbarem Anschluss an die Wegnahme über die Grenze geschafft werden (aM *Voß* in der 6. Aufl. unter Hinweis auf RG 20.2.1920, RGSt 54, 246 f.); da es sich beim Schmuggel (§ 373 AO) ebenso wie bei der Steuerhinterziehung (§ 370 AO) um ein Erklärungsdelikt handelt, überschneiden sich die jeweils tatbestandsmäßigen Ausführungshandlungen nicht.

Werden Mitarbeiter einer Spedition in einem anderen EU-Mitgliedstaat über den Inhalt 107 eines Containers getäuscht und mit der Abfertigung des Containers bei der Einfuhr in die EU und dem anschließenden Weitertransport nach Deutschland beauftragt, steht nach der Rspr des BGH der in **mittelbarer Täterschaft** hinsichtlich der Einfuhrabgaben begangene Schmuggel in Tateinheit mit der in mittelbarer Täterschaft durch Unterlassen begangenen Hinterziehung deutscher Verbrauchsteuern beim Verbringen der bei der Einfuhrabfertigung verschwiegenen Waren nach Deutschland. Der BGH sieht den Schwerpunkt des für die konkurrenzrechtliche Einordnung maßgeblichen Handelns in der Einwirkung auf den Tatmittler, mit der der Täter sowohl das Ziel der Hinterziehung der Einfuhrabgaben aufgrund falscher Angaben als auch dasjenige der Verkürzung deutscher Tabaksteuer durch Verbringen der Zigaretten nach Deutschland ohne Abgabe einer Steuererklärung gegenüber den deutschen Zollbehörden erreichte (BGH 27.10.2018, NStZ 2019, 158).

Im Falle einer erfolgreichen illegalen Durchleitung verbrauchsteuerpflichtiger Waren durch Deutschland in einen anderen EU-Mitgliedstaat geht die Befugnis, die Verbrauchsteuer zu erheben, auf diesen Mitgliedstaat über (EuGH 5.3.2015 – C-175/14 Rn 24, ZfZ 2015, 98 – Prankl). Dieser Umstand lässt jedoch weder die Strafbarkeit des Schmuggels rückwirkend entfallen, noch führt er zu einer Strafmilderung, wenn das Verbringen in den anderen Mitgliedstaat ebenfalls eine Straftat darstellt (vgl. § 373 IV, § 370 VI AO). Die Singularität des Erhebungsrechts schließt es aber jedenfalls für die Strafzumessung aus, einem Tatbeteiligten nebeneinander die Verkürzung der Verbrauchsteuern mehrerer EU-Mitgliedstaaten zur Last zu legen (vgl BGH 14.10.2015, NZWiSt 2016, 23).

12. Verfahrensfragen

Das **Schmuggelprivileg des § 32 I ZollVG** für Fälle des „Kleinschmuggels" in der seit 108 16.3.2017 geltenden Fassung (BGBl. 2017 I 425) ist wegen des in § 32 II ZollVG enthaltenen Ausschlussgrundes auf Fälle des gewerbsmäßigen, gewaltsamen und bandenmäßigen Schmuggels gem. § 373 AO nicht anwendbar. Dies gilt auch für Fälle des versuchten Schmuggels (→ ZollVG § 32 Rn. 37).

Die **Kompetenz der FinB, das Ermittlungsverfahren** in den Grenzen des § 399 I 109 AO und der §§ 400, 401 AO **selbstständig durchzuführen,** besteht für die Steuerstraftat (vgl. § 369 I Nr. 1 AO) des Schmuggels (§ 373 AO) auch dann, wenn die Tat ohne die qualifizierenden Merkmale des § 373 AO als Bannbruch zu qualifizieren wäre, selbst wenn in diesem Fall die Subsidiaritätsklausel des § 372 II AO greifen würde (vgl. bereits BGH 4.7.1973, NJW 1973, 1707 f.).

110 Gewerbsmäßiger, gewaltsamer und bandenmäßiger Schmuggel (§ 373 AO) sind Katalogtaten der **Überwachung der Telekommunikation** (§ 100a II Nr. 2 Buchst. b StPO). Die Anordnung einer Telekommunikationsüberwachung kommt allerdings nur in Betracht, wenn die allgemeinen Anordnungsvoraussetzungen des § 100a I StPO vorliegen. Voraussetzung ist daher ein auf Tatsachen gestützter Verdacht eines Schmuggels gem. § 373 AO (§ 100a I Nr. 1 StPO), die Feststellung, dass die Tat auch im Einzelfall schwer wiegt (§ 100a I Nr. 2 StPO) und die Erkenntnis, dass die Erforschung des Sachverhalts oder die Ermittlung des Aufenthaltsorts des Beschuldigten auf andere Weise wesentlich erschwert oder aussichtslos wäre (§ 100a I Nr. 3 StPO). Die Möglichkeit einer auf den Verdacht des Schmuggels gem. § 373 AO gestützten Telefonüberwachung hat der Gesetzgeber erst mit Wirkung v. 1.1.2008 durch das G zur Neuregelung der Telekommunikationsüberwachung und anderer verdeckter Ermittlungsmethoden sowie zur Umsetzung der Richtlinie 2006/24/EG v. 21.12.2007 (BGBl. 2007 I 3198) geschaffen (→ Rn. 1; s. dazu auch *Wulf* wistra 2008, 321). Bis dahin kam eine Telekommunikationsüberwachung im Bereich von Steuer- und Zolldelikten regelmäßig nur dann in Betracht, wenn der Verdacht bestand, dass der Beschuldigte einer *kriminellen Vereinigung* angehörte (§ 129 StGB), die zur Begehung solcher Taten gegründet worden war. Dagegen war es beim Verdacht des Schmuggels ausgeschlossen, die Anordnung der Telekommunikationsüberwachung auf den Verdacht der *Geldwäsche* (§ 261 StGB) zu stützen, wenn eine Verurteilung wegen Geldwäsche auf Grund der Vorrangklausel des § 261 IX 2 StGB aF nicht zu erwarten war (BGH 26.2.2003, BGHSt 48, 240). Sonst wäre es möglich gewesen, über diesen Umweg eine damals für Schmuggeltaten unzulässige Telekommunikationsüberwachung anzuordnen, obwohl eine Verurteilung wegen Geldwäsche nach § 261 IX 2 StGB aF bereits zum Anordnungszeitpunkt nicht in Betracht kam (BGH 26.2.2003, BGHSt 48, 240).

111 Lagen die Voraussetzungen für die Anordnung der Telekommunikationsüberwachung von Anfang an nicht vor, führt dies regelmäßig zu einem **Verbot der Verwertung** der aus der Überwachungsmaßnahme erlangten Erkenntnisse (vgl. Meyer-Goßner/Schmitt/ *Schmitt* StPO § 100a Rn. 35 mwN). In der Revision kann die Unzulässigkeit der Verwertung nur mit einer Verfahrensrüge geltend gemacht werden, die den Anforderungen des § 344 II 2 StPO gerecht werden muss. Hierzu ist es insbes. erforderlich, dass der Revisionsführer dem Revisionsgericht sämtliche die Telekommunikationsüberwachung betreffenden Beschlüsse des Ermittlungsrichters vorlegt; zudem muss er die bei Anordnung der Telekommunikationsüberwachung bestehende Verdachtslage unter vollständiger Vorlage der Aktenbestandteile, die für die Beurteilung der Verdachtslage zum Zeitpunkt der Anordnung der Überwachungsmaßnahme von Bedeutung sind, detailliert schildern.

112 Die Tat kann auch durch **Strafbefehl** (§ 407 AO) geahndet werden, wenn im konkreten Einzelfall die Verhängung von Geldstrafe möglich und schuldangemessen ist (s. dazu → Rn. 81) oder – sofern der Angeschuldigte einen Verteidiger hat – eine zur Bewährung auszusetzende Freiheitsstrafe bis zu einem Jahr festgesetzt werden soll (§ 407 II AO).

113 **Einer isolierten Beurteilung** sind die Qualifikationsmerkmale des § 373 AO **nicht zugänglich,** da sie einen untrennbaren Teil der Schuldfrage bilden. Aus diesem Grunde ist es nicht möglich, ein Rechtsmittel wirksam auf die Nachprüfung der qualifizierenden Merkmale des § 373 AO zu beschränken. Eine gleichwohl dergestalt vorgenommene Rechtsmittelbeschränkung ist unwirksam und führt zur umfassenden Überprüfung des angefochtenen Urteils (vgl. BGH 13.7.1989, BGHR StPO § 344 Abs. 1 Beschränkung 2). Grundsätzlich möglich ist dagegen die Beschränkung der Strafverfolgung gem. § 154a StPO auf den jeweiligen Grundtatbestand.

114 Zunehmende Bedeutung bei Schmuggel durch mehrere Mitgliedstaaten der EU oder Nicht-EU-Schengenstaaten erlangt das Verfahrenshindernis des transnationalen **Strafklageverbrauchs** aufgrund des in Art. 54 SDÜ enthaltenen Verbots der doppelten Ver-

folgung wegen derselben Tat („ne bis in idem") im Schengen-Raum (vgl. auch Flore/ Tsambikakis/ *Schuster/Schultehinrichs* AO § 373 Rn. 61). Dieser Begriff der Tat ist autonom europarechtlich auszulegen (*Böse* GA 2003, 744, 757/758; *Harms/Heine* FS G. Hirsch, 2008, 85, 91). Die Auslegung des Art. 54 SDÜ orientiert sich an dessen Zweck, die ungehinderte Ausübung des Rechts auf Freizügigkeit der Unionsbürger zu sichern (EuGH 9.3.2006 – C-436/04, Slg. 2006, I-2333 – Van Esbroeck). Wer wegen eines Tatsachenkomplexes bereits in einem Mitgliedstaat abgeurteilt ist, soll sich darauf verlassen können, dass er nicht in einem anderen Mitgliedstaat – auch nicht unter einem anderen rechtlichen Gesichtspunkt – ein zweites Mal wegen derselben Tatsachen strafrechtlich verfolgt wird (BGH 9.6.2008, NJW 2008, 2931 mwN). Deshalb kann die Übernahme geschmuggelter Zigaretten in einem Mitgliedstaat der EU, das Verbringen in einen anderen und der dortige Besitz eine Tat iSv Art. 54 SDÜ sein, wenn der Täter von Anfang an vorhatte, die Schmuggelware nach der ersten Übernahme über mehrere Mitgliedstaaten zu einem endgültigen Bestimmungsort zu transportieren. Maßgebendes Kriterium für die Anwendung des Art. 54 SDÜ ist das der Identität der materiellen Tat, verstanden als das Vorhandensein eines Komplexes unlösbar miteinander verbundener Tatsachen, unabhängig von der rechtlichen Qualifikation dieser Tatsachen oder von dem rechtlich geschützten Interesse (EuGH 18.7.2007 – C-288/05, Slg. I-2007, 6441 – Kretzinger, mwN; BGH 9.6.2008, BGHSt 52, 275; vgl. auch). Zum Verhältnis von Art. 54 SDÜ zu Art. 50 EU-Grundrechtecharta vgl EuGH 5.6.2014 – C-398/12, wistra 2015, 140 sowie BGH 25.10.2010, BGHSt 56, 11.

§ 374 Steuerhehlerei

(1) **Wer Erzeugnisse oder Waren, hinsichtlich deren Verbrauchsteuern oder Einfuhr- und Ausfuhrabgaben nach Artikel 5 Nummer 20 und 21 des Zollkodex der Union hinterzogen oder Bannbruch nach § 372 Abs. 2, § 373 begangen worden ist, ankauft oder sonst sich oder einem Dritten verschafft, sie absetzt oder abzusetzen hilft, um sich oder einen Dritten zu bereichern, wird mit Freiheitsstrafe bis zu fünf Jahren oder mit Geldstrafe bestraft.**

(2) ¹Handelt der Täter gewerbsmäßig oder als Mitglied einer Bande, die sich zur fortgesetzten Begehung von Straftaten nach Absatz 1 verbunden hat, so ist die Strafe Freiheitsstrafe von sechs Monaten bis zu zehn Jahren. ²In minder schweren Fällen ist die Strafe Freiheitsstrafe bis zu fünf Jahren oder Geldstrafe.

(3) **Der Versuch ist strafbar.**

(4) § 370 Absatz 6 und 7 gilt entsprechend.

Schrifttum: *Bockelmann,* Über das Verhältnis der Hehlerei zur Vortat, NJW 1950, 850; *Jaeger,* Zollhinterziehung als Vortat der Zollhehlerei, ZfZ 1952, 307; *Maurach,* Bemerkungen zur neuesten Hehlereirechtsprechung des BGH, JZ 1952, 714; *Sax,* Der Begriff der „strafbaren Handlung" im Hehlereitatbestand, MDR 1954, 65; *Meister,* Beteiligung an der Vortat und Hehlerei, MDR 1955, 715; *Münsterer,* Abhängigkeit der Strafbarkeit und der Vortat und Haftung des Steuerhehlers beim Erwerb ohne Entrichtung der Eingangsabgaben eingeführter Tabakerzeugnisse, ZfZ 1955, 136; *Stree,* Die Ersatzhehlerei als Auslegungsproblem, JuS 1961, 50; *ders.,* Abgrenzung der Ersatzhehlerei von der Hehlerei, JuS 1961, 83; *ders.,* Probleme der Hehlerei und Vernachlässigung der Aufsichtspflicht, JuS 1963, 427; *Waider,* Zum sog. „derivativ-kollusiven" Erwerb des Hehlers, GA 1963, 312; *Oellers,* Der Hehler ist schlimmer als der Stehler, GA 1967, 6; *Meyer,* Zum Problem der Ersatzhehlerei an Geld, MDR 1970, 379; *Küper,* Die Merkmale „absetzen" und „absetzen hilft" im neuen Hehlereitatbestand, JuS 1975, 633; *Meyer,* Zur Auslegung des Merkmales „oder absetzen hilft" der neuen Hehlereivorschrift, MDR 1975, 721; *Stree,* Begünstigung, Strafvereitelung, Hehlerei, JuS 1976, 137; *Arendt,* Die Bereicherungsabsicht bei der Steuerhehlerei, ZfZ 1979, 229; *ders.,* Noch einmal: Zur Frage der Steuerhehlerei beim Erwerb von Betäubungsmitteln zum Eigenverbrauch, ZfZ 1979, 351; *ders.,* Die Steuerhehlerei – § 374 AO – beim Erwerb von Betäubungsmitteln zum Eigenverbrauch, ddz 1980, F 67; *Berz,* Grundfragen der Hehlerei, Jura 1980, 57; *Hruschka,* Hehlerei und sachliche Begünstigung, JR 1980, 221; *Arendt,* Die Tatbestandsmerkmale „absetzt" oder „abzusetzen hilft" bei der Steuerhehlerei, ddz 1981, F 3; *Arzt,* Die Hehlerei als Vermögensdelikt, NStZ 1981, 10; *Rudolphi,* Grundprobleme der Hehlerei, JA 1981, 90; *Volk,* Steuerhehlerei, FS Stree/Wessels, 1993; *Krisch,* Die Steuerhehlerei § 374 AO, 1993; *Janovsky,* Die Strafbarkeit des illegalen grenzüberschreitenden Warenverkehrs, NStZ 1998, 117; *Erb,* Die Qualifikationstatbestände der Bandenmitglieder (§§ 260 I Nr. 2, 260a StGB) – ein spezifisches Instrument zur Bekämpfung der „Organisierten Kriminalität"?, NStZ 1998, 537; *Rönnau,* Moderne Probleme der Steuerhehlerei (§ 374 AO), NStZ 2000, 513; *Meyer-Abich,* Die Unzulässigkeit der Telefonüberwachung bei Vergehen gem. §§ 373, 374 AO, NStZ 2001, 465; *Bilsdorfer,* Rechtsprechung zum Steuerstraf- und Steuerordnungswidrigkeitenrecht im Jahre 2001, NWB Fach 13, 999; *Spiegel,* Strafrechtliche Risiken bei grenzüberschreitenden Aktivitäten für Steuerpflichtige und deren Berater, Handbuch der internationalen Steuerplanung 2003, S. 1663; *Leplow,* Ahndung des Zigarettenschmuggels nach dem 1.5.04, PStR 2007, 180; *Bender,* Neuigkeiten im Zoll- und Verbrauchsteuerstrafrecht 2008, ZfZ 2008, 145; *Leplow,* Ahndung des Zigarettenschmuggels nach §§ 373, 374 AO n. F., PStR 2008, 63; *Kretschmer,* Der Versuchsbeginn bei der Steuerhehlerei (§ 374 AO), NStZ 2008, 379; *Wulf,* Telefonüberwachung und Geldwäsche im Steuerstrafrecht, wistra 2008, 321; *Allgayer/Sackreuther,* §§ 52 ff. StGB: Konkurrenzen bei illegaler Einfuhr von Zigaretten, PStR 2009, 44; *Jäger,* Die Auswirkungen der Osterweiterung der Europäischen Union auf das deutsche Steuerstrafrecht, FS Amelung, 2009, S. 447; *Wegner,* Steuerhehlerei bei Branntweingeschäften, PStR 2010, 113; *Middendorp,* Verbringen von Tabakwaren des steuerrechtlich freien Verkehrs anderer Mitgliedstaaten, ZfZ 2011, 197; *Weidemann,* Steuerhehlerei bei Einfuhr und Verbringen von Zigaretten, PStR 2011, 224; *Gehm,* Zur Steuerhehlerei vor Beendigung der Steuerhinterziehung (Entscheidungsanmerkung), NZWiSt 2012, 228; *Kindler,* Zur Frage der Möglichkeit der Steuerhehlerei auch vor Beendigung der Haupttat (Entscheidungsanmerkung), NStZ 2012, 640; *Matschke,* Strafzumessung im Steuerstrafrecht, wistra 2012, 457; *Schiemann,* Zur Frage der Steuerhehlerei vor Beendigung vorangegangener Steuerhinterziehung (Entscheidungsanmerkung), NJW 2012, 1747; *Weidemann,* Tabaksteuerstrafrecht, wistra 2012, 49; *Beckemper,* Der Bannbruch, HRRS 2013, 443; *Beckemper,* Steuerhehlerei und sukzessive Beihilfe zur vollendeten, aber nicht beendeten Steuerhinterziehung (Entscheidungsanmerkung), wistra 2013, 151; *Leplow,* Anmerkung zu BGH v. 9.2.2012 – 1 StR 438/11, EWiR 2013, 265; *Ebner,* Anmerkung zu OLG Braunschweig v. 18.3.2015 – 1 Ss 84/14, jurisPR – SteuerR 29/2015 Anm. 2; *Küper,* Die Absatzhilfe des Hehlers zwischen Täterschaft und Beihilfe, JZ 2015, 1032; *Wegner,* Anmerkung zu OLG Braunschweig vom 13.3.15 – 1 Ss 84/14, PStR 2015, 203; *Ebner,* Absatzerfolg und Konkurrenzverhältnisse bei der Steuerhehlerei in Absatzfällen (Entscheidungsanmerkung), HFR 2017, 441; *Fuchs,* Steuerhehlerei durch inländischen Handel mit Solarmodulen?, PStR

2017, 285; *Möller/Retemeyer,* Eine Reform des Schmuggelprivilegs, ZfZ 2017, 235; *Bauer,* Praktische Fragen im Zusammenhang mit dem organisierten „Schmuggel" von Tabakwaren, NZWiSt 2018, 85; *Ebner,* Anmerkung zu BGH, Beschluss vom 4.7.2018 – 1 StR 244/18 (Strafrechtliche Vermögensabschöpfung bei Steuerhehlerei), HFR 2018, 920; *Rolletschke,* Zur Einschränkung der Erklärungspflicht nach § 23 Abs. 1 TabStG im Hinblick auf den nemo-tenetur-Grundsatz, wistra 2019, 509; *Weidemann,* Rauchtabak und Tabakrauch im Steuer(straf)recht: Problemfelder, wistra 2019, 122; *Weidemann,* Tabaksteuer und Steuerstrafrecht, 2020; *Witte,* Zollkodex der Union, 7. Aufl. 218; *Harms/Jäger,* Aus der Rechtsprechung des BGH zum Steuerstrafrecht, NStZ 2001, 236; 2002, 244, 250; 2003, 189, 194; 2004, 191, 194; *Jäger,* Aus der Rechtsprechung des BGH zum Steuerstrafrecht, NStZ 2008, 21; 2017, 517, 523.

Übersicht

	Rn.
1. Entstehungsgeschichte	1, 2
2. Zweck und Bedeutung des § 374 AO	3, 4
3. Gegenstand der Steuerhehlerei	5–14
a) § 374 I AO	5–9
b) § 374 IV AO	10–14
4. Die Vortat der Steuerhehlerei	15–25
5. Verhältnis der Steuerhehlerei zur Teilnahme an der Vortat	26–28
6. Tathandlungen der Steuerhehlerei	29–50
a) Ankaufen	29
b) Sich oder einem Dritten verschaffen	30–32
c) Absetzen	33–40
d) Absatzhilfe	41–44
e) Steuerhehlerei durch Unterlassen	45–50
7. Subjektiver Tatbestand	51–60
a) Vorsatz	51–54
b) Bereicherungsabsicht	55–60
8. Strafbarkeit des Versuchs	61–65
9. Schwarzhandel mit Zigaretten zum eigenen Bedarf	66
10. Selbstanzeige	67–70
11. Strafen und Nebenfolgen, gewerbs- und bandenmäßige Steuerhehlerei	71–80
12. Konkurrenzfragen	81–94
13. Wahlfeststellung zwischen Steuerhinterziehung und Steuerhehlerei	95–99
14. Verfahrensfragen	100–102

1. Entstehungsgeschichte

§ 374 AO 1977 geht zurück auf § 403 RAO 1931 (= § 368 RAO 1919). **§ 403 RAO 1931** wurde durch Art. I Nr. 16 G v. 4.7.1939 (RGBl. I 1181) neu gefasst und hinsichtlich der Vortat erweitert auf den Tatbestand des Bannbruchs, der zugleich als § 401a in die RAO übernommen wurde (vorher §§ 134, 136 VZollG); ferner wurde in Angleichung an § 259 StGB aF das „Inpfandnehmen" ausdrücklich mit Strafe bedroht und die Schuldvermutung *(„… den Umständen nach annehmen muss")* beseitigt. Abs. 2 S. 2 über Einziehung wurde durch Art. 17 Nr. 16 StÄndG 1961 v. 13.7.1961 (BGBl. I 981, 996) gestrichen (Schriftl. Ber. zu BT-Drs. III/2706, 11). Durch Art. 1 Nr. 11 des 2. AOStrafÄndG v. 12.8.1968 (BGBl. I 953) wurde die Vorschrift umnummeriert in § 398 RAO, Abs. 2 aus redaktionellen Gründen neu gefasst und Abs. 3 als überflüssig gestrichen (Begr. BT-Drs. V/1812, 25). § 398 I RAO wurde durch Art. 161 Nr. 4 EGStGB v. 2.3.1974 (BGBl. I 469) an § 259 StGB angepasst, insbes. erhielten die Tathandlungen die jetzt gültige Fassung. Die *Vorteils*absicht wurde durch die *Bereicherungs*absicht ersetzt. Die Strafdrohung bezog sich nun auf § 370 I, II, § 373 AO; als Vortat genügte – außer Steuerhinterziehung – nur noch ein Bannbruch nach § 372 II AO. Ausgehend von der Regelung im EGStGB v. 2.3.1974 und auf der Grundlage des USt-BinnenG v. 25.8.1992 (BGBl. I 1584), modifiziert durch das 3. Gesetz zur Änderung des Steuerbeamten-Ausbildungsgesetzes v. 21.12.1992 (BGBl. I 2118), erweiterte § 374 II AO den Tatbestand der Steuerhehlerei auf Vortaten gegen Eingangsabgaben, die von den dort genannten anderen Staaten als Deutschland verwaltet werden oder anderen Staaten zustehen. Mit Art. 8 Nr. 25 des StÄndG 2001 wurde in Abs. 1 das Wort „Zoll" durch die Wörter „Einfuhr- und Ausfuhrabgaben im Sinne des Artikels 4 Nr. 10 und 11 des Zollkodexes" und in Abs. 2 das Wort „Eingangsabgaben" durch die Wörter „Einfuhr- oder Ausfuhrabgaben" ersetzt (BGBl. 2001 I 3974).

2 Durch Art. 3 Nr. 5 des *G zur Neuregelung der Telekommunikationsüberwachung und anderer verdeckter Ermittlungsmethoden* sowie zur Umsetzung der Richtlinie 2006/24/EG v. 21.12.2007 (BGBl. I 3198) wurden in der Vorschrift des § 374 AO mWv 1.1.2008 mehrere, im Wesentlichen klarstellende Änderungen vorgenommen: Zum einen wurde der Strafrahmen, der nach der bisherigen Regelung durch eine Verweisung auf § 370 I, II AO und § 373 AO festgelegt wurde, zur Vereinfachung der Rechtsanwendung in § 374 I, II AO neu geregelt; dabei wurde die bandenmäßige Steuerhehlerei in ihrem Unrechtsgehalt der gewerbsmäßigen gleichgestellt. Die Versuchsstrafbarkeit ist nun in § 374 III AO geregelt; die Anwendbarkeit von § 370 VI 1, VII AO ergibt sich – entsprechend der Regelung in § 373 IV AO – aus einer Verweisung in Abs. 4. (Begr. BR-Drs. 275/07, 178). Durch G v 22.12.2014 (BGBl I, 2415, 2416) wurde die Verweisung in Abs. 4 auf § 370 VI mWv 1.1.2015 im Wege der Streichung der bisherigen Einschränkungen auf Satz 1 inhaltlich erweitert. Es handelt sich um eine Folgeänderung zu einer im Rahmen des JStG 2010 erfolgten Änderung des § 370 VI (BT-Drs 18/3018, 13). § 374 erfasst seitdem auch Umsatzsteuern und harmonisierte Verbrauchsteuern, die von anderen EU-Mitgliedstaaten verwaltet werden. Durch G v. 22.12.2014 (BGBl I, 2217) wurden mWv 1.5.2016 die im Tatbestand in Bezug genommenen Vorschriften des ZK durch die ab diesem Zeitpunkt maßgeblichen des UZK ersetzt.

2. Zweck und Bedeutung des § 374 AO

3 **Als geschütztes Rechtsgut** sieht die hM bei der Sachhehlerei (§ 259 StGB) das Vermögen an; das Wesen der Handlung des Hehlers liegt in der Aufrechterhaltung des durch die Vortat verursachten rechtswidrigen Vermögenszustandes (BGHGrS 20.12.1954, BGHSt 7, 134, 137; BGH 4.11.1976, BGHSt 27, 44; BGH 10.10.1984, BGHSt 33, 50, 52; *Fischer* StGB § 259 Rn. 2 u. Schönke/Schröder/*Hecker* StGB § 259 Rn. 1). Der Tatbestand der Steuerhehlerei ist dem der Sachhehlerei ähnlich. Zur Auslegung des § 374 AO kann daher in weiten Teilen auf die zu § 259 StGB ergangene Rspr zurückgegriffen werden. Allerdings sind die Parallelen zwischen Sachhehlerei und Steuerhehlerei begrenzt (MüKoStGB/*Ebner* AO § 374 Rn. 1). Das Unrecht der Vortat der Sachhehlerei besteht in der Perpetuierung einer rechtswidrigen Besitzposition, die durch eine gegen fremdes Vermögen gerichtete Vortat hergestellt wurde. Demgegenüber ist der Besitz von Erzeugnissen oder Waren iSv § 374 AO, hinsichtlich deren Verbrauchsteuern oder Einfuhr- oder Ausfuhrabgaben hinterzogen wurden oder Bannbruch begangen wurde, nicht selbst rechtswidrig. Das *Unrecht der Steuerhehlerei* liegt vielmehr in der *Aufrechterhaltung eines vom Vortäter geschaffenen steuerrechtswidrigen oder bannwidrigen Zustandes* (vgl. BGH 7.11.2007, wistra 2008, 105, 106; BGH 15.4.1980, BGHSt 29, 239, 242; zust. *Kretschmer* NStZ 2008, 379, 380). Durch die Hehlereihandlung wird die häufig noch bestehende gewisse Aussicht, dass die Tat entdeckt und deren Erfolg rückgängig gemacht wird, wenn sich die Sachen noch im Besitz des Täters einer Verbrauchsteuer-, Einfuhr- oder Ausfuhrabgabenhinterziehung bzw. eines Bannbruchs befindet, weiter verringert. Mit der Weitergabe der Sachen (an denen gem. § 76 AO eine Sachhaftung besteht) an eine andere Person wird diese Möglichkeit weiter herabgesetzt. Das Gesetz erfasst demnach in § 374 AO typische Verhaltensweisen, die regelmäßig eine *Restitutionsgefährdung oder -vereitelung* iS einer Gefährdung oder Vereitelung der nachträglichen Durchsetzung des Steueranspruchs bewirken (zust. *Rönnau* NStZ 2000, 513, 515; RKR/*Kemper* AO § 374 Rn. 7 und Klein/*Jäger* AO § 374 Rn. 1). Die Steuerhehlerei ist damit ein abstraktes Gefährdungsdelikt gegen die durch §§ 370, 372 AO geschützten Rechtsgüter (zust. MüKoStGB/*Ebner* AO § 374 Rn. 5). Soweit die Vortat

Steuerhinterziehung ist, dient der Tatbestand dem Schutz des Steueraufkommens. In Bezug auf den Bannbruch als Vortat werden die – sehr verschiedenen – Rechtsgüter des § 372 AO geschützt (zust. Kohlmann/*Hilgers-Klautzsch* AO § 374 Rn. 12; krit. HHS/ *Tormöhlen* AO § 374 Rn. 12: Tatbestandsstruktur nicht abschließend geklärt; allgemein zum Wesen der Steuerhehlerei in Abgrenzung zur Sachhehlerei: *Volk,* Steuerhehlerei, aaO).

Die kriminalpolitische Bedeutung des Straftatbestandes der Steuerhehlerei besteht 4 nicht zuletzt darin, dass § 374 AO eine Bestrafung derjenigen Personen ermöglicht, denen zwar der Umgang mit unversteuerten Waren (bzw. verbotswidrig eingeführten Waren), jedoch nicht die Hinterziehung der Steuern (bzw. das verbotswidrige Verbringen) bewiesen werden kann; zur Zulässigkeit einer Wahlfeststellung zwischen Steuerhinterziehung und Steuerhehlerei → Rn. 95.

3. Gegenstand der Steuerhehlerei

a) § 374 I AO

Als Gegenstand der Steuerhehlerei kommen – abw. von § 259 StGB – nach § 374 I 5 AO nur Erzeugnisse oder Waren in Betracht, die einer von Deutschland verwalteten Verbrauchsteuer, Einfuhr- oder Ausfuhrabgabe oder einem Bann (→ Rn. 7) unterliegen. Unerheblich ist, dass auf Grund des Eigenmittelbeschlusses der EG die Ertragshoheit für Zölle, die Einfuhrabgaben sind, der Gemeinschaft, jetzt EU, zusteht (vgl. Beschluss des Rates v. 21.4.1970 über die Ersetzung der *Finanzbeiträge der Mitgliedstaaten* durch eigene Mittel der Gemeinschaften, ABl. 1970 Nr. L 94/19, idF des Beschlusses v. 29.9.2000 über das System der Eigenmittel der Europäischen Gemeinschaften 2000/597/EG/Euratom, ABl. 2000 Nr. L 53/42). Die Begriffshäufung *„Erzeugnisse oder Waren"* erklärt sich aus dem unterschiedlichen Sprachgebrauch der Zoll- und Verbrauchsteuergesetze (vgl. Flore/ Tsambikakis/*Schuster/Schultehinrichs* AO § 374 Rn. 4; GJW/*Tully* AO § 374 Rn. 5, Erbs/ Kohlhaas/*Hadamitzky/Senge* AO § 374 Rn. 12). Einer Verbrauchsteuer unterliegen zB Bier, Tabakerzeugnisse, Kaffee, Energieerzeugnisse (zB Mineralöl), Schaumwein und schaumweinähnliche Getränke sowie Alkoholerzeugnisse im Sinne des Alkoholsteuergesetzes. Einem Zoll unterliegt die Einfuhr von Waren nach Maßgabe des Zolltarifs. Abschöpfungen, die seit dem 1.7.1995 nicht mehr erhoben werden (→ § 373 Rn. 11), standen nach § 2 I AbschG den Zöllen iSd § 374 AO gleich (BGH 6.6.1973, BGHSt 25, 190).

Abweichend von § 373 AO spricht § 374 I AO nicht nur von **Einfuhr- oder Ausfuhr-** 6 **abgaben,** sondern darüber hinaus auch von **Verbrauchsteuern.** Damit kommt als Vortat einer Steuerhehlerei auch die Hinterziehung von Verbrauchsteuern in Betracht, die nicht bei der Einfuhr, sondern bei der Entfernung einer Ware aus dem inländischen Herstellungsbetrieb oder der Entnahme aus dem Steueraussetzungsverfahren verkürzt worden sind. Auf *Abgaben zu Zwecken der Marktordnung* ist der Tatbestand des § 374 AO entsprechend anzuwenden (§ 12 I 1 MOG). Allerdings ergibt sich eine Einschränkung aus dem Umstand, dass die Steuerhehlerei nur für Waren und Erzeugnisse in Betracht kommt, hinsichtlich deren Abgaben hinterzogen worden sind. Es muss sich demgem. um abgabenbelastete Waren bzw. Erzeugnisse handeln, für die auch eine Sachhaftung gem. § 76 AO in Betracht kommt (vgl. Flore/Tsambikakis/*Schuster/Schultehinrichs* AO § 374 Rn. 5; MüKoStGB/ *Ebner* AO § 374 Rn. 9). Dies war namentlich nicht der Fall bei der Abgabe auf Grund der *Quotenregelung im Milchsektor* gem. der VO (EWG) Nr. 856/84 (ABl. 1984 Nr. L 90/10), die zum 31. März 2015 ausgelaufen ist. Denn Zweck dieser Abgabe war die Mengenbegrenzung der Milcherzeugung. Sie knüpfte an die Überschreitung der dem Milcherzeuger für die abgabenfreie Vermarktung zustehende Milchmenge an, sollte die Milcherzeuger von der Überproduktion abschrecken und begründete damit eine Obliegenheit der Milcherzeuger, deren Verletzung abgabenrechtliche Folgen hatte (vgl. dazu auch BVerfG 29.4.2010, wistra 2010, 396 und OLG Frankfurt 9.3.2004, NStZ-RR 2004, 275). Damit handelte es sich nicht um eine Abgabe, die, wie Einfuhr- oder Ausfuhrabgaben und Verbrauchsteuern, auf der Ware (Milch) lastete.

7 Hinsichtlich der **Begriffe Verbrauchsteuern sowie Einfuhr- und Ausfuhrabgaben** wird im Übrigen auf → § 373 Rn. 10 ff. verwiesen. § 374 I AO erfasst im Gegensatz zu § 373 AO auch die Verbrauchsteuern, die in Deutschland auf inländische Produkte und auf Produkte aus Mitgliedstaaten der EU erhoben werden. Durch die in § 374 IV AO angeordnete entsprechende Anwendung von § 370 VI 1 und VII AO werden diesen Abgaben – unabhängig vom Tatort (§ 370 VII AO) – Einfuhr- und Ausfuhrabgaben gleichgestellt, die von einem anderen Mitgliedstaat der EU verwaltet werden oder die einem Mitgliedstaat der EFTA oder einem mit dieser assoziierten Staat zustehen (s. dazu → Rn. 10).

8 Auch **Sachen, deren Einfuhr, Ausfuhr oder Durchfuhr verboten ist** (→ § 372 Rn. 40 ff.), können Gegenstand einer Steuerhehlerei sein. Dies gilt jedoch nur, wenn die Vortat über § 372 II AO nach § 370 AO oder nach § 373 AO mit Strafe bedroht ist. Ein Bannbruch nach § 372 I AO, der in anderen Vorschriften straf- oder bußgeldbewehrt ist, scheidet als Vortat aus (vgl. § 372 II AO).

9 **Ersatzsachen,** die der Vortäter mit Mitteln aus der Vortat erworben hat, sind nach zutreffender hM zu § 259 StGB – im Unterschied zur Geldwäsche gem. § 261 II StGB („herrührt") – den durch die Vortat erlangten Sachen nicht gleichzustellen (BGH 12.4.1956, BGHSt 9, 137, 139; BGH 23.4.1969, NJW 1969, 1260 f.; *Fischer* StGB § 259 Rn. 7 u. Schönke/Schröder/*Hecker* StGB § 259 Rn. 13 mwN). Die sog. **Ersatzhehlerei** wird daher nicht vom Straftatbestand der Hehlerei gem. § 259 StGB erfasst. Dies gilt auch für die Steuerhehlerei gem. § 374 AO, denn der Wortlaut des § 374 AO bezieht sich nur auf unmittelbar bann- oder steuerbemakelte Waren (Schwarz/Pahlke/*Nikolaus* AO § 374 Rn. 7; Kohlmann/*Hilgers-Klautzsch* AO § 374 Rn. 16). An einer neuen Sache, die aus dem Stoff der durch die Vortat geschmuggelten Sache hergestellt worden ist, kann daher Steuerhehlerei regelmäßig nicht begangen werden (vgl. BFH 26.6.1990, BFHE 161, 225). Im Hinblick darauf, dass es bei der Steuerhehlerei nicht um die Aufrechterhaltung einer rechtswidrig erlangten Vermögensposition, sondern um die Aufrechterhaltung eines vom Vortäter geschaffenen steuerrechtswidrigen oder bannwidrigen Zustandes geht, gelten aber andere Maßstäbe als bei § 259 StGB (zutr. MüKoStGB/*Ebner* AO § 374 Rn. 18). Ob ein „neues" (anderes) Erzeugnis vorliegt, ist nicht unter Heranziehung von zivilrechtlichen Vorschriften (etwa § 950 BGB), sondern unter spezifisch steuerrechtlichen Gesichtspunkten zu beurteilen (BFH 26.6.1990, BFHE 161, 225; Flore/Tsambikakis/*Schuster/Schultehinrichs* AO § 374 Rn. 6). Keinen tauglichen Gegenstand einer Steuerhehlerei stellt jedenfalls der vom Vortäter für die von der Vortat betroffene Sache erlangte Erlös dar. Deshalb wird etwa der Verkaufserlös für aus dem Ausland eingeschmuggelte Zigaretten nicht von § 374 AO nicht erfasst. Demgegenüber kann ein „Verarbeitungserzeugnis" von § 374 AO erfasst sein, wenn sich die Zollguteigenschaft einer Schmuggelware auch auf dieses erstreckt (MüKoStGB/*Ebner* AO § 374 Rn. 18; Kohlmann/*Hilgers-Klautzsch* AO § 374 Rn. 16).

b) § 374 IV AO

10 § 374 IV AO bestimmt ausdrücklich die **entsprechende Anwendung von § 370 VI 1 und VII** AO. Bei den von § 370 VI 1 geschützten Abgaben handelt es sich um die Einfuhr- und Ausfuhrabgaben, die von einem anderen Staat der EU als Deutschland verwaltet werden oder die einem der EFTA-Staaten – zz. Island, Liechtenstein, Norwegen und Schweiz – oder einem mit der EFTA assoziierten Staat zustehen. Mit der EFTA assoziierte Staaten gibt es derzeit nicht. Finnland, das bei der Einführung des § 374 II AO aF mit den EFTA-Staaten assoziiert war, ist durch Beitritt zur EU aus dem damaligen Assoziationsabkommen ausgeschieden. Zweifelhaft ist, ob § 374 II AO auch auf Waren oder Erzeugnisse anzuwenden ist, hinsichtlich deren Einfuhr- und Ausfuhrabgaben von Staaten hinterzogen worden sind, die mit den EFTA-Staaten ein Freihandelsabkommen abgeschlossen haben (vgl. dazu Dauses/*Hummer*, Handbuch des EU-Wirtschaftsrechts,

Abschnitt K III Rn. 286). Die Begriffe Freihandelszone und Assoziation sind grundsätzlich zu unterscheiden (vgl. dazu GHN/*Herrmann* AEUV Art. 23 Rn. 69 ff.). Legt man diese Unterscheidung auch dem § 370 VI 1 AO zugrunde, dann fallen die Waren und Erzeugnisse, hinsichtlich deren Einfuhr- und Ausfuhrabgaben der Staaten hinterzogen worden sind, mit denen die EFTA-Staaten eine Freihandelszone, aber keine Assoziation begründet haben, nicht in den Anwendungsbereich der Vorschrift.

Die Begriffe **Einfuhr- und Ausfuhrabgaben in § 370 VI 1 AO** haben dieselbe Bedeutung wie die der Einfuhr- und Ausfuhrabgaben in § 373 AO (→ § 373 Rn. 10 ff.). Im Gegensatz zu § 374 I AO erfasst die Vorschrift des § 370 VI 1 AO (iVm § 374 II AO) aber keine Verbrauchsteuern, die im jeweiligen Erhebungsgebiet nach Maßgabe der innerstaatlichen Rechtsvorschriften anfallen. Das gilt sowohl für die Verbrauchsteuern auf innerstaatliche wie für die aus anderen Mitgliedstaaten der EU stammende Erzeugnisse. **11**

einstweilen frei **12–14**

4. Die Vortat der Steuerhehlerei

Nach dem Wortlaut des Gesetzes kommen als Gegenstände der Steuerhehlerei nur Erzeugnisse und Waren in Betracht, hinsichtlich deren Verbrauchsteuern oder Einfuhr- oder Ausfuhrabgaben hinterzogen worden sind oder Bannbruch begangen worden ist. Waren und Erzeugnisse, hinsichtlich deren lediglich Besitz- und Verkehrsteuern hinterzogen worden sind, werden vom Anwendungsbereich des § 374 AO nicht erfasst. Vortaten der Steuerhehlerei sind **15**

– Steuerhinterziehung (§ 370 AO),
– Bannbruch (§ 372 AO) und
– Schmuggel (§ 373 AO).

Voraussetzung der Steuerhehlerei ist zunächst die **Erfüllung aller objektiven Merkmale** des Straftatbestandes der Vortat, dh des § 370 AO, des § 373 AO oder des § 372 AO. Steuerhehlerei als solche scheidet als Vortat aus (Flore/Tsambikakis/*Schuster/Schultehinrichs* AO § 374 Rn. 11). Nicht erforderlich ist aber, dass der Hehler die Ware unmittelbar von dem Vortäter erwirbt (vgl. BGHSt 15, 53, 57 v. 22.6.1960). Als Steuerhehler wird daher auch bestraft, wer die Ware *von einem Zwischenhehler* erhält, der seinerseits wegen Steuerhehlerei strafbar ist (vgl. BGH 7.8.1979, NJW 1979, 2621 und BGH 20.1.1999, wistra 1999, 180 zu § 259 StGB; Schwarz/Pahlke/*Nikolaus* AO § 374 Rn. 18). Im Anwendungsbereich von § 370 VI 1 AO kommt eine Strafbarkeit wegen Steuerhehlerei nur dann in Betracht, wenn die verkürzten ausländischen Abgaben unter Beachtung des jeweils maßgeblichen ausländischen Rechts als Einfuhr- oder Ausfuhrabgaben zu qualifizieren sind (BGH 19.4.2007, NStZ 2007, 595). Nach hM scheidet Bannbruch als Vortat dann aus, wenn die Subsidiaritätsklausel des § 372 II AO zur Anwendung kommt, der Täter also aufgrund der Sanktionsnorm eines anderen Verbotsgesetzes bestraft wird (Kohlmann/*Hilgers-Klautzsch* AO § 374 Rn. 23 und Schwarz/Pahlke/*Nikolaus* AO § 374 Rn. 11). **16**

Ob und wieweit der Vortäter auch die **subjektiven Merkmale der Vortat** verwirklicht haben muss, war lange streitig. Nach dem früheren Grundsatz der extremen Akzessorietät waren Sach- und Steuerhehlerei nur möglich, wenn der Vortäter *sämtliche* subjektiven Voraussetzungen der Vortat erfüllt hatte, dh wenn er schuldfähig war, vorsätzlich gehandelt hatte, keinem Irrtum unterlegen war und auch kein sonstiger Schuldausschließungsgrund vorlag. Diese unbeschränkte Abhängigkeit der Hehlerei von der Vortat wurde zuerst bei der Steuerhehlerei durch § 403 III RAO idF des Art. I Nr. 16 G v. 4.7.1939 (RGBl. I 1181) gelockert: „*Der Steuerhehler ist auch dann strafbar, wenn die Person, die die Steuerhinterziehung oder den Bannbruch begangen hat, nicht schuldfähig ist.*" Durch die Formulierung „*Sind mehrere an einer Tat beteiligt, so ist jeder ohne Rücksicht auf die Schuld des anderen nach seiner Schuld strafbar*" in § 50 I StGB idF des Art. 2 der VO v. 29.5.1943 (RGBl. I 339) wurde der Grundsatz einer *limitierten Akzessorietät* gesetzlich verankert. Seitdem ist unstreitig, dass *Schuldunfähigkeit des Vortäters* (vgl. § 20 StGB; § 1 III JGG) der Annahme von **17**

Hehlerei beim Nachtäter nicht entgegensteht – gleichgültig, welche Vorstellung dieser von der Schuldfähigkeit des Vortäters hatte. In Rspr und Rechtslehre besteht heute Einigkeit, dass der Tatbestand der Hehlerei auch bei Schuldunfähigkeit des Vortäters verwirklicht werden kann (vgl. bereits BT-Drs. V/1812, 25), wenn die Vortat den äußeren Tatbestand einer strafbaren Handlung erfüllt und objektiv rechtswidrig ist (BGH 27.2.1951, BGHSt 1, 47, 50 zu § 259 StGB; Kohlmann/*Hilgers-Klautzsch* AO § 374 Rn. 37). Der Vortäter muss aber mit mindestens „natürlichem" Vorsatz gehandelt haben (BGH 26.2.1953, BGHSt 4, 76, 78; *Fischer* StGB § 259 Rn. 6; Kohlmann/*Hilgers-Klautzsch* AO § 374 Rn. 36).

18   Das Fehlen des Unrechtsbewusstseins beim Vortäter, insbes. ein **Verbotsirrtum,** ist für die Strafbarkeit des Anschlusstäters ebenso unbeachtlich wie das Vorliegen anderer Schuldausschließungsgründe (ghM; BGH 26.2.1953, BGHSt 4, 76 m. zust. Anm. *Niese* JZ 1953, 637 und *Welzel* JR 1953, 186; Kohlmann/*Hilgers-Klautzsch* AO § 374 Rn. 39 f. u. Schwarz/Pahlke/*Nikolaus* AO § 374 Rn. 14; Schönke/Schröder/*Hecker* StGB § 259 Rn. 10 f.).

19   Ein **Tatbestandsirrtum,** dh ein Irrtum des Vortäters über ein Merkmal des gesetzlichen Tatbestandes (§ 16 I 1 StGB) – auch über ein normatives Tatbestandsmerkmal –, schließt dagegen die Annahme einer Steuerhehlerei beim Nachtäter aus (glA Kohlmann/*Hilgers-Klautzsch* AO § 374 Rn. 41 u. Schwarz/Pahlke/*Nikolaus* AO § 374 Rn. 14). Hat demnach der Vortäter ein Tatbestandsmerkmal der Steuerhinterziehung oder des Bannbruchs nicht gekannt, so begeht derjenige, der die Sache in Kenntnis der Abgabepflicht oder des Einfuhr-, Ausfuhr- oder Durchfuhrverbots ankauft, zum Pfande nimmt, an sich bringt, verheimlicht oder absetzt, keine Steuerhehlerei, weil es ohne *vorsätzliche* Vortat an einem objektiven Tatbestandsmerkmal des § 374 AO fehlt (Kohlmann/*Hilgers-Klautzsch* AO § 374 Rn. 41). Eine *fahrlässige* Steuerverkürzung ist als Vortat für eine Steuerhehlerei nicht geeignet, gleichgültig, ob sie gem. § 378 AO als Steuerordnungswidrigkeit geahndet werden kann oder nicht. Ebenso wenig genügt eine fahrlässige Vortat, welche die objektiven Merkmale des § 372 I AO erfüllt.

20   Die Feststellung, dass der **Vortäter ohne Kenntnis,** der *Nachtäter* dagegen *in Kenntnis* der Tatbestandsmerkmale der Vortat gehandelt habe, erfordert in der Praxis eine sorgfältige Prüfung, ob nicht in Wahrheit der Nachtäter den Vortäter von vornherein als „Werkzeug" benutzt und als mittelbarer Täter (→ § 369 Rn. 76; GJW/*Tully* AO § 374 Rn. 8) seinerseits Steuerhinterziehung oder Bannbruch begangen hat.

21   Umstritten ist das **zeitliche Verhältnis** der Steuerhehlerei **zur Vortat.** Für den Straftatbestand der Hehlerei gem. § 259 StGB nimmt die hM an, dass die Vortat jedenfalls soweit abgeschlossen sein muss, dass sie vor Begehung der Anschlusstat *vollendet* ist (vgl. BGH 7.4.1994, NStZ 1994, 486 und BGH 28.11.2001, StV 2002, 542; *Fischer* StGB § 259 Rn. 8 u. Schönke/Schröder/*Hecker* StGB § 259 Rn. 14). Dies gilt im Grundsatz auch für den Straftatbestand der Steuerhehlerei gem. § 374 AO (BGH 9.2.2012, BGHSt 57, 151). Deshalb sind Tatbeiträge, die vor Vollendung der Vortat geleistet werden, nicht als Steuerhehlerei, sondern je nach der Willensrichtung des Handelnden als Teilnahme an der Vortat oder als Beihilfe zu der nachfolgenden Steuerhehlerei strafbar (vgl. zu § 259 StGB: BGH 7.4.1994, NStZ 1994, 486). Da aber das Unrecht der Steuerhehlerei gem. § 374 AO im Gegensatz zur Hehlerei gem. § 259 StGB nicht in der Perpetuierung einer rechtswidrigen Vermögensposition, sondern in einer Restitutionsvereitelung iSd Gefährdung oder Vereitelung der nachträglichen Durchsetzung des Steueranspruchs liegt (→ Rn. 3), reicht es für die Steuerhehlerei aus, dass die Erlangung der Sache durch den Vortäter mit dem Verschaffen durch den Hehler zeitlich zusammenfällt (str.). Keine Tatbestandsvoraussetzung des § 374 AO ist die *Beendigung* der Vortat. Dies gilt insbes. für den Fall der Absatzhilfe (BGH 9.2.2012, BGHSt 57, 151; vgl. auch *Fischer* StGB § 259 Rn. 8 u. Schönke/Schröder/*Hecker* StGB § 259 Rn. 14; zustimmend für den Fall der Absatzhilfe BMR SteuerStR/*Bender/Möller/Retemeyer* C Rn. 676 sowie GJW/*Tully* AO § 374 Rn. 11; Kohlmann/*Hilgers-Klautzsch* AO § 374 Rn. 31; aM BayObLG 18.3.2003, wistra 2003, 316; Flore/Tsambikakis/*Schuster/Schultehinrichs* AO § 374 Rn. 14).

Der Umstand, dass bis zur Beendigung der Vortat auch eine Teilnahme an dieser in **22**
Betracht kommt (BGH 18.7.2000, wistra 2000, 425), schließt eine Hehlereihandlung vor
Beendigung der Vortat nicht aus; die Abgrenzung der Steuerhehlerei von der Teilnahme
an der Vortat richtet sich nach der Willensrichtung des Handelnden (vgl. BGH 7.4.1994,
NStZ 1994, 486 zu § 259 StGB; GJW/*Tully* AO § 374 Rn. 11). *Schuster/Schultehinrichs*
(Flore/Tsambikakis/*Schuster/Schultehinrichs* AO § 374 Rn. 14) halten dieser Lösung entgegen, dass damit die Grenzen zwischen einer Beteiligung an der Vortat, die auch noch im
Stadium zwischen Vollendung und Beendigung begangen werden könne, und der Hehlereihandlung verschwämmen. Nur eine zeitliche Zäsur sei geeignet, der Unterscheidung
zwischen Teilnahme an der Vortat und Steuerhehlerei klare Konturen zu verleihen. Es
handelt sich aber um ein allgemeines Problem, das sich auch im Kernstrafrecht nicht anders
darstellt.

einstweilen frei **23–25**

5. Verhältnis der Steuerhehlerei zur Teilnahme an der Vortat

Der Täter einer Steuerhinterziehung oder eines Bannbruchs kann grundsätzlich **26**
nicht wegen einer nachfolgenden Steuerhehlerei bezogen auf dieselbe Ware bestraft werden; im Verhältnis zur Vortat stellen steuerhehlerische Handlungen mitbestrafte Nachtaten
dar (→ Rn. 82). Eine Ausnahme gilt aber dann, wenn der Täter der Vortat die von ihm
selbst geschmuggelte Sache *nachträglich aus dritter Hand oder nach Verteilung der Beute von
einem Mittäter erwirbt* (RG 8.2.1937, RGSt 71, 49; BGH 2.10.1952, BGHSt 3, 191, 194;
BGHGrS 20.12.1954, BGHSt 7, 134; BGH 10.1.1956, BGHSt 8, 390 – jeweils zu § 259
StGB); denn in solchen Fällen besteht zwischen der Vortat und der Nachtat kein innerer
Zusammenhang mehr (aM zu dem sich im Wortlaut von § 374 I AO unterscheidenden
§ 259 StGB [„ein anderer"] Schönke/Schröder/*Hecker* StGB § 259 Rn. 50).

Nach der Rspr. des BGH kann Steuerhehlerei in Form von Absatzhilfe auch **vor** **27**
Beendigung der vorangegangenen Steuerhinterziehung begangen werden (BGH
9.2.2012, BGHSt 57, 151). Denn die Absatzhilfe geht der Übertragung der Ware auf den
Empfänger regelmäßig voraus. Eine Verurteilung allein wegen Beihilfe zur Steuerhinterziehung würde den nach gesetzlicher Wertung beim Tatbeteiligten eigenständigen Unrechtsgehalt, der in der Mitwirkung am Absatz liegt, nicht erfassen (BGH 9.2.2012, BGHSt
57, 151).

Anstifter und Gehilfen der Vortat, die im Anschluss an die von ihnen angeregte oder **28**
unterstützte fremde Schmuggeltat an den geschmuggelten Sachen Hehlereihandlungen
begehen, sind nicht nur der Anstiftung (§ 26 StGB) oder Beihilfe (§ 27 StGB) zur Vortat
schuldig, sondern zusätzlich einer (rechtlich selbstständigen) Steuerhehlerei, und zwar auch
dann, wenn sie bereits bei der Teilnahmehandlung auf die Beute abgezielt hatten
(BGHGrS 20.12.1954, BGHSt 7, 134; BGH 3.10.1984, BGHSt 33, 44, 48; MüKoStGB/
Ebner AO § 374 Rn. 28).

6. Tathandlungen der Steuerhehlerei

a) Ankaufen

Ankaufen ist ein Unterfall des „Sich-Verschaffens", der im Gesetz an erster Stelle **29**
erwähnt wird, weil er besonders häufig vorkommt (→ Rn. 30 ff.; BGH 16.10.1952, zit bei
Herlan GA 1954, 58 und BGH 7.11.2007, wistra 2008, 105, 108). Die Handlung muss
daher die Voraussetzungen des Sich-Verschaffens erfüllen. Demgemäß genügt der Abschluss eines Kaufvertrages iSd § 433 BGB nicht; erforderlich ist vielmehr *käufliches Erwerben der tatsächlichen Verfügungsgewalt* durch den Nachtäter (= Steuerhehler) von dem Vortäter (= Steuerhinterzieher oder Zwischenhehler, → Rn. 34) oder dessen Mittelsmann
(stRspr; vgl. RG 10.2.1939, RGSt 73, 104; BGH aaO; glA HHS/*Tormöhlen* AO § 374
Rn. 42; Schönke/Schröder/*Hecker* StGB § 259 Rn. 13; abw. *Maurach* JZ 1952, 714). Auf

die zivilrechtliche Wirksamkeit des Geschäfts kommt es nicht an. Ist bereits ein Kaufvertrag abgeschlossen, aber die Sache noch nicht auf den Erwerber übergegangen, kommt allenfalls versuchte Steuerhehlerei in Betracht (s. dazu → Rn. 61).

b) Sich oder einem Dritten verschaffen

30   Verschaffen iSv § 259 StGB ist das **Herstellen der eigenen Verfügungsgewalt (oder der eines Dritten) im Einvernehmen mit dem Vortäter** (BGH 22.6.1960, BGHSt 15, 53, 56; BGH 4.11.1976, BGHSt 27, 45; BGH 11.9.1991, NStZ 1992, 36; BGH 20.7.2004, NStZ-RR 2005, 373; Schönke/Schröder/*Hecker* StGB § 259 Rn. 17 ff. und *Fischer* StGB § 259 Rn. 11 mwN zu § 259 StGB). Daraus folgt, dass keine Hehlerei begeht, wer sich die Verfügungsgewalt ohne Einverständnis des Vortäters, etwa durch Diebstahl, verschafft (Schönke/Schröder/*Hecker* StGB § 259 Rn. 37). Hehlerei setzt aber nicht notwendig die Erlangung des Besitzes voraus; ausreichend ist, dass die Sache beim Vortäter bleibt, der Hehler aber frei über sie verfügen darf. Es kommt allein darauf an, dass der Hehler oder der Dritte selbstständig, also unabhängig vom Vorbesitzer über die Sache verfügen kann (BVerfG 8.11.1995, NStZ-RR 1996, 82; BGH 22.12.1987, BGHSt 35, 176; Schröder/Schröder/*Hecker* StGB § 259 Rn. 17). Die bloße Besitzerlangung ohne eigene Verfügungsgewalt (etwa bei Miete oder Leihe) stellt noch kein Sich-Verschaffen dar.

31   Diese **Grundsätze werden von der hM ohne Modifikation auf die Steuerhehlerei übertragen** (Erbs/Kohlhaas/*Hadamitzky/Senge* AO § 374 Rn. 15; Kohlmann/*Hilgers-Klautzsch* AO § 374 Rn. 46). Eine derartige Übertragung der Kriterien der Sachhehlerei auf die Steuerhehlerei ist aber in hohem Maße bedenklich. Zwar setzt auch das Tatbestandsmerkmal des Sich-Verschaffens in § 374 AO das Erlangen eigener Verfügungsgewalt voraus (BGH 7.11.2007, wistra 2008, 105). Demgegenüber dient das Erfordernis des Einvernehmens mit dem Vortäter beim Tatbestand des § 259 StGB jedoch lediglich dazu, das Vermögensdelikt der Sachhehlerei von Raub, Diebstahl und Unterschlagung abzugrenzen. Einer derartigen Abgrenzung bedarf es bei der Steuerhehlerei nicht. Da § 374 AO nicht das Eigentum an der Sache, sondern ganz andere Rechtsgüter schützt (→ Rn. 3), spricht bei eigenmächtigem Verschaffen nichts gegen Idealkonkurrenz von Steuerhehlerei und zB Diebstahl. Während die Sachhehlerei (§ 259 StGB) als Vermögensdelikt die Übernahme des in der Sache steckenden Wertes durch den Hehler zum Gegenstand hat (Schönke/Schröder/*Hecker* StGB § 259 Rn. 19), richtet sich die Steuerhehlerei nicht gegen den in der Sache verkörperten Vermögenswert. Sieht man den Unrechtsgehalt der Steuerhehlerei darin, dass die Weitergabe der Sache die Restitution der durch die §§ 370, 372 AO geschützten Rechtsgüter erschwert (→ Rn. 3), dann spricht alles dafür, auch die eigenmächtige Übernahme der Sache für die Steuerhehlerei ausreichen zu lassen; denn hierdurch wird ebenfalls die Wahrscheinlichkeit der Beseitigung eines vom Vortäter geschaffenen steuerrechtswidrigen oder bannwidrigen Zustandes verringert (ebenso GJW/*Tully* AO § 374 Rn. 14, aA *Kretschmer* NStZ 2008, 379, 381, unter Hinweis auf den „kriminalpolitischen Charakter der Hehlerei, der im kriminogenen einvernehmlichen Zusammenwirken von Vortäter und Hehler" liege). *Schuster/Schultehinrichs* (Flore/Tsambikakis/*Schuster/Schultehinrichs* AO § 374 Rn. 23) wollen das Erfordernis eines abgeleiteten Erwerbs damit erklären, dass auch bei § 374 AO das Anreizmoment eine entscheidende Rolle spiele, also der Hehler mit der Bereitschaft zum Ankauf der Ware die Bereitschaft zur Begehung solcher Taten fördere. Im Fall des abgepressten Erwerbs oder des Diebstahls sei dies nicht der Fall. Dabei wird jedoch verkannt, dass der derivative Erwerb primär mit dem Erfordernis der Abgrenzung zwischen Hehlerei und Vortat (Diebstahl, Betrug usw.) zu erklären ist, während es bei der Steuerhehlerei um die Sachhaftung nach § 76 AO und die Weitergabe einer „kontaminierten" Sache geht.

32   **Bloßes Mitverzehren oder Mitgenießen** von Nahrungs- oder Genussmitteln in der Form unmittelbaren Verbrauchs stellt nach hM keine Sachhehlerei (§ 259 StGB) dar (vgl. BGH 12.4.1956, BGHSt 9, 137 f.; BGH 17.4.1952, NJW 1952, 754; OLG Braunschweig 18.3.1963, GA 1963, 211; SK-StGB/*Hoyer* StGB § 259 StGB Rn. 28; *Fischer* StGB § 259

Rn. 12). Ausgehend von der Rspr des RG zum früheren Tatbestandsmerkmal des Ansichbringens, das dem des Sich-Verschaffens entspricht, wird ein *„äußeres Verhältnis"* gefordert, das *„eine selbständige Verfügung"* ermöglicht (vgl. RG 13.12.1906, RGSt 39, 308, 310; RG 21.3.1921, RGSt 55, 281; RG v. 31.1.1929, RGSt 63, 35, 38; RG 28.9.1937, RGSt 71, 341); eine solche Möglichkeit bestehe bei einem bloßen Mitverzehr nicht. Gegen diese Ansicht werden seit jeher im Schrifttum Bedenken erhoben (vgl. nur Schönke/Schröder/ *Hecker* StGB § 259 Rn. 22 mwN), häufig unter Rückgriff auf den von *Robert v. Hippel* geprägten Satz, „Insichbringen" sei die intensivste Form des „Ansichbringens" (Lehrbuch des Strafrechts, 1932, S. 267 Anm. 3). Jedenfalls für den Straftatbestand der Steuerhehlerei ist auch im bloßen Mitverzehr von Nahrungs- und Genussmitteln ein Sich-Verschaffen zu sehen. Denn durch den Verzehr wird der vom Vortäter geschaffene steuerrechtswidrige Zustand in gleicher Weise perpetuiert wie durch eine andere Verwendungsform; auf die Dauer der Möglichkeit zur Ausübung der Verfügungsgewalt kommt es nicht an (glA HHS/*Tormöhlen* AO § 374 Rn. 38; vgl. auch BFH 4.7.1957, BeckRS 1957, 21008960; aA Flore/Tsambikakis/*Schuster/Schultehinrichs* AO § 374 Rn. 22; Kohlmann/*Hilgers-Klautzsch* AO § 374 Rn. 52; MüKoStGB/*Ebner* AO § 374 Rn. 31; Hüls/Reichling/*Corsten/Tute* AO § 374 Rn. 18). Auch wer eingeschmuggelte Zigaretten ohne Steuerbanderole in Kenntnis der Herkunft raucht, erfüllt daher den Tatbestand des § 374 AO; die Straflosigkeit dieses Vorgangs ergibt sich erst aus § 37 I 2 TabStG (→ Rn. 66).

c) **Absetzen**

Absetzen bedeutet, eine Sache an (gut- oder bösgläubige) Erwerber zu veräußern, 33 gleichviel in welcher Form. In Betracht kommen namentlich Verkaufen, Versteigern, Verpfänden, aber auch Verschenken, also jede Form der *Veräußerung,* der aufseiten des Erwerbers ein Ankaufen (→ Rn. 29) oder Sich-Verschaffen (→ Rn. 30 ff.) entspricht. Ein bloßes Verleihen, Vermieten oder In-Verwahrung-Geben genügt nach hM nicht, da der Empfänger dadurch keine *eigene* Verfügungsmacht erlangt, vielmehr zur Rückgabe der Sache verpflichtet ist (RKR/*Kemper* AO § 374 Rn. 32).

Absetzen setzt das **Handeln für einen anderen** voraus (*Fischer* StGB § 259 Rn. 16; 34 RKR/*Kemper* AO § 374 Rn. 32). Steht der Täter nicht „im Lager" des Vortäters, setzt er die Ware nicht ab. *Vortäter kann auch ein Zwischenhehler sein* (BGH 7.11.2007, wistra 2008, 105 zu § 374 AO; BGH 20.1.1999, wistra 1999, 180; BGH 3.10.1984, BGHSt 33, 44, 48; BGH 7.8.1979, NJW 1979, 2621; jeweils zu § 259 StGB); steht der Täter „im Lager" des Zwischenhehlers, kann er sich durch Absetzen oder Absatzhilfe für den Zwischenhehler wegen Steuerhehlerei strafbar machen, wenn er nicht bereits als Täter der Vortat zu bestrafen ist.

Ein **Absatzerfolg** war nach früherer Rspr bei den Tatbestandsmerkmalen des Absetzens 35 und der Absatzhilfe (→ Rn. 41) nicht erforderlich (BGH 15.4.1980, BGHSt 29, 239, 242 zu § 374 AO; BGH 16.6.1976, BGHSt 26, 358; BGH 4.11.1976, BGHSt 27, 45; BGH 3.10.1984, BGHSt 33, 44, 47; BGH 11.6.1997, NStZ 1997, 493 und BGH 19.4.2000, NStZ-RR 2000, 266 zu § 259 StGB; zust *Rosenau* NStZ 1999, 352 zu § 259 StGB). Danach genügte zur Tatvollendung eine *auf Absatz gerichtete Tätigkeit,* selbst wenn der Absatz nicht gelang (BGH 14.11.1976, BGHSt 27, 45; BGH 1.2.1978, bei *Dallinger* MDR 1978, 625; BGH 16.12.1988, wistra 1989, 182 und BGH 30.8.2007, wistra 2007, 460). Der BGH begründete seine Ansicht insbes. damit, der Gesetzgeber habe mit den beiden Tatvarianten des Absetzens und der Absatzhilfe dasselbe gemeint wie mit dem früheren Tatbestandsmerkmal „Mitwirken am Absatz" und habe nicht erkennen lassen, dass er den „gefestigten Stand der Rechtsprechung verlassen" wolle (BGH 4.11.1976, BGHSt 27, 45, 48 f.).

Für das Merkmal des Absetzens in § 259 StGB hat der BGH diese Rspr im Jahr 2013 auf 36 Anfrage des 3. Strafsenats bei den anderen Senaten (Beschluss v. 14.5.2013, wistra 2013, 427) insbes. im Hinblick auf den Gesetzeswortlaut und die Struktur des Tatbestands der Hehlerei als Erfolgsdelikt ausdrücklich aufgegeben (BGH 22.10.2013, BGHSt 59, 40). Er hat zudem darauf hingewiesen, dass auch beim „Ankaufen" der Übergang der Verfügungsmacht verlangt werde. Diese Ansicht entspricht der hM in der Literatur (vgl. Schönke/Schröder/*Hecker* StGB § 259 Rn. 29 mwN). Umstände, die angesichts des identischen Gesetzeswortlauts eine unterschiedliche Auslegung des Begriffs des Absatzerfolgs bei der Hehlerei (§ 259 StGB) einerseits und Steuerhehlerei (§ 374 AO) andererseits rechtfertigen könnten, sind nicht ersichtlich (glA Erbs/Kohlhaas/*Hadamitzky*/*Senge* AO § 374 Rn. 19; HHS/*Tormöhlen* AO § 374 Rn. 53).

37–40 *einstweilen frei*

d) Absatzhilfe

41 Das Merkmal der Absatzhilfe erfasst diejenigen Handlungen, mit denen sich der Hehler an den Absatzbemühungen des Vortäters oder eines Zwischenhehlers **unselbständig beteiligt** (BGH 7.11.2007, wistra 2008, 105 und BGH 11.6.2008, wistra 2008, 386). Der Sache nach ist die Absatzhilfe eine Beihilfe, die wegen der Straflosigkeit der Absatztat des Vortäters zur selbständigen Tat aufgewertet ist (BGH 16.6.1976, BGHSt 26, 358, 362; BGH 11.6.2008, wistra 2008, 386). Auch bei dieser Tatvariante ist Voraussetzung, dass der Täter „im Lager" des Vortäters steht (BGH 11.6.2008, wistra 2008, 386; RKR/*Kemper* AO § 374 Rn. 33), bei dem es sich auch um einen Zwischenhehler handeln kann (vgl. BGH 7.8.1979, NJW 1979, 2621; BGH 20.1.1999, wistra 1999, 180; BGH 7.11.2007, wistra 2008, 105 und BGH 11.6.2008, wistra 2008, 386). Es genügt nicht, dass der Helfer durch die Unterstützung des Erwerbers mittelbar den Absatz des Lieferanten (Vortäters) fördert (vgl. BGH 11.6.2008, wistra 2008, 386, mwN). Unterstützt der Helfer nicht den Vortäter beim Absatz, sondern den Käufer beim Erwerb, kommt Beihilfe zu dessen Steuerhehlerei in Form des Ankaufens in Betracht (vgl. BGH 11.6.2008, wistra 2008, 386). Ist der Erwerber Zwischenhehler, kann sich daran eine (täterschaftliche) Absatzhilfe des Helfers für den Zwischenhehler anschließen, sobald der Absatz beginnt (→ Rn. 44).

42 Ein **Absatzerfolg** wurde von der früheren Rspr (wie beim Absetzen) für die Vollendung der Absatzhilfe nicht vorausgesetzt. Für die Tatbestandsverwirklichung sei nicht erforderlich, dass der Absatz gelungen, die Sache also in den Besitz einer anderen Person gelangt sei (BGH 4.11.1976, BGHSt 27, 45; BGH 16.6.1976, NJW 1976, 1900; BGH 26.5.1976, NJW 1976, 1698 m. zust. Anm. *Küper* NJW 1977, 58; BGH 15.4.1980, ZfZ 1981, 53; BGH 16.12.1988, wistra 1989, 182). Nachdem der Bundesgerichtshof zunächst seine bisherige Rechtsprechung zum Tatbestandsmerkmal des Absetzens in § 259 StGB aufgegeben hat, in der Hehlerei ein Erfolgsdelikt sieht und für das Tatbestandsmerkmal des Absetzens in § 259 StGB einen Absatzerfolg verlangt (BGH 4.5.2013, wistra 2013, 427), hat er die geänderte Rspr uneingeschränkt auf die Steuerhehlerei gem. § 374 AO übertragen (BGH 13.7.2016, NZWiSt 2017, 234). Demnach bedarf es auch bei der Steuerhehlerei in Form der Absatzhilfe für die Vollendung der Tat stets eines Absatzerfolgs. Diese Auffassung entspricht auch der hM in der Literatur (vgl. nur MüKoStGB/*Ebner* AO § 374 Rn. 35 sowie Schwarz/Pahlke/*Nikolaus* AO § 374 Rn. 27).

43 Auch wenn ein Absatzerfolg eintritt, erfüllt nicht jede Unterstützung, die dem Vortäter **im Vorfeld von Absatzbemühungen** geleistet wird, den Tatbestand der Steuerhehlerei. Je nach den Umständen des Einzelfalls kann es sich auch um bloße Hilfe bei der Vorbereitung eines künftigen Absatzes handeln, die als solche nicht strafbar ist (BGH 30.8.2007, wistra 2007, 460 zu § 259 StGB). Für die Abgrenzung einer – straflosen – Hilfe bei der bloßen Vorbereitung eines Absatzes und einer – strafbaren – versuchten oder vollendeten Absatzhilfe kommt es darauf an, ob die Hilfeleistung im Vorfeld eines im Einzelnen noch nicht konkret absehbaren und auch noch nicht konkret geplanten Absatzes erfolgte oder sich in einen bereits festgelegten Absatzplan fördernd einfügte und aus der Sicht des Vortäters den Beginn des Absatzvorgangs darstellte (BGH 30.8.2007, wistra 2007, 460 und BGH 11.6.2008, wistra 2008, 386). Die bloße *Zur-Verfügung-Stellung einer Lagermöglichkeit* für den Vortäter wie auch die Lagerung oder Verwahrung von Sachen, hinsichtlich deren Abgaben hinterzogen worden sind, stellt daher weder Absetzen noch Absatzhilfe für den Vortäter dar, wenn darüber hinaus weder konkrete Absatzbemühungen vorgenommen worden sind (→ Rn. 65) noch mögliche Abnehmer in Sicht sind (vgl. BVerfG 8.11.1995, NStZ-RR 1996, 82; BGH 16.12.1988, NJW 1989, 1490; OLG Düsseldorf 10.4.2000, wistra 2001, 157). Handelt der Verwahrer dagegen zur Durchführung eines bereits feststehenden Absatzplanes, hat der Absatz regelmäßig bereits begonnen (vgl. BGH 16.12.1988, NJW 1989, 1490; BGH 27.10.2004, wistra 2005, 33 und BGH 30.8.2007, wistra 2007, 460).

Unterstützt der „Helfer" nicht den Vortäter beim Absatz, sondern hilft er einem Zwischenhehler beim Erwerb der Ware, erfüllt er hierdurch nicht den Tatbestand der Steuerhehlerei, sondern leistet Beihilfe zur Steuerhehlerei des Erwerbers (BGH 11.6.2008, wistra 2008, 386; OLG Düsseldorf 23.1.1989, wistra 1989, 196). Wirkt er anschließend auch noch beim Absatz der Ware durch den Zwischenhehler mit, kommt eine Strafbarkeit wegen (täterschaftlich begangener) Steuerhehlerei in Form des Absatzes oder der Absatzhilfe für den Zwischenhehler in Betracht (BGH 11.6.2008, wistra 2008, 386; → Rn. 41). Zur Unterscheidung eines Absatzhelfers von einem Zwischenhehler vgl. BGH 20.1.1999, wistra 1999, 180. 44

e) Steuerhehlerei durch Unterlassen

Durch Unterlassen kann Steuerhehlerei in jeder Form der Tatausführung durch jemanden begangen werden, dem eine **besondere Rechtspflicht** obliegt, das Ankaufen, Sich-Verschaffen oder Absetzen von Schmuggelware zu verhindern. Eine solche Rechtspflicht zum Einschreiten hat die ältere Rspr bei der Sachhehlerei zB bejaht für einen *Geschäftsherrn,* der die Verwendung von „heißer Ware" in seinem Betrieb duldet, für *Ehegatten* in Bezug auf die Verwendung solcher Sachen im Haushalt (RG 9.7.1918, RGSt 52, 203 f.; OLG Celle 15.3.1947, HESt 1, 109 f.) und für *Eltern* im Verhältnis zu ihren minderjährigen Kindern, wenn diese etwa mit gestohlenen Spirituosen und Zigaretten handeln (vgl. OLG Braunschweig 18.3.1963, GA 1963, 211). Diese ältere Rechtsprechung, in der sich auch die Annahme einer Garantenstellung des Ehemannes zur Verhinderung eines Meineids der Ehefrau findet (RG 16.9.1940, RGSt 74, 283), ist mit der modernen Unterlassungsdogmatik nicht zu vereinbaren. Heute besteht Einvernehmen, dass zwischen Behüter- und Überwachergaranten zu unterscheiden ist, und Ehegatten nicht dazu verpflichtet sind, ihren Ehepartner von der Begehung von Straftaten abzuhalten (MüKoStGB/*Ebner* AO § 374 Rn. 41; *Fischer* StGB § 13 Rn. 24). Es besteht keine allgemeine Rechtspflicht zur Verhinderung von Steuerstraftaten (vgl. BGH 9.5.2017, NZWiSt 2018, 379 Rn. 75). Eine Garantenstellung kann sich – außer in Fällen von Ingerenz – ausnahmsweise dann ergeben, wenn der Betreffende auch Garant für das Rechtsgut „Steuer" ist oder aber einen anderen Menschen zu überwachen hat, wie etwa Eltern bei ihren minderjährigen Kindern. Eine entsprechende Garantenstellung haben auch Beamte, deren Aufgabe es ist, gerade solche Taten zu verhindern (zum Arbeitgeber vgl. BGH 20.10.2011, BGHSt 57, 42). So sind *Zollbeamte* und andere *Strafverfolgungsbeamte* von Amts wegen zum Einschreiten verpflichtet, wenn sie im Rahmen ihrer Dienstausübung auf den Absatz von Schmuggelware stoßen (vgl. allgemein zur Garantenpflicht von Finanzbeamten, an der Strafverfolgung von Steuerstraftaten mitzuwirken LG Stuttgart 24.3.2020, NZWiSt 2021, 262); aus ermittlungstaktischen Gründen darf aber von einem sofortigen Zugriff abgesehen werden. Wer Schmuggelware gutgläubig erworben hat, dann aber von der Vortat erfährt, hat keine Rechtspflicht zum Tätigwerden, etwa zur Erstattung einer Anzeige (Flore/Tsambikakis/*Schuster/Schultehinrichs* AO § 374 Rn. 29 u. Kohlmann/*Hilgers-Klautzsch* AO § 374 Rn. 77). 45

einstweilen frei 46–50

7. Subjektiver Tatbestand

a) Vorsatz

51 Der **subjektive Tatbestand des § 374 AO** erfordert Vorsatz (§ 15 StGB), dh, der Täter muss

1. *wissen oder billigend in Kauf nehmen,* dass hinsichtlich der Sache, die den Gegenstand seiner Handlung bildet, Einfuhr- und Ausfuhrabgaben, Verbrauchsteuern oder Marktordnungsabgaben (s. dazu → Rn. 6) hinterzogen worden sind oder Bannbruch begangen worden ist, ohne dass er über Einzelheiten der Vortat, die Höhe der hinterzogenen Abgaben oder die Art der Tatausführung unterrichtet zu sein braucht (RG 12.2.1921, RGSt 55, 234 zu § 259 StGB; OLG Hamm 26.3.2003, wistra 2003, 237);
2. trotz Kenntnis von der Vortat *den Willen haben,* die Sache anzukaufen, sich oder einem anderen zu verschaffen, abzusetzen oder absetzen zu helfen.

52 **Bedingter Vorsatz** genügt (RG 22.12.1920, RGSt 55, 204 ff.; RG 4.11.1941, HRR 1942 Nr. 290 zu § 259 StGB; OLG Bremen 10.3.1954, ZfZ 1954, 285; OLG Hamm 26.3.2003, wistra 2003, 237; Flore/Tsambikakis/*Schuster*/Schultehinrichs AO § 374 Rn. 30). Steuerhehlerei liegt daher auch dann vor, wenn der Täter zwar nicht *sicher* weiß, ob die fragliche Sache geschmuggelt worden ist, wenn er aber damit rechnet und die Tat auch für den Fall will, dass seine Vermutung zutrifft. Zur Abgrenzung von bedingtem Vorsatz und Fahrlässigkeit, die gem. § 369 II AO, § 15 StGB für § 374 AO nicht genügt, → § 369 Rn. 52. Ob der Betroffene den Umständen nach hätte wissen müssen, dass es sich um Schmuggelgut handelte, ist für § 374 AO unerheblich, wenn er dies tatsächlich nicht erkannt hat. Der Tatrichter ist allerdings nicht gehindert, im Rahmen der Beweiswürdigung aus den einem Angeklagten bekannten Umständen Schlüsse auf sein Wissen zu ziehen.

53 Der Vorsatz muss **bei der Tathandlung** gegeben sein. Dies ist beim Sich-Verschaffen der Zeitpunkt des Erwerbs der Sache.

54 **Erfährt der Erwerber den steuerrechtlichen Makel** einer erworbenen Sache erst **später,** kommt Steuerhehlerei nur in Betracht, wenn er danach eine andere Handlung begeht, welche die Merkmale des § 374 AO erfüllt. Dies ist etwa dann der Fall, wenn der gutgläubige Erwerber die Sache nicht behält, sondern absetzt, *nachdem* er von der Vortat erfahren hat. Im Hinblick auf den Schutzzweck der Strafnorm des § 374 AO (→ Rn. 3) gilt dies auch – anders als bei der Sachhehlerei gem. § 259 StGB (vgl. dazu BGH 21.2.1957, BGHSt 10, 151) – wenn jemand eine gutgläubig in Verwahrung genommene Sache nach Kenntnis von der Vortat veräußert, ohne insoweit im Einvernehmen mit dem Vortäter zu handeln (→ Rn. 31).

b) Bereicherungsabsicht

55 Der subjektive Tatbestand der Steuerhehlerei erhielt seine heutige Fassung bereits im Jahr 1974, als der Gesetzgeber in § 398 RAO, der Vorgängernorm des § 374 AO, das subjektive Merkmal *„seines Vorteils wegen"* durch die Absicht, sich oder einen Dritten zu bereichern, ersetzte (→ Rn. 1). Diese Gesetzesänderung bewirkte zum einen eine Einengung des Straftatbestandes (**Vermögensvorteil** statt beliebiger Vorteil), mit der Ausdehnung auf die **Bereicherung eines Dritten** zum anderen aber eine Erweiterung des Tatbestandes.

56 Die Steuerhehlerei ist ein **Delikt mit überschießender Innentendenz** (→ § 369 Rn. 55). Zusätzlich zum Vorsatz muss beim Täter die Absicht gegeben sein, durch sein Handeln sich oder einen Dritten zu bereichern. Die Bereicherung braucht nicht eingetreten zu sein; das Delikt ist auch dann vollendet, wenn der Täter die Bereicherung erstrebt, aber nicht erreicht hat. Der Täter muss in Bezug auf die Bereicherung Absicht in der Form des *dolus directus* 1. Grades haben (Schönke/Schröder/*Hecker* StGB § 259 Rn. 40). Die Bereicherung muss End- oder Zwischenziel seines Handelns sein. Das bedeutet einerseits, dass die Bereicherung nicht Motiv iS eines Endzieles zu sein braucht, dass es aber andererseits nicht genügt, wenn der Handelnde die Bereicherung als lediglich notwendige Nebenfolge seines Handelns hinnimmt. Letzteres wäre *dolus directus* 2. Grades (→ § 369 Rn. 51), der für § 374 AO nicht ausreicht. Ohne Bereicherungsabsicht handelt daher, wer nur deshalb hilft, eine Sache abzusetzen, weil er dadurch beitragen will, die Entdeckung der Vortat abzuwenden, mag er auch sicher wissen, dass für den Absatz ein Entgelt gezahlt wird.

Bereicherung ist das **Erlangen eines Vermögensvorteils,** dh jede Verbesserung der Vermögenslage. An einem Vermögensvorteil fehlt es, wenn gleichwertige Leistungen ausgetauscht werden (vgl. OLG Stuttgart 16.8.1976, MDR 1977, 161: Keine Bereicherung bei Ankauf von Betäubungsmitteln zu Schwarzmarktpreisen zum Eigenverbrauch; vgl. auch BGH 20.9.1979, GA 1980, 69; BGH 4.12.1980, StrVert 1981, 129; *Arendt* ZfZ 1981, 229 u. 351). Als Vermögensvorteil genügt aber der übliche Geschäftsgewinn beim Weiterverkauf; eine außergewöhnliche Verbesserung der Vermögenslage ist nicht erforderlich (Schönke/Schröder/*Hecker* StGB § 259 Rn. 41). **57**

Die Bereicherung muss **nicht unmittelbar aus der Tathandlung** stammen; die Absicht, mittelbar Vermögensvorteile zu erlangen, genügt (Klein/*Jäger* AO § 374 Rn. 41; Kohlmann/*Hilgers-Klautzsch* AO § 374 Rn. 88; Schwarz/Pahlke/*Nikolaus* AO § 374 Rn. 34). Anders als beim Straftatbestand des Betruges (s. dazu Schönke/Schröder/*Perron* StGB § 263 Rn. 168) ist bei der (Steuer-)Hehlerei Stoffgleichheit in dem Sinn, dass die erstrebte Bereicherung gerade durch die Sache bewirkt wird, die Gegenstand der Vortat war, nicht erforderlich (Flore/Tsambikakis/*Schuster/Schultehinrichs* AO § 374 Rn. 36; Schwarz/Pahlke/*Nikolaus* AO § 374 Rn. 34; *Fischer* StGB § 259 Rn. 25 und Schönke/Schröder/*Hecker* StGB § 259 Rn. 42 mwN). Die Steuerhehlerei ist kein Vermögensverschiebungsdelikt (→ Rn. 3). **58**

einstweilen frei **59, 60**

8. Strafbarkeit des Versuchs

Der Versuch der Steuerhehlerei ist bei allen Tatbestandsvarianten **strafbar.** Dies hat der Gesetzgeber durch G v. 21.12.2007 (BGBl. 2007 I 3198) in § 374 III AO ausdrücklich bestimmt (→ Rn. 1). Bis dahin ergab sich die Versuchsstrafbarkeit allein aus einer Verweisung in § 374 I AO auf § 370 I und II AO. **61**

Auch der **untaugliche Versuch** einer Steuerhehlerei ist strafbar (→ § 369 Rn. 62). Versuchte Steuerhehlerei liegt daher auch dann vor, wenn es entgegen der Vorstellung des Täters an einer geeigneten Vortat fehlt (vgl. *Fischer* StGB § 259 Rn. 27a mwN). Dies gilt selbst dann, wenn der Erwerber einer Sache lediglich für möglich hält, bezüglich der Sache könnte eine Vortat iSd § 374 AO begangen worden sein (Schwarz/Pahlke/*Nikolaus* AO § 374 Rn. 39), sofern er dies billigt (→ Rn. 52), oder wenn die Vortat letztlich nicht nachweisbar ist (vgl. BGH 8.6.1993, wistra 1993, 264). **62**

Die **Abgrenzung strafloser Vorbereitungshandlungen vom strafbaren Versuch** richtet sich nach den allgemeinen Grundsätzen. Danach muss der Täter nach seinen Vorstellungen von der Tat zur Verwirklichung des Tatbestandes unmittelbar ansetzen (§ 22 StGB). Nach der ständigen Rspr des BGH liegt ein unmittelbares Ansetzen bei solchen Gefährdungshandlungen vor, die nach der Tätervorstellung bei ungestörtem Fortgang unmittelbar zur Tatbestandserfüllung führen oder mit ihr in einem unmittelbaren räumlichen und zeitlichen Zusammenhang stehen. Dies ist insbes. dann der Fall, wenn der Täter subjektiv die Schwelle zum „jetzt geht es los" überschreitet, es eines weiteren Willensimpulses nicht mehr bedarf und er objektiv zur tatbestandsmäßigen Angriffshandlung ansetzt, so dass sein Tun ohne Zwischenakte in die Erfüllung des Tatbestandes übergeht. Dabei ist im Einzelfall bei der Abgrenzung in wertender Betrachtung auf die strukturellen Besonderheiten der jeweiligen Tatbestände Bedacht zu nehmen (BGH 7.11.2007, wistra 2008, 105, 106). **63**

64 Für das **Tatbestandsmerkmal des Ankaufens** bedeutet dies, dass auch der Eintritt in Kaufverhandlungen ein unmittelbares Ansetzen zur Tatbestandsverwirklichung darstellen kann. Dies gilt aber nur dann, wenn sich die Übergabe der Waren oder Erzeugnisse an den Käufer sofort anschließen kann und soll, sobald eine Einigung über den Kaufpreis zustande gekommen ist, und das Verhandeln so der Verschaffung der Verfügungsgewalt unmittelbar vorgelagert ist (BGH 7.11.2007, wistra 2008, 105, 106 mwN; vgl. auch BGH 19.7.1967, BGHSt 21, 267; BGH 10.11.1970, zitiert bei *Dallinger* MDR 1971, 546; Flore/Tsambikakis/*Schuster*/*Schultehinrichs* AO § 374 Rn. 42; Erbs/Kohlhaas/*Hadamitzky*/*Senge* AO § 374 Rn. 27). Wenn aber – insbes. bei telefonischen Vertragsverhandlungen – die Ware nicht unmittelbar übergeben werden kann, scheidet eine unmittelbare Einleitung des Übertragungsaktes jedenfalls solange aus, wie noch keine Einigung über Zeit und Ort der Lieferung erfolgt ist (BGH 7.11.2007, wistra 2008, 105, 106 mwN). Der Umstand, dass bei einem Ankaufen Schmuggelware vom Vortäter erst über eine lange Distanz zum Erwerber transportiert werden muss, steht dagegen für sich allein der Annahme der Unmittelbarkeit des Ansetzens zur Tatbestandsverwirklichung iSv § 22 StGB nicht entgegen (BGH 7.11.2007, wistra 2008, 105; abl. *Kretschmer* NStZ 2008, 379, 382).

65 Bei der **Tatbestandsvariante des Absetzens** ist die Grenze zum Versuch erst dann überschritten, wenn konkrete Absatzbemühungen vorgenommen werden. Auch für den Versuch der *Absatzhilfe* ist nach hM auf den Beginn des Absatzvorganges abzustellen (BGH 30.8.2007, wistra 2007, 460). Das Anbieten, beim Absatz mitzuwirken, ist daher bloße Vorbereitungshandlung (→ Rn. 43; OLG Düsseldorf 10.4.2000, wistra 2001, 157; Kohlmann/*Hilgers-Klautzsch* AO § 374 Rn. 101.1 und Schwarz/Pahlke/*Nikolaus* AO § 374 AO Rn. 37). Dasselbe gilt für die bloße Lagerung oder Verwahrung einer Sache für den Vortäter, es sei denn, dies geschieht im Rahmen eines festen Absatzplans (→ Rn. 43; vgl. BGH 16.12.1988, NJW 1989, 1490; BGH 27.10.2004, wistra 2005, 33 und BGH 30.8.2007, wistra 2007, 460).

9. Schwarzhandel mit Zigaretten zum eigenen Bedarf

66 § 374 AO ist nicht anzuwenden, wenn der Täter zum eigenen Verbrauch vorsätzlich oder fahrlässig Zigaretten in Verpackungen erwirbt, an denen ein gültiges Steuerzeichen iSd § 4 Nr. 12 TabStG nicht angebracht ist, soweit der einzelnen Tat nicht mehr als 1000 Zigaretten zugrunde liegen (§ 37 I 2 TabStG). Der Erwerb von nicht mehr als 1000 unversteuerten Zigaretten ist aber als Ordnungswidrigkeit zu ahnden (§ 37 I 1 TabStG). Der Vorsatz oder die Fahrlässigkeit muss sich auf das fehlende Steuerzeichen (§ 4 Nr. 12 TabStG) beziehen. Der Täter braucht hingegen nicht zu wissen, dass die Zigaretten nicht verzollt und nicht versteuert wurden (BMR SteuerStR/*Bender*/*Möller*/*Retemeyer* C Rn. 712). Die heutige Vorschrift des § 37 TabStG ist im Jahr 1994 im Hinblick auf den massenhaften Schmuggel von Zigaretten aus kriminalpolitischen Gründen als § 30a TabStG eingeführt worden (s. dazu die vom BMF veröffentlichte Statistik über die Ergebnisse der Bekämpfung des Zigarettenschmuggels im Jahr 1993, wistra 1994, 91 f.).

10. Selbstanzeige

67 **Straffreiheit durch Selbstanzeige** ist bei Steuerhehlerei **nicht möglich**, da § 371 I AO nur die *„Fälle des § 370"* erwähnt (ferner → § 371 Rn. 46). Lässt sich nicht feststellen, ob der Anzeigeerstatter Steuerhinterziehung oder Steuerhehlerei begangen hat, ist im Hinblick auf § 371 AO zu seinen Gunsten Steuerhinterziehung anzunehmen.

68–70 *einstweilen frei*

11. Strafen und Nebenfolgen, gewerbs- und bandenmäßige Steuerhehlerei

71 Der maßgebliche **Strafrahmen** ergab sich nach § 374 AO aF aus einer Verweisung auf die Vorschriften der §§ 370, 373 AO. Mit Wirkung ab 1.1.2008 idF des G zur

Neuregelung der Telekommunikationsüberwachung und anderer verdeckter Ermittlungsmethoden sowie zur Umsetzung der Richtlinie 2006/24/EG v. 21.12.2007 (BGBl. 2007 I 3198) hat der Gesetzgeber die Strafdrohung in die Vorschrift des § 374 AO selbst aufgenommen und dabei den Strafrahmen für eine gewerbsmäßig oder als Mitglied einer Bande begangene Steuerhehlerei nach oben deutlich erweitert. Der Strafrahmen reicht nun von Geldstrafe bis zu Freiheitsstrafe von fünf Jahren. Handelt der Täter *gewerbsmäßig* oder als *Mitglied einer Bande,* die sich zur fortgesetzten Begehung von Taten der Steuerhehlerei verbunden hat, so ist die Strafe Freiheitsstrafe von sechs Monaten bis zu zehn Jahren (§ 374 II 1 AO). In *minder schweren Fällen* ist die Strafe Geldstrafe oder Freiheitsstrafe bis zu fünf Jahren (§ 374 II 2 AO). Ob ein minder schwerer Fall gegeben ist, muss auf der Grundlage einer Gesamtwürdigung aller für die Strafzumessung bedeutsamen Umstände festgestellt werden. Weder der Umstand, dass der vom Steuerhehler gezogene Vorteil deutlich geringer als der Steuerschaden ist, noch derjenige, dass der Täter nicht dem Bereich „organisierte Kriminalität" angehört, rechtfertigt dabei die Annahme eines minder schweren Falls (OLG Braunschweig 18.3.2015 mAnm *Ebner,* jurisPR-SteuerR 29/2015 Anm. 2 und *Wegner* PStR 2015, 203). Auf Altfälle mit Tatzeitpunkten vor dem 1.1.2008 ist gem. § 2 III StGB das im konkreten Fall günstigere Gesetz anzuwenden.

Zum Begriff der **Gewerbsmäßigkeit** → § 373 Rn. 31; zur **Bande** → § 373 Rn. 66. **72**

Die **Strafzumessung** richtet sich nach den Grundsätzen des § 46 StGB. Dabei darf **73** allerdings die Tatsache, dass ein gewerbsmäßiger Hehler den Vortäter zu weiteren Straftaten ermuntert hat, idR nicht strafschärfend berücksichtigt werden; denn der Gesetzgeber hat die verschärfte Strafdrohung für gewerbsmäßige Steuerhehlerei auch gerade deshalb vorgesehen, weil der gewerbsmäßige Hehler dem Schmuggler immer wieder neuen Rückhalt bietet (vgl. BGH 4.10.1967, NJW 1967, 2416 zu § 260 I StGB).

Sind im Rahmen der Vortat(en) **Verbrauchsteuern mehrerer EU-Mitgliedstaaten 74** verkürzt worden, dürfen bei der Bestimmung des Schuldumfangs einer Tat der Steuerhehlerei die verkürzten Verbrauchsteuern nicht einfach als Schadenspositionen aufaddiert werden. Vielmehr ist bei der Strafzumessung in den Blick zu nehmen, dass das unionsrechtliche Verbrauchsteuersystem – jedenfalls für den Fall normgemäßen Verhaltens – davon ausgeht, dass verbrauchsteuerpflichtige Waren im Ergebnis grundsätzlich nicht mit den Verbrauchsteuern mehrerer Mitgliedstaaten belastet sein sollen (BGH 2.2.2010, wistra 2010, 226, 227). Das Unionsrecht sieht deshalb grundsätzlich die Möglichkeit der Erstattung von in anderen Mitgliedstaaten entstandenen und auch erhobenen Verbrauchsteuern vor (BGH 9.6.2011, wistra 2011, 348).

Auch bei vorschriftswidrig in das Unionsgebiet eingeführte verbrauchsteuerpflichtige Waren, die anschließend in einen anderen EU-Mitgliedstaat befördert worden sind, wo sie zu gewerblichen Zwecken in Besitz gehalten werden, geht das Erhebungsrecht auf den letztgenannten Mitgliedstaat über (EuGH 29.4.2010, Slg 2010 I, 3799 Rn. 114 und EuGH 8.3.2012, BeckRS 2012, 81066); dem Durchgangsmitgliedstaat kommt dann kein Erhebungsrecht für die Verbrauchsteuer mehr zu (EuGH 5.3.2015, BeckRS 2015, 411864 – Prankl). Dies schließt zwar eine Verurteilung wegen der im Durchgangsmitgliedstaat vor Weiterbeförderung hinterzogenen Verbrauchsteuern nicht aus; allerdings muss eine Bestrafung wegen Hinterziehung der Verbrauchsteuern mehrerer EU-Mitgliedstaaten, etwa im Wege einer Verfahrensbeschränkung, im Ergebnis vermieden werden (vgl BGH 14.10.2015, NZWiSt 2016, 23 Rn. 20ff., mit Anm *Leplow* wistra 2016, 77). Wird die Verurteilung gleichwohl auf die Hinterziehung der Verbrauchsteuern mehrerer EU-Mitgliedstaaten gestützt, ist im Rahmen der Strafzumessung zu berücksichtigen, dass nach dem unionsrechtlichen Verbrauchsteuersystem verbrauchsteuerpflichtige Waren nicht mit den Verbrauchsteuern mehrerer Staaten belastet sein sollen.

Zudem sind im Falle einer Durchfuhr für die Erhebung der Verbrauchsteuer allein die Behörden desjenigen Mitgliedstaats zuständig, in dem diese Waren entdeckt worden sind.

75 **Die Amtsfähigkeit und Wählbarkeit** kann dem Steuerhehler gem. § 375 I AO auf die Dauer von zwei bis zu fünf Jahren aberkannt werden (§ 45 II StGB), wenn gegen ihn auf eine Freiheitsstrafe von mindestens einem Jahr erkannt wird.

76 Nach § 375 II AO können Sachen, auf die sich die Steuerhehlerei bezieht, sowie die bei der Tat benutzten Beförderungsmittel **eingezogen werden**.

77 **Eine Einziehung des Wertes von Taterträgen** (§§ 73, 73c StGB) im Hinblick auf ersparte Aufwendungen für die verkürzten Steuern kommt bei der Steuerhehlerei nicht in Betracht. Der Steuerhehler erlangt weder „durch die Tat" noch „für sie" die von den Lieferanten hinterzogenen Steuern und Abgaben. Er erspart sich durch die Tat auch keine steuerlichen Aufwendungen. Vielmehr erlangt er zunächst nur die Gegenstände, hinsichtlich deren Steuern verkürzt wurden (BGH 9.10.2019, NZWiSt 2020, 128), und erst beim anschließenden Weiterverkauf den hieraus erzielten Erlös (BGH 28.6.2011, wistra 2011, 394, u. BGH 27.1.2015, wistra 2015, 236; BGH 4.7.2018, wistra 2018, 471; BGH 18.12.2018, NStZ-RR 2019, 153). Der Einziehung unterliegen aber der für die Steuerhehlerei gezahlte Tatlohn sowie die vom Steuerhehler aus dem Weiterverkauf der Tabakwaren erzielte Erlös (BGH 5.5.2021, wistra 2021, 317).

78 **Als steuerrechtliche Nebenfolge** bestimmt § 71 AO die **Haftung** des Steuerhehlers *„für die verkürzten Steuern und die zu Unrecht gewährten Steuervorteile sowie für die Zinsen nach § 235"*, weil die verkürzten Steuern nach Aufdeckung der Steuerhehlerei von dem Erstschuldner (dem Steuerhinterzieher oder dem, zu dessen Vorteil der Steuerhinterzieher gehandelt hat) oft nicht mehr zu erlangen sind. Die FinB ist bei der Geltendmachung der Haftung an die im Strafverfahren getroffenen Feststellungen nicht gebunden (BFH 18.4.2013, BFHE 241, 446). Die FinB und das FG können sich aber die Feststellungen, Beweiswürdigungen und rechtlichen Beurteilungen des Strafgerichts zu eigen machen, wenn sie zur Überzeugung gelangen, dass diese zutreffend sind (vgl. BFH 13.7.1994, BStBl. II 1995, 198; BFH 2.12.2003, BFHE 204, 380). Werden substantiierte Einwendungen geltend gemacht, kann die Aussetzung eines steuerlichen Rechtsbehelfsverfahrens gem. § 363 AO oder § 74 FGO bis zum Abschluss des Strafverfahrens zweckmäßig sein, um divergierende Entscheidungen zu vermeiden. Der strafrechtliche Grundsatz *in dubio pro reo* gilt auch bei der Anwendung des § 71 AO (vgl. nur BFH 14.12.1951, BStBl. 1952, 21). Im Rahmen der Strafzumessung bedarf der Umstand der Haftung für verkürzte Steuern nach § 71 AO beim Steuerhehler zumeist keiner ausdrücklichen Erörterung, es sei denn, der Hehler spielte im Gesamtgeschehen nur eine untergeordnete Rolle und war an dem wirtschaftlichen Erfolg der Tat nur in geringem Umfang beteiligt (vgl. BGH 14.3.2007, wistra 2007, 262, 265). Auch dann kommt aber eine strafmildernde Berücksichtigung einer Heranziehung gem. § 71 AO allenfalls dann in Betracht, wenn der Täter nach den maßgeblichen Umständen des Einzelfalls mit seiner Heranziehung rechnen muss und dies eine besondere Härte darstellt (BGH 25.9.2012, BGHR AO § 370 Abs. 1 Strafzumessung 25).

79, 80 *einstweilen frei*

12. Konkurrenzfragen

81 Werden **im Rahmen des Absatzes** von Waren, hinsichtlich deren bereits Abgaben hinterzogen worden sind, **durch den Steuerhehler noch weitere Abgaben hinterzogen,** steht die durch Absatz begangene Steuerhehlerei zur nachfolgenden Steuerhinterziehung auch dann in Tatmehrheit, wenn die Steuerhinterziehung im Rahmen des (ggf. grenzüberschreitenden) Absatzes begangen wird (BGH 28.8.2008, wistra 2008, 470). Ein solcher Fall liegt etwa vor, wenn der Steuerhehler für einen Vortäter, der in Ungarn unverzollte Zigaretten in das Zollgebiet der EU geschmuggelt hat, den Absatz übernimmt und dabei die Zigaretten von Ungarn aus unter Hinterziehung deutscher Tabaksteuer auf deutsches Steuergebiet verbringt. Leistet der Steuerhehler in einem derartigen Fall lediglich Absatzhilfe, kommt in Abhängigkeit von den Umständen des Einzelfalls Steuerhehlerei in Tateinheit mit Beihilfe zur Steuerhinterziehung oder Steuerhehlerei in Tatmehrheit mit täterschaftlich begangener Steuerhinterziehung in Betracht (vgl. BGH 1.2.2007, wistra 2007, 224, 225; vgl. aber auch BGH 23.5.2019, wistra 2019 und → Rn. 85; s. zum Ganzen auch *Jäger* FS Amelung, 2009, 447 sowie *Allgayer/Sackreuther* PStR 2009, 44). Verschafft sich ein Täter in einem anderen EU-Mitgliedstaat Tabakwaren, hinsichtlich deren bei der Einfuhr in das Zollgebiet der EU bereits Einfuhrabgaben hinterzogen worden sind, und führt er diese Tabakwaren nach Deutschland ein, stehen die durch Unterlassen begangene StHinterziehung deutscher Tabaksteuer (§ 370 I 2 iVm § 23 TabStG) und die zuvor im Ausland durch aktives Tun begangene Steuerhehlerei (§ 374 I, IV iVm § 370 VI, VII) zueinander im Verhältnis der Tatmehrheit (BGH 27.1.2015, NStZ 2015, 469).

Begeht der Steuerhehler an derselben Sache nacheinander verschiedene hehlerische **82** Handlungen, zB zuerst Ankaufen, dann Absetzen, so wird er nur einmal bestraft. Der **Absatz nach strafbarem Sichverschaffen** ist entweder bereits *tatbestandslos* (so BGH 9.5.2019, NStZ-RR 2019, 249 Rn. 5 und BGH 11.6.2008, NStZ 2009, 161 Rn. 5) *oder mitbestrafte Nachtat* (so BGH 3.6.1975 – 1 StR 228/75, NJW 1975, 2109, 2110; HHS/ *Tormöhlen* § 374 AO Rn. 70; Flore/Tsambikakis/*Schuster/Schultehinrichs* AO § 374 Rn. 52; Schwarz/Pahlke/*Nikolaus* AO § 374 Rn. 44; vgl dazu auch BGH 11.7.2019, BGHSt 64, 152). Dasselbe gilt nach einem Sich-Verschaffen zum Zwecke der Zwischenlagerung (BGH 8.12.2016 – 1 StR 542/16, BGHR AO § 374 Konkurrenzen 5).

Hehlerische Handlungen eines Steuerhinterziehers, die ein Absetzen einer Ware **83** darstellen, zu der er selbst Einfuhr- oder Ausfuhrabgaben oder Verbrauchsteuern hinterzogen hat, sind im Verhältnis zur Steuerhinterziehung mitbestrafte Nachtat (glA HHS/ *Tormöhlen* AO § 374 Rn. 71, Kohlmann/*Hilgers-Klautzsch* AO § 374 Rn. 66 und RKR/ *Kemper* AO § 374 Rn. 60). Beim „Zigarettenschmuggel" ist zu beachten, dass nach der Rspr. des BGH nur der vor Beendigung des Verbringungsvorgangs erlangte Besitz an unversteuerten Tabakwaren die Strafbarkeit wegen Steuerhinterziehung gem. § 370 I Nr 2 AO iVm § 23 I 3 TabStG begründen kann; der nach Beendigung des Verbringungsvorgangs begründete Besitz an unversteuerten Tabakwaren wird allein durch den Tatbestand der Steuerhehlerei strafrechtlich erfasst (BGH 24.4.2019, NJW 2019, 3167).

Anstifter und Gehilfen der Vortat, unter besonderen Voraussetzungen auch Mittäter, **83a** können nach abgeschlossener Steuerhinterziehung an derselben Sache eine Steuerhehlerei begehen (→ Rn. 26 f.), die zu der Vortat im Verhältnis der Tatmehrheit (§ 53 StGB) steht (vgl. BGH 16.7.1968, BGHSt 22, 206, 207 ff. zu § 259 StGB m. zust. Anm. *Schröder* JZ 1969, 32). Allerdings tritt nach der Rspr des BGH die mit der Bestellung unversteuerter Zigaretten ggf. begangene Anstiftung zur Steuerhinterziehung als mitbestrafte Vortat hinter der nachfolgenden Steuerhehlerei (§ 374 I AO) durch Ankauf von Zigaretten zurück (BGH 11.7.2019, BGHSt 64, 152).

Die Steuerhinterziehung eines Steuerhehlers, der die Einnahmen aus einer Ver- **84** äußerung der von ihm hehlerisch erlangten Ware nicht gegenüber den Finanzbehörden erklärt, ist eine selbstständige Straftat (vgl. BGH 30.6.1955, BGHSt 8, 34). Beide Taten bilden keine natürliche Handlungseinheit. Tateinheit besteht nicht, da die Tatbestände keine Merkmale aufweisen, die durch dieselbe Handlung erfüllt werden. Die nachfolgende Steuerhinterziehung ist auch nicht mitbestraft, weil durch sie andere Steuerarten (namentlich USt, GewSt und ESt) beeinträchtigt werden als durch die vorausgegangene Steuerhehlerei. Schließlich bilden die Steuerhehlerei und eine nachfolgende Steuerhinterziehung auch verfahrensrechtlich keinen einheitlichen Lebensvorgang, der von einem früheren, nur die Steuerhehlerei bezeichnenden Eröffnungsbeschluss mitumfasst wird. Die Rechtskraft einer Verurteilung wegen Steuerhehlerei verbraucht die Strafklage wegen der im Anschluss an die Steuerhehlerei begangenen Steuerhinterziehung nicht und steht daher der Verfolgung der Steuerhinterziehung nicht entgegen (OLG Hamburg v. 20.12.1961, NJW 1962, 754; Kohlmann/*Hilgers-Klautzsch* AO § 374 Rn. 121).

Tatmehrheit liegt grundsätzlich auch dann vor, wenn der **Steuerhehler** hinsichtlich des **85** Gegenstandes, bezüglich dessen er bereits eine Hehlereihandlung begangen hat, **selbst Steuerschuldner** wird und diese Steuer hinterzieht.

Dies käme etwa dann in Betracht, wenn der Erwerber von Zigaretten ohne Steuerzeichen Steuerschuldner wird, weil er diese zu gewerblichen Zwecken in Besitz hält, und dann seiner Erklärungspflicht aus § 23 I 3 TabStG nicht nachkommt (vgl. hierzu BFH 11.11.2014, BFH/NV 2015, 629 und EuGH 3.7.2014 – C-165/13, wistra 2014, 433). Nach neuerer Rspr des BGH ist indes bei einem Steuerhehler, der sich zu gewerblichen Zwecken unversteuerte und unverzollte Zigaretten verschafft hat, im Hinblick auf den **Nemo-tenetur-Grundsatz** die Strafbewehrung der sich aus § 23 I 3 TabStG hinsichtlich der Tabaksteuer ergebenden Erklärungspflicht suspendiert (BGH 23.5.2019, wistra 2019, 509 Rn. 15; BGH 1.4.2020, NStZ 2021, 301 Rn. 13 mwN). Damit fehlt es in solchen Fällen an der von § 370 I Nr. 2 AO für eine Steuerhinterziehung durch Unterlassen vorausgesetzten Tathandlung. Der BGH begründet dies mit der Unzumutbarkeit der Erfüllung der steuerlichen Erklärungspflicht für den Steuerhehler. Hätte dieser die unversteuerten Tabakwaren in dem dafür vorgesehenen Verfahren gegenüber den Zollbehörden erklärt, hätte er damit zugleich die begangene Steuerhehlerei durch das Sich-Verschaffen der Tabakwaren offenbart. Es war ihm daher nicht zumutbar, überhaupt Angaben zu machen, da die Offenbarung naheliegend die Einleitung eines Ermittlungsverfahrens wegen des Verdachts der Steuerhehlerei nach sich gezogen hätte. Straffreiheit durch Selbstanzeige ist bei Steuerhehlerei nicht möglich (BGH 23.5.2019, wistra 2019, 509). Die Reduzierung des Umfangs der strafbewehrten Erklärungspflicht auf den Besitz der Tabakwaren ohne Angaben zu deren Herkunft – wie etwa bei Bestechlichkeit (vgl BGH 5.5.2004, wistra 2004, 391, 392) – hielt der BGH zur Wahrung der Selbstbelastungsfreiheit hier erkennbar nicht für ausreichend. Ergänzend hat der BGH noch darauf hingewiesen, dass sich die Steuerhehlerei und die Hinterziehung der Tabaksteuer auf dieselben Tabakwaren beziehen und insgesamt einen einheitlichen Lebenssachverhalt betreffen, der von derselben Tatmotivation getragen werde, nämlich der gewinnbringenden Veräußerung der unversteuerten Tabakwaren. Das Unterlassen der nach § 23 I 3 TabStG erforderlichen Steuererklärung stelle sich dementsprechend stets als notwendiger (weiterer) Schritt zur Verwirklichung dieses Gesamtunrechts dar. Der Straftatbestand der Steuerhehlerei und die Regelungen des TabStG verfolgten mit der Verhinderung des Inverkehrbringens unversteuerter Zigaretten letztlich auch ein identisches Ziel, so dass durch die Steuerverkürzung im Ergebnis kein weitergehendes Tatunrecht geschaffen werde. Zudem seien die Ausführungshandlungen der Steuerhehlerei und der Steuerhinterziehung in einem solchen Fall zeitlich eng miteinander verknüpft, da mit der Übergabe der Zigaretten an den Steuerhehler zeitgleich gem. § 23 I 2 und 3 TabStG die unverzüglich zu erfüllende Pflicht zur Abgabe der Steuererklärung entstehe (BGH 23.5.2019, wistra 2019, 509). Nach der Rspr des BGH tritt auch eine Strafbarkeit wegen Nichtverwendens von Steuerzeichen (§ 370 I Nr 3) hinter die Strafbarkeit wegen Steuerhehlerei zurück (BGH 11.7.2019, BGHSt 64, 152).

86 Steuerhehlerei kann in Tateinheit mit **Begünstigung** (§ 257 StGB) des Vortäters (sei er Steuerhinterzieher oder ebenfalls Steuerhehler) begangen werden, wenn der Hehler durch seine Tat nicht nur in Bereicherungsabsicht handelt (→ Rn. 55 ff.), sondern zugleich dem Vortäter durch Abnahme oder Absatzhilfe der Schmuggelware Beistand leistet (RG 22.12.1922, RGSt 57, 105).

87 Zwischen **Sachhehlerei** (§ 259 StGB) und Steuerhehlerei besteht Tateinheit (§ 52 StGB), wenn jemand Schmuggelware erwirbt, von der er weiß, dass sie gestohlen ist (RG 22.12.1922, RGSt 57, 105).

88 Wer eine Sache, hinsichtlich deren ein anderer Täter Einfuhr- oder Ausfuhrabgaben oder Verbrauchsteuern hinterzogen hat, durch **Diebstahl** (§§ 242 f. StGB) oder **Raub** (§§ 249 ff. StGB) an sich bringt, verwirklicht nach der hier vertretenen Auffassung (→ Rn. 31) in Tateinheit den Straftatbestand der Steuerhehlerei; nach der Gegenauffassung liegt in einem solchen Fall wegen des fehlenden Einvernehmens mit dem Vortäter kein Sich-Verschaffen vor.

89 Zwischen **Betrug** (§ 263 StGB) und Steuerhehlerei durch Sich-Verschaffen ist Tateinheit möglich, wenn der Hehler die Schmuggelware dadurch an sich bringt, dass er den

Vortäter durch Täuschung veranlasst, ihm die Ware zu überlassen. Auch zwischen Steuerhehlerei durch Absetzen und Betrug kommt Tateinheit in Betracht, wenn der Steuerhehler dem Abnehmer vorschwindelt, die Ware sei ordnungsgemäß verzollt oder versteuert. Die Steuerhehlerei beeinträchtigt zwar nicht den Eigentumserwerb des Abnehmers, jedoch erleidet der Abnehmer einen Vermögensschaden dadurch, dass die Ware gem. § 76 AO für die hinterzogene Abgabe auch dann haftet, wenn der Abnehmer gutgläubig der Täuschung des Steuerhehlers zum Opfer gefallen ist.

Vorteilsannahme und **Bestechlichkeit** (§§ 331, 332 StGB) einerseits und Steuerhehlerei andererseits können in Tateinheit zusammentreffen, wenn ein Beamter Schmuggelware als Geschenk annimmt (BGH 30.10.1953, BGHSt 5, 155, 162). 90

Im Verhältnis zu § 37 TabStG **(Zigaretten-Kleinschmuggel)** besteht Gesetzeskonkurrenz mit der Folge, dass § 374 AO durch § 37 TabStG verdrängt wird (→ Rn. 66). Im Anwendungsbereich des § 37 TabStG wird damit die Steuerhehlerei zur Ordnungswidrigkeit herabgestuft. 91

Durch G. v 9.3.2021 (BGBl. I 327) erweiterte der Gesetzgeber mWv 18.3.2021 den Vortatenkatalog der **Geldwäsche** auf alle rechtswidrigen Taten. Seitdem ist Steuerhehlerei wie jede andere rechtswidrige Tat taugliche Vortat einer Geldwäsche (§ 261 I StGB). Auch in der Nutzung eines Bankkontos, auf das Erlöse aus dem Handel mit unversteuerten Zigaretten geflossen sind, kann eine Geldwäschehandlung in Form des Verwahrens oder Verwendens (§ 261 II Nr 4 StGB) liegen (BGH 12.7.2016, wistra 2017, 66). Eine Bestrafung wegen Geldwäsche scheidet indes für einen Täter aus, der sich hinsichtlich eines Gegenstands, der dem Schutz des § 261 StGB unterliegt, nach § 374 AO strafbar gemacht hat, es sei denn, er bringt den Gegenstand in den Verkehr und verschleiert dabei dessen rechtswidrige Herkunft (§ 261 VII StGB in der ab 18.3.2021 geltenden Fassung). Für vor dem 18.3.2021 begangene Geldwäschehandlungen gilt diese Einschränkung nicht (vgl. hierzu die Vorauf. sowie BGH 20.9.2000, wistra 2000, 464). 92

einstweilen frei 93, 94

13. Wahlfeststellung zwischen Steuerhinterziehung und Steuerhehlerei

Die Zulässigkeit einer Wahlfeststellung (→ § 369 Rn. 130 f.) zwischen Steuerhinterziehung (§ 370 AO) und Steuerhehlerei (§ 374 I AO) ist ausgehend von den Grundsätzen, die bereits die Vereinigten Strafsenate des RG geprägt haben (RG 2.5.1934, RGSt 68, 257), bislang allgemein anerkannt (BGH 16.4.1953, BGHSt 4, 128, 130; BGH 30.6.1955, BGHSt 8, 34; OGH 20.6.1949, OGHSt 2, 89; BayObLG 22.11.1951, NJW 1952, 395; v. 7.10.1953, ZfZ 1954, 154; OLG Hamburg 28.1.1953, ZfZ 1953, 153; OLG Braunschweig 20.3.1953, NJW 1953, 956; MüKoStGB/*Ebner* AO § 374 Rn. 83; zu den teilweise gegen die Zulässigkeit einer ungleichartigen Wahlfeststellung erhobenen Bedenken vgl. BGH 28.1.2014, NStZ 2014, 392). Dasselbe gilt auch für das Verhältnis zwischen *gewerbsmäßigem Schmuggel* nach § 373 I AO und *gewerbsmäßiger* Steuerhehlerei nach § 374 II 1. Alt. AO (BGH 16.4.1953, BGHSt 4, 128, 130; BGH 30.6.1955, BGHSt 8, 34) sowie zwischen *bandenmäßigem Schmuggel* (§ 373 II Nr. 3 AO) und *bandenmäßiger Steuerhehlerei* (§ 374 II 2. Alt. AO). Auch zwischen *Beihilfe* zur Steuerhinterziehung und Beihilfe zur Steuerhehlerei ist Wahlfeststellung möglich (BFH 14.12.1951, BStBl. III 1952, 21; BGH 12.5.1955, BStBl. III 215; OLG Celle 28.11.1956, NJW 1957, 436). 95

Zu bestrafen ist der Täter im Falle einer Wahlfeststellung „*wegen Steuerhinterziehung oder Steuerhehlerei*", „*wegen gewerbsmäßigen Schmuggels oder gewerbsmäßiger Steuerhehlerei*" etc. Die Strafzumessung bietet keine besonderen Schwierigkeiten, da die Strafrahmen jeweils identisch sind und auch § 375 I und II AO hinsichtlich der strafrechtlichen Nebenfolgen zwischen Steuerhinterziehung und Steuerhehlerei keinen Unterschied macht. 96

Eine wahldeutige Feststellung genügt auch für die **steuerrechtliche Haftung** gem. § 71 AO (BFH 11.1.1952, BStBl. III 43; BFH 12.5.1955, BStBl. III 215) und damit für die Pflicht zur Zahlung der hinterzogenen Steuern (vgl. *Felix* FR 1958, 459), weil die Haftung 97 eines Steuerhehlers nach § 71 AO der Haftung des Täters einer zum eigenen Vorteil begangenen Steuerhinterziehung entspricht (Kohlmann/*Hilgers-Klautzsch* AO § 374 Rn. 129). Dasselbe gilt für die Haftung für die Zinsen, die den Steuerhehler wie den Steuerhinterzieher gleichermaßen trifft (§ 71 AO iVm § 235 AO).

98, 99 *einstweilen frei*

14. Verfahrensfragen

100 Zwischen Steuerhinterziehung und Steuerhehlerei besteht regelmäßig ein **sachlicher Zusammenhang iS des § 3 StPO,** der gem. § 13 StPO einen einheitlichen Gerichtsstand und gem. § 388 AO eine einheitliche örtliche Zuständigkeit der FinB im Strafverfahren ermöglicht.

101 Mit Wirkung vom 16.3.2017 (BGBl. I 825) hat der Gesetzgeber die **Anwendbarkeit des „Schmuggelprivilegs" aus § 32 ZollVG** auf diejenigen Steuerstraftaten und Steuerordnungswidrigkeiten erstreckt, bei denen die Steuerverkürzung Gegenstand der Vortat war. Damit erfasst § 32 I ZollVG auch den Straftatbestand der Steuerhehlerei gem. § 374 I AO. Hat aber der Täter die Qualifikationsmerkmale der gewerbs- oder bandenmäßigen Steuerhehlerei gem. § 374 II AO erfüllt, ist die Nichtverfolgung der Tat gem. § 32 I ZollVG wie im Falle des Schmuggels ausgeschlossen (§ 32 II ZollVG).

102 Die Steuerhehlerei ist im Anwendungsbereich des § 374 II AO, dh beim Verdacht gewerbs- oder bandenmäßiger Begehung, eine Katalogtat der **Überwachung der Telekommunikation** (§ 100a II Nr. 2 Buchst. c StPO). Die Anordnung einer Telekommunikationsüberwachung kommt allerdings nur in Betracht, wenn die allgemeinen Anordnungsvoraussetzungen des § 100a I StPO vorliegen. Erforderlich ist ein auf Tatsachen gestützter Verdacht einer gewerbs- oder bandenmäßigen Steuerhehlerei gem. § 374 II AO (§ 100a I Nr. 1 StPO), die Feststellung, dass die Tat auch im Einzelfall schwer wiegt (§ 100a I Nr. 2 StPO) und die Erkenntnis, dass die Erforschung des Sachverhalts oder die Ermittlung des Aufenthaltsorts des Beschuldigten auf andere Weise wesentlich erschwert oder aussichtslos wäre (§ 100a I Nr. 3 StPO). Die Möglichkeit einer auf den Verdacht einer Steuerhehlerei gem. § 374 II StGB gestützten Telefonüberwachung hat der Gesetzgeber erst mit Wirkung vom 1.1.2008 durch das G zur Neuregelung der Telekommunikationsüberwachung und anderer verdeckter Ermittlungsmethoden sowie zur Umsetzung der Richtlinie 2006/24/EG v. 21.12.2007 (BGBl. 2007 I 3198) geschaffen (→ Rn. 1; s. dazu *Wulf* wistra 2008, 321). Bis dahin kam eine Telekommunikationsüberwachung im Bereich von Steuer- und Zolldelikten regelmäßig nur dann in Betracht, wenn der Verdacht bestand, dass der Beschuldigte einer kriminellen Vereinigung angehörte (§ 129 StGB), die zur Begehung solcher Taten gegründet worden war. Zur Frage der Verwertbarkeit im Wege einer unzulässigen Telekommunikationsüberwachung erlangter Erkenntnisse s. → § 373 Rn. 111.

§ 375 Nebenfolgen

(1) **Neben einer Freiheitsstrafe von mindestens einem Jahr wegen**
1. **Steuerhinterziehung,**
2. **Bannbruchs nach § 372 Abs. 2, § 373,**
3. **Steuerhehlerei oder**
4. **Begünstigung einer Person, die eine Tat nach den Nummern 1 bis 3 begangen hat,**

kann das Gericht die Fähigkeit, öffentliche Ämter zu bekleiden, und die Fähigkeit, Rechte aus öffentlichen Wahlen zu erlangen, aberkennen (§ 45 Abs. 2 des Strafgesetzbuchs).

(2) ¹Ist eine Steuerhinterziehung, ein Bannbruch nach § 372 Abs. 2, § 373 oder eine Steuerhehlerei begangen worden, so können
1. die Erzeugnisse, Waren und andere Sachen, auf die sich die Hinterziehung von Verbrauchsteuer oder Einfuhr- und Ausfuhrabgaben nach Artikel 5 Nummer 20 und 21 des Zollkodex der Union, der Bannbruch oder die Steuerhehlerei bezieht, und
2. die Beförderungsmittel, die zur Tat benutzt worden sind,

eingezogen werden. ² § 74a des Strafgesetzbuchs ist anzuwenden.

Schrifttum: vor → Rn. 8, 28; ferner: *Wuttke,* Die Neuregelung des strafrechtlichen Einziehungsrechts, SchlHA 1968, 246; *Bode,* Das neue Recht der Einziehung, NJW 1969, 1052; *Eser,* Die strafrechtlichen Sanktionen gegen das Eigentum, 1969; *Bode,* Zum Eigentumsbegriff im Einziehungsrecht, JZ 1972, 146; *Bäckermann,* Verfall und Einziehung im Steuerstrafrecht, ZfZ 1976, 366; *Lohmeyer,* Zum Anwendungsbereich des § 375 AO, ZfZ 1979, 72; *Pfaff,* Nebenfolgen und Verfall, DStZ 1979, 363; *Lenz,* Einziehung und Verfall – de lege lata und de lege ferenda, Diss. Kiel 1986; *Kaiser,* Gewinnabschöpfung als kriminologisches Problem und kriminalpolitische Aufgabe, Tröndle-Festschrift 1989, 685; *Grotz,* Die internationale Zusammenarbeit bei der Abschöpfung von Gewinnen aus Straftaten, JR 1991, 182; *Arzt,* Verfallsanordnung gegen juristische Personen, Zipf-GedS 1999, 165; *Kaiser,* Strafrechtliche Gewinnabschöpfung im Dilemma zwischen Rechtsstaatlichkeit und Effektivität, ZRP 1999, 144; *Kilchling,* Die vermögensbezogene Bekämpfung der Organisierten Kriminalität, wistra 2000, 241; *Durst,* Sofortiger Zugriff auf Vermögensgegenstände bei Steuerhinterziehung, KÖSDI 2004, 14 035; *Pump,* Rechtsfolgen bei Verwendung von Manipulationssoftware (Zappersoftware), DStZ 2013, 99.

Übersicht

	Rn.
I. Allgemeines	1–7
1. Entstehungsgeschichte	1–2a
2. Systematik	3–4
3. Sachlicher Anwendungsbereich	5–7
II. Aberkennung der Amtsfähigkeit und Wählbarkeit (§ 375 I AO)	8–27
1. Zweck und Rechtsnatur einer Anordnung nach § 375 I AO	8–11
2. Schutzzweck des § 375 I AO	12–15c
3. Voraussetzungen des § 375 I AO	16–20a
4. Wirkung einer Entscheidung nach § 375 I AO	21–25b
5. Verfahrensfragen	26, 27
a) Form der Entscheidung	26
b) Beschränkung eines Rechtsmittels	27
III. Einziehung	28–102
1. Systematik der Einziehungsvorschriften	28–29
2. Zweck und Rechtsnatur der Einziehung	30–32
3. Der Einziehung unterliegende Sachen	33–46
a) Erzeugnisse, Waren und andere Sachen (§ 375 II Nr. 1 AO)	33–34
b) Beförderungsmittel (§ 375 II Nr. 2 AO)	35–41a
c) Tatprodukte oder Tatmittel (§ 74 I StGB)	42–46
4. Einziehung und Eigentum	47–64
a) Allgemeines	47–48a
b) Sicherungseinziehung (§§ 74 III 1, 74b I Nr. 2 StGB)	49–52
c) Eigentum des Täters oder Teilnehmers (§ 74b I Nr. 1 StGB)	53–60

	Rn.
d) Dritteigentum (§ 74a StGB)	61–64
aa) § 74a Nr. 1 StGB	61–61b
bb) § 74a Nr. 2 StGB	62–64
5. Grundsatz der Verhältnismäßigkeit	65–69a
6. Einziehung des Wertes von Tatprodukten, Tatmitteln und Tatobjekten (§ 74c StGB)	70–81a
7. Selbstständige Einziehung (§ 76a StGB)	82–87e
8. Wirkung der Einziehung	88–92
a) Eigentum	89–91b
b) Rechte an dem Gegenstand	92
9. Entschädigung (§ 74b II, III StGB)	93–102

I. Allgemeines

1. Entstehungsgeschichte

1 Mit der **Einziehung** im Steuerstrafrecht befasste sich bereits **§ 401 RAO 1931** (= § 365 AO 1919). Die Vorschrift sah bei Steuerhinterziehung, Bannbruch und Steuerhehlerei zwingend die Einziehung stpfl. Erzeugnisse, der zur Tat benutzten Beförderungsmittel und des Wertersatzes vor. Die Regelung war durch verschiedene Änderungen gem. § 3 Nr. 2 des 2. Teils der NotV v. 23.12.1931 (RGBl. I 779), Kap. II Art. 2 Nr. 2 der NotV v. 18.3.1933 (RGBl. I 109), Art. I Nr. 14 G v. 4.7.1939 (RGBl. I 1181) und § 9 Nr. 2 G v. 20.4.1949 (WiGBl. 69) und schließlich durch Art. 17 Nr. 16 StÄndG 1961 v. 13.7.1961 (BGBl. I 981, 996) aufgehoben und nach dem Vorbild der §§ 113, 115, 119 E 1960 (BT-Drs. III/2150) durch die §§ 414–414b RAO ersetzt worden (Schriftl. Ber. zu BT-Drs. III/2706); s. auch → Einleitung Rn. 77 (zu den Einzelheiten HHS/*Beckemper* AO § 375 Rn. 1 ff.).

2 § 401 RAO idF des Art. 1 Nr. 15 des 2. AOStrafÄndG v. 12.8.1968 (BGBl. 1968 I 953) fasste die **strafrechtlichen Nebenfolgen** bestimmter Steuervergehen zusammen (Begr. BT-Drs. V/1812, 25 f.).

Art. 64 des 1. StrRG v. 25.6.1969 (BGBl. 1969 I 645) ersetzte das Wort *„Gefängnisstrafe"* wegen der Einführung einer einheitlichen Freiheitsstrafe in § 401 I 1 RAO durch das Wort *„Freiheitsstrafe"*. Ferner wurden die Worte *„auf die Dauer von zwei bis zu fünf Jahren"* sowie § 401 I 2 RAO gestrichen, weil sie im Hinblick auf die allgemeine Regelung in § 31 II, III StGB entbehrlich geworden waren. Durch Art. 161 EGStGB v. 2.3.1974 (BGBl. 1974 I 469) wurde in § 401 I RAO der Bruch des Steuergeheimnisses (§ 355 StGB) gestrichen. § 375 AO hat einerseits den Bannbruch auf die Fälle nach §§ 372 II, 373 AO beschränkt und andererseits die Begünstigung zu Taten nach § 375 I Nr. 1–3 AO neu aufgenommen.

2a Die grundlegenden Änderungen des Abschöpfungsrechts zum 1.7.2017 durch das **Gesetz zur Reform der strafrechtlichen Vermögensabschöpfung** vom 13.4.2017 (BGBl. I 872) hatten keine unmittelbaren Änderungen des § 375 II zur Folge, wenn auch die von dieser Vorschrift in Bezug genommenen Vorschriften der §§ 73 ff. StGB nicht unerheblich verändert worden sind. Die Neuregelung der Abschöpfung in §§ 74 ff. StGB ist nur auf Taten anwendbar, die nach dem 30.6.2017 begangen worden sind. § 316h EGStGB beschränkt die Rückwirkung auf die Vorschriften der §§ 73 bis 73c, 75 I, III, 73d, 73e, 76, 76a, 76b StGB. Da das neue Recht nicht milder ist, kommt nach § 2 IV StGB das Recht der Tatzeit zur Anwendung (vgl. auch BGH 15.5.2018, BeckRS 2018, 10876).

2. Systematik

3 § 375 AO regelt zwei sehr unterschiedliche Rechtsfolgen von Steuerstraftaten unter der einheitlichen Überschrift **„Nebenfolgen"**.

§ 375 I AO ermöglicht die **Aberkennung der Amtsfähigkeit und Wählbarkeit** und 3a macht damit von der Möglichkeit Gebrauch, die § 45 II StGB vorsieht.

Über § 369 II AO gelten sämtliche Vorschriften der §§ 73 ff. StGB auch im Steuerstrafrecht. § 375 II 1 AO ermöglicht zudem über die Einziehung von Tatprodukten und Tatmitteln nach § 74 I StGB hinaus bei Steuerhinterziehung, Bannbruch oder Steuerhehlerei die **Einziehung von Sachen,** die nach § 74 II StGB **Tatobjekte** sind und deren Einziehungsfähigkeit durch das Gesetz eigens geregelt sein muss (vgl. zu § 74 IV StGB aF BGH 11.5.2016, wistra 2016, 412 ff.; 31.10.1994, wistra 1995, 30). Doch ist auch diese Einziehung gem. § 74 III 2 StGB grundsätzlich – vorbehaltlich der Ausnahmen nach §§ 74a, 74b I Nr. 2 StGB – nur zulässig, wenn die Sachen zur Zeit der Entscheidung dem Täter oder Teilnehmer gehören.

3. Sachlicher Anwendungsbereich

Der **Anwendungsbereich des § 375 AO** ist dadurch **begrenzt,** dass die Vorschrift an 5 die Begehung *bestimmter abschließend aufgeführter* Steuerstraftaten anknüpft, in erster Linie an Steuerhinterziehung (§ 370 AO), Bannbruch (§ 372 II, § 373), Steuerhehlerei (§ 374) und Begünstigung zu diesen Taten (§ 257 StGB).

§ 375 I AO zieht den Kreis der Anknüpfungstaten weiter als § 375 II AO. Ein Verlust 5a der Amtsfähigkeit und Wählbarkeit ist auch bei Begünstigung (§ 257 StGB) vorgesehen. In § 375 II AO ist die Begünstigung dagegen nicht genannt. Soweit angenommen wird, § 375 II AO sei zudem nicht auf jede Steuerhinterziehung, sondern nur bei Verbrauchsteuer- und Zollhinterziehung anwendbar, greift das angesichts des Gesetzeswortlauts zu kurz und trifft nur auf § 375 II Nr. 1 AO zu (MüKoStGB/*Wegner* AO § 375 Rn. 4). Jedoch dürfte es regelmäßig unverhältnismäßig sein, ein Beförderungsmittel einzuziehen, weil der Steuerpflichtige es irgendwann im Rahmen der Hinterziehung von Umsatz-, Einkommen- oder Körperschaftsteuerhinterziehung genutzt hat.

Wegen der **Anknüpfungstat** iSv § 375 II muss nicht **zwingend** eine **Strafe verhängt** 5b werden, die Tat muss jedoch – abgesehen von der Sicherungseinziehung nach § 74b I StGB (→ Rn. 49 ff.) – schuldhaft begangen worden sein. Wird kein Strafverfahren wegen der Anknüpfungstat geführt, so kann eine selbständige Einziehung nach § 76a StGB (→ Rn. 82 ff.) erfolgen.

Bei Verurteilungen wegen **Steuerzeichenvergehen** (§§ 148 f. StGB) ist § 375 AO 6 ebenso wenig anwendbar wie wegen Strafvereitelung (§§ 258, 258a StGB) als persönlicher Begünstigung, wegen §§ 26a, 26c UStG oder § 355 StGB (HHS/*Beckemper* AO § 375 Rn. 13, 15). Ein **Verlust** der **Amts-** und **Wahlfähigkeit** kommt bei Steuerzeichenvergehen nur in Betracht, wenn die Tat in Tateinheit (§ 52 StGB) mit Steuerhinterziehung, Bannbruch oder Steuerhehlerei begangen worden ist.

Die **Einziehung** der falschen, wiederverwendeten oder zur Wiederverwendung be- 6a stimmten Steuerzeichen sowie der zur Tat benutzten Formen, Gerätschaften usw. ist allerdings nach § 150 StGB – unabhängig von § 375 II AO – *zwingend* vorgeschrieben (→ § 369 Rn. 176a).

Als **Nebenfolge einer Ordnungswidrigkeit** dürfen Gegenstände nach §§ 22, 23 7 OWiG nur eingezogen werden, soweit das Gesetz es ausdrücklich zulässt (zB § 37 III TabStG). Dies ist bei den Steuerordnungswidrigkeiten nach den §§ 378–383 AO nicht der Fall (→ Rn. 29; ferner Kohlmann/Hilger-*Klautzsch* AO § 375 Rn. 35).

II. Aberkennung der Amtsfähigkeit und Wählbarkeit (§ 375 I AO)

Schrifttum: *Jekewitz,* Der Ausschluss vom aktiven und passiven Wahlrecht zum Deutschen Bundestag und zu den Volksvertretungen der Länder auf Grund richterlicher Entscheidung, GA 1977, 161; *ders.,* Freiheitsentzug und Abgeordnetenmandat, GA 1991, 45; *Nelles,* Statusfolgen als „Nebenfolgen einer Straftat" (§ 45 StGB), JZ 1991, 17; *Schwarz,* Die strafgerichtliche Aberkennung der Amtsfähigkeit und des Wahlrechts,

1991; *Stein,* Wer die Wahl hat ..., GA 2004, 22; *Lehmann,* Politische Betätigung im Steuerrecht, MIP 2011, 110; *Röth,* Nebenfolgen strafrechtlicher Verurteilung, StraFo 2012, 354.

§ 45 StGB Verlust der Amtsfähigkeit, der Wählbarkeit und des Stimmrechts

(1) Wer wegen eines Verbrechens zu Freiheitsstrafe von mindestens einem Jahr verurteilt wird, verliert für die Dauer von fünf Jahren die Fähigkeit, öffentliche Ämter zu bekleiden und Rechte aus öffentlichen Wahlen zu erlangen.

(2) Das Gericht kann dem Verurteilten für die Dauer von zwei bis zu fünf Jahren die in Absatz 1 bezeichneten Fähigkeiten aberkennen, soweit das Gesetz es besonders vorsieht.

(3) Mit dem Verlust der Fähigkeit, öffentliche Ämter zu bekleiden, verliert der Verurteilte zugleich die entsprechenden Rechtsstellungen und Rechte, die er innehat.

(4) Mit dem Verlust der Fähigkeit, Rechte aus öffentlichen Wahlen zu erlangen, verliert der Verurteilte zugleich die entsprechenden Rechtsstellungen und Rechte, die er innehat, soweit das Gesetz nichts anderes bestimmt.

(5) Das Gericht kann dem Verurteilten für die Dauer von zwei bis zu fünf Jahren das Recht, in öffentlichen Angelegenheiten zu wählen oder zu stimmen, aberkennen, soweit das Gesetz es besonders vorsieht.

1. Zweck und Rechtsnatur einer Anordnung nach § 375 I AO

8 Die Aberkennung der Amtsfähigkeit und Wählbarkeit nach § 45 II StGB ist ihrer systematischen Stellung im StGB nach eine **Nebenstrafe,** keine Maßregel der Besserung und Sicherung (glA *Fischer* StGB § 45 Rn. 7; RKR/*Rolletschke* § 375 Rn. 4; siehe auch SK-StGB/*Wolters* § 45 Rn. 12; aA *Nelles* JZ 1991, 18; NK-StGB/*Albrecht* § 45 StGB Rn. 6: beamtenrechtliche bzw. wahlrechtliche Maßnahme). Hieraus ergibt sich, dass die Rechtsfolge nach § 375 I AO nur *neben* einer Strafe angeordnet werden darf und der Schuldgrundsatz auch insoweit gilt, als Haupt- und Nebenstrafe zusammen nicht das schuldangemessene Maß der Strafe übersteigen dürfen (vgl. HHS/*Beckemper* AO § 375 Rn. 8). Das kann freilich zu problematischen Konstellationen führen, wenn die Hauptstrafe mit Blick auf die Nebenstrafe so weit abgesenkt werden muss, dass sie ein Jahr Freiheitsstrafe unterschreitet und damit die Nebenstrafe, die den Grund für diese Absenkung darstellt, nach § 375 I AO unzulässig würde.

8a Die Anordnung soll den zu schwerer Strafe Verurteilten nicht allgemein als „ehrlos" brandmarken, ihn aber für eine **befristete Zeit als ungeeignet kennzeichnen,** öffentliche Ämter und Rechte aus öffentlichen Wahlen auszuüben. Objektiv dient § 375 I AO dem Zweck, öffentliche Ämter und die durch öffentliche Wahlen vermittelten Rechtsstellungen zum Schutz der ihnen innewohnenden Staatsautorität von ungeeigneten Personen freizuhalten. Zugleich wird dem Verurteilten ausdrücklich bewusst gemacht, dass eine Repräsentation der Staatsautorität mit schweren Zuwiderhandlungen gegen die vom Staat erlassenen Gesetze unvereinbar ist.

9 Anders als die fünfjährige Unfähigkeit zur Bekleidung öffentlicher Ämter, die bei Verurteilung wegen eines Verbrechens zu Freiheitsstrafe von mindestens einem Jahr gem. § 45 I StGB kraft Gesetzes eintritt, steht die Anordnung einer Nebenstrafe nach § 375 I AO im pflichtgemäßen **Ermessen des Gerichts.** Es gelten hier die allgemeinen Grundsätze der Strafzumessung (LK-StGB/*Schneider* § 45 StGB Rn. 17).

10 **Jugendlichen** darf die Amtsfähigkeit und Wählbarkeit nicht aberkannt werden (§ 6 I 1 JGG). Gegenüber (EU-)**Ausländern** gelten keine Besonderheiten, auch nicht unter dem Gesichtspunkt, dass der Schutzzweck des § 375 I AO nur *innerstaatliche* öffentliche Ämter und Wahlen umfasst und diese (in den meisten Fällen) Deutschen oder EU-Staatsangehörigen vorbehalten sind (vgl. BGH 4.12.1951, NJW 1952, 234, zu § 32 StGB aF). Dem kann man zwar entgegenhalten, dass eine Aberkennung gegenstandslos wäre, wenn der Verurteilte ohnehin kein öffentliches Amt erlangen kann oder nicht wählbar ist. Doch ist der Ausspruch der Unfähigkeit, öffentliche Ämter zu bekleiden bzw. nicht wählbar zu sein, in diesen Fällen nicht unverhältnismäßig und sorgt für den Fall vor, dass der Verurteilte die deutsche Staatbürgerschaft innerhalb der Frist erlangt (differenzierend HHS/*Beckemper* § 375 Rn. 17)

Amtsfähigkeit und Wählbarkeit können alternativ oder kumulativ (vgl. SK-StGB/ *Wolters* StGB § 45 Rn. 11; HHS/*Beckemper* AO § 375 Rn. 24; aA RKR/*Rolletschke* AO § 375 Rn. 24), auch über unterschiedliche Zeiträume aberkannt werden, für eine solche differenzierende Entscheidung müssen dann aber sachliche Gründe gegeben sein. Insofern dürfte die getrennte Aberkennung eher die Ausnahme und praktisch von geringem Interesse sein. Soweit es den Deutschen Bundestag betrifft, hängt die Amtsausübung jedoch mit der Wählbarkeit unmittelbar zusammen (§ 15 II Nr. 2 BWahlG). **11**

2. Schutzzweck des § 375 I AO

Der Amtsbegriff ist nicht identisch mit dem des Amtsträgers in § 11 I Nr. 2 StGB (HHS/*Beckemper* AO § 375 Rn. 19); es gilt vielmehr das Verständnis des § 45 StGB. **Öffentliche Ämter** iSd § 375 I AO sind solche, deren Träger Dienste verrichten, die aus der (inländischen) Staatsgewalt abzuleiten sind und dem Staatszweck dienen (RG 2.3.1928, RGSt 62, 24, 27; GJW/*Heine* AO § 375 Rn. 13). Dem Staatszweck dienen regelmäßig auch die Ämter der Körperschaften und Anstalten des öffentlichen Rechts sowie Ämter im Bereich der Sozialversicherung (RG 20.1.1908, RGSt 41, 121, 129). Dazu gehören Beamte, Richter – auch ehrenamtliche – oder Notare, nicht aber Rechtsanwälte oder Steuerberater (aber → Rn. 23). **12**

Kirchliche Ämter fallen nicht unter § 375 I AO – auch nicht bei denjenigen Religionsgesellschaften, die als Körperschaften des öffentlichen Rechts anerkannt sind, da sie keine staatlichen Zwecke verfolgen (RG 20.2.1913, RGSt 47, 49, 51; OVG Münster 13.1.1954, DÖV 1954, 439) und es dem Staat nicht zusteht, insofern über die Amtsträgerfähigkeit zu entscheiden (HHS/*Beckemper* AO § 375 Rn. 21). **12a**

Öffentliche Wahlen sind – weitergehend als Wahlen iSd § 108d StGB – alle Wahlen in öffentlichen Angelegenheiten, nicht nur Wahlen zu den Volksvertretungen in Bund, Ländern, Gemeinden und Gemeindeverbänden, sondern zB auch Wahlen zu öffentlich-rechtlichen Gewerbe- und Berufsorganisationen (Industrie- und Handelskammern, Handwerkskammern, Ärzte-, Rechtsanwalts-, Steuerberaterkammern usw.), zu den Vertretungen der Sozialversicherung, zum Personalrat öffentlicher Behörden usw. den Gegensatz zu öffentlichen Wahlen bilden Wahlen auf Grund privaten Rechts, zB zu Betriebsräten, den Organen eines Vereins, einer AG oder Genossenschaft oder einer politischen Partei (HHS/ *Beckemper* AO § 375 Rn. 22 mwN; vgl. aber § 8 I 3 BetrVG). **13**

§ 375 I AO bezieht sich nur auf die **passive Wahlfähigkeit.** Das Recht, sich durch Stimmabgabe an öffentlichen Wahlen aktiv zu beteiligen, bleibt von Anordnungen nach § 375 I AO unberührt. Das aktive Wahlrecht kann nach § 45 V StGB nur aberkannt werden, wenn es ausdrücklich gesetzlich bestimmt ist, zB in §§ 92a, 102 II, 108c, 109i StGB. **14**

Würden, Titel, Orden und Ehrenzeichen, die nicht mit einem öffentlichen Amt verbunden oder durch eine öffentliche Wahl erlangt worden sind oder verliehen werden können, werden von § 375 I AO nicht erfasst. **15**

Eine **Entziehung der Fahrerlaubnis** wegen Steuerstraftaten ist nach § 369 II iVm § 69 StGB als Maßregel der Sicherung mit Blick auf Steuerstraftaten denkbar, etwa wenn ein Schmuggel unter Verwendung eines Kraftfahrzeugs begangen wird. Das setzt jedoch voraus, dass der Verurteilte sich zum Führen von Kraftfahrzeugen ungeeignet erwiesen hat. Das kann nicht bei jeder Straftat pauschal angenommen werden (vgl. Tipke/Kruse/*Krumm* AO § 375 Rn. 32). **15a**

Ein Fahrverbot kommt nach **§ 44 I StGB bei jeder Verurteilung** zu einer Freiheitsstrafe oder Geldstrafe auch wegen Steuerstraftaten in Betracht und ist auch bei solchen Taten stets zu erwägen. Das gilt insbesondere dann, wenn eine Geldstrafe wegen der wirtschaftlichen Verhältnisse des Täters nicht hinreichend auf den Täter einwirken könnte. **15b**

Die Möglichkeit und Notwendigkeit der Verhängung von Fahrverboten wird in der Praxis bislang aber wohl noch nicht hinreichend erkannt (vgl. Tipke/Kruse/*Krumm* AO § 375 Rn. 31).

15c **Weitere denkbare Folgen** von Steuerstraftaten sind Berufsverbote nach §§ 70 ff. StGB, berufsrechtliche Maßnahmen, die Entziehung des Jagdscheins (zwingend nach §§ 17, 18 BJagdG bei Unzuverlässigkeit, → § 370 Rn. 691), die Entziehung der Waffenbesitzkarte bzw. des Waffenscheins (eingehend Tipke/Kruse/*Krumm* AO § 375 Rn. 33 ff.).

3. Voraussetzungen des § 375 I AO

16 Die Aberkennung der Amtsfähigkeit und Wählbarkeit setzt voraus, dass gegen jemanden wegen **Steuerhinterziehung** (§ 370, ggf. iVm § 373), **Bannbruchs** (§ 372 II, § 373), **Steuerhehlerei** (§ 374) oder **Begünstigung** zu einer dieser Taten (§ 257 StGB) eine Freiheitsstrafe von mindestens einem Jahr verhängt wird. Bei Bannbruch ist § 375 I AO nur anwendbar, wenn die Tat gem. § 372 II AO nach § 370 AO oder §§ 370, 373 AO bestraft wird, nicht schon dann, wenn lediglich eine Tat nach § 372 I AO begangen wurde (HHS/*Beckemper* AO § 375 Rn. 26, Klein/*Jäger* AO § 375 Rn. 3).

17 **Ob die Straftat vollendet war oder nur in strafbarer Weise versucht wurde,** ist bei den Vergehen nach § 370, § 372 II oder § 374 AO unerheblich (vgl. HHS/*Beckemper* § 375 Rn. 27, Erbs/Kohlhaas/*Hadamitzky/Senge* AO § 375 Rn. 2). Bei der Begünstigung, deren Versuch nicht mit Strafe bedroht ist (§ 12 II, § 23 I StGB), ist die Frage nach der Vollendung allerdings entscheidend.

18 Für die Nebenstrafe nach § 375 I AO ist auch unerheblich, ob der zu einer Hauptstrafe von mindestens einem Jahr Freiheitsstrafe Verurteilte eine der im Gesetz genannten Steuerstraftaten (→ Rn. 16) **als Täter, Anstifter oder Gehilfe** begangen hat (RG 5.3.1926, RGSt 60, 126 zu § 32 StGB aF).

19 Die formalen Voraussetzungen des § 375 I AO sind auch erfüllt, wenn die Hauptstrafe von mindestens einem Jahr Freiheitsstrafe wegen einer Tat verhängt wird, die **mehrere Gesetze verletzt** hat, und § 370, § 372 II, § 374 AO oder § 257 StGB nur *eines* der verletzten Gesetze darstellt – unabhängig davon, ob die Hauptstrafe gem. § 52 StGB aus dem Steuergesetz oder einem schärferen nichtsteuerlichen Strafgesetz entnommen wird (RG 22.3.1939, RGSt 73, 148, 150 f.; Kohlmann/*Hilgers-Klautzsch* AO § 375 Rn. 17; HHS/*Beckemper* AO § 375 Rn. 28), dass die Strafe nach dem Steuerstrafgesetz mindestens ein Jahr beträgt, ist nicht vorausgesetzt, da bei Tateinheit nur eine einzige Strafe verhängt wird (HHS/*Beckemper* AO § 375 Rn. 29).

20 Wird dagegen wegen mehrerer selbstständiger Straftaten gem. §§ 53, 54 StGB eine **Gesamtstrafe** von mindestens einem Jahr Freiheitsstrafe verhängt, so ist die Aberkennung der Amtsfähigkeit und Wählbarkeit nach § 375 I AO grundsätzlich nur dann zulässig, wenn die einbezogene Einzelstrafe wegen der **Steuerstraftat mindestens ein Jahr Freiheitsstrafe** beträgt. Es genügt nicht, wenn das Mindestmaß von einem Jahr Freiheitsstrafe erst durch die Gesamtstrafenbildung erreicht wird (BGH 25.6.1958, GA 1958, 367; HHS/*Beckemper* AO § 375 Rn. 29). Die Voraussetzungen des § 375 I AO sind also nicht erfüllt, wenn zB aus einer Einzelstrafe von 7 Monaten Freiheitsstrafe wegen Untreue und einer weiteren Einzelstrafe von sieben Monaten Freiheitsstrafe wegen Steuerhinterziehung eine Gesamtstrafe von einem Jahr Freiheitsstrafe gebildet wird.

20a Die Aberkennung ist dagegen zulässig, wenn wegen mehrerer **gleichartiger** in § 375 I AO **bezeichneter Delikte** auf eine **mindestens einjährige Gesamtfreiheitsstrafe** erkannt wurde, mögen auch die Einzelstrafen das in § 375 I AO geforderte Mindestmaß von einem Jahr Freiheitsstrafe nicht erreichen (vgl. BGH 8.1.2008, NJW 2008, 929 zu § 358 StGB; SK-StGB/*Rogall* StGB § 358 Rn. 2, MüKoStGB/*Voßen* StGB § 358 Rn. 6; HHS/*Beckemper* AO § 375 Rn. 29; Klein/*Jäger* AO § 375 Rn. 8). Insofern besteht eine Parallele zu § 48 BBG aF. (jetzt § 24 BeamtStG), der ebenfalls so ausgelegt wird, dass die Verurteilung zu einer Gesamtfreiheitsstrafe von mindestens einem Jahr zur Entlassung aus dem Beamtenverhältnis führt (vgl. BGH 9.6.1981, NStZ 1981, 342; BGH 19.4.2004, wistra 2004, 264).

4. Wirkung einer Entscheidung nach § 375 I AO

Die Aberkennung der Amtsfähigkeit und Wählbarkeit hat unmittelbar zur 21 **Folge,** dass der Verurteilte die öffentlichen Ämter und die aus öffentlichen Wahlen erlangten Rechte und Rechtsstellungen verliert, die er im Zeitpunkt des Eintritts der Rechtskraft des Urteils innehat (§ 45 III, IV, § 45a I StGB). Diese Wirkung des § 45 IV StGB steht unter dem Vorbehalt, dass nicht Sondergesetze bereits unter der Voraussetzung der Verurteilung zu einer Freiheitsstrafe den Verlust eines bestimmten öffentlichen Amtes usw. bestimmen oder den Verlust eines bestimmten Mandats abw. von § 45 IV StGB, von einer zusätzlichen (außerstrafrechtlichen) Entscheidung abhängig machen (→ Rn. 22 f.). Zudem kann der Verurteilte für den bestimmten Zeitraum keine Rechte (oder Pflichten) aus einer Wahl oder einem öffentlichen Amt erlangen (HHS/*Beckemper* AO § 375 Rn. 31 ff.).

Sondergesetze, nach denen jemand durch Verurteilung wegen einer vorsätzlichen Tat 22 zu einer Freiheitsstrafe von mindestens einem Jahr (oder 6 Monaten) ein bestimmtes öffentliches Amt kraft Gesetzes verliert, sind zB § 41 I BBG (= § 24 I BeamtStG) über die Beendigung des Beamtenverhältnisses und § 59 I BeamtVG iVm § 41 BBG über das Erlöschen der Versorgungsbezüge eines Ruhestandsbeamten, § 24 Nr. 1 DRiG über die Beendigung des Richterverhältnisses, § 49 BNotO über den Verlust des Notaramts. Diese spezifischen Vorschriften stellen Sonderregelungen zum Amtsverlust dar, so dass § 375 I 2 AO nur unmittelbare Wirkung auf das Innehaben und Ausüben öffentliche Ämter haben kann, soweit keine Spezialregelungen vorhanden sein: das gilt zB bei dem Amt des Handelsrichters für das keine spezifischen Regelungen vorgesehen sind (§ 109 GVG).

Mittelbare Wirkungen ergeben sich aus einer Entscheidung nach § 375 I AO auf 23 Grund solcher Sondergesetze, die zwar an die strafgerichtliche Aberkennung der Amtsfähigkeit und Wählbarkeit anknüpfen, aber den Verlust eines Mandats *einer besonderen Entscheidung vorbehalten,* zB § 47 I Nr. 3 iVm § 46 I Nr. 3 BWahlG über Verlust der Mitgliedschaft im Deutschen Bundestag – über den der Ältestenrat des Deutschen Bundestages beschließt (HHS/*Beckemper* AO § 375 Rn. 33) – oder die den *Verlust bestimmter beruflicher Qualifikationen anordnen,* zB § 14 II Nr. 2 BRAO die Zulassung zur Rechtsanwaltschaft, § 21 I Nr. 2 PatAnwO die Zulassung als Patentanwalt, § 20 II Nr. 2 WiPrO die Bestellung als Wirtschaftsprüfer, § 46 II Nr. 3 StBerG die Bestellung als Steuerberater.

Über die aktuelle (mittelbare oder unmittelbare) Wirkung hinaus versperrt eine Ent- 24 scheidung nach § 375 I AO dem Verurteilten innerhalb der im Urteil bestimmten Frist (→ Rn. 25) den **Zugang zu einem öffentlichen Amt** und die Möglichkeit, neue Rechte oder Rechtsstellungen aus öffentlichen Wahlen zu erlangen – eine Folge, die § 15 II Nr. 3 BWahlG zusätzlich ausspricht. Ferner hat die Aberkennung der Amtsfähigkeit und Wählbarkeit auf Grund der meisten Berufsordnungen eine **Zulassungssperre** für diese Berufe zur Folge (vgl. § 7 Nr. 2 BRAO; NdsFG 6.3.2008, StE 2008, 346).

Die Bemessung der Frist liegt innerhalb des gesetzlichen Rahmens von zwei bis zu 25 fünf Jahren im pflichtgemäßen Ermessen des Strafrichters (HHS/*Beckemper* AO § 375 Rn. 30). Die allgemeinen Strafzumessungsregeln sind anzuwenden (*Fischer* StGB § 45 Rn. 9; Erbs/Kohlhaas/*Hadamitzky/Senge* AO § 375 Rn. 4; aM SK-StGB/*Wolters* § 45 Rn. 12). Die Bestimmung des Zeitraums muss dementsprechend schuldangemessen im Einzelfall vorgenommen werden und sich nicht nach vollen Jahren bemessen (aA: *Fischer* StGB § 45 Rn. 8; GJW/*Heine* AO § 375 Rn. 10).

Die Wirksamkeit der Aberkennung und die **Berechnung der Frist** richten sich gem. 25a § 369 II AO nach § 45a StGB. Nach § 45a II StGB beginnt die Frist mit dem Tage, *„an dem die Freiheitsstrafe verbüßt, verjährt oder erlassen ist".* Dieser aufschiebende Fristbeginn ist notwendig um die Aberkennung der Amtsfähigkeit und Wählbarkeit nicht leerlaufen zu lassen. Das wäre der Fall, wenn die Frist bereits während der Vollstreckung der Freiheitsstrafe oder freiheitsentziehender Maßregel zu laufen begönne (HHS/*Beckemper* AO § 375 Rn. 35). Bei Aussetzung der Vollstreckung der Strafe zur Bewährung beginnt die Frist allerdings mit Rechtskraft und nicht erst nach Ablauf der Bewährungszeit. Diese wird gem. § 45a III StGB auf die Frist nach § 45 StGB angerechnet (LK-StGB/*Schneider* StGB § 45a Rn. 11).

25b Nach Ablauf der Frist **erlangt** der Verurteilte die **Amtsfähigkeit und Wählbarkeit ohne weiteres wieder.** Ist er aufgrund des Richterspruchs aus einem Amt ausgeschieden, so erhält er dieses jedoch nicht zurück. Vorzeitig ist die Rückgewinnung der Amtsfähigkeit und der Wählbarkeit nach § 45b StGB möglich. Liegen die Voraussetzungen des § 45b StGB vor, so hat das Gericht nach pflichtgemäßem Ermessen zu entscheiden (HHS/*Beckemper* AO § 375 Rn. 36 ff.)

5. Verfahrensfragen

a) Form der Entscheidung

26 Da die Aberkennung der Amtsfähigkeit und Wählbarkeit nicht Inhalt einer Freiheitsstrafe, sondern Nebenstrafe ist (→ Rn. 8), muss sie im **Urteil ausdrücklich ausgesprochen** werden. Eine Anordnung durch Strafbefehl ist unzulässig (vgl. § 407 II StPO). Bei einer Gesamtstrafenbildung (→ Rn. 20) ist die Nebenstrafe nach § 375 I AO neben der Gesamtstrafe, nicht neben einer Einzelstrafe anzuordnen (RG 15.5.1941, RGSt 75, 212).

b) Beschränkung eines Rechtsmittels

27 Soweit gegen das Urteil die **Berufung** zulässig ist (vgl. § 312 StPO), kann sie gem. § 318 StPO auf die Verurteilung zu der Nebenstrafe nach § 375 I AO **beschränkt** werden (vgl. § 327 StPO). Gleiches gilt für die Revision (vgl. § 344 I StPO).

III. Einziehung

Schrifttum: *W. Weber,* Zur Problematik von Enteignung und Sozialisierung nach neuem Verfassungsrecht, NJW 1950, 402; *Zeidler,* Strafrechtliche Einziehung und Art. 14 GG, NJW 1954, 1148; *Mann,* Wann ist ein auf der Zollstraße eingefahrenes Kraftfahrzeug gem. § 401 AO zur Begehung einer Steuerhinterziehung benutzt?, ZfZ 1955, 139; *Maurach,* Die Objekte der Einziehung nach § 86 StGB, JZ 1964, 529; *Trapp,* Die Einziehung der Umschließungen von Flüssigkeiten gemäß § 401 AO, ZfZ 1957, 336; ZfZ 1958, 272; *Ritter,* Die Einziehung von unter Eigentumsvorbehalt gekauften oder sicherungsübereigneten Beförderungsmitteln, ZfZ 1957, 334; *Kröner,* Die Einziehung und Art. 14 GG, NJW 1959, 81; *Rümelin,* Die Neuregelung der Einziehung in der Reichsabgabenordnung, ZfZ 1961, 206 ff., 209 f.; *Bender,* Fragen der Wertersatzeinziehung, NJW 1969, 1056; *K. Schäfer,* Zum Eigentumsbegriff im Einziehungsrecht, FS Dreher, 1977, 283; *Eser,* Zum Eigentumsbegriff im Einziehungsrecht, JZ 1972, 146; JZ 1973, 171; *K. Schäfer,* Zum Eigentumsbegriff im Einziehungsrecht, Dreher-Festschrift 1977, 283; *Julius,* Einziehung, Verfall und Art. 14 GG, ZStW 109 (1997), 58; *Achenbach,* Zur Einziehung von Gegenständen, die im Eigentum einer juristischen Person stehen, aber von deren Organ zur Begehung von Straftaten verwendet wurden, JR 1997, 205; *Jekewitz,* Verfassungsrechtliche Aspekte des strafgerichtlichen Zugriffs auf Geldvermögen und seine Rückgängigmachung auf dem Gnadenweg, GA 1998, 276; *Achenbach,* Ausweitung des Zugriffs bei den ahndenden Sanktionen gegen die Unternehmensdelinquenz, wistra 2002, 441; *Schumann/Schmidt-Bremme,* Zur Rückführung eingeschmuggelter Kunstwerke in ihre Herkunftsstaaten, NJW 2002, 574; *Spieker,* Verfall, Einziehung und dinglicher Arrest im Ermittlungsverfahren – Möglichkeiten der Strafverteidigung, StraFo 2002, 43; *Rönnau,* Die Vermögensabschöpfung in der Praxis, 2003; *Neuefeind,* Strafrechtliche Gewinnabschöpfung, JA 2004, 155; *Detter,* Zum Strafzumessungs- und Maßregelrecht, NStZ 2005, 498; NStZ 2007, 627; *Barreto da Rosa,* Staatliche Einziehung vs Opferschutz – Bereicherung des Staates auf Kosten Verletzter?, NStZ 2012, 419; *Pump,* Rechtsfolgen bei Verwendung von Manipulationssoftware (Zappersoftware), DStZ 2013, 99; *Korte,* Vermögensabschöpfung reloaded, wistra 2018, 1; *Ullenboom,* Die „vergessene" Einziehung von Taterträgen und ihre Folgen nach dem Gesetz zur Reform der strafrechtlichen Vermögensabschöpfung, wistra 2018, 291.

1. Systematik der Einziehungsvorschriften

§ 375 II AO ermöglicht die Einziehung von Schmuggelware und Beförderungsmitteln bei Schmuggelstraftaten. 28

Die zum 1.7.2017 grundlegend neu gefassten *allgemeinen* Vorschriften der §§ 73 ff. StGB regeln, unter welchen Voraussetzungen Tatprodukte und Tatmittel eingezogen werden können (§ 74 I StGB) und Sachen iSd § 375 II AO oder des § 74 I StGB auch dann eingezogen werden können, wenn sie dem Täter oder Teilnehmer *nicht gehören* (§ 74 III 2, § 74a StGB). § 74c StGB ermöglicht die Einziehung des Wertes von Tatprodukten, Tatmitteln und Tatobjekten, wenn der Täter oder Teilnehmer die Einziehung einer Sache vereitelt hat. Gem. § 76a StGB kann im Einzelfall die Einziehung *selbstständig* (unabhängig von einer Bestrafung) angeordnet werden. Die Wirkung der Einziehung regelt § 75 StGB; unter welchen besonderen Voraussetzungen für den durch Einziehung herbeigeführten Verlust dinglicher Rechte eine Entschädigung zu gewähren ist, bestimmen § 74b II, III StGB. § 73a StGB ermöglicht schließlich die erweiterte Einziehung von Taterträgen bei Tätern und Teilnehmern, nunmehr bei jeder Straftat. § 74e StGB enthält Vorschriften, die *juristische Personen* den natürlichen Personen gleichstellen. Nach § 76a StGB ist eine Einziehung auch in einem objektiven selbständigen Verfahren möglich. 28a

Die **verfahrensrechtlichen Vorschriften** über die Einziehung sind in den §§ 421–439 StPO enthalten, von denen §§ 435, 444 III StPO über die Einziehung im selbstständigen Verfahren durch das Antragsrecht der FinB nach §§ 401, 406 II AO ergänzt wird. Die Einziehung ist vom Tatgericht im Urteil auszusprechen, kann aber nach der Rspr. des BGH (15.8.2018, NStZ-RR 2018, 314 f.) durch das Revisionsgericht nachgeholt werden, wenn das Instanzgericht die Einziehung ersichtlich vergessen hat. 28b

Über die Einziehung bei Steuerordnungswidrigkeiten enthält die AO keine Sondervorschriften (→ Rn. 7). Hier gelten allein die materiellen Vorschriften der §§ 22–29 OWiG und die verfahrensrechtliche Vorschrift des § 87 OWiG. 29

2. Zweck und Rechtsnatur der Einziehung

Die Rechtsnatur der **Einziehung nach § 74 StGB** – für die früher sinnvollerweise als Verfall bezeichnete Einziehung nach §§ 73 ff. StGB gilt etwas anderes – ist str.; die hM misst ihr (Matt/Renzikowski/*Altenhain/Fleckenstein* StGB § 74 Rn. 1; Schönke/Schröder/ *Eser/Schuster* StGB vor §§ 73 StGB Rn. 19 ff.; Lackner/Kühl/*Heger* StGB § 74 Rn. 1); und die Einziehung nach § 375 II AO eine Doppelnatur zu: Sie ist, soweit sie sich gegen Tatbeteiligte richtet, **Nebenstrafe** (BGH 8.5.2018, NStZ 2018, 616, 618; 26.4.1983, NJW 1983, 2710; *Fischer* StGB § 74 Rn. 3 mwN), erfüllt jedoch in den meisten Fällen zugleich den Zweck, die Allgemeinheit durch Wegnahme des Gegenstandes vor weiteren Straftaten zu schützen (vgl. auch HHS/*Beckemper* AO § 375 Rn. 39). Der Sicherungszweck wird auch durch die Zulassung einer selbstständigen Einziehung nach § 76a StGB deutlich (Begr. vor § 109 E 1962, BT-Drs. IV/650, 240). Soweit die Einziehung nach dem Inkrafttreten des EGOWiG noch zwingend vorgeschrieben ist, wie zB in § 150 StGB, ist sie vorwiegend Sicherungsmaßnahme. Eine reine Sicherungsmaßnahme ist die Einziehung, wenn der Gegenstand rechtmäßig gar nicht verwendet werden kann, wie zB gefälschte Steuerzeichen, und zwar auch dann, wenn sie nur einen Tatbeteiligten trifft. An der grundsätzlichen Verfassungsmäßigkeit einer solchen Regelung bestehen keine Zweifel (BVerfG 14.1.2004, BVerfGE 110, 13 ff.; HHS/*Beckemper* AO § 375 Rn. 39) auch wenn die zum Teil sehr geringen Anforderungen in § 76a IV StGB und im Verfahren (§ 437 StPO) rechtsstaatlich bedenklich sein mögen. 30

Soweit § 375 II 2 AO iVm § 74a StGB die **Einziehung auch einem Tatunbeteiligten gegenüber** zulässt (vgl. BGH 11.5.2016, wistra 2016, 412, 421), soll „vorwiegend generalpräventiven Zwecken" dienen, aber dennoch „strafähnliche Bedeutung" haben (Begr. vor § 109 E 1962, BT-Drs. IV/651, 241; vgl. auch Schönke/Schröder/*Eser/Schuster* StGB vor 31

§ 73 Rn. 22). Zwar ist der Betroffene nicht Täter oder Teilnehmer, jedoch muss er nach § 74a StGB entweder *„mindestens leichtfertig"* dazu beigetragen haben, dass seine Sache Mittel oder Gegenstand der Tat oder ihrer Vorbereitung gewesen ist (Nr. 1), oder er muss die Sache in Kenntnis der einziehungsbegründenden Umständen, *„in verwerflicher Weise"* erworben haben (Nr. 2). Im ersten Fall wird die schuldhafte Beziehung des Dritten zur Tat, im zweiten Fall der vorsätzliche Erwerb einer tatbefangenen Sache missbilligt.

32 Da die Einziehung – außer im Sonderfall der selbstständigen Einziehung nach § 76a StGB – **Nebenstrafe** ist, setzt sie regelmäßig voraus, dass der Täter oder Teilnehmer wegen der Tat zu einer Hauptstrafe verurteilt wird. Ausnahmsweise kann eine Sache jedoch wegen Gefährdung der Allgemeinheit unter den Voraussetzungen des § 74b I Nr. 1 StGB auch dann eingezogen werden, wenn der Täter oder Teilnehmer zwar rechtswidrig, aber nicht schuldhaft gehandelt hat (§ 74b I, III StGB, Begr. BT-Drs. V/1319, 54; 18/9525, 57 f.). Eine selbständige Einziehung kann nach § 76a III StGB erfolgen, wenn das Strafverfahren wegen geringer Schuld nach §§ 153, 153a StPO, § 398 AO oder nach § 32 I ZollVG eingestellt wird.

3. Der Einziehung unterliegende Sachen

a) Erzeugnisse, Waren und andere Sachen (§ 375 II Nr. 1 AO)

33 § 375 II Nr. 1 AO ist eine besondere Vorschrift iSv § 74 II StGB und bezeichnet diejenigen Sachen, die eingezogen werden können, weil sie Gegenstand einer (versuchten) Hinterziehung von Verbrauchsteuer, Zoll oder Abschöpfung (§ 370), eines Bannbruchs (§ 372 II) oder einer Steuerhehlerei (§ 374) waren (Tatobjekte). **Verbrauchsteuerpflichtige Erzeugnisse** sind Bier, Tabakerzeugnisse, Kaffee usw. (→ § 381 Rn. 4, 15), ferner Gegenstände, die der EUSt unterliegen (LG Nürnberg-Fürth 15.5.2019, wistra 2020, 87 f.). Die **zollpflichtigen Waren** ergeben sich aus dem Integrierten Tarif der Europäischen Gemeinschaften (TARIC). **Andere Sachen** sind solche, deren Ein-, Aus- oder Durchfuhr verboten ist (→ § 372 Rn. 40), ohne dass sie einem Zoll, einer Abschöpfung oder einer Verbrauchsteuer unterliegen (zB bei Einfuhr von Sprengstoffen entgegen § 15 SprengG; insofern gilt jedoch § 43 SprengG).

33a **Rechte** können nach § 375 II AO – anders als nach § 74 StGB – nicht eingezogen werden (HHS/*Beckemper* AO § 375 Rn. 49). Eine Einziehung nach § 74 I StGB ist bei Erzeugnissen, Waren etc. aber nicht möglich, soweit sie nicht Tatprodukte oder Tatmittel, sondern Beziehungsgegenstände sind und eine spezifische Regelung nach § 74 II StGB fehlt.

34 Die Frage, ob § 375 II Nr. 1 AO bei Flüssigkeiten und Gasen auch die **Behältnisse** erfasst, wurde zu früheren Einziehungsvorschriften zunächst allgemein bejaht (RG 19.6.1917, RGSt 51, 75, 77 für Flaschen; RG 3.8.1939, RGSt 73, 289, 291 für Bierfässer). Nach der Rspr des BGH ist maßgebend, ob das Behältnis nach der Verkehrsauffassung die Eigenschaft reinen „Zubehörs" (§ 97 BGB) hat, wie zB Einwegflaschen (auch in einem Pfandsystem) oder einen eigenständigen Wert darstellen, weil sie regelmäßig auch ohne Inhalt gehandelt werden wie bei Bierfässern, Siphons, Tanks usw. (BGH 3.12.1954, BGHSt 7, 87; Erbs/Kohlhaas/*Hadamitzky/Senge* AO § 375 Rn. 10; HHS/*Beckemper* AO § 375 Rn. 60 f.). Die Einziehung solcher Behältnisse von eigenem erheblichen Wert ist dann nicht nach § 375 II Nr. 2 AO (→ Rn. 35), sondern allenfalls nach § 74 I StGB möglich (→ Rn. 42, 44).

b) Beförderungsmittel (§ 375 II Nr. 2 AO)

35 **Als Beförderungsmittel, die zur Tat benutzt worden sind,** kommen nur solche Sachen in Betracht, *„durch die die Beförderung, die Fortbewegung von Personen oder Sachen von einem Ort zum anderen bewirkt wird, nicht aber auch Umhüllungen, wie Rucksäcke, Koffer, Handtaschen, die selbst mit befördert werden, und Beförderungsgegenstände im Gegensatz zu den Beförderungsmitteln sind"* (so RG 6.2.1934, RGSt 68, 44 f.; OLG Köln 18.9.1956, ZfZ 1956 341). Der Begriff des Beförderungsmittels ist danach auf Fahrzeuge und Tiere beschränkt

(BMR SteuerStR/*Bender/Möller/Retemeyer* B Rn. 403; GJW/*Heine* AO § 375 Rn. 24, Erbs/Kohlhaas/*Hadamitzky/Senge* AO § 375 Rn. 10), sofern sie nicht selbst Schmuggelgut sind (RG 15.4.1935, RGSt 69, 193 zum Schmuggeln von Pferden mit einer Kutsche).

Mit einem Kraftfahrzeug können als dessen Zubehör auch die Fahrzeugpapiere eingezogen werden (BayObLG 7.5.1952, VRS 7, 513). Der BGH (20.11.2018, NZWiSt 2019, 192, 193) hat es jedoch nicht als zwingend angesehen, dass Sattelauflieger und Zugmaschine als eine Einheit angesehen werden und hat bei der Einziehung des gesamten Gespanns auf die Beachtung des Verhältnismäßigkeitsgrundsatzes (§ 74f StGB) hingewiesen. **36**

Fahrzeuge, die dem öffentlichen Verkehr dienen und unabhängig von den Weisungen des Fahrgastes verkehren, sind nicht mehr ausdrücklich von der Einziehung ausgenommen (anders noch § 401 RAO 1931). Das dem Richter nach § 375 II AO eingeräumte Ermessen und seine ausdrückliche Bindung an den Grundsatz der Verhältnismäßigkeit nach § 74f StGB (→ Rn. 65 ff.) schließen es aber regelmäßig aus zB einen Reisebus einzuziehen, dessen Fahrgäste Schmuggelgut mit sich geführt haben (HHS/*Beckemper* AO § 375 Rn. 62), sofern es sich nicht auch aus Sicht des Anbieters der Reise um den Zweck der Reise gehandelt hat. **37**

Zur Tat benutzt ist ein Beförderungsmittel, wenn es der Täter gebraucht hat, um Sachen zu befördern, auf die sich die Steuerstraftat bezieht (RG 15.4.1935, RGSt 69, 193). Die Verbringung der steuerpflichtigen Erzeugnisse oder zollpflichtigen Waren braucht nicht der einzige Zweck der Fortbewegung zu sein. Die Einziehung ist auch dann zulässig, wenn außer dem abgabepflichtigen Gut andere Sachen und Personen mit dem Fahrzeug etc. befördert wurden. Abzulehnen ist jedoch die Auffassung des BGH, nach der es unerheblich sein soll, ob die Verbringung der steuerpflichtigen Erzeugnisse oder zollpflichtigen Waren hinter der Beförderung der steuerlich belanglosen Gegenstände sowie der mitfahrenden Personen wesentlich zurückstand (BGH 23.5.1952, BGHSt 3, 1 f.; ähnl. OLG Hamm 21.5.1954, VRS 7, 233). Insofern ergibt sich aus dem Grundsatz der Verhältnismäßigkeit, dass eine Einziehung bei so untergeordneter Bedeutung des Fahrzeugs als Tatmittel iSv § 375 II 1 Nr. 2 AO die Einziehung nicht begründen kann. Dies zeigt auch die Rspr. zu § 401 RAO 1931, nach der ein Kfz bei Kleinschmuggel nicht als Beförderungsmittel anzusehen war, zB wenn im Tank Treibstoff in einer Menge eingeführt wurde, die die Freigrenze überstieg (KG 31.3.1957, NJW 1975, 841; OLG Köln 4.9.1959, NJW 1959, 2128; Erbs/Kohlhaas/*Hadamitzky/Senge* AO § 375 Rn. 10). **38**

Aufgrund der Art seiner Verwendung ist zur Tat auch ein Kfz benutzt, das dem mit Schmuggelware beladenen Fahrzeug vorausfährt, um den Transport gegen Grenz- und Zollkontrollen zu sichern (BGH 14.10.1952, BGHSt 3, 355; Schwarz/Pahlke/*Dumke* AO § 375 Rn. 23), oder ein nachfolgendes Sicherungsfahrzeug (Klein/*Jäger* AO § 375 Rn. 15; OLG Köln 21.8.1955, ZfZ 1955, 370; OLG Köln 4.10.1955, GA 1956, 328). Dagegen genügt es nicht, wenn sich der Täter des Fahrzeugs nur für seine Person bedient hat, um in die Nähe der Zollgrenze zu gelangen (RG 6.2.1934, RGSt 68, 42, 44) oder um sich selbst nach der Tat in Sicherheit zu bringen (zust. Erbs/Kohlhaas/*Hadamitzky/Senge* AO § 375 Rn. 12). **39**

Eine **Verwendung** des Fahrzeugs **vor Versuchsbeginn** und **nach Beendigung** ist keine Benutzung *zur* Tat. Ein Kfz soll aber auch dann zur Tat benutzt sein, wenn damit das Schmuggelgut in der Zeit zwischen Vollendung und Beendigung befördert wurde (RG 10.2.1939, RGSt 73, 104, 106; Schwarz/Pahlke/*Dumke* AO § 375 Rn. 23). Das überzeugt deswegen nicht, weil auch im Steuerstrafrecht § 11 I Nr. 5 StGB gilt, der bestimmt, dass der Begriff der Tat die Erfüllung des gesetzlichen Tatbestandes meint. Daher kann eine Sache nur solange zur Tatbegehung benutzt werden, wie der gesetzliche Tatbestand nicht erfüllt ist (Vollendung). Eine Ausdehnung darüber hinaus, also auf die Phase zwischen Vollendung und Beendigung überschreitet die Wortlautgrenze (vgl. MüKoStGB/*Wegner* AO § 375 Rn. 30). **40**

Ein Fahrzeug wurde auch dann **zur Tat benutzt,** wenn es nicht der Täter, sondern ein Gehilfe zu dem verbotenen Zweck gebraucht hat (RG 30.4.1931, RGSt 65, 283, 285; RG 16.1.1934, RGSt 68, 11 f.; OLG Köln 9.7.1954, ZfZ 1954, 345; OLG Köln 13.4.1954 – Ss 344/53 – zit. bei *Felix* FR 1957, 418; Erbs/Kohlhaas/*Hadamitzky/Senge* AO § 375 **41**

Rn. 11), nicht aber dann, wenn der Täter mit einem gutgläubigen Fuhrunternehmer oder Spediteur einen Werkvertrag über die Beförderung schließt und diesem die Einzelheiten der Beförderung, zB die Wahl des Fahrzeugs und des Weges, überlassen bleiben und er in Unkenntnis der Sachlage den Transport durchführt (RG 11.2.1937, RGSt 71, 58; RG 26.6.1941, HRR Nr. 1030).

41a Der **Ausspruch einer Einziehung** nach § 74 II StGB, § 375 AO im Urteil muss hinreichende Feststellungen zur Nutzung des konkreten Tatmittels bei der abgeurteilten Tat beinhalten (BGH 15.5.2019, StV 2020, 232). Das setzt voraus, dass der einzuziehende Gegenstand in einer von der Anklageschrift umschriebenen Tat und vom Gericht festgestellten Anknüpfungstat hinreichend konkret bezeichnet wurde (BGH 19.2.2019, NStZ-RR 2019, 155). Daher kommt nur noch eine nachträgliche Einziehung nach § 76a StGB in Betracht, wenn Gegenstände Tatmittel, Tatprodukte etc. aus Straftaten sind, deren Verfolgung nach § 154 StPO eingestellt wurde (BGH 8.11.2018, NStZ 2019, 271 f.). Im Falle der Beschränkung nach § 154a StPO steht der nachträglichen selbständigen Einziehung allerdings der Strafklageverbrauch entgegen.

c) Tatprodukte oder Tatmittel (§ 74 I StGB)

42 Außer den in § 375 II AO angeführten Sachen können gem. § 369 II AO bei sämtlichen Steuerstraftaten auch Sachen eingezogen werden, welche nur die allgemeinen Merkmale des § 74 I StGB erfüllen:

§ 74 StGB Einziehung von Tatprodukten, Tatmitteln und Tatobjekten bei Tätern und Teilnehmern
(1) Gegenstände, die durch eine vorsätzliche Tat hervorgebracht (Tatprodukte) oder zu ihrer Begehung oder Vorbereitung gebraucht worden oder bestimmt gewesen sind (Tatmittel), können eingezogen werden.
(2), (3) [...] (→ Rn. 47)

43 **Durch die Tat hervorgebracht (Tatprodukte)** sind nur Gegenstände, die *unmittelbar* durch die Tat entstanden sind *(producta sceleris)*. Dies trifft auf Erlöse aus dem Verkauf geschmuggelter Sachen nicht zu (RG 30.1.1920, RGSt 54, 223 zu § 259 StGB). Die erste Alternative des § 74 I StGB kann daher im Steuerstrafrecht neben § 150 StGB und § 375 II AO keine praktische Bedeutung entfalten (zust. GJW/*Heine* AO § 375 Rn. 26).

44 **Zur Begehung einer Tat gebraucht** sind Sachen, die als Mittel oder Werkzeug zur Tathandlung oder ihrer Vorbereitung gedient haben *(instrumenta sceleris)*. Das kann etwa ein Fahrzeug sein, das für die Fahrt zum Tatort verwendet wurde (BGH 7.4.2020, NStZ-RR 2020, 171 f.). § 74 I StGB soll auch auf Sachen anwendbar sein, die erst *nach* Vollendung der Tat, aber *vor* ihrer Beendigung benutzt worden sind (RG 24.2.1939, RGSt 73, 106, 108; BGH 27.5.1952, NJW 1952, 892), zB Koffer und Rucksäcke zum Fortschaffen des Schmuggelgutes nach dem Überschreiten der Grenze (vgl. aber die Bedenken → Rn. 40). In Betracht kommen ferner Schmuggelwesten und „Zampelsäcke" sowie Waffen, die ein Täter oder Teilnehmer eines Vergehens nach § 373 II Nr. 1 oder 2 AO während der Tat bei sich führt.

45 Nach dem ausdrücklichen Wortlaut des § 74 I StGB genügt, dass die Hilfsmittel zur Begehung oder Vorbereitung einer konkreten Tat **bestimmt gewesen sind;** auf eine tatsächliche Benutzung kommt es nicht an. Es genügt jedoch nicht, dass eine Sache nur zur *Herstellung* eines Tatwerkzeugs benutzt worden ist (RG 12.6.1925, RGSt 59, 250). Nicht ausreichend ist ferner, dass der Gegenstand nur gelegentlich der Tatbegehung genutzt worden ist (zB bei der Tat getragene Kleidung). Zudem ist ein gezielter Gebrauch zur Verwirklichung oder Förderung des deliktischen Vorhabens erforderlich (BGH 3.7.2018, StV 2019, 20 f.).

46 Erforderlich ist, dass die Tat (in der vorbereiteten Weise) **mindestens versucht** worden ist, sofern der Versuch als solcher – wie nach § 370 II, §§ 372, 374 AO – mit Strafe bedroht ist (BGH 6.10.1955, BGHSt 8, 205, 212; weitergehend RG 8.3.1915, RGSt 49,

208, 211). Ist die Tat zwar versucht worden, der Versuch aber – wie bei § 257 StGB – nicht mit Strafe bedroht, steht der Charakter der *Neben*strafe einer Einziehung entgegen (BGH 23.9.1959, BGHSt 13, 311).

4. Einziehung und Eigentum

a) Allgemeines

Die Einziehung von Sachen, die dem Täter nicht gehören, ist nach § 74 III 1 StGB grundsätzlich unzulässig, nach § 74b StGB aber bei gefährlichen Gegenständen erlaubt und nach § 74a StGB zulässig, wenn sie durch gesetzlichen Verweis ausdrücklich angeordnet ist: **47**

§ 74 StGB Einziehung von Tatprodukten, Tatmitteln und Tatobjekten bei Tätern und Teilnehmern

(1) [...] (→ Rn. 42)
(2) Gegenstände, auf die sich eine Straftat bezieht (Tatobjekte), unterliegen der Einziehung nach der Maßgabe besonderer Vorschriften.
(3) ¹Die Einziehung ist nur zulässig, wenn die Gegenstände zur Zeit der Entscheidung dem Täter oder Teilnehmer gehören oder zustehen. ²Das gilt auch für die Einziehung, die durch eine besondere Vorschrift über Absatz 1 hinaus vorgeschrieben oder zugelassen ist.

§ 74a StGB Einziehung von Tatprodukten, Tatmitteln und Tatobjekten bei anderen

Verweist ein Gesetz auf diese Vorschrift, können Gegenstände abweichend von § 74 Absatz 3 auch dann eingezogen werden, wenn derjenige, dem sie zur Zeit der Entscheidung gehören oder zustehen,
1. mindestens leichtfertig dazu beigetragen hat, dass sie als Tatmittel verwendet worden oder Tatobjekt gewesen sind, oder
2. sie in Kenntnis der Umstände, welche die Einziehung zugelassen hätten, in verwerflicher Weise erworben hat.

Nach § 74 III 1 StGB ist die **Einziehung** regelmäßig nur zulässig, wenn die Sachen **dem Täter** oder **Teilnehmer gehören.** § 74 III 2 StGB bestätigt dies für die Fälle, in denen auch Tatobjekte (Beziehungsgegenstände) eingezogen werden dürfen (§ 375 II 1 AO). Das war bereits vor der Neufassung des § 74 StGB und ohne eine ausdrückliche Regelung anerkannt (vgl. HHS/*Beckemper* AO § 375 Rn. 50). Das Gericht hat im Urteil Feststellungen zur Zurechnung des einzuziehenden Gegenstandes zur Eigentumssphäre des Täters zu treffen (BGH 18.7.2018, NStZ-RR 2018, 278 f.). **47a**

Gehören Gegenstände iSd § 74 I StGB *(producta et instrumenta sceleris)* **nicht dem Täter** oder einem Teilnehmer, so ist die Einziehung nur zulässig, wenn die einzuziehenden Gegenstände gem. **§ 74b I Nr. 2 StGB gefährlich** sind. Darüber hinaus ist die Einziehung von Sachen iSd § 375 II AO (stpfl. Erzeugnisse usw. und Beförderungsmittel) auch dann zulässig, wenn der Dritteigentümer leichtfertig zur Tat beigetragen (§ 74a Nr. 1 StGB) oder die Sachen in verwerflicher Weise erworben hat (§ 74a Nr. 2 StGB). **47b**

Hat der Eigentümer die strafrechtlichen **Grenzen des zulässigen Eigentumsgebrauchs** in dieser Weise überschritten und wird ihm deshalb das Eigentum durch Einziehung der Sache entzogen (§ 75 StGB), so stellt das keine Enteignung iSd Art. 14 III GG dar (*Zeidler* NJW 1954, 1149; *Kröner* NJW 1959, 81; *Maurach* JZ 1964, 529; vgl. auch BVerfG 12.12.1967, BVerfGE 22, 387, 422), da diese Maßnahme nicht der *„Güterbeschaffung für ein konkretes Vorhaben des öffentlichen Wohles"* dient (*W. Weber* NJW 1950, 402). Die Eigentumsgarantie des Grundgesetzes steht unter dem Vorbehalt, von Inhalts- und Schrankenbestimmungen, die auch in Strafgesetzen liegen können (Art. 14 I 2 GG). Die Einziehung, die sich gegen den Täter oder Teilnehmer richtet (→ Rn. 53), begründet materiell vor allem deshalb keine Entschädigungspflicht, weil der Eigentümer sie durch schuldhaftes Verhalten selbst verursacht hat (vgl. *Julius* ZStW 109 [1997], 58 ff.). **48**

Richtet sich die **Einziehung gegen einen Dritten,** so stellt sie ebenfalls keine Enteignung dar, wenn die Einziehung unter den Voraussetzungen der §§ 74a, 74 I StGB **48a** durch ein dem Eigentümer vorwerfbares Verhalten gerechtfertigt ist (→ Rn. 61). Dasselbe gilt, wenn die Einziehung zwar allein aus Gründen des Allgemeinwohls zugelassen ist (vgl. zB § 74b I Nr. 2 StGB), denn auf diese Weise werden lediglich die Grenzen des Eigentums iSd Art. 14 I 2 GG bestimmt. In den übrigen Fälle mag es sich um eine Enteignung handeln, doch wird dem Entschädigungsgebot, das aus dem allgemeinen Rechtsgedanken des Art. 14 III GG folgt, durch § 74b II StGB Rechnung getragen (→ Rn. 93 ff.).

b) Sicherungseinziehung (§§ 74 III 1, 74b I Nr. 2 StGB)

49 **Ohne Rücksicht auf die Eigentumsverhältnisse** unterliegen Gegenstände – praktisch aber wohl nur Sachen – der Sicherungseinziehung nach § 74b I Nr. 2 StGB wenn sie *„nach ihrer Art und den Umständen die Allgemeinheit gefährden"* (1. Alt.) oder *„die Gefahr besteht, dass sie der Begehung rechtswidriger Taten dienen werden"* (2. Alt.). In diesen Fällen kommt es nicht darauf an, ob der Täter oder Teilnehmer oder ein Dritter zurzeit der Entscheidung oder zu einem anderen Zeitpunkt Eigentümer der Sache (gewesen) ist (HHS/*Beckemper* AO § 375 Rn. 65).

50 **§ 74b I Nr. 2 Var. 1 StGB** ermöglicht die Einziehung generell gefährlicher Gegenstände, die also ihrer Art *und* den Umständen nach **die Allgemeinheit gefährden** (HHS/*Beckemper* AO § 375 Rn. 66). Das ist bei zB bei Schusswaffen, Kampfmitteln, Falschgeld, Waffen, Rauschgift usw. regelmäßig der Fall. Im Ausnahmefall rechtfertig allein die Beschaffenheit einer Sache und die aus ihren physikalischen oder chemischen Eigenschaften erwachsende Gefährlichkeit die Einziehung jedoch dann nicht, wenn diese nach den konkreten Umständen ihrer Verwahrung, Behandlung, Beaufsichtigung usw. nicht geboten erscheint, um die Allgemeinheit zu schützen. Das dürfte in der Praxis aber selten sein und ist insb. bei Gegenständen, die nicht in den Verkehr gebracht werden dürfen, nur die extreme Ausnahme zB Falschgeld in einem Kriminalmuseum (HHS/*Beckemper* AO § 375 Rn. 66).

51 Die Einziehung nach **§ 74b I Nr. 2 Var. 2 StGB** setzt die begründete Befürchtung voraus, dass die (per se nicht gefährliche) Sache in der Hand des Täters der bereits begangenen Straftaten oder in den Händen anderer potenzieller Täter der **Begehung weiterer rechtswidriger Taten dienen** wird, wie zB Schmuggelwesten, Zolluniformen, zum Schmuggel besonders hergerichtete Fahrzeuge oder Funkgeräte usw. (krit. zu dieser Variante *Julius* ZStW 109 [1997], 75). Auch die Person des Besitzers kann diese Gefahr begründen, weil er in der Vergangenheit etwa bereits entsprechende Straftaten begangen hat und tatsächliche Umstände auf eine erneute Tatbegehung hinweisen. Es muss allerdings eine **konkrete Wiederholungsgefahr** bestehen (HHS/*Beckemper* AO § 375 Rn. 67). Auf die Art und das Gewicht der drohenden rechtswidrigen Tat kommt es dagegen nicht an, solange sie den Tatbestand eines Strafgesetzes erfüllt und rechtswidrig begangen wird (so schon *Hartung* IV 2b zu § 414 RAO 1961; HHS/*Beckemper* AO § 375 Rn. 68). Im Gegensatz zur 1. Alternative kommt es bei der 2. Alternative auf eine objektiv gefährliche Beschaffenheit der Sache nicht an. Es ist auch nicht relevant, von wem die Gefahr der künftigen Tatbegehung ausgeht (HHS/*Beckemper* AO § 375 Rn. 68).

52 Grundsätzlich sind **konkrete Feststellungen** dazu zu treffen, woraus sich die besondere **Gefährlichkeit** eines Gegenstandes oder die Gefahr der Begehung weiterer Straftaten ergibt (BGH 14.2.2017, BGHR StGB § 74 II Nr. 2 Gefahr 3). Die Feststellung der besonderen Voraussetzungen des § 74b I Nr. 2 StGB erübrigt sich nur bei solchen Sachen, deren Einziehung das Gesetz aus Sicherheitsgründen *vorschreibt*, zB bei gefälschten Steuerzeichen usw. nach § 150 StGB.

c) Eigentum des Täters oder Teilnehmers (§ 74b I Nr. 1 StGB)

53 Dem Täter oder Teilnehmer gehört eine Sache, wenn er **Alleineigentümer** ist (→ Rn. 54 f.). Gehört eine Sache dem Ehegatten des Täters oder Teilnehmers, so kann sie nur unter den besonderen Voraussetzungen des § 74b I Nr. 1 StGB (→ Rn. 50 f.) oder des § 74a StGB iVm § 374 II 2 AO (→ Rn. 60 ff.) eingezogen werden (OLG Köln 21.8.1955, ZfZ 1995, 370; OLG Köln 4.10.1955, GA 1956, 328).

Ausgeschlossen ist die **Einziehung** nach § 375 II AO bei **Miteigentum** und **Gesamthandseigentum,** wenn nicht alle Mit- oder Gesamthandseigentümer an der Tat beteiligt waren oder die Einziehung nach § 74a StGB zulässig ist. Eine Einziehung von ideellen Miteigentumsanteilen nach § 375 II AO ist unzulässig, weil es sich nicht um Sachen handelt (aA HHS/*Beckemper* AO § 375 Rn. 51 zur alten Rechtslage). Es trifft zwar zu, dass § 74 II StGB in der Regelung über die Einziehung von Tatobjekten sowohl Sachen als auch Rechte meint, weil hier von Gegenständen die Rede ist, auf die sich die Tat bezieht. Doch spricht § 375 II AO insofern beschränkend von „Erzeugnissen, Waren und anderen Sachen". Damit sind nur körperliche Gegenstände, nicht aber Rechte erfasst, ansonsten wäre der Begriff Gegenstände verwendet worden. § 375 II AO auch auf Rechte auszudehnen, verstieße daher gegen Art. 103 II GG, der auch für die Nebenstrafe der Einziehung gilt (LK-StGB/*Dennecker/Schuhr* § 1 Rn. 92). Einer Einziehung nach § 74a StGB steht das naturgemäß nicht entgegen, weil die Regelung des § 375 II AO nur für § 74 II StGB relevant ist. 54

Bei Sicherungs- oder Vorbehaltseigentum nach § 449 BGB soll nach zutreffender Auffassung in der Literatur nicht die formale Rechtsposition maßgebend sein, sondern die wirtschaftliche Vermögenszugehörigkeit (Schönke/Schröder/*Eser/Schuster* StGB § 74 Rn. 22, SK-StGB/*Horn/Wolters* StGB § 74 Rn. 16 f.; *Eser* JZ 1972, 146; *ders.* JZ 1973, 171). Dahinter steht die Überlegung, dass das Sicherungs- oder Vorbehaltseigentum letztlich das im BGB nicht vorgesehene besitzlose Pfandrecht ersetzt und die Sache sich im tatsächlichen Herrschaftsbereich des Sicherungsgebers oder Vorbehaltskäufers befindet. Deshalb könne die sicherungsübereignete oder unter Eigentumsvorbehalt verkaufte Sache eingezogen werden, wenn der Sicherungsgeber oder Vorbehaltskäufer sie zur Begehung der Straftat benutzt hat; jedoch ist der Sicherungsnehmer oder Vorbehaltsverkäufer – wie ein Pfandgläubiger – gem. § 74b II StGB zu entschädigen (HHS/*Beckemper* AO § 375 Rn. 53; → Rn. 93 ff.). 55

Nach anderer Auffassung ist in diesem Fall Gegenstand der Einziehung allein das **Anwartschaftsrecht** (BGH 28.9.1971, BGHSt 24, 222; BGH 24.8.1972, BGHSt 25, 10; *K. Schäfer* FS Dreher, 1977, 283; MüKoStGB/*Joecks* StGB § 74 Rn. 32 ff.; LK-StGB/*Lohse* StGB § 74 Rn. 34 mwN). Zwar kann dieses selbst nicht in die Tat verstrickt sein, im Hinblick auf die Einbeziehung von Rechten in § 74b StGB ist aber Tatverstrickung in einem „vergeistigten" Sinn zu verstehen (LK-StGB/*Schmidt* StGB § 74 StGB Rn. 36, MüKoStGB/*Joecks* StGB § 74 Rn. 34). Mit dem Wortlaut des § 375 II AO wäre diese Lösung allerdings schwerlich vereinbar, weil es dann zur Einziehung eines Rechts käme, was die Vorschrift nicht zulässt (→ Rn. 54). 56

Erstreckt man mit der wirtschaftlichen Betrachtungsweise die Einziehung auf die Sache, ist der Eigentümer nach § 74b II StGB zu entschädigen. Letztlich müssen also die verbleibenden Raten gezahlt werden. Wäre Einziehungsgegenstand das Anwartschaftsrecht, könnte eine Einziehung der Sache allenfalls erfolgen, wenn die Voraussetzungen für die Erstarkung zum Vollrecht herbeigeführt würden, also ebenfalls die letzten Raten beglichen werden (MüKoStGB/*Joecks* StGB § 74 Rn. 35). 57

Die Einziehbarkeit von Verbandseigentum regelt: 58

§ 74e StGB Sondervorschrift für Organe und Vertreter
¹ Hat jemand
1. als vertretungsberechtigtes Organ einer juristischen Person oder als Mitglied eines solchen Organs,
2. als Vorstand eines nicht rechtsfähigen Vereins oder als Mitglied eines solchen Vorstandes,
3. als vertretungsberechtigter Gesellschafter einer rechtsfähigen Personengesellschaft,
4. als Generalbevollmächtigter oder in leitender Stellung als Prokurist oder Handlungsbevollmächtigter einer juristischen Person oder einer in Nummer 2 oder 3 genannten Personenvereinigung oder

5. als sonstige Person, die für die Leitung des Betriebs oder Unternehmens einer juristischen Person oder einer in Nummer 2 oder 3 genannten Personenvereinigung verantwortlich handelt, wozu auch die Überwachung der Geschäftsführung oder die sonstige Ausübung von Kontrollbefugnissen in leitender Stellung gehört,

eine Handlung vorgenommen, die ihm gegenüber unter den übrigen Voraussetzungen der §§ 74 bis 74c die Einziehung eines Gegenstandes oder des Wertersatzes zulassen oder den Ausschluss der Entschädigung begründen würde, wird seine Handlung bei Anwendung dieser Vorschriften dem Vertretenen zugerechnet. ² § 14 Absatz 3 gilt entsprechend.

Voraussetzung für die Einziehung zum Nachteil eines Verbandes ist damit, dass das Verhalten des Täters **in innerem Zusammenhang** mit seiner Stellung als Organ gestanden hat. Es reicht daher nicht aus, wenn der Täter nur „gelegentlich" einer ihm übertragenen Tätigkeit, praktisch aber in rein privatem Interesse gehandelt hat (BGH 18.7.1996, wistra 1997, 23; *Achenbach* JR 1997, 205). Der notwendige Zusammenhang kann aber bestehen, wenn ein Handeln für die juristische Person mit eigenen Interessen verknüpft wird, was insbesondere beim Handeln des Geschäftsführers einer Ein-Mann-Gesellschaft naheliegt (BGH 18.7.1996, wistra 1997, 23). Die Verweisung auf § 14 III StGB besagt, dass § 75 StGB auch anzuwenden ist, wenn die Rechtshandlung, die eine Vertretungsbefugnis begründen sollte, unwirksam ist.

59 **Die Einziehungsvorschriften setzen nicht voraus,** dass die Sache gerade *demjenigen* Täter oder Teilnehmer gehört, der sie bei der Tat eigenhändig gebraucht hat; es genügt, dass die Sache *einem* von mehreren Tatbeteiligten gehört und mit *dessen* Willen benutzt worden ist (MüKoStGB/*Joecks* StGB § 74 Rn. 28, Schönke/Schröder/*Eser* StGB § 74 Rn. 21). Der Begünstiger oder (Steuer-)Hehler ist kein Teilnehmer iSd § 74 III StGB. Eine Einziehung kommt daher ihm gegenüber nach § 74a I Nr. 2 StGB nur in Betracht, wenn seine Sache zur Begünstigung (§ 369 I Nr. 2) oder (Steuer-)Hehlerei (§ 374) benutzt worden ist (OLG Hamm 22.10.1951, JZ 1952, 39).

60 **Zur Zeit der Entscheidung** müssen die Sachen dem Täter oder Teilnehmer gehören (§ 74 III 1 StGB). Wem sie zur Zeit der Tat gehört haben, ist unerheblich (BGH 2.7.1953, BGHSt 6, 11, 13 f.). *Entscheidung* ist jedes Urteil – gleich welcher Instanz –, in dessen Tenor die Einziehung angeordnet wird. Ist der Täter oder Teilnehmer, dem die Sache gehört hat, vor Verkündung eines Urteils verstorben, ist eine Einziehung gem. § 76a StGB möglich, soweit sie nicht an das Eigentum des Täters anknüpft (str., → Rn. 86).

d) Dritteigentum (§ 74a StGB)

61 **aa) § 74a Nr. 1 StGB.** Ein Dritteigentümer hat iSd § 74a I Nr. 1 StGB „mindestens leichtfertig dazu beigetragen, dass die Sache Mittel oder Gegenstand der Tat oder ihrer Vorbereitung gewesen ist", wenn er die Beziehung zwischen seiner Sache und der fremden Tat durch außergewöhnlich sorgfaltswidriges, also leichtfertiges Verhalten (BGH 20.11.2018, NZWiSt 2019, 192; ferner → § 378 Rn. 33; eingehend HHS/*Bülte* AO § 378 Rn. 40 ff.) oder vorsätzliches Verhalten hergestellt hat, ohne dass die Voraussetzungen einer Tatbeteiligung vorliegen oder bewiesen werden können (zu verfassungsrechtlichen Aspekten *Jescheck/Weigend* 799; *Julius* ZStW 109 [1997], 87).

61a Der in § 74a Nr. 1 StGB vorausgesetzte **Schuldvorwurf** ergibt sich aus dem Beitrag zu der konkreten Straftat. Dem Einziehungsbetroffenen muss vorgeworfen werden können, dass er es als an der Tat unbeteiligter Dritter durch sein Verhalten ermöglicht hat, dass sein Eigentum Mittel oder Gegenstand der Tat des Täters oder Teilnehmers oder ihrer Vorbereitung geworden ist. Für diese sog. Quasi-Beihilfe ist Vorsatz oder leichtfertiges Handeln erforderlich (BGH 20.11.2018, NZWiSt 2019, 192; OLG Karlsruhe 19.10.1973, NJW 1974, 709, 711). Diese schwerwiegende Form der Fahrlässigkeit (grobe Fahrlässigkeit) ist gegeben, wenn der Dritte den Gegenstand einem Tatbeteiligten zur Verfügung gestellt hat, obwohl er schon bei geringer Sorgfalt zumindest in groben Umrissen hätte voraussehen können (oder: vorausgesehen hat), dass und wie seine Sache in der Hand des

Täters Mittel oder Gegenstand dieser konkreten Straftat oder ihrer Vorbereitung werden würde, zB wenn der Verleiher oder Vermieter eines Kfz leicht hätte erkennen können, dass der Entleiher oder Mieter damit Schmuggelfahrten unternehmen will (zust. GJW/*Heine* AO § 375 Rn. 35; aM *Hartung* IV 2c, aa zu § 414 RAO 1961 im Anschluss an OLG Hamburg 12.6.1953, ZfZ 1953, 347).

Ist dem Eigentümer bekannt, dass der Entleiher oder Mieter die Sache für eine bestimm- **61b** te, bereits in **Einzelheiten geplante Tat benutzen** will, so liegt regelmäßig bereits **Beihilfe** zur Tat vor, wenn eine Sache, deren Benutzung die Tat fördert, bewusst zur Verfügung gestellt wird (ebenso HHS/*Beckemper* AO § 375 Rn. 70). Ist die Sache jedoch gegen den Willen des Eigentümers in die Hände des Täters gelangt, zB durch Diebstahl (§ 242 StGB) oder Gebrauchsentwendung (§ 248b StGB), sind die Voraussetzungen der Einziehung nach § 74a Nr. 1 StGB auch dann nicht erfüllt, wenn der Eigentümer das Fahrzeug aus allgemeiner Sorglosigkeit nicht genügend gegen Diebstahl gesichert hatte. Hier fehlt es an einer spezifischen Sorgfaltspflichtverletzung, die eine Einziehung rechtfertigen würde.

bb) § 74a Nr. 2 StGB. § 74a Nr. 2 StGB ermöglicht die **Einziehung einer Sache,** **62** **die der Täter oder Teilnehmer nach der Tat an einen Dritten veräußert hat.** Voraussetzung ist zunächst, dass der Dritte die Sache *„in Kenntnis der Umstände, welche die Einziehung zugelassen hätten",* erworben hat. Dadurch ist die Einziehung „gutgläubig" erworbener Sachen ausgeschlossen. Gutgläubig in diesem Sinne ist aber auch, wer leichtfertig keine Kenntnis von der Eigenschaft der Sache als Tatmittel oder Tatobjekt hatte oder mit dieser Möglichkeit gerechnet hat. Kenntnis bedeutet hier also positives Wissen von den Umständen, die die Einziehung zugelassen hätte, nicht jedoch von der rechtlichen Möglichkeit der Einziehung im konkreten Fall (HHS/*Beckemper* AO § 375 Rn. 72). Erwirbt der Dritte die Sache vor der Tat und belässt sie beim späteren Täter, so scheidet eine Anwendung von § 74a Nr. 2 StGB aus, weil die Tatsachen, die die Einziehung zulassen, noch nicht vorlagen und daher noch keine Kenntnis bestehen konnte. In diesem Fall ist allerdings eine Einziehung nach § 74a Nr. 1 StGB möglich (vgl. HHS/*Beckemper* AO § 375 Rn. 72).

Der **„bösgläubige" Erwerb** setzt weiter voraus, dass der Dritte die Sache *„in verwerf-* **62a** *licher Weise"* erworben hat. Dieses Merkmal beschränkt die Zulässigkeit der Einziehung nach § 74a Nr. 2 StGB auf Fälle, in denen Erwerber (= Dritter) und Veräußerer (= Täter oder Teilnehmer) zusammengewirkt haben, namentlich um die Anordnung der Einziehung zu verhindern. Man wird hier ein kollusives Zusammenwirken von Drittem und Tatbeteiligtem verlangen müssen. Daran fehlt es zB, wenn der Dritte die Sache im Wege der Zwangsvollstreckung (§§ 814ff. ZPO) oder Notveräußerung (§ 111l StPO) oder durch Erbschaft oder Vermächtnis erworben hat. Gleiches gilt, wenn der Erwerber schon vor der Tat oder Kenntnis von den Umständen, die die Einziehung begründen, ein Anspruch auf Erwerb der Sache zustand (HHS/*Beckemper* AO § 375 Rn. 73).

Nicht erforderlich ist, dass der von § 74a Nr. 2 StGB **missbilligte Erwerbsvorgang** **63** *unmittelbar* zwischen dem Täter oder Teilnehmer und demjenigen Dritten vorgenommen wurde, dem die Sache zur Zeit der Entscheidung gehört. Die Sache kann in der Zeit zwischen der Tat und der Aburteilung auch durch mehrere Hände gegangen sein, wenn nur die Voraussetzungen des § 74a Nr. 2 StGB bei demjenigen vorliegen, dem die Sache im Zeitpunkt der Entscheidung gehört, maßgeblich ist also die Verwerflichkeit des Erwerbs, nicht von wem die Sache unmittelbar erworben wurde.

Hat der Täter oder Teilnehmer die Sache nach der Tat an einen „gutgläubigen" **64** Dritten veräußert und dadurch die Einziehung unmöglich gemacht, so kann gegen den Täter oder Teilnehmer die Einziehung von Wertes von Tatprodukten, Tatmitteln und Tatobjekten bei Tätern und Teilnehmern nach § 74c StGB angeordnet werden (→ Rn. 70ff.).

5. Grundsatz der Verhältnismäßigkeit

65 Die Einziehung einer Sache nach § 74 I StGB oder § 74 II iVm § 375 II AO steht – anders als die Einziehung nach §§ 73 ff. seit 2017 – im pflichtgemäßen **Ermessen des Strafrichters** (BGH 24.10.2019, NStZ-RR 2020, 15). Für die Ermessensausübung war bereits zu § 40 StGB in der bis zum Inkrafttreten des EGOWiG geltenden Fassung durch die Rechtsprechung des BVerfG vorgegeben (vgl. nur BVerfG 25.7.1963, BVerfGE 17, 108, 117; 15.12.1965, BVerfGE 19, 342, 348; 26.1.1971, BVerfGE 30, 162, 186 f.), dass die Anordnung der Einziehung in einem angemessenen Verhältnis zur Tat und zur Schuld des Täters stehen musste und dass der Strafrichter bei verfassungskonformer Auslegung des Gesetzes selbst dort einen Ermessensspielraum hatte, wo die Einziehung als Sicherungsmaßnahme zwingend vorgeschrieben war (OLG Celle 9.1.1964, NJW 1964, 1381; vgl. auch BGH 14.9.2016, wistra 2017, 100 f.).

66 Mit Art. 1 Nr. 2 EGOWiG wurde zunächst die allgemeine Vorschrift über die Anwendung des Verhältnismäßigkeitsgrundsatzes in § 74b StGB eingeführt, die gem. § 369 II AO auch für die Einziehung nach § 375 II AO galt und dann durch die neue Fassung in § 74f StGB zum 1.7.2017 ersetzt wurde:

§ 74f StGB Grundsatz der Verhältnismäßigkeit

(1) ¹Ist die Einziehung nicht vorgeschrieben, so darf sie in den Fällen der §§ 74 und 74a nicht angeordnet werden, wenn sie zur begangenen Tat und zum Vorwurf, der den von der Einziehung Betroffenen trifft, außer Verhältnis stünde. ²In den Fällen der §§ 74 bis 74b und § 74d ordnet das Gericht an, dass die Einziehung vorbehalten bleibt, wenn ihr Zweck auch durch eine weniger einschneidende Maßnahme erreicht werden kann. ³In Betracht kommt insbesondere die Anweisung,
1. die Gegenstände unbrauchbar zu machen,
2. an den Gegenständen bestimmte Einrichtungen oder Kennzeichen zu beseitigen oder die Gegenstände sonst zu ändern oder
3. über die Gegenstände in bestimmter Weise zu verfügen.

⁴Wird die Anweisung befolgt, wird der Vorbehalt der Einziehung aufgehoben; andernfalls ordnet das Gericht die Einziehung nachträglich an. ⁵Ist die Einziehung nicht vorgeschrieben, kann sie auf einen Teil der Gegenstände beschränkt werden.

(2) In den Fällen der Unbrauchbarmachung nach § 74d Absatz 1 Satz 2 und Absatz 3 gilt Absatz 1 Satz 2 und 3 entsprechend.

66a Die in Anlehnung an den Wortlaut des § 112 I 2 StPO gefasste Vorschrift bestimmt, dass der Richter sowohl die Bedeutung der Tat als auch den persönlichen Schuldvorwurf zu würdigen und mit der Schwere des Eingriffs zu vergleichen hat (Begr. BT-Drs. V/1319, 56; 18/9525, 70). Bei der **Ermessensausübung** hat eine Gesamtwürdigung des konkreten Einzelfalls zu erfolgen, die die Bedeutung der Tat ebenso in den Blick nimmt wie den Wert des Gegenstandes und die persönlichen Verhältnisse des Täters (LG Berlin 29.1.2019, StV 2019, 541).

66b Die **Bedeutung der Tat** ergibt sich bei Schmuggeltaten nicht allein aus dem hinterzogenen Abgabenbetrag oder bei Bannbruch aus der Gefährlichkeit der verbotswidrig eingeführten Sachen, sondern auch aus den Begleitumständen der Tat (vgl. zB die Merkmale des § 373 AO und des § 32 ZollVG). Auch die Schwere des Schuldvorwurfs kann sich in den objektiven Begleitumständen widerspiegeln; von Bedeutung sind ferner die Motive und die innere Einstellung des Täters, Teilnehmers oder des Dritteigentümers sowie die Umstände unter denen die Sache erworben wurde. Auch das Nachtatverhalten kann Berücksichtigung finden, zB das sofortige Begleichen der Abgabenschuld; ebenso die Haftung eines Betroffenen für die hinterzogene Steuer nach § 71 AO (BGH 11.5.2016, wistra 2017, 412, 414). Allein aus dem Umstand, dass der Wert des eingezogenen Gegenstandes höher ist als die Abgabenschuld ergibt sich daher noch keine **Unverhältnismäßigkeit**.

66c Der **Verhältnismäßigkeitsgrundsatz** gilt für alle Formen der Einziehung, auch für **Sicherungseinziehungen** nach § 74b StGB. Insofern geht es bei der Verhältnismäßigkeitsabwägung aber weniger um das Gewicht einer Anknüpfungstat, als mehr um das

Ausmaß der Gefahr (vgl. auch Schönke/Schröder/*Eser/Schuster* StGB § 74f Rn. 2; BGH 10.11.2021, NJW 2022, 1028 [2. Ls.]).

Die **Schwere des Eingriffs** beurteilt sich nach der wirtschaftlichen Gesamtsituation des Betroffenen unter Würdigung aller Umstände, nicht allein, nicht einmal vorrangig aus dem objektiven Wert der Sache, deren Einziehung in Frage steht. Wichtiger ist die Bedeutung des Gegenstandes für seine (rechtmäßige) Lebensgestaltung. Danach kann zB ein teures Fahrzeug, das der Ausübung eines Hobbys dient, grds. leichter eingezogen werden als ein alter Pkw, den der Betroffene benötigt, um den Weg zur Arbeitsstelle zurückzulegen. Auch der PKW eines Schwerbeschädigten darf eingezogen werden, wenn er zu umfangreichen, wiederholten und gewerbsmäßigen Schmuggelunternehmen benutzt worden ist (vgl. jedoch OLG Hamm 13.10.1961, NJW 1962, 829: Unverhältnismäßigkeit der Einziehung eines PKW bei Zollhinterziehung in Bezug auf 600 Zigaretten; vgl. auch OLG Schleswig 15.3.1988, StV 1989, 156; OLG Nürnberg 30.8.2006, NJW 2006, 3448: Einziehung eines Kraftfahrzeugs bei zwei Fahrten ohne Fahrerlaubnis). **66d**

Um einer Unverhältnismäßigkeit entgegenzuwirken kann jedoch die Einziehung im Einzelfall auch auf einen **Teil beschränkt** werden (§ 74f I 5 StGB) oder – soweit es um eine unteilbare Einziehung als Nebenstrafe geht – auch die Hauptstrafe mit Blick auf das besondere Gewicht der Einziehung gemildert werden (HHS/*Beckemper* AO § 375 Rn. 46 f.) **66e**

Die Anordnung des **Vorbehalts der Einziehung** und **vorrangiger Anordnung einer weniger einschneidenden Maßnahme** ermöglicht § 74f I StGB, wenn der Straf- und Sicherungszweck auch erreicht werden kann, ohne dass dem Betroffenen das Eigentum an der Sache nach § 75 StGB entzogen wird. Für die Beurteilung, ob eine Maßnahme weniger einschneidend ist, kommt es nicht allein auf einen reinen Vermögensvergleich an, sondern auf die Bedeutung in der konkreten Situation und das Gewicht der spezifischen Grundrechtseinschränkung an (HHS/*Beckemper* AO § 375 Rn. 48). **67**

Von den in § 74f I 3 StGB beispielhaft (*„insbesondere"*) angeführten Anweisungen steht das **Unbrauchbarmachen der Sache** hinter der Einziehung kaum zurück. Besondere Bedeutung dürfte im Steuerstrafrecht dem § 74f I 3 Nr. 2 StGB zukommen. Danach kann der Richter anordnen, dass die einziehungsbefangene **Sache in bestimmter Weise geändert wird,** zB Schmuggeleinrichtungen an einem Kfz oder in einem Schiff beseitigt werden (vgl. HHS/*Beckemper* AO § 375 Rn. 48). § 74f I 3 Nr. 3 StGB wird bei Bannbruch kaum in Betracht kommen; wenn schon von eingeschwärzten Sachen eine Gefahr ausgeht, wie zB von Sprengstoff, Rauschgift usw. (→ § 372 Rn. 3), werden sie dem Betroffenen regelmäßig nicht zur Veräußerung an eine befugte Stelle (Begr. BT-Drs. V/1319, 56 f.) überlassen bleiben können. Denkbar wäre dagegen die (in § 74f I StGB nicht genannte) Anweisung, verbotswidrig eingeführte Tiere, tierische Erzeugnisse oder Pflanzen von zuständiger Stelle auf Erkrankungen oder Gifte untersuchen oder ausgemessen unterbringen zu lassen. Die Anordnung, ein Tier zum Zwecke der Einziehung zu töten, verstieße – vorbehaltlich des Vorliegens eines vernünftigen Grundes iSd Tierschutzrechts – gegen §§ 17, 18 TierSchG und wäre unzulässig. Mit Blick auf Art. 20a GG sind dem Einziehungsbetroffenen ggf. auch hohe Unterbringungskosten für Tiere zumutbar. **67a**

Der Vorbehalt der Einziehung darf erst aufgehoben werden, wenn die zunächst angeordnete mildere Maßnahme zum Erfolg geführt hat. Andernfalls muss das Gericht die vorbehaltene Einziehung nachträglich anordnen (§ 74f I 4 StGB). Diese Regelung erfordert, dass das Gericht dem Betroffenen von vornherein eine Frist für die Erfüllung der zunächst erteilten Anweisung setzt (Schönke/Schröder/*Eser* StGB § 74b Rn. 10). Das Verfahren für die nachträgliche Anordnung der Einziehung regelt § 462 StPO. **68**

Die Möglichkeit, die Einziehung nach § 74f I 5 StGB **auf einen Teil der Sache zu beschränken,** war bei Beförderungsmitteln bereits in § 414 I Nr. 2 RAO 1961 vorgesehen. Der Begriff „*Teil einer Sache"* umfasst sowohl den Anteil einer teilbaren Sache als auch Bestandteile einer unteilbaren Sache, zB geschmuggelte Reifen als Teile eines PKW. Eine nur teilweise Einziehung kommt wegen mangelnder Identität nicht in Betracht, wenn aus der einziehungsbefangenen Sache durch Verarbeitung oder Vermischung mit anderen **69**

Sachen eine neue, selbstständige Sache entstanden ist. Ob eine neue Sache vorliegt, entscheidet die Verkehrsanschauung (*bejahend* RG 21.12.1908, RGSt 42, 123, 125 und RG 25.10.1917, RGSt 52, 47 für verschnittene Weine; *verneinend* RG 23.2.1931, RGSt 65, 175, 177 ff. für den Zusatz von Monopolalkohol zu selbst hergestelltem Branntwein sowie BGH 10.7.1955, BGHSt 8, 98, 102 für die Herstellung von „klarem Trinkbranntwein durch Verdünnung von 96 %igem Primasprit mit Wasser").

69a Auch bei der **Zumessung der Hauptstrafe** ist die Bedeutung der Einziehung eines Gegenstandes von bedeutendem Wert beim Täter nach st. Rspr. strafmindernd zu berücksichtigen (vgl. nur BGH 11.2.2020, NStZ 2020, 407, 408 mwN; BGH 9.10.2018, NStZ 2019, 82 zur Einziehung eines Grundstücks). Allerdings falle diese Einziehungsentscheidung kaum ins Gewicht, wenn der Gegenstand ohnehin der erweiterten Einziehung nach § 73a StGB unterlegen hätte (BayObLG 23.4.2020, NJW-Spezial 2020, 378). Zur Bedeutung der Einziehung für die Hauptstrafe und dem Verhältnis zur ihr hat das Tatgericht grundsätzlich auch im Urteil Feststellungen zu treffen (KG 21.8.2018, NJ 2018, 435). Ferner ist der Wert eines einzuziehenden Gegenstandes zu beziffern, um die Bedeutung in der Strafzumessung bemessen zu können (BGH 3.5.2018, NStZ 2018, 526).

6. Einziehung des Wertes von Tatprodukten, Tatmitteln und Tatobjekten (§ 74c StGB)

70 **Die Einziehung des Wertes** von Tatprodukten, Tatmitteln und Tatobjekten (früher und noch in § 76 StGB „Einziehung des Wertersatzes") regelt § 74c StGB für das gesamte Strafrecht einheitlich (BGH 28.3.1979, BGHSt 28, 369, 370). Damit findet sie auch in Fällen der Einziehung nach § 74 II, § 375 II AO Anwendung. In der Regelung des § 74c StGB wurden die Erfahrungen bei der Anwendung einzelner Vorschriften des Nebenstrafrechts berücksichtigt und insbes. klargestellt, dass die Einziehung des Wertersatzes zulässig ist, wenn die Sache auch bei dem Dritterwerber nicht mehr vorhanden ist, weil dieser sie in der Zeit bis zur Entscheidung verbraucht hat (BGH 17.10.1961, BGHSt 16, 282, 292 ff. zu § 414a RAO 1961). Die Vorschrift lautet:

> **§ 74c StGB Einziehung des Wertes von Tatprodukten, Tatmitteln und Tatobjekten bei Tätern und Teilnehmern**
>
> (1) Ist die Einziehung eines bestimmten Gegenstandes nicht möglich, weil der Täter oder Teilnehmer diesen veräußert, verbraucht oder die Einziehung auf andere Weise vereitelt hat, so kann das Gericht gegen ihn die Einziehung eines Geldbetrages anordnen, der dem Wert des Gegenstandes entspricht.
>
> (2) ¹Eine solche Anordnung kann das Gericht auch neben oder statt der Einziehung eines Gegenstandes treffen, wenn ihn der Täter oder Teilnehmer vor der Entscheidung über die Einziehung mit dem Recht eines Dritten belastet hat, dessen Erlöschen nicht oder ohne Entschädigung nicht angeordnet werden kann (§ 74b Absatz 2 und 3 und § 75 Absatz 2). ² Trifft das Gericht die Anordnung neben der Einziehung, bemisst sich die Höhe des Wertersatzes nach dem Wert der Belastung des Gegenstandes.
>
> (3) Der Wert des Gegenstandes und der Belastung kann geschätzt werden.

71 **Die Einziehung des Wertes knüpft daran an,** dass der Täter oder Teilnehmer durch sein Verhalten die Ursache dafür gesetzt hat, dass die Sache selbst für die Einziehung nicht mehr greifbar ist. Die Einziehung des Wertersatzes („*Ersatzeinziehung*") hat Strafcharakter (so bereits BGH 30.9.1952, BGHSt 3, 163, 164; 24.9.1954, BGHSt 6, 304, 307; HHS/*Beckemper* AO § 375 Rn. 56; *Fischer* StGB § 74c Rn. 2) und ist dabei aber nicht mehr allein Sühne für die Straftat, die die Grundlage für das Strafverfahren bildet, sondern zugleich Sühne für das Verhalten, mit dem Täter oder Teilnehmer den durch ihre Straftat begründeten Anspruch auf Einziehung der Sache nachträglich vereitelt haben. Nur gegenüber dem Täter oder Teilnehmer ist die Einziehung des Wertes zulässig, nicht gegenüber einem unbeteiligten Dritten; sie ist keine Sicherungsmaßnahme (HHS/*Beckemper* AO § 375 Rn. 59; *Fischer* StGB § 74c Rn. 3).

71a Die Anordnung einer Ersatzleistung nach § 74c StGB ist **keine Geldstrafe.** Daher sind die Regelungen über die Ersatzfreiheitsstrafe wegen Uneinbringlichkeit des eingezogenen

Einziehung 72–76 § 375

Betrages nicht anwendbar (HHS/*Beckemper* AO § 375 Rn. 58; *Fischer* StGB § 74c Rn. 10; anders noch RGSt 37, 38). Es findet aber auch keine Anrechnung nach § 51 StGB statt.

§ 74c I StGB setzt voraus, dass ohne das nachträgliche Verhalten des Täters oder 72 Teilnehmers die Einziehung einer bestimmten Sache hätte angeordnet werden dürfen, dies unter den herbeigeführten Umständen nunmehr aber unmöglich ist. Dabei ist gleichgültig, ob die Einziehung der Sache aus rechtlichen Gründen unzulässig oder aus tatsächlichen Gründen unmöglich geworden ist (BGH 20.2.1953, BGHSt 4, 62, 64; OLG Köln 10.6.1955, ZfZ 1955, 307; HHS/*Beckemper* AO § 375 Rn. 55). Ein **rechtliches Hindernis** für die Einziehung entsteht namentlich dann, wenn der Täter oder Teilnehmer seine von der Einziehung bedrohte Sache nach der Tat an einen „gutgläubigen" Dritten veräußert und die Voraussetzungen des § 74b I Nr. 2 StGB (→ Rn. 49 ff.) oder des § 74a StGB (→ Rn. 61 f.) nicht vorliegen. **Tatsächlich unmöglich** ist die Einziehung des Gegenstandes, wenn er nicht mehr vorhanden ist. Dieser absoluten Unmöglichkeit steht es gleich, wenn die Einziehung der Sache auf erhebliche Schwierigkeiten stößt, zB dann, wenn der Täter sie an einen Unbekannten veräußert hat und deswegen ungewiss bleibt, ob die Sache bei diesem gegenüber eingezogen werden kann (Begr. BT-Drs. V/1319, 57; HHS/*Beckemper* AO § 375 Rn. 55 f.).

Vereitelt ist die Einziehung der Sache, wenn eine entsprechende Anordnung *infolge* 73 eines nachträglichen Verhaltens des Täters oder Teilnehmers unzulässig oder unmöglich ist (→ Rn. 72), zB weil der Täter oder Teilnehmer die Sache für sich verwertet, namentlich *veräußert oder verbraucht* hat. Bei entgeltlicher Veräußerung oder bestimmungsgemäßem Verbrauch der Sache macht sich der Täter oder Teilnehmer den Wert der Sache zunutze. *Sonst vereitelt* wird die Einziehung dann, wenn der Täter oder Teilnehmer die Sache verschenkt, zerstört, verkommen lässt oder beiseite schafft. Behauptet der Täter oder Teilnehmer glaubhaft, ihm sei die Sache nach der Tat abhandengekommen (verlorengegangen oder gestohlen), ist ein Vereiteln der Einziehung nur anzunehmen, wenn ihm der Verlust der Sache vorgeworfen werden kann, nicht auch dann, wenn er den Verlust nach den Umständen des Einzelfalles nicht zu vertreten hat (str., vgl. MüKoStGB/*Joecks* StGB § 74c Rn. 11, Schönke/Schröder/*Eser* StGB § 74c Rn. 6 und SK-StGB/*Horn*/*Wolters* StGB § 74c Rn. 7). Das ergibt sich aus der Gesetzeshistorie: Das noch im RegE des § 40c I aF (= § 74c nF) StGB vorgesehene Wort *„vorwerfbar"* wurde nur deswegen nicht übernommen, *„weil bereits in dem Merkmal vereitelt zum Ausdruck kommt, dass den Handelnden ein Vorwurf trifft"* (Schriftl. Ber. zu BT-Drs. V/2601, 15).

Eine **Einziehung des Werts ist nicht zulässig,** wenn die Hindernisse, die der Einziehung der Sache entgegenstehen, nicht *nach* der Tat oder nicht *durch* den Täter oder Teilnehmer geschaffen worden sind. An der Voraussetzung eines ursächlichen Verhaltens des Täters oder Teilnehmers fehlt es zB dann, wenn die beschlagnahmte und vom Staat in Besitz genommene Sache verlorengeht (BGH 20.2.1953, BGHSt 4, 62, 65 f.) oder wenn sie nach der Straftat, aber vor der Hauptverhandlung durch ein zufälliges Ereignis zerstört wird (BGH 16.4.1953, NJW 1953, 1521, für ein durch Verkehrsunfall verbranntes Kfz). An der Ursächlichkeit *nachträglichen* Verhaltens fehlt es zB dann, wenn die Einziehung der Sache von vornherein nicht zulässig gewesen wäre, weil der Täter sie vor der Tat gestohlen hatte (zum früheren Recht ebenso OLG Bremen 24.8.1950, NJW 1950, 797; OLG Köln 10.6.1955, ZfZ 1955, 307; aM BGH 30.9.1952, BGHSt 3, 163; OLG Bremen 10.2.1954, NJW 1954, 691).

Unzulässig ist die Anordnung der Einziehung von Wertersatz auch dann, wenn die 75 Einziehung der Sache zwar in dem jeweils anhängigen Strafverfahren nicht möglich ist, wohl aber in einem Verfahren gegen andere Personen bereits ausgesprochen worden oder noch zu erwarten ist (BGH 19.7.1955, BGHSt 8, 98, 102).

§ 74c II StGB soll verhindern, dass der Täter oder Teilnehmer die Wirkung der 76 Einziehung der Sache dadurch beeinträchtigen kann, dass er die Sache vor der Entscheidung über die Einziehung mit dem Recht eines Dritten, zB Pfandrecht, teilweise verwertet, indem er sie belastet und auf diese Weise die wirtschaftliche Einbuße, die sonst mit der Einziehung verbunden wäre, von sich abwendet. Kann in einem solchen Fall das Erlöschen des Rechts des Dritten nach § 75 I StGB nicht ohne Entschädigung nach § 74b II StGB angeordnet werden, eröffnet § 74c II StGB die Möglichkeit, gegen den Täter oder Teilnehmer *neben* der Einziehung der Sache auch die Einziehung eines dem Wert ihrer dinglichen Belastung entsprechenden Geldbetrages anzuordnen. Die Vorschrift lässt es ferner zu, dass das Gericht die Leistung eines solchen Wertes *anstelle* der Einziehung der Sache anordnet. Dies ist insbes. dann zweckmäßig, wenn die Sache infolge ihrer Belastung – wirtschaftlich betrachtet – keinen Vermögenswert mehr darstellt und ihre Einziehung aus Sicherungsgründen (§ 74b I StGB) nicht erforderlich ist (Schriftl. Ber. zu BT-Drs. V/2601, 15 zu § 40c StGB-E).

77 **Die Höhe des Wertes kann** nach § 74c I StGB den Betrag erreichen, die dem Wert der nicht mehr einziehbaren Sache entspricht; im Fall des § 74c II StGB *bemisst sich* der Wert nach der dinglichen Belastung. Aus dem Gesetzeswortlaut folgt, dass der Richter im Falle des § 74c I StGB einen Ermessensspielraum hat, der es ihm ermöglicht, die Einziehung mit Rücksicht auf die wirtschaftlichen Verhältnisse des Täters oder Teilnehmers auf einen Teil des Gegenstandswertes zu beschränken. Das muss letztlich auch für § 74c II StGB gelten, so dass § 74c II 2 StGB nicht so zu verstehen ist, dass zwingend der volle Wert der Belastung eingezogen wird.

78 **Dem Sachwert entspricht der Preis,** der unter gewöhnlichen Umständen im Inland für Sachen gleicher Art, Güte und Menge erzielbar ist (vgl. BMR SteuerStR/*Bender/Möller/Retemeyer* B Rn. 469, 4; *Fischer* StGB § 74c Rn. 8). Bei großen Warenmengen ist der Großhandelspreis anzunehmen (BGH 14.9.1954, ZfZ 1955, 82). Soweit Sachen der fraglichen Art nur in versteuertem oder verzolltem Zustand in den freien Verkehr kommen dürfen, ist der erzielbare Preis einschl. der Abgaben zu ermitteln (RG 21.1.1941, RGSt 75, 100, 103; OLG Hamburg 1.6.1953, ZfZ 1953, 382), gleichgültig, ob daneben die hinterzogenen Abgaben bereits von dem Täter nachgefordert sind (OLG Stuttgart 3.11.1950, NJW 1951, 43). Ohne Bedeutung ist, ob der Fiskus eingezogene Waren entsprechender Art und Güte nur zu einem geringeren Preis veräußert oder sogar vernichtet (OLG Neustadt 13.2.1957, ZfZ 1957, 123). Der im Inland erzielbare Preis soll auch dann maßgebend sein, wenn der Fiskus entsprechende Waren nicht auf dem inländischen Markt verwertet (BGH 6.2.1953, BGHSt 4, 13 f.).

79 **Maßgebend für den Zeitpunkt der Preisfeststellung** ist die letzte tatrichterliche Entscheidung, denn das Revisionsgericht darf keine nachträgliche eigenständige Würdigung der Tatsachen vornehmen (BGH 27.8.1953, BGHSt 4, 305 f.; OLG Hamm 17.3.1949, MDR 1949, 438; OLG Bremen 26.1.1950, ZfZ 1950, 171; OLG Bremen 18.7.1951, NJW 1951, 976). Soweit es jedoch auf die Beschaffenheit der Sache ankommt, ist der Zeitpunkt maßgebend, in dem der Täter oder Teilnehmer die Sache der Einziehung entzogen hat. Der Einwand, eine Ware sei im Zeitpunkt der letzten tatrichterlichen Entscheidung bereits verdorben gewesen, ist daher unbeachtlich (BGH 27.8.1953, BGHSt 4, 305, 307).

80 § 74c III StGB gestattet dem Strafrichter, den Wert der Sache oder ihrer dinglichen Belastung zu schätzen. Die **Schätzung** zielt darauf ab, auf Grund der bekannten Umstände ohne weitere umfangreiche und kostspielige Ermittlungen sonstiger, für die Preisfeststellung möglicherweise maßgebender Umstände einen Wert anzunehmen, der dem tatsächlichen Wert der Sache oder ihrer Belastung möglichst nahekommt (vgl. BGH 7.2.2001, NStZ 2001, 327; *Fischer* StGB § 73d Rn. 9 ff.).

81 Falls eine der in § 74c I StGB bezeichneten Voraussetzungen erst *nach* Anordnung der Einziehung der Sache eingetreten oder bekannt geworden ist, lässt § 76 StGB **die nachträgliche Einziehung des Wertersatzes** – gemeint ist wohl des Wertes – zu. Ohne die Vorschrift könnte die Einziehung des Wertersatzes nicht mehr nachgeholt werden, wenn das Gericht die Einziehung der Sache auf Grund der unzutreffenden Annahme angeordnet hat, dass sie sich noch in den Händen des Täters oder Teilnehmers befinde, oder wenn der Täter oder Teilnehmer die Sache nach der Anordnung ihrer Einziehung verbraucht, an

einen unbekannten oder „gutgläubigen" Dritten veräußert oder die Einziehung sonst vereitelt (s. zum Verfahren § 462 StPO).

Zahlungserleichterungen sieht § 74c StGB in seiner neuen Fassung nicht mehr vor. **81a** Dennoch sind Stundungen und Teilzahlungen möglich (*Fischer* StGB § 74c Rn. 10); das ergibt sich unmittelbar aus dem Verhältnismäßigkeitsgebot.

7. Selbstständige Einziehung (§ 76a StGB)

Kann wegen der Tat keine bestimmte Person verfolgt oder verurteilt werden, so **82** ist die selbstständige Einziehung (oder Unbrauchbarmachung) eines Gegenstandes oder selbständige Einziehung des Wertes nach § 76a StGB möglich.

§ 76a StGB Selbständige Einziehung
(1) ¹Kann wegen der Straftat keine bestimmte Person verfolgt oder verurteilt werden, so ordnet das Gericht die Einziehung oder die Unbrauchbarmachung selbständig an, wenn die Voraussetzungen, unter denen die Maßnahme vorgeschrieben ist, im Übrigen vorliegen. ²Ist sie zugelassen, so kann das Gericht die Einziehung unter den Voraussetzungen des Satzes 1 selbständig anordnen. ³Die Einziehung wird nicht angeordnet, wenn Antrag, Ermächtigung oder Strafverlangen fehlen oder bereits rechtskräftig über sie entschieden worden ist.
(2) ¹Unter den Voraussetzungen der §§ 73, 73b und 73c ist die selbständige Anordnung der Einziehung des Tatertrages und die selbständige Einziehung des Wertes des Tatertrages auch dann zulässig, wenn die Verfolgung der Straftat verjährt ist. ²Unter den Voraussetzungen der §§ 74b und 74d gilt das Gleiche für die selbständige Anordnung der Sicherungseinziehung, der Einziehung von Verkörperungen eines Inhalts und der Unbrauchbarmachung.
(3) Absatz 1 ist auch anzuwenden, wenn das Gericht von Strafe absieht oder wenn das Verfahren nach einer Vorschrift eingestellt wird, die dies nach dem Ermessen der Staatsanwaltschaft oder des Gerichts oder im Einvernehmen beider zulässt.
(4) ¹Ein wegen des Verdachts einer in Satz 3 genannten Straftat sichergestellter Gegenstand sowie daraus gezogene Nutzungen sollen auch dann selbständig eingezogen werden, wenn der Gegenstand aus einer rechtswidrigen Tat herrührt und der von der Sicherstellung Betroffene nicht wegen der ihr zugrundeliegenden Straftat verfolgt oder verurteilt werden kann. ²Wird die Einziehung eines Gegenstandes angeordnet, so geht das Eigentum an der Sache oder das Recht mit der Rechtskraft der Entscheidung auf den Staat über; § 75 Absatz 3 gilt entsprechend. ³Straftaten im Sinne des Satzes 1 sind
1. aus diesem Gesetz:
   a)–f) [...]
2. aus der Abgabenordnung:
   a) Steuerhinterziehung unter den in § 370 Absatz 3 Nummer 5 genannten Voraussetzungen,
   b) gewerbsmäßiger, gewaltsamer und bandenmäßiger Schmuggel nach § 373,
   c) Steuerhehlerei im Fall des § 374 Absatz 2,
3.–8. [...]

Die Anordnung der **selbständigen Einziehung** oder Unbrauchbarmachung nach **83** §§ 73 ff. StGB (vgl. zum Verfahren § 435 StPO) ist nach **§ 76a I StGB** zulässig, wenn ein subjektives Verfahren nicht durchgeführt werden kann (*Fischer* StGB § 76a Rn. 3). Die Vorschrift über die selbständige Einziehung ist durch das Gesetz zur Reform der strafrechtlichen Vermögensabschöpfung neu gefasst worden. War früher der Anwendungsbereich von § 76a StGB auf Fälle der tatsächlichen Unmöglichkeit der Verfolgung beschränkt (zB unbekannter Aufenthalt des Täters), so ist nunmehr die selbständige Einziehung auch bei rechtlichen Hindernissen der Verfolgung zulässig (BT-Drs. 18/9525, 57; zur vorherigen Rechtslage → Vorauflage. Rn. 84). Das gilt etwa, wenn der Verurteilung Verhandlungsunfähigkeit (OLG Celle 24.10.1994, NStZ-RR 1996, 209) des Beschuldigten entgegenstehen.

Der Nichtverfolgbarkeit nach § 76a I StGB steht es nach § 76a III StGB gleich, wenn **84** das Gericht von Strafe absieht (vgl. zB § 157 StGB, § 398a AO) oder das subjektive Verfahren gem. §§ 153 ff. StPO oder §§ 45, 47 JGG nach dem **Ermessen der Strafverfolgungsbehörde** oder des **Gerichts eingestellt** wird. Daher ist bei einer Zustimmung zur Verfahrenseinstellung auch die Möglichkeit der selbständigen Einziehung nach § 76a StGB im Blick zu behalten (*Fischer* StGB § 76a Rn. 8). Nicht zulässig ist die selbständige Einziehung mit Strafcharakter, wenn ein Verfahren wegen wirksamer Selbstanzeige oder Rücktritt vom Versuch eingestellt worden ist.

84a Die selbständige Einziehung oder Unbrauchbarmachung scheidet aus, wenn ein erforderlicher **Strafantrag**, eine **Ermächtigung** bzw. ein **Strafverlangen fehlen** oder bereits eine **rechtskräftige Entscheidung** über die Einziehung oder Unbrauchbarmachung im **subjektiven Verfahren** vorliegt (§ 76a I 3 StGB). Ist der Täter **verstorben,** so ist eine selbständige Einziehung nicht zulässig, soweit sie an das Eigentum der Täters anknüpft (OLG Frankfurt a. M. 10.10.2005, NStZ-RR 2006, 39, 40; *Fischer* StGB § 76a Rn. 3). § 76a StGB ist nach Absatz 2 auch bei verjährten Anknüpfungstaten anzuwenden, soweit es um die Einziehung nach § 73, 73b und § 73c und die Sicherungseinziehung nach §§ 74b, 74d StGB geht.

85 Die **rechtskräftige Entscheidung** in einem Strafverfahren steht jedoch der selbständigen Einziehung nach § 76a I 3 StGB entgegen. Entgegen der Auffassung des OLG Köln (10.12.2018, StV 2018, 758 f.) und wohl auch der Erläuterung des Gesetzesentwurfs (BT-Drs. 18/9525, 65) scheidet ein selbständiges Verfahren nach § 76a StGB damit auch aus, wenn in einem Strafverfahren die Einziehung bereits hätte angeordnet werden können, dies aber aus Unkenntnis, versehentlich oder aus Zweckmäßigkeitserwägungen unterblieben ist (so wohl auch KK-StPO/*Schmidt* StPO § 436 Rn. 16; offengelassen BGH 10.1.2019, BGHSt 64, 48, 52). § 76a I 3 StGB macht deutlich, dass eine rechtskräftige Entscheidung über die Einziehung einem Verfahren nach § 76a StGB entgegensteht. Damit ist unzweifelhaft, dass eine nachträgliche Einziehung ausscheidet, wenn im subjektiven Strafverfahren eine Einziehung ausdrücklich nicht angeordnet wurde, das Gericht also insofern sein Ermessen ausgeübt hat (*Korte* wistra 2018, 1, 7; Schönke/Schröder/Eser/ *Schuster* StGB § 76a Rn. 6). Doch auch eine „unterlassene" Entscheidung über die Einziehung stellt eine rechtskräftige Entscheidung über die Einziehung dar. Daher darf auch bei einer „vergessenen" Einziehung kein selbständiges Einziehungsverfahren mehr durchgeführt werden (zutr. *Ullenboom* wistra 2018, 291 f.).

86 Nach § 76a I 1 StGB ist die **selbständige Einziehung zulässig** und **zwingend** anzuordnen, soweit es nach den allgemeinen Vorschriften eine obligatorische Einziehung oder Unbrauchbarmachung anzuordnen wäre, weil die Voraussetzungen einer Einziehung oder Unbrauchbarmachung im Übrigen vorliegen; dh alle Voraussetzungen, die sich aus den §§ 73 ff. StGB, ggf. iVm § 375 II AO ergeben.

86a In § 76a I 2 StGB ist die Möglichkeit der selbständigen Anordnung bei **(fakultativ) zugelassener Einziehung** oder **Unbrauchbarmachung** (§§ 74–74b StGB) geregelt. Für die StA oder die FinB (vgl. § 440 StPO; § 401 AO) besteht jedoch auch bei vorgeschriebener Einziehung kein dem Legalitätsprinzip entsprechender Antragszwang (BGH 7.12.1951, BGHSt 2, 29, 34).

86b Soweit die **Einziehung** oder Unbrauchbarmachung (auch) **Strafcharakter** hat, ist sie auch als selbständige Einziehung nicht zulässig, wenn die **schuldhafte Begehung** einer **Straftat nicht feststellbar** ist. Hat die Einziehung dagegen Sicherungsfunktion (§ 74b StGB), so reicht eine rechtswidrig, aber schuldlos begangene Tat aus (*Fischer* StGB § 76a Rn. 4).

87 Eine selbständige Einziehung im **Sicherungsverfahren** nach §§ 413 ff. StPO ist unzulässig (BGH 5.7.2016, StV 2017, 122; 16.3.2016, StraFo 2016, 256).

87a Mit dem durch Gesetz zur Reform der Vermögensabschöpfung neu eingeführten und an der angloamerikanischen non-conviction-based confiscation angelehnten **§ 76a IV StGB** ist nunmehr eine **erweiterte selbständige Einziehung** als Kombination von § 73a und § 76a StGB zulässig (BT-Drs. 18/9525, 58). Ein Gegenstand soll danach bereits dann selbständig eingezogen werden, wenn er aus einer rechtswidrigen Tat herrührt (zum Begriff des Herrührens → StGB § 261 Rn. 66) und in einem Strafverfahren sichergestellt worden ist, das wegen einer der in § 76 IV 4 StGB genannten Katalogtaten geführt wird. Im Steuerstrafrecht sind das nach § 76a IV 4 Nr. 2 StGB die bandenmäßig begangene Umsatz- oder Verbrauchsteuerhinterziehung, der gewerbsmäßige, gewaltsame und bandenmäßige Schmuggel nach § 373 und die gewerbsmäßig oder bandenmäßig begangene Steuerhehlerei (§ 374 II AO). Der Nachweis der Herkunft des einzuziehenden Gegenstandes aus einer konkreten rechtswidrigen Tat ist nicht erforderlich, weil es um die Einziehung von Vermögen unklarer Herkunft geht, wie § 437 StPO deutlich macht. Auf eine Verurteilung oder (weitere) Verfolgung in diesem Verfahren kommt es dabei nicht an (§ 76a IV 1 StGB).

§ 437 StPO bestimmt das Verfahren für die **erweiterte selbständige Einziehung**. **87b** § 437 I 1 StPO betont, dass sich das Gericht eine hinreichende Überzeugung darüber verschaffen muss, dass der Gegenstand aus einer rechtswidrigen Tat herrührt. Das folgt jedoch bereits aus § 261 StPO, der auch weiterhin anwendbar ist. Im ersten Entwurf des § 437 StPO war noch ein Absatz 2 vorgesehen, der feststellte, dass § 261 StPO unberührt bleibe. Dieser Hinweis ist in der Beschlussempfehlung des Ausschusses für Recht und Verbraucherschutz als überflüssig angesehen worden, weil er rein deklaratorischer Natur sei (BT-Drs. 18/11640, 89). Die weiteren Bestimmungen des § 437 StPO sind jedoch letztlich ebenso überflüssig. Dass sich das Gericht bei seiner Überzeugungsbildung hinsichtlich der rechtswidrigen Herkunft auf ein grobes Missverhältnis zwischen dem Wert des Gegenstandes und den rechtmäßigen Einkünften des Betroffenen stützen kann, ist nichts anderes, als ein Erfahrungswert der Beweiswürdigung. Dies gilt letztlich auch für § 437 S. 2 StPO, der als Kriterien für die Entscheidung über die rechtswidrige Herkunft des Gegenstandes das Ergebnis der Ermittlungen zu der Tat, die Anlass für das Verfahren waren, die Umstände, unter denen der Gegenstand aufgefunden und sichergestellt worden ist, sowie die sonstigen persönlichen und wirtschaftlichen Verhältnisse des Betroffenen benennt. Das sind Banalitäten.

Die **Begründung zum Entwurf** von **§ 437 StPO** macht die Intention der Verfasser **87c** bei der Schaffung der Vorschrift deutlich, ist aber mit dem maßgeblichen **Gesetzeswortlaut** und den **Grundsätzen** der **StPO** nur **schwer vereinbar**. Es heißt dort, es handele sich um ein Verfahren gegen die Sache, das sich nicht gegen die Person richte und damit keinen Strafcharakter daher. Daher sei die Rechtfertigung des Eingriffs verfassungsrechtlich allein an Art. 14 GG zu messen. Das ist allerdings ungenau, weil jedes gerichtliche Verfahren sich auch gegen Personen richtet und damit an allen im konkreten Fall in Betracht kommenden Grundrechten zu messen ist. Richtig ist natürlich, dass es sich um ein dem Zivilprozess durchaus nahestehendes Verfahren handelt und daher nicht der Schuldgrundsatz gilt. Dementsprechend ist auch die Parallele zum Beweisrecht des Zivilverfahrens mit seinen Darlegungs- und Beweislasten naheliegend. Aus dem Gesetz ergibt sich die Anwendung dieser Grundsätze jedoch nicht, weil die StPO weder Darlegungs- noch Beweislast kennt und nichts darauf hindeutet, dass § 261 StPO nicht anzuwenden sein könnte (→ Rn. 87b).

Schließlich ist darauf hinzuweisen, dass dem Gesetzgeber nach der Rspr. des BVerfG die **87d** Befugnis zu einer authentischen Interpretation von Gesetzen nicht zukommt. Die Begründung eines Gesetzesentwurfs ist also nur eine unverbindliche Auslegungshilfe für die Fachgerichte, die zur Gesetzesauslegung berufen sind (BVerfG 17.6.2004, BVerfGE 111, 54, 107; 21.7.2010, BVerfGE 126, 369, 392; 2.5.2012, BVerfGE 131, 20, 37; 17.12.2013, BVerfGE 135, 1, 15).

Auch die **Begründung** des **Gesetzesentwurfs zur Beweislage** in der Begründung des **87e** Gesetzesentwurfs (BT-Drs. 18/9525, 92) überzeugen nicht. Es kommt nicht auf ein substantiiertes Bestreiten des Betroffenen an; allein maßgeblich ist die richterliche Überzeugung. Es darf nicht nur bei „bewiesener Unschuld" des Betroffenen nicht eingezogen werden, vielmehr ist die Einziehung bei vernünftigen Zweifeln an der Illegalität der Herkunft unzulässig. Es kommt damit nach dem Wortlaut des Gesetzes nicht zu einer materiellen Beweislastumkehr (aA *Fischer* StGB § 76a Rn. 9).

8. Wirkung der Einziehung

88 **Die Rechtsfolgen der Einziehung** sind nunmehr in § 75 StGB für das Strafrecht einheitlich geregelt, und zwar auch für den Fall, dass die Einziehung auf Grund § 76a StGB im selbstständigen Verfahren ausgesprochen wird. Die zweiteilige Regelung für den Verfall einerseits und für die Einziehung andererseits wurde in der Reform des Abschöpfungsrechts aufgeben und die Regelungen der § 73e StGB (Wirkung des Verfalls) und § 74e StGB aF (Wirkung der Einziehung) in § 75 StGB zusammengeführt (BT-Drs. 18/925, 70).

§ 75 StGB Wirkung der Einziehung

(1) ¹Wird die Einziehung eines Gegenstandes angeordnet, so geht das Eigentum an der Sache oder das Recht mit der Rechtskraft der Entscheidung auf den Staat über, wenn der Gegenstand
1. dem von der Anordnung Betroffenen zu dieser Zeit gehört oder zusteht oder
2. einem anderen gehört oder zusteht, der ihn für die Tat oder andere Zwecke in Kenntnis der Tatumstände gewährt hat.

²In anderen Fällen geht das Eigentum an der Sache oder das Recht mit Ablauf von sechs Monaten nach der Mitteilung der Rechtskraft der Einziehungsanordnung auf den Staat über, es sei denn, dass vorher derjenige, dem der Gegenstand gehört oder zusteht, sein Recht bei der Vollstreckungsbehörde anmeldet.

(2) ¹Im Übrigen bleiben Rechte Dritter an dem Gegenstand bestehen. ²In den in § 74b bezeichneten Fällen ordnet das Gericht jedoch das Erlöschen dieser Rechte an. ³In den Fällen der §§ 74 und 74a kann es das Erlöschen des Rechts eines Dritten anordnen, wenn der Dritte
1. wenigstens leichtfertig dazu beigetragen hat, dass der Gegenstand als Tatmittel verwendet worden oder Tatobjekt gewesen ist, oder
2. das Recht an dem Gegenstand in Kenntnis der Umstände, welche die Einziehung zulassen, in verwerflicher Weise erworben hat.

(3) Bis zum Übergang des Eigentums an der Sache oder des Rechts wirkt die Anordnung der Einziehung oder die Anordnung des Vorbehalts der Einziehung als Veräußerungsverbot im Sinne des § 136 des Bürgerlichen Gesetzbuchs.

(4) In den Fällen des § 111d Absatz 1 Satz 2 der Strafprozessordnung findet § 91 der Insolvenzordnung keine Anwendung.

a) Eigentum

89 § 75 I 1 Nr. 1 StGB führt die Vorschriften der § 73e I 1 und § 74e I 1 StGB aF zusammen und bestimmt zunächst, dass mit **Rechtskraft der Anordnung** einer Einziehung das **Eigentum** an der Sache oder das Recht auf den **Staat** übergeht (BT-Drs. 18/9525, 70; Fischer StGB § 75 Rn. 2), soweit das Recht dem von der Anordnung Betroffenen bei Rechtskraft gehört oder zugestanden hat. Damit ist hier eine Regelung enthalten, die bereits § 415 S. 1 RAO 1961 vorgesehen hatte.

89a Voraussetzung ist hier jedoch, dass die einzuziehenden Gegenstände in der **Urteilsformel** so **konkret bezeichnet** sind, dass sowohl für die Vollstreckungsbehörde als auch für den Betroffenen eindeutig bestimmt ist, welche Gegenstände der Einziehung unterliegen. Die Bezeichnung der Gegenstände in einem Asservatenverzeichnis reicht nicht aus (BGH 21.5.2019, StV 2019, 739; 10.11.2016, NStZ 2017, 88 f.).

89b Darüber hinaus ordnet das Gesetz aber auch einen Eigentumsübergang für die Fälle an, dass der Eigentümer den Gegenstand „für die Tat oder andere Zwecke in Kenntnis der Tatumstände gewährt hat". Diese sperrige und hinsichtlich der Art der „anderen Zwecke" unpräzise Formulierung, die aus § 73 IV StGB aF übernommen wurde, soll Konstellationen erfassen, in denen ein Gegenstand nur deswegen nicht eingezogen werden kann, weil er aufgrund der **zivilrechtlichen Nichtigkeit des Eigentumserwerbs** durch den Täter im Eigentum eines Dritten steht (etwa bei der Bezahlung von Betäubungsmitteln oder Schmuggelgut; vgl. BT-Drs. 18/9525, 71; Fischer StGB § 75 Rn. 4).

89c Dabei kommt es nicht darauf an, ob die Entscheidung des Gerichts materiell richtig ist, sondern ausschließlich auf die **Rechtkraft**. Sie tritt auch dann ein, wenn die Einziehung auf § 74b I Nr. 1 StGB oder § 73 II StGB, § 375 II AO gestützt ist, die Sache aber zur Zeit der Entscheidung einem Dritten gehörte, oder wenn der Täter oder Teilnehmer die Sache *nach* der Anordnung, aber *vor* Eintritt der Rechtskraft an einen Dritten veräußert hatte. Führt die Einziehung zum Eigentumsverlust dieses Dritten, so ist dieser gem. § 74b II StGB zu entschädigen, sofern die **Entschädigungspflicht** nicht nach § 74b III StGB entfällt (→ Rn. 93 ff.).

„Staat" iS des § 74e StGB ist dasjenige Land der Bundesrepublik Deutschland, dessen Gericht die Einziehung angeordnet hat (§ 60 StVollStrO; *Fischer* StGB § 74e Rn. 2a, *Schumann/Schmidt-Bremme* NJW 2002, 577). Ob die in den Fällen des § 375 II Nr. 1 AO hinterzogenen Abgaben dem Bund oder einem Land zustehen, ist unerheblich (glA zur früheren Rechtslage BFH 20.11.1952, BFHE 57, 108). **90**

Nach § 75 I 2 StGB geht das Eigentum in anderen Fällen, also wenn es weder dem Täter noch allein aufgrund der zivilrechtlichen Nichtigkeit einem Dritten zustand, mit dem **Ablauf von sechs Monaten nach der Mitteilung der Rechtskraft** auf den Staat über, wenn nicht vorher derjenige, dem der Gegenstand gehört oder zusteht, sein Recht bei der Vollstreckungsbehörde anmeldet. Hier ist damit ein sog. „kleiner Auffangrechtserwerb" geregelt, der sich an die zivilrechtlichen Fundvorschriften anlehnt. Auf diese Weise sollen insbesondere die Eigentumsverhältnisse an nicht zuzuordnendem Diebesgut geregelt werden (BT-Drs. 18/9525, 71). Eine Wiedereinsetzung in den vorigen Stand bei unverschuldeter Fristversäumnis ist möglich (*Fischer* StGB § 75 Rn. 6). **91**

§ 75 II StGB betrifft die Wirkung der Einziehung auf **dingliche Recht an einem eingezogenen Gegenstand,** zB (Grund-)Pfandrechte, Nießbrauch, Sicherungs- und Vorbehaltseigentum, die einem Dritten zustehen, gegen den sich die Anordnung nicht richtet. Diese bleiben nach § 75 II 1 StGB grundsätzlich bestehen. Nach § 75 II 2 StGB ordnet das Gericht jedoch in den Fällen der Sicherungseinziehung das Erlöschen dieser Recht an; soweit es sich um Tatprodukte, Tatmittel oder Tatobjekte handelt kann das Erlöschen angeordnet werden, soweit die Voraussetzungen der Einziehung vorliegen. **91a**

Die **Durchführung der Einziehung sichert § 75 III StGB** dadurch, dass die Anordnung der Einziehung vor ihrer Rechtskraft als – ebenso wie die Beschlagnahme nach §§ 111b StPO – **Veräußerungsverbot** iSd § 136 BGB wirkt. Durch die Bezugnahme auf § 136 BGB bleibt die Einziehung in einer höheren Instanz zulässig, wenn der Gegenstand nach der ersten Entscheidung über die Einziehung veräußert wird und die Einziehung zur Zeit der Entscheidung gerechtfertigt war (*Fischer* StGB § 75 Rn. 11). Eine unwirksame Veräußerung des eingezogenen Gegenstandes lässt keine Entschädigungsansprüche nach § 74b II StGB entstehen. „Gutgläubige" Erwerber, die nach § 135 II BGB geschützt sind, verlieren nach § 75 I StGB ihr Eigentum nicht (vgl. Schönke/Schröder/*Eser/Schuster* StGB § 75 Rn. 12). **91b**

b) Rechte an dem Gegenstand

Rechte an dem Gegenstand (= beschränkt dingliche Rechte) sind iSd § 75 StGB hauptsächlich das Pfandrecht (§§ 1204 ff. BGB) sowie das **Sicherungs- oder Vorbehaltseigentum** (→ Rn. 55). Abw. von § 415 S. 2 RAO 1961 lässt § 75 II 1 StGB die Rechte an einer eingezogenen Sache grundsätzlich bestehen. Im Hinblick auf Art. 14 GG (→ Rn. 47) können auch beschränkt dingliche Rechte einem Dritten nur gem. § 75 II 2 StGB bei einer Sicherungseinziehung oder unter den Voraussetzungen des § 75 II 3 StGB entzogen werden, wenn dem Dritten eine Entschädigung nach § 74b III Nr. 1–2 StGB nicht zu gewähren ist, weil ihn ein Schuldvorwurf trifft (→ Rn. 95). **92**

9. Entschädigung (§ 74b II, III StGB)

Mit Rücksicht auf Art. 14 III GG sieht § 74b II, III StGB eine **Entschädigung zugunsten des Dritten** vor, der sein Eigentum infolge der Einziehung eingebüßt hat oder dessen Recht an der Sache (→ Rn. 92) erloschen oder beeinträchtigt worden ist. **93**

§ 74b StGB Sicherungseinziehung

(1) [...]

(2) ¹In den Fällen des Absatzes 1 Nummer 2 wird der andere aus der Staatskasse unter Berücksichtigung des Verkehrswertes des eingezogenen Gegenstandes angemessen in Geld entschädigt. ²Das Gleiche gilt, wenn der eingezogene Gegenstand mit dem Recht eines anderen belastet ist, das durch die Entscheidung erloschen oder beeinträchtigt ist.

(3) ¹Eine Entschädigung wird nicht gewährt, wenn

1. der nach Absatz 2 Entschädigungsberechtigte
   a) mindestens leichtfertig dazu beigetragen hat, dass der Gegenstand als Tatmittel verwendet worden oder Tatobjekt gewesen ist, oder
   b) den Gegenstand oder das Recht an dem Gegenstand in Kenntnis der Umstände, welche die Einziehung zulassen, in verwerflicher Weise erworben hat oder
2. es nach den Umständen, welche die Einziehung begründet haben, auf Grund von Rechtsvorschriften außerhalb des Strafrechts zulässig wäre, dem Entschädigungsberechtigten den Gegenstand oder das Recht an dem Gegenstand ohne Entschädigung dauerhaft zu entziehen.

²Abweichend von Satz 1 kann eine Entschädigung jedoch gewährt werden, wenn es eine unbillige Härte wäre, sie zu versagen.

94 **Das Erlöschen des Eigentums** folgt aus § 75 I StGB. Beschränkte dingliche Rechte bleiben zwar nach § 75 II 1 StGB grundsätzlich bestehen. Jedoch hat das Gericht auch das Erlöschen dieser Rechte nach § 75 II 2 StGB in Fällen der Sicherungseinziehung anordnen (→ Rn. 91a).

95 Eine **Entschädigungspflicht** ist nach § 74 II StGB grundsätzlich nur für die Sicherungseinziehung nach § 74b I Nr. 2 StGB und für den Fall vorgesehen, in dem jemand sein Recht an einem Gegenstand verliert, weil eine Sicherungseinziehung stattfindet (→ Rn. 91a). Das gilt naturgemäß auch dann, wenn die Sicherungseinziehung im objektiven Verfahren nach § 76a StGB erfolgt (→ Rn. 84). Beeinträchtigt ist ein (bestehen bleibendes) Recht an der Sache dann, wenn das Gericht gem. § 74f I Nr. 1 StGB statt auf Einziehung auf Unbrauchbarmachung der Sache erkannt hat und durch diese Maßnahme das beschränkte dingliche Recht wirtschaftlich entwertet wird.

95a Nach **§ 74b III Nr. 1 III StGB** besteht **keine Entschädigungspflicht,** wenn der Dritte wenigstens *leichtfertig* dazu beigetragen hat, dass die Sache Mittel oder Gegenstand der Tat oder ihrer Vorbereitung gewesen ist (Buchst. b), oder wenn der Dritte die Sache oder das Recht an der Sache in Kenntnis der Umstände, welche die Einziehung oder Unbrauchbarmachung zulassen, *in verwerflicher Weise* erworben hat (Buchst. b). Ferner ist keine Entschädigung zu gewähren, wenn eine dauernde Entziehung der Sache ohne Entschädigung auf Grund von *Rechtsvorschriften außerhalb des Strafrechts* zulässig wäre (Nr. 2). Mit dieser Wendung verweist § 74b II Nr. 2 StGB namentlich auf § 216 iVm § 215 AO sowie auf § 51b BranntwMonG (sog. Sicherstellung im Aufsichtsweg).

96 Auch wenn eine Entschädigungspflicht gem. § 74b III StGB ausgeschlossen ist (→ Rn. 93), kann und muss eine Entschädigung gem. § 74b III 2 StGB gewährt werden, soweit es eine **unbillige Härte** darstellte sie zu versagen. Diese liegt namentlich dann vor, wenn den Dritten in den Fällen des § 74b III Nr. 1 StGB nur ein geringer Schuldvorwurf trifft, angesichts dessen ein entschädigungsloser Rechtsverlust unangemessen wäre.

96a Das erkennende **Gericht** muss in den **Urteilsfeststellungen** erkennen lassen, dass es die Möglichkeit einer solchen Ausnahme in Betracht gezogen hat, wenn es eine entschädigungslose Einziehung ausspricht (BGH 11.5.2016, wistra 2017, 412, 414).

97 **Über die Art und Höhe des Entschädigungsanspruchs** besagt § 74b II StGB, dass der Dritte „*unter Berücksichtigung des Verkehrswertes angemessen in Geld*" zu entschädigen ist. Damit ist eine Entschädigung in natura nur möglich, wenn der entschädigungsberechtigte Dritte und der entschädigungspflichtige Staat sich auf diese Art der Entschädigung besonders einigen. Der Hinweis auf den Verkehrswert schließt aus, dass *persönliche* Umstände die Entschädigung über den Verkehrswert hinaus erhöhen können (vgl. BGH 30.5.1963, NJW 1963, 1916 f.). Verkehrswert ist der Wert, der für Sachen gleicher Art, Güte und Menge unter gewöhnlichen Umständen im Inland erzielbar ist (→ Rn. 78). Bei schwankenden Preisen ist grundsätzlich derjenige Zeitpunkt maßgebend, welcher der Auszahlung möglichst nahe liegt, dh im Streitfall die letzte gerichtliche Tatsachenverhandlung (vgl. BGH 23.9.1957, BGHZ 25, 225, 230; BGH 24.2.1958, BGHZ 26, 373 f.; BGH 8.6.1959, BGHZ 30, 281, 284; BGH 27.6.1963, BGHZ 40, 87 ff.).

Zur Höhe der Entschädigung aus Billigkeitsgründen ist dem Wort „*wenn*" in § 74b 98 III 2 StGB – anders als noch das „soweit" in § 74f III StGB – zu entnehmen, dass es nicht dem richterlichen Ermessen unterliegt, ob eine Entschädigung überhaupt in Betracht kommt. Das ist eine Frage des Verhältnismäßigkeitsgrundsatzes, die dem Gericht allerdings einen sehr weiten Einschätzungsspielraum dahingehend einräumt, was als noch zumutbar angesehen werden kann.

Ist der Berechtigte Pfandgläubiger, Sicherungs- oder Vorbehaltseigentümer, so ist die 99 Höhe der Entschädigung nach oben auch durch die **jeweilige Höhe der Forderung** begrenzt, für die ihm das Sicherungsrecht an der Sache eingeräumt worden ist.

Die Entschädigung kraft Gesetzes (§ 74b II StGB) oder auf Grund einer Billigkeitsent- 100 scheidung (§ 74b III 2 StGB) obliegt der **Gebietskörperschaft** (Land oder Bund), auf die das Eigentum nach § 75 StGB übergegangen ist (→ Rn. 90).

Zuständig für die Entscheidung über die Entschädigung auf Grund § 75 StGB ist das 101 nach § 430 III 1 StPO Gericht, das die Einziehung nach § 74b I StGB anordnet. In dem Fall, dass keine Entschädigung zu gewähren ist, spricht es dies mit der Einziehungsentscheidung aus. Hält es ausnahmsweise eine Entschädigung zur Vermeidung einer unbilligen Härte für geboten, so spricht entscheidet es nach § 430 III 2 StPO auch direkt über die Höhe der Entschädigung. Das war bereits in § 436 III 2 StPO aF so geregelt, weil diese Fragen auch mit dem Schuldvorwurf zusammenhängen.

Für die weiteren Entscheidungen über die Entschädigung und ihre Höhe ist das **Zivilge-** 102 **richt** zuständig, da es sich um einen Anspruch aus Eingriffen handelt, die eine bürgerlich-rechtliche Wirkung haben (Begr. BT-Drs. V/1319, 60; KK-StPO/*Schmidt* StPO § 430 Rn. 6).

§ 375a Verhältnis zur strafrechtlichen Einziehung

Das Erlöschen eines Anspruchs aus dem Steuerschuldverhältnis durch Verjährung nach § 47 steht einer Einziehung rechtswidrig erlangter Taterträge nach den §§ 73 bis 73c des Strafgesetzbuches nicht entgegen.

§ 34 EGAO Verhältnis zur strafrechtlichen Einziehung
§ 375a der Abgabenordnung in der Fassung des Artikels 6 des Gesetzes vom 29. Juni 2020 (BGBl. I S. 1512) gilt für alle am 1. Juli 2020 noch nicht verjährten Steueransprüche.

§ 375a AO, Art. 97 § 34 EGAO aufgeh. mWv 29.12.2020 durch G v. 21.12.2020 (BGBl. I S. 3096). Siehe zur Einziehung → Anhang III Rn. 111 ff.

§ 376 Verfolgungsverjährung

(1) In den in § 370 Absatz 3 Satz 2 Nummer 1 bis 6 genannten Fällen besonders schwerer Steuerhinterziehung beträgt die Verjährungsfrist 15 Jahre; § 78b Absatz 4 des Strafgesetzbuches gilt entsprechend.

(2) **Die Verjährung der Verfolgung einer Steuerstraftat wird auch dadurch unterbrochen, dass dem Beschuldigten die Einleitung des Bußgeldverfahrens bekannt gegeben oder diese Bekanntgabe angeordnet wird.**

(3) **Abweichend von § 78c Absatz 3 Satz 2 des Strafgesetzbuches verjährt in den in § 370 Absatz 3 Satz 2 Nummer 1 bis 6 genannten Fällen besonders schwerer Steuerhinterziehung die Verfolgung spätestens, wenn seit dem in § 78a des Strafgesetzbuches bezeichneten Zeitpunkt das Zweieinhalbfache der gesetzlichen Verjährungsfrist verstrichen ist.**

Schrifttum: *Suhr,* Die Verjährung und die Unterbrechung der Verjährung im Steuerstrafrecht, in: BMF (Hrsg.), Aktuelle Fragen des materiellen Steuerstrafrechts, 1959, S. 225; *Kohlmann,* Schließt die Verjährung der Vortat auch die Verjährung wegen der Nachtat aus?, JZ 1964, 492; *Kopacek,* Die Verjährung der Strafverfolgung von Steuervergehen, FR 1965, 275 mit Erwiderung von *Stier,* Zuständigkeit und Unterbrechung der Verjährung der Strafverfolgung, FR 1966, 50 und Schlusswort von *Kopacek* FR 1966, 51; *Lohmeyer,* Die Verjährung der Strafverfolgung von Steuer- und Zollvergehen, ZfZ 1966, 197; *Lorenz,* Über das Wesen der strafrechtlichen Verjährung, GA 1966, 371; *Schmidt,* Beginn der Verjährung der Strafverfolgung bei unechten Unterlassungsdelikten im Steuerstrafrecht, JR 1966, 127; *Schröder,* Probleme strafrechtlicher Verjährung, FS Gallas, 1973, 329; *Schoene,* Verfolgungsverjährung nach Bundes- und Landesrecht, NJW 1975, 1544; *Erhard,* Die Verjährung im Steuerstrafrecht, 1976; *von Stackelberg,* Verjährung und Verwirkung des Rechts auf Strafverfolgung, FS Bockelmann, 1979, 759; *Brenner,* Außenprüfer als Strafverfolgungsorgan: Verfolgungsverjährung und Verwertungsverbot, StBp 1979, 121; *Schäfer,* Einige Fragen zur Verjährung in Wirtschaftsstrafsachen, FS Dünnebier, 1982, 541; *Volk,* Fortsetzungszusammenhang und Verjährungsbeginn im Steuerstrafrecht, DStR 1983, 343; *Brenner,* Strafverfolgungsverjährung und ihre Unterbrechung bei Steuerdelikten, BB 1985, 2041; *Herdemerten,* Beginn der Verjährung bei Steuerhinterziehung, wistra 1985, 98; *Pfaff,* Strafverfolgungsverjährung bei Steuerzuwiderhandlungen, StBp 1986, 258; *Rüping,* Beendigung der Tat und Beginn der Verjährung, GA 1985, 437; *Heuer,* Unterbricht ein Durchsuchungsbeschluß gegen die Verantwortlichen eines Unternehmens die Verjährung?, wistra 1987, 170; *Kuhlmann,* Beendigung der Steuerhinterziehung und Außenprüfung, wistra 1987, 281; *Marx,* Einleitung des Steuerstrafverfahrens durch hektographierte Schreiben?, wistra 1987, 207; *Weyand,* Nochmals – Einleitung des Steuerstrafverfahrens durch hektographierte Schreiben?, wistra 1987, 283; *Gössel,* Bindung der Wiederaufnahme zu Ungunsten des Verurteilten an die Verjährungsfrist?, NStZ 1988, 537; *Reiche,* Verjährungsunterbrechende Wirkung finanzbehördlicher oder fahndungsdienstlicher Ermittlungsmaßnahmen hinsichtlich allgemeiner Strafdelikte, insbesondere bei tateinheitlichem Zusammentreffen mit Steuerstraftaten, wistra 1988, 329; *Kiel,* Die Verjährung bei der vorsätzlichen Steuerverkürzung, 1989; *Rainer/Schwedhelm,* Verjährung im Steuerstrafrecht und im Steuerrecht, NWB Fach 13 (40/1989), 747; *Grezesch,* Hindert die Aussetzung nach § 396 AO den Eintritt der absoluten Verjährung?, wistra 1990, 289; *Patzelt,* Ungerechtfertigte Steuervorteile und Verlustabzug im Steuerstrafrecht – Vollendung und Verjährungsbeginn bei der Steuerhinterziehung, 1990; *Wisser,* Die Aussetzung des Steuerstrafverfahrens gemäß § 396 AO und die Bindung des Strafrichters, 1992; *Gallandi,* Verjährung bei langfristig geplanter Wirtschaftskriminalität, wistra 1993, 255; *Lemke,* Das 2. Verjährungsgesetz, NJ 1993, 529; *Schmitz,* Der Beginn der Verjährungsfrist nach § 78a StGB bei der Hinterziehung von Einkommensteuer durch Unterlassen, wistra 1993, 248; *Hummert,* Die Verlängerung der Festsetzungsfrist gemäß § 169 Abs. 2 Satz 2 AO und § 191 Abs. 3 Satz 2 AO für Kirchensteuer bei Steuerhinterziehung, DStZ 1993, 112; *Hees,* Zur persönlichen Reichweite der Verjährungsunterbrechung nach § 78c Abs. 1 Nr. 4 StGB, wistra 1994, 81; *Letzgus,* Unterbrechung, Ruhen und Verlängerung strafrechtlicher Verjährungsfristen für im Beitrittsgebiet begangene Straftaten, NStZ 1994, 57; *Wickern,* Die Berechnung der strafrechtlichen Verjährungsfrist in der Rechtsprechung des BGH, NStZ 1994, 572; *Bittmann/Dreier,* Bekämpfung der Wirtschaftskriminalität nach dem Ende der Verjährung? – Zur gesetzten Handlung, NStZ 1995, 105; *Foth,* Dürfen verjährte Taten strafschärfend wirken?, NStZ 1995, 375; *Messner,* Strafrechtliche und steuerliche Bedeutung des Abschieds vom Fortsetzungszusammenhang im Steuerstrafrecht, DB 1995, 1735; *Dörn,* Schuldvorwurf und Strafverfolgungsverjährung bei Umsatzsteuerhinterziehung – ein Überblick, DStZ 1996, 491; *Hardtke/Leip,* Strafverfolgungsverjährung bei Steuerhinterziehung infolge verdeckter Gewinnausschüttung, NStZ 1996, 217; *Riehl,* Zur Frage der Tatbeendigung in Fällen der Umsatzsteuerhinterziehung nach § 370 AO durch einen steuerlich beratenen Unternehmer, wistra 1996, 130; *Buse,* Beendigung der Umsatzsteuerhinterziehung bei Fristverlängerung nach § 109 AO durch Erlasse der obersten Finanzbehörden, wistra 1997, 173; *Hennig,* Empfiehlt sich eine Neuregelung der Verjährung von Wirtschaftsstraftaten?, wistra 2000, 321; *Romberg,* Verjährung im Strafrecht – eine intrasystematische Bestandsaufnahme und Ansätze zur Gesetzesreform, 2000; *Eich,* Strafverfolgungsverjährung der Steuerhinterziehung und der leichtfertigen Steuerverkürzung, KÖSDI 2001, 13036; *Hardtke,* Die Verjährung im Steuerstrafrecht, AO-StB 2001, 273; *Pelz,* Wann verjährt die Beihilfe zur Steuerhinterziehung?, wistra 2001, 11; *Schneider,* Straflose Nachtat trotz Verjährung der Haupttat im Falle wiederholter Steuerhinterziehung, wistra 2001, 408; *Beckemper,* Steuerhinterziehung durch Erschleichen eines unrichtigen Feststellungsbescheids?, NStZ 2002, 518; *Müller,* Der Beginn der Strafverfolgungsverjährung bei Steuerhinterziehung, StBp 2003, 78; *ders.,* Die Verjährung der Strafverfolgung bei der Steuerhinterziehung, SteuerStud 2003, 371; *Schmitz,* Versuchsbeginn, Vollendung und Beginn der Verfolgungsverjährung bei ausgebliebener Steuerfestsetzung, FS Kohlmann, 2003, 517; *Wulf,* Beginn der Verjährung der Steuerhinterziehung bei ausgebliebener Steuerfestsetzung, wistra 2003, 89; *Müller,* Wann beginnt die Strafverfolgungsverjährung bei Steuerhinterziehung?, wistra 2004, 11; *Burkhard,* Verjährungsbeginn bei verspäteter Abgabe der Steuererklärung, DStZ 2004, 443; *Stoffers/Landowski,* Verjährung der Beihilfe zur Steuerhinterziehung, StraFo 2005, 228; *Bock,* Die strafrechtliche Verfolgungsverjährung, JuS 2006, 12; *Rolletschke,* Die Strafverfolgungsverjährung im Steuerstrafrecht, ZSteu 2006, 74; *v. Briel,* Der Beginn der Strafverfolgungsverjährung bei Steuerstraftaten und -ordnungswidrigkeiten, SAM 2006, 115; *Müller,* Die Verknüpfung der steuerlichen und strafrechtlichen Verjährung, AO-StB 2007, 246; *Eich,* Hinterziehung von Erbschaft- und Schenkungsteuer – Beratungsrelevante Aspekte der Strafverfolgungsverjährung, ErbStB 2008, 76; *Puhl,* Strafverfolgungsverjährung – Ihr Beginn bei der vollendeten Steuerhinterziehung durch Unterlassen, BLJ 2008, 129; *Wulf,* Strafrechtliche und steuerliche Verjährung im Steuerfahndungsverfahren, Stbg 2008, 445; *Bender,* Die Verfolgungsverjährung für Steuerhinterziehung nach dem JahressteuerG 2009, wistra 2009, 215; *Pelz,* Neuregelung der Verfolgungsverjährung für Steuerhinterziehung – Neue Herausforderungen für die Praxis, NJW 2009, 470; *Rolletschke/Jope,* Konsequenzen auf Grund der Änderung der Verjährungsvorschrift des § 376 Abs. 1 AO im Rahmen des Jahressteuergesetzes 2009 (JStG 2009), Stbg 2009, 213; *Salditt,* Die Tat bei der Hinterziehung von Einkommensteuer, FS Volk, 2009, 637; *Spatscheck/Birkenmaier,* Verlängerung der Verfolgungsverjährung: Vorsicht bei der Selbstanzeige!, Stbg 2009, 361; *Steinhauff/Wegner,* Bedenken gegen die Reform des Verjährungsrechts, PStR 2009, 33; *Weyand,* Neuregelung der Verjährung in Fällen der besonders schweren Steuerhinterziehung, StuB 2009, 145; *Wulf,* Die Verschärfung des Steuerstrafrechts zum Jahreswechsel 2008/2009, DStR 2009, 459; *Brüning,* Vollendung und Verjährungsbeginn bei unrichtigen Feststellungsbescheiden im Steuerstrafrecht, FS Samson, 2010, 537; *Haas/Wilke,* Steuerhinterziehung und Rechtsstaat – Zur Verlängerung der Verfolgungsverjährung durch das Jahressteuergesetz 2009, NStZ 2010, 297; *Lübbersmann,* Besonders schwere Fälle: § 370 Abs. 3 AO und die Technik der Regelbeispiele, PStR 2010, 256; *Mosbacher,* Neue Vorgaben zu Strafzumessung und Verjährung im Steuerstrafrecht, Steueranwalt 2009/2010, 131; *Nazarian,* Der Beginn der Strafverfolgungsverjährung – § 78a StGB, 2010; *Samson/Brüning,* Die Verjährung der besonders schweren Fälle der Steuerhinterziehung, wistra 2010, 1; *Wulf,* Praxiswissen zur Strafverfolgungsverjährung, PStR 2010, 13; *Korts,* Verjährung bei verschwiegenen Auslandskonten, Stbg 2011, 357; *Tormöhlen,* Verjährung im Steuerstrafrecht – Einzelheiten zu Beginn, Unterbrechung und Folgen der Verjährung, AO-StB 2011, 27; *Dallmeyer,* Tatbeendigung und Verjährungsbeginn bei Steuerdelikten, ZStW 124 (2012), 711; *Esskandari/Bick,* Wann beginnt die Verjährung bei der Hinterziehung von Erbschaft- und Schenkungsteuer?, ErbStB 2012, 108; *Haumann,* Verfassungsmäßigkeit der Verjährung der Steuerhinterziehung nach § 376 Abs. 1 AO?, AO-StB 2012, 157; *Jeschkies,* Bedeutung der Verjährung bei korrigierten Erklärungen gemäß § 153 AO und § 371 AO, PStR 2012, 310; *Lindwurm,* Kindergeld, Steuerhinterziehung und Verfolgungsverjährung – Die Wiederbelebung der Ablaufhemmung nach § 171 Abs. 7 AO, AO-StB 2012, 339; *Satzger,* Die Verjährung im Strafrecht, Jura 2012, 433; *Spatscheck/Albrecht,* Praxisprobleme der Strafverfolgungsverjährung bei Hinterziehungsdelikten, § 376 Abs. 1 AO, Stbg 2012, 501; *Bürger,* Die Verjährungsregelung in § 376 Abs. 1 AO im Berichtigungsverbund der Selbstanzeige, BB 2013, 2592; *Dönmez,* Verjährung bei Steuerhinterziehung – Unterschiedliche Verjährungsfristen im Straf- und Steuerrecht, NWB 2013, 2866; *Gehm,* Verlängerte Strafverfolgungsverjährungsfrist für Altfälle der Steuerhinterziehung, StBW 2013, 939; *Mitsch,* Unterbrechung strafrechtlicher Verjährung durch Bußgeldverfahren, NZWiSt 2013, 1; *Steinhauff,* Verjährung bei Steuerhinterziehung, AO-StB 2013, 311; *Ch. Dannecker,* Zur Verfassungsmäßigkeit der verjährungsrechtlichen Anknüpfung an strafrechtliche Regelbeispiele der Steuerhinterziehung, NZWiSt 2014, 6; *Meyer,* Die strafrechtliche Verjährung, JA 2014, 342; *Reichling/Winsel,* Die neuere (höchstrichterliche) Rechtsprechung zum Verjährungsbeginn bei ausgewählten Wirtschaftsstraftaten, JR 2014, 331; *Rolletschke,* Die Strafverfolgungsverjährung im Steuerstrafrecht, ZWH 2014, 129; *Schott,* Strafrechtliche Verjährung bei Nichtabgabe von Steuererklärungen, PStR 2014, 25; *Dick,* Die Verjährung der Steuerhinterziehung, 2015; *Ebner,* Verfolgungsverjährung im Steuerstrafrecht, 2015; *ders.,* Aktuelle Gedanken zur Verfolgungsverjährung im Steuerstrafrecht, ZWH 2015, 135; *ders.,* Zur Tatbeendigung bei der Hinterziehung von Tabaksteuer, HFR 2015, 408; *Gehm,* Der Fall Karlheinz Schreiber, StBW 2015, 749; *Grötsch,* Strafrechtliche Verjährung der Hinterziehung von Ertragssteuern, wistra 2015, 249; *Kehr,* Die Verjährungsregelung gemäß § 376 Abs. 1 AO, PStR 2015, 55; *Madauß,* BGH, Beschl. v. 8.7.2014 und die Bedeutung der 3-Tagesfiktion des § 122 Abs. 2 Nr. 1 AO für die Zeitpunkte der Tatvollendung/Tatbeendigung, NZWiSt 2015, 141; *Mitsch,* Verjährungsvielfalt bei der Steuerhinterziehung, NZWiSt 2015, 8; *Asholt,* Verjährung im Strafrecht, 2016; *Ebner,* Einkommensteuerhinterziehung durch „Lobbyisten" (Schreiber II), HFR 2016, 165; *Geier/Karla,* Verjährung im Strafrecht unter besonderer Berücksichtigung des Steuerstrafrechts, ZWH 2016, 21; *Radermacher,* Steuerhinterziehung in großem Ausmaß durch strafrechtlich verjährte Taten, AO-StB 2016, 21; *Reiß,* Unionsrechtlich gebotene Bestrafung und Besteuerung sine lege und contra legem, UR 2016, 342; *Baumhöfer/Madauß,* Besondere Aspekte der Verjährung § 376 AO, NZWiSt 2017, 27; *Ebner,* Mindmap zur Kompatibilität von § 78b Abs. 4 StGB mit § 376 Abs. 1 AO in Fällen „besonders schwerer" Steuerhinterziehung, ZWH 2017, 44; *ders.,* Verjährung und Konkurrenzen bei der Lohnsteuerhinterziehung („Lohnmodell" Münchener Flughafen), HFR 2017, 860; *Külz/Odenthal,* Ein besonders schwerer Fall: Verlängerung der Verjährungsfrist nach § 376 AO bei „Altfällen", PStR 2017, 49; *Reiß,* Nationale Strafgesetze, Vorrang des Unionsrechts und der

§ 376

Grundsatz nulla poena sine lege, UR 2017, 693; *Asmus/Werneburg,* Cum/Ex-Geschäfte: Die Verjährungsfrage, DStR 2018, 1527; *Spatscheck/Spilker,* Grenzen der Verfolgung von Vorsteuerbetrug bei Karussellgeschäften, DB 2018, 1239; *Wegner,* Rückwirkungsverbot bei Verdrängung nationalen Rechts durch unmittelbar anwendbares Unionsrecht, wistra 2018, 107; *Asholt,* Beginn der Verjährung im Steuerstrafrecht, wistra 2019, 386; *Bürger,* Transnationales ne bis in idem aufgrund Strafklageverbrauchs wegen Verjährung, wistra 2019, 473; *Bach,* Unterlassen der Anzeigepflicht des § 33 ErbStG und Eintritt der Verfolgungsverjährung, wistra 2019, 417; *Binnewies/Hinz,* Steuerstrafrechtliche Mogelpackung mit dem „Etikett Corona", AG 2020, 583; *Eich/Winkler,* Das Zweite Corona-Steuerhilfegesetz – massive Verschärfungen im Steuerstrafrecht durch die Hintertür, AO-StB 2020, 256; *Gehm,* Neuerungen des Strafrechts aufgrund des Zweiten Corona-Steuerhilfegesetzes, NZWiSt 2020, 368; *Greier,* Entwurf eines Zweiten Gesetzes zur Umsetzung steuerlicher Hilfemaßnahmen zur Bewältigung der Corona-Krise (Zweites Corona-Steuerhilfegesetz), jurisPR-StrafR 13/2020 Anm. 1; *Ebner,* Ausschluss der Einziehung bei Verjährung des Steueranspruchs, HFR 2020, 647; *Maciejewski,* Rückwirkende Gesetzesverschärfungen im Steuerstrafrecht, wistra 2020, 441; *Reichling/Lange,* Strafrechtliche Aspekte des Zweiten Corona-Steuerhilfegesetzes, PStR 2020, 176; *Spatscheck/Spilker,* Zeitliche Grenzen der Einziehung von verkürzten Steuerbeträgen, DStR 2020, 1664; *Wulf,* Aushebelung der Festsetzungsverjährung als „Corona-Soforthilfe"?, wistra 2020, 353; *Bertrand,* Änderung der Verjährung: Steuerstrafrechtliche Verjährungsvorschriften im Schatten der Corona-Soforthilfen, PStR 2021, 184; *Binnewies/Peters,* Mord und Steuerhinterziehung verjähren nicht, GmbHR 2021, R64; *Gehm,* Neue steuerstrafrechtliche Regelungen im Jahressteuergesetz 2020, ZWH 2021, 47; *Heim,* Vermögensabschöpfung bei verjährten Straftaten verfassungsgemäß, NJW-Spezial 2021, 184; *Küffner,* Wirksame Selbstanzeige nur bei Offenlegung der letzten 15 Jahre, DB 2021, M4; *Radermacher,* Jahressteuergesetz 2020 – eine gefährliche Mixtur für das Steuerstrafrecht, AO-StB 2021, 101; *Reichling/Lange/Borgel,* „Lex Cum/Ex II." – Erneute Änderung des Verjährungs- und Einziehungsrechts, PStR 2021, 31; *Rübenstahl/Weißenbeck,* Verfassungsrechtliche Grenzen rückwirkender Gesetze und die nachträgliche Verlängerung der Verjährung, ZWH 2021, 274; *Schilling/Corsten/Hübner,* Entkoppelung der Verjährung strafrechtlicher Einziehung auch rückwirkend – Besprechung von BVerfG, wistra 2021, 193, wistra 2021, 174; *Spatscheck/Mühlbauer,* Das Jahressteuergesetz 2020 in steuerstrafrechtlichem Kontext – Ein Überblick über die Änderungen im Zusammenspiel mit dem Zweiten Corona-Steuerhilfegesetz und dem Gesetz zur Reform der strafrechtlichen Vermögensabschöpfung, ZWH 2021, 50; *Staudinger,* Die neue Verfolgungsverjährung in Steuerstrafsachen, wistra 2021, 307; *Valbuena/Rennar,* Verlängerung der Verfolgungsverjährung für Steuerstraftaten durch das Jahressteuergesetz 2020 – Zukünftige 15-Jahresfrist bei besonders schweren Hinterziehungsfällen, StB 2021, 62; *Weidemann,* Keine Einziehung bei verjährtem Steueranspruch? – Der BGH und die Folgen, wistra 2021, 41; *Wild,* Selbstanzeigefälle: So wirken sich die Gesetzesänderungen in 2020 aus, PStR 2021, 71; *Ebner,* Verjährung „XXL" auch bei Schmuggel im „besonders schweren" Fall?, PStR 2022, 12; zur Unterbrechung der Verjährung s. auch vor → Rn. 62; *ders.,* Umfang der tatrichterlichen Überzeugungsbildung bei Annahme einer auf einem „Phantom"-Durchsuchungsbeschluss beruhenden Ablaufhemmung (§ 171 Abs. 7 AO), jurisPR-SteuerR 42/2022 Anm. 3.

Übersicht

	Rn.
Vorbemerkung	01, 02
1. **Entstehungsgeschichte**	1–2
2. **Anwendungsbereich**	3–4
3. **Wesen und Wirkung der Verjährung**	5–9
4. **Verjährungsfrist**	10–25
a) Allgemeines	10–15
b) Fünfzehnjährige Verjährungsfrist (§ 376 I Hs. 1 AO)	16–25
5. **Beginn der Verjährung**	26–61b
a) Verjährungsbeginn bei „positivem" Tun	26–37
aa) Veranlagungsteuern	26–33
bb) Fälligkeitsteuern	34–37
b) Bei Unterlassen	38–52
aa) Veranlagungsteuern	39–51
bb) Fälligkeitsteuern	52
c) Steuerhinterziehung im Beitreibungsverfahren	53
d) Versuch	54, 55
e) Fortgesetzte Handlung	56
f) Teilnahme, Mittäterschaft, mittelbare Täterschaft	57–60
g) Bannbruch, Steuerhehlerei, Steuerzeichenfälschung, Begünstigung, gewerbs- oder bandenmäßige Schädigung des USt-Aufkommens, Hinterziehung von Lotteriesteuer	61–61b
6. **Unterbrechung**	62–94d
a) Allgemeines	62–64
b) Gemeinsame Vorschriften	65–74

	Rn.
c) Die Unterbrechungshandlungen	75–94
d) Steuerstrafrechtliche Sonderregelungen in § 376 II und III AO	94a–94d
7. Ruhen der Verjährung	95–102
a) Allgemeines Instrumentarium	95–101
b) Neuregelung in § 376 I Hs. 2 AO	102

Vorbemerkung

§ 376 I Hs. 1 AO trifft eine von § 78 III Nr. 4 StGB abweichende Regelung zur Dauer **01** der Verjährungsfrist. Danach betrug die Regelverfolgungsverjährungsfrist bei Verwirklichung der Tatbestandsmerkmale eines „besonders schweren" Falls der Steuerhinterziehung iSv § 370 III 2 Nrn. 1–6 AO in der Zeit vom 25.12.2008 bis 28.12.2020 zehn Jahre; mit Inkrafttreten des JStG 2020 zum 29.12.2020 ist sie für alle bis dahin nicht verfolgungsverjährten Taten auf 15 Jahre angehoben worden (→ Rn. 1c, 17a). Der mWv 1.7.2020 durch das **Zweite Corona-Steuerhilfegesetz** eingefügte 2. Halbs. des § 376 I AO enthält eine (wohl) auf entspr. Diskussionen im Schrifttum zurückzuführende Klarstellung, wonach das fünfjährige Ruhen der Verjährung nach einem Eröffnungsbeschluss des LG auch in Fällen des § 376 I Hs. 1 AO (und nicht nur in denjenigen des von § 78b IV StGB bislang allein erfassten § 78 III Nr. 4 StGB) gilt (→ Rn. 102). § 376 II AO ergänzt den Katalog der Unterbrechungshandlungen in § 78c StGB (→ Rn. 62 ff.). Vorweg anzuwenden sind:

§ 78 StGB Verjährungsfrist

(1) ¹Die Verjährung schließt die Ahndung der Tat und die Anordnung von Maßnahmen (§ 11 Abs. 1 Nr. 8) aus. ²§ 76a Absatz 2 bleibt unberührt.
(2) Verbrechen nach § 211 (Mord) verjähren nicht.
(3) Soweit die Verfolgung verjährt, beträgt die Verjährungsfrist
1. dreißig Jahre bei Taten, die mit lebenslanger Freiheitsstrafe bedroht sind,
2. zwanzig Jahre bei Taten, die im Höchstmaß mit Freiheitsstrafen von mehr als zehn Jahren bedroht sind,
3. zehn Jahre bei Taten, die im Höchstmaß mit Freiheitsstrafen von mehr als fünf Jahren bis zu zehn Jahren bedroht sind,
4. fünf Jahre bei Taten, die im Höchstmaß mit Freiheitsstrafen von mehr als einem Jahr bis zu fünf Jahren bedroht sind,
5. drei Jahre bei den übrigen Taten.
(4) Die Frist richtet sich nach der Strafdrohung des Gesetzes, dessen Tatbestand die Tat verwirklicht, ohne Rücksicht auf Schärfungen oder Milderungen, die nach den Vorschriften des Allgemeinen Teils oder für besonders schwere oder minder schwere Fälle vorgesehen sind.

§ 78a StGB Beginn

¹Die Verjährung beginnt, sobald die Tat beendet ist. ²Tritt ein zum Tatbestand gehörender Erfolg erst später ein, so beginnt die Verjährung mit diesem Zeitpunkt.

Der ebenfalls durch das Zweite Corona-Steuerhilfegesetz neu eingeführte **§ 376 III** **02** bewirkt, dass der in § 78c III 2 StGB für das gesamte Strafrecht einheitlich auf das Doppelte der gesetzlichen Verjährungsfrist begrenzte max. Unterbrechungszeitraum speziell für die Fälle des § 376 I Hs. 1 AO auf das Zweieinhalbfache ausgedehnt, also inzwischen um siebeneinhalb Jahre (urspr.: fünf Jahre) von 30 auf 37,5 Jahre (bis 28.12.2020: von 20 auf 25 Jahre) verlängert, wird (→ Rn. 94b ff.).

1. Entstehungsgeschichte

§ 376 I AO wurde durch Art. 10 Nr. 13, Art. 39 I **JStG 2009** v. 19.12.2008 (BGBl. I **1** 2008, 2794) mWv **25.12.2008** eingefügt. Während sich die Verjährungsfrist bei Steuerhinterziehung bislang nach § 78 III Nr. 4 StGB richtete und einheitlich fünf Jahre betrug, wurde sie für einige Fälle der Steuerhinterziehung auf 10 Jahre verlängert (→ Rn. 16 ff.).

Bereits hieraus konnten sich massive Konsequenzen auch für den Ablauf der Festsetzungsfrist ergeben (→ Rn. 20). Pläne eines RefE vom April 2008, die Verjährungsfrist bei Steuerstraftaten generell auf 10 Jahre anzuheben, wurden bereits mit dem RegE verworfen (→ Rn. 16; zur weiteren Normengenese *Ebner* 2015, S. 137 ff.; HHS/*Bülte* AO § 376 Rn. 5 ff.).

1a Die Erweiterung des in Bezug genommenen Katalogs der „besonders schweren" Fälle in § 370 III 2 AO um eine – die Nutzung von Drittstaat-Gesellschaften zum Zwecke der Steuerhinterziehung betreffende – neue Nr. 6 zog eine entsprechende **„Folgeanpassung"** (BR-Drs. 816/16, 31; BT-Drs. 18/11132, 31) von **§ 376 I Hs. 1 AO** nach sich (Art. 1 Nrn. 15, 17 StUmgBG v. 23.6.2017, BGBl. I 2014, 1682; beide Änderungen traten ab **25.6.2017** in Kraft; zur Anwendung Art. 97 § 1 XII 1 EGAO: *„alle am 25. Juni 2017 anhängigen Verfahren"*). Die bei dieser Gelegenheit vorgenommene Ersetzung der bislang gebräuchlichen Abkürzung „Nr." durch das ausgeschriebene Wort „Nummer" ist nicht nur ohne Begründung geblieben, sondern auch grammatikalisch zweifelhaft (richtig wäre der Plural: „Nummer*n* 1 bis 6").

1b Hernach hat § 376 AO durch die (klarstellend gemeinte; s. → Rn. 102) **Ergänzung des Abs. 1 um einen 2. Hs.** sowie die **Einfügung eines neuen Abs. 3** (Verlängerung des max. Unterbrechungszeitraums [„Grenze des Doppelten"] um 5 Jahre bzw., seit 29.12.2020, 7,5 Jahre; dazu → Rn. 1c, 94b ff.) nochmals eine beträchtliche Erweiterung erfahren. Die in keinem erkennbaren Zusammenhang mit der COVID-19-Pandemie stehenden, allerdings gleichermaßen beschleunigt durchgesetzten Änderungen beruhen auf Art. 6 Nrn. 2, 3 des Zweiten G zur Umsetzung steuerlicher Hilfsmaßnahmen zur Bewältigung der Corona-Krise (Zweites Corona-Steuerhilfegesetz) v. 29.6.2020 (BGBl. I 2020, 1512) und traten gem. Art. 12 I desselben G am **1.7.2020** für alle zu diesem Zeitpunkt noch nicht verjährten Fälle in Kraft (krit. *Bertrand* PStR 2021, 184 [*„versteckt unter dem Deckmantel der Corona-Hilfen"*]; *Binnewies/Hinz* AG 2020, 583 [*„Mogelpackung"*]; BRAK Stellungnahme 2020/28, S. 3, https://brak.de [*„Zusammenhang mit den eilbedürftigen Corona-Maßnahmen nicht ansatzweise erkennbar"*]; *Eich/Winkler* AO-StB 2020, 256, 257 [*„Zweifel an der Rechtsstaatlichkeit"*]; *Gehm* NZWiSt 2020, 368, 370; *Greier* jurisPR-StrafR 13/2020 Anm. 1 unter C.; *Huth* MwStR 2022, 184, 193; *Reichling/Lange* PStR 2020, 176, 180; *Wulf* wistra 2020, 353); eine Übergangsregelung hat der Gesetzgeber nicht mehr für erforderlich gehalten (vgl. BT-Drs. 19/20058, 29; dazu *Maciejewski* wistra 2020, 441, 442 ff.: rückwirkende Anwendung verfassungskonform).

1c Nur kurze Zeit später wurde – ausgehend von einem auf die drohende Verjährung der „Cum-Ex-Verfahrenskomplexe" abzielenden Gesetzesantrag des Bundeslandes NRW v. 7.10.2020 (BR-Drs. 590/20, 5 f., 9) – auf Empfehlung des Finanzausschusses (BT-Drs. 19/25160, 110) mWv **29.12.2020** zusätzlich noch die **Verjährungsfrist in § 376 I Hs. 1 AO** von 10 auf **15 Jahre** ausgedehnt (Art. 27 Nr. 29, Art. 50 I JStG 2020 v. 21.12.2020, BGBl. I 2020 3096; → Rn. 17a, 19; *Gehm* ZWH 2021, 47: *„folgenschwerste Änderung"*). Da auch diese Modifikation nach dem Willen des Gesetzgebers (nur) *„auf alle zum Zeitpunkt ihres Inkrafttretens noch nicht verjährten Taten anzuwenden"* sein soll, hat er wiederum von der Schaffung einer Übergangsregelung abgesehen (vgl. BT-Drs. 19/25160, 207; krit. *Spatscheck/Mühlbauer* ZWH 2021, 50, 53).

2 § **376 II AO** entspricht § 402 RAO; dieser geht zurück auf § 419 AO 1931 (= § 384 AO 1919). Gem. § 21 Nr. 36 StAnpG v. 16.10.1934 (RGBl. I 925) wurde als § 419 III RAO eine Sondervorschrift über den Beginn der Verfolgungsverjährung bei Wechselsteuervergehen aus § 22 WStG in die RAO übernommen. Die Neufassung des § 419 II RAO durch Art. 1 Nr. 9 AOStrafÄndG v. 10.8.1967 (BGBl. I 1967, 877) berücksichtigte die Beseitigung der Strafbefugnis der FinB durch Urt. des BVerfG v. 6.6.1967 (BGBl. I 1967 626) und die neue Begriffsbestimmung der Einleitung des Strafverfahrens nach § 432 RAO idF des Art. 1 Nr. 1 AOStrafÄndG v. 10.8.1967 (BGBl. I 1967 877; schriftl. Ber. BT-Drs. V/1941, 1 f.). Durch Art. 1 Nr. 17 des 2. AO StrafÄndG v. 12.8.1968 (BGBl. I 1968 1953) wurde die Vorschrift mit Rücksicht auf die Einführung von Steuerordnungswidrigkeiten im Ganzen neu gefasst, als § 402 RAO bezeichnet und mit einer Überschrift versehen; der frühere § 419 III RAO (Verjährung von Wechselsteuervergehen) wurde weggelassen (Begr. BT-Drs. V/1812, 26). Durch Art. 161 EGStGB v. 2.3.1974 (BGBl. I 1974 469) wurde die Anordnung einer Regelverjährungsfrist von fünf Jahren für Steuerstraftaten in § 402 I RAO als überflüssig gestrichen. Damit verblieb die zuletzt durch Art. 10 Nr. 13 JStG 2009 (→ Rn. 1) in § 376 II AO wörtlich übernommene Regelung über die Unterbrechung der Verfolgungsverjährung durch Einleitung des Bußgeldverfahrens.

2. Anwendungsbereich

Das Gesetz unterscheidet zwischen Verjährung von Strafverfolgung und Strafvollstreckung. § 376 AO regelt nur die *Verfolgungs*verjährung, und zwar unter Berücksichtigung der besonderen möglichen Umstände bei Zuwiderhandlungen gegen Steuergesetze. Ergänzend gelten die §§ 78–78c StGB (§ 369 II AO). Die Verjährung der Straf*vollstreckung* richtet sich mangels Sondervorschriften in der AO ausschließlich nach den §§ 79–79b StGB. 3

§ 376 I und III AO finden ausweislich des Gesetzeswortlauts allein auf den Tatbestand der **„Steuerhinterziehung"** (dh § 370 AO) nebst sog. Analogtaten (vgl. Nr. 19 Nr. 1–3 AStBV [St] 2022) sowie entsprechender Verweisungsnormen im Bundes- und Landesrecht (zB § 23 RennwLottG [gültig bis 30.6.2021; → Rn. 61b], Art. 14 BayKAG) Anwendung (vgl. *Ebner*, S. 149 ff.; zu weitegehend HHS/*Bülte* AO § 376 Rn. 2: *„alle Steuer- und Zollstraftaten i. S. des § 369 Abs. 1"*; Tipke/Kruse/*Krumm* AO § 376 Rn. 3: *„alle Steuerstraftaten"*; zu den übrigen Steuerstraftaten s. → Rn. 61 ff.; § 376 II AO erfasst demgegenüber expressis verbis jede *„Steuerstraftat"*; → Rn. 94a). Problematisch ist seit **29.12.2020** (→ Rn. 1c; zuvor waren die Verjährungsfristen in § 376 I [Hs. 1] AO und § 78 III Nr. 3 StGB identisch [10 Jahre]), ob nunmehr auch Fälle der als „Schmuggel" qualifizierten Hinterziehung von Einfuhr-/Ausfuhrabgaben iSv **§ 373 I, II AO** der 15-jährigen Regelverjährung des § 376 I Hs. 1 (einschl. III) AO unterfallen, wenn sie mit einem mit einem der in § 370 III 2 Nrn. 1–6 genannten Fälle „besonders schwerer" Steuerhinterziehung zusammentreffen (zB gewerbsmäßige Hinterziehung von Einfuhr-TabSt in großem Ausmaß, § 373 I, § 370 III 2 Nr. 1 AO). Dies ist iErg zu bejahen, weil es sich bei Vergehen iSv § 373 AO ebenfalls um (qualifizierte) Taten iSv § 370 AO handelt (*Ebner* PStR 2022, 12). Außerdem wäre es sinnwidrig, wenn sich die Regelverjährungsfrist bei *Hinzutreten* eines Qualifikationsmerkmals iSv § 373 AO gem. § 78 III Nr. 3 StGB verkürzte (vgl. BGH 5.11.2014, NStZ 2015, 285, 286 mAnm *Kirch-Heim*). 3a

Für die Verjährung leichtfertiger Steuerverkürzungen (§ 378 AO) sowie der **Steuerordnungswidrigkeiten gem. §§ 379, 380 AO** gilt § 384 AO. Im Allgemeinen verjährt die Verfolgung von Ordnungswidrigkeiten in 6 Monaten bis höchstens 3 Jahren (§ 31 OWiG). Die Verjährung von Ordnungswidrigkeiten nach §§ 378–380 AO ist mit der Begründung auf 5 Jahre verlängert worden, dass die Entdeckung von Steuerordnungswidrigkeiten von denselben Umständen abhängig sei wie die Entdeckung einer vorsätzlichen Steuerverkürzung (Begr. BT-Drs. V/1812, 27; BT-Drs. V/3013). Im Falle des § 378 I AO erscheint die lange Verjährungsfrist gerechtfertigt, weil auch leichtfertige Steuerverkürzungen meist erst bei Außenprüfungen entdeckt werden (s. auch BGH 8.9.2011, NStZ 2012, 160, 161: *„Auffangtatbestand"*). Das gilt jedoch nicht für Steuergefährdungen gem. §§ 379, 380 AO. Der Tatbestand des § 380 AO greift nur ein, wenn die Steuer rechtzeitig und vollständig angemeldet war (→ § 380 Rn. 5). Eine Tat iSd § 379 AO wird nach Übernahme der inkriminierten Belege in die Buchführung idR nach Ablauf von 2 Jahren den Tatbestand des § 378 AO, wenn nicht sogar denjenigen des § 370 AO erfüllen. Auch ist nicht ohne Weiteres nachvollziehbar, warum die §§ 379, 380 AO einer- 4 seits und § 381 AO andererseits bezüglich der Verjährungsfrist unterschiedlich zu behandeln sein sollten.

3. Wesen und Wirkung der Verjährung

5   **Das Institut der Verjährung dient in erster Linie dem Rechtsfrieden** und berücksichtigt, dass der zeitliche Abstand zur Tat das Strafbedürfnis schwinden lässt (grdl. BGH 19.2.1963, BGHSt 18, 274, 278; *Dick* 2015, S. 23 ff.; *Ebner* 2015, S. 79 ff.; in extenso *Asholt* 2016, S. 90 ff.; zust. *Staudinger* wistra 2021, 307, 308; s. auch LK-StGB/*Greger/Weingarten* Vorbem. zu §§ 78 ff. Rn. 1; Hüls/Reichling/*Asholt* AO § 376 Rn. 3 ff.; Tipke/Kruse/*Krumm* AO § 376 Rn. 1; krit. *Ceffinato* Vollendungsumkehr und Wiedergutmachung, 2017, S. 113: *„vage Begrifflichkeit"*). Als zweiter wesentlicher Begründungsansatz kommt in tatsächlicher Hinsicht hinzu, dass sich der staatliche Strafanspruch aus Gründen der sicheren **Beweisführung** idR nur binnen einer gewissen Zeitspanne nach der Tat realisieren lässt, wobei dieser Gesichtspunkt in der Rechtswirklichkeit zT durch den Zweifelsgrundsatz überlagert wird (vgl. BGH 28.11.1984, NJW 1985, 1719, 1720: *„Gesichtspunkt der Beweisvergänglichkeit"*; zusf. HHS/*Bülte* AO § 376 Rn. 24 ff., Kohlmann/*Heerspink* AO § 376 Rn. 44 f.; erg. zur Begr. der Verjährung aus rechtsvergleichender Sicht *Bräuel*, Mat. II S. 429). Ein weiteres, erst in jüngerer Zeit aufgekommenes Erklärungsmodell erkennt in der Verjährung eine notwendige Ausprägung des Grundsatzes der **Verhältnismäßigkeit** staatlichen Strafens (vgl. BVerfG 26.11.2003, BVerfGK 2, 149, 161 betr. „Alltagskriminalität" in der ehem. DDR; iE *Ebner* 2015, S. 82 ff. mwN; dem zust. Tipke/Kruse/*Krumm* AO § 376 Rn. 5). Durch die Verjährung werden Strafverfolgung und -vollstreckung ausgeschlossen (§§ 78, 79 StGB). Die Strafvollstreckungsverjährung beginnt mit dem Tag, an dem die Entscheidung rechtskräftig geworden ist (§ 79 VI StGB).

6   **Nach hM ist die Verjährung ein Verfahrenshindernis,** kein Strafaufhebungsgrund und auch nicht beides zugleich – sog. *verfahrensrechtliche* Verjährungstheorie (s. bereits RG 21.5.1942, RGSt 76, 159, 160 f.; BGH 22.4.1952, BGHSt 2, 301, 306 ff.; BGH 21.4.1953, BGHSt 4, 135; iE *Ebner* 2015, S. 85 ff. mwN; HHS/*Bülte* AO § 376 Rn. 26 ff.). Aus der prozessualen Rechtsnatur der Verjährung folgt, dass ihr (Nicht-)Eintritt in jeder Lage des Verfahrens, auch in der Revisionsinstanz, *von Amts wegen* zu prüfen ist (BGH 26.6.1958, BGHSt 11, 394; BeckOK AO/*Hauer* AO § 376 Rn. 8; Kohlmann/*Heerspink* AO § 376 Rn. 46; Tipke/Kruse/*Krumm* AO § 376 Rn. 9; Gosch AO/FGO/*Meyer* AO § 376 Rn. 21). Die eingetretene Verjährung steht bereits der Einleitung der Untersuchung entgegen (*Kopacek* FR 1965, 275), wobei zu beachten ist, dass die Klärung der bisweilen auch im Tatsächlichen diffizilen Frage nach dem Verjährungseintritt (insb.: *Liegt ggf. ein Fall des § 376 I Hs. 1 AO vor?*) ihrerseits durchaus die Durchführung strafrechtlicher Ermittlungen erfordern kann (§ 152 Abs. 2 StPO). Wurde die Untersuchung gleichwohl eingeleitet oder das Hauptverfahren eröffnet, so erfolgt nicht etwa ein Freispruch; vielmehr muss das gerichtliche (Haupt-)Verfahren (außerhalb der Hauptverhandlung) durch Beschluss oder (in der Hauptverhandlung) durch Urteil eingestellt werden (§ 206a I, § 260 III StPO; BGH 9.11.1960, BGHSt 15, 203; *Ebner* 2015, S. 64 f.). Das Gericht kann jedoch gem. § 467 III Nr. 2 StPO davon absehen, die notwendigen Auslagen des Angeschuldigten der Staatskasse aufzuerlegen. Die Staatskasse wird die Auslagen aber tragen müssen, wenn die Verjährung bereits zum Zeitpunkt der Anklageerhebung eingetreten war (Meyer-Goßner/Schmitt/*Schmitt* StPO § 467 Rn. 18). Gleiches gilt für den Fall des Eintritts der Verjährung zum Zeitpunkt des Eröffnungsbeschlusses (in diesem Fall muss die [ggf. teilweise] Nichteröffnung des Hauptverfahrens beschlossen werden, § 203, § 204 I StPO). Der Lauf der Verfolgungsverjährungsfrist endet mit dem Eintritt der Rechtskraft und geht dann in die Vollstreckungsverjährung gem. §§ 79 ff. StGB über (vgl. Kohlmann/*Heerspink* AO § 376 Rn. 46, 124; RKR/*Rolletschke* AO § 376 Rn. 74; zum Fall der Wiederaufnahme s. → Rn. 97).

Die Verjährung einer Vortat schließt die Bestrafung wegen einer (andernfalls straflo- **7** sen) Nachtat (→ § 369 Rn. 122) **nicht** aus, weil es sich bei der Verfolgungsverjährung „nur" um ein Verfahrenshindernis handelt (→ Rn. 6) und Vor- und Nachtat insofern *nicht* einheitlich zu bewerten sind (vgl. BGH 23.8.1968, NJW 1968, 2113; BGH 17.10.1992, BGHSt 38, 366; BeckOK AO/*Hauer* AO § 376 Rn. 10, 105.1; *Kohlmann* JZ 1964, 492; *Madauß* NZWiSt 2019, 174, 175; HHS/*Bülte* AO § 376 Rn. 34; Kühn/ v. Wedelstädt/*Blesinger/Viertelhausen* AO § 376 Rn. 15; Leopold/Madle/Rader/*Zanzinger* AO § 376 Rn. 5; s. auch *Ebner* 2015, S. 85 f.; aA Voraufl. mwN; *Schneider* wistra 2001, 408; Gosch AO/FGO/*Meyer* AO § 376 Rn. 21; Hüls/Reichling/*Asholt* AO § 376 Rn. 11, 43).

Bei der Strafzumessung können uU auch verjährte Taten oder Tatteile strafschär- **8** fend berücksichtigt werden. Da ihre Begehung aber – für sich genommen – nicht mehr dazu führen kann, auf sie eine Verurteilung zu stützen, dürfen derartige Taten auch mittelbar nicht, etwa im Rahmen der Strafzumessung für nicht verjährte Taten, *ihrer vollen Schwere nach* zu Lasten des Betroffenen gewertet werden (vgl. BGH 22.3.1994, wistra 1994, 223; BeckOK AO/*Hauer* AO § 376 Rn. 9; HHS/*Bülte* AO § 376 Rn. 35; Kühn/v. Wedelstädt/*Blesinger/Viertelhausen* AO § 376 Rn. 14; Leopold/Madle/Rader/ *Zanzinger* AO § 376 Rn. 5; krit. *Baumhöfener/Madauß* NZWiSt 2017, 27, 28 zur praktischen Umsetzbarkeit; Hüls/Reichling/*Asholt* AO § 376 Rn. 11 mit Blick auf den Sinn und Zweck des Instituts der Verjährung [→ Rn. 5]). In Fällen mittlerer Kriminalität wird eine strafschärfende Berücksichtigung idR nur ausnahmsweise in Betracht kommen (*Joecks* Praxis d. Steuerstrafrechts, 1998, S. 175 f.; s. auch *Schäfer/Sander/van Gemmeren* Praxis der Strafzumessung, Rn. 663). Überdies müssen (auch) sie zur sicheren Überzeugung des Gerichts festgestellt sein (BGH 7.1.2015, NStZ 2015, 450; Simon/ Wagner, S. 114; RKR/*Rolletschke* AO § 376 Rn. 9; ausf. zum Ganzen *Ebner* 2015, S. 66 ff. mwN).

Eine **Einziehung** von **Taterträgen** bzw. ihres Wertes (§ 73, § 73b, § 73c StGB) **9** sowie die **Sicherungseinziehung** und die Einziehung zum Zwecke der **Unbrauchbarmachung** (§ 74b, § 74d StGB) können gem. § 78 I 2 iVm § 76a II StGB trotz Eintritts der Verfolgungsverjährung selbständig angeordnet werden (ebenso Kohlmann/ *Heerspink* AO § 376 Rn. 50); die diesbzgl. Regelverjährungsfrist beträgt **30 Jahre** (§ 76b I 1 StGB; iE *Spatscheck/Mühlbauer* ZWH 2021, 50 ff.; zur im Zusammenhang mit der Übergangsregelung in **Art. 316h S. 1 EGStGB** virulenten Rückwirkungsproblematik: BGH 7.3.2019, NJW 2019, 1891 [Richtervorlage gem. Art. 100 I 1 GG; nachgehend BVerfG 10.2.2021, BVerfGE 156, 354 = NZWiSt 2021, 188 [Rückwirkung *verfassungsgemäß*] m. abl. Anm. *Bülte;* krit auch *Schilling/Corsten/Hübner* wistra 2021, 174]; zusf. *Heim* NJW-Spezial 2021, 184; *Spatscheck/Spilker* DStR 2020, 1664, 1667). Allerdings vertrat der BGH die (mit dem Gesetzeswortlaut nicht vereinbare) Auffassung, das **Erlöschen des betreffenden Anspruchs aus dem Steuerschuldverhältnis wegen Verjährung** (§ 47, § 169 II 2, § 171 VII; s. auch § 232 AO) führe gem. § 73e I StGB zum Ausschluss der Einziehung des Tatertrages oder des Wertersatzes (BGH 24.10.2019, NZWiSt 2020, 39 m. krit. Anm. *Bittmann/Tschakert* NZWiSt 2020, 40, *Lange/Borgel* ZWH 2020, 76; aA *Ebner* HFR 2020, 647, 649, *Madauß* NZWiSt 2018, 28, 33 f. u. NZWiSt 2019, 49, 52; zusf. *Weidemann* wistra 2021, 41). Der Gesetzgeber hatte dem Meinungsstreit zunächst mit der Einführung eines **§ 375a AO** durch Art. 6 Nr. 2 des Zweiten Corona-Steuerhilfegesetz v. 29.6.2020 (BGBl. I 2020 1512) mWv **1.7.2020** ein jähes Ende gesetzt und ausdrücklich angeordnet, die Verjährung des Steueranspruchs stehe einer Einziehung rechtswidrig erlangter Taterträge (trotz § 73e I StGB) nicht entgegen. Die Vorschrift galt gem. **Art. 97 § 34 EGAO** *„für alle am 1. Juli 2020 noch nicht verjährten Steueransprüche"* (dazu *Lenk* NZWiSt 2021, 7, 10 ff.). Durch Art. 27 Nr. 28, Art. 47, 50 I JStG 2020 (BGBl. I 2020 3096) hat der Gesetzgeber derartige Verjährungsfälle nunmehr mWv **29.12.2020** insgesamt aus dem Anwendungsbereich des § 73e StGB herausgenommen, indem er § 375a AO wieder gestrichen und in einem neu angefügten S. 2 des § 73e I StGB allgemein geregelt hat: *„Dies gilt nicht für Ansprüche, die durch Verjährung erloschen sind."* (aktuell hierzu BGH 28.7.2021, NZWiSt 2021, 425 – „Cum/Ex" mAnm *Heger;* allg. zur diesbzgl. Übergangsvorschrift in **Art. 316j EGStGB** BT-Drs. 19/25160, 211 ff.; *Radermacher* AO-StB 2021, 101, 105 f.; *Spatscheck/Mühlbauer* ZWH 2021, 50, 52 ff.).

4. Verjährungsfrist

a) Allgemeines

10 **Die Verfolgung von Steuerstraftaten der AO verjährt regelmäßig in 5 Jahren,** da die Höchststrafe fünf Jahre nicht überschreitet (§ 78 III Nr. 4 StGB). Das gilt im rechtlichen Ausgangspunkt (s. aber → Rn. 16 ff. zu § 376 I Hs. 1 AO) auch für die Steuerhinterziehung in einem „besonders schweren" Fall (§ 370 III AO), da die Strafdrohung für besonders schwere Fälle gem. § 78 IV StGB für die Dauer der Verjährungsfrist unbeachtlich ist. In den Fällen des § 373 AO (gewaltsamer, gewerbs- oder bandenmäßiger Schmuggel) und des § 374 II AO (gewerbs- oder bandenmäßige Steuerhehlerei) gilt wegen der erhöhten Strafbewehrung jener Qualifikationstatbestände im Ausgangspunkt eine Verjährungsfrist von 10 Jahren (§ 78 III Nr. 3 StGB; zB BeckOK AO/*Hauer* AO § 376 Rn. 16; zur Anwendbarkeit von § 376 I Hs. 1, III in Fällen des § 373 AO → Rn. 3a). Bei der Wiederverwendung gebrauchter Steuerzeichen beträgt die Verjährungsfrist gem. § 78 III Nr. 5 StGB demgegenüber nur drei Jahre, da die Höchststrafe gem. § 148 II StGB ein Jahr nicht übersteigt (Koch/Scholtz/*Scheurmann-Kettner* AO § 376 Rn. 3; Kohlmann/*Heerspink* AO § 376 Rn. 33; s. auch *Ebner* 2015, S. 133 ff., 135). Für einen Bannbruch, der gem. § 372 II AO nicht nach § 370 AO, sondern nach dem Verbringungsgesetz bestraft wird, bestimmt der Strafrahmen des Verbringungsgesetzes die Dauer der Verjährungsfrist (Kohlmann/*Heerspink* AO § 376 Rn. 32; zum Ganzen *Ebner* 2015, S. 134, 345; § 376 I, III ist nicht anwendbar → § 372 Rn. 102).

10a Nach § 21 I 1, 2 des Entwurfs eines **Verbandssanktionengesetzes** – VerSanG-E (BT-Drs. 19/23568) sollte (auch) die Verhängung einer Verbandssanktion ausgeschlossen sein, wenn Verjährung eingetreten ist, wobei die „Verjährungsfrist für die Verfolgung des Verbandes" derjenigen entsprach, die für die Verbandstat gilt (der Entwurf fiel der Diskontinuität anheim). „Verbandstat" idS konnte auch eine Steuerstraftat sein (vgl. § 2 I Nr. 3 VerSanG-E), mit der Folge, dass das steuerstrafrechtliche Verfolgungsverjährungsrecht dann auch im Bereich der Verbandssanktionierung Anwendung finden sollte (*Scharenberg* NZWiSt 2020, 230, 234).

10b Sind, wie insb. bei **schwerwiegenden MwSt-Hinterziehungen,** die finanziellen Interessen der EU betroffen (die harmonisierte MwSt muss von den Mitgliedstaaten anteilig an die EU abgeführt werden), kann dies nach EuGH 8.9.2015, NZWiSt 2015, 390, 395 – Taricco (mAnm *Bülte;* dazu auch *Reiß* UR 2016, 342) mit Blick auf **Art. 325 I u. II AEUV** dazu führen, dass **nationale Vorschriften zur Strafverfolgungsverjährung** wegen des Vorrangs des Unionsrecht **nicht angewendet werden dürfen.** Dies wirkt sich selbstredend *nachteilig* für den Hinterzieher aus. Voraussetzung für die Annahme eines solchen Ausnahmefalls ist indes, dass andernfalls die von Art. 325 AEUV unionsrechtlich gebotene abschreckende und effektive strafrechtliche Sanktionierung von Betrügereien und sonstigen gegen die finanziellen Interessen der Union gerichteten rechtswidrigen Taten unterlaufen wird (s. dazu *Reiß* UR 2017, 693; Leitner/Rosenau/*Sprenger* AO § 376 Rn. 10). In einer weiteren EuGH-Entscheidung (GrK) v. 5.12.2017, NJW 2018, 217 – Strafverfahren gegen M. A. S. und M. B. (mAnm *Pilz* NJW 2018, 221; krit. *Reiß* UR 2018, 87, *Spatscheck/Spilker* DB 2018, 1239 u. *Wegner* wistra 2018, 107) präzisiert das Gericht seine diesbzgl. Rspr. wie folgt: *„Art. 325 Abs. 1 und 2 AEUV ist dahin auszulegen, dass die nationalen Gerichte verpflichtet sind, im Rahmen eines Strafverfahrens wegen Mehrwertsteuerstraftaten innerstaatliche Verjährungsvorschriften, die zum nationalen materiellen Recht gehören und der Verhängung wirksamer und abschreckender strafrechtlicher Sanktionen in einer beträchtlichen Anzahl von gegen die finanziellen Interessen der Europäischen Union gerichteten schweren Betrugsfällen*

Verjährungsfrist 10c–13 § 376

entgegenstehen oder für schwere Betrugsfälle zum Nachteil der finanziellen Interessen der Europäischen Union kürzere Verjährungsfristen vorsehen als für Fälle zum Nachteil der finanziellen Interessen des betreffenden Mitgliedstaats, unangewendet zu lassen, es sei denn, ihre Nichtanwendung führt wegen mangelnder Bestimmtheit der anwendbaren Rechtsnorm oder wegen der rückwirkenden Anwendung von Rechtsvorschriften, die strengere Strafbarkeitsbedingungen aufstellen als die zum Zeitpunkt der Begehung der Straftat geltenden Rechtsvorschriften, zu einem Verstoß gegen den Grundsatz der Gesetzmäßigkeit im Zusammenhang mit Straftaten und Strafen."

Wegen der in den vom EuGH adressierten Fällen regelmäßig einschlägigen langen Verjährungsfristen nach § 376 I Hs. 1 iVm § 370 III 2 Nrn. 1 u. 5 AO dürfte diese Rspr. für die Verfolgung schwerwiegender USt-Hinterziehungen **in Deutschland (vorerst) keine praktischen Konsequenzen** zeitigen (vgl. *Reiß* UR 2017, 693, 705; die Möglichkeit der strafbefreienden Selbstanzeige gem. § 371 AO steht den finanziellen Interessen der EU, wie bereits *Bülte* in NZWiSt 2015, 396, 399 f. zutr. ausgeführt hat, nicht entgegen; zur Einstellung des Verfahrens in einem anderen Mitgliedstaat wg. Verjährung und der sich daraus ergebenden Konsequenz des **Strafklageverbrauchs nach Art. 54, 55 SDÜ** s. LG Mannheim 5.6.2019, NZWiSt 2019, 397, 400 mAnm *Gehm*; *Bürger* wistra 2019, 473). Vor diesem Hintergrund war es nur konsequent, dass in dem zur Umsetzung der RL (EU) 2017/1371 v. 5.7.2017 über die strafrechtliche Bekämpfung von gegen die finanziellen Interessen der Union gerichtetem Betrug (ABl. 2017 L 198, 29, ber. ABl. 2017 L 350, 50) neu geschaffenen EU-Finanzschutzstärkungsgesetz **(EUFinSchStG)** v. 19.6.2019 (BGBl. I 2019, 844) keine Änderungen von § 376 AO vorgesehen sind, obschon Art. 12 RL (EU) 2017/1371 auch verjährungsrechtliche (Mindest-)Vorgaben macht (s. auch dazu bereits Leitner/Rosenau/*Sprenger* AO § 376 Rn. 10; HHS/*Bülte* AO § 376 Rn. 54).

10c

Der Beginn der Verjährungsfrist ist in § 78a StGB geregelt. Gem. § 78a S. 1 StGB beginnt die Verjährung an dem Tag, an dem die Tat beendet ist (allg. zur Fristberechnung → Rn. 13; zu den weiteren Details *Ebner* 2015, S. 92 ff.). Unter Beendigung ist nicht der Eintritt desjenigen Erfolgs zu verstehen, den das vollendete Delikt voraussetzt. Die Beendigung liegt vielmehr häufig später als die Vollendung. Während bei den reinen Erfolgsdelikten mit dem Erfolgseintritt auch zugleich die Beendigung gegeben ist (zB ist beim Totschlag nach § 212 StGB die Tat mit dem Todeserfolg vollendet und beendet), fallen Beendigung und Vollendung bei den Delikten mit überschießender Innentendenz auseinander. Das bedeutet zB für die Steuerhehlerei nach § 374 AO, dass die Tat mit dem Ankaufen vollendet, aber erst dann beendet ist, wenn die beabsichtigte Bereicherung (iS eines ggf. auch nur vorübergehenden Vermögenszuwachses) tatsächlich eingetreten ist (s. *Ebner* 2015, S. 350 ff. mwN). Erst von diesem Zeitpunkt an beginnt die Verjährungsfrist zu laufen. Die Beendigung ist aber auch dann mit der Vollendung nicht identisch, wenn der Tatbestand Vorstufen der Rechtsgutverletzung bereits als vollendete Tat erfasst, sowie bei Dauerdelikten. Obwohl § 67 IV StGB aF den Verjährungsbeginn für den Tag anordnete, an dem die Handlung begangen worden war, hat auch die damals hM die Beendigung der Tat für maßgeblich gehalten (vgl. BGH 22.5.1958, BGHSt 11, 345). Die Entscheidungen aus der Zeit vor dem 1.1.1975 sind daher auch für § 78a StGB von Bedeutung.

11

Nach § 78a S. 2 StGB soll die Verjährungsfrist jedoch dann erst mit dem Erfolgseintritt zu laufen beginnen, wenn ein zum Tatbestand gehörender Erfolg nach Beendigung eintritt. Der Sinn dieser – sehr unklaren – Vorschrift ist im allgemeinen Strafrecht zweifelhaft (vgl. Schönke/Schröder/*Bosch* StGB § 78a Rn. 1). Jedenfalls für das Steuerstrafrecht ist § 78a S. 2 StGB ohne Bedeutung, da hier kein Tatbestand existiert, bei dem ein zum Tatbestand gehörender Erfolg erst nach materieller Beendigung der Tat eintreten könnte (BeckOK AO/*Hauer* AO § 376 Rn. 50.1; zur allenfalls klarstellenden Wirkung der Vorschrift s. *Ebner* 2015, S. 236).

12

Bei der Fristberechnung ist derjenige Tag, an dem die Tat beendet wurde, mitzuzählen (allgM, zB GJW/*Rolletschke* AO § 376 Rn. 3a; Klein/*Jäger* AO § 376 Rn. 20; Flore/Tsambikakis/*Wenzler* StGB § 78a Rn. 122; HHS/*Bülte* AO § 376 Rn. 125; Hüls/Reichling/*Asholt* AO § 376 Rn. 19; Kohlmann/*Heerspink* AO § 376 Rn. 123; Leopold/

13

Madle/Rader/*Zanzinger* AO § 376 Rn. 49; RKR/*Rolletschke* AO § 376 Rn. 73; Schwarz/Pahlke/*Nikolaus* AO § 376 Rn. 24). Wurde die Tat am 10. Januar beendet, läuft die Frist an einem 9. Januar um 24.00 Uhr ab (RG 4.5.1931, RGSt 65, 290; BeckOK AO/*Hauer* AO § 376 Rn. 130). Dabei ist es unerheblich, ob der letzte Tag auf einen Sonn- oder Feiertag fällt (iE *Ebner* 2015, S. 92 ff.).

14 **Bei tateinheitlichem Zusammentreffen** bestimmt sich die Verjährung für jede Gesetzesverletzung gesondert (RG 27.10.1922, RGSt 57, 140; RG 20.3.1928, RGSt 62, 88; BGH 25.5.1982, wistra 1982, 188; BGH 20.12.1989, wistra 1990, 149; BeckOK AO/ *Hauer* AO § 376 Rn. 131; *Ebner* 2015, S. 92; Klein/*Jäger* AO § 376 Rn. 23). Dementsprechend tritt bei tateinheitlicher Begehung von Einkommen- und Gewerbesteuerhinterziehung bei unterschiedlichen Bekanntgabezeitpunkten die Verjährung unterschiedlich ein.

15 **Der Zweifelsgrundsatz findet im Bereich der Verjährung Anwendung.** Ist nicht feststellbar, wann eine Tat beendet wurde, wirkt sich der Zweifel, ob sie verjährt ist, nach dem Grundsatz *in dubio pro reo* zu Gunsten des Beschuldigten aus (BGH 19.2.1963, BGHSt 18, 274; BGH 27.6.2006, StraFo 2006, 408; OLG Hamburg 24.3.1987, wistra 1987, 189; BeckOK AO/*Hauer* AO § 376 Rn. 132; Kohlmann/*Heerspink* AO § 376 Rn. 60). Ebenso wirken sich Zweifel über die Rechtzeitigkeit einer verjährungsunterbrechenden Maßnahme zu Gunsten des Beschuldigten aus (Kohlmann/*Heerspink* AO § 376 Rn. 61). Streitig ist dabei, ob dies auch gilt (was zu bejahen ist), wenn unklar bleibt, ob ein die Anordnung oder Entscheidung enthaltenes Schriftstück „alsbald" in den Geschäftsgang gelangt ist (§ 78c II 2 StGB; vgl. Kohlmann/*Heerspink* AO § 376 Rn. 61; allg. dazu *Ebner* 2015, S. 125 f.).

b) Fünfzehnjährige Verjährungsfrist (§ 376 I Hs. 1 AO)

16 **Die Verjährungsfrist für Vergehen der Steuerhinterziehung (§ 370 AO) beträgt (inzwischen) 15 Jahre** (bis 28.12.2020: 10 Jahre; → Rn. 1c), wenn die tatbestandlichen Voraussetzungen eines benannten „besonders schweren" Falles gem. § 370 III 2 Nr. 1–6 AO erfüllt sind (Abs. 1 Halbs. 1). Ursprünglich sah Art. 9 Nr. 13 des vom BMF erarbeiteten RefE eines JStG 2009 (https://rsw.beck.de/docs/librariesprovider5/rsw-dokumente/ RefE-BMF_1) noch vor, dass die Verfolgung *sämtlicher* Steuerstraftaten (also nicht nur bei § 370 AO) generell erst nach 10 Jahren verjähren sollte (iE *Ebner* 2015, S. 137 ff.). Begründet wurde dies zunächst mit der Diskrepanz zwischen der Festsetzungsfrist nach § 169 II 2 AO und der Frist für die Strafverfolgungsverjährung (krit. Kohlmann/*Heerspink* AO § 376 Rn. 9 f.: *„über die Maßen zweifelhaft"*). Diese sei insbesondere durch die Aufgabe der Figur des Fortsetzungszusammenhangs durch den Großen Strafsenat entstanden. Überdies bestehe ein Wertungswiderspruch zwischen der Verfolgung von Steuerstraftaten und derjenigen von Steuerordnungswidrigkeiten, die abweichend von allgemeinen Regelungen nach fünf Jahren genau wie die Steuerhinterziehung verjährten. Nachdem bereits die BReg von einer derart weitgehenden Regelung Abstand genommen und in Art. 10 Nr. 11 des RegE eines JStG 2009 nurmehr noch die pauschale Verlängerung der Verjährung *„der Steuerhinterziehung (§ 370 AO)"* auf 10 Jahre vorgesehen hatte (BT-Drs. 16/10189, 26; gleichlautende spätere Ansätze des BRats v. 3.5.2013 u. des BMF v. 27.8.2014 konnten sich ebenfalls nicht durchsetzen, vgl. *Ebner* 2015, S. 176 ff. mwN), empfahl schließlich der Finanzausschuss die in Gestalt von Art. 10 Nr. 13 JStG 2009 Gesetz gewordene, bis 28.12.2020 geltende Regelung; danach sollte die *„Verjährungsfrist für die Verfolgung der Steuerhinterziehung … künftig zehn Jahre betragen, sofern eine der in § 370 Absatz 3 Satz 2 AO namentlich aufgezählten Begehungsweisen der besonders schweren Steuerhinterziehung vorliegt."* (s. BT-Drs. 16/11055, 2; BT-Drs. 16/11108, 47). Der klare Wortlaut des § 376 I Hs. 1 AO („*In den in § 370 Absatz 3 Satz 2 … genannten Fällen"*) und die Motive zeigen also deutlich, dass ein Anknüpfen an einen unbenannten besonders schweren Fall (§ 370 III 1 AO) ausscheidet (allgM, zB *Ebner* 2015, S. 152, 183 f. mwN; GJW/*Rolletschke* AO § 376 Rn. 6; Klein/*Jäger* AO § 376 Rn. 12; MüKoStGB/*Wulf* AO § 376 Rn. 2, 6; Quedenfeld/Füllsack/*Queden-*

feld Rn. 295; Flore/Tsambikakis/*Wenzler* AO § 376 Rn. 9; HHS/*Bülte* AO § 376 Rn. 48; Hüls/Reichling/*Asholt* AO § 376 Rn. 24; Schwarz/Pahlke/*Nikolaus* AO § 376 Rn. 27).

Die bis 28.12.2020 geltende Fassung des § 376 I Hs. 1 AO war nach Art. 11 Nr. 3 JStG 2009 bzw. **Art. 97 § 23 EGAO** für alle bei Inkrafttreten dieses Gesetzes noch nicht abgelaufenen Verjährungsfristen anzuwenden (Klein/*Jäger* AO § 376 Rn. 2, 14a; MüKoStGB/*Wulf* AO § 376 Rn. 18; Quedenfeld/Füllsack/*Quedenfeld* Rn. 295). Nach Art. 39 I JStG 2009 trat das Gesetz iW am Tag nach der Verkündung in Kraft. Da Art. 10 Nr. 13 und Art. 11 Nr. 3 JStG 2009 in Art. 39 VIII JStG 2009 nicht aufgeführt sind, war die Verlängerung der Verjährungsfrist am Tag nach der Verkündung, also am 25.12.2008, wirksam geworden (iE *Ebner* 2015, S. 147 ff.). Sie erfasste alle Fälle, die die Voraussetzungen des § 376 I Hs. 1 AO erfüllen und zu diesem Zeitpunkt noch nicht verfolgungsverjährt waren (stRspr, zB BGH 5.3.2013, NStZ 2013, 415; BGH 13.6.2013, NZWiSt 2013, 438, 439; BGH 25.6.2015, NZWiSt 2015, 459, 460; BGH 28.7.2015, NStZ 2016, 164, 165; zum Verjährungsbeginn vgl. → Rn. 26 ff.). 17

Die aktuelle, **seit 29.12.2020** von 10 auf 15 Jahre verlängerte Verjährungsfrist gilt für alle zu diesem Stichtag noch nicht verfolgungsverjährten Vergehen der Steuerhinterziehung, bei denen die Tatbestandsmerkmale eines „besonders schweren" Falls iSv § 370 III 2 Nrn. 1–6 AO verwirklicht sind (→ Rn. 1c, 18). Die Änderung wurde erst kurzfristig, am 10.12.2020 (der JStG 2020-E datiert v. 3./25.9.2020; BR-Drs. 503/20; BT-Drs. 19/22850), durch den Finanzausschuss in das Gesetzgebungsverfahren eingespeist (BT-Drs. 19/25160, 110) und war keineswegs unumstritten. Während die Fraktion DIE LINKE. dem entspr. Vorschlag der (damaligen) Regierungskoalition (CDU/CSU, SPD) zustimmte (BT-Drs. 19/25160, 141), gab die Fraktion BÜNDNIS 90/DIE GRÜNEN zu bedenken, die geplante Änderung würde „*zu einer **unverhältnismäßigen** Dauer der absoluten Verfolgungsverjährung von 37,5 Jahren … führen.*" Zudem sei die bisherige „*Regelung, die zu einer absoluten Verjährung von 25 Jahren*" führe (§ 376 III AO), „*erst seit 1. Juli 2020 in Kraft. Die **Verjährungsregelungen** … [seien] aus rechtsstaatlicher Sicht **keine beliebige Variable.** Unzureichender Personaleinsatz bei der Bewältigung der – seit langem absehbar – komplexen CumEx-Straftaten im Land Nordrhein-Westfalen … [sei] dafür jedenfalls keine sachgerechte und schon gar keine zwingende Begründung*" (BT-Drs. 19/25160, 159, Fettdruck v. hier; ähnl. *Binnewies*/*Peters* GmbHR 2021, R64: „*nicht klar, welches überragende Gemeinwohl … als Grundlage taugt … unverhältnismäßig aufgrund der offenbar konkreten Zeitnot in Cum-Ex-Fällen derart lange Verjährungsfristen dauerhaft im Gesetz zu implementieren*"; insgesamt krit. auch *Reichling*/*Lange*/*Borgel* PStR 2021, 31). 17a

Verfassungsrechtliche Bedenken gegen die Verlängerung der Verjährungsfrist als solche bestehen im Hinblick auf das **Rückwirkungsverbot (Art. 103 II GG; § 2 I StGB)** im Grundsatz nicht (allgM, vgl. BeckOK AO/*Hauer* AO § 376 Rn. 24.1; *Ebner* 2015, S. 166 ff. mwN; Kohlmann/*Heerspink* AO § 376 Rn. 26; Schwarz/Pahlke/*Nikolaus* AO § 376 Rn. 29; s. auch BGH 5.3.2013, NStZ 2013, 415: „*verfassungsrechtlich unbedenklich*" betr. § 376 I Hs. 1 AO *in toto*). Zwar gilt grundsätzlich für Neuregelungen im Strafrecht, dass sie nicht zurückwirken. Das Rückwirkungsverbot erfasst aber nicht Vorschriften, die die Verfolgungsvoraussetzungen betreffen oder sich als verfahrensrechtliche Vorschriften darstellen (BVerfG 26.2.1969, BVerfGE 25, 269, 286; aA speziell in Bezug auf § 376 I Hs. 1 AO *Haumann* AO-StB 2012, 157, 160, unter abw. Interpretation d. gen. BVerfG-Entscheidung). Die herrschende Meinung hält insofern die nachträgliche Verlängerung von Verjährungsvorschriften für zulässig und mit Art. 103 II GG vereinbar (zB HHS/*Bülte* AO § 376 Rn. 14; s. auch BT-Drs. 19/25160, 207 zu § 376 I Hs. 1 AO idF des JStG 2020: „*Gerade in Anbetracht der Schwere der in Frage stehenden Straftaten … kein schutzwürdiges Interesse, die Dauer … [der] Verfolgbarkeit schon vor der Tatbegehung abschätzen zu können*"; krit. *Reichling*/*Lange*/*Borgel* PStR 2021, 31, unter 2.2.2). Art. 103 II GG untersage eine nachträgliche Strafbarkeitsbegründung und Strafbarkeitsverschärfung, stelle jedoch keine Schranke dar, die besagt, wie lange eine Tat geahndet werden darf (BVerfG 31.1.2000, NStZ 2000, 251). Eine beachtliche Strömung in der Literatur fordert hingegen die 18

Anwendung des Artikels auch auf Verjährungsfristen (Nachw. bei SSW/*Rosenau* StGB § 78 Rn. 8). Da eine nachträgliche Verlängerung einer bereits verstrichenen Verjährungsfrist materiell einer Neubegründung der Strafbarkeit gleichkommt, ist allerdings eine Verlängerung nach Eintreten der (ursprünglich angeordneten) Verjährung ausgeschlossen (BVerfG 26.2.1969, BVerfGE 25, 269, 291). Diese Grenzen werden mit der Anordnung in Art. 11 Nr. 3 JStG 2009 (Art. 97 § 23 EGAO) gewahrt (→ Rn. 17).

19 Einen **Verstoß gegen den allgemeinen Gleichheitssatz (Art. 3 I GG)** will indes ua *Wegner* (PStR 2009, 33, 34) darin sehen, dass unbenannte besonders schwere Fälle nach fünf Jahren, die in § 370 III 2 Nr. 1–6 AO genannten aber erst nach 10 Jahren verjähren (ebenso zB *Bender* wistra 2009, 215, 217, 219; *Haas/Wilke* NStZ 2010, 302, 305; *Pelz* NJW 2009, 470, 471; *Samson/Brüning* wistra 2012, 1, 3; *Wulf* DStR 2009, 459, 463; *Flore/Tsambikakis/Wenzler* AO § 376 Rn. 6; *Gosch* AO/FGO/*Meyer* AO § 376 Rn. 15.1; zweifelnd *Tormöhlen* AO-StB 2011, 27, 29; offen gelassen bei BeckOK AO/*Hauer* AO § 376 Rn. 25; *Ch. Dannecker* NZWiSt 2014, 6, 8, 11 f.). Weiterhin bezweifelt er (PStR 2009, 33, 35), dass die aufgehobene Parallelität zu vergleichbaren Wirtschaftsstraftaten wie Betrug und Untreue den verfassungsrechtlichen Vorgaben genügt (so zB *Wulf* Stbg 2008, 445, 452; ferner *Ch. Dannecker* NZWiSt 2014, 6, 9 u. Kohlmann/*Heerspink* AO § 376 Rn. 27: jew. „*Systembruch*"). Dabei wird aber übersehen, dass der Gesetzgeber einen ganz erheblichen **Beurteilungsspielraum** hat und die verfassungsrechtliche Kontrolldichte eher defizitär ist (vgl. Klein/*Jäger* AO § 376 Rn. 15; MüKoStGB/*Joecks* Einl. Rn. 22 ff.; *Mosbacher* Steueranwalt 2009/2010, 131, 143). Wenn also der Gesetzgeber meint, dass bestimmte benannte besonders schwere Fälle der Steuerhinterziehung einer verlängerten Verjährungsfrist unterliegen sollen, bewegt sich dies noch im Rahmen des verfassungsrechtlich Tolerablen (ebenso Klein/*Jäger* AO § 376 Rn. 15; HHS/*Bülte* AO § 376 Rn. 44; Hüls/Reichling/*Asholt* AO § 376 Rn. 22; ausf. zum Ganzen *Dick* 2015, S. 256 ff., 280 ff. [dort auch zur „Verhältnismäßigkeit"]; *Ebner* 2015, S. 173 ff., 183 f.: im Kern *rechtspolitischer* Diskurs). Dies wird man im Ausgangspunkt möglicherweise auch noch in Bezug auf die **seit 29.12.2020** geltende, von 10 auf 15 Jahre verlängerte Verfolgungsverjährungsfrist so vertreten können, wobei der Gesetzgeber mit § 376 I AO i. d. F. des JStG 2020 nunmehr mindestens in einen **systemischen Grenzbereich** vorgedrungen ist. Vor diesem Hintergrund erscheint es zweifelhaft, ob der nur floskelhaften Gesetzesbegründung auch und gerade im Zusammenspiel mit § 376 III AO (→ Rn. 94c) eine hinreichende Rechtfertigung für die weitreichende Ausdehnung der Verfolgungsverjährung entnommen werden kann oder ob im Falle einer etwaigen verfassungsgerichtlichen Überprüfung der Norm ggf. argumentativ „nachgelegt" werden müsste: „*In Fällen besonders schwerer Steuerhinterziehung, die mitunter hochkomplex sind und oftmals internationale Bezüge haben, besteht die Schwierigkeit darin, Zusammenhänge zu erkennen, aus denen ersichtlich wird, ob steuerstrafrechtliche Implikationen gegeben sind. Die geltende Verjährungsfrist von zehn Jahren kann daher nicht ausreichend sein, um steuerstrafrechtlich relevante Sachverhalte rechtzeitig aufzudecken und vollumfassend auszuermitteln. Aufgrund der zunehmenden Digitalisierung wird es zudem immer schwieriger, Geldflüsse oder die Übertragung von Wirtschaftsgütern nachzuvollziehen, so dass in diesen Fällen Ermittlungen der Finanzbehörden zunehmend länger dauern und die Inanspruchnahme der Amtshilfe in anderen Staaten erfordern, um den Sachverhalt aufzuklären. Die zunehmende Internationalisierung der Wirtschaft und die fortschreitende Digitalisierung werden zu einer Zunahme dieser Fälle führen. Es besteht aus diesem Grund der dringende Bedarf, den Ermittlungsbehörden einen ausreichenden Zeitraum einzuräumen, um die notwendigen Ermittlungen durchführen zu können.*" (BT-Drs. 19/25160, 207). Die **Praxis** hat sich bislang uneingeschränkt auf § 376 I iVm § 370 III 2 AO eingelassen (zu diesbzgl. Zweifeln von *Joecks* → 8. Aufl. Rn. 19). Dies steht wohl (zunächst) auch in Bezug auf die durch das JStG 2020 geschaffene Gesetzeslage zu erwarten.

20 Bei der mWv 25.12.2008 vorgenommenen Verlängerung der Regelverjährungsfrist (von 5 auf 10 Jahre) ging es dem Gesetzgeber offenbar noch darum, zumindest für einen Teil der Fälle die Frist für die Strafverfolgung und die Festsetzungsfrist einander anzugleichen (iE – auch zu etwaigen apokryphen Regelungshintergründen – *Ebner* 2015, S. 137 ff.

mwN aus den Materialien). Dieser Versuch war schon insofern untauglich, als etwa der Beginn der Fristen – insbesondere bei Steuerhinterziehung durch Unterlassen – differiert, aber auch insofern, als unterschiedliche Regelungen über Unterbrechung und Hemmung der Verjährung nicht in den Blick genommen wurden. Bereits in den Fällen des § 376 I AO aF konnte sich die zehnjährige Frist durch Unterbrechungshandlungen bis auf 20 Jahre verlängern, ein weiteres bis zu fünfjähriges Ruhen (§ 78b IV Hs. 1, § 78c III 3 StGB) konnte hinzutreten, so dass ein erstinstanzliches Urteil (vor dem LG) bis zu 25 Jahre nach Beendigung der Tat noch möglich war (→ Rn. 98 zur Neuregelung; zB BGH 28.7.2015, NStZ 2016, 164 f. – „Schreiber II" mAnm *Ebner* HFR 2016, 167). Da die Festsetzungsfrist nicht abläuft, solange die Steuerhinterziehung nicht verjährt ist (§ 171 VII AO), ist innerhalb einer solchen Zeitspanne auch noch eine Änderung von Steuerbescheiden zulässig. Unabhängig davon kann die steuerliche Festsetzungsverjährung aufgrund des Eingreifens weiterer Hemmungstatbestände (im Steuerstrafrecht insbes. § 171 IV u. V AO) noch deutlich später eintreten (vgl. *Ebner* HFR 2020, 647, 648 f.; s. auch RKR/*Rolletschke* AO § 376 Rn. 255 ff.).

Die Steuerhinterziehung muss eine der **Varianten des § 370 III 2 Nr. 1–6 AO in der** 21 **jeweils aktuell geltenden Fassung** erfüllen (Klein/*Jäger* AO § 376 Rn. 14b). Da § 370 III 2 Nr. 5 AO erst zum Jahresende 2007 in das Gesetz gekommen war, hielten es einzelne Stimmen in der Lit. für zweifelhaft, welchen zeitlichen Anwendungsbereich die Regelung hatte (zB *Spatscheck/Albrecht* Stbg 2012, 501, 506; HHS/*Bülte* AO § 376 Rn. 16). Dies galt nach dieser Auffassung gleichermaßen für Abs. 3 S. 2 Nr. 1, der ebenfalls zum 1.1.2008 geändert und bei dem von da ab auf das Erfordernis eines „groben Eigennutzes" verzichtet worden war. Insofern hatte namentlich *Joecks* (in der Voraufl.) erwogen, ob damit ein *„gespaltener Verjährungslauf"* in den Fällen der Nrn. 1 und 5 und den Fällen der Nrn. 2–4 einhergehe; entsprechende Bedenken werden heute auch in Bezug auf die mWv 25.6.2017 neu eingefügte Nr. 6 des Abs. 3 S. 2 (→ Rn. 1) geltend gemacht (zum Ganzen BeckOK AO/*Hauer* AO § 376 Rn. 28 f.; HHS/*Bülte* AO § 376 Rn. 14, 16 ff.; Hüls/Reichling/*Asholt* AO § 376 Rn. 21; Schwarz/Pahlke/*Nikolaus* AO § 376 Rn. 28). Dem ist allerdings bereits von Beginn ua *Jäger* (Klein/*Jäger* AO § 376 Rn. 14 ff.) mit dem zutreffenden Hinweis auf Art. 97 § 23 EGAO entgegengetreten, wonach es gar nicht darauf ankommt, ob der Täter bei Tatbegehung ein Regelbeispiel verwirklicht hat, sondern allein darauf, ob die Tat bei Inkrafttreten des geänderten § 376 AO bereits verjährt war (zur *„Begehungsweisenlösung"* s. → Rn. 22). Eine zehnjährige Verfolgungsverjährung kommt demnach auch in Fällen in Betracht, die bei Tatbegehung noch keinem damals geltenden Regelbeispiel entsprochen hätten (ebenso BGH 5.3.2013, NStZ 2013, 415 mwN; BGH 13.6.2013, NZWiSt 2013, 438, 439; Erbs/Kohlhaas/*Hadamitzky/Senge* AO § 376 Rn. 2). Dies gilt selbst dann, wenn die fünfjährige Frist nur deshalb nicht abgelaufen war, weil es zu Unterbrechungshandlungen gekommen ist (vgl. BGH 8.12.2016, NStZ-RR 2017, 82, 83; BGH 23.3.2017, NStZ 2018, 544, 545).

Schließlich stellt sich mit Blick auf die Verfassungsmäßigkeit von § 376 I Hs. 1 AO die 22 weitere, im Schrifttum bislang am intensivsten diskutierte Frage, ob der Verweis auf § 370 III 2 AO mit dem **Bestimmtheitsgebot (Art. 103 II GG; § 1 StGB)** vereinbar ist (vgl. ua BeckOK AO/*Hauer* AO § 376 Rn. 8; *Bender* wistra 2009, 215, 217 f.; *Ch. Dannecker* NZWiSt 2014, 6, 12 f.; *Dick* 2015, S. 273 ff.; *Haas/Wilke* NStZ 2010, 297, 303; *Samson/Brüning* wistra 2010, 1, 3; *Spatscheck/Albrecht* Stbg 2012, 501; *Wulf* DStR 2009, 459, 460 f.; Flore/Tsambikakis/*Wenzler* AO § 376 Rn. 6 f.; Gosch AO/FGO/*Meyer* AO § 376 Rn. 17 ff.; HHS/*Bülte* AO § 376 Rn. 40; RKR/*Rolletschke* AO § 376 Rn. 22). Dies ist zu bejahen, ein Verstoß gegen das Bestimmtheitsgebot liegt bei Anwendung der „Begehungsweisenlösung" *nicht* vor (vgl. BGH 5.3.2013, NStZ 2013, 415; iE *Ebner* 2015, S. 168 ff.). Ausgangspunkt des Meinungsstreits war, dass in § 376 I Hs. 1 iVm § 370 III 2 Nr. 1 AO – mittelbar – auf das Regelbeispiel der Steuerverkürzung in *„großem Ausmaß"* verwiesen wird. Dieses Merkmal hatte der 5. Strafsenat aber als zu unbestimmt eingeordnet, soweit es nicht als Regelbeispiel, sondern als Tatbestandsmerkmal iRd § 370a AO

Verwendung fand (BGH 22.7.2004, NStZ 2005, 105; BGH 28.10.2004, NStZ-RR 2005, 53; *Wulf* [DStR 2009, 459, 462 bzw. MüKoStGB/*Wulf* AO § 376 Rn. 14, 21] will ähnl. Unschärfen in Bezug auf den Begriff „*Bande*" in Abs. 3 S. 2 Nr. 5 sowie generell bei der dort neu eingefügten, seines Erachtens „*hochgradig unbestimmten*" Nr. 6 [s. → Rn. 1] ausmachen). Bei § 376 I Hs. 1 iVm § 370 III 2 Nr. 1 AO haben wir es mit einer Regelung im Grenzbereich zwischen materiellem Recht und Verfahrensrecht zu tun. Grundsätzlich muss der Gesetzgeber Anordnungen treffen, die auch klare Handlungsanweisungen enthalten. Der Täter muss wissen, ob die Tat noch verfolgbar ist (*Pelz* NJW 2009, 470, 471; *Haas/Wilke* NStZ 2010, 297, 303). So kann er Straffreiheit durch Selbstanzeige nur erlangen, wenn er alle *unverjährten* Taten einer Steuerart berichtigt (§ 371 I 2 AO). Bedenkt man, dass der 1. Strafsenat beim „*großen Ausmaß*" in stRspr mit zwei Sockelbeträgen – 50.000 oder 100.000 EUR – gearbeitet hat bzw. nunmehr, seit inzwischen über sieben Jahren (BGH 27.5.2015, BGHSt 61, 28, 32), mit einer einheitlichen 50.000 EUR-Grenze operiert (vgl. MüKoStGB/*Wulf* AO § 376 Rn. 8 ff.), kann von einer Unbestimmtheit der Regelung – unbeschadet der Frage, ob Verjährungsvorschriften überhaupt vom Schutzbereich des Art. 103 II GG erfasst sind (str.; abl. zB *Ch. Dannecker* NZWiSt 2014, 6, 13; Kühn/v. Wedelstädt/*Blesinger/Viertelhausen* AO § 376 Rn. 1a) – nicht ernsthaft die Rede sein (wie hier Klein/*Jäger* AO § 376 Rn. 15; HHS/*Bülte* AO § 376 Rn. 40; aA Voraufl.; zweifelnd Kohlmann/*Heerspink* AO § 376 Rn. 24). Vielmehr gilt es – ausgehend vom Wortlaut des § 376 I Hs. 1 AO („In den in ... *genannten* Fällen") – bei der Anwendung von § 376 I Hs. 1 AO zu beachten, dass die konkret zu beurteilende Hinterziehungstat auf der Strafzumessungsebene nicht als „besonders schwerer" Fall eingestuft werden muss (anders die sog. **„Ahndungslösung"**; zB Hüls/Reichling/*Asholt* AO § 376 Rn. 24 ff.; Kühn/v. Wedelstädt/*Blesinger/Viertelhausen* AO § 376 Rn. 1a; s. auch Kohlmann/*Heerspink* AO § 376 Rn. 22 f. sowie Tipke/Kruse/*Krumm* AO § 376 Rn. 21: jew. „*Tatbestandslösung* [= Begehungsweisenlösung] ... *nicht zwingend*"), sondern die Verjährungsvorschrift lediglich die in § 370 III 2 Nrn. 1–6 AO tatbestandlich umschriebenen Begehungsmodalitäten im Wege einer „*typisierenden Anknüpfung*" inkorporiert (BGH 5.3.2013, NStZ 2013, 415; sog. **„Begehungsweisenlösung"**; so zuletzt ausdrücklich auch BT-Drs. 19/25160, 211; s. zum Ganzen BeckOK AO/*Hauer* AO § 376 Rn. 33 ff.; *Ebner* 2015, S. 159 ff. mwN; GJW/*Rolletschke* AO § 376 Rn. 8; Leitner/Rosenau/*Sprenger* AO § 376 Rn. 15 ff.; Gosch AO/FGO/*Meyer* AO § 376 Rn. 8 ff.; HHS/*Bülte* AO § 376 Rn. 37 ff.; zust. ua Erbs/Kohlhaas/*Hadamitzky/Senge* AO § 376 Rn. 2; s. ferner *Dick* 2015, S. 232 ff., 242, 250 ff., der *de lege ferenda* einen „vermittelnden Lösungsansatz" erwägt, da eine „*systemkonforme Auslegung von § 376 I AO*" aktuell „*unmöglich*" sei); der Gesetzgeber hätte die Nrn. 1–6 des Abs. 3 S. 2 demnach ebenso gut wörtlich in § 376 I Hs. 1 AO übertragen („abschreiben") können. Damit liegt insb. *keine* Abweichung von § 78 IV StGB vor, wonach Strafschärfungen für „besonders schwere" Fälle bei der Bestimmung der Verjährungsfrist außer Acht zu bleiben haben (aA Leitner/Rosenau/*Sprenger* AO § 376 Rn. 6; MüKoStGB/*Wulf* AO § 376 Rn. 23; Hüls/Reichling/*Asholt* AO § 376 Rn. 27; Kohlmann/*Heerspink* AO § 376 Rn. 18, 27 [„*Systembruch*"]; Leopold/Madle/Rader/*Zanzinger* AO § 376 Rn. 8). Die „Ahndungslösung" führt demgegenüber zu dem widersinnigen (weil § 376 I Hs. 1 AO praktisch unhandhabbar machenden) Ergebnis, dass zur (in jeder Lage des Verfahrens von Amts wegen zu prüfenden) Verjährungsfrage vor dem Akt der Strafzumessung am Ende der Hauptverhandlung nichts verbindlich ausgesagt werden kann.

23 Ausgehend von der „Begehungsweisenlösung" (→ Rn. 22) ist es auch nicht (mehr) zweifelhaft (anders die Voraufl.), ob die fünfzehnjährige Frist in solchen Fällen Anwendung findet, in denen das Gericht nach Durchführung der Hauptverhandlung die **Indizwirkung des Regelbeispiels verneint**. Denn der Gesetzeswortlaut gibt nicht vor, dass es tatsächlich zu einer Anwendung des § 370 III 2 AO gekommen sein muss (vgl. BGH 5.3.2013, NStZ 2013, 415; *Ebner* 2015, S. 163 f.; GJW/*Rolletschke* AO § 376 Rn. 8; Klein/*Jäger* AO § 376 Rn. 11; Leopold/Madle/Rader/*Zanzinger* AO § 376 Rn. 8; *Mosbacher* Steueranwalt

2009/2010, 131, 142; *Wulf* DStR 2009, 459). Entsprechendes gilt für den **„Versuch des Regelbeispiels"** (iE *Ebner* 2015, S. 157 ff.; dazu ferner BeckOK AO/*Hauer* AO § 376 Rn. 39; GJW/*Rolletschke* AO § 376 Rn. 9; Leitner/Rosenau/*Sprenger* AO § 376 Rn. 22; *Lübbersmann* PStR 2010, 256, 261; MüKoStGB/*Wulf* AO § 376 Rn. 17; HHS/*Bülte* AO § 376 Rn. 51; Hüls/Reichling/*Asholt* AO § 376 Rn. 29; Kohlmann/*Heerspink* AO § 376 Rn. 108; RKR/*Rolletschke* AO § 376 Rn. 19; Schwarz/Pahlke/*Nikolaus* AO § 376 Rn. 30; insgesamt abl. Gosch AO/FGO/*Meyer* AO § 376 Rn. 41) oder **„Bagatellfälle"**, in denen nur ein geringer Steuerschaden entstanden, lediglich eine Steuerverkürzung „auf Zeit" festzustellen oder eine solche überhaupt nur wegen des Kompensationsverbots (§ 370 IV 3 AO) zu bejahen ist (vgl. GJW/*Rolletschke* AO § 376 Rn. 11). Auch insoweit kann de lege lata *nicht* (etwa im Wege einer teleologischen Reduktion, für die es keinen belastbaren Anknüpfungspunkt gibt) von einer Anwendung des § 376 I Hs. 1 AO abgesehen werden (vgl. Klein/*Jäger* AO § 376 Rn. 16; RKR/*Rolletschke* AO § 376 Rn. 18; aA *Dick* 2015, S. 252 ff.; MüKoStGB/*Wulf* AO § 376 Rn. 15); in der Rechtswirklichkeit wird hier stattdessen vielfach eine Verfahrenseinstellung unter Opportunitätsgesichtspunkten (§ 153, § 153a StPO; § 398 AO) naheliegen (BeckOK AO/*Hauer* AO § 376 Rn. 41; *Ebner* 2015, S. 164 f.; HHS/*Bülte* AO § 376 Rn. 53, jew. mwN; krit. Hüls/Reichling/*Asholt* AO § 376 Rn. 28). Dies gilt erst Recht seit Verlängerung der Regelverjährungsfrist von 10 auf 15 Jahre (§ 376 I Hs. 1 idF des JStG 2020; → Rn. 1c, 17a), wenn seit Beendigung der Tat eine (am konkreten Einzelfall bemessen) geraume Zeit verstrichen ist.

Geht es um Dauersachverhalte und ist (noch) zweifelhaft, ob die verlängerte Verjährungsfrist eingreift, muss im Rahmen der Selbstanzeige ggf. auf den Zehnjahreszeitraum abgestellt werden (s. bereits *Wegner* PStR 2009, 33, 34; die 10-Jahres-Frist in § 371 I 2 AO wurde nicht an § 376 I Hs. 1 AO idF JStG 2020 angepasst). Ebenso wird bei einem Verdacht des Vorliegens eines benannten Regelbeispiels der Durchsuchungsbeschluss sich auch auf Zeiträume erstrecken, die nach bisherigem Verständnis strafverfolgungsverjährt waren. Bestätigt sich der Verdacht der Steuerstraftat für die länger zurückliegenden Jahre nicht, ist das Verfahren (insofern) einzustellen. Da die Strafbarkeit des Verhaltens Voraussetzung für die verlängerte Festsetzungsfrist nach § 169 II 2 AO ist, kann in solchen Fällen das gewonnene Material auch nicht genutzt werden, um Änderungsbescheide für Altjahre zu erlassen, wobei die Finanzbehörden und -gerichte nicht an die strafrechtliche Beurteilung des betreffenden Sachverhalts durch die Verfolgungsbehörden oder das Strafgericht gebunden sind (vgl. *Ebner* 2015, S. 75 ff.; *Radtke* FS 100 Jahre SteuerRspr. BFH, 2018, 569 ff.). Einen ausnahmsweisen Zugriff auf die Altjahre mag es gleichwohl teilweise dann geben, wenn wegen des unterschiedlichen Verjährungsbeginns steuerlich noch Jahre „offen" sind, die strafrechtlich nicht mehr verfolgt werden können. Überdies ist denkbar, dass sich zwar der Verdacht der Steuerhinterziehung, nicht aber derjenige einer „besonders schweren" Begehungsweise iSv § 370 III 2 Nrn. 1–6 AO bestätigt. Dann mögen die gewonnenen Erkenntnisse Grundlage für eine Änderung der Steuerbescheide innerhalb der Grenzen der verlängerten Festsetzungsfrist (§ 169 II 2 AO) sein. Da bei Tateinheit die Verjährung für jede Gesetzesverletzung gesondert beginnt, wirkt sich die verlängerte Verjährungsfrist auf idealkonkurrierende Tatbestände, etwa Untreue (§ 266 StGB) oder Beitragsvorenthaltung (§ 266a StGB), nicht aus (vgl. Klein/*Jäger* AO § 376 Rn. 17; BGH 22.10.2008, NStZ-RR 2009, 43; BGH 25.5.1982, wistra 1982, 188; BGH 4.10.1988, wistra 1989, 100).

einstweilen frei

5. Beginn der Verjährung

a) Verjährungsbeginn bei „positivem" Tun

aa) Veranlagungsteuern. Bei Veranlagungsteuern ist der durch die Abgabe einer unrichtigen Steuererklärung verursachte Erfolg der Steuerverkürzung eingetreten und die Straftat damit vollendet, wenn auf Grund der unrichtigen Erklärung die Steuer zu niedrig festgesetzt und dies dem Stpfl. bekanntgegeben worden ist (allgM, zB Klein/*Jäger* AO § 376 Rn. 21; Leitner/Rosenau/*Sprenger* AO § 376 Rn. 24; LK-StGB/*Greger/Weingarten* StGB § 78a Rn. 7; MüKoStGB/*Wulf* AO § 376 Rn. 27; Quedenfeld/Füllsack/*Füllsack* Rn. 300; Simon/Wagner S. 98; v. Briel/Ehlscheid/*v. Briel* § 1 Rn. 39; Wannemacher/*Grötsch* Rn. 740; Flore/Tsambikakis/*Wenzler* StGB § 78a Rn. 5; Gosch AO/FGO/*Meyer* AO § 376 Rn. 24; HHS/*Bülte* AO § 376 Rn. 69; Hüls/Reichling/*Asholt* AO § 376 Rn. 36; Kohlmann/*Heerspink* AO § 376 Rn. 71; Leopold/Madle/Rader/*Zanzinger* AO § 376 Rn. 17–27; RKR/*Rolletschke* AO § 376 Rn. 24; Schwarz/Pahlke/*Nikolaus* AO § 376 Rn. 7). Nach hM ist in diesem Zeitpunkt die Tat zugleich beendet, so dass mit der Bekanntgabe des unrichtigen Bescheides die Verjährung beginnt (zB BGH 7.2.1984, wistra 1984, 142 mAnm *Streck* NStZ 1984, 414; *Ebner* 2015, S. 191 ff. mwN). Die Änderung des ersten auf die unrichtige Erklärung ergangenen Steuerbescheides, zB durch Verlustrücktrag, ist für den Lauf der Verjährungsfrist ohne Belang (BGH 25.4.2001, wistra 2001, 309). Der Zeitpunkt der Abschlusszahlung ist ebenso unbeachtlich (*Suhr* 1959, S. 229) wie der Zeitpunkt zu niedriger Vorauszahlungen, die für das folgende Jahr in dem unrichtigen Bescheid festgesetzt werden (RG 29.11.1940, RGSt 75, 32, 34). Auch ein vorläufiger Bescheid ist ausreichend (vgl. BGH 31.1.1984, wistra 1984, 182). Wird die Steuerhinterziehung mittels unrichtiger Feststellungsbescheide bewirkt, kommt es nicht auf die Bekanntgabe des unrichtigen Feststellungsbescheids, sondern darauf an, wann die entsprechenden Folgebescheide ergangen sind (→ Rn. 32 f.). Für die Verjährung der gesamten Tat ist sodann das Datum der Bekanntgabe des letzten der unrichtigen Folgebescheide maßgeblich (zB BGH 7.2.1984, NStZ 1984, 414 mAnm *Streck;* BGH 2.7.1986, wistra 1986, 257; OLG Hamburg 19.9.1984, wistra 1985, 110; Schwarz/Pahlke/*Nikolaus* AO § 376 Rn. 20; krit. zB Flore/Tsambikakis/*Wenzler* StGB § 78a Rn. 8; HHS/*Bülte* AO § 376 Rn. 75 ff.; Hüls/Reichling/*Asholt* AO § 376 Rn. 40; Kohlmann/*Heerspink* AO § 376 Rn. 75).

27 Folglich ist für den Verjährungsbeginn bei der **Gewerbesteuer** nicht der Gewerbesteuermessbescheid, sondern der eigentliche Gewerbesteuerbescheid maßgeblich (OLG Köln 1.9.1970, BB 1970, 1335, 1336; OLG Hamm 2.8.2001, DStrE 2002, 1095, 1096; *Ebner* 2015, S. 211 f.; GJW/*Rolletschke* AO § 376 Rn. 32; Klein/*Jäger* AO § 376 Rn. 22; Simon/Wagner S. 104; *Suhr/Naumann/Bilsdorfer* Rn. 323; Wannemacher/*Grötsch* Rn. 751; Flore/Tsambikakis/*Wenzler* StGB § 78a Rn. 9; Gosch AO/FGO/*Meyer* AO § 376 Rn. 25; HHS/*Bülte* AO § 376 Rn. 79; Kohlmann/*Heerspink* AO § 376 Rn. 77; RKR/ *Rolletschke* AO § 376 Rn. 61). Anders ist dies nur, wenn die FinB einen auf Null lautenden Gewerbesteuermessbescheid bekanntgibt und die hebeberechtigte Gemeinde (deshalb) im Anschluss erst gar keinen Gewerbesteuerbescheid mehr erlässt (BGH 11.7.2019, NZWiSt 2020, 30 mAnm *Gehm;* s. bereits BGH 23.5.1991, wistra 1991, 272, unter II.2.c bb, zum untauglichen Versuch des „ersten Akts" der GewSt-Hinterziehung). Gibt die Gemeinde im Anschluss gleichwohl einen Nullbescheid bekannt, ist mit der genannten Entscheidung indes nicht gesagt, dass es für den Verjährungsbeginn nicht weiterhin auf jenen (letzten) Bescheid ankommt. Dafür spricht, dass (erst) dieser *formal* den Abschluss des betr. Gewerbe-Besteuerungsverfahrens ausweist (dazu auch *Rolletschke* ZWH 2021, 26, 27, der in Bezug auf den BGH-Fall meint, es wäre „*wahrscheinlich am richtigsten [gewesen], für den Verjährungsbeginn auf die Entschließung der Gemeinde, keinen Gewerbesteuer-Null-Bescheid zu erlassen, abzustellen*"; alternativ könne in der Nullfestsetzung durch die FinB, auch ein Freistellungsbescheid iSv § 155 I 3 AO gesehen werden, mit dem die Tat „*als Steuervorteilserlangung bereits … zur Ruhe gekommen*" wäre; zweifelhaft).

28 **Führt der Steuerbescheid zu einer Steuernachzahlung,** ist die Tat bereits mit Bekanntgabe des Steuerbescheids beendet. Mit dem Wirksamwerden des Bescheids durch dessen Bekanntgabe (§§ 122, 124 I 1, 155 I 2 AO) ist die fehlende Chance des Fiskus, die zutreffende Steuer festzusetzen, hinreichend dokumentiert. Bekanntgabemängel führen – unbeschadet einer etwaigen (stets nur *ex nunc* wirkenden) Heilung – dazu, dass lediglich eine *versuchte* Steuerhinterziehung (§ 370 II AO) angenommen werden kann (iE *Ebner* 2015, S. 195 ff.; zur Ermittlung des Bekanntgabezeitpunkts s. → Rn. 30).

Führt der Steuerbescheid zu einer Steuererstattung, wird man hingegen auf die 29 Zahlung des Erstattungsbetrages abstellen müssen, soweit dieser – was in der Praxis kaum geschieht – erst nach Bekanntgabe des unrichtigen Steuerbescheides erfolgt (zust. GJW/ *Rolletschke* AO § 376 Rn. 24; Klein/*Jäger* AO § 376 Rn. 24; Leitner/Rosenau/*Sprenger* AO § 376 Rn. 26; LK-StGB/*Greger/Weingarten* StGB § 78a Rn. 7; Wannemacher/*Grötsch* Rn. 741; Gosch AO/FGO/*Meyer* AO § 376 Rn. 26; HHS/*Bülte* AO § 376 Rn. 70; Hüls/ Reichling/*Asholt* AO § 376 Rn. 40; iE *Ebner* 2015, S. 212 ff.; krit. MüKoStGB/*Wulf* AO § 376 Rn. 30; RKR/*Rolletschke* AO § 376 Rn. 27). Erst damit ist die materielle Verkürzung eingetreten. Erfolgt statt einer Erstattung eine Verrechnung mit Zahlungsbeträgen für andere Steuern, kommt es auf den Zeitpunkt der (Bekanntgabe der) Verrechnung an, soweit dieser nach dem Tag der Bekanntgabe des Bescheids liegt (*Ebner* 2015, S. 218). Im Rahmen der Verjährung wird auch sonst auf die materielle Beendigung abgestellt, die zB beim Betrug erst gegeben ist, wenn die für den eigentlichen Taterfolg unerhebliche Bereicherung eintritt (vgl. BGH 2.5.2001, wistra 2001, 339; s. auch BGH 15.3.2001, BGHSt 46, 310).

Welche Bedeutung die **Bekanntgabefiktion des § 122 II, IIa AO** hat, ist umstritten. 30 Der BGH (BGH 7.8.2014, NStZ-RR 2014, 340, 341 o. nähere Begr. = NZWiSt 2016, 63 mAnm *Rolletschke;* zusf. *Madauß* NZWiSt 2015, 141) und Teile der Lit. knüpfen an die Fiktion an; diese gelte nicht nur für die Vollendung, sondern auch für die Beendigung (BeckOK AO/*Hauer* AO § 376 Rn. 69; *Dick* 2015, S. 221 ff., 224; GJW/*Rolletschke* AO § 376 Rn. 19; Klein/*Jäger* AO § 376 Rn. 21; Leitner/Rosenau/*Sprenger* AO § 376 Rn. 24; HHS/*Bülte* AO § 376 Rn. 82; Hüls/Reichling/*Asholt* AO § 376 Rn. 37; Leopold/Madle/Rader/*Zanzinger* AO § 376 Rn. 17–27; RKR/*Rolletschke* AO § 376 Rn. 24). Andere (zB *Grötsch* wistra 2015, 249, 251; MüKoStGB/*Wulf* AO § 376 Rn. 27; *Quedenfeld*/Füllsack Rn. 300; Flore/Tsambikakis/*Wenzler* StGB § 78a Rn. 23; Kühn/v. Wedelstädt/*Blesinger/Viertelhausen* AO § 376 Rn. 2; → 7. Aufl. Rn. 19) vertreten die Auffassung, es komme auf den tatsächlichen Zugang auch für den Beginn der Verjährung an (s. auch OLG Hamm 2.8.2001, DStRE 2002, 1095, 1096: *„günstigere[r] Postlauf von einem Tag";* dem zust. Schwarz/Pahlke/*Nikolaus* AO § 376 Rn. 7; zum Ganzen *Ebner* 2015, S. 201 ff.: *„Diskussion geht ... in weiten Teilen an der Realität des Steuerstrafverfahrens vorbei"*). Bedenkt man, dass § 122 II, IIa AO für den Bereich des Steuerrechts und damit auch des Steuerstrafrechts den Zeitpunkt der Bekanntgabe definiert, kann – was für die ua vom BGH eingenommene Position spricht – schlecht die Verjährung der Tat beginnen, bevor sie überhaupt erst vollendet ist – immerhin wäre innerhalb dieses Drei-Tages-Zeitraums noch ein Rücktritt vom Versuch möglich (gewesen) (ausf *Ebner* 2015, S. 201 ff.).

Bei der Hinterziehung von (seit 1997 nicht mehr erhobener) **Vermögensteuer** 31 beginnt die Verjährung demgemäß mit der Bekanntgabe des unrichtigen Vermögensteuerbescheids. Spätere zu niedrige Zahlungen sind für den Beginn der Verjährung irrelevant (zB GJW/*Rolletschke* AO § 376 Rn. 28; Hüls/Reichling/*Asholt* AO § 376 Rn. 42; Leopold/ Madle/Rader/*Zanzinger* AO § 376 Rn. 17–27; aA RG 12.2.1937, RGSt 71, 59, 64).

Bei der Erwirkung eines unrichtigen Grundlagenbescheids (§ 171 X 1 AO) be- 32 ginnt die Verjährung in Abhängigkeit von der verfahrensrechtlichen Situation. Im Ausgangspunkt gilt: Ist für die steuerliche Berücksichtigung *kein* weiteres Handeln erforderlich, liegt angesichts der Bindungswirkung des Grundlagenbescheids (§ 182 I 1 AO) das Erschleichen eines Steuervorteils vor (vgl. BGH 10.12.2008, wistra 2009, 114; BGH 22.11.2012, BGHSt 58, 50) und *diese* Tat ist beendet (BeckOK AO/*Hauer* AO § 376 Rn. 72; aA MüKoStGB/ *Wulf* AO § 376 Rn. 28). Wirkt sich hiernach, bei ungehindertem Fortlauf der Ereignisse, der Grundlagenbescheid aus, liegt insofern *eine* (einheitliche) Tat vor, deren Verjährung erst mit der Bekanntgabe des materiell unrichtigen Folgebescheids beginnt (BGH 2.7.1986, wistra 1986, 257; BGH 11.7.2019, NZWiSt 2020, 30; zum Ganzen BeckOK AO/*Hauer* AO § 376 Rn. 73 ff.; GJW/*Rolletschke* AO § 376 Rn. 30, 35; MüKoStGB/*Wulf* AO § 376 Rn. 27; HHS/*Bülte* AO § 376 Rn. 74; Kühn/v. Wedelstädt/*Blesinger/Viertelhausen* AO § 376 Rn. 3; Leopold/Madle/Rader/*Zanzinger* AO § 376 Rn. 17–27; zur GewSt s. bereits → Rn. 27); bei mehreren Feststellungsbeteiligten (zB iR einer Abschreibungsgesellschaft) kommt es auf den zuletzt bekannt gegebenen „falschen" Folgebescheid an (vgl. Klein/*Jäger* AO § 376 Rn. 25; Simon/Wagner S. 103; RKR/*Rolletschke* AO § 376 Rn. 57; aA → 8. Aufl. Rn. 33; abl. auch *Dick* 2015, S. 225 ff., 230; zusf. *Ebner* 2015, S. 208 ff. mwN; MüKoStGB/*Wulf* AO § 376 Rn. 33 f.; HHS/*Bülte* AO § 376 Rn. 74 ff.).

33 Im Einzelnen muss wie folgt differenziert werden: Ist der Bescheid *von Amts wegen* umzusetzen, wie zB ein Feststellungsbescheid iSd § 180 I 1 Nr. 2 AO, beginnt die Verjährung erst mit der Bekanntgabe des jeweiligen Folgebescheids (→ Rn. 32). Zwar liegt in dem Erschleichen eines Bescheides über die Zuweisung von Verlusten schon das Herbeiführen eines ungerechtfertigten Steuervorteils (aA *Beckemper* NStZ 2002, 518, 521). Dennoch tritt der Erfolg materiell erst ein, wenn dieser Grundlagenbescheid bei dem einzelnen Beteiligten entsprechend umgesetzt wird (ebenso LG Berlin 22.8.2018, NZWiSt 2019, 301 mAnm *Glass*; Klein/*Jäger* AO § 376 Rn. 25; *Gosch* AO/FGO/*Meyer* AO § 376 Rn. 25). Auch hier kommt es freilich allein auf die Bekanntgabe des Bescheids, nicht hingegen auf die Abschlusszahlung an, es sei denn, es erfolgt eine Erstattung an den Stpfl. (→ Rn. 29); dann ist dieser Zeitpunkt maßgeblich (hM, zB Leopold/Madle/Rader/*Zanzinger* AO § 376 Rn. 17 –27). Wird der erschlichene Grundlagenbescheid dem Veranlagungsfinanzamt hingegen *nicht automatisch* übermittelt (zB Bescheinigung der gemeindlichen Denkmalschutzbehörde für die erhöhte Absetzung bei Baudenkmalen iSv § 7i II EStG), stellt dieser für sich betrachtet noch keinen Steuervorteil (§ 370 IV 2 AO) dar; vielmehr begründet in solchen Fällen erst die dolose Vorlage des betreffenden Bescheids eine Strafbarkeit wegen (versuchter) Steuerhinterziehung gem. § 370 I Nr. 1 AO (*Ebner* 2015, S. 212).

34 **bb) Fälligkeitsteuern.** Bei Fälligkeit- bzw. Anmeldungssteuern soll die durch ein „positives" Tun bewirkte Tat nach verbreiteter Auffassung vollendet und beendet sein, wenn die Steuer bei Fälligkeit nicht oder zu niedrig entrichtet wird. Die Verjährung der Strafverfolgung beginne daher mit dem gesetzlichen Fälligkeitstermin (zB § 18 UStG; vgl. → 3. Aufl. Rn. 11; Kohlmann/*Heerspink* AO § 376 Rn. 81). Unzutreffend ist hieran zunächst einmal, dass es außerhalb des Anwendungsbereichs der §§ 26a I, 26c UStG auf die unterlassene Zahlung zum Fälligkeitszeitpunkt nicht ankommt, weil die Nichtzahlung der Steuer strafrechtlich irrelevant ist. Entscheidend ist, inwiefern es infolge unrichtiger Vorgaben zu einer unzutreffenden Steuerfestsetzung kam. Da eine Steueranmeldung gem. § 168 S. 1 AO der Steuerfestsetzung unter dem Vorbehalt der Nachprüfung gleichsteht, liegt eine vollendete und beendete Steuerhinterziehung schon dann vor, wenn eine unrichtige Steueranmeldung mit zu geringer „positiver" Zahllast (sog. **Zahllastfall**) beim FA eingeht (allgM, zB Klein/*Jäger* AO § 376 Rn. 37; Leitner/Rosenau/*Sprenger* AO § 376 Rn. 36; HHS/*Bülte* AO § 376 Rn. 109; Hüls/Reichling/*Asholt* AO § 376 Rn. 44; Leopold/Madle/Rader/*Zanzinger* AO § 376 Rn. 28; RKR/*Rolletschke* AO § 376 Rn. 43; Schwarz/Pahlke/*Nikolaus* AO § 376 Rn. 9). Das gilt auch dann, wenn dies bereits vor dem gesetzlich vorgeschriebenen Datum (für die USt etwa idR der 10. des Folgemonats) der Fall ist (so zutr. Kohlmann/*Heerspink* AO § 376 Rn. 83; zusf. BeckOK AO/*Hauer* AO § 376 Rn. 100 ff.; *Ebner* 2015, S. 312 ff., 316 ff. mwN). Weist die Steueranmeldung dagegen eine „negative" Zahllast (sog. **Erstattungsfall**) aus, bedarf es noch einer Zustimmung der zuständigen FinB (§ 168 S. 2 AO), so dass die Tat nicht vor Bekanntgabe der entsprechenden Zustimmung vollendet und beendet ist (zB BGH 5.4.2000, NStZ 2000, 427, 428; *Ebner* 2015, S. 320; Leitner/Rosenau/*Sprenger* AO § 376 Rn. 36; HHS/*Bülte* AO § 376 Rn. 109; Kohlmann/*Heerspink* AO § 376 Rn. 86; Leopold/Madle/Rader/*Zanzinger* AO § 376 Rn. 32; Schwarz/Pahlke/*Nikolaus* AO § 376 Rn. 9). Da die Zustimmung regelmäßig *stillschweigend* durch Zahlung erklärt wird (vgl. § 168 S. 3 AO; Klein/*Rüsken* AO § 168 Rn. 13; s. auch LG Nürnberg-Fürth 21.2.2019, NZWiSt 2019, 462, 466), wird man Beendigung, wie bei der Veranlagungsteuer (→ Rn. 29), in der Rechtswirklichkeit zumeist erst annehmen können, wenn der Fiskus den Erstattungsbetrag an den Stpfl. überwiesen und dieser davon Kenntnis erlangt hat (MüKoStGB/*Wulf* AO § 376 Rn. 29; ähnl. Gosch AO/FGO/*Meyer* AO § 376 Rn. 28; bis dahin ist nur ein *Versuch* gegeben).

Vorauszahlungen auf Veranlagungsteuern sind Fälligkeitsteuern, auch wenn sie 35 sich auf Steuerarten beziehen, die einer Jahresveranlagung unterliegen (Kohlmann/*Heerspink* AO § 376 Rn. 79). In diesen Fällen beginnt die Verjährung aufgrund des von vornherein nur vorläufigen Charakters der Vorauszahlungsfestsetzung (vgl. § 124 II AO: Erledigung aus *„andere Weise"* mit Ergehen des Jahressteuerbescheids) gleichwohl erst mit dem Eintritt des Verkürzungserfolgs **zu den jeweiligen Fälligkeitsterminen,** dh nicht schon mit der Erwirkung eines zu niedrigen (idR mit vorangegangenen Jahressteuerbescheid verbundenen) Vorauszahlungsbescheids (§ 164 I 2 AO) und auch nicht erst mit der Einreichung der auf den Vorauszahlungszeitraum bezogenen (aktuellen) Jahreserklärung. Denn frühestens dann (am jeweiligen Fälligkeitstermin) kann überhaupt erst die Rede davon sein, dass das Tatunrecht insoweit einen wirtschaftlich greifbaren (da liquiditätserhaltenden) Abschluss gefunden hat (vgl. *Ebner* 2015, S. 218 f.; aA Vorauf.: Verjährungsbeginn mit Bekanntgabe des Vorauszahlungsbescheids; ebenso BeckOK AO/*Hauer* AO § 376 Rn. 103; Wannemacher/*Grötsch* Rn. 754; Kohlmann/*Heerspink* AO § 376 Rn. 79, 85; Leopold/Madle/Rader/*Zanzinger* AO § 376 Rn. 33; RKR/*Rolletschke* AO § 376 Rn. 32; wiederum aA Simon/Wagner S. 105: *„auf die jeweilige Jahreserklärung abzustellen"* od. HHS/*Bülte* AO § 376 Rn. 111: *„wenn der Jahressteuerbescheid ergeht";* offen gelassen bei Hüls/Reichling/*Asholt* AO § 376 Rn. 42).

Bei der Lohnsteuer treten Vollendung und Beendigung ein, wenn eine entsprechende 36 Anmeldung zum Fälligkeitszeitpunkt nicht oder zu niedrig erfolgt (BGH 15.12.1982, wistra 1983, 70; BGH 1.9.2020, NZWiSt 2021, 16, 19; Klein/*Jäger* AO § 376 Rn. 40; LK-StGB/*Greger/Weingarten* StGB § 78a Rn. 8; v. Briel/Ehlscheid/*v. Briel* § 1 Rn. 49; Wannemacher/*Grötsch* Rn. 763, 768; Flore/Tsambikakis/*Wenzler* AO § 376 Rn. 19; HHS/*Bülte* AO § 376 Rn. 110; Kohlmann/*Heerspink* AO § 376 Rn. 82; Leopold/Madle/Rader/*Zanzinger* AO § 376 Rn. 31). Dabei ist jede Anmeldung isoliert zu betrachten, so dass bei Personen, die Lohnsteuer einmal jährlich anzumelden haben, die Verjährung erst mit Einreichung der Jahresanmeldung zum 10.1. des Folgejahres beginnt, beim Monatszahler hingegen für den jeweiligen Monat jeweils mit der Einreichung der unrichtigen Anmeldung (vgl. § 41a I, II EStG; Wannemacher/*Grötsch* Rn. 764). Wird die LSt-Hinterziehung durch unrichtige oder unvollständige Angaben (§ 327 I Nr. 1 AO) verwirklicht, ist diese – wenn die Steueranmeldung ein Soll aufweist – bereits mit dem Eingang der LSt-Anmeldung beim FA vollendet und gleichzeitig beendet; andernfalls – bei einem Guthaben des Steuerpflichtigen – ist dies erst mit Zustimmung der FinB der Fall (BGH 1.9.2020, NZWiSt 2021, 16, 19 mAnm *Gehm*).

Wird eine unrichtige Umsatzsteuer-Jahreserklärung eingereicht, ist die Tat dann 37 vollendet und beendet, wenn die Erklärung beim FA eingeht, in Erstattungsfällen jedoch erst dann, wenn von Seiten des FA die entsprechende Zustimmung (§ 168 S. 2 AO) erteilt wurde (→ Rn. 34). Zugleich nahm man vor der Entscheidung des Großen Senats zur (praktischen Aufgabe der Rechtsfigur der) fortgesetzten Handlung (BGH 3.5.1994, BGHSt 40, 138; s. → Rn. 56) an, dass in den Fällen, in denen die Daten unrichtiger Umsatzsteuer-Voranmeldungen in die Jahreserklärung übernommen wurden, die durch unrichtige Voranmeldungen bereits vollendeten Steuerhinterziehungen erst durch die entsprechende Jahreserklärung beendet waren, so dass die Verjährungsfrist erst mit der Abgabe dieser Jahreserklärung zu laufen begann (→ 3. Aufl. Rn. 11a; s. auch BGH 15.12.1982, wistra 1983, 70; *Schmitz* FS Kohlmann, 2003, 517, 524; Koch/Scholtz/*Scheurmann-Kettner* AO § 376 Rn. 6). Dieser Auffassung ist die hM in Rspr und Lit. auch im Nachgang weiterhin gefolgt (vgl. BGH 17.3.2009, BGHSt 53, 221, 227 f.; GJW/*Rolletschke* AO § 376 Rn. 53; Klein/*Jäger* AO § 376 Rn. 39; Leitner/Rosenau/*Sprenger* AO § 376 Rn. 37 f.; Flore/Tsambikakis/*Wenzler* StGB § 78a Rn. 21; Kohlmann/*Heerspink* AO § 376 Rn. 84; Kühn/v. Wedelstädt/*Blesinger/Viertelhausen* AO § 376 Rn. 4; Leopold/Madle/Rader/*Zanzinger* AO § 376 Rn. 30; RKR/*Rolletschke* AO § 376 Rn. 44; Schwarz/Pahlke/*Nikolaus* AO § 376 Rn. 14; krit. *Dick* 2015, S. 230 ff., 232; *Ebner* 2015, S. 317 ff. mwN; Hüls/Reichling/*Asholt* AO § 376 Rn. 45; zusf. HHS/*Bülte* AO § 376 Rn. 112 ff.). Künftig wird sich dies seit der Änderung der Rspr des BGH zum materiellen Konkurrenzverhältnis von unrichtigen Umsatzsteuer-Voranmeldungen und unrichtiger Umsatzsteuer-Jahreserklärung (vgl. BGH 13.7.2017, wistra 2018, 43 zum Falscherklärungsfall mAnm *Ebner* jurisPR-SteuerR 5/2018 Anm. 6; BGH 25.10.2018, NZWiSt 2019, 428 zu Nichtabgabefall mAnm *Handel;* BGH 6.10.2021, HFR 2022, 277 mAnm *Ebner* zu: Vollendung/Versuch) kaum mehr auswirken, denn die unrichtigen Voranmeldungen treten hiernach als *mitbestrafte Vortaten* hinter der unrichtigen Jahreserklärung zurück (s. auch *Grommes* NZWiSt 2017, 201, 207; *dies.* NZWiSt 2022, 18; aA MüKoStGB/*Wulf* AO § 376 Rn. 32: *„Verjährungsprüfung ... an ... Beendung ... der Voranmeldungs-Taten anknüpfen"*).

b) Bei Unterlassen

38 Vorsätzliche oder leichtfertige Steuerverkürzungen werden durch Unterlassen begangen, wenn entgegen gesetzlicher Verpflichtung keine Erklärungen abgegeben werden. Unterlassungsdelikte sollen bei Veranlagungsteuern in dem Zeitpunkt vollendet sein, in dem die Veranlagungsarbeiten des zuständigen FA *„im Wesentlichen"* oder *„im Großen und Ganzen"* abgeschlossen sind (sog. **„allgemeiner" Veranlagungsschluss;** iE → Rn. 39), bei Fälligkeitsteuern mit Ablauf des Fälligkeitstages. Die Verfolgungsverjährung setzt jedoch erst mit der Beendigung der Tat ein. Wann dies der Fall ist, ist seit geraumer Zeit Gegenstand kontroverser Diskussionen. Dabei geht es im Wesentlichen um die Frage, inwiefern bei **periodisch veranlagten Steuern** (ESt, KSt, GewSt) zwischen der FinB *bekannten* (iSv als Person und/oder in Bezug auf die betr. Einkunftsart im jew. VZ „steuerlich geführten") und *unbekannten* (dh im vorgenannten Sinne „steuerlich nicht geführten") Stpfl. zu differenzieren ist (→ Rn. 44, 45; iE *Ebner* 2015, S. 248 ff.) und ob dem Zweifelsgrundsatz bei der Bestimmung des Verjährungsbeginns (generell) eine wie auch immer geartete Bedeutung zukommt (→ Rn. 41 f.; abl. *Ebner* 2015, S. 236 ff.). Die Problematik stellt sich im Übrigen auch dann, wenn der Stpfl. durch aktive Täuschung erreicht, dass eine Steuerfestsetzung unterbleibt (vgl. *Wulf* wistra 2003, 89; *Schmitz* FS Kohlmann, 2003, 517, 520).

39 **aa) Veranlagungsteuern. Bei Hinterziehung von Veranlagungsteuern durch Unterlassen** sollen Vollendung und Beendigung der Tat nach hM ebenso zusammenfallen wie bei der Steuerhinterziehung durch Begehen (*Schmitz* wistra 1993, 248, 251 f.; Flore/Tsambikakis/*Wenzler* StGB § 78a Rn. 11; Kohlmann/*Heerspink* AO § 376 Rn. 88, RKR/*Rolletschke* AO § 376 Rn. 25; Koch/Scholtz/*Scheurmann-Kettner* AO § 376 Rn. 6 f.; Kühn/v. Wedelstädt/*Blesinger/Viertelhausen* AO § 376 Rn. 3; HHS/*Bülte* AO § 376 Rn. 92). Die früher überwiegend vertretene Auffassung, erst der Wegfall einer Erklärungspflicht nach § 149 AO oder die Erfüllung derselben führe zur Tatbeendigung, ist zwischenzeitlich überholt. Dies gilt ebenso für die Begründung, § 370 I Nr. 2 AO enthalte ein Dauerdelikt (OLG Hamburg 27.1.1970, MDR 1970, 441), denn bei der Steuerhinterziehung ist das Unrecht vollendet und nicht mehr zu vertiefen, wenn der Verkürzungserfolg eingetreten ist (*Schmitz* wistra 1993, 248, 249). Wer dies anders sieht und auf den fortbestehenden Steueranspruch abstellt, muss bedenken, dass dann die Steuerhinterziehung durch Unterlassen gar nicht mehr verjährt, weil wegen § 171 VII AO die Festsetzungsfrist nicht abläuft, bevor die Steuerhinterziehung verjährt ist, deren Verjährung aber erst mit dem Erlöschen des Steueranspruchs begänne (vgl. *Dallmeyer* ZStW 124 [2012], 711, 725 f.; *Ebner* 2015, S. 70 f., 231 ff.; *Schmitz* FS Kohlmann, 2003, 517, 522; *Wulf* wistra 2003, 89, 91). Bei § 370 AO handelt es sich um ein unechtes Unterlassungsdelikt und der (fiktive) Erfolg tritt daher in dem Zeitpunkt ein, zu dem die Steuer bei rechtzeitiger Abgabe der Erklärung *spätestens* festgesetzt worden wäre (vgl. *Ebner* 2015, S. 239; *Schmitz* wistra 1993, 248, 250 mwN). Insofern ist es sachgerecht, für die Feststellung des Eintritts einer Steuerverkürzung an einen (durch Auswertung der internen Controlling-Systeme der FinVerw) konkret feststellbaren Zeitpunkt, nämlich den **(„allgemeinen") Abschluss der Veranlagungsarbeiten in dem konkreten FA** (stRspr, zB BGH 19.1.2011, wistra 2012, 484, 485 mAnm *Wulf;* gänzl. abl. zB OLG Hamm 2.8.2001, DStRE 2002, 1095, 1096

Beginn der Verjährung 40, 40a § 376

[wohl überholt]; zur Kritik im Schrifttum *Asholt* wistra 2019, 386, 392; Wannemacher/ *Grötsch* Rn. 732 ff.; HHS/*Bülte* AO § 376 Rn. 99 ff.; Hüls/Reichling/*Asholt* AO § 376 Rn. 48; jew. mwN; s. außerdem Klein/*Jäger* AO § 376 Rn. 28: „*nicht abschließend geklärt ..., ob auf Zuständigkeitsbereich des FA oder des Veranlagungsbeamten abzustellen ist*"; zu weiteren Anknüpfungsmöglichkeiten *Ebner* 2015, S. 264) für Stpfl. dieser Art abzustellen. Jener Zeitpunkt, den die hM quantitativ bei einer **Erledigungsquote von 95 %** als erreicht ansieht (scil. Abschuss der Veranlagungsarbeiten „*im Allgemeinen*" bzw. „*im Wesentlichen*", str.; zum Ursprung im finanzbehördl. Berichtswesen: RKR/*Rolletschke* AO § 376 Rn. 39; es besteht hier ein tatrichterl. **Beurteilungsspielraum,** zB BGH 7.11.2001, BGHSt 47, 138, 148: 94, 34 % im dortigen Einzelfall *nicht* ausreichend), wird unter Zugrundelegung von § 149 II 1 AO nF idR **zwischen dem 1.3. und** (ab VZ 2018) **dem 31.7.** (bis einschl. VZ 2017: 31.5.) **des zweiten** auf den jeweiligen Veranlagungszeitraum folgenden **Jahres** liegen (*Ebner* jurisPR-SteuerR 26/2020 Anm. 1, unter E.; ausf. zum Ganzen *Ebner* 2015, S. 263 ff. mwN; s. auch *Ebner* S. 293 ff. zur sog. Annäherungsmethode).

Da es bei der **Erbschaft- und Schenkungsteuer** keine kontinuierlichen Abläufe für die Veranlagung gibt (sog. **nicht periodisch veranlagte Steuer;** für die **Grunderwerbsteuer** gilt im Ausgangspunkt dasselbe, zB MüKoStGB/*Wulf* AO § 376 Rn. 48), ist bei Hinterziehung durch Unterlassen die Tat dann vollendet und beendet, wenn der Steuerbescheid bei rechtzeitiger Anzeige der Erbschaft oder Schenkung frühestens bekannt gegeben worden wäre. Dies soll *vier Monate* nach der Schenkung (3-monatige Anzeigefrist gem. § 30 I ErbStG zzgl. – aus § 31 I u. VII ErbStG abgeleitet – 1 Monat fiktive Bearbeitungsdauer) der Fall sein (BGH 25.7.2011, BGHSt 56, 298, 312 f.; zust. GJW/ *Rolletschke* AO § 376 Rn. 48; *Grötsch* wistra 2015, 249, 250; Klein/*Jäger* AO § 376 Rn. 23a; Quedenfeld/Füllsack/*Quedenfeld* Rn. 303; Simon/Wagner S. 105; Flore/Tsambikakis/*Wenzler* StGB § 78a Rn. 17; Gosch AO/FGO/*Meyer* AO § 376 Rn. 37; Schwarz/ Pahlke/*Nikolaus* AO § 376 Rn. 20b; diff. bereits *Ebner* 2015, S. 240 ff., 244 ff.: „**Pauschallösung**"; krit. Wannemacher/*Grötsch* Rn. 748; aA *Bach* wistra 2019, 417: Verjährungsbeginn bereits mit Ablauf der Anzeigefrist; unklar Leopold/Madle/Rader/*Zanzinger* AO § 376 Rn. 17–27; zusf. Hüls/Reichling/*Asholt* AO § 376 Rn. 50). Nach dem (zu § 235 AO ergangenen) Urt. des BFH 28.8.2019, BStBl. II 2020, 247 mAnm *Kugelmüller-Pugh* HFR 2020, 509 muss hier indes die 3-monatige Anzeigefrist *plus* die mindestens zu gewährende Erklärungsfrist von 1 Monat *plus* die individuell festzustellende durchschnittliche Bearbeitungsdauer beim zuständigen FA (zzgl. fiktiver Bekanntgabedauer, vgl. § 124 I 1 AO) angesetzt werden (iE *Ebner* jurisPR-SteuerR 26/2020 Anm. 1, unter C. II.; ebenso RKR/*Rolletschke* AO § 376 Rn. 40 mwN; *Pelz* ZWH 2020, 255, 259; *Webel* wistra 2020, 346, 347: Tatfrage; unklar *Gehm* NZWiSt 2020, 245, 246; *Scharenberg* PStR 2020, 211; zur Vorinstanz: *Rolletschke* NZWiSt 2018, 37, 38; abl. *Heine* DStRK 2020, 126).

Im Fall des **„Zigarettenschmuggels",** dh bei der Hinterziehung von TabSt gem. § 370 I Nrn. 2, 3 AO, die nur im Fall der Einfuhr aus einem Drittland gem. §§ 19 ff. TabStG tatsächlich mit einer Qualifikation als „Schmuggel" gem. § 373 AO einhergehen kann (vgl. BGH 11.7.2019, NJW 2019, 3012 mAnm *Ebner/Weidemann* wistra 2019, 503), stellt der BGH für die Tatbeendigung und damit den Verjährungsbeginn gem. § 78a S. 1 StGB darauf ab, dass „*die Tabakwaren ihren Bestimmungsort erreicht haben und dort ‚zur Ruhe gekommen' sind*" (zB BGH 8.7.2014, wistra 2014, 486 m. abl. Anm. *Ebner* HFR 2015, 408). Diese (hier sog.) **Bestimmungsortlösung** (s. auch → Rn. 61) ist vor dem Hintergrund der Ausführungen in → Rn. 40 dogmatisch **verfehlt** (ebenso LK-StGB/*Greger/Weingarten* StGB § 78a Rn. 8). Stattdessen kommt es auch hier auf den Zeitpunkt an, zu dem bei – unterstellt – **„unverzüglicher"** (nicht: „sofortiger"; vgl. *Weidemann* TabSt u. Steuer-StrafR, 2020, 62; insoweit unzutr. BGH 7.11.2007, NStZ 2008, 409 Rn. 16) **Abgabe** einer Steuererklärung (vgl. § 23 I 3 TabStG iVm § 121 I 1 BGB) mit der Bekanntgabe einer TabSt-Festsetzung zu rechnen gewesen wäre (*Ebner* HFR 2015, 408, 409; Hüls/ Reichling/*Asholt* AO § 376 Rn. 54; MüKoStGB/*Wulf* AO § 376 Rn. 58; iE *Ebner* 2015, S. 305 ff. u. 354 ff.). Die Frage, ab wann der **„Unverzüglichkeits-Zeitraum"** überschritten ist, muss nicht zuletzt wegen der davon umfassten Kategorie individueller Vertretbarkeit („ohne *schuldhaftes* Zögern") anhand der Umstände des Einzelfalls beantwortet werden. In diese Betrachtung sind stets die räumlichen und zeitlichen Parameter der jew. Tatbegehung einzubeziehen. In der Folge kann bspw. die schritt- bzw. tranchenweise Entwendung von sich im Verfahren der Steueraussetzung befindlichen Waren aus einem Steuerlager dazu führen, dass kurz aufeinander folgende unrechtmäßige Entnahmen (vgl. § 15 IV 1 Nr. 1 Alt. 2 TabStG) als eine Handlung im natürlichen Sinn aufzufassen und damit zu *einer* einheitlichen Unterlassungstat iSv § 370 I Nr. 2 AO, § 17 III 1 TabStG zusammenzuführen sind, deren Verjährung dann auch „einheitlich" beginnt.

41 Ob der **Beginn der Verjährung** mit dem Zeitpunkt der (fiktiven) Verkürzung zwingend identisch sein muss, wird unterschiedlich beurteilt. Während bei der Feststellung des Eintritts einer Verkürzung durch Unterlassen der gebotenen Erklärung (Zeitpunkt der Tatvollendung; bis dahin: *Versuch*) nach dem Zweifelsgrundsatz im Wesentlichen unstreitig zugunsten des Stpfl. angenommen wird, dass dieser (einer) der Letzte(n) gewesen wäre, dessen Veranlagung durchgeführt worden wäre (sog. **hypothetische Veranlagung „als Letzter"**), soll eine Anknüpfung an diesen „späten" Zeitpunkt für Zwecke der Verjährung dem Grundsatz *„in dubio pro reo"* nicht mehr unbedingt Rechnung tragen (so die Vorauf.). Demnach sei es geboten, bei der Prüfung des Eintritts der Verjährung einen früheren Vollendungszeitpunkt zugrunde zu legen, und zwar dergestalt, dass man fragen müsse, wann der Stpfl. bei fristgemäßer Erklärung den Steuerbescheid erhalten hätte. In Anknüpfung an *Schmitz* (wistra 1993, 248, 251) bedeutete dies, dass, ausgehend vom 31.12. des Folgejahres (bis einschl. VZ 2004: 30.9. des Folgejahres; ab **VZ 2018:** letzter Tag des Monats Februar des Zweitfolgejahrs, vgl. § 149 III AO), geprüft werden müsste, wann eine zu diesem Zeitpunkt eingereichte Erklärung verarbeitet worden wäre. Hinzuzunehmen sei die Zeit für die Bekanntgabe des Bescheids (**hypothetische Veranlagung „als Erster"**). In dieselbe Richtung geht ua die Auffassung von *Wulf* (wistra 2003, 89, 92; ebenso *Schmitz* FS Kohlmann, 2003, 517, 529 f.), der „in dubio pro reo" die täterfreundlichste aller denkbaren Lösungen annehmen will: Da der Versuch der Steuerhinterziehung durch Unterlassen regelmäßig mit Ablauf des 30.9. (überholt, wie vor) des dem Veranlagungszeitraum folgenden Jahres beginne, sei dieses Datum – unter Berücksichtigung der Zeit, die für die Veranlagung des konkreten Stpfl. notwendig gewesen wäre – zugrunde zu legen (vgl. *Schmitz* FS Kohlmann, 2003, 517, 534; ähnl. bereits → 5. Aufl. Rn. 28; zusf. BeckOK AO/*Hauer* AO § 376 Rn. 77 ff.; *Ebner* 2015, S. 236 ff. mwN).

42 Der **Bundesgerichtshof** (BGH 7.11.2001, BGHSt 47, 138, 144 f. mAnm *Wulf* wistra 2003, 89; BGH 19.1.2011, wistra 2012, 484, 485; s. auch OLG München 1.10.2001, wistra 2002, 34, 35) nimmt hingegen in stRspr eine für den Beginn der Verfolgungsverjährung maßgebliche Tatbeendigung an, wenn ein Steuerbescheid ergangen ist oder wenn feststeht, dass ein solcher Bescheid nicht mehr ergehen wird. Die Hinterziehung einer Veranlagungssteuer durch Unterlassen ist danach als beendet anzusehen, wenn das zuständige FA die Veranlagungsarbeiten in dem betreffenden Bezirk für den maßgeblichen Zeitraum allgemein abgeschlossen hat (sog. **„allgemeiner" Veranlagungsschluss**). Erst dann ist regelmäßig nicht mehr mit einer Veranlagung zu rechnen. Der BGH begründet dies zutr. wie folgt: *„Zwar ist der Grundsatz ‚im Zweifel für den Angeklagten' grundsätzlich auch auf die Frage der Verjährung anzuwenden. […] Voraussetzung hierfür ist aber, dass beim Tatrichter Zweifel über tatsächliche Gegebenheiten bestehen, die für die Verjährungsfrage von Bedeutung sind. Weiß das Gericht hingegen, dass kein Steuerbescheid ergangen ist, und kennt es den Zeitpunkt des Abschlusses der Veranlagungsarbeiten durch das Finanzamt, sind ihm die für die Tatbeendigung maßgeblichen Tatsachen bekannt; für die Anwendung des Grundsatzes ‚im Zweifel für den Angeklagten' bleibt dann kein Raum."* (hM; zB *Ebner* 2015, S. 236 ff. mwN; Klein/*Jäger* AO § 376 Rn. 28; ebenso jetzt BFH 28.8.2019, BFHE 266, 485 = BStBl. II 2020, 247 unter III.1.b cc (2) mAnm *Ebner* jurisPR-SteuerR 26/2020 Anm. 1, unter D.; weit. Nachw. zur Gegenauffassung: → 8. Aufl. Rn. 43).

Der 1. Strafsenat des BGH hat in diesem Zusammenhang im Jahr 2011 in einem (von 43 ihm seither nicht mehr aufgegriffenen) *obiter dictum* erwogen, *„zumindest bei einfach gelagerten Fällen"* eine Vollendung *„längstens 1 Jahr"* nach Ablauf der Erklärungsfrist anzunehmen; dass der Senat – iS einer **Pauschallösung** (s. bereits → Rn. 40) – mit diesem Zeitpunkt auch die Verjährungsfrist beginnen lassen wollte, ist dem betreffenden Beschluss indes nicht zu entnehmen (vgl. BGH 19.1.2011, wistra 2012, 484, 485; *Ebner* 2015, S. 236 Fn. 288; ähnl. MüKoStGB/*Wulf* AO § 376 Rn. 43 aE; aA → 8. Aufl. Rn. 42).

Unabhängig davon erkennt auch der BGH an, dass bei der Bestimmung des Verjährungs- 44 beginns darauf Rücksicht zu nehmen ist, ob es sich um einen bekanntem und unbekanntem Stpfl. (→ Rn. 38) handelt (BeckOK AO/*Hauer* AO § 376 Rn. 80 ff.; *Ebner* 2015, S. 248 ff. mwN; *Schmitz* FS Kohlmann, 2003, 517, 522 f.; Gosch AO/FGO/*Meyer* AO § 376 Rn. 34 ff.; HHS/*Bülte* AO § 376 Rn. 102 ff.; abl. MüKoStGB/*Wulf* AO § 376 Rn. 45 ff.: *„völlig willkürlich"*). Ist der Stpfl. der FinB **nicht bekannt,** hatte diese keine Chance, eine Steuerfestsetzung vorzunehmen. Sind die Veranlagungsarbeiten abgeschlossen, tritt mit der dann zu bejahenden Vollendung auch die Beendigung der Tat ein. Zwar ist auch hier im eigentlichen Sinne eine Anwendung des Grundsatzes *„in dubio pro reo"* nicht möglich, weil angesichts des Nichtvorliegens einer Steuererklärung keine Zweifel daran bestehen, dass zu diesem Zeitpunkt eine Veranlagung nicht erfolgt ist. Immerhin dient die Annahme eines Beendigungszeitpunkts dem Rechtsfrieden. Entgegen *Wulf* (wistra 2003, 89, 91) und *Schmitz* (FS Kohlmann, 2003, 517, 527 ff.) besteht für eine Vorverlegung des Verjährungsbeginns auf den frühestmöglichen Zeitpunkt insofern kein Raum – es gibt keine Zweifel.

Ist der Stpfl. **der FinB** demgegenüber hinsichtlich des Besteuerungszeitraums und der 45 Steuerart **bekannt,** hat das FA die Besteuerungsgrundlagen im Nichtabgabefall zu schätzen (§ 162 I 1 AO). Kommt es dieser Pflicht **vor Abschluss der Veranlagungsarbeiten** nach und erlässt einen **„richtigen" oder „zu hohen" Schätzungsbescheid,** kommt es schon nicht zu einer Vollendung. Hat der Stpfl. mit einer zutreffenden (oder gar überhöhten) Schätzung vor Abschluss der Veranlagungsarbeiten gerechnet, liegt noch nicht einmal ein Versuch vor. Hat der Stpfl. geglaubt, man würde ihn „übersehen" (oder zu niedrig schätzen), ist sein **Versuch** mit der Bekanntgabe des betreffenden Schätzungsbescheids **fehlgeschlagen** (vgl. BGH 22.8.2012, NZWiSt 2013, 33, 34; *Ebner* 2015, S. 257); die Verjährung dieses Versuchs beginnt mit dessen Begehung, dh mit dem Einsetzen der Versuchsstrafbarkeit (→ Rn. 54). Wird **„zu niedrig" geschätzt,** liegt eine vollendete Tat vor und die Verjährung beginnt mit der Bekanntgabe des unrichtigen Schätzungsbescheids, sofern diese *vor* dem allgemeinen Veranlagungsschluss erfolgt (s. erneut BGH 22.8.2012, NZWiSt 2013, 33, 34; *Ebner* 2015, S. 252; Klein/*Jäger* AO § 376 Rn. 27). Wird der „zu niedrige" Schätzungsbescheid erst *nach* Abschluss der Veranlagungsarbeiten bekannt gegeben, kommt es hierauf für den Beginn des Laufs der Verjährungsfrist nicht an, denn die Tat war dann bereits im Zeitpunkt des allgemeinen Veranlagungsschlusses voll- und beendet (vgl. § 370 IV 1 AO: nachträgl. Schätzungsfestsetzung *„nicht in voller Höhe"* u. *„nicht rechtzeitig";* str., wie hier *Ebner* 2015, S. 253 ff.; Klein/*Jäger* AO § 376 Rn. 28; aA → 8. Aufl. Rn. 48 ff. jew. mwN; dasselbe gilt, wenn kein Schätzungsbescheid ergeht oder nach Veranlagungsschluss doch noch eine zutreffende Steuererklärung abgegeben wird, vgl. *Ebner* 2015, S. 259 f.). Die dagegen in der Lit. vorgebrachten Bedenken, wonach die FinB den Stpfl. auf dieser Grundlage durch Nichterlass bzw. verspäteten Erlass eines bereits zu einem früheren Zeitpunkt möglichen und gebotenen („richtigen" oder „zu hohen") Schätzungsbescheids in die Vollendung „drängen" (sic!) könne, greifen nicht durch, weil es *„in erster Linie der Steuerpflichtige selbst ist, der es in der Hand hat, die Vollendung durch schließliche Abgabe der Steuererklärung zu verhindern"* (BayObLG 3.11.1989, BayObLGSt 1989, 145, 152; s. auch *Ebner* 2015, S. 260 f.).

Wird die Berichtigungspflicht nach § 153 AO verletzt, ist ebenfalls anhand der 46 Umstände des jew. Einzelfalls ein konkreter Zeitpunkt zu ermitteln, zu dem die fiktive Änderung des unrichtigen Steuerbescheids erfolgt, dh der betr. Änderungsbescheid nach der gebotenen **„unverzüglichen" Anzeige** (dazu *Jehke/Dreher* DStR 2012, 2467) bekanntgegeben worden wäre (BeckOK AO/*Hauer* AO § 376 Rn. 87; *Ebner* 2015, S. 325 Fn. 537; GJW/*Rolletschke* AO § 376 Rn. 49; Klein/*Jäger* AO § 376 Rn. 29; Leitner/Rosenau/*Sprenger* AO § 376 Rn. 32; MüKoStGB/*Wulf* AO § 376 Rn. 49; Quedenfeld/Füllsack/*Quedenfeld* Rn. 303; Gosch AO/FGO/*Meyer* AO § 376 Rn. 38; Hüls/Reichling/*Asholt* AO § 376 Rn. 51; RKR/*Rolletschke* AO § 376 Rn. 41; aA Wannemacher/*Grötsch* Rn. 755: pauschal 1 Monat 1 Woche nach Kenntniserlangung; HHS/*Bülte* AO § 376 Rn. 106: *„mit … Ablauf der kürzesten denkbaren Bearbeitungszeit"*; Kohlmann/Heerspink AO § 376 Rn. 100: *„Ablauf der Frist zur Richtigstellung"*; Leopold/Madle/Rader/Zanzinger AO § 376 Rn. 38: *„mit Ablauf der zuzubilligenden Entschließungs- und Überlegungsfrist von etwa 4 Wochen"*).

47 Wird der Wegfall der Voraussetzungen für den Bezug von **Kindergeld** nicht mitgeteilt, beginnt die Verjährung erst mit der *letzten* unberechtigten Zahlung (BFH 26.6.2014, BFHE 247, 102; BFH 18.12.2014, BFH/NV 2015, 948; BFH 6.4.2017, BFHE 258, 295; OLG Nürnberg 29.1.2015, NZWiSt 2015, 421 mAnm *Ebner;* HHS/*Bülte* AO § 376 Rn. 73a; Klein/*Jäger* AO § 376 Rn. 42; Leopold/Madle/Rader/*Zanzinger* AO § 376 Rn. 48a; Schwarz/Pahlke/*Nikolaus* AO § 376 Rn. 20b; Tipke/Kruse/*Krumm* AO § 376 Rn. 12; aA *Asholt* wistra 2019, 386, 391; Hüls/Reichling/*Asholt* AO § 376 Rn. 41: *„Monatsprinzip … so dass sukzessiv Verjährung eintritt";* MüKoStGB/*Wulf* AO § 376 Rn. 52: *„jeder Monat für sich zu betrachten";* zum Ganzen *Ebner* 2015, S. 325 ff., 334 ff. mwN).

48–51 *einstweilen frei*

52 **bb) Fälligkeitsteuern.** Bei Fälligkeitsteuern ist die Steuerverkürzung eingetreten, wenn der **Tag der gesetzlichen Frist verstrichen** ist und keine ausdrückliche Fristverlängerung gewährt wurde (vgl. § 149 II, III AO, bis einschl. VZ 2017 s. auch die sich für beratene Stpfl. automatisch fristverlängernd wirkenden *Gleichlautenden Erlassen der obersten Finanzbehörden des Bundes und der Länder über Steuererklärungsfristen* [letztmalig: Erlass v. 2.1.2018, BStBl. 2018 I, 70 = BeckVerw 350888]; dazu BGH 12.6.2013, NZWiSt 2013, 478, 479 mAnm *Deckers; Ebner* 2015, S. 295 ff.). Zu diesem Zeitpunkt ist die Tat nach ganz hM zugleich beendet und die Verjährung beginnt (BGH 11.12.1990, wistra 1991, 215, 216; BGH 10.12.1991, BGHSt 38, 165, 170; BeckOK AO/*Hauer* AO § 376 Rn. 99; GJW/*Rolletschke* AO § 376 Rn. 66; Klein/*Jäger* AO § 376 Rn. 37; MüKoStGB/*Wulf* AO § 376 Rn. 39; Wannemacher/*Grötsch* Rn. 757; Quedenfeld/Füllsack/*Quedenfeld* Rn. 301; HHS/*Bülte* AO § 376 Rn. 118 f.; Hüls/Reichling/*Asholt* AO § 376 Rn. 52; Kohlmann/Heerspink AO § 376 Rn. 98 ff.; Leopold/Madle/Rader/*Zanzinger* AO § 376 Rn. 29; Schwarz/Pahlke/*Nikolaus* AO § 376 Rn. 13; RKR/*Rolletschke* AO § 376 Rn. 352; vgl. auch *Riehl* wistra 1996, 130; zu den Einzelheiten *Ebner* 2015, S. 321 ff.; aA, soweit erkennbar, allein FG Bremen 13.2.1990, EFG 1991, 510, 511 f.: keine Vollendung/Beendigung bei ungenutzter Schätzungsmöglichkeit; ähnl. *Hentschel,* UR 1999, 476, 480). Auch hier kommt es nicht darauf an, ob der Täter das Versäumte nachgeholt hat (so noch RG 1.6.1933, RStBl. 1933, 543; OLG Hamburg 27.1.1970, MDR 1970, 441) oder die Rechtspflicht zum Handeln weggefallen oder gegenstandslos geworden ist (so aber RG 25.11.1926, RGSt 61, 42, 45; BeckOK AO/*Hauer* AO § 376 Rn. 99; *Hartung* II zu § 419 RAO 1931; *Kopacek* FR 1965, 275 mwN). Die Veränderung der Rechtsprechung in diesem Zusammenhang ist ausdrücklich zu begrüßen (vgl. zur Kritik der seinerzeit hM → 3. Aufl. Rn. 13 f.).

c) Steuerhinterziehung im Beitreibungsverfahren

53 Bei Steuerhinterziehungen im Beitreibungsverfahren beginnt die Verjährung grundsätzlich mit der Vollendung der Tat, weil diese mit der Beendigung zusammenfällt (*Ebner* 2015, S. 188/189). Soweit durch Täuschung ein Erlass bereits gezahlter Beträge bewirkt wird, liegt eine Steuervorteilserschleichung vor, die nach den oben behandelten Grundsätzen (→ Rn. 29) erst beendet ist, wenn der Fiskus die schädigende Verfügung vornimmt (BeckOK AO/*Hauer* AO § 376 Rn. 110; Klein/*Jäger* AO § 376 Rn. 45; MüKoStGB/*Wulf*

AO § 376 Rn. 46; Wannemacher/*Grötsch* Rn. 770; HHS/*Bülte* AO § 376 Rn. 121; Hüls/Reichling/*Asholt* AO § 376 Rn. 53).

d) Versuch

Bei einer versuchten Steuerstraftat (§ 370 II, § 372 II, § 373 III, § 374 III AO) beginnt die **54** Verjährung mit der Beendigung des Versuchs. Der **Versuch durch „aktives" Tun** (versuchtes Begehungsdelikt) ist beendet, wenn der Täter alle Handlungen ausgeführt hat, die nach seiner Vorstellung von der Tat zur Tatbestandsverwirklichung erforderlich schienen und die er dementsprechend vornehmen wollte (vgl. BGH 15.1.1960, BGHSt 14, 75; BGH 26.2.1988, NStZ 1988, 322 u. BGH 1.2.1989, BGHSt 36, 105, 117 [jew. zum untaugl. Versuch]; iE *Ebner* 2015, S. 219 ff.: Abgabe – iSv willentlicher, ggf. auch auf elektronischem Weg erfolgter Entäußerung – der Falscherklärung; ebenso zB BeckOK AO/*Hauer* AO § 376 Rn. 88; Klein/*Jäger* AO § 376 Rn. 26; Leitner/Rosenau/*Sprenger* AO § 376 Rn. 29; MüKoStGB/*Wulf* AO § 376 Rn. 55; Quedenfeld/Füllsack/*Quedenfeld* Rn. 302; v. Briel/Ehlscheid/*v. Briel* § 1 Rn. 54; Gosch AO/FGO/*Meyer* AO § 376 Rn. 40; Hüls/Reichling/*Asholt* AO § 376 Rn. 58; Koch/Scholtz/*Scheurmann-Kettner* AO § 376 Rn. 7; Kohlmann/*Heerspink* AO § 376 Rn. 103; Kühn/v. Wedelstädt/*Blesinger/Viertelhausen* AO § 376 Rn. 5; Leopold/Madle/Rader/*Zanzinger* AO § 376 Rn. 34; RKR/*Rolletschke* AO § 376 Rn. 28 f. [auch zur elektron. Steuererklärung via ELSTER]; Schwarz/Pahlke/*Nikolaus* AO § 376 Rn. 8; abw. HHS/*Bülte* AO § 376 Rn. 67, 85: *„erst mit dem Scheitern der Tatvollendung"*). Bei Fälligkeitssteuern fallen Versuch und Vollendung eines Vergehens nach § 370 I Nr. 1 AO mit Blick auf § 168 S. 1 AO regelmäßig zusammen. Bei Veranlagungssteuern ist der Versuch einer Steuerhinterziehung durch Handeln mit der Betätigung des Entschlusses, eine Steuerverkürzung zu verüben, beendet, also mit der Abgabe unrichtiger Erklärungen. **Unterlässt** der Stpfl. die **Abgabe einer vorgeschriebenen Erklärung** (§ 370 I Nr. 2 AO; versuchtes Unterlassungsdelikt), beginnt der Versuch, wenn es zu einer konkreten Gefährdung des Steueranspruchs kommt; dies ist mit **Ablauf** der im Einzelfall maßgeblichen **Steuererklärungsfrist** der Fall. Der Versuch ist dann zugleich voll- und beendet (*Ebner* 2015, S. 298 ff.; GJW/*Rolletschke* AO § 376 Rn. 38 ff.; MüKoStGB/*Wulf* AO § 376 Rn. 55; Flore/Tsambikakis/*Wenzler* StGB § 78a Rn. 16; Hüls/Reichling/*Asholt* AO § 376 Rn. 58; Kohlmann/*Heerspink* AO § 376 Rn. 103; Leopold/Madle/Rader/*Zanzinger* AO § 376 Rn. 36; unklar noch Voraufl.: *„zweifelhaft, ... oder erst dann, wenn der Zeitpunkt der Vollendung naht"*). **Setzt** der Täter einen noch nicht fehlgeschlagenen **Versuch** der Steuerhinterziehung **fort,** indem er weitere falsche Angaben gegenüber der FinB macht, um die Steuer zu verkürzen, ist Anknüpfungspunkt die letzte Tathandlung (zB BGH 9.8.1989, wistra 1990, 23; GJW/*Rolletschke* AO § 376 Rn. 26; Leopold/Madle/Rader/*Zanzinger* AO § 376 Rn. 35; krit. Hüls/Reichling/*Asholt* AO § 376 Rn. 58: *„Ausdehnung der verjährungsrechtlichen Tat ... vermeiden";* aA HHS/*Bülte* AO § 376 Rn. 85; s. auch BeckOK AO/*Hauer* AO § 376 Rn. 89: *„inkonsequent",* entscheidend sei stattdessen, *„wann der Versuch fehlgeschlagen ist, weil der unrichtigen Erklärung endgültig nicht gefolgt wird oder wider Erwarten doch richtig bzw. zu hoch geschätzt wird"*).

Bei der **Erschleichung unrichtiger Feststellungsbescheide** ist der Versuch erst **55** beendet, wenn der letzte Gesellschafter seine Steuererklärung beim Wohnsitzfinanzamt einreicht (BGH 1.2.1989, BGHSt 36, 105; s. auch *Ebner* 2015, S. 219 mwN).

e) Fortgesetzte Handlung

Fortgesetzte Handlungen sollten nach früher herrschender Rechtsprechung erst mit dem **56** letzten Teilakt beendet sein (sog. Fortsetzungszusammenhang). Die hiergegen gerichtete Kritik → 3. Aufl. Rn. 15a), die mit der Forderung verbunden war, auch bei fortgesetzten Taten die Verjährung für jeden Einzelakt gesondert zu berechnen, hat sich insoweit erledigt, als auch der BGH die Figur der fortgesetzten Tat bereits 1994 zunächst zum Betrug im Gesundheitswesen (BGH 3.5.1994, BGHSt 40, 138) und kurz darauf explizit auch für den Bereich der Steuerhinterziehung aufgegeben hat (BGH 20.6.1994, BGHSt

40, 195). Dementsprechend beginnt die Verjährung für jeden Einzelakt gesondert, selbst wenn es sich um eine Serie von Einzelfällen handeln sollte und der Täter von vornherein einen entsprechenden Plan gefasst hatte. Die (Einhaltung der) Verjährungsfrist ist im Übrigen seit jeher nach allgemeinen Grundsätzen für jeden tateinheitlich verwirklichten (Steuer-)Straftatbestand gesondert zu prüfen (→ Rn. 14).

f) Teilnahme, Mittäterschaft, mittelbare Täterschaft

57 Die Verjährung der Verfolgung des **Teilnehmers** (§§ 26, 27 StGB) beginnt mit der **Beendigung der jeweiligen Haupttat** (vgl. BGH 11.6.1965, BGHSt 20, 227; BGH 27.9.1983, wistra 1984, 21; BeckOK AO/*Hauer* AO § 376 Rn. 124; GJW/*Rolletschke* AO § 376 Rn. 60; Klein/*Jäger* AO § 376 Rn. 14c; Leitner/Rosenau/*Sprenger* AO § 376 Rn. 41; MüKoStGB/*Wulf* AO § 376 Rn. 53; Quedenfeld/Füllsack/*Quedenfeld* Rn. 305; Suhr/Naumann/*Bilsdorfer* Rn. 323; Wannemacher/*Grötsch* Rn. 728; *v. Briel*/Ehlscheid § 1 Rn. 55; HHS/*Bülte* AO § 376 Rn. 62; Koch/Scholtz/*Scheurmann-Kettner* AO § 376 Rn. 7; Kohlmann/*Heerspink* AO § 376 Rn. 110; Kühn/v. Wedelstädt/*Blesinger*/Viertelhausen AO § 376 Rn. 7; Leopold/Madle/Rader/*Zanzinger* AO § 376 Rn. 44; RKR/*Rolletschke* AO § 376 Rn. 66); denn strafbar wird die Mitwirkung des Teilnehmers erst durch die Begehung der Haupttat (hM, vgl. ua Klein/*Jäger* AO § 376 Rn. 55). Auf die Beendigung der Tätigkeit des Teilnehmers kommt es regelmäßig nicht an; anders dann, wenn sich dessen Mitwirkung nur auf einen rechtlich abtrennbaren Teil bezieht (OLG Stuttgart 14.9.1962, NJW 1962, 2311; *Troeger*/Meyer 1957, S. 285; Schwarz/Pahlke/*Nikolaus* AO § 376 Rn. 20a). Die für die Tat des Teilnehmers geltende Verjährungsfrist richtet sich ebenfalls nach derjenigen der Haupttat; dies gilt unabhängig davon, ob das Vorliegen einer „besonders schweren" Begehungsweise iSv § 376 I Hs. 1 iVm § 370 III 2 Nrn. 1–6 AO vom Vorsatz des Teilnehmers umfasst ist (RKR/*Rolletschke* AO § 376 Rn. 66a; aA zB MüKoStGB/*Wulf* AO § 376 Rn. 16; Kohlmann/*Heerspink* AO § 376 Rn. 115; unklar Klein/*Jäger* AO § 376 Rn. 14c). **§ 28 II StGB** ist insoweit mangels planwidriger Regelungslücke **nicht analog** anzuwenden (aA Schönke/Schröder/*Bosch* StGB § 78 Rn. 10; HHS/*Bülte* AO § 376 Rn. 66). Entsprechendes gilt für **Mittäterschaft** iSv § 25 II StGB (RG 18.12.1941, RGSt 75, 394; BGH 1.2.1989, BGHSt 36, 105, 117; BGH 20.12.1989, wistra 1990, 149), bei der es auf die **letzte Handlung eines Mittäters** ankommt (vgl. *Ebner* 2015, S. 99; GJW/*Rolletschke* AO § 376 Rn. 62; Klein/*Jäger* AO § 376 Rn. 56; Hüls/Reichling/*Asholt* AO § 376 Rn. 59; Kohlmann/*Heerspink* AO § 376 Rn. 110; Leopold/Madle/Rader/*Zanzinger* AO § 376 Rn. 44; RKR/*Rolletschke* AO § 376 Rn. 67; vgl. auch *Kratzsch* JR 1990, 177). In Fällen **mittelbarer Täterschaft** (§ 25 I Alt. 2 StGB; zB im Verhältnis Arbeitnehmer/Arbeitgeber, vgl. BGH 8.2.2011, BGHSt 56, 152, 157 f.; *Ebner* DStR 2017, 1424 u. 2205 zur Nichtangabe von Drittlohn) richtet sich die Beendigung der Tat des mittelbaren Täters nach dem Verhalten des Tatmittlers (*Ebner* 2015, S. 99; RKR/*Rolletschke* AO § 376 Rn. 68).

58 Ob dies uneingeschränkt gilt, wenn der Teilnehmer einmalig Hilfe zu einer **Serie von Haupttaten** leistet, ist zweifelhaft (vgl. auch Kohlmann/*Heerspink* AO § 376 Rn. 111 ff.). Bedeutsam wird dies etwa in den sog. Bankenfällen, in denen die Unterstützung des Mitarbeiters zunächst zu einem Transfer ins Ausland und in der Folge zu einer Serie unrichtiger Steuererklärungen und -festsetzungen führt (vgl. BGH 1.8.2000, BGHSt 46, 107; *Ebner* 2015, S. 98 f.). Dabei ist zunächst zu prüfen, wie weit der Gehilfenvorsatz reicht (vgl. Leitner/Rosenau/*Sprenger* AO § 376 Rn. 41; *Voßmeyer* DStR 1998, 842; Wannemacher/*Grötsch* Rn. 728; Gosch AO/FGO/*Meyer* AO § 376 Rn. 39.1; Leopold/Madle/Rader/*Zanzinger* AO § 376 Rn. 44). Zwar weiß der Gehilfe regelmäßig nicht, ob es überhaupt zu steuerlichen Auswirkungen über einen langen Zeitraum kommt und wie sich die Steuergesetzgebung insoweit entwickelt. Andererseits liegt es nicht fern anzunehmen, wer einem anderen Hilfe leiste, sein Kapital im Ausland vor dem deutschen Fiskus zu verbergen, rechne auch damit, dass der entsprechende Kunde über viele Jahre hinweg die Einkünfte verschweige und entsprechende Steuerverkürzungen bewirke (vgl. auch RG

2.10.1931, RGSt 65, 361; BGH 11.6.1965, BGHSt 20, 227, 229; BGH 27.4.1978, bei *Holtz* MDR 1978, 803; BGH 1.8.2000, BGHSt 46, 107, 116; HHS/*Bülte* AO § 376 Rn. 63; aA MüKoStGB/*Wulf* AO § 376 Rn. 54).

Steht der Gehilfenvorsatz fest, stellt sich die Frage, ob bei einer Vielzahl von Haupt- 59 taten nach einmaliger Hilfeleistung die Verjährung *insgesamt* erst dann beginnt, wenn die (letzte) Haupttat vollendet ist. Die Frage ist zu verneinen. Insbesondere ist die Rspr. zum Verjährungsbeginn im Feststellungsverfahren (vgl. BGH 7.2.1984, NStZ 1984, 414 mAnm *Streck*; s. auch → Rn. 32) nicht einschlägig bzw. übertragbar, weil hier nicht eine, sondern mehrere Haupttaten im Raum stehen. Eine Hilfeleistung zu mehreren Haupttaten begründet Tateinheit in der Person des Gehilfen; bei Tateinheit bestimmt sich die Verjährung aber für jede Gesetzesverletzung gesondert (→ Rn. 14). Die Verjährung beginnt insoweit (spätestens) mit der Beendigung der einzelnen Haupttat (*Ebner* 2015, S. 98 f. mwN; ebenso BeckOK AO/*Hauer* AO § 376 Rn. 125; *Pelz* wistra 2001, 11, 13; Simon/Wagner S. 104; HHS/*Bülte* AO § 376 Rn. 63, 65; Hüls/Reichling/*Asholt* AO § 376 Rn. 59; Kohlmann/ *Heerspink* AO § 376 Rn. 114; offengelassen bei GJW/*Rolletschke* AO § 376 Rn. 60; Klein/ *Jäger* AO § 376 Rn. 55).

Liegt zwischen Hilfeleistung und Haupttat ein sehr **langer Zeitraum,** gilt nichts anderes 60 (zust. BeckOK AO/*Hauer* AO § 376 Rn. 125; HHS/*Bülte* AO § 376 Rn. 62a). Wenn der Bankangestellte dem Kunden zB empfiehlt, eine Inhaberschuldverschreibung zu zeichnen und diese sieben Jahre später im Ausland einzulösen, um die Zinsabschlagsteuer – dh bis 2009: Kapitalertragsteuer, ab 2009: Abgeltungsteuer (s. § 32d, §§ 43 ff. EStG) – (auch noch) zu vermeiden (vgl. LG Freiburg 26.4.2000, wistra 2000, 356), mag zwischen Hilfeleistung und Erfolg ein Zeitraum von mehr als acht Jahren liegen (s. auch LG Wuppertal 19.5.1999, wistra 1999, 473: fünf Jahre). Der Abstand zwischen Hilfe und Tat ist damit größer als die gesetzliche Verjährungsfrist. Dennoch beginnt die Verjährung erst mit der Beendigung der Haupttat. Der Grundsatz der Akzessorietät der Teilnahme und § 78a S. 2 StGB lassen keine andere Lösung zu. Eine andere Frage ist, ob man nach einem solch langen Zeitraum überhaupt noch annehmen kann, der Gehilfenbeitrag habe die Haupttat gefördert; anderenfalls läge straflose versuchte Beihilfe vor (ebenso BeckOK AO/*Hauer* AO § 376 Rn. 125; GJW/*Rolletschke* AO § 376 Rn. 61; MüKoStGB/*Wulf* AO § 376 Rn. 47).

g) Bannbruch, Steuerhehlerei, Steuerzeichenfälschung, Begünstigung, gewerbs- oder bandenmäßige Schädigung des USt-Aufkommens, Hinterziehung von Lotteriesteuer

Beim **Bannbruch** (§ 372 AO; der „Schmuggel" iSv § 373 AO ist keine eigenständige 61 Steuerstraftat, sondern lediglich ein Qualifikationstatbestand, vgl. MüKoStGB/*Ebner* AO § 373 Rn. 1 f.; dazu → Rn. 3a) beginnt die Verjährung mit dem Eintreffen der Bannware am endgültigen Bestimmungsort (BeckOK AO/*Hauer* AO § 376 Rn. 115; *Ebner* 2015, S. 356 f. mwN; Klein/*Jäger* AO § 376 Rn. 51; Wannemacher/*Grötsch* Rn. 769; HHS/ *Bülte* AO § 376 Rn. 122; Hüls/Reichling/*Asholt* AO § 376 Rn. 54; Kohlmann/*Heerspink* AO § 376 Rn. 101; RKR/*Rolletschke* AO § 376 Rn. 69; zum Begriff des „Bestimmungsorts": vgl. RG 9.11.1933, RGSt 67, 345, 348: „nicht … eine politisch abgegrenzte Fläche, ein Gemeindebezirk, eine Ortschaft …, sondern der eng begrenzte Raum, der das Ziel der Beförderung ist"; s. auch BGH 1.2.2007, wistra 2007, 224, 225: bloßes Umladen genügt nicht; zum **„Zigarettenschmuggel"** s. bereits → Rn. 40a). Steuerhehlerei (§ 374 AO), Steuerzeichenfälschung (§ 369 I Nr. 3 AO iVm § 148, § 149 StGB) und Steuerstraftat-Begünstigung (§ 369 I Nr. 4 AO iVm § 257 StGB) sind Delikte mit überschießender Innentendenz (sog. Absichtsdelikte), die zwar bereits mit Vornahme der tatbestandsmäßigen Handlung vollendet sind, deren Beendigung aber erst gegeben ist, wenn die im subjektiven Tatbestand vorausgesetzte Absicht realisiert wurde (hM, vgl. BeckOK AO/*Hauer* AO § 376 Rn. 115; *Ebner* 2015, S. 345 f. mwN; Klein/*Jäger* AO § 376 Rn. 52; Leitner/ Rosenau/*Sprenger* AO § 376 Rn. 40; MüKoStGB/*Wulf* AO § 376 Rn. 57; HHS/*Bülte*

AO § 376 Rn. 123; RKR/*Rolletschke* AO § 376 Rn. 71). Die **Steuerhehlerei** ist daher mit Eintritt der Bereicherung beendet (iE *Ebner* 2015, S. 350 ff.), die **Begünstigung** mit der endgültigen Sicherung des Tatvorteils für den Vortäter (vgl. *Ebner* 2015, S. 347 f.; s. auch Erbs/Kohlhaas/*Hadamitzky/Senge* AO § 376 Rn. 3; GJW/*Rolletschke* AO § 376 Rn. 58; Simon/Wagner S. 104; Gosch AO/FGO/*Meyer* AO § 376 Rn. 43; HHS/*Bülte* AO § 376 Rn. 123; Kohlmann/*Heerspink* AO § 376 Rn. 102; Leopold/Madle/Rader/ Zanzinger AO § 376 Rn. 48). Soweit der Tatbestand der (Vorbereitung der) **Steuerzeichenfälschung** keine überschießende Innentendenz voraussetzt (§ 148 I Nr. 3, II, § 149 StGB), beginnt die Verjährung mit der Verwendung der Steuerzeichen als echt bzw. mit ihrem In-Verkehr-Bringen (BeckOK AO/*Hauer* AO § 376 Rn. 115; *Ebner* 2015, S. 346). Wird das gefälschte Steuerzeichen feilgehalten (bzw. ein entsprechendes Unterfangen iSv § 149 I StGB vorbereitet), kommt es wegen des im Merkmal „feilhalten" ausgedrückten Veräußerungswillens für die Beendigung auf den Abschluss des angestrebten Geschäfts (idR Kaufvertrag) bzw., im Fall der Erfolglosigkeit des Feilhaltens, auf den Zeitpunkt des Abbruchs der auf die Veräußerung abzielenden Aktivitäten an (vgl. *Ebner* 2015, S. 346 f., 349; zust. wohl Hüls/Reichling/*Asholt* AO § 376 Rn. 55: *„sollte ... an die Vollendung angeknüpft werden"*; unklar Kohlmann/*Heerspink* AO § 376 Rn. 102: *„hängt ... von den tatsächlichen Umständen ab"*).

61a Im Fall der **gewerbs- oder bandenmäßigen Schädigung des USt-Aufkommens** (§§ 26a I, 26c UStG; bis 1.7.2021: §§ 26b, 26c UStG), dem (mit Ausnahme der OWi nach § 380 AO) einzigen Nicht*zahlungs*delikt des geltenden Steuerstrafrechts, beginnt der Lauf der Verjährungsfrist nach zutr. Auffassung erst mit dem Eintritt der Zahlungsverjährung gem. §§ 228 ff. AO (*Ebner* 2015, S. 359 ff. mwN; GJW/*Rolletschke* AO § 376 Rn. 59; HHS/*Bülte* AO § 376 Rn. 124; Hüls/Reichling/*Asholt* AO § 376 Rn. 56; RKR/*Rolletschke* AO § 376 Rn. 72; str., aA RKR/*Kemper* UStG § 26c Rn. 63: Verstreichen des Fälligkeitstermins); alternativ tritt Tatbeendigung ein, wenn der Zahlungsschuldner (zB eine GmbH aufgrund Insolvenz) nicht mehr existiert (Simon/Wagner S. 102).

61b Die bereits seit vorkonstitutioneller Zeit existierende (vgl. Art. 123 I GG), bis einschl. 30.6.2021 in § 23 RennwLottG gesondert normierte, mit der Neufassung des RennwLottG v. 25.6.2021 (BGBl. I 2021 2065) ersatzlos gestrichene (vgl. § 2 I–III StGB; erg. PStR 2021, 218) Spezialregelung zur **Hinterziehung von LotterieSt** erforderte zum Verjährungsbeginn, dass sämtliche in die BRD eingebrachten Lose bzw. Spielausweise im Bundesgebiet vertrieben waren oder der Vertrieb zuvor eingestellt wurde (*Ebner* 2015, S. 363 ff., 365; Flore/Tsambikakis/*Ebner* RennwLottG § 23 Rn. 7). Seit 1.7.2021 gilt insoweit „schlicht" § 370 AO iVm § 13, § 21, § 32, § 41 bzw. § 51 RennwLottG (Fälligkeit- bzw. Anmeldungssteuern; → Rn. 34; ebenso HHS/*Bülte* AO § 376 Rn. 124a; erg. *Rübenstahl* GS Joecks, 587 ff.).

6. Unterbrechung

§ 78c StGB Unterbrechung

(1) ¹Die Verjährung wird unterbrochen durch
1. die erste Vernehmung des Beschuldigten, die Bekanntgabe, daß gegen ihn das Ermittlungsverfahren eingeleitet ist, oder die Anordnung dieser Vernehmung oder Bekanntgabe,
2. jede richterliche Vernehmung des Beschuldigten oder deren Anordnung,
3. jede Beauftragung eines Sachverständigen durch den Richter oder Staatsanwalt, wenn vorher der Beschuldigte vernommen oder ihm die Einleitung des Ermittlungsverfahrens bekanntgegeben worden ist,
4. jede richterliche Beschlagnahme- oder Durchsuchungsanordnung und richterliche Entscheidungen, welche diese aufrechterhalten,
5. den Haftbefehl, den Unterbringungsbefehl, den Vorführungsbefehl und richterliche Entscheidungen, welche diese aufrechterhalten,
6. die Erhebung der öffentlichen Klage,
7. die Eröffnung des Hauptverfahrens,

8. jede Anberaumung einer Hauptverhandlung,
9. den Strafbefehl oder eine andere dem Urteil entsprechende Entscheidung,
10. die vorläufige gerichtliche Einstellung des Verfahrens wegen Abwesenheit des Angeschuldigten sowie jede Anordnung des Richters oder Staatsanwalts, die nach einer solchen Einstellung des Verfahrens oder im Verfahren gegen Abwesende zur Ermittlung des Aufenthalts des Angeschuldigten oder zur Sicherung von Beweisen ergeht,
11. die vorläufige gerichtliche Einstellung des Verfahrens wegen Verhandlungsunfähigkeit des Angeschuldigten sowie jede Anordnung des Richters oder Staatsanwalts, die nach einer solchen Einstellung des Verfahrens zur Überprüfung der Verhandlungsfähigkeit des Angeschuldigten ergeht, oder
12. jedes richterliche Ersuchen, eine Untersuchungshandlung im Ausland vorzunehmen.
²Im Sicherungsverfahren und im selbständigen Verfahren wird die Verjährung durch die dem Satz 1 entsprechenden Handlungen zur Durchführung des Sicherungsverfahrens oder des selbständigen Verfahrens unterbrochen.

(2) ¹Die Verjährung ist bei einer schriftlichen Anordnung oder Entscheidung in dem Zeitpunkt unterbrochen, in dem die Anordnung oder Entscheidung abgefasst wird. ²Ist das Dokument nicht alsbald nach der Abfassung in den Geschäftsgang gelangt, so ist der Zeitpunkt maßgebend, in dem es tatsächlich in den Geschäftsgang gegeben worden ist.

(3) ¹Nach jeder Unterbrechung beginnt die Verjährung von neuem. ²Die Verfolgung ist jedoch spätestens verjährt, wenn seit dem in § 78a bezeichneten Zeitpunkt das Doppelte der gesetzlichen Verjährungsfrist und, wenn die Verjährungsfrist nach besonderen Gesetzen kürzer ist als drei Jahre, mindestens drei Jahre verstrichen sind. ³ § 78b bleibt unberührt.

(4) Die Unterbrechung wirkt nur gegenüber demjenigen, auf den sich die Handlung bezieht.

(5) Wird ein Gesetz, das bei der Beendigung der Tat gilt, vor der Entscheidung geändert und verkürzt sich hierdurch die Frist der Verjährung, so bleiben Unterbrechungshandlungen, die vor dem Inkrafttreten des neuen Rechts vorgenommen worden sind, wirksam, auch wenn im Zeitpunkt der Unterbrechung die Verfolgung nach dem neuen Recht bereits verjährt gewesen wäre.

Schrifttum: *Lüdecke,* Zur Unterbrechung der Verjährung, NJW 1953, 1335; *Mittelbach,* Zur Unterbrechung der Strafverfolgungsverjährung, MDR 1954, 138; *Woesner,* Künstliche Unterbrechung der Verjährung, NJW 1957, 1862; *H. W. Schmidt,* Das Unterbrechen der Strafverfolgungsverjährung, SchlHA 1960, 251; *Haberkorn,* Die Unterbrechung der Strafverfolgungsverjährung durch Aktenübersendung, DRiZ 1961, 85; *Preisendanz,* Eröffnungsbeschluss eines örtlich unzuständigen Amtsgerichts und Strafverfolgungsverjährung, NJW 1961, 1805 mit Erwiderung von *Schreiber* NJW 1961, 2344; *Pfaff,* Unterbrechung der Strafverfolgungsverjährung im Steuerrecht, FR 1962, 85; *Kaiser,* Die Unterbrechung der Strafverfolgungsverjährung und ihre Problematik, NJW 1962, 1420 mit Erwiderung von *Winter* NJW 1962, 1853; *Hans,* Die Aussetzung des Verfahrens nach Art. 100 GG und die Strafverfolgungsverjährung, MDR 1963, 6; *Herzig,* Zur Frage der Verjährungsunterbrechung im Steuerverfügungsverfahren, NJW 1963, 1344; *Oppe,* Die Pflicht des Staatsanwalts zur Unterbrechung der Verjährung und die neuere Rechtsprechung, NJW 1964, 2092; *Hansgeorg Vogel,* Wer kann die Verfolgungsverjährung bei Steuervergehen unterbrechen?, NJW 1970, 130; *Pfaff,* Unterbrechung der Verfolgungsverjährung (§ 376 AO), StBp 1978, 113; *Schäfer,* Einige Fragen zur Verjährung in Wirtschaftsstrafsachen, FS Dünnebier, 1982, 541; *Meine,* Absolute Verjährung und Aussetzung nach § 396 AO, wistra 1986, 58; *Heuer,* Unterbricht ein Durchsuchungsbeschluss gegen die Verantwortlichen eines Unternehmens die Verjährung?, wistra 1987, 170; *Reiche,* Verjährungsunterbrechende Wirkung finanzbehördlicher oder fahndungsdienstlicher Ermittlungsmaßnahmen hinsichtlich allgemeiner Straftedelikte, insbesondere bei tateinheitlichem Zusammentreffen mit Steuerstraftaten, wistra 1988, 329; *Grezesch,* Hindert die Aussetzung nach § 396 AO den Eintritt der absoluten Verjährung?, wistra 1990, 289; *Rammert,* Die besondere Stellung der Verfahrensbeteiligten im Steuerstrafprozeß, 1992; *Hees,* Zur persönlichen Reichweite der Verjährungsunterbrechung nach § 78c Abs. 1 Nr. 4 StGB, wistra 1994, 81; *Dauster,* Die Entscheidung des BVerfG vom 27.5.1997 zur Gültigkeitsdauer richterlicher Untersuchungshandlungen und ihre Wirkung auf die strafprozessuale Praxis im Übrigen, StraFo 1998, 408; *K. Volk,* Der Tatbegriff und die Bestimmtheit von Durchsuchungsbeschlüssen im Steuerstrafrecht, wistra 1998, 281 u. PStR 1999, 84; *Müller,* Der Beginn der Strafverfolgungsverjährung bei Steuerhinterziehung, StBp 2003, 78; *Spatscheck/Dinkgraeve,* Bestimmtheit von Strafverfolgungshandlungen – Wann unterbrechen sie die Verjährung?, AO-StB 2004, 262; *v. Briel,* Unterbrechung und Ruhen der steuerstrafrechtlichen Verfolgungsverjährung, SAM 2007, 207; *Wulf,* Praxiswissen zur Strafverfolgungsverjährung, PStR 2010, 13; *Bittmann,* Rechtsfragen um den Einsatz des Wirtschaftsreferenten, wistra 2011, 47; *Wolf,* Der Sachverständige im Wirtschaftsstrafverfahren, ZWH 2012, 125.

a) Allgemeines

Wird die Verjährung unterbrochen, so bedeutet dies, dass die Verjährungsfrist **vom Tage der Unterbrechung an** (RG 4.5.1931, RGSt 65, 290) **erneut zu laufen beginnt**

62

(§ 78c III 1 StGB; iE *Ebner* 2015, S. 114 ff.). Die Verjährung kann auf diese Weise beliebig oft unterbrochen werden. Allerdings ist die Strafverfolgung gem. § 78c III StGB grds. nach Ablauf der doppelten Verjährungsfrist, bei der Steuerhinterziehung also nach 10 Jahren verjährt (zu § 376 II, III AO → Rn. 94 ff.). Zeiten des Ruhens gem. § 78b StGB sind dabei nicht zu berücksichtigen (§ 78c III 3 StGB). Unterbrochen wird die Verjährung durch bestimmte, im Gesetz abschließend aufgezählte (allgM, zB Klein/*Jäger* AO § 376 Rn. 64; LK-StGB/*Greger/Weingarten* StGB § 78c Rn. 1; *v. Briel*/Ehlscheid § 1 Rn. 57; Flore/Tsambikakis/*Wenzler* StGB § 78c Rn. 1; HHS/*Bülte* AO § 376 Rn. 150; Kohlmann/*Heerspink* AO § 376 Rn. 134) Strafverfolgungshandlungen (sog. **Numerus clausus der Unterbrechungstatbestände**). Nach § 78c StGB sind nicht mehr allein *richterliche* Handlungen zur Unterbrechung geeignet, es genügen vielmehr auch bestimmte Handlungen des Staatsanwalts und der Polizei. Darüber hinaus bestimmt das Gesetz jetzt selbst abschließend, *welche* Handlungen zur Unterbrechung geeignet sind. Die reichhaltige Kasuistik zu § 68 StGB aF ist damit überholt.

63, 64 *einstweilen frei*

b) Gemeinsame Vorschriften

65 Für die in § 78c I 1 StGB (→ Rn. 75 ff.) und in § 376 II AO (→ Rn. 94a) aufgeführten Unterbrechungshandlungen gilt als Gemeinsamkeit, dass sie sich auf eine konkretisierte Tat (→ Rn. 66 ff.) und einen konkreten Täter beziehen (→ Rn. 69 ff.) und zur Förderung der Strafverfolgung geeignet sein müssen (→ Rn. 72).

66 **Die konkrete Tat im prozessualen Sinn** (§ 155, § 264 StPO) ist Bezugspunkt der Unterbrechungshandlung (BGH 12.3.1968, BGHSt 22, 106; BGH 23.5.1969, BGHSt 22, 385; BGH 14.8.1985, NStZ 1985, 545, 546; BGH 10.6.1987, wistra 1988, 23; OLG Frankfurt aM 5.9.1986, wistra 1987, 32; iE v. Briel/Ehlscheid/*v. Briel* § 1 Rn. 58). Hat ein Verfahren mehrere prozessuale Taten zum Gegenstand, erfasst die Unterbrechungswirkung sämtliche Taten, außer die betr. Maßnahme bezieht sich ausschließlich auf eine bestimmte Tat (vgl. BGH 25.6.2015, NZWiSt 2015, 459, 460 mAnm *Uschner;* Leitner/Rosenau/*Sprenger* AO § 376 Rn. 59; LK-StGB/*Greger/Weingarten* StGB § 78c Rn. 8; HHS/*Bülte* AO § 376 Rn. 132; Hüls/Reichling/*Asholt* AO § 376 Rn. 84; RKR/*Rolletschke* AO § 376 Rn. 99 f.). Dagegen ist es nicht erforderlich, dass sämtliche für die rechtliche Beurteilung erforderlichen tatsächlichen Umstände bereits bekannt sind (vgl. BGH 17.3.1983, wistra 1983, 146); dies gilt auch für die exakte zeitliche Ausdehnung (Tatzeitraum) eines hinreichend individualisierten steuerstrafrechtlich relevanten (Grund-)Sachverhalts (sog. **Frühstadium-Rspr.,** vgl. BVerfG 8.3.2002, BeckRS 2002, 21263; insoweit unklar BVerfG 4.4.2017, DStR 2017, 982 m. krit. Anm. *Ebner* HFR 2017, 635; dazu auch Tipke/Kruse/*Krumm* AO § 376 Rn. 54). Das vollständige Bild sämtlicher die Tat ausmachender Einzelheiten ist regelmäßig erst das Endergebnis des Strafverfahrens.

67 **Bei Ermittlung wegen mehrerer rechtlich selbstständiger Taten** im prozessualen Sinne (§ 155, § 264 StPO) erstreckt sich eine Unterbrechungshandlung nach dem *Verfolgungswillen* der Ermittlungsbehörden grds. auf alle, es sei denn, die Maßnahme bezieht sich nach ihrer Ermittlungsrichtung ersichtlich nur auf bestimmte Taten (BGH 24.4.1956, bei *Dallinger* MDR 1970, 897; BGH 12.12.1995, NStZ 1996, 274; BGH 5.4.2000, NStZ 2000, 427, 428; BGH 29.1.2015, NStZ 2015, 517, 518; *Ebner* 2015, S. 117 f.; GJW/*Rolletschke* AO § 376 Rn. 74; Flore/Tsambikakis/*Wenzler* StGB § 78c Rn. 7; Kohlmann/*Heerspink* AO § 376 Rn. 139; Leopold/Madle/Rader/*Zanzinger* AO § 376 Rn. 85 f. m. zahlr. Bsp. aus der Rspr.). Maßgeblich ist dabei das Ziel der Unterbrechungshandlung, das sich ggf. bei Vernehmungen des Beschuldigten aus der nach § 163a IV iVm § 136 I 1 StPO vorgeschriebenen Belehrung, zu welcher ihm zur Last gelegten Tat er gehört werden soll, ergibt (vgl. BGH 19.11.1996, NStZ-RR 1997, 198, 199; BeckOK AO/*Hauer* AO § 376 Rn. 146). Nach der Rspr. soll es zur Ermittlung des konkreten, ggf. durch Auslegung zu bestimmenden Verfolgungswillens auch zulässig sein, auf entsprechende Anträge etwa der StA zurückzugreifen (BGH 25.7.1978 – 5 StR 130/78; BGH 5.4.2000, NStZ 2000, 427, 429; OLG Hamm

29.8.1980, NJW 1981, 2425). Hält aber eine Durchsuchungsanordnung selbst den **verfassungsrechtlichen Mindestvoraussetzungen** nicht stand, kann auch die grds. mögliche Heranziehung des Inhalts der Ermittlungsakten und des Durchsuchungsantrags keine Verjährungsunterbrechung mehr bewirken (vgl. BGH 5.4.2000, NStZ 2000, 472, 428 f.; BGH 27.5.2003, NStZ 2004, 275, 276; erg. → Rn. 66, 85). Stets gilt allerdings: wirksame verjährungsunterbrechende Maßnahmen erfassen jeweils die Taten der Steuerhinterziehung insgesamt; da der Schuldgehalt einer Tat nicht teilweise verjähren kann, kann eine Einkommensteuerhinterziehung auch nicht hinsichtlich der verkürzten Steuern einer bestimmten Einkunftsart verjähren (BGH 27.5.2009, NStZ-RR 2009, 340, 341; Gosch AO/FGO/*Meyer* AO § 376 Rn. 64; HHS/*Bülte* AO § 376 Rn. 137 f.; Leopold/Madle/Rader/*Zanzinger* AO § 376 Rn. 4; aA *Salditt* FS Volk, 2009, 637, 647).

Zweifelhaft ist, inwiefern Maßnahmen der Bußgeld- und Strafsachenstellen (BuStra bzw. **68** StraBu) oder der Steuerfahndung verjährungsunterbrechende Wirkung auch hinsichtlich Nicht-Steuerstraftaten haben können (iE *Ebner* 2015, S. 120 ff.). Da sich die Ermittlungskompetenz der FinB lediglich auf Steuerstraftaten erstreckt (vgl. § 386 I, II AO), ist sie nicht befugt, *isoliert* verjährungsunterbrechende Maßnahmen hinsichtlich anderer Straftaten vorzunehmen (*Reiche* wistra 1988, 329, 335). Etwas anderes gilt, wenn bspw. eine Urkundenfälschung in Tateinheit zu der Steuerhinterziehung steht (zB im Fall des § 370 III 2 Nr. 4 AO), derentwegen hier eingeleitet wurde (vgl. OLG Braunschweig 24.11.1997, NStZ-RR 1998, 212; *Ebner* 2015, S. 120 mwN; GJW/*Rolletschke* AO § 376 Rn. 77; Klein/*Jäger* AO § 376 Rn. 82; Quedenfeld/Füllsack/*Quedenfeld* Rn. 308; HHS/*Bülte* AO § 376 Rn. 133 ff.; Kühn/v. Wedelstädt/*Blesinger/Viertelhausen* AO § 376 Rn. 11; Leopold/Madle/Rader/*Zanzinger* AO § 376 Rn. 63; RKR/*Rolletschke* AO § 376 Rn. 89; ebenso bereits BGH 24.10.1989, BGHSt 36, 283 [Diebstahl mit Hinterziehung von MinöSt]; aA OLG Frankfurt aM 5.9.1986, wistra 1987, 32 [Untreue]; *Reiche* wistra 1988, 329, 336; Suhr/Naumann/*Bilsdorfer* Rn. 330; unklar Hüls/Reichling/*Asholt* AO § 376 Rn. 86; Schwarz/Pahlke/*Nikolaus* AO § 376 Rn. 33; nach der Art der Maßnahme diff. MüKoStGB/*Wulf* AO § 376 Rn. 67; zusf. BeckOK AO/*Hauer* AO § 376 Rn. 148 mwN).

Die Unterbrechungshandlung muss sich auf einen konkreten Täter beziehen. 69
Dabei muss er noch nicht namentlich feststehen, aber konkretisierbar sein, dh auf Grund der Aktenlage sowie anderer Umstände bestimmbar, sodass die Verjährung im Einzelfall ggf. auch schon im („UJs"-)**Verfahren gegen (namentlich) „Unbekannt"** wirksam unterbrochen werden kann (vgl. BGH 12.3.1991, wistra 1991, 217; Klein/*Jäger* AO § 376 Rn. 84; LK-StGB/*Greger/Weingarten* StGB § 78c Rn. 4; Quedenfeld/Füllsack/*Quedenfeld* Rn. 307; Simon/Wagner S. 109; aA Vorauf.; BeckOK AO/*Hauer* AO § 376 Rn. 149; Wannemacher/*Grötsch* Rn. 789; Flore/Tsambikakis/*Wenzler* StGB § 78c Rn. 5; GJW/*Rolletschke* AO § 376 Rn. 72; Gosch AO/FGO/*Meyer* AO § 376 Rn. 60; HHS/*Bülte* AO § 376 Rn. 144; Hüls/Reichling/*Asholt* AO § 376 Rn. 88; Kohlmann/*Heerspink* AO § 376 Rn. 142; Leopold/Madle/Rader/*Zanzinger* AO § 376 Rn. 87; RKR/*Rolletschke* AO § 376 Rn. 93; Tipke/Kruse/*Krumm* AO § 376 Rn. 57); für das sog. **Vorermittlungsverfahren** (vgl. Nr. 13 AStBV [St] 2022) gilt dies nicht, weil dort noch kein Straftatverdacht besteht (zusf. *Ebner* 2015, S. 116 Fn. 515 mwN).

Wird allerdings „**gegen Verantwortliche des Unternehmens**" ermittelt (vgl. LG **70** Dortmund 7.11.1990, wistra 1991, 186), ist dies vielfach noch nicht hinreichend konkretisiert (s. aber BGH 6.3.2007, NJW 2007, 2648: „*Verantwortliche im Verkauf, Kalkulation und Akquisition*" ausreichend), auch wenn letztlich nur die Vorstandsmitglieder als Verantwortliche in Betracht kommen (vgl. *Heuer* wistra 1987, 170; MüKoStGB/*Wulf* AO § 376 Rn. 60; *Teske* wistra 1988, 287; v. Briel/Ehlscheid/*v. Briel* § 1 Rn. 59; Gosch AO/FGO/*Meyer* AO § 376 Rn. 60; Kohlmann/*Heerspink* AO § 376 Rn. 137; zutr. nach der Art der jew. Maßnahme diff. Hüls/Reichling/*Asholt* AO § 376 Rn. 90). Dementsprechend ist auch der Lauf der Verjährungsfrist in Bezug auf einen **faktischen Geschäftsführer** grds. nicht unterbrochen, wenn die betr. Maßnahme allein gegen die im Handelsregister eingetragenen Geschäftsführer gerichtet ist (BGH 26.10.2017, NZWiSt 2018, 304 mAnm

Budde; BeckOK AO/*Hauer* AO § 376 Rn. 149). Maßnahmen gegenüber der Firma (§ 17 HGB) eines namentlich noch nicht bekannten Einzelkaufmanns können dagegen verjährungsunterbrechende Wirkung entfalten (Leitner/Rosenau/*Sprenger* AO § 376 Rn. 48; *Spatschek/Dinkgraeve* AO-StB 2004, 262, 264).

71 Demgegenüber will *Schäfer* (FS Kleinknecht, 1985, 541 ff.) hier differenzieren. Gehe es um Maßnahmen, die sich ihrer Natur nach nur auf die unmittelbar von der Maßnahme Betroffenen erstrecken, wie etwa bei der Beschuldigtenvernehmung, der Mitteilung der Einleitung des Ermittlungsverfahrens u. ä., sei eine solche Beschränkung zwingend. Bei Maßnahmen, bei denen die persönliche Reichweite schwerer abgrenzbar sei, etwa der Beauftragung eines Sachverständigen, richterlichen Entscheidungen zur Durchsuchung und Beschlagnahme und bei der Maßnahme nach § 78c I 1 Nr. 12 StGB, beziehe sich die Unterbrechungswirkung auf jeden, der in dem Verfahren Beschuldigter sei, in dem die Maßnahme getroffen werde. Auf das häufig genug ungenaue Rubrum der Verfügung oder Entscheidung könne es nicht ankommen. Freilich müsse sich aus der Akte ergeben, gegen wen das Verfahren geführt werde. Auf Personen, die später überhaupt erst als Beschuldigte erkannt und behandelt würden oder gegen die in einem anderen Verfahren, wenn auch wegen desselben Lebenssachverhalts ermittelt werde, erstrecke sich die Unterbrechungswirkung nicht (zust. BeckOK AO/*Hauer* AO § 376 Rn. 151 mwN).

72 Die Unterbrechungshandlung muss aus der ex ante-Perspektive zu einer wie auch immer gearteten **Förderung der Strafverfolgung** geeignet sein, auch wenn sie sich im Nachhinein (ex post) hinsichtlich ihres gesetzlichen Primärzwecks (neben der Herbeiführung der Unterbrechungswirkung) als erfolglos bzw. (wider Erwartens doch) unzweckmäßig oder gar rechtswidrig erweist (vgl. zB BeckOK AO/*Hauer* AO § 376 Rn. 157; *Ebner* 2015, S. 115; GJW/*Rolletschke* AO § 376 Rn. 66, 78 ff.; Klein/*Jäger* AO § 376 Rn. 65; Quedenfeld/Füllsack/*Quedenfeld* Rn. 309; v. Briel/Ehlscheid/*v. Briel* § 1 Rn. 60; Wannemacher/*Grötsch* Rn. 790; Schwarz/Pahlke/*Nikolaus* AO § 376 Rn. 34). Bei den in § 78c I 1 StGB aufgezählten Handlungen liegt dies (Förderung der Strafverfolgung) im Ausgangspunkt in der Natur der Sache (*Ebner* 2015, S. 114 Fn. 508; Leopold/Madle/Rader/*Zanzinger* AO § 376 Rn. 68; LK-StGB/*Greger/Weingarten* StGB § 78c Rn. 11a; einschr. Kohlmann/*Heerspink* AO § 376 Rn. 143). Zielt jedoch zB die erneute richterliche Vernehmung des Beschuldigten (§ 78c I 1 Nr. 2 StGB) einzig darauf ab, (nochmals) die Verjährung zu unterbrechen (sog. **Scheinmaßnahme,** welche allein die rechtsmissbräuchliche Umgehung bzw. willkürliche „Ausschaltung" der Verjährung bezweckt; vgl. LK-StGB/*Greger/Weingarten* StGB § 78c Rn. 11b mwN; Hüls/Reichling/*Asholt* AO § 376 Rn. 78), so ist sie zur Förderung der Strafverfolgung nicht geeignet (ein sich im Einzelfall abzeichnender „böser" Anschein kann durch Dokumentation der über die Herbeiführung der Verjährungsunterbrechung hinausgehenden Intention in den Akten entkräftet werden [im Bsp. etwa Konfrontation d. Besch. mit dem aktuellen Ermittlungsstand]); die Unterbrechung tritt in einem solchen Ausnahme- bzw. Extremfall (nur) wegen des Charakters der Maßnahme als „Scheinhandlung" *nicht* ein (zB Leitner/Rosenau/*Sprenger* AO § 376 Rn. 47; HHS/*Bülte* AO § 376 Rn. 153; Hüls/Reichling/*Asholt* AO § 376 Rn. 79; Koch/Scholtz/*Scheurmann-Kettner* AO § 376 Rn. 14; Kohlmann/*Heerspink* AO § 376 Rn. 143; RKR/*Rolletschke* AO § 376 Rn. 108). Die entsprechenden Grundsätze der Rechtsprechung zu § 68 StGB aF (BGH 24.8.1972, BGHSt 25, 8) haben daher auch zu § 78c StGB ihre Bedeutung behalten.

73 Bei schriftlichen Anordnungen und Entscheidungen (die nicht durchweg erforderlich sind, sofern ein Mindestmaß an Dokumentation gegeben ist, vgl. HHS/*Bülte* AO § 376 Rn. 154; Hüls/Reichling/*Asholt* AO § 376 Rn. 77 mwN) tritt gem. § 78c II StGB die Unterbrechung im Zeitpunkt der Unterzeichnung ein, sofern das Schriftstück „*alsbald*" nach der Unterzeichnung in den Geschäftsgang gelangt. Maßgeblich ist hier der *übliche* Abstand zwischen Unterzeichnung und Übergabe in den Geschäftsgang (BeckOK AO/*Hauer* AO § 376 Rn. 168; näher zum Ganzen *Ebner* 2015, S. 125 f., unter Heranziehung der zu § 696 III ZPO [„alsbald"] bzw. § 167 ZPO [„demnächst"] entwickelten Grundätze); Unverzüglichkeit iSv § 121 I 1 BGB muss *nicht* vorliegen (HHS/*Bülte* AO § 376

Rn. 149; RKR/*Rolletschke* AO § 376 Rn. 117). Wird das Schriftstück *später* in den Geschäftsgang gegeben, so ist gem. § 78c II 2 StGB der spätere Zeitpunkt maßgeblich.

Wird die Verjährung bereits durch die **Anordnung einer Maßnahme** unterbrochen, **74** so tritt durch die Ausführung dieser Anordnung keine erneute Unterbrechung ein (→ Rn. 78; BayObLG 24.5.1976, MDR 1976, 779; BGH 30.6.2004, NStZ 2005, 33; BGH 10.8.2017, NStZ 2019, 602, 603; BeckOK AO/*Hauer* AO § 376 Rn. 167; GJW/ *Rolletschke* AO § 376 Rn. 82; RKR/*Rolletschke* AO § 376 Rn. 114). Die (begründete) **Rücknahme einer Maßnahme** (zB der Anklage; weiteres Bsp.: Aufhebung des Haftbefehls) lässt eine einmal eingetretene Unterbrechung des Laufs der Verjährungsfrist nicht wieder entfallen (BeckOK AO/*Hauer* AO § 376 Rn. 160; GJW/*Rolletschke* AO § 376 Rn. 81; LK-StGB/*Greger/Weingarten* StGB § 78c Rn. 10; HHS/*Bülte* AO § 376 Rn. 157; Hüls/Reichling/*Asholt* AO § 376 Rn. 77; RKR/*Rolletschke* AO § 376 Rn. 111), es sei denn es müsste von einer gezielt vorgeschobenen Scheinmaßnahme ausgegangen werden (→ Rn. 72). Dasselbe gilt für den Fall, dass ein nach Ablauf eines halben Jahres nicht vollzogener (und zwischenzeitl. auch nicht gerichtlich bestätigter) Durchsuchungsbeschuss seine Wirksamkeit verloren hat (allg. dazu BVerfG 27.5.1997, NStZ 1997, 502).

c) Die Unterbrechungshandlungen

Die erste Vernehmung des Beschuldigten, die Bekanntgabe der Einleitung eines **75** gegen ihn gerichteten Ermittlungsverfahrens oder die Anordnung dieser Bekanntgabe unterbrechen die Verjährung gem. § 78c I 1 Nr. 1 StGB. Die erste Vernehmung des Beschuldigten ist die erste Gelegenheit, bei der sich dieser zu den Vorwürfen äußern kann. Ob er dies tut oder schweigt, ist unerheblich (vgl. Klein/*Jäger* AO § 376 Rn. 65). Es gilt jedoch der formelle Beschuldigtenbegriff, eine Vernehmung als Zeuge und eine informatorische Anhörung genügen daher nicht (BayObLG 19.3.1993, NStZ 1993, 441; BeckOK AO/*Hauer* AO § 376 Rn. 170; HHS/*Bülte* AO § 376 Rn. 160; Hüls/Reichling/*Asholt* AO § 376 Rn. 92). Der Beschuldigte muss darüber „ins Bild" gesetzt werden, dass und weshalb gegen ihn ermittelt wird (BGH 21.5.1992, wistra 1992, 253; BGH 6.10.1981, BGHSt 30, 215, 217; Hüls/Reichling/*Asholt* AO § 376 Rn. 93). Eine besondere Form ist dafür zwar nicht erforderlich (Schönke/Schröder/*Bosch* StGB § 78c Rn. 7), entgegen dem BGH (BGH 24.8.1972, BGHSt 25, 8; BGH 9.7.1974, BGHSt 25, 345) ist jedoch eine Bekanntgabe nicht anzunehmen, wenn sie dem Beschuldigten nicht zugegangen ist. Im Übrigen liegt in diesen Fällen regelmäßig auch die Anordnung der Bekanntgabe (§ 78c I 1 Nr. 1 Alt. 3 StGB, ggf. [aber nicht zwingend] iVm § 78c II StGB; dazu → Rn. 73) vor, sodass es auf das Problem in Rechtswirklichkeit kaum jemals entscheidend ankommt.

Nur die erste Maßnahme iSd Nr. 1 hat die entsprechende Wirkung. Wird etwa im **76** Rahmen einer Durchsuchung der Beschuldigte als solcher vernommen, ist der Unterbrechungsgrund des § 78c I 1 Nr. 1 StGB „verbraucht", sodass eine spätere förmliche nichtrichterliche Vernehmung diese Wirkung nicht mehr entfalten kann (allgM, zB OLG Hamburg 12.10.1977, NJW 1978, 435; BayObLG 23.9.1976, MDR 1976, 779; BGH 30.6.2004, wistra 2004, 384; BGH 7.8.2014, wistra 2015, 17 Rn. 6; BeckOK AO/*Hauer* AO § 376 Rn. 171; HHS/*Bülte* AO § 376 Rn. 158; Hüls/Reichling/*Asholt* AO § 376 Rn. 92, 94; Kohlmann/*Heerspink* AO § 376 Rn. 151; Schwarz/Pahlke/*Nikolaus* AO § 376 Rn. 36; RKR/*Rolletschke* AO § 376 Rn. 146; vgl. auch BayObLG 21.9.1995, wistra 1996, 77).

Die Anordnung der Vernehmung muss **ausdrücklich** erfolgen. Ein allgemeiner Ermitt- **77** lungsauftrag der Staatsanwaltschaft an die Polizei führt selbst dann nicht zu einer Verjährungsunterbrechung, wenn der Auftrag die Vernehmung des Beschuldigten mit einschließt (BGH 8.1.1997, StV 1997, 634 = BeckRS 1997, 31120414). Nötig ist ein konkreter Auftrag, dessen Ausführung nicht von weiteren polizeilichen Ermittlungen abhängig gemacht wird (LG Hamburg 27.11.1996, NStZ-RR 1997, 265; s. auch AG Rendsburg 6.6.1997, NZV 1997, 495; BeckOK AO/*Hauer* AO § 376 Rn. 172). Liegt eine wirksame Anordnung der Vernehmung nicht vor, wird der Lauf der Verjährungsfrist (erst) durch die dennoch durchgeführte (erste) Vernehmung unterbrochen (BayObLG 21.9.1995, NStZ-RR 1996, 46, 47).

78 Treffen die verschiedenen Unterbrechungsgründe des § 78c I 1 Nr. 1 StGB **zusammen**, führt dies nach hM nur zu einer einzigen Unterbrechung durch die zeitlich früheste (wirksame) Maßnahme (BeckOK AO/*Hauer* AO § 376 Rn. 169; Schönke/Schröder/*Bosch* StGB § 78c Rn. 4). Die Maßnahmen stünden alternativ, nicht kumulativ zu Gebote. Dies ist, wie sich aus dem Wortlaut im Vergleich mit § 78c I 1 Nr. 2 StGB („*jede* richterliche Vernehmung") entnehmen lässt, zwingend insofern, als nur die *erste* nichtrichterliche Vernehmung die Verjährung unterbrechen kann. Dass die Maßnahmen nicht kumulativ zur Verfügung stehen, ergibt sich überdies daraus, dass das Gesetz eine *oder*-Verknüpfung verwendet.

79 Erfolgt die **Einleitung des Steuerstrafverfahrens** auf hektographierten (dh im sog. Umdruck-Verfahren unter Verwendung einer Matrize vervielfältigten) Schreiben oder mittels Formblatt, das lediglich pauschale und zeitlich nicht präzisierte Vorwürfe enthält bzw. sich in formelhaften Wendungen erschöpft, unterbricht dies nicht die Verjährung (OLG Hamburg 24.3.1987, wistra 1987, 189; BayObLG 26.10.1987, wistra 1988, 81; BeckOK AO/*Hauer* AO § 376 Rn. 174; Flore/Tsambikakis/*Wenzler* StGB § 78c Rn. 10; HHS/*Bülte* AO § 376 Rn. 164). Das Gleiche gilt für Durchsuchungs- und Beschlagnahmeanordnungen, die den verfassungsrechtlichen Mindestvoraussetzungen nicht entsprechen (dazu bereits → Rn. 66; s. iÜ BGH 5.4.2000, NStZ 2000, 427, 429; BGH 27.5.2003, NStZ-RR 2009, 340, 341).

80 Auch in der **Gewährung von Akteneinsicht** kann zugleich die Bekanntgabe einer Verfahrenseinleitung iSd § 78c I 1 Nr. 1 StGB liegen (BGH 11.12.2007, NStZ 2008, 214; BGH 19.6.2008, NStZ 2009, 205, 206; BeckOK AO/*Hauer* AO § 376 Rn. 173; GJW/ *Rolletschke* AO § 376 Rn. 87). Dann muss aber aus den Umständen klar ersichtlich sein, dass die dem Verteidiger gewährte Akteneinsicht zur Information des Beschuldigten über Existenz, Inhalt und Umfang des Ermittlungsverfahrens dienen soll und auch tatsächlich gedient hat (vgl. Leopold/Madle/Rader/*Zanzinger* AO § 376 Rn. 71).

81 Nach § 78c I 1 Nr. 2 StGB unterbricht **jede richterliche Vernehmung** des Beschuldigten oder deren Anordnung die Verjährung (vgl. Hüls/Reichling/*Asholt* AO § 376 Rn. 96). Bei der Vernehmung durch einen ersuchten Richter unterbricht sowohl die Durchführung der Vernehmung als auch die Anordnung durch den ersuchenden Richter (GJW/*Rolletschke* AO § 376 Rn. 93; HHS/*Bülte* AO § 376 Rn. 166; RKR/*Rolletschke* AO § 376 Rn. 149).

82 **Die Beauftragung eines Sachverständigen** durch den Richter oder Staatsanwalt oder – in den Fällen des § 399 AO – durch die Strafsachenstelle unterbricht die Verjährung nach § 78c I 1 Nr. 3 StGB nur dann, wenn dem Beschuldigten zuvor die Einleitung des Ermittlungsverfahrens bekanntgegeben oder er vernommen worden war (BeckOK AO/*Hauer* AO § 376 Rn. 177; HHS/*Bülte* AO § 376 Rn. 167). Die „Beauftragung" ist eine Anordnung, das Gutachten eines Sachverständigen zu einem bestimmten Beweisthema einzuholen (BGH 16.12.1976, BGHSt 27, 76; einschr. BeckOK AO/*Hauer* AO § 376 Rn. 178 unter Hinweis auf den Wortlaut „Beauftragung" sowie – iS eines „Umkehrschusses" – die ähnlich konzipierten Regelungen in § 78c I 1 Nrn. 1, 2 StGB). Die Unterbrechungswirkung ist auf die Tat begrenzt, auf die sich der Auftrag bezog (BGH 7.5.1996, wistra 1996, 260). Die Beurteilung steuerrechtlicher Rechtsfragen ist in keinem Fall dem Sachverständigenbeweis (§§ 72 ff. StPO) zugänglich, sondern obliegt dem Tatgericht gem. § 17 II 1 GVG aufgrund seiner umfassenden Vorfragenkompetenz selbst (dazu *Ebner* 2015, S. 122). Davon zu unterscheiden sind solche Fälle, in denen sich das Gericht (zulässigerweise) zur freibeweislichen **Ermittlung ausländischen Steuerrechts** der Hilfe eines Sachverständigen (zB Max-Planck-Institut für Steuerrecht u. Öffentl. Finanzen) bedient (§ 293 ZPO ist allenfalls im Klageerzwingungsverfahren entspr. anwendbar, vgl. OLG Stuttgart 4.8.2009, NStZ 2010, 654); zur Anwendung des ausländischen Steuerrechts ist demgegenüber allein das Tatgericht berufen (sog. **Fremdrechtsanwendung**, vgl. RG

1.4.1895, RGSt 27, 135, 136; BGH 10.8.1994, NJW 1994, 3364, 3366; BGH 8.2.1995, WiB 1995, 524 = BeckRS 1995, 2018 unter II.2.b; zusf. Volk/Beukelmann/*Schomburg*/ *Stetter* MAH Verteidigung in Wirtschafts- und Steuerstrafsachen, 3. Aufl., § 15 Rn. 41 ff. mwN; Bsp. zur französischen Biersteuer: BGH 2.4.2020, wistra 2020, 425 = BeckRS 2020, 8560 mAnm *Ebner* HFR 2020, 735).

Ist der Sachverständige eine **sachkundige Person anderer Behörden,** etwa ein sog. **83** **Wirtschaftsreferent der StA,** hindert dies die Verjährungsunterbrechung grds. nicht (vgl. BGH 10.4.1979, BGHSt 28, 381; *Ebner* 2015, S. 122; aA *Fischer* StGB § 78c Rn. 13; *Rammert* 1992, S. 58 ff., 69 ff.). Nötig ist aber, dass die Beauftragung als „Sachverständiger" und nicht als bloßer „sachverständiger Ermittlungsgehilfe" (*Schäfer* FS Dünnebier, 1982, 541, 557) der Verfolgungsbehörden beabsichtigt ist (BGH 20.12.1983, NStZ 1984, 215; BGH 2.7.1986, wistra 1986, 257; BeckOK AO/*Hauer* AO § 376 Rn. 180; Kohlmann/*Heerspink* AO § 376 Rn. 153; Leopold/Madle/Rader/*Zanzinger* AO § 376 Rn. 76; Schwarz/Pahlke/ *Nikolaus* AO § 376 Rn. 37; RKR/*Rolletschke* AO § 376 Rn. 160; *Rammert* 1992, S. 56 f.; anders noch OLG Zweibrücken 9.10.1978, NJW 1979, 1995; insges. krit. zur Einordnung des WiRef. als „*freien und unabhängigen Sachverständigen, den die StPO vor Augen hat*", HHS/ *Bülte* AO § 376 Rn. 168 u. Hüls/Reichling/*Asholt* AO § 376 Rn. 99). Vorauszusetzen ist demnach, dass der Sachverständige eigenverantwortlich und frei von jeder Beeinflussung durch Vorgesetzte sein Gutachten zu einem bestimmten Beweisthema erstattet (BGH 10.4.1979, BGHSt 28, 381, 382 ff.; *Ebner* 2015, S. 123 f.; *Bittmann* wistra 2011, 47, 48; GJW/*Rolletschke* AO § 376 Rn. 95; Quedenfeld/Füllsack/*Quedenfeld* Rn. 311; *v. Briel* SAM 2007, 207, 209; *Wolf* ZWH 2012, 125; Flore/Tsambikakis/*Wenzler* StGB § 78c Rn. 14).

Die Beauftragung ist nicht formgebunden. Ergibt sich aus dem Gutachten der **84** Zeitpunkt ihrer Anordnung nicht und lässt sich dieser auch den Akten nicht entnehmen, oder sind diese widersprüchlich, gilt bei Zweifeln des Gerichts, wie stets, der Grundsatz „in dubio pro reo".

Richterliche Beschlagnahme- und Durchsuchungsanordnungen (§§ 94, 98, § 100, **85** § 105, § 111j StPO) unterbrechen die Verjährung gem. § 78c I 1 Nr. 4 StGB. Gleiches gilt für richterliche Entscheidungen, die diese aufrechterhalten sowie die richterliche Bestätigung einer nichtrichterlichen Beschlagnahme gem. § 98 II StPO (BGH 25.4.2006, wistra 2006, 306). Nach dem insoweit eindeutigen (und auch nicht analogiefähigen, vgl. → Rn. 62) Gesetzeswortlaut kommt nur einer *richterlichen* Maßnahme unterbrechende Wirkung zu, dh entsprechende **Eilanordnungen der StA,** BuStra, Steufa etc. aufgrund von „Gefahr im Verzug" **genügen nicht** (statt vieler: Flore/Tsambikakis/*Wenzler* StGB § 78c Rn. 21; Hüls/Reichling/*Asholt* AO § 376 Rn. 101; Kohlmann/*Heerspink* AO § 376 Rn. 154). Eine Beschlagnahmeanordnung unterbricht auch dann die Verjährung, wenn die Beschlagnahme bei Dritten erfolgen soll und der Beschuldigte vorher weder vernommen noch von der Einleitung des Ermittlungsverfahrens in Kenntnis gesetzt wurde (BGH 22.8.2006, NStZ 2007, 213, 214; BeckOK AO/*Hauer* AO § 376 Rn. 182; RKR/*Rolletschke* AO § 376 Rn. 164). Zu den Mindestanforderungen an einen Durchsuchungsbeschluss vgl. *Ebner* jurisPR-SteuerR 42/2022, Anm. 3; erg. → Rn. 66 (sog. **Frühstadium-Rspr.** des BVerfG); zur Gültigkeitsdauer s. bereits → Rn. 74 aE.

Keine Anordnung im Sinne des Abs. 1 Nr. 4 liegt dann vor, wenn einem Kreditinstitut **86** durch Beschluss die Auflage gemacht wird, der Staatsanwaltschaft Einblick in die Kontounterlagen zu gewähren und die Anfertigung von Kopien zu dulden bzw. ein Herausgabeverlangen nach § 95 StPO gestellt wird (vgl. LG Kaiserslautern 19.3.1981, NStZ 1981, 438; Kohlmann/*Heerspink* AO § 376 Rn. 154). Ebenso unterbricht ein richterlicher Beschluss, mit dem gem. §§ 100a, 100b StPO die **Überwachung der Telekommunikation** angeordnet wird, die Verjährung nicht. Der BGH hat insoweit zu Recht eine analoge Anwendung des § 78c I 1 Nr. 4 StGB abgelehnt (BGH 29.9.2004, NStZ-RR 2005, 44; Flore/Tsambikakis/*Wenzler* StGB § 78c Rn. 21; HHS/*Bülte* AO § 376 Rn. 173).

Die Verjährung wird ferner gem. § 78c I 1 Nr. 5 StGB unterbrochen durch den **87** **Haftbefehl,** den **Unterbringungsbefehl,** den **Vorführungsbefehl** und durch diese Entscheidungen aufrechterhaltende richterliche Entscheidungen. Aufrechterhaltend ist die Entscheidung auch dann, wenn der Haftbefehl außer Vollzug gesetzt wird oder Haftverschonungsauflagen abgeändert werden, weil wegen § 120 I StPO inzidenter auch über den Bestand des Haftbefehls entschieden wird (BGH 26.5.1993, BGHSt 39, 233, 236; *Fischer* StGB § 78c Rn. 15; BeckOK AO/*Hauer* AO § 376 Rn. 183; Flore/Tsambikakis/*Wenzler* StGB § 78c Rn. 22; HHS/*Bülte* AO § 376 Rn. 174; Kohlmann/*Heerspink* AO § 376 Rn. 155; RKR/*Rolletschke* AO § 376 Rn. 175; aA Schönke/Schröder/*Bosch* StGB § 78c Rn. 13).

88 Nach § 78c I 1 Nr. 6 StGB unterbrechen die **Erhebung der öffentlichen Klage** (§ 170 I StPO) und, vermittels § 78c I 2 StGB, auch die Einreichung der entsprechenden Antragsschrift im Sicherungsverfahren (§ 413, § 414 II 1 StPO) und im selbständigen Einziehungsverfahren (§ 435 StPO) die Verjährung. Gleiches gilt für den Antrag auf Erlass eines Strafbefehls nach § 407 StPO bzw. § 400 AO sowie die Erhebung einer Nachtraganklage gem. § 266 StPO (Hüls/Reichling/*Asholt* AO § 376 Rn. 103), wobei sich die Unterbrechungswirkung letzterenfalls allein auf die zusätzlich zur Anklage gebrachte(n) Tat(en) bezieht. Die Verjährung wird unterbrochen mit dem Eingang der Anklageschrift bzw. der Antragsschrift bei Gericht (im Fall der mündlich erhobenen Nachtragsanklage mit der Aufnahme in das Sitzungsprotokoll, vgl. § 266 II StPO), da die öffentliche Klage erst dann „erhoben" ist; § 78c II StGB gilt hier ausnahmsweise nicht (hM, zB GJW/*Rolletschke* AO § 376 Rn. 102; Schönke/Schröder/*Bosch* StGB § 78c Rn. 14 mwN). Vorauszusetzen ist aber, dass die Anklageschrift den funktionalen Anforderungen des § 200 I 1 StPO entspricht und wirksam ist (OLG Bremen 24.7.1989, StV 1990, 25; AG Dresden 11.4.2014, StRR 2014, 202; iE *Ebner* wistra 2021, 224). Dementsprechend muss ein Strafbefehlsantrag mindestens die in § 409 I 1 Nr. 3 StPO genannten Inhalte aufweisen (dazu Flore/Tsambikakis/*Ebner* AO § 400 Rn. 19 ff.).

89 Die nach § 78c I 1 Nr. 7 StGB **unterbrechende Wirkung der Eröffnung** des Hauptverfahrens tritt nicht erst mit der Zustellung, sondern nach § 78c II StGB bereits mit der Unterzeichnung des Eröffnungsbeschlusses (§ 203 StPO) ein (zB HHS/*Bülte* AO § 376 Rn. 176). Im Falle einer zeitlich vor der schriftlichen Niederlegung stattgefundenen mündlichen Beschlussfassung (der Eröffnungsbeschluss trägt dann auch dieses Datum und nicht das Datum der späteren Unterzeichnung) ist jener Zeitpunkt maßgeblich (zu den Förmlichkeiten bei Erlass eines Eröffnungsbeschlusses s. BeckOK StPO/*Ritscher* StPO § 207 Rn. 8 mwN). Zuständigkeitsmängel sind grds. unschädlich (BGH 9.4.1997, NStZ-RR 1997, 282). Wird aber der Eröffnungsbeschluss nur von zwei Richtern einer Strafkammer unterschrieben, kann er unwirksam sein und die Strafverfolgungsverjährung deshalb ggf. nicht unterbrechen (vgl. LG Darmstadt 11.1.2005, StV 2005, 123). Ein solcher Fall liegt dann *nicht* vor, wenn im Freibeweisverfahren (idR durch dienstliche Erklärungen des/der betr. Richter/s) nachzuweisen ist, dass der Eröffnungsbeschluss tatsächlich von allen hierzu berufenen Richtern (mündlich) gefasst wurde (BGH 13.3.2014, BeckRS 2014, 8317; BeckOK StPO/*Ritscher* StPO § 207 Rn. 8).

90 Nach § 78c I 1 Nr. 8 StGB unterbricht auch jede **Anberaumung einer Hauptverhandlung** die Verjährung. Die Frage, ob dazu auch die „bloße" Bestimmung oder Verlegung eines Fortsetzungstermins nach unterbrochener Hauptverhandlung iSv § 229 StPO (ggf. iVm § 10 EGStPO) genügt, ist umstritten (Nachw. → 8. Aufl. Rn. 90), iErg jedoch – anders als bei erneutem Beginn der Hauptverhandlung nach deren Aussetzung (§ 228 I 1 Alt. 1 StPO) – zu verneinen (wie hier LK-StGB/*Greger/Weingarten* StGB § 78c Rn. 32; Hüls/Reichling/*Asholt* AO § 376 Rn. 105; RKR/*Rolletschke* AO § 376 Rn. 188 f.; s. auch HHS/*Bülte* AO § 376 Rn. 178 f.).

91 Nach § 78c I 1 Nr. 9 StGB unterbricht der Erlass eines **Strafbefehls** (vgl. § 400 AO; dazu bereits → Rn. 88 aE) sowie eine andere dem Urteil entsprechende Entscheidung (zB Einstellungsbeschluss gem. § 206a StPO) die Verjährung. Das Urteil selbst ist nicht aufgeführt, weil es gem. § 78b III StGB den Lauf der Verjährungsfrist ruhen lässt (→ Rn. 97).

§ 78c I 1 Nr. 10 StGB fasst verschiedene Entscheidungen zusammen, die wegen der 92
Abwesenheit des „Angeschuldigten", also (nur) des Beschuldigten, der bereits angeklagt worden ist (vgl. § 157 StPO), gefällt werden. Dazu gehören die vorläufige Einstellung des Verfahrens wegen Abwesenheit (§ 205 StPO) sowie die Anordnungen von Richter und Staatsanwalt zur Aufenthaltsermittlung oder Beweissicherung, soweit sie nach der vorläufigen Einstellung oder im Verfahren gegen Abwesende ergehen (vgl. OLG Celle 6.11.1998, StraFo 1999, 298). Entsprechende Handlungen der StA gem. § 205 StPO analog unterbrechen die Verfolgungsverjährung jedoch nicht, weil § 78c I 1 Nr. 10 StGB die Erhebung der öffentlichen Klage voraussetzt (vgl. BGH 13.10.1995, NStZ-RR 1996, 163).

Nach § 78c I 1 Nr. 11 StGB unterbrechen die Verjährung die **vorläufige Einstellung** 93
des Verfahrens wegen Verhandlungsunfähigkeit nach § 209 StPO sowie von Richter oder Staatsanwalt getroffene Anordnungen zur Überprüfung der Verhandlungsunfähigkeit.

§ 78c I 1 Nr. 12 StGB bestimmt schließlich, dass jedes richterliche Ersuchen, eine 94
Untersuchungshandlung im Ausland vorzunehmen, die Verjährung unterbricht. Die eigentliche Untersuchungshandlung im Ausland unterbricht nicht, da für die Anwendung des § 78c StGB vorausgesetzt ist, dass die Amtshandlung von einem inländischen Ermittlungsbeamten vorgenommen wurde (BGH 2.10.1951, BGHSt 1, 325; LG Köln 27.10.1989, StV 1990, 553; BeckOK AO/*Hauer* AO § 376 Rn. 158; GJW/*Rolletschke* AO § 376 Rn. 66, 75; HHS/*Bülte* AO § 376 Rn. 151; Kohlmann/*Heerspink* AO § 376 Rn. 162; RKR/*Rolletschke* AO § 376 Rn. 82). Anderes mag gelten, wenn der inländische Amtsträger im Einvernehmen mit dem ersuchten Staat an den Ermittlungsmaßnahmen im Ausland teilnimmt und diese, etwa wie bei Durchsuchung und Beschlagnahme, ihrerseits Unterbrechungsgründe erfüllen.

d) Steuerstrafrechtliche Sonderregelungen in § 376 II und III AO

§ 376 II AO soll den **Katalog der Unterbrechungshandlungen** in § 78c StGB 94a
ergänzen. Während nach § 78c I 1 Nr. 1 StGB nur die Bekanntgabe der Einleitung des Ermittlungsverfahrens oder die Anordnung der Bekanntgabe die Verjährung unterbricht, genügt bei Steuerstraftaten gem. § 376 II AO auch die Bekanntgabe der Einleitung eines *Bußgeld*verfahrens (zB Ermittlungen wegen Unklarheiten im Bereich des Tatvorsatzes zunächst „nur" gem. § 378 AO) bzw. deren Anordnung. Der Vorschrift kommt – ein für die Rechtspraxis freilich unbedeutender Streitpunkt – nach vertretener Auffassung allenfalls deklaratorische Wirkung zu. Sie ist praktisch **entbehrlich,** weil sich die Unterbrechungshandlungen nach § 78c I 1 Nr. 1 StGB bzw. § 33 I 1 Nr. 1 OWiG (beide Vorschriften unterscheiden sich nur durch die abweichende Bezeichnung des Individuums als „Beschuldigter" oder „Betroffener") stets auf die prozessuale Tat (§ 155, § 264 StPO) beziehen, ohne dass es auf deren (vorläufige) rechtliche Einordnung als Straftat oder Ordnungswidrigkeit entscheidend ankommt (*Ebner* 2015, S. 119 f. mwN; aA Hüls/Reichling/*Asholt* AO § 376 Rn. 110 unter Zugrundelegung eines die Folgen von Unterbrechungsmaßnahmen einschränkenden *„verjährungsrechtlichen Tatbegriffes"*; *Mitsch* NZWiSt 2013, 1, 4 f. mit einem *„Rest Unsicherheit";* s. auch HHS/*Bülte* AO § 376 Rn. 23, 185; Kohlmann/*Heerspink* AO § 376 Rn. 12). Aus der Existenz von § 33 IV 2 OWiG, wo der „umgekehrte" Fall des § 376 II AO geregelt ist, lässt sich wegen des in § 21 I 1 OWiG normierten **Vorrangs des Strafgesetzes** nichts Gegenteiliges ableiten.

Durch das Zweite Corona-Steuerhilfegesetz v. 29.6.2020 (zu den Einzelheiten: 94b
→ Rn. 1b) wurde § 376 AO mWv 1.7.2020 erstmals um einen Abs. 3 erweitert. Die neue Regelung enthält eine bislang einmalige Ausnahme zu § 78c III 2 StGB, wonach die maximale Dauer der Unterbrechung der Verjährung durch die in § 78c I 1 StGB (und § 376 II AO) genannten Handlungen auf das Doppelte der gesetzlichen Regelverjährungsfrist begrenzt ist. **§ 376 III AO bestimmt nunmehr, dass diese (sog.) „Grenze des Doppelten"** in den in § 370 III 2 Nrn. 1–6 AO als „besonders schwerer Fall" qualifizierten Begehungsweisen (→ Rn. 22) der Steuerhinterziehung **auf das Zweieinhalbfache**

§ 376 94c

ausgedehnt wird, also anstatt 30 Jahre (vgl. § 376 I Hs. 1AO) nunmehr **37,5 Jahre** (15 × 2,5) beträgt; mit Blick auf § 78b IV Hs. 1, § 78c III 3 StGB dürfen daher zwischen Tatbeendigung und einem erstinstanzlichen Urteil des LG max. **42,5 Jahre** liegen (ebenso *Bertrand* PStR 2021, 184; *Binnewies/Peters* GmbHR 2021, R64; Kohlmann/*Heerspink* AO § 376 Rn. 27, 56; *Radermacher* AO-StB 2021, 101, 104; → Rn. 97 f., 102). Diese Erweiterung der längstens möglichen Unterbrechungsdauer ist in mehrfacher Hinsicht problembehaftet (zur Kritik an der zusammenhanglosen Einbindung in des Zweite Corona-Steuerhilfegesetz s. bereits → Rn. 1b).

94c Dies zum einen mit Blick auf den **Telos** des Abs. 3, den der für den Gesetzentwurf verantwortliche (damalige) Bundesfinanzminister *Olaf Scholz* gegenüber der dpa am 10.6.2020 allein auf eine (angeblich) notwendige Verlängerung der Verfolgungsverjährung im sog. **Cum-/Ex-Komplex** (dh – zusammengefasst – die Erschleichung von Kapitalertragsteuer-Erstattungen im Wege organisierter „Dividendenkarusselle") bezogen hat (zB becklink 2016554 u. 2020493; s. ferner *Reichling/Lange* PStR 2020, 176 ff. sowie aktuell BGH 28.7.2021, NZWiSt 2021, 425 mAnm *Ebner* HFR 2022, 90; erg. *Asmus/Werneburg* DStR 2018, 1527, 1533 ff. zur Verjährung in Sachen „Cum/Ex"; BGH 28.7.2015, NStZ 2016, 164, 165 – Schreiber II mAnm *Ebner* HFR 2016, 165, 167 zur bis dahin *maximal möglichen Ausdehnung der Verfolgungsverjährung im Steuerstrafrecht*). Im Gesetzentwurf der Bundesregierung ist bereits weitaus allgemeiner von der *„strafrechtliche[n] Aufarbeitung rechtlich komplexer und grenzüberschreitender Steuergestaltungen, die darauf ausgerichtet sind, Steuern in großem Ausmaß zu hinterziehen und bei denen erst im Laufe von Ermittlungen das gesamte Ausmaß an Tatkomplexen und Beteiligten deutlich wird"*, die Rede (BT-Drs. 19/20058, 29; die bereits in Rn. 19 wiedergegebene Begr. für die anschließende Verlängerung der Verjährungsfrist nach § 376 I Hs. 1 AO von 10 auf 15 Jahre [BT-Drs. 19/25160, 207] sagt im Grunde genommen nichts anderes aus). Die vorgeschlagene und unverändert in das Gesetz übernommene (vgl. BT-Drs. 19/20332, 18 f.) Regelung des **§ 376 III AO selbst wirkt demgegenüber vollkommen entgrenzt.** Sie weist weder einen (einschränkenden) Bezug zu den Cum-/Ex-Fällen noch zu gleichwie gearteten „rechtlich komplexen" Steuergestaltungen auf (ebenso BRAK Stellungnahme 2020/28, S. 5, https://brak.de; *Reichling/Lange* PStR 2020, 176, 180 f.; *Wulf* wistra 2020, 353 [„*objektiv falsch"*]; aA *Maciejewski* wistra 2020, 441, 442), sondern erfasst schlicht sämtliche Fälle „besonders schwerer" Steuerhinterziehungen, dh insb. auch die gerade im Unternehmensbereich sehr schnell gegebene, da bereits ab einem Verkürzungsumfang von 50.000 € verwirklichte Steuerverkürzung „in großem Ausmaß" (§ 370 III 2 Nr. 1 AO). Solches mutet wenig folgerichtig (dazu bereits *Ch. Dannecker* NZWiSt 2014, 6, 9 ff., der der Politik indes ein *„Irrationalitätsprivileg"* zugesteht) und **unverhältnismäßig** an (ebenso *Eich/Winkler* AO-StB 2020, 256, 258 f.: „*unangemessen*"; *Gehm* ZWH 2021, 47: „*weit über das Ziel hinausgeschossen*"; *Küffner* DB 2021, M4: „*unausgegoren*"; *Valbuena/Rennar* StB 2021, 62, 64; allg. zur *verfassungsrechtlichen* Verjährungstheorie *Ebner* 2015, S. 82 ff.; *ders.* ZWH 2015, 135, 138), zumal für die nicht nur punktuell (in Bezug auf die Cum-/Ex-Konstellationen), sondern hinsichtlich sämtlicher Fallgruppen in § 370 III 2 Nrn. 1–6 AO unterschiedslos vorgenommene Modifikation des allgemein anerkannten verjährungsrechtlichen Prinzips der „Grenze des Doppelten" kein nachvollziehbarer Grund erkennbar ist (dto. BRAK Stellungnahme 2020/28, S. 5, https://brak.de; aA *Gehm* NZWiSt 2020, 368, 370, der darin – ohne belastbaren Anhaltspunkt in der Gesetzesbegründung – u. a. auch eine Reaktion auf die Rspr. des EuGH in Sachen Taricco und Strafverfahren gegen M. A. S. und M. B. [→ Rn. 10b f.] erkennen will; undifferenziert Tipke/Kruse/*Krumm* AO § 376 Rn. 62: „*verfassungsrechtlich zulässig*"). Im Zusammenwirken mit der Verlängerung der Verjährungsfrist nach § 376 I Hs. 1 AO von 10 auf 15 Jahre, die urspr. ebenfalls mit den Cum-/Ex-Fällen gerechtfertigt, inzwischen aber gleichermaßen davon entkoppelt worden ist (→ Rn. 1c, 19), tritt dieser Befund umso deutlicher zu Tage (*Bertrand* PStR 2021, 184 resümiert: „*faktische ,Nichtverjährung' … Wer als 20-Jähriger einmalig Steuern mit einem Verkürzungsvolumen von mehr als 50.000 EUR hinterzogen hat, kann nun bis kurz vor Rentenbeginn* *wegen dieser Tat verurteilt werden."*; ähnl. *Staudinger* wistra 2021, 307, 308: *"[es] wäre ... ehrlicher gewesen, die Verjährung bei Steuerhinterziehung in einem besonders schweren Fall ganz aufzuheben ... Liegt ein besonders schwerer Fall ... vor, erledigt sich möglicherweise ein Verfahren früher biologisch tatsächlich als rechtlich aufgrund von Verjährung"*; s. auch Kohlmann/Heerspink AO § 376 Rn. 56 zur *steuerlichen* Festsetzungsverjährung: ebenfalls *„faktisch abgeschafft "*).

Zum anderen darf in rechtspraktischer Hinsicht nicht übersehen werden, dass die mit der Ausdehnung der maximalen Unterbrechungsfrist einhergehende (zusätzliche) Verlängerung der Verfolgungsverjährungsfrist (insb. für die Aufklärung der Cum-/Ex-Fälle) mit Blick auf den **Numerus clausus der Unterbrechungstatbestände** (§ 78c I 1 StGB; s. → Rn. 62 ff.) möglicherweise nicht zielführend ist. Denn im Ermittlungsverfahren, dh vor Erhebung der öffentlichen Klage (§ 78c I 1 Nr. 6 StGB; dazu → Rn. 88), beschränken sich die zur Verfügung stehenden Unterbrechungsmöglichkeiten auf die in § 78c I 1 Nrn. 1–5 StGB genannten Strafverfolgungshandlungen (erste staatsanwaltschaftliche und jede richterliche Anordnung der Vernehmung des Beschuldigten, Sachverständigenbeauftragung, Beschlagnahme- und Durchsuchungsanordnung, Haftentscheidungen; s. → Rn. 75 ff.). Diese Optionen können im Einzelfall bereits in einem (zu) frühen Verfahrensstadium **ausgeschöpft** sein (krit. auch *Reichling/Lange* PStR 2020, 176, 180 f.).

7. Ruhen der Verjährung

§ 78b StGB Ruhen

(1) Die Verjährung ruht

1. bis zur Vollendung des 30. Lebensjahres des Opfers bei Straftaten nach den §§ 174 bis 174c, 176 bis 178, 182, 184b Absatz 1 Satz 1 Nummer 3, auch in Verbindung mit Absatz 2, §§ 225, 226a und 237,
2. solange nach dem Gesetz die Verfolgung nicht begonnen oder nicht fortgesetzt werden kann; dies gilt nicht, wenn die Tat nur deshalb nicht verfolgt werden kann, weil Antrag, Ermächtigung oder Strafverlangen fehlen.

(2) Steht der Verfolgung entgegen, daß der Täter Mitglied des Bundestages oder eines Gesetzgebungsorgans eines Landes ist, so beginnt die Verjährung erst mit Ablauf des Tages zu ruhen, an dem

1. die Staatsanwaltschaft oder eine Behörde oder ein Beamter des Polizeidienstes von der Tat und der Person des Täters Kenntnis erlangt oder
2. eine Strafanzeige oder ein Strafantrag gegen den Täter angebracht wird (§ 158 der Strafprozeßordnung).

(3) Ist vor Ablauf der Verjährungsfrist ein Urteil des ersten Rechtszuges ergangen, so läuft die Verjährungsfrist nicht vor dem Zeitpunkt ab, in dem das Verfahren rechtskräftig abgeschlossen ist.

(4) Droht das Gesetz strafschärfend für besonders schwere Fälle Freiheitsstrafe von mehr als fünf Jahren an und ist das Hauptverfahren vor dem Landgericht eröffnet worden, so ruht die Verjährung in den Fällen des § 78 Abs. 3 Nr. 4 ab Eröffnung des Hauptverfahrens, höchstens jedoch für einen Zeitraum von fünf Jahren; Absatz 3 bleibt unberührt.

(5) ¹Hält sich der Täter in einem ausländischen Staat auf und stellt die zuständige Behörde ein förmliches Auslieferungsersuchen an diesen Staat, ruht die Verjährung ab dem Zeitpunkt des Zugangs des Ersuchens beim ausländischen Staat

1. bis zur Übergabe des Täters an die deutschen Behörden,
2. bis der Täter das Hoheitsgebiet des ersuchten Staates auf andere Weise verlassen hat,
3. bis zum Eingang der Ablehnung dieses Ersuchens durch den ausländischen Staat bei den deutschen Behörden oder
4. bis zur Rücknahme dieses Ersuchens.

²Lässt sich das Datum des Zugangs des Ersuchens beim ausländischen Staat nicht ermitteln, gilt das Ersuchen nach Ablauf von einem Monat seit der Absendung oder Übergabe an den ausländischen Staat als zugegangen, sofern nicht die ersuchende Behörde Kenntnis davon erlangt, dass das Ersuchen dem ausländischen Staat tatsächlich nicht oder erst zu einem späteren Zeitpunkt zugegangen ist. ³Satz 1 gilt nicht für ein Auslieferungsersuchen, für das im ersuchten Staat auf Grund des Rahmenbeschlusses des Rates vom 13. Juni 2002 über den Europäischen Haftbefehl und die Übergabeverfahren zwischen den Mitgliedstaaten (ABl. EG Nr. L 190 S. 1) oder auf Grund völkerrechtlicher Vereinbarung eine § 83c des Gesetzes über die internationale Rechtshilfe in Strafsachen vergleichbare Fristenregelung besteht.

(6) In den Fällen des § 78 Absatz 3 Nummer 1 bis 3 ruht die Verjährung ab der Übergabe der Person an den Internationalen Strafgerichtshof oder den Vollstreckungsstaat bis zu ihrer Rückgabe an die deutschen Behörden oder bis zu ihrer Freilassung durch den Internationalen Strafgerichtshof oder den Vollstreckungsstaat.

a) Allgemeines Instrumentarium

95 Das Ruhen der Verjährung verschiebt den Beginn einer Frist oder hemmt den **Weiterlauf** einer begonnenen Frist (BeckOK AO/*Hauer* AO § 376 Rn. 197; *Ebner* 2015, S. 101: Fristlauf steht – iSv § 209 BGB – still bzw. ist *„eingefroren"*). Während mit jeder Unterbrechungshandlung eine neue Frist beginnt, bleibt nach dem Aufhören des Ruhens ein bereits abgelaufener Teil der Frist bedeutsam. Das Ruhen der Verjährung soll den Eintritt der Verjährung in solchen Fällen verhindern, in denen jede Verfolgungsmaßnahme, also auch eine Unterbrechung der Verjährung, rechtlich unmöglich ist.

96 **Gemäß dem Grundtatbestand des Ruhens in § 78b I Nr. 2 StGB ruht die Verjährung während der Zeit,** in welcher die Strafverfolgung auf Grund *gesetzlicher Vorschrift* nicht begonnen oder nicht fortgesetzt werden kann. Das gilt sowohl für die Unmöglichkeit der Strafverfolgung im Einzelfall als auch dann, wenn gesetzliche Vorschriften die Strafverfolgung allgemein unmöglich machen (BGH 3.4.1951, BGHSt 1, 84). Die Unzulässigkeit *einzelner* Verfahrenshandlungen genügt nicht (zB RG 5.10.1917, RGSt 52, 36 f. betr. Schuldunfähige). Vielmehr muss die Verfolgung insgesamt *kraft Gesetzes* ausgeschlossen sein, wie zB bei Angehörigen der in der BRD stationierten fremden Truppen bis zu einem ausländischen Ersuchen um Übernahme der Gerichtsbarkeit (OLG Celle 26.4.1965, NJW 1965, 1673) oder bei Abgeordneten des BT (Art. 46 II GG; bspw. relevant im Abgabenstrafrecht bei der Hinterziehung von Berliner ZwSt durch BT-Abgeordnete – zum Fall *Hofreiter* s. den Nachweis bei *Ebner* DStR 2018, 2559, 2562 Fn. 49). Die Immunität führt jedoch erst von dem Zeitpunkt an zum Ruhen der Verjährung, zu dem die Strafverfolgungsbehörde von Tat und Täter Kenntnis erlangt hat (§ 78b II StGB). Während der Zeit vom Erlass eines Vorlagebeschlusses gem. Art. 100 GG bis zur Bekanntgabe der Entscheidung des BVerfG an das vorlegende Gericht ruht die Verjährung iSv § 78b I StGB, da die Aussetzung des Verfahrens in Art. 100 GG zwingend vorgeschrieben ist (OLG Schleswig 17.11.1961, NJW 1962, 1580, 1581 mwN). Die Erhebung der *Verfassungsbeschwerde* gegen eine strafgerichtliche Entscheidung hingegen bewirkt kein Ruhen der Verfolgungsverjährung (OLG Düsseldorf 13.10.1967, NJW 1968, 117), es sei denn, das BVerfG spricht eine einstweilige Anordnung gem. § 32 BVerfGG aus.

97 **Gemäß § 78b III StGB** ist die Verjährung zwischen erstinstanzlichem Urteil und Rechtskraft gehemmt. Kommt es später zur Wiederaufnahme des Verfahrens, läuft die alte Verjährungsfrist weiter ab (*Ebner* 2015, S. 105 f. mwN; Kohlmann/*Heerspink* AO § 376 Rn. 48, 125; Tipke/Kruse/*Krumm* AO § 376 Rn. 59; aA zB GJW/*Rolletschke* AO § 376 Rn. 104; HHS/*Bülte* AO § 376 Rn. 195 f.; LK-StGB/*Greger/Weingarten* StGB § 78 Rn. 9, 11; Simon/Wagner S. 103; Leopold/Madle/Rader/*Zanzinger* AO § 376 Rn. 16, 58; RKR/*Rolletschke* AO § 376 Rn. 196; Schwarz/Pahlke/*Nikolaus* AO § 376 Rn. 46: Verjährung *„beginnt ... erneut"*). Überdies ist mit dem durch das RPflEntlG zum 1.3.1993 eingeführten **§ 78b IV StGB** der Beginn des Ruhens (nur) für bestimmte Delikte, bei denen die Verjährungsfrist gem. § 78 III Nr. 4 StGB fünf Jahre beträgt (zu den Fällen des § 376 I Hs. 1 AO s. → Rn. 102), auf die Eröffnung des Hauptverfahrens vorgelagert. Hierzu gehört im Ausgangspunkt auch der Tatbestand der Steuerhinterziehung (§ 370 AO), selbst wenn die Anklage die Verurteilung wegen eines besonders schweren Falles iSv § 370 III 1 AO erstrebt (iE *Ebner* 2015, S. 106 ff.; *ders.* ZWH 2017, 44, 45; s. auch LK-StGB/ *Greger/Weingarten* StGB § 78b Rn. 19; Kohlmann/*Heerspink* AO § 376 Rn. 174). Daran hat sich durch die Einführung von § 376 I Hs. 1 AO nichts geändert, insbesondere ist eine einschränkende Auslegung des § 78b IV StGB insoweit nicht veranlasst (BGH 7.12.2016, NZWiSt 2017, 230, 231 mAnm *Ebner* HFR 2017, 860; HHS/*Bülte* AO § 376 Rn. 198; zweifelnd *Baumhöfener/Madauß* NZWiSt 2017, 27, 28). Weitere Voraussetzung ist lediglich, dass eine Anklage zum Landgericht erfolgt und dieses das Hauptverfahren vor dem Landgericht – nicht etwa vor dem Amtsgericht – eröffnet (für den Eintritt der Ruhenswirkung maßgeblich ist der Tag der – ggf. [zuerst] nur mündlichen [§ 78b StGB enthält keine § 78c II 1 StGB entspr. Regelung, auch § 203 StPO statuiert kein Schriftformerfordernis; aA BeckOK AO/*Hauer* AO § 376 Rn. 185: *„mit der Unterzeichnung"*] – Beschlussfassung). Verweist ein Amtsgericht das Verfahren an das Landgericht (§§ 225a, 270 StPO), kann das Ruhen nach dem Gesetzeswortlaut frühestens mit dem entsprechenden Beschluss des Amtsgerichts beginnen (str.; vgl. Kohlmann/*Heerspink* AO § 376 Rn. 175).

Rechtsfolge des § 78b IV StGB ist ein Ruhen der Verjährung für die Dauer des Verfahrens, höchstens aber bis zu **fünf Jahren**, so dass sich die Grenze der absoluten Verjährung letztlich auf 15 Jahre (§ 370 I AO, § 78 III Nr. 4 StGB), in den Fällen des § 376 I Hs. 1, § 370 III 2 AO – welche § 376 I Hs. 2 AO nunmehr ausdrücklich § 78b IV StGB unterstellt (→ Rn. 102) – wegen der Neuregelung in § 376 III AO auf **42,5 (!) Jahre** verschiebt (→ Rn. 94b).

Sind Beginn oder Fortsetzung eines Strafverfahrens von einer Vorfrage abhängig, deren Entscheidung in einem anderen Verfahren erfolgen muss, ruht die Verjährung bis zu dessen Beendigung (LK-StGB/*Greger/Weingarten* § 78b Rn. 10). Das gilt gem. § 78b I Nr. 2 StGB jedoch nur, wenn die Verfolgung *„nach dem Gesetz"* nicht begonnen oder fortgesetzt werden kann. Da die **Aussetzung** des Verfahrens nach § 396 AO im Ermessen von StA oder Gericht steht, ist § 78b I Nr. 2 StGB indes nicht anwendbar. Deshalb musste das Ruhen der Verjährung in **§ 396 III AO** gesondert angeordnet werden (s. → § 396 Rn. 56 ff.; weitere Einzelheiten bei *Ebner* 2015, S. 111 ff., zum Ruhen während Auflagenerfüllung gem. § 153a III StPO s. *Ebner* 2015, S. 109 ff.). Eine **Einstellung des Steuerstrafverfahrens gem. § 154d StPO (analog)** bewirkt wegen des Rechtsgedankens des § 300 StPO jedenfalls dann *auch* den Eintritt des Ruhenswirkung nach § 396 III AO, wenn zugleich die Aussetzungsvoraussetzungen nach § 396 I AO vorgelegen haben (vgl. *Ebner* 2015, S. 109 Fn. 475 u. S. 110 Fn. 487).

Während des Auslieferungsverfahrens ruht die Verjährung nach Maßgabe des **§ 78b V StGB** (dazu *Ebner* 2015, S. 108 f.). Die Vorschrift wurde mit dem 38. StrÄndG zum 11.8.2005 (BGBl. I 2005, 2273) neu eingefügt. Hintergrund ist die Verhinderung unbefriedigender Verjährung aufgrund langwieriger Auslieferungsverfahren (*Mitsch* NJW 2005, 3036; konkreter Gesetzgebungsanlass war das seinerzeit kurz vor der absoluten Verjährung stehende Augsburger Steuerstrafverfahren gegen den nach Kanada geflohenen „Waffenlobbyisten" *Karlheinz Schreiber*, vgl. *Ebner* 2015, S. 100 Fn. 417 mwN; Abs. 5 wird daher zT auch als **„Lex Schreiber"** bezeichnet; vgl. RKR/*Rolletschke* AO § 376 Rn. 231; krit. *Fischer* StGB, § 78b Rn. 13). *Mitsch* hat gegen die Norm eingewandt, sie sei inkompatibel mit Grundgedanken und Systematik des Verjährungsrechts. Überdies sei sie praktisch kaum relevant. Die von ihm angeführten Beispiele des Totschlags treffen aber die Problematik im Steuerstrafrecht nicht. Hier wird die Tat oft erst Jahre später im Rahmen einer Außenprüfung entdeckt. Zwar mag dann die Verjährung unterbrochen werden; die Grenze der absoluten Verjährung gem. § 78c III 2 StGB steht aber oftmals im Raum, wenn der Beschuldigte zunächst untergetaucht war und – der Fall *Schreiber* war hierfür prototypisch – im Ausland die dortigen Rechtsschutzmöglichkeiten ausnutzt (auch der BGH hatte im Verfahren gegen *Karlheinz Schreiber* keine systematischen Bedenken gegen § 78b V StGB geäußert, vgl. BGH 28.7.2015, NStZ 2016, 164, 165 – Schreiber II mAnm *Ebner* HFR 2016, 165; erg. *Gehm* StBW 2015, 749).

Ruht das Verfahren iSd § 78b StGB, hat dies nicht *nur* zur Folge, dass der Lauf der Verjährungsfrist nach § 78 StGB gehemmt wird. Vielmehr wird nach § 78c III 2 StGB *auch* der Ablauf der „absoluten" (doppelten bzw., im Fall des § 376 III AO, zweieinhalbfachen, vgl. → Rn. 94b) Verjährungsfrist gehemmt (BeckOK AO/*Hauer* AO § 376 Rn. 200; MüKoStGB/*Wulf* AO § 376 Rn. 62). Für den Fall eines Ruhens nach § 396 III AO fehlt jedoch eine entsprechende Regelung. Daraus folgerte *Samson* (→ 3. Aufl. Rn. 40), dass bei Aussetzung des Strafverfahrens nach § 396 AO zwar der Ablauf der allgemeinen Verjährungsfrist, nicht jedoch der der „absoluten" Verjährungsfrist gehemmt wäre. An dieser Auffassung ist nicht mehr festzuhalten (unklar noch BGH 19.10.1987, wistra 1988, 263, 264 – *obiter dictu;* wie hier OLG Karlsruhe 14.12.1984, NStZ 1985, 227, 228; BayObLG 22.2.1990, NStZ 1990, 280; OLG Karlsruhe 8.3.1990, wistra 1990, 205 m. krit. Anm. *Grezesch* wistra 1990, 289; BeckOK AO/*Hauer* AO § 376 Rn. 201; GJW/*Rolletschke* AO § 376 Rn. 112; *Meine* wistra 1986, 58, 59; MüKoStGB/*Wulf* AO § 376 Rn. 70; Quedenfeld/Füllsack/*Quedenfeld* Rn. 315; Flore/Tsambikakis/*Wenzler* StGB § 78b Rn. 12; Gosch AO/FGO/*Meyer* AO § 376 Rn. 51.1; HHS/*Bülte* AO § 376 Rn. 202; Kohlmann/*Heerspink* AO § 376 Rn. 172; Leopold/Madle/Rader/*Zanzinger* AO § 376 Rn. 89; RKR/*Rolletschke* AO § 376 Rn. 232; Schwarz/Pahlke/*Nikolaus* AO § 376 Rn. 44; *Wisser* 1992, S. 256; aA Hüls/Reichling/*Asholt* AO § 376 Rn. 72).

b) Neuregelung in § 376 I Hs. 2 AO

102 § 376 I AO ist durch das Zweite Corona-Steuerhilfegesetz v. 29.6.2020 (→ Rn. 1b) mWv 1.7.2020 aus Gründen der **„gesetzlichen Klarstellung"** um einen 2. Halbs. ergänzt worden. Hintergrund ist die bis dahin umstritten gewesene Frage, ob das in **§ 78b IV StGB** angeordnete fünfjährige Ruhen des Laufs der Verjährungsfrist bei Eröffnung des Hauptverfahrens vor dem LG (s. → Rn. 97) auch dann eintritt, wenn die betreffende Tat nicht nach der (in § 78b IV StGB allein genannten) Vorschrift des § 78 III Nr. 4 StGB, sondern nach **§ 376 I (Hs. 1) AO** richtet (BT-Drs. 19/20058, 28 f.). Dies erschien bis dato zum einen wegen des insoweit eindeutigen, da trotz Einführung des § 376 I AO weiterhin (wohl versehentlich) auf das Zitat des § 78 III Nr. 4 StGB beschränkten, Wortlauts des § 78b IV StGB zweifelhaft; zum anderen war in Fällen einer schon von Gesetzes wegen von 5 auf 10 Jahre „verdoppelten" Verjährungsfrist kein Bedürfnis erkennbar, zusätzlich einen speziellen Ruhenstatbestand eingreifen zu lassen (zusf. *Ebner* ZWH 2017, 44, 46 f. mwN – keine Kompatibilität von § 78b IV StGB und § 376 I AO; ebenfalls abl. *Baumhöfener/Madauß* NZWiSt 2017, 27, 28; *Ebner* 2015, S. 107; *Mitsch* NZWiSt 2015, 8, 13; *Mosbacher* Steueranwalt 2009/2010, 131, 146; MüKoStGB/*Wulf* AO § 376 Rn. 69; Hüls/Reichling/*Asholt* AO § 376 Rn. 69; Kohlmann/*Heerspink* AO § 376 Rn. 174; aA zB → 8. Aufl. Rn. 98; Hüls/Reichling/*Asholt* AO § 376 Rn. 69; HHS/*Bülte* AO § 376 Rn. 198; Kühn/v. Wedelstädt/*Blesinger/Viertelhausen* AO § 376 Rn. 1a; Tipke/Kruse/*Krumm* AO § 376 Rn. 29; zweifelnd Leopold/Madle/Rader/*Zanzinger* AO § 376 Rn. 54; der BGH hatte die Frage bislang ausdr. offen gelassen, vgl. BGH 26.10.2016, NZWiSt 2017, 68 mAnm *Gehm*). Mit der Einfügung von § 376 I Hs. 2 AO hat sich dieses Auslegungsproblem erledigt (ebenso *Maciejewski* wistra 2020, 441, 442). Bei einer zum LG angeklagten Steuerstraftat können demnach bis zum erstinstanzlichen Urteil (scil. Zeitpunkt des Eingreifen des Ruhens bis zum rechtskräftigen Verfahrensabschluss gem. § 78b III StGB; s. → Rn. 97) aktuell bis zu **42,5 Jahre** seit der Tatbeendigung vergangen sein (s. bereits → Rn. 94b, 98).

Zweiter Abschnitt. Bußgeldvorschriften

§ 377 Steuerordnungswidrigkeiten

(1) Steuerordnungswidrigkeiten (Zollordnungswidrigkeiten) sind Zuwiderhandlungen, die nach diesem Gesetz oder den Steuergesetzen mit Geldbuße geahndet werden können.

(2) Für Steuerordnungswidrigkeiten gelten die Vorschriften des Ersten Teils des Gesetzes über Ordnungswidrigkeiten, soweit die Bußgeldvorschriften dieses Gesetzes oder der Steuergesetze nichts anderes bestimmen.

Vgl. zu Absatz 1: § 369 I AO, § 1 I OWiG; zu Absatz 2: § 369 II AO.

Schrifttum:

Kommentare: *Göhler,* Gesetz über Ordnungswidrigkeiten, Kurzkommentar, 18. Aufl. 2021; Karlsruher Kommentar zum OWiG, herausgegeben von *Mitsch,* 5. Aufl. 2018; *Lemke/Mosbacher,* Ordnungswidrigkeitengesetz, Kommentar, 2. Aufl. 2005; *Erbs/Kohlhaas,* Kommentar Strafrechtliche Nebengesetze (Losebl.), Stand: Mai 2021.

Monographien und Aufsätze: *Güntert,* Die Gewinnabschöpfung als strafrechtliche Sanktion, 1982; *Müller,* Die Stellung der juristischen Person im Ordnungswidrigkeitenrecht, 1985; *Stelzl,* Die Beteiligung am echten und unechten Mischtatbestand nach § 14 IV OWiG unter besonderer Berücksichtigung der Akzessoritätssystematik, Diss. Tübingen 1990; *Wagemann,* Rechtfertigungs- und Entschuldigungsgründe im Bußgeldrecht der Europäischen Gemeinschaften, 1992; *Maschke,* Die Sanktionierung von Verstößen gegen die Aufsichtspflicht in Betrieben und Unternehmen, 1996; *Schürmann,* Aufsichtspflichtverletzungen im Spannungsfeld zwischen dem Strafrecht und dem Zivilrecht, 2005.
Peltzer, Die Berücksichtigung des wirtschaftlichen Vorteils bei der Bußgeldbemessung im Ordnungswidrigkeitenrecht, DB 1977, 1445; *Kienapfel,* Zur Einheitstäterschaft im Ordnungswidrigkeitenrecht, NJW 1983, 2236; *Sannwald,* Die Vorteilsabschöpfung nach § 17 IV OWiG gegen Verstößen gegen handwerks- und gewerberechtliche Vorschriften, GewArch 1986, 84, 319; *Kohlmann/Ostermann,* Die Verletzung der Aufsichtspflicht in Betrieben und Unternehmen – Pläne für eine verfassungswidrige Reform, wistra 1990, 121; *Seier,* Der Einheitstäter im Strafrecht und im Gesetz über Ordnungswidrigkeiten, JA 1990, 342, 382; *K. Schmidt,* Zur Verantwortlichkeit von Gesellschaften und Verbänden im Kartellordnungswidrigkeitenrecht, wistra 1990, 131; *Bottke,* Das Wirtschaftsstrafrecht in der Bundesrepublik Deutschland – Lösungen und Defizite, wistra 1991, 1, 52; *Bauer,* Mehrere Bußen gegen die Juristische Person bei Beteiligung mehrerer Organmitglieder an einer Kartellordnungswidrigkeit?, wistra 1992, 47; *App,* Ahndung von Zuwiderhandlungen gegen steuerliche Verpflichtungen durch ein Bußgeld, FiWi 1996, 155; *ders.,* Checkliste zur Reaktion auf einen Bußgeldbescheid des Finanzamts wegen Steuerordnungswidrigkeiten, WiB 1996, 46; *S. Cramer,* Bemessung von Geldbuße und Verfall gemäß §§ 17, 29a OWiG unter Berücksichtigung der steuerlichen Belastung unter Beachtung der Einnahmen als rechtmäßigem Alternativverhalten, wistra 1996, 248; *Kottke,* OHG, KG und GmbH als Adressaten von Bußgelddrohungen bei Steuerverfehlungen, Information StW 1996, 709; *App,* Einführung in das Steuerordnungswidrigkeitenverfahren, StW 1997, 134; *Katholnigg,* Das Gesetz zur Änderung des Gesetzes über Ordnungswidrigkeiten und anderer Gesetze, NJW 1998, 568; *Meurer,* Die Abschöpfung des wirtschaftlichen Vorteils durch die Geldbuße, BB 1998, 1236; *Weyand,* Auswirkungen der Neuregelung im Ordnungswidrigkeitenrecht auf das steuerliche Bußgeldrecht, Information StW 1998, 359; *Többens,* Die Bekämpfung der Wirtschaftskriminalität durch die Troika der §§ 9, 130 und 30 des Gesetzes über Ordnungswidrigkeiten, NStZ 1999, 1; *Achenbach,* Ausweitung des Zugriffs bei den ahndenden Sanktionen gegen die Unternehmensdelinquenz, wistra 2002, 441; *Wegner,* Festsetzung von unternehmensbezogenen Geldbußen in Steuerstrafverfahren, PStR 2003, 180; *Eidam,* Die Verbandsgeldbuße des § 30 Abs. 4 OWiG – eine Bestandsaufnahme, wistra 2003, 447; *Burhoff,* Steuerordnungswidrigkeiten in der Praxis, PStR 2006, 233; *Samson/Langrock,* Bekämpfung der Wirtschaftskriminalität in und durch Unternehmen, DB 2007, 1684; *Wessing,* Steuerordnungswidrigkeiten – Gefahr und Chance für die Verteidigung, SAM 2007, 9; *Mitsch,* Grundzüge des Ordnungswidrigkeitenrechts, JA 2008, 241; *Wenzel,* Verwirklichung von Bußgeldtatbeständen durch Berater, StBW 2010, 1176; *Wolter,* Zur dreijährigen Verjährungsfrist nach den §§ 130, 131, 31 OWiG – ein Beitrag zur Gesetzesauslegung, GA 2010, 441; *Krumm,* Gewinnabschöpfung nach dem OWiG, JuS 2011, 496; *Theile/Petermann,* Die Sanktionierung von Unternehmen nach dem OWiG, JuS 2011, 496; *Wegner,* Steuerordnungswidrigkeiten: Risikofeld und Gestaltungsmittel der Verteidigung, PStR 2011, 97; *Gehm,* Der Verfall eines Vermögensvorteils im steuerlichen Bußgeldverfahren, NWB 2012, 2149; *Retemeyer,* Gewinnabschöpfung im Ordnungswidrigkeitenrecht, wistra 2012, 56; vgl. auch die Nachweise vor Rn. 61; *Madauß,* Gewinnabschöpfung und steuerliche Ordnungswidrigkeiten, NZWiSt 2016, 98; *Zieglmeier,* Unternehmensgeldbußen bei Nichtabführung von Sozial-

versicherungsbeiträgen, NJW 2016, 2163; *Cordes/Reichling*, Verbandsgeldbuße trotz Verfahrenseinstellung gegenüber Leitungspersonen, NJW 2016, 3209.

Übersicht

	Rn.
I. Allgemeines	1, 2
1. Entstehungsgeschichte	1
2. Zweck der Vorschrift	2
II. Begriff der Steuerordnungswidrigkeit	3–8
III. Geltung des OWiG	9–75
1. Umfang der Verweisung	9, 10
2. Einzelheiten	11–60
a) Geltungsbereich des OWiG	11, 12
b) Vorwerfbarkeit	13–16
c) Fahrlässigkeit	17–20
d) Versuch	21
e) Beteiligung	22–25
f) Handeln für einen anderen	26–29
g) Rechtfertigungsgründe	30
h) Geldbuße	31–36
i) Zusammentreffen mehrerer Gesetzesverletzungen	37, 38
k) Einziehung	39, 40
l) Einziehung und Geldbuße gegen juristische Personen und Personenvereinigungen	41–60
3. Verletzung der Aufsichtspflicht in Betrieben und Unternehmen	61–75

I. Allgemeines

1. Entstehungsgeschichte

1 Die inhaltsgleiche Vorschrift des § 403 RAO war nach dem Vorbild des § 391 RAO durch Art. 2 Nr. 18 des 2. AOStrafÄndG v. 12.8.1968 (BGBl. 1968 I 953) in das Gesetz eingefügt worden (Begr. BT-Drs. V/1812, 26). § 377 I AO 1977 weicht von § 403 I RAO nur redaktionell ab; statt von *„Zuwiderhandlungen gegen Steuergesetze"* spricht das Gesetz nun von *„Zuwiderhandlungen, die nach den Steuergesetzen mit Geldbuße geahndet werden können"* (Begr. BT-Drs. VI/1982, 197 iVm 193).

Durch das Gesetz zur Änderung des Bundesversorgungsgesetzes und anderer Vorschriften v. 17.7.2017 (BGBl. 2017 I 2541; in Kraft ab dem 25.5.2018) wurde klargestellt, dass auch Ordnungswidrigkeiten nach der AO Steuerordnungswidrigkeiten sind (vgl. BT-Drs. 18/12611, 95). Als ergänzende Regelung hierzu erstreckt sich § 384a II AO über den Verweis auf § 41 BDSG die Anwendung der AO seit dem 25.5.2018 auch auf Verstöße nach Art. 83 IV–VI Verordnung (EU) 2016/679 (vgl. BT-Drs. 18/12611, 96).

2. Zweck der Vorschrift

2 § 377 I AO grenzt Steuerordnungswidrigkeiten (→ Rn. 3 ff.) von Steuerstraftaten iSd § 369 I AO ab. Die Sammelbezeichnung für alle Ordnungswidrigkeiten der §§ 378–383 AO erleichtert die Gesetzestechnik. Durch den Begriff *„Steuerordnungswidrigkeit"* werden die §§ 409 ff. AO ohne Weiteres auf die genannten Zuwiderhandlungen bezogen. § 377 II AO hat – ebenso wie § 369 II AO – nur klarstellende Bedeutung, da die §§ 378–384 AO offensichtlich keine vollständige Regelung des materiellen Rechts der Steuerordnungswidrigkeiten darstellen (→ § 369 Rn. 4).

II. Begriff der Steuerordnungswidrigkeit

Eine Ordnungswidrigkeit ist eine rechtswidrige und vorwerfbare Handlung, die den 3
Tatbestand eines Gesetzes verwirklicht, das die Ahndung mit einer Geldbuße zulässt (§ 1 OWiG; über die wesensmäßigen Unterschiede zwischen Kriminalstrafrecht und Ordnungsunrecht vgl. Göhler/*Gürtler/Thoma* OWiG vor § 1 Rn. 2 ff., 32 ff.). Entscheidend ist die abstrakte Tatbestandsbewertung durch den Gesetzgeber. Es kommt nicht darauf an, ob die für die Ahndung zuständige Verwaltungsbehörde oder das Gericht die Tat im Einzelfall nach ihrem materiellen Unrechtsgehalt als Ordnungsunrecht oder Kriminalunrecht ansehen (Göhler/*Gürtler/Thoma* OWiG vor § 1 Rn. 37). § 377 I AO definiert Steuerordnungswidrigkeiten (Zollordnungswidrigkeiten; → Rn. 8) als diejenigen Zuwiderhandlungen gegen Steuergesetze, die mit Geldbuße bedroht sind. Die Vorschrift verweist damit nicht nur auf die §§ 378–383 AO, sondern zB auch auf § 50e EStG, § 26a UStG.

Steuergesetz iSd § 377 I AO ist jede Rechtsnorm, welche die Ermittlung oder Erklä- 4
rung von Besteuerungsgrundlagen oder die Anmeldung, Festsetzung, Erhebung oder Vollstreckung einer Steuer regelt, für deren Verwaltung die AO gilt. Der Gesetzesbegriff ist im materiellen Sinn aufzufassen (krit. → § 369 Rn. 5). Auf die Bezeichnung des Gesetzes kommt es nicht an. Steuergesetz ist auch die AO selbst, so dass – wenn die Tatbestände der §§ 378–383 AO erfüllt sind – nicht geprüft zu werden braucht, ob es sich im Einzelfall wesensmäßig um eine Steuerverfehlung handelt (→ § 381 Rn. 4).

Da der Unrechtsgehalt des § 130 OWiG in der Verletzung von Aufsichtspflichten und nicht von Steuergesetzen liegt, handelt es sich bei § 130 OWiG nicht um eine Rechtsnorm iSd § 377 I AO. Nichtsdestotrotz kann es sich bei der Zuwiderhandlung, die durch gehörige Aufsicht hätte verhindert werden können, um eine Steuerverfehlung handeln und damit die Finanzbehörde zuständig sein, § 131 III AO iVm §§ 409 f. AO (Kohlmann/ *Heuel* AO § 377 Rn. 14).

Zuwiderhandlung ist ein Verstoß gegen eine bestimmte Rechtspflicht, die sich sowohl 5
aus dem Bußgeldtatbestand selbst als auch aus anderen Normen ergeben kann (vgl. etwa § 26a UStG, §§ 50e, 50f EStG; HHS/*Rüping* AO § 377 Rn. 12; RKR/*Hunsmann* AO § 377 Rn. 6). Als Ordnungswidrigkeit kann nur ein tatbestandsmäßiges, rechtswidriges und vorwerfbares Handeln geahndet werden. Die Grundvoraussetzungen des Art. 103 II GG gelten im Bereich des Ordnungsunrechts ebenso wie im Strafrecht (Göhler/*Gürtler/ Thoma* OWiG vor § 1 Rn. 10). Auch im Recht der Ordnungswidrigkeiten finden die Rechtssätze nulla poena sine culpa (BVerfG 25.10.1966, BVerfGE 20, 323, 333) und in dubio pro reo (BVerfG 4.2.1959, BVerfGE 9, 167, 170) Anwendung.

Blankett-Tatbestände, dh Bußgeldvorschriften, die selbst nur die Bußgelddrohung 6
enthalten, jedoch wegen der mit Geldbuße bedrohten Handlung auf andere Vorschriften verweisen, sind nur dann mit Art. 103 II GG vereinbar, wenn die Blankettnorm die Regelungen, die zu ihrer Ausfüllung in Betracht kommen, sowie deren möglichen Inhalt und Gegenstand genügend deutlich bezeichnet und abgrenzt (BVerfG 7.5.1968, BVerfGE 23, 265, 269; BVerfG 25.10.1992, NJW 1992, 2624). Wird der Tatbestand eines Blankettgesetzes durch ein anderes Gesetz ergänzt, genügt im Blankettgesetz eine Verweisung auf die ausfüllende Norm. Erfolgt die Ergänzung jedoch durch eine RechtsVO, so genügt eine derartige Verweisung allein nicht; vielmehr müssen zugleich die Voraussetzungen für die Verhängung einer Geldbuße sowie deren Maß im Blankettgesetz selbst oder in einer anderen gesetzlichen Vorschrift, auf die das Blankettgesetz Bezug nimmt, hinreichend deutlich umschrieben werden (BVerfG 25.7.1962, BVerfGE 14, 245, 252; bejahend OLG Frankfurt 13.1.1963, ZfZ 1964, 118, zu § 413 I Nr. 1a RAO 1939).

Regelungen des EU-Rechts entbinden den nationalen Gesetzgeber wegen des Demo- 7
kratieprinzips nicht von der Verpflichtung, die wesentlichen Voraussetzungen der Straf- bzw. Ahndbarkeit hinreichend genau festzulegen und dem EU-Verordnungsgeber nur die nähere Spezifizierung des Tatbestands zu überlassen (Parlamentsvorbehalt). Vor diesem

Hintergrund fordert zB das OLG Stuttgart (28.8.1989, NJW 1990, 657 f.) eine statische Verweisung, die die EG-Verordnung nach Artikel, Absatz, Unterabschnitt und Buchstabe zitieren muss. Dagegen ist die Vereinbarkeit der Blankettverweisungstechnik bei dynamischen Verweisungen mit dem Demokratieprinzip und dem Bestimmtheitsgrundsatz in Frage zu stellen (*Dannecker* ZStW 117 [2005] 697, 738).

8 **Zollordnungswidrigkeiten** sind an sich Steuerordnungswidrigkeiten, weil „Zölle" begrifflich zu den „Steuern" gehören (§ 3 III AO). Die Abgrenzung ist aber insofern bedeutsam, als andere Gesetze auf die Vorschriften für Zölle verweisen. Eine „Kaffeesteuer"-Ordnungswidrigkeit gem. § 381 AO zB ist iSd § 377 I AO eine „Zollordnungswidrigkeit", auf die § 32 ZollVG auch dann anwendbar wäre, wenn das KaffeesteuerG keine Verweisung enthielte (zust. Schwarz/Pahlke/*Webel* AO § 377 Rn. 4).

III. Geltung des OWiG

1. Umfang der Verweisung

9 **Die Vorschriften des 1. Teils des OWiG** (→ Rn. 11 ff.) gelten auch für Steuerordnungswidrigkeiten, soweit die Bußgeldvorschriften der Steuergesetze nichts anderes bestimmen (§ 377 II). Grundvoraussetzung einer Ordnungswidrigkeit ist – ebenso wie im Strafrecht – eine tatbestandsmäßige (→ § 369 Rn. 36 f.), rechtswidrige (→ § 369 Rn. 38 sowie → Rn. 30) und vorwerfbare (→ Rn. 13 ff.) Handlung.

10 **Eine von den allgemeinen Vorschriften abweichende Regelung** trifft § 384 AO über die Verfolgungsverjährung. Die Vorschrift gilt für die leichtfertige Steuerverkürzung (§ 378 AO) und für die Steuergefährdungen iSd §§ 379, 380 AO. Während nach § 10 OWiG auch fahrlässiges Handeln (→ Rn. 17 ff.) geahndet werden kann, setzen die Steuerordnungswidrigkeiten nach §§ 378–381 AO „*Leichtfertigkeit*" (→ § 378 Rn. 33 ff.) voraus; anders § 382. Das Höchstmaß der zulässigen Geldbuße ist bei den Steuerordnungswidrigkeiten ebenfalls abw. von § 17 I OWiG geregelt (§ 378 II, § 379 IV, § 380 II, § 381 II, § 382 III, § 383 II, § 383a II). Auch für die Verfolgung von Auslandstaten sehen §§ 378 I 2, 379 I 2 AO iVm § 370 VII AO Abweichungen zum Territorialitätsprinzip des § 5 OWiG vor.

2. Einzelheiten

a) Geltungsbereich des OWiG

11 Über die zeitliche Geltung von Bußgeldvorschriften bestimmen

§ 3 OWiG Keine Ahndung ohne Gesetz

Eine Handlung kann als Ordnungswidrigkeit nur geahndet werden, wenn die Möglichkeit der Ahndung gesetzlich bestimmt war, bevor die Handlung begangen wurde.

§ 4 OWiG Zeitliche Geltung

(1) Die Geldbuße bestimmt sich nach dem Gesetz, das zur Zeit der Handlung gilt.
(2) Wird die Bußgelddrohung während der Begehung der Handlung geändert, so ist das Gesetz anzuwenden, das bei Beendigung der Handlung gilt.
(3) Wird das Gesetz, das bei Beendigung der Handlung gilt, vor der Entscheidung geändert, so ist das mildeste Gesetz anzuwenden.
(4) [1] Ein Gesetz, das nur für eine bestimmte Zeit gelten soll, ist auf Handlungen, die während seiner Geltung begangen sind, auch dann anzuwenden, wenn es außer Kraft getreten ist. [2] Dies gilt nicht, soweit ein Gesetz etwas anderes bestimmt.
(5) Für Nebenfolgen einer Ordnungswidrigkeit gelten die Absätze 1 bis 4 entsprechend.

Die Vorschriften sind den §§ 1, 2 StGB nachgebildet; s. daher Rn. 18 ff. zu § 369 AO. Im Verhältnis zu Strafvorschriften sind Bußgeldvorschriften das mildeste Gesetz iS des § 4

III OWiG (Göhler/*Gürtler/Thoma* OWiG § 4 Rn. 6, KK-OWiG/*Rogall* OWiG § 4 Rn. 31 mwN).

Über den räumlichen Geltungsbereich bestimmen: 12

§ 5 OWiG Räumliche Geltung
Wenn das Gesetz nichts anderes bestimmt, können nur Ordnungswidrigkeiten geahndet werden, die im räumlichen Geltungsbereich dieses Gesetzes oder außerhalb dieses Geltungsbereichs auf einem Schiff oder in einem Luftfahrzeug begangen werden, das berechtigt ist, die Bundesflagge oder das Staatszugehörigkeitszeichen der Bundesrepublik Deutschland zu führen.

§ 7 OWiG Ort der Handlung
(1) Eine Handlung ist an jedem Ort begangen, an dem der Täter tätig geworden ist oder im Falle des Unterlassens hätte tätig werden müssen oder an dem der zum Tatbestand gehörende Erfolg eingetreten ist oder nach der Vorstellung des Täters eintreten sollte.
(2) Die Handlung eines Beteiligten ist auch an dem Ort begangen, an dem der Tatbestand des Gesetzes, das die Ahndung mit einer Geldbuße zulässt, verwirklicht worden ist oder nach der Vorstellung des Beteiligten verwirklicht werden sollte.

b) Vorwerfbarkeit
Eine Ordnungswidrigkeit kann nur geahndet werden, wenn sie „*vorwerfbar*" begangen 13 ist (§ 1 I OWiG). Im Strafrecht ist „Schuld" = Vorwerfbarkeit (→ § 369 Rn. 98 ff.). Auch iSd § 1 OWiG deckt sich der Begriff „vorwerfbar" inhaltlich mit dem strafrechtlichen Begriff „schuldhaft" (Göhler/*Gürtler/Thoma* OWiG vor § 1 Rn. 30; HHS/*Rüping* AO § 377 Rn. 22; Koch/Scholtz/*Scheurmann-Kettner* AO § 377 Rn. 10). Das OWiG spricht aber bewusst nicht von „*Schuld*" des Täters, weil „*mit dem Schuldbegriff das Element sozialethischer Missbilligung verbunden werden kann, das in dem Vorwurf eines bloßen Ordnungsverstoßes nicht enthalten ist*" (Begr. BT-Drs. V/1269, 46). Nicht vorwerfbares Handeln liegt zB vor bei fehlender Verantwortlichkeit gem. § 12 OWiG oder bei unvermeidbarem Verbotsirrtum (→ Rn. 15). Zu den Begriffen Vorsatz → § 369 Rn. 49 ff., Fahrlässigkeit → Rn. 17 ff., Leichtfertigkeit → § 378 Rn. 33 ff.

Über den Irrtum bestimmt: 14

§ 11 OWiG Irrtum
(1) ¹Wer bei Begehung einer Handlung einen Umstand nicht kennt, der zum gesetzlichen Tatbestand gehört, handelt nicht vorsätzlich. ²Die Möglichkeit der Ahndung wegen fahrlässigen Handelns bleibt unberührt.
(2) Fehlt dem Täter bei Begehung der Handlung die Einsicht, etwas Unerlaubtes zu tun, namentlich weil er das Bestehen oder die Anwendbarkeit einer Rechtsvorschrift nicht kennt, so handelt er nicht vorwerfbar, wenn er diesen Irrtum nicht vermeiden konnte.

Die Regelung des Tatumstandsirrtums durch § 11 I OWiG ist § 16 I StGB nachgebildet (ausf. → § 369 Rn. 100 ff.). Bei den Blankettvorschriften (→ Rn. 6) gehören die Merkmale, auf die das Blankett verweist, zum Tatbestand (Göhler/*Gürtler* OWiG § 11 Rn. 3; Koch/Scholtz/*Scheurmann-Kettner* AO § 377 Rn. 11). Ein Tatumstandsirrtum schließt den Vorsatz aus (anders der Verbotsirrtum, → Rn. 15; vgl. auch BayObLG v. 30.1.1990, wistra 1990, 202). Beruht die Unkenntnis der Tatbestandsmerkmale auf Fahrlässigkeit (Leichtfertigkeit), kommt eine Ahndung gem. § 11 I 2 OWiG in Betracht, falls das Gesetz fahrlässiges (leichtfertiges) Handeln mit Geldbuße bedroht, wie zB §§ 378–382 AO (anders § 383 AO).

Der Verbotsirrtum iSd § 11 II OWiG bezieht sich nicht auf Tatumstände, sondern auf 15 die Rechtswidrigkeit der Tat. Er lässt den Vorsatz unberührt (→ § 369 Rn. 101 ff.). Die Vorschrift gilt in gleicher Weise für den Täter, der sich irrig die Rechtmäßigkeit seines Handelns vorgestellt hat, wie auch für den, der überhaupt nicht nachgedacht hat. Gerade im Recht der Ordnungswidrigkeiten sind die Gebotstatbestände besonders zahlreich. Der Täter wird daher „*häufig keinen Anlass finden, über die rechtliche Beurteilung seiner Untätigkeit nachzudenken*" (Begr. BT-Drs. V/1269, 46). Während der strafrechtliche Verbotsirrtum bei fehlendem „*Unrechtsbewusstsein*" vorliegt (→ § 369 Rn. 101), spricht § 11 II OWiG von dem fehlenden Bewusstsein, etwas „*Unerlaubtes*" zu tun. Diese Fassung soll ausdrücken, dass den Ordnungswidrigkeiten Verstöße gegen Ge- und Verbote zugrunde liegen, die nicht auf sozialethischen Wertmaßstäben beruhen, sondern eher aus Zweckmäßigkeitsgründen geschaffen worden sind (Göhler/*Gürtler*/*Thoma* OWiG § 11 Rn. 19). Gem. § 11 II OWiG ist eine Ahndung nur dann ausgeschlossen, wenn dem Täter das fehlende Bewusstsein, etwas Unerlaubtes zu tun, nicht „*vorwerfbar*" ist. Der Irrtum ist vorwerfbar, wenn der Täter bei Anwendung der Sorgfalt, die nach der Sachlage objektiv zu fordern war und die er nach seinen persönlichen Verhältnissen erbringen konnte, das Unerlaubte seines Handelns zu erkennen vermochte (→ § 369 Rn. 39, 102). Eine besondere Anspannung des „*Gewissens*" kann jedoch regelmäßig schon deshalb nicht gefordert werden, „*weil die im Recht der Ordnungswidrigkeiten zum Ausdruck kommenden Werturteile den Bereich des Gewissens in vielen Fällen nicht berücksichtigen*" (Begr. BT-Drs. V/1269, 46; BGH 27.1.1966, BGHSt 21, 18, 21; Kohlmann/*Schauf* AO § 377 Rn. 74). Welche Anforderungen zur Vermeidung des Verbotsirrtums zu stellen sind, hängt von den Umständen des Einzelfalls, namentlich der Persönlichkeit des Täters und seinem Lebens- und Berufskreis ab (Göhler/*Gürtler*/*Thoma* OWiG § 11 Rn. 24, KK-OWiG/*Rengier* OWiG § 11 Rn. 57; BayObLG 13.10.1999, wistra 2000, 117). Bestehende oder erkennbare Zweifel lassen eine Prüfungs- und Erkundigungspflicht entstehen (KK-OWiG/*Rengier* OWiG § 11 Rn. 58). Besondere persönliche oder berufliche Erkenntnisfähigkeiten müssen eingesetzt werden (OLG Hamburg 8.5.1970, NJW 1970, 2037, 2039; KK-OWiG/*Rengier* OWiG § 11 Rn. 58; Göhler/*Gürtler*/*Thoma* OWiG § 11 Rn. 24).

16 **Der vorwerfbare Verbotsirrtum** kann bei der Bemessung der Geldbuße mildernd berücksichtigt werden (KK-OWiG/*Rengier* OWiG § 11 Rn. 125; Göhler/*Gürtler*/*Thoma* OWiG § 11 Rn. 29). Die für die Ahndung zuständige Stelle ist dabei nicht auf den Bußgeldrahmen für fahrlässiges (leichtfertiges) Handeln (§ 17 II OWiG) beschränkt (Begr. BT-Drs. V/1269, 47). Über die Unterscheidung von Tatumstands- und Verbotsirrtum in Grenzfällen vgl. Göhler/*Gürtler*/*Thoma* OWiG § 11 Rn. 30 ff., KK-OWiG/*Rengier* OWiG § 11 Rn. 10 ff.

c) Fahrlässigkeit

17 Die Steuerordnungswidrigkeiten nach §§ 378–382 AO können leichtfertig (§§ 378–381, 383a) oder fahrlässig (§ 382) begangen werden. Da Leichtfertigkeit ein gesteigertes Maß der Fahrlässigkeit ist (→ § 378 Rn. 33 ff.), ist für alle Steuerordnungswidrigkeiten nach §§ 378–382 AO die Fahrlässigkeit von Bedeutung. Zwischen der fahrlässigen Straftat und der fahrlässigen Ordnungswidrigkeit bestehen keine dogmatischen Unterschiede. Literatur und Rspr. zum Fahrlässigkeitsdelikt sind daher auch für die fahrlässige Ordnungswidrigkeit von Bedeutung. Ebenso wie beim Vorsatzdelikt sind auch beim Fahrlässigkeitsdelikt die Stufen der Tatbestandsmäßigkeit, Rechtswidrigkeit und Schuld zu unterscheiden. Abgesehen davon, dass das Fahrlässigkeitsdelikt das Fehlen des Vorsatzes wenigstens in Bezug auf ein Tatbestandsmerkmal und statt des Vorsatzes die entsprechende Fahrlässigkeit voraussetzt, bestehen sonst zwischen Vorsatz- und Fahrlässigkeitsdelikt kaum Unterschiede.

18 **Der Begriff der Fahrlässigkeit ist** umstritten. Streitig ist zunächst die Frage, ob die Fahrlässigkeit ein Merkmal des Tatbestandes (heute hM: *Stratenwerth*/*Kuhlen* StrafR AT § 15 Rn. 3; SK-StGB/*Hoyer* StGB § 16 Rn. 8 ff.) oder der Schuld ist. Da die Eliminierung der Fahrlässigkeit aus dem Tatbestand dazu führte, dass die schlichte Erfolgsverursachung das Unrecht und damit die Rechtswidrigkeit des Verhaltens auch dann begründete, wenn die Erfolgsverursachung für den Täter unvermeidbar ist, ist die Zuordnung der Fahrlässigkeit zum Tatbestand vorzuziehen (SK-StGB/*Hoyer* StGB § 16 Rn. 5). Die hM im Strafrecht zerlegt daher die Fahrlässigkeit in eine im Tatbestand angesiedelte generelle Sorgfaltswidrigkeit und eine individuelle Sorgfaltswidrigkeit, die die Schuld betrifft (so zB *Jescheck*/ *Weigend* S. 565 ff.). Generell sorgfaltswidrig sei ein Verhalten bereits dann, wenn ein gedachter – und mit bestimmten Kenntnissen ausgestatteter – Beobachter erkannt hätte,

dass das Verhalten für das Schutzobjekt gefährlich sei. Ob dagegen auch der konkrete Täter diese Gefahr hätte erkennen können, sei erst in der Schuld von Bedeutung (individuelle Sorgfaltswidrigkeit). Für die generelle Sorgfaltswidrigkeit komme es auf das Leitbild eines „einsichtigen Menschen" aus dem Verkehrskreis des Täters an. Im Tatbestand ist daher zu prüfen, ob zB ein ordentlicher und einsichtiger Buchhalter oder ein gewissenhafter Steuerberater die Gefahr einer Steuerverkürzung erkannt hätte, sofern der Täter Buchhalter oder Steuerberater ist. Dass der Täter selbst wegen seiner unterdurchschnittlichen Fähigkeiten diese Einsicht nicht hätte gewinnen können, beseitigt nicht das Unrecht der Tat, sondern lediglich seine Schuld (bzw. Verantwortlichkeit).

Demgegenüber will eine abw. Meinung bereits im Tatbestand allein die individuellen Fähigkeiten des Täters maßgeblich sein lassen (*Stratenwerth/Kuhlen* StrafR AT § 15 Rn. 12 ff.). Weist der Täter unterdurchschnittliche Fähigkeiten und Kenntnisse auf, bestehen zwischen den verschiedenen Ansichten keine praktischen Unterschiede; entweder entfällt die Tatbestandsmäßigkeit oder die Schuld. Sofern der Täter jedoch überdurchschnittliche Fähigkeiten und Kenntnisse besitzt, kommt nur die abw. Meinung zu einem Fahrlässigkeitsdelikt, während die hM Fahrlässigkeit eigentlich ablehnen müsste (zum Streitstand s. SK-StGB/*Hoyer* StGB § 16 Rn. 13 f.). **19**

Nach jeder Auffassung wird das Unrecht des fahrlässigen Delikts durch die Rechtsfigur des **erlaubten Risikos** begrenzt. Da nahezu jedes menschliche Verhalten im sozialen Kontakt vorhersehbare Gefahren für strafrechtlich oder ordnungsrechtlich geschützte Güter begründet, würde ein generelles Verbot der Vornahme gefährlicher Handlungen einem allgemeinen Handlungsverbot nahekommen. Bestimmte Risiken werden daher vom Recht hingenommen (vgl. auch KK-OWiG/*Rengier* OWiG vor § 15 Rn. 37). Der Umfang dieses „*erlaubten Risikos*" lässt sich jedoch abstrakt kaum definieren. Er wird vor allem durch bestimmte Regeln, die sich in einzelnen Verkehrskreisen herausgebildet haben, umrissen. Obwohl zB die Möglichkeiten von Fehlern bei jeder Warenbestandsaufnahme ohne Weiteres erkennbar sind, handelt nicht rechtswidrig, wer die üblichen und als ausreichend anerkannten organisatorischen Vorkehrungen gegen Fehler getroffen hat. Auch das Verhalten von Angehörigen der steuerberatenden Berufe wird in stärkerem Maße von dem erlaubten Risiko als von der Erkennbarkeit von Fehlern bestimmt (→ § 378 Rn. 52 ff.). **20**

d) Versuch

Versuchte Steuerordnungswidrigkeiten iSd §§ 378 ff. AO können mangels einer ausdrücklichen Vorschrift gem. § 13 II OWiG nicht geahndet werden. Im Bereich der in die Zuständigkeit der Zollbehörden fallenden Ordnungswidrigkeiten gibt es Ausnahmen (vgl. BMR SteuerStrR/*Möller/Retemeyer* E 35; HHS/*Rüping* AO § 377 Rn. 26). **21**

e) Beteiligung

Das OWiG verzichtet auf eine Unterscheidung zwischen dem Täter und den verschiedenen Formen der Teilnahme (→ § 369 Rn. 69 ff.). Stattdessen ist der Begriff des Einheitstäters eingeführt worden: **22**

§ 14 OWiG Beteiligung

(1) ¹Beteiligen sich mehrere an einer Ordnungswidrigkeit, so handelt jeder von ihnen ordnungswidrig. ²Dies gilt auch dann, wenn besondere persönliche Merkmale (§ 9 Abs. 1), welche die Möglichkeit der Ahndung begründen, nur bei einem Beteiligten vorliegen.

(2) Die Beteiligung kann nur dann geahndet werden, wenn der Tatbestand eines Gesetzes, das die Ahndung mit einer Geldbuße zuläßt, rechtswidrig verwirklicht wird oder in Fällen, in denen auch der Versuch geahndet werden kann, dies wenigstens versucht wird.

(3) ¹Handelt einer der Beteiligten nicht vorwerfbar, so wird dadurch die Möglichkeit der Ahndung bei den anderen nicht ausgeschlossen. ²Bestimmt das Gesetz, daß besondere persönliche Merkmale die Möglichkeit der Ahndung ausschließen, so gilt dies nur für den Beteiligten, bei dem sie vorliegen.

(4) Bestimmt das Gesetz, daß eine Handlung, die sonst eine Ordnungswidrigkeit wäre, bei besonderen persönlichen Merkmalen des Täters eine Straftat ist, so gilt dies nur für den Beteiligten, bei dem sie vorliegen.

Täter einer Ordnungswidrigkeit ist jeder, der durch sein Verhalten dazu beiträgt, dass die Ordnungswidrigkeit begangen wird. Abw. vom Strafrecht (→ § 369 Rn. 69 ff.) kommt es nicht darauf an, auf welche Weise und in welchem Umfang er sich an der Tat beteiligt. Die Einführung des einheitlichen Täterbegriffs soll die Rechtsanwendung erleichtern (Begr. BT-Drs. V/1269, 48). Für eine Unterscheidung der Teilnahmeformen besteht im Ordnungsunrecht kein Bedürfnis, weil es keine von § 17 I OWiG abweichende Mindestbußgelddrohung mehr gibt (ausf. zum Einheitstäterbegriff im OWiG: *Cramer* NJW 1969, 1929; *Dreher* NJW 1970, 217; *Kienapfel* JuS 1974, 1 und NJW 1983, 2236; *Seier* JA 1990, 342).

23 **Als Beteiligter handelt nur,** wer an einer nicht nur allein von ihm begangenen Tat bewusst und gewollt (vorsätzlich) mitwirkt (*Göhler* wistra 1983, 245; *Lemke/Mosbacher* OWiG § 14 Rn. 4). Wer nur fahrlässig (leichtfertig) verursacht, dass ein anderer eine Vorsatztat begeht, ist nicht Beteiligter iSd § 14 OWiG (Klein/*Jäger* AO § 377 Rn. 12; *Flore/Tsambikakis/Heerspink* AO § 377 Rn. 56; *Kühn/v. Wedelstädt/Blesinger/Viertelhausen* AO § 377 Rn. 15; *RKR/Hunsmann* AO § 377 Rn. 68). Beteiligung kann jedoch vorliegen, wenn jemand *vorsätzlich* verursacht, dass ein anderer eine Tat ausführt, der selbst nicht vorsätzlich handelt (*Göhler* wistra 1983, 242; aM Kohlmann/*Heuel* AO § 377 Rn. 67; BGH 6.4.1983, BGHSt 31, 309; *Lemke/Mosbacher* OWiG § 14 Rn. 4). Dabei wird man in Anlehnung an Göhler/*Gürtler/Thoma* differenzieren müssen: Kann der Tatbestand von jedermann erfüllt werden, so ist jeder *Beteiligte*, der die Erfüllung des Tatbestands vorsätzlich verursacht, gleichgültig, ob andere Personen vorsätzlich oder unvorsätzlich gehandelt haben (*Göhler/Gürtler/Thoma* OWiG § 14 Rn. 5b). Setzt die Tatbestandserfüllung eine besondere Pflichtenstellung voraus, und weist nur der Tatmittler die Sondereigenschaft auf, nicht jedoch sein „Hintermann", würde das Ordnungswidrigkeitenrecht in einen Wertungswiderspruch zum Strafrecht geraten. Auch im Strafrecht kann der Extraneus, der den gutgläubigen Intraneus als Werkzeug gebraucht, nicht (mittelbarer) Täter sein. Daher muss auch hier eine Ahndbarkeit entfallen (*Göhler/Gürtler/Thoma* OWiG § 14 Rn. 5b; *Stelzl* 1990, 63; HHS/*Rüping* AO § 377 Rn. 27; *RKR/Hunsmann* AO § 377 Rn. 70).

24 Der Begriff der Beteiligung erfasst dann unmittelbare und mittelbare Täterschaft (→ § 369 Rn. 70 ff.), Mittäterschaft (→ § 369 Rn. 77), Anstiftung und Beihilfe (→ § 369 Rn. 78 ff.), ohne dass im Einzelnen eine Abgrenzung erforderlich ist. Die Ahndung der Beteiligung setzt eine rechtswidrige Handlung voraus (§ 14 II OWiG). Die Beteiligung selbst muss vorwerfbar sein; dass alle Beteiligten vorwerfbar gehandelt haben, ist nicht erforderlich (§ 14 III 1 OWiG). Eine erfolglose Beteiligung (zB das Verabreden zu einer Ordnungswidrigkeit) kann nicht geahndet werden (anders § 30 StGB).

25 **Besondere persönliche Merkmale** (§ 14 I 2 OWiG; s. auch → Rn. 27), welche die Möglichkeit der Ahndung begründen, müssen nur bei einem der Beteiligten gegeben sein. Fehlen sie bei allen, kann der Bußgeldtatbestand nicht erfüllt werden. Eine dem § 28 I StGB entsprechende Vorschrift gibt es im OWiG nicht. Da eine von § 17 I OWiG abweichende Mindestgeldbuße nicht vorgeschrieben ist, kann das Fehlen persönlicher Merkmale bei der Bemessung der Geldbuße mildernd berücksichtigt werden oder im Rahmen des Opportunitätsprinzips (§ 47 OWiG) sogar dazu führen, dass von der Verfolgung abgesehen wird (Begr. BT-Drs. V/1269, 49). Ahndungsausschließende persönliche Merkmale kommen nur dem Beteiligten zugute, bei dem sie vorliegen (§ 14 III 2 OWiG).

f) Handeln für einen anderen

§ 9 OWiG Handeln für einen anderen

(1) Handelt jemand

1. als vertretungsberechtigtes Organ einer juristischen Person oder als Mitglied eines solchen Organs,
2. als vertretungsberechtigter Gesellschafter einer rechtsfähigen Personengesellschaft oder
3. als gesetzlicher Vertreter eines anderen,

so ist ein Gesetz, nach dem besondere persönliche Eigenschaften, Verhältnisse oder Umstände (besondere persönliche Merkmale) die Möglichkeit der Ahndung begründen, auch auf den Vertreter anzuwenden, wenn diese Merkmale zwar nicht bei ihm, aber bei dem Vertretenen vorliegen.

(2) ¹Ist jemand von dem Inhaber eines Betriebes oder einem sonst dazu Befugten
1. beauftragt, den Betrieb ganz oder zum Teil zu leiten, oder
2. ausdrücklich beauftragt, in eigener Verantwortung Aufgaben wahrzunehmen, die dem Inhaber des Betriebes obliegen,

und handelt er auf Grund dieses Auftrages, so ist ein Gesetz, nach dem besondere persönliche Merkmale die Möglichkeit der Ahndung begründen, auch auf den Beauftragten anzuwenden, wenn diese Merkmale zwar nicht bei ihm, aber bei dem Inhaber des Betriebes vorliegen. ²Dem Betrieb im Sinne des Satzes 1 steht das Unternehmen gleich. ³Handelt jemand auf Grund eines entsprechenden Auftrages für eine Stelle, die Aufgaben der öffentlichen Verwaltung wahrnimmt, so ist Satz 1 sinngemäß anzuwenden.

(3) Die Absätze 1 und 2 sind auch dann anzuwenden, wenn die Rechtshandlung, welche die Vertretungsbefugnis oder das Auftragsverhältnis begründen sollte, unwirksam ist.

Im Recht der Steuerordnungswidrigkeiten hat § 9 OWiG – anders als die entsprechende Regelung des § 14 StGB – nicht unerhebliche Bedeutung (zust. Flore/Tsambikakis/*Heerspink* AO § 377 Rn. 44; aM BMR SteuerStrR/*Möller/Retemeyer* E 52 und Kohlmann/*Heuel* AO § 377 Rn. 77). Zahlreiche steuerliche Pflichtnormen wenden sich entweder ausdrücklich (*„Arbeitgeber", „Betriebsinhaber", „Unternehmer", „Gestellungspflichtiger"*) oder nach dem Sachzusammenhang nur an einen bestimmten Personenkreis. Diese Personen handeln selten selbst. Sie können also nicht zur Verantwortung gezogen werden (über die Verantwortlichkeit des Normadressaten → Rn. 61 ff.). Ohne eine ausdrückliche Regelung könnte auch der Handelnde nicht verantwortlich gemacht werden, weil die besonderen persönlichen Merkmale in seiner Person nicht gegeben sind (vgl. auch § 14 StGB). Diese Lücke schließt § 9 OWiG. Die Vorschrift steht in einem inneren Zusammenhang mit den §§ 30, 130 OWiG (Göhler/*Gürtler/Thoma* OWiG § 9 Rn. 2; KK-OWiG/*Rogall* OWiG § 9 Rn. 101; → Rn. 44 ff.).

§ 9 OWiG setzt besondere persönliche Merkmale des Normadressaten voraus. Dazu rechnet im Steuerstrafrecht zB die Stellung als Arbeitgeber, Inhaber des Betriebes, Unternehmer, Hersteller, Lagerinhaber, Tierhalter, Erlaubnisscheinnehmer, Einführer, Tabakpflanzer usw. Die gesetzlichen Vertreter einer juristischen Person (Vorstand oder Geschäftsführer) sowie die vertretungsberechtigten Gesellschafter einer Personenhandelsgesellschaft (zB Komplementär) müssen sich so behandeln lassen, als lägen die persönlichen Merkmale auch bei ihnen vor. Gleiches gilt für allgemeine gesetzliche Vertreter, vor allem Eltern, sowie „Parteien kraft Amtes", wie Insolvenzverwalter (vgl. *K. Schmidt* wistra 1990, 136), Liquidatoren, Testamentsvollstrecker und Nachlassverwalter (Göhler/*Gürtler/Thoma* OWiG § 9 Rn. 12). Vertreter von nichtrechtsfähigen Vereinen oder Gesellschaften des bürgerlichen Rechts fielen bis zur Änderung des § 9 OWiG durch Gesetz v. 22.8.2002 (BGBl. 2002 I 3387) nicht unter § 9 I OWiG (Göhler/*Gürtler/Thoma* OWiG § 9 Rn. 11). Seit dem 30.8.2002 ist dies jedoch möglich, da eine Personen*handels*gesellschaft nicht mehr vorausgesetzt wird. Gewillkürte Vertreter, zB Angehörige der steuerberatenden Berufe, können nur unter den einschränkenden Voraussetzungen des § 9 II OWiG verantwortlich gemacht werden (→ Rn. 29).

Betriebsleiter ist derjenige, dem die selbstständige Leitung eines Betriebes oder eines organisatorisch abgegrenzten Teilbetriebes übertragen worden ist, ohne dass es auf die Bezeichnung „Betriebsleiter" ankommt. Entscheidend ist vielmehr der sachliche Gehalt des Auftrags (Göhler/*Gürtler/Thoma* OWiG § 9 Rn. 19). Ein Prokurist kann ebenso Betriebsleiter sein wie zB ein „Direktor". § 9 II Nr. 2 OWiG ist nur anwendbar, wenn ein ausdrücklicher Auftrag festgestellt werden kann. Die Gleichstellungsklausel (§ 9 II 2 OWiG) soll gewährleisten, dass alle Einrichtungen erfasst werden, die als Betrieb oder Unternehmen angesehen werden können (Göhler/*Gürtler/Thoma* OWiG § 9 Rn. 42). Eine eindeutige Abgrenzung ist schwierig und nicht erforderlich. Die Rechtswirksamkeit der Vertretungsbefugnis (zB fehlende Eintragung im Handelsregister) oder des Auftragsverhältnisses (zB Nichtigkeit eines Vertrages mit einem nicht zur Hilfeleistung in Steuersachen Befugten) ist gem. § 9 III OWiG unerheblich.

29 **Sonstige Beauftragte** sind dann Adressaten der den Betriebsinhaber treffenden Pflichten, wenn sie ausdrücklich beauftragt sind, in eigener Verantwortung Aufgaben wahrzunehmen, die dem Inhaber des Betriebes obliegen. Diese Voraussetzungen kann auch eine Person erfüllen, die nicht dem Betrieb angehört (Göhler/*Gürtler/Thoma* OWiG § 9 Rn. 23). Mit der Wahrnehmung betrieblicher Aufgaben können zB auch Steuerberater, Rechtsanwälte und Wirtschaftsprüfer beauftragt sein (vgl. Göhler/*Gürtler/Thoma* OWiG § 9 Rn. 23, KK-OWiG/*Rogall* OWiG § 9 Rn. 49). Eine rein beratende Tätigkeit reicht insoweit allerdings nicht aus, da Vertreter iSd Nr. 2 nur sein kann, wer zu eigenverantwortlichen Entscheidungen für den Betrieb legitimiert ist (KK-OWiG/*Rogall* OWiG § 9 Rn. 81).

g) Rechtfertigungsgründe

30 **Die Rechtswidrigkeit** einer Handlung ist regelmäßig gegeben, wenn diese den Tatbestand erfüllt (Göhler/*Gürtler/Thoma* OWiG vor § 1 Rn. 20). Ein Unterlassen ist rechtswidrig, wenn der Täter seine Rechtspflicht zum Handeln vernachlässigt hat (→ § 369 Rn. 97). Rechtfertigungsgründe (§§ 15, 16 OWiG) sind im Bereich der Steuerordnungswidrigkeiten selten; im Einzelfall können Notstand (§ 16 OWiG) und Pflichtenkollision eingreifen (vgl. Göhler/*Gürtler/Thoma* OWiG vor § 1 Rn. 25). In Betracht kommen vor allem behördliche Erlaubnisse durch allgemeine Verwaltungsanordnung oder durch Einzelverfügung, zB Stundung einbehaltener LSt (vgl. § 380; zust. HHS/*Rüping* AO § 377 Rn. 21; aA Kohlmann/*Heuel* AO § 377 Rn. 79, der bei Stundung bereits den Tatbestand nicht als erfüllt ansieht), soweit sie vor der Handlung erteilt wurden (→ § 380 Rn. 34). War die Behörde nicht zuständig, bleibt die Handlung zwar rechtswidrig, kann aber uU im Einzelfall nicht vorwerfbar sein (→ Rn. 15 f.). Ist nur die unerlaubte Handlung mit Geldbuße bedroht, handelt der Täter, der eine Erlaubnis hat, gar nicht tatbestandsmäßig (Göhler/*Gürtler/Thoma* OWiG vor § 1 Rn. 22a).

h) Geldbuße

31 **Über den Rahmen sowie die Zumessung der Geldbuße** bestimmt:

§ 17 OWiG Höhe der Geldbuße

(1) Die Geldbuße beträgt mindestens fünf Euro und, wenn das Gesetz nichts anderes bestimmt, höchstens eintausend Euro.

(2) Droht das Gesetz für vorsätzliches und fahrlässiges Handeln Geldbuße an, ohne im Höchstmaß zu unterscheiden, so kann fahrlässiges Handeln im Höchstmaß nur mit der Hälfte des angedrohten Höchstbetrages der Geldbuße geahndet werden.

(3) ¹Grundlage für die Zumessung der Geldbuße sind die Bedeutung der Ordnungswidrigkeit und der Vorwurf, der den Täter trifft. ²Auch die wirtschaftlichen Verhältnisse des Täters kommen in Betracht; bei geringfügigen Ordnungswidrigkeiten bleiben sie jedoch in der Regel unberücksichtigt.

(4) ¹Die Geldbuße soll den wirtschaftlichen Vorteil, den der Täter aus der Ordnungswidrigkeit gezogen hat, übersteigen. ²Reicht das gesetzliche Höchstmaß hierzu nicht aus, so kann es überschritten werden.

Die höchstzulässige Geldbuße bei Steuerordnungswidrigkeiten richtet sich nicht unmittelbar nach § 17 I OWiG. Sie beträgt – mit der Einschränkung des § 17 II OWiG – bei §§ 378 und 383 AO, bei § 380 AO 25.000 EUR, bei § 383a AO 10.000 EUR, sonst 5.000 EUR. Bei § 26a UStG variiert die Bußgeldhöhe je nach Vergehen zwischen 5.000 und 30.000 EUR. Geldbuße und Zwangsmittel (§ 328 AO) sind nebeneinander zulässig. Ein Zwangsgeld kann aber bei der Zumessung der Geldbuße berücksichtigt werden (ähnl. BVerfG 2.5.1967, BVerfGE 21, 378, 388, betr. Kriminal- und Disziplinarstrafen).

32 § 17 III OWiG bestimmt, dass auch die **Bedeutung der Ordnungswidrigkeit** und der Vorwurf, der den Täter trifft, Grundlagen für die Zumessung der Geldbuße sind. Die Bedeutung der Ordnungswidrigkeit wird durch den *„sachlichen Umfang der Tat"* (Begr. BT-

Drs. V/1269, 51) bestimmt. Das Nichtabführen von Steuerabzugsbeträgen (§ 380 AO) wiegt zB ungleich schwerer als das Nichtanhalten bei zollamtlicher Überwachung (§ 382 I Nr. 1 AO iVm § 31 II Nr. 1 ZollVG). Das vorwerfbare Verhalten des Täters wird bei erstmaligen Zuwiderhandlungen oder bei einer nur geringfügigen Beteiligung (→ Rn. 22) weniger gewichtig sein als bei wiederholter Missachtung des geschützten Rechtsgutes. Im Übrigen gelten für die Bemessung der Geldbuße die gleichen Grundsätze wie bei der Strafzumessung (→ § 369 Rn. 132 ff.).

Nach § 17 IV OWiG soll die Geldbuße den **wirtschaftlichen Vorteil übersteigen,** **33** **den der Täter aus der Ordnungswidrigkeit gezogen** hat. Die Vorschrift ersetzt für das OWiG die im StGB gesondert geregelte Einziehung (§§ 73 ff. StGB). Zu diesem Zweck kann gem. § 17 IV 2 OWiG das gesetzliche Höchstmaß der Geldbuße überschritten werden. Die Schätzung des wirtschaftlichen Vorteils ist erlaubt, die insoweit tragenden Grundlagen müssen jedoch in der gerichtlichen Entscheidung dargelegt werden (vgl. OLG Hamm 12.2.2003, wistra 2003, 238). Dabei ist mit der hM davon auszugehen, dass der Regelung – anders als bei der Einziehung – das Nettoprinzip zugrunde liegt (vgl. KK-OWiG/*Mitsch* OWiG § 17 Rn. 119; *Lemke/Mosbacher* OWiG § 17 Rn. 33, Kohlmann/*Heuel* AO § 377 Rn. 91; aM nur Göhler/*Gürtler/Thoma* OWiG § 17 Rn. 38a; Klein/*Jäger* AO § 377 Rn. 13 die auch hier das Bruttoprinzip für anwendbar halten).

Ob der nachträgliche Wegfall des Vorteils zu berücksichtigen ist, ist umstritten. *Göhler* **34** (10. Aufl., OWiG § 17 Rn. 39, 42 mwN) lehnte dies ab, während *Peltzer* (DB 1977, 1445; differenzierend BayObLG 29.5.1980, DB 1980, 2081) sämtliche den Vorteil kompensierende Nachteile abziehen will. Diese für Steuerordnungswidrigkeiten praktisch bedeutsame Frage ist iSd Auffassung *Peltzers* zu beantworten. Das Argument *Göhlers* (10. Aufl., OWiG § 17 Rn. 39), die Berücksichtigung des nachträglichen Wegfalls des Vorteils beseitige das gesteigerte Täterrisiko, ist schon deshalb unrichtig, weil die nach § 17 III OWiG zugemessene Geldbuße bleibt. *Gürtler/Thoma* (Göhler/*Gürtler/Thoma* OWiG § 17 Rn. 38a) verweisen auf den Widerspruch zu § 29a OWiG, der eine Abschöpfung des Bruttos ermöglicht. Die Entstehungsgeschichte der Vorschrift, aber auch der Wortlaut des Gesetzes, stützen hingegen das Nettoprinzip. Die Entscheidung des Bundesverfassungsgerichts (BVerfG 23.1.1990, BVerfGE 81, 228) zur Gewinnabschöpfung bzw. der allgemeine Gleichheitssatz gebieten es, ggf. nur verbleibende Vorteile abzuschöpfen. Als wirtschaftlicher Vorteil ist also nur das anzusehen, was dem Täter nach Durchsetzung von Ersatzansprüchen bzw. Steuerzahlung verbleiben würde (*Peltzer* DB 1977, 1445; Kohlmann/*Heuel* AO § 377 Rn. 95; KK-OWiG/*Mitsch* OWiG § 17 Rn. 127; *Lemke/Mosbacher* OWiG § 17 Rn. 35; vgl. auch *S. Cramer* wistra 1996, 248 ff. und Göhler/*Gürtler/Thoma* OWiG § 17 Rn. 43, der den nachträglichen Wegfall immerhin im Rahmen der Ermessensausübung berücksichtigen will). Maßgeblich ist dabei nur die rechtliche Existenz der Ansprüche, nicht dagegen, ob sie voraussichtlich geltend gemacht werden (BGH 15.3.1984, wistra 1984, 177; s. auch BayObLG 29.5.1980, DB 1980, 2081 zur Berücksichtigung von Steuern).

Zinsersparnisse können wirtschaftlicher Vorteil iSd § 17 IV OWiG sein. Zwar kennt **35** die Abgabenordnung über § 233a AO hinaus grundsätzlich keine Verzinsung von Steuern, soweit nicht eine vorsätzliche Steuerverkürzung vorliegt. Dennoch wird man eine Abschöpfung von Zinsvorteilen über den § 17 IV OWiG für zulässig erachten müssen. Zu beachten ist dabei, dass der Hinterziehungszinssatz von 6 % pro Jahr insoweit nur Anhaltspunkt sein kann, weil über § 17 IV OWiG nicht dem Fiskus ein Nachteil ausgeglichen werden soll, sondern der wirtschaftliche Vorteil abgeschöpft wird. Die Anweisung in Nr. 114 I S. 5 AStBV (St) 2020, als Zinssatz sei von mindestens 0,5 vH für jeden vollen Monat auszugehen, ist erkennbar von dem Versuch geprägt, mittelbar die Verzinsung fahrlässig oder leichtfertig verkürzter Beträge anzuordnen und ist rechtswidrig. Es muss im Einzelfall geprüft werden, inwiefern der Täter durch die Ordnungswidrigkeit Zinsvorteile, etwa in Form von Kapitalanlagen, gehabt hat oder entsprechende Sollzinsen ersparte; Zinsen gem. § 233a AO sind dabei gegenzurechnen (vgl. auch KK-OWiG/*Mitsch* OWiG § 17 Rn. 135; HHS/*Rüping* AO § 377 Rn. 30).

36 **Zahlungserleichterungen** sind dem Betroffenen unter den Voraussetzungen des § 18 OWiG von Amts wegen, also auch ohne Antrag, in der Bußgeldentscheidung zu gewähren (Göhler/*Gürtler*/*Thoma* OWiG § 18 Rn. 1). Zu nachträglichen Zahlungserleichterungen vgl. § 93 OWiG. Solange eine Zahlungserleichterung bewilligt ist, ruht die Vollstreckungsverjährung (§ 34 IV Nr. 3 OWiG).

i) Zusammentreffen mehrerer Gesetzesverletzungen

37 **Tateinheit** liegt vor, wenn dieselbe Handlung (→ § 369 Rn. 110 ff.) mehrere Tatbestände oder denselben Tatbestand mehrmals verletzt (§ 19 I OWiG). Ebenso wie im Strafrecht (§ 52 StGB) wird in diesem Fall nur eine Sanktion verhängt, und zwar nach dem Gesetz, das die höchste Geldbuße androht (§ 19 II OWiG). Trifft die Ordnungswidrigkeit tateinheitlich mit einer Straftat zusammen, wird gem. § 21 I OWiG nur das Strafgesetz angewendet. Die Handlung kann jedoch gem. § 21 II OWiG als Ordnungswidrigkeit geahndet werden, wenn eine Strafe – etwa wegen eines Verfahrenshindernisses – nicht verhängt wird.

§ 21 OWiG Zusammentreffen von Straftat und Ordnungswidrigkeit

(1) ¹Ist eine Handlung gleichzeitig Straftat und Ordnungswidrigkeit, so wird nur das Strafgesetz angewendet. ²Auf die in dem anderen Gesetz angedrohten Nebenfolgen kann erkannt werden.

(2) Im Falle des Absatzes 1 kann die Handlung jedoch als Ordnungswidrigkeit geahndet werden, wenn eine Strafe nicht verhängt wird.

38 Die Verfolgung einer Zuwiderhandlung als Ordnungswidrigkeit im Anschluss an einen rechtskräftigen Bußgeldbescheid ist unzulässig (§ 84 I OWiG). Nach § 84 II OWiG ist die Verfolgung als Straftat hingegen möglich, wenn nicht eine rechtskräftige *gerichtliche* Entscheidung ergangen ist (§ 84 II, §§ 72, 86 OWiG, s. Begr. BT-Drs. V/1269, 109; ferner Göhler/*Seitz*/*Bauer* OWiG § 84 Rn. 3 f.). Ein Bußgeld der FinB kann hingegen den Strafklageverbrauch (analog § 84 II OWiG) nicht herbeiführen (so früher Wannemacher/ *Tormöhlen* Rn. 1695, mit der Begründung, dass anders als andere Verwaltungsbehörden, die FinB den Sachverhalt auch unter strafrechtlichen Aspekten prüfen würde). Mit Hinblick auf den § 84 II OWiG sind diejenigen Entscheidungen, die erst nach einer erneuten Befassung mit der Sache durch eine weitere Institution nach Einspruch des Betroffenen (§ 67 I OWiG) ergehen – sei es auch im schriftlichen Verfahren (§ 72 OWiG) –, einem rechtskräftigen Urteil gleichgesetzt. Dies ist bei einem bestandskräftigen Bußgeldbescheid nicht der Fall, wodurch ein Strafklageverbrauch nicht in Betracht kommt (im Ergebnis nun auch Wannemacher/*Andrejtschitsch* Rn. 700).

Bei **Tatmehrheit** (→ § 369 Rn. 127 ff.) werden (anders als nach § 53 StGB) gesonderte Geldbußen festgesetzt (§ 20 OWiG).

k) Einziehung

39 **Eine Einziehung als Nebenfolge einer Ordnungswidrigkeit** ist gem. § 22 I OWiG nur auf Grund ausdrücklicher gesetzlicher Ermächtigung zulässig (weitergehend § 74 I StGB, → § 375 Rn. 30 ff.). Bei den Steuerordnungswidrigkeiten der §§ 378–383 AO ist keine Einziehung zulässig, aber gem. §§ 20 AWG, § 37 III TabStG und § 36 VII MOG (Hüls/Reichling/*Groß* AO § 377 Rn. 67). Soweit in den Nebengesetzen eine ausdrückliche Einziehungsermächtigung besteht, greifen die Vorschriften der §§ 22, 24–29 OWiG ohne Weiteres ein. Nur die Anwendung des § 23 OWiG setzt eine zusätzliche Verweisung voraus. Die Anordnung der Einziehung in einem selbstständigen Verfahren (§ 27 OWiG) ist ohne besondere Ermächtigung in einer anderen Vorschrift zulässig (Göhler/*Gürtler*/ *Thoma* OWiG § 27 Rn. 1).

40 **Die Vorschriften des OWiG über die Einziehung** stimmen mit dem StGB weitgehend überein, wobei es seit dem Gesetz zur Reform der strafrechtlichen Vermögensabschöpfung v. 13.4.2017 (in Kraft am 1.7.2017) zu einzelnen Abweichungen gekommen ist:

- § 22 II OWiG über die Voraussetzungen der Einziehung entspricht §§ 74 III StGB (→ § 375 Rn. 47);
- § 23 OWiG über Dritteigentum entspricht § 74a StGB (→ § 375 Rn. 47);
- § 24 OWiG über den Grundsatz der Verhältnismäßigkeit entspricht § 74f StGB (→ § 375 Rn. 65 ff.);
- § 25 I, III OWiG über die Einziehung des Wertersatzes entspricht § 73c StGB (→ § 375 Rn. 70 ff.).

l) Einziehung und Geldbuße gegen juristische Personen und Personenvereinigungen

§ 29a OWiG Einziehung des Wertes von Taterträgen

(1) Hat der Täter durch eine mit Geldbuße bedrohte Handlung oder für sie etwas erlangt und wird gegen ihn wegen der Handlung eine Geldbuße nicht festgesetzt, so kann gegen ihn die Einziehung eines Geldbetrages bis zu der Höhe angeordnet werden, die dem Wert des Erlangten entspricht.
(2) ¹Die Anordnung der Einziehung eines Geldbetrages bis zu der in Absatz 1 genannten Höhe kann sich gegen einen anderen, der nicht Täter ist, richten, wenn
1. er durch eine mit Geldbuße bedrohte Handlung etwas erlangt hat und der Täter für ihn gehandelt hat,
2. ihm das Erlangte
   a) unentgeltlich oder ohne rechtlichen Grund übertragen wurde oder
   b) übertragen wurde und er erkannt hat oder hätte erkennen müssen, dass das Erlangte aus einer mit Geldbuße bedrohten Handlung herrührt, oder
3. das Erlangte auf ihn
   a) als Erbe übergegangen ist oder
   b) als Pflichtteilsberechtigter oder Vermächtnisnehmer übertragen worden ist.
²Satz 1 Nummer 2 und 3 findet keine Anwendung, wenn das Erlangte zuvor einem Dritten, der nicht erkannt hat oder hätte erkennen müssen, dass das Erlangte aus einer mit Geldbuße bedrohten Handlung herrührt, entgeltlich und mit rechtlichem Grund übertragen wurde.
(3) ¹Bei der Bestimmung des Wertes des Erlangten sind die Aufwendungen des Täters oder des anderen abzuziehen. ²Außer Betracht bleibt jedoch das, was für die Begehung der Tat oder für ihre Vorbereitung aufgewendet oder eingesetzt worden ist.
(4) ¹Umfang und Wert des Erlangten einschließlich der abzuziehenden Aufwendungen können geschätzt werden. ²§ 18 gilt entsprechend.
(5) Wird gegen den Täter ein Bußgeldverfahren nicht eingeleitet oder wird es eingestellt, so kann die Einziehung selbständig angeordnet werden.

Der § 29a OWiG wurde durch das Gesetz zur Reform der strafrechtlichen Vermögensabschöpfung v. 13.4.2017 mWv 1.7.2017 umstrukturiert. Welche Version anwendbar ist, richtet sich nach dem Zeitpunkt der Anordnungsentscheidung, nicht nach der Begehung, § 133 VI OWiG. Der Zweck der Regelung blieb unverändert. **Zweck der Regelung** ist es, Vermögensvorteile abzuschöpfen, die durch eine mit Geldbuße bedrohte Handlung erlangt sind, soweit dies nicht schon mit der Festsetzung einer Geldbuße geschehen kann (Göhler/*Gürtler*/*Thoma* OWiG § 29a Rn. 1).

Nach altem Recht verlangte der § 29a OWiG, dass der Vorteil „aus" der Tat erlangt wurde. Damit wurde eine unmittelbare Kausalbeziehung gefordert. Unmittelbarer Vermögensvorteil ist auch der einer Kapitalnutzung, zB der verkürzten Steuern, der allerdings durch etwaige Zinsansprüche gegen den Vorteilsempfänger gemindert oder ausgeglichen sein kann (vgl. Göhler/*Gürtler*/*Thoma* OWiG § 29a Rn. 12; *Brenner* StBp 1987, 72; *Dörn* StBp 1991, 89). Dementsprechend war über § 29a OWiG aF eine Abschöpfung von Zinsvorteilen (→ Rn. 35) grundsätzlich möglich. Zu beachten war allerdings, dass § 29a II OWiG aF – anders als § 73 II StGB – keine Regelung für Nutzungen und Surrogate vorsah und § 29a II OWiG aF wie die strafrechtliche Einziehungsanordnung nach § 73 I 1 StGB als ungeschriebenes Tatbestandsmerkmal eine unmittelbare Kausalbeziehung zwischen der mit Geldbuße bewehrten Tat und dem aus dieser oder für diese erlangten Etwas, dem Vorteil, voraussetzte (OLG Celle 30.8.2011, wistra 2011, 476, 477; OLG Stuttgart

16.12.2008, wistra 2009, 167; siehe auch Göhler/*Gürtler*/*Thoma* OWiG § 29a Rn. 10; *Retemeyer* wistra 2012, 56). Daran fehlte es bei bloß ersparten Zinsen. Zutreffend wies *Schröder* (GewArch 2009, 396) darauf hin, dass das Unmittelbarkeitserfordernis zwischen Ordnungswidrigkeit und erlangtem Etwas ein typischer Stolperstein bei der Anwendbarkeit des § 29a OWiG gewesen ist. Erst recht galt dies für § 29a Abs. 2 OWiG.

41b Seit dem 1.7.2017 kann eingezogen werden, was nicht nur „aus" der Tat, sondern „durch" und „für" die Tat erlangt wurde. Damit ist die unmittelbare Kausalbeziehung aufgehoben worden. Nunmehr richtet sich die erforderliche Kausalbeziehung nach den Grundsätzen des Bereicherungsrechts (Kohlmann/*Schauf* AO § 377 Rn. 142). Der tatsächliche Zinsvorteil, nicht die steuerlichen Zinsen nach §§ 233a ff. AO, kann seit der Neufassung eingezogen werden, wobei Zinsfestsetzungen nach §§ 233a ff. AO gegenzurechnen sind (Kohlmann/*Schauf* AO § 377 Rn. 142). Zudem wurde mit dem § 29a III OWiG die Anwendung des Bruttoprinzips festgeschrieben und konkretisiert. Damit unterscheidet sich die Anordnung nach § 29a OWiG von der Einziehung im Rahmen eines Bußgeldes, bei dem das Nettoprinzip gem. § 17 IV OWiG zu beachten ist.

42 **Aus welchen Gründen die Ordnungswidrigkeit nicht geahndet werden kann,** ist gleichgültig. So findet § 29a OWiG Anwendung, wenn von der Festsetzung einer Geldbuße nach § 47 OWiG abgesehen wird oder wenn aus Rechtsgründen, zB auf Grund einer Amnestie, die Handlung nicht verfolgt werden kann (Göhler/*Gürtler*/*Thoma* OWiG § 29a Rn. 29). Da auch der Rücktritt als persönlicher Ahndungsaufhebungsgrund der Einziehungsanordnung nicht entgegensteht (SK-StGB/*Wolters*/*Horn* § 73 Rn. 6), wird man § 29a OWiG auch für anwendbar halten, wenn eine Verfolgung der Steuerordnungswidrigkeit gem. § 378 AO wegen einer bußgeldbefreienden Selbstanzeige (§ 378 III AO) nicht mehr möglich ist.

43 **Fehlt es an einer Verfahrenseinleitung** oder wurde das Verfahren eingestellt, kann die Einziehung selbstständig angeordnet werden (§ 29a IV OWiG). Dabei sind auch in diesem Verfahren alle Voraussetzungen festzustellen, die für eine Einziehung iSd Absätze 1, 2 erfüllt sein müssen (KK-OWiG/*Mitsch* OWiG § 29a Rn. 49).

§ 30 Geldbuße gegen juristische Personen und Personenvereinigungen

(1) Hat jemand
1. als vertretungsberechtigtes Organ einer juristischen Person oder als Mitglied eines solchen Organs,
2. als Vorstand eines nicht rechtsfähigen Vereins oder als Mitglied eines solchen Vorstandes,
3. als vertretungsberechtigter Gesellschafter einer rechtsfähigen Personengesellschaft,
4. als Generalbevollmächtigter oder in leitender Stellung als Prokurist oder Handlungsbevollmächtigter einer juristischen Person oder einer in Nummer 2 oder 3 genannten Personenvereinigung oder
5. als sonstige Person, die für die Leitung des Betriebs oder Unternehmens einer juristischen Person oder einer in Nummer 2 oder 3 genannten Personenvereinigung verantwortlich handelt, wozu auch die Überwachung der Geschäftsführung oder die sonstige Ausübung von Kontrollbefugnissen in leitender Stellung gehört,

eine Straftat oder Ordnungswidrigkeit begangen, durch die Pflichten, welche die juristische Person oder die Personenvereinigung treffen, verletzt worden sind oder die juristische Person oder die Personenvereinigung bereichert worden ist oder werden sollte, so kann gegen diese eine Geldbuße festgesetzt werden.

(2) ¹Die Geldbuße beträgt
1. im Falle einer vorsätzlichen Straftat bis zu zehn Millionen Euro,
2. im Falle einer fahrlässigen Straftat bis zu fünf Millionen Euro.

²Im Falle einer Ordnungswidrigkeit bestimmt sich das Höchstmaß der Geldbuße nach dem für die Ordnungswidrigkeit angedrohten Höchstmaß der Geldbuße. ³Verweist das Gesetz auf diese Vorschrift, so verzehnfacht sich das Höchstmaß der Geldbuße nach Satz 2 für die im Gesetz bezeichneten Tatbestände. ⁴Satz 2 gilt auch im Falle einer Tat, die gleichzeitig Straftat und Ordnungswidrigkeit ist, wenn das für die Ordnungswidrigkeit angedrohte Höchstmaß der Geldbuße das Höchstmaß nach Satz 1 übersteigt.

(2a) ¹Im Falle einer Gesamtrechtsnachfolge oder einer partiellen Gesamtrechtsnachfolge durch Aufspaltung (§ 123 Absatz 1 des Umwandlungsgesetzes) kann die Geldbuße nach Absatz 1 und 2 gegen den oder die Rechtsnachfolger festgesetzt werden. ²Die Geldbuße darf in diesen Fällen den Wert des übernommenen Vermögens sowie die Höhe der gegenüber dem Rechtsvorgänger angemessenen Geldbuße nicht übersteigen. ³Im Bußgeldverfahren tritt der Rechtsnachfolger oder treten die Rechtsnachfolger in die Verfahrensstellung ein, in der sich der Rechtsvorgänger zum Zeitpunkt des Wirksamwerdens der Rechtsnachfolge befunden hat.

(3) § 17 Abs. 4 und § 18 gelten entsprechend.

(4) ¹Wird wegen der Straftat oder Ordnungswidrigkeit ein Straf- oder Bußgeldverfahren nicht eingeleitet oder wird es eingestellt oder wird von Strafe abgesehen, so kann die Geldbuße selbständig festgesetzt werden. ²Durch Gesetz kann bestimmt werden, daß die Geldbuße auch in weiteren Fällen selbständig festgesetzt werden kann. ³Die selbständige Festsetzung einer Geldbuße gegen die juristische Person oder Personenvereinigung ist jedoch ausgeschlossen, wenn die Straftat oder Ordnungswidrigkeit aus rechtlichen Gründen nicht verfolgt werden kann; § 33 Abs. 1 Satz 2 bleibt unberührt.

(5) Die Festsetzung einer Geldbuße gegen die juristische Person oder Personenvereinigung schließt es aus, gegen sie wegen derselben Tat die Einziehung nach den §§ 73 oder 73c des Strafgesetzbuches oder nach § 29a anzuordnen.

(6) Bei Erlass eines Bußgeldbescheids ist zur Sicherung der Geldbuße § 111e Absatz 2 der Strafprozessordnung mit der Maßgabe anzuwenden, dass an die Stelle des Urteils der Bußgeldbescheid tritt.

Zweck des § 30 OWiG ist, einen Ausgleich dafür zu ermöglichen, *„dass der juristischen* **44** *Person, die nur durch ihre Organe zu handeln imstande ist, zwar die Vorteile dieser in ihrem Interesse vorgenommenen Betätigung zufließen, dass sie aber beim Fehlen einer Sanktionsmöglichkeit nicht den Nachteilen ausgesetzt wäre, die als Folge der Nichtbeachtung der Rechtsordnung im Rahmen der für sie vorgenommenen Betätigung eintreten können. Die juristische Person wäre dann gegenüber der natürlichen Person besser gestellt"* (Begr. BT-Drs. V/1269, 59). Eine juristische Person oder Personenvereinigung ist jedoch einer Tat im natürlichen Sinn nicht fähig. Deshalb ist die Geldbuße gegen eine juristische Person die „Nebenfolge" der Tat einer natürlichen Person (→ Rn. 54).

Die erfassten Organisationsformen werden vom Gesetz ausdrücklich erwähnt. Unter den **45** **Begriff „juristische Person"** fallen alle Gebilde mit eigener Rechtspersönlichkeit (AG, GmbH, KGaA, Genossenschaft, eingetragener Verein). Für Taten ab 30.8.2002 ist nach der Änderung des § 30 III OWiG durch G v. 22.8.2002 (BGBl. 2002 I 3387) auch die Erfassung einer GbR möglich.

Die Verhängung von Geldbußen gegen Vorgesellschaften und faktische Gesellschaften **46** ist möglich, wenn deren Struktur einer der in der Norm genannten Verbandsformen entspricht. § 30 OWiG findet also auch auf Vorgesellschaften Anwendung, die sich rechtlich als GbR darstellen (*Eidam* wistra 2003, 447, 449). Eine Lücke besteht weiterhin bei Einzelkaufleuten: Es können hier keine Geldbußen festgesetzt werden, wenn ein Arbeitnehmer eine Zuwiderhandlung zugunsten der Unternehmung des Einzelkaufmanns begeht (*Eidam* wistra 2003, 447, 449). Ob auch juristische Personen des öffentlichen Rechts dem § 30 OWiG unterfallen, ist umstritten. Nach hM gehören auch Körperschaften, selbständige Anstalten und Stiftungen des öffentlichen Rechts zu den ahndungsfähigen Verbänden (vgl. *Eidam* wistra 2003, 449; *Göhler/Gürtler/Thoma* OWiG § 30 Rn. 2 mwN).

Als Täter einer Handlung, welche die Rechtsfolgen des § 30 OWiG auslösen kann, **47** kommen in Betracht:
– bei juristischen Personen das vertretungsberechtigte Organ oder dessen Mitglieder. Ob das Vorstandsmitglied nur in Gemeinschaft mit einem anderen Vorstandsmitglied oder einem Prokuristen zur Vertretung befugt ist, ist unerheblich (*Göhler/Gürtler/Thoma* OWiG § 30 Rn. 12b);
– bei nichtrechtsfähigen Vereinen der Vorstand oder dessen Mitglieder;
– bei einer KG, OHG, GbR oder Partnerschaftsgesellschaft deren vertretungsberechtigter Gesellschafter, bei einer GmbH & Co. KG: die Geschäftsführer der Komplementär-GmbH (BGH 1.10.1985, wistra 1986, 72; BMR SteuerStR/*Möller/Retemeyer* E 94; *Göhler/Gürtler/Thoma* OWiG § 30 Rn. 12b; *K. Schmidt* wistra 1990, 136; krit. *Schmitt* in FS Lange, 879; *Hermanns/Kleier* S. 28 f.);
– sonstige Leitungs- oder Kontrollpersonen (§ 30 I Nr. 5 OWiG).

48 **Generalbevollmächtigte** unterfallen der Regelung ebenfalls, Prokuristen oder Handlungsbevollmächtigte nur, wenn sie in leitender Stellung tätig sind. Vorausgesetzt ist jedoch, dass diese Personen für eine juristische Person oder eine Personenvereinigung iSd Nrn. 2, 3 tätig geworden sind.

49 **Das Merkmal „vertretungsberechtigt" in Nr. 1 und Nr. 3** soll die in Betracht kommenden Täter gegen die Mitglieder anderer Organe (zB Aufsichtsrat, Mitgliederversammlung) abgrenzen. Auf die rechtsgeschäftliche Vertretungsbefugnis im Einzelfall kommt es nicht an (Göhler/*Gürtler*/*Thoma* OWiG § 30 Rn. 12b). Handlungen minder qualifizierter Vertreter reichten bis zum 29.8.2002 nicht aus. Die Erweiterung des Kreises tauglicher Täter in § 9 I Nr. 2 OWiG durch Gesetz vom 22.8.2002 (BGBl. 2002 I 3387) auf die vertretungsberechtigten Gesellschafter sämtlicher rechtsfähiger Personengesellschaften wirkt sich auch auf den Tatbestand der Verletzung der Aufsichtspflicht in Betrieben und Unternehmen aus (*Achenbach* wistra 2002, 442).

50 **Mitglieder des Aufsichtsrats** werden von der durch das EU-Rechtsinstrumente-AG vom 22.8.2002 (BGBl. 2002 I 3387) eingefügten Nr. 5 erfasst. Daneben erfasst diese Vorschrift auch solche Personen, die sonstige Kontrollbefugnisse in leitender Stellung ausüben (vgl. *Achenbach* wistra 2002, 441, *Wegner* PStR 2003, 180).

51 **Der Verantwortliche** (→ Rn. 47 ff.) muss eine Straftat oder Ordnungswidrigkeit begangen, also rechtswidrig und vorwerfbar gehandelt haben, und zwar in seiner Eigenschaft „als" Organ, nicht im eigenen Interesse. Das Bestellungsverhältnis muss wirksam sein (*Achenbach* in FS Stree/Wessels, 561 f.; aM Göhler/*Gürtler*/*Thoma* OWiG § 30 Rn. 14, *Rebmann*/*Roth*/*Herrmann* OWiG § 30 Rn. 20). Ansonsten kann § 30 IV Nr. 5 OWiG eingreifen (HHS/*Tormöhlen* AO § 401 Rn. 45). Diese Handlung muss zu einer Pflichtverletzung (→ Rn. 52) oder zu einer Bereicherung führen (→ Rn. 53).

52 **„Pflichten"** sind nur solche, *„die sich für die juristische Person und Personenvereinigung aus dem besonderen Wirkungskreis ergeben"*, also namentlich die *„betriebsbezogenen Pflichten"* (Begr. BT-Drs. V/1269, 60). Dazu gehören zB Pflichten, welche die juristische Person als Stpfl treffen, sowie die Pflichten als *„Arbeitgeber"*, *„Hersteller"*, *„Einführer"*, *„Gewerbetreibender"* usw. Die Aufsichtspflicht gem. § 130 OWiG (→ Rn. 61 ff.) ist ebenfalls eine „Pflicht" iSd § 30 I OWiG (vgl. BGH 1.10.1985, wistra 1986, 72; BGH 10.12.1985, wistra 1986, 111; Göhler/*Gürtler*/*Thoma* OWiG § 30 Rn. 17; BMR SteuerStR/*Möller*/*Retemeyer* E 97; FK/*Achenbach* GWB Vor § 38 Rn. 74; *Többens* NStZ 1999, 1, 6).

53 **Eine Bereicherung** erfüllt den Tatbestand des § 30 I OWiG auch dann, wenn keine betriebsbezogenen Pflichten (→ Rn. 52) verletzt worden sind (KK-OWiG/*Rogall* OWiG § 30 Rn. 81, 104; *Eidam* wistra 2003, 454). Voraussetzung ist aber auch hier ein innerer Zusammenhang zwischen der Tat des Verantwortlichen und dem Wirkungsbereich des Vertretenen (Göhler/*Gürtler*/*Thoma* OWiG § 30 Rn. 22). Bei vorsätzlicher oder leichtfertiger Steuerverkürzung (§§ 370, 378) oder bei Verletzung von Steuerabzugspflichten (§ 380) ist regelmäßig eine Bereicherung der juristischen Person eingetreten.

54 **Als Nebenfolge** der Straftat oder Ordnungswidrigkeit einer natürlichen Person wird die Geldbuße gegen eine juristische Person regelmäßig nicht in einem selbstständigen Verfahren (s. aber → Rn. 55), sondern im Verfahren gegen die betroffene natürliche Person festgesetzt. Die Festsetzung einer Geldbuße gegen eine GmbH ist nicht möglich, wenn ein gegen den Geschäftsführer separat betriebenes Verfahren bereits rechtskräftig durch Bußgeldbescheid abgeschlossen wurde (vgl. AG Eggenfelden 11.4.2002, wistra 2002, 274). Über das Verfahren vgl. § 88 OWiG, § 444 StPO.

55 **Eine selbstständige Festsetzung der Geldbuße ist möglich,** wenn das Verfahren gegen eine bestimmte Person nicht durchgeführt werden kann oder eingestellt worden ist oder wenn das Gericht von Strafe absieht (§ 30 IV OWiG). Auch in diesem Fall ist die Feststellung erforderlich, dass ein Verantwortlicher iSd § 30 I OWiG eine vorwerfbare Zuwiderhandlung begangen hat (BGH 8.2.1994, NStZ 1994, 346; OLG Düsseldorf 16.11.1995, wistra 1996, 88; Thür. OLG 2.11.2005, wistra 2006, 157; BMR SeuerStR/*Möller*/*Retemeyer* E 103; Göhler/*Gürtler*/*Thoma* OWiG § 30 Rn. 40). Nicht nötig ist die

Feststellung, welcher von verschiedenen Verantwortlichen die Ordnungswidrigkeit begangen hat, sofern nur sicher ist, dass es sich jedenfalls um ein Organ bzw. einen Vertreter iSv Abs. 1 Nr. 4 handelte („anonyme Verbandsgeldbuße"; HHS/*Tormöhlen* AO § 401 Rn. 35; vgl. auch BGH 6.7.1990, BGHSt 37, 106; Kohlmann/*Heuel* AO § 377 Rn. 114 zu). Die Vorschrift findet also insbes. dann Anwendung, wenn nicht aufgeklärt werden kann, welchem von mehreren Verantwortlichen iSd Abs. 1 eine Verletzung der Pflichten zur Last fällt (BMR SteuerSt R/*Möller/Retemeyer* E 103; vgl. BGH 8.2.1994, NStZ 1994, 346).

Nach § 30 II 2 OWiG bestimmt sich das Höchstmaß der Geldbuße nach dem für die Ordnungswidrigkeit angedrohten Höchstmaß. Seit 30.6.2013 verzehnfacht sich dieser Betrag, wenn der entsprechende Ordnungswidrigkeitentatbestand auf diesen Satz verweist. Dies ist bei der Aufsichtspflichtverletzung iSd § 130 OWiG der Fall, soweit die zugrunde liegende Zuwiderhandlung mit Strafe (und nicht nur mit Bußgeld) bedroht ist, so dass insofern Bußgelder von bis zu 5 bzw. 10 Mio. EUR verhängt werden dürfen (→ Rn. 71).

Die Geldbuße soll den wirtschaftlichen Vorteil, den der Täter aus der Ordnungswidrigkeit gezogen hat, übersteigen, § 17 IV OWiG (iVm § 30 III OWiG). Daher kann der Abschöpfungsteil der Geldbuße dazu führen, dass das gesetzliche Höchstmaß überschritten wird, da dieses Höchstmaß nur für den Ahndungsteil der Geldbuße anwendbar ist.

Bei der Bemessung der Geldbuße ist zu berücksichtigen, ob die Nebenbeteiligte über ein effizientes Compliance-Management verfügt und ob ggf. entsprechende Regelungen optimiert und betriebsinterne Abläufe in Folge des Verfahrens angepasst hat (BGH v. 9.5.2017, wistra 2017, 390).

56 Ob **nach einer Einstellung gem. § 153a StPO** die selbstständige Festsetzung einer Geldbuße möglich ist, ist umstritten. So bestreitet *Wegner* (PStR 2003, 180; ihm folgend *Eidam* wistra 2003, 455) die Möglichkeit einer Anknüpfung an die entsprechende „Sanktionierung" zB des Geschäftsführers. Daran ist richtig, dass mit der Zustimmung zu einer Einstellung gegen Auflage nach § 153a StPO nicht unbedingt ein Schuldeingeständnis verbunden ist und dies die Verwaltungsbehörde nicht von der Notwendigkeit entbindet, eine tatbestandsmäßige, rechtswidrige und schuldhafte/vorwerfbare Tat festzustellen. Ist dies aber möglich, stellt sich die Frage, ob man nicht verlangen muss, dass die ergänzend gegen die juristische Person usw. verhängte Buße in dem Verfahren gegen den seinerzeit Beschuldigten verhängt wird (→ Rn. 54). Siehe für weitere Einstellungsarten *Cordes/Reichling* NJW 2016, 3209.

57 Kann die Tat aus rechtlichen Gründen nicht verfolgt werden, ist die Festsetzung der Geldbuße im selbstständigen Verfahren unzulässig (Abs. 4 Satz 3). Dies gilt auch für die Verjährung der Handlung des Verantwortlichen, soweit sie vor der Einleitung des selbstständigen Verfahrens eingetreten ist (OLG Frankfurt 18.11.1991, NStZ 1992, 193; Göhler/*Gürtler/Thoma* OWiG § 30 Rn. 42; vgl. auch BGH 5.12.2000, wistra 2001, 180). Kann die Tat wegen einer wirksamen Selbstanzeige (§§ 371, 378 III AO) nicht mehr verfolgt werden, ist eine selbstständige Festsetzung einer Geldbuße gem. § 30 IV OWiG ebenfalls nicht möglich (*Reichling* NJW 2013, 2233). In diesen Fällen bleibt freilich der Weg über den Verfall gem. § 29a OWiG denkbar (→ Rn. 41 ff.).

58 Auch bei Beteiligung mehrerer Organe an der Straftat oder Ordnungswidrigkeit kann gegen das Unternehmen nur *eine* Geldbuße festgesetzt werden (BGH 8.2.1994, wistra 1994, 233; Kohlmann/*Heuel* AO § 377 Rn. 127 zu; Göhler/*Gürtler/Thoma* OWiG § 30 Rn. 27b; *Bauer* wistra 1992, 47).

59 **Das Opportunitätsprinzip** gilt für die Festsetzung der Geldbuße (arg.: „... kann") ebenso wie für die Verfolgung der Ordnungswidrigkeit gem. § 47 OWiG. Danach *„sollte im Einzelfall geprüft werden, welche Sanktion ausgesprochen worden wäre, wenn das Organ die Tat als Einzelunternehmer begangen hätte"* (Göhler/*Gürtler/Thoma* OWiG § 30 Rn. 35). Diese Bewertung kann dazu führen, das Verfahren gegen den Verantwortlichen einzustellen und gegen die juristische Person oder Personenvereinigung ein selbstständiges Verfahren (→ Rn. 55) zu betreiben.

60 **Die Verjährung der Verfolgung** der Straftat oder Ordnungswidrigkeit schließt auch die Festsetzung einer Geldbuße gem. § 30 OWiG aus (§ 31 I OWiG; → Rn. 55).

3. Verletzung der Aufsichtspflicht in Betrieben und Unternehmen

§ 130 OWiG

(1) ¹Wer als Inhaber eines Betriebes oder Unternehmens vorsätzlich oder fahrlässig die Aufsichtsmaßnahmen unterläßt, die erforderlich sind, um in dem Betrieb oder Unternehmen Zuwiderhandlungen gegen Pflichten zu verhindern, die den Inhaber treffen und deren Verletzung mit Strafe oder Geldbuße bedroht ist, handelt ordnungswidrig, wenn eine solche Zuwiderhandlung begangen wird, die durch gehörige Aufsicht verhindert oder wesentlich erschwert worden wäre. ²Zu den erforderlichen Aufsichtsmaßnahmen gehören auch die Bestellung, sorgfältige Auswahl und Überwachung von Aufsichtspersonen.
(2) Betrieb oder Unternehmen im Sinne des Absatzes 1 ist auch das öffentliche Unternehmen.
(3) ¹Die Ordnungswidrigkeit kann, wenn die Pflichtverletzung mit Strafe bedroht ist, mit einer Geldbuße bis zu einer Million Euro geahndet werden. ²§ 30 Absatz 2 Satz 3 ist anzuwenden. ³Ist die Pflichtverletzung mit Geldbuße bedroht, so bestimmt sich das Höchstmaß der Geldbuße wegen der Aufsichtspflichtverletzung nach dem für die Pflichtverletzung angedrohten Höchstmaß der Geldbuße. ⁴Satz 3 gilt auch im Falle einer Pflichtverletzung, die gleichzeitig mit Strafe und Geldbuße bedroht ist, wenn das für die Pflichtverletzung angedrohte Höchstmaß der Geldbuße das Höchstmaß nach Satz 1 übersteigt.

Schrifttum: *Demuth/Schneider,* Die besondere Bedeutung des Gesetzes über Ordnungswidrigkeiten für Betrieb und Unternehmen, BB 1970, 642; *Schünemann,* Strafrechtsdogmatische und kriminalpolitische Grundfragen der Unternehmenskriminalität, wistra 1982, 41; *Hermanns/Kleier,* Grenzen der Aufsichtspflicht in Betrieben und Unternehmen, 1987; *Brender,* Die Neuregelung der Verbandstäterschaft im Ordnungswidrigkeitenrecht, 1989; *Kohlmann/Ostermann,* Die Verletzung der Aufsichtspflicht in Betrieben und Unternehmen – Pläne für eine verfassungswidrige Reform, wistra 1990, 121; *Rogall,* Dogmatische und kriminalpolitische Probleme der Aufsichtspflichtverletzung in Betrieben und Unternehmen (§ 130 OWiG), ZStW 98 (1986), 573; *Achenbach,* Die Sanktionen gegen die Unternehmensdelinquenz im Umbruch, JuS 1990, 601; *Dörn,* Anwendung der §§ 130, 30 und 29a OWiG im Steuerordnungswidrigkeitenverfahren, StBp 1991, 87; *Maschke,* Die Sanktionierung von Verstößen gegen die Aufsichtspflicht in Betrieben und Unternehmen, 1996; *Kottke,* OHG, KG und GmbH als Adressaten von Bußgelddrohungen bei Steuerverfehlungen, Information StW 1996, 709; *Bottke,* Standortvorteil Wirtschaftskriminalrecht – Müssen Unternehmen „strafmündig" werden?, wistra 1997, 241; *Hellmann,* Richterliche Überzeugungsbildung und Schätzung bei der Bemessung strafrechtlicher Sanktionen, GA 1997, 503; *Schmitz/Taschke,* Haftungsrisiken von Unternehmen bei der Begehung von Straftaten oder Ordnungswidrigkeiten durch Mitarbeiter, WiB 1997, 1169; *Gross,* Deliktische Außenhaftung des GmbH-Geschäftsführers, ZGR 1998, 551; *Otto,* Die Haftung für kriminelle Handlungen in Unternehmen, Jura 1998, 409; *Weiß,* Haben juristische Personen ein Aussageverweigerungsrecht?, JZ 1998, 289; *Brenner,* Einzelkaufleute und Gesellschaft des bürgerlichen Rechts – privilegiert im Bußrecht?, VR 1999, 1561; *Flore/Labunski,* § 30 OWiG – Königsweg in den Bankenstrafverfahren?, PStR 1999, 120; *Hecker,* Aufsichtspflichtverletzungen bei Zuwiderhandlungen Unternehmensfremder – Zur verfassungskonformen Auslegung von § 130 OWiG, GewArch 1999, 320; *Többens,* Die Bekämpfung der Wirtschaftskriminalität durch die Troika der §§ 9, 130 und 30 des Gesetzes über Ordnungswidrigkeiten, NStZ 1999, 1; *Adam,* Die Begrenzung der Aufsichtspflichten in der Vorschrift des § 130 OWiG, wistra 2003, 285; *Eidam,* Die Verbandsgeldbuße des § 30 Abs. 4 OWiG – eine Bestandsaufnahme, wistra 2003, 447; *Bisson,* Die Haftung des Organs für die Verletzung von Pflichten der juristischen Person, GmbHR 2005, 1453; *Kiethe,* Vermeidung der Haftung von geschäftsführenden Organen durch Corporate Compliance, GmbHR 2007, 393; *Theile/Petermann,* Die Sanktionierung von Unternehmen nach dem OWiG, JuS 2011, 496; *Kiesel/Böhringer,* Tax Compliance – Risikominimierung durch sanktionsbezogene Enthaftungsmaßnahmen, BB 2012, 1190; *Achenbach,* Verbandsgeldbuße und Aufsichtspflichtverletzung (§§ 30 und 130 OWiG) – Grundlagen und aktuelle Probleme, NZWiSt 2012, 321; *ders.,* Haftung und Ahndung, ZIS 2012, 178; *Geuenich/Kiesel,* Tax-Compliance bei Unternehmen – einschlägige Risiken und Folgerungen für die Praxis, BB 2012, 155; *Grutzner/Leisch,* §§ 130, 30 OWiG – Probleme für Unternehmen, Geschäftsleitung und Compliance-Organisation, DB 2012, 787; *Reichling,* Selbstanzeige und Verbandsgeldbuße im Steuerstrafrecht, NJW 2013, 2233; *Röske/Böhme,* Zur Haftung des Unternehmensträgers gemäß § 30 Abs. 1 Nr. 5 OWiG für deliktisches Handeln auf Betriebsebene, wistra 2013, 48; *Altenburg/Peukert,* Neuerungen im § 30 OWiG – Haftungsrisiken und -vermeidung vor dem Hintergrund gesetzgeberischen Überschwangs, BB 2014, 649; *Hunsmann,* Die Aufsichtspflichtverletzung (§ 130 OWiG) unter besonderer Berücksichtigung des Steuerrechts, DStR 2014, 855; *Madauß,* Gewinnabschöpfung und steuerliche Ordnungswidrigkeiten, NZWiSt 2016, 98.

Zweck des § 130 OWiG ist eine abschließende, für alle Ordnungswidrigkeiten ein- 61
heitlich geltende Regelung der bußgeldrechtlichen Verantwortlichkeit des Geschäftsherrn
bei Vernachlässigung seiner Aufsichtspflicht (Begr. BT-Drs. V/1269, 67). Die Regelung
gilt mithin auch im Bereich des Steuerstraf- und -ordnungswidrigkeitenrechts (→ Rn. 62).
Der Gesetzgeber wollte mit dieser Vorschrift eine Lücke schließen, die sich daraus ergeben
kann, dass Adressat gewisser Pflichtnormen lediglich der Betriebsinhaber ist, dieser aber
andere für sich handeln lässt. Jenem Dritten sind zwar gem. § 9 OWiG unter gewissen
Voraussetzungen bestimmte persönliche Merkmale zuzurechnen. Die Geldbuße kann aber
nur nach den (regelmäßig schwächeren) wirtschaftlichen Verhältnissen des Handelnden
bemessen werden, und die Ursache der Gesetzesverletzung liegt häufig in einer mangelhaften Organisation des Betriebes. Wegen seiner garantenähnlichen Stellung ist der Betriebsinhaber dafür verantwortlich, dass die ihm obliegenden, sich aus der Führung des Betriebs
ergebenden Pflichten beachtet werden (vgl. Kohlmann/*Heuel* AO § 377 Rn. 182; *Maschke*
1996, S. 13 ff.; Göhler/*Gürtler*/*Thoma* OWiG § 130 Rn. 2, KK-OWiG/*Rogall* OWiG
§ 130 Rn. 24; Klein/*Jäger* AO § 377 Rn. 16).

Demgegenüber verneinen *Suhr*/*Naumann*/*Bilsdorfer* (→ Rn. 413) die Anwendbarkeit des 62
§ 130 OWiG im Hinblick auf die **Verletzung steuerlicher Pflichten.** Nach ihrer Auffassung widerspricht die hier vertretene Meinung dem Willen des Gesetzgebers. § 378 AO
erfordere leichtfertiges Verhalten, es sei nicht angängig, sodann auf den durch leichte
Fahrlässigkeit zu begehenden Tatbestand der Aufsichtspflichtverletzung zurückzugreifen.
Der Katalog der steuerlichen Ordnungswidrigkeiten sei in den §§ 378 ff. AO abschließend
und erschöpfend geregelt, also keiner Erweiterung zugänglich. Diese Auffassung verkennt
jedoch, dass Regelungsgehalt des § 130 OWiG nicht die Verletzung steuerlicher Pflichten,
sondern die Desorganisation in einem Betrieb oder Unternehmen ist. Dass § 378 AO
insofern Vorrang hat (Koch/Scholtz/*Scheurmann-Kettner* AO § 377 Rn. 35; Schwarz/Pahl-
ke/*Webel* AO vor §§ 377–384 Rn. 5 f.) bedeutet nicht, dass dies eine Anwendung des
§ 130 OWiG sperrte.

Sahan (GJW/*Sahan* AO § 377 Rn. 17) will im Rahmen einer teleologischen Reduktion 63
die Regelung zwar für anwendbar halten, fordert aber, dass der Aufsichtspflichtige mit dem
von der Anknüpfungstat geforderten Verschuldensgrad – also mindestens Leichtfertigkeit –
gehandelt haben müsse. Damit wird aber die ausdrückliche gesetzgeberische Wertung
konterkariert, dass auch fahrlässiges Unterlassen im Hinblick auf selbst vorsätzliches Verhalten bußgeldbewehrt sein soll.

Eine andere Frage ist, ob man nicht § 130 OWiG teleologisch dahingehend reduzieren 64
muss, dass die Norm nicht anwendbar ist, wenn die Organisationsmängel sich allein auf
den steuerlichen Bereich des Betriebes oder Unternehmens erstrecken oder in diesen Fällen
nicht durchweg § 47 OWiG anwenden will, insbesondere dann, wenn etwa eine vorsätzliche oder leichtfertige Steuerverkürzung durch einen Mitarbeiter nach Selbstanzeige
(§§ 371, 378 III AO) nicht verfolgbar ist. Die Praxis reagiert auf die Ungereimtheiten im
Übrigen häufig dadurch, dass entweder nach § 30 IV OWiG verfahren wird oder über
§ 29a OWiG lediglich Zinsvorteile abgeschöpft werden, ohne dass ein Bußgeldbescheid
gegen eine natürliche Person ergeht.

Täter sein kann der Inhaber eines Betriebes oder Unternehmens. Dem Inhaber stehen 65
die in § 9 I OWiG bezeichneten Organe und Vertreter gleich, und zwar auch dann, wenn
die Rechtshandlung, welche die Vertretungsbefugnis begründen sollte, unwirksam ist (§ 9
III OWiG). Täter einer Aufsichtspflichtverletzung können schließlich die in § 9 II OWiG
genannten Beauftragten sein (Göhler/*Gürtler*/*Thoma* OWiG § 130 Rn. 4). Dementsprechend sind nicht nur solche Personen erfasst, die beauftragt wurden, den Betrieb oder das
Unternehmen „ganz oder zum Teil zu leiten", sondern auch solche, die ausdrücklich
beauftragt worden sind, in eigener Verantwortung (spezielle) Aufgaben wahrzunehmen
(vgl. nur OLG Celle 29.3.2012, wistra 2012, 318). Auch in diesen Fällen kommt es gem.
§ 9 III OWiG auf die Wirksamkeit des Auftragsverhältnisses nicht an (vgl. FK-KartellR/
Achenbach GWB Vor § 38 Rn. 44).

66 **Tathandlung** ist das Unterlassen der gebotenen Aufsichtsmaßnahmen. Eine Zuwiderhandlung gegen betriebliche Pflichten ist nur objektive Bedingung der Ahndbarkeit, muss also nicht vom subjektiven Tatbestand erfasst sein (Göhler/*Gürtler*/*Thoma* OWiG § 130 Rn. 17; *Maschke* 1996, S. 65; OLG Frankfurt a. M. 6.7.1984, wistra 1985, 38). Zu den „*erforderlichen*" Aufsichtsmaßnahmen gehört gem. § 130 I 2 OWiG auch die Bestellung, sorgfältige Auswahl und Überwachung von Aufsichtspersonen. Der Betriebsinhaber und die ihm gleichgestellten Personen können sich daher bei Fehlen von Aufsichtspersonen nicht darauf berufen, ihnen selbst sei eine „eigene" Beaufsichtigung nicht möglich gewesen (Organisationsmangel). Angesichts des Umfangs der Pflichten ist der objektive Anwendungsbereich der Vorschrift sehr weit und erfüllt praktisch eine Auffangfunktion (*Adam* wistra 2003, 285, 286; *Többens* NStZ 1999, 1, 4; KK-OWiG/*Rogall* OWiG § 130 Rn. 4). Im Übrigen hängt das Ausmaß der Aufsichtpflicht von der Größe der Organisation des Betriebes, von der „objektiven" Bedeutung der zu beachtenden Vorschriften und von den Überwachungsmöglichkeiten ab (OLG Düsseldorf 22.5.1990, wistra 1991, 38; Thür. OLG 2.11.2005, wistra 2006, 157, 158; KK-OWiG/*Rogall* OWiG § 130 Rn. 49; FK-KartellR/ *Achenbach* GWB Vor § 38 Rn. 63; Beispiele bei *Maschke* 1996, S. 39). Soweit der BGH (BGH 11.7.1956, BGHSt 9, 319, 323) davon ausging, ein gelegentliches Aufsuchen der Angestellten genüge nicht, erforderlich sei eine ständige und unmittelbare Überwachung mit gelegentlichen Stichproben sowie eine fortlaufende Unterrichtung der Hilfskräfte über die einschlägige Rechtsentwicklung, trifft dies den Grad der anzulegenden Sorgfalt nur begrenzt. Aufsichtsmaßnahmen müssen objektiv erforderlich und zumutbar sein, überspannte Anforderungen sind nicht zulässig (Göhler/*Gürtler*/*Thoma* OWiG § 130 Rn. 12 und KK-OWiG/*Rogall* OWiG § 130 Rn. 51). Insbesondere darf die Überwachung nicht zur Schnüffelei ausarten (*Többens* NStZ 1999, 1, 4). Letztlich wird es auf die Größe des Unternehmens ankommen, inwiefern der Betriebsinhaber seinen Pflichten schon dann genügt, wenn er bestimmte Aufgabenbereiche auf zuverlässig ausgewählte Personen delegiert. So wird eine Pflicht zu gesteigerten Aufsichtsmaßnahmen dann bestehen, wenn in dem Betrieb bereits Unregelmäßigkeiten vorgekommen sind (OLG Düsseldorf 5.4.2006, WuW/E DE-R 1893–1901; Göhler/*Gürtler*/*Thoma* OWiG § 130 Rn. 13; *Tessin* BB 1987, 988) und etwa im Rahmen einer Außenprüfung bereits bestimmte Beanstandungen erfolgt waren (vgl. Schwarz/Pahlke/*Webel* vor §§ 377–384 Rn. 107). In diesen Fällen muss sich der Betriebsinhaber vergewissern, dass die Monita der Außenprüfung auch in der Unternehmenspraxis beachtet werden (*Joecks* 1998, S. 87).

67 **Der subjektive Tatbestand** setzt Vorsatz (→ § 369 Rn. 49 ff.) oder Fahrlässigkeit (→ Rn. 17 ff.) voraus. Die subjektiven Merkmale müssen jedoch nur die mangelhafte Aufsicht umfassen, nicht dagegen deren Folge, nämlich die Verletzung betriebsbezogener Pflichten, sonst liegt in der Person des Aufsichtspflichtigen ggf. ein originärer vorsätzlicher oder fahrlässiger Verstoß gegen diese vor (vgl. *Maschke* 1996, S. 65).

68 **Eine betriebsbezogene Pflicht** muss verletzt worden sein (Begr. BT-Drs. V/1269, 68). Steuerrechtliche Pflichten, die mit der Führung des Unternehmens zusammenhängen, sind stets „betriebsbezogen", nicht dagegen zB Vorgänge, welche die private ErbSt-Erklärung des Inhabers betreffen. Dass die Pflichten den Inhaber „als solchen" treffen, ist nach der Änderung des § 130 OWiG durch Art. 2 des G v. 7.8.2007 (BGBl. 2007 I 1786) nicht mehr erforderlich. Eine Veränderung des Anwendungsbereiches des § 130 OWiG bei einem Verstoß gegen steuerliche Pflichten ist damit nicht verbunden. Der Zuwiderhandelnde muss nicht Betriebsangehöriger sein (Göhler/*Gürtler*/*Thoma* OWiG § 130 Rn. 19 und KK-OWiG/*Rogall* OWiG § 130 Rn. 108). Es genügt, dass er – mit oder ohne Auftrag – vorübergehend im Betrieb tätig ist, zB als freiberuflicher „Stundenbuchhalter". Auch eine Übernahme einer Gestellungspflicht durch den Spediteur kann dem § 130 OWiG genügen (OLG Düsseldorf 24.4.1991, wistra 1991, 275; Göhler/*Gürtler*/*Thoma* OWiG § 130 Rn. 19). Bei externen Mitarbeitern – etwa auch Steuerberatern – bedarf es allerdings sorgfältiger Prüfung, ob die hinreichende Möglichkeit einer Aufsicht überhaupt bestand (Göhler/*Gürtler*/*Thoma* OWiG § 130 Rn. 19 und KK-OWiG/*Rogall* OWiG§ 130

Rn. 108; *Hecker* GewArch 1999, 320 ff.). Grundsätzlich ist die Feststellung eines *bestimmten* Täters nicht nötig (vgl. BGH 8.2.1994, wistra 1994, 233; s. aber auch → Rn. 69).

Die Zuwiderhandlung gegen betriebliche Pflichten muss „*mit Strafe oder Geldbuße* **69** *bedroht*" sein (§ 130 I 1 OWiG). Ob der Pflichtverletzer selbst vorwerfbar handelt, ist ohne Bedeutung. Die Pflichtverletzung muss jedoch rechtswidrig sein, weil nur dann eine „Zuwiderhandlung" vorliegt (Göhler/*Gürtler*/*Thoma* OWiG § 130 Rn. 21). Ist die Zuwiderhandlung nur bei vorsätzlicher Begehung mit Strafe oder Geldbuße bedroht, so muss der Zuwiderhandelnde mit Vorsatz gehandelt haben (str.; vgl. Göhler/*Gürtler*/*Thoma* OWiG § 130 Rn. 21; FK-KartellR/*Achenbach* GWB Vor § 38 Rn. 62 mwN). Insoweit kann also nicht darauf verzichtet werden, den Täter zu identifizieren, da anderenfalls eine Feststellung des subjektiven Tatbestandes ins Leere geht. Die oft rezitierte Voraussetzung, dass es ausreiche, wenn der Täter zumindest mit „natürlichem Vorsatz" gehandelt habe und daher nicht identifiziert werden brauche, hilft hierbei nicht weiter und stellt sich bei näherer Betrachtung als leere Hülle heraus. Bei einem „natürlichen Vorsatz" handelt es sich um einen antiquierten Rechtsbegriff in Fällen von Rauschtaten und anderen Taten von Zurechnungsunfähigen, um eine Grundwahrnehmung der Ereignisse durch den Täter zu beschreiben (vgl. BGH v. 11.11.1952, BGHSt 3, 287). Die Anforderung an die subjektiven Voraussetzungen des Zuwiderhandelnden kann dadurch nicht eingeschränkt werden.

Die nötige **Beziehung zwischen unterlassener Aufsichtsmaßnahme und Zu- 70 widerhandlung** ist gegeben, wenn letztere durch die gehörige Aufsicht verhindert oder wesentlich erschwert worden wäre. Die Feststellung, die gehörige Aufsichtsmaßnahme hätte die Zuwiderhandlung verhindert, setzt voraus, dass festgestellt ist, dass die Zuwiderhandlung bei entsprechenden Aufsichtsmaßnahmen mit an Sicherheit grenzender Wahrscheinlichkeit ausgeblieben wäre (BGH 24.3.1981, wistra 1982, 34; *Maschke* 1996, S. 73 ff.). Es gilt die Lehre vom Rechtswidrigkeitszusammenhang, nicht die Risikoerhöhungslehre (vgl. OLG Stuttgart 12.4.1986, wistra 1987, 35; s. auch Göhler/*Gürtler*/*Thoma* OWiG § 130 Rn. 22 und KK-OWiG/*Rogall* OWiG § 130 Rn. 114). Mit dem 2. Gesetz zur Bekämpfung der Umweltkriminalität (v. 27.6.1994, BGBl. 1994 I 1440) ist der Wortlaut des § 130 I OWiG insoweit geändert worden, als es nunmehr ausreicht, dass die gehörige Aufsichtsmaßnahme die Zuwiderhandlung „wesentlich erschwert" hätte. Danach soll der Tatbestand bereits dann eingreifen, wenn die Aufsichtspflichtverletzung zu einer wesentlichen Gefahrenerhöhung hinsichtlich der später begangenen Zuwiderhandlung geführt hat (Göhler/*Gürtler*/*Thoma* OWiG § 130 Rn. 22). Inwiefern mit dieser Erweiterung des Tatbestandes gravierende Änderungen verbunden sind, erscheint zweifelhaft (vgl. auch *Többens* NStZ 1999, 1, 5). Die Kombination aus Risikoerhöhungslehre und einer Anknüpfung an die betriebliche Zuwiderhandlung allein als objektive Bedingung der Ahndbarkeit ist verfassungsrechtlich nicht unproblematisch. Dem kann man nur gerecht werden, wenn man den Begriff „*wesentlich erschwert*" restriktiv interpretiert (*Maschke* 1996, S. 102 f.). Insoweit wird man voraussetzen müssen, dass die unterlassene Maßnahme (mit Sicherheit) geeignet war, die betriebsspezifische Zuwiderhandlungsgefahr zu beseitigen (FK-KartellR/*Achenbach* GWB Vor § 38 Rn. 68).

Das Höchstmaß der Geldbuße beträgt, falls die zugrunde liegende Pflichtverletzung **71** mit Strafe bedroht ist, 1.000.000 EUR. Ist die zugrunde liegende Zuwiderhandlung mit Geldbuße bedroht, so bestimmt sich das Höchstmaß der Geldbuße wegen der Aufsichtspflichtverletzung nach dem für jene Zuwiderhandlung angedrohten Höchstmaß (§ 130 IV OWiG iVm § 17 II OWiG). Mit Wirkung vom 30.6.2013 ist aber in § 130 III OWiG mit einem S. 2 ein Verweis auf § 30 II 3 OWiG enthalten. Danach verzehnfacht sich das Höchstmaß der Geldbuße bei vorsätzlicher Aufsichtspflichtverletzung in Verbänden (vgl. KK-OWiG/*Rogall* OWiG § 130 Rn. 121 und BT-Drs. 17/11053, 20 f., 23 f.). Aufgrund der Systematik, also dass der Verweis auf § 30 II 3 OWiG als S. 2 eingefügt wurde, ist zu folgern, dass der Verweis nicht auch für die Geldbuße gelten soll, deren Zuwiderhandlung nur mit einer Geldbuße bedroht ist. Zudem kann nach §§ 17 IV, 29a II OWiG eine Abschöpfung des Vorteils erfolgen.

72 **Die Verjährung der Verletzung der Aufsichtspflicht** richtet sich grundsätzlich nach § 31 II OWiG. Die Aufsichtspflichtverletzung nach § 130 OWiG ist ein eigenständiges Delikt. Dennoch wird die Auffassung vertreten, dass die Dauer der Verjährungsfrist, ebenso wie die Berechnung der Höchstgeldbuße an die der Aufsichtspflichtverletzung zugrunde liegende Zuwiderhandlung gekoppelt sei (KK-OWiG-*Rogall* OWiG § 130 Rn. 128; siehe auch Göhler/*Gürtler/Thoma* OWiG § 130 Rn. 30, § 131 Rn. 9). Hiergegen hat *Wolter* (GA 2010, 441) treffend eingewandt, der Verweis in § 131 III OWiG auf die Geltung von Verfahrensvorschriften beziehe sich nicht auf die Frage der Verjährung. In der Tat spricht dann viel dafür, dass nicht, wie bisher angenommen, eine fünfjährige Frist gilt, sondern lediglich eine dreijährige.

73 **Wann die Verjährung beginnt,** ist umstritten. Überwiegend wird davon ausgegangen, sie beginne nicht vor Beendigung der letzten Zuwiderhandlung, durch die in dem Betrieb betriebsbezogene Pflichten verletzt wurden (BGH 9.7.1984, BGHSt 32, 390; BGH 6.11.1984, wistra 1985, 77; Göhler/*Gürtler/Thoma* OWiG § 130 Rn. 30, KK-OWiG/ *Rogall* OWiG § 130 Rn. 128). Demgegenüber scheinen *Möller* und *Retemeyer* davon auszugehen, dass es sich um eine Dauerzuwiderhandlung handele, bei der die Verjährung erst beginne, wenn der ordnungswidrige Zustand abgestellt wird, was in der Regel erst dann geschehe, wenn die betriebsbezogenen Zuwiderhandlungen als Folge mangelnder Aufsicht bei einer amtlichen Prüfung oder Ermittlung aufgedeckt würden (BMR SteuerStR/ *Möller/Retemeyer* E 311). Dazwischen steht die Auffassung des BGH, eine Aufsichtspflichtverletzung sei zumindest solange nicht beendet, wie nach einer bestimmten Zuwiderhandlung „in nächster Zeit weitere Verstöße derselben Art zu befürchten sind" (BGH 9.7.1984, BGHZ 92, 84).

74 Zwar gehört die betriebsspezifische Zuwiderhandlungsgefahr zum Tatbestand des § 130 OWiG, dennoch kann für die Verjährung nicht an die bloße Befürchtung weiterer Verstöße, sondern nur an die realen Zuwiderhandlungen angeknüpft werden, welche die Ahndbarkeit der Aufsichtspflichtverletzung konkret begründen (FK-KartellR/*Achenbach* GWB Vor § 38 Rn. 71; *Hermanns/Kleier* S. 99; *Dannecker* NStZ 1985, 56). Dementsprechend ist die Aufsichtspflichtverletzung beendet, wenn ein konkreter Verstoß als solcher beendet ist (vgl. aber *Göhler* wistra 1995, 300, 302). Daher kommt es maßgeblich auf die betroffene Steuerart an; so wird eine Zuwiderhandlung im Bereich der Lohnsteuer mit der Einreichung der entsprechenden Anmeldung, ein Verstoß im Bereich von Umsatzsteuer-Voranmeldungen jedoch erst mit der Abgabe der unrichtigen Umsatzsteuer-Jahreserklärung beendet sein (→ § 376 Rn. 38).

75 **Sachlich zuständig** für die Verfolgung und Ahndung einer Ordnungswidrigkeit iSd § 130 OWiG, der eine Zuwiderhandlung gegen Steuergesetze zugrunde liegt, ist regelmäßig die Finanzbehörde iSd § 386 I 2 AO (§§ 36 I, 131 III OWiG; § 409 iVm § 387 AO; vgl. BMR SteuerStR/*Möller/Retemeyer* E 327 f.; Koch/Scholtz/*Scheurmann/Kettner* AO § 377 Rn. 34).

§ 378 Leichtfertige Steuerverkürzung

(1) ¹Ordnungswidrig handelt, wer als Steuerpflichtiger oder bei Wahrnehmung der Angelegenheiten eines Steuerpflichtigen eine der in § 370 Abs. 1 bezeichneten Taten leichtfertig begeht. ²§ 370 Abs. 4 bis 7 gilt entsprechend.

(2) Die Ordnungswidrigkeit kann mit einer Geldbuße bis zu fünfzigtausend Euro geahndet werden.

(3) ¹Eine Geldbuße wird nicht festgesetzt, soweit der Täter gegenüber der Finanzbehörde die unrichtigen Angaben berichtigt, die unvollständigen Angaben ergänzt oder die unterlassenen Angaben nachholt, bevor ihm oder seinem Vertreter die Einleitung eines Straf- oder Bußgeldverfahrens wegen der Tat bekannt gegeben worden ist. ²Sind Steuerverkürzungen bereits eingetreten oder Steuervorteile erlangt, so wird eine Geldbuße nicht festgesetzt, wenn der Täter die aus der Tat zu seinen Gunsten verkürzten Steuern innerhalb der ihm bestimmten angemessenen Frist entrichtet. ³§ 371 Absatz 4 gilt entsprechend.

Schrifttum: vor → Rn. 23, 33, 52, 68.

Übersicht

	Rn.
I. Allgemeines	1–8
1. Entstehungsgeschichte	1–5
2. Zweck und Bedeutung	6–8
II. Tatbestand des § 378 I AO	9–60
1. Täterkreis	9–22
2. Tathandlung, Kausalität und Erfolg	23–32a
3. Subjektiver Tatbestand	33–42b
4. Einzelheiten zum Vorwurf leichtfertiger Handlungsweise	43–48
5. Rechtswidrigkeitszusammenhang	49–51
6. Leichtfertigkeit steuerlicher Berater	52–60
III. Konkurrenzfragen	61–66
1. Mehrfache leichtfertige Steuerverkürzung	61, 62
2. Verhältnis des § 378 AO zu anderen Straf- und Bußgeldtatbeständen	63–66
IV. Umfang des Bußgelds	67
V. Selbstanzeige nach § 378 III AO	68–75
VI. Verfahrensfragen	76–79

I. Allgemeines

1. Entstehungsgeschichte

Schon vor der RAO 1919 enthielten die meisten Steuergesetze der Länder und des 1 Reiches Vorschriften, in denen unbeabsichtigte Steuerverkürzungen mit einer minderen Multiplarstrafe oder mit einer betragsmäßig begrenzten, vom verkürzten Steuerbetrag unabhängigen „Ordnungsstrafe" bedroht waren. Dabei wurde zT die Beweislast für fehlenden Vorsatz dem Beschuldigten aufgebürdet, vgl. zB Art. 12 WürttEStG v. 19.9.1852 (RegBl. 230): „*Wenn im Falle einer [Steuerverkürzung] der Angeschuldigte nachweist, dass er eine Steuergefährdung [iS von Hinterziehung] nicht habe verüben können oder wollen, so ist von der Centralsteuerbehörde ... anstatt der ... verwirkten Strafe eine Controllstrafe bis 30 fl. zu erkennen*"; ferner Art. 29 BadKapitalrentenStG (GVBl. 361): „*Wird dargetan, dass die unterbliebene oder zu niedere Steuererklärung auf einem Versehen beruhe, so tritt ... statt der Strafe ... eine Ordnungsstrafe von höchstens dem einfachen Betrage der ... gar nicht oder zu wenig angesetzten Steuer ein*"; ähnl. Art. 27 BadEStG v. 20.6.1884 (GVBl. 321): „*Wird dargetan, dass eine der ... mit Strafe bedrohten Verfehlungen nur auf einem Versehen beruhe, so tritt ... anstelle der ... angedrohten Strafe nur eine Ordnungsstrafe bis zu 300 Mark*"; Art. 66 III BayEStG v. 19.5.1881

(GVBl. 441): „*Ist aus den obwaltenden Umständen anzunehmen, dass die Abgabe unrichtiger oder unvollständiger Erklärungen oder die Ertheilung unrichtiger oder unvollständiger Aufschlüsse nicht in der Absicht, die Steuer zu hinterziehen, erfolgte, so tritt eine Ordnungsstrafe bis zu hundert Mark ein*"; ähnl. Art. 68 III BayEStG v. 9.6.1899 (GVBl. 227): „*Ist als nachgewiesen anzusehen, dass ... eine Hinterziehung nicht beabsichtigt gewesen ist, dann ist eine Ordnungsstrafe bis zu 100 Mark zu verhängen ...*"; abw. § 66 II PreußEStG v. 24.6.1891 (GS 175): „*An die Stelle [der Strafe für Hinterziehung] tritt eine Geldstrafe von 20 bis 100 Mark, wenn aus den Umständen zu entnehmen ist, dass die unrichtige oder unvollständige Angabe oder die Verschweigung steuerpflichtigen Einkommens zwar wissentlich, aber nicht in der Absicht der Steuerhinterziehung erfolgt ist*". Die Unterscheidung „*wissentlich, aber nicht absichtlich*" enthielt außer § 79 II PreußKAG v. 14.7.1893 (GS 152) ua auch Art. 74 III BayEStG v. 14.8.1910 (GVBl. 493); anders dagegen Art. 67 II OldenbEStG v. 12.5.1906 (GBl. 833): „*Ist die Falschmeldung zwar nicht wissentlich erfolgt, aber auf grobe Fahrlässigkeit zurückzuführen, so tritt eine Geldstrafe bis zu 100 Mark ein*". Eine wenig überzeugende Lösung enthielt Art. 71 WürttEStG v. 8.8.1903 (RegBl. S. 261), nach dem wissentlich unrichtige Angaben nur mit Geldstrafe bis zu 300 Mark bedroht und dann die gleiche Strafe vorgesehen war, falls sich ein wissentliches Handeln nicht nachweisen ließ, aber festgestellt werden konnte, „*dass die unrichtige oder unvollständige Angabe oder die Verschweigung bei Anwendung der pflichtgemäßen Sorgfalt und Aufmerksamkeit hätte vermieden werden können*". Außergewöhnlich war auch der dem § 67 I SächsEStG v. 22.12.1874 (GVBl. 471) nachgebildete § 70 SächsEStG v. 24.7.1900 (GVBl. 562), nach dem mit Geldstrafe bis zu 100 Mark belegt werden konnte, „*wer in den zum Zwecke der Einschätzung eines Einkommens ... oder der Verhandlung eines Rechtsmittels von ihm gemachten Angaben sich in wesentlichen Punkten Unrichtigkeiten zu Schulden kommen lässt, sofern diese zur Bestrafung [wegen Hinterziehung] nicht geeignet sind*".

2 Entsprechende Vorschriften enthielten die Steuergesetze des Reiches zB in §§ 32, 43 BrauStG v. 31.5.1872 (RGBl. 153)/3.6.1906 (RGBl. 675): „*Kann der Angeschuldigte nachweisen, dass er eine Defraudation nicht habe verüben können oder eine solche nicht beabsichtigt gewesen sei, so findet nur eine Ordnungsstrafe [bis zu 50 Thalern/150 Mark] statt*", ähnl. § 49 II ErbStG v. 3.6.1906 (RGBl. 654): „*Ist nach den obwaltenden Umständen anzunehmen, dass die rechtzeitige Erfüllung der Verpflichtung [zur Abgabe einer Steuererklärung] nicht in der Absicht, die Erbschaftssteuer zu hinterziehen, unterlassen worden ist, tritt statt der [Strafe für Hinterziehung] eine Ordnungsstrafe bis zu 150 Mark ein*"; ferner § 51 I ZuwachsStG v. 14.2.1911 (RGBl. 33), § 58 WehrbeitragsG u. § 78 BesitzStG v. 3.7.1913 (RGBl. 505, 524).

3 **Mit § 367 RAO 1919 wurde erstmalig eine allgemeine Vorschrift über fahrlässige Steuerverkürzung eingeführt,** deren Strafdrohung gem. Art. VIII Nr. 6 der 3. StNotV v. 14.2.1924 (RGBl. I 74, 88) neu gefasst wurde; neu bekanntgemacht als § 402 RAO 1931. In der Neufassung gem. Art. I Nr. 2 und 3 G v. 11.5.1956 (BGBl. 1956 I 418) wurde in Absatz 1 die ursprüngliche Bezeichnung „*Steuergefährdung*" in „*fahrlässige Steuerverkürzung*" und das subjektive Merkmal „*fahrlässig*" in „*leichtfertig*" geändert sowie in Absatz 2 (leichtfertige Steuerumgehung) der Hinweis auf § 10 RAO 1931 gestrichen (Begr. BT-Drs. I/1593, 4 f.).

4 Durch Art. 1 Nr. 15 des **2. AOStrafÄndG** v. 12.8.1968 (BGBl. 1968 I 1953) wurde die Vorschrift als Bußgeldtatbestand neu gefasst, als § 404 RAO bezeichnet und mit einer Überschrift versehen. In Absatz 1 wurden die Worte „*oder als Vertreter*" im Hinblick auf § 50a StGB idF des Art. 1 Nr. 7 EGOWiG sowie die Worte „*wegen fahrlässiger Steuerverkürzung*" im Hinblick auf die Überschrift weggelassen. Auf einen besonderen Absatz über leichtfertige Steuerumgehung wurde – wie in § 392 RAO – verzichtet. Neu angefügt wurde Absatz 3 über die Selbstanzeige, dessen Vorläufer § 411 RAO 1931 war, sowie Absatz 4 über die Verfolgungsverjährung, der abw. von § 27 II Nr. 1 OWiG aF – wie vorher § 419 I RAO 1931 – eine 5-jährige Verjährungsfrist bestimmte (Begr. BT-Drs. V/1812, 27). Durch Art. 161 EGStGB wurde § 404 IV RAO im Hinblick auf die generelle Regelung in § 410 RAO gestrichen. § 378 AO unterscheidet sich von § 404 RAO idF von Art. 161 EGStGB nur noch dadurch, dass die Tathandlungen nicht mehr selbstständig,

sondern durch Verweisung auf § 370 AO beschrieben werden. In diesem Sinne erfolgte durch Gesetz v. 21.12.1992 (BGBl. 1992 I 2118) eine Änderung des § 378 I Hs. 2 AO, um die Norm einer Neuregelung in § 370 AO anzupassen. Im Zuge der Einführung des Euro wurde durch G v. 19.12.2000 (BGBl. 2000 I 1790) mWv 1.1.2002 in Abs. 2 der DM-Betrag 100.000 auf 50.000 EUR umgestellt.

Eine mittelbare Erweiterung hat § 378 AO durch das Gesetz zur Intensivierung der 5 Bekämpfung der Schwarzarbeit und damit zusammenhängender Steuerhinterziehung (v. 23.7.2004, BGBl. 2004 I 1842, 1856) erfahren. Nach § 50e II EStG nF ist § 378 AO auch bei vorsätzlichem Handeln anwendbar, wenn ein Arbeitgeber bei geringfügigen Beschäftigungen in Privathaushalten seine steuerlichen Pflichten verletzt (vgl. auch *Berwanger* BB-Special 2/2004, 10, 14). Mit dem Schwarzgeldbekämpfungsgesetz wurden mWv 3.5.2011 lediglich in Abs. 3 sprachliche Änderungen vorgenommen, ohne dass die zunächst geplanten gravierenden Änderungen auch hier Gesetz geworden wären (→ § 371 Rn. 12). Überdies machte die Änderung des § 371 III AO mWv 1.1.2015 die Einfügung eines neuen Abs. 3 Satz 2 erforderlich, da es bei leichtfertiger Steuerhinterziehung keine Hinterziehungszinsen gibt. Überdies musste der bisherige Satz 2 (jetzt Satz 3) an die Änderung des § 371 III AO angepasst werden. Inhaltliche Änderungen sind damit nicht verbunden.

2. Zweck und Bedeutung

§ 378 AO schützt als Bußgeldtatbestand – wie vorher der Straftatbestand des § 402 RAO 6 1931 – das staatliche Interesse am vollständigen und rechtzeitigen Aufkommen der Steuern im Ganzen (ausf. s. Einl. → Rn. 8) gegen leichtfertige Verkürzungen. Der objektive Tatbestand des § 378 AO stimmt in Bezug auf Tathandlung und Erfolg mit dem objektiven Tatbestand der Steuerhinterziehung nach § 370 AO überein, jedoch sind Amtsträger und Auskunftspersonen aus dem Täterkreis ausgenommen (→ Rn. 9). Von den subjektiven Anforderungen her wird der Schutz des vollen Steuerertrags durch § 378 AO weiter ausgedehnt als der Schutz des Eigentums und privater Vermögensansprüche gem. §§ 242, 246, 263 StGB usw., die nur bei vorsätzlicher Tat eingreifen; eine Parallele findet sich im Straftatbestand des leichtfertigen Subventionsbetruges (§ 264 StGB). Zur besonderen Schutzbedürftigkeit des Steueraufkommens s. Einl. → Rn. 11.

Dogmatisch bietet die Steuerordnungswidrigkeit der leichtfertigen Steuerverkürzung 7 nach § 378 AO ein wichtiges Beispiel dafür, dass dem Ordnungsunrecht nicht nur ein *folgenloses* rechtswidriges Verhalten – namentlich Vorbereitungs- oder Gefährdungshandlungen – zugeordnet werden kann, sondern auch eine Zuwiderhandlung, die das geschützte Rechtsgut unmittelbar *verletzt*. § 378 AO verstärkt die Zweifel, ob zwischen Straftaten und Ordnungswidrigkeiten ein dem Gesetzgeber vorgegebener qualitativer Unterschied besteht, den sich die Fürsprecher der Trennung zwischen kriminellem Unrecht und Ordnungsunrecht ursprünglich vorgestellt hatten (vgl. auch HHS/*Rüping* AO § 377 Rn. 9 f.). Diese Zweifel verstärken sich noch, wenn man bedenkt, dass im Falle des Subventionsbetruges die leichtfertige Begehungsweise immerhin als Vergehen mit Freiheitsstrafe bis zu drei Jahren geahndet wird (§ 264 IV StGB).

Nach den Erfahrungen der Praxis bezieht sich die Anwendung des § 378 AO zu 8 einem erheblichen Teil auf Fälle, in denen der Verdacht vorsätzlicher Handlungsweise fortbesteht, aber der Beweis des Vorsatzes nicht geführt werden kann, zB weil ein vom Täter geltend gemachter Tatumstandsirrtum (→ § 369 Rn. 100 ff.) nicht widerlegt werden kann und daher im Zweifel als wahr unterstellt werden muss. In solchen Fällen wirkt § 378 AO als „Auffangtatbestand" (vgl. BGH 13.1.1988, wistra 1988, 196; Kohlmann/*Heuel* AO § 378 Rn. 7; Kühn/v. Wedelstädt/*Blesinger/Viertelhausen* AO § 378 Rn. 2). Hierbei dürfte die vorbeugende Wirkung einer Geldbuße besonders nachhaltig sein, weil der Betroffene weiß, dass ihn derselbe Irrtum nicht noch einmal entlasten wird (→ Rn. 42). Andererseits darf aus Anzeichen für den letztlich nicht nachweisbaren Vorsatz nicht schon auf Leichtfertigkeit geschlossen werden (so zu Recht HHS/*Bülte* AO § 378 Rn. 9).

II. Tatbestand des § 378 I AO

1. Täterkreis

9 **Als Täter** kommt gem. § 378 I AO nur in Betracht, wer die Steuerverkürzung „*als Steuerpflichtiger*" (→ Rn. 13 f.) oder „*bei Wahrnehmung der Angelegenheiten eines Steuerpflichtigen*" (→ Rn. 15 ff.) bewirkt. Bußgeldrechtlich nicht verantwortlich sind daher Amtsträger der Finanzverwaltung, die bei der Ermittlung der Besteuerungsgrundlagen, der Festsetzung, Erhebung und Beitreibung der geschuldeten Steuer leichtfertig Fehler begehen, die den Steuerertrag schmälern (vgl. BGH 9.5.1956, ZfZ 1957, 186). Gleiches gilt für Amtsträger anderer Verwaltungen, die der FinB leichtfertig falsche Auskünfte erteilen. Indessen kann ein leichtfertiges Verhalten, das bei Stpfl. als Steuerordnungswidrigkeit nach § 378 AO geahndet werden kann, bei Amtsträgern als Dienstvergehen mit einer Disziplinarmaßnahme, namentlich Verweis oder Geldbuße, im Disziplinarverfahren nach der BDO bzw. den Disziplinarordnungen der Länder geahndet werden (HHS/*Bülte* AO § 378 Rn. 20). Diese Möglichkeit besteht nicht für Angestellte, die in der Außenprüfung, den Veranlagungsstellen, der Finanzkasse oder im Innendienst der Vollstreckungsstelle eingesetzt sind und durch leichtfertiges Verhalten eine Steuerverkürzung bewirken. Ebenso wenig wie Amtsträger können Auskunftspersonen (§§ 93 ff. AO), Drittschuldner im Beitreibungsverfahren (§ 316 I AO) und Sachverständige (§ 96 AO) gem. § 378 AO bußgeldrechtlich belangt werden (→ Rn. 12).

10 Eine Beteiligung iSd § 14 I OWiG kann nicht von Personen begangen werden, die außerhalb des Täterkreises iSd § 378 AO stehen. Wer als Geschäftspartner des Stpfl. diesem eine leichtfertige Steuerverkürzung ermöglicht, haftet mangels Täterqualität nicht nach § 378 AO, sondern lediglich nach § 379 AO. Beteiligen sich Außenstehende vorsätzlich an einer leichtfertigen Steuerverkürzung, dann kommt bei ihnen freilich eine Steuerhinterziehung – in mittelbarer Täterschaft – in Betracht (→ § 369 Rn. 76).

11 **Für außerhalb des Täterkreises stehende Amtsträger, Auskunftspersonen und Sachverständige** gilt dasselbe. Auch sie können keine leichtfertige Steuerverkürzung begehen, da sie weder Stpfl. (→ Rn. 13 f.) sind noch bei Wahrnehmung der Angelegenheiten eines Stpfl. (→ Rn. 15 ff.) handeln. Handeln sie vorsätzlich, so sind sie mittelbarer Täter einer vorsätzlichen Steuerhinterziehung nach § 370 AO. Bei bloßer Leichtfertigkeit scheidet § 378 AO mangels Täterqualität aus. Freilich kommt das allgemeine Strafrecht in Betracht, so zB, wenn sie fahrlässig unrichtige Aussagen oder Gutachten beschwören oder fahrlässig unrichtige eidesstattliche Versicherungen abgeben (vgl. §§ 94, 95, 96 VII AO iVm §§ 161, 154 bis 156 StGB).

12 **Ausgedehnt wird der Täterkreis** gem. § 9 OWiG auf die Organe, Vertreter usw. einer juristischen Person, wenn vom Gesetz vorausgesetzte ahndbarkeitsbegründende, besondere persönliche Merkmale zwar bei dem anderen, nicht aber bei dem Organmitglied, Vertreter usw. vorliegen. Im Verhältnis zu § 9 OWiG stellt jedoch § 378 I AO eine spezielle Sonderregelung iSd § 377 II AO auf. Der Umfang des Täterkreises ergibt sich hier allein aus § 378 I AO; § 9 OWiG ist nicht anzuwenden (zust. RKR/*Rolletschke* AO § 378 Rn. 4,7; Schwarz/Pahlke/*Webel* AO § 378 Rn. 6 f.).

13 **Der Begriff des Steuerpflichtigen** ist in § 33 AO auch für § 378 AO definiert (zust. Schwarz/Pahlke/*Webel* AO § 378 Rn. 7):

§ 33 AO Steuerpflichtiger

(1) Steuerpflichtiger ist, wer eine Steuer schuldet, für eine Steuer haftet, eine Steuer für Rechnung eines Dritten einzubehalten und abzuführen hat, wer eine Steuererklärung abzugeben, Sicherheit zu leisten, Bücher und Aufzeichnungen zu führen oder andere ihm durch die Steuergesetze auferlegte Verpflichtungen zu erfüllen hat.

(2) Steuerpflichtiger ist nicht, wer in einer fremden Steuersache Auskunft zu erteilen, Urkunden vorzulegen, ein Sachverständigengutachten zu erstatten oder das Betreten von Grundstücken, Geschäfts- und Betriebsräumen zu gestatten hat.

Die Definition in § 33 I AO wird maßgeblich bestimmt durch die Formulierung „… **14** *oder andere ihm durch die Steuergesetze auferlegte Verpflichtungen zu erfüllen hat"*. Durch diese Generalklausel werden die übrigen angeführten Fälle zu bloßen Beispielen. Gegenüber § 97 I RAO besteht die Erweiterung vor allem darin, dass auch der *potenzielle* StSchuldner Täter nach § 378 AO sein kann, soweit er Aufzeichnungs- oder Erklärungspflichten hat. Zu den Steuerpflichtigen gehören vor allem auch diejenigen Personen, die steuerliche Pflichten auf Grund eines Gesetzes für andere zu erfüllen haben, wie zB die gesetzlichen Vertreter, Geschäftsführer (§ 34 I), die Mitglieder und Gesellschafter nicht rechtsfähiger Personenvereinigungen ohne Geschäftsführer (§ 34 II) sowie die Vermögensverwalter (§ 34 III). Wird die Wahrnehmung steuerlicher Pflichten kraft Rechtsgeschäftes delegiert und greift kein Pflichtenübergang kraft Gesetzes ein, so kommt die zweite Tätereigenschaft in § 378 AO *(„bei Wahrnehmung der Angelegenheiten eines Steuerpflichtigen")* in Betracht (→ Rn. 15 ff.). § 9 OWiG ist nicht anzuwenden (→ Rn. 12). Dagegen sind gem. § 33 II AO nicht Steuerpflichtige die Auskunftspflichtigen (§ 93 AO), die zur Vorlage von Urkunden Verpflichteten, soweit sie nur hierzu verpflichtet sind (§ 97 AO), die Sachverständigen (§ 96 AO) sowie diejenigen, die verpflichtet sind, das Betreten von Grundstücken und Räumen zu gestatten (§ 99 AO).

Bei Wahrnehmung der Angelegenheiten eines Stpfl. iSd § 378 AO handelt jeder, **15** dessen Tun oder pflichtwidriges Unterlassen mit den steuerrechtlichen Pflichten eines Stpfl. in Zusammenhang steht. Der Begriff ist weit auszulegen (RG 12.4.1923, RGSt 57, 218, 219; RG 15.1.1931, JW 1931, 2311; Kohlmann/*Heuel* AO § 378 Rn. 16; Kühn/v. Wedelstädt/*Blesinger/Viertelhausen* AO § 378 Rn. 7; RKR/*Rolletschke* AO § 378 Rn. 9). In Wahrnehmung der Angelegenheiten seiner Angehörigen handelt zB auch das Familienoberhaupt, wenn es bei gemeinschaftlicher Einreise schlüssig zu erkennen gibt, dass es die Zollformalitäten für alle Familienmitglieder erledigen will (OLG Hamm 20.11.1958, ZfZ 1959, 122; HHS/*Bülte* AO § 378 Rn. 17; Kohlmann/*Heuel* AO § 378 Rn. 25; aA *Tormöhlen* AO-StB 2015, 324, der es für erforderlich hält, dass der Steuerberater die Erklärung oder ein Begleitschreiben hierzu selbst unterzeichnet).

Unerheblich ist,
– ob die Wahrnehmung der Angelegenheiten *geschäftsmäßig* oder *berufsmäßig* erfolgt, wie zB **16** bei Rechtsanwälten, Notaren, Steuerberatern (dazu OLG Koblenz 15.12.1982, wistra 1983, 270), Wirtschaftsprüfern usw.;
– ob eine etwa geschäftsmäßig ausgeübte Hilfeleistung in Steuersachen *befugt* oder *unbefugt* **17** ist;
– ob der Handelnde diejenige Tätigkeit (oder Untätigkeit), die eine Steuerverkürzung zur **18** Folge hat, mit oder ohne *Vertretungsmacht,* mit oder ohne *Auftrag,* auf oder gegen eine *Weisung* des Stpfl. ausübt (Kohlmann/*Heuel* AO § 378 Rn. 26);
– ob ein für den Stpfl. tätiger Angestellter sich in *leitender* Stellung befindet, zB als Pro- **19** kurist, oder nur *untergeordnete* Arbeiten ausführt, zB als Buchhalter (ähnlich RKR/ *Rolletschke* AO § 378 Rn. 9). Die Grenze ist dort erreicht, wo der Mitarbeiter lediglich Schreib- oder Rechenarbeiten ausführt.

Ein Zusammenhang mit der Erfüllung (oder Nichterfüllung) **steuerrechtlicher** **20** **Pflichten fehlt,** wenn der Handelnde (oder Untätige) zu den Angelegenheiten des Stpfl. überhaupt keine Beziehung hat und sein Verhalten nur durch ein zufälliges Zusammenspiel äußerer Umstände zu einer Steuerverkürzung führt, zB wenn jemand einen anderen aus Gefälligkeit mit seinem Kfz aus dem Freihafen ins Zollinland mitnimmt (aM DOG v. 5.7.1950, ZfZ 272; wie hier Kohlmann/*Heuel* AO § 378 Rn. 25). Ebenso fehlt es hieran, wenn der Notar seine eigene Anzeigepflicht nach § 18 GrEStG verletzt, weil er dann nicht in Erfüllung der steuerrechtlichen Pflichten des Stpfl. handelt (vgl. BFH v. 3.3.2015, BStBl. II 2015, 777).

Steuerberatungs- oder Wirtschaftsprüfungsgesellschaften (§§ 32, 49 ff. StBerG; **21** §§ 1, 27 ff. WiPrO), die etwa in der Rechtsform einer AG, KGaA oder GmbH organisiert sind, handeln zwar in Wahrnehmung der Angelegenheiten eines Stpfl., jedoch wird die Steuerberatung nicht durch die Gesellschaft als solche, sondern durch natürliche Personen eigenverantwortlich ausgeübt (vgl. § 60 StBerG, § 44 WiPrO). Regelmäßig können daher nur die im Einzelfall eigenverantwortlich tätigen Personen eine leichtfertige Steuerverkürzung nach § 378 AO begehen (ebenso Kohlmann/*Heuel* AO § 378 Rn. 17). Bei gesetzwidrigen Weisungen eines Vorstands oder Geschäftsführers kann eine Beteiligung (§ 14 OWiG, → § 377 Rn. 22 ff.) dieser Organmitglieder in Betracht kommen (*Neflin* DStZ 1962, 311, 313 f.). Verletzungen der Aufsichtspflicht eines Vorstands oder Geschäftsführers können mit einer Geldbuße nach § 130 OWiG geahndet werden (→ § 377 Rn. 61 ff.). In diesen Fällen kann auch die Steuerberatungs- oder Wirtschaftsprüfungsgesellschaft selbst mit einer Geldbuße nach § 30 I Nr. 1, II 2 OWiG belegt werden (→ § 377 Rn. 44 ff.).

22 **Die Worte „als Vertreter eines Steuerpflichtigen"** sind – abw. von § 402 RAO 1931 – in § 378 AO nicht mehr enthalten (→ Rn. 4). Eine sachliche Änderung ist dadurch nicht eingetreten. Wer als gesetzlicher Vertreter eines geschäftsunfähigen oder beschränkt geschäftsfähigen Stpfl. (vgl. §§ 104, 106 BGB; §§ 34 I, 35 AO) handelt oder als vertretungsberechtigtes Organ einer juristischen Person oder als Mitglied eines solchen Organs oder als vertretungsberechtigter Gesellschafter einer Personenhandelsgesellschaft im Namen des Stpfl. tätig wird oder als Rechtsnachfolger, Testamentsvollstrecker, Erbschaftsbesitzer, Pfleger, Liquidator oder Verwalter für einen weggefallenen Stpfl. handelt, wird gem. §§ 34, 35, 153 AO dem vertretenen oder weggefallenen Stpfl. gleichgestellt (→ Rn. 12). Solche „Vertreter" sind daher *selbst* Stpfl. iSd § 378 I AO (→ Rn. 113). Dasselbe gilt für Verfügungsberechtigte iSd § 35 AO, zB Treuhänder (RFH 6.4.1932, RStBl. 1932, 517), sowie für Beauftragte iSd § 214 S. 1 AO.

2. Tathandlung, Kausalität und Erfolg

Schrifttum: *Hintzen*, Steuergefährdung durch wahrheitswidrige Stundungsbegründung, DB 1953, 874; *Lohmeyer*, Fahrlässige Steuerverkürzung durch die zu hohe Abschreibung zweifelhafter Forderungen, StBp 1963, 136; *Franzen*, Zur schuldgerechten Aufteilung der Steuerverkürzung (§§ 396, 402 AO), DStR 1964, 380; *Danzer*, Die strafrechtliche Verantwortlichkeit des steuerlichen Beraters, Grundfragen 1983, 67; *Bublitz*, Die Kausalität bei der leichtfertigen Steuerverkürzung durch den Steuerberater und sonstige Dritte, DStR 1984, 435; *Reitz*, Die bußgeldrechtliche Verantwortlichkeit des Steuerberaters, DStR 1984, 91, 439; *Dörn*, Leichtfertige Steuerverkürzung (§ 378 AO) und leichtfertiger Subventionsbetrug (§ 264 Abs. 1, Abs. 3 StGB) durch den Steuerberater, wistra 1994, 215; *ders.*, Feststellung von Steuerverkürzungen durch die Außenprüfung, DStR 1995, 558; *H. L.*, Leichtfertige Steuerverkürzung, DB 1998, 2198; *Dörn*, Praxisfragen der steuerstraf- oder bußgeldrechtlichen Verantwortung des Steuerberaters, Stbg 2002, 454; *Müller*, Die leichtfertige Steuerverkürzung – Besonderheiten einer Steuerordnungswidrigkeit, AO-StB 2003, 210; *Hentschel*, Die Bedeutung des Steuerordnungswidrigkeitenrechts bei grenzüberschreitender Umsatzsteuerhinterziehung, wistra 2005, 371; *Rolletschke*, Der Tatbestand der leichtfertigen Steuerverkürzung (§ 378 AO), ZSteu 2006, 184; *Joecks*, Vorsatz und Leichtfertigkeit, SAM 2012, 26; *Roth*, Der Tatbestand der leichtfertigen Steuerverkürzung (§ 378 AO), ZAP Fach 20 531; *Berger*, Besteuerungsverfahren: Vorsatz bei Abgabe authentifizierter, elektronischer Steuererklärungen durch Dritte, PStR 2017, 40; *Grötsch*, Strafrechtliche Zurechnung von Fehlern eines Beraters im Steuerstrafrecht, wistra 2017, 92; *Hellmann*, Steuerhinterziehung im „digitalisierten" Besteuerungsverfahren, GS Joecks, 2018, 483; *Rolletschke*, Die steuerstrafrechtliche Aspekte der elektronischen Steuererklärung, GS Joecks, 2018, 571; *Eich*, Leichtfertige Steuerverkürzung durch Sorgfaltspflichtverletzungen des Steuerberaters, KÖSDI 2019, 21083; *Heuel/Harink*, Welche Auswirkung hat das BestVerfModG auf das Steuerstrafrecht, AO-StB 2020, 49.

23 **Als Tathandlung** kommen wegen der Verweisung in § 378 I AO nur die Verhaltensweisen nach § 370 I Nr. 1–3 AO in Betracht. Der Täter muss daher entweder unrichtige oder unvollständige Angaben machen (→ § 370 Rn. 151 ff.), die FinB pflichtwidrig in Unkenntnis lassen (→ § 370 Rn. 200 ff.) oder pflichtwidrig die Verwendung von Steuerzeichen oder Steuerstemplern unterlassen (→ § 370 Rn. 244).

24 Soweit der Täter handelt, gilt das zur vorsätzlichen Steuerverkürzung Ausgeführte entsprechend. Auch bestehen dann keine Probleme, wenn der Täter, der eine Unterlassung nach § 370 I Nr. 2, 3 AO begeht, selbst Stpfl. ist. Bei denjenigen Tätern jedoch, die bei Wahrnehmung der Angelegenheiten eines Stpfl. unterlassen, erhebt sich die Frage, ob die *lediglich rechtsgeschäftliche Verpflichtung gegenüber dem Stpfl.* eine Pflicht iSv § 370 I Nr. 2, 3 AO ist. Aus § 378 I AO lässt sich entnehmen, dass rechtsgeschäftlich begründete Pflichten nicht generell ausscheiden, da sonst die Alternative *„bei Wahrnehmung der Angelegenheiten eines Stpfl."* bei Unterlassungstaten keinen Anwendungsbereich hätte. Andererseits wird man jedoch nicht jegliche Verpflichtung, zB des Arbeitnehmers gegenüber dem Arbeitgeber, als Pflicht zur Aufklärung der FinB (§ 370 I Nr. 2 AO) oder als Pflicht zur Verwendung von Steuerzeichen oder Steuerstemplern (§ 370 I Nr. 3) ansehen dürfen. Dies beruht darauf, dass in zahlreichen Arbeitsverhältnissen Nebenpflichten bestehen, deren Verletzung zur Herbeiführung einer Steuerverkürzung führen kann. Würde man zB die Pflicht des Chauffeurs zur Führung eines innerbetrieblichen Fahrtenbuches nur deshalb als Pflicht iSv § 370 I Nr. 2 AO ansehen, weil mit Hilfe der Eintragungen auch die private Nutzung des Pkw ermittelt und in Steuererklärungen angegeben wird, dann würde dadurch die leichtfertige Verletzung von – steuerfernen – Pflichten aus dem Arbeitsvertrag in nicht zu vertretendem Umfang als Steuerordnungswidrigkeit geahndet. Eine Einschränkung des für §§ 378, 370 I Nr. 2, 3 AO relevanten Pflichtenkreises lässt sich nur in der Weise vornehmen, dass die verletzte Pflicht *Hauptpflicht* des Arbeits- oder Anstellungsvertrages ist (zust. HHS/*Bülte* AO § 378 Rn. 29; Klein/*Jäger* AO § 378 Rn. 16). Damit scheiden die Pflichtverletzungen zB von Verkäufern, die bei der Inventur am Jahresende eingesetzt werden, von Fahrern, die Fahrtenbücher zu führen haben, und von Sekretärinnen, welche die Portokasse verwalten, aus.

25 Ob angestellte oder beauftragte Steuerberater (so OLG Koblenz v. 15.12.1982, wistra 1983, 275) die Ordnungswidrigkeit nach § 378 AO durch Unterlassen begehen können, erscheint zweifelhaft. Gleiches gilt für Wirtschaftsprüfer, Buchhalter, Leiter des Rechnungswesens oder Angestellte, die den Warenbestand hauptamtlich zu kontrollieren und zu erfassen haben. Dabei ist zu beachten, dass derartige Pflichten stets nur eine Aufklärung oder Unterrichtung des eigentlichen Stpfl. zum Inhalt haben. Dagegen besteht keine Pflicht zur Information der FinB. Bei Steuerberatern und Wirtschaftsprüfern ergibt sich dies schon aus der nach § 203 I StGB strafbewehrten Pflicht zur Verschwiegenheit (Kohlmann/*Heuel* AO § 378 Rn. 44). Insbesondere findet – entgegen der Auffassung des OLG Koblenz (15.12.1982, wistra 1983, 275) – § 153 AO auf den steuerlichen Berater keine Anwendung (BGH 20.12.1995, wistra 1996, 184, 188; *Achenbach* Stbg 1996, 306; *Joecks* InfStW 1997, 21; vgl. auch BGH 19.12.1997, wistra 1998, 180, 187).

26 **Der tatbestandsmäßige Erfolg** besteht bei § 378 AO – wie bei § 370 AO – darin, dass Steuern verkürzt oder ungerechtfertigte Steuervorteile erlangt werden. Für die Auslegung dieser Begriffe gelten die Erläuterungen zum Tatbestand der Steuerhinterziehung (→ § 370 Rn. 52 ff.). Die Verweisung in § 378 I 2 AO stellt klar, dass auch die Vorschriften in § 370 IV–VII AO anzuwenden sind. Die leichtfertige Steuerverkürzung ist ein Erfolgsdelikt. Da der Versuch nicht mit Geldbuße bedroht ist, liegt vor Eintritt des steuerverkürzenden Erfolges noch keine Ordnungswidrigkeit vor. Jedoch kann in diesem Stadium bereits ein Gefährdungstatbestand nach den §§ 379–382 AO erfüllt sein.

27 Zwischen Täterverhalten und tatbestandsmäßigem Erfolg muss **Kausalität** bestehen (ausf. → § 369 Rn. 45 ff.). Unerheblich ist es, in welcher Phase des Besteuerungsverfahrens die Ursache für die Steuerverkürzung gesetzt wird, ob bereits bei den laufenden Aufzeichnungen, bei den Bestandsaufnahmen, den Abschlussbuchungen, der Fertigung der Steuererklärung usw. Entscheidend ist nur, dass sich die Ursache in einer vollendeten Steuerverkürzung ausgewirkt hat.

28 Ob Täter der leichtfertigen Steuerverkürzung auch sein kann, wer nicht selbst unrichtige Angaben macht, sondern lediglich verursacht, dass ein anderer der Finanzbehörde gegenüber objektiv unrichtige Erklärungen abgibt, ist umstritten. *Reitz* (DStR 1984, 91), *Danzer* (Grundfragen S. 82 f.), *Bülte* (HHS/*Bülte* AO § 378 Rn. 27), *Dörn* (wistra 1994, 216 f.) sowie *Müller* (AO-StB 2003, 210; ebenso BayObLG 9.11.1993, wistra 1994, 34; OLG Braunschweig 8.3.1996, wistra 1996, 319; OLG Zweibrücken 23.10.2008, NStZ-RR 2009,

81) schließen aus der Verweisung von § 378 AO auf § 370 I AO, dass eine leichtfertige Steuerverkürzung nur begehen könne, wer *selbst* unrichtige Erklärungen abgebe. Demgegenüber stellen *Bublitz* (DStR 1984, 435) und *Samson* (→ 3. Aufl. Rn. 21) darauf ab, dass schon § 370 I AO kein eigenhändiges Delikt enthielte. Daher genüge auch für § 378 AO jegliche Verursachung der Abgabe unrichtiger Erklärungen (und sei es auch durch einen anderen), soweit dies zur Herbeiführung der Steuerverkürzung führe. *Duttge* (wistra 2000, 201 ff.) sieht auch unter dem Aspekt des Analogieverbots keine Notwendigkeit, den Anwendungsbereich der Norm auf Fälle zu beschränken, in denen der Beteiligte selbst Angaben mache.

29 *Rüping* wollte danach differenzieren, ob der im Vorfeld beratend wirkende Steuerberater seine **Mitwirkung auf der Steuererklärung vermerkt.** Wurde eine nicht erfolgte Mitwirkung behauptet, könne § 378 AO einschlägig sein (Voraufl. HHS/*Rüping* AO § 378 Rn. 25). Man kann aber nicht darauf abstellen, ob ein lediglich im Vorfeld Handelnder seine Mitwirkung kenntlich macht, etwa der den Entwurf der Steuererklärung fertigende Steuerberater seinen Stempel in das dafür vorgesehene Feld der Steuererklärung setzt. Hierdurch macht er zwar Angaben (vgl. *Schlüchter* 1986, 66), aber keine *unrichtigen,* wie es von § 370 I Nr. 1 AO vorausgesetzt wird. Wenn die Mitwirkung wahrheitswidrig testiert wird (→ Rn. 28), mag es sich zwar im Hinblick auf eine etwaige Verlängerung der Frist zur Abgabe der Steuererklärung um eine Angabe handeln, die steuerlich – nämlich im Hinblick auf einen etwaigen Verspätungszuschlag nach § 152 AO – erheblich ist. Verspätungszuschläge sind aber nicht Gegenstand einer Tat nach den §§ 370, 378 AO (→ § 370 Rn. 36). Da der Steuerberater nicht etwa ein „Gütesiegel" erteilt, handelt es sich letztlich nicht um steuerlich erhebliche Angaben. Insofern war die Differenzierung *Rüpings* (Voraufl. HHS/*Rüping* AO § 378 Rn. 25), der ansonsten ebenfalls eine Berichtigungspflicht nach § 153 AO verneint, abzulehnen.

30 Der **BFH** wollte hingegen zunächst einen weiteren Personenkreis erfassen. Nach dem Wortlaut der Bestimmung sei nur bedeutsam, ob eine Steuer hinterzogen oder leichtfertig verkürzt worden sei. Ob der Steuerschuldner selbst oder sein Vertreter bzw. Erfüllungsgehilfe den Tatbestand einer Steuerhinterziehung oder einer leichtfertigen Steuerverkürzung erfüllt hätten, sei unerheblich (BFH 19.12.2002, wistra 2003, 313 mAnm *Wattenberg* Stbg 2004, 567). Im Hinblick auf die Exkulpationsmöglichkeit für die verlängerte Festsetzungsfrist nach § 169 II 3 AO komme es dann allein darauf an, ob der an der Erklärung Mitwirkende als Erfüllungsgehilfe des Steuerpflichtigen anzusehen sei. *Rolletschke* (RKR/*Rolletschke* AO § 378 Rn. 13) hatte in diesem Kontext zutreffend darauf hingewiesen, dass damit die Differenzierung einer Tätigkeit im Innenverhältnis oder auch im Außenverhältnis ignoriert wird. Dem Beschluss des BFH hat er zu Recht entgegengehalten, dass dieser praktisch ohne eine Stellungnahme zu der eigentlichen Problematik auskommt (*Rolletschke* wistra 2004, 50). Mittlerweile hat auch der BFH akzeptiert, dass der die Steuererklärung lediglich vorbereitende Berater gegenüber der FinB keine Angaben macht (BFH 29.10.2013, BFHE 243, 116).

31 Da der Wortlaut des § 378 I AO ein *bloßes* „Bewirken" der unrichtigen Steuerfestsetzung entgegen der Annahme des BFH (→ Rn. 30) und von *Duttge* (wistra 2000, 204) nicht mehr ausreichen lässt, sondern über den Verweis auf § 370 I Nr. 1 AO das Machen unrichtiger Angaben fordert (ebenso *Rolletschke* wistra 2004, 49), kann Täter nur sein, wer unrichtige Angaben macht oder wem das unrichtige Angabenmachen anderer zuzurechnen ist. Dies bestimmt sich nicht nach Zweckmäßigkeitserwägungen, sondern allein nach § 14 OWiG (→ § 377 Rn. 22 ff.). Danach unterbleibt aber die Beteiligung bei einem nur fahrlässigen bzw. leichtfertigen Tatbeitrag (ebenso Flore/Tsambikakis/*Heerspink* AO § 378 Rn. 44; Klein/*Jäger* AO § 378 Rn. 9; vgl. Göhler/*Gürtler/Thoma* OWiG § 14 Rn. 4 und *Schlüchter* 1986, S. 67 f.). Dieses Problem wird oftmals übersehen. Beteiligter einer Ordnungswidrigkeit kann nur sein, wer an dieser bewusst und gewollt (vorsätzlich) mitwirkt (→ § 377 Rn. 22). Zwar ist theoretisch eine Beteiligung an einer leichtfertigen Steuerverkürzung des Mandanten möglich, aber nur, wenn der Betreffende *vorsätzlich* verursacht, dass der andere die Tat leichtfertig ausführt (→ § 377 Rn. 23). Wer aber vorsätzlich bewirkt, dass ein

anderer gutgläubig eine Steuerverkürzung herbeiführt, ist schon mittelbarer Täter einer Steuerhinterziehung nach § 370 I Nr. 1 AO.

Insofern ist *Reitz* (DStR 1984, 91) ua im Ergebnis zuzustimmen. § 378 AO kann nur **32** eingreifen, wenn der Dritte vorsätzlich und der Haupttäter leichtfertig handelt, ohne dass der Dritte kraft Überlegenheit zum mittelbaren Täter würde. Überdies ist vorauszusetzen, dass man eine vorsätzliche Beteiligung an einer fahrlässigen bzw. leichtfertigen Ordnungswidrigkeit für möglich hält (→ § 377 Rn. 22 f.).

Nach Einführung des Gesetzes zur Modernisierung des Besteuerungsverfahrens v. **32a** 18.7.2016 (BGBl. 2016 I 1679) wurde über die Auswirkung spekuliert, die die neuen **elektronisch übermittelten Steuererklärungen** auf die Tätereigenschaft des Steuerberaters haben könnte. Durch die vermehrt geforderte Abgabe von Steuererklärungen und Steueranmeldungen im Wege der Datenfernübertragung und die Einführung der eigenen Authentifizierung durch den Steuerberater im Rahmen von Elster II-Zertifikaten oder per DATEV-Zugriff wurde in Frage gestellt, ob der Steuerberater selbst durch die Authentifizierung Täter der Steuerverkürzung ist, wenn die Angaben in der Erklärung oder Anmeldung falsch sind. Grund ist, dass die Erklärung oder Anmeldung grundsätzlich dem zugerechnet wird, der sie eigenhändig oder mittels qualifizierter elektronischer Signatur (§ 87a III 2 AO) unterzeichnet (vgl. *Hellmann* GS Joecks, 2018, 394). Der Schluss, dass nunmehr dem Steuerberater die Erklärung oder Anmeldung zugerechnet wird, wenn dieser die gleiche authentisiert, wird aber zu Recht in der Literatur abgelehnt (siehe Kohlmann/*Heuel* AO § 378 Rn. 38 f.; *Heuel/Harink* AO-StB 2020, 49; *Berger* PStR 2017, 40). Bereits steuerrechtlich werden die übermittelten Daten gem. § 150 VII 2 iVm § 93c AO dem Steuerpflichtigen zugerechnet. Auch wenn sich eine gesetzliche Zurechnung von Angaben per Gesetz im Strafrecht verbietet, zeigt sich hierin bereits die dahinterliegende Problematik. Wesentlich für den Inhalt der Steuererklärung und -anmeldung sind die den Angaben zugrunde liegenden Tatsachen. Der Steuerberater mag fachnäher sein, letztlich wird er aber nur die Angaben übertragen können, die ihm der sachnähere Stpfl. gemacht hat. Er tritt somit weiterhin als Bote auf; die Änderung der Übertragungsform ändert hieran nichts. *Heuel* vergleicht passend die Authentifizierung mit dem Kanzleistempel auf der Papiererklärung (Kohlmann/*Heuel* AO § 378 Rn. 38).

3. Subjektiver Tatbestand

Schrifttum: *Hall*, Über die Leichtfertigkeit, FS Mezger 1954, 229; *Hartung*, Schuldprobleme im Steuerstrafrecht, Aktuelle Fragen, S. 37 f.; *Lohmeyer*, Was ist „leichtfertig" iS des § 402 RAbgO?, NJW 1960, 1708; *Kopacek*, Die Leichtfertigkeit bei Steuerverkürzungen, BB 1961, 447; *Lohmeyer*, Zum Begriff „leichtfertig" iS des Steuerstrafrechts, Inf 1963, 134; *ders.*, Zum Begriff der Fahrlässigkeit im Steuerstrafrecht, StW 1963, 773; *ders.*, Die Leichtfertigkeit bei Steuervergehen iS des § 402 AO, FR 1964, 374; *Ehlers*, Der Begriff der Leichtfertigkeit im Steuerstrafrecht, StW 1965, 225; *Mahlberg*, Die Leichtfertigkeit im Steuerstrafrecht, jur. Diss. München 1965; *Mangold*, Der Begriff der Leichtfertigkeit als Merkmal erfolgsqualifizierter Delikte, GA 1974, 257; *Oswald*, Wieweit darf sich der Steuerpflichtige auf seinen Steuerberater verlassen?, StB 1975, 214; *Tenckhoff*, Die leichtfertige Herbeiführung qualifizierter Tatfolgen, ZStW 88 [1976] 897; *Pfaff*, Leichtfertige Steuerverkürzung, bußgeldbefreiende Selbstanzeige, StBp 1981, 259; *Kretzschmar*, Zum Begriff der leichtfertigen Steuerverkürzung, DStZ 1983, 58; *Wendt/Elicker*, Zur steuerstrafrechtlichen Verantwortlichkeit des steuerlich vertretenen Unternehmers oder Geschäftsführers, wistra 2009, 329; *Höll/Hinghaus*, Vorsatz und Leichtfertigkeit bei Indizienbeweis, PStR 2010, 223; *Joecks*, Vorsatz und Leichtfertigkeit, SAM 2012, 26; *Wegner*, Verabschiedet sich der Gesetzgeber von der „Leichtfertigkeit" im Wirtschafts- und Steuerstrafrecht?, HRRS 2012, 510; *Tormöhlen*, Täterkreis, Abgrenzung zu grober Fahrlässigkeit und Vorsatz, Selbstanzeige, Geldbuße sowie verfahrensrechtliche Probleme, AO-StB 2015, 324; *Kemper*, Abgrenzung der Richtigstellung unrichtiger Angaben in Steuererklärungen nach § 153, § 378 Abs. 3 oder § 371 AO und der neue Anwendungserlass zu § 153 AO, DStZ 2017, 245.

Der die Fahrlässigkeit einengende Begriff der „Leichtfertigkeit" (→ Rn. 34) **33** wurde erstmalig bei der Änderung des § 402 RAO 1931 durch Art. I Nr. 2 G v. 11.5.1956 (BGBl. 1956 I 418) in das Steuerstrafrecht eingeführt und durch das 2. AOStrafÄndG (→ Rn. 3) außer in § 404 RAO auch in die Bußgeldtatbestände der §§ 405–407 RAO übernommen, jedoch nicht in § 408 RAO. Der Gesetzgeber ist dabei auf dem Wege fortgeschritten, die ursprünglich nur im Zivilrecht nach dem Grade der Fahrlässigkeit differenzierte Haftung (vgl. zB § 277 BGB: „*grobe Fahrlässigkeit*", andererseits § 839 I BGB: „*Fahrlässigkeit*") im Straf- und Bußgeldrecht dort zu verwirklichen, wo leichtes, uU aber folgenschweres fahrlässiges Verhalten eine Strafe nicht gerechtfertigt erscheinen lässt (vgl. zB § 311 III StGB) und auch eine Geldbuße bei leichter Fahrlässigkeit nicht geboten erscheint (vgl. §§ 379–380; § 30 TabStG aF, § 36 TabStG nF). Nach § 378 AO ist die Verfolgungsbehörde bei nur fahrlässigen, nicht leichtfertigen Steuerverkürzungen von vornherein der Ermessensentscheidung nach § 47 I OWiG, ob nach den Umständen des Einzelfalles ein Einschreiten geboten ist, enthoben.

34 **Der Begriff „leichtfertig" bezeichnet einen erhöhten Grad von Fahrlässigkeit** (→ § 377 Rn. 17 ff.). Die in § 18 III E 1962 vorgesehene Legaldefinition lautete: „*Leichtfertig handelt, wer grob fahrlässig handelt*" (Begr. BT-Drs. IV/650, 18 f.). Diese Begriffsbestimmung entspricht der hM zu § 402 RAO 1931 und den übrigen Vorschriften, die denselben Begriff verwenden. Regelmäßig hat die Rspr. ausgesprochen, dass die Leichtfertigkeit „*etwa*" einer groben Fahrlässigkeit entspreche (vgl. RG 9.10.1935, JW 1936, 388 f.; RG 8.12.1936, RGSt 71, 34, 37; RG 12.4.1937, RGSt 71, 174, 176; BGHSt 20, 177 Rn. 30 unter Bezugnahme auf BGH 20.3.1956; bei *Dallinger* MDR 1956, 396; BGSt 13.1.1988, wistra 1988, 196; BGH 24.1.2006, BGHSt 50, 347; OLG Schleswig 6.2.1963, ZfZ 1964, 343; OLG Hamm 14.2.1964, BB 1964, 1032; zust. Schönke/Schröder/*Sternberg-Lieben*/*Schuster* StGB § 15 Rn. 205 und LK-StGB/*Vogel*/*Bülte* § 15 StGB Rn. 293 zu sowie Göhler/*Gürtler*/*Thoma* OWiG § 10 Rn. 20). Zu § 402 RAO 1931 hat der 2. StrS des BGH im Urt. v. 29.4.1959 (DStZ/B 1959, 351) festgestellt, dass Anhaltspunkte für eine andere Auslegung des Begriffes im Steuerstrafrecht nicht ersichtlich sind (zust. *Troeger*/*Meyer* S. 117, 154, 235 und 263; Kohlmann/*Heuel* AO § 378 Rn. 56; aM *Ehlers* StW 1965, 226).

35 **Die Versuche einer näheren Umschreibung der Leichtfertigkeit** sind in unterschiedliche Richtungen verlaufen. Der 4. StrS des BGH hat im Urt. v. 25.9.1959 (DStZ/B 1959, 499 zu § 402 RAO 1931) ausgeführt, unter Leichtfertigkeit im strafrechtlichen Sinne sei eine „*an Vorsatz grenzende grobe Fahrlässigkeit*" zu verstehen (zust. *Lohmeyer* NJW 1960, 1798). Diese Wendung ist – im Ergebnis zutreffend – auf Sachverhalte gemünzt, in denen die Umstände ein nur fahrlässiges Verhalten des Täters kaum mehr glaubhaft erscheinen lassen, vielmehr den Verdacht vorsätzlicher Handlungsweise aufdrängen. Leichtfertig handelt hingegen nach Auffassung des 1. StrS, wer die Sorgfalt außer Acht lässt, zu der er nach den besonderen Umständen des Einzelfalles und seinen persönlichen Fähigkeiten und Kenntnissen verpflichtet und imstande ist, obwohl sich ihm aufdrängen musste, dass dadurch eine Steuerverkürzung eintreten wird (BGH 17.12.2014, wistra 2015, 192; BGH 16. 12 2009, HFR 2010, 866; BGH 8.9.2011, wistra 2011, 465 Rn. 17; ebenso BFH 24.7.2014, wistra 2014, 453).

36 **Gewissenlosigkeit** ist mehr als Leichtfertigkeit. Es ist daher verfehlt, sie als kennzeichnendes Merkmal der Leichtfertigkeit anzusehen. Hierbei werden unterschiedliche Begriffe gegeneinander mit dem Ergebnis ausgetauscht, dass der gesetzliche Tatbestand nur in extremen Fällen grober Fahrlässigkeit erfüllt wäre.

37 **Eine treffende Umschreibung der Leichtfertigkeit** iSv grober Fahrlässigkeit bietet die im Anschluss an die bei der Strafrechtsreform 1936 in Aussicht genommene (vgl. RG 12.4.1937, RGSt 71, 174, 176), vom OLG Düsseldorf (15.10.1958, DStZ/B 1959, 352, zu § 402 RAO 1931) wieder aufgegriffene Begriffsbestimmung, nach der leichtfertig handelt, wer „*aus besonderem Leichtsinn oder besonderer Gleichgültigkeit fahrlässig handelt*" (ebenso OLG Karlsruhe 9.3.1971, DB 1972, 661). Dem entspricht in objektivierender Sicht die Formulierung, die Gefahr der Tatbestandsverwirklichung „*hätte sich dem Täter aufdrängen müssen*" (Kohlmann/*Heuel* AO § 378 Rn. 61; OLG Bremen 26.4.1985, StV 1985, 282).

38 **Bewusste Fahrlässigkeit** ist nach einhM für die Annahme leichtfertigen Verhaltens nicht erforderlich (BGH 29.4.1959, DStZ/B 1959, 351), aber auch nicht ohne Weiteres ausreichend (*Lohmeyer* FR 1964, 375). Auch Fälle unbewusster Fahrlässigkeit können bei entsprechend grober Schlamperei, grober Gleichgültigkeit oder Nachlässigkeit den Vorwurf der Leichtfertigkeit begründen (*Hartung*, S. 37 f.; Erbs/Kohlhaas/*Hadamitzky/Senge* AO § 378 Rn. 6; *Suhr* S. 313; OLG Hamm 20.11.1958, ZfZ 1959, 122).

Schließlich setzt Leichtfertigkeit iSd § 378 AO nicht voraus, dass das **Ausmaß der** **39** **Steuerverkürzung** besonders groß sein muss. Tatsächlich besteht jedoch zwischen dem Grad der Fahrlässigkeit und dem Umfang der Steuerverkürzung eine gewisse Wechselbeziehung, da ein Versehen umso eher hätte auffallen und berichtigt werden müssen, je mehr die fraglichen Beträge von den tatsächlichen Besteuerungsgrundlagen abweichen. Während ein Posten von 5.000 EUR in der Buchführung, bei der Inventur oder bei den Abschlussbuchungen in einem Kleinbetrieb allenfalls aus Leichtfertigkeit „übersehen" werden kann, sind in einem Großbetrieb in stärkerem Maße die Umstände des Einzelfalles ausschlaggebend.

So verlangt das OLG Stuttgart (OLG Stuttgart 30.4.1982, zit. bei *Kretzschmar* DStZ **40** 1983, 58) bei einem nicht erklärten Einkommensbetrag von 520.000 DM zu Recht die Prüfung, wie hoch das übrige (erklärte) Einkommen lag und ob sich die Einkommenshöhe über mehrere Jahre hinweg änderte oder gleichgeblieben war. Wohl zu weit geht aber *Kretzschmar* DStZ 1983, 58, wenn er aus der Entscheidung den allgemeinen Grundsatz ableiten will, „*ein Vollkaufmann müsse sich persönlich um seine Bücher und die wirtschaftlichen Vorgänge in seinem Betrieb derart kümmern, dass er zumindest in groben Zügen die Richtigkeit der steuerlichen Berechnungen seines Steuerberaters überprüfen kann*". Immerhin handelte es sich im vorliegenden Fall um einen Kaufmann, der für seine verschiedenen Gesellschaften jährlich mehr als 100 Steuererklärungen abzugeben hatte.

Der hier vertretene Grundsatz, dass die Höhe der nicht erklärten Beträge ins Verhältnis **41** zu den erklärten Beträgen zu setzen sei, darf nicht vergessen lassen, dass § 378 AO ein besonders hohes Maß an Fahrlässigkeit voraussetzt. In diesem Sinne ist auch die Betriebsgröße zu berücksichtigen. Die Frage, ob und in welchem Umfang betriebliche Aufgaben an (zuverlässige) Mitarbeiter delegiert werden dürfen, wird nicht durch § 378 AO entschieden. Die Vorschrift knüpft vielmehr mit dem Begriff der Leichtfertigkeit an diejenigen Sorgfaltsvorkehrungen an, die ein sorgfältiger Kaufmann üblicherweise einhält. Damit bestimmt das Leitbild des sorgfältigen Kaufmannes, Steuerpflichtigen, Steuerberaters usw. den Inhalt von § 378 AO – die Vorschrift regelt nicht etwa umgekehrt den Inhalt dieser Sorgfaltstypen (→ § 377 Rn. 17 f.).

Die verschiedenen Versuche einer näheren positiven Umschreibung desjenigen **42** Grades von grober Fahrlässigkeit, den das Gesetz mit dem Wort „*leichtfertig*" kennzeichnet, können – wie bei der Auslegung anderer unbestimmter Rechtsbegriffe – nur einen bedingten Wert haben. Da die grobe Fahrlässigkeit keinen fest umrissenen Inhalt hat, kommt es für ihre Abgrenzung gegenüber der einfachen Fahrlässigkeit vornehmlich auf die Umstände des einzelnen Falles an und auf den Blickwinkel, aus dem die Schuld des Täters beurteilt wird. Dabei besteht die Gefahr, dass der Fachmann des Steuerrechts zu strenge, der Laie zu milde Maßstäbe anlegt (ebenso Flore/Tsambikakis/*Heerspink* AO § 378 Rn. 65; Kohlmann/*Heuel* AO § 378 Rn. 59; Schwarz/Pahlke/*Webel* AO § 378 Rn. 17). Anhaltspunkte ergeben sich aus einem Vergleich des konkreten Verhaltens eines bestimmten Täters mit dem Verhalten, das unter gleichen Umständen andere Stpfl. mit etwa gleicher Vorbildung, Ausbildung, betriebswirtschaftlicher und steuerrechtlicher Berufserfahrung an den Tag legen. Von besonderem Gewicht sind diejenigen Erfahrungen, die der Stpfl. aus vorausgegangenen Hinweisen und Belehrungen durch steuerliche Berater oder aus früheren Beanstandungen seiner Buchführung, Gewinnermittlung und seinen Steuererklärungen durch die Veranlagungsstelle oder den Betriebsprüfer des FA gewonnen hat. Ist eine fehlerhafte Verfahrensweise etwa in einem besonderen Schreiben oder Bp-Bericht ausdrücklich beanstandet worden, ohne dass der Stpfl. in der Folgezeit die gegebenen Lehren beachtet hat, wird idR mindestens Leichtfertigkeit, vielfach sogar (bedingter) Vorsatz vorliegen.

Heute definiert der BGH das „(l)eichtfertig im Sinne des § 378 Abs. 1 AO handelt, wer **42a** die Sorgfalt außer Acht lässt, zu der er nach den besonderen Umständen des Einzelfalls und seinen persönlichen Fähigkeiten verpflichtet und imstande ist, obwohl sich ihm aufdrängen musste, dass dadurch eine Steuerverkürzung eintreten wird" (BGH 8.9.2011, NStZ 2012, 160 Rn. 17 mwN, BGHR AO § 378 Leichtfertigkeit 5). Jeder Steuerpflichtige muss sich über diejenigen steuerlichen Pflichten unterrichten, die ihn im Rahmen seines Lebenskreises treffen" (BGH 10.7.2019, BB 2020, 926).

42b Gleich wie die bewusste Fahrlässigkeit grenzt sich die Leichtfertigkeit vom bedingten Vorsatz dadurch ab, dass der leichtfertig Handelnde nicht mit der erkannten Folge einverstanden ist und auf den Nichteintritt der Steuerverkürzung vertraut, während der bedingt vorsätzlich handelnde Täter die Steuerverkürzung billigend in Kauf nimmt oder sich wenigstens mit der Tatbestandsverwirklichung abfindet (BGH 11.2.2020, NStZ 2020, 487).

4. Einzelheiten zum Vorwurf leichtfertiger Handlungsweise

43 Leichtfertige Steuerverkürzungen können in erster Linie dadurch bewirkt werden, dass der Täter sich jeder steuerlichen Erfassung entzieht, seinen grundsätzlichen Pflichten unzureichend nachkommt oder aber Pflichten ohne spätere Kontrolle delegiert (vgl. HHS/*Bülte* AO § 378 Rn. 41 f.). Hierfür ist die oft geltend gemachte *„Unkenntnis der komplizierten Steuergesetze"* nur selten ursächlich. Um die Betriebseinnahmen und die Gegenstände des Betriebsvermögens vollständig zu erfassen und zu erklären, sind besondere Kenntnisse der Steuergesetze im Allgemeinen nicht erforderlich.

44 **Eine weitgehende Erkundigungspflicht** trifft den Stpfl., wenn er bei der Gewinnermittlung, der Fertigung seiner Steuererklärung oder bei der Inanspruchnahme von Steuervergünstigungen über die Rechtslage nicht unterrichtet ist oder auf rechtliche Zweifel stößt, zB in Bezug auf die Bewertung, die Abgrenzung der Betriebsausgaben von Privatausgaben usw. Jeder Stpfl. muss sich über diejenigen steuerlichen Verpflichtungen unterrichten, die ihn im Rahmen seines Lebenskreises treffen. Dies gilt in besonderem Maße in Bezug auf solche steuerrechtlichen Pflichten, die aus der Ausübung eines Gewerbes oder einer freiberuflichen Tätigkeit erwachsen (FG Freiburg v. 18.11.1958, EFG 1959 Nr. 280). Sie erfordern, dass der Unternehmer sich ständig auf dem Laufenden hält (OLG Hamm 28.6.1963, BB 1963, 1004; v. 14.2.1964, BB 1964, 1032) und in Zweifelsfällen von sachkundiger Seite Rat einholt (BGH 17.12.2014, wistra 2015, 192; RG 10.5.1927, StW Nr. 209; BayObLG 21.10.1971, BB 1971, 1544). Die Erkundigungspflicht kann, muss aber nicht durch Anfrage bei der zuständigen FinB erfüllt werden (Kohlmann/*Heuel* AO § 378 Rn. 66). Es genügt jede sonstige zuverlässige Auskunftsperson oder Stelle (OLG Hamm v. 28.6.1963, BB 1963, 1004; Erbs/Kohlhaas/*Hadamitzky/Senge* AO § 378 Rn. 7), namentlich ein StBer, StBev, Wpr oder vBpr, Rechtsanwalt, Notar, Patentanwalt usw., aber auch Berufsorganisationen, Grundstücksverwalter in Bezug auf Einkünfte aus Vermietung und Verpachtung, Speditionsunternehmer in Bezug auf Eingangsabgaben, ArbG in LSt-Sachen usw. (vgl. § 4 StBerG). Mindeststandards der Erkundigung werden im Übrigen durch die den Steuererklärungsvordrucken beigefügten Erläuterungen definiert, immer vorausgesetzt, ihr Inhalt konnte sich dem Leser in ihrem gedanklichen Gehalt auch erschließen (vgl. zum groben Verschulden bei § 173 I Nr. 2 AO Klein/*Rüsken* AO § 173 Rn. 112 ff.).

45 Zu weit geht der BFH im Zusammenhang mit der Abgabe von zollrechtlichen Erklärungen (BFH 16.3.2007, wistra 2007, 319). Ein Reisender, der aus einem Drittland nach Deutschland mit Waren einreise, von denen er zumindest für möglich halten müsse, dass sie anzumelden und dass für sie Einfuhrabgaben zu entrichten seien, müsse sich über die Bedeutung des roten oder grünen Ausgangs an Flughäfen Kenntnis verschaffen, wenn er diese Kenntnis nicht bereits besitze. Tue er dies nicht und benutze er den grünen Ausgang in der Annahme, die von ihm erwarteten zollrechtlichen Erklärungen bei oder sogar noch nach Durchschreiten des Ausgangs abgeben zu können, begehe er im Allgemeinen eine zumindest leichtfertige Steuerverkürzung, so dass ein Zollzuschlag erhoben werden könne.

Die Entscheidung setzt die bedenkliche Tendenz fort, strafrechtliche Begrifflichkeiten weit auszulegen, wenn es nur um Vorfragen für steuerliche Folgen geht. Demgegenüber hat der BFH im Zusammenhang mit Lieferungen im Binnenmarkt mehr Verständnis gezeigt. Ein Unternehmer handele bei Inanspruchnahme der Steuerfreiheit nach § 6a UStG nur dann leichtfertig, wenn es sich ihm zumindest aufdrängen musste, dass er die Voraussetzungen dieser Vorschrift weder beleg- und buchmäßig noch objektiv nachweisen konnte (BFH 24.7.2014, DStR 2014, 1827).

Die Inanspruchnahme eines steuerlichen Beraters befreit den Stpfl. nicht von **46** eigener Sorgfalt. Vor allem muss der Stpfl. den Berater über seine Verhältnisse zutreffend unterrichten, ihm vollständige Unterlagen vorlegen und erbetene Auskünfte gewissenhaft erteilen (vgl. BGH 7.2.2002, BFH/NV 2002, 755; BGH 18.6.1953, DStR 1953, 474; BGH 20.12.1954, BStBl. I 1955, 365). Der Steuerpflichtige darf aber im Regelfall darauf vertrauen, dass der Steuerberater die Steuererklärung richtig und vollständig vorbereitet, wenn er diesem die für die Erstellung der Steuererklärung erforderlichen Informationen vollständig verschafft hat. Er ist grundsätzlich nicht verpflichtet, die vom Steuerberater vorbereitete Steuererklärung in allen Einzelheiten nachzuprüfen (BFH 29.10.2013, BFHE 243, 116). Aus besonderem Anlass kann aber auch gegenüber einem Angehörigen der steuerberatenden Berufe eine Pflicht des Stpfl. zur Mitprüfung bestehen, zB wenn sich der Berater schon einmal als unzuverlässig erwiesen hat oder wenn die von ihm erstellten Abschlüsse und Steuererklärungen augenscheinlich unrichtig sind (zust. Koch/Scholtz/ *Scheurmann/Kettner* AO § 378 Rn. 13; Schwarz/Pahlke/*Webel* AO § 378 Rn. 22; vgl. auch BGH 24.1.1990, wistra 1990, 195). In keinem Falle darf der Stpfl. die zur Weiterleitung an die FinB bestimmten Erklärungen und Anlagen *blindlings* unterschreiben (RG 7.7.1925, RGSt 59, 281, 286; BGH 18.6.1953, DStZ/B 1953, 477; BGH 3.6.1954, BGHSt 7, 336, 349; BGH 20.12.1954, BStBl. I 1955, 365, 367; OLG Stuttgart 30.4.1982, DStZ 1983, 58 m. zust. Anm. *Kretzschmar;* Erbs/Kohlhaas/*Hadamitzky/Senge* AO § 378 Rn. 8; Bay-ObLG 1.3.2002, wistra 2002, 355). Die **Reichweite der Überprüfungspflicht des Steuerpflichtigen,** bei der es sich eher um eine Plausibilisierungspflicht handelt, ist gering aber bislang wenig konkretisiert (für Einzelfälle siehe etwa *Grötsch* wistra 2017, 92). Die Schwierigkeit der Konkretisierung liegt auch daran, dass die Reichweite nicht absolut festgelegt werden kann, sondern sich auch nach den individuellen Verhältnissen und Fähigkeiten des Stpfl. richtet. Dies ergibt sich bereits aus der Definition der Leichtfertigkeit, die auch auf persönlichen Fähigkeiten und Kenntnissen des Stpfl. abstellt. Danach wird auch klar, dass nach Art der Fehler in der Steuererklärung zu unterscheiden ist, also ob der Stpfl. den Mangel überhaupt erkennen konnte. Handelt es sich um Rechtsanwendungsfehler, fällt dies in den Fachbereich des Beraters. Auf dessen fachliche Einschätzung darf der Stpfl., insbes. der steuerunkundige Stpfl., vertrauen. Der Stpfl. darf auch darauf vertrauen, dass der StB die zur Verfügung gestellten Unterlagen sorgfältig gesichtet und bewertet hat. Daher verbleibt also nur wenig Raum für eine eigene Sorgfaltspflichtverletzung.

Der Stpfl. ist dagegen sachnäher an den tatsächlichen Umständen, die in der Erklärung abgebildet werden. Erkennen kann der Stpfl. in der Regel nur, wenn Einkünfte (die nicht im Ausland erzielt wurden) entweder gar nicht erfasst sind oder betragsmäßig augenfällig nicht richtig sein können. Ersteres ist etwa dann der Fall, wenn der Stpfl. Einnahmen aus VuV hat sowie Kapitalerträge, in der Steuererklärung aber nur VuV-Einkünfte erklärt sind und keine Kapitaleinkünfte. Sind also etwa die Einnahmen aus dem Vorjahr unverändert geblieben, erkennt er aber die Abweichung zum Vorjahr, darf vom Stpfl. verlangt werden, dass er sich bei seinem StB nach der Korrektheit der Abweichung erkundigt. Hat der Steuerpflichtige Unterlagen aller Bankinstitute zur Verfügung gestellt, darf er auch von der vollständigen Erfassung ausgehen. Der Stpfl. ist auch nicht verpflichtet, Einnahmen- und Überschussrechnungen in allen Einzelheiten nachzuprüfen (BFH 29.10.2013, BFHE 243, 116) und so können etwa auch doppelt erfasste Betriebsausgaben nicht erkannt werden.

Es kommt daher darauf an, ob der Stpfl. durch die erklärten Zahlen unrichtige oder unvollständige Tatsachenangaben überhaupt erkennen konnte. Ist das nicht der Fall, weil hierfür steuerrechtliche Kenntnisse erforderlich wären, hat jedenfalls der steuerliche Laie nicht leichtfertig gehandelt.

47 **Bei der Auswahl von Hilfspersonen** kann ein leichtfertiges Verschulden darin liegen, dass der Stpfl. die Erledigung seiner Buchführung oder die Fertigung seiner Abschlüsse und Steuererklärungen Personen überträgt, von denen er auf Grund bestimmter Anhaltspunkte im Voraus hätte annehmen müssen, dass sie der Aufgabe nicht gewachsen oder hierfür aus charakterlichen Gründen nicht oder nur bedingt geeignet sein würden (Auswahlverschulden; → § 377 Rn. 66). Dies gilt in erhöhtem Maße, wenn der Stpfl. selbst nicht über die erforderlichen Kenntnisse oder die erforderliche Zeit verfügt, um die Tätigkeit bedingt geeigneter Hilfskräfte eingehend zu überwachen (vgl. OLG Schleswig 6.2.1963, ZfZ 1964, 343, 345).

48 **Eine Überwachung von Hilfspersonen** ist auch bei gegebener fachlicher und charakterlicher Eignung erforderlich, mindestens in Form gelegentlicher Stichproben. Jeder Stpfl., der sich der Hilfe anderer fachkundiger Personen bedient, muss sich im Rahmen des ihm Möglichen und Zumutbaren vergewissern, ob seine Angestellten die ihnen übertragenen Aufgaben ordnungsmäßig ausführen (OLG Karlsruhe 9.3.1971, DB 1972, 661). Eine besondere, auf einen einzelnen Vorgang bezogene Prüfungspflicht ist jedoch bei Routinegeschäften nur ausnahmsweise anzunehmen (OLG Karlsruhe 17.11.1960, BB 1961, 437). Diese Grundsätze gelten auch im Verhältnis zwischen Mitunternehmern, zB wenn ein Gesellschafter für den anderen die sich aus der Veranlagung zu den Personensteuern ergebenden Pflichten übernimmt (vgl. BGH 3.6.1954, BGHSt 7, 336, 349; BayObLG 11.5.1993, wistra 1993, 236; Kohlmann/*Heuel* AO § 378 Rn. 73).

5. Rechtswidrigkeitszusammenhang

49 Zwischen dem Erfolg (der Steuerverkürzung) und dem leichtfertigen Verhalten muss außer der Kausalität zusätzlich der sog. Rechtswidrigkeitszusammenhang bestehen (allgemeine Meinung, dazu ausf. SK-StGB/*Hoyer* Anh. zu § 16 StGB Rn. 66 ff. mwN). Während bei der Kausalität lediglich zu fragen ist, ob der konkrete Erfolg ausgeblieben wäre, wenn der Täter (beim Begehungsdelikt) die Handlung unterlassen hätte, entfällt der Rechtswidrigkeitszusammenhang schon dann, wenn die konkrete leichtfertige Handlung den Erfolg zwar verursacht hat, jedoch bei sorgfältigem Verhalten der Erfolg ebenfalls eingetreten wäre. Dabei scheidet nach hM die Erfolgszurechnung bereits dann aus, wenn auch nur offenbleibt, ob bei sorgfältigem Verhalten derselbe Erfolg eingetreten wäre *(in dubio pro reo);* so die stRspr. des BGH (BGH 25.9.1957, BGHSt 11, 1; BGH 27.4.1966, BGHSt 21, 59; aM die sog. Risikoerhöhungslehre, zB *Roxin* ZStW 74 [1962], 430; ausf. SK-StGB/*Hoyer* Anh. zu § 16 StGB Rn. 67 ff.).

50 Die zum allgemeinen Strafrecht entwickelte **Lehre vom Rechtswidrigkeitszusammenhang** hat im Rahmen der leichtfertigen Steuerverkürzung einen wichtigen, erst spät erkannten Anwendungsfall. Bedient sich der Stpfl eines Beraters oder der Berater weiterer Hilfskräfte, dann kann ein Leichtfertigkeitsvorwurf vielfach darauf gestützt werden, dass die stichprobenartige Überwachung und Überprüfung der zuarbeitenden Mitarbeiter unterblieben sei. Für die Zurechnung der eingetretenen Steuerverkürzung genügt diese Feststellung jedoch nicht. Es muss vielmehr weiter positiv feststehen, dass die Einhaltung der Sorgfalt, also die Durchführung von Stichproben und sonstigen Überwachungsmaßnahmen gerade die eingetretene Steuerverkürzung verhindert hätten. Eine derartige Feststellung wird jedoch vielfach unmöglich sein, da dem Stpfl nicht bestimmte, sich auf spezielle Geschäftsvorfälle bezogene Überwachungsmaßnahmen, sondern nur solche Maßnahmen abverlangt werden, die generell die Zuverlässigkeit des Mitarbeiters zu überwachen geeignet sind.

51 Bleibt auch nur zweifelhaft, ob die allgemeine stichprobenweise Überwachung gerade denjenigen Vorgang getroffen hätte, der dann zur Steuerverkürzung geführt hat, scheidet nach den allgemeinen Fahrlässigkeitsregeln die Anwendung des § 378 AO aus (zust. Flore/

Tsambikakis/*Heerspink* AO § 378 Rn. 103; HHS/*Bülte* AO § 378 Rn. 88). Davon unabhängig ist zu prüfen, inwieweit § 130 OWiG Anwendung findet (vgl. → § 377 Rn. 61).

6. Leichtfertigkeit steuerlicher Berater

Schrifttum: *H. Meyer,* Zur strafrechtlichen Verantwortlichkeit der steuerberatenden Berufe, DStZ 1952, 321; *Greiffenhagen,* Von den Berufspflichten des steuerberatenden Berufs, WPg 1952, 249; *Braitinger,* Sorgfaltspflichten im Zusammenhang der steuerberatenden Tätigkeit, WPg 1952, 389; *Brönner,* Zur zivil- und strafrechtlichen Haftung der Steuerberater, WPg 1952, 444; *Sudau,* Strafrechtliche Verantwortung des Steuerberaters bei Stundungsanträgen, FR 1953, 366; *H. Hartung,* Keine Pflicht des Steuersachverständigen zur Angabe von Buchführungsmängeln in Steuererklärungen, WT 1954, 148; *Sendt,* Die strafrechtliche Verantwortlichkeit des Steuerbevollmächtigten, Wpr 1954, 261; *Thier,* Die zivilrechtliche, steuerrechtliche und steuerstrafrechtliche Haftung der Angehörigen der steuerberatenden Berufe, StP 1956, 338; *Dreyer,* Die steuerstrafrechtliche Verantwortlichkeit der Angehörigen der steuerberatenden Berufe, StP 1956, 338; *Ahrens,* Strafrechtliche Verantwortung der steuerberatenden Berufe, DStZ 1957, 49 mit Erwiderungen von *Hauffen* MStb 1957, 118 und *Paulick* DStZ 1957, 181; *Brönner,* Das Strafrecht der Steuerberatung, DB 1957, 588; *Thoma,* Steuervergehen und Steuerberatung, Spitaler-FS 1958, 241; *Spitaler,* Der beratende Fachmann und das Steuerstrafrecht, Aktuelle Fragen S. 67; *H. Meyer,* Die strafrechtliche Verantwortlichkeit Nichtsteuerpflichtiger, Aktuelle Fragen S. 118; *Buschmann,* Steuerberater und Steuervergehen, BlStA 1959, 177; *Lohmeyer,* Die strafrechtliche Verantwortlichkeit der Angehörigen der steuerberatenden Berufe, BB 1961, 1121; *Henke/Thoma,* Die strafrechtliche Verantwortung des Steuerberaters bei der Beschäftigung von Angestellten als Erfüllungsgehilfen, MStb 1962, 54; *Neflin,* Zur strafrechtlichen Verantwortung einer Steuerberatungsgesellschaft des Steuerberatungsgesetzes, DStZ 1962, 311; *Burchardt,* Fehlerhafte Beratung und steuerstrafrechtliche Verantwortlichkeit, StKRep 1965, 168; *Kopacek,* Die strafrechtliche Verantwortlichkeit der Angehörigen der steuerberatenden Berufe, DStR 1966, 470; *Lohmeyer,* Die steuerstraf- und bußgeldrechtliche Verantwortlichkeit der Angehörigen der steuerberatenden Berufe, 2. Aufl. 1971; *Tipke,* An den Grenzen der Steuerberatung: Steuervermeidung, Steuerumgehung, Steuerhinterziehung, StbJb 1972/73, 509; *Lohmeyer,* Umfang und Grenzen der steuerstraf- und bußgeldrechtlichen Haftung der Angehörigen der rechts- und steuerberatenden Berufe, GA 1973, 97; *Oswald,* Wieweit darf der Steuerpflichtige sich auf seinen Steuerberater verlassen?, StB 1975, 214; *Späth,* Zu den Anforderungen an die Sorgfaltspflicht eines Steuerberaters bei der Ausübung seiner beruflichen Tätigkeit, StB 1975, 229; *Gräfe/Suhr,* Die Haftung des Steuerberaters in zivilrechtlicher und steuerstrafrechtlicher Sicht, 1979; *Heinrich,* Die bußgeldrechtliche Verantwortung des steuerlichen Beraters, StB 1979, 250; *Danzer,* Die strafrechtliche Verantwortlichkeit des steuerlichen Beraters, Grundfragen 1983, 67; *Lohmeyer,* Zur straf- und bußgeldrechtlichen Verantwortlichkeit des steuerlichen Beraters, BlStA 1983, 174; *Blumers,* Steuerberatung und Strafrecht, StbJb 1983/84, 319; *Reitz,* Die bußgeldrechtliche Verantwortung des steuerlichen Beraters, DStR 1984, 91; *Schlüchter,* Steuerberatung im strafrechtlichen Risiko?, 1986; *Dörn,* Leichtfertige Steuerverkürzung (§ 378 AO) und leichtfertiger Subventionsbetrug (§ 264 Abs. 1, Abs. 3 StGB) durch den Steuerberater, wistra 1994, 215; *Dörn,* Steuerstraf- oder bußgeldrechtliche Verantwortlichkeit des Steuerpflichtigen oder/und des Steuerberaters?, StBp 1995, 25, 49; *Achenbach,* Der BGH zu den Strafbarkeitsrisiken des nachträglich bösgläubigen Steuerberaters, Stbg 1996, 299; *Ebke/Mößle,* Zur Abwälzung von Bußgeldern des Steuerpflichtigen wegen leichtfertiger Steuerverkürzung auf den Steuerberater, JZ 1997, 1179; *Joecks,* Berichtigungspflichten des nachträglich bösgläubigen Steuerberaters, Information StW 1997, 21; *Krekeler,* Straf- und bußgeldrechtliche Risiken des steuerlichen Beraters, StraFo 1997, 132; *Dörn,* Steuerstraf- oder bußgeldrechtliche Verantwortlichkeit des Steuerberaters, StB 1998, 157; *Vernekohl,* Berichtigungspflicht des Steuerberaters gem. § 153 AO, PStR 1998, 83; *Duttge,* Zur Verantwortlichkeit des gutgläubigen Steuerberaters nach § 378 AO, wistra 2000, 201; *Dörn,* Praxisfragen der steuerstraf- oder bußgeldrechtlichen Verantwortung des Steuerberaters, Stbg 2002, 454; *Rolletschke,* Steuerliche Berater als Täter einer leichtfertigen Steuerverkürzung, wistra 2004, 49; *Wattenberg,* Leichtfertige Steuerverkürzung als berufsrechtliches Risiko des steuerlichen Beraters, Stbg 2004, 567; *Schwedhelm,* Strafrechtliche Risiken steuerlicher Beratung, DStR 2006, 1017; *Mack,* Vorbereitung der Steuererklärung: Keine verlängerte steuerliche Festsetzungsverjährung bei leichtfertigem Fehler des Steuerberaters, Stbg 2014, 179; *Werth,* Kann der Steuerberater Täter einer leichtfertigen Steuerverkürzung sein?, DStZ 2014, 131; *Beyer,* Strafbarkeitsschwellen für Steuerberater bei berufstypischen Handeln, NVW 2018, 1625; *Eich,* Leichtfertige Steuerverkürzung durch Sorgfaltspflichtverletzungen des Steuerberaters, KÖSDI 2019, 21083.

Steuerliche Berater (StBer, StBev, Wpr, vBpr, RAe) können sich dem Vorwurf leicht- **52** fertigen Verhaltens nach § 378 AO aussetzen, wenn sie bei Wahrnehmung der Angelegenheiten eines Stpfl (→ Rn. 13), es als Berater (→ Rn. 53) oder bei Führung der Bücher für den Stpfl (→ Rn. 58), die ihnen im Rahmen des jeweiligen Auftrags (→ Rn. 53) obliegende Sorgfaltspflicht grob fahrlässig verletzen und durch das Machen von Angaben (→ Rn. 30 f.) Verkürzungen der Steuern bewirken, die der Auftraggeber schuldet. Da die Zulassung zur berufsmäßigen Ausübung einer steuerberatenden Tätigkeit in Bezug auf Vorbildung, Ausbildung, Erfahrung und Fähigkeiten an strenge Voraussetzungen geknüpft ist, versteht sich von selbst, dass der Maßstab für die anzuwendende Sorgfalt bei steuerlichen Beratern idR erheblich höher ist als bei Stpfl, die eine entsprechende Ausbildung und Berufserfahrung nicht haben und sich bei der Ausübung ihres Gewerbes oder Berufes nur am Rande und nur in eigener Sache mit steuerrechtlichen Fragen befassen und gerade deshalb auf die Hilfeleistung eines steuerberatenden Fachmannes angewiesen sind. Als allgemeines Mindestmaß dessen, was jeder steuerliche Berater an Steuerrechtskenntnissen bei Ausübung seines Berufes (und erst recht in eigener Sache) anzuwenden hat, können die EStR, LStR, KStR und UStR und GewStR angesehen werden, die die BReg unter Berücksichtigung der Rspr. herausgibt (*Schlüchter* 1986, S. 71 f.; krit. *Tipke* StbJb 1972/73, 526 ff.). Darüber hinaus und abseits von den hauptsächlichen Steuerarten sind die Ansprüche an den jeweiligen Berater von der Dauer und Intensität seiner Berufserfahrung und von der Zusammensetzung seiner Klientel abhängig. Indessen muss von jedem Berater erwartet werden, dass er die Rspr. des BFH verfolgt (vgl. *Späth* StB 1975, 86; HHS/*Bülte* 77 zu § 378 sowie LG Hannover 27.1.1964, DStR 1964, 304; vgl. auch § 57 IIa StBerG, *Eich* KÖSDI 2019, 21079) und bei schwierigen Aufgaben, die ihm zum ersten Mal begegnen, Fachliteratur heranzieht oder seinerseits den Rat seiner Berufsorganisation oder eines erfahrenen oder spezialisierten Kollegen oder Rechtsanwalts einholt oder die Angelegenheit mit der zuständigen Stelle der Finanzverwaltung erörtert (vgl. dazu OLG Nürnberg 27.1.1964, WPg 1964, 243; zT anders Kohlmann/*Heuel* AO § 378 Rn. 111, die befürchten, der Steuerberater würde dadurch „*zum Meinungsempfänger des Finanzamts degradiert*"). Verlässt der Berater sich bei richtiger Darstellung des Sachverhalts auf eine unrichtige Auskunft der FinB, kann ihn kein Schuldvorwurf treffen (vgl. LG Münster 11.10.1960, DStR 1966, 455; Kohlmann/*Heuel* AO § 378 Rn. 111; abw. FG Hamburg 16.12.1959, DB 1960, 166; umfassend *Danzer* Grundfragen S. 66 ff.). Auch gehören zu den Sorgfaltspflichten des Steuerberaters die Organisationspflicht des Kanzleiinhabers, die Überwachung des eigenen Personals und die anlassbezogenen Überprüfungen der Angaben des Mandanten sowie die korrekte Übernahme und Auswertung der Angaben des Mandanten (vgl. *Eich* KÖSDI 2019, 21079).

53 **Art und Umfang des Beratungsvertrags** sind für die Verantwortlichkeit des StBer oder StBev erheblich, wenn er nicht der FinB als Handelnder gegenübertritt, sondern dem Stpfl nur beratend zur Seite steht (vgl. RG 7.7.1924, JW 1924, 1879). Zwar kann der Beratungsvertrag das Maß der von einem Berater nach § 378 AO geforderten Sorgfalt (→ Rn. 42) nicht einschränken, wohl aber den sachlichen Rahmen seiner Tätigkeit. Die Verantwortlichkeit des Beraters wächst, je weitergehender der Stpfl ihn mit der Wahrnehmung seiner steuerlichen Belange betraut (vgl. Koch/Scholtz/*Scheurmann-Kettner* AO § 378 Rn. 12). Umgekehrt bedeutet jede Einschränkung des Auftrags auch eine Einschränkung des Pflichtenkreises (*Paar* in Anm. zu OLG Stettin 1.10.1932, JW 1933, 345; RG 25.11.1926, RGSt 61, 42, 45; *Brönner* DB 1957, 588; Erbs/Kohlhaas/*Hadamitzky/Senge* AO § 378 Rn. 10). Unrichtig ist die Auffassung, dass eine nur vorbereitende (oder partiell beschränkte) Tätigkeit des Beraters für ihn die Voraussehbarkeit der Steuerverkürzung in Frage stelle (so *Alsberg* JW 1927, 517); denn keinesfalls darf sich der Berater darauf verlassen, dass die von ihm innerhalb seines Auftrags begangenen Fehler bei der Fertigung der Steuererklärungen noch entdeckt und berichtigt werden.

54 **Innerhalb der Breite des Auftrags,** die zB auf die „ESt-Erklärung 2014" oder die „Bilanz 2014" bezogen oder noch enger gefasst sein kann, ergibt sich die Frage, ob der Berater verpflichtet ist, in die Tiefe zu gehen und die ihm übermittelten Unterlagen und Angaben auf ihre Vollständigkeit und Richtigkeit zu prüfen, oder ob er sich „auftragsgemäß" damit begnügen darf, die Unterlagen und Angaben des Stpfl ohne jede Prüfung rechnerisch und rechtlich auszuwerten. Hierbei ist davon auszugehen, dass der Berater seiner Funktion nach als Helfer des Stpfl, nicht als Helfer oder gar Prüfer der FinB tätig wird und deshalb seinem Auftraggeber nicht von vornherein mit Misstrauen zu begegnen braucht (RG v. 9.5.1933, RStBl. 1933, 85; OLG Königsberg 13.6.1929, JW 1930, 735; Klein/*Jäger* AO § 378 Rn. 10, Kohlmann/*Heuel* AO § 378 Rn. 113), dass ihm einerseits nicht dieselben umfassenden Pflichten obliegen wie dem Stpfl (RG 7.7.1924, JW 1924, 1879; OLG Stettin 1.10.1932, JW 1933, 345) und ihm auch nicht dieselben Machtmittel zur Verfügung stehen wie den Amtsträgern der Finanzverwaltung (RG 12.10.1936, RStBl. 1937, 483). Demgemäß braucht der Berater in eine Prüfung der Unterlagen nur einzutreten,

– wenn sein *Auftrag* dies (ausdrücklich oder stillschweigend) einschließt (*Paulick* DStZ 1957, 181); ob dies auch gilt, wenn der Berater von sich aus gegenüber der FinB über die ursprünglichen Grenzen des Auftrags hinausgeht (BayObLG 24.9.1958, BB 1958, 1158; zust. Erbs/Kohlhaas/*Hadamitzky/Senge* AO § 378 Rn. 10), ist zweifelhaft,
– falls eine Prüfungspflicht sich *aus vorausgegangenem Tun* des Beraters ergibt, zB wenn er sich nach Übernahme der Tätigkeit für eine bestimmte Firma gegen weitere Prüfungen der FinB verwahrt und die Steuererklärungen der Firma mit seinem Namen gedeckt hatte (RG 4.7.1938, RStBl. 1938, 657) oder
– sofern sich dem Berater auf Grund seiner Kenntnisse vom Geschäftsumfang (RG v. 26.11.1942, RGSt 76, 283) oder auf Grund der von ihm errechneten Ergebnisse im Vergleich zu anderen Betrieben oder in Anbetracht des Lebensstils des Stpfl oder anderer offensichtlicher Anhaltspunkte Zweifel *aufdrängen oder hätten aufdrängen müssen,* dass die ihm vorgelegten Unterlagen „unmöglich stimmen können" (vgl. *Ahrens* DStZ 1957, 49 mit Auszügen aus BGH 26.1.1954 – 5 StR 433/53; OLG Karlsruhe 19.3.1986, wistra 1986, 189; HHS/*Bülte* AO § 378 Rn. 79 f., Erbs/Kohlhaas/*Hadamitzky/Senge* AO § 378 Rn. 10).

Unterdrückt der Berater solche Zweifel oder „macht er sich keine Gedanken" über ein offensichtliches Missverhältnis zwischen dem Ergebnis der Buchführung und anderen Anhaltspunkten, so kann es – je nach Art und Umfang der Unstimmigkeiten – leichtfertig sein, wenn der Berater davon absieht, die Unterlagen zu prüfen oder sich sonst wie um eine Aufklärung des wirklichen Sachverhalts zu bemühen (enger *Paulick* DStZ 1957, 182, der außer Acht lässt, dass sich Sorgfaltspflichten unmittelbar aus § 378 AO ergeben).

Stellt sich der Stpfl einer Aufklärung in den Weg oder entzieht er sich entsprechenden Bemühungen des Beraters, ist dieser zwar nicht verpflichtet, das Mandat niederzulegen oder die FinB positiv auf die bestehenden Zweifel hinzuweisen (insoweit zutr. *Paulick* DStZ 1957, 182). Der Berater muss jedoch dann gegenüber der FinB den Anschein vermeiden, dass er in umfassender Weise an den Abschlüssen und Steuererklärungen mitgewirkt habe und die darin von ihm zusammengefassten Ergebnisse auf dem von ihm geprüften Zahlenwerk der Buchführung beruhen. Ein solcher Anschein wird ausgeschlossen, wenn der Berater in geeigneter Form zum Ausdruck bringt, dass die Gewinnermittlung „ausschließlich nach den Angaben des Stpfl" vorgenommen worden sei (zust. Kohlmann/*Heuel* AO § 378 Rn. 117). Überdies kann der Berater seine Sorgfaltspflicht auch in der Weise erfüllen, dass er lückenhafte Unterlagen oder krasse Missverhältnisse, zB zwischen den vom Stpfl angegebenen Betriebseinnahmen und -ausgaben, durch Hinzuschätzungen ausgleicht (RG 12.10.1936, RStBl. 1937, 483). 55

Geringere Anforderungen gelten für einen Berater, der mit den Verhältnissen und der Mentalität seines Auftraggebers noch nicht vertraut ist oder nur vorübergehend und erst kurz vor dem Ablauf einer Erklärungsfrist zugezogen wird (vgl. RG 11.12.1933, HRR 1934 Nr. 622, wo der Berater nur aushilfsweise für einen Tag zur Aufstellung der Steuerbilanz bestellt war). 56

Sofern der Berater von Rspr. und hM zum Steuerrecht abweicht, weil er bestimmte Grundsätze für unrichtig oder unter den besonderen Umständen des Einzelfalles für unanwendbar erachtet, wird die Auffassung vertreten, dass sich solche Abweichungen nicht *unerkennbar* auf die Steuererklärung und ihre Anlagen auswirken dürften; denn dies begründe die Gefahr, dass das FA bei der Veranlagung von einem anderen als dem wirklichen Sachverhalt ausgehe und die Steuer – von der hM aus betrachtet – zu niedrig festsetze (so *Danzer* Grundfragen S. 94 ff.). Dabei handelt es sich jedoch um ein generelles Problem (Schwarz/Pahlke/*Webel* AO § 378 Rn. 31; s. dazu → § 370 Rn. 179). 57

58 **Übernimmt der steuerliche Berater auch die Führung der Bücher für seinen Mandanten,** obliegt ihm eine erweiterte und erhöhte Sorgfaltspflicht. Wer in der Vertrauensstellung eines steuerlichen Beraters mit der Buchführung für einen Gewerbetreibenden oder einen freiberuflich Tätigen beauftragt ist, trägt auch die Verantwortung für die Ordnungsmäßigkeit und Richtigkeit der Buchführung. Dies gilt in formaler Hinsicht ohne Einschränkung. In sachlicher Hinsicht muss der Berater darauf achten, dass er keine Belege verbucht, die – für ihn erkennbar – unrichtig sind, dh schriftliche Lügen enthalten (vgl. RG 4.7.1938, JW 1938, 3109 zu unrichtigen Inventuren, die der Berater vom Prokuristen ohne jegliche Nachprüfung übernommen hatte, obwohl eine Prüfung angezeigt gewesen wäre). Der Berater darf sich nicht darauf beschränken, aus fehlerhaften, widersprüchlichen oder lückenhaften Aufzeichnungen des Stpfl eine Buchführung herzustellen, die nur äußerlich ordnungsmäßig erscheint (vgl. RG 26.1.1933, RStBl. 1933, 86). Bei undurchsichtigen Sachverhalten muss er Erkundigungen anstellen; vgl. RG 26.11.1942 (RStBl. 1943, 217) zu einem Berater, der ohne jede Nachfrage stillschweigend angenommen hatte, dass bei einem Bauunternehmer der bedeutende Aktivposten „halbfertige Bauten" in der ihm vorgelegten Aufstellung der Forderungen enthalten war.

59 **Überlässt der Berater die Führung der Bücher des Mandanten seinen Angestellten,** muss er deren Tätigkeit sorgfältig überwachen und die Richtigkeit und Ordnungsmäßigkeit der Buchführung *persönlich* nachprüfen; s. aber → Rn. 46–48. Dies gilt besonders dann, wenn die Angestellten des Beraters in der Buchführung noch nicht sonderlich erfahren sind; vgl. RG 13.7.1932 (RStBl. 1932, 697) zu dem Fall, dass Angestellte zur Ausgleichung von Kassenfehlbeträgen in der Kassenkladde und im Tagebuch des Stpfl die Tageseinnahmen von sich aus erhöht hatten, um die Bücher „stimmend zu machen" und äußerlich beweiskräftig erscheinen zu lassen. Kein Schuldvorwurf trifft den Berater, wenn er die Tätigkeit an eine geeignete Hilfskraft delegiert und der Fehler durch Überwachungsmaßnahmen nicht zu verhindern gewesen wäre (*Beyer* NWB 2018, 1625 mit Verweis auf BFH v. 27.11.1990, BStBl. II 1991, 284). Ist die Hilfskraft dagegen zeitlich überlastet und kann daher die aufgetragene Aufgabe nicht zuverlässig erfüllen, handelt der Berater bereits aus diesem Grund leichtfertig (*Beyer* NWB 2018, 1625).

60 **Wenn der Steuerberater leichtfertig gehandelt hat,** erfüllt dies den Tatbestand nur, wenn in seiner Person eine Tathandlung gegeben ist (vgl. → Rn. 28 ff.). Insofern wird – entgegen der älteren Auffassung des BFH (BFH 19.12.2002, wistra 2003, 312) – § 378 AO idR nur erfüllt sein, wenn er selbst unrichtige Angaben macht (→ Rn. 30).

III. Konkurrenzfragen

1. Mehrfache leichtfertige Steuerverkürzung

61 Führt dasselbe leichtfertige Verhalten des Täters zur **Verkürzung mehrerer Steuerarten,** so liegt Tateinheit (→ § 369 Rn. 111 ff.) vor, wenn hierfür ein und derselbe Fehler ursächlich ist, zB bei grob fahrlässiger Nichtverbuchung einer Betriebseinnahme, aus der in einem Veranlagungszeitraum gleichsam automatisch entsprechende Verkürzungen der USt, GewSt und ESt erwachsen (zust. Erbs/Kohlhaas/*Hadamitzky/Senge* AO § 378 Rn. 22).

62 Führt mehrmaliges leichtfertiges Verhalten zur **mehrmaligen Verkürzung derselben Steuer** über mehrere Steuerabschnitte (Veranlagungs- oder [Vor-]Anmeldungszeiträume), liegen grundsätzlich *mehrere* Zuwiderhandlungen vor (vgl. BayObLG 11.5.1993, wistra 1993, 236). Dies gilt namentlich bei *ungleichartigem* Fehlverhalten, zB bei Nichtverbuchung einer Betriebseinnahme in 2011 und Verbuchung einer Privatausgabe als Betriebsausgabe in 2012. Aber auch *gleichartiges* Fehlverhalten in mehreren aufeinander folgenden Jahren führt idR zur Annahme *mehrerer* Zuwiderhandlungen, zB wenn in der G+V-Rechnung 2013 Betriebseinnahmen aus der Geschäftsverbindung mit den Kunden A und B, in der G+V-Rechnung 2014 gleichartige Betriebseinnahmen aus der Geschäftsverbindung mit C und D fehlen. Regelmäßig entspricht die Anzahl der Zuwiderhandlungen der Zahl der abgegebenen unrichtigen Steuererklärungen (oder [Vor-]Anmeldungen), auf Grund derer das FA unrichtige Steuerbescheide erteilt hat. Anders ist dies u. a., wenn sich die Tat als Dauerordnungswidrigkeit darstellt, wobei die Berechtigung dieses Instituts mit der „Abschaffung" der fortgesetzten Handlung im Strafrecht (BGH 3.5.1994, wistra 1994, 185) in die Diskussion geraten ist (für Abschaffung *Göhler* wistra 1995, 300, für Beibehaltung *Kottke* StB 1998, 34; vgl. auch BGH 19.12.1995, wistra 1996, 180; OLG Düsseldorf 28.6.1999, NVwZ-RR 1999, 740; *Geppert* NStZ 1996, 118, 119).

2. Verhältnis des § 378 AO zu anderen Straf- und Bußgeldtatbeständen

Treffen vorsätzliche und leichtfertige Steuerverkürzungen zusammen, zB durch 63 Abgabe einer Steuererklärung, die zT leichtfertig, zT vorsätzlich unrichtige Angaben enthält, wird die Steuerordnungswidrigkeit nach § 378 AO gem. § 21 I 1 OWiG durch die Straftat nach § 370 AO verdrängt. Der Bußgeldtatbestand des § 378 AO gilt gegenüber dem Straftatbestand des § 370 AO nur subsidiär. Diese Regelung des § 21 I 1 OWiG beruht auf der Erwägung, dass die Strafe – namentlich wegen des mit ihr verbundenen Unwerturteils – stets eine stärkere Wirkung hat als die Geldbuße (BVerfG 6.6.1967, BVerfGE 22, 49, 80) und dass der Unrechtsgehalt einer Straftat regelmäßig das Unrecht einer Ordnungswidrigkeit übertrifft (Göhler/*Gürtler* OWiG § 21 Rn. 2). Wird jedoch eine Strafe nicht verhängt, so kann die Tat gem. § 21 II OWiG als Ordnungswidrigkeit geahndet werden. Aus welchem Grunde es nicht zu einer Bestrafung gekommen ist oder nicht kommen kann, ist unerheblich. In Betracht kommt im Verhältnis zwischen § 370 AO und § 378 AO namentlich ein Absehen von der Strafverfolgung nach den §§ 153 ff. StPO, § 398 AO (OLG Hamm 9.1.1964, BB 1965, 648), zB die Einstellung des Strafverfahrens wegen Geringfügigkeit nach § 398 AO, wenn der vorsätzlich verkürzte Steuerbetrag nur gering ist und mit anderen Umständen insoweit auf ein geringes Verschulden des Täters schließen lässt. Bei Tatmehrheit zwischen Steuerhinterziehung und leichtfertiger Steuerverkürzung kann stets eine Geldbuße nach § 378 AO festgesetzt werden. Eine Einstellung nach § 153a StPO enthält dagegen eine Entscheidung in der Sache, weswegen eine Ahndung als Ordnungswidrigkeit nach hA ausgeschlossen ist (siehe KK-OWiG/*Mitsch* OWiG § 21 Rn. 32).

Den Gefährdungstatbeständen der §§ 379–382 AO geht § 378 AO vor. Diese 64 Folge hätte sich auch ohne § 379 IV, § 380 II, § 381 II und § 382 III AO aus der allgemeinen Regel ergeben, dass ein Gefährdungstatbestand gegenüber einem Verletzungstatbestand keine selbstständige Bedeutung haben kann (vgl. auch RKR/*Rolletschke* AO § 378 Rn. 45). Bei deckungsgleichem Täterkreis (→ Rn. 9 ff.) ist die Subsidiarität der §§ 379–382 AO gegenüber § 378 AO davon abhängig, ob eine leichtfertige (oder vorsätzliche) Gefährdungshandlung zu einer *vollendeten* leichtfertigen Steuerverkürzung geführt hat oder nicht (→ § 370 Rn. 52 ff.).

Im Verhältnis zur Gefährdung der Eingangsabgaben nach § 382 AO besteht 65 jedoch die Besonderheit, dass § 382 AO auch bei einer vollendeten Steuerverkürzung anzuwenden ist, wenn die Verkürzung nicht leichtfertig, sondern nur durch gewöhnliche Fahrlässigkeit bewirkt worden ist.

Im Verhältnis zu dem Straftatbestand des § 283b II StGB besteht wegen der 66 Verschiedenheit der Ausführungshandlungen Tatmehrheit, mag die Steuerverkürzung auch eine Folge der unordentlichen Buchführung sein (BGH 1.3.1956, EFG 1957, Beilage Nr. 2; Erbs/Kohlhaas/*Hadamitzky/Senge* AO § 378 Rn. 23). Gleiches gilt bei leichtfertiger KfzSt-Verkürzung für das Verhältnis des § 378 AO zu dem Straftatbestand des § 6 PflVersG. In beiden Fällen ist nach § 21 I OWiG nur das Strafgesetz anzuwenden.

IV. Umfang des Bußgelds

67 Die Ordnungswidrigkeit kann mit einer Geldbuße bis zu 50.000 EUR geahndet werden (§ 378 II). Dieser Betrag kann überschritten werden, wenn dies nötig ist, um den wirtschaftlichen Vorteil des Täters abzuschöpfen (§ 17 IV OWiG). Insbesondere bei lang zurückliegenden Taten liegt dies nicht fern, weil die Verzinsung gem. § 235 AO eine vorsätzliche Steuerhinterziehung voraussetzt und die Vorschriften über die Vollverzinsung ggf. nicht ausreichen, um die Vorteile des Täters abzuschöpfen (vgl. → § 377 Rn. 33 f.).

V. Selbstanzeige nach § 378 III AO

Schrifttum: *Buschmann,* Die Selbstanzeige bei leichtfertiger Steuerverkürzung, BlStA 1960, 228; *Kopacek,* Die Offenbarungspflicht und die Selbstanzeige leichtfertiger Verletzungen von Steuerpflichten, BB 1962, 875; *Lohmeyer,* Zur Frage der „Berichtigung" i. S. des § 411 AO, BlStA 1962, 177; FR 1963, 186; ZfZ 1964, 298; *ders.,* Erstattung einer Selbstanzeige nach § 411 AO im Rahmen der Betriebsprüfung, NBW 1963, 192; *Coring,* Einzelfragen zur Selbstanzeige während der Betriebsprüfung, DStR 1963, 373; *Schuhmacher,* Die Selbstanzeige nach § 411 AO und ihre Bedeutung im Rahmen der Betriebsprüfung, StWa 1964, 33; *Kopacek,* Die Selbstanzeige nach § 411 AO, DStR 1965, 105, 137, 164, 201; *Lohmeyer,* Die strafbefreiende Selbstanzeige bei fahrlässiger Steuerverkürzung, GA 1965, 217; *ders.,* Bußgeldfreiheit im Rahmen einer steuerlichen Außenprüfung, StB 1980, 7; *Lutz Müller,* Selbstanzeige bei leichtfertiger Steuerverkürzung durch Anerkennung des Betriebsprüfungsergebnisses?, DB 1981, 1480; *Lohmeyer,* Die Erstattung einer zur Bußgeldfreiheit führenden Anzeige nach § 378 Abs. 3 AO im Rahmen der Außenprüfung, Inf 1982, 684; *Spriegel,* Zur Selbstanzeige bei leichtfertiger Steuerverkürzung, BB 1986, 2310; *Dörn,* Selbstanzeige bei leichtfertiger Steuerverkürzung, wistra 1994, 10; *Jestädt,* „Kleine Selbstanzeige" nach § 378 III AO und Anerkenntnis nach Außenprüfung, DStR 1994, 1605; *Dörn,* Möglichkeiten der Selbstanzeige wegen Steuerhinterziehung und leichtfertiger Steuerverkürzung, BuW 1995, 598; *ders.,* Wirksame Selbstanzeige (§ 378 Abs. 3 AO) in der Betriebsprüfung, Stbg 1995, 85; *ders.,* Selbstanzeige wegen leichtfertiger Steuerverkürzung (§ 378 Abs. 3 AO) in der Betriebsprüfung, wistra 1997, 291; *ders.,* Selbstanzeige wegen leichtfertiger Steuerverkürzung und Fremdanzeige während der Betriebsprüfung, Information StW 1997, 329; *ders.,* (Kein) Ausschluss der Selbstanzeige durch Kontrollmaterial, Stbg 1997, 493; *Rackwitz,* Zu den Anforderungen an die Berichtigungserklärung einer Selbstanzeige nach leichtfertiger Steuerverkürzung (§ 378 Abs. 3 AO), wistra 1997, 135; *Bilsdorfer,* Beratungsempfehlungen für Steuerberater zur Selbstanzeige des Mandanten, Information StW 1998, 330, 362; *Dörn,* Wirksame Selbstanzeige (§ 378 Abs. 3 AO) in der Außenprüfung, Stbg 1998, 461; *Jestädt,* Ist die „Kleine Selbstanzeige" gemäß § 378 Abs. 3 AO nach einer Außenprüfung sinnvoll?, BB 1998, 1394; *Weinreuter,* Selbstanzeige und Fremdanzeige im Steuerstrafrecht, DStZ 2000, 398; *Wenzel,* Die Selbstanzeige nach § 378 Abs. 3 AO im Spannungsverhältnis zur Selbstanzeige nach § 371 AO, StBW 2012, 509. Siehe auch die Literaturangaben zu § 371 AO; *Eich,* Leichtfertige Steuerverkürzung durch Sorgfaltspflichtverletzungen des Steuerberaters, KÖSDI 2019, 21083.

68 **§ 378 III AO schreibt zwingend vor,** dass eine Geldbuße nicht festgesetzt wird, soweit der Täter eine Berichtigungserklärung (→ § 371 Rn. 54 ff.) vor der Bekanntgabe der Einleitung eines Straf- oder Bußgeldverfahrens (→ § 371 Rn. 261 ff.) abgibt und die verkürzten Steuern fristgerecht nachzahlt (→ § 371 Rn. 140 ff.). Wie § 371 AO honoriert auch § 378 III AO den Willen zur Schadenswiedergutmachung (→ § 371 Rn. 19 ff.). Mit dem Schwarzgeldbekämpfungsgesetz wurden mWv 3.5.2011 lediglich in Abs. 3 sprachliche Änderungen vorgenommen, ohne dass die zunächst geplanten gravierenden Änderungen auch hier Gesetz geworden wären (→ § 371 Rn. 12). Auch die Änderungen zum 1.1.2015 haben den sachlichen Inhalt der Regelung nicht berührt (oben → Rn. 5).

69 **Der Anwendungsbereich** des § 378 III AO umfasst nicht die Gefährdungshandlungen nach den §§ 379–382 AO. Eine analoge Anwendung auf diese Zuwiderhandlungen mit geringerem Unrechtsgehalt ist nicht möglich (Kohlmann/*Heuel* AO § 378 Rn. 128, Schwarz/Pahlke/*Webel* AO § 378 Rn. 35; aM *Stuber* DStZ 1960, 107 zu § 413 I Nr. 1a RAO 1939). Denn sämtliche Gefährdungshandlungen sind dadurch gekennzeichnet, dass der Stpfl seine Erklärungspflichten gegenüber der FinB noch nicht versäumt hat und die steuergefährdende Wirkung seines pflichtwidrigen Verhaltens in anderer Weise als durch eine Berichtigungserklärung wieder aus der Welt schaffen kann, sobald er sich der Zuwiderhandlung bewusst geworden ist. Geschieht dies, so sind die Bemühungen des Stpfl bei der Ermessensausübung im Rahmen des Opportunitätsprinzips nach § 47 OWiG zu berücksichtigen (vgl. BVerfG 11.7.1997, wistra 1997, 297 und → § 371 Rn. 381).

Die Ausschließungsgründe, die einem Anspruch auf Bußgeldfreiheit entgegenstehen, **70** sind abw. von § 371 II AO auf die Bekanntgabe der Einleitung des Straf- oder Bußgeldverfahrens beschränkt; denn einer ohne Vorsatz bewirkten Steuerverkürzung wird der Täter stets erst *nach* der Tat gewahr, und zwar idR dann, wenn er sich nach dem Erscheinen eines Amtsträgers der FinB an der Prüfung seiner Verhältnisse in vergangenen Zeiträumen beteiligt (ebenso Schwarz/Pahlke/*Webel* AO § 378 Rn. 42). Daher ist eine Selbstanzeige nach § 378 III AO – abw. von § 371 II Nr. 1a AO – auch nach Bekanntgabe einer Prüfungsanordnung oder dem Erscheinen des Amtsträgers noch wirksam. Da der Gesetzgeber auch die Vorschrift des § 371 II Nr. 2 AO in § 378 III AO nicht übernommen hat, ist der Schluss begründet, dass eine Berichtigung iSd § 378 III 1 AO uU auch dann noch möglich und wirksam sein kann, wenn der Stpfl *„im Zeitpunkt der Berichtigung ... wusste oder ... damit rechnen musste, dass die Tat ganz oder zum Teil bereits entdeckt war"* (ebenso BayObLG 30.3.1978, MDR 1978, 865; BayObLG 2.12.1980, ZfZ 1981, 183).

Die Erfordernisse einer Berichtigung iSd § 378 III AO sind str. Nach verbreiteter **71** Auffassung soll es für die Berichtigung bei einer leichtfertigen Steuerverkürzung – abw. von der Berichtigung bei einer vorsätzlichen Steuerverkürzung nach § 371 I AO – genügen, wenn der Täter das Ergebnis einer Außenprüfung der FinB anerkennt und dabei zum Ausdruck bringt, dass es richtig und vollständig sei, oder wenn er unrichtige Steuererklärungen *„nach der Prüfung unter Verwertung der vom Prüfer ermittelten Ergebnisse"* durch richtige Steuererklärungen berichtigt (*List* S. 56) oder wenn der Täter die Berichtigung nur anbahnt (OLG Celle 19.12.1963, NJW 1964, 989, m. abl. Anm. *Wolter* NJW 1964, 1735). Nach anderer Auffassung widersprechen solche extensiven Auslegungen dem Zweck und dem Wortlaut des Gesetzes. Ein bloßes Anerkenntnis bereits vorliegender Prüfungsergebnisse, sei es auch in der Form einer „Berichtigungserklärung", sei weniger als eine Berichtigung iSd § 371 I AO (Kühn/v.Wedelstädt/*Blesinger/Viertelhausen* AO § 378 Rn. 22, Erbs/Kohlhaas/*Hadamitzky/Senge* AO § 378 Rn. 16). Auch iSd § 378 III 1 AO verlange eine Berichtigung einen *eigenen, von der Ermittlungstätigkeit der Behörde unabhängigen Beitrag des Täters zur Richtigstellung der bisher unrichtigen Angaben* (BGH 29.4.1959, DStZ/B 1959, 499; OLG Oldenburg 18.9.1997, wistra 1998, 71; glA *Terstegen* S. 121; *Troeger/Meyer* S. 257; *Barske/Gapp* S. 89; *Buschmann* BlStA 1960, 228; aM *Mattern* NJW 1951, 941; DStZ 1952, 414; DStR 1952, 76; 1954, 457; *List* S. 56; unklar *Firnhaber* S. 71 ff.; BayObLG 30.3.1978, MDR 1978, 865; BayObLG 2.12.1980, ZfZ 1981, 183). Eine Berichtigung könne auch hier nur in einer Handlung bestehen, durch die bestimmte Tatsachen, die der FinB bisher unbekannt waren, aufgeklärt werden (*Suhr* S. 374).

Allerdings ist dies auch nach der engeren Auffassung möglich in der Form mündlicher **72** Auskünfte und Hinweise oder durch Vorlage bestimmter Belege an einen Betriebsprüfer (aM OLG Frankfurt a. M. 17.11.1960, BB 1961, 628; OLG Oldenburg 18.9.1997, wistra 1998, 71; zust. Erbs/Kohlhaas/*Hadamitzky/Senge* AO § 378 Rn. 14; vgl. auch *Dörn* wistra 1994, 12; OLG Karlsruhe 30.11.1995, wistra 1996, 117). Hierbei ist zu beachten, dass sich die Entdeckung einer Steuerverkürzung, sofern sie nicht auf einem einzigen Buchungsfehler usw. beruht, durch den Betriebsprüfer *schrittweise* vollzieht. Von der Entdeckung einer einzelnen unverbuchten Betriebseinnahme bis zur Überprüfung aller Einnahmen innerhalb des Prüfungszeitraums und der Feststellung der Auswirkungen auf sämtliche geprüften Steuerarten ist oft ein langer Weg zurückzulegen, auf dem der Stpfl dem Prüfer mit berichtigenden Angaben entgegenkommen und sich insoweit gem. § 378 III AO einen Anspruch auf Bußgeldfreiheit erwerben kann. *Bülte* (HHS/*Bülte* AO § 378 Rn. 116 f.) weist in diesem Zusammenhang zu Recht darauf hin, dass das der Stpfl. mit seinem Verhalten (*Rüping* sprach hier noch von der Ähnlichkeit zum Rücktritt vom Versuch gem. § 24 I StGB, Vorauﬂ. HHS/*Rüping* AO § 378 Rn. 61) – plausibel machen muss, dass es im konkreten Fall keiner Sanktion zur Ahndung des an sich verwirklichten Unrechts bedarf

(HHS/*Bülte* AO § 378 Rn. 119). Zu bedenken ist auch, dass § 378 III AO allein den Ausschlussgrund der Bekanntgabe der Einleitung des Strafverfahrens kennt, so dass die bloße Entdeckung einer Tat Spielräume für eine Berichtigung lassen *muss* (vgl. auch Kohlmann/*Heuel* AO § 378 Rn. 136). *Heuel* ist zuzugeben, dass die Voraussetzung einer „Originalität" der Angaben des Stpfl mittelbar den Ausschlussgrund der Tatentdeckung in den § 378 III AO einführte, was gegen Art. 103 II GG verstieße. Vorauszusetzen ist lediglich, dass sich das Mitwirken des Stpfl nicht in dem bloßen Tolerieren des BP-Ergebnisses erschöpft, sondern er „berichtigt oder ergänzt oder unterlassene Angaben nachholt" (vgl. Klein/*Jäger* AO § 378 Rn. 42; HHS/*Bülte* AO § 378 Rn. 116 ff., Kohlmann/*Heuel* AO § 378 Rn. 136; *Marschall* BB 1998, 2561). In welcher Form dies zu erfolgen hat, sagt das Gesetz nicht. Inwiefern das Verhalten des Stpfl im Rahmen einer laufenden Außenprüfung diese Voraussetzung erfüllt, ist Tatfrage (vgl. zum Anerkenntnis nach § 167 I AO *Jestädt* DStR 1994, 1606; siehe auch OLG Karlsruhe 30.11.1995, wistra 1996, 117; OLG Karlsruhe 8.2.1996, Justiz 1996, 410; *Jestädt* BB 1998, 1395; *Rackwitz* wistra 1997, 136 f.).

73 **Zur Erstattung einer Selbstanzeige durch Beauftragte** wird im Anschluss an ein Urteil des Reichsgerichts (RG 24.3.1930, RGSt 64, 76) die Auffassung vertreten, dass es bei der leichtfertigen Steuerverkürzung – abw. von der vorsätzlichen Steuerverkürzung – eines besonderen, nach der Tat erteilten Auftrags nicht bedürfe (*Fuchs* S. 59; *Barske/Gapp* S. 85 Fn. 59; *Kopacek* DStR 1965, 137; dagegen zu Recht Kohlmann/*Heuel* AO § 378 Rn. 142 ff.; Erbs/Kohlhaas/*Hadamitzky/Senge* AO § 378 Rn. 13). Die angeführte Entscheidung lässt jedoch nicht erkennen, ob und in welcher Weise der Stpfl seine eigene Sorgfaltspflicht vernachlässigt hat. Bei fehlendem Verschulden des Stpfl kann es sich nicht um eine Selbstanzeige zugunsten des Stpfl, sondern nur um eine eigene Selbstanzeige des Beauftragten gehandelt haben (zutr. *List* S. 57; ausf. *Firnhaber* S. 85 f.). Unbenommen bleibt dem Dritten die Möglichkeit, sich die Fremdanzeige durch Genehmigung zu eigen zu machen. Dass die Tat zu diesem Zeitpunkt ggf. bereits entdeckt ist, schadet bei § 378 III AO nicht. Es darf aber noch nicht zur Bekanntgabe der Einleitung eines (Straf- oder) Bußgeldverfahrens gegen ihn gekommen sein, da die Genehmigung nur *ex nunc* wirkt (vgl. auch HHS/*Bülte* AO § 378 Rn. 109).

74 **Nur die Bekanntgabe der Einleitung eines Straf- oder Bußgeldverfahrens** wegen (vorsätzlicher oder leichtfertiger) Steuerverkürzung (§§ 370, 378 AO) schließt die Wirkung einer Selbstanzeige gem. § 371 II Nr. 1b) AO oder § 378 AO aus. Für den Ausschluss der strafbefreienden Wirkung einer Selbstanzeige wegen einer Straftat nach § 370 AO genügt auch die Bekanntgabe der Einleitung eines Bußgeldverfahrens wegen einer Steuerordnungswidrigkeit nach § 378 AO. Anders als in Fällen der vorsätzlichen Steuerhinterziehung hindert die Bekanntgabe der Einleitung eines Straf- oder Bußgeldverfahrens die Wirksamkeit einer Selbstanzeige nur für die Jahre, die von der Bekanntgabe umfasst sind, nicht etwa alle unverjährten Jahre dieser Steuerart (Flore/Tsambikakis/*Heerspink* AO § 378 Rn. 116).

75 Der Täter muss die verkürzten Steuern innerhalb der ihm bestimmten angemessenen Frist nachentrichten (§ 378 III 2 AO; vgl. → § 371 Rn. 140 ff.).

75a Gem. **§ 378 III 3 AO** gilt § 371 IV AO entsprechend, dh., dass die wirksame Selbstanzeige ein Verfolgungshindernis für Dritte darstellt, die die in § 153 AO bezeichnete Erklärungen abzugeben unterlassen oder unrichtig oder unvollständig abgegeben haben.

VI. Verfahrensfragen

76 **Der Erlass eines Bußgeldbescheides gegen einen RA, StBer, StBev, Wpr oder vBpr** wegen leichtfertiger Steuerverkürzung, die sie in Ausübung ihres Berufes bei der Beratung in Steuersachen begangen haben, ist von den besonderen Voraussetzungen des § 411 AO abhängig. Diese Sondervorschrift bezieht sich nur auf die Beratung, nicht auf die Führung der Bücher des Stpfl (→ Rn. 58) oder die Wahrnehmung der Pflichten des

Stpfl in der Eigenschaft eines gesetzlichen Vertreters iSd § 34 AO und erst recht nicht auf die Erfüllung der eigenen steuerrechtlichen Pflichten des RA, StBer, StBev, Wpr oder vBpr.

Vom Bußgeldverfahren muss zum Strafverfahren übergegangen werden, wenn 77 sich im Verlauf des Bußgeldverfahrens herausstellt, dass durch ein und dieselbe Handlung außer § 378 AO oder anstelle des § 378 AO ein *Straf*gesetz verletzt worden ist. Hat der Verdächtige anstelle einer leichtfertigen eine vorsätzliche Steuerverkürzung begangen, ändert sich die Zuständigkeit der FinB im Ermittlungsverfahren nicht. Nur wenn der Verdächtige außer einer Steuerordnungswidrigkeit nach § 378 AO eine *nichtsteuerliche* Straftat begangen hat, verliert die FinB ihre Ermittlungskompetenz (vgl. § 386 II AO) und gibt die Akten an die StA ab. Im gerichtlichen Verfahren, das zB wegen Einspruchs gegen einen Bußgeldbescheid angelaufen ist, erkennt der Amtsrichter durch Urteil auf eine Strafe wegen Vergehens nach § 370 AO, nachdem er den Angeklagten zuvor auf die Veränderung des rechtlichen Gesichtspunktes gem. § 265 StPO hingewiesen hat (§ 81 I 2, II 1 OWiG). Auf Antrag des nunmehr Angeklagten (§ 81 II 2 OWiG) muss die Hauptverhandlung unterbrochen werden (§ 81 II 3 OWiG). Die bisherige Beweisaufnahme bleibt in den Grenzen des § 81 III 2 OWiG verwertbar (zu den Risiken des Einspruchs gegen einen Bußgeldbescheid vgl. noch *Henneberg* BB 1969, 398 f.).

Bei nachträglicher Feststellung einer Steuerhinterziehung (§ 370) kann die Tat 78 trotz eines rechtskräftigen Bußgeldbescheides wegen leichtfertiger Steuerverkürzung (§ 378) strafrechtlich verfolgt werden. Dies folgt durch Umkehrschluss aus § 84 II OWiG, der einen Strafklageverbrauch nur für *gerichtliche* Bußgeldentscheidungen vorsieht (vgl. → § 377 Rn. 37). Falls der Betroffene wegen Steuerhinterziehung verurteilt wird, wird der Bußgeldbescheid gem. § 86 OWiG aufgehoben.

Bei Tatmehrheit zwischen der Steuerordnungswidrigkeit nach § 378 AO und einer 79 Straftat können beide Handlungen in einem einheitlichen Verfahren geahndet werden (vgl. §§ 42, 45, 83 OWiG).

§ 379 Steuergefährdung

(1) ¹Ordnungswidrig handelt, wer vorsätzlich oder leichtfertig
1. Belege ausstellt, die in tatsächlicher Hinsicht unrichtig sind,
2. Belege gegen Entgelt in den Verkehr bringt,
3. nach Gesetz buchungs- oder aufzeichnungspflichtige Geschäftsvorfälle oder Betriebsvorgänge nicht oder in tatsächlicher Hinsicht unrichtig aufzeichnet oder aufzeichnen lässt, verbucht oder verbuchen lässt,
4. entgegen § 146a Absatz 1 Satz 1 ein dort genanntes System nicht oder nicht richtig verwendet,
5. entgegen § 146a Absatz 1 Satz 2 ein dort genanntes System nicht oder nicht richtig schützt oder
6. entgegen § 146a Absatz 1 Satz 5 gewerbsmäßig ein dort genanntes System oder eine dort genannte Software bewirbt oder in den Verkehr bringt

und dadurch ermöglicht, Steuern zu verkürzen oder nicht gerechtfertigte Steuervorteile zu erlangen. ²Satz 1 Nr. 1 gilt auch dann, wenn Einfuhr- und Ausfuhrabgaben verkürzt werden können, die von einem anderen Mitgliedstaat der Europäischen Union verwaltet werden oder die einem Staat zustehen, der für Waren aus der Europäischen Union auf Grund eines Assoziations- oder Präferenzabkommens eine Vorzugsbehandlung gewährt; § 370 Abs. 7 gilt entsprechend. ³Das Gleiche gilt, wenn sich die Tat auf Umsatzsteuern bezieht, die von einem anderen Mitgliedstaat der Europäischen Union verwaltet werden.

(2) Ordnungswidrig handelt, wer vorsätzlich oder leichtfertig
1. der Mitteilungspflicht nach § 138 Absatz 2 Satz 1 nicht, nicht vollständig oder nicht rechtzeitig nachkommt,
1a. entgegen § 144 Absatz 1 oder Absatz 2 Satz 1, jeweils auch in Verbindung mit Absatz 5, eine Aufzeichnung nicht, nicht richtig oder nicht vollständig erstellt,
1b. einer Rechtsverordnung nach § 117c Absatz 1 oder einer vollziehbaren Anordnung auf Grund einer solchen Rechtsverordnung zuwiderhandelt, soweit die Rechtsverordnung für einen bestimmten Tatbestand auf diese Bußgeldvorschrift verweist,
1c. entgegen § 138a Absatz 1, 3 oder 4 eine Übermittlung des länderbezogenen Berichts oder entgegen § 138a Absatz 4 Satz 3 eine Mitteilung nicht, nicht vollständig oder nicht rechtzeitig (§ 138a Absatz 6) macht,
1d. der Mitteilungspflicht nach § 138b Absatz 1 bis 3 nicht, nicht vollständig oder nicht rechtzeitig nachkommt,
1e. entgegen § 138d Absatz 1, entgegen § 138f Absatz 1, 2, 3 Satz 1 Nummer 1 bis 7 sowie 9 und 10 oder entgegen § 138h Absatz 2 eine Mitteilung über eine grenzüberschreitende Steuergestaltung nicht oder nicht rechtzeitig macht oder zur Verfügung stehende Angaben nicht vollständig mitteilt,
1f. entgegen § 138g Absatz 1 Satz 1 oder entgegen § 138h Absatz 2 die Angaben nicht, nicht richtig, nicht vollständig oder nicht rechtzeitig mitteilt,
1g. entgegen § 138k Satz 1 in der Steuererklärung die Angabe der von ihm verwirklichten grenzüberschreitenden Steuergestaltung nicht, nicht richtig, nicht vollständig oder nicht rechtzeitig macht,
2. die Pflichten nach § 154 Absatz 1 bis 2c verletzt.

(3) Ordnungswidrig handelt, wer vorsätzlich oder fahrlässig einer Auflage nach § 120 Abs. 2 Nr. 4 zuwiderhandelt, die einem Verwaltungsakt für Zwecke der besonderen Steueraufsicht (§§ 209 bis 217) beigefügt worden ist.

Steuergefährdung **§ 379**

(4) Die Ordnungswidrigkeit nach Absatz 1 Satz 1 Nummer 1 und 2, Absatz 2 Nummer 1a, 1b und 2 sowie Absatz 3 kann mit einer Geldbuße bis zu 5.000 Euro geahndet werden, wenn die Handlung nicht nach § 378 geahndet werden kann.

(5) Die Ordnungswidrigkeit nach Absatz 2 Nummer 1c kann mit einer Geldbuße bis zu 10.000 Euro geahndet werden, wenn die Handlung nicht nach § 378 geahndet werden kann.

(6) Die Ordnungswidrigkeit nach Absatz 1 Satz 1 Nummer 3 bis 6 kann mit einer Geldbuße bis zu 25.000 Euro geahndet werden, wenn die Handlung nicht nach § 378 geahndet werden kann.

(7) Die Ordnungswidrigkeit nach Absatz 2 Nummer 1 und 1d bis 1g kann mit einer Geldbuße bis zu 25.000 Euro geahndet werden, wenn die Handlung nicht nach § 378 geahndet werden kann.

Vgl. § 283 I Nr. 5–7, § 283b StGB über Verletzung der Buchführungspflicht, §§ 67b ff. SGB X betr. Übermittlung von Sozialdaten, § 28f SGB IV betr. Aufzeichnungspflicht des Arbeitgebers für Zwecke der Sozialversicherung, § 26a II UStG betr. die Verletzung umsatzsteuerlicher Aufbewahrungs- und Meldepflichten, § 50e I EStG über pflichtwidrig unterlassene Mitteilungen an das BZSt, § 33 IV ErbStG betr. Anzeigepflichten der Vermögensverwahrer, Vermögensverwalter und Versicherungsunternehmen sowie § 37 TabStG betr. Schwarzhandel mit Zigaretten.

Schrifttum: Zu § 405 RAO 1968: *Pfaff,* Die Steuergefährdung nach § 405 AO, StBp 1972, 142; *Suhr,* Ahndung wegen der Steuerordnungswidrigkeiten der §§ 405, 406 AO bei Nichtverfolgung der Verkürzungstatbestände der §§ 392, 404 AO?, StBp 1973, 224.
Zu § 379 AO 1977: *Gast-deHaan,* Zuwiderhandlungen gegen verbrauchsteuerliche Aufzeichnungsvorschriften als Steuerordnungswidrigkeit, DB 1977, 1290; *Pfaff,* Die Steuergefährdung (§ 379 AO), StBp 1978, 137; *Pfaff,* Zur Beachtung der §§ 379 AO, 271 StGB bei Umsatzsteuer-Sonderprüfungen, DStZ 1979, 249; *Brenner,* Schließt die wirksame Selbstanzeige (§ 378 III AO) die Bußgeldtatbestände der §§ 379 ff. AO aus?, StW 1981, 147; *Lohmeyer,* Der Steuerberater als Täter oder Teilnehmer einer Steuerzuwiderhandlung, Stbg 1985, 297; *Lohmeyer,* Steuerliche Bilanzdelikte und deren strafrechtliche Folgen, WPg 1990, 314; *Mösbauer,* Die Steuergefährdung nach § 379 AO, wistra 1991, 41; *Lohmeyer,* Die Gefährdungstatbestände der §§ 379 und 380 AO, INF 1992, 511; *Dörn,* Steuerliche Pflichten unter strafrechtlichem Aspekt, INF 1993, 315; *Dörn,* Anwendung der §§ 379, 380 AO auch bei Selbstanzeigen gemäß §§ 371, 378 Abs. 3 AO, wistra 1995, 7; *Hentschel,* Die Bedeutung des Steuerordnungswidrigkeitenrechts bei grenzüberschreitender Umsatzsteuerhinterziehung, wistra 2005, 371; *Weyand,* Der Tatbestand der Steuergefährdung, INF 2006, 596; *Wessing,* Steuerordnungswidrigkeiten – Gefahr und Chance für die Verteidigung, SAM 2007, 9; *Seer,* Steuerordnungswidrigkeiten als pönalisiertes Verwaltungsunrecht, SteuerStud 2009, 117; *Retemeyer,* Irreführung der Verbraucher in der Gastronomie, NZWiSt 2013, 241; *Kranenberg,* Bußgeldverfahren bei nicht ordnungsgemäßer Kassenbuchführung, StBW 2014, 507; *Beckschäfer,* Gesetzgeberische Reaktion auf die „Panama-Papers", ZRP 2017, 41; *Peters,* Aktuelles aus der digitalen Außenprüfung, DStR 2017, 1953; *Roth,* Kassen-Nachschau als Sperre für Selbstanzeigen, NZWiSt 2017, 63; *Wulf,* Straf- und bußgeldrechtliche Aspekte der Kassenführung, SAM 2018, 89; *Günther,* Änderungen der Abgabenordnung durch steuergesetzliche Änderungen in 2019, AO-StB 2020, 85; *Lampe,* Verdacht der Steuergefährdung (§ 379 AO), PStR 2021, 255.

Weiteres Schrifttum vor → Rn. 30, 40, 50, 90, 110, 160, 170, 220.

Übersicht

	Rn.
1. Entstehungsgeschichte	1–19
2. Zweck und Anwendungsbereich	20–29
3. Objektiver Tatbestand des § 379 I AO	30–109
a) Ausstellen unrichtiger Belege (§ 379 I Nr. 1 AO)	30–39
aa) Begriff	30–32
bb) Unrichtig	33, 34
cc) Ausstellen	35
dd) Täterkreis	36–39
b) Entgeltliches In-Verkehr-Bringen von Belegen (§ 379 I Nr. 2 AO)	40–49
aa) Allgemeines	40, 41
bb) Entgeltliches In-Verkehr-Bringen	42
cc) Entgeltlichkeit	43–49
c) Verstöße gegen Buchführungs- und Aufzeichnungspflichten (§ 379 I Nr. 3 AO)	50–89

aa) Allgemeines	50–59
bb) Täterkreis	60–69
cc) Buchführungs- und Aufzeichnungspflichten im Einzelnen	70–89
d) Verstöße gegen die Vorschriften über elektronische Aufzeichnungssysteme (§ 379 I Nr. 4 bis Nr. 6 AO)	90–99
e) Ermöglichung einer Steuerverkürzung oder Erlangung nicht gerechtfertigter Steuervorteile	100–109
aa) Möglichkeit der Steuerverkürzung	100, 101
bb) Verkürzung ausländischer Abgaben	102–109
4. Objektiver Tatbestand des § 379 II AO: Verletzung bestimmter Handlungspflichten	110–189
a) Verstöße gegen Meldepflichten bei Auslandsbeziehungen (§ 379 II Nr. 1 AO)	110–120
b) Verstöße gegen die Pflicht zur Aufzeichnung des Warenausgangs (§ 379 II Nr. 1a AO)	121–129
c) Verstöße gegen die Vorschriften über die Erhebung und Übermittlung von Daten gemäß § 117c I AO (§ 379 II Nr. 1b AO)	130–139
d) Verstöße gegen die Vorschriften über die Übermittlung eines länderbezogenen Berichts oder einer Mitteilung nach § 138 Abs. 6 AO (§ 379 II Nr. 1c AO)	140–149
e) Verstöße gegen Mitteilungspflichten aus § 138b Abs. I–III AO (§ 379 II Nr. 1d AO)	150–159
f) Verstöße gegen die Pflicht zur Mitteilung grenzüberschreitender Steuergestaltungen (§ 379 II Nr. 1e bis 1g AO)	160–169
g) Verletzung der Pflicht zur Kontenwahrheit (§ 379 II Nr. 2 AO)	170–189
aa) Verstöße gegen die Kontenwahrheit gem. § 154 I AO	172–183
bb) Verstöße gegen die Pflicht zur Identifikationsprüfung und -aufzeichnung (§ 154 II AO)	184
cc) Verstöße von Kreditinstituten gegen die Pflicht zur Datenerhebung und -aufzeichnung (§ 154 IIa AO)	185
dd) Verstöße von Kreditinstituten gegen die Abfragepflicht (§ 154 IIb AO)	186
ee) Verstöße von Kreditinstituten gegen Aufzeichnungs- und Mitteilungspflichten (§ 154 IIc AO)	187–189
5. Objektiver Tatbestand des § 379 III AO: Zuwiderhandlungen gegen eine Auflage nach § 120 II Nr. 4 AO	190–199
6. Subjektiver Tatbestand	200–209
7. Rechtsfolge: Geldbuße	210–219
8. Konkurrenzfragen	220–229
9. Selbstanzeige	230–239
10. Verjährung	240

1. Entstehungsgeschichte

1 **Vorläufer des § 379 AO waren § 406 und § 413 I Nr. 3 RAO** idF des Art. I Nr. 5, 6 des Gesetzes v. 11.5.1956 (BGBl. I 418); Begr. BT-Drs. II/1593. Nach § 406 I RAO 1956 waren das Ausstellen unrichtiger Belege (Nr. 1) sowie die mangelhafte Buchung von Geschäftsvorfällen (Nr. 2) und Betriebsvorgängen (Nr. 3) als *„Steuergefährdung"* mit Geldstrafe bis zu 100.000 DM bedroht, neben der auf Gefängnis bis zu 2 Jahren erkannt werden konnte; subjektive Voraussetzung war die *„Absicht, eine Verkürzung von Steuereinnahmen zu ermöglichen"*. § 406 II RAO 1956 enthielt eine Sonderregelung über tätige Reue.

2 **Durch Art. 1 Nr. 19 des 2. AOStrafÄndG** v. 12.8.1968 (BGBl. I 953) wurde die Vorschrift unter der Bezeichnung „§ 405" als Bußgeldtatbestand neu gefasst (Begr. BT-Drs. IV/1812, 27). Die Ordnungswidrigkeiten nach § 405 I Nr. 1 u. 2 RAO 1968 entsprachen den früheren Vergehen nach § 406 I RAO 1956 mit der Abweichung, dass (bedingt) vorsätzliches oder leichtfertiges Handeln genügte; „Absicht" war nicht mehr erforderlich, jedoch musste es die Tathandlung objektiv ermöglichen, Steuereinnahmen zu verkürzen. Die in § 405 I Nr. 2 RAO 1968 mitgeregelte Zuwiderhandlung gegen eine Pflicht zur Aufzeichnung von Betriebsvorgängen wurde durch den BT aus § 407 RAO idF des Entwurfs (Verbrauchsteuergefährdung) übernommen (Schriftl. Ber. zu BT-Drs. V/ 2928, 2). Die Ordnungswidrigkeit nach § 405 II RAO 1968 entsprach dem früheren

Vergehen nach § 413 I Nr. 3 RAO 1956 mit der Abweichung, dass die Tathandlung mindestens leichtfertig begangen sein musste.

Durch Art. 5 Nr. 3 AStG v. 8.9.1972 (BGBl. I 1713, 1724) wurde § 405 II RAO 1968 mWv 13.9.1972 neu gefasst. Dabei wurde als neue Ordnungswidrigkeit unter Nr. 2 ein *Verstoß gegen die Meldepflichten* des § 165e III RAO (nachträglicher Wegfall von Voraussetzungen der Steuerbefreiung bei der GrSt) und des § 165e IV RAO (nachträglicher Wegfall von Voraussetzungen der Steuerbefreiung bei der GrESt) eingefügt. § 165e III RAO wurde durch das GrStRG v. 7.8.1973 (BGBl. I 965) *„mit erstmaliger Wirkung für die GrSt des Kalenderjahrs 1974"* gestrichen. Gem. Art. 161 Nr. 9a EGStGB erhielt § 405 I 2 RAO 1968 mWv 10.3.1974 (Art. 326 II EGStGB) folgende Fassung: *„Satz 1 Nr. 1 gilt auch dann, wenn Eingangsabgaben verkürzt werden können, die von einem anderen Mitgliedstaat der Europäischen Gemeinschaften verwaltet werden oder die einem Mitgliedstaat der Europäischen Freihandelsassoziation oder einem mit den Europäischen Gemeinschaften oder der Europäischen Freihandelsassoziation assoziierten Staat zustehen; § 392 Abs. 5 Satz 2 ist anzuwenden."* Gleichzeitig wurde § 405 VI RAO mWv 1.1.1975 gestrichen (Art. 161 Nr. 9b, Art. 326 I EGStGB). Bereits wenige Monate später erhielt § 405 I 2 RAO idF des Art. 161 Nr. 9a EGStGB – ebenfalls mWv 1.1.1975 – folgende Fassung: *„Satz 1 Nr. 1 gilt auch dann, wenn Eingangsabgaben verkürzt werden können, die von einem anderen Mitgliedstaat der Europäischen Gemeinschaften verwaltet werden oder die einem Mitgliedstaat der Europäischen Freihandelsassoziation oder einem mit dieser assoziierten Staat zustehen; § 392 Abs. 5 Satz 2 ist anzuwenden"* (§ 1 Nr. 9 G v. 15.8.1974, BGBl. I 1942).

Die Vorschrift des § 405 RAO 1968 wurde mit G v. 16.3.1976 (BGBl. I 613 = § 363 EAO 1974; Begr. BT-Drs. VI/1982, 197) von **§ 379 AO** (1977) abgelöst. Dabei entsprach § 379 I 1 Nr. 1 und 2 AO dem bisherigen § 405 I Nr. 1 und 2 RAO 1968. Neben das Tatbestandsmerkmal der *Steuerverkürzung* wurde jedoch als alternatives Tatbestandsmerkmal die Erlangung ungerechtfertigter *Steuervorteile* gestellt (vgl. hierzu → § 370 Rn. 141 ff.). § 379 I 2 AO erhielt die Fassung: *„Satz 1 Nr. 1 gilt auch dann, wenn Eingangsabgaben verkürzt werden können, die von einem anderen Mitgliedstaat der Europäischen Gemeinschaften verwaltet werden oder die einem Staat zustehen, der für Waren aus den Europäischen Gemeinschaften aufgrund eines Assoziations- oder Präferenzabkommens eine Vorzugsbehandlung gewährt; § 370 Abs. 6 Satz 2 ist anzuwenden".* § 379 II Nr. 1 AO wurde zur Sicherung der Belange des Steuergläubigers bei Auslandsbeziehungen eingefügt (BT-Drs. VI/1982, 197). Die Regelung über die Verletzung der Pflicht zur Kontenwahrheit gem. § 379 II Nr. 2 AO entsprach dem bisherigen § 405 II RAO 1968. § 379 III AO sollte das frühere Sicherungsgeld ablösen, das gemäß § 203 RAO iRd Steueraufsicht als Ungehorsamsfolge verhängt werden konnte. Subjektiv genügt hier, abw. von allen anderen Bußgeldtatbeständen des § 379 AO, einfache Fahrlässigkeit. Der Austausch des Begriffes *„Tat"* durch *„Handlung"* in Abs. 4 entspricht der Sprachregelung des OWiG.

§ 379 I 3 AO wurde mWv 1.1.1993 durch das USt-BinnenG v. 25.8.1992 (BGBl. I 1548) an den Abs. 1 angefügt. Der Anwendungsbereich des § 379 AO bezieht sich seitdem auch auf Umsatzsteuern, die von anderen Mitgliedstaaten der EU verwaltet werden. Aus redaktionellen Gründen wurde der Wortlaut des **§ 379 I 2 Hs. 2 AO** am 21.12.1992 ebenfalls zum 1.1.1993 an die Neufassung des § 370 AO angeglichen (BGBl. 1992 I 2118).

Durch G v. 19.12.2001 ersetzte der Gesetzgeber in **§ 379 I 2 AO** – wie durchgängig in der AO – den Begriff der Eingangsabgaben durch der Einfuhr- und Ausfuhrabgaben (BGBl. 2001 I 3794); zum 1.1.2002 wurde **Abs. 4** auf Euro umgestellt (BGBl. 2000 I 1790).

In **§ 379 I Nr. 2 AO** wurde durch das G zur Eindämmung missbräuchlicher Steuergestaltungen vom 28.4.2006 (BGBl. I 1095) eine neue Tathandlung des In-Verkehr-Bringens von Belegen gegen Entgelt aufgenommen. Hierdurch sollte der insbes. über das Internet betriebene Handel mit Belegen als Vorbereitungshandlung für Steuerhinterziehungen unterbunden werden. Die bisherige Nr. 2 des § 379 I AO wurde Nr. 3.

8 **§ 379 II Nr. 1a, 1b AO** wurde durch das AIFM-Steuer-Anpassungsgesetz mWv 24.12.2013 (BGBl. I 4318, 4333) in die Vorschrift eingefügt. Die § 144 AO betreffende Regelung (Nr. 1a) will Verhaltensweisen im Vorfeld der Beihilfe zur Steuerhinterziehung sanktionieren. Bei Nr. 1b geht es um völkerrechtliche Verpflichtungen zum Informationsaustausch über Kapitaleinkünfte, deren Verletzung ebenfalls mit einem maßvollen Bußgeld geahndet werden kann.

9 **§ 379 II Nr. 1c AO** wurde durch das G zur Umsetzung der Änderungen der EU-Amtshilferichtlinie und von weiteren Maßnahmen gegen Gewinnkürzungen von -verlagerungen mWv 24.12.2016 (BGBl. I 3000) in § 379 AO eingefügt. Auf der Grundlage dieser Vorschrift sollen Verstöße gegen die sich aus § 138a AO ergebende Pflicht multinationaler Unternehmensgruppen, länderspezifische Berichte oder Mitteilungen abzugeben, geahndet werden. Zugleich wurde gesetzlich bestimmt, dass für Ordnungswidrigkeiten nach dieser Vorschrift eine Geldbuße von bis zu 10.000 Euro verhängt werden kann.

10 Durch G v. 22.12.2016 (BGBl. I 3152) wurden mWv 1.1.2000 (Art. 97 § 30 EGAO) in **§ 379 I AO** die Ordnungswidrigkeitentatbestände um die **Nrn. 4 bis 6 ergänzt.** Mit diesen Bußgeldtatbeständen können Verstöße betreffend sich aus § 146a AO ergebenden Pflichten zur Verwendung elektronischer Aufzeichnungssysteme sanktioniert werden; der Gesetzgeber hat hierfür einen Bußgeldrahmen von bis zu 25.000 Euro bereitgestellt.

11 Mit Wirkung vom 25.6.2017 (BGBl. I 1682) hat der Gesetzgeber als Reaktion auf die Veröffentlichung der „Panama Papers" mit dem Steuerumgehungsbekämpfungsgesetz den Bußgeldtatbestand des **§ 379 II Nr. 1d AO** geschaffen. Er sanktioniert Verstöße gegen die zugleich geschaffenen erweiterten Mitteilungspflichten über Geschäftsbeziehungen mit sog. Drittstaatgesellschaften in § 138b I – III AO. Ebenfalls mit dem Steuerumgehungsbekämpfungsgesetz hat der Gesetzgeber **§ 379 II Nr. 2 AO** der Änderung des § 154 AO über die Kontenwahrheit angepasst und den Bußgeldtatbestand auf Verstöße gegen die Absätze 2 bis 2c des § 154 AO erweitert. Zugleich hat er die Vorschriften über die Bußgeldrahmen für die einzelnen Ordnungswidrigkeitentatbestände in den Absätzen 4 bis 7 des § 379 AO neu geordnet.

12 Mit Wirkung vom 1.1.2020 (BGBl. 2019 I 2874) hat der Gesetzgeber die Ordnungswidrigkeitentatbestände gem. **§ 379 II Nr. 1e bis 1g AO** hinzugefügt. Mit ihnen können Verstöße gegen bestimmte Mitteilungspflichten über grenzüberschreitende Steuergestaltungen aus den §§ 138d bis 138k AO mit Bußgeld geahndet werden.

13–19 *einstweilen frei*

2. Zweck und Anwendungsbereich

20 Handlungen, die zur **Vorbereitung einer Steuerverkürzung** oder zur Erlangung nicht gerechtfertigter Steuervorteile geeignet sind, werden durch § 379 AO zu selbständigen Bußgeldtatbeständen erhoben. Das Ausstellen unrichtiger Belege (§ 379 I 1 Nr. 1 AO), das In-Verkehr-Bringen von Belegen gegen Entgelt (§ 379 I 1 Nr. 2 AO), die unrichtige, unvollständige oder unterlassene Buchung von Geschäftsvorfällen iSd § 379 I 1 Nr. 3 AO sowie die von § 379 I 1 Nr. 4 bis 6 AO erfassten Verstöße gegen die Vorschriften über elektronische Aufzeichnungssysteme gehören in den Bereich der steuerstrafrechtlich zumeist noch nicht erheblichen Vorbereitungshandlungen, die ohne § 379 AO idR nicht – auch nicht als Versuch – geahndet werden könnten (vgl. KG 6.10.1966, NJW 1967, 991; OLG Köln 26.10.1976, BB 1977, 635; OLG Celle 17.7.1979, MDR 1980, 77). § 379 II AO erfasst Verstöße gegen steuerliche Dokumentations- und Mitwirkungspflichten sowie gegen die Kontenwahrheit.

21 **§ 379 AO** enthält **Gefährdungstatbestände.** Sie erfassen typische Handlungen, mit denen Steuerverkürzungen häufig angebahnt werden (zB Ausstellen von Gefälligkeitsrechnungen und OR-Geschäfte, Manipulation von Kassensystemen, Verletzung von Mitteilungspflichten bei bestimmten Auslandsbeziehungen und Steuergestaltungen, Kontoerrichtung auf falschen Namen) und die daher das Steueraufkommen besonders gefährden. Der Schutz des staatlichen Anspruchs auf Vollständigkeit und Wahrheit der Besteuerungsgrundlagen durch das Ordnungswidrigkeitenrecht ist insoweit vor allem deshalb erforderlich, weil zwischen den in § 379 AO erfassten Vorbereitungshandlungen und dem Versuch oder der Vollendung einer Steuerhinterziehung, insbes. bei den Veranlagungssteuern, meist ein längerer Zeitraum liegt (vgl. auch *Pfaff* StBp 1972, 142; *Suhr* StBp 1973, 224). Der Anwendungsbereich des § 379 AO beschränkt sich dabei nicht auf bestimmte Gruppen von Steuern, sondern erfasst den gesamten Steuerbereich. Die Norm des § 379 AO betrifft Zuwiderhandlungen, die bei allen inländischen Steuerarten sowie bei ausländischen Ein- und Ausfuhrabgaben und Umsatzsteuern eines anderen EU-Mitgliedstaates auftreten können (Kohlmann/*Talaska* AO § 379 Rn. 40).

Die Gefährdungstatbestände des § 379 I AO sind erfüllt, wenn eine dort genannte **22** Tathandlung im Einzelfall ermöglicht, Steuern zu verkürzen oder nicht gerechtfertigte Steuervorteile zu erlangen. § 379 II und III AO enthalten Begehungs- und Unterlassungstatbestände, die ebenfalls häufig im Vorfeld von Steuerhinterziehungen verwirklicht werden; Feststellungen zur objektiven Eignung einer Tathandlung, das Steueraufkommen zu gefährden, müssen bei diesen Tatbeständen nicht getroffen werden (vgl. Hüls/Reichling/ *Reichling* AO § 379 AO Rn. 9).

Die Gefährdungstatbestände des § 379 AO sind **subsidiär**. Sie sind dann nicht anwend- **23** bar, wenn die Tat zugleich einen Verletzungstatbestand erfüllt, es sei denn, insoweit greift ein persönlicher Strafaufhebungsgrund ein (→ Rn. 231).

Der Umstand, dass ein Stpfl für ein mögliches späteres Strafverfahren wegen Steuer- **24** hinterziehung **Belastungsmaterial gegen sich selbst** schafft, wenn er der durch § 379 I 1 Nr. 3 AO sanktionierten steuerlichen Pflicht nachkommt, Geschäftsvorfälle und Betriebsvorgänge richtig zu verbuchen, führt nicht zu einem generellen Beweisverwertungsverbot dieser Aufzeichnungen im Strafverfahren (glA HHS/*Bülte* AO § 379 Rn. 18; aA *Rüping/Kopp* NStZ 1997, 530). Denn zu dem Zeitpunkt, in dem der Stpfl die steuerrechtlich vorgeschriebenen wahrheitsgemäßen Aufzeichnungen macht, befindet er sich regelmäßig in keiner Konfliktlage, die nach dem Grundsatz „*nemo tenetur se ipsum accusare*" ein Verwertungsverbot auslösen könnte, weil gegen ihn kein Steuerstrafverfahren eingeleitet ist und eine sich auf die aufgezeichneten Tatsachen beziehende Steuerstraftat idR noch nicht begangen ist. Zur Reichweite des Verbots staatlichen Zwangs zur Selbstbelastung im Steuerstrafverfahren → § 393 Rn. 8 ff. u. 70 ff. (vgl. auch BGH 26.4.2001, BGHSt 47, 8; BGH 10.1.2002, NJW 2002, 1134 und BGH 11.9.2003, wistra 2003, 429 sowie *Jäger* NStZ 2005, 552, 556 mwN).

Die **Verletzung verbrauchsteuerlicher Aufzeichnungs- und Buchführungs- 25 pflichten** wird von der Spezialvorschrift des § 381 I Nr. 1 AO erfasst (→ § 381 Rn. 17). Zu Zuwiderhandlungen gegen *Auflagen* → Rn. 190 ff. Die Bußgeldvorschrift des § 379 I, IV gilt für die Wohnungsbauprämie (§ 8 II 1 WoPG), die Arbeitnehmer-Sparzulage (§ 14 III 1 5. VermBG), die Altersvorsorgezulage (§ 96 VII 1 EStG), die Forschungszulage (§ 13 FZulG) und die Mobilitätsprämie (§ 108 EStG) entsprechend.

Für Aufzeichnungs- und Aufbewahrungspflichten betr. **Marktordnungswaren** trifft **26** § 36 III MOG eine Sonderregelung.

Die **Verletzung umsatzsteuerlicher Aufbewahrungs- und Meldepflichten** ist gem. **27** § 26a II UStG ebenfalls mit einer Geldbuße bedroht. Dasselbe gilt für die Verletzung von **Aufbewahrungs- und Mitteilungspflichten nach § 45d EStG** (§ 50e EStG).

einstweilen frei **28, 29**

3. Objektiver Tatbestand des § 379 I AO

a) Ausstellen unrichtiger Belege (§ 379 I Nr. 1 AO)

Schrifttum: *Bremer*, Die Falschbelegung und Falschbuchung nach § 406 AO, Aktuelle Fragen S. 155; *Lohmeyer*, Die Steuergefährdung im Sinne des § 406 AO, ZfZ 1966, 294; *Lohmeyer*, Steuergefährdung durch

Ausstellen unrichtiger Belege, SchlHA 1968, 179; *Pfaff*, Die Steuergefährdung nach § 405 AO, StBp 1972, 142; *Lohmeyer*, Ausstellung unrichtiger Belege und falsche Buchführung, Stbg 1976, 65; *Glashof/Hofmann*, Risiken des Exporteurs bei der Ausstellung zollrechtlicher Ursprungsnachweise, RIW/AWD 1978, 174; *Schroeder*, Probleme bei der Ahndung von Falschanmeldungen im Antrag auf Ausstellung eines Treibstoffausweises, ddz 1979 F 89; *Pfaff*, Zur Beachtung der §§ 379 AO, 271 StGB bei Umsatzsteuer-Sonderprüfungen, DStZ 1979, 249; *Bublitz*, Fehlender Betriebsausgabennachweis und falsche Empfängerbenennung im Steuerstrafrecht, BB 1987, 167; *Gast-deHaan*, Ausgewählte Probleme der Haftung und straf- (bußgeld-) rechtlichen Verantwortlichkeit in Fällen unrichtiger Spendenbescheinigung, FS 50 Jahre Fachanwälte für Steuerrecht, 1999, S. 619; *Bender*, Unterfakturierung bei Export in die Tschechische Republik (Anm.), wistra 2003, 34.

30 **aa) Begriff. Belege im Sinne des § 379 I 1 Nr. 1 AO** sind alle Schriftstücke, die geeignet sind, steuerlich erhebliche Tatsachen zu beweisen. Unerheblich ist, ob die Schriftstücke als Buchungsunterlagen oder als Nachweis für die Inanspruchnahme von Steuerermäßigungen oder -vergünstigungen verwertbar sind. Der Beleg muss nur die Möglichkeit eröffnen, also *objektiv geeignet sein*, Steuern zu verkürzen oder nicht gerechtfertigte Steuervorteile zu erlangen. Weder aus dem Wortlaut noch aus dem Zweck des § 379 I 1 Nr. 1 AO folgt, dass es sich um Belege handeln muss, deren objektive Zweckbestimmung darin besteht, als Buchungsunterlage zu dienen (glA HHS/*Bülte* AO § 379 Rn. 23, Kohlmann/ *Talaska* AO § 379 Rn. 59 u. Erbs/Kohlhaas/*Hadamitzky*/*Senge* AO § 379 Rn. 3; *Mösbauer* wistra 1991, 41); von § 379 I 1 Nr. 1 AO werden daher zB auch Spendenquittungen und Bescheinigungen über einen Kuraufenthalt erfasst. Maßgebend ist allein, ob das Schriftstück Aussagen über einen steuerlich erheblichen Vorgang enthält, wie dies zB bei einer Ursprungsbescheinigung nach dem BerlinFG der Fall war (KG 28.6.1984, wistra 1984, 233). Es kommt auch nicht darauf an, ob der Beleg subjektiv dazu „bestimmt" ist, „steuerlichen" Zwecken zu dienen. Zwar muss das Schriftstück vom Aussteller überhaupt zum Beweis im Rechtsverkehr bestimmt worden sein; diese Bestimmung braucht sich aber nicht auf einen steuerlichen Zweck zu beziehen (glA GJW/*Sahan* AO § 379 Rn. 8; Flore/ Tsambikakis/*Heerspink* AO § 379 Rn. 23, HHS/*Bülte* AO § 379 Rn. 23, Kohlmann/ *Talaska* AO § 379 Rn. 63). Entwürfe oder Schriftstücke, die zu Übungszwecken gefertigt werden, sollen nichts beweisen. Nicht erforderlich ist, dass der Empfänger des Belegs von ihm Gebrauch macht. Nach der ratio des § 379 I 1 Nr. 1 AO (→ Rn. 21) ist zB eine fälschlich auf einen Werktag statt Sonntag datierte Taxiquittung auch dann ein unrichtiger „Beleg" iS dieser Vorschrift, wenn die Quittung dazu bestimmt ist, außersteuerlichen Zwecken zu dienen (Reisekostenabrechnung). Für § 379 AO ist es schließlich unerheblich, ob der Beleg über einen längeren Zeitraum aufzubewahren ist, wie es bei den Buchungsbelegen iSd § 147 I Nr. 4 AO der Fall ist (OLG Köln 26.10.1976, BB 1977, 635).

31 Die Belege haben **Urkundencharakter** (BayObLG 13.6.1989, wistra 1989, 313; vgl. auch BGH 11.11.1958, BGHSt 12, 100). Eine Unterschrift ist nicht erforderlich; es genügt die Erkennbarkeit des Ausstellers aus dem Schriftstück selbst (RG 13.1.1927, RGSt 61, 161 mwN), zB aus dem Firmenkopf oder einem Stempel (Flore/Tsambikakis/*Heerspink* AO § 379 Rn. 24; Schwarz/Pahlke/*Webel* AO § 379 Rn. 10). Zur „schriftlichen Lüge" → Rn. 34.

32 **Zu den „Belegen" gehören** zB Rechnungen (BFH 12.3.2020, BFHE 268, 452 Rn. 31), Lieferscheine, Quittungen über erhaltene Zahlungen oder sonstige Leistungen, Vertragsurkunden, Spesen- und Reisekostenabrechnungen, Spendenquittungen, ärztliche Bescheinigungen, Kassenzettel, Inventarlisten, Frachtbriefe, Handelsbriefe, Ursprungszeugnisse, Nachnahmekarten, Warenverkehrs- u. Ausfuhrbescheinigungen (BayObLG 13.6.1989, wistra 1989, 313), Belege über falsche Zahlungsempfänger (vgl. *Bublitz* BB 1987, 167) sowie alle sonstigen Urkunden, die im rechtsgeschäftlichen Verkehr bedeutsam sind (vgl. auch § 147 I AO). Pläne oder Zeichnungen können für steuerliche Zwecke (vgl. zB § 7i EStG) ebenfalls erheblich sein (glA *Kohlmann/Sandermann* StuW 1974, 221; ferner *Mösbauer* wistra 1991, 41; *Pfaff* StBp 1972, 142; *Kulla* StBp 1965, 210). Auch Eigenbelege zählen zu den Belegen iSd § 379 I 1 Nr. 1 AO (zust. Klein/*Jäger* AO § 379 Rn. 3; Kohlmann/*Talaska* AO § 379 Rn. 35 u. RKR/*Roth* AO § 379 Rn. 10), wenn es sich um

Schriftstücke handelt, die zum Beweis steuerlich erheblicher Tatsachen bestimmt sind, dh dass sie diese Tatsachen nicht nur beweisen können, sondern dies auch sollen. Dies ist zB der Fall, wenn Privatausgaben als Betriebsausgaben (Werbungskosten) deklariert werden. Unrichtige Eigenbelege können auch den innerbetrieblichen Werteflusss betreffen, zB bei Warenlieferungen zwischen in- und ausländischen Betriebstätten (vgl. Kohlmann/*Talaska* AO § 379 Rn. 62 u. Kühn/v. Wedelstädt/*Blesinger/Viertelhausen* AO § 379 Rn. 7).

bb) Unrichtig. In tatsächlicher Hinsicht unrichtig ist ein Beleg, wenn er von den **33** tatsächlichen Gegebenheiten, zB Ort und Datum, abweicht oder einen anderen als den wirklichen Sachverhalt bekundet, etwa den Kauf von Fachzeitschriften anstatt von Tageszeitungen, die Reinigung von „Arbeits"-Kleidung oder die Anschaffung betrieblicher Gegenstände, die in Wahrheit für den Privathaushalt bestimmt sind. Hierzu zählen auch unterfakturiert ausgestellte (Zweit-)Rechnungen, selbst wenn sie umsatzsteuerbefreite Ausfuhrlieferungen betreffen (BFH 12.3.2020, BFHE 268, 452 Rn. 31).

Streitig ist, ob § 379 I 1 Nr. 1 AO nur solche Belege betrifft, die zwar in tatsächlicher **34** Hinsicht unrichtig sind, aber wirklich von der Person herrühren, auf die sie als den Aussteller hinweisen (sog. **schriftliche Lüge**), oder ob sich die Unrichtigkeit auch auf den Aussteller beziehen kann (sog. **Belegfälschung;** abl. *Wegner* PStR 2005, 115; bejahend *Mösbauer* wistra 1991, 41; Kühn/v. Wedelstädt/*Blesinger/Viertelhausen* AO § 379 Rn. 4). Vom BGH existiert zu dieser Frage nur ältere Rspr; er neigte dazu, nur die schriftliche Lüge als von § 379 I 1 Nr. 1 AO erfasst anzusehen (BGH 24.1.1989, wistra 1989, 190 und BGH 11.11.1958, BGHSt 12, 100, 103). Der Wortlaut des § 379 I 1 Nr. 1 AO lässt beide Deutungen zu (zust. HHS/*Bülte* AO § 379 Rn. 27 u. Kohlmann/*Talaska* AO § 379 Rn. 71), jedoch vermag § 379 I 1 Nr. 1 AO die Vorschrift des § 267 StGB nicht zu verdrängen (so schon BGH 12, 103 zu der Strafvorschrift des § 406 RAO 1956). Ist der Beleg unrichtig und zugleich der Name des Ausstellers gefälscht, kommt nach § 21 OWiG nur eine Bestrafung aus § 267 StGB in Betracht. Im Ergebnis ist daher der Anwendungsbereich des § 379 I 1 Nr. 1 AO praktisch auf die schriftliche Lüge beschränkt (ähnl. Flore/Tsambikakis/*Heerspink* AO § 379 Rn. 25; Schwarz/Pahlke/*Webel* AO § 379 Rn. 11; GJW/*Sahan* AO § 379 Rn. 10). Eine Rechnung mit gesondertem Steuerausweis durch einen Nichtunternehmer ist (ohne Rücksicht auf § 14c UStG) ein unrichtiger Beleg (vgl. auch *Helsper* UR 1974, 152).

cc) Ausstellen. Nicht das Herstellen, sondern **nur das Ausstellen** einer unrichtigen **35** Urkunde **ist ordnungswidrig.** Ein Beleg ist „ausgestellt", wenn er in den Verfügungsbereich dessen gelangt ist, für den er bestimmt ist (ebenso BayObLG 13.6.1989, wistra 1989, 313; Kohlmann/*Talaska* AO § 379 Rn. 74 u. RKR/*Roth* AO § 379 Rn. 14). Der Begriff des Ausstellens setzt dabei nicht voraus, dass der Beleg ausgehändigt wird (glA Kohlmann/*Talaska* AO § 379 Rn. 74 u. RKR/*Roth* AO § 379 Rn. 14; aA *Mösbauer* wistra 1991, 41, 42); es genügt, dass er auf sonstige Weise in den Verfügungsbereich desjenigen gelangt, für den er bestimmt ist (Flore/Tsambikakis/*Heerspink* AO § 379 Rn. 41; Klein/*Jäger* AO § 379 Rn. 6). Bei Eigenbelegen, zB über verauslagte Spenden, genügt es, wenn das Schriftstück in den Geschäftsgang gegeben wird. Ob der Empfänger von dem Beleg Gebrauch macht, ist für das Ausstellen ebenso bedeutungslos wie die Frage, ob der Aussteller aus der Tat irgendwelche Vorteile zieht (zust. *Mösbauer* wistra 1991, 41).

dd) Täterkreis. Täter iSd § 379 I 1 Nr. 1 AO kann jeder sein, der sich oder einem **36** anderen einen tatsächlich unrichtigen Beleg ausstellt. In Betracht kommen daher nicht nur Gewerbetreibende (zB Gastwirte), die sich – ggf. gegenseitig – Gefälligkeitsbelege ausstellen, sondern ebenso Ärzte, die einen Kuraufenthalt wahrheitswidrig bescheinigen, sowie Angehörige sonstiger freier Berufe (GJW/*Sahan* AO § 379 Rn. 15), Privatpersonen oder der Stpfl selbst (*Bremer* Aktuelle Fragen S. 166). Auch ein Finanzbeamter kann Täter der Ausstellung unrichtiger Belege sein (BayObLG 13.6.1989, wistra 1989, 313). Das bloße Verwenden eines Belegs ist kein Ausstellen. Veranlasst der Stpfl die Ausstellung eines unrichtigen Belegs oder wirkt er in irgendeiner Form mit, so handelt er als Beteiligter auch selbst ordnungswidrig (§ 14 I OWiG; Schwarz/Pahlke/*Webel* AO § 379 Rn. 21). Beschränkt sich der Empfänger darauf, den Beleg lediglich entgegenzunehmen, so ist er notwendiger Teilnehmer (*Fischer* StGB Vor §§ 25 ff. Rn. 7) und kann als solcher nicht belangt werden (vgl. dazu Kohlmann/*Talaska* AO § 379 Rn. 56 f.).

37–39 *einstweilen frei*

b) Entgeltliches In-Verkehr-Bringen von Belegen (§ 379 I Nr. 2 AO)

Schrifttum: *Burkhard*, Beihilfe zur Steuerhinterziehung durch Belegverkäufe über ebay, PStR 2004, 164; *Wegner*, Missbrauch von Tankquittungen, PStR 2005, 115; *Melchior*, Gesetz zur steuerlichen Förderung von Wachstum und Beschäftigung sowie Gesetz zur Eindämmung missbräuchlicher Steuergestaltungen im Überblick, DStR 2006, 681; *Weyand*, Beleghandel als Steuergefährdung, PStR 2006, 284; *Bach*, Die Wahrheit hinter § 379 I 1 Nr. 2 AO, JA 2007, 534.

40 **aa) Allgemeines.** Durch das G zur Eindämmung missbräuchlicher Steuergestaltungen vom 28.4.2006 (BGBl. I 2006, 1095) fügte der Gesetzgeber die Tathandlung des In-Verkehr-Bringens von Belegen gegen Entgelt als neue Nr. 2 in den Ordnungswidrigkeitentatbestand des § 379 I AO ein (→ Rn. 7). Hierdurch sollte vor allem der Handel mit Belegen unterbunden werden, die den Käufern die ungerechtfertigte Geltendmachung von Betriebsausgaben oder Werbungskosten ermöglichten. Insbes. aufgrund von Internetauktionen hatte der Handel mit Tankquittungen stark zugenommen. Zwar ist derjenige, der Belege weitergibt, von denen er weiß, dass der Empfänger sie im Rahmen von Steuererklärungen mit dem Ziel einer Steuerminderung verwenden wird, regelmäßig wegen Beihilfe zur Steuerhinterziehung strafbar (vgl. hierzu *Burkhard* PStR 2004, 164). Nicht selten bestehen aber beim Beihilfevorsatz Nachweisschwierigkeiten. Die insoweit bestehende Sanktionslücke sollte durch den „Auffangtatbestand" des § 379 I Nr. 2 AO geschlossen werden. Zudem setzt dieser abstrakte Gefährdungstatbestand weit im Vorfeld einer möglichen Steuerhinterziehung an. Von einer Kontrolle des Angebots- und Nachfrageverhaltens im Internet durch die Steuerfahndung ist auszugehen (vgl. *Weyand* PStR 2006, 284).

41 Der **Begriff der Belege** entspricht dem des § 379 I Nr. 1 AO (→ Rn. 30 ff.); erforderlich ist aber nicht das Vorliegen eines in tatsächlicher Hinsicht unrichtigen Beleges. Erfasst werden auch „richtige" Belege, die lediglich vom Empfänger missbräuchlich verwendet werden können.

42 **bb) Entgeltliches In-Verkehr-Bringen.** Der **Begriff** „In-Verkehr-Bringen" ist zwar in der AO nicht definiert. Die Auslegung kann sich jedoch an derjenigen zu anderen Straf- und Bußgeldtatbeständen orientieren, in denen der Begriff ebenfalls verwendet wird (vgl. §§ 146, 148 StGB, § 29 BtMG). In-Verkehr-Bringen ist danach jede Handlung, durch die eine Sache aus der Verfügungsgewalt des Täters (oder eines Dritten) so entlassen wird, dass ein anderer tatsächlich in die Lage versetzt wird, mit dieser nach Belieben umzugehen (vgl. *Fischer* StGB § 146 Rn. 17 mN aus der Rspr; → § 369 Rn. 168). Erfasst wird dabei an sich neben dem Verkaufen auch das Verschenken, das sonstige gezielte Überlassen und auch die gezielte Gewahrsamsaufgabe, die die nahe liegende Gefahr begründet, dass ein Dritter die Sache auffindet und für sich verwendet (vgl. BGH 4.8.1987, BGHSt 35, 21, 24). Im Hinblick auf das einschränkende Tatbestandsmerkmal der Entgeltlichkeit (→ Rn. 43) kommt jedoch nur eine plangemäße Weitergabe als Tathandlung in Betracht (im Ergebnis ebenso *Weyand* PStR 2006, 284; RKR/*Roth* AO § 379 Rn. 24). Vorausgesetzt wird die tatsächliche Weitergabe der Belege. Bei einer Versteigerung im Internet ist dies der Zeitpunkt, wenn nach Erteilung des Zuschlags und nach Zahlung des Kaufpreises die Belege an den Erwerber versandt werden (Kohlmann/*Talaska* AO § 379 Rn. 95). Auf den tatsächlichen Zugang beim Erwerber kommt es hingegen nicht an (aA HHS/*Bülte* AO § 379 Rn. 39).

43 **cc) Entgeltlichkeit.** Tatbestandsmäßig ist allein das entgeltliche In-Verkehr-Bringen. Entgelt ist nach der Legaldefinition in § 11 I Nr. 9 StGB jede in einem Vermögensvorteil bestehende Gegenleistung. Entgeltlich ist das In-Verkehr-Bringen daher dann, wenn es aufgrund einer entsprechenden Vereinbarung im Hinblick auf eine vermögenswerte Gegenleistung vorgenommen wird, die auch in Sachzuwendungen (zB Blumen, Weine oder Spirituosen, Theater- oder Kinokarten, Gutscheine) bestehen kann (zutr. *Weyand* INF 2006, 596, 598). Nicht entgeltlich ist die Weitergabe von Belegen aus Gefälligkeit ohne Gegenleistung, etwa im Freundes- oder Familienkreis. Auch das unbeabsichtigte Verschaffen der Verfügungsmacht über Belege erfüllt den Tatbestand nicht. Selbst derjenige, der (zB als Anbieter von Bürobedarf, Buchhändler, Kellner oder Tankwart) weggeworfene oder anderweitig zurückgelassene Belege sammelt, um sie ohne jegliche Gegenleistung weiterzureichen, erfüllt den Tatbestand des § 379 I Nr. 2 AO nicht. Dies gilt selbst dann, wenn er sich eine Art „Kundenbindung" oder „Klimapflege" von seiner Handlungsweise verspricht (*Weyand* PStR 2006, 284; *Flore/Tsambikakis/Heerspink* AO § 379 Rn. 69). Mangels Entgeltlichkeit handelt auch derjenige nicht tatbestandsmäßig, der Quittungen an Orten wegwirft oder liegen lässt, an denen er sicher damit rechnen kann, dass sie von Dritten zur Steuerverkürzung verwendet werden können. In solchen Fällen liegt indes ein Beihilfevorsatz zur Steuerhinterziehung des Verwenders sehr nahe. Dasselbe gilt für die unentgeltliche Weitergabe an Freunde.

einstweilen frei 44–49

c) Verstöße gegen Buchführungs- und Aufzeichnungspflichten (§ 379 I Nr. 3 AO)

Schrifttum: *Klasmeyer/Kübler,* Buchführungs-, Bilanzierungs- und Steuererklärungspflichten des Konkursverwalters sowie Sanktionen im Falle ihrer Verletzung, BB 1978, 369; *Pape,* Zur Buchführungspflicht land- und forstwirtschaftlicher Betriebe, INF 1982, 154; *Lohmeyer,* Steuerliche Bilanzdelikte und ihre strafrechtliche Würdigung, BlStA 1983, 29; *Biedermann,* Aufzeichnungs- und Aufbewahrungspflichten der § 13a-Landwirte, DStR 1983, 695; *Zwank,* Die Buchführungspflicht nach § 141 AO, StBp 1986, 253; *Schäfer,* Die Verletzung der Buchführungspflichten in der Rechtsprechung des BGH, wistra 1986, 200; *Mösbauer,* Derivate und originäre steuerliche Buchführungs- und Aufzeichnungspflichten gewerblicher Unternehmer, DStZ 1996, 722; *Weyand,* Strafbarkeitsrisiko des Steuerberaters: Buchführungs- und Bilanzdelikte im Insolvenzverfahren, StuB 1999, 178; *Vogelberg,* Unvollständige Buchung fällt nicht unter § 379 Abs. 1 S. 1 Nr. 2 AO, PStR 1999, 106; *Langrock/Samson,* Steuergefährdung durch Verletzung der Aufzeichnungspflicht nach § 144 AO?, DStR 2007, 700; *Kranenberg,* Bußgeldverfahren bei nicht ordnungsgemäßer Kassenbuchführung, StBW 2014, 507.

aa) Allgemeines. „Gesetz" im Sinne der AO ist jede Rechtsnorm (§ 4 AO); der 50 Begriff umfasst also Gesetze im formellen und materiellen Sinn. Die „gesetzliche" Buchführungs- oder Aufzeichnungspflicht kann daher auch auf einer RechtsV beruhen (s. auch BT-Drs. V/2928). *Verwaltungsanweisungen,* die auf einem Gesetz beruhen, sind keine Rechtsnormen. Vielmehr muss sich unmittelbar aus der Rechtsnorm selbst ergeben, welche Betriebsvorgänge oder Geschäftsvorfälle aufzuzeichnen sind. Nach § 141 I AO sind Entstehung und Beendigung der Buchführungspflicht gewisser Stpfl von bestimmten Feststellungen der FinB abhängig. Diese Verpflichtung ist jedoch erst zu erfüllen, wenn die FinB auf den Beginn der Verpflichtung hingewiesen hat (§ 141 II AO). Die Mitteilung ist rechtsgestaltender VA (BFH 23.6.1989, BStBl. II 768; aM NdsFG v. 9.1.1986, EFG 1986, 268), der mit seiner ordnungsgemäßen Bekanntgabe wirksam wird (BFH 23.1.1986, BStBl. II 539; ferner FG Nürnberg 21.7.1982, EFG 1983, 29 betr. Mitteilung nach § 13a EStG sowie FG Münster v. 15.6.1983, EFG 1984, 149 betr. Buchführungspflicht nach § 141 AO und Vorsteuerpauschalierung nach § 23 UStG). Gleichwohl beruht die Buchführungspflicht in diesen Fällen nicht auf der Mitteilung, sondern unmittelbar auf dem Gesetz.

Die Anwendbarkeit des § 379 I 1 Nr. 3 AO beschränkt sich nicht auf Pflichten, die sich 51 unmittelbar aus *Steuer*gesetzen ergeben (vgl. § 140 AO); die Ahndung einer Pflichtverletzung als Ordnungswidrigkeit setzt aber voraus, dass die fehlerhafte Buchung die Verkürzung von Steuereinnahmen ermöglicht (→ Rn. 100 ff.). Führt der Stpfl unrichtige Bücher, ohne zur Buchführung verpflichtet zu sein, ist § 379 I 1 Nr. 3 AO nicht anwendbar (ebenso Kohlmann/*Talaska* AO § 379 Rn. 109 u. RKR/*Roth* AO § 379 Rn. 30), weil diese Vorschrift keine eigenständige Buchführungspflicht begründet. Entsprechendes gilt, wenn die Pflicht zwar entstanden ist (§ 141 I AO), die FinB aber noch nicht auf ihren „Beginn" hingewiesen hat (§ 141 II AO). § 146 VI AO begründet keine gesetzliche Verpflichtung iSd § 379 I 1 Nr. 3 AO. Eine Insolvenz berührt die handels- und steuerrechtlichen Buchführungs- und Bilanzierungspflichten nicht (str., vgl. *Klasmeyer/Kübler* BB 1978, 369). Ein Teil der steuerlichen Pflichten des Gemeinschuldners, zu denen auch die Buchführungspflicht gehört, geht zwar mit der Eröffnung des Insolvenzverfahrens auf den Insolvenzverwalter über (§ 34 III AO; vgl. BFH 12.11.1992, BStBl. II 1993, 265); die allgemeine Buchführungspflicht geht aber weder unter, noch wird sie durch die Rechnungslegungs- und Aufzeichnungspflichten nach der InsO ersetzt (BFH 8.6.1972, BStBl. II 784).

52 **Geschäftsvorfälle und Betriebsvorgänge** sind Sammelbegriffe, die nicht gleichbedeutend sind und für die eine gesetzliche oder durch die Rspr herausgearbeitete Definition fehlt. Unter Geschäftsvorfällen versteht man überwiegend Vorgänge des rechtsgeschäftlichen Liefer- oder Leistungsverkehrs des Unternehmers mit Dritten. Betriebsvorgänge hingegen betreffen den Wertefluss innerhalb des Unternehmens (Betriebes) oder zwischen mehreren zu einem Unternehmen gehörigen Betrieben (Kohlmann/*Talaska* AO § 379 Rn. 116 u. Kühn/v. Wedelstädt/*Blesinger/Viertelhausen* AO § 379 Rn. 7). Für die Praxis ist die Abgrenzung unerheblich, da das Gesetz beide Begriffe gleichwertig nebeneinander verwendet.

53 Die **Abgrenzung** zwischen der **Verletzung einer Buchungs- und einer Aufzeichnungspflicht** ist bedeutsam für die Vollendung des objektiven Tatbestands. Während der Aufzeichnungspflichtige nur tatsächliche Geld- und Warenbewegungen (§§ 143, 144 AO) zu verbuchen hat, muss der Buchführungspflichtige zB bereits die Entstehung von Forderungen und Schulden buchmäßig festhalten (vgl. *Bremer* Aktuelle Fragen S. 173; Kohlmann/*Talaska* AO § 379 Rn. 118). Der objektive Tatbestand des § 379 I 1 Nr. 3 AO verlangt die Verletzung einer Buchungspflicht. Eine solche Pflichtverletzung liegt nicht vor, wenn der Stpfl Buchungen oder Aufzeichnungen unterlässt, die lediglich Voraussetzung für einen begründeten Antrag auf Steuerfreiheit oder -ermäßigung sind (vgl. zB § 4 V Nr. 2 EStG, § 25 II UStG iVm § 72 UStDV). Dasselbe gilt für freiwillige Buchungen oder Aufzeichnungen, mit denen *Schätzungen* vermieden werden könnten (§ 162 AO). Auch die Verletzung einer *Sollvorschrift* (vgl. § 146 I 2 AO) ist – trotz § 146 VI AO – nicht ordnungswidrig.

54 **Aufbewahrungspflichten,** zB gem. §§ 257 ff. HGB, § 14b UStG, § 147 AO, ergänzen die Buchführungs- und Aufzeichnungspflichten. Folglich ist derjenige, der kraft Gesetzes die Pflicht zur Führung von Büchern und Aufzeichnungen hat, auch verpflichtet, diese aufzubewahren (Tipke/Kruse/*Drüen* AO § 147 Rn. 32). Gleichwohl werden Verstöße gegen Aufbewahrungspflichten vom Tatbestand des § 379 I 1 Nr. 3 AO nicht erfasst (glA HHS/*Bülte* AO § 379 Rn. 51, Kohlmann/*Talaska* AO § 379 Rn. 144; RKR/*Roth* AO § 379 Rn. 33; Klein/*Rätke* AO § 147 Rn. 70; *Mösbauer* wistra 1991, 41, 43). Damit ist die Nichtverbuchung von Geschäftsvorfällen oder Betriebsvorgängen mit Geldbuße bedroht, die unmittelbar an eine Verbuchung anschließende Vernichtung der Bücher hingegen nicht. Dies erscheint angesichts des Schutzzwecks des § 379 I 1 Nr. 3 AO (→ Rn. 20) inkonsequent, kann doch die nachträgliche Vernichtung von Büchern und Aufzeichnungen in gleicher Weise die Verkürzung von Steuern ermöglichen wie die Nichtverbuchung. Eine Ausdehnung des Anwendungsbereiches von § 379 I 1 Nr. 3 AO auf Zuwiderhandlungen gegen Aufbewahrungspflichten bleibt allerdings dem Gesetzgeber vorbehalten. Eine entsprechende Auslegung würde angesichts des eindeutigen Wortlautes der Vorschrift eine nach Art. 103 II GG, § 3 OWiG unzulässige Analogie darstellen (glA HHS/*Bülte* AO § 379 Rn. 51, Kohlmann/*Talaska* AO § 379 Rn. 153 u. RKR/*Roth* AO § 379 Rn. 33; zur früheren Rechtslage bereits Kohlmann/*Sandermann* StuW 1974, 221, 245). Will der Gesetzgeber die Verletzung von Aufbewahrungsfristen mit einem Bußgeld bewehren, muss er das – ebenso wie zB in § 26a II Nr. 2 u. 3 UStG, § 103 I Nr. 2

HGB, § 36 III Nr. 1a MOG (vgl. auch § 283b I Nr. 2 StGB) – in einem Gesetz zum Ausdruck bringen.

Nichtverbuchen kann sowohl im Unterlassen der vorgeschriebenen Eintragungen einzelner Vorgänge als auch im gänzlichen Unterlassen der Führung der vorgeschriebenen Bücher bestehen (*Pfaff* StBp 1972, 142). Die Tat ist als echtes Unterlassungsdelikt mit dem Verstreichen des Zeitpunktes vollendet, in dem die Eintragung nach den Grundsätzen ordnungsmäßiger Buchführung hätte vorgenommen werden müssen (vgl. Kohlmann/ *Talaska* AO § 379 Rn. 146; *Lohmeyer* BlStA 1983, 29). Zur Frage, ob die Vernichtung von Aufzeichnungen dem Nichtverbuchen gleichzusetzen ist, → Rn. 54. **55**

In **„tatsächlicher Hinsicht unrichtig"** ist die Buchung oder Aufzeichnung, wenn der dargestellte Vorgang mit der Wirklichkeit nicht übereinstimmt. Sind zB Ausgaben, welche die betriebliche Sphäre nicht oder nur zum Teil berühren, als Betriebsausgaben verbucht worden (etwa Aufwendungen für den privaten Reitstall des Inhabers), so liegt darin zwar auch eine rechtliche Unrichtigkeit, nämlich die fehlerhafte Anwendung des § 4 IV EStG. Zugleich sind aber die Tatsachen („Geschäftsvorfall") buchmäßig unrichtig dargestellt worden; denn die den betreffenden Ausgaben zugrundeliegenden Leistungen sind entweder überhaupt nicht oder nur teilweise für den Betrieb erbracht worden (glA HHS/*Bülte* AO § 379 Rn. 58; Kohlmann/*Talaska* AO § 379 Rn. 158). Dasselbe gilt, wenn etwa fremde Tankquittungen zur Verbuchung angeblicher eigener Betriebsausgaben herangezogen worden sind. **56**

Werden bare Geschäftsvorfälle nicht chronologisch aufgezeichnet, so folgt daraus für sich allein noch nicht, dass sie auch in tatsächlicher Hinsicht unrichtig verbucht worden sind (glA OLG Bremen 27.10.1981 – Ss (B) 23/79, nv). Fälschungen werden ebenso wie Belegfälschungen nach § 267 StGB bestraft (→ Rn. 34). § 379 I 1 Nr. 3 AO greift ebenfalls nicht ein, wenn die Buchungen zwar vollständig und richtig sind, die Buchführung als solche aber nicht ordnungsgemäß ist (*Lohmeyer* ZfZ 1966, 294). In Grenzfällen kann jedoch eine nicht ordnungsgemäße Buchführung einer Nichtverbuchung gleichstehen (→ Rn. 55 sowie § 283b I Nr. 2 StGB). **57**

Das nach § 379 I 1 Nr. 3 AO ordnungswidrige **Nicht- oder Falschverbuchenlassen** kann sowohl durch bloßes Geschehenlassen (Unterlassen) als auch durch Anweisung (positives Tun) bewirkt werden. Auch im letzteren Fall ist die Tat nicht schon mit der Anweisung, sondern erst dann vollendet, wenn die falsche Buchung vorgenommen oder die rechtzeitige Buchung unterlassen worden ist (zum Täterkreis → Rn. 60). **58**

Eine **„unvollständige Buchung"** (zB fehlende Angaben nach § 144 III AO) erfüllt nicht den Tatbestand des § 379 I 1 Nr. 3 AO (AG Münster 15.10.1998, wistra 1999, 114; differenzierend HHS/*Bülte* AO § 379 Rn. 59). Zwar ist im allgemeinen Sprachgebrauch etwas Unvollständiges regelmäßig auch unrichtig. Auch dürfte es zweckmäßig sein, unvollständige Buchungen ebenso zu sanktionieren wie „unrichtige" Angaben. Da aber der Wortlaut des § 379 I 1 Nr. 3 AO nur „unrichtige" Verbuchungen erfasst und – im Gegensatz zu § 146 I, § 370 I Nr. 1, § 379 II Nr. 1, § 380 AO – „unvollständige" Angaben nicht erwähnt, würde eine in diesem Sinne erweiternde Auslegung am Bestimmtheitsgebot (Art. 103 II GG, § 3 OWiG) scheitern (vgl. auch *Vogelberg* PStR 1999, 106; zust. *Langrock/ Samson* DStR 2007, 700). Führt indes das Weglassen vorgeschriebener Angaben in einer Buchung oder Aufzeichnung dazu, dass der dargestellte Vorgang nicht mehr mit der Wirklichkeit übereinstimmt, liegt eine unrichtige Verbuchung vor (→ Rn. 56). **59**

bb) Täterkreis. Täter einer Falschbuchung kann jeder sein, der tatsächlich die Möglichkeit hat, eine Buchung vorzunehmen (Erbs/Kohlhaas/*Hadamitzky/Senge* AO § 379 Rn. 8; HHS/*Bülte* AO § 379 Rn. 61; Kohlmann/*Talaska* AO § 379 Rn. 109; Kohlmann/*Sandermann* StuW 1974, 221, 245). In der Begehungsform des **Nicht- oder Falschverbuchenlassens** hingegen kann der objektive Tatbestand nur durch denjenigen erfüllt werden, der als Stpfl oder kraft seiner Stellung für die Führung der Bücher und Aufzeichnungen verantwortlich ist; das sind bei Einzelunternehmen der Inhaber oder gesetzliche Vertreter, bei Personengesellschaften der oder die geschäftsführenden Gesell- **60**

schafter, ferner Liquidatoren, Insolvenzverwalter oder Testamentsvollstrecker (§§ 34 f. AO). Bei juristischen Personen trifft die persönliche Verantwortung Vorstandsmitglieder (u. Stellvertreter) einer AG (§§ 91, 94 AktG), alle GmbH-Geschäftsführer (u. Stellvertreter) (§§ 41, 44 GmbHG) sowie alle Vorstandsmitglieder (und Stellvertreter) einer Genossenschaft (§§ 33, 35 GenG). Bei der Tatbestandsvariante des **Nichtverbuchens** kann sich die Rechtspflicht zum Handeln aus der gesetzlichen Buchführungs- oder Aufzeichnungspflicht oder aus der Übernahme der Erfüllung dieser Pflichten für einen anderen ergeben (ähnl. Kohlmann/*Talaska* AO § 379 Rn. 110). Wird die Buchführung einem Dritten übertragen, so muss der kraft Gesetzes Verantwortliche bei Auswahl und Überwachung dieses Dritten die erforderliche Sorgfalt walten lassen. Durch privatrechtlichen Vertrag kann er sich nicht restlos von seiner öffentlich-rechtlichen Pflicht befreien (vgl. bereits RFH 9.4.1934, RFHE 36, 28, 31; arg. § 379 I 1 Nr. 3 AO: „... verbuchen lässt").

61–69 *einstweilen frei*

70 cc) **Buchführungs- und Aufzeichnungspflichten im Einzelnen.** Die **Buchführungs- und Aufzeichnungspflichten,** deren Verletzung den objektiven Tatbestand des § 379 I 1 Nr. 3 AO erfüllt, sind in einer Vielzahl von Gesetzen verstreut. Wer nach anderen Gesetzen als den Steuergesetzen Bücher und Aufzeichnungen zu führen hat, „die für die Besteuerung von Bedeutung sind", hat die Verpflichtungen, die ihm nach den anderen Gesetzen obliegen, auch für die Besteuerung zu erfüllen (§ 140 AO). Die Verletzung verbrauchsteuerlicher Buchführungs- und Aufzeichnungsvorschriften fällt unter die Spezialvorschrift des § 381 Nr. 1 AO (→ § 381 Rn. 17).

71 Gem. § 148 AO ist die FinB berechtigt, für einzelne Fälle oder für bestimmte Gruppen von Fällen (auch rückwirkend) Erleichterungen zu bewilligen, wenn die Einhaltung der durch die Steuergesetze begründeten Buchführungs-, Aufzeichnungs- und Aufbewahrungspflichten Härten mit sich bringt und die Besteuerung durch die Erleichterung nicht beeinträchtigt wird. Eine rückwirkende Bewilligung wirkt jedoch nicht als Rechtfertigungsgrund (glA *Mösbauer* wistra 1991, 41).

72 Aufgrund **Handelsrechts** bestehen insbes. folgende Buchführungsvorschriften:
– §§ 238 ff. HGB (Buchführungspflicht der Kaufleute);
– §§ 6, 120, 161 II HGB (Personengesellschaften);
– §§ 264 ff. HGB (Sondervorschriften für Kapitalgesellschaften);
– § 33 GenG (Sondervorschriften für Genossenschaften);
– § 172 VAG (Versicherungsvereine auf Gegenseitigkeit).

73 Für Stpfl, die **nicht bereits nach Handelsrecht** Bücher führen müssen, gilt (bis 31.12.2024):

§ 141 AO Buchführungspflicht bestimmter Steuerpflichtiger

(1) ¹Gewerbliche Unternehmer sowie Land- und Forstwirte, die nach den Feststellungen der Finanzbehörde für den einzelnen Betrieb
1. einen Gesamtumsatz im Sinne des § 19 Absatz 3 Satz 1 des Umsatzsteuergesetzes von mehr als 600.000 Euro im Kalenderjahr oder
2. (weggefallen)
3. selbstbewirtschaftete land- und forstwirtschaftliche Flächen mit einem Wirtschaftswert (§ 46 des Bewertungsgesetzes) von mehr als 25.000 Euro oder
4. einen Gewinn aus Gewerbebetrieb von mehr als 60.000 Euro im Wirtschaftsjahr oder
5. einen Gewinn aus Land- und Forstwirtschaft von mehr als 60.000 Euro im Kalenderjahr

gehabt haben, sind auch dann verpflichtet, für diesen Betrieb Bücher zu führen und auf Grund jährlicher Bestandsaufnahmen Abschlüsse zu machen, wenn sich eine Buchführungspflicht nicht aus § 140 ergibt. ²Die §§ 238, 240, 241, 242 Abs. 1 und die §§ 243 bis 256 des Handelsgesetzbuchs gelten sinngemäß, sofern sich nicht aus den Steuergesetzen etwas anderes ergibt. ³Bei der Anwendung der Nummer 3 ist der Wirtschaftswert aller vom Land- und Forstwirt selbstbewirtschafteten Flächen maßgebend, unabhängig davon, ob sie in seinem Eigentum stehen oder nicht.

(2) ¹Die Verpflichtung nach Absatz 1 ist vom Beginn des Wirtschaftsjahrs an zu erfüllen, das auf die Bekanntgabe der Mitteilung folgt, durch die die Finanzbehörde auf den Beginn dieser Verpflichtung

hingewiesen hat. ²Die Verpflichtung endet mit dem Ablauf des Wirtschaftsjahrs, das auf das Wirtschaftsjahr folgt, in dem die Finanzbehörde feststellt, dass die Voraussetzungen nach Absatz 1 nicht mehr vorliegen.

(3) ¹Die Buchführungspflicht geht auf denjenigen über, der den Betrieb im Ganzen zur Bewirtschaftung als Eigentümer oder Nutzungsberechtigter übernimmt. ²Ein Hinweis nach Absatz 2 auf den Beginn der Buchführungspflicht ist nicht erforderlich.

(4) (aufgehoben)

Gewerblich sind nur solche Unternehmer, die einen Gewerbebetrieb iSd § 1 GewStDV ausüben. Freiberufler fallen nicht unter diese Vorschriften; für sie können allerdings Buchführungs- und Aufzeichnungspflichten nach außersteuerlichen Normen steuerlich relevant sein (§ 140 AO; s. auch → Rn. 74 ff.). Die §§ 143, 144 AO enthalten Vorschriften über die Aufzeichnung des Wareneingangs und -ausgangs; besondere Aufzeichnungspflichten für umsatzsteuerliche Zwecke folgen – auch für Freiberufler – aus § 22 UStG iVm § 63 UStDV. Aufzeichnungspflichten für Zwecke der LSt normieren § 41b EStG und § 4 LStDV. Versicherer und deren Bevollmächtigte sind verpflichtet, zur Feststellung der Steuer und der Grundlagen ihrer Berechnung Aufzeichnungen zu führen (§ 10 VersStG, § 9 FeuerschStG).

Aufgrund **außersteuerlicher Gesetze und Verordnungen** sind in zahlreichen Fällen 74 Bücher zu führen bzw. Aufzeichnungen zu machen (vgl. auch Flore/Tsambikakis/*Heerspink* AO § 379 Rn. 84, HHS/*Bülte* AO § 379 Rn. 45). Die einschlägigen Regelungen bieten ein buntes Bild. Charakteristisch ist, dass die betreffenden Tätigkeiten der behördlichen Erlaubnis bedürfen oder zumindest einer Anzeigepflicht unterliegen, so dass der Betreffende eigentlich wissen sollte, welche Pflichten ihn in diesem Zusammenhang treffen.

In der Abfallwirtschaft haben die Einsammler oder **Beförderer von Abfällen** sowie 75 Abfallbeseitiger Register und Nachweise nach § 52 KrWG idF v. 8.4.2013 (BGBl. I 734) anzufertigen. Betreiber von **Deponien** führen Betriebstagebücher nach § 13 III DepV idF v. 2.5.2013 (BGBl. I 973). Von Gebrauchtwaren-, Edel- und **Altmetallhändlern** sind Gebrauchtwarenbücher nach § 38 III GewO idF v. 12.5.2021 (BGBl. I 2091) iVm Landesrecht zu führen.

Der ArbG hat Lohnunterlagen für jeden Beschäftigten nach § 28f I 1 SGB IV idF v. 76 12.6.2020 (BGBl. I 1248) zu erstellen. Unternehmen, die **Heimarbeit** ausgeben, weitergeben oder abnehmen, führen Beschäftigtenlisten, Entgeltverzeichnisse und Entgeltbücher nach den §§ 6, 8, 9 HAG v. 29.10.1974 (BGBl. I 2879). **Renten- und Sozialversicherungsträger** erstellen Aufzeichnungen nach den §§ 10, 13 SVRV v. 15.7.1999 (BGBl. I 1627).

Ärzte und Zahnärzte haben Aufzeichnungen über die Anwendung von radioaktiven 77 Stoffen oder ionischen Strahlen zur Untersuchung oder Behandlung von Menschen u.a. nach den § 117 StrlSchV v. 29.11.2018 (BGBl. I 2034, 2038) zu führen. **Tierärzte**, die eine Hausapotheke betreiben, erstellen Nachweise über den Erwerb, die Herstellung, den Verbleib und die Abgabe von Arzneimitteln nach § 13 TÄHAV idF v. 21.2.2018 (BGBl. I 213). **Apotheken**, ärztliche und tierärztliche Hausapotheken, Praxen und Kliniken führen Bücher, Karteikarten oder Dateien über den Verbleib der Betäubungsmittel (Betäubungsmittelbücher) nach § 13f. BtMVV idF v. 22.5.2017 (BGBl. I 1275). **Krankenhäuser** erstellen Aufzeichnungen nach der KHBV idF v. 24.3.1987 (BGBl. I 1045). Wer gewerbsmäßig Alten-, Altenwohn- und **Pflegeheime** betreibt, erstellt Aufzeichnungen nach § 13 HeimG idF v. 31.10.2006 (BGBl. I 2407).

Banken erstellen Aufzeichnungen über die auf Grund ihrer Identifizierungspflichten 78 getroffenen Feststellungen nach § 8 GwG idF v. 25.5.2021 (BGBl. I 2083), **Effektenverwahrer** führen Verwahrungsbücher für die verwahrten Wertpapiere nach § 14 DepotG idF v. 11.1.1995 (BGBl. I 34) und **Wertpapierdienstleistungsunternehmen** erstellen Aufzeichnungen über die Erbringung von Wertpapierdienstleistungen nach § 83 WpHG idF v. 19.3.2020 (BGBl. I 529).

79 In der Landwirtschaft müssen Betriebe, die eine **Besamungsstation** oder eine Embryo-Entnahmeeinheit betreiben, Aufzeichnungen u. a. über die Gewinnung, Behandlung, Lagerung und Abgabe von Samen, Eizellen und Embryonen nach § 15 ff. TierZG idF v. 18.1.2019 (BGBl. I 18) erstellen. Betriebe, die **Düngemittel** ausbringen, fertigen Aufzeichnungen über die Düngemittel nach § 10 DüV idF v. 28.4.2020 (BGBl. I 846). Betriebe, die im Bereich der Herstellung von **Futtermitteln** tätig sind, haben Buchführungspflichten nach § 30 FuttmV idF v. 29.8.2016 (BGBl. I 2004) iVm der VO (EG) Nr. 183/2005. Errichter oder **Betreiber gentechnischer Anlagen** haben Aufzeichnungen über die Durchführung gentechnischer Arbeiten nach § 6 GenTG idF v. 1.4.2008 (BGBl. I 499) zu führen.

80 Im gewerblichen **Güterkraftverkehr** sind Begleitpapiere nach § 7 GüKG idF. v. 26.11.2020 (BGBl. I 2775) vorzuhalten. Halter der mit Fahrtschreibern oder Kontrollgeräten auszurüstenden Kraftfahrzeuge haben **Schaublätter** nach § 57a StVZO idF v. 25.6.2021 (BGBl. I 2204) aufzubewahren. Leiter der amtlich anerkannten **Fahrlehrerausbildungsstätten** erstellen Aufzeichnungen über die Ausbildung eines jeden Fahrlehreranwärters nach § 31 I FahrlG idF v. 4.8.2019 (BGBl. I 1190), Inhaber von **Fahrschulen** solche über die Ausbildung eines jeden Fahrschülers sowie über das erhobene Entgelt nach § 42 I FahrlG idF v. 4.8.2019 (BGBl. I 1190).

81 **Lohnsteuerhilfevereine** erstellen besondere Aufzeichnungen u. a. über die Einnahmen, Ausgaben und Vermögenswerte nach § 21 StBerG idF v. 4.11.1975 (BGBl. I 2735). Erzeuger von **Marktordnungswaren** führen Aufzeichnungen nach § 15 G über Meldungen über Marktordnungswaren idF v. 9.12.2020 (BGBl. I 2963) iVm § 9 MarktordnungswarenmeldeV idF. v. 2.12.2011 (BGBl. I 2634);

82 **Makler,** Versicherungs- und Bausparkassenvertreter machen Angaben über die Aufträge bzw. Bauvorhaben nach § 10 MaBV idF v. 2.5.2012 (BGBl. I 1006). **Verwalter des gemeinschaftlichen Eigentums** der Wohnungseigentümer erstellen Wirtschaftspläne, Abrechnungen und Rechnungslegungen nach § 28 I, II und IV WEG v. 12.1.2021 (BGBl. I 34);

83 Unternehmern, die **Kriegswaffen** herstellen, befördern lassen oder selbst befördern oder die tatsächliche Gewalt über Kriegswaffen von einem anderen erwerben oder einem anderen überlassen, führen Kriegswaffenbücher zum Nachweis des Verbleibs der Kriegswaffen nach § 12 II KrWaffKontrG idF v. 5.10.1994 (BGBl. I 2911). Unternehmen, welche die Erlaubnis für den Umgang und Verkehr mit **Sprengstoffen** haben, erstellen Verzeichnisse über die Menge der hergestellten, wiedergewonnenen, erworbenen, eingeführten, aus einem anderen Mitgliedstaat verbrachten, überlassenen, verwendeten sowie vernichteten explosionsgefährlichen Stoffe nach § 16 I SprengG idF v. 19.6.2020 (BGBl. I 1328) iVm §§ 41 ff. SprengV 1 idF v. 11.6.2017 (BGBl. I 1617).

84 In beschränktem Umfang vorgeschriebene Aufzeichnungen, zB nach den Vorschriften der MaBV, sind gem. § 140 AO auch im steuerlichen Interesse zu führen, ohne dass jedoch hieraus die Buchführungs- und damit die Bilanzierungspflicht in ertragsteuerlicher Hinsicht folgt (FG Nürnberg 22.6.1992, EFG 1992, 705).

85–89 *einstweilen frei*

d) Verstöße gegen die Vorschriften über elektronische Aufzeichnungssysteme (§ 379 I Nr. 4 bis Nr. 6 AO)

Schrifttum: *Gehm,* Steuerstrafrechtliche Folgen einer fehlerhaften Kassenführung, ZWH 2019, 182; *Gehm,* Die Kassen-Nachschau als neues Instrumentarium der Steuerfahndung, PStR 2020, 138.

90 Steuerhinterziehungen (vor allem in der Gastronomie) werden nicht selten **mit manipulierter Kassensoftware** vorbereitet, durch die für die Buchhaltung im Rahmen der verpflichtenden täglichen Erfassung von Kasseneinnahmen und -ausgaben inhaltlich falsche Belege (zB Z-Bons) erstellt werden. Zum Einsatz kommen dabei ua auf dem Kassensystem selbst versteckte „Phantomsoftware", auf USB-Sticks gespeicherte Software und sog Zapper (über das Internet). Zur Bekämpfung dieser Hinterziehungsformen hat der Gesetzgeber mit dem Gesetz zum Schutz vor Manipulationen an digitalen Grundaufzeichnungen v. 16.12.2016 (BGBl. I 3152) mit § 146a AO eine Ordnungsvorschrift für die Buchführung und für Aufzeichnungen mittels elektronischer Aufzeichnungssysteme in die AO eingefügt und mit § 146b AO die gesetzlichen Voraussetzungen einer Kassen-Nachschau geschaffen. Erfasst werden elektronische oder computergestützte Kassensysteme oder Registrierkassen. Fahrscheinautomaten, Fahrscheindrucker, Kassen- und Parkscheinautomaten der Parkraumbewirtschaftung sowie Ladepunkte für Elektro- oder Hybridfahrzeuge, elektronische Buchhaltungsprogramme, Waren- und Dienstleistungsautomaten, Taxameter und Wegstreckenzähler, Geldautomaten sowie Geld- und Warenspielgeräte gehören nicht dazu (§ 1 KassenSichV). Um Steuerhinterziehungen unter Verwendung manipulierter Kassensysteme auch bereits im Vorbereitungsstadium wirksam bekämpfen zu können, hat der Gesetzgeber bestimmte Verstöße gegen die Ordnungsvorschrift des § 146a I AO in § 379 I AO zu Steuerordnungswidrigkeiten erklärt (§ 379 I 1 Nrn. 4 bis 6 AO); sie sind nur auf Sachverhalte aus Kalenderjahren nach 2019 anzuwenden (Art 97 § 30 I EGAO). Die Vorschrift ergänzt den Ordnungswidrigkeitentatbestand des § 379 I 1 Nr. 3 AO über die unrichtige Verbuchung oder Fertigung von Aufzeichnungen.

§ 146a I AO lautet: **91**

§ 146a AO Ordnungsvorschrift für die Buchführung und für Aufzeichnungen mittels elektronischer Aufzeichnungssysteme; Verordnungsermächtigung
(1) ¹Wer aufzeichnungspflichtige Geschäftsvorfälle oder andere Vorgänge mit Hilfe eines elektronischen Aufzeichnungssystems erfasst, hat ein elektronisches Aufzeichnungssystem zu verwenden, das jeden aufzeichnungspflichtigen Geschäftsvorfall und anderen Vorgang einzeln, vollständig, richtig, zeitgerecht und geordnet aufzeichnet. ²Das elektronische Aufzeichnungssystem und die digitalen Aufzeichnungen nach Satz 1 sind durch eine zertifizierte technische Sicherheitseinrichtung zu schützen. ³Diese zertifizierte technische Sicherheitseinrichtung muss aus einem Sicherheitsmodul, einem Speichermedium und einer einheitlichen digitalen Schnittstelle bestehen. ⁴Die digitalen Aufzeichnungen sind auf dem Speichermedium zu sichern und für Nachschauen sowie Außenprüfungen durch elektronische Aufbewahrung verfügbar zu halten. ⁵Es ist verboten, innerhalb des Geltungsbereichs dieses Gesetzes solche elektronischen Aufzeichnungssysteme, Software für elektronische Aufzeichnungssysteme und zertifizierte technische Sicherheitseinrichtungen, die den in den Sätzen 1 bis 3 beschriebenen Anforderungen nicht entsprechen, zur Verwendung im Sinne der Sätze 1 bis 3 gewerbsmäßig zu bewerben oder gewerbsmäßig in den Verkehr zu bringen.
(2)–(4) [...]

Ordnungswidrig handelt danach, wer ein in § 146a I AO genanntes Aufzeichnungssystem (pflichtwidrig) **nicht** oder **nicht richtig verwendet** (§ 379 I 1 **Nr. 4** AO) bzw. nicht oder **nicht richtig schützt** (§ 379 I 1 **Nr. 5** AO). **92**

Nach § 379 I 1 **Nr. 6** AO begeht eine Steuerordnungswidrigkeit, wer entgegen § 146a **93** I 5 AO ein elektronisches Aufzeichnungssystem, Software für solche Systeme oder zertifizierte Sicherheitseinrichtungen, die den in § 146a I 1 bis 3 AO nicht entsprechen, **gewerbsmäßig bewirbt** oder **in den Verkehr bringt.** „In-Verkehr-Bringen" ist jede Handlung, durch die eine Sache so aus der Verfügungsgewalt des Täters (oder eines Dritten) entlassen wird, dass ein anderer in die Lage versetzt wird, mit dieser nach Belieben umzugehen.

Die **Anforderungen an die technische Sicherheitseinrichtung** ergeben sich aus § 5 **94** KassenSichV iVm den vom Bundesamt für Sicherheit in der Informationstechnik (BSI) im Benehmen mit dem BMF festgelegten Technischen Richtlinien und Schutzprofilen, deren jeweils aktuelle Versionen im Bundessteuerblatt Teil I und auf der Internetseite des Bundesamts für Sicherheit in der Informationstechnik veröffentlicht werden (§ 5 Satz 2 KassenSichV).

Täter der in § 379 I 1 Nr. 4 und Nr. 5 AO beschriebenen Ordnungswidrigkeiten kann **95** jeder sein, der für die Verwendung oder Sicherung eines elektronischen Aufzeichnungssystems verantwortlich ist, idR also der Geschäftsinhaber und nicht dessen Mitarbeiter (Gosch AO/FGO/*Stark* AO § 379 Rn. 38, 41). Als Täter einer Ordnungswidrigkeit gem.

§ 379 I 1 Nr. 6 AO kommen insbes. auch die Kassenhersteller in Betracht (Gosch AO/ FGO/*Stark* AO § 379 Rn. 45).

96–99 *einstweilen frei*

e) Ermöglichung einer Steuerverkürzung oder Erlangung nicht gerechtfertigter Steuervorteile

100 **aa) Möglichkeit der Steuerverkürzung.** Die **Tathandlungen** iSd § 379 I 1 Nr. 1 bis 3 AO müssen objektiv geeignet sein, die Verkürzung von Steuereinnahmen oder die ungerechtfertigte Inanspruchnahme von Steuervorteilen zu ermöglichen (vgl. auch → Rn. 20 ff. und → § 370 Rn. 141 ff.; anders in den Fällen des § 379 II Nr. 1 AO, → Rn. 114). Welche Leistungen begrifflich „Steuern" sind, bestimmt § 3 AO. Gem. § 3 III AO gehören dazu auch Einfuhr- und Ausfuhrabgaben nach Art. 5 Nr. 20 u. 21 des Zollkodex der Union (UZK). In einigen steuerlichen Nebengesetzen ist die entsprechende Anwendung des § 379 I AO vorgeschrieben (→ Rn. 25). Subventionen sind keine Steuervorteile.

101 Bereits die **abstrakte Gefahr einer Steuerverkürzung** („Möglichkeit") reicht aus (BT-Drs. V/2928, 2 betr. § 405 RAO 1968; glA Kohlmann/*Talaska* AO § 379 Rn. 265 u. Schwarz/Pahlke/*Webel* AO § 379 Rn. 6; *Mösbauer* wistra 1991, 41, 42; zw. *Henneberg* BB 1968, 909, *Oswald* StuW 1968, 147). Die vom Gericht zu treffenden Feststellungen müssen jedoch so genau sein, dass deutlich wird, wie der Stpfl hätte buchen müssen und welche Steueransprüche im Einzelnen durch die unterlassenen oder falschen Buchungen hätten verkürzt werden können (iErg ebenso HHS/*Bülte* AO § 379 Rn. 65). Welche Anforderungen im Einzelfall zu stellen sind, richtet sich nach der Art der Geschäftsvorfälle. So ist zB die nichtchronologische Aufzeichnung von Bareinnahmen tatsächlich unrichtig (Erfassung unter falschem Datum); dies bedeutet aber noch nicht, dass dadurch Steuern – zumindest zeitweise – verkürzt werden können (OLG Bremen 27.10.1981 – Ss (B) 23/79, nv). Gleiches gilt für die Verletzung von Vorschriften, die für Steuervergünstigungen einen beleg- oder buchungsmäßigen Nachweis verlangen, zB § 4 VII EStG (glA *Keßböhmer*, Beweis steuermindernder Tatsachen im Besteuerungsverfahren und im Steuerstrafverfahren, 1995, S. 108). Ob die Tat geeignet ist, die Verkürzung eigener Steuern zu ermöglichen (zB falsche Spesenabrechnung), und ob fremde Steuern berührt werden (zB falsche Spendenbestätigung, unrichtiger USt-Ausweis gemäß § 14c UStG), ist unerheblich. Zudem ist gleichgültig, ob der Täter seines Vorteils wegen handelt (HHS/*Bülte* AO § 379 Rn. 63). Schließlich setzt das Tatbestandsmerkmal des „Ermöglichens" auch nicht voraus, dass der Erfolgseintritt der Verkürzung von Steuern oder des Erlangens nicht gerechtfertigter Steuervorteile ohne die in § 379 I AO bezeichneten Tatbeiträge unmöglich wäre (vgl. BGH 23.9.1999, BGHSt 45, 211, 216; *Fischer* StGB § 211 Rn. 64; aM *Langrock/Samson* DStR 2007, 700).

102 **bb) Verkürzung ausländischer Abgaben.** Gemäß § 379 I 2 AO ist die **Ausstellung unrichtiger Belege** auch dann ordnungswidrig, wenn dadurch ausländische **Einfuhr- und Ausfuhrabgaben** verkürzt werden können, die von einem anderen Mitgliedstaat der EU verwaltet werden oder einem Staat zustehen, der für Waren aus der EU auf Grund eines Assoziations- oder Präferenzabkommens eine Vorzugsbehandlung gewährt. Die Entstehung dieser Abgaben knüpft an eine grenzüberschreitende Warenbewegung – nunmehr über die Grenze des Zollgebiets der EU – an. Einfuhr- und Ausfuhrabgaben sind die im Unionszollkodex als solche bezeichneten Abgaben (Art. 5 Nrn. 20 u. 21 UZK) sowie die EUSt und die anderen für eingeführte Waren zu erhebenden Verbrauchsteuern (§ 1 I 3 ZollVG). Da über die Verweisung auf § 370 VII AO das „Weltrechtsprinzip" gilt, werden auch reine Auslandstaten erfasst (vgl. BGH 8.11.2000, NStZ 2001, 201).

103 Durch § 379 I 3 AO idF des **USt-BinnenG** v. 25.8.1992 (BGBl. I 1548) ist der Anwendungsbereich des § 379 I 1 AO auf USt ausgedehnt worden, die von anderen Mitgliedstaaten der EU verwaltet werden (vgl. auch → § 373 Rn. 12).

Die **Verweisung in § 379 I 3 AO** „das Gleiche gilt" ist nicht eindeutig. Bezieht sie sich 104
auf § 379 I 2 AO insgesamt und damit auch auf die Bedingung „Satz 1 Nr. 1 gilt auch",
dann sind die von anderen Mitgliedstaaten der EU verwalteten Umsatzsteuern nur in Fällen
einer Tathandlung nach § 379 I 1 Nr. 1 AO (Ausstellen unrichtiger Belege) vom Bußgeldtatbestand des § 379 AO geschützt. Ist allerdings die Verweisung nur auf den zweiten
Satzteil des § 379 I 2 AO „§ 370 VII gilt entsprechend" oder gar auf § 379 I 1 AO zu
beziehen, erfasst die Erweiterung sämtliche Tatbestandsvarianten des § 379 I AO. Die
besseren Gründe sprechen – auch im Hinblick auf das Bestimmtheitsgebot (Art. 103 II
GG, § 3 OWiG), das aber im Ergebnis noch nicht verletzt sein dürfte – für erstere und
damit die weniger weitreichende Auslegung. Denn auch im Straftatbestand der Steuerhinterziehung genießen die Umsatzsteuern anderer Mitgliedstaaten der EU keinen weiter
reichenden Schutz als die von ihnen verwalteten Einfuhr- und Ausfuhrabgaben (§ 370 VI
AO). Ein Grund für eine abweichende Behandlung in einem Steuergefährdungstatbestand
ist nicht ersichtlich. Die in § 379 I 1 Nr. 2 bis 6 AO beschriebenen Tathandlungen sind
damit nur dann und lediglich insoweit bußgeldbewehrt, als sie die Verkürzung inländischer
Steuereinnahmen ermöglichen (glA RKR/*Roth* AO § 379 Rn. 18; aA *Hentschel* wistra
2005, 371, 373). Mit Recht weist allerdings *Bülte* darauf hin, dass es unionsrechtlich
problematisch ist, inländische Steueransprüche weitergehend zu schützen als solche der
Union (HHS/*Bülte* AO § 379 Rn. 75).

Mitgliedstaaten der Europäischen Union (früher: EG) waren bis zur so genannten 105
EU-Osterweiterung Belgien, die Bundesrepublik Deutschland, Dänemark, Finnland,
Frankreich, das Vereinigte Königreich Großbritannien und Nordirland, die Republik
Irland, Italien, Luxemburg, die Niederlande, Griechenland, Österreich, Portugal, Schwe-
den und Spanien. Am 1.5.2004 wurde die Europäische Union um die Beitrittsstaaten
Estland, Lettland, Litauen, Malta, Polen, die Slowakei, Slowenien, die Tschechische Repu-
blik, Ungarn und Zypern erweitert. Hinsichtlich Nordzypern ist die Anwendung des EG-
Besitzstandes bis auf weiteres ausgesetzt. Zum 1.1.2007 kamen als weitere Mitgliedstaaten
Bulgarien und Rumänien hinzu (s. Art. 3 Abs. 1 ZK in der Fassung der Beitrittsakte 2006,
ABl. 2006 L 363, 1/66), zum 1.7.2013 Kroatien. Das Vereinigte Königreich ist am
31.1.2020 mit Austrittsabkommen aus der EU ausgetreten; die vereinbarte Übergangsfrist
bis zum 31.12.2020 ist abgelaufen. Die einschlägigen Rechtsgrundlagen für den innergemeinschaftlichen Warenverkehr sowie für den Warenverkehr zwischen der EU und den
assoziierten Staaten sind in der Vorschriftensammlung der Bundesfinanzverwaltung (VSF)
abgedruckt.

Vorzugsbehandlung aufgrund von **Assoziations- oder Präferenzabkommen** gewäh- 106
ren vor allem die EFTA-Staaten (European Free Trade Association) Island, Schweiz,
Liechtenstein und Norwegen sowie die Mittel- und Osteuropäischen Länder (MOEL). Die
EU hat außerdem mit einer Vielzahl weiterer Staaten Präferenzabkommen abgeschlossen,
insbes. mit verschiedenen Staaten des Mittelmeerraums. Es ist geplant, nach und nach in
alle Abkommen mit diesen Staaten eine Verpflichtung zur Ahndung falscher Erklärungen
im Präferenzverkehr aufzunehmen. Zu den Präferenzabkommen im Einzelnen vgl. VSF Z
4100 ff. § 379 I 2 AO erfasst falsche Erklärungen zum Nachteil aller Staaten, die für Waren
aus der EU auf Grund eines Assoziations- oder Präferenzabkommens eine Vorzugsbehandlung gewähren (zu Unrecht einschränkend auf Waren mit Ursprung in der EG (EU): AG
Frankfurt a. M. 4.4.2002, wistra 2002, 316 mit abl. Anm. *Bender* wistra 2003, 34).

§ 379 I AO ist – seinem Wortlaut entsprechend – **nicht anwendbar,** wenn die EU 107
einseitig Präferenzen gewährt (vgl. Schwarz/Pahlke/*Webel* AO § 379 Rn. 16), wie zB im
Warenverkehr mit den überseeischen Ländern und Gebieten (ÜLG Staaten) sowie gegenüber zahlreichen Entwicklungsländern (vgl. VSF Z 4265). Gleiches gilt, wenn ein assozi-
ierter Staat nicht auf Grund eines Abkommens, sondern autonom Vorzugsbehandlungen
(etwa die Gewährung der Meistbegünstigung nach der Vorlage eines Ursprungsnachweises)
gewährt. Im Warenverkehr mit den Staaten des afrikanischen, karibischen und pazifischen
Raums (AKP-Staaten) werden auf Grund des EG-AKP-Partnerschaftsabkommens vom

23.6.2000, das von der BRD am 4.3.2002 ratifiziert wurde (BGBl. 2002 II 325), die den AKP-Staaten zunächst einseitig gewährten Präferenzen sukzessive durch einen vertraglich vereinbarten gegenseitigen Marktzugang im Rahmen von regional zu verhandelnden Wirtschaftspartnerschaftsabkommen abgelöst.

108, 109 *einstweilen frei*

4. Objektiver Tatbestand des § 379 II AO: Verletzung bestimmter Handlungspflichten

Schrifttum: *Müller-Dott*, Meldepflichten nach dem Außensteuerreformgesetz, DB 1974, 2127; *Richter*, Anzeigepflicht bei Auslandsbeteiligungen, RIW/AWD 1977, 337; *Jansen*, Die Sachverhaltsaufklärung bei internationalen Steuerfällen, StBp 1977, 97; *Neubauer*, Mitwirkungspflichten bei Auslandsbeziehungen, JbFSt 1977/78, 110; *Thieme*, Die Änderungen der Anzeigepflicht nach § 138 Abs. 2 und 3 AO bei Auslandsaktivitäten ab 1.1.2003, DStR 2002, 570; *Dißars*, Meldepflichten nach § 138 Abs. 2 AO und Folgen eines Verstoßes, Stbg 2009, 453; *Gehm*, Bußgeldbewehrung der Meldepflicht nach § 138 Abs. 2 AO, NWB 2012, 1072; *Czakert*, Aktuelle Entwicklungen im Bereich des automatischen Informationsaustauschs, ISR 2013, 409; *Gehm*, Bußgeldbewehrung der Meldepflicht nach § 138 Abs. 2 AO, NWB 2012, 1072; *v. Wedelstädt*, Mitteilungspflicht bei grenzüberschreitenden Steuergestaltungen, AO-StB 2020, 21; *Scharenberg*, Meldepflicht: Mitteilung grenzüberschreitender Gestaltungen: Das sind die Sanktionen bei Verstößen, PStR 2021, 228.

a) Verstöße gegen Meldepflichten bei Auslandsbeziehungen (§ 379 II Nr. 1 AO)

110 Die durch § 379 II Nr. 1 AO sanktionierte Vorschrift des § 138 AO (die auf § 165d III RAO zurückgeht) soll die steuerliche Überwachung bei Auslandsbeziehungen erleichtern; die FinB sollen rechtzeitig auf einschlägige Sachverhalte, insbes. auf Basisgesellschaften in Steueroasen-Ländern, aufmerksam gemacht werden (BT-Drs. VI/1982, 123). Sie lautet:

§ 138 AO Anzeigen über die Erwerbstätigkeit
(1)–(1b) [...]
(2) ¹Steuerpflichtige mit Wohnsitz, gewöhnlichem Aufenthalt, Geschäftsleitung oder Sitz im Geltungsbereich dieses Gesetzes (inländische Steuerpflichtige) haben dem für sie nach den §§ 18 bis 20 zuständigen Finanzamt mitzuteilen:
1. die Gründung und den Erwerb von Betrieben und Betriebstätten im Ausland;
2. den Erwerb, die Aufgabe oder die Veränderung einer Beteiligung an ausländischen Personengesellschaften;
3. den Erwerb oder die Veräußerung von Beteiligungen an einer Körperschaft, Personenvereinigung oder Vermögensmasse mit Sitz und Geschäftsleitung außerhalb des Geltungsbereichs dieses Gesetzes, wenn
    a) damit eine Beteiligung von mindestens 10 Prozent am Kapital oder am Vermögen der Körperschaft, Personenvereinigung oder Vermögensmasse erreicht wird oder
    b) die Summe der Anschaffungskosten aller Beteiligungen mehr als 150.000 Euro beträgt. ²Dies gilt nicht für den Erwerb und die Veräußerung von Beteiligungen von weniger als 1 Prozent am Kapital oder am Vermögen der Körperschaft, Personenvereinigung oder Vermögensmasse, wenn mit der Hauptgattung der Aktien der ausländischen Gesellschaft ein wesentlicher und regelmäßiger Handel an einer Börse in einem Mitgliedstaat der Europäischen Union oder in einem Vertragsstaat des EWR-Abkommens stattfindet oder an einer Börse, die in einem anderen Staat nach § 193 Absatz 1 Satz 1 Nummer 2 und 4 des Kapitalanlagegesetzbuchs von der Bundesanstalt für Finanzdienstleistungsaufsicht zugelassen ist. ³Für die Ermittlung der Beteiligungshöhe im Sinne des Satzes 2 sind alle gehaltenen Beteiligungen zu berücksichtigen. ⁴Nicht mitteilungspflichtige Erwerbe und nicht mitteilungspflichtige Veräußerungen im Sinne des Satzes 2 sind bei der Ermittlung der Summe der Anschaffungskosten im Sinne des Satzes 1 außer Betracht zu lassen.
4. die Tatsache, dass sie allein oder zusammen mit nahestehenden Personen im Sinne des § 1 Absatz 2 des Außensteuergesetzes erstmals unmittelbar oder mittelbar einen beherrschenden oder bestimmenden Einfluss auf die gesellschaftsrechtlichen, finanziellen oder geschäftlichen Angelegenheiten einer Drittstaat-Gesellschaft ausüben können;
5. die Art der wirtschaftlichen Tätigkeit des Betriebs, der Betriebstätte, der Personengesellschaft, Körperschaft, Personenvereinigung, Vermögensmasse oder der Drittstaat-Gesellschaft.

² In den Fällen des Satzes 1 Nummer 3 sind unmittelbare und mittelbare Beteiligungen zusammenzurechnen.
(3) Drittstaat-Gesellschaft ist eine Personengesellschaft, Körperschaft, Personenvereinigung oder Vermögensmasse mit Sitz oder Geschäftsleitung in Staaten oder Territorien, die nicht Mitglieder der Europäischen Union oder der Europäischen Freihandelsassoziation sind.
(4) [...]
(5) ¹ Mitteilungen nach Absatz 2 sind zusammen mit der Einkommensteuer-, Körperschaftsteuer- oder Feststellungserklärung für den Besteuerungszeitraum, in dem der mitzuteilende Sachverhalt verwirklicht wurde, spätestens jedoch bis zum Ablauf von 14 Monaten nach Ablauf dieses Besteuerungszeitraums, nach amtlich vorgeschriebenem Datensatz über die amtlich bestimmten Schnittstellen zu erstatten. ² Inländische Steuerpflichtige, die nicht dazu verpflichtet sind, ihre Einkommensteuer-, Körperschaftsteuer- oder Feststellungserklärung nach amtlich vorgeschriebenem Datensatz über die amtlich bestimmte Schnittstelle abzugeben, haben die Mitteilungen nach amtlich vorgeschriebenem Vordruck zu erstatten, es sei denn, sie geben ihre Einkommensteuer-, Körperschaftsteuer- oder Feststellungserklärung freiwillig nach amtlich vorgeschriebenem Datensatz über die amtlich bestimmte Schnittstelle ab. ³ Inländische Steuerpflichtige, die nicht dazu verpflichtet sind, eine Einkommensteuer-, Körperschaftsteuer- oder Feststellungserklärung abzugeben, haben die Mitteilungen nach amtlich vorgeschriebenem Vordruck bis zum Ablauf von 14 Monaten nach Ablauf des Kalenderjahrs zu erstatten, in dem der mitzuteilende Sachverhalt verwirklicht worden ist.

Meldepflichtig sind Stpfl (§ 33 AO), dh natürliche Personen mit Wohnsitz (§ 8 AO, → § 388 Rn. 27 ff.) oder gewöhnlichem Aufenthalt (§ 9 AO, → § 388 Rn. 35 ff.) sowie Körperschaften mit Geschäftsleitung (§ 10 AO) oder Sitz (§ 11 AO) im Geltungsbereich der AO. Dieselben Pflichten treffen gesetzliche Vertreter und Vermögensverwalter nach § 34 AO sowie Verfügungsberechtigte iSd § 35 AO.

Mitzuteilen sind Gründung und Erwerb von Betrieben und Betriebstätten (§ 12 AO) im Ausland (§ 138 II Nr. 1 AO).
Für die Pflicht zur Anzeige des Erwerbs einer Beteiligung an einer ausländischen Personengesellschaft (§ 138 II Nr. 2 AO) ist die Höhe dieser Beteiligung – anders als im Falle des § 138 II Nr. 3 AO – unerheblich. Bei Personengesellschaften ist zudem die Änderung, also die Aufstockung oder Verringerung der Beteiligungshöhe (*Thieme* DStR 2002, 570), oder deren Aufgabe mitzuteilen. Ob eine ausländische Gesellschaft als Körperschaft iSd § 2 Nr. 1 KStG zu qualifizieren ist, hängt davon ab, ob sie nach Struktur und Finanzausstattung einer deutschen Kapitalgesellschaft entspricht (BFH 23.6.1993, BFH/NV 1994, 661).
Anzuzeigen ist auch der Erwerb oder die Veräußerung einer qualifzierten Beteiligung an einer ausländischen Körperschaft, Personenvereinigung oder Vermögensmasse mit Sitz und Geschäftsleitung außerhalb Deutschlands. Die Mindestbeteiligung iSd § 138 II Nr. 3 AO kann das Kapital „oder" das Vermögen betreffen. Zu melden ist derjenige Erwerb, durch den erstmals die Mindestbeteiligung in Höhe von 10 Prozent erreicht wird (§ 379 II Nr. 3 Buchst. a AO). Auf die Höhe des Erwerbs selbst kommt es nicht an (*Neubauer* JbFSt 1977/78, 110, 129). Nach dem eindeutigen Gesetzeswortlaut bezieht sich dieser Betrag nicht nur auf die unmittelbaren, sondern auch auf die mittelbaren Beteiligungen (Klein/*Rätke* AO § 138 Rn. 14; aM *Thieme* DStR 2002, 570). Nachträgliche Wertsteigerungen lösen die Meldepflicht nicht aus (Klein/*Rätke* AO § 138 Rn. 19). Eine Meldepflicht besteht auch, wenn die Summe der Anschaffungskosten aller Beteiligungen mehr als 150.000 EUR beträgt. Dabei besteht eine Ausnahme, wenn der Erwerb oder die Veräußerung in bestimmten Fällen des Börsenhandels weniger als ein Prozent des Kapitals oder Vermögens der Gesellschaft betrifft (§ 379 II Nr. 3 Buchst. a AO).
Meldepflichtig ist zudem der erstmals bestehende beherrschende oder bestimmende Einfluss auf eine Drittstaat-Gesellschaft (§ 379 II Nr. 4 AO).
Die Mitteilung hat sich auch auf die Art der wirtschaftlichen Tätigkeit der Körperschaft, Personenvereinigung, Vermögensmasse oder Drittstaat-Gesellschaft zu erstrecken (§ 379 II Nr. 5 AO).

Vollständig iSd § 379 II Nr. 1 AO **ist die Mitteilung,** wenn die in § 138 II AO aufgeführten Tatsachen („Gründung", „Erwerb", „Aufgabe", „Veränderung", „Höhe der

Beteiligung", „Art der wirtschaftlichen Beteiligung") angezeigt werden. Weiterführende Angaben, die über den meldepflichtigen Vorgang hinausgehen, brauchen nicht gemacht zu werden (ausf. *Müller-Dott* DB 1974, 2127; Tipke/Kruse/*Brandis* AO § 138 Rn. 9). Eine Verletzung etwaiger Mitwirkungspflichten nach § 90 II AO wird durch § 379 II Nr. 1 AO nicht sanktioniert. Mitteilungen nach § 379 II AO sind zusammen mit der Einkommensteuer-, Körperschaftsteuer oder Feststellungserklärung für denjenigen Besteuerungszeitraum einzureichen, in dem das meldepflichtige Ereignis eingetreten ist. Die **Meldefrist** endet aber spätestens 14 Monate nach Ablauf dieses Besteuerungszeitraums (§ 138 V AO). Mitteilungen, die erst nach Ablauf der Meldefrist von einer unzuständigen an die zuständige (§§ 18 bis 20 AO) FinB weitergeleitet werden, sind „nicht rechtzeitig" iSd § 379 II Nr. 1 AO (aM Flore/Tsambikakis/*Heerspink* AO § 379 Rn. 99). In derartigen Fällen kann aber nach dem Opportunitätsprinzip (§ 47 OWiG, § 377 II AO) von der Verfolgung abgesehen werden.

114 § 379 II Nr. 1 AO ist ein **abstraktes Gefährdungsdelikt.** Die unterlassene Meldung braucht – anders als in den Fällen des § 379 I AO (→ Rn. 20 ff.) – keine Steuerverkürzung zu ermöglichen (ebenso Flore/Tsambikakis/*Heerspink* AO § 379 Rn. 100).

115–120 *einstweilen frei*

b) Verstöße gegen die Pflicht zur Aufzeichnung des Warenausgangs (§ 379 II Nr. 1a AO)

121 § 379 II Nr. 1a AO sichert die in § 144 AO normierte steuerrechtliche Pflicht von Großhändlern und buchführungspflichtigen Land- und Forstwirten zur Aufzeichnung des Warenausgangs ab. Der Ordnungswidrigkeitentatbestand wurde durch das Jahressteuergesetz 2010 mWv 14.12.2010 eingeführt (BGBl. 2010 I 1768, 1793). Die Regelung soll eine „stringente Einhaltung der Aufzeichnungspflicht nach § 144 AO" gewährleisten (BT-Drs. 17/3549, 38; siehe auch RKR/*Roth* AO § 379 Rn. 78). Wie bei § 379 II Nr. 1 AO handelt es sich um ein echtes Unterlassungsdelikt in der Form eines abstrakten Gefährdungsdelikts (HHS/*Bülte* AO § 379 Rn. 93).

§ 144 AO Aufzeichnung des Warenausgangs

(1) Gewerbliche Unternehmer, die nach der Art ihres Geschäftsbetriebs Waren regelmäßig an andere gewerbliche Unternehmer zur Weiterveräußerung oder zum Verbrauch als Hilfsstoffe liefern, müssen den erkennbar für diese Zwecke bestimmten Warenausgang gesondert aufzeichnen.

(2) ¹Aufzuzeichnen sind auch alle Waren, die der Unternehmer

1. auf Rechnung (auf Ziel, Kredit, Abrechnung oder Gegenrechnung), durch Tausch oder unentgeltlich liefert, oder
2. gegen Barzahlung liefert, wenn die Ware wegen der abgenommenen Menge zu einem Preis veräußert wird, der niedriger ist als der übliche Preis für Verbraucher.

²Dies gilt nicht, wenn die Ware erkennbar nicht zur gewerblichen Weiterverwendung bestimmt ist.

(3) Die Aufzeichnungen müssen die folgenden Angaben enthalten:
1. den Tag des Warenausgangs oder das Datum der Rechnung,
2. den Namen oder die Firma und die Anschrift des Abnehmers,
3. die handelsübliche Bezeichnung der Ware,
4. den Preis der Ware,
5. einen Hinweis auf den Beleg.

(4) ¹Der Unternehmer muss über jeden Ausgang der in den Absätzen 1 und 2 genannten Waren einen Beleg erteilen, der die in Absatz 3 bezeichneten Angaben sowie seinen Namen oder die Firma und seine Anschrift enthält. ²Dies gilt insoweit nicht, als nach § 14 Abs. 2 des Umsatzsteuergesetzes durch die dort bezeichneten Leistungsempfänger eine Gutschrift erteilt wird oder auf Grund des § 14 Abs. 6 des Umsatzsteuergesetzes Erleichterungen gewährt werden.

(5) Die Absätze 1 bis 4 gelten auch für Land- und Forstwirte, die nach § 141 buchführungspflichtig sind.

122 § 144 AO verpflichtet Großhandelsunternehmen, aber auch buchführungspflichtige Land- und Forstwirte (§ 144 V AO), gelieferte Waren unter Angabe des Abnehmers aufzuzeichnen, wenn die Lieferung an gewerbliche Unternehmer zur Weiterveräußerung erfolgt (Flore/Tsambikakis/*Heerspink* AO § 379 Rn. 106). Erfolgen solche Buchungen planvoll nicht oder unter einem falschen Konto, liegt zunächst eine straflose versuchte Beihilfe zur Steuerhinterziehung vor.

Täter kann nur ein gewerblicher Unternehmer sein, es handelt sich um ein Sonderdelikt (Flore/Tsambikakis/*Heerspink* AO § 379 Rn. 108). Die Reichweite der Aufzeichnungspflichten richtet sich nach § 144 AO (vgl. GJW/*Sahan* AO § 379 Rn. 49). Nur Warenausgänge, die erkennbar zum Zweck der Weiterveräußerung oder zum Verbrauch als Hilfsstoffe geliefert werden, unterliegen der Aufzeichnungspflicht (GJW/*Sahan* AO § 379 Rn. 51; Schwarz/Pahlke/*Webel* AO § 379 Rn. 44).   **123**

einstweilen frei   **124–129**

c) Verstöße gegen die Vorschriften über die Erhebung und Übermittlung von Daten gemäß § 117c I AO (§ 379 II Nr. 1b AO)

§ 379 II Nr. 1b AO sichert die Einhaltung von Regelungen über die Erhebung und Übermittlung von Daten, die gem. § 117c I AO zur Erfüllung völkerrechtlicher Verpflichtungen zur Förderung der Steuerehrlichkeit getroffen worden sind. Der Ordnungswidrigkeitentatbestand wurde durch das AIFM-Steuer-Anpassungsgesetz mWv 24.12.2013 in § 379 II AO eingefügt (BGBl. I 4318, 4333; BR-Drs. 740/13, 42 und 127).   **130**

§ 117c I AO lautet: **131**

§ 117c AO Umsetzung innerstaatlich anwendbarer völkerrechtlicher Vereinbarungen zur Förderung der Steuerehrlichkeit bei internationalen Sachverhalten

(1) ¹Das Bundesministerium der Finanzen wird ermächtigt, zur Erfüllung der Verpflichtungen aus innerstaatlich anwendbaren völkerrechtlichen Vereinbarungen, die der Förderung der Steuerehrlichkeit durch systematische Erhebung und Übermittlung steuerlich relevanter Daten dienen, durch Rechtsverordnungen mit Zustimmung des Bundesrates Regelungen zu treffen über
1. die Erhebung der nach diesen Vereinbarungen erforderlichen Daten durch in diesen Vereinbarungen dem Grunde nach bestimmte Dritte,
2. die Übermittlung dieser Daten nach amtlich vorgeschriebenem Datensatz im Wege der Datenfernübertragung an das Bundeszentralamt für Steuern,
3. die Weiterleitung dieser Daten an die zuständige Behörde des anderen Vertragsstaates sowie
4. die Entgegennahme entsprechender Daten von dem anderen Vertragsstaat und deren Weiterleitung nach Maßgabe des § 88 Absatz 3 und 4 an die zuständige Landesfinanzbehörde.
²In einer Rechtsverordnung nach Satz 1 kann dem Bundeszentralamt für Steuern das Recht eingeräumt werden, die Daten und Meldungen nach § 9 Absatz 1 und 2 der FATCA-USA-Umsetzungsverordnung zur Erfüllung der dem Bundeszentralamt für Steuern gesetzlich übertragenen Aufgaben auszuwerten. ³Auswertungen der Meldungen nach § 9 Absatz 2 der FATCA-USA-Umsetzungsverordnung durch die jeweils zuständige Landesfinanzbehörde bleiben hiervon unberührt.
(2)–(4) [...]

Mit der Neuregelung werden Rechtsverordnungen nach § 117c I AO sowie vollziehbare Anordnungen aufgrund solcher Rechtsverordnungen mit Geldbuße bedroht. Der Gesetzgeber arbeitet hier mit dem Instrument der Öffnungs- bzw. Rückverweisungsklausel (HHS/*Bülte* AO § 379 Rn. 99). Gegen die Regelung sind auch Verfassungsbedenken erhoben worden. So vertritt etwa *Bülte* die Auffassung, die Regelung sei deshalb verfassungswidrig, weil sie keinerlei Verhalten umschreibe, das Gegenstand der Sanktion sein könnte. Denn sei lediglich die Verletzung einer anderen, durch die Exekutive zu schaffenden Norm mit Ahndung bedroht. Es fehle § 379 II Nr. 1b AO damit an der notwendigen parlamentarischen Legitimation. (HHS/*Bülte* AO § 379 Rn. 103).   **132**

Welche Details im Einzelnen vorgehalten und übermittelt werden müssen, ergibt sich aus der FATCA-USA-Umsetzungsverordnung: **133**

§ 11 FATCA-USA-Umsetzungsverordnung Ordnungswidrigkeiten

Ordnungswidrig im Sinne des § 379 Absatz 2 Nummer 1b der Abgabenordnung handelt, wer vorsätzlich oder leichtfertig entgegen § 8 Absatz 3 oder entgegen § 10 Absatz 1 oder Absatz 2 Satz 1 Daten nicht, nicht richtig, nicht vollständig oder nicht rechtzeitig übermittelt.

134 Danach wird der Finanz- und Versicherungswirtschaft auferlegt, jährlich Meldungen von Daten über US-amerikanische meldepflichtige Konten und über Zahlungen an nichtteilnehmende Finanzinstitute zu übermitteln (vgl. HHS/*Bülte* AO § 379 Rn. 105).

135 **Täter** kann nur derjenige sein, den die in § 117c I AO beschriebenen Pflichten treffen. Es handelt sich um ein Sonderpflichtdelikt (HHS/*Bülte* AO § 379 Rn. 107).

136–139 *einstweilen frei*

d) Verstöße gegen die Vorschriften über die Übermittlung eines länderbezogenen Berichts oder einer Mitteilung nach § 138 Abs. 6 AO (§ 379 II Nr. 1c AO)

140 § 379 II Nr. 1c AO erklärt Verstöße gegen die Nichtübermittlung sowie die nicht vollständige oder nicht rechtzeitige Übermittlung eines länderbezogenen Berichts nach § 138a I, III oder IV AO zu Ordnungswidrigkeiten. Dasselbe gilt für Verstöße gegen die Mitteilungspflicht aus § 138a VI AO. § 379 II Nr. 1c AO wurde durch das Gesetz zur Umsetzung der EU-Amtshilferichtlinie und von weiteren Maßnahmen gegen Gewinnkürzungen und -verlagerungen v 20.12.2016 (BGBl. I 2016, 3000) mWv 24.12.2016 in die Vorschrift des § 379 AO eingefügt.

141 § 138a AO lautet:

§ 138a AO Länderbezogener Bericht multinationaler Unternehmensgruppen

(1) ¹Ein Unternehmen mit Sitz oder Geschäftsleitung im Inland (inländisches Unternehmen), das einen Konzernabschluss aufstellt oder nach anderen Regelungen als den Steuergesetzen aufzustellen hat (inländische Konzernobergesellschaft), hat nach Ablauf eines Wirtschaftsjahres für dieses Wirtschaftsjahr einen länderbezogenen Bericht dieses Konzerns zu erstellen und dem Bundeszentralamt für Steuern zu übermitteln, wenn

1. der Konzernabschluss mindestens ein Unternehmen mit Sitz und Geschäftsleitung im Ausland (ausländisches Unternehmen) oder eine ausländische Betriebsstätte umfasst und
2. die im Konzernabschluss ausgewiesenen, konsolidierten Umsatzerlöse im vorangegangenen Wirtschaftsjahr mindestens 750 Millionen Euro betragen.

²Die Verpflichtung nach Satz 1 besteht vorbehaltlich der Absätze 3 und 4 nicht, wenn das inländische Unternehmen im Sinne des Satzes 1 in den Konzernabschluss eines anderen Unternehmens einbezogen wird.

(2) Der länderbezogene Bericht im Sinne von Absatz 1 enthält

1. eine nach Steuerhoheitsgebieten gegliederte Übersicht, wie sich die Geschäftstätigkeit des Konzerns auf die Steuerhoheitsgebiete verteilt, in denen der Konzern durch Unternehmen oder Betriebsstätten tätig ist; zu diesem Zweck sind in der Übersicht folgende Positionen auszuweisen:
    a) die Umsatzerlöse und sonstigen Erträge aus Geschäftsvorfällen mit nahestehenden Unternehmen,
    b) die Umsatzerlöse und sonstigen Erträge aus Geschäftsvorfällen mit fremden Unternehmen,
    c) die Summe aus den Umsatzerlösen und sonstigen Erträgen gemäß den Buchstaben a und b,
    d) die im Wirtschaftsjahr gezahlten Ertragsteuern,
    e) die im Wirtschaftsjahr für dieses Wirtschaftsjahr gezahlten und zurückgestellten Ertragsteuern,
    f) das Jahresergebnis vor Ertragsteuern,
    g) das Eigenkapital,
    h) der einbehaltene Gewinn,
    i) die Zahl der Beschäftigten und
    j) die materiellen Vermögenswerte;
2. eine nach Steuerhoheitsgebieten gegliederte Auflistung aller Unternehmen und Betriebsstätten, zu denen Angaben in der Übersicht nach Nummer 1 erfasst sind, jeweils unter Angabe deren wichtigster Geschäftstätigkeiten sowie
3. zusätzliche Informationen, die nach Ansicht der inländischen Konzernobergesellschaft zum Verständnis der Übersicht nach Nummer 1 und der Auflistung nach Nummer 2 erforderlich sind.

(3) Umfasst der Konzernabschluss eines ausländischen Unternehmens, das nach Absatz 1 zur Abgabe des länderbezogenen Berichts verpflichtet wäre, wenn es Sitz oder Geschäftsleitung im Inland hätte (ausländische Konzernobergesellschaft), ein inländisches Unternehmen (einbezogene inländische Konzerngesellschaft) und beauftragt die ausländische Konzernobergesellschaft die einbezogene inländische Konzerngesellschaft damit, einen länderbezogenen Bericht für den Konzern abzugeben (beauftragte

Gesellschaft), so hat die beauftragte Gesellschaft den länderbezogenen Bericht dem Bundeszentralamt für Steuern zu übermitteln.

(4) ¹Eine einbezogene inländische Konzerngesellschaft ist im Regelfall verpflichtet, den länderbezogenen Bericht für einen Konzern mit einer ausländischen Konzernobergesellschaft, die nach Absatz 1 zur Übermittlung des länderbezogenen Berichts verpflichtet wäre, wenn sie Sitz oder Geschäftsleitung im Inland hätte, dem Bundeszentralamt für Steuern zu übermitteln, wenn das Bundeszentralamt für Steuern keinen länderbezogenen Bericht erhalten hat. ²Übermittelt eine einbezogene inländische Konzerngesellschaft den länderbezogenen Bericht, entfällt die Verpflichtung für alle anderen einbezogenen inländischen Konzerngesellschaften dieses Konzerns. ³Kann eine einbezogene inländische Konzerngesellschaft die Übermittlung innerhalb der Frist des Absatzes 6 Satz 1 nicht sicherstellen, insbesondere weil sie den länderbezogenen Bericht weder beschaffen noch erstellen kann, so hat sie dies innerhalb der Frist des Absatzes 6 Satz 1 dem Bundeszentralamt für Steuern mitzuteilen und dabei alle Angaben im Sinne von Absatz 2 zu machen, über die sie verfügt oder die sie beschaffen kann. ⁴Konnte eine einbezogene inländische Konzerngesellschaft davon ausgehen, dass der länderbezogene Bericht fristgerecht übermittelt wird, und stellt sich nachträglich heraus, dass dies ohne Verschulden der einbezogenen inländischen Konzerngesellschaft nicht geschehen ist, so hat diese ihre Pflichten nach Satz 1 oder Satz 3 innerhalb eines Monats nach Bekanntwerden der Nichtübermittlung zu erfüllen. ⁵Die Sätze 1 bis 4 gelten entsprechend für die inländische Betriebsstätte eines ausländischen Unternehmens, das als ausländische Konzernobergesellschaft oder als einbezogene ausländische Konzerngesellschaft in einen Konzernabschluss einbezogen wird.

(5) ¹Ein inländisches Unternehmen hat in der Steuererklärung anzugeben, ob es
1. eine inländische Konzernobergesellschaft im Sinne von Absatz 1 ist,
2. eine beauftragte Gesellschaft ist oder
3. eine einbezogene inländische Konzerngesellschaft eines Konzerns mit ausländischer Konzernobergesellschaft ist.

²In den Fällen von Satz 1 Nummer 3 ist auch anzugeben, bei welcher Finanzbehörde und von welchem Unternehmen der länderbezogene Bericht des Konzerns abgegeben wird. ³Fehlt diese Angabe, ist die einbezogene inländische Konzerngesellschaft selbst zur fristgerechten Übermittlung des länderbezogenen Berichts verpflichtet. ⁴Die Sätze 1 bis 3 gelten entsprechend für die inländische Betriebsstätte eines ausländischen Unternehmens, das als ausländische Konzernobergesellschaft oder als einbezogene ausländische Konzerngesellschaft in einen Konzernabschluss einbezogen wird.

(6) ¹Die Übermittlung des länderbezogenen Berichts an das Bundeszentralamt für Steuern hat spätestens ein Jahr nach Ablauf des Wirtschaftsjahres zu erfolgen, für das der länderbezogene Bericht zu erstellen ist. ²Abweichend von Satz 1 gilt in den Fällen von Absatz 4 Satz 4 die dort genannte Frist für die Übermittlung des länderbezogenen Berichts. ³Die Übermittlung hat nach amtlich vorgeschriebenem Datensatz durch Datenfernübertragung zu erfolgen.

(7) [...]

142 Bei § 379 II Nr.1c AO handelt es sich um ein Sonderdelikt, das unter den in § 138a AO genannten Voraussetzungen inländische Unternehmen erfasst (Kohlmann/*Talaska* AO § 379 Rn. 399). Entsprechend gelten die Regelungen für inländische Betriebsstätten ausländischer Unternehmen, die in einen Konzernabschluss einbezogen werden (§ 138a IV 5 AO). **Täter** können die für diese Unternehmen handlungspflichtigen Personen sein.

einstweilen frei **143–149**

e) Verstöße gegen Mitteilungspflichten aus § 138b Abs. I–III AO (§ 379 II Nr.1d AO)

150 Der Ordnungswidrigkeitstatbestand des § 379 II Nr.1d AO wurde durch das Gesetz zur Bekämpfung der Steuerumgehung und zur Änderung weiterer steuerlicher Vorschriften v. 23.6.2017 (BGBl. I 1682) mWv. 25.6.2017 in die Vorschrift des § 379 II AO eingefügt. Er ist als Reaktion des Gesetzgebers auf die Veröffentlichung der sog. Panama Papers im April 2016 zu sehen, aus denen sich der Verdacht auf systematische Steuerumgehungen unter Einschaltung von im Ausland ansässigen Domizilgesellschaften ergab, die keine wirtschaftlichen Aktivitäten entfalteten und bei denen die eigentlichen unternehmerischen Entscheidungen von nach außen nicht in Erscheinung tretenden Dritten getroffen wurden (vgl. BT-Drs. 18/12127, 1). Um diese Strukturen aufzudecken hat der Gesetzgeber in § 138b AO Mitteilungspflichten über Beziehungen inländischer Steuerpflichtiger zu Drittstaat-Gesellschaften normiert.

151 Mithilfe der Vorschrift des § 379 II Nr.1d AO sollen Verstöße von Finanzinstituten gegen Mitteilungspflichten im Zusammenhang mit der Herstellung oder Vermittlung von Beziehungen inländischer Stpfl. zu Drittstaat-Gesellschaften geahndet werden (Kohlmann/*Talaska* AO § 379 Rn. 430). Der Bußgeldtatbestand erfasst Sachverhalte, die nach dem 31.12.2017 verwirklicht worden sind (Art. 97 § 32 EGAO). Tatbestandsmäßig ist der Verstoß gegen die Pflicht Dritter zur Mitteilung über Beziehungen inländischer Steuerpflichtiger zu Drittstaat-Gesellschaften. Danach handelt ordnungswidrig, wer vorsätzlich oder leichtfertig der Mitteilungspflicht nach § 138b I–III AO nicht, nicht vollständig oder nicht rechtzeitig nachkommt.

152 § 138b AO lautet:

§ 138b AO Mitteilungspflicht Dritter über Beziehungen inländischer Steuerpflichtiger zu Drittstaat-Gesellschaften

(1) ¹Verpflichtete im Sinne des § 2 Absatz 1 Nummer 1 bis 3 und 6 des Geldwäschegesetzes (mitteilungspflichtige Stelle) haben dem für sie nach den §§ 18 bis 20 zuständigen Finanzamt von ihnen hergestellte oder vermittelte Beziehungen von inländischen Steuerpflichtigen im Sinne des § 138 Absatz 2 Satz 1 zu Drittstaat-Gesellschaften im Sinne des § 138 Absatz 3 mitzuteilen. ²Dies gilt für die Fälle, in denen

1. der mitteilungspflichtigen Stelle bekannt ist, dass der inländische Steuerpflichtige auf Grund der von ihr hergestellten oder vermittelten Beziehung allein oder zusammen mit nahestehenden Personen im Sinne des § 1 Absatz 2 des Außensteuergesetzes erstmals unmittelbar oder mittelbar einen beherrschenden oder bestimmenden Einfluss auf die gesellschaftsrechtlichen, finanziellen oder geschäftlichen Angelegenheiten einer Drittstaat-Gesellschaft ausüben kann, oder
2. der inländische Steuerpflichtige eine von der mitteilungspflichtigen Stelle hergestellte oder vermittelte Beziehung zu einer Drittstaat-Gesellschaft erlangt, wodurch eine unmittelbare Beteiligung von insgesamt mindestens 30 Prozent am Kapital oder am Vermögen der Drittstaat-Gesellschaft erreicht wird; anderweitige Erwerbe hinsichtlich der gleichen Drittstaat-Gesellschaft sind miteinzubeziehen, soweit sie der mitteilungspflichtigen Stelle bekannt sind oder bekannt sein mussten.

(2) Die Mitteilungen sind für jeden inländischen Steuerpflichtigen und jeden mitteilungspflichtigen Sachverhalt gesondert zu erstatten.

(3) ¹Zu jedem inländischen Steuerpflichtigen ist anzugeben:
1. die Identifikationsnummer nach § 139b und
2. die Wirtschafts-Identifikationsnummer nach § 139c oder, wenn noch keine Wirtschafts-Identifikationsnummer vergeben wurde und es sich nicht um eine natürliche Person handelt, die für die Besteuerung nach dem Einkommen geltende Steuernummer.

²Kann die mitteilungspflichtige Stelle die Identifikationsnummer und die Wirtschafts-Identifikationsnummer oder die Steuernummer nicht in Erfahrung bringen, so hat sie stattdessen ein Ersatzmerkmal anzugeben, das vom Bundesministerium der Finanzen im Einvernehmen mit den obersten Finanzbehörden der Länder bestimmt worden ist.

(4) ¹Die Mitteilungen sind dem Finanzamt nach amtlich vorgeschriebenem Vordruck zu erstatten, und zwar bis zum Ablauf des Monats Februar des Jahres, das auf das Kalenderjahr folgt, in dem der mitzuteilende Sachverhalt verwirklicht wurde. ²§ 72a Absatz 4, § 93c Absatz 1 Nummer 3 und Absatz 4 bis 7, § 171 Absatz 10a, § 175b Absatz 1 und § 203a gelten entsprechend.

(5), (6) [...]

153 Bei der Ordnungswidrigkeit gem. § 379 II Nr. 1d AO handelt es sich um ein Sonderdelikt. Taugliche **Täter** sind all diejenigen Personen, die Mitteilungen für die mitteilungspflichtigen Stellen vorzunehmen haben. Die mitteilungspflichtigen Stellen ergeben sich aus § 138b I AO iVm § 2 I Nr. 1 bis 3 und 6 GWG. Hierzu zählen insbesondere Kreditinstitute, Finanzdienstleistungsinstitute, Zahlungs- und E-Geld-Institute sowie Finanzunternehmen (Kohlmann/*Talaska* AO § 379 Rn. 434).

154–159 *einstweilen frei*

f) Verstöße gegen die Pflicht zur Mitteilung grenzüberschreitender Steuergestaltungen (§ 379 II Nr. 1e bis 1g AO)

Schrifttum: *Knittel*, Mitteilungspflichten des Steuerpflichtigen nach § 138 Abs. 2 AO bzw. Dritter nach § 138b AO, AO-StB 2019, 307; *Adrian/Heinsen*, Gesetz zur Einführung einer Pflicht zur Mitteilung grenzüberschreitender Steuergestaltungen, WPg 2020, 232; *Bredow/Gibis*, Mitteilungspflicht für grenzüberschreitende Steuergestaltungen: Wer meldet jetzt eigentlich?, Stbg 2020; 122; *Stöber*, Die Pflicht zur Mitteilung grenzüberschreitender Steuergestaltungen nach den neuen §§ 138d–138k AO, BB 2020, 983; *Fischer*, „Die Steuerstaaten schlagen zurück": §§ 138d ff. AO i. d. F. des Gesetzes zur Einführung einer Pflicht zur Mitteilung grenzüberschreitender Steuergestaltungen v. 21.12.2019 – GrenzStMPflEinfG (BGBl I 2019, 2875), jurisPR-SteuerR 14/2020 Anm. 1; *v. Wedelstädt* Mitteilungspflicht bei grenzüberschreitenden Steuergestaltungen, AO-StB 2020, 21.

Durch das **Gesetz zur Einführung einer Pflicht zur Mitteilung grenzüberschrei- 160 tender Steuergestaltungen** v. 21.12.2019 (BGBl. I 2019, 2875) hat der Gesetzgeber mWv 1.1.2020 die Richtlinie (EU) 2018/822 des Rates vom 25. Mai 2018 zur Änderung der Richtlinie 2011/16/EU bezüglich des verpflichtenden automatischen Informationsaustauschs im Bereich der Besteuerung über meldepflichtige grenzüberschreitende Gestaltungen (ABl. EU 2018 Nr L 139, 1) in deutsches Recht umgesetzt. Hierbei wurden zum Zwecke der zeitnahen Identifizierung und Verringerung von grenzüberschreitenden Steuervermeidungspraktiken und Gewinnverlagerungen in den §§ 138d bis 138k AO Mitteilungspflichten für grenzüberschreitende Steuergestaltungen normiert. Verstöße gegen diese Mitteilungspflichten können über die in § 379 II Nr. 1e bis 1g AO neu eingefügten Ordnungswidrigkeitentatbestände sanktioniert werden, sofern das maßgebliche Ereignis nach dem 30.6.2020 eingetreten ist (Art. 97 § 33 EGAO).

Die für die Anwendung von § 379 II Nrn. 1e–1g AO maßgeblichen Absätze der 161 §§ 138d bis 138k AO lauten:

§ 138d AO Pflicht zur Mitteilung grenzüberschreitender Steuergestaltungen

(1) Wer eine grenzüberschreitende Steuergestaltung im Sinne des Absatzes 2 vermarktet, für Dritte konzipiert, organisiert oder zur Nutzung bereitstellt oder ihre Umsetzung durch Dritte verwaltet (Intermediär), hat die grenzüberschreitende Steuergestaltung dem Bundeszentralamt für Steuern nach Maßgabe der §§ 138f und 138h mitzuteilen.

(2) ¹Eine grenzüberschreitende Steuergestaltung ist jede Gestaltung,
1. die eine oder mehrere Steuern zum Gegenstand hat, auf die das EU-Amtshilfegesetz anzuwenden ist,
2. die entweder mehr als einen Mitgliedstaat der Europäischen Union oder mindestens einen Mitgliedstaat der Europäischen Union und einen oder mehrere Drittstaaten betrifft, wobei mindestens eine der folgenden Bedingungen erfüllt ist:
   a) nicht alle an der Gestaltung Beteiligten sind im selben Steuerhoheitsgebiet ansässig;
   b) einer oder mehrere der an der Gestaltung Beteiligten sind gleichzeitig in mehreren Steuerhoheitsgebieten ansässig;
   c) einer oder mehrere der an der Gestaltung Beteiligten gehen in einem anderen Steuerhoheitsgebiet über eine dort gelegene Betriebstätte einer Geschäftstätigkeit nach und die Gestaltung ist Teil der Geschäftstätigkeit der Betriebstätte oder macht deren gesamte Geschäftstätigkeit aus;
   d) einer oder mehrere der an der Gestaltung Beteiligten gehen in einem anderen Steuerhoheitsgebiet einer Tätigkeit nach, ohne dort ansässig zu sein oder eine Betriebstätte zu begründen;
   e) die Gestaltung ist geeignet, Auswirkungen auf den automatischen Informationsaustausch oder die Identifizierung des wirtschaftlichen Eigentümers zu haben, und
3. die mindestens
   a) ein Kennzeichen im Sinne des § 138e Absatz 1 aufweist und von der ein verständiger Dritter unter Berücksichtigung aller wesentlichen Fakten und Umstände vernünftigerweise erwarten kann, dass der Hauptvorteil oder einer der Hauptvorteile die Erlangung eines steuerlichen Vorteils im Sinne des Absatzes 3 ist, oder
   b) ein Kennzeichen im Sinne des § 138e Absatz 2 aufweist.

²Besteht eine Steuergestaltung aus einer Reihe von Gestaltungen, gilt sie als grenzüberschreitende Steuergestaltung, wenn mindestens ein Schritt oder Teilschritt der Reihe grenzüberschreitend im Sinne des Satzes 1 Nummer 2 ist; in diesem Fall hat die Mitteilung nach Absatz 1 die gesamte Steuergestaltung zu umfassen.

(3) bis (7) [...]

§ 138f AO Verfahren zur Mitteilung grenzüberschreitender Steuergestaltungen durch Intermediäre

(1) Die grenzüberschreitende Steuergestaltung im Sinne des § 138d Absatz 2 ist dem Bundeszentralamt für Steuern nach amtlich vorgeschriebenem Datensatz im Sinne des Absatzes 3 über die amtlich bestimmte Schnittstelle mitzuteilen.

(2) Die Angaben nach Absatz 3 sind innerhalb von 30 Tagen nach Ablauf des Tages zu übermitteln, an dem das erste der nachfolgenden Ereignisse eintritt:
1. die grenzüberschreitende Steuergestaltung wird zur Umsetzung bereitgestellt,
2. der Nutzer der grenzüberschreitenden Steuergestaltung ist zu deren Umsetzung bereit oder
3. mindestens ein Nutzer der grenzüberschreitenden Steuergestaltung hat den ersten Schritt der Umsetzung dieser Steuergestaltung gemacht.

(3) ¹Der Datensatz muss folgende Angaben enthalten:
1. zum Intermediär:
   a) den Familiennamen und den Vornamen sowie den Tag und Ort der Geburt, wenn der Intermediär eine natürliche Person ist,
   b) die Firma oder den Namen, wenn der Intermediär keine natürliche Person ist,
   c) die Anschrift,
   d) den Staat, in dem der Intermediär ansässig ist, und
   e) das Steueridentifikationsmerkmal oder die Steuernummer,
2. zum Nutzer:
   a) den Familiennamen und den Vornamen sowie den Tag und Ort der Geburt, wenn der Nutzer eine natürliche Person ist,
   b) die Firma oder den Namen, wenn der Nutzer keine natürliche Person ist,
   c) die Anschrift,
   d) den Staat, in dem der Nutzer ansässig ist, und
   e) das Steueridentifikationsmerkmal oder die Steuernummer des Nutzers, soweit dem Intermediär dies bekannt ist,
3. wenn an der grenzüberschreitenden Steuergestaltung Personen beteiligt sind, die im Sinne des § 138e Absatz 3 als verbundene Unternehmen des Nutzers gelten, zu dem verbundenen Unternehmen:
   a) die Firma oder den Namen,
   b) die Anschrift,
   c) den Staat, in dem das Unternehmen ansässig ist, und
   d) das Steueridentifikationsmerkmal oder die Steuernummer, soweit dem Intermediär dies bekannt ist,
4. Einzelheiten zu den nach § 138e zur Mitteilung verpfichtenden Kennzeichen,
5. eine Zusammenfassung des Inhalts der grenzüberschreitenden Steuergestaltung einschließlich
   a) soweit vorhanden, eines Verweises auf die Bezeichnung, unter der die Steuergestaltung allgemein bekannt ist, und
   b) einer abstrakt gehaltenen Beschreibung der relevanten Geschäftstätigkeit oder Gestaltung des Nutzers, soweit dies nicht zur Offenlegung eines Handels-, Gewerbe- oder Berufsgeheimnisses oder eines Geschäftsverfahrens oder von Informationen führt, deren Offenlegung die öffentliche Ordnung verletzen würde,
6. das Datum des Tages, an dem der erste Schritt der Umsetzung der grenzüberschreitenden Steuergestaltung gemacht wurde oder voraussichtlich gemacht werden wird,
7. Einzelheiten zu den einschlägigen Rechtsvorschriften aller betroffenen Mitgliedstaaten der Europäischen Union, die unmittelbar die Grundlage der grenzüberschreitenden Steuergestaltung bilden,
8. den tatsächlichen oder voraussichtlichen wirtschaftlichen Wert der grenzüberschreitenden Steuergestaltung,
9. die Mitgliedstaaten der Europäischen Union, die wahrscheinlich von der grenzüberschreitenden Steuergestaltung betroffen sind, und
10. Angaben zu allen in einem Mitgliedstaat der Europäischen Union ansässigen Personen, die von der grenzüberschreitenden Steuergestaltung wahrscheinlich unmittelbar betroffen sind, einschließlich Angaben darüber, zu welchen Mitgliedstaaten der Europäischen Union sie in Beziehung stehen, soweit dem Intermediär dies bekannt ist.

[...]

(4) bis (9) [...]

§ 138g AO Verfahren zur Mitteilung grenzüberschreitender Steuergestaltungen durch Nutzer

(1) ¹Erfüllt bei einer grenzüberschreitenden Steuergestaltung im Sinne des § 138d Absatz 2 kein Intermediär die Voraussetzungen des § 138f Absatz 7, so obliegt die Mitteilung der in § 138f Absatz 3 bezeichneten Angaben dem Nutzer; in diesem Fall gilt § 138f Absatz 1 und 2 entsprechend. ²Die Mitteilungspflicht des Nutzers nach Satz 1 besteht nicht, soweit der Nutzer nachweisen kann, dass er selbst, ein Intermediär oder ein anderer Nutzer dieselbe grenzüberschreitende Steuergestaltung bereits in einem anderen Mitgliedstaat der Europäischen Union im Einklang mit den dort geltenden Rechtsvorschriften mitgeteilt hat.

(2) bis (3) [...]

§ 138h AO Mitteilungen bei marktfähigen grenzüberschreitenden Steuergestaltungen

(1) Eine grenzüberschreitende Steuergestaltung ist marktfähig, wenn sie konzipiert wird, vermarktet wird, umsetzungsbereit ist oder zur Umsetzung bereitgestellt wird, ohne dass sie individuell angepasst werden muss.

(2) ¹Bei marktfähigen grenzüberschreitenden Steuergestaltungen sind Änderungen und Ergänzungen hinsichtlich der in § 138f Absatz 3 Satz 1 Nummer 1, 2, 3, 6, 9 und 10 bezeichneten Angaben, die nach Übermittlung des Datensatzes nach § 138f Absatz 3 eingetreten sind, innerhalb von zehn Tagen nach Ablauf des Kalendervierteljahres mitzuteilen, in dem die jeweils mitteilungspflichtigen Umstände eingetreten sind. ²Dabei sind die Registriernummer und die Offenlegungsnummer anzugeben. ³Die Angaben sind dem Bundeszentralamt für Steuern nach amtlich vorgeschriebenem Datensatz über die amtlich bestimmte Schnittstelle mitzuteilen. ⁴Die Sätze 1 bis 3 gelten in den Fällen des § 138g entsprechend.

§ 138k AO Angabe der grenzüberschreitenden Steuergestaltung in der Steuererklärung

¹Hat ein Nutzer eine grenzüberschreitende Steuergestaltung im Sinne des § 138d Absatz 2 oder der entsprechenden Regelung eines anderen Mitgliedstaats der Europäischen Union verwirklicht, so hat er diese in der Steuererklärung für die Steuerart und den Besteuerungszeitraum oder den Besteuerungszeitpunkt, in der sich der steuerliche Vorteil der grenzüberschreitenden Steuergestaltung erstmals auswirken soll, anzugeben. ²Hierzu genügt die Angabe

1. der vom Bundeszentralamt für Steuern zugeteilten Registriernummer und Offenlegungsnummer oder
2. der von der zuständigen Behörde eines anderen Mitgliedstaats der Europäischen Union zugeteilten Registriernummer und Offenlegungsnummer.

Die zu ahndenden Zuwiderhandlungen beschreibt § 379 II Nr. 1e bis 1g AO wie folgt: **162**

Gemäß **§ 379 II Nr. 1e AO** handelt ordnungswidrig, wer vorsätzlich oder leichtfertig **163** entgegen § 138d I AO, entgegen § 138f I, II, III 1 Nr. 1 bis 7 sowie 9 und 10 AO oder entgegen § 138h II AO eine Mitteilung über eine grenzüberschreitende Steuergestaltung nicht oder nicht rechtzeitig macht oder zur Verfügung stehende Angaben nicht vollständig mitteilt. Die Mitteilungspflichten gegenüber dem BZSt treffen sog. **Intermediäre,** also Personen, die eine grenzüberschreitende Steuergestaltung vermarkten, für Dritte konzipieren, organisieren oder zur Nutzung bereitstellen oder ihre Umsetzung durch Dritte verwalten (§ 138d I AO). Der Ordnungswidrigkeitentatbestand ist ein Sonderdelikt für die mitteilungspflichtigen Intermediäre (Kohlmann/*Talaska* AO § 379 Rn. 464).

Der Begriff der *Steuergestaltung* ist nach hM weit zu verstehen. Er umfasst etwa die **164** Schaffung, die Zuordnung, den Erwerb oder die Übertragung von Einkünften oder deren Quellen auf einen bestehenden Rechtsträger; auch die Gründung oder der Erwerb einer die Einkünfte erzielenden juristischen Person stellt in diesem Sinne eine Steuergestaltung dar (Kohlmann/*Talaska* AO § 379 Rn. 459). Die Merkmale einer grenzüberschreitenden Steuergestaltung hat der Gesetzgeber in § 138d II AO definiert.

Liegen bei keinem Intermediär die Voraussetzungen einer Mitteilungspflicht vor, trifft **165** den Nutzer einer grenzüberschreitenden Steuergestaltung unter den Voraussetzungen § 138g I AO die Mitteilungspflicht. Im Sinne von **§ 379 II Nr. 1f AO** handelt ordnungswidrig, wer (als Nutzer) vorsätzlich oder leichtfertig entgegen § 138g I 1 AO oder entgegen § 138h II AO die Angaben nicht, nicht richtig, nicht vollständig oder nicht rechtzeitig mitteilt. Bei § 379 II Nr. 1f AO handelt es sich um ein Sonderdelikt für den **Nutzer** einer grenzüberschreitenden Steuergestaltung (Kohlmann/*Talaska* AO § 379 Rn. 492).

166 Hat der Nutzer eine grenzüberschreitende Steuergestaltung iSd § 138d II AO oder der entsprechenden Regelung eines anderen Mitgliedstaats der Europäischen Union verwirklicht, so hat er diese in der Steuererklärung für die Steuerart und den Besteuerungszeitraum oder den Besteuerungszeitpunkt, in der sich der steuerliche Vorteil der grenzüberschreitenden Steuergestaltung erstmals auswirken soll, gem. § 138k S. 1 AO anzugeben. Im Sinne von **§ 379 II Nr. 1g AO** handelt ordnungswidrig, wer gegen diese Pflicht verstößt, indem er vorsätzlich oder leichtfertig entgegen § 138k S. 1 AO in der Steuererklärung die Angabe der von ihm verwirklichten grenzüberschreitenden Steuergestaltung nicht, nicht richtig, nicht vollständig oder nicht rechtzeitig macht. Bei diesem OWi-Tatbestand handelt es sich ebenfalls um ein Sonderdelikt. Tauglicher Täter ist gem. § 138k S. 1 AO ausschließlich der **Nutzer** (Kohlmann/*Talaska* AO § 379 Rn. 517).

167–169 *einstweilen frei*

g) Verletzung der Pflicht zur Kontenwahrheit (§ 379 II Nr. 2 AO)

Schrifttum: Allgemein: *Mordhorst*, Spareinlagen auf fremden Namen, MDR 1956, 4; *Canaris*, Inhaberschaft und Verfügungsbefugnis bei Bankkonten, NJW 1973, 825; *Dhonau*, Zur Zulässigkeit von Nummernkonten aus steuerrechtlicher Sicht, DStR 1974, 617.

Zu § 413 I Nr. 3 RAO: *Gierschmann*, Das Verbot falscher Konten, DStZ 1936, 1442; *Speich*, Das Konto auf den falschen Namen, FR 1963, 398 mit Erwiderung von *Peter* FR 1965, 109 und Schlusswort von *Speich* FR 1965, 112.

Zu § 379 II Nr. 2 AO: *Hamacher*, Umfang der Pflicht zur Legitimationsprüfung nach § 154 Abs. 2 AO, DB 1987, 1324; *Mösbauer*, Steuergefährdung durch Verletzung der Pflicht zur Kontenwahrheit nach § 154 I AO, NStZ 1990, 475; *Carl/Klos*, Das ungelöste Problem des „Verfügungsberechtigten" im Sinne des § 154 Abs. 2 AO aus Sicht der Ermittlungsbehörden, wistra 1990, 41; *Vortmann*, Der Begriff des Verfügungsberechtigten iSd § 154 AO, ZIP 1990, 1386; *Weyand*, Rechtsschutzmöglichkeiten gegen die Auswertung von CpD-Konten durch die Steuerfahndung, wistra 1990, 294; *Carl/Klos*, Tafelgeschäfte – steuerlich unzulässige „Geldwäsche" der Kreditinstitute? DStZ 1991, 24; *Philipowski*, Zum Begriff des Verfügungsberechtigten im Sinne des § 154 Abs. 2 AO, WM 1992, 721; *Klos*, Die Neuregelung der Legitimationsprüfungspflicht der Banken nach § 154 AO, StBp 1992, 53; *Dahm/Hamacher*, Identitätsprüfung bei Tafelgeschäften mit Wertpapieren? DStZ 1992, 753; *Carl/Klos*, Inhalt und Reichweite der Kontenwahrheitspflicht nach § 154 AO als Grundlage der steuerlichen Mitwirkungspflichten der Kreditinstitute, DStZ 1995, 296; *Hamacher*, „Dagobert Duck" – Ein kriminelles System?, DB 1995, 2284; *Müller*, Die Formalitäten bei der Eröffnung von Bankkonten und bei der Bestellung von Verfügungsberechtigten (§ 154 AO), DStZ 1997, 667; *Siebel*, Kontrollmitteilungen bei Bankdurchsuchungen: Banken und Bankkunden rechtsverletzt, Stbg 1999, 325; *Kottke*, Tafelgeschäfte, NWB F 21, 1357; *Wegner* Bank: Haftung bei Verletzung der Pflicht zur Kontenwahrheit, PStR 2011, 34; *Waadt/Klinger*, Virtuelle Bankkonten und das Gebot der Kontenwahrheit gemäß § 154 AO, DStR 2019, 1610.

§ 154 AO Kontenwahrheit

(1) Niemand darf auf einen falschen oder erdichteten Namen für sich oder einen Dritten ein Konto errichten oder Buchungen vornehmen lassen, Wertsachen (Geld, Wertpapiere, Kostbarkeiten) in Verwahrung geben oder verpfänden oder sich ein Schließfach geben lassen.

(2) ¹Wer ein Konto führt, Wertsachen verwahrt oder als Pfand nimmt oder ein Schließfach überlässt (Verpflichteter), hat

1. sich zuvor Gewissheit über die Person und Anschrift jedes Verfügungsberechtigten und jedes wirtschaftlich Berechtigten im Sinne des Geldwäschegesetzes zu verschaffen und
2. die entsprechenden Angaben in geeigneter Form, bei Konten auf dem Konto, festzuhalten.

²Für Verfügungsberechtigte sind § 11 Absatz 4 und 6, § 12 Absatz 1 und 2 und § 13 Absatz 1 des Geldwäschegesetzes sowie zu § 12 Absatz 3 und § 13 Absatz 2 des Geldwäschegesetzes ergangene Rechtsverordnungen, für wirtschaftlich Berechtigte der § 13 Absatz 1 des Geldwäschegesetzes sowie zu § 13 Absatz 2 des Geldwäschegesetzes ergangene Rechtsverordnungen entsprechend anzuwenden. ³Der Verpflichtete hat sicherzustellen, dass er den Finanzbehörden jederzeit Auskunft darüber geben kann, über welche Konten oder Schließfächer eine Person verfügungsberechtigt ist oder welche Wertsachen eine Person zur Verwahrung gegeben oder als Pfand überlassen hat. ⁴Die Geschäfts-

beziehung ist kontinuierlich zu überwachen und die nach Satz 1 zu erhebenden Daten sind in angemessenem zeitlichen Abstand zu aktualisieren.

(2a) ¹Kreditinstitute haben für jeden Kontoinhaber, jeden anderen Verfügungsberechtigten und jeden wirtschaftlich Berechtigten im Sinne des Geldwäschegesetzes außerdem folgende Daten zu erheben und aufzuzeichnen:
1. die Identifikationsnummer nach § 139b und
2. die Wirtschafts-Identifikationsnummer nach § 139c oder, wenn noch keine Wirtschafts-Identifikationsnummer vergeben wurde und es sich nicht um eine natürliche Person handelt, die für die Besteuerung nach dem Einkommen geltende Steuernummer.

²Der Vertragspartner sowie gegebenenfalls für ihn handelnde Personen haben dem Kreditinstitut die nach Satz 1 zu erhebenden Daten mitzuteilen und sich im Laufe der Geschäftsbeziehung ergebende Änderungen unverzüglich anzuzeigen. ³Die Sätze 1 und 2 sind nicht anzuwenden bei Kreditkonten, wenn der Kredit ausschließlich der Finanzierung privater Konsumgüter dient und der Kreditrahmen einen Betrag von 12.000 Euro nicht übersteigt.

(2b) ¹Teilen der Vertragspartner oder gegebenenfalls für ihn handelnde Personen dem Kreditinstitut die nach Absatz 2a Satz 1 Nummer 1 zu erfassende Identifikationsnummer einer betroffenen Person bis zur Begründung der Geschäftsbeziehung nicht mit und hat das Kreditinstitut die Identifikationsnummer dieser Person auch nicht aus anderem Anlass rechtmäßig erfasst, hat es sie bis zum Ablauf des dritten Monats nach Begründung der Geschäftsbeziehung in einem maschinellen Verfahren beim Bundeszentralamt für Steuern zu erfragen. ²In der Anfrage dürfen nur die in § 139b Absatz 3 genannten Daten der betroffenen Person angegeben werden. ³Das Bundeszentralamt für Steuern teilt dem Kreditinstitut die Identifikationsnummer der betroffenen Person mit, sofern die übermittelten Daten mit den bei ihm nach § 139b Absatz 3 gespeicherten Daten übereinstimmen.

(2c) ¹Soweit das Kreditinstitut die nach Absatz 2a Satz 1 zu erhebenden Daten auf Grund unzureichender Mitwirkung des Vertragspartners und gegebenenfalls für ihn handelnder Personen nicht ermitteln kann, hat es dies auf dem Konto festzuhalten. ²In diesem Fall hat das Kreditinstitut dem Bundeszentralamt für Steuern die betroffenen Konten sowie die hierzu nach Absatz 2 erhobenen Daten mitzuteilen; diese Daten sind für alle in einem Kalenderjahr eröffneten Konten bis Ende Februar des Folgejahrs zu übermitteln.

(2d) und (3) […]

Die Vorschrift des § 379 II Nr. 2 AO soll die **formale Kontenwahrheit sichern** und 170 verhindern, dass die Nachprüfung steuerlicher Verhältnisse durch Verwendung falscher oder erdichteter Namen erschwert wird (BT-Drs. VI/1982, 123; BGH 18.10.1994, NJW 1995, 261). Das Ermöglichen einer Steuerverkürzung gehört nicht zum Tatbestand.

§ 154 I AO verbietet, auf einen falschen oder erdichteten Namen für sich oder einen Dritten ein Konto errichten oder Buchungen vornehmen lassen, Wertsachen (Geld, Wertpapiere, Kostbarkeiten) in Verwahrung geben oder verpfänden oder sich ein Schließfach geben lassen. Nach § 379 II Nr. 2 AO iVm § 154 I AO stellen Verstöße gegen die Kontenwahrheitspflicht eine Ordnungswidrigkeit dar.

§ 154 II–IIc AO soll vor allem sicherstellen, dass derjenige, der ein Konto führt, Wertsachen verwahrt oder als Pfand nimmt oder ein Schließfach überlässt (Verpflichteter iSv § 154 II AO) sich Gewissheit über den Verfügungsberechtigten verschafft. Nach § 379 II Nr. 2 AO stellt auch der Verstoß gegen die Pflicht zur Prüfung der Legitimation eine Ordnungswidrigkeit dar.

Allein der Verdacht, eine Bank habe zugunsten eines Bankkunden Konten unter Verletzung des § 154 AO angelegt, rechtfertigt nicht ohne weiteres den Verdacht, die Bank habe auch zugunsten weiterer Kunden gegen § 154 AO verstoßen (vgl. LG Köln 31.8.1982, StV 1983, 56; s. aber BVerfG 13.12.1994, wistra 1995, 139). Zur Legitimationsprüfung bei Tafelgeschäften → Rn. 180. 171

aa) Verstöße gegen die Kontenwahrheit gem. § 154 I AO. Gemäß § 154 I AO darf 172 niemand auf einen falschen oder erdichteten Namen für sich oder einen für sich oder einen Dritten ein Konto errichten oder Buchungen vornehmen lassen, Wertsachen (Geld, Wertpapiere, Kostbarkeiten) in Verwahrung geben oder sich ein Schließfach geben lassen.

Ein **Konto wird errichtet,** wenn jemand zu einem anderen in „eine laufende Geschäftsverbindung tritt, die von diesem buch- und rechnungsmäßig in ihrem jeweiligen

Stande festgehalten wird" (RFH 28.9.1928, RFHE 24, 203, 205; zust. Kohlmann/*Talaska* AO § 379 Rn. 579). Die Übertragung steht der Neuerrichtung gleich.

173 **Wertsachen** sind nach der Definition des § 154 I AO Geld, Wertpapiere und Kostbarkeiten.

Geld ist jedes staatlich beglaubigte und zum Umlauf im öffentlichen Verkehr bestimmte Zahlungsmittel, ohne Rücksicht auf einen allgemeinen Annahmezwang, also Metall- und Papiergeld (Kohlmann/*Talaska* AO § 379 Rn. 582), auch aus einem fremden Währungsgebiet (vgl. § 152 StGB).

Nach der Definition des § 1 DepotG zählen zu den **Wertpapieren** iSd DepotG: Aktien, Kuxe, Zwischenscheine, Zins-, Gewinnanteil- und Erneuerungsscheine, auf den Inhaber lautende oder durch Indossament übertragbare Schuldverschreibungen, ferner andere Wertpapiere, wenn diese vertretbar sind. Bankkonten und Papiergeld werden ausdrücklich ausgenommen. *Ausländisches Geld* zählt daher – wenn man die Definition des § 1 DepotG auch bei § 154 AO zugrundelegt – nicht zu den Wertpapieren, sondern ist „Geld".

Kostbarkeiten sind Sachen, deren Wert im Verhältnis zu ihrer Größe und ihrem Gewicht nach der Verkehrsauffassung besonders groß ist, zB Schmuck, alte Münzen, Kunstgegenstände, seltene Bücher oder Teppiche (vgl. Tipke/Kruse/*Brandis* AO § 154 Rn. 4).

174 **Schließfächer** fallen nur dann unter § 154 I AO, wenn sie der nicht nur vorübergehenden Aufbewahrung von Wertsachen dienen. Andernfalls bestünden steuerrechtliche Bedenken gegen anonyme Schließfächer auf Bahnhöfen und Flughäfen (glA HHS/*Heuermann* AO § 154 Rn. 11). Auch Postschließfächer sind keine „Schließfächer" isD § 379 II Nr. 2 AO iVm § 154 I AO (glA GJW/*Sahan* AO § 379 Rn. 67; HHS/*Bülte* AO § 379 Rn. 126; demgegenüber allein nach der Dauer der Aufbewahrung differenzierend: Kohlmann/*Talaska* AO § 379 Rn. 585). Diese einschränkende Auslegung erscheint umso mehr geboten, als § 379 II Nr. 2 AO – anders als § 379 I AO (→ Rn. 100) – das Ermöglichen der Verkürzung von Steuereinnahmen zwar nicht als ausdrückliches Tatbestandselement enthält, der Gesetzgeber aber davon ausgegangen ist, dass die Errichtung „schwarzer" Konten das Merkmal des Ermöglichens einer Steuerverkürzung in sich trägt (Begr. BT-Drs. V/1812, 27). Auch Konten Dritter, zB Anderkonten, sind keine Konten iSd § 154 I AO.

175 **Buchungen** iSv § 154 I AO sind Gut- und Lastschriften auf einem kundenbezogenen Konto. Das Erfordernis der Namenskorrektheit bezieht sich auf denjenigen, der die Buchung veranlasst („… vornehmen lassen"), nicht – etwa im Falle einer Überweisung – auf den Begünstigten der Buchung (glA *Carl/Klos* DStZ 1995, 299). Aus wessen Mitteln die Gelder stammen, ist unerheblich (BGH 18.10.1994, NJW 1995, 261).

176 Ein **Name ist falsch,** wenn er wohl vorkommen mag, aber nicht den „Verfügungsberechtigten" bezeichnet (BGH 18.10.1994, NJW 1995, 261). Der Gebrauch eines *Künstlernamens* (Pseudonym) ist zulässig, wenn er keine Zweifel über die Identität aufkommen lässt (Tipke/Kruse/*Brandis* AO § 154 Rn. 5; Klein/*Rätke* AO § 154 Rn. 4), ferner nach bäuerlicher Sitte der Name des Hofes (HHS/*Bülte* AO § 379 Rn. 129), ebenso selbstverständlich die Verwendung eines Firmennamens (§ 17 HGB). *Nummernkonten* werden überwiegend für unzulässig gehalten (AEAO Nr. 8.1 zu § 154 AO; *Carl/Klos* wistra 1990, 41; Kohlmann/*Talaska* AO § 379 Rn. 589; aA HHS/*Bülte* AO § 379 Rn. 129; *Dhonau* DStR 1974, 617; *Müller* DStZ 1997, 667). Richtig ist, dass die erforderlichen Angaben gem. § 154 I AO auf dem Konto festzuhalten sind. Diese Voraussetzung soll aber sowohl durch einen Vermerk auf dem Kontostammblatt als auch durch Dokumentation auf den Kontoeröffnungsunterlagen erfüllt werden können (HHS/*Heuermann* AO § 154 Rn. 25). Folglich müsste es auch genügen, wenn Name und Anschrift des Verfügungsberechtigten einer separat geführten Liste entnommen werden können (glA HHS/*Heuermann* AO § 154 Rn. 25). Nach dem Zweck des § 154 AO (→ Rn. 170) kommt es lediglich darauf an, dass die rasche und zuverlässige Nachprüfung steuerlicher Verhältnisse gewährleistet ist. Verfügungsberechtigt über ein Konto ist auch derjenige, der wirtschaftlich über die einem anderen gehörenden Mittel verfügen kann (*Müller* DStZ 1997, 667).

177 IdR wird der Kontoinhaber auch der Verfügungsberechtigte sein. Zivilrechtlich sind jedoch verschiedene Vertragsgestaltungen denkbar und zulässig (vgl. *Mordhorst* MDR 1956, 4; *Canaris* NJW 1973, 825; AEAO Nr. 4 zu § 154 AO), bei denen ein **Konto auf den Namen eines Dritten** errichtet wird. Soll der Dritte nicht sofort über das Konto verfügungsbefugt sein, ist diejenige Person, auf deren Namen das Konto lautet, nicht mit dem Gläubiger des Guthabens identisch. Denkbar ist zB, dass ein Onkel auf den Namen seines Neffen ein Konto anlegen will, das Kind aber erst zu einem späteren Zeitpunkt Gläubiger der Einlage werden soll. Würde § 154 I AO verlangen, dass der Kontoinhaber und der Verfügungsberechtigte stets identisch sind, müsste das Konto auf den Namen des Onkels lauten (so *Speich* FR 1963, 398 u. FR 1965, 112). Die Anlegung eines Kontos auf den Namen eines Dritten kann jedoch – unbeschadet der dem Dritten (noch) nicht zustehenden Verfügungsbefugnis – auch rechtliche Bedeutung haben (zB BGH 9.11.1966, BB 1966, 1369; BGH 29.4.1970, INF 1970, 478), etwa, wenn darin ein aufschiebend bedingtes Schenkungsangebot liegt, das auch nach dem Tod des Schenkers noch angenommen werden kann. Man wird § 154 I AO unter Berücksichtigung der Regelung des Absatzes 2 so auslegen können, dass nur der Name des Verfügungsberechtigten, idR also des Gläubigers der Einlage, nicht falsch sein darf, denn auf den Inhaber der Forderung kommt es steuerrechtlich nicht an (Kohlmann/*Taläska* AO § 379 Rn. 600). Der Legitimationspflicht wird in solchen Fällen genügt, wenn die Bank Namen und Anschriften des Kontoinhabers und des verfügungsberechtigten Gläubigers auf dem Kontostammblatt festhält (Kohlmann/*Taläska* AO § 379 Rn. 601). Bei Eröffnung eines Kontos auf den Namen eines Dritten ist für die Frage nach der Verfügungsberechtigung stets maßgeblich, wer nach dem Willen des Einzahlenden Gläubiger des Kreditinstituts werden soll (vgl. BGHZ 46, 200; *Canaris* NJW 1973, 825).

178 Der Begriff des **Verfügungsberechtigten** erfasst auch Personen, die selbst nicht Gläubiger sind. Würde man nur den Gläubiger als Verfügungsberechtigten betrachten (so *Hamacher* DB 1987, 1324), wäre es nicht erforderlich, dass sich die Bank Gewissheit über die Person desjenigen verschafft, der ein Konto eröffnet. Dies würde aber dazu führen, dass ein Vertreter – ohne erfasst zu werden – eigene Geschäftsvorfälle zur Verdeckung des wahren Sachverhalts über Konten des Vertretenen abwickeln könnte, was § 154 I AO gerade verhindern will. Damit entspricht es dem Zweck des § 154 AO (→ Rn. 170), neben dem Gläubiger der Forderung auch denjenigen als Verfügungsberechtigten anzusehen, der kraft gesetzlicher oder rechtsgeschäftlicher Vertretungsmacht befugt ist, zu Lasten und zu Gunsten des Gläubigers Rechtsgeschäfte vorzunehmen (glA *Carl/Klos* wistra 1990, 41; Tipke/Kruse/*Brandis* AO § 154 Rn. 10). In bestimmten Fällen, zB bei Parteien kraft Amtes (Insolvenzverwalter), kann nach dem Grundsatz der Verhältnismäßigkeit auf die Legitimationsprüfung sowie auf die Herstellung der Auskunftsbereitschaft verzichtet werden (zu den Einzelheiten vgl. Nr. 11.1 AEAO zu § 154 AO).

179 Die von § 154 I AO geschützte formale Kontenwahrheit ist nicht verletzt, wenn ein für einen bestimmten Bankkunden errichtetes Konto später ausschließlich von einem bevollmächtigten Dritten in dessen eigenem Interesse genutzt wird (OLG Hamm 8.11.1993, WuB 1994, 371). **Verboten ist** dagegen **die Abwicklung von Geschäftsvorfällen über so genannte CpD-Konten,** wenn der Name des Beteiligten bekannt ist oder unschwer ermittelt werden kann und für ihn bereits ein entsprechendes Konto geführt wird (vgl. Kohlmann/*Taläska* AO § 379 Rn. 590; *Carl/Klos* DStZ 1995, 296; Nr. 2 AEAO zu § 154 AO). Ein CpD-Konto (Conto pro Diverse) ist ein bankinternes Sammelkonto, das dazu dient, einen für eine andere Person (nicht das Kreditinstitut) bestimmten Betrag buchungsmäßig unterzubringen. Konten inländischer oder ausländischer Tochtergesellschaften sind keine CpD-Konten, denn sie spiegeln eine dauerhafte Geschäftsbeziehung wider; die Tochtergesellschaften verfügen als selbstständige juristische Personen über die Salden ihrer Konten.

180 Bei **Tafelgeschäften** sind die Banken nicht zur Legitimationsprüfung verpflichtet (ebenso *Dahm/Hamacher* DStZ 1992, 753; *Kottke* NWB F 21, 1361; GJW/*Sahan* AO

§ 379 Rn. 75; Kohlmann/*Talaska* AO § 379 Rn. 592; aA *Carl/Klos* DStZ 1995, 296). Allerdings kann die Abwicklung von Tafelgeschäften (auch ohne Auslandsbezug) über bankinterne Konten eine unzulässige, einen Hinterziehungsverdacht begründende „Anonymisierung" darstellen, wenn der Kunde bei dieser Bank ein Konto unterhält (vgl. BFH 15.6.2001, NJW 2001, 2997, bestätigt durch BVerfG v. 1.3.2002, NStZ 2002, 371; vgl. auch LG Itzehoe 9.6.1999, wistra 1999, 432; LG Detmold 11.8.1999, wistra 1999, 434; LG Wuppertal 19.5.1999, wistra 1999, 473; LG Bochum 15.3.1999, NJW 1999, 1430). Die bloße Inhaberschaft von Tafelpapieren und die Einlieferung solcher Papiere in die Sammeldepotverwahrung begründen dagegen keinen steuerstrafrechtlichen Anfangsverdacht (BFH 25.7.2000, NJW 2000, 3157). Anders verhält es sich jedoch, wenn konkrete Hinweise auf eine gezielte Anonymisierung vorliegen, zB weil ein Depot unter dem Geburtsnamen geführt wird, für steuerliche Zwecke dagegen der davon abweichende Ehename verwendet wird (BVerfG 20.4.2004, PStR 2004, 176). Der Bankmitarbeiter, der an einem **anonymisierten Geldtransfer ins Ausland** mitwirkt, kann sich der Beihilfe zur Steuerhinterziehung des Bankkunden schuldig machen, wenn er sein Verhalten deliktischen Plänen des Kunden anpasst (BGH 1.8.2000, wistra 2000, 340 mAnm *Jäger* wistra 2000, 344). Zum Verdacht als Voraussetzung der Einleitung eines Strafverfahrens → § 397 Rn. 38 ff.

181 **Erdichtet ist ein Name,** wenn er frei erfunden ist (GJW/*Sahan* AO § 379 Rn. 63).

182 **Das Verbot des § 154 I AO richtet sich jedenfalls an Bankkunden** (arg.: „errichten ... lassen"). Ob von dem Verbot des § 154 I AO daneben **auch das Kreditinstitut** erfasst wird („niemand"), ist seit jeher umstritten, im Ergebnis aber zu bejahen (arg.: „errichten"; s. dazu iE die Ausführungen → 8. Aufl. Rn. 110; glA *Blumers/Göggerle* S. 468; *Mösbauer* NStZ 1990, 475; *Carl/Klos* DStZ 1995, 296; Erbs/Kohlhaas/*Hadamitzky/Senge* AO § 379 Rn. 24; aM Tipke/Kruse/*Brandis* AO § 379 Rn. 2 u. HHS/*Heuermann* AO § 154 Rn. 10; Klein/*Rätke* AO § 379 Rn. 8; HHS/*Bülte* AO § 379 Rn. 118; Kohlmann/*Talaska* AO § 379 Rn. 576; RKR/*Roth* AO § 379 Rn. 154 u. *Speich* FR 1963, 398; AEAO Nr. 1 zu § 154 AO). Seit Ausdehnung des Ordnungswidrigkeitentatbestands des § 379 II Nr. 2 AO auf die Identifikationsprüfungs- und -aufzeichnungspflichten des Kontoführers gemäß § 154 II AO zum 1.1.2018 kommt der Frage, ob von § 154 I AO auch das Kreditinstitut erfasst wird, allerdings kaum noch praktische Bedeutung zu.

183 *einstweilen frei*

184 **bb) Verstöße gegen die Pflicht zur Identifikationsprüfung und -aufzeichnung (§ 154 II AO).** In Ergänzung zu § 154 I normiert § 154 II AO die Pflicht des Kontoführers, sich Gewissheit über den Verfügungsberechtigten von Konten zu verschaffen. Der Verstoß gegen diese Prüfungspflicht ist seit der Erweiterung des § 154 AO und der damit verbundenen Änderung des § 379 Abs. 2 Nr. 2 AO durch das Gesetz zur Bekämpfung der Steuerumgehung und zur Änderung weiterer steuerlicher Vorschriften v. 24.6.2017 (BGBl. I 2017, 1682) mit Wirkung vom 1.1.2018 unmittelbar nach § 379 II Nr. 2 AO eigenständig mit Bußgeld bedroht. Tathandlung ist das Unterlassen der gem. § 154 II Nr. 1 AO gebotenen Identifizierungs- und Legitimationsprüfung. Weitere Tathandlung ist gemäß § 154 II Nr. 2 AO das Unterlassen der Aufzeichnung vorgeschriebener Angaben in geeigneter Form, etwa auf dem Kontostammblatt. Eine ungeeignete Form der Aufzeichnung wird daher ebenfalls erfasst. Gemäß § 379 II Nr. 2 AO iVm § 154 I 3 AO stellt es ebenfalls eine Ordnungswidrigkeit dar, wenn der Verpflichtete (iSv § 154 II AO) nicht sicherstellt, dass er den Finanzbehörden jederzeit Auskunft darüber geben kann, über welche Konten oder Schließfächer eine Person verfügungsberechtigt ist oder welche Wertsachen eine Person zur Verwahrung gegeben oder als Pfand überlassen hat).

185 **cc) Verstöße von Kreditinstituten gegen die Pflicht zur Datenerhebung und -aufzeichnung (§ 154 IIa AO).** Ebenfalls seit dem 1.1.2018 stellt die **Nichterhebung** der in § 154 IIa S. 1 AO genannten **Daten** (Identifikationsnummer nach § 139b AO,

Wirtschafts-Identifikationsnummer nach § 139a AO, hilfsweise Einkommensteuer-Nummer) seitens des Kreditinstituts eine Ordnungswidrigkeit nach § 379 II Nr. 2 AO dar.

dd) Verstöße von Kreditinstituten gegen die Abfragepflicht (§ 154 IIb AO). 186
Erfragt das Kreditinstitut in den Fällen des § 154 IIb AO nicht bis zum Ablauf des dritten Monats nach Begründung der Geschäftsbeziehung beim BZSt in einem maschinellen Verfahren die Identifikationsnummer nach § 139b AO des Vertragspartners, ist dies ebenfalls ordnungswidrig iSv § 379 II Nr. 2 AO.

ee) Verstöße von Kreditinstituten gegen Aufzeichnungs- und Mitteilungspflich- 187
ten (§ 154 IIc AO). § 154 IIc AO normiert für den Fall, dass ein Vertragspartner gegen seine Mitwirkungspflicht nach § 154 IIa S. 2 AO verstößt, zwei Pflichten für Kreditinstitute. Einerseits hat es auf dem Konto zu vermerken, dass die erforderlichen Daten nicht erhoben werden konnten. Andererseits hat es die betroffenen Konten und die nach § 154 II AO zu erhebenden Daten in einer Sammelmeldung bis Ende Februar des Folgejahres dem BZSt zu melden. Ein Verstoß gegen diese Pflichten stellt gem. § 379 II Nr. 2 AO eine Ordnungswidrigkeit dar.

einstweilen frei 188, 189

5. Objektiver Tatbestand des § 379 III AO: Zuwiderhandlungen gegen eine Auflage nach § 120 II Nr. 4 AO

Gem. § 379 III AO handelt ordnungswidrig, wer vorsätzlich oder fahrlässig einer **Auf-** 190
lage nach § 120 II Nr. 4 AO zuwiderhandelt, die einem Verwaltungsakt für Zweck der besonderen Steueraufsicht (§§ 209 bis 217 AO) beigefügt worden ist. Die Vorschrift des § 379 III AO ersetzte den früheren § 203 RAO, nach dem bei einem Verstoß gegen Auflagen im Rahmen der Steueraufsicht ein Sicherungsgeld als Ungehorsamsfolge verhängt werden konnte.

§ 120 AO lautet: 191

§ 120 AO Nebenbestimmungen zum Verwaltungsakt
(1) Ein Verwaltungsakt, auf den ein Anspruch besteht, darf mit einer Nebenbestimmung nur versehen werden, wenn sie durch Rechtsvorschrift zugelassen ist oder wenn sie sicherstellen soll, dass die gesetzlichen Voraussetzungen des Verwaltungsakts erfüllt werden.
(2) Unbeschadet des Absatzes 1 darf ein Verwaltungsakt nach pflichtgemäßem Ermessen erlassen werden mit
1.–3. [...]
oder verbunden werden mit
4. einer Bestimmung, durch die dem Begünstigten ein Tun, Dulden oder Unterlassen vorgeschrieben wird (Auflage),
5. [...]
(3) Eine Nebenbestimmung darf dem Zweck des Verwaltungsakts nicht zuwiderlaufen.

Nur **Ermessensverwaltungsakte** dürfen mit einer Auflage verbunden werden. Im 192
Gegensatz zu gebundenen Verwaltungsakten, auf die ein Rechtsanspruch besteht (§ 120 I AO), liegt ein Ermessensverwaltungsakt vor, wenn die Behörde die Wahl zwischen mehreren Maßnahmen hat, von denen jede richtig ist (Tipke/Kruse/*Seer* AO § 118 Rn. 39).

Die **Auflage ist eine Nebenbestimmung,** durch die dem Begünstigten ein Tun, 193
Dulden oder Unterlassen vorgeschrieben wird (§ 120 II Nr. 4 AO). Ob es sich bei der Auflage um einen mit dem (Haupt-)VA verbundenen akzessorischen, aber gleichwohl selbstständigen VA handelt (Klein/*Ratschow* AO § 120 Rn. 9) oder um einen Bestandteil eines einheitlichen VA, der sich aus einer begünstigenden Hauptregelung und der belastenden Auflage zusammensetzt (HHS/*Söhn* AO § 120 Rn. 118) ist seit jeher umstritten (vgl. Tipke/Kruse/*Seer* AO § 120 Rn. 24). Jedenfalls kann ihre Erfüllung von der Behörde ggf. erzwungen werden (§§ 328 ff. AO); ihre Nichterfüllung durch den Begünstigten

rechtfertigt aber auch den Widerruf des Hauptverwaltungsaktes (§ 131 II Nr. 2 AO). Die Auflage ist *„beigefügt"* iSd § 379 III AO, wenn sie dem Betroffenen bekannt gegeben ist (§ 122 AO). Sie wird mit der Bekanntgabe wirksam (§ 124 AO). Eine rechtswidrige (nicht nichtige) Auflage ist solange verbindlich, bis sie von der Behörde widerrufen oder zurückgenommen oder auf Betreiben des Betroffenen im Rechtsbehelfsverfahren aufgehoben worden ist (§ 124 II, III; § 361 AO). Der Adressat handelt also auch dann – zumindest objektiv – tatbestandsmäßig, wenn er eine Auflage, zB zur Führung besonderer Anschreibungen, nicht befolgt, weil er sie angefochten hat (GJW/*Sahan* AO § 379 Rn. 78).

194 **Tatbestandserheblich** sind nur solche Auflagen, die einem VA für Zwecke der besonderen Steueraufsicht beigefügt worden sind. Die besondere Steueraufsicht (§§ 209 bis 217 AO) bei Zöllen und Verbrauchsteuern dient – anders als die Außenprüfung (§§ 193 bis 207 AO) – nicht der Ermittlung der Besteuerungsgrundlagen im einzelnen Steuerfall, sondern der laufenden Kontrolle bestimmter Betriebe und Vorgänge. Diesem Zweck dient zB die Anordnung des Zollamts, die vorübergehende Entfernung von Einfuhrwaren aus dem Zolllager vorher anzuzeigen. Zölle und Verbrauchsteuern belasten bestimmte Waren im Verhältnis zu ihrem Warenwert oft sehr hoch, was den Anreiz zu Hinterziehungen erhöht. Deshalb ist bei der Herstellung, Bearbeitung, Verarbeitung und der steuerbegünstigten Verwendung vor allem die Überwachung des technischen Prozesses, aber auch der Betriebseinrichtungen und der Buchführung geboten (BT-Drs. VI/1982, 166). Nach dem Grundsatz der Gesetzmäßigkeit der Verwaltung (Art. 20 III GG) bedarf jeder VA einer gesetzlichen Grundlage. § 210 AO regelt, welche Befugnisse der FinB zustehen, um die Zoll- und Verbrauchsteueraufsicht durchzuführen. Verweisungen gem. § 209 III AO in Einzelsteuergesetzen enthalten zB § 26 BierStG und § 33 TabStG. In Betracht kommen besondere Aufsichtsmaßnahmen (zB zusätzliche Anschreibungen und Meldepflichten) gegenüber Betrieben oder Unternehmen, deren Inhaber oder leitende Angehörige wegen einer Steuerstraftat rechtskräftig bestraft worden sind (§ 213 AO). Darüber hinaus enthält § 212 AO eine umfassende Ermächtigung, durch RechtsV bestimmte Pflichten zu konkretisieren, die im Rahmen der Steueraufsicht zu erfüllen sind. Die Aufzählung in § 212 I AO ist abschließend und soll besondere Ermächtigungen in Einzelsteuergesetzen entbehrlich machen (BT-Drs. 7/4292, 36 f.). Aufgrund von § 212 I AO sind zB ergangen: § 67 AlkStV, § 44 BierStV, § 37 KaffeeStV, § 41 SchaumwZwStV und § 52 TabStV.

195 **Täter** iSd § 379 III AO ist der Adressat der Auflage (Flore/Tsambikakis/*Heerspink* AO § 379 Rn. 132).

196–199 *einstweilen frei*

6. Subjektiver Tatbestand

200 Subjektiv setzt die Anwendung des § 379 AO in den Fällen der Absätze 1 u. 2 ein **vorsätzliches oder leichtfertiges Verhalten** des Täters (→ § 378 Rn. 33 ff.) voraus. Die „Absicht", eine Verkürzung von Steuereinnahmen zu ermöglichen, ist nicht erforderlich (Begr. BT-Drs. V/1812, 27). Der Vorsatz oder die Leichtfertigkeit muss jedoch den gesamten objektiven Tatbestand umfassen, sich also in den Fällen des § 379 I AO auch auf das Ermöglichen der Verkürzung von Steuereinnahmen (bzw. Einfuhr- oder Ausfuhrabgaben) erstrecken.

201 Abw. von § 379 I u. II AO kann in den Fällen des § 379 III AO auch **einfache Fahrlässigkeit** geahndet werden. Diese unterschiedliche Behandlung erscheint genauso ungerechtfertigt und daher unbefriedigend wie bei der entsprechenden Vorschrift des § 382 AO (ebenso Flore/Tsambikakis/*Heerspink* AO § 379 Rn. 141 und Kohlmann/*Talaska* AO § 379 Rn. 652; → § 382 Rn. 44).

202–209 *einstweilen frei*

7. Rechtsfolge: Geldbuße

Die Geldbuße beträgt bei Ordnungswidrigkeiten gem. **§ 379 I 1 Nr. 1, 2 AO, § 379 II** **210**
Nr. 1a, 1b AO und § 379 III AO mindestens 5 EUR, bei Vorsatz höchstens 5.000 EUR
und bei Leichtfertigkeit – bzw. im Fall des § 379 III AO: Fahrlässigkeit – höchstens
2.500 EUR (§ 379 IV AO; § 377 II AO, § 17 I u. II OWiG).

Eine Ordnungswidrigkeit gem. **§ 379 II Nr. 1c AO** kann die Tat mit einer Geldbuße **211**
bis zu 10.000 EUR geahndet werden (§ 379 V AO). Leichtfertiges Handeln darf nur mit
der Hälfte des angedrohten Höchstmaßes sanktioniert werden, also höchstens mit
5.000 EUR (vgl. § 17 II OWiG).

Ordnungswidrigkeiten gem. **§ 379 1 I Nr. 3 bis 6 AO** sowie gem. **§ 379 II Nr. 1 und** **212**
Nr. 1d bis 1g AO können mit einer Geldbuße bis zu 25.000 EUR geahndet werden
(§ 379 VI, VII AO), im Falle lediglich leichtfertigen Handelns mit nicht mehr als
12.500 EUR (vgl. § 17 II EUR).

§ 379 IV–VI AO in der geltenden Fassung ist nur für nach dem 31.12.2019 begangene **213**
Zuwiderhandlungen anwendbar (Art. 97 § 30 EGAO). Für davor begangene Verstöße ist
die vorherige Gesetzesfassung heranzuziehen.

Bei der Zumessung soll die Höhe der Steuer, deren Verkürzung die Handlung ermögli- **214**
chen kann, berücksichtigt werden (§ 17 III OWiG; → § 377 Rn. 31 ff.). Gem. § 17 IV 1
OWiG soll die Geldbuße den wirtschaftlichen Vorteil übersteigen, den der Täter aus der
Ordnungswidrigkeit gezogen hat. Reicht das gesetzliche Höchstmaß hierzu nicht aus, so
kann es überschritten werden (§ 17 IV 2 OWiG; dazu *Hentschel* wistra 2005, 371).

einstweilen frei **215–219**

8. Konkurrenzfragen

Schrifttum: Zu § 406 RAO 1956: *Coring,* Die subsidiäre Geltung des § 406 RAbgO, NJW 1962, 424.
Zu § 379 AO 1977: *Giemulla,* Konkurrenzen im Steuerstrafrecht, INF 1979, 292; *Lohmeyer,* Die strafrechtlichen Folgen der Verletzung von Buchführungspflichten (§§ 283, 283b StGB), BlStA 1983, 78; *Schäfer,* Die Verletzung der Buchführungspflicht in der Rechtsprechung des BGH, wistra 1986, 200.

Der Bußgeldtatbestand des **§ 379 AO tritt zurück,** wenn eine Steuerhinterziehung **220**
(§ 370 AO) vorliegt oder wenn der Tatbestand der leichtfertigen Steuerverkürzung (§ 378
AO) erfüllt ist (§ 379 IV-VII, jeweils 2. Hs. AO). Das gilt auch dann, wenn die Tat nur als
Beihilfe zur Steuerhinterziehung oder versuchte Steuerhinterziehung geahndet werden
kann. Ist eine Ahndung nach § 378 AO möglich, tritt § 379 AO auch bei vorsätzlicher
Steuergefährdung zurück. Dies gilt wegen der ausdrücklichen Regelung in § 379 IV-VII
Hs. 2 AO auch dann, wenn die leichtfertige Steuerverkürzung (§ 378 AO) nach § 47 OWiG
nicht verfolgt wird (glA GJW/*Sahan* AO § 379 Rn. 90; Erbs/Kohlhaas/*Hadamitzky*/*Senge*
AO § 379 Rn. 36; Kohlmann/*Talaska* AO § 379 Rn. 705; aM HHS/*Bülte* AO § 379
Rn. 152). Die Steuergefährdung ist gegenüber den Verletzungstatbeständen der §§ 370,
378 AO allerdings nur insoweit subsidiär, als dasselbe Rechtsgut, dh dieselbe Steuerart,
betroffen ist und die Gefährdung nicht über die Verletzung hinausreicht (glA Kohlmann/
Talaska AO § 379 Rn. 704; *Coring* aaO; aM *Dörn* wistra 1995, 7; vgl. für das allgemeine
Strafrecht Schönke/Schröder/*Sternberg-Lieben*/*Bosch* StGB Vor §§ 52 ff. Rn. 117 mwN). Ist
zB mittels eines OR-Geschäfts die Verkürzung einer Fälligkeitssteuer bewirkt worden, kann
eine gleichzeitige Ertragsteuergefährdung nach § 379 AO weiterverfolgt werden (glA Kohlmann/*Talaska* AO § 379 Rn. 704).

Ist eine Pflichtverletzung iSd § 379 AO in einem Sondergesetz mit Strafe oder Geldbuße **221**
bedroht (zB § 22b I Nr. 2 KriegswaffG betr. das Kriegswaffenbuch), gelten die allgemeinen
Regeln der Gesetzeskonkurrenz. Verstöße gegen verbrauchsteuerliche Aufzeichnungs- und
Buchführungspflichten können nur nach § 381 I Nr. 1 AO geahndet werden (vgl. *GastdeHaan* DB 1977, 1290).

222 Erfüllt die Handlung mehrere Bußgeldtatbestände in **Tateinheit** (zB zugleich eine Ordnungswidrigkeit nach den §§ 100, 103 HGB), wird gem. § 19 OWiG nur eine einzige Geldbuße festgesetzt (→ § 377 Rn. 37). Die Geldbuße wird nach dem Gesetz bestimmt, das die höchste Geldbuße androht (§ 19 II 1 OWiG). Sind dieselben Steuerarten betroffen, gehen die §§ 381, 382 AO der Vorschrift des § 379 AO als Spezialnormen vor. Trifft § 379 AO mit einem Straftatbestand zusammen, so wird gem. § 21 I OWiG nur das Strafgesetz angewendet. Ein derartiges Zusammentreffen ist möglich mit Urkundenfälschung gem. § 267 StGB, zB wenn der unrichtige Beleg mit einem falschen Namen unterzeichnet ist (BGH 11.11.1958, BGHSt 12, 100), ferner mit Insolvenzstraftaten gem. § 283b StGB.

223 Wer sich einen unrichtigen Beleg ausstellt oder ausstellen lässt und diesen später als Unterlage für eine Falschbuchung benutzt, begeht Ordnungswidrigkeiten gem. § 379 I 1 Nr. 1 und 3 AO in **Tatmehrheit**.

224–229 *einstweilen frei*

9. Selbstanzeige

230 Der Täter einer Ordnungswidrigkeit nach § 379 AO kann **durch Selbstanzeige keine Bußgeldfreiheit** erlangen (glA HHS/*Bülte* AO § 379 Rn. 146; RKR/*Roth* AO § 379 Rn. 188; Schwarz/Pahlke/*Webel* AO § 379 Rn. 67; Gosch AO/FGO/*Stark* AO § 379 Rn. 88); denn die noch in § 406 II RAO 1956 vorgesehene Selbstanzeigemöglichkeit hat der Gesetzgeber bewusst nicht in die AO 1977 übernommen. Das Fehlen einer Vorschrift über tätige Reue in § 379 AO ist von Verfassungs wegen nicht zu beanstanden (BVerfG 11.7.1997, wistra 1997, 297). Die Regelung ist aber insofern ungereimt, als sie den Täter, der eine versuchte oder vollendete Steuerhinterziehung begeht, besserstellt, als denjenigen, dessen Tat nur eine Vorbereitungshandlung für eine Steuerhinterziehung (→ Rn. 20) darstellt (Klein/*Jäger* AO § 379 Rn. 40 und Kohlmann/*Talaska* AO § 379 Rn. 681). Dies hat jedoch kaum praktische Auswirkungen. Die Ahndung von Ordnungswidrigkeiten liegt im pflichtgemäßen Ermessen der Verfolgungsbehörde (§ 47 I OWiG). Es ist nicht anzunehmen, dass die FinB einen Bußgeldbescheid erlässt, wenn der Täter den von ihm hervorgerufenen ordnungswidrigen Zustand von sich aus beseitigt hat, zB die unterlassene Aufzeichnung nachgeholt hat, bevor aus der Tat ein Schaden entstanden ist (Begr. BT-Drs. V/1812, 27). Zur Problematik einer Berichtigung nach § 153 AO → § 371 Rn. 400 ff.

231 Eine **wirksame Selbstanzeige nach § 371 AO, § 378 III AO** wirkt nur hinsichtlich der Tatbestände der §§ 370, 378 AO, nicht auch bezüglich der Steuergefährdung nach § 379 AO sanktionsbefreiend. Der gegenüber §§ 370 und 378 AO subsidiäre Ordnungswidrigkeitentatbestand ist dahin auszulegen, dass eine Tat als Steuergefährdung auch dann geahndet werden kann, wenn die vorrangige Norm wegen einer Selbstanzeige nicht anwendbar ist (str.; glA GJW/*Sahan* AO § 379 Rn. 86; HHS/*Bülte* AO § 379 Rn. 147; RKR/*Roth* AO § 379 Rn. 189; Schwarz/Pahlke/*Webel* AO § 379 Rn. 67; Wannemacher/*Wegner* Rn. 2432; *Mösbauer* wistra 1991, 41; *Dörn* wistra 1995, 7; KG 7.5.1992, wistra 1994, 36; aA Erbs/Kohlhaas/*Hadamitzky/Senge* AO § 379 Rn. 36; Gosch AO/FGO/*Stark* AO § 379 Rn. 88; vgl. ferner → § 371 Rn. 381).

232 Im Gegensatz zur Selbstanzeige bestand bei fristgemäßer Abgabe einer strafbefreienden Erklärung nach dem StraBEG nicht die Möglichkeit, eine an sich subsidiäre Ordnungswidrigkeit der unrichtigen Verbuchung (§ 379 I Nr. 3 AO) noch weiterzuverfolgen (s. → 6. Aufl., StraBEG § 6 Rn. 1).

233–239 *einstweilen frei*

10. Verjährung

240 Die Verfolgung einer Steuerordnungswidrigkeit iSd § 379 AO verjährt gem. § 384 AO in fünf Jahren.

§ 380 Gefährdung der Abzugsteuern

(1) **Ordnungswidrig handelt, wer vorsätzlich oder leichtfertig seiner Verpflichtung, Steuerabzugsbeträge einzubehalten und abzuführen, nicht, nicht vollständig oder nicht rechtzeitig nachkommt.**

(2) **Die Ordnungswidrigkeit kann mit einer Geldbuße bis zu fünfundzwanzigtausend Euro geahndet werden, wenn die Handlung nicht nach § 378 geahndet werden kann.**

Schrifttum: *Pfaff*, Gefährdung von Abzugsteuern, DStZ 1972, 297; *Bornemann*, Selbstanzeige bei Gefährdung von Abzugsteuern (§ 406 AO), DStR 1973, 691; *Lohmeyer*, Zweifelsfragen zu § 406 AO (Gefährdung der Abzugsteuern), DStR 1973, 564; *Suhr*, Ahndung wegen der Steuerordnungswidrigkeiten der §§ 405, 406 AO bei Nichtverfolgung der Verkürzungstatbestände der §§ 392, 404 AO, StBp 1973, 224; *Henneberg*, Anmerkungen zur Verteidigung bei Lohnsteuerverkürzungen, DStR 1980, 63; *Meincke*, Lohnsteuer bei unerlaubter Arbeitnehmerüberlassung, StuW 1980, 235; *Bilsdorfer*, Die Verantwortlichkeit des Arbeitnehmerentleihers für die Lohnsteuer des Leiharbeitnehmers, DStR 1981, 98 u. 374; *ders.*, Die Bedeutung des Umsatzsteuerabzugsverfahrens für das Steuerstraf- und Steuerordnungswidrigkeitenrecht, DStZ 1981, 163; *Brenner*, Schließt die wirksame Selbstanzeige (§ 378 III AO) die Bußgeldtatbestände der §§ 379 ff. AO aus?, StW 1981, 147; *Bringewat*, Gefährdung von Abzugsteuern im Vorfeld von Lohnsteuerhinterziehungen, NJW 1981, 1025; *Meincke*, Nochmals: Die Verantwortlichkeit des Arbeitnehmerentleihers für die Lohnsteuer der Leiharbeitnehmer, DStR 1981, 226; *Bilsdorfer*, Illegale Arbeitnehmerüberlassung und Umsatzsteuer, DStR 1983, 609; *Lohmeyer*, Die Gefährdungstatbestände der §§ 379–382 AO, BlStSozArbR 1983, 270; *Meine*, Beitragsvorenthaltung und Lohnsteuerverkürzung bei nicht genehmigter Arbeitnehmerüberlassung, wistra 1983, 134; *Pfaff*, Lohnsteuer-Zuwiderhandlungen, StBp 1983, 9; *Lohmeyer*, Die Gefährdungstatbestände der §§ 379 und 380 AO, INF 1992, 511; *Dörn*, Steuerliche Pflichten unter strafrechtlichem Aspekt, INF 1993, 315; *Dörn*, Anwendung der §§ 379, 380 AO auch bei Selbstanzeigen gem. §§ 371, 378 Abs. 3 AO, wistra 1995, 7; *ders.*, Gefährdung der Abzugsteuern und ihre Verfolgung durch die Finanzbehörde, BuW 1995, 303; *Schuh/Wakounig*, Die Straf- und Bußgeldtatbestände des deutschen Steuerrechts, SWI 1995, 80; *Kottke*, OHG, KG und GmbH als Adressaten von Bußgelddrohungen bei Steuerverfehlungen, Information StW 1996, 709; *App*, Möglichkeiten des Steuerpflichtigen im Bußgeldverfahren wegen Steuerordnungswidrigkeiten, BuW 1998, 408; *Dörn*, Verfolgung der Lohnsteuergefährdung (§ 380 AO) durch die Finanzbehörden, Stbg 1998, 349; *Gerber*, Gefahren von Abzugsteuern, DB 1999, 1729; *Gehm*, Der praktische Fall – Steuerstrafrechtliche Klausur: Ärger mit dem Finanzamt, JuS 2001, 1214; *Schwenke*, Steuerabzug im Baugewerbe: Viel Aufwand um nichts? – Erste Bewertung des Gesetzes zur Eindämmung illegaler Betätigung im Baugewerbe, BB 2001, 1553; *Gebhardt/Biber*, Die Bauabzugsteuer, EStB 2001, 462; *Eversloh*, Steuerhinterziehung durch Bauabzugsteuer, AO-StB 2002, 47; *Kindshofer*, Bauabzugsteuer – Ein neues Betätigungsfeld für Steuerverkürzung?, PStR 2003, 160; *Meyer*, Strafrechtliche Verantwortlichkeit und Haftung bei Personengesellschaften, PStR 2003, 126; *ders.*, Steuer(straf-)rechtliche Verantwortlichkeit und Haftung des GmbH-Geschäftsführers, PStR 2003, 185; *Weyand*, Straf- und bußgeldrechtliche Aspekte des „Schwarzarbeitsbekämpfungsgesetzes", INF 2004, 838; *Merker*, Die steuerlichen Regelungen des Gesetzes zur Intensivierung der Bekämpfung der Schwarzarbeit und damit zusammenhängender Steuerhinterziehung, SteuerStud 2005, 7; *Burhoff*, Steuerordnungswidrigkeiten in der Praxis, PStR 2006, 233; *Schott*, Abzugsbesteuerung bei beschränkt steuerpflichtigen Künstlern, Sportlern, Journalisten, PStR 2006, 257; *Wessing*, Steuerordnungswidrigkeiten – Gefahr und Chance für die Verteidigung, SAM 2007, 9; *Tiedtke/Peterek*, Zu den Pflichten des organschaftlichen Vertreters einer Kapitalgesellschaft, trotz Insolvenzreife der Gesellschaft Sozialabgaben und Lohnsteuer abzuführen, GmbHR 2008, 617; *Radtke*, Nichtabführung von Arbeitnehmerbeiträgen (§ 266a StGB) in der Krise des Unternehmens – Beitragsstrafrecht zwischen Zivilrechts- und Sozialrechtsakzessorietät, GmbHR 2009, 673; *Retemeyer/Möller*, Zollstraftaten und Zollordnungswidrigkeiten, AW-Prax 2009, 340; *Seer*, Steuerordnungswidrigkeiten als pönalisiertes Verwaltungsunrecht, SteuerStud 2009, 117; *Decker/Loose*, Neuregelung des Steuerabzugs nach § 50a EStG ab 2009, IStR 2010, 8; *Günther*, Einkommensteuerveranlagung trotz Abgeltungsteuer – Die Veranlagungstatbestände des § 32d EStG, EStB 2010, 113; *Holthaus*, Praxisprobleme bei der ab 2009 geänderten Besteuerung beschränkt steuerpflichtiger Künstler und Sportler, IStR 2010, 23; *Köhler/Goebel/Schmidt*, Neufassung des § 50a EStG durch das JStG 2009 – Ende einer Dauerbaustelle?, DStR 2010, 8; *Kindler*, Nichtabführung von Arbeitnehmerbeiträgen in der Krise, PStR 2010, 98; *Schneider*, Die Pflichten des Geschäftsführers in der Krise – Zwölf Handlungsanweisungen an den Geschäftsführer zur Haftungsvermeidung, GmbHR 2010, 57; *Holthaus*, Aktuelle Probleme mit der EU-Konformität des Steuerabzugs nach § 50a EStG, IStR 2014, 628; *Durst*, Steuerstrafrechtliche Sanktionen im Unternehmen, KÖSDI 2014, 19125; *Korn*, Geklärte und ungeklärte Fragen zur Abgeltungsteuer für Kapitaleinkünfte, KÖSDI 2014, 18818; *Wobst*, Steuerhinterziehung durch Nichtangabe von Drittlohn (§ 38 Abs. 4 S. 3 Hs. 1 EStG)?, DStR 2016, 2693 mit abl. Erwiderung *Ebner*, DStR 2017, 1424, Duplik *Wobst*, DStR 2017, 2203 u. Triplik *Ebner*, DStR 2017, 2205; *Schmittmann*, Haftung der Organe von Non-Profit-Organisationen in Krise und Insolvenz, ZStV 2019, 91 (Teil 1) u. 121 (Teil 2); *Sperling*, Künstlersozialabgabe: Die nächste Betriebsprüfung kommt bestimmt, PStR 2019, 92.

Übersicht

	Rn.
1. Entstehungsgeschichte	1
2. Zweck und Anwendungsbereich	2–5
3. Objektiver Tatbestand	6–29
4. Täter	30–33
5. Stundung	34
6. Subjektiver Tatbestand	35–39
7. Versuch	40–45
8. Geldbuße, Vermögensabschöpfung	46
9. Selbstanzeige, Amnestie	47, 48
10. Konkurrenzfragen	49–55
11. Verjährung	56
12. Verfolgung	57
13. Sonstiges	58

1. Entstehungsgeschichte

1   Durch § 406 RAO idF des Art. 1 Nr. 19 des 2. AOStrafÄndG v. 12.8.1968 (BGBl. 1968 I 1953) wurde die Nichtabführung von Steuerabzugsbeträgen, die zuvor als Vergehen nach § 413 I Nr. 1a RAO idF des Art. 1 Nr. 6 G v. 11.5.1956 (BGBl. 1956 I 418) mit Geldstrafe bedroht war, unter der neuen Bezeichnung *„Gefährdung der Abzugsteuern"* als Steuerordnungswidrigkeit mit Geldbuße bewehrt. Abw. von § 413 RAO 1956 setzte § 406 RAO 1968 voraus, dass der Täter zumindest *„leichtfertig"* gehandelt hatte (Begr. BT-Drs. V/1218, 27 f.). § 406 III RAO 1968, eine Sondervorschrift über die Verjährung und ihre Unterbrechung, wurde auf Antrag des BR (BT-Drs. V/3013) und Vorschlag des Vermittlungsausschusses (BT-Drs. V/3042) in das Gesetz aufgenommen; die Vorschrift wurde durch Art. 161 Nr. 10 EGStGB mit Wirkung ab 1.1.1975 wieder gestrichen, als § 410 RAO (= § 384 AO) als zusammenfassende Verjährungsvorschrift für alle Steuerordnungswidrigkeiten nach §§ 404–406 RAO (= §§ 378–380 AO) eingeführt wurde. Der EAO 1974 übernahm den § 406 RAO idF des EGStGB als § 364 (BT-Drs. 7/79). Dabei wurde durch Einfügung des Wortes *„nicht"* in Abs. 1 klargestellt, dass die Vorschrift nicht nur bei nicht rechtzeitiger und nicht vollständiger Einbehaltung und Abführung eingreift, sondern auch den Fall erfasst, dass Einbehaltung und/oder (→ Rn. 6, 15) Abführung überhaupt unterbleiben. Außerdem wurde in der endgültigen Fassung der Vorschrift als § 380 AO das Wort *„Tat"* zur Angleichung an die Sprachregelung des OWiG durch *„Handlung"* ersetzt (BT-Drs. 7/4292 S. 45). Durch das G zur Eindämmung illegaler Betätigung im Baugewerbe v. 30.8.2001 (BGBl. 2001 I 2267) wurde die Obergrenze des Bußgeldrahmens von vormals 10.000 DM mWv 7.9.2001 auf 50.000 DM bzw. – nunmehr – 25.000 EUR angehoben (Begr. BT-Drs. 14/4658, 10: Anpassung des Höchstmaßes an die *„heutigen wirtschaftlichen Verhältnisse"*; krit. Kohlmann/*Matthes* AO § 380 Rn. 2.1).

2. Zweck und Anwendungsbereich

2   § 380 AO bezweckt die Gewährleistung der Erfüllung derjenigen Pflichten, die dritten Personen im Besteuerungsverfahren hinsichtlich *fremder* Steuerschulden obliegen (Tipke/Kruse/*Drüen* AO § 380 Rn. 2). Die pauschale LSt (§§ 40 ff. EStG) ist keine „fremde" Steuer, da sie der ArbG zu übernehmen hat und selbst Schuldner der Steuer ist (§ 40 III, § 40a V, § 40b V 1 EStG; → Rn. 4). Auch auf die USt ist § 380 AO nicht anwendbar; sie ist keine Abzugsteuer; StSchuldner ist der abführungspflichtige Unternehmer (§§ 13a, 13b UStG; vgl. *Thoma* BB 1970, 572). Das nicht in vollem Umfang gemeinschaftskonforme Abzugsverfahren bei der USt wurde aufgegeben und durch ein Verfahren mit Steuerschuldnerschaft des Leistungsempfängers ersetzt (BGBl. 2001 I 3794; → Rn. 19). Wer zur Einbehaltung und Abführung fremder Steuern verpflichtet ist, steht in einem gewissen

Treueverhältnis zum FA und zum StSchuldner (zust. BeckOK AO/*Hauer* AO § 380 Rn. 3; Hüls/Reichling/*Hunsmann* AO § 380 Rn. 2; Schwarz/Pahlke/*Webel* AO § 380 Rn. 3). Daher enthält der Tatbestand des § 380 AO einen *„an die Untreue (§ 266 StGB) anklingenden Unrechtsgehalt"* (BGH 11.3.1952, BGHSt 2, 183, 186). Hinzu kommt, dass der (gutgläubige) StSchuldner nur durch vorschriftsmäßige Abführung der Steuer von seiner Schuld befreit wird (§ 38 III, § 42d III, § 44 V, § 50a V EStG). Das Steuerabzugsverfahren soll die zuverlässige und schnelle Erfassung der Steuer an der Quelle sichern (sog. Quellensteuer). Deswegen ist ein besonderer Schutz der ordnungsgemäßen Tilgung fremder Steuerschulden gerechtfertigt.

§ 380 AO ist **anwendbar** im *LSt-Abzugsverfahren* (→ Rn. 7 ff.), bei der *KapESt* (→ Rn. 13 f.), bei der *Bauabzugsteuer* (→ Rn. 15) und in bestimmten Fällen der *beschränkten Steuerpflicht* (→ Rn. 16 f.). **3**

Nicht anwendbar ist § 380 AO auf die *Umsatzsteuer* (allgM, zB Hüls/Reichling/*Hunsmann* AO § 380 Rn. 41; → Rn. 19) und die *Versicherungsteuer* (glA Flore/Tsambikakis/*Heerspink* AO § 380 Rn. 14, 50; HHS/*Bülte* AO § 380 Rn. 5; Kohlmann/*Matthes* AO § 380 Rn. 10; Leopold/Madle/Rader/*Zanzinger* AO § 380 Rn. 8; RKR/*Rolletschke* AO § 380 Rn. 15; Schwarz/Pahlke/*Webel* AO § 380 Rn. 5, 20; Tipke/Kruse/*Drüen* AO § 380 Rn. 4; v. Briel/Ehlscheid/*v. Briel* § 1 Rn. 540). Letztere ist keine Abzugsteuer iSd § 380 AO, da sie nicht durch Abzug von einer Leistung erhoben wird. Dasselbe gilt für die *pauschale LSt* (glA Klein/*Jäger* AO § 380 Rn. 2; Simon/Wagner S. 43; v. Briel/Ehlscheid/*v. Briel* § 1 Rn. 540; Wannemacher/*Wegner* Rn. 2509; Flore/Tsambikakis/*Heerspink* AO § 380 Rn. 14, 38; Gosch AO/FGO/*Beckmann* AO § 380 Rn. 4.1; HHS/*Bülte* AO § 380 Rn. 6 f.; Hüls/Reichling/*Hunsmann* AO § 380 Rn. 26, 42; Kohlmann/*Matthes* AO § 380 Rn. 10, 26.4; Leopold/Madle/Rader/*Zanzinger* AO § 380 Rn. 8, 18; Schwarz/Pahlke/*Webel* AO § 380 Rn. 5, 12; aA RKR/*Rolletschke* AO § 380 Rn. 13; unklar BeckOK AO/*Hauer* AO § 380 Rn. 8; Kühn/v. Wedelstädt/*Blesinger/Viertelhausen* AO § 380 Rn. 2). Zwar handelt es sich bei der pauschalen LSt entgegen früherer Rspr (BFH 5.11.1982, BFHE 137, 46) nicht um eine Unternehmensteuer eigener Art, sondern um eine vom ArbN abgeleitete Steuer, die vom ArbG übernommen und verfahrenstechnisch bei ihm erhoben wird (vgl. BFH 6.5.1994, BFHE 174, 363, BFH 20.3.2006, BFH/NV 2006, 1292 u. – zuletzt – BFH 14.11.2013, BFHE 243, 524). Gleichwohl wird die pauschale LSt von § 380 AO nicht erfasst. Zum einen fehlt der von diesem Tatbestand im Hinblick auf die abzuführende Steuer vorausgesetzte treuhandähnliche Charakter der Pflichtenstellung (→ Rn. 2), da der ArbG die LSt vom ArbN schuldbefreiend übernimmt und alleiniger Schuldner der pauschalen LSt wird (§ 40 I 2, III EStG; BFH 14.11.2013, BFHE 243, 524). Zum anderen wird die pauschale LSt vom ArbG nicht „einbehalten", sondern übernommen (§ 40 III 1 EStG) und schon deshalb vom Wortlaut des § 380 AO nicht erfasst. Die *Kirchen-LSt* wird zwar im Abzugsverfahren erhoben; jedoch sind die Straf- und Bußgeldtatbestände der AO nicht anwendbar (vgl. BeckOK AO/*Hauer* AO § 380 Rn. 10, 10.1; *Deutschendorf* PStR 2019, 156 zu § 12 I SächsKiStG; s. auch → Rn. 12); zur Frage der Strafbarkeit wegen Betrugs vgl. BGH 17.4.2008, NStZ 2009, 157, 158 f.; BGH 25.3.2021, BeckRS 2021, 9415, unter II. 1.; *Gehm* AO-StB 2021, 373. **4**

Der Anwendungsbereich des § 380 AO ist durch die **Subsidiarität** (→ Rn. 49 ff.) gegenüber § 370 AO (§ 377 II AO, § 21 I 1 OWiG) und § 378 AO (§ 380 II AO) begrenzt. Die Vorschrift tritt zurück, sobald der Tatbestand der vorsätzlichen oder leichtfertigen Steuerverkürzung verwirklicht ist (Nachw. in → Rn. 49). In LSt-Sachen greift daher der Tatbestand des § 380 AO grds. nur dann ein, wenn der ArbG die nicht abgeführten Beträge rechtzeitig und vollständig (heute idR *elektronisch,* vgl. § 41a I 2, 3 EStG) angemeldet hat. Hat der ArbG auch die Anmeldung (§ 41a EStG) versäumt oder die einzubehaltende LSt vorsätzlich nicht vollständig angemeldet, hat er das FA über Entstehung und Höhe des Steueranspruchs getäuscht bzw. pflichtwidrig im Unklaren gelassen und damit eine Steuerhinterziehung begangen (exemplarisch OLG Frankfurt 8.11.1967, NJW 1968, 263). Dabei ist es belanglos, ob der FinB das Bestehen des Betriebs und die **5**

Beschäftigung von ArbN bekannt waren (RG 22.4.1926, RGSt 60, 182) oder ob sie über einen längeren Zeitraum von ihren Befugnissen zur Überwachung des LSt-Abzugs keinen Gebrauch gemacht hat (BFH 11.8.1978, BFHE 125, 508; → Rn. 20 aE).

3. Objektiver Tatbestand

6   Welche **Pflichtverletzungen bußgeldrechtlich geahndet** werden können, folgt nicht unmittelbar aus § 380 AO, sondern aus verschiedenen Einzelsteuergesetzen, namentlich den §§ 38–42g EStG (Lohnsteuer, → Rn. 13 ff.), §§ 43–45e EStG (Kapitalertragsteuer, → Rn. 7 ff.), §§ 48 ff. (Bauabzugsteuer, → Rn. 15) sowie § 50a EStG iVm §§ 73a–73f EStDV (Aufsichtsrat- und Vergütungsteuer, → Rn. 16 ff.). Insofern ist § 380 AO ein **Blankettgesetz.** Es wird jedoch in verfassungsrechtlich zulässiger Weise (BVerfG 25.7.1962, BVerfGE 14, 174, 185 f.; BVerfG 7.5.1968, BVerfGE 23, 265, 269) durch besondere Gesetze ausgefüllt (OLG Frankfurt 31.1.1963, ZfZ 1964, 118; zur Geltung des Art. 103 II GG für Ordnungswidrigkeiten vgl. Dürig/Herzog/Scholz/*Remmert* GG Art. 103 Rn. 56). Der zum Steuerabzug Verpflichtete wird durch die Abzugspflicht selbst zum Steuerpflichtigen (§ 33 I AO). Die unentgeltliche Einschaltung des ArbG als Verwaltungshelfer ist verfassungsrechtlich unbedenklich (krit. *Trzaskalik* DStJG 12, 157, 177; *Winter* Der Arbeitgeber im Lohnsteuerrecht, 1998, 122 ff.; HHR/*Gersch* EStG § 42d Rn. 8; s. auch *Kanzler* FR 1996, 473 betr. Kindergeld); es handelt sich nämlich um herkömmliche, allgemeine und für alle Betroffenen gleiche öffentliche Dienstleistungen, deren Auferlegung im öffentlichen Interesse aus Art. 12 u. 14 GG nicht zu beanstanden ist (s. bereits BVerfG 29.11.1967, BVerfGE 22, 380 betr. KuponSt-Abzugsverfahren gem. § 45 III Nr. 1a EStG idF v. 25.3.1965, BGBl. 1965 I 147; OLG Frankfurt 31.1.1963, ZfZ 1964, 118; BFH 5.7.1963, BFHE 77, 408 – Verfassungsbeschwerde nicht zur Entscheidung angenommen – betr. LSt-Abzugsverfahren; BVerfG 17.2.1977, NJW 1977, 1282 betr. KiSt bei Pauschalierung der LSt).

7   Die **Lohnsteuer** hat der ArbG gem. §§ 38 ff. EStG bei jeder Lohnzahlung für Rechnung des ArbN einzubehalten. Wann ein Arbeitsverhältnis vorliegt, folgt aus § 1 LStDV. Ob der Vertrag, auf Grund dessen der Arbeitslohn gezahlt wird, wegen gesetz- oder sittenwidrigen Handelns nichtig ist, ist nach § 40 AO unerheblich (BGH 1.8.1984, NJW 1985, 208). Bei Leiharbeitsverhältnissen ist der Verleiher, auch der illegale sowie der ausländische (§ 38 I Nr. 2 EStG), zur Einbehaltung und Abführung der LSt verpflichtet. Ein ArbG mit Sitz im Ausland, der Unternehmen in Deutschland für bestimmte Projekte Arbeitskräfte zur Verfügung stellt, ist zur Einbehaltung und Abführung der LSt jedenfalls dann verpflichtet, wenn er im Inland einen Wohnsitz, seinen gewöhnlichen Aufenthalt, seine Geschäftsleitung, eine Betriebstätte oder einen ständigen Vertreter hat (§ 38 I Nr. 1 EStG). Neben dem ArbG haftet der Entleiher (§ 42d VI EStG; vgl. BGH 12.2.2003, NJW 2003, 1822), es sei denn, es liegt eine zulässige ArbN-Überlassung nach § 1 AÜG vor oder es greifen die Ausnahmetatbestände des § 42d VI 2, 3 EStG. Zum Steuerabzug ist der Entleiher allenfalls dann verpflichtet, wenn er selbst Arbeitslohn bezahlt (vgl. BGH 12.2.2003, NJW 2003, 1822; BFH 2.4.1982, BFHE 135, 501; BFH 18.1.1991, BFHE 163, 365; zust. Hüls/Reichling/*Hunsmann* AO § 380 Rn. 23). Zur grenzüberschreitenden ArbN-Überlassung in der EU vgl. BFH 4.9.2002, BFHE 200, 265. Trotz des eingeschränkten Weisungsrechts kann – abhängig von den Umständen des Einzelfalls – auch bei gewerbsmäßig ausgeübter Prostitution eine abhängige und damit lohnsteuerpflichtige Tätigkeit vorliegen (vgl. § 3 ProstG v. 20.12.2001, BGBl. 2001 I 3983; Bsp. bei Kohlmann/*Matthes* AO § 380 Rn. 25; s. aber BFH 15.3.2013, BFHE 237, 421 mAnm *Rolletschke* NZWiSt 2012, 260; BFH GrS 20.2.2013, BFHE 204, 282 u. – nachgehend – BFH 13.6.2013, BFH/NV 2013, 1577 – selbstständig tätige [Eigen-]Prostituierte erzielen gewerbliche Einkünfte).

8   **Arbeitslohn** sind alle Einnahmen in Geld oder Geldeswert, die durch ein individuelles Dienstverhältnis veranlasst sind. Ein Veranlassungszusammenhang zwischen einem Dienst-

verhältnis und Einnahmen wird angenommen, wenn die Einnahmen dem Empfänger nur mit Rücksicht auf das Dienstverhältnis zufließen und sich als Ertrag seiner nichtselbständigen Arbeit darstellen. Das ist der Fall, wenn sich die Einnahmen im weitesten Sinn als Gegenleistung für die Zurverfügungstellung der individuellen Arbeitskraft erweisen (BFH 11.3.1988, BFHE 153, 324 u. BFH 9.3.1990, BFHE 160, 447; Kohlmann/*Matthes* AO § 380 Rn. 24). Arbeitslohn kann auch bei üblichen nicht zu langfristigen *Vorschüssen* gegeben sein (vgl. Erbs/Kohlhaas/*Hadamitzky/Senge* AO § 380 Rn. 6; Hüls/Reichling/*Hunsmann* AO § 380 Rn. 16; Schmidt/*Krüger* EStG § 39b Rn. 2). Dasselbe gilt, wenn die Mittel nach der wirtschaftlichen Leistungsfähigkeit des ArbN nicht zurückgezahlt, sondern nur mit späteren Zahlungen verrechnet werden können. Durch das Dienstverhältnis veranlasst und damit lohnsteuerbar können auch Zahlungen Dritter sein. Auch in diesen Fällen ist der ArbG, nicht der Dritte, zur Einbehaltung und Abführung der LSt verpflichtet, wenn der ArbG weiß oder erkennen kann, dass derartige Vergütungen erbracht werden (§ 38 I 3 EStG; s. dazu die Diskussion zw. *Wobst* DStR 2016, 2693, *Ebner* DStR 2017, 1424; *Wobst* DStR 2017, 2203 u. *Ebner* DStR 2017, 2205). Kein Arbeitslohn liegt vor, wenn eine Zuwendung wegen anderer Rechtsbeziehungen, zB als Darlehenszinsen, erfolgt (BFH 31.10.1989, BFH/NV 1990, 759). Dasselbe gilt, wenn die den Vorteil bewirkenden Aufwendungen im ganz überwiegend eigenbetrieblichen Interesse des ArbG getätigt worden sind (BFH 25.5.1992, BFHE 167, 542 mwN), zB bei bestimmten Reisen von Außendienstmitarbeitern (BFH 9.8.1996, BFHE 181, 76). Reicht der vom ArbG geschuldete Barlohn zur Deckung der LSt nicht aus, hat der ArbN dem ArbG den Fehlbetrag zur Verfügung zu stellen oder der ArbG einen entsprechenden Teil der anderen Bezüge des ArbN zurückzubehalten (§ 38 IV 1 EStG). Kommt der ArbN seinen Verpflichtungen nicht nach und kann der Fehlbetrag auch nicht durch Zurückbehaltung von anderen Bezügen aufgebracht werden, so kann sich der ArbG durch eine Anzeige beim Betriebsstättenfinanzamt (§ 41a I Nr. 1 EStG) von seiner Einbehaltungs- und Abführungspflicht befreien (§ 38 IV 2 EStG).

Ordnungswidrig handelt, wer „*nicht*", „*nicht vollständig*" oder „*nicht rechtzeitig*" einbehält 9 oder abführt. „*Einbehalten*" kann nur Nichtauszahlen der rechnerisch ermittelten Abzugsbeträge bedeuten; denn eine Trennung vom sonstigen Vermögen wird vom Abzugsverpflichteten nicht verlangt (ebenso Erbs/Kohlhaas/*Hadamitzky/Senge* AO § 380 Rn. 4; Flore/Tsambikakis/*Heerspink* AO § 380 Rn. 57; Kohlmann/*Matthes* AO § 380 Rn. 32.1; RKR/*Rolletschke* AO § 380 Rn. 23; Schwarz/Pahlke/*Webel* AO § 380 Rn. 24; *Kopacek* FR 1969, 36). In Zweifelsfällen kann sich der ArbG beim FA mittels Anrufungsauskunft über die Höhe der einzubehaltenden LSt informieren (§ 42e EStG). Zahlt der ArbG keinen Lohn oder schreibt er ihn nur gut, handelt er nicht tatbestandsmäßig (HHS/*Bülte* AO § 380 Rn. 30; Hüls/Reichling/*Hunsmann* AO § 380 Rn. 19; Kohlmann/*Matthes* AO § 380 Rn. 32.1; RKR/*Rolletschke* AO § 380 Rn. 9a; Schwarz/Pahlke/*Webel* AO § 380 Rn. 9; Tipke/Kruse/*Drüen* AO § 380 Rn. 6; Wannemacher/*Wegner* Rn. 2513). Im Gegensatz dazu können ArbN-Beiträge zur Sozialversicherung nach dem nun eindeutigen Wortlaut des Gesetzes auch dann iSv § 266a StGB „*vorenthalten*" sein, wenn für den betreffenden Zeitraum kein Lohn gezahlt worden ist (BGH 12.2.2003, NJW 2003, 1821). Gegenüber dem Tatbestandsmerkmal „*Nichtabführen*" kommt dem Merkmal „*Nichteinbehalten*" keine eigenständige Bedeutung zu (→ Rn. 21).

Einzubehalten ist **„bei jeder Lohnzahlung"** (§ 38 III EStG). Manche ArbG zahlen aus 10 Vereinfachungsgründen für den üblichen Lohnzahlungszeitraum nur Abschläge in ungefährer Höhe und nehmen eine endgültige Lohnabrechnung erst später vor. Übersteigt der Abrechnungszeitraum fünf Wochen nicht und wird die Abrechnung spätestens drei Wochen nach dessen Ablauf vorgenommen, braucht die LSt erst bei der Lohnabrechnung einbehalten zu werden (§ 39b V EStG). Eine nachträgliche Einbehaltung gem. § 41c I Nr. 2 EStG schließt die Tatbestandsverwirklichung nicht aus, sollte aber iRd Opportunitätsprinzips (§ 410 I Hs. 1 AO, § 47 I OWiG) berücksichtigt werden (zust. BeckOK AO/*Hauer* AO § 380 Rn. 24; Schwarz/Pahlke/*Webel* AO § 380 Rn. 23; → Rn. 57). ArbG, die eigene oder gecharterte Handelsschiffe betreiben, dürfen vom Gesamtbetrag der anzumeldenden und abzuführenden LSt unter bestimmten Voraussetzungen 40 % abziehen und einbehalten (§ 41a IV EStG).

11 **Abzuführen** ist die einbehaltene LSt regelmäßig spätestens am 10. Tag nach Ablauf eines jeden Kalendermonats (§ 41a I 1 EStG). Hat die einbehaltene LSt im vorangegangenen Kalenderjahr nicht mehr als 1.080 EUR bzw. 5.000 EUR betragen, gelten längere Fristen (vgl. § 41a II 2, 3 EStG: Kalenderjahr bzw. -vierteljahr). Die Schonfrist des § 240 III AO stellt keinen Rechtfertigungsgrund dar (glA BeckOK AO/*Hauer* AO § 380 Rn. 27; Flore/Tsambikakis/*Heerspink* AO § 380 Rn. 62; Hüls/Reichling/*Hunsmann* AO § 380 Rn. 76; Kohlmann/*Matthes* AO § 380 Rn. 39, 45; RKR/*Rolletschke* AO § 380 Rn. 28; Schwarz/Pahlke/*Webel* AO § 380 Rn. 29; aM HHS/*Bülte* AO § 380 Rn. 45; Leopold/Madle/Rader/*Zanzinger* AO § 380 Rn. 2). Wird die LSt verspätet, aber noch innerhalb dieser Frist abgeführt, kann jedoch nach dem Opportunitätsprinzip (§ 410 I Hs. 1 AO, § 47 I OWiG; → Rn. 36) idR auf eine Ahndung verzichtet werden (ebenso Flore/Tsambikakis/*Heerspink* AO § 380 Rn. 82; Tipke/Kruse/*Drüen* AO § 380 Rn. 18). Zu den Auswirkungen einer rückwirkend verfügten Stundung s. → Rn. 34. „*Vollständig*" erfüllt ist die Abführungspflicht nur, wenn der ArbG die einbehaltenen Beträge vorschriftsmäßig, dh an das *zuständige* FA (§ 41a I EStG; aA BeckOK AO/*Hauer* AO § 380 Rn. 23; Flore/Tsambikakis/*Heerspink* AO § 380 Rn. 35 u. – diesem folgend – Schwarz/Pahlke/*Webel* AO § 380 Rn. 28; ebenso Tipke/Kruse/*Drüen* AO § 380 Rn. 7; unklar RKR/*Rolletschke* AO § 380 Rn. 24a), abgeführt hat; erst dann ist auch der ArbN von seiner Steuerschuld befreit (§ 42d EStG). Bei Abführung an ein unzuständiges FA dürfte es jedoch zweifelhaft sein, ob der ArbG leichtfertig gehandelt hat. Jedenfalls fehlt ein öffentliches Interesse an der Verfolgung der Tat, wenn der ArbG die einbehaltenen Beträge zwar an ein unzuständiges FA, jedoch vollständig und pünktlich abgeführt hat (§ 410 I Hs. 1 AO, § 47 I OWiG; wie hier Hüls/Reichling/*Hunsmann* AO § 380 Rn. 59).

12 Die Abzugsvorschriften des EStG und der LStDV sind zwar auch auf die **Kirchensteuer** anzuwenden (zB § 12 II SächsKiStG). Jedoch gelten die Straf- und Bußgeldvorschriften der AO für die KiSt nicht (zB Art. 18 II BayKiStG; s bereits → Rn. 4 aE).

13 Auch die **Kapitalertragsteuer** (§§ 43 ff. EStG) wird im Abzugswege erhoben. Der Gläubiger der Kapitalerträge ist StSchuldner (§ 44 I EStG). Die Schuldner der Kapitalerträge, die die Kapitalerträge auszahlenden Stellen und die einen Verkaufsauftrag ausführenden Stellen haften steuerlich für die KapSt, die sie einzubehalten und abzuführen haben (§ 44 V EStG); sie müssen dem Gläubiger gem. § 45a II, III EStG auf Verlangen eine Steuerbescheinigung ausstellen (im Einzelnen BMF 15.12.2017, BStBl. I 2018, 13 = BeckVerw 351375). Der Steuerabzug unterbleibt, wenn der Gläubiger eine Nichtveranlagungsbescheinigung oder einen Freistellungsauftrag vorlegt (§ 44a II 1 EStG).

14 **Abzuführen** ist die innerhalb eines Kalendermonats **einbehaltene KapSt** bis zum 10. des folgenden Monats an das FA (§ 44 I 5 EStG). Durch das UnternehmenssteuerreformG 2008 v. 14.8.2007 (BGBl. 2007 I 1912) hat der Gesetzgeber zur Minderung des „*Interesse[s] privater Anleger, Kapital allein aus steuerlichen Gründen ins Ausland zu verlagern*" bzw. zum Erhalt des bundesdeutschen „*Steuersubstrat[s]*" (BT-Drs. 16/4841, 1, 30) mWv 1.1.2009 die bisherige Systematik der Besteuerung von Kapitaleinkünften durch Einführung einer einheitlichen **Abgeltungsteuer** iHv 25 % (zzgl. 5,5 % SolZ, vgl. §§ 32d I 1, 43 V EStG, § 4 S. 1 SolZG) modifiziert (allg. dazu *Schmitt* Stbg 2009, 55 u. 101; zu den Einzelheiten BMF 9.10.2012, BStBl. I 2012, 953 = BeckVerw 265120, Tz. 132 ff., zuletzt idF des BMF 18.1.2016, BStBl. I 2016, 85 = BeckVerw 323200 m. zahlr. Folgeanpassungen; *Harenberg* NWB Beilage zu Nr. 13/2010; zur Diskussion um die geplante Abschaffung der Abgeltungsteuer s. zB *Schenk* GmbHR 2018, 456). Eine Einbeziehung von Kapitalerträgen in die ESt-Veranlagung ist danach nur noch *ausnahmsweise* (zB in den Fällen der sog. Günstigerprüfung nach § 32d VI EStG) vorgesehen (vgl. *Günther* EStB 2010, 113). § 45d EStG schreibt für bestimmte Fälle Mitteilungen an das BZSt vor. Wer diese Vorschrift vorsätzlich oder leichtfertig verletzt, handelt ordnungswidrig (§ 50e I EStG).

Auch die mit dem G zur Eindämmung der illegalen Betätigung im Baugewerbe v. **15** 30.8.2001 (BGBl. 2001 I 2267) zur Sicherung von Steueransprüchen bei Bauleistungen mWv 1.1.2002 eingeführte **Bauabzugsteuer** (§§ 48 ff. EStG; grundlegend *Schwenke* BB 2001, 1553) ist Abzugsteuer iSv § 380 AO. § 48 I 1 EStG verpflichtet den Empfänger einer im Inland erbrachten Bauleistung, für Rechnung des Leistenden von der Gegenleistung einen Steuerabzug iHv 15 % (ohne weitere 5,5 % SolZ, vgl. § 1 III SolZG) vorzunehmen, sofern der Leistungsempfänger ein Unternehmer iSd UStG oder eine juristische Person des öffentlichen Rechts ist. Die Pflichten gelten auch für Kleinunternehmer (§ 19 UStG), pauschalversteuernde Land- und Forstwirte (§ 24 UStG) und Unternehmer, die selbst ausschließlich umsatzsteuerfreie Umsätze ausführen (vgl. BMF 27.12.2002, BStBl. I 2002, 1339 = BeckVerw 035889; teilweise geänd. durch BMF 4.9.2003, BStBl. I 2003, 431 = DStR 2003, 1575 = BeckVerw 045811). Eine Abzugsverpflichtung besteht nicht, wenn der Leistende dem Leistungsempfänger eine Freistellungsbescheinigung des zuständigen FA vorlegt oder bestimmte Freigrenzen nicht überschritten werden (§ 48 II 1 EStG).

Bei **beschränkt Stpfl** wird die ESt im Abzugswege erhoben (§ 50a EStG, §§ 73a–73g **16** EStDV; **Aufsichtsrat- u. Vergütungsteuer;** zur aufgrund der Rspr des EuGH iS *„Scorpio"* [DStR 2006, 2017] u. *„Centro Equestre"* [DStRE 2007, 961] veranlassten Neufassung des § 50a EStG durch Art. 1 Nr. 36 des JStG 2009 v. 19.12.2008 [BGBl. 2008 I 2794; Begr. BT-Drs. 16/10189, 61 ff.] s. *Decker/Looser* IStR 2010, 8, *Holthaus* IStR 2010, 23 u. *Köhler/Goebel/Schmidt* DStR 2010, 8; zur Anwendung s. § 52 XLVII EStG):

– bei Einkünften, die durch im Inland ausgeübte künstlerische, sportliche, artistische, unterhaltende oder ähnliche Darbietungen erzielt werden, einschl. der Einkünfte aus anderen mit diesen Leistungen zusammenhängenden Leistungen, unabhängig davon, wem die Einkünfte zufließen, es sei denn, es handelt sich um Einkünfte aus nichtselbständiger Arbeit, die bereits dem Steuerabzug vom Arbeitslohn unterliegen (vgl. § 50a I Nr. 1 EStG [= § 50a IV 1 Nr. 1 EStG aF]; s. auch BGH 5.4.2000, NStZ 2000, 427 mAnm *Salditt* PStR 2000, 118; *Schott* PStR 2006, 257, jew. zur aF; erg. *Sperling* PStR 2019, 92 zur „Hinterziehung" der Künstlersozialabgabe [= Ordnungswidrigkeit gem. § 36 KSVG]);

– bei Einkünften aus der inländischen Verwertung von Darbietungen iSv § 50a I Nr. 1 EStG (§ 50a I Nr. 2 EStG [= § 50a IV 1 Nr. 2 EStG aF]);

– bei Einkünften, die aus Vergütungen für die Überlassung der Nutzung oder des Rechts auf Nutzung von Rechten, insbesondere von Urheberrechten und gewerblichen Schutzrechten, von gewerblichen, technischen, wissenschaftlichen und ähnlichen Erfahrungen, Kenntnissen und Fertigkeiten herrühren, sowie bei Einkünften, die aus der Verschaffung der Gelegenheit erzielt werden, einen Berufssportler über einen begrenzten Zeitraum vertraglich zu verpflichten (vgl. § 50a I Nr. 3 EStG [= § 50a IV 1 Nr. 3 EStG aF]),

– bei Einkünften, die Mitgliedern des Aufsichtsrats, Verwaltungsrats, Grubenvorstands oder anderen mit der Überwachung der Geschäftsführung von Körperschaften, Personenvereinigungen und Vermögensmassen iSd § 1 KStG beauftragten Personen sowie von anderen inländischen Personenvereinigungen des privaten und öffentlichen Rechts, bei denen die Gesellschafter nicht als Unternehmer (Mitunternehmer) anzusehen sind, für die Überwachung der Geschäftsführung gewährt werden (ARSt; § 50a I Nr. 4 EStG [= § 50a I EStG aF]).

Der Schuldner der ARSt oder der sonstigen Vergütungen hat die Steuer für Rechnung **17** des Gläubigers (StSchuldners) in dem Zeitpunkt einzubehalten, in dem die Vergütung dem Gläubiger zufließt (vgl. § 50a V EStG, § 73e EStDV; Ausn.: § 73f EStDV). Die innerhalb eines Kalendervierteljahres einbehaltenen Beträge sind jeweils bis zum 10. des dem Vierteljahr folgenden Monats an das BZSt abzuführen (§ 50a V 3 EStG). Bemessungsgrundlage für den Steuerabzug iHv 15 % bzw. 30 % zzgl. 5,5 % SolZ (vgl. § 50a II 1 EStG, § 4 S. 1 SolZG) ist der volle Betrag der Einnahmen. Abzüge, zB für Werbungskosten und Betriebsausgaben, waren nach der bis 25.12.2008 geltenden Rechtslage grds. unzulässig (§ 50a III,

IV 2, 3 EStG aF; s. aber BFH 27.7.2011, BFHE 234, 292; BFH 25.4.2012, BFH/NV 2012, 1444); durch das JStG 2009 wurden sie in begrenztem Umfang (ausdrücklich) zugelassen (vgl. BMF v. 17. 6 2014, BStBl. I 2014, 887 = IStR 2014, 536 = BeckVerw 286080; *Decker/Looser* IStR 2010, 8, 11; insgesamt krit. vor dem Hintergrund der Entscheidung des EuGH 19.6.2014 – C-53/13, IStR 2014, 630: *Holthaus* IStR 2014, 628).

18 Neben den gesetzlich auferlegten Steuerabzugspflichten ist das FA gem. § 50a VII EStG ermächtigt, **im Einzelfall** einen Steuerabzug bei beschränkt Stpfl anzuordnen. Der vom FA angeordnete Steuerabzug hat zwar materiell dieselbe Rechtsnatur wie eine auf dem Gesetz selbst beruhende Anordnung. Er kann auch nur im Voraus angeordnet werden (FG Berlin 27.1.1967, EFG 1967, 513; s. dazu auch HHR/*Maßbaum* EStG § 50a Rn. 182). Gleichwohl erfüllt eine Verletzung der im Einzelfall angeordneten Abzugspflicht nicht den Tatbestand des § 380 I AO, weil sich die Pflicht nicht unmittelbar aus dem Gesetz, sondern erst aus einem VA ergibt (Art. 103 II GG; § 377 II AO, § 3 OWiG; glA BeckOK AO/ *Hauer* AO § 380 Rn. 11; Flore/Tsambikakis/*Heerspink* AO § 380 Rn. 13; Kohlmann/ *Matthes* AO § 380 Rn. 14, 29; RKR/*Rolletschke* AO § 380 Rn. 14; Schwarz/Pahlke/*Webel* AO § 380 Rn. 8; aA HHS/*Bülte* AO § 380 Rn. 38 unter Hinweis darauf, der Wortlaut des § 380 AO setze keine gesetzliche Pflicht voraus; ähnl. Hüls/Reichling/*Hunsmann* AO §308 Rn. 38 [„nicht zwingend"]; Leopold/Madle/Rader/*Zanzinger* AO § 380 Rn. 20 aE; Tipke/Kruse/*Drüen* AO § 380 Rn. 4).

19 Bis zum 31.12.2001 wurde auch die **Umsatzsteuer** im Abzugsverfahren erhoben, soweit ausländische Unternehmer steuerpflichtige Umsätze im Inland ausführten (§ 18 VIII UStG, §§ 51 ff. UStDV aF). In diesen Fällen hatte der Leistungsempfänger die Steuer nach dem Entgelt und nach den Steuersätzen des § 12 UStG zu berechnen und an das für ihn zuständige FA abzuführen (§ 53 UStDV aF). Ordnungswidrig nach § 380 AO handelte zB derjenige, der die um die USt gekürzte Rechnungssumme an seinen Vertragspartner bezahlte, die ausgewiesene USt aber nicht abführte (*Bilsdorfer* DStZ 1981, 163; s. dazu auch Hüls/Reichling/*Hunsmann* AO § 380 Rn. 40). Dieses Verfahren war jedoch nicht in vollem Umfang gemeinschaftskonform und wurde zum 1.1.2002 durch ein Verfahren mit Steuerschuldnerschaft des Leistungsempfängers ersetzt (BGBl. 2001 I 3794). Zugleich wurde durch Art. 1 Nr. 7 SteuerverkürzungsbekämpfungsG v. 19.12.2001 (BGBl. 2001 I 3922) zur Sicherung des USt-Aufkommens ein neuer Ordnungswidrigkeitentatbestand (§ 26b UStG) in das UStG eingeführt (zusf. *Kemper* UR 2014, 673); die Vorschrift findet sich seit 1.7.2021 in erweiterter Fassung in **§ 26a I UStG** (s. dazu *Roth* PStR 2021, 89). Danach handelt ordnungswidrig, wer vorsätzlich in den im Gesetz genannten Fällen zu entrichtende USt nicht, nicht vollständig oder nicht rechtzeitig abführt. Die Ordnungswidrigkeit kann mit einer Geldbuße bis zu 30.000 EUR geahndet werden (§ 26a III UStG). Handelt der Täter gewerbsmäßig *oder* als Mitglied einer Bande, die sich zur fortgesetzten Begehung solcher Handlungen verbunden hat, ist die Handlung eine Straftat, die mit Geldstrafe oder Freiheitsstrafe bis zu fünf Jahren bestraft werden kann (§ 26c UStG; nach *Roth* [wistra 2017, 1 u. wistra 2019, 18] soll der Straftatbestand wg. Verstoßes gg. das Zitiergebot [Art. 19 I 2 GG] verfassungswidrig sein [offen gelassen von BFH 25.5.2016, BFH/NV 2016, 1310; abl. *Gmeiner* wistra 2019, 17]; erg. *Pflaum* wistra 2018, 391 zur Frage einer etwaigen Verletzung von Art. 50 GRCh [ne bis in idem] bei hohen Säumniszuschlägen iSv § 240 AO angesichts der Entscheidung EuGH 20.3.2018, MwStR 2018, 551 – Luca Menci).

20 **Tatbestandsmäßige Handlungen im Sinne des § 380 I AO** sind das „Nichteinbehalten" und „Nichtabführen". Folglich handelt ein ArbG, der kein Lohnkonto führt (§ 41 EStG, § 4 LStDV), oder ein Schuldner von Aufsichtsratsvergütungen, der die nach § 73d EStDV vorgeschriebenen Aufzeichnungen unterlässt, nicht ordnungswidrig iSv § 380 AO (Tipke/Kruse/*Drüen* AO § 380 Rn. 8). Eine Verletzung der Vorschriften über die Führung des Lohnkontos (§ 4 LStDV) kann indes unter § 379 I Nr. 3 AO fallen (zust. v. *Briel/ Ehlscheid* § 1 Rn. 544; Flore/Tsambikakis/*Heerspink* AO § 380 Rn. 36; Kohlmann/*Matthes* AO § 380 Rn. 26.3; RKR/*Rolletschke* AO § 380 Rn. 23; Schwarz/Pahlke/*Webel* AO

§ 380 Rn. 24). Auch die Beschäftigung eines ArbN, der die ihm zugeteilte Identifikationsnummer nicht zum Abruf der elektronischen Lohnsteuerabzugsmerkmale mitgeteilt hat (§ 39c EStG), und die Nichtabgabe von LSt-Anmeldungen (§ 41a EStG) fallen nicht unter den Tatbestand des § 380 AO. Die Nichtabgabe von LSt-Anmeldungen kann aber als Steuerhinterziehung strafbar sein, wenn die FinB über die Entstehung oder Höhe des Steueranspruchs in Unkenntnis gelassen wird und dadurch Steuern verkürzt werden (zust. BeckOK AO/*Hauer* AO § 380 Rn. 20: *„unrichtige oder unvollständige Anmeldung ... von § 380 nicht erfasst"*; ebenso Tipke/Kruse/*Drüen* AO § 380 Rn. 8; s. auch → Rn. 49). Andererseits kommt es für die Anwendbarkeit des § 380 AO nicht darauf an, ob das von der Entstehung der Steuerschuld unterrichtete FA „untätig" geblieben ist (ebenso BFH 11.8.1978, BFHE 125, 508 zur Haftung gem. § 109 RAO; Hüls/Reichling/*Hunsmann* AO § 380 Rn. 52; → Rn. 5 aE).

Der Tatbestand des § 380 I AO enthält eine **Doppelverpflichtung** (*„einbehalten"* und 21 *„abführen"*). Leider hat der Gesetzgeber keine Veranlassung gesehen, der Empfehlung des Schrifttums zu folgen und den Tatbestand durch Streichung des Wortes *„einzubehalten"* zu vereinfachen (s. Begr. BT-Drs. VI/1982, 197). Nach hM genügt es, wenn der Täter eine der beiden Pflichten verletzt. Nach dieser Auffassung ist die Tat bereits mit der zuerst verwirklichten Tatbestandsalternative vollendet (BGH 13.11.1952, BGHSt 2, 183; BeckOK AO/*Hauer* AO § 380 Rn. 21; *Burhoff* PStR 2006, 233, 238; Erbs/Kohlhaas/*Hadamitzky*/*Senge* AO § 380 Rn. 8; *Pfaff* DStZ 1972, 297 u. StBp 1978, 209; Simon/Wagner S. 43; Suhr/*Naumann*/*Bilsdorfer* Rn. 386; v. Briel/Ehlscheid/*v. Briel* § 1 Rn. 545; Koch/Scholtz/*Scheurmann-Kettner* AO § 380 Rn. 3; Kühn/v. Wedelstädt/*Blesinger*/*Viertelhausen* AO § 380 Rn. 4; Tipke/Kruse/*Drüen* AO § 380 Rn. 5). Der Gesetzeswortlaut (*„und"*) spricht indes gegen diese Auslegung. Andererseits zwingt der Sinn der Vorschrift dazu, der hM in Bezug auf das Merkmal *„abführen"* beizupflichten. Läge eine Ordnungswidrigkeit nur vor, wenn Einbehaltung *und* Abführung vernachlässigt worden sind, so erfüllte derjenige ArbG, der die LSt zwar vollständig einbehält und anschließend anmeldet, aber für sich verbraucht, nicht den Tatbestand des § 380 I AO. Das wäre mit dem Schutzzweck des § 380 AO (→ Rn. 2) nicht zu vereinbaren, der sicherstellen soll, dass Steuerabzugsbeträge an das FA abgeführt werden. Andererseits ist eine Steuerordnungswidrigkeit durch bloße Verletzung der Einbehaltungspflicht kaum denkbar, weil das Gesetz eine Aussonderung einbehaltener Beträge nicht verlangt (→ Rn. 9; glA BeckOK AO/*Hauer* AO § 380 Rn. 21; Hüls/Reichling/*Hunsmann* AO § 380 Rn. 52; Kohlmann/*Matthes* AO § 380 Rn. 31b, 32; insges. krit. Flore/Tsambikakis/*Heerspink* AO § 380 Rn. 61; GJW/*Sahan* AO § 380 Rn. 11 f.; Schwarz/Pahlke/*Webel* AO § 380 Rn. 30). Bei Vereinbarung sog. *Nettolöhne* – die allerdings nicht vorliegt, wenn ArbG und ArbN einvernehmlich zur Hinterziehung der LSt zusammenwirken (BGH 13.5.1992, NJW 1992, 2240; s. BGH 2.12.2008, BGHSt 53, 71 u. BGH 8.2.2011, BGHSt 56, 153 zur strafrechtl. Behandlung derartiger Fälle) – kommt ein Einbehalten schon begrifflich nicht in Betracht (erg. Erbs/Kohlhaas/*Hadamitzky*/*Senge* AO § 380 Rn. 5; Kohlmann/*Matthes* AO § 380 Rn. 33.2 ff.). Entscheidend für die Tatbestandsverwirklichung ist daher, ob die Steuerabzugsbeträge an das FA abgeführt werden (glA v. Briel/Ehlscheid/*v. Briel* § 1 Rn. 546; Hüls/Reichling/*Hunsmann* AO § 380 Rn. 63; Kohlmann/*Matthes* AO § 380 Rn. 31.3; RKR/*Rolletschke* AO § 380 Rn. 25). Im Ergebnis ist der Tatbestand des § 380 AO immer, aber auch nur dann erfüllt, wenn die geschuldete Steuer nicht, nicht pünktlich oder nicht vollständig abgeführt wird (ebenso BeckOK OWiG/*Merkt* AO § 380 Rn. 2; Klein/*Jäger* AO § 380 Rn. 1; Quedenfeld/Füllsack/*Klinger* Rn. 241; Leopold/Madle/Rader/*Zanzinger* AO § 380 Rn. 22; ähnl. HHS/*Bülte* AO § 380 Rn. 44, der annimmt, der zumindest vorübergehende Ausfall der Abzugsteuer müsse als ungeschriebenes Tatbestandsmerkmal hinzukommen). Daher führt die bereits in der gesetzgeberischen Konzeption von § 380 I AO angelegte Verwirklichung beider Tatbestandsalternativen konkurrenzrechtlich auch nur zu einer Tat iSv § 377 II AO, § 19 I OWiG (vgl. Kohlmann/*Matthes* AO § 380 Rn. 55; → Rn. 49 ff.).

22 Bei wirksamer **Aufrechnung** gegenüber dem FA mit Gegenansprüchen aus anderen Steuerarten ist der objektive Tatbestand des § 380 I AO nicht erfüllt (BeckOK AO/*Hauer* AO § 380 Rn. 26; Erbs/Kohlhaas/*Hadamitzky/Senge* AO § 380 Rn. 10; GJW/*Sahan* AO § 380 Rn. 19; Klein/*Jäger* AO § 380 Rn. 1; Hüls/Reichling/*Hunsmann* AO § 380 Rn. 68; Kohlmann/*Matthes* AO § 380 Rn. 37; Schwarz/Pahlke/*Webel* AO § 380 Rn. 33 u. Tipke/Kruse/*Drüen* AO § 380 Rn. 7; vgl. auch OLG Köln 2.3.1984, wistra 1984, 154). Die Aufrechnung ist jedoch nur unter den engen Voraussetzungen des § 226 III, IV AO möglich. Der objektive Tatbestand ist auch dann nicht erfüllt, wenn die Finanzkasse ordnungsgemäß abgeführte Abzugsteuern für andere (eigene) Steuern des Abführungsverpflichteten verrechnet (OLG Köln 11.2.1983, wistra 1983, 163; Kohlmann/*Matthes* AO § 380 Rn. 36; Kühn/v. Wedelstädt/*Blesinger/Viertelhausen* AO § 380 Rn. 5; RKR/*Rolletschke* AO § 380 Rn. 32). Der Pflicht aus § 380 AO ist allerdings nicht Genüge getan, wenn der Abführungsverpflichtete einbehaltene Abzugsteuern zwar der FinB übermittelt, damit aber eine andere Steuerschuld begleichen will (BayObLG 25.3.1977, BayObLGSt 1977, 50; BeckOK AO/*Hauer* AO § 380 Rn. 25; Hüls/Reichling/*Hunsmann* AO § 380 Rn. 67; Kohlmann/*Matthes* AO § 380 Rn. 35; Schwarz/Pahlke/*Webel* AO § 380 Rn. 34; aM *Skuhr* JR 1966, 414). § 225 AO steht dieser Ansicht nicht entgegen (aA wohl GJW/ *Sahan* AO § 380 Rn. 18).

23–29 *einstweilen frei*

4. Täter

30 **§ 380 AO ist ein Sonderdelikt.** Täter iSd § 380 AO kann jeder durch die Einzelsteuergesetze unmittelbar Verpflichtete sowie jeder gesetzliche oder gewillkürte (§ 377 II AO, § 9 II 1 OWiG) Vertreter sein (vgl. u. a. GJW/*Sahan* AO § 380 Rn. 4; Flore/ Tsambikakis/*Heerspink* AO § 380 Rn. 21 ff.; Gosch AO/FGO/*Beckmann* AO § 380 Rn. 25; Hüls/Reichling/*Hunsmann* AO § 380 Rn. 6, 43; Kohlmann/*Matthes* AO § 380 Rn. 15; RKR/*Rolletschke* AO § 380 Rn. 6; Schwarz/Pahlke/*Webel* AO § 380 Rn. 36). Zu den Vertretern gehören vor allem diejenigen Personen, die kraft Gesetzes für die Steuerschulden des Vertretenen haften (§ 69 AO); denn sie treten kraft Gesetzes (§§ 34, 35 AO) in ein unmittelbares Pflichtenverhältnis zur FinB und haben die steuerlichen Pflichten der von ihnen Vertretenen zu erfüllen. Unabhängig von einer steuerlichen Haftung sind sie bußgeldrechtlich jedoch nur dann verantwortlich, wenn sie selbst ordnungswidrig gehandelt haben. Eine interne Geschäftsverteilung für die Erfüllung steuerlicher Pflichten kann die Verantwortung zwar begrenzen, aber nicht aufheben (BGH 10.11.1999, wistra 2000, 137; HansOLG Hamburg 16.9.1986, NStZ 1987, 79; zust. BeckOK AO/*Hauer* AO § 380 Rn. 36; vgl. auch → Rn. 37 f.).

31 Als **gesetzliche Vertreter** kommen insbes. die Geschäftsführer und Vorstände juristischer Personen in Betracht (§ 34 I AO) sowie Treuhänder (RFH 6.4.1932, RFHE 30, 264) und sonstige Vermögensverwalter (§ 34 III AO). Soweit nicht rechtsfähige Personenvereinigungen ohne Geschäftsführer sind, haben die Mitglieder oder Gesellschafter die steuerlichen Pflichten der Vereinigung zu erfüllen (§ 34 II AO); Verfügungsberechtigte (Angehörige oder Fremde) haben die Pflichten eines gesetzlichen Vertreters (§ 35 AO; zum Ganzen *Kottke* Information StW 1996, 709; *Suhr/Naumann/Bilsdorfer* Rn. 388; Kohlmann/ *Matthes* AO § 380 Rn. 15 ff.). § 35 AO begründet aber kein unmittelbares Pflichtverhältnis für den „Nur"-Bevollmächtigten. Lediglich Bevollmächtigte, die gleichzeitig *verfügungsberechtigt* sind, werden von dieser Vorschrift erfasst. Die Einschränkung betrifft hauptsächlich Berater, insbes. *Angehörige der rechts- und steuerberatenden Berufe.* In Ausnahmefällen können sie Verantwortliche iSd § 9 II Nr. 2 OWiG sein (dazu auch Hüls/Reichling/ *Hunsmann* AO § 380 Rn. 47). Verantwortung für die Wahrnehmung der Aufgaben eines anderen kann jedoch nur begründet werden, wenn es dem Beauftragten insoweit auch möglich ist, mit eigener Entscheidungsbefugnis zu handeln (Krenberger/Krumm OWiG § 9 Rn. 23).

Verfügungsberechtigt im Sinne des § 35 AO ist jeder, der nach dem Gesamtbild der 32
Verhältnisse rechtlich und wirtschaftlich über Mittel, die einem anderen zuzurechnen sind,
verfügen kann und als solcher nach außen auftritt (Begr. BT-Drs. VI/1982, 111; BFH
27.11.1990, BFHE 163, 106; BGH 9.4.2013, BGHSt 58, 218, 236), zB der treuhänderisch
tätige Steuerberater (dazu ausf. *Gräfe/Wollweber/Schmeer* Rn. 1124 ff.). Die tatsächliche
Verfügungsmöglichkeit allein reicht nach dem ausdrücklichen Wortlaut des § 35 AO nicht
aus, um die Pflichten eines gesetzlichen Vertreters zu begründen. Rechtliche Verfügungsbefugnis erfordert vielmehr die Fähigkeit, im Außenverhältnis wirksam zu handeln (BT-
Drs. 7/4299, 19). Allerdings genügt eine mittelbare rechtliche Verfügungsbefugnis. Verfügungsberechtigt iSd § 35 AO ist daher auch, wer aufgrund seiner Stellung die Pflichten
des gesetzlichen Vertreters erfüllen kann oder durch die Bestellung entsprechender Organe
erfüllen lassen kann (BGH 9.4.2013, BGHSt 58, 218, 236). Die Stellung als *faktischer
Geschäftsführer* reicht hierfür aus (BFH 7.4.1992, BFH/NV 1993, 213; Klein/*Jäger* AO
§ 370 Rn. 62c; Hüls/Reichling/*Hunsmann* AO § 380 Rn. 46; RKR/*Rolletschke* AO
§ 380 Rn. 20). Gleiches gilt für denjenigen, der kraft eines Rechtsverhältnisses den Vertretenen steuern und über seine Mittel verfügen kann. Auch wenn ein Geschäftsherr einem
Dritten für einen bestimmten Geschäftsbereich völlig freie Hand lässt, so kann dieser Dritte
nach den Umständen des Einzelfalls für den Geschäftsbereich, den er übernommen hat, als
Verfügungsberechtigter iSd § 35 AO anzusehen sein (BGH 9.4.2013, BGHSt 58, 218,
236).

Jeder, der sich an einer (*vorsätzlichen,* vgl. Erbs/Kohlhaas/*Hadamitzky/Senge* AO § 380 33
Rn. 2; Tipke/Kruse/*Drüen* AO § 380 Rn. 3) Zuwiderhandlung nach § 380 AO **beteiligt,**
handelt ordnungswidrig, gleichgültig, in welcher Weise er zur Verwirklichung des Tatbestandes beiträgt (§ 377 II AO, § 14 OWiG; auch → § 377 Rn. 24 ff.).

5. Stundung

Eine Stundung kommt bei Abzugsteuern seit Einführung des Stundungsverbots in § 222 34
S. 3 u. 4 AO durch das Mißbrauchsbekämpfungs- und SteuerbereinigungsG v. 21.12.1993
(BGBl. 1993 I 2310) allenfalls noch in Ausnahmefällen in Betracht (vgl. Klein/*Rüsken* AO
§ 222 Rn. 4; aA Tipke/Kruse/*Loose* AO § 222 Rn. 6; vgl. zur Stundung der LSt-Abfüh-
rungsschuld des ArbG und der Abführungspflicht bei KapSt auch BFH 24.3.1998, BFHE
186, 98; BFH 15.12.1999, BFH/NV 2000, 1066 u. BFH 23.8.2000, BFHE 193, 17).
Jedenfalls erfüllt die Abführung von Steuerabzugsbeträgen erst nach dem gesetzlichen
Fälligkeitstermin den Tatbestand des § 380 I AO nur dann nicht, wenn die Steuer *vor*
diesem Termin wirksam gestundet worden ist (glA HHS/*Bülte* AO § 380 Rn. 47; Hüls/
Reichling/*Hunsmann* AO § 380 Rn. 78; Kohlmann/*Matthes* AO § 380 Rn. 40; Leopold/
Madle/Rader/*Zanzinger* AO § 380 Rn. 23; RKR/*Rolletschke* AO § 380 Rn. 29;
Schwarz/Pahlke/*Webel* AO § 380 Rn. 31; für rechtfertigende Wirkung der Stundung
Burhoff PStR 2006, 233, 238; Quedenfeld/Füllsack/*Klinger* Rn. 243). Allgemein gilt, dass
eine *nachträglich* ausgesprochene Stundung die Verspätung der Abführung weder beseitigen
noch rechtfertigen kann; das gilt auch dann, wenn die Stundung rückwirkend mit
Wirkung ab dem Fälligkeitstag ausgesprochen wird (ebenso BayObLG 30.1.1959, DStZ/B
1959, 124; BeckOK AO/*Hauer* AO § 380 Rn. 28; *Dörn* Stbg 1998, 349; Erbs/Kohlhaas/
Hadamitzky/Senge AO § 380 Rn. 9; GJW/*Sahan* AO § 380 Rn. 15; HHS/*Bülte* AO § 380
Rn. 47; Kohlmann/*Matthes* AO § 380 Rn. 40; Leopold/Madle/Rader/*Zanzinger* AO
§ 380 Rn. 23; Schwarz/Pahlke/*Webel* AO § 380 Rn. 32; Tipke/Kruse/*Drüen* AO § 380
Rn. 7; aM *Lohmeyer* INF 1992, 511); in solchen Fällen kann aber eine Opportunitäts-
entscheidung (§ 410 I Hs. 1 AO, § 47 I OWiG; Rn. 57) angezeigt sein (BeckOK AO/
Hauer AO § 380 Rn. 29; *Burhoff* PStR 2006, 233, 238; Quedenfeld/Füllsack/*Klinger*
Rn. 243; Flore/Tsambikakis/*Heerspink* AO § 380 Rn. 62; Hüls/Reichling/*Hunsmann* AO
§ 380 Rn. 81).

6. Subjektiver Tatbestand

35 Der subjektive Tatbestand des § 380 I AO erfordert direkten oder bedingten **Vorsatz** (→ § 369 Rn. 49 ff.) **oder Leichtfertigkeit** (→ Rn. 36). Eine Absicht des Täters, sich einen Vermögensvorteil zu verschaffen oder jemanden zu schädigen (sog. überschießende Innentendenz), ist nicht erforderlich (ebenso BeckOK AO/*Hauer* AO § 380 Rn. 43; Erbs/Kohlhaas/*Hadamitzky/Senge* AO § 380 Rn. 11). Für die Annahme von Vorsatz reicht es aus, dass der Täter die rechtswidrige Nichtabführung der Steuer gewollt oder mindestens eine solche Möglichkeit gebilligt hat. Der (direkte) Vorsatz kann fehlen, wenn der Täter der Meinung ist, dass ihm wegen bestehender Guthaben aus anderen Steuerarten Gegenforderungen gegen die FinB zustehen (vgl. OLG Köln 2.3.1984, wistra 1984, 154; v. Briel/Ehlscheid/*v. Briel* § 1 Rn. 550; Flore/Tsambikakis/*Heerspink* AO § 380 Rn. 72). Jeder Irrtum über Merkmale der die Blankettnorm des § 380 I AO ausfüllenden Einzelsteuergesetze (Berechnungs-, Einbehaltungs- und Abführungspflicht) ist ein Tatumstandsirrtum iSv § 377 II AO iVm § 11 I OWiG (so ua BeckOK AO/*Hauer* AO § 380 Rn. 44; Erbs/Kohlhaas/*Hadamitzky/Senge* AO § 380 Rn. 12; Hüls/Reichling/*Hunsmann* AO § 380 Rn. 73; s. ferner → § 369 Rn. 101 ff.). Hält der Täter die Nichteinbehaltung und -abführung für erlaubt, weil er zB glaubt, die entsprechende Steuer werde dem StSchuldner wieder erstattet, oder weil er annimmt, die Nichteinbehaltung und -abführung sei wegen einer angespannten betrieblichen Situation erlaubt, kann ein Verbotsirrtum vorliegen (vgl. Hüls/Reichling/*Hunsmann* AO § 380 Rn. 74; Kohlmann/*Matthes* AO § 380 Rn. 47.2; krit. *Dörn* Stbg 1998, 349; vgl. auch → § 369 Rn. 101 ff.). Bei LSt-Rechtsfragen dürfte ein Verbotsirrtum regelmäßig durch Herbeiführen einer Anrufungsauskunft (§ 42e EStG) vermeidbar sein (krit. Tipke/Kruse/*Drüen* AO § 380 Rn. 9: „*zu weitgehend*"). Führt etwa der Geschäftsführer einer Steuerberatungsgesellschaft, der Rechtsanwalt und Steuerberater ist, die einbehaltenen LSt-Abzugsbeträge nicht gem. § 41a I Nr. 2 EStG ab, weil er aufgrund der ihm gewährten Steuerstundung von der Wirkung einer Aufrechnung iSv § 222 AO ausgeht, unterliegt er einem vermeidbaren Verbotsirrtum (KG 22.9.1997, BeckRS 2014, 09430).

36 Der **Begriff „leichtfertig"** bezeichnet einen erhöhten Grad von Fahrlässigkeit (→ § 378 Rn. 33 ff.). Jeder Stpfl muss sich über diejenigen steuerlichen Verpflichtungen unterrichten, die ihn iR seines Lebenskreises treffen (→ § 378 Rn. 44). Ein ArbG, der sich nicht über seine lohnsteuerlichen Verpflichtungen unterrichtet, verhält sich daher regelmäßig leichtfertig (BeckOK AO/*Hauer* AO § 380 Rn. 46; Erbs/Kohlhaas/*Hadamitzky/Senge* AO § 380 Rn. 12; Hüls/Reichling/*Hunsmann* AO § 380 Rn. 70; Tipke/Kruse/*Drüen* AO § 380 Rn. 10). Da § 69 AO eine Vertreterhaftung nur für Vorsatz und grobe Fahrlässigkeit begründet, können die Anforderungen, welche die finanzgerichtliche Rspr an die Haftung nach § 69 AO stellt, Anhaltspunkte für die Vorwerfbarkeit nach § 380 AO liefern. Wegen des auch im Ordnungswidrigkeitenrecht geltenden Schuldprinzips wird dadurch der Nachweis individueller Vorwerfbarkeit aber nicht entbehrlich. Angesichts des immer komplizierter und unübersichtlicher werdenden LSt-Rechts dürfen die Anforderungen, die an die Sorgfaltspflicht des ArbG (Geschäftsführers) zu stellen sind, nicht überspannt werden (zust. BeckOK AO/*Hauer* AO § 380 Rn. 46; Schwarz/Pahlke/*Webel* AO § 380 Rn. 43; Tipke/Kruse/*Drüen* AO § 380 Rn. 10). So kann ihm bspw. nicht allein deswegen Leichtfertigkeit vorgeworfen werden, weil er sich nicht nach der einschlägigen BFH-Rechtsprechung erkundigt hat (ebenso *Dörn* Stbg 1998, 349; Tipke/Kruse/*Drüen* AO § 380 Rn. 10; aA FG Hamburg 26.10.1993, EFG 1994, 596). Bei Zweifeln an der Rechtslage trifft den Stpfl oder dessen Vertreter allerdings eine weitergehende Erkundigungspflicht. Leichtfertiges Handeln kann auch dann vorliegen, wenn der Stpfl sich nicht hinreichend mit einem zu steuerlichen Fragen eingeholten Rechtsgutachten auseinandersetzt (BGH 10.11.1999, wistra 2000, 137; Tipke/Kruse/*Drüen* AO § 380 Rn. 10).

37 Sind **mehrere Geschäftsführer,** Vorstandsmitglieder etc. vorhanden, kann die Verantwortlichkeit des einzelnen zwar nicht aufgehoben, aber durch eine Aufgabenverteilung

Subjektiver Tatbestand 38, 39 § 380

im normalen Geschäftsbetrieb begrenzt werden (BFH 23.8.1998, BFHE 186, 132; s. auch Tipke/Kruse/*Loose* AO § 69 Rn. 32 f.). Eine schriftliche Vereinbarung über die Abgrenzung der Zuständigkeiten (so BFH 23.6.1998, BFHE 186, 132 betr. § 69 AO) ist – abgesehen von der späteren Nachvollziehbar- bzw. Glaubhaftigkeit (§ 410 I Hs. 1 AO, § 46 I OWiG iVm § 261 StPO) – nicht Voraussetzung für eine Begrenzung der bußgeldrechtlichen Verantwortlichkeit. Ungeachtet der bestehenden Aufgabenteilung treffen jeden Geschäftsführer iR der Gesamtverantwortung nach § 34 AO die steuerlichen Pflichten der Gesellschaft in eigener Person. Er darf sich zwar grds. auf einen Mitgeschäftsführer verlassen, muss sich aber vergewissern, ob dieser genügend zuverlässig und sachkundig ist und die ihm übertragenen Aufgaben ordnungsgemäß ausführt (vgl. HansOLG Hamburg 16.9.1986, NStZ 1987, 79 dito Kühn/v. Wedelstädt/*Blesinger/Viertelhausen* AO § 380 Rn. 6; Tipke/Kruse/*Drüen* AO § 380 Rn. 3). Ist er dazu nicht in der Lage, muss er einen steuerlichen Berater hinzuziehen (vgl. BGH 10.11.1999, wistra 2000, 137; Kohlmann/*Matthes* AO § 380 Rn. 49; RKR/*Rolletschke* AO § 380 Rn. 19; Schwarz/Pahlke/*Webel* AO § 380 Rn. 44). Diese Pflichtenkumulation kann im Einzelfall (ggf. *zusätzlich;* einschr. Flore/Tsambikakis/*Heerspink* AO § 380 Rn. 84 [„*tritt … zurück*"]; Kohlmann/*Matthes* AO § 380 Rn. 19 [„*subsidiär*"], 61) den – § 380 AO überlagernden – Vorwurf einer Ordnungswidrigkeit nach § 130 OWiG begründen (erg. → § 377 Rn. 61 ff.).

Auch wer **Angestellte und sonstige Hilfskräfte** nicht überwacht, handelt leichtfertig 38 (zust. BeckOK AO/*Hauer* AO § 380 Rn. 46; Hüls/Reichling/*Hunsmann* AO § 380 Rn. 71; → § 378 Rn. 48). Selbst dann, wenn der Inhaber oder Geschäftsführer eines Unternehmens zB seinen Buchhalter aus guten Gründen für zuverlässig halten darf, handelt er leichtfertig, wenn er sich nicht iR des Zumutbaren wenigstens durch gelegentliche Kontrollen Gewissheit darüber verschafft, ob die übertragenen Aufgaben ordnungsgemäß erledigt werden (BGH 3.6.1954, BGHSt 7, 336; ebenso BGH 7.1.1975, BeckRS 1975, 00172; BFH 20.4.1982, BFHE 135, 416; BFH 27.11.1990, BFHE 163, 106). Leichtfertigkeit ist hingegen nicht gegeben, wenn die Wahrnehmung der steuerlichen Angelegenheiten auf Mitarbeiter übertragen worden ist und die nach den Umständen des konkreten Falles erforderlichen Überwachungsmaßnahmen nicht geeignet gewesen wären, deren Fehler bei der Erledigung dieser Aufgaben aufzudecken (vgl. BFH 27.11.1990, BFHE 163, 106). Auch Steuerberater sind zu überwachen, wenn ihnen die Erfüllung steuerlicher Pflichten übertragen wurde (FG Nürnberg 22.10.1991, EFG 1992, 242). Aus besonderem Anlass kann gegenüber einem Angehörigen der steuerberatenden Berufe sogar eine Pflicht des Stpfl zur Mitprüfung bestehen, wenn sich der Berater schon einmal als unzuverlässig erwiesen hat (vgl. BGH 24.1.1990, wistra 1990, 195). Der ausländische Geschäftsführer einer inländischen GmbH muss seine Angestellten bei eigener Unkenntnis von Fachleuten überwachen lassen (FG RhPf 21.11.1985, EFG 1986, 322; BFH 27.11.1990, BFHE 163, 106).

Die Tat ist ein **echtes Unterlassungsdelikt.** Der Tatbestand des § 380 AO setzt daher 39 voraus, dass die Erfüllung der Handlungspflicht dem Täter möglich und zumutbar ist. Die Handlungspflicht bleibt grds. auch bei **Zahlungsschwierigkeiten des ArbG** bestehen. Wirtschaftliche Schwierigkeiten können einen Verstoß gegen § 380 AO weder rechtfertigen noch entschuldigen (BeckOK AO/*Hauer* AO § 380 Rn. 32; *Burhoff* PStR 2006, 233, 238; Erbs/Kohlhaas/*Hadamitzky/Senge* AO § 380 Rn. 11; Klein/*Jäger* AO § 380 Rn. 11; Suhr/Naumann/*Bilsdorfer* Rn. 387; Wannemacher/*Wegner* Rn. 2518; Hüls/Reichling/*Hunsmann* AO § 380 Rn. 65; Kohlmann/*Matthes* AO § 380 Rn. 33.1, 45.1 u. 50; Tipke/Kruse/*Drüen* AO § 380 Rn. 11; abw. Gosch AO/FGO/*Beckmann* AO § 380 Rn. 29 für „unerwartete Zahlungsschwierigkeiten"); sie sind allenfalls bei der Bemessung der Geldbuße zu berücksichtigen (LG Stuttgart 2.4.1951, FR 1951, 311). Reichen die vorhandenen Mittel zur Zahlung des vollen Lohns einschließlich der darauf entfallenden Steuer nicht aus, muss der Lohn gekürzt (vgl. § 38 IV 1 EStG) und von dem herabgesetzten Betrag die entsprechende Steuer abgezogen und abgeführt werden (BFH 20.4.1982, BFHE 135, 416; FG Düsseldorf 23.11.1983, EFG 1984, 378; BGH 3.4.1952, BGHSt 2, 338; glA BeckOK AO/

Hauer AO § 380 Rn. 31.1; GJW/*Sahan* AO § 380 Rn. 20 f.; Simon/Wagner S. 44; v. Briel/Ehlscheid/*v. Briel* § 1 Rn. 551 f.; Wannemacher/*Wegner* Rn. 2518; HHS/*Bülte* AO § 380 Rn. 51; Hüls/Reichling/*Hunsmann* AO § 380 Rn. 58; Koch/Scholtz/*Scheurmann-Kettner* AO § 380 Rn. 4, 7; Kohlmann/*Matthes* AO § 380 Rn. 33.1, 45.1; Kühn/v. Wedelstädt/*Blesinger/Viertelhausen* AO § 380 Rn. 3; Leopold/Madle/Rader/*Zanzinger* AO § 380 Rn. 15, 24, 27 aE; RKR/*Rolletschke* AO § 380 Rn. 31, 34; Schwarz/Pahlke/*Webel* AO § 380 Rn. 25, 42; aA Tipke/Kruse/*Drüen* AO § 380 Rn. 11 unter Hinweis auf § 38 III 1 EStG. Denn die Pflicht zum Steuerabzug besteht nur, soweit tatsächlich Arbeitslohn gezahlt wird (§ 38 I 1 EStG). Hierin liegt der wesentliche Unterschied zu den ArbN-Beiträgen zur Sozialversicherung (vgl. § 266a I StGB). Die gebotene Kürzung darf auch nicht zur Vermeidung der Abwanderung von ArbN unterlassen werden, weil die ArbN den Steuerabzug ohne Rücksicht auf eigene wirtschaftliche Schwierigkeiten hinnehmen müssen (BFH 19.2.1953, BFHE 57, 412; ferner *Weyer* INF 1971, 285 betr. Sozialversicherungsbeiträge). Die Pflicht zur Abführung der LSt ist auch bei *Insolvenzreife* nicht suspendiert, weil nach nunmehr einheitlicher Rspr des BGH (vgl. BGH 14.5.2007, NJW 2007, 2118; *Henkel/Mock* EWiR 2007, 495; *Tiedtke/Peterek* GmbHR 2008, 617; s. auch GJW/*Sahan* AO § 380 Rn. 22; *Radtke* GmbHR 2009, 673; *Ransiek/Hüls* ZGR 2009, 157, 172 f.; *Schneider* GmbHR 2010, 57, 63) und des BFH (vgl. BFH 23.9.2009, BFHE 222, 228) der organschaftliche Vertreter einer Gesellschaft mit der Sorgfalt eines ordentlichen und gewissenhaften Geschäftsleiters handelt, wenn er bei Insolvenzreife den steuerlichen Normbefehlen folgend einbehaltene LSt abführt (vgl. FG Hamburg NZI 2020, 523; BeckOK AO/*Hauer* AO § 380 Rn. 31.1; GJW/*Sahan* AO § 380 Rn. 20; *Möhlenkamp* EWiR 2020, 627, 628; aA RKR/*Rolletschke* AO § 380 Rn. 36; ähnl. Kohlmann/*Matthes* AO § 380 Rn. 45.3, 50 u. Leopold/Madle/Rader/*Zanzinger* AO § 380 Rn. 29, die allerdings im 3-wöchigen Insolvenzantragszeitraum [vgl. § 15a I 1 InsO] die Annahme einer Pflichtenkollision erwägen; dem iErg. zust. Hüls/Reichling/*Hunsmann* AO § 380 Rn. 66; Schwarz/Pahlke/*Webel* AO § 380 Rn. 26; Tipke/Kruse/*Drüen* AO § 380 Rn. 12; unklar Flore/Tsambikakis/*Heerspink* AO § 380 Rn. 60). Ist die Abführung wegen fehlender Mittel gänzlich unmöglich, kommt die Zurechnung der Vorwerfbarkeit eines Vorverhaltens in Betracht, das die Unmöglichkeit verursacht hat (*omissio libera in causa;* vgl. BGH 28.5.2002, BGHSt 47, 318; BeckOK AO/*Hauer* AO § 380 Rn. 31; HHS/*Bülte* AO § 380 Rn. 52; Hüls/Reichling/*Hunsmann* AO § 380 Rn. 65; Tipke/Kruse/*Drüen* AO § 380 Rn. 11). Ein Vertreter (→ Rn. 31) dürfte ausnahmsweise dann entlastet sein, wenn ihm von dem unmittelbar Verpflichteten alle Mittel entzogen worden sind und er deshalb außerstande ist, die einbehaltenen Beträge abzuführen.

7. Versuch

40 Eine versuchte Ordnungswidrigkeit nach § 380 AO kann nicht geahndet werden (vgl. § 377 II AO, § 13 II OWiG).

41–45 *einstweilen frei*

8. Geldbuße, Vermögensabschöpfung

46 Die Ordnungswidrigkeit kann mit einer Geldbuße von mindestens 5 EUR **bis zu höchstens 25.000 EUR** bei vorsätzlichem und bis zu 12.500 EUR bei leichtfertigem Verhalten geahndet werden (§ 380 II AO; § 377 II AO, § 17 II OWiG). Bei der Zumessung der Geldbuße sind der sachliche Umfang der Tat, das vorwerfbare Verhalten des Täters sowie – in beschränktem Maße – auch seine wirtschaftlichen Verhältnisse zu berücksichtigen (§ 377 II AO, § 17 III OWiG; → § 377 Rn. 31 ff.). Die Geldbuße soll den *wirtschaftlichen Vorteil,* den der Täter aus der Ordnungswidrigkeit gezogen hat, übersteigen. Reicht das gesetzliche Höchstmaß hierzu nicht aus, so kann es überschritten werden (§ 377 II AO, § 17 IV OWiG). Sinn des § 17 IV OWiG ist es, den Täter so zu stellen, dass er im Ergebnis von seiner Handlung keinen Vorteil behält, sondern über das Maß der gezogenen

Vorteile hinaus eine geldliche Einbuße hinnehmen muss (BayObLG 25.4.1995, wistra 1995, 360). Wirtschaftlicher Vorteil iS dieser Vorschrift ist nur der um die Steuerbelastung verminderte Betrag, weil es mit Art. 3 I GG unvereinbar wäre, sowohl für eine Abschöpfungsmaßnahme als auch für die Besteuerung mit Ertragsteuern den Bruttobetrag des Erlangten zugrunde zu legen (zutr. Göhler/*Gürtler* OWiG § 17 Rn. 43). Ist allerdings eine Veranlagung der Steuern auf den Vorteil noch nicht bestandskräftig erfolgt, kann der Bruttobetrag als wirtschaftlicher Vorteil insgesamt abgeschöpft werden, denn dann kann eine Doppelbelastung dadurch vermieden werden, dass der Abschöpfungsbetrag im Besteuerungsverfahren gewinnmindernd Berücksichtigung findet. Maßgeblich ist somit die zeitliche Reihenfolge von Abschöpfung und steuerlicher Veranlagung (Göhler/*Gürtler* OWiG § 17 Rn. 43 u. BeckOK OWiG/*Sackreuther* OWiG § 17 Rn. 126, jew. mwN; diesen Umstand hatte der Kartellsenat des BGH in einem nicht tragenden Teil der Entscheidung v. 24.4.1991, BGHR OWiG § 17 Vorteil 1, noch nicht in den Blick genommen; dagegen mit Recht BGH 21.3.2002, BGHSt 47, 260, 268). Als wirtschaftlicher Vorteil in Betracht kommen auch Zinsgewinne aus nicht abgeführten Abzugsbeträgen (HHS/*Bülte* AO § 380 Rn. 90; Hüls/Reichling/*Hunsmann* AO § 380 Rn. 84; Kohlmann/*Matthes* AO § 380 Rn. 53.1; RKR/*Rolletschke* AO § 380 Rn. 52). Im Hinblick auf den Sinn des § 17 IV OWiG erscheint eine Verknüpfung der Bußgeldhöhe mit der Höhe eines Zinsgewinns unbedenklich (aA *Dörn* Stbg 1998, 349). Ein Vorteil, den der Täter der von ihm vertretenen juristischen Person verschafft hat, darf nicht zu seinem Nachteil berücksichtigt werden (OLG Celle 9.5.1975, BB 1976, 633); eine Anwendung des § 377 II AO iVm § 29a II OWiG (Einziehung des Wertes von Tatertägen) bzw. § 30, § 17 IV OWiG in Richtung der juristischen Person selbst ist dadurch allerdings nicht ausgeschlossen.

9. Selbstanzeige, Amnestie

47 Sanktionslosigkeit durch straf- bzw. bußgeldbefreiende Selbstanzeige (§§ 371, 378 III AO) kann der Täter einer Ordnungswidrigkeit nach § 380 AO nicht erlangen (s. dazu bereits *Brenner* StW 1981, 147, 151; aA *Seer* SteuerStud 2009, 117, 119 [als „*Durchgangsdelikt*" von der Selbstanzeige miterfasst]; *Suhr/Naumann/Bilsdorfer* Rn. 385 mwN; vgl. iÜ → § 371 Rn. 44 ff.; → § 379 Rn. 231). Nach § 380 I AO wird allein das nichtordnungsgemäße Einbehalten und Abführen der Steuer geahndet, ohne dass das FA über steuererhebliche Tatsachen in Unkenntnis gehalten wird. Demgemäß ist für eine „*Berichtigung oder Ergänzung unterlassener Angaben*" kein Raum (vgl. Klein/*Jäger* AO § 380 Rn. 22; Schwarz/Pahlke/*Webel* AO § 380 Rn. 46). § 380 AO verweist daher – im Gegensatz zu § 378 III AO – nicht auf § 371 AO. Auf den Bußgeldtatbestand der Gefährdung der Abzugsteuern nach § 380 AO kann auch dann zurückgegriffen werden, wenn eine Steuerhinterziehung oder eine leichtfertige Steuerverkürzung infolge wirksamer Selbstanzeige nicht mehr geahndet werden kann (BayObLG 3.3.1980, NJW 1981, 1055; s. auch Flore/Tsambikakis/*Heerspink* AO § 380 Rn. 82; HHS/*Bülte* AO § 380 Rn. 86; Hüls/Reichling/*Hunsmann* AO § 380 Rn. 87; Kühn/v. Wedelstädt/*Blesinger/Viertelhausen* AO § 380 Rn. 7; RKR/*Rolletschke* AO § 380 Rn. 45; Schwarz/Pahlke/*Webel* AO § 380 Rn. 46; ferner → § 379 Rn. 231 u. → § 371 Rn. 381). Je nach den Besonderheiten des Einzelfalles kann in solchen Fällen von einer Ahndung nach § 410 I Hs. 1 AO, § 47 I OWiG abgesehen werden (→ Rn. 57).

48 Im Gegensatz dazu gestattet(e) es § 6 StraBEG, für Ordnungswidrigkeiten nach § 380 AO eine **strafbefreiende Erklärung** (§ 1 StraBEG) abzugeben und diese damit zum Gegenstand der Steueramnestie zu machen (s. auch → 6. Aufl. § 6 StraBEG Rn. 1).

10. Konkurrenzfragen

49 Lässt der Täter die FinB über Entstehung und Höhe der Abzugsteuer in Unkenntnis, etwa weil er die nach § 41a EStG vorgeschriebene LSt-Anmeldung nicht abgibt (vgl. BGH

12.8.1968, BGHSt 23, 319), begeht er eine **Steuerhinterziehung** (§ 370 AO). Der ggf. daneben erfüllte Tatbestand des § 380 AO ist – auch wenn sich die Tathandlungen von § 370 AO und § 380 AO nicht decken – gegenüber der (auch nur versuchten) Steuerhinterziehung subsidiär (glA Erbs/Kohlhaas/*Hadamitzky/Senge* AO § 380 Rn. 14; GJW/ *Sahan* AO § 380 Rn. 26; KWG SteuerStrafR/*Kuhn* Rn. 214; Quedenfeld/Füllsack/*Klinger* Rn. 244; Wannemacher/*Wegner* Rn. 2511; Gosch AO/FGO/*Beckmann* AO § 380 Rn. 6; HHS/*Bülte* AO § 380 Rn. 91; Hüls/Reichling/*Hunsmann* AO § 380 Rn. 90; Koch/Scholtz/*Scheurmann-Kettner* AO § 380 Rn. 8; Kohlmann/*Matthes* AO § 380 Rn. 31, 54.3 u. 56; Kühn/v. Wedelstädt/*Blesinger/Viertelhausen* AO § 380 Rn. 7; RKR/*Rolletschke* AO § 380 Rn. 38), weil in aller Regel mit der Nichtanmeldung auch die Nichtabführung der Abzugsteuer einhergeht und beide Tatbestände die Verkürzung der Steuer verhindern sollen (Rechtsgedanke der *„mitbestraften Nachtat"*; dito Flore/Tsambikakis/*Heerspink* AO § 380 Rn. 84; abw. Kohlmann/*Matthes* AO § 380 Rn. 54.3 [*„Gesetzeskonkurrenz"*]). Dabei kommt § 21 I 1 OWiG wegen der unterschiedlichen Tathandlungen nicht zur Anwendung (wie hier ua Hüls/Reichling/*Hunsmann* AO § 380 Rn. 90; anders BeckOK AO/ *Hauer* AO § 380 Rn. 64; Quedenfeld/Füllsack/*Klinger* Rn. 244).

50 Der Tatbestand des § 380 AO tritt kraft ausdrücklicher (Schwarz/Pahlke/*Webel* AO § 380 Rn. 49: *„überflüssiger"*) Anordnung in Abs. 2 auch dann zurück, wenn die Handlung als **leichtfertige Steuerverkürzung** iSd § 378 AO geahndet werden kann. Die Anwendung des § 380 I AO auf eine tatbestandsmäßige Ordnungswidrigkeit iS dieser Vorschrift wird jedoch nicht dadurch ausgeschlossen, dass (nur) objektiv eine Steuerverkürzung vorliegt.

51 Nach einer wirksam gem. §§ 371, 378 III AO erstatteten **Selbstanzeige** bei vorsätzlich oder leichtfertig begangener Hinterziehung von Abzugsteuern (§§ 370, 378 AO) wird die Verfolgung einer an sich subsidiären Ordnungswidrigkeit nach § 380 AO wieder möglich (BayObLG 3.3.1980, NJW 1981, 1055; OLG Celle 31.1.1975, MDR 1975, 599; OLG Frankfurt 8.11.1967, NJW 1968, 263; BeckOK AO/*Hauer* AO § 380 Rn. 64; Erbs/ Kohlhaas/*Hadamitzky/Senge* AO § 380 Rn. 14; GJW/*Sahan* AO § 380 Rn. 27; Klein/ *Jäger* AO § 380 Rn. 17; Wannemacher/*Wegner* Rn. 2520; Koch/Scholtz/*Scheurmann-Kettner* AO § 380 Rn. 8; Kohlmann/*Matthes* 54.2, 54.4; Leopold/Madle/Rader/*Zanzinger* AO § 380 Rn. 3; RKR/*Rolletschke* AO § 380 Rn. 45; Tipke/Kruse/*Drüen* AO § 380 Rn. 14; aM *Bornemann* DStR 1973, 691; *Bringewat* NJW 1981, 1025; *Suhr* StBp 1973, 224; erg. BStBK DStR 1980, 543 zur Ausdehnung von § 371 AO de lege ferenda; dies abl. BMF 29.7.1981, BeckVerw 270150). Der persönliche Strafaufhebungsgrund der Selbstanzeige hindert die Ahndung der Tat als Gefährdung von Abzugsteuern nicht, weil er die Ordnungswidrigkeit nicht erfasst (→ Rn. 47) und es nach einer wirksamen Selbstanzeige – trotz §§ 371 III, 378 III 2 AO – an der Abgeltung der vorsätzlichen oder leichtfertigen Steuerverkürzung fehlt. Die Gefährdung iSv § 380 AO geht nicht als Vorstufe der Steuerhinterziehung vollständig in dieser – und damit der Selbstanzeige – auf, weil der Schutzzweck des § 380 AO, der vorrangig auf die Einhaltung *„quasi treuhänderischer Pflichten"* gerichtet ist (s. → Rn. 2), nicht mit demjenigen der §§ 370, 378 AO identisch ist (glA Erbs/Kohlhaas/ *Hadamitzky/Senge* AO § 380 Rn. 14; Kohlmann/*Matthes* AO § 380 Rn. 54.3; aM *Bringewat* NJW 1981, 1025). Auch eine analoge Anwendung der §§ 371, 378 III AO *„zugunsten"* des Betroffenen ist mangels planwidriger Regelungslücke nicht möglich.

52 Kann eine Steuerhinterziehung oder leichtfertige Steuerverkürzung objektiv und subjektiv nachgewiesen werden, wird jedoch das Verfahren **aus Opportunitätsgründen eingestellt** (§§ 153, 153a StPO, § 398 AO) bzw. von der Verhängung einer Geldbuße abgesehen (§ 410 I Hs. 1 AO, § 47 I OWiG), so lebt die Möglichkeit der Ahndung nach § 380 AO auch dann wieder auf (glA BeckOK AO/*Hauer* AO § 380 Rn. 64; Erbs/ Kohlhaas/*Hadamitzky/Senge* AO § 380 Rn. 14; Quedenfeld/Füllsack/*Klinger* Rn. 245; HHS/*Bülte* AO § 380 Rn. 96; Kohlmann/*Matthes* AO § 380 Rn. 58; Leopold/Madle/ Rader/*Zanzinger* AO § 380 Rn. 31; RKR/*Rolletschke* AO § 380 Rn. 40; Schwarz/Pahlke/*Webel* AO § 380 Rn. 50; Tipke/Kruse/*Drüen* AO § 380 Rn. 14). Dasselbe gilt im Falle einer (bei Vorliegen der entspr. Voraussetzungen *zwingenden*) Verfahrenseinstellung nach Maßgabe von § 398a AO (Hüls/Reichling/*Hunsmann* AO § 380 Rn. 92).

Bei Unterlassung der Abführung der angemeldeten LSt ist die Ordnungswidrigkeit mit **53** Ablauf des Fälligkeitstages verwirklicht (so bereits OLG Frankfurt a. M. 22.2.1955, DStZ/B 1955, 176). Durch anschließende Handlungen – zB erschlichener Billigkeitserlass, Täuschung des Vollziehungsbeamten – kann **tatmehrheitlich** eine Steuerhinterziehung iSd § 370 AO begangen werden (zust. BeckOK AO/*Hauer* AO § 380 Rn. 67).

Ein ordnungswidriges Handeln iSd § 380 I AO bildet für sich allein keine strafbare **54 Untreue** iSd § 266 StGB (BGH 3.4.1952, BGHSt 2, 338 m. zust. Anm. *Hartung* MDR 1952, 503; BeckOK AO/*Hauer* AO § 380 Rn. 65; GJW/*Sahan* AO § 380 Rn. 28; *Suhr/Naumann/Bilsdorfer* Rn. 389; Hüls/Reichling/*Hunsmann* AO § 380 Rn. 95; Kohlmann/*Matthes* AO § 380 Rn. 62; Schwarz/Pahlke/*Webel* AO § 380 Rn. 51; Tipke/Kruse/*Drüen* AO § 380 Rn. 15).

In **LSt-Sachen** treffen Verstöße gegen § 380 AO häufig mit **sozialversicherungs- 55 rechtlichen Vergehen** oder Ordnungswidrigkeiten zusammen. Hat der Täter auch keine Sozialversicherungsbeiträge abgeführt (Vorenthalten und Veruntreuen von Arbeitsentgelt gem. § 266a StGB), ist Tatmehrheit gegeben (vgl. BGH 13.5.1992, BGHSt 38, 285; BeckOK AO/*Hauer* AO § 380 Rn. 66; *Suhr/Naumann/Bilsdorfer* Rn. 389; Gosch AO/FGO/*Beckmann* AO § 380 Rn. 7; Hüls/Reichling/*Hunsmann* AO § 380 Rn. 96; Flore/Tsambikakis/*Heerspink* AO § 380 Rn. 84; Kohlmann/*Matthes* AO § 380 Rn. 61; Leopold/Madle/Rader/*Zanzinger* AO § 380 Rn. 32; Schwarz/Pahlke/*Webel* AO § 380 Rn. 51; Tipke/Kruse/*Drüen* AO § 380 Rn. 15; aA v. Briel/Ehlscheid/*v. Briel* § 1 Rn. 555: „*Handlungseinheit im natürlichen Sinne*"); in Bagatellfällen ist das in § 50e VI EStG statuierte Verfahrenshindernis für die dort beschriebenen Fälle geringfügiger Beschäftigung in Privathaushalten zu beachten, das „*Steuerstraftaten (§§ 369 bis 376 der Abgabenordnung)*", nicht aber die §§ 377–384 AO betrifft (dazu u. a. *Merker* SteuerStud 2005, 7; *Weyand* INF 2004, 838, 840). Tatmehrheit (§ 377 II AO, § 20 OWiG) besteht auch im Verhältnis zu Verstößen gegen sozialversicherungsrechtliche Aufzeichnungs- und/oder Meldepflichten (Ordnungswidrigkeiten gem. § 111 I Nr. 3 iVm § 28f SGB IV) sowie gegen § 8 SchwarzArbG und § 16 AÜG, die ebenfalls in der ArbG-Position wurzeln (Hüls/Reichling/*Hunsmann* AO § 380 Rn. 97).

11. Verjährung

Die Verfolgung einer Steuerordnungswidrigkeit iSd § 380 AO verjährt gem. § 384 AO **56** in fünf Jahren. Zum Verjährungsbeginn (§ 377 II AO, § 31 III 1 OWiG) s. → § 384 Rn. 18.

12. Verfolgung

Die Verfolgung von Ordnungswidrigkeiten bzw. ihre Beschränkung auf eine „bloße" **57** Verwarnung des Betroffenen liegt im pflichtgemäßen **Ermessen** der Verfolgungsbehörde (§ 410 I Hs. 1 AO, §§ 47 I, 56 I OWiG). Das damit verwirklichte Opportunitätsprinzip bezieht sich bereits auf die Einleitung des Bußgeldverfahrens, betrifft in der Praxis aber idR den Umfang der Verfolgung. Die Behörde hat auf Grund der Umstände des Einzelfalls zu entscheiden, ob das öffentliche Interesse eine (weitere) Verfolgung gebietet. Eine abstrakte Abgrenzung des Ermessensrahmens hat der Gesetzgeber bewusst vermieden (für § 406 RAO: BT-Drs. V/1269, 80). Danach dürfte die Verfolgung in den Fällen des § 380 AO bspw. nicht (mehr) geboten sein, wenn das FA die Steuer nachträglich gestundet (s. aber § 222 S. 3, 4 AO; → Rn. 34) oder wenn der Täter das Versäumte binnen angemessener Frist unaufgefordert nachgeholt hat (BeckOK AO/*Hauer* AO § 380 Rn. 53; GJW/*Sahan* AO § 380 Rn. 13 aE; v. Briel/Ehlscheid/*v. Briel* 1 Rn. 554; Flore/Tsambikakis/*Heerspink* AO § 380 Rn. 62; Kohlmann/*Matthes* AO § 380 Rn. 52.1; RKR/*Rolletschke* AO § 380 Rn. 47; Tipke/Kruse/*Drüen* AO § 380 Rn. 18). Ebenso könnte verfahren werden, wenn die Steuer zwar vollständig, aber an ein unzuständiges FA abgeführt worden ist (→ Rn. 11). Von der Verfolgung einer Ordnungswidrigkeit iSd § 380 AO kann nach **Nr. 104 III AStBV (St) 2022** (BStBl. I 2022, 251 = BeckVerw 570434) abgesehen werden, wenn der verkürzte oder der gefährdete Abzugsbetrag insgesamt weniger als 5.000 EUR beträgt, sofern nicht ein besonders vorwerfbares Verhalten für die Durchführung eines Bußgeldverfahrens spricht. Gleiches gilt, wenn der insgesamt gefährdete Abzugsbetrag unter 10.000 EUR liegt und der gefährdete Zeitraum drei Monate nicht übersteigt.

13. Sonstiges

58 Gewerbetreibende, die sich um die **Erteilung öffentlicher Aufträge** bemühen, müssen bei der zuständigen Vergabestelle innerhalb der Frist des ausgeschriebenen Angebotes eine **steuerliche Unbedenklichkeitsbescheinigung** vorlegen. Das für den Bewerber zuständige Wohnsitz-(Betriebsstätten-)FA stellt diese Bescheinigung aus und bestätigt darin, dass gegen die Erteilung eines öffentlichen Auftrages keine steuerlichen Bedenken bestehen. Auf die Erteilung einer solchen Unbedenklichkeitsbescheinigung besteht kein Rechtsanspruch, wenn und solange der Gewerbetreibende sich ordnungswidrig iSd § 380 AO verhält (FG Hamburg 12.4.1972, EFG 1972, 395; zust. *Stegmaier* FR 1972, 467; Hüls/Reichling/*Hunsmann* AO § 380 Rn. 82; Tipke/Kruse/*Drüen* AO § 380 Rn. 23); anders in den Fällen des § 22 II 1 GrEStG. Zudem werden rechtskräftige Bußgeldentscheidungen den zuständigen Gewerbebehörden mitgeteilt, wenn sie so schwerwiegend sind, dass sich aus ihnen allein eine gewerberechtliche Unzuverlässigkeit (vgl. § 35 GewO) ergibt (Nr. 136 I Nr. 1 AStBV [St] 2022 [BStBl. I 2022, 251 = BeckVerw 570434]). Dem Gewerbezentralregister teilen die FinB Steuerordnungswidrigkeiten, die im Zusammenhang mit der Ausübung eines Gewerbes oder dem Betrieb einer sonstigen wirtschaftlichen Unternehmung begangen worden sind, mit, wenn die Geldbuße mehr als 200 EUR beträgt (Nr. 136 I Nr. 2 AStBV [St] 2022).

§ 381 Verbrauchsteuergefährdung

(1) Ordnungswidrig handelt, wer vorsätzlich oder leichtfertig Vorschriften der Verbrauchsteuergesetze oder der dazu erlassenen Rechtsverordnungen

1. über die zur Vorbereitung, Sicherung oder Nachprüfung der Besteuerung auferlegten Pflichten,
2. über Verpackung und Kennzeichnung verbrauchsteuerpflichtiger Erzeugnisse oder Waren, die solche Erzeugnisse enthalten, oder über Verkehrs- oder Verwendungsbeschränkungen für solche Erzeugnisse oder Waren oder
3. über den Verbrauch unversteuerter Waren in den Freihäfen

zuwiderhandelt, soweit die Verbrauchsteuergesetze oder die dazu erlassenen Rechtsverordnungen für einen bestimmten Tatbestand auf diese Bußgeldvorschrift verweisen.

(2) Die Ordnungswidrigkeit kann mit einer Geldbuße bis zu fünftausend Euro geahndet werden, wenn die Handlung nicht nach § 378 geahndet werden kann.

Schrifttum: *Krämer,* Wird die Anwendbarkeit des § 413 Abs. 1 Nr. 1 AO schon durch das Vorliegen des objektiven Tatbestandes eines anderen Steuervergehens ausgeschlossen?, ZfZ 1959, 233; *Lohmeyer,* Die Bestimmung der Täterschaft im Zoll- und Verbrauchsteuerstrafrecht, ZfZ 1965, 330; *Pfaff,* Die Verbrauchsteuergefährdung (§ 381 AO), StBp 1979, 18; *Benkendorf,* Der Tatbestands- und Verbotsirrtum bei Zoll- und Verbrauchsteuerstraftaten sowie Ordnungswidrigkeiten, ddz 1980 F 25; *Gast-de Haan,* Zuwiderhandlungen gegen verbrauchsteuerliche Aufzeichnungsvorschriften als Steuerordnungswidrigkeit, DB 1977, 1290; *dies.,* Nichtabgabe von Mineralölsteuererklärungen „nur" Ordnungswidrigkeit?, DB 1988, 2536; *Brenner,* Schließt die wirksame Selbstanzeige (§ 378 III AO) die Bußgeldtatbestände der §§ 379 ff. AO aus?, StW 1981, 147; *Peters,* Das Verbrauchsteuerrecht, 1989; *Förster,* Die Verbrauchsteuern, 1989; *Beermann,* Das Verbrauchsteuerbinnenmarktgesetz, DStZ 1993, 257, 291; *Jatzke,* Das neue Verbrauchsteuerrecht im EG-Binnenmarkt, BB 1993, 41; *Schuh/Wakounig,* Die Straf- und Bußgeldtatbestände des deutschen Verbrauchsteuerrechts, SWI 1995, 80; *Kottke,* OHG, KG und GmbH als Adressaten von Bußgelddrohungen bei Steuerverfehlungen, Information StW 1996, 709; *Voß,* Strukturelemente der Verbrauchsteuern, DStJG Bd. 11 (1988), 261; *ders.,* Unordentlichkeiten des Rechts der Ordnungswidrigkeiten im Bereich des Zoll- und Verbrauchsteuerrechts, BB 1996, 1695; *ders.,* Ordnungswidrigkeit Zollrecht Verbrauchsteuern, LSK 1997, 382; *App,* Möglichkeiten des Steuerpflichtigen im Bußgeldverfahren wegen Steuerordnungswidrigkeiten, BuW 1998, 408; *Burhoff,* Steuerordnungswidrigkeiten in der Praxis, PStR 2006, 233; *Klemm,* Die Neuregelung des Energiesteuerrechts, BB 2006, 1884; *Wessing,* Steuerordnungswidrigkeiten – Gefahr und Chance für die Verteidigung, SAM 2007, 9; *Hogrefe,* Der Anspruch des Steuerbürgen auf ein rechtmäßiges Verwaltungshandeln des Gläubigers im Hauptschuldverhältnis und die Folgen einer Zuwiderhandlung im Bürgschaftsverhältnis, BB 2009, 27; *Seer,* Steuerordnungswidrigkeiten als pönalisiertes Verwaltungsunrecht, SteuerStud 2009, 117; *Retemeyer/Möller,* Zollstraftaten und Zollordnungswidrigkeiten, AW-Prax 2009, 340; *Peterka,* Ausgewählte Aspekte der Außenprüfung zur Strom- und Energiesteuer bei Versorgungsunternehmen, VersorgW 2012, 65; *Esser,* Das Alkoholsteuergesetz mit der verbrauchsteuerrechtlichen Anschlussregelung zum Ende des deutschen Branntweinmonopols, ZfZ 2013, 225; *Klötzer-Assion,* Zollkodex – Modernisierter Zollkodex – Unionszollkodex – Fortschritt oder Rolle rückwärts im Europäischen Zollrecht?, wistra 2014, 92; *Jatzke,* Der Alkohol im Steuerrecht, ZfZ 2015, 90; *Bülte,* Weitreichende Sanktionslücken im Wirtschaftsstrafrecht durch die Entscheidung des BVerfG zu § 10 RiFlEtikettG?, BB 2016, 3075; *Bülte,* GSJoecks, Blankette und normative Tatbestandsmerkmale im Steuerstrafrecht, Joecks-GS 2018, 365; *Brand/Kratzer,* Die Folgen der Entscheidung des Bundesverfassungsgerichts zur Nichtigkeit einer Strafbestimmung des Rindfleischetikettierungsgesetzes wegen Verstoßes gegen den Bestimmtheitsgrundsatz für das Nebenstrafrecht – Tsunami oder doch nur ein Sturm im Wasserglas?, JR 2018, 422; *Bongartz,* Die neue Systemrichtlinie, ZfZ 2020, 218.

Übersicht

	Rn.
1. Entstehungsgeschichte	1
2. Zweck, Anwendungsbereich und praktische Bedeutung	2–6
3. Vorbehalt der Rückverweisung	7, 8
4. Gesetzliche Ermächtigung für Verweisungen in Rechtsverordnungen	9–15
5. Objektive Tatbestände	16–24
a) Pflichten iSd § 381 I Nr. 1 AO	16, 17
b) Pflichten und Beschränkungen iSd § 381 I Nr. 2 AO	18–20
c) Verbrauch unversteuerter Waren in Freihäfen (§ 381 I Nr. 3 AO)	21
d) Rückverweisungskatalog	22–24

	Rn.
6. Täter	25
7. Subjektiver Tatbestand	26
8. Geldbuße, Vermögensabschöpfung	27, 28
9. Selbstanzeige, Amnestie	29
10. Konkurrenzfragen	30–33
11. Verjährung	34
12. Anwendung des § 32 ZollVG	35

1. Entstehungsgeschichte

1 Eine § 381 AO entsprechende Vorschrift wurde durch Art. 1 Nr. 19 des 2. AOStrafÄndG v. 12.8.1968 (BGBl. I 953) als § 407 in die RAO eingefügt. § 407 RAO 1968 entsprach dem früheren Straftatbestand des § 413 I Nr. 1b RAO idF des Art. I Nr. 6 G v. 11.5.1956 (BGBl. I 418; erg. *Krämer* ZfZ 1959, 233) mit der Einschränkung, dass der Täter mindestens leichtfertig gehandelt haben musste (Begr. BT-Drs. V/1812, 28). Die ursprünglich als § 407 I RAO idF des RegE geregelte Zuwiderhandlung gegen eine Pflicht zur Aufzeichnung von Betriebsvorgängen wurde durch den BT in den Tatbestand des § 405 I RAO eingearbeitet (→ § 379 Rn. 2). § 407 RAO 1968 wurde als § 365 unverändert in den EAO übernommen (BT-Drs. 7/79). In der endgültigen Fassung des § 381 I Nr. 1 AO wurden auf Antrag des Finanzausschusses die Worte *„Erklärungs- oder Anzeigepflichten"* durch das Wort *„Pflichten"* ersetzt. Diese Formulierung soll *„der genaueren Herausarbeitung des mit der Vorschrift beabsichtigen Zwecks"* dienen; die Ersetzung des Wortes *„Tat"* durch den Begriff *„Handlung"* in Absatz 4 bezweckt die Angleichung an die Sprachregelung des OWiG (BT-Drs. 7/4292, 45; zu den Einzelheiten der Normenhistorie HHS/*Bülte* AO § 381 Rn. 1 ff.; Kohlmann/*Matthes* AO § 381 Rn. 1 ff.).

2. Zweck, Anwendungsbereich und praktische Bedeutung

2 **Im Interesse der Sicherung des Verbrauchsteueraufkommens** bietet § 381 AO die Möglichkeit, Pflichtverletzungen zu ahnden, die noch keine Steuerverkürzung zur Folge hatten oder bei denen ein auf Steuerverkürzung gerichteter Schuldvorwurf nicht besteht oder nicht bewiesen werden kann. In diesen Fällen kommt dem in § 381 AO normierten **abstrakten Gefährdungsdelikt** (HHS/*Bülte* AO § 381 Rn. 5; Hüls/Reichling/*Hunsmann* AO § 381 Rn. 3; Tipke/Kruse/*Loose* AO § 381 Rn. 3) mithin die Wirkung eines **„Auffangtatbestands"** zu (ebenso BMR SteuerStR/*Möller/Retemeyer* E III Rn. 220; Leitner/Rosenau/*Sprenger* AO § 381 Rn. 2; s. auch BGH 8.9.2011, NStZ 2012, 160, 161 mwN zu § 378 AO). Die Vorschrift soll gleichwohl nur eine geringe rechtspraktische Bedeutung aufweisen, weil Bußgeldverfahren nach § 381 AO *„in der Regel informell"*, also auf Grundlage des Opportunitätsprinzips (§ 410 I Hs. 1 AO, § 47 I OWiG), erledigt würden (so BeckOK AO/*Hauer* AO § 381 Rn. 2; s. auch HHS/*Bülte* AO § 381 Rn. 6).

3 Eine Besonderheit bestand für die Verletzung der Pflicht zur Steueranmeldung nach § 10 **MinöStG**. Sie konnte angesichts der Regelung in § 29 I Nr. 2 MinöStG stets nur nach § 381 I Nr. 1 AO als Ordnungswidrigkeit geahndet werden (→ 6. Aufl. Rn. 2). Seit Ablösung des MinöStG durch das EnergieStG mWv 1.8.2006 (BGBl. I 1534) bestehen keine Besonderheiten mehr. Die Verletzung der Pflicht zur Steueranmeldung (zB § 8 III, §§ 33, 39 EnergieStG) stellt eine taugliche Tathandlung iSv § 370 I AO dar (zB BGH 27.1.2015, NStZ 2015, 466 mAnm *Ebner* HFR 2015, 803).

4 **Der Anwendungsbereich des § 381 AO ist auf Verbrauchsteuern beschränkt,** die nicht als Einfuhr- oder Ausfuhrabgaben erhoben werden. Auf letztere Abgaben ist § 382 AO anzuwenden (§ 382 II AO). Auf Bundesebene handelt es sich um Steuern auf **Bier, Alkoholerzeugnisse** (einschl. Alkopops; erg. *Jatzke* ZfZ 2015, 90), **Kaffee, Energieerzeugnisse, Schaumwein** und schaumweinähnliche Getränke sowie **Tabak,** soweit für diese Erzeugnisse Verbrauchsteuern auf inländische oder aus anderen Mitgliedstaaten der EU stammende Produkte anfallen, also keine Einfuhrvorgänge aus Drittstaaten vorliegen. Die **Einfuhrumsatzsteuer** unterfällt § 381 AO daher bereits *deshalb* **nicht,** obschon es sich dabei gem. § 21 I UStG um eine Verbrauchsteuer handelt (Leopold/Madle/Rader/ *Zanzinger* AO § 381 Rn. 2); stattdessen kann insofern § 382 AO eingreifen (→ § 382 Rn. 41). Abgesehen von den örtlichen Verbrauch- und Aufwandsteuern (Art. 105 IIa GG) sind **Verbrauchsteuern** Steuern, die die wirtschaftliche Leistungsfähigkeit erfassen, welche sich in der Verwendung von Einkommen zum Zwecke des Verbrauchs von bestimmten Waren manifestiert (Dauses/Ludwigs/*Gröpl* EU-WirtschaftsR-HdB Teil J Rn. 572). Formal knüpfen die Einfuhrabgaben an die Einfuhr aus einem Drittland in das Erhebungsgebiet oder an den Übergang aus dem Herstellungsbetrieb bzw. aus der Steueraussetzung in den verbrauchsteuerrechtlich freien Verkehr an. Verbrauchsteuern, die auf **Waren aus anderen Mitgliedstaaten** erhoben werden, sind auf Grund des Binnenmarktprinzips keine Einfuhrabgaben und unterfallen damit dem Anwendungsbereich des § 381 AO (→ § 382 Rn. 42). § 381 AO ist eine **Blankettvorschrift,** die durch Ge- oder Verbote der Verbrauchsteuergesetze oder der dazu ergangenen Rechtsverordnungen ausgefüllt wird. Die §§ 139, 214 AO sind keine blankettausfüllenden Tatbestände, da sich die Pflichten gem. § 381 AO aus *Verbrauch*steuergesetzen oder dazu erlassenen Rechtsverordnungen ergeben müssen. Rechtsverordnungen iSd § 381 AO sind nur gesetzesvertretende Vorschriften (Art. 80, 129 GG); Verwaltungsvorschriften, Richtlinien usw., die allein die Verwaltung binden, erfüllen diese Voraussetzung nicht (zust. etwa HHS/*Bülte* AO § 381 Rn. 19). Ordnungswidrig kann nur eine Zuwiderhandlung gegen eine unmittelbar auf *Gesetz* beruhende Pflicht sein.

Für früher sog. **Monopolordnungswidrigkeiten nach dem BranntwMonG** traf 5 § 126 *BranntwMonG* eine bußgeldrechtliche Sonderregelung, die den Anwendungsbereich des § 381 AO nicht berührte (aA Koch/Scholtz/*Scheurmann-Kettner* AO § 381 Rn. 6: § 126 II BranntwMonG geht § 381 AO vor). Für das Bußgeldverfahren galten die §§ 409– 412 AO entsprechend *(§ 128 II BranntwMonG),* wobei gem. *§ 128 III BranntwMonG* – in Ausnahme zu § 31 II Nr. 2 OWiG und parallel zu § 384 AO – (nur) in den Fällen des § 126 II *BranntwMonG* eine (von zwei) auf fünf Jahre verlängerte Verjährungsfrist zu beachten war (s. auch → Rn. 23; erg. BMR SteuerStR/*Möller/Retemeyer* E III Rn. 244 ff.). Nach **Außerkrafttreten des BranntwMonG** mit Ablauf des 31.12.2017 *(§ 166 S. 2 BranntwMonG;* zusf. *Esser* ZfZ 2013, 225) greift nunmehr der Ordnungswidrigkeitentatbestand des **§ 36 AlkStG** ein, der keine verjährungsrechtlichen Besonderheiten mehr aufweist.

Zu den Verbrauchsteuern gehören auch **die örtlichen Verbrauch- und Aufwand-** 6 **steuern.** Dazu zählen etwa Getränke-, Schankerlaubnis-, Vergnügungs-, Hunde-, Jagd- und Zweitwohnungsteuer. Allerdings fehlt es hinsichtlich solcher Steuern weitgehend an landesrechtlichen Regelungen, die eine entsprechende Anwendung der gesamten AO vorschreiben (vgl. § 1 I AO sowie Art. 4 III Nr. 1 EGStGB iVm § 1 I Nr. 1 BlnAOAnwG, § 3 I Nr. 1 BrAbgG u. § 3 Nr. 1 HbgAbgG). Vielmehr haben die Länder zumeist eigenständige straf- und bußgeldrechtliche Regelungen erlassen, die sehr unterschiedlich sind. Zum Teil enthalten die Landesgesetze Bußgeldtatbestände, die den Regelungen in § 379 I Nrn. 1 u. 3, § 381 I Nrn. 1 u. 2 AO ähneln (vgl. Art. 4 III Nr. 2 EGStGB iVm – zB – Art. 16 BayKAG oder § 20 KAG NRW; zust. etwa BeckOK AO/*Hauer* AO § 381 Rn. 7; HHS/*Bülte* AO § 381 Rn. 9; Hüls/Reichling/*Hunsmann* AO § 381 Rn. 12).

3. Vorbehalt der Rückverweisung

Die Anwendung des § 381 AO ist davon abhängig, dass Verbrauchsteuergesetze 7 oder dazu ergangene Rechtsverordnungen *„für einen bestimmten Tatbestand"* auf § 381 AO verweisen. Die Verweisung muss sich im Rahmen des Blanketts halten. Eine Verweisung auf § 381 I Nr. 1 AO wegen Verletzung einer Pflicht, die nicht der Vorbereitung,

Sicherung oder Nachprüfung der Besteuerung dient, wäre unwirksam (s. auch → Rn. 18). Ein gleich lautender Rückverweisungsvorbehalt war bereits in § 407 I RAO 1968 enthalten. Er wurde seinerzeit – entsprechend ständiger Übung in vergleichbaren Fällen eines Bußgeldblanketts – *„aus Gründen größerer Rechtssicherheit und Rechtsklarheit"* in das Gesetz eingefügt (BT-Drs. V/1812, 28). Der Rückverweisungsvorbehalt ermöglicht, Zuwiderhandlungen gegen unbestimmte, nicht sanktionsbedürftige oder bereits anderweitig abgesicherte Ge- oder Verbote vom Bußgeldblankett auszunehmen (Göhler/*Gürtler* OWiG vor § 1 Rn. 18). Inzwischen sind in allen Verbrauchsteuergesetzen und -verordnungen entsprechende Verweisungen enthalten (→ Rn. 22). Mit Rücksicht auf den Bestimmtheitsgrundsatz (Art. 103 II GG; § 377 II AO; § 3 OWiG) muss die Möglichkeit der Ahndung schon auf Grund des *Gesetzes* (Bußgeldvorschrift iVm der Ermächtigungsnorm zur Setzung von Geboten und Verboten) und nicht erst auf Grund einer VO voraussehbar sein (Göhler/*Gürtler* OWiG vor § 1 Rn. 19).

8 **Eine Zuwiderhandlung gegen Verbrauchsteuergesetze kann nur bei Vorliegen einer Verweisung geahndet werden,** ohne Rücksicht darauf, wann die verletzte Pflicht normiert wurde. Wegen der weiten Fassung des § 381 I Nr. 1 AO sind Ergänzungen der Verweisungskataloge zulässig. Soweit alte Verbrauchsteuergesetze noch auf § 407 RAO verweisen, tritt an deren Stelle § 381 AO (Art. 98 EGAO). Über die Bedeutung des Rückverweisungsvorbehalts für Zuwiderhandlungen gegen verbrauchsteuerliche Aufzeichnungsvorschriften → Rn. 17.

4. Gesetzliche Ermächtigung für Verweisungen in Rechtsverordnungen

9 § 381 AO verlangt eine **Verweisung** in einem **Verbrauchsteuergesetz** oder einer **dazu erlassenen Rechtsverordnung.** Anders ist bzw. war dies nach der spätestens seit 1.1.1977 *„überflüssigen"* (Kohlmann/*Matthes* AO § 381 Rn. 16) Vorschrift des Art. 97 § 20 EGAO nur für bereits vor dem 1.10.1968 erlassene Verbrauchsteuergesetze und Rechtsverordnungen.

10 Vereinzelt wird die Auffassung vertreten, § 381 AO genüge nicht als **Ermächtigungsgrundlage** für die Rückverweisung in verbrauchsteuerlichen Rechtsverordnungen, die Regelungen über Ordnungswidrigkeiten enthalten. Vielmehr müssten die Verbrauchsteuergesetze, auf deren Grundlage die Rechtsverordnungen erlassen worden sind, eine ausdrückliche Ermächtigung zur Verweisung auf die Vorschrift des § 381 AO für den Verordnungsgeber vorsehen. Die Verweisungen auf § 381 AO in Rechtsverordnungen, die nicht auf eine solche Ermächtigung gestützt sind, seien – auch wegen Verletzung des **Zitiergebots** des Art. 80 I GG – nichtig. Eine Ahndung komme daher nur auf der Grundlage von Verweisungen in den Verbrauchsteuergesetzen in Betracht (so *Voß* in BB 1996, 1695 und der → 6. Aufl.). Begründet wird diese Auffassung damit, dass erst die blankettausfüllende Norm einem Verhalten den Stempel der Ordnungswidrigkeit aufdrücke. § 381 AO selbst sei keine Ermächtigungsgrundlage für den Erlass von Rechtsverordnungen über Verweisungen, die den Anforderungen des Art. 80 I GG entspreche. Die Vorschrift sei vom Gesetzgeber auch nicht als Ermächtigungsgrundlage für den Erlass von Rechtsverordnungen konzipiert worden. Ihr fehle diese Eigenschaft schon deswegen, weil kein in Art. 80 I GG genanntes Organ für den Erlass von Rechtsverordnungen benannt sei. Soweit die Verbrauchsteuergesetze zum Erlass von Verfahrensvorschriften ermächtigten, schließe dies nicht die Befugnis ein, den Verstoß gegen die durch eine Rechtsverordnung näher geregelten Vorschriften über die Steueranmeldung, die Verwendung von Steuerzeichen oder Erlaubnisscheinen als Ordnungswidrigkeit zu ahnden. Nach Art. 80 I 2 GG müsse Inhalt, Zweck und Ausmaß der Ermächtigung im Gesetz enthalten sein. Ermächtigungen müssten umso bestimmter sein, je einschneidender eine Regelung in die Rechte des Betroffenen eingreift (BVerfG 10.3.1981, BVerfGE 56, 259, 277 f.; BVerfG 1.7.1987, BVerfGE 76, 130, 143). Der auch für Ordnungswidrigkeiten eingreifende Bestimmtheitsgrundsatz des Art. 103 II GG (vgl. § 377 II AO, § 3 OWiG) verpflichte den Gesetzgeber, die Voraussetzungen der Ahndung als Ordnungswidrigkeit so konkret zu umschreiben, dass Tragweite und Anwendungsbereich der Ordnungswidrigkeitentatbestände zu erkennen sind und sich durch Auslegung ermitteln lassen (BVerfG 23.10.1985, BVerfGE 71, 108, 114). Diese für die Bestimmtheit des Tatbestands der Ordnungswidrigkeit maßgebliche Regel gelte entsprechend für die Ermächtigung, Ordnungswidrigkeiten durch Rechtsverordnungen zu regeln. Der Gesetzgeber müsse die Grenzen der Befugnis der Verwaltung und diese nach Tendenz und Programm so genau umrissen haben, dass schon aus der Ermächtigung und nicht erst aus der auf sie gestützten Verordnung voraussehbar ist, was vom Bürger gefordert ist. Der Bürger müsse bereits aus der gesetzlichen Ermächtigung entnehmen können, welches Verhalten verboten ist und welche Sanktion ihm für den Fall des Verstoßes gegen das Verbot droht (vgl. dazu BVerfG 4.2.1975, BVerfGE 38, 348, 371; BVerfG 25.10.1991, NJW 1992, 2624). Die Sanktionierung eines Verhaltens als Ordnungswidrigkeit bedeute einen zusätzlichen Eingriff in Freiheitsrechte, die einer gesetzlichen Grundlage bedürfe (vgl. *Voß* in der 6. Aufl.).

Entgegen dieser Auffassung genügt die **Vorschrift des § 381 AO** den Anforderungen an eine iSv Art. 103 II GG; § 377 II AO, § 3 OWiG hinreichend bestimmte **Ermächtigungsgrundlage** für die Rückverweisung auf den Bußgeldtatbestand in verbrauchsteuerlichen Rechtsverordnungen. Einer gesonderten Ermächtigung für den Verordnungsgeber in den Verbrauchsteuergesetzen bedarf es daher nicht. Die vom Ordnungswidrigkeitentatbestand des § 381 I AO erfassten Verhaltensweisen sind dort so klar umschrieben, dass für den Bürger die Voraussetzungen der Sanktionierung und die Art der Sanktion schon aufgrund des Gesetzes und nicht erst aufgrund hierauf gestützter Rechtsverordnungen vorhersehbar sind (vgl. BVerfG 10.7.1987, BVerfGE 75, 329). Es ist daher verfassungsrechtlich nicht zu beanstanden, dass die nähere Spezifizierung der in § 381 I AO umschriebenen Pflichtverstöße den Verbrauchsteuergesetzen und den verbrauchsteuerlichen Rechtsverordnungen überlassen bleibt (allgM, vgl. BeckOK AO/*Hauer* AO § 381 Rn. 13.1; Klein/*Jäger* AO § 381 Rn. 20; Leitner/Rosenau/*Sprenger* AO § 381 Rn. 3; Flore/Tsambikakis/*Traut* AO § 381 Rn. 9; Gosch AO/FGO/*Scharenberg* AO § 381 Rn. 5; Hüls/Reichling/*Hunsmann* AO § 381 Rn. 6; Kohlmann/*Matthes* AO § 381 Rn. 15; Leopold/Madle/Rader/*Zanzinger* AO § 381 Rn. 7; RKR/*Rolletschke* AO § 381 Rn. 7; Schwarz/Pahlke/*Webel* AO § 381 Rn. 7; abw. GJW/*Heine* AO § 381 Rn. 5: keine gesonderte Ermächtigung erforderlich; unklar v. Briel/Ehlscheid/*v. Briel* § 1 Rn. 557; gänzlich aA HHS/*Bülte* AO § 381 Rn. 28 ff.: verfassungswidrig), zumal es sich hier (nur) um Ordnungswidrigkeiten und nicht um Straftaten handelt (aus dem zuletzt genannten Grund können auch aus der Entscheidung BVerfG 21.9.2016, BVerfGE 143, 38 zum *Straftatbestand* in § 10 I, III RiFlEtikettG keine gegenteiligen Schlussfolgerungen gezogen werden; aA *Bülte* BB 2016, 3075, 3080 f.; erg. zu den evtl. Weiterungen des zit. BVerfG-Beschl. *Brand/Kratzer* JR 2018, 422, 428 ff. mwN; das BVerfG hat seine Rspr. iSd hier vertr. Auffassung inzwischen m. Beschl. v. 11.3.2020, NZWiSt 2020, 263 m. abl. Anm. *Bülte* wistra 2020, 242 weiter präzisiert; s. zum Ganzen auch *Bülte* GS Joecks 2018, 365). Andernfalls wäre der Gesetzgeber gezwungen, eine Vielzahl von Einzelregelungen zu treffen. Hinzu kommt, dass weitergehende Anforderungen im Ergebnis zur Folge hätten, dass an die Rückverweisungstechnik des Ordnungswidrigkeitentatbestands des § 381 I AO strengere Maßstäbe angelegt würden als an Blankettstraftatbestände, die an den Erlass einer Verwaltungsanordnung anknüpfen (vgl. BVerfG 10.7.1987, BVerfGE 75, 329 zu § 327 II Nr. 1 StGB). Entgegen der Auffassung von *Voß* liegt auch kein Verstoß gegen das in Art. 80 I 3 GG enthaltene Zitiergebot vor; denn die Vorschrift des § 381 AO wird als Ermächtigungsnorm in der Einleitung der einzelnen Ordnungswidrigkeitentatbestände jeweils ausdrücklich zitiert (hM, vgl. Kohlmann/*Matthes* AO § 381 Rn. 15; RKR/*Rolletschke* AO § 381 Rn. 7a; weitergehend GJW/*Heine* AO § 381 Rn. 5: Zitiergebot unbeachtlich).

einstweilen frei

5. Objektive Tatbestände

a) Pflichten iSd § 381 I Nr. 1 AO

16 § 381 I Nr. 1 AO erfasst Pflichten jeder Art, die der **Vorbereitung, Sicherung oder Nachprüfung der Besteuerung** dienen. Diese Pflichten ergeben sich aus den Rückverweisungen der Verbrauchsteuergesetze und -verordnungen (→ Rn. 22). Namentlich gehören dazu Buchführungs- und Aufzeichnungspflichten, die zur Sicherung und Nachprüfung der Besteuerung unverzichtbar sind und nur den jeweiligen Normadressaten obliegen (→ Rn. 25), so dass § 381 I Nr. 1 AO insoweit **Sonderdelikt** ist (vgl. Leitner/Rosenau/*Sprenger* AO § 381 Rn. 6; HHS/*Bülte* AO § 381 Rn. 5; Kohlmann/*Matthes* AO § 381 Rn. 18; RKR/*Rolletschke* AO § 381 Rn. 8; Schwarz/Pahlke/*Webel* AO § 381 Rn. 17; Tipke/Kruse/*Loose* AO § 381 Rn. 4). Nicht unter § 381 I Nr. 1 AO fallen dagegen Obliegenheiten, von denen Steuervergünstigungen abhängen, wie zB Anträge auf Erlaubnis iSd § 5 BierStG iVm § 4 BierStV (zust. Hüls/Reichling/*Hunsmann* AO § 381 Rn. 20) oder Aufzeichnungspflichten nach § 6 II Nr. 1 Zucker-ProduktionserstattungsV idF v. 12.10.1994 (BGBl. I 2967). Auch in den Verbrauchsteuergesetzen normierte Pflichten, die keinen steuerrechtlichen, sondern lebensmittel- oder wettbewerbsrechtlichen Gehalt haben (zB § 9 BierStG aF), werden von § 381 AO nicht erfasst (glA Erbs/Kohlhaas/*Hadamitzky/Senge* AO § 381 Rn. 5; Flore/Tsambikakis/*Traut* AO § 381 Rn. 12 f.; HHS/*Bülte* AO § 381 Rn. 38; Hüls/Reichling/*Hunsmann* AO § 381 Rn. 20; Koch/Scholtz/*Scheurmann-Kettner* AO § 381 Rn. 6/1; Kohlmann/*Matthes* AO § 381 Rn. 15; Schwarz/Pahlke/*Webel* AO § 381 Rn. 10). Denn eine Vorschrift, die zwar auf das Bußgeldblankett des § 381 I Nr. 1 AO verweist, sich aber inhaltlich auf außersteuerliche Pflichten bezieht, unterfällt nicht der Schutzrichtung des Bußgeldtatbestands.

17 Zuwiderhandlungen gegen **Buchführungs- und Aufzeichnungspflichten** können in der Folge nur nach der Spezialvorschrift des § 381 I Nr. 1 AO iVm einer entsprechenden Norm der Verbrauchsteuervorschriften geahndet werden, es sei denn, es liegt im Einzelfall zugleich ein Verstoß gegen handelsrechtliche Buchführungspflichten (§§ 238 ff. HGB; zB im Fall des § 9 II 3 KaffeeStV) vor, der – bei Eingreifen der übrigen Voraussetzungen – dann die (gem. § 377 II AO iVm § 21 I 1 OWiG vorrangigen) Strafvorschriften der §§ 283 I Nr. 5, 6, 283b I Nr. 1, 2 StGB erfüllen kann (s. auch *Hogrefe* BB 2009, 27, 30: Verstöße iSv § 381 AO „*erfahrungsgemäß … Vorboten der nahenden Insolvenz*"; dem zust. HHS/*Bülte* AO § 381 Rn. 58 u. Hüls/Reichling/*Hunsmann* AO § 381 Rn. 18). Da die Vorschrift des § 379 I Nr. 3 AO durch § 381 I Nr. 1 AO verdrängt wird (→ Rn. 31 sowie BeckOK AO/*Hauer* AO § 381 Rn. 19; Klein/*Jäger* AO § 381 Rn. 27; Flore/Tsambikakis/*Traut* AO § 381 Rn. 14; Kohlmann/*Matthes* AO § 381 Rn. 25; RKR/*Rolletschke* AO § 381 Rn. 18; Schwarz/Pahlke/*Webel* AO § 381 Rn. 22; aA HHS/*Bülte* AO § 381 Rn. 39), kommt eine Sanktionierung als Ordnungswidrigkeit nur in Betracht, wenn eine Rückverweisung vorhanden ist (→ Rn. 9; *Gast-de Haan* DB 1977, 1290). Wegen § 384 AO kann sich dies *in praxi* insbes. auf die Verjährungsfrage auswirken (→ Rn. 34).

b) Pflichten und Beschränkungen iSd § 381 I Nr. 2 AO

18 Der **Wortlaut des § 381 I Nr. 2 AO** legt im Verhältnis zu Nr. 1 den Schluss nahe, dass es bei Nr. 2 nicht darauf ankommt, ob die dort erwähnten Pflichten und Beschränkungen im Interesse der Besteuerung normiert worden sind. Dem steht aber entgegen, dass § 381 AO die **Sicherung des Verbrauchsteueraufkommens** bezweckt (→ Rn. 2; Flore/Tsambikakis/*Traut* AO § 381 Rn. 15; Kohlmann/*Matthes* AO § 381 Rn. 27), so dass eine Verweisung auf § 381 AO nur für solche Pflichten und Beschränkungen in Betracht kommt, die steuerlichen Zwecken dienen (hM, s. BeckOK AO/*Hauer* AO § 381 Rn. 13; GJW/*Heine* AO § 381 Rn. 12; Flore/Tsambikakis/*Traut* AO § 381 Rn. 15, Hüls/Reichling/*Hunsmann* AO § 381 Rn. 13, 22; Kohlmann/*Matthes* AO § 381 Rn. 27; Schwarz/Pahlke/*Webel* AO § 381 Rn. 14; aA Koch/Scholtz/*Scheurmann-Kettner* AO § 381 Rn. 6/1).

Der objektive Tatbestand des § 381 I Nr. 2 AO benennt als Zuwiderhandlungen 19
Verstöße gegen (bestimmte) Verpackungs- und Kennzeichnungspflichten sowie Verkehrs-
oder Verwendungsbeschränkungen, was die Norm ebenfalls zum **Sonderdelikt** macht
(→ Rn. 16). Sie bezieht sich nur auf verbrauchsteuerpflichtige Erzeugnisse und Waren, die
solche Erzeugnisse enthalten, jedoch nicht auf Rohstoffe, die selbst nicht verbrauchsteuerpflichtig sind (Hüls/Reichling/*Hunsmann* AO § 381 Rn. 23).

Obwohl das Gesetz die **Verpackung und Kennzeichnung** kumulativ benennt, werden 20
auch Pflichten erfasst, die entweder die Verpackung oder die Kennzeichnung betreffen
(HHS/*Bülte* AO § 381 Rn. 40; Hüls/Reichling/*Hunsmann* AO § 381 Rn. 24; Kohl-
mann/*Matthes* AO § 381 Rn. 29). Der Begriff **Verpackung** bezieht sich auf die Umhül-
lung der Ware. Eine Verpackungsvorschrift enthält zB § 16 TabStG. Der Begriff **Kennzeichnung** meint die Deklaration der Waren oder die Kennzeichnung von Papieren (zB
§ 44 IV TabStV, § 57 XII 1 EnergieStV, § 23 V 2 SchaumwZwStV). **Verkehrsbeschränkungen** sind Einschränkungen in der Überlassung der Ware an Dritte außerhalb
des eigenen Haushalts oder Betriebs (zust. Hüls/Reichling/*Hunsmann* AO § 381 Rn. 25).
Der Begriff **Verwendungsbeschränkungen** meint Beschränkungen bereits in den Verkehr gebrachter Waren.

c) Verbrauch unversteuerter Waren in Freihäfen (§ 381 I Nr. 3 AO)

Die im Grundsatz als **Allgemeindelikt** ausgestaltete Vorschrift des **§ 381 I Nr. 3 AO** ist 21
überholt. Die Verbrauchsteuergesetze enthalten keine Rückverweisung mehr auf § 381 I
Nr. 3 AO (ebenso BeckOK AO/*Hauer* AO § 381 Rn. 21; Leitner/Rosenau/*Sprenger* AO
§ 381 Rn. 8; HHS/*Bülte* AO § 381 Rn. 46, Hüls/Reichling/*Hunsmann* AO § 381
Rn. 28). Auch der Begriff „**Freihafen**" ist an sich überholt, wird aber gleichwohl noch
verwendet. In Art. 173 I Buchst. c ZK war noch vom „*Alten Freihafen Hamburg*" die Rede;
im Zollkodex der Union v. 9.10.2013, ABl. EU Nr. L 296 (= UZK), der am 1.5.2016 in
Kraft getreten ist (vgl. Art. 288 II UZK; erg. *Klötzer-Assion* wistra 2014, 92, auch zum
Verhältnis zu dem damit obsolet gewordenen Modernisierten Zollkodex – MZK), ist dies
nicht mehr der Fall. Die in Deutschland errichteten Freihäfen sind rechtlich nunmehr
Freizonen (vgl. Art. 166 ZK, § 20 ZollVG, Art. 243 UZK; FG Hamburg 30.11.2012,
BeckRS 2012, 94475; s. auch → § 382 Rn. 33). Freizonen können durch Bundesgesetz
(§ 20 I 2 ZollVG) im deutschen Teil des Unionszollgebiets überall errichtet werden. Im
Gegensatz zur früheren Rechtslage gehören die Freizonen für die durch Unionsrecht
weitgehend harmonisierten VerbrauchSt (für Alkohol, alkoholische Getränke, Energie-
erzeugnisse, wie etwa Mineralöle, und Tabakwaren) zu deren Erhebungsgebiet (vgl. § 1 I
AlkStG, § 1 AlkopopStG, § 1 BierStG, § 1 I SchaumwZwStG, § 1 I EnergieStG, § 1
TabStG oder § 1 I KaffeeStG). Für Freizonen gelten in Deutschland hinsichtlich der
Verbrauchsteuern mithin keine Besonderheiten gegenüber den übrigen Teilen des Erhe-
bungsgebiets. Das gilt insbes. auch für die Entstehung der Steuer. Deutschland hat davon
abgesehen, verbrauchsteuerpflichtige Waren in Freizonen als unter Steueraussetzung ste-
hend zu behandeln (Art. 4 Nr. 6 der RL 2008/118/EG des Rates v. 16.12.2008, ABl. EG
2009 Nr. L 9, 12 – Verbrauchsteuer-System-Richtlinie, zuletzt idF der RL (EU) 2020/
262 v. 19.12.2019, ABl. EU Nr. L 58, 4; s. dazu *Bongartz* ZfZ 2020, 218). Aus dem
Erhebungsgebiet der USt hat Deutschland die Freihäfen hingegen ausgenommen (§ 1 II 1
UStG; FG Hamburg 30.11.2011, BeckRS 2012, 94475). Umsätze innerhalb der Freizonen
unterliegen aber nach Maßgabe des § 1 III UStG der Steuerpflicht. Der Verbrauch unversteuerter Waren in Freihäfen ist im Gegensatz zum früheren Recht (§ 63 III ZG) nicht
mehr ausdrücklich verboten, unterliegt aber der Steuer wie im übrigen Erhebungsgebiet
(zust. BeckOK AO/*Hauer* AO § 381 Rn. 21.1).

d) Rückverweisungskatalog

Im Einzelnen normieren die Verbrauchsteuergesetze und die dazu ergangenen 22
Rechtsverordnungen folgende Verweisungen:

§ 36 AlkStG[1] **Bußgeldvorschriften**

(1) Ordnungswidrig im Sinn des § 381 Absatz 1 Nummer 1 der Abgabenordnung handelt, wer vorsätzlich oder leichtfertig
1. entgegen § 14 Absatz 3, § 15 Absatz 4 oder § 16 Absatz 2 ein Alkoholerzeugnis nicht oder nicht rechtzeitig aufnimmt, nicht oder nicht rechtzeitig übernimmt, nicht oder nicht rechtzeitig befördert oder nicht oder nicht rechtzeitig ausführt oder
2. entgegen § 24 Absatz 3, § 25 Absatz 3 Satz 1 oder Satz 4, Absatz 6 Satz 1 oder § 32 Absatz 1 Satz 1 oder Satz 3 eine Anzeige nicht, nicht richtig, nicht in der vorgeschriebenen Weise oder nicht rechtzeitig erstattet.

(2) Ordnungswidrig im Sinn des § 381 Absatz 1 Nummer 2 der Abgabenordnung handelt, wer vorsätzlich oder leichtfertig
1. entgegen § 9 Absatz 1 Satz 3 den in einer Abfindungsbrennerei gewonnenen Alkohol in einen anderen Mitgliedstaat, ein Drittland oder ein Drittgebiet befördert oder
2. entgegen § 32 Absatz 2 Nummer 1 ein Brenn- oder Reinigungsgerät oder entgegen § 32 Absatz 2 Nummer 2 einen anderen Gegenstand oder eine Vorrichtung anbietet, abgibt oder besitzt.

(3) Ordnungswidrig handelt, wer vorsätzlich oder leichtfertig entgegen § 4 Absatz 2 Satz 1 Alkohol gewinnt oder reinigt.

(4) Ordnungswidrig handelt, wer vorsätzlich oder leichtfertig entgegen § 31 Absatz 2 Satz 1 Alkohol anbietet, handelt oder erwirbt.

(5) Die Ordnungswidrigkeit kann in den Fällen der Absätze 3 und 4 mit einer Geldbuße bis zu zehntausend Euro geahndet werden.

[Fassung ab 13.2.2023:]

§ 36 AlkStG[2] **Bußgeldvorschriften**

(1) Ordnungswidrig im Sinn des § 381 Absatz 1 Nummer 1 der Abgabenordnung handelt, wer vorsätzlich oder leichtfertig
1. entgegen § 14 Absatz 3, § 15 Absatz 4, § 16 Absatz 2 oder § 24c Absatz 4 ein Alkoholerzeugnis nicht oder nicht rechtzeitig aufnimmt, nicht oder nicht rechtzeitig übernimmt, nicht oder nicht rechtzeitig befördert oder nicht oder nicht rechtzeitig ausführt oder
2. entgegen § 25 Absatz 2 Satz 4, Absatz 4 Satz 1 oder § 32 Absatz 1 Satz 1 oder Satz 3 eine Anzeige nicht, nicht richtig, nicht in der vorgeschriebenen Weise oder nicht rechtzeitig erstattet.

(2) Ordnungswidrig im Sinn des § 381 Absatz 1 Nummer 2 der Abgabenordnung handelt, wer vorsätzlich oder leichtfertig
1. entgegen § 9 Absatz 1 Satz 3 den in einer Abfindungsbrennerei gewonnenen Alkohol in einen anderen Mitgliedstaat, ein Drittland oder ein Drittgebiet befördert oder
2. entgegen § 32 Absatz 2 Nummer 2 oder 3 ein Brenn- oder Reinigungsgerät, einen anderen Gegenstand oder eine Vorrichtung anbietet, abgibt oder besitzt.

(3) Ordnungswidrig handelt, wer vorsätzlich oder leichtfertig entgegen § 4 Absatz 2 Satz 1 Alkohol gewinnt oder reinigt.

(4) Ordnungswidrig handelt, wer vorsätzlich oder leichtfertig entgegen § 31 Absatz 2 Satz 1 Alkohol anbietet, handelt oder erwirbt.

(5) Die Ordnungswidrigkeit kann in den Fällen der Absätze 3 und 4 mit einer Geldbuße bis zu zehntausend Euro geahndet werden.

---

[1] Alkoholsteuergesetz v. 21.6.2013 (BGBl. I 1650), zuletzt geändert durch Art. 5 Siebtes Gesetz zur Änderung von Verbrauchsteuergesetzen v. 30.3.2021 (BGBl. I S. 607). § 36 AlkStG trat gem. Art. 3 IV Branntweinmonopolabschaffungsgesetz v. 21.6.2013 (BGBl. I 1650) am **1.1.2018** in Kraft; korrespondierend dazu traten das Gesetz über das Branntweinmonopol (**BranntwMonG**) v. 8.4.1922 (RGBl. I 335, 405), die Branntweinmonopolverordnung (BrMV) mitsamt der Brennereiordnung (**BrennO**) v. 20.2.1998 (BGBl. I 383) und die VO zur Durchführung des BranntwMonG (**BrStV**) v. 5.10.2009 (BGBl. I 3262) gem. § 166 S. 2 BranntwMonG bzw. § 78 S. 2 AlkStV mit Ablauf des 31.12.2017 außer Kraft (zusf. Esser ZfZ 2013, 225; zu § 158 BranntwMonG, §§ 17, 139, 161, 162, 163, 166, 168, 169, 174, 229 BrennO u. § 67 BrStV s. Vorausfl., Rn. 22).

[2] § 36 Abs. 1 Nr. 1 und 2 und Abs. 2 Nr. 2 geänd. **mWv 13.2.2023** durch G v. 30.3.2021 (BGBl. I S. 607); neue Fassung nur abgedruckt, nicht kommentiert.

§ 77 AlkStV[1] Ordnungswidrigkeiten

(1) Ordnungswidrig im Sinne des § 381 Absatz 1 Nummer 1 der Abgabenordnung handelt, wer vorsätzlich oder leichtfertig

1. entgegen § 8 Absatz 1 Satz 1, Absatz 2, Absatz 3 Satz 1 oder Absatz 4 Satz 1 oder 2, jeweils auch in Verbindung mit § 16 Absatz 6 Satz 1, § 17 Absatz 6 Satz 1, § 48 Absatz 2 Satz 2 oder § 59 Absatz 4 Satz 1, entgegen § 9 Absatz 6, auch in Verbindung mit § 16 Absatz 6 Satz 2, § 17 Absatz 6 Satz 2, § 50 Absatz 3 Satz 2 oder § 59 Absatz 4 Satz 2, entgegen § 11 Absatz 1 Satz 1 oder Absatz 2 Satz 1, jeweils auch in Verbindung mit § 61 Absatz 1 Satz 4, entgegen § 12 Absatz 1 Satz 4, auch in Verbindung mit § 61 Absatz 3 Satz 2, entgegen § 36 Absatz 4 Satz 1, auch in Verbindung mit § 38 Absatz 4, entgegen § 42 Absatz 2 oder 3, § 48 Absatz 1 Satz 1 Nummer 1, § 50 Absatz 4 Satz 1, § 51 Absatz 1 Satz 1, § 59 Absatz 2 Satz 2, § 61 Absatz 2 Satz 2, § 64 Absatz 2 Satz 4 oder § 65 Absatz 2 oder Absatz 6 eine Anzeige nicht, nicht richtig, nicht vollständig, nicht in der vorgeschriebenen Weise oder nicht rechtzeitig erstattet,
2. entgegen § 12 Absatz 1 Satz 1, 2 oder Absatz 2 Satz 2, § 65 Absatz 1 Satz 1 oder Absatz 5 Satz 1 eine Anmeldung nicht, nicht richtig, nicht vollständig, nicht in der vorgeschriebenen Weise oder nicht rechtzeitig abgibt,
3. entgegen § 10 Absatz 1 Satz 1, Absatz 2 Satz 1 oder 2 oder Absatz 3 Satz 1, auch in Verbindung mit § 60 Absatz 2 Satz 5, entgegen § 13 Absatz 4 Satz 3, § 16 Absatz 5 Satz 1 oder 4, auch in Verbindung mit § 48 Absatz 2 Satz 2, entgegen § 17 Absatz 5 Satz 1 oder 3, § 22 Absatz 1 Satz 1, § 50 Absatz 4 Satz 1, § 60 Absatz 2 Satz 1, § 61 Absatz 2 Satz 1, § 64 Absatz 3 Satz 1 oder § 65 Absatz 4 Satz 1, auch in Verbindung mit Absatz 5 Satz 4, ein Belegheft, ein Lagerbuch, eine Aufzeichnung oder ein Verwendungsbuch nicht, nicht richtig, nicht vollständig, nicht in der vorgeschriebenen Weise oder nicht rechtzeitig führt,
4. einer vollziehbaren Anordnung nach § 22 Absatz 2 zuwiderhandelt,
5. entgegen § 29 Absatz 1, § 31 Absatz 2, § 32 Absatz 2, § 33 Absatz 1 Satz 1 oder Absatz 3 Satz 1, § 36 Absatz 3 Satz 3 oder Absatz 5 Satz 1, § 37 Absatz 3 Satz 1, § 38 Absatz 2 Satz 3 oder Absatz 3 Satz 1, § 39 Absatz 3 Satz 1 oder § 70 Absatz 2 Satz 2 eine Übermittlung nicht, nicht richtig, nicht in der vorgeschriebenen Weise oder nicht rechtzeitig vornimmt,
6. entgegen § 29 Absatz 3 Satz 1, auch in Verbindung mit § 36 Absatz 4 Satz 3, entgegen § 30 Satz 1, § 35 Absatz 2 Satz 3, § 36 Absatz 3 Satz 4, § 48 Absatz 3, auch in Verbindung mit § 49, entgegen § 64 Absatz 1 Satz 2 oder § 70 Absatz 1 Satz 3 einen Ausdruck oder eine Ausfertigung nicht mitführt,
7. entgegen § 29 Absatz 4 Satz 1, auch in Verbindung mit § 36 Absatz 4 Satz 3, entgegen § 33 Absatz 4, § 35 Absatz 6 Satz 1, § 48 Absatz 1 Satz 3, § 63 Absatz 5 Satz 2 oder § 64 Absatz 3 Satz 3 ein Alkoholerzeugnis nicht, nicht richtig, nicht vollständig oder nicht rechtzeitig vorführt,
8. entgegen § 35 Absatz 3 Satz 1 oder Absatz 4 Satz 2, § 36 Absatz 4 Satz 2, auch in Verbindung mit § 38 Absatz 4, entgegen § 39 Absatz 1 Satz 1 oder § 48 Absatz 4 Satz 1 eine Ausfertigung oder ein Dokument nicht, nicht richtig oder nicht rechtzeitig vorlegt,
9. entgegen § 35 Absatz 3 Satz 3 oder Absatz 4 Satz 4 einen Rückschein oder eine Sammelanmeldung nicht oder nicht rechtzeitig zurücksendet,
10. entgegen § 36 Absatz 2 Satz 1, § 37 Absatz 2 Satz 3, § 38 Absatz 2 Satz 4 oder § 70 Absatz 3 eine Unterrichtung nicht, nicht richtig, nicht vollständig, nicht in der vorgeschriebenen Weise oder nicht rechtzeitig vornimmt oder
11. entgegen § 36 Absatz 7 Satz 1 oder 2 oder § 38 Absatz 2 Satz 5 eine Eintragung oder einen Vermerk nicht, nicht richtig, nicht in der vorgeschriebenen Weise oder nicht rechtzeitig vornimmt.

(2) Ordnungswidrig im Sinne des § 381 Absatz 1 Nummer 2 der Abgabenordnung handelt, wer vorsätzlich oder leichtfertig entgegen § 35 Absatz 8 Satz 1 oder Absatz 9 Satz 2 oder § 62 Absatz 1 Satz 2 ein Handelspapier nicht, nicht richtig, nicht in der vorgeschriebenen Weise oder nicht rechtzeitig beigibt.

[Fassung ab 13.2.2023:]

§ 77 AlkStV[2] Ordnungswidrigkeiten

(1) Ordnungswidrig im Sinne des § 381 Absatz 1 Nummer 1 der Abgabenordnung handelt, wer vorsätzlich oder leichtfertig

---

[1] Verordnung zur Durchführung des Alkoholsteuergesetzes v. 6.3.2017 (BGBl. I 431), zuletzt geändert durch Art. 5 Siebte VO zur Änderung von Verbrauchsteuerverordnungen v. 11.8.2021 (BGBl. I S. 3602).

[2] § 77 neu gef. **mWv 13.2.2023** durch VO v. 11.8.2021 (BGBl. I S. 3602); neue Fassung nur abgedruckt, nicht kommentiert.

1. entgegen
   a) § 8 Absatz 1 Satz 1, auch in Verbindung mit § 20 Absatz 4, oder entgegen § 8 Absatz 3 Satz 1 oder Absatz 4 Satz 1 oder 2, jeweils auch in Verbindung mit § 16 Absatz 6, § 17 Absatz 6, § 26 Absatz 3 Satz 4, § 48 Absatz 7, § 48a Absatz 7, § 50 Absatz 7 Satz 1 oder § 59 Absatz 4,
   b) § 8 Absatz 5, auch in Verbindung mit § 16 Absatz 6, § 17 Absatz 6, § 20 Absatz 4, § 26 Absatz 3 Satz 4, § 48 Absatz 7, § 48a Absatz 7, § 50 Absatz 7 Satz 1 oder § 59 Absatz 4,
   c) § 11 Absatz 1 Satz 1, auch in Verbindung mit § 61 Absatz 1 Satz 4, entgegen § 48 Absatz 4 Satz 1, auch in Verbindung mit Absatz 5 Satz 3, oder entgegen § 48a Absatz 4 Satz 1, auch in Verbindung mit Absatz 5 Satz 3,
   d) § 11 Absatz 2 Satz 1, auch in Verbindung mit § 51 oder § 61 Absatz 1 Satz 4,
   e) § 12 Absatz 1 Satz 4, auch in Verbindung mit § 61 Absatz 3 Satz 2,
   f) § 36 Absatz 4 Satz 1, auch in Verbindung § 38 Absatz 4 oder § 48f, oder
   g) § 42 Absatz 2 oder 3, § 59 Absatz 2 Satz 2, § 61 Absatz 2 Satz 2 oder § 65 Absatz 2 oder 6
   eine Anzeige nicht, nicht richtig, nicht vollständig, nicht in der vorgeschriebenen Weise oder nicht rechtzeitig erstattet,
2. entgegen
   a) § 10 Absatz 1 Satz 1, Absatz 2 Satz 1 oder 2 oder Absatz 3 Satz 1, auch in Verbindung mit § 60 Absatz 2 Satz 5, § 63 Absatz 1 Satz 2 oder Absatz 2 Satz 2,
   b) § 13 Absatz 4 Satz 3, § 14 Absatz 3 Satz 1, § 16 Absatz 5 Satz 1 oder 4 oder
   c) § 17 Absatz 5 Satz 1 oder 3, § 22 Absatz 1 Satz 1, § 48 Absatz 6 Satz 1 oder 3, § 48a Absatz 6 Satz 1 oder 3, § 60 Absatz 1 Satz 1 oder Absatz 2 Satz 1, § 61 Absatz 2 Satz 3 oder § 65 Absatz 4 Satz 1, auch in Verbindung mit Absatz 5 Satz 5,
   ein Belegheft, ein Lagerbuch, eine Aufzeichnung oder ein Verwendungsbuch nicht, nicht richtig, nicht vollständig, nicht in der vorgeschriebenen Weise oder nicht rechtzeitig führt,
3. entgegen § 12 Absatz 1 Satz 1 oder 2 oder Absatz 2 Satz 2, § 62 Absatz 2 oder § 65 Absatz 1 Satz 1 oder Absatz 5 Satz 1 eine Anmeldung nicht, nicht richtig, nicht vollständig, nicht in der vorgeschriebenen Weise oder nicht rechtzeitig abgibt,
4. entgegen § 29 Absatz 1, § 31 Absatz 2, § 32 Absatz 2, auch in Verbindung mit § 48d Absatz 2, entgegen § 33 Absatz 1 Satz 1 oder Absatz 3 Satz 1, § 36 Absatz 5 Satz 1, auch in Verbindung mit § 48f Satz 1, entgegen § 37 Absatz 3 Satz 1, § 38 Absatz 3 Satz 1, § 39 Absatz 3 Satz 1, jeweils auch in Verbindung mit § 48f Satz 1, entgegen § 48c Absatz 1 oder § 48e Absatz 1 Satz 1 eine Übermittlung nicht, nicht richtig, nicht in der vorgeschriebenen Weise oder nicht rechtzeitig vornimmt,
5. entgegen § 29 Absatz 3 Satz 1, auch in Verbindung mit Satz 3, entgegen § 36 Absatz 7 Satz 2 oder § 48c Absatz 3 Satz 1, auch in Verbindung mit Satz 2, eine Mitteilung nicht, nicht richtig, nicht vollständig oder nicht rechtzeitig macht,
6. entgegen § 29 Absatz 3 Satz 1, auch in Verbindung mit Satz 3, entgegen § 30 Satz 1, § 35 Absatz 2 Satz 3, § 35 Absatz 8 Satz 5 oder Absatz 9 Satz 6, § 36 Absatz 3 Satz 4, § 48c Absatz 3 Satz 1 oder 3 oder § 53 Absatz 3 den eindeutigen Referenzcode, einen Ausdruck oder eine Ausfertigung nicht mitführt,
7. entgegen § 29 Absatz 4 Satz 1, auch in Verbindung mit § 36 Absatz 4 Satz 3, entgegen § 33 Absatz 4, § 35 Absatz 6 Satz 1, § 48c Absatz 4, § 48e Absatz 3 oder § 63 Absatz 5 Satz 2 ein Alkoholerzeugnis nicht, nicht richtig, nicht vollständig oder nicht rechtzeitig vorführt,
8. entgegen § 35 Absatz 2 Satz 1, Absatz 8 Satz 1 oder Absatz 9 Satz 2, § 36 Absatz 3 Satz 1, auch in Verbindung mit § 48f Satz 1, entgegen § 37 Absatz 2 Satz 1, § 38 Absatz 2 Satz 1 oder § 39 Absatz 2 Satz 1, jeweils auch in Verbindung mit § 48f Satz 1, ein Dokument nicht, nicht richtig, nicht vollständig, nicht in der vorgeschriebenen Weise oder nicht rechtzeitig ausfertigt,
9. entgegen § 35 Absatz 3 Satz 1 oder Absatz 4 Satz 2, § 36 Absatz 2 Satz 3 oder Absatz 4 Satz 2, auch in Verbindung mit § 38 Absatz 4, jeweils auch in Verbindung mit § 48f Satz 1, entgegen § 38 Absatz 2 Satz 3, auch in Verbindung mit § 48f Satz 1, oder entgegen § 39 Absatz 1 eine Ausfertigung oder ein Dokument nicht, nicht richtig oder nicht rechtzeitig vorlegt,
10. entgegen § 35 Absatz 3 Satz 3 oder Absatz 4 Satz 4 einen Rückschein oder eine Sammelanmeldung nicht oder nicht rechtzeitig zurücksendet,
11. entgegen § 36 Absatz 2 Satz 1, auch in Verbindung mit § 38 Absatz 4 oder § 48f Satz 1, entgegen § 37 Absatz 2 Satz 3 oder § 38 Absatz 2 Satz 4, auch in Verbindung mit § 48f Satz 1, eine Unterrichtung nicht, nicht richtig, nicht vollständig, nicht in der vorgeschriebenen Weise oder nicht rechtzeitig vornimmt,
12. entgegen § 36 Absatz 7 Satz 1 oder 2 oder § 38 Absatz 2 Satz 5, auch in Verbindung mit § 48f Satz 1, eine Eintragung nicht, nicht richtig, nicht vollständig oder nicht rechtzeitig vornimmt oder

eine Angabe nicht, nicht richtig, nicht in der vorgeschriebenen Weise oder nicht rechtzeitig vermerkt oder
13. entgegen § 59 Absatz 2 Satz 1 einen Erlaubnisschein nicht oder nicht rechtzeitig zurückgibt.

(2) Ordnungswidrig im Sinne des § 381 Absatz 1 Nummer 2 der Abgabenordnung handelt, wer vorsätzlich oder leichtfertig entgegen § 62 Absatz 1 Satz 2 ein Handelspapier nicht, nicht richtig, nicht in der vorgeschriebenen Weise oder nicht rechtzeitig beigibt.

§ 30 BierStG[1] Ordnungswidrigkeiten

Ordnungswidrig im Sinn des § 381 Absatz 1 Nummer 1 der Abgabenordnung handelt, wer vorsätzlich oder leichtfertig
1. entgegen § 10 Absatz 3, § 11 Absatz 4 oder § 12 Absatz 2 Bier nicht oder nicht rechtzeitig aufnimmt, nicht oder nicht rechtzeitig übernimmt, nicht oder nicht rechtzeitig befördert oder nicht oder nicht rechtzeitig ausführt oder
2. entgegen § 20 Absatz 4 oder § 21 Absatz 4 Satz 1 und 5 oder Absatz 7 Satz 1 eine Anzeige nicht oder nicht rechtzeitig erstattet.

§ 52 BierStV[2] Ordnungswidrigkeiten

(1) Ordnungswidrig im Sinn des § 381 Absatz 1 Nummer 1 der Abgabenordnung handelt, wer vorsätzlich oder leichtfertig
1. entgegen
    a) § 7 Absatz 1 Satz 1 oder Satz 3 oder Absatz 2 Satz 1 oder Satz 2, jeweils auch in Verbindung mit § 13 Absatz 6, § 14 Absatz 6, § 35 Absatz 2 Satz 2 oder § 39a Absatz 4,
    b) § 8 Absatz 6 Satz 1, auch in Verbindung mit § 13 Absatz 6, § 14 Absatz 6, § 35 Absatz 2 Satz 2, § 37 Absatz 3 Satz 2 oder § 39a Absatz 4,
    c) § 11 Absatz 1 Satz 5, § 30 Absatz 2 oder Absatz 3, § 35 Absatz 1 Satz 1, § 37 Absatz 4 Satz 3, § 38 Absatz 1 Satz 1, § 39a Absatz 2 Satz 2 oder § 41 Absatz 2 Satz 1 oder
    d) § 25 Absatz 4 Satz 1, auch in Verbindung mit § 27 Absatz 4
    eine Anzeige nicht, nicht richtig, nicht in der vorgeschriebenen Weise oder nicht rechtzeitig erstattet,
2. entgegen § 8 Absatz 5 Satz 2, auch in Verbindung mit § 39a Absatz 4 oder § 11 Absatz 1 Satz 1 oder Absatz 3 Satz 2 oder § 39d Absatz 2 eine Anmeldung oder Erklärung nicht, nicht richtig, nicht vollständig, nicht in der vorgeschriebenen Weise oder nicht rechtzeitig abgibt,
3. entgegen § 9 Absatz 1 Satz 1 oder Absatz 2 Satz 1 oder Absatz 3 Satz 1, § 13 Absatz 5 Satz 1 oder 3, jeweils auch in Verbindung mit § 35 Absatz 2 Satz 2, § 14 Absatz 5 Satz 1 oder 3 oder § 37 Absatz 4 Satz 1 oder § 39b Absatz 1 Satz 1 oder Absatz 2 Satz 1 ein Belegheft, ein Buch oder eine Aufzeichnung nicht, nicht richtig, nicht in der vorgeschriebenen Weise oder nicht rechtzeitig führt,
4. entgegen § 17 Absatz 1 Satz 1, § 20 Absatz 2, § 21 Absatz 2, § 22 Absatz 1 Satz 1, auch in Verbindung mit Absatz 3 Satz 1, § 25 Absatz 3 Satz 2 oder Absatz 5 Satz 1, § 26 Absatz 3 Satz 1, § 27 Absatz 2 Satz 3 oder Absatz 3 Satz 1 oder § 28 Absatz 3 Satz 1 eine Übermittlung nicht, nicht richtig, nicht in der vorgeschriebenen Weise oder nicht rechtzeitig vornimmt,
5. entgegen § 17 Absatz 3 Satz 1, auch in Verbindung mit Satz 3, § 18 Satz 1, § 24 Absatz 2 Satz 3, § 25 Absatz 3 Satz 4 oder § 35 Absatz 3, auch in Verbindung mit § 36, einen Ausdruck oder eine Ausfertigung eines Dokuments oder einer Bescheinigung nicht mitführt,
6. entgegen § 17 Absatz 4 Satz 1, auch in Verbindung mit § 25 Absatz 4 Satz 3, § 22 Absatz 4, § 24 Absatz 6 Satz 1 oder § 35 Absatz 1 Satz 3 das Bier nicht, nicht vollständig oder nicht rechtzeitig vorführt,
7. entgegen § 24 Absatz 2 Satz 1, § 25 Absatz 3 Satz 1, § 26 Absatz 2 Satz 1, § 27 Absatz 2 Satz 1 oder § 28 Absatz 2 Satz 1 ein Dokument nicht, nicht richtig oder nicht in der vorgeschriebenen Weise ausfertigt,
8. entgegen § 24 Absatz 3 Satz 1 oder Absatz 4 Satz 2, § 25 Absatz 4 Satz 2, auch in Verbindung mit § 27 Absatz 4, § 28 Absatz 1 Satz 1, § 35 Absatz 4 Satz 1 oder § 45 Absatz 2 ein Dokument oder eine Ausfertigung nicht, nicht richtig oder nicht rechtzeitig vorlegt,
9. entgegen § 24 Absatz 3 Satz 3 oder Absatz 4 Satz 4 einen Rückschein oder eine Sammelanmeldung als Rückschein nicht oder nicht rechtzeitig zurücksendet,

---

[1] Biersteuergesetz v. 15.7.2009 (BGBl. I 1870), zuletzt geändert durch Art. 13 Abzugsteuerentlastungsmodernisierungsgesetz v. 2.6.2021 (BGBl. I S. 1259).
[2] Verordnung zur Durchführung des Biersteuergesetzes v. 5.10.2009 (BGBl. I 3262), zuletzt geändert durch Art. 14 Abzugsteuerentlastungsmodernisierungsgesetz v. 2.6.2021 (BGBl. I S. 1259).

10. entgegen § 25 Absatz 2 Satz 1, § 26 Absatz 2 Satz 3 oder § 27 Absatz 2 Satz 4 eine Unterrichtung nicht, nicht richtig oder nicht rechtzeitig vornimmt oder
11. entgegen § 25 Absatz 7 Satz 1 oder 2 oder § 27 Absatz 2 Satz 5 eine Eintragung oder einen Vermerk nicht, nicht rechtzeitig oder nicht in der vorgeschriebenen Weise vornimmt,
12. entgegen § 39a Absatz 2 Satz 1 einen Erlaubnisschein nicht oder nicht rechtzeitig zurückgibt.

(2) Ordnungswidrig im Sinn des § 381 Absatz 1 Nummer 2 der Abgabenordnung handelt, wer vorsätzlich oder leichtfertig
1. entgegen § 24 Absatz 5 Satz 2 einen Lieferschein, eine Rechnung oder ein Dokument nicht, nicht rechtzeitig oder nicht in der vorgeschriebenen Weise kennzeichnet oder
2. entgegen § 39d Absatz 1 Satz 2 ein Handelspapier nicht, nicht richtig oder nicht in der vorgeschriebenen Weise beigibt oder
3. entgegen § 45 Absatz 1 Satz 2 einen Hinweis nicht, nicht richtig oder nicht in der vorgeschriebenen Weise anbringt.

§ 64 EnergieStG[1] Bußgeldvorschriften

Ordnungswidrig im Sinne des § 381 Abs. 1 Nr. 1 der Abgabenordnung handelt, wer vorsätzlich oder leichtfertig
1. entgegen § 3 Absatz 5 eine begünstigte Anlage nicht, nicht richtig oder nicht rechtzeitig anmeldet,
2.[2] entgegen § 9 Absatz 1a, § 15 Abs. 3, § 18 Abs. 3 Satz 1 oder Abs. 6 Satz 1, jeweils auch in Verbindung mit § 34 oder § 40 Abs. 1, oder § 23 Abs. 4 Satz 1 eine Anzeige nicht, nicht richtig, nicht vollständig oder nicht rechtzeitig erstattet,
3. entgegen § 10 Absatz 3, § 11 Absatz 3 oder § 13 Absatz 3 Energieerzeugnisse nicht oder nicht rechtzeitig aufnimmt, nicht oder nicht rechtzeitig übernimmt, nicht oder nicht rechtzeitig befördert oder nicht oder nicht rechtzeitig ausführt,
4. entgegen § 31 Abs. 3 oder § 38 Abs. 3 eine Anmeldung nicht, nicht richtig oder nicht rechtzeitig abgibt oder
5. entgegen § 61 Abs. 2 Satz 3 sich nicht, nicht richtig oder nicht rechtzeitig ausweist, eine Angabe nicht, nicht richtig, nicht vollständig oder nicht rechtzeitig macht oder nicht, nicht richtig, nicht vollständig oder nicht rechtzeitig Hilfe leistet.

§ 111 EnergieStV[3] Ordnungswidrigkeiten

(1) Ordnungswidrig im Sinne des § 381 Abs. 1 Nr. 1 der Abgabenordnung handelt, wer vorsätzlich oder leichtfertig
1. entgegen § 4 Abs. 3 Satz 1, auch in Verbindung mit § 4 Abs. 4, entgegen § 7 Abs. 1 Satz 3, Abs. 2 Satz 2 oder Abs. 4 Satz 1, jeweils auch in Verbindung mit § 8 Abs. 1, entgegen § 11 Absatz 4, § 15 Abs. 2 Satz 3, Abs. 4 Satz 2, Abs. 8, 9 Satz 1, Abs. 10 oder Abs. 11, jeweils auch in Verbindung mit § 109 Abs. 5 Satz 2, entgegen § 19 Abs. 2 Satz 3, Abs. 4 Satz 2 oder Abs. 5 Satz 1, jeweils auch in Verbindung mit § 22, entgegen § 19 Abs. 8 oder Abs. 10, jeweils auch in Verbindung mit § 21 Abs. 3 Satz 3 oder § 22, entgegen § 26 Absatz 6, § 27 Absatz 6, § 36 Absatz 4 Satz 1, auch in Verbindung mit § 36b Absatz 4 oder § 36c Absatz 4, § 37a, § 42 Absatz 4 Satz 4, § 42a Satz 1, § 51 Abs. 4, § 54 Absatz 8, auch in Verbindung mit § 73 Abs. 2 oder § 84 Abs. 2, § 56 Absatz 6 Satz 2 oder Absatz 8, jeweils auch in Verbindung mit § 85 Absatz 7, entgegen § 56 Absatz 10, § 61 Abs. 1 Satz 2, § 64 Abs. 5, § 67 Abs. 4, 6 oder Abs. 8 Satz 1, § 75 Abs. 4, 6 oder Abs. 8 Satz 1, § 79 Abs. 3 oder § 85 Abs. 4 oder Abs. 6 Satz 1 eine Anzeige nicht, nicht richtig, nicht vollständig, nicht in der vorgeschriebenen Weise oder nicht rechtzeitig erstattet,
2. entgegen § 7 Abs. 3, auch in Verbindung mit § 8 Abs. 1, § 15 Abs. 2 Satz 3, auch in Verbindung mit § 109 Abs. 5 Satz 2, § 19 Abs. 2 Satz 3, auch in Verbindung mit § 22, § 23 Absatz 3 Satz 1, § 26 Absatz 4 Satz 1 oder Absatz 8 Satz 4, § 27 Absatz 5 Satz 1, § 40 Abs. 1 Satz 4, § 48 Abs. 2, § 51 Abs. 2 Satz 1 oder Satz 3, § 64 Abs. 2 Satz 1 oder Satz 3, § 67 Abs. 2 Satz 1 oder Satz 3, § 75 Abs. 2 Satz 1 oder Satz 3, § 79 Abs. 2 Satz 1, § 85 Abs. 2 Satz 1 oder Satz 3, § 100a

---

[1] Energiesteuergesetz v. 15.7.2006 (BGBl. I 1534), zuletzt geändert durch Art. 4 Siebtes Gesetz zur Änderung von Verbrauchsteuergesetzen v. 30.3.2021 (BGBl. I S. 607).
[2] § 64 Nr. 2 wird geänd. **mWv 13.2.2023** durch G v. 30.3.2021 (BGBl. I S. 607): „2. entgegen § 9 Absatz 1a, § 18 Absatz 6 Satz 1, auch in Verbindung mit § 34 Satz 1 oder § 40 Absatz 1 Satz 1, oder § 23 Absatz 4 Satz 1 eine Anzeige nicht, nicht richtig, nicht vollständig oder nicht rechtzeitig erstattet."
[3] Verordnung zur Durchführung des Energiesteuergesetzes v. 31.7.2006 (BGBl. I 1753), zuletzt geändert durch Art. 4 Siebte VO zur Änderung von Verbrauchsteuerverordnungen v. 11.8.2021 (BGBl. I S. 3602).

Absatz 4 Satz 1, auch in Verbindung mit § 101 Absatz 4, oder § 106 Satz 1 eine Aufzeichnung nicht, nicht richtig oder nicht vollständig führt,
3. entgegen § 15 Abs. 2 Satz 1, auch in Verbindung mit § 109 Abs. 5 Satz 2, § 19 Abs. 2 Satz 1, auch in Verbindung mit § 22, § 40 Abs. 1 Satz 1 oder § 56 Abs. 3 Satz 1 ein Buch nicht oder nicht richtig führt,
4. entgegen § 15 Abs. 2 Satz 6, auch in Verbindung mit § 109 Abs. 5 Satz 2, § 19 Abs. 2 Satz 6, auch in Verbindung mit § 22, § 40 Abs. 1 Satz 7 oder § 56 Abs. 4 Satz 2 ein Buch nicht oder nicht rechtzeitig abliefert,
5. entgegen § 15 Abs. 3 Satz 1, § 19 Abs. 3 Satz 1, auch in Verbindung mit § 22, oder § 56 Abs. 3 Satz 6 eine Zusammenstellung nicht, nicht richtig oder nicht rechtzeitig vorlegt,
6. entgegen § 15 Absatz 3 Satz 2, § 15 Absatz 4 Satz 1, auch in Verbindung mit § 109 Absatz 5 Satz 2, § 19 Absatz 3 Satz 2 oder Absatz 4 Satz 1, jeweils auch in Verbindung mit § 22, § 56 Absatz 5 Satz 1, § 56 Absatz 6 Satz 1, auch in Verbindung mit § 85 Absatz 7, § 85 Absatz 3 Satz 1 oder § 109 Absatz 5 Satz 1 eine Anmeldung nicht, nicht richtig oder nicht rechtzeitig abgibt,
7. entgegen § 15 Abs. 5 Satz 2 oder Satz 3, jeweils auch in Verbindung mit § 109 Abs. 5 Satz 2, § 19 Abs. 5 Satz 2 oder Satz 3, jeweils auch in Verbindung mit § 22, § 40 Abs. 2 Satz 2 oder Satz 3 oder § 56 Abs. 7 Satz 2 oder Satz 3, jeweils auch in Verbindung mit § 85 Absatz 7, ein Buch oder eine Aufzeichnung nicht, nicht richtig oder nicht rechtzeitig aufrechnet, einen Bestand nicht, nicht richtig oder nicht rechtzeitig anmeldet oder ein anderes Energieerzeugnis nicht, nicht richtig oder nicht vollständig einbezieht,
8. entgegen § 27 Absatz 5 Satz 3, § 33 Absatz 3 oder Absatz 4, § 36 Absatz 7 Satz 1 oder Satz 2, § 36b Absatz 2 Satz 5, § 36c Absatz 2 Satz 5, § 57 Absatz 3, auch in Verbindung mit § 57 Absatz 9, § 57 Absatz 7 Satz 1 oder Absatz 15, § 68 Absatz 1 Satz 1, § 69 Absatz 2, auch in Verbindung mit § 69 Absatz 4, 5 oder § 76 Absatz 3 Satz 2, oder § 76 Absatz 1 Satz 1 eine Eintragung, eine Aufzeichnung oder einen Vermerk nicht, nicht richtig, nicht in der vorgeschriebenen Weise oder nicht rechtzeitig vornimmt,
9. entgegen § 28 Absatz 1 Satz 4, § 28b Absatz 3, § 33 Absatz 1, § 36 Absatz 3 Satz 4, § 39 Absatz 1 Satz 1, § 44 Satz 4, § 45 Absatz 2 Satz 3 oder § 57 Absatz 10 Satz 4 ein Dokument nicht mitführt,
10. entgegen § 28b Absatz 4 Satz 1, auch in Verbindung mit § 36 Absatz 4 Satz 3, oder § 34 Absatz 4 Energieerzeugnisse nicht, nicht vollständig oder nicht rechtzeitig vorführt,
11. entgegen § 32 Absatz 4 Satz 2, § 36 Absatz 2 Satz 1, auch in Verbindung mit § 36b Absatz 4 oder § 36c Absatz 4, entgegen § 36a Absatz 2 Satz 3, § 36b Absatz 2 Satz 4, § 36c Absatz 2 Satz 4 oder § 45 Absatz 3 Satz 1 eine Unterrichtung nicht, nicht richtig, nicht in der vorgeschriebenen Weise oder nicht rechtzeitig vornimmt,
12. entgegen § 34 Absatz 1 Satz 1, entgegen § 36 Absatz 3 Satz 3 oder entgegen § 36 Absatz 4 Satz 2, auch in Verbindung mit § 36b Absatz 4 oder § 36c Absatz 4, entgegen § 36 Absatz 5 Satz 1 oder Absatz 7 Satz 2, entgegen § 36a Absatz 3 Satz 1, entgegen § 36b Absatz 2 Satz 3 oder Absatz 3 Satz 1, entgegen § 36c Absatz 2 Satz 3 oder Absatz 3 oder entgegen § 36d Absatz 3 Satz 1 eine Übermittlung oder Mitteilung nicht, nicht richtig, nicht in der vorgeschriebenen Weise oder nicht rechtzeitig vornimmt,
13. entgegen § 36d Absatz 1 Satz 1 oder Absatz 2 Satz 1 oder § 39 Absatz 2 Satz 1 ein Dokument nicht, nicht richtig oder nicht rechtzeitig vorlegt,
14. entgegen § 39 Absatz 2 Satz 3 eine Ausfertigung nicht oder nicht rechtzeitig zurücksendet,
15. entgegen § 44 Satz 1, § 45 Absatz 1 Satz 1 oder § 57 Absatz 10 Satz 1 ein Dokument nicht, nicht richtig, nicht in der vorgeschriebenen Weise oder nicht rechtzeitig ausfertigt,
16. entgegen § 56 Abs. 11, § 67 Abs. 7 oder § 85 Abs. 5 den Erlaubnisschein nicht oder nicht rechtzeitig zurückgibt,
16a. entgegen § 79 Absatz 2 Satz 5 eine Aufzeichnung oder einen Nachweis nicht oder nicht rechtzeitig vorlegt oder
17. entgegen § 100a Absatz 2 Satz 1, auch in Verbindung mit § 101 Absatz 4 Satz 1, oder entgegen § 101 Absatz 4 Satz 2 eine Selbsterklärung nicht richtig oder nicht vollständig abgibt oder nicht richtig oder nicht vollständig beifügt.

(2) Ordnungswidrig im Sinne des § 381 Abs. 1 Nr. 2 der Abgabenordnung handelt, wer vorsätzlich oder leichtfertig

1. entgegen § 7 Abs. 1 Satz 1, auch in Verbindung mit § 8 Abs. 1, eine Kennzeichnung nicht oder nicht richtig vornimmt,
2. entgegen § 7 Abs. 2 Satz 1, auch in Verbindung mit § 8 Abs. 1, eine Probe nicht oder nicht rechtzeitig untersucht,

3. entgegen § 7 Abs. 4 Satz 2, auch in Verbindung mit § 8 Abs. 1, eine Anlage benutzt oder einen technischen Ablauf anwendet,
4. entgegen § 13 Abs. 4, auch in Verbindung mit § 109 Abs. 5 Satz 2, oder § 17 Abs. 4 ein Energieerzeugnis herstellt, lagert oder entnimmt,
5. entgegen § 57 Abs. 12 Satz 1 den Inhalt einer Sendung nicht oder nicht richtig kennzeichnet,
6. entgegen § 46 Abs. 1 Satz 1 Energieerzeugnisse mischt oder sie als Kraftstoff bereithält, abgibt, mitführt oder verbraucht,
7. entgegen § 46 Abs. 1 Satz 2 einen Kennzeichnungsstoff entfernt oder in seiner Wirksamkeit beeinträchtigt,
8. entgegen § 46 Abs. 2 Satz 1 ein Energieerzeugnis in das Steuergebiet verbringt, in den Verkehr bringt oder verwendet,
9. entgegen § 47 Abs. 2 Satz 1 ein dort genanntes Energieerzeugnis abgibt,
10. entgegen § 47 Abs. 2 Satz 3 Energieerzeugnisse vermischt,
11. entgegen § 48 Abs. 1 Satz 1 oder Satz 2 eine Restmenge beimischt,
12. entgegen § 48 Abs. 3 eine Angabe nicht, nicht richtig oder nicht vollständig macht,
13. entgegen § 57 Abs. 4 Satz 1, auch in Verbindung mit § 57 Abs. 9, oder § 69 Abs. 3 ein Energieerzeugnis übergibt oder verteilt,
14. entgegen § 57 Abs. 16 Satz 1 Nr. 3 oder § 76 Abs. 3 Satz 1 ein Energieerzeugnis abgibt oder liefert,
15. entgegen § 107 Abs. 1 oder Abs. 2 Satz 1 einen Hinweis nicht oder nicht richtig gibt,
16. entgegen § 108 Satz 1 ein Energieerzeugnis nicht oder nicht rechtzeitig abläßt,
17. entgegen § 108 Satz 5 ein Fahrzeug nicht oder nicht rechtzeitig vorführt oder
18. entgegen § 108 Satz 6 ein Energieerzeugnis nicht oder nicht rechtzeitig abliefert.

§ 24 KaffeeStG[1] Ordnungswidrigkeiten

Ordnungswidrig im Sinn des § 381 Absatz 1 Nummer 1 der Abgabenordnung handelt, wer vorsätzlich oder leichtfertig

1. entgegen § 9 Absatz 3 Kaffee nicht oder nicht rechtzeitig aufnimmt, nicht oder nicht rechtzeitig ausführt, nicht oder nicht rechtzeitig liefert oder nicht oder nicht rechtzeitig übernimmt oder
2. entgegen § 17 Absatz 4, auch in Verbindung mit § 3, eine Anzeige nicht oder nicht rechtzeitig erstattet.

§ 44 KaffeeStV[2] Ordnungswidrigkeiten

Ordnungswidrig im Sinn des § 381 Absatz 1 Nummer 1 der Abgabenordnung handelt, wer vorsätzlich oder leichtfertig

1. entgegen § 7 Absatz 1 Satz 1, Absatz 3 Satz 1 oder 2 oder Absatz 4, jeweils auch in Verbindung mit § 12 Absatz 6, § 25 Absatz 4, § 30 Absatz 5 oder § 32 Absatz 4, entgegen § 10 Satz 1, § 11 Absatz 1 Satz 3, § 19 Absatz 2 oder § 20a Absatz 3 eine Anzeige nicht, nicht richtig, nicht vollständig, nicht in der vorgeschriebenen Weise oder nicht rechtzeitig erstattet,
2. entgegen § 11 Absatz 1 Satz 1 oder 2 oder Absatz 3 Satz 2, § 20a Absatz 1 Satz 1 oder § 36 Absatz 1 Satz 1 eine Anmeldung nicht, nicht richtig, nicht vollständig, nicht in der vorgeschriebenen Weise oder nicht rechtzeitig abgibt,
3. entgegen § 9 Absatz 1 Satz 1 oder Absatz 2 Satz 1 oder 2 oder Absatz 3 Satz 1, § 12 Absatz 5 Satz 1, § 16 Absatz 2 Satz 1 oder 2, § 20a Absatz 2 Satz 1, § 24 Satz 2, § 25 Absatz 3 Satz 1 oder Satz 3, § 30 Absatz 7, § 31 Absatz 1 Satz 1, § 34 Absatz 2 Satz 1 oder 2 ein Belegheft, ein Buch, eine Aufzeichnung oder einen dort genannten Beleg nicht, nicht richtig, nicht in der vorgeschriebenen Weise oder nicht rechtzeitig führt,
4. entgegen § 14 Absatz 2 Satz 3 oder § 15 Satz 1 eine Ausfertigung nicht mitführt,
5. entgegen § 14 Absatz 7 Satz 1, auch in Verbindung mit § 16 Absatz 3, § 17 Absatz 3 oder § 32 Absatz 4, § 24 Satz 2, auch in Verbindung mit § 25 Absatz 4, den Kaffee nicht, nicht richtig, nicht vollständig oder nicht rechtzeitig vorführt,
6. entgegen § 13 Absatz 1 Satz 1 oder § 14 Absatz 2 Satz 1 eine Bescheinigung oder ein Dokument nicht, nicht richtig, nicht in der vorgeschriebenen Weise oder nicht rechtzeitig ausfertigt,
7. entgegen § 13 Absatz 1 Satz 1, § 14 Absatz 2 Satz 4 oder Absatz 3 Satz 1, § 32 Absatz 5 Satz 4 eine Bescheinigung, eine Ausfertigung oder eine Bestätigung nicht, nicht richtig oder nicht rechtzeitig vorlegt,

---

[1] Kaffeesteuergesetz v. 15.7.2009 (BGBl. I 1870), zuletzt geändert durch Art. 3 Siebtes Gesetz zur Änderung von Verbrauchsteuergesetzen v. 30.3.2021 (BGBl. I S. 607).
[2] Verordnung zur Durchführung des Kaffeesteuergesetzes v. 5.10.2009 (BGBl. I 3262), zuletzt geändert durch Art. 3 Siebte VO zur Änderung von Verbrauchsteuerverordnungen v. 11.8.2021 (BGBl. I S. 3602).

Objektive Tatbestände 22 § 381

8. entgegen § 14 Absatz 3 Satz 3 einen Rückschein nicht oder nicht rechtzeitig zurückschickt,
9. entgegen § 14 Absatz 6 Satz 1 oder 2 oder Absatz 8 Satz 2 eine Eintragung nicht, nicht richtig oder nicht rechtzeitig vornimmt oder
10. entgegen § 14 Absatz 1 ein Begleitdokument nicht verwendet.

§ 35 SchaumwZwStG[1] Ordnungswidrigkeiten

Ordnungswidrig im Sinn des § 381 Absatz 1 Nummer 1 der Abgabenordnung handelt, wer vorsätzlich oder leichtfertig
1. entgegen § 10 Absatz 3, auch in Verbindung mit § 29 Absatz 3, Schaumwein oder ein Zwischenerzeugnis nicht oder nicht rechtzeitig aufnimmt oder nicht oder nicht rechtzeitig übernimmt,
2. entgegen § 11 Absatz 4 oder § 12 Absatz 2, jeweils auch in Verbindung mit § 29 Absatz 3 oder § 32 Absatz 2 Nummer 2, Schaumwein, ein Zwischenerzeugnis oder Wein nicht oder nicht rechtzeitig aufnimmt, nicht oder nicht rechtzeitig übernimmt, nicht oder nicht rechtzeitig befördert oder nicht oder nicht rechtzeitig ausführt oder
3. entgegen
   a) § 20 Absatz 4 oder § 21 Absatz 4 Satz 1 oder Satz 5, jeweils auch in Verbindung mit § 29 Absatz 3, oder
   b) § 21 Absatz 7 Satz 1, auch in Verbindung mit § 29 Absatz 3 oder § 32 Absatz 2 Nummer 2,
   eine Anzeige nicht oder nicht rechtzeitig erstattet.

[Fassung ab 13.2.2023:]

§ 35 SchaumwZwStG[2] Ordnungswidrigkeiten

Ordnungswidrig im Sinn des § 381 Absatz 1 Nummer 1 der Abgabenordnung handelt, wer vorsätzlich oder leichtfertig
1. entgegen § 10 Absatz 3, auch in Verbindung mit § 29 Absatz 3, Schaumwein oder ein Zwischenerzeugnis nicht oder nicht rechtzeitig aufnimmt oder nicht oder nicht rechtzeitig übernimmt,
2. entgegen § 11 Absatz 4, § 12 Absatz 2 oder § 20c Absatz 4, jeweils auch in Verbindung mit § 29 Absatz 3 oder § 32 Absatz 2 Nummer 3, Schaumwein, ein Zwischenerzeugnis oder Wein nicht oder nicht rechtzeitig aufnimmt, nicht oder nicht rechtzeitig übernimmt, nicht oder nicht rechtzeitig befördert oder nicht oder nicht rechtzeitig ausführt oder
3. entgegen
   a) § 21 Absatz 2 Satz 4, auch in Verbindung mit § 29 Absatz 3, oder
   b) § 21 Absatz 4 Satz 1, auch in Verbindung mit § 29 Absatz 3 oder § 32 Absatz 2 Nummer 3,
   eine Anzeige nicht oder nicht rechtzeitig erstattet.

§ 53 SchaumwZwStV[3] Ordnungswidrigkeiten

(1) Ordnungswidrig im Sinn des § 381 Absatz 1 Nummer 1 der Abgabenordnung handelt, wer vorsätzlich oder leichtfertig
1. entgegen
   a) § 7 Absatz 1 Satz 1 oder 3 oder Absatz 2 Satz 1 oder 2, jeweils auch in Verbindung mit § 12 Absatz 6, § 13 Absatz 6, § 34 Absatz 2 Satz 2 oder § 38a Absatz 4,
   b) § 8 Absatz 6, auch in Verbindung mit § 12 Absatz 6, § 13 Absatz 6, § 34 Absatz 2 Satz 2, § 36 Absatz 3 Satz 2, § 38a Absatz 4, § 46 Absatz 2 Satz 3, § 48 Absatz 2 Satz 3 oder § 49 Absatz 2 Satz 3,
   c) § 10 Absatz 1 Satz 1, § 11 Absatz 1 Satz 3, § 29 Absatz 2 oder Absatz 3, § 34 Absatz 1 Satz 1, § 36 Absatz 4 Satz 3, § 37 Absatz 1 Satz 1, § 38a Absatz 2 Satz 2, § 40 Absatz 2 Satz 1 oder 3, § 45 Absatz 3, § 46 Absatz 3, § 49 Absatz 1 oder § 51 Absatz 3 Satz 1 oder
   d) § 24 Absatz 4 Satz 1, auch in Verbindung mit § 26 Absatz 4 oder § 50 Absatz 1 Satz 2
   eine Anzeige nicht, nicht richtig, nicht in der vorgeschriebenen Weise oder nicht rechtzeitig erstattet,

---

[1] Schaumwein- und Zwischenerzeugnissteuergesetz v. 15.7.2009 (BGBl. I 1870), zuletzt geändert durch Art. 2 Siebtes Gesetz zur Änderung von Verbrauchsteuerverordnungen v. 30.3.2021 (BGBl. I S. 607).
[2] § 35 Nr. 2 und 3 Buchst. a und b geänd. **mWv 13.2.2023** durch G v. 30.3.2021 (BGBl. I S. 607); Fassung nur abgedruckt, nicht kommentiert.
[3] Verordnung zur Durchführung des Schaumwein- und Zwischenerzeugnissteuergesetzes v. 5.10.2009 (BGBl. I 3262), zuletzt geändert durch Art. 2 Siebte VO zur Änderung von Verbrauchsteuerverordnungen v. 11.8.2021 (BGBl. I S. 3602).

§ 381   22   Verbrauchsteuergefährdung

2. entgegen
   a) § 8 Absatz 5 Satz 2, auch in Verbindung mit § 38a Absatz 4,
   b) § 11 Absatz 1 Satz 1 oder Absatz 3 Satz 2, § 32 Satz 1, § 38d Absatz 2 oder § 45 Absatz 1 Satz 1 oder
   c) § 30, auch in Verbindung mit § 34 Absatz 1 Satz 2 oder Absatz 2 Satz 2, § 36 Absatz 5 oder § 37 Absatz 2
   eine Anmeldung nicht, nicht richtig, nicht in der vorgeschriebenen Weise oder nicht rechtzeitig abgibt,
3. entgegen
   a) § 9 Absatz 1 Satz 1 oder Absatz 2 Satz 1 oder Absatz 3 Satz 1, § 36 Absatz 4 Satz 1, § 38b Absatz 1 Satz 1 oder Absatz 2 Satz 1, § 40 Absatz 3 Satz 1 oder § 45 Absatz 2 Satz 1,
   b) § 12 Absatz 5 Satz 1 oder 4, jeweils auch in Verbindung mit § 34 Absatz 2 Satz 2 oder
   c) § 47 Absatz 1 Satz 1 oder Absatz 2 Satz 1, auch in Verbindung mit § 48 Absatz 3 oder § 49 Absatz 3
   ein Belegheft, ein Buch oder eine Aufzeichnung nicht, nicht richtig, nicht in der vorgeschriebenen Weise oder nicht rechtzeitig führt,
4. entgegen § 16 Absatz 1, § 19 Absatz 2 oder § 20 Absatz 2, jeweils auch in Verbindung mit § 50 Absatz 1 Satz 2, § 21 Absatz 1 Satz 1, auch in Verbindung mit Absatz 3 Satz 1 oder § 50 Absatz 2, § 24 Absatz 3 Satz 3 oder Absatz 5 Satz 1, jeweils auch in Verbindung mit § 50 Absatz 1 Satz 2, § 25 Absatz 3 Satz 1, auch in Verbindung mit § 50 Absatz 1 Satz 2, § 26 Absatz 2 Satz 3 oder Absatz 3 Satz 1, jeweils auch in Verbindung mit § 50 Absatz 1 Satz 2, § 27 Absatz 3 Satz 1, auch in Verbindung mit § 50 Absatz 2, oder § 52 Absatz 2 Satz 1 eine Übermittlung nicht, nicht richtig, nicht in der vorgeschriebenen Weise oder nicht rechtzeitig vornimmt,
5. entgegen § 16 Absatz 3 Satz 1 oder 3, auch in Verbindung mit § 50 Absatz 1 Satz 2, § 17 Satz 1, § 23 Absatz 2 Satz 3, § 24 Absatz 3 Satz 4, auch in Verbindung mit § 50 Absatz 1 Satz 2, § 34 Absatz 3, auch in Verbindung mit § 35, § 40 Absatz 1 Satz 2, § 42 Absatz 1 Satz 3 oder § 51 Absatz 1 Satz 2, auch in Verbindung mit § 52 Absatz 1 Satz 1, einen Ausdruck oder eine Ausfertigung eines Dokuments oder einer Bescheinigung nicht mitführt,
6. entgegen § 16 Absatz 4 Satz 1, auch in Verbindung mit § 24 Absatz 4 Satz 3 oder § 50 Absatz 1 Satz 2, § 21 Absatz 4, § 23 Absatz 6 Satz 1, § 34 Absatz 1 Satz 3, § 40 Absatz 3 Satz 3 oder § 51 Absatz 2 Satz 3 den Schaumwein nicht, nicht richtig, nicht vollständig oder nicht rechtzeitig vorführt,
7. entgegen § 23 Absatz 2 Satz 1, § 24 Absatz 3 Satz 1, § 25 Absatz 2 Satz 1 oder § 26 Absatz 2 Satz 1, jeweils auch in Verbindung mit § 50 Absatz 1 Satz 2, § 27 Absatz 2 Satz 1, auch in Verbindung mit § 50 Absatz 2, § 40 Absatz 1 Satz 1, § 42 Absatz 1 Satz 1, § 51 Absatz 1 Satz 1, auch in Verbindung mit § 52 Absatz 1 Satz 1, ein Dokument nicht oder nicht richtig oder nicht in der vorgeschriebenen Weise ausfertigt,
8. entgegen § 23 Absatz 3 Satz 1 oder Absatz 4 Satz 2, § 24 Absatz 4 Satz 2, auch in Verbindung mit § 26 Absatz 4 oder § 50 Absatz 1 Satz 2, § 27 Absatz 1 Satz 1, auch in Verbindung mit § 50 Absatz 2, § 34 Absatz 4 Satz 1 oder § 42 Absatz 2 ein Dokument oder eine Ausfertigung nicht, nicht richtig oder nicht rechtzeitig vorlegt,
9. entgegen § 23 Absatz 3 Satz 3 oder Absatz 4 Satz 4 einen Rückschein oder eine Sammelanmeldung als Rückschein nicht oder nicht rechtzeitig zurücksendet,
10. entgegen § 24 Absatz 2 Satz 1, auch in Verbindung mit § 26 Absatz 4 oder § 50 Absatz 1 Satz 2, § 25 Absatz 2 Satz 3, auch in Verbindung mit § 50 Absatz 1 Satz 2, § 26 Absatz 2 Satz 4, § 42 Absatz 3 Satz 1 oder § 52 Absatz 3 eine Unterrichtung nicht, nicht richtig oder nicht rechtzeitig vornimmt,
11. entgegen § 24 Absatz 7 Satz 1 oder 2 oder § 26 Absatz 2 Satz 5 eine Eintragung oder einen Vermerk nicht, nicht richtig, nicht in der vorgeschriebenen Weise oder nicht rechtzeitig vornimmt,
12. entgegen § 38a Absatz 2 Satz 1 einen Erlaubnisschein nicht oder nicht rechtzeitig zurückgibt.

(2) Ordnungswidrig im Sinn des § 381 Absatz 1 Nummer 2 der Abgabenordnung handelt, wer vorsätzlich oder leichtfertig

1. entgegen § 23 Absatz 5 Satz 2 einen Lieferschein oder eine Rechnung nicht, nicht richtig oder nicht in der vorgeschriebenen Weise kennzeichnet,
2. entgegen § 38d Absatz 1 Satz 2 ein Handelspapier nicht, nicht richtig, nicht in der vorgeschriebenen Weise oder nicht rechtzeitig beigibt oder
3. entgegen § 42 Absatz 1 Satz 2 oder § 52 Absatz 1 Satz 2 einen Hinweis nicht, nicht richtig oder nicht in der vorgeschriebenen Weise anbringt.

(3) Die Vorschriften des Absatzes 1 Nummer 1 bis 11 und des Absatzes 2 Nummer 1 und 2 gelten auch für Zwischenerzeugnisse im Sinn des § 43.

[Fassung ab 13.2.2023:]

§ 53 SchaumwZwStV[1] Ordnungswidrigkeiten

(1) Ordnungswidrig im Sinne des § 381 Absatz 1 Nummer 1 der Abgabenordnung handelt, wer vorsätzlich oder leichtfertig
1. entgegen
   a) § 7 Absatz 1 Satz 1, Absatz 3 Satz 1 oder 2 oder Absatz 4,
      aa) jeweils auch in Verbindung mit § 12 Absatz 6, § 13 Absatz 6, § 34 Absatz 7, § 34a Absatz 7, § 36 Absatz 7 Satz 1 oder § 38a Absatz 4,
      bb) jeweils auch in Verbindung mit § 46 Absatz 2 Satz 3, § 48 Absatz 2 Satz 3, § 49 Absatz 2 Satz 3, § 51 Absatz 2 Satz 3 oder § 51a Absatz 2 Satz 3,
   b) § 10 Absatz 1 Satz 1, auch in Verbindung mit § 38c Absatz 1 Satz 4, entgegen § 11 Absatz 1 Satz 3, auch in Verbindung mit § 38c Absatz 3 Satz 2, entgegen § 29 Absatz 2 oder 3, jeweils auch in Verbindung mit § 37, entgegen § 30a Absatz 3, § 34 Absatz 4 Satz 1, auch in Verbindung mit § 34 Absatz 5 Satz 3, entgegen § 34a Absatz 4 Satz 1, auch in Verbindung mit § 34a Absatz 5 Satz 3, oder entgegen § 38a Absatz 2 Satz 2,
   c) § 24 Absatz 4 Satz 1, auch in Verbindung mit § 26 Absatz 4,
      aa) jeweils auch in Verbindung mit § 34f Satz 1,
      bb) jeweils auch in Verbindung mit § 50 Absatz 1 Satz 1 oder § 51b Satz 1, oder
   d) § 46 Absatz 3 Satz 1 oder § 52 Absatz 2 Satz 1
   eine Anzeige nicht, nicht richtig, nicht vollständig, nicht in der vorgeschriebenen Weise oder nicht rechtzeitig erstattet,
2. entgegen
   a) § 8 Absatz 6 Satz 2, auch in Verbindung mit § 38a Absatz 4, oder
   b) § 11 Absatz 1 Satz 1 oder Absatz 3 Satz 2 oder § 30a Absatz 1 Satz 1
   eine Anmeldung nicht, nicht richtig, nicht vollständig, nicht in der vorgeschriebenen Weise oder nicht rechtzeitig abgibt,
3. entgegen
   a) § 9 Absatz 1 Satz 1, Absatz 2 Satz 1 oder Absatz 3 Satz 1, auch in Verbindung mit § 38b Absatz 2 Satz 5, entgegen § 12 Absatz 5 Satz 1 oder 4, § 13 Absatz 5 Satz 1 oder 3, § 30a Absatz 2 Satz 1, § 34 Absatz 6 Satz 1 oder 3, § 34a Absatz 6 Satz 1 oder 3, § 38b Absatz 1 Satz 1 oder Absatz 2 Satz 1 oder § 38c Absatz 2 Satz 3 oder
   b) § 47 Absatz 1 Satz 1 oder Absatz 2 Satz 1, jeweils auch in Verbindung mit § 48 Absatz 4, § 49 Absatz 3, § 51 Absatz 4 oder § 51a Absatz 4
   ein Belegheft, ein Buch oder eine Aufzeichnung nicht, nicht richtig, nicht in der vorgeschriebenen Weise oder nicht rechtzeitig führt,
4. entgegen
   a) § 16 Absatz 1, § 19 Absatz 2, § 21 Absatz 1 Satz 1 oder Absatz 3 Satz 1 oder § 25 Absatz 3 Satz 1,
   b) § 20 Absatz 2,
      aa) auch in Verbindung mit § 34d Absatz 2,
      bb) auch in Verbindung mit § 50 Absatz 1 Satz 1,
   c) § 24 Absatz 5 Satz 1, § 26 Absatz 3 Satz 1 oder § 27 Absatz 3 Satz 1,
      aa) jeweils auch in Verbindung mit § 34f Satz 1,
      bb) jeweils auch in Verbindung mit § 50 Absatz 1 Satz 1 oder § 51b Satz 1, oder
   d) § 34c Absatz 1 oder § 34e Absatz 1 Satz 1
   eine Übermittlung nicht, nicht richtig, nicht vollständig, nicht in der vorgeschriebenen Weise oder nicht rechtzeitig vornimmt,
5. entgegen
   a) § 16 Absatz 3 Satz 1, auch in Verbindung mit § 16 Absatz 3 Satz 3,
   b) § 24 Absatz 7 Satz 2 oder
   c) § 34c Absatz 3 Satz 1, auch in Verbindung mit § 34c Absatz 3 Satz 2,
   eine Mitteilung nicht, nicht richtig, nicht vollständig oder nicht rechtzeitig macht,

---

[1] § 53 neu gef. **mWv 13.2.2023** durch VO v. 11.8.2021 (BGBl. I S. 3602); Fassung hier lediglich abgedruckt, nicht kommentiert.

6. entgegen
    a) § 16 Absatz 3 Satz 1, auch in Verbindung mit § 16 Absatz 3 Satz 3, entgegen § 17 Satz 1, § 24 Absatz 3 Satz 4 oder
    b) § 23 Absatz 2 Satz 3 oder § 34c Absatz 3
    den eindeutigen Referenzcode, einen Ausdruck oder eine dort genannte Ausfertigung nicht mitführt,
7. entgegen
    a) § 16 Absatz 4 Satz 1, auch in Verbindung mit § 24 Absatz 4 Satz 3, oder entgegen § 21 Absatz 4,
    b) § 23 Absatz 6 Satz 1 oder
    c) § 34c Absatz 4 oder § 34e Absatz 3
    Schaumwein oder Wein nicht, nicht richtig, nicht vollständig oder nicht rechtzeitig vorführt,
8. entgegen
    a) § 23 Absatz 2 Satz 1,
    b) § 24 Absatz 3 Satz 1, § 26 Absatz 2 Satz 1 oder § 27 Absatz 2 Satz 1,
        aa) jeweils auch in Verbindung mit § 34f Satz 1,
        bb) jeweils auch in Verbindung mit § 50 Absatz 1 Satz 1 oder § 51b Satz 1, oder
    c) § 25 Absatz 2 Satz 1
    ein Dokument nicht, nicht richtig, nicht vollständig oder nicht rechtzeitig ausfertigt,
9. entgegen
    a) § 23 Absatz 3 Satz 1 oder Absatz 4 Satz 2 oder
    b) § 24 Absatz 3 Satz 3 oder Absatz 4 Satz 2, auch in Verbindung mit § 26 Absatz 4, entgegen § 26 Absatz 2 Satz 3 oder § 27 Absatz 1,
        aa) jeweils auch in Verbindung mit § 34f Satz 1,
        bb) jeweils auch in Verbindung mit § 50 Absatz 1 Satz 1 oder § 51b Satz 1,
    ein Dokument oder eine Ausfertigung nicht, nicht richtig, nicht vollständig oder nicht rechtzeitig vorlegt,
10. entgegen § 23 Absatz 3 Satz 3 oder Absatz 4 Satz 4 einen Rückschein oder eine Sammelanmeldung nicht oder nicht rechtzeitig zurücksendet,
11. entgegen
    a) § 24 Absatz 2 Satz 1,
        aa) auch in Verbindung mit § 26 Absatz 4,
        bb) auch in Verbindung mit § 34f Satz 1,
    b) § 25 Absatz 2 Satz 3 oder
    c) § 26 Absatz 2 Satz 4,
        aa) auch in Verbindung mit § 34f Satz 1,
        bb) auch in Verbindung mit § 50 Absatz 1 Satz 1 oder § 51b Satz 1,
    eine Unterrichtung nicht, nicht richtig, nicht vollständig oder nicht rechtzeitig vornimmt,
12. entgegen § 24 Absatz 7 Satz 1 oder 2, oder § 26 Absatz 2 Satz 5,
    a) jeweils auch in Verbindung mit § 34f Satz 1,
    b) jeweils auch in Verbindung mit § 50 Absatz 1 Satz 1 oder § 51b Satz 1,
    eine Eintragung oder eine Angabe nicht, nicht richtig, nicht vollständig, nicht in der vorgeschriebenen Weise oder nicht rechtzeitig vermerkt oder
13. entgegen § 38a Absatz 2 Satz 1 einen Erlaubnisschein nicht oder nicht rechtzeitig zurückgibt.

(2) Ordnungswidrig im Sinne des § 381 Absatz 1 Nummer 2 der Abgabenordnung handelt, wer vorsätzlich oder leichtfertig entgegen § 38d Absatz 1 Satz 2 ein Handelspapier nicht, nicht richtig, nicht vollständig, nicht in der vorgeschriebenen Weise oder nicht rechtzeitig beigibt.

(3) Die Bestimmungen des Absatzes 1 Nummer 1 Buchstabe a Doppelbuchstabe aa, Buchstabe b und c Doppelbuchstabe aa, Nummer 2, 3 Buchstabe a, Nummer 4 Buchstabe a, b Doppelbuchstabe aa, Buchstabe c Doppelbuchstabe aa und Buchstabe d, Nummer 5 bis 7, 8 Buchstabe a, b Doppelbuchstabe aa und Buchstabe c, Nummer 9 Buchstabe a und b Doppelbuchstabe aa, Nummer 10, 11 Buchstabe a, b und c Doppelbuchstabe aa, Nummer 12 Buchstabe a, Nummer 13 und Absatz 2 gelten auch für Zwischenerzeugnisse nach § 43 Satz 1.

(4) Die Bestimmungen des Absatzes 1 Nummer 4 Buchstabe a, Nummer 5 Buchstabe a und b, Nummer 6 Buchstabe a, Nummer 7 Buchstabe a, Nummer 8 Buchstabe c und Nummer 11 Buchstabe a Doppelbuchstabe aa und Buchstabe b gelten auch in den Fällen des § 50 Absatz 1 Satz 1.

(5) Die Bestimmungen des Absatzes 1 Nummer 4 Buchstabe d, Nummer 5 Buchstabe b und c, Nummer 6 Buchstabe b, Nummer 7 Buchstabe c und Nummer 11 Buchstabe a Doppelbuchstabe aa gelten auch in den Fällen des § 51b Satz 1.

§ 9 SpaEfV[1] Ordnungswidrigkeiten

Ordnungswidrig im Sinne des § 381 Absatz 1 Nummer 1 der Abgabenordnung handelt, wer vorsätzlich oder leichtfertig entgegen § 4 Absatz 6 Satz 1 oder § 5 Absatz 5 Satz 1 einen dort genannten Nachweis nicht richtig ausstellt oder nicht richtig bestätigt.

§ 20 StromStV[2] Ordnungswidrigkeiten

Ordnungswidrig im Sinn des § 381 Absatz 1 Nummer 1 der Abgabenordnung handelt, wer vorsätzlich oder leichtfertig

1. entgegen § 2 Absatz 3, § 3 Absatz 7 Satz 1, auch in Verbindung mit § 3 Absatz 7 Satz 2, jeweils auch in Verbindung mit § 9 Absatz 2, § 4 Absatz 4, auch in Verbindung mit § 4 Absatz 7 oder § 13a Absatz 3 Satz 2, entgegen § 4 Absatz 5 Satz 2, entgegen § 11 Absatz 4 oder entgegen § 11 Absatz 5 Satz 2 eine Anzeige nicht, nicht richtig, nicht vollständig, nicht in der vorgeschriebenen Weise oder nicht rechtzeitig erstattet,
2. entgegen § 4 Absatz 2 Satz 1, auch in Verbindung mit § 4 Absatz 8 Satz 1 oder § 13a Absatz 3 Satz 2, entgegen § 11 Absatz 2 Satz 1 oder entgegen § 17c Absatz 4 Satz 1, auch in Verbindung mit § 19 Absatz 4 Satz 1, eine Aufzeichnung nicht, nicht richtig oder nicht vollständig führt,
2a. entgegen § 4 Absatz 2 Satz 5 eine Aufzeichnung oder einen Nachweis nicht oder nicht rechtzeitig vorlegt,
3. entgegen § 4 Absatz 5 Satz 1 oder entgegen § 11 Absatz 5 Satz 1 einen Erlaubnisschein nicht oder nicht rechtzeitig zurückgibt,
4. entgegen § 4 Absatz 6 eine Anmeldung nicht, nicht richtig oder nicht rechtzeitig abgibt,
4a. entgegen § 4 Absatz 7 Satz 1, auch in Verbindung mit § 4 Absatz 8, eine Steuerbegünstigung nicht, nicht richtig, nicht vollständig oder nicht in der vorgeschriebenen Weise ausweist oder
5. entgegen § 17c Absatz 2 Satz 1, auch in Verbindung mit § 19 Absatz 4 Satz 1, oder entgegen § 19 Absatz 4 Satz 2 eine Selbsterklärung nicht richtig oder nicht vollständig abgibt.

§ 36 TabStG[3] Ordnungswidrigkeiten

(1) Ordnungswidrig im Sinn des § 381 Absatz 1 Nummer 1 der Abgabenordnung handelt, wer vorsätzlich oder leichtfertig
1. entgegen § 3 Absatz 3 Satz 2 unterschiedliche Kleinverkaufspreise bestimmt,
2. entgegen § 3 Absatz 4 einen Kleinverkaufspreis nicht oder nicht richtig bestimmt,
3. entgegen § 11 Absatz 3, § 12 Absatz 4 oder § 13 Absatz 2 Tabakwaren nicht oder nicht rechtzeitig aufnimmt, nicht oder nicht rechtzeitig übernimmt, nicht oder nicht rechtzeitig befördert oder nicht oder nicht rechtzeitig ausführt oder
4. entgegen § 33 Absatz 2 eine der dort genannten Tätigkeiten nicht oder nicht rechtzeitig anmeldet.

(2) Ordnungswidrig im Sinn des § 381 Absatz 1 Nummer 2 der Abgabenordnung handelt, wer vorsätzlich oder leichtfertig
1. entgegen § 16 Absatz 1 Tabakwaren in den steuerrechtlich freien Verkehr überführt,
2. entgegen § 24 Absatz 1 Satz 1 oder Satz 2 Kleinverkaufspackungen andere Gegenstände beipackt,
3. einer Vorschrift des § 25 Satz 1, Satz 2 oder Satz 4 bis 6 über Packungen im Handel oder den Stückverkauf zuwiderhandelt oder
4. entgegen § 26 Absatz 1 den Packungspreis oder den Kleinverkaufspreis unterschreitet, Rabatt oder eine Rückvergütung gewährt, Gegenstände zugibt oder die Abgabe mit dem Verkauf anderer Gegenstände koppelt.

(3) Ordnungswidrig handelt, wer vorsätzlich oder leichtfertig entgegen § 30 Absatz 2 ein Gerät anbietet oder bereitstellt.

---

[1] Verordnung über Systeme zur Verbesserung der Energieeffizienz im Zusammenhang mit der Entlastung von der Energie- und der Stromsteuer in Sonderfällen (Spitzenausgleich-Effizienzsystemverordnung) v. 31.7.2013 (BGBl. I 2858), zuletzt geändert durch Art. 205 Elfte ZuständigkeitsanpassungsVO v. 19.6.2020 (BGBl. I 1328).
[2] Verordnung zur Durchführung des Stromsteuergesetzes v. 31.5.2000 (BGBl. I 794), zuletzt geändert durch Art. 6 Siebte VO zur Änderung von Verbrauchsteuerverordnungen vom 11.8.2021 (BGBl. I S 3602).
[3] Tabaksteuergesetz v. 15.7.2009 (BGBl. I 1870), zuletzt geändert durch Art. 1 und 2 Tabaksteuermodernisierungsgesetz v. 10.8.2021 (BGBl. I S. 3411).

(4) Die Ordnungswidrigkeit kann in den Fällen des Absatzes 3 mit einer Geldbuße bis zu fünfzigtausend Euro geahndet werden.

[Fassung ab 13.2.2023:]

§ 36 TabStG[1] Ordnungswidrigkeiten

(1) Ordnungswidrig im Sinn des § 381 Absatz 1 Nummer 1 der Abgabenordnung handelt, wer vorsätzlich oder leichtfertig
1. entgegen § 3 Absatz 3 Satz 2 unterschiedliche Kleinverkaufspreise bestimmt,
2. entgegen § 3 Absatz 4 einen Kleinverkaufspreis nicht oder nicht richtig bestimmt,
3. entgegen § 11 Absatz 3, § 12 Absatz 4, § 13 Absatz 2 oder § 23c Absatz 4 Tabakwaren nicht oder nicht rechtzeitig aufnimmt, nicht oder nicht rechtzeitig übernimmt, nicht oder nicht rechtzeitig befördert oder nicht oder nicht rechtzeitig ausführt,
4. entgegen § 23d Absatz 2 Satz 1 eine Anzeige nicht oder nicht rechtzeitig erstattet oder
5. entgegen § 33 Absatz 2 eine der dort genannten Tätigkeiten nicht oder nicht rechtzeitig anmeldet.

(2) Ordnungswidrig im Sinn des § 381 Absatz 1 Nummer 2 der Abgabenordnung handelt, wer vorsätzlich oder leichtfertig
1. entgegen § 16 Absatz 1 Tabakwaren in den steuerrechtlich freien Verkehr überführt,
2. entgegen § 24 Absatz 1 Satz 1 oder Satz 2 Kleinverkaufspackungen andere Gegenstände beipackt,
3. einer Vorschrift des § 25 Absatz 1 Satz 1, Satz 2 oder Satz 4 bis 6 über Packungen im Handel oder den Stückverkauf zuwiderhandelt oder
4. entgegen § 26 Absatz 1 den Packungspreis oder den Kleinverkaufspreis unterschreitet, Rabatt oder eine Rückvergütung gewährt, Gegenstände zugibt oder die Abgabe mit dem Verkauf anderer Gegenstände koppelt.

(3) Ordnungswidrig handelt, wer vorsätzlich oder leichtfertig entgegen § 30 Absatz 2 ein Gerät anbietet oder bereitstellt.

(4) Die Ordnungswidrigkeit kann in den Fällen des Absatzes 3 mit einer Geldbuße bis zu fünfzigtausend Euro geahndet werden.

§ 60 TabStV[2] Ordnungswidrigkeiten

(1) Ordnungswidrig im Sinn des § 381 Absatz 1 Nummer 1 der Abgabenordnung handelt, wer vorsätzlich oder leichtfertig
1. entgegen § 8 Absatz 1 Satz 1 oder 3, jeweils auch in Verbindung mit § 13 Absatz 7, § 14 Absatz 6, § 37 Absatz 2 Satz 1 oder § 46 Absatz 3 eine Anzeige nicht, nicht richtig, nicht in der vorgeschriebenen Weise oder nicht rechtzeitig erstattet,
2. entgegen § 8 Absatz 2 Satz 1, jeweils auch in Verbindung mit § 13 Absatz 7, § 14 Absatz 6 oder § 37 Absatz 2 Satz 1 eine Anzeige nicht, nicht richtig, nicht in der vorgeschriebenen Weise oder nicht rechtzeitig erstattet,
3. entgegen § 8 Absatz 3 Satz 1 oder 2, jeweils auch in Verbindung mit § 13 Absatz 7, § 14 Absatz 6 oder § 37 Absatz 2 Satz 1 eine Anzeige nicht, nicht richtig, nicht in der vorgeschriebenen Weise oder nicht rechtzeitig erstattet,
4. entgegen § 9 Absatz 6, auch in Verbindung mit § 13 Absatz 7, § 14 Absatz 6 oder § 46 Absatz 3, oder § 37 Absatz 1 Satz 1 eine Anzeige nicht, nicht richtig, nicht in der vorgeschriebenen Weise oder nicht rechtzeitig erstattet,
5. entgegen § 11 Satz 1, § 30 Absatz 1 oder 2 oder § 40 Absatz 6 eine Anzeige nicht, nicht richtig oder nicht rechtzeitig erstattet,
6. entgegen § 12 Absatz 1 Satz 3, auch in Verbindung mit § 32 Absatz 8, § 37 Absatz 2 Satz 2 oder § 46 Absatz 3 eine Anzeige nicht oder nicht rechtzeitig erstattet,
7. entgegen § 25 Absatz 4 Satz 1, auch in Verbindung mit § 27 Absatz 4, eine Anzeige nicht oder nicht rechtzeitig erstattet,
8. entgegen § 12 Absatz 1 Satz 1 oder Absatz 3 Satz 2, jeweils auch in Verbindung mit § 32 Absatz 8, § 37 Absatz 2 Satz 2 oder § 46 Absatz 3, § 51 Absatz 1 Satz 1 und Absatz 2 Satz 1 eine

---

[1] § 36 Abs. 1 Nr. 3 geänd., Nr. 4 eingef., bish. Nr. 4 wird Nr. 5, Abs. 2 Nr. 3 geänd. **mWv 13.2.2023** durch G v. 30.3.2021 (BGBl. I S. 607); Fassung hier lediglich abgedruckt, nicht kommentiert.
[2] Verordnung zur Durchführung des Tabaksteuergesetzes v. 5.10.2009 (BGBl. I 3262), zuletzt geändert durch Art. 1 Siebte VO zur Änderung von Verbrauchsteuerverordnungen v. 11.8.2021 (BGBl. I S. 3602).

Anmeldung nicht, nicht richtig, nicht vollständig, nicht in der vorgeschriebenen Weise oder nicht rechtzeitig abgibt,
9. entgegen § 10 Absatz 1 Satz 1 oder Absatz 2 Satz 1 oder Absatz 3 Satz 1, jeweils auch in Verbindung mit § 32 Absatz 8, § 37 Absatz 2 Satz 1 oder § 46 Absatz 3, § 13 Absatz 6 Satz 1 oder 4, § 14 Absatz 5 Satz 1 oder 3 ein Beleghheft, ein Buch oder eine Aufzeichnung nicht, nicht richtig, nicht in der vorgeschriebenen Weise oder nicht rechtzeitig führt,
10. entgegen § 22 Absatz 1 Satz 1, § 25 Absatz 3 Satz 3 oder Absatz 5 Satz 1, § 26 Absatz 3 Satz 1, § 27 Absatz 2 Satz 3 oder Absatz 3 Satz 1, § 28 Absatz 3 Satz 1, § 40 Absatz 2 Satz 2 eine Übermittlung nicht, nicht richtig, nicht in der vorgeschriebenen Weise oder nicht rechtzeitig vornimmt,
11. entgegen § 17 Absatz 3, § 18 Satz 1, § 24 Absatz 2 Satz 3, § 40 Absatz 2 Satz 3 oder Absatz 5 Satz 1 ein Dokument, eine Bescheinigung oder eine Ausfertigung nicht mitführt,
12. entgegen § 17 Absatz 4 Satz 1, auch in Verbindung mit § 25 Absatz 4 Satz 3, § 22 Absatz 4, § 24 Absatz 6 Satz 1, die Tabakwaren nicht, nicht vollständig oder nicht rechtzeitig vorführt,
13. entgegen § 24 Absatz 1 Satz 1 ein Begleitdokument nicht verwendet,
14. entgegen § 5 Absatz 3 Satz 1, auch in Verbindung mit § 8 Absatz 2 Satz 2, § 13 Absatz 2 Satz 3 oder Absatz 8 Satz 2, § 14 Absatz 1 Satz 3 oder § 37 Absatz 1 Satz 3, § 15 Absatz 1 Satz 1, § 24 Absatz 2 Satz 1, § 25 Absatz 3 Satz 1, § 26 Absatz 2 Satz 1, § 27 Absatz 2 Satz 1, § 28 Absatz 2 Satz 1, § 40 Absatz 2 Satz 1 ein Sortenverzeichnis, eine Bescheinigung oder ein Dokument nicht, nicht richtig oder nicht in der vorgeschriebenen Weise ausfertigt,
15. entgegen § 5 Absatz 3 Satz 2 oder 3, jeweils auch in Verbindung mit § 8 Absatz 2 Satz 2, § 13 Absatz 2 Satz 3 oder Absatz 8 Satz 2, § 14 Absatz 1 Satz 3 oder § 37 Absatz 1 Satz 3, § 15 Absatz 1 Satz 1, § 24 Absatz 3 Satz 1 oder Absatz 4 Satz 2, § 25 Absatz 4 Satz 2, auch in Verbindung mit § 27 Absatz 4, oder § 28 Absatz 1 Satz 1 ein Sortenverzeichnis, eine Bescheinigung, ein Dokument oder eine Ausfertigung nicht, nicht richtig oder nicht rechtzeitig vorlegt,
16. entgegen § 24 Absatz 3 Satz 3 oder Absatz 4 Satz 4 einen Rückschein oder eine Sammelanmeldung als Rückschein nicht oder nicht rechtzeitig zurückschickt,
17. entgegen § 25 Absatz 2 Satz 1, auch in Verbindung mit § 27 Absatz 4, § 26 Absatz 2 Satz 3, § 27 Absatz 2 Satz 4, § 40 Absatz 3 Satz 1 eine Unterrichtung nicht, nicht richtig, nicht rechtzeitig oder nicht in der vorgeschriebenen Weise vornimmt oder
18. entgegen § 25 Absatz 7 Satz 1 oder 2, § 27 Absatz 2 Satz 5 eine Eintragung oder einen Vermerk nicht, nicht richtig oder nicht rechtzeitig vornimmt,
19. entgegen § 12 Absatz 1 Satz 1, auch in Verbindung mit § 32 Absatz 8, § 37 Absatz 2 Satz 2 oder § 46 Absatz 3 eine Bestandsaufnahme nicht oder nicht richtig durchführt,
20. entgegen § 34 Absatz 1 Satz 1 oder 4 oder Absatz 2 Satz 1 oder 2 ein Steuerzeichen verwendet,
21. entgegen § 35 Absatz 1 Satz 1 ein Steuerzeichen nicht, nicht richtig oder nicht in der vorgeschriebenen Weise entwertet,
22. entgegen § 35 Absatz 3 Satz 1 oder 2 ein Steuerzeichen nicht oder nicht in der vorgeschriebenen Weise anbringt oder befestigt oder
23. entgegen § 35 Absatz 4 eine Kleinverkaufspackung verwendet.

(2) Ordnungswidrig im Sinn des § 381 Absatz 1 Nummer 2 der Abgabenordnung handelt, wer vorsätzlich oder leichtfertig
1. entgegen § 24 Absatz 5 Satz 2 einen Lieferschein oder eine Rechnung nicht, nicht richtig oder nicht in der vorgeschriebenen Form kennzeichnet,
2. entgegen § 44 Absatz 4 Satz 2 ein Deputat nicht oder nicht in der vorgeschriebenen Weise kennzeichnet oder Name und Sitz des Herstellers nicht angibt,
3. entgegen § 40 Absatz 1 Satz 2 einen Hinweis nicht, nicht richtig oder nicht in der vorgeschriebenen Weise anbringt oder
4. entgegen § 47 Absatz 1 Satz 2 ein Handelspapier nicht, nicht richtig oder nicht in der vorgeschriebenen Weise beifügt.

[Fassung ab 13.2.2023:]

§ 60 TabStV[1] Ordnungswidrigkeiten

(1) Ordnungswidrig im Sinn des § 381 Absatz 1 Nummer 1 der Abgabenordnung handelt, wer vorsätzlich oder leichtfertig
1. entgegen § 5 Absatz 2 Satz 1, auch in Verbindung mit § 8 Absatz 3 Satz 2, § 13 Absatz 2 Satz 3 oder Absatz 8 Satz 2, § 14 Absatz 1 Satz 3 oder § 37 Absatz 1 Satz 3, § 15 Absatz 1 Satz 1, § 24

---

[1] § 60 neu gef. **mWv 13.2.2023** durch VO v. 11.8.2021 (BGBl. I S. 3602); hier lediglich abgedruckt, nicht kommentiert.

Absatz 2 Satz 1, § 25 Absatz 3 Satz 1, auch in Verbindung mit § 40f Satz 1, § 26 Absatz 2 Satz 1, § 27 Absatz 2 Satz 1 oder § 28 Absatz 2 Satz 1, § 40 Absatz 2 Satz 1 ein Sortenverzeichnis, eine Bescheinigung oder ein Dokument nicht, nicht richtig oder nicht in der vorgeschriebenen Weise ausfertigt,

2. entgegen § 5 Absatz 2 Satz 2 oder 3, jeweils auch in Verbindung mit § 8 Absatz 3 Satz 2, § 13 Absatz 2 Satz 3 oder Absatz 8 Satz 2, § 14 Absatz 1 Satz 3 oder § 37 Absatz 1 Satz 3, § 15 Absatz 1 Satz 1, § 24 Absatz 3 Satz 1 oder Absatz 4 Satz 2, § 25 Absatz 3 Satz 3, Absatz 4 Satz 2, auch in Verbindung mit § 27 Absatz 4, entgegen § 27 Absatz 2 Satz 3 oder § 28 Absatz 1 Satz 1 ein Sortenverzeichnis, eine Bescheinigung, ein Dokument oder eine Ausfertigung nicht, nicht richtig oder nicht rechtzeitig vorlegt,

3. entgegen
   a) § 8 Absatz 1 Satz 1, Absatz 4 Satz 1 oder 2 oder Absatz 5, jeweils auch in Verbindung mit § 13 Absatz 7, § 14 Absatz 6, § 37 Absatz 2 Satz 1, § 40 Absatz 7, § 40a Absatz 7 oder § 46 Absatz 3,
   b) § 8 Absatz 3 Satz 1, auch in Verbindung mit § 13 Absatz 7, § 14 Absatz 6 oder § 37 Absatz 2 Satz 1,
   c) § 11 Satz 1 oder § 30 Absatz 2, jeweils auch in Verbindung mit § 40h,
   d) § 12 Absatz 1 Satz 3, auch in Verbindung mit § 32 Absatz 8, § 37 Absatz 2 Satz 2 zweiter Halbsatz oder § 46 Absatz 3,
   e) § 25 Absatz 4 Satz 1, auch in Verbindung mit § 27 Absatz 4 oder § 40f Satz 1,
   f) § 40 Absatz 4 Satz 1, auch in Verbindung mit § 40 Absatz 5 Satz 3, oder
   g) § 40a Absatz 4 Satz 1, auch in Verbindung mit § 40a Absatz 5 Satz 3,
   eine Anzeige nicht, nicht richtig, nicht vollständig, nicht in der vorgeschriebenen Weise oder nicht rechtzeitig erstattet

4. entgegen § 10 Absatz 1 Satz 1 oder Absatz 2 Satz 1 oder Absatz 3 Satz 1, jeweils auch in Verbindung mit § 32 Absatz 8, § 37 Absatz 2 Satz 1 oder § 46 Absatz 3, § 13 Absatz 6 Satz 1 oder 4, § 14 Absatz 5 Satz 1 oder 3, § 40 Absatz 6 Satz 1 oder 3 oder § 40a Absatz 6 Satz 1 oder 3 ein Belegheft, ein Buch oder eine Aufzeichnung nicht, nicht richtig, nicht in der vorgeschriebenen Weise oder nicht rechtzeitig führt,

5. entgegen § 12 Absatz 1 Satz 1, auch in Verbindung mit § 32 Absatz 8, § 37 Absatz 2 Satz 2 oder § 46 Absatz 3 eine Bestandsaufnahme nicht oder nicht richtig durchführt,

6. entgegen § 12 Absatz 1 Satz 1 oder Absatz 3 Satz 2, jeweils auch in Verbindung mit § 32 Absatz 8, § 37 Absatz 2 Satz 2 oder § 46 Absatz 3, § 51 Absatz 1 Satz 1 und Absatz 2 Satz 1 eine Anmeldung nicht, nicht richtig, nicht vollständig, nicht in der vorgeschriebenen Weise oder nicht rechtzeitig abgibt,

7. entgegen § 17 Absatz 1, § 20 Absatz 2, § 21 Absatz 2, auch in Verbindung mit § 40d Absatz 2, § 22 Absatz 1 Satz 1 oder Absatz 3 Satz 1, § 25 Absatz 5 Satz 1, § 26 Absatz 3 Satz 1, § 27 Absatz 3 Satz 1, § 28 Absatz 3 Satz 1, jeweils auch in Verbindung mit § 40f Satz 1, entgegen § 40c Absatz 1 oder § 40e Absatz 1 Satz 1 eine Übermittlung nicht, nicht richtig, nicht in der vorgeschriebenen Weise oder nicht rechtzeitig vornimmt,

8. entgegen § 17 Absatz 3, § 18 Satz 1, § 24 Absatz 2 Satz 3, § 40c Absatz 3 Satz 1 oder 3 ein Dokument, eine Bescheinigung, eine Ausfertigung, den eindeutigen Referenzcode oder einen Ausdruck nicht mitführt,

9. entgegen § 17 Absatz 4 Satz 1, auch in Verbindung mit § 25 Absatz 4 Satz 3, § 22 Absatz 4, § 24 Absatz 6 Satz 1 oder § 40c Absatz 4 die Tabakwaren nicht, nicht vollständig oder nicht rechtzeitig vorführt,

10. entgegen § 24 Absatz 1 Satz 1 ein Begleitdokument nicht verwendet,

11. entgegen § 24 Absatz 3 Satz 3 oder Absatz 4 Satz 4 einen Rückschein oder eine Sammelanmeldung als Rückschein nicht oder nicht rechtzeitig zurückschickt oder nicht oder nicht rechtzeitig zurücksendet,

12. entgegen § 25 Absatz 2 Satz 1, auch in Verbindung mit § 27 Absatz 4 oder § 40f Satz 1, entgegen § 26 Absatz 2 Satz 3, § 27 Absatz 2 Satz 4, auch in Verbindung mit § 40f Satz 1, eine Unterrichtung nicht, nicht richtig, nicht rechtzeitig oder nicht in der vorgeschriebenen Weise vornimmt oder

13. entgegen § 25 Absatz 7 Satz 1 oder 2 oder § 27 Absatz 2 Satz 5, jeweils auch in Verbindung mit § 40f Satz 1 eine Eintragung oder einen Vermerk nicht, nicht richtig oder nicht rechtzeitig vornimmt,

14. entgegen § 34 Absatz 1 Satz 1 oder 4 oder Absatz 2 Satz 1 oder 2 ein Steuerzeichen verwendet,

15. entgegen § 35 Absatz 1 Satz 1 ein Steuerzeichen nicht, nicht richtig oder nicht in der vorgeschriebenen Weise entwertet,

16. entgegen § 35 Absatz 3 Satz 1 oder 2 ein Steuerzeichen nicht oder nicht in der vorgeschriebenen Weise anbringt oder befestigt oder
17. entgegen § 35 Absatz 4 eine Kleinverkaufspackung verwendet.

(2) Ordnungswidrig im Sinn des § 381 Absatz 1 Nummer 2 der Abgabenordnung handelt, wer vorsätzlich oder leichtfertig
1. entgegen § 44 Absatz 4 Satz 1 oder 2 ein Deputat nicht oder nicht in der vorgeschriebenen Weise kennzeichnet oder Name und Sitz des Herstellers nicht angibt oder
2. entgegen § 47 Absatz 1 Satz 2 ein Handelspapier nicht, nicht richtig oder nicht in der vorgeschriebenen Weise beifügt.

Das Mineralölsteuergesetz (**MinöStG**) v. 21.12.1992 (BGBl. I 2185), die Verordnung zur Durchführung des Mineralölsteuergesetzes (**MinöStV**) v. 15.9.1993 (BGBl. I 1602) und die Heizölkennzeichnungsverordnung (**HeizölkennzV**) v. 27.7.1993 (BGBl. I 1384) wurden mit den dort enthaltenen Ordnungswidrigkeitentatbeständen durch Art. 3 Nr. 1 G v. 15.7.2006 (EnergieNOG; BGBl. I 1534; erg. Leopold/Madle/Rader/*Zanzinger* AO § 381 Rn. 5) mWv 1.8.2006 aufgehoben. Entsprechende Tatbestände mit Verweisung auf § 381 I AO befinden sich nun in § 64 EnergieStG und § 111 I EnergieStV. Zu den Übergangsregelungen vgl. § 67 EnergieStG. Das Kernbrennstoffsteuergesetz (**KernbrStG**) v. 8.12.2010 (BGBl. I 1804) ist durch BVerfG 13.4.2017 (BVerfGE 145, 171 mAnm *Rüsken* ZfZ 2017, 193) für mit Art. 105 II iVm Art. 106 I Nr. 2 GG unvereinbar und nichtig erklärt worden; gegen auf § 10 KernbrStG (→ 8. Aufl. Rn. 22) beruhende Bußgeldbescheide wäre damit die Möglichkeit einer **Wiederaufnahme** gem. § 82 I iVm § 79 I BVerfGG eröffnet (vgl. zB BeckOK BVerfGG/Karpenstein BVerfGG § 79 Rn. 14). 23

Das mWv 1.7.2004 in Kraft getretene Gesetz über die Erhebung einer Sondersteuer auf alkoholhaltige Süßgetränke (Alkopops) zum Schutz junger Menschen (**AlkopopStG** v. 23.7.2004, BGBl. I 1857) enthält zwar keine genuine Verweisung auf § 381 AO. Allerdings erklärt § 3 I AlkopopStG *„die Vorschriften für die Alkoholsteuer nach dem Alkoholsteuergesetz sowie den dazu ergangenen Durchführungsbestimmungen"* – und damit im Grundsatz auch § 77 AlkStV – für *„sinngemäß"* anwendbar. Entsprechendes gilt nach § 3 II AlkopopStG für den innergemeinschaftlichen Verkehr mit bzw. die Ausfuhr von Alkopops (Legaldefinition: § 1 AlkopopStG) einschließlich deren Beförderung unter Steueraussetzung im Steuergebiet in Bezug auf § 24 KaffeeStG und § 44 KaffeeStV. 24

6. Täter

Als Täter von Zuwiderhandlungen gegen die der Sicherung des Verbrauchsteueraufkommens dienenden Vorschriften kommen hauptsächlich Inhaber von Betrieben (§ 139 AO) sowie Beauftragte iSd § 214 AO in Betracht (Bsp.: AG Nürnberg 10.3.1987, ZfZ 1987, 249, 250 u. – im Nachgang – BayObLG 28.10.1987, wistra 1988, 162, 165 f., jew. zu § 381 I Nr. 2 AO iVm §§ 24 II Nr. 3, 15 I TabStG aF – Geschäftsleiter von Großmärkten; zust. ua BeckOK AO/*Hauer* AO § 381 Rn. 28; HHS/*Bülte* AO § 381 Rn. 31; Hüls/Reichling/ Hunsmann AO § 381 Rn. 15). *Gesetzliche oder gewillkürte Vertreter* stehen den Vertretenen gleich; denn sie treten kraft Gesetzes (§§ 34, 35 AO) in ein unmittelbares Pflichtenverhältnis zur FinB und haben die steuerlichen Pflichten zu erfüllen, die den von ihnen Vertretenen auferlegt sind (s. auch *Kottke* Information StW 1996, 709). Die Möglichkeit der Ahndung der Beteiligung Dritter ergibt sich aus § 377 II AO iVm § 14 OWiG. Richten sich bestimmte Ge- oder Verbote gegen jedermann, kann ohnedies jeder Täter sein. Über die Rechtsfolgen des Handelns für einen anderen gem. § 9 OWiG s. → § 377 Rn. 26 ff.; über die Verletzung von Aufsichtspflichten gem. § 130 OWiG s. → § 377 Rn. 61 ff. 25

7. Subjektiver Tatbestand

Der subjektive Tatbestand des § 381 AO erfordert (bedingt) *vorsätzliches* (→ § 369 Rn. 49 ff.) oder *leichtfertiges* (→ § 378 Rn. 33 ff.) Handeln. Leichtfertigkeit wird vielfach nicht nachweisbar sein, weil die Vorschriften des Verbrauchsteuerrechts häufig unüber- 26 sichtlich, nicht selten auch unsystematisch und unklar sind (ausf. *Benkendorff* ddz 1980 F 25; wie hier ua Hüls/Reichling/*Hunsmann* AO § 381 Rn. 30). Der Vorwurf mindestens leichtfertigen Verhaltens wird hingegen regelmäßig begründet sein, wenn es der Täter versäumt hat, sich über die besonderen, aus seiner gewerblichen oder freiberuflichen Tätigkeit erwachsenden Pflichten zu erkundigen (→ § 378 Rn. 43 ff.; glA ua BeckOK AO/*Hauer* AO § 381 Rn. 33; *Retemeyer/Möller* AW-Prax 2009, 340, 343; Tipke/Kruse/*Loose* AO § 381 Rn. 9) oder wenn wegen früherer Zuwiderhandlungen eine Verwarnung ausgesprochen oder gem. § 410 I Hs. 1 AO, § 47 I 1 OWiG von einer Verfolgung abgesehen worden war (ebenso GJW/*Heine* AO § 381 Rn. 15; HHS/*Bülte* AO § 381 Rn. 55; Hüls/Reichling/*Hunsmann* AO § 381 Rn. 33; Kohlmann/*Matthes* AO § 381 Rn. 36). Da es sich bei einem Irrtum über die Ahndbarkeit eines Verhaltens als Ordnungswidrigkeit um einen unbeachtlichen (Verbots-)Irrtum handelt, braucht die Rückverweisung auf § 381 AO zudem nicht vom Vorsatz umfasst sein (HHS/*Bülte* AO § 381 Rn. 53; Hüls/Reichling/*Hunsmann* AO § 381 Rn. 31).

8. Geldbuße, Vermögensabschöpfung

27 Eine vorsätzlich begangene Ordnungswidrigkeit gem. § 381 AO kann im Grundsatz (Ausn.: § 36 IV TabStG [50.000 EUR] u. – seit 1.1.2018 – § 36 V AlkStG [10.000 EUR]) mit einer Geldbuße von **bis zu 5.000 EUR,** bei Leichtfertigkeit bis zu 2.500 EUR (§ 377 II AO, § 17 II OWiG), geahndet werden, wenn die Handlung nicht nach § 378 AO verfolgt werden kann (§ 381 II AO; dann: 50.000 EUR). Der – beim Vorsatzdelikt grds. denkbare – Versuch (§ 377 II AO, § 13 II OWiG) ist dagegen nicht bußgeldbewehrt (ebenso BeckOK AO/*Hauer* AO § 381 Rn. 39). Greift der Tatbestand des § 378 AO ein, kann nach den dort geltenden Parametern eine Geldbuße bis zu 50.000 EUR verhängt werden (§ 378 II AO).

28 **Grundlage für die Zumessung der Geldbuße** sind die Bedeutung der Ordnungswidrigkeit, der Vorwurf, der den Täter trifft, sowie dessen wirtschaftliche Verhältnisse (§ 377 II AO, § 17 III OWiG). Die Geldbuße soll den *wirtschaftlichen Vorteil,* den der Täter aus der Ordnungswidrigkeit gezogen hat, übersteigen (§ 377 II AO, § 17 IV OWiG) und kann damit über das gesetzliche Höchstmaß der Geldbuße (→ Rn. 27) hinausgehen. Zur Möglichkeit der Opportunitätseinstellung gem. § 410 I Hs. 1 AO, § 47 I OWiG s. Nr. 104 AStBV (St) 2022 (BStBl. I 2022, 251 = BeckVerw 570434). Wird wegen der mit Bußgeld bedrohten Handlung keine Geldbuße festgesetzt, richtet sich die gleichwohl mögliche (dann idR selbständige Anordnung der) *Einziehung des Wertes von Taterträgen* nach § 377 II AO iVm § 29a OWiG.

9. Selbstanzeige, Amnestie

29 Die Vorschriften über die bußgeld- bzw. strafbefreiende Wirkung einer Selbstanzeige (§ 378 III, § 371 AO) sind mangels Verweisung in § 381 AO auf § 371 AO oder § 378 III AO auf den Tatbestand der Verbrauchsteuergefährdung **nicht** (analog) **übertragbar,** mit der Folge, dass § 381 AO in diesen Fällen anwendbar bleibt (s. bereits *Brenner* StW 1981, 147, 151; zust. Tipke/Kruse/*Loose* AO § 381 Rn. 11; aA *Seer* SteuerStud 2009, 117, 119 [als „*Durchgangsdelikte*" von der Selbstanzeige miterfasst]; vgl. iÜ → § 371 Rn. 43 ff.; → § 379 Rn. 231). Entsprechendes galt für eine **strafbefreiende Erklärung** nach dem **StraBEG 2003,** da § 6 dieses (Amnestie-)Gesetz nur Steuerordnungswidrigkeiten gem. §§ 378–380 AO und § 26b UStG aF erfasste. Eine aus diesem Grund „missglückte" Selbstanzeige bzw. strafbefreiende Erklärung kann nach den Umständen des Einzelfalls aber sowohl für die Bemessung der Höhe des Bußgelds als auch für die Frage, ob es mit einer Opportunitätsentscheidung gem. § 410 I Hs. 1 AO, § 47 I OWiG oder einer Verwarnung (§ 410 I Hs. 1 AO, §§ 56 ff. OWiG) sein Bewenden haben kann, Bedeutung erlangen (vgl. BeckOK AO/*Hauer* AO § 381 Rn. 45; Hüls/Reichling/*Hunsmann* AO § 381 Rn. 36; Kohlmann/*Matthes* AO § 381 Rn. 38).

10. Konkurrenzfragen

Der Tatbestand des § 382 AO ist innerhalb seines Anwendungsbereichs **Sondervorschrift gegenüber § 381 AO**. Die Abgrenzung ist erheblich, da der subjektive Tatbestand des § 382 AO auch fahrlässiges Handeln umfasst, während § 381 AO mindestens leichtfertiges Verhalten voraussetzt (→ Rn. 26). Der Vorrang des § 382 AO gegenüber § 381 AO folgt bereits aus der Verwendung der Wörter „*Einfuhr- und Ausfuhrabgaben*" in der gesetzlichen Überschrift des § 382 AO anstelle des Begriffs „*Verbrauchsteuergefährdung*" in § 381 AO (zust. BeckOK AO/*Hauer* AO § 381 Rn. 51). Außerdem bestimmt § 382 II AO ausdrücklich, dass § 382 I AO auch anwendbar ist, soweit die Zollvorschriften und die dazu erlassenen Rechtsverordnungen für Verbrauchsteuern sinngemäß gelten (→ § 382 Rn. 2 u. 39 ff.). Bereits in dem insoweit wortgleichen Vorgänger des § 382 II AO (§ 408 II RAO 1968) wurde klargestellt, dass die Gefährdung solcher Verbrauchsteuern, die als Eingangsabgaben zu entrichten sind, unter den Voraussetzungen des § 408 II RAO 1968 nur nach dieser Sondervorschrift geahndet werden konnten (Begr. BT-Drs. V/1812, 28).

Im Verhältnis zu der Steuergefährdung nach § 379 AO ist § 381 AO vorgehende Sondervorschrift, was wegen § 384 AO praktische Auswirkungen im Bereich der Verjährung haben kann (→ Rn. 34).

§ 381 AO tritt zurück, wenn aufgrund derselben Handlung eine **Steuerhinterziehung** iSd § 370 AO vorliegt (§ 377 II AO, § 21 I 1 OWiG), andere Straftatbestände verwirklicht sind (zB in der in → Rn. 17 beschriebenen Konstellation) oder wenn der Tatbestand der **leichtfertigen Steuerverkürzung** nach § 378 AO erfüllt ist (§ 381 II AO). Das gilt auch dann, wenn die Handlung nur als *Beihilfe* zur Steuerhinterziehung bzw. anderen Straftaten verfolgt werden kann (zust. BeckOK AO/*Hauer* AO § 381 Rn. 51; v. Briel/Ehlscheid/*v. Briel* § 1 Rn. 562; Hüls/Reichling/*Hunsmann* AO § 381 Rn. 38 f.).

Verstößt die Handlung des Betroffenen zugleich gegen mehrere nach § 381 AO bußgeldbewehrte Pflichten (= **ungleichartige Tateinheit**; vgl. Göhler/*Gürtler* OWiG Vor § 19 Rn. 26 ff.) oder verletzt der Betroffene dieselbe Pflicht mehrmals (= **gleichartige Tateinheit**; vgl. Göhler/*Gürtler* OWiG Vor § 19 Rn. 29), wird gem. § 377 II AO, § 19 I OWiG jeweils nur eine einzige Geldbuße festgesetzt.

11. Verjährung

Die Verjährung richtet sich – da in § 384 AO nur die Steuerordnungswidrigkeiten iS der §§ 378 bis 380 AO genannt sind – nach den allgemeinen Vorschriften der §§ 31 ff. OWiG (§ 377 II AO). Die Verfolgung einer *vorsätzlichen* (→ Rn. 26) Verbrauchsteuergefährdung verjährt daher in **zwei Jahren** (§ 377 II AO, § 31 II Nr. 2 OWiG); im Falle von *Leichtfertigkeit* verkürzt sich die Verjährungsfrist auf **ein Jahr** (§ 377 II AO, § 31 II Nr. 3 OWiG; BeckOK AO/*Hauer* AO § 381 Rn. 48; HHS/*Bülte* AO § 381 Rn. 65). Allerdings können durch dieselbe Handlung verwirklichte, wegen § 384 AO noch nicht verjährte Ordnungswidrigkeiten nach § 379 AO trotz des Vorrangs von § 381 AO (s. → Rn. 17, 31) nach Eintritt der diesbzgl. Verfolgungsverjährung wieder aufleben (wie hier HHS/*Bülte* AO § 381 Rn. 62). Die Verjährung beginnt mit der Verwirklichung sämtlicher Tatbestandsmerkmale (§ 377 II AO, § 31 III OWiG).

12. Anwendung des § 32 ZollVG

Ein Absehen von der Verfolgung nach § 32 ZollVG kommt nach der ab 16.3.2017 geltenden Neufassung d(ies)es sog. Schmuggelprivilegs auch für Ordnungswidrigkeiten iSd § 381 AO in Betracht, weil sich die Vorschrift nunmehr nicht mehr allein auf Taten im grenzüberschreitenden Reiseverkehr bezieht und ihr Anwendungsbereich zudem noch auf Verbrauchsteuern erstreckt wurde (BeckOK AO/*Hauer* AO § 381 Rn. 55).

§ 382 Gefährdung der Einfuhr- und Ausfuhrabgaben

(1) Ordnungswidrig handelt, wer als Pflichtiger oder bei der Wahrnehmung der Angelegenheiten eines Pflichtigen vorsätzlich oder fahrlässig Zollvorschriften, den dazu erlassenen Rechtsverordnungen oder den Verordnungen des Rates der Europäischen Union oder der Europäischen Kommission zuwiderhandelt, die

1. für die zollamtliche Erfassung des Warenverkehrs über die Grenze des Zollgebiets der Europäischen Union sowie über die Freizonengrenzen,
2. für die Überführung von Waren in ein Zollverfahren und dessen Durchführung oder für die Erlangung einer sonstigen zollrechtlichen Bestimmung von Waren,
3. für die Freizonen, den grenznahen Raum sowie die darüber hinaus der Grenzaufsicht unterworfenen Gebiete

gelten, soweit die Zollvorschriften, die dazu oder die auf Grund von Absatz 4 erlassenen Rechtsverordnungen für einen bestimmten Tatbestand auf diese Bußgeldvorschrift verweisen.

(2) Absatz 1 ist auch anzuwenden, soweit die Zollvorschriften und die dazu erlassenen Rechtsverordnungen für Verbrauchsteuern sinngemäß gelten.

(3) Die Ordnungswidrigkeit kann mit einer Geldbuße bis zu fünftausend Euro geahndet werden, wenn die Handlung nicht nach § 378 geahndet werden kann.

(4) Das Bundesministerium der Finanzen kann durch Rechtsverordnungen die Tatbestände der Verordnungen des Rates der Europäischen Union oder der Europäischen Kommission, die nach den Absätzen 1 bis 3 als Ordnungswidrigkeiten mit Geldbuße geahndet werden können, bezeichnen, soweit dies zur Durchführung dieser Rechtsvorschriften erforderlich ist und die Tatbestände Pflichten zur Gestellung, Vorführung, Lagerung oder Behandlung von Waren, zur Abgabe von Erklärungen oder Anzeigen, zur Aufnahme von Niederschriften sowie zur Ausfüllung oder Vorlage von Zolldokumenten oder zur Aufnahme von Vermerken in solchen Dokumenten betreffen.

Schrifttum: *Krämer,* Wird die Anwendbarkeit des § 413 Abs. 1 Nr. 1 AO schon durch das Vorliegen des objektiven Tatbestandes eines anderen Steuervergehens ausgeschlossen?, ZfZ 1959, 233; *Lohmeyer,* Die Bestimmung der Täterschaft im Zoll- und Verbrauchsteuerstrafrecht, ZfZ 1965, 330; *Henneberg,* Die Neuregelung des Steuerstrafrechts – Zum Inhalt des Zweiten Gesetzes zur Änderung strafrechtlicher Vorschriften der Reichsabgabenordnung und anderer Gesetze vom 31.5.1968, BB 1968, 906; *Stobbe,* Die Neuordnung des materiellen Steuerstrafrechts durch das 1. und 2. AOStrafÄndG (Teil III), ZfZ 1969, 264; *Hälbig,* Zur bußrechtlichen Ahndung der unterlassenen Gestellung im Zollgutversand, ddz 1971, F 117; *Schatz,* Tarifgerechte Zollanmeldungen jetzt mit Bußgeld erzwingbar?, ddz 1973, F 101; *Kohlmann/Sandermann,* Die strafrechtliche Bekämpfung von Steuerverkürzungen – unlösbare Aufgabe für den Gesetzgeber? – Mängel der lex lata – Vorschläge de lege ferenda, StuW 1974, 221; *Pfaff,* Gefährdung von Eingangsabgaben (§ 382 AO), StBp 1978, 186; *Kast,* Zur Ausgestaltung von Straf- und Bußgeldvorschriften im Nebenstrafrecht – Gesetzgebungstechnische Leitsätze mit Beispielen aus der Gesetzgebung –, BAnz 1983 Beil. 42; *Berthold,* Überlegungen zur Verfolgung von Zuwiderhandlungen im gemeinschaftlichen Versandverfahren, ddz 1984, F 87; *ders.,* Nochmals – Zur Verfolgung von Zuwiderhandlungen im gemeinschaftlichen Versandverfahren, ddz 1985, F 49; *Harbusch,* Überlegungen zur Verfolgung von Zuwiderhandlungen im gemeinschaftlichen Versandverfahren – Einige Anmerkungen, ddz 1984, F 121; *Schlamelcher,* Überlegungen zur Verfolgung von Zuwiderhandlungen im gemeinschaftlichen Versandverfahren – Eine Ergänzung, ddz 1984, F 122; *ders.,* Zum Übergang der Gestellungspflicht im gemeinschaftlichen Versandverfahren – Vorgeschichte und Hintergründe zum Urteil des OLG Stuttgart vom 30.10.1987, ZfZ 1989, 354; *Müller,* Die Situation des Hauptverpflichteten bei Nichtgestellung von Zollversandgut, ZfZ 1984, 5; *Fehn,* Gestellungspflicht und Zollordnungswidrigkeitenrecht – Zugleich Anmerkung zu OLG Stuttgart, ZfZ 1988, 184, ZfZ 1989, 60; *ders.,* Nochmals – zur Übernahme der Gestellungspflicht durch Warenempfänger, ZfZ 1991, 39; *Bender,* Die Nichtgestellung im Zollgutversand durch den Warenempfänger als Zollstraftat/-bußtat, ZfZ 1988, 169; *ders.,* Zollhinterziehung nach der buchmErfVO, ZfZ 1992, 66; *ders.,* Schmuggelprivileg und Zuschlag '97, ZfZ 1997, 110; *Odenthal,* Strafbewehrter Verwaltungsakt und verwaltungsrechtliches Eilverfahren, NStZ 1991, 418; *Schuh/Wakounig,* Die Straf- und Bußgeldtatbestände des deutschen Steuerrechts, SWI 1995, 80; *Kottke,* OHG, KG und GmbH als Adressaten von Bußgelddrohungen bei Steuerverfehlungen, Information StW 1996, 709; *Voß,* Unordentlichkeiten des Rechts der Ordnungswidrigkeiten im Bereich des Zoll- und

Verbrauchsteuerrechts, BB 1996, 1695; *App,* Möglichkeiten des Steuerpflichtigen im Bußgeldverfahren wegen Steuerordnungswidrigkeiten, BuW 1998, 408; *Weyand,* Auswirkungen der Neuregelungen im Ordnungswidrigkeitenrecht auf das steuerliche Bußgeldrecht, Information StW 1998, 359; *Anton,* Die Freizone des Kontrolltyps II, ZfZ 2002, 223; *Weerth/Wolffgang,* Die Ausfuhranmeldung, AW-Prax 2003, 195 (Teil I), 237 (Teil II) u. 276 (Teil III); *Burhoff,* Steuerordnungswidrigkeiten in der Praxis, PStR 2006, 233; *Weerth,* Bedeutungsverlust der Freizonen, ZfZ 2006, 32; *ders.,* Das Zollstrafrecht und das Zollordnungswidrigkeitenrecht der EU-27 – ein Vergleich der unterschiedlichen Sanktionierung und ein Ausblick auf den MZK, ZfZ 2012, 173; *Wessing,* Steuerordnungswidrigkeiten – Gefahr und Chance für die Verteidigung, SAM 2007, 9; *Schmidt,* Steuerrechtliche Sondergebiete – Warenverkehr mit steuerrechtlichen Sondergebieten innerhalb der EG, AW-Prax 2007, 121; *Seer,* Steuerordnungswidrigkeiten als pönalisiertes Verwaltungsunrecht, SteuerStud 2009, 117; *Retemeyer/Möller,* Zollstraftaten und Zollordnungswidrigkeiten, AW-Prax 2009, 340; *Neumann,* Das Truppenzollrechtsänderungsgesetz, ZfZ 2010, 113; *Peterka/Kamisch,* Seezollhafen statt Freihafen – Aufhebung des Freihafens Hamburg und Umwandlung zum Seezollhafen, AW-Prax 2012, 163; *Weymüller,* Bedeutung des europäischen Zollrechts für die Umsatzsteuer, ZfZ 2014, 13; *Klötzer-Assion,* Zollkodex – Modernisierter Zollkodex – Unionszollkodex – Fortschritt oder Rolle rückwärts im Europäischen Zollrecht?, wistra 2014, 92; *Lux,* Einführung in den Zollkodex der Union (UZK), ZfZ 2014, 178 (Teil I), 243 (Teil II), 270 (Teil III) u. 314 (Teil IV); *Bender,* Böses Erwachen hinterm grünen Ausgang, AW-Prax 2016, 201; *Biesgen,* Wertungswidersprüche bei der Hinterziehung und leichtfertigen Verkürzung von Einfuhrumsatzsteuer, SAM 2016, 49; *Konst,* Freizonen in der EU stehen vor einschneidenden Veränderungen, AW-Prax 2016, 312; *Möller/Retemeyer,* Artikel 42 Unionszollkodex – Eine neue Epoche für das Zollstrafrecht?, ZfZ 2016, 236; *Witte,* Besondere Verfahren nach dem Unionszollkodex – Die Neuregelungen der wirtschaftlichen Zollverfahren und Nichterhebungsverfahren im Unionszollkodex, AW-Prax Service-Guide 2016, 32; *Weerth,* Vollständige Geltung des Unionszollkodex – fehlende Anpassung der ZollV, der ungepflegten Rechtsverordnung der Zollverwaltung, ZfZ 2018, 165; *Jatzke,* Die Entstehung der Zollschuld und der Einfuhrumsatzsteuer bei zollrechtlichen Pflichtverstößen, UR 2020, 585.

Übersicht

	Rn.
1. **Entstehungsgeschichte**	1–4
2. **Zweck und Anwendungsbereich**	5–15
3. **Vorbehalt der Rückverweisung**	16–23
a) Allgemeines	16
b) Ermächtigungsnorm des § 382 I u. II AO	17, 18
c) Ermächtigungsnorm des § 382 IV AO	19–23
4. **Täterkreis**	24, 25
5. **Objektive Tatbestände**	26–43
a) Allgemeines	26–29
b) § 382 I Nr. 1 AO	30
c) § 382 I Nr. 2 AO	31
d) § 382 I Nr. 3 AO	32–35
e) Verweisungskataloge	36–38
f) § 382 II AO	39–43
6. **Subjektiver Tatbestand**	44, 45
7. **Geldbuße**	46
8. **Selbstanzeige**	47
9. **Konkurrenzfragen**	48–52
10. **Verjährung**	53
11. **Anwendung des § 32 ZollVG**	54

1. Entstehungsgeschichte

Eine § 382 AO entsprechende Vorschrift wurde durch Art. 1 Nr. 19 des 2. AOStrafÄndG v. 12.8.1968 (BGBl. I 953) als § 408 in die RAO eingefügt (Begr. BT-Drs. V/1812, 28). § 408 I Nr. 1 u. 2 RAO 1968 ersetzte den früheren Straftatbestand des § 413 I Nr. 1c, aa und bb RAO idF des Art. I Nr. 6 G v. 11.5.1956 (BGBl. I 418; Begr. BT-Drs. II/1593; erg. *Krämer* ZfZ 1959, 233). Anders als § 408 RAO 1968 erfasst § 382 AO nicht nur die Verletzung von Vorschriften der Zollgesetze und der dazu erlassenen Rechtsverordnungen, sondern auch die Verletzung von Verordnungen des Rates der Europäischen Union oder der Europäischen Kommission (vormals: Kommission der Europäischen Gemeinschaften). Dementsprechend wurde Absatz 4 neu eingefügt. Abw. von § 408 I RAO 1968 wurde in

§ 382 AO auf eine genaue Umschreibung des Täterkreises verzichtet. In Absatz 3 wurde der Begriff „*Tat*" zur Angleichung an den Sprachgebrauch des OWiG durch „*Handlung*" ersetzt. Auf der Grundlage des Vertrages über die Europäische Union vom 7.2.1992 (Maastricht-Vertrag, BGBl. 1992 II 1251, in Kraft seit 1.11.1993, BGBl. 1993 II 1947) und des Zollkodexes vom 12.10.1992 (ABl. EG Nr. L 302, 1) ist die Vorschrift der Rechtsentwicklung angepasst worden (G v. 24.6.1994, BGBl. I 1395 u. G v. 11.10.1995 – JStG 1996 –, BGBl. I 1250). Bis zum Inkrafttreten des G v. 24.6.1994 hatte § 382 I AO nur zwei Nummern, die wie folgt lauteten: „*1. für die Erfassung des Warenverkehrs über die Grenze oder für die in den §§ 9, 40a und 41 des Zollgesetzes genannten Arten der Zollbehandlung, 2. für die Zollfreigebiete, für den Zollgrenzbezirk oder für die der Grenzaufsicht unterliegenden Gebiete …*". In der Neufassung des § 382 I AO durch G v. 24.6.1994 sind die Freizonen vom Gesetzgeber nicht berücksichtigt worden. Erst das JStG 1996 (BGBl. 1995 I 1250) hat diesen Fehler berichtigt. Die zunächst vorhandenen Mängel in der Abstimmung des § 382 I AO mit § 31 ZollVG sind durch Art. 1 des G zur Änderung des ZollVG und anderer Gesetze v. 20.12.1996 (BGBl. I 2030), geändert durch das Zweite G zur Änderung der Verbrauchsteuergesetze v. 26.5.1998 (BGBl. I 1121), beseitigt worden. Die ZollV ist durch die am 1.1.1995 in Kraft getretene Verordnung zur Änderung der ZollV und der Einreise-Freimengenverordnung (EF-VO) vom 22.12.1995 (BGBl. I 3978) mit der Neufassung des § 382 I AO abgestimmt und durch Art. 1 der Ersten VO zur Änderung der ZollV v. 5.6.1998 (BGBl. I 1276) geändert worden. Sie enthält Rückverweisungen auf alle drei Nummern des § 382 I AO. Zu den sich daraus ergebenden rechtlichen Konsequenzen vgl. → Rn. 26. Mit Art. 8 Nr. 28 des SteueränderungsG 2001 wurde die Vorschrift auf „*Ausfuhrabgaben*" erstreckt und das Wort „*Zollgesetze*" durch „*Zollvorschriften*" ersetzt (BGBl. 2001 I 3974). Durch Art. 11 Nr. 27 Buchst. a, b des G zur Umsetzung der Amtshilferichtlinie sowie zur Änderung steuerlicher Vorschriften (AmtshilfeRLUmsG) v. 26.6.2013 (BGBl. I 1809) wurden – jeweils mWv 30.6.2013 (Art. 31 I) – zum Zwecke der Anpassung an Art. 1 I, III 3, 13 II EUV idF des Vertrages von Lissabon (→ Rn. 3) im einleitenden Satzteil des Absatzes 1 die Wörter „*Verordnungen des Rates oder der Kommission der Europäischen Gemeinschaften*" durch die Wörter „*Verordnungen des Rates der Europäischen Union oder der Europäischen Kommission*" ersetzt; parallel dazu wurden in Absatz 4 die Wörter „*Kommission der Europäischen Gemeinschaften*" gestrichen und die Wörter „*Europäischen Kommission*" eingefügt. Die außerdem durch Art. 11 Nr. 28 AmtshilfeRLUmsG angeordnete Ersetzung der „*Wörter ‚Europäischen Gemeinschaften'* durch die Wörter ‚Europäischen Union'"* in Absatz 1 Nr. 1 war zunächst nicht ausführbar, weil § 381 I Nr. 1 AO nicht die Wörter „Europäischen Gemeinschaften", sondern „Europäischen Gemeinschaft" enthielt. Dieses offensichtliche Redaktionsversehen, das keinerlei Auswirkungen auf die Anwendbarkeit der Vorschrift hatte (vgl. BGH 20.11.2013, NJW 2014, 1029 zu § 370 VI 2 AO; GJW/*Heine* AO § 382 Rn. 4), ist inzwischen durch Art. 16 Nr. 6 des G zur Anpassung des nationalen Steuerrechts an den Beitritt Kroatiens zur EU und zur Änderung weiterer steuerlicher Vorschriften v. 25.7.2014 (BGBl. I 1266) mWv 31.7.2014 (Art. 28 I) behoben worden (s. BT-Drs. 18/1529, 82).

2 Außerhalb der Vorschrift des § 382 AO hat es der Gesetzgeber trotz Inkrafttretens des gesamten Unionszollkodex (nebst DVO) mWv 1.5.2016 – mithin seit über sechs Jahren – verabsäumt, insbes. die auf § 382 I Nrn. 1–3 AO verweisenden Regelungen in § 30 IV-VII ZollV (abgedr. unter → Rn. 38) an den aktuellen Rechtsstand anzupassen (die genannten Vorschriften verweisen nach wie vor auf den ZK bzw. die ZK-DVO). Folge ist, dass die betroffenen Verweisungen wegen des auch im OWi-Recht geltenden Grundsatzes **„nulla poena sine lege"** (Art. 103 II GG; § 377 II AO; § 3 OWiG) derzeit **ins Leere laufen** (LG Nürnberg-Fürth 5.5.2021 – 3 KLs 504 Js 2388/18, juris, Rn. 234; Adick/Bülte/*Perkams* FiskalStrafR Kap. 18 Rn. 204 ff.; BMR SteuerStR/*Möller/Retemeyer* C II Rn. 50g; Hüls/Reichling/*Hunsmann* AO § 382 Rn. 13; Kohlmann/*Matthes* AO § 382 Rn. 8.1; *Möller/Retemeyer* ZfZ 2016, 236, 237; *Weerth* ZfZ 2018, 165, 168; unklar Tipke/Kruse/*Loose* AO § 382 Rn. 7 ff.). Aufgrund des Charakters von § 382 I Nr. 1–3 AO als

Blankettnorm (→ Rn. 26) helfen hierüber weder Art. 286 III UZK (LG Nürnberg-Fürth 5.5.2021 – 3 KLs 504 Js 2388/18, juris, Rn. 234; GJW/*Heine* AO § 382 Rn. 7 aE) noch die in der Entscheidung BGH 23.1.2018, NZWiSt 2018, 156 zu § 143a I MarkenG entwickelten Grundsätze hinweg. Denn im Fall des § 382 AO bedarf es durchweg des Rückgriffs auf die *dort* in Bezug genommenen Vorschriften (dito Adick/Bülte/*Perkams* FiskalStrafR Kap. 18 Rn. 206).

Nach § 382 IV AO kann das Bundesministerium der Finanzen die Tatbestände der **3** Verordnungen des Rates der Europäischen Union und der Europäischen Kommission bezeichnen, die nach den Absätzen 1 bis 3 als Ordnungswidrigkeiten mit Geldbuße geahndet werden können. Die auf den ersten Blick verwirrenden Begriffe (Europäische Union, Europäische Gemeinschaft, Europäische Gemeinschaften, Rat der Europäischen Union, Europäischer Rat, Europäische Kommission) spiegeln den – auch nach dem Vertrag von Lissabon noch – vergleichsweise unübersichtlichen Rechtszustand in der Europäischen Union wider. Der Rat (Art. 16 EUV) ist ein Organ der Europäischen Union und darf nicht mit dem Europäischen Rat verwechselt werden, der über keine Gesetzgebungskompetenz verfügt (vgl. Art. 15 I 2 EUV). Die Europäische Union ist Rechtsnachfolgerin der Europäischen Gemeinschaft (EG) – vgl. Art. 1 III 3 EUV –, die ihrerseits mit der Europäischen Wirtschaftsgemeinschaft identisch war (vgl. Art. G des Maastricht-Vertrages). Bei den Europäischen Gemeinschaften handelt(e) es sich nach dem Ende der Europäischen Gemeinschaft für Kohle und Stahl (EGKS) am 23.7.2002 (Art. 97 EGKS V) nur noch um die EG/EU und die Europäische Atomgemeinschaft (EAG bzw. – jetzt – EURATOM, vgl. Art. 1 I EAGV). Beide Gemeinschaften bestehen als eigenständige Organisationen mit eigener Rechtspersönlichkeit fort (vgl. Art. 47 EUV, Art. 184 EAGV). Bereits aufgrund des Fusionsvertrages vom 8.4.1965 (BGBl. 1965 II 1454) fungier(t)en der Rat und die Kommission als gemeinsame Organe der drei bzw. nun zwei Gemeinschaften; aktuell regelt Art. 106a EAGV, dass die Organe der EU (vgl. Art. 13 I EUV) mit Ausnahme der Europäischen Zentralbank (EZB) zugleich EAG/EURATOM-Organe sind (*Herdegen*, Europarecht, 21. Aufl. 2019, § 7 Rn. 2). Neben diesen Gemeinschaften *war* die Europäische Union, die nach der (heute überholten) sog. Drei-Säulentheorie bildlich als Dach der Gemeinschaften EG und EAG (1. Säule), der Gemeinsamen Sicherheits- und Außenpolitik (2. Säule) und der polizeilichen und justiziellen Zusammenarbeit in Strafsachen (3. Säule) verstanden werden konnte (vgl. noch *Oppermann*, Europarecht, 3. Aufl. 2005, S. 55), bis zum Vertrag von Lissabon eine Institution ohne Rechtspersönlichkeit, die durch den aus den Staats- und Regierungschefs sowie dem Präsidenten der Kommission gebildeten Europäischen Rat die Impulse für die Entwicklung der Union gab und deren allgemeine politische Zielvorstellungen festlegte (vgl. Art. 4 I EUV idF bis 30.11.2009). Seit Inkrafttreten des Vertrages von Lissabon am 1.12.2009 ist die Europäische Union als „Staatenverbund" (grdl. zur Rechtsnatur der EU: *Oppermann/Classen/Nettesheim*, Europarecht, 9. Aufl. 2021, § 4) gem. Art. 47 EUV mit eigener Rechtspersönlichkeit ausgestattet; die vormals 3. Säule wurde im Zuge dessen in die „vergemeinschafteten Politikbereiche" überführt (*Herdegen*, Europarecht, 21. Aufl. 2019, § 4 Rn. 31).

einstweilen frei **4**

2. Zweck und Anwendungsbereich

§ 382 AO dient dem Ziel der vollständigen Erfassung der Einfuhr- und Aus- 5 fuhrabgaben. Demgemäß werden Handlungen, welche die Verkürzung von Einfuhr- oder Ausfuhrabgaben vorbereiten können, mit Bußgeld bewehrt. § 382 AO erfasst somit Pflichtverstöße, die sich auf die **zollamtliche Überwachung des Warenverkehrs über die Grenze** und die **Durchführung von Zollverfahren** beziehen. Zu letzteren Pflichtverletzungen gehören u. a. Handlungen, die im **Inland** zur **Entstehung** von **Einfuhr- oder Ausfuhrabgaben** führen (zB die Überführung von Waren in den freien Verkehr in Berlin nach Durchführung eines im Seehafen Hamburg beginnenden gemeinschaftlichen

Versandverfahrens). Darüber hinaus erfasst § 382 I AO Pflichtverstöße, die in den zollrechtlich besonders geschützten Gebieten begangen werden. Dabei handelt es sich um Verstöße, die noch keine Steuerverkürzungen zur Folge hatten und die sich nicht auf die Beachtung von Einfuhr-, Ausfuhr- und Durchfuhrverboten bzw. -beschränkungen beziehen. Auf **Auslandstaten** ist § 382 AO dagegen mangels einer § 378 I 2, § 379 I 2 AO entsprechenden Regelung nicht anwendbar (§ 377 II AO, § 5 OWiG; vgl. BMR SteuerStR/*Möller/Retemeyer* E III Rn. 237 ff.; Flore/Tsambikakis/*Traut* AO § 382 Rn. 8; HHS/*Rüping* AO § 382 Rn. 10; Hüls/Reichling/*Hunsmann* AO § 382 Rn. 16; Kohlmann/*Matthes* AO § 382 Rn. 12 ff.). Nach der Änderung des § 382 AO durch das SteueränderungsG 2001 (Rn. 1) ist der nunmehr verwendete Begriff der Einfuhrabgaben (früher: Eingangsabgaben) iSd § 382 AO mit dem Begriff der Einfuhrabgaben iSd Art. 4 Nr. 10 ZK und § 1 I S. 3 ZollVG gleichzusetzen. Der Zollkodex der Union v. 9.10.2013, ABl. EU Nr. L 296 (= UZK; zusf. *Klötzer-Assion* wistra 2014, 92 u. *Lux* ZfZ 2014, 178, 179 f., jew. auch zum Verhältnis zum Modernisierten Zollkodex – MZK) definiert in Art. 5 Nr. 20 die Einfuhrabgaben als *„die für die Einfuhr von Waren zu entrichtenden Abgaben"*. Ausfuhrabgaben sind nach Art. 5 Nr. 21 UZK *„die für die Ausfuhr von Waren zu entrichtenden Abgaben"*. Im Hinblick auf die Begriffe der **Einfuhrabgaben und Ausfuhrabgaben** wird ergänzend auf → § 373 Rn. 10 verwiesen.

6 Zur Verwirklichung des Tatbestands des § 382 AO genügt, wie sich bereits an der gesetzlichen Überschrift erkennen lässt, die **abstrakte Gefährdung.** Anders als bei der Vorschrift des § 379 AO (→ § 379 Rn. 100) braucht nicht festgestellt zu werden, dass durch die Zuwiderhandlung tatsächlich die Möglichkeit einer Verkürzung von Abgaben begründet wurde (→ Rn. 10). Ist eine Gefährdung des durch § 382 AO geschützten Rechtsguts im Einzelfall nachweisbar ausgeschlossen, kommt es allerdings in Betracht, nach pflichtgemäßem Ermessen aus **Opportunitätsgründen** von der Verfolgung der Ordnungswidrigkeit abzusehen (§ 410 I Hs. 1 AO, § 47 I, II OWiG; glA etwa *Stobbe* ZfZ 1969, 264, 270; BeckOK AO/*Hauer* AO § 382 Rn. 49.1; GJW/*Heine* AO § 382 Rn. 2; Flore/Tsambikakis/*Traut* AO § 382 Rn. 5; HHS/*Rüping* AO § 382 Rn. 7, 46; Hüls/Reichling/*Hunsmann* AO § 382 Rn. 47; Kohlmann/*Matthes* AO § 382 Rn. 4, 44). Dies ist zB der Fall bei Angabe eines zu hohen Wertes in der Zollanmeldung zum Zwecke der Hinterziehung ertragsabhängiger Steuern, weil hierdurch regelmäßig keine Einfuhrabgaben gefährdet werden (zu den Ausfuhrabgaben → Rn. 8).

7 Für eingeführte **Waren, die unter zollamtlicher Überwachung** stehen, entsteht die Einfuhrzollschuld (grdl. Art. 44 ZK, Art. 77 UZK), wenn sie der zollamtlichen Überwachung entzogen werden (Art. 203 I ZK, Art. 79 I Buchst. a, Art. 134 UZK; erg. *Jatzke* UR 2020, 585; → § 372 Rn. 87). Die Entziehung aus der Überwachung kann mit der Ausfuhr ohne die vorgeschriebene Anmeldung (Art. 59 I ZK, Art. 158 UZK) zeitlich zusammenfallen. Eine Zuwiderhandlung gegen § 382 AO ist aber nicht in der unterlassenen Anmeldung zur Ausfuhr, sondern ggf. in dem Verstoß gegen Vorschriften zu sehen, die der Durchführung von Zollverfahren dienen, denen die Ware nach dem Verbringen in das Zollgebiet unterworfen worden ist (§ 382 I Nr. 2 AO).

8 § 382 AO ist auf Grund von **Verweisungen** auch auf **Ausfuhrabgaben** anzuwenden. So verweist etwa § 31 ZollVG auch insoweit auf § 382 I Nr. 1 AO, als Vorschriften verletzt werden, die sich auf die Ausfuhr beziehen. Nach § 31 Nr. 1 ZollVG ist zB die Ausfuhr einer Ware außerhalb einer Zollstraße (§ 2 I 1 ZollVG) oder nach § 31 I Nr. 2 ZollVG die Ausfuhr einer Ware außerhalb der Öffnungszeiten der zuständigen Zollstelle (§ 3 I ZollVG) als Ordnungswidrigkeit iSd § 382 I Nr. 1 AO zu ahnden. Einfuhrabgaben werden in diesen Fällen nicht gefährdet.

9 Auch die ZollV qualifiziert Verstöße gegen Vorschriften, die die Ausfuhr regeln, durch Verweisung auf § 382 AO als Ordnungswidrigkeiten. Das betrifft zum einen Verstöße gegen Pflichten, die in der ZollV selbst normiert sind (§ 30 I–III ZollV). Dies gilt aber auch für solche Verstöße gegen Vorschriften des ZK und der ZK-DVO, die durch Verweisung auf § 382 AO zu Ordnungswidrigkeiten erhoben werden (§ 30 IV–VII ZollV), sofern diese Vorschriften die Ausfuhr von Waren betreffen (erg. → Rn. 2). Das Ausfuhrverfahren des ZK ist ein eigenständiges Zollverfahren (Art. 4 Nr. 16 Buchst. h ZK [Art. 5 Nr. 16 Buchst. c UZK]), auf das die Regeln über die Überführung von Waren in ein Zollverfahren (Art. 59–78 ZK, Art. 198–253 ZK-DVO [Art. 158 ff. UZK, Art. 217 ff. UZK-DVO]) Anwendung finden (Witte/*Böhne* ZollKodex Art. 161 Rn. 22 ff.), sofern keine Sonderregelungen für das Ausfuhrverfahren eingreifen (Art. 90–96, 971–97m, 279–289, 422, 786–798, 841–841a u. 842a–843 ZK-DVO).

Fraglich ist, ob die Verletzung von Vorschriften im Zusammenhang mit der Einfuhr/Ausfuhr auf Grund einer Verweisung auf § 382 AO auch dann tatbestandsmäßig ist, wenn keine Einfuhr-/Ausfuhrabgabe zu erheben ist und deshalb eine Gefährdung solcher Abgaben von vornherein ausscheidet. Dieses Problem stellt sich weniger bei der Einfuhr, obwohl auf Grund von Präferenzabkommen, Assoziationsverträgen, Zollunionen, dem EWR-Abkommen (vgl. GHN/*Herrmann* AEUV Art. 28 Rn. 22 ff. mwN) und auf der Grundlage anderer Maßnahmen eine große Zahl von Einfuhren einfuhrabgabenfrei erfolgt. Bedeutsamer ist die Frage im Fall der Ausfuhr. Ausfuhrabgaben werden nur ausnahmsweise erhoben. Ausfuhrzölle gibt es in der Union nicht. Nur im Rahmen der gemeinsamen Agrarmarktordnung und auch dort nur ausnahmsweise werden Ausfuhrabgaben erhoben, wenn der Weltmarktpreis über den Preisen innerhalb der Union liegt und durch die Ausfuhr eine Verknappung des Warenangebots zu befürchten ist (s. dazu EuGH v. 1.2.1978 – Rs. 78/77, Slg. 1978, 169 betr. die VO [EWG] Nr. 348/76 – Kartoffelmarktordnung). Dass für die Ausfuhr gleichwohl im Allgemeinen die Verfahrensregeln für die Einfuhr gelten (vgl. die oben dargestellten Vorschriften des gemeinschaftlichen Zollrechts und die Vorschriften des ZollVG – u. a. §§ 1 I, 2 I, 3 I ZollVG), beruht auf der Tatsache, dass der Warenverkehr über die Grenze (Einfuhr und Ausfuhr) zollamtlich überwacht wird und zwar in Bezug auf die Ausfuhr vornehmlich zur Kontrolle der Ausfuhrverbote sowie zur statistischen Erfassung des Warenverkehrs. Die Vorschriften über das Ausfuhrverfahren, deren Verletzung durch Verweisung auf § 382 AO bußgeldbewehrt ist, sichern somit nahezu ausschließlich **außerabgabenrechtliche Staatsinteressen**. Die Frage nach der Tatbestandsmäßigkeit in den Fällen, in denen keine Abgaben zu erheben sind, ist gleichwohl zu bejahen. Die Vorschrift des § 382 AO normiert ein **abstraktes Gefährdungsdelikt**, dessen Tatbestandsmäßigkeit nicht davon abhängt, dass Abgaben verkürzt werden, und dem iÜ die Wirkung eines **„Auffangtatbestands"** zukommt (BMR SteuerStR/ *Möller/Retemeyer* E III Rn. 224 aE; s. auch BGH 8.9.2011, NStZ 2012, 160, 161 mwN zu § 378 AO). Der Sinn der bußgeldbewehrten Vorschriften besteht namentlich darin, den Bürger dazu anzuhalten, seine zollrechtlichen Verpflichtungen zu erfüllen, damit die Zollverwaltung die Möglichkeit der Prüfung hat, ob Abgaben für die Einfuhr oder Ausfuhr zu erheben sind (ebenso LG Nürnberg-Fürth 5.5.2021 – 3 KLs 504 Js 2388/18, juris, Rn. 233; GJW/*Heine* AO § 382 Rn. 2; Hüls/Reichling/*Hunsmann* AO § 382 Rn. 8, Tipke/Kruse/*Loose* AO § 382 Rn. 3; aA Kohlmann/*Matthes* AO § 382 Rn. 10). Wird eine der in § 382 AO aufgezählten Pflichten missachtet, begründet dies demnach die unwiderlegbare Vermutung des Eintritts einer (deshalb auch prozessual nicht weiter feststellungsbedürftigen) abstrakten Gefährdung iSd Bußgeldtatbestands (s. bereits → Rn. 4 sowie – ua – *Brenner* StW 1981, 147, 150 f.; BeckOK OWiG/*Merkt* AO § 382 Rn. 1; Flore/Tsambikakis/*Traut* AO § 382 Rn. 5; HHS/*Rüping* AO § 382 Rn. 7; Kohlmann/ *Matthes* AO § 382 Rn. 4; Schwarz/Pahlke/*Webel* AO § 382 Rn. 1). Die Verletzung von Vorschriften im Zusammenhang mit der Einfuhr oder Ausfuhr von Waren, ohne dass Einfuhr- oder Ausfuhrabgaben zu erheben wären, gibt aber jedenfalls Anlass zu prüfen, ob auf Grund des **Opportunitätsprinzips** von der Ahndung der Ordnungswidrigkeit abgesehen werden kann (bereits → Rn. 4 mwN).

Die Verletzung von Sollvorschriften ist keine Ordnungswidrigkeit; ebenso nicht die Nichteinhaltung von Mussvorschriften, deren Erfüllung nur die Voraussetzung für den Erwerb bestimmter Rechte ist (zB bei verbindlichen Zolltarifauskünften, Art. 12 ZK, Art. 6 ZK-DVO bzw. Art. 33 UZK, Art. 16 ff. UZK-DVO). Wer etwa den Erlass oder die

Erstattung von Zoll begehrt (Art. 235–239 ZK, Art. 877–912 ZK-DVO bzw. Art. 116 ff. UZK, Art. 173 ff. UZK-DVO), hat als Voraussetzung bestimmte Obliegenheiten (vgl. Art. 878–880 ZK-DVO) zu erfüllen. Kommt er diesen Obliegenheiten nicht nach, verliert er damit lediglich den Anspruch auf den Erlass oder die Erstattung.

12 Auf **Zuwiderhandlungen gegen Verwaltungsvorschriften oder -anordnungen bzw. -akte** ist § 382 AO gem. Art. 103 II GG, § 377 II AO, § 3 OWiG selbst dann nicht anwendbar, wenn diese auf einer ausdrücklichen gesetzlichen Ermächtigung beruhen, zB ein vom Hauptzollamt verfügtes Verbot, sich im Freihafen (→ Rn. 33) aufzuhalten (OLG Bremen 25.1.1961, ZfZ 1961, 124 zum früheren § 32 II ZG [entspr. heute § 15 II 1 ZollVG]; dem zust. v. Briel/Ehlscheid/*v. Briel* § 1 Rn. 566 aE; Gosch AO/FGO/*Scharenberg* AO § 382 Rn. 4; Kohlmann/*Matthes* AO § 382 Rn. 6, RKR/*Rolletschke* AO § 382 Rn. 4 aE; Schwarz/Pahlke/*Webel* AO § 382 Rn. 3; Ausn.: § 28 Nr. 3 TrZollV, dazu → Rn. 37).

13–15 *einstweilen frei*

3. Vorbehalt der Rückverweisung

a) Allgemeines

16 **Die Anwendbarkeit des § 382 AO ist davon abhängig,** dass die Zollgesetze oder die dazu oder die auf Grund von Absatz 4 erlassenen Rechtsverordnungen *„für einen bestimmten Tatbestand"* auf diese Bußgeldvorschrift verweisen (§ 382 I AO). Anders ist bzw. war dies nach der heute *„längst überholt[en]"* (Kohlmann/*Matthes* AO § 382 Rn. 1) Vorschrift des Art. 97 § 20 EGAO nur für bereits vor dem 1.10.1968 erlassene Verbrauchsteuergesetze und Rechtsverordnungen. Die Verweisung muss sich im Rahmen des **Bianketts** halten (→ Rn. 26). Ein gleich lautender Rückverweisungsvorbehalt war bereits in § 408 I RAO 1968 enthalten. Er wurde seinerzeit – entsprechend ständiger Übung in vergleichbaren Fällen eines Bußgeldbianketts – *„aus Gründen größerer Rechtssicherheit und Rechtsklarheit"* in das Gesetz eingefügt (BT-Drs. V/1812, 28). Ein Rückverweisungsvorbehalt soll ermöglichen, dass Zuwiderhandlungen gegen unbestimmte, nicht sanktionsbedürftige oder bereits anderweitig abgesicherte Ge- oder Verbote von dem Bußgeldblankett ausgenommen werden (BeckOK AO/*Hauer* AO § 382 Rn. 7; Göhler/*Gürtler* OWiG Vor § 1 Rn. 18; Hüls/Reichling/*Hunsmann* AO § 382 Rn. 4).

b) Ermächtigungsnorm des § 382 I u. II AO

17 Vereinzelt wird die Auffassung vertreten, die Vorschriften in § 382 I u. II AO enthielten keine ausreichende **Ermächtigungsnorm** für den Erlass von Rechtsverordnungen, die hinsichtlich bestimmter Tatbestände auf § 382 AO verweisen; zudem sei das **Zitiergebot** des Art. 80 I 3 GG nicht gewahrt. Die Vorschriften des § 30 ZollV seien daher nichtig (vgl. *Voß* BB 1996, 1695; *ders.* → 6. Aufl. Rn. 11 f.).

18 Entgegen dieser Ansicht stellt § 382 I u. II AO (ergänzt durch § 382 IV AO; s. nachfolgend → Rn. 19) eine **ausreichende Ermächtigungsgrundlage** für die Rückverweisung in Zollvorschriften (einschließlich des § 30 ZollV) dar (allgM, vgl. BeckOK AO/ *Hauer* AO § 382 Rn. 6.1; GJW/*Heine* AO § 382 Rn. 3; Klein/*Jäger* AO § 382 Rn. 16; Flore/Tsambikakis/*Traut* AO § 382 Rn. 10; HHS/*Rüping* AO § 382 Rn. 12; Hüls/ Reichling/*Hunsmann* AO § 382 Rn. 5; Kohlmann/*Matthes* AO § 382 Rn. 6; Leitner/ Rosenau/*Sprenger* AO § 382 Rn. 12; Leopold/Madle/Rader/*Zanzinger* AO § 382 Rn. 5; Schwarz/Pahlke/*Webel* AO § 382 Rn. 5). Im Gegensatz zu „klassischen" Blankettnormen sind hier nicht Tatbestand und Rechtsfolge in unterschiedlichen Normen geregelt; vielmehr enthält § 382 AO sowohl Tatbestand als auch Rechtsfolge. Lediglich zur näheren Spezifizierung der bereits in § 382 I AO umschriebenen Verhaltensweisen wird ergänzend auf die in den Gesetzen und Rechtsverordnungen enthaltenen Zollvorschriften verwiesen. Diese ausfüllenden Normen bedürfen daher (ebenso wie bei § 381 AO; → § 381 Rn. 9 ff.) keiner gesonderten Ermächtigungsgrundlage (HHS/*Rüping* AO § 382 Rn. 12). Ein Verstoß gegen das Zitiergebot des **Art. 80 I 3 GG** liegt ebenfalls nicht vor, da § 382 I AO in § 30 ZollV und § 382 IV AO in der Einleitung der ZollV ausdrücklich zitiert werden (BeckOK AO/*Hauer* AO § 382 Rn. 14.1; Klein/*Jäger* AO § 382 Rn. 16; Hüls/*Reichling/ Hunsmann* AO § 382 Rn. 5; Koch/Scholtz/*Scheurmann-Kettner* AO § 382 Rn. 12/1; Leopold/Madle/Rader/*Zanzinger* AO § 382 Rn. 7; iErg zust. Schwarz/Pahlke/*Webel* AO § 382 Rn. 5).

c) Ermächtigungsnorm des § 382 IV AO

§ 382 IV AO ermächtigt das BMF, durch Rechtsverordnungen die Tatbestände der in Absatz 1 genannten Verordnungen des Rates der Europäischen Union oder der Europäischen Kommission zu bezeichnen, deren Verwirklichung nach § 382 AO als Ordnungswidrigkeit mit Geldbuße geahndet werden kann. Die Vorschrift enthält somit eine Ermächtigung zur Aufstellung eines Rückverweisungskatalogs. Eine derartige Regelung ist zwingend notwendig, weil die Verordnungen des Rates oder der Kommission mangels entsprechender Kompetenzen dieser Organe keine Straf- oder Bußgeldandrohungen enthalten können (zutr. BMR SteuerStR/*Möller/Retemeyer* E III Rn. 226: „*Transformations-VO*"; s. auch GJW/*Heine* AO § 382 Rn. 3: kein „*Verstoß gegen das Verbot der Wiederholung unmittelbar geltender Rechtsnormen der Union im nationalen Recht*"); zudem darf das Unionsrecht, dem insbes. bei Warenbewegungen über die EU-Außengrenzen große Bedeutung zukommt, nicht ungeschützt sein (vgl. Art. 4 III EUV). Deswegen ordnet auch Art. 42 I UZK an, dass jeder Mitgliedstaat Sanktionen für Zuwiderhandlungen gegen die zollrechtlichen Vorschriften der Union vorsieht. Diese Sanktionen müssen „*wirksam, verhältnismäßig und abschreckend*" sein (Art. 42 I 2 UZK). Das BMF hat von der Ermächtigung des § 382 IV AO Gebrauch gemacht und einen **Verweisungskatalog** für *Verstöße gegen das Unionsrecht* in § 30 IV–VII ZollV aufgestellt, der allerdings trotz Inkrafttretens des UZK nebst DVO mWv 1.5.2016 bis heute **nicht an den aktuellen Rechtsstand angepasst** worden ist (→ Rn. 2). Die Ermächtigung des § 382 IV AO engt den Kreis der in § 382 I AO beschriebenen Pflichten ein und lässt eine Verweisung durch Rechtsverordnung nur zu, soweit

– dies zur Durchführung der Rechtsvorschriften der Europäischen Union erforderlich ist und
– es sich um Pflichten
 • zur Gestellung, Vorführung, Lagerung oder Behandlung von Waren,
 • zur Abgabe von Erklärungen oder Anzeigen,
 • zur Aufnahme von Niederschriften sowie
 • zur Ausfüllung oder Vorlage von Zolldokumenten oder zur Aufnahme von Vermerken in solchen Dokumenten handelt.

Gestellung bedeutet die Mitteilung an die Zollbehörden in der vorgeschriebenen Form, dass sich die Waren bei der Zollstelle oder an einem anderen von den Zollbehörden bezeichneten oder zugelassenen Ort befinden und für Zollkontrollen zur Verfügung stehen (Art. 4 Nr. 19 ZK [Art. 5 Nr. 33 UZK]). Verpflichtungen zur **Vorführung** bestehen zB nach Abgabe einer summarischen Anmeldung beim Verbringen von Waren in das Zollgebiet der Union (Art. 184 ZK-DVO [Art. 127 UZK, Art. 18 ff. UZK-DVO]). **Die Lagerung** und **Behandlung** von **Waren** bezieht sich zB auf Vorschriften über die Zolllagerung (Art. 98 ZK [Art. 237 ff. UZK]) und die Behandlung von Waren in Zolllagern (Art. 109 ZK [Art. 240 UZK]).

Pflichten zur Abgabe von Erklärungen und **Anzeigen** finden sich an zahlreichen Stellen des ZK und der ZK-DVO. Dazu gehören Anmeldungen (zB Art. 59 I, 178 IV ZK, Art. 219 II ZK-DVO [Art. 158 UZK, Art. 217 ff. UZK-DVO]) und Mitteilungen (zB Art. 39 I und II, Art. 46 I 3, Art. 172 I 2 ZK, Art. 266 I Buchst. a, 273 I 1 Buchst. a ZK-DVO [Art. 137 I u. II, Art. 244 II 2 UZK]).

Zu den **Niederschriften** gehören u. a. Bestandsaufzeichnungen (zB Art. 105 S. 1, 176 I 1 ZK, Art. 515, 528 ff. ZK-DVO [Art. 214 UZK, Art. 178 UZK-DelVO]). Die **Aus-**

füllung oder **Vorlage** von **Zolldokumenten** betrifft Papiere, die zur Durchführung des Verfahrens erforderlich sind (vgl. Art. 97b ZK-DVO). **Vermerke** in Zolldokumenten sind Aufzeichnungen über den Verfahrensablauf oder über besondere Vorkommnisse (zB Art. 496 Buchst. j ZK-DVO).

23 § 30 IV–VII ZollV bezieht sich (*nach wie vor;* → Rn. 2) nur auf Verstöße gegen Pflichten, die sich aus dem ZK oder der ZK-DVO ergeben und ist deshalb grds. von der Ermächtigungsnorm des § 382 IV AO gedeckt. Geahndet werden können nur **Verstöße**, die **auf deutschem Gebiet** oder auf **Schiffen** oder **Flugzeugen** außerhalb dieses Gebiets begangen werden, die berechtigt sind, die Bundesflagge oder das Staatszugehörigkeitszeichen der Bundesrepublik Deutschland zu führen (§ 377 II AO, § 5 OWiG). So ist etwa die gegen Art. 96 I 2 Buchst. a ZK, Art. 356 I ZK-DVO verstoßende Nichtgestellung von Versandgut bei einer in einem anderen Mitgliedsstaat belegenen Bestimmungsstelle keine Handlung, die als Ordnungswidrigkeit geahndet werden kann, während die Nichtgestellung bei einer Bestimmungsstelle im Inland (auch im Falle des Versands aus einem anderen Mitgliedstaat in die Bundesrepublik) eine Ordnungswidrigkeit darstellt (§ 30 V Nr. 3 ZollV).

4. Täterkreis

24 **Pflichtiger und damit Täter iSd § 382 AO** kann grds. *jeder* sein, der die in § 382 I Nrn. 1–3 AO bezeichneten Pflichten zu erfüllen hat. Ob jemand Pflichtiger ist, ergibt sich aus den jeweiligen Vorschriften, auf welche sich die Nrn. 1–3 des Abs. 1 des § 382 AO beziehen (dazu → Rn. 30 ff.); unter diesem Gesichtspunkt ist § 382 AO auch **Sonderdelikt** (vgl. Flore/Tsambikakis/*Traut* AO § 382 Rn. 15; HHS/*Rüping* AO § 382 Rn. 17; Hüls/Reichling/*Hunsmann* AO § 382 Rn. 17; Kohlmann/*Matthes* AO § 382 Rn. 16). Aus diesem Grund braucht der Täterkreis nicht genauer umschrieben zu werden. Zu den Pflichtigen gehört u. a. der *Gestellungspflichtige* (Art. 40 ZK [Art. 139 UZK]), der *Anmelde- oder sonstige Mitteilungspflichtige,* zB der Anmeldepflichtige für die summarische Zollanmeldung (Art. 44 II ZK [Art. 77 II UZK]), der *Zollanmelder* (Art. 64 I ZK [Art. 170 I UZK]) nach Annahme der Zollanmeldung (Art. 67 ZK [Art. 172 UZK]), der Mitteilungspflichtige im Rahmen der vereinfachten Gestellung (Art. 266 ZK-DVO) oder derjenige, der Bestandsaufzeichnungen zu führen hat (Art. 176 I ZK [Art. 214 I UZK]). Auf Besitz- und Eigentumsverhältnisse kommt es für die Frage, ob jemand Pflichtiger ist, grds. nicht an. Namentlich die für die Erfassung des Warenverkehrs beim Eingang der Waren in das Zollgebiet der Union wesentliche Gestellungspflicht trifft jeden, der die Ware in das Zollgebiet verbracht oder der ggf. die Verantwortung für ihre Beförderung nach dem Verbringen in das Zollgebiet übernommen hat (Art. 40 ZK [Art. 139 I UZK]). Gestellungspflichtig kann daher auch der Dieb (§ 40 AO) sein, der die genannten Voraussetzungen erfüllt. Neu durch den UZK ist eine Gestellungspflicht für denjenigen, in dessen Namen oder Auftrag die Person handelt, die die Waren in das Zollgebiet der Union verbracht hat (Art. 139 I Buchst. b UZK; s. bereits BGH 1.2.2007, NStZ 2007, 590, 591 – Gestellungspflicht des einen Schmuggeltransport [von Zigaretten] organisierenden und beherrschenden Hintermanns; dto. BGH 27.6.2018, NStZ 2019, 158, 159 mAnm *Ebner* HFR 2019, 431 – mittelbare Täterschaft beim Zigarettenschmuggel; erg. GJW/*Heine* AO § 382 Rn. 18 aE).

25 **Bei der Wahrnehmung der Angelegenheiten eines Pflichtigen** wird derjenige tätig, dessen Tun oder Unterlassen mit den Pflichten des „*Pflichtigen*" iSd § 382 I AO im Zusammenhang steht. Zu diesen Personen zählen insbesondere *gesetzliche Vertreter* und *Vermögensverwalter* (§ 34 AO) sowie *Verfügungsbefugte* iSd § 35 AO und Vertreter iSv Art. 5 ZK (Art. 18 f. UZK; erg. *Müller* ZfZ 1984, 5; *Kottke* Information StW 1996, 709). Die Reichweite des Begriffs „*bei der Wahrnehmung*" geht über diesen Personenkreis noch hinaus. Er umfasst jede Person, die dem Pflichtigen Hilfe leistet (RG 12.4.1923, RGSt 57, 218, 219 zu § 367 RAO; *Bender* ZfZ 1988, 169, 171; Kohlmann/*Matthes* AO § 382 Rn. 22 f.; s. auch BMR SteuerStR/*Möller/Retemeyer* aaO E III Rn. 229: „*Nicht … Dieb,*

... *Zollbeamte* ... *und Steuerhilfspersonen, denen beim Zählen, Messen oder Wiegen Fehler unterlaufen*"). Maßgebend ist die *tatsächliche* Wahrnehmung (§ 382 I AO: *„Bei ..."*); es kommt nicht darauf an, ob der Betreffende im Innenverhältnis dazu verpflichtet ist (allgM, vgl. OLG Bremen 21.5.1953, ZfZ 1953, 219 zu § 402 AO aF – Kaffeeschmuggel/-diebstahl durch angestellten Hafenarbeiter; Erbs/Kohlhaas/*Hadamitzky/Senge* AO § 382 Rn. 6; Klein/*Jäger* AO § 382 Rn. 8; Lohmeyer ZfZ 1965, 330, 331; v. Briel/Ehlscheid/*v. Briel* § 1 Rn. 569; Flore/Tsambikakis/*Traut* AO § 382 Rn. 21; Gosch AO/FGO/*Scharenberg* AO § 382 Rn. 24; HHS/*Rüping* AO § 382 Rn. 22; Kohlmann/*Matthes* AO § 382 Rn. 23; Leopold/Madle/Rader/*Zanzinger* AO § 382 Rn. 9; Schwarz/Pahlke/*Webel* AO § 382 Rn. 21; unklar OLG Stuttgart 30.10.1987, wistra 1988, 80, 81 zum früheren § 148b I Nr. 1 AZO [*„stillschweigende Übernahme der ... Gestellungspflicht"*] mAnm Fehn ZfZ 1989, 60 u. Schlamelcher ZfZ 1989, 354) und auch nicht, ob der Handelnde nach außen in Erscheinung tritt (ausf. → § 378 Rn. 15 ff.). Ein **Familienmitglied** nimmt Angelegenheiten seiner Angehörigen wahr, wenn es bei der gemeinschaftlichen Einreise schlüssig zu erkennen gibt, dass es die Zollformalitäten für alle Familienmitglieder erledigen will (vgl. OLG Hamm 20.11.1958, ZfZ 1959, 122, 123 zu § 402 AO aF – Einreise im Pkw mit Ehefrau; dem zust. Erbs/Kohlhaas/*Hadamitzky/Senge* AO § 382 Rn. 6; Koch/Scholtz/*Scheurmann-Kettner* AO § 382 Rn. 7; Kohlmann/*Matthes* AO § 382 Rn. 23; Leopold/Madle/Rader/*Zanzinger* AO § 382 Rn. 9 u. Schwarz/Pahlke/*Webel* AO § 382 Rn. 21; s. auch DOG 5.7.1950, ZfZ 1950, 272 – Mitnahme von Personen im Pkw, OLG Bremen 21.5.1953, ZfZ 1953, 219, 220 zu § 402 AO aF – Kaffeeschmuggel/-diebstahl durch angestellten Hafenarbeiter). Ein **Spediteur** handelt im eigenen Namen und nicht in Wahrnehmung der Angelegenheiten eines Pflichtigen, wenn er nicht erklärt, im fremden Namen zu handeln (Art. 5 IV ZK, Art. 19 I UZK; Witte/*Witte* UZK Art. 19 Rn. 9 ff.; glA Gosch AO/FGO/*Scharenberg* AO § 382 Rn. 24; HHS/*Rüping* AO § 382 Rn. 23; Hüls/Reichling/*Hunsmann* AO § 382 Rn. 20; Leopold/Madle/Rader/*Zanzinger* AO § 382 Rn. 10; RKR/*Rolletschke* AO § 382 Rn. 10; s. aber OLG Düsseldorf 24.4.1991, wistra 1991, 275, 276 f. zum früheren § 148b I Nr. 1 AZO – fahrlässige Nebentäterschaft des Grenzspediteurs bei Nichtgestellung durch Transporteur). Der (Unions-)Zollkodex enthält auch das Institut der indirekten Vertretung – Handeln im eigenen Namen für Rechnung eines anderen (Art. 5 II 2. Spiegelstrich ZK, Art. 18 I UZK) –, das Pflichten des Vertretenen und des indirekten Vertreters begründet (vgl. Hüls/Reichling/*Hunsmann* AO § 382 Rn. 22; Witte/*Witte* UZK Art. 19 Rn. 20 ff.). IÜ richtet sich die Verantwortlichkeit tatbeteiligter Dritter nach § 377 II AO, § 14 OWiG.

5. Objektive Tatbestände

a) Allgemeines

§ 382 I Nrn. 1–3 AO enthält Blankettvorschriften, die durch Ge- oder Verbotsnormen der Zollgesetze, der hierzu ergangenen Rechtsverordnungen oder der Verordnungen des Rats der Europäischen Union sowie der Europäischen Kommission ausgefüllt werden. *Verwaltungsvorschriften* genügen nicht (→ Rn. 12). Im Hinblick auf den Bestimmtheitsgrundsatz (Art. 103 II GG, § 377 II AO, § 3 OWiG) muss die Möglichkeit der Ahndung als Ordnungswidrigkeit schon auf Grund des Gesetzes vorausgesehen werden können. Zudem müssen die Voraussetzungen der Ahndung sowie Art und Maß der Rechtsfolge bereits im Blankettgesetz selbst hinreichend deutlich umschrieben werden; die Blankettnorm muss den möglichen Inhalt und Gegenstand der Regelungen, die zu ihrer Ausfüllung in Betracht kommen, genügend deutlich bezeichnen und abgrenzen (BVerfG 25.7.1962, BVerfGE 14, 245, 252; BVerfG 7.5.1968, BVerfGE 23, 265, 269; Göhler/*Gürtler* OWiG Vor § 1 Rn. 19; zust. BeckOK AO/*Hauer* AO § 382 Rn. 6). Die Blankettvorschrift ergibt erst zusammen mit der ausfüllenden Norm den Tatbestand einer Ordnungswidrigkeit. Deshalb müssen die blankettausfüllenden Normen unter die Bestimmungen der Nrn. 1 bis 3 des § 382 I AO subsumierbar sein. Verweisungen auf nicht in § 382 I

Nrn. 1–3 AO aufgeführte zollrechtliche Pflichten könnten keine Ahndung nach § 382 AO rechtfertigen. Dasselbe gilt für die Verweisungen in § 382 IV AO. Darüber hinaus müssen auch die Rückverweisungen in den Verweisungskatalogen des § 31 ZollVG und des § 30 ZollV mit den Nrn. 1–3 des § 382 I AO übereinstimmen.

27 **Zollgesetze und dazu erlassene Rechtsverordnungen** iSd § 382 I AO sind nach der gegenwärtigen Rechtslage

– das Zollverwaltungsgesetz (ZollVG),

– die Zollverordnung (ZollV),

– das Truppenzollgesetz (TrZollG) und

– die Truppenzollverordnung (TrZollV).

Die weiteren für die Erhebung von Einfuhrabgaben maßgebenden und Einfuhrtatbestände enthaltenden *Verbrauchsteuergesetze* (UStG, UStDV, Einfuhrumsatzsteuer-Befreiungsverordnung 1993 sowie die Einfuhrtatbestände der Verbrauchsteuergesetze) sind keine Zollgesetze iSd § 382 I AO. Nach der ausdrücklichen Anordnung des § 382 II AO ist die Vorschrift des § 382 I AO aber auch anzuwenden, soweit die Zollvorschriften und die dazu erlassenen Rechtsverordnungen für Verbrauchsteuern *„sinngemäß"* gelten (vgl. dazu → Rn. 39 ff.).

Weitere nationale Zollbestimmungen, wie etwa das Offshore-SteuerG v. 19.8.1955 (BGBl. II 821), zuletzt geändert durch Art. 4 TruppenzollrechtsÄndG v. 19.5.2009 (BGBl. I 1090), oder die VO über die Ausdehnung des grenznahen Raums und die der Grenzaufsicht unterworfenen Gebiete (GrenzAusdVO) v. 1.7.1993 (BGBl. I 1132), zuletzt geändert durch VO v. 14.8.2014 (BGBl. I 1442; → Rn. 34), enthalten keine (direkten) Verweisungen auf § 382 AO (s. aber die Globalverweisung auf das TrZollG und die TrZollV in § 2 I Offshore-SteuerG). *Abschöpfungen* (§ 2 I AbschErhG aF) werden seit 1.7.1995 nicht mehr erhoben (vgl. → § 373 Rn. 11).

28 **Zu den Verordnungen des Rates der Europäischen Union und der Europäischen Kommission** iSd § 382 I AO zählen insbesondere:

– der Zollkodex (ZK) und

– die Zollkodex-Durchführungsverordnung (ZK-DVO).

Auf weitere Verordnungen des Rates der Europäischen Union und der Europäischen Kommission wird derzeit in den vom Bundesministerium der Finanzen gem. § 382 IV AO erlassenen Rechtsverordnungen nicht verwiesen. Dies betrifft insbes. die mWv 1.5.2016 in Kraft getretenen Regelungen des UZK und der UZK-DVO (→ Rn. 2).

29 Die **Verordnungen des Rates und der Kommission** sind in allen ihren Teilen verbindlich und gelten *unmittelbar* in jedem Mitgliedstaat (Art. 288 II 2 AEUV). Durch die Ratifizierung des EWG-Vertrages (Art. 1 G v. 27.7.1957, BGBl. II 753) ist in Übereinstimmung mit Art. 24 I GG (jetzt Art. 23 GG) eine eigenständige Rechtsordnung entstanden, die in die innerstaatliche Rechtsordnung hineinwirkt (vgl. EuGH 14.12.1991 – C-1/91, Slg. 1991, I-6079, 6084 – Gutachten EWR-Vertrag; BVerfG 12.10.1993, BVerfGE 89, 155 – Urteil zum Vertrag von Maastricht). Andere Normen des Unionsrechts entfalten nur unter bestimmten Voraussetzungen **unmittelbare Wirkungen** (Direktwirkung, Durchgriff des Unionsrechts). Unmittelbare Wirkung bedeutet dabei, dass die Bestimmungen des Unionsrechts ihre volle Wirksamkeit einheitlich in sämtlichen Mitgliedstaaten mit der Folge entfalten, dass sie unmittelbar Rechte und Pflichten für all diejenigen begründen, die sie betreffen, seien es Mitgliedstaaten oder natürliche oder juristische Personen (EuGH 9.3.1978 – C-106/77, Slg. 1978, 629, 643 – Simmenthal II). Voraussetzung für die unmittelbare Anwendbarkeit von Normen des Unionsrechts ist, dass sie klar und eindeutig, unbedingt, vollständig und rechtlich vollkommen sind und zu ihrer Erfüllung oder Wirksamkeit keiner weiteren Handlungen der Staaten oder der Union bedürfen (u. a. EuGH 5.2.1963 – C-26/62, Slg. 1963, 1, 25 – van Gend & Loos; vgl. dazu *Herdegen*, Europarecht, 21. Aufl. 2019, § 5 Rn. 12 ff., § 10 Rn. 2 ff.). Im Einzelnen besteht eine unmittelbare Anwendbarkeit von Normen des Unionsrechts in folgenden Bereichen:

– bei einzelnen Artikeln des EU-Arbeitsweisevertrags, die gem. den Kriterien der Rechtsprechung des EuGH eine derartige Wirkung entfalten (zB Art. 28, 30, 24 AEUV; vgl. EuGH 5.2.1963 – C-26/62, Slg. 1963, 1 – van Gend & Loos),
– bei Verordnungen des Rats und der Kommission (Art. 288 II 2 AEUV),
– bei einzelnen, die vorstehend genannten Kriterien erfüllenden Vorschriften aus Richtlinien (Art. 288 III AEUV, vgl. EuGH 19.1.1982 – C-8/81, Slg. 1982, 53 – Becker),
– bei völkerrechtlichen Abkommen der Union, sofern sich dies aus Wortlaut, Sinn und Zweck des Vertrages und einer hinreichend bestimmten Vorschrift des Vertrages im Wege der Auslegung ergibt (vgl. EuGH 26.10.1982 – C 104/81, Slg. 1982, 3641, 3662 – Kupferberg I).

Die Normen des Unionsrechts genießen gegenüber nationalen Rechtsvorschriften Vorrang (EuGH 5.2.1963 – C-26/62, Slg. 1963, 1, 25 – van Gend & Loos). Das Unionsrecht bricht nationales Recht mit der Folge, dass dieses für Sachverhalte mit Unionsbezug, nicht jedoch im sonstigen innerstaatlichen Anwendungsbereich, unanwendbar wird (EuGH 9.3.1978 – C-106/77, Slg. 1978, 629, 643 ff. – Simmenthal II, grdl. *Oppermann/Classen/ Nettesheim*, Europarecht, 9. Aufl. 2021, § 9 Rn. 14 ff.).

b) § 382 I Nr. 1 AO

Die „**zollamtliche Erfassung des Warenverkehrs** über die Grenze des Zollgebiets der Europäischen Union sowie über die Freizonengrenzen" bezieht sich auf die Vorschriften des Unionszollrechts und des nationalen Rechts, die (in erster Linie, → Rn. 27) im ZollVG und in der ZollV geregelt sind. Die nationalen Zollvorschriften ergänzen die unionsrechtlichen Bestimmungen über die Erfassung des Warenverkehrs. Im Einzelnen handelt es sich um die in § 31 I ZollVG und § 30 I ZollV genannten Verpflichtungen u. a. über: 30

– die *ordnungsmäßige Beförderung* der Waren einschließlich der Einhaltung des vorgeschriebenen zeitlichen Rahmens – Öffnungszeiten der Zollstellen – (§ 2 I, II, III, § 3 I ZollVG, § 3 II, § 4a S. 2, § 9 I ZollV);
– die *Gestellung und Anmeldung* von Waren sowie die *Unterrichtung* der Zollbehörden (Art. 39 ff., 168 ZK, § 5 II 1 ZollV);
– die Einhaltung von sonstigen Verpflichtungen, die eine *zollamtliche Überwachung* ermöglichen, wie die Pflicht, auf Verlangen stehen zu bleiben und sich auszuweisen (§ 10 II iVm I 2 ZollVG), oder die Verpflichtung zur Aufbewahrung von Unterlagen (§ 9 II 1 ZollV).

c) § 382 I Nr. 2 AO

Die Begriffe „**Überführung in ein Zollverfahren**" und „**zollrechtliche Bestimmung von Waren**" beziehen sich ebenfalls auf die Regelungen des Unionszollrechts (ZK und ZK-DVO) und die diese ergänzenden nationalen Zollvorschriften. Die **zollrechtliche Bestimmung** (Art. 58–182 ZK [Art. 158 ff. UZK]) hat eine zentrale Bedeutung im Zollkodex (vgl. [Grabitz/Hilf/*Voß*, EGV, 40. Aufl. 2009, Art. 23 Rn. 24 ff.]; WJS Wirtschafts-StrafR-HdB/*Harder*, 4. Aufl. 2014, Kap. 22 Rn. 50 ff.). Der (Unions-)Zollkodex unterscheidet dabei zwischen der Überführung von Waren in ein Zollverfahren (Art. 59–165 ZK [Art. 158 ff. UZK]) und der sonstigen zollrechtlichen Bestimmung (Art. 166–182 ZK [Art. 254 ff. UZK]). Zu den *Zollverfahren* (Art. 4 Nr. 16 ZK [Art. 5 Nr. 16 UZK]) gehören: 31

– *die Überführung in den zollrechtlich freien Verkehr* (Art. 79–83 ZK [Art. 201 UZK – Überlassung zum zollrechtlich freien Verkehr]) sowie
– das *Nichterhebungsverfahren* und die *Zollverfahren mit wirtschaftlicher Bedeutung* (so noch Art. 84–160 ZK); dazu zählen das externe und interne *Versandverfahren* (Art. 91–97 u. Art. 163–165 ZK [Art. 226 f. UZK]), das *Zolllagerverfahren* (Art. 98–113 ZK [Art. 237 ff. UZK]), die aktive und passive *Veredelung* und das *Umwandlungsverfahren* (Art. 114–129 ZK, Art. 145–160 ZK u. Art. 130–136 ZK [Art. 255 ff. UZK]) sowie die *Ausfuhr* (Art. 161–162 ZK [Art. 269 ff. UZK]). Der Zollkodex der Union verwendet als

Oberbegriff für diese Verfahren unter Titel VII jetzt die Bezeichnung *„Besondere Verfahren"* (Art. 210 ff. UZK; zusf. *Witte* AW-Prax Service-Guide 2016, 32). Zur Vereinfachung der Rechtsanwendung wurden mit dem Unionszollkodex die Arten der Zollverfahren und anderen zollrechtlichen Bestimmungen verringert. Zu den letzteren gehören:
– die Verfahren im Zusammenhang mit *Freizonen* und *Freilagern* (Art. 166–181 ZK [Art. 243 ff. UZK]) sowie
– die Wiederausfuhr, die Vernichtung oder Zerstörung und die Aufgabe zugunsten der Staatskasse (Art. 182 ZK [Art. 127, 269 ff. UZK]).

§ 31 Ia ZollVG verweist hinsichtlich der Benutzung des Amtsplatzes und besonders gekennzeichneter Plätze auf § 381 I Nr. 2 AO. Die ZollV stellt bestimmte Fälle der unrechtmäßigen Abgabe von Waren (Schiffsbedarf), die sich in einem Zollverfahren befinden, bzw. deren Nichtanschreibung unter die Sanktion des § 382 I Nr. 2 AO (§ 30 II ZollV). Hinzu kommen bestimmte Verstöße gegen Gestellungs-, Mitteilungs-, Vorlage- und Aufzeichnungspflichten (§ 30 V, VII ZollV).

d) § 382 I Nr. 3 AO

32 Auf die Vorschrift des § 382 I Nr. 3 AO verweisen § 31 II ZollVG und § 30 III, Va, VI ZollV. Erfasst werden nur Pflichtverstöße in den Freizonen (Art. 166 ZK [Art. 243 UZK]; → Rn. 33), im grenznahen Raum (§ 14 I ZollVG, → Rn. 34) und im sonst der Grenzaufsicht unterliegenden Gebiet (§ 14 IV ZollVG; → Rn. 33). Hierzu gehören etwa Verstöße gegen das Verbot, eine Freizone außerhalb der zugelassenen Übergänge zu überschreiten (§ 26 VI ZollV), oder die Verpflichtung, als Schiffsführer auf Verlangen der Zollbeamten zu halten und das Borden von Zollbooten zu ermöglichen (§ 28 ZollV).

33 Der Begriff **„Freizone"** knüpft an den (Unions-)Zollkodex an (vgl. Art. 166–181 ZK [Art. 243–249 UZK]; erg. → § 381 Rn. 21). Bei den Freizonen handelt es sich um Zollfreigebiete, die aber Teil des Zollgebiets der Gemeinschaft (Union) sind (Art. 166 ZK). Aus Drittländern in Freizonen verbrachte Nichtgemeinschafts-/-unionswaren werden als nicht im Zollgebiet befindlich angesehen (Art. 166 Buchst. a ZK; erg. WJS Wirtschafts-StrafR-HdB/*Küchenhoff* Kap. 23 Rn. 194 ff.; *Roth* ZfZ 2018, 229 zur vorübergehenden Verwahrung iSv Art. 144 ff. UZK). Freizonen werden von den Mitgliedstaaten eingerichtet (Art. 167 ZK [Art. 243 I UZK]), in Deutschland durch Bundesgesetz (§ 20 I 2 ZollVG). Sie dienen in erster Linie dem außenhandelsbezogenen Umschlag und der Lagerung von Waren. Der internationale Warenaustausch soll so wenig wie möglich durch Zollformalitäten behindert werden. Deshalb werden Einfuhrabgaben grundsätzlich erst erhoben, wenn die Waren in den Wirtschaftskreislauf des Binnenmarktes gelangen. Gleichwohl sind seit Inkrafttreten des Unionszollkodex ab 1.5.2016 in eine Freizone verbrachte Waren den Zollbehörden zu gestellen, wenn sie von außerhalb des Zollgebiets der Gemeinschaft (Union) direkt in die Freizone verbracht werden (Art. 245 I Buchst. a UZK). In der Bundesrepublik Deutschland sind **Freizonen** nur noch die Freihäfen in **Bremerhaven** und **Cuxhaven** (ehem. Kontrolltyp I; vgl. Art. 167 III ZK iVm Art. 799 Buchst. a, Art. 805 ff. ZK-DVO, § 1 I 1 ZollVG, § 26 ZollV; zum Ganzen *Anton* ZfZ 2002, 223). Die Freihäfen Bremen, Emden und Kiel wurden durch G v. 6.12.2007 (BGBl. I 2806) mWv 1.1.2008 bzw. G v. 7.7.2009 (BGBl. I 1713) mWv 1.1.2010 aufgehoben; die Aufhebung des Freihafens Hamburg ist durch G v. 24.1.2011 (BGBl. I 50) mWv 1.1.2013 erfolgt (vgl. Flore/Tsambikakis/*Traut* AO § 382 Rn. 27 u. Kohlmann/*Matthes* AO § 382 Rn. 26). Insoweit besteht seither allenfalls noch ein Status als Seezollhafen (dazu *Peterka/ Kamisch* AW-Prax 2012, 163). Die Freihäfen Deggendorf und Duisburg (ehem. Kontrolltyp II; vgl. Art. 168a ZK iVm Art. 799 Buchst. b, Art. 813 ZKDVO) sind seit Inkrafttreten des gesamten UZK ab 1.5.2016 aufgelöst, weil der UZK diese abgeschwächte Form nicht mehr vorsieht (Rüsken/*Weerth* ZollVG § 20 Rn. 6; erg. *Konst* AW-Prax 2016, 312). Die §§ 20–23 ZollVG enthalten nationale **Sondervorschriften für Freizonen.** Danach ist insbes. das Wohnen und Bauen in Freizonen nur mit besonderer Erlaubnis bzw. Zustimmung des Hauptzollamts zulässig (§§ 21, 22 ZollVG).

Der im Zollkodex nicht verwendete Begriff des **grenznahen Raums** (früher Zollgrenz- 34 bezirk) wird in § 14 I ZollVG beschrieben. Er erstreckt sich am deutschen Teil der Zollgrenze der Gemeinschaft (Union) bis zu einer Tiefe von 30 Kilometern in das Landesinnere, von der seewärtigen Begrenzung des Zollgebiets der Gemeinschaft (Union) an bis zu einer Tiefe von 50 Kilometern. Aufgrund des § 14 IV ZollVG ist das BMF ermächtigt, die dort näher beschriebenen Gebiete der Grenzaufsicht zu unterwerfen. Hiervon hat es durch die VO über die Ausdehnung des grenznahen Raums und die der Grenzaufsicht unterworfenen Gebiete (GrenzAusdVO) v. 1.7.1993 (BGBl. I 1132), zuletzt geändert durch VO v. 14.8.2014 (BGBl. I 1442), Gebrauch gemacht und die der **Grenzaufsicht unterliegenden Gebiete** beschrieben. Mit dieser Verordnung hat das BMF darüber hinaus auf der Grundlage der Ermächtigung des § 14 I 2 ZollVG den grenznahen Raum zur Sicherung der Zollbelange soweit ausgedehnt, als dies die zollamtliche Überwachung erforderte.

Ge- und Verbote im grenznahen Raum und in den der Grenzaufsicht unterliegenden 35 Gebieten ergeben sich in erster Linie aus den §§ 14 II, 15 I–IV ZollVG. Aufgrund der genannten Vorschriften können die Hauptzollämter auch bestimmte Anordnungen erlassen. Ein Verstoß gegen eine solche auf einen konkreten Fall oder eine Gruppe von Fällen bezogene Anordnung ist jedoch keine Zuwiderhandlung gegen eine gesetzliche Vorschrift iSd § 382 I AO (Art. 103 II GG; § 377 II AO, § 3 OWiG; s. auch → Rn. 10).

e) Verweisungskataloge

Für **Zuwiderhandlungen gegen Ge- und Verbote** enthalten folgende Vorschriften 36 des/der **ZollVG/ZollV** bzw. **TrZollG/TrZollV** abschließende Verweisungskataloge auf § 382 I AO:

§ 31 ZollVG[1] **Steuerordnungswidrigkeiten**

(1) Ordnungswidrig im Sinne des § 382 Abs. 1 Nr. 1 der Abgabenordnung handelt, wer vorsätzlich oder fahrlässig

1. entgegen § 2 Abs. 1 Satz 1 eine Ware außerhalb einer Zollstraße einführt oder ausführt, entgegen § 2 Abs. 2 außerhalb eines Zollflugplatzes landet oder abfliegt, entgegen § 2 Abs. 3 Satz 1 außerhalb eines Zollandungsplatzes anlegt oder ablegt oder entgegen § 2 Abs. 3 Satz 2 auf einer Zollstraße mit anderen Fahrzeugen mit dem Land in Verbindung tritt,
2. entgegen § 3 Abs. 1 eine Ware außerhalb der Öffnungszeiten einführt oder ausführt,
3. entgegen § 10 Abs. 2 in Verbindung mit Abs. 1 Satz 2 auf Verlangen eines Zollbediensteten nicht stehen bleibt oder sich nicht über seine Person ausweist,
4. entgegen § 10 Abs. 2 in Verbindung mit Abs. 1 Satz 3 oder 4 nicht oder nicht rechtzeitig hält, ein Beförderungspapier nicht oder nicht rechtzeitig vorlegt oder einem Zollbediensteten nicht oder nicht rechtzeitig ermöglicht, an Bord oder von Bord zu gelangen, oder
5. entgegen § 10 Abs. 2 in Verbindung mit Abs. 1 Satz 6 eine Angabe nicht, nicht richtig, nicht vollständig oder nicht rechtzeitig macht oder die Entnahme von unentgeltlichen Proben nicht duldet.

(1a) Ordnungswidrig im Sinne des § 382 Abs. 1 Nr. 2 der Abgabenordnung handelt, wer vorsätzlich oder fahrlässig entgegen § 18 Satz 2 oder 3 den Amtsplatz oder einen besonders gekennzeichneten Platz benutzt.

(2) Ordnungswidrig im Sinne des § 382 Abs. 1 Nr. 3 der Abgabenordnung handelt, wer vorsätzlich oder fahrlässig

1. entgegen § 10 Abs. 1 Satz 2 auf Verlangen eines Zollbediensteten nicht stehen bleibt oder sich nicht über seine Person ausweist,
2. entgegen § 10 Abs. 1 Satz 3 oder 4 nicht oder nicht rechtzeitig hält, ein Beförderungspapier nicht oder nicht rechtzeitig vorlegt oder einem Zollbediensteten nicht oder nicht rechtzeitig ermöglicht, an Bord oder von Bord zu gelangen,

---

[1] Zollverwaltungsgesetz v. 21.12.1992 (BGBl. I 1992, 2125; 1993, 2493), zuletzt geändert durch Art. 6 VI Verfassungsschutzrechts-Anpassungsgesetz v. 5.7.2021 (BGBl. I 2274).

2a. entgegen § 10 Abs. 1 Satz 6 eine Angabe nicht, nicht richtig, nicht vollständig oder nicht rechtzeitig macht oder die Entnahme von unentgeltlichen Proben nicht duldet,
3. entgegen § 15 Abs. 1 Satz 1 einen Bau ohne Zustimmung des Hauptzollamts errichtet oder ändert,
4. entgegen § 21 Satz 1 in einer Freizone ohne besondere Erlaubnis des Hauptzollamts wohnt,
5. entgegen § 22 Satz 1 in einer Freizone einen Bau ohne Zustimmung des Hauptzollamts errichtet, wesentlich in seiner Bauart ändert oder anders verwendet,
6. im grenznahen Raum, in einem der Grenzaufsicht unterworfenen Gebiet oder in einer Freizone entgegen § 25 Abs. 1 Satz 1 Handel mit Nichtgemeinschaftswaren oder unversteuerten Waren, die zur Verwendung als Schiffs- oder Reisebedarf bestimmt sind, ohne schriftliche Erlaubnis des Hauptzollamts betreibt.

§ 30 ZollV[1] Steuerordnungswidrigkeiten

(1) Ordnungswidrig im Sinne des § 382 Abs. 1 Nr. 1 der Abgabenordnung handelt, wer als Pflichtiger oder bei der Wahrnehmung der Angelegenheiten eines Pflichtigen vorsätzlich oder fahrlässig
1. entgegen § 3 Abs. 2 einen Weiterflug fortsetzt,
2. entgegen § 4a Satz 2, auch in Verbindung mit Satz 3, oder § 9 Abs. 1 nicht dafür Sorge trägt, daß das Wasserfahrzeug das dort genannte Zollzeichen trägt,
3. entgegen § 5 Abs. 2 Satz 1 eine Anzeige nicht erstattet,
4. entgegen § 9 Abs. 2 Satz 1 eine Unterlage nicht aufbewahrt oder
5. einer vollziehbaren Anordnung nach § 9 Abs. 3 zuwiderhandelt.

(2) Ordnungswidrig im Sinne des § 382 Abs. 1 Nr. 2 der Abgabenordnung handelt, wer als Pflichtiger oder bei der Wahrnehmung der Angelegenheiten eines Pflichtigen vorsätzlich oder fahrlässig
1. entgegen § 27 Absatz 2 in Verbindung mit Absatz 3 Satz 1, 2 oder 3 oder Absatz 4 Satz 1, 2 oder 3 oder Absatz 6 oder Absatz 7 Satz 1 oder 2 Schiffs-, Flugzeug- oder Reisebedarf liefert oder bezieht,
2. entgegen § 27 Absatz 10 auf Verlangen Anschreibungen nicht, nicht richtig oder nicht in der vorgeschriebenen Form führt oder diese nicht oder nicht rechtzeitig vorlegt,
3. einer Vorschrift des § 27 Abs. 12 Satz 1, 2, 4 oder 5 über die Lieferung von Schiffs- oder Reisebedarf zuwiderhandelt,
4. entgegen § 27 Absatz 9 Satz 9, auch in Verbindung mit Absatz 13 Satz 1, Waren nicht meldet oder nicht oder nicht rechtzeitig vorführt.

(3) Ordnungswidrig im Sinne des § 382 Abs. 1 Nr. 3 der Abgabenordnung handelt, wer als Pflichtiger oder bei der Wahrnehmung der Angelegenheiten eines Pflichtigen vorsätzlich oder fahrlässig
1. entgegen § 26 Abs. 6 eine Freizonengrenze überschreitet,
2. entgegen § 26 Abs. 7 einen Grenzpfad ohne Erlaubnis des Hauptzollamts betritt oder
3. entgegen § 28 nicht oder nicht rechtzeitig hält oder einem Zollboot das Borden nicht oder nicht rechtzeitig ermöglicht.

(4)–(7) [...] (*abgedruckt unter → Rn. 38*)

§ 26 TrZollG[2] Ordnungswidrigkeiten

(1) Ordnungswidrig im Sinne des § 382 Abs. 1 Nr. 2 der Abgabenordnung handelt, wer vorsätzlich oder fahrlässig
1. entgegen § 13 Abs. 2 Satz 1 eine dort genannte Ware einer neuen zollrechtlichen Bestimmung zuführt oder ausführt,

---

[1] Zollverordnung v. 23.12.1993 (BGBl. I 1993, 2449; 1994, 162) idF der VO v. 17.12.2007 (BGBl. I 3002); zuletzt geändert durch Art. 26 JStG 2020 v. 21.12.2020 (BGBl. I 3096).
[2] Gesetz zur Ausführung der zoll- und steuerrechtlichen Bestimmungen des NATO-Truppenstatuts, des Zusatzabkommens zum NATO-Truppenstatut hinsichtlich der in der Bundesrepublik Deutschland stationierten ausländischen Streitkräfte und des Protokolls und der Abkommen betreffend die in der Bundesrepublik Deutschland errichteten internationalen militärischen Hauptquartiere (TruppenzollG) v. 19.5.2009 (BGBl. I 1090), zuletzt geändert durch Art. 8 Viertes Gesetz zur Änderung von Verbrauchsteuergesetzen v. 15.7.2009 (BGBl. I 1870).

2. entgegen § 16 Abs. 1 Satz 1, auch in Verbindung mit Abs. 2, eine Anzeige nicht, nicht richtig, nicht vollständig oder nicht rechtzeitig erstattet oder eine Einfuhrware nicht oder nicht rechtzeitig gestellt,
3. entgegen § 16 Abs. 3 eine Einfuhrware übergibt oder
4. entgegen § 17 Abs. 1 eine Einfuhrware verwendet.

(2) ¹Absatz 1 findet keine Anwendung auf ausländische Streitkräfte oder Hauptquartiere. ²Die Regelungen des NATO-Truppenstatuts, des Zusatzabkommens und des Unterzeichnungsprotokolls zur Ausübung der Strafgerichtsbarkeit bleiben unberührt.

§ 28 TrZollV¹ Ordnungswidrigkeiten

Ordnungswidrig im Sinne des § 382 Absatz 1 Nummer 2 der Abgabenordnung handelt, wer vorsätzlich oder fahrlässig:
1. entgegen § 16 Absatz 1 eine Ware einkauft,
2. entgegen § 16 Absatz 3 Satz 1 eine Mitteilung nicht, nicht richtig, nicht vollständig oder nicht rechtzeitig macht,
3. entgegen § 17 Absatz 1 Satz 2 einer vollziehbaren Auflage oder Bedingung zuwiderhandelt,
4. entgegen § 20 Absatz 3 eine Einfuhrware abgibt.

Zu rechtlichen Komplikationen im Einzelfall kann **§ 28 Nr. 3 TrZollV** führen, wonach 37 auch Zuwiderhandlungen gegen vollziehbare Auflagen oder Bedingungen iSv § 17 I 2 TrZollV bußgeldbewehrt sind. Denn dabei handelt es sich um individuelle Anordnungen der Zollstelle, die ihrerseits nicht nur rechtsfehlerfrei ergangen, sondern vor allem auch hinreichend bestimmt iSv Art. 103 II GG bzw. § 377 II AO, § 3 OWiG sein müssen; einer Rückverweisung auf § 28 Nr. 3 TrZollV bzw. § 382 I Nr. 2 AO bedarf es im betreffenden Verwaltungsakt dagegen nicht (vgl. Göhler/*Gürtler* OWiG vor § 1 Rn. 17b, 18 mwN; s. auch *Odenthal* NStZ 1991, 418; → Rn. 10, 35). Unter Bestimmtheitsgesichtspunkten unbedenklich ist es dagegen, dass die Ordnungswidrigkeit nach **§ 26 I Nr. 4 iVm § 17 I TrZollG** auch in anderen als den in § 17 II, III TrZollV beispielhaft aufgezählten Fällen eingreifen kann, da die insoweit maßgebliche Tathandlung (*„zweckwidrige Verwendung von Einfuhrwaren"*) als solche bereits ausreichend spezifiziert ist (aA *Neumann* ZfZ 2010, 113, 127). Der in § 26 II 1 TrZollG normierte **Tatbestandsausschluss** ist redaktionell verfehlt, weil *„ausländische Streitkräfte und Hauptquartiere"* per se nicht ordnungswidrig handeln können, sondern nur natürliche Personen, dh deren jeweilige Vertreter bzw. Angehörige oder Mitarbeiter; außerdem kommt der Vorschrift angesichts von § 26 II 2 TrZollG iVm Art. VII Abs. 3 Buchst. a ii NATO-Truppenstatut im Anwendungsbereich des TrZollG ohnehin nur deklaratorische Bedeutung zu, wovon – ungeachtet des völkerrechtlichen Grundsatzes der Staatenimmunität (s. dazu Kindhäuser/Neumann/Paeffgen/*Böse* StGB Vor § 3 Rn. 34) – auch die Verhängung von Verbandsgeldbußen gem. § 377 II AO, § 30 OWiG gegen die ausländischen Streitkräfte bzw. Hauptquartiere oder gar den Entsendestaat selbst mitumfasst ist (so bereits zutr. *Neumann* ZfZ 2010, 113, 127 [*„geht ins Leere"*]).

Für **Zuwiderhandlungen gegen Ge- und Verbote des ZK und der ZK-DVO** 38 (Verordnungen des Rats der Europäischen Union und der Europäischen Kommission) enthält § 30 ZollV die folgenden abschließenden Verweisungen auf § 382 I AO (eine Anpassung an den mWv 1.5.2016 in Kraft getretenen UZK bzw. die UZK-DVO steht bis heute aus; → Rn. 2):

§ 30 ZollV² Steuerordnungswidrigkeiten

(1)–(3) (*abgedruckt unter* → Rn. 36).
(4) Ordnungswidrig im Sinne des § 382 Abs. 1 Nr. 1 der Abgabenordnung handelt, wer als Pflichtiger oder bei der Wahrnehmung der Angelegenheiten eines Pflichtigen der Verordnung (EWG) Nr. 2913/92 des Rates vom 12. Oktober 1992 zur Festlegung des Zollkodex der Gemeinschaften (ABl. EG Nr. L 302 S. 1, 1993 Nr. L 79 S. 84, 1996 Nr. L 97 S. 38), zuletzt geändert durch

---
¹ Verordnung zur Durchführung des Truppenzollgesetzes v. 24.8.2009 (BGBl. I 2947), zuletzt geändert durch Art. 9 XI Gesetz zur Neuorganisation der Zollverwaltung v. 3.12.2015 (BGBl. I 2178).
² Zollverordnung v. 23.12.1993 (BGBl. I 1993, 2449; 1994, 162) idF der VO v. 17.12.2007 (BGBl. I 3002); zuletzt geändert durch Art. 26 JStG 2020 v. 21.12.2020 (BGBl. I 3096).

Verordnung (EG) Nr. 1791/2006 des Rates vom 20. November 2006 (ABl. EU Nr. L 363 S. 1), zuwiderhandelt, indem er vorsätzlich oder fahrlässig

1. entgegen Artikel 39 Abs. 1 oder 2 die Zollbehörde nicht oder nicht rechtzeitig unterrichtet, daß eine Verpflichtung zur Beförderung einer Ware nach Artikel 38 Abs. 1 infolge eines unvorhersehbaren Ereignisses oder höherer Gewalt nicht erfüllt werden kann,
2. entgegen Artikel 40 eine eingetroffene Ware nicht gestellt,
3. entgegen Artikel 43 Satz 1 in Verbindung mit Satz 2 für eine gestellte Ware eine summarische Anmeldung nicht oder nicht rechtzeitig abgibt,
4. entgegen Artikel 46 Abs. 1 Satz 1 ohne Zustimmung der Zollbehörde Waren ablädt oder umlädt,
4a. entgegen Artikel 46 Abs. 1 Satz 3 die Zollbehörde nicht oder nicht rechtzeitig unterrichtet,
5. entgegen Artikel 46 Abs. 2 auf Verlangen der Zollbehörde eine Ware nicht ablädt oder auspackt,
5a. ohne Zustimmung der Zollbehörden nach Artikel 47 Waren von dem Ort entfernt, an den sie ursprünglich verbracht worden sind,
6. entgegen Artikel 49 Abs. 1 in Verbindung mit Abs. 2 eine Förmlichkeit, die erfüllt sein muß, damit eine Ware eine zollrechtliche Bestimmung erhält (Anmeldung nach Artikel 59 zur Überführung der Ware in ein Zollverfahren gemäß Artikel 4 Nr. 16 oder Antrag auf Erhalt einer anderen zollrechtlichen Bestimmung gemäß Artikel 4 Nr. 15 Buchstabe b bis d), nicht oder nicht innerhalb der in Artikel 49 Abs. 1 genannten oder nach Artikel 49 Abs. 2 festgesetzten Frist erfüllt,
6a. entgegen Artikel 51 Abs. 1 Waren an anderen als den von den Zollbehörden zugelassenen Orten oder nicht unter den von diesen Behörden festgelegten Bedingungen lagert,
7. entgegen Artikel 168 Abs. 4 Satz 2 der Zollbehörde eine Durchschrift des die Ware begleitenden Beförderungspapiers nicht übergibt oder dieses nicht bei einer von der Zollbehörde dazu bestimmten Person zur Verfügung hält oder
8. entgegen Artikel 168 Abs. 4 Satz 3 der Zollbehörde auf Verlangen eine Ware nicht zur Verfügung stellt.

(5) Ordnungswidrig im Sinne des § 382 Abs. 1 Nr. 2 der Abgabenordnung handelt, wer als Pflichtiger oder bei der Wahrnehmung der Angelegenheiten eines Pflichtigen der Verordnung (EWG) Nr. 2913/92 zuwiderhandelt, indem er vorsätzlich oder fahrlässig

1. entgegen Artikel 76 Abs. 2, auch in Verbindung mit Artikel 77, eine ergänzende Anmeldung nicht nachreicht,
2. entgegen Artikel 87 Abs. 2 der Zollbehörde eine Mitteilung über ein Ereignis nicht macht, das nach Erteilung einer Bewilligung eingetreten ist und sich auf deren Aufrechterhaltung oder Inhalt auswirken kann,
3. entgegen Artikel 96 Abs. 1 Satz 2 Buchstabe a oder Abs. 2, jeweils auch in Verbindung mit Artikel 163 Abs. 3, eine Ware nicht, nicht unter Beachtung der von der Zollbehörde zur Nämlichkeitssicherung getroffenen Maßnahmen, nicht unverändert oder nicht rechtzeitig der Bestimmungsstelle gestellt,
4. entgegen Artikel 105 Satz 1 eine Bestandsaufzeichnung über eine in das Zollagerverfahren übergeführte oder in eine Freizone des Kontrolltyps II verbrachte Ware nicht, nicht richtig oder nicht vollständig führt,
5. entgegen Artikel 170 Abs. 2 eine dort bezeichnete Ware der Zollbehörde beim Verbringen in eine Freizone des Kontrolltyps I oder ein Freilager nicht gestellt oder entgegen Artikel 170 Abs. 3 auf Verlangen der Zollbehörde eine Ware, die einer Ausfuhrabgabe oder anderen Ausfuhrbestimmungen unterliegt, nicht meldet oder
6. entgegen Artikel 182 Abs. 3 Satz 1 der Zollbehörde eine Mitteilung über eine Wiederausfuhr, eine Vernichtung oder eine Zerstörung einer Ware nicht oder nicht rechtzeitig macht.

(5a) Ordnungswidrig im Sinne des § 382 Abs. 1 Nr. 3 der Abgabenordnung handelt, wer als Pflichtiger oder bei der Wahrnehmung der Angelegenheiten eines Pflichtigen der Verordnung (EWG) Nr. 2913/92 zuwiderhandelt, indem er vorsätzlich oder fahrlässig

1. entgegen Artikel 172 Abs. 1 Satz 2 eine Mitteilung über die Ausübung einer industriellen oder gewerblichen Tätigkeit oder einer Dienstleistung in einer Freizone oder einem Freilager der Zollbehörde nicht oder nicht rechtzeitig macht,
2. entgegen Artikel 176 Abs. 1 Satz 1 in Verbindung mit Satz 2 und 3 eine Bestandsaufzeichnung über eine Ware bei der Ausübung einer Tätigkeit im Bereich der Lagerung, der Be- oder Verarbeitung oder des Kaufs oder Verkaufs von Waren in einer Freizone des Kontrolltyps I oder einem Freilager nicht, nicht richtig, nicht vollständig oder nicht rechtzeitig führt oder
3. entgegen Artikel 176 Abs. 2 Satz 1 im Falle der Umladung einer Ware innerhalb einer Freizone des Kontrolltyps I die Papiere, die die Feststellung der Ware ermöglichen, nicht zur Verfügung der Zollbehörden hält.

(6) Ordnungswidrig im Sinne des § 382 Abs. 1 Nr. 3 der Abgabenordnung handelt, wer als Pflichtiger oder bei der Wahrnehmung der Angelegenheiten eines Pflichtigen der Verordnung (EWG) Nr. 2454/93 der Kommission vom 2. Juli 1993 mit Durchführungsvorschriften zu der Verordnung (EWG) Nr. 2913/92 des Rates vom 12. Oktober 1992 zur Festlegung des Zollkodex der Gemeinschaften (ABl. EG Nr. L 253 S. 1, 1994 Nr. L 268 S. 32, 1996 Nr. L 180 S. 34, 1997 Nr. L 156 S. 59, 1999 Nr. L 111 S. 88), zuletzt geändert durch Verordnung (EG) Nr. 214/2007 der Kommission vom 28. Februar 2007 (ABl. EU Nr. L 62 S. 6), zuwiderhandelt, indem er vorsätzlich oder fahrlässig entgegen Artikel 803 der Verordnung (EWG) Nr. 2454/93, auch in Verbindung mit Artikel 806 Satz 1 der Verordnung (EWG) Nr. 2454/93, in einer Bestandsaufzeichnung eine vorgeschriebene Angabe nicht, nicht vollständig oder nicht richtig aufnimmt.

(7) Ordnungswidrig im Sinne des § 382 Abs. 1 Nr. 2 der Abgabenordnung handelt, wer als Pflichtiger oder bei der Wahrnehmung der Angelegenheiten eines Pflichtigen der Verordnung (EWG) Nr. 2454/93 zuwiderhandelt, indem er vorsätzlich oder fahrlässig

1. entgegen Artikel 178 Abs. 4 erster oder zweiter Anstrich bei der Abgabe einer Zollwertanmeldung oder entgegen Artikel 199 Abs. 1 erster oder zweiter Anstrich bei der Abgabe einer Zollanmeldung Angaben nicht, nicht richtig oder nicht vollständig macht oder eine nicht echte Unterlage vorlegt,
2. entgegen Artikel 219 Abs. 1 Satz 3 das Beförderungspapier auf Verlangen nicht vorlegt,
3. entgegen Artikel 219 Abs. 2 der Abgangsstelle eine Ausfuhranmeldung, eine Anmeldung zur Wiederausfuhr oder ein anderes Dokument gleicher Wirkung nicht zusammen mit der dazugehörigen Versandanmeldung vorlegt,
4. entgegen Artikel 219 Abs. 3 der Zollstelle auf Verlangen eine Unterlage über das vorangegangene Zollverfahren nicht vorlegt,
5. entgegen Artikel 266 Abs. 1 Buchstabe a Nr. i erster Anstrich der zuständigen Zollbehörde ein Eintreffen einer Ware nicht, nicht in der vorgeschriebenen Weise oder nicht rechtzeitig mitteilt,
6. entgegen Artikel 266 Abs. 1 Buchstabe a Nr. i zweiter Anstrich, Nr. ii zweiter Anstrich oder Buchstabe c eine Ware in seiner Buchführung nicht, nicht richtig, nicht vollständig oder nicht rechtzeitig anschreibt,
7. entgegen Artikel 266 Abs. 1 Buchstabe a Nr. ii erster Anstrich der zuständigen Zollbehörde seine Absicht zur Überführung einer Ware in den zollrechtlich freien Verkehr nicht, nicht in der vorgeschriebenen Weise oder nicht rechtzeitig mitteilt,
8. entgegen Artikel 266 Abs. 1 Buchstabe b erster Anstrich der zuständigen Zollbehörde seine Absicht zur Überführung einer Ware in den zollrechtlich freien Verkehr nicht oder nicht in der vorgeschriebenen Weise mitteilt,
9. entgegen Artikel 266 Abs. 1 Buchstabe b zweiter Anstrich eine Ware in seiner Buchführung nicht, nicht richtig oder nicht vollständig anschreibt,
10. entgegen Artikel 273 Abs. 1 Satz 1 Buchstabe a der Überwachungszollstelle eine Mitteilung über die Ankunft einer Ware an dem dafür bezeichneten Ort nicht macht,
11. entgegen Artikel 273 Abs. 1 Satz 1 Buchstabe b in Verbindung mit Satz 2 eine Ware in einer Bestandsaufzeichnung nicht, nicht richtig oder nicht in der vorgeschriebenen Weise anschreibt,
12. entgegen Artikel 273 Abs. 1 Satz 1 Buchstabe c der Überwachungszollstelle eine Unterlage, die die Überführung einer Ware in das Zollagerverfahren betrifft, nicht zur Verfügung hält,

12a. *(aufgehoben)*

13. entgegen Artikel 359 Abs. 1 Satz 1, auch in Verbindung mit Artikel 358 Abs. 5, die Waren während ihrer Beförderung im gemeinschaftlichen Versandverfahren nicht durch die von der Abgangsstelle ausgehändigten Exemplare Nummer 4 und 5 der Versandanmeldung oder das Versandbegleitdokument begleiten lässt,
14. entgegen Artikel 359 Abs. 1 Satz 2, auch in Verbindung mit Artikel 358 Abs. 5, der Durchgangszollstelle eine Sendung nicht oder nicht unter Vorlage der Exemplare Nummer 4 und 5 der Versandanmeldung oder des Versandbegleitdokuments vorführt,
15. entgegen Artikel 359 Abs. 2, auch in Verbindung mit Artikel 358 Abs. 5, bei einer Durchgangszollstelle einen Grenzübergangsschein nach dem Muster in Anhang 46 nicht abgibt,
16. entgegen Artikel 360 Abs. 1 Buchstabe a bis d oder e, jeweils auch in Verbindung mit Artikel 358 Abs. 5,
    a) bei einer Änderung der verbindlichen Beförderungsstrecke,
    b) wenn der Verschluss während der Beförderung aus nicht vom Beförderer zu vertretenen Gründen verletzt wird,
    c) wenn die Waren auf ein anderes Beförderungsmittel umgeladen werden oder
    d) wenn eine unmittelbar drohende Gefahr zum teilweisen oder vollständigen Entladen des Beförderungsmittels zwingt,

die Exemplare Nummer 4 und 5 der Versandanmeldung oder das Versandbegleitdokument nicht mit einem entsprechenden Vermerk versieht oder sie der nächsten Zollbehörde nicht unter Vorführung der Sendung vorlegt,

17. entgegen Artikel 379 Abs. 4 Satz 2 bei einem unzureichenden Referenzbetrag die Stelle der Bürgschaftsleistung nicht benachrichtigt,
18. entgegen Artikel 384 Abs. 2 Bescheinigungen der Stelle der Bürgschaftsleistung nicht, nicht rechtzeitig oder nicht vollständig zurückgibt,
19. entgegen Artikel 400 Abs. 1 Satz 2 in Verbindung mit Satz 1 oder entgegen Artikel 912g Abs. 3 Satz 1 in Verbindung mit Abs. 2 Buchstabe b das vorgesehene Feld der Versandanmeldung oder des Kontrollexemplars T5 nicht durch die Angabe des Versandtages vervollständigt oder nicht mit einer Nummer versieht,
20. entgegen Artikel 402 Abs. 1 eine Versandanmeldung nicht oder nicht rechtzeitig vervollständigt,
21. nach dem Versand der Abgangsstelle entgegen Artikel 402 Abs. 3 Satz 1 das Exemplar Nr. 1 der Versandanmeldung oder entgegen Artikel 912g Abs. 3 Satz 3 die Durchschrift des Kontrollexemplars T 5 zusammen mit allen Unterlagen, aufgrund derer das Kontrollexemplar T 5 ausgestellt worden ist, nicht oder nicht rechtzeitig übersendet oder übermittelt,
22. entgegen Artikel 408 Abs. 1 Buchstabe a die Bestimmungsstelle über Mehrmengen, Fehlmengen, Vertauschungen oder Unregelmäßigkeiten bei eingetroffenen Sendungen nicht oder nicht rechtzeitig unterrichtet,
23. entgegen Artikel 408 Abs. 1 Buchstabe b, auch in Verbindung mit Artikel 358 Abs. 5, für eingetroffenen Sendungen der Bestimmungsstelle die Exemplare Nummer 4 und 5 der Versandanmeldung oder das Versandbegleitdokument nicht oder nicht rechtzeitig zusendet oder der Bestimmungsstelle das Ankunftsdatum oder den Zustand angelegter Verschlüsse nicht oder nicht rechtzeitig mitteilt,
24. *(aufgehoben)*
25. entgegen Artikel 513 Satz 2 nach der Beförderung einer Ware von einem Bewilligungsinhaber zu einem anderen seine Überwachungszollstelle nicht oder nicht rechtzeitig benachrichtigt,
25a. entgegen Artikel 513 Satz 5 in Verbindung mit Anhang 68 Teil A Nr. 2 oder Teil B Abschnitt I Nr. 2 die Überwachungszollstellen vor Beginn der Beförderung einer Ware von einem Bewilligungsinhaber zu einem anderen nicht von der beabsichtigten Beförderung unterrichtet,
26. entgegen Artikel 516 Aufzeichnungen oder in Verbindung mit Artikel 529 Bestandsaufzeichnungen nicht richtig oder nicht vollständig führt,
27. entgegen Artikel 530 Abs. 1 Anschreibungen in den Bestandsaufzeichnungen nicht, nicht richtig oder nicht rechtzeitig macht oder
28. *(aufgehoben)*
29. *(aufgehoben)*
30. *(aufgehoben)*
31. entgegen Artikel 842 Abs. 1 die Anzeige über die Vernichtung oder Zerstörung einer Ware nicht oder nicht rechtzeitig erstattet.

f) § 382 II AO

39 **Nach § 382 II AO ist § 382 I AO auch anwendbar,** soweit die Zollvorschriften und die dazu erlassenen Rechtsverordnungen für Verbrauchsteuern sinngemäß gelten. Durch diese Vorschrift soll sichergestellt werden, dass die Gefährdung solcher Verbrauchsteuern, die bei der Einfuhr zu entrichten sind, unter den Voraussetzungen des § 382 I AO nur nach dieser Sondervorschrift geahndet werden kann (vgl. Begr. zum gleich lautenden § 408 II RAO 1968, BT-Drs. V/1812, 28). Voraussetzung ist, dass die Vorschriften über Zölle (Gesetze oder Rechtsverordnungen) für Verbrauchsteuern *„sinngemäß gelten"*. Dies kommt nur für die Verbrauchsteuern in Betracht, die bei der **Einfuhr** verbrauchsteuerpflichtiger Waren in das Zollgebiet der Union erhoben werden. Verbrauchsteuern für Waren aus anderen Mitgliedstaaten der EU fallen nicht darunter (→ Rn. 42). Auch die Zollvorschriften, die auf § 382 AO verweisen, müssen sinngemäß gelten.

40 **Die Verweisung auf die Zollvorschriften** ist bei den Verbrauchsteuergesetzen nicht einheitlich geregelt. Zum Teil umfasst die Verweisung die Anwendung des § 31 ZollVG und des § 30 ZollV; teilweise ist dies nicht der Fall.

41 Für die **Einfuhrumsatzsteuer (EUSt)** gelten die Vorschriften des Zollrechts mit einigen ausdrücklich normierten Ausnahmen sinngemäß (§ 21 II UStG; zusf. *Weymüller*

ZfZ 2014, 13; exempl. *Biesgen* SAM 2016, 49). Die Regelungen in § 31 ZollVG und § 30 ZollV sind von diesen Ausnahmen nicht betroffen. § 382 AO ist daher bei der Verletzung der in Absatz 1 normierten Pflichten auch im Hinblick auf die EUSt anwendbar. Beim *innergemeinschaftlichen Erwerb* (§ 1 I Nr. 5 UStG) entsteht zwar Umsatzsteuer, jedoch keine Einfuhrumsatzsteuer.

Für die **übrigen Verbrauchsteuern** gelten die Zollvorschriften bei der Einfuhr verbrauchsteuerpflichtiger Waren aus **Drittländern** nur für einzelne Tatbestände sinngemäß, zB für die Entstehung der Steuer und den Zeitpunkt, der für ihre Bemessung maßgeblich ist, für die Person des Steuerschuldners, das Erlöschen in anderen Fällen als durch Einziehung, für den Zahlungsaufschub, den Erlass, die Erstattung und die Nacherhebung sowie für das Steuerverfahren (vgl. § 22 III 1 AlkStG, § 18 III 1 BierStG, § 19b III 1 EnergieStG, § 15 III 1 KaffeeStG, § 18 III 1 SchaumwZwStG, § 21 III 1 TabStG). Das Steuerverfahren des Zollrechts ist im (Unions-)Zollkodex, in der (U)ZK-DVO und ergänzend in ZollVG, ZollV, TrZollG sowie TrZollV geregelt, wobei das TrZollG in § 2 III 3 zusätzlich noch eine (eigentlich unnötige) *„allgemeine Anwendungsklausel"* (*Weymüller* ZfZ 2014, 13, 17) in Bezug auf den (U)ZK und die (U)ZK-DVO enthält. Die AO ist daneben insgesamt nur noch für einzelne Fragen anwendbar (vgl. Witte/*Witte* ZK, 6. Aufl. 2013, vor Art. 1 Rn. 16). Soweit danach die Zollvorschriften und die dazu erlassenen Rechtsverordnungen für Verbrauchsteuern nicht entsprechend gelten, kommt auch eine Anwendung der Vorschrift des § 382 AO nicht in Betracht. 42

Im **Warenverkehr mit anderen Mitgliedstaaten** ist § 382 AO ebenfalls nicht anwendbar. Die Vorschrift des § 382 AO greift daher insbes. dann nicht ein, wenn verbrauchsteuerpflichtige Waren aus dem freien Verkehr anderer Mitgliedstaaten der EU in das deutsche Erhebungsgebiet verbracht oder im innergemeinschaftlichen Versandhandel befördert werden. Das Verbringen von verbrauchsteuerpflichtigen Waren aus anderen Mitgliedstaaten zu **privaten Zwecken** ist regelmäßig bereits steuerfrei (zB § 22 I TabStG; vgl. aber § 16 I 2, II EnergieStG). Für das Verbringen von Waren aus anderen Mitgliedstaaten zu **gewerblichen Zwecken** enthalten die Verbrauchsteuergesetze eigene Entstehungstatbestände (vgl. § 24 AlkStG, § 20 BierStG, §§ 15, 34, 40 EnergieStG, § 17 KaffeeStG, § 20 SchaumwZwStG, § 23 TabStG). Die Anwendung zollrechtlicher Vorschriften in diesem Bereich kommt schon deshalb nicht in Betracht, weil sie dem europarechtlichen Binnenmarktprinzip zuwiderlaufen würde. 43

6. Subjektiver Tatbestand

Der subjektive Tatbestand des § 382 AO umfasst neben (zumindest bedingt) **vorsätzlichem Verhalten** (→ § 369 Rn. 49 ff.) auch **fahrlässiges** (→ § 377 Rn. 17 ff.) **Handeln**. Zur Begründung der gleich lautenden Vorschrift des § 408 RAO 1968 wurde seinerzeit ausgeführt: *„Eine Beschränkung auf leichtfertiges Verhalten, wie sie in § 407 AO vorgesehen ist, wäre bei der Gefährdung von Eingangsabgaben kriminalpolitisch verfehlt. Als Täter von Zuwiderhandlungen gegen zollrechtliche Gestellungs- und Anmeldepflichten und gegen Beschränkungen in Zollfreigebieten kann jedermann in Betracht kommen. Aus diesem Grunde sind die Eingangsabgaben stärker gefährdet als die Verbrauchsteuern"* (BT-Drs. V/1812, 28). In der Lit. ist diese Sonderbehandlung der Gefährdung von Einfuhrabgaben im Verhältnis zu allen anderen Tatbeständen der Steuergefährdung überwiegend auf Ablehnung gestoßen (vgl. aus dem Schrifttum: *Henneberg* BB 1968, 906, 910; *Stobbe* ZfZ 1969, 264, 269 f.; *Kohlmann/Sandermann* StuW 1974, 221, 239; aus der Kommentarliteratur: BeckOK AO/*Hauer* AO § 382 Rn. 57.1; Flore/Tsambikakis/*Traut* AO § 382 Rn. 31; HHS/*Rüping* AO § 382 Rn. 36; Klein/*Jäger* AO § 382 Rn. 22; Kohlmann/*Matthes* AO § 382 Rn. 41; RKR/*Rolletschke* AO § 382 Rn. 15; Schwarz/Pahlke/*Webel* AO § 382 Rn. 23; Tipke/Kruse/*Loose* AO § 382 Rn. 13; diff. GJW/*Heine* AO § 382 Rn. 23; dem folgend Hüls/Reichling/*Hunsmann* AO § 382 Rn. 44; unklar v. Briel/Ehlscheid/*v. Briel* § 1 Rn. 571). Kritisiert wird vor allem, dass hier schon die fahrlässige Herbeiführung der abstrakten *Gefahr* einer Steuer- 44 verkürzung für eine Ahndung als Ordnungswidrigkeit genüge, während für die Ahndung der *vollendeten Steuerverkürzung* mindestens Leichtfertigkeit erforderlich sei (→ Rn. 49). Trotz dieser Kritik hat der Gesetzgeber des § 382 AO für die subjektive Tatseite wiederum fahrlässiges Handeln genügen lassen.

45 **Kennt der Täter eine Pflicht nicht oder irrt er** über ihr Bestehen, so hat er keinen Tatvorsatz (§ 377 II AO, § 11 I 1 OWiG). Beruht die Unkenntnis oder der Irrtum auf Fahrlässigkeit, kann die Handlung jedoch gem. § 377 II AO, § 11 I 2 OWiG als fahrlässig begangene Ordnungswidrigkeit geahndet werden (Tipke/Kruse/*Loose* AO § 382 Rn. 13).

7. Geldbuße

46   Die Bußgelddrohung des § 382 III AO entspricht derjenigen des § 381 II AO. Es gelten daher die gleichen Grundsätze (→ § 381 Rn. 27 f.). Zum Tatbestandsausschluss in § 26 II 1 TrZollG s. → Rn. 37.

8. Selbstanzeige

47   Die Vorschriften über die straf- bzw. bußgeldbefreiende Wirkung einer Selbstanzeige sind mangels gesetzlicher Verweisung auf § 371 AO oder § 378 III AO auf den Tatbestand der Gefährdung von Einfuhr- und Ausfuhrabgaben nicht (analog) anwendbar (s. iÜ → § 381 Rn. 29).

9. Konkurrenzfragen

48   **Die Vorschrift des § 382 AO ist** innerhalb ihres Anwendungsbereichs **Sondervorschrift gegenüber § 381 AO** (→ § 381 Rn. 30).

49   **Der Bußgeldtatbestand des § 382 AO tritt zurück,** wenn eine *Steuerhinterziehung* iSd § 370 AO vorliegt (§ 377 II AO, § 21 I 1 OWiG) oder wenn der Tatbestand der *leichtfertigen Steuerverkürzung* nach § 378 AO erfüllt ist (§ 382 III Hs. 2 AO); vgl. auch BGH 20.7.1971, BGHSt 24, 178, 181 – Zollhinterziehung bei Entstehung der Zollschuld im Falle des früheren § 57 ZG; ferner OLG Bremen 5.8.1964, ZfZ 1964, 380, 381 f. zum früheren § 413 I Nr. 1 Buchst. c Doppelbuchst. bb AO iVm § 136 III AZO – Verbrauch unverzollter Zigaretten durch Arbeiter im Freihafengebiet. Der Vorrang des Verkürzungstatbestands in § 378 AO kann *im Bußgeldverfahren* wegen § 384 AO, der die §§ 378–380 AO, nicht aber § 382 AO erfasst, insbes. für die Verjährungsfrage (→ Rn. 53) praktisch relevant werden. Die Anwendung des § 382 AO auf tatbestandsmäßige Zuwiderhandlungen iS dieser Vorschriften wird aber nicht dadurch ausgeschlossen, dass durch die Zuwiderhandlung nur der objektive Tatbestand der §§ 370 oder 378 AO erfüllt wird (so bereits *Krämer* ZfZ 1959, 233, 235).

50   § 382 I Nr. 2 AO geht als Sondertatbestand auch dem § 379 AO vor, zB bei der **Verletzung einer Bestandsaufzeichnungspflicht** iSd Art. 105 S. 1 ZK iVm § 30 V Nr. 4 ZollV (s. dazu *Brenner* StW 1981, 147, 150 f.). Ist die Ordnungswidrigkeit nach § 382 I Nr. 2 AO verjährt (→ Rn. 53), lebt eine durch dieselbe Handlung verwirklichte, wegen § 384 AO aber noch nicht verjährte Ordnungswidrigkeit nach § 379 AO jedoch wieder auf (zust. Hüls/Reichling/*Hunsmann* AO § 382 Rn. 54).

51   **Beim Zusammentreffen einer Ordnungswidrigkeit nach § 382 AO mit einer Straftat** wird nur das Strafgesetz angewandt (§ 377 II AO, § 21 I 1 OWiG). Dies ist etwa der Fall beim Zusammentreffen eines Diebstahls (§ 242 StGB) mit einer verbotswidrigen Beförderung iSd § 31 I Nr. 1 iVm § 2 ZollVG (vgl. OLG Bremen 21.5.1953, ZfZ 1953, 219 zu § 402 AO aF – Kaffeeschmuggel/-diebstahl durch Hafenarbeiter; BGH 10.1.1964, BGHSt 19, 217 zum früheren § 413 I Nr. 1 Buchst. c bb AO iVm § 137 AZO – verbotswidrige Warenbeförderung im Freihafengebiet durch Entwendung von Gefrierhühnern). Zu einem evtl. (dann: ebenfalls vorrangigen) Eingreifen der §§ 283 I Nr. 5, 6, 283b I

Nr. 1, 2 StGB bei einer Verletzung von (auch handelsrechtlichen) Aufzeichnungs- und Buchführungspflichten s. → § 381 Rn. 17.

Zu den Fällen (un-)gleichartiger **Tateinheit** (§ 377 II AO, § 19 OWiG) s. → § 381 Rn. 33.

10. Verjährung

Die Verjährung richtet sich – ebenso wie im Falle des § 381 AO – gem. § 377 II AO nach den allgemeinen Vorschriften der §§ 31 ff. OWiG (vgl. LG Nürnberg-Fürth 5.5.2021 – 3 KLs Js 2388/18, juris, Rn. 235; → § 381 Rn. 23).

11. Anwendung des § 32 ZollVG

Eine Ordnungswidrigkeit iSd § 382 AO *soll* gem. § 32 I ZollVG nicht verfolgt werden, wenn sich die Tat oder die Vortat auf Einfuhr- oder Ausfuhrabgaben oder Verbrauchsteuern bezieht und der verkürzte Einfuhrabgabenbetrag oder der Einfuhrabgabenbetrag, dessen Verkürzung versucht wurde, 250 EUR nicht übersteigt.

§ 383 Unzulässiger Erwerb von Steuererstattungs- und Vergütungsansprüchen

(1) **Ordnungswidrig handelt, wer entgegen § 46 Abs. 4 Satz 1 Erstattungs- oder Vergütungsansprüche erwirbt.**

(2) **Die Ordnungswidrigkeit kann mit einer Geldbuße bis zu fünfzigtausend Euro geahndet werden.**

Schrifttum: *Hein,* Die Abtretung, Verpfändung und Pfändung von Steuererstattungs- und Steuervergütungsansprüchen nach § 46 der Abgabenordnung 1977, BB 1977, 991; *Dietz,* Wirksamkeit und Zulässigkeit der Vorfinanzierung von Lohnsteuer- und Einkommensteuererstattungsansprüchen durch Bankinstitute unter Vermittlung von Lohnsteuerhilfevereinen, DStZ 1978, 475; *Tiedtke,* Die Pfändung von Lohnsteuererstattungsansprüchen, NJW 1978, 1640; *Pfaff,* Unzulässiger Erwerb von Steuererstattungsansprüchen und Vergütungsansprüchen (§ 383 AO), StBp 1979, 139; *Tiedtke,* Die Pfändung von Lohnsteuererstattungsansprüchen, NJW 1979, 1640; *Urban,* Anzeige der Abtretung nach § 46 Abs. 2 AO und Schutzwirkung des § 46 Abs. 5 AO, DStZ 1980, 329; *Halaczinsky,* Wirksamkeit von Abtretung und Pfändung im Steuerrecht, BB 1981, 1270; *Malms,* Unlautere Verhaltensweisen von Lohnsteuerhilfevereinen, ZRP 1981, 11; *Globig,* Die Pfändung von Lohnsteuer- und Einkommensteuererstattungsansprüchen, NJW 1982, 915; *Oswald,* Abtretung, Verpfändung und Pfändung von steuerlichen Erstattungsansprüchen, StB 1983, 222; *Lenke/Widera,* Zur Abtretbarkeit von Steuererstattungs- und Vergütungsansprüchen nach § 46 Abs. 4 AO, DB 1985, 1367; *Halaczinsky,* Abtretung, Verpfändung und Pfändung von Steuererstattungs- und Steuervergütungsansprüchen, ZIP 1985, 1442; *Germ,* Die Rechtsnatur der Abtretung und Verpfändung von Ansprüchen aus dem Abgabenschuldverhältnis, KStZ 1986, 128; *Klatt,* Zur Vorfinanzierung von Lohnsteuererstattungsansprüchen durch Kreditinstitute, DB 1986, 143; *Roeseler,* Zum geschäftsmäßigen Erwerb von Steuererstattungsansprüchen, EWiR 1986, 223; *Pump,* Prüfungspflicht des Finanzamtes bei Abtretung von Steuererstattungsansprüchen, DStZ 1987, 277; *Hein,* Überlegungen zur Entstehung des steuerrechtlichen Erstattungsanspruchs, DStR 1990, 301; *Bergmann,* Die Behandlung von Erstattungsansprüchen im Steuerrecht, BB 1992, 893; *Schwakenberg,* „Rückforderung" von Vorsteuerbeträgen, UR 1993, 295; *Slapio,* Geschäftsmäßiger Erwerb von Steuererstattungsansprüchen nach § 46 Abs. 4 AO, DStR 1994, 1368; *Behr/Spring,* Pfändung und Durchsetzung von Lohnsteuererstattungsansprüchen, NJW 1994, 3257; *Mink,* Abtretung von Steuererstattungs- und -vergütungsansprüchen nach § 46 AO, DB 1994, 702; *Harder,* Ausgewählte Fragen zur Abtretung und Pfändung von Steuererstattungs- und Steuervergütungsansprüchen unter Berücksichtigung aktueller Rechtsänderungen, DB 1996, 2409; *Kottke,* OHG, KG und GmbH als Adressaten von Bußgelddrohungen bei Steuerverfehlungen, Information StW 1996, 709; *App,* Möglichkeiten des Steuerpflichtigen im Bußgeldverfahren wegen Steuerordnungswidrigkeiten, BuW 1998, 408; *Gottwald,* Besteuerung ausländischer Führungskräfte in Deutschland, DB 1998, 1362; *Burhoff,* Steuerordnungswidrigkeiten in der Praxis, PStR 2006, 233; *Hackenberg,* Die Abtretung von Steuererstattungsansprüchen in der Wohlverhaltensphase, ZVI 2006, 49; *Best/Ende,* Fallstrick: § 46 Abs. 4 AO – Abtretung von Steuererstattungsansprüchen an Steuerberater, DStR 2007, 595; *Grönwoldt,* Abtretung von Steuererstattungsansprüchen – Alternativen, insbesondere im Lichte des Insolvenzrechts, DStR 2007, 1058; *Hütt,* Abtretung von Steuererstattungsansprüchen an Inkassofirmen, AO-StB 2007, 98; *ders.,* Sicherung von Honoraransprüchen durch Zahlungsanweisung möglich, AO-StB 2007 128; *Ortmann-Babel/Bolik,* Praxisprobleme des SEStEG bei der Auszahlung des Körperschaftsteuerguthabens nach § 37 KStG n. F., BB 2007, 73; *Schelling,* § 383 AO: Unzulässiger Erwerb von Steuererstattungs- und Vergütungsansprüchen, PStR 2007, 283; *Wessing,* Steuerordnungswidrigkeiten – Gefahr und Chance für die Verteidigung, SAM 2007, 9; *Zimmer,* Die Abtretung von Einkommensteuererstattungen in der Wohlverhaltensphase, ZInsO 2009, 2373; *Kupka/Schmittmann,* Freiwillige Abtretungen von Einkommensteuererstattungsansprüchen, NZI 2010, 669; *Clausnitzer/Stumpf,* Pfändung und (Sicherungs-)Zession steuerlicher Erstattungs- und Vergütungsansprüche, BB 2015, 1377; *Bülte,* Blankette und normative Tatbestandsmerkmale im Steuerstrafrecht, GS Joecks, 2018, 365.

1. Entstehungsgeschichte und Bedeutung

1   Die Vorschrift entspricht § 409a RAO idF des Art. 2 Nr. 7 StBerÄndG v. 24.6.1975 (BGBl. I 1509). § 409a RAO wurde mit Wirkung ab 1.7.1975 als neuer Bußgeldtatbestand eingefügt (Begr. BT-Drs. 7/2852). Gleichzeitig wurde die das Blankett ausfüllende Vorschrift des § 159 RAO (= § 46 AO) ergänzt und neu gefasst. § 46 IV 1 AO (= § 159 III 1 RAO 1975) dient dem Schutz der LSt-Pflichtigen (→ Rn. 2). Die rechtstatsächliche Bedeutung des Bußgeldtatbestands ist nicht überragend hoch, darf aber auch nicht unterschätzt werden, weil die Abtretung von Steuererstattungs- und -vergütungsansprüchen mitunter zur Sicherung von (Steuer-)Beratungshonoraren eingesetzt wird (→ Rn. 9) und auch immer wieder Eingang in Nettolohnvereinbarungen mit (zumeist) ausländischen Arbeitnehmern findet (so zutr. GJW/*Heine* AO § 383 Rn. 1, 7 f.; HHS/*Bülte* AO § 383

Rn. 1 [*„2012: 6 Fälle; 2014: 13 Fälle"*]; aA Flore/Tsambikakis/*Burmann* AO § 383 Rn. 2 [*„praktische Relevanz ... gering"*]; Schwarz/Pahlke/*Webel* AO § 383 Rn. 2).

2. Zweck und Anwendungsbereich

§ 46 AO Abtretung, Verpfändung, Pfändung

(1) Ansprüche auf Erstattung von Steuern, Haftungsbeträgen, steuerlichen Nebenleistungen und auf Steuervergütungen können abgetreten, verpfändet und gepfändet werden.

(2) Die Abtretung wird jedoch erst wirksam, wenn sie der Gläubiger in der nach Absatz 3 vorgeschriebenen Form der zuständigen Finanzbehörde nach Entstehung des Anspruchs anzeigt.

(3) ¹Die Abtretung ist der zuständigen Finanzbehörde unter Angabe des Abtretenden, des Abtretungsempfängers sowie der Art und Höhe des abgetretenen Anspruchs und des Abtretungsgrundes auf einem amtlich vorgeschriebenen Vordruck anzuzeigen. ²Die Anzeige ist vom Abtretenden und vom Abtretungsempfänger zu unterschreiben.

(4) ¹Der geschäftsmäßige Erwerb von Erstattungs- oder Vergütungsansprüchen zum Zweck der Einziehung oder sonstigen Verwertung auf eigene Rechnung ist nicht zulässig. ²Dies gilt nicht für die Fälle der Sicherungsabtretung. ³Zum geschäftsmäßigen Erwerb und zur geschäftsmäßigen Einziehung der zur Sicherung abgetretenen Ansprüche sind nur Unternehmen befugt, denen das Betreiben von Bankgeschäften erlaubt ist.

(5) Wird der Finanzbehörde die Abtretung angezeigt, so müssen Abtretender und Abtretungsempfänger der Finanzbehörde gegenüber die angezeigte Abtretung gegen sich gelten lassen, auch wenn sie nicht erfolgt oder nicht wirksam oder wegen Verstoßes gegen Absatz 4 nichtig ist.

(6) ¹Ein Pfändungs- und Überweisungsbeschluss oder eine Pfändungs- und Einziehungsverfügung dürfen nicht erlassen werden, bevor der Anspruch entstanden ist. ²Ein entgegen diesem Verbot erwirkter Pfändungs- und Überweisungsbeschluss oder erwirkte Pfändungs- und Einziehungsverfügung sind nichtig. ³Die Vorschriften der Absätze 2 bis 5 sind auf die Verpfändung sinngemäß anzuwenden.

(7) [...]

Mit dem grundsätzlichen Verbot des geschäftsmäßigen Erwerbs von Steuererstattungsansprüchen will der Gesetzgeber die Verknüpfung von steuerlicher Beratung mit Kreditgeschäften verhindern. Insbes. soll der besonderen Form der Wirtschaftskriminalität begegnet werden, bei der unseriöse „Kreditgeber" (in der Vergangenheit oftmals entgegen § 26 II StBerG im Umfeld der LSt-Hilfe; vgl. *Malms* ZRP 1981, 11) den Erstattungsanspruch gegen eine vorbehaltlose Abtretung mit geringen Beträgen „vorfinanzieren" und dabei die Unkenntnis der zumeist ausländischen ArbN über die tatsächliche Höhe ihrer voraussichtlichen LSt-Rückzahlung ausnutzen (Begr. zu § 159 u. § 409a RVO 1975, BT-Drs. 7/2852, 47 f.; BeckOK AO/*Hauer* AO § 383 Rn. 1.1; Erbs/Kohlhaas/*Hadamitzky/Senge* AO § 383 Rn. 1; GJW/*Heine* AO § 383 Rn. 1, 5; v. Briel/Ehlscheid/*v. Briel* § 1 Rn. 309; Flore/Tsambikakis/*Burmann* AO § 383 Rn. 1; Gosch AO/FGO/*Beckmann* AO § 383 Rn. 2; HHS/*Bülte* AO § 383 Rn. 3 f.; Hüls/Reichling/*Hunsmann* AO § 383 Rn. 3; Koch/Scholtz/*Scheurmann-Kettner* AO § 383 Rn. 1; Kohlmann/*Talaska* AO § 383 Rn. 2; Schwarz/Pahlke/*Webel* AO § 383 Rn. 2; erg. *Gottwald* DB 1998, 1362). Ob das gesetzgeberische Ziel erreicht werden kann, erscheint zweifelhaft (zust. HHS/*Bülte* AO § 383 Rn. 6). Banken sind gem. § 46 IV 3 AO von dem Verbot des geschäftsmäßigen Erwerbs sicherungshalber abgetretener Ansprüche ausgenommen. Damit besteht zumindest die Gefahr einer Umgehung des Verbots durch solche LSt-Hilfevereine, die im Namen eines Kreditinstituts als Kreditmittler auftreten (Kohlmann/*Talaska* AO § 383 Rn. 5; Schwarz/Pahlke/*Webel* AO § 383 Rn. 2; unten → Rn. 12).

§ 383 AO ist **anwendbar** auf alle Erstattungs- und Vergütungsansprüche aus dem Steuerschuldverhältnis (§ 37 AO), die sich gegen den StGläubiger richten. Privatrechtliche Ansprüche gegen den StGläubiger – zB Rückgewähransprüche aus vertraglicher Haftungsübernahme iSd § 192 AO – gehören nicht dazu (Erbs/Kohlhaas/*Hadamitzky/Senge* AO § 383 Rn. 3; Wannemacher/*Wegner* Rn. 2538; Flore/Tsambikakis/*Burmann* AO § 383 Rn. 3; Kohlmann/*Talaska* AO § 383 Rn. 7); dasselbe gilt für Amtshaftungsansprüche iSv § 839 BGB iVm Art. 34 GG (HHS/*Bülte* AO § 383 Rn. 15; Hüls/Reichling/*Hunsmann*

AO § 383 Rn. 4). Eine Verletzung der Anzeigepflicht des § 46 III AO, sei es dem Grunde oder der Form nach, ist nicht tatbestandsmäßig iSv § 383 I AO (ebenso HHS/*Bülte* AO § 383 Rn. 14, 38, Hüls/Reichling/*Hunsmann* AO § 383 Rn. 5 u. Kohlmann/*Talaska* AO § 383 Rn. 23). Zu den **Vergütungsansprüchen** gehören insbes. die Vergütungen im Verbrauchsteuerrecht (→ Rn. 6) sowie das Kindergeld (§ 31 S. 3 EStG; zur Pfändung s. § 76 EStG). Der Vorsteuerabzugsanspruch gem. § 15 UStG ist dagegen kein Vergütungsanspruch. Ergibt sich bei der Steuerberechnung (§ 16 I u. II UStG) eine negative Steuerschuld, also ein rechnerischer Überschuss zugunsten des Unternehmens, hat der Stpfl. einen selbständigen und damit abtretbaren Auszahlungsanspruch. Auf diesen Auszahlungsanspruch sind zwar die Vorschriften über Vergütungsansprüche anwendbar (BFH 24.3.1983, BStBl. II 1983, 612; vgl. auch *Schwakenberg* UR 1993, 295). Nach dem *Grundsatz der Tatbestandsbestimmtheit* gilt dies jedoch nicht für die Anwendung des § 383 AO (str., wie hier Hüls/Reichling/*Hunsmann* AO § 383 Rn. 8; Kohlmann/*Talaska* AO § 383 Rn. 17; aA GJW/*Heine* AO § 383 Rn. 3; HHS/*Bülte* AO § 383 Rn. 29; RKR/*Roth* AO § 383 Rn. 4; Schwarz/Pahlke/*Webel* AO § 383 Rn. 5, 5a; unklar Wannemacher/*Wegner* Rn. 2541; s. auch → Rn. 4). Ansprüche auf Erstattung von **Eingangsabgaben** können nach § 46 AO abgetreten werden (FG Bremen 18.12.1992, EFG 1992, 401). Dasselbe gilt für den in zehn gleichen Jahresbeträgen auszuzahlenden Anspruch auf das Körperschaftsteuerguthaben gem. § 37 V KStG. Auf diesen Anspruch findet § 46 IV AO ausdrücklich keine Anwendung (§ 37 V 10 KStG; erg. *Ortmann-Babel/Bolik* BB 2007, 73, 76 ff.). Rechtsgrund und Entstehung der Erstattungs- und Vergütungsansprüche sind den Einzelsteuergesetzen zu entnehmen (§§ 37, 38 AO; → Rn. 6, 8); diese bestimmen auch, wer Gläubiger einer Steuervergütung ist (§ 43 AO). Ein Verstoß gegen § 46 IV 1 AO hat die **Nichtigkeit** der Abtretung/Verpfändung zur Folge (§ 46 V AO).

4 Die **entsprechende Anwendung** des § 383 AO schreiben zB § 8 II WoPG 1996 für Wohnungsbauprämien, § 14 III des 5. VermBG für die Arbeitnehmer-Sparzulage und § 96 VII 1 EStG für die Altersvorsorgezulage sowie, seit 1.1.2020, § 13 S. 1 FZulG für die Forschungszulage (s. dazu BMF 11.11.2021, BStBl. I 2277 = BeckVerw 563455, Rn. 282) vor. Die entsprechende Anwendbarkeit der Vorschriften über Steuervergütungen hat nach dem Willen des Gesetzgebers nicht automatisch die Anwendbarkeit des § 383 AO zur Folge. Dazu bedarf es vielmehr noch eines besonderen Hinweises (Art. 103 II GG; § 377 II AO; § 3 OWiG; allgM zB BeckOK AO/*Hauer* AO § 383 Rn. 8; Flore/Tsambikakis/*Burmann* AO § 383 Rn. 7; HHS/*Bülte* AO § 383 Rn. 25; aA Leopold/Madle/Rader/*Zanzinger* AO § 383 Rn. 4). Mangels einer entsprechenden Verweisung fallen bzw. fielen daher zB Investitionszulagen und Eigenheimzulagen nicht unter § 383 AO (vgl. § 14 InvZulG 2010, § 15 EigZulG).

3. Objektive Tatbestände

5 **Ein Anspruch auf Erstattung von Steuern** (§ 46 IV AO) setzt voraus, dass ein Anspruch aus dem Steuerschuldverhältnis (§ 37 I AO) ohne rechtlichen Grund erfüllt wurde oder dass der rechtliche Grund für die Zahlung später weggefallen ist (§ 37 II AO). Der Grundsatz, dass materiell ungerechtfertigte Vermögensverschiebungen unter den am Steuerschuldverhältnis Beteiligten wieder auszugleichen sind, wird durch die *Bestandskraft* der Steuerbescheide, die Grundlage für die Verwirklichung aller Ansprüche aus dem Steuerschuldverhältnis sind (§ 218 I AO), in formeller Hinsicht begrenzt (§§ 155, 172 ff. AO). Entgegen §§ 150 ff. RAO verzichtet die AO auf eine Differenzierung der einzelnen Erstattungsansprüche nach dem Grund ihrer Entstehung. Maßgebend sind also – neben dem in § 37 II AO geregelten allgemeinen Erstattungsanspruch – die Einzelsteuergesetze.

6 **In den Einzelsteuergesetzen** sind namentlich folgende **Erstattungsansprüche geregelt:**

- §§ 29, 30 AlkStG iVm §§ 63, 64 AlkStV (Steuerentlastung im Steuergebiet und bei Beförderung in andere Mitgliedstaaten);
- § 24, 25 BierStG iVm §§ 42, 43 BierStV (Erstattung bei Aufnahme in ein Steuerlager, Vergütung für Rückbier, Beförderung in andere Mitgliedstaaten);
- §§ 45–60 EnergieStG (diverse Steuerentlastungen);
- §§ 44b, 45 EStG (Erstattung bei der KapSt);
- § 14 EUStBV (Erstattung von EUSt);
- § 21 KaffeeStG iVm §§ 31, 32 KaffeeStV (Steuerentlastung bei Aufnahme in ein Steuerlager, Lieferung in andere Mitgliedstaaten und bei Ausfuhr);
- § 4 KraftStG (Erstattung bei Beförderung von Fahrzeugen mit der Eisenbahn);
- §§ 24, 25 SchaumwZwStG iVm § 39, 40 SchaumwZwStV (Steuerentlastung bei Aufnahme in ein Steuerlager, Verbringen in andere Mitgliedstaaten);
- §§ 9a–9c, 10 StromStG iVm §§ 17a–17e, 18, 19 StromStV (Erstattung für bestimmte Prozesse und Verfahren, Steuerentlastung für Unternehmen, den Öffentlichen Personennahverkehr, Erstattung in Sonderfällen);
- § 32 TabStG iVm § 28 TabStV (Erstattung bei Aufnahme in ein Steuerlager, Verbringen in einen anderen Mitgliedstaat);
- § 1 UStErstV (VO über die Erstattung von USt an ausländische ständige diplomatische Missionen und berufskonsularische Vertretungen sowie an ihre ausländischen Mitglieder);
- § 9 VersStG (Zurückzahlung oder Herabsetzung des Versicherungsentgelts);
- Art. 235 ff. ZK bzw. Art. 116 ff. UZK (Erstattung von Einfuhr- oder Ausfuhrabgaben).

Für die in den Einzelsteuergesetzen geregelten Erstattungsansprüche ist charakteristisch, dass der Anspruch aus einem nachträglich eintretenden besonderen Sachverhalt erwächst, der die Rechtmäßigkeit der ursprünglichen Steuerfestsetzung nicht in Frage stellt.

Auch der **Steuervergütungsanspruch** ist ein umgekehrter Leistungsanspruch. Er unterscheidet sich von dem Erstattungsanspruch darin, dass im Falle der Vergütung die Steuer regelmäßig zu Recht, im Falle der Erstattung jedoch regelmäßig zu Unrecht geleistet wurde (Tipke/Lang/*Seer* Steuerrecht, 23. Aufl., § 6 Rn. 86; Klein/*Ratschow* AO § 43 Rn. 3). Der Vergütungsanspruch steht nicht dem Steuerentrichtungspflichtigen, sondern grundsätzlich demjenigen zu, der die Steuer infolge Überwälzung wirtschaftlich getragen hat. Steuervergütung ist ein wichtiges Mittel der staatlichen Wirtschafts- und Steuerpolitik. Durch Zubilligung eines solchen Anspruchs soll ein Anreiz für ein wirtschaftlich erwünschtes Verhalten (zB die Ausfuhr) geschaffen werden (BVerfG 9.3.1960, BVerfGE 10, 372, 377; zust. GJW/*Heine* AO § 383 Rn. 3). Steuervergütungsansprüche dienen darüber hinaus auch dem Ausgleich von Belastungen, die durch die Überwälzung von Steuerlasten oder durch Mehrfachbelastungen eintreten und keinen Bestand haben sollen (Klein/*Ratschow* AO § 37 Rn. 5). 7

Rechtsgrund und Gläubiger eines Steuervergütungsanspruchs ergeben sich ebenfalls aus den Einzelsteuergesetzen (§ 43 AO), wobei einige Verbrauchsteuergesetze den Erstattungs- und den Vergütungsanspruch unter dem einheitlichen Oberbegriff „Steuerentlastung" zusammenfassen: 8

- §§ 24, 25 BierStG iVm §§ 42, 43 BierStV (Vergütung bei Aufnahme in Steuerlager und für Rückbier, Entlastung bei Beförderung in andere Mitgliedstaaten);
- §§ 45–60 EnergieStG (diverse Entlastungen);
- § 21 KaffeeStG iVm §§ 31, 32 KaffeeStV (Entlastung bei Aufnahme in Steuerlager, bei Lieferung in andere Mitgliedstaaten und bei Ausfuhr);
- §§ 24, 25 SchaumwZwStG iVm §§ 39, 40 SchaumwZwStV (Entlastung bei Aufnahme in ein Steuerlager und bei Verbringen in andere Mitgliedsstaaten);
- §§ 9b, 9c StromStG iVm §§ 17b–17e StromStV (Steuerentlastung für Unternehmen und den Öffentlichen Nahverkehr);
- § 4a UStG (USt-Vergütung bei gemeinnützigen Körperschaften).

Soweit die entsprechende Anwendbarkeit der Vorschriften über Steuervergütungen vorgeschrieben ist, bedarf es zur Anwendung des § 383 AO noch einer besonderen Verweisung (→ Rn. 4).

9 **Erwerb** bedeutet Abtretung (iE GJW/*Heine* AO § 383 Rn. 4) und Verpfändung, die allerdings bei Verstoß gegen § 46 IV 1 AO nichtig sind (§ 46 V AO). Auch (eigentlich sogar *nur*) nichtige Abtretungen (§ 46 V, VI AO) werden von § 383 AO erfasst (ebenso BeckOK AO/*Hauer* AO § 383 Rn. 13; GJW/*Heine* AO § 383 Rn. 10; HHS/*Bülte* AO § 383 Rn. 37; Schwarz/Pahlke/*Webel* AO § 383 Rn. 6, 9); insbes. liegt in solchen Fällen nicht lediglich ein nach § 383 AO nicht zu ahndender Versuch (→ Rn. 14) ordnungswidrigen Verhaltens vor (HHS/*Bülte* AO § 383 Rn. 53; Kohlmann/*Talaska* AO § 383 Rn. 31). **Nicht** unter den Erwerbstatbestand fallen indes schlichte **Zahlungsanweisungen** iSd §§ 738 ff. BGB (dazu Best/Ende DStR 2007, 595, 596), **Inkassovollmachten** (§ 80 AO) und **öffentlich-rechtliche Verrechnungsverträge** (HHS/*Bülte* AO § 383 Rn. 11; Hüls/Reichling/*Hunsmann* AO § 383 Rn. 20; Kohlmann/*Talaska* AO § 383 Rn. 6; RKR/*Roth* AO § 383 Rn. 11); auch die Erteilung einer **Einziehungsermächtigung** bzw. eines sog. Inkassomandats (§ 185 BGB analog) bedeutet (noch) keinen „Erwerb" (Art. 103 II GG; § 377 II AO, § 3 OWiG) der betreffenden Forderung (Hüls/Reichling/*Hunsmann* AO § 383 Rn. 21; aA RKR/*Roth* AO § 383 Rn. 12 [zwar „*keine Vollrechtsübertragung*", aber „*dennoch der Erwerb eines Forderungsausschnitts*"] u. – diesem folgend – HHS/*Bülte* AO § 383 Rn. 12). Bei reinen Formverstößen sollte allerdings gem. § 410 I Hs. 1 AO iVm § 47 OWiG von einer Verfolgung abgesehen werden. Der unzulässige Erwerb setzt ein **Handeln auf eigene Rechnung** voraus; dies ist nicht der Fall, wenn der Abtretungsempfänger mit dem Zedenten abzurechnen hat (Thür. OLG 22.6.2004, BeckRS 2004, 06554; BeckOK AO/*Hauer* AO § 383 Rn. 12; GJW/*Heine* AO § 383 Rn. 10; Leitner/Rosenau/*Sprenger* AO § 383 Rn. 10; Flore/Tsambikakis/*Burmann* AO § 383 Rn. 12; HHS/*Bülte* AO § 383 Rn. 39; Hüls/Reichling/*Hunsmann* AO § 383 Rn. 24; Kohlmann/*Talaska* AO § 383 Rn. 26; Schwarz/Pahlke/*Webel* AO § 383 Rn. 6; expl. abl. für Inkassounternehmen RKR/*Roth* AO § 383 Rn. 17, 19 [„*wirtschaftliche Betrachtungsweise*"]; zum Insolvenzverwalter Kupka/Schmittmann NZI 2010, 669 sowie → Rn. 10). **Sicherungsabtretungen** sind nur für Bankunternehmen erlaubt (BFH 23.10.1985, BFHE 144, 526). Die Abgrenzung einer Sicherungsabtretung von einer erfüllungshalber vollzogenen Abtretung hat unter Berücksichtigung des wirtschaftlichen Gesamtzusammenhangs zu erfolgen. Von einer zulässigen Sicherungsabtretung kann nur dann ausgegangen werden, wenn für die Beteiligten bei Vollzug der Abtretung der Sicherungszweck erkennbar im Vordergrund gestanden hat (BFH 3.2.1984, BFHE 140, 412; FG MV 15.12.2004, DStRE 2006, 630; Flore/Tsambikakis/*Burmann* AO § 383 Rn. 14; Hüls/Reichling/*Hunsmann* AO § 383 Rn. 26 f.; Kohlmann/*Talaska* AO § 383 Rn. 29 f.; RKR/*Roth* AO § 383 Rn. 21; Schwarz/Pahlke/*Webel* AO § 383 Rn. 6). Insbes. muss es als ausgeschlossen angesehen werden können, dass sich der Abtretende durch den Vertrag seiner Einflussmöglichkeiten auf das Schicksal der Erstattungsforderung begeben wollte (BFH 30.8.1988, BFH/NV 1989, 212). Unzulässig ist gem. § 46 VI 3 AO der geschäftsmäßige Erwerb der Erstattungs- und Vergütungsansprüche auf Grund einer Verpfändung nach §§ 1279–1290 BGB (zur Pfändung von Steuererstattungsansprüchen vgl. *Globig* NJW 1982, 915).

10 **Geschäftsmäßig** iSd § 46 IV 3 AO handelt, wer die Tätigkeit (Erwerb) selbständig (dh weisungsunabhängig, vgl. Koch/Scholtz/*Scheurmann-Kettner* AO § 383 Rn. 5) und mit Wiederholungsabsicht ausübt (Begr. zu § 159 RAO 1975, BT-Drs. 7/2852, 47; BFH 23.10.1985, BFHE 144, 526; BFH 13.10.1994, BFH/NV 1995, 473; BFH 4.2.1999, BFH/NV 1999, 430; BFH 13.11.2001, BFHE 197, 5; Tipke/Kruse/*Drüen* AO § 383 Rn. 44; Klein/*Ratschow* AO § 46 Rn. 29; weitergehend Kühn/v. Wedelstädt/*Blesinger*/*Viertelhausen* AO § 383 Rn. 2: nur „*planmäßig und ... entgeltlich*"). Gewinnstreben (auch iSv Gewerbsmäßigkeit) ist dabei nicht erforderlich (BFH 4.10.1983, BFHE 139, 481; BFH 4.2.1999, BFHE 188, 5; BeckOK AO/*Hauer* AO § 383 Rn. 14; Erbs/Kohlhaas/*Hada-*

mitzky/Senge AO § 383 Rn. 7; GJW/*Heine* AO § 383 Rn. 6; v. Briel/Ehlscheid/*v. Briel* § 1 Rn. 309; Flore/Tsambikakis/*Burmann* AO § 383 Rn. 11; Gosch AO/FGO/*Beckmann* AO § 383 Rn. 12; HHS/*Bülte* AO § 383 Rn. 46; Hüls/Reichling/*Hunsmann* AO § 383 Rn. 23; Kohlmann/*Talaska* AO § 383 Rn. 25; RKR/*Roth* AO § 383 Rn. 15). Organisatorische Maßnahmen, zB vorbereitete Formulare, indizieren zwar die Wiederholungsabsicht, sind aber für deren Annahme keine notwendige Voraussetzung. Ebenso wenig spielen die Zahl der Erwerbsfälle und der Zeitraum ihres Vorkommens eine Rolle, jedoch kommt es jeweils auf die Verhältnisse des Einzelfalls an (BFH 13.10.1994, BFH/NV 1995, 473; BFH 10.7.2001, BFH/NV 2001, 1531; BFH 13.11.2001, BFHE 197, 5; BFH 4.2.2005, BFHE 209, 18; FG Münster 7.7.2010, EFG 2011, 5). Vereinzelte Abtretungen im Rahmen eines Handelsgeschäfts oder an einen Berater zur Sicherung von Honorarforderungen reichen für die Annahme der Geschäftsmäßigkeit nicht aus (so ausdr. BFH 30.8.1988, BFH/NV 1989, 210). Andererseits kann uU bereits ein einzelner Erwerb als selbständig und in Wiederholungsabsicht gewürdigt werden (vgl. BFH 10.7.2001, BFH/NV 2001, 1531). Die Abtretung von LSt-Erstattungsansprüchen durch ArbN an ihre ArbG betrachtet die Finanzverwaltung als unzulässigen geschäftsmäßigen Erwerb (zB FM Sachsen-Anhalt 16.9.1993, DStR 1993, 1749; OFD Münster 19.5.1994, DStR 1994, 1047; krit. *Slapio* DStR 1994, 1368). Entsprechendes soll für die Abtretung von Steuererstattungsansprüchen zugunsten von Insolvenzverwaltern und Treuändern während der Wohlverhaltensphase gelten (OFD Münster 28.9.2009, BeckVerw 2299100; dem zust. RKR/*Roth* AO § 383 Rn. 18; aA *Zimmer* ZInsO 2009, 2373). Ein Erwerb ist auch dann geschäftsmäßig, wenn der ESt-Erstattungsanspruch des ArbN auf Grund eines nach ausländischem Recht zu beurteilenden Arbeitsvertrages zivilrechtlich dem ArbG zusteht (BFH 4.2.1999, BFHE 188, 5). Geschäftsmäßigkeit des Handelns iSd § 46 IV 3 AO ist für § 383 AO besonderes *persönliches Merkmal* (→ Rn. 12).

Befugt zum geschäftsmäßigen Erwerb und zur geschäftsmäßigen Einziehung sind Unternehmen, denen das Betreiben von **Bankgeschäften** gem. § 32 KWG erlaubt ist (BFH 23.10.1985, BFHE 144, 526; zusf. HHS/*Bülte* AO § 383 Rn. 42 ff.; zu Ausnahmen OFD Nürnberg 21.5.1990, DStR 1990, 394). Dies gilt jedoch nur, soweit es sich um sicherungshalber abgetretene Ansprüche handelt (zur Abgrenzung zu erfüllungshalber abgetretenen Ansprüchen s. → Rn. 9). Das Verbot des § 383 AO greift nur dann nicht ein, wenn die materielle Voraussetzung des § 46 IV 2 AO und die formelle des Satzes 3 erfüllt sind. Wegen des Vorliegens der erforderlichen Erlaubnis kann die FinB die Bundesanstalt für Finanzdienstleistungsaufsicht (BaFin) oder auch die die Deutsche Bundesbank und ihre Hauptverwaltungen um Auskunft ersuchen (AEAO 2.4 zu § 46). 11

4. Täter

Täter iSd § 383 AO kann jeder sein, der dem Verbot des § 46 IV 1 AO zuwiderhandelt, 12 der also auch das besondere persönliche Merkmal der Geschäftsmäßigkeit (BayObLG 29.6.1994, NJW 1994, 2303) erfüllt **(Sonderdelikt)**. Handelt jemand als gesetzlicher Vertreter juristischer Personen (zB LSt-Hilfeverein iSv §§ 13 ff. StBerG; vgl. → Rn. 2) oder Personengesellschaften, so ist ein Gesetz, nach dem besondere persönliche Merkmale die Möglichkeit der Ahndung begründen, auch auf den Vertreter anzuwenden, wenn diese Merkmale zwar nicht bei ihm, aber bei dem Vertretenen vorliegen (§ 377 II AO, § 9 I OWiG; erg. *Kottke* Information StW 1996, 709). Da § 46 IV 1 AO nur den „Erwerb" verbietet, kann der Zedent *allenfalls,* dh dann, wenn sein Tun über die schlichte Abtretungserklärung (notwendige Beteiligung) hinausgeht, als „Beteiligter" ordnungswidrig handeln (§ 377 II AO, § 14 OWiG; wie hier Leitner/Rosenau/*Sprenger* AO § 383 Rn. 14; Flore/Tsambikakis/*Burmann* AO § 383 Rn. 8; HHS/*Bülte* AO § 383 Rn. 31; Hüls/Reichling/*Hunsmann* AO § 383 Rn. 15; Koch/Scholtz/*Scheurmann-Kettner* AO § 383 Rn. 7; Schwarz/Pahlke/*Webel* AO § 383 Rn. 7 [Fn. 4 unklar]; aA BeckOK AO/*Hauer* AO § 383 Rn. 20; Erbs/Kohlhaas/*Hadamitzky/Senge* AO § 383 Rn. 2; Klein/*Jäger* AO

§ 383 Rn. 5; Gosch AO/FGO/*Beckmann* AO § 383 Rn. 13; Kohlmann/*Talaska* AO § 383 Rn. 10; Leopold/Madle/Rader/*Zanzinger* AO § 383 Rn. 8; RKR/*Roth* AO § 383 Rn. 24: stets nur notwendiger Teilnehmer). Beteiligen sich mehrere an der Ordnungswidrigkeit, so handelt jeder von ihnen ordnungswidrig, wenn nur einer geschäftsmäßig handelt (§ 377 II AO, § 14 I OWiG). Ist der Täter Angehöriger der rechts- oder steuerberatenden Berufe, muss vor Erlass eines Bußgeldbescheides durch die FinB (vgl. § 409 AO) die zuständige Berufskammer angehört werden (§ 411 AO).

5. Subjektiver Tatbestand

13 Der subjektive Tatbestand des § 383 I AO umfasst nur vorsätzliches, *nicht* dagegen fahrlässiges oder leichtfertiges Handeln (§ 377 II AO, § 10 OWiG). Zahlreiche, in den blankettausfüllenden Normen enthaltene Rechtsbegriffe (zB *Steuervergütung*) können in diesem Zusammenhang ggf. zu einem den Vorsatz ausschließenden (§ 377 II AO, § 11 I 1 OWiG) Tatbestandsirrtum führen, wobei für die Annahme eines (ausreichenden) Eventualvorsatzes bei Rechtsbegriffen die entsprechende, gerade von Steuerberatern idR bewältigte Parallelwertung in der „Laiensphäre" (aber → Rn. 1 aE) genügt (allgM, zB Flore/Tsambikakis/*Burmann* AO § 383 Rn. 15, HHS/*Bülte* AO § 383 Rn. 51 f.; RKR/*Roth* AO § 383 Rn. 25; Schwarz/Pahlke/*Webel* AO § 383 Rn. 8). Der Vorsatz muss auch diejenigen persönlichen Merkmale umfassen, welche die Tätereigenschaft begründen (→ Rn. 12).

6. Versuch

14 Eine versuchte Ordnungswidrigkeit nach § 383 AO kann nicht geahndet werden (§ 377 II AO, § 13 II OWiG).

7. Geldbuße, Vermögensabschöpfung

15 Die Ordnungswidrigkeit nach § 383 I AO kann mit einer Geldbuße von 5 EUR (§ 377 II AO, § 17 I OWiG) bis 50.000 EUR (§ 382 II AO) geahndet werden. Mit dieser ungewöhnlich hohen Sanktion, die zur Abschöpfung *wirtschaftlicher Vorteile* gem. § 377 II AO iVm § 17 IV 2 OWiG sogar noch überschritten werden kann, macht der Gesetzgeber deutlich, dass er die steuerrechtliche Folge der Nichtigkeit (§ 46 V AO) nicht für ausreichend erachtet, sondern auf die generalpräventive Wirkung einer eigenen Unrechtsfolge in § 383 AO setzt (so BeckOK AO/*Hauer* AO § 383 Rn. 31; HHS/*Bülte* AO § 383 Rn. 1, 54; Schwarz/Pahlke/*Webel* AO § 383 Rn. 11). Über die Zumessung der Geldbuße s. → § 377 Rn. 31 ff. Wird gegen den Täter *keine* Geldbuße festgesetzt, kommt die Einziehung des Wertes von Taterträgen gem. § 377 II AO iVm § 29a OWiG in Betracht. Außerdem kann in Fällen mit Unternehmensbeteiligung eine Verbandsgeldbuße (§ 377 II AO, § 30 OWiG) erwogen werden (zB gegen einen LSt-Hilfeverein), deren Höchstmaß wegen § 30 II 2 OWiG (im Ausgangspunkt, vgl. § 17 IV 2 OWiG) ebenfalls 50.000 EUR beträgt (abw. Flore/Tsambikakis/*Burmann* AO § 383 Rn. 17: „bis zu 10 Millionen Euro"). In solchen Konstellationen kann außerdem eine – bei Nichterweislichkeit der eigenen Tatbeteiligung (§ 377 II AO, § 14 I OWiG) eigenständig zu ahndende – Aufsichtspflichtverletzung des Führungspersonals („Inhaber") iSv § 130 OWiG vorliegen.

8. Selbstanzeige, Amnestie

16 Die Vorschriften über die straf- bzw. bußgeldbefreiende Wirkung einer Selbstanzeige sind **nicht** (analog) **anwendbar**. Für eine Berichtigung oder Ergänzung unterlassener Angaben ist kein Raum; dasselbe gilt bzw. galt für eine **strafbefreiende Erklärung** nach dem **StraBEG 2003**, da § 6 dieses (Amnestie-)Gesetzes nur Steuerordnungswidrigkeiten gem. §§ 378–380 AO und § 26b UStG (aF) erfasst(e). Dementsprechend enthält § 383 AO keine Verweisung auf § 371 AO oder § 378 III AO. Erstattet der Täter gleichwohl „Selbstanzeige" und macht den verbotswidrigen und damit nichtigen „Erwerb" (→ Rn. 9) rückgängig (wozu er freilich ohnedies verpflichtet ist, vgl. RKR/*Roth* AO § 383 Rn. 28), ist dies bei der Bemessung der Geldbuße oder der Entscheidung über eine Einstellung nach § 410 I Hs. 1 AO, § 47 OWiG zu berücksichtigen (BeckOK AO/*Hauer* AO § 383 Rn. 34; v. Briel/Ehlscheid/*v. Briel* § 1 Rn. 309; HHS/*Bülte* AO § 383 Rn. 57; mit Blick auf die generalpräventive Stoßrichtung von § 383 AO [→ Rn. 15] zutr. restriktiv RKR/*Roth* 28 [*„allenfalls in Ausnahmefällen"*, *„etwa bei einem einmaligen Verstoß"*]).

9. Verjährung

Die Sondervorschrift des § 384 AO findet auf eine Ordnungswidrigkeit nach § 383 AO **17** keine Anwendung; diese verjährt in 3 Jahren (§ 377 II AO, § 31 II Nr. 1 OWiG). Die Frist beginnt mit dem Eingang der Abtretungsanzeige bei der zuständigen FinB (§ 46 III AO), weil erst in diesem Zeitpunkt die Abtretung wirksam (§ 46 II AO) ist. Die Anzeige bildet den letzten Akt des Erwerbsvorgangs iSd § 46 IV AO, so dass die Tat erst dann beendet ist (allgM, vgl. BeckOK AO/*Hauer* AO § 383 Rn. 37; Klein/*Jäger* AO § 383 Rn. 8; HHS/ *Bülte* AO § 383 Rn. 58; Kohlmann/*Talaska* AO § 383 Rn. 37; Leitner/Rosenau/*Sprenger* AO § 383 Rn. 18; Schwarz/Pahlke/*Webel* AO § 383 Rn. 15; abw. RKR/*Roth* AO § 383 Rn. 30, der für den Fall, dass keine Abtretungsanzeige abgegeben wird, *„ausnahmsweise auch schon die bloße Erwerbshandlung"*, dh wohl den schlichten Erwerbsvorgang in Gestalt der Annahme des Angebots der Abtretung oder Verpfändung, für den Beginn des Verjährungsfristlaufs ausreichen lassen will; dem folgend Hüls/Reichling/*Hunsmann* AO § 383 Rn. 42).

10. Konkurrenzen

Jeder Erwerb stellt eine rechtlich selbständige Tat dar (§ 377 II AO, § 20 OWiG); das **18** Tatbestandsmerkmal der „Geschäftsmäßigkeit" verbindet die verschiedenen Einzeltaten nicht zu einer rechtlichen Handlungseinheit (so BeckOK AO/*Hauer* AO § 383 Rn. 41; HHS/*Bülte* AO § 383 Rn. 59; Kohlmann/*Matthes* AO § 383 Rn. 34).

Tateinheit ist möglich mit einem **Betrug** (§ 263 StGB) zum Nachteil des (zB über die **19** Höhe des Erstattungs- oder Vergütungsanspruchs getäuschten) Abtretenden; in diesem Fall geht die Strafnorm vor (§ 377 II AO, § 21 I 1 OWiG; aA HHS/*Bülte* AO § 383 Rn. 60: Konsumtion). Tateinheitliches Zusammentreffen idS ist bei Insolvenz des Zedenten auch möglich mit Anstiftung/(psychischer) Beihilfe des Zessionars zur **Gläubigerbegünstigung** (§§ 283c, 26, 27 StGB). Idealkonkurrenz ist ferner denkbar mit einer Ordnungswidrigkeit nach § 20 I Nr. 1 RDG und mit sonstigen Bußgeldvorschriften, insbes. mit den Vorschriften des StBerG (BeckOK AO/*Hauer* AO § 383 Rn. 40; Kohlmann/*Talaska* AO § 383 Rn. 36); in Betracht kommen etwa Taten gem. § 163 I iVm § 26 II StBerG (→ Rn. 2). Die Geldbuße bestimmt sich in diesen Fällen gleichwohl nach § 383 II AO, weil dort gegenüber den Bußgeldtatbeständen des StBerG eine höhere Geldbuße angedroht ist (§ 19 II OWiG).

Wenn der Erwerber nachträglich die Gewinne aus der Abtretung verschweigt, so steht **20** die dadurch verwirklichte **Steuerhinterziehung** nach § 370 AO zu § 383 AO im Verhältnis der **Tatmehrheit** (BeckOK AO/*Hauer* AO § 383 Rn. 42; HHS/*Bülte* AO § 383 Rn. 60; Kohlmann/*Talaska* AO § 383 Rn. 35; Schwarz/Pahlke/*Webel* AO § 383 Rn. 14).

§ 383a Zweckwidrige Verwendung des Identifikationsmerkmals nach § 139a

(1) Ordnungswidrig handelt, wer als nicht öffentliche Stelle vorsätzlich oder leichtfertig entgegen § 139b Abs. 2 Satz 2 Nr. 1 und § 139c Abs. 2 Satz 2 die Identifikationsnummer nach § 139b oder die Wirtschaftsidentifikationsnummer nach § 139c Abs. 3 für andere als die zugelassenen Zwecke erhebt oder verwendet, oder entgegen § 139b Abs. 2 Satz 2 Nr. 2 seine Dateien nach der Identifikationsnummer für andere als die zugelassenen Zwecke ordnet oder für den Zugriff erschließt.

(2) Die Ordnungswidrigkeit kann mit einer Geldbuße bis zu zehntausend Euro geahndet werden.

§ 383a AO wurde durch Art. 17 Nr. 23 des G. zur Änderung des BVG und anderer Vorschriften v. 17.7.2017 (BGBl. 2017 I 2541) mWv 25.5.2018 aufgeh., da Art. 83 VO (EU) 2016/679 zum Schutz natürlicher Personen bei der Verarbeitung personenbezogener Daten, zum freien Datenverkehr und zur Aufhebung der RiL 95/46/EG v. 27.4.2016 (Datenschutz-Grundverordnung; ABl. L 119 v. 4.5.2016, S. 1 ff.) die Verhängung von Bußgeld bei Verstößen gegen die am 25.5.2018 anzuwendende DSGVO abschließend regelt (BT-Drs. 18/12611, 95); zur Kommentierung → 8. Aufl. Rn. 1 ff.

§ 383b Pflichtverletzung bei Übermittlung von Vollmachtsdaten

(1) Ordnungswidrig handelt, wer den Finanzbehörden vorsätzlich oder leichtfertig
1. entgegen § 80a Absatz 1 Satz 3 unzutreffende Vollmachtsdaten übermittelt oder
2. entgegen § 80a Absatz 1 Satz 4 den Widerruf oder die Veränderung einer nach § 80a Absatz 1 übermittelten Vollmacht durch den Vollmachtgeber nicht unverzüglich mitteilt.

(2) Die Ordnungswidrigkeit kann mit einer Geldbuße bis zu zehntausend Euro geahndet werden.

Schrifttum: *Peters,* Modernisierung des Besteuerungsverfahrens – Nachjustierungsbedarf hinsichtlich der Risiko- und Lastenverteilung, FR 2015, 1026; *Baum/Sonnenschein,* Modernisierung des Beteuerungsverfahrens – Teil 5: Neuerungen bei Vollmachten zur Vertretung im Besteuerungsverfahren und bei den amtlichen Vollmachtformularen, NWB 2016, 2934; *Deutscher Steuerberaterverband e. V. (DStV),* Der Regierungsentwurf zur Modernisierung des Besteuerungsverfahrens befindet sich auf der Zielgeraden, Stbg 2016, 145; *Gehm,* Das Gesetz zur Modernisierung des Besteuerungsverfahrens – Überblick über praxisrelevante Eckpunkte, NWB 2016, 580; *Gläser/Schöllhorn,* Die wesentlichen Neuerungen in der AO nach dem Gesetz zur Modernisierung des Besteuerungsverfahrens, DStR 2016, 1577; *Höreth/Stelzer,* Gesetz zur Modernisierung des Besteuerungsverfahrens, DStZ 2016, 520; *Ortmann-Babel/Franke,* Gesetz zur Modernisierung des Besteuerungsverfahrens, DB 2016, 1521; *Rätke,* Gesetz zur Modernisierung des Besteuerungsverfahrens, BBK 2016, 634; *Rüsch,* Elektronische Finanzverwaltung in der Unternehmenspraxis, GmbHR 2016, R241; *Schwenker,* Das Gesetz zur Modernisierung des Besteuerungsverfahrens – ein Meilenstein auf dem Weg der weiteren Digitalisierung im Steuerrecht, DB 2016, 375; *Vetten,* Steuermodernisierungsgesetz – eine Praxisanalyse, NWB 2016, 3105; *Zaumseil,* Die Modernisierung des Besteuerungsverfahrens, NJW 2016, 2769; *Baum,* Änderungen der Abgabenordnung im Jahr 2016 – Elektronische Kommunikation/Datenübermittlung, Kassen-Nachschau und „vollautomatische" Steuerbescheide, NWB 2017, 2917; *Hunsmann,* Pflichtverletzung bei Übermittlung von Vollmachtsdaten nach § 383b AO, PStR 2018, 20.

Übersicht

	Rn.
1. Entstehungsgeschichte	1
2. Zweck	2, 3
3. Objektiver Tatbestand	4–11
4. Täter	12, 13
5. Subjektiver Tatbestand	14–16
6. Versuch	17
7. Geldbuße, Vermögensabschöpfung	18
8. Selbstanzeige	19
9. Verjährung	20, 21
10. Verfolgungszuständigkeit	22

1. Entstehungsgeschichte

Sowohl § 383b AO selbst als auch die den Blankett-Bußgeldtatbestand ausfüllende Verfahrensvorschrift des § 80a AO wurden durch Art. 1 Nr. 1 Buchst. c, o, Nrn. 8 u. 49 des G. zur Modernisierung des Besteuerungsverfahrens **(ModBestVerfG)** v. 18.7.2016 (BGBl. 2016 I 1679) in die AO eingefügt (zu den Einzelheiten des Gesetzgebungsverfahrens: HHS/*Bülte* AO § 383b Rn. 1 ff., Kohlmann/*Heuel* AO § 383b Rn. 1 ff.; allg. zum ModBestVerfG zB *Gläser/Schöllhorn* DStR 2016, 1577). Beide Vorschriften traten mWv **1.1.2017** in Kraft (vgl. Art. 23 I 1, II ModBestVerfG). Die Bußgelddrohung gilt demnach – ohne Rückwirkung (§ 377 II AO, § 3 OWiG) – erst für solche tatbestandsmäßigen Handlungen bzw. Unterlassungen, die nach dem 31.12.2016 verwirklicht worden sind (Klein/*Jäger* AO § 383b Rn. 1; Gosch AO/FGO/*Wargowske* AO § 383b Rn. 4; HHS/*Bülte* AO § 383b Rn. 9; Kohlmann/*Heuel* AO § 383b Rn. 14; RKR/*Hunsmann* AO § 383b Rn. 1; Schwarz/Pahlke/*Webel* AO § 383b Rn. 32; Tipke/Kruse/*Drüen* AO § 383b

1

Rn. 1). § 80a AO betrifft die im Zuge der (aus verschiedenen Gründen, vgl. BT-Drs. 18/ 7457, 46 f.) immer weiter vorangetriebenen Umstellung der FinVerw auf eine (letztlich nahezu vollständige) **Automatisierung des Besteuerungsverfahrens** nunmehr gesetzlich geregelte Möglichkeit der *elektronischen* Übermittlung (§§ 87b ff. AO) von Vollmachtsdaten (iSv § 80 AO) an die Landesfinanzbehörden (→ Rn. 11; zur bisherigen, auf die StDÜV gestützten Übermittlungspraxis s. BMF 10.10.2013, DStR 2013, 2279 u. BMF 3.11.2014, DStR 2014, 2300; die StDÜV wurde durch Art. 23 I 2 ModBestVerfG mWv 1.1.2017 aufgeh.; Klein/*Rätke* AO § 80a Rn. 2 hält die Vorschrift gleichwohl für überflüssig):

§ 80a AO Elektronische Übermittlung von Vollmachtsdaten an Landesfinanzbehörden
(1) ¹Daten aus einer Vollmacht zur Vertretung in steuerlichen Verfahren, die nach amtlich bestimmtem Formular erteilt worden sind, können den Landesfinanzbehörden nach amtlich vorgeschriebenem Datensatz über die amtlich bestimmten Schnittstellen übermittelt werden. ²Im Datensatz ist auch anzugeben, ob der Vollmachtgeber den Bevollmächtigten zum Empfang von für ihn bestimmten Verwaltungsakten oder zum Abruf von bei den Finanzbehörden zu seiner Person gespeicherten Daten ermächtigt hat. ³Die übermittelten Daten müssen der erteilten Vollmacht entsprechen. ⁴Wird eine Vollmacht, die nach Satz 1 übermittelt worden ist, vom Vollmachtgeber gegenüber dem Bevollmächtigten widerrufen oder verändert, muss der Bevollmächtigte dies unverzüglich den Landesfinanzbehörden nach amtlich vorgeschriebenem Datensatz mitteilen.
(2) ¹Werden die Vollmachtsdaten von einem Bevollmächtigten, der nach § 3 des Steuerberatungsgesetzes zur geschäftsmäßigen Hilfeleistung in Steuersachen befugt ist, nach Maßgabe des Absatzes 1 übermittelt, so wird eine Bevollmächtigung im mitgeteilten Umfang vermutet, wenn die zuständige Kammer sicherstellt, dass Vollmachtsdaten nur von den Bevollmächtigten übermittelt werden, die zur geschäftsmäßigen Hilfeleistung in Steuersachen befugt sind. ²Die für den Bevollmächtigten zuständige Kammer hat den Landesfinanzbehörden in diesem Fall auch den Wegfall einer Zulassung unverzüglich nach amtlich vorgeschriebenem Datensatz mitzuteilen.
(3) Absatz 2 gilt entsprechend für Vollmachtsdaten, die von einem anerkannten Lohnsteuerhilfeverein im Sinne des § 4 Nummer 11 des Steuerberatungsgesetzes übermittelt werden, sofern die für die Aufsicht zuständige Stelle in einem automatisierten Verfahren die Zulassung zur Hilfe in Steuersachen bestätigt.

Die von § 383b I AO (allein) in Bezug genommenen Wahrheits- und Korrekturpflichten nach § 80a I 3 u. 4 AO (**Blankettnorm**) gewährleisten die inhaltliche Richtigkeit und Vollständigkeit der dahinter stehenden, von der FinVerw eingerichteten und fortlaufend gepflegten „**elektronischen Vollmachtsdatenbank**" (*Baum/Sonnenschein* NWB 2016, 2934, 2944; *Ortmann-Babel/Franke* DB 2016, 1521, 1523 f.; HHS/*Bülte* AO § 383b Rn. 15; RKR/*Hunsmann* AO § 383b Rn. 2; Schwarz/Pahlke/*Webel* AO § 383b Rn. 8). Dabei handelt es sich um eine elektronisch geführte Sammlung personenbezogener Daten aus Vollmachten zur Vertretung in Steuersachen, welche nach amtlich bestimmtem Formular erteilt worden sind (s. BMF 8.7.2019, BStBl. I 2019, 594 = BeckVerw 453280). In diesem Kontext *kann* der Stpfl. (muss aber nicht) den von ihm bevollmächtigten Berater zum Abruf von bei der FinVerw über ihn (den Stpfl.) gespeicherten steuerlichen Daten autorisieren (sog. **Datenabruf-Vollmacht,** vgl. § 80a I 2 Alt. 2 AO sowie BMF 8.7.2019, BStBl. I 2019, 594 = BeckVerw 453280, Anl. 4, unter V.; erg. *Baum/Sonnenschein* NWB 2016, 2934, 2942 f.). Diese können dann vom – aus Sicht der FinVerw – externen Berater im Wege des Direktzugriffs (dh „online") eingesehen, überprüft und auch unmittelbar in Steuererklärungen transferiert werden.

2. Zweck

2 Der Normgeber hat § 383b AO ausweislich der **Entwurfsbegründung** einen nur „eindimensionalen" Zweck beigemessen. Danach soll der im weiteren Verlauf des Gesetzgebungsverfahrens nahezu unverändert gebliebene (vgl. BT-Drs. 18/8434, 49) Ordnungswidrigkeitstatbestand „*sicherstellen, dass nur solche Personen auf der Grundlage der nach Maßgabe des neuen § 80a AO an die Finanzbehörden übermittelten Vollmachtsdaten einen Abruf steuerlicher*

Objektiver Tatbestand 3, 4 § 383b

Daten veranlassen können, die hierzu auch befugt sind" (BR-Drs. 631/15, 110 f., BT-Drs. 18/ 7457, 91). Damit ist die Schutzwirkung der Vorschrift indes nur **unvollkommen** beschrieben. Denn die in der Begründung aufgegriffene Konstellation bezieht sich lediglich auf den Fall einer Datenabruf-Vollmacht. Da eine solche aber keineswegs zwingend erteilt werden muss (→ Rn. 1 aE), fördert § 383b AO auch, zumindest faktisch, das verwaltungseigene (dort wahrscheinlich sogar im Vordergrund stehende) Interesse, die **Funktionsfähigkeit der elektronischen Vollmachtsdatenbank** als Bestandteil einer im Wesentlichen automationsgestützten Besteuerung sicherzustellen (vgl. BeckOK AO/*Hauer* AO § 383b Einl., HHS/*Bülte* AO § 383b Rn. 5 [*„Schutz der Effizienz der Datenübermittlung zu Zwecken der Steuerverwaltung"*], 10 [*„primär Effizienzinteressen der Verwaltung"*]; Hunsmann PStR 2018, 20; RKR/*Hunsmann* AO § 383b Rn. 3; Schwarz/Pahlke/*Webel* AO § 383b Rn. 4; s. auch *Zaumseil* NJW 2016, 2769, 2773) – denn von dieser Warte aus betrachtet, verliert eine solche Datenbank zusehends ihren Mehrwert, je weniger aktuell die dort hinterlegten Daten sind. Gleichrangig daneben steht, falls die Bevollmächtigung im Einzelfall so weit reicht, der **Schutz des Stpfl. vor unberechtigten** – weil nicht (mehr) durch eine entsprechende Bevollmächtigung legitimierten – **Zugriffen** auf „seine" bei der FinVerw gespeicherten Daten (vgl. *Hunsmann* PStR 2018, 20; Gosch AO/FGO/*Wargowske* AO § 383b Rn. 2; Hüls/Reichling/*Hunsmann* AO § 383b Rn. 3; RKR/*Hunsmann* AO § 383b Rn. 3; Tipke/Kruse/*Drüen* AO § 383b Rn. 1; einschr. HHS/*Bülte* AO § 383b Rn. 10 [nur *„mittelbar*[es]*"* Schutzgut]). Unter diesem Blickwinkel stärkt die Norm das Recht des Stpfl. auf informationelle Selbstbestimmung (Art. 2 I iVm Art. 1 I GG) in seiner konkreten Ausformung des (auch ggü. dem delegitimierten Berater zu wahrenden) Steuergeheimnisses.

Davon abgesehen schweigt der Entwurf dazu, weshalb es als erforderlich angesehen 3 wurde, gerade den Verstoß gegen die in § 80a I 3 u. 4 AO normierten Pflichten mit einem (zumal im Höchstmaß nicht unerheblichen, s. → Rn. 18) Bußgeld zu bewehren. Eine derartige (sich freilich innerhalb des weiten gesetzgeberischen Gestaltungsspielraums bewegende) Sanktionierung liegt zumindest nicht auf der Hand, weil aufgrund des in § 383b I AO als ordnungswidrig eingestuften Verhaltens weder eine Steuerverkürzung eintritt, noch Zuwiderhandlungen gegen für das Besteuerungsverfahren herausragend wichtige Mitwirkungspflichten in Rede stehen (ähnl. krit. BeckOK AO/*Hauer* AO § 383b Rn. 3.1; HHS/ *Bülte* AO § 383b Rn. 7; Hüls/Reichling/*Hunsmann* AO § 383b Rn. 3 u. RKR/*Hunsmann* AO § 383b Rn. 3: **„‚untypische' Steuerordnungswidrigkeit"**; s. aus dem umfangreichen Fundus der Stellungnahmen im Zuge der öffentlichen Anhörung (Nachw. bei HHS/*Bülte* AO § 383b Rn. 3 f. u. Kohlmann/*Heuel* unter „Schrifttum" sowie in → Rn. 4 f.) zB diejenige d. BStBK v. 5.4.2016, im Internet abrufbar unter https:// www.bstbk.de: *„Die BStBK sieht die vorgesehene Regelung kritisch. Der Haftungsmaßstab sollte auf vorsätzliches Handeln beschränkt werden. Die elektronische Übermittlung von Vollmachtsdaten ist sowohl für die FinVerw als auch für die Steuerberater grds. vorteilhaft. Die Einführung einer so weitreichenden Haftungsregelung für dieses elektronische Verfahren hemmt seine weitergehende Akzeptanz."*; ähnl. ua *DStV* Stbg 2016, 145 mit der zusätzlichen Forderung: *„Die Sanktion darf nur noch greifen, wenn die Mitteilung über den Widerruf der Vollmacht nicht erfolgt. Die ‚Unverzüglichkeit' muss gestrichen werden."*). Für den (Ausnahme-)Fall des Missbrauchs einer beschränkten oder gar (zwischenzeitlich) erloschenen Datenabruf-Vollmacht durch den Berater mag man dies dagegen anders sehen (eine gleichzeitig verwirklichte – die OWi dann gem. § 21 I 1 OWiG verdrängende – **Straftat nach §§ 202a, 205 I 2 StGB** [Ausspähen von Daten] wird in solchen Fällen mangels „Überwindung der Zugangssicherung" idR nicht anzunehmen sein).

3. Objektiver Tatbestand

§ 383b I AO enthält **zwei** getrennt voneinander zu betrachtende **Begehungsweisen**, 4 namentlich den in Nr. 1 geregelten *Falschübermittlungsfall* und den in Nr. 2 normierten Fall einer *pflichtwidrig unterlassenen Veränderungsmitteilung*. Beide Alternativen knüpfen an entsprechende Wahrheits- und Mitteilungspflichten an, wie sie sich aus den tatbestandlich in Bezug genommenen Vorschriften in § 80a I 3 u. 4 AO ergeben.

5   In der **Handlungsalternative** (Falschübermittlungsfall iSv **§ 383b I Nr. 1 AO**) setzt der Ordnungswidrigkeitstatbestand voraus, dass der Täter (s. → Rn. 12) *„entgegen § 80a Absatz 1 Satz 3 unzutreffende Vollmachtsdaten übermittelt"*; § 80a I 3 AO bestimmt spiegelbildlich dazu, dass die gem. § 80a I 1 AO *„übermittelten Daten ... der erteilten Vollmacht entsprechen"* müssen. Damit ist inhaltlich zweimal dasselbe ausgesagt. Die (stets freiwillig) auf *elektronischem* Wege übertragenen Vollmachtsdaten müssen der Wahrheit entsprechen **(Wahrheitspflicht)** und – damit naturgemäß auch – vollständig und richtig sein **(Vollständigkeits- u. Richtigkeitsgebot)**. Mit „Vollmachtsdaten" sind diejenigen tatsächlichen Angaben gemeint, die das von Stpfl. konsentierte amtliche Muster für Vollmachten im Besteuerungsverfahren iSd BMF-Schreibens vom 1.8.2016 (BMF 1.8.2016, BStBl. I 2016, 662 = BeckVerw 330560, Anl. 1 bzw. Anl. 2, ersetzt durch BMF 8.7.2019, BStBl. I 2019, 594 = BeckVerw 453280) enthält (vgl. § 80a I 1 AO). Davon ist aufgrund des offen formulierten Wortlauts von § 80a I 3 AO *(„Daten müssen der erteilten Vollmacht entsprechen")* ohne Weiteres auch der Umfang der jeweiligen Vollmachtserteilung (insb. iSv § 80a I 2 AO) erfasst (ebenso BeckOK AO/*Hauer* AO § 383b Rn. 20.1; HHS/*Bülte* AO § 383b Rn. 19; Schwarz/Pahlke/*Webel* AO § 383b Rn. 9; s. dazu auch *Baum/Sonnenschein* NWB 2016, 2934, 2940; aA *Hunsmann* PStR 2018, 20, 21; Klein/*Jäger* AO § 383b Rn. 4; Gosch AO/FGO/*Wargowske* AO § 383b Rn. 8; Hüls/Reichling/*Hunsmann* AO § 383b Rn. 11; RKR/*Hunsmann* AO § 383b Rn. 9; Tipke/Kruse/*Drüen* AO § 383b Rn. 3).

6   Andere, dh *nicht* (rein) „elektronisch" über amtlich bestimmte Schnittstellen bewirkte **„analoge" Formen der Übermittlung** unzutreffender bzw. (etwa aufgrund eines bereits vor erstmaliger Übertragung erfolgten Widerrufs) unzutreffend gewordener Vollmachtsdaten (zB persönliche Übergabe entspr. Urkunden, deren Übersendung per Briefpost oder Telefax) sind nicht geeignet, den Tatbestand zu erfüllen, weil § 383b I Nr. 1 AO ausdrücklich auf § 80a I 3 AO verweist. Da sich § 80a I 3 AO selbst wiederum unzweifelhaft allein auf § 80a I 1 AO bezieht, wäre andernfalls ein Verstoß gegen das Analogieverbot (Art. 103 II GG; § 377 II AO iVm § 3 OWiG) zu besorgen (glA BeckOK AO/*Hauer* AO § 383b Rn. 21; *Hunsmann* PStR 2018, 20, 21; Klein/*Jäger* AO § 383b Rn. 6; Gosch AO/FGO/*Wargowske* AO § 383b Rn. 8; HHS/*Bülte* AO § 383b Rn. 17; RKR/*Hunsmann* AO § 383b Rn. 8; Tipke/Kruse/*Drüen* AO § 383b Rn. 3; aA Schwarz/Pahlke/*Webel* AO § 383b Rn. 11).

7   Die in **§ 383b I Nr. 2 AO** geregelte **Unterlassungsalternative** (Nichtmitteilungsfall) stellt demgegenüber (nur) auf diejenige Situation ab, dass es bereits zu einer elektronischen Vollmachtsdaten-Übermittlung gekommen ist und sich danach mitteilungspflichtige Änderungen ergeben. In einem derartigen Fall handelt ordnungswidrig, wer *„entgegen § 80a Absatz 1 Satz 4 den Widerruf oder die Veränderung einer nach § 80a Absatz 1 übermittelten Vollmacht durch den Vollmachtgeber nicht unverzüglich mitteilt"*. § 80a I 4 AO umschreibt die eine bußgeldbewehrte Mitteilungspflicht auslösende Vollmachtsmodifikation parallel dazu dahingehend, dass eine *„Vollmacht, die nach [§ 80 I] Satz 1 übermittelt worden ist, vom Vollmachtgeber gegenüber dem Bevollmächtigten widerrufen oder verändert"* worden sein muss; außerdem muss die Veränderungsmitteilung *„unverzüglich"* (→ Rn. 9) und auch ihrerseits elektronisch, dh *„nach amtlich vorgeschriebenem Datensatz"* (→ Rn. 10), vorgenommen werden. Hierzu ist zunächst festzustellen, dass es für das Eingreifen von **§ 383b I Nr. 2 Alt. 1 AO** ohne Belang ist, ob bereits die **initiale Übermittlung** von Vollmachtsdaten iSv § 383b I Nr. 1 AO **insgesamt unzutreffend** war, insbesondere weil im Übermittlungszeitpunkt aufgrund vorherigen Widerrufs schon keine Vollmacht mehr bestand. Denn nach dem Wortlaut der 1. Alt. muss der *„Widerruf"* – dem Telos der Vorschrift entsprechend (→ Rn. 2) – auch dann mitgeteilt werden, wenn er bereits *vor* der Erstübermittlung erfolgt war (aus § 80a I 4 AO ergibt sich nichts Abweichendes; so wohl auch HHS/*Bülte* AO § 383b Rn. 18; widerruft nicht der Stpfl. die Vollmacht, sondern **legt** – umgekehrt – der

bevollmächtigte **Berater das Mandat nieder,** besteht nach dem klaren Wortlaut von § 80a I 4 AO *keine* Mitteilungspflicht – eine vor dem Hintergrund des Normzwecks gravierende Lücke im Gesetz, die zweifelsohne voll auf § 383b I Nr. 2 AO durchschlägt und umgehend durch Streichung der Wendung „vom Vollmachtgeber gegenüber dem Bevollmächtigten" in § 80a I 4 AO geschossen werden sollte (→ Rn. 7). Anders zu beurteilen ist dies hingegen bei der Fallgruppe der *„Veränderung"* **(§ 383b I Nr. 2 Alt. 2 AO),** weil als Bezugspunkt der in dieser 2. Alt. anzustellenden **Vergleichsbetrachtung** der Moment der erstmaligen Datenübermittlung nach § 80a I AO maßgeblich ist. Sind schon hier „schlicht" (dh jenseits des Widerrufs) unrichtige Vollmachtsdaten mitgeteilt worden, besteht bei wortlautgetreuer Auslegung („Veränderung") keine Korrekturpflicht. Andernfalls müssten, was widersinnig wäre, auch solche Vollmachtsveränderungen mitgeteilt werden, die noch vor einer einwandfreien Erstübermittlung vorgenommen wurden.

Nicht zuletzt vor diesem Hintergrund muss der Sinngehalt der jeweiligen Erklärung des **8** Vollmachtgebers im Einzelfall ggf. durch Auslegung ermittelt werden. Als problematisch (va mit Blick auf die Ausführungen in → Rn. 7) wird sich allenfalls die **Abgrenzung** zwischen einem **teilweisen Widerruf** der erteilten Vollmacht und deren Veränderung iS einer **inhaltlichen Beschränkung** erweisen. Dabei wird von einem Teil-Widerruf idR dann auszugehen sein, wenn der Bevollmächtigte in einem abgrenzbaren, von der ursprünglichen Vollmacht erfassten Bereich (zB der Abruf von Steuerdaten, s. bereits → Rn. 1 f.) vollständig delegitimiert werden soll. Eine „bloße" Beschränkung wird demgegenüber angenommen werden können, wenn die Vertretungsbefugnis des Bevollmächtigten im Grundsatz unangetastet bleibt, davon jedoch einzelne Lebenssachverhalte (zB eine bestimmte Steuerart im aktuellen Veranlagungszeitraum) ausgenommen werden (insoweit unklar Schwarz/Pahlke/*Webel* AO § 383b Rn. 13). Als „Veränderung" iSv § 383b I Nr. 2 Alt. 2 AO ist es im Übrigen stets aufzufassen, wenn (umgekehrt) eine beschränkte **Vollmacht (wieder) erweitert** wird. Da die Nichtmitteilung dieses Umstands die Funktionsfähigkeit der elektronischen Vollmachtsdatenbank iSd unter → Rn. 2 dargestellten (primären) Schutzzwecks der Norm gleichermaßen beeinträchtigt, kann auch hierdurch die Steuerordnungswidrigkeit verwirklicht werden (ähnl. Gosch AO/FGO/*Wargowske* AO § 383b Rn. 9, Hüls/Reichling/*Hunsmann* AO § 383b Rn. 15 u. Tipke/Kruse/*Drüen* AO § 383b Rn. 4, die eine diesbzgl. Ahndung allerdings – dies ist wg. des primären Zwecks von § 383b AO der falsche Ansatz (→ Rn. 2) – mangels Gefährdung der „Daten des Stpfl." als „ermessensfehlerhaft" ansehen wollen; gänzlich aA HHS/*Bülte* AO § 383b Rn. 26 [„teleologische Reduktion ... dringend erforderlich"]; RKR/*Hunsmann* AO § 383b Rn. 12; Schwarz/Pahlke/*Webel* AO § 383b Rn. 16); ob in solchen Konstellationen eine Einstellung des Verfahrens nach Opportunitätsgrundsätzen (§ 410 I Hs. 1 AO iVm § 47 OWiG) in Betracht kommt, muss im Einzelfall bzw. auf Basis der diesen kennzeichnenden (potentiellen) Irritationen entschieden werden.

Das **Unverzüglichkeitserfordernis** in § 383 I Nr. 2 AO ist in Ermangelung anderwei- **9** tiger Konkretisierungen so zu verstehen, wie es in § 121 I 1 BGB legaldefiniert ist (allgM, *Hunsmann* PStR 2018, 20, 21; HHS/*Bülte* AO § 383b Rn. 24; Hüls/Reichling/*Hunsmann* AO § 383b Rn. 13; Kohlmann/*Heuel* AO § 383b Rn. 9; RKR/*Hunsmann* AO § 383b Rn. 11; Schwarz/Pahlke/*Webel* AO § 383b Rn. 13; BeckOK AO/*Hauer* AO § 383b Rn. 15.1 stützt dies auf § 153 I 1 AO). Danach muss die Veränderungsmitteilung *„ohne schuldhaftes Zögern"* erfolgen. Es steht außer Frage, dass es nicht nur sehr stark von den Umständen des Einzelfalls abhängt, ab wann der Bevollmächtigte dem nicht (mehr) gerecht geworden ist, sondern dass die Umschreibung auch in hohem Maße geeignet ist, bei „zu späten" Veränderungsmitteilungen Argumentationsspielräume in Richtung einer (zumindest) Opportunitätseinstellung (§ 410 I Hs. 1 AO iVm § 47 OWiG) zu eröffnen (ähnl. HHS/*Bülte* AO § 383b Rn. 24 u. Kohlmann/*Heuel* AO § 383b Rn. 9, wobei Letzterer den praktischen Anwendungsbereich des § 383b AO aus nachstehenden Gründen als auf „evidente Extremfälle" beschränkt ansieht: „Definition der Unverzüglichkeit ermöglicht ... Berücksichtigung der vielschichtigen berufsrechtlichen Pflichten ... Prioritäten müssen ... je nach Per-

sonalsituation und Arbeitsanfall im Einzelfall gesetzt werden ... Interna einer Beratungskanzlei dürften extern ... schwierig aufzuklären sein"; dem zust. HHS/*Bülte* AO § 383b Rn. 25).

10 Im Übrigen ist zu beachten, dass die Veränderungsmitteilung ebenfalls *„nach amtlich vorgeschriebenem Datensatz"*, also **elektronisch** iSd §§ 87b ff. AO, auf den Weg gebracht werden muss. Andernfalls ist allein dieses Manko geeignet, den Bußgeldtatbestand auszulösen, wenngleich auch in einer solchen Situation mit guten Gründen gem. § 410 I Hs. 1 AO iVm § 47 OWiG von einer Verfolgung abgesehen werden kann. War indes bereits die initiale Übermittlung der Vollmachtsdaten (nur) **„analog"** geschehen (s. → Rn. 6), greift § 383b I Nr. 2 AO als solches erst gar nicht ein, weil § 80a I 4 AO nur für nach § 80a I 1 AO elektronisch übermittelte Vollmachtsdaten gilt (ebenso Hüls/Reichling/*Hunsmann* AO § 383b Rn. 10, 13; RKR/*Hunsmann* AO § 383b Rn. 11; Schwarz/Pahlke/*Webel* AO § 383b Rn. 17).

11 Was den **Empfänger** der elektronischen Vollmachtsdaten bzw. Widerrufs- oder Veränderungsmitteilung anbetrifft, weist § 383b I AO im Verhältnis zu § 80a I 1 AO eine Inkonsistenz auf: Während der Bußgeldtatbestand als Adressaten in allen Varianten die *„Finanzbehörden"* benennt, betrifft § 80a I AO (ausdrücklich) allein die elektronische Datenübermittlung an *„Landesfinanzbehörden"*. Damit bezieht § 383b I AO (auf den ersten Blick) die Bundesfinanz- bzw. Zollbehörden iSv § 6 II AO und § 1 FVG mit ein, wohingegen diese vom Anwendungsbereich der Blankettnorm (§ 80a I AO) ausgeschlossen sind, weil dort nur die Landesfinanzbehörden (§ 6 II AO, § 2 FVG) adressiert werden. Dieser scheinbare Widerspruch ist indes als Fassungsungenauigkeit des Gesetzgebers aufzufassen. Er ist dahin aufzulösen, dass auch von § 383b I AO nur fehlerhafte bzw. pflichtwidrig unterlassene elektronische Datenübermittlungen an (inländische) **Landesfinanzbehörden** (in erste Linie das Veranlagungsfinanzamt) erfasst sind (vgl. *Baum/Sonnenschein* NWB 2016, 2934, 2939; *Hunsmann* PStR 2018, 20, 21; *Vetten* NWB 2016, 3105, 3111; HHS/*Bülte* AO § 383b Rn. 13; Hüls/Reichling/*Hunsmann* AO § 383b Rn. 12; RKR/*Hunsmann* AO § 383b Rn. 10; Schwarz/Pahlke/*Webel* AO § 383b Rn. 6f.). Denn § 383b AO flankiert § 80a AO (s. → Rn. 2f.), mit der Folge, dass die Ordnungswidrigkeit nicht weiter reichen kann, als die ihr zugrunde liegende Blankettnorm; daran ändert aufgrund des insoweit eindeutigen Wortlauts von § 80a I 1 AO auch § 2a I 1 AO nichts. Eine elektronische Datenübermittlung an **Bundesfinanz-/Zollbehörden** (zB bei der KraftSt) ist demnach von § 383b AO per se nicht erfasst. Dies gilt auch für den Fall, dass eine solche Behörde eine „technische Hilfstätigkeit" iSv § 20 III FVG für eine Landesfinanzbehörde verrichtet, weil gleichwohl letztere die (eigentliche) Adressatin der Datenübermittlung ist und bleibt (ähnl. *Hunsmann* PStR 2018, 20, 21; Klein/*Jäger* AO § 383b Rn. 5; HHS/*Bülte* AO § 383b Rn. 14; Hüls/Reichling/*Hunsmann* AO § 383b Rn. 12; RKR/*Hunsmann* AO § 383b Rn. 10; aA Gosch AO/FGO/*Wargowske* AO § 383b Rn. 11).

4. Täter

12 Hinsichtlich des Kreises tauglicher Täter der Steuerordnungswidrigkeit muss nach dem Wortlaut von § 383b I iVm § 80a I 3 u. 4 AO zwischen der Handlungs- und der Unterlassungsalternative, also zwischen § 383b I Nr. 1 AO auf der einen und § 383b I Nr. 2 AO auf der anderen Seite, unterschieden werden: Während es sich beim **Falschübermittlungsfall** um ein *Jedermannsdelikt* handelt (weder aus § 383b I Nr. 1 AO [*„wer"*] noch aus § 80a I 1, 3, II, III AO ergeben sich irgendwelche Einschränkungen; Täter kann daher jeder sein, der Vollmachtsdaten gem. § 80a I 1 AO übermittelt [zB Kanzleimitarbeiter]), kann im **Nichtmitteilungsfall** wegen des Wortlauts von § 383b I Nr. 2, § 80a I 4 AO nur der dort in die Pflicht (zur Veränderungsmitteilung) genommene *„Bevollmächtigte"* selbst tauglicher (Unterlassungs-)Täter sein (vgl. BeckOK AO/*Hauer* AO § 383b Rn. 20f.; *Hunsmann* PStR 2018, 20, 22; Klein/*Jäger* AO § 383b Rn. 2f.; Gosch AO/FGO/*Wargowske* AO § 383b Rn. 6f.; HHS/*Bülte* AO § 383b Rn. 28, 30f.; RKR/*Hunsmann* AO § 383b Rn. 4f., 11; Schwarz/Pahlke/*Webel* AO § 383b Rn. 19; Tipke/Kruse/

Drüen AO § 383b Rn. 2; aA Kohlmann/*Heuel* AO § 383b Rn. 6, wonach es sich in beiden Tatbestandsalternativen „um den jeweils Bevollmächtigten" handeln müsse). Ungeachtet dessen ist der Anwendungsbereich des § 383b AO insgesamt nicht auf bestimmte Berufsträger (zB Steuerberater) beschränkt. Bei den in § 80a II und III AO genannten Bevollmächtigten iSv § 3 StBerG bzw. LSt-Hilfevereinen handelt es sich nach der gesetzlichen Systematik lediglich um (im Gesetzgebungsverfahren aufgrund ihrer hohen praktischen Bedeutung freilich besonders hervorgehobene, vgl. BT-Drs. 18/7457, 63) Unterfallgruppen von § 80a I 1 AO (vgl. Gosch AO/FGO/*Wargowske* AO § 383b Rn. 6; HHS/ *Bülte* AO § 383b Rn. 29; Kohlmann/*Heuel* AO § 383b Rn. 6; RKR/*Hunsmann* AO § 383b Rn. 4; Schwarz/Pahlke/*Webel* AO § 383b Rn. 19; Tipke/Kruse/*Drüen* AO § 383b Rn. 2). Im Ergebnis betrifft § 383b AO daher in der Praxis die gesamte Palette der **steuer- und rechtsberatenden Berufe** einschließlich der zur vorübergehenden und gelegentlichen sowie zu beschränkter Hilfeleistung in Steuersachen Befugten (vgl. §§ 3a, 3c StBerG sowie den umfangreichen Katalog des § 4 StBerG, der [erst] unter Nr. 11 die LSt-Hilfevereine nennt). Was ausländische Berater iSd §§ 3a, 3c StBerG anbetrifft, so sind deren Handlungen bzw. Unterlassen auch dann von § 383b AO erfasst, wenn sich diese durchweg im Ausland aufhalten, da jedenfalls der Erfolgsort iSv § 377 II AO iVm §§ 5, 7 I Var. 3 OWiG (unrichtige Vollmachtsdatenbank) im Inland liegt (erg. BeckOK OWiG/*Valerius*, 35. Ed., OWiG § 7 Rn. 9 f. zu sog. Distanzordnungswidrigkeiten).

Ist eine Vollmacht, die Gegenstand eines Widerrufs oder von Veränderungen iSv § 383b **13** I Nr. 2 AO geworden ist, einer Berater-Partnerschaftsgesellschaft (§ 3 Nr. 2 StBerG), einer **Steuerberatungs-, Rechtsanwalts-, Wirtschaftsprüfungs- oder Buchprüfungsgesellschaft** (§ 3 Nr. 3 StBerG) oder einem **LSt-Hilfeverein** (§ 4 Nr. 11 StBerG) erteilt worden (§ 80a II, III AO), trifft die Pflicht zur Veränderungsmitteilung gem. § 377 II AO iVm § 9 I OWiG in erster Linie den vertretungsberechtigten Gesellschafter bzw. das vertretungsberechtigte Organ, dh den Geschäftsführer resp. Vorstand (Kohlmann/*Heuel* AO § 383b Rn. 6; RKR/*Hunsmann* AO § 383b Rn. 5). Eine Erweiterung des Täterkreises bei vorhandener Subdelegation (§ 9 II, III OWiG) oder im Wege der **Verletzung der Aufsichtspflicht** in Unternehmen (§ 130 OWiG) kann im Einzelfall durchaus naheliegend sein; außerdem kommt eine **Verbandsgeldbuße** (§ 30 OWiG) in Betracht (vgl. RKR/*Hunsmann* AO § 383b Rn. 21).

5. Subjektiver Tatbestand

Die in § 383b AO unter Bußgeldandrohung gestellten Zuwiderhandlungen können **14** gem. Abs. 1 Satz 1 (nur) **vorsätzlich** (§ 377 II AO iVm § 10 OWiG) oder **leichtfertig** (vgl. § 378 I 1 AO) begangen werden; die – in Abgrenzung zur Leichtfertigkeit sog. – „einfache" Fahrlässigkeit ist nicht ausreichend.

Vorsätzliches Handeln erfordert nach gängiger (Leer-)Formel die Kenntnis sämtlicher **15** Tatbestandsmerkmale, dh in Bezug auf den **Falschübermittlungsfall** (§ 383b I Nr. 1 AO) konkret, der Täter muss die inhaltliche Unrichtigkeit der übermittelten Vollmachtsdaten iSv eines *dolus eventualis* (zumindest) für möglich gehalten und eine daraus resultierende Falschübermittlung („im Rechtssinne") gebilligt haben (grdl. BGH 22.4.1955, NJW 1955, 1688). Außerdem muss die Übermittlungshandlung als solche (scil. das Ingangsetzen des elektronischen Datentransfers) bewusst und nicht nur „versehentlich" erfolgt sein; andernfalls kann ggf. „nur" eine fahrlässige Tatbegehung vorliegen (→ Rn. 14, 16). Im **Nichtmitteilungsfall (§ 383b I Nr. 2 AO)** bedarf es im Hinblick auf das Vorliegen eines Widerrufs bzw. einer Veränderung der gegenständlichen Vollmacht gleichfalls eines bedingten Tatvorsatzes im vorgenannten (zweigliedrigen) Sinne. Dies ist etwa dann *nicht* anzunehmen, wenn der **Vollmachtswiderruf unmittelbar ggü. der FinBeh** erklärt wurde (vgl. Klein/*Jäger* AO § 383b Rn. 6; Gosch AO/FGO/*Wargowske* AO § 383b Rn. 9; HHS/*Bülte* AO § 383b Rn. 23; RKR/*Hunsmann* AO § 383b Rn. 11; Tipke/Kruse/*Drüen* AO § 383b Rn. 6; in diesem Fall liegt schon tatbestandlich kein Fall des § 80a I 4 AO vor, denn die Vorschrift erfasst nur den „*vom Vollmachtgeber gegenüber dem Bevollmächtigten*" erklärten Widerruf [s. bereits → Rn. 7]; § 383b I Nr. 2 AO greift selbst dann nicht ein, wenn man dies anders sehen wollte: erfährt der Bevollmächtigte nachträglich von einem bei der FinBeh angebrachten Vollmachtswiderruf, braucht er diesen – dort dann ohnehin bereits bekannten – Umstand auch nach dem Normzweck [→ Rn. 2] nicht erneut mitzuteilen). Hinzu treten muss außerdem noch, dass der Unterlassungstäter sich seiner Stellung als Bevollmächtigter bewusst war (vgl. RKR/*Hunsmann* AO § 383b Rn. 15). Ein Irrtum über die daraus (gem. § 80a I 4 AO) resultierende Pflicht zur Veränderungsmitteilung ist als **Verbotsirrtum** iSv § 377 II AO, § 11 II OWiG einzustufen, der wegen der besonderen Rechtskunde des von § 383b AO hauptsächlich angesprochenen Kreises potentieller Täter (Angehörige steuer-/rechtsberatender Berufe; vgl. → Rn. 12) in der Rechtswirklichkeit idR zu „*vermeiden*" sein wird (wie hier RKR/*Hunsmann* AO § 383b Rn. 17). Demgegenüber lassen Irrtümer über die Fehlerhaftigkeit der übermittelten Vollmachtsdaten (§ 383b I Nr. 1 AO) oder eine mangelnde Kenntnis vom Widerruf einer elektronisch übermittelten Vollmacht oder von deren inhaltlicher Abänderung (§ 383b I Nr. 2 AO) als **Tatumstandsirrtum** gem. § 377 II AO iVm § 11 I 1 OWiG den Vorsatz entfallen (Gosch AO/FGO/*Wargowske* AO § 383b Rn. 13; Hüls/Reichling/*Hunsmann* AO § 383b Rn. 19; RKR/*Hunsmann* AO § 383b Rn. 11, 17; Schwarz/Pahlke/*Webel* AO § 383b Rn. 21).

16 Bei fehlendem oder nicht nachweisbarem Vorsatz kann eine Ahndung wegen **leichtfertigen Handelns** in Betracht kommen (krit. HHS/*Bülte* AO § 383b Rn. 34: „*Verlagerung von Beweisfragen in den objektiven [?] Tatbestand*"; allg. dazu → § 378 Rn. 34 ff.). Leichtfertigkeit als besonders grobe Außerachtlassung der im Einzelfall gebotenen Sorgfalt wird im Kontext von § 383b AO idR anzunehmen sein, wenn sich die eigene **Vollmachtsdaten-Verwaltung** des Täters als (organisatorisch und/oder personell) **defizitär** erweist und/oder aus diesen oder anderen Gründen bereits ein wiederholtes (auch „Beinahe"-) Fehlverhalten bemängelt werden muss, insbesondere bei vorherigen Hinweisen der FinVerw auf entsprechende Mängel (vgl. Gosch AO/FGO/*Wargowske* AO § 383b Rn. 14; HHS/*Bülte* AO § 383b Rn. 39; Hüls/Reichling/*Hunsmann* AO § 383b Rn. 18; RKR/*Hunsmann* AO § 383b Rn. 16; Tipke/Kruse/*Drüen* AO § 383b Rn. 8; unklar Schwarz/Pahlke/*Webel* AO § 383b Rn. 22). In Abgrenzung dazu wird ein **erst- bzw. einmaliges Büroversehen** im Zusammenhang mit der Bearbeitung von Vollmachtsdaten (insb. iSv § 80a I 3, 4 AO) idR kaum mehr als den – nicht tatbestandsmäßigen – Vorwurf „schlicht" fahrlässigen Verhaltens begründen können. Derartige Fehler können indes Anlass dazu geben, die eigene Büro- bzw. Kanzleiorganisation zu optimieren (*Ortmann-Babel/Franke* DB 2016, 1521, 1524; *Vetten* NWB 2016, 3105, 3111; RKR/*Hunsmann* AO § 383b Rn. 16).

6. Versuch

17 Eine versuchte Ordnungswidrigkeit nach § 383b AO kann mangels diesbzgl. gesetzlicher Regelung nicht geahndet werden (§ 377 II AO, § 13 II OWiG).

7. Geldbuße, Vermögensabschöpfung

18 Eine vorsätzliche Zuwiderhandlung iSv § 383b AO kann mit einer Geldbuße von 5 **bis zu 10.000 EUR** (§ 383b II AO; § 377 II AO iVm § 17 I OWiG; Höchstmaß im Gesetzentwurf [abgedr. bei HHS/*Bülte* AO § 383b Rn. 2 u. Kohlmann/*Heuel* AO § 383b Rn. 1] noch 50.000 EUR), bei leichtfertiger Begehung höchstens mit 5.000 EUR (§ 377 II AO, § 17 II OWiG) geahndet werden (unklar Kühn/v. Wedelstädt/*Blesinger/Viertelhausen* AO § 383b Rn. 2). Über die Zumessung der Geldbuße → § 377 Rn. 31 ff.; zur Verletzung von Aufsichtspflichten in Unternehmen (§ 130 OWiG) und zur Verbandsgeldbuße (§ 30 OWiG) s. bereits o. → Rn. 13. Maßnahmen mittelbarer (§ 377 II AO iVm § 17 IV 2 OWiG) oder unmittelbarer (§ 377 II AO iVm § 29a OWiG) **Vermögensabschöpfung** sind zwar auch im Zusammenhang mit § 383b AO denkbar, dürften in der Praxis aber mit

Blick darauf, dass aus den sanktionierten Verstößen idR kein „*wirtschaftlicher Vorteil*" bzw. kein „*Tatertrag*" resultieren wird, kaum jemals virulent werden.

8. Selbstanzeige

Die Vorschriften über die straf- bzw. bußgeldbefreiende Wirkung einer Selbstanzeige **19** sind **nicht (analog) anwendbar,** weil § 383b AO weder eine § 378 III AO entsprechende Regelung enthält noch auf § 371 AO oder § 378 III AO verweist. Eine nachträgliche Korrektur fehlerhaft übermittelter Vollmachtsdaten (§ 383b I Nr. 1 AO) oder eine verspätete Veränderungsmitteilung (§ 383b I Nr. 2 AO) sind in jedem Fall bei der Bemessung der Geldbuße zu berücksichtigen; das darin liegende Geständnis kann außerdem Anlass dafür bieten, das Bußgeldverfahren einer Opportunitätseinstellung nach § 410 I Hs. 1 AO iVm § 47 OWiG zuzuführen (BeckOK AO/*Hauer* AO § 383b Rn. 38; Klein/*Jäger* AO § 383b Rn. 10; HHS/*Bülte* AO § 383b Rn. 46; Hüls/Reichling/*Hunsmann* AO § 383b Rn. 25; RKR/*Hunsmann* AO § 383b Rn. 22; Schwarz/Pahlke/*Webel* AO § 383b Rn. 25; Tipke/Kruse/*Drüen* AO § 383b Rn. 10).

9. Verjährung

Die (Regel-)Verjährungsfrist beträgt bei Ordnungswidrigkeiten nach § 383b AO durch- **20** weg **zwei Jahre** (§ 377 II AO, § 31 II Nr. 2 OWiG); dies gilt unabhängig davon, ob die Tat vorsätzlich oder leichtfertig begangen wurde, weil das Höchstmaß der Geldbuße in beiden Fällen § 31 II Nr. 2 OWiG unterfällt (s. → Rn. 18). Die spezielle, in § 384 AO auf fünf Jahre ausgedehnte Verfolgungsverjährungsfrist für gewichtige(re) Zuwiderhandlungen ist (mit Recht) nicht auf § 383b AO erstreckt worden.

Der Fristlauf beginnt gem. § 377 II AO iVm § 31 III 1 OWiG mit Beendigung der **21** bußgeldbewehrten „Handlung". Im **Falschübermittlungsfall** (§ 383b I Nr. 1 AO) ist insofern auf den **Abschluss des elektronischen Transfers** der unzutreffenden Vollmachtsdaten abzustellen, wobei dieser aufgrund der vorherrschenden Übertragungsgeschwindigkeiten idR faktisch mit Initiierung des Übermittlungsvorgangs zusammenfallen, jedenfalls aber am selben Tag eintreten wird. Liegt ein **Nichtmitteilungsfall** iSv § 383b I Nr. 2 AO vor, ist die Tat beendet, sobald dem **Unverzüglichkeitserfordernis** (→ Rn. 9) **nicht mehr Rechnung getragen** ist (vgl. Klein/*Jäger* AO § 383b Rn. 11; Gosch AO/FGO/*Wargowske* AO § 383b Rn. 15; HHS/*Bülte* AO § 383b Rn. 47; Hüls/Reichling/*Hunsmann* AO § 383b Rn. 27; Schwarz/Pahlke/*Webel* AO § 383b Rn. 28 [„*i. d. R. mit Ablauf von einer Woche*"]; Tipke/Kruse/*Drüen* AO § 383b Rn. 9); wann dies der Fall ist, muss anhand der konkreten Umstände des Einzelfalls geklärt werden (s. dazu bereits → Rn. 9). Auf die **„Beendigung der Bevollmächtigung"** (so Hunsmann PStR 2018, 20, 23; RKR/*Hunsmann* AO § 383b Rn. 24) kann demgegenüber nicht abgestellt werden, weil die Tat dann im Fall des – gem. § 80a I 4 AO mitteilungspflichtigen – Widerrufs der Vollmacht noch vor ihrer Vollendung beendet wäre. Ein Rückgriff auf den **Wegfall der Pflicht zur Widerrufs- oder Veränderungsmitteilung** ist untunlich, weil der Beginn des Laufs der Verjährungsfrist im Verhältnis zum Gewicht der sanktionierten Zuwiderhandlung ansonsten (potentiell) zu lang (ggf. *ad infinitum*) hinausgezögert würde (wie hier HHS/*Bülte* AO § 383b Rn. 47; aA *Hunsmann* PStR 2018, 20, 23; RKR/*Hunsmann* AO § 383b Rn. 24). Solches wäre unverhältnismäßig (allg. zu dieser auch hierher zu übertragenden sog. verfassungsrechtlichen Verjährungstheorie *Ebner* Verfolgungsverjährung im Steuerstrafrecht, 2015, S. 82 ff.).

10. Verfolgungszuständigkeit

Wie schon im Fall des mWv 25.5.2018 aufgehobenen § 383a AO enthält das Gesetz **22** auch in Bezug auf § 383b AO **keine eindeutige Regelung** dazu, welche Behörde zur Verfolgung der betreffenden Ordnungswidrigkeit berufen ist (in § 383b II AO-E war noch vorgesehen, dass das BMF mit Zustimmung des BRats durch VO „*abweichend von § 409 eine andere Finanzbehörde als zuständig bestimmen*" könne, vgl. Kohlmann/*Heuel* AO § 383b Rn. 1). Die allgemeinen Regelungen in § 409 S. 1, § 387 I AO erfassen nach ihrem Wortlaut nicht unmittelbar den Fall des § 383b AO, weil es bei diesem Ordnungswidrigkeitstatbestand nicht um die „Verwaltung" einer bestimmten Steuer (§ 387 I AO), sondern um Pflichtverletzungen bei der Übermittlung von Vollmachtsdaten geht. Danach stehen **zwei Möglichkeiten** im Raum: Entweder eine entsprechende Anwendung von § 387 I, II AO (verfolgungszuständig wäre dann die für den Bereich des jew. Empfänger-FA zuständige **BuStra/StraBu**) oder der unmittelbare Rückgriff (§ 377 II AO bezieht sich nur auf §§ 1–34 OWiG) auf § 36 I Nr. 2 OWiG (dann Zuständigkeit der obersten Landesbehörde, also des jeweiligen **Landes-FinMin**). Derzeit ist noch nicht ersichtlich, welche Handhabung sich insofern in der Praxis durchsetzen wird, wobei in der Lit., soweit erkennbar, ausnahmslos die Zuständigkeit der BuStra/StraBu favorisiert wird (BeckOK AO/*Hauer* AO § 383b Rn. 46; Klein/*Jäger* AO § 383b Rn. 12; Gosch AO/FGO/*Wargowske* AO § 383b Rn. 20; HHS/*Bülte* AO § 383b Rn. 48; Hüls/Reichling/*Hunsmann* AO § 383b Rn. 21; RKR/*Hunsmann* AO § 383b Rn. 18; Schwarz/Pahlke/*Webel* AO § 383b Rn. 30; Tipke/Kruse/*Drüen* AO § 383b Rn. 11). Für den Adressaten eines auf § 383b AO gestützten Bußgeldbescheides spielt die Frage der Verfolgungszuständigkeit indes keine entscheidende Rolle, weil auch der von einer sachlich unzuständigen Behörde erlassene Bußgeldbescheid grds. wirksam ist (vgl. KK-OWiG/*Lampe* OWiG § 36 Rn. 31 mwN; ebenso Klein/*Jäger* AO § 383b Rn. 12 aE; Gosch AO/FGO/*Wargowske* AO § 383b Rn. 20; HHS/*Bülte* AO § 383b Rn. 49; Hüls/Reichling/*Hunsmann* AO § 383b Rn. 22; RKR/*Hunsmann* AO § 383b Rn. 19; Tipke/Kruse/*Drüen* AO § 383b Rn. 11; s. auch → § 387 Rn. 26). Bei rechtzeitigem Einspruch verliert der Bußgeldbescheid ohnehin seine Wirkung; der Richter entscheidet ohne Bindung an den Bescheid (§ 410 I Hs. 1 AO iVm § 71 I OWiG, § 411 IV StPO).

§ 384 Verfolgungsverjährung

Die Verfolgung von Steuerordnungswidrigkeiten nach den §§ 378 bis 380 verjährt in fünf Jahren.

Schrifttum: *Pfaff*, Die Verfolgungsverjährung nach § 384 AO, StBp 1978, 163; *Kaiser*, Zur Unterbrechung der Verfolgungsverjährung, insbesondere in Bußgeldsachen, NJW 1984, 1738; *Brenner*, Strafverfolgungsverjährung und ihre Unterbrechung bei Steuerdelikten, BB 1985, 2041; *Heuer*, Unterbricht ein Durchsuchungsbeschluss gegen die Verantwortlichen eines Unternehmens die Verjährung?, wistra 1988, 170; *Vogelberg*, Die Verfolgungsverjährung im Steuerstraf- und Steuerordnungswidrigkeitenrecht, ZAP 1995, 119; *Weyand*, Auswirkungen der Neuregelungen im Ordnungswidrigkeitenrecht auf das steuerliche Bußgeldrecht, INF 1998, 359; *Eich*, Strafverfolgungsverjährung der Steuerhinterziehung und der leichtfertigen Steuerverkürzung, KöSDI 2001, 13036; *v. Briel*, Der Beginn der Strafverfolgungsverjährung bei Steuerstraftaten und -ordnungswidrigkeiten, SAM 2006, 115; *Wessing*, Steuerordnungswidrigkeiten – Gefahr und Chance für die Verteidigung, SAM 2007, 9; *Törmöhlen*, Verjährung im Steuerstrafrecht, AO-StB 2011, 27.

Übersicht

	Rn.
1. Entstehungsgeschichte	1
2. Allgemeine Vorschriften	2, 3
3. Anwendungsbereich des § 384 AO	4
4. Verjährungsfrist	5–12
a) Steuerordnungswidrigkeiten nach den §§ 378 bis 380 AO	5
b) Steuerordnungswidrigkeiten nach den §§ 381 bis 383b AO	6, 7
c) Verletzung von Aufbewahrungs-, Melde-, Berichtigungs- und Vorlagepflichten	8
d) Verletzung von Abführungspflichten gemäß § 26a I UStG	9
e) Ordnungswidrigkeiten nach §§ 160 bis 163 StBerG	10
f) Marktordnungsverstöße	11
g) Verletzung von Aufsichtspflichten gem. § 130 OWiG	12
5. Beginn der Verfolgungsverjährung	13–19
6. Ruhen der Verjährung	20
7. Unterbrechung der Verjährung	21–24
8. Wirkung der Verfolgungsverjährung	25

1. Entstehungsgeschichte

Bei Einführung von Steuerordnungswidrigkeiten durch das 2. AOStrafÄndG v. 12.8.1968 **1** (BGBl. 1968 I 953) enthielten die Bußgeldtatbestände der leichtfertigen Steuerverkürzung in § 404 IV RAO, der Steuergefährdung in § 405 IV RAO und der Gefährdung von Abzugsteuern in § 406 III AO Verweisungen auf § 402 RAO 1968, der in Absatz 1 für die Verjährung der Verfolgung von Steuervergehen eine Frist von fünf Jahren bestimmte. Für die Verbrauchsteuergefährdung nach § 407 und die Gefährdung der Eingangsabgaben nach § 408 RAO 1968 galt die zweijährige Verjährungsfrist gem. § 27 II Nr. 2 OWiG 1968. Der RegE hatte die fünfjährige Frist nur für § 404 RAO vorgesehen, weil eine kürzere Frist die Wirksamkeit dieser Bußgeldvorschrift in einem nicht tragbaren Maße einschränke; denn die Entdeckung einer leichtfertigen Steuerverkürzung sei von denselben Umständen abhängig wie die Entdeckung einer vorsätzlichen Steuerverkürzung (Begr. BT-Drs. V/1812, 27). Die weitergehende Regelung des Gesetzes geht auf den Vermittlungsausschuss zurück (BT-Drs. V/3042, 2; → Einl Rn. 81). Durch Art. 161 Nr. 8 bis 10 EGStGB v. 2.3.1974 (BGBl. 1974 I 469, 582) wurde anstelle der einzelnen Verweisungsvorschriften ein neuer § 410 RAO eingeführt, dem § 384 AO 1977 wörtlich entspricht.

2. Allgemeine Vorschriften

Nach § 377 II AO richtet sich die Verfolgungsverjährung von Steuerordnungswidrig- **2** keiten nach den allgemeinen Vorschriften des OWiG, soweit die Bußgeldvorschriften der Steuergesetze nichts anderes bestimmen. Es sind daher grundsätzlich anzuwenden:

§ 31 OWiG Verfolgungsverjährung

(1) ¹Durch die Verjährung werden die Verfolgung von Ordnungswidrigkeiten und die Anordnung von Nebenfolgen ausgeschlossen. ²§ 27 Abs. 2 Satz 1 Nr. 1 bleibt unberührt.

(2) Die Verfolgung von Ordnungswidrigkeiten verjährt, wenn das Gesetz nichts anderes bestimmt,

1. in drei Jahren bei Ordnungswidrigkeiten, die mit Geldbuße im Höchstmaß von mehr als fünfzehntausend Euro bedroht sind,
2. in zwei Jahren bei Ordnungswidrigkeiten, die mit Geldbuße im Höchstmaß von mehr als zweitausendfünfhundert bis zu fünfzehntausend Euro bedroht sind,
3. in einem Jahr bei Ordnungswidrigkeiten, die mit Geldbuße im Höchstmaß von mehr als eintausend bis zu zweitausendfünfhundert Euro bedroht sind,
4. in sechs Monaten bei den übrigen Ordnungswidrigkeiten.

(3) ¹Die Verjährung beginnt, sobald die Handlung beendet ist. ²Tritt ein zum Tatbestand gehörender Erfolg erst später ein, so beginnt die Verjährung mit diesem Zeitpunkt.

§ 32 OWiG Ruhen der Verfolgungsverjährung

(1) ¹Die Verjährung ruht, solange nach dem Gesetz die Verfolgung nicht begonnen oder nicht fortgesetzt werden kann. ²Dies gilt nicht, wenn die Handlung nur deshalb nicht verfolgt werden kann, weil Antrag oder Ermächtigung fehlen.

(2) Ist vor Ablauf der Verjährungsfrist ein Urteil des ersten Rechtszuges oder ein Beschluß nach § 72 ergangen, so läuft die Verjährungsfrist nicht vor dem Zeitpunkt ab, in dem das Verfahren rechtskräftig abgeschlossen ist.

§ 33 OWiG Unterbrechung der Verfolgungsverjährung

(1) ¹Die Verjährung wird unterbrochen durch

1. die erste Vernehmung des Betroffenen, die Bekanntgabe, daß gegen ihn das Ermittlungsverfahren eingeleitet ist, oder die Anordnung dieser Vernehmung oder Bekanntgabe,
2. jede richterliche Vernehmung des Betroffenen oder eines Zeugen oder die Anordnung dieser Vernehmung,
3. jede Beauftragung eines Sachverständigen durch die Verfolgungsbehörde oder den Richter, wenn vorher der Betroffene vernommen oder ihm die Einleitung des Ermittlungsverfahrens bekanntgegeben worden ist,
4. jede Beschlagnahme- oder Durchsuchungsanordnung der Verfolgungsbehörde oder des Richters und richterliche Entscheidungen, welche diese aufrechterhalten,
5. die vorläufige Einstellung des Verfahrens wegen Abwesenheit des Betroffenen durch die Verfolgungsbehörde oder den Richter sowie jede Anordnung der Verfolgungsbehörde oder des Richters, die nach einer solchen Einstellung des Verfahrens zur Ermittlung des Aufenthalts des Betroffenen oder zur Sicherung von Beweisen ergeht,
6. jedes Ersuchen der Verfolgungsbehörde oder des Richters, eine Untersuchungshandlung im Ausland vorzunehmen,
7. die gesetzlich bestimmte Anhörung einer anderen Behörde durch die Verfolgungsbehörde vor Abschluß der Ermittlungen,
8. die Abgabe der Sache durch die Staatsanwaltschaft an die Verwaltungsbehörde nach § 43,
9. den Erlaß des Bußgeldbescheides, sofern er binnen zwei Wochen zugestellt wird, ansonsten durch die Zustellung,
10. den Eingang der Akten beim Amtsgericht gemäß § 69 Abs. 3 Satz 1 und Abs. 5 Satz 2 und die Zurückverweisung der Sache an die Verwaltungsbehörde nach § 69 Abs. 5 Satz 1,
11. jede Anberaumung einer Hauptverhandlung,
12. den Hinweis auf die Möglichkeit, ohne Hauptverhandlung zu entscheiden (§ 72 Abs. 1 Satz 2),
13. die Erhebung der öffentlichen Klage,
14. die Eröffnung des Hauptverfahrens,
15. den Strafbefehl oder eine andere dem Urteil entsprechende Entscheidung.

²Im selbständigen Verfahren wegen der Anordnung einer Nebenfolge oder der Festsetzung einer Geldbuße gegen eine juristische Person oder Personenvereinigung wird die Verjährung durch die dem Satz 1 entsprechenden Handlungen zur Durchführung des selbständigen Verfahrens unterbrochen.

(2) ¹Die Verjährung ist bei einer schriftlichen Anordnung oder Entscheidung in dem Zeitpunkt unterbrochen, in dem die Anordnung oder Entscheidung abgefasst wird. ²Ist das Dokument nicht alsbald nach der Abfassung in den Geschäftsgang gelangt, so ist der Zeitpunkt maßgebend, in dem es tatsächlich in den Geschäftsgang gegeben worden ist.

(3) ¹Nach jeder Unterbrechung beginnt die Verjährung von neuem. ²Die Verfolgung ist jedoch spätestens verjährt, wenn seit dem in § 31 Abs. 3 bezeichneten Zeitpunkt das Doppelte der gesetzlichen Verjährungsfrist, mindestens jedoch zwei Jahre verstrichen sind. ³Wird jemandem in einem bei Gericht anhängigen Verfahren eine Handlung zur Last gelegt, die gleichzeitig Straftat und Ordnungswidrigkeit ist, so gilt als gesetzliche Verjährungsfrist im Sinne des Satzes 2 die Frist, die sich aus der Strafdrohung ergibt. ⁴§ 32 bleibt unberührt.
(4) ¹Die Unterbrechung wirkt nur gegenüber demjenigen, auf den sich die Handlung bezieht. ²Die Unterbrechung tritt in den Fällen des Absatzes 1 Satz 1 Nr. 1 bis 7, 11 und 13 bis 15 auch dann ein, wenn die Handlung auf die Verfolgung der Tat als Straftat gerichtet ist.

Die allgemeinen Vorschriften über die Verjährung der Verfolgung von Ordnungswidrigkeiten entsprechen weitgehend den Vorschriften über die Strafverfolgungsverjährung; im Einzelnen entspricht
– § 31 I OWiG über die **Wirkung der Verfolgungsverjährung** dem § 78 I StGB (→ § 376 Rn. 5 ff.);
– § 31 III OWiG über den **Beginn der Verjährung** dem § 78a StGB (→ § 376 Rn. 11 f.);
– § 32 OWiG über das **Ruhen der Verjährung** dem § 78b StGB (→ § 376 Rn. 95 ff.);
– § 33 I OWiG über **Unterbrechungshandlungen** dem § 78c StGB (→ § 376 Rn. 62 ff.); jedoch enthält § 33 I OWiG über § 78c StGB hinaus weitere zur Unterbrechung geeignete Handlungen, die sich aus Besonderheiten des Bußgeldverfahrens ergeben.

3. Anwendungsbereich des § 384 AO

§ 384 AO enthält eine gegenüber § 31 II OWiG vorrangige Spezialregelung der **Frist der Verfolgungsverjährung für Steuerordnungswidrigkeiten nach §§ 378 bis 380 AO.** Im Übrigen gelten die allgemeinen Verjährungsvorschriften des OWiG (§ 377 II AO). Auf Steuerordnungswidrigkeiten nach den §§ 381 bis 383b AO ist die Vorschrift nicht anwendbar. Die Verjährung von Ordnungswidrigkeiten nach § 130 OWiG wegen Verletzung der Aufsichtspflicht in Betrieben und Unternehmen (hierzu → § 377 Rn. 61 ff.) richtet sich nach hM nach derjenigen Frist, innerhalb der die der Aufsichtspflichtverletzung zugrunde liegende Zuwiderhandlung gegen betriebsbezogene Pflichten geahndet werden kann (→ Rn. 12).

4. Verjährungsfrist

a) Steuerordnungswidrigkeiten nach den §§ 378 bis 380 AO

Steuerordnungswidrigkeiten nach den §§ 378 bis 380 AO verjähren – abweichend von den allgemeinen Vorschriften des OWiG (→ Rn. 2) – in fünf Jahren (§ 384 AO); zur Begründung und Kritik → § 376 Rn. 4. Aufgrund ausdrücklicher Anordnung in den jeweiligen Gesetzen gilt § 384 AO für bestimmte Zulagen und Prämien entsprechend, etwa gem § 96 VII 1 EStG für die Altersvorsorgezulage, § 8 II WoPG für die Wohnungsbauprämie, § 14 III 5. VermBG für die Arbeitnehmer-Sparzulage, § 13 FZulG für die Forschungszulage und § 108 EStG für die Mobilitätsprämie.

b) Steuerordnungswidrigkeiten nach den §§ 381 bis 383b AO

Für die Steuerordnungswidrigkeiten nach §§ 381 bis 383b AO ergeben sich die Verjährungsfristen ebenso wie für **sonstige Steuerordnungswidrigkeiten** mangels einer Sonderregelung aus § 31 II OWiG. Danach bestimmt sich die Dauer der Verjährungsfrist nach dem Höchstmaß der für die jeweilige Ordnungswidrigkeit gesetzlich angedrohten Geldbuße. Die Verbrauchsteuergefährdung (§ 381 AO) und die Gefährdung der Einfuhr- und Ausfuhrabgaben (§ 382 AO) sind mit Geldbuße bis zu 5.000 EUR bedroht; gem. § 31 II Nr. 2 OWiG beträgt die Verjährungsfrist daher zwei Jahre. Da der unzulässige Erwerb von Steuererstattungs- und Vergütungsansprüchen gem. § 383 II AO mit einer Geldbuße bis zu 50.000 EUR bedroht ist, tritt die Verjährung hier gem. § 31 II Nr. 1 OWiG erst nach drei Jahren ein (s. auch → § 383 Rn. 17).

7 Eine fahrlässig begangene Steuerordnungswidrigkeit, für die nicht die Sondervorschrift des § 384 AO gilt, kann gem. § 17 II OWiG nur mit der Hälfte des angedrohten Höchstbetrages der Geldbuße geahndet werden. Der Bußgeldrahmen für **fahrlässiges Handeln** ist auch dann maßgebend, wenn das Gesetz leichtfertiges Handeln mit Geldbuße bedroht, wie zB § 381 AO (Göhler/*Gürtler* OWiG § 17 Rn. 13).

c) Verletzung von Aufbewahrungs-, Melde-, Berichtigungs- und Vorlagepflichten

8 Die Verletzung von Aufbewahrungs-, Melde-, Berichtigungs- und Vorlagepflichten gem. § 26a II Nr. 1, 2, 4–7 UStG verjährt ebenso wie der Verstoß gegen Mitteilungspflichten nach § 45d EStG (§ 50e EStG) in zwei Jahren (§ 31 II Nr. 2 OWiG). Die Ordnungswidrigkeit nach § 26a II Nr. 3 UStG verjährt in sechs Monaten (§ 31 II Nr. 4 OWiG).

d) Verletzung von Abführungspflichten gemäß § 26a I UStG

9 Die Ordnungswidrigkeit gem. § 26a I UStG, die überwiegend die nicht rechtzeitige Entrichtung von Umsatzsteuervorauszahlungen betrifft, verjährt in drei Jahren (§ 31 II Nr. 1 OWiG iVm § 26a III UStG).

e) Ordnungswidrigkeiten nach §§ 160 bis 163 StBerG

10 Die Ordnungswidrigkeiten nach §§ 160 bis 163 StBerG sind keine Steuerordnungswidrigkeiten und werden daher nicht von § 384 AO erfasst. Unbefugte Hilfeleistung in Steuersachen, deren Verfolgung der FinB obliegt (§ 164 StBerG), ist mit einer Geldbuße bis zu 5.000 EUR bedroht (§ 160 II StBerG); die Verjährungsfrist beträgt somit zwei Jahre (§ 31 II Nr. 2 OWiG). Die Ordnungswidrigkeit der unzulässigen Ausübung einer anderen wirtschaftlichen Tätigkeit in Verbindung mit der Hilfeleistung in LSt-Sachen nach § 4 Nr. 11 StBerG verjährt in drei Jahren (§ 163 iVm § 26 II StBerG; § 31 II Nr. 1 OWiG).

f) Marktordnungsverstöße

11 Marktordnungsverstöße nach § 36 MOG – ebenfalls keine Steuerordnungswidrigkeiten – verjähren in Abhängigkeit von der gesetzlich angedrohten Geldbuße (vgl. § 36 VI MOG) in zwei oder drei Jahren (§ 31 II Nr. 1, 2 OWiG).

g) Verletzung von Aufsichtspflichten gem. § 130 OWiG

12 Bei der Verletzung von Aufsichtspflichten gem. § 130 OWiG richtet sich die Dauer der Verjährungsfrist, ebenso wie die Berechnung der Höchstgeldbuße, nach der der Aufsichtspflichtverletzung zugrunde liegenden Zuwiderhandlung (§ 130 III, § 31 II OWiG). Gilt für diese eine längere Verjährungsfrist (zB nach § 384 AO), erstreckt sie sich nach hM auch auf die Aufsichtspflichtverletzung (RKR/*Hunsmann* AO § 384 Rn. 12 u. Kohlmann/ *Talaska* AO § 384 Rn. 6). Der Aufsichtspflichtige soll nicht schlechter, aber auch nicht besser behandelt werden, als wenn er die Zuwiderhandlung selbst begangen hätte (vgl. Göhler/*Gürtler* OWiG § 130 Rn. 30, § 131 Rn. 9). Die Gegenauffassung vermisst eine gesetzliche Überleitungsvorschrift für die verlängerte Verjährungsfrist des § 384 AO und hält diese daher in Fällen der Aufsichtspflichtverletzung nicht für anwendbar (HHS/*Bülte* AO § 384 Rn. 25; zur Kritik an der hM s. auch → § 377 Rn. 72). Die Verfolgungsverjährung für die Verletzung von Aufsichtspflichten (§ 130 OWiG) richtet sich im Übrigen danach, ob die zugrunde liegende Zuwiderhandlung vorsätzlich oder fahrlässig (leichtfertig) begangen wurde, weil eine fahrlässig begangene Steuerordnungswidrigkeit gem. § 17 II OWiG nur mit der Hälfte des angedrohten Höchstbetrages der Geldbuße geahndet werden kann (→ Rn. 7). Wurde auch die Aufsichtspflichtverletzung fahrlässig begangen, ist der verbleibende Bußgeldrahmen nochmals zu halbieren (§ 17 II OWiG). In den Fällen der §§ 381, 382 AO, § 26a II Nr. 1, 2, 4–7 UStG reduziert sich daher die Frist der Verfolgungsverjährung einer fahrlässigen Verletzung der Aufsichtspflicht auf ein Jahr (§ 31 II Nr. 3 OWiG; vgl. auch *Vogelberg* ZAP 1995, 801).

5. Beginn der Verfolgungsverjährung

Die **Verfolgungsverjährung beginnt** mit Beendigung der Handlung (§ 31 III 1 OWiG). Tritt ein zum Tatbestand gehörender Erfolg später ein, so beginnt die Verjährung mit diesem Zeitpunkt (§ 31 III 2 OWiG). Maßgebend für den Beginn der Verjährungsfrist ist nicht der Zeitpunkt der rechtlichen Vollendung der Ordnungswidrigkeit, sondern der ihrer tatsächlichen Beendigung. Die Beendigung tritt aber häufig später ein als die Vollendung. Entscheidend ist der Zeitpunkt, zu dem die auf Tatbegehung gerichtete Tatbegehung ihren endgültigen Abschluss gefunden hat (RKR/*Hunsmann* AO § 384 Rn. 13 mwN; KK-OWiG/*Ellbogen* OWiG § 31 Rn. 23; krit. HHS/*Bülte* AO § 384 Rn. 27 im Hinblick auf den in § 31 III 1 OWiG verwendeten Begriff „Handlung"). 13

Für den Ordnungswidrigkeitentatbestand des **§ 378 AO** gelten dieselben Grundsätze wie bei der Steuerhinterziehung gem. § 370 AO (s. dazu → § 376 Rn. 11 ff.). Bei *Veranlagungssteuern* ist die durch positives Tun begangene leichtfertige Steuerverkürzung (§ 378 AO) vollendet und zugleich beendet, wenn aufgrund der unrichtigen Erklärung die Steuer zu niedrig festgesetzt und die Festsetzung dem Stpfl. bekannt gegeben worden ist (→ § 376 Rn. 26 ff. mwN). Eine Unterlassungstat ist bei Veranlagungssteuern erst dann beendet, wenn das zuständige FA die Veranlagungsarbeiten in dem betreffenden Bezirk für den maßgeblichen Zeitraum allgemein abgeschlossen hat (BGH 7.11.2001, BGHSt 47, 138, 147; 14.3.2016, BGHSt 61, 180, 187), sofern nicht bereits zuvor ein Schätzungsbescheid ergangen und bekanntgegeben worden ist. Bei der LSt treten die Vollendung und die Beendigung ein, wenn eine entsprechende Anmeldung zum Fälligkeitszeitpunkt nicht eingereicht wird (→ § 376 Rn. 36). 14

Die Verjährung einer Ordnungswidrigkeit der leichtfertigen Steuerverkürzung (§ 378 AO) durch ungerechtfertigten Bezug von **Kindergeld** (Steuervergütung gem. § 31 S. 3 EStG) beginnt erst mit der letztmals zu Unrecht erlangten Kindergeldzahlung. Denn aus dem das Kindergeldrecht beherrschenden Monatsprinzip (§ 66 II EStG) ist nicht herzuleiten, dass jede monatliche Auszahlung eine beendete Ordnungswidrigkeit darstellt (BFH 6.4.2017, BStBl. II 2017, 997 mwN).

Bei einer **Dauerordnungswidrigkeit** kommt es auf die Beseitigung des rechtswidrigen Zustandes an (HHS/*Bülte* AO § 384 Rn. 28 u. RKR/*Hunsmann* AO § 384 Rn. 14). 15

Bei den **abstrakten Gefährdungsdelikten** des § 379 II und III AO ist nach hM die Tat bereits mit der Vornahme der Tathandlung vollendet und beendet, bei den potentiellen Gefährdungsdelikten (Eignungsdelikten) des § 379 I AO mit der Ermöglichung der Steuerverkürzung (HHS/*Bülte* AO § 384 Rn. 28 u. RKR/*Hunsmann* AO § 384 Rn. 14, jeweils mwN). Die durch aktives Tun begangenen Ordnungswidrigkeiten des Ausstellens unrichtiger Belege (§ 379 I Nr. 1 AO), des Inverkehrbringens von Belegen gegen Entgelt (§ 379 I Nr. 2 AO) und des unrichtigen Verbuchens oder Verbuchenlassens (§ 379 I Nr. 3 AO) sind damit mit Vornahme der jeweiligen Handlung vollendet und beendet (GJW/*Heine* AO § 384 Rn. 8, HHS/*Bülte* AO § 384 Rn. 28 u. RKR/*Hunsmann* AO § 384 Rn. 14). Für die Ordnungswidrigkeiten betreffend elektronische Aufzeichnungssysteme (§ 379 I Nr. 4 bis 6 AO) gilt grundsätzlich dasselbe; im Hinblick auf das Erfordernis der Ermöglichung der Steuerverkürzung sind aber die Umstände des Einzelfalls maßgebend. 16

Anderes gilt nach hM bei § 379 AO für die **Unterlassungsvarianten.** Danach beginnt die Verjährung wie bei den echten Unterlassungsdelikten des allgemeinen Strafrechts erst, wenn die Pflicht zum Handeln fortfällt. Das ist, wenn die Handlung fristgebunden ist, nicht schon bei Fristablauf der Fall, sofern die Handlungspflicht fortbesteht (vgl. BGH 4.4.1979, BGHSt 28, 371, 380; BGH 27.9.1991, wistra 1992, 23 und OLG Jena 20.5.2005, NStZ-RR 2006, 170, jeweils betr. § 266a StGB; BGH 6.2.2020, JR 2020, 395; *Fischer* StGB § 78a Rn. 14; GJW/*Heine* AO § 384 Rn. 8; Göhler/*Gürtler* OWiG § 31 Rn. 10). Nach 17 aA ist jedenfalls das Eignungsdelikt des § 379 I AO bereits mit der Ermöglichung der Steuerverkürzung vollendet und beendet (HHS/*Bülte* AO § 384 Rn. 28). Diese Auffassung beruft sich darauf, dass ansonsten ein Widerspruch zum Steuerstrafrecht bestünde und zudem eine endlos verschleppte Verjährung drohte (HHS/*Bülte* AO § 384 Rn. 28). Aus ähnlichen Erwägungen hat der BGH seine Rspr zu § 266a I StGB geändert und entschieden, dass die Verjährung jeder Tat des Vorenthaltens und Veruntreuens von Arbeitsentgelt gem § 266a I StGB mit dem Verstreichen des Fälligkeitszeitpunkts für jeden Beitragsmonat nach § 23 I SGB IV beginnt (BGH 1.9.2020, BGHSt 65, 136 = NJW 2020, 3469). Nach seiner Ansicht steht der Umstand, dass die sozialversicherungsrechtliche Pflicht zur Abführung der Beiträge und damit die Rechtsgutsbeeinträchtigung grundsätzlich bis zum Erlöschen der Beitragspflicht fortbesteht, der Annahme einer früheren Tatbeendigung nicht zwingend entgegen. Die Rechtsgutsverletzung sei mit der Nichtzahlung im Zeitpunkt der Fälligkeit irreversibel eingetreten und werde durch weiteres Untätigbleiben nicht mehr vertieft (BGH 1.9.2020, NJW 2020, 3469 Rn. 15 f.). Im Übrigen führe die bisherige Rspr wegen der eintretenden langen „Gesamtverjährungszeit" zu Verwerfungen im Bereich des Verjährungssystems (BGH 1.9.2020, NJW 2020, 3469 Rn. 19). Hierzu hat der 5. Strafsenat des BGH angemerkt, dass lediglich die besondere Struktur der in Rede stehenden Tatbestände als „Fälligkeitsdelikte" eine Abweichung von dem Grundsatz, dass die Verjährung bei echten Unterlassungsdelikten regelmäßig erst mit dem Wegfall der Handlungspflicht beginnt, rechtfertige (BGH 6.2.2020, JR 2020, 395).

18 Da die Struktur des Tatbestands der **Gefährdung von Abzugsteuern (§ 380 AO)** derjenigen des § 266a I StGB entspricht, dürfte auch dort die Tatbeendigung bereits mit dem Verstreichenlassen des Fälligkeitstermins zur Abführung der Steuerabzugsbeträge anzunehmen sein (vgl. auch Kohlmann/*Matthes* AO § 380 Rn. 63 und HHS/*Bülte* AO § 384 Rn. 28; aA noch die Vorauflage sowie Schwarz/Pahlke/*Webel* AO § 384 Rn. 3, wonach die Verjährung erst dann beginnt, wenn die Pflicht zum Handeln, etwa durch die nachträgliche Abführung der Steuerabzugsbeträge, entfällt).

19 Wann die Verjährung bei einer **Aufsichtspflichtverletzung** (§ 130 OWiG) beginnt, ist umstritten. Nach zutreffender hM beginnt die Verjährung der Aufsichtspflichtverletzung mit Beendigung der Zuwiderhandlung, bei Dauerordnungswidrigkeiten nicht vor Beendigung der letzten die betriebsbezogenen Pflichten verletzenden Handlung von Unternehmensangehörigen (BGH 6.11.1984, wistra 1985, 77; Göhler/*Gürtler* OWiG § 130 Rn. 30; Schwarz/Pahlke/*Webel* AO § 384 Rn. 3; ferner → § 377 Rn. 73 f.). Zum Teil wird die Tat solange nicht als beendet angesehen, wie weitere Verstöße derselben Art zu befürchten sind (BGH 9.7.1984, BGHSt 32, 389, 392) oder die ordnungsgemäße Aufsicht nicht wiederhergestellt ist (BMR SteuerStR/*Bender/Möller/Retemeyer* E Rn. 310).

6. Ruhen der Verjährung

20 Die **Verjährung ruht,** solange nach dem Gesetz die Verfolgung nicht begonnen oder nicht fortgesetzt werden kann (§ 32 I OWiG). Nicht verfolgt werden kann eine Tat zB bei Fehlen einer inländischen Verfolgungszuständigkeit (Göhler/*Gürtler* OWiG § 32 Rn. 3) sowie bei Aussetzung des Verfahrens nach Art. 100 GG (OLG Schleswig 17.11.1961, NJW 1962, 1580) oder nach Art. 267 AEUV (→ § 396 Rn. 20). Die Verjährung ruht auch, wenn das Bußgeldverfahren gem. § 410 I Nr. 5, § 396 AO bis zum rechtskräftigen Abschluss des Besteuerungsverfahrens ausgesetzt worden ist (§ 396 III AO). Die Erhebung einer Verfassungsbeschwerde bewirkt hingegen kein Ruhen der Verjährung (OLG Düsseldorf 13.10.1967, NJW 1968, 117). Die Immunität eines Abgeordneten ist nach Art. 46 II GG und den entsprechenden Verfassungsvorschriften der meisten Länder kein Verfolgungshindernis für das Bußgeldverfahren, weil diese Vorschriften lediglich untersagen, einen Abgeordneten wegen einer „mit Strafe bedrohten Handlung" zur Verantwortung zu ziehen oder zu verhaften; der Geldbuße fehlt aber das mit der Kriminalstrafe verbundene Unwerturteil (Göhler/*Seitz* OWiG Vor § 59 Rn. 42 und Göhler/

Gürtler OWiG § 32 Rn. 6; Nr. 152 I AStBV; Nr. 298 S. 1 RiStBV; aM HHS/*Bülte* AO § 384 Rn. 33).

7. Unterbrechung der Verjährung

Für die **Unterbrechung der Verjährung** gilt der – weitgehend § 78c StGB entsprechende – Katalog des § 33 OWiG (zu § 78c StGB vgl. → § 376 Rn. 62 ff.). Nach jeder Unterbrechung beginnt die Verjährungsfrist von neuem (§ 33 III 1 OWiG). Die Verfolgungsverjährung tritt aber spätestens ein, wenn seit Verjährungsbeginn das Doppelte der gesetzlichen Verjährungsfrist, mindestens aber zwei Jahre verstrichen sind (§ 33 III 2 OWiG).

Um eine Verjährungsunterbrechung zu bewirken, ist eine **Konkretisierung des Tatgeschehens** nötig; die Tat muss soweit individualisiert sein, dass sie von denkbaren oder gleichartigen Sachverhalten unterscheidbar ist (BGH 20.5.1969, BGHSt 22, 375, 385). Die Unterbrechungswirkung von Untersuchungshandlungen erstreckt sich grundsätzlich auf alle verfahrensgegenständlichen Taten, wenn in einem Verfahren wegen mehrerer Taten im prozessualen Sinn ermittelt wird. Dies gilt jedoch dann nicht, wenn der Verfolgungswille des tätig werdenden Strafverfolgungsorgans erkennbar auf eine oder mehrere Taten beschränkt ist (BGH 5.4.2000, wistra 2000, 219; BGH 22.8.2006, NStZ 2007, 213 u. BGH 25.6.2015, NZWiSt 2015, 459).

Die Unterbrechungshandlung muss sich auf einen **konkreten Täter** beziehen (BGH 1.8.1995, StV 585; → § 376 Rn. 69), der in den Ermittlungsakten als Tatverdächtiger bezeichnet ist (BGH 6.3.2007, wistra 2007, 383). Dieser muss zwar noch nicht namentlich bekannt sein; es müssen jedoch zum Zeitpunkt der Untersuchungshandlung Merkmale vorhanden sein, die den Täter individuell bestimmen (BGH 6.3.2007, wistra 2007, 383). Bei Ermittlungen gegen ein Unternehmen wird deshalb die Verjährung nicht gegen einen nach § 9 I Nr. 2 oder II OWiG Verantwortlichen unterbrochen, wenn unbekannt ist, wer die verantwortliche Person ist (Göhler/*Gürtler* OWiG § 33 Rn. 56).

Erfüllt ein Durchsuchungsbeschluss die an ihn zu stellenden **verfassungsrechtlichen Mindestanforderungen** nicht, kann er die Verfolgungsverjährung nicht unterbrechen (BGH 27.5.2003, wistra 2003, 382 und BGH 5.4.2000, wistra 2000, 219 mAnm *Jäger* wistra 2000, 227).

8. Wirkung der Verfolgungsverjährung

Nach hM ist die Verjährung ein Verfahrenshindernis (→ § 376 Rn. 6). Durch sie werden die Verfolgung von Ordnungswidrigkeiten und die Anordnung von Nebenfolgen ausgeschlossen (§ 31 I 1 OWiG). Das Verfahren ist auf Kosten der Staatskasse (§ 46 I OWiG; § 467 I StPO) einzustellen (Göhler/*Gürtler* OWiG Vor § 31 Rn. 5). In den Fällen leichtfertiger Steuerverkürzung endet die Frist für die Steuerfestsetzung (§ 169 II 2 AO) nicht, bevor die Verfolgung der Steuerordnungswidrigkeit verjährt ist (§ 171 VII AO).

§ 384a Verstöße nach Artikel 83 Absatz 4 bis 6 der Verordnung (EU) 2016/679

(1) **Vorschriften dieses Gesetzes und der Steuergesetze über Steuerordnungswidrigkeiten finden keine Anwendung, soweit für eine Zuwiderhandlung zugleich Artikel 83 der Verordnung (EU) 2016/679 unmittelbar oder nach § 2a Absatz 5 entsprechend gilt.**

(2) **Für Verstöße nach Artikel 83 Absatz 4 bis 6 der Verordnung (EU) 2016/679 im Anwendungsbereich dieses Gesetzes gilt § 41 des Bundesdatenschutzgesetzes entsprechend.**

(3) **Eine Meldung nach Artikel 33 der Verordnung (EU) 2016/679 und eine Benachrichtigung nach Artikel 34 Absatz 1 der Verordnung (EU) 2016/679 dürfen in einem Straf- oder Bußgeldverfahren gegen die meldepflichtige Person oder einen ihrer in § 52 Absatz 1 der Strafprozessordnung bezeichneten Angehörigen nur mit Zustimmung der meldepflichtigen Person verwertet werden.**

(4) **Gegen Finanzbehörden und andere öffentliche Stellen werden im Anwendungsbereich dieses Gesetzes keine Geldbußen nach Artikel 83 Absatz 4 bis 6 der Verordnung (EU) 2016/679 verhängt.**

Art. 83 DSGVO Allgemeine Bedingungen für die Verhängung von Geldbußen

(1) Jede Aufsichtsbehörde stellt sicher, dass die Verhängung von Geldbußen gemäß diesem Artikel für Verstöße gegen diese Verordnung gemäß den Absätzen 4, 5 und 6 in jedem Einzelfall wirksam, verhältnismäßig und abschreckend ist.

(2) ¹Geldbußen werden je nach den Umständen des Einzelfalls zusätzlich zu oder anstelle von Maßnahmen nach Artikel 58 Absatz 2 Buchstaben a bis h und j verhängt. ²Bei der Entscheidung über die Verhängung einer Geldbuße und über deren Betrag wird in jedem Einzelfall Folgendes gebührend berücksichtigt:

a) Art, Schwere und Dauer des Verstoßes unter Berücksichtigung der Art, des Umfangs oder des Zwecks der betreffenden Verarbeitung sowie der Zahl der von der Verarbeitung betroffenen Personen und des Ausmaßes des von ihnen erlittenen Schadens;
b) Vorsätzlichkeit oder Fahrlässigkeit des Verstoßes;
c) jegliche von dem Verantwortlichen oder dem Auftragsverarbeiter getroffenen Maßnahmen zur Minderung des den betroffenen Personen entstandenen Schadens;
d) Grad der Verantwortung des Verantwortlichen oder des Auftragsverarbeiters unter Berücksichtigung der von ihnen gemäß Artikeln 25 und 32 getroffenen technischen und organisatorischen Maßnahmen;
e) etwaige einschlägige frühere Verstöße des Verantwortlichen oder des Auftragsverarbeiters;
f) Umfang der Zusammenarbeit mit der Aufsichtsbehörde, um dem Verstoß abzuhelfen und seine möglichen nachteiligen Auswirkungen zu mindern;
g) Kategorien personenbezogener Daten, die von dem Verstoß betroffen sind;
h) Art und Weise, wie der Verstoß der Aufsichtsbehörde bekannt wurde, insbesondere ob und gegebenenfalls in welchem Umfang der Verantwortliche oder der Auftragsverarbeiter den Verstoß mitgeteilt hat;
i) Einhaltung der nach Artikel 58 Absatz 2 früher gegen den für den betreffenden Verantwortlichen oder Auftragsverarbeiter in Bezug auf denselben Gegenstand angeordneten Maßnahmen, wenn solche Maßnahmen angeordnet wurden;
j) Einhaltung von genehmigten Verhaltensregeln nach Artikel 40 oder genehmigten Zertifizierungsverfahren nach Artikel 42 und
k) jegliche anderen erschwerenden oder mildernden Umstände im jeweiligen Fall, wie unmittelbar oder mittelbar durch den Verstoß erlangte finanzielle Vorteile oder vermiedene Verluste.

(3) Verstößt ein Verantwortlicher oder ein Auftragsverarbeiter bei gleichen oder miteinander verbundenen Verarbeitungsvorgängen vorsätzlich oder fahrlässig gegen mehrere Bestimmungen dieser Verordnung, so übersteigt der Gesamtbetrag der Geldbuße nicht den Betrag für den schwerwiegendsten Verstoß.

(4) Bei Verstößen gegen die folgenden Bestimmungen werden im Einklang mit Absatz 2 Geldbußen von bis zu 10.000.000 EUR oder im Fall eines Unternehmens von bis zu 2 % seines gesamten

Verstöße nach Artikel 83 Absatz 4 bis 6 der Verordnung (EU) 2016/679 **§ 384a**

weltweit erzielten Jahresumsatzes des vorangegangenen Geschäftsjahrs verhängt, je nachdem, welcher der Beträge höher ist:
a) die Pflichten der Verantwortlichen und der Auftragsverarbeiter gemäß den Artikeln 8, 11, 25 bis 39, 42 und 43;
b) die Pflichten der Zertifizierungsstelle gemäß den Artikeln 42 und 43;
c) die Pflichten der Überwachungsstelle gemäß Artikel 41 Absatz 4.

(5) Bei Verstößen gegen die folgenden Bestimmungen werden im Einklang mit Absatz 2 Geldbußen von bis zu 20.000.000 EUR oder im Fall eines Unternehmens von bis zu 4% seines gesamten weltweit erzielten Jahresumsatzes des vorangegangenen Geschäftsjahrs verhängt, je nachdem, welcher der Beträge höher ist:
a) die Grundsätze für die Verarbeitung, einschließlich der Bedingungen für die Einwilligung, gemäß den Artikeln 5, 6, 7 und 9;
b) die Rechte der betroffenen Person gemäß den Artikeln 12 bis 22;
c) die Übermittlung personenbezogener Daten an einen Empfänger in einem Drittland oder an eine internationale Organisation gemäß den Artikeln 44 bis 49;
d) alle Pflichten gemäß den Rechtsvorschriften der Mitgliedstaaten, die im Rahmen des Kapitels IX erlassen wurden;
e) Nichtbefolgung einer Anweisung oder einer vorübergehenden oder endgültigen Beschränkung oder Aussetzung der Datenübermittlung durch die Aufsichtsbehörde gemäß Artikel 58 Absatz 2 oder Nichtgewährung des Zugangs unter Verstoß gegen Artikel 58 Absatz 1.

(6) Bei Nichtbefolgung einer Anweisung der Aufsichtsbehörde gemäß Artikel 58 Absatz 2 werden im Einklang mit Absatz 2 des vorliegenden Artikels Geldbußen von bis zu 20.000.000 EUR oder im Fall eines Unternehmens von bis zu 4% seines gesamten weltweit erzielten Jahresumsatzes des vorangegangenen Geschäftsjahrs verhängt, je nachdem, welcher der Beträge höher ist.

(7) Unbeschadet der Abhilfebefugnisse der Aufsichtsbehörden gemäß Artikel 58 Absatz 2 kann jeder Mitgliedstaat Vorschriften dafür festlegen, ob und in welchem Umfang gegen Behörden und öffentliche Stellen, die in dem betreffenden Mitgliedstaat niedergelassen sind, Geldbußen verhängt werden können.

(8) Die Ausübung der eigenen Befugnisse durch eine Aufsichtsbehörde gemäß diesem Artikel muss angemessenen Verfahrensgarantien gemäß dem Unionsrecht und dem Recht der Mitgliedstaaten, einschließlich wirksamer gerichtlicher Rechtsbehelfe und ordnungsgemäßer Verfahren, unterliegen.

(9) [1] Sieht die Rechtsordnung eines Mitgliedstaats keine Geldbußen vor, kann dieser Artikel so angewandt werden, dass die Geldbuße von der zuständigen Aufsichtsbehörde in die Wege geleitet und von den zuständigen nationalen Gerichten verhängt wird, wobei sicherzustellen ist, dass diese Rechtsbehelfe wirksam sind und die gleiche Wirkung wie die von Aufsichtsbehörden verhängten Geldbußen haben. [2] In jeden Fall müssen die verhängten Geldbußen wirksam, verhältnismäßig und abschreckend sein. [3] Die betreffenden Mitgliedstaaten teilen der Kommission bis zum 25. Mai 2018 die Rechtsvorschriften mit, die sie aufgrund dieses Absatzes erlassen, sowie unverzüglich alle späteren Änderungsgesetze oder Änderungen dieser Vorschriften.

Schrifttum zum Datenschutzrecht: Beck'scher Online-Kommentar zum Datenschutzrecht [BeckOK Datenschutzrecht] 37. Edition herausgegeben von *Wolff/Brink; Ehmann/Selmayr*, Datenschutz-Grundverordnung: DS-GVO, 2. Aufl. 2018; Gola/Heckmann, Bundesdatenschutzgesetz: BDSG, 13. Aufl. 2019; *Paal/Pauly*, Datenschutz-Grundverordnung Bundesdatenschutzgesetz: DS-GVO BDSG, 3. Aufl. 2021; *Spindler/Schuster*, Recht der elektronischen Medien, 4. Aufl. 2019; *Taeger/Gabel*, DSGVO – BDSG, 3. Aufl. 2019; *Bülte*, Das Datenschutzbußgeldrecht als originäres Strafrecht der Europäischen Union?, StV 2017, 460; *Petri*, Mitarbeiterüberwachung 4.0. im Lichte der neuen Bußgeldrisiken der DSGVO, StraFo 2018, 231; *Rost*, Bußgeld im digitalen Zeitalter – was bringt die DS-GVO?, RDV 2017, 13.

Übersicht

	Rn.
1. Entstehungsgeschichte und Regelungszweck	1–3
2. Datenverarbeitung nach DSGVO und AO	4–9
3. Anwendungsausschluss der Abgabenordnung und sonstigen Steuergesetze (§ 384 I)	10–12
4. Anwendbarkeit verfahrensrechtlicher Vorschriften (§ 384 II)	13–15
5. Beweisverwendungsverbot (§ 384 III)	16–18
6. Behördenprivileg (§ 384 IV)	19–22

Karstens

1. Entstehungsgeschichte und Regelungszweck

1 Der § 384a wurde mit Art. 17 Nr. 24 G. v. 17.7.2017 („Gesetz zur Änderung des Bundesversorgungsgesetzes und anderer Vorschriften", BGBl. I 2541, 2555) in die Abgabenordnung aufgenommen und ist gem. Art. 31 IV d. G. am 25.5.2018 in Kraft getreten. Die Änderungen der Abgabenordnung waren erst spät zum Gegenstand des Gesetzgebungsprozess gemacht worden (Kohlmann/*Talaska* AO § 384a Rn. 2).

2 Die **Vorschrift dient der Anpassung an die Verordnung (EU) 2016/679** vom 27.4.2016 (ABl. 2016 L 119, 1) zum Schutz natürlicher Personen bei der Verarbeitung personenbezogener Daten, zum freien Datenverkehr und zur Aufhebung der Richtlinie 95/46/EG (Datenschutz-Grundverordnung, **DSGVO**), die ebenfalls seit dem 25.5.2018 (Art. 99 II DSGVO) in den EU-Mitgliedsstaaten grundsätzlich unmittelbare und vorrangige Geltung entfaltet (Art. 288 II AEUV; zu Öffnungsklauseln und ihren Gebrauch durch den deutschen Gesetzgeber vgl. → Rn. 4). Die unmittelbare Geltung der DSGVO und damit auch des Art. 83 DSGVO, der die allgemeinen Bedingungen zur Verhängung von Geldbußen regelt, machten zugleich eine Anpassung der Abgabenordnung dergestalt erforderlich, dass die bisherigen für Datenschutzverstöße geltenden steuerlichen Bußgeldtatbestände nicht mehr erhalten bleiben konnten (BT-Drs. 18/12611, 95). § 383a aF (Art. 17 Nr. 23, G v. 17.7.2017, BGBl. I 2541, 2547), § 39 IX EStG aF, § 41b IIa EStG aF und § 50f I Nr. 2 EStG aF (Art. 74 Nrn. 5b, 7b u. 11 G v. 20.11.2019, BGBl. I 1626) wurden im Zuge dessen gestrichen und § 384a als einheitliche Regelung von Verstößen gegen datenschutzrechtliche Bestimmungen innerhalb des Anwendungsbereichs der Abgabenordnung aufgenommen (BeckOK AO/*Hauer* AO § 384a Rn. 1, Klein/*Jäger* AO § 384a Rn. 1, HHS/*Tormöhlen* AO § 384a Rn. 1; BT-Drs. 430/18, 358, 360, explizit wird der Meldeverstoß nach § 50f I Nr. 1 EStG vom Gesetzgeber als von Art. 83 DSGVO nicht umfasst angesehen).

3 Datenschutzrechtliche Verstöße sind mithin allein nach Art. 83 DSGVO bußgeldbewehrt. Allerdings bestehen gegen die **Verfassungsmäßigkeit der Sanktionsbestimmung nach Art. 83 DSGVO** Bedenken. Neben der grundsätzlichen Frage einer Regelungskompetenz des europäischen Gesetzgebers für Sanktionen bei Zuwiderhandlungen gegen gemeinschaftliche Bestimmungen (BeckOK Datenschutzrecht/*Holländer* DSGVO Art. 83 Rn. 4 ff.; *Petri* StraFo 2018, 231; *Bülte* StV 2017, 460) wird vor allem eine mangelnde Bestimmtheit (Art. 103 II GG, Art. 49 I 1 GRCh) kritisiert (*Rost* RDV 2017, 13; *Bülte* StV 2017, 460; Spindler/Schuster/*Eckhardt* DSGVO Art. 83 Rn. 4; HHS/ *Tormöhlen* AO § 384a Rn. 7; BeckOK AO/*Hauer* AO § 384a Rn. 50; Schwarz/Pahlke/ *Webel* AO § 384a Rn. 22).

2. Datenverarbeitung nach DSGVO und AO

4 Die **DSGVO hat zum Ziel,** ein gleichmäßiges und hohes Datenschutzniveau für natürliche Personen in allen EU-Mitgliedsstaaten zu gewährleisten. Die Vorschriften zum Schutz der Grundrechte und Grundfreiheiten von natürlichen Personen bei der Verarbeitung personenbezogener Daten (Art. 16 I, II AEUV) sollen unionsweit gleichmäßig und einheitlich angewandt werden (Erwägungsgrund 10 S. 1 u. 2 DSGVO). Zugleich erkennt der europäische Gesetzgeber an, dass es für die Verarbeitung personenbezogener Daten zur Erfüllung rechtlicher Verpflichtungen oder zur Wahrnehmung einer Aufgabe, die im öffentlichen Interesse liegt oder in Ausübung öffentlicher Gewalt erfolgt, erforderlich ist, den nationalen Gesetzgebern die Möglichkeit einzuräumen, nationale Regelungen zu treffen bzw. beizubehalten, die die Anwendung der DSGVO genauer festlegen (Erwägungsgrund 10 S. 3 DSGVO). Vor diesem Hintergrund bietet die DSGVO an zahlreichen Stellen den nationalen Gesetzgebern der EU-Mitgliedsstaaten die Möglichkeit, vom Regelungsgehalt der Verordnung abzuweichen (Öffnungsklauseln). Explizit gilt dies gem. Art. 23 I Buchst. e DSGVO für den gesamten Steuerbereich. Für die Verhängung von

Geldbußen im Zusammenhang mit Verstößen gegen die DSGVO enthalten Art. 83 VII DSGVO (Geldbußen gegen Behörden und öffentliche Stellen) und Art. 84 I DSGVO (Vorschriften über andere Sanktionen) weitere Möglichkeiten zur eigenständigen Regelung durch die EU-Mitgliedstaaten.

Auf den **Anwendungsvorrang** der DSGVO wird einerseits in § 2a III AO ausdrücklich hingewiesen. Andererseits hat der deutsche Gesetzgeber von den **Öffnungsklauseln** der DSGVO umfassend Gebrauch gemacht (vgl. BT-Drs. 18/12611, 74) und im vierten, sechsten und siebten Abschnitt des ersten Teils der Abgabenordnung mit den §§ 29b–32j AO ein Regelungswerk zur Verarbeitung geschützter Daten, den Rechten von Betroffenen sowie zur Aufsicht und gerichtlichem Rechtsschutz geschaffen. Insoweit handelt es sich jedoch nicht um Wiederholungen der Regelungen der DSGVO (Dies würde einen Verstoß gegen das sog. Wiederholungsverbot darstellen, vgl. BMF 13.1.2020, BStBl. I 2020, 143, Rn. 1; geänd. durch BMF 17.6.2021, BeckVerw 531528), sondern um „*bereichsspezifische Regelungen zur Rechtmäßigkeit der Verarbeitung und Weiterverarbeitung personenbezogener Daten*" und „*Beschränkungen der Rechte der Betroffenen nach Kapitel III der DSGVO*" (BMF 13.1.2020, BStBl. I 2020, 143, Rn. 4). In § 2a AO werden die Adressaten bestimmt: Neben den Finanzbehörden (§ 6 II AO) und andere öffentliche Stellen (§ 6 Ia – Ic AO) werden auch nicht-öffentliche Stellen (§ 6 Id und Ie AO) in den Anwendungsbereich der bereichsspezifischen Regelungen einbezogen. Darüber hinaus stellt § 2a II AO klar, dass die datenschutzrechtlichen Regelungen der AO auch für die Zollverwaltung (Überwachung des grenzüberschreitenden Warenverkehrs) gelten. Allerdings sind Behörden und sonstigen öffentlichen Stellen nach Art. 83 DSGVO ausdrücklich durch § 384a IV von einer Bebußung ausgenommen (→ Rn. 19 ff.).

Das Bundesdatenschutzgesetz oder andere Datenschutzvorschriften des Bundes sowie entsprechende Landesgesetze gelten für Finanzbehörden nur, soweit dies in der Abgabenordnung oder den Steuergesetzten bestimmt ist (§ 2a I 2 AO); wobei das BMF (aaO., Rn 5) festhält, dass Landesdatenschutzgesetze im Anwendungsbereich der AO nicht gelten (vgl. BeckOK AO/*Hauer* AO § 384a Rn. 26).

Die unmittelbare Anwendung der Regelungen der DSGVO gilt jedoch nur im Verwaltungsverfahren in Steuersachen (bzw. für die Zollverwaltung; BMF 13.1.2020, BStBl. I 2020, 143, Rn. 7), nicht jedoch **im Steuerstraf- und -bußgeldverfahren** (Kohlmann/*Talaska* AO § 384a Rn. 9). Für die Verarbeitung personenbezogener Daten zum Zweck der Verhütung, Ermittlung, Aufdeckung, Verfolgung oder Ahndung von Steuerstraftaten oder Steuerordnungswidrigkeiten gelten die Vorschriften des Ersten und des Dritten Teils des BDSG, soweit gesetzlich nichts anderes bestimmt ist (§ 2a IV AO). Dies ergibt sich bereits aus Art. 2 II Buchst. d DSGVO. Abweichende Vorschriften können sich etwa aus der AO, der StPO oder über § 1 I Nr. 2 BDSG aus den Datenschutzgesetzen der Länder ergeben (BMF 13.1.2020, BStBl. I 2020, 143, Rn. 7).

Die DSGVO sowie die spezifischen Regelungen der AO gelten für die Verarbeitung personenbezogener Daten natürlicher Personen. Unter **personenbezogenen Daten** werden gem. Art. 4 Nr. 1 1. Hs DSGVO alle Informationen verstanden, die sich auf eine identifizierte oder identifizierbare Person beziehen. Umfasst sind zunächst nur Daten natürlicher Personen, jedoch erweitert § 2a V AO insoweit den Anwendungsbereich, dass die Vorschriften entsprechend für Informationen gelten, die sich auf identifizierte oder identifizierbare verstorbene natürliche Personen oder Körperschaften, rechtsfähige oder nicht rechtsfähige Personenvereinigungen oder Vermögensmassen beziehen. Eine **Verarbeitung** ist gem. Art. 4 Nr. 2 DSGVO jeder mit oder ohne Hilfe automatisierter Verfahren ausgeführter Vorgang oder jede solche Vorgangsreihe im Zusammenhang mit personenbezogenen Daten (zB Erheben, Erfassen, Speichern, Anpassen oder Verändern).

Der § 384a I regelt, dass für Art. 83 DSGVO (erweitert um § 2a V AO, → Rn. 8) ein Anwendungsvorrang besteht, soweit für „*eine Zuwiderhandlung*" auch die Vorschriften über Steuerordnungswidrigkeit in Betracht käme. Ferner gelten für Verstöße gegen die Bußgeldtatbestände des Art. 83 IV–VI DSGVO gem. der Rechtsfolgenverweisung des § 384a

II AO auf § 41 BDSG eingeschränkt die Vorschriften des OWiG, der StPO und des GVG. Zudem enthält § 384a III AO ein Beweisverwendungsverbot für Meldungen von oder Benachrichtigungen über Datenschutzverstöße nach Artt. 33, 34 DSGVO. Im Übrigen ist eine Festsetzung einer Geldbuße nach Art. 83 DSGVO gegen Finanzbehörden und andere öffentliche Stellen ausgeschlossen (§ 384a IV).

3. Anwendungsausschluss der Abgabenordnung und sonstigen Steuergesetze (§ 384 I)

10   **In § 384a I wird ausdrücklich klargestellt,** dass eine Bebußung nach Art. 83 DSGVO eine solche nach der Abgabenordnung oder den Steuergesetzen über Steuerordnungswidrigkeit (§ 377 AO) verdrängt. Diese hat wegen der unmittelbaren und vorrangigen Geltung sowie der unionsweit gleichmäßig und einheitlich Anwendung des Art. 83 DSGVO nur deklaratorische Bedeutung (vgl. → Rn. 2, 4). Könnte mithin ein datenschutzrechtlicher Verstoß, der nach Art. 83 DSGVO zu sanktionieren ist, zugleich als Steuerordnungswidrigkeit (§ 377 AO) geahndet werden, scheidet die Anwendung der Vorschriften der Abgabeordnung und der Steuergesetze über Steuerordnungswidrigkeiten aus.

11   Da die DSGVO nur für lebende natürliche Personen Wirkung entfaltet, hat der deutsche Gesetzgeber mit § 2a V AO von der Öffnungsklausel (Erwägungsgrund Nr. 27 DSGVO) Gebrauch gemacht und sie für **Verstorbene und juristische Personen** erweitert. Insoweit gilt gem. § 384a I der Art. 83 DSGVO entsprechend (vgl. → Rn. 8).

12   Sämtliche Steuerordnungswidrigkeiten, die einen datenschutzrechtlichen Verstoß beinhalteten, sind mittlerweile aufgehoben (§ 383a AO aF, § 39 IX EStG aF, § 41b IIa EStG aF und § 50f I Nr. 2 EStG aF), um der abschließenden bußgeldrechtlichen Regelung der DSGVO Rechnung zu tragen (BT-Drs. 18/12611, 95; BT-Drs. 430/18, 358, 360; HHS/*Tormöhlen* AO § 384a Rn. 10).

4. Anwendbarkeit verfahrensrechtlicher Vorschriften (§ 384 II)

13   Gem. § 384 II gilt für Verstöße gegen die DSGVO im Anwendungsbereich der Abgabenordnung § 41 BDSG entsprechend (insoweit in Abweichung von § 377 II, §§ 409, 410).

14   Dieser wiederum verweist für **Verstöße** nach Art. 83 IV–VI DSGVO in § 41 I BDSG auf das Gesetz über Ordnungswidrigkeiten mit Ausnahme der §§ 17, 35 und 36 OWiG und erklärt diese für sinngemäß anwendbar (krit. zur „sinngemäßen Anwendung" Taeger/Gabel/*Nolde* DSGVO, BDSG, TTDSG, § 41 Rn. 4 ff.; Gola/Heckmann/*Ehmann* BDSG § 41 Rn. 9; Paal/Pauly/*Frenzel* BDSG § 41 Rn. 2). Hintergrund ist, dass § 17 OWiG (Bemessung der Geldbuße) durch die eigenständige Regelung des Art. 83 II DSGVO verdrängt wird (vgl. HHS/*Tormöhlen* AO § 384a Rn. 14). Die Nichtanwendbarkeit der §§ 35, 36 OWiG ist zudem erforderlich, um zu vermeiden, dass die FinB für die Verfolgung datenschutzrechtlicher Verstöße zuständig ist, da gem. Art. 83 VIII DSGVO sichergestellt werden muss, dass die Verhängung einer Geldbuße der zuständigen Aufsichtsbehörde obliegt (BR-Drs. 110/17, 110). Dies ist entweder (für Besitz- und Verbrauchsteuern) die Landesdatenschutzbehörde oder (für Zölle und Verbrauchsteuern) die Bundesbeauftragte für Datenschutz und die Informationsfreiheit (HHS/*Tormöhlen* AO § 384a Rn. 15). Ferner ist § 68 OWiG (Gerichtszuständigkeit) mit der Maßgabe anzuwenden, dass das Landgericht über festgesetzte Geldbußen entscheidet, die den Betrag von EUR 100.000 übersteigen.

15   Für **Verfahren** wegen eines Verstoßes nach Art. 83 IV–VI DSGO gelten gem. § 41 II BDSG grundsätzlich die Vorschriften des OWiG, der StPO und des GVG. Ausgenommen sind die §§ 56–58, 87, 88, 99 und 100 OWiG, dh Verwarngelder werden nicht erhoben (eine sanktionslose Verwarnung ist hingegen möglich, Art. 58 II DSGVO) und die Vorschriften über die Einziehung (auch für nachträgliche Entscheidungen der Bußgeldbehörde) sowie über die Vollstreckung von Nebenfolgen finden keine Anwendung. § 69 IV 2

OWiG ist zudem mit der Maßgabe anzuwenden, dass eine Einstellung durch die Staatsanwaltschaft nur mit Zustimmung der Aufsichtsbehörde zulässig ist. Insoweit greift § 41 II BSDG in die Verfahrensherrschaft der Staatsanwaltschaften ein, um die Position und europarechtlich geforderte Unabhängigkeit der Aufsichtsbehörde (§ 10 BDSG) für die Entscheidung über datenschutzrechtliche Verstöße zu stärken (BR-Drs. 110/17, 110 aE).

5. Beweisverwendungsverbot (§ 384 III)

Bei einer Meldung eines Verstoßes gegen den Schutz personenbezogener Daten (Art. 33 DSGVO, sog. „**data breach notification**") und eine darüber hinaus gehende Benachrichtigung der betroffenen Person (Art. 34 DSGVO) besteht die Gefahr, dass die meldepflichtige Person zugleich eine eigene bußgeldrechtliche Verantwortung oder die eines Angehörigen offenbart. Um dem Grundsatz „nemo tenetur se ipsum accusare" Rechnung zu tragen (zur Selbstbelastungsfreiheit vgl. → § 393 Rn. 21 ff.), statuiert § 384 III (vgl. auch § 43 IV BDSG) daher ein **Beweisverwendungsverbot** für Informationen, die über die Meldung oder Benachrichtigung erlangt werden. Dies gilt ausdrücklich nicht, wenn die meldepflichtige Person der Verwertung zustimmt. Insoweit besteht kein Schutzinteresse. Die Regelung des § 384 III stützt sich auf die Öffnungsklausel nach Art. 84 DSGVO (BT-Drs. 18/12611, 96). 16

Das Verbot gilt für die meldepflichtige Person und – soweit es sich um eine natürliche Person handelt – auch für ihre Angehörigen iSd § 52 StPO. **Auch juristischen Personen** (bzw. ihre gesetzlichen Vertreter) stehen in einem Verfahren zur Verhängung einer Verbandsgeldbuße gem. § 30 OWiG ein Schweigerecht zu (vgl. umfassend insb. zur Herleitung und Schwierigkeit bei der Verankerung im verfassungsrechtlich garantierten Nemo-tenetur-Grundsatz KK-OWiG/*Rogall* OWiG § 30 Rn. 209 mwN.), sodass das Verwendungsverbot des § 384 III richtigerweise in einem solchen Verfahren gleichermaßen Wirkung entfalten muss, wenn eine effektive Verteidigung möglich sein soll (vgl. auch Schwarz/Pahlke/*Webel* AO § 384a Rn. 37; HHS/*Tormöhlen* AO § 384a Rn. 36). 17

Ob das Verbot **Fernwirkung** entfaltet (vgl. zur grundsätzlichen Problematik bei Verwertungsverboten umfassend → § 393 Rn. 64), wird einhellig im Falle des § 384 III bejaht (Schwarz/Pahlke/*Webel* AO § 384a Rn. 35; HHS/*Tormöhlen* AO § 384a Rn. 35; BeckOK Datenschutzrecht/*Brodowksi/Nowak* BDSG § 42 Rn. 76). Der § 384 III sowie die Parallelvorschriften § 42 IV, § 43 IV BDSG gehen auf § 97 I 3 InsO zurück, der wie auch § 384 III nicht nur ein Verwertungsverbot, sondern ein (darüber hinausgehendes) Verwendungsverbot normiert (MüKoInsO/*Stephan* InsO § 97 Rn. 18). Auch eine Verwendung als sog. Spurenansatz ist daher unstatthaft (HHS/*Tormöhlen* AO § 384a Rn. 35 mwN). 18

6. Behördenprivileg (§ 384 IV)

Die Verhängung von Geldbußen nach Art. 83 DSGVO **gegen Finanzbehörden** und andere öffentliche Stellen ist gem. § 384 IV ausgeschlossen (krit. Ehmann/Selmayr/*Nemitz* DSGVO Art. 83 Rn. 47; Schwarz/Pahlke/*Webel* § 384a Rn. 39 f., der jedoch anerkennt, dass es dem deutschem Rechtsverständnis entspricht, Behörden nicht zu bebußen). Der deutsche Gesetzgeber hat von der Öffnungsklausel aus Art. 83 VII DSGVO Gebrauch gemacht, die es den EU-Mitgliedsstaaten freistellt, Behörden und öffentliche Stellen bei datenschutzrechtlichen Verstößen zu sanktionieren. Die Öffnungsklausel beschränkt sich insoweit nur auf die Verhängung von Geldbußen. Weitere Abhilfebefugnisse der Aufsichtsbehörden gem. Art. 58 II DSGVO bleiben davon ausdrücklich unberührt (zB Warnungen vor potenziellen Verstößen, Verwarnungen bei erfolgten Verstößen, Aufforderungen zur Mitteilung an betroffene Personen und vorübergehende Verarbeitungsverbote). 19

§ 384 IV spricht abweichend vom Wortlaut des Art. 83 VII DSGVO von „Finanzbehörden" (und andere öffentliche Stellen) und nicht pauschal von „Behörden". Da zugleich die Ausnahme für öffentlichen Stellen auf den „Anwendungsbereich dieses Gesetzes" (dh der Abgabenordnung) vorgenommen wird, erscheint mit der ausdrücklichen Nennung der 20

Finanzbehörden iSd § 6 II lediglich die Behörden namentlich erwähnt zu sein, die am häufigsten im Anwendungsbereich relevant sein dürften. Eine weitergehende Einschränkung ist damit jedoch nicht verbunden und sonstige Behörden iSd § 6 Ia–Ic, Id 2 sind unter die „anderen öffentlichen Stellen" zu subsumieren (iE auch Schwarz/Pahlke/*Webel* AO § 384a Rn. 42; Gosch AO/FGO/*Wargowske* AO § 384a Rn. 8).

21   Die Abgrenzung der **sonstige „öffentliche Stelle"** von der nicht-öffentlichen Stelle kann im Einzelfall eine differenzierte Betrachtung erfordern. So existieren einige Ausnahmen für privatrechtlich organisierte Einrichtungen der öffentlichen Hand. Öffentlich-rechtliche organisierte Einrichtungen des Bundes, die bundesunmittelbaren Körperschaften, die Anstalten und Stiftungen des öffentlichen Rechts und deren Vereinigungen sind ungeachtet ihrer Rechtsform öffentliche Stellen (§ 6 Ia). Gleiches gilt für entsprechende Einrichtungen des Landes, einer Gemeinde, eines Gemeindeverbands oder der Aufsicht des Landes unterstehender juristischer Personen des öffentlichen Rechts (§ 6 Ib). Vereinigungen des privaten Rechts von öffentlichen Stellen des Bundes und der Länder, die Aufgaben der öffentlichen Verwaltung wahrnehmen, gelten ungeachtet der Beteiligung nicht-öffentlicher Stellen ebenfalls als öffentliche Stellen des Bundes oder Landes (§ 6 Ic). Nimmt eine nicht-öffentliche Stelle hoheitliche Aufgaben der öffentlichen Verwaltung wahr, ist sie insoweit ebenso öffentliche Stelle (§ 6 Id 2).

22   Öffentlich-rechtliche Stellen gelten hingegen als nicht-öffentliche Stellen iSd AO, soweit sie als öffentlich-rechtliche Unternehmen **am Wettbewerb teilnehmen** (§ 6e und § 2 V BDSG). Dieses Verständnis deckt sich mit dem der DSGVO, die in Art. 4 Nr. 18 als Unternehmen, jede natürliche oder juristische Person definiert, die eine wirtschaftliche Tätigkeit ausübt, unabhängig von ihrer Rechtsform (vgl. Schwarz/Pahlke/*Webel* AO § 384a Rn. 44, der Krankenhäuser und gesetzliche Krankhäuser als Beispiele benennt).

Dritter Abschnitt. Strafverfahren

1. Unterabschnitt. Allgemeine Vorschriften

§ 385 Geltung von Verfahrensvorschriften

(1) Für das Strafverfahren wegen Steuerstraftaten gelten, soweit die folgenden Vorschriften nichts anderes bestimmen, die allgemeinen Gesetze über das Strafverfahren, namentlich die Strafprozessordnung, das Gerichtsverfassungsgesetz und das Jugendgerichtsgesetz.

(2) Die für Steuerstraftaten geltenden Vorschriften dieses Abschnitts, mit Ausnahme des § 386 Abs. 2 sowie der §§ 399 bis 401, sind bei dem Verdacht einer Straftat, die unter Vorspiegelung eines steuerlich erheblichen Sachverhalts gegenüber der Finanzbehörde oder einer anderen Behörde auf die Erlangung von Vermögensvorteilen gerichtet ist und kein Steuerstrafgesetz verletzt, entsprechend anzuwenden.

Vgl. § 46 I OWiG.

Schrifttum: Zum allgemeinen Verfahrensrecht: *Alsberg/Nüse/Meyer*, Der Beweisantrag im Strafprozeß, 6. Aufl. 1995; *Amelunxen*, Die Berufung in Strafsachen, 1982; *Baumann*, Grundbegriffe und Verfahrensprinzipien des Strafprozeßrechts, 3. Aufl. 1979; *Blaese/Wielop*, Die Förmlichkeiten der Revision in Strafsachen, 3. Aufl. 1991; *Dahs/Dahs*, Die Revision im Strafprozeß, 6. Aufl. 2001; *Eser*, Einführung in das Strafprozeßrecht, 7. Aufl. 2008; *Gössel*, Strafverfahrensrecht I, II 1977/1979; *Meyer-Goßner*, Strafprozeßordnung, 64. Aufl. 2021; *Karlsruher Kommentar* zur Strafprozeßordnung und zum Gerichtsverfassungsgesetz [KK-StPO], 8. Aufl. 2019; *Krause*, Die Revision im Strafverfahren, 5. Aufl. 2001; *Kühne*, Strafprozessrecht, 8. Aufl. 2010; *Kunigk*, Die staatsanwaltschaftliche Tätigkeit, 3. Aufl. 1983; *Löwe/Rosenberg*, StPO, Die Strafprozeßordnung und das Gerichtsverfassungsgesetz [LR], 25. Aufl. 1997–2005, 26. Aufl. ab 2006; *Goebel*, Strafprozeß, 6. Aufl. 2005; *Meurer*, Strafprozeßrecht, 3. Auflage 1993; *Müller/Sax/Paulus* [KMR], Kommentar zur Strafprozeßordnung (Losebl.), Stand April 2008; *Peters*, Strafprozeß, 4. Aufl. 1985; *Roxin/Schünemann*, Strafverfahrensrecht, 27. Aufl. 2012; *Rüping*, Das Strafverfahren, 3. Aufl. 1997; *Sarstedt/Hamm*, Die Revision in Strafsachen, 6. Aufl. 1998; *Schäfer*, Die Praxis des Strafverfahrens, 6. Aufl. 2000; *Schlüchter*, Das Strafverfahren, 2. Aufl. 1983; *Eb. Schmidt*, Lehrkommentar zur Strafprozeßordnung und zum Gerichtsverfassungsgesetz, 1957–69; *Rudolphi* u. a., Systematischer Kommentar zur Strafprozeßordnung (Losebl.), Stand Februar 2008; *Wasserburg*, Die Wiederaufnahme des Strafverfahrens, 1984. – Zur Verteidigung s. bei § 392 AO.

Zu § 420 RAO und § 385 AO 1977: *Franzen*, Das Steuerstrafverfahren nach dem AO-Strafrechts-Änderungsgesetz, DStR 1967, 533, 564; *Loose*, Die Reform des Steuerstrafrechts, DStZ 1968, 265; *Henneberg*, Zur Reform des Steuerstraf- und Ordnungswidrigkeitenrechts durch das Einführungsgesetz zum Strafgesetzbuch, BB 1974, 705; *Kohlmann*, Waffengleichheit im Strafprozeß? Peters-FS 1974 S. 311; *Lohmeyer*, Die Anwendung allgemeiner Verfahrensvorschriften bei der Verfolgung von Steuerzuwiderhandlungen, DStR 1974, 279; *Henneberg*, Zur Reform des Strafverfahrensrechts, BB 1975, 429; *Pfaff*, Änderungen des Straf- und Strafverfahrensrechts sowie des Steuer- (Zoll-)Straf- und Ordnungswidrigkeitenrechts durch das EGStGB, DStR 1975, 305; *Henneberg*, Steuerstraf- und Bußgeldrecht nach der Abgabenordnung 1977, BB 1976, 1554; *Beck*, Die Änderung der Sparförderungsgesetze durch das Einführungsgesetz zur AO 1977, DB 1977, 413; *Höllig*, Das Einführungsgesetz zur Abgabenordnung 1977, DB 1976, 2416; *Bender*, Die Verfolgung von Marktordnungswiderhandlungen nach Inkrafttreten des 1. WiKG, ZfZ 1977, 98; *Pfaff*, Die Zuständigkeit der Finanzbehörden als Strafverfolgungsbehörden bei nichtsteuerlichen Zuwiderhandlungen, BB 1977, 938; *Hübner*, Reform des Steuerstrafrechts, JR 1977, 58; *Müller*, Betrug und Steuerhinterziehung in Vergütungsfällen, NJW 1977, 746; *Pfaff*, Aktuelle Fragen aus der Praxis der Betriebsprüfung, StBp 1977, 156; *Harbusch/Sauer*, Justiz und Zoll, ZfZ 1978, 138; *Pfaff*, Anwendbarkeit der Straf- und Bußgeldvorschriften der AO 1977 auf nichtsteuerliche Gesetze, DStR 1978, 162; *Pfaff*, AO-Verfahrensrecht im Steuerstraf- und Bußgeldverfahren, StBp 1978, 260; *Kohlmann*, Die Zuständigkeit der Finanzbehörden bei der Ermittlung von Verstößen gegen das Investitionszulagengesetz, DStZ 1979, 244; *Pfaff*, Ermittlungskompetenz der Finanzbehörde bei Verstößen gegen (Steuer-)Strafvorschriften und (Steuer-)Ordnungswidrigkeiten, DStZ 1980, 28; *Schmidt-Hieber*, Verfolgung von Subventionserschleichungen nach Einführung des § 264 StGB, NJW 1980, 322; *Bilsdorfer*, Ermittlungsbefugnisse der Finanzbehörde in Nichtsteuerstrafsachen, BB 1983, 2112; *Kretzschmar*, Verhalten des Betriebs(Außen-)prüfers beim Verdacht von Straftaten/Ordnungswidrigkeiten, die nicht innerhalb der Ermittlungskompetenz der Finanzbehörde liegen, StBp 1983, 241; *ders.*, Umfang der finanzbehördlichen Ermittlungsbefugnis bei einer allgemeinen Straftat in Tateinheit mit einer Steuerstraftat, DStR 1983, 641; *ders.*, Die Ermittlungsbefugnis der Finanzbehörde bei sog. Vorspiegelungstaten, DStR 1983, 734; *Bilsdorfer,* Die Entwicklung des Steuerstrafrechts, NJW 1985, 2997; *Lohmeyer,* Verfahrensrechtliche Besonderheiten bei der Verfolgung von Steuerstraftaten, StB 1985, 155; *Bilsdorfer,* Die Entwicklung des Steuerstrafrechts, NJW 1989, 1587; *Bender,* Die Bekämpfung der grenzüberschreitenden Rauschgiftkriminalität als Aufgabe des Zollfahndungsdienstes, wistra 1990, 285; *Kramer,* Zur Zulässigkeit gemeinsamer Ermittlungsgruppen des Polizeivollzugsdienstes und des Zollfahndungsdienstes im Zusammenhang mit der Betäubungsmittelkriminalität, wistra 1990, 169; *Weyand,* Legalitätsprinzip und Praxis des Steuerstrafverfahrens, DStZ 1990, 166; *Baumgarte,* Die Mitteilungen in Zivilsachen als Erkenntnisquelle für die Strafverfolgungsbehörde im Wirtschaftsstrafverfahren, wistra 1991, 171; *Dörn,* Die Praxis des Steuerstrafverfahrens – ein unbekanntes Gebiet strafrechtlicher Auseinandersetzung, Stbg 1991, 51; *Bilsdorfer,* Die Entwicklung des Steuerstrafrechts, NJW 1992, 1924; *Dörn,* Praktische Folgen und Grenzen des Steuerstrafverfahrens, INF 1992, 17; *Hellmann,* Die Befugnis der Landesfinanzverwaltungen zum Erlaß der Anweisungen für das Straf- und Bußgeldverfahren (Steuer), wistra 1994, 13; *Bender,* Erweiterte Ermittlungsbefugnisse der Finanzbehörden im allgemeinstrafrechtlichen Bereich?, wistra 1998, 93; s. auch die Nachweise vor → Rn. 15; *Steinhauff,* Handwerkliche Fehler in Durchsuchungsbeschlüssen sowie andere Irrungen und Wirrungen in Steuer-CD-Fällen, AO-StB 20217, 325; *Wilke,* Die Auswirkung der tatsächlichen Verständigung im Steuerrecht auf das parallel geführte Steuerstrafverfahren, DStR 2018, 108.

Übersicht

	Rn.
1. Entstehungsgeschichte	1
2. Zweck und Bedeutung der Vorschrift	2–5
3. Anwendungsbereich des § 385 I AO	6–10
4. Geltung des allgemeinen Strafverfahrensrechts	11–35
a) Allgemeine Gesetze über das Strafverfahren	11–14
b) Anweisungen für das Straf- und Bußgeldverfahren (Steuer)	15–17
c) Verfahrensgrundsätze	18–30
d) Ablauf des Steuerstrafverfahrens	31–35
5. Anwendungsbereich des § 385 II AO	36–38
6. Regelungen in Sondergesetzen	39–42

1. Entstehungsgeschichte

1 § 385 I AO hat seinen Vorläufer in § 420 RAO; mit der Neuregelung wurde lediglich der Begriff „Steuervergehen" in „Steuerstraftat" und die Überschrift („Geltung der allgemeinen Vorschriften") in die heutige geändert. § 385 II AO wurde erst mit der AO 1977 eingefügt, um auch die sog. Vorspiegelungstaten zu erfassen (BT-Drs. 7/4292, 45 f.). Im RegE (BT-Drs. VI/1982) war eine entsprechende Regelung noch nicht vorgesehen. **§ 420 RAO** 1967 geht zurück auf § 420 RAO 1931 (= § 385 RAO 1919), der lautete: „Die Strafprozessordnung gilt, soweit die Steuergesetze nichts Abweichendes vorschreiben." Ihren dem § 385 I AO 1977 entsprechenden Inhalt erhielt die Vorschrift durch Art. 1 Nr. 1 AOStrafÄndG v. 10.8.1967 (BGBl. I 877); die Änderung sollte lediglich eine klarstellende Funktion haben (Begr. BT-Drs. V/1812, 29).

2. Zweck und Bedeutung der Vorschrift

2 § 385 I AO **stellt klar,** dass die Verfahrensvorschriften der AO keine abschließende Regelung darstellen. Andere Verfahrensvorschriften, insbes. StPO, GVG und JGG finden ebenfalls Anwendung, soweit die §§ 385 ff. AO nichts anderes bestimmen. § 385 I AO hat – ebenso wie § 369 II AO – lediglich deklaratorische Bedeutung (Erbs/Kohlhaas/*Hadamitzky/Senge* AO § 385 Rn. 1). Da die Verfahrensvorschriften des Steuerstrafverfahrens offenbar in der AO nicht abschließend geregelt sind (HHS/*Rüping* AO § 385 Rn. 3), wäre der Rückgriff auf sonstige Vorschriften des Strafverfahrens auch ohne eine ausdrückliche gesetzliche Anordnung möglich (*Franzen* DStR 1967, 533). Wie bei § 369 II AO (→ § 369 Rn. 4) wird immerhin geklärt, dass die Verfahrensvorschriften der AO gegenüber dem allgemeinen Verfahrensrecht spezieller sind.

3 Die Regelung des § 385 I AO ist unvollständig, zT auch widersprüchlich. Wie *Rüping* (HHS/*Rüping* AO § 385 Rn. 10) zu Recht erwähnt, ist etwa das JGG ein besonderes Gesetz, das in § 2 seinerseits „die allgemeinen Gesetze" bemüht und andererseits verschiedene Verfahrensmöglichkeiten in Steuerstrafsachen gerade ausschließt. Überdies ist irritierend, dass das Gesetz andere Regelungen nicht aufführt (HHS/*Rüping* AO § 385 Rn. 12). Immerhin besteht Einvernehmen, dass strafverfahrensrechtliche Grundsätze und Regelungen auch im Steuerstrafverfahren gelten, soweit dieses keine Sonderregelungen trifft (vgl. HHS/*Rüping* AO § 385 Rn. 14).

§ 385 II AO ordnet die Anwendung eines Teils der Verfahrensvorschriften der AO auf **4** sog. **Vorspiegelungstaten** (→ § 370 Rn. 150) an. Hier sollen Steuerstraftaten iSd § 369 AO nicht gegeben sein (→ Rn. 36); andererseits erfordert die Ermittlung dieser Taten eine besondere Sachkunde, die bei der FinB vorhanden ist. Vor 1977 musste die StA in diesen Fällen entweder selbst den Sachverhalt ermitteln oder ihn durch die Kriminalpolizei ermitteln lassen; Finanzbeamte durften, da sie nur im Bereich der Steuerstraftaten Hilfsbeamte der StA waren, nicht tätig werden (*Henneberg* BB 1977, 939). § 385 II AO hat die Ermittlungskompetenz der FinB entsprechend erweitert. Durch den Ausschluss der Anwendbarkeit des § 386 II AO und der §§ 399–401 AO soll sichergestellt werden, dass die FinB nicht selbstständig, sondern nur für die StA mit den Beteiligungsrechten nach §§ 403, 407 AO und den Befugnissen des § 402 AO tätig wird (vgl. Kohlmann/*Hilgers-Klautzsch* AO § 385 Rn. 21). Die Bedeutung dieser Regelung hängt davon ab, ob man bei den sog. Vorspiegelungstaten an sich eine Steuerstraftat für gegeben hält (→ Rn. 36 f.; ausf. → § 370 Rn. 109 ff.). Im Übrigen besteht in diesen Fällen eine selbstständige Ermittlungsbefugnis der FinB häufig schon deshalb nicht, weil diese Taten oft mit nichtsteuerlichen Delikten zusammentreffen (Koch/Scholtz/*Scheurmann-Kettner* AO § 385 Rn. 5).

Zum Teil wird § 385 II AO für notwendig gehalten, weil die FinB bei Vorspiegelungs- **5** taten durch das **Steuergeheimnis** (§ 30 AO) gehindert wäre, andere Verfolgungsbehörden von einer in ihrem Bereich begangenen Straftat in Kenntnis zu setzen (BT-Drs. 7/4292, 46; Koch/Scholtz/*Scheurmann-Kettner* AO § 385 Rn. 4 u. Erbs/Kohlhaas/*Hadamitzky/Senge* AO § 385 Rn. 2; *Lohmeyer* S. 73; vgl. auch Kohlmann/*Hilgers-Klautzsch* AO § 385 Rn. 3). Dies vermag nur teilweise zu überzeugen. Richtig ist, dass angesichts der Regelung des § 385 II AO die für die StA iSd § 402 AO tätig gewesene FinB die Ergebnisse ihrer Ermittlungen ohne weiteres der StA zugänglich machen kann. Nicht geklärt ist die Frage, inwieweit die FinB bei zunächst selbstständigem Tätigwerden die StA von dem Anfangsverdacht einer Straftat iSd § 385 II AO unterrichten darf (→ § 393 Rn. 7).

3. Anwendungsbereich des § 385 I AO

§ 385 I AO bezieht sich auf Strafverfahren wegen Steuerstraftaten; nur bei diesen **6** kommt eine selbstständige Ermittlungstätigkeit der FinB in Betracht. Steuerstraftaten in diesem Sinne sind die in § 369 I Nr. 1–4 AO genannten Straftaten (HHS/*Rüping* AO § 385 Rn. 15 f.). Trotz dieser präzisen Definition des Gesetzes ist der sachliche Anwendungsbereich des § 385 I AO in Teilbereichen zweifelhaft.

Ein Bannbruch, dessen Strafbarkeit sich „aus anderen Vorschriften" (§ 372 II AO) **7** ergibt, soll nach hM dem § 385 I AO unterfallen (→ § 372 Rn. 97; HHS/*Rüping* AO § 385 Rn. u. Erbs/Kohlhaas/*Hadamitzky/Senge* AO § 385 Rn. 1). Demgegenüber wollte *Franzen* (→ 3. Aufl., § 372 Rn. 50) die §§ 385 ff. AO für die Fälle des § 373 II Hs. 2 AO nicht anwenden. Das ist jedoch angesichts der eindeutigen Regelung in § 369 I Nr. 1, Nr. 2 u. § 385 I AO nicht möglich, wenn diese Erkenntnis auch unpraktikabel sein mag (BMR SteuerStR/*Möller/Retemeyer* D Rn. 53; Kohlmann/*Hilgers-Klautzsch* AO § 385 Rn. 12). Richtig ist, dass nur solche Fälle des Bannbruchs iSd § 372 AO dem § 385 I AO unterfallen können, die mit Strafe bedroht sind; Ordnungswidrigkeiten genügen auch dann nicht, wenn sie der Definition des § 372 I AO entsprechen (→ § 369 Rn. 10).

Die Hinterziehung von Abschöpfungsabgaben gehört zu den Steuerstraftaten iSd **8** § 369 I Nr. 1 und des § 385 I AO. Dies ergibt sich zwar nicht mehr aus § 2 I AbschG. Abschöpfungsabgaben werden seit 1997 den Agrarzöllen zugerechnet, bei welchen es sich um Einfuhrabgaben iSd Art. 4 Nr. 10 ZK handelt. Gem. § 3 III AO werden diese den

Steuern gleichgestellt, so dass die AO-Bestimmungen nunmehr auf diesem Wege unmittelbar Anwendung finden (Kohlmann/*Hilgers-Klautzsch* AO § 385 Rn. 13; HHS/*Rüping* AO § 385 Rn. 17; BMR SteuerStR/*Möller/Retemeyer* C Rn. 52).

9 **Die Hinterziehung von Marktordnungsabgaben** wird ebenfalls von § 385 I AO erfasst. Das MOG v. 31.8.1972 (BGBl. I 1617) idF der Bekanntmachung v. 7.11.2017 (BGBl. I 3746), zuletzt geänd. Durch G v. 10.8.2021 (BGBl. I 3436) enthält nicht mehr die frühere Pauschalverweisung in § 8 II 1 MOG auf *„die Vorschriften der Abgabenordnung"*. Stattdessen ordnet § 12 I 1 MOG die Anwendung der Vorschriften der AO an (Ausnahme: § 222 Satz 3, 4 AO) und stellt in § 35 MOG klar, dass dies auch für die Straf- und Bußgeldvorschriften, mithin auch für § 385 AO, gilt. Auch wird darin angeordnet, dass unabhängig vom Recht des Tatortes, dies auch für Taten gilt, die außerhalb des Geltungsbereiches der AO begangen werden. § 37 MOG enthält eine Sondervorschrift für Aufträge der Staatsanwaltschaft an die Hauptzollämter, § 38 MOG modifiziert Vorschriften über das Straf- und Bußgeldverfahren, so dass es im Wesentlichen bei der Anwendbarkeit der §§ 385 ff. AO bleibt.

10 **Kraft ausdrücklicher gesetzlicher Anordnung gilt** das Verfahrensrecht der AO ganz oder teilweise auch für eine Reihe anderer Straftaten, die der Definition des § 369 I AO an sich nicht unterliegen, aber in den Sachkundebereich der FinB gehören. Erfasst werden insbes. Einige Fälle des Subventionsbetrugs (§ 264 StGB) und die betrügerische Erlangung von Wohnungsbauprämien (ausf. → Rn. 39).

4. Geltung des allgemeinen Strafverfahrensrechts

a) Allgemeine Gesetze über das Strafverfahren

11 **Beim Verdacht einer Steuerstraftat** iSd → Rn. 6 oder kraft ausdrücklicher gesetzlicher Anordnung (→ Rn. 39) vermitteln die §§ 385 ff. AO der StA oder der FinB Rechte und Pflichten, die zT vom allgemeinen Strafverfahren abweichen; namentlich ist der FinB unter bestimmten Umständen ein selbstständiges Ermittlungsrecht (§ 386 I AO) eingeräumt. Aber auch bei Anwendbarkeit der §§ 385 ff. AO bleiben die allgemeinen Gesetze über das Strafverfahren anwendbar. § 385 I AO erwähnt beispielhaft die StPO, das GVG und das JGG, die grundlegend das Steuerstrafverfahren mitbestimmen.

12 Neben die drei in § 385 I AO besonders aufgeführten Gesetze tritt eine Vielzahl weiterer Rechtsvorschriften, die auf das Steuerstrafverfahren mehr oder minder stark einwirken. Dies sind namentlich das Bundeszentralregistergesetz (BZRG) idF v. 21.9.1984 (BGBl. I 1229), zuletzt geänd. durch G v. 10.8.2021 (BGBl. I 3420); das Deutsche Richtergesetz (DriG) idF v. 19.4.1972 (BGBl. I 713), zuletzt geänd. durch G v. 25.6.2021 (BGBl. I 2154); das Einführungsgesetz zur Abgabenordnung (EGAO) v. 14.12.1976 (BGBl. I S. 3341; 1977 I 667), zuletzt geänd. durch G v. 25.6.2021 (BGBl. I 2056); das Einführungsgesetz zum Gerichtsverfassungsgesetz (EGGVG) v. 27.1.1877 (RGBl. 77), zuletzt geänd. durch G v. 25.6.2021 (BGBl. I 2099); bis zum 30.6.2004 das Gerichtskostengesetz (GKG) idF v. 15.12.1975 (BGBl. I 3047), Anlage 1 (Kostenverzeichnis), zuletzt geänd. durch G v. 14.3.2003 (BGBl. I 345); ab 1.7.2004 das Gerichtskostengesetz (GKG) v. 5.5.2004 (BGBl. I 718), zuletzt geänd. durch G v. 25.6.2021 (BGBl. I 2099), Anlage 1 (Kostenverzeichnis), zuletzt geänd. durch G v. 8.6.2021 (BGBl. I 1603); die Menschenrechtskonvention (MRK) v. 4.11.1950, ratifiziert durch G v. 7.8.1952 (BGBl. 685), zuletzt geänd. durch Protokoll Nr. 14 v. 13.5.2004; die Bundesrechtsanwaltsordnung (BRAO) idF v. 18.8.1980 (BGBl. I 1503), zuletzt geänd. durch G v. 10.8.2021 (BGBl. I 3415); bis zum 30.6.2004 die Bundesgebührenordnung für Rechtsanwälte (BRAGO) idF v. 18.8.1980 (BGBl. I 1503), zuletzt geänd. durch G vom 12.6.2003 (BGBl. I 838); ab 1.7.2004 das Rechtsanwaltsvergütungsgesetz (RVG) v. 5.5.2004 (BGBl. I 718, 788), zuletzt geänd. durch G v. 10.8.2021 (BGBl. I 3415); das Gesetz über die internationale Rechtshilfe in Strafsachen (IRG) idF v. 27.6.1994 (BGBl. I 1537), zuletzt geänd. durch G v. 23.11.2020 (BGBl. I 2474) iVm dem Europäischen Auslieferungsübereinkommen v. 13.12.1957, ratifiziert durch G v. 18.2.1994 (BGBl. II 299), und dem Europäischen Übereinkommen v. 20.4.1959 über die Rechtshilfe in Strafsachen, ratifiziert durch G v. 3.11.1964 (BGBl. II 1369, 1386); Gesetz zum Protokoll v. 16.10.2001 zum Übereinkommen über die Rechtshilfe in Strafsachen zwischen den Mitgliedstaaten der EU idF v. 2.2.2006 (BGBl. II 2005, 661); das Gesetz zur Regelung der Arbeitnehmerüberlassung (AÜG) v. 3.2.1995 (BGBl. I 158), zuletzt geänd. durch G v. 13.3.2020 (BGBl. I 493); das Gesetz zur Bekämpfung der Schwarzarbeit und illegalen Beschäftigung (SchwarzArbG) v. 23.7.2004 (BGBl. I 1842), zuletzt geänd. durch G v. 25.6.2021 (BGBl. I 099); bis zum 30.6.2004 das Gesetz über die Entschädigung von Zeugen und Sachverständigen (ZSEG) idF v. 1.10.1969 (BGBl. I 1756), zuletzt geänd. durch G v. 22.6.2004 (BGBl. I 1190); ab 1.7.2004 das Justizvergütungs- und -entschädigungsgesetz (JVEG) v. 5.5.2004 (BGBl. I 718, 776), zuletzt geänd. durch G v. 25.6.2021 (BGBl. I 2154); das Gesetz über die Entschädigung für Strafverfolgungsmaßnahmen (StrEG) v. 8.3.1971 (BGBl. I 157), zuletzt geänd. durch G v. 8.12.2010 (BGBl. I 1864); das Steuerberatungsgesetz (StBerG) idF v. 4.11.1975 (BGBl. I 2735), zuletzt geänd. durch G v. 10.8.2021 (BGBl. I 3415); die Steuerberatergebührenverordnung (StBVV) v. 17.12.1981 (BGBl. I 1442), zuletzt geändert durch Verordnung v. 7.7.2021 (BGBl. I 2363).

Darüber hinaus bestehen **Verwaltungsanweisungen,** die zwar für die Gerichte nicht bindend sind, aber von den Ermittlungsbehörden beachtet werden sollen. Hierzu gehören namentlich die Richtlinien für das Strafverfahren und das Bußgeldverfahren (RiStBV) in der ab 1.2.1997 (bundeseinheitlich) geltenden Fassung (*Meyer-Goßner* Anh 15), zuletzt geänd. mit Bek. v. 26.11.2018 (BAnz AT 30.11.2018 B3); die Richtlinien für den Verkehr mit dem Ausland in strafrechtlichen Angelegenheiten (RiVASt) in der Neufassung der Bekanntmachung v. 5.12.2012 (BAnz AT 19.12.2012 B2); zuletzt geänd. mit Bek. v. 23.12.2016 (BAnz AT 12.10.2017 B1); die Anordnungen der Landesjustizverwaltungen und des BMJ über Mitteilungen in Strafsachen (MiStra) in der (bundeseinheitlich) geltenden Neufassung v. 19.5.2008 (BAnz Nr. 126a; *Meyer-Goßner* Anh 16); zuletzt geänd. mit Bek. v. 27.3.2019 (BAnz AT 8.4.2019 B1). Die Betriebsprüfungsordnung – BpO 2000 – v. 15.3.2000 (BStBl. I 368), zuletzt geänd. durch die allgemeine Verwaltungsvorschrift vom 20.7.2011 (BStBl. I 710); ferner gleichlautende Erlasse der obersten Finanzbehörden der Länder zu Mitteilungen der Finanzbehörden über Pflichtverletzungen und andere Informationen gemäß § 10 StBerG idF v. 23.1.2012 (BStBl. I 205), Erlass betr. Beurteilung der Zulässigkeit von Aussagegenehmigungen für Betriebsprüfer und andere Bedienstete als Zeugen in Steuerstrafverfahren v. 24.8.1977 (StEK AO 1977 § 30 Nr. 1), Schreiben betr. Zusammenarbeit zwischen Finanzbehörden und Ausländerbehörden v. 6.7.2009 (BStBl. I 697), Schreiben betr. Steuergeheimnis: Mitteilungen der Finanzbehörden zur Durchführung dienstrechtlicher Maßnahmen bei Beamten und Richtern v. 12.3.2010 (BStBl. I 222).

Die vorstehenden Verwaltungsanweisungen sind zwischen den obersten Finanzbehörden des Bundes und der Länder abgestimmt worden und haben bundesweite Wirkung. Daneben bestehen vereinzelt noch Anweisungen, die nur an die Ermittlungsbehörden eines Landes oder einer OFD gerichtet sind, zB Verfügungen der OFD Frankfurt a. M. betr. Offenbarungen gegenüber Strafverfolgungsbehörden und (Straf-)gerichten v. 24.1.2012 (AO-Kartei HE § 30 Karte 8), OFD Düsseldorf betr. Behandlung von Selbstanzeigen v. 26.8.1980 (AO-Handbuch § 371 Rn. 5 ff.; StEK AO 1977 § 371 Nr. 2), OFD Frankfurt a. M. betr. Mitteilung von Besteuerungsgrundlagen an die Träger der gesetzlichen Sozialversicherung, die Bundesagentur für Arbeit und die Künstlersozialkasse v. 11.1.2011 (AO-Kartei HE § 31 Karte 1), OFD München v. 18.6.2004 betr. Mitteilung gem. § 31 Abs. 2 AO an die Träger der gesetzlichen Sozialversicherung und die Übersendung von Prüfungsberichten (AO-Kartei BY § 31 II AO Karte 2).

b) Anweisungen für das Straf- und Bußgeldverfahren (Steuer)

Schrifttum: *Blumers,* Anweisungen für das Steuerstraf- und Bußgeldverfahren, DB 1982, 1641; *Hamacher,* Anmerkungen zum Entwurf einer Anweisung für das Straf- und Bußgeldverfahren (Steuer), DStZ 1982, 494;

Streck, Rechtsgefährdende Verschlußsache: Anweisungen der Finanzminister für das Steuerstrafverfahren, StV 1982, 244; *Celler*, Entwurf der Anweisungen für das Straf- und Bußgeldverfahren (Steuer), DStZ 1982, 243, 293; *v. Fürstenberg*, Die neuen Anweisungen für das Straf- und Bußgeldverfahren, DStR 1985, 455, 507; *Pump*, Die Mitteilungspflicht gem. Nr. 127 ASB als Verletzung strafprozessualer Grundsätze, wistra 1987, 205; *Weyand*, Die Anweisungen für das Straf- und Bußgeldverfahren, INF 1991, 318; *Hellmann*, Die Befugnis der Landesfinanzverwaltungen zum Erlaß der Anweisungen für das Straf- und Bußgeldverfahren (Steuer), wistra 1994, 13; *Weyand*, Neue Anweisungen für das Straf- und Bußgeldverfahren (Steuer), InfStW 1995, 513; *ders.* Neuauflage der Anweisungen für das Straf- und Bußgeldverfahren (Steuer), wistra 2000, 214; *Bilsdorfer*, Die Anweisungen für das Straf- und Bußgeldverfahren (Steuer) 2004, NWB Fach 13, 1045 (10/2004); *ders.*, Anweisungen für das Straf- und Bußgeldverfahren (Steuer) 2006, NWB Fach 13, 1127 (27/2007); *Müller*, Die Anweisungen für das Straf- und Bußgeldverfahren (Steuer), AO-StB 2010, 59; *Zugmaier/Kaiser* Entkriminalisierung der Anmeldungen bei Umsatzsteuer und Lohnsteuer? AStBV wurden zum 30.12.2012 erneut geändert, DStR 2013, 17; *Gehm*, Neuerungen durch die AStBV (St) 2020, PStR 2020, 063; *Beyer*, Die Neuregelungen der Anweisungen für das Straf- und Bußgeldverfahren (Steuer) – AStBV (St) 2020, AO-StB 2020, 116.

15 **Die Anweisungen für das Straf- und Bußgeldverfahren (Steuer)** – AStBV (St) 2020 – v. 1.12.2019 (BStBl. I 2019, 1142) sind generalisierende Anleitungen für die Behandlung von Straf- und Bußgeldverfahren (vgl. *Hellmann* wistra 1994, 13). Sie sind gemäß Nr. 1 I AStBV (St) 2020 von allen Bediensteten der Steuerfahndung und der Bußgeld- und Strafsachenstellen zu beachten, ferner von Bediensteten anderer Stellen der Finanzbehörden, soweit es sich um die Zusammenarbeit mit jenen Stellen handelt oder wenn sie Maßnahmen im Straf- oder Bußgeldverfahren treffen; mithin wenden sie sich an alle mit der Verwaltung von Steuern befassten Bediensteten der FA (*Hellmann* wistra 1994, 13). Da zugleich die RiStBV Anwendung finden, ergibt sich zT eine Überlagerung der Regelungen (vgl. *Hellmann* wistra 1994, 14). Die AStBV waren in ihrer Entwicklung höchst umstritten; erste Entwürfe (vgl. *Streck* StV 1982, 244), die etwa vorsahen, die Steuerfahndung hätte die Befugnis, wirksam Anträge auf richterliche Untersuchungshandlungen zu stellen, sind nicht umgesetzt worden.

16 **Geltungsbereich der AStBV** ist (mittlerweile) das gesamte Bundesgebiet, die Anweisungen werden als gleich lautende Erlasse der obersten Finanzbehörden der Länder veröffentlicht. Die AStBV enthalten ein Konglomerat von steuerstrafverfahrensrechtlichen, bußgeldverfahrensrechtlichen und steuerrechtlichen Regelungen, die sich in der heutigen Fassung weitestgehend darauf beschränken, bei streitigen Rechtsfragen die von der Finanzverwaltung vertretene Auffassung wiederzugeben (vgl. Einf. Abs. 2 S. 3 AStBV).

17 **Die AStBV sind rechtswidrig,** weil für ihren Erlass eine Ermächtigungsgrundlage fehlt (*Hellmann* wistra 1994, 14 ff.; HHS/*Tormöhlen* AO § 393 Rn. 39; ebenf. krit. RKR/*Kemper* AO § 385 Rn. 90 ff.; aA Klein/*Jäger* AO § 385 Rn. 1). Das ergibt sich zwar nicht schon daraus, dass die Finanzverwaltung nicht befugt wäre, allgemeine Verwaltungsvorschriften zum Steuerstrafverfahren zu erlassen (so aber HHS/*Tormöhlen* AO § 208 Rn. 39; vgl. auch *Blumers* wistra 1987, 4). Wie *Hellmann* (wistra 1994, 13, 14 ff.) überzeugend dargelegt hat, kommt aber den Landesfinanzverwaltungen, von geringen Ausnahmen abgesehen, keine Befugnis zur Erteilung von Weisungen zu. Die Sachleitung obliegt allein vorgesetzten Beamten innerhalb der staatsanwaltschaftlichen Hierarchie bzw. der Landesjustizverwaltungen. Dementsprechend gilt dies auch für den Erlass allgemeiner Anweisungen zur Durchführung steuerstrafrechtlicher Ermittlungsverfahren. So steht die Sachaufsicht allein der Staatsanwaltschaft, nicht jedoch der Oberfinanzdirektion zu (*Hellmann* wistra 1994, 15). Insofern sind die Bediensteten der FinB entgegen *Scheurmann-Kettner* (Koch/Scholtz/*Scheurmann-Kettner* AO vor § 385 Rn. 7) nicht an sie gebunden. Dennoch sind sie in der Lage, eine Verwaltungsübung zu dokumentieren und zu verfestigen bzw. eine Selbstbindung der Verwaltung zu schaffen, auf die sich im Einzelfall der Beschuldigte berufen mag (Kohlmann/*Hilgers-Klautzsch* AO § 385 Rn. 29).

c) Verfahrensgrundsätze

18 **Die Verweisung auf die allgemeinen Gesetze** über das Strafverfahren beinhaltet die Geltung allgemeiner Verfahrensgrundsätze auch im Prozess wegen einer Steuerstraftat (*Lohmeyer* S. 74 f.). Auch für das Steuerstrafverfahren gilt das Legalitätsprinzip, dh der

Zwang zur Strafverfolgung, die dem Staat obliegt. Von Amts wegen sind die belastenden und entlastenden Tatsachen zu ermitteln (§ 160 II StPO). Der Beschuldigte hat einen Anspruch auf rechtliches Gehör (BVerfG 11.10.1978, BVerfGE 49, 329, 342). Ein Zwang zur Aussage darf nicht ausgeübt werden (§ 136 I 2 u. § 136a I 1 StPO). Auch das Nebeneinander von Besteuerungs- und Steuerstrafverfahren (§ 393 I AO) bewirkt keine Aussagepflicht des Beschuldigten (→ § 393 Rn. 6).

Alle Maßnahmen der staatlichen Strafverfolgungsorgane unterliegen dem Grundsatz 19 der Verhältnismäßigkeit (KMR-StPO/*Müller* StPO vor § 94 Rn. 11; RKR/*Kemper* AO § 385 Rn. 30). Jede Maßnahme muss unter Würdigung aller persönlichen und tatsächlichen Umstände des Einzelfalles zur Erreichung des angestrebten Zwecks geeignet und erforderlich sein; der mit ihr verbundene Eingriff darf nicht außer Verhältnis zur Bedeutung der Sache und zur Stärke des bestehenden Tatverdachts stehen (KMR-StPO/*Müller* StPO vor § 94 Rn. 12 ff.). Dieser Grundsatz ist von der FinB insbes. Bei Durchsuchungen und Beschlagnahmen zu beachten (→ § 399 Rn. 15 ff.).

Das Beschleunigungsgebot ist ein Teil des Verhältnismäßigkeitsgrundsatzes; das 20 Rechtsstaatsprinzip des GG fordert die angemessene Beschleunigung des Strafverfahrens (BVerfG 24.11.1983, wistra 1984, 60) ebenso wie Art. 6 I 1 MRK (in Haftsachen Art 5 III MRK) den allgemeinen Anspruch auf ein faires Verfahren und Verhandlung innerhalb einer angemessenen Frist gewährt. Durch geeignete Maßnahmen ist sicherzustellen, dass das Strafverfahren nicht verzögert wird (Kohlmann/*Hilgers-Klautzsch* AO § 385 Rn. 29, 1373 ff u. RKR/*Kemper* AO § 385 Rn. 50 ff.), wobei sich das Beschleunigungsgebot an alle staatlichen Stellen richtet (BGH 4.8.2009, StV 2009, 693). Von einer rechtsstaatswidrigen Verfahrensverzögerung ist auszugehen, wenn das Verfahren nicht innerhalb der dafür angemessenen Frist zum Abschluss gelangt und die Verzögerung auf Gründen beruht, die einer staatlichen Stelle zuzurechnen sind; Maßstab für die Unangemessenheit der Verfahrensdauer ist der für die sachgerechte Erledigung des jeweiligen Verfahrens bei ordnungsgemäßer Bearbeitung im normalen Verfahrensbetrieb notwendige Zeitraum (BGH 9.10.2008, wistra 2008, 147).

Die verfassungsrechtlich gebotene Kompensation der rechtsstaatswidrigen Verzögerung 21 eines Strafverfahrens erfolgt seit der Entscheidung des GrS für Strafsachen des BGH 17.1.2008 (BGHSt 52, 124) im Rahmen der sog. Vollstreckungslösung. Demnach sind im Urteil – wie zuvor im Wege der Strafabschlagslösung – Art und Ausmaß der Verzögerung neben den Ursachen hierfür im Urteil festzuhalten. Die Strafe ist nach allgemeinen Strafzumessungsgründen in der Urteilsformel auszusprechen, gleichzeitig ist dort aufzunehmen, welcher bezifferte Teil dieser Strafe als Entschädigung für die überlange Verfahrensdauer bereits als vollstreckt gilt (Kohlmann/*Hilgers-Klautzsch* AO § 385 Rn. 1377 mwN; zur Beschleunigung in Wirtschaftsstrafsachen/Großverfahren BGH 20.3.2008, NStZ 2008, 457; RKR/*Kemper* AO § 385 Rn. 50 ff.). Jedenfalls im Spannungsverhältnis mit dem Gebot der raschen Verfahrensdurchführung steht die Vorschrift über die Aussetzung des Strafverfahrens zugunsten des Besteuerungsverfahrens, § 396 AO (→ § 396 Rn. 8; Flore/Tsambikakis/*Tsambikakis/Putzke* AO § 385 Rn. 35).

Der Grundsatz der freien Beweiswürdigung (§ 261 StPO) gilt auch im Steuerstraf- 22 verfahren. Zwar kann das Steuerstrafverfahren nach § 396 AO bis zum Abschluss des Besteuerungsverfahrens ausgesetzt werden; eine Bindung des Strafrichters, zB an die Entscheidung des BFH, besteht aber auch in diesen Fällen nicht (OLG Hamm 17.8.1977, NJW 1978, 283; HHS/*Hellmann* AO § 396 Rn. 22; RKR/*Rolletschke* AO § 396 Rn. 3, 4). Im Strafverfahren gilt der Zweifelssatz *in dubio pro reo* (Gosch AO/FGO/*Seipl* AO § 385 Rn. 60 f.; *Naumann* S. 427; *Lohmeyer* S. 74). Für eine Verurteilung bedarf es der Überzeugung des Gerichts über den feststellbaren, mitunter vom steuerlichen Mehrergebnis abweichenden Verkürzungsbetrag. Die Vermutungen und Schätzungsmöglichkeiten des Steuerrechts (v. a. die erleichterte Schätzungsbefugnis bei Auslandssachverhalten gem. § 162 II, III iVm § 90 II, III AO) sind nicht ohne weiteres im Strafprozess anwendbar (Kohlmann/*Hilgers-Klautzsch* AO § 385 Rn. 678), da im Besteuerungsverfahren Zweifel zu Lasten des Stpfl gehen können und als Maßstab der einer größtmöglichen Wahrscheinlichkeit (§ 162 AO) genügen kann. So können zB die Ergebnisse von tatsächlichen Verständigungen (→ § 404 Rn. 151 ff.) wie generell Feststellungen der FinB (BGH 26.4.2001, wistra 2001, 266) nicht ohne kritische Würdigung für das Strafverfahren übernommen werden. Das Strafgericht hat das Hinterziehungsvolumen selbst zu berechnen und die Besteuerungsgrundlagen nach Steuerart und Zeitraum darzustellen (BGH 19.3.1991, BGHSt 37, 340), denn die Anwendung der steuerlichen Normen auf den festgestellten Sachverhalt inklusive der daraus folgenden Berechnung ist Teil der Rechtsanwendung des Tatrichters (BGH v. 24.5.2017, NStZ 2018, 341). Steuerliche Beweislastregeln oÄ sind irrelevant. So schlagen gesetzliche zollrechtliche Vermutungen wie Art. 70 I 1 ZK (vgl. zur Vorgängervorschrift des § 17 I 2 ZG aF BFH 24.6.1987, wistra 1987, 292; s. auch BGH 22.4.1999, HFR 2000, 50; zu weiteren Beispielen Kohlmann/*Hilgers-Klautzsch* AO § 385 Rn. 676) strafrechtlich nicht durch.

23   Im Steuerstrafverfahren dürfen aus dem **Schweigen** des Angeklagten keine nachteiligen Schlüsse gezogen werden, denn er ist nicht verpflichtet, an seiner eigenen Bestrafung mitzuwirken (→ § 393 Rn. 6).

24–30   *einstweilen frei*

d) Ablauf des Steuerstrafverfahrens

31   **Die Regelung in § 385 I AO** macht das Steuerstrafverfahren (s. zum genauen Ablauf instruktiv Kohlmann/*Hilgers-Klautzsch* AO § 385 Rn. 31 ff.) zu einem gewöhnlichen Strafverfahren (Erbs/Kohlhaas/*Hadamitzky/Senge* AO AO § 385 Rn. 1), das die §§ 385 ff. AO zT geringfügig, zT erheblich modifizieren.

32   **Das Ermittlungsverfahren** ist der erste Abschnitt des Verfahrens, in dem die Strafverfolgungsbehörden den Sachverhalt zu erforschen haben. „Herrin des Verfahrens" ist idR die StA (Wirtschaftsabteilung). Darüber hinaus bestimmen § 396 II u. § 399 AO, dass die FinB in einigen Fällen die Ermittlungen selbstständig führen und ggf. mit der Einstellung des Verfahrens oder dem Antrag auf Erlass eines Strafbefehls (§ 400 AO) abschließen darf. Über § 138 I StPO hinaus lässt § 392 AO zu, dass in dieser Phase des Verfahrens auch Steuerberater als Alleinverteidiger auftreten dürfen. Das Akteneinsichtsrecht der FinB regelt § 395 AO. Über 262 StPO hinaus darf das Steuerstrafverfahren nach § 396 AO bis zum Abschluss des Besteuerungsverfahrens ausgesetzt werden. Besondere Bedeutung hat schließlich, dass nach § 404 AO Zollfahndungsämter und Steuerfahndungsdienststellen den Status von Ermittlungspersonen (frühere Terminologie vor der Änderung des § 152 GVG durch das 1. JuMoG v. 24.8.2004, BGBl. I 2198: „Hilfsbeamten") der StA (und damit zT auch der FinB) haben. Der Beschuldigte hat im Ermittlungsverfahren wegen einer Steuerstraftat die üblichen Rechte; insbes. hat er das Recht, Aussagen zur Sache zu verweigern (→ Rn. 18 sowie → § 399 Rn. 13). Auf Grund des Selbstbelastungsverbots ist während des Strafverfahrens auch die Steuererklärungspflicht hinsichtlich der strafbefangenen Jahre suspendiert (→ § 404 Rn. 128).

33   **Das Zwischenverfahren** (*Peters* S. 440 ff.) beginnt mit der Erhebung der Anklage. Es dient der Prüfung, ob die Anklage zu Recht erhoben worden ist, dh, ob das Ergebnis der Ermittlungen einen hinreichenden Tatverdacht (§ 203 StPO) begründet. In dieser Phase hat die FinB Informations- und Beteiligungsrechte (§ 407 AO).

34   **Das Hauptverfahren** wegen einer Steuerstraftat weicht wenig von dem wegen anderer Straftaten ab. Nach § 391 AO, § 74c I Nr. 3 GVG ist das AG (→ § 391 Rn. 16 ff.) oder aber die Wirtschaftsstrafkammer beim LG (→ § 391 Rn. 21 ff.) sachlich zuständig. In der Hauptverhandlung hat die FinB die Beteiligungsrechte des § 407 AO.

35   **Das Rechtsmittelverfahren** weicht ebenfalls von dem bei anderen Straftaten nicht ab; gegen erstinstanzliche Urteile des AG sind die Rechtsmittel der Berufung und der Revision zulässig; die Revision richtet sich im Übrigen gegen (erst- oder zweitinstanzliche) Urteile der StrK. Auch im Rechtsmittelverfahren hat die FinB ein Beteiligungsrecht (→ § 407 Rn. 8), aber kein eigenes Recht, Rechtsmittel einzulegen.

5. Anwendungsbereich des § 385 II AO

Nicht Steuerhinterziehung, sondern Betrug sollte begehen, wer der FinB einen 36 steuerlich erheblichen Sachverhalt vortäuschte (BGH 11.4.1972, NJW 1972, 1287; BGH 28.1.1986, wistra 1986, 172; *Henneberg* BB 1976, 1557; RKR/*Kemper* AO § 385 Rn. 107; aM *Müller* NJW 1977, 747; ausf. → § 370 Rn. 150; OLG Frankfurt v. 6.5.2021, NJW 2021, 2669, das bereits die Steuerhinterziehung als „Spezialfall des Betruges mit herabgesetzten Anforderungen an die Verurteilten" sieht; krit. ua *Adick/Linke* NZWiSt 2021, 238; *Mosbacher* NJW 2021, 1916; *Ransiek* StV 2021, 458; *Wulf/Peters* wistra 2021, 231), und § 385 II AO sollte in diesem Zusammenhang nach dem Willen des Gesetzgebers sicherstellen, dass die FinB für die StA ermitteln darf. Tatsächlich hatte die FinB bei der Erschleichung von Steuervergütungen ein Ermittlungsrecht schon aufgrund § 386 II, nachdem § 370 IV 2 AO nunmehr ausdrücklich klarstellt, dass auch Steuervergütungen unter den Begriff des Steuervorteils fallen (→ § 370 Rn. 151). Nach der hier vertretenen Auffassung lief § 385 II AO mithin leer (zust. HHS/*Rüping* AO § 385 Rn. 21 ff., Schwarz/*Pahlke*/*Klaproth* AO § 385 Rn. 21). Mittlerweile hat der BGH – in zwei Schritten – seine Rspr. geändert. Auch er geht mittlerweile davon aus, dass in diesen Vorspiegelungsfällen vollendete Steuerhinterziehung gegeben ist (BGH 1.2.1989, wistra 1989, 226 zur USt; BGH 3.11.1989, wistra 1990, 58 zur ESt; endgültige Aufgabe der älteren Rechtsprechung durch BGH 23.3.1994, wistra 1994, 194). Es verblieb danach für § 385 II AO der Fall des Betruges zum Nachteil der Bundesmonopolverwaltung bei der Ablieferung von Branntwein gegen Erschleichung eines überhöhten Übernahmegeldes (BMR SteuerStR/*Möller/Retemeyer* D Rn. 54; Kohlmann/*Hilgers-Klautzsch* AO § 385 Rn. 17). Mit Übernahme des BranntwMonG in das AlkStG hat sich auch dieser Anwendungsfall erledigt.

Soweit § 385 II AO einen Aufgabenbereich hat, besitzt die FinB bei Vorspiege- 37 lungstaten kein Recht zu selbstständigen Ermittlungen. Sie behält das Recht zur Ermittlung des Sachverhalts nach § 402 I AO; einen Antrag auf Erlass eines Strafbefehls oder auf Anordnung von Nebenfolgen im selbstständigen Verfahren darf sie nicht stellen (§§ 400 f. AO). Es verbleibt bei den Rechten und Pflichten nach den §§ 402, 403, 407 AO.

Zweifelhaft ist, ob die FinB bei **Straftaten iSd § 385 II AO** (s. aber → Rn. 36) ihre 38 Ermittlungen auf solche Straftaten erstrecken darf, die mit diesen iSd § 264 StPO (vgl. Erbs/Kohlhaas/*Hadamitzky/Senge* AO § 386 Rn. 6) zusammentreffen. So wird die Ansicht vertreten, die Anordnung der Unanwendbarkeit des § 386 II AO in § 385 II AO begründe die Befugnis der FinB, auch hinsichtlich solcher Taten zu ermitteln, die mit der „Vorspiegelungstat" iSd § 385 II AO zusammentreffen (*Henneberg* BB 1977, 941). Tatsächlich ist dies, wie *Rüping* (HHS/*Rüping* AO § 385 Rn. 24 f.) zu Recht ausführt, nicht der Fall. § 385 II AO soll die FinB in die Lage versetzen, bei solchen Straftaten zu ermitteln, die eine enge Beziehung zu Steuerstraftaten iSd § 369 I AO aufweisen. Wenn in § 386 II AO die Möglichkeit einer selbstständigen Ermittlungstätigkeit entfällt, soweit auch andere – nicht dem § 386 II Nr. 2 AO unterliegende – Straftaten in Frage stehen und die unselbstständige Ermittlungsbefugnis iSd § 402 AO sich nur auf die Steuerstraftat erstreckt (→ § 402 Rn. 12), dann liegt dem die Erkenntnis zugrunde, dass nur in Bezug auf Steuerstraftaten die besondere Sachkunde der FinB gegeben ist. Dieser Gesichtspunkt der Sachnähe ist es auch, der zur Einbeziehung der Vorspiegelungsstraftaten führt und den Gesetzgeber dazu bestimmt hat, in gewissen Grenzen Ermittlungskompetenzen der FinB zu begründen (→ Rn. 4). Der FinB im Rahmen des § 385 II AO Kompetenzen zu geben, die ihr noch einmal bei Steuerstraftaten im engeren Sinne eingeräumt sind, war vom Gesetzgeber eindeutig nicht beabsichtigt (BT-Drs. 7/4292, 46) und widerspräche auch dem Sinn der Regelung (glA *Kretzschmar* DStR 1983, 736). Auch kann die FinB in den Fällen des § 385 II AO nicht auf Ersuchen der StA als selbstständige Ermittlungsbehörde tätig sein (HHS/*Rüping* AO § 385 Rn. 26).

6. Regelungen in Sondergesetzen

39 **Ausdrücklich angeordnet** wird die Anwendbarkeit der Vorschriften der AO über das Strafverfahren in einigen Gesetzen, die den steuerlichen Arbeitsbereich berühren (s. HHS/*Rüping* AO § 385 Rn. 18 ff.). So gelten die §§ 385–408 AO in Fällen des Betruges (§ 263 StGB) bzw. Subventionsbetruges (§ 264 StGB), wenn sich dieser auf eine Investitionszulage oder auf eine Förderung nach dem BerlinFG bzw. EigZulG bezieht, sowie bei einer Begünstigung solcher Straftäter (§ 20 BerlinFG; § 15 II 1 EigZulG; § 15 InvZulG 2010 sowie früher § 6 StahlInvZulG [außer Kraft seit dem 14.7.2016]), in Strafverfahren wegen Hinterziehung der ArbN-Sparzulage nach dem 5. VermBG, der Forschungszulagen nach dem FZulG und der Wohnungsbauprämie nach dem WoPG sowie wegen Begünstigung solcher Straftäter (§ 29a BerlinFG; § 13 FZulG; § 14 III des 5. VermBG; § 8 II WoPG). Auch das EStG enthält für die Altersvorsorgezulagen (§§ 83, 96 VII EStG) und die Mobilitätsprämie (§ 108 EStG) entsprechende Verweisungen.

40 Das Steuerstrafverfahren der AO galt für Verstöße gegen das Branntweinmonopol nach der Änderung des BranntwMonG durch das StBerG 1985 (BGBl. I 2436) unmittelbar. Das BranntweinMonG ist mit dem 31.12.2017 außer Kraft getreten und in das Alkoholsteuergesetz übernommen.

41 **Die Verweisung auf die §§ 385 ff. AO** ermächtigt die FinB, in diesen Fällen wie bei Steuerstraftaten iSd § 369 I AO zu ermitteln. Die FinB hat also die Stellung der StA (§ 399 I AO; vgl. dazu *Bilsdorfer* BB 1983, 2112; *Höllig* DB 1976, 2420; *Henneberg* BB 1977, 940; *Pfaff* DStZ 1980, 30); jedoch nur, soweit nicht die Ausschlussgründe des § 386 III, IV AO (→ § 386 Rn. 9) eingreifen (*Höllig* aaO S. 2421).

42 **Wird die Wohnungsbauprämie geltend gemacht,** nachdem die gezahlten Beträge bei der Einkommensteuererklärung schon als Sonderausgaben abgesetzt wurden, will *Henneberg* (BB 1977, 940) der FinB eine selbstständige Ermittlungsbefugnis zugestehen: § 385 II AO gelte hier nicht, da er nur Fälle erfasse, in denen keine steuerstrafrechtlichen Bestimmungen, sondern nur solche allgemein strafrechtlicher Art verletzt seien. Bei Zuwiderhandlungen gegen die Prämienbestimmungen seien die §§ 370 ff. AO 1977 jedoch in vollem Umfang anwendbar. Indessen ist diese Frage überholt; denn die §§ 385 bis 408 AO sind für diese Fälle jetzt ohne weiteres anwendbar (ebenso Kohlmann/*Hilgers-Klautzsch* AO § 385 Rn. 15 f. und HHS/*Rüping* AO § 385 Rn. 18; vgl. § 8 II 2 WoPG idF v. 10.2.1982 BGBl. I 131). Dies galt im Übrigen schon seit der Änderung des WoPG durch Art. 50 EGAO v. 14.12.1976 (BGBl. I 3341, 3367; vgl. *Beck* DB 1977, 416).

§ 386 Zuständigkeit der Finanzbehörde bei Steuerstraftaten

(1) ¹Bei dem Verdacht einer Steuerstraftat ermittelt die Finanzbehörde den Sachverhalt. ²Finanzbehörde im Sinne dieses Abschnitts sind das Hauptzollamt, das Finanzamt, das Bundeszentralamt für Steuern und die Familienkasse.

(2) Die Finanzbehörde führt das Ermittlungsverfahren in den Grenzen des § 399 Abs. 1 und der §§ 400, 401 selbständig durch, wenn die Tat
1. ausschließlich eine Steuerstraftat darstellt oder
2. zugleich andere Strafgesetze verletzt und deren Verletzung Kirchensteuern oder andere öffentlich-rechtliche Abgaben betrifft, die an Besteuerungsgrundlagen, Steuermessbeträge oder Steuerbeträge anknüpfen.

(3) Absatz 2 gilt nicht, sobald gegen einen Beschuldigten wegen der Tat ein Haftbefehl oder ein Unterbringungsbefehl erlassen ist.

(4) ¹Die Finanzbehörde kann die Strafsache jederzeit an die Staatsanwaltschaft abgeben. ²Die Staatsanwaltschaft kann die Strafsache jederzeit an sich ziehen. ³In beiden Fällen kann die Staatsanwaltschaft im Einvernehmen mit der Finanzbehörde die Strafsache wieder an die Finanzbehörde abgeben.

Vgl. §§ 35, 40–43 OWiG; Nr. 17–25 AStBV (St) 2020.

Schrifttum: *Rüster,* Der Steuerpflichtige im Grenzbereich zwischen Besteuerungsverfahren und Strafverfahren, Göttingen 1989 (zugl. Diss. Berlin 1987); *Engelhardt,* Die Kirchensteuer in den neuen Bundesländern, Köln 1991; *Hellmann,* Das Neben-Strafverfahrensrecht der Abgabenordnung, 1995; *Henneberg,* Weisungsrecht, Übernahmerecht und Substitutionsrecht der vorgesetzten Beamten der Staatsanwaltschaften und der Finanzbehörden im steuerstrafrechtlichen Ermittlungsverfahren und die Grenzen dieser Rechte, BB 1973, 82; *ders.,* Ausdehnung und Einschränkung der Verfolgungszuständigkeit im steuerstrafrechtlichen Ermittlungsverfahren, Inf 1977, 569; *ders.,* Die Zuständigkeit der Finanzbehörden als Strafverfolgungsbehörden bei nicht steuerlichen Zuwiderhandlungen, BB 1977, 938; *Kohlmann/Giemulla,* Die Zuständigkeit der Finanzbehörden bei der Ermittlung von Verstößen gegen das Investitionszulagengesetz, DStZ 1979, 244; *Pfaff,* Ermittlungskompetenz der Finanzbehörde bei Verstößen gegen (Steuer-)Strafvorschriften und (Steuer-)Ordnungswidrigkeiten, DStZ 1980, 28; *Harbusch,* Die Abgabe der Ermittlungsverfahren an die Staatsanwaltschaft, ddz 1980, F 121; *Scheu,* Evokations- und materielles Prüfungsrecht der Staatsanwaltschaft, wistra 1983, 136 mit Erwiderung von *Rittmann,* wistra 1984, 52; *Kretzschmar,* Ermittlungsbefugnis der Finanzbehörde als Folge der Verfolgungsbeschränkung durch die Staatsanwaltschaft (§ 154a StPO)?, DStZ 1983, 498; *ders.,* Umfang der finanzbehördlichen Ermittlungsbefugnis bei einer allgemeinen Straftat in Tateinheit mit einer Steuerstraftat, DStR 1983, 641; *ders.,* Die Ermittlungsbefugnis von Finanzbehörde (Finanzamt) und Staatsanwaltschaft in Strafsachen, DStR 1985, 24; *Berthold,* Nochmals: Zur Verfolgung von Zuwiderhandlungen im gemeinschaftlichen Versandverfahren, ddz 1985, F 49; *Burmeister,* Steuergeheimnis und Offenbarungsbefugnis bei Strafanzeigen, ddz 1985, F 5; *Krey/Pföhler,* Zur Weisungsgebundenheit des Staatsanwaltes, NStZ 1985, 145; *Müller,* Steuergeheimnis und Verwertungsverbot bei nichtsteuerlichen Straftaten, DStR 1986, 699; *Gramich,* Limitierung der selbständigen Ermittlungskompetenz des Finanzamts im Sinn des § 386 Abs. 1, Abs. 2 Nr. 1 Abgabenordnung oder Verbrauch der Strafklage?, wistra 1988, 251; *Klos/Weyand,* Probleme der Ermittlungszuständigkeit und Beteiligungsrechte der Finanzbehörde im Steuerstrafverfahren, DStZ 1988, 615; *Reiche,* Die strafrechtliche Ermittlungskompetenz der Zollfahndung, wistra 1990, 90; *Pütz,* Steuer- und Zollfahnder als Hilfsbeamte der Staatsanwaltschaft, wistra 1990, 212; *Bender,* Die Bekämpfung der grenzüberschreitenden Rauschgiftkriminalität als Aufgabe des Zollfahndungsdienstes, wistra 1990, 285; *Schmidt,* Die Ermittlungskompetenz der Hauptzollämter bei der Verfolgung von Abgabenstraftaten im Bereich der EG-Agrarmarktordnung, ZfZ 1990, 104; *Weyand,* Offenbarungsbefugnis nach § 30 Abs. 4 Nr. 4a AO als Offenbarungsverpflichtung?, DStZ 1990, 411; *Rüping,* Rechtsprobleme der Durchsuchung, insbesondere in Steuerstrafsachen, StVj 1991, 322; *Liebsch/Reifelsberger,* Die Grenzen des Evokationsrechts, wistra 1993, 325; *Weyand,* Das Evokationsrecht und die Informationsmöglichkeiten der Staatsanwaltschaft – Theorie und Praxis, wistra 1994, 87; *Malms,* Einstellung nach § 153 und § 153a StPO durch die Finanzbehörden, wistra 1994, 337; *Weber-Blank,* Einstellung von Steuerstrafverfahren durch die Strafsachenstellen der Finanzbehörden nach §§ 153 und 153a StPO ohne Zustimmung des Gerichts, wistra 1995, 134; *Hardtke/Westphal,* Die Bedeutung der strafrechtlichen Ermittlungskompetenz der Finanzbehörde für das Steuergeheimnis, wistra 1996, 91; *Mösbauer,* Die Bedeutung der Definitionsnorm des § 369 AO für die steuerstrafrechtliche Ermittlungszuständigkeit der Finanzbehörden, wistra 1996, 252; *Bender,* Erweiterte Ermittlungsbefugnisse der Finanzbehörden im allgemeinstrafrechtlichen Bereich?, wistra 1998, 93; *Mösbauer,* Finanzbehördliche Sachverhaltsermittlung bei Verdacht einer Steuerstraftat, DStZ 2000, 512; *Behnes,* Umgehung strafprozessualer Verfahrensgarantien durch die für das Besteuerungs- und das Steuerstrafverfahren zuständigen Finanzbehörden? Münster 2001 (zugl. Diss. Münster 2000); *Rüping,* Ermittlungen der Steuerfahndung und ihre Schranken, DStR 2002, 2020; *Buse,* Zuständigkeit der Finanzkontrolle Schwarzarbeit zur Verfolgung von Steuerstraftaten, AO-StB 2007, 80; *Rolletschke,* Die finanzbehördlichen Strafverfolgungsorgane, Stbg 2006, 379; *ders.,* Einleitung des Steuerstrafverfahrens, Stbg 2006, 221; *Sediqi,* Die Ermittlungskompetenz der Finanzbehörde bei Zusammentreffen von Steuerstraftat und Allgemeindelikt, wistra 2017, 259; *Steinhauff,* Die Ermittlungskompetenz der Finanzbehörde bei Zusammentreffen von Steuerstraftat und Allgemeindelikt, AO-StB 2017, 356.

Übersicht

	Rn.
1. Entstehungsgeschichte	1–5
2. Systematik, Zweck und Anwendungsbereich	6–20
3. Gesetzliche Abgrenzung der Ermittlungskompetenz zwischen Finanzbehörden und Staatsanwaltschaft	21–34
4. Verhaftung oder Unterbringung des Beschuldigten	35–39
5. Fakultative Änderung der Zuständigkeit	40–65
a) Abgabe der Strafsache an die Staatsanwaltschaft	41–51
b) Evokationsrecht der Staatsanwaltschaft	52–59
c) Rückgabe der Strafsache an die Finanzbehörde	60
d) Mitteilung an den Beschuldigten	61
e) Steuergeheimnis	62–64
f) Informationspflicht der Finanzbehörde	65

1. Entstehungsgeschichte

1 § 386 I AO 1977 unterscheidet sich von § 421 I RAO idF des Art. 1 Nr. 1 AOStrafÄndG v. 10.8.1967 (BGBl. I 877) durch den Ausdruck *„Finanzbehörde"* anstelle von *„Finanzamt"* sowie durch die Definition der *„Finanzbehörde",* die dem § 386 I AO 1977 als Satz 2 angefügt worden ist (in Begr. nicht erwähnt, BT-Drs. VI/1982, 198). Der Ausdruck *„Steuerstraftat"* war anstelle von *„Steuervergehen"* bereits durch Art. 161 Nr. 13 EGStGB v. 2.3.1974 (BGBl. I 469, 583) eingeführt worden.

2 § 421 I RAO 1967 entsprach § 421 I 1 RAO 1931 und § 386 I 1 RAO 1919. Von der ursprünglichen Fassung *„haben bei allen Steuervergehen ... den Sachverhalt zu erforschen"* wurde 1967 abgewichen, weil die Vorschrift nur die Zuständigkeit regelt; die Pflicht zur Erforschung des Sachverhalts ergibt sich aus der Zuständigkeitsnorm iVm den Vorschriften der StPO, insbes. aus dem Legalitätsgrundsatz (Begr. BT-Drs. V/1812, 29). Abweichend von der Regierungsvorlage (sowie von § 160 I u. § 163 I StPO!) hat der BT das Wort *„erforscht"* durch *„ermittelt"* ersetzt.

3 § 421 II RAO 1967 entsprach § 422 RAO 1931 und § 387 RAO 1919 mit dem Unterschied, dass bei Tateinheit zwischen einem Steuervergehen und einer anderen Straftat ursprünglich nicht die StA, sondern das FA zuständig war.

4 § 421 III RAO 1967 entsprach § 421 I 2 RAO 1931 und § 386 I 2 RAO 1919 mit dem Unterschied, dass es ursprünglich nicht darauf ankam, ob Haft oder Unterbringungsbefehl erlassen war, sondern ob *„der Beschuldigte wegen Steuerhinterziehung festgenommen und dem Richter vorgeführt"* worden war.

5 Von § 421 IV RAO 1967 entsprach Satz 1 dem § 425 RAO 1931 (= § 390 RAO 1919). Das allgemeine Evokationsrecht der StA nach Satz 2 war neu; aufgrund § 426 II RAO 1931 (= § 391 II RAO 1919) konnte die StA die Strafverfolgung wegen eines Steuervergehens nur übernehmen, wenn jemand durch mehrere *selbstständige* Handlungen ein Steuervergehen und eine andere Straftat begangen hatte. Satz 3 entsprach § 426 III RAO 1931 (= § 391 III RAO 1919). Der auf Initiative des BT (BT-Drs. V/1941, 2) in das AOStrafÄndG v. 10.8.1967 (BGBl. I 877) eingefügte Satz 4: *„Das FA hat die Strafsache an die StA abzugeben, wenn der Beschuldigte dies beantragt",* wurde auf Antrag des BR (BT-Drs. V/3013) und Empfehlung des Vermittlungsausschusses (BT-Drs. V/3042) gem. Art. 1 Nr. 21 des 2. AOStraf-ÄndG v. 12.8.1968 (BGBl. I 953) wieder gestrichen, weil *„der Sonderfall, dass der Beschuldigte die Ermittlungsbehörde selber bestimmen konnte",* es nicht sinnvoll erscheinen ließ, diese Vorschrift aufrechtzuerhalten (Abg. *Reischl,* Sten. Ber. S. 9921).

2. Systematik, Zweck und Anwendungsbereich

Die Abgrenzung der Befugnisse zwischen StA und FinB im Ermittlungsverfahren 6
wegen Steuerstraftaten wird in § 386 AO zusammenfassend geregelt. Zu diesem Zweck definiert § 386 I 2 AO den Begriff der *„Finanzbehörde"* so, dass er alle Hauptzollämter (§ 1 Nr. 4 FVG; hierzu zählt auch die Finanzkontrolle Schwarzarbeit als Dienststelle des jeweiligen Hauptzollamtes, vgl. *Buse* AO-StB 2007, 80), alle Finanzämter (§ 2 I Nr. 3 FVG) sowie das Bundeszentralamt für Steuern (§ 5 FVG) als Nachfolgebehörde des Bundesamtes für Finanzen (vgl. G zur Neuorganisation der Bundesfinanzverwaltung und zur Schaffung eines Refinanzierungsregisters v. 22.9.2005, BGBl. I 2809) umfasst. Mit dem JStErgG v. 18.12.1995 (BGBl. I 1965) ist die Familienkasse hinzugekommen. Nicht erfasst werden auf örtlicher Ebene namentlich die Zollfahndungsämter (§ 1 Nr. 4 FVG) und die Gemeindesteuerbehörden, ferner nicht die Oberfinanzdirektionen und die obersten Finanzbehörden des Bundes und der Länder.

Das allgemeine Ermittlungsmonopol der StA wird durch die Regelungen des § 386 7
AO nicht *durchbrochen,* jedoch *latent eingeschränkt* (aM Kohlmann/*Peters* AO § 386 Rn. 23 u. Klein/*Jäger* AO § 386 Rn. 1: *„modifiziert"*). § 386 I 1 AO gibt der FinB eine *unselbstständige* Ermittlungskompetenz, in deren Ausübung sie die Stellung der Polizei in einem allgemeinen Strafverfahren hat, ergänzt um einzelne Befugnisse (§§ 402 I, 399 II 2 AO). Ist der Sachverhalt einer Steuerhinterziehung zu ermitteln, *erweitert* § 386 II AO diese unselbstständige Ermittlungskompetenz und ermächtigt die FinB zur *selbstständigen* Führung der Ermittlungen mit den Rechten und Pflichten der StA nach § 399 I AO (*Hardtke/ Westphal* wistra 1996, 91). Vermöge des § 386 IV 2 AO behält die StA aber die Oberhand über das Ermittlungsverfahren (HHS/*Tormöhlen* AO § 386 Rn. 8) und bleibt auch bei selbstständiger Führung des Ermittlungsverfahrens durch die FinB Herrin des Verfahrens (OLG Stuttgart 4.2.1991, wistra 1991, 190). Dies bedeutet jedoch nicht, dass die FinB den Weisungen der StA unterliegt und deren bloßes Hilfsorgan ist (BFH 25.1.1972, BStBl. II 1972, 286; missverständlich OLG Stuttgart 7.6.1972, NJW 1972, 2146; HHS/*Tormöhlen* AO § 386 Rn. 9, Schwarz/Pahlke/*Klaproth* AO § 386 Rn. 18c u. 39 u. Kohlmann/*Peters* AO § 386 Rn. 25; *Suhr* Rn. 596; aM *Jakob* StW 1971, 302; *Scheu* wistra 1983, 137; allg. zu den Schranken des in- und externen Weisungsrechts der StA: *Krey/Pföhler* NStZ 1985, 145). Vielmehr ist die FinB in den Grenzen des § 386 II–IV AO *unabhängig* von der Staatsanwaltschaft zur Aufklärung des Sachverhalts *berechtigt und verpflichtet;* für sie gilt das **Legalitätsprinzip** (OLG Stuttgart 4.2.1991, wistra 1991, 190; Löwe/Rosenberg/*Erb* StPO § 160 Rn. 6).

Solange die FinB das Ermittlungsverfahren selbstständig führt, ist die StA nicht 8
befugt, ihr für die Behandlung des Falles rechtlich bindende Weisungen zu erteilen oder bestimmte Ermittlungen vorzuschreiben (Löwe/Rosenberg/*Erb* StPO § 160 Rn. 6). Zu den Ermittlungen gehört ggf. auch die Entscheidung über eine Aussetzung des Verfahrens nach § 396 AO (glA HHS/*Tormöhlen* AO § 386 Rn. 27, 42; GJW/*Weyand* AO § 396 Rn. 32; s. auch → § 396 Rn. 43) und infolge der Änderung der §§ 153, 153a StPO durch das RpflEntlG v. 11.1.1993 (BGBl. I 50) nun auch die Befugnis, das Verfahren gegen Zahlung einer Geldauflage ohne vorherige Zustimmung des Gerichts und damit ohne vorherige Befassung durch dieses und die StA einzustellen (→ § 398 Rn. 5). Über die Ermittlungen hinaus kann die FinB unmittelbar beim AG beantragen, Strafbefehl zu erlassen (§ 400 AO) oder Nebenfolgen im selbstständigen Verfahren nach den §§ 440, 442 I, 444 III StPO anzuordnen (§ 401 AO). Infolge der Änderung des § 407 II StPO durch das RpflEntlG v. 11.1.1993 (BGBl. I 50), wonach nunmehr die Beantragung von Strafbefehlen mit Freiheitsstrafen bis zu einem Jahr möglich ist, sofern die Vollstreckung zur Bewährung ausgesetzt wird, dürfte die Bedeutung und der Umfang der ausschließlich

§ 386 9–11

von der FinB zu bearbeitenden Fälle in Zukunft steigen. Die FinB kann nun auch bei größeren Hinterziehungsbeträgen das Ermittlungsverfahren selbstständig führen und hat einen größeren Ermessensspielraum bei der Frage einer Abgabe an die StA nach § 386 IV 1 AO. Gleichwohl könnte die StA geneigt sein, vom Evokationsrecht Gebrauch zu machen, weil sie eine höhere als die im Strafbefehlswege beantragte Freiheitsstrafe für angemessen hält (zu den Grenzen des Evokationsrechts vgl. → Rn. 44 ff., sowie *Liebsch/Reifelsberger* wistra 1993, 325).

9 **Die StA wird gem. § 386 I u. II AO nicht tätig,** wenn sich der Verdacht einer Steuerstraftat im Verlauf der Ermittlungen als unbegründet erweist (§ 399 I AO iVm § 170 II StPO) oder wenn die Schuld des Täters gering wäre und die FinB das Verfahren mangels öffentlichen Interesses an der Verfolgung einstellt (§ 399 I AO iVm § 153 I 1 StPO) oder wenn die FinB wegen geringwertiger Steuerverkürzungen oder Steuervorteile von der Verfolgung absieht (§ 399 I iVm § 398 AO). Ferner bleibt die StA unbeteiligt, wenn bei begründetem Tatverdacht der Strafrichter einen von der FinB gem. § 400 AO beantragten Strafbefehl erlässt und der Beschuldigte keinen Einspruch erhebt. In den übrigen Fällen eines begründeten Tatverdachts endet die Ermittlungskompetenz der FinB, wenn sie die Ermittlungen abgeschlossen hat und die Akten gem. § 400 Hs. 2 AO der StA zur Entschließung darüber vorlegt, ob und in welcher Form die öffentliche Klage erhoben werden soll. Im Strafbefehlsverfahren geht die Kompetenz zur weiteren Ermittlung gem. § 406 AO auf die StA über, sobald der Strafrichter gem. § 408 II StPO Hauptverhandlung anberaumt oder der Beschuldigte Einspruch gegen den Strafbefehl erhebt. Nach allgM wird damit auf den Zeitpunkt abgestellt, in dem die Sache in das ordentliche Strafverfahren übergeht (Koch/Scholtz/*Scheurmann-Kettner* AO § 406 Rn. 3, *Suhr* Rn. 682), bzw. in die Hauptverhandlung einmündet (Klein/*Jäger* AO § 406 Rn. 1). Deshalb *muss der Einspruch wirksam sein*; ist er unwirksam, weil verspätet erhoben, so bleibt es bei der Zuständigkeit der FinB. Diese Unterscheidung wurde – soweit ersichtlich – bisher kaum getroffen, ist aber nicht nur von theoretischer Bedeutung, sondern entscheidet darüber, wem rechtliches Gehör zu gewähren (§ 33 II StPO), bzw. wer Zustellungsadressat der gerichtlichen Entscheidung ist. Ein unzulässiger Einspruch wird nach § 411 I StPO durch Beschluss verworfen, wobei zuvor nach § 33 II StPO die FinB anzuhören ist, da diese noch die Rechte und Pflichten der StA gem. § 399 I AO wahrnimmt. Die Einspruchserhebung wird in § 406 I AO der Anberaumung der Hauptverhandlung gleichgesetzt, die ihrerseits nur auf einen wirksamen Einspruch hin erfolgt, womit dann erst die Sache in das ordentliche Strafverfahren übergeht (zutr. *Liebsch/Reifelsberger* wistra 1993, 325).

10 **Die besondere Ermittlungskompetenz der FinB bei Steuerstraftaten entfällt** von vornherein,
– wenn die Tat außer Steuerstrafgesetzen zugleich andere Strafgesetze verletzt (§ 386 II AO, → Rn. 21);
– sobald gegen einen Beschuldigten wegen der Tat ein Haft- oder Unterbringungsbefehl erlassen ist (§ 386 III AO, → Rn. 35 ff.);
– wenn die FinB die Strafsache an die StA abgibt (§ 386 IV 1 AO, → Rn. 41 ff.);
– wenn die StA die Strafsache vor dem Abschluss der Ermittlungen an sich zieht (§ 386 IV 2 AO, → Rn. 52 ff.).

11 **§ 386 AO erfüllt einen dreifachen Zweck:** Die Regelung dient dem eigenverantwortlichen Einsatz der besonderen Sach- und Steuerrechtskunde der FinB zugunsten einer *zielsicheren Verfolgung von Steuerstraftaten,* damit zugleich einer Straffung des Strafverfahrens iSd *Prozessökonomie,* schließlich einem weitgehenden *Schutz des Steuergeheimnisses* (§§ 30 ff. AO) im Steuerstrafverfahren (vgl. *Gramich* wistra 1988, 252; → Rn. 62). Eine effiziente Ahndung von Steuerdelikten ist ohne besondere Kenntnisse des Steuerrechts fast ausgeschlossen und kann zu Fehlgriffen oder Irrtümern bei der Strafverfolgung führen (Kohlmann/*Peters* AO § 386 Rn. 17); nur durch Überprüfung der Besteuerungsgrundlagen kann der Verkürzungserfolg bei einer Steuerhinterziehung festgestellt werden (*Klos/Weyand*

DStZ 1988, 617). Überdies lässt sich beim ersten Tatverdacht oft noch nicht zutreffend beurteilen, ob eine Steuerstraftat oder eine Steuerordnungswidrigkeit vorliegt (s. auch → § 397 Rn. 64 u. 147); auch aus diesem Grunde könnte die Zuständigkeit der FinBn für die Ermittlung von Steuerstraftaten kaum getrennt werden von der Zuständigkeit für Steuerordnungswidrigkeiten gem. § 409 AO (glA Kohlmann/*Peters* AO § 386 Rn. 19 u. *Kühn/Hofmann* AO § 386 Rn. 1). Freilich liegt in der *Doppelfunktion der FinB* und in der unterschiedlichen Rechtsstellung einer Person im Besteuerungsverfahren und im Strafverfahren auch eine Schwäche der Regelung, die aus verschiedenen Blickwinkeln (potenzielle Täter, Beschuldigte und Berater, Justiz, Fiskus) immer wieder Kritik hervorrufen wird (vgl. *de With* DRiZ 1963, 397; *Henneberg* DStR 1980, 63).

Der Anwendungsbereich des § 386 AO ist beschränkt auf *Strafverfahren* wegen Steuerstraftaten iSd § 369 I AO. Darüber hinaus werden die materiellen und verfahrensrechtlichen Vorschriften des 8. Teils der AO und damit die Ermittlungskompetenz der FinBn erstreckt auf Straftaten und Zuwiderhandlungen in Bezug auf Wohnungsbauprämie (§ 8 II WoPG), Altersvorsorgezulagen (§§ 83, 96 VII EStG), Mobilitätsprämie (§ 108 EStG), Arbeitnehmer-Sparzulage (§ 14 III 5. VermBG), Eigenheimzulage (§ 15 II EigZulG), Forschungszulage (§ 13 FZulG), und die Zulage an Arbeitnehmer in Berlin-West (§ 29a BerlinFG). Soweit unwahre Angaben in Bezug auf Investitionszulagen als Subventionsbetrug nach § 264 StGB mit Strafe bedroht ist, bestimmt § 15 InvZulG 2010, dass die FinBn bei der Strafverfolgung dieselben Kompetenzen haben wie bei der Verfolgung von Steuerstraftaten (ebenso die Auffassung der FinVerw, vgl. AStBV (St) 2020 Nr. 19, BStBl. I 2019, 1142; zust. Kohlmann/*Peters* AO § 386 Rn. 55; krit. zur Gesetzgebungssystematik *Henneberg* Inf 1977, 571). In *Bußgeldverfahren* wegen Steuerordnungswidrigkeiten iSd § 377 I AO, § 36 AlkStG oder wegen Ordnungswidrigkeiten nach § 24 BierStG oder nach den §§ 160 ff. StBerG bleibt es für das Verhältnis zwischen der FinB als der zuständigen Verwaltungsbehörde iSd § 36 I Nr. 1 OWiG und der StA bei den allgemeinen Vorschriften der §§ 35, 40–43 OWiG (arg. § 410 I AO); eine Ausnahme gilt nur für Strafbefehlsanträge einer FinB; diese können sich nach § 410 II AO auf Steuerordnungswidrigkeiten erstrecken, die mit der jeweiligen Steuerstraftat zusammenhängen (§ 42 I 2 OWiG).

Auf Zuwiderhandlungen gegen Ein-, Aus- oder Durchfuhrverbote, die als Bannbruch allein nach § 372 II AO mit Strafe bedroht sind (→ § 372 Rn. 84), ist § 386 AO in vollem Umfang anzuwenden. Falls solche Zuwiderhandlungen zwar die Begriffsbestimmung des § 372 I AO erfüllen, jedoch durch spezielle Vorschriften außerhalb der AO mit Strafe bedroht werden, ist nur § 386 I AO anzuwenden (glA BMR SteuerStR/*Möller/ Retemeyer* D Rn. 53, C Rn. 1229 ff.; *Kühn/Hofmann* AO § 386 Rn. 3). In diesen Fällen können die HZÄ zwar den Sachverhalt ermitteln, sind aber nicht befugt, das Ermittlungsverfahren nach § 386 II iVm § 399 I und den §§ 400, 401 AO *selbständig* durchzuführen (aM *Bender* wistra 1990, 288, wonach Btm-Schmuggel in jeder Erscheinungsform eine Steuerstraftat sei; vgl. iÜ auch → Rn. 21).

Bei **Abgabenstraftaten auf dem Gebiet des Marktordnungsrechts** führen die HZÄ als sachlich zuständige FinB (vgl. → § 387 Rn. 6) das Ermittlungsverfahren nach § 386 II AO selbständig durch. Kraft der Verweisung in § 12 I MOG gilt dies nicht nur für Zölle – denen Ausfuhrabgaben und negative Beitrittsausgleichabgaben gleichstehen – und Abschöpfungen, sondern auch im Hinblick auf innergemeinschaftliche Marktlenkungsabgaben (*Schmidt* ZfZ 1990, 104, 108). Die Ermittlungskompetenz der HZÄ wird nicht durch § 37 I Nr. 1 MOG zugunsten einer ausschließlichen Ermittlungskompetenz der StA verdrängt (vgl. OLG Hamm 21.4.1995, wistra 1995, 197; aM AG Münster, Beschl. v. 12.9.1989 – 23 Gs 3071/89). Es handelt sich bei § 37 MOG nicht um ein und dieselbe Regelungsmaterie, die § 386 AO zum Inhalt hat und ist deshalb keine dieser Vorschrift vorgehende Spezialregelung iSd § 12 MOG. § 37 MOG ist keine die Zuständigkeit regelnde Norm, vielmehr besteht dessen Zweck lediglich in einer Erweiterung des Kreises der Hilfsbeamten der StA für die nicht von der Abgabenordnung gedeckten Fälle von auslandsbezogenen Straftaten.

15 Auf europäischer Ebene ist zweifelhaft, ob § 386 AO dazu führt, dass die Finanzbehörde als justizielle Behörde im Sinne der Richtlinie 2014/41 über die Europäische Ermittlungsanordnung in Strafsachen anzusehen ist (vgl. EuGH 2.9.2021 – C-66/20, BeckRS 2021, 24494). Nach Ansicht des europäischen Generalanwalts dürfe die Finanzbehörde keine europäische Ermittlungsanordnung – im genannten Fall über die Durchsuchung von Geschäftsräumen wegen des Verdachts der Einkommensteuerhinterziehung – im europäischen Ausland anordnen, sondern benötigt die Validation einer Staatsanwaltschaft oder eines Gerichts (Schlussantrag des Generalanwalts v. 11.3.2021 – C-66/20, BeckRS 2021, 3944). Der EuGH brauchte sich in dem Verfahren nicht positionieren, da er die vorlegende Stelle – die italienische Staatsanwaltschaft Trient – als nicht vorlageberechtigt ansah (EuGH 2.9.2021 – C-66/20, BeckRS 2021, 24494).

16–20 *einstweilen frei*

3. Gesetzliche Abgrenzung der Ermittlungskompetenz zwischen Finanzbehörden und Staatsanwaltschaft

21 **Die Finanzbehörde ermittelt beim Verdacht einer Steuerstraftat grundsätzlich unselbstständig** (§§ 386 I, 402 AO), also als Hilfsorgan der StA, ebenso wie die Polizei. Durch *§ 386 II AO* wird diese unselbstständige Ermittlungskompetenz *erweitert* und die FinB in *bestimmten* Fällen zur *selbstständigen* Führung des Ermittlungsverfahrens *ermächtigt* (vgl. → Rn. 7). Obwohl die Kompetenzerweiterung in § 386 II AO eine Ausnahme vom Grundsatz der unselbstständigen Ermittlungskompetenz des § 386 I 1 AO ist, stellt sie in praxi die Regel dar. Vielfach wird deshalb unter Verkennung des eigentlichen Verhältnisses von § 386 I 1 AO zu § 386 II AO missverständlich formuliert, dass grundsätzlich die FinB das Ermittlungsverfahren selbstständig führe (so *Franzen*, Rn. 4, 6 der 3. Auflage; RKR/*Kemper* AO § 386 Rn. 30; Koch/*Scholtz-Scheurmann-Kettner* AO § 386 Rn. 2; *Kühn/Hofmann* AO § 386 Rn. 1; Erbs/Kohlhaas/*Hadamitzky*/*Senge* AO § 386 Rn. 1; zutreffend *Hardtke/Westphal* wistra 1996, 92).

22 Die aus dem originären **Ermittlungsmonopol der StA** abgeleitete *selbstständige Ermittlungskompetenz* der FinB bezieht sich nach § 386 II Nr. 1 AO in erster Linie auf Taten, die *ausschließlich* Steuerstraftaten darstellen. Der Begriff der Tat ist nicht nach materiellen Merkmalen zu bestimmen, erfordert daher keine Tateinheit iSd § 52 StGB, sondern erfasst im verfahrensrechtlichen Sinne des § 264 StPO einen *einheitlichen Lebensvorgang* (vgl. BGH 5.11.1969, BGHSt 23, 141, 145; BGH 17.7.1991, BGHSt 38, 37, 40 f.; Kohlmann/*Peters* AO § 386 Rn. 68; *Gramich* wistra 1988, 251), zB bei Tatmehrheit zwischen USt-Hinterziehung, LSt-Hinterziehung und Nichtabführung von Sozialversicherungsbeiträgen (OLG Zweibrücken 25.4.1974, NJW 1975, 128). Für die Annahme einer Tat in diesem Sinne kann es ausreichen, wenn die einzelnen Tathandlungen so miteinander verknüpft sind, dass ihre getrennte Aburteilung in verschiedenen erstinstanzlichen Verfahren einen einheitlichen Lebensvorgang unnatürlich aufspalten würde (so auch die Auffassung der FinVerw, vgl. AStBV (St) 2020 Nr. 17 II). Die Begrenzung der selbstständigen Ermittlungskompetenz der FinB durch den prozessualen Tatbegriff soll verhindern, dass nur Teilbereiche eines einheitlichen Lebensvorganges abgeurteilt und mit Strafklageverbrauch belegt werden können, ohne dass der Gesamtgehalt erfasst wird (*Gramich* wistra 1988, 252). Steuerstraftaten sind die in § 369 I Nr. 1–4 AO aufgeführten Straftaten (iE → § 369 Rn. 5–12).

23 Mit der Beschränkung auf **Taten, die ausschließlich Steuerstraftaten darstellen,** unterfallen der selbstständigen Ermittlungskompetenz der FinBn nach § 386 II Nr. 1 AO diejenigen Taten nicht, die zwar die Merkmale einer Steuerstraftat iSd § 369 I AO aufweisen, aber zugleich nichtsteuerliche Strafgesetze verletzen; dabei sind in den Fällen der Nrn. 2–4 des § 369 I AO jeweils *andere* Strafgesetze gemeint als zB die §§ 148, 149 StGB (Nr. 3) oder § 257 StGB (Nr. 4). Unerheblich ist, ob eine Steuerstraftat gleichzeitig als Ordnungswidrigkeit mit Geldbuße bedroht ist (vgl. auch § 21 OWiG).

In Abkehr von § 422 RAO 1931 werden von § 386 I Nr. 1 AO insbes. diejenigen 24
Fälle nicht mehr erfasst, in denen eine Steuerhinterziehung mit Urkundenfälschung (§ 267
StGB) zusammentrifft. In solchen Fällen war nach dem früheren Recht das Finanzamt
zuständig gewesen, wenn die Strafe nach § 73 StGB aF aus dem Steuergesetz zu entnehmen war. Nunmehr bleibt es bei der allgemeinen Ermittlungszuständigkeit der StA. Die
alte Regelung hatte wegen des weiten Strafrahmens für Steuerhinterziehung häufig sachwidrige Schwerpunktverlagerungen in den Kompetenzbereich der Finanzämter bewirkt,
bis mit § 421 II Nr. 1 RAO 1967 die gegenwärtige Abgrenzung eingeführt wurde.

Fälle der Vortäuschung eines steuerlich erheblichen Sachverhaltes unterfallen 25
ebenfalls der selbständigen Ermittlungskompetenz der FinB. Wurden derartige Taten von
der Rechtsprechung früher als Betrug (§ 263 StGB) eingestuft (BGH 11.4.1972, NJW
1972, 1287, zu § 392 RAO; v. 28.1.1986, wistra 1986, 172), nimmt mittlerweile auch der
BGH bei fingierten Steuerfällen grundsätzlich eine Steuerhinterziehung an (BGH
1.2.1989, wistra 1989, 227; BGH 23.3.1994, wistra 1994, 194; ausf. → § 370 Rn. 150 ff.;
abl. *Weiß* UR 1994, 367), also eine Steuerstraftat iSd § 386 II Nr. 1 AO. Der Regelungsbereich des § 385 II AO wird infolge dieser Auffassung praktisch auf ein Minimum
reduziert (ausf. → § 385 Rn. 4 f., 36 f.; *Hellmann* 1995, 68).

Ergibt sich erst im Laufe der Ermittlungen einer FinB der Verdacht, dass der 26
Beschuldigte durch seine Tat auch ein nichtsteuerliches Strafgesetz verletzt hat, entfällt die
aus § 386 II AO abgeleitete selbständige Ermittlungskompetenz der FinB *kraft Gesetzes*
(→ Rn. 9) und die Zuständigkeit liegt wieder bei der StA. Es tritt also dieselbe Folge ein,
wie in dem Fall, in dem ein Haft- oder Unterbringungsbefehl gegen den Beschuldigten
erlassen wird (→ Rn. 35). Da jedoch die StA von einem erweiterten Verdacht der FinB
und ihrer dadurch begründeten eigenen Ermittlungskompetenz ohne weiteres nichts
erfährt, ist die FinB als dem *Legalitätsprinzip* nach §§ 385 I, 386 II AO, 152 StPO
unterworfene Strafverfolgungsbehörde (OLG Stuttgart 4.2.1991, wistra 1991, 190; *Löwe/
Rosenberg/Erb* StPO § 160 Rn. 6) *verpflichtet,* der StA die Akten zur weiteren Entschließung vorzulegen (allgM, HHS/*Tormöhlen* AO § 386 Rn. 68; *Koch/Scholtz/Scheurmann-
Kettner* AO § 386 Rn. 20/1; *Gramich* wistra 1988, 252; *Hardtke/Westphal* wistra 1996, 92).
Die *Vorlage der Akten* ist nicht zu verwechseln mit einer *Abgabe der Steuerstrafsache* nach
§ 386 IV 1 AO, die den Zuständigkeitswechsel aufgrund einer *Ermessens*entscheidung der
FinB herbeiführt (→ Rn. 41).

Entgegen der vielfach vertretenen Ansicht, dass jegliche Ermittlungskompetenz der FinB 27
entfalle, wenn ein Steuervergehen mit einer allgemeinen Straftat tateinheitlich zusammentreffe (OLG Frankfurt 5.9.1986, wistra 1987, 32; Kohlmann/*Peters* AO § 386 Rn. 89 ff.;
Kühn/Hofmann AO § 386 Rn. 3; Erbs/Kohlhaas/*Hadamitzky/Senge* AO § 386 Rn. 6;
Suhr/Naumann/Bilsdorfer Rn. 604; *Bilsdorfer* StBp 1990, 118; *Rüping* StVj 1991, 324), bleibt
die unselbständige Ermittlungskompetenz der FinB in solchen Fällen aber bestehen (BGH
24.10.1989, BGHSt 36, 285; LG Freiburg 4.9.2000, StV 2001, 268; HHS/*Tormöhlen* AO
§ 386 Rn. 23; *Klein/Jäger* AO § 386 Rn. 7; *Pütz* wistra 1990, 212; *Rüping* DStR 2002,
2020; *Sediqi* wistra 2017, 259). Die FinB darf die nichtsteuerliche Tat *insoweit* ermitteln, als
dies der Ermittlung der Steuerstraftat dient, was eine vorherige Abgabe an die StA nicht
voraussetzt (BGH 24.10.1989, BGHSt 36, 285; Klein/*Jäger* AO § 386 Rn. 7; *Kretzschmar*
DStR 1983, 644; ders. DStR 1985, 28; *Berthold* DDZ 1985, F 50; aM *Rüster* 1989, S. 69;
Reiche wistra 1990, 90; → § 404 Rn. 100). Es findet *lediglich keine Kompetenzerweiterung*
nach § 386 II AO statt. Die Zoll- und Steuerfahndung, als unselbständige Untergliederungen der FinB (*Klos/Weyand* DStZ 1988, 616), sowie ihre Beamten, haben im Strafverfahren wegen Steuerstraftaten dieselben Rechte und Pflichten wie die Behörden und
Beamten des Polizeivollzugsdienstes nach den Vorschriften der StPO (§ 404 S. 1 AO; vgl.
→ 404 Rn. 6). Sie handeln als Hilfsorgan der StA (→ Rn. 13) und können innerhalb dieses
Rahmens ohne besonderen Auftrag der StA tätig werden. Eine Beschränkung dieser –
unselbständigen – Ermittlungskompetenz auf Fälle, in denen *nur* eine Steuerstraftat vorliegt, ist der AO nicht zu entnehmen. § 386 AO regelt nicht die Befugnisse der Zoll- und

Steuerfahndung, sondern die Frage, ob die StA oder die FinB das Verfahren *durchzuführen* hat. Strafprozessuale Maßnahmen der FinB unterbrechen deshalb auch die Strafverfolgungsverjährung nichtsteuerlicher Straftaten (BGH 24.10.1989, BGHSt 36, 285; OLG Braunschweig 24.11.1997, wistra 1998, 71 m. krit. Anm. *Bender* wistra 1998, 93; *Pütz* wistra 1990, 212; aM OLG Frankfurt 5.9.1986, wistra 1987, 32; *Reiche* wistra 1990, 90) unabhängig davon, ob diese Maßnahmen im Rahmen einer selbstständigen oder unselbstständigen Ermittlungskompetenz getroffen werden. Im ersten Fall handelt die FinB „als StA" an deren Stelle, im zweiten Fall als deren Hilfsorgan. Beide Alternativen ermöglichen eine Unterbrechung nach § 78c StGB (*Schäfer* FS Dünnebier, 1982, 541, 553). Die von der FinB ohne *konkreten* Auftrag der StA durchgeführten Ermittlungen sind deshalb ebenso wenig rechtswidrig oder nicht verwertbar, wie dies bei Ermittlungen der Polizei der Fall ist, die regelmäßig zunächst ohne Kenntnis der StA erfolgen (aM *Klos/Weyand* DStZ 1988, 618). Steinhauff weist zu Recht darauf hin, dass die Praxis dann auf einen Hinweis der Zuständigkeitsänderung von der selbstständigen auf die unselbstständige Ermittlungskompetenz angewiesen wäre, wenn der Alleinverteidiger ein Steuerberater ist (vgl. § 392 AO). Ein solcher Hinweis erfolgt aber in der Praxis nicht und ist auch nicht gesetzlich vorgesehen, womit es in diesen Fällen dem Steuerberater obliegt, eine eventuelle Zuständigkeitsänderung zu klären (*Steinhauff* AO-StB 2017, 356).

28 **Entschließt sich die StA,** das Verfahren wegen der nichtsteuerlichen Straftat einzustellen oder diese gem. § 154a StPO auszuscheiden, geht die Ermittlungskompetenz nicht automatisch auf die FinB über (HHS/*Tormöhlen* AO § 386 Rn. 71; aM *Kretzschmar* DStZ 1983, 499 und DStR 1985, 29). In Betracht kommt eine einvernehmliche Abgabe nach § 386 IV 3 AO, wenn sie nach dem Gewicht der Steuerstraftat und nach dem Verfahrensstand angezeigt erscheint. Dabei ist das Einverständnis der FinB erforderlich (HHS/*Tormöhlen* AO § 386 Rn. 71; aM Kohlmann/*Peters* AO § 386 Rn. 102).

29 **§ 386 II Nr. 2 AO bestimmt eine Ausnahme von der Ausschließlichkeitsbeschränkung in Nr. 1** (vgl. → Rn. 14) zugunsten selbstständiger Ermittlungen der FinB, falls eine Tat, die eine Steuerstraftat darstellt, zugleich ein anderes, nichtsteuerliches Strafgesetz verletzt und dessen Verletzung *Kirchensteuern oder andere öffentlich-rechtliche Abgaben* betrifft, die an Besteuerungsgrundlagen, Steuermessbeträge oder Steuerbeträge anknüpfen (vgl. auch § 31 AO). Die Fassung der Vorschrift ist zugeschnitten auf das Zusammentreffen von Steuerhinterziehung (§ 370 AO) und Abgabenbetrug (§ 263 StGB) zum Nachteil einer Körperschaft, deren Ansprüche auf Steuern, Beiträge oder Umlagen nach steuerlichen Merkmalen bemessen werden. Hier wäre es im Hinblick auf den Zweck des § 386 AO (→ Rn. 10) widersinnig, die Ermittlungskompetenz der StA vorzusehen; denn in den Anwendungsfällen des § 386 II Nr. 2 AO (→ Rn. 24) bildet der Abgabenbetrug stets nur ein „Anhängsel" der Steuerhinterziehung, in der das Schwergewicht der Tat liegt. Demgemäß ist es oftmals auch angezeigt, dass die FinB die Verfolgung der Tat gem. § 154a I StPO auf das Vergehen nach § 370 AO beschränkt.

30 **Unmittelbar an Steuerbeträge knüpfen die Kirchensteuern an,** welche die FÄ nach dem jeweiligen KiStG als Zuschlag von 8 oder 9 vH zur ESt (LSt) erheben. Ob die vorsätzliche Verkürzung der KiSt als Steuerhinterziehung nach § 370 AO strafbar ist, richtet sich nach den Regelungen der Länder. Weil die Kirchensteuer eine Steuer der Länder und somit keine Steuer nach Bundesrecht oder dem Recht der europäischen Union ist (§ 1 I AO), ist sie keine Steuer iSd § 370 AO (BGH 17.4.2008, NStZ 2009, 157; s. auch BGH 25.3.2021, wistra 2021, 366). Mittlerweile ist in allen Bundesländern die Anwendung des 8 Teils der AO ausgeschlossen (zuletzt Sachsen mit Änd. des § 12 I SächsKiStG durch G v. 28.3.2019, SächsGVBl. 244).

31 Wer in den anderen Ländern das FA über einkommensteuererhebliche Tatsachen täuscht, erfüllt nicht den Tatbestand der Steuerhinterziehung. Ob stattdessen der **Tatbestand des Betruges** einschlägig ist oder aber das Verhalten (insoweit) straflos bleibt, ist umstritten. Einige Autoren nehmen Betrug an (Schwarz/Pahlke/*Klaproth* AO § 386 Rn. 21; Koch/Scholtz/*Scheurmann-Kettner* AO § 386 Rn. 18; *Rönnau* wistra 1995, 48), andere lehnen dies ab (*Suhr/Naumann* 3. Aufl., S. 148 f.; vgl. auch Kohlmann/*Peters* AO § 386 Rn. 79; *Engelhardt* 1991, S. 90). Der BGH hat die Frage bislang offengelassen (BGH 25.3.2021, wistra 2021, 366). Tatsächlich enthält § 370 für Steuern eine abschließende Regelung (Kohlmann/*Peters* AO § 386 Rn. 80; RKR/*Kemper* AO § 386 Rn. 42; BGH 19.12.1997, BGHSt 43, 381). Überdies ist aus der Suspendierung der Vorschriften der §§ 369 ff. AO zu folgern, dass es sich bei der Hinterziehung von Kirchensteuer nicht um ein strafbares Verhalten handeln soll. Soweit *Rönnau* einwendet, hiergegen spräche § 386 II Nr. 2 AO und Art. 4 Abs. 3 EGStGB, trägt dies seine Lösung nicht. Seinen Einwand aus § 386 II Nr. 2 AO relativiert *Rönnau* selbst (wistra 1995, 49). Der Einwand, Art. 4 Abs. 3 EGStGB erfordere die Anwendbarkeit des § 263 StGB, ist ebenfalls nicht tragfähig. Richtig ist zunächst, dass nach Art. 4 Abs. 3 EGStGB Vorschriften des StGB über Betrug unberührt bleiben, und es dem Kirchensteuergesetzgeber lediglich freigestellt ist, Sonderregelungen – auch in Art einer dynamischen Verweisung – für eine Kirchensteuerhinterziehung zu treffen. Die Kirchensteuergesetzgeber haben aber eine entsprechende Regelung getroffen, indem sie die Nichtanwendbarkeit der §§ 369 ff. AO ausdrücklich anordneten. Erst ein Schweigen des Gesetzgebers in dieser Frage hätte Raum für Spekulationen eröffnet, ob § 263 StGB einschlägig sei (zust. Kohlmann/*Peters* AO § 386 Rn. 78). *Rönnau* bezweifelt, dass die Länderparlamente (nach Rücksprache mit den Kirchen) hinsichtlich der Kirchensteuer auf jeglichen Strafrechtsschutz verzichten wollten. Tatsächlich ist dies durchaus der Fall. Im Übrigen steht die Kirchenpraxis im Einklang mit theologischen Prinzipien und entsprechenden Beschlüssen. Zweifelhaft ist allein, ob eine solche Interpretation nicht ein unzulässiges Unterlaufen des Art. 4 Abs. 3 EGStGB wäre, der vom Wortlaut her voraussetzt, dass etwa den §§ 369 ff. AO entsprechende Regelungen getroffen werden. Auch dies ist aber nicht der Fall. Wenn der Landesgesetzgeber die ausschließliche Gesetzgebung für einen Bereich hat (hier die Kirchensteuer), so kann er aus diesem Recht, quasi als Annexkompetenz, auch entsprechende Sonderregelungen treffen, die ggf. das StGB überspielen (vgl. *Jescheck/Weigend* AT, S. 115: „Sachzusammenhang"). Der BGH hat sich in einem „obiter dictum" zur Anwendbarkeit des Betrugstatbestands auf Kirchensteuern geäußert (BGH 17.4.2008, wistra 2008, 310), er tendiert zur Anwendbarkeit des Betrugstatbestandes. Allerdings hält er es für möglich – im Einklang mit der hier vertretenen Auffassung – kraft einer Annexkompetenz der Länder auf dem Gebiet der Kirchensteuer die Anwendung von § 263 StGB auszuschließen, indem der Art. 4 Abs. 3 EGStGB mit Blick auf die Art. 140 GG iVm Art. 137 WRV modifizierend ausgelegt wird.

Auch die Gewerbesteuermessbeträge knüpfen an die *Beiträge zu den (Industrie- und) Handelskammern,* die gem. § 3 III iVm § 4 II 2 Nr. 4 IHKG in Form eines festen Grundbeitrags und einer Umlage in Höhe von 4–10 vH der GewSt-Messbeträge erhoben werden; die *Beiträge zu den Handwerkskammern,* die aufgrund §§ 106 I Nr. 5, 113 II HwO regelmäßig in Form eines festen Grundbeitrags und eines Zusatzbeitrags in Höhe von 8–15 vH der GewSt-Messbeträge erhoben werden. Wird in den beiden vorstehenden Fällen kein Gewerbesteuermessbetrag festgesetzt, knüpfen die Beiträge jeweils an den nach dem Einkommensteuer- oder Körperschaftsteuergesetz ermittelten Gewinn aus Gewerbebetrieb an. 32

Auch einzelne Besteuerungsgrundlagen bilden den Maßstab für öffentlich-rechtliche Abgaben, etwa die für das land- und forstwirtschaftliche Vermögen festgesetzten Einheitswerte für die *Umlagen der Landwirtschaftskammern,* die zB in Nordrhein-Westfalen gem. Verordnung v. 25.1.2021 für das Haushaltsjahr 2021 8,5 vT betragen haben (GV NRW 92)). 33

Gelegentlich sind die **Beiträge zu den Apothekerkammern** auch nach den Umsätzen der Mitglieder oder die Beiträge niedergelassener Ärzte zu den **Ärztekammern** nach der Höhe der Einkünfte aus selbstständiger Berufstätigkeit (§ 18 EStG) gestaffelt. Indessen werden diese Beiträge nicht auf Grund von Mitteilungen der FÄ nach § 31 AO, sondern aufgrund einer Selbsteinschätzung der Mitglieder festgesetzt. Mit einer unrichtigen Beitragserklärung kann zwar Betrug zum Nachteil der jeweiligen Kammer begangen werden, jedoch ist das FA für die Ermittlung einer solchen selbstständigen Tat nach § 386 II Nr. 2 34

AO nicht zuständig, da es an einer Steuerstraftat fehlt. Dasselbe gilt sinngemäß für unrichtige selbstständige Erklärungen über den Jahresumsatz, an den die **Filmabgabe** nach §§ 146, 151 ff. FFG anknüpft.

4. Verhaftung oder Unterbringung des Beschuldigten

35 **§ 386 III AO schließt die selbstständige Ermittlungskompetenz der FinB aus,** sobald gegen einen Beschuldigten wegen der Tat ein Haftbefehl (§ 114 StPO) oder ein Unterbringungsbefehl (§ 126a StPO) erlassen ist. Diese Ausnahmeregelung berücksichtigt, dass die StA in Haft- und Unterbringungssachen über besondere Erfahrungen verfügt und ihre Beteiligung am Haftprüfungs- und Haftbeschwerdeverfahren (§§ 117–118b StPO) unerlässlich ist. Die Zuständigkeit der StA ist aber auch deshalb sachgerecht, weil U-Haft nach dem Grundsatz der Verhältnismäßigkeit (§ 112 I 2 StPO) nur in Sachen von größerer Bedeutung angeordnet werden darf, bei denen die U-Haft zu der zu erwartenden Strafe in einem angemessenen Verhältnis steht. Steuerstrafsachen, auf welche diese Voraussetzungen zutreffen, sind für das Strafbefehlsverfahren (§ 400 AO) regelmäßig ungeeignet, falls nicht die weiteren Ermittlungen ergeben, dass der Tatverdacht nur in einem erheblich geringeren Umfang begründet ist, als es bei Erlass des Haftbefehls den Anschein hatte.

36 **Die Worte „wegen der Tat"** besagen, dass der Haftbefehl dasselbe Geschehen zur Grundlage haben muss, das den Verdacht einer *Steuer*straftat begründet (→ Rn. 13). Wird (oder ist) der einer Steuerstraftat Beschuldigte wegen einer *anderen* Tat verhaftet, ist § 386 III AO nicht anzuwenden, jedoch kann die StA die Steuerstrafsache aufgrund § 386 IV 2 AO an sich ziehen, um die Ermittlungen wegen *aller* Straftaten eines Beschuldigten bei sich zu konzentrieren. Erfolgt die Verhaftung *auch* wegen der mit anderen Tatbeständen tatmehrheitlich zusammentreffenden Steuerhinterziehung, gilt § 386 III AO (Schwarz/Pahlke/*Klaproth* AO § 386 Rn. 27).

37 **Die Worte „gegen einen Beschuldigten"** besagen, dass es bei der Teilnahme mehrerer Personen an einer Tat genügt, wenn gegen *einen* von ihnen Haft- oder Unterbringungsbefehl erlassen wird. In einem solchen Fall hat die StA die Ermittlungen gegen *alle* Beschuldigten weiterzuführen (einhM, vgl. HHS/*Tormöhlen* AO § 386 Rn. 61, Kohlmann/*Peters* AO § 386 Rn. 106, Schwarz/Pahlke/*Klaproth* AO § 386 Rn. 28).

38 **Mit dem Erlass eines Haft- oder Unterbringungsbefehls** wegen einer Tat, die als Steuerstraftat zu würdigen ist, erlischt die selbstständige Ermittlungskompetenz der FinB *kraft Gesetzes,* die Zuständigkeit liegt allein wieder bei der StA. Ob und wann der Haft- oder Unterbringungsbefehl *vollstreckt* werden kann oder ob der Vollzug nach § 116 StPO *ausgesetzt* wird, ist unerheblich (einhM, vgl. HHS/*Tormöhlen* AO § 386 Rn. 64 u. Kohlmann/*Peters* AO § 386 Rn. 109). Wird der Haftbefehl wieder *aufgehoben,* lebt die Ermittlungskompetenz der FinB nicht wieder auf (HHS/*Tormöhlen* AO § 386 Rn. 64, Kohlmann/*Peters* AO § 386 Rn. 109, RKR/*Kemper* AO § 386 Rn. 87 u. Schwarz/Pahlke/*Klaproth* AO § 386 Rn. 26, *Suhr/Naumann/Bilsdorfer* Rn. 608). Auch kann die StA die Strafsache nicht nach § 386 IV 3 an die FinB zurückgeben (→ Rn. 48). Diese Möglichkeit besteht ausdrücklich nur bei einem Zuständigkeitswechsel aufgrund eigener Entschließung in den *„beiden Fällen"* des § 386 IV 1 und 2 AO (Schwarz/Pahlke/*Klaproth* AO § 386 Rn. 45, HHS/*Tormöhlen* AO § 386 Rn. 65, 82, Kohlmann/*Peters* AO § 386 Rn. 109; *Kretzschmar* DStZ 1983, 499; aM *Suhr/Naumann/Bilsdorfer* Rn. 605). Einer Auslegung des § 386 IV 3 AO dahingehend, die einvernehmliche Rückgabe an die FinB auch bei zuvor gesetzlich erzwungener Abgabe der Sache an die StA zuzulassen (so *Suhr/Naumann/Bilsdorfer* Rn. 605), steht der eindeutige Wortlaut der Vorschrift entgegen.

39 **Erlassen** ist der Haft- oder Unterbringungsbefehl, wenn er bei der vollstreckenden StA *eingegangen* ist (HHS/*Tormöhlen* AO § 386 Rn. 63; Löwe/Rosenberg/*Graalmann-Scheerer* StPO § 33 Rn. 12). Dies ist unabhängig von der Frage, ob eine richterliche Entscheidung mit Unterzeichnung (so *Franzen* Rn. 22a in der 3. Aufl. unter Hinweis auf BGH 16.5.1973, BGHSt 25, 187, 189 zum Wirksamwerden eines Strafbefehls) oder erst

mit tatsächlicher Bekanntgabe (OLG Bremen 28.12.1955, NJW 1956, 435; OLG Hamburg 27.11.1962, NJW 1963, 874) erlassen ist. Nach abweichender Meinung soll maßgebend sein, wann der Haftbefehl den inneren Dienstbereich des Gerichts verlassen hat (BayObLG 29.4.1977, MDR 1977, 778; KK-StPO/*Maul* StPO § 33 Rn. 4) bzw. der Zeitpunkt, von dem ab es tatsächlich unmöglich ist, die Entscheidung abzuändern (Meyer-Goßner/Schmitt/*Köhler*/Schmitt StPO vor § 33 Rn. 9). Dies kann nicht zutreffen, weil der Haftbefehl bereits durch Fahndung nach dem Beschuldigten vollstreckt wird (KK-StPO/*Graf* StPO § 114 Rn. 22; aM Löwe/Rosenberg/*Hilger* StPO § 114 Rn. 28, wonach der Haftbefehl erst durch die Verhaftung vollstreckt werde), denn der Haftbefehl enthält bereits die stillschweigende Anordnung zur Durchsuchung der Wohnung des Beschuldigten zwecks Ergreifung (Meyer-Goßner/Schmitt/*Köhler* StPO § 105 Rn. 6, § 114 Rn. 20).

5. Fakultative Änderung der Zuständigkeit

§ 386 IV AO regelt drei Möglichkeiten einer Änderung der Zuständigkeit: 40
- kraft Entschließung der FinB, falls sie eine Steuerstrafsache *abgeben* will (Satz 1),
- kraft Entschließung der StA, falls sie eine Steuerstrafsache *an sich ziehen* will (Satz 2) oder
- gem. Vereinbarung der konkurrierenden Strafverfolgungsbehörden über die *Rückgabe einer Steuerstrafsache* an die FinB (Satz 3).

Mit dieser Regelung können besondere Umstände des Einzelfalles zugunsten einer möglichst zweckmäßigen Durchführung des Ermittlungsverfahrens berücksichtigt werden. Ob die Vorschrift sich in der Praxis bewährt, hängt davon ab, in welchem Maße die beteiligten Behörden den Willen zu einer wirkungsvollen Zusammenarbeit anderen Erwägungen voranstellen. Mit Recht hat *Hartung* (bei HHS/*Hartung* RAO 1931 vor §§ 421–460 Rn. 11) schon früher bemerkt: „... jederzeit muß ... jede der beiden Behörden bereit sein, mit ihren besonderen Kenntnissen und Erfahrungen die andere in ihrer Tätigkeit zu unterstützen ... Für ressortmäßige Eifersüchteleien und behördliche Prestigerücksichten darf im Verhältnis der beiden Behörden zueinander kein Raum sein". Vgl. auch RiStBV 267 I.

a) Abgabe der Strafsache an die Staatsanwaltschaft

Im Sinne des § 386 IV 1 AO erfordert die Abgabe einer Strafsache eine gegenüber der 41 StA abzugebende eindeutige und unbedingte Erklärung der FinB, sich der weiteren Untersuchung des Falles zu enthalten und diese der StA überlassen zu wollen. Über Form und Empfängerin der Erklärung → Rn. 45 f.

Die der Erklärung zugrundeliegende Entschließung steht im pflichtgemäßen 42 **Ermessen der FinB.** Die FinB darf nicht willkürlich handeln (OLG Celle 3.8.1977, NdsRpfl 1977, 252 f.; Kohlmann/*Peters* AO § 386 Rn. 118). Der Beschuldigte kann Anregungen geben; er hat jedoch keinen Anspruch darauf, dass von mehreren berufenen Stellen eine bestimmte – und keine andere – Strafverfolgungsbehörde die Ermittlungen führt (so auch die Auffassung der FinVerw, vgl. AStBV (St) 2020 Nr. 84 V).

Eine unverzügliche Abgabe zur Fortführung des Strafverfahrens unter der Verant- 43 wortung der StA kommt nach zutr. Auffassung der FinVerw insbesondere in Betracht, wenn eine *Maßnahme der Telekommunikationsüberwachung* (§ 100a StPO) beantragt werden soll, die *Anordnung der Untersuchungshaft* (§§ 112, 113 StPO) geboten erscheint, die Strafsache *besondere verfahrensrechtliche Schwierigkeiten* aufweist, eine *Nichtsteuerstraftat mitverfolgt* werden soll, eine nicht im Strafbefehlswege ahndbare *Freiheitsstrafe* zu erwarten ist, gegen die *in AStBV 151–154 genannten Personen* (Mitglieder des Europäischen Parlaments, des BTages oder eines LTages, Diplomaten, Stationierungsstreitkräfte, Jugendliche, Heranwachsende und vermindert Schuldfähige) ermittelt wird oder ein *Amtsträger der FinB* der Beteiligung verdächtig ist oder andere Gründe nach Nr. 22 AStBV (St) 2020 vorliegen. Darüber hinaus ist die Abgabe insbes. dann zweckmäßig, wenn der Beschuldigte die Ermittlungen der FinB mit polemischer Kritik, Selbstmorddrohungen oder politischem Druck auf die vorgesetzten Behörden in unsachlicher Weise erschwert. Allein die Erwartung, dass gegen einen Strafbefehl ohnehin Einspruch eingelegt werden wird, rechtfertigt eine Abgabe ebenso wenig, wie deshalb überhaupt auf einen Strafbefehlsantrag verzichtet werden könnte (*Hardtke/Westphal* wistra 1996, 93; vgl. RiStBV 175 III; aM *Franzen* 3. Aufl. Rn. 26). Aus der Sache selbst können Abgabegründe namentlich dann erwachsen, wenn ein besonders schwerer Fall der Steuerhinterziehung (§ 370 III AO) vorliegt oder wenn Sach- oder Rechtsfragen des allgemeinen Strafrechts (zB der Schuldfähigkeit nach §§ 20 f. StGB) im Vordergrund stehen, oder wenn die StA gegen den Beschuldigten bereits in anderer Sache ermittelt. Keinesfalls darf die FinB die ihr nach § 386 IV 1 AO gegebene Möglichkeit dazu missbrauchen, sich von lästiger Arbeit zu befreien (zust. Kohlmann/*Peters* AO § 386 Rn. 124). Der Anschein, als gehe vom Gesetz ein entsprechender Anreiz aus, ist nicht begründet, da die StA nach dem Übergang der Verfahrensherrschaft berechtigt ist, die FinB gem. § 161 StPO iVm § 402 AO um einzelne Ermittlungshandlungen zu ersuchen, insbesondere zu dem Zweck, die steuerlichen Merkmale der Tat aufzuklären.

44 **Den Zeitpunkt der Abgabe** stellt § 386 IV 1 AO ebenfalls in das Ermessen der FinB. „*Jederzeit*" bedeutet: vom erstmöglichen Einschreiten an bis zum Verfahrensabschluss (Kohlmann/*Peters* AO § 386 Rn. 124), uU schon vor der Einleitung des Strafverfahrens durch eine verdachtsaufklärende Ermittlungsmaßnahme (RKR/*Kemper* AO § 386 Rn. 95), dh bevor die FinB überhaupt tätig geworden ist (*Suhr/Naumann/Bilsdorfer* Rn. 609; krit. *Liebsch/Reifelsberger* wistra 1993, 325). Die Zweckmäßigkeit lässt es idR jedoch ratsam erscheinen, dass die FinB die Ermittlungen zunächst soweit führt und fördert, bis die steuerlichen Merkmale der Tat, ungeachtet eines etwa anhängigen Rechtsbehelfs gegen die Steuerbescheide, zutreffend beurteilt werden können.

45 **Die Form der Abgabeerklärung** schreibt das Gesetz nicht vor, jedoch verlangt die Bedeutung des Vorgangs (→ Rn. 47 f.) Schriftform und Unterschrift eines zeichnungsberechtigten Behördenvertreters (HHS/*Tormöhlen* AO § 386 Rn. 69, ähnlich Schwarz/Pahlke/*Klaproth* AO § 386 Rn. 37); eine schlichte Übergabe der Akten von Sachbearbeiter zu Sachbearbeiter genügt nicht. Es ist ein nobile officium, dass die FinB der Abgabeerklärung eine zusammenfassende Darstellung ihrer Verdachtsgründe, ihrer Ermittlungsergebnisse und ihrer Stellungnahme zu den steuerrechtlichen und den strafrechtlichen Fragen beifügt, die der Fall aufwirft (so bereits *Mattern* Grundriß S. 16; s. auch Kohlmann/*Peters* AO § 386 Rn. 125).

46 **Empfängerin ist diejenige StA,** die sachlich für Wirtschaftsstrafsachen zuständig ist und deren örtliche Zuständigkeit sich gem. § 143 I, IV GVG nach der örtlichen Zuständigkeit des Landgerichts richtet. Die Zuständigkeit des Landgerichts ist sachlich nach § 74c GVG, örtlich nach den §§ 7–13a StPO zu bestimmen.

47 **Abgaben nach § 386 IV 1 AO bewirken,** dass die besondere Ermittlungskompetenz der FinB erlischt und die Zuständigkeit der StA wieder auflebt. War die FinB *von vornherein* nicht zuständig, etwa weil die Tat außer einem Steuerstrafgesetz ein anderes Strafgesetz verletzt hat, ohne dass die Voraussetzungen des § 386 II Nr. 2 AO vorliegen, ergibt sich die Zuständigkeit der StA unmittelbar aus der StPO. In einem solchen Fall wird der StA durch eine „*Abgabe der Sache*" nicht die Zuständigkeit übertragen, sondern es wird ihr nur der bei der FinB entstandene Aktenvorgang mit den angefallenen Ermittlungsergebnissen zugeleitet.

48 **Bereits durch die Abgabe nach § 386 IV 1 AO wird die Zuständigkeit der StA begründet.** Der Übergang vollzieht sich kraft Gesetzes und verpflichtet die StA, die Sache fortzuführen (oder auch einzustellen); dies folgt unmittelbar aus dem Wortlaut des Gesetzes (HHS/*Tormöhlen* AO § 386 Rn. 70, Kohlmann/*Peters* AO § 386 Rn. 126) sowie aus dem Legalitätsprinzip nach § 152 II StPO (BMR SteuerStR/*Möller/Retemeyer* D Rn. 497), schließlich auch aus dem Gegensatz zu § 386 IV 3 AO. Einer besonderen Entschließung der StA oder sogar deren Einverständnis, die Sache zu übernehmen, bedarf es nicht (aM früher *Moser* S. 122 f. u. *Mattern* Grundriß II S. 15). Ist die StA der Ansicht, die Sache sei aus Gründen der Zweckmäßigkeit besser in den Händen der FinB geblieben, kann sie lediglich Gegenvorstellungen erheben und eine Vereinbarung über die Rückgabe nach § 386 IV 3 AO anstreben.

Der Übergang der Ermittlungskompetenz auf die StA bleibt für das weitere Strafverfahren in derselben Sache wirksam, solange nicht die StA mit der FinB eine Rückgabe nach § 386 IV 3 AO vereinbart. Ohne förmliche Rückgabe lebt die Ermittlungskompetenz der FinB auch dann nicht wieder auf, wenn die StA das Strafverfahren nach § 170 II 1 StPO einstellt (glA BMR SteuerStR/*Möller/Retemeyer* D Rn. 100, HHS/*Tormöhlen* AO § 386 Rn. 71 u. Kohlmann/*Peters* AO § 386 Rn. 128; aM *Kretzschmar* DStZ 1983, 499 und ders. DStR 1985, 29). Werden der FinB neue Tatsachen oder Beweismittel bekannt, die den Verdacht erhärten, muss sich die FinB darauf beschränken, das neue Material der StA zuzuleiten, damit diese sich darüber schlüssig werden kann, ob sie nunmehr die öffentliche Klage erheben muss (KG 19.4.1921, JW 1921, 857; *Suhr/Naumann/Bilsdorfer* Rn. 609). Die FinB kann das Strafverfahren auch dann nicht von sich aus fortführen, wenn die StA oder das Gericht es wegen eines Verfahrenshindernisses, zB längerer Abwesenheit des Beschuldigten (§ 205 StPO), eingestellt hatte und das Hindernis weggefallen ist. Schließlich hat die FinB kein Klageerzwingungsrecht nach § 172 StPO (→ § 403 Rn. 18; glA HHS/*Tormöhlen* AO § 386 Rn. 70, Kohlmann/*Peters* AO § 386 Rn. 128 u. Löwe/Rosenberg/*Graalmann-Scheerer* StPO § 172 Rn. 60; aM offenbar BMR SteuerStR/*Möller/Retemeyer* D 100 u. 499); denn die FinB hat im Verhältnis zur StA keine Kontrollfunktion in Bezug auf die Einhaltung des Legalitätsprinzips (KK-StPO/*Moldenhauer* StPO § 172 Rn. 29).

Förmliche Rechtsbehelfe, mit denen der Beschuldigte die Abgabe der Strafsache an die StA angreifen oder die Nichtabgabe rügen könnte, stehen nicht zur Verfügung. Die strafverfahrensrechtliche Beschwerde ist im Ermittlungsstadium – abgesehen von *richterlichen* Verfügungen (§ 304 StPO) – nur gegen bestimmte, im Gesetz einzeln aufgeführte Verfügungen der Strafverfolgungsbehörden gegeben (vgl. zB § 172 I StPO); im Übrigen ist nur die Dienstaufsichtsbeschwerde statthaft. Für eine Klage ist der Finanzrechtsweg ausdrücklich ausgeschlossen (§ 33 III FGO). Auch der Rechtsweg zum Verwaltungsgericht ist entgegen der früheren Annahme des BFH (BFH 25.1.1972, BStBl. II 1972, 286 = DStR 1972, 243, überholt durch BFH 20.4.1983, BStBl. II 482; BFH 21.8.1990, BFH/NV 1991, 142) nicht gegeben (Klein/*Jäger* AO § 386 Rn. 16; HHS/*Tormöhlen* AO § 386 Rn. 86; RKR/*Kemper* AO § 386 Rn. 100, 113; Kohlmann/*Peters* AO § 386 Rn. 131). Bei Abgabe einer Strafsache an die StA wird die FinB in einem Strafverfahren tätig und damit funktionell als Justizbehörde (*Hellmann* S. 167; HHS/*Tormöhlen* AO § 386 Rn. 86; Klein/*Jäger* AO § 386 Rn. 16). Der ordentliche Rechtsweg zum OLG nach §§ 23 ff. EGGVG scheidet aber ebenfalls aus, weil die Abgabe einer Strafsache an die StA materiell keinen Justizverwaltungsakt darstellt, sondern eine der Strafrechtspflege zuzurechnende Prozesshandlung (OLG Karlsruhe 30.4.1982, NStZ 1982, 434 m. zust. Anm. *Rieß*; Klein/*Jäger* AO § 386 Rn. 16). Es fehlt eine unmittelbare Außenwirkung im Verhältnis zum Beschuldigten (FG BW 16.2.1968, EFG 1968, 264, zu § 425 RAO 1931), denn rechtlich ändert sich nur das Innenverhältnis zwischen FinB und StA. Selbst wenn man eine Außenwirkung annehmen würde, so wäre diese unerheblich, da der Beschuldigte keinen Anspruch darauf hat, dass eine Strafverfolgungsbehörde seiner Wahl die Ermittlungen führt (Schwarz/Pahlke/*Klaproth* AO § 386 Rn. 32) und er folglich durch einen gesetzmäßigen Zuständigkeitswechsel nicht in seinen Rechten verletzt wird (HHS/*Tormöhlen* AO § 386 Rn. 86 mwN). Als Maßnahme, die nur den Gang des Verfahrens betrifft, bedarf eine Abgabe deshalb auch keiner Anhörung des Beschuldigten.

Bei einem Verstoß gegen § 393 II AO will *Peters* (Kohlmann/*Peters* AO § 386 Rn. 132) hingegen die Möglichkeit einer Anrufung des OLG anerkennen. Daran ist richtig, dass der Betroffene in diesem Fall ein Rechtsschutzbedürfnis haben wird, wenn eine Verletzung des Steuergeheimnisses im Raum steht. Es handelt sich dennoch um eine bloße justizinterne Maßnahme. Die StPO kennt die Anfechtung der Entscheidung vor-

b) Evokationsrecht der Staatsanwaltschaft

52 **Kraft eigener Entschließung** kann die StA nach § 386 IV 2 AO *jede* Steuerstrafsache übernehmen. Die selbstständige Ermittlungskompetenz der FinB nach § 386 II AO steht im Hinblick auf § 386 IV 2 AO unter dem Vorbehalt, dass die StA die Strafsache nicht selbst verfolgen will. Diese Vorschrift ist in der Finanzverwaltung vereinzelt als *„Mittel einer Bevormundung durch die StA"* empfunden worden; tatsächlich bildet sie nur das natürliche Gegenstück zur Abgabebefugnis der FinB nach § 386 IV 1 AO. Ihre Anwendung steht – wie diese – im pflichtgemäßen Ermessen der zuständigen Behörde (Rn. 53). Die Zweckmäßigkeit spricht zB für eine Übernahme der Sache, wenn zwischen einer Steuerstraftat und einer anderen Straftat ein Zusammenhang besteht (§ 3 StPO), zB wenn der Beschuldigte durch Betrug, Untreue oder Hehlerei erlangte Einkünfte nicht versteuert hat, wenn der Beschuldigte die Übernahme anregt, weil er die zuständigen Finanzbeamten für befangen hält, oder wenn der Strafrichter gegen einen Strafbefehlsantrag der FinB (§ 400 AO) Bedenken hat (vgl. auch RiStBV 267).

53 **Die StA kann die Strafsache jederzeit an sich ziehen.** Zeitliche Grenze der Evokation ist der *endgültige* Abschluss des Strafverfahrens. Hierbei ist nicht auf den förmlichen Abschluss durch Einstellung oder Strafbefehlsantrag abzustellen, sondern auf den *Verbrauch der Strafklage* (HHS/*Tormöhlen* AO § 386 Rn. 78). Erst mit materieller Rechtskraft einer abschließenden Entscheidung liegt keine *Strafsache* mehr vor. Eine Einstellung entfaltet keine Rechtskraftwirkung (abgesehen von § 153 I 4 StPO, vgl. Meyer-Goßner/Schmitt/*Schmitt* StPO § 153 Rn. 37, § 153a Rn. 45) und steht einer Fortführung der Ermittlungen nicht entgegen. Gleichermaßen liegt auch dann noch eine Strafsache vor, wenn die FinB einen Strafbefehl beantragt hat. Bei Meinungsverschiedenheiten mit dem Gericht über dessen Zuständigkeit, die Zulässigkeit oder Begründetheit des Antrages kann die FinB diesen zurücknehmen (OLG Karlsruhe 3.5.1991, NStZ 1991, 602), abändern oder nach Ablehnung oder Abgabe des Strafbefehlsantrages sofortige Beschwerde einlegen (§ 210 II, § 408 I, II StPO). Die Strafsache ist deshalb *nicht abgeschlossen* und kann von der StA auch noch in diesem Verfahrensstadium an sich gezogen werden. Eine zeitliche Limitierung des Evokationsrechtes auf den Ermittlungsteil des Strafverfahrens, der mit dem Abschlussvermerk nach § 169a StPO vom Entschließungsteil getrennt wird (vgl. Meyer-Goßner/Schmitt/*Schmitt* StPO § 169a Rn. 1) ist nicht möglich (so aber Liebsch/Reifelsberger wistra 1993, 326). Dies widerspräche dem Wortlaut des § 386 IV 2 AO und der Grundkonzeption der §§ 386, 399 AO, wonach sich die besondere Ermittlungskompetenz der FinB von dem originären Ermittlungsmonopol der StA ableitet (zutreffend RKR/*Kemper* AO § 386 Rn. 101; *Weyand* wistra 1994, 88; *Hardtke/Westphal* wistra 1996, 93; iÜ → Rn. 13), welches selbst nicht beschnitten werden soll.

54 **Pflichtgemäße Ermessensausübung erfordert,** dass die StA von der Befugnis nach § 386 IV 2 AO nicht willkürlich Gebrauch macht. Ein Ermessensfehlgebrauch würde zB vorliegen, wenn ein Staatsanwalt Listen anfordert und *sämtliche* Steuerstrafsachen einer FinB an sich zieht oder wenn es ihm in einer bestimmten Sache erkennbar nur auf die steuerlichen Beiakten ankommt. Insofern ist es bedenklich, wenn bei einigen Staatsanwaltschaften sämtliche Strafbefehlsanträge der FinB zunächst der StA zugeleitet werden (müssen), und diese sie – nach Zuteilung eines Aktenzeichens – an den Strafrichter weiterleitet (zust. Kohlmann/*Peters* AO § 386 Rn. 134; aA Flore/Tsambikakis/*Nikolaus* AO § 386 Rn. 58).

55 **Bereits der Zugang einer Erklärung der StA,** die Strafsache nach § 386 IV 2 AO an sich zu ziehen, hat zur Folge, dass die Ermittlungskompetenz der FinB nach § 386 II AO ohne weiteres *erlischt* und die Verfahrensherrschaft in vollem Umfang auf die StA *übergeht* (→ Rn. 47 f.); eine Begründung braucht nicht gegeben zu werden (HHS/*Tormöhlen* AO § 386 Rn. 79, Schwarz/Pahlke/*Klaproth* AO § 386 Rn. 41). Das Evokationsrecht ist umfassend, es wird weder durch gesetzliche Bestimmungen noch durch Verwaltungsvorschriften eingeengt (die AStBV würden selbst bei Wirksamkeit nicht für die StA gelten) und kann auch durch *schlüssiges Verhalten* ausgeübt werden (*Hardtke/Westphal* wistra 1996, 93). Eine ausdrückliche Erklärung ist zwar zweckmäßig, aber nicht erforderlich (*Kohlmann/Peters* AO § 386 Rn. 144, *HHS/Tormöhlen* AO § 386 Rn. 79; sehr weitgehend LG Frankfurt 15.2.1993, wistra 1993, 154, vgl. hierzu *Liebsch/Reifelsberger* wistra 1993, 328 sowie → Rn. 56). Gegen die Ausübung des Evokationsrechts steht weder dem Beschuldigten noch der FinB ein förmlicher Rechtsbehelf zu (→ Rn. 50). Der FinB verbleiben nach § 402 I AO die Rechte und Pflichten, die eine Polizeibehörde nach der StPO hat sowie die Befugnisse nach § 403 AO. Aufgrund § 161 StPO ist die FinB im weiteren Verlauf des Verfahrens verpflichtet, einem Ersuchen der StA um Auskunft oder um Vornahme einzelner Ermittlungsmaßnahmen zu entsprechen.

Eine bestimmte Form ist für die Evokation durch die Staatsanwaltschaft nicht vorgeschrieben (*Schwarz/Pahlke/Klaproth* AO § 386 Rn. 42). Sie kann auch durch konkludentes Verhalten erfolgen, zB dadurch, dass die Staatsanwaltschaft im laufenden Ermittlungsverfahren der FinB einzelne Ermittlungshandlungen selbst vornimmt (vgl. *Kohlmann/Giemulla* DStZ/A 1979, 244 ff.; *Schwarz/Pahlke/Klaproth* AO § 386 Rn. 42), oder aber einen den Erlass eines Strafbefehls ablehnenden Beschluss überprüft und anschließend Rechtsmittelverzicht erklärt (LG Frankfurt 15.2.1993, wistra 1993, 154). **56**

Da der Übergang der Verfahrensherrschaft nach Satz 2 des § 386 IV AO nur unter den Voraussetzungen des Satzes 3 wieder rückgängig gemacht werden kann, erscheint es zweckmäßig und *a maiore ad minus* auch zulässig, dass die StA *vor* Abgabe einer Erklärung nach § 386 IV 2 AO die **FinB um Auskunft** über eine *bestimmte* Strafsache **ersucht,** falls sie die gewünschten Angaben für die Entschließung braucht, ob sie die Sache an sich ziehen soll oder nicht (glA *HHS/Tormöhlen* AO § 386 Rn. 74 ff., *Kohlmann/Peters* AO § 386 Rn. 145). **57**

Mit dem Evokationsrecht der StA korrespondiert eine **Unterrichtungspflicht der FinB** (BGH 30.4.2009, BGHSt 54, 9; *Klos/Weyand* DStZ 1988, 619; *Hellmann* S. 172). Allerdings statuiert § 386 AO *keine allgemeine Informationspflicht* für die FinB (BGH 30.4.2009, BGHSt 54, 9; *Behnes* 2001, 13; *Hardtke/Westphal* wistra 1996, 93; *Schwarz/Pahlke/Klaproth* AO § 386 Rn. 43). Die StA kann daher nicht generell die Mitteilung von Verfahrenseinstellungen oder die Erstellung von Listen über anhängige Steuerstrafverfahren verlangen (*Schwarz/Pahlke/Klaproth* AO § 386 Rn. 43, *Koch/Scholtz/Scheurmann-Kettner* AO § 386 Rn. 24; vgl. zur konkreten Informationspflicht der FinB beim Verdacht einer nichtsteuerlichen Straftat → Rn. 22, 52). Es kann aber andererseits auch nicht im Belieben der FinB liegen, ob es zu einer Evokation kommt. Von diesem Recht kann die StA naturgemäß nur Gebrauch machen, wenn ihr die Existenz eines bestimmten Steuerstrafverfahrens bekannt ist (*Hellmann* 1995, 172, sieht deshalb in der in RiStBV 267 II vorgesehenen Unterrichtungspflicht der FinB für bestimmte Fälle eine Klarstellung; zur Geltung der RiStBV für die FinB → § 385 Rn. 22). Eine mit der fehlenden frühzeitigen Unterrichtung der StA verbundene Verfahrensverzögerung ist je nachdem, ob es sich um eine konventionswidrige Verzögerung (Art. 6 MRK) handelt, im Rahmen der Vollstreckungslösung zu berücksichtigen oder jedenfalls strafzumessungsrelevant (BGH 30.4.2009, BGHSt 54, 9; zur Vollstreckungslösung → § 385 Rn. 209). Sinnvoll ist das Evokationsrecht nur bei einer engen Zusammenarbeit beider Behörden, die durch regelmäßige Kontaktgespräche gefördert werden soll sowie dadurch, dass nicht an die StA abgegebene Verfahren im Benehmen mit dieser bearbeitet werden (so auch die Auffassung der FinVerw, vgl. AStBV (St) 2020 Nr. 140 I, III). Diese Kontakte sollen auch weitgehend reibungslos funktionieren, wenngleich sie auch vom Engagement des einzelnen Sachbearbeiters abhängen (*Weyand* wistra 1994, 89). **58**

Eine *unverzügliche* Verständigung der StA soll nach Auffassung der FinVerw gerade in den Fällen erfolgen, in denen eine an sich gebotene Abgabe der Strafsache durch die FinB ausnahmsweise nicht vorgenommen wird (vgl. AStBV (St) 2020 Nr. 22 II). Diese Infor- **59** mationspflicht gilt nunmehr auch dann, wenn zu entscheiden ist, ob eine wirksame Selbstanzeige iSv § 371 AO gegeben ist (AStBV (St) aaO; BGH 20.5.2010, wistra 2010, 304). Die Zusammenarbeit hat auch von der StA auszugehen, die sich im Interesse einer einheitlichen Strafzumessungspraxis über die den Strafbefehlsanträgen der FinB zugrunde liegenden allgemeinen Erwägungen unterrichten soll (RiStBV 267 II). Der Nutzen des Evokationsrechtes kann daher nicht ohne weiteres angezweifelt werden (*Hardtke/Westphal* wistra 1996, 94; anders aber *Weyand* DStR 1990, 412). Entscheidend ist eine vernünftige Kooperation der betreffenden Stellen, das vor allem die ausreichende Kommunikation aller Beteiligten beinhaltet (so auch RKR/*Kemper* AO § 386 Rn. 106).

c) Rückgabe der Strafsache an die Finanzbehörde

60 **§ 386 IV 3 AO ermöglicht es der StA,** eine nach Satz 1 oder 2 des § 386 IV AO übernommene Steuerstrafsache zur selbstständigen weiteren Ermittlung an die FinB zurückzugeben. Diese Rückgabe ist jedoch von dem Einvernehmen, dh von der Zustimmung der FinB abhängig, damit ein Hin- und Herschieben der Sache, das ihrer zügigen Bearbeitung nicht dienlich wäre, unterbleibt (vgl. Schwarz/Pahlke/*Klaproth* AO § 386 Rn. 46). Ein Rückforderungsrecht hat die FinB nicht (HHS/*Tormöhlen* AO § 386 Rn. 80). Beide Behörden sollten Rückgabe und Rücknahme zur Vermeidung von Verzögerungen und zusätzlichem Aufwand nur als Ausnahme in Erwägung ziehen. Es reicht aus, wenn bestimmte – neue – Umstände die Annahme rechtfertigen, dass die Steuerstrafsache ohne erneute Einschaltung der StA gem. § 400 AO im Strafbefehlsverfahren erledigt werden kann. Diese Umstände müssen aber zumindest so erheblich sein, dass die frühere Ermessensentscheidung der FinB über die Abgabe nach § 386 IV 1 AO (→ Rn. 42), bzw. die der StA, das Verfahren nach § 386 IV 2 AO an sich zu ziehen (→ Rn. 52), ex post betrachtet anders ausgefallen wäre, wenn diese Umstände seinerzeit bekannt gewesen wären. Nicht ausreichend ist es, wenn ein früherer Haftbefehl aufgehoben worden ist oder sich das Verfahren wegen einer allgemeinen Straftat erledigt hat und nur noch eine Steuerstraftat betrifft (Kohlmann/*Peters* AO § 386 Rn. 154, aM wohl HHS/*Tormöhlen* AO § 386 Rn. 81). In diesen Fällen ist kein Zuständigkeitswechsel nach § 386 IV 1 oder 2 AO erfolgt, denn mangels tatbestandlicher Voraussetzungen des § 386 II AO, bzw. Eingreifens des § 386 III AO, ist die grundsätzlich unselbstständige Ermittlungskompetenz der FinB (→ Rn. 21) nicht erweitert worden (bzw. erloschen) und die StA originär zuständig. Nur bei einem Zuständigkeitswechsel aufgrund eigener Entschließung nach § 386 IV 1 oder 2 AO ist aber § 386 IV 3 AO anwendbar (so denn auch HHS/*Tormöhlen* AO § 386 Rn. 65, 82). Hat die FinB der Rückgabe zugestimmt, wird ein abermaliger Zuständigkeitswechsel nach § 386 IV 1 oder 2 AO nur in Betracht kommen, wenn er durch neue Umstände begründet ist.

d) Mitteilung an den Beschuldigten

61 Eine Mitteilung an den Beschuldigten über eine fakultative Änderung der Zuständigkeit aufgrund einer der Bestimmungen des § 386 IV AO ist weder durch Gesetz noch – soweit ersichtlich – durch Verwaltungserlass vorgeschrieben. Wenn auch förmliche Rechtsmittel gegen die Ausübung der Befugnis nach § 386 IV 1, 2 oder 3 AO nicht gegeben sind (Rn. 45), so erscheint es jedenfalls als ein Gebot der Zweckmäßigkeit, den Beschuldigten und ggf. seinen Verteidiger über den Wechsel der Zuständigkeit zu unterrichten, sofern ihm bereits die Einleitung des Strafverfahrens bekanntgegeben worden war (→ § 397 Rn. 123 ff.; s. auch *Steinhauff* AO-StB 2017, 356).

e) Steuergeheimnis

62 **Das Verhältnis zwischen § 386 IV und § 30 AO ist umstritten** (vgl. *Hardtke/Westphal* wistra 1996, 91). Eine Minderansicht sieht bereits in dem Institut der *Abgabe* eine durch Gesetz (§ 30 IV Nr. 2 AO) für zulässig erklärte Offenbarung (*Scheu* wistra 1983, 138) oder leitet die Zulässigkeit einer Offenbarung generell aus § 30 IV Nr. 1 AO ab (HHS/*Tormöhlen* AO § 386 Rn. 73; *Blesinger* wistra 1991, 295). Nach zutreffender Ansicht kann die FinB ihre nach § 30 II AO erlangten Kenntnisse über nichtsteuerliche Straftaten – insbes. die sog. Zufallsfunde – jedoch *nur* unter den Voraussetzungen des § 30 IV, V AO (Wortlaut → § 393 Rn. 94) an die StA weitergeben (Koch/Scholtz/*Scheurmann-Kettner* AO § 386 Rn. 25; Kohlmann/*Peters* AO § 386 Rn. 165 u. *Kühn/Hofmann* AO § 386 Rn. 6a; so jetzt auch: RKR/*Kemper* AO § 386 Rn. 117; *Suhr/Naumann/Bilsdorfer* Rn. 588; *Rüster* 1989, S. 75; *Müller* DStR 1986, 670; *Gramich* wistra 1988, 254; *Weyand* wistra 1994, 90). Keine Probleme treten auf, wenn es sich um ein *reines* Steuerstrafverfahren handelt, das sich zB nicht für ein Strafbefehlsverfahren eignet oder schwierige Rechtsprobleme aufweist, oder bei einem Steuerstrafverfahren, welches tateinheitlich mit einer nichtsteuerlichen Straftat zusammenfällt. Die Abgabe an die StA dient in beiden Fällen der Verfolgung der Steuerstraftat und ist daher nach § 30 Abs. 4 Nr. 1 AO zulässig (*Hardtke/Westphal* wistra 1996, 95). Schwierigkeiten ergeben sich aber, wenn die FinB Erkenntnisse über andere nichtsteuerliche Straftaten erlangt hat, die tatmehrheitlich zu der Steuerstraftat begangen wurden, und es sich hierbei auch nicht um eine Tat iSd § 264 StPO handelt.

Entscheidend für die Frage, ob die FinB der StA zur Durchführung eines einheitlichen **63** Ermittlungsverfahrens über solche Erkenntnisse Mitteilung machen darf, ist die *Art des Verfahrens*, in dem die FinB diese Erkenntnisse erlangt hat und damit der *Zeitpunkt* ihrer Gewinnung. Grundsätzlich genießen im Besteuerungsverfahren gewonnene Erkenntnisse über allgemeine Straftaten den Schutz des Steuergeheimnisses. Dies ergibt sich schon aus § 40 AO, wonach auch gesetz- oder sittenwidrige Geschäfte der Besteuerung unterliegen. Wer aber solche Geschäfte der FinB pflichtgemäß offenbart, der ist in seinem Vertrauen darauf geschützt, dass die FinB diese Erkenntnisse nicht weitergibt. Das Bedürfnis, solche Kenntnisse zu schützen, besteht jedoch nicht, wenn diese erst in einem Steuerstraf- oder Bußgeldverfahren erlangt worden sind. In diesem Fall sind die Offenbarungspflichten des Steuerpflichtigen *entfallen*. Eine Weitergabe der Erkenntnisse ist nach § 30 IV Nr. 4a AO zulässig (*Hardtke/Westphal* wistra 1996, 95; s. auch → § 393 Rn. 3 ff.). Die „*bei Gelegenheit*" der Ermittlung einer Steuerstraftat erlangten Erkenntnisse dem Steuergeheimnis zu unterwerfen, würde eine ungerechtfertigte Privilegierung des Täters allein durch die besondere Ermittlungskompetenz der FinB bedeuten. Dies widerspräche dem kriminalpolitischen Ziel des § 386 IV 2 AO, nämlich der effizienten Bekämpfung der Wirtschaftskriminalität in Zusammenhangsfällen (BT-Drs. V/1812, 30) und dem Legalitätsprinzip, an das auch die FinB nach §§ 385 I, 386 II AO, 152 II StPO *umfassend* und nicht nur bei Steuerstraftaten (so aber *Burmeister* DDZ 1985, F 5) gebunden ist (OLG Stuttgart 4.2.1991, wistra 1991, 190; Löwe/Rosenberg/*Erb* StPO § 160 Rn. 6; *Hellmann* 1995, 186, 304). Tatsachen, die der FinB in ihrer Funktion als steuerstrafrechtlicher Ermittlungsbehörde bekannt geworden sind, unterliegen deshalb nicht dem Steuergeheimnis (OLG Celle 20.11.1989, NJW 1990, 1802). Der eigentliche Zweck der besonderen Ermittlungskompetenz der FinB (vgl. → Rn. 10) würde konterkariert, denn ohne diese hätte die StA von vornherein die Ermittlungen geführt und dabei auch auf Nichtsteuerstraftaten hinweisende andere Umstände *verwertbar* in Erfahrung gebracht (*Hardtke/Westphal* wistra 1996, 96; enger Kohlmann/*Peters* AO § 386 Rn. 168).

Diese Erwägungen greifen aber nicht, sofern die Erkenntnisse schon im **Besteuerungs-** **64** **verfahren** gewonnen wurden. Weder unterliegt die FinB in diesem Verfahren dem Legalitätsprinzip, noch hätte die StA diese Erkenntnisse originär erzielen können. Es wäre Sache des Gesetzgebers gewesen, dem verständlichen Wunsch der Strafrechtspraktiker nachzukommen, auch bei der Verfolgung von Straftaten, welche die Voraussetzungen des § 30 IV, V AO nicht erfüllen, von dem Hindernis des Steuergeheimnisses befreit zu werden. Dies hat er aber gerade nicht getan und könnte dies aus verfassungsrechtlichen Gründen (vgl. → § 393 Rn. 7 ff.) auch nur in Grenzen tun. Unrichtig ist die Meinung, § 386 IV AO enthalte eine solche Ausnahmevorschrift gegenüber § 30 AO (*Scheu* wistra 1983, 138). § 30 IV Nr. 2 AO verlangt nicht ohne Grund, dass eine Offenbarung durch Gesetz *ausdrücklich* zugelassen ist. Eine solche Vorschrift, für die es in anderen Gesetzen hinreichend viele Vorbilder gibt (vgl. Klein/*Rüsken* AO § 30 Rn. 110 ff.; Koch/Scholtz/

Koch AO § 30 Rn. 19), enthält § 386 AO gerade nicht (zutr. *Müller* DStR 1986, 700 und insoweit auch HHS/*Tormöhlen* AO § 386 Rn. 73).

f) Informationspflicht der Finanzbehörde

65 **An die Offenbarungsbefugnis knüpft eine Verpflichtung der FinB an,** die StA über bekanntgewordene nichtsteuerliche Straftaten zu informieren, sofern das Steuergeheimnis und das Verwertungsverbot des § 393 AO nicht entgegenstehen; also unabhängig davon, ob es sich um eine oder mehrere Taten im prozessualen Sinne des § 264 StPO handelt (glA *Hellmann* S. 186; aM *Rüster* 1989, S. 85). Diese Informationspflicht ist im Gesetz nicht expressis verbis geregelt, ergibt sich aber *zwingend* aus dem Legalitätsprinzip und den der FinB mit den Regelungen der §§ 385, 386 AO übertragenen Rechten und *Pflichten* (*Hardtke*/*Westphal* wistra 1996, 96). Sie ist damit unabhängig von der Frage, ob mit der Offenbarungsbefugnis des § 30 IV AO der FinB ein Ermessen eingeräumt wird (Tipke/Kruse/*Drüen* AO § 30 Rn. 59; HHS/*Alber* AO § 30 Rn. 139) oder ob es sich lediglich um eine keine weiteren Regelungen treffenden Rechtfertigungsgrund für eine Mitteilung handelt (*Rüster* 1989, S. 85). Geht man von einem Ermessen der FinB aus, so ist dieses auf Null reduziert (aM Kohlmann/*Peters* AO § 386 Rn. 174). Es wäre ermessensfehlerhaft, aufgedeckte Nichtsteuerstraftaten der StA nicht mitzuteilen, denn dadurch würde ein Straftäter ungerechtfertigt vor Verfolgung geschützt werden. Bei Annahme eines reinen Rechtfertigungstatbestandes ergibt sich eine Offenbarungsverpflichtung allein schon aus dem dann in jedem Fall Berücksichtigung findenden Legalitätsprinzip (glA *Weyand* DStR 1990, 413, *Gramich* wistra 1988, 253). Wird die FinB im Strafverfahren tätig, so richten sich ihre Rechte, *aber auch ihre Pflichten,* ausschließlich nach den Vorschriften der StPO (vgl. → Rn. 7). Von der Pflicht aus § 152 II StPO, das Legalitätsprinzip zu wahren, wird die FinB weder durch eine gesetzliche Vorschrift entbunden, noch wird diese Pflicht auf Steuerstraftaten beschränkt (*Hardtke*/*Westphal* wistra 1996, 96; aM *Burmeister* DDZ 1985, F 5). Dies ist auch nicht möglich, da der Verfolgungszwang notwendiges Korrelat zum Verfolgungsmonopol ist, welches der FinB unter latenter Einschränkung dieses originär der StA zustehenden Rechts zur selbstständigen Wahrnehmung übertragen worden ist. Nicht erforderlich ist deshalb eine ausdrückliche gesetzliche Normierung einer unbedingten Anzeigepflicht in den Fällen, in denen § 30 AO eine Offenbarung zulässt (so aber *Rüster* 1989, S. 86). Soweit *Hilgers-Klautzsch* (Kohlmann/*Hilgers-Klautzsch* AO § 386 Rn. 170 [51. Lfg.]) hiergegen Bedenken erhebt, übersieht sie, dass es bei realkonkurrierenden Allgemeindelikten immer nur um Fälle geht, in denen auch eine Offenbarungs*befugnis* besteht, also um solche von einigem Gewicht (vgl. § 30 IV Nr. 5a, b AO).

§ 387 Sachlich zuständige Finanzbehörde

(1) Sachlich zuständig ist die Finanzbehörde, welche die betroffene Steuer verwaltet.

(2) ¹Die Zuständigkeit nach Absatz 1 kann durch Rechtsverordnung einer Finanzbehörde für den Bereich mehrerer Finanzbehörden übertragen werden, soweit dies mit Rücksicht auf die Wirtschafts- oder Verkehrsverhältnisse, den Aufbau der Verwaltungsbehörden oder andere örtliche Bedürfnisse zweckmäßig erscheint. ²Die Rechtsverordnung erlässt, soweit die Finanzbehörde eine Landesbehörde ist, die Landesregierung, im Übrigen das Bundesministerium der Finanzen. ³Die Rechtsverordnung des Bundesministeriums der Finanzen bedarf nicht der Zustimmung des Bundesrates. ⁴Das Bundesministerium der Finanzen kann die Ermächtigung nach Satz 1 durch Rechtsverordnung, die nicht der Zustimmung des Bundesrates bedarf, auf eine Bundesoberbehörde übertragen. ⁵Die Landesregierung kann die Ermächtigung auf die für die Finanzverwaltung zuständige oberste Landesbehörde übertragen.

Vgl. § 36 OWiG.

Schrifttum: *Blencke,* Sachliche und örtliche Zuständigkeit im Steuerrecht, NWB Fach 2, 3875 (Stand: 1981); *Weyand,* Zur Beantragung richterlicher Untersuchungshandlungen durch die Finanzbehörde, DStZ 1988, 191; *Schmidt,* Die Ermittlungskompetenz der Hauptzollämter bei der Verfolgung von Abgabenstraftaten im Bereich der EG-Agrarmarktordnung, ZfZ 1990, 104; *Rolletschke,* Die finanzbehördlichen Strafverfolgungsorgane, Stbg 2006, 379

Übersicht

	Rn.
1. Entstehungsgeschichte	1
2. Zweck und Anwendungsbereich	2–5
3. Übertragung der Zuständigkeit	6–21
a) Anknüpfung an die Verwaltung der Steuer	7–17
b) Abweichende Regelungen der Strafsachenzuständigkeit nach § 387 AO	18–21
4. Gemeinsame Strafsachenstellen	22
5. Mangel der sachlichen Zuständigkeit	23–26

1. Entstehungsgeschichte

§ 387 AO 1977 entspricht mit geringfügigen Änderungen § 422 RAO idF des Art. 1 Nr. 1 AOStrafÄndG v. 10.8.1967 (BGBl. I 877). Bei der Formulierung der gegenwärtigen Fassung des Gesetzes wurden die Worte *„das Finanzamt"* durch *„die Finanzbehörde"* und *„Verwaltung"* durch *„Verwaltungsbehörde"* ersetzt; weggelassen wurden in Absatz 1 die Worte *„oder das bei ihrer Verwaltung durch die Oberfinanzdirektion Hilfe leistet"* und in Absatz 2 S. 3 die Worte *„nach Satz 2"* (in Begr. nicht erwähnt, s. BT-Drs. VI/1982, 198). Durch Art. 26 Nr. 43 StMBG v. 21.12.1993 (BGBl. I 2310) wurden die Worte *„der Bundesminister"* und *„Bundesministers"* durch *„das Bundesministerium"* und *„Bundesministerium"* ersetzt (zur Anwendung vgl. Art. 97 § 1 IV AOEG).

§ 422 I RAO 1967 geht seinerseits zurück auf **§ 424 I RAO 1931** und **§ 389 I RAO 1919**, die wie folgt lauten: *„Sachlich zuständig zur Untersuchung und Entscheidung ist das Finanzamt, dem die Verwaltung der beeinträchtigten oder gefährdeten Steuer übertragen ist".* Die Worte *„oder das bei ihrer Verwaltung durch die Oberfinanzdirektion Hilfe leistet"* waren erst durch Art. 1 Nr. 1 AOStrafÄndG (s. o.) eingefügt worden, weil die Verwaltung der USt und BefSt aufgrund Art. 108 I 1 GG aF dem Bund zustand und gem. § 9 FVG v. 6.9.1950 (BGBl. 448) durch die OFD (als Bundesbehörde) wahrgenommen wurde, die ihrerseits die Hilfe der Finanzämter (als Landesbehörden) in Anspruch nehmen musste; nach der Änderung des Art. 108 GG durch das FinanzreformG v. 12.5.1969 (BGBl. I 359) und der

Neufassung des FVG durch Art. 5 FinAnpG v. 30.8.1971 (BGBl. I 1427) war die Regelung gegenstandslos geworden. § 422 II RAO 1967 war ohne Vorbild durch Art. 1 Nr. 1 AOStrafÄndG (s. o.) eingefügt worden (Begr. BT-Drs. V/1812 S. 30); Satz 3 ging auf eine Initiative des BTages zurück (Schriftl. Ber. zu BT-Drs. V/1941, 2).

2. Zweck und Anwendungsbereich

2 § 387 AO bestimmt, **welche Finanzbehörde der Art nach** die in den §§ 386, 399 ff. AO allgemein *„der Finanzbehörde"* für das Strafverfahren zugewiesenen Rechte und Pflichten im Einzelfall wahrzunehmen hat. Der Art nach sind zu unterscheiden die *Hauptzollämter* und *Zollfahndungsämter* als örtliche Bundesfinanzbehörden iSd § 1 Nr. 3 FVG von den *Finanzämtern* als örtlichen Landesfinanzbehörden iSd § 2 I Nr. 4 FVG; unter diesen sind wiederum FÄ, die für *alle* Besitz- und Verkehrsteuern zuständig sind, von anderen FÄn zu unterscheiden, deren Kompetenzen auf bestimmte Steuerarten *beschränkt* (oder erweitert) sind. Aufgrund der Verweisung des § 409 AO regelt § 387 AO auch, welche FinB der Art nach die Rechte und Pflichten wahrzunehmen hat, die das OWiG allgemein *„der Verwaltungsbehörde"* und § 410 AO *„der Finanzbehörde"* im Bußgeldverfahren wegen Steuerordnungswidrigkeiten zugewiesen haben.

3 **§ 387 AO bewirkt,** dass nicht *jede* FinB für *jede* Steuerstraf- oder -bußgeldsache kompetent ist. Vielmehr hängt die Kompetenz davon ab, ob eine FinB auch diejenige Steuerart verwaltet, die von der jeweiligen Zuwiderhandlung betroffen wird. *„Betroffen"* ist diejenige Steuer, die verkürzt worden ist bzw. verkürzt werden sollte (allgM, HHS/*Bülte* AO § 387 Rn. 26; Kohlmann/*Hilgers-Klautzsch* AO § 387 Rn. 22; *Hellmann* 1995, 74). Die Anknüpfung der straf- und bußgeldrechtlichen Befugnisse an die abgabenrechtliche Zuständigkeit entspricht dem Grundgedanken der Vorschriften des 3. und 4. Abschnitts des 8. Teils der AO, die besonderen abgabenrechtlichen Kenntnisse und Erfahrungen der FinBn für die zielsichere Verfolgung von Zuwiderhandlungen gegen Abgabengesetze nutzbar zu machen (vgl. → § 386 Rn. 11). Folgerichtig berücksichtigt § 387 AO, dass einerseits den HZÄn und ZFÄn besondere Kenntnisse und Erfahrungen auf dem Gebiet der Besitz- und Verkehrsteuern fehlen und andererseits die FÄ der Länder keine besonderen Kenntnisse von Zöllen und Verbrauchsteuern haben.

4 **Die Fassung des § 387 I AO** *(„Finanzbehörde, welche die betroffene Steuer verwaltet")* ist nicht abgestimmt mit § 388 I Nr. 2 AO *(„Finanzbehörde, die für die Abgabenangelegenheiten zuständig ist");* ein sachlicher Unterschied soll damit nicht zum Ausdruck gebracht werden. Der Wortlaut des Gesetzes berücksichtigt nicht die Steuerstraftaten, von denen nicht zwangsläufig auch eine Steuer betroffen sein muss. Hierbei handelt es sich um den *Bannbruch,* die *Steuerhehlerei* als Nachtat eines Bannbruchs, die Begünstigung eines Täters, der eine der in § 369 I Nr. 1–3 AO genannten Straftaten begangen hat, Vorspiegelungstaten iSd § 385 II AO (vgl. → § 386 Rn. 25) sowie Prämien- und Zulagenstraftaten. In sinngemäßer Anwendung des § 387 I AO ist für *Bannbruch* und *Steuerhehlerei* das HZA sachlich zuständig, weil es für die Überwachung des Warenverkehrs über die Grenze zuständig ist. Bei *Begünstigung* ist diejenige FinB sachlich zuständig, in deren steuerverwaltendem Bereich der Verdacht der Vortat aufgekommen war (so zutr. HHS/*Bülte* AO § 387 Rn. 29; Kohlmann/*Hilgers-Klautzsch* AO § 387 Rn. 29; RKR/*Kemper* AO § 387 Rn. 8; *Suhr/Naumann/Bilsdorfer* Rn. 613; *Hellmann* 1995, 75; jetzt auch Schwarz/Pahlke/*Klaproth* AO § 387 Rn. 7). Bei Steuerzeichenfälschung ist die Steuer betroffen, die unter Verwendung echter Steuerzeichen hätte entrichtet werden müssen (Kohlmann/*Hilgers-Klautzsch* AO § 387 Rn. 22). Bei *Vorspiegelungstaten* (vgl. → § 386 Rn. 25) ist diejenige FinB zuständig, die für die Verwaltung der Steuer zuständig wäre, die zu erheben wäre, wenn der vorgespiegelte Sachverhalt der Wirklichkeit entspräche (HHS/*Bülte* AO § 387 Rn. 34).

5 Die **Zuständigkeit einer bestimmten Besteuerungsbehörde** wird durch § 387 I AO nicht bezweckt, sondern lediglich festgelegt, welche FinB *der Art nach* zuständig sein soll. Allein nach dem Wortlaut könnte man das Finanz- oder Hauptzollamt als zuständig

ansehen, welches zur Durchführung des konkreten Besteuerungsverfahrens zuständig ist. Dann würde § 387 I AO aber nicht nur die sachliche, sondern auch die örtliche Zuständigkeit festlegen, die bereits in § 388 AO eine gesonderte Regelung erfährt. Dies ist jedoch nicht der Zweck des § 387 AO, der vielmehr die Regelungen über die funktionelle Zuständigkeit des § 386 AO ergänzen und lediglich die Zuständigkeit eines bestimmten Zweiges der Finanzverwaltung begründen soll (zutr. *Hellmann* 1995, 75, 142 f.; Klein/*Jäger* AO § 387 Rn. 4).

3. Übertragung der Zuständigkeit

Zwei Möglichkeiten der Übertragung der sachlichen Zuständigkeit sind zu unterscheiden, deren Zielsetzungen, eine Rationalisierung und Effizienzsteigerung der Verwaltung zu erreichen, zwar gleich, deren Voraussetzungen, Inhalte und Wirkungen aber unterschiedlich sind (HHS/*Bülte* AO § 387 Rn. 39 f., Kohlmann/*Hilgers-Klautzsch* AO § 387 Rn. 34).

Die Kompetenz zu steuerstrafrechtlichen Ermittlungen kann einerseits unmittelbar nach § 387 II AO übertragen werden, andererseits aber auch mittelbar durch Anknüpfung an die Verwaltung der Steuer. Einer Beschränkung oder Übertragung von Aufgaben der Steuerverwaltung nach § 12 III, § 17 II 3 FVG folgt nach dem Grundsatz des § 387 I AO als Annex auch die strafrechtliche Ermittlungszuständigkeit für Steuerstraftaten, die eine der verwalteten Steuern betreffen (HHS/*Bülte* AO § 387 Rn. 25).

Eine Zuständigkeitskonzentration ist in den meisten Ländern zugleich nach § 387 II AO und § 17 II FVG erfolgt:

Berlin aufgrund § 1 Nr. 2 der VO v. 16.4.1992 (GVBl. 117) nach § 2 S. 1 iVm. Nr. 14 der Anlage FÄZustVO v. 11.12.2018 (GVBl. 689);

Brandenburg aufgrund § 1 Nr. 4 der VO v. 23.8.1991 (GVBl. II, Nr. 25) idF. v. 20.11.2017 (GVBl. II Nr. 63) nach § 1 Abs. 2 iVm. Anlage 2 FAZustV v. 1.12.2020 (GVBl. II Nr. 114);

Bremen aufgrund § 1 Nr. 1 u. 2 der VO v. 16.6.2003 (BremGbl. 279) nach § 1 iVm. Nr. 1 der Anlage FÄZuV v1.6.2017 (Brem.GBl. 446) idF. v. 3.6.2021 (Brem.GBl. 480);

Hamburg nach XIII der Anordnung v. 28.10.1997 (Amtl. Anz. 2609) idF v. 23.6.2021 (Amtl. Anz. 1048);

Hessen aufgrund § 6 Nr. 3, § 8 DelegVO v. 12.12.2007 (GVBl. I 859) idF. v. 7.12.2012 (GVBl. 562) nach § 16 FÄZustV v. 29.4.2020 (GVBl. 249);

Mecklenburg-Vorpommern aufgrund § 1 Nr. 1 der VO v. 22.3.2018 (GVOBl. M-V 119) nach § 6 FAZustVO v. 25.4.2019 (GVOBl. M-V 161);

Niedersachsen aufgrund § 2 Nr. 1 u. 4 SubdelegVO v. 9.12.2011 (Nds. GVBl. 487) idF v. 2.2.2021 (Nds. GVBl. 32) nach § 4 iVm. Anlage 3 ZustVO-FinB v. 14.12.2005 (GVBl. 411) idF v. 21.4.2021 (Nds. GVBl. 219);

Nordrhein-Westfalen aufgrund § 1 Nr. 1 u. 5 DelegVO v. 23.4.2013 (GV NRW 198) nach § 24 der FA-ZVO v. 1.7.2013 (GV NRW 350) idF v. 19.11.2020 (GV NRW 1122);

Rheinland-Pfalz aufgrund § 1 Nr. 2, 4 VO v. 3.5.1994 (GVBl. 250) idF. v. 2.11.1999 (GVBl. 391) nach § 13 FAZVO v. 6.12.2002 (GVBl. 501) idF v. 5.4.2019 (GVBl 40);

Saarland aufgrund § 1 der VO v. 22.10.1985 (ABl. 1057) nach § 2 iVm Anlage 2 Nr. 19 FinÄZVO v. 16.9.2005 (ABl. 1538) idF v. 9.3.2020 (ABl. I 189);

Sachsen aufgrund § 1 der ZustÜVFv v. 17.12.1993 (SächsGVBl. 1281) idF. v. 8.3.2005 (SächsGVBl. 42) nach § 1 II iVm Nr. 10 der Anlage FVwZustVO v. 14.10.2004 (SächsGVBl. 539) idF v. 3.2.2021 (SächsGVBl. 253);

Schleswig-Holstein (verordnet direkt durch die Landesregierung) nach § 2 iVm Anlage 2 FÄZustVO v. 6.6.2016 (GVOBl. Schl.-H. 402) idF v. 30.9.2020 (GVOBl. Schl.-H. 714, ber. 867);

Thüringen aufgrund § 1 Nr. 1 u. 2 der VO v. 8.6.1994 (GVBl 641) nach § 10 ThürFAZustVO v. 2.7.1998 (GVBl. 255) idF v. 20.7.2021 (GVBl. 389);
Eine getrennte Zuständigkeitsübertragung erfolgte in:
Baden-Württemberg aufgrund der VO v. 4.2.1991 (GBl. 86) zu § 17 FVG und aufgrund der VO v. 15.7.1985 (GBl. 229) idF. v. 23.2.2017 (GBl. 99, 111) zu § 387 AO nach § 1 der StrVerfFinZustV v. 29.11.2004 (GBl. 864) idF v. 23.2.2017 (GBl. 99, 111);
Eine Übertragung allein nach § 17 II FVG erfolgt in:
Bayern aufgrund § 4 Nr. 1b) DelV (die ZustVSt verweist fehlerhafterweise auf § 4 Nr. 2 DelV) v. 28.1.2014 (GVBl. 22) idF v. 27.7.2021 (GVBl. 499) nach § 5 Abs. 1 Nr. 2 iVm Anlage 3 ZustVSt v. 1.12.2005 (GVBl. 596) idF v. 12.8.2021 (GVBl. 545);
Sachsen-Anhalt aufgrund § 1 Nr. 1 der VO v. 26.3.1991 (GVBl. LSA 20) nach § 2 iVm. der Anlage FAZustV v. 17.2.2014 (GVBl. LSA 82) idF v. 27.7.2018 (GVBl. LSA 241);

Das Bundesministerium der Finanzen hat die Zuständigkeit für die Ermittlung von Steuerstraftaten und die Verfolgung und Ahndung von Steuerordnungswidrigkeiten aufgrund § 12 III FVG und zugleich § 387 II 1, 2 AO durch die HZAZustV v. 13.11.2020 (BGBl. I 2487) übertragen dem

– HZA Berlin für das HZA Potsdam;
– HZA Itzehoe für das HZA Kiel;
– HZA Braunschweig für die HZÄ Hannover und Magdeburg;
– HZA Bremen für die HZÄ Oldenburg und Osnabrück;
– HZA Karlsruhe für die HZÄ Lörrach und Singen;
– HZA Ulm für die HZÄ Heilbronn und Stuttgart und des Hauptzollamts Augsburg für den Bodensee und den grenznahen Raum zur Schweiz;
– HZA Frankfurt am Main für das HZA Gießen;;
– HZA Saarbrücken für das HZA Darmstadt und Koblenz;
– HZA Aachen für das HZA Köln;
– HZA Krefeld für die HZÄ Duisburg und Düsseldorf;
– HZA Münster für die HZÄ Bielefeld und Dortmund;
– HZA Augsburg für die HZÄ Landshut, München und Rosenheim;
– HZA Schweinfurt für die HZÄ Nürnberg und Regensburg.

Die Zuständigkeitsübertragung für Straf- und Bußgeldsachen umfasst weder die Ermittlung von Straftaten noch die Verfolgung und Ahndung von Ordnungswidrigkeiten durch die Finanzkontrolle Schwarzarbeit, § 1 XI HZAZustV.

a) Anknüpfung an die Verwaltung der Steuer

7 Nach § 12 II FVG sind die Hauptzollämter für die Verwaltung der Zölle, der **bundesgesetzlich geregelten Verbrauchsteuern** einschließlich der Einfuhrumsatzsteuer und der Biersteuer, **der Abgaben im Rahmen der EG,** für die zollamtliche Überwachung des Warenverkehrs über die Grenze, für die Grenzaufsicht und für die ihnen sonst übertragenen Aufgaben sachlich zuständig; vgl. dazu in Bezug auf die Ein- und Ausfuhr, Herstellung, Verwendung oder Behandlung von Marktordnungswaren die §§ 37 f. MOG und *Schmidt* ZfZ 1990, 104. Nach § 12 III FVG kann das BMF Zuständigkeiten nach § 12 II FVG *einem* HZA für den Bereich *mehrerer* HZÄ übertragen; dies hat zur Folge, dass das betroffene HZA für die ihm entzogene Verwaltung einer Abgabe sachlich nicht mehr zuständig ist und insoweit nach § 387 I AO auch keine straf- oder bußgeldrechtlichen Kompetenzen mehr hat – abgesehen von den in § 399 II AO angeführten Befugnissen der Hilfsbeamten der StA und der *Notzuständigkeit* in entsprechender Anwendung des § 143 II GVG (→ § 388 Rn. 39 sowie Kissel/Mayer/*Mayer* GVG § 143 Rn. 5; Löwe/Rosenberg/*Boll* GVG § 143 Rn. 6; Meyer-Goßner/Schmitt/*Schmitt* GVG § 143 Rn. 2).

8 **Die abgabenrechtliche Zuständigkeit der Zollfahndungsämter,** die in § 1 Nr. 4 FVG neben den Hauptzollämtern als örtliche Bundesfinanzbehörden aufgeführt werden,

bezieht sich auf dieselben Abgaben, für deren Verwaltung nach § 12 II FVG die HZÄ zuständig sind (→ Rn. 6). Ihre steuerstrafrechtliche Zuständigkeit kann aber nicht unmittelbar aus § 387 AO hergeleitet werden (allgM, HHS/*Bülte* AO § 387 Rn. 20, Kohlmann/ *Hilgers-Klautzsch* AO § 387 Rn. 44, Koch/Scholtz/*Scheurmann-Kettner* AO § 387 Rn. 3). Die Verwaltung dieser Abgaben obliegt ihnen nur im Rahmen und zu dem Zweck der von § 208 AO umschriebenen Aufgaben, insbes. zur Erforschung von Steuerstraftaten und Steuerordnungswidrigkeiten einschl. der Besteuerungsgrundlagen, auf deren Ermittlung es dabei ankommt (§ 208 I Nr. 1 u. 2 AO). Insoweit treten die ZFÄ in Konkurrenz zu den HZÄn, können diesen jedoch nur zuarbeiten, da den ZFÄn die Befugnisse fehlen, Abgaben festzusetzen (arg. § 208 AO) und Ermittlungsverfahren selbstständig zu führen (arg. § 386 I 2 AO). § 14 FVG, aufgrund dessen dem **Freihafenamt Hamburg** Aufgaben der HZÄ übertragen wurden, ist durch das Verbrauchsteuer-Binnenmarktgesetz v. 21.12.1992 (BGBl. I 2150, 2208) zur Anpassung an das Gemeinschaftsrecht der EG aufgehoben worden (→ 3. Aufl. Rn. 7).

Die Finanzämter sind als örtliche Landesfinanzbehörden iSd § 2 I Nr. 3 FVG nach **9** § 17 II 1 FVG für die Verwaltung der Steuern mit Ausnahme der Zölle und der bundesgesetzlich geregelten Verbrauchssteuern zuständig, soweit die Verwaltung nicht aufgrund des Art. 108 IV 1 GG den Bundesfinanzbehörden oder aufgrund des Art. 108 IV 2 GG den Gemeinden oder Gemeindeverbänden übertragen worden ist. Die FÄ sind danach hauptsächlich für die *Besitz- und Verkehrsteuern* zuständig. Zu den Verbrauchsteuern iSd § 17 FVG gehören nicht die *örtlichen Verbrauch- und Aufwandsteuern* iSd Art. 105 II a, 108 VI GG (HHS/*Schmieszek* FVG Einf. Rn. 18).

Das Bundeszentralamt für Steuern ist nach § 5 I Nr. 2a u. 3 FVG sachlich zuständig **10** für die Entlastung von deutschen Abzugsteuern aufgrund eines DBA sowie für die Entlastung von deutschen Besitz- und Verkehrsteuern gegenüber internationalen Organisationen, amtlichen zwischenstaatlichen Einrichtungen, ausländischen Missionen usw. Führt das Bundeszentralamt für Steuern gem. § 19 III FVG im Auftrag des zuständigen FA eine Außenprüfung durch, bleibt das FA für die Strafverfolgung zuständig (RKR/*Kemper* AO § 386 Rn. 8); denn die bloße Mitwirkung bei der Verwaltung einer Steuer verändert die sachliche Zuständigkeit für die Verwaltung nicht (HHS/*Bülte* AO § 387 Rn. 12). Das gilt auch, wenn vorgesetzte Behörden bei der Verwaltung einer Steuer dadurch mitwirken, dass sie sich für Billigkeitsmaßnahmen bestimmten Umfangs die Zustimmung oder Entscheidung vorbehalten haben; vgl. Finanzminister(-senatoren) der Länder v. 2.8.1982 (BStBl. I 688).

Bei den Realsteuern setzt das FA in den meisten Bundesländern nur den Steuermess- **11** betrag (§ 14 GewStG, § 13 GrStG) fest (§ 184 AO) und teilt ihn derjenigen Gemeinde oder – nach Zerlegung gem. §§ 28 ff. GewStG bzw. §§ 22 ff. GrStG iVm §§ 185 ff. AO – denjenigen mehreren Gemeinden mit, denen aufgrund Art. 108 IV 2 GG die Festsetzung und Erhebung der Steuer obliegt (§ 184 III AO). Nur in den Stadtstaaten Berlin, Bremen und Hamburg obliegt auch die Festsetzung und Erhebung der Steuer den FÄn. In den Flächenstaaten kann sich die Frage ergeben, welche Behörde für eine Zuwiderhandlung sachlich zuständig ist, die nicht zunächst zu einer unrichtigen oder unterbliebenen Festsetzung oder Zerlegung des Steuermessbetrags führt, sondern die sich allein und unmittelbar in einer unrichtigen oder unterbliebenen Steuerfestsetzung oder in einer unterbliebenen oder verzögerten Steuererhebung auswirkt, wie zB das Vortäuschen von Billigkeitsgründen zum Zwecke und mit der Folge einer Stundung (§ 222 AO) oder eines Erlasses (§ 227 AO). Ist die Verwaltung der Realsteuern den Gemeinden übertragen, so schreibt § 1 II Nr. 7 AO die entsprechende Geltung der Vorschriften des Achten Teils vor, also auch des § 387 AO. Dies bedeutet aber nicht, dass zwingend die FÄ sachlich zuständig sind (so aber Kohlmann/*Hilgers-Klautzsch* AO § 387 Rn. 24, unklar HHS/*Bülte* AO § 387 Rn. 31). Vielmehr könnte *entsprechende* Anwendung des § 387 AO auch bedeuten, dass die sachliche Zuständigkeit bei der Gemeinde liegt, mit der Folge, dass diese in die strafverfahrensrechtliche Stellung der FinB einrücken würde.

12 **Für die Verwaltung der Kraftfahrzeugsteuer** sind die HZÄ sachlich zuständig, § 12 II FVG (örtliche Zuständigkeit s. § 1 KraftStDV v. 12.7.2017 (BGBl. I 2374). Bei der Verwaltung sind gem. § 5 KraftStDV ferner die Zulassungsbehörden an der Durchführung des KraftStG beteiligt.

13 **Für die Verwaltung der Kirchensteuern** sind die FÄ nicht unmittelbar sachlich zuständig (DHS/*Schwarz* GG Art. 108 Rn. 10), sondern nur soweit, als ihnen diese Aufgabe aufgrund § 17 II 2 FVG von den KiSt-Gesetzen der Länder übertragen worden ist. Ausgeschlossen ist jedoch nach denselben Gesetzen die Anwendung der materiellen Straf- und Bußgeldvorschriften der §§ 369–384 AO auf die KiSt (→ § 386 Rn. 30 mwN). Deshalb hat § 387 I AO für Zuwiderhandlungen gegen KiSt-Gesetze keine Auswirkung mehr.

14 **Den Finanzämtern sonst übertragene Aufgaben** iSd § 17 II 2 FVG sind – außer der Verwaltung der KiSt (→ Rn. 13) – namentlich die Verwaltung der *Wohnungsbauprämien* (vgl. §§ 4, 5 WoPG), und der *vermögenswirksamen Leistungen* (vgl. § 14 I 1 des 5. VermBG), Arbeitnehmersparzulage (§ 14 5. VermBG) sowie die Verwaltung von *Investitionszulagen* (vgl. §§ 3 ff. InvZulG 2005, § 6 II, III InvZulVO).

15 **Durch Rechtsverordnung** können die Landesregierungen gem. § 17 II 3 FVG Zuständigkeiten nach § 17 II 1 u. 2 FVG einem Finanzamt für den Bereich mehrerer Finanzämter übertragen. Die Ermächtigung zum Erlass einer RechtsV kann die jeweilige Landesregierung gem. § 17 II 4 FVG wiederum durch RechtsV auf die für die Finanzverwaltung zuständige oberste Landesbehörde übertragen. Dies entspricht der Möglichkeit des BMF, in seinem Bereich durch RechtsV nach § 12 III FVG ohne Zustimmung des Bundesrats einem Hauptzollamt Zuständigkeiten für den Bereich mehrerer Hauptzollämter zu übertragen. Hiervon hat das BMF mit der HZAZustV v. 13.11.2020 (BGBl. I 2487) Gebrauch gemacht (vgl. → Rn. 6). Anders als in § 387 II AO ist sachliche Voraussetzung für eine Zuständigkeitskonzentration bei einem Finanzamt oder einem Hauptzollamt nach §§ 12 III, 17 II 3 FVG nur, dass „... *der Vollzug der Aufgaben verbessert oder erleichtert wird* ...". Damit wird die Übertragung aller Zuständigkeiten ermöglicht; neben der Zollverwaltung und Grenzaufsicht beim Hauptzollamt und neben der Steuerverwaltung beim Finanzamt also auch die nach §§ 12 II, 17 II 2 FVG „*sonst übertragenen Aufgaben*" (zutr. HHS/*Bülte* AO § 387 Rn. 71).

16 **Verbessert oder erleichtert wird die Steuerverwaltung** durch Konzentration der Aufgaben bei den *schwierigen* Steuern, zB bei der KSt, bei den *einmaligen* Steuern, zB der ErbSt oder GrESt, und bei den *seltenen* Steuern, zB der FeuerschSt, VersSt, RennwSt oder LottSt; ferner bei besonders schwierigen *Verwaltungsaufgaben*, zB bei Betriebsprüfungen, bei der Durchführung des Außensteuergesetzes oder der Verwaltung der USt ausländischer Unternehmer, wie auch bei *massenhaft* vorkommenden Verwaltungsvorgängen, zB den Kassengeschäften. Nach *persönlichen* Merkmalen zusammengefasst werden zB in Bayern die Veranlagungen der Klöster, Orden und religiösen Stiftungen und in bestimmten Großstädten die Besteuerung der Artisten, Bühnenschaffenden und Musiker, der Straßenhändler oder der ausländischen Arbeitnehmer. Für die Kraftfahrzeugsteuer ist die sachliche Zuständigkeit abw. von § 1 I Nr. 1 KraftStDV in einigen Ländern konzentriert aufgrund § 15 II 1 KraftStG, in anderen aufgrund der allgemeinen Vorschrift des § 17 II 3 FVG.

17 **Keine Restkompetenz zur Strafverfolgung** behalten im Gegensatz zu § 387 II AO die Finanz- oder Hauptzollämter, deren Steuerverwaltungs- oder Strafverfolgungsaufgaben nach §§ 12 III, 17 II 3 FVG auf andere Finanz- oder Hauptzollämter übertragen worden sind. Mit der Steuerverwaltung verlieren sie für diesen Aufgabenkreis gleichzeitig auch die Rechte und Pflichten des **ersten Zugriffs** bei dem Verdacht einer Steuerstraftat. Eine Regelung nach § 399 II 2 AO oder § 402 II AO ist für keinen Fall einer Zuständigkeitsübertragung nach §§ 12, 17 FVG getroffen worden (→ Rn. 20). In den meisten Ländern erfolgte eine Zuständigkeitskonzentration deshalb zugleich nach § 387 II AO und § 17 II FVG; auch das BMF hat die steuerstrafrechtliche Ermittlungszuständigkeit ausdrücklich nach § 387 II AO und nach § 12 III FVG jeweils iVm der HZAZustV auf einzelne Hauptzollämter übertragen (→ Rn. 6).

b) Abweichende Regelungen der Strafsachenzuständigkeit nach § 387 AO

Unabhängig von der sachlichen Zuständigkeit für die betroffene Steuer 18 (Rn. 6 ff.) kann die sachliche Zuständigkeit für die Ermittlung von Steuerstraftaten, die Verfolgung und Ahndung von Steuerordnungswidrigkeiten und für die Erhebung und Vollstreckung von Geldbußen wegen Steuerordnungswidrigkeiten aufgrund § 387 II AO *einer* Finanzbehörde für den Bereich *mehrerer* Finanzbehörden übertragen werden. Wegen ihrer Außenwirkung bedarf die Übertragung in formeller Hinsicht einer Rechtsverordnung iSd Art. 80 I GG. Für deren Erlass ist die Landesregierung zuständig, soweit die FinB eine Landesbehörde ist; für die Bundesfinanzverwaltung erlässt sie das BMF (§ 387 II 2 AO), das dazu nicht der Zustimmung des Bundesrates bedarf (§ 387 II 3 AO). § 387 II 4 AO ermöglicht die Übertragung der Ermächtigung zum Erlass nach Satz 1 vom Bundesministerium der Finanzen auf eine Bundesoberbehörde; dies wiederum nur durch eine Rechtsverordnung. Die obere Behörde wird dadurch in die Lage versetzt, die Zuständigkeiten nach Abs. 1 innerhalb ihres Geschäftsbereiches und unter den Einschränkungen des Satzes 1 zu bestimmen (BR-Drs. 256/15, 33). Wie auch das BMF kann die Landesregierung die Ermächtigung auf die für die Finanzverwaltung zuständige oberste Landesbehörde übertragen (§ 387 II 5 AO), dies wiederum auch nur durch eine Rechtsverordnung (Art. 80 I 4 GG). Die in § 387 II AO genannten Gründe der Zweckmäßigkeit unterscheiden sich im Wortlaut von § 58 I 1, § 74c III 1 u. § 78a II 2 GVG *("sachdienliche Förderung oder schnellere Erledigung der Verfahren")*, aber nicht in der Zielrichtung. Vielmehr konkretisieren sie die für eine pflichtgemäße Ermessensausübung erforderlichen Zweckmäßigkeitserwägungen durch eine besondere Rücksichtnahme auf die Wirtschafts- oder Verkehrsverhältnisse, den Aufbau der Verwaltungsbehörden oder andere örtliche Bedürfnisse.

Inhaltlich kann eine bereits nach § 387 I AO zuständige FinB durch eine Übertragung 19 eine zusätzliche strafrechtliche Ermittlungszuständigkeit erhalten (so zB Rheinland-Pfalz, § 13 FAZustVO; → Rn. 6), in gleicher Weise aber auch eine FinB zuständig gemacht werden, die selbst keine Steuern verwaltet (zB Niedersachsen, § 4 VO; → Rn. 6). Beide Alternativen sind vom Wortlaut des § 387 II AO gedeckt (ebenso HHS/*Bülte* AO § 387 Rn. 67).

Jede Zuständigkeitsübertragung aufgrund § 387 II AO hat zur Folge, dass anstelle 20 der für die Verwaltung der betroffenen Steuer zuständigen FinB eine andere FinB diejenigen Aufgaben wahrzunehmen und diejenigen Befugnisse auszuüben hat, welche die §§ 385 ff. AO für das Steuerstrafverfahren bzw. § 409 iVm § 387 I AO für das Bußgeldverfahren wegen Steuerordnungswidrigkeiten den Finanzbehörden vermitteln (vgl. auch § 58 I GVG sowie § 36 II OWiG). Die FinB, die vor Inkrafttreten der jeweiligen RechtsV zuständig war, verliert die sachliche Zuständigkeit (glA HHS/*Rüping* AO § 387 Rn. 68; Kohlmann/*Hilgers-Klautzsch* AO § 387 Rn. 40). Ihr verbleiben jedoch nach § 399 II 1 AO das Recht und die Pflicht, bei dem Verdacht einer Steuerstraftat alle erforderlichen Maßnahmen im Rahmen des **ersten Zugriffs** zu treffen, wobei sie sich nach § 399 II 2 AO der einzeln aufgeführten Rechte von Ermittlungspersonen der StA bedienen darf (vgl. ASB 21), wie sie der FinB allgemein im Verfahren der StA nach § 402 I AO zustehen (*Weyand* DStZ 1988, 191 f.). Diese Restkompetenz der früher sachlich zuständigen FinB bedeutet jedoch weder eine Kompetenzbeschränkung für die FinB, der die Zuständigkeit übertragen worden ist (so wohl missverständlich *Lammerding/Hackenbroch/Sudau* S. 109), noch kann man von einer Konkurrenz sprechen (so auch HHS/*Bülte* AO, 6. Aufl., § 387 Rn. 68), da die Befugnisse beider FinB nicht in einem Wettbewerbsverhältnis stehen, sondern einer Optimierung steuerstrafrechtlicher Ermittlungsmaßnahmen dienen.

Die vereinzelt vertretene Auffassung, es handele sich bei § 387 II AO um ein Problem 21 der *örtlichen*, nicht der *sachlichen* Zuständigkeit (*Scheuffele* BB 1967, 953, 954: *"redaktioneller Irrläufer"*; *Stobbe* ZfZ 1968, 267), trifft nicht zu (zust. HHS/*Bülte* AO § 387 Rn. 4), weil die infolge einer Übertragung aufgrund § 387 II AO nicht (mehr) zuständige FinB die verfahrensrechtlichen Aufgaben und die Befugnisse verliert, die gem. §§ 385 ff. AO grundsätzlich allen Finanzbehörden zustehen (→ Rn. 20). Allerdings wird durch eine Konzentration der sachlichen Zuständigkeit auf wenige Behörden zugleich die Zahl der örtlich zuständigen Behörden vermindert, da bei der Frage nach der örtlich zuständigen Behörde die sachlich unzuständigen Behörden von vornherein ausscheiden.

4. Gemeinsame Strafsachenstellen

22 **Durch die Errichtung Gemeinsamer Strafsachenstellen,** wie sie seit 1955 durch Organisationsakt jeweils für den Bereich mehrerer FÄ eingeführt worden waren, wurde die gesetzlich geregelte Zuständigkeit der FÄ nicht geändert. Gemeinsame Strafsachenstellen waren keine selbstständigen Behörden, namentlich keine besonderen Finanzämter für Strafsachen; sie bildeten nur personelle und räumliche Zusammenfassungen der Strafsachenstellen mehrerer FÄ, waren also unselbstständige Untergliederungen derjenigen einzelnen FÄ, in deren jeweiligen Namen und Auftrag sie Befugnisse im Steuerstraf- und -bußgeldverfahren ausübten. Das für den Einzelfall sachlich und örtlich zuständige FA blieb *„Herr des Straf- oder Bußgeldverfahrens"* (Suhr 1. Aufl., S. 153 u. 192; ausf. *Frenkel* DStZ 1962, 26). Aus dem Blickwinkel dieser Vorgeschichte sind die Bemerkungen in der älteren Literatur missverständlich, § 387 II AO ermögliche die Bildung gemeinsamer Strafsachenstellen, *„wie sie jedoch bereits vor Inkrafttreten dieser Bestimmung ... bestanden haben"* (Klein/Orlopp, 5. Aufl., AO § 399 Rn. 27), und *„die Ermittlungskompetenz wird ... für die beteiligten FÄ von den gemeinsamen Strafsachenstellen ausgeübt"* (Klein/Orlopp, 5. Aufl., AO § 387 Rn. 2); denn bei einer Zuständigkeitsübertragung durch RechtsV aufgrund § 387 II AO erhalten die so geschaffenen Einheiten die strafrechtlichen Befugnisse für den gesamten ihnen zugeordneten Bereich und treten insoweit an die Stelle der sonst zuständigen Finanzämter (*Weyand* DStZ 1988, 192). Diese verlieren die Befugnisse zu selbstständigen strafrechtlichen Ermittlungen und behalten nur noch die in § 399 II AO angeführten Befugnisse der Ermittlungspersonen der StA, die für den ersten Zugriff erforderlich sind (→ Rn. 20 f.). Da die Bezeichnung „Gemeinsame Strafsachenstelle" im ursprünglichen Sinne nicht mehr der Rechtslage entspricht, wird sie länderweise ersetzt durch „Bußgeld- und Strafsachenstelle" oder durch „Straf- und Bußgeldsachenstelle".

5. Mangel der sachlichen Zuständigkeit

23 **Im Steuerstrafverfahren** hat der Mangel der sachlichen Zuständigkeit einer FinB nur geringe Folgen, da die FinB hier – wie die StA – nur vorbereitende Maßnahmen trifft und keine rechtskraftfähigen Entscheidungen erlässt. Bedeutsame Maßnahmen einer FinB bedürfen im Strafverfahren entweder einer richterlichen Bestätigung, zB die Beschlagnahme nach § 98 II 2 StPO, oder sie bereiten nur eine richterliche Entscheidung vor, wie zB der Antrag auf Erlass eines Strafbefehls nach § 400 AO. Auch über Anträge einer unzuständigen FinB muss der Strafrichter *entscheiden;* er kann sie nicht etwa als unwirksam übergehen (Kühn/v. Wedelstädt/*Blesinger/Viertelhausen* AO § 387 Rn. 5), da kein FA und kein HZA für die Ausübung der Befugnisse einer FinB nach den §§ 385 ff. AO *absolut* unzuständig ist, anders zB die Bundesvermögensämter und die Bundesforstämter (§ 16 FVG).

24 **Hat ein FA oder HZA seine sachliche Zuständigkeit irrig angenommen,** was bei der Beteiligung beider Behörden an der Verwaltung einer Steuer, zB EUSt oder KfzSt, nicht völlig ausgeschlossen erscheint, und erkennt die FinB ihren Irrtum noch während des Ermittlungsverfahrens, so gibt sie die Sache an die zuständige FinB oder in Zweifelsfällen an die StA ab. Bleibt sie im Irrtum und beantragt sie einen Strafbefehl, muss der Strafrichter den Antrag mangels Sachbefugnis als unzulässig verwerfen, falls die unzuständige FinB den Antrag nicht auf einen entsprechenden Hinweis zurücknimmt (einhM, vgl. HHS/*Bülte* AO § 387 Rn. 74, Kohlmann/*Hilgers-Klautzsch* AO § 387 Rn. 64 u. Schwarz/Pahlke/ *Klaproth* AO § 387 Rn. 10 f.); denn die sachliche Zuständigkeit der Antragsbehörde ist als Prozessvoraussetzung von Amts wegen zu prüfen (BGH 10.4.1963, BGHSt 18, 326; *Suhr/Naumann/Bilsdorfer* Rn. 615; Kohlmann/*Hilgers-Klautzsch*).

Erkennt der Richter den Mangel der sachlichen Zuständigkeit der FinB nicht, 25
wird seine Entscheidung – sofern er selbst sachlich zuständig ist – von dem Mangel der
sachlichen Zuständigkeit der FinB *nicht berührt* (vgl. → § 388 Rn. 43).

§ 387 AO gilt gem. § 409 AO auch für das **Bußgeldverfahren wegen Steuerord-** 26
nungswidrigkeiten. Erlässt eine sachlich unzuständige FinB einen Bußgeldbescheid, kann der Mangel nur durch Einspruch gem. §§ 67 ff. OWiG geltend gemacht werden. Der Mangel der sachlichen Zuständigkeit der FinB hat die Nichtigkeit des Bußgeldbescheides nur dann zur Folge, wenn die FinB *absolut* unzuständig war (→ Rn. 22 aE; Göhler/*Gürtler* OWiG § 36 Rn. 15; *Lemke*/*Mosbacher* OWiG § 36 Rn. 17; Klein/*Jäger* AO § 387 Rn. 6). Dagegen wird der Bußgeldbescheid eines HZA bei unterlassenem oder verspätetem Einspruch zB auch dann rechtskräftig, wenn er eine Steuerordnungswidrigkeit zum Gegenstand hat, von der Besitz- oder Verkehrsteuern betroffen sind. Bei rechtzeitigem Einspruch verliert der Bußgeldbescheid dagegen in jedem Falle seine Wirkung, und der Richter entscheidet erneut über die Beschuldigung, ohne dass er an den Ausspruch gebunden ist, den der Bußgeldbescheid enthält (§ 410 I AO iVm § 71 OWiG u. § 411 IV StPO).

§ 388 Örtlich zuständige Finanzbehörde

(1) Örtlich zuständig ist die Finanzbehörde,
1. in deren Bezirk die Steuerstraftat begangen oder entdeckt worden ist,
2. die zur Zeit der Einleitung des Strafverfahrens für die Abgabenangelegenheiten zuständig ist oder
3. in deren Bezirk der Beschuldigte zur Zeit der Einleitung des Strafverfahrens seinen Wohnsitz hat.

(2) ¹Ändert sich der Wohnsitz des Beschuldigten nach Einleitung des Strafverfahrens, so ist auch die Finanzbehörde örtlich zuständig, in deren Bezirk der neue Wohnsitz liegt. ²Entsprechendes gilt, wenn sich die Zuständigkeit der Finanzbehörde für die Abgabenangelegenheit ändert.

(3) Hat der Beschuldigte im räumlichen Geltungsbereich dieses Gesetzes keinen Wohnsitz, so wird die Zuständigkeit auch durch den gewöhnlichen Aufenthaltsort bestimmt.

Vgl. § 37 OWiG; §§ 7 ff. StPO.

Schrifttum: vor → Rn. 12, 17 u. 35.

Übersicht

	Rn.
1. Entstehungsgeschichte	1
2. Zweck, Bedeutung und Anwendungsbereich	2–5
3. Verhältnis zu den allgemeinen Vorschriften	6–8
a) Strafverfahren	6, 7
b) Bußgeldverfahren	8
4. Zuständigkeit nach dem Tatort	9–11
5. Zuständigkeit nach dem Entdeckungsort	12–16
6. Zuständigkeit nach der abgabenrechtlichen Zuständigkeit	17–26
7. Zuständigkeit nach dem Wohnsitz	27–30
8. Änderung des Wohnsitzes oder der abgabenrechtlichen Zuständigkeit	31–34
9. Zuständigkeit nach dem gewöhnlichen Aufenthaltsort	35–38
10. Notzuständigkeit	39
11. Mangel der örtlichen Zuständigkeit	40–44

1. Entstehungsgeschichte

1 § 388 AO 1977 entspricht § 423 RAO idF des Art. 1 Nr. 1 AOStrafÄndG v. 10.8.1967 (BGBl. 1967 I 877) mit dem Unterschied, dass der Ausdruck *„Finanzamt"* durch *„Finanzbehörde"* ersetzt worden ist. Der Ausdruck *„Steuerstraftat"* war anstelle von *„Steuervergehen"* bereits durch Art. 161 Nr. 14 EGStGB v. 2.3.1974 (BGBl. 1974 I 469, 583) eingeführt worden.

§ 423 I Nr. 1 u. 2 RAO 1967 geht auf **§ 428 I RAO 1931**, dieser geht auf **§ 393 I RAO 1919** zurück. Die Vorschriften des § 423 I Nr. 3, II u. III RAO 1967 hatten in früheren Fassungen des Gesetzes kein Vorbild (Begr. BT-Drs. V/1812, 30).

2. Zweck, Bedeutung und Anwendungsbereich

2 § 388 AO regelt die örtliche Zuständigkeit. Die Vorschrift ergänzt § 386 AO über die funktionelle Zuständigkeit bestimmter Finanzbehörden (HZA, FA und Bundeszentralamt für Steuern) im Strafverfahren wegen Steuerstraftaten und § 387 AO über die sachliche Zuständigkeit einer solchen FinB in räumlicher Hinsicht durch Bestimmungen darüber, *welche* von mehreren sachlich zuständigen FinBn *für den Einzelfall* zuständig ist. § 388 AO wird seinerseits durch die §§ 389, 390 AO ergänzt. Diese Regelung ist in sich geschlossen. Es ist weder erforderlich (s. dazu → Rn. 39) noch zulässig, darüber hinaus Vorschriften der StPO und des GVG entsprechend anzuwenden (glA Klein/*Jäger* AO § 388 Rn. 1; Erbs/ Kohlhaas/*Hadamitzky/Senge* AO § 388 Rn. 1 u. Kohlmann/*Hilgers-Klautzsch* AO § 388 Rn. 10 ff.; *Suhr/Naumann/Bilsdorfer* Rn. 616; abw. HHS/*Bülte* AO § 388 Rn. 13 in Bezug auf § 10 StPO u. § 47 IV OWiG für Taten auf Schiffen und in Luftfahrzeugen).

Die Bedeutung der Regelung ist nach dem Wegfall der Strafbefugnis der FinBn durch 3 das Urt. des BVerfG v. 6.6.1967 (BGBl. 1967 I 626) darauf beschränkt, die innerhalb der Finanzverwaltung örtlich zuständige Behörde zu bestimmen. Auf die örtliche Zuständigkeit der StA und des Gerichts hat § 388 AO keinen Einfluss; anders früher § 446 II 1 u. 2 RAO 1931.

Der Anwendungsbereich des § 388 AO erstreckt sich unmittelbar auf die Ermittlung 4 von Steuerstraftaten iSd § 369 I AO sowie darüber hinaus gem. § 385 II AO auf die Ermittlung nichtsteuerlicher Vermögensstraftaten, die dadurch begangen werden, dass einer Behörde ein steuerlich erheblicher Sachverhalt vorgespiegelt wird (→ § 385 Rn. 4 f., 33 f., § 386 Rn. 24). Ferner gilt § 388 AO aufgrund § 410 I Nr. 1 AO für die Ermittlung und Ahndung von Steuerordnungswidrigkeiten iSd § 377 I AO sowie auf Grund § 164 S. 2 StBerG bei Ordnungswidrigkeiten nach den §§ 160 ff. StBerG. Weitere Bereiche werden durch die Verweisungen des §§ 24 BierStG iVm § 12 II FVG für die HZÄ sowie durch §§ 96 VII, 108 EStG, § 8 II WoPG, § 14 III des 5. VermBG, § 15 II EigZulG u. §§ 20, 29a II BerlinFG für die FÄ erfasst.

Aus der systematischen Stellung der Vorschrift ergibt sich, dass § 388 AO die örtliche 5 Zuständigkeit der FinBn **für alle Abschnitte eines Strafverfahrens** wegen bestimmter Straftaten (→ Rn. 4) regelt. Unerheblich ist, ob die FinB das Ermittlungsverfahren wegen Steuerstraftaten aufgrund des § 386 II oder IV 3 AO *selbstständig durchführt* oder in einem Ermittlungsverfahren der StA auf die Befugnisse nach den §§ 402, 403 AO oder im gerichtlichen Strafverfahren auf die Befugnisse nach § 407 AO *beschränkt ist*. Entsprechendes gilt für Bußgeldverfahren wegen Steuer- oder Monopolordnungswidrigkeiten.

3. Verhältnis zu den allgemeinen Vorschriften

a) Strafverfahren

Die §§ 7–11 StPO regeln die **örtliche Zuständigkeit der Gerichte** im ersten Rechts- 6 zug des Strafverfahrens *(Gerichtsstand),* nach der sich wiederum die Zuständigkeit der Rechtsmittelgerichte und gem. § 143 GVG die **örtliche Zuständigkeit der StA** richtet. Diese Vorschriften gelten gem. § 42 JGG auch im Jugendgerichtsverfahren und gem. § 385 AO im Steuerstrafverfahren. § 388 AO hat auf die allgemeinen Vorschriften über den Gerichtsstand und die örtliche Zuständigkeit der StA keinen Einfluss (→ Rn. 3). Daher kann auch zwischen der örtlichen Zuständigkeit einer FinB nach § 388 AO und dem grundrechtsgleichen Recht eines Beschuldigten auf seinen gesetzlichen Richter nach Art. 101 I 2 GG keine Beziehung bestehen.

Ein Vergleich mit den §§ 7–11 StPO erweist, dass § 388 AO eine *selbstständige* 7 Regelung enthält, die auf die besonderen Verhältnisse bei der Verfolgung von Steuerstraftaten zugeschnitten ist. In der Anknüpfung der Zuständigkeit an den Ort, an dem die Straftat *begangen* worden ist, stimmen § 7 I StPO und die 1. Alternative des § 388 I Nr. 1 AO überein. Anstelle der Anknüpfung des § 9 StPO an den Ort, an dem der Beschuldigte *ergriffen* worden ist, knüpft die 2. Alternative des § 388 I Nr. 1 AO an denjenigen Ort an, an dem die Tat *entdeckt* worden ist; denn einerseits werden Steuerstraftaten meistens von den FinBn selbst entdeckt und andererseits ist ein körperliches Ergreifen des Beschuldigten bei der Hinterziehung von Einfuhr- oder Ausfuhrabgaben nur selten und bei der Hinterziehung von Besitz- oder Verkehrsteuern kaum jemals erforderlich. Mit Rücksicht auf den engen Zusammenhang zwischen dem jeweiligen Besteuerungsverfahren und dem Steuerstrafverfahren bestimmt § 388 I Nr. 2 AO zusätzlich die

Randt

strafverfahrensrechtliche Zuständigkeit derjenigen FinB, die für die *Abgabenangelegenheit* zuständig ist. In Bezug auf den *Wohnsitz* oder *gewöhnlichen Aufenthaltsort* entspricht § 388 I Nr. 3 AO grundsätzlich dem § 8 I StPO u. § 388 III AO dem § 8 II StPO. Die Sondervorschriften des § 8 II aE StPO über die ersatzweise Anknüpfung an den *letzten* Wohnsitz, des § 10 StPO über die Zuständigkeit bei Straftaten auf *Schiffen und Luftfahrzeugen* (vgl. auch § 37 IV OWiG) und des § 11 StPO über die Zuständigkeit bei Straftaten *exterritorialer* Deutscher und deutscher *Beamten im Ausland* sind im Hinblick auf § 388 I Nr. 2 AO und die allgemeine abgabenrechtliche Ersatzzuständigkeit nach § 24 AO bewusst nicht übernommen worden und daher auch nicht entsprechend anzuwenden (→ Rn. 2).

b) Bußgeldverfahren

8   Ohne § 410 I Nr. 1 AO wäre die allgemeine Regelung des § 37 OWiG über die örtliche Zuständigkeit der Verwaltungsbehörde im Bußgeldverfahren auch auf die FinBn bei der Verfolgung von Steuer- oder Monopolordnungswidrigkeiten anzuwenden. Mit Ausnahme des wichtigen § 388 I Nr. 2 AO (→ Rn. 7) stimmt § 37 OWiG nahezu wörtlich mit § 388 AO überein, da jene Vorschrift dem § 425 RAO idF des AO-StPO-ÄG-Entwurfs (BT-Drs. IV/2476) nachgebildet ist. Die uneingeschränkte Verweisung des § 410 I Nr. 1 AO auf § 388 AO berücksichtigt, dass in Bezug auf die besonderen organisatorischen Belange der FinBn zwischen einem Strafverfahren und einem Bußgeldverfahren wegen steuerlicher Verfehlungen kein Unterschied besteht.

4. Zuständigkeit nach dem Tatort

9   **Begangen ist eine Steuerstraftat** an *jedem Ort, an dem der Täter gehandelt hat oder im Falle des Unterlassens hätte handeln müssen oder an dem der zum Tatbestand gehörende Erfolg,* zB bei § 370 oder § 378 AO die Steuerverkürzung, *eingetreten ist oder nach der Vorstellung des Täters eintreten sollte (§ 9 I StGB sowie § 7 I OWiG).* Bei Steuerhinterziehung durch Abgabe einer unrichtigen oder unvollständigen Steuererklärung ist Tatort nicht (schon) da, wo der Stpfl die Erklärung durch unrichtige Buchungen vorbereitet, sie ausfüllt und unterschreibt (aM Schwarz/Pahlke/*Klaproth* AO § 388 Rn. 7), sondern (erst) dort, wo er sie dem FA übermittelt (zust. Kohlmann/*Hilgers-Klautzsch* § 388 Rn. 19). Bei *Übermittlung durch die Post* ist Tatort sowohl da, wo die Erklärung zur Post gegeben wird, als auch dort, wo das für die angestrebte unrichtige Veranlagung zuständige FA seinen Sitz hat. Bei unterlassener Abgabe einer Steuererklärung ist Tatort der Sitz des FA, bei dem die Erklärung hätte abgegeben werden müssen. Einfuhr- bzw. Ausfuhrabgaben werden dort hinterzogen, wo die Zollbehörde getäuscht oder das Schmuggelgut unter Umgehung der Zollstelle über die Grenze geschafft wird. Bei *Transitdelikten,* bei denen das Schmuggelgut durch die Bezirke mehrerer FinBn befördert wird, ist jede FinB örtlich zuständig, deren Bezirk von der Tatausführung berührt wird (BGH 14.10.1969, zit. bei *Herlan* GA 1971, 33).

10   **Die Teilnahme an einer Steuerstraftat** *ist sowohl an dem Ort begangen, an dem die Tat begangen ist, als auch an jedem Ort, an dem der Teilnehmer gehandelt hat oder im Falle des Unterlassens hätte handeln müssen oder an dem nach seiner Vorstellung die Tat begangen werden sollte* (§ 9 II 1 StGB; ähnl. § 7 II OWiG). Die **Begünstigung** des Täters einer Steuerstraftat (vgl. § 369 I Nr. 4 AO iVm § 257 StGB) oder **Steuerhehlerei** (§ 374 AO) werden dagegen nur am Ort der begünstigenden oder hehlerischen Tathandlung begangen, nicht auch dort, wo der Vortäter gehandelt hat (RG 9.12.1909, RGSt 43, 84, 85); indessen besteht hier ein sachlicher Zusammenhang iSd § 3 StPO, der nach § 389 AO eine einheitliche Zuständigkeit begründet.

11   Ist eine Steuerstraftat **außerhalb des räumlichen Geltungsbereichs der AO** begangen worden, kann die örtliche Zuständigkeit der FinB nur an andere Merkmale anknüpfen, namentlich an den Ort der Entdeckung der Tat (§ 388 I Nr. 1 1. Alt. AO) oder an den

Sitz der für die Abgabenangelegenheit zuständigen FinB (§ 388 I Nr. 2 AO). Denkbar ist dieser Fall wegen § 9 StGB nur im Hinblick auf § 370 VI, VII AO.

5. Zuständigkeit nach dem Entdeckungsort

Schrifttum: *Franzen,* Zum Begriff der Entdeckung der Tat im Steuerstrafrecht (§ 410 AO), NJW 1964, 1061; *Arzt,* Die fortgesetzte Handlung geht – die Probleme bleiben, JZ 1994, 1000; *Bilsdorfer,* Das Ende der fortgesetzten Handlung – Konsequenzen für das Steuerstrafrecht, StBp 1995, 64.

Entdeckt ist eine Steuerstraftat, wenn der Amtsträger einer Behörde mindestens 12 einen Teil des wirklichen Tatgeschehens oder der Tatfolgen unmittelbar selbst wahrgenommen oder von einer anderen Behörde oder von einem Gericht (§ 116 AO) erfahren hat; der Täter oder sonst Beteiligte braucht noch nicht bekannt zu sein (einhM, vgl. HHS/ *Bülte* AO § 388 Rn. 32, RKR/*Kemper* AO § 388 Rn. 19, Kohlmann/*Hilgers-Klautzsch* AO § 388 Rn. 39 mwN). Trotz unterschiedlicher Funktion der Vorschriften ist der Begriff der Entdeckung in § 388 AO genauso auszulegen wie in § 371 II Nr. 2 (aM HHS/*Bülte* AO § 388 Rn. 30 u. Kohlmann/*Hilgers-Klautzsch* AO § 388 Rn. 35 f.; vgl. demgegenüber AO § 371 Rn. 301 ff.). Denn auch bei der Selbstanzeige reicht es nicht aus, wenn außer dem Täter oder Teilnehmer irgendeine weitere (Privat-)Person Kenntnis von der Tat erlangt hat (so aber missverständlich Kohlmann/*Hilgers-Klautzsch* aaO). Vielmehr kommt es darauf an, ob dieser Dritte seine Kenntnis unverzüglich an die zuständige Behörde weiterleitet (BGH 13.5.1987, wistra 1987, 293 mAnm *Franzen* 341; BGH 24.10.1985, wistra 1985, 74; BGH 5.4.2000, wistra 2000, 219; vgl. HHS/*Bülte* AO § 388 Rn. 30) und deshalb mit einer amtlichen Kenntnisnahme sicher zu rechnen ist (so auch iE Klein/*Jäger* AO § 371 Rn. 66; Koch/Scholtz/*Scheurmann-Kettner* AO § 371 Rn. 34/1; Erbs/Kohlhaas/*Hadamitzky/Senge* AO § 371 Rn. 36; *Suhr/Naumann/Bilsdorfer* Rn. 464).

In ihrem vollen objektiven und subjektiven **Ausmaß** braucht die Tat noch nicht erkannt 13 zu sein; so ist zB eine Steuerhinterziehung nach § 370 AO auch dann entdeckt, wenn zunächst nur Anhaltspunkte für eine leichtfertige Steuerverkürzung vorliegen und sich Anhaltspunkte für ein vorsätzliches Verhalten des Stpfl erst im Verlauf der weiteren Ermittlungen ergeben (aA Gosch AO/FGO/*Hoyer* AO § 371 Rn. 75). Taterfolg und Schuldvorwurf können regelmäßig erst nach Abschluss der Ermittlungen, die durch die Entdeckung der Tat ausgelöst worden sind, umfassend und zutreffend beurteilt werden (zust. Kohlmann/*Hilgers-Klautzsch* AO § 388 Rn. 38).

Der BGH (NStZ 2010, 642, 644) vertritt in diesem Zusammenhang die Auffassung, dass eine Tat nicht nur dann entdeckt sei, wenn die FinB bei einem Abgleich mit der Steuererklärung feststellt, dass eine Steuerquelle nicht oder nur unvollständig angegeben wurde, sondern schon dann, wenn „unter Berücksichtigung der zur Steuerquelle oder zum Auffinden der Steuerquelle bekannten weiteren Umstände nach allgemeiner kriminalistischer Erfahrung eine Steuerstraftat oder -ordnungswidrigkeit nahe liegt" (krit. dazu HHS/*Beckemper* AO § 371 Rn. 179). Allein die bloße Kenntnis von der Steuerquelle genüge hingegen nicht. Dies haben verschiedene FinB zum Anlass genommen, den Zeitpunkt der Tatentdeckung weit nach vorne zu verlagern, mit der Begründung, dass bestimmte Gestaltungsarten typisch für Steuerstraftaten bzw. -ordnungswidrigkeiten seien (vgl. etwa zu „Lebensversicherungsverträgen", OFD Karlsruhe Verf. v. 18.7.2012, S 20702/4 – St 413; zu „Liechtensteiner Stiftungen" SteuFa Wuppertal).

Infolge der **Abschaffung der Rechtsfigur des Fortsetzungszusammenhanges** 14 (BGHGrS 3.5.1994, NJW 1994, 1663; vgl. dazu *Arzt* JZ 1994, 1000; *Kaufmann* StBp 1995, 64 sowie AO § 370 Rn. 725) begründet die Entdeckung einer nunmehr selbstständigen Tat (die früher als Teilakt einer fortgesetzten Handlung verstanden wurde) nicht mehr die örtliche Zuständigkeit zur Verfolgung auch der anderen, in Tatmehrheit (§ 53 StGB) begangenen Steuerstraftaten, wenn diese an verschiedenen Orten begangen worden sind. Damit können sich für die Einzeltaten zunächst zwar unterschiedliche Zuständigkeiten ergeben, eine Konzentration der Ermittlungen bei einer FinB ist jedoch durch den in aller

Regel gegebenen Sachzusammenhang über § 389 AO oder auch wegen Sachdienlichkeit über § 390 AO sichergestellt (→ § 389 Rn. 9 ff. u. § 390 Rn. 13 ff.).

15 **Sogar bei Tatmehrheit** kann die Steuerstraftat iS eines Tatgeschehens entdeckt sein, so zB bei Verdacht der Steuerhinterziehung durch Abgabe einer unrichtigen USt-Erklärung in Bezug auf die Abgabe entsprechend unrichtiger ESt- und GewSt-Erklärungen. Wer hiervon abweichend *die Steuerstraftat* als eine rechtlich selbstständige Straftat versteht, gelangt zu einer einheitlichen örtlichen Zuständigkeit aufgrund § 389 AO iVm § 3 StPO.

16 **Die Entdeckung einer Steuerstraftat durch Privatpersonen** ist als solche keine Entdeckung iSd § 388 AO. Erforderlich ist, dass die maßgebenden Wahrnehmungen (→ Rn. 12) zur Kenntnis von Amtsträgern oder Richtern gelangen, die entweder zur Strafverfolgung verpflichtet sind (vgl. § 397 AO: *„die Finanzbehörde, die Polizei, die StA, eine ihrer Ermittlungspersonen oder der Strafrichter"*) oder die aufgrund § 116 I AO jedenfalls verpflichtet sind, *„Tatsachen, die sie dienstlich erfahren und die den Verdacht einer Steuerstraftat begründen, dem FA mitzuteilen"* (glA HHS/*Hübner* RAO 1967 § 423 Rn. 5; HHS/*Bülte* AO § 388 Rn. 30, Kohlmann/*Hilgers-Klautzsch* AO § 388 Rn. 36 f.; Suhr/*Naumann/Bilsdorfer* Rn. 618); zu eng ist die abw. Auffassung von *Enno Becker* (RAO 1919 § 393 Rn. 1), dass die Tat zur Kenntnis eines zur Verfolgung zuständigen Beamten gekommen sein müsse.

6. Zuständigkeit nach der abgabenrechtlichen Zuständigkeit

Schrifttum: *Hermann*, Zur Unterscheidung zwischen verbandsmäßiger und örtlicher Zuständigkeit im Besteuerungsverfahren, StW 1964, 771; *Schwochert*, Hat der Steuerpflichtige ein Recht auf Besteuerung durch das für ihn örtlich zuständige FA?, DStR 1966, 27; *W. Göhler*, Der Wohnsitz in der Sicht steuerlicher Rechtsprechung, StWa 1967, 1; *Stier*, Die örtliche Zuständigkeit bei den freien Berufen, StWa 1967, 133; *v. Wallis*, Die örtliche Zuständigkeit im Steuerrecht, DStZ 1971, 33; *Hartmann*, Der gewöhnliche Aufenthalt im Steuerrecht, DB 1974, 2427; *Lohmeyer*, Wohnsitz und gewöhnlicher Aufenthalt im Steuerrecht, DVR 1975, 21; *Dziadkowski*, Die Neuregelungen der Zuständigkeit im Besteuerungsverfahren nach der AO 1977, BB 1976, 1458; *Runge*, Steuerliche Auswirkungen der Entsendung von Arbeitskräften ins Ausland, BB 1977, 182; *Kramer*, Örtliche Zuständigkeit für die Umsatzbesteuerung von Grundstücksvermietungen, BB 1977, 1144; *Feuerbaum*, Der Betriebstättenbegriff bei Bauausführungen, Montagen und ähnlichen Tätigkeiten, DB 1977, 2401; *Giloy*, Örtliche Zuständigkeit der Finanzämter im Lohnsteuerverfahren, BB 1978, 549; *Lohmeyer*, Wohnsitz und gewöhnlicher Aufenthalt im Steuerrecht, BlStA 1979, 61; *Birkholz*, Der Wohnsitz, seine Begründung, seine Aufgabe und deren Bedeutung im Rahmen des Steuerrechts, DStZ 1979, 247; *Blencke*, Sachliche und örtliche Zuständigkeit im Steuerrecht, NWB Fach 2, 3875 (Stand: 1981); *Deppe*, Zur Vorhersehbarkeit von Entscheidungen zum „Gewöhnlichen Aufenthalt", StW 1982, 332; *Christoffel*, Wohnungsbegriff iS des § 10e EStG, DB 1987, 1915; *Wenzler*, Zur Zuständigkeit des Hauptzollamts nach § 23 Abs. 3 AO, AO-StB 2008, 222.

17 **Abgabenangelegenheiten sind** nach § 347 II AO *„alle mit der Verwaltung der Abgaben oder sonst mit der Anwendung der abgabenrechtlichen Vorschriften durch die Finanzbehörden zusammenhängenden Angelegenheiten einschließlich der Maßnahmen der Bundesfinanzbehörden zur Beachtung der Verbote und Beschränkungen für den Warenverkehr über die Grenze; den Abgabenangelegenheiten stehen die Angelegenheiten der Verwaltung der Finanzmonopole gleich"*. In diesem weiten Sinne ist der Begriff auch im Rahmen des § 388 AO zu verstehen (insoweit glA Kohlmann/*Hilgers-Klautzsch* AO § 388 Rn. 40). IVm dem Hinweis auf die Verbote und Beschränkungen des grenzüberschreitenden Warenverkehrs in § 347 II AO regelt § 388 AO auch die örtliche Zuständigkeit für Bannbruch iSd § 372 AO (HHS/*Bülte* § 388 Rn. 35 u. Kohlmann/*Hilgers-Klautzsch* AO § 388 Rn. 41).

18 **Für die Abgabenangelegenheit zuständig** ist nur diejenige FinB, die nach den abgabenrechtlichen Vorschriften sachlich und örtlich zuständig ist. Unter sachlicher Zuständigkeit versteht man die Begrenzung nach dem Aufgabenbereich der FinB. Die örtliche Zuständigkeit begrenzt die Zuständigkeit einer Behörde nach räumlichen Gesichtspunkten gegenüber anderen FinBn mit demselben Aufgabenbereich.

19 **Die sachliche Zuständigkeit** für die Abgabenangelegenheit richtet sich entsprechend dem Hinweis des § 16 AO grundsätzlich nach dem FVG, s. ausf. AO § 387 Rn. 4 ff.

20 **Die örtliche Zuständigkeit** für die Abgabenangelegenheit richtet sich entsprechend § 17 AO bei den hauptsächlichen Steuerarten nach den §§ 18–29 AO (→ Rn. 21 ff.), bei der Lohnsteuer nach §§ 41a I bzw. 39 II EStG (→ Rn. 24) und bei der ErbSt und den Verkehrsteuern nach Vorschriften in den jeweiligen einzelnen Steuergesetzen (→ Rn. 25).

Für Einfuhr- und Ausfuhrabgaben und Verbrauchsteuern bestimmt: 21

§ 23 AO Einfuhr- und Ausfuhrabgaben und Verbrauchsteuern

(1) Für die Einfuhr- und Ausfuhrabgaben nach Artikel 5 Nummer 20 und 21 des Zollkodex der Union und Verbrauchsteuern ist das Hauptzollamt örtlich zuständig, in dessen Bezirk der Tatbestand verwirklicht wird, an den das Gesetz die Steuer knüpft.

(2) ¹Örtlich zuständig ist ferner das Hauptzollamt, von dessen Bezirk aus der Steuerpflichtige sein Unternehmen betreibt. ²Wird das Unternehmen von einem nicht zum Geltungsbereich des Gesetzes gehörenden Ort aus betrieben, so ist das Hauptzollamt zuständig, in dessen Bezirk der Unternehmer seine Umsätze im Geltungsbereich des Gesetzes ganz oder vorwiegend bewirkt.

(3) Werden Einfuhr- und Ausfuhrabgaben nach Artikel 5 Nummer 20 und 21 des Zollkodex der Union und Verbrauchsteuern im Zusammenhang mit einer Steuerstraftat oder einer Steuerordnungswidrigkeit geschuldet, so ist auch das Hauptzollamt örtlich zuständig, das für die Strafsache oder die Bußgeldsache zuständig ist.

§ 23 AO gilt für die **EUSt** (§ 21 I UStG) und für die **Abschöpfungen** (§ 2 AbschG). Seitdem durch Art. 8 StÄndG 2001 v. 20.12.2001 (BGBl. 2001 I 3794) der Begriff „Zölle" durch „Einfuhr- und Ausfuhrabgaben im Sinne des Artikels 4 Nr. 10 und 11 des Zollkodexes", bzw. mit dem StRAnpG v. 22.12.2014 (BGBl. I 2417) mit „nach Artikel 5 Nummer 20 und 21", ersetzt wurde, erfasst § 23 AO alle im grenzüberschreitenden Warenverkehr erhobenen Abgaben. § 23 III AO ermöglicht, *„dass bei zentralisierter Straf- und Bußgeldsachenbearbeitung das mit der Straf- oder Bußgeldsache befaßte HZA den einzelnen Fall zugleich auch in steuerlicher Hinsicht erledigen kann"* (BT-Drs. VI/1982, 107). Treffen die Voraussetzungen der Absätze 1 und 3 zusammen, entscheidet gem. § 25 AO dasjenige HZA, das zuerst mit der Sache befasst worden ist. Wird Versandgut der zollamtlichen Überwachung entzogen oder unzulässig verändert, so ist, wenn die Abfertigungsstelle im Inland liegt, für den Erlass eines Zollbescheids idR die *Abfertigungs*zollstelle örtlich zuständig, die *Bestimmungs*zollstelle ist nur zuständig, wenn das Versandgut in ihren Verfügungsbereich gelangt ist (BFHE 144, 311; FG Münster 19.3.1981, ZfZ 1982, 51).

Für gesonderte Feststellungen nach § 180 AO sowie für die **Steuern vom Ein-** 22 **kommen und Vermögen** knüpfen die §§ 18–22 AO an die Belegenheit von Objekten, an den Sitz der Geschäftsleitung oder eines Unternehmens oder einer (ggf. der wertvollsten) Betriebstätte, an den Ort der (vorwiegenden) Berufsausübung oder der (Verwertung einer) Tätigkeit oder an den Wohnsitz, gewöhnlichen oder vorwiegenden Aufenthalt einer natürlichen Person an. Anders als bei § 388 I Nr. 3 (→ Rn. 27 ff.) gelten hier §§ 8, 9 AO. Danach kommt es im Unterschied zum Wohnsitzbegriff des BGB nicht auf den rechtsgeschäftlichen Willen, sondern auf die tatsächliche Gestaltung der Verhältnisse an (stRspr. vgl. BFH 14.11.1969, BStBl. II 1970, 153; BFH 26.2.1986, BFH/NV 1987, 301; BFH 23.11.1988, BStBl. II 1989, 182). UU kann ein Geschäftsunfähiger oder beschränkt Geschäftsfähiger ohne den Willen seines gesetzlichen Vertreters einen Wohnsitz begründen oder aufheben (RFH 16.11.1939, RStBl. 1939, 1209). **Wohnung** iSd materiellen Steuerrechts ist ein Raum oder eine Zusammenfassung von Räumen mit einer Küche oder Kochgelegenheit, die das Führen eines selbstständigen Haushalts ermöglicht (stRspr, zB BFH 30.4.1982, BStBl. II 1982, 671; BFH 24.11.1978, BStBl. II 1979, 255, *Christoffel* DB 1987, 1915). Im Sinne des § 8 AO kann Wohnung auch ein möbliertes Zimmer sein (BFH 14.11.1969, BStBl. II 1970, 153, *Lohmeyer* DVR 1975, 21), auch ein Hotelzimmer, das dauernd bewohnt wird, insbes. bei alleinstehenden Personen, die am Ort des gemieteten Zimmers arbeiten (BFH 4.8.1967, BStBl. II 1967, 727). Als Wohnung kommt ferner in Betracht ein massives Holzhaus in einer Laubenkolonie (FG Berlin 11.6.1976, EFG 1977, 13), uU sogar ein Wohnwagen auf einem Campingplatz (FG Hamburg 9.10.1973, EFG 1974, 66; aM BFH 21.2.1975 – VI R 203/73, nv). **Gewöhnlicher Aufenthalt erfordert** einen *längeren,* jedoch nicht einen *ständigen* Aufenthalt (BFH 27.7.1962, BStBl. III 1962, 429); auf kurzfristige Unterbrechungen kommt es nicht an (§ 9

S. 2 Hs. 2 AO). Entscheidend sind im Einzelfall die familiären, beruflichen und gesellschaftlichen Beziehungen und Bindungen einer Person an einen Ort. Diese können zB auch bestehen bleiben, wenn jemand längere Auslandsreisen unternimmt. § 9 S. 2 Hs. 1 AO kann nicht mit der Wirkung umgekehrt werden, dass eine Abwesenheit von mehr als 6 Monaten den gewöhnlichen Aufenthalt im Inland beendet (BFH aaO). Bei Grenzgängern kommt es auf die Intensität des Verweilens im Inland und im Ausland an (ausf. *Deppe* StW 1982, 343). Keinen gewöhnlichen Aufenthalt im Inland hat ein Unternehmer, der nach Geschäftsschluss regelmäßig von seinem Betrieb in der Bundesrepublik zu seiner Familienwohnung im Ausland zurückkehrt (BFH 6.2.1985, DB 1985, 1572; vgl. auch BFH 19.3.1997, BStBl. II 1997, 447; FG Baden-Württemberg 27.3.1998, EFG 1998, 629).

23 Für die **Umsatzsteuer** ist nach § 21 AO maßgebend, von wo aus der Unternehmer das Unternehmen betreibt oder wo seine Umsätze im Geltungsbereich des Gesetzes (vorwiegend) bewirkt werden. Für die **Realsteuern** gilt § 22 AO, der zwischen der örtlichen Zuständigkeit für die Festsetzung der Steuermessbeträge und der Zuständigkeit für die Festsetzung, Erhebung und Beitreibung der Steuer unterscheidet. Definiert werden die Begriffe *Wohnsitz, gewöhnlicher Aufenthalt, Geschäftsleitung, Sitz* und *Betriebstätte* in den §§ 8–12 AO.

24 **Die Lohnsteuer** ist zwar nur eine Erhebungsform der ESt; dennoch gilt für sie nicht § 19 AO, sondern zwei einzelne Vorschriften des EStG. Danach ist für die *Anmeldung und Abführung* der LSt gem. § 41a I EStG das Betriebstätten-FA des Arbeitgebers und für die *Eintragung eines Freibetrags* auf der LSt-Karte gem. § 39 II EStG das FA zuständig, in dessen Bezirk der Arbeitnehmer im Zeitpunkt der Antragstellung eine Wohnung hat, von der aus er seiner Beschäftigung regelmäßig nachgeht.

25 **Für die Erbschaftsteuer und die Verkehrsteuern** ist die örtliche Zuständigkeit außerhalb der AO geregelt, nämlich in § 35 ErbStG, § 17 I–III GrEStG, § 1 KraftStDV, § 7a VersStG, § 10 FeuerschStG sowie in den §§ 15, 25, 35, 45 u. 55 RennwLottG.

26 **Als Auffangvorschrift** bestimmt § 24 AO die Zuständigkeit derjenigen FinB, in deren Bezirk sich der Anlass für eine Amtshandlung ergibt. Bei *mehrfacher Zuständigkeit* reduziert sich die Zuständigkeit gem. § 25 AO auf diejenige FinB, die zuerst mit der Sache befasst worden ist. § 26 AO regelt den *Zuständigkeitswechsel*, falls sich die zuständigkeitsbegründenden Umstände ändern. § 27 AO ermöglicht *Zuständigkeitsvereinbarungen*. § 28 AO bestimmt die Zuständigkeit für die Entscheidung bei positivem oder negativem *Zuständigkeitsstreit* oder in *Zweifelsfällen*. Schließlich begründet § 29 AO eine *Notzuständigkeit* bei Gefahr im Verzuge, die vor allem bei unaufschiebbaren Vollstreckungsmaßnahmen eintreten kann.

7. Zuständigkeit nach dem Wohnsitz

27 **Nach dem Vorbild des § 8 I StPO** bestimmt § 388 I Nr. 3 AO allgemein die örtliche Zuständigkeit derjenigen FinB, in deren Bezirk der Beschuldigte seinen Wohnsitz hat. Systematisch hätte diese Vorschrift ihren Platz besser vor der Regelung des § 388 I Nr. 2 AO gefunden. Abw. von § 8 I StPO ist nach § 388 I Nr. 3 AO nicht der Zeitpunkt der Erhebung der Klage maßgebend, sondern der frühere Zeitpunkt der Einleitung des Strafverfahrens (§ 397 AO), da die Vorschrift namentlich für das Ermittlungsverfahren bedeutsam ist.

28 **Der Begriff des Wohnsitzes** ist auch für § 388 I Nr. 3 AO – wie für § 8 StPO – aus den §§ 7–9, 11 BGB abzuleiten und nicht aus § 8 AO (glA HHS/*Bülte* AO § 388 Rn. 49 f., Kohlmann/*Hilgers-Klautzsch* AO § 388 Rn. 59, RKR/*Kemper* AO § 388 Rn. 26 u. Schwarz/Pahlke/*Klaproth* AO § 388 Rn. 15 f., Kühn/v. Wedelstädt/*Blesinger*/ *Viertelhausen* AO § 388 Rn. 4; Erbs/Kohlhaas/*Hadamitzky*/*Senge* AO § 388 Rn. 5 sowie Suhr/Naumann/*Bilsdorfer*/*Naumann* AO § 388 Rn. 620; aM BMR SteuerStrR *Möller/Retemeyer* D II Rn. 67; Koch/Scholtz/*Scheurmann-Kettner* AO § 388 Rn. 4, *Lohmeyer* DVR

1975, 21). §§ 8 und 9 AO gelten hier nicht, da die allgemeinen Vorschriften des Strafverfahrensrechts insofern Vorrang haben und diese Vorschriften erkennbar auf die Frage zugeschnitten sind, ob jemand in der Bundesrepublik unbeschränkt oder nur beschränkt steuerpflichtig ist (vgl. § 1 EStG).

Danach kommt es im Unterschied zum Wohnsitzbegriff der Abgabenordnung nicht auf die tatsächliche Gestaltung der Verhältnisse an, sondern auf den rechtsgeschäftlichen Willen zur Begründung des Wohnsitzes. Insofern können der Wohnsitz nach Steuerrecht (und damit die Zuständigkeit für die Abgabenangelegenheit) und der Wohnsitz im Steuerstrafrecht auseinanderfallen (Kohlmann/*Hilgers-Klautzsch* AO § 388 Rn. 62).

Bei doppeltem oder mehrfachem Wohnsitz ist jede Wohnsitzfinanzbehörde zuständig; **29** der Vorzug gebührt nach § 390 I derjenigen Behörde, die wegen der Tat zuerst ein Strafverfahren eingeleitet hat (HHS/*Bülte* AO § 388 Rn. 50, Kohlmann/*Hilgers-Klautzsch* AO § 388 Rn. 63).

Der Annahme eines Wohnsitzes steht nicht entgegen, dass der Täter längere Zeit **30** abwesend ist oder in einem Hotel wohnt (KK-StPO/*Scheuten* StPO § 8 Rn. 1). Entscheidend ist allein, dass er sich an dem Ort niedergelassen hat (LG Frankfurt a. M. 8.2.1988, StV 1988, 381).

8. Änderung des Wohnsitzes oder der abgabenrechtlichen Zuständigkeit

§ 388 II AO trifft Bestimmungen für den Fall, dass sich nach Einleitung des Strafverfahrens **31** (§ 397 AO) die Zuständigkeitsmerkmale nach § 388 I Nr. 2 oder 3 AO ändern. **Neben der ursprünglich zuständigen Finanzbehörde** ist dann *wahlweise* auch diejenige FinB örtlich zuständig, in deren Bezirk der neue Wohnsitz des Beschuldigten liegt (S. 1) oder auf welche die Abgabenangelegenheit übergegangen ist (S. 2). Eine starre Regelung, wie sie § 8 I StPO für den Gerichtsstand des Wohnsitzes zz. der Erhebung der Klage vorsieht, ist für das Ermittlungsverfahren nicht zweckmäßig (allgA, vgl. HHS/*Bülte* AO § 388 Rn. 52, Kohlmann/*Hilgers-Klautzsch* AO § 388 Rn. 66). § 388 II AO gestattet es, dass die ursprünglich zuständige FinB je nach den Umständen des Einzelfalles die Ermittlungen fortführt und zB bei dem für den neuen Wohnsitz zuständigen Amtsgericht einen Strafbefehl beantragt (LG Augsburg 8.7.1982, ZfZ 1982, 315) oder dass sie die später zuständig gewordene FinB gem. § 390 II 1 AO ersucht, die Strafsache zu übernehmen.

Bei einem Streit zwischen mehreren zuständigen FinB darüber, welche das **weitere 32 Ermittlungsverfahren durchzuführen** hat, gilt zunächst das Prioritätsprinzip des § 390 I AO. Der Vorrang gebührt der FinB, die wegen der Tat zuerst ein Strafverfahren eingeleitet hat (→ § 390 Rn. 8 ff.). Ein Wechsel der Zuständigkeit ist in § 390 II AO nur für den Fall vorgesehen, dass die Übernahme der Strafsache durch eine andere zuständige FinB für die Ermittlungen sachdienlich erscheint. Die Entscheidung, ob ein Wohnsitzwechsel des Beschuldigten oder ein Wechsel der abgabenrechtlichen Zuständigkeit auch einen Wechsel der die Ermittlungen durchführenden FinB zur Folge hat, steht in erster Linie **im pflichtgemäßen Ermessen** der ursprünglich (allein) zuständigen FinB. Diese hat dabei abzuwägen, durch welche der beiden nun zuständigen Behörden die Ermittlungen unter Berücksichtigung der Belange des Beschuldigten am ehesten abgeschlossen werden können (→ § 390 Rn. 13 f., 16). Es kommt jeweils auf den Einzelfall an; entscheidend ist auch, wo wichtige Zeugen ansässig sind und welches FA für das Besteuerungsverfahren zuständig ist oder wird (*Pfaff* StBp 1986, 137). Bei Sachdienlichkeit ist die zuständig gewordene FinB zur Übernahme des Ermittlungsverfahrens verpflichtet. In Zweifelsfällen entscheidet nach § 390 II 2 AO die Behörde, der die um Übernahme ersuchte FinB untersteht (→ § 390 Rn. 18 f.).

Der Wohnsitz ändert sich, wenn der Beschuldigte seine bisherige Wohnung aufgibt **33** und an einen anderen Ort umzieht.

Die abgabenrechtliche Zuständigkeit ändert sich unter den Voraussetzungen des **34** § 26 AO; dabei wird der Zeitpunkt nicht von den objektiven Umständen bestimmt, sondern von der Kenntnis der beteiligten FinBn. Ferner kann sich die abgabenrechtliche Zuständigkeit dadurch ändern, dass im Einzelfall eine Zuständigkeitsvereinbarung nach § 27 AO getroffen wird oder dass die Bezirksgrenzen der FinBn geändert werden (vgl. BFH 10.11.1977, BStBl. II 1978, 310).

9. Zuständigkeit nach dem gewöhnlichen Aufenthaltsort

Schrifttum: *Egly*, Wohnsitz und gewöhnlicher Aufenthalt im Steuerrecht, DStZ 1940, 627; *Michaelis*, Zur Frage des „gewöhnlichen Aufenthalts" in Ehesachen, NJW 1949, 573; *Entholt*, Zum Begriff des „gewöhnlichen Aufenthalts im Inland" iS des § 606 ZPO, NJW 1952, 292; weitere Aufsätze s. vor → Rn. 17.

35 **Hat der Beschuldigte in der Bundesrepublik keinen Wohnsitz,** ist anstelle einer nach § 388 I Nr. 3 AO zuständigen Behörde *ersatzweise* auch diejenige FinB örtlich zuständig, in deren Bezirk er seinen gewöhnlichen Aufenthaltsort hat (vgl. auch § 8 II StPO u. § 37 III OWiG). Fehlt es an einem Wohnsitz im Inland, hat die durch den gewöhnlichen Aufenthaltsort begründete Zuständigkeit trotz ihres subsidiären Charakters denselben Rang wie die anderen örtlichen Zuständigkeiten (glA HHS/*Bülte* AO § 388 Rn. 55).

36 **Der gewöhnliche Aufenthaltsort** iSd § 388 III AO wird durch den gewöhnlichen Aufenthalt bestimmt. Der gewöhnliche Aufenthalt richtet sich nach § 8 Abs. 2 StPO und tritt an die Stelle des Gerichtsstandes des Wohnsitzes (HHS/*Bülte* AO § 388 Rn. 56, Kohlmann/*Hilgers-Klautzsch* AO § 388 Rn. 69, Schwarz/Pahlke/*Klaproth* AO § 388 Rn. 20; Suhr/Naumann/*Bilsdorfer* 623; *Erbs*/Kohlhaas/Hadamitzky/Senge AO § 388 Rn. 6; jetzt auch Kühn/v. Wedelstädt/*Blesinger*/Viertelhausen AO § 389 Rn. 4; aM Koch/Scholtz/*Scheurmann-Kettner* AO § 388 Rn. 6, vgl. iÜ zur gleichen Streitfrage auch → Rn. 28).

37 Anders als beim Wohnsitz (→ Rn. 29) kann eine Person zur selben Zeit nur *einen* gewöhnlichen Aufenthalt haben. Ein mehrfacher gewöhnlicher Aufenthalt ist begrifflich ausgeschlossen (Löwe/Rosenberg/*Erb* StPO § 8 Rn. 6; KK-StPO/*Scheuten* StPO § 8 Rn. 2).

38 **Gewöhnlicher Aufenthalt** ist der Ort, an dem sich jemand freiwillig ständig oder für längere Zeit, wenn auch nicht ununterbrochen, aufhält, ohne dort seinen Wohnsitz zu begründen (KK–StPO/*Scheuten* StPO § 8). **Ob ein Aufenthaltsort „gewöhnlich" ist,** richtet sich nicht allein nach der Verweildauer. Ein Zwangsaufenthalt in einem Krankenhaus oder einer Strafvollzugsanstalt ist kein gewöhnlicher, sondern ein außergewöhnlicher Aufenthalt (BGH 30.6.1959, BGHSt 13, 209).

10. Notzuständigkeit

39 **Bei Gefahr im Verzuge** ist *jede* FinB für die in ihrem Bezirk vorzunehmenden einzelnen Amtshandlungen örtlich zuständig. Dies folgt aus § 29 AO (HHS/*Wackerbeck* AO § 29 Rn. 11 u. § 388 Rn. 63, Koch/Scholtz/*Scholtz* AO § 29 Rn. 2 u. Tipke/Kruse/ *Kruse* AO § 29 Rn. 1 für Fahndungs- und Vollstreckungsmaßnahmen). Nach Schwarz/ Pahlke/*Schwarz* (zu § 29 AO) ist die Vorschrift nur auf die Verwaltung der Steuern anzuwenden; diese Auffassung führt zu einer Notzuständigkeit für Steuerstrafsachen aufgrund § 143 II GVG iVm §§ 385, 399 AO. Gefahr ist im Verzuge, wenn eine Amtshandlung nicht so lange aufgeschoben werden kann, bis die sonst zuständige FinB sie selbst vornehmen kann. Als unaufschiebbare Amtshandlungen zur Ermittlung einer Steuerstraftat kommen namentlich in Betracht die Anordnung einer *körperlichen Untersuchung* (§§ 81a II, 81c V StPO) einer *Beschlagnahme* (§ 98 I StPO), einer *Durchsuchung* (§ 105 I StPO), und einer *Notveräußerung* (§ 111 III StPO), sofern die grundsätzlich unselbständige Ermittlungskompetenz der FinB durch § 386 II AO erweitert und diese zur selbstständigen Führung der Ermittlungen mit den Rechten und Pflichten der StA nach § 399 I AO ermächtigt ist (→ § 386 Rn. 7).

11. Mangel der örtlichen Zuständigkeit

Ein Mangel der örtlichen Zuständigkeit liegt vor, wenn eine sachlich zuständige 40 FinB (§ 387 AO) Ermittlungen zur Aufklärung einer Steuerstraftat vornimmt, sich an Ermittlungen der StA oder der Polizei beteiligt (§ 403 AO), einen Strafbefehl beantragt (§ 400 AO) oder am gerichtlichen Strafverfahren teilnimmt (§ 407 AO), ohne dass eines der zuständigkeitsbegründenden Merkmale nach § 388 AO erfüllt ist oder die Voraussetzungen der Notzuständigkeit (→ Rn. 38) vorliegen; ein Mangel der örtlichen Zuständigkeit ist nicht gegeben, wenn eine FinB aufgrund des *Amtshilfeersuchens* einer örtlich zuständigen FinB tätig geworden ist. In welcher Weise sich ein Mangel der örtlichen Zuständigkeit auswirkt und gerügt werden kann, richtet sich nach dem Stand des Strafverfahrens und der Art der Amtshandlung.

Ist das Strafverfahren noch nicht bei Gericht anhängig, kann allein aus der 41 örtlichen Unzuständigkeit der FinB die Unwirksamkeit der getroffenen Maßnahme(n) ebenso wenig hergeleitet werden wie im Besteuerungsverfahren (§ 125 III Nr. 1 AO) oder wie bei richterlichen Untersuchungshandlungen (§ 20 StPO). Die von einer sachlich zuständigen, aber örtlich unzuständigen FinB getroffene Maßnahme ist zwar fehlerhaft, aber wirksam (einhM, vgl. HHS/*Bülte* AO § 388 Rn. 65 u. Kohlmann/*Hilgers-Klautzsch* AO § 388 Rn. 74 mwN). Dies bedeutet: Der Mangel der örtlichen Zuständigkeit kann gerügt werden, solange er fortbesteht, also bis zum Erlass eines Strafbefehls oder bis zur Abgabe der Strafsache an die StA (HHS/*Bülte* AO § 388 Rn. 67 u. Koch/Scholtz/*Scheurmann-Kettner* AO § 388 Rn. 7). Auf der anderen Seite können die Ergebnisse der Ermittlungsmaßnahmen, vor allem die von einer örtlich unzuständigen FinB (oder StA) beschafften Beweismittel, im weiteren Verlauf des Verfahrens von der örtlich zuständigen FinB oder StA oder vom Gericht verwertet werden (einschränkend Kissel/Mayer/*Mayer* GVG § 143 Rn. 6: nur in Bezug auf Maßnahmen innerhalb der Notzuständigkeit der StA), weil im Verhältnis zum Beschuldigten alle sachlich zuständigen Behörden als gleichwertig anzusehen sind und die Regelung ihrer örtlichen Zuständigkeit nur der Zweckmäßigkeit dienen soll.

Beantragt eine örtlich unzuständige Finanzbehörde die richterliche Anordnung 42 einer Beschlagnahme oder Durchsuchung und erkennt der Richter den Mangel der Zuständigkeit, so weist er den Antrag zurück; erkennt er den Mangel nicht, so wird die Wirksamkeit seiner Anordnung nicht beeinträchtigt. **Beteiligt sich** eine örtlich unzuständige FinB an Ermittlungen der StA oder der Polizei, so kann der Beschuldigte widersprechen; denn nur die sachlich *und* örtlich zuständige Behörde hat die Befugnis zur Beteiligung nach § 403 AO.

Im gerichtlichen Strafverfahren sind Prozesserklärungen einer örtlich unzuständigen 43 FinB ebenso unwirksam wie Erklärungen eines Verteidigers ohne Vollmacht (→ § 392 Rn. 49 f.). Den Antrag einer örtlich unzuständigen FinB auf Erlass eines Strafbefehls (§ 400 AO) muss der Strafrichter zurückweisen; § 408 II 1 StPO ist nicht anzuwenden. Wird der Strafbefehl gleichwohl erlassen, weil der Strafrichter den Mangel der örtlichen Zuständigkeit der FinB übersieht, erlangt er die Wirkung eines rechtskräftigen Urteils, wenn nicht der Beschuldigte rechtzeitig Einspruch erhebt (§ 410 StPO). Erhebt der Beschuldigte rechtzeitig Einspruch, wird zur Hauptverhandlung geschritten, falls nicht die StA bis zum Beginn der Hauptverhandlung die Klage fallen lässt (§ 411 I StPO). Lässt die StA die Klage nicht fallen und wird der Mangel der örtlichen Zuständigkeit der FinB erst in der Hauptverhandlung oder im Rechtsmittelverfahren erkannt, hat dies auf den Fortgang des Verfahrens keinen Einfluss mehr. Eine Rüge der örtlichen Zuständigkeit der FinB müsste innerhalb aller Abschnitte des gerichtlichen Strafverfahrens zurückgewiesen werden (glA BMR SteuerStrR/*Möller/Retemeyer* D II Rn. 69; HHS/*Bülte* AO § 388 Rn. 67 u. Kohlmann/*Hilgers-Klautzsch* AO § 388 Rn. 78).

Unabhängig von den Folgen der Amtshandlung(en) einer örtlich unzuständigen 44 **Finanzbehörde** ist die Frage zu beurteilen, ob der Amtsträger einer nach § 388 AO zuständigen Behörde im Bezirk einer anderen FinB tätig werden darf. Die Frage ist zu bejahen. Die für die Strafverfolgung in einer bestimmten Sache örtlich zuständige FinB kann – wie die StA – Ermittlungen nicht nur in ihrem Bezirk durchführen, sondern im gesamten Geltungsbereich des Gesetzes Amtshandlungen vornehmen, die ihr zur Verfolgung notwendig erscheinen (einhM, vgl. Kissel/Mayer/*Mayer* GVG § 143 Rn. 4, Löwe/Rosenberg/*Krauß* GVG § 143 Rn. 4; KK-StPO/*Mayer* GVG § 143 Rn. 2; Meyer-Goßner/Schmitt/*Schmitt* GVG § 143 Rn. 1; Kohlmann/*Hilgers-Klautzsch* AO § 388 Rn. 79, ausf. *Loh* MDR 1970, 812). Dies gilt auch bei der Einschaltung von Gerichten in die Ermittlungen, wie zB bei Beschlagnahme, Durchsuchung oder Haftbefehl. Die StA ist in diesem Rahmen auch rechtsmittelberechtigt. Erst mit Eröffnung des Hauptverfahrens ist nur noch die StA bei dem Gericht handlungsberechtigt, bei dem eröffnet wurde (Kissel/Mayer/*Mayer* GVG § 143 Rn. 4 mwN).

§ 389 Zusammenhängende Strafsachen

¹Für zusammenhängende Strafsachen, die einzeln nach § 388 zur Zuständigkeit verschiedener Finanzbehörden gehören würden, ist jede dieser Finanzbehörden zuständig. ²§ 3 der Strafprozessordnung gilt entsprechend.

Vgl. § 38 OWiG; § 13 StPO.

1. Entstehungsgeschichte

§ 389 AO 1977 entspricht § 424 RAO idF des Art. 1 Nr. 1 AOStrafÄndG v. 10.8.1967 **1** (BGBl. 1967 I 877) mit dem Unterschied, dass der Begriff *„Finanzämter"* durch *„Finanzbehörden"* ersetzt worden ist (Begr. BT-Drs. V/1812, 30 f.). § 424 RAO 1967 geht auf **§ 428 III 1 RAO 1931**, dieser auf **§ 393 III 1 RAO 1919** zurück.

2. Zweck und Anwendungsbereich

§ 389 AO erweitert die örtliche Zuständigkeit einer FinB für die Steuerstrafsache **2** eines Beschuldigten auf eine oder mehrere persönlich oder sachlich damit zusammenhängende Steuerstrafsachen, für die nach § 388 AO eine andere FinB örtlich zuständig wäre. Die Vorschrift dient der Prozessökonomie; sie ermöglicht die Konzentration der Ermittlungen mehrerer Steuerstraftaten *eines* Beschuldigten wegen eines sog. *persönlichen* Zusammenhangs (→ Rn. 7 f.) oder der Ermittlungen gegen *alle* an einer Steuerstraftat Beteiligten wegen eines sog. *sachlichen* Zusammenhangs (→ Rn. 9 ff.) oder auch dann, wenn mehrere Personen oder mehrere Zuwiderhandlungen in einem persönlichen und sachlichen Zusammenhang stehen, sog. *kombinierter* Zusammenhang (→ Rn. 12). In solchen Fällen würde das nebeneinander Tätigwerden mehrerer FinBn die Ermittlungen erheblich erschweren, aber auch die Gefahr divergierender Entscheidungen hervorrufen, etwa in Bezug auf Einstellungen des Strafverfahrens oder infolge unterschiedlicher Strafbefehlsanträge.

Der Anwendungsbereich des § 389 AO umfasst außer zusammenhängenden Steuer- **3** straftaten und nichtsteuerlichen Vermögensstraftaten iSd § 385 II AO gem. § 410 I Nr. 1 AO auch Steuerordnungswidrigkeiten, und zwar nicht nur im Verhältnis untereinander, sondern auch bei einem gemischten Zusammenhang mit Steuerstraftaten. Darüber hinaus bewirkt die Regelung des § 12 II FVG, dass auch die mit einer Steuerstraftat oder Steuerordnungswidrigkeit zusammenhängenden Monopolstraftaten und Monopolordnungswidrigkeiten sowie Ordnungswidrigkeiten nach § 24 BierStG in die örtliche Zuständigkeit eines HZA fallen, das für Zuwiderhandlungen gegen Zoll- und Verbrauchsteuergesetze örtlich zuständig ist. Für die FÄ wird der Anwendungsbereich namentlich durch die in § 388 Rn. 4 angeführten Verweisungsvorschriften erweitert. Mit der Überführung des BranntwMonG in das AlkStG hat sich ein weiterer Anwendungsbereich, die Verweisung in § 128 BranntwMonG, seit dem 1.1.2018 erledigt.

Die Anwendung des § 389 AO setzt voraus, dass die beteiligten FinBn für *sämtliche* **4** zusammenhängenden Zuwiderhandlungen *sachlich* zuständig sind (§ 387; siehe auch Nr. 19 AStBV (St) 2020). Diese Voraussetzung verhindert, dass ein für Besitz- und Verkehrsteuern zuständiges FA (vgl. §§ 2, 17 II FVG) auch für Zoll- und Verbrauchsteuerstraftaten eines Beschuldigten zuständig ist oder umgekehrt ein HZA (vgl. §§ 1, 12 II FVG) die mit einer Schmuggeltat zusammenhängende ESt-Hinterziehung eines Beschuldigten verfolgen kann. Nur die StA kann, wenn sie das Ermittlungsverfahren übernimmt, solche Fälle gem. § 2 oder § 13 StPO verbinden (BMR SteuerStrR/*Möller/Retemeyer* D II Rn. 71; HHS/*Bülte* § 389 Rn. 10 u. Kohlmann/*Hilgers-Klautzsch* § 389 Rn. 11); vgl. ferner § 4 StPO.

Im Vergleich zu § 3 StPO ist die Wirkung des § 389 AO beschränkt auf die Konzen- **5** tration der Befugnisse, welche den FinBn im Straf- oder Bußgeldverfahren wegen Zuwiderhandlungen gegen Abgabengesetze zustehen. Auf den *Gerichtsstand* und die gem. § 143 I GVG hiervon abgeleitete *örtliche Zuständigkeit der StA* hat § 389 AO keinen

Einfluss; hierfür gilt allein § 3 StPO. Eine dem § 389 AO wörtlich entsprechende Vorschrift enthält **§ 38 OWiG** für die Verfolgung zusammenhängender nichtsteuerlicher Ordnungswidrigkeiten durch eine sachlich zuständige Verwaltungsbehörde.

3. Begriff des Zusammenhangs

6 Der Begriff des Zusammenhangs richtet sich gem. § 389 S. 2 AO nach:

§ 3 StPO Begriff des Zusammenhanges
Ein Zusammenhang ist vorhanden, wenn eine Person mehrerer Straftaten beschuldigt wird oder wenn bei einer Tat mehrere Personen als Täter, Teilnehmer oder der Datenhehlerei, Begünstigung, Strafvereitelung oder Hehlerei beschuldigt werden.

Für den Begriff (und damit für die zuständigkeitserweiternde Wirkung) eines Zusammenhangs ist unerheblich, welches Gewicht der Teilakt hat, der die Einzelzuständigkeit begründet (HHS/*Bülte* AO § 389 Rn. 26, Kohlmann/*Hilgers-Klautzsch* AO § 389 Rn. 26, Schwarz/Pahlke/*Klaproth* AO § 389 Rn. 8).

a) Persönlicher Zusammenhang

7 Ein persönlicher Zusammenhang besteht, wenn eine Person mehrerer Steuerstraftaten (§ 369 I, § 385 II AO, Nr. 19 AStBV (St) 2020) und/oder Steuerordnungswidrigkeiten (§ 377 I AO) beschuldigt wird. Die jeweiligen Zuwiderhandlungen brauchen keine sachlichen Berührungspunkte zu haben, wie zB Beihilfe zur Hinterziehung von betrieblichen Steuern am Beschäftigungsort und eigene Hinterziehung von GrESt am Wohnort. Es kommt auch hier auf den prozessualen Tatbegriff an, also den Vorwurf mehrerer prozessual selbstständiger Steuerstraftaten (→ § 386 Rn. 13). Bei mehreren zwar materiell selbstständigen Taten, die aber prozessual eine Einheit bilden, folgt die Zuständigkeit bereits aus § 388 AO, ohne dass es einer Verbindung nach § 389 AO bedarf (HHS/*Bülte* AO § 389 Rn. 19; Kohlmann/*Hilgers-Klautzsch* AO § 389 Rn. 16; *Suhr/Naumann/Bilsdorfer* Rn. 624).

8 Für die gemeinschaftliche Beurteilung mehrerer Taten, die jemand **teils als Jugendlicher** (oder Heranwachsender) und **teils als Erwachsener** begangen hat, sind die Jugendgerichte zuständig (BGH 15.12.1955, BGHSt 8, 349, 351 ff.). Aus diesem Grunde ist die nach § 389 AO für die Ermittlung beider Taten zuständige FinB mit Rücksicht auf § 79 I JGG nicht in der Lage, gem. § 400 AO einen Strafbefehl wegen derjenigen Steuerstraftat zu beantragen, die der Beschuldigte als Erwachsener begangen hat (ebenso HHS/*Bülte* AO § 389 Rn. 20).

b) Sachlicher Zusammenhang

9 Ein sachlicher Zusammenhang besteht, wenn bei einer Straftat mehrere Personen als Täter, Teilnehmer (Anstifter oder Gehilfen) oder wegen Datenhehlerei, Begünstigung, Strafvereitelung oder Hehlerei beschuldigt werden. Dabei ist die *Tat* nicht iSd sachlichen Strafrechts zu verstehen (aM BGH 10.1.1958, BGHSt 11, 130, 132 ff.; *Eb. Schmidt* StPO § 3 II aF Rn. 5; *Behrendt* ZStW 94, 888, 909 ff.), sondern ebenso wie in § 264 StPO als verfahrensrechtlicher Begriff (ausf. Löwe/Rosenberg/*Erb* StPO § 3 Rn. 4; KK-StPO/ *Scheuten* StPO § 3 Rn. 2 f.; Meyer-Goßner/Schmitt/*Schmitt* StPO § 3 Rn. 3; *Kleinknecht* MDR 1958, 357 zu § 3 StPO aF; HHS/*Bülte* AO § 389 Rn. 21; Kohlmann/*Hilgers-Klautzsch* AO § 389 Rn. 16 sowie Göhler/*Gürtler* OWiG § 38 Rn. 5 iVm Göhler/*Seitz/Bauer* OWiG vor § 59 Rn. 50 ff.). Hiernach kommt es also nicht darauf an, ob mehrere Personen an einer oder mehreren *rechtlich selbstständigen* Straftaten iSd § 53 StGB beteiligt sind, sondern darauf, ob ihr Verhalten einen *einheitlichen geschichtlichen Vorgang* betrifft (BGH 25.8.1987, NStZ 1987, 569). Dabei bedeutet dieses Erfordernis nicht mehr als die Mitverantwortlichkeit für die den anderen Beteiligten vorgeworfenen oder nachgewiesenen rechtlichen Erfolge, wenn auch nicht notwendig in demselben Umfang und unter denselben rechtlichen Gesichtspunkten (RG 16.10.1930, RGSt 64, 377, 379; BGH

25.8.1987, NStZ 1987, 569). Dieses Ergebnis folgt aus der verfahrensrechtlichen Funktion und aus der Systematik des Gesetzes; denn sowohl beim persönlichen (→ Rn. 7) als auch beim sachlichen Zusammenhang zwischen einer Straftat und einer anschließend begangenen Begünstigung oder Hehlerei liegen *stets* mehrere rechtlich selbstständige Straftaten vor. Zu beachten ist hierbei, dass eine Verbindung nach § 389 AO von Sachhehlerei (§ 259 StGB) oder Strafvereitelung (§ 258 StGB) als keine Steuerstraftaten (→ § 369 Rn. 12) ausgeschlossen ist. Dies zum einen wegen der nur entsprechenden Anwendung des § 3 StPO im Steuerstrafverfahrensrecht (HHS/*Bülte* AO § 389 Rn. 21, Schwarz/Pahlke/*Klaproth* AO § 389 Rn. 9) und zum anderen, weil es sich bei diesen Delikten nicht um solche handelt, die bereits der Zuständigkeit einer FinB unterfallen (RKR/*Kemper* AO § 389 Rn. 9). In Betracht kommen nur Steuerhehlerei (§ 374 AO) und die Begünstigung von Steuerstraftaten, Bannbruch und Steuerzeichenfälschung (§ 369 I Nr. 4 AO).

Mehrere Täter brauchen nicht Mittäter iSd § 25 II StGB zu sein; Nebentäterschaft genügt (RG 4.2.1910, RGSt 43, 293, 296). Nebentäter sind Täter, die denselben Erfolg anstreben oder erreichen, ohne dass sie bewusst zusammenwirken, zB zwei Prokuristen, die unabhängig voneinander – jeder auf seinem Arbeitsgebiet – dieselbe Steuer zum Vorteil desselben Unternehmers verkürzen. Sachlicher Zusammenhang erfordert jedoch, dass mehrere Personen zu der *nämlichen* Tat beigetragen haben; eine bloße Gleichartigkeit der Handlungen oder die Identität des verletzten Rechtsgutes genügen nicht (RGSt 42, 133 f. für den Fall der Beleidigung derselben Person durch verschiedene Zeitungen). Daher besteht kein Zusammenhang, wenn innerhalb desselben Unternehmens der Prokurist A die USt bis 1998 und der Prokurist B die USt ab 1999 verkürzt hat. 10

Teilnehmer iSd § 3 StPO ist jeder, der in strafbarer Weise bei dem geschichtlichen Vorgang der Tat (→ Rn. 9) *in derselben Richtung* wie der Täter mitgewirkt hat (RG 3.6.1937, RGSt 71, 251, 252). Bei **Begünstigung** oder **Strafvereitelung** ergibt sich ein sachlicher Zusammenhang auch dann noch, wenn die jeweilige Straftat erst während des Strafverfahrens gegen den Täter begangen wird, zB durch Meineid (BGHSt 18, 238; Meyer-Goßner/Schmitt/*Schmitt* StPO § 3 Rn. 3). 11

c) Kombinierter Zusammenhang

Der kombinierte Zusammenhang, den das Gesetz nicht erwähnt, genügt ebenfalls für eine einheitliche Zuständigkeit (HHS/*Bülte* AO § 389 Rn. 25; Kohlmann/*Hilgers-Klautzsch* AO § 389 Rn. 25; Meyer-Goßner/Schmitt/*Schmitt* StPO § 3 Rn. 4). Hat zB der Unternehmer A USt hinterzogen, der Prokurist B hierzu Begünstigung geleistet und unabhängig davon in eigener Sache ESt verkürzt, so ist gem. § 389 AO iVm § 3 StPO das für das Strafverfahren gegen A und B wegen sachlichen Zusammenhangs zuständige FA wegen des unmittelbaren persönlichen Zusammenhangs auch für das Strafverfahren gegen B wegen ESt-Hinterziehung örtlich zuständig. 12

4. Auflösung des Zusammenhangs

Für das Ermittlungsverfahren erlischt die Zuständigkeit, wenn der zuständigkeitsbegründende Zusammenhang, zB durch Wohnsitzwechsel eines Mitbeschuldigten, wegfällt (BGH 20.12.1961, BGHSt 16, 391, 393; zust. HHS/*Bülte* AO § 389 Rn. 27 u. Kohlmann/*Hilgers-Klautzsch* 28 AO § 389 Rn. 28; Löwe/Rosenberg/*Erb* StPO § 13 Rn. 3). 13

Die Zuständigkeit des Gerichts bleibt bestehen, wenn sich der Zusammenhang auflöst, nachdem die Sache durch einen Strafbefehlsantrag oder einen Antrag auf Eröffnung des Hauptverfahrens bei Gericht anhängig geworden ist (HHS/*Bülte* AO § 389 Rn. 28, Kohlmann/*Hilgers-Klautzsch* AO § 389 Rn. 29; Schwarz/Pahlke/*Klaproth* AO § 389 Rn. 4; vgl. BGH aaO (→ Rn. 13) sowie OLG München 21.6.1968, NJW 1969, 148); für den Fall, dass derjenige Mitangeklagte, dessen Wohnsitz die Zuständigkeit kraft Zusammenhangs begründet hat, vor Eröffnung des Hauptverfahrens stirbt und zutreffend auf die 14

Befassung des Gerichts abstellend BGH aaO (→ Rn. 13) sowie OLG Zweibrücken 24.11.1978, NJW 1979, 827.

5. Mängel der Zuständigkeit

Verfahrensverstöße berühren auch bei der Zusammenfassung mehrerer Taten nur das Verfahren, in dem sie stattfanden (BGH 4.12.1985, NJW 1986, 1999, 2000). Bei Verstößen gegen eine nach § 389 AO begründete Zuständigkeit gilt daher dasselbe wie bei Verstößen gegen § 388 AO (vgl. insoweit → § 388 Rn. 40 ff.). Eventuelle Nachteile aus einem trotz mangelnder Zuständigkeit gemeinsam geführten Verfahren sind in der Strafzumessung zu berücksichtigen, sofern sie auf sachwidrigen Erwägungen beruhen (OLG Stuttgart v. 8.7.1960, NJW 1960, 2353; HHS/*Bülte* AO § 389 Rn. 29).

§ 390 Mehrfache Zuständigkeit

(1) Sind nach den §§ 387 bis 389 mehrere Finanzbehörden zuständig, so gebührt der Vorzug der Finanzbehörde, die wegen der Tat zuerst ein Strafverfahren eingeleitet hat.

(2) ¹Auf Ersuchen dieser Finanzbehörde hat eine andere zuständige Finanzbehörde die Strafsache zu übernehmen, wenn dies für die Ermittlungen sachdienlich erscheint. ²In Zweifelsfällen entscheidet die Behörde, der die ersuchte Finanzbehörde untersteht.

Vgl. § 12 StPO; § 142 GVG; § 39 OWiG; § 3 II 1 VwVfG.

Übersicht

	Rn.
1. Entstehungsgeschichte	1
2. Zweck und Anwendungsbereich	2, 3
3. Zuständigkeit mehrerer Finanzbehörden	4–7
4. Grundsatz der Priorität	8–12
5. Übernahme durch eine andere Finanzbehörde	13–17
6. Verfahren bei Zuständigkeitsstreit	18–21

1. Entstehungsgeschichte

Der Wortlaut des § 390 AO 1977 unterscheidet sich von § 425 RAO 1967 (Begr. BT- **1** Drs. V/1812, 31) nur durch den Wechsel der Ausdrücke *„Finanzbehörde"* statt *„Finanzamt"* und *„Behörde"* statt *„Oberfinanzdirektion"* (in Begr. nicht erwähnt, s. BT-Drs. VI/1982, 198). Die vorher geltenden Vorschriften des **§ 428 II, III 2 RAO 1931 = § 393 II, III 2 RAO 1919** hatten im Wesentlichen denselben Inhalt, jedoch konnte die *„gemeinschaftlich vorgesetzte obere Behörde"* über die Zuständigkeit entscheiden, wenn mehrere FÄ *örtlich* zuständig waren.

2. Zweck und Anwendungsbereich

§ 390 AO regelt, welche von mehreren *sachlich* zuständigen oder mehreren *örtlich* **2** zuständigen Finanzbehörden im Einzelfall die Aufgaben wahrnehmen und die Befugnisse ausüben soll, die das Gesetz in den §§ 386, 395, 399–403, 406 u. 407 AO für das Steuerstrafverfahren der *„Finanzbehörde"* übertragen hat. Die Regelung zielt darauf ab, dass faktisch nur noch *eine* FinB zuständig sein soll, sobald das Nebeneinander laufender Ermittlungsverfahren mehrerer konkurrierender FinBn erkannt worden ist (glA Kohlmann/Hilgers-Klautzsch AO § 390 Rn. 3, Schwarz/Pahlke/*Klaproth* AO § 390 Rn. 5). Die Regelung des § 390 AO hat zur Folge, dass die sonst gleichermaßen zuständigen FinBn aus ihrer Zuständigkeit konkret verdrängt werden, diese aber nur ruht und nicht erloschen ist, also latent bestehen bleibt, da sie nach § 390 II AO wiederaufleben kann (HHS/*Bülte* AO § 390 Rn. 5; Erbs/Kohlhaas/*Hadamitzky/Senge* AO § 390 Rn. 1; *Suhr/Naumann/Bilsdorfer* Rn. 626).

Ausgedehnt wird der Anwendungsbereich des § 390 AO aufgrund § 410 I Nr. 1 **3** AO auf Fälle der sachlichen oder örtlichen Zuständigkeit mehrerer FinBn in Bußgeldverfahren wegen Steuerordnungswidrigkeiten sowie durch die Verweisung des § 164 S. 2 StBerG sowie die Regelung in § 12 II FVG; vgl. darüber hinaus die in → § 388 Rn. 4 angeführten Verweisungsvorschriften.

3. Zuständigkeit mehrerer Finanzbehörden

4 **Im Verhältnis zwischen Bundes- und Landesfinanzbehörden** kann eine mehrfache sachliche Zuständigkeit kaum auftreten, da § 387 AO an die Zuständigkeit für die betroffene Steuer anknüpft und die Verwaltungshoheit für die verschiedenen Steuerarten klar gegeneinander abgegrenzt ist (Art. 108 I, II GG; §§ 5, 12, 17 FVG); dies gilt auch für besonders geregelte Fälle der Mitwirkung von Bundesfinanzbehörden an der Tätigkeit der Landesfinanzbehörden (§§ 18, 19 FVG). Denkbar ist eine mehrfache sachliche Zuständigkeit eines FA und eines HZA, wenn dieselbe Person unbefugte Hilfeleistung sowohl in Besitz- und Verkehrsteuersachen wie in Zoll- und Verbrauchsteuersachen begangen hat (vgl. §§ 160, 164 S. 2 StBerG). Ebenso ist eine Mehrfachzuständigkeit denkbar, wenn der Stpfl es unterlässt, der Familienkasse der Bundesagentur für Arbeit mitzuteilen, dass er durch den Eintritt in den öffentlichen Dienst zugleich Kindergeld von der Familienkasse seines Arbeitgebers erhält und so unberechtigt Kindergeldzahlungen erhält (§ 72 EStG) und damit eine Steuerhinterziehung begeht (vgl. BFH v. 18.12.2014, BFH/NV 2015, 948). Hier besteht eine Zuständigkeit der Landesfamilienkasse des öffentlichen Dienstes, wie auch der Familienkasse der Bundesagentur für Arbeit (HHS/*Bülte* AO § 390 Rn. 14).

5 **Im Verhältnis der Bundesfinanzbehörden untereinander** können Konkurrenzsituationen zwischen allen Hauptzollämtern auftreten, die nach § 387 I AO zuständig sind oder auf die Steuerstraf- und Bußgeldsachen nach § 387 II AO iVm HZAZustV v. 16.2.2007 (BGBl. 2007 I 202) idF v. 21.12.2008 (BGBl. I 2933) konzentriert sind. Dasselbe gilt im **Verhältnis der Landesfinanzbehörden untereinander** in Bezug auf die zuständigen FÄ (→ § 387 Rn. 5). Unter mehreren sachlich zuständigen FinBn richtet sich die Zuständigkeit im Einzelfall zunächst nach den Vorschriften der §§ 388, 389 AO über die örtliche Zuständigkeit.

6 **Im Verhältnis zwischen einem Hauptzollamt und einem Zollfahndungsamt** bzw. zwischen einem **Finanzamt** und der mit der **Steuerfahndung** betrauten Dienststelle einer (anderen) Landesfinanzbehörde treffen die Zuständigkeiten mehrerer FinBn für dieselbe Sache regelmäßig zusammen, solange nach dem Stand des Straf- oder Bußgeldverfahrens die Ausübung der Befugnisse nach § 404 AO infrage steht. Diese Konkurrenzverhältnisse müssen gem. § 390 AO zugunsten der einen oder der anderen Behörde gelöst werden.

7 **Eine mehrfache örtliche Zuständigkeit** kann im Rahmen derselben sachlichen Zuständigkeit nach § 388 AO begründet sein, wenn der Tatort, der Entdeckungsort, der Sitz der für die Abgabenangelegenheit zuständigen FinB oder der Wohnsitz oder gewöhnliche Aufenthalt des Täters in Bezirken verschiedener FinBn liegen, von denen jede sachlich zuständig ist, aber auch bei mehreren gleichartigen Taten, die infolge des Wegfalls der Rechtsfigur des Fortsetzungszusammenhanges (BGHGrS 3.5.1994, NJW 1994, 1663) nicht mehr als eine fortgesetzte Handlung, sondern als mehrere in Tatmehrheit (§ 53 StGB) zueinander stehende Steuerstraftaten zu behandeln sind (vgl. → § 388 Rn. 14). Darüber hinaus erweitert § 389 AO die örtliche Zuständigkeit einer FinB für eine Steuerstraf- oder -bußgeldsache auf andere Steuerstraf- oder -bußgeldsachen bei einem persönlichen oder sachlichen Zusammenhang (→ § 389 Rn. 7 ff.).

4. Grundsatz der Priorität

8 **Nach dem Vorbild des § 121 StPO** bestimmt § 390 I AO, dass unter mehreren zuständigen FinBn *derjenigen Finanzbehörde der Vorzug gebührt, die wegen der Tat zuerst ein Strafverfahren eingeleitet hat.* Nach der Begriffsbestimmung des § 397 I AO, die für das ganze Steuerstrafverfahren gilt, ist das Strafverfahren eingeleitet, sobald die FinB, die Polizei, die StA, einer ihrer Ermittlungspersonen oder der Strafrichter eine Maßnahme trifft, die erkennbar darauf abzielt, gegen jemanden wegen einer Steuerstraftat strafrechtlich vorzugehen. Die Einleitung des Strafverfahrens ist weder iSd § 397 AO noch iSd § 390 AO

davon abhängig, dass bereits eine bestimmte Person in Verdacht steht (glA HHS/*Bülte* AO § 390 Rn. 20; Kohlmann/*Hilgers-Klautzsch* AO § 390 Rn. 19; Erbs/Kohlhaas/*Hadamitzky/Senge* AO § 390 Rn. 1; ausf. s. § 397 Rn. 44).

Haben mehrere zuständige FinBn unabhängig voneinander wegen derselben Tat mehrere Strafverfahren zu verschiedenen Zeitpunkten eingeleitet, lässt sich die Vorzugszuständigkeit anhand der Akten leicht feststellen, weil jede FinB nach § 397 II AO verpflichtet ist, die jeweilige Maßnahme, durch die das Strafverfahren eingeleitet ist, unter Angabe des Zeitpunktes unverzüglich zu vermerken. Über die theoretische Möglichkeit, den Inhalt des Vermerks zu widerlegen, und das weitere Verfahren ausf. Kohlmann/*Hilgers-Klautzsch* AO § 390 Rn. 13.

Zweifel an der Priorität können sich ergeben, wenn eines der bei mehreren FinBn wegen derselben Tat anhängigen Strafverfahren *von einer anderen Stelle* (Polizei, StA, Strafrichter) *eingeleitet* worden ist. Nach dem Wortlaut des § 390 AO kommt es nicht darauf an, wann eine FinB von einer anderen verfahrenseinleitenden Stelle die Akten erhalten hat und dadurch mit der Sache befasst worden ist; maßgebend ist vielmehr, wann die FinB den ersten Schritt unternommen hat, um selbst gegen den Beschuldigten strafrechtlich vorzugehen (zust. Kohlmann/*Hilgers-Klautzsch* AO § 390 Rn. 14). Hat zB das für die Abgabenangelegenheit zuständige Finanzamt A am 31. Mai von sich aus das Strafverfahren eingeleitet und das Wohnsitz-Finanzamt B am 3. Juni die Akten über ein von der Kripo am Tatort C bereits am 28. Mai eingeleitetes Strafverfahren erhalten, so gebührt der Vorzug dem Finanzamt A, weil die Behörde in B am 31. Mai noch nicht tätig geworden war. Diese wörtliche Auslegung des § 390 I AO ist auch sachgerecht; Zweckmäßigkeitserwägungen können gem. § 390 II AO berücksichtigt werden.

Anstelle der Einleitung des Strafverfahrens ist bei entsprechender Anwendung des § 390 AO gem. § 410 I Nr. 1 AO die **Einleitung des Bußgeldverfahrens** maßgebend, derentwegen § 410 I Nr. 6 AO wiederum auf § 397 AO verweist. Die Regelung der Vorzugszuständigkeit unterscheidet also nicht, ob wegen einer Steuerstraftat das Strafverfahren oder wegen einer Steuerordnungswidrigkeit das Bußgeldverfahren eingeleitet worden ist (aM HHS/*Bülte* AO § 390 Rn. 17; Koch/Scholtz/*Scheurmann-Kettner* AO § 390 Rn. 2; Kohlmann/*Hilgers/Klautzsch* AO § 390 Rn. 15; Erbs/Kohlhaas/*Hadamitzky/Senge* AO § 390 Rn. 1; Suhr/Naumann/*Bilsdorfer* Rn. 626, die alle auf den Zeitpunkt der Überleitung des Bußgeld- ins Strafverfahren abstellen wollen). Vielmehr ist entgegen der im Schrifttum bisher vertretenen Meinung für die Priorität entscheidend, zu welchem Zeitpunkt die konkurrierenden FinBn *wegen der Tat* iS eines geschichtlichen Vorgangs ein *Straf- oder ein Bußgeldverfahren* eingeleitet haben. Auf die rechtliche Würdigung der Tat, die zu Beginn der Ermittlungen besonders in subjektiver Hinsicht noch unsicher ist, kann es nicht ankommen. Hat zB das für die Abgabenangelegenheit zuständige Finanzamt A am 31. Mai das Strafverfahren wegen einer Tat eingeleitet, die den Verdacht einer Steuerhinterziehung iSd § 370 AO hervorgerufen hatte, das Wohnsitz-Finanzamt B jedoch wegen derselben Tat bereits am 30. April das Bußgeldverfahren eingeleitet, weil es den Verdacht einer leichtfertigen Steuerverkürzung iSd § 378 AO hatte, so gebührt der Vorzug dem Finanzamt B. Würde man das Wort „Strafverfahren" in § 390 I AO nicht von vornherein mit Rücksicht auf § 410 I Nr. 1 u. 6 AO als „Straf- oder Bußgeldverfahren" verstehen, so fehlte eine Vorschrift über die Vorzugszuständigkeit bei unterschiedlicher rechtlicher Würdigung derselben Tat durch verschiedene FinBn; diese Gesetzeslücke müsste dann mit demselben Ergebnis durch analoge Anwendung des § 390 I AO geschlossen werden.

Die Bedeutung des § 390 AO tritt deutlich zu Tage, wenn eine Tat an der Grenze zwischen Steuerhinterziehung – Straftat nach § 370 AO – und leichtfertiger Steuerverkürzung – Ordnungswidrigkeit nach § 378 AO – liegt. Bei mehrfacher Zuständigkeit obliegt die rechtliche Würdigung des ermittelten Sachverhalts derjenigen FinB, der nach § 390 AO der Vorzug gebührt. Erachtet *diese* FinB nur eine leichtfertige Steuerverkürzung für gegeben oder beweisbar, ahndet sie die Tat gem. § 410 I AO iVm §§ 65, 66 OWiG durch Bußgeldbescheid. Würdigt sie die Tat dagegen als Steuerhinterziehung, kann sie gem. § 400 AO unmittelbar beim Amtsgericht den Erlass eines Strafbefehls beantragen oder die Strafsache an die StA abgeben. Ähnlich bedeutsame Entscheidungen trifft die FinB, der nach § 390 AO der Vorzug gebührt, wenn bei einer Steuerstraftat eine Einstellung des Strafverfahrens nach § 398 AO oder nach § 399 I AO iVm § 153 II StPO oder bei einer Steuerordnungswidrigkeit eine Einstellung des Bußgeldverfahrens nach § 410 I AO iVm § 471 OWiG in Frage steht.

5. Übernahme durch eine andere Finanzbehörde

13 **Ein Abweichen vom Prinzip der Priorität** ermöglicht § 390 II 1 AO. Wenn es für die Ermittlungen sachdienlich erscheint, hat anstelle der FinB, die wegen der Tat zuerst ein Strafverfahren eingeleitet hat, eine andere zuständige FinB die Strafsache zu übernehmen (vgl. auch § 12 II StPO u. § 39 II OWiG). Ein starres Festhalten am Prioritätsprinzip wäre nicht immer zweckmäßig, namentlich dann nicht, wenn der „erste Zugriff" *zufällig* durch eine FinB erfolgt, die der Tat oder dem Täter *fernliegt*. Hat zB das FA Leverkusen bei einer Außenprüfung der Firma A Belege beschlagnahmt, die eine Steuerhinterziehung der Firma B in Nürnberg beweisen, wäre es unzweckmäßig, wenn die weiteren Ermittlungen gegen die Firma B von Leverkusen ausgeführt werden müssten.

14 **Voraussetzung eines Übernahmeersuchens** an eine andere zuständige FinB ist, dass die Übertragung der Zuständigkeit für die Ermittlungen *sachdienlich erscheint*. Ob eine Übernahme durch die andere FinB wirklich sachdienlich *ist,* kann mit Gewissheit erst nach Abschluss der Ermittlungen beurteilt werden. Für ein Übernahmeersuchen nach § 390 II 1 AO genügt, dass bestimmte Umstände die Annahme begründen, dass die ersuchte FinB das Ziel des Ermittlungsverfahrens (Bestätigung oder Beseitigung des Tatverdachts) schneller oder mit einem geringeren Aufwand erreichen kann; dabei sind auch die Belange des Beschuldigten angemessen zu berücksichtigen.

15 **Aus der Stellung des § 390 AO** im 1. Unterabschnitt *(„Allgemeine Vorschriften")* des 3. Abschnitts *(„Strafverfahren")* folgt, dass ein Übernahmeersuchen nicht ausgeschlossen ist, wenn das *Strafverfahren bereits von der StA geführt* wird oder bei Gericht anhängig ist, falls sich noch weitere Ermittlungen als erforderlich erweisen. Je weiter jedoch das Strafverfahren vorangeschritten ist, umso weniger wird es sachdienlich erscheinen, die Zuständigkeit wegen ergänzender Ermittlungen auf eine FinB zu übertragen, die sich erst in die Strafsache einarbeiten muss. Ein Übernahmeersuchen lediglich zu dem Zweck, einer anderen FinB die Vertretung in der Hauptverhandlung gem. § 407 AO zu übertragen, wäre nicht zulässig.

16 **Die ersuchte Finanzbehörde ist zur Übernahme der Strafsache verpflichtet,** wenn die Voraussetzungen des Übernahmeersuchens (→ Rn. 14 f.) vorliegen; arg.: *„hat zu übernehmen".* Die Übernahmeverpflichtung besteht jedoch nur gegenüber der ersuchenden FinB, nicht auch gegenüber dem Beschuldigten. Zwar dient eine möglichst schnelle und sachgerechte Klärung des Tatverdachts auch den Belangen des Beschuldigten. Insofern entfaltet § 390 II 1 AO aber nur eine Reflexwirkung. Das Gesetz gewährt dem Beschuldigten keinen Anspruch darauf, dass die nach § 390 I AO zuständige FinB eine andere FinB um Übernahme der Strafsache ersucht oder dass die ersuchte Behörde dem Ersuchen entspricht, so sehr auch der Beschuldigte daran interessiert sein mag, dass eine bestimmte FinB die Strafsache abgibt oder übernimmt (→ Rn. 12). Rechtlich ist der Beschuldigte auf Anregungen an die beteiligten Behörden beschränkt; ferner kann er – wie stets – ein aus seiner Sicht zweckwidriges Verhalten einer Behörde mit der Dienstaufsichtsbeschwerde rügen. Ein förmlicher Rechtsbehelf ist nicht gegeben (glA Klein/*Jäger* AO § 390 Rn. 4; Kohlmann/*Hilgers-Klautzsch* AO § 390 Rn. 32).

17 **Übernimmt die ersuchte FinB die Strafsache,** geht die Zuständigkeit auf sie über. Die (Vorrang-)Zuständigkeit der ersuchenden FinB erlischt. Die ersuchte FinB ist von der Übernahme an allein zuständig; sie kann nicht etwa ihrerseits eine andere FinB um die Übernahme ersuchen oder die Sache an die ursprünglich zuständige FinB wieder zurück-

geben. Das Gesetz beschränkt den möglichen Zuständigkeitswechsel auf den Fall des Vorrangverzichts (HHS/*Bülte* AO § 390 Rn. 33, Kohlmann/*Hilgers-Klautzsch* AO § 390 Rn. 24, RKR/*Kemper* AO § 390 Rn. 15, Erbs/Kohlhaas/*Hadamitzky*/*Senge* AO § 390 Rn. 2, aM Schwarz/Pahlke/*Klaproth* AO § 390 Rn. 11 bei primärer Zuständigkeit der ersuchten Behörde). Indessen ist die ersuchte FinB nicht gehindert, die Strafsache nach § 386 IV 1 AO an die StA abzugeben (*Rüping* aaO; Kohlmann/*Hilgers-Klautzsch* aaO).

6. Verfahren bei Zuständigkeitsstreit

Das Verfahren bei einem negativen Kompetenzkonflikt regelt § 390 II 2 AO, Nr. 25 III AStBV (St) 2020. Im Sinne dieser Vorschrift liegt ein *Zweifelsfall* immer dann vor, wenn eine nach § 390 II 1 AO ersuchte FinB die Übernahme der Strafsache ablehnt und die ersuchende FinB auf der Übernahme beharrt. Die Vorschrift erfordert nicht, dass die Voraussetzungen einer Übernahme *objektiv* zweifelhaft sind; es genügt, dass die beteiligten Behörden sich nicht einigen können, sei es aus sachlichen oder unsachlichen, triftigen oder vorgeschützten Beweggründen. 18

Zuständig für die Entscheidung von Zweifelsfällen (→ Rn. 18) ist nach § 390 II 2 AO die *Behörde, der die ersuchte Finanzbehörde untersteht*. Die frühere Bestimmung der *„gemeinschaftlich vorgesetzten oberen Behörde"* (vgl. § 428 II 2, III 2 RAO 1931) war wegen der föderativen Finanzverfassung (vgl. Art. 108 GG) für eine allgemeine Regelung nicht mehr brauchbar, und eine nur noch partiell innerhalb einer Landesfinanzverwaltung anzuwendende Regelung erschien nicht zweckmäßig; denn je weiter zwei zuständige FinBn voneinander entfernt sind, umso dringender ist das Bedürfnis für eine Stichentscheidung. Auch eine gerichtliche Entscheidung (vgl. § 13 II 2 StPO sowie § 39 III Nr. 2 u. 3 OWiG) wäre dem Prinzip der Prozessökonomie, dem § 390 II AO dienen soll, zuwidergelaufen, und zwar ohne zwingenden Grund, da die Zuständigkeit der einen oder der anderen FinB im Steuerstrafverfahren die Zuständigkeit des gesetzlichen Richters (Art. 101 I 2 GG) nicht präjudiziert. Die gesetzliche Übertragung der Stichentscheidung auf diejenige Behörde, der die *ersuchte* FinB untersteht, gewährleistet, dass keine FinB durch die Entscheidung einer „landesfremden" Behörde zur Übernahme einer Strafsache gezwungen werden kann. 19

Regelmäßig untersteht die ersuchte Finanzbehörde, sei sie Hauptzollamt oder Finanzamt, einer *Oberfinanzdirektion* (vgl. § 1 Nr. 3, § 2 I Nr. 2 FVG); nur das *Bundeszentralamt für Steuern* und die *Generalzolldirektion* (früher auch die *Bundesmonopolverwaltung für Branntwein*) untersteht allein dem *Bundesministerium für Finanzen* (§ 1 Nr. 1 u. 2 iVm § 4 III u. § 5 FVG). § 390 II 2 AO schließt nicht aus, dass die zuständige OFD auf Weisung ihres vorgesetzten Finanzministers(-senators) entscheidet; solche Weisungen können sich auf bestimmte Gruppen von Fällen oder auf besonders gelagerte Einzelfälle beziehen. 20

Die Entscheidung der vorgesetzten Behörde ist unanfechtbar. Dies gilt für die beteiligten Behörden wie den Beschuldigten gleichermaßen (Kohlmann/*Hilgers-Klautzsch* AO § 390 Rn. 31 f.). 21

§ 391 Zuständiges Gericht

(1) ¹Ist das Amtsgericht sachlich zuständig, so ist örtlich zuständig das Amtsgericht, in dessen Bezirk das Landgericht seinen Sitz hat. ²Im vorbereitenden Verfahren gilt dies, unbeschadet einer weitergehenden Regelung nach § 58 Abs. 1 des Gerichtsverfassungsgesetzes, nur für die Zustimmung des Gerichts nach § 153 Abs. 1 und § 153a Abs. 1 der Strafprozessordnung.

(2) ¹Die Landesregierung kann durch Rechtsverordnung die Zuständigkeit abweichend von Absatz 1 Satz 1 regeln, soweit dies mit Rücksicht auf die Wirtschafts- oder Verkehrsverhältnisse, den Aufbau der Verwaltungsbehörden oder andere örtliche Bedürfnisse zweckmäßig erscheint. ²Die Landesregierung kann diese Ermächtigung auf die Landesjustizverwaltung übertragen.

(3) Strafsachen wegen Steuerstraftaten sollen beim Amtsgericht einer bestimmten Abteilung zugewiesen werden.

(4) Die Absätze 1 bis 3 gelten auch, wenn das Verfahren nicht nur Steuerstraftaten zum Gegenstand hat; sie gelten jedoch nicht, wenn dieselbe Handlung eine Straftat nach dem Betäubungsmittelgesetz darstellt, und nicht für Steuerstraftaten, welche die Kraftfahrzeugsteuer betreffen.

Vgl. § 42 JGG, § 43 I AWG; ferner zu § 391 II AO: § 387 II AO, § 34 I MOG, § 58 I, § 74c III u. IV GVG, § 33 I JGG; zu § 391 III AO: § 4 II 2 FGO.

Schrifttum: *Meyer-Goßner*, Die Prüfung der funktionellen Zuständigkeit im Strafverfahren, insbesondere beim Landgericht, JR 1977, 353; *Rieß*, Das Strafverfahrensänderungsgesetz 1979, NJW 1978, 2265; *Katholnigg*, Die gerichtsverfassungsrechtlichen Änderungen durch das Strafverfahrensänderungsgesetz 1977, NJW 1978, 2375; *Brause*, Zur Zuständigkeit der allgemeinen und besonderen Strafkammern, NJW 1979, 802 mit Erwiderung von *Rieß* NJW 1979, 1536; *Henneberg*, Die Auswirkungen des Strafverfahrensänderungsgesetzes 1979 auf die Verfolgung von Steuerstrafsachen, BB 1979, 585. *Meyer-Goßner*, Die Behandlung von Zuständigkeitsstreitigkeiten zwischen allgemeinen und Spezialkammern beim Landgericht, NStZ 1981, 168; *Katholnigg*, Neue Verfahrensmaßnahmen in Betäubungsmittelstrafsachen, NStZ 1981, 417; *Kubsch*, Mitwirkung von Schöffen in Wirtschaftsstrafsachen, DRiZ 1984, 190; *Löffeler*, Zuständigkeit in Wirtschaftsstrafkammer, JA 1987, 214; *Firgau*, Das Zusammentreffen von Wirtschafts- und Nichtwirtschaftsstraftaten gem. § 74c GVG, wistra 1988, 140; *Salditt*, Liechtenstein: Fragen und Argumente, PStR 2008, 84; *Bach*, Die LGT-Falle: Sitzt der gesetzliche Richter wirklich in Bochum?, PStR 2009, 70; *Römer*, Zur örtlichen Zuständigkeit der Wirtschaftsstrafkammer, StraFo 2009, 194; *Heerspink*, Die Ermittlungen zur Liechtenstein-Affäre, AO-StB 2009, 25.

Übersicht

	Rn.
1. Entstehungsgeschichte	1, 2
2. Zweck der Vorschrift	3
3. Systematik	4–11
4. Beschränkungen der Konzentration	12–14
a) Beschränkungen auf Strafverfahren wegen Steuerstraftaten	12
b) Beschränkung auf Strafverfahren gegen Erwachsene	13
c) Beschränkung auf das Erkenntnisverfahren	14
5. Abweichende Regelungen	15–26
a) Durch Rechtsverordnung aufgrund § 58 I GVG	15
b) Aufgrund § 391 II AO	16–20
c) Aufgrund § 74c GVG	21–26
6. Konzentration bei der Geschäftsverteilung	27–30
7. Zusammentreffen von Steuerstraftaten mit anderen Straftaten	31–38
a) § 391 IV Hs. 1 AO	31–33
b) § 391 IV Hs. 2 AO	34–38

1. Entstehungsgeschichte

Vorläufer des § 391 AO 1977 war § 476a RAO, eingefügt durch Art. I Nr. 8 G v. 11.5.1956 (BGBl. 1956 I 418; Begr. BT-Drs. II/1593, 5) und neu gefasst mit einer Überschrift versehen und bezeichnet als § 426 durch Art. 1 Nr. 1 AOStrafÄndG v. 10.8.1967 (BGBl. 1967 I 877), § 426 I 1, II u. III RAO 1967 entsprach dem § 476a RAO 1956, die Vorschriften des § 426 I 2 u. 3 sowie IV RAO waren neu (Begr. BT-Drs. V/1812, 31). In § 426 I 2 RAO wurde das Zitat „*§ 153 Abs. 2*" StPO gem. Art. 161 Nr. 15 EGStGB v. 2.3.1974 (BGBl. 1974 I 469, 583) durch „*§ 153 Abs. 1 und § 153a Abs. 1*" StPO und in den Absätzen 3 u. 4 jeweils das Wort „*Steuerstraftat*" durch „*Steuervergehen*" ersetzt. § 426 II 1 RAO war mit dem GG vereinbar (BVerfG v. 12.1.1971, BGBl. 1971 I 257).

In die AO 1977 wurde die Vorschrift mit unverändertem Wortlaut übernommen. Durch Art. 5 **StVÄG 1979** v. 5.10.1978 (BGBl. 1979 I 1645) wurden in § 391 III AO die Worte „*beim Landgericht einer bestimmten Strafkammer*" gestrichen, weil fortan der neue § 74c I Nr. 3 GVG die Konzentration der Steuerstrafsachen bei den Kammern für Wirtschaftsstrafsachen regelte (Begr. BT-Drs. 8/976, 70); damit war § 476a RAO 1956 nach 20-jähriger Bewährung zum Vorbild für eine allgemeine Regelung geworden. Schließlich wurden durch Art. 5 **G zur Neuordnung des Betäubungsmittelrechts** v. 28.7.1981 (BGBl. 1981 I 681, 702) in § 391 IV Hs. 2 AO nach den Worten „*sie gelten jedoch nicht*" die Worte eingefügt: „*wenn dieselbe Handlung eine Straftat nach dem Betäubungsmittelgesetz darstellt*". In den Fällen des Zusammentreffens einer Steuerstraftat mit einer Straftat nach dem BtMG sollte eine Konzentration nach § 391 I 1 AO unterbleiben oder jedenfalls der Regelungskompetenz jedes einzelnen Landes nach § 391 II AO überlassen bleiben, um die „*Kenntnis der örtlichen Verhältnisse, insbesondere der örtlichen Drogenszene*" zu nutzen (Begr. BR-Drs. 546/79, 39, BT-Drs. 8/3551, 48, 54).

2. Zweck der Vorschrift

§ 391 AO soll die Rechtspflege verbessern durch Konzentration der Steuerstraf- und -bußgeldsachen bei bestimmten Gerichten; für die Bußgeldsachen verweist § 410 I Nr. 2 AO auf § 391 AO zurück. Die Tatbestände des Steuerstrafrechts, namentlich die *Blanketttatbestände*, erfordern eine besondere Sach- und Rechtskunde des Strafrichters. Zu optimistisch meinte *Hartung* (HHS RAO 1956 § 476a Rn. 1), dass das materielle Steuerrecht „*bei der Fülle des Schrifttums ... meist verhältnismäßig schnell zu übersehen*" sei. In Wahrheit verlangt das Steuerrecht, das vielfach an Merkmale wie „*Umsatz*", „*Gewinn*", „*Gewerbeertrag*", „*Gewerbekapital*" usw. anknüpft, außer der Kenntnis der steuerrechtlichen Vorschriften und ihres Sprachgebrauchs auch betriebswirtschaftliche Kenntnisse und Fähigkeiten, vor allem in Bezug auf die kaufmännische Gewinnermittlung. Solange die §§ 420 ff. RAO 1931 über das Verwaltungsstrafverfahren angewendet wurden, hatten die Gerichte nur 3 vH aller Steuerstraftaten, die Besitz- und Verkehrsteuern betrafen, entschieden. In diesen Fällen wuchsen sich Hauptverhandlungen häufig zu Monsterprozessen aus, weil die Gerichte nur mit Mühe (und manchmal gar nicht) in der Lage waren, den betriebswirtschaftlichen, buchungstechnischen oder steuerrechtlichen Einwendungen der Angeklagten und ihrer Verteidiger oder den Darlegungen des Vertreters der Finanzverwaltung oder eines Sachverständigen zu folgen und die Verhandlungen zielstrebig zu steuern; nur zu oft blieb die Entscheidung dann dem Sachverständigen überlassen (s. auch *Brezing* NJW 1984, 1598). Dieser Übelstand konnte nur dadurch behoben werden, dass nicht *jeder* Amtsrichter und nicht *jede* Strafkammer für Steuerstrafsachen zuständig blieb, sondern die Rechtsprechung auf wenige Richter konzentriert wurde (vgl. Schwarz/Pahlke/*Klaproth* AO § 391 Rn. 2). Die Erfahrung lehrt, dass Richter, die ihre gesamte Arbeitskraft einem besonderen Sachgebiet zuwenden und dort spezielle Erfahrungen sammeln können, aufgrund ihrer besonderen Sachkunde rationeller und schneller arbeiten und die Materie tiefer durchdringen (BVerfG 1.10.1968, BVerfGE 24, 155, 168 zu § 58 GVG u. § 33 JGG; HHS/*Bülte* AO § 391 Rn. 7 f.).

3. Systematik

4 Den Zweck der Konzentration von Steuerstrafsachen (→ Rn. 3) erreicht § 391 I 1 AO in der Weise, dass bei gegebener sachlicher Zuständigkeit des Amtsgerichts im Einzelfall nur dasjenige AG örtlich zuständig ist, in dessen Bezirk das Landgericht seinen Sitz hat; darüber hinaus sollen nach § 391 III AO, der eine Weisung an die Präsidien der AGe enthält, Strafsachen wegen Steuerstraftaten nach dem Geschäftsverteilungsplan beim AG einer bestimmten Abteilung zugewiesen werden (→ Rn. 24 ff.).

5 Die unter den Strafkammern des LG erforderliche Konzentration wird seit 1.1.1979 nach § 74c I Nr. 3 GVG bei der Kammer für Wirtschaftsstrafsachen herbeigeführt. Für den Fall, dass sich die Zuständigkeiten spezieller Spruchkörper auf der Ebene des LG überschneiden, bestimmt § 74e GVG den Vorrang des Schwurgerichts und den Nachrang der Staatsschutzkammer (§ 74a GVG). Die Zuständigkeit des Jugendgerichts geht in Strafverfahren **gegen Jugendliche und Heranwachsende** vor (§§ 41 I Nr. 1, 108 I, 102 JGG). Etwas anderes gilt nur, wenn Strafsachen gegen Jugendliche/Heranwachsende und Erwachsene nach § 103 I JGG verbunden werden und die Strafsache gegen den Erwachsenen ihrer Art nach vor die Wirtschaftsstrafkammer nach § 74c GVG gehört. Diese ist dann gem. § 103 II 2 JGG auch für das Verfahren gegen den Jugendlichen/Heranwachsenden zuständig (vgl. → Rn. 13; BT-Drs. VIII/976, 70; KK-StPO/*Diemer* GVG § 74e Rn. 2; Meyer-Goßner/Schmitt/*Schmitt* GVG § 74e Rn. 2; Kohlmann/*Hilgers-Klautzsch* AO § 391 Rn. 61; ausf. HHS/*Bülte* AO § 391 Rn. 58 ff.

6 Aus regionalen Zweckmäßigkeitsgründen können die Länder von den allgemeinen Vorschriften abweichende Verordnungen erlassen, und zwar in Bezug auf die Zuständigkeit der AGe aufgrund § 391 II AO (→ Rn. 19 ff.) und in Bezug auf die Zuständigkeit der LGe und der bei ihnen gebildeten Strafkammern aufgrund § 74c III GVG (→ Rn. 21 f.).

Die Ermächtigung zur Konzentration bei den LGen betrifft nicht nur Strafverfahren erster Instanz, sondern auch Berufungsverfahren gegen Urteile der Schöffengerichte (Kohlmann/*Hilgers-Klautzsch* AO § 391 Rn. 75).

7 **Die sachliche Zuständigkeit der AGe und der LGe** richtet sich in Strafsachen hauptsächlich nach den §§ 24, 25 u. 28 GVG bzw. §§ 73, 74, 74c u. 74e GVG. Da Steuerstrafsachen ausschließlich Vergehen iSd § 12 II StGB zum Gegenstand haben, muss die StA die Klage nach § 24 I Nr. 2 GVG regelmäßig beim AG erheben, wenn sie nicht wegen der besonderen Bedeutung des Falles Anklage beim LG erhebt (vgl. BVerfG 19.3.1959, BVerfGE 9, 223, 227 ff. sowie RiStBV 113). Der Strafrichter beim AG ist nach § 25 Abs. 2 GVG zuständig, wenn keine höhere Strafe als Freiheitsstrafe von zwei Jahren *zu erwarten* ist. Ist eine höhere Strafe zu erwarten, ohne dass die StA gem. § 74c I Nr. 3 GVG Anklage bei der Wirtschaftsstrafkammer des LG (→ Rn. 21 ff.) erhebt, entscheidet nach § 28 GVG das beim zuständigen AG gebildete Schöffengericht, das auf Freiheitsstrafe bis zu 4 Jahren erkennen kann (§ 24 II GVG); auf Antrag der StA kann nach § 29 II GVG die Zuziehung eines zweiten Richters beschlossen werden (sog. *erweitertes* Schöffengericht), wenn dessen Mitwirkung nach dem Umfang der Sache notwendig erscheint. Für den Erlass eines Strafbefehls und die sich ggf. unmittelbar an den Strafbefehlsantrag oder an einen Einspruch des Angeklagten anschließende Hauptverhandlung ist nach § 27 GVG iVm § 407 I StPO nur der Strafrichter sachlich zuständig. Eine Zuständigkeit des Schöffengerichtes kann es nach Änderung des § 25 GVG durch das RpflEntlG v. 11.1.1993 (BGBl. 1993 I 50) nicht mehr geben, da der Strafrichter immer zuständig ist, wenn eine höhere Freiheitsstrafe als 2 Jahre nicht zu erwarten ist, durch Strafbefehl aber höchstens Freiheitsstrafe von 1 Jahr verhängt werden darf, § 407 II S. 2 StPO (→ § 386 Rn. 7 f.). Lediglich im Fall des § 408a StPO kann das Schöffengericht noch einen Strafbefehl erlassen.

§ 391 I 1 AO trifft eine zwingende Regelung über den Gerichtsstand, falls die sachliche Zuständigkeit des AG (→ Rn. 7) begründet ist. Bevor die Vorschrift angewendet wird, ist zunächst festzustellen, welches AG für die Steuerstrafsache nach den *allgemeinen* Vorschriften des § 7 I StPO (Tatort), § 8 StPO (Wohnsitz, gewöhnlicher Aufenthaltsort oder letzter Wohnsitz) oder § 9 StPO (Ergreifungsort) örtlich zuständig wäre; vgl. ferner §§ 10, 11 StPO. Sind *mehrere* AGe örtlich zuständig, so gebührt der Vorzug nach § 12 I StPO demjenigen AG, das die Untersuchung zuerst eröffnet hat. Ist das hiernach ermittelte AG zugleich dasjenige AG, in dessen Bezirk das LG seinen Sitz hat, so ist § 391 I 1 AO für diesen Fall ohne Bedeutung. Ist es dagegen ein anderes AG, schreibt § 391 I 1 AO vor, dass anstelle des nach den §§ 7–12 StPO örtlich zuständigen AG *allein* dasjenige AG zuständig ist, in dessen Bezirk das LG seinen Sitz hat – vorausgesetzt, dass keine abweichende Regelung durch RechtsV getroffen worden ist (→ Rn. 15 ff.).

Die Bestimmung desjenigen AG, in dessen Bezirk das Landgericht seinen Sitz hat, weicht von § 476a RAO 1956 ab; sie berücksichtigt, dass in einigen Großstädten am Sitz des LG mehrere AGe bestehen. Haben umgekehrt in einer Großstadt *mehrere* LGe im Bezirk *eines* AG ihren Sitz, wie zB in München, ist nach § 391 I 1 AO das *eine* AG für sämtliche Steuerstrafsachen aus dem Bezirk *beider* LGe örtlich zuständig, sofern nicht durch RechtsV eine abweichende Regelung getroffen worden ist.

Einschränkungen des § 391 I 1 AO gelten nach § 391 I 2 AO für die vom Gericht *im vorbereitenden Verfahren* wegen einer Steuerstraftat zu treffenden Entscheidungen (→ Rn. 14). **Ausgeschlossen** ist § 391 I 1 AO nach § 42 I JGG bei Steuerstrafverfahren gegen *Jugendliche* und nach § 391 IV Hs. 2 AO für *Rauschgiftdelikte* und für *KfzSt-Straftaten* (→ Rn. 34 ff.). Eine von § 391 I 1 abweichende Regelung ist durch RechtsV nach § 391 II AO möglich (→ Rn. 16 ff.).

Eine Verletzung des § 391 I 1 AO (oder einer aufgrund § 391 II AO erlassenen abweichenden Zuständigkeitsvorschrift) haben die Gerichte erster Instanz *von Amts wegen* gem. § 16 S. 1 StPO nur bis zur Eröffnung des Hauptverfahrens (§ 199 StPO) zu prüfen; danach darf das Gericht seine Unzuständigkeit gem. § 16 S. 2 StPO nur *auf Einwand des Angeklagten* aussprechen. Dieser Einwand ist gem. § 16 S. 3 StPO nur solange zulässig, bis in der Hauptverhandlung die Vernehmung des Angeklagten zur Sache beginnt. Ist der Einwand rechtzeitig erhoben, aber zu Unrecht zurückgewiesen worden, liegt ein absoluter Revisionsgrund gem. § 338 Nr. 4 StPO vor.

4. Beschränkungen der Konzentration

a) Beschränkungen auf Strafverfahren wegen Steuerstraftaten

Abweichend von dem früheren Recht (§ 476 RVO 1956: „*in Strafsachen wegen Steuer- oder Monopol-Vergehen*") sagt § 391 I AO nicht mehr ausdrücklich, dass die Vorschrift nur im Steuerstrafverfahren gilt. Die Beschränkung auf die Ermittlung von Steuerstraftaten iSd § 369 I AO folgt jedoch bereits aus der Stellung des § 391 AO im 3. Abschnitt des 8. Teils der AO. Sie folgt insbes. durch Umkehrschluss aus § 391 IV AO; denn diese Vorschrift bringt zum Ausdruck, dass die übrigen Absätze des § 391 AO auch gelten, wenn das Verfahren nicht nur Steuerstraftaten zum Gegenstand hat (→ Rn. 31), und dass von den Steuerstraftaten nur solche ausgenommen sind, welche die KfzSt betreffen (→ Rn. 37) oder die auch Betäubungsmittelstraftaten darstellen (→ Rn. 36). Eine Ausdehnung auf Bußgeldverfahren wegen Steuerordnungswidrigkeiten (außer solchen, die KfzSt betreffen) wird durch § 410 I Nr. 2 AO, eine erweiterte Ausdehnung wird durch § 24 BierStG iVm § 12 II FVG, § 8 II 2 WoPG, § 14 III des 5. VermBG, 15 II EigZulG, § 15 InvZulG 2010, §§ 20, 29a II BerlinFG u. § 164 S. 2 StBerG bewirkt, hierzu bereits → § 386 Rn. 11.

b) Beschränkung auf Strafverfahren gegen Erwachsene

§ 42 I JGG idF des Art. 47 EGOWiG hat geklärt, dass bei einem Strafverfahren gegen einen Jugendlichen oder Heranwachsenden iSd § 1 II JGG die besonderen, aus dem

Gesichtspunkt der Erziehungsbedürftigkeit begründeten Gerichtsstände der §§ 42, 108 JGG den Vorrang haben gegenüber dem Gesichtspunkt einer möglichst sachgerechten Bestrafung durch denjenigen Strafrichter, der nach § 391 I 1 AO (oder einer hiervon abw. RechtsV) für Steuerstrafsachen zuständig ist und auf *diesem* Gebiet besondere Erfahrung hat (anders BGH 6.6.1957, BGHSt 10, 324 zu der zweifelhaften Fassung des § 476a RAO 1956). Gegen die Rspr. des BGH waren Bedenken erhoben worden (vgl. *Grethlein* NJW 1957, 1370), denen sich der Gesetzgeber angeschlossen hat (Schriftl. Ber. zu BT-Drs. V/2601, 27).

c) Beschränkung auf das Erkenntnisverfahren

14 **§ 391 I 2 AO klärt die Frage,** ob die Regelung der Konzentration der örtlichen Zuständigkeit erst eingreift, wenn die öffentliche Klage erhoben wird, oder ob sie bereits für Entscheidungen gilt, für die der Richter im vorbereitenden Verfahren sachlich zuständig ist. Das Gesetz bietet eine vermittelnde Lösung, nach der § 391 I 1 AO grundsätzlich erst im Erkenntnisverfahren anzuwenden ist. Eine ausdehnende Anwendung auf das vorbereitende Verfahren bestimmt § 391 I 2 AO für die Zustimmung des Gerichts bei Einstellungen des Strafverfahrens wegen Geringfügigkeit, sei es ohne Auflagen und Weisungen (§ 153 I StPO) oder mit Auflagen und Weisungen (§ 153a I StPO); denn nur der für die Entscheidung in Steuerstrafsachen zuständige Richter kann aufgrund seiner Erfahrung zutreffend beurteilen, bei welchen Steuerstraftaten die Schuld des Täters gering wäre oder gering ist (so bereits früher BayObLG 29.1.1959, NJW 1959, 781). Im Übrigen verbleibt es im Vorverfahren bei der allgemeinen Zuständigkeitsregelung, so zB für Beschlagnahmen (§ 98 StPO), Durchsuchungen (§ 105 StPO), Notveräußerungen (§ 111 I StPO), Haft- oder Unterbringungsbefehle (§§ 112 ff. StPO) und richterliche Untersuchungshandlungen nach § 162 StPO, sofern nicht eine abweichende Zuständigkeitsregelung durch RechtsV aufgrund § 58 I GVG (→ Rn. 15) getroffen ist. Diese Zuständigkeit des allgemeinen Strafrichters ist in Einzelfällen problematisch, wenn – etwa bei der Anordnung von Durchsuchung und Haft – schwierige materielle Fragen des Steuer(straf)rechts im Raum stehen. Hier dominiert die FinB den Strafrichter (vgl. auch *Joecks* FA-FS, 661 ff.).

5. Abweichende Regelungen

a) Durch Rechtsverordnung aufgrund § 58 I GVG

15 § 58 I GVG, in seiner ursprünglichen Fassung als § 57a durch G v. 11.3.1921 (RGBl. 1921, 229) eingeführt, ist im Vergleich zu § 391 II AO und den Vorläufern dieser Vorschrift (→ Rn. 1) *älter* und *weiter* gefasst, sofern er auf der Ebene der AGe die Konzentration von Strafsachen aller Art und in jedem Stadium des Verfahrens ermöglicht:

§ 58 GVG [Gemeinsames Amtsgericht]

(1) ¹Die Landesregierungen werden ermächtigt, durch Rechtsverordnung einem Amtsgericht für die Bezirke mehrerer Amtsgerichte die Strafsachen ganz oder teilweise, Entscheidungen bestimmter Art in Strafsachen sowie Rechtshilfeersuchen in strafrechtlichen Angelegenheiten von Stellen außerhalb des räumlichen Geltungsbereichs dieses Gesetzes zuzuweisen, sofern die Zusammenfassung für eine sachdienliche Förderung oder schnellere Erledigung der Verfahren zweckmäßig ist. ²Die Landesregierungen können die Ermächtigung durch Rechtsverordnung auf die Landesjustizverwaltungen übertragen.
(2), (3) ...

Nach Einführung des § 376a II RAO 1956 und seiner Entwicklung zu § 391 II AO 1977 (→ Rn. 1 f.) ist fraglich geworden, in welchem Verhältnis die beiden Ermächtigungsnormen des GVG und der AO zueinanderstehen. Die ausdrückliche Erwähnung des § 58 I GVG in § 391 I 2 AO und das Fehlen eines entsprechenden Hinweises in § 391 II AO begründet den Schluss, dass § 58 I GVG weitergehende Regelungen *nur* für das vorbereitende Verfahren zulässt (→ Rn. 14), indessen für das *weitere* Steuerstrafverfahren durch die besondere Ermächtigungsnorm des § 391 II AO verdrängt wird (so grundsätzlich auch HHS/*Bülte* AO § 391 Rn. 43 ff., Kohlmann/*Hilgers-Klautzsch* AO § 391 Rn. 72). Dies wird beim Erlass einer neuen RechtsV zu beachten sein, ist jedoch für den Fortbestand einer früher erlassenen RechtsV jedenfalls dann unerheblich, wenn deren Zielrichtung keinen Widerspruch zu § 391 II AO erkennen lässt, wie zB die aufgrund § 58 I GVG in *Berlin* erlassene Zweite VO über die Konzentration amtsgerichtlicher Zuständigkeiten vom 4.12.1972 (GVBl. 1972, 2301), nach der *sämtliche* Straf-, Jugendgerichts- und Bußgeldsachen – also auch die *Steuer*straf- und -bußgeldsachen – aus dem LG-Bezirk Berlin dem AG Tiergarten zugewiesen worden sind.

b) Aufgrund § 391 II AO

§ 391 II 1 AO ermächtigt die Landesregierungen, durch RechtsV eine von § 391 I 1 AO abweichende Regelung zu treffen, um regionalen Bedürfnissen gerecht zu werden. Dabei sind Inhalt, Zweck und Ausmaß (Art. 80 I GG) weiträumig bemessen. Rücksicht auf die „*Wirtschafts- oder Verkehrsverhältnisse*" gestattet es, ein anderes AG als zuständig zu bestimmen als dasjenige, in dessen Bezirk das übergeordnete LG seinen Sitz hat, oder bestimmte Gruppen von Steuerstrafsachen, etwa Zollstrafsachen, einem grenznahen AG zuzuweisen, dagegen die Strafsachen, die Besitz- und Verkehrsteuern betreffen, bei dem nach § 391 I 1 AO zuständigen AG zu belassen. Rücksicht auf den „*Aufbau der Verwaltungsbehörden*" kann es auch zweckmäßig erscheinen lassen, die örtliche Zuständigkeit für Straftaten, die bestimmte Steuerarten betreffen, dem AG am Sitz desjenigen Finanzamts zu übertragen, dem die Landesregierung oder der Finanzminister(-senator) die steuerrechtliche Zuständigkeit für den Bezirk mehrerer Finanzämter zugewiesen hat (→ § 387 Rn. 5). In solchen Fällen ist es auch zulässig, dass in *einem* LG-Bezirk – zB nach Zöllen und Verbrauchsteuern hier und Besitz- und Verkehrsteuern dort – *mehrere* AGe als zuständig bestimmt werden. In einem weiträumigen LG-Bezirk mit langen Außengrenzen und ungünstigen Verkehrsverbindungen erscheint es sogar zulässig, *zwei* AGe mit gleichartigen Steuerstrafsachen zu beauftragen (vgl. HHS/*Bülte* AO § 391 Rn. 48). Indessen würde der Verordnungsgeber die Grenzen der gesetzlichen Ermächtigung überschreiten, sobald eine vielfach geteilte Zuständigkeitsregelung dem Grundgedanken der Konzentration (→ Rn. 3) nicht mehr gerecht wird.

Ob die Grenzen der LG-Bezirke bei einer Regelung aufgrund § 391 II 1 AO 1977 (vorher § 426 II 1 RAO 1967) gewahrt bleiben müssen, war umstritten (ausf. Löwe/Rosenberg/*Siolek* StPO § 58 Rn. 3), bis die Rspr. die Frage für den Fall der Zuständigkeit *eines* AG für *mehrere* LG-Bezirke innerhalb *eines* Landes verneinend beurteilt hat (OLG Zweibrücken 10.7.1969, DStZ/B 1969, 336, BVerfG 12.1.1971, BVerfGE 30, 103, 105 ff.), und zwar mit Rücksicht auf den Grundgedanken der Ermächtigungsnorm (→ Rn. 3) und die Tatsache, dass sich „*Wirtschaftsverhältnisse unabhängig von überkommenen LG-Bezirken entwickeln*" (BVerfG aaO).

Die Möglichkeit, die Ermächtigung nach § 391 II 2 AO 1977 (vorher § 426 II 2 AO 1967) auf die **Landesjustizverwaltung** weiterzuübertragen, wurde genutzt

in *Baden-Württemberg* durch § 1 I iVm § 66 der VO zur Übertragung von Ermächtigungen im Bereich der Rechtspflege (Subdelegation VO-Justiz) v. 2.4.2019 (Gbl. 109),

in *Bayern* durch § 3 Nr. 1 der VO über die Zuständigkeit zum Erlass von Rechtsverordnungen (Delegationsverordnung, DelV) v. 28.1.2004 (GVBl. 22), zul. geänd. durch VO v. 27.7.2021 (GVBl. 499),

in *Brandenburg* durch § 1 Nr. 1 der VO zur Übertragung von Zuständigkeiten zum Erlass von RechtsVen auf das für Justiz zuständige Mitglied der Landesregierung (JuZÜV) v. 9.4.2014 (GVBl. II Nr. 23), zul. geänd. durch VO v. 11.12.2020 (GVBl. II Nr. 121),

in *Hamburg* durch Nr. 8 der VO zur Weiterübertragung von Verordnungsermächtigungen im Bereich des Wirtschaftsrechts v. 20.8.2002 (HmbGVBl. 233, 234), zul. geänd. durch VO v. 23.3.2021 (HmbGVBl. 158),

in *Mecklenburg-Vorpommern* durch § 1 Nr. 1 der LandesVO zur Delegation zum Erlass von Rechtsverordnungen im Bereich der Justiz (SubLVOJu M-V) v. 19.6.2019 (GVOBl. 203), zul. geänd. durch 9.8.2019 (GVOBl. 553), in *Niedersachsen* durch § 1 Nr. 10 VO zur Übertragung von Ermächtigungen auf den Gebieten der Rechtspflege und der Justizverwaltung (SubdelegationsVO-Justiz) v. 6.7.2007 (GVBl. 244), zul. geänd. durch VO v. 14.9.2021 (Nds.GVBl. 644),

in *Rheinland-Pfalz* durch § 1 Nr. 15 VO zur Übertragung von Ermächtigungen auf dem Gebiet der Rechtspflege v. 15.12.1982 (GVBl. 460), zul. geänd. durch VO v. 6.5.2021 (GVBl. 284),

in *Sachsen* durch § 1 Nr. 1 der VO über die Übertragung von Zuständigkeiten im Bereich der Rechtspflege (ZustÜVOJu) v. 16.10.2014 (SächsGVBl. 673), zul. geänd. durch VO v. 13.7.2021 (SächsGVBl. 774),

in *Sachsen-Anhalt* durch § 1 Nr. 57 der VO zur Übertragung von Verordnungsermächtigungen im Bereich der Justiz v. 28.3.2008 (GVBl. LSA 137), zul. geänd. durch VO v. 8.3.2021 (GVBl. LSA 88, 89) sowie

in *Schleswig-Holstein* durch § 1 I Nr. 1 der VO zur Übertragung von Ermächtigungen zum Erlass von Rechtsverordnungen im Bereich der Rechtspflege (JErmÜVO) v. 4.12.1996 (GVOBl. 720), zul. geänd. durch VO v. 26.11.2020 (GVOBl. 923) und

in *Thüringen* durch § 1 Nr. 1 der VO zur Übertragung von Ermächtigungen im Bereich der Rechtspflege (ThürErmÜVJ) v. 2.5.2017 (GVBl. 143), zul. geänd. durch VO v. 26.3.2019 (GVBl 65).

19 **Aufgrund des § 426 II RAO wurde erlassen:**
in *Bremen* die VO über die örtliche Zuständigkeit des AG Bremerhaven in Steuer- und Monopolstrafsachen und Steuer- und Monopolordnungswidrigkeiten v. 24.6.1969 (GBl. 85), nach der das AG Bremerhaven für die in der Stadtgemeinde Bremerhaven und in dem stadtbremischen Überseehafengebiet Bremerhaven entstehenden Strafsachen wegen Steuer- und Monopolvergehen örtlich zuständig ist.

20 **Aufgrund des § 391 II AO 1977 wurden erlassen:**
in *Baden-Württemberg* die VO über Zuständigkeiten in der Justiz (ZuVOJu) v. 20.11.1998 (GBl. 680), zul. geänd. durch VO v. 26.11.2020 (GBl. 1099), nach deren § 26 das AG Lörrach auf dem Gebiet der Steuer-, Zoll- und Monopolvergehen und -ordnungswidrigkeiten für seinen Bezirk örtlich zuständig ist, soweit das Amtsgericht sachlich zuständig ist;

in *Bayern* die VO übergerichtliche ZuständigkeitsVO Justiz (GZVJu) v. 11.6.2012 (GVBl. 295), zul. geänd. durch VO v. 8.9.2021 (GVBl. 583), nach deren § 56 ist jeweils über den gleichnamigen LG-Bezirk hinaus zuständig das AG Augsburg für die LG-Bezirke Kempten (Allgäu) und Memmingen, das AG Hof die für die LG-Bezirke Bamberg, Bayreuth und Coburg, das AG Landshut für die LG-Bezirke Deggendorf und Passau, das AG München für die LG-Bezirk München I und II, das AG Nürnberg für den LG-Bezirk Ansbach, das AG Regensburg für die LG-Bezirke Amberg und Weiden i. d. OPf., das AG Rosenheim für den LG-Bezirk Traunstein sowie das AG Würzburg für die LG-Bezirke Aschaffenburg und Schweinfurt;

in *Hessen* die Justizzuständigkeitsverordnung (JuZuV) v. 3.6.2013 (GVBl. 386), zul. geänd. durch VO v. 8.10.2020 (GVBl. 710), nach deren § 52 das AG Wetzlar in Strafsachen wegen Steuerstraftaten neben dem eigenen für den AG-Bezirk Dillenburg örtlich zuständig ist;

in *Niedersachsen* die VO zur Regelung von Zuständigkeiten in der Gerichtsbarkeit und der Justizverwaltung (ZustVO-Justiz) v. 18.12.2009 (GVBl. 506), zul. geänd. durch VO v. 12.1.2021 (GVBl. 12), nach deren § 20 I in Zoll- und Verbrauchsteuervergehen einschließlich Monopolvergehen das AG Cuxhaven für die AG-Bezirke Cuxhaven und Otterndorf, das AG Emden für die AGs in dem LG-Bezirk Aurich und den AG-Bezirk Papenburg sowie das AG Nordhorn für die AG-Bezirke Nordhorn, Lingen (Ems) und Meppen örtlich zuständig ist;

in *Rheinland-Pfalz* die LandesVO über die gerichtliche Zuständigkeit in Strafsachen und Bußgeldverfahren v. 19.11.1985 (GVBl. 265), geänd. durch VO v. 11.8.2017 (GVBl. 186), nach dessen § 3 IV Nr. 2 zuständig sind das AG Koblenz für den LG Bezirk Koblenz, das AG Mainz für die LG-Bezirke Bad Kreuznach u. Mainz, das AG Trier für den LG-Bezirk

Trier, das AG Kaiserslautern für die LG-Bezirke Kaiserslautern u. Zweibrücken sowie das AG Ludwigshafen für die LG-Bezirke Frankenthal (Pfalz) u. Landau in der Pfalz. Hiervon teilweise abweichend sind in Wein- und Lebensmittelstrafsachen gem. § 3 V Nr. 2 die AGe Bad Kreuznach, Koblenz, Mainz, Trier, Kaiserslautern u. Landau jeweils für den gleichnamigen LG-Bezirk sowie das AG Neustadt an der Weinstraße für den LG-Bezirk Frankenthal und das AG Pirmasens für den LG-Bezirk Zweibrücken zuständig. Wein- und Lebensmittelstrafsachen sind nach der VO auch *„Verstöße … gegen Strafbestimmungen der Steuer- und Zollgesetze, sofern diese Straftaten im Zusammenhang mit einer Straftat nach dem Weingesetz oder dem Lebensmittelrecht stehen"*;

in *Sachsen* die Sächsische JustizorganisationsVO (SächsJOrgVO) v. 73.2016 (SächsGVBl. 103), zul. geänd. durch VO v. 2.12.2019 (SächsGVBl. 17), nach deren § 23 das AG Chemnitz für die LG-Bezirke Chemnitz und Zwickau zuständig ist sowie die AGe Dresden, Görlitz und Leipzig jeweils für die gleichnamigen LG-Bezirke zuständig sind

c) Aufgrund § 74c GVG

Für bestimmte Wirtschaftsstraftaten, die in § 74c I Nr. 1–6 GVG aufgezählt sind, 21 ist eine große Strafkammer als *Wirtschaftsstrafkammer* zuständig, soweit das Landgericht nach § 74 I GVG als Gericht des ersten Rechtszuges oder nach § 74 III GVG für die Berufung gegen Urteile des Schöffengerichts zuständig ist. Anstelle einer einzigen können bei Bedarf auch mehrere Wirtschaftsstrafkammern gebildet werden, wenn jede in überwiegendem Maße mit Wirtschaftsstrafsachen ausgelastet wird (BGH 22.1.1983, BGHSt 31, 326; vgl. auch HHS/*Bülte* AO § 391 Rn. 26). Nach § 74c I Nr. 3 GVG gehören zur Zuständigkeit der Wirtschaftsstrafkammer u. a. Straftaten *„nach dem … Außenwirtschaftsgesetz, … dem Finanzmonopol-, Steuer- und Zollrecht, auch soweit dessen Strafvorschriften nach anderen Gesetzen anwendbar sind; dies gilt nicht, wenn dieselbe Handlung eine Straftat nach dem Betäubungsmittelgesetz darstellt, und nicht für Steuerstraftaten, welche die Kraftfahrzeugsteuer betreffen."* In der zitierten Fassung nach dem StVÄG 1979 (→ Rn. 2) trat § 74c GVG in Bezug auf die Zusammenfassung von Steuerstrafsachen bei den Landgerichten an die Stelle der ursprünglichen Fassung des § 391 III AO 1977, in welcher die Worte gestrichen wurden, nach denen Steuerstrafsachen *„beim Landgericht einer bestimmten Strafkammer"* zugewiesen werden sollten (vgl. zur Geschäftsverteilung bei den Amtsgerichten → Rn. 25 ff., insbes. Rn. 27 aE). Die Sonderzuständigkeit entfällt nicht dadurch, dass die Subsidiaritätsklausel des Bannbruchs nach § 372 II AO greift (LG Hof 12.1.2017 – 4 Qs 123/17).

Beim **Zusammentreffen von Wirtschafts- und Nichtwirtschaftsstraftaten** ist die 22 Wirtschaftsstrafkammer auch dann zuständig, wenn für die Wirtschaftsstraftat allein die Strafgewalt des AG an sich ausreichen würde. Sind neben einer Katalogtat weitere selbständige Straftaten angeklagt, so ist die Rechtsfolgenerwartung insgesamt maßgeblich (OLG Karlsruhe 23.7.1985, NStZ 1985, 517; Meyer-Goßner/Schmitt/*Schmitt* GVG § 74c Rn. 2; zur Zuständigkeit einer Wirtschaftsstrafkammer vgl. iÜ *Löffeler* JA 1987, 214; *Firgau* wistra 1988, 140).

Bei einem Zuständigkeitsstreit zwischen der Wirtschaftsstrafkammer und der all- 23 gemeinen Strafkammer steht die Kompetenz-Kompetenz analog §§ 209a, 225a IV u. § 270 I 2 StPO aus systematischen und prozessökonomischen Gründen der Wirtschaftsstrafkammer zu (OLG Düsseldorf 2.11.1981, JR 1982, 514 m. zust. Anm. *Rieß;* ebenso KK-StPO/*Gmel* AO § 225a Rn. 4; Kissel/Mayer/*Mayer* GVG § 74c Rn. 10; Meyer-Goßner/Schmitt/*Schmitt* GVG § 74c Rn. 6 sowie *Meyer-Goßner* NStZ 1981, 169). Nach der Gegenmeinung (OLG München 6.6.1979, JR 1980, 77 m. abl. Anm. *Rieß*) muss analog §§ 14, 19 StPO das OLG als das gemeinschaftliche obere Gericht über die Zuständigkeit entscheiden. Nur wenn anstelle der Wirtschaftsstrafkammer die allgemeine Strafkammer entschieden hat, kann der Angeklagte mit der Rüge der Unzuständigkeit gem. § 338 Nr. 4 StPO die Revision begründen (KK-StPO/*Gericke* AO § 338 Rn. 68). Hierbei ist entscheidend, welches Gericht *bei Erlass* des angefochtenen Urteils zuständig war. Darauf, ob die Strafsache wegen mitangeklagter Steuerdelikte ursprünglich vor eine

24 **§ 74c III GVG ermächtigt die Landesregierungen,** ua Steuerstrafsachen *"zur sachdienlichen Förderung oder schnelleren Erledigung der Verfahren"* (vgl. § 58 I GVG, →Rn. 15) durch RechtsV *einem* Landgericht für die Bezirke *mehrerer* Landgerichte ganz oder teilweise zuzuweisen. Die Ermächtigung zur Konzentration ist der LReg erteilt, die sie ihrerseits gem. § 74c III S. 2 GVG auf die LJustizVerw weiterübertragen kann. Dies ist zB geschehen

in *Baden-Württemberg* durch die VO zur Übertragung von Ermächtigungen im Bereich der Rechtspflege (Subdelegation VO-Justiz) v. 2.4.2019 (GBl. 109),

in *Bayern* durch die DelV v. 28.1.2004 (GVBl. 2), zul. geänd. mit VO v. 27.7.2021 (GVBl. 499),

in *Brandenburg* die JuZÜV v. 9.4.2014 (GVBl. II Nr. 23), zul. geänd. mit VO v. 11.12.2020 (GVBl. II Nr. 121),

in *Mecklenburg-Vorpommern* die LandesVO zur Delegation zum Erlass von Rechtsverordnungen im Bereich der Justiz (SubLVOJu M-V) v. 19.6.2019 (GVOBl. 203), zul. geänd. durch 9.8.2019 (GVOBl. 553),

in *Niedersachsen* durch die SubdelegationsVO-Justiz v. 6.7.2007 (GVBl. 244), zul. geänd. durch VO v. 14.9.2021 (Nds.GVBl. 644),

in *Rheinland-Pfalz* durch VO v. 15.12.1982 (GVBl. 460), zul. geänd. durch VO v. 6.5.2021 (GVBl. 284),

in *Sachsen* durch die ZustÜVO v. 25.3.2013 (SächsGVBl. 209),

in *Sachsen-Anhalt* durch die VO v. 28.3.2008 (GVBl. 137), zul. geänd. durch VO v. 13.7.2021 (SächsGvBl. 774),

in *Schleswig-Holstein* durch die JErmÜVO v. 4.12.1996 (GVOBl. 720), zul. geänd. durch VO v. 26.11.2020 (GVOBl. 923) sowie

in *Thüringen* durch die VO zur Übertragung von Ermächtigungen im Bereich der Rechtspflege (ThürErmÜVJ) v. 2.5.2017 (GVBl. 143), zul. geänd. durch VO v. 26.3.2019 (GVBl 65).

25 **Aufgrund § 74c III GVG wurden erlassen**

in *Baden-Württemberg* die VO v. 20.11.1998 (GBl. 680), zul. geänd. durch v. 26.11.2020 (GBl. 1099), nach deren § 17 das LG Mannheim für den OLG-Bezirk Karlsruhe u. das LG Stuttgart für den OLG-Bezirk Stuttgart zuständig ist;

in *Bayern* der § 55 GZVJu v. 11.6.2012 (GVBl. 295), zul. geänd. durch VO v. 8.9.2021 (GVBl. 583), danach ist zuständig das LG Augsburg auch für die LG-Bezirke Kempten (Allgäu) u. Memmingen, das LG Hof auch für die LG-Bezirke Bamberg, Bayreuth u. Coburg, das LG Landshut auch für die LG-Bezirke Deggendorf u. Passau, das LG München II auch für die LG-Bezirke Ingolstadt und Traunstein, das LG Nürnberg-Fürth für den LG-Bezirk Ansbach, das LG Regensburg auch für die LG-Bezirke Amberg u. Weiden i. d. OPf. sowie das LG Würzburg auch für die LG-Bezirke Aschaffenburg u. Schweinfurt;

in *Bremen* nach § 2 S. 2, 3 StrafKVO Bremerhaven v. 3.3.12.2019 (Brem.GBl. 698) nach der Wirtschaftsstrafsachen dem LG Bremen zugewiesen werden, auch soweit sie in Bremerhaven anfallen;

in *Mecklenburg-Vorpommern* mit § 8 KonzVO v. 28.3.1994 (KonzentrationsVO, GVOBl. M-V 514), zul. geänd. durch VO v. 22.2.2018 (GVOBl. M-V 59), wonach gem. § 8 das LG Rostock auch für den LG-Bezirk Stralsund und das LG Schwerin auch für den LG-Bezirk Neubrandenburg zuständig ist;

in *Niedersachsen* die ZustVO-Justiz v. 18.12.2009 (Nds.GVBl. 506), zul. geänd. durch VO v. 12.1.2021 (Nds.GVBl. 12), nach deren § 18 das LG Hildesheim auch für die LG-Bezirke Bückeburg u. Hannover sowie das LG Stade auch für den LG-Bezirk Lüneburg zuständig ist;

in *Rheinland-Pfalz* die VO v. 19.12.1985 (GVBl. 265), zul. geänd. durch VO v.11.8.2017 (GVBl. 186), nach deren § 3 III Nr. 1 das LG Koblenz für den OLG-Bezirk Koblenz und das LG Kaiserslautern für den OLG-Bezirk Zweibrücken zuständig ist;

in *Sachsen* die die Sächsische JustizorganisationsVO (SächsJOrgVO) v. 7.3.2016 (SächsGVBl. 103), zul. geänd. durch VO v. 2.12.2019 (SächsGVBl. 17), nach deren § 23 II das LG Chemnitz auch für den LG-Bezirk Zwickau zuständig ist;

in *Sachsen-Anhalt* die WiLGZustV LSA v. 17.5.2011 (GVBl. 578), nach deren § 1 das LG Magdeburg auch für den LG-Bezirk Stendal und das LG Halle auch für den LG-Bezirk Dessau-Roßlau zuständig ist;

in *Schleswig-Holstein* die JZVO v. 15.11.2019 (GVOBl. 546), zul. geänd. durch VO. 7.12.2020 (GVOBl. 994), nach deren § 27 das LG Kiel auch für den LG-Bezirk Flensburg und das LG Lübeck auch für den LG-Bezirk Itzehoe zuständig ist sowie

in *Thüringen* das ThürAGGVG v. 12.10.1993 (GVBl. 612), zul. geänd. durch G v. 10.10.2019 (GVBl. 382), nach deren § 14 II dem LG Mühlhausen (sämtliche) Wirtschaftsstrafsachen gemäß § 74c I GVG zugewiesen werden.

einstweilen frei 26

6. Konzentration bei der Geschäftsverteilung

Zum Zwecke einer weitergehenden Konzentration sollen Steuerstrafsachen im 27 Wege der Geschäftsverteilung bei dem AG, das nach § 391 I 1 AO oder nach einer aufgrund § 391 II 1 AO erlassenen RechtsV (→ Rn. 19 ff.) zuständig ist, einer bestimmten Abteilung, dh einem bestimmten Richter, zugewiesen werden. Die Vorschrift enthält eine gesetzliche Weisung an die Präsidien der zuständigen AGe (Kohlmann/*Hilgers-Klautzsch* AO § 391 Rn. 80). Der Begriff „*Abteilung*" (vgl. § 22c I 3 GVG) bezieht sich auf die Funktion der beim AG durch die einzelnen Strafrichter verkörperten verschiedenen Spruchstellen und entspricht dem durch die Geschäftsverteilung festgelegten Dezernat des einzelnen Strafrichters (OLG Koblenz 20.6.1968, NJW 1968, 2398).

§ 391 III AO schließt nicht aus, dass die Steuerstrafsachen bei größeren Amtsgerichten 28 auf *mehrere* Abteilungen aufgeteilt werden, wenn der Anfall an Steuerstrafsachen so groß ist, dass ein Strafrichter allein nicht in der Lage ist, alle Sachen zu erledigen (Begr. BT-Drs. V/1812, 31).

Von der gesetzlichen Anweisung, die Steuerstrafsachen bei einer oder mehreren 29 Abteilungen des zuständigen AG zusammenzufassen, darf nur abgewichen werden, wenn besondere Gründe dies rechtfertigen. Mit *Göhler* (Beil. zum BAnz 152/1957, 8) ist zu bezweifeln, ob solche besonderen Gründe denkbar sind. § 391 III AO hat daher praktisch den Charakter einer zwingenden Vorschrift. Die Formulierung als *Soll*vorschrift bezweckt, dass Verletzungen des § 391 III AO – im Gegensatz zu Verletzungen der anderen Bestimmungen des § 391 AO – im Rechtsmittelverfahren nicht gerügt werden können (vgl. Kohlmann/*Hilgers-Klautzsch* AO § 391 Rn. 81, RKR/*Kemper* AO § 391 Rn. 34 u. Erbs/Kohlhaas/*Hadamitzky/Senge* AO § 391 Rn. 5). Mit *Bülte* (HHS/*Bülte* AO § 391 Rn. 35) wird man jedoch im Hinblick auf § 338 Nr. 1 StPO von einer Revisibilität ausgehen können (ebenso Klein/*Jäger* AO § 391 Rn. 22).

Bei der Zurückverweisung einer Strafsache „*an eine andere Abteilung ... des Gerichts,* 30 *dessen Urteil aufgehoben wird, oder an ein zu demselben Land gehörendes anderes Gericht gleicher Ordnung*" gem. § 354 II 1 StPO ist das für den neuen Rechtszug zuständige Gericht nicht näher bestimmt. Namentlich ist nicht vorgeschrieben, dass das Revisionsgericht eine Steuerstrafsache nur an einen nach § 391 AO zuständigen Richter zurückverweisen darf. Es entspricht jedoch dem Grundgedanken dieser Vorschrift (→ Rn. 3), eine Steuerstrafsache eher an ein anderes für Steuerstrafsachen zuständiges AG zu verweisen als an einen Richter, der mit Steuerstrafsachen sonst nicht befasst ist.

7. Zusammentreffen von Steuerstraftaten mit anderen Straftaten

a) § 391 IV Hs. 1 AO

31 Die Vorschriften des § 391 I–III AO über die Zusammenfassung von Steuerstrafsachen gelten nach § 391 IV Hs. 1 AO auch, wenn ein Strafverfahren außer Steuerstraftaten noch andere Straftaten zum Gegenstand hat. Dabei ist unerheblich, welche Straftat den Schwerpunkt des Verfahrens bildet (glA KK-StPO/*Diemer* GVG § 74c Rn. 2, HHS/*Bülte* AO § 391 Rn. 62 u. Kohlmann/*Hilgers-Klautzsch* AO § 391 Rn. 83). Eine solche Unterscheidung war bei den Vorberatungen des AOStrafÄndG zwar erwogen worden, wurde aber verworfen, da die Frage, wo das Schwergewicht liegt, oft schwierig zu beantworten ist und sich das Schwergewicht im Verlauf des Verfahrens auch verlagern kann. Die Lösung, *allgemein* (Ausnahmen s. → Rn. 32 f.) die Zuständigkeit des *Steuer*strafrichters zu bestimmen, beruht auf der Erwägung, dass *jeder* Steuerstrafrichter das *ganze* Strafrecht beherrscht, dass jedoch den meisten übrigen Strafrichtern die besonderen Kenntnisse und Erfahrungen fehlen, die für die Beurteilung von Zuwiderhandlungen gegen Steuergesetze erforderlich sind.

32 Ein Verfahren hat nicht nur Steuerstraftaten zum Gegenstand, wenn entweder derselbe Beschuldigte in Tateinheit (§ 52 StGB) oder in Tatmehrheit (§ 53 StGB) mit einer Steuerstraftat ein anderes Strafgesetz verletzt hat oder wenn das Verfahren wegen eines sachlichen Zusammenhangs (→ § 389 Rn. 9 ff.) gegen mehrere Beschuldigte geführt wird, von denen einem nur *Steuer*straftaten, einem anderen dagegen (auch oder nur) *andere* Straftaten vorgeworfen werden. Unerheblich ist, auf welche Weise eine Steuerstrafsache mit einer anderen Strafsache verbunden ist (glA HHS/*Bülte* AO § 391 Rn. 62 f., Kohlmann/*Hilgers-Klautzsch* AO § 391 Rn. 83).

33 Der Steuerstrafrichter bleibt zuständig, auch wenn er nach Einreichung der Anklageschrift die Strafverfolgung gem. § 154a II StPO mit Zustimmung der StA auf nichtsteuerliche Straftaten beschränkt hat.

b) § 391 IV Hs. 2 AO

34 Beim tateinheitlichen Zusammentreffen einer Steuerstraftat mit einer Straftat nach dem BtMG sind die Konzentrationsvorschriften des § 391 I–III AO nach dem Inkrafttreten des G zur Neuordnung des Betäubungsmittelrechts v. 28.7.1981 (BGBl. 1981 I 681) ab 1.1.1982 nicht mehr anzuwenden, weil der Gesetzgeber in solchen Fällen die *„Kenntnis der örtlichen Verhältnisse, insbesondere der örtlichen Drogenszene"* (→ Rn. 2 aE) für wichtiger angesehen hat als die besondere Sach- und Steuerrechtskunde des für Steuerstrafsachen zuständigen Strafrichters (vgl. BR-Drs. 546/79, 39; BT-Drs. VIII/3551, 48 ff.). Dabei mag auch der Gedanke einer Güterabwägung mitgespielt haben, dem aber kaum allein die Vermeidung einer „prozessualen Schieflage" zugrunde lag, sondern vielmehr die Entlastung zentral zuständiger Steuergerichte von solchen Delikten, die allein ihrer Art nach fast immer auch ein Steuer- oder Zollvergehen darstellen und dem Sinn und Zweck der Zuständigkeitskonzentration in § 391 AO deshalb nicht entsprechen (ebenso wie bei den wortgleichen Regelungen in §§ 74a I Nr. 4 und 74c I Nr. 3 GVG).

35 Wegen des ausdrücklichen Wortlautes des § 391 IV Hs. 2 AO, „wenn *dieselbe Handlung* eine Straftat nach dem BtMG darstellt", ist die Anwendung des § 391 I–III AO nur in den Fällen ausgeschlossen, in denen die Steuerstraftat in Tateinheit (§ 52 StGB) mit einem BtM-Delikt steht (so auch HHS/*Bülte* AO § 391 Rn. 48; Kohlmann/*Hilgers-Klautzsch* AO § 391 Rn. 87; Erbs/Kohlhaas/*Hadamitzky/Senge* AO § 391 Rn. 7 und wohl auch Klein/*Jäger* AO 391 Rn. 25). Wenn es zunächst auch sinnvoll erscheinen mag, eine Zuständigkeitskonzentration auch bei Tatmehrheit (so *Hilgers-Klautzsch* aaO) und lediglich prozessual einheitlichen Taten iSd § 264 StPO (so Kohlmann u. *Hadamitzky/Senge* aaO) auszuschließen, so steht dem doch nicht nur der eindeutig auf den Begriff der Tateinheit abzielende Gesetzeswortlaut entgegen. Der Ausschluss einer Zuständigkeitskonzentration allein in Fällen der Tateinheit ist auch sachgerecht, widerspricht nicht der Ratio der

Regelung und steht im Einklang mit der gesetzgeberischen Entscheidung und der vergleichbaren Situation im allgemeinen Strafverfahrensrecht. Die besondere Sach- und Steuerrechtskunde des Steuergerichts soll nur hinsichtlich der Steuerstraftaten in den Hintergrund treten, die bei der Begehung eines Btm-Deliktes *zwangsläufig* verwirklicht werden. In diesen Fällen sind steuerrechtliche Fragen in der Regel unproblematisch und ohne vertiefte Kenntnisse des Steuerrechts zu lösen und ergeben sich auch bei der Strafzumessung durch das nach § 52 II StGB zu beachtende Absorptions- bzw. Kombinationsprinzip (vgl. hierzu Schönke/Schröder/*Stree* StGB § 52 Rn. 32 ff.; Lackner/Kühl/*Kühl* StGB § 52 Rn. 8) keine besonderen Schwierigkeiten, da eine Einzelstrafe für das Steuerdelikt nicht ausgeworfen werden muss. Dies verhält sich aber völlig anders bei einer unabhängig von einem BtM-Delikt begangenen Steuerstraftat, bzw. einer lediglich prozessual einheitlichen Tat. In diesen Fällen ist der steuerliche Hintergrund einer Steuerstraftat gleichermaßen schwierig zu beurteilen und erfordert steuerliche Kenntnisse, wie sich dies bei anderen – ausschließlichen – Steuerstraftaten verhält. Es wäre verfehlt, wenn eine komplizierte Steuerhinterziehung nur deshalb von einem allgemein zuständigen Gericht beurteilt werden müsste, weil der Täter völlig unabhängig von dieser Tat gelegentlich Kokain verkauft hat. Man stelle sich eine Steuerhinterziehung unter Verstoß gegen das Außensteuergesetz vor und den Umstand, dass der Täter irgendwann bei Gelegenheit eines Aufenthaltes am Sitz seiner ausländischen Gesellschaft Rauschgift gekauft und dieses nach Deutschland geschmuggelt hat. Sachgerecht ist in einem solchen Fall allein die Zuständigkeit eines spezialisierten Steuergerichts.

Ein Blick auf die **wortgleichen Regelungen in §§ 74a I Nr. 4 Hs. 2 und 74c I Nr. 3** **36** **Hs. 2 GVG** bestätigt diese Ansicht. Nach hM ist die Zuständigkeit der Wirtschaftsstrafkammer eines LG dann ausgeschlossen, wenn eines der in dieser Vorschrift genannten Spezialdelikte mit einer Straftat nach dem BtMG *tateinheitlich* zusammenfällt (Kissel/Mayer/*Mayer* GVG § 74c Rn. 3; Meyer-Goßner/*Schmitt* GVG § 74c Rn. 4). Entsprechendes gilt bei § 74a I Nr. 4 Hs. 2 GVG, der gleichzeitig mit § 391 IV Hs. 2 AO durch G v. 28.7.1982 (BGBl. I 681, 702) eingefügt wurde und sicherstellen soll, dass kriminelle Vereinigungen *zur* Begehung von Btm-Straftaten nicht von einer auf Staatsschutzdelikte spezialisierten Staatsschutzkammer abgeurteilt werden (*Katholnigg* NStZ 1981, 420; LG Frankfurt 25.10.1989, StV 1990, 490). Ausdrücklich genanntes Vorbild für die Einführung beider Regelungen war der Wortlaut des seinerzeit schon bestehenden § 74c I Nr. 3 Hs. 2 GVG. Deshalb hielt die BReg es für erforderlich, abweichend vom Entwurf (BT-Drs. 8/3551, 48, der die wortgleiche Einfügung noch in § 391 I AO vorsah) Btm-Delikte auch vom Zuweisungsgebot des § 391 III AO auszunehmen und die Einschränkung deshalb in § 391 IV AO zu regeln (BT-Drs. 8/3551, 54). In der Begründung zur Einfügung des als Vorbild dienenden § 74c I Nr. 3 Hs. 2 GVG heißt es nun aber wiederum ausdrücklich, dass „*die Zuständigkeit der Wirtschaftsstrafkammer für solche Handlungen ausgeschlossen ist, die* **zugleich** *eine Straftat nach dem BtMG darstellen*" und verhindert werden soll, „*dass die Wirtschaftsstrafkammern durch Btm-Delikte, die fast stets mit Steuer- und Zolldelikten* **tateinheitlich zusammentreffen,** *überlastet werden*", gleichzeitig aber auch sichergestellt werden soll, „*dass bei Aburteilung derartiger Taten die* **tateinheitlich zusammentreffenden** *Steuerdelikte gebührend berücksichtigt werden*" (BT-Drs. 8/976, 67). Diese bei Einfügung des § 391 IV Hs. 2 AO bekannte Begründung lässt keine andere Annahme zu, als dass alle Fälle eines tateinheitlichen Zusammentreffens von Steuer- und Btm-Straftaten dem Konzentrationsausschluss unterworfen sein sollen.

Für Steuerstraftaten, welche die Kraftfahrzeugsteuer betreffen, gelten die Vor- **37** schriften des § 391 I–III AO ebenso wenig wie vorher § 426 RAO 1967 (s. dazu Begr. BT-Drs. V/1812, 31; krit. HHS/*Bülte* AO § 391 Rn. 71 f.), weil vorsätzliche und leichtfertige Verkürzungen der KfzSt (§ 370 bzw. § 378 AO) meist im Zusammenhang mit nichtsteuerlichen Straftaten begangen werden, bei denen regelmäßig das Schwergewicht der Tat liegt, wie zB bei Kfz-Diebstahl (§ 242 StGB) oder Gebrauchsentwendung (§ 248b StGB). Auch bei „reinen" Steuerstraftaten oder Steuerordnungswidrigkeiten, die lediglich

KfzSt betreffen, ist eine Konzentration nicht erforderlich, weil bei dieser Steuerart die rechtliche Beurteilung der Besteuerungsgrundlagen keine besonderen Schwierigkeiten bereitet. Indessen hat die mangelnde Geltung des § 391 III AO lediglich zur Folge, dass das Präsidium des jeweils zuständigen Amtsgerichts bei der Geschäftsverteilung ungebunden darüber entscheiden kann, ob KfzSt-Strafsachen bei einer Abteilung konzentriert werden oder nicht (glA HHS/*Bülte* AO § 391 Rn. 74 u. Kohlmann/*Hilgers-Klautzsch* AO § 391 Rn. 92), jedoch kann kein Präsidium diese Strafsachen einem anderen Amtsgericht zuweisen (glA Kohlmann aaO).

38 Fällt eine KfzSt-Straftat aber mit einer anderen (der Zuständigkeitsregelung des § 391 I–III AO unterliegenden) Steuerstraftat zusammen, so ist das zentrale AG über die Verbindungsklausel des § 391 IV Hs. 1 AO auch für diese KfzSt-Straftat zuständig. Auf das materiellrechtliche Konkurrenzverhältnis, Tateinheit oder Tatmehrheit, kommt es nicht an. Der Konzentrationsausschluss in § 391 IV Hs. 2 AO betrifft nur alleinige KfzSt-Straftaten (HHS/*Bülte* AO § 391 Rn. 72; Kohlmann/*Hilgers-Klautzsch* AO § 391 Rn. 91). Gleiches gilt auf der LG-Ebene für die Regelung des § 74c I Nr. 3 Hs. 2 GVG, was aber nur von nachrangiger Bedeutung ist, da kaum vorstellbar ist, dass jemals allein wegen einer KfzSt-Hinterziehung eine die Strafgewalt des AG überschreitende Strafe droht (§ 74 GVG). So ist auch der unterschiedliche Wortlaut zur Ausnahme bei Btm-Straftaten zu verstehen (→ Rn. 32 ff.). Während für den Geltungsausschluss des § 391 I–III AO bei KfzSt-Straftaten auf deren *ausschließliches* „Vorliegen" abgestellt wird, sind andere Steuerstraftaten dagegen vom Ausschluss nur dann erfasst, wenn sie mit einer Btm-Straftat in tateinheitlichem Zusammenhang stehen.

§ 392 Verteidigung

(1) **Abweichend von § 138 Abs. 1 der Strafprozessordnung können auch Steuerberater, Steuerbevollmächtigte, Wirtschaftsprüfer und vereidigte Buchprüfer zu Verteidigern gewählt werden, soweit die Finanzbehörde das Strafverfahren selbständig durchführt; im Übrigen können sie die Verteidigung nur in Gemeinschaft mit einem Rechtsanwalt oder einem Rechtslehrer an einer deutschen Hochschule im Sinne des Hochschulrahmengesetzes mit Befähigung zum Richteramt führen.**

(2) **§ 138 Abs. 2 der Strafprozessordnung bleibt unberührt.**

Vgl. § 90 WDO.

Schrifttum: Zu den §§ 137 ff. StPO: *Dahs,* Handbuch des Strafverteidigers, 8. Aufl. 2015; *Burhoff,* Handbuch für das strafrechtliche Ermittlungsverfahren, 9. Aufl. 2022; *Strzyz,* Die Abgrenzung von Strafverteidigung und Strafvereitelung, Diss. Kiel 1983; *Ackermann,* Die Verteidigung des schuldigen Angeklagten, NJW 1954, 1385; *Schorn,* Prozeßhandlungen des Verteidigers und des Angeklagten, JR 1965, 375; *ders.,* Verteidigung und Vertretung im Strafverfahren, JR 1966, 7; *Eb. Schmidt,* Rechte und Pflichten, Funktionen und Konflikte des Strafverteidigers, JZ 1969, 316; *Welp,* Die Geheimsphäre des Verteidigers in ihren strafprozessualen Funktionen, FS Gallas, 1973, 391; *Sieg,* Zur Anwesenheit des Verteidigers bei Vernehmungen des Beschuldigten im Ermittlungsverfahren, NJW 1975, 1009; *v. Stackelberg,* Zur Problematik der Wirtschaftskriminalität aus der Sicht des Verteidigers, BB 1975, 208; *Ostendorf,* Strafvereitelung durch Strafverteidigung, NJW 1978, 1345; *Krüger,* Probleme der anwaltlichen Interessenvertretung in Ordnungswidrigkeiten-Verfahren, NJW 1981, 1642; *Lüderssen,* Wie abhängig ist der Strafverteidiger von seinem Auftraggeber? Wie unabhängig kann und soll er sein? FS Dünnebier, 1982, 263; *Krause,* Einzelfragen zum Anwesenheitsrecht des Verteidigers im Strafverfahren, StrVert 1984, 169; *Pfeiffer,* Zulässiges und unzulässiges Verteidigerhandeln, DRiZ 1984, 341; *Bottke,* Wahrheitspflicht des Verteidigers, ZStW 96 [1984] 726; *Welp,* Die Rechtsstellung des Strafverteidigers, ZStW 90, 804; *Kleine-Cosack,* Neuordnung des Berufsrechts, NJW 1994, 2249; *Eylmann,* Die Interessenkollision im Strafverfahren, AnwBl. 1998, 359; *Hartung,* Anwaltliche Selbstverwaltung im Wandel, AnwBl. 2000, 9; *Kramer,* Der Syndikusanwalt im Strafverfahren, AnwBl. 2001, 140; *Salditt,* Grauzonen anwaltlicher Freiheit, kasuistisch betrachtet, BRAK-Mitt. 2001, 150; *Birkenstock,* Zur psychologischen Dialektik und zur Zulässigkeit der Strafverteidigung eines Beschuldigten durch seinen ständigen Berater in Wirtschafts- und Steuerstrafverfahren, wistra 2002, 47; *Müller/Schmidt,* Aus der Rechtsprechung zum Recht der Strafverteidigung NStZ 2011, 503; *dies.,* Aus der Rechtsprechung zum Recht der Strafverteidigung, NStZ 2012, 308; *Lehmann,* Nichtjuristen als Verteidiger?, Zur Auslegung des § 138 Abs. 2 StPO, JR 2012, 287; *Müller/Schmidt,* Aus der Rechtsprechung zum Recht der Strafverteidigung, NStZ 2013, 328; *Jahn,* Verteidigung lege artis, StraFo 2017, 177; *Gruber,* Prozessvertretung durch Rechtslehrer und das Erfolgshonorar, NJ 2018, 56; *Risse,* Der Homo iuridicus – ein gefährliches Trugbild, NJW 2018, 2848.

Zu § 392 AO: *Blumers/Göggerle,* Handbuch des Verteidigers und Beraters im Strafverfahren, 2. Aufl. 1989; *Quedenfeld/Füllsack,* Verteidigung in Steuersachen, 2. Aufl. 2000; *Streck/Spatschek,* Die Steuerfahndung, 4. Aufl. 2006; *Wabnitz/Janovsky,* Handbuch des Wirtschafts- und Steuerstrafrechts, 3. Aufl. 2007; *Maas,* Probleme bei der gemeinschaftlichen Verteidigung durch Rechtsanwälte und Angehörige der steuerberatenden Berufe, Diss. Köln 1983; *Franzen,* Zur Verteidigung und zur Akteneinsicht des Verteidigers im Steuerstrafverfahren, DStZ 1964, 310; *Gehre,* Gemeinsame Verteidigung durch Rechtsanwälte und Steuerbevollmächtigte im Strafverfahren, DStR 1968, 8; *Gehre,* Zur Wirksamkeit eines von einem Steuerberater gegen einen Strafbefehl eingelegten Einspruchs, DStR 1976, 601; *Lohmeyer,* Die rechtliche Stellung des Steuerberaters in der Außenprüfung und im Verfahren wegen Steuerzuwiderhandlungen, DStR 1979, 584; *Glashoff/Rohls,* Der steuerliche Berater im Steuerstrafverfahren oder Bußgeldverfahren gegen seine Mandanten, StB 1980, 75; *Henneberg,* Anmerkungen zur Verteidigung bei Lohnsteuerverkürzungen, DStR 1980, 63; *Kohlmann,* Steuerstrafrecht in der Bewährung, wistra 1982, 2, 6; *Behrendt,* Der Steuerberater: Kein richtiger Verteidiger? StKRep 1982, 245; *Blumers,* Steuerberater und Strafverteidigung, DStJG 6, 307; *Bornheim,* Rechtliche und praktische Aspekte bei der Steuerstrafverteidigung in Gemeinschaft von Rechtsanwalt und Steuerberater, wistra 1997, 212 257; *Hild,* Verteidigung in Steuerstrafverfahren, BB 1999, 343; *Birkenstock,* Zusammenarbeit mit Strafverteidiger, PStR 1999, 67; *Müller,* Aus der Rechtsprechung zum Recht der Strafverteidigung, NStZ-RR 1999, 97; *ders.,* Aus der Rechtsprechung zum Recht der Strafverteidigung, NStZ-RR 2000, 97; *Schiffer,* Übernahme und Einleitung des Mandats, PStR 2000, 82; *Hetzer,* Geldwäsche und Strafverteidigung, wistra 2000, 281; *Sauer,* Zur Leichtfertigkeit i. S. v. § 261 V StGB bei der Annahme von Mandantengeldern durch Strafverteidiger, wistra 2004, 89; *Rolletschke,* Verteidigung im Steuerstrafrecht, Stbg 2005, 404; *Ebner,* Der Steuerberater in der Strafverteidigung (§ 392 AO), Steuer und Studium 2008, 577; *Rüping,* Steuerberater als Wahlverteidiger, DStR 2010, 1592; *Mann,* Die Reichweite der gerichtlichen Vertretungsbefugnis von Steuerberatern im deutschen Prozessrecht, DStR-Beih. 2017, 65; *Schott/Krug,* Verteidigung in steuerstrafrechtlichen Verfahren: Die Übernahme des Mandats, PStR 2019, 33; *Gehm,* Was ist zu beachten bei einer Durchsuchung beim Mandanten?, PFB 2021, 21.

Weiteres Schrifttum vor → Rn. 21, 38, 56, 63, 69, 78.

Übersicht

	Rn.
1. Entstehungsgeschichte	1
2. Allgemeines	2–6
3. Rechtsstellung des Verteidigers	7–20
4. Zur Verteidigung Berechtigte	21–37
5. Notwendige Verteidigung	38–55
6. Ausschließung eines Verteidigers	56–62
7. Verbot der Mehrfachverteidigung	63–68
8. Rechte und Pflichten des Verteidigers	69–115
a) Nachweis und Umfang der Vollmacht	69–77
b) Akteneinsicht	78–99
c) Anwesenheits- und Erklärungsrechte	100–109
d) Sonstiges	110–115
9. Kosten	116

1. Entstehungsgeschichte

1   Der Vorläufer des § 392 AO, § 427 RAO, wurde durch Art. 1 Nr. 1 AOStrafÄndG v. 10.8.1967 (BGBl. I 877) ohne Vorbild in die RAO eingefügt (Begr. BT-Drs. V/1812, 31 f.). § 444 AO 1931 (= § 409 AO 1919) regelte nur die Vertretung (nicht die Verteidigung) des Beschuldigten im Verwaltungsstrafverfahren (*Franzen* DStZ 1964, 310). Die Vorschrift des § 427 RAO trug Züge einer Kompromisslösung, die darauf schließen lassen, dass die Frage einer gesetzlichen Beteiligung von Angehörigen der steuerberatenden Berufsgruppen an den besonderen strafprozessualen Befugnissen des Verteidigers aus rechts- und standespolitischen Gründen umstritten war (s. auch Schriftl. Bericht zu BT-Drs. V/1941, 2). Für die Konzeption des RegE war die Vorstellung maßgebend, dass der Beschuldigte die Möglichkeit haben sollte, sich gegenüber dem strafrechtskundigen StA und der steuerrechtskundigen FinB als Nebenkläger durch entsprechend sachkundige Beistände gemeinschaftlich verteidigen zu lassen. Obwohl der BTag die im RegE vorgesehene Nebenklagebefugnis der FinB ablehnte (Schriftl. Bericht aaO), wurde der RegE des § 427 RAO unverändert verabschiedet. Die AO übernahm die Vorschrift als § 392 AO. Die Worte „wegen Steuervergehen auf Grund des § 421 II in den Grenzen des § 433 I und der §§ 435, 346" wurden ersatzlos gestrichen. Eine inhaltliche Änderung wurde dadurch nicht bewirkt (BT-Drs. VI/1982, 198).

2. Allgemeines

2   Die Vorschriften der StPO über die Bestellung eines Verteidigers und dessen Mitwirkung im Strafverfahren sind **Konkretisierungen des Rechtsstaatsprinzips** auch in seiner Ausgestaltung als Gebot fairer Verfahrensführung (BVerfG 18.10.1983, NJW 1984, 113). Im Rechtsstaat darf der Beschuldigte nicht nur Objekt des Verfahrens sein; vielmehr muss ihm die Möglichkeit gegeben werden, zur Wahrung seiner Rechte auf den Gang und das Ergebnis des Strafverfahrens Einfluss zu nehmen (BVerfG 12.4.1983, NJW 1983, 1599). Nach § 137 I StPO kann sich der Beschuldigte „des Beistandes eines Verteidigers" bedienen (ebenso Art. 6 III Buchst. c MRK). Hierüber ist der Beschuldigte gem. § 136 I 2 StPO zu belehren. Die Belehrung ist nach § 168b III StPO zu dokumentieren. Die Zahl der gewählten Verteidiger darf drei nicht überschreiten (§ 137 I 2 StPO). Diese Vorschrift soll Prozessverschleppungen vermeiden (*Dünnebier* NJW 1976, 1). Die Beschränkung ist zwar nicht unumstritten (vgl. KK-StPO/*Willnow* StPO § 137 Rn. 2), aber verfassungsgemäß (BVerfG 11.3.1975, BVerfGE 39, 156). Die Wahl von mehr als drei Verteidigern ist auch dann unzulässig, wenn es sich um Angehörige derselben Sozietät handelt (BGH 16.2.1977, NJW 1977, 910). Allerdings rechtfertigt die Vorlage einer Vollmachtsurkunde, in der mehr als drei Sozien aufgeführt und keiner von ihnen gestrichen worden ist, für sich allein noch nicht die Annahme, alle Sozien hätten den Auftrag auch

angenommen (BVerfG 28.10.1979, BVerfGE 43, 79, 94). Eventuelle Pflichtverteidiger werden auf die Zahl der Wahlverteidiger nicht angerechnet (KK-StPO/*Willnow* StPO § 137 Rn. 6 mwN); wohl aber Verteidiger, die nur mit Genehmigung des Gerichts (§ 138 II StPO) tätig werden dürfen (BGH 14.11.1979, MDR 1980, 273). Sukzessive Mehrfachverteidigung ist möglich. Hat der Beschuldigte einen gesetzlichen Vertreter, so kann auch dieser selbstständig einen Verteidiger wählen (§ 137 II StPO). Dieses Recht auf einen Verteidiger steht dem Beschuldigten „*in jeder Lage des Verfahrens*" (§ 137 I StPO) zu, also auch im staatsanwaltlichen bzw. finanzbehördlichen Ermittlungsverfahren (§§ 397 ff. AO, §§ 158 ff. StPO). Allerdings sind die Befugnisse des Verteidigers in den einzelnen Verfahrensabschnitten unterschiedlich (→ Rn. 69 ff.). In bestimmten Fällen ist die Mitwirkung eines Verteidigers im Strafverfahren zwingend vorgeschrieben (→ Rn. 38 ff.).

Der **Verteidiger** tritt **als Beistand selbstständig** neben dem Beschuldigten auf (§ 137 I StPO). Infolgedessen handelt er aus eigenem Recht und im eigenen Namen, nicht als Vertreter des Beschuldigten in dessen Namen (BGH 30.1.1959, BGHSt 12, 367, 369; s. aber → Rn. 72). Dementsprechend gewährt das Gesetz dem Angeklagten und dem Verteidiger zahlreiche Rechte nebeneinander (zB Fragerecht nach § 240 II StPO; Ladungen gem. §§ 216, 218 StPO) oder unabhängig voneinander (zB Akteneinsicht des Verteidigers gem. § 147 StPO; mit Einschränkung: Rücknahme von Rechtsmitteln gem. § 302 StPO). Ohne entsprechende Vollmacht ist der Verteidiger nicht zugleich steuerlicher Vertreter iSd § 80 AO. 3

Die strafprozessualen Rechte **gesetzlicher Vertreter** ergeben sich aus §§ 137 II, 149 II, 298, 330, 374 III StPO, § 67 JGG. Die Erklärungen des Beschuldigten sind jedoch im Strafverfahren ohne Genehmigung des gesetzlichen Vertreters wirksam. Die Befugnisse beider stehen selbstständig nebeneinander (RG 38, 16 v. 31.5.1905). Auch der Geschäftsunfähige hat gem. § 137 I StPO das Recht, einen Verteidiger zu wählen, sogar gegen den Willen des gesetzlichen Vertreters (OLG Schleswig 9.9.1980, NJW 1981, 1681). 4

Verfahrensrechte von **Angehörigen** des Angeklagten folgen aus § 286 StPO und § 361 StPO (Tod des Angeklagten). Über Ehegatten als Beistand vgl. § 149 I StPO. 5

Für die **Verteidigung im Bußgeldverfahren** gilt § 392 AO entsprechend (§ 410 I Nr. 3 AO). 6

3. Rechtsstellung des Verteidigers

Der Verteidiger ist ein mit besonderen Befugnissen ausgestattetes, unabhängiges **Organ der Rechtspflege** (BGH 15.2.1956, BGHSt 9, 20, 22; BGH 30.1.1959, BGHSt 12, 367, 369; BGH 24.11.1999, NStZ 2000, 212; *Habscheid* NJW 1962, 1985; Henssler/Prütting/ *Busse* BRAO vor § 1 Rn. 10 ff.). Die besondere Aufgabe des Verteidigers im Strafprozess ist es, dem Schutz des Beschuldigten zu dienen und dadurch zur Findung eines gerechten Urteils beizutragen. Diese Aufgabe hat er unter eigener Verantwortung und unabhängig von dem Angeklagten zu erfüllen (BGH 30.10.1959, BGHSt 13, 337, 343; BGH 24.11.1999, NStZ 2000, 212). Während die StA berufen ist, den Richter in seinem Ringen um die Erforschung des wirklichen Sachverhalts und um die richtige Rechtsanwendung zu unterstützen, ist der Verteidiger nicht zur Objektivität, sondern im Gegenteil zur Einseitigkeit verpflichtet (BGH 15.2.1956, BGHSt 9, 20, 22; *Dahs* NJW 1959, 1158; *Henneberg* DStR 1968, 265). Der Verteidiger hat einseitig die Justizförmigkeit der Wahrheitsfindung zu überwachen und auf die Einhaltung der Verfahrensvorschriften zu achten (*Dahs* Handbuch Rz. 5, 7). Er selbst darf nach § 43a III BRAO keine unwahren Tatsachenbehauptungen aufstellen (*Pfeiffer* DRiZ 1984, 341). 7

Der Verteidiger darf die **Wahrheitsermittlung** nicht behindern (BGH 15.2.1956, BGHSt 9, 20, 22). Dabei kann er va dann in einen Konflikt geraten, wenn er die Schuld des Angeklagten durch dessen geheimes Geständnis kennt oder infolge nur ihm bekannt gewordener Beweise davon überzeugt ist. 8

9   Macht ein Verteidiger im Rahmen einer tatsächlichen Verständigung unvollständige Angaben über vorhandenes Kapitalvermögen eines Mandanten, obwohl ihm das übrige Vermögen bekannt ist, macht er sich selbst einer Steuerhinterziehung nach § 370 AO strafbar, wenn infolge der unvollständigen Angaben Steuern verkürzt werden (BGH 26.10.1998, wistra 1999, 103). Bemerkenswert ist in diesem Zusammenhang, dass durch die tatsächliche Verständigung eine neue Steuerstraftat bewirkt wird, die von der früheren (Haupt-)Steuerhinterziehung durch den Mandanten unabhängig zu betrachten ist. Eine neuerliche, noch verfolgbare Steuerhinterziehung durch den Berater liegt daher selbst dann vor, wenn die frühere, durch den Mandanten begangene erste Steuerhinterziehung bereits verjährt ist (*Randt*, Der Steuerfahndungsfall, Kap. A Rn. 113 ff.).

10 Gem. § 257 StGB macht sich der **Begünstigung** schuldig, wer einem anderen, der eine rechtswidrige Tat begangen hat, in der Absicht Hilfe leistet, ihm die Vorteile der Tat zu sichern. Die Begünstigung einer Steuerstraftat ist ein Steuerdelikt (ausf. → § 369 Rn. 182 ff.). In diesem Kontext kann der Transfer von unversteuerten Geldern in die Schweiz über Rechtsanwaltsanderkonten und Domizilgesellschaften eine Strafbarkeit des Verteidigers nach § 257 StGB begründen (BGH 26.10.1998, wistra 1999, 103; dazu ausführlich *Spatschek/Mantas* PStR 1999, 174, 176).

11 Fernerhin ist die Begehung einer **Geldwäsche** durch einen Verteidiger durch die Annahme von Honoraren (§ 261 II Nr. 1 StGB), die aus einer hinterzogenen („bemakelten") Geldquelle herrühren, angesichts der damaligen Neuregelung des § 261 I Nr. 4b) StGB aF, die zeitgleich mit der Streichung des § 370a AO einherging (G v. 21.12.2007, BGBl. I 3198), seit dem 1.1.2008 nicht mehr ausgeschlossen (s. § 261 I 2, VI 2 StGB nF). Während vor der Änderung des Geldwäschetatbestands, deren Vortat allein § 370a AO sein konnte, aufgrund der faktischen Ignoranz des § 370a AO (*Weyand* StuB 2008, 260, 261) angesichts erheblicher verfassungsrechtlicher Bedenken im steuerlichen Kontext (BGH 22.7.2004, wistra 2004, 393) keine Rolle spielte, dürfte dies nun anders zu beurteilen sein. Nach § 261 I StGB kann Vortat einer Geldwäsche nunmehr jede Steuerhinterziehung nach § 370 AO sein, während nach der alten Fassung noch Vortaten auf § 370 AO beschränkt waren, die gewerbsmäßig oder von einem Mitglied einer Bande, die sich zur fortgesetzten Begehung solcher Taten verbunden hat, begangen worden sind. Die ersparten Aufwendungen sind jedoch keine tauglichen Gegenstände der Geldwäsche (vgl. § 261 I 3 StGB aF) seit der Reform des § 261 StGB durch das Gesetz zur besseren Bekämpfung der Geldwäsche v. 9.3.2021 (BGBl. I 327). Erforderlich ist jedoch, dass der Verteidiger davon Kenntnis hat, dass der Gegenstand aus der Vortat herrührt (BVerfG 30.3.2004, wistra 2004, 217: Der Berater muss sicher wissen, dass das Geld aus einer Katalogtat stammt), § 261 I 2, VI 2 StGB.

12 Eine **Strafvereitelung** gem. § 258 StGB (früher sog. persönliche Begünstigung) begeht, wer absichtlich oder wissentlich vereitelt, dass ein anderer gesetzmäßig bestraft wird. Strafvereitelung ist kein Steuerdelikt. Die FinB sind daher nicht zur Ahndung zuständig.

13 Konfliktsituationen können im allgemeinen Kontext in Fällen entstehen, in denen verschiedene Standespflichten (→ Rn. 14) miteinander kollidieren (*Dahs* Handbuch Rn. 45 ff.). Soweit ein Strafverteidiger prozessual zulässig handelt, ist sein Verhalten nach der Rechtsprechung des BGH nicht tatbestandsmäßig (BGH 9.5.2000, wistra 2000, 301). Es steht dem Verteidiger frei, jede sachliche Kritik an der rechtlichen Würdigung des festgestellten Sachverhalts zu üben (*Cüppers* NJW 1952, 895). In tatsächlicher Hinsicht darf er zwar die unzulängliche Beweisführung kritisieren (*Ackermann* NJW 1954, 1385), jedoch nicht „eine Beweisquelle trüben" (RG 23.4.1917, RGSt 50, 364, 366: Veranlassung eines Zeugen, seine wahre Aussage zu widerrufen). Ebenso kann er sich der Begünstigung (Strafvereitelung) schuldig machen, wenn er das Gericht unter Vorspiegelung falscher Tatsachen bewusst irreführt (RG 20.2.1902, RGSt 35, 128, 129 zu einem auf wissentlich falsche Angaben gestützten Gnadengesuch) oder den Sachverhalt zugunsten des Angeklagten bewusst verdunkelt (RG 1.7.1932, RGSt 66, 316, 326), zB dadurch, dass er einen Zeugen oder Mitbeschuldigten veranlasst, zugunsten des Mandanten falsch auszusagen (BGH 16.5.1983, JR 1984, 299 mit zust. Anm. *Bottke;* KG 19.12.1983, JR 1984, 250).

Auch der Rat, auf bestimmte Fragen bestimmte unwahre Antworten zu geben, oder zB der Rat, Buchführungsunterlagen zu vernichten, kann den Vorwurf der Strafvereitelung begründen (*Weyand* INF 1991, 123). Ein Verteidiger, der den Mandanten über bevorstehende, wegen Gefährdung des Untersuchungszwecks geheim gehaltene Maßnahmen der Strafverfolgungsbehörde informiert, handelt tatbestandslos (aA KG 5.7.1982, NStZ 1983, 556; *Weyand* INF 1991, 123). Sollen geplante Untersuchungshandlungen nicht bekannt werden, kann die Akteneinsicht versagt oder beschränkt werden (§ 147 II StPO, Nr. 35 I AStBV; *Tondorf* StV 1983, 257). Der Verteidiger darf aber einen Zeugen über ein Aussageverweigerungsrecht sowie den Angeklagten darüber belehren, dass er vor Gericht nicht zur Wahrheit verpflichtet ist oder dass er ein Geständnis widerrufen kann (*Ostendorf* NJW 1978, 1345). Der Verteidiger darf eine rechtskräftige Verurteilung verzögern, freilich nur durch prozessadäquate Mittel, zB durch Stellen von Beweisanträgen oder durch Einlegung eines Rechtsmittels trotz völliger Aussichtslosigkeit (Schönke/Schröder/*Stree*/*Hecker* StGB § 258 Rn. 20; ebenso HHS/*Rüping* AO § 392 Rn. 57). Zusammengefasst „*darf ein Strafverteidiger, ohne sich dem Vorwurf einer Begünstigung auszusetzen, selbst dann noch einen Freispruch anstreben, wenn er dessen Schuld kennt, solange er sich jeder bewußten Verdunkelung des Sachverhalts und jeder Erschwerung der Strafverfolgung enthält und sich bei seinem Vorgehen auf verfahrensmäßig erlaubte Mittel beschränkt*" (BGH 20.5.1952, BGHSt 2, 375, 377; *Ackermann* aaO mwN).

14 Der Verteidiger darf grds. alles tun, was in gesetzlich nicht zu beanstandender Weise seinem Mandanten nützt (BGH 9.5.2000, wistra 2000, 301). Fehlt es nach Meinung des Verteidigers an der zweifelsfreien Überführung des „schuldigen" Angeklagten, braucht er sich nicht auf die Geltendmachung mildernder Umstände zu beschränken, sondern kann Freispruch beantragen (RG 1.7.1932, RGSt 66, 316, 325; *Dahs* NJW 1959, 1158). Der Anwalt darf den Mandanten auch darüber belehren, dass ein Beschuldigter bzw. Angeklagter für eine unwahre Aussage nicht zur Verantwortung gezogen wird (Wannemacher/ Kindshofer StGB § 257 Rn. 2060). Ob das taktisch klug ist, ist freilich eine andere Frage. Bei Wirtschaftsprüfern, Steuerberatern, Steuerbevollmächtigten und vereidigten Buchprüfern (→ Rn. 22 f.) ist die Gefahr, sich im Steuerstrafverfahren einer Strafvereitelung oder Begünstigung schuldig zu machen, weitaus größer als bei Anwälten (*v. Witten* NJW 1964, 2051). Die Angehörigen dieser Berufsgruppen wirken im Gegensatz zu Anwälten regelmäßig bereits bei der Umsatz- und Gewinnermittlung sowie der Abgabe der Steuererklärung mit. Sie werden daher bezüglich der Übernahme des Mandats aus straf- und standesrechtlichen Gründen (→ Rn. 14) besondere Vorsicht walten lassen müssen. Über die Entziehung der Verteidigungsbefugnis → Rn. 56 ff.

15 Der **Verteidigung des „schuldigen Angeklagten"** waren früher auch **standesrechtliche Grenzen** gesetzt. Die Standesrichtlinien (RichtlA) – erlassen gem. § 177 II Nr. 2 BRAO aF – wurden jahrzehntelang als verfassungskonformes (BVerfG 28.11.1973, BVerfGE 36, 212, 219) Hilfsmittel zur Auslegung und Konkretisierung anwaltlicher Berufspflichten herangezogen. In späteren Entscheidungen hat das BVerfG daran nicht mehr festgehalten (BVerfG 14.7.1987, BVerfGE 76, 171 u. 196). Seit der durch das BVerfG veranlassten Reform des Berufsrechts sind für die Berufsausübung des Anwalts und Strafverteidigers die allgemeinen Gesetze maßgebend, vor allem §§ 43, 43a BRAO (*Dahs* Handbuch Rn. 38). Die Bundesrechtsanwaltsordnung sowie die Berufsordnung enthalten weitergehende Konkretisierungen der allgemeinen Standespflichten. Spezielle Verhaltensregeln für den Strafverteidiger enthält diese Berufsordnung nicht. Gleiches gilt für die Berufsregeln der Rechtsanwälte der Europäischen Union (CCBE-Berufsregeln). Über die Grundpflichten des Anwalts bestimmt die BRAO in § 43a:

§ 43a BRAO Grundpflichten

(1) ...

(2) ¹Der Rechtsanwalt ist zur Verschwiegenheit verpflichtet. ²Diese Pflicht bezieht sich auf alles, was ihm in Ausübung seines Berufes bekanntgeworden ist. ³Dies gilt nicht für Tatsachen, die offenkundig sind oder ihrer Bedeutung nach keiner Geheimhaltung bedürfen. ⁴Der Rechtsanwalt hat die

von ihm beschäftigten Personen in Textform zur Verschwiegenheit zu verpflichten und sie dabei über die strafrechtlichen Folgen einer Pflichtverletzung zu belehren. ⁵Zudem hat er bei ihnen in geeigneter Weise auf die Einhaltung der Verschwiegenheitspflicht hinzuwirken. ⁶Den von dem Rechtsanwalt beschäftigten Personen stehen die Personen gleich, die im Rahmen einer berufsvorbereitenden Tätigkeit oder einer sonstigen Hilfstätigkeit an seiner beruflichen Tätigkeit mitwirken. ⁷Satz 4 gilt nicht für Referendare und angestellte Personen, die im Hinblick auf die Verschwiegenheitspflicht den gleichen Anforderungen wie der Rechtsanwalt unterliegen. ⁸Hat sich ein Rechtsanwalt mit anderen Personen, die im Hinblick auf die Verschwiegenheitspflicht den gleichen Anforderungen unterliegen wie er, zur gemeinschaftlichen Berufsausübung zusammengeschlossen und besteht zu den Beschäftigten ein einheitliches Beschäftigungsverhältnis, so genügt auch der Nachweis, dass eine andere dieser Personen die Verpflichtung nach Satz 4 vorgenommen hat.

(3) ¹Der Rechtsanwalt darf sich bei seiner Berufsausübung nicht unsachlich verhalten. ²Unsachlich ist insbesondere ein Verhalten, bei dem es sich um die bewußte Verbreitung von Unwahrheiten oder solche herabsetzenden Äußerungen handelt, zu denen andere Beteiligte oder der Verfahrensverlauf keinen Anlaß gegeben haben.

(4) Der Rechtsanwalt darf keine widerstreitenden Interessen vertreten.

(5) ¹Der Rechtsanwalt ist bei der Behandlung der ihm anvertrauten Vermögenswerte zu der erforderlichen Sorgfalt verpflichtet. ²Fremde Gelder sind unverzüglich an den Empfangsberechtigten weiterzuleiten oder auf ein Anderkonto einzuzahlen.

(6) …

[Fassung ab 1.8.2022:]

§ 43a BRAO Grundpflichten

(1) …

(2) ¹Der Rechtsanwalt ist zur Verschwiegenheit verpflichtet. ²Diese Pflicht bezieht sich auf alles, was ihm in Ausübung seines Berufes bekanntgeworden ist. ³Dies gilt nicht für Tatsachen, die offenkundig sind oder ihrer Bedeutung nach keiner Geheimhaltung bedürfen. ⁴Der Rechtsanwalt hat die von ihm beschäftigten Personen in Textform zur Verschwiegenheit zu verpflichten und sie dabei über die strafrechtlichen Folgen einer Pflichtverletzung zu belehren. ⁵Zudem hat er bei ihnen in geeigneter Weise auf die Einhaltung der Verschwiegenheitspflicht hinzuwirken. ⁶Den von dem Rechtsanwalt beschäftigten Personen stehen die Personen gleich, die im Rahmen einer berufsvorbereitenden Tätigkeit oder einer sonstigen Hilfstätigkeit an seiner beruflichen Tätigkeit mitwirken. ⁷Satz 4 gilt nicht für Referendare und angestellte Personen, die im Hinblick auf die Verschwiegenheitspflicht den gleichen Anforderungen wie der Rechtsanwalt unterliegen. ⁸Hat sich ein Rechtsanwalt mit anderen Personen, die im Hinblick auf die Verschwiegenheitspflicht den gleichen Anforderungen unterliegen wie er, zur gemeinschaftlichen Berufsausübung zusammengeschlossen und besteht zu den Beschäftigten ein einheitliches Beschäftigungsverhältnis, so genügt auch der Nachweis, dass eine andere dieser Personen die Verpflichtung nach Satz 4 vorgenommen hat.

(3) ¹Der Rechtsanwalt darf sich bei seiner Berufsausübung nicht unsachlich verhalten. ²Unsachlich ist insbesondere ein Verhalten, bei dem es sich um die bewußte Verbreitung von Unwahrheiten oder solche herabsetzenden Äußerungen handelt, zu denen andere Beteiligte oder der Verfahrensverlauf keinen Anlaß gegeben haben.

(4) ¹Der Rechtsanwalt darf nicht tätig werden, wenn er einen anderen Mandanten in derselben Rechtssache bereits im widerstreitenden Interesse beraten oder vertreten hat. ²Das Tätigkeitsverbot gilt auch für Rechtsanwälte, die ihren Beruf gemeinschaftlich mit einem Rechtsanwalt ausüben, der nach Satz 1 nicht tätig werden darf. ³Ein Tätigkeitsverbot nach Satz 2 bleibt bestehen, wenn der nach Satz 1 ausgeschlossene Rechtsanwalt die gemeinschaftliche Berufsausübung beendet. ⁴Die Sätze 2 und 3 sind nicht anzuwenden, wenn die betroffenen Mandanten der Tätigkeit des Rechtsanwalts nach umfassender Information in Textform zugestimmt haben und geeignete Vorkehrungen die Einhaltung der Verschwiegenheit des Rechtsanwalts sicherstellen. ⁵Ein Tätigkeitsverbot nach Satz 1, das gegenüber einer Berufsausübungsgesellschaft besteht, entfällt, wenn die Voraussetzungen des Satzes 4 erfüllt sind. ⁶Soweit es für die Prüfung eines Tätigkeitsverbots nach Satz 1 oder Satz 2 erforderlich ist, dürfen der Verschwiegenheitspflicht unterliegende Tatsachen einem Rechtsanwalt auch ohne Einwilligung des Mandanten offenbart werden.

(5) ¹Absatz 4 Satz 1 gilt entsprechend für die Tätigkeit als Referendar im Vorbereitungsdienst im Rahmen der Ausbildung bei einem Rechtsanwalt. ²Absatz 4 Satz 2 ist nicht anzuwenden, wenn dem Tätigkeitsverbot nach Absatz 4 Satz 1 eine Tätigkeit als Referendar nach Satz 1 zugrunde liegt.

(6) Absatz 4 Satz 1 gilt entsprechnd für ein berufliches Tätigwerden des Rechtsanwalts außerhalb des Anwaltsberufs, wenn für ein anwaltliches Tätigwerden ein Tätigkeitsverbot nach Absatz 4 Satz 1 bestehen würde.

(7) ¹Der Rechtsanwalt ist bei der Behandlung der ihm anvertrauten Vermögenswerte zu der erforderlichen Sorgfalt verpflichtet. ²Fremde Gelder sind unverzüglich an den Empfangsberechtigten weiterzuleiten oder auf ein Anderkonto einzuzahlen.

(8) ...

einstweilen frei   16–20

4. Zur Verteidigung Berechtigte

Schrifttum: *Mösbauer,* Der Steuerberater als Strafverteidiger, INF 1988, 169; *ders.,* Ausschließung des Steuerberaters von der Strafverteidigung, INF 1988, 313; *Hammerstein,* Zum Umfang der Befugnisse des mitverteidigenden Steuerberaters im Strafverfahren, JR 1988, 391; *Weyand,* Steuerberater im Steuerstrafverfahren, INF 1988, 487; *Bornheim,* Rechtliche und praktische Aspekte bei der Steuerstrafverteidigung in Gemeinschaft von Rechtsanwalt und Steuerberater, wistra 1997, 212, 257; *Stolz,* Der Steuerberater als Strafverteidiger, PStR 1998, 212; *D. Hild/C. Hild,* Verteidigung im Steuerstrafverfahren, BB 1999, 343; *Birkenstock,* Zur psychologischen Dialektik und zur Zulässigkeit der Strafverteidigung eines Beschuldigten durch seinen ständigen Berater in Wirtschafts- und Steuerstrafverfahren, wistra 2002, 47; *Rolletschke,* Verteidigung im Steuerstrafrecht, Stbg 2005, 404; *Lehmann,* Nichtjuristen als Verteidiger?, Zur Auslegung des § 138 Abs. 2 StPO, JR 2012, 287; *Mann,* Die Reichweite der gerichtlichen Vertretungsbefugnis von Steuerberatern im deutschen Prozessrecht, DStR-Beih. 2017, 65.

Zu Verteidigern können gem. § 138 I StPO die bei einem deutschen Gericht zugelassenen **Rechtsanwälte sowie** die **Rechtslehrer** (vgl. KK-StPO/*Laufhütte* StPO § 138 Rn. 5, 5. Aufl. 2003) an deutschen Hochschulen gewählt werden. Sie brauchen nicht Mitglieder einer juristischen Fakultät zu sein (KK-StPO/*Willnow* StPO § 138 Rn. 5; zweifelnd mit Rücksicht auf den Normzweck HK-StPO/*Julius* StPO § 138 Rn. 5). Ihre Wahl bedarf keiner Genehmigung oder Zulassung durch das Gericht (s. auch § 3 BRAO). Auch **Fachhochschullehrer** zählen zu den „Rechtslehrern an deutschen Hochschulen" und können als Verteidiger im Strafverfahren auftreten. Voraussetzung ist allerdings die Befähigung zum Richteramt (§ 392 I AO idF des G v. 24.8.2004, BGBl. I 2198; ebenso bereits BGH 28.8.2003, NJW 2003, 3573; betr. ausländische Hochschullehrer vgl. OLG Koblenz 11.2.1981, NStZ 1981, 403; hinsichtlich des Syndikusanwalts vgl. § 46 BRAO und *Kramer* AnwBl. 2001, 140 ff.). Die bei dem BGH zugelassenen Rechtsanwälte dürfen allerdings nur dort sowie bei den übrigen Obersten Gerichtshöfen des Bundes und dem BVerfG auftreten (§ 172 I BRAO). Nur natürliche Personen können Verteidiger sein (vgl. *Rolletschke* Stbg 2005, 404). Dies gilt auch für Sozietäten: Verteidiger ist stets nur jedes einzelne Sozietätsmitglied (BVerfG 28.10.1976, BVerfGE 43, 79; kritisch *Eylmann* AnwBl. 1998, 359). Beauftragt der Beschuldigte eine Rechtsanwalts-GmbH, so wird nur der konkret für die GmbH gegenüber dem Gericht handelnde Anwalt persönlich Verteidiger des Beschuldigten (LG Bonn 27.12.2000, AnwBl. 2001, 300). 21

Europäische Rechtsanwälte dürfen sich nach dem Gesetz über die Tätigkeit europäischer Rechtsanwälte in Deutschland (EuRAG) v. 9.3.2000 (BGBl. I 182) niederlassen und tätig werden. Im gerichtlichen Verfahren dürfen sie nur im Einvernehmen mit einem deutschen Rechtsanwalt (Einvernehmensanwalt) handeln (§ 28 I EuRAG; vgl. auch CCBE-Berufsregeln; → Rn. 14). 22

Im Interesse der Steuerstrafrechtspflege ist die Regelung des § 138 I StPO mit gewissen Einschränkungen durch § 392 I AO auf die **Angehörigen der steuerberatenden Berufe** erweitert worden was deren wirksame und fortbestehende Bestellung voraussetzt. Die Bestimmung schafft einen gewissen Ausgleich, da den speziellen Steuerrechtskenntnissen der Ermittlungsbehörden die besondere Sachkunde der Angehörigen der steuerberatenden Berufe gegenübergestellt wird. Die Vertretung durch den steuerlich Bevollmächtigten bietet für den Beschuldigten insbesondere den Vorteil, dass es für den Verteidiger keiner großen Einarbeitung bedarf und er das Verfahren daher kostengünstiger betreiben kann. Nach § 1 II Nr. 1 StBerG gehört zum Berufsbild der Steuerberater und Steuerbevollmächtigten „auch die Hilfeleistung in Steuerstrafsachen und in Bußgeldsachen wegen einer Steuerordnungswidrigkeit". Demgemäß können nach § 392 I AO auch Steuerberater, Steuerbevollmächtigte, Wirtschaftsprüfer und vereidigte Buchprüfer die Befugnisse eines 23

Strafverteidigers innerhalb bestimmter Grenzen kraft Gesetzes ausüben (BT-Drs. V/1812, 32, vgl. *Birkenstock* PStR 1999, 67 ff.; *Ebner,* Steuer und Studium 2008, 577 ff.). Angehörige der steuerberatenden Berufe werden allerdings als Strafverteidiger eines Mandanten, den sie bereits steuerlich beraten haben, regelmäßig ausscheiden (*Franzen* DStR 1967, 533; *Birkenstock* wistra 2002, 47; enger *Henneberg* DStR 1968, 265), weil die Gefahr der Teilnahme oder Begünstigung (→ Rn. 9) besteht oder weil sie als Tatzeuge in Betracht kommen (BGH 15.11.1955, BGHSt 8, 194, 196; vgl. auch LG Hildesheim 18.2.2010, DStRE 2010, 1153; über den Ausschluss von Verteidigern im Allgemeinen → Rn. 56 ff.). Als Tatzeuge kann der ständige steuerliche Berater seinem Mandanten bei der Widerlegung eines ungerechtfertigten strafrechtlichen Vorwurfs besser beistehen als in der Rolle eines Verteidigers. Die Funktion des steuerlichen Beraters als möglicher Hauptentlastungszeuge ist nicht zu unterschätzen. Das zuvor beschriebene Kostenargument kann hier nicht gelten (*Bornheim* wistra 1997, 212, 214; aM *Stolz* PStR 1998, 212).

24 Zu **alleinigen Verteidigern können Angehörige der steuerberatenden Berufe** gewählt oder bestellt werden, soweit die FinB das Strafverfahren selbstständig durchführt, also im Ermittlungsverfahren bis zum Erlass eines Strafbefehls. Auch der Einspruch gegen einen von der FinB beantragten Strafbefehl gehört noch in das Verfahrensstadium, in dem die FinB das Strafverfahren selbstständig durchführt, er kann folglich von einem Angehörigen der steuerberatenden Berufe selbstständig eingelegt werden (glA *Gehre* DStR 1976, 601; *Glashof/Rohls* StB 1980, 75; *Mösbauer* INF 1988, 169; Kohlmann/*Heerspink* AO § 392 Rn. 71; *Blumers/Glöggerle* Rn. 63; aM KK-StPO/*Maur* StPO § 407 Rn. 31; HHS/*Rüping* AO § 392 Rn. 73; *Rolletschke* Stbg 2005, 404, 405; Klein/*Jäger* AO § 392 Rn. 3; AG München 11.4.2008, PStR 2008, 206). Für die Praxis empfiehlt *Bornheim,* bereits vor Einlegung eines Einspruchs ein Verteidigerteam zu bilden (wistra 1997, 212, 215). Die Regelung des § 392 I berücksichtigt, dass der Schwerpunkt der Verteidigung im Ermittlungsverfahren der FinB auf steuerrechtlichem Gebiet, nämlich auf der Feststellung der objektiven und subjektiven Ursachen einer Steuerverkürzung sowie der Höhe der verkürzten Beträge liegt. Insoweit ist nach den Erfahrungen der FinBn eine sachgerechte Verteidigung auch durch die auf steuerrechtlichem Gebiet besonders sachkundigen Angehörigen der steuerberatenden Berufe gewährleistet (BT-Drs. V/1812, 32).

25 Die **Befugnis zur Alleinverteidigung** durch Angehörige der steuerberatenden Berufe erstreckt sich neben Steuerstraftaten auf die über § 386 II Nr. 2 AO erfassten Begleittaten. Die insoweit bestehende Verteidigerstellung **endet,** wenn oder sobald die StA nach § 386 II, III AO durch Abgabe des Falls durch die Finanzbehörden oder staatsanwaltliche Evokation bzw. das Gericht mit der Strafsache befasst ist (*Rolletschke* Stbg 2005, 404). Von diesem Augenblick an können sie die Verteidigung nur in Gemeinschaft mit einem Rechtsanwalt oder einem Rechtslehrer (über Ausnahmen durch Einzelgenehmigung → Rn. 30 f.) übernehmen. Wird nämlich das Ermittlungsverfahren, zB wegen Tateinheit zwischen einer Steuerstraftat und einem anderen Delikt oder wegen eines Haftbefehls, von der StA geführt, gewinnen die Fragen des allgemeinen Strafrechts und der Strafprozessordnung an Bedeutung, also ein Rechtsgebiet, das allenfalls am Rande zum Berufsbild der Angehörigen der steuerberatenden Berufe gehört. Eine effiziente Verteidigung bedingt sowohl strafrechtliche als auch steuerrechtliche Expertise (Kohlmann/*Heerspink* AO § 392 Rn. 67). Daher kann auch ein Angehöriger der steuerberatenden Berufe nicht rechtswirksam eine Revisionsbegründungsschrift abgeben, denn § 345 II StPO verlangt die Unterschrift eines Verteidigers oder Rechtsanwaltes (OLG Hamm 2.8.2016, wistra 2016, 463).

26 Auch bei der Betreuung von **Selbstanzeigen** durch Steuerberater kann sich ein Problem hinsichtlich der Alleinvertretungsbefugnis ergeben. Die Veranlagungsfinanzämter reichen die Selbstanzeige an die Straf- und Bußgeldstelle zur rechtlichen Prüfung weiter. Diese haben ihrerseits die Zuständigkeit zu prüfen und über eine Abgabe an die Staatsanwaltschaft zu entscheiden. Die Pflicht zur Beteiligung der Staatsanwaltschaft gilt bei solchen Fallgestaltungen auch und gerade dann, wenn zu entscheiden ist, ob eine wirksame Selbstanzeige iSv § 371 AO gegeben ist, BGH 20.5.2010, wistra 2010, 304. Seit der

Neuregelung zur Selbstanzeige im Rahmen des Gesetzes zur Änderung der Abgabenordnung mit Inkrafttreten zum 1.1.2015 ist einer verstärkten Einbeziehung der Staatsanwaltschaften zu verzeichnen, weil die Strafbefreiung oder ein Absehen von Strafverfolgung nach § 398a AO an eine Vielzahl von Voraussetzungen geknüpft ist. In bedeutsameren Selbstanzeigefällen, deren Wirksamkeit in Frage steht, wird eine notwendige Verteidigung iSv § 140 StPO erforderlich sein.

Die Wahl eines Steuerberaters als Mitverteidiger bedarf (abw. von § 138 II StPO, **27** Rn. 28 f.) keiner gerichtlichen Genehmigung (glA *Lohmeyer* MDR 1974, 199; *Glashof/ Rohls* StB 1980, 75; vgl. auch KK-StPO/*Willnow* StPO § 138 Rn. 6). Mit Genehmigung des Gerichts können Steuerberater auch als Alleinverteidiger auftreten (vgl. *Mösbauer* INF 1988, 169 sowie → Rn. 28). Zu einem Erstarken der Alleinvertretungsbefugnis kommt es ferner in den Fällen, in denen die StA die Sache an die Finanzbehörde zurücküberträgt (§ 386 IV AO). Wer kraft Gesetzes nur in Gemeinschaft mit einem Anwalt zugelassen ist, kann nur bestimmte einzelne Verteidigerbefugnisse selbstständig wahrnehmen, so zB die Rechte auf Akteneinsicht (§ 147 StPO), auf Verkehr mit dem Beschuldigten (§ 148 StPO), auf Anwesenheit bei Vernehmungen (§§ 163a III 2, 168c I StPO). Prozesserklärungen (zB Rechtsmitteleinlegung) können die Angehörigen der steuerberatenden Berufe nach überwiegender Auffassung nur gemeinschaftlich mit einem zur Verteidigung bestimmten Rechtsanwalt oder Rechtslehrer abgeben (KG 16.1.1974, NJW 1974, 916; OLG Hamburg 21.1.1981, BB 1981, 658; *Franzen* DStR 1967, 533; *Gehre* DStR 1968, 8; *Mösbauer* INF 1988, 169; *Kohlmann* StKRep 1976, 290; Meyer-Goßner/Schmitt/*Schmitt* StPO § 138 Rn. 20; HHS/*Rüping* AO § 392 Rn. 73, 76; aM *Koch* StKRep 1968, 226 sowie *Luthmann* DStR 1969, 557; zur Revisionsbegründung OLG Hamm 2.8.2016, wistra 2016, 463). Diese Beschränkung der Befugnisse steuerberatender Berufe mag zwar in gewissen Fällen misslich sein (dazu ausf. Kohlmann/*Heerspink* AO § 392 Rn. 106 f.), sie entspricht aber dem Zweck des Gesetzes (BT-Drs. V/1812, 32) und dient dem Schutz des Beschuldigten, der im staatsanwaltschaftlichen und gerichtlichen Steuerstrafverfahren einen Verteidiger benötigt, der nicht nur steuerrechtliche Sachkunde hat, sondern va über ausreichende Kenntnisse und forensische Erfahrungen auf straf- und strafverfahrensrechtlichem Gebiet verfügt. Unterschiedliche Auffassungen von Anwalt und Steuerberater und damit auch divergierende (Prozess-)Erklärungen gegenüber dem Gericht sind zwar theoretisch denkbar. Im Interesse einer sachgerechten Verteidigung sollten sie jedoch vermeidbar sein. Ob es erforderlich oder auch nur sinnvoll ist, für eine derartige Konfliktklärung den Gesetzgeber zu bemühen (so die Anregung von *Bornheim* wistra 1997, 212, 217), erscheint zumindest zweifelhaft. Aus Gründen der Verfahrensklarheit muss der Rechtsanwalt oder Rechtslehrer die Rechtsmittelerklärung des Angehörigen der steuerberatenden Berufe mitunterzeichnen (*Gehre* DStR 1968, 8) oder innerhalb der Rechtsmittelfrist gegenüber dem Gericht eine Einverständniserklärung abgeben (KG aaO; *Blumers/Glöggerle* Rn. 80 wollen es genügen lassen, wenn der Rechtsanwalt stillschweigend zustimmt; ferner → Rn. 24).

§ 392 II AO stellt klar, dass die allgemeine Vorschrift des § 138 II StPO von der **28** besonderen Regelung des § 392 I AO unberührt bleibt, was bedeutet, dass auch Steuerberater, Steuerbevollmächtigte, Wirtschaftsprüfer sowie vereidigte Buchprüfer aufgrund eines besonderen Antrags als Alleinverteidiger von Seiten des Gerichts zugelassen werden können, soweit kein Fall der notwendigen Verteidigung nach Maßgabe von § 140 StPO vorliegt.

§ 138 StPO Wahlverteidiger
(1) ...
(2) ¹Andere Personen können nur mit Genehmigung des Gerichts gewählt werden. ²Gehört die gewählte Person im Fall der notwendigen Verteidigung nicht zu den Personen, die zu Verteidigern bestellt werden dürfen, kann sie zudem nur in Gemeinschaft mit einer solchen als Wahlverteidiger zugelassen werden.
(3) ...

29 Die allgemeine Befugnis zur Hilfeleistung in Steuerstrafsachen und in Bußgeldsachen wegen einer Steuerordnungswidrigkeit gem. § 1 II Nr. 1 iVm §§ 2, 3 StBerG umfasst nicht die Wahrnehmung der alleinigen Verteidigerfunktion vor Gericht. Die Angehörigen der steuerberatenden Berufe können daher nur mit Genehmigung des Gerichts zu alleinigen Verteidigern gewählt werden (vgl. auch *Mösbauer* INF 1988, 169). Zu den „anderen Personen" gehören auch ausländische Rechtsanwälte (*Brangsch* NJW 1981, 1180; betr. EU-Bürger vgl. → Rn. 22), ferner Rechtsbeistände, und zwar ohne Rücksicht darauf, bei welchem Gericht sie zugelassen sind (vgl. dazu BVerfG 25.2.1976, NJW 1976, 1349). Wenn ein ausländischer Rechtsanwalt aber lediglich als Aufklärungsgehilfe mit Teilbereichen der Sachaufklärung im Ausland betraut werden soll, ist eine Zulassung als Verteidiger gem. § 138 II StPO neben weiteren Pflichtverteidigern nicht geboten (OLG Stuttgart 9.1.2009, NStZ-RR 2009, 113). Steuerberatungs-, Wirtschafts- und Buchprüfungsgesellschaften dürfen zwar gem. §§ 1, 3 StBerG Hilfe in Steuerstrafsachen leisten, jedoch können juristische Personen nicht Strafverteidiger sein (→ Rn. 21).

30 Die **Wahl „anderer Personen" iSd § 138 II StPO** (ausführlich *Lehmann* JR 2012, 287 ff. u. *Rüping* DStR 2010, 1592 ff.) bedarf der Genehmigung durch das Gericht. Voraussetzung für die Entstehung eines wirksamen Verteidigungsverhältnisses ist daher die prozessuale Zulassung im Einzelfall. Die Genehmigung setzt einen Antrag voraus, der konkludent gestellt werden kann (KK-StPO/*Willnow* StPO § 138 Rn. 9). Die Genehmigung erfordert besondere Gründe, die das Interesse des Beschuldigten an der Verteidigung gerade durch die gewählte Person rechtfertigen. Ein solcher Grund ist zB nicht allein, dass der Beschuldigte zu einer bestimmten Person besonderes Vertrauen gefasst hat. Vielmehr müssen die Gerichte in jedem Einzelfall bei ihrer Ermessensentscheidung die Interessen des Beschuldigten und die Bedürfnisse einer geordneten Rechtspflege abwägen (BayObLG 13.6.1956, MDR 1956, 567; OLG Oldenburg 26.10.1957, NJW 1958, 33; OLG Koblenz 29.11.2007, NStZ-RR 2008, 179; Meyer-Goßner/Schmitt/*Schmitt* StPO § 138 Rn. 13). § 138 StPO iVm § 392 AO behandelt nicht die Konstellation, in der einem Angeschuldigten in einem Strafverfahren sowohl Steuerstraftaten als auch andere Straftaten zur Last gelegt werden (vgl. LG Hildesheim 18.2.2010, DStRE 2010, 1153). Wenn die Steuerstraftaten im Verhältnis zu den anderen Straftaten materiell- und verfahrensrechtlich selbstständige Taten darstellen, erstreckt sich die aus § 392 I AO ergebende Verteidigungsberechtigung des Steuerberaters nicht auf die anderen Straftaten. Demnach muss auf § 392 II AO iVm § 138 II StPO zurückgegriffen werden. Dem Antrag des Steuerberaters, ihn gem. § 138 II StPO als Wahlverteidiger zusammen mit dem Rechtsanwalt zuzulassen, ist nach Ansicht des LG Hildesheim zu entsprechen. Stehen die zugleich angeklagten anderen Straftaten (im Streitfall: Vorenthaltung von Arbeitsentgelt) in einem engen Zusammenhang zu den Steuerstraftaten, ist der Steuerberater auch im Übrigen als Verteidiger zuzulassen (LG Hildesheim 18.2.2010, DStRE 2010, 1153; *Rüping* DStR 2010, 1592). Das gilt auch dann, wenn der Steuerberater im Ermittlungsverfahren bereits als Zeuge vernommen wurde (LG Hildesheim 18.2.2010, DStRE 2010, 1153).

31 Die Genehmigung kann stillschweigend und auch nachträglich erteilt werden (BGH 28.3.1984, NJW 1984, 2480; RG 7.1.1921, RGSt 55, 213 f.; KK-StPO/*Willnow* StPO § 138 Rn. 8). Die Entscheidung über den Genehmigungsantrag trifft das Gericht nach pflichtgemäßem Ermessen (OLG Koblenz 29.11.2007, NStZ-RR 2008, 179). Eine Ablehnung der Zulassung kann mit der Beschwerde nach § 304 StPO angefochten werden (OLG Düsseldorf 9.11.1987, NStZ 1988, 97). Durch die Nichtgenehmigung wird eine Prozesserklärung der „anderen Person" unzulässig (RG 12.7.1928, RGSt 62, 250 f.). Zuständig für die Genehmigung ist das Gericht, also nicht der Vorsitzende eines Kollegialgerichts allein; im Übrigen gilt § 141 IV StPO entsprechend (Meyer-Goßner/Schmitt/*Schmitt* StPO § 138 Rn. 16). Ist ein Rechtsmittel eingelegt, so ist der judex a quo (§§ 314 I, 341 I StPO) so lange zuständig, bis die Akten dem Rechtsmittelgericht vorliegen (RG 12.7.1928, RGSt 62, 250; OLG Hamm 31.5.1951, MDR 1951, 503). Über Ausschließung → Rn. 56 ff., über den Nachweis der Vollmacht → Rn. 69.

einstweilen frei 32–37

5. Notwendige Verteidigung

Schrifttum: *Molketin,* Die Schutzfunktion des § 140 Abs. 2 StPO zugunsten des Beschuldigten im Strafverfahren, Diss. Köln 1985; *Hammerstein,* Verteidigung ohne Verteidiger, JR 1985, 140 f.; *Molketin,* Zur Anwendung des § 140 Abs. 2 StPO in Steuerstrafsachen, wistra 1986, 97; *ders.,* Die Rechtsprechung zu § 140 Abs. 2 StPO in den Jahren 1996/97, AnwBl. 2001, 208; *ders.,* Die Rechtsprechung zu § 140 Abs. 2 S. 1 StPO in den Jahren 1998 – 2003, StraFo 2005, 52; *ders.,* Die Rechtsprechung zu § 140 Abs. 2 S. 1 StPO in den Jahren 2004 – 2007, StraFo 2008, 365; *Müller/Schmidt,* Aus der Rechtsprechung zum Recht der Strafverteidigung NStZ 2011, 503; *dies.,* Aus der Rechtsprechung zum Recht der Strafverteidigung, NStZ 2012, 308; *dies.,* Aus der Rechtsprechung zum Recht der Strafverteidigung, NStZ 2013, 328; *Tormöhlen,* Pflichtverteidigung in Steuerstrafsachen, AO-StB 2015, 207; *Beukelmann,* Gesetz zur Neuregelung des Rechts der notwendigen Verteidigung, NJW-Spezial 2018, 760; *Tully/Wenske,* Zur Pflichtverteidigerbestellung im Rahmen haftrichterlicher Vorführung, NStZ 2019, 183; *Burhoff,* Rechtsprechungsübersicht zum neuen Recht der Pflichtverteidigung, StRR 2021, 5; *Wegner,* Beiordnung als Pflichtverteidiger, PStR 2021, 107.

In bestimmten Fällen ist die Mitwirkung eines Verteidigers kraft Gesetzes „notwendig": 38

§ 140 StPO Notwendige Verteidigung

(1) Ein Fall der notwendigen Verteidigung liegt vor, wenn
1. zu erwarten ist, dass die Hauptverhandlung im ersten Rechtszug vor dem Oberlandesgericht, dem Landgericht oder dem Schöffengericht stattfindet;
2. dem Beschuldigten ein Verbrechen zur Last gelegt wird;
3. das Verfahren zu einem Berufsverbot führen kann;
4. der Beschuldigte nach den §§ 115, 115a, 128 Absatz 1 oder § 129 einem Gericht zur Entscheidung über Haft oder einstweilige Unterbringung vorzuführen ist;
5. der Beschuldigte sich auf Grund richterlicher Anordnung oder mit richterlicher Genehmigung in einer Anstalt befindet;
6. …
7. …
8. der bisherige Verteidiger durch eine Entscheidung von der Mitwirkung in dem Verfahren ausgeschlossen ist;
9. …
10. …
11. …

(2) Ein Fall der notwendigen Verteidigung liegt auch vor, wenn wegen der Schwere der Tat, der Schwere der zu erwartenden Rechtsfolge oder wegen der Schwierigkeit der Sach- oder Rechtslage die Mitwirkung eines Verteidigers geboten erscheint oder wenn ersichtlich ist, dass sich der Beschuldigte nicht selbst verteidigen kann.

Darüber hinaus kennt das Gesetz Fälle, in denen eine Verteidigung beschränkt, dh für bestimmte Verfahrensabschnitte und -handlungen notwendig ist (§ 118a II 3, 4 StPO: Haftprüfungstermin; § 350 II StPO: Revisionsverhandlung). Aus verfassungsrechtlichen Gründen (Art. 2 I, Art. 20 III GG) ist die Bestellung eines Verteidigers „stets dann erforderlich", wenn die Ablehnung der Beiordnung den Angeklagten – aus Gründen, die in § 140 StPO nicht genannt sind – in seinem Anspruch auf ein faires Verfahren verletzen würde (BVerfG 19.10.1977, BVerfGE 46, 202).

In Steuerstrafsachen ist die Mitwirkung eines Verteidigers notwendig, wenn der 39 Vorwurf eines besonders schweren Falles der Steuerhinterziehung nach § 370 III AO im Raum steht. Das gilt für die im Einzelnen benannten oder auch unbenannten Fälle des Regelbeispiels. Es darf davon ausgegangen werden, dass in diesen Fällen stets wegen der Schwierigkeit der Sach- und Rechtslage die Mitwirkung eines Verteidigers geboten ist (§ 140 II StPO). Gleiches gilt, wenn die Wirksamkeit der Selbstanzeige im Rahmen einer Hauptverhandlung klärungsbedürftig ist.

Die **Anordnung eines Berufsverbots** setzt voraus, dass eine rechtswidrige Tat unter 40 grober Verletzung der mit dem Beruf oder Gewerbe verbundenen Pflichten begangen worden ist (§ 70 StGB). Ein äußerer Zusammenhang mit dem Beruf (zB Einkommensteuerhinterziehung allgemein) genügt nicht (BGH 20.4.1983, NJW 1983, 2099); die

Randt

strafbare Handlung muss vielmehr Ausfluss der beruflichen oder gewerblichen Tätigkeit sein (*Fischer* StGB § 70 Rn. 4). Eine solche berufstypische Verbindung kann bei einer Steuerhinterziehung großen Umfangs gegeben sein, wenn sie über einen längeren Zeitraum Kalkulationsfaktor wird (zB Schwarzarbeit, insbesondere bei Einschaltung von Subunternehmern) oder bei Hinterziehung betrieblicher Steuern in Verbindung mit schwerwiegenden Verletzungen der Buchführungs- und Aufzeichnungspflichten (BGH 12.9.1994, wistra 1995, 22). Einen inneren Zusammenhang mit Berufspflichten (§ 89 I StBerG) bejaht der BGH bei einem Steuerberater, der seine Pflichten in eigener Sache und als ArbG verletzt (BGH 27.8.1979, BGHSt 29, 97).

41 § **140 I Nr. 4 StPO** normiert, dass die Mitwirkung eines Verteidigers auch dann notwendig ist, wenn der Beschuldigte einem Gericht zur Entscheidung über Haft oder einstweilige Unterbringung vorzuführen ist, sei es aufgrund eines Haftbefehls oder zur vorläufigen Festnahme. Gem. § 140 I Nr. 4 StPO ist die Beiordnung eines Pflichtverteidigers auch dann erforderlich, wenn die Haft in einem Parallelverfahren vollzogen wird (OLG Frankfurt a. M. 22.4.2010, NStZ-RR 2011, 19; LG Stade 30.3.2011, StV 2011, 663; LG Nürnberg 29.5.2012, StV 2012, 658; aA LG Bonn 28.9.2011, NJW-Spezial 2011, 730; vgl. auch *Müller/Schmidt* NStZ 2013, 328, 331). Die Vorschrift des § 142 I 1 StPO, wonach dem Beschuldigten vor Bestellung eines Pflichtverteidigers Gelegenheit gegeben werden soll, innerhalb angemessener Frist einen Verteidiger seiner Wahl zu bezeichnen, gilt auch in diesem Fall (LG Krefeld 13.7.2010, NStZ 2010, 591).

42 § **140 I Nr. 5 StPO** regelt die Notwendigkeit der Verteidiger zugunsten desjenigen, der ebenfalls in seiner persönlichen Freiheit und damit auch in seiner Verteidigung beschränkt ist. § 140 I Nr. 5 StPO ist im Wesentlichen auf die Fälle beschränkt, in denen sich ein Beschuldigter in Straf- oder Abschiebehaft befindet (BT-Drs. 16/13097, 19). Die Bestimmung gilt auch im Falle eines im Ausland Inhaftierten (OLG Koblenz 30.5.1984, MDR 1984, 868). Die voraussichtliche Dauer spielt seit der Gesetzesänderung durch das Gesetz zur Neuregelung des Rechts der notwendigen Verteidigung v. 13.12.2019 (BGBl. I 2128) keine Rolle mehr.

43 Ob es sich um einen **schwerwiegenden Fall** iSv § 140 II StPO (vgl. dazu *Molketin* StraFo 2005, 52; *ders.* StraFo 2008, 365 jeweils mwN) handelt, ist maßgeblich aus der Interessenlage des Beschuldigten zu beurteilen (BVerfG 19.10.1977, BVerfGE 46, 202). Die Mitwirkung eines Verteidigers in der Revisionshauptverhandlung wegen eines schwerwiegenden Falles wird regelmäßig erforderlich sein, wenn eine längere als einjährige Freiheitsstrafe in Rede steht (*Dahs* NJW 1978, 140). Bei der Pflichtverteidigerbestellung ist dem Angeklagten ein Vorschlagsrecht einzuräumen (OLG Celle 30.12.1981, StV 1982, 360; ähnlich OLG Karlsruhe 6.3.1978, NJW 1978, 1064; vgl. auch *Molketin* AnwBl. 2001, 208). Die Beiordnung eines Pflichtverteidigers in der Tatsacheninstanz erstreckt sich zwar auch auf die Einlegung und Begründung der Revision (§ 345 StPO), jedoch nicht auf die Revisionsverhandlung (BGH 3.3.1964, BGHSt 19, 258). Eine verfassungskonforme Auslegung des § 140 II StPO gebietet die Beiordnung eines Verteidigers immer dann, wenn nur so dem Anspruch auf ein faires Verfahren genügt werden kann (OLG Brandenburg 21.4.1998, StV 2000, 69; Art. 6 MRK).

44 Eine **Tat ist schwer iSd § 140 II StPO,** wenn eine zu erwartende Rechtsfolge einschneidend ist (KK-StPO/*Willnow* StPO § 140 Rn. 21 mwN; s. auch BT-Drs 19/13829, 35), zB wenn die berufliche Existenz auf dem Spiel steht (OLG Bremen 17.3.1961 Ss 19/61 n. v. zit. nach *Molketin* wistra 1986, 97). Das wird regelmäßig angenommen bei einer Straferwartung ab einem Jahr Freiheitsstrafe, und zwar auch dann, wenn die Strafe zur Bewährung ausgesetzt wird (KK-StPO/*Willnow* StPO § 140 Rn. 21; Meyer-Goßner/Schmitt/*Schmitt* StPO § 140 Rn. 23a; einschränkend: LG Koblenz 13.5.2008, StV 2009, 237; OLG Hamm 14.11.2000, NStZ-RR 2001, 107) oder wenn darüber hinaus der Widerruf der Aussetzung der Vollstreckung mehrerer (Rest-)Freiheitsstrafen zu erwarten ist (OLG Düsseldorf 18.6.1998, wistra 1999, 38). Die Grenze soll jedoch nicht starr gehandhabt werden (OLG Zweibrücken 14.2.1985, StV 1985, 447; OLG Hamm

30.1.1986, StV 1986, 306; *Molketin* AnwBl. 1998, 175 mwN; LG Frankfurt a. M. 22.2.2011, NStZ 2011, 183), so dass im Einzelfall die Bestellung eines Verteidigers bei einer Straferwartung von mehr als einem Jahr entbehrlich sein kann (Meyer-Goßner/ Schmitt/*Schmitt* StPO § 140 Rn. 23a). Andererseits können die Persönlichkeit des Angeklagten und die Umstände des Falles die Bestellung eines Verteidigers auch bei einer Straferwartung von weniger als einem Jahr erforderlich machen (OLG Düsseldorf 6.7.1994, wistra 1994, 16). Findet die Hauptverhandlung im ersten Rechtszug vor dem OLG oder dem LG statt, so ist die Verteidigung auch dann notwendig (§ 140 I Nr. 1 StPO), wenn ein AG sachlich zuständig ist (Meyer-Goßner/Schmitt/*Schmitt* StPO § 140 Rn. 11). Aber auch die Verhandlung vor dem erweiterten Schöffengericht (§ 29 II GVG) ist ein zwingender Beiordnungsgrund (OLG Bremen 8.6.1955, NJW 1955, 1529; *Molketin* wistra 1986, 97).

Die **Schwierigkeit der Sachlage** iSd § 140 II StPO kann sich aus dem besonderen 45 Umfang des Prozessstoffes ergeben (OLG Bremen 8.6.1955, NJW 1955, 1529). Das ist zB der Fall, wenn die Feststellungen zur Täterschaft oder Schuld eine umfangreiche und langwierige Beweisaufnahme erfordern, das Tatgeschehen eines früheren Verfahrens inzident geprüft werden muss (LG Essen 9.5.2011, StV 2011, 663) oder wenn die Verteidigung nicht ohne Akteneinsicht, zu der regelmäßig (→ Rn. 79) nur der Verteidiger berechtigt ist (§ 147 StPO), sachgerecht vorbereitet und durchgeführt werden kann (KK-StPO/*Willnow* StPO § 140 Rn. 22 mwN; LG Lübeck 11.11.2010, StV 2011, 664 hinsichtlich polizeilicher Observationsmaßnahmen). Dies gilt insbesondere, wenn mehrere Mitangeklagte anwaltlichen Beistand haben und die Möglichkeit gegeben ist, dass sich die Angeklagten gegenseitig belasten (LG Kiel 10.10.2008, StV 2009, 236; OLG Köln 20.6.2012, NStZ-RR 2012, 351) oder die Würdigung sich widersprechender Zeugenaussagen geboten ist (OLG Hamm 5.11.1984, StV 1985, 447; OLG Celle 16.10.2008, NStZ 2009, 175; OLG Frankfurt 31.3.2009, NStZ-RR 2009, 207).

Die **Rechtslage ist schwierig,** wenn die Subsumtion Schwierigkeiten bereitet oder 46 wenn es zB auf noch nicht ausdiskutierte Rechtsfragen ankommt (BayObLG StV 1991, 294). Subsumtionsschwierigkeiten dürften im Steuerrecht nicht die Ausnahme, sondern die Regel sein, denn es handelt sich um eine „für einen Laien schwer durchschaubare Materie" (OLG Celle 20.12.1985, wistra 1986, 233), die so „unklar und verworren ausgestaltet ist", dass sogar zunehmend Zweifel an der erforderlichen Bestimmtheit (Art. 103 II GG) der blankettausfüllenden Tatbestände des materiellen Steuerrechts geäußert werden (vgl. *Seer* StuW 1995, 184, 187; vgl. auch BVerfG 10.11.1998, DStRE 1999, 97; StRK EStG 1975 Allg. R. 150). In Ausnahmefällen kann auch die Bestellung eines zweiten Pflichtverteidigers erforderlich sein (KG Berlin 2.5.1994, wistra 1994, 281).

Die **Unfähigkeit zur Selbstverteidigung** liegt vor, wenn nicht gewährleistet ist, dass 47 der Beschuldigte dem Gang der Verhandlung zu folgen und seine Interessen zu wahren vermag. Das ist insbesondere bei Ausländern der Fall, die die deutsche Sprache nicht hinreichend beherrschen (OLG Frankfurt 10.1.2008, StraFo 2008, 205). Die Hinziehung eines Dolmetschers genügt im Falle widersprüchlicher Aussagen oder der Vernehmung mehrerer Zeugen nicht (KK-StPO/*Willnow* StPO § 140 Rn. 24).

Die Regelung des § 142 I 1 StPO aF, wonach der zu bestellende Verteidiger durch den 48 Vorsitzenden des Gerichts möglichst aus der Zahl der in dem Gerichtsbezirk niedergelassenen Rechtsanwälte ausgewählt wird, ist zum 1.10.2009 außer Kraft getreten. Nach Auffassung des OLG Köln soll dies jedoch nicht bedeuten, dass das Kriterium der Ortsnähe abgeschafft wurde. Das Kriterium der Entfernung zwischen Kanzleisitz und Gericht ist als Auswahlkriterium neben anderen Gesichtspunkten bei der erforderlichen Gesamtabwägung weiterhin zu berücksichtigen (KG Berlin 8.7.2013, OLGSt § 142 StPO Nr. 9). Die Beiordnung eines ortsfernen Verteidigers setzt ein besonderes Vertrauensverhältnis voraus (OLG Köln 21.9.2010, NStZ-RR 2011, 49). Durch eine dauerhafte Zusammenarbeit zwischen Mandant und Verteidiger lässt sich auf ein solches besonderes Vertrauensverhältnis schließen (OLG Naumburg 5.11.2009, StraFo 2010, 84). Spezialkenntnisse eines

Rechtsanwalts rechtfertigen nur in Ausnahmefällen dessen Bestellung (OLG Koblenz 23.3.1983, OLGSt § 142 StPO Nr. 1).

49   Der Beschuldigte hat ein Recht, einen **Anwalt seines Vertrauens** zu benennen, jedoch keinen Anspruch auf Beiordnung des von ihm Benannten (BVerfG 8.4.1975, BVerfGE 39, 238). Auswahl und Bestellung des Verteidigers erfolgen durch den Vorsitzenden. Das Auswahlermessen des Vorsitzenden ist allerdings insofern stark eingeschränkt (vgl. auch Meyer-Goßner/Schmitt/*Schmitt* StPO § 142 Rn. 39), als der vom Beschuldigten benannte Verteidiger zu bestellen ist, wenn nicht wichtige Gründe entgegenstehen, zB Fehlverhalten in anderen Verfahren (KK-StPO/*Willnow* StPO § 142). Werden zwei Angeklagte der Begehung ein und derselben Tat als Mittäter beschuldigt und liegen Anhaltspunkte dafür vor, dass die Verteidigungsstrategie des Einen den Anderen belasten könnte, kommt eine Pflichtverteidigung durch Sozien nicht in Betracht (OLG Frankfurt a. M. 2.7.1999, NStZ-RR 1999, 333).

50   Die **Verletzung der Vorschriften über die notwendige Verteidigung** schafft einen unbedingten (absoluten) Revisionsgrund (§ 338 Nr. 5 StPO; KK-StPO/*Willnow* StPO § 140 mwN), ebenso die Nichtbescheidung eines Antrags auf Bestellung eines Verteidigers gem. § 140 II StPO (KG Berlin 16.9.1953, NJW 1954, 124). Gleiches gilt, wenn im Falle notwendiger Verteidigung die Verhandlung in Abwesenheit des Verteidigers auf einen Verfahrensteil erstreckt worden ist, den ein nach § 231c StPO ergangener Beschluss nicht bezeichnet hat (BGH 21.2.1985, wistra 1985, 155). Wenn in einem Fall, in dem die Verteidigung notwendig ist, der gewählte oder vom Gericht bestellte Verteidiger in der Hauptverhandlung ausbleibt, sich entfernt oder sich weigert, die Verteidigung zu führen, muss das Gericht einen anderen Verteidiger bestellen (§ 145 I 1 StPO; BGH 24.1.1961, NJW 1961, 741). Das Gericht kann auch eine Aussetzung der Verhandlung beschließen (§ 145 I 2 StPO; zu den Voraussetzungen der Aussetzung ausf. OLG Düsseldorf 26.9.1978, JMBl. NW 1979, 19).

51–55   *einstweilen frei*

6. Ausschließung eines Verteidigers

Schrifttum: *Ulsenheimer,* Zur Regelung des Verteidigerausschlusses in §§ 138, 146 nF StPO, GA 1975, 103; *Lisken,* Anwaltsüberwachung und Richteramt, AnwBl. 1975, 380; *Winterberg,* Verteidigerausschluß und Steuerstrafverfahren, DB 1975, 1534; *Dünnebier,* Ausschließung von Verteidigern und Beschränkung der Verteidigung, NJW 1976, 1; *Ostendorf,* Strafvereitelung durch Strafverteidigung, NJW 1978, 1345; *Seelmann,* Die Ausschließung des Verteidigers, NJW 1979, 1128; *Rieß,* Der Ausschluß des Verteidigers in der Rechtswirklichkeit, NStZ 1981, 328; *Mösbauer,* Zur Ausschließung des Steuerberaters von der Strafverteidigung, INF 1988, 313; *Frye,* Die Ausschließung des Verteidigers, wistra 2005, 86; *Burhoff,* Der Ausschluss des Verteidigers im Strafverfahren (§§ 138a ff. StPO), StRR 2012, 404; *Jäger,* Nicht alles, was man seinem Verteidiger anvertraut, ist bei ihm sicher aufgehoben, JA 2019, 154; *Eckel,* Sitzungspolizeiliche Maßnahmen gegen den Strafverteidiger, DRiZ 2020, 394.

56   **Jahrzehntelang war heftig umstritten, ob der Richter einen bereits aufgetretenen Verteidiger seines Amtes entheben konnte;** eine gesetzliche Regelung bestand nicht. Während die überwiegende Auffassung eine gewohnheitsrechtliche Ausschließungsbefugnis bejahte (zuletzt BGH 25.8.1972, NJW 1972, 2140 mwN), verneinte das BVerfG ein Gewohnheitsrecht, weil es an einer Billigung oder widerspruchslosen Hinnahme der vom BGH und RG zeitweise befolgten Spruchpraxis fehle (BVerfG 14.2.1973, BVerfGE 34, 293). Die Aufforderung an den Gesetzgeber, die Voraussetzungen des Verteidigerausschlusses zu regeln, fand ihren Niederschlag in den §§ 138a–d StPO (vgl. *Burhoff* StRR 2012, 404 ff.; *Frye* wistra 2005, 86 ff.). **Die Ausschließung eines Rechtsanwalts als Zeugenbeistand** verstößt gegen die Berufsfreiheit (Art. 12 I GG). Das Grundrecht der freien Advokatur bedarf von Verfassungs wegen einer unzweideutigen, verlässlichen und sicheren gesetzlichen Grundlage. Derartige Regelungen existieren nicht (BVerfG 17.4.2000, StB 2000, 262). Die StA (FinB) ist nicht befugt, einen Zeugenbeistand nach pflichtgemäßem Ermessen auszuschließen. Daher darf zB ein Anwalt, der in den sog.

Bankenverfahren Banken und eventuell zugleich Bankmitarbeiter vertritt, zugleich als Zeugenbeistand eines Bankmitarbeiters auftreten (ebenso *Ditges* StB 2000, 264).

Im **Steuerstrafverfahren** dürften allenfalls **Ausschließungsgründe** gem. § 138a I **57** Nr. 1 u. 3 StPO in Betracht kommen (vgl. dazu *Frye* wistra 2005, 86, 87). Nach diesen Vorschriften ist ein Verteidiger von der Mitwirkung in einem Verfahren auszuschließen, wenn er dringend oder in einem die Eröffnung des Hauptverfahrens rechtfertigenden Grade verdächtig ist, an der Tat, die den Gegenstand der Untersuchung bildet, beteiligt zu sein. Es genügt die Annahme eines nur hinreichenden Verdachts der Beteiligung (BGH 18.4.2018, BeckRS 2018, 19983; StV 2020, 147). Gleiches gilt, wenn entsprechender Verdacht besteht, dass der Verteidiger eine Handlung begangen hat, die für den Fall der Verurteilung des Beschuldigten Datenhehlerei, Begünstigung, Strafvereitelung oder Hehlerei wäre. Der Verteidiger kann auch dann ausgeschlossen werden, wenn das ihm zur Last gelegte Verhalten mangels Strafantrags nicht strafgerichtlich, sondern nur im berufsgerichtlichen Verfahren geahndet werden kann (BGH 20.3.2000, wistra 2000, 311). Prozesshandlungen des ausgeschlossenen Verteidigers sind unwirksam (KK-StPO/*Laufhütte/Willnow* StPO § 138a Rn. 5). Die Regelung der strafprozessualen Ausschließungsgründe ist abschließend (BT-Drs. 7/2526, 11, 20 = AnwBl. 1974, 214, 216) und verfassungskonform (BVerfG 4.7.1975, NJW 1975, 2341).

Anwendbar sind die Vorschriften der §§ 138a–d StPO auf „Verteidiger". Sie **58** erfassen daher schon vom Wortlaut her nicht nur Wahl-, sondern auch Pflichtverteidiger (glA BGH 20.3.1996, BGHSt 42, 94; *Rieß* JR 1979, 37; KK-StPO/*Laufhütte* StPO § 138a Rn. 2; KMR-StPO/*Müller* StPO § 138a Rn. 1, sowie nun auch Meyer-Goßner/Schmitt/ *Schmitt* StPO § 138a Rn. 3; aM OLG Koblenz 6.6.1978, JR 1979, 37). Allerdings kommt für Pflichtverteidiger zusätzlich eine Rücknahme der Bestellung gem. § 143 StPO sowie für „andere Personen" eine Rücknahme der Genehmigung nach § 138 II StPO in Betracht. Die Ausschlussvorschriften gelten auch für einen gewählten oder bestellten Angehörigen der steuerberatenden Berufe (OLG Karlsruhe 14.3.1975, JR 1976, 205; einschränkend *Mösbauer* INF 1988, 313).

Zuständig für Entscheidungen nach § 138a StPO ist das Oberlandesgericht (vgl. **59** dazu *Frye* wistra 2005, 86, 88; § 138c I 1 StPO). Das OLG entscheidet auf Vorlage des mit der Strafsache befassten Gerichts oder auf Antrag der StA (§ 138c II 1 StPO) bzw. der FinB, soweit sie das Ermittlungsverfahren selbstständig führt. Der Vorlagebeschluss muss mindestens die Tatsachen enthalten, aus denen sich im Falle ihres Nachweises das den Ausschluss des Verteidigers rechtfertigende Verhalten iSd § 138a I StPO ergibt. Auch Beweismittel sind anzugeben (OLG Hamm 19.10.1998, wistra 1999, 117). Soll einem Rechtsanwalt die Verteidigungsbefugnis entzogen werden, so ist vorher der Vorstand der zuständigen Rechtsanwaltskammer einzuschalten (§ 138c II 3 StPO).

Der **Antrag auf Ausschließung** des Verteidigers muss seinem Inhalt nach bestimmten **60** Mindestanforderungen genügen. Neben den Beweismitteln müssen Tatsachen angegeben werden, aus denen sich im Falle ihres Nachweises das den Ausschluss rechtfertigende Verhalten ergeben soll (OLG Bamberg 1.8.2011, StraFo 2012, 187; OLG Karlsruhe 14.3.1975, JR 1976, 205). Der Ausschließungsantrag muss die dem betroffenen Verteidiger zur Last gelegte Pflichtverletzung unter Angabe aller objektiven und subjektiven Tatsachen darlegen (OLG Bamberg 1.8.2011, StraFo 2012, 187). Dringender Tatverdacht besteht, wenn nach dem gegenwärtigen Stand der Ermittlungen die Wahrscheinlichkeit für den Ausschließungstatbestand groß ist (Meyer-Goßner/Schmitt/*Schmitt* StPO § 138a Rn. 13). Es genügt aber auch der minderschwere Grad des hinreichenden Tatverdachts (§ 203 StPO, vgl. OLG Jena 15.1.2009, NStZ 2009, 526). Jedenfalls muss der Verdacht einen Grad erreichen, nach dem nicht nur die Einleitung, sondern auch die Durchführung eines Ermittlungsverfahrens wenigstens wahrscheinlich ist (BGH 3.3.1989, BGHSt 36, 133; KG 8.6.1978, NJW 1978, 1538). Ein einfacher Verdacht reicht nicht aus (anders in § 138a II StPO). Die Behauptung des Beschuldigten, er sei von seinem Steuerberater nicht genügend aufgeklärt worden, begründet zB keinen hinreichenden Tatverdacht gegen diesen

(*Mösbauer* INF 1988, 313), bildet also keinen Ausschlussgrund. Ob der Steuerberater schon zwecks Vermeidung von Interessenkonflikten nicht besser daran täte, die Verteidigung in Fällen, in denen er selbst beraten hat, abzulehnen, ist eine andere Frage. In diesem Zusammenhang sollte auch bedacht werden, dass der Steuerberater seinem Mandanten zB als Zeuge wirkungsvoller beistehen kann (→ Rn. 23).

61 **Beteiligung an der Tat** (§ 264 StPO) kommt in allen strafrechtlichen Formen der Täterschaft oder Teilnahme (§§ 25–27 StGB) in Betracht (BGH 18.4.2018, BeckRS 2018, 19983; StV 2020, 147). Die Beteiligung kann auch fortdauern (OLG Stuttgart 22.4.1975, AnwBl. 1975, 213).

62 Der **hinreichende oder dringende Verdacht** einer Datenhehlerei, Begünstigung, Strafvereitelung oder Hehlerei rechtfertigt den Verteidigerausschluss, wenn die bei diesen Tatbeständen vorausgesetzte Vortat die Tat ist, deretwegen der Verteidiger den Beschuldigten verteidigt (*Frye* wistra 2005, 86, 87; *Birkenstock* wistra 2002, 47, 49; KK-StPO/ *Laufhütte* StPO § 138a Rn. 12). Der Ausschlussgrund des § 138a I Nr. 3 StPO knüpft an die Verpflichtung des Verteidigers an, nur zulässige Verteidigungsmittel einzusetzen (vgl. ferner → Rn. 10 f.).

7. Verbot der Mehrfachverteidigung

Schrifttum: Streck, Probleme der gemeinschaftlichen Verteidigung (§ 146 StPO) in Steuerstrafsachen, MDR 1978, 893; *Heinecke*, Das Gemeinsame beim „gemeinschaftlichen Verteidiger" nach § 146 StPO, NJW 1978, 1497; *Rebmann*, Das Verbot der Mehrfachverteidigung nach § 146 StPO, NStZ 1981, 41; *Krekeler*, Das Verbot der Mehrfachverteidigung gemäß § 146 StPO und seine extensive Auslegung durch die Rechtsprechung, AnwBl. 1981, 5; *Beulke*, Verbot der gemeinschaftlichen Verteidigung nur bei konkreter Interessenkollision?, NStZ 1986, 198; *Eylmann*, Die Interessenkollision im Strafverfahren, StraFo 1998, 145; *Deutschendorf*, § 146 StPO: Das Verbot der Mehrfachverteidigung im Steuerstrafverfahren, PStR 2018, 237.

63 Die **Verteidigung mehrerer Beschuldigter durch einen gemeinschaftlichen Verteidiger** ist unzulässig (§ 146 StPO), und zwar in jeder Lage des Verfahrens, also bereits im Ermittlungsverfahren (OLG Düsseldorf 6.4.1984, JMBl. NW 1984, 234). Das verfassungskonforme (BVerfG 11.3.1975, BVerfGE 39, 156) Verbot der Mehrfachverteidigung soll Interessenkollisionen, die bei der Verteidigung mehrerer Beschuldigter durch einen gemeinschaftlichen Verteidiger naheliegen, von vornherein ausschließen (BT-Drs. 7/2526, 25). Das Verbot der Doppelvertretung unterliegt grundsätzlich nicht der Verfügungsmacht der Parteien, weil es nicht nur ihrem Schutze, sondern daneben auch dem Vertrauen in die Anwaltschaft und in die Funktion der Rechtspflege dient (BGH 23.10.1984, wistra 1985, 71). Gem. § 3 I BORA darf ein Anwalt nicht tätig werden, wenn er eine andere Partei in derselben Rechtssache im widerstreitenden Interesse bereits beraten oder vertreten hat. Berufliche Zusammenschlüsse aller Art werden insoweit als Einheit behandelt (§ 3 II BORA). Die Vorschrift gilt allerdings nur für die standesrechtliche Würdigung des anwaltlichen Handelns und berührt nicht dessen strafrechtliche Relevanz (*Eylmann* AnwBl. 1998, 359). § 146 StPO steht der Vertretung mehrerer Stpfl bei der Abgabe einer Selbstanzeige nicht entgegen; hier liegt noch keine „Verteidigung" vor, solange die FinB nicht die Wirksamkeit der Selbstanzeige in Frage stellt. Die Vorschrift, die von der Rspr extensiv ausgelegt wird, greift immer dann ein, wenn wegen eines einheitlichen Tatkomplexes (§ 264 StPO) gegen mehrere Beschuldigte ermittelt wird. Dabei ist es gleichgültig, ob es sich um getrennte Verfahren handelt (BGH 27.2.1976, BGHSt 26, 291; OLG Frankfurt 31.8.1979, NJW 1980, 898) oder ob gegen mehrere Beschuldigte ein einheitliches Verfahren betrieben wird. Auch bei einer Verfahrensverbindung nach § 237 StPO ist die Verteidigung mehrerer Angeklagter durch einen Verteidiger aufgrund von § 146 StPO nicht zulässig, wenn ein Interessenkonflikt nicht ausgeschlossen werden kann (OLG Celle 16.9.2010, NStZ 2011, 236).

64 Verbotene Mehrfachverteidigung liegt schon vor, wenn ein beauftragter Verteidiger für einen Mitbeschuldigten einen anderen Verteidiger auswählt, ihn über das Verfahren unterrichtet und ihm als Vertreter des Mitbeschuldigten Vollmacht erteilt (OLG München

29.4.1983, NJW 1983, 1688). Dem Verteidiger ist es auch untersagt, einen Beschuldigten zu verteidigen, dem eine Tat angelastet wird, die mit der Tat eines früher von ihm verteidigten Mandanten zwar nicht identisch ist, aber in einem engen Sachzusammenhang steht, der einen Interessenkonflikt nahelegt (BVerfG 3.5.1982, NJW 1982, 1803). Der Verteidiger darf aber nacheinander mehrere Personen verteidigen, die derselben Tat beschuldigt sind oder gegen die gemeinsam ein Verfahren durchgeführt wird.

§ 146 StPO untersagt nur die **gleichzeitige Verteidigung** von mehr als einem Beschuldigten (OLG Düsseldorf 8.8.1985, AnwBl. 1986, 155). Nicht mehr gleichzeitig ist die Verteidigung dann, wenn der Verteidiger rechtlich nicht mehr in der Lage ist, für seinen früheren Mandanten eine Verteidigertätigkeit zu entfalten (OLG Karlsruhe 26.8.1988, AnwBl. 1989, 54). Die sog. sukzessive Mehrfachverteidigung ist damit zulässig. Der Verteidiger darf also zB für den mitbeschuldigten zweiten Geschäftsführer einer GmbH tätig werden, wenn das Verfahren gegen den ursprünglich von ihm verteidigten ersten Geschäftsführer abgeschlossen ist. Auch eine Beendigung des Mandats – sei es durch Niederlegung, sei es durch Entzug – ermöglicht die zulässige Verteidigung des Mitbeschuldigten (KK-StPO/*Laufhütte* StPO § 146 Rn. 5 mwN). 65

Im Steuerstrafverfahren kann sich das **Verbot der Mehrfachverteidigung** – nicht zuletzt aus Kostengründen – **nachteilig** auswirken (*Streck* MDR 1978, 893), etwa dann, wenn Eheleute der gemeinschaftlichen Steuerhinterziehung verdächtigt werden (*Kohlmann* wistra 1982, 2) oder wenn zwei Angehörigen einer freiberuflichen Sozietät eine praxisbedingte Steuerverkürzung zur Last gelegt wird. Andererseits werden sich Interessengegensätze zwischen Stpfl. und Steuerberater regelmäßig nicht von vornherein ausschließen lassen. 66

Eine **Anwaltssozietät** darf mehrere Beschuldigte verteidigen (BVerfG 28.10.1976, BGHSt 43, 79); Voraussetzung ist aber eine klare Trennung der Mandate (BGH 21.1.1983, NStZ 1983, 228). Ob darin ein Verstoß gegen § 43a IV BRAO iVm § 3 I, II BORA liegt, ist noch nicht geklärt (vgl. Meyer-Goßner/Schmitt/*Schmitt* StPO § 146 Rn. 8). Solange die FinB das Ermittlungsverfahren selbstständig durchführt (Rn. 24), kann die Verteidigung eines Mitbeschuldigten durch einen (federführenden) Anwalt genügen, während die Verteidigung des anderen Beschuldigten von dem steuerlichen Berater allein übernommen wird. 67

Ein **Verteidiger,** der gegen das Verbot des § 146 StPO verstößt, ist **zurückzuweisen** (§ 146a StPO). Über die Zurückweisung entscheidet das Gericht, bei dem das Verfahren anhängig ist oder das für das Hauptverfahren zuständig wäre (§ 146a I 3 StPO). Prozesshandlungen (zB Einlegung eines Rechtsmittels), die der Verteidiger vor der Zurückweisung vorgenommen hat, bleiben wirksam (§ 146a II StPO). 68

8. Rechte und Pflichten des Verteidigers

Schrifttum: *Weiß*, Die „Verteidigervollmacht" – ein tückischer Sprachgebrauch, NJW 1983, 89; *Ebert*, Der Nachweis von Vollmachten im Straf- und Bußgeldverfahren, DRiZ 1984, 237; *Schott/Krug*, Steuerstrafverfahren: Verteidigung in steuerstrafrechtlichen Verfahren: Die Übernahme des Mandats, PStR 2019, 33.

a) Nachweis und Umfang der Vollmacht

Der Verteidiger bedarf einer Vollmacht. Die allgemeine Vollmacht eines Angehörigen der steuerberatenden Berufe zur Vertretung in Steuersachen (§ 80 AO) erstreckt sich inhaltlich nicht auf die Verteidigungsbefugnis (Klein/*Jäger* AO § 392 Rn. 1). Eine **bestimmte Form** ist nicht vorgeschrieben. Der Verteidiger hat bei Zweifel an seiner Bevollmächtigung auf Verlangen eine schriftliche Vollmacht vorzulegen, s. AStBV (St) 2020, Nr. 33. 69

Auch ist die Wirksamkeit der Verteidigerbestellung nicht von der Vorlage einer Vollmachtsurkunde als Nachweismittel abhängig (LG Bremen 22.4.1982, StV 1982, 515). Die Vermutung spricht grundsätzlich für die Bevollmächtigung (KK-StPO/*Laufhütte* StPO vor § 137 Rn. 3; LG Hagen 10.11.1982, StV 1983, 145). Für den Nachweis der Vollmacht 70 genügt die Anzeige des Beschuldigten oder sein Auftreten mit dem Verteidiger in der Hauptverhandlung (OLG Karlsruhe 24.9.1982, NJW 1983, 895). Die Vollmacht, Zustellungen für den Beschuldigten in Empfang zu nehmen (§ 145a StPO), hat der gewählte Verteidiger nur, wenn seine Bestellung aktenkundig ist. Es genügt, wenn sich aus einem Protokoll ergibt, dass dem Verteidiger mündlich Vollmacht erteilt worden ist (KK-StPO/ *Laufhütte* StPO vor § 137 Rn. 3 mwN). Eine schriftliche Vollmacht verlangt das Gesetz lediglich in den Fällen, in denen der Verteidiger nicht nur Beistand (§ 137 I StPO), sondern zugleich Vertreter des Beschuldigten ist (§ 234 StPO iVm § 385 AO: Verfahren gegen Abwesende; § 350 II StPO: Revisionsverhandlung; § 411 II StPO: Hauptverhandlung nach Einspruch gegen einen Strafbefehl). Eine solche zur Vertretung ermächtigende Vollmacht wird im Interesse des Angeklagten gefordert, da er damit wichtige Verfahrensrechte – Anwesenheit, rechtliches Gehör – in die Hände des Vertreters legt, der an seine Stelle tritt und mit Wirkung für ihn Erklärungen abgeben und entgegennehmen kann (*Ebert* DRiZ 1984, 237 mwN). Vertretungsvollmacht genügt aber; der Zusatz „in Abwesenheit" ist nicht nötig (BGH 20.9.1956, BGHSt 9, 356, 357).

71 Die **Vollmacht muss rechtzeitig,** zB vor Ablauf einer Rechtsmittelfrist, **erteilt sein,** kann aber später nachgewiesen werden (RG 24.10.1890, RGSt 21, 125, 127; RG 17.12.1896, RGSt 29, 257). Sie dauert, vorbehaltlich eines Widerrufs, bis zur Beendigung des Verfahrens (KK-StPO/*Willnow* StPO § 138 Rn. 14), kann aber auf bestimmte Verfahrensabschnitte beschränkt oder inhaltlich für bestimmte Handlungen ausdrücklich oder durch konkludente Handlung widerrufen werden (vgl. BGH 21.3.1967, NJW 1967, 1047; OLG Düsseldorf 20.12.1989, wistra 1990, 168). Die Vollmacht erlischt nicht automatisch mit dem Tod des Beschuldigten und kann jedenfalls dann als fortbestehend angesehen werden, wenn der Verteidiger zur Empfangnahme von zu erstattenden Auslagen ermächtigt worden ist (OLG Celle 28.5.2002, NJW 2002, 3720; OLG Frankfurt 17.4.2002, NStZ-RR 2002, 246).

72 Die Befugnisse eines Verteidigers, dem **keine umfassende Vertretungsvollmacht** erteilt wurde, sind im Gesetz kasuistisch geregelt (vgl. *Spendel* JZ 1959, 737). Selbstständige und weitergehende Rechte als dem Beschuldigten werden ihm durch § 147 StPO (Akteneinsicht, → Rn. 78 ff.), und § 239 StPO (Kreuzverhör) eingeräumt. Bestimmte Befugnisse stehen dem Verteidiger neben dem Beschuldigten zu (§ 240 II StPO: Fragerecht; § 251 I Nr. 1, II Nr. 3 StPO: Einverständniserklärung hinsichtlich der Protokollverlesung). Für eine Rücknahme oder einen Verzicht auf Rechtsmittel braucht er eine ausdrückliche Ermächtigung (§ 302 II StPO; zur Wirksamkeit des Widerrufs vgl. BGH 3.5.1957, BGHSt 10, 245). Rechtsmittel einlegen darf der Verteidiger, jedoch nicht gegen den „ausdrücklichen Willen" des Beschuldigten (§ 297 StPO). Vielfach spricht das Gesetz nur von Antragsrechten des Angeklagten, obwohl dem Verteidiger kraft seiner Stellung als Beistand neben dem Angeklagten die gleichen Befugnisse zustehen wie auch der StA (BGH 30.1.1959, BGHSt 12, 367, 371 zu § 255 StPO; über Beweisanträge gem. §§ 219, 245 StPO vgl. *Spendel* aaO). Die Verteidigungsvollmacht berechtigt den Verteidiger jedoch nicht, Prozesshandlungen vorzunehmen, die kraft ihrer inneren Bedeutung (zB rechtliches Gehör) dem Angeklagten persönlich vorbehalten sind (BGH 30.1.1959, BGHSt 12, 367 zu § 233 StPO).

73–77 *einstweilen frei*

b) Akteneinsicht

Schrifttum: *Schulz,* Die geschichtliche Entwicklung des Akteneinsichtsrechts im Strafprozeß, Diss. 1971; *Hegelau,* Das Recht auf Akteneinsicht im Steuer- und Steuerstrafverfahren, Institut Finanzen und Steuern, 1987; *Kümmel,* Das Akteneinsichtsrecht des Verletzten nach § 406e StPO und das Steuergeheimnis nach § 30 AO – ein in Korruptionsverfahren unauflösliches Spannungsverhältnis?, wistra 2014, 124; *Schreiber,* Die Beschlagnahme von Unterlagen beim Steuerberater, Diss. Köln 1992; *Lüttger,* Das Recht des Verteidigers auf Akteneinsicht, NJW 1951, 744; *Ackermann,* Das Akteneinsichtsrecht des Verteidigers im Verwaltungsstrafverfahren, NJW 1957, 241; *Franzen,* Zur Verteidigung und zur Akteneinsicht des Verteidigers im Steuerstrafverfahren, DStZ 1964, 310; *Klussmann,* Das Akteneinsichtsrecht des Verteidigers in eigener Sache, NJW

1973, 1965; *Lohmeyer,* Das Recht auf Akteneinsicht im Besteuerungs-, Steuerstraf- und Bußgeldverfahren, ZfZ 1974, 43; *Wasserburg,* Das Einsichtsrecht des Anwalts in die kriminalpolizeilichen Spurenakten, NJW 1980, 2440; *H. Schäfer,* Die Grenzen des Rechts auf Akteneinsicht durch den Verteidiger, NStZ 1984, 203; *Meyer-Goßner,* Die Behandlung kriminalpolizeilicher Spurenakten, NStZ 1984, 353; *Schäfer,* Die Einsicht in Strafakten durch Verfahrensbeteiligte und Dritte, NStZ 1986, 198; *Schmitz,* Das Recht auf Akteneinsicht bei Anordnung von Untersuchungshaft, wistra 1993, 319; *Hellmann,* Der Rechtsweg gegen die Versagung der Akteneinsicht durch die Finanzbehörde nach Abschluß des steuerstrafrechtlichen Ermittlungsverfahrens, DStZ 1994, 371; *Streck/Olbing,* Der beim Finanzamt angezeigte Steuerbürger: Auskunftsanspruch contra Steuergeheimnis, BB 1994, 1267; *Schumann,* Zur Akteneinsicht im Steuerstrafverfahren, wistra 1995, 181; *Burkhard,* Zum Recht des Strafverteidigers auf Akteneinsicht im strafrechtlichen Ermittlungsverfahren, wistra 1996, 171; *Dißars,* Das Recht auf Akteneinsicht der Beteiligten im Steuerrecht, NJW 1997, 481; *Burkhard,* Akteneinsichtsrecht des Strafverteidigers in Steuerstrafverfahren, StV 2000, 526; *ders.,* Akteneinsichtsrecht des Strafverteidigers in Steuerstrafverfahren, DStZ 2000, 850; *ders.,* Die Ablehnungspraxis der Finanzämter bei Akteneinsichtsgesuchen im Steuerstrafverfahren, INF 2001, 168; *Heerspink,* Schützt das Steuergeheimnis den Denunzianten?, AO-StB 2002, 29; *Burkhard,* Probleme mit dem Akteneinsichtsrecht in Steuerstrafverfahren, DStR 2002, 1794; *Gehm,* Akteneinsichtsrecht im Steuer- und Steuerstrafverfahren nebst Bußgeldverfahren, BuW 2003, 105; *Viertelhausen,* Akteneinsicht in das Fallheft im Besteuerungs- und Steuerstrafverfahren, wistra 2003, 409; *Donath/Mehle,* Akteneinsichtsrecht und Unterrichtung des Mandanten durch den Verteidiger, NJW 2009, 1399; *Wohlers/Schlegel,* Zum Umfang des Rechts der Verteidigung auf Akteneinsicht gemäß § 147 I StPO – Zugleich Besprechung von BGH – Urteil vom 18.6.2009 – 3 StR 89/09, NStZ 2010, 486; *Müller/Schmidt,* Aus der Rechtsprechung zum Recht der Strafverteidigung, NStZ 2011, 503; *dies.,* Aus der Rechtsprechung zum Recht der Strafverteidigung, NStZ 2012, 308; *dies.,* Aus der Rechtsprechung zum Recht der Strafverteidigung, NStZ 2013, 328; *Tormöhlen,* Akteneinsicht im Steuerstrafverfahren, AO-StB 2017, 53.

Das **Recht** des Strafverteidigers **auf Akteneinsicht** und Besichtigung der amtlich verwahrten Beweisstücke (§ 147 I StPO, vgl. *Müller/Schmidt* NStZ 2012, 308) ist Grundvoraussetzung für eine wirksame Verteidigung. Die Vorschrift ist die gesetzliche Ausprägung des verfassungsrechtlich gebotenen Grundsatzes einer fairen Verhandlungsführung (BVerfG 29.11.1989, BVerfGE 63, 45). Rechtzeitig vor der Hauptverhandlung (vgl. BGH 16.10.1984, wistra 1985, 105) ist dem Verteidiger Gelegenheit zur Einsichtnahme zu geben. Die Vorlage einer schriftlichen Vollmacht ist nicht erforderlich (LG Oldenburg 18.10.1989, StV 1990, 59; BVerfG 14.9.2011, NJW 2012, 141 sowie → Rn. 69).

§ 147 StPO Akteneinsichtsrecht, Besichtigungsrecht; Auskunftsrecht des Beschuldigten

(1) Der Verteidiger ist befugt, die Akten, die dem Gericht vorliegen oder diesem im Falle der Erhebung der Anklage vorzulegen wären, einzusehen sowie amtlich verwahrte Beweisstücke zu besichtigen.

(2) ¹Ist der Abschluss der Ermittlungen noch nicht in den Akten vermerkt, kann dem Verteidiger die Einsicht in die Akten oder einzelne Aktenteile sowie die Besichtigung von amtlich verwahrten Beweisgegenständen versagt werden, soweit dies den Untersuchungszweck gefährden kann. ²Liegen die Voraussetzungen von Satz 1 vor und befindet sich der Beschuldigte in Untersuchungshaft oder ist diese im Fall der vorläufigen Festnahme beantragt, sind dem Verteidiger die für die Beurteilung der Rechtmäßigkeit der Freiheitsentziehung wesentlichen Informationen in geeigneter Weise zugänglich zu machen; in der Regel ist insoweit Akteneinsicht zu gewähren.

(3) Die Einsicht in die Protokolle über die Vernehmung des Beschuldigten und über solche richterlichen Untersuchungshandlungen, bei denen dem Verteidiger die Anwesenheit gestattet worden ist oder hätte gestattet werden müssen, sowie in die Gutachten von Sachverständigen darf dem Verteidiger in keiner Lage des Verfahrens versagt werden.

(4) ¹Der Beschuldigte, der keinen Verteidiger hat, ist in entsprechender Anwendung der Absätze 1 bis 3 befugt, die Akten einzusehen und unter Aufsicht amtlich verwahrte Beweisstücke zu besichtigen, soweit der Untersuchungszweck auch in einem anderen Strafverfahren nicht gefährdet werden kann und überwiegende schutzwürdige Interessen Dritter nicht entgegenstehen. ²Werden die Akten nicht elektronisch geführt, können ihm an Stelle der Einsichtnahme in die Akten Kopien aus den Akten bereitgestellt werden.

(5) ¹Über die Gewährung der Akteneinsicht entscheidet im vorbereitenden Verfahren und nach rechtskräftigem Abschluss des Verfahrens die Staatsanwaltschaft, im Übrigen der Vorsitzende des mit der Sache befassten Gerichts. ²Versagt die Staatsanwaltschaft die Akteneinsicht, nachdem sie den Abschluss der Ermittlungen in den Akten vermerkt hat, versagt sie die Einsicht nach Absatz 3 oder befindet sich der Beschuldigte nicht auf freiem Fuß, so kann gerichtliche Entscheidung durch das nach § 162 zuständige Gericht beantragt werden. ³Die §§ 297 bis 300, 302, 306 bis 309, 311a und 473a

gelten entsprechend. ⁴Diese Entscheidungen werden nicht mit Gründen versehen, soweit durch deren Offenlegung der Untersuchungszweck gefährdet werden könnte.

(6) ¹Ist der Grund für die Versagung der Akteneinsicht nicht vorher entfallen, so hebt die Staatsanwaltschaft die Anordnung spätestens mit dem Abschluß der Ermittlungen auf. ²Dem Verteidiger oder dem Beschuldigten, der keinen Verteidiger hat, ist Mitteilung zu machen, sobald das Recht zur Akteneinsicht wieder uneingeschränkt besteht.

Ergänzend sind Nr. 160, 182–189 RiStBV sowie Nr. 35 AStBV heranzuziehen.

79 Dem **Beschuldigten**, der keinen Verteidiger gewählt hat und dem auch keiner beigeordnet zu werden braucht (→ Rn. 38 ff.), sind gem. § 147 VII StPO Auskünfte und Abschriften aus den Akten (s. zu den Bestandteilen der Akte → Rn. 46) zu erteilen, soweit dies zu einer angemessenen Verteidigung erforderlich ist, der Untersuchungszweck, auch in einem anderen Strafverfahren, nicht gefährdet werden kann und nicht überwiegende schutzwürdige Interessen Dritter entgegenstehen (vgl. auch Nr. 35 VII AStBV). Nach der Neufassung des Abs. 7 steht die Erteilung von Auskünften und Abschriften nicht mehr im Ermessen („ist befugt" statt „können"). Über einen entsprechenden Antrag haben der Staatsanwalt oder der Vorsitzende zu entscheiden (§ 147 V StPO). Im vorbereitenden Verfahren und nach rechtskräftigem Abschluss entscheidet die BuStra, soweit die Finanzbehörde das Strafverfahren selbstständig durchführt (Nr. 25 IX AStBV). Einem Verteidiger kann die Akteneinsicht nicht mit der Begründung versagt werden, er sei in der Anklage als Zeuge benannt und werde voraussichtlich als Zeuge geladen werden; einem Zeugen stehe aber kein Recht auf Akteneinsicht zu (OLG Celle 21.5.1959, NdsRpfl 1960, 259). Über das Akteneinsichtsrecht der FinB vgl. § 395 AO u. § 49 OWiG. Im Falle der gemeinschaftlichen Verteidigung durch einen Anwalt und einen Angehörigen der steuerberatenden Berufe hat jeder von ihnen ein selbstständiges Recht auf Akteneinsicht (→ Rn. 23, 24). Die dem Verteidiger gem. § 147 StPO übersandten Akten befinden sich in dienstlicher Verwahrung. Wenn der Verteidiger die Akten nach der Einsicht nicht zurückreicht, kommt die Verwirklichung eines Verwahrungsbruchs gem. § 133 I Alt. 2 StGB in Betracht (vgl. BGH 15.7.2010, NStZ-RR 2011, 276).

80 Ein **Verletzter** kann über seinen Rechtsanwalt, soweit er hierfür ein berechtigtes Interesse darlegt, Akteneinsicht im Rahmen des § 406e StPO erhalten. Dabei ist der Wahrung des Steuergeheimnisses aber Rechnung zu tragen.

81 **Dritte (= Nichtverfahrensbeteiligte)** haben nach § 147 StPO kein Akteneinsichtsrecht, ggf. aber nach §§ 474 ff. StPO (Meyer-Goßner/Schmitt/*Schmitt* StPO § 147 Rn. 5). Der Verteidiger kann juristische Mitarbeiter mit der Wahrnehmung der Akteneinsicht beauftragen (Brandenburgisches OLG 20.9.1995, StV 1996, 7; *Pfeiffer* StPO § 147 Rn. 2).

82 Ob ein Denunzierter Anspruch auf Akteneinsicht bzw. Benennung des Anzeigeerstatters hat, ist streitig. Nach überwiegender Ansicht wird der Name eines Informanten, Hinweisgebers bzw. Anzeigeerstatters durch das Steuergeheimnis gem. § 30 II AO geschützt (BFH 8.2.1994, BStBl. II 1994, 552; BFH 7.12.2006, BStBl. II 2007, 275; BFH 9.1.2007, BFH/NV 2007, 1141; LG Mühlhausen 26.1.2005, wistra 2005, 357). Dies ergebe sich aus dem Wortlaut des auf die „Verhältnisse eines anderen" Bezug nehmenden § 30 II AO. Dagegen spricht, dass sich den Gesetzesmaterialien entnehmen lässt, dass lediglich auskunftspflichtige Dritte geschützt werden sollten (*Heerspink* AO-StB 2002, 29, 30), so dass der Denunziant nicht durch das Steuergeheimnis geschützt ist. In jedem Fall gewährt das Steuergeheimnis dem Denunzianten keinen umfassenden Schutz. Es muss durch Abwägung zwischen dem allgemeinen Persönlichkeitsrecht des Steuerpflichtigen und dem Zweck des Steuergeheimnisses eine sachgerechte Ermessensentscheidung herbeigeführt werden. Bei im Wesentlich zutreffend mitgeteilten Angaben überwiegt der Informantenschutz das allgemeine Persönlichkeitsrecht des Steuerpflichtigen (BFH 7.12.2006, BStBl. II 2007, 275). Nicht geschützt ist der Denunziant gem. § 30 IV Nr. 1 AO, wenn die Offenbarung der Personalien oder der genaue Inhalt der Angaben zur Durchführung des Steuerstrafverfahrens unentbehrlich ist (LG Mühlhausen aaO), oder gem. § 30 V AO, wenn der Denunziant vorsätzlich falsche Angaben abgegeben hat. Die Offenbarung des Namens kann gem. § 30 IV Nr. 4 Buchst. b

AO gegenüber den Strafverfolgungsbehörden geschehen, wenn der Denunziant die Anzeige ohne steuerliche Verpflichtung abgegeben hat und dies der Durchführung eines Strafverfahrens wegen einer Nichtsteuerstraftat dient. Hierzu ist ein Ermittlungsverfahren wegen falscher Verdächtigung (§ 164 StGB), Beleidigung (§ 185 StGB) oder übler Nachrede (§ 186 StGB) nötig.

Bei gleichzeitiger Durchführung eines steuerstrafrechtlichen Ermittlungsverfahrens ist 83 nach § 23 EGGVG das OLG zuständig (NdsFG 8.10.1996, EFG 1997, 23). Wird die Akteneinsicht nach Einstellung des Strafverfahrens beantragt, so ist hinsichtlich von Akten, die auch für die Besteuerung als Grundlage in Betracht kommen, der Rechtsweg zum Finanzgericht eröffnet (BFH 6.5.1997, DStR 1997, 1243, 1244).

Zu den Akten gehören **alle Unterlagen** einschließlich der Beiakten und der als 84 Beweismittel (zB Buchführung) verwahrten Gegenstände. Das Einsichtsrecht umfasst nicht nur Akten, die dem Gericht vorgelegt worden sind bzw. vorzulegen wären (§ 199 II 2 StPO; *Burkhard* wistra 1996, 171 u. StV 2000, 526), sondern ebenso alle sonstigen verfahrensbezogenen Unterlagen, die zu den Akten genommen worden sind, einschl. sämtlicher Beiakten (BVerfG 7.12.1982, NStZ 1983, 131, 132; LG Nürnberg-Fürth 12.1.2011, StraFo 2011, 225). Soweit keine Sperrerklärung nach § 96 StPO abgegeben wird, sind behördliche Vertraulichkeitsbitten unbeachtlich (BGH 7.3.1996, NStZ 1997, 43). Die Strafverfolgungsbehörde darf kein be- und entlastendes Material zurückbehalten (*Burkhard* wistra 1996, 171). Dazu gehören auch **Steuerakten** der FinB (glA OLG Celle 8.8.1977, NdsRpfl 1977, 252; Löwe/Rosenberg/*Lüderssen* StPO § 147 Rn. 61; aM *Schäfer* NStZ 1984, 203, 206); ferner Auszüge aus dem Bundeszentralregister (BVerfG aaO).

Computerausdrucke sind Bestandteil der Akten (Meyer-Goßner/Schmitt/*Schmitt* 85 StPO § 147 Rn. 18a). Ob Dateien, die von der StA (FinB) erstellt werden (§§ 483 ff. StPO), der Einsicht unterliegen, ist höchstrichterlich noch nicht geklärt. Der Zweck des § 147 StPO (→ Rn. 78) dürfte dafür sprechen, dem Verteidiger auch die hergestellten Dateien und Programme zur Verfügung zu stellen (*Meier/Böhm* wistra 1992, 166, 170 mwN). Andererseits ist nicht zu verkennen, dass Dateien und Programme ohne Erläuterungen des jeweiligen Dezernenten möglicherweise nicht verständlich sind, eine sich daraus ergebende Mitwirkungs- und Beratungspflicht daher das Akteneinsichtsrecht sprengen würde (vgl. auch *Schäfer* wistra 1989, 8 ff.). Dass die Steuerfahndung belastendes Material nicht zurückbehält, liegt in der Natur der Sache. Der Verteidiger muss daher sein besonderes Augenmerk darauf legen, dass auch *entlastendes* Material dem Gericht vorgelegt und damit der Verteidigung zugänglich gemacht wird. Die Frage, welche Vorgänge für die dem Beschuldigten zur Last gelegten Taten bedeutsam sein können, kann sich im Laufe des Verfahrens anders stellen. Das Gericht ist aus rechtsstaatlichen Gründen verpflichtet, in jeder Lage des Verfahrens zu prüfen, ob begründeter Anlass zu Zweifeln daran besteht, dass ihm alle zur Beurteilung des Falles bedeutsamen Akten vorliegen (KK-StPO/*Pfeiffer*/*Hannich* Einl. Rn. 72 [in der 6. Aufl.]).

Spurenakten sind vorzulegen, wenn ihr Inhalt für die Feststellung der dem Beschuldig- 86 ten vorgeworfenen Tat und für etwaige gegen ihn zu verhängende Rechtsfolgen von irgendeiner Bedeutung sein kann (BVerfG aaO; BGH 26.5.1981, BGHSt 30, 131, 138 ff.). Das trifft auf Akten der Steuerfahndung regelmäßig zu (vgl. auch FG RhldPf 16.9.1991, EFG 1992, 175; *Dißars* NJW 1997, 481, 485). Nimmt die Strafsachenstelle die be- oder entlastenden Vorgänge nicht vollständig in die Ermittlungsakte auf, so müssen dem Verteidiger diejenigen Steuerakten zugänglich gemacht werden, in denen sie zu finden sind (OLG Celle 8.8.1977, NdsRpfl 1977, 252). Das Steuergeheimnis (§ 30 AO) steht der Akteneinsicht selbst insoweit nicht entgegen, als **Steuerakten dritter Personen** beigezogen worden sind. Soweit für die Beurteilung der Tat des Beschuldigten die Kenntnis der Verhältnisse Dritter erforderlich ist, ist auch die Einsicht in diese Unterlagen ohne die Einwilligung der Betroffenen durch den Zweck des Strafverfahrens gerechtfertigt und geboten (OLG Hamburg 27.6.1995, NStZ 1996, 43; *Franzen* DStR 1964, 310, 313; vgl. auch *Schäfer* NStZ 1984, 203, 208; aM *Paulick* DStR 1963, 554). Zur Einsicht in die

Steuer- und Ermittlungsakten der FinB bedarf es nicht deren Zustimmung; denn die FinB ist wegen ihrer besonderen Stellung im Steuerstrafverfahren keine Behörde „einer anderen Verwaltung" iSv Nr. 186 III 2 RiStBV. **Handakten** sowie „andere innerdienstliche Vorgänge (zB verwaltungsinterne Vermerke)", die dem Gericht nicht vorgelegt werden, sollen von der Akteneinsicht ausgeschlossen sein (Nr. 35 III AStBV; Nr. 186 III 1 RiStBV). Handakten enthalten Auszüge aus der Ermittlungsakte. Insoweit erscheint es verständlich, dass sie der Einsicht nicht unterliegen, und zwar auch dann nicht, wenn sie zB mit persönlichen Randbemerkungen des Bearbeiters versehen sind. Einsehbar sind sie jedoch, wenn sie irgendwelche Vorgänge enthalten, die für die Beurteilung des Falles erheblich sein könnten. Das gilt auch für „verwaltungsinterne Vermerke" iSd Nr. 35 III AStBV. Entscheidend ist nicht, welche Vorgänge dem Gericht vorgelegt werden, sondern welche Vorgänge vorzulegen sind.

87 Zusammenfassende Inhaltsangaben und Kurzübersetzungen abgehörter Telefongespräche sind keine internen Hilfs- und Arbeitsmittel der Polizei, sondern dem Gericht gem. § 199 II 2 StPO vorzulegende Akten, die daher auch Gegenstand des Akteneinsichtsrechts nach § 147 I StPO sind (BGH 18.6.2009, StraFo 2009, 338, vgl. dazu *Wohlers/Schlegel* NStZ 2010, 486). Die Zurückhaltung von Vorgängen, deren Bedeutung auch nur möglich ist, bedeutet eine unzulässige Beschränkung der Verteidigung und damit einen absoluten Revisionsgrund (§ 338 Nr. 8 StPO). Es ist unzulässig, Schriftstücke oder Gegenstände den Akten fernzuhalten, um sie dadurch der Einsicht zu entziehen (Meyer-Goßner/*Schmitt/ Schmitt* StPO § 147 Rn. 14). Der Einsicht darf keine aktenkundige Tatsache entzogen werden, die für eine Entscheidung gegen den Beschuldigten verwertet werden soll (BVerfG 9.3.1965, BVerfGE 18, 405, *Eisenberg* NJW 1991, 1257, 1259). Daher gehören in bestimmten Fällen auch Arbeitsunterlagen (das Fallheft) von Außenprüfern zu den der Einsicht unterliegenden Akten (*Burkhard* StV 2000, 526; aA *Viertelhausen* wistra 2003, 409). Bestehen insoweit Zweifel, müssen auch diese Akten dem Gericht vorgelegt werden (BVerfG 12.1.1983, BVerfGE 63, 45). Rot- oder Grünbogen (Vermerke des Prüfers über straf- oder bußgeldrechtliche Feststellungen) sind Bestandteil der Ermittlungsakte (ebenso *Blumers/Glöggerle* Rn. 775; *Simon/Vogelberg* S. 307; *Burkhard* StV 2000, 526). Umgekehrt darf kein Tatsachenstoff gegen den Beschuldigten verwandt werden, der seinem Verteidiger nicht zugänglich gemacht worden ist (RG 15.7.1938, RGSt 72, 268).

88 Die Vollständigkeit der einsehbaren Akten kann anhand der Paginierung und Fehlblättern überprüft werden. Zudem kann die Aufforderung zu einer Negativerklärung, dh einem Hinweis, dass die Strafsachenstelle keine weiteren Akten als die genannten führt, zu weitreichenden Konsequenzen wie einem Verwertungsverbot für die Ermittlungsorgane führen (dazu ausführlich *Randt*, Der Steuerfahndungsfall, Kap. E Rn. 93 ff.).

89 Das Recht zur Akteneinsicht umfasst auch die Befugnis, sich **Abschriften** anzufertigen. Dagegen hat der Verteidiger keinen Anspruch auf Erteilung von Aktenauszügen durch das Gericht (OLG Hamburg 4.1.1963, NJW 1963, 1024). Er kann jedoch Kopien selbst anfertigen oder auf eigene Kosten anfertigen lassen (BGH 29.5.1963, BGHSt 18, 369; ferner → Rn. 94).

Zur **Weitergabe** der durch die Akteneinsicht erlangten **Kenntnisse** ist der Verteidiger regelmäßig berechtigt, mE sogar verpflichtet, denn eine sachgerechte Verteidigung setzt voraus, dass der Beschuldigte weiß, worauf sich der gegen ihn gerichtete Vorwurf stützt (BGH 3.10.1979, BGHSt 29, 99). Das gilt jedenfalls in Wirtschaftsstrafsachen. Im gleichen Umfang, wie der Verteidiger dem Beschuldigten den Akteninhalt mitteilen darf, ist er auch befugt, ihm Kopien auszuhändigen (*Krekeler* wistra 1983, 43, 46; KK-StPO/*Laufhütte* StPO § 147 Rn. 14).

90 Eine **Beschränkung oder Versagung der Akteneinsicht** *kann* während des Ermittlungsverfahrens und der gerichtlichen Voruntersuchung angeordnet werden, wenn der Abschluss der Ermittlungen noch nicht in den Akten vermerkt ist und wenn die Einsicht „den Untersuchungszweck gefährden kann" (§ 147 II StPO). Eine Gefährdung des Untersuchungszwecks kann auch dann angenommen werden, wenn durch die beantragte Akteneinsicht der Untersuchungszweck in einem anderen Strafverfahren gefährdet würde (BGH 26.1.2011, NStZ-RR 2012, 16). Erforderlich sind objektive, sich aus dem Fall selbst ergebende Gründe. Streitig ist, ob eine abstrakte Gefährdung des Untersuchungszwecks genügt (bejahend Meyer-Goßner/Schmitt/*Schmitt* StPO § 147 Rn. 25 mwN) oder ob eine konkrete Gefahr gegeben sein muss (*Burkhard* wistra 1996, 171). Der Untersuchungszweck kann zB gefährdet sein, wenn erkennbar bestimmte Untersuchungshandlungen vorbereitet werden, deren Erfolg vom Überraschungseffekt abhängig ist. Dies ist bei einer bevorstehenden Durchsuchung nicht der Fall. Der Beschuldigte selbst ist bereits durch die Einleitung des Strafverfahrens informiert (wäre er nicht informiert, bestünde keine Notwendigkeit, einen Antrag auf Akteneinsicht zu stellen) und hatte somit bereits Gelegenheit zur Beweismittelunterdrückung (*Burkhard* DStR 2002, 1794, 1796). Auch ein Durchsuchungsbeschluss nach § 103 StPO gegen die Bank des Beschuldigten kann den Untersuchungszweck nicht gefährden, da diese unabhängig von dem Verhalten des Beschuldigten dem Auskunftsverlangen der Ermittlungsbehörden nachkommen wird (*Burkhard* aaO; aM wohl KK-StPO/*Willnow* StPO § 147). Taktische Überlegungen der StA (FinB) rechtfertigen die Verweigerung nicht, zB nicht die Absicht, dem Beschuldigten oder Zeugen neue Ermittlungsergebnisse in einer bevorstehenden Vernehmung vorzuhalten. Jedenfalls ist die Beschränkung oder Versagung der Akteneinsicht wie jede andere Ermessensentscheidung auch zu begründen. Der in der Praxis nicht selten zu lesende Satz: „Ihrem Antrag vermag ich derzeit aus den in § 147 II StPO genannten Gründen nicht zu entsprechen", genügt ebenso wenig wie die Wiederholung des Tatbestands des § 147 II StPO (glA *Burkhard* wistra 1996, 171).

Die Beschränkung muss aufgehoben werden, wenn ihr Grund wegfällt, spätestens mit **91** Abschluss der Ermittlungen (§ 170 I StPO iVm § 147 VI StPO). Wenn es um die Anordnung von Untersuchungshaft geht, so muss im laufenden Ermittlungsverfahren Akteneinsicht gewährt werden, wenn nur so eine effektive Verteidigung möglich ist (BVerfG 11.7.1994, wistra 1994, 342; EGMR 13.2.2001, NJW 2002, 2013). Die Akteneinsicht kann auch auf einzelne Teile beschränkt werden. Auf die anderen Teile kann die Haftentscheidung nicht gestützt werden. Die Versagung der Akteneinsicht ist möglich, wenn der Haftbefehl nicht vollzogen ist.

Einsicht in **Protokolle über Vernehmungen** des Beschuldigten darf in keinem Stadi- **92** um des Verfahrens verweigert werden. Das Gleiche gilt gem. § 147 III StPO für Sachverständigengutachten sowie für richterliche Untersuchungshandlungen, bei denen dem Verteidiger die Anwesenheit gestattet worden ist oder hätte gestattet werden müssen. Zu den „Niederschriften" gehören auch Vermerke über Aussagen des Beschuldigten sowie dessen eigene schriftliche Äußerungen (§ 136 I 4 Alt. 1 StPO iVm § 163a I 3 StPO). Das Einsichtsrecht erstreckt sich aber nicht auf „Nebenprotokollbände", bei denen es sich lediglich um Mitschriften zur Unterstützung des Gerichts handelt (OLG Karlsruhe 15.9.1981, NStZ 1982, 299).

Sobald der **Abschluss der Ermittlungen** in den Akten vermerkt ist, darf die Akten- **93** einsicht nicht mehr beschränkt werden (§ 147 II StPO). Die Verpflichtung der StA (FinB), den Abschluss der Ermittlungen in den Akten zu vermerken, folgt aus § 169a StPO. Der Abschlussvermerk hat auch Bedeutung für die Verteidigerbestellung auf Antrag der StA (§ 141 III 3 StPO).

Auf Antrag des Verteidigers „sollen" ihm die Akten in seine Geschäfts- oder **94** **Wohnräume mitgegeben werden,** falls nicht wichtige Gründe entgegenstehen (§ 147 IV StPO). Das gilt mangels einer entsprechenden Unterscheidung in § 147 IV StPO sowohl im Ermittlungs- als auch im Hauptverfahren. Dieses Recht auf ungestörte Akteneinsicht dient zugleich der Rechtspflege, in deren Interesse eine gute Vorbereitung durch den Bevollmächtigten liegt. Bei der Beschränkung der Akteneinsicht auf den Ort „Gericht" handelt es sich daher um eine Ausnahmeregelung (BVerfG 12.2.1998, NVwZ 1998, 836, 837). Als „wichtiger Grund" dürfte im Steuerstrafverfahren höchstens in Betracht kommen, dass die Akten in Ausnahmefällen wegen dringender Ermittlungsmaßnahmen nicht, auch nicht kurzfristig, entbehrt werden können. Eine **Aktenversendung,**

zB an auswärtige Verteidiger, ist durch den Wortlaut des § 147 IV StPO nicht gedeckt. Wird die Aktenüberlassung in die Geschäftsräume oder in die Wohnung des Verteidigers abgelehnt, kann er Kopien gegen Kostenerstattung beantragen (*Donath/Mehle* NJW 2009, 1399; KK-StPO/*Willnow* StPO § 147 Rn. 10). Die Entscheidung über die Mitgabe der Akten ist nicht anfechtbar (§ 147 IV 2 StPO); sie braucht daher nicht begründet zu werden (Löwe/Rosenberg/*Dünnebier* StPO § 147 Rn. 25). In Betracht kommen aber Gegenvorstellung (vgl. auch BVerfG 8.1.1959, BVerfGE 9, 89) oder Dienstaufsichtsbeschwerde. Die Versendung der Akten kann von der Zahlung einer Pauschale nach § 28 II GKG abhängig gemacht werden (LG Göttingen 8.11.1995, StV 1996, 166).

95 Für die **Akteneinsicht** muss eine **angemessene Zeitspanne** zur Verfügung stehen. Allgemeine Grenzen lassen sich insoweit nicht aufstellen. Welche Zeitspanne angemessen ist, wird weitgehend von dem Stadium des Verfahrens abhängen. Jedenfalls dürfte die Praxis mancher Strafsachenstellen, die Ermittlungsakte für „3 × 24 Stunden" zu verschicken, schon deshalb eine nicht gerechtfertigte Beschneidung der Verteidigerrechte bedeuten, weil bei einem Posteingang zB am Nachmittag, Nachtarbeit verlangt würde.

96 **Nach Einstellung des Verfahrens** ist dem Verteidiger in entsprechender Anwendung des § 147 StPO Akteneinsicht zu gewähren (LG Oldenburg 11.3.1992, NStZ 1992, 555; LG Frankfurt 29.6.2005, StraFo 2005, 379). Gleiches gilt nach rechtskräftigem Verfahrensabschluss (§ 147 V StPO; KK-StPO/*Willnow* StPO § 147 Rn. 22). **Akteneinsicht nach Beendigung eines Steuerstrafverfahrens** – gleichgültig ob durch Einstellung oder Verurteilung – kann bedeutsam sein, falls das Strafverfahren ohne Rücksicht auf die Bestandskraft der zugrunde liegenden Steuerbescheide beendet worden ist. Wenn die Steuerbescheide auf Ermittlungen der Steuerfahndung beruhen, kann der Steuerpflichtige seine Rechte im Rechtsmittelverfahren gegen die Steuerbescheide nur dann wahrnehmen, wenn ihm die Ermittlungsakte zugänglich gemacht wird. Das gilt auch, wenn und soweit im Besteuerungsverfahren „nur" um die Voraussetzungen der verlängerten Festsetzungsfrist (§ 169 II 2 AO) gestritten wird (über Rechtsbehelfe → Rn. 98 f.).

97 **Über die Zulässigkeit einer Beschränkung nach § 147 II StPO** oder eine Entscheidung nach § 147 IV StPO vgl. neben § 147 V StPO auch Nr. 182 ff. RiStBV.

98 Die Verweigerung der Akteneinsicht durch Entscheidung der StA ist gem. § 147 V 2 StPO anfechtbar (vgl. dazu *Schlothauer* StV 2001, 192 ff.), wenn der Abschluss der Ermittlungen in den Akten vermerkt ist (1), wenn Akteneinsicht in nach Abs. 3 immer einsehbare Aktenteile verwehrt wird (2) oder wenn der Beschuldigte in Haft genommen wurde (3). Der Rechtsbehelf des Beschuldigten gem. § 147 V 2 Alt. 3 StPO greift nur dann ein, wenn er in dem Verfahren inhaftiert wurde, in dem er die Akteneinsicht begehrt (BGH 26.1.2011, NStZ-RR 2012, 16). Über den Antrag entscheidet aufgrund der Verweisung des § 147 V 2 StPO grundsätzlich § das Amtsgericht, in dessen Bezirk die StA ihren Sitz hat (§ 162 StPO). Die Verweigerung der Akteneinsicht soll grundsätzlich nicht nach §§ 23 ff. EGGVG gerichtlich überprüft werden können (OLG Frankfurt 19.8.2005, NStZ-RR 2005, 376; OLG Hamm 8.4.2003, wistra 2003, 317, 318), dies sei verfassungsrechtlich unbedenklich (BVerfG 28.12.1984, NJW 1985, 1019). Nur zur Erzwingung der Einsicht in die den Ermittlungsakten nicht beigefügten Spurenakten – zB Unterlagen der Steuerfahndung (BVerfG 12.1.1983, BVerfGE 63, 45; Meyer-Goßner/Schmitt/*Schmitt* StPO § 147 Rn. 40) sei der Rechtsweg nach §§ 23 ff. EGGVG gegeben. Ansonsten bleibe nur die Möglichkeit einer Dienstaufsichtsbeschwerde (Meyer-Goßner/Schmitt/*Schmitt* StPO § 147 Rn. 40).

99 Diese Ansicht verkennt jedoch, dass das Akteneinsichtsrecht einen elementaren Bestandteil zur Herstellung von Waffengleichheit darstellt. Eine zeitnahe gerichtliche Überprüfung ist daher nötig. Zwar gewährt Art. 19 IV GG keinen sofortigen Rechtsschutz, sondern nur innerhalb angemessener Zeit (OLG Frankfurt 22.3.1993, StV 1993, 297, 298), doch besteht im Ermittlungsverfahren bei Steuerstrafverfahren, das häufig mehrere Jahre dauert, ohne Akteneinsicht keine Möglichkeit zur Verkürzung des Verfahrens. Eine Verteidigung ist nur bei Kenntnis des Vorgeworfenen möglich. Dass nach Abschluss der Ermittlungen die Akteneinsicht möglich ist, ist zu einer wirksamen Verteidigung nicht ausreichend.

Beweisanträge können nach einem mehrjährigen Ermittlungsverfahren ins Leere gehen, da nach dieser Zeit mit dem Verlust von Beweismitteln zu rechnen ist. Verteidigung beginnt in Steuerstrafverfahren entgegen der historischen Konzeption des Gesetzgebers bereits vor der Hauptverhandlung. Der Rechtsweg nach §§ 23 ff. EGGVG ist daher eröffnet (*Burkhard* DStR 2002, 1794, 1797).

Nach Abschluss des Steuerstrafverfahrens ist der Finanzrechtsweg nach § 33 FGO gegeben (BFH 7.5.1985, BStBl. II 571; NdsFG 17.3.2005, EFG 2005, 1068; *Heerspink* AO-StB 2002, 29, 32).

c) Anwesenheits- und Erklärungsrechte

Im richterlichen Verfahren hat der Verteidiger das Recht, bei allen **Vernehmungen** **100** **des Beschuldigten** (§§ 163a III 2, 168c I StPO) und von Zeugen oder Sachverständigen (§ 168c II StPO) sowie bei richterlichen Inaugenscheinnahmen gem. § 168d I 1 StPO zugegen zu sein. Es ist ein Gebot rechtsstaatlicher, fairer Verfahrensführung, die Verhandlung nicht in Abwesenheit des Verteidigers durchzuführen (BVerfG 18.10.1983, NJW 1984, 113). Bei Vernehmungen des Beschuldigten durch die StA (FinB) steht dem Verteidiger ebenfalls ein Anwesenheitsrecht zu (§ 163a III 1 u. 2 StPO). Eine Vernehmung, die unter Verletzung des § 168c V StPO zustande gekommen ist, darf ohne Einwilligung des Angeklagten und des Verteidigers nicht verwertet werden (ausf. *Krause* StV 1984, 169 mwN; *Stoffers* NJW 2013, 1495). Ob das Anwesenheitsrecht auch bei Vernehmungen durch Beamte der Steuerfahndung besteht, war umstritten (ausf. Kohlmann/*Heerspink* AO § 392 Rn. 376 mwN; krit. Wannemacher/*Walischewski* Rz. 4400 ff.); jedenfalls konnte die Steuerfahndung die Anwesenheit des Verteidigers gestatten (*Schaefer* MDR 1977, 980; Nr. 34 II 2 AStBV). Seit dem 1.1.2018 ist mit der eingeführten Verweisung in § 163a IV 3 StPO klargestellt, dass das Anwesenheitsrecht des Verteidigers gem. § 163a IV 3, § 168c I 5 StPO auch für die Vernehmung des Beschuldigten durch die Beamten der Steuerfahndung sowie der Polizei, Zollfahndung oder der beauftragte BuStra (§ 404 AO) gilt (Kohlmann/*Heerspink* AO § 392 Rn. 305, 307, 376). Wird dem Beschuldigten nach Belehrung über sein Recht, einen Verteidiger zu konsultieren, die Rücksprache mit seinem Verteidiger verweigert, dürfen seine Aussagen zur Sache nicht verwertet werden (BGH 29.10.1992, wistra 1993, 69).

Bei **Zeugenvernehmungen** durch die StA (FinB) hat der Verteidiger nach hM kein **101** Anwesenheitsrecht (*Kohlmann* StKRep 1976, 308; Kohlmann/*Hilgers-Klautzsch* AO § 392 Rn. 312; Simon/Vogelberg S. 309 mwN). Der Verteidiger ist, soweit ihm ein Anwesenheitsrecht zusteht, von den Terminen grundsätzlich zu benachrichtigen (§ 168c V 1 StPO). Liegen keine Anhaltspunkte für eine Ausnahme vor (§ 168c V 2 StPO), so begründet die Verletzung der Benachrichtigungspflicht ein strafprozessuales Verwertungsverbot (Meyer-Goßner/Schmitt/*Schmitt* StPO § 168c Rn. 6). Der Schutzbereich des § 168c V StPO hinsichtlich des Verwertungsverbots erstreckt sich nicht auf den Mitbeschuldigten (BGH 17.2.2009, NStZ 2009, 345). Als **Zeugenbeistand,** zB bei der Vernehmung von Bankmitarbeitern als Zeuge, hat der Anwalt ein Anwesenheitsrecht, und zwar auch dann, wenn er die Bank vertritt (BVerfG 17.4.2000, StB 2000, 262).

Die Befugnis zur Teilnahme an richterlichen und staatsanwaltschaftlichen Vernehmun- **102** gen umfasst auch ein **Frage- und Hinweisrecht** (*Blumers/Glöggerle* Rn. 808; § 168c I 2 StPO). Für die Hauptverhandlung folgt dieses Recht aus §§ 239 I, 240 II StPO. Eine Beschneidung des Fragerechts ist absoluter Revisionsgrund (*ter Veen* StV 1983, 167). In gewissen Fällen kann sich der Angeklagte in der Hauptverhandlung durch einen Verteidiger „vertreten" lassen (§§ 234, 286, 411 II StPO).

einstweilen frei   **103–109**

d) Sonstiges

Sind die **Erfolgsaussichten** eines Einspruchs gegen einen Strafbefehl **zu prüfen,** so ist **110** § 411 IV StPO zu beachten. Nach dieser Vorschrift ist das Gericht bei der Urteilsfällung an den im Strafbefehl enthaltenen Ausspruch nicht gebunden. Ist nach Lage der Dinge nicht mit einem Freispruch oder mit einer Herabsetzung der Strafe in der Hauptverhandlung zu rechnen, so muss der Anwalt – zwecks Vermeidung von Schadenersatzansprüchen – von einem Einspruch abraten bzw. dessen Rücknahme empfehlen (OLG Düsseldorf 26.9.1985, StV 1986, 211).

111 **Zur Hauptverhandlung** ist der bestellte Verteidiger stets, der gewählte Verteidiger dann zu **laden,** wenn die Wahl dem Gericht angezeigt worden ist (§ 218 1 StPO). Die Ladungsfrist beträgt eine Woche (§ 218 S. 2, § 217 I StPO). Ein Verstoß gegen § 218 StPO begründet bei entsprechender Verfahrensrüge (§ 344 II 1 StPO) die Revision gem. § 337 StPO (Meyer-Goßner/Schmitt/*Schmitt* StPO § 218 Rn. 15), und zwar auch dann, wenn der Angeklagte vom Erscheinen in der Hauptverhandlung entbunden ist (OLG Köln 17.11.1959, NJW 1960, 736). Auf die Ladungsfrist kann verzichtet werden. Ist der nicht rechtzeitig geladene Verteidiger zur Hauptverhandlung erschienen, so steht ihm selbst, nicht dem Angeklagten, die Entscheidung darüber zu, ob er Aussetzung der Verhandlung (§ 217 II StPO) verlangen will (BGH 2.7.1963, NJW 1963, 1787). Die Ladungsfrist entfällt, wenn der Verteidiger erst innerhalb der Frist bestellt oder dem Gericht als gewählt gemeldet worden ist (BGH 12.3.1963, NJW 1963, 1114). Mehrere Verteidiger sind selbstständig zu laden, sofern es sich nicht um Rechtsanwälte einer Sozietät oder einer Bürogemeinschaft handelt (BGH 30.1.2007, NStZ 2007, 348; KK-StPO/*Gmel* StPO § 218 Rn. 4). Zur „Benachrichtigung" über die Revisionsverhandlung vgl. § 350 StPO.

112 **Zustellungen** darf der Verteidiger grds. mit Wirkung für den Beschuldigten in Empfang nehmen. Einzelheiten regelt § 145a StPO.

113 Verteidiger haben ein **Zeugnisverweigerungsrecht** (§ 53 I Nr. 2 StPO). Dieses Recht beschränkt sich auf das, was den Berufsgeheimnisträgern in dieser Eigenschaft anvertraut oder bekannt geworden ist. Darüber hinaus berechtigt § 53 I Nr. 3 StPO Rechtsanwälte und Angehörige steuerberatender Berufe auch, Aussagen über diejenigen Tatsachen zu verweigern, die ihnen im Rahmen der allgemeinen Berufsausübung, also auch außerhalb ihrer Tätigkeit als Verteidiger, bekannt geworden sind. Das Zeugnisverweigerungsrecht entfällt, wenn der Geheimnisträger von seiner Verschwiegenheitspflicht entbunden worden ist (§ 53 II StPO). Daneben ist § 203 I Nr. 3 StGB (strafbare Verletzung von Berufsgeheimnissen) zu beachten.

114 Gem. § 97 I Nr. 1 StPO unterliegen der **Beschlagnahme** nicht schriftliche Mitteilungen zwischen dem Beschuldigten und den Personen, die nach §§ 52, 53 I 1 Nr. 1–3 StPO das Zeugnis verweigern dürfen (→ § 399 Rn. 44 ff.). Das Gleiche gilt für Aufzeichnungen, die diese Personen über die ihnen vom Beschuldigten anvertrauten Mitteilungen oder über andere Umstände gemacht haben, auf die sich das Zeugnisverweigerungsrecht erstreckt (§ 97 I Nr. 2 StPO), also für die gesamten Handakten des Verteidigers und Beraters. Andere Gegenstände (§ 97 I Nr. 3 StPO), die der Zeugnisverweigerungsberechtigte in Gewahrsam hat, zB Geschäftsbücher, Aufzeichnungen, Belege, unterliegen grundsätzlich ebenfalls nicht der Beschlagnahme, soweit die durch sie zu beweisenden Tatsachen von dem Zeugnisverweigerungsrecht umfasst werden; anders, wenn die Gegenstände nur übergeben wurden, um sie vor den Strafverfolgungsbehörden zu verstecken (KK-StPO/ *Greven* StPO § 97 Rn. 20; *Haffke* NJW 1975, 808, 810). Kein Beschlagnahmeverbot besteht nach Auffassung des LG Hamburg (v. 15.10.2010, NJW 2011, 942; siehe auch BVerfG 27.6.2018, NStZ 2019, 159) für Ergebnisse unternehmensinterner Ermittlungen durch eine Sozietät, die im Auftrag des Unternehmens tätig geworden ist. Ferner unterliegen der Beschlagnahme Verteidigerunterlagen aus anderen Verfahren (BVerfG 13.10.2009, NJW 2010, 1740). Soweit der Steuerberater Buchhaltungsunterlagen allein zum Zwecke der Buchhaltung erhalten hat, unterliegen sie nicht dem Beschlagnahmeverbot (Meyer-Goßner/Schmitt/*Köhler* StPO § 97 Rn. 40; KK-StPO/*Greven* StPO § 97 Rn. 15). Die dem Steuerberater zur Durchführung einer Außenprüfung in dessen Praxis ausgehändigten Unterlagen können ebenfalls beschlagnahmt werden (LG Essen 12.8.2009, wistra 2010, 78).

Das Beschlagnahmeverbot greift regelmäßig nur ein, wenn sich die Gegenstände im 115
Gewahrsam des Zeugnisverweigerungsberechtigten befinden (§ 97 II 1 StPO); bei Verteidigerpost, die sich in der Hand des Beschuldigten befindet, macht die Rechtsprechung allerdings eine Ausnahme (BGH 13.8.1973, NJW 1973, 2035). Das Beschlagnahmeverbot entfällt, wenn gewichtige Anhaltspunkte dafür bestehen, dass der Verteidiger sich an der Tat beteiligt hat (BGH 13.8.1973, JZ 1974, 421). Die Schriftstücke dürfen aber nicht durchgelesen werden, um festzustellen, ob der Geheimnisträger der Teilnahme verdächtig ist, um also durch die Einsicht festzustellen, ob das Beschlagnahmeverbot entfällt (vgl. dazu LG Köln 27.5.1960, NJW 1960, 1874). Die Beschlagnahmefreiheit entfällt ferner mit der Entbindung von der Verschwiegenheitspflicht. Der Verteidiger muss also sehr sorgfältig abwägen, ob er dem Mandanten dazu rät, ihn von dem Zeugnisverweigerungsrecht zu befreien. Über die Befugnis des Erben und des Konkursverwalters zur Befreiung von der Schweigepflicht vgl. *Blumers/Göggerle* Rn. 651 ff. Widerruft der Beschuldigte die Entbindungserklärung, so entsteht ex nunc ein neues Beschlagnahmeverbot (OLG Nürnberg 17.8.1956, NJW 1958, 272, 274).

9. Kosten

Die dem Angeschuldigten für einen Verteidiger erwachsenen Auslagen werden unter 116
bestimmten Voraussetzungen von der Staatskasse erstattet (§§ 464a, 467 StPO). Näheres s. zu § 408 AO. Stellt die StA (FinB) das Ermittlungsverfahren vor Anklageerhebung nach § 170 II StPO ein, so sind die Kosten, die der ehemalige Angeschuldigte für die Konsultation eines Verteidigers aufzubringen hat, nur im Verfahren nach § 9 StrEG ersetzungsfähig. Kosten der anwaltlichen Vertretung im Ermittlungsverfahren stellen einen Vermögensschaden iSd § 7 StrEG dar (BGH 18.9.1975, BGHZ 65, 170). Voraussetzung ist jedoch das Vorliegen einer erstattungsfähigen Strafverfolgungsmaßnahme iSd § 2 StrEG. Erfolgt die Einstellung nach Anklageerhebung, richtet sich die Erstattung der notwendigen Auslagen nach § 467a StPO als lex specialis (BGH 18.9.1975, BGHZ 65, 170).

§ 393 Verhältnis des Strafverfahrens zum Besteuerungsverfahren

(1) ¹Die Rechte und Pflichten der Steuerpflichtigen und der Finanzbehörde im Besteuerungsverfahren und im Strafverfahren richten sich nach den für das jeweilige Verfahren geltenden Vorschriften. ²Im Besteuerungsverfahren sind jedoch Zwangsmittel (§ 328) gegen den Steuerpflichtigen unzulässig, wenn er dadurch gezwungen würde, sich selbst wegen einer von ihm begangenen Steuerstraftat oder Steuerordnungswidrigkeit zu belasten. ³Dies gilt stets, soweit gegen ihn wegen einer solchen Tat das Strafverfahren eingeleitet worden ist. ⁴Der Steuerpflichtige ist hierüber zu belehren, soweit dazu Anlass besteht.

(2) ¹Soweit der Staatsanwaltschaft oder dem Gericht in einem Strafverfahren aus den Steuerakten Tatsachen oder Beweismittel bekannt werden, die der Steuerpflichtige der Finanzbehörde vor Einleitung des Strafverfahrens oder in Unkenntnis der Einleitung des Strafverfahrens in Erfüllung steuerrechtlicher Pflichten offenbart hat, dürfen diese Kenntnisse gegen ihn nicht für die Verfolgung einer Tat verwendet werden, die keine Steuerstraftat ist. ²Dies gilt nicht für Straftaten, an deren Verfolgung ein zwingendes öffentliches Interesse (§ 30 Abs. 4 Nr. 5) besteht.

(3) ¹Erkenntnisse, die die Finanzbehörde oder die Staatsanwaltschaft rechtmäßig im Rahmen strafrechtlicher Ermittlungen gewonnen hat, dürfen im Besteuerungsverfahren verwendet werden. ²Dies gilt auch für Erkenntnisse, die dem Brief-, Post- und Fernmeldegeheimnis unterliegen, soweit die Finanzbehörde diese rechtmäßig im Rahmen eigener strafrechtlicher Ermittlungen gewonnen hat oder soweit nach den Vorschriften der Strafprozessordnung Auskunft an die Finanzbehörden erteilt werden darf.

Schrifttum: Monographien: *Dencker*, Verwertungsverbote im Strafprozeß, 1977; *Reuß*, Grenzen steuerlicher Mitwirkungspflichten, 1979; *Rogall*, Der Beschuldigte als Beweismittel gegen sich selbst, 1977; *Rüping*, Steuerfahndungsergebnisse und ihre Verwertbarkeit, 1981; *Sidow*, Die Vereinbarkeit der steuerlichen Mitwirkungspflichten mit dem Grundgesetz, jur. Diss. Hamburg 1968; *Reiß*, Besteuerungsverfahren und Strafverfahren, 1987; *Teske*, Die Abgrenzung der Zuständigkeiten und der Beweisverfahren im Besteuerungsverfahren und im Strafverfahren unter besonderer Berücksichtigung des § 393 AO de lege lata und de lege ferenda, Diss. Köln 1987; *Rüster*, Der Steuerpflichtige im Grenzbereich zwischen Besteuerungsverfahren und Strafverfahren, 1989; *Buchholz*, Der Betroffene im parlamentarischen Untersuchungsausschuß, 1990; *Berthold*, Der Zwang zur Selbstbezichtigung aus § 370 Abs. 1 AO und der Grundsatz des nemo tenetur, 1993; *Hellmann*, Das Neben-Strafverfahrensrecht der Abgabenordnung, 1995; *Wolff*, Selbstbelastung und Verfahrenstrennung, 1997; *Kraft*, Das Nemo-tenetur-Prinzip und die sich daraus ergebenden Rechte des Beschuldigten in der polizeilichen Vernehmung, 2002; *Sahan*, Keine Steuererklärungspflicht bei Gefahr strafrechtlicher Selbstbelastung, 2006; *Wirtz*, Das Al Capone-Prinzip – Risiken und Chancen einer „Gewinnabschöpfung durch Besteuerung" nach dem Steuerverkürzungsbekämpfungsgesetz, 2006; *Stetter*, Die Lösung der Fälle mittelbarer Selbstbelastung wegen einer Steuerstraftat durch Erfüllung steuerrechtlicher Erklärungspflichten, 2007.

Aufsätze: *Barske*, Steuererklärungspflicht ohne Auskunftsverweigerungsrecht, DStZ 1958, 25; *Ehlers*, Steuerermittlungs-, Steueraufsichts- und Steuerstrafverfahren in ihrer gegenseitigen Abgrenzung StbJb 1959/60, 523; *Grünwald*, Beweisverbote und Verwertungsverbote im Strafverfahren, JZ 1966, 489; *Eb. Schmidt*, Sinn und Tragweite des Hinweises auf die Aussagefreiheit des Beschuldigten, NJW 1968, 1209; *Jakob*, Rechtsfragen der Organisation und Funktion des Steuerfahndungsdienstes, StW 1971, 297; *Ulsenheimer*, Zumutbarkeit normgemäßen Verhaltens bei Gefahr eigener Strafverfolgung, GA 1972, 1; *Rüping*, Zur Mitwirkungspflicht des Beschuldigten und Angeklagten, JR 1974, 135; *Dencker*, Belehrung des Angeklagten über sein Schweigerecht und Vernehmung zur Person, MDR 1975, 359; *Rogall*, Die Mißachtung des Verbots der Selbstbelastung im geltenden und kommenden Abgabenrecht, ZRP 1975, 278; *Reiß*, Zwang zur Selbstbelastung nach der neuen Abgabenordnung, NJW 1977, 1436; *Knauth*, Beweisverwertungsverbot als Folge einer verfassungswidrigen Beschlagnahmeanordnung, JuS 1979, 339; *Lohmeyer*, Die straf- und bußgeldrechtlichen Vorschriften der neuen Betriebsprüfungsordnung (Steuer), DStR 1979, 131; *Möllinger*, Das Verhältnis Besteuerungsverfahren./.Strafverfahren im Bereich der Außenprüfung, StBp 1979, 193; *Wenzig*, Die Belehrung des Steuerpflichtigen über seine Rechte und Pflichten bei einer Betriebsprüfung, DB 1979, 1763; *Mein*, Fragen der Zusammenarbeit zwischen Steuerfahndung und Polizei nach der AO 1977, StBp 1980, 131; *Seebode*, Über die Freiheit, die eigene Strafverfolgung zu unterstützen, JA 1980, 493; *Streck*, Betriebsprüfung und Steuerstrafverfahren, BB 1980, 1537; *Ehlers*, Verwertungsverbot mit und ohne praktische Folgen, StBp 1981, 97; *Gössel*, Kritische Bemerkungen zum gegenwärtigen Stand der Lehre von den Beweisverboten im

Strafverfahren, NJW 1981, 649; *ders.,* Überlegungen zu einer neuen Beweisverbotslehre, NJW 1981, 2217; *Streck,* Der Beschluß des Bundesverfassungsgerichts zum strafrechtlichen Verwertungsverbot bei Aussagen des Gemeinschuldners und seine Auswirkungen im Steuerstrafrecht, StV 1981, 362; *Stürner,* Strafrechtliche Selbstbelastung und verfahrensförmige Wahrheitsermittlung, NJW 1981, 1757; *Hildebrandt,* Verwertungsverbote für Tatsachen oder Beweismittel im Steuerstrafverfahren und im Besteuerungsverfahren, DStR 1982, 20; *ders.,* Betriebsprüfung und Steuerstrafverfahren, StBp 1982, 267; *Reiß,* Gesetzliche Auskunftsverweigerungsrechte bei Gefahr der Strafverfolgung in öffentlich-rechtlichen Verfahren, NJW 1982, 2540; *Karl Schäfer,* Einige Bemerkungen zu dem Satz „nemo tenetur se ipsum accusare", FS Peters, 1982, 11; *Kretzschmar,* Welche Aktenvermerke hat der Betriebs(Außen-)Prüfer nach der Einleitung des Steuerstraf(-bußgeld-)verfahrens zu fertigen?, StBp 1983, 265; *ders.,* Verhalten des Betriebs(Außen-)Prüfers beim Verdacht von Straftaten/Ordnungswidrigkeiten, die nicht innerhalb der Ermittlungskompetenz der Finanzbehörde liegen, StBp 1983, 241; *Lohmeyer,* Verbindliche Auskünfte und Zusagen im Besteuerungsverfahren, insbesondere im Anschluß an eine Außenprüfung, StB 1983, 101; *Otto,* Beweisverbote aus steuerrechtlicher Mitwirkungspflicht?, wistra 1983, 233; *Streck,* Das Recht des Verhältnisses von Steuer- und Strafverfahren, Grundfragen 1983, 217; *ter Veen,* Die Zulässigkeit der informatorischen Befragung, StV 1983, 293; *Dingeldey,* Das Prinzip der Aussagefreiheit im Strafprozeßrecht, JA 1984, 407; *Gössel,* Verfassungsrechtliche Verwertungsverbote im Strafverfahren, JZ 1984, 361; *Streck,* Über Betriebsprüfung und Steuerstrafverfahren im Widersinn, BB 1984, 199 mit Erwiderung von *Hildebrandt,* BB 1984, 1226; *Wenzig,* Die Grenzen des Verwertungsverbots, DStZ 1984, 172; *Meine,* Reichweite des Verwertungsverbots nach § 393 II AO, wistra 1985, 186; *Rengier,* Aushöhlung der Schweigebefugnis des auch steuerlich belangten Beschuldigten durch „nachteilige" Schätzung der Besteuerungsgrundlagen?, BB 1985, 720; *Müller,* Steuergeheimnis und Verwertungsverbot bei nichtsteuerlichen Straftaten, DStR 1986, 699; *Rüping,* „In dubio pro fisco" im Steuerstrafverfahren?, NStZ 1986, 545; *Pump,* Anzeige von Steuerstraftaten durch Gerichte und Behörden, wistra 1987, 322; *Henneberg,* Der Steuerpflichtige im Spannungsfeld zwischen Besteuerungsverfahren und Steuerstrafverfahren, BB 1988, 2181; *Lohmeyer,* Auskunfts- und Vorlageverweigerungsrechte im Besteuerungs- und im Steuerstrafverfahren, Inf. 1988, 348; *Klos/Weyand,* Praktische Probleme des Einsatzes von Außenprüfungen zu steuerstrafrechtlichen Ermittlungen, StBp 1989, 157; *Merkt,* Auswertung von Unterlagen im steuerlichen Verwaltungsverfahren und Herausgabepflicht im Strafverfahren, DStR 1990, 476; *Weyand,* Arzt- und Steuergeheimnis als Hindernis für Strafverfolgung?, wistra 1990, 4; *Blesinger,* Das Verhältnis zwischen Besteuerungs- und Steuerstrafverfahren, wistra 1991, 243; *Gössel,* Die Beweisverbote im Strafverfahrensrecht der Bundesrepublik Deutschland, GA 1991, 483; *Mössner,* Internationale Menschenrechte und Steuerrecht, StuW 1991, 224; *Seer,* Die Verwertbarkeit strafrechtlicher Ermittlungsergebnisse für das Besteuerungsverfahren – Umfang und Grenzen einer Amtshilfe, StuW 1991, 165; *Dencker,* Über Heimlichkeit, Offenheit und Täuschung bei der Beweisgewinnung im Strafverfahren, StV 1994, 667; *Geppert,* Zur Verwertung selbstbelastender Angaben eines Versicherungsnehmers und späteren Beschuldigten im nachfolgenden Strafverfahren, Jura 1995, 439; *Lesch,* Der Beschuldigte im Strafverfahren, JA 1995, 157; *Frommel/Füger,* Das Auskunftsverweigerungsrecht im Steuerverfahren und die Rechtsprechung des Europäischen Gerichtshofs für Menschenrechte, StuW 1995, 58; *Stürner,* Strafprozessuale Verwertungsverbote in verschiedenen Konstellationen, Jura 1994, 621; *Kohlmann,* Strafprozessuale Verwertungsverbote als Schranken für steuerliche und steuerstrafrechtliche Ermittlungen der Fahndungsbehörden, FS Tipke, 1995, 487; *Grezesch,* Steuererklärungspflichten im Strafverfahren, DStR 1997, 1273; *Spriegel,* Steuergeheimnis und nichtsteuerliche Straftat, wistra 1997, 321; *v. Briel,* Steuerrechtliche Erklärungspflichten und das nemo-tenetur-Prinzip, StraFo 1998, 336; *Pütz,* Fahndungsermittlungen in den Bank-Verfahren nach dem Meistbegünstigungsprinzip?, wistra 1998, 54; *Streck/Spatscheck,* Steuerliche Mitwirkungspflicht trotz Strafverfahrens?, wistra 1998, 334; *Böse,* Das nemo-tenetur-Prinzip als Gebot zur Aussetzung des Zivilprozesses nach § 149 ZPO?, wistra 1999, 451; *Dörn,* Praxisfragen im Grenzbereich von Besteuerungs- und Steuerstrafverfahren, DStZ 1999, 245; *Marx,* Nemo tenetur se ipsum accusare?, FS FAStR, 1999, 673; *Jäger,* Erklärungspflichten trotz Strafverfahrens?, PStR 2002, 49; *Böse,* Die Strafbarkeit wegen Steuerhinterziehung und der Nemo-tenetur-Grundsatz, wistra 2003, 47; *Joecks,* Der nemo-tenetur-Grundsatz und das Steuerstrafrecht, FS Kohlmann, 2003, 451; *Rogall,* Das Verwendungsverbot des § 393 II AO, FS Kohlmann, 2003, 465; *Rolletschke,* Die Abgabe einer unrichtigen Umsatzsteuererklärung und das nemo-tenetur-Prinzip, wistra 2004, 246; *Salditt,* Menschenwürde und Steuerpflicht, StuW 2005, 367; *Eidam,* Neuere Entwicklungen um den Grundsatz der Selbstbelastungsfreiheit und das Rechtsinstitut der Selbstanzeige im Steuerstrafverfahren, wistra 2006, 11; *Gehm,* Strafvereitelung im Amt durch Betriebsprüfer, StBp 2006, 105; *Geuenich,* Steuerliches Verwertungsverbot analog § 136a StPO bei Zusammentreffen von Außenprüfung und steuerstrafrechtlichen Ermittlungen?, DStZ 2006, 295; *Graf/Bisle,* Steuererklärungspflichten im Steuerstrafverfahren, InfStW 2006, 144; *Harms,* Der verbotene Zwang zur Selbstbelastung im Steuerstrafrecht, in: Leitner (Hrsg.), Finanzstrafrecht 2005 – Grundrechtsfragen im Finanzstrafrecht 2006, S. 75; *Wulf,* Steuererklärungspflichten und „Nemo-tenetur", wistra 2006, 89; *Wüstenhagen,* Die Selbstbelastungsfreiheit im Steuerrecht, StStud 2006, 511; *Heerspink,* Korruption: Fiktionen von Steuerrecht und Strafrecht, AO-StB 2007, 304; *Kemper,* Der Anfangsverdacht in der Außenprüfung, StBp 2007, 263; *Wulf,* Telefonüberwachung und Geldwäsche im Steuerstrafrecht, wistra 2008, 321; *Buse/Bohnert,* Steuerstrafrechtliche Änderungen zur Bekämpfung des Umsatz- und Verbrauchsteuerbetrugs, NJW 2008, 618; *Spatscheck,* Wird Gauner, wer mit Gaunern dealt?, FS Volk, 2009, 771; *Schützeberg,* Die Schätzung im Besteuerungs- und im Steuerstrafverfahren, StBp 2009, 33; *Salditt,* Herausforderung – Aktuelle politische und andere Erwartungen an das Steuerstrafrecht, FS Schaumburg, 2009, 1269; *Wegner,* Checkliste: Zum Verdacht einer Steuerstraftat oder -ordnungswidrigkeit im Sinne des § 10 BpO, PStR 2009, 86; *Joecks,* Klimawandel, FS Schaumburg,

2009, 1225; *Bülte,* Die neuere Rechtsprechung des BGH zur Strafbewährung von § 153 AO, BB 2010, 607; *Höll,* Die Mitteilungspflichten bei Korruptionssachverhalten im Regelungsgefüge des Steuergeheimnisses, ZIS 2010, 309; *Wulf/Ruske,* Steine statt Brot – Die Feststellung der Verfassungswidrigkeit von § 393 Absatz 2 Satz 2 AO ist aufgeschoben, Stbg 2010, 443; *Alvermann/Talaska,* Anzeige- und Berichtigungspflicht bei zuvor bedingt vorsätzlich abgegeben unrichtiger Steuererklärung, HRRS 2010, 166; *Kopf/Szalai,* Der „Nemo-tenetur-Grundsatz" im Steuerrecht, NJ 2010, 363; *Schwedhelm,* Praxiserfahrung in der Steuerstrafverteidigung, BB 2010, 731; *Schützeberg,* Besteuerungsverfahren: Einfluss von strafrechtlichen Verwertungsverboten, PStR 2010, 22; *Pflaum,* Voraussetzungen der Durchbrechung des Steuergeheimnisses zur Durchführung von Disziplinarverfahren, wistra 2011, 55; *Kindler,* Zu den Folgen eines Prüferfehlverhaltens nach § 10 BpO für das Steuerstrafverfahren, PStR 2011, 44; *Rolletschke,* Neuere Entwicklungen im Steuerstrafrecht, Stbg 2011, 404; *Wulf,* Das neue „Verzögerungsgeld" als Sanktion für Unbotmäßigkeiten des Steuerpflichtigen in der steuerlichen Außenprüfung, AG 2011, 819; *Buse,* Der steuerstrafrechtliche Verdacht des Außenprüfers, DB 2011, 1942; *Tormöhlen,* Steuerstrafrechtliche Verwertungsverbote, AO-StB 2012, 344; *Beckemper,* Nemo-tenetur-Grundsatz im Steuerstrafrecht, ZIS 2012, 221; *Jesse,* Das Nebeneinander von Besteuerungs- und Steuerstrafverfahren, DB 2013, 1803; *Kasiske,* Tatbegriff und Zwangsmittelverbot bei wiederholter Steuerhinterziehung, HRRS 2013, 225; *ders.,* Die Selbstbelastungsfreiheit bei verdeckten Befragungen des Beschuldigten, StV 2014, 423; *Dusch/Rommel,* Strafvereitelung (im Amt) durch Unterlassen am Beispiel von Finanzbeamten, NStZ 2014, 188; *Madauß,* Außenprüfung und Steuerstrafverfahren, NZWiSt 2014, 296; *Mellinghoff,* Grundsätze und Grenzen im Besteuerungs- und Steuerstrafverfahren, Stbg 2014, 97; *Reichling,* Das Verwendungsverbot aus § 393 Abs. 2 S. 1 AO, HRRS 2014, 473; siehe auch die Nachweise vor → Rn. 70 u. 118; *Hendricks/Höpfner,* Steuerliches Rechtsbehelfsverfahren und laufendes Steuerstrafverfahren, Ubg 2019, 300; *Rudolph,* Nemo tenetur und die Verwertbarkeit von Geschäftsunterlagen, StraFo 2017, 183; *Pflaum,* Steuerstrafrechtliche Belehrungen, Mitteilungen und Hinweise nach der Abgabenordnung in der Außenprüfung, StBp 06.17, 163

Übersicht

	Rn.
I. Allgemeines	1–11
1. Entstehungsgeschichte	1, 2
2. Zweck, Bedeutung und Problematik der Vorschrift	3–11
a) Zweck des § 393 AO	3–7
b) § 393 AO und das Nemo-tenetur-Prinzip	8, 9
c) Verfassungsrechtliche Problematik des § 393 II AO	10, 11
II. Verhältnis von Besteuerungs- und Strafverfahren	12–69
1. Rechte und Pflichten der Beteiligten	12–19
a) Rechte und Pflichten der Finanzbehörde	13, 14
b) Rechte und Pflichten des Steuerpflichtigen	15, 16
c) Auswirkungen des Strafverfahrens auf das Besteuerungsverfahren	17–19
2. Unzulässigkeit von Zwangsmitteln	20–53
a) Selbstbelastung mit einer Steuerstraftat oder Steuerordnungswidrigkeit	21–27
b) Glaubhaftmachung	28–34
c) Zwangsmittel und Schätzung	35–44
d) Auswirkungen des § 393 I 2 AO auf das materielle Steuerstrafrecht	45–53
3. Belehrung des Steuerpflichtigen (§ 393 I 4 AO)	54–69
a) Anlass zur Belehrung	54–56
b) Verstoß gegen § 393 I 4 AO	57–63
c) Fernwirkung des Verwertungsverbots	64–69
III. Verwertbarkeit der Angaben des Steuerpflichtigen (§ 393 II AO)	70–117
1. Verwertbarkeit bei Nicht-Steuerstraftaten	71–92
a) Offenbarung in Erfüllung steuerlicher Pflichten	71–79
b) Vor oder in Unkenntnis der Einleitung des Steuerstrafverfahrens	80–82
c) Kenntnis aus den Steuerakten	83–85
d) Folgen des § 393 II 1 AO	86–92
2. Ausnahmen vom Verwertungsverbot (§ 393 II 2 AO)	93–117
a) Verfassungswidrigkeit des § 393 II 2 AO	93–104
b) Voraussetzungen einer Verwertung	105–114
aa) Verbrechen und vorsätzliche schwere Vergehen	106–108
bb) Gravierende Wirtschaftsstraftaten (§ 30 IV Nr. 5b AO)	109–114
c) Richtigstellung in der Öffentlichkeit (§ 30 IV Nr. 5c AO)	115
d) Sonstige Fälle des zwingenden öffentlichen Interesses	116, 117
IV. Verwertung strafprozessualer Erkenntnisse im Besteuerungsverfahren (Abs. 3)	118–126

I. Allgemeines

1. Entstehungsgeschichte

§ 393 AO 1977 hat seinen Vorgänger in **§ 428 RAO 1967,** der gleichermaßen die Unabhängigkeit und das Nebeneinander von Besteuerungs- und Strafverfahren normierte und zugleich den Einsatz von Zwangsmitteln bei eingeleitetem Steuerstrafverfahren untersagte. Nur eine Belehrungspflicht enthielt § 428 I RAO nicht. § 428 RAO 1967 (= § 418 EAOStrafÄndG, BT-Drs. V/1812, 7) wurde durch Art. 1 Nr. 1 AOStrafÄndG v. 10.8.1967 (BGBl. I 877) in die AO eingefügt. Die Einfügung sollte die Befugnisse des Finanzamts klarstellen (§ 428 II RAO) und dem Schutz des Steuergeheimnisses im Strafverfahren dienen (BT-Drs. V/1812, 32). Die Ersetzung des § 428 II 2, 3 RAO durch die Verweisung auf § 30 IV Nr. 5 AO ist Folge der Einfügung des § 30 IV AO 1977 (BT-Drs. 7/4292, 46). § 428 II 1 RAO entsprach inhaltlich dem § 393 II 1 AO 1977, jedoch war die Variante „in Unkenntnis der Einleitung" nicht enthalten. Die dem § 393 II 2 AO entsprechende Regelung enthielt eine eigene Legaldefinition für das zwingende öffentliche Interesse, die Verbrechen, vorsätzliche Vergehen gegen Leib und Leben sowie Verbrechen und schwerwiegende Vergehen gegen den Staat und seine Einrichtungen umfasste.

Die RAO 1931 enthielt nur vereinzelt Vorschriften über die Abgrenzung der Befugnisse des Finanzamts im Besteuerungsverfahren und im Strafverfahren, etwa in § 438 RAO 1931 (= § 403 RAO 1919), der den Einsatz von Zwangsmitteln iRd Nachschau für unstatthaft erklärte, soweit diese zur Verfolgung von Steuerzuwiderhandlungen dienten. Vgl. zur Entstehungsgeschichte noch umfassend *Reiß* 1987, 25 ff.

2. Zweck, Bedeutung und Problematik der Vorschrift

a) Zweck des § 393 AO

§ 393 I AO regelt das Verhältnis der Rechte und Pflichten des StPfl und der FinB im Besteuerungsverfahren und im Strafverfahren, die vor allem hinsichtlich der Offenbarungspflichten des Betroffenen von verschiedenen Prinzipien ausgehen (BT-Drs. V/1812, 32; BT-Drs. 7/4292, 46; → Rn. 4). § 393 II und III AO regeln die wechselseitige Verwertung erlangter Erkenntnisse im Besteuerungs- und Strafverfahren. **§ 393 II 1 AO** statuiert ein Verwertungsverbot im Strafverfahren für Erkenntnisse, die der StPfl pflichtgemäß der FinB vor Einleitung oder in Unkenntnis der Einleitung des Strafverfahrens offenbart hat und dient der Wahrung des Steuergeheimnisses (BT-Drs. V/1812, 32). **§ 393 II 2 AO** durchbricht diesen Schutz des Steuergeheimnisses, soweit an der Strafverfolgung ein zwingendes öffentliches Interesse besteht. **§ 393 III AO** regelt die Verwendung rechtmäßig erlangter Erkenntnisse aus dem Strafverfahren durch die FinB (in eigener oder fremder Wahrnehmung) im Besteuerungsverfahren.

Das Besteuerungsverfahren und Steuerstrafverfahren verlaufen (zumindest in Teilen) *zeitlich parallel* (Kohlmann/*Hilgers-Klautzsch* AO § 393 Rn. 15; HHS/*Tormöhlen* AO § 393 Rn. 11 ff.; *Streck* Grundfragen S. 248; *Wendeborn* 1989, 164) und können durch personengleiche Amtsträger durchgeführt werden (§ 208 I; → § 404 Rn. 22). Die Rechte und Pflichten einer Person unterscheiden sich jedoch im Besteuerungsverfahren als StPfl und im Strafverfahren als Beschuldigter erheblich. Während der Beschuldigte im Strafprozess ein Schweigerecht hat (§ 136 StPO) und die Herausgabe von in seinem Besitz befindlichen Gegenständen nicht erzwungen werden kann (→ § 399 Rn. 40; Erbs/Kohlhaas/*Hadamitzky/Senge* AO § 393 Rn. 2), muss er als Stpfl im Besteuerungsverfahren die für die Besteuerung erheblichen Tatsachen wahrheitsgemäß offenbaren (§§ 90 I, 93, 200 AO) und auf Verlangen Bücher, Aufzeichnungen, Geschäftspapiere oder andere Urkunden vorlegen (§ 97 I AO). Dies gilt auch für steuerlich relevante Tatsachen bzw. relevantes Verhalten, das gegen ein gesetzliches Verbot verstößt (§ 40 AO). Die Erfüllung dieser Pflichten ist nach den §§ 328 f. AO mit Zwangsmitteln durchsetzbar. Ein Auskunftsverweigerungsrecht, entsprechend der strafprozessualen Regelung des § 55 StPO, besteht im Besteuerungsverfahren nur für sonstige Personen gem. § 103 AO, nicht aber für den StPfl. Er geriete mithin in die Zwangslage, seine steuerlichen Pflichten zu verletzten oder der FinB Tatsachen zu offenbaren (§ 40 AO), die angesichts der Durchlässigkeit zum Steuerstrafverfahren (und über § 393 II 2 AO auch zum sonstigen Strafverfahren) zu seiner Verurteilung beitragen könnten.

5 **Zur Lösung dieses Konflikts** bestehen mehrere verfassungsrechtlich zulässige (→ Rn. 7 ff.) Möglichkeiten (vgl. *Wolff* 1997, 135 ff.; *Rogall* FS Kohlmann, 2003, 471; *Stetter* 2007, 41; *Reichling* HRRS 2014, 473, 474). Denkbar ist, die Mitwirkungspflichten des Stpfl gänzlich außer Kraft zu setzen, soweit ein Ermittlungsverfahren wegen einer Steuerstraftat gegen ihn eingeleitet worden ist oder er sich bei Erfüllung seiner Pflichten einer Straftat bezichtigen müsste (vgl. *Berthold* 1993, 71; *Hellmann* 1995, 103). Auch ist es möglich, diese Mitwirkungspflichten zwar bestehen zu lassen, jedoch auf die Anwendung von Zwangsmitteln in diesem Zusammenhang zu verzichten (*Rogall* FS Kohlmann, 2003, 471). Schließlich kann an der Erzwingbarkeit der Mitwirkungspflichten festgehalten und die (strafrechtliche) Unverwertbarkeit/Unverwendbarkeit der dabei gewonnenen Erkenntnisse festgeschrieben werden. Das Gesetz kombiniert die zweite und dritte Möglichkeit. Nach § 393 I AO bleiben Rechte und Pflichten des Stpfl sowie der FinB im Besteuerungsverfahren und im Strafverfahren formal getrennt voneinander bestehen. Der Stpfl bleibt also trotz des Ermittlungsverfahrens wegen einer Steuerstraftat auskunftspflichtig; jedoch können Zwangsmittel nicht eingesetzt werden, wenn dies zu einer Selbstbelastung des Stpfl führen würde (§ 393 I 2 AO). Soweit der Stpfl in Erfüllung seiner Mitwirkungspflichten den Behörden Kenntnisse verschafft, die auf die Begehung anderer Straftaten hindeuten, dürfen diese Kenntnisse gegen ihn nicht für die Verfolgung einer Straftat, die keine Steuerstraftat ist, verwendet werden, es sei denn, es handelt sich um eine besonders gravierende Straftat (§ 393 II AO). Dass der Beschuldigte nicht völlig von seinen Mitwirkungspflichten freigestellt ist, wird u. a. mit der Erwägung begründet, dass ihn eine völlige Befreiung von der Erfüllung steuerlicher Pflichten besser stellen würde als den redlichen Stpfl (vgl. Koch/Scholtz/*Scheurmann-Kettner* AO § 393 Rn. 2; Erbs/Kohlhaas/*Hadamitzky/Senge* AO § 393 Rn. 2 u. Schwarz/Pahlke/*Klaproth* AO § 393 Rn. 13; *Benkendorff* ZfZ 1977, 107). Darin wäre ein Verstoß gegen den Gleichheitsgrundsatz (Prinzip der Belastungsgleichheit) zu sehen (BFH 6.5.1997, BFH/NV 1997, 641; BFH 23.7.1999, BFH/NV 2000, 7; BFH 19.9.2001, BStBl. II 2002, 4).

6 Die gesetzgeberische Entscheidung, das Recht der FinB zum Einsatz von Zwangsmitteln nicht aber die Mitwirkungspflicht des StPfl zu suspendieren, führt praktisch zur Aufhebung der Mitwirkungspflichten (Schwarz/Pahlke/*Klaproth* AO § 393 Rn. 14, Erbs/Kohlhaas/*Hadamitzky/Senge* AO § 393 Rn. 4; *Schmitz/Tillmann* S. 52; *Reiß* 1987, 263; *Rengier* BB 1985, 721; *Rüster* 1989, 53; *dies.* wistra 1988, 51; *Hellmann* 1995, 99 f.) und im Ergebnis zu einem Auskunftsverweigerungsrecht (*Lohmeyer* S. 87; Klein/*Jäger* AO § 393 Rn. 1; Kohlmann/*Hilgers-Klautzsch* AO § 393 Rn. 46). Der formale Fortbestand der Mitwirkungspflichten hat jedoch zur Folge, dass **Schätzungen nach § 162 AO weiterhin möglich** bleiben (BFH 19.9.2001, BFHE 196, 200, Tz. 19; RKR/*Roth* AO § 393 Rn. 30; Klein/*Rüsken* AO § 393 Rn. 20a). Gegen die gesetzgeberische Konstruktion wird zutreffend eingewandt, dass die Möglichkeit zur Schätzung auch durch eine entsprechende Ausgestaltung des § 162 AO hätte erreicht werden können, ohne an den Mitwirkungspflichten festzuhalten (*Reiß* 1987, 265; *Hellmann* 1995, 112).

7 *einstweilen frei*

b) § 393 AO und das Nemo-tenetur-Prinzip

8 **Die in § 393 AO getroffene Regelung ist zT von Verfassungs wegen geboten** und stellt keine disponible, gesetzgeberische Großzügigkeit oder übertriebene Beachtung des Steuergeheimnisses dar (*Zybon* ZRP 1971, 231; *Göhler* NJW 1974, 829 Fn. 63;

→ Rn. 91). Ein Staat, der von seinen Bürgern nicht nur die Offenbarung der persönlichen Verhältnisse, sondern sogar die Versteuerung auch gesetzwidriger Einkünfte verlangt (§ 40 AO), *muss* dafür sorgen, dass die Erfüllung der steuerlichen Pflichten dem Betroffenen nicht zum (strafrechtlichen) Nachteil gereicht. Im Strafprozessrecht ist unstreitig, dass ein staatlicher Zwang zur Selbstbelastung schlechthin unzulässig ist. Die in §§ 136, 136a StPO getroffene Regelung ist Ausdruck des Grundsatzes *„nemo tenetur se ipsum accusare (prodere)"*, der Verfassungsrang hat (BVerfG 13.1.1981, BVerfGE 56, 37, 49: *„Unzumutbar und mit der Würde des Menschen unvereinbar wäre ein Zwang, durch eigene Aussagen die Voraussetzung für eine strafgerichtliche Verurteilung liefern zu müssen"*).

Der Grundsatz ergibt sich aus Art. 2 I iVm Art. 1 GG (BVerfG 13.1.1981, BVerfGE 56, 37, 49; KK-StPO/*Boujong* StPO § 136 Rn. 10; *Reuß* 1979, S. 111; *Rogall* FS Kohlmann, 2003, 468 f.; *Rüping* JR 1974, 137; *Sidow* 1988, S. 152; *Stürner* NJW 1981, 1758; s. auch BVerfG 17.7.1984, BVerfGE 66, 1; BGH 17.3.1983, BGHSt 31, 304; OVG Koblenz 12.11.1981, NJW 1982, 1414; OLG Celle 16.2.1982, wistra 1982, 120; OLG Hamburg 7.5.1996, wistra 1996, 239; LG Göttingen 11.12.2007, wistra 2008, 231; *Ehlers* StbJb 1959/60, 564 ff.; *Reiß* NJW 1982, 2540; *Schäfer* FS Dünnebier, 1982, 18; *Störmer* Jura 1994, 622). Teilweise wird zusätzlich auf Art. 20 III GG und die mit dem nemo-tenetur-Prinzip gewährleistete Sicherung eines rechtsstaatlichen Verfahrens hingewiesen, in dem der Beschuldigte im Gegensatz zum Inquisitionsprozess nicht zu seiner Überführung beitragen muss (*Buchholz* 1990, 80; *Berthold* 1993, 13). Das Verbot eines Zwanges zur Selbstbelastung ergibt sich zudem aus Art. 14 III Buchst. g IPBPR v. 19.12.1966, ratifiziert durch G v. 15.11.1973 (BGBl. II 1533): Der Angeklagte *„darf nicht gezwungen werden, gegen sich selbst als Zeuge auszusagen oder sich schuldig zu bekennen"* (*Rogall* 1977, S. 116 ff.). Überdies ist Art. 6 I MRK einschlägig (*Frommel/Füger* StuW 1995, 58 ff.; zur potenziellen Rolle des EGMR siehe *Rogall* FS Kohlmann, 2003, 469 f.). Eine dem § 393 I 2 AO entsprechende Regelung ist dem Gesetzgeber also durch GG und EMRK vorgegeben (*Rogall* FS Kohlmann, 2003, 471; vgl. auch KG 7.7.1994, NStZ 1995, 146; *Geppert* Jura 1995, 441).

Freilich ist der Gesetzgeber uU befugt, statt des Schweigerechts eine Aussagepflicht **9** zu statuieren, die mit einem Verwertungs- oder Verwendungsverbot gekoppelt ist (BVerfG 13.1.1981, BVerfGE 56, 37, 42; *Stürner* NJW 1981, 1761; vgl. § 97 InsO); hier ist ihm ein Spielraum eingeräumt, den er mit § 393 II 1 AO genutzt hat. In der Regel hat jedoch ein Aussageverweigerungsrecht den Vorrang (*Stürner* NJW 1981, 1761).

c) Verfassungsrechtliche Problematik des § 393 II AO

Bei Tatsachen, die Nicht-Steuerstraftaten betreffen, lässt § 393 AO den Einsatz **10** von Zwangsmitteln zu. Zugleich verbietet § 393 II 1 AO den Strafverfolgungsbehörden, auf die vom Betroffenen in Erfüllung steuerlicher Pflichten offenbarten Tatsachen zurückzugreifen. Dieses Verwertungsverbot ist von Verfassungs wegen durch den *nemo-tenetur*-Grundsatz geboten (→ Rn. 7 ff.). Hier wird nicht etwa dem Steuergeheimnis der Vorrang vor dem Legalitätsprinzip eingeräumt (so aber *Lohmeyer* S. 88), weil angesichts des Stellenwertes des Grundsatzes nichts einzuräumen ist. Die Durchbrechung dieses Verwertungsverbotes in § 393 II 2 AO ist daher in manchen Fällen *verfassungsrechtlich sehr bedenklich,* da hier die Erzwingbarkeit der Offenbarung mit einer Verwertbarkeit im Strafverfahren verknüpft ist. Entweder ist der *Zwangsmitteleinsatz* in diesen Fällen verfassungswidrig, dh § 393 I 2 AO verfassungskonform extensiv zu interpretieren und dem Beschuldigten auch insoweit ein Schweigerecht einzuräumen (*Stürner* NJW 1981, 1761), oder aber § 393 II 2 AO ist *wegen Verstoßes gegen Art. 2 I iVm Art. 1 GG verfassungswidrig* und vom Strafrichter ggf. nach Art. 100 GG dem BVerfG vorzulegen (*Reiß* NJW 1977, 1432; *Rogall* ZRP 1975, 280; *Suhr* StBp 1978, 104; s. auch → Rn. 103 ff.). Letzteres ist durch das LG Göttingen in einem Beschluss v. 11.12.2007 (wistra 2008, 231) erfolgt (BVerfG 27.4.2010 – 2 BvL 13/07, BFH/NV 2010, 1958; → Rn. 104).

einstweilen frei **11**

II. Verhältnis von Besteuerungs- und Strafverfahren

1. Rechte und Pflichten der Beteiligten

12 Nach § 393 I 1 AO richten sich die Rechte und Pflichten der StPfl und der FinB im Besteuerungsverfahren und im Strafverfahren nach den für das jeweilige Verfahren geltenden Vorschriften. Der Umstand, dass gegen den Stpfl ein Steuerstrafverfahren läuft, lässt die Rechte und Pflichten der FinB *und des Stpfl* im Besteuerungsverfahren unberührt. Das Besteuerungs- und Strafverfahren stehen mithin gleichrangig nebeneinander.

a) Rechte und Pflichten der Finanzbehörde

13 **Im Strafverfahren** wird die FinB entweder selbstständig (§ 386 II iVm § 399 I) oder für die StA tätig. Für sie gelten hier die Regeln der StPO bzw. §§ 385 ff. AO (→ § 399 Rn. 8; → § 402 Rn. 7; → § 404 Rn. 47 ff.). So ist der Beschuldigte zum Erscheinen zu einer Vernehmung verpflichtet, wenn die FinB das Verfahren selbstständig führt (§ 163a StPO iVm §§ 386 II, 399 I AO). Der FinB steht das Spektrum der prozessualen Zwangsmaßnahmen, etwa Durchsuchung und Beschlagnahme (→ § 399 Rn. 15 ff.), zur Verfügung. Die FinB ist zugleich an die allgemeinen Grundsätze, insbes. an das Legalitätsprinzip (→ § 385 Rn. 11) gebunden.

14 **Im Besteuerungsverfahren** gelten demgegenüber die allgemeinen Bestimmungen der AO über die Steuerermittlung, insbes. also die §§ 85 ff., 193 ff., 208 AO. Mit diesen Rechten der FinB korrespondieren – ohne Berücksichtigung des § 393 I 2 AO – entsprechende Pflichten des Stpfl. So muss dieser auf Ladung vor der FinB auch in den Fällen des § 402 I AO erscheinen und kann von der Fahndung zu Angaben aufgefordert werden (→ § 404 Rn. 37 ff.). Die FinB hat ein Recht zur Nachschau (§ 210 AO). Der Stpfl ist gehalten, ihr bei einer Außenprüfung einen Arbeitsplatz zur Verfügung zu stellen (§ 200 II 2). Zeugen sind verpflichtet, auf Ladung auch vor der Fahndung zu erscheinen und nach Maßgabe der §§ 101 ff. AO auszusagen (§ 93 I, V AO). Gegen den Stpfl und Dritte, die Auskunfts- und Mitwirkungspflichten verletzen, sind Zwangsmittel zulässig (Tipke/Kruse/*Kruse* AO § 328 Rn. 1 ff.).

b) Rechte und Pflichten des Steuerpflichtigen

15 **Im Steuerstrafverfahren** steht der beschuldigte Stpfl jedem anderen Beschuldigten im Strafprozess gleich. Er ist zur Duldung gewisser Maßnahmen (Durchsuchung, Gegenüberstellung, Untersuchung nach § 81a StPO) verpflichtet und muss ggf. vor Gericht oder StA erscheinen (Meyer-Goßner/Schmitt/*Meyer-Goßner* Einl. Rn. 80). Zur aktiven Mitwirkung an seiner eigenen Strafverfolgung ist er nicht verpflichtet und darf jegliche Angabe zur Sache verweigern (§ 136 I 2 StPO).

16 **Im Besteuerungsverfahren** unterliegt der Beschuldigte nach § 393 I 1 AO grundsätzlich weiterhin den allgemeinen steuerlichen Mitwirkungspflichten, etwa nach § 90 I und § 200 I 1 AO. Nach § 93 I 1 und § 200 I 2 AO hat er Auskünfte zu erteilen und muss ggf. nach den §§ 97, 100 I, 200 II AO der FinB Gegenstände und Unterlagen vorlegen, eine (wahrheitsgemäße) Steuererklärung abgeben (zur Mitwirkung in der Außenprüfung *Suhr* StBp 1978, 97; vgl. auch Kohlmann/*Hilgers-Klautzsch* AO § 393 Rn. 31). Im Besteuerungsverfahren gibt es Weigerungsrechte im Grundsatz nicht. Diese Betrachtung ist jedoch formal. Wegen des Verbots von Zwangsmitteln (§ 393 I 2 AO) sind diese Pflichten des Stpfl nicht erzwingbar, existieren mithin materiell betrachtet nicht (→ Rn. 6). Zwar ermöglicht eine solche *„Verletzung"* von Mitwirkungspflichten eine Schätzung; wie bei § 136 I 2 StPO ist der Beschuldigte jedoch nicht gezwungen, Material für die eigene Verurteilung zu liefern; dies ergibt sich schon aus dem *nemo-tenetur*-Prinzip (→ Rn. 8).

c) Auswirkungen des Strafverfahrens auf das Besteuerungsverfahren

Der Vergleich der Rechte und Pflichten eines Steuerbürgers vor und während des 17 Steuerstrafverfahrens zeigt deutlich, dass das Steuerstrafverfahren erhebliche Auswirkungen hat, soweit es um die Inanspruchnahme des Stpfl geht. Vor Einleitung des Verfahrens entspricht seine Stellung materiell der des gefährdeten Zeugen nach § 55 StPO, nach Einleitung hat er ein Schweigerecht wie jeder Beschuldigte (→ Rn. 8).

Einen Vorrang der einen oder der anderen Verfahrensart gibt es nicht (vgl. *Hamacher* 18 DStZ 1983, 495; *Hellmann* 1995, 91 ff.; *Wendeborn* 1989, 170 mwN). Das Besteuerungsverfahren darf aber parallel zum Steuerstrafverfahren *„nur unbeschadet der Rechtsstellung des Beschuldigten im Strafverfahren (fort-)geführt werden"* (HHS/*Hübner* RAO 1967 § 428 Rn. 22). Dies bedeutet nicht, dass von dem Einsatz von Zwangsmitteln *gegen Dritte* schon immer dann abzusehen ist, wenn die strafprozessualen Auskunfts- und Vorlageverweigerungsrechte weitergehen als die Rechte nach der AO (vgl. aber Koch/Scholtz/*Scheurmann-Kettner* AO § 393 Rn. 12). Entscheidend ist, ob der Schutz des Beschuldigten eine Beschränkung der Befugnisse nach der AO gebietet, ob also die entsprechenden Regelungen des Strafverfahrensrechts seinem Schutz zu dienen bestimmt sind und seinen Rechtskreis berühren (ähnl. *Jakob* StW 1971, 307; *Hamacher* DStZ 1983, 495, 496).

Ein Prinzip der Meistbegünstigung, dh die Möglichkeit der FinB beliebig zwischen 19 den Verfahrensarten zu wechseln, gilt für die Ermittlungsbehörden nicht (*Hamacher* DStZ 1983, 496; *Streck* Grundfragen, 247; abl. Tipke/Kruse/*Seer* AO § 393 Rn. 71; *Wendeborn* 1989, 171). Die das Ermittlungsverfahren selbständig führende FinB (§ 399 I AO) nimmt die Rechte der StA wahr und greift auf die strafverfahrensrechtlichen Befugnisse zurück. Das veranlagende Finanzamt wird im Zweifel im Besteuerungsverfahren tätig (s. aber § 399 II AO). Die Steuerfahndung wird nach Einleitung des Ermittlungsverfahrens strafverfahrensrechtliche Befugnisse in Anspruch nehmen. Bei Ermittlungen nach § 208 I Nr. 3 AO stehen ihr hingegen die Befugnisse nach der AO (und nur diese) zur Verfügung (→ § 404 Rn. 28, 80 ff.).

In der Praxis kann es schwierig sein, eine klare Trennlinie zwischen steuerlicher Aufklärung des Sachverhalts und Erforschung einer Tat durch die FinB zu definieren. Maßgebend zur Abgrenzung soll sein, in welcher Funktion und in welchem Verfahren die FinB nach außen objektiv und eindeutig erkennbar tätig wird bzw. tätig werden will (BFH 29.10.1986, wistra 1987, 107). Aus der formalen Stellung/Funktion der Amtsträger lässt sich dies jedoch nur indiziell herleiten. So ist es gem. § 208 I 1 AO Aufgabe der Steuerfahndung einerseits Steuerstraftaten und Steuerordnungswidrigkeiten zu erforschen (Nr. 1), andererseits aber auch die Besteuerungsgrundlagen zu ermitteln (Nr. 2) und – iSv Vorfeldermittlungen – unbekannte Steuerfälle aufzudecken (Nr. 3). Zwar soll die Regelung des § 208 I 1 Nr. 2 AO der Steuerfahndung grundsätzlich keine Aufgabe zuweisen, die über die mit der Verfolgung von Steuerstraftaten zwangsläufig verbundenen Ermittlungen von Besteuerungsgrundlagen hinausgehen. Im Einzelfall soll es jedoch gerechtfertigt sein, dass die Steuerfahndung losgelöst von steuerstrafrechtlichen Ermittlungen ausschließlich im Besteuerungsverfahren und damit doppelfunktional tätig werden darf (BFH 16.12.1997, BFHE 184, 266). Die Steuerfahndung nimmt mithin nicht stets und ausschließlich die Rolle einer Strafverfolgungsbehörde ein (BFH 29.10.1986, wistra 1987, 107), wenn im Zweifel jedoch anzunehmen ist, dass die Steuerfahndung im Strafverfahren agiert (so auch HHS/*Tormöhlen* AO § 393 Rn. 34; Tipke/Kruse/*Seer* AO § 393 Rn. 71). Anders verhält es sich für den Außenprüfer. Auch diesem obliegt es, bei einem Verdacht einer Steuerstraftat die Verfolgung aufzunehmen und ein Strafverfahren einzuleiten (BFH 4.11.1987, BFHE 151, 324; BFH 14.8.1998, 186, 506; *Gehm* StBp 2006, 105; aA *Dusch/Rommel* NStZ 2014, 188), wenn auch der Prüfer wegen Nr. 17 IV 1 AStBV(St) 2020 regelmäßig die Buß- und Strafsachenstelle über den Verdacht informieren wird (vgl. § 10 BpO). Primäre Aufgabe des Außenprüfers ist jedoch die Ermittlung des steuerlichen Sachverhalts (*Pflaum* StBp 06.17, 163), sodass ein vergleichbarer Zweifelssatz nicht formuliert werden kann. Auch eine Abgrenzung nach dem Inhalt der geforderten Mitwirkung bzw. gestellten Fragen kann im Einzelfall schwierig sein. Auf Tatsachen, die den materiell-rechtlichen Steueranspruch begründen, kann sich dabei nicht gestützt werden, da diese wegen der Ausformung des § 370 u. § 378 AO als Blanketttatbestände, eine Doppelfunktion aufweisen (Klein/*Rüsken* AO § 393 Rn. 23). Zielen die Fragen jedoch auf Tatsachen ab, die zeitlich außerhalb der Regelfestsetzungsverjährung liegen oder – noch eindeutiger – der Amtsträger Umstände in Erfahrung bringen will, die zum Nachweis der subjektiven Tatseite (Vorsatz oder Leichtfertigkeit), Schuld oder Vorwerfbarkeit dienen, weist dies auf strafrechtliche Ermittlungen hin.

2. Unzulässigkeit von Zwangsmitteln

20   Trotz formaler Trennung des Strafverfahrens und Besteuerungsverfahrens und der Möglichkeit, das Strafverfahren bis zu einer Entscheidung im Besteuerungsverfahren auszusetzen (§ 396 AO), hat das Strafverfahren unmittelbaren Einfluss auf das Besteuerungsverfahren (→ Rn. 6). Ist ein Steuerstrafverfahren oder ein Ermittlungsverfahren wegen einer Steuerordnungswidrigkeit bereits eingeleitet (§ 393 I 3 AO) oder droht dem Stpfl bei Erfüllung der Mitwirkungspflichten ein solches Verfahren, kann seine Mitwirkung nicht mehr durch Zwangsmittel erzwungen werden (§ 393 I 2 AO).

a) Selbstbelastung mit einer Steuerstraftat oder Steuerordnungswidrigkeit

21   **Die Gefahr einer Selbstbelastung** ist dann gegeben, wenn eine Erfüllung der Mitwirkungspflicht einen Anfangsverdacht (§ 152 II StPO) für die Verfolgung der Straftat begründen könnte (Meyer-Goßner/Schmitt/*Schmitt* StPO § 55 Rn. 7), mithin sich der StPfl in einer nicht auflösbaren Konfliktlage befindet.

22   **Die Gefahr der Verfolgung** muss sich auf eine Steuerstraftat (§ 369 I AO) oder Steuerordnungswidrigkeit (§ 377 I AO) des StPfl beziehen (zur Schutzwirkung für Dritte insb. Angehörige → Rn. 38 f.). Hierzu gehören nach § 385 II AO auch die sog. Vorspiegelungstaten (→ § 385 Rn. 27) und einige Straftaten, die Sondergesetze betreffen und für welche die Anwendbarkeit des Steuerstrafverfahrensrechts ausdrücklich angeordnet ist (→ § 385 Rn. 30); hier gilt § 393 II AO nicht. Soweit diese oder sonstige Straftatbestände mit einer wahrheitsgemäßen Erklärung, zu der der Stpfl steuerlich verpflichtet ist, offenbart werden, ist der Steuerpflichtige aber über § 393 II AO geschützt (→ Rn. 70 ff.).

23   Die Steuerstraftat oder -ordnungswidrigkeit muss **vor der Aufforderung,** steuerliche Mitwirkungspflichten zu erfüllen, bereits *begangen* worden sein. Begangen ist die Straftat oder Ordnungswidrigkeit dann, wenn sie bereits den Bereich der Strafbarkeit oder der möglichen Ahndung erreicht hat. Gleichgültig ist, ob der Stpfl Täter oder Teilnehmer ist (Kohlmann/*Hilgers-Klautzsch* AO § 393 Rn. 88; Schwarz/Pahlke/*Klaproth* AO § 393 Rn. 19).

24   Die Gefahr der Verfolgung darf zudem nicht beseitigt sein. Dies ist etwa dann der Fall, wenn die Tat verjährt ist (§§ 78 ff., 376, 384 StGB) oder bereits rechtskräftig geahndet wurde. Dazu zählt auch eine Einstellung des strafrechtlichen Ermittlungsverfahrens nach § 153a StPO, nicht aber nach § 170 II StPO. Gleiches gilt, wenn der StPfl bereits eine wirksame Selbstanzeige gem. § 371 oder § 378 III AO abgegeben hat.
Ob die Gefahr der Verfolgung auch dann nicht besteht, wenn diese durch eine noch vorzunehmende Handlung, insbes. durch die geforderte Mitwirkung des StPfl beseitigt werden kann, ist zweifelhaft. Soweit die Erfüllung der Mitwirkungspflicht zugleich als strafbefreiender Rücktritt vom Versuch iSd § 24 StGB (→ § 369 Rn. 64) zu werten wäre, bestehen dagegen keine Einwände (HHS/*Tormöhlen* AO § 393 Rn. 86). Auch die Möglichkeit zur Selbstanzeige wird als ausreichend angesehen, soweit diese wirksam abgegeben werden kann (BGH 10.2.2015, NStZ 2016, 34; Klein/*Jäger* AO § 393 Rn. 13; krit. *Lübbersmann* PStR 2012, 13). Dazu muss sie grundsätzlich sämtliche Angaben zu allen unverjährten Steuerstraftaten einer Steuerart umfassen, mindestens der letzten zehn Kalen-

derjahre (§ 371 I AO; Ausnahme: § 371 IIa AO). Unproblematisch ist dies, wenn allein die geforderte Mitwirkung das Vollständigkeitserfordernis erfüllt. Müssen zur Wirksamkeit weitere Steuerstraftaten offenbart werden, stellt sich die Frage der Zumutbarkeit, insbesondere dann, wenn zur Vorbereitung einer wirksamen Selbstanzeige umfassende, kostenintensive Aufarbeitungen erforderlich sind. Ferner darf grundsätzlich kein Sperrgrund nach § 371 II AO vorliegen (BFH 1.2.2012 wistra 2012, 278). Konsequenterweise kann dies jedoch nicht für den Sperrgrund des § 371 II Nr. 3 AO gelten (mehr als 25.000 EUR verkürzte Steuer pro Tat), da der StPfl über den § 398a AO ein Absehen von der Strafverfolgung erreichen kann, welcher damit grundsätzlich geeignet ist, die Gefahr der Strafverfolgung zu beseitigen. Zutreffend wird allerdings gefordert, dass der StPfl auch zur Nachzahlung der verkürzten Steuern, Hinterziehungszinsen und Zinsen nach § 233a AO sowie eines eventuellen Zuschlags nach § 398a AO in der Lage ist, da es sich im Falle der Verkürzung von Steuern zu eigenen Gunsten wegen § 371 III AO um eine notwendige Wirksamkeitsvoraussetzung handelt (HHS/*Tormöhlen* AO § 393 Rn. 86; vgl. auch *Störmer* Jura 1994, 623 und Schwarz/Pahlke/*Klaproth* AO § 393 Rn. 21b). Auch hier wird die Frage der Zumutbarkeit zu stellen sein, insbesondere dann, wenn dem StPfl nicht genügend liquide Mittel zur Verfügung stehen.

Die Anwendung von Zwangsmitteln soll möglich bleiben, soweit es um den Zutritt 25 zu Geschäftsräumen und Betriebsbesichtigungen (§ 200 III AO) sowie um eine Nachschau (§ 210 AO) geht. Hier könne sich der Stpfl nicht im Hinblick auf eine Straftat belasten (so Klein/*Jäger* AO § 393 Rn. 7; *Schmitz/Tillmann* S. 32). Tatsächlich sind Fälle denkbar, in denen schon die aktive Ermöglichung des Zutritts eine Belastung bewirkt (*Schmitz/Tillmann* S. 32; *Suhr* StBp 1978, 105; GJW/*Bülte* AO § 393 Rn. 24; differenzierend HHS/*Tormöhlen* AO § 393 Rn. 72). Auch die Gestattung der Einsichtnahme in Unterlagen, aus denen belastende Schlüsse gezogen werden können, ist Selbstbelastung (zust. GJW/*Bülte* AO § 393 Rn. 24). Betriebsbesichtigungen, Nachschau und Zutritt zu Geschäftsräumen erschöpfen sich – anders als die Hinnahme einer Durchsuchung – eben nicht darin, dem entsprechenden Beamten lediglich den Zugang zu gestatten; namentlich bei Betriebsbesichtigungen ist der Betriebsinhaber oder sein Beauftragter hinzuzuziehen (§ 200 III 2 AO). Er soll Gelegenheit haben, dem Prüfer im Interesse der Sachaufklärung an Ort und Stelle Information zu geben (vgl. Tipke/Kruse/*Seer* AO § 200 Rn. 23). Möglich ist allein, die Räumlichkeit unter Anwendung unmittelbaren Zwangs gewaltsam zu öffnen, um sich Zugang zu verschaffen (HHS/*Tormöhlen* AO § 393 Rn. 72). Ob die Anordnung der Abgabe einer eidesstattlichen Versicherung Anwendung von Zwangsmitteln ist, ist zweifelhaft (dagegen BFH 16.7.2001, wistra 2002, 191; BGH 21.8.2012, wistra 2012, 482; Flore/*Tsambikakis*/*Webel* AO § 393 Rn. 26; Klein/*Jäger* AO § 393 Rn. 33). Immerhin ist anerkannt, dass entsprechende Angaben nicht in einem Strafverfahren verwendet werden dürften (→ Rn. 34 und GJW/*Bülte* AO § 393 Rn. 21).

einstweilen frei 26, 27

b) Glaubhaftmachung

Verweigert der Stpfl die gesetzlich vorgeschriebene Mitwirkung, wird der Fi- 28 nanzbeamte idR auf Zwangsmittel (§ 328 AO) zurückgreifen, da er zunächst einmal davon ausgehen muss, dass die Verweigerung der Mitwirkung unberechtigt ist. Die Umstände, die zu einer Selbstbelastung des Stpfl führen würden, sind ihm nicht bekannt.. In dieser Situation ist es Sache des Stpfl, die Unzulässigkeit von Zwangsmitteln glaubhaft zu machen (Erbs/Kohlhaas/*Hadamitzky/Senge* AO § 393 Rn. 5). Wie bei der Aussageverweigerung nach § 55 StPO sind jedoch an eine solche Glaubhaftmachung geringe Anforderungen zu stellen. Wäre der Stpfl gehalten, konkrete Tatsachen anzuführen, würde der Schutz des § 393 I 2 AO praktisch entfallen (ähnl. HHS/*Tormöhlen* AO § 393 Rn. 100, Kohlmann/*Hilgers-Klautzsch* AO § 393 Rn. 93, Schwarz/Pahlke/*Klaproth* AO § 393 Rn. 29; vgl. auch BGH 7.5.1987, StV 1987, 328; Meyer-Goßner/Schmitt/*Schmitt* StPO § 56 Rn. 2).

29 **Nach Einleitung des Steuerstrafverfahrens** Zwangsmittel schlechthin ausgeschlossen sind (§ 393 I 3 AO). Es muss sich jedoch um das Besteuerungsverfahren handeln, das auch Gegenstand der Steuerstraftat ist (Schwarz/Pahlke/*Klaproth* AO § 393 Rn. 25; → Rn. 33). Die Einleitung eines Verfahrens wegen einer Steuerordnungswidrigkeit hat nach dem insoweit klaren Wortlaut des § 393 I 3 AO diese Wirkung nicht.

30 Inwiefern Zwangsmittel auch **für andere Zeiträume** verboten sein können, ist zweifelhaft. Dies betrifft zum einen Veranlagungszeiträume, die strafrechtlich bereits verjährt sind, aber noch nicht der Festsetzungsverjährung unterfallen, zum anderen neue, nicht strafbefangene Zeiträume. Hier stellt sich das Problem, weil mit wahrheitsgemäßen Angaben für Altjahre das Anfangsvermögen, bei Angaben für Folgejahre das Endvermögen für den strafbefangenen Zeitraum ermittelt werden kann. Insofern steht eine mittelbare Selbstbelastung des Steuerpflichtigen im Raum (*Joecks* 1998, 108). Für Neujahre hilft ein Verwendungsverbot, wie es der 5. Strafsenat für den Fall der Abgabe einer wahrheitsgemäßen Erklärung für Folgejahre angenommen hat (BGH 12.2.2005, wistra 2005, 148; → Rn. 40). Für den Zwangsmitteleinsatz für Altjahre kann nichts anderes gelten: Die gemachten Angaben unterliegen ebenfalls einem Verwendungsverbot.

31 Allerdings stellt sich die Frage, was der BGH mit einem „strafrechtlichen Verwendungsverbot" meint. Ins Gerede ist dieses Problem nicht zuletzt deshalb gekommen, weil zB das OLG München in einem Beschluss vom 21.8.2006 (wistra 2006, 472, siehe auch *Allgayer* NStZ 2006, 603) eine für die Betroffenen wenig erfreuliche Auffassung zu dieser Problematik vertrat, die zur Folge hatte, dass das Verwertungsverbot auf das Hauptverfahren beschränkt ist und nicht auch schon im Ermittlungsverfahren gilt (vgl. *Rogall* FS Kohlmann, 2003, 465, 484).

32 **In der Insolvenzordnung** wird in § 97 InsO explizit von einem Verwendungsverbot gesprochen. Im Entwurf der Insolvenzordnung war noch für Angaben des Gemeinschuldners im Insolvenzverfahren ein Verwertungsverbot vorgesehen worden (BT-Drs. 12/2443 v. 15.4.1992). Im Rechtsausschuss war dann aber ein Verwendungsverbot vorgesehen worden (Beschlussempfehlung und Bericht des Rechtsausschusses, BT-Drs. 12/7302 v. 19.4.1994). Damit wollte man zum Ausdruck bringen, „dass eine Auskunft des Schuldners ohne dessen Zustimmung auch nicht als Ansatz für weitere Ermittlungen dienen darf". Insofern besteht für den Bereich des § 97 I InsO im Wesentlichen Einigkeit, dass Auskünfte des Gemeinschuldners im Ermittlungs- und Strafverfahren auch nicht dazu genutzt werden dürfen, weitere Erkenntnisquellen zu erschließen, also zB selbstständige Beweismittel zu erheben (*Bittmann/Rudolph* wistra 2001, 81, 84; *Hefendehl* wistra 2003, 1, 6 f.; *Richter* wistra 2000, 1, 2). Insbesondere darf der Verdacht, auf dem strafprozessuale Maßnahmen (Durchsuchungs-, Beschlagnahmebeschluss und Haftbefehle) basieren, regelmäßig nur auf Beweisindizien außerhalb der (unverwertbaren) Aussage des Gemeinschuldners gestützt werden (vgl. *Rogall* FS Kohlmann, 2003, 465, 484).

33 Dabei muss bedacht werden, dass sich das OLG München immerhin noch auf die Formulierung in § 100b V StPO aF berufen kann, wonach es um ein Verwendungsverbot *„zu Beweiszwecken"* geht. Bei dem vom BGH für die Erklärungspflicht für Folgejahre statuierten Verwendungsverbot ist aber die Situation ungleich näher an der Wertung des § 97 I 3 InsO: Der Steuerpflichtige ist – wie der Gemeinschuldner – aus Interessen des Gemeinwohls heraus verpflichtet, sich zu offenbaren. Dies ist nur zu rechtfertigen, wenn seine Angaben noch nicht einmal als Ermittlungsansatz geschweige denn als „Beweismittel" für strafprozessuale Zwangsmaßnahmen genutzt werden dürfen. Sonst besteht die konkrete Gefahr, dass etwa Angaben zu Bankverbindungen genutzt werden, um entsprechende Durchsuchungsbeschlüsse gegen die Banken zu erwirken und auf diese Art und Weise Informationen für strafbefangene Jahre zu erhalten.

34 Solange diese Frage nicht geklärt ist, ist es nicht zumutbar, die umfängliche Anlage KAP oder SO detailliert auszufüllen oder sonstige über betragsmäßige Angaben hinausgehende Erklärungen zu verlangen oder gar zu erzwingen, wenn für einen Teil der Jahre bereits ein Strafverfahren anhängig ist (ähnl. *Wulf* wistra 2006, 95). Der BGH (21.8.2012, wistra 2012,

482) hat im Übrigen klargestellt, dass die im Rahmen einer eidesstattlichen Versicherung gemachten wahrheitsgemäßen Angaben über die Vermögenssituation nicht in dem das Festsetzungsverfahren betreffenden Steuerstrafverfahren verwertet werden dürfen. Damit bestätigt er seine Linie, dass Zwang im Hinblick auf nicht betroffene Steuerarten und Jahre zulässig ist, die gemachten Angaben aber für das laufende Strafverfahren keine Verwendung finden dürfen (vgl. BGH 26.4.2001, BGHSt 47, 8, 12 ff. sowie BGH 10.1.2002, wistra 2002, 149). Der BGH hält jedoch eine Auflösung des Konflikts möglich, wenn der StPfl eine (wirksame) Selbstanzeige nach § 371 AO abgeben kann (dazu → Rn. 24).

c) Zwangsmittel und Schätzung

Zwangsmittel iSd § 393 I 2 AO sind solche nach §§ 328 ff. AO, also Zwangsgeld, **35** Ersatzvornahme und unmittelbarer Zwang (zust. *Berthold* 1993, 55). Nicht erst ihre Verhängung, sondern schon ihre Androhung ist untersagt (HHS/*Tormöhlen* AO § 393 Rn. 72, Kohlmann/*Hilgers-Klautzsch* AO § 393 Rn. 61; Erbs/Kohlhaas/*Hadamitzky*/*Senge* AO § 393 Rn. 3).

§ 393 I 2 AO verbietet nicht, bei **Verweigerung der Mitwirkung** die Besteuerungs- **36** grundlagen zu schätzen (*Hildebrandt* StBp 1982, 269; Erbs/Kohlhaas/*Hadamitzky*/*Senge* AO § 393 Rn. 4). Unzulässig ist es jedoch, eine besonders nachteilige Schätzung nur deshalb vorzunehmen, weil der Stpfl die Mitwirkung verweigert (Kohlmann/*Hilgers-Klautzsch* AO § 393 Rn. 67 f., Schwarz/Pahlke/*Klaproth* AO § 393 Rn. 16c; *Streck* BB 1984, 202; ähnl. HHS/*Tormöhlen* AO § 393 Rn. 76; *Wendeborn* 1989, 165 f.). Geboten erscheint es, den Stpfl so zu behandeln wie jeden, der unverschuldet seinen Mitwirkungspflichten nicht nachkommen kann (*Hellmann* 1995, 117; vgl. auch *Teske* 1987, 424; *dies.* wistra 1988, 216: Mittelwert der einschlägigen Richtsatzsammlungen als Obergrenze).

Für die **Schätzung im Hinblick auf Altjahre** und Folgejahre gilt nämliches. Entgegen **37** *Spriegel* (Wannemacher/*Spriegel* Rn. 3153) sind Schätzungen grundsätzlich zulässig (Klein/*Jäger* AO § 393 Rn. 21). Ist die Schätzung überhöht, um den Steuerpflichtigen unter Druck zu setzen, wären Äußerungen zur Rechtsverteidigung im Besteuerungsverfahren im Strafprozess unverwertbar (HHS/*Tormöhlen* AO § 393 Rn. 76). Dabei sind die Grenzen zwischen noch rechtmäßiger und schon rechtswidriger (Straf-)Schätzung sicherlich fließend. Der Finanzbehörde muss aber eine Schätzung schon im Hinblick auf die Festsetzungsfrist möglich sein, wenngleich in den meisten Fällen eine Ablaufhemmung nach § 171 V AO eintreten wird. Den Interessen des Steuerpflichtigen kann dadurch Rechnung getragen werden, dass im Hinblick auf „zweifelhafte" Beträge, deren Rechtswidrigkeit der Steuerpflichtige angesichts seiner Zwangslage nicht entkräften kann, eine Aussetzung der Vollziehung nach § 361 II 2 2. Alt. AO erfolgt (*Joecks* 1998, 109). Eine unbillige Härte liegt in diesem Fall darin, dass der Steuerbescheid vollzogen wird, ohne dass der Betreffende letztlich eine Möglichkeit hat, sich ohne Gefährdung weiterer Interessen sachgerecht zu verteidigen. Aus dem Vorstehenden ergibt sich auch, dass die Setzung einer Ausschlussfrist im Rechtsbehelfsverfahren nach § 364b AO unzulässig ist (aM Flore/Tsambikakis/*Webel* AO § 393 Rn. 27, Klein/*Jäger* AO § 393 Rn. 11). Ob es sich hier bereits um die Ausübung unzulässigen Zwangs im Sinne des § 393 I AO handelt, mag zweifelhaft sein (dafür *Streck*/*Spatscheck* wistra 1998, 339). Jedenfalls wäre eine solche Präklusion für das Finanzgericht unbeachtlich (vgl. auch Klein/*Brockmeyer* AO § 364b Rn. 7 ff.).

Nur gegen den Stpfl sind Zwangsmittel unzulässig. Anders als § 428 RAO 1967 **38** schließt § 393 I AO den Einsatz von Zwangsmitteln gegen andere Personen nicht schlechthin aus. *Steuerpflichtiger* ist nach § 33 AO, wer eine Steuer schuldet, für sie haftet, eine Steuererklärung abzugeben hat usw. Erfasst wird nach § 34 AO auch, wer für einen Beteiligten (§ 78 AO) Auskünfte zu geben hat (*Höllig* DB 1978, 911). § 393 I 2 AO meint denjenigen, der nach § 103 AO keine Auskunftsverweigerungsrechte hat, schließt mithin die in § 103 AO verbleibende Lücke. Dementsprechend gilt das Zwangsmittelverbot auch für solche Personen, die sich durch ihre Mitwirkung im Besteuerungsverfahren der Gefahr einer Verfolgung wegen einer Steuerstraftat (oder -ordnungswidrigkeit) *aussetzen* würden (vgl. HHS/*Tormöhlen* AO § 393 Rn. 77; *Reiß* 1987, 262; *Teske* 1987, 418; *dies.* wistra 1988, 215; *Hellmann* 1995, 103; s. auch unten → Rn. 72).

39 **Ob das Zwangsmittelverbot auf Angehörige zu erweitern ist,** ist zweifelhaft (dafür GJW/*Bülte* AO § 393 Rn. 87; HHS/*Tormöhlen* AO § 393 Rn. 81f.; *Teske* 1987, 362f.; *dies.* wistra 1988, 207, 212). Dabei geht es um zwei Konstellationen: Möglich ist, dass der Steuerpflichtige in Erfüllung steuerlicher Pflichten einen Angehörigen belasten würde, denkbar ist aber auch, dass der Angehörige den Steuerpflichtigen belastet. *Teske* geht es offenbar um die zweite Konstellation. Da Angehörige nach § 101 AO ein Auskunftsverweigerungsrecht haben, über das sie zu belehren sind, können sich Probleme nicht häufig ergeben. *Tormöhlen* denkt offenbar an Konstellationen, in denen dem Angehörigen das Recht nach § 101 AO nicht zur Seite steht, weil er selbst Beteiligter des Verfahrens ist. Insoweit sind dann jedoch die Angaben zum Nachteil des Angehörigen nicht verwertbar und dürfen auch nicht Ermittlungsanlass sein (HHS/*Tormöhlen* AO § 393 Rn. 81).

40 **Wer „Angehöriger" ist,** erscheint fraglich. *Tormöhlen* (HHS/*Tormöhlen* AO § 393 Rn. 82) wendet sich gegen eine unbesehene Übernahme der Kataloge aus § 15 AO und § 52 StPO und will ggf. auf die konkreten Beziehungen zwischen entfernteren Angehörigen abstellen. Konsequent ist dies nicht, da die Rechtsordnung auch sonst nicht eine Ermittlung der Qualität der Beziehungen verlangt.

41 **Ein Einsatz von Zwangsmitteln** zur Erlangung von Beweismitteln ist auch dann verboten, wenn kein Zweifel besteht, dass der Beschuldigte sie im Besitz hat. Eine solche Durchbrechung des § 393 I, II AO würde § 95 StPO überspielen, der ein Herausgabeverlangen gegen den Beschuldigten gerade nicht zulässt (→ § 399 Rn. 40).

42 **Soweit wegen der Straftat ein Strafverfahren eingeleitet ist,** ist der Zwangsmitteleinsatz unzulässig. Ob damit der Einsatz von Zwangsmitteln schlechthin gegen diesen Stpfl, für diese betreffende Steuerart oder auch nur diesen Veranlagungszeitraum unzulässig wird, ist zweifelhaft (vgl. Koch/Scholtz/*Scheurmann-Kettner* AO § 393 Rn. 8); *Suhr* (StBp 1978, 105) will auf den Veranlagungszeitraum abstellen. Andere halten Zwangsmittel für unzulässig, soweit sie den Sachverhalt ermitteln sollen, der Gegenstand des Ermittlungsverfahrens ist (vgl. Kohlmann/*Hilgers-Klautzsch* AO § 393 Rn. 96). Gemeint ist damit der strafprozessuale Tatbegriff (ebenso HHS/*Tormöhlen* AO § 393 Rn. 89). Zwar wäre denkbar, das Zwangsmittelverbot auf einzelne Bereiche der Steuererklärung zu beschränken. Dann wären Angaben zu Einkünften aus Kapitalvermögen im Grundsatz erzwingbar, wenn Gegenstand des Ermittlungsverfahrens lediglich das Verschweigen von Einnahmen aus freiberuflicher Tätigkeit ist. Diese Differenzierung widerspricht aber den Interessen des Beschuldigten, weil aus diesen Angaben idR Schlüsse auf die Hinterziehung (Vermögenszuwachsrechnung) möglich sind (ähnl. Kohlmann/*Hilgers-Klautzsch* AO § 393 Rn. 96). Das Zwangsmittelverbot ist also umfassend und erfasst (jedenfalls) die Tat im strafprozessualen Sinn (HHS/*Tormöhlen* AO § 393 Rn. 89, Kohlmann/*Hilgers-Klautzsch* AO § 393 Rn. 96).

43 Daneben bleibt es bei dem Recht des Stpfl, hinsichtlich anderer Steuern oder Veranlagungszeiträume entsprechend den oben → Rn. 30 ff. aufgestellten Grundsätzen die Mitwirkung zu verweigern, weil er sich sonst selbst belasten würde.

44 **Nach Abschluss des Steuerstrafverfahrens** ist die Erfüllung der Mitwirkungspflichten im Grundsatz wieder erzwingbar, soweit der Stpfl strafgerichtliche Verfolgung nicht mehr zu besorgen hat (ebenso HHS/*Tormöhlen* AO § 393 Rn. 93ff., Kohlmann/*Hilgers-Klautzsch* AO § 393 Rn. 100). Dies ist bei gerichtlicher Verurteilung, Einstellung nach § 153a StPO (→ § 398 Rn. 36), Verjährung, Amnestie oder sonst der Fall, wenn strafgerichtliche Verfolgung unzulässig ist. Der Freispruch schützt vor einer Wiederaufnahme des Verfahrens ebensowenig wie die Einstellung nach § 398 AO (→ § 398 Rn. 35; HHS/*Tormöhlen* AO § 393 Rn. 96). Ist der Stpfl wegen der Tat rechtskräftig verurteilt, ist eine Wiederaufnahme nach § 362 Nr. 1, 2 StPO nicht möglich, da § 363 I StPO eine Wiederaufnahme mit dem Ziel einer schärferen Bestrafung aus demselben Strafgesetz verbietet. Dies gilt auch, wenn sich aus der nunmehrigen Mitwirkung des Stpfl. der

Verdacht eines besonders schweren Falles nach § 370 III AO ergibt (HHS/*Tormöhlen* AO § 393 Rn. 94).

d) Auswirkungen des § 393 I 2 AO auf das materielle Steuerstrafrecht

Wahrheitswidrige Äußerungen des Steuerpflichtigen im Steuer*straf*verfahren, die 45
die Veranlagungszeiträume bzw. Steuern betreffen, die dessen Gegenstand sind, erfüllen den Tatbestand des § 370 AO nicht. Dies ergibt sich aus dem Nemo-tenetur-Prinzip (→ Rn. 8). Zwar besteht *„das natürliche Recht auf Selbstschutz ... nicht, wenn zur Verdeckung eigener Straftaten durch neues Unrecht in die strafrechtlich geschützte Rechtsordnung eingegriffen wird"* (BGH 11.10.1951, BGHSt 3, 18, 19; *Rogall* 1977, 158). Hier sollen jedoch lediglich erlangte Vorteile gesichert werden. Wenn das StGB in den §§ 153 ff. StGB die falsche Einlassung des Angeklagten nicht unter Strafe stellt und auch die Strafvereitelung zum eigenen Vorteil straflos ist (§ 258 I, V StGB), darf nicht über § 370 AO für den Beschuldigten ein Wahrheitsgebot geschaffen werden. Erst recht ist der Beschuldigte nicht verpflichtet, nunmehr eine richtige Erklärung für die betreffende Steuer abzugeben. Ist wegen der Abgabe unrichtiger Umsatzsteuervoranmeldungen ein Strafverfahren anhängig, entfällt daher während der Dauer des Strafverfahrens die Strafbarkeit hinsichtlich der Nichtabgabe der Umsatzsteuerjahreserklärung (vgl. BGH 26.4.2001, BGHSt 47, 8 mAnm *Salditt* PStR 2001, 141). Gleiches gilt für die Pflicht zur Abgabe einer Einkommensteuerjahreserklärung, wenn für den Veranlagungszeitraum bereits ein Strafverfahren wegen versuchter Steuerhinterziehung eingeleitet ist (BGH 23.1.2002, wistra 2002, 150). Auch wenn zum Zeitpunkt der erstinstanzlichen Entscheidung die Veranlagungsarbeiten abgeschlossen sind (→ § 370 Rn. 68 ff.; → § 376 Rn. 41 ff.), kann also nicht wegen eines vollendeten Delikts verurteilt werden. Der Nemo-tenetur-Grundsatz erlaubt auch keine unrichtigen Angaben im Beitreibungsverfahren, selbst wenn es um die Abwehr der Vollstreckung von Steuerforderungen geht, derentwegen bereits ein Steuerstrafverfahren anhängig war, das mit einer rechtskräftigen Verurteilung endete (BGH 21.8.2012, wistra 2012, 482).

Unrichtige Erklärungen für neue Veranlagungszeiträume abzugeben, erlaubt 46
§ 393 I 2 AO ebenfalls nicht (BGH 10.1.2012, wistra 2002, 149). Die zur Verdeckung der Steuerhinterziehung 2010 bis 2012 begangene Falscherklärung für 2014 würde neues Unrecht darstellen. Das hinter dem § 393 I 2 AO stehende Verbot des Zwangs zur Selbstbelastung geht zurück auf ein Recht zur Passivität, erlaubt jedoch an sich nicht die *neuerliche* Vornahme verbotener Handlungen (ähnl. *Rogall* 1977, 158; BGH 13.10.1992, wistra 1993, 65, 67; BGH 10.1.2002, wistra 2002, 149). Andererseits kann der Stpfl nicht gezwungen werden, sich selbst zu belasten. Ein (uneingeschränktes) Recht zur Passivität würde aber bedeuten, dass keine Erklärung abgegeben werden müsste.

Wie dieser Konflikt aufzulösen ist, ist zweifelhaft. Wer wegen nicht erklärter Einkünfte 47
aus Kapitalvermögen von 2009–2013 verfolgt wird und in der ESt Erklärung für das Jahr 2014 einen fünfstelligen Betrag angibt, liefert immerhin Material für die Steuerpflicht und damit für die Steuerhinterziehung von 2009–2013. Andererseits stünde der Steuerhinterzieher besser als andere Steuerpflichtige, wenn man ihm im Hinblick auf das anhängige Strafverfahren das Recht zubilligen würde, keine Steuererklärung einzureichen (so aber OLG Hamburg 7.5.1996, wistra 1996, 239).

Diese Probleme vermeidet die Lösung von *Böse* (wistra 2003, 51), der eine unbeschränk- 48
te Pflicht zur Abgabe einer korrekten Steuererklärung mit dem Argument annimmt, dass hier die **Grundsätze der omissio libera in causa** Anwendung fänden. Der nemo-tenetur-Grundsatz gelte auch für die der ursprünglichen Steuerhinterziehung nachfolgenden Zeiträume; die Annahme eines Verwertungsverbotes könne auf keinerlei rechtliche Grundlage gestützt werden. Anders als im Gemeinschuldnerbeschluss des Bundesverfassungsgerichts (→ Rn. 8) sei auch eine verfassungskonforme Ergänzung der gesetzlichen Regelung ausgeschlossen, da es sich bei § 393 AO um ein nachkonstitutionelles Gesetz handele (*Böse* wistra 2003, 48 f.). Der Steuerpflichtige habe es sich aber durch die Abgabe unrichtiger Steuererklärungen für die Zukunft selbst unzumutbar gemacht, in den Folge-

jahren eine richtige und vollständige Steuererklärung abzugeben. Dementsprechend könne die Strafbarkeit auf die Grundsätze der „omissio libera in causa" gestützt werden.

49 Daran ist richtig, dass diese Rechtsfigur in Rechtsprechung und Literatur als solche anerkannt ist und die **Steuerhinterziehung als Erfolgsdelikt** durchaus in den Anwendungsbereich des Prinzips fallen kann. Der Steuerpflichtige müsste aber dann bereits bei Abgabe der ersten unrichtigen und zur Strafbarkeit führenden Erklärung auch den Vorsatz gehabt haben, für die Zukunft es sich unmöglich zu machen, eine korrekte Steuererklärung einzureichen. Wer aber nicht weiß, dass es im Hinblick auf die abgegebene unrichtige Steuererklärung zu einem Strafverfahren kommt und damit eine Selbstanzeige für Altjahre unmöglich wird, kennt diese Zwangslage schon nicht, die der von *Böse* bemühten Figur zugrunde liegen würde. Gleiches gilt für den, der einen Bestechungslohn vereinnahmt, ohne an die steuerlichen Konsequenzen zu denken. Insofern kann dieses Modell allenfalls dazu führen, dass der leichtfertig das spätere Eintreten der Sperrwirkung Verkennende nach § 378 AO eine Ordnungswidrigkeit begeht. Er hat aber bezogen auf den Zeitraum, in dem es zu einer Steuerverkürzung kommt, gar nicht im Rechtssinne – jeweils nach dem Modell *Böses* – vorwerfbare „Angaben" gemacht. Insofern kann diese Lösung insgesamt nicht überzeugen.

50 Denkbar wäre, eine teilweise richtige Erklärung der Nichterklärung vorzuziehen und nicht uneingeschränkt auf den Gesichtspunkt der Zumutbarkeit (vgl. *Ulsenheimer* GA 1972, 1; *Brenner* BB 1978, 910; *Rogall* 1977, S. 159; LG Duisburg 16.1.1969, NJW 1969, 1261; überzogen *Barske* DStZ 1958, 27) zu verweisen (s. auch *Seebode* JA 1980, 497). Zum anderen könnte man entsprechend § 393 II 1 AO die strafbewehrte Erklärungspflicht bejahen, die mit der Erfüllung der Erklärungspflichten gelieferten Tatsachen aber für unverwertbar halten (vgl. HHS/*Tormöhlen* AO § 393 Rn. 30). Dies hätte zwar uU die Folge, dass eine Selbstanzeige auch ohne Nachzahlung der hinterzogenen Steuer wirksam ist, dürfte aber eher dem auch sonst fiskalisch ausgerichteten Gesetz entsprechen. *Reiß* (1987, 243) favorisiert die 3. Lösung: „*Solange der Gesetzgeber nicht entweder die Gefahr der Strafverfolgung wegen der außersteuerlichen Straftat bei Offenbarung beseitigt oder ein Auskunftsverweigerungsrecht einräumt, darf an die Verletzung der verfassungswidrigen Mitwirkungspflichten auch dann keine Strafsanktion geknüpft werden, wenn der gesetzlich Verpflichtete die verfassungswidrige Mitwirkungspflicht stillschweigend missachtet*". Ein ähnlicher Ansatz findet sich bei *Berthold* (1993, 70 ff.; vgl. auch *Marx* FS FAStR, 675 ff.). *Berthold* erwägt, das Merkmal der Pflichtwidrigkeit in § 370 I Nr. 2 AO für die Fälle einer drohenden Selbstbezichtigung zu reduzieren (*Berthold* 1993, 91 ff.), weist aber zugleich darauf hin, dass damit ungerechtfertigte Strafbarkeitslücken bei der Behandlung von Teilnehmern entstehen. Er schlägt deshalb de lege ferenda die Schaffung eines persönlichen Strafausschließungsgrundes in § 370 AO für solche Konfliktlagen vor (*Berthold* 1993, 106). *Tormöhlen* (HHS/*Tormöhlen* AO § 393 Rn. 30 f.) will die Lösung in einem strafrechtlichen Verwertungsverbot finden (vgl. auch *v. Briel* StraFo 1998, 336).

51 Der Bundesgerichtshof hatte sich zunächst mit Aussagen zurückgehalten, wenn es um die Verwertbarkeit korrekter Angaben des Steuerpflichtigen in einer Folgeerklärung geht (BGH 10.1.2002, wistra 2002, 149). In dem konkreten Fall hatte der Täter, gegen den wegen anderer Jahre ein Strafverfahren anhängig war, falsche Steuererklärungen eingereicht. Der BGH bejahte eine Strafbarkeit der Einreichung unrichtiger Steuererklärungen mit dem Argument, dass schon die Nichtabgabe von Steuererklärungen strafbar wäre und deshalb erst recht die Abgabe unrichtiger Steuererklärungen dem § 370 I Nr. 1 AO unterfiele. Später deutete der BGH an, dass dem Konflikt dadurch Rechnung getragen werden könnte, dass an eine Konkretisierung der gebotenen steuerlichen Erklärungen möglicherweise niedrigere Anforderungen zu stellen seien als sonst nach § 90 AO geboten (BGH 5.5.2004, wistra 2004, 391). Dieser Fall betraf die Nichterklärung von Einkünften aus Bestechungsdelikten. Für den Bereich der Steuerhinterziehung selbst hat der BGH dann in einem Beschluss vom 12.1.2005 (wistra 2005, 148) Klarheit geschaffen. Es komme zu einem **strafrechtlichen Verwendungsverbot**. Ob damit die Bedenken gegen eine

Pflicht zur Abgabe wahrheitsgemäßer Steuererklärungen beseitigt sind, hängt davon ab, wie man den Begriff des Verwendungsverbotes interpretieren will (→ Rn. 31 ff.). Klar ist im Übrigen, dass der BGH einer *steuerlichen* Verwendung der wahrheitsgemäßen Erklärung für Altjahre keine Bedenken entgegenbringt (vgl. auch BGH 21.8.2012, wistra 2012, 482).

Unterlässt also der Täter eine vollständige Unterrichtung der Finanzbehörden, indem er 52 etwa Einkommensarten oder Einkommensteile aus der Erklärung herauslässt, lässt er das Finanzamt pflichtwidrig in Unkenntnis. Diese Pflicht zu erfüllen ist freilich nur *zumutbar,* wenn es ihm entweder gleichzeitig möglich ist, mittels einer Selbstanzeige Straffreiheit für Altjahre zu erlangen (→ Rn. 53, 76), oder aber aus dem jetzt pflichtgemäßen Verhalten keine für ihn nachteiligen Schlüsse für Altjahre gezogen werden dürfen.

Zumutbar ist die Abgabe wahrheitsgemäßer Erklärungen jedenfalls in den Fällen, in 53 denen der Stpfl für das betreffende Jahr bzw. vergangene Jahre mit einer wahrheitsgemäßen Erklärung Straflosigkeit erlangen kann. Dies ist nicht der Fall, wenn er nicht in der Lage ist, die hinterzogenen Beträge ggf. nachzuentrichten (§ 371 III AO) bzw. wenn eine Sperrwirkung iSd § 371 II AO bereits eingetreten ist. Wenn aber die entsprechenden Angaben unverwertbar sind (→ Rn. 34), ist die Abgabe von Erklärungen zuzumuten. Solange jedoch nicht geklärt ist, inwiefern dies auch die Auffassung der Rechtsprechung ist und diese auch eine Fernwirkung akzeptiert, kann das Unterlassen nicht bestraft werden. Es bietet sich freilich an, hier nicht schon die Erklärungspflicht entfallen zu lassen, sondern eine Entschuldigung gem. § 35 StGB anzunehmen, wenn man nicht die Unzumutbarkeit normgemäßen Verhaltens als Entschuldigungsgrund einordnen will (krit. *Marx* FS FAStR, 673, 678). Diese Lösung vermeidet Strafbarkeitslücken bei der Teilnahme. Für Teilnehmer und Mittäter (vgl. *Berthold* 1993, 97 ff.) bedeutete sie, dass ihrerseits eine Strafbarkeit gegeben ist, wenn nicht in ihrer Person ebenfalls diese Voraussetzungen gegeben sind.

3. Belehrung des Steuerpflichtigen (§ 393 I 4 AO)

a) Anlass zur Belehrung

Ein Anlass zur Belehrung des Stpfl besteht jedenfalls dann, wenn der Finanzbeamte 54 konkrete Anhaltspunkte dafür hat, dass sich der Stpfl mit der Beantwortung einer Frage bzw. mit der sonstigen, gebotenen Mitwirkung selbst belasten wird. Eine Belehrung hat zudem dann zu erfolgen, wenn das Strafverfahren wegen einer Steuerstraftat eingeleitet wird und damit Zwangsmittel nach § 393 I 3 AO schlechthin unzulässig werden (*Kretzschmar* DStZ 1983, 435). In der Praxis erfolgt bei Beginn einer Außenprüfung eine Belehrung durch Aushändigung eines Merkblatts (BStBl. I 2013, 1264; vgl. Kohlmann/*Hilgers-Klautzsch* AO § 393 Rn. 133 und RKR/*Roth* AO § 393 Rn. 101; krit. zum Merkblatt *Wenzig* DB 1979, 1763, der auf einen Hinweis iSd § 393 I 4 AO gänzlich verzichten will). Diese Aushändigung genügt freilich dem § 393 I 4 AO allenfalls dann, wenn die konkrete belastende Situation zeitnah später eintritt. Ansonsten muss eine **Belehrung in der konkreten Situation** erfolgen (Flore/Tsambikakis/*Webel* AO § 393 Rn. 61, Kohlmann/*Hilgers-Klautzsch* AO § 393 Rn. 134, ähnl. HHS/*Tormöhlen* AO § 393 Rn. 110).

Einzelheiten zur Belehrung im Rahmen der Außenprüfung ergeben sich aus: 55

§ 10 BpO Verdacht einer Steuerstraftat oder -ordnungswidrigkeit

(1) [1] Ergeben sich während einer Außenprüfung zureichende tatsächliche Anhaltspunkte für eine Straftat (§ 152 Abs. 2 StPO), deren Ermittlung der Finanzbehörde obliegt, so ist die für die Bearbeitung dieser Straftat zuständige Stelle unverzüglich zu unterrichten. [2] Dies gilt auch, wenn lediglich die Möglichkeit besteht, dass ein Strafverfahren durchgeführt werden muss. [3] Richtet sich der Verdacht gegen den Steuerpflichtigen, dürfen hinsichtlich des Sachverhalts, auf den sich der Verdacht bezieht, die Ermittlungen (§ 194 AO) bei ihm erst fortgesetzt werden, wenn ihm die Einleitung des Strafverfahrens mitgeteilt worden ist. [4] Der Steuerpflichtige ist dabei, soweit die Feststellungen auch für Zwecke des Strafverfahrens verwendet werden können, darüber zu belehren, dass seine Mitwirkung im Besteuerungsverfahren nicht mehr erzwungen werden kann (§ 393 Abs. 1 AO). [5] Die Belehrung

ist unter Angabe von Datum und Uhrzeit aktenkundig zu machen und auf Verlangen schriftlich zu bestätigen (§ 397 Abs. 2 AO).

(2) Absatz 1 gilt beim Verdacht einer Ordnungswidrigkeit sinngemäß.

56 Es gelten mithin dieselben Grundsätze wie bei § 397 AO (→ § 397 Rn. 123 ff.). Die Belehrung muss unverzüglich erfolgen; keinesfalls darf weiterhin steuerlich ermittelt werden, um etwa den Verdacht noch zu erhärten (*Zwank* StBp 1978, 151; s. zum Interessenkonflikt des Betriebsprüfers *Streck* BB 1980, 1538; vgl. auch *Mester* StBp 1999, 113). Die Belehrung ist unter Angabe von Datum und Uhrzeit aktenkundig zu machen.

b) Verstoß gegen § 393 I 4 AO

57 **Die Folgen eines Verstoßes** gegen die Belehrungspflicht des § 393 I 4 AO sind umstritten. Überwiegend wurde davon ausgegangen, dass das Fehlen der Belehrung nicht zur Unverwertbarkeit der entsprechenden Bekundungen des Steuerpflichtigen/Beschuldigten führt (BFH 23.1.2002, wistra 2002, 270 mAnm *Bilsdorfer* PStR 2002, 120; zweifelnd FG MV 21.8.2002, wistra 2003, 473, 478; Klein/*Jäger* AO § 393 Rn. 41, Kühn/v. Wedelstädt/*Blesinger* AO § 393 Rn. 4). Demgegenüber wollen *Rüping* (S. 54; Grundfragen S. 280) und *Streck* (BB 1980, 1539) unter Anwendung des § 136a StPO (verbotene Vernehmungsmethoden) ein Verwertungsverbot bejahen (zust. *Carlé* AO-StB 2003, 346, 348; ähnl. *Ehlers* StBp 1981, 102), weil bei pflichtwidriger Nichteinleitung eine Täuschung iSd § 136a StPO (durch Unterlassen) vorliege (vgl. auch → § 397 Rn. 129).

58 **Bei einem Verstoß gegen die Belehrungspflicht nach § 136 I 2 StPO** sollte nach früher hM kein Verwertungsverbot bestehen (BGH 31.5.1968, BGHSt 22, 170; BGH 7.6.1983, NJW 1983, 2205 m. abl. Anm. *Fezer* JR 1984, 341; zu § 243 StPO: BGH 14.5.1974, BGHSt 25, 325; s. auch *Eb. Schmidt* NJW 1968, 1209; *Dingeldey* JA 1984, 414; BGH 30.4.1968, NJW 1968, 1388; anders AG Tiergarten 15.12.1982, StV 1983, 278). Auch ein Verstoß gegen die Hinweispflicht nach § 55 II StPO sollte die Aussage nicht unverwertbar machen (BGH 13.4.1962, BGHSt 17, 245; BGH 7.6.1983, NJW 1983, 2205; s. aber BayObLG NJW 1984, 1246). Anders sollte es bei einem Verstoß gegen die Belehrungspflicht nach § 52 III StPO sein (→ Rn. 87).

59 Der BGH (BGH 27.2.1992, BGHSt 38, 214; dazu *Fezer* JR 1992, 385; *Roxin* JZ 1992, 923; *Bohlander* NStZ 1992, 504; *Kiehl* NJW 1993, 501; *Hauf* MDR 1993, 195) hat eine Wende in der Behandlung dieser Frage eingeleitet. Nach dieser Entscheidung löst der Verstoß gegen die Pflicht zur Belehrung des Beschuldigten über seine Aussagefreiheit grundsätzlich ein Verwertungsverbot hinsichtlich der daraufhin gemachten Angaben aus. Der BGH macht dabei zwei Ausnahmen. Zum einen soll ein Verwertungsverbot dann nicht eingreifen, wenn der Beschuldigte bei Beginn der Vernehmung auch ohne Belehrung sein Schweigerecht gekannt und trotz dieses Wissens freiwillig ausgesagt hat. Ein solcher Beschuldigter sei nicht im gleichen Maße schutzwürdig wie derjenige, der sein Schweigerecht nicht kenne (BGH 27.2.1992, BGHSt 38, 214). Zum anderen soll die Verwertung einer in Unkenntnis des Schweigerechts gemachten Aussage dann zulässig sein, wenn der (verteidigte) Beschuldigte später ausdrücklich oder durch stillschweigend-schlüssiges Verhalten einer Verwertung nicht widersprochen hat (BGH 27.2.1992, BGHSt 38, 214, 225; vgl. auch BGH 22.3.1995, wistra 1995, 271; BGH 21.7.1994, BGHSt 40, 211; BGH 21.7.1998, wistra 1998, 310; BGH 27.6.2013, BGHSt 58, 301).

60 **Der Steuerpflichtige** befindet sich vor Einleitung des Steuerstrafverfahrens in einer dem § 55 StPO vergleichbaren Situation: Zur Auskunft bzw. Mitwirkung ist er verpflichtet, darf aber belastende Angaben verschweigen. Eine dem § 136a StPO ähnliche Situation liegt bei bloßem Unterlassen der Belehrung nicht vor (*Suhr* StBp 1973, 83; *Möllinger* StBp 1979, 193; *Hildebrandt* StBp 1982, 268; s. auch *Rogall* 1977, S. 186 ff. sowie → § 397 Rn. 129). Das Besteuerungsverfahren ist aber auf die (latente) Mitwirkungspflicht des Stpfl gegründet. Ob im Sinne der Einschränkung von BGHSt 38, 214 bereits die Aushändigung des Merkblattes dem Stpfl hinreichend Kenntnis von seinem Recht, die Auskunft zu verweigern, vermittelt, erscheint zweifelhaft. Vor dem Hintergrund des § 10 BpO kann der Stpfl davon ausgehen, dass seine Befragung immer eine solche im Besteuerungsverfahren ist, so dass erst die konkrete Belehrung in einer bestimmten Situation ihm Kenntnis von seinen Rechten im Steuerstrafverfahren vermittelt. Ob der steuerlich versierte Stpfl sein Schweigerecht aus der Lage heraus fordern wird (so → 3. Aufl. Rn. 44), erscheint ebenfalls nicht gesichert. Insbesondere vor dem Hintergrund der unsicheren Behandlung „vertretbarer Rechtsauffassungen" (vgl. → § 370 Rn. 190 ff.) wird er in der Regel darauf vertrauen können, sich im Besteuerungsverfahren zu bewegen, so dass ein Verwertungsverbot naheliegt (ebenso HHS/*Tormöhlen* AO § 393 Rn. 119 ff.; Klein/*Jäger* AO § 393 Rn. 41; Erbs/Kohlhaas/*Hadamitzky/Senge* AO § 393 Rn. 6; vgl. auch BayObLG 10.1.1984, NJW 1984, 1264; BVerfG 25.8.2014, StraFo 2014, 415).

Verstöße gegen § 136a StPO sind iRd § 393 I 4 AO aber denkbar. Ein solcher liegt **61** vor, wenn in einer Vernehmung iSd §§ 136, 163a StPO der Vernehmungsbeamte bewusst über eine Verpflichtung zur Aussage täuscht (Meyer-Goßner/Schmitt/*Schmitt* StPO § 136a Rn. 14). Das gleiche gilt, wenn der Finanzbeamte im Besteuerungsverfahren dem Stpfl vortäuscht, er müsse selbst dann an der Aufklärung des Steuerfalles mitwirken, wenn dies zu seiner Belastung wegen einer Steuerstraftat führe, oder die Einleitung des Steuerstrafverfahrens *bewusst* unterlässt (→ § 397 Rn. 129). Dass bloß fahrlässiges Unterlassen nicht „Täuschung" iSd § 136a StPO sein kann, ergibt sich schon aus dem Begriff, der bewusste Irreführung voraussetzt (ähnlich HHS/*Tormöhlen* AO § 393 Rn. 120; *Hildebrandt* DStR 1982, 21; anders *Rüping*, Steuerfahndungsergebnisse und ihre Verwertbarkeit, 1981, S. 41). Dabei kann dahinstehen, ob sich das Verwertungsverbot aus § 136a StPO oder unmittelbar aus der Verfassung ergibt (vgl. HHS/*Tormöhlen* AO § 393 Rn. 114).

Eine Unverwertbarkeit wegen des Einsatzes unzulässigen Zwangs iSd § 136a StPO liegt **62** im Übrigen dann vor, wenn Zwangsmittel gezielt angewendet werden und der Beschuldigte damit genötigt wird, sich selbst wegen einer Steuerstraftat zu belasten.

Stimmt der Stpfl der Verwertung zu, entfällt das Verwertungsverbot, da ein Verzicht auf **63** das Steuergeheimnis nach § 30 IV Nr. 3 AO möglich ist (HHS/*Tormöhlen* AO § 393 Rn. 147; Kohlmann/*Hilgers-Klautzsch* AO § 393 Rn. 257). Diese Möglichkeit der Zustimmung gibt es freilich nicht in den Fällen des § 136a III StPO.

c) Fernwirkung des Verwertungsverbots

Die Fernwirkung eines Verwertungsverbots ist mindestens ebenso zweifelhaft wie das **64** Vorhandensein eines Verwertungsverbots selbst (vgl. *Grünwald* JZ 1966, 500; *Gössel* NJW 1981, 2221; umfassend *Dencker* 1977 S. 76 ff.). Einig ist man sich nur, dass das Verbot, ein durch Zwang oder Misshandlung erreichtes Geständnis zu verwerten, nicht immer dazu führen muss, dass sonstige, aufgrund dieses Geständnisses aufgefundene Beweismittel für das Strafverfahren nicht benutzt werden dürfen (Meyer-Goßner/Schmitt/*Schmitt* StPO § 136a Rn. 31 u. KK-StPO/*Diemer* StPO § 136a Rn. 42). Die hM will jegliche Fernwirkung des Beweisverwertungsverbotes auf die selbstständigen Beweismittel, die mit Hilfe der als Beweismittel ausscheidenden Aussage aufgefunden werden, ausschließen (vgl. Meyer-Goßner/Schmitt/*Schmitt* StPO § 136a Rn. 31), im Ausnahmefall unter Berufung auf den Grundsatz der Rechtsstaatlichkeit und rechtsethische Prinzipien jedoch zulassen (BGH 18.4.1980, BGHSt 29, 244; vgl. auch BGH 28.4.1987, BGHSt 34, 362). Von einigen wird eine Fernwirkung jedenfalls dann anerkannt, wenn zum Nachteil des Beschuldigten in grober Weise gegen Recht und Gesetz verstoßen wurde, etwa wichtige Verfassungsgrundsätze missachtet wurden, oder wenn die Aufklärung und Verfolgung von leichten Straftaten in Frage steht (zB *Maiwald* JuS 1978, 379 ff.; HHS/*Tormöhlen* AO § 393 Rn. 126; s. auch *Peters* S. 315; KK-StPO/*Diemer* StPO § 136a Rn. 42; *Beulke* ZStW 103 [1991], 669).

Soweit man beim Unterlassen der Belehrung einen Verstoß gegen § 136a StPO bejahen **65** kann, schafft erst eine Fernwirkung einen angemessenen Schutz des Betroffenen (*Maiwald* JuS 1978, 379, 384). Jedenfalls in massiven Fällen der Täuschung sollte von einer Fernwirkung ausgegangen werden (ähnlich HHS/*Tormöhlen* AO § 393 Rn. 125; weitergehend *Rüping* aaO [Rn. 61] S. 44; s. auch *Dencker* 1977 S. 8; → Rn. 69).

66 Die **Auswirkung strafrechtlicher Verwertungsverbote auf das Besteuerungsverfahren** lässt sich nicht allgemein beantworten. Es kommt darauf an, ob das entsprechende Verwertungsverbot einen typisch strafprozessualen Charakter hat oder einem allgemeinen Rechtsgedanken entspricht (*Rüping* Grundfragen S. 282; *Streck* Nr. 899; HHS/*Söhn* AO § 88 Rn. 309; zu eng *Hildebrandt* DStR 1982, 24; vgl. auch *Seer* StuW 1991, 165; BFH 23.1.2002, NJW 2002, 2198; FG MV 21.8.2002, wistra 2002, 473). Nur im zweiten Fall wirkt sich das Verwertungsverbot auch im Besteuerungsverfahren aus (→ § 404 Rn. 125; allgemein zu *steuerlichen* Verwertungsverboten *Wenzig* DStZ 1984, 172). Hiergegen hat *Hellmann* (1995, 114 Fn. 15) eingewandt, es könne nicht darauf ankommen, ob das Beweismittel im Besteuerungsverfahren rechtmäßig hätte erlangt werden können, denn es handele sich nun einmal um strafprozessuale Erkenntnisse. Dass es sich um Erkenntnisse im Rahmen eines Strafverfahrens handelt, wird nicht bestritten. Dennoch gilt im deutschen Verfahrensrecht allgemein, dass wiederholbare Erkenntnisse durchaus einer Verwertung zugänglich sind. Dies ist mittlerweile in § 477 II 2 StPO ausdrücklich geregelt. Die „hypothetische Wiederholbarkeit" einer Maßnahme erlaubt auch die Verwertung von Zufallserkenntnissen, die nur mit qualifizierten Ermittlungsmaßnahmen erlangt werden konnten. Da der beschuldigte Stpfl nicht besser stehen soll, als der redliche, würde ein Verwertungsverbot hinsichtlich solcher Erkenntnisse, die auch im Rahmen des üblichen Besteuerungsverfahrens hätten gewonnen werden können, diesem Prinzip nicht gerecht.

67 Besteht ein **strafrechtliches Verwertungsverbot,** weil der Beamte den Beschuldigten über seine Mitwirkungspflicht getäuscht hat (→ Rn. 61), beschränkt sich die Unverwertbarkeit zunächst auf das Strafverfahren (vgl. auch *Rogall* FS Kohlmann, 2003, 498). § 136a StPO greift hier ein, weil man den Stpfl zu lange mitwirken ließ. § 136a StPO will aber nicht eine Mitwirkung im Besteuerungsverfahren verbieten, sondern Täuschungen, die zur strafrechtlichen Selbstbelastung führen. Der Beschuldigte eines Steuerstrafverfahrens soll nicht schlechter stehen als der eines allgemeinen Strafverfahrens, weil er zugleich Stpfl ist. Andererseits soll der Steuerstraftäter nicht besser stehen als andere Stpfl, weil er Straftäter ist. Der BFH verneint im Übrigen bei einem Verstoß gegen § 393 I 4 AO oder die Belehrungspflicht nach § 10 I 3 BpO zu Recht ein Verwertungsverbot (BFH 8.1.2014, BFH/NV 2014, 487).

68 Zweifelhaft ist, ob der § 393 III AO gegen die hier angenommene Verwertbarkeit von Erkenntnissen spricht. Immerhin stellt die neue Vorschrift darauf ab, ob es sich um Erkenntnisse handelt, die *„rechtmäßig im Rahmen strafrechtlicher Ermittlungen gewonnen"* wurden. Betrachtet man den Sinn der Regelung, spricht manches dafür, weiterhin solche Erkenntnisse steuerlich für verwertbar zu halten, die strafrechtlich wegen einer Verletzung des § 136 StPO unverwertbar sind (→ Rn. 119).

69 Ist die Mitwirkung des Beschuldigten durch **physische Einwirkung** erreicht worden (Misshandlung, Ermüdung, körperlicher Eingriff, Verabreichung von Mitteln, Quälerei, Hypnose), kommt auch im Besteuerungsverfahren eine Verwertung nicht in Betracht (HHS/*Söhn* AO § 88 Rn. 294).

III. Verwertbarkeit der Angaben des Steuerpflichtigen (§ 393 II AO)

Schrifttum: *Heuer,* Der Staat als Hehler?, FR 1963, 22; *Erdsieck,* Grenzen des Steuergeheimnisses, NJW 1963, 2311; *Höppner,* Zur verfassungsrechtlichen Gewährleistung des Steuergeheimnisses, DVBl. 1969, 723; *Kruse,* Um das Steuergeheimnis, StW 1968, 265; *Seltmann,* Das Steuergeheimnis, seine Grenzen und die Rechtfertigung seiner Durchbrechung aus öffentlichem Interesse, NJW 1968, 868; *Lohmeyer,* Die Wahrung des Steuergeheimnisses im Steuerstrafverfahren, SchlHA 1974, 32; *Wassermann,* Spezialisierung nutzt der Justiz, ZRP 1970, 5; *Zybon,* Kritik am Steuergeheimnis, ZRP 1971, 231; *Kurt Maaßen,* Steuerfahndung mit „Durchbrechung" des Steuergeheimnisses?, FR 1972, 383; *Wolfgang Maassen,* Strafrechtliche und verwaltungsrechtliche Aspekte bei § 22 AO, DStR 1973, 717; *Brenner,* Das Steuergeheimnis (§ 22 AO) gilt nicht im Steuerstrafverfahren, DRiZ 1973, 127; *Bäckermann,* Der Schutz des Steuergeheimnisses (§ 30 AO, § 355 StGB), ZfZ 1977, 134; *Brenner,* Zoll- und Steuerfahnder müssen Betrug, Konkursdelikte usw. der Staatsanwaltschaft mitteilen, DRiZ 1978, 52; *Felix,* Kollision zwischen Presse-Informationsrecht und Steuergeheimnis, NJW 1978, 2134; *Goll,* Steuergeheimnis und abgabenrechtliche Offenbarungsbefugnis, NJW 1979, 90; *Schomberg,* Das Steuergeheimnis im Steuerstrafverfahren, NJW 1979, 526; *Lohmeyer,* Die strafrechtlichen Folgen der Verletzung des Steuergeheimnisses, BlStA 1981, 126; *Ostendorf,* Die Informationsrechte der Strafverfolgungsbehörden gegenüber anderen staatlichen Behörden im Widerstreit mit deren strafrechtlichen Geheimhaltungspflichten, DRiZ 1981, 4; *Schuhmann,* Das Steuergeheimnis unter besonderer Berücksichtigung der Außenprüfung, StBp 1981, 1; *Schäfer,* Einige Bemerkungen zu dem Satz „nemo tenetur se ipsum accusare", FS Dünnebier, 1982, 11; *Pfaff,* Aktuelle Fragen aus dem Steuerstraf- und Ordnungswidrigkeitenrecht, StBp 1983, 114; *Benda,* Steuergeheimnis: Kann der Bürger noch darauf vertrauen?, DStR 1984, 351; *Rüping/Arloth,* Steuergeheimnis und Strafverfahren, DB 1984, 1795; *Hetzer,* Denunziantenschutz durch Steuergeheimnis?, NJW 1985, 2991; *Eilers,* Schutz des Steuergeheimnisses zugunsten von Informanten der Finanzverwaltung, DB 1986, 19; *Ehlers,* Die neue Problematik des Steuergeheimnisses, StBp 1986, 265; *Eilers,* Das Steuergeheimnis als Grenze des internationalen Auskunftsverkehrs, 1987; *Nieuwenhuis,* Strafanzeige und Steuergeheimnis, NJW 1989, 280; *Schuhmann,* Zum Begriff des Offenbarens iSd § 30 AO, DStZ 1989, 618; *Weyand,* Offenbarungsbefugnis nach § 30 Abs. 4 Nr. 4a AO als Offenbarungsverpflichtung?, DStZ 1990, 411; *Blesinger,* Das Steuergeheimnis im Strafverfahren, wistra 1991, 239, 294; *Bock,* Die Mitteilungspflicht der Gerichte nach § 116 AO, NJW 1992, 101; *Stark,* Spontanauskünfte durch die Finanzverwaltung, DB 1994, 1321; *Kohlmann,* Strafprozessuale Verwertungsverbote als Schranken für steuerliche und steuerstrafrechtliche Ermittlungen der Fahndungsbehörden, FS Tipke, 1995, 487; *Dörn,* Steuerstrafrechtliche und bußgeldrechtliche Aspekte in der Betriebsprüfung, DStZ 1996, 142; *Grezesch,* Steuererklärungspflichten im Strafverfahren, DStR 1997, 1273; *Jarke,* Das Verwertungsverbot des § 393 Abs. 2 S. 1 AO, wistra 1997, 325; *Joecks,* Abzugsverbot für Bestechungs- und Schmiergelder – Korruptionsbekämpfung durch Steuerrecht?, DStR 1997, 1025; *Maier,* Reichweite des Verwertungsverbotes nach § 393 Abs. 2 Satz 1 AO, wistra 1997, 53; *Spiegel,* Steuergeheimnis und nichtsteuerliche Straftat, wistra 1997, 321; *v. Briel,* Steuerrechtliche Erklärungspflichten und das nemo-tenetur-Prinzip, StraFo 1998, 336; *Joecks,* Urkundenfälschung „in Erfüllung steuerrechtlicher Pflichten" (§ 393 Abs. 2 Satz 1 AO)?, wistra 1998, 86; *Pütz,* Fahndungsermittlungen in den Bank-Verfahren nach dem Meistbegünstigungsprinzip?, wistra 1998, 54; *Spiegel,* Das Verwertungsverbot in der Rechtsprechung des Bayerischen Obersten Landesgerichts, StraFo 1998, 156; *Streck/Spatscheck,* Steuerliche Mitwirkungspflicht trotz Strafverfahrens?, wistra 1998, 334; *Bornheim,* Vom Wert des Schweigens, PStR 1999, 111; *Böse,* Das nemo-tenetur-Prinzip als Gebot zur Aussetzung des Zivilprozesses nach § 149 ZPO?, wistra 1999, 451; *Dörn,* Praxisfragen im Grenzbereich von Besteuerungs- und Steuerstrafverfahren, DStZ 1999, 245; *Krekeler,* Verwertungsverbot bei unterlassener oder verspäteter Belehrung durch Betriebsprüfer, PStR 1999, 230; *Marx,* Nemo tenetur se ipsum accusare? – Der Steuerpflichtige in der Klemme von Besteuerungs- und Strafverfahren, FS FAStR, 1999, 673; *Vogelberg,* Das Beweisverwertungsverbot des § 393 Abs. 2 AO, PStR 1999, 59; *Küster,* Steuergeheimnis und Allgemeindelikt, PStR 2000, 108; *Heerspink,* Zum Konflikt zwischen der steuerlichen Mitteilungspflicht des § 4 Abs. 5 Nr. 10 EStG und dem nemo-tenetur-Prinzip, wistra 2001, 441; *Krieg,* Das Beweisverwertungsverbot des § 393 Abs. 2 S. 1 AO 1977 bei Tateinheit gemäß § 52 StGB zwischen Allgemeindelikt und Steuerstraftat, 2001; *Joecks,* Der nemo-tenetur-Grundsatz und das Steuerstrafrecht, FS Kohlmann, 2003, 451; *Rogall,* Das Verwendungsverbot des § 393 II AO, FS Kohlmann, 2003, 465; *Talaska,* Mitwirkungspflichten des Steuerpflichtigen im Spannungsfeld von Besteuerungs- und Steuerstrafverfahren, 2006; *Wirtz,* Das Al Capone-Prinzip – Risiken und Chancen einer „Gewinnabschöpfung durch Besteuerung" nach dem Steuerverkürzungsbekämpfungsgesetz, 2006; *Wulf,* Steuererklärungspflicht und nemo tenetur, wistra 2006, 89; *Rolletschke,* Neuere Entwicklungen im Steuerstrafrecht, Stbg 2008, 407; *Höll,* Die Mitteilungspflichten bei Korruptionssachverhalten im Regelungsgefüge des Steuergeheimnisses, ZIS 2010, 309; *Wulf/Ruske,* Steine statt Brot – die Feststellung der Verfassungswidrigkeit von § 393 Abs. 2 Satz 2 AO ist aufgeschoben, Stbg 2010, 443; *Pflaum,* Voraussetzungen der Durchbrechung des Steuergeheimnisses zur Durchführung von Disziplinarverfahren, wistra 2011, 55; *Madauß,* Reichweite der Mitteilungspflicht des § 4 Abs. 5 S. Nr. 10 AO § 31 EStG und Korruptionsbekämpfung, NZWiSt 2013, 176; *Reichling,* Das Verwendungsverbot aus § 393 Abs. 2 S. 1 AO, HRRS 2014, 473; *Rütters,* Behördliche Mitteilungen nach § 31a AO und Freiheit vom Zwang zur Selbstbelastung, wistra 2014, 378.

Die Verwertbarkeit der Angaben des Stpfl ist nicht nur bei den von ihm begangenen **70** Steuerstraftaten (vgl. § 393 I 2 AO) ein Problem. Da der Beschuldigte wegen § 40 AO im Hinblick auf solche Tatsachen unbeschränkt auskunftspflichtig ist, die ihn wegen einer Nicht-Steuerstraftat belasten und die Mitteilung solcher Tatsachen auch erzwungen werden kann, stellt sich die Frage, inwiefern diese Tatsachen Grundlage eines Strafverfahrens wegen der Nicht-Steuerstraftat werden können. § 393 II 1 AO ordnet an, dass entsprechende Informationen des Beschuldigten im Grundsatz nicht verwertbar sind, es sei denn, sie beträfen besonders gravierende Straftaten oder wären nicht in Erfüllung steuerlicher Pflichten mitgeteilt worden. Ähnlich dem § 97 I InsO liegt dem ein Verwendungsverbot zu Grunde, mit dem auch dem Grundrecht auf informationelle Selbstbestimmung Rechnung getragen wird (*Rogall* FS Kohlmann, 2003, 478). Dabei wirft § 393 II AO mehrere Probleme auf. Da ist zum einen die Frage, was unter einem „Verwendungsverbot" (§ 393 II 1 AO) zu verstehen ist, zum anderen die nach einer Durchbrechung des Steuergeheimnisses, wenn die Voraussetzungen des § 30 IV Nr. 5 AO erfüllt sind (§ 393 II 2 AO).

1. Verwertbarkeit bei Nicht-Steuerstraftaten

a) Offenbarung in Erfüllung steuerlicher Pflichten

71 Nur was **der Stpfl** in Erfüllung seiner steuerlichen Pflichten offenbart hat, unterliegt dem Verwertungsverbot des § 393 II 1 AO. *In Erfüllung steuerlicher Pflichten* sind solche Angaben gemacht, die auf Aufforderung oder entsprechende Veranlassung durch die FinB dieser gegenüber gemacht wurden (Schwarz/Pahlke/*Klaproth* AO § 393 Rn. 48). Dabei meint § 393 II AO *erzwingbare steuerliche Pflichten* (BGH 5.5.2004, wistra 2004, 309). Es genügt, wenn der Stpfl Unterlagen zur Verfügung stellt oder auf andere Weise der FinB die Erkenntnisse ermöglicht, zB durch Benennung einer Auskunftsperson (HHS/*Tormöhlen* AO § 393 Rn. 133; Klein/*Jäger* AO § 393 Rn. 49). In der Regel ist davon auszugehen, dass *alle* in den Steuerakten enthaltene Angaben des Stpfl in Erfüllung dieser steuerlichen Pflichten gemacht worden sind. Allerdings will die Rechtsprechung die bloße Vorlage von gesetzlich vorgeschriebenen Unterlagen nicht ausreichen lassen. Gesetzliche Aufzeichnungs- und Vorlagepflichten beträfen den Kernbereich der grundgesetzlichen Selbstbelastungsfreiheit auch dann nicht, wenn die zu erstellenden oder vorzulegenden Unterlagen auch zur Ahndung von Straftaten oder Ordnungswidrigkeiten verwendet werden dürften. Vielmehr könnten solche anderweitigen Mitwirkungspflichten nach der Rechtsprechung des Bundesverfassungsgerichts namentlich zum Schutz von Gemeinwohlbelangen verfassungsrechtlich gerechtfertigt sein (BVerfG 27.4.2010, wistra 2010, 341, 344; BGH 16.4.2014, NJW 2014, 1975; krit. *Reichling* HRRS 2014, 473, 480; *Rudolph* StraFo 2017, 183, 186). Anträge auf bloße Steuererstattung oder -vergütung genügen nicht (HHS/*Tormöhlen* AO § 393 Rn. 139; Klein/*Jäger* AO § 393 Rn. 49; BayObLG 18.2.1998, wistra 1998, 197). Ob auch freiwillige zusätzliche Informationen, die steuerrechtlich nicht entscheidungserheblich sind, dem Schutzzweck des § 393 II AO unterfallen, ist zweifelhaft; überwiegend wird dies abgelehnt (vgl. HHS/*Tormöhlen* AO § 393 Rn. 139).

72 **Mitteilungen Dritter** unterfallen dem § 393 II AO im Grundsatz nicht. *Tormöhlen* kritisiert dies im Hinblick auf die Regelungslücken, die § 393 II AO nach seiner Auffassung aufweist (HHS/*Tormöhlen* AO § 393 Rn. 134). Tatsächlich gibt es diese Lücken nach der hier vertretenen Auffassung nicht: Wer auskunfts- oder mitwirkungspflichtig ist, hat zwar kein Mitwirkungsverweigerungsrecht nach den §§ 103, 104 AO, ist aber selbst Stpfl im Sinne des Abs. 1. Seine Mitwirkung kann nicht erzwungen werden, soweit er sich selbst einer (Beteiligung an) einer Steuerhinterziehung bezichtigen würde (→ Rn. 38). Will man der Wertung des § 55 StPO gerecht werden, sind seine Angaben auch in einem gegen ihn gerichteten Strafverfahren wegen eines Nichtsteuerdelikts nicht verwertbar. Insofern ist *Tormöhlen* (aaO) zuzustimmen.

73 Belastet der Dritte, der kein Zeugnisverweigerungsrecht hat oder auf dieses verzichtet, den Stpfl, sind seine Angaben verwertbar. Hat der Stpfl die Auskunftsperson benannt, kann § 393 II AO eingreifen (→ Rn. 71).

74 Eine **Urkundenfälschung in Erfüllung steuerlicher Pflichten** gibt es nicht. Wer bei dem Versuch, das Finanzamt über steuerlich erhebliche Tatsachen zu täuschen, von einer unechten Urkunde Gebrauch macht, wird im Hinblick auf die Urkundenfälschung (§ 267 I 3. Alt. StGB) nicht durch das Steuergeheimnis und § 393 II AO geschützt (BGH 11.9.2003, wistra 2003, 429; BGH 5.5.2004, wistra 2004, 309; *Jarke* wistra 1997, 325; *Maier* wistra 1997, 53; *Joecks* wistra 1998, 86; HHS/*Tormöhlen* AO § 393 Rn. 138, 160 ff., Klein/*Jäger* AO § 393 Rn. 49; *Rogall* FS Kohlmann, 2003, 491 f.; Schwarz/Pahlke/*Klaproth* AO § 393 Rn. 48a). Die gegenteilige Auffassung (*Spriegel* wistra 1997, 323; BayObLG 6.8.1996, wistra 1996, 353; v. 18.11.1997, wistra 1998, 117) hätte die absurde Konsequenz, dass eine Steuerhinterziehung unter Verwendung verfälschter Belege zwar einen besonders schweren Fall darstellt, die Urkundenfälschung selbst aber nur unter den Voraussetzungen

des § 393 II 2 iVm § 30 IV Nr. 5 AO verfolgt werden könnte (ebenso Klein/*Jäger* AO § 393 Rn. 49). § 393 II 1 AO schützt nur denjenigen, der bei wahrheitsgemäßer Erfüllung steuerlicher Pflichten sich einer Nichtsteuerstraftat bezichtigt, nicht jedoch denjenigen, der mittels einer unechten Urkunde die Finanzbehörde täuschen will. Im Übrigen ist das verbleibende Restrisiko einer Strafverfolgung wegen der begangenen Steuerhinterziehung von dem Betroffenen hinzunehmen (*Rogall* FS Kohlmann, 2003, 492 m. Fn. 190).

Auch **Angaben zu Betriebsausgaben** können „in Erfüllung steuerrechtlicher Pflichten" gemacht werden. Problematisch ist insbesondere der Fall, dass Betriebsausgaben geltend gemacht werden, deren Aufwendung Straftatbestände erfüllt, wie dies etwa bei Bestechungslöhnen der Fall ist. § 4 V 1 Nr. 10 S. 2 EStG statuiert für solche Konstellationen die Pflicht der Finanzbehörde, die Staatsanwaltschaft über einen Verdacht zu unterrichten. Ob eine solche Durchbrechung des Nemo-tenetur-Grundsatzes möglich ist, ist zweifelhaft. Dabei ist zu differenzieren. Führt das strafbare Vorverhalten des Steuerpflichtigen zu einem Abzugsverbot nach § 4 V 1 Nr. 10 EStG, erfüllt die für die Finanzbehörde nicht erkennbare Geltendmachung der Aufwendungen bereits den Tatbestand der Steuerhinterziehung, so dass die Durchbrechung des Steuergeheimnisses schon nach § 30 IV Nr. 1, II Nr. 1b AO möglich ist. Ist das strafbare Verhalten aber nicht geeignet, die Abzugsfähigkeit der Betriebsausgabe zu beseitigen, erfolgt deren Geltendmachung in Erfüllung steuerlicher Pflichten und unterliegt damit grundsätzlich dem Schutz des § 393 AO (aM GJW/*Bülte* AO § 393 Rn. 72). Eine andere Frage ist, ob man in diesen Fällen mit der Durchbrechung des Steuergeheimnisses nach § 393 II 2 AO großzügiger sein kann (→ Rn. 102). Vgl. auch *Heerspink* wistra 2001, 443; *Dörn* DStZ 2001, 736. **75**

Eine Selbstanzeige iSd § 371 AO kann in Erfüllung steuerlicher Pflichten erfolgen (zust. v. Briel/Ehlscheid/*v. Briel* § 4 Rn. 272; HHS/*Tormöhlen* AO § 393 Rn. 140; Klein/ *Jäger* AO § 393 Rn. 50; Kohlmann/*Hilgers-Klautzsch* AO § 393 Rn. 200, Schwarz/Pahlke/ *Klaproth* AO § 393 Rn. 50; unentschlossen Koch/Scholtz/*Scheurmann-Kettner* AO § 393 Rn. 22; abl. Flore/Tsambikakis/*Nikolaus* AO § 393 Rn. 91, Erbs/Kohlhaas/*Hadamitzky/ Senge* AO § 393 Rn. 8). Die Pflicht zur Abgabe einer wahrheitsgemäßen Steuererklärung wird durch die Nichtabgabe bzw. Abgabe einer falschen Erklärung nicht erfüllt. Hieran ändert es auch nichts, dass in diesen Fällen die Berichtigungspflicht nach § 153 AO nicht eingreift (vgl. auch HHS/*Tormöhlen* AO § 393 Rn. 140). Der Stpfl handelt namentlich aber auch dann *in Erfüllung steuerlicher Pflichten,* wenn er etwa – um zur Normtreue zurückzukehren – mit der korrekten Steuererklärung für das Jahr 2014 zugleich eine Korrektur iSd § 371 AO für strafrechtlich noch nicht verjährte Vorjahre vornimmt. § 393 II AO soll es dem Steuerpflichtigen ermöglichen, auch bemakelte Einkünfte anzugeben, ohne deswegen eine Strafverfolgung befürchten zu müssen. Auch ein Steuerstraftäter, der im Rahmen einer Selbstanzeige ein mit der Steuerhinterziehung gleichzeitig begangenes Allgemeindelikt aufdeckt, ist schutzwürdig, wenn es darum geht, ihm für die Zukunft die Rückkehr zu ehrlichem Verhalten zu ermöglichen. Erst die Möglichkeit, mit der Selbstanzeige für Altjahre sanktionslos zur Normtreue zurückzukehren, macht es vor dem Hintergrund des nemo-tenetur-Prinzips verfassungsrechtlich unbedenklich, dass man eine entsprechende Pflicht zur wahrheitsgemäßen Erklärung annimmt (vgl. BVerfG 21.4.1988, wistra 1988, 302; BGH 13.10.1992, wistra 1993, 65, 67). Nur ein Verwendungsverbot für die im Rahmen der Selbstanzeige mitgeteilten Tatsachen kann diesem Anliegen gerecht werden. Dies hat u. a. zur Konsequenz, dass eine im Rahmen der Selbstanzeige offenbarte Urkundenfälschung selbst dann nicht mitgeteilt werden könnte, wenn sie an sich dem § 30 IV Nr. 5 AO unterfiele. Etwas anderes gilt, wenn der Täter unmittelbar vor Beginn einer Umsatzsteuersonderprüfung einen Einzelsachverhalt korrigiert, weil dieser nicht in der von § 393 II AO zugrunde gelegten Zwangslage steckte (BGH 5.5.2004, wistra 2004, 309). **76**

Dabei stellt sich die Konfliktlage vor Beginn der Außenprüfung durch die Neuregelung der Sperrwirkung in § 371 II Nr. 1a AO (Sperre durch Bekanntgabe der Anordnung der Außenprüfung) in Facetten anders dar. Im Übrigen ist durch die Rechtsprechung des BGH zur Berichtigungspflicht nach § 153 I AO (BGH 17.3.2009, BGHSt 53, 210) auch **77** von dieser Seite aus anerkannt, dass die Selbstanzeige in Erfüllung steuerlicher Pflichten erfolgen kann. Wenn jemand, der bedingt vorsätzlich verkürzt hat, nach einem Erkennen (Wissen) verpflichtet ist, eine entsprechende Berichtigung vorzunehmen, ist dies nur in den Grenzen des § 393 AO möglich. An seinen Angaben hängt denn entweder ein Verwendungsverbot oder aber es kommt zu einer strafbefreienden Selbstanzeige, mit der er seine steuerliche Pflicht aus § 153 I AO erfüllt (vgl. BGHSt 53, 210 Rn. 27). Im Übrigen ergibt sich ein Verwendungsverbot schon von Verfassungs wegen aus dem Nemo-tenetur-Grundsatz: Das Gesetz darf den Betroffenen nicht einerseits bei Strafe verpflichten, eine entsprechende Berichtigung vorzunehmen und dann andererseits die gemachten Angaben zum Gegenstand eines Strafverfahrens machen.

78 **Ob Spontanäußerungen bei Durchsuchungen** in Erfüllung steuerlicher Pflichten erfolgen, ist eine Frage des Einzelfalls. Wer als Zeuge einer Durchsuchung nach § 103 StPO beiwohnt und in diesem Zusammenhang sachverhaltsklärende Angaben macht, kann in Erfüllung steuerlicher Pflichten handeln (vgl. auch BGH 5.5.2004, wistra 2004, 309). Wenn § 393 II AO es dem Steuerpflichtigen ermöglichen soll, auch bemakelte Einkünfte anzugeben, ohne deswegen eine Strafverfolgung befürchten zu müssen, ist entscheidend, ob erst die Selbstanzeige die Möglichkeit schafft, zur Steuerehrlichkeit zurückzukehren. Wenn jedoch der Täter einen angeblichen Steuererstattungsanspruch geltend gemacht und dazu gefälschte Urkunden vorlegt hat, erfolgt die Selbstanzeige als solche nicht in Erfüllung steuerlicher Pflichten. In einer Situation, in der der Steuerpflichtige aufgrund seiner vorherigen Steuerstraftat nicht mehr mit Zwangsmitteln zur Erfüllung seiner steuerrechtlichen Pflichten veranlasst werden kann (§ 393 I AO) und er als Beschuldigter in einem Strafverfahren keine Angaben machen müsste, bedarf er auch nicht des Schutzes des Beweisverwendungsverbots nach § 393 II AO.

79 § 393 gilt auch zugunsten des Beschuldigten in einem Disziplinarverfahren (BGH 10.8.2001 – RiSt [R] 1/00 unter II. 1a; Flore/Tsambikakis/*Nikolaus* AO § 393 Rn. 68; vgl. auch *Dörn* wistra 2002, 173; *Hardtke* AO-StB 2003, 98).

b) Vor oder in Unkenntnis der Einleitung des Steuerstrafverfahrens

80 **Unverwertbar** sind Angaben des Stpfl, die *vor Einleitung des Strafverfahrens* oder *in Unkenntnis der Einleitung des Strafverfahrens* gemacht wurden. Ob eine Angabe *vor* Einleitung des Steuerstrafverfahrens gemacht wurde, richtet sich zunächst nach § 397 AO. *In Unkenntnis der Einleitung* offenbart der Stpfl, solange ihm diese nicht positiv bekannt geworden ist, insbes. durch eine Mitteilung nach § 397 III AO (ähnl. HHS/*Tormöhlen* AO § 393 Rn. 144).

81 **Eine Tatsache oder ein Beweismittel sind offenbart,** wenn sie in den Geschäftsbereich der FinB kommen. Hat etwa der Stpfl den Brief vor Bekanntgabe der Einleitung abgesandt, ist dieser aber erst danach beim Finanzamt eingegangen, liegt eine Offenbarung *in Unkenntnis der Einleitung* des Steuerstrafverfahrens vor.

82 **Nimmt der Stpfl irrig an,** die strafrechtlich bedeutsame Tatsache für steuerliche Zwecke offenbaren zu müssen, genügt dies für § 393 II 1 AO nicht (ebenso HHS/*Tormöhlen* AO § 393 Rn. 141, aM Kohlmann/*Hilgers-Klautzsch* AO § 393 Rn. 193). Ist dieser Irrtum vom Finanzbeamten bewusst hervorgerufen oder ausgenutzt worden, kann jedoch ein Verstoß gegen § 136a StPO (→ Rn. 61) vorliegen (ähnl. HHS/*Tormöhlen* AO § 393 Rn. 122).

c) Kenntnis aus den Steuerakten

83 Nur soweit StA oder Gericht **aus den Steuerakten** Tatsachen oder Beweismittel erfahren, kommt ein Verwertungsverbot in Betracht. Nach hM sind Steuerakten iSd § 393 II AO nur die Akten der FinB über das Besteuerungsverfahren (einschließlich des Rechtsbehelfsverfahrens) und die Akten der Finanzgerichte (RKR/*Roth* AO § 393 Rn. 144 und Erbs/Kohlhaas/*Hadamitzky/Senge* AO § 393 Rn. 8; *Brenner* StBp 1975, 277). Ausgeschlossen sollen insbes. die Steuerstrafakten sein, die von der FinB in ihrer Eigen-

schaft als Verfolgungsbehörde zu führen sind (*Brenner* StBp 1975, 277). Angesichts des Zwecks des § 393 II AO erscheint ein solches Festhalten an dem Begriff der „Steuerakte" jedoch unangemessen. Sind etwa – ggf. verbotenerweise – Teile der Steuerakte als Ablichtung in die Steuerstrafakte gelangt, kann die Anwendbarkeit des § 393 II 1 AO schlecht davon abhängen, ob die StA aus der Steuerakte oder der Steuerstrafakte von dieser Nicht-Steuerstraftat erfährt (ebenso jetzt Kohlmann/*Hilgers-Klautzsch* AO § 393 Rn. 214). Entscheidend kann nur sein, dass es sich um Tatsachen handelt, die in der Steuerakte festgehalten worden sind und dass diese Perpetuierung in der Steuerakte die Kenntnis der StA praktisch „verursacht" hat (ähnl. HHS/*Tormöhlen* AO § 393 Rn. 156), die Steuerakte also „Quelle der Erkenntnis" war (Schwarz/Pahlke/*Klaproth* AO § 393 Rn. 55; iE wohl auch Klein/*Jäger* AO § 393 Rn. 53). Daher ist auch die Vernehmung eines Beamten über den Inhalt der Akte unzulässig (Schwarz/Pahlke/*Klaproth* AO § 393 Rn. 55; *Reichling* HRRS 2014, 473, 476).

Darüber hinaus wird man angesichts der Schutzrichtung des § 393 II AO und der **84** Problematik des Zwangs zur Selbstbelastung (→ Rn. 7 ff.) auch solche aus der Steuerakte herrührenden Tatsachen und Beweismittel dem Verwertungsverbot des § 393 II 1 AO zuordnen müssen, die der StA oder dem Gericht auf sonstige Weise unter Verletzung des Steuergeheimnisses von der FinB oder einem ihrer Amtsträger mitgeteilt werden (HHS/ *Tormöhlen* AO § 393 Rn. 155; Kühn/v.Wedelstädt/*Blesinger* AO § 393 Rn. 7; *Müller* DStR 1986, 702; *Rogall* FS Kohlmann, 2003, 488). *Rogall* (FS Kohlmann, 2003, 489) weist in diesem Zusammenhang zutreffend darauf hin, dass es sich hier nicht etwa um ein Regelungsdefizit handelt, dass im Wege einer erweiternden Auslegung zu schließen ist, sondern um die Konsequenz aus dem Umstand, dass hier Informationen in rechtswidriger Weise weitergegeben wurden. Es ist nicht denkbar, eine Verwertung rechtswidrig erlangter Informationen zuzulassen, wenn ihre Verwendung im Falle rechtmäßiger Erlangung unzulässig wäre. Insofern folgt das Verwertungsverbot dem Verwendungsverbot (*Rogall* FS Kohlmann, 2003, 489).

Dagegen sollen solche Tatsachen und Beweismittel verwendbar sein, die der StA oder **85** dem Gericht zwar aus den Steuerakten bekannt geworden sind, von denen sie aber auch auf anderem Wege Kenntnis erlangt hätten, wären sie ihnen nicht schon aus den Steuerakten bekannt gewesen (*Lohmeyer* DStZ 1972, 323; *Brenner* StBp 1975, 277). Bei der Anwendung des „Prinzips der Wiederholbarkeit" (→ Rn. 66) ist jedoch Vorsicht geboten. Richtig ist, dass Inhalte einer Steuerakte, die aus anderen Gründen schon Bestandteil der Strafakte sind, nicht einem Verwendungsverbot unterliegen. Ist aber erst die Existenz der Information in der Steuerakte Anlass, sich diese auf andere Weise zu beschaffen, die Steuerakte also konkret ursächlich für die Eröffnung der Möglichkeit anderweitiger Beschaffung war, wird man am Verwendungsverbot festhalten müssen (zust. HHS/*Tormöhlen* AO § 393 Rn. 152).

d) Folgen des § 393 II 1 AO

Für eine Straftat, die nicht Steuerstraftat ist, dürfen die vom Beschuldigten offen- **86** barten Tatsachen und Beweismittel nicht verwendet werden (*Rogall* FS Kohlmann, 2003, 478 ff). Das Gesetz knüpft damit an die Beschreibung der Mitwirkungspflichten in § 90 AO an. *Tatsachen* sind Geschehnisse der Außenwelt (*äußere* Tatsachen) und Vorgänge des Seelenlebens (*innere* Tatsachen), die in diesem Fall den Tatbestand eines Steuerrechtssatzes betreffen (HHS/*Söhn* AO § 90 Rn. 49). *Beweismittel* ist jedes Erkenntnismittel, das nach dem Grundsatz der Logik, nach allgemeiner Erfahrung oder wissenschaftlichen Erkenntnissen geeignet ist oder geeignet sein kann, das Vorliegen oder Nichtvorliegen von Tatsachen zu beweisen (HHS/*Söhn* AO § 90 Rn. 62). In Betracht kommen namentlich Urkunden (HHS/*Tormöhlen* AO § 393 Rn. 132; Kohlmann/*Hilgers-Klautzsch* AO § 393 Rn. 189).

Das Verwendungsverbot des § 393 II 1 AO bezieht sich nur auf Straftaten des Stpfl. **87** Wenn daraus geschlossen würde, die Verwertbarkeit im Verfahren gegen Dritte sei *unbe-*

schränkt zulässig, wäre dies so nicht richtig. Sofern es um Straftaten solcher Personen geht, hinsichtlich derer dem Stpfl ein Auskunfts- oder Zeugnisverweigerungsrecht zustehen würde (§§ 101 ff. AO, §§ 52 ff. StPO), kommt eine Verwertung der Angaben nicht in Betracht, wenn der Stpfl ihr widerspricht. Dies ergibt sich aus § 101 I AO, § 52 III StPO. Eine Zeugenaussage ohne den Hinweis auf das Recht zur Zeugnisverweigerung wäre unverwertbar (Meyer-Goßner/Schmitt/*Schmitt* StPO § 52 Rn. 32). Erst recht muss dies für quasi „erzwungene" Angaben gelten (ähnl. HHS/*Tormöhlen* AO § 393 Rn. 171).

88   **Keinem Verwendungs- bzw. Verwertungsverbot** unterliegen solche Teile der Steuerakte, die sich auf Tatsachen oder Beweismittel beziehen, die von Dritten (ohne Zutun des Stpfl; → Rn. 72) in das Besteuerungsverfahren eingeführt wurden. Hier greift der dem § 393 II 1 AO zugrunde liegende Gedanke der Selbstbelastung nicht ein (Schwarz/Pahlke/*Klaproth* AO § 393 Rn. 42a und Kühn/v. Wedelstädt/*Blesinger* AO § 393 Rn. 7).

89   Das Verwertungsverbot des § 393 II 1 AO ist **von Amts wegen** zu beachten (*Ranft* DStR 1969, 367; HHS/*Tormöhlen* AO § 393 Rn. 172, Schwarz/Pahlke/*Klaproth* AO § 393 Rn. 59). Im Revisionsverfahren ist eine Rüge in der Form des § 344 II StPO nötig (Erbs/Kohlhaas/*Hadamitzky*/*Senge* AO § 393 Rn. 11; *Rogall* FS Kohlmann, 2003, 497).

90   **Eine Fernwirkung des Verwertungsverbots** des § 393 II 1 AO wird überwiegend verneint (HHS/*Tormöhlen* AO § 393 Rn. 178, Erbs/Kohlhaas/*Hadamitzky*/*Senge* AO § 393 Rn. 9). Dahinter steht offenbar die Überlegung, man könne in diesem Fall nicht anders entscheiden als bei § 136a StPO (→ Rn. 61). Abgesehen davon, dass die Richtigkeit dieser „herrschenden Meinung" zu § 136a StPO bezweifelt werden kann, ist die Situation hier nicht vergleichbar (vgl. auch GJW/*Bülte* AO § 393 Rn. 83). Bei § 136a StPO geht es um die Folgen eines einzelnen Verstoßes gegen gesetzliche Regelungen. Mit § 393 II 1 AO wird demgegenüber durch das Gesetz der einzelne Bürger angehalten, im fiskalischen Interesse des Staates strafrechtlich relevante Tatsachen mitzuteilen. Hierzu kann er sogar durch den Einsatz von Zwangsmitteln gezwungen werden (vgl. auch BVerfG 15.4.1996, wistra 1996, 227). Verfassungsrechtlich ist dies allenfalls akzeptabel, wenn dabei sichergestellt wird, dass die wegen dieser Zwangssituation gemachten Angaben nicht Grundlage für eine strafgerichtliche Verfolgung werden. Das Verbot, ein *„Geständnis"* des Beschuldigten zu verwerten, nützt wenig, wenn es der StA freisteht, auf der Basis der vom Beschuldigten mitgeteilten Tatsachen eine Durchsuchung durchzuführen, bei der dann ggf. die inkriminierte Quittung gefunden wird. Richtig ist, dass das *„Denkvermögen der Verfolgungsbehörde ... vom Gesetz nicht blockiert, die Denkarbeit ihr nicht untersagt"* wird (HHS/*Hübner* RAO 1967 § 428 Rn. 36). Damit ist aber noch nicht gesagt, dass die StA hieraus Konsequenzen ziehen darf.

91   Im sog. **„Gemeinschuldnerbeschluss"** des BVerfG (BVerfG 13.1.1981, BVerfGE 56, 37, 51) heisst es: *„Das strafprozessuale Schweigerecht wäre illusorisch, wenn eine außerhalb des Strafverfahrens erzwungene Selbstbezichtigung gegen seinen Willen (des Beschuldigten) strafrechtlich gegen ihn verwendet werden dürfte. Der bloße Umstand, dass dem Gemeinschuldner im Interesse seiner Gläubiger eine uneingeschränkte Auskunftspflicht zuzumuten ist, rechtfertigt es nicht, dass er zugleich zu seiner Verurteilung beitragen muß und dass die staatlichen Strafverfolgungsbehörden weitergehende Möglichkeiten erlangen als in anderen Fällen der Strafverfolgung."*

92   **Der Beschuldigte soll mithin nicht schlechter gestellt werden,** weil er auch Stpfl ist. Dies würde er aber, wenn er einerseits gezwungen wäre, einen Bestechungslohn zu versteuern, andererseits die StA nunmehr ohne Schwierigkeiten auf Sachbeweise zurückgreifen könnte. Eine Fernwirkung ist daher jedenfalls insoweit anzunehmen, als die entsprechenden Beweise ohne die Angaben des Stpfl nicht gefunden worden wären. Die Schwierigkeiten, hier ggf. abzugrenzen, rechtfertigen die Ablehnung einer Fernwirkung nicht (so aber *Hildebrand* DStR 1982, 24, der zudem kriminalpolitisch unerträgliche Ergebnisse befürchtet). Zweifel müssen zu Lasten des Staates gehen (ähnl. *Streck* Nr. 912; Kohlmann/*Hilgers-Klautzsch* AO § 393 Rn. 234; s. auch KK-StPO/*Diemer* StPO § 136a Rn. 42; *Rogall* 1977, S. 174; *Beulke* ZStW 103 [1991], 669).

Insofern enthält die Vorschrift praktisch ein Ermittlungsverbot (Flore/Tsambikakis/*Nikolaus* AO § 393 Rn. 121).

2. Ausnahmen vom Verwertungsverbot (§ 393 II 2 AO)

a) Verfassungswidrigkeit des § 393 II 2 AO

Das Verwertungsverbot des § 393 II 2 AO soll nicht eingreifen, wenn an der Verfolgung der Straftat, die der Beschuldigte in Erfüllung steuerrechtlicher Pflichten offenbart hat, ein zwingendes öffentliches Interesse besteht. Das Gesetz knüpft dabei an die allgemeine Regelung über Durchbrechungen des Steuergeheimnisses in § 30 IV Nr. 5 AO an. **93**

Inwiefern diese Konstellation praktische Bedeutung hat, ist zweifelhaft. So meint *Jäger* (Klein/*Jäger* AO § 393 Rn. 58) in Anknüpfung an *Rüster* (wistra 1988, 51), dass der Fall, dass sich ein Stpfl in Erfüllung gesetzlicher Pflichten eines Deliktes der Schwerkriminalität bezichtigt, eher selten vorkommt. Dass solche Fälle nicht bekannt werden, mag zutreffen, spricht aber nicht gegen ihre Existenz (vgl. Kohlmann/Hilgers/*Klautzsch* § 393 AO Rn. 242). Es geht auch nicht um Steuererklärungen einer Killer-GbR oder Rauschgift-GmbH, sondern um Unternehmen, deren Gewinne durch kriminelle Vorgehensweisen – etwa Submissionsabsprachen und Bestechung – positiv beeinflusst wurden (vgl. → Rn. 109 ff.). Namentlich im Bereich der Exportindustrie geht der Gesetzgeber immer mehr dazu über, bestimmte Verhaltensweisen zu kriminalisieren (vgl. → § 370 Rn. 332 ff.). Vor dem Hintergrund der Regelung des § 4 V 1 Nr. 10 EStG hat sich auch bei der Außenprüfung eine gewisse Sensibilisierung ergeben. Zudem wird die Regelung in § 393 II 2 AO von weiteren Vorschriften überspielt, die eine unbedingte Unterrichtungspflicht etwa bei Schwarzarbeit (§ 31a AO) und Geldwäsche (§ 31b AO; vgl. OFD Frankfurt/Main DStR 2004, 506) vorsehen. Zu Mitteilungen im gewerberechtlichen Untersagungsverfahren siehe Flore/Tsambikakis/*Webel* AO § 393 Rn. 107 und BFHE 10.2.1987, BFHE 149, 387, 393. **94**

§ 30 AO Steuergeheimnis

(1) Amtsträger haben das Steuergeheimnis zu wahren.
(2) Ein Amtsträger verletzt das Steuergeheimnis, wenn er
1. personenbezogene Daten eines anderen, die ihm
    a) in einem Verwaltungsverfahren, einem Rechnungsprüfungsverfahren oder einem gerichtlichen Verfahren in Steuersachen,
    b) in einem Strafverfahren wegen einer Steuerstraftat oder einem Bußgeldverfahren wegen einer Steuerordnungswidrigkeit,
    c) im Rahmen einer Weiterverarbeitung nach § 29c Absatz 1 Satz 1 Nummer 4, 5 oder 6 oder aus anderem dienstlichen Anlass, insbesondere durch Mitteilung einer Finanzbehörde oder durch die gesetzlich vorgeschriebene Vorlage eines Steuerbescheids oder einer Bescheinigung über die bei der Besteuerung getroffenen Feststellungen,
    bekannt geworden sind, oder
2. ein fremdes Betriebs- oder Geschäftsgeheimnis, das ihm in einem der in Nummer 1 genannten Verfahren bekannt geworden ist,
(geschützte Daten) unbefugt offenbart oder verwertet oder
3. geschützte Daten im automatisierten Verfahren unbefugt abruft, wenn sie für eines der in Nummer 1 genannten Verfahren in einem automationsgestützten Dateisystem gespeichert sind.
(3) ...
(4) Die Offenbarung oder Verwertung geschützter Daten ist zulässig, soweit
1. sie der Durchführung eines Verfahrens im Sinne des Absatzes 2 Nr. 1 Buchstaben a und b dient,
1a. sie einer Verarbeitung durch Finanzbehörden nach Maßgabe des § 29c Absatz 1 Satz 1 Nummer 4 oder 6 dient,
1b. sie der Durchführung eines Bußgeldverfahrens nach Artikel 83 der Verordnung (EU) 2016/679 im Anwendungsbereich dieses Gesetzes dient,
2. sie durch Bundesgesetz ausdrücklich zugelassen ist,
2a. sie durch Recht der Europäischen Union vorgeschrieben oder zugelassen ist,

2b. sie der Erfüllung der gesetzlichen Aufgaben des Statistischen Bundesamtes oder für die Erfüllung von Bundesgesetzen durch die Statistischen Landesämter dient,

2c. sie der Gesetzesfolgenabschätzung dient und die Voraussetzungen für eine Weiterverarbeitung nach § 29c Absatz 1 Satz 1 Nummer 5 vorliegen,

3. die betroffene Person zustimmt,

4. sie der Durchführung eines Strafverfahrens wegen einer Tat dient, die keine Steuerstraftat ist, und die Kenntnisse

  a) in einem Verfahren wegen einer Steuerstraftat oder Steuerordnungswidrigkeit erlangt worden sind; dies gilt jedoch nicht für solche Tatsachen, die der Steuerpflichtige in Unkenntnis der Einleitung des Strafverfahrens oder des Bußgeldverfahrens offenbart hat oder die bereits vor Einleitung des Strafverfahrens oder des Bußgeldverfahrens im Besteuerungsverfahren bekannt geworden sind, oder

  b) ohne Bestehen einer steuerlichen Verpflichtung oder unter Verzicht auf ein Auskunftsverweigerungsrecht erlangt worden sind,

5. für sie ein zwingendes öffentliches Interesse besteht; ein zwingendes öffentliches Interesse ist namentlich gegeben, wenn

  a) die Offenbarung erforderlich ist zur Abwehr erheblicher Nachteile für das Gemeinwohl oder einer Gefahr für die öffentliche Sicherheit, die Verteidigung oder die nationale Sicherheit oder zur Verhütung oder Verfolgung von Verbrechen und vorsätzlichen schweren Vergehen gegen Leib und Leben oder gegen den Staat und seine Einrichtungen,

  b) Wirtschaftsstraftaten verfolgt werden oder verfolgt werden sollen, die nach ihrer Begehungsweise oder wegen des Umfangs des durch sie verursachten Schadens geeignet sind, die wirtschaftliche Ordnung erheblich zu stören oder das Vertrauen der Allgemeinheit auf die Redlichkeit des geschäftlichen Verkehrs oder auf die ordnungsgemäße Arbeit der Behörden und der öffentlichen Einrichtungen erheblich zu erschüttern, oder

  c) die Offenbarung erforderlich ist zur Richtigstellung in der Öffentlichkeit verbreiteter unwahrer Tatsachen, die geeignet sind, das Vertrauen in die Verwaltung erheblich zu erschüttern; die Entscheidung trifft die zuständige oberste Finanzbehörde im Einvernehmen mit dem Bundesministerium der Finanzen; vor der Richtigstellung soll der Steuerpflichtige gehört werden.

(5) Vorsätzlich falsche Angaben der betroffenen Person dürfen den Strafverfolgungsbehörden gegenüber offenbart werden.

(6)–(11) ...

95 § 30 AO enthält das Gegenstück zu den Offenbarungs- und Mitwirkungspflichten des Bürgers (Tipke/Kruse/*Drüen* AO § 393 Rn. 8 u. Schwarz/Pahlke/*Kordt* AO § 30 Rn. 6f.; *Benda* DStR 1984, 352). Der Staat, der von seinen Bürgern sogar die Offenbarung strafbarer oder gegen die guten Sitten verstoßender Handlungen verlangt (§ 40 AO), muss auch die Geheimhaltung des Offenbarten gewährleisten (BVerwG v. 29.4.1968, BStBl. 1969 II, 304). Das Steuergeheimnis als solches mag zwar keinen Verfassungsrang haben (BVerfG 17.7.1984, BVerfGE 66, 1; *Kruse* StW 1968, 266; *Höppner* DVBl. 1969, 723) und in Teilbereichen, etwa bei der Geheimhaltung eines Anzeigeerstatters (*Pfaff* StBp 1983, 117), auch allzu rigide gehandhabt werden (*Göhler* NJW 1974, 829 Fußn. 63; *Zybon* ZRP 1971, 231). Verfassungsrechtliche Dimensionen erlangt das Steuergeheimnis jedoch durch Art. 2 I iVm Art. 1 I, 14, 19 III GG (BVerfG 17.7.1984, BVerfGE 66, 1; s. auch BVerfG 15.12.1983, BVerfGE 65, 1, 43) und insbes. insoweit, als es um die Geheimhaltung von Tatsachen geht, die mitzuteilen der Stpfl *gezwungen* wurde (→ Rn. 8).

96 § 30 IV Nr. 5 AO erlaubt die Weitergabe der in einem Besteuerungsverfahren erlangten Kenntnisse, wenn dies ein zwingendes öffentliches Interesse gebietet. Dieses soll ua (*„namentlich"*) gegeben sein, wenn es um die Verfolgung schwerer Wirtschaftsstraftaten oder Verbrechen geht oder aber die Offenbarung zur Richtigstellung von Tatsachen erforderlich ist. § 393 II 2 AO ordnet mit seiner Verweisung auf den in seinem Anwendungsbereich unklaren (→ Rn. 105 ff.) § 30 IV Nr. 5 AO eine Durchbrechung des Verwertungsverbots des § 393 II 1 AO an: Es soll sogar die Verwertung solcher Tatsachen und Beweismittel im Strafverfahren möglich sein, die der Beschuldigte *„in Erfüllung steuerlicher Pflichten"*, ja sogar *unter Anwendung von Zwangsmitteln,* offenbart hat. Der BGH will dies sogar für einen unbenannten Fall des § 30 IV Nr. 5 AO im Rahmen eines Disziplinarverfahrens annehmen (BGH 10.8.2001 – RiSt (R) 1/00, insoweit in NJW 2002, 834 nicht mit abgedruckt).

Diese Anordnung der Verwertbarkeit der Auskünfte des Stpfl ist verfassungswidrig. Sie verstößt gegen den Grundsatz *„nemo tenetur se ipsum accusare"*, der verfassungsrechtlich abgesichert ist (glA HHS/*Tormöhlen* AO § 393 Rn. 180 ff.; *Reiß* NJW 1977, 1437; *Rogall* 1977, S. 173 sowie in ZRP 1975, 280; *Sidow* 1988 S. 155 ff.; *Dencker* 1977 S. 126; s. auch Erbs/Kohlhaas/*Hadamitzky/Senge* AO § 393 Rn. 10 u. *Schäfer* FS Dünnebier, 1982, 51; Koch/Scholtz/*Scheurmann-Kettner* § 393 Rn. 10, Kühn/v. Wedelstädt/*Blesinger* AO § 393 Rn. 9, die Zwangsmittel in diesem Zusammenhang für unzulässig halten, ebenso *Suhr* StBp 1978, 104; *Kretzschmar* StBp 1983, 242; *Wendeborn* 1989, 167 f.; *Reichling* HRRS 2014, 473, 478; zweifelnd RKR/*Roth* AO § 393 Rn. 157). Auch in der Rspr ist dieses Verbot des Zwanges zur Selbstbelastung anerkannt (BGH 14.6.1960, BGHSt 14, 364; BVerfG 13.1.1981, BVerfGE 56, 37; OLG Celle 16.2.1982, wistra 1982, 120; OLG Hamburg 7.5.1996, wistra 1996, 239; → Rn. 7 ff. sowie zur Rechtsprechung des EGMR *Frommel/Füger* StuW 1995, 58 ff.; aber BGH 10.8.2001, NJW 2002, 834; BGH 5.5.2004, wistra 2004, 391; BVerfG 17.7.1984, BStBl. II 1984, 634).

Es ist verfassungsrechtlich unzulässig, in einem Strafverfahren solche Tatsachen und Beweismittel zu verwerten, die der Beschuldigte unter Androhung oder Anwendung staatlichen Zwanges offenbart hat (vgl. auch BVerfG 21.4.1988, wistra 1988, 302). Damit ist es also ebenso untersagt, denjenigen der Staatsanwaltschaft gem. § 31b AO oder § 30 IV Nr. 5 AO mitzuteilen, der sich als Arbeitnehmer des Mafia-Bosses der Geldwäsche nach § 261 StGB schuldig gemacht hat, wie die Übermittlung der Einnahmen, die ein Betrüger im Rahmen der zutreffenden Steuererklärung angegeben hat. Der Staat kann nicht einerseits die Verletzung der Erklärungspflicht mit Strafe bedrohen und andererseits die erfüllte Pflicht zum Nachteil des Erklärenden nutzen.

Die **für die Verfassungsmäßigkeit** einer dem § 393 II 2 AO entsprechenden Regelung angeführten Argumente tragen demgegenüber nicht. Richtig ist, worauf *Barske* (DStZ 1958, 27) hinweist, dass das BVerfG einen die Selbstbegünstigung verbietenden Straftatbestand, die Verkehrsunfallflucht (§ 142 StGB), für verfassungsmäßig erklärt hat (BVerfG 29.5.1963, BVerfGE 16, 191). Wenn es dort heißt, der Staatsbürger werde *„nicht entwürdigt, wenn die Rechtsordnung von ihm verlangt, dass er für die Folgen seines menschlichen Versagens einsteht ..."*, dann ist damit lediglich ein Verbot für zulässig erklärt, sich durch Flucht zu entziehen (*Sidow* 1988 S. 158; s. auch *Denzlinger* ZRP 1982, 178) und neues Unrecht zu begehen (→ Rn. 46). Das *Verbot* der Aktivität ist jedoch mit einem *Gebot* der Aktivität nicht gleichzusetzen.

Dass hier **„ausnahmsweise"** ein Vorrang am Interesse an Strafverfolgung vor dem Schutz des Steuergeheimnisses angenommen wird (BT-Drs. V/1812, 32), könnte nur beachtlich sein, wenn das Verwendungsverbot des § 393 II 1 AO eine Wohltat des Gesetzgebers wäre (*Dencker* 1977 S. 126). Einer Anwendung des Verhältnismäßigkeitsgrundsatzes ist das verfassungsrechtlich abgesicherte Nemo-tenetur-Prinzip jedoch nicht zugänglich (ebenso HHS/*Tormöhlen* AO § 393 Rn. 182). *„Es ist auch sonst kein Grundsatz der StPO, dass die Wahrheit um jeden Preis erforscht werden müßte"* (BGH 14.6.1960, BGHSt 14, 364). Gerade deshalb verbietet § 136a StPO, die Freiheit der Willensentschließung und Willensbetätigung des Beschuldigten oder Zeugen durch bestimmte Maßnahmen zu beeinträchtigen. Auch das überstrapazierte (*Streck* Grundfragen S. 242; vgl. auch Kohlmann/*Hilgers-Klautzsch* AO § 393 Rn. 69; OLG Stuttgart 16.4.1986, wistra 1986, 191; OLG Hamburg 17.7.1985, JR 1986, 167 mAnm *Meyer* JR 1986, 170) Argument, der Steuersünder könne nicht bessergestellt sein als der ehrliche Steuerbürger, ist beim Problem des § 393 II 2 AO nur bedeutsam, wenn man aus dem Nemo-tenetur-Prinzip Folgerungen für § 393 I 2 AO zieht (→ Rn. 102). Im Übrigen ist es der Staat, der ausdrücklich die steuerliche Erheblichkeit auch kraft gesetzwidrigen Verhaltens erzielter Einkünfte anordnet und damit eine Konfliktsituation schafft (*Heuer* FR 1963, 22). Insofern hilft die Aussage, dass es *„ja noch schöner"* wäre, wenn *„derartige Leute auch noch*

Steuerfreiheit genössen" (*Kühn*, 4. Aufl. 1956, 2 zu § 5 StAnpG; zust. *Barske* DStZ 1958, 26), nicht weiter.

101 **Die Konsequenzen** dieser verfassungsrechtlichen Problematik sind zweifelhaft. Das nemo-tenetur-Prinzip verbietet nicht schon jemanden zum Eingeständnis von Straftaten zu zwingen (BVerfG 13.1.1981, BVerfGE 56, 37, 42); erst die Verwertung dieser Erkenntnis im Strafverfahren ist unzulässig. Dementsprechend wäre es möglich, eine allgemeine Offenbarungspflicht auch hinsichtlich einer dem § 30 IV Nr. 5 AO unterfallenden Tat anzuordnen, ja sogar, den § 393 I 2 AO zu streichen. Nötig ist nur immer die Unverwertbarkeit mitgeteilter Tatsachen. Dem Nemo-tenetur-Prinzip wird man entweder dadurch gerecht, dass man die Regelung in § 393 II 2 AO schlicht verwirft oder indem man das Verbot des Einsatzes von Zwangsmitteln des § 393 I 2 AO über die dort genannten Steuerstraftaten hinaus auch auf Taten iSd § 393 II 2 AO anwendet (ähnl. *Stürner* NJW 1981, 1761).

102 **Gegen eine solche Erweiterung** des § 393 I 2 spricht schon die Existenz des § 40 AO. Auch sonst neigt das Gesetz zu einer fiskalischen Interessen dienenden Lösung. Bedeutsam dürfte zudem sein, dass ein extensiv interpretierter § 393 I 2 AO dem Stpfl wenig Orientierung bietet (ähnl. HHS/*Tormöhlen* AO § 393 Rn. 182). Ob eine Steuerstraftat in Rede steht, lässt sich noch verhältnismäßig einfach feststellen. Wie soll jedoch der Steuerbürger anhand des § 30 IV Nr. 5 AO feststellen, ob die Verfolgung des von ihm begangenen vorsätzlichen Vergehens im öffentlichen Interesse liegt oder ob eine *schwere* Wirtschaftsstraftat vorliegt? Schon die FinB hat mit der Feststellung der Voraussetzungen des § 30 IV Nr. 5 AO ihre Probleme. All dies spricht dafür, die verfassungsrechtliche Problematik nicht durch eine extensive Interpretation des § 393 I 2 AO aufzulösen, sondern § 393 II 2 AO als verfassungswidrig anzusehen (ähnl. *Dencker* 1977 S. 126 Fn. 92; vgl. auch OLG Stuttgart 16.4.1986, wistra 1986, 191). Dabei bezieht sich dieses Verdikt freilich nur auf Fälle, in denen tatsächlich Zwangsmittel angedroht oder gar angewandt wurden oder die Offenbarung zur Vermeidung eines zB nach § 370 AO strafbaren (weiteren) Verhaltens nötig war. In den Fällen, in denen zB eine Spontanäußerung (→ Rn. 78) ohne den (künftigen) Strafbarkeitsdruck im Raum steht, mag man nach § 393 II 2 AO verfahren.

103 Wenn im Folgenden die Voraussetzungen erläutert werden, unter denen § 393 II 2 AO eine Weitergabe von Erkenntnissen an die Strafverfolgungsbehörden auch für den Fall gestattet, dass der Betreffende zur Offenbarung bei Strafe gezwungen war, dann deshalb, weil es sich bei dieser Regelung um nachkonstitutionelles Recht handelt, das von der FinB angewendet werden muss (vgl. HHS/*Tormöhlen* AO § 393 Rn. 182). Zudem setzt auch ein konkretes Normenkontrollverfahren nach Art. 100 GG voraus, dass die Entscheidung einer Rechtsfrage von der Wirksamkeit der betreffenden *Norm* abhängt; der vorlegende Richter muss also feststellen, dass an sich die Voraussetzungen des § 393 II 2 iVm § 30 IV Nr. 5 AO gegeben sind. Dies hatte das LG Göttingen (v. 11.12.2007, wistra 2008, 231) getan. Es ging um Straftaten namentlich nach §§ 263, 266a StGB. Die Kammer ging von einer Unvereinbarkeit des § 393 Abs. 2 Satz 2 AO mit dem Nemo-tenetur-Grundsatz aus (→ Rn. 112).

104 Leider hat sich die Hoffnung, dass das BVerfG zu einer Entscheidung über die Vereinbarkeit der Bestimmung mit dem Grundgesetz kommt, nicht erfüllt. Das BVerfG (v. 27.4.2010, wistra 2010, 341) hat die Richtervorlage für unzulässig gehalten. Allerdings verweist das BVerfG (→ Rn. 58) darauf, dass auch der EGMR bei der Frage, ob die Selbstbelastungsfreiheit in ihrem Wesensgehalt angetastet worden ist, maßgeblich darauf abstellt, welche Art und welchen Grad der angewendete Zwang hatte. Offenbar tendiert auch das BVerfG dazu, in Fällen, in denen Zwangsmittel nach § 393 I 2 AO suspendiert sind, § 393 II nicht anzuwenden (→ Rn. 71).

b) Voraussetzungen einer Verwertung

105 Allgemein setzt die **Weitergabe von Tatsachen oder Beweismitteln,** die der Beschuldigte iSd § 393 I AO offenbart hat, voraus, dass hierfür ein *zwingendes öffentliches*

Interesse besteht. Eine präzise Beschreibung dieses Begriffs ist nicht möglich. Das Gesetz erwähnt beispielhaft, jedoch nicht abschließend, drei große Gruppen: Verbrechen und vorsätzliche schwere Vergehen sowie mittlerweile die Abwehr erheblicher Nachteile für das Gemeinwohl und Gefahren für die öffentliche Sicherheit (Nr. 5a), gravierende Wirtschaftsstraftaten (Nr. 5b) und die Notwendigkeit einer Offenbarung zur Richtigstellung unwahrer Tatsachen (Nr. 5c).

aa) Verbrechen und vorsätzliche schwere Vergehen. Verbrechen sind nach § 12 I **106** StGB Straftaten, die im Mindestmaß mit einer Freiheitsstrafe von einem Jahr bedroht sind. Vergehen sind solche Straftaten, die eine solche Mindeststrafdrohung nicht kennen (§ 12 II StGB). Vorausgesetzt sind dabei *schwere* Vergehen gegen Leib und Leben oder gegen den Staat und seine Einrichtungen. Gegen Leib und Leben sind etwa die Tötung auf Verlangen und die Körperverletzung gerichtet. Dass es sich hierbei um vorsätzliche *schwere* Straftaten handelt, ohne dass zugleich ein Verbrechen iSd § 12 I StGB vorliegt, ist nicht sehr wahrscheinlich (aM anscheinend *Goll* NJW 1979, 94, der auch die gefährliche Körperverletzung nach § 224 [§ 223a aF] StGB einbeziehen will).

Gegen den Staat und seine Einrichtungen sind Vergehen insbesondere dann gerich- **107** tet, wenn sie in den ersten Abschnitten des Besonderen Teils des StGB geregelt sind. Nötig ist jeweils, dass der einschlägige Tatbestand staatliche Rechtsgüter schützt, so dass ein schwerer Betrug zu Lasten einer Gebietskörperschaft dem § 30 IV Nr. 5a AO nicht unterfällt (MüKoStGB/*Schmitz* StGB § 355 Rn 77; Schönke/Schröder/*Perron* StGB § 355 Rn. 28; *Goll* NJW 1979, 94; aM Schwarz/Pahlke/*Kordt* AO § 30 Rn. 48).

Angesichts des klaren Wortlauts von § 30 IV Nr. 5a AO ist es nicht möglich, den **108** Anwendungsbereich auf solche Delikte zu beschränken, die *nach § 138 StGB anzeigepflichtig sind* (*Goll* aaO; s. aber Tipke/Kruse/*Drüen* AO § 30 Rn. 123; vgl. auch *Berthold* 1993, 51). Die Schwierigkeiten, die Voraussetzungen des § 30 IV Nr. 5a AO präzise zu beschreiben, rechtfertigen noch nicht eine solche Beschränkung der Durchbrechung des Steuergeheimnisses (glA Schwarz/Pahlke/*Kordt* AO § 30 Rn. 48).

bb) Gravierende Wirtschaftsstraftaten (§ 30 IV Nr. 5b AO). Wirtschaftsstrafta- **109** **ten** sind solche Delikte, die unter Ausnutzung der Verhältnisse des Wirtschaftsverkehrs begangen wurden und sich gegen das Vermögen oder aber die gesamtwirtschaftliche Ordnung richten. Dabei ist der Begriff der Wirtschaftsstraftat ebenso wenig präzise wie der der Wirtschaftskriminalität (Tipke/Kruse/*Drüen* AO § 30 Rn. 124; s. etwa *Schuhmann* StBp 1981, 1). Einen Anhaltspunkt liefert § 74c GVG.

Der Finanzausschuss wollte jedoch nicht, dass *alle* diese Straftaten zu einer Offen- **110** barung berechtigen (BT-Drs. 7/4292, 6; HHS/*Alber* AO § 30 Rn. 194, Tipke/Kruse/ *Drüen* AO § 30 Rn. 124). Es gilt also, Kriterien zur Einschränkung des § 30 IV Nr. 5b AO zu finden.

Wirtschaftsstraftaten dürfen nur offenbart werden, wenn sie geeignet sind, die **111** wirtschaftliche Ordnung erheblich zu stören. Dies ist der Fall, wenn die Tat Auswirkungen auf das gesamtwirtschaftliche Zusammenspiel hat (Klein/*Rüsken* AO § 30 Rn. 185; Tipke/ Kruse/*Drüen* AO § 30 Rn. 127; HHS/*Tormöhlen* AO § 393 Rn. 191). In Betracht kommen nur Fälle großen Ausmaßes, etwa wenn ein erheblicher Schadensumfang bei einer Vielzahl von Geschädigten gegeben ist oder die Tat erhebliche Auswirkungen auf eine Mehrzahl von Anlegern oder Zulieferbetrieben hat (Gosch AO/FGO/*Tormöhlen* AO § 30 Rn. 143; *Drüen* aaO). Die bloße Subventionserschleichung stört die wirtschaftliche Ordnung noch nicht (ebenso *Drüen* aaO). Nach Ansicht des BGHZ (v. 12.2.1981, NJW 1982, 1648) sind die Voraussetzungen des § 30 IV Nr. 5b AO bei Korruption im Rahmen von Beschaffungen für die Bundeswehr erfüllt. Demgegenüber liegt bei einer Tat gem. § 82 I GmbHG ein Durchbrechungsgrund idR nicht vor (OLG Stuttgart 16.4.1986, wistra 1986, 191). Wenn demgegenüber die Finanzverwaltung in AEAO zu § 30 Tz. 11.12 die Auffassung vertritt, bei Erkenntnissen zu Insolvenzstraftaten sei stets eine Offenbarung nach

§ 30 IV Nr. 5 AO zulässig, widerspricht dies dem Wortlaut des Gesetzes und ist rechtswidrig (MüKoStGB/*Schmitz* StGB § 355 Rn 79).

112 Ein Problem des Vorlagebeschlusses des LG Göttingen (v. 11.12.2007, wistra 2007, 231; oben → Rn. 104) lag insofern schon darin, dass es um eine Vielzahl von Einzeltaten ging, da die entsprechenden Beitragsnachweisungen monatlich abgegeben wurden. Man hätte also die Bedeutung für das Wirtschaftsleben im Sinne des § 30 IV Nr. 5b AO auch dadurch verneinen können, dass man in verfassungskonformer Auslegung die entsprechenden Voraussetzungen einer Durchbrechung des Steuergeheimnisses verneint hätte.

113 **Das Vertrauen der Allgemeinheit auf die Redlichkeit des geschäftlichen Verkehrs** oder auf die ordnungsgemäße Arbeit der Behörden und der öffentlichen Einrichtungen kann erschüttert werden, wenn das Bekanntwerden der Tat die Allgemeinheit im geschäftlichen Verkehr verunsichern wird, nachdem sie bis zu dieser Tat ein entsprechendes Vertrauen gehabt hat (*Ehlers* BB 1977, 1366; Schwarz/Pahlke/*Kordt* AO § 30 Rn. 49).

114 **Der Umfang des durch die Wirtschaftsstraftat verursachten Schadens** ist nach den üblichen Kriterien zu ermitteln. Zu Recht weist *Drüen* (Tipke/Kruse/*Drüen* AO § 30 Rn. 130) darauf hin, dass es immer nur um die Schäden gehen kann, die durch eine konkrete Person, deren Verhältnisse *hier* offenbart werden sollen, verursacht wurden. Jedenfalls *nicht* angängig ist es, pauschal bei einem Betrag von 50.000 EUR eine Durchbrechung des Steuergeheimnisses zuzulassen. Näher liegt es, einen siebenstelligen Betrag vorauszusetzen.

c) Richtigstellung in der Öffentlichkeit (§ 30 IV Nr. 5c AO)

115 Erfasst werden allein solche Fälle, bei denen eine Unterrichtung der Öffentlichkeit unumgänglich ist (Schwarz/Pahlke/*Kordt* AO § 30 Rn. 50). Eine Offenbarung ist nur zulässig, wenn sie geeignet ist, das Vertrauen in die Verwaltung wiederherzustellen und wenn sie zugleich das mildeste Mittel darstellt, das hierfür zur Verfügung steht. Wie sich aus der Entscheidungsbefugnis der obersten FinB ergibt, handelt es sich bei der Verwaltung iSd § 30 IV Nr. 5c AO nur um die *Finanz*verwaltung (ebenso Tipke/Kruse/*Drüen* AO § 30 Rn. 132, Schwarz/Pahlke/*Kordt* AO § 30 Rn. 50). Diese Variante der Durchbrechung des Steuergeheimnisses hat im Hinblick auf § 393 II 2 AO auch dann keine Bedeutung, wenn man die Norm für verfassungsmäßig hält, da hier der Bezug zur *Strafverfolgung* fehlt.

d) Sonstige Fälle des zwingenden öffentlichen Interesses

116 Die Möglichkeit *sonstiger Fälle* zwingenden öffentlichen Interesses bleibt durch die Formulierung des § 30 IV Nr. 5 AO unberührt, da die in Buchst. a bis c geregelten Fälle nur Beispiele (*„namentlich"*) geben. Denkbar bleibt eine Durchbrechung des Steuergeheimnisses in anderen Fällen, bei denen die Interessenlage der ausdrücklich gesetzlich geregelten Lage entspricht. Diskutiert werden hier etwa die Möglichkeit der Untersagung einer Gewerbeausübung (BVerwG 2.2.1982, DVBl 1982, 697; → § 370 Rn. 671 ff.) oder der Rücknahme einer Gaststättenkonzession (Schwarz/Pahlke/*Kordt* AO § 30 Rn. 54). Ein zwingendes öffentliches Interesse soll auch daran bestehen, dass nicht genehmigte Nebentätigkeiten von Beamten dem Dienstherrn oder besonders grobe Berufspflichtverletzungen der zuständigen Berufskammer mitgeteilt werden, zB bei Steuerberatern (s. § 10 StBerG). Nach OLG Hamm (Urt. v. 14.7.1980, DStZ 1980, 475, mit abl. Anm. *v. Wallis*) soll auch an der Offenlegung von Steuermanipulationen großen Umfangs zur Finanzierung politischer Parteien ein zwingendes öffentliches Interesse bestehen (abl. Schwarz/Pahlke/*Kordt* aaO; s. auch *Felix* NJW 1978, 2134; *Schomberg* NJW 1979, 526).

117 Abgesehen von der Fragwürdigkeit einer solchen Durchbrechung des Steuergeheimnisses handelt es sich hier um Konstellationen, auf die § 393 II 2 AO nicht abzielt; denn es geht auch hier nicht *per se* um die Verfolgung von *Straftaten*. Zum Disziplinarverfahren → Rn. 79 sowie → § 371 Rn. 388 ff.

IV. Verwertung strafprozessualer Erkenntnisse im Besteuerungsverfahren (Abs. 3)

Schrifttum: *Buse/Bohnert*, Steuerstrafrechtliche Änderungen zur Bekämpfung des Umsatz- und Verbrauchssteuerbetrugs, NJW 2008, 618; *Merker*, Überblick über das Jahressteuergesetz 2008, StStud 2008, 60; 2007, 896; *von Wedelstädt*, Die Änderungen der Abgabenordnung durch das Jahressteuergesetz 2008, DB 2007, 2558; *Wulf*, Telefonüberwachung und Geldwäsche im Steuerstrafrecht, wistra 2008, 321; *Geuenich*, Gleichlauf von strafrechtlicher und steuerlicher Datenverwendung, BB 2013, 3048; *Roth*, § 393 Abs. 3 Satz 2 AO: Nutzung strafrechtlicher TKÜ-Daten im Besteuerungsverfahren, DStZ 2014, 880; *Meyer-Mews*, Die Verwendung im Strafverfahren erlangter Erkenntnisse aus der Telekommunikationsüberwachung im Besteuerungsverfahren, DStR 2015, 204; *Rudolph*, Nemo tenetur und die Verwertbarkeit von Geschäftsunterlagen, StraFo 2017, 183.

Absatz 3 wurde mit dem JStG 2008 (v. 20.12.2007, BGBl. I 3150) neu eingefügt. Die Regelung war bereits im Regierungsentwurf enthalten (BT-Drs. v. 26.7.2007, 40). Nach der Begründung des Regierungsentwurfs soll Satz 1 klarstellen, dass Erkenntnisse, die die Finanzbehörde oder die Staatsanwaltschaft im Rahmen strafrechtlicher Ermittlungen gewonnen hat, von der Finanzbehörde auch im Besteuerungsverfahren verwendet werden dürfen. Satz 2 soll in Verbindung mit § 413 AO (Einschränkung von Grundrechten) bestimmen, dass dieser Grundsatz nach Satz 1 auch dann gilt, wenn die Erkenntnisse dem Brief-, Post- oder Fernmeldegeheimnisses des Art. 10 GG unterliegen.

Satz 1 stellt letztlich nur klar, was bislang schon legale Praxis war: Die Erkenntnisse rechtmäßig erlangter Erkenntnisse aus strafrechtlichen Ermittlungen dürfen in das Besteuerungsverfahren einfließen (RKR/*Roth* AO § 393 Rn. 178 u. Schwarz/Pahlke/*Klaproth* AO § 393 Rn. 64). Ob damit zugleich gesagt ist, dass Erkenntnisse, die strafprozessual unverwertbar sind, definitiv nicht im Besteuerungsverfahren Verwendung finden dürfen, ist zweifelhaft (dafür etwa HHS/*Hellmann* AO § 393 Rn. 115 ff.; vgl. auch *Meyer-Mews* DStR 2015, 204; Kohlmann/Hilgers/*Klautzsch* AO § 393 Rn. 265). Immerhin sind Konstellationen denkbar, in denen aus guten Gründen ein strafprozessuales Verwertungsverbot greift, andererseits aber aus steuerlicher Sicht keine Schutzbedürftigkeit besteht. Wird etwa der Steuerpflichtige nicht über sein Recht, die Mitwirkung in bestimmten Fällen zu verweigern, belehrt, mag dieser Verstoß gegen § 136 I 2 StPO zur Unverwertbarkeit seiner Angaben im Strafverfahren führen; eigentlich besteht aber kein Anlass, auch steuerlich auf die Verwertung der Angaben zu verzichten (zust. Klein/*Jäger* AO § 393 Rn. 62). Ob dies auf für Fälle gilt, in denen der verfassungsrechtlich geschützten Bereich des StPfl verletzt wurde (zB bei einem Verstoß gegen § 136a StPO), ist hingegen zweifelhaft (offengelassen BFH 3.4.2007, BFH/NV 2007 1273; bejaht für schwerwiegenden, willkürlichen oder bewusst rechtswidrigen Durchsuchungsbeschluss BFH 4.12.2012 – VIII R 5/10, BStBl. II 2014, 220).

Die Regelung in Satz 2 diente letztlich der „Nachbesserung" einer Entscheidung des BFH (ebenso RKR/*Roth* AO § 393 Rn. 184). Dieser hatte mit Beschluss vom 26.2.2001 (BFHE 194, 40 = BStBl. II 2001, 464 = wistra 2002, 31) entschieden, dass Aufzeichnungen, die unmittelbar aus einer Telefonüberwachung in einem Strafverfahren resultierten, im Besteuerungsverfahren einem Verwertungsverbot unterlägen. Grund für diese Entscheidung war, dass die AO selbst weder eine Befugnisnorm für eine Beschränkung des Fernmeldegeheimnisses noch eine Vorschrift enthielt, die die Verwertung von Aufzeichnungen zuließ, die auf der Grundlage des § 100a StPO gewonnen wurden. Mit Satz 2 wird klargestellt, dass dies (für alle noch offenen Fälle) anders sein soll.

Nach dem Bericht des Finanzausschusses (BT-Drs. 16/7036, 35) soll Satz 2 auch klarstellen, dass solche Erkenntnisse von den Finanzbehörden nicht nur in den Fällen verwendet werden dürfen, in denen nach den Vorschriften der StPO Auskunft erteilt werden darf, sondern auch in solchen, in denen die Finanzbehörden dieser Erkenntnisse selbst rechtmäßig im Rahmen ihrer strafrechtlichen Ermittlungen gewonnen haben. Ferner wurde wegen der Einheitlichkeit der Begriff Finanzbehörde statt der im Regierungsentwurf enthaltenen „Steuerbehörde" verwendet.

122 Mit der Ergänzung des Satzes 2 wurde klargestellt, dass insbes. auch eigene Erkenntnisse einer Finanzbehörde aus einer Überwachung der Telekommunikation usw. Eingang in das Besteuerungsverfahren finden können. Andererseits dürfen aus einer im Rahmen strafrechtlicher Ermittlungen angeordneten Telefonüberwachung gewonnene Erkenntnisse, die sich auf einen nicht in § 100a StPO aufgeführten Straftatbestand beziehen, von den Finanzbehörden im Besteuerungsverfahren nicht verwendet werden (BFHE 24.4.2013, BFHE 242, 289; vgl. *Rolletschke* ZWH 2014, 127). Dies kann auch dazu führen, dass rechtswidrig erlangte, aber strafrechtlich verwertbare Erkenntnisse aus einer TKÜ steuerlich nicht verwendet werden dürfen (Kohlmann/*Hilgers-Klautzsch* AO § 393 Rn. 272; vgl. auch → Rn. 119).

123 Inwiefern die Finanzbehörde Informationen von der Strafjustiz erhält, richtet sich nach § 406e und §§ 474 ff. StPO. § 406e StPO sieht ein Akteneinsichtsrecht für den „Verletzten" vor. Allerdings würde es nach dem Wortlaut der Vorschrift dann der Einschaltung eines Rechtsanwaltes bedürfen.

124 Nach § 474 StPO können Gerichte, Staatsanwaltschaften und andere Justizbehörden Akteneinsicht erhalten, wenn dies für Zwecke der Rechtspflege erforderlich ist. Da es um Steuerfestsetzung geht, greift § 474 I StPO nicht ein (vgl. Flore/Tsambikakis/*Webel* AO § 393 Rn. 134, RKR/*Roth* AO § 393 Rn. 194). Nach § 474 II Nr. 2 StPO ist aber die Erteilung von Auskünften an öffentliche Stellen auch zulässig, soweit „diesen Stellen in sonstigen Fällen aufgrund einer besonderen Vorschrift von Amts wegen personenbezogener Informationen aus Strafverfahren ermittelt werden dürfen oder soweit nach einer Ermittlung von Amts wegen die Übermittlung weiterer personenbezogener Informationen zur Aufgabenerfüllung erforderlich ist". Nach § 475 I StPO kann ein Rechtsanwalt Auskünfte aus Akten erhalten, „soweit er hierfür ein berechtigtes Interesse darlegt". Damit scheint es gar keine Vorschrift zu geben, die die Übermittlung an die Finanzbehörde für Zwecke des Besteuerungsverfahrens rechtfertigen könnte.

125 Aus den Motiven ergibt sich nicht, welche Rechtsgrundlagen dem Gesetzgeber vor Augen gestanden haben. Dort wird lediglich das Auskunftsrecht des Verletzten angesprochen (BT-Drs. 16/6290, 82). In der Stellungnahme des Bundesrates (BT-Drs. 16/6739) wird angeregt, in die Gesetzesbegründung zu § 393 III 1 AO zusätzlich einen Hinweis auf die Mitteilungspflicht nach § 116 AO in der Neufassung aufzunehmen (S. 26). In der Gegenäußerung der Bundesregierung (BT-Drs. 16/6739, 35) stimmt die Bundesregierung dem Vorschlag zu. Aus dem Bericht des Finanzausschusses vom 8.11.2007 (BT-Drs. 16/7036, 35) ergibt sich auch nichts Erhellendes. Insofern mag die Neuregelung rechtlich ins Leere laufen.

126 Allerdings haben *Webel* (Flore/Tsambikakis/*Webel* aaO) und *Roth* (RKR/*Roth* AO § 393 Rn. 195) zu Recht darauf hingewiesen, dass der Gesetzgeber davon ausging, dass dem Fiskus als Verletztem im Sinne der strafprozessualen Vorschrift ein Auskunftsrecht zustehe (vgl. BT-Drs. 16/6290, 82). Anders will *Bülte* (GJW/*Bülte* AO § 393 Rn. 113) davon ausgehen, dass die §§ 474 ff. StPO als abschließende Sonderregelungen einer Anwendung des § 406e StPO entgegenstünden. Demgegenüber hat der BFH (BFH 24.4.2013, BFHE 242, 289) allein auf die §§ 474, 477 II 2 StPO abgestellt. § 406e StPO wurde vollständig unerwähnt gelassen (RKR/*Roth* AO § 393 Rn. 197). Letztlich ist der Gesetzgeber aufgerufen, für eine entsprechende Klarstellung zu sorgen (RKR/*Roth* AO § 393 Rn. 197).

§ 394 Übergang des Eigentums

¹Hat ein Unbekannter, der bei einer Steuerstraftat auf frischer Tat betroffen wurde, aber entkommen ist, Sachen zurückgelassen und sind diese Sachen beschlagnahmt oder sonst sichergestellt worden, weil sie eingezogen werden können, so gehen sie nach Ablauf eines Jahres in das Eigentum des Staates über, wenn der Eigentümer der Sachen unbekannt ist und die Finanzbehörde durch eine öffentliche Bekanntmachung auf den drohenden Verlust des Eigentums hingewiesen hat. ²§ 10 Abs. 2 Satz 1 des Verwaltungszustellungsgesetzes ist mit der Maßgabe anzuwenden, dass anstelle einer Benachrichtigung der Hinweis nach Satz 1 bekannt gemacht oder veröffentlicht wird. ³Die Frist beginnt mit dem Aushang der Bekanntmachung.

Schrifttum: *Hübner*, Reform des Steuerstrafrechts, Neuerungen – Atavismen, JR 1977, 68; *Hellmann*, Das Neben-Strafverfahrensrecht der Abgabenordnung, Habil. Osnabrück 1995; *ders.*, Zum Verfahren bei der Einziehung von zurückgelassenem Schmuggelgut, ZfZ 2000, 2; *Thode*, Die außergerichtliche Einziehung von Gegenständen im Strafprozess, NStZ 2000, 62.

1. Entstehungsgeschichte

§ 394 AO 1977 entspricht dem § 430 RAO. Im EAO 1974 war noch der Wortlaut des 1 § 430 RAO 1967 vorgesehen (BT-Drs. VI/1982, § 379 EAO). Geändert wurde dann die Überschrift („*Übergang des Eigentums*" statt „*Verfall*"); weiterhin wurde jeweils der Begriff „*Verfall*" in „*Übergang*" bzw. „*Verlust des Eigentums*" geändert (BT-Drs. 7/4292, 47).

§ 430 RAO wurde durch Art. 1 Nr. 1 AOStrafÄndG v. 10.8.1967 (BGBl. I 877) eingefügt. Inhaltlich entsprechende Vorgänger waren § 434 RAO 1931 und § 399 RAO 1919; ausf. zur Entstehungsgeschichte HHS/*Tormöhlen* AO § 394 Rn. 1 ff., Hüls/Reichling/ Schork/*Kauffmann* AO § 394 Rn. 1 f.

2. Zweck und Bedeutung der Vorschrift

§ 394 AO soll im Wege der „außergerichtlichen Einziehung" (Hüls/Reichling/ 2 Schork/*Kauffmann* AO § 394 Rn. 5) **der Vereinfachung dienen.** Während eine Einziehung (iSv §§ 74 ff. StGB idF des G zur Reform der strafrechtlichen Vermögensabschöpfung v. 13.4.2017, BGBl. I 872; zu den Einzelheiten s. die Verweise in → Rn. 7 aE) im Regelfall als Nebenstrafe (hM) bzw. -folge (str.) angeordnet oder aber im selbständigen Verfahren nach § 401 AO iVm § 435 StPO durchgeführt wird, will § 394 AO einen entschädigungslosen Übergang des Eigentums (vgl. § 75 StGB) an Sachen (dh körperliche Gegenstände iSv § 90 BGB) auf die jeweils steuerberechtigte Körperschaft (idR den Bund) kraft Gesetzes, also ohne Beteiligung des Gerichts, zum Zwecke der Verwertung (dazu iE RKR/*Roth* AO § 394 Rn. 15) ermöglichen. Die **praktische Bedeutung** der Vorschrift ist **sehr gering** (allgM, vgl. BeckOK AO/*Schaefer* AO § 394 Rn. 1; Klein/*Jäger* AO § 394 Rn. 1; Leitner/Rosenau/*Sprenger* AO § 394 Rn. 1; MüKoStPO/*Pflaum* AO § 394 Rn. 2; Flore/Tsambikakis/*Wessing* AO § 394 Rn. 2; Gosch AO/FGO/*Seipl* AO § 394 Rn. 2; HHS/*Tormöhlen* AO § 394 Rn. 15; Hüls/Reichling/Schork/*Kauffmann* AO § 394 Rn. 6; RKR/*Roth* AO § 394 Rn. 3; erg. zu den Nachteilen des Verfahrens Hellmann ZfZ 2000, 2 ff.). Grund hierfür ist neben der speziellen Auffindesituation (→ Rn. 5 ff.; die §§ 215, 216 AO dürften insofern signifikant häufiger einschlägig sein), dass die Ersitzungsfrist mit einem Jahr zu lang bemessen ist (dito RKR/*Roth* AO § 394 Rn. 3: „*Hauptanwendungshindernis*"); de lege ferenda sollte daher in Erwägung gezogen werden, die Jahresfrist zu verkürzen.

3. Verfassungsmäßigkeit der Vorschrift

3 § 394 AO enthält, wie sich aus dem Wortlaut ergibt, eine Sonderregelung für die Einziehung iSd §§ 74 ff. StGB nF. Da die Einziehung (idS) nach wie vor als (Neben-)Strafe zu qualifizieren ist (grundlegend BGH 26.4.1983, wistra 1983, 188), stellt sich die Frage, ob die Regelung des § 394 AO nicht gegen den Grundsatz verstößt, dass (Kriminal-) Strafen nur durch den Richter verhängt werden dürfen (BVerfG 6.6.1967, BVerfGE 22, 49) und daher verfassungswidrig ist (so Erbs/Kohlhaas/*Hadamitzky/Senge* AO § 394 Rn. 1; *Hellmann* ZfZ 2000, 2, 4; *Hübner* JR 1977, 62; HHS/*Tormöhlen* AO § 394 Rn. 5). Dies ist jedoch nicht der Fall. Es fehlt der *„Einziehung"* nach § 394 AO das die Strafe kennzeichnende personale Unwerturteil, auf das auch das BVerfG in seinem Urteil zum Unterwerfungsverfahren (BVerfG 6.6.1967, BVerfGE 22, 79) entscheidend abgestellt hat (so zu Recht GJW/*Weyand* AO § 394 Rn. 2; Kohlmann/*Hilgers-Klautzsch* AO § 394 Rn. 5 ff., RKR/*Roth* AO § 394 Rn. 4; iErg zust. Leitner/Rosenau/*Sprenger* AO § 394 Rn. 2; Flore/Tsambikakis/*Wessing* AO § 394 Rn. 3, Gosch AO/FGO/*Seipl* AO § 394 Rn. 5; Hüls/Reichling/*Schork/Kauffmann* AO § 394 Rn. 4; differenzierend MüKoStPO/ *Pflaum* AO § 394 Rn. 3, 7; offengelassen bei BeckOK AO/*Schaefer* AO § 394 Rn. 2 und Klein/*Jäger* AO § 394 Rn. 2).

4 Auch andere verfassungsrechtliche Bedenken bestehen nicht. § 394 AO setzt nicht weniger als die Einziehung sonst voraus. Auch die FinB (bei der Entschließung zur Initiierung der Rechtsfolgen des S. 1 durch öffentliche Bekanntmachung) hat den Verhältnismäßigkeitsgrundsatz zu beachten, so dass die Position des Betroffenen nicht entscheidend verschlechtert wird (so zu Recht Kohlmann/*Hilgers-Klautzsch* AO § 394 Rn. 7; ähnl. Schwarz/Pahlke/*Klaproth* AO § 394 Rn. 3a; aM *Hellmann* 1995, 73).

4. Sachliche Voraussetzungen des Eigentumsübergangs

5 **Auf frischer Tat betroffen** (vgl. § 127 I 1 StPO) ist, wer während oder unmittelbar nach dem Versuch oder der vollendeten Tat bemerkt wird, dh aufgrund dessen der entsprechenden Tatbegehung iSv § 152 II StPO (anfangs-)verdächtig ist (GJW/*Weyand* AO § 394 Rn. 3; MüKoStPO/*Pflaum* AO § 394 Rn. 4; Koch/Scholtz/*Scheurmann-Kettner* AO § 394 Rn. 3; aA Gosch AO/FGO/*Seipl* AO § 394 Rn. 6 [Tatbegehung muss objektiv feststehen]; HHS/*Tormöhlen* AO § 394 Rn. 17 [persönliche Überzeugung des anordnenden Beamten]). Die Ausführung muss einem Beobachter als rechtswidrige (Straf-)Tat oder als strafbarer Versuch einer solchen erkennbar sein (Erbs/Kohlhaas/*Hadamitzky/Senge* AO § 394 Rn. 2; Leitner/Rosenau/*Sprenger* AO § 394 Rn. 4). Nötig ist auch der Verdacht, dass der Täter vorsätzlich gehandelt hat (ebenso Klein/*Jäger* AO § 394 Rn. 5; HHS/ *Hellmann* AO § 394 Rn. 17; Kohlmann/*Hilgers-Klautzsch* AO § 394 Rn. 16; RKR/*Roth* AO § 394 Rn. 5), da § 394 AO sich an § 74 StGB anlehnt und die Einziehung nicht durch Verzicht auf subjektive Elemente erleichtern will.

6 **Steuerstraftaten** sind alle Taten iSd § 369 I AO. Ernsthaft in Betracht kommt lediglich der Schmuggel von Waren über die „grüne" oder „nasse" Grenze, also Vergehen nach den §§ 370, 372 und 373 AO. Denkbar sind aber auch Taten im Binnenland, wenn der Täter beim Weitertransport der Gegenstände oder einer Weitergabe iSd § 374 I AO betroffen wird (Flore/Tsambikakis/*Wessing* AO § 394 Rn. 5; HHS/*Tormöhlen* AO § 394 Rn. 18; s. auch Hüls/Reichling/*Schork/Kauffmann* AO § 394 Rn. 7 [Begünstigung od. Steuerzeichenfälschung]). Im Bußgeldverfahren wegen Zoll- bzw. Steuerordnungswidrigkeiten findet die Vorschrift gem. § 410 I AO keine entsprechende Anwendung.

7 **Wer den Täter „betrifft"**, ist gleichgültig. Es genügt auch, dass die Tat von einer *Privatperson* bemerkt wird (allgM, vgl. BeckOK AO/*Schaefer* AO § 394 Rn. 9; Erbs/ Kohlhaas/*Hadamitzky/Senge* AO § 394 Rn. 3; GJW/*Weyand* AO § 394 Rn. 3; Klein/*Jäger* AO § 394 Rn. 6; Leitner/Rosenau/*Sprenger* AO § 394 Rn. 4; MüKoStPO/*Pflaum* AO § 394 Rn. 4; Flore/Tsambikakis/*Wessing* AO § 394 Rn. 7; Gosch AO/FGO/*Seipl* AO

§ 394 Rn. 5; Koch/Scholtz/*Scheurmann-Kettner* AO § 394 Rn. 3; Leopold/Madle/Rader/Zanzinger AO § 394 Rn. 5; RKR/*Roth* AO § 394 Rn. 8; Schwarz/Pahlke/*Klaproth* AO § 394 Rn. 7). Nicht nötig ist, dass ein zur Verfolgung von Steuerstraftaten *zuständiger Beamter* den Täter beobachtet (ebenso Klein/*Jäger* AO § 394 Rn. 6; HHS/*Tormöhlen* AO § 394 Rn. 21). Die Sicherstellung der vom unbekannten Täter hinterlassenen Sachen muss *zum Zwecke der Einziehung* erfolgen. Eine Sicherstellung zu Beweiszwecken nach §§ 94, 98 StPO genügt nicht (ebenso Erbs/Kohlhaas/*Hadamitzky*/*Senge* AO § 394 Rn. 4; HHS/*Tormöhlen* AO § 394 Rn. 23; Leopold/Madle/Rader/Zanzinger AO § 394 Rn. 6; aM GJW/*Weyand* AO § 394 Rn. 6; Flore/Tsambikakis/*Wessing* AO § 394 Rn. 9; Hüls/Reichling/*Schork*/*Kauffmann* AO § 394 Rn. 11; Kohlmann/*Hilgers-Klautzsch* AO § 394 Rn. 23; Schwarz/Pahlke/*Klaproth* AO § 394 Rn. 6; unklar MüKoStPO/*Pflaum* AO § 394 Rn. 5). Allerdings kann sich der Zweck der Sicherstellung später ändern (zust. BeckOK AO/*Schaefer* AO § 394 Rn. 11; Leitner/Rosenau/*Sprenger* AO § 394 Rn. 5; Gosch AO/FGO/*Seipl* AO § 394 Rn. 7; RKR/*Roth* AO § 394 Rn. 9).

Der Eigentümer der Sache muss unbekannt sein. Zwar ist die Einziehung nicht **8** dem Täter gehörender Gegenstände bei einem bekannten Eigentümer nach § 74 III, § 74a StGB, § 375 II AO möglich. Dann kommt aber allein das Verfahren nach § 401 AO iVm § 435 StPO in Betracht (BeckOK AO/*Schaefer* AO § 394 Rn. 12; HHS/*Tormöhlen* AO § 394 Rn. 32).

Durch eine öffentliche Bekanntmachung weist die FinB auf den drohenden Verlust **9** des Eigentums hin. Nach § 10 II 1 VwZG wird eine entsprechende Bekanntmachung an der Stelle ausgehängt, die von der FinB allgemein für die öffentliche Zustellung bestimmt ist. Hierbei sind die sichergestellten Sachen und die Umstände der Sicherstellung so genau zu bezeichnen, dass die Identifizierung für den Eigentümer möglich ist (BeckOK AO/*Schaefer* AO § 394 Rn. 13; HHS/*Tormöhlen* AO § 394 Rn. 35; Hüls/Reichling/*Schork*/*Kauffmann* AO § 394 Rn. 17; RKR/*Roth* AO § 394 Rn. 10; Schwarz/Pahlke/*Klaproth* AO § 394 Rn. 9).

Es liegt auf der Hand, dass all dies seitens der FinB **umfassend dokumentiert** werden **10** muss; im Herausgabe- und/oder Amtshaftungsprozess ist sie hinsichtlich des Vorliegens der Voraussetzungen des Eigentumsübergangs nach allgemeinen Grundsätzen (zumindest im Ausgangspunkt) beweispflichtig. **Melden sich Täter oder Eigentümer** innerhalb eines Jahres ab Aushang der Bekanntmachung, ist für eine Anwendung des § 394 AO ohnehin kein Raum mehr (BeckOK AO/*Schaefer* AO § 394 Rn. 23; HHS/*Tormöhlen* AO § 394 Rn. 32; Schwarz/Pahlke/*Klaproth* AO § 394 Rn. 11). Dann ist die Einziehung nur noch iRd objektiven oder subjektiven Verfahrens möglich.

Unberührt bleibt die Möglichkeit der FinB, eine **Notveräußerung** nach § 111p StPO **11** iVm § 399 I AO anzuordnen (allgM, zB Erbs/Kohlhaas/*Hadamitzky*/*Senge* AO § 394 Rn. 8; GJW/*Weyand* AO § 394 Rn. 9; Gosch AO/FGO/*Seipl* AO § 394 Rn. 8; Kühn/v. Wedelstädt/*Blesinger*/*Viertelhausen* AO § 394 Rn. 3; Leopold/Madle/Rader/Zanzinger AO § 394 Rn. 3; RKR/*Roth* AO § 394 Rn. 16; aM Hüls/Reichling/*Schork*/*Kauffmann* AO § 394 Rn. 19 [damit verbundenes förmliches Verf. widerspreche dem „Grundgedanken" von § 394 AO]). Voraussetzung hierfür ist jedoch die Einleitung des förmlichen Ermittlungsverfahrens; eine *Einziehung des Erlöses* darf nur im Verfahren nach § 435 StPO stattfinden (Erbs/Kohlhaas/*Hadamitzky*/*Senge* AO § 394 Rn. 8). Zur Geltendmachung von Ansprüchen im Nachverfahren (§ 435 III 2, §§ 433 f. [analog]) s. HHS/*Tormöhlen* AO § 394 Rn. 38 ff.

§ 395 Akteneinsicht der Finanzbehörde

¹Die Finanzbehörde ist befugt, die Akten, die dem Gericht vorliegen oder im Fall der Erhebung der Anklage vorzulegen wären, einzusehen sowie beschlagnahmte oder sonst sichergestellte Gegenstände zu besichtigen. ²Die Akten werden der Finanzbehörde auf Antrag zur Einsichtnahme übersandt.

Vgl. § 49a II OWiG; ferner § 147 I, IV StPO u. RiStBV 160, 185–189 u. Nr. 35 AStBV (St) 2020 über Akteneinsicht des Verteidigers; § 78 FGO, § 100 VwGO, § 120 SGG über Akteneinsicht der Beteiligten im finanz-, verwaltungs- und sozialgerichtlichen Verfahren sowie § 299, § 299a ZPO über Akteneinsicht der Parteien im Zivilprozess; § 108 StBerG, § 82b WPO, § 117b BRAO, § 110 BBG, § 3 WDO über Akteneinsicht der Betroffenen im Disziplinarverfahren.

1. Entstehungsgeschichte

1 Vorläufer des § 395 AO 1977 war **§ 431 RAO 1967,** der gem. Art. 1 Nr. 1 AOStrafÄndG v. 10.8.1967 (BGBl. I 877) in die AO eingefügt wurde (Begr. BT-Drs. V/1812, 33 f.). Eine entsprechende Vorschrift war als § 434 bereits in Art. 1 Nr. 1 des AO-StPO-ÄG-Entwurfs (BT-Drs. IV/2476) vorgesehen und gab das Vorbild für § 49 OWiG nF (BT-Drs. V/1269, 81). Bei der Formulierung der gegenwärtigen Fassung des Gesetzes wurden die Worte *„das Finanzamt"* durch *„Finanzbehörde"* ersetzt; außerdem wurden die Worte *„sichergestellte und beschlagnahmte"* durch *„beschlagnahmte oder sonst sichergestellte"* präzisiert (BT-Drs. 7/4292, 47).

2. Zweck und Anwendungsbereich

2 **§ 395 AO dient zugleich straf- und steuerrechtlichen Zwecken.** Im Strafverfahren soll die FinB auch bei Verfahrensherrschaft der StA oder des Gerichts die Möglichkeit haben, sich durch Einsicht in die Akten jederzeit über den Stand des Verfahrens und über die ermittelten Tatsachen zu unterrichten, damit sie ihre Befugnisse nach § 407 AO sachgerecht wahrnehmen und auf die Umstände hinweisen kann, die von ihrem Standpunkt aus für die Beurteilung der Sache von Bedeutung sind. Unabhängig davon kann der Inhalt der Strafakten auch für die Besteuerung bedeutsam sein, zB in Bezug auf Grund und Umfang der Steuerpflicht, für die Dauer der Festsetzungsfrist für hinterzogene Steuerbeträge (§ 169 I 2 AO), die Ablaufhemmung (§ 177 VII AO), die Aufhebung oder Änderung von Steuerbescheiden (§ 173 II AO), die Festsetzung von Hinterziehungszinsen (§ 235 AO), die Haftung des Steuerhinterziehers oder Steuerhehlers (§ 71 AO), die Entscheidung über Erlassanträge (§ 227 AO) im Hinblick auf die „Erlasswürdigkeit" des Antragstellers (BFH 29.4.1981, BStBl. II 1981, 726, sowie Tipke/Kruse/*Loose* AO § 227 Rn. 103 ff.), die Entscheidung über die Aussetzung der Vollziehung (§ 361 AO; § 69 FGO) oder die Aussetzung der Entscheidung über einen steuerrechtlichen Rechtsbehelf (§ 363 AO; § 74 FGO).

3 **Die Befugnis der FinB zur Besichtigung** sichergestellter oder beschlagnahmter Sachen berücksichtigt, dass die FinB auch am Verfahren bei der Einziehung dieser Sachen mitwirken kann (§§ 399, 402 sowie § 401 AO). Im Besteuerungsverfahren ist zu beachten, dass zoll- und verbrauchsteuerpflichtige Waren gem. § 76 I AO *„für die darauf ruhenden Steuern"* haften.

4 **§ 395 AO gilt nur im Strafverfahren wegen Steuerstraftaten.** Im Bußgeldverfahren wegen einer Steuerordnungswidrigkeit gilt – da in § 410 I AO eine Verweisung auf § 395 AO fehlt – die mit § 395 AO inhaltlich übereinstimmende Vorschrift des § 49 OWiG. Die Norm gilt nur für FinB, die für die Strafverfolgung nach § 386 I AO zuständig sind, nicht jedoch für übrige FinB gem. § 6 II AO, übergeordnete Behörden oder Steuer- und Zollfahndungen, da es für diese Behörden an einem entsprechenden Verweis fehlt (Tipke/Kruse/*Drüen* AO § 395 Rn. 2).

Der Anspruch der FinB nach § 395 AO besteht – wie sich aus dem Zweck (→ Rn. 2) **5** und der Stellung der Vorschrift ergibt – ohne das Erfordernis einer Begründung des Antrags in allen Abschnitten des Strafverfahrens und darüber hinaus auch nach rechtskräftigem Abschluss des Verfahrens (glA HHS/*Hellmann* AO § 395 Rn. 30; aA Kohlmann/*Hilgers-Klautzsch* AO § 395 Rn. 15: Ende mit Abschluss des Steuerstrafverfahrens), sofern die FinB dann noch ein dem Zweck des § 395 AO entsprechendes rechtliches Interesse geltend machen kann, zB wegen Festsetzung von Hinterziehungszinsen gem. § 235 AO.

Für Ermessensentscheidungen der StA oder des Gerichts, ob der FinB Akteneinsicht **6** zu gewähren ist, **bietet § 395 AO keinen Raum.** Auch kann der FinB – abw. von § 147 II StPO – vor dem Abschluss der Ermittlungen nicht entgegengehalten werden, dass die Akteneinsicht oder die Besichtigung sichergestellter oder beschlagnahmter Gegenstände den Untersuchungszweck gefährde. Natürliche Grenzen der Befugnisse nach § 395 AO bestehen aber in Bezug auf den *Zeitpunkt* und die *Dauer* der Akteneinsicht. In zeitlicher Hinsicht wird der Anspruch durch die Erfordernisse eines zügigen Fortgangs des Verfahrens begrenzt. Bei aller gebotenen Rücksicht auf die Beschleunigung des Strafverfahrens müssen jedoch die Akten der FinB nicht nur rechtzeitig, sondern auch für einen solchen Zeitraum zur Verfügung gestellt werden, der dem Zweck des Anspruchs angemessen ist. Ggf. müssen Doppelakten angelegt werden (so GJW/*Weyand* AO § 395 Rn. 7). Während der Hauptverhandlung kann Akteneinsicht nicht gewährt werden, wenn dies mit deren ununterbrochener Durchführung unverträglich ist (KMR-StPO/*Müller* StPO § 147 Rn. 19; GJW/*Weyand* AO § 395 Rn. 7). Eine Ausnahme kann aber dann gegeben sein, wenn während der Hauptverhandlung weitere verfahrensbezogene Ermittlungen angestellt wurden (OLG Hamm 10.10.2003, NJW 2004, 381). Die Akteneinsicht kann *wiederholt* werden (Löwe/Rosenberg/*Lüderssen* StPO § 147 Rn. 99); insbes. dann, wenn der sachliche Inhalt der Akten zwischenzeitlich zugenommen hat (OLG Hamm 6.12.1974, MDR 1975, 422).

3. Gegenstand der Einsicht oder Besichtigung

a) Akten

Zu den Akten, die dem Gericht vorliegen oder im Falle der Erhebung der Anklage **7** vorzulegen wären (vgl. § 199 II 2 StPO), gehören die gesamten **Ermittlungsakten** der StA einschl. der bei der Polizei entstandenen Vorgänge sowie die beim Gericht selbst entstandenen Akten einschl. etwa *beigezogener Akten* über Vorstrafen. Hinsichtlich des Gegenstandes der Akteneinsicht besteht zwischen dem Anspruch des Verteidigers nach § 147 StPO und dem Anspruch der FinB nach § 395 AO grundsätzlich kein Unterschied (vgl. daher → § 392 Rn. 78ff.), jedoch ist eine vorübergehende Beschränkung gem. § 147 II StPO im Rahmen des § 395 AO nicht möglich (→ Rn. 6).

Handakten der StA (oder der Polizei) sowie gerichtsinterne Aufzeichnungen, zB des **8** Berichterstatters, unterliegen nicht der Akteneinsicht (KMR-StPO/*Müller* StPO § 147 Rn. 3; GJW/*Weyand* AO § 395 Rn. 4). Die Handakten bestehen vornehmlich aus den Durchschriften der Vorgänge, deren Originale in die Ermittlungsakten eingehen; sie können ferner Notizen enthalten, die für eine übersichtliche Zusammenstellung der Ermittlungsergebnisse verwertet worden sind. Schriftstücke, die für die Beweisführung von Bedeutung sein können, dürfen – auch nicht vorübergehend – zu den Handakten genommen und damit womöglich der Kenntnis des Gerichts und dem Anspruch der FinB auf Akteneinsicht entzogen werden.

Die Befugnis, Auszüge, Abschriften oder Fotokopien anzufertigen, ist ebenfalls **9** durch den Anspruch auf Akteneinsicht gedeckt. Wegen des Anspruchs auf Übersendung der Akten → Rn. 13.

b) Andere Gegenstände

10 **Sichergestellte Gegenstände** iSd § 395 AO sind Sachen (§ 90 BGB), die als Beweismittel für die Untersuchung von Bedeutung sein können oder der Einziehung unterliegen und deshalb nach § 94 I StPO in Verwahrung genommen oder in anderer Weise sichergestellt worden sind. Im Steuerstrafverfahren kommen namentlich *verbrauchsteuerpflichtige Erzeugnisse* oder *zollpflichtige Waren* sowie *Schriftstücke,* insbes. Bestandteile der Buchführung und Korrespondenz, als Beweismittel in Betracht; eine mittelbare Eignung zum Beweis, wie zB Schriftproben zum Schriftvergleich, genügt. Bei Sachen, die der Einziehung unterliegen, macht es im Rahmen des § 94 I StPO keinen Unterschied, ob die Einziehung zwingend vorgeschrieben ist, wie zB bei gefälschten Steuerzeichen gem. §§ 148 I Nr. 1, 150 StGB, 369 I Nr. 3 AO, oder ob sie nur zulässig ist.

11 **Beschlagnahmte Gegenstände** sind Sachen, auf welche die Merkmale des § 94 I StPO (→ Rn. 10) zutreffen, die aber von dem Gewahrsamsinhaber nicht freiwillig herausgegeben worden sind und deshalb gem. §§ 94 II, 97 ff. StPO beschlagnahmt werden mussten.

12 **Ausgeübt wird die Besichtigung** am Ort der Aufbewahrung; eine Versendung findet nicht statt (Erbs/Kohlhaas/*Hadamitzky/Senge* AO § 395 Rn. 3), es sei denn, die beschlagnahmten oder sonst sichergestellten Gegenstände befinden sich bei den Akten. Der Anspruch auf Besichtigung sichergestellter oder beschlagnahmter Gegenstände umfasst – über den Wortlaut des Gesetzes hinaus – auch die Befugnis, von zoll- oder verbrauchsteuerpflichtigen Sachen *Proben* zu entnehmen und zu untersuchen (GJW/*Weyand* AO § 395 Rn. 5). Der Anspruch auf Besichtigung gesicherter, zB versiegelter Räume schließt auch das Recht ein, diese Räume zu betreten. Ebenso wie die Akteneinsicht (→ Rn. 6) ist auch die Besichtigung wiederholbar, wenn berechtigte Belange der FinB dies erfordern (glA HHS/*Hellmann* AO § 395 Rn. 29, Kohlmann/*Hilgers-Klautzsch* AO § 395 Rn. 23).

4. Übersendung der Akten nach § 395 S. 2 AO

13 § 395 S. 2 AO gewährleistet, dass die FinB nicht darauf beschränkt werden darf, den Anspruch auf Akteneinsicht an Amtsstelle auf der Geschäftsstelle der StA oder des Gerichts auszuüben. Die Vorschrift geht über § 147 IV StPO insofern hinaus, als ein Antrag auf Übersendung der Akten an die FinB auch aus wichtigen Gründen nicht abgelehnt werden darf. Der Anspruch auf Versendung bezieht sich indes nur auf „Akten", nicht dagegen auf die sich nicht bei den Akten befindlichen Asservate.

5. Verfahren

14 **Zuständig zur Entscheidung** über einen Antrag auf Akteneinsicht ist während des vorbereitenden Verfahrens die StA, im Zwischen- und Hauptverfahren der Vorsitzende des mit der Sache befassten Gerichts, später die Strafvollstreckungsbehörde. Im Strafbefehlsverfahren beginnt die Zuständigkeit des Gerichts, sobald der Antrag auf Erlass eines Strafbefehls (§ 407 StPO) beim Gericht eingegangen ist.

15 **Als Rechtsbehelf** gegen die Ablehnung eines Akteneinsichts- oder Besichtigungsantrags durch die StA ist die Dienstaufsichtsbeschwerde zulässig (HHS/*Hellmann* AO § 395 Rn. 32; vgl. ferner → § 392 Rn. 98). Eine Entscheidung des Vorsitzenden ist mit der Beschwerde anfechtbar (§ 304 StPO); § 305 StPO steht dem nicht entgegen (KMR-StPO/*Müller* StPO § 147 Rn. 13, 26; Löwe/Rosenberg/*Lüderssen* StPO § 147 Rn. 167). Der Beschuldigte braucht über den Antrag der FinB auf Akteneinsicht nicht informiert zu werden. Ein Rechtsmittel steht ihm nicht zu (Gosch AO/FGO/*Seipl* AO § 395 Rn. 14).

§ 396 Aussetzung des Verfahrens

(1) Hängt die Beurteilung der Tat als Steuerhinterziehung davon ab, ob ein Steueranspruch besteht, ob Steuern verkürzt oder ob nicht gerechtfertigte Steuervorteile erlangt sind, so kann das Strafverfahren ausgesetzt werden, bis das Besteuerungsverfahren rechtskräftig abgeschlossen ist.

(2) Über die Aussetzung entscheidet im Ermittlungsverfahren die Staatsanwaltschaft, im Verfahren nach Erhebung der öffentlichen Klage das Gericht, das mit der Sache befasst ist.

(3) Während der Aussetzung des Verfahrens ruht die Verjährung.

Vgl. §§ 154d, 262 StPO; § 363 I AO; §§ 148, 152 ff. ZPO; § 74 FGO; § 94 VwGO; § 114 SGG; §§ 118, 118a BRAO; § 109 StBerG; §§ 83, 83a WprO; § 22 BDG.

Schrifttum: *Brenner,* Zur Verfahrensaussetzung nach § 396 der Abgabenordnung, BB 1980, 1321; *Blumers,* Aussetzung des Strafverfahrens nach § 396 AO am Beispiel Spenden, DB 1983, 1571; *Gast-deHaan,* Steuerverfehlungen als Grundlage von steuerlichen und anderen Verwaltungseingriffen, DStJG 6, 187; *dieselbe,* Ermessensschranken bei der Aussetzung des Besteuerungsverfahrens, DStZ 1983, 254; *Stuhldreier,* Entscheidungen im Steuerstrafverfahren als vorgreifliches Rechtsverhältnis i. S. des § 363 Abs. 1 AO?, DStZ 1983, 390; *Kohlmann,* Aussetzung des Steuerstrafverfahrens gem § 396 AO und prozessuale Fürsorgepflicht, FS Klug, 1983, Bd. II S. 507; *Brezing,* Der Bundesgerichtshof und das Steuerrecht, NJW 1984, 1598; *Carlé,* Anmerkung zum Beschluss des Bundesverfassungsgerichts vom 4. April 1985, DStZ 1985, 284; *Felix,* Das „Spenden-Urteil" des BFH VIII R 324/82 und die Aussetzung des Steuerstrafverfahrens, FR 1985; *Heuer,* Die Rechtspflicht zur Aussetzung des Steuerstrafverfahrens bei divergenzgeneigten Vorfragen – § 396 AO im System der Rechtsordnung, DStZ 1985, 291; *Isensee,* Aussetzung des Steuerstrafverfahrens – Rechtsstaatliche Ermessensdirektiven, NJW 1985, 1007; *Kirchhof,* Der bestandskräftige Steuerbescheid im Steuerverfahren und im Steuerstrafverfahren, NJW 1985, 2977; *Schlüchter,* Verfahrensaussetzung nach § 396 AO als Funktion des Prozeßzwecks, JR 1985, 360; *Reiß,* Widersprechende Entscheidungen von Straf- und Finanzgerichten in derselben Rechtssache, StuW 1986, 68; *Rößler,* Der bestandskräftige Steuerbescheid im Steuerverfahren und im Steuerstrafverfahren, NJW 1986, 972; *Weidemann,* Die strafrechtliche Vorfragenkompetenz des Finanzgerichts: Zum Bardamenfall des FG Köln, DStZ 1987, 64; *ders.,* Tatbestandswirkung und Rechtskraftbindung im Steuerstrafverfahren, GA 1987, 205; *Wisser,* Die Aussetzung des Steuerstrafverfahrens gem. § 396 AO und die Bindung des Strafrichters, Pfaffenweiler 1992; *Bilsdorfer,* Die Aussetzung des Steuerstrafverfahrens, RWP 1988 SG 2.5; *Schuhmann,* Zur Aussetzung des Verfahrens nach § 396 AO, wistra 1992, 172; *Odersky,* Voranfrage zwischen obersten Bundesgerichten?, Festschrift für Franz Klein, 1994, S. 1013 ff.; *Hellmann,* Nebenstrafverfahrensrecht der Abgabenordnung, Köln 1995; *Bernsmann,* Die Aussetzung des Strafverfahrens nach § 396 AO – missverstanden oder überflüssig: eine Skizze, FS Kohlmann, 2003, 377; *Wenzel,* Das Verhältnis von Steuerstraf- und Besteuerungsverfahren, Herbolzheim, 2003, S. 262 ff.; *Bender,* Steueranspruch im Straf- und im Besteuerungsverfahren, AW-Prax 2004, 140; *Faiß,* Parallelität von Strafverfahren und Besteuerungsverfahren, PStR 2007, 68; *Weyand,* Wiederaufnahme rechtskräftig abgeschlossener Steuerstrafverfahren, PStR 2007, 189; *Harms/Heine,* Causa finita? Steuerrecht im Spannungsfeld der Gerichtsbarkeiten, FS Spindler, 2011, 429, 433; *Meyberg,* Aussetzung nach § 396 AO kann Schadensersatz begründen, PStR 2011, 107; *Gehm,* Die Aussetzung des Steuerstrafverfahrens gem § 396 AO, NZWiSt 2012, 244; *Jesse,* Das Nebeneinander von Besteuerungs- und Steuerstrafverfahren, DB 2013, 1803; *Roth,* Anmerkung zum Urteil des AG Köln v. 10.1.2013 – 585 Ds 124/12, ZWH 2013, 373; *Weidemann,* Anmerkung zum Beschluss des LG Bremen v. 29.7.2010 – 31 Qs 245/10, StV 2013, 379; *Mellinghoff,* Grundsätze und Grenzen im Besteuerungs- und Steuerstrafverfahren, Stbg 2014, 97; *Sontheimer,* Steuerhinterziehung bei steuerrechtlichen Streit- und Zweifelsfragen, DStR 2014, 879; *Rolletschke,* Anmerkung zum Beschluss des LG Halle v. 7.5.2014 – 2 Qs 3/14, NZWiSt 2014, 386; *Tormöhlen,* Anmerkung zum Beschluss des LG Halle v. 7.5.2014 – 2 Qs 3/14, AO-StB 2014, 370; *Hild,* Zu divergierenden Entscheidungen in streitidentischen Straf- und Steuerverfahren, wistra 2016, 59; *Tormöhlen,* Aussetzung des Steuerstrafverfahrens nach § 396 AO, AO-StB 2016, 238.

Weiteres Schrifttum vor → Rn. 56.

Übersicht

	Rn.
1. Entstehungsgeschichte	1–4
2. Zweck und Bedeutung	5–10
3. Anwendungsbereich	11–15
4. Verhältnis zu anderen Aussetzungsvorschriften	16–20
a) §§ 154d, 262 StPO	16–18

	Rn.
b) § 363 AO, § 74 FGO	19
c) Art. 267 AEUV	20
5. **Aussetzung des Verfahrens**	21–42
a) Begriff	21
b) Anhängigkeit eines Besteuerungsverfahrens	22–25
c) Entscheidungserhebliche Vorfragen	26–31
d) Ermessensentscheidung	32–42
6. **Entscheidung über die Aussetzung**	43–51
a) Zuständigkeit	43
b) Form	44, 45
c) Dauer	46, 47
d) Anfechtung	48–51
7. **Wiederaufnahme des Verfahrens**	52–55
8. **Ruhen der Verjährung**	56–61
a) Wirkung	56–59
b) Beginn und Ende	60, 61
9. **Folgen überlanger Aussetzung**	62

1. Entstehungsgeschichte

1 Die Vorschrift hat ihren Ursprung in **§ 433 RAO 1919**. Danach war das Strafgericht verpflichtet, das Strafverfahren bis zur Entscheidung der Finanzgerichtsbarkeit auszusetzen, wenn die Verurteilung wegen Steuerhinterziehung oder -gefährdung davon abhing, ob ein Steueranspruch bestand oder ob und in welcher Höhe ein Steueranspruch verkürzt oder ein Steuervorteil zu Unrecht gewährt worden war. Erging keine Entscheidung des RFH, so hatte das Gericht, wenn es von der rechtskräftigen Entscheidung des FA abweichen wollte, die Entscheidung des RFH einzuholen. Das Strafgericht war an die Entscheidung des RFH gebunden. § 433 RAO 1919 wurde inhaltlich unverändert als § 468 RAO 1931 übernommen (über die verschiedenen Entwürfe vgl. HHS/*Tormöhlen* AO § 396 Rn. 2 ff.). In der Praxis hatte § 468 RAO 1931 zu zahlreichen Streitfragen geführt (*Hartung* NJW 1966, 484); auch hatte die Vorschrift in bezug auf die Höhe des verkürzten Steueranspruchs durch die zwischenzeitliche Abschaffung der Multiplarstrafen (G v. 4.7.1939, RGBl. I 1181) an Bedeutung verloren.

2 Die **Neufassung des § 468 RAO durch § 162 Nr. 52 FGO** v. 6.10.1965 (BGBl. I 1477) beseitigte die Verpflichtung des Strafrichters, eine Entscheidung der Finanzgerichtsbarkeit einzuholen, hielt jedoch die Bindung des Strafrichters an ergangene Entscheidungen des BFH aufrecht. Der Strafrichter war also nicht mehr verpflichtet, eine Entscheidung im Besteuerungsverfahren abzuwarten; vielmehr war er nur noch ermächtigt, das Strafverfahren auszusetzen, bis im Besteuerungsverfahren rechtskräftig entschieden war. Diese Befugnis bestand jedoch nicht mehr bei Zweifeln über die Höhe des verkürzten Steueranspruchs (vgl. auch *Wisser* [1992], S. 153).

3 Das **AOStrafÄndG** v. 10.8.1967 (BGBl. I 877) übernahm § 468 RAO 1931 als § 442 RAO, stellte aber den Strafrichter von jeder Bindung an die im Besteuerungsverfahren ergangenen Entscheidungen, auch die des BFH, frei. Damit wurde die Vorschrift dem in der StPO verankerten Grundsatz der *uneingeschränkten Vorfragenkompetenz des Strafrichters* angepasst. Der Neuregelung, welche dem Strafrichter lediglich eine *fakultative Aussetzungsbefugnis* einräumte, lag die Erwägung zugrunde, dass der Strafrichter die Autorität des höchsten deutschen Steuergerichts von selbst achten und sich dessen Entscheidung bei seiner Urteilsfindung zu eigen machen werde (*Wisser* [1992], S. 56 f. mwN; insoweit zw. *Reiß* StUW 1986, 68). Durch Art. 1 Nr. 26 des 2. AOStrafÄndG v. 12.8.1968 (BGBl. I 953) wurden die Worte „oder leichtfertiger Steuerverkürzung" gestrichen, was jedoch den Anwendungsbereich der Vorschrift wegen der gleichzeitig angeordneten Anwendbarkeit des § 42 RAO im Bußgeldverfahren (§ 447 I Nr. 9 RAO) nicht einschränkte (→ Rn. 13).

§ 396 AO 1977 ermächtigt zur Aussetzung des Strafverfahrens bereits im Ermittlungsverfahren (anders § 262 II StPO). Durch diese bewusste Abweichung von § 442 RAO 1967 soll verhindert werden, dass das Strafverfahren „auch bei einer unklaren Beurteilung der ihm zugrundeliegenden Besteuerungsgrundlagen fortgesetzt wird und diese erst im strafgerichtlichen Verfahren geklärt werden" (BT-Drs. VI/1982, 199). Zudem wurden die Worte „Verurteilung wegen" durch „Beurteilung der Tat als Steuerhinterziehung" ersetzt. Eine sachliche Änderung war hiermit nicht verbunden, weil die Rspr. unter dem Tatbestandsmerkmal „Verurteilung" jede vom Strafrichter zu treffende Entscheidung verstanden hatte, also auch den Freispruch (HHS/*Tormöhlen* AO § 396 Rn. 7).

2. Zweck und Bedeutung

Die **Strafgerichte** sind **unabhängig** und **nur dem Gesetz unterworfen** (Art. 20 III, 97 I GG iVm § 1 GVG). Daraus folgt, dass der Strafrichter grundsätzlich selbst nach den für das Verfahren und den Beweis in Strafsachen geltenden Vorschriften über Vorfragen aus allen anderen Rechtsgebieten entscheidet. Auch Präjudizien entbinden ihn nicht von der Verpflichtung (über Ausnahmen bei rechtsgestaltenden Urteilen und Verwaltungsakten s. KK-StPO/*Ott* StPO § 262 Rn. 5 f.), eine eigene Entscheidung zu treffen. Seit Wegfall der Bindung des Strafrichters an Urteile des obersten Steuergerichts (→ Rn. 3) besteht auch im Steuerstrafrecht die *uneingeschränkte Vorfragenkompetenz.* Es ist deshalb nicht ausgeschlossen, dass ein Stpfl wegen vollendeter Steuerhinterziehung rechtskräftig verurteilt wird, während der BFH einen Steueranspruch verneint oder in einem Parallelfall die abstrakte Steuerrechtslage anders beurteilt als die Strafjustiz (Beispiele bei *Brezing* NJW 1984, 1598). Auch das Gegenteil ist denkbar. So entschied zB das FG Köln, die FinB sei durch § 173 II AO nicht gehindert gewesen, USt-Bescheide trotz vorhergehender Außenprüfung zum Nachteil des Stpfl zu ändern, weil dem Stpfl zumindest leichtfertige Steuerverkürzung vorzuwerfen sei (FG Köln 30.1.1985, EFG 1985, 524). Dem zuvor erfolgten Freispruch durch das höchste deutsche Strafgericht (BGH 20.5.1981, NJW 1981, 2071) maß das FG keine Bedeutung bei. Derart einander widersprechende Entscheidungen verschiedener Gerichte sind misslich und geeignet, das Vertrauen in die Rspr zu beeinträchtigen. Im Bereich höchstrichterlicher Rspr. sind offene Divergenzen allerdings selten. Denn nach § 2 des Gesetzes zur Wahrung der Einheitlichkeit der Rspr. der obersten Gerichtshöfe des Bundes vom 19.6.1968 (BGBl. I 661), zuletzt geändert am 31.8.2015 (BGBl. I 1474), entscheidet der Gemeinsame Senat der obersten Gerichtshöfe des Bundes, wenn ein oberster Gerichtshof in einer Rechtsfrage von der Entscheidung eines anderen obersten Gerichtshofs oder des Gemeinsamen Senats abweichen will. Entscheidungsvoraussetzung ist, dass der Senat, von dessen Rspr. abgewichen werden soll, auf Anfrage erklärt hat, an seiner Rechtsauffassung festzuhalten (§ 1211 III RsprEinhG). Da die Möglichkeit einer Voranfrage im Hinblick auf noch nicht entschiedene Rechtsfragen zwischen obersten Bundesgerichten nicht vorgesehen ist, entstehen hier Schwierigkeiten lediglich dann, wenn der BGH vor dem BFH mit einer steuerrechtlichen Frage befasst wird (vgl. dazu *Odersky* FS Klein, 1994, 1013 ff.).

Zweck des § 396 AO ist es, im Interesse der Einheitlichkeit der Rspr. und der Rechtssicherheit **divergierende Entscheidungen im Straf- und Besteuerungsverfahren möglichst zu vermeiden** (hM; vgl. statt aller HHS/*Tormöhlen* AO § 396 Rn. 9 sowie OLG Karlsruhe 14.12.1984, wistra 1985, 168, 169; zw. Kohlmann/*Schauf* AO § 396 Rn. 13 ff.). Eine Bindung an im Besteuerungsverfahren ergangene Entscheidungen besteht gleichwohl nicht; der Strafrichter ist selbst nach einer erfolgten Aussetzung nicht gehindert, von der steuerrechtlichen Auffassung der FinB oder der Finanzgerichtsbarkeit abzuweichen (→ Rn. 42). Der Gesetzgeber vertraut aber – mit Recht – auf den Respekt des Strafrichters vor der besseren steuerrechtlichen Sachkunde des Finanzrichters (→ Rn. 3).

Die **Verfolgung anderer Ziele** als tragender Grund für eine Verfahrensaussetzung nach § 396 AO ist **unzulässig** (vgl. Schwarz/Pahlke/*Nikolaus* AO § 396 Rn. 1a; aA *Reiß* StuW

1986, 68). Solche Ziele sind in der Regel mit dem Gebot zügiger Verfahrenserledigung (→ Rn. 8) nicht zu vereinbaren. Zudem steht Art. 103 II GG einer erweiternden Auslegung des § 396 AO entgegen (→ Rn. 9). Eine Aussetzung nach § 396 AO kommt daher weder wegen Beweisschwierigkeiten noch wegen Arbeitsüberlastung des Strafgerichts noch aus allgemeinen Zweckmäßigkeitserwägungen in Betracht (glA Schwarz/Pahlke/*Nikolaus* AO § 396 Rn. 1 und HHS/*Tormöhlen* AO § 396 Rn. 58). Auch verbietet die gesetzgeberische Zielsetzung, das Strafverfahren in jedem Fall auszusetzen, sofern nur ein Besteuerungsverfahren anhängig ist, um allein aus prozessökonomischen Gründen den Ausgang dieses Besteuerungsverfahrens abzuwarten (glA *Baumann* BB 1976, 753).

8   Die Verfahrensaussetzung gem. § 396 AO steht in einem erheblichen **Spannungsverhältnis mit dem Gebot zügiger Verfahrensdurchführung,** dem sog. Beschleunigungsgebot (vgl. hierzu Meyer-Goßner/Schmitt/*Schmitt* StPO Einl. Rn. 160; BGHGrS 18.1.2008, wistra 2008, 137). Der in Art. 6 I 1 MRK verankerte Anspruch des Beschuldigten auf Entscheidung in angemessener Frist setzt der Zulässigkeit einer Verfahrensaussetzung enge Grenzen. Ihm gebührt, jedenfalls wenn eine längere Aussetzung erforderlich wäre, regelmäßig der Vorrang vor dem Interesse an einer einheitlichen Rechtsanwendung (glA Schwarz/Pahlke/*Nikolaus* AO § 396 Rn. 17a).

9   Auch eine **über die Wortlautgrenze des § 396 AO hinaus**gehende Anwendung des § 396 AO ist **nicht zulässig.** Gesetzliche Folge der Aussetzung des Verfahrens ist das Ruhen der Verjährung (§ 396 III AO). Diese für den Täter nachteilige Folge kann im Hinblick auf Art. 103 II GG nur unter den im Gesetz genannten Voraussetzungen, nicht aber durch die extensive Anwendung des Rechtsinstituts der Aussetzung gem. § 396 AO von den Ermittlungsbehörden oder Strafgerichten herbeigeführt werden (Schwarz/Pahlke/*Nikolaus* AO § 396 Rn. 4). Ob der Beschuldigte mit der Aussetzung einverstanden ist oder sie sogar beantragt, ist ohne Bedeutung.

10 **In der Praxis** wird von der Vorschrift des § 396 AO **wenig Gebrauch** gemacht (vgl. *Thomas* NJW 1991, 2333, 2335 sowie *Dörn* BuW 1998, 339 in einer Anmerkung zu einer Entscheidung des BFH 22.7.1997, BStBl. I 755, mit der sechs Jahre nach Beginn der Ermittlungen die bis dahin heftig umstrittene Steuerbarkeit von Gutschriften des Schneeballsystems bejaht wurde). Der Grund dürfte darin liegen, dass der Abschluss des Besteuerungsverfahrens bzw. des finanzgerichtlichen Verfahrens für die Strafverfolgungsbehörden und Strafgerichte häufig nicht absehbar ist und diese deshalb im Rahmen der Ermessensentscheidung dem Gebot zügiger Verfahrenserledigung den Vorrang vor dem Interesse an einer einheitlichen Rechtsanwendung geben. So ist es keine Seltenheit, dass im Strafverfahren bereits das Revisionsgericht mit der Sache befasst ist, während im Besteuerungsverfahren noch nicht einmal eine Einspruchsentscheidung über den aufgrund der Ermittlungsergebnisse geänderten Steuerbescheid ergangen ist.

3. Anwendungsbereich

11 § 396 AO ist nach seinem Wortlaut anwendbar, wenn die **Beurteilung der Tat als Steuerhinterziehung** in Frage steht. Hiervon werden alle Tatbestandsvarianten des § 370 AO sowie der Qualifikationstatbestand des Schmuggels gem. § 373 AO erfasst (ebenso HHS/*Tormöhlen* AO § 396 Rn. 38 u. Kohlmann/*Schauf* AO § 396 Rn. 23). Auch auf die versuchte Steuerhinterziehung ist § 396 AO anwendbar (RG 6.2.1934, RGSt 68, 51; Kohlmann/*Schauf* AO § 396 Rn. 23; aA RKR/*Rolletschke* AO § 396 Rn. 10 unter Hinweis auf die Strafbarkeit auch des untauglichen Versuchs).

12 Die **Aussetzung ist unzulässig,** wenn dem Beschuldigten (Angeklagten) eine andere Steuerstraftat iSd § 369 I AO, zB Steuerhehlerei (§ 374 AO) oder Begünstigung (§ 257 StGB) zur Last liegt (glA RKR/*Rolletschke* AO § 396 Rn. 12; GJW/*Weyand* AO § 396 Rn. 6); denn dann kommt es nicht auf die Beurteilung der Tat als Steuerhinterziehung an (vgl. RG 15.6.1931, RGSt 65, 311). Dasselbe gilt für den Straftatbestand der Schädigung des Umsatzsteueraufkommens iSd § 26c UStG. Da die Anwendung des § 396 AO keine

Identität der Verfahrensbeteiligten voraussetzt (→ Rn. 15), ist sie auch auf Strafverfahren gegen Teilnehmer anwendbar, unabhängig davon, ob diese im Besteuerungsverfahren selbst Steuerschuldner sind (HHS/*Tormöhlen* AO § 396 Rn. 38; Kohlmann/*Schauf* AO § 396 Rn. 23 u. RKR/*Rolletschke* AO § 396 Rn. 8). Zu den Rechtsfolgen einer **fehlerhaft angeordneten Aussetzung** → Rn. 58.

Die **entsprechende Anwendung des § 396 AO** ist vorgesehen für das Bußgeldverfahren wegen leichtfertiger Steuerverkürzung (§ 410 I Nr. 5 AO), bei dem Verdacht einer allgemeinen Straftat, die unter Vorspiegelung eines steuerlich erheblichen Sachverhalts gegenüber der FinB oder einer anderen Behörde auf die Erlangung von Vermögensvorteilen gerichtet ist und kein Steuerstrafgesetz verletzt (§ 385 II AO), in bestimmten Fällen des Betruges oder Subventionsbetruges gem. §§ 263, 264 StGB (§ 7 InvZulG 2005, § 14 InvZulG 2007; § 15 InvZulG 2010) sowie im Straf- und Bußgeldverfahren wegen unrechtmäßiger Erlangung der Arbeitnehmersparzulage (§ 14 III des 5. VermBG), der Wohnungsbauprämie (§ 8 II WoPG), der Mobilitätsprämie (§ 108 EStG), des Förderbeitrags zur betrieblichen Altersversorgung (§ 100 V EStG), der Altersvorsorgezulage (§ 96 VII EStG), der Forschungszulage (§ 13 FZulG) sowie wegen der Begünstigung einer Person, die eine solche Tat begangen hat. 13

Die Aussetzung des Strafverfahrens gem. § 396 AO setzt ein **anhängiges Strafverfahren** voraus; sie kommt grundsätzlich in jedem Verfahrensstadium in Betracht, also auch schon im finanzbehördlichen bzw. staatsanwaltschaftlichen Ermittlungsverfahren oder erst im Rechtsmittelverfahren (s. HHS/*Tormöhlen* AO § 396 Rn. 21; Schwarz/Pahlke/*Nikolaus* AO § 396 Rn. 5). 14

Die Anwendung des § 396 AO setzt nach der zutreffenden hM **keine Personenidentität der Verfahrensbeteiligten** im Besteuerungs- und im Strafverfahren, also des Beschuldigten (Angeklagten) und des Steuerschuldners, voraus (glA HHS/*Tormöhlen* AO § 396 Rn. 48; Kohlmann/*Schauf* AO § 396 Rn. 27 u. Schwarz/Pahlke/*Nikolaus* AO § 396 Rn. 8a; *Schuhmann* wistra 1992, 171; aM *Baumann* BB 1976, 753; *Schlüchter* JR 1985, 360; Gosch/*Seipl* AO § 396 Rn. 21 f. aus Gründen der Rechtsklarheit und Rechtssicherheit). Die Rspr. hatte zu der ursprünglichen Fassung der Norm (→ Rn. 1 f.) die Ansicht vertreten, die Vorschrift solle verhindern, dass im Steuerfestsetzungs- und im Strafverfahren gegen dieselbe Person voneinander abweichende Entscheidungen ergehen (RG 28.3.1923, RGSt 57, 212; RG 7.12.1923, RGSt 58, 41; RG 23.6.1932, RGSt 66, 298; RG 29.11.1935, RGSt 70, 35; RG 3.7.1942, RGSt 76, 195; BGH 6.11.1959, NJW 1960, 542 u. BGH 20.7.1965, DStR 1966, 150). Danach war eine Aussetzung immer dann ausgeschlossen, wenn sich Besteuerungs- und Strafverfahren gegen unterschiedliche Personen (zB Teilnehmer, Haftende, Vertreter) richteten. Diese restriktive Interpretation der Vorläufervorschriften des § 396 AO wurzelte in dem Bestreben der Rspr., die – im Strafprozess ungewöhnliche – Beschneidung der Vorfragenkompetenz des Strafrichters in Grenzen zu halten. Dieses Bestreben ist mit dem Fortfall jeglicher Bindung an Entscheidungen der Finanzgerichtsbarkeit (→ Rn. 3) gegenstandslos geworden. Eine gesetzliche Beschränkung des Anwendungsbereichs des § 396 AO besteht allerdings noch insoweit, als die Aussetzung gem. § 396 I AO nur angeordnet werden kann, bis *„das Besteuerungsverfahren"* rechtskräftig abgeschlossen ist. Eine Aussetzung setzt folglich lediglich die Anhängigkeit eines Besteuerungsverfahrens voraus, in dem zu klären ist, „ob ein Steueranspruch besteht". Die Auslegung, um welches Besteuerungsverfahren es sich hierbei handeln muss, hat sich vorrangig am Zweck des § 396 AO auszurichten. Danach sollen einander widersprechende Entscheidungen möglichst vermieden werden (→ Rn. 6). Die Gefahr divergierender Gesetzesauslegung besteht aber auch dann, wenn nicht der Steuerschuldner Beschuldigter des Steuerstrafverfahrens ist, sondern der Mittäter, Anstifter, Gehilfe oder das vertretungsberechtigte Organ einer juristischen Person (vgl. HHS/*Tormöhlen* AO § 396 Rn. 48). Auch in Haftungsfällen (§§ 69, 71 AO) kann die Beurteilung der Tat (§ 264 StPO) des Haftenden als Steuerhinterziehung davon abhängen, ob ein Steueranspruch gegen den Stpfl. besteht, also gegen eine andere Person. Maßgebend ist somit nicht die Personeniden- 15 tität der Verfahrensbeteiligten, sondern die Anhängigkeit eines an denselben Lebenssachverhalt anknüpfenden Besteuerungsverfahrens (→ Rn. 22).

4. Verhältnis zu anderen Aussetzungsvorschriften

a) §§ 154d, 262 StPO

16 Gem. **§ 262 II StPO** ist das Gericht befugt, die Untersuchung auszusetzen, wenn die Strafbarkeit einer Handlung von der *Beurteilung eines bürgerlichen Rechtsverhältnisses* abhängt. Das Gericht kann einem der Beteiligten zur Erhebung der Zivilklage eine Frist bestimmen oder das Urteil des Zivilgerichts abwarten. Es ist aber weder an die Aussetzung noch an die Frist gebunden, sondern in jedem Fall verpflichtet, die Wahrheit selbst aufzuklären (zu Ausnahmen s. KK-StPO/*Ott* StPO § 262 Rn. 4 ff. u. Meyer-Goßner/Schmitt/*Schmitt* StPO § 262 Rn. 3 ff.). Die Vorschrift, die für Vorfragen aus anderen Rechtsgebieten entsprechend gilt (Meyer-Goßner/Schmitt/*Schmitt* StPO § 262 Rn. 1), soll verhindern, dass das Strafverfahren zur Vorbereitung oder gar Durchsetzung privat-, arbeits-, verwaltungs- oder sozialrechtlicher Ansprüche missbraucht wird. Die mögliche Vermeidung einander widersprechender Entscheidungen ist hier nur willkommene Begleiterscheinung (*Kohlmann* FS Klug, 1983, 509). Im Gegensatz zu einer Aussetzung nach § 396 AO (→ Rn. 56) bewirkt die Aussetzung nach § 262 II StPO kein Ruhen der Verjährung. Erst die Vorlage nach Art. 100 I GG an das BVerfG nach Aussetzung des Verfahrens beeinflusst den Ablauf der Verjährungsfrist (BGH 4.11.1970, BGHSt 24, 6; *Fischer* StGB § 78b Rn. 4a).

17 Nach **§ 154d StPO** kann die StA, wenn die Erhebung der öffentlichen Klage wegen eines Vergehens von der Beurteilung einer Frage abhängt, die nach bürgerlichem Recht oder nach Verwaltungsrecht zu beurteilen ist, zur Austragung der Frage im bürgerlichen Streitverfahren oder im Verwaltungsstreitverfahren eine Frist bestimmen. Nach fruchtlosem Ablauf der Frist kann die StA, anders als das Gericht in Fällen des § 262 II StPO (→ Rn. 16), das Verfahren einstellen (§ 154d S. 3 StPO). Die StA kann also durch Fristbestimmung, die der vorläufigen Einstellung gleichkommt, vermeiden, über komplizierte Vorgänge (zB Urheberrechtsverletzungen), die in erster Linie zivil- oder verwaltungsrechtliche Bedeutung haben, umfangreiche Beweiserhebungen durchzuführen, wenn es dem Anzeigenden darauf ankommt, das Strafverfahren als Druckmittel auf einen Gegner oder zur Vorbereitung eines anderen Verfahrens zu benutzen (Meyer-Goßner/Schmitt/*Schmitt* StPO § 145d Rn. 1). Rechtliche Schwierigkeiten reichen für die Anwendung des § 154d StPO nicht aus (vgl. *Groß* GA 1996, 152; *Haas* MDR 1990, 684). Eine Fristsetzung nach § 154d StPO hat keinen Einfluss auf die Verjährung (→ Rn. 16).

18 **Die Vorschriften des § 262 II StPO und des § 154d StPO sind auch im Steuerstrafverfahren anwendbar** (§ 385 I AO). Deren Anwendung ist jedoch durch die Vorschrift des § 396 AO stark eingeschränkt, die in ihrem Geltungsbereich als speziellere Vorschrift vorgeht (glA HHS/*Tormöhlen* AO § 396 Rn. 29). Soweit die Beurteilung der Tat als Steuerhinterziehung davon abhängt, ob ein Steueranspruch besteht, ob Steuern verkürzt oder nicht gerechtfertigte Steuervorteile erlangt worden sind, ist für eine Aussetzung nach den Vorschriften des allgemeinen Strafverfahrensrechts kein Raum (§ 385 I AO). Die Rechtswirkungen des § 396 III AO (→ Rn. 56) können nicht vermieden werden. Eine Aussetzung des Verfahrens nach den §§ 154d, 262 StPO kommt somit nur in Betracht, wenn die Voraussetzungen des § 396 I AO nicht gegeben sind. Dies ist etwa der Fall, wenn zwar der Eintritt des Verkürzungserfolges feststeht, aber die Höhe des verkürzten Steueranspruchs zu klären ist (→ Rn. 28).

b) § 363 AO, § 74 FGO

19 **Nach § 363 I AO kann die zur Entscheidung berufene FinB die Entscheidung über einen Einspruch aussetzen,** wenn ein sog. vorgreifliches Rechtsverhältnis besteht, das den Gegenstand eines anhängigen Rechtsstreits bildet oder von einem Gericht oder einer Verwaltungsbehörde festzustellen ist. Entsprechendes gilt nach § 74 FGO im gerichtlichen Rechtsmittelverfahren. Da auch die Entscheidung über das Vorliegen einer Steuerhinterziehung bei einem weiten Verständnis ein „Rechtsverhältnis" iSd § 363 AO betrifft (vgl. BFH 7.7.1995, BFH/NV 1996, 149; HHS/*Birkenfeld* AO § 363 Rn. 100; Gräber/ *Herbert* FGO § 74 Rn. 5; krit. *Gast-deHaan* DStJG 6, S. 196), ergibt sich an sich eine **wechselseitige Aussetzungskompetenz** im Besteuerungs- und im Strafverfahren. Dies hat aber weder zur Folge, dass beide Verfahren gleichzeitig ausgesetzt werden können, noch dass der zeitlich früheren Aussetzungsentscheidung der Vorrang gebührt (so aber *Rößler* DStZ 1993, 507). Vielmehr ist für die Aussetzung eines Strafverfahrens nach § 396 AO stets dann kein Raum mehr, wenn die FinB erklärt hat, dass sie das Besteuerungsverfahren bis zur rechtskräftigen Erledigung des Strafverfahrens aussetzen werde (KG 24.3.1958, NJW 1958, 959; BGH 1.8.1962, NJW 1962, 2070 u. BGH 6.6.1973, NJW 1973, 1562, 1565). Dasselbe gilt für die Aussetzung durch das FG nach § 74 FGO. Denn Voraussetzung einer Aussetzung des Strafverfahrens nach § 396 AO ist, dass im Besteuerungsverfahren überhaupt eine Entscheidung zu erwarten ist (glA Schwarz/Pahlke/*Nikolaus* AO § 396 Rn. 9, HHS/*Tormöhlen* AO § 396 Rn. 34). Die Entscheidung über den zeitlichen Vorrang des einen oder anderen Verfahrens hängt damit erheblich vom Verhalten der FinB ab.

Die Aussetzung nach § 363 AO dient der Klärung im Finanzrechtsstreit bedeutsamer Fragen durch fachlich kompetentere Stellen. Sie kann im Hinblick auf ein Strafverfahren jedenfalls dann zweckmäßig sein, wenn so doppelte Ermittlungen vermieden werden können (FG Rheinland-Pfalz 1.7.1991, EFG 1991, 741; FG Bremen 24.8.1992, EFG 1993, 204). Dabei ist auch zu berücksichtigen, dass das FG – im Gegensatz zum Grundsatz der Unmittelbarkeit im Strafverfahren – auf strafgerichtliche Feststellungen zurückgreifen kann (BFH 10.1.1978, BStBl. II 311; BFH 12.1.2016, BFH/NV 2016, 762). Regelmäßig wird es jedoch für die Anwendbarkeit der §§ 363 AO, 74 FGO an der erforderlichen Vorgreiflichkeit des Steuerstrafverfahrens fehlen (ebenso im Ergebnis BFH 17.12.1992, DStZ 1993, 506; BFH 12.4.1994, BFH/NV 1995, 40; BFH 4.4.2003, BFH/NV 2003, 1081). Zumeist hängt nämlich die Entscheidung im Besteuerungsverfahren nicht von der Frage ab, ob eine Steuerstraftat vorliegt. Vielmehr sind oft lediglich Umstände, die im Strafverfahren von Bedeutung sind und deshalb mit strafprozessualen Mitteln festgestellt werden müssen, auch für das Besteuerungsverfahren rechtlich bedeutsam. Solches führt aber nicht zur Vorgreiflichkeit der strafgerichtlichen Feststellung einer Steuerstraftat, sondern vereinfacht wegen der Möglichkeit des Rückgriffs auf strafgerichtliche Feststellungen lediglich die Beweisaufnahme im finanzgerichtlichen Verfahren. Für eine Ermessensausübung gem. § 363 AO, § 74 FGO ist jedoch kein Raum, wenn allein steuerliche Fragen zu klären sind, die – wie zumeist – keine Steuerstraftat voraussetzen. Eine Vorgreiflichkeit der Feststellung einer Steuerstraftat besteht allerdings in den Fällen der §§ 70, 71, 169 II 2, 173 II, 235 AO (vgl. *Reiß* StuW 1986, 68; BFH 4.4.2003, BFH/NV 2003, 1081 betr. verlängerte Festsetzungsfrist). Ohne Bedeutung für die Frage einer Verfahrensaussetzung ist, ob die StA die Ermittlungen leitet oder die FinB das Ermittlungsverfahren selbstständig durchführt (§ 386 II AO). Auch wenn die FinB oder das FG das Besteuerungs- oder finanzgerichtliche Verfahren gem. § 363 AO bzw. § 74 FGG im Hinblick auf das anhängige Strafverfahren ausgesetzt hat, obwohl wegen mangelnder Vorgreiflichkeit der Feststellung einer Steuerstraftat die Voraussetzungen dieser Aussetzung nicht gegeben waren, besteht im Strafverfahren die Möglichkeit einer Aussetzung gem. § 396 AO solange nicht, wie das ausgesetzte Verfahren nicht wieder fortgeführt wird. Hierauf können die am Strafverfahren beteiligten Behörden und Gerichte freilich hinwirken.

c) Art. 267 AEUV

Art. 267 AEUV spricht dem EuGH im Verhältnis zu den Gerichten der Mitgliedstaaten die abschließende **Entscheidungsbefugnis über Gültigkeit und Auslegung des Unionsrechts** zu. Die nach Maßgabe des Art. 267 AEUV ergangenen Urteile des EuGH sind für alle mit demselben Ausgangsverfahren befassten Gerichte der Mitgliedstaaten bindend (BVerfG 8.4.1987, BVerfGE 75, 223 mwN). Allerdings ist die Anwendung des Unionsrechts und die Auslegung nationaler Steuernormen anhand der diesen zugrundeliegenden Rechtsakte der EU originäre Aufgabe der nationalen Strafgerichte. Lediglich die jeweils letzte Instanz ist nach Art. 267 III AEUV verpflichtet, bei entscheidungserheblichen Auslegungsfragen des Unionsrechts, deren Beantwortung nicht eindeutig ist, ein Vorabentscheidungsersuchen an den Gerichtshof der Europäischen Union zu richten. Eine Vorlagepflicht des letztinstanzlich entscheidenden Gerichts besteht nur dann nicht, wenn bereits einschlägige Rspr. des EuGH vorliegt oder wenn die Anwendung des Unionsrechts derart offenkundig ist, „dass für einen vernünftigen Zweifel keinerlei Raum bleibt" (EuGH 6.10.1982, NJW 1983, 1257 – CILFIT u. a.; BGH 25.10.10, BGHSt 56, 11, 16; vgl. zum Umfang der Vorlagepflicht auch EuGH 15.9.2005, Slg. 2005, I-8151 – Intermodal Transports; sowie *Harms/Heine* FS Hirsch, 2008, 85, 94 ff.). Wird die Vorlagepflicht missachtet, kann der verfassungsrechtliche Anspruch auf den gesetzlichen Richter im Sinne von Art. 101 I 2 GG verletzt sein (vgl. BVerfG 12.6.1990, BVerfGE 82, 159, 193 ff.; BVerfG 6.5.2008, BVerfGK 13, 506; *Harms/Heine* aaO, 96). Die übrigen Verfahrensbeteiligten können eine Vorlage durch das Gericht nur anregen, nicht aber erzwingen. Auch die StA ist im Ermittlungsverfahren weder verpflichtet noch berechtigt, dem EuGH eine Rechtsfrage vorzulegen. Sie kann allerdings das Strafverfahren unter den Voraussetzungen des § 396 AO aussetzen, wenn das FG oder der BFH gem. Art. 267 AEUV dem EuGH eine auch im Strafverfahren entscheidungserhebliche Rechtsfrage des Unionsrechts vorlegt (vgl. HHS/*Tormöhlen* AO § 396 Rn. 37; *Thomas* NJW 1991, 2233, 2235). Denn in diesem Fall ist das Vorabentscheidungsverfahren iSd § 396 AO dem rechtskräftigen Abschluss des Besteuerungsverfahrens vorgelagert.

5. Aussetzung des Verfahrens

a) Begriff

21 **Aussetzung ist die Entscheidung, das Strafverfahren einstweilen ruhen zu lassen.** Im Ermittlungsverfahren bedeutet dies die einstweilige Einstellung der Ermittlungshandlungen, nach erhobener Anklage ein Hinausschieben der Entscheidung über die Eröffnung des Hauptverfahrens, in der Hauptverhandlung den Abbruch der Verhandlung und in der Rechtsmittelinstanz das Unterlassen weiterer verfahrensfördernder Handlungen. Das ausgesetzte Verfahren kann jederzeit wieder fortgeführt werden, auch wenn das Besteuerungsverfahren noch nicht rechtskräftig abgeschlossen ist. Eine bereits begonnene Hauptverhandlung kann nach einer Aussetzung nicht fortgesetzt werden; es muss eine neue selbständige Verhandlung stattfinden (vgl. Meyer-Goßner/Schmitt/*Schmitt* StPO § 228 Rn. 3).

b) Anhängigkeit eines Besteuerungsverfahrens

22 Die Entscheidung über die Aussetzung des Strafverfahrens ist möglich, **„bis das Besteuerungsverfahren rechtskräftig abgeschlossen ist"** (§ 396 I AO). Eine Aussetzung kommt dabei nur im Hinblick auf ein Besteuerungsverfahren in Betracht, dem dasselbe geschichtliche Ereignis (§ 264 StPO) wie dem Strafverfahren zugrunde liegt (glA *Schuhmann* wistra 1992, 172). Die Aussetzung wegen eines Musterprozesses, in dem ein ähnlich gelagerter Sachverhalt oder dieselbe Rechtsfrage zur Entscheidung ansteht, wäre daher durch § 396 AO nicht gedeckt (glA Hüls/Reichling/*Schork/Kaufmann* AO § 396 Rn. 28; HHS/*Tormöhlen* AO § 396 Rn. 46; aA RKR/*Rolletschke* AO § 396 Rn. 22). Eine Identität der Verfahrensbeteiligten ist jedoch nicht erforderlich (→ Rn. 15).

23 Die Aussetzung eines Strafverfahrens ist nach zutreffender hM nur dann zulässig, wenn ein **Besteuerungsverfahren bereits eingeleitet** ist (glA HHS/*Tormöhlen* AO § 396 Rn. 50 u. Kohlmann/*Schauf* AO § 396 Rn. 39; *Schuhmann* wistra 1992, 172, 175; aA Schwarz/Pahlke/*Nikolaus* AO § 396 Rn. 8). Dies legt bereits der Wortlaut des Gesetzes nahe, der auf „das Besteuerungsverfahren" Bezug nimmt und die bloße Möglichkeit der Einleitung eines solchen Verfahrens nicht erwähnt. Jedenfalls aber im Hinblick auf die Rechtsfolge der Aussetzung – das Ruhen der Verfolgungsverjährung (§ 396 III AO) – ließe sich eine Auslegung, das Strafverfahren könne bereits im Hinblick auf ein beabsichtigtes Besteuerungsverfahren ausgesetzt werden, nicht mehr rechtfertigen. Die Aussetzung des Strafverfahrens hätte dann nämlich die für den Beschuldigten belastende Folge, dass der Lauf der Verjährung gehemmt wäre, obwohl weder ein Strafverfahren noch ein Besteuerungsverfahren betrieben wird. Eine Aussetzung des Strafverfahrens in einer solchen Situation ließe sich auch kaum mit dem in Art. 6 I 1 MRK verankerten Anspruch des Beschuldigten auf eine zügige Verfahrenserledigung vereinbaren (→ Rn. 8), so dass die Aussetzung jedenfalls ermessensfehlerhaft wäre. Denn die Untätigkeit im Strafverfahren ist angesichts dieses Anspruchs nur dann hinzunehmen, wenn ein Besteuerungsverfahren betrieben wird, dessen Ergebnisse im Strafverfahren wieder Verwendung finden können. Dem lässt sich auch nicht entgegenhalten, dass die stärksten Zweifel an dem Bestehen eines Steueranspruchs dann gegeben seien, wenn die FinB trotz des Legalitätsprinzips (§§ 85, 88 AO) noch keinen Steueranspruch geltend gemacht habe (so noch *Gast-deHaan* in der → 6. Aufl. Rn. 15). Denn auch das aufgrund einer Aussetzung „schwebende" Strafverfahren belastet den Angeklagten, zumal die Auffassung der FinB zu steuerlichen Fragen weder die Strafverfolgungsbehörden noch die Strafgerichte bindet.

Nach rechtskräftigem Abschluss des Besteuerungsverfahrens ist die Aussetzung 24 nicht mehr zulässig; sie kommt also auch nach Ablauf der Rechtsbehelfsfristen oder nach einem wirksamen Verzicht auf Einspruch (§ 354 AO) oder Klage (§ 50 FGO) nicht in Betracht, wohl aber während der Frist für eine Beschwerde gegen die Nichtzulassung der Revision (LG Berlin 26.11.1991, wistra 1992, 155). Die widerspruchslose Hinnahme eines Bp-Mehrergebnisses in der Schlussbesprechung steht einem rechtskräftigen Abschluss des Besteuerungsverfahrens nicht gleich (zust. *Schuhmann* wistra 1992, 172).

Im Hinblick auf ein **Verfassungsbeschwerdeverfahren,** das sich dem finanzgericht- 25 lichen Verfahren anschließt, kann das Strafverfahren nicht gem. § 396 AO ausgesetzt werden, weil das *Besteuerungsverfahren rechtskräftig abgeschlossen* ist (zust. HHS/*Tormöhlen* AO § 396 Rn. 75; aA Kohlmann/*Schauf* AO § 396 Rn. 41). Sofern nicht das Strafgericht selbst eine entscheidungserhebliche (Steuer-)Norm für verfassungswidrig hält und deswegen gem. Art. 100 I GG die Entscheidung des BVerfG einholt, ist das Strafverfahren fortzusetzen. Im Falle einer strafgerichtlichen Verurteilung bleibt dem Verurteilten dann auch insoweit die Verfassungsbeschwerde. Anders verhält es sich, wenn das FG oder der BFH das finanzgerichtliche Verfahren gem. Art. 100 I GG ausgesetzt und die Sache dem BVerfG vorgelegt hat, weil das vorlegende Gericht eine Steuernorm für verfassungswidrig hält; in diesem Fall ist das *Besteuerungsverfahren noch nicht rechtskräftig* abgeschlossen (vgl. LG Augsburg 26.4.2007, wistra 2007, 272).

c) Entscheidungserhebliche Vorfragen

Die strafrechtliche **Beurteilung der Tat als Steuerhinterziehung** muss davon abhän- 26 gen, ob ein Steueranspruch besteht, ob Steuern verkürzt oder ob nicht gerechtfertigte Steuervorteile erlangt sind. Relevant sind daher ausschließlich *steuerrechtliche Vorfragen* (glA LG Halle 7.5.2014, NZWiSt 2014, 385; Kohlmann/*Schauf* AO § 396 Rn. 42; RKR/ *Rolletschke* AO § 396 Rn. 23; Klein/*Jäger* AO § 396 Rn. 3; aA *Gast-deHaan* § 396 Rn. 17 in der 6. Aufl.: auch Sachfragen). Die Aufklärung des Sachverhalts einschl. der inneren Tatseite bleibt dagegen uneingeschränkt Aufgabe der Strafverfolgungsorgane und Strafgerichte. Eine Aussetzung kommt zudem erst dann in Betracht, wenn feststeht, dass es für die abschließende Entscheidung allein auf die steuerrechtlichen Vorfragen ankommt (glA HHS/*Tormöhlen* AO § 396 Rn. 59 u. Kohlmann/*Schauf* AO § 396 Rn. 42). Scheitert die Strafbarkeit schon aus anderen Gründen oder ist sie unabhängig von den steuerrechtlichen Vorfragen, so scheidet eine Aussetzung nach § 396 AO aus. Steuerrechtliche Fragen, von denen die Beurteilung der Tat als Steuerhinterziehung abhängen kann, können zB gegeben sein, wenn mehrere Finanzgerichte dieselbe Norm unterschiedlich auslegen, wenn die Finanzverwaltung ihre Rechtsauffassung geändert hat oder sie nicht bereit ist, eine Entscheidung des BFH über den entschiedenen Einzelfall hinaus anzuwenden (sog. Nichtanwendungserlass). Unterschiedliche Literaturmeinungen sind dagegen regelmäßig kein zwingender Anlass für die Aussetzung des Strafverfahrens (vgl. BVerfG 15.10.1990, NStZ 1991, 88; glA RKR/*Rolletschke* AO § 396 Rn. 25).

27 Eine Aussetzung des Strafverfahrens zum Zwecke der Vermeidung von **Beweisschwierigkeiten** ist unzulässig (glA *Tormöhlen* AO-StB 2014, 370). Die Beweisaufnahme und die Würdigung der Beweise dürfen nicht dem finanzgerichtlichen Verfahren überlassen werden (glA Kohlmann/*Schauf* AO § 396 Rn. 48 u. Schwarz/Pahlke/*Nikolaus* AO § 396 Rn. 11; *Brenner* BB 1980, 1321). Angesichts der unterschiedlichen Verfahrens- und Beweisgrundsätze lassen sich Abweichungen in den Tatsachenfeststellungen ohnehin nicht immer vermeiden. Zudem lässt die StPO eine bloße Übernahme von Feststellungen aus dem finanzgerichtlichen Verfahren ohne eigenständige Würdigung der Beweise durch das Strafgericht nicht zu. Ebensowenig können **prozessökonomische Überlegungen** oder Zweckmäßigkeitserwägungen die Aussetzung rechtfertigen, wenn die Abhängigkeit der Entscheidung von einer steuerrechtlichen Vorfrage fehlt (→ Rn. 7).

28 **Eine steuerrechtliche Vorfrage ist nicht entscheidungserheblich,** wenn die Beurteilung der Tat nicht als Steuerhinterziehung oder Schmuggel, sondern als Steuerhehlerei oder als Begünstigung in Frage steht (s. auch → Rn. 11). Auch Zweifel lediglich über die **Höhe** der Steuerverkürzung oder eines zu Unrecht erlangten Steuervorteils rechtfertigen die Aussetzung nach § 396 AO nicht (HHS/*Tormöhlen* AO § 396 Rn. 53 u. Kohlmann/ *Schauf* AO § 396 Rn. 51 f.; *Schuhmann* wistra 1992, 175; *Rolletschke* NZWiSt 2014, 386, 387; vgl. auch BGH 6.6.1973, NJW 1973, 1562). Denn die Beurteilung der Tat „als Steuerhinterziehung" (§ 396 I AO) ist nicht vom Umfang der verkürzten Steuern abhängig; dieser wirkt sich nur noch auf den Strafausspruch aus (BGH 24.5.2007, wistra 2007, 345; zur Aussetzung nach den §§ 154d, 262 StPO → Rn. 16).

29 An der **Abhängigkeit von einer steuerrechtlichen Vorfrage** fehlt es auch dann, wenn die Beurteilung der Tat als Steuerhinterziehung ausschl. von *strafrechtlichen Gesichtspunkten* abhängt, zB

– wenn ein Freispruch schon deshalb geboten ist, weil es an einer tauglichen Tathandlung fehlt (vgl. *Hartung* NJW 1966, 484);
– wenn die Tat zwar an sich nachweisbar wäre, aber unter die Wirkungen eines Straffreiheitsgesetzes fällt (RG 8.9.1936, JW 1936, 3467);
– wenn die nachgewiesene Tathandlung für die Steuerverkürzung nicht ursächlich ist oder der Angeklagte den ungerechtfertigten Steuervorteil nicht durch sie erlangt hat (HHS/ *Tormöhlen* AO § 396 Rn. 56);
– wenn der subjektive Tatbestand fehlt oder nicht nachweisbar ist (vgl. BGH 11.12.1952, BGHSt 3, 377; RG 6.2.1934, RGSt 68, 45).

30 Liegt dem Beschuldigten zur Last, mehrere Steuerhinterziehungen in **Tateinheit** (§ 52 StGB) begangen zu haben, ist eine steuerrechtliche Vorfrage auch dann nicht für die Beurteilung der Tat „als Steuerhinterziehung" entscheidungserheblich, wenn sie sich nicht für alle der betroffenen Steuern stellt; denn die Verwirklichung einer weiteren Steuerhinterziehung kann allenfalls für die Strafzumessung von Bedeutung sein (glA Kohlmann/ *Schauf* AO § 396 Rn. 47 und HHS/*Tormöhlen* AO § 396 Rn. 57).

31 Bei **Tatmehrheit** kommt eine Aussetzung für selbständige Taten in Betracht (glA Kohlmann/*Schauf* AO § 396 Rn. 47).

d) Ermessensentscheidung

32 **Das Strafverfahren „kann" ausgesetzt werden,** wenn die Voraussetzungen des § 396 I vorliegen; eine Aussetzungspflicht besteht jedoch nicht. Die Aussetzung liegt damit – anders als in den Fällen des Art. 100 I GG – im *pflichtgemäßen Ermessen* der Ermittlungsbehörden bzw. des Strafgerichts (BVerfG v. 4.4.1985, NStZ 1985, 126 u.

BVerfG 15.10.1990, wistra 1991, 175). Selbst wenn die entscheidungserheblichen steuerlichen Vorfragen schwierig sind, besteht kein Anspruch auf Aussetzung (BGH 13.1.1988, wistra 1988, 196; Kohlmann/*Schauf* AO § 396 Rn. 64). Auf der Grundlage der in § 393 I AO vorausgesetzten Gleichrangigkeit von Besteuerungs- und Steuerstrafverfahren stellt diese „Ermessenslösung" die einzig denkbare Regelung dar, die zum einen eine einheitliche Auslegung von Steuerrechtsfragen in beiden Verfahren ermöglicht und zum anderen mit den Grundsätzen des Strafverfahrensrechts vereinbar und zugleich praktikabel ist (zutr. HHS/*Tormöhlen* AO § 396 Rn. 15).

Gegenstand der Ermessensentscheidung ist nicht nur die Frage, *ob* das Strafverfahren 33 ausgesetzt werden soll, sondern gegebenenfalls auch, zu welchem *Zeitpunkt* und für welche *Dauer* dies geschehen soll.

Im Rahmen der Ermessensausübung sind **alle Umstände,** die im konkreten Fall für und 34 gegen eine Aussetzung des Steuerstrafverfahrens sprechen, **gegeneinander abzuwägen.** In die Abwägung fließen dabei insbes. das öffentliche Interesse an der Erhaltung der Rechtssicherheit durch Vermeidung widersprüchlicher Entscheidungen in derselben Rechtssache (→ Rn. 6) sowie verschiedene verfassungsrechtliche Grundentscheidungen ein.

Ein wichtiger Abwägungsfaktor ist die **Bedeutung des Falles für den Beschuldigten,** 35 also das Gewicht des Tatvorwurfs und die Höhe der zu erwartenden Rechtsfolgen. Je schwerer der Vorwurf wiegt und je höher die Strafwartung ist, desto größer kann das Interesse des Beschuldigten sein, dass die Rechtsauffassungen der FinB und des FG im Strafverfahren Berücksichtigung finden (zutr. HHS/*Tormöhlen* AO § 396 Rn. 73).

Für eine Aussetzung spricht auch, wenn eine steuerrechtliche Vorfrage nicht nur im 36 konkreten Fall, sondern in einer **Vielzahl ähnlich gelagerter Strafverfahren** entscheidungserheblich ist. Dies kann etwa der Fall sein, wenn die Nichtigkeit einer Steuernorm geltend gemacht wird (zu § 23 I EStG bei Spekulationsgewinnen vgl. BGH 9.10.2007, wistra 2008, 21).

Zentrale Bedeutung im Rahmen der Abwägung kommt dem aus Art. 2 I iVm 37 Art. 20 III GG und Art. 6 I 1 MRK folgenden **Anspruch** des Beschuldigten **auf zügige Durchführung** des gegen ihn gerichteten Strafverfahrens (→ Rn. 8) zu (vgl. BVerfG 24.11.1983, NJW 1984, 967; BGHGrS 17.1.2008, wistra 2008, 137). Zwar mag manchem Beschuldigten die Aussetzung des Strafverfahrens und dessen urteilsverzögernde Wirkung vorteilhaft erscheinen. Die weit verbreitete Auffassung, für den Beschuldigten sei es regelmäßig von Vorteil, wenn das Strafverfahren „auf die lange Bank geschoben wird" (vgl. *Brenner* BB 1980, 1321), trifft in dieser Allgemeinheit jedoch nicht zu. Bereits von einem anhängigen Ermittlungsverfahren können erhebliche nervliche und wirtschaftliche Belastungen ausgehen, die bei einer späteren Verurteilung strafmildernd berücksichtigt werden müssen. Die auch von einem ausgesetzten Strafverfahren für den Angeklagten ausgehenden Belastungen sind daher ebenfalls in die Abwägung einzubeziehen. Dasselbe gilt, wenn mit zunehmender zeitlicher Distanz zwischen der Tat und der abschließenden Entscheidung die Qualität der Beweismittel abnehmen kann, zB weil die Erinnerung der Zeugen an das Geschehen verblasst. Der Anspruch des Beschuldigten auf zügige Durchführung des Strafverfahrens ist selbst dann zu beachten, wenn der Beschuldigte die Aussetzung nach § 396 AO selbst beantragt und an einer zügigen Fortsetzung des Strafverfahrens erkennbar kein Interesse hat (EGMR 21.12.2010 – 974/07, Rs. W gegen Deutschland, mAnm *Meyberg* PStR 2011, 107). In der gerichtlichen Praxis wird die Bedeutung des Beschleunigungsgrundsatzes gem. Art. 6 I 1 MRK häufig übersehen (vgl. LG Bremen, StV 2011, 616).

Zu berücksichtigen ist ebenfalls, dass die strafmildernde Wirkung des Zeitfaktors dem 38 ebenfalls verfassungsrechtlich verankerten **Ziel effektiver Strafverfolgung** widerstreitet. Würde eine länger dauernde Aussetzung dazu führen, dass im Falle einer Verurteilung eine schuldangemessene Bestrafung nicht mehr erfolgen könnte (vgl. BGH 8.8.2006, wistra 2006, 428, 429), dürfte dies der Aussetzung regelmäßig entgegenstehen. Auch in Haftsachen dürfte eine Aussetzung des Strafverfahrens mit der zwangsläufigen Folge der Aufhebung des Haftbefehls regelmäßig nicht in Betracht kommen.

39 Der **Grundsatz der Verhältnismäßigkeit** gilt ebenso wie die prozessuale Fürsorgepflicht des Gerichts für die gesamte Verfahrensgestaltung (vgl. LG Augsburg 26.4.2007, wistra 2007, 272 sowie KK-StPO/*Fischer* Einl. 129). Er verlangt, dass eine Maßnahme unter Würdigung aller persönlichen und tatsächlichen Umstände des Einzelfalls zur Erreichung des angestrebten Zwecks geeignet und erforderlich ist und dass der mit ihr verbundene Eingriff nicht außer Verhältnis zur Bedeutung der Sache und zur Stärke des bestehenden Tatverdachts steht (BVerfG 24.5.1977, BVerfGE 44, 353). Ein grundsätzlicher Vorrang des finanzgerichtlichen Verfahrens vor dem Strafverfahren lässt sich hieraus gleichwohl nicht ableiten, zumal die im Besteuerungsverfahren getroffenen Feststellungen im Strafverfahren keine Bindungswirkung entfalten und deshalb eine strafgerichtliche Beweisaufnahme und -würdigung nicht entbehrlich machen. Allerdings steht das schützenswerte Interesse des Beschuldigten an der *Geheimhaltung seiner steuerlichen Verhältnisse* (§ 30 AO) in einem Spannungsverhältnis mit dem Öffentlichkeitsgrundsatz im Strafverfahren (dazu *Weyand* wistra 1993, 132). Während im Finanzgerichtsprozess die Öffentlichkeit auszuschließen ist, wenn ein Beteiligter, der nicht FinB ist, es beantragt (§ 52 II FGO), ist die strafgerichtliche Hauptverhandlung grundsätzlich öffentlich (§ 169 GVG). Auch das Strafgericht kann jedoch nach pflichtgemäßem Ermessen die Öffentlichkeit bei Erörterung *wichtiger Steuer- oder Geschäftsgeheimnisse* für die Verhandlung ausschließen (§ 172 Nr. 2 GVG).

40 Auch bei schwierigen, ungeklärten steuerrechtlichen Vorfragen ergibt sich keine **Ermessensreduzierung auf Null** iSe Rechtspflicht zur Aussetzung (glA HHS/*Tormöhlen* AO § 396 Rn. 13 ff.; iErg. auch RKR/*Rolletschke* AO § 396 Rn. 40; und Kohlmann/*Schauf* AO § 396 Rn. 64; aA *Isensee* NJW 1985, 1007; *Schlüchter* JR 1985, 360; vgl. auch BGH 19.12.1990, BGHSt 37, 266, 269). Dies ergibt sich bereits aus der zwingenden Berücksichtigung des Gebots zur zügigen Durchführung des Strafverfahrens. Besonders deutlich wird dies in Haftsachen. Die Annahme einer Aussetzungspflicht ohne Bindung an die im Besteuerungsverfahren ergangene Entscheidung würde zudem im Ergebnis bedeuten, dass die Strafverfolgungsbehörde bzw. der Strafrichter zur Einholung eines Rechtsgutachtens verpflichtet wäre. Solches wäre mit den elementaren Prinzipien des Strafprozesses („iura novit curia") nicht zu vereinbaren. Ebensowenig zwingt allein der Umstand, dass die FinB gem. § 361 II 2 AO oder § 69 II 2 FGO die Vollziehung des Steuerbescheides ausgesetzt hat, zur Aussetzung des Strafverfahrens (glA HHS/*Tormöhlen* 13 u. Kohlmann/*Schauf* AO § 396 Rn. 64; aA *Blumers* DB 1983, 1571). Denn die Aussetzung der Vollziehung gem. § 361 II 2 AO kommt schon dann in Betracht, wenn eine summarische Prüfung der FinB ergibt, dass neben den für die Rechtmäßigkeit sprechenden Umständen gewichtige gegen die Rechtmäßigkeit sprechende Gründe zutage treten (vgl. Klein/*Rätke* AO § 361 Rn. 16). Damit ist aber lediglich klar, dass überhaupt eine Ermessensentscheidung zu treffen ist. Sind nämlich die Rechtsfragen geklärt, ist der Anwendungsbereich des § 396 AO gar nicht eröffnet. Es lässt sich aber angesichts der uneingeschränkten Vorfragenkompetenz der Strafgerichte nicht rechtfertigen, dass bloße Zweifel einer FinB den Strafrichter verpflichten sollen, seine eigene Entscheidung solange zurückzustellen, bis die FinB zu einer Überzeugung gelangt ist.

41 Angesichts des **Gewichts des Grundsatzes zügiger Durchführung** des Strafverfahrens wird das Ergebnis der Ermessensentscheidung häufig davon abhängen, wann mit einer Klärung der steuerrechtlichen Vorfrage im finanzgerichtlichen Verfahren zu rechnen ist. Je näher das Steuerverfahren vor der höchstrichterlichen Klärung steht, desto eher wird eine Aussetzung in Betracht kommen (ebenso HHS/*Tormöhlen* AO § 396 Rn. 75 u. Kohlmann/*Schauf* AO § 396 Rn. 66). Von zentraler Bedeutung für die Ermessensentscheidung ist daher, dass sich die zuständige Stelle (StA oder Strafrichter) vor der Entscheidung über eine Verfahrensaussetzung nach § 396 AO über den Stand des Besteuerungsverfahrens und die voraussichtliche zeitliche Dimension des weiteren Verfahrens Klarheit verschafft. Fehlen ihr diese Erkenntnisse, ist eine pflichtgemäße Ermessensausübung nahezu ausgeschlossen. Wichtig ist auch, dass die FinB bzw. das FG von einer Verfahrensaussetzung im Strafverfahren Kenntnis erhält, damit dort die Bedeutung einer zügigen Durchführung des Besteuerungsverfahrens für das Strafverfahren bekannt wird.

Der **Strafrichter ist an die Entscheidung der Finanzgerichtsbarkeit nicht gebunden.** Er darf angesichts seiner uneingeschränkten Vorfragenkompetenz (OLG Zweibrücken 14.9.2009, wistra 2009, 488; Klein/*Jäger* AO § 396 Rn. 8) von der Beurteilung durch die Finanzgerichtsbarkeit auch dann abweichen, wenn er das Strafverfahren ausgesetzt hatte, um die Entscheidung des FG oder BFH abzuwarten (vgl. auch *Odersky* [1994] S. 1013).

6. Entscheidung über die Aussetzung

a) Zuständigkeit

Über die Aussetzung entscheidet im Ermittlungsverfahren die StA (§ 396 II AO). Führt die FinB das Ermittlungsverfahren selbstständig durch (§ 386 II AO), trifft diese die Entscheidung über die Aussetzung. Nach Erhebung der öffentlichen Klage ist das mit der Sache befasste Gericht zuständig. Die Aussetzung ist auch noch im Rechtsmittelverfahren möglich. Sie ist nicht von einem Antrag abhängig, jedoch hat der Beschuldigte in jeder Lage des Verfahrens die Möglichkeit, einen entsprechenden Antrag zu stellen.

b) Form

StA und FinB entscheiden durch **Verfügung** (vgl. §§ 167, 171 StPO); das Gericht befindet durch Beschluss, der entweder in der Hauptverhandlung durch Verkündung bekanntgemacht oder schriftlich zugestellt wird (§ 35 StPO).

Eine **Begründung** ist für die Entscheidung der Ermittlungsbehörde nicht vorgeschrieben; sie ist aber zweckmäßig, um deutlich zu machen, auf welche steuerrechtliche Vorfrage es im Strafverfahren ankommt (glA HHS/*Tormöhlen* AO § 396 Rn. 67 u. Kohlmann/*Schauf* AO § 396 Rn. 71). Ob ein gerichtlicher Aussetzungsbeschluss zu begründen ist, hängt von der Auslegung des § 34 StPO einerseits und von der Beurteilung der Anfechtbarkeit eines Aussetzungsbeschlusses (→ Rn. 48 ff.) andererseits ab. Gem. § 34 StPO sind die durch ein Rechtsmittel anfechtbaren Entscheidungen sowie die, durch welche ein Antrag abgelehnt wird, mit Gründen zu versehen. Die Bedeutung der zweiten Alternative des § 34 StPO ist umstritten. Streng genommen ist die Begründung entbehrlich bei Entscheidungen, die – wie der Aussetzungsbeschluss (→ Rn. 43) – keinen Antrag voraussetzen. Eine besondere Begründung ist deshalb nach § 34 StPO an sich auch dann nicht erforderlich, wenn zu einer solchen Entscheidung ein entgegengesetzter Antrag gestellt worden ist (BGH 13.12.1960, BGHSt 15, 253 u. Meyer-Goßner/Schmitt/*Schmitt* StPO § 34 Rn. 3; aA KK-StPO/*Maul* StPO § 34 Rn. 4; Kohlmann/*Schauf* AO § 396 Rn. 71). Die hM verlangt aber unter dem Gesichtspunkt des rechtlichen Gehörs und der dem Gericht obliegenden Fürsorgepflicht auch in diesen Fällen eine Begründung, vor allem, wenn ein Prozessbeteiligter dem Antrag eines anderen widersprochen hat (vgl. Meyer-Goßner/Schmitt/*Schmitt* StPO § 34 Rn. 3).

c) Dauer

Die Dauer der Aussetzung des Strafverfahrens bestimmt die StA bzw. das Strafgericht **nach pflichtgemäßem Ermessen.** Die äußerste Grenze für eine Aussetzung bildet der rechtskräftige Abschluss des Besteuerungsverfahrens (§ 396 I AO). Rechtskräftig abgeschlossen ist das Besteuerungsverfahren, wenn der Steuerbescheid formell bestandskräftig geworden ist, weil alle Rechtsbehelfs- und Rechtsmittelfristen (§ 355 AO; §§ 47, 120 FGO) abgelaufen sind oder weil ein weiteres Rechtsmittel nicht mehr gegeben ist. Bei unterbliebener oder unrichtiger Rechtsbehelfsbelehrung in einem Steuerbescheid ist die Jahresfrist des § 356 AO maßgeblich. Auf etwa noch bestehende Aufhebungs- oder Änderungsmöglichkeiten nach den Vorschriften der §§ 172 ff. AO kommt es hingegen nicht an.

47 Häufig ist es sachgerecht, das Strafverfahren **bis zum rechtskräftigen Abschluss des Besteuerungsverfahrens** auszusetzen; denn erst dann besteht Gewissheit über das Ergebnis des Besteuerungsverfahrens, die erforderlich ist, um einander widersprechende Entscheidungen zu vermeiden. Aus sachlichen Gründen ist eine *zeitliche Befristung jedoch ebenso zulässig* (und im Hinblick auf Art. 6 I 1 MRK uU sogar geboten) wie eine jederzeit mögliche Fortführung des Strafverfahrens (glA HHS/*Tormöhlen* AO § 396 Rn. 69 f.; Kohlmann/*Schauf* AO § 396 Rn. 72 ff.; RKR/*Rolletschke* AO § 396 Rn. 51). Ein Anlass zur Fortführung des Strafverfahrens vor bestandskräftiger Steuerfestsetzung kann etwa gegeben sein,

– wenn der BFH oder das BVerfG in einer abstrakten Rechtsfrage eine Entscheidung trifft, welche die entscheidungserhebliche steuerrechtliche Vorfrage klärt;
– wenn im Besteuerungsverfahren eine Entscheidung ergeht und die gegen sie gerichteten Rechtsbehelfe aussichtslos erscheinen (glA Kohlmann/*Schauf* AO § 396 Rn. 74);
– wenn – zB wegen neuer Erkenntnisse zum Sachverhalt – die Abhängigkeit des Strafverfahrens von der Vorfrage und damit der Aussetzungsgrund entfällt;
– wenn sich das Besteuerungsverfahren wider Erwarten und auf nicht absehbare Zeit in die Länge zieht oder
– wenn gar gem. § 363 I AO (bzw. § 74 FGO) das Besteuerungsverfahren im Hinblick auf das Strafverfahren ausgesetzt wird (→ Rn. 19).

Es empfiehlt sich daher, den Verlauf des Besteuerungsverfahrens während der Aussetzung des Strafverfahrens zu beobachten.

d) Anfechtung

48 Bewilligende oder ablehnende **Aussetzungsentscheidungen der Ermittlungsbehörden** sind nach allgemeiner Ansicht nicht anfechtbar (Erbs/Kohlhaas/*Hadamitzky/Senge* AO § 396 Rn. 11; HHS/*Tormöhlen* AO § 396 Rn. 76; Kohlmann/*Schauf* AO § 296 Rn. 76; Kühn/v. Wedelstädt/*Blesinger* AO § 396 Rn. 6; KG 28.4.1958, JR 1959, 29); statthaft ist nur die Dienstaufsichtsbeschwerde (vgl. zur Fristsetzung nach § 154d StPO: OLG Köln 16.10.1951, NJW 1951, 932; OLG Hamm 23.10.1958, NJW 1959, 161; KMR-StPO/*Kulhanek* StPO § 145d Rn. 13; Meyer-Goßner/Schmitt/*Schmitt* StPO § 154d Rn. 4). Setzt die ermittelnde FinB das Strafverfahren aus oder lehnt sie einen Aussetzungsantrag des Beschuldigten ab, so hat dieser zusätzlich die Möglichkeit, bei der StA anzuregen, das Verfahren gem. § 386 IV 2 AO an sich zu ziehen (*Brenner* BB 1980, 1322).

49 Die **Ablehnung eines Antrags auf Aussetzung durch gerichtlichen Beschluss** ist nicht mit der Beschwerde (§ 304 StPO), sondern erst zusammen mit dem Urteil im Wege der Berufung oder Revision anfechtbar. Denn die Ablehnung der Aussetzung ist eine der Urteilsfindung vorausgehende Entscheidung iSd § 305 S. 1 StPO (vgl. OLG Hamm 17.8.1977, NJW 1978, 283; OLG Karlsruhe 14.12.1984, wistra 1985, 168; Erbs/Kohlhaas/ *Hadamitzky/Senge* AO § 396 Rn. 11; Klein/*Jäger* AO § 396 Rn. 16; HHS/*Tormöhlen* AO § 396 Rn. 78; Kohlmann/*Schauf* AO § 396 Rn. 80; RKR/*Rolletschke* AO § 396 Rn. 55; Schwarz/Pahlke/*Nikolaus* AO § 396 Rn. 22; aM *Bernsmann* FS Kohlmann, 2003, 377, 385; *Schuhmann* wistra 1992, 172, 176; *Weidemann* wistra 2004, 195, 197 und StV 2013, 379, 380 mit dem Argument, dass die Aussetzungsablehnung keine „beruhensgeeignete" Vorentscheidung iSv § 336 S. 1 StPO sei). Zwar beschränkt sich der Ausschluss der Beschwerde nach seinem gesetzgeberischen Zweck auf Entscheidungen, die im inneren Zusammenhang mit der Urteilsfällung stehen, nur der Urteilsvorbereitung dienen und keine weiteren Rechtswirkungen äußern (vgl. KMR-StPO/*Plöd* StPO § 305 Rn. 9). Diese Voraussetzungen liegen indes vor. Die Ablehnung der Aussetzung steht in einem inneren Zusammenhang mit der nachfolgenden Urteilsfällung, die hierdurch ermöglicht werden soll. Allein in den von der Durchführung einer Hauptverhandlung ausgehenden Belastungen für den Angeklagten können „weitere" Rechtswirkungen nicht gesehen werden; dies belegt bereits die gesetzgeberische Wertung in § 210 I StPO (glA HHS/ *Tormöhlen* AO § 396 Rn. 78; aA *Schuhmann* wistra 1992, 172).

Die Ablehnung eines Antrags auf Aussetzung gem. § 396 AO kann **mit dem gegen das** 50 **Urteil zulässigen Rechtsmittel gerügt** werden (vgl. OLG Hamm 17.8.1977, NJW 1978, 283; zu den insoweit bestehenden Anforderungen an eine zulässige Verfahrensrüge s. BGH 19.12.1990, BGHSt 37, 266). Allein der Umstand, dass der Tatrichter die steuerrechtliche Vorfrage selbst entschieden hat, obwohl er sich der Aussetzungsmöglichkeit bewusst war, begründet regelmäßig keinen Verfahrensfehler; denn die Ermessensausübung ist nur in engen Grenzen überprüfbar (vgl. BGH 28.1.1987, BGHSt 34, 272). Ist die steuerrechtliche Vorfrage unrichtig entschieden, ist das Urteil bereits auf die Sachrüge hin aufzuheben. Eine Beschränkung der Verteidigung iSd § 338 Nr. 8 StPO durch Ablehnung der Aussetzung des Strafverfahrens kommt allenfalls in Ausnahmefällen in Betracht (vgl. HHS/*Tormöhlen* AO § 396 Rn. 79 u. Kohlmann/*Schauf* AO § 396 Rn. 80; aA OLG Hamburg 4.4.1967; MDR 1967, 608; *Bernsmann* FS Kohlmann, 2003, 385).

Ob ein **Beschluss, durch den das Steuerstrafverfahren ausgesetzt wird,** mit der 51 Beschwerde (§ 304 StPO, § 385 I AO) anfechtbar ist, ist umstritten. ZT wird die Zulässigkeit der Beschwerde generell verneint (Schwarz/Pahlke/*Nikolaus* AO § 396 Rn. 23; KK-StPO/*Ott* StPO § 262 Rn. 9 unter Hinweis auf OLG Frankfurt a. M. 25.11.2004, NStZ-RR 2005, 47), zT mit eingeschränktem Überprüfungsumfang bejaht (OLG Frankfurt a. M. 24.1.1966, NJW 1966, 992; LG Bremen 29.7.2010, NStZ-RR 2012, 14; HHS/*Tormöhlen* AO § 396 Rn. 77) oder stets für zulässig gehalten (*Weidemann* StV 2013, 379). Nach der zutreffenden hM ist die Beschwerde gegen einen Aussetzungsbeschluss zwar grundsätzlich unzulässig, weil auch er der Urteilsfällung vorausgeht (§ 305 S. 1 StPO). Die Beschwerde ist aber dann ausnahmsweise zulässig, *wenn der Aussetzungsbeschluss nicht der Sachaufklärung dient und deshalb in keinem inneren Zusammenhang mit der Urteilsfällung steht* (glA Kohlmann/*Schauf* AO § 396 Rn. 78; Klein/*Jäger* AO § 396 Rn. 16; Meyer-Goßner/Schmitt/*Schmitt* StPO § 262 Rn. 16; *Brenner* BB 1980, 1321; vgl. auch OLG Stuttgart 17.7.1973, NJW 1973, 2309). Dies ist dann der Fall, wenn die tatbestandlichen Voraussetzungen des § 396 I AO nicht vorliegen und die Aussetzung daher nur verfahrensverzögernd wirkt (LG Halle 7.5.2014, NZWiSt 2014, 385; LG Bremen 29.7.2010, NStZ-RR 2012, 14). Eine solche Situation ist etwa gegeben, wenn die Steuerrechtslage nicht zweifelhaft ist (vgl. LG Halle 7.5.2014, NZWiSt 2014, 385; *Tormöhlen* AO-StB 2014, 370), wenn die Entscheidungserheblichkeit der steuerrechtlichen Vorfrage in Wahrheit nicht besteht (dazu *Schäfer* wistra 1983, 168 ff., 170) oder wenn die FinB ihrerseits erklärt hat, den Ausgang des Strafverfahrens abzuwarten (vgl. OLG Karlsruhe 14.12.1984, NStZ 1985, 227). Nach Auffassung des LG Halle (aaO) soll es für die Anfechtbarkeit des Aussetzungsbeschlusses auch genügen, dass der Beschluss entgegen § 34 Alt. 1 StPO nicht mit Gründen versehen ist. Die Ermessensentscheidung, ob die Aussetzung zweckmäßig ist, kann hingegen durch das Beschwerdegericht nicht nachgeprüft werden (glA LG Halle 7.5.2014, NZWiSt 2014, 385; LG Bremen 29.7.2010, NStZ-RR 2012, 14; Erbs/Kohlhaas/*Hadamitzky/Senge* AO § 396 Rn. 11).

7. Wiederaufnahme des Verfahrens

Die fehlende Verpflichtung zur Aussetzung eines Strafverfahrens sowie die mangelnde 52 Bindung der Strafgerichte an finanzgerichtliche Entscheidungen haben zur Folge, dass **einander widersprechende finanz- und strafgerichtliche Entscheidungen nicht ausgeschlossen** sind. In Fällen, in denen das finanzgerichtliche Verfahren zu für den Stpfl günstigeren Feststellungen führt, stellt sich daher regelmäßig die Frage nach der Wiederaufnahme eines bereits abgeschlossenen Strafverfahrens. Die StPO bietet in den §§ 359 ff. StPO sehr eingeschränkte Möglichkeiten, rechtskräftig abgeschlossene Strafverfahren wiederaufzunehmen. Zugunsten des Verurteilten kommen in solchen Fällen zumeist nur die in § 359 Nr. 4 und 5 StPO sowie § 79 I BVerfGG geregelten Wiederaufnahmegründe in Betracht.

53 Nach § 359 Nr. 4 StPO ist die Wiederaufnahme eines durch rechtskräftiges Urteil abgeschlossenen Verfahrens zugunsten des Verurteilten zulässig, wenn ein zivilgerichtliches Urteil, auf welches das Strafurteil gegründet ist, durch ein anderes rechtskräftig gewordenes Urteil aufgehoben wird. Zwar werden finanzgerichtliche Entscheidungen den zivilgerichtlichen Urteilen gleichgestellt (Meyer-Goßner/Schmitt/*Schmitt* StPO § 359 Rn. 17 mwN), jedoch ist das Strafurteil mangels Gestaltungswirkung der finanzgerichtlichen Entscheidung nicht auf diese gegründet (*Weidemann* GA 1987, 222; *Wisser* [1992] S. 259; *Weyand* PStR 2007, 189, 190), so dass eine Wiederaufnahme nach § 359 Nr. 4 StPO ausscheidet (aA *Isensee* NJW 1985, 1007, 1010: analoge Anwendung des § 359 Nr. 4 StPO).

54 Nach § 359 Nr. 5 StPO kann ein abgeschlossenes Strafverfahren dann wiederaufgenommen werden, wenn neue entlastende Tatsachen oder Beweismittel beigebracht werden, die zu einer milderen Beurteilung der Tat oder gar zu einer Freisprechung des früheren Angeklagten führen können. Kommt das FG nach Rechtskraft des Strafurteils zu anderen tatsächlichen Feststellungen, etwa zu anderen Umsätzen, Gewinnen oder den Umständen von Betriebsausgaben, kann das einen Wiederaufnahmegrund iSv § 359 Nr. 5 StPO darstellen. Die Wiederaufnahme ist allerdings allein auf „Angriffe" beschränkt, die sich gegen das Tatsachenfundament eines Urteils richten (glA *Weyand* PStR 2007, 189, 190). Die abweichende Anwendung oder Auslegung steuerlicher Normen ist keine Tatsache in diesem Sinne. Fragen der zutreffenden Rechtsanwendung – auch der blankettausfüllenden Normen des Steuerrechts – bleiben daher ausschl. dem strafprozessualen Revisionsverfahren vorbehalten. Auch abweichende Feststellungen, die zu veränderten Besteuerungsgrundlagen führen, können neue Tatsachen iS von § 359 Nr. 5 StPO sein. Sie sind aber nur dann „neu", wenn sie dem Tatrichter nicht bekannt waren, nicht aber wenn er sie aufgrund einer abweichenden Rechtsauffassung anders bewertet hat (glA Kohlmann/*Schauf* AO § 396 Rn. 83; *Weyand* aaO; aA *Hellmann* S. 128; HHS/*Tormöhlen* AO § 396 Rn. 20). Die rechtskräftige Verneinung eines Steueranspruchs durch das FG nach einer strafgerichtlichen Verurteilung des Stpfl wegen Steuerhinterziehung zeigt idR nur eine unterschiedliche Bewertung bekannter Tatsachen auf und führt entgegen *Reiß* (StuW 1986, 71) und *Weidemann* (GA 1987, 205) nicht zur „neuen Tatsache" des Fehlens der Tathandlung bzw. der fehlenden Kausalität zwischen Tathandlung und Taterfolg (glA *Wisser* [1992] S. 261).

55 § 79 I BVerfGG enthält einen selbstständigen Wiederaufnahmegrund, der zu den in § 359 StPO aufgeführten Gründen hinzutritt (KK-StPO/*Schmidt* StPO Vor § 359 Rn. 16). Nach dieser Vorschrift ist die Wiederaufnahme des Verfahrens gegen ein rechtskräftiges Strafurteil, das auf einer mit dem GG für unvereinbar oder nach § 78 BVerfGG für nichtig erklärten Norm oder auf der Auslegung einer Norm beruht, die vom BVerfG für unvereinbar mit dem GG erklärt worden ist, nach den Vorschriften der StPO zulässig. Eine Wiederaufnahme kam danach zB in Betracht nach rechtskräftiger Verurteilung wegen Hinterziehung der ESt auf Wertpapier-Spekulationsgewinne in den Veranlagungszeiträumen 1997 und 1998 (vgl. BVerfG 8.11.2006, wistra 2007, 60, 62), da das BVerfG die Vorschrift des § 23 I 1 Nr. 1 Buchst. b EStG aF für nichtig erklärt hatte (BVerfG 9.3.2004, BVerfGE 110, 94). Dies gilt wegen des Wegfalls des zunächst bestehenden strukturellen Vollzugsdefizits (vgl. BFH 29.11.2005, BFHE 211, 330) nicht für spätere Veranlagungszeiträume (vgl. für das Jahr 2002 BGH 9.10.2007, wistra 2008, 21). Eine Wiederaufnahme kommt auch für Veranlagungszeiträume nicht in Betracht, für die das BVerfG die befristete Weitergeltung einer verfassungswidrigen Steuernorm angeordnet hat (vgl. BGH 7.11.2001, BGHSt 47, 138 zur Vermögensteuer).

8. Ruhen der Verjährung

Schrifttum: *Maier*, Aussetzung des Steuerstrafverfahrens nach § 396 AO und „absolute" Strafverfolgungsverjährung bei Steuerstraftaten, DStR 1988, 25; *Meine*, Absolute Verfolgungsverjährung und Aussetzung nach § 396 AO, wistra 1986, 58; *Grezesch,* Hindert die Aussetzung nach § 396 AO den Eintritt der absoluten Verjährung?, wistra 1990, 289.

a) Wirkung

Während der Aussetzung des Strafverfahrens **ruht die Verfolgungsverjährung** 56 (§ 396 III AO). Diese von den allgemeinen Aussetzungsregelungen der §§ 154d, 262 I StPO, die den Lauf der Verjährungsfrist unberührt lassen, abweichende Vorschrift trägt dem Umstand Rechnung, dass Steuervergehen oft erst zu einem Zeitpunkt entdeckt werden, zu dem bereits ein nicht unerheblicher Teil der Verjährungsfrist verstrichen ist (vgl. HHS/*Tormöhlen* AO § 396 Rn. 80).

Das in § 396 III AO angeordnete Ruhen der Verjährung **hemmt auch den Lauf der** 57 **"absoluten" (doppelten) Verjährungsfrist** iSd § 78c III 2 StPO (nahezu einhellige hM; vgl. BayObLG 22.2.1990, wistra 1990, 203; OLG Karlsruhe 8.3.1990, wistra 1990, 205; *Meine* wistra 1986, 59; *Wisser* [1992] S. 256; Erbs/Kohlhaas/*Hadamitzky/Senge* AO § 396 Rn. 10; Klein/*Jäger* AO § 396 Rn. 18; HHS/*Tormöhlen* AO § 396 Rn. 82; Kohlmann/*Schauf* AO § 396 Rn. 87 ff.; Kühn/v. Wedelstädt/*Blesinger* AO § 396 Rn. 7; aA *Grezesch* wistra 1990, 289). Aus dem Umstand, dass die lediglich deklaratorische Verweisung in § 78c III 3 StGB die Vorschrift des § 396 AO nicht ausdrücklich nennt, ergibt sich nichts anderes (zutr. HHS/*Tormöhlen* aaO; vgl. aber zur Bedeutung des Zeitpunkts der absoluten Verjährung im Rahmen der Ermessensausübung BGH 19.10.1987, wistra 1988, 263).

Die verjährungshemmende Wirkung der Aussetzung (§ 396 III AO) entfällt 58 lediglich dann, wenn die tatbestandlichen Voraussetzungen des § 396 I AO für eine Ermessensentscheidung nicht vorliegen. Die Ausübung des Ermessens ist – abgesehen von Ermessensmissbrauch und Ermessensüberschreitung – gerichtlich nicht nachprüfbar (glA Schwarz/Pahlke/*Nikolaus* AO § 396 Rn. 27a; vgl. auch LG Cottbus 14.6.2010 – 22 Wi Qs 16/10, Grenze: Willkür; aM AG Münster 12.6.2003, wistra 2003, 398: keine Hemmung der Verjährung bei (grob) ermessensfehlerhafter Aussetzung; dagegen *Weidemann* wistra 2004, 195, nach dessen Ansicht nur eine nichtige Aussetzungsanordnung für § 393 III AO keine „Tatbestandswirkung" entfaltet; vgl. zur Verjährungsunterbrechung BGH 5.4.2000, wistra 2000, 219).

Das Ruhen der Verjährung **erstreckt sich auf die gesamte Tat im verfahrensrecht-** 59 **lichen Sinn** des § 264 StPO, insbes. auch auf allgemeine Straftaten, die mit der Steuerstraftat in Tateinheit (§ 52 StGB) stehen (glA Erbs/Kohlhaas/*Hadamitzky/Senge* AO § 396 Rn. 10; Klein/*Jäger* AO § 396 Rn. 19; HHS/*Tormöhlen* AO § 396 Rn. 85; Kohlmann/*Schauf* AO § 396 Rn. 95; RKR/*Rolletschke* AO § 396 Rn. 61; *Schuhmann* wistra 1992, 172, 177; aM *Baumann* BB 1976, 755; *Harbusch* ddz 1978 F 25; *Brenner* BB 1980, 1321). Dem kann weder entgegengehalten werden, dass § 262 StPO kein Ruhen der Verjährung bewirkt, noch, dass sich bei Idealkonkurrenz die Verjährungsfrist für jedes der verletzten Strafgesetze nach dessen Grundsätzen richtet. Denn der Wortlaut des § 396 AO beschränkt weder die Aussetzungsbefugnis noch die Wirkungen der Aussetzung auf den Straftatbestand der Steuerhinterziehung, sondern bezieht sich auf das gesamte „Verfahren". Der Gesetzeszweck des § 396 AO spricht ebenfalls für ein Ruhen der Verjährung auch der mit der Steuerhinterziehung konkurrierenden Nichtsteuerdelikte. Andernfalls müssten in vielen Fällen, sofern keine Verfahrensbeschränkung nach § 154a StPO vorgenommen wird, zu steuerrechtlichen Fragen divergierende Entscheidungen allein deshalb in Kauf genommen werden, weil eine Fortführung des Strafverfahrens erforderlich ist, um die Verjährung der Nichtsteuerdelikte zu vermeiden. Schließlich besteht kein Anlass, das Ruhen der Verjährung anders zu beurteilen als die Verjährungsunterbrechung, die nach hM das ganze Tatgeschehen im verfahrensrechtlichen Sinn (§ 264 StPO) ergreift (Schönke/Schröder/*Bosch* StGB § 78c Rn. 23 mwN).

b) Beginn und Ende

Das **Ruhen der Verjährung beginnt** an dem Tag, an dem die Aussetzungsentschei- 60 dung erlassen bzw. aktenkundig gemacht wird. Die Bekanntgabe der Entscheidung ist für den Eintritt der Rechtswirkungen nicht erforderlich (glA Kohlmann/*Schauf* AO § 396 Rn. 91; RKR/*Rolletschke* AO § 396 Rn. 59; Schwarz/Pahlke/*Nikolaus* AO § 396 Rn. 28; aM Gosch/*Seipl* AO § 396 Rn. 37; *Gast-de Haan* → 6. Aufl. Rn. 34, wonach die Entscheidung den Innenbereich der Ermittlungsbehörde oder des Gerichts verlassen haben muss).

61 Die **verjährungshemmende Wirkung endet** mit dem Eintritt des in der Aussetzungsentscheidung bezeichneten Ereignisses, andernfalls mit der Fortsetzung des Verfahrens durch Widerruf der Aussetzung, spätestens aber mit dem (rechtskräftigen) Abschluss des Besteuerungsverfahrens. Auf eine Mitteilung von der Beendigung des Besteuerungsverfahrens an Ermittlungsbehörde oder Gericht kommt es nach dem eindeutigen Gesetzeswortlaut nicht an (glA Erbs/Kohlhaas/*Hadamitzky/Senge* AO § 396 Rn. 10; HHS/*Tormöhlen* AO § 396 Rn. 84, Kohlmann/*Schauf* AO § 396 Rn. 92 u. RKR/*Rolletschke* AO § 396 Rn. 60; *Harbusch* ddz 1978 F AO § 27). Maßnahmen, die der Beweissicherung dienen (zB Sicherstellung von Gegenständen, Veranlassung von Zeugenvernehmungen), sind auch zulässig, während das Verfahren ruht.

9. Folgen überlanger Aussetzung

62 Führt eine außergewöhnlich lange Aussetzung des Verfahrens – auch unter Berücksichtigung des Umstands, dass eine steuerrechtliche Vorfrage entscheidungserheblich war und die Aussetzung der Klärung dieser Frage diente – zum Ergebnis, dass der sich aus Art. 6 I 1 MRK ergebende Anspruch des Beschuldigten auf zügige Durchführung des Strafverfahrens als verletzt anzusehen ist, kann die überlange Verfahrensdauer nach der Rspr des EGMR selbst dann zu einer **Schadensersatzpflicht des Staates** führen, wenn der Beschuldigte an der zügigen Fortsetzung des Strafverfahrens erkennbar nicht interessiert war und die Aussetzung nach § 396 sogar selbst beantragt hatte (EGMR 21.12.2010 – 974/07, Rs. W gegen Deutschland, mAnm *Meyberg* PStR 2011, 107). Eine Entschädigung in Geld kommt jedoch nur dann in Betracht, wenn die unangemessene Dauer des Verfahrens nicht auf andere Weise im Strafverfahren kompensiert worden ist (vgl. § 199 III GVG).

2. Unterabschnitt. Ermittlungsverfahren

I. Allgemeines

§ 397 Einleitung des Strafverfahrens

(1) Das Strafverfahren ist eingeleitet, sobald die Finanzbehörde, die Polizei, die Staatsanwaltschaft, eine ihrer Ermittlungspersonen oder der Strafrichter eine Maßnahme trifft, die erkennbar darauf abzielt, gegen jemanden wegen einer Steuerstraftat strafrechtlich vorzugehen.

(2) Die Maßnahme ist unter Angabe des Zeitpunkts unverzüglich in den Akten zu vermerken.

(3) Die Einleitung des Strafverfahrens ist dem Beschuldigten spätestens mitzuteilen, wenn er dazu aufgefordert wird, Tatsachen darzulegen oder Unterlagen vorzulegen, die im Zusammenhang mit der Straftat stehen, derer er verdächtig ist.

Vgl. § 78c I Nr. 1 StGB, § 33 I Nr. 1 OWiG; § 17 I BDG, § 93 WDO, § 3 V u. § 6 I Nr. 1 BÄO, § 4 V u. § 8 I Nr. 1 BApO, § 4 V u. § 8 I Nr. 1 BTierärzteO; vgl. ferner § 10 BpO (St) und Nr. 26 bis 31 AStBV (St) 2020 (BStBl. I 2019, 1142).

Schrifttum: Zu § 410 IV, § 441 RAO 1951: *Leise,* Die Einleitung der Untersuchung im Verwaltungs-Steuerstrafverfahren, Düsseldorf 1962; *Zinn,* Keine Straffreiheit bei Eröffnung der Einleitung der steuerstrafrechtlichen Untersuchung gegenüber dem Vertreter des Täters?, Stbg 1963, 209; *Lohmeyer,* Weiterleitung von Betriebsprüfungsberichten an die Gemeinsame Strafsachenstelle, StBp 1963, 324; *Lohmeyer,* Einleitung der steuerstrafrechtlichen Untersuchung durch den Betriebsprüfer, StBp 1964, 182; *v. Witten,* Der „strafrechtliche Vorbehalt" bei Betriebsprüfungen, DStZ 1964, 198; *Stötter,* Zum Begriff der Einleitung der steuerstrafrechtlichen Untersuchung, BB 1965, 1342; *Richter,* Der Verdacht strafbarer Handlungen bei der Betriebsprüfung, DB 1967, 697; *Henneberg,* Der Umfang des Aussageverweigerungsrechts und der Belehrung des Steuerpflichtigen auf Grund des § 1 BpO (Steuer), WPg 1967, 598.
Zu § 395 II, § 432 RAO 1967/68: *Salch,* Selbstanzeige und Betriebsprüfung, StBp 1970, 11; *Henneberg,* Übergang vom Besteuerungsverfahren zum Strafverfahren, BB 1970, 1128; *v. Malchus,* Einleitung des Steuerstraf- bzw. Bußgeldverfahrens durch den Betriebsprüfer, DStR 1970, 451 mit Erwiderung von *Saß* DStR 1971, 81 und Schlusswort von *v. Malchus* DStR 1971, 82; *Suhr,* Besteuerungs-Strafverfahren bei Betriebsprüfungen; hier: Einleitung des Steuerstrafverfahrens erst bei hinreichendem Tatverdacht?, StBp 1971, 121; *Kopacek,* Die Nichteinleitung des Steuerstrafverfahrens durch den Betriebsprüfer, BB 1971, 1049; *Depiereux,* Ist die heutige Praxis des Steuerstrafverfahrens sinnvoll?, BB 1971, 1456; *Henneberg,* Löst der Verstoß gegen die Pflicht zur Bekanntgabe der Einleitung des strafrechtlichen Ermittlungsverfahrens nach § 432 Abs. 3 AO, § 13 BpO (St) ein Verwertungsverbot im Strafprozess aus?, DB 1971, 2435; *Wolter,* Die Strafverfolgungsaufgaben der Finanzverwaltung bei Steuervergehen und der „strafrechtliche Hinweis" nach § 14 Abs. 4 BpO (St), StBp 1972, 224; *Henneberg,* Zur Beachtung der Grundsätze des Strafverfahrensrechts (StPO) durch die Finanzverwaltung in Steuerstrafsachen, INF 1974, 361; *Lohmeyer,* Einleitung des Straf- bzw. Bußgeldverfahrens beim Verdacht von Steuerzuwiderhandlungen, INF 1974, 469.
Zu § 397 II, § 397 AO 1977: *Pfaff,* Einleitung des Steuerstraf- oder Bußgeldverfahrens nach neuem Recht, DStZ 1976, 402; *Brenner,* Aktuelle Fragen aus der Praxis der Betriebsprüfung, StBp 1976, 279; *Ehlers,* Außenprüfung und Selbstanzeige nach der AO 1977, StBp 1977, 49; *Pfaff,* Bekanntgabe der Einleitung des Straf- oder Bußgeldverfahrens wegen der Tat an den Täter oder seinen Vertreter nach § 371 Abs. 2 Nr. 1b AO, DStZ 1977, 445; *Zwank,* Die neue Betriebsprüfungsordnung (Steuer), StBp 1978, 145 mit Erwiderung von *Pfaff,* StBp 1978, 209 und Schlusswort von *Zwank* StBp 1978, 287; *Wenzig,* Die Prüfungshandlungen, StBp 1982, 49 (56); *Pütz,* Die Anfangsphase des Steuerstrafverfahrens, StKRep 1982, 231; *Marx,* Einleitung des Steuerstrafverfahrens durch hektographierte Schreiben?, wistra 1987, 207; *Weyand,* Nochmals – Einleitung des Steuerstrafverfahrens durch hektographierte Schreiben?, wistra 1987, 283; *Sdrenka,* Rechtsschutz gegen die Einleitung des Steuerstrafverfahrens, StB 1988, 352; *Schuhmann,* Zur Bekanntgabe der Einleitung eines Straf- oder Bußgeldverfahrens nach der Abgabenordnung, wistra 1992, 293; *Blesinger,* Die Einleitung des Steuerstrafverfahrens, wistra 1994, 48; *Burkhard/Adler,* Unbestimmte Einleitungsverfügung und deren Sperrwirkung, DStZ 2000, 592; *Mösbauer,* Die „Einleitung des Strafverfahrens" als Tatbestandsmerkmal für den Ausschluss der Selbstanzeige nach § 371 AO, DB 2001, 836; *Harms,* Die Stellung des Finanzbeamten im Steuerstrafverfahren, GedS für Ellen Schlüchter, 2002, S. 451 ff.; *Lange,* Staatsanwaltschaftliche Vorermittlungen – ohne rechtliche Grundlage?, DRiZ 2002, 264; *Burkhard,* Vermerk über Straf- und bußgeldrechtliche Feststellungen, PStR 2003, 61; *Mack,* Ist kein Strafverfahren immer besser als ein Strafverfahren?, AO-StB 2003, 135; *Müller,* Die „heimliche" Einleitung des Steuerstrafverfahrens und ihre Folgen, AO-StB 2004, 289; *Weyand,* Belehrungspflichten und Selbstanzeige beim Zusammentreffen von Steuerstrafverfahren und Betriebsprüfung, INF 2005, 717; *Griesel/Mertes,* Rechte und Pflichten: Wenn der Betriebsprüfer ein Straf-

verfahren einleitet, PStR 2006, 85; *Rolletschke,* Einleitung des Steuerstrafverfahrens, Stbg 2006, 221; *Buse,* Zuständigkeit der Finanzkontrolle Schwarzarbeit zur Verfolgung von Steuerstraftaten, AO-StB 2007, 80; *Kindler,* Zu den Folgen eines Prüferfehlverhaltens nach § 10 BpO für das Steuerstrafverfahren, PStR 2011, 44; *Durst,* Zum Verhalten bei Einleitung eines Steuerstrafverfahrens, PStR 2012, 274; *Peters,* Der Strafrechtliche Anfangsverdacht im Steuerrecht, DStR 2015, 2583; *Madauß,* Außenprüfung und Steuerstrafverfahren – Anmerkung aus der Praxis, NZWiSt 2014, 296; *Hofmann,* Wegen mangelhafter Kassenbuchführung schätzt Prüfer die Einnahmen – ein Fall für die Strafgerichte?, PStR 2016, 73; *Madauß,* Verdachtsmeldepflichten nach § 4 V 1 Nr 10 EStG für Korruptionstaten im wirtschaftlichen Verkehr, NZWiSt 2016, 437; *Pflaum,* Steuerstrafrechtliche Belehrungen, Mitteilungen und Hinweise nach der Abgabenordnung in der Außenprüfung, StBp 2017, 163; *Schäfer,* Der Betriebsprüfer – das „Phantom der Ermittlungsakte", PStR 2020, 88.

Weiteres Schrifttum: vor → Rn. 38 u. 123.

Übersicht

	Rn.
1. Entstehungsgeschichte	1
2. Zweck, Anwendungsbereich und Bedeutung des § 397 AO	2–6
3. Rechtsnatur der Einleitung des Strafverfahrens	7–9
4. Einleitung des Strafverfahrens und Legalitätsprinzip	10, 11
5. Zur Einleitung berufene Stellen	12–37
a) Finanzbehörde	14–18
b) Mangelnde Zuständigkeit vorgesetzter Finanzbehörden	19–22
c) Polizei	23, 24
d) Staatsanwaltschaft	25, 26
e) Ermittlungspersonen der Staatsanwaltschaft	27–31
f) Strafrichter	32–36
g) Maßnahmen anderer Stellen	37
6. Verdacht als Voraussetzung der Einleitung des Strafverfahrens	38–65
7. Systematik und Grenzen einer Vorprüfung	66–84
8. Verfahrenseinleitende Maßnahmen	85–111
9. Zeitpunkt der Einleitung	112–115
10. Aktenvermerk nach § 397 II AO	116–122
11. Bekanntgabe an den Beschuldigten nach § 397 III AO	123–138
12. Rechtsfolgen der Einleitung	139–155
a) Änderung der Rechtsstellung des Verdächtigen	139–144
b) Ausschluss der Selbstanzeige	145
c) Unterbrechung der Verfolgungsverjährung	146
d) Einleitung und Zuständigkeit der Finanzbehörde	147, 148
e) Förmlicher Abschluss des Strafverfahrens	149–152
f) Wechselwirkung zwischen der Einleitung eines Straf- und eines Bußgeldverfahrens	153–155

1. Entstehungsgeschichte

1 Vorläufer des § 397 I AO 1977 waren § 1 der 1. DV zum 2. Gesetz über die vorläufige Neuordnung von Steuern v. 2.6.1949 (WiGBl. 94) u. § 410 IV 1 RAO idF des Art. I Nr. 1 G v. 7.12.1951 (BGBl. I 941), der wie folgt lautete: *„Einleitung der steuerstrafrechtlichen Untersuchung im Sinne von Absatz 1 ist jede Maßnahme des Finanzamts einschließlich seiner Hilfsstellen, der Oberfinanzdirektion, der Staatsanwaltschaft, der Gerichte oder der mit der Sache befassten Beamten dieser Behörden, durch die der Entschluss, steuerstrafrechtlich gegen den Beschuldigten einzuschreiten, äußerlich erkennbar betätigt worden ist"* (Begr. BT-Drs. I/2395).

Durch Art. 1 Nr. 1 AOStrafÄndG v. 10.8.1967 (BGBl. I 877) wurde die Begriffsbestimmung neu gefasst, als § 432 I RAO in den Abschnitt über das Strafverfahren übernommen und damit die Systematik des Gesetzes verbessert (Begr. BT-Drs. V/1812, 34) wurde. Zugleich wurde ein einheitlicher Sprachgebrauch eingeführt, nachdem das Gesetz vorher ohne Rücksicht auf § 410 IV RAO 1951 in § 419 II, § 423 S. 2, § 441 II u. § 477 II RAO 1931 von der *„Einleitung der Untersuchung"* und in § 477 I RAO 1931 von der *„Einleitung eines Verwaltungsstrafverfahrens"* gesprochen hatte. Sachlich war § 432 I RAO 1967 durch die Worte *„Maßnahme, die erkennbar darauf abzielt"* stärker objektiviert als der von dem *„Entschluss, … einzuschreiten"* ausgehende § 410 IV 1 RAO 1951. In der Aufzählung der Stellen, die Maßnahmen mit verfahrenseinleitender Wirkung ergreifen können, fehlten in § 432 I RAO 1967 die *„Hilfsstellen eines Finanzamts"* (Begr. zu Art. 6 Nr. 1 bis 4 des AOStrafÄndG, BT-Drs. V/1812, 40 f.), die *„Oberfinanzdirektion"* (→ Rn. 19 ff.) und die *„Beamten dieser Behörden"*; neu eingefügt wurden die *„Hilfsbeamten der StA"* (→ Rn. 27 ff.). § 397 I AO 1977 unterscheidet sich von § 432 I RAO 1967 nur durch die Worte *„die Finanzbehörde"* statt *„das Finanzamt"* und *„einer Steuerstraftat"* statt *„eines Steuervergehens"*, die gem. Art. 161 Nr. 21 EGStGB v. 2.3.1974 (BGBl. I 469, 583) eingeführt worden waren. § 397 II AO 1977 entspricht § 432 II RAO 1967 (Begr. BT-Drs. V/1812, 34) mit dem Unterschied, dass die Wendung *„soll … vermerkt werden"* durch *„ist … zu vermerken"* ersetzt worden ist (Begr. BT-Drs. VI/1982, 199). § 441 II RAO 1931 u. § 406 II RAO 1919 lauteten: *„Die Einleitung der Untersuchung ist aktenkundig zu machen"*. § 397 III AO 1977 entspricht nahezu wörtlich dem § 432 III RAO 1967. Diese Vorschrift war ohne gesetzliches Vorbild vom BT in das AOStrafÄndG eingefügt worden (Schriftl. Ber. BT-Drs. zu V/1941, 3). Mit dem 1. Justizmodernisierungsgesetz v. 24.8.2004 (BGBl. I 2198) wurde der Begriff des „Hilfsbeamten" durch den der „Ermittlungsperson" ersetzt.

2. Zweck, Anwendungsbereich und Bedeutung des § 397 AO

Der Begriff der **Einleitung des Strafverfahrens** bezeichnet die Wirkung aller Maßnahmen, durch die eine zur Ermittlung von Steuerstraftaten allgemein zuständige Behörde (→ Rn. 12 ff.) und deren Beamte (→ Rn. 15 ff.) oder ein Strafrichter (→ Rn. 32 ff.) den ersten Schritt zur Aufklärung eines steuerstrafrechtlichen Verdachts vollzieht. Die Begriffsbestimmung des § 397 I AO bildet den Maßstab für die Beurteilung der Frage, durch welchen Vorgang und zu welchem Zeitpunkt ein Strafverfahren wegen einer Steuerstraftat iSd § 369 I AO (oder nach § 410 I Nr. 6 AO ein Bußgeldverfahren wegen einer Steuerordnungswidrigkeit iSd § 377 I AO) begonnen hat.

Mit den Worten **„wegen einer Steuerstraftat"** bezeichnet § 397 I AO scheinbar nur die Einleitung eines Steuerstrafverfahrens. In Wirklichkeit beginnt damit auch das Ermittlungsverfahren iSd § 78c I Nr. 1 StGB, wenn dieselbe Tat – entgegen dem ersten Anschein oder von vornherein – kein Steuerstrafgesetz verletzt, sondern zB § 263 StGB. Die Verfahrenseinleitung erstreckt sich auf die gesamte Tat im prozessualen Sinn (vgl. hierzu Meyer-Goßner/Schmitt/*Schmitt* StPO § 264 Rn. 1 ff.). Eine entsprechende Anwendung des § 397 AO im Bußgeldverfahren wegen einer **Steuerordnungswidrigkeit** schreibt § 410 I Nr. 6 AO vor. Ferner wird § 397 AO von einigen Vorschriften in Bezug genommen, darunter von § 108 EStG für Strafverfahren wegen unrechtmäßiger Erlangung einer Mobilitätsprämie, von § 100 EStG wegen eines unrechtmäßigen Förderbeitrags zur betrieblichen Altersversorgung, von § 96 EStG wegen einer unrechtmäßig erlangten Altersvorsorgezulage, von § 13 FZulG wegen einer nicht gerechtfertigten Forschungszulage sowie von § 164 S. 2 StBerG für Bußgeldverfahren wegen Ordnungswidrigkeiten nach den §§ 160 ff. StBerG; vgl. darüber hinaus Nr. 26 ff. AStBV.

Nicht anzuwenden ist § 397 I AO auf die Entscheidung eines Delegierten Europäischen Staatsanwalts, ein Verfahren gem. Art. 26 I der Verordnung (EU) 2017/1939 einzuleiten (§ 7 III Europäische-Staatsanwaltschaft-Gesetz).

Um das Straf- oder Bußgeldverfahren vom Besteuerungsverfahren abzugrenzen, ist es für die Verfolgung von Zuwiderhandlungen gegen Steuergesetze erforderlich, den **Beginn des Straf- oder Bußgeldverfahrens** zu bestimmen. Im Anwendungsbereich des § 397 AO (→ Rn. 3) entwickeln sich die meisten Straf- und Bußgeldverfahren aus einem Besteuerungsverfahren, da Zuwiderhandlungen gegen Steuergesetze, auch soweit sie außersteuerliche Gebote oder Verbote betreffen, vorwiegend durch Finanzbeamte bei Amtshandlungen entdeckt werden, die nicht von vornherein darauf gerichtet waren, Zuwiderhandlungen aufzuspüren und aufzuklären, sondern der Ermittlung der Besteuerungsgrundlagen zum Zwecke der Steuerfestsetzung, der Steueraufsicht oder der Steuererhebung dienen sollten. Sobald jedoch im Besteuerungsverfahren bis zum Vollstreckungsverfahren der Verdacht einer Steuerstraftat oder Steuerordnungswidrigkeit aufkommt und die weitere Ermittlungstätigkeit auch darauf abzielt, diesen Verdacht aufzuklären, tritt der Stpfl in die Rechtsstellung eines Beschuldigten ein, der nicht mehr verpflichtet ist, sich selbst zu belasten, und der deshalb auch nicht mehr mit steuerrechtlichen Zwangsmitteln zu seiner Überführung angehalten werden darf (→ Rn. 139 ff.). Zugleich ist es erforderlich, die strafbefreiende Selbstanzeige eines Stpfl abzugrenzen von dem Geständnis eines Beschuldigten, das nur strafmildernd berücksichtigt werden kann (→ Rn. 145). Schließlich wird durch die Bekanntgabe der Einleitung des Strafverfahrens gem. § 78c I Nr. 1 StGB iVm § 369 II AO oder § 376 II AO die Verfolgungsverjährung unterbrochen (→ Rn. 146).

5 **Naturgemäß ist in jedem Strafverfahren eine Maßnahme festzustellen,** mit der die Ermittlungen der Polizei oder StA ihren Anfang genommen haben. Trotzdem fehlt in der StPO eine mit § 397 I AO vergleichbare Vorschrift, obwohl § 78c I Nr. 1 StGB und § 33 I 1 Nr. 1 OWiG bestimmen, dass die Verjährung ua durch die (Anordnung der) Bekanntgabe der Einleitung des Ermittlungsverfahrens unterbrochen wird. Die Rspr. wendet deshalb den Rechtsgedanken des § 397 I AO auf alle Strafverfahren entsprechend an (vgl. BGH 28.2.1997, NJW 1997, 1591 und BGH 24.7.2003, NJW 2003, 3142). Das Fehlen einer allgemeinen Vorschrift beruht insbes. darauf, dass die Tätigkeit der allgemeinen Strafverfolgungsbehörden von vornherein strafrechtlichen Zwecken dient; sie erwächst nicht aus einem vorausgehenden Verwaltungsverfahren, das zu einem bestimmten Zeitpunkt vom Strafverfahren abgegrenzt werden muss. Auch die oben im Anschluss an den Wortlaut des § 397 AO zitierten Vorschriften der Berufsordnungen setzen eine „Einleitung des Strafverfahrens" voraus.

6 **Unter dem Blickwinkel der verschiedenartigen Rechtsfolgen,** die das Steuerstrafrecht an die Einleitung des Strafverfahrens knüpft, wird deutlich, dass § 397 AO hauptsächlich dem **Schutz des Verdächtigen** davor dienen soll, zu strafrechtlichen Zwecken mit steuerlichen Mitteln ausgeforscht zu werden; dies gilt unmittelbar für § 397 III AO, aber auch für § 397 I AO im Zusammenwirken mit § 393 I AO. Die weit verbreitete Annahme, die Einleitung des Strafverfahrens sei „eine den *Beschuldigten (Betroffenen) persönlich besonders stark berührende Maßnahme*" (Nds. FinMin v. 10.2.1977, StEK AO 1977 § 397 Nr. 1), erweist sich bei näherer Betrachtung als zweischneidig. Für sich allein betrachtet hat die Einleitung des Strafverfahrens für den Betroffenen überhaupt keine spürbaren Wirkungen. Der Ausschluss einer strafbefreienden Selbstanzeige nach § 371 II Nr. 1b AO und die Unterbrechung der Verfolgungsverjährung nach § 376 II AO sind davon abhängig, ob und wann dem Stpfl die Einleitung des Strafverfahrens bekannt gegeben wird. Erst mit der Bekanntgabe kann eine psychische Belastung des Stpfl eintreten. Aber gerade die Bekanntgabe der Einleitung des Verfahrens ermöglicht dem Stpfl, der einer Steuerstraftat oder -ordnungswidrigkeit beschuldigt wird, eine sachdienliche Verteidigung und bewahrt ihn vor dem Irrtum, die FinB sei arglos, und er sei weiterhin verpflichtet, Auskünfte zu erteilen und Unterlagen vorzulegen. Allerdings ist diese „Schutzfunktion" der Einleitungsbekanntgabe dem Stpfl erfahrungsgemäß schwer zu vermitteln.

3. Rechtsnatur der Einleitung des Strafverfahrens

7 Die Einleitung des Strafverfahrens iSd § 397 I AO ist gleichbedeutend mit dem **Beginn straf- (oder bußgeld-)rechtlicher Ermittlungen** gegen eine (oder mehrere) bestimmte, bereits bekannte oder noch unbekannte Person(en) aufgrund eines bestimmten Sachverhalts, der den Verdacht (→ Rn. 38 ff.) einer Steuerstraftat (oder Steuerordnungswidrigkeit) hervorgerufen hat. Durch die erste verdachtsaufklärende Maßnahme einer im Gesetz genannten Stelle wird die Einleitung des Straf- (oder Bußgeld-)verfahrens kraft Gesetzes, also ohne weitere Entschließungen und Formalitäten, vollzogen. Die Einleitung löst dann

ihrerseits in der folgenden logischen Sekunde die im Gesetz an anderen Stellen bestimmten verschiedenartigen Rechtsfolgen aus. Im Wehrdisziplinarrecht wird die Einleitung dagegen erst mit der Zustellung einer Einleitungsverfügung an den Soldaten wirksam (§ 93 I 3 WDO). Da die Einleitung des Verfahrens die gesetzliche Folge einer Ermittlungsmaßnahme, nicht etwa deren Voraussetzung ist, kann sie selbst keine verfahrensrechtliche Maßnahme sein; sie ist unabhängig von dem gem. § 397 II AO vorgeschriebenen Aktenvermerk (→ Rn. 116 ff.) und von der gem. § 397 III AO vorgeschriebenen Bekanntgabe an den Beschuldigten (→ Rn. 123 ff.), kann ihrer Natur nach nicht rückgängig gemacht werden und ist daher auch nicht anfechtbar (BFH 29.4.2008, BStBl. II 2008, 844). Das ist verfassungsrechtlich nicht zu beanstanden (BVerfG 8.11.1983, NStZ 1984, 228). Auch gegen das bloße Betreiben eines Ermittlungsverfahrens ist Rechtsschutz nicht gegeben, es sei denn, es steht objektiv willkürliches Handeln der Ermittlungsbehörden zum Nachteil des Beschuldigten in Rede (BVerfG 2.10.2003, NStZ 2004, 447). Allenfalls kann diejenige Maßnahme angefochten werden, welche die Einleitung des Verfahrens bewirkt hat (→ Rn. 85 ff.). Indessen kann eine nachträglich erwiesene Unzulässigkeit der verfahrenseinleitenden Maßnahme nicht zur Folge haben, dass ein einmal eingeleitetes Verfahren als nicht eingeleitet gilt (→ Rn. 104).

8 Die **Maßnahme der Strafverfolgung,** mit der das Steuerstrafverfahren eingeleitet wird, ist zwar ein tatsächlicher Vorgang. Sie beruht jedoch auf einem Willensentschluss des zuständigen Strafverfolgungsorgans und ist damit **Prozesshandlung.**

9 Mit **namensverwandten Erscheinungen des allgemeinen Strafverfahrens** kann die Einleitung des Strafverfahrens iSd § 397 I AO weder von den Voraussetzungen her noch nach den Wirkungen gleichgesetzt werden. Die Einleitung des Steuerstrafverfahrens ist keine förmliche Prozesshandlung, die bereits auf dem Ergebnis vorausgegangener strafrechtlicher Ermittlungen beruht. Nicht einmal steuerrechtliche Ermittlungen sind erforderlich, wenn zB das Zollfahndungsamt aufgrund einer Strafanzeige einschreitet, um die mitgeteilten Angaben, die den Verdacht einer Steuerstraftat hervorgerufen haben, an Ort und Stelle zu überprüfen, oder wenn eine des Schmuggels verdächtige Person aufgrund § 127 StPO vorläufig festgenommen wird. Irreführend wäre daher insbes. ein Vergleich der Einleitung des Strafverfahrens iSd § 397 I AO mit der Erhebung der öffentlichen Klage iSd § 152 I StPO, da diese nach § 170 I StPO voraussetzt, dass die durchgeführten Ermittlungen einen hinreichenden Tatverdacht ergeben haben (→ Rn. 45).

4. Einleitung des Strafverfahrens und Legalitätsprinzip

10 **§ 397 I AO ist kein Ausdruck der Pflicht zur Verfolgung von Steuerstraftaten.** Das **Legalitätsprinzip,** dessen ungerechtfertigte Vernachlässigung den Vorwurf der Strafvereitelung im Amt (§§ 258, 258a StGB) begründet, ergibt sich für die StA aus § 152 II StPO, für die Polizei aus § 163 I StPO und für die FinB – je nach ihrer Kompetenz gem. § 386 AO – entweder aus § 399 AO iVm § 152 II StPO oder aus § 402 AO iVm § 163 I StPO; vgl. auch Nr. 10 und 26 AStBV. § 163 I StPO gilt auch für die Ermittlungspersonen der StA (vgl. § 404 AO). Der Strafrichter unterliegt der Verfolgungspflicht wie ein StA, wenn er als Notstaatsanwalt (§ 165 StPO) tätig wird oder wenn er als Ermittlungsrichter (§ 162 StPO) die Ermittlungen gegen eine bisher unverdächtige Person aufnehmen muss. Als Haftrichter, Eröffnungsrichter und erkennender Richter wird der Strafrichter nur mit Sachen befasst, denen bereits verfahrenseinleitende Ermittlungen einer FinB, der Polizei oder der StA vorausgegangen sind. Durch das in der StPO verankerte Legalitätsprinzip besteht eine Verpflichtung, wegen verfolgbarer Straftaten bei zureichenden Anhaltspunkten einzuschreiten (§ 152 II StPO; ferner → Rn. 38). Die zur Aufklärung des Verdachts ergriffenen Maßnahmen haben dann ihrerseits gem. § 397 I AO die Einleitung des Strafverfahrens zur Folge.

11 **Die Begriffsmerkmale des § 397 I AO sind tatsächlicher Natur.** Ob das strafrechtliche Vorgehen einer Behörde in Erfüllung einer Rechtspflicht zur Strafverfolgung geschieht, ist für die Rechtsfolge der Einleitung des Strafverfahrens unerheblich. Dies wird bestätigt durch die von § 410 I Nr. 6 AO vorgeschriebene Geltung des § 397 AO im Bußgeldverfahren wegen einer Steuerordnungswidrigkeit (→ Rn. 3), in dem die Verfolgung und Ahndung einer Zuwiderhandlung nach dem Opportunitätsprinzip des § 47 I 1 OWiG im Ermessen der Behörde steht (→ § 410 Rn. 7). Hat eine Strafverfolgungsbehörde ein nach dem Legalitätsprinzip gebotenes Einschreiten pflichtwidrig unterlassen, ist das Strafverfahren nicht eingeleitet. Hat sie umgekehrt eine **Ermittlungsmaßnahme zu Unrecht** getroffen, zB Buchführungsunterlagen entgegen § 98 I StPO ohne richterliche Anordnung und ohne Gefahr im Verzug beschlagnahmt, ist das Strafverfahren gem. § 397 I AO gleichwohl eingeleitet. Auch in einem solchen Fall tritt also die Folge ein, dass der betroffene Stpfl als Beschuldigter die Aussage verweigern kann und nicht mehr mit steuerlichen Mitteln zu einer Überführung angehalten oder gezwungen werden darf (*Blesinger* wistra 1994, 48, 52; ferner → Rn. 139 ff.).

5. Zur Einleitung berufene Stellen

12 **Der gesetzlichen Aufzählung der Stellen,** deren Maßnahmen nach § 397 I AO die Einleitung des Strafverfahrens bewirken können, liegt rechtlich **keine Rangfolge** zugrunde, insbes. begründet die Nennung der FinB an erster Stelle keinen Vorrang gegenüber den anderen Stellen und Personen. Nur aus tatsächlichen Gründen ist in erster Linie die FinB zu einer verfahrenseinleitenden Maßnahme berufen, weil sie durch ihre Tätigkeit im Besteuerungsverfahren häufiger und eher als andere Stellen Anhaltspunkte für einen Verdacht einer Zuwiderhandlung gegen Steuergesetze entdeckt. Aus demselben Grunde ist der Strafrichter an letzter Stelle angeführt, weil seiner Tätigkeit regelmäßig bereits die verfahrenseinleitende Maßnahme einer anderen Stelle vorausgegangen ist.

13 **Welche Finanzbehörde, Polizeibehörde, StA, welche Ermittlungsperson oder welcher Strafrichter** im Einzelfall **die erste Maßnahme strafrechtlicher Art** gegen einen Verdächtigen getroffen hat, ist für die Rechtsfolge der Einleitung des Strafverfahrens unerheblich. Die Meinung des RG, ein Steuerstrafverfahren sei eingeleitet, „sobald eine zur Strafverfolgung in abstracto zuständige Behörde zum Zwecke der Strafverfolgung amtlich eingeschritten ist" (RG 17.6.1890, RGSt 21, 9), trifft heute noch zu. Die Begriffsbestimmung des § 397 I AO unterscheidet nicht danach, ob die zuerst tätig gewordene Stelle für die Ermittlungen auch sachlich oder örtlich zuständig ist. Eine entsprechende Einengung würde dem Schutzzweck des Gesetzes (→ Rn. 6) zuwiderlaufen und außer Acht lassen, dass die Einleitung des Strafverfahrens keine prozessuale Willenshandlung ist (→ Rn. 7 ff.). Diese Folgerung wird bestätigt durch die Nennung der „Polizei" und der „Ermittlungspersonen der StA", die in keinem Fall strafverfahrensrechtliche Entscheidungen treffen können. Da das Gesetz sie dennoch anführt, ist zweifelsfrei erkennbar, dass die Rechtsfolge der Einleitung des Strafverfahrens nur davon abhängt, ob **irgendeine der im Gesetz genannten Stellen** den ersten Schritt zur Aufklärung eines Tatverdachts vollzogen hat. Eine über Zuständigkeitsgrenzen hinausgreifende Maßnahme kann insbes. dann erforderlich werden, wenn bei der Prüfung einer bestimmten Steuer oder bei der Überprüfung einer Person Anhaltspunkte für die Hinterziehung einer Steuer entdeckt werden, für welche die prüfende FinB sachlich nicht zuständig ist, zB wenn Ertragsteuerverkürzungen in einem Betrieb entdeckt werden, der verbrauchsteuerpflichtige Erzeugnisse herstellt. Nichts anderes kann gelten, wenn die für die Verfolgung von Schwarzarbeit zuständige Finanzkontrolle Schwarzarbeit (FKS; §§ 12 ff. Schwarzarbeitsbekämpfungsgesetz [SchwarzArbG]), eine Dienststelle des Hauptzollamtes, ein Ermittlungsverfahren wegen des Verdachts der Hinterziehung von Ertragsteuern einleitet (aA *Buse* AO-StB 2007, 80).

a) Finanzbehörde

14 Der **Begriff** der Finanzbehörde umfasst nach § 386 I 2 AO die Hauptzollämter einschl. ihrer Dienststellen, den Zollämtern (§§ 1 Nr. 3, 12 FVG), die Finanzämter

(§§ 2 I Nr. 4, 17 FVG) und das Bundeszentralamt für Steuern (§§ 1 Nr. 2, 5 FVG) sowie die Familienkassen. Keine Finanzbehörden sind dagegen die Arbeitsämter, selbst wenn sie durch ihre Bekämpfungsstelle gegen illegale Beschäftigung tätig werden (glA *Rolletschke* Stbg 2006, 221). Die Zollfahndungsämter und die Generalzolldirektionen sind zwar Bundesfinanzbehörden iSd Begriffsbestimmung in § 1 Nr. 2 u. 3 FVG; sie sind jedoch nach der besonderen Vorschrift des § 386 I 2 AO keine Finanzbehörden iSd 3. Abschnitts des 8. Teils der AO. Die Zollfahndungsämter und die mit der Steuerfahndung betrauten Dienststellen der Landesfinanzbehörden sowie ihre Beamten können allerdings verfahrenseinleitende Maßnahmen nach näherer Bestimmung des § 404 AO vornehmen. Das Zollkriminalamt hat als Zentralstelle der Zollverwaltung vielfältige Aufgaben (§ 3 Zollfahndungsdienstgesetz – ZFdG); ua unterstützt es die Zollfahndungsämter und andere ermittlungsführende Behörden der Zollverwaltung (§ 3 VIII ZFdG). In Fällen von besonderer Bedeutung kann es auch selbstständig ermitteln (§ 4 I ZFdG). Dem Zollkriminalamt und seinen Beamten stehen die Befugnisse der Zollfahndungsämter einschl. der Möglichkeit zu, verfahrenseinleitende Maßnahmen zu treffen (§ 16 ZFdG; § 404 AO). Im Übrigen kann es den Zollfahndungsämtern fachliche Weisungen erteilen (§ 6 ZFdG).

15 Welcher **Amtsträger** die Befugnisse der FinB zur Aufklärung von Steuerstraftaten im Einzelfall auszuüben hat, ist eine Frage der innerdienstlichen Behördenorganisation. Auch wenn § 397 I AO im Gegensatz zu § 404 S. 1 AO nur die Behörden und nicht deren Beamte nennt, ist nicht nur die Behörde, vertreten durch ihren Vorsteher, sondern grundsätzlich jeder Amtsträger der FinB in der Lage, eine Maßnahme zu treffen, welche die Rechtsfolge der Einleitung des Straf- (oder Bußgeld-)verfahrens auslöst (glA Klein/*Jäger* AO § 397 Rn. 9; Koch/Scholtz/*Scheurmann-Kettner* AO § 397 Rn. 10, Kohlmann/*Peters* AO § 397 Rn. 15.1; RKR/*Rolletschke* AO § 397 Rn. 19 u. Schwarz/Pahlke/*Nikolaus* AO § 397 Rn. 21; aM *Zwank* StBp 1978, 151). Auch die Einleitung eines Straf- oder Bußgeldverfahrens durch den Außenprüfer ist rechtswirksam (glA Erbs/Kohlhaas/*Hadamitzky/Senge* AO § 397 Rn. 6; Kohlmann/*Peters* AO § 397 Rn. 15.1). Hätten Maßnahmen von Sachbearbeitern und Außenprüfern keine verfahrenseinleitende Wirkung, wäre der Schutz, den § 397 I AO dem Stpfl gewähren will, weniger wirksam (*Pütz* StKRep 1982, 235 f.; vgl. auch → Rn. 68). Auch der Beamte der Bundespolizei, der eine schmuggelverdächtige Person gem. § 127 StPO vorläufig festnimmt, trifft eine Maßnahme, die darauf abzielt, gegen den Verdächtigen strafrechtlich vorzugehen. Sie versetzt diesen in den Stand eines Beschuldigten, der nicht auszusagen braucht (§ 136 I 2 StPO). Die Einleitung des Straf- oder Bußgeldverfahrens als tatsächlicher Vorgang (→ Rn. 7 f.) ist rechtswirksam ohne Rücksicht auf die Befugnis des Amtsträgers im Innenverhältnis.

Unerheblich ist es nach den vorstehenden Ausführungen für die Einleitung des Straf- oder Bußgeldverfahrens,

- **16** ob der Amtsträger der FinB, der eine auf Strafverfolgung abzielende Maßnahme trifft, Beamter im staatsrechtlichen Sinne ist oder ob er als Angestellter mit einer hoheitlichen Aufgabe, zB einer Betriebsprüfung, betraut ist,
- **17** ob der Amtsträger der Zollfahndung, der Steuerfahndung, der Bußgeld- und Strafsachenstelle, der Familienkasse oder aber einer Stelle angehört, deren dienstliche Obliegenheiten nach der innerdienstlichen Organisation und Geschäftsverteilung der FinB im Allgemeinen nicht die Verfolgung von Zuwiderhandlungen gegen Steuergesetze umfasst (vgl. RG 12.2.1940, RStBl. 314, in Bezug auf einen Veranlagungsbeamten),
- **18** ob der Amtsträger nach dem ersten Zugriff auch für das weitere Verfahren zuständig ist oder ob die weiteren Ermittlungsmaßnahmen und die nach Abschluss der Ermittlungen erforderliche Entscheidung innerdienstlich einer anderen Stelle derselben FinB oder nach der gesetzlichen Zuständigkeitsverteilung gem. §§ 386 ff. AO einer anderen FinB oder der StA obliegen (→ Rn. 13).

b) Mangelnde Zuständigkeit vorgesetzter Finanzbehörden

19 Den **Oberfinanzdirektionen** als Mittelbehörden sowie den Oberbehörden und den obersten Finanzbehörden des Bundes und der Länder fehlt die Kompetenz, bei Zuwiderhandlungen gegen Steuergesetze im Einzelfall einzuschreiten. Nach § 386 I 2 AO stehen ihnen die besonderen Rechte und Pflichten der örtlichen Finanzbehörden im Straf- und Bußgeldverfahren nicht zu. Insbesondere ist der Oberfinanzpräsident (§ 9a FVG) oder der Finanzminister (-senator) – im Gegensatz zum GenStA als vorgesetzter Behörde der StA nach § 145 GVG – nicht in der Lage, eine einzelne Steuerstraf- oder -bußgeldsache an sich zu ziehen (glA Kohlmann/*Peters/Bertrand* AO § 386 Rn. 36). Die Oberfinanzdirektionen können allerdings im Wege der Dienstaufsicht Weisungen erteilen (glA Kohlmann/*Peters/Bertrand* AO § 386 Rn. 36).

20 Im Unterschied zur früheren Organisationsform (vgl. hierzu die 6. Aufl.) sind **Konzernprüfer und Großbetriebsprüfer** nicht mehr Bedienstete der OFD, sondern von (Sonder-)Betriebsprüfungsstellen, die entweder Festsetzungsfinanzämtern angegliedert sind oder eigene Betriebsprüfungsfinanzämter bilden (vgl. *Burkhard/Adler*, Betriebsprüfung und Steuerfahndungsprüfung, § 193 Rn. 16). Auch diese Finanzämter sind Finanzbehörden iSv § 386 I 2 AO (glA RKR/*Rolletschke* AO § 397 Rn. 21). Für **Steuerfahndungsprüfer** (vgl. § 404 AO) gilt das Gesagte entsprechend. **Bundesbetriebsprüfer** sind Bedienstete des BZSt (§ 5 FVG), ebenfalls einer FinB iSd § 386 I 2 AO (→ Rn. 14). Nach § 10 BpO (St) hat der Steuerprüfer seine Prüfung zu unterbrechen und unverzüglich die BuStra oder die Steuerfahndungsstelle zu unterrichten, wenn sich während einer Außenprüfung zureichende Anhaltspunkte für eine Steuerstraftat ergeben.

21 **Soweit für Stundung und Erlass von Steuern** (§§ 222, 227 AO) sowie für den Verzicht auf Zinsen (§§ 234 II, 237 IV AO) die Entscheidung nach bestimmten Größenmerkmalen von den Finanzämtern auf vorgesetzte Behörden verlagert worden ist (gleichlautende Ländererlasse v. 17.10.2020, BStBl. I 987), bleibt die steuerstrafrechtliche Zuständigkeit des für die Verwaltung der jeweiligen Steuer im Ganzen sachlich zuständigen FA unberührt (→ § 387 Rn. 9). Auch wenn der Verdacht einer Steuerstraftat bei der Bearbeitung eines Stundungs- oder Erlassantrags durch die OFD aufkommt, haben deren sachdienliche Maßnahmen oder Weisungen (→ Rn. 22) keine verfahrenseinleitende Wirkung; hierfür bleibt maßgebend, wann eine(r) der in § 397 I AO genannten Behörden, Beamten oder Richter den Verdacht aufzuklären beginnt.

22 Aufgrund der ausdrücklichen Regelungen im 8. Teil der AO kann auf oberste Finanzbehörden nur die Ermächtigung zum Erlass einer ZuständigkeitsVO nach § 387 II AO übertragen werden. Die Oberfinanzdirektionen haben auf Grund des § 390 II 2 AO in Zweifelsfällen darüber zu entscheiden, ob eine Strafsache von einer ihr unterstellten örtlichen FinB übernommen wird. Darüber hinaus sind die vorgesetzten FinB im Wege der Dienstaufsicht auch **im Straf- oder Bußgeldverfahren** zu sachlichen **Weisungen** befugt (hM, vgl. Kohlmann/*Peters* AO § 386 Rn. 36 mwN). Erlasse der Finanzminister (-senatoren) und Verfügungen einer OFD können sich auf bestimmte Fallgruppen, aber auch auf das Verfahren einer örtlichen FinB in einer einzelnen Strafsache beziehen. Aber selbst dann, wenn eine Weisung den Inhalt hat, gegen eine bestimmte Person wegen eines konkreten Sachverhalts straf- oder bußgeldrechtlich vorzugehen, ist die Rechtsfolge der Einleitung des Verfahrens allein davon abhängig, ob und wann die örtliche FinB (weisungsgemäß) tätig wird.

c) Polizei

23 Der **Begriff** der Polizei iSd § 397 I AO umfasst alle Beamten des Polizeidienstes, ohne zwischen den verschiedenen Polizeiverwaltungen und -behörden des Bundes und der Länder zu unterscheiden. Auf die sachliche oder örtliche Zuständigkeit kommt es bei einem ersten Zugriff der Polizei (§ 163 StPO) ebenso wenig an wie bei den FinB (→ Rn. 13, 18). Auch besondere Zweige der Polizei werden von § 397 I AO nicht ausgenommen, wie zB die Bundespolizei, der neben allgemeinen Aufgaben zur Verhütung und Verfolgung von Straftaten (§§ 1, 12 BPolG) der Grenzschutz (§ 2 BPolG) und bahnpolizeiliche Aufgaben (§ 3 BPolG) obliegen. Die Beamten im Polizeivollzugsdienst der Bundespolizei, die mindestens vier Jahre dem Polizeivollzugsdienst angehören, sind Ermittlungspersonen der StA (§ 152 GVG) und haben die Rechte und Pflichten der Polizeibeamten nach der StPO (§ 12 V BPolG).

Verfahrenseinleitende Maßnahmen der Polizei kommen bei Zuwiderhandlungen 24 gegen Steuergesetze selten vor, weil planmäßige Ermittlungen hauptsächlich durch die Zoll- oder Steuerfahndung der Finanzverwaltung durchgeführt werden. Bei Zuwiderhandlungen, die Einfuhr- und Ausfuhrabgaben (vgl. § 3 III AO) betreffen, erfordern die Umstände einen ersten Zugriff der Polizei namentlich dann, wenn Beamte der Bundespolizei Schmugglern oder Hehlern von Schmuggelgut auf frischer Tat begegnen. Aber auch Zuwiderhandlungen gegen Besitz- und Verkehrsteuergesetze werden gelegentlich von Polizeibeamten entdeckt, hauptsächlich im Zusammenhang mit polizeilichen Ermittlungen wegen anderer Straftaten.

d) Staatsanwaltschaft

Der **Begriff der StA** umschreibt in § 397 I AO dieselbe Funktion wie in § 142 GVG, 25 umfasst also grundsätzlich auch die Tätigkeit der Bundesanwälte beim BGH und der Amtsanwälte bei den Amtsgerichten. Zur Organisation der Staatsanwaltschaften vgl. die Anordnungen der Landesjustizverwaltungen über die Organisation und den Dienstbetrieb der Staatsanwaltschaften (zB das sächsische Organisationsstatut der Staatsanwaltschaften – VwVOrgStA – vom 12.1.1998, SächsJMBl. 18, zuletzt geänd. am 8.9.2020, SächsJMBl. 87). Auf Amtsanwälte sollten Steuerstrafsachen nicht übertragen werden.

Eigenen Maßnahmen der StA gehen regelmäßig Ermittlungsmaßnahmen der (Krimi- 26 nal-)Polizei oder der FinB voraus, die bereits die Einleitung des Strafverfahrens bewirkt haben. Bedeutung gewinnt die Nennung der StA in § 397 I AO, wenn Strafanzeigen unmittelbar bei der StA eingegangen sind oder wenn die StA aufgrund eigener oder polizeilicher Ermittlungen Anhaltspunkte für Zuwiderhandlungen gegen Steuergesetze oder für die Teilnahme einer bisher unverdächtigen Person erlangt hat und daraufhin verdachtsaufklärende Maßnahmen selbst trifft oder entsprechende Ermittlungsaufträge an die Polizei oder an die Zoll- oder Steuerfahndung richtet (→ § 404 Rn. 97 ff.).

e) Ermittlungspersonen der Staatsanwaltschaft

Ermittlungspersonen der StA sind bestimmte Landes- oder Bundesbeamte, in Buß- 27 geldsachen auch Angestellte, die der StA nicht angehören, aber aufgrund ihrer Eigenschaft als Ermittlungspersonen berechtigt oder verpflichtet sind, bei der Verfolgung von Straftaten oder Ordnungswidrigkeiten mit bestimmten gesetzlichen Befugnissen (vgl. zB §§ 81a II, 98 I, 105 I 1 StPO) zur Sicherung der Person des Täters und der Beweismittel mitzuwirken. Ermittlungspersonen der StA bleiben in ihre Behörde eingegliedert, sind aber bei der Durchführung eines Ermittlungsverfahrens verpflichtet, die Anordnungen der StA ihres Bezirks zu befolgen (vgl. § 152 I GVG, ggf. iVm § 46 I OWiG; auch → § 404 Rn. 97). Mit dem 1. Justizmodernisierungsgesetz v. 24.8.2004 (BGBl. I 2198) wurde der frühere Begriff des „Hilfsbeamten" durch den der „Ermittlungsperson" ersetzt. Der Bundesgesetzgeber wollte durch die Verwendung eines zeitgemäßen Begriffs der Ermittlungswirklichkeit Rechnung tragen. Die Sachleitungsbefugnis liegt weiterhin bei der StA.

Ermittlungspersonen kraft Gesetzes sind aufgrund § 404 S. 2 Hs. 2 AO die Beamten 28 der Zollfahndungsämter und der Steuerfahndung, ferner aufgrund § 12 V BPolG die Polizeivollzugsbeamten der Bundespolizei und die Beamten des Bundeskriminalamts gem. § 4 BKAG. Soweit andere Gesetze bestimmte Beamte für einen sachlich begrenzten Bereich unmittelbar zu Ermittlungspersonen der StA erklären, zB § 25 II BJagdG die bestätigten Jagdaufseher „*in Angelegenheiten des Jagdschutzes*", fehlt solchen Ermittlungspersonen kraft Gesetzes die allgemeine Zuständigkeit für die Verfolgung von Straftaten; sie werden daher von § 397 I AO nicht erfasst (→ Rn. 13). Demgemäß können ihre Maßnahmen auch nicht die Einleitung des Verfahrens wegen einer Steuerstraftat oder einer Steuerordnungswidrigkeit zur Folge haben. In den neuen Bundesländern können auch Angestellte zu Ermittlungspersonen der StA bestellt werden (EV Anl. I Kap. III Sachgebiet A Abschn. III Nr. I Buchst. o II).

29 Die meisten Ermittlungspersonen der StA besitzen diese Eigenschaft nicht unmittelbar kraft Gesetzes, sondern gem. einer aufgrund § 152 II GVG (ggf. iVm § 46 I OWiG) erlassenen RechtsV. Nahezu gleichlautende **Verordnungen der Landesregierungen oder Landesjustizverwaltungen** bestehen in Baden-Württemberg v. 12.2.1996 (GVBl. 184), Bayern v. 21.12.1995 (GVBl. 1996, 4), Berlin v. 25.10.2005 (GVBl. 758), Brandenburg v. 28.12.1995 (GVBl. 1996, 62), Bremen v. 8.9.2020 (GBl. 984), Hamburg v. 2.4.1996 (GVBl. 44), zuletzt geänd. am 24.11.2020 (GVBl. 623), Hessen v. 26.9.2011 (GVBl. I 582), Mecklenburg-Vorpommern v. 2.7.1996 (GVOBl. 311), Niedersachsen v. 28.11.2014 (GVBl. 394), Nordrhein-Westfalen v. 30.4.1996 (GVNW 180), Rheinland-Pfalz v. 19.6.2013 (GVBl. 263), im Saarland v. 11.7.1996 (ABl. 784), zuletzt geänd. am 19.9.2018 (ABl. 690), in Sachsen v. 5.4.2005 (GVBl. 72), Sachsen-Anhalt v. 9.8.2001 (GVBl. 334), Schleswig-Holstein v. 2.5.2022 (GVOBl. 604) und in Thüringen v. 8.8.2015 (GVBl. 143).

30 Nach den vorstehenden Verordnungen der Länder werden außer bestimmten Beamtengruppen im Bereich des Forstdienstes, der (Kriminal-, Schutz-, Wasserschutz-, Bereitschafts-, Gewerbe-)Polizei, der Forst- und Fischereiverwaltung und der Bergverwaltung im **Bereich der Bundesfinanzverwaltung** ua die Angehörigen folgender Beamtengruppen summarisch zu Ermittlungspersonen der StA bestellt: im Außenprüfungs- und Steueraufsichtsdienst: Regierungsräte, Zolloberamtsräte, Zollamtsräte, Zollamtmänner, Zolloberinspektoren, Zollinspektoren, Zollbetriebsinspektoren, Zollhauptsekretäre, Zollobersekretäre, Zollsekretäre; im Grenzaufsichtsdienst und Grenzabfertigungsdienst: Regierungsräte, Zolloberamtsräte, Zollamtsräte, Zollamtmänner, Zolloberinspektoren, Zollinspektoren, Zollbetriebsinspektoren, Zollschiffsbetriebsinspektoren, Zollhauptsekretäre, Zollschiffshauptsekretäre, Zollobersekretäre, Zollschiffsobersekretäre, Zollsekretäre, Zollschiffssekretäre. Angestellte mit entsprechenden Aufgaben sind nach den Verordnungen zum Teil ebenfalls Ermittlungspersonen der StA. In allen Fällen müssen Ermittlungspersonen der StA mindestens 21 Jahre alt sein (§ 152 II GVG).

31 Die **Bestellung der Angehörigen verschiedener Verwaltungen** durch RechtsV aufgrund § 152 II GVG (ggf. iVm § 46 I OWiG) ist nicht auf bestimmte Angelegenheiten beschränkt; anders zB nach § 404 S. 2 Hs. 2 AO und § 25 II BJagdG (→ Rn. 28). Demgemäß haben alle durch RechtsV bestellten Ermittlungspersonen der StA die mit dieser Eigenschaft verbundenen Befugnisse (→ Rn. 27) auch für die Verfolgung von Steuerstraftaten, wenngleich es selten vorkommen wird, dass etwa ein Beamter der Forst-, Fischerei- oder Bergverwaltung eine Maßnahme trifft, die zur Einleitung eines Strafverfahrens iSd § 397 AO führt.

f) Strafrichter

32 Nur Maßnahmen eines Strafrichters können nach § 397 I AO verfahrenseinleitende Wirkung haben. Maßnahmen anderer Richter können, auch wenn sie auf die Verfolgung einer Steuerstraftat abzielen (vgl. § 149 ZPO iVm § 155 FGO, § 173 VwGO oder § 202 SGG), nur die Vorstufe der verfahrenseinleitenden Maßnahme einer der in § 397 I AO aufgeführten, für die Strafverfolgung allgemein zuständigen Stelle bilden.

33 Mit dem **Begriff „Strafrichter"** ist jeder in Strafsachen tätige Richter gemeint, nicht nur der Einzelrichter als erkennender Richter des Amtsgerichts iSd § 25 GVG, vielmehr in erster Linie der Ermittlungsrichter iSd § 162 StPO, der für die Vornahme richterlicher Untersuchungshandlungen im Ermittlungsstadium eines Strafverfahrens zuständig ist, sowie der Richter als Notstaatsanwalt iSd § 165 StPO. Der Begriff „Strafrichter" wurde gewählt, um auszuschließen, dass schon in der Abgabe von Akten durch den Zivilrichter an die StA

wegen des Verdachts einer Steuerstraftat die Einleitung des Strafverfahrens gefunden werden kann (BT-Rechtsausschuss am 22.6.1967, Prot. Nr. 47 S. 15 f.).

In welcher Funktion und auf welcher Stufe eines Straf- (oder Bußgeld-)verfahrens der Strafrichter tätig wird, ist für die Wirkung einer verdachtsaufklärenden Maßnahme nach § 397 I AO unerheblich. Naturgemäß scheiden für die Einleitung des Verfahrens iSd § 397 I AO alle strafrichterlichen Handlungen aus, die ihrerseits eine verfahrenseinleitende Maßnahme der StA oder der FinB voraussetzen, zB einen Antrag auf Anordnung einer Beschlagnahme oder auf Erlass eines Strafbefehls; denn wegen derselben Tat kann ein Straf- (oder Bußgeld-)verfahren gegen eine bestimmte Person nur einmal eingeleitet werden (→ Rn. 114). 34

Ein **Hinweis des Strafrichters in der Hauptverhandlung,** dass der Angeklagte auch aufgrund eines anderen als des in der gerichtlich zugelassenen Anklage angeführten Strafgesetzes verurteilt werden könne (§ 265 I StPO), hat keine verfahrenseinleitende Wirkung, weil sich die Einleitung des Strafverfahrens iSd § 397 I AO auf einen bestimmten Sachverhalt, auf eine Tat im strafprozessualen Sinn, bezieht, deren rechtliche Würdigung der abschließenden Entscheidung vorbehalten bleibt (→ Rn. 71). Dasselbe gilt erst recht für einen Hinweis auf Umstände, welche die Strafbarkeit erhöhen oder die Anordnung einer Maßnahme oder die Verhängung einer Nebenstrafe oder Nebenfolge rechtfertigen (§ 265 II Nr. 1 StPO). 35

Verfahrenseinleitende Wirkung kann eine strafrichterliche Maßnahme nur entfalten, wenn der Strafrichter bei Vernehmungen im Ermittlungs- oder Hauptverfahren auf den Verdacht einer Straftat stößt, die noch nicht Gegenstand des Ermittlungs- oder Hauptverfahrens ist, oder wenn sich der Verdacht der Täterschaft oder Teilnahme auf eine bisher unverdächtige Person erstreckt und der Strafrichter daraufhin eine verdachtsaufklärende Maßnahme veranlasst. 36

g) Maßnahmen anderer Stellen

Andere als die in § 397 I AO aufgeführten Stellen können zwar Maßnahmen ergreifen, die im Ergebnis ebenfalls auf die Verfolgung einer Zuwiderhandlung gegen Steuergesetze hinauslaufen. Das Gesetz versagt solchen Maßnahmen jedoch die verfahrenseinleitende Wirkung mit den daran geknüpften Rechtsfolgen (→ Rn. 139 ff.). Dies gilt namentlich für Mitteilungen über Steuerstraftaten, die andere Behörden in Erfüllung ihrer Rechtspflicht aus § 116 AO der FinB zuleiten, zB Gemeindebehörden, Ausländerbehörden, Träger der Sozialversicherung (vgl. § 93a AO iVm MV v. 7.9.1993, BGBl. I 1554, zuletzt geänd. am 18.11.2020, BGBl. I 2449), sowie für entsprechende Mitteilungen der Zivil-, Finanz-, Verwaltungs-, Arbeits- oder Sozialgerichte (→ Rn. 32), schließlich für Weisungen vorgesetzter FinB an die örtliche FinB, gegen bestimmte Personen wegen eines bestimmten verdachtsbegründenden Sachverhalts straf- oder bußgeldrechtlich vorzugehen (→ Rn. 22). 37

6. Verdacht als Voraussetzung der Einleitung des Strafverfahrens

Schrifttum: *Lüttger,* Der „genügende Anlass" zur Erhebung der öffentlichen Klage, GA 1957, 193; *Willms,* Offenkundigkeit und Legalitätsprinzip, JZ 1957, 465; *Geerds,* Strafrechtspflege und Prozessuale Gerechtigkeit, SchlHA 1964, 57; *Geerds,* Der Tatverdacht, GA 1965, 321; *Sarstedt,* Gebundene Staatsanwaltschaft?, NJW 1964, 1752; *Kaiser,* Tatverdacht und Verantwortung des Staatsanwalts, NJW 1965, 2380; *Richter,* Der Verdacht strafbarer Handlungen bei der Betriebsprüfung, DB 1967, 697; *Steffen,* Haftung für Amtspflichtverletzungen des Staatsanwalts, DRiZ 1972, 154; *Sailer,* Anklageerhebung und Gleichheitsprinzip, NJW 1977, 1438; *Geerds,* Kenntnisnahme vom Tatverdacht und Verfolgungspflicht, Schröder-Gedächtnisschr. 1978, 379; *Kühne,* Die Definition des Verdachts als Voraussetzung strafprozessualer Zwangsmaßnahmen, NJW 1979, 617; *Bottke,* Zur Anklagepflicht der Staatsanwaltschaft, GA 1980, 298; *Arndt,* Vorfeldermittlungen, Gruppenverdacht und Sammelauskunftsersuchen, Felix-Festgabe 1989, 1; *Carl/Klos,* Schwarzgeldtransfer nach Luxemburg: Zur Rechtmäßigkeit der Durchsuchung von Kreditinstituten durch die Steuerfahndung, wistra 1994, 211; *Hellmann,* Das Neben-Strafverfahrensrecht der Abgabenordnung, 1995; *Papier/Dengler,* Verfassungsrechtliche Fragen im Zusammenhang mit Steuerfahndungsmaßnahmen bei Banken, BB 1996, 2541, 2593; *Wenzel,* Das Verhältnis von Steuerstraf- und Besteuerungsverfahren, Herbolzheim, 2003, S. 105 ff.; *Burkhard,* Beihilfe zur Steuerhinterziehung durch Belegverkäufe über eBay, PStR 2004, 164; *Schulenburg,* Legalitäts- und Opportunitätsprinzip im Strafverfahren, JuS 2004, 765; *Weigell,* Dokumentationspflichten bei der Ermittlung von Verrechnungspreisen: Einzug des Steuerstrafrechts in das internationale Steuerrecht!, IStR 2005, 182; *Matthes,* Rasterfahndung im Steuerstrafverfahren, Hamburg, 2006; *Kemper;* Der Anfangsverdacht in der Außenprüfung, StBp 2007, 263; *Rolletschke,* Verfahrenseinleitung auf Grund einer Selbstanzeige, wistra 2007, 89; *Vogelberg,* Anlass für Vorfeldermittlungen, PStR 2007, 244; *Wegner,* Checkliste: Zum Verdacht einer Steuerstraftat oder -ordnungswidrigkeit i. S. des § 10 BpO, PStR 2009, 86; *Buse,* Der steuerstrafrechtliche Verdacht des Außenprüfers, DB 2011, 1942; *Madauß,* Außenprüfung und Steuerstrafverfahren – Anmerkung aus der Praxis, NZWiSt 2014, 296; *Webel/Wähnert,* Der Verdacht einer Steuerstraftat während der Außenprüfung, NWB 2014, 3324; *Beyer,* Wann besteht der Verdacht einer Steuerstraftat bei einer Außenprüfung?, AO-StB 2015, 77; *Peters* Der strafrechtliche Anfangsverdacht im Steuerrecht – Kooperative Vorermittlungen in Grenzfällen, DStR 2015, 2583; *Jahn,* Wer oder was bestimmt das Unbestimmte?, Anfangsverdacht und legales Verhalten, in Fischer/Hoven (Hrsg.) Verdacht (2. Baden-Badener Strafrechtsgespräch), 2016 S. 147; *Madauß,* Verdachtsmeldepflichten nach § 4 V 1 Nr 10 EStG für Korruptionstaten im wirtschaftlichen Verkehr, NZWiSt 2016, 437; *Schmid/Ntamadaki,* Die abweichende Rechtsauffassung in der Steuererklärung und ihre steuerstrafrechtliche Relevanz in der Betriebsprüfung, DStR 2019, 1713.

38 Nach dem **Legalitätsprinzip** müssen die in § 397 I AO genannten Stellen wegen aller verfolgbaren Steuerstraftaten einschreiten, sofern zureichende tatsächliche Anhaltspunkte vorliegen (§ 152 II StPO), und zur Aufklärung des Verdachts den Sachverhalt erforschen (§ 160 I StPO). Das Legalitätsprinzip erfordert sogar ein unverzügliches Tätigwerden, damit der Schwebezustand zwischen Verdacht und Gewissheit über die Berechtigung des Schuldvorwurfs möglichst bald beendet wird (vgl. Art. 6 I 1 MRK, Nr. 5 RiStBV u. Nr. 6 AStBV). Andererseits sind strafrechtliche Ermittlungsmaßnahmen noch nicht zulässig, solange die tatsächlichen Anhaltspunkte noch nicht ausreichen, um einen Tatverdacht zu begründen (*Hellmann* S. 250). Zwischen den Geboten des unverzüglichen Zugriffs und der Zurückhaltung mit voreiligen Maßnahmen bildet das Vorhandensein eines Verdachts eine allgemeine Voraussetzung für die erste strafrechtliche Maßnahme, der § 397 I AO verfahrenseinleitende Wirkung zuspricht.

39 **Wann ein Verdacht vorliegt, lässt sich allgemein kaum definieren.** Nach § 152 II StPO ist die StA, soweit nicht gesetzlich ein anderes bestimmt ist, verpflichtet, wegen aller verfolgbaren Straftaten einzuschreiten, sofern „**zureichende tatsächliche Anhaltspunkte**" vorliegen. Das soll der Fall sein, wenn *„nach kriminalistischer Erfahrung die Möglichkeit besteht",* dass eine verfolgbare Straftat vorliegt (BGH 21.4.1988, NJW 1989, 96). Diese Möglichkeit besteht bereits dann, wenn auch nur entfernte Indizien vorliegen (OLG Frankfurt 20.12.1995, NStZ 1996, 196). Kriminalistische Erfahrungen, die einen Anfangsverdacht begründen, können uU auch aus Selbstanzeigen in vergleichbaren Fällen gewonnen werden (FG Münster 7.12.1999, wistra 2000, 196). Bloße Vermutungen rechtfertigen es dagegen nicht, jemandem eine Tat zur Last zu legen (Meyer-Goßner/Schmitt/*Schmitt* StPO § 152 Rn. 4 mwN; *Schulenburg* JuS 2004, 765). Auch nach der Definition des Verdachts durch Nr. 26 II AStBV reicht die „bloße Möglichkeit" einer schuldhaften Steuerverkürzung nicht aus, einen Verdacht zu begründen (vgl. aber Nr. 130 III AStBV), wohl aber, um Ermittlungen nach § 208 I Nr. 3 AO vorzunehmen (→ § 404 Rn. 47). Aus „tatsächlichen Anhaltspunkten" muss also nicht nur die Möglichkeit, sondern eine gewisse, wenn auch zweifelhafte Wahrscheinlichkeit einer begangenen Straftat zu folgern sein (Kohlmann/*Peters* AO § 397 Rn. 5). Unklar bleibt allerdings, wie *Hellmann* zu Recht bemerkt (aaO S. 251), wie die Möglichkeit von der gewissen Wahrscheinlichkeit abzugrenzen ist. Jedenfalls steht der StA und den sonstigen zur Einleitung eines Strafverfahrens berufenen Stellen (→ Rn. 12 ff.) bei der Prüfung zureichender tatsächlicher Anhaltspunkte für einen Verdacht ein **Beurteilungsspielraum** zu (BVerfG 8.11.1983, NJW 1984, 1451 u. BVerfG 23.3.1994, wistra 1994, 221; BGH 21.4.1988, NJW 1989, 96). Unter dem Gesichtspunkt der Amtshaftung ist dieser Beurteilungsspielraum erst dann überschritten, wenn die Entscheidung nicht mehr vertretbar ist. Die Vertretbarkeit ist zu verneinen, wenn bei voller Würdigung auch der Belange einer funktionstüchtigen Strafrechtspflege (dazu BVerfG 20.10.1977, NJW 1977, 2355) die Einleitung der Ermittlungen gegen den Beschuldigten nicht mehr vertretbar ist (BGH 21.4.1988, NJW 1989, 96). Das dürfte mit

Rücksicht auf die Schutzfunktion des § 397 AO (→ Rn. 6) nur selten der Fall sein, zB aber dann, wenn eine Maßnahme mit der Behauptung begründet würde, alle Prostituierten seien der Steuerhinterziehung verdächtig. Kontrollmitteilungen als solche begründen regelmäßig noch keinen Anfangsverdacht (aA *Blesinger* wistra 1994, 48, 52; ferner → Rn. 40).

40 Schon der Anfangsverdacht muss sich aus **konkreten Tatsachen** ergeben (KK-StPO/ *Diemer* StPO § 152 Rn. 7 sowie Meyer-Goßner/Schmitt/*Schmitt* StPO § 152 Rn. 4; *Blesinger* wistra 1994, 48; *Geerds* SchlHA 1964, 60 u. GA 1965, 327; *Lüttger* GA 1957, 193; *Walder* ZStW 95, 867 ff.). Eine allgemeine Erfahrungstatsache wie etwa die, dass die Heuer deutscher Seeleute auf Schiffen, die unter „billigen Flaggen" wie Panama oder Liberia fahren, häufig nicht versteuert wird, genügt für sich allein nicht, um von vornherein den Verdacht einer Steuerhinterziehung dieser Seeleute anzunehmen und mit strafrechtlichen Maßnahmen vorzugehen. Die Tatsache, dass ein Rechtsanwalt ein Sonderhonorar nicht versteuert hat, kann für sich allein nicht den Verdacht begründen, der Zahlungsempfänger habe auch in anderen Zeiträumen Sonderhonorare erhalten und nicht versteuert (LG Köln 25.4.1983, StV 1983, 275); ohne weiteren Anhaltspunkt kann hier nur eine Vermutung vorliegen. Das Anbieten von Barzahlungs-Tankquittungen über eBay, aus denen der Bezahlende nicht hervorgeht, kann genügen für einen Anfangsverdacht der Beihilfe zur Steuerhinterziehung (glA *Burkhard* PStR 2004, 167 f.) sowie einer Ordnungswidrigkeit nach § 379 I 1 Nr. 2 AO.

41 Ein sog. **Betriebsverdacht** begründet keinen Anfangsverdacht (BVerfG 24.5.1977, NJW 1977, 1489 u. BVerfG 13.12.1994, NJW 1995, 2839 betr. Suchtberatungsstellen sowie BVerfG 30.4.1997, wistra 1997, 219 betr. einen Verstoß gegen das FAG). Die bloße Möglichkeit, dass ein gesetzlich zulässiger Betrieb von Straftätern missbraucht wird, reicht nicht aus; es müssen vielmehr Verdachtsmomente für einen konkreten Missbrauch vorliegen (BVerfG 13.12.1994, NJW 1995, 2839). Dies gilt auch für die Einschaltung ausländischer Abrechnungsgesellschaften durch freie Mitarbeiter („Freelancer"; zum „Honorarsplitting" durch freiberuflich tätige IT-Ingenieure vgl. auch BGH 21.8.2014, NStZ-RR 2014, 316). Ebenso wenig begründet die Inhaberschaft von Tafelpapieren für sich allein einen Anfangsverdacht (BFH 25.7.2000, NJW 2000, 3157).

42 Anders verhält es sich jedoch, wenn konkrete Hinweise auf eine gezielte Anonymisierung vorliegen. So kann die Abwicklung von **Tafelgeschäften** mittels Barein- und -auszahlungen den Anfangsverdacht einer Steuerstraftat begründen, wenn der Bankkunde solche Geschäfte bei einem Kreditinstitut tätigt, bei dem er auch seine Konten und/oder Depots führt (BFH 15.6.2001, NJW 2001, 2997, bestätigt durch BVerfG 1.3.2002, NStZ 2002, 371; LG Itzehoe 9.6.1999, wistra 1999, 432; LG Detmold 11.8.1999, wistra 1999, 434; vgl. auch Nr. 3 AEAO zu § 154 AO). Dasselbe gilt, wenn ein Depot auf den Geburtsnamen geführt wird, für steuerliche Zwecke aber der Ehename verwendet wird (BVerfG 20.4.2004, wistra 2005, 21). Auf der Grundlage einer Gesamtwürdigung der Umstände kann sich ein Anfangsverdacht auch daraus ergeben, dass Tafelgeschäfte in bar und ohne Bezug zu einer Hausbank abgewickelt und die Tafelpapiere nicht in eine Depotverwahrung gegeben werden (BFH 19. 1 2006, BFH/NV 2006, 709). Ein hinreichend konkreter Verdacht dürfte auch gegeben sein, wenn fingierte oder gefälschte Belege aufgefunden werden, wenn Vermögenszuwächse mit Spielgewinnen erklärt werden (ferner HHS/*Tormöhlen* AO § 208 Rn. 169) oder wenn der Stpfl keine Steuererklärung abgegeben hat, ohne dass Anhaltspunkte für die Aufgabe seiner steuerpflichtigen Tätigkeit vorliegen (*Blesinger* wistra 1994, 48, 52). Zureichende tatsächliche Anhaltspunkte für eine Steuerstraftat können zB auch sein: verschwiegene Bankkonten, nicht gebuchte Wareneingänge sowie Scheingeschäfte oder Scheinverträge. Anonymisierte Einzahlungsbelege (Identifizierungsbögen) rechtfertigen einen Anfangsverdacht bezüglich Steuerhinterziehung und Geldwäsche (LG Lübeck 19.4.1999, wistra 2000, 196). In jedem Fall bedarf es aber der zusätzlichen Feststellung von Anhaltspunkten für die subjektive Tatseite. Es müssen greifbare Anhaltspunkte für die Annahme vorliegen, dass der objektive und subjektive Tatbestand einer Straftat erfüllt ist und die Tat auch verfolgt werden kann (vgl. RG 25.11.1935, RStBl. 1935, 1506 f.), zB weil der Stpfl die in der Kontrollmitteilung bescheinigten Beträge in seiner bereits vorliegenden Steuererklärung nicht erfasst hat. Zum Anfangsverdacht bei *Missbrauch rechtlicher Gestaltungsmöglichkeiten* (§ 42 AO) vgl. *Wenzel* aaO S. 112 ff.

43 Ein **steuerliches Mehrergebnis,** das auf einer von der Steuererklärung abweichenden Veranlagung oder auf einer Änderung der Steuerbescheide aufgrund von Feststellungen der Betriebsprüfung beruht, begründet für sich allein noch keinen Verdacht (dazu *Assmann* StBp 1993, 53; *Wenzel* aaO S. 107). Ein Mehrergebnis ist in jedem Falle straf- oder bußgeldrechtlich insoweit irrelevant, als es nicht aus unrichtigen, unvollständigen oder fehlenden Tatsachenangaben des Stpfl erwachsen ist, sondern aus einer abweichenden rechtlichen Würdigung der richtig, vollständig und rechtzeitig erklärten Besteuerungsgrundlagen durch das FA. Hinsichtlich der Mehrbeträge, die auf unzutreffende Angaben des Stpfl zurückgehen, müssen tatsächliche Anhaltspunkte für ein vorsätzliches oder leichtfertiges Verhalten des Stpfl oder eines an der Gewinnermittlung oder an den Steuererklärungen mitwirkenden Dritten vorliegen. Solche Anhaltspunkte können bereits gegeben sein, wenn der Stpfl Sachverhaltselemente, deren rechtliche Relevanz objektiv zweifelhaft ist, deswegen nicht angegeben hat, weil er eine von Rspr, Richtlinien der Finanzverwaltung oder der regelmäßigen Veranlagungspraxis abweichende Rechtsansicht vertritt (vgl. BGH 10.11.1999, wistra 2000, 137 sowie → § 370 Rn. 190 ff.). Die subjektiven Erfordernisse einer gem. § 370 AO mit Strafe oder gem. § 378 AO mit Geldbuße bedrohten Steuerverkürzung sind zB regelmäßig nicht erfüllt, wenn der Stpfl den Bilanzwert von Wirtschaftsgütern des Anlagevermögens oder das Ausfallrisiko bei ausstehenden Forderungen schätzen muss und sich nachträglich erweist, dass die tatsächliche Nutzungsdauer länger oder der tatsächliche Forderungsausfall geringer gewesen ist. Das Gleiche gilt für die Bildung von Rückstellungen für Bürgschaften, Gewährleistungsverpflichtungen usw. Andererseits ist der Verdacht einer schuldhaften Steuerverkürzung nicht schon deshalb ausgeschlossen, weil die Veranlagung oder Betriebsprüfung zu keinem Mehrergebnis geführt hat, da sich Erhöhungen und Minderungen der Besteuerungsgrundlagen zwar steuerlich, regelmäßig aber nicht strafrechtlich ausgleichen können (§ 370 IV 3 AO).

44 **Im Hinblick auf die Person des Verdächtigen** erfordert ein konkreter Verdacht nicht, dass die tatsächlichen Anhaltspunkte für eine Steuerstraftat bereits einen (oder mehrere) bestimmte(n), der Strafverfolgungsbehörde bekannte(n) Täter erkennen lassen (glA Löwe/Rosenberg/*Mavany* StPO § 152 Rn. 30). Es genügt, dass anstelle einer unbestimmten Vielzahl eine begrenzte Mehrzahl möglicher Täter in Betracht kommt und die **Ermittlungen „gegen Unbekannt"** nicht ins Blaue greifen. Wenn auch bei Besitz- und Verkehrsteuerstraftaten der Täter – anders als bei Schmuggel und bei nichtsteuerlichen Straftaten – nur beim Stpfl und in dem Kreis der Personen ermittelt zu werden braucht, die an der Buchführung, Gewinnermittlung und Steuererklärung mitgewirkt haben, kann bei Beginn strafrechtlicher Ermittlungen, namentlich bei Großbetrieben, durchaus noch undurchsichtig sein, bei wem die Täterschaft liegt, zumal erfahrungsgemäß der Stpfl bestrebt ist, die Verantwortung von sich auf Angestellte und steuerliche Berater abzuwälzen.

45 Für den **Verdacht,** der ein Einschreiten mit strafrechtlichen Mitteln erfordert, *„genügt eine gewisse, wenn auch noch so geringe Wahrscheinlichkeit, bei der der Zweifel an der Richtigkeit des Verdachts noch überwiegen darf"* (Löwe/Rosenberg/*Mavany* StPO § 152 Rn. 30; ferner → Rn. 39). Sie muss über die allgemeine theoretische Möglichkeit des Vorliegens von Straftaten hinausgehen (Löwe/Rosenberg/*Mavany* StPO § 152 Rn. 30). In keinem Fall braucht der Verdacht aber *„dringend"* (vgl. §§ 111a I, 112 I StPO) oder *„hinreichend"* (vgl. § 203 StPO) zu sein (KMR-StPO/*Kulhanek* StPO § 152 Rn. 18 sowie KK-StPO/*Diemer* StPO § 152 Rn. 7; Kohlmann/*Peters* AO § 397 Rn. 5 und RKR/*Rolletschke* AO § 397 Rn. 44; *Richter* DB 1967, 697; *Henneberg* BB 1970, 1128; *Möllinger* StBp 1979, 193; *Brenner* StBp 1977, 280 und *Pfaff* DStZ 1977, 445). Hinreichender Tatverdacht liegt erst dann vor, *„wenn bei vorläufiger Tatbewertung (BGHSt 23, 304, 306) auf der Grundlage des Ermittlungs-*

ergebnisses die Verurteilung in einer Hauptverhandlung mit vollgültigen Beweismitteln wahrscheinlich ist" (BGH 22.4.2003, BGHR StPO 210 II Prüfungsmaßstab 2; BGH 18.6.1970, NJW 1970, 1543).

Ein über den einfachen Verdacht hinausreichender **höherer Grad von Wahrschein-** **46** **lichkeit,** dass eine Straftat begangen ist, muss vorliegen, wenn das Ermittlungsverfahren mit einer besonders einschneidenden Maßnahme begonnen werden soll. UHaft darf nach § 112 I 1 StPO gegen den Beschuldigten nur angeordnet werden, *„wenn er der Tat dringend verdächtig ist".* Darüber hinaus verlangt der **Grundsatz der Verhältnismäßigkeit** einen nach dem Gewicht der Maßnahme abgestuften, stärker konkretisierten Verdacht, wenn als erste Ermittlungsmaßnahme eine Beschlagnahme (§ 94 StPO; BGH 7.9.1956, BGHSt 9, 351, 355), eine Durchsuchung (§ 105 StPO), insbes. bei anderen Personen (§ 103 StPO) oder zur Nachtzeit (§ 104 StPO), oder sogar eine Postbeschlagnahme (§ 99 StPO) oder eine körperliche Untersuchung (§ 81a StPO) angeordnet werden soll. Die für solche Maßnahmen erhöhten Anforderungen an die Konkretisierung des Verdachts betreffen jedoch nicht den Entschluss, ob überhaupt Ermittlungen gegen einen Verdächtigen aufgenommen werden müssen, sondern welches Mittel zur Aufklärung des Verdachts und zur Sicherung der Beweise gewählt werden kann und darf (→ Rn. 103).

Auf welche Weise die zur Strafverfolgung berufenen Stellen **Kenntnis erlangen** von **47** den tatsächlichen Anhaltspunkten für eine Straftat, ist grundsätzlich gleichgültig. In Betracht kommen vor allem **Anzeigen** (→ Rn. 49 f.) einschl. Selbstanzeigen (→ Rn. 51) und eigene **dienstliche Wahrnehmungen.** Die im Hinblick auf die Strafdrohung des § 258a StGB bedeutsame Frage, ob **außerdienstliche Kenntnis** einen StA oder anderen Strafverfolgungsbeamten zum Einschreiten verpflichtet oder nur berechtigt, ist umstritten. Nach älterer Rspr. soll bei privater Kenntniserlangung ein Einschreiten in eigener Zuständigkeit oder eine Mitteilung an die zuständige Stelle immer dann geboten sein, wenn sich der Verdacht auf Straftaten bezieht, die nach Art und Umfang *„die Belange der Öffentlichkeit und der Volksgesundheit in besonderem Maße berühren"* (so grundsätzlich RG 19.6.1936, RGSt 70, 251 f.; zust. BGH 15.12.1953, BGHSt 5, 225, 229; BGH 16.12.1958, BGHSt 12, 277, 281; OLG Köln 18.3.1981, NJW 1981, 1794; zust. Kohlmann/*Peters* AO § 397 Rn. 12.8; KMR-StPO/*Noltensmeier-von Osten* StPO § 158 Rn. 16; einschränkend unter Verneinung einer Strafbarkeit wegen Strafvereitelung im Amt *Krause* GA 1964, 110 und JZ 1984, 548; gänzlich abl. *Anterist,* Anzeigepflicht und Privatsphäre des Staatsanwalts, 1968, 63 ff.; *Geerds* Schröder-Gedächtnisschr., 389 ff. Meyer-Goßner/Schmitt/*Köhler* StPO § 160 Rn. 10; für eine Verfolgungspflicht nur bei Verbrechen *Artkämper* Kriminalistik 2001, 433). Nach der neueren höchstrichterlichen Rspr. (BGH 29.10.1992, BGHSt 38, 388, 392 u. BGH 3.11.1999, NStZ 2000, 147) kommt bei außerdienstlich erlangtem Wissen eine Garantenstellung in Betracht, wenn der Strafverfolgungsbeamte von schweren Straftaten Kenntnis erlangt, die während seiner Dienstausübung fortwirken. Dabei bedarf es der Abwägung im Einzelfall, ob durch die Straftaten Rechtsgüter der Allgemeinheit oder des Einzelnen betroffen sind, denen jeweils ein besonderes Gewicht zukommt. Dies kann auch außerhalb des Kataloges des § 138 StGB bei schweren Straftaten (zB schwere Drogendelikte, organisierte Kriminalität), auch bei Vermögensstraftaten mit hohem wirtschaftlichem Schaden oder besonderem Unrechtsgehalt, der Fall sein (BGH 29.10.1992, BGHSt 38, 388, 392 u. BGH 3.11.1999, NStZ 2000, 147). Diese Auslegung des § 13 I StGB durch die Rspr. verstößt nicht gegen den Bestimmtheitsgrundsatz des Art. 103 II GG (BVerfG 22.11.2002, NJW 2003, 103; aA Meyer-Goßner/Schmitt/*Köhler* StPO § 160 Rn. 10; *Seebode* JZ 2004, 305). Zwar ist durch das von der Rspr. entwickelte Abgrenzungskriterium einer „schweren Straftat" ein Wertungsraum eröffnet. Dies ist aber verfassungsrechtlich nicht zu beanstanden, wenn und solange der konkrete Normadressat anhand einer gefestigten Rspr. das Risiko einer möglichen Bestrafung hinreichend sicher voraussehen kann (BVerfG 22.11.2002, NJW 2003, 103). Unstreitig ist, dass bei außerdienstlich erlangtem Wissen von schweren Straftaten jedenfalls wegen der beamtenrechtlichen Treuepflicht eine Anzeigepflicht (mit disziplinarrechtlichen Folgen bei ihrer Verletzung) besteht (ebenso KK-StPO/

Griesbaum StPO § 158 Rn. 29 u. KMR-StPO/*Noltensmeier-von Osten* StPO § 158 Rn. 16 sowie Meyer-Goßner/Schmitt/*Köhler* StPO § 160 Rn. 10).

48 Auch im Ausland **durch Privatpersonen rechtswidrig erlangte Steuerdaten** dürfen zur Einleitung eines Ermittlungsverfahrens herangezogen werden (BVerfG 9.11.2010, NStZ 2011, 103). Selbst die Unzulässigkeit oder Rechtswidrigkeit einer Beweiserhebung führt nicht ohne Weiteres zu einem Beweisverwertungsverbot (BVerfG 9.11.2010, NStZ 2011, 103, 105).

49 Ob eine **Strafanzeige** ohne Weiteres den Verdacht einer Straftat vermittelt, hängt vom Inhalt der Anzeige und von der Person des Anzeigeerstatters ab. Ein Verdacht ist umso eher begründet, je genauer die tatsächlichen Angaben sind. Andererseits kann eine Anzeige uU sofort weggelegt werden, wenn sie einen verworrenen Inhalt hat oder der Anzeigeerstatter der Behörde bereits aus anderen Anlässen als unglaubwürdig oder geistesgestört bekannt ist und ein Ermittlungsverfahren gegen ihn wegen falscher Verdächtigung nach § 164 StGB nicht in Betracht kommt. Haltlose Angaben eines Querulanten sind keine zureichenden Anhaltspunkte (KK-StPO/*Griesbaum* StPO § 158 Rn. 7 u. 13; KMR-StPO/*Noltensmeier-von Osten* StPO § 158 Rn. 6; Löwe/Rosenberg/*Mavany* StPO § 152 Rn. 31; *Kaiser* NJW 1965, 2380; *Franzheim* GA 1978, 142).

50 Bei **anonymen Anzeigen** ist Vorsicht geboten, da der Anzeigeerstatter sich durch das Verheimlichen seiner Identität der Verantwortung nach § 164 StGB entzieht. Andererseits ist es weder zulässig noch gerechtfertigt, anonyme Anzeigen grundsätzlich unbeachtet zu lassen (ebenso *Blesinger* wistra 1994, 48). Oft enthalten sie besonders detaillierte Angaben, die nur Insider kennen können, und gelegentlich sind sie sogar aus einer gewissen Zwangslage diktiert, zB wenn der Anzeigende als Arbeitnehmer des Angezeigten zur Mitwirkung an Steuerstraftaten angehalten wird, oder bei einem unlauteren Wettbewerbsverhalten des Angezeigten. Andererseits lehrt die Praxis, dass anonyme Anzeigen auf Rachegelüsten, verletzter Eitelkeit oder vermeintlicher Ungleichbehandlung beruhen können. Ein Ermittlungsverfahren sollte daher erst eingeleitet werden, wenn der durch die anonyme Anzeige ausgelöste Anfangsverdacht durch weitere Nachforschungen eine gewisse Bestätigung gefunden hat (KK-StPO/*Griesbaum* StPO § 158 Rn. 6; vgl. auch Nr. 8 RiStBV).

51 Eine **Selbstanzeige** (§§ 371, 378 III AO) begründet stets den Verdacht, dass die angezeigte Tat wirklich begangen worden ist (glA BFH 29.4.2008, BStBl. II 2008, 844; LG Hamburg 4.3.1987, wistra 1988, 317; *Rolletschke* wistra 2007, 89). Er entfällt nicht deswegen, weil die Selbstanzeige wirksam sein könnte. Häufig bleibt fraglich, ob die angezeigten Tatsachen vollständig sind oder ob nicht eine sog. dolose Teilselbstanzeige vorliegt (→ § 371 Rn. 382 f.). Nicht selten muss auch wegen der unterschiedlichen Anforderungen des § 371 II AO und des § 378 III AO aufgeklärt werden, ob die selbst angezeigte Steuerverkürzung in subjektiver Hinsicht die Merkmale einer Steuerstraftat nach § 370 AO oder einer Steuerordnungswidrigkeit nach § 378 I AO erfüllt. In den Fällen der Sperrgründe des § 371 II Nr. 3 und 4 AO, in denen das Verfahren nach § 398a AO eröffnet ist, bedarf es zudem noch der Bestimmung des zusätzlich an die Staatskasse zu bezahlenden Betrages durch die Strafverfolgungsbehörden. Schließlich kann es erforderlich sein, beweissichernde Maßnahmen für den Fall zu ergreifen, dass der Anzeigeerstatter die vorsätzlich oder leichtfertig verkürzten Steuern nicht fristgerecht nachzahlt (§ 371 III, § 378 III 2 AO). Denn durch die Selbstanzeige hat der Täter bis zur Nachzahlung lediglich eine *Anwartschaft auf Straffreiheit* erworben (→ § 371 Rn. 140; vgl. BGH 3.6.1954, BGHSt 7, 336, 341). Eine Selbstanzeige macht daher Ermittlungsmaßnahmen nicht von vornherein entbehrlich (s. auch → Rn. 151). Erscheinen sie erforderlich und werden sie veranlasst, so bewirken sie nach § 397 I AO auch die Einleitung des Strafverfahrens (aM Koch/Scholtz/*Scheuermann-Kettner* AO § 397 Rn. 7 u. Kohlmann/*Peters* AO § 397 Rn. 31 unter Berufung auf OLG Celle 19.12.1963, NJW 1964, 989); denn das strafrechtliche Vorgehen steht stets unter dem Vorbehalt, dass sich der Verdacht wieder auflöst oder dass die Voraussetzungen des Strafaufhebungsgrundes vollständig festgestellt werden (ebenso *Blesinger* wistra 1994, 48, 52; vgl. auch BayObLG 3.11.1989, wistra 1990, 159).

Der Inhalt einer **strafbefreienden Erklärung,** die nach dem StraBEG in den Jahren 52
2003 bis 2005 zeitlich befristet möglich war, unterliegt nach § 13 I 1 StraBEG einem
Verwendungsverbot. Die strafbefreiende Erklärung darf daher nicht zum Anlass genommen
werden, einen Anfangsverdacht zu schöpfen und ein Strafverfahren einzuleiten (s. 6. Aufl.
Rn. 11 zu § 13 StraBEG). Nach Ansicht des BMF (Schreiben des BMF 20.7.2004,
DStR 2004, 1387) soll dies aber nicht für Angaben gelten, die nicht mehr als Bestandteil
der Spezifizierung des Lebenssachverhaltes für die im Vordruck der strafbefreienden Erklärung als Bemessungsgrundlage erklärten Einnahmen angesehen werden können. Der Wortlaut des § 13 I 1 StraBEG spricht jedoch dafür, das Verwendungsverbot auf alle Angaben
anzuwenden, die *unter Berufung auf das StraBEG* übermittelt werden. Zur Frage, ob auch
eine unwirksame strafbefreiende Erklärung dem Verwendungsverbot unterliegt,
→ 6. Aufl., StraBEG § 13 Rn. 5 ff.

Ob Beweismittel, die unter Verstoß gegen ein **Beweisverwertungsverbot** erlangt 53
worden sind, als Grundlage für die Annahme eines Anfangsverdachts herangezogen werden
dürfen, ist str. (vgl. hierzu Löwe/Rosenberg/*Mavany* StPO § 152 Rn. 33). Diese Frage
stellt sich im Steuerstrafrecht etwa dann, wenn der FinB auf rechtswidrige Weise erlangte
Beweismittel für steuerlich erhebliche Tatsachen (zB gestohlene Firmenunterlagen) zugespielt werden, die dann mit den Angaben in den Steuererklärungen verglichen werden.
Teilweise wird angenommen, solche Erkenntnisse dürften im Rahmen der Verdachtsprüfung überhaupt nicht berücksichtigt werden (RKR/*Rolletschke* AO § 397 Rn. 41), zT
wird den durch ein Verwertungsverbot gesperrten Beweismitteln die uneingeschränkte
Tauglichkeit als Ermittlungsansatz zugesprochen (*Salditt* PStR 2008, 84, 86). Ein differenzierender Ansatz will die Verwendbarkeit solcher Beweismittel als Ermittlungsansatz vom
Ergebnis einer im Einzelfall durchzuführenden Abwägung zwischen dem Gewicht des
Verfahrensverstoßes und der Schwere der aufzuklärenden Straftat abhängig machen (Meyer-Goßner/Schmitt/*Schmitt* StPO § 152 Rn. 4c). Zwar lässt sich eine allgemeingültige
Regel, wann ein Verwertungsverbot über das unmittelbare Beweisergebnis hinausreicht
und wo seine Grenzen zu ziehen sind, nicht aufstellen, vielmehr richten sich die Grenzen
jeweils nach der Sachlage und der Art des Verbots (BGH 18.4.1980, BGHSt 29, 244, 249;
vgl. BVerfG 30.6.2005, NStZ 2006, 46). Ausgehend von der Rspr. des BGH zur Fernwirkung von Verwertungsverboten (BGH 28.4.1987, BGHSt 34, 362, 364; BGH
24.8.1983, BGHSt 32, 68, 71; BGH 22.2.1978, BGHSt 27, 355) ist jedoch davon auszugehen, dass auch Erkenntnisse, die auf unzulässige Weise erlangt worden sind, bei der
Verdachtsprüfung grundsätzlich berücksichtigt werden dürfen (vgl. KK-StPO/*Bruns* StPO
§ 100a Rn. 69), zumal sich im Nachhinein kaum feststellen lässt, ob sich der Verdacht
nicht auch noch aus anderen tatsächlichen Anhaltspunkten ergeben hätte (vgl. BGHSt 34,
362, 364).

Insoweit ist zwischen den (bloßen) Verwertungsverboten und den Verwendungsverboten 54
(vgl. hierzu Meyer-Goßner/Schmitt/*Schmitt* Einl. Rn. 57d; zum Steuerstrafrecht vgl. auch
BGH 12.1.2005, wistra 2005, 148) zu unterscheiden. Es gilt der Grundsatz, dass Verfahrensfehler, die ein Verwertungsverbot für ein bestimmtes Beweismittel nach sich ziehen,
im Hinblick auf die Belange einer wirksamen Strafverfolgung nicht ohne weiteres dazu
führen dürfen, dass das gesamte Strafverfahren lahmgelegt wird (BGHSt 32, 68, 71; BGHSt
27, 355, 358; KK-StPO/*Bader* StPO Vor § 48 Rn. 45). Der Beschuldigte ist regelmäßig
hinreichend dadurch geschützt, dass die Beweisführung nicht durch die unverwertbaren
Erkenntnisse beeinflusst werden darf; dies gilt schon im Ermittlungsverfahren (Meyer-Goßner/Schmitt/*Schmitt* StPO § 152 Rn. 4c). Beweismittel, die einem Verwertungsverbot
unterliegen, dürfen weder vorgehalten werden, noch darauf die Anwendung strafprozessualer Maßnahmen gestützt werden (BGH 22.2.1978, BGHSt 27, 355; Meyer-Goßner/
Schmitt/*Schmitt* StPO § 152 Rn. 4c).

Zur **Frage der** strafrechtlichen **Verwertbarkeit** des von staatlichen Stellen angekauften 55
„gestohlenen" Datenmaterials Liechtensteiner und Schweizer Banken, das anschließend von den Finanzbehörden zum Datenabgleich und zur Einleitung von Steuerstraf-

verfahren verwendet wurde vgl. LG Bochum NStZ 2010, 351; LG Düsseldorf wistra 2011, 37; *Kölbel* NStZ 2008, 241; *Kaspar* GA 2013, 206, 219 ff; *Coen* NStZ 2011, 433 aus völkerrechtlicher Sicht *(bejahend); Junker* StRR 2008, 129; *Kelnhafer/Krug* StV 2008, 660; *Salditt* PStR 2008, 84; *Schünemann* NStZ 2008, 305, 309; *Sieber* NJW 2008, 881; *Trüg* StV 2011, 111; *Trüg/Habetha* NJW 2008, 887 *(verneinend); Pawlik* JZ 2010, 693 *(differenzierend);* zur herrschenden *Abwägungslehre* s. BGH 27.2.1992, BGHSt 38, 214, 219/220 u. KK-StPO/*Greven* StPO Vor § 94 Rn. 10.

56–65 *einstweilen frei*

7. Systematik und Grenzen einer Vorprüfung

66 Eine „Vorprüfung", bei welcher der Sachverhalt durch die FinB unter strafrechtlichen Gesichtspunkten mit steuerrechtlichen Mitteln weiter aufgehellt wird, ist nicht vorgesehen, nicht erforderlich und nicht zulässig (glA schon *Frenkel* DStZ 1962, 26 u. *Pfaff* StW 1970, 402). Eine Grauzone zwischen Besteuerungsverfahren und Strafverfahren will das Gesetz gerade vermeiden. **Vorfeldermittlungen** der Steuerfahndung (§ 208 I Nr. 3 AO; vgl. Nr. 12, 122 AStBV; ferner → § 404 Rn. 41 ff.) sind geboten, wenn noch keine konkreten Anhaltspunkte für eine Steuerstraftat oder -ordnungswidrigkeit gegeben sind, jedoch die Möglichkeit einer Steuerverkürzung in Betracht kommt. Es handelt sich nicht um Verfolgungsmaßnahmen, sondern um Ermittlungen im Besteuerungsverfahren (Erbs/Kohlhaas/*Hadamitzky/Senge* AO § 397 Rn. 2; Koch/Scholtz/*Scheurmann-Kettner* AO § 397 Rn. 7 u. Kohlmann/*Peters* AO § 397 Rn. 32). Ein hinreichender Anlass für Vorfeldermittlungen der Steuerfahndung liegt vor, wenn auf Grund besonderer Anhaltspunkte oder allgemeiner Erfahrung die Möglichkeit einer Steuerverkürzung in Betracht kommt; Ermittlungen „ins Blaue hinein", steuerliche Rasterfahndungen, Ausforschungsdurchsuchungen oder ähnliche Ermittlungsmaßnahmen sind unzulässig (BFH 25.7.2000, NJW 2000, 3157). Deshalb dürfen auch sog *Flankenschutzfahnder,* die zulässig an Außenprüfungen teilnehmen, den Stpfl nicht zielgerichtet danach ausforschen, ob ein Anfangsverdacht besteht; erst recht dürfen sie bei bestehendem Anfangsverdacht nicht ohne Belehrung (§ 397 III AO) des Stpfl als Beschuldigten Beweismittel für eine Steuerstraftat sammeln (Klein/*Jäger* AO § 397 Rn. 17; Meyer-Goßner/Schmitt/*Schmitt* StPO § 152 Rn. 3b). Ist ein hinreichender Anlass für Ermittlungsmaßnahmen der Steuerfahndung gegeben, liegt selbst dann keine unzulässige Rasterfahndung oder Ermittlung ins Blaue vor, wenn gegen eine große Zahl von Personen ermittelt wird (BFH 21.3.2002, wistra 2002, 308).

67 Liegen Anhaltspunkte für eine Steuerstraftat oder Steuerordnungswidrigkeit vor, reichen die Erkenntnisse jedoch nicht aus, um beurteilen zu können, ob ein Anfangsverdacht gegeben ist, sind im Hinblick auf das Legalitätsprinzip (§ 152 II StPO) **Vorermittlungen** durchzuführen (vgl. hierzu *Lange* DRiZ 2002, 264). Es handelt sich um informatorische Maßnahmen zur Gewinnung von Erkenntnissen, ob ein Verdacht gegeben und ein Ermittlungsverfahren durchzuführen ist (vgl. Nr. 121 I AStBV); auch sie stellen noch keine Einleitung eines Ermittlungsverfahrens dar. Maßnahmen mit Zwangs- oder Eingriffscharakter dürfen bei Vorermittlungen nicht vorgenommen werden (*Lange* DRiZ 2002, 264, 273). Am Anfang steht eine *materiellrechtliche Prüfung* (*Peters* FS Welzel, 1974, 423) mit strafrechtlicher Blickrichtung, die bei der Frage beginnt, ob der Sachverhalt, soweit er bereits bekannt ist, strafrechtlich überhaupt relevant ist (BGH 8.3.1956, BGHZ 20, 180; *Steffen* DRiZ 1972, 154). Ergeben sich dabei Umstände, nach denen sich die Handlung eindeutig als rechtmäßig oder der Täter als schuldunfähig oder schuldlos erweist (→ Rn. 72), kommt die Einleitung eines Ermittlungsverfahrens nicht mehr in Betracht (*Geerds* SchlHA 1964, 60; *Lange* DRiZ 2002, 264, 270). Die Prüfung, ob ein Anfangsverdacht gegeben ist, muss auch bereits die subjektive Tatseite in den Blick nehmen (*Wenzel* aaO S. 108 ff.). Zu prüfen ist auch, ob die fragliche Tat verfolgbar ist (*Geerds* SchlHA 1964, 60; *Kaiser* NJW 1965, 2380; KMR-StPO/*Kulhanek* StPO § 152 Rn. 21), und zwar zuerst im Hinblick auf dauerhafte Hindernisse, wie zB die Verfolgungsverjährung

(→ Rn. 74). Behebbare Verfahrenshindernisse, zB Immunität, wird die StA zu beseitigen versuchen. Aus dem Rechtsstaatsprinzip sind regelmäßig keine Verfahrenshindernisse herzuleiten (BVerfG 3.6.1986, NJW 1986, 3021). Am Ende der Vorermittlungen ist die Rechtsfrage zu klären, ob die tatsächlichen Anhaltspunkte für den Verdacht einer verfolgbaren Steuerstraftat ausreichen und deswegen ein Ermittlungsverfahren einzuleiten ist (→ Rn. 83). Ist dies der Fall, besteht Ermessen, welche Ermittlungsmaßnahme nach Lage der Umstände des Einzelfalles zweckmäßig ist. Die Prüfung, ob ein Anfangsverdacht vorliegt, ist hingegen keine Ermessensentscheidung (KMR-StPO/*Kulhanek* StPO § 152 Rn. 17).

Die Annahme eines strafrechtlichen **Verdachts durch Betriebsprüfer** bildet den **68** neuralgischen Punkt des Steuerstrafverfahrens (vgl. hierzu *Wenzel* aaO S. 119 ff.). Der Prüfer kann kaum vorhersehen, zu welchem Zeitpunkt die fortgesetzte Befragung des Stpfl diesen im Verlauf der Prüfung in die Gefahr bringt, sich mit einer wahrheitsgemäßen Antwort selbst einer Zuwiderhandlung gegen Steuergesetze zu bezichtigen. Zudem wird die Annahme eines strafrechtlichen Verdachts auch von dem Temperament und der Erfahrung des jeweiligen Beamten beeinflusst. Wann immer der Prüfer aufgrund des objektiven Tatsachenbefundes nach seiner persönlichen Einstellung einen Verdacht annimmt: stets wird er – je nach dem Ergebnis der weiteren Aufklärung – entweder den Vorwurf hören, er habe voreilig gehandelt und den Stpfl ohne zureichende Anhaltspunkte diskriminiert, oder aber den gegenteiligen Vorwurf, er habe den Stpfl in gesetzwidriger Weise mit steuerlichen Mitteln zu strafrechtlichen Zwecken ausgeforscht. Eine Lösung, die gleichermaßen dem Schutz des Stpfl vor unzulässiger Ausforschung wie dem Schutz des Prüfers vor unvermeidbaren Vorwürfen dient, kann nur darin gefunden werden, dass der Prüfer den Stpfl bereits im Vorstadium des Verdachts, bevor die Pflicht zur Offenbarung des Verdachts nach § 397 III AO entstanden ist, in geeigneter Weise darauf aufmerksam macht, dass er keine Tatsachen anzugeben und keine Unterlagen vorzulegen braucht, durch die er sich der Gefahr aussetzen würde, wegen einer Zuwiderhandlung gegen Steuergesetze verfolgt zu werden; im Ergebnis ebenso bereits *Paulick* (FS Spitaler, 1958, 55, 65 ff., 93 ff.), *Geiger* (StBp 1965, 8), *Richter* (DB 1967, 699 f.) und *Tipke* (Steuerliche Betriebsprüfung im Rechtsstaat, 1968, S. 108 f.). Darin liegt keine Bevorzugung des Steuerunehrlichen gegenüber dem Steuerehrlichen; denn der aus demselben Rechtsgedanken wie § 136 I StPO erwachsende Schutz vor Selbstbezichtigung ist keine Besserstellung. Auch wird durch einen derartigen Hinweis das weitere Besteuerungsverfahren nicht unmöglich gemacht. Die Praxis beweist, dass die Besteuerung sogar möglich bleibt, wenn der Stpfl verstirbt, und dass die Beachtung des § 136 I StPO nach Einleitung des Steuerstrafverfahrens die Verwirklichung des Strafanspruchs und des Steueranspruchs nicht ernstlich beeinträchtigt. Wer sich zu Unrecht verdächtigt fühlt, wird regelmäßig aussagen, um seine Unschuld darzulegen. Wer sich zu Recht verdächtigt fühlt, wird ebenfalls aussagen, um den Verdacht zu verdunkeln, jedenfalls aber nicht zu verstärken.

Die hier vorgeschlagene vorsorgliche Belehrung des Stpfl macht die Mitteilung über eine **69** später vollzogene Einleitung des Straf- (oder Bußgeld-)verfahrens an den Beschuldigten nicht entbehrlich, sobald die Voraussetzungen des § 397 III AO vorliegen. Nach § 10 I 1, 2 BpO (St) hat zudem der Außenprüfer, wenn sich ein Anfangsverdacht für eine Steuerstraftat ergibt oder auch nur die Möglichkeit erkennbar wird, dass ein Strafverfahren durchgeführt werden muss, die Bußgeld- und Strafsachenstelle des FA zu unterrichten. Hinsichtlich des Sachverhalts, auf den sich der Verdacht bezieht, dürfen die steuerlichen Ermittlungen im Rahmen der Außenprüfung bei dem Stpfl erst fortgesetzt werden, wenn ihm die Einleitung des Strafverfahrens mitgeteilt worden ist (§ 10 I 3 BpO (St)). Besteht nur der Verdacht einer Ordnungswidrigkeit bei einem steuerlichen Mehrergebnis von insgesamt unter 5.000 EUR, kann – im Hinblick auf § 47 I OWiG – nach Nr. 130 II 2 AStBV idR die Unterrichtung der Bußgeld- und Strafsachenstelle unterbleiben, wenn nicht besondere Umstände bzgl. des vorwerfbaren Verhaltens für die Durchführung des Verfahrens sprechen. Die Belehrungspflicht (§ 393 I 4 AO) bleibt unberührt.

70 Bevor eine verfahrenseinleitende Maßnahme getroffen wird, ist in jedem Falle zu prüfen, ob die bekannt gewordenen Tatsachen – abgesehen von Lücken, die erst durch strafrechtliche Ermittlungen geschlossen werden können – überhaupt unter einen Straf- (oder Bußgeld-)tatbestand fallen und ob die jeweilige Straftat oder Ordnungswidrigkeit im Hinblick auf Verfahrenshindernisse **verfolgbar** ist (KK-StPO/*Diemer* StPO § 152 Rn. 13). Diese Pflicht zur Vorprüfung obliegt den zur Verfolgung berufenen Stellen auch gegenüber dem Verdächtigen (vgl. § 160 II StPO). Nach § 2 StrEG können wegen bestimmter Strafverfolgungsmaßnahmen, darunter nach Abs. 2 Nr. 4 wegen Beschlagnahme und Durchsuchung, Entschädigungsansprüche begründet werden, soweit der Beschuldigte später freigesprochen oder das Verfahren gegen ihn eingestellt wird oder soweit das Gericht die Eröffnung des Hauptverfahrens gegen ihn ablehnt. Unabhängig davon können Schadenersatzansprüche aus **Amtshaftung** aufgrund Art. 34 GG iVm § 839 BGB gegeben sein (vgl. BGH 8.3.1956, BGHZ 20, 178; BGH 21.4.1988, NJW 1989, 96; BGH 27.9.1990, BGHR BGB § 839 I 1 Staatsanwalt 3 u. 4; BGH 28.3.1996, NJW 1996, 2373 u. BGH 23.10.2003, NJW 2003, 3693); dies gilt auch für Bußgeldverfahren (vgl. BGH 24.2.1994, NJW 1994, 3162). Im Amtshaftungsprozess ist die Entscheidung der StA nach § 152 II StPO nicht auf ihre Richtigkeit, sondern allein darauf zu überprüfen, ob sie vertretbar ist. Unvertretbar ist sie nur dann, wenn bei voller Würdigung auch der Belange einer funktionstüchtigen Strafrechtspflege die Verfahrenseinleitung nicht verständlich ist (BGH 21.4.1988, NJW 1989, 96).

71 Den Schluss auf einen bestimmten Straf- (oder Bußgeld-)tatbestand brauchen die bei Einleitung des Verfahrens bekannten Tatsachen noch nicht zu ermöglichen. Für einen **Verdacht** genügt die begründete Annahme, dass **einer von mehreren bestimmten Tatbeständen** in Betracht kommt. Im Steuerstrafrecht kann die Frage, ob eine festgestellte Steuerverkürzung auf Steuerhinterziehung (§ 370 AO) oder auf leichtfertige Steuerverkürzung (§ 378 AO) schließen lässt, zunächst dahingestellt bleiben. Der Zweck eines Ermittlungsverfahrens ist gerade darauf gerichtet, den Sachverhalt in Bezug auf die Unterscheidungsmerkmale verschiedener in Betracht kommender Zuwiderhandlungen aufzuklären. Eine abschließende Würdigung durch die Ermittlungsbehörde ist erst nach Abschluss der Ermittlungen möglich und für die Entschließung über die weitere Sachbehandlung erforderlich. Für den Entschluss zum Einschreiten ist der Unterschied zwischen Straftat und Ordnungswidrigkeit nicht bedeutsam (arg. § 410 I Nr. 6 AO), wohl aber für die Wahl des Mittels, die bei Ordnungswidrigkeiten durch § 46 III bis V OWiG und durch den allgemeinen Grundsatz der Verhältnismäßigkeit beschränkt ist (→ Rn. 103 f.).

Eine verfahrenseinleitende Maßnahme ist unzulässig

72 – bei **Schuldunfähigkeit** eines Kindes unter 14 Jahren (§ 19 StGB) oder bei Schuldunfähigkeit wegen seelischer Störungen (§ 20 StGB), wenn die Voraussetzungen dafür von vornherein bekannt sind und der Verdacht ausscheidet, dass das Kind oder der Geisteskranke als Werkzeug eines mittelbaren Täters (vgl. § 25 I StGB u. → § 369 Rn. 76) oder sonst zusammen mit schuldfähigen Personen gehandelt hat;

73 – wenn von vornherein feststeht, dass der Verdächtigte wegen schwerer Erkrankung **dauernd vernehmungsunfähig** bleiben wird und dass er sich in einfachen Sachen auch nicht schriftlich äußern kann. Die Vernehmung des Beschuldigten im Ermittlungsverfahren ist gem. § 163a I StPO zwingend vorgeschrieben. Strafrechtliche Ermittlungsmaßnahmen gegen eine Person, die im Sterben liegt oder nach der Tat geisteskrank geworden ist, müssen unterbleiben. Sind die Voraussetzungen dauernder Vernehmungs- und Verhandlungsunfähigkeit weniger eindeutig und erscheint deshalb ein ärztliches Gutachten erforderlich, so wird das Strafverfahren gem. § 397 I AO bereits durch die Anforderung des Gutachtens eingeleitet;

74 – wenn von vornherein feststeht, dass die **Verfolgung der Tat verjährt** ist (→ § 376 Rn. 6; BFH 29.4.2008, BStBl. II 2008, 844). Kann eine Tat wegen der teilweise unterschiedlichen Verjährungsfristen für Steuerstraftaten (§ 78 II Nr. 4 StGB iVm

§ 369 II AO sowie § 376 I und III) und für Steuerordnungswidrigkeiten (§ 384 AO bzw. § 31 II OWiG iVm § 377 II AO) nur noch als Straftat verfolgt werden, muss mit strafrechtlichen Mitteln aufgeklärt werden, ob der Straftatbestand erfüllt ist. Der Grundsatz in dubio pro reo gilt nicht schon bei der Entschließung, ob die bekannt gewordenen Tatsachen eine verfahrenseinleitende Maßnahme erfordern (glA *Kopacek* BB 1962, 675; *Richter* DB 1976, 697); denn deren Voraussetzung ist Verdacht, nicht Gewissheit (→ Rn. 38 ff.);

– bei **Verbrauch der Strafklage** (Art. 103 III GG), insbes. durch rechtskräftiges Strafurteil oder rechtskräftigen Strafbefehl (BVerfG 7.12.1983, BGHSt 65, 377; → § 400 Rn. 34). Dies gilt auch für den transnationalen Strafklageverbrauch (vgl. Art. 54 SDÜ) bei der Hinterziehung von Einfuhr- oder Ausfuhrabgaben (vgl. § 370 VI, VII; §§ 373, 374 AO; → § 373 Rn. 114) aufgrund einer Verurteilung oder national strafklageverbrauchenden Verfahrenseinstellung in einem anderen Mitgliedstaat der Europäischen Union (vgl. EuGH 11.2.2003, NJW 2003, 1173; BGH 9.6.2008, BGHSt 52, 275). Maßgebendes Kriterium für die Anwendung des Art. 54 SDÜ ist das der Identität der materiellen Tat, verstanden als das Vorhandensein eines Komplexes unlösbar miteinander verbundener Tatsachen, unabhängig von der rechtlichen Qualifikation dieser Tatsachen oder von dem rechtlich geschützten Interesse (EuGH 18.7.2007, C-288/05, NJW 2007, 3412 mwN). Durch ein Absehen von der Strafverfolgung wegen Geringfügigkeit gem. § 398 AO oder § 153 I StPO wird die Strafklage nicht verbraucht; anders bei einem gerichtlichen Einstellungsbeschluss aufgrund § 153 II StPO, der zu einem beschränkten Strafklageverbrauch führt (BGH 26.8.2003, NJW 2004, 375). In diesem Fall ist nach hM eine Wiederaufnahme aufgrund neuer Tatsachen oder Beweismittel nur möglich, wenn dann eine Verurteilung wegen eines Verbrechens in Betracht kommt (BGH 26.8.2003, NJW 2004, 375; KMR-StPO/*Kulhanek* StPO § 153 Rn. 37) oder wenn sich die Tat nachträglich als Teilakt einer Dauerstraftat oder als Teil einer Bewertungseinheit herausstellt (Meyer-Goßner/Schmitt/*Schmitt* StPO § 153 Rn. 38). In der Literatur wird demgegenüber zT die Auffassung vertreten, die Wiederaufnahme sei immer auch schon dann gerechtfertigt, wenn neue Tatsachen oder Beweismittel eine andere (schärfere) rechtliche Beurteilung ermöglichen (vgl. Meyer-Goßner/Schmitt/*Schmitt* StPO § 153 Rn. 38; KMR-StPO/*Kulhanek* StPO § 153 Rn. 37). Die endgültige Einstellung nach § 153a StPO bewirkt ebenfalls einen beschränkten Strafklageverbrauch (§ 153a I 5 StPO), wenn und soweit der Beschuldigte die Auflagen vollständig erfüllt hat (Meyer-Goßner/Schmitt/*Schmitt* StPO § 153a Rn. 45). Das Verfahrenshindernis ergreift die gesamte prozessuale Tat iSd § 264 StPO, auch die davon umfassten Ordnungswidrigkeiten (OLG Frankfurt 21.3.1985, NJW 1985, 1850);

– bei **Exterritorialität** des Verdächtigen gem. den §§ 18 bis 20 GVG (vgl. Nr. 193 bis 199 RiStBV sowie das Rundschreiben des Auswärtigen Amtes v. 15.9.2015 betr. „Diplomaten und andere bevorrechtigte Personen", GMBl. 1206 ff.; s. bei Meyer-Goßner/Schmitt/*Schmitt* GVG § 18 Rn. 11).

Die **Selbstanzeige** nach § 371 AO bildet nur dann einen Grund, von strafrechtlichen Ermittlungsmaßnahmen abzusehen (→ Rn. 51), wenn an ihrer Wirksamkeit keine Zweifel bestehen (*Seithel* DStR 1980, 156; Gosch/*Seipl* AO § 397 Rn. 15.1) *und* die verkürzten Steuern bereits nachentrichtet worden sind (glA *Rolletschke* wistra 2007, 89 u. RKR/*Rolletschke* AO § 397 Rn. 39a; vgl. auch LG Hamburg 4.3.1987, wistra 1988, 317). Wird nach einer Selbstanzeige (§ 371 AO) gemäß § 398a I AO von der Verfolgung einer Steuerhinterziehung abgesehen, löst dies keinen Strafklageverbrauch aus; das Strafverfahren kann wiederaufgenommen werden, wenn die FinBeh erkennt, dass die Angaben im Rahmen einer Selbstanzeige unvollständig oder unrichtig waren (§ 398a III AO).

Die **Immunität eines Abgeordneten** gilt nur für strafverfahrensrechtliche, nicht auch für bußgeldrechtliche Maßnahmen (Art. 46 II, III GG; § 152a StPO). Aber auch bei dem Verdacht einer (Steuer-)Straftat bildet die Immunität – abgesehen von ihrer regelmäßig auf die Dauer des Mandats befristeten Wirkung – kein Hindernis, strafverfahrensrechtliche Maßnahmen gegen einen Abgeordneten zu veranlassen, wenn und soweit der BT bzw. der Landtag die Strafverfolgung allgemein oder auf Antrag genehmigt hat oder wenn der Abgeordnete „bei Begehung der Tat oder spätestens im Laufe des folgenden Tages festgenommen wird" (Nr. 191 ff. RiStBV). Zu einzelnen landesgesetzlichen Vorschriften s. KK-StPO/*Diemer* StPO § 152a Rn. 4 ff. Die **Mitglieder des Europäischen Parlaments** genießen ebenfalls Immunität. Die Aufhebung muss im Einzelfall beantragt werden. Eine allgemeine Genehmigung zur Durchführung von Ermittlungsmaßnahmen hat das Europäische Parlament nicht erteilt (Nr. 192b II RiStBV).

79 Die Annahme, dass die **Schuld des Täters gering** ist (§ 398 AO, § 153 StPO), rechtfertigt nicht, von strafrechtlichen Ermittlungsmaßnahmen gänzlich abzusehen. Eine Strafsache braucht allerdings nicht weiter aufgeklärt zu werden, als es für diese Prognose notwendig ist, falls nicht das öffentliche Interesse an der Strafverfolgung die Durchführung des Verfahrens gebietet (Meyer-Goßner/Schmitt/*Schmitt* StPO § 153 Rn. 3). Besteht in Besitz- und Verkehrsteuersachen der Verdacht einer Straftat, muss regelmäßig eingeschritten werden, weil man hier – außer bei einer KfzSt-Verkürzung – ohne nähere Prüfung kaum übersehen kann, ob es der Verdächtige bei der Verfehlung hat bewenden lassen, auf die sich der Anfangsverdacht bezieht. Dasselbe gilt sinngemäß für den Verdacht einer leichtfertigen Steuerverkürzung nach § 378 AO. Bezieht sich der Verdacht auf andere Steuerordnungswidrigkeiten, kann im Hinblick auf § 47 I 1 OWiG nach pflichtgemäßem Ermessen von einer verfahrenseinleitenden Maßnahme abgesehen werden, wenn sich von vornherein überblicken lässt, dass eine Ahndung der Tat nicht geboten ist. Nach Nr. 104 III 1 AStBV kann von der Verfolgung einer Steuerordnungswidrigkeit in der Regel abgesehen werden, wenn der verkürzte Betrag oder der gefährdete Betrag insgesamt weniger als 5.000 EUR beträgt, sofern nicht ein besonders vorwerfbares Verhalten für die Durchführung eines Bußgeldverfahrens spricht. Das Gleiche gilt, wenn in diesen Fällen der insgesamt gefährdete Betrag unter 10.000 EUR liegt und der gefährdete Zeitraum drei Monate nicht übersteigt (Nr. 104 III 2 AStBV).

80 Nach **§ 154 StPO** kann die Strafverfolgungsbehörde von der Erhebung der öffentlichen Klage absehen, wenn die Strafe, zu der die Verfolgung führen kann, neben einer Strafe, die gegen den Beschuldigten wegen einer anderen Tat rechtskräftig verhängt worden ist oder die er wegen einer anderen Tat zu erwarten hat, nicht beträchtlich ins Gewicht fällt, wie zB die Strafe wegen der Steuerhinterziehung eines Mörders. Das Gleiche gilt nach § 154a I StPO für einzelne abtrennbare Teile einer Tat oder für einzelne von mehreren Gesetzesverletzungen, die durch dieselbe Tat begangen worden sind. § 154 I und § 154a I StPO setzen regelmäßig voraus, dass die Ermittlungen auch wegen der nebensächlichen Taten, Tatteile oder Gesetzesverletzungen aufgenommen und durchgeführt worden sind, bis ein Überblick gewonnen ist und Ausnahmen vom Verfolgungszwang beurteilt werden können. Kann die FinB oder die StA die Voraussetzungen von Anfang an überblicken, muss sie von vornherein von Ermittlungsmaßnahmen absehen, die auf die Aufklärung einer nebensächlichen Steuerstraftat abzielen; denn das verfassungs- und konventionsrechtliche Gebot zügiger Verfahrenserledigung, das sog. *Beschleunigungsgebot* (Art. 6 I 1 MRK, Art. 2 I iVm Art. 20 III GG; s. BVerfG 24.11.1983, NStZ 1984, 128; KK-StPO/*Fischer* Einl. Rn. 29 ff. mwN) gebietet im Interesse des Beschuldigten wie im öffentlichen Interesse (BGH 22.10.1975, BGHSt 26, 228, 232), das Strafverfahren möglichst abzukürzen und zu vereinfachen (vgl. auch Nr. 6 u. 7 AStBV und Nr. 5 RiStBV).

81 Seit Umgestaltung des § 32 ZollVG in eine „Soll-Vorschrift" mWv 16. März 2017 (BGBl. I 825) handelt es sich bei dieser Norm um eine **Opportunitätsvorschrift,** die kein Verfahrenshindernis (mehr) begründet (→ ZollVG § 32 Rn. 7). Es ist deshalb auch dann, wenn von klar erkennbar ist, dass Einfuhr- oder Ausfuhrabgaben oder Verbrauchsteuern von insgesamt nicht mehr als 250 Euro verkürzt wurden, stets erforderlich, dass eine Entscheidung hinsichtlich der Nichtverfolgung oder Verfahrensbeschränkung und daran anknüpfend der Einleitung strafrechtlicher Ermittlungsmaßnahmen getroffen wird.

Durch **Treu und Glauben** wird das Legalitätsprinzip nicht eingeschränkt. Daher darf 82 von einer verfahrenseinleitenden Maßnahme nicht deshalb abgesehen werden, weil etwa ein Finanzbeamter bei einem Stpfl den Eindruck hervorgerufen hat, er werde aufgrund eines bestimmten Sachverhalts strafrechtlich nicht verfolgt (zutr. *Suhr* StBp 1962, 205; aM *Ehlers* StBp 1962, 288). Ein Verfolgungshindernis besteht nicht einmal dann, wenn ein Strafverfahren gem. § 153 I StPO mit richterlicher Zustimmung eingestellt worden ist und später wiederaufgenommen werden soll. Erst recht besteht kein Hindernis, wenn ein nach § 201 II AO vorgeschriebener Hinweis unterblieben ist oder wenn ein Amtsträger der zuständigen FinB dem Stpfl in irgendeiner Form angedeutet oder zugesichert hat, dass ein Strafverfahren nicht durchgeführt werde; denn kein Amtsträger kann sich über das Legalitätsprinzip hinwegsetzen und außerhalb des Gesetzes über den Strafanspruch verfügen. Er liefe zudem Gefahr, sich wegen Strafvereitelung im Amt nach § 258a StGB selbst strafbar zu machen. Hat der Stpfl im Vertrauen auf eine gesetzwidrige Zusicherung Tatsachen zugegeben, die er sonst bestritten hätte, kann steuerrechtlich ein bereits ausgesprochener Rechtsbehelfsverzicht unwirksam sein (*Maaßen* FR 1958, 29) und strafrechtlich das „Geständnis" nach dem Grundsatz des § 136a III 2 StPO gegen ihn ebenso wenig verwertet werden, wie wenn es innerhalb des Strafverfahrens durch unzulässige Mittel herbeigeführt worden wäre.

Ob nach dem Ergebnis der Vorprüfung der **Verdacht** einer verfolgbaren Straftat vor- 83 liegt, **ist eine Rechtsfrage,** nicht etwa Gegenstand einer Ermessensentscheidung (BFH 29.4.2008, BStBl. II 2008, 844; BGH 18.6.1970, NJW 1970, 1543; BVerfG 9.3.1994, StV 1994, 295, 301), aber es besteht ein Beurteilungsspielraum (Meyer-Goßner/Schmitt/ *Schmitt* StPO § 152 Rn. 4; *Rolletschke* wistra 2002, 18; *Steffen* DRiZ 1972, 153; *Sailer* NJW 1977, 1138) bei der Anwendung unbestimmter Rechtsbegriffe wie zB „geringe Schuld", „fehlendes öffentliches Interesse" usw.

Die bei der Prüfung des Tatverdachts auftretenden Rechtsfragen müssen – je 84 nach der Zuständigkeit gem. § 386 AO – von der FinB oder StA eigenständig beurteilt und entschieden werden (*Lüttger* GA 1957, 211; *Kaiser* NJW 1965, 2380). Eine Verpflichtung, einer gefestigten höchstrichterlichen Rspr zugunsten oder zuungunsten des Verdächtigen zu folgen, besteht nicht (str.; glA KMR-StPO/*Plöd* StPO § 170 Rn. 5; KK-StPO/*Diemer* StPO § 152 Rn. 13; *Eb. Schmidt* MDR 1961, 269; aM BGH 23.9.1960, BGHSt 15, 155 zu § 170 StPO). Allerdings kann eine feste höchstrichterliche Rspr den gegenteiligen Rechtsstandpunkt aussichtslos erscheinen lassen. Gleichwohl hat sie keine formelle Bindungswirkung (*Pfeiffer* StPO § 152 Rn. 2 u. KK-StPO/*Diemer* StPO § 152 Rn. 13). Hält die StA entgegen der höchstrichterlichen Rspr einen Sachverhalt für straflos, muss sie durch Anklageerhebung versuchen, eine Änderung dieser Rechtsprechung herbeizuführen, weil die Einheitlichkeit der Rechtsanwendung und die Gleichheit vor dem Gesetz (Art. 3 I GG) die Strafverfolgung gebieten (KMR-StPO/*Plöd* StPO § 170 Rn. 5 und Meyer-Goßner/Schmitt/*Schmitt* GVG Vor § 141 Rn. 11). In solchen Fällen besteht eine hinreichende Wahrscheinlichkeit der Verurteilung, bei der für die StA genügender Anlass zur Erhebung der öffentlichen Klage iSd § 170 I StPO besteht (HK-StPO/*Gercke* StPO § 152 Rn. 16).

8. Verfahrenseinleitende Maßnahmen

Als **Maßnahme, die erkennbar darauf abzielt, gegen jemanden wegen einer** 85 **Steuerstraftat strafrechtlich vorzugehen,** kommt **jede Willensbetätigung** einer zur Verfolgung von Zuwiderhandlungen gegen Steuergesetze allgemein zuständigen Stelle (→ Rn. 13) in Betracht, deren strafrechtliche Zielsetzung objektiv erkennbar ist. Ob und wann der Verdächtige von der Maßnahme etwas erfährt, ist für die verfahrenseinleitende Wirkung unerheblich (arg. § 397 III AO). Die Einleitung des Strafverfahrens muss sich stets gegen eine bestimmte natürliche Person richten, mag ihr Name auch unbekannt sein.

Auch das Verfahren gegen unbekannt wird zur Ermittlung des Täters und damit „gegen jemanden" geführt (Gosch/*Seipl* AO § 397 Rn. 51).

86 Regelmäßig bedarf es einer Maßnahme, die aus dem Bereich der Behörde **nach außen wirkt** (Kühn/v. Wedelstädt/*Blesinger* AO § 397 Rn. 3). Denkbar sind aber auch innerdienstliche Vorgänge, wie etwa die Weisung des zuständigen Behördenleiters, in einer bestimmten Sache eine strafrechtliche Ermittlungsmaßnahme vorzunehmen. *„Erkennbare"* Maßnahme bedeutet nicht, dass die Strafverfolgung für den Täter erkennbar sein muss (BFH 13.12.1995, BFH/NV 1996, 451). Die Übersendung der Akten von der Betriebsprüfungsstelle an die Bußgeld- und Strafsachenstelle zu dem Zweck einer strafrechtlichen Prüfung bestimmter Sachverhalte stellt allerdings nur eine Vorbereitungshandlung dar, die noch nicht erkennen lässt, ob wirklich strafrechtliche Maßnahmen ergriffen werden oder auch nur ergriffen werden sollen (glA Schwarz/Pahlke/*Nikolaus* AO § 397 Rn. 35a; aM Kohlmann/*Peters* AO § 397 Rn. 27.1). Bricht dagegen der Betriebsprüfer nach § 10 I 1 BpO die Außenprüfung ab, weil er den Verdacht einer Steuerhinterziehung für begründet hält (vgl. Nr. 26, 130 I 1 AStBV), und gibt er deswegen die Akten an die Bußgeld- und Strafsachenstelle ab, so ist das Verfahren damit eingeleitet (glA HHS/*Tormöhlen* AO § 208 Rn. 175; Klein/*Jäger* AO § 397 Rn. 23; Koch/Scholtz/*Scheuermann-Kettner* AO § 397 Rn. 6 und RKR/*Rolletschke* AO § 397 Rn. 55).

87 **Maßnahme iSd § 397 I AO** kann nur eine Handlung sein, die geeignet ist, dem Ziel der Bestrafung des Verdächtigen oder der Beseitigung des Verdachts näherzukommen (vgl. BFH 29.4.2008, BStBl. II 2008, 844; RG 2.3.1925, RGSt 59, 12). Verfahrenseinleitende Wirkung hat daher eine Ermittlungsverfügung, mit der bestimmte Ermittlungsmaßnahmen angeordnet werden, nicht aber eine bloße Büroverfügung etwa nach folgendem Muster: „1. Strafakte gegen A anlegen. 2. Wv. 1 Woche." oder ein bloßer Aktenvermerk etwa folgenden Inhalts: „1. Das Strafverfahren gegen B wegen ESt-Hinterziehung wird eingeleitet, weil der Verdacht besteht, dass ... 2. Wv. nach Rechtskraft der berichtigten ESt-Bescheide für 2013 bis 2016, spätestens 1.2.2021."; denn ein solcher Vermerk zielt nicht auf strafrechtliches Vorgehen ab, wie es § 397 I AO verlangt. Er bekundet vielmehr die Absicht der Behörde, strafrechtliche Maßnahmen einstweilen zu unterlassen und das Ergebnis des Besteuerungsverfahrens abzuwarten. Selbst wenn diese Absicht nicht ausdrücklich hervorgehoben wird, kann ein Aktenvermerk das Erfordernis eines tatsächlichen Vorgehens nicht ersetzen (RG 2.3.1934, RStBl. 1934, 452; Schwarz/Pahlke/*Nikolaus* AO § 397 Rn. 35 u. HHS/*Tormöhlen* AO § 397 Rn. 55; aM Kohlmann/*Peters* AO § 397 Rn. 28). Die förmliche Verfügung der Einleitung eines Strafverfahrens durch die StA ist eine Maßnahme iSd § 397 I AO, und zwar unabhängig davon, ob die Geschäftsstelle der StA diese Verfügung vor oder nach Eingang einer Selbstanzeige bearbeitet (BFH 13.12.1995, BFH/NV 1996, 451).

Die strafrechtliche Zielsetzung ist ohne weiteres erkennbar:

88 • bei Maßnahmen der Polizei (→ Rn. 23 f.), der StA (→ Rn. 25 f.), derjenigen Ermittlungspersonen der StA, die der Finanzverwaltung nicht angehören (→ Rn. 27 ff.) oder des Strafrichters (→ Rn. 32 ff.), da diese Stellen im Besteuerungsverfahren nicht tätig werden;

89 • bei solchen Maßnahmen einer FinB oder eines einzelnen Finanzbeamten, die nur für straf- (oder bußgeld-)rechtliche, nicht auch für steuerliche Zwecke zulässig sind. Dabei handelt es sich hauptsächlich um

90 – die vorläufige Festnahme, insbes. einer schmuggelverdächtigen Person, gem. § 127 I oder II StPO iVm § 399 I, § 402 I oder § 404 S. 1 AO;

91 – die körperliche Untersuchung eines Verdächtigen gem. § 81a StPO, zB auf verschlucktes oder in Körperhöhlen verborgenes Schmuggelgut;

92 – die Beschlagnahme von Sachen, die als Beweismittel dienen sollen oder eingezogen werden können, gem. §§ 94 ff. StPO, die Postbeschlagnahme gem. §§ 99 StPO und die Durchsuchung gem. §§ 102 ff. StPO;

Verfahrenseinleitende Maßnahmen   93–99 § 397

– die Telekommunikationsüberwachung gem. § 100a StPO bei schweren Straftaten 93
(s. § 100a II Nr. 1 Buchst. d u. Nr. 2 StPO) sowie die Rasterfahndung gem. § 98a I
Nr. 5, 6 StPO in Fällen bandenmäßig begangener Steuerhinterziehung iSd § 370 III 2
Nr. 5 AO (vgl. *Matthes* aaO S. 43, 79 f.).

In den Fällen, in denen ein **richterlicher Beschluss erforderlich** ist, besteht die 94
verfahrenseinleitende Maßnahme bereits in der Antragstellung (BFH 23.12.1980, BStBl. II
1981, 349; *Brenner* StBp 1977, 280).

Bei **Gefährdung des Untersuchungserfolges** durch Verzögerung (§ 81a II StPO) 95
oder bei Gefahr im Verzug (§ 98 I, § 98b I, § 100 I, § 100e I, § 105 I StPO) können die
vorstehenden Maßnahmen auch durch die StA, zT auch durch Ermittlungspersonen der
StA und damit aufgrund § 399 I oder § 402 I AO durch die FinB oder aufgrund § 404
AO durch die Zoll- oder Steuerfahndung getroffen werden.

Eine **Notveräußerung** aufgrund § 111p StPO kommt als verfahrenseinleitende Maß- 96
nahme nicht in Betracht, da sie voraussetzt, dass eine Sache, die zu verderben droht, bereits
vorher sichergestellt oder beschlagnahmt wurde.

Die **Abgabe der Steuerstrafsache an die StA** gem. § 386 IV 1 AO ist zur Einleitung des 97
Strafverfahrens iSd § 397 I AO geeignet, falls sie unmittelbar aufgrund des ersten Verdachts
vorgenommen wird. Regelmäßig ist es zweckmäßig, dass die FinB die Anhaltspunkte des
Verdachts, mindestens in Bezug auf die steuerlichen Gesichtspunkte, zunächst soweit erhellt,
dass sie der StA ein steuerlich vorgeklärtes Bild von der Tat und ihren Folgen vermitteln kann
(→ § 386 Rn. 44). Entsprechende Ermittlungsmaßnahmen mit erkennbar strafrechtlicher
Zielsetzung haben dann die Einleitung des Strafverfahrens bereits bewirkt (→ Rn. 88 ff.).

Die Anforderung einer (unbeschränkten) **Auskunft aus dem Bundeszentralregister** 98
durch die FinB ist nur für strafrechtliche Zwecke zulässig (§ 41 I Nr. 4, IV BZRG). Sie
hat verfahrensfördernde und daher auch verfahrenseinleitende Wirkung (→ Rn. 87), weil
der Registerauszug stets der Aufklärung dient, ob der Verdächtige durch frühere einschlägige Verurteilungen über seine steuerrechtlichen Pflichten oder über das Verbotensein
eines bestimmten Verhaltens schon einmal nachdrücklich belehrt wurde.

Andere Maßnahmen einer Finanzbehörde lassen wegen der ihr im steuerlichen 99
Interesse obliegenden Pflicht zur Ermittlung der Besteuerungsgrundlagen nicht ohne weiteres erkennen, ob sie (auch) strafrechtlichen oder (nur) steuerlichen Zwecken dienen
sollen. Dies gilt insbesondere für **Befragungen des Stpfl**, solange sie nicht in eine
Vernehmung übergehen und der Stpfl nicht nach § 136 I StPO belehrt wird, ferner für die
Einholung von Auskünften dritter Personen (§ 93 AO) oder von Sachverständigengutachten (§ 96 AO), sofern diese nicht eine kriminalistische Fragestellung zum Gegenstand
haben. Schließlich spricht die **Sicherstellung von Beweismitteln,** die der Stpfl bereitwillig herausgibt, nicht von selbst für eine Auswertung zu strafrechtlichen Zwecken, da es
auch im Besteuerungsverfahren vorkommt, dass die zur Einsicht erbetenen Bücher, Aufzeichnungen, Geschäftspapiere oder andere Urkunden (§ 97 AO) an Amtsstelle ausgehändigt oder von einem Außenprüfer mitgenommen werden (§ 200 AO). Solche (vermeintlich) neutralen Ermittlungsmaßnahmen bewirken die Einleitung eines Straf- (oder Buß-
geld-)verfahrens nach § 397 I AO nur dann, wenn zusätzliche äußere Anhaltspunkte die
straf- (oder bußgeld-)rechtliche Zielsetzung erkennen lassen. Derartige Anhaltspunkte
werden von der FinB gesetzt,
– wenn sie den Stpfl ausdrücklich darauf hinweist, dass gegen ihn der Verdacht einer
 Zuwiderhandlung gegen Steuergesetze besteht und die verlangte Auskunft oder Unterlage (auch) der Aufklärung dieses Verdachts zu dienen bestimmt ist (§ 397 III AO),
– wenn eine Belehrung nach § 136 I StPO erfolgt,
– wenn die Herausgabe von Beweismitteln mit dem Hinweis erwirkt wird, dass die Sache
 bei einer Weigerung des Stpfl beschlagnahmt werden müsse oder
– wenn der straf- (oder bußgeld-)rechtliche Zweck, namentlich bei schriftlichen Aus-
 kunfts- oder Ermittlungsersuchen, aktenkundig gemacht wird (§ 397 II AO).

100 Ein strafrechtlicher **Vorbehalt in der Schlussbesprechung** einer Außenprüfung gem. § 201 II AO ist keine Maßnahme, durch die das Strafverfahren eingeleitet wird (glA *Mösbauer* DB 2001, 838; Klein/*Jäger* AO § 397 Rn. 23; Tipke/Kruse/*Seer* AO § 201 Rn. 18; *Schuhmann* wistra 1992, 293, 295). Der Vorbehalt setzt voraus, dass noch in der Schlussbesprechung Zweifel bestehen, ob ein Straf- oder Bußgeldverfahren durchgeführt werden muss. Ein solcher Zweifel dürfte sich bei gesetzmäßigem Verhalten des Prüfers nur noch auf die subjektiven Merkmale einer vorsätzlichen oder leichtfertigen Steuerverkürzung (§ 370 oder § 378 AO) beziehen. Die objektiven Merkmale einer Steuerverkürzung müssten nach Sinn und Zweck einer Schlussbesprechung bereits während der Prüfung aufgeklärt worden sein. Ergibt sich im Rahmen der Schlussbesprechung ein Anfangsverdacht, ist der Stpfl über die vorzunehmende Einleitung des Strafverfahrens zu belehren (vgl. Nr. 131 II 3 AStBV); damit ist das Verfahren eingeleitet.

101 Bleibt die steuerrechtliche Würdigung der festgestellten Tatsachen strittig, besteht aus subjektiven Gründen regelmäßig kein straf- (oder bußgeld-)rechtlicher Verdacht, es sei denn, dass die Rechtsauffassung des Stpfl abwegig ist und in Wahrheit nur verfochten wird, um dem Verdacht einer Zuwiderhandlung entgegenzuwirken. In einem solchen Fall hätte vor der Schlussbesprechung zumindest das Bußgeldverfahren wegen einer Steuerordnungswidrigkeit nach § 378 AO eingeleitet werden müssen, da das Verschweigen steuererheblicher Tatsachen, die nur von einem abwegigen Rechtsstandpunkt aus unerheblich erscheinen, mindestens den Verdacht einer leichtfertigen Handlungsweise begründet. Allerdings ist eine Rechtsauffassung nicht schon dann abwegig, wenn sie von dem Rechtsstandpunkt der FinB abweicht. Ergibt sich schon während der Prüfung der Verdacht einer Steuerstraftat oder -ordnungswidrigkeit, muss bereits zu diesem Zeitpunkt das Straf- oder Bußgeldverfahren eingeleitet werden (Tipke/Kruse/*Seer* AO § 201 Rn. 17). Auch wenn lediglich die Möglichkeit erkennbar wird, dass ein solches Verfahren geführt werden muss, ist die Außenprüfung zu unterbrechen und die Bußgeld- und Strafsachenstelle zu informieren (§ 10 I 2, II BpO (St)); die Schlussbesprechung darf nicht abgewartet werden. Wird von der Einleitung eines Straf- oder Bußgeldverfahrens abgesehen, ist dies dem Betroffenen mitzuteilen.

102 Im **Bereich der Zollverwaltung** bedeutet das Anhalten einer Person im grenznahen Raum zu Kontrollzwecken (§ 10 ZollVG) noch keine Einleitung des Straf- (oder Bußgeld-)verfahrens, wohl aber das Festhalten einer schmuggelverdächtigen Person, die sich der Kontrolle entziehen oder nach Entdeckung der Tat flüchten will; hier kann bereits der Zuruf „Karo, fass!" an den Zollhund die Einleitung des Verfahrens bewirken. Bei den Maßnahmen der Steueraufsicht nach den §§ 209 ff. AO ergeben sich die gleichen Abgrenzungsschwierigkeiten wie bei der steuerlichen Betriebsprüfung (→ Rn. 99 f.; vgl. BGH 27 1.2015, NStZ 2015, 466).

103 **Welche von mehreren möglichen Maßnahmen die Behörde zuerst trifft, um den Verdacht aufzuklären,** ist für die verfahrenseinleitende Wirkung unerheblich. Die **Wahl des Mittels** steht aber nicht im unbeschränkten Belieben der Behörde. Abgesehen von besonderen gesetzlichen Voraussetzungen einzelner Maßnahmen, zB „Gefahr im Verzug" (vgl. § 98 I, § 100 I, § 105 I StPO usw.), muss nach dem allgemeinen Rechtsgrundsatz der Verhältnismäßigkeit auch im Strafverfahren stets abgewogen werden, ob der beabsichtigte Eingriff dem Gewicht der Straftat angemessen ist und ob nicht andere, weniger einschneidende Mittel zur Verfügung stehen (BVerfG 10.6.1963, BVerfGE 16, 194, 202; BVerfG 25.7.1963, BVerfGE 17, 108, 117; BVerfGE 47, 239, 249 zu § 81a StPO; BVerfG 8.3.1972, BVerfGE 32, 373, 379; BVerfG 24.5.1977, BVerfGE 44, 353, 372 u. BVerfG 13.12.1994, wistra 1995, 139 zu *Beschlagnahmen* sowie BVerfG 5.8.1966, BVerfGE 20, 162, 187 u. BVerfG 10.11.1981, BVerfGE 59, 95, 97 sowie BVerfG 15.12.2005, StV 2006, 565 u. BVerfG 3.7.2006, wistra 2006, 377 zu *Durchsuchungen*). Zum Teil enthalten die gesetzlichen Vorschriften für die Ermittlungsmaßnahmen qualifizierte Subsidiaritätsklauseln (vgl. § 98a I, § 100a I, § 100b I, § 100c I, § 110a I 3 StPO). Verneint wurden Grundrechtsverletzungen durch Einsicht in Geschäftspapiere für ein Bußgeldverfahren (BVerfG 22.10.1980, BVerfGE 55, 144, 151).

Der **Grundsatz der Verhältnismäßigkeit** verlangt, dass eine Maßnahme unter Würdigung aller persönlichen und tatsächlichen Umstände des Einzelfalles zur Erreichung des angestrebten Zwecks geeignet und erforderlich ist. Das ist nicht der Fall, wenn ein milderes Mittel ausreicht (BVerfG 23.3.1994, wistra 1994, 221). Selbst wenn eine Maßnahme nachträglich als unzulässig beurteilt wird, kann der durch sie bewirkte Beginn des Strafverfahrens nicht als ungeschehen angesehen werden (→ Rn. 7). In Betracht kommen aber uU Entschädigungsansprüche gem. § 2 I, II Nr. 4 StrEG, zB wenn einem Kaufmann durch Beschlagnahme der gesamten Buchführung der Überblick über seine Debitoren entzogen und der Einzug fälliger Forderungen unmöglich gemacht wird. 104

einstweilen frei 105–111

9. Zeitpunkt der Einleitung

Der Wortlaut des § 397 I AO: „… ist eingeleitet, sobald" sagt eindeutig, dass die Rechtsfolge der Einleitung des Verfahrens in demselben Zeitpunkt eintritt, in dem eine funktionell zuständige Stelle (→ Rn. 12 ff.) gegen jemanden straf- (oder bußgeld-)rechtlich vorgeht. Unerheblich ist, wie lange die Behörde eine verfahrenseinleitende Maßnahme erwogen hat und wie viel Zeit verstrichen ist, bevor sie ihren Entschluss zum Einschreiten in die Tat umgesetzt hat. Andererseits wird die Rechtsfolge der Einleitung nicht dadurch hinausgeschoben, dass die verfahrenseinleitende Maßnahme entgegen § 397 II AO nicht unverzüglich aktenkundig gemacht wird (*Schuhmann* wistra 1992, 293, 294; Kohlmann/*Peters* AO § 397 Rn. 37.2; vgl. bereits die stRspr des RG zu § 410 IV, § 441 II RAO 1931: RG 2.3.1934, RGSt 68, 105; RG 25.11.1935, RStBl. 1935, 15 u. RG 12.2.1940, RStBl. 1940, 314). Ist eine Ermittlungshandlung darauf gerichtet, eine Person einer Straftat zu überführen, kommt es nicht darauf an, wie der Ermittlungsbeamte sein Verhalten rechtlich bewertet. Denn auch ohne förmliche Verfahrenseröffnung ist die konkludente Zuweisung der Rolle als Beschuldigter möglich. Dies richtet sich danach, wie sich das Verhalten des ermittelnden Beamten bei seinen Aufklärungsmaßnahmen nach außen darstellt (BGH 30.12.14, NStZ 2015, 291 mwN). 112

Da ein strafrechtliches Vorgehen regelmäßig aus mehreren Schritten besteht, falls sich der Verdacht nicht bereits nach der ersten Maßnahme wieder auflöst, muss aus dem Zweck des § 397 AO (→ Rn. 2 ff.) abgeleitet werden, dass **nur der erste Schritt,** die erste strafrechtliche Untersuchungshandlung, die Einleitung bewirkt. Jede weitere Ermittlungsmaßnahme kann in derselben Sache verfahrenseinleitende Wirkung nur noch entfalten, wenn sie die erste Maßnahme gegen eine bisher unverdächtige Person ist. Erstreckt sich der Anfangsverdacht im Verlauf der Ermittlungen von der zunächst verdächtigen Person auf eine andere oder auf weitere Personen, kann in derselben Sache das Straf- (oder Bußgeld-)verfahren gegen jeden von mehreren Beschuldigten zu einem anderen Zeitpunkt eingeleitet worden sein. 113

Gegen jeden einzelnen Verdächtigen kann das Straf- (oder Bußgeld-) verfahren wegen derselben Tat nur einmal eingeleitet werden. Veranlasst das HZA A gegen den Verdächtigen V eine verfahrenseinleitende Maßnahme am 1. Februar und unabhängig davon das HZA B gegen V wegen desselben Sachverhalts am 1. März, so ist das Verfahren gegen V (nur) am 1. Februar eingeleitet. Die spätere Maßnahme des HZA B ist als solche wirksam, konnte aber keine verfahrenseinleitende Wirkung mehr entfalten. Missverständlich ist der Wortlaut des § 390 I AO, soweit die Vorschrift davon spricht, dass eine FinB wegen der Tat „zuerst ein Strafverfahren eingeleitet hat". 114

Ist ein Strafverfahren eingestellt worden, ohne dass dadurch – wie im Falle des § 153a I StPO – die Strafklage verbraucht ist, kann es wegen derselben Tat nur durch eine **neue Maßnahme** iSd § 397 I AO wieder in Gang gesetzt werden. Dies gilt sowohl nach Einstellungen der jeweiligen Strafverfolgungsbehörde mangels Tatverdachts gem. § 170 II StPO, wegen Geringfügigkeit gem. § 153 I StPO oder § 398 AO als auch wegen Nebensächlichkeit der Steuerstraftat oder der Gesetzesverletzung gem. § 154 I oder § 154a I 115

StPO wie auch bei einem Absehen von der Strafverfolgung nach einer Selbstanzeige (§ 398a III AO) oder wegen Nötigung oder Erpressung gem. § 154c StPO sowie nach Gerichtsbeschlüssen in den Fällen des § 154 II, § 154a II, § 199 I, § 205 S. 1, § 206a I und des § 207 II StPO.

10. Aktenvermerk nach § 397 II AO

116 Aus der Trennung der Definition in § 397 I AO von der Vorschrift in § 397 II AO, dass die Einleitung aktenkundig gemacht werden muss, ergibt sich, dass der **Aktenvermerk kein Merkmal der Einleitung** des Straf- (oder Bußgeld-)verfahrens ist. Der Vermerk hat keine konstitutive Wirkung, sondern nur deklaratorische Bedeutung (Klein/ *Jäger* AO § 397 Rn. 28; HHS/*Tormöhlen* AO § 397 Rn. 55; Koch/Scholtz/*Scheurmann-Kettner* AO § 397 Rn. 16; Kohlmann/*Peters* AO § 397 Rn. 37.2; Kühn/v. Wedelstädt/ *Blesinger* AO § 397 Rn. 5; RKR/*Rolletschke* AO § 397 Rn. 60; Schwarz/Pahlke/*Nikolaus* AO § 397 Rn. 4 u. 41; *Blesinger* wistra 1994, 48, 51; *Schuhmann* wistra 1992, 293, 294). Dies gilt auch in Fällen, in denen die verfahrenseinleitende Maßnahme äußerlich indifferent erscheint, denn auch hier ist die Rechtsfolge der Einleitung bereits zum Zeitpunkt der ersten Ermittlungsmaßnahme eingetreten (→ Rn. 113). Allerdings kann der Vermerk die strafrechtliche Zielrichtung offenlegen.

117 Die **rechtsklärende Funktion des Aktenvermerks** ist bedeutsam bei den scheinbar indifferenten Maßnahmen, die ihrer Art nach auch bei der Ermittlung der Besteuerungsgrundlagen allein für steuerliche Zwecke dienen können und nicht den Stempel der strafrechtlichen Zielsetzung tragen (→ Rn. 99 u. 102). Der Aktenvermerk sichert die Abgrenzung und Beweisführung in Bezug auf den verdachtsbefangenen Sachverhalt, die Person des Verdächtigen und den Zeitpunkt der verfahrenseinleitenden Maßnahme im Hinblick auf § 397 III iVm § 393 I AO sowie bezüglich § 371 II Nr. 2 (Tatentdeckung) und § 376 AO.

118 Die **Beweissicherung ist nur gewährleistet,** wenn die verfahrenseinleitende Maßnahme unter Angabe des Zeitpunktes „unverzüglich" vermerkt wird. Unverzüglich heißt auch hier „ohne schuldhaftes Zögern" (vgl. § 121 I 1 BGB). Schuldhaftes Zögern liegt nicht vor, wenn der Beamte, der eine verfahrenseinleitende Maßnahme im Außendienst getroffen hat, den Vermerk erst fertigt, wenn er zu seiner Behörde zurückgekehrt ist; es ist jedoch gegeben, wenn ein Betriebsprüfer eine während der Prüfung getroffene Maßnahme mit strafrechtlicher Zielsetzung erst nach Tagen, Wochen oder Monaten in einer Anlage zum Prüfungsbericht erwähnt, da die in der Zwischenzeit mögliche Unklarheit über den (nur) steuerlichen oder (auch) strafrechtlichen Zweck der Maßnahme durch § 397 II AO gerade vermieden werden soll.

119 Ein **Verstoß gegen § 397 II AO** hat keine verfahrensrechtlichen Folgen. Trotz der zwingenden Form der Gesetzesfassung handelt es sich in Wahrheit um eine Sollvorschrift, deren Bedeutung nur der Wichtigkeit der Folgen wegen, die an die Einleitung des Straf- (oder Bußgeld-)verfahrens anknüpfen, stärker als üblich betont worden ist.

120 Der **Inhalt des Aktenvermerks** ist durch Rechtsvorschriften nicht geregelt. Der rechtsklärende Zweck des § 397 II AO (→ Rn. 117) verlangt, in dem Vermerk die Richtung und den Umfang der Untersuchung so genau zu kennzeichnen, wie es am Anfang der Ermittlungen nach dem Entstehen des Verdachts möglich ist (RG 12.2.1940, RStBl. 1940, 314). Vor allem ist der geschichtliche Vorgang, der den Anschein einer mit Strafe oder Geldbuße bedrohten Zuwiderhandlung hervorgerufen hat, kurz darzustellen. Damit die Rechtswirkungen der Einleitung (→ Rn. 139 ff.) abgegrenzt werden können, sollten dabei soweit möglich, für jede Tat die Tatverdächtigen, gegen die sich die Ermittlungen richten, die verkürzte Steuerart, das betroffene Steuerjahr, die Tathandlung und der Tatzeitpunkt angegeben werden (vgl. Nr. 30 AStBV). Nicht erforderlich ist es, in dem Vermerk die Tat rechtlich genau zu qualifizieren oder bereits das verletzte Gesetz zu bezeichnen (Kohlmann/*Peters* AO § 397 Rn. 37; *Schuhmann* wistra 1992, 293, 295). Der formelhafte Satz:

„Gegen A wird das Strafverfahren wegen Steuerhinterziehung, strafbar nach § 370 AO, eingeleitet" erfüllt weder die Merkmale des § 397 I AO (→ Rn. 87) noch die Anforderungen des § 397 II AO (vgl. BayObLG 26.10.1987, wistra 1988, 81).

Ein **Nachtragsvermerk** ist erforderlich, wenn die Ermittlungen im Verlauf des Verfahrens auf weitere Verdächtige oder auf weitere Taten desselben Beschuldigten ausgedehnt werden (s. auch → Rn. 113 f.). **121**

Die **Form des Aktenvermerks** ist ebenfalls nicht näher geregelt. Den Zweck des § 397 II AO (→ Rn. 117) erfüllt jeder Vermerk eines Beamten, der die verfahrenseinleitende Maßnahme bewirkt hat oder an ihrer Durchführung beteiligt war (glA *Kretzschmar* StBp 1983, 266). Der Vermerk braucht nicht vom Behörden-Vorsteher oder seinem Vertreter unterzeichnet zu werden, da er keine Willenserklärung zum Gegenstand hat, sondern nur Tatsachen bekundet. Demgemäß ist es auch unerheblich, ob der Beamte den Vermerk mit vollem Namen oder nur mit seiner Paraphe zeichnet (RG 13.2.1940, RStBl. 1940, 40). Andererseits ist eine Maßnahme aber nur und erst dann in den Akten vermerkt, wenn der Vermerk den Akten der Behörde beigefügt ist (HHS/*Tormöhlen* AO § 397 Rn. 56); ein Vermerk in den Handakten eines Außenprüfers, über die der Prüfer nach Belieben verfügen kann, genügt nicht. **122**

11. Bekanntgabe an den Beschuldigten nach § 397 III AO

Schrifttum: *Teske*, Die Bekanntgabe der Einleitung eines Straf- und Bußgeldverfahrens (§ 371 Abs. 2 Nr. 1b AO) durch Durchsuchungsbeschlüsse, wistra 1988, 287; *Schuhmann*, Zur Bekanntgabe der Einleitung eines Straf- und Bußgeldverfahrens nach der Abgabenordnung, wistra 1992, 293; *Burkhard/Adler*, Unbestimmte Einleitungsverfügung entfaltet keine Sperrwirkung, DStZ 2000, 592; *Tormöhlen*, Strafprozessuales und steuerliches Verwertungsverbot bei unterlassener oder verzögerter Belehrung durch den Betriebsprüfer über das Zwangsmittelverbot?, DStZ 2001, 850; *Braun*, Die Bekanntgabe der Einleitung eines Steuerstrafverfahrens als Sperrgrund, PStR 2002, 86; *Pflaum*, Steuerstrafrechtliche Belehrungen, Mitteilungen und Hinweise nach der Abgabenordnung in der Außenprüfung, StBp 2017, 163.

Die **Pflicht,** die Einleitung des Strafverfahrens dem Beschuldigten **mitzuteilen,** dient seinem Schutz vor einer Selbstbezichtigung (→ Rn. 6) anlässlich einer Ermittlungsmaßnahme, die äußerlich indifferent ist (→ Rn. 99 u. 102) oder die zwar eindeutig strafrechtlicher Natur ist (→ Rn. 7 ff.), aber den Gegenstand und die Grenzen des Verdachts nicht erkennen lässt. Wer von der FinB aufgefordert wird, Tatsachen darzulegen oder Unterlagen vorzulegen, darf nicht im Unklaren darüber gelassen werden, dass er als Beschuldigter im Strafverfahren und nicht als Stpfl im Besteuerungsverfahren angesprochen wird. Zu diesem Zweck ergänzt § 397 III einerseits § 393 I 4 AO, andererseits die §§ 136, 136a StPO. Überflüssig ist die Vorschrift schon deshalb nicht, weil sie auch in einem parallel laufenden Besteuerungsverfahren gilt (Koch/Scholtz/*Scheurmann-Kettner* AO § 397 Rn. 17); überdies schafft sie Klarheit für den Ausschluss einer strafbefreienden Selbstanzeige nach § 371 II Nr. 1 Buchst. b AO (→ Rn. 145). **123**

Zur Mitteilung verpflichtet ist diejenige Stelle, die den Beschuldigten zu Offenbarungen auffordert – unabhängig davon, ob sie selbst oder eine andere Stelle das Strafverfahren eingeleitet hat. Falls die verfahrenseinleitende Stelle, zB die Polizei oder die StA, den Beschuldigten bereits über den gegen ihn bestehenden Verdacht unterrichtet hat, ist eine nochmalige Mitteilung durch die FinB, die den Beschuldigten zur Darlegung von Tatsachen oder zur Vorlage von Unterlagen auffordert, nicht erforderlich. **124**

Zu **Form und Inhalt der Mitteilung** nach § 397 III AO s. auch die Erläuterungen in → § 371 Rn. 261 ff. zu § 371 II Nr. 1 Buchst. b AO. Mitzuteilen ist die Tatsache der Einleitung des Straf- (oder Bußgeld-)verfahrens mit einer Beschreibung der Taten. Diese müssen sachlich so genau bezeichnet werden, wie dies nach dem Stand der Kenntnisse der Behörde (des Amtsträgers) möglich ist (RG 12.2.1940, RStBl. 1940, 314), und zwar möglichst durch Angabe der dem Beschuldigten zur Last gelegten Handlungen oder Handlungsweisen, der dadurch verkürzten Steuerarten und der betroffenen Steuerjahre (→ § 371 Rn. 275), damit Abgrenzungsschwierigkeiten im Hinblick auf die Folgen der Einleitung **125**

(→ Rn. 139 ff.) möglichst vermieden werden. Die Rechtswirkungen der Bekanntgabe der Einleitung können nur dann eintreten, wenn der Beschuldigte durch den Inhalt der Bekanntgabe über die Tat, deren er verdächtigt wird, *„ins Bild gesetzt wird"* (BGH 6.10.1981, BGHSt 30, 215; OLG Hamburg 24.3.1987, wistra 1987, 189; *Marx* wistra 1987, 207). Ein für mehrfache Verwendung vorformulierter Text, in dem lediglich pauschale und zeitlich nicht präzisierte Vorwürfe gemacht werden, genügt diesen Anforderungen zumeist nicht (vgl. OLG Hamburg 24.3.1987, wistra 1987, 189; BayObLG 26.10.1987, wistra 1988, 81; aA *Weyand* wistra 1987, 283).

126 Jedenfalls seit Aufgabe der Rechtsfigur der fortgesetzten Handlung (→ § 369 Rn. 116) bedarf es der Angabe, welche Steuer in welchem Veranlagungszeitraum durch welche Handlung hinterzogen worden sein soll (ebenso *Schuhmann* wistra 1992, 293, 295). Die Angabe der Steuern und Steuerabschnitte in der Einleitungsverfügung ist auch bedeutsam für die Frage, ob und ggf. in welchem Umfang noch eine Selbstanzeige möglich ist (→ Rn. 145). Nicht mitgeteilt zu werden braucht die verfahrenseinleitende Maßnahme (Schwarz/Pahlke/*Nikolaus* AO § 397 Rn. 48). Da § 397 III AO keine Schriftform vorschreibt, kann für die Bekanntgabe auch eine bloß mündliche Erklärung eines Amtsträgers ausreichen (→ § 371 Rn. 266; Schwarz/Pahlke/*Nikolaus* AO § 397 Rn. 50; aM *Schuhmann* wistra 1992, 293, 295); zur Vermeidung von Beweisschwierigkeiten sollte hiervon aber nur zurückhaltend Gebrauch gemacht werden. Die Bekanntgabe kann auch durch eine eindeutige Amtshandlung erfolgen, die unzweifelhaft als strafverfahrensrechtliche Maßnahme zur Ermittlung einer Steuerstraftat erkennbar ist, wie etwa durch die Verhaftung (§§ 114 ff. StPO), vorläufige Festnahme (§ 127 StPO) oder erste Vernehmung (§ 136 StPO) des Beschuldigten, aber auch durch eine Beschlagnahme von Geschäftspapieren (§§ 94, 98 StPO) oder durch eine Durchsuchung nach § 102 StPO (→ § 371 Rn. 268; *Schuhmann* wistra 1992, 263, 265).

127 **Adressat einer Mitteilung** nach § 397 III AO ist nur der Beschuldigte selbst, nicht etwa – wie im Falle des § 371 II Nr. 1 Buchst. b AO – ein Vertreter des Beschuldigten. Ist der Beschuldigte nicht erreichbar oder nicht ansprechbar, kann er auch nicht Adressat einer Aufforderung sein, durch deren Erfüllung er sich selbst belasten könnte.

128 § 397 III AO bestimmt den Zeitpunkt, zu dem die Einleitung des Verfahrens dem Beschuldigten **spätestens** bekannt gegeben werden muss. Ob die Verfahrenseinleitung vorher mitgeteilt wird, entscheidet die Strafverfolgungsbehörde nach pflichtgemäßem Ermessen (Koch/Scholtz/*Scheurmann-Kettner* AO § 397 Rn. 18 u. Klein/*Jäger* AO § 397 Rn. 30). Die Einleitung des Verfahrens zunächst nicht bekanntzugeben, kann sinnvoll sein, wenn die sofortige Bekanntgabe den Untersuchungszweck gefährden würde. Eine unverzügliche Mitteilung ist weder im allgemeinen Strafverfahren noch im Steuerstrafverfahren vorgeschrieben. Sie läge auch nicht im Interesse des Beschuldigten, da sich der Verdacht einer Zuwiderhandlung gegen Steuergesetze bereits nach der ersten Ermittlungsmaßnahme ohne seine Mitwirkung wieder auflösen kann. In einem solchen Fall kann dem Beschuldigten die mit einer Bekanntgabe der Einleitung eines Strafverfahrens verbundene psychische Belastung erspart werden (Koch/Scholtz/*Scheurmann-Kettner* AO § 397 Rn. 18 u. Kohlmann/*Peters* AO § 397 Rn. 40.4; vgl. auch Nr. 28 I 2 AStBV). Andererseits darf die Zurückhaltung nicht dazu führen, dass sich der Betroffene in Unkenntnis der strafrechtlichen Vorwürfe selbst belastet (→ Rn. 6; Kohlmann/*Peters* AO § 397 Rn. 40.3). Spätestens wenn der Stpfl zur Mitwirkung an der Aufklärung aufgefordert wird, ist wegen des Verbots staatlichen Zwangs zur Selbstbelastung (*„nemo tenetur se ipsum accusare"*; → § 393 Rn. 7 ff.) die Verfahrenseinleitung mitzuteilen.

129 **Ein Verstoß der Finanzbehörde gegen die Mitteilungspflicht nach § 397 III AO** kann hinsichtlich der Tatsachen und Unterlagen, die der Beschuldigte nach Aufforderung dar- bzw. vorgelegt hat, im Strafverfahren ein **Verwertungsverbot** begründen, wenn dem Beschuldigten zu diesem Zeitpunkt noch nicht bekannt war, dass gegen ihn wegen einer Steuerstraftat ermittelt wird (Erbs/Kohlhaas/*Hadamitzky*/*Senge* AO § 397 Rn. 13). Es gelten die vom BGH zur unterbliebenen Belehrung eines Beschuldigten bei seiner polizeilichen Vernehmung entwickelten Grundsätze (vgl. BGH 27.2.1992, BGHSt 38, 214) entsprechend (ebenso Erbs/Kohlhaas/*Hadamitzky/Senge* AO § 397 Rn. 13 u. Kohlmann/ *Peters* AO § 397 Rn. 41.1). Die Verwertung der Erkenntnisse steht zur Disposition des Beschuldigten. Ein Verwertungsverbot besteht daher grundsätzlich nur, wenn der Beschuldigte der Verwertung bis zu dem in § 257 StPO genannten Zeitpunkt widerspricht; danach kann der Verstoß nicht mehr gerügt werden (vgl. BGH 27.2.1992, BGHSt 38, 214, 225 f.; Erbs/Kohlhaas/*Hadamitzky/Senge* AO § 397 Rn. 13). Im Besteuerungsverfahren führt eine Verletzung der Belehrungspflicht gem. § 393 I 4 AO grundsätzlich zu keinem Verwertungsverbot (BFH 23.1.2002, BStBl. II 2002, 328; zur Verwertbarkeit einer mit den Mitteln des § 136 StPO herbeigeführten Aussage vgl. FG MV 21.8.2002, wistra 2003, 473; zu den Folgen eines Verstoßes gegen § 393 I 4 s. → § 393 Rn. 57 ff.).

einstweilen frei 130–138

12. Rechtsfolgen der Einleitung

a) Änderung der Rechtsstellung des Verdächtigen

Im Zeitpunkt der Einleitung des Strafverfahrens (→ Rn. 112 ff.) **ändert sich die Rechtsstellung des Verdächtigen:** Er bleibt zwar Steuerpflichtiger iSd § 33 AO, wird aber auch Beschuldigter iSd StPO (vgl. BGH 30.12.2014, NStZ 2015, 291) und der Vorschriften des 8. Teils der AO. Die Rechte und Pflichten des Stpfl und der Finanzverwaltung richten sich dann nach den für das jeweilige Verfahren geltenden Vorschriften (§ 393 I 1 AO). Im Besteuerungsverfahren bestehen die Pflichten des Stpfl zur Abgabe richtiger Steuererklärungen §§ 149 ff. AO und zur Mitwirkung gem. §§ 93 ff. AO grundsätzlich fort, wenn gegen ihn ein Steuerstrafverfahren eingeleitet worden ist (s. auch Nr. 16 II AStBV). Wegen des verfassungsrechtlichen Gebots, dass niemand gezwungen werden darf, sich in einem Strafverfahren selbst zu belasten („*nemo tenetur se ipsum accusare*", → § 393 Rn. 7 ff.) steht es dem Beschuldigten frei, sich „zu der Beschuldigung zu äußern oder nicht zur Sache auszusagen" (§ 136 I 2 StPO). Die FinB darf ihn zwar auffordern, *„Tatsachen darzulegen oder Unterlagen vorzulegen, die im Zusammenhang mit der Straftat stehen, deren er verdächtigt ist"* (arg. § 397 III AO), muss ihm jedoch spätestens gleichzeitig die Einleitung des Straf- (oder Bußgeld-)verfahrens mitteilen (→ Rn. 128) und ihn gem. § 163a III, IV iVm § 136 I 2, 3 StPO belehren. Die Einleitung ist maßgebend für den Beginn der Festsetzungsfrist von Hinterziehungszinsen gem. § 239 I 2 Nr. 3 AO (BFH 13.12.1995, BFH/NV 1996, 451). Sie hemmt den Anlauf der Frist zur Festsetzung von Hinterziehungszinsen nur dann nicht, wenn sie sich zum Zeitpunkt der Einleitung ohne weiteres als greifbar rechtswidrig darstellt (BFH 29.4.2008, BStBl. II 2008, 844). 139

Steuerrechtliche Zwangsmittel (§§ 328 ff. AO) sind **unzulässig,** soweit der Tatverdacht (→ Rn. 38 ff.) reicht und deshalb ein Straf- oder Bußgeldverfahren einzuleiten ist (vgl. § 393 I 2 bis 4 AO). Ist deswegen die Abgabe von Steuererklärungen nicht mehr durchsetzbar und verweigert der Stpfl seine Mitwirkung, bleibt es der FinB unbenommen, die Besteuerungsgrundlagen nach § 162 AO zu schätzen. Auf diese Möglichkeit ist der Stpfl hinzuweisen (vgl. Nr. 29 AStBV). Die Einleitung des Strafverfahrens hindert weitere Ermittlungen durch die Außenprüfung nicht (BFH 19.8.1998, BStBl. II 1999, 7). Für das Kreditgewerbe sieht Nr. 136 I Nr. 3 AStBV Mitteilungspflichten des FA an die Bundesanstalt für Finanzdienstleistungsaufsicht (BaFin) vor, sobald dem Beschuldigten die Einleitung des Verfahrens nach § 397 III AO eröffnet worden ist. 140

Bestehen hinsichtlich derselben Steuer und desselben Besteuerungszeitraums, für den ein Ermittlungsverfahren eingeleitet wurde, **weitere Erklärungspflichten,** ist insoweit wegen des „*Nemo-tenetur-Grundsatzes*" (→ Rn. 139) die **Strafbewehrung** einer Hinterziehung durch Unterlassen **suspendiert** (BGH 26.4.2001, BGHSt 47, 8; BGH 12.1.2005, wistra 2005, 148; BGH 3.11.2021, NStZ 2022, 173; BGH 4.11.2021, wistra 2022, 204; vgl. auch *Jäger* NStZ 2005, 552, 556 mwN). Die Nichtabgabe einer solchen Steuererklärung ist straflos, weil der Stpfl sonst gezwungen wäre, sich durch nun richtige 141

Angaben selbst zu belasten. Ist zB gegen den Stpfl wegen der Abgabe falscher USt-Voranmeldungen ein Strafverfahren anhängig, ist die Strafbewehrung für die Nichtabgabe der zugehörigen USt-Jahreserklärung suspendiert (BGH 26.4.2001, BGHSt 47, 8; BGH 12.1.2005, wistra 2005, 148). Wird einem Stpfl vor Tatvollendung die Einleitung eines Ermittlungsverfahrens wegen versuchter Steuerhinterziehung durch Unterlassen bekanntgegeben (§ 370 I Nr. 2 AO), kommt eine Bestrafung wegen vollendeter Steuerhinterziehung auch dann nicht in Betracht, wenn er für die betreffende Steuer weiterhin keine Steuererklärung abgibt; andernfalls wäre er gezwungen, mit einer inhaltlich richtigen Steuererklärung den mit der versuchten Steuerhinterziehung erstrebten Hinterziehungsumfang selbst aufzudecken (BGH 23.1.2002, wistra 2002, 150).

142 **Voraussetzung für die Suspendierung der Strafbewehrung ist** stets ein **unauflöslicher Konflikt** zwischen steuerlichen Erklärungspflichten und einer damit verbundenen Selbstbelastung, aus dem sich der Stpfl auf legalem Wege durch strafbefreiende Selbstanzeige (§ 371, § 378 III AO) oder Rücktritt vom Versuch (§ 24 StGB) nicht mehr befreien kann. Sobald die Tat entdeckt oder ein Ermittlungsverfahren eingeleitet ist, scheiden die beiden Möglichkeiten zumeist aus (vgl. § 371 II AO, § 24 StGB; *Jäger* wistra 2000, 227, 228).

143 Für **andere** als die von einem Straf- oder Bußgeldverfahren erfassten **Steuern und Besteuerungszeiträume** besteht die Strafbewehrung des Verstoßes gegen steuerliche Erklärungspflichten unverändert fort (BGH 12.1.2005, wistra 2005, 148). Das Zwangsmittelverbot berechtigt nicht zur Begehung neuen Unrechts, auch nicht in Form der bloßen Nichtabgabe von Steuererklärungen (BGH 10.1.2002, wistra 2002, 149; vgl. auch Nr. 16 II AStBV). Zwar wurde gefordert, dass in Fällen, in denen bestimmte Einkunftsquellen über mehrere Jahre verschwiegen wurden, wegen des gleichen Lebenssachverhaltes und der „willkürlichen" Abschnittsbesteuerung auch für die nicht von Strafverfahren erfassten Jahre keine Offenbarungen mehr verlangt werden dürften (vgl. *Salditt* NStZ 2001, 544). Dem ist der BGH aber nicht gefolgt. In Fällen, in denen ein enger tatsächlicher Zusammenhang zwischen dem von einem Strafverfahren erfassten Lebenssachverhalt und gleichartigem Geschehen in den Folgejahren besteht, unterliegen nach der Rspr des BGH vielmehr zutreffende Angaben, die mittelbar zu einer Selbstbelastung des Beschuldigten führen können, in einem Straf- oder Bußgeldverfahren hinsichtlich der Folgejahre einem strafrechtlichen Verwendungsverbot. Das Verbot des Zwangs zur Selbstbelastung führt in einem solchen Fall dazu, dass die Erklärungen eines Beschuldigten, die er in Erfüllung seiner weiter bestehenden steuerrechtlichen Pflichten für nicht vom Strafverfahren erfasste Besteuerungszeiträume und Steuerarten gegenüber den Finanzbehörden macht, allein im Besteuerungsverfahren verwendet werden dürfen. Für das laufende Strafverfahren dürfen diese Informationen, soweit sie unmittelbar oder auch mittelbar zum Nachweis einer Steuerhinterziehung für die zurückliegenden Steuerjahre führen können, nicht herangezogen werden (BGH 12.1.2005, wistra 2005, 148; vgl. auch *Jäger* PStR 2002, 49). Ein solcher Fall könnte gegeben sein, wenn ein Stpfl über mehrere Jahre hinweg Kapitalerträge aus einem Depot nicht erklärt hat. In keinem Fall berechtigt der *„Nemo-tenetur-Grundsatz"* zur Abgabe inhaltlich falscher Steuererklärungen (vgl. BGH 10.1.2002, wistra 2002, 149; *Harms/Jäger* NStZ 2002, 244, 246).

144 Bei der **Abgrenzung der Reichweite des Verdachts** (→ Rn. 38 ff.) und einer dementsprechenden Einleitung des Straf- (oder Bußgeld-)verfahrens ist von derjenigen Handlung oder Unterlassung auszugehen, auf die sich die verdachtsbegründenden Anhaltspunkte beziehen. Bei laufenden Steuern (zB ESt, KSt, GewSt, USt) kann der Verdacht weit zurückreichen, wenn sich bei Einleitung des Verfahrens nicht übersehen lässt, dass der Beschuldigte die entdeckte Hinterziehungsmethode erst von einem bestimmten Steuerabschnitt an angewendet hat oder angewendet haben kann.

b) Ausschluss der Selbstanzeige

145 **Die strafbefreiende Wirkung einer Selbstanzeige** wird gem. § 371 II Nr. 1 Buchst. b AO nicht ohne weiteres schon im Zeitpunkt der Einleitung des Straf- (oder

Bußgeld-)verfahrens ausgeschlossen, sondern erst dann, wenn dem an der Tat Beteiligten oder seinem Vertreter die Einleitung bekannt gegeben worden ist. Auch zwischen der Entdeckung der Tat durch die FinB, einer daraufhin vollzogenen Einleitung des Verfahrens und dem Ausschluss der Straffreiheit gem. § 371 II Nr. 2 AO besteht kein unmittelbarer zeitlicher Zusammenhang, weil diese Sperrvorschrift nicht an die Entdeckung anknüpft, sondern darauf abstellt, ob der Täter im Zeitpunkt seiner Selbstanzeige etwas von der Entdeckung wusste oder damit rechnen musste, dass die Tat bereits entdeckt war. Freilich können die Einleitung des Verfahrens und ihre Bekanntgabe mit dem Wissen des Täters von der Entdeckung seiner Tat zusammenfallen, zB bei der vorläufigen Festnahme eines Schmugglers. Ob die strafbefreiende Wirkung einer Selbstanzeige nach § 371 II AO ausgeschlossen ist, muss bei mehreren Taten für jede Tat gesondert geprüft werden (BGH 6.6.1990, wistra 1990, 308). Die Tat im Sinne des § 371 II Nr. 2 AO bestimmt sich nach Steuerart, Besteuerungszeitraum und Steuerpflichtigem (BGH 5.4.2000, wistra 2000, 219 mAnm *Jäger* wistra 2000, 227; vgl. auch BGH 20.5.2010, BGHSt 55, 180). Allerdings ist zu beachten, dass die Sperrgründe gemäß § 371 II Nr. 1 und 2 AO alle unverjährten Taten der jeweiligen Steuerart erfassen. Eine nach der Bekanntgabe der Einleitung des Verfahrens oder in Kenntnis der Entdeckung der Tat erstattete Selbstanzeige wirkt wie ein Geständnis, das nur noch strafmildernd berücksichtigt werden kann.

c) Unterbrechung der Verfolgungsverjährung

146 Durch die Bekanntgabe der Einleitung des Ermittlungsverfahrens (→ § 371 Rn. 263 ff. u. → § 376 Rn. 75) wird gem. § 78c I Nr. 1 StGB iVm § 369 II AO die Verjährung der Verfolgung einer Steuerstraftat und gem. § 33 I Nr. 1 OWiG iVm § 377 II AO die Verjährung der Verfolgung einer Steuerordnungswidrigkeit unterbrochen (→ § 384 Rn. 21). Darüber hinaus bestimmt § 376 AO, dass die Verjährung der Verfolgung einer Steuerstraftat auch dadurch unterbrochen wird, dass dem Beschuldigten die Einleitung des Bußgeldverfahrens bekanntgegeben wird oder diese Bekanntgabe angeordnet wird. Das Gesetz sieht keine Form für die Bekanntgabe der Einleitung vor. Sie kann daher grundsätzlich auch mündlich erfolgen (→ Rn. 125; aA *Schuhmann* wistra 1992, 293, 295), wenngleich sich die Schriftform im Interesse der Rechtssicherheit empfiehlt (*Schäfer* FS Dünnebier, 1982, 541 ff., 554). Nach der Rspr ist es nicht erforderlich, dass die Bekanntgabeerklärung dem Beschuldigten zugeht (BGH 24.8.1972, BGHSt 25, 6). Für diese Auffassung spricht, dass auch die Anordnung der Bekanntgabe eines Ermittlungsverfahrens die Verjährung unterbricht (§ 78c I Nr. 1 StGB). Das Gesetz schreibt für diese Anordnung keine Schriftform vor. Aus Gründen der Rechtssicherheit ist sie aber empfehlenswert. Eine schlüssige Bekanntgabe hat nur dann verjährungsunterbrechende Wirkung, wenn der Beschuldigte erkennen kann, welche Tat ihm vorgeworfen wird (OLG Hamburg 24.3.1987, wistra 1987, 189; *Marx* wistra 1987, 207; aA *Weyand* wistra 1987, 283), und das Wesen der Handlung als Bekanntgabe ohne weiteres verständlich ist (BayObLG 12.1.1990, wistra 1990, 243). Auch die Anordnung der Bekanntgabe muss bereits auf eine Bekanntgabe mit diesem Inhalt gerichtet sein (BayObLG 26.10.1987, wistra 1988, 81). Wird das Ermittlungsverfahren mit einer Durchsuchung eingeleitet (→ Rn. 92), kann diese nur dann wirksam die Verjährung unterbrechen, wenn die Durchsuchungsanordnung die an sie zu stellenden verfassungsrechtlichen Mindestanforderungen erfüllt (BGH 5.4.2000, wistra 2000, 219 mAnm *Jäger* wistra 2000, 227; BGH 27.5.2003, wistra 2003, 382).

d) Einleitung und Zuständigkeit der Finanzbehörde

147 Durch den Zeitpunkt der Einleitung (→ Rn. 112 ff.) wird die **örtliche Zuständigkeit der FinB** für das strafrechtliche Ermittlungsverfahren insoweit festgelegt, als § 388 I Nr. 2 AO an die Zuständigkeit für die Abgabenangelegenheit, § 388 I Nr. 3 AO an den Wohnsitz des Beschuldigten und § 388 III AO ersatzweise an den gewöhnlichen Aufenthaltsort des Beschuldigten anknüpft. Dasselbe gilt gem. § 410 I Nr. 1 AO für die örtliche Zuständigkeit der FinB im Bußgeldverfahren.

148 **Welche Finanzbehörde** zu welchem Zeitpunkt das Straf- oder Bußgeldverfahren eingeleitet hat, ist nach § 390 I AO grundsätzlich maßgebend für den Vorrang der Zuständigkeit einer Behörde, wenn nach den §§ 387 ff. AO an sich mehrere FinB sachlich oder örtlich zuständig sind (→ § 390 Rn. 8 ff.).

e) Förmlicher Abschluss des Strafverfahrens

149 Jede Einleitung eines Strafverfahrens iSd § 397 I erfordert einen **förmlichen Verfahrensabschluss.** Dies gilt auch, wenn keine Sachentscheidung mehr möglich ist, weil der Beschuldigte verstorben ist (BGH 8.6.1999, BGHSt 45, 108 u. BGH 5.8.1999, wistra 1999, 426) oder für tot erklärt worden ist (OLG Hamm 16.6.1977, NJW 1978, 177); die Einstellung des Ermittlungsverfahrens beendet dann mit konstitutiver Wirkung die fortbestehende Anhängigkeit des zuvor förmlich eingeleiteten Verfahrens. Die das Legalitätsprinzip begrenzenden Vorschriften des **Opportunitätsprinzips** (§§ 153 ff. StPO, § 398 AO) ermöglichen in bestimmten Fällen die Einstellung des Verfahrens trotz bestehenden Tatverdachts (s. hierzu Nr. 82 f. AStBV). Mit der Neufassung des § 153a StPO durch das Rechtspflegeentlastungsgesetz vom 11.1.1993 (BGBl. I 50) sind die Einstellungsmöglichkeiten unter Auflagen und mit Weisungen erheblich in den Bereich der mittleren Kriminalität ausgeweitet worden. Gerade diese weite Fassung des § 153a StPO hat auch den Boden bereitet für den Einzug sog. verfahrensbeendender Absprachen in das Strafverfahren (vgl. *Schulenburg* JuS 2004, 768). Sie haben in Ermittlungsverfahren wegen Steuerhinterziehung erhebliche Bedeutung erlangt. Auch bei den Vorschriften, die nicht erst das Absehen von der Erhebung der öffentlichen Klage (§§ 153a, 153b StPO), sondern bereits das Absehen von der weiteren Strafverfolgung ermöglichen (§§ 153, 154 StPO), ist der Sachverhalt aber jedenfalls soweit aufzuklären, dass beurteilt werden kann, ob die jeweiligen sachlichen Voraussetzungen der Einstellungsvorschrift vorliegen (glA *Schulenburg* JuS 2004, 768, 769).

150 **Der Beschuldigte ist von der Einstellung zu unterrichten,** wenn ihm die Einleitung des Strafverfahrens gem. § 397 III mitgeteilt worden ist (Nr. 80 II 1 AStBV). Vorgeschrieben ist die Mitteilung insbes. wenn der Beschuldigte als solcher vernommen worden ist oder ein Haftbefehl gegen ihn erlassen war (vgl. § 170 II 2 StPO). Hat sich herausgestellt, dass gegen ihn kein begründeter Verdacht besteht, so ist dies in der Mitteilung auszusprechen (Nr. 80 II 2 AStBV; Nr. 88 S. 2 RiStBV). Im Übrigen sind die Einstellungsgründe nur auf Antrag und nur insoweit mitzuteilen, als keine schutzwürdigen Interessen (zB staatliche oder private Geheimnisse, weitere Ermittlungen gegen andere Personen) entgegenstehen (Nr. 80 II 3 AStBV; Nr. 88 S. 1 RiStBV).

151 Eine **Unterrichtung des Dienstherrn** über Erkenntnisse aus dem Steuerstrafverfahren zur Sicherstellung dienstrechtlicher Maßnahmen gegen einen Beamten (vgl. § 125c BRRG) ist nach der Rechtsprechung des Bundesfinanzhofs regelmäßig selbst dann zulässig, wenn die Einleitung des Ermittlungsverfahrens rechtswidrig war oder das Verfahren wegen Verfolgungsverjährung oder einer strafbefreienden Selbstanzeige eingestellt worden ist (BFH 15.1.2008, DStRE 2008, 383).

152 **Förmlich abgeschlossen** wird ein Steuerstrafverfahren zB

– durch **Einstellung mangels Tatverdachts** gem. § 170 II 1 StPO von der FinB oder StA ohne Zustimmung des Gerichts;

– durch **Einstellung wegen Geringfügigkeit** unter den Voraussetzungen des § 153 I StPO durch die FinB oder StA mit Zustimmung des Gerichts;

– durch **Einstellung wegen Geringfügigkeit** unter den Voraussetzungen des § 398 AO (vgl. auch → § 398 Rn. 2 ff.) oder bei „geringen Folgen" gem. § 153 I 2 StPO durch die FinB oder StA ohne Zustimmung des Gerichts;

– durch **Einstellung unter Auflagen und** mit **Weisungen** der FinB oder StA gem. § 153a I StPO mit Zustimmung des Gerichts (bei *„geringen Folgen"* ohne Zustimmung des Gerichts gem. § 153a I 7 StPO);

– durch **Absehen von der Verfolgung von Auslandstaten** durch die FinB oder StA gem. § 153c I StPO ohne Zustimmung des Gerichts;

- durch **Absehen von der Verfolgung einer nebensächlichen Steuerstraftat** gem. § 154 I StPO durch die FinB oder StA ohne Zustimmung des Gerichts;
- durch **Beschränkung der Strafverfolgung** auf andere Teile einer Tat oder andere Gesetzesverletzungen gem. § 154a I StPO durch die FinB oder StA ohne Zustimmung des Gerichts;
- durch **Absehen von der Verfolgung** einer Steuerhinterziehung nach einer Selbstanzeige in den Fällen des § 371 II Nr. 3 und 4 AO nach Zahlung der in § 398a I AO genannten Beträge an die Staatskasse;
- durch **Absehen von der Verfolgung** einer Straftat durch die FinB oder StA ohne Zustimmung des Gerichts gem. § 154c StPO **wegen Nötigung (§ 240 StGB) oder Erpressung** (§ 253 StGB);
- durch **Beschluss des Gerichts, das Hauptverfahren** wegen einer Steuerstraftat aus tatsächlichen oder rechtlichen Gründen (§ 204 I StPO) oder mit Rücksicht auf andere Taten oder Gesetzesverletzungen (§ 207 II StPO) oder wegen längerer Abwesenheit des Angeschuldigten oder eines anderen in seiner Person liegenden Hindernisses (§ 205 S. 1 StPO) **nicht zu eröffnen;**
- durch **Beschluss des Gerichts, das Hauptverfahren** wegen Geringfügigkeit (§ 153 II, § 153a II StPO) oder wegen Nebensächlichkeit auf Antrag der StA (§ 154 II StPO) oder bei Beschränkung der Strafverfolgung mit Zustimmung der StA (§ 154a II StPO) oder wegen eines Verfahrenshindernisses (§ 206a I StPO) **einzustellen;**
- durch rechtskräftiges **Urteil** des Gerichts (§ 260 I, III StPO);
- durch **Strafbefehl** des Gerichts (§ 410 III StPO), gegen den ein form- und fristgerechter Einspruch nicht eingelegt wird. Hat der Richter Bedenken, den Strafbefehl zu erlassen, muss er Hauptverhandlung anberaumen, wenn die StA auf ihrem Antrag oder dem Antrag der FinB (§ 400 AO) beharrt (§ 408 III 2 StPO).

f) Wechselwirkung zwischen der Einleitung eines Straf- und eines Bußgeldverfahrens

Da sich am Anfang der Ermittlungen wegen des Verdachts einer Zuwiderhandlung **153** gegen Steuergesetze oft noch nicht übersehen lässt, ob die Tat nach Abschluss der Ermittlungen als Steuerstraftat oder als Steuerordnungswidrigkeit zu beurteilen sein wird (→ Rn. 70), geht das Gesetz davon aus, dass sich die Wirkungen der Einleitung des Verfahrens auf die Tat im verfahrensrechtlichen Sinne beziehen, nicht etwa auch auf ihre jeweilige, womöglich mehrfach wechselnde rechtliche Einordnung als Straftat oder Ordnungswidrigkeit. Dies folgt nicht schon aus § 410 I Nr. 6 AO, aber aus § 371 II Nr. 1 Buchst. b AO und aus § 378 III AO, die ausdrücklich von der Einleitung des *„Straf- oder Bußgeldverfahrens"* sprechen. Insbes. wäre die Bekanntgabe der Einleitung des Bußgeldverfahrens in § 371 II Nr. 1 Buchst. b AO – da § 371 AO nur die Selbstanzeige einer Straftat nach § 370 AO regelt – nicht erwähnt worden, wenn nicht bereits die Bekanntgabe der Einleitung des Bußgeldverfahrens wegen einer Zuwiderhandlung nach § 378 AO, die sich erst später als Steuerhinterziehung erweist, die strafbefreiende Wirkung einer Selbstanzeige ausschließen sollte. Ebenso wird umgekehrt durch die Einleitung des Strafverfahrens wegen einer Tat, die anfangs als Straftat nach § 370 AO angesehen wurde, die Verjährung der Verfolgung als Steuerordnungswidrigkeit auch unterbrochen, wenn sich im weiteren Verlauf des Verfahrens herausstellt, dass sie nur als leichtfertige Steuerverkürzung nach § 378 AO geahndet werden kann.

Ergibt sich **nachträglich der Verdacht einer Steuerstraftat,** so wird ein zunächst **154** wegen des Verdachts einer Steuerordnungswidrigkeit eingeleitetes Verfahren (§ 410 I Nr. 6, § 397 I AO) in ein Steuerstrafverfahren übergeleitet. Das geschieht mit der ersten auf strafrechtliche Verfolgung zielenden Maßnahme (glA Koch/Scholtz/*Scheurmann-Kettner* AO § 397 Rn. 4 f.).

Die Rechtsnatur des Verfahrens bestimmt die **Wahl der Ermittlungsmaßnahme.** Ist **155** die Maßnahme im Strafverfahren und im Bußgeldverfahren zulässig, wird der Erkenntnisstand der einleitenden Stelle hinsichtlich der subjektiven Tatseite im Hinblick auf die Steuerverkürzung im Aktenvermerk nach § 397 II AO festgehalten. In Zweifelsfällen muss eine Festlegung noch nicht vorgenommen werden, weil die wesentlichen Folgen der Einleitung (vgl. § 371 II Nr. 1 Buchst. b AO u. § 393 I AO, ggf. iVm § 410 I Nr. 4 AO) in beiden Verfahrensarten dieselben sind.

§ 398 Einstellung wegen Geringfügigkeit

¹Die Staatsanwaltschaft kann von der Verfolgung einer Steuerhinterziehung, bei der nur eine geringwertige Steuerverkürzung eingetreten ist oder nur geringwertige Steuervorteile erlangt sind, auch ohne Zustimmung des für die Eröffnung des Hauptverfahrens zuständigen Gerichts absehen, wenn die Schuld des Täters als gering anzusehen wäre und kein öffentliches Interesse an der Verfolgung besteht. ²Dies gilt für das Verfahren wegen einer Steuerhehlerei nach § 374 und einer Begünstigung einer Person, die eine der in § 375 Abs. 1 Nr. 1 bis 3 genannten Taten begangen hat, entsprechend.

Vgl. §§ 153, 153a StPO; § 47 OWiG; §§ 45–47 JGG, Nr. 82 AStBV 2020.

Schrifttum: *Mattern,* Legalitätsprinzip und Verfolgung von Steuervergehen, DStZ 1956, 92; *Fuchs,* § 153 Abs. 2 und 3 StPO im Verwaltungs-Steuerstrafverfahren, NJW 1957, 213; *Meyer-Goldau,* Der Begriff der „geringen Schuld" in § 153 der StPO, jur. Diss. Kiel 1972; *Eckl,* Neue Verfahrensweisen zur Behandlung der Kleinkriminalität, JR 1975, 99; *Boxdorfer,* Das öffentliche Interesse an der Strafverfolgung trotz geringer Schuld des Täters, NJW 1976, 317; *Kaiser,* Möglichkeiten der Bekämpfung von Bagatellkriminalität in der Bundesrepublik Deutschland, ZStW 90 (1978) 877; *Bloy,* Zur Systematik der Einstellungsgründe im Strafverfahren, GA 1980, 162; *Harbusch,* Die Einstellung von Ermittlungsverfahren durch das Hauptzollamt, ddz 1980, F 39; *Kunz,* Die Einstellung wegen Geringfügigkeit durch die Staatsanwaltschaft, 1980; *Geppert,* Das Legalitätsprinzip, Jura 1982, 139; *Schmidt-Hieber,* Vereinbarungen im Strafverfahren, NJW 1982, 1017; *Weiland,* Die Abschlußverfügung der Staatsanwaltschaft, JuS 1983, 120; *Kaiser/Meinberg,* „Tuschelverfahren" und „Millionärschutzparagraph"?, NStZ 1984, 343; *Keller/Schmid,* Möglichkeiten einer Verfahrensbeschleunigung in Wirtschaftsstrafsachen, wistra 1984, 201; *Kühl,* Unschuldsvermutung und Einstellung des Strafverfahrens, NJW 1984, 1264; *Weyand,* Zur Einstellung von Steuerstrafverfahren gegen Geldauflage, Inf 1988, 49; *Teske,* Die Bedeutung der Unschuldsvermutung bei Einstellung gem. §§ 153, 153a StPO, wistra 1989, 131; *Weyand,* Legalitätsprinzip und Praxis des Steuerstrafverfahrens, DStZ 1990, 166; *Michel,* Die vorläufige Einstellung des Strafverfahrens nach neuem Recht; *Siegismund/Wickern,* Das Gesetz zur Entlastung der Rechtspflege – Ein Überblick über die Änderungen der Strafprozeßordnung, des Gerichtsverfassungsgesetzes, des Jugendgerichtsgesetzes und des Strafgesetzbuches, wistra 1993, 81, 136; *Hellmann,* Das Neben-Strafverfahrensrecht der Abgabenordnung, 1995; *Malms,* Einstellung nach § 153 und § 153a StPO durch die Finanzbehörden, wistra 1994, 337; *Weber-Blank,* Einstellung von Steuerstrafverfahren durch die Strafsachenstellen der Finanzbehörden nach §§ 153 und 153a StPO ohne Zustimmung des Gerichtes, wistra 1995, 134; *Dahs,* § 153a StPO – ein „Allheilmittel" der Strafrechtspflege, NJW 1996, 1192; *Joecks,* Erledigung von Steuerstrafverfahren, StraFo 1997, 2; *V. Schmidt,* Verständigungen in Steuerstrafverfahren, StuW 1998, 278; *St. Cramer,* Einstellung nach Einstellung, wistra 1999, 290; *Maurer,* Möglichkeiten der Verfahrenseinstellung und Überblick über die Strafhöhe in Steuerstrafverfahren, StuB 2000, 506; *Kaligin,* Ursachen der Einstellung von Steuerstrafverfahren, DStZ 2003, 452; *Eich,* Praxishinweise zur außergerichtlichen Erledigung von Steuerstrafverfahren, KÖSDI 2004, 1414l; *Hütt,* Die Einstellung eines Steuerstrafverfahrens, AO-StB 2004, 448; *I. M. Meyer,* Erledigung von Steuerstrafverfahren außerhalb einer Hauptverhandlung, DStR 2005, 1477; *Rolletschke,* Die finanzbehördlichen Strafverfolgungsorgane, Stbg 2006, 379; *Rose,* Der Rechtsschutz des Beschuldigten gegen die Einstellung des Strafverfahrens nach den Opportunitätsvorschriften der Strafprozessordnung, 2006; *Heger,* Die Rolle des Opfers im Strafverfahren, JA 2007, 244; *Huber,* Das Zweite Gesetz zur Modernisierung der Justiz, JuS 2007, 236; *Thode,* Die Einstellungsbeschwerde im Strafverfahren, DRiZ 2007, 57; *Marsch,* Grundregeln bei Absprachen und Strafverfahren, ZRP 2007, 220; *Pommer,* Das Legalitätsprinzip im Strafprozess, Jura 2007, 662; *Brete/Thomson,* Anspruch auf Beendigung des steuerstrafrechtlichen Ermittlungsverfahrens, wistra 2008, 367; *Kaligin,* § 153a StPO – eine Universalnorm zur Beendigung von Steuerstrafverfahren?, Stbg 2010, 500; *Hein,* Die Einstellung des Strafverfahrens aus Opportunitätsgründen, JuS 2013, 899; *Ostendorf,* Der Wandel vom klassischen zum ökonomischen Strafprozess, ZIS 2013, 172.

Übersicht

	Rn.
1. Entstehungsgeschichte	1
2. Zweck und Bedeutung der Vorschrift	2–6
3. Verhältnis zu anderen Vorschriften	7–10
4. Objektive Voraussetzungen der Einstellung	11–23
a) Einbezogene Straftaten	11–15
b) Geringwertigkeit der Steuerverkürzung oder des Steuervorteils	16–20
c) Mangelndes öffentliches Interesse an der Strafverfolgung	21–23
5. Geringe Schuld des Täters	24–28

	Rn.
6. Einstellung und Absehen von Strafe	29, 30
7. Zeitliche Grenzen	31
8. Zuständigkeit und Verfahren	32–34
9. Wirkungen der Einstellung	35–37

1. Entstehungsgeschichte

1 § 398 AO 1977 entspricht im Wesentlichen dem § 432a RAO, jedoch lautete dessen Satz 2: *„Dies gilt für das Verfahren wegen einer Begünstigung und Steuerhehlerei nach den §§ 394, 398 entsprechend".* § 432a RAO war durch Art. 161 EGStGB v. 2.3.1974 (BGBl. I 469, 593) eingefügt worden. In der RAO 1919 und RAO 1931 waren entsprechende Regelungen nicht vorhanden. Zulässig war jedoch eine Niederschlagung des Verfahrens durch das Finanzamt, *„wenn eine Hinterziehung nicht in Frage kommt und das Verschulden des Täters geringfügig ist"* (§ 433 II RAO 1919, § 477 II RAO 1931; vgl. *Mattern* DStZ 1956, 93; *Lohmeyer* NJW 1960, 783).

2. Zweck und Bedeutung der Vorschrift

2 Im Regelfall wird die Tätigkeit der StA durch das **Legalitätsprinzip** bestimmt: Sie ist zur Verfolgung von Straftaten verpflichtet (§ 152 II StPO; → § 399 Rn. 8). Verschiedene gesetzliche Regelungen geben ihr aber das Recht, aus Gründen der Zweckmäßigkeit die Strafverfolgung nach ihrem Ermessen zu unterlassen (Opportunitätsprinzip). So ist bei geringfügigen Straftaten eine Einstellung des Ermittlungsverfahrens mit Zustimmung des Gerichts möglich (§ 153 I StPO). Bei Straftaten mit geringen Folgen ist die Zustimmung des Gerichts entbehrlich (§ 153 I 2 StPO).

3 **§ 398 AO ordnet an,** dass die Einstellung bei geringfügigen Steuerhinterziehungen ebenfalls ohne Zustimmung des Gerichts erfolgen kann, so wie es § 153 I 2 StPO aF vor der Änderung durch das Rechtspflegeentlastungsgesetz (RPflEntlG) für geringfügige Vermögensstraftaten vorsah. Wegen der Betrugsähnlichkeit der Steuerhinterziehung hielt der Gesetzgeber eine dem § 153 I 2 StPO aF entsprechende Regelung auch in der AO für geboten (vgl. BT-Drs. 7/1261, Art. 144a Nr. 18b, 19a und 20, sowie BT-Drs. 7/4292, 47; HHS/*Hellmann* AO § 398 Rn. 3).

4 **Die Bedeutung dieser Regelung** ist zweifelhaft. Bereits vor Änderung des § 153 StPO (Einstellung wegen Geringfügigkeit) durch das RPflEntlG galt die Regelung gem. § 385 AO auch für das Steuerstrafverfahren. Dementsprechend war eine Einstellung mit Zustimmung des Gerichts nach § 153 I 1 StPO – gem. § 399 AO ggf. auf Antrag der Finanzbehörde – auch im Steuerstrafverfahren möglich. Eine Einstellung ohne Zustimmung des Gerichts ließ § 153 I 2 StPO jedoch nur bei Straftaten zu, *die gegen fremdes Vermögen gerichtet sind*. Wegen dieser Übereinstimmung mit § 398 AO hatte diese Regelung eine über eine Klarstellung hinausgehende Funktion nur, sofern die dort erwähnten Straftaten nicht sämtlich Vermögensstraftaten iSd § 153 I 2 StPO waren (vgl. → 3. Aufl. Rn. 4). Nach der zwischenzeitlichen Änderung des § 153 I 2 StPO ist § 398 AO daher praktisch überholt: Die Neuregelung stellt nicht mehr darauf ab, ob es sich um ein geringwertiges Vermögensdelikt handelt. Es genügt, dass es sich um ein *Vergehen* handelt, *„das nicht mit einer im Mindestmaß erhöhten Strafe bedroht ist und bei dem die durch die Tat verursachten Folgen gering sind".*

5 Für die alte Rechtslage ging man überwiegend davon aus, dass erst § 398 AO eine Einstellung ohne Zustimmung des Gerichts ermögliche (RKR/*Rolletschke* AO § 398 Rn. 4; Löwe/Rosenberg/*Mavany* StPO § 153 Rn. 52). Daraus wurde in der 3. Auflage darauf geschlossen, dass eine unmittelbare Anwendung des § 153 I 2 StPO bei Steuerstraftaten nicht möglich sein solle (→ Rn. 4; vgl. HHS/*Hellmann* AO § 398 Rn. 6; Löwe/Rosenberg/*Mavany* StPO § 153 Rn. 52). Da die Anwendbarkeit des § 398 AO bei einzelnen Straftaten, die Sondergesetze betreffen, ausdrücklich angeordnet sei, entfalte die

Vorschrift eine Sperrwirkung für die Anwendung des § 153 I 2 StPO auch bei einigen Taten, die eindeutig Vermögensdelikte in diesem Sinne seien. Nach der Neuregelung des § 153 I 2 StPO kann dies nicht mehr gelten. Zwar mag es erstaunen, dass der Gesetzgeber es im Rahmen des RPflEntlG versäumt hat, mit der Änderung des § 153 StPO auch eine solche des § 398 AO vorzunehmen. Insbesondere ergibt sich aus der gesetzlichen Begründung (BT-Drs. 12/1217, 34 zu Nr. 3) nicht, dass der Gesetzgeber hier eine bewusste Entscheidung dahingehend treffen wollte, dass bei geringfügigen Steuerdelikten eine Einstellung nach § 153 I 2 StPO nicht möglich sein sollte (krit. *Malms* wistra 1994, 337 f.). Tatsächlich ist mit der Änderung im Rahmen des RPflEntlG bewirkt worden, dass nunmehr auch die Einstellung unter Auflagen (§ 153a StPO) ohne Zustimmung des Gerichts möglich ist (vgl. *Siegismund/Wickern* wistra 1993, 84; Meyer-Goßner/Schmitt/Schmitt StPO § 153 Rn. 20 und → Rn. 7).

Die Bedeutung des § 398 AO reduziert sich damit auf solche Fälle, bei denen eine **6** Steuerstraftat im Raum steht, die im Mindestmaß mit einer erhöhten Strafe bedroht ist – diesen Fall erfasst § 153 I 2 StPO nicht. Praktisch ist die Regelung dennoch nicht, weil es in diesen Fällen in der Regel eine Anwendung des § 398 AO nicht geben wird, weil die Voraussetzungen der geringen Schuld und des mangelnden öffentlichen Interesses nicht erfüllt sind (→ Rn. 21 ff.). Insofern sollte die Regelung gestrichen werden (*Hellmann* 1995, 64).

3. Verhältnis zu anderen Vorschriften

§ 398 AO lässt die Möglichkeit einer **Einstellung nach den §§ 153 ff. StPO** unbe- **7** rührt. § 153 I StPO entspricht inhaltlich dem § 398 AO. Nach § 153 II StPO kann das Verfahren noch nach Anklageerhebung mit Zustimmung des Angeklagten und der StA durch das Gericht eingestellt werden. Anwendbar bleibt auch § 153a StPO. Danach kann bei geringer Schuld des Täters, aber öffentlichem Interesse an der Strafverfolgung eine Einstellung unter Auflagen, insbes. bei Zahlung einer Geldbuße, erfolgen. Die zu zahlenden Beträge sind oftmals Gegenstand von Verhandlungen zwischen Verteidigung, StA und Gericht (*Schmidt-Hieber* NJW 1982, 1017; s. auch *Kaiser/Meinberg* NStZ 1984, 343; *Dahs* NJW 1996, 1192; → § 404 Rn. 97 ff.). Die §§ 153 f. StPO bleiben insbes. für die in § 398 AO nicht erwähnten Straftaten des Bannbruchs und der Wertzeichenfälschung, für die § 398 AO nicht gilt (RKR/*Rolletschke* AO § 398 Rn. 7 und HHS/*Hellmann* AO § 398 Rn. 17 f.), anwendbar. So kann nach § 153 I 2 StPO eine Steuerstraftat mit „geringen Folgen" ohne Zustimmung des Gerichts eingestellt werden. Nach § 153 I 2 StPO kann das Verfahren noch nach *Anklageerhebung* mit Zustimmung des Angeklagten und des StA durch das Gericht eingestellt werden. Anwendbar bleibt auch § 153a StPO. Nachdem im Rahmen des RPflEntlG in § 153 I 2 StPO die Voraussetzung eines geringwertigen Vermögensschadens durch „geringe Folgen" ersetzt worden ist, ist nach § 153a I 6 iVm § 153 I 2 StPO auch bei Steuerhinterziehung eine Einstellung gegen (Geld-)Auflage ohne Zustimmung des Gerichts möglich. Eine Erweiterung hat sich weiterhin insofern ergeben, als dass das Erfordernis der „geringen Schuld" des Beschuldigten entfallen ist. Ausreichend ist mit der Gesetzesänderung, dass die Auflagenerfüllung geeignet ist, das öffentliche Interesse an einer Strafverfolgung zu beseitigen und die Schwere der Schuld einer Einstellung nicht entgegensteht.

§ 32 ZollVG, der die Nichtverfolgbarkeit reiner Zollvergehen im Reiseverkehr anord- **8** net, errichtet – anders als § 398 AO – ein Verfahrenshindernis (→ Anhang I Rn. 2). Bei Vorliegen der gesetzlichen Voraussetzungen ist für eine Ermessensentscheidung der Strafverfolgungsbehörden kein Raum. § 398 AO bleibt anwendbar, sofern § 32 ZollVG wegen seiner Ausschließungsgründe nicht zur Geltung kommt (→ Anhang I Rn. 48).

§ 37 TabStG ist keine Einstellungsnorm, sondern erklärt bereits die §§ 369 bis 374 AO **8a** für nicht anwendbar, soweit der einzelnen Tat nicht mehr als 1.000 Zigaretten zugrunde liegen. Die Tat kann dann nur als Ordnungswidrigkeit verfolgt werden.

9 § 46a StGB in der seit 1.12.1994 geltenden Fassung sieht die Möglichkeit eines Absehens von Strafen u. a. dann vor, wenn der Täter den Schaden wiedergutgemacht hat (→ § 371 Rn. 240). Hierbei handelt es sich zwar nicht um eine Einstellungsregelung, jedoch liegt in diesen Fällen eine Einstellung nach § 398 AO besonders nahe (→ Rn. 29).

10 Unberührt bleiben weiterhin die Möglichkeiten einer Verfahrensbeendigung nach den **§§ 45, 47 JGG** (vgl. *Bohnert* NJW 1980, 1929).

4. Objektive Voraussetzungen der Einstellung

a) Einbezogene Straftaten

11 Eine Einstellung nach § 398 AO kommt nur in Betracht, sofern der Täter eine Steuerhinterziehung, eine Steuerhehlerei oder eine Begünstigung einer Person begangen hat, die ihrerseits einer Steuerhinterziehung, eines Bannbruchs nach § 372 II, § 373 AO oder einer Steuerhehlerei schuldig ist. Auch der gewerbsmäßige Schmuggel (§ 373 AO) gehört angesichts seiner engen Verwandtschaft zu § 370 AO hierher (BGH 28.9.1983, wistra 1984, 27; GJW/*Allgayer* AO § 398 Rn. 10). Eine entsprechende Anwendung auf den Bannbruch, die Steuerzeichenfälschung oder die Strafvereitelung (Erbs/Kohlhaas/*Hadamitzky/Senge* AO § 398 Rn. 3) ist angesichts der Verweisung auf § 375 I Nr. 1–3 AO nicht möglich (Schwarz/Pahlke/*Nikolaus* AO § 398 Rn. 19, Kohlmann/*Peters* AO § 398 Rn. 24); hier gilt allein § 153 I 1 StPO (→ Rn. 7).

12 **Die Anwendbarkeit des § 398 AO** ist zudem in einigen anderen Regelungen ausdrücklich angeordnet. So gilt die Vorschrift auch für „andere Straftaten" iSd § 385 II AO, wenn sie hier auch regelmäßig nur eine klarstellende Funktion hat. Ferner gilt § 398 AO für eine Reihe weiterer Straftaten, die in den Arbeitsbereich der Finanzämter fallen, etwa Straftaten im Zusammenhang mit dem WoPG oder InvZulG (→ § 385 Rn. 30 f.).

13 **Gleichgültig ist,** ob der Beschuldigte die Straftat, deren Verfolgung in Frage steht, als Täter, Anstifter oder Gehilfe verwirklicht hat (HHS/*Tormöhlen* AO § 398 Rn. 17). Auch der (strafbare) Versuch der entsprechenden Straftaten genügt (HHS/*Tormöhlen* AO § 398 Rn. 17).

14 **Ob Straftaten das Regelbeispiel eines besonders schweren Falles** erfüllen oder schärfer zu bestrafende Qualifikationen darstellen, ist für die (grundsätzliche) Anwendbarkeit des § 398 AO unerheblich (Schwarz/Pahlke/*Nikolaus* AO § 398 Rn. 20). Anders als bei § 153 I 2 StPO ist die Anwendbarkeit des § 398 AO durch die Androhung einer im Mindestmaß erhöhten Freiheitsstrafe nicht ausgeschlossen. So kann die geringfügige Hinterziehung von Einfuhr- oder Ausfuhrabgaben unter Mitführen einer Schusswaffe (§ 373 II Nr. 1 AO) dem § 398 AO unterfallen. Selbst gewerbsmäßiges Handeln (§ 373 I AO) schließt die Anwendung des § 398 AO nicht von vornherein aus (krit. Kohlmann/*Peters* AO § 398 Rn. 23 und HHS/*Hellmann* AO § 398 Rn. 7). Erst recht bleibt § 398 AO in den Fällen des § 370 III AO grundsätzlich anwendbar, da die „besonders schweren Fälle" schon bei § 153 I 2 StPO nicht schaden (Löwe/Rosenberg/*Mavany* StPO § 153 Rn. 50, Meyer-Goßner/Schmitt/*Schmitt* StPO § 153 Rn. 15). Eine andere Frage ist, inwiefern mit dem Regelbeispiel zusammenhängende Gründe den § 398 AO praktisch unanwendbar machen: Die bloße Geringwertigkeit des erlangten Steuervorteils usw. genügt noch nicht für die Anwendung des § 398 AO. Hinzukommen muss eine geringe Schuld des Täters und ein Mangel an öffentlichem Interesse an der Verfolgung der Straftat. Bei der Erfüllung von Qualifikationen iSd § 373 II AO oder bei der Erfüllung von Regelbeispielen nach § 370 III Nr. 2–5 AO wird eine geringe Täterschuld sehr selten sein bzw. regelmäßig ein öffentliches Interesse an der Verfolgung der Straftat bestehen (vgl. *Hellmann* 1995, 85 f. und HHS/*Tormöhlen* AO § 398 Rn. 18). Bei § 370 III Nr. 1 AO steht schon das Erfordernis der „Verkürzung großen Ausmaßes" im Widerspruch zur Geringfügigkeit in § 398 AO (ähnl. Kohlmann/*Peters* AO § 398 Rn. 23). Anders mag es sein, wo das Kompensationsverbot die Höhe der Verkürzung bestimmt und tatsächlich nur ein geringer Zinsschaden vorliegt.

Es muss der bestimmte Verdacht einer Straftat iSd § 398 AO bestehen. Hinrei- 15
chender Tatverdacht iSd § 203 StPO ist nicht nötig; es genügt, dass eine „Wahrscheinlichkeit" für die Verurteilung spricht (vgl. Meyer-Goßner/Schmitt/*Schmitt* StPO § 153 Rn. 3; BVerfG 29.5.1990, BVerfGE 82, 106). Ist selbst dies nicht der Fall, kommt nur eine Einstellung nach § 170 II StPO in Betracht.

b) Geringwertigkeit der Steuerverkürzung oder des Steuervorteils

Wie bei § 153 I 2 StPO setzt die Einstellung nach § 398 AO eine Geringwertigkeit der 16
eingetretenen Steuerverkürzung oder des erlangten Steuervorteils voraus. Der Begriff der Geringwertigkeit wird in verschiedenen Strafbestimmungen des StGB verwendet, § 153 I 2 StPO spricht von „geringen" Folgen. Für Vermögensdelikte des StGB ist man sich einig, dass der Wert jedenfalls nicht von der Wertschätzung durch das Opfer abhängt; Gleiches gilt für § 153 I 2 StPO (BGH 26.3.1954, BGHSt 6, 43; Kohlmann/*Peters* AO § 398 Rn. 26 f.; Löwe/Rosenberg/*Mavany* StPO § 153 Rn. 55). Anderseits ist bei § 398 AO umstritten, inwieweit die gesamte Situation des Täters zu berücksichtigen ist, ob etwa bei einer Steuerschuld von 100.000 EUR ein Betrag von 2.000 EUR noch (relativ) geringwertig ist (so *Kühn/Kutter* 14. Aufl. 1983, AO § 398 Rn. 2; dagegen zu Recht *Suhr/Naumann/Bilsdorfer* Rn. 638). Tatsächlich kann es allein auf den Verkürzungsbetrag bzw. den erlangten Steuervorteil ankommen. Eine Relativierung im Verhältnis zur sonstigen Steuerschuld oder zu den wirtschaftlichen Verhältnissen des Täters ist unzulässig (ebenso Erbs/Kohlhaas/*Hadamitzky/Senge* AO § 398 Rn. 4 und Schwarz/Pahlke/*Nikolaus* AO § 398 Rn. 23). Zudem würde sie die Mentalität fördern, die Steuerhinterziehung sei Kavaliersdelikt. Eine Einstellung nach § 153 I StPO ist mit Zustimmung des Gerichts auch in diesen Fällen möglich. Im Übrigen bedarf es in Fällen, in denen die verkürzte Steuer im Verhältnis zur festgesetzten Steuerschuld gering ist, besonders sorgfältiger Prüfung, ob überhaupt eine *vorsätzliche* Verkürzung vorliegt oder aber eine Steuerordnungswidrigkeit gegeben ist.

Als absolut anzusetzender Betrag wurde über lange Zeit teilweise ein solcher von 17
50 DM für angemessen gehalten (*Eckl* JR 1975, 100; *Harbusch* ddz 1980, F 40), wobei die für die Geringwertigkeit bei § 248a StGB entwickelten Gesichtspunkte nicht ohne weiteres übertragbar sind (RKR/*Rolletschke* AO § 398 Rn. 12). Vor dem Hintergrund steigender Einkommen und Lebenshaltungskosten scheint es heute jedoch selbst bei § 248a StGB gerechtfertigt, einen Betrag von 50 EUR zugrunde zu legen (so OLG Zweibrücken 18.1.2000, NStZ 2000, 536; OLG Hamm 28.7.2003, NJW 2003, 3145; MüKoStGB/*Hohmann* StGB § 248a Rn. 6). Da feste Beträge in diesem Kontext ohnehin bedenklich sind, dürfte iSd § 398 AO heute ein Betrag von 200–300 EUR allemal „geringwertig" sein (vgl. auch KK-StPO/*Diemer* StPO § 153 Rn. 22: 50 EUR; Flore/Tsambikakis/*Quedenfeld* AO § 398 Rn. 3, RKR/*Rolletschke* AO § 398 Rn. 12: 1.500 EUR entsprechen der Praxis). Die Anweisungen für das Straf- und Bußgeldverfahren (Steuer) (AStBV [St] 2014) vom 1.11.2013 (BStBl. I 2013, 1395) wollen für die Bestimmung des Tatbestandsmerkmals der geringen Tatfolge insbesondere von der Summe der verkürzten Steuern ausgehen (Nr. 76 I). Anders als eine ältere Vorläufervorschrift (AStBV [St] 2006; BStBl. I 2006, 634; dazu Schwarz/Pahlke/*Nikolaus* AO § 398 Rn. 24) enthalten die Anweisungen nicht mehr einen Absatz, wonach eine Einstellung bei der Verhängung einer Geldstrafe von 10 bis 20 Tagessätzen und damit bei Steuerverkürzungen bis zu 2.500 EUR vorgesehen war. Bundesweit wird offenbar dennoch eine Geringfügigkeitsgrenze von bis zu 2.500 EUR angewandt (Schwarz/Pahlke/*Nikolaus* AO § 398 Rn. 23 ff.). *Allgayer* (GJW/*Allgayer* AO § 398 Rn. 20) hält jedenfalls einen Verkürzungsbetrag von 1.500 EUR für zu hoch, wie er in der Praxis üblich ist. Bei der Bestimmung des Grenzwertes sollten das gesamte Sanktionssystem und in diesem Zusammenhang die Rechtsprechungsgrundsätze zur Strafzumessung im Bereich des Steuerstrafrechts im Blick behalten werden (vgl. auch *Rolletschke/Jope* wistra 2009, 219). Dies spreche für eine engere Orientierung an den Wertgrenzen im Bereich der Eigentums- und Vermögensdelikte. Zugleich weist er darauf hin, dass Einstellungen ohne

Auflagen weiterhin möglich seien, jedoch § 153 I 1 StPO der Zustimmung des Gerichts erforderten. Diese Einwände sind grundsätzlich berechtigt. Andererseits führt eine Orientierung an den Werten, wie sie etwa bei § 248a StGB zugrunde gelegt werden, zu einem absoluten Leerlaufen der Vorschrift, da Einleitungsverfügungen bei Verkürzungen bis 50 EUR allenfalls im Bereich des Zoll- und Verbrauchsteuerstrafrechts vorkommen. Angemessener scheint es, jedenfalls Beträge im unteren dreistelligen Bereich noch für geringwertig zu halten.

18 Dies bedeutet allerdings nicht, dass jede darüber hinaus gehende Steuerverkürzung oder ein darüber hinaus gehender Steuervorteil von vornherein aus dem Anwendungsbereich des § 398 AO herausfallen muss. In engen Grenzen mag auch die Gesamtsituation der Tat oder des Täters berücksichtigt werden können (Kohlmann/*Peters* AO § 398 Rn. 29). Wenig überzeugend ist es jedoch, wenn für den Bereich der Besitz- und Verkehrsteuern oder generell (Koch/Scholtz/*Scheurmann-Kettner* AO § 398 Rn. 4) Steuerverkürzungen bis zu 500 EUR (so *Schmitz/Tillmann* S. 96 f.; vgl. auch Erbs/Kohlhaas/*Hadamitzky/Senge* AO § 398 Rn. 4: 250 EUR) oder gar 2.500 EUR (AStBV [St] 2006 Nr. 77 III, BStBl. I 2006, 634) noch als geringwertig angesehen werden. Der entsprechende Absatz ist in der Neufassung der AStBV (BStBl. I 2007, 831) zu Recht gestrichen worden. Selbst wenn es bei Verbrauchsteuern eine dahingehende Praxis der Gerichte geben sollte, rechtfertigt diese noch nicht ein Abweichen von dem im (Steuer-)Strafrecht sonst üblichen Rahmen (zur Praxis der Strabustellen *Weyand* DStZ 1990, 166). Es bleibt immerhin der Weg nach § 153 I 1, § 153a StPO. Richtig ist allerdings, dass angesichts der Verschiedenartigkeit der Straftaten, auf deren Verfolgung § 398 AO angewendet werden kann (→ Rn. 11), eine differenzierende Betrachtung geboten ist (zust. Klein/*Jäger* AO § 398 Rn. 4; Kohlmann/ *Peters* AO § 398 Rn. 23).

19 **Der Umfang der Steuerverkürzung** oder des Steuervorteils ist nach allgemeinen Grundsätzen zu bestimmen (→ § 370 Rn. 86 ff.). Insofern mag es bei einer auf Zeit geplanten Tat auf den Zinsschaden ankommen. Bei der Geringfügigkeit einer Hehlerei nach § 259 StGB kommt es im Grundsatz auf den Wert der Sache an (SK-StGB/*Hoyer* StGB § 259 Rn. 49). Angesichts des Wortlauts des § 398 AO wird man aber für die Steuerhehlerei entscheidend auf die Höhe der hinterzogenen Verbrauchsteuern oder des hinterzogenen Zolls abstellen müssen (zust. GJW/*Allgayer* AO § 398 Rn. 19). Bei der Begünstigung gilt Gleiches: Soweit sie sich auf einen Bannbruch bezieht, kommt es auf den Wert der eingeführten Sache an, im Übrigen darauf, dass geringfügige Vorteile gesichert werden sollen.

20 **Ist die Tat nur versucht worden,** so sind mehr als geringwertige Steuerverkürzungen nicht eingetreten (aM Kohlmann/*Peters* AO § 398 Rn. 25). Hier auf den vom Täter ins Auge gefassten Verkürzungserfolg abzustellen, erscheint in Anbetracht des klaren Wortlauts des § 398 AO nicht möglich. Ging der Vorsatz jedoch auf eine mehr als geringwertige Verkürzung, wird regelmäßig keine „geringe Schuld" (→ Rn. 28) gegeben sein und zudem ein öffentliches Interesse an der Strafverfolgung (→ Rn. 21) bestehen (iE ebenso Kohlmann/*Peters* AO § 398 Rn. 25).

c) Mangelndes öffentliches Interesse an der Strafverfolgung

21 **Nur wenn kein öffentliches Interesse an der Strafverfolgung besteht,** kommt eine Einstellung in Betracht. Es handelt sich nicht um einen unbestimmten Rechtsbegriff, sondern um einen Ermessensbegriff (*Kunz* 1980, 38). Die Hinweise, die RiStBV 86 II für die öffentliche Verfolgung von Privatklagesachen gibt (… „*wenn der Rechtsfrieden über den Lebenskreis des Verletzten hinaus gestört und die Strafverfolgung ein gegenwärtiges Anliegen der Allgemeinheit ist …*"), helfen nicht weiter. Bestimmend müssen general- und spezialpräventive Erwägungen sein (*Boxdorfer* NJW 1976, 317; *Wagner* GA 1972, 43). In Betracht kommen namentlich die Abschreckung potenzieller Täter (*Harbusch* ddz 1980, F 40), Wiederholungstaten (RKR/*Rolletschke* AO § 398 Rn. 16), die Unerlässlichkeit einer Einwirkung auf den Beschuldigten oder das Erfordernis der Verteidigung der Rechtsordnung (vgl. § 56 III StGB). So besteht ein öffentliches Interesse regelmäßig dann, wenn qualifizierende Umstände (§ 373 AO) oder Regelbeispiele (§ 370 III AO) gegeben sind (→ Rn. 13). Die Höhe einer zu erwartenden Geldstrafe vermag das öffentliche Interesse an der Strafverfolgung nicht zu begründen. Auch das Interesse an der gerichtlichen Klärung einer umstrittenen Rechtsfrage genügt in der Regel nicht (KMR-StPO/*Plöd* StPO § 153 Rn. 13).

Ein öffentliches Interesse kann insbesondere dann fehlen, wenn die Tat geraume 22 Zeit zurückliegt (Erbs/Kohlhaas/*Hadamitzky/Senge* AO § 398 Rn. 6), das Ermittlungsverfahren besonders viel Zeit in Anspruch genommen hat (LG Flensburg 25.7.1978, MDR 1979, 76) oder noch in Anspruch nehmen würde (vgl. BVerfG 24.11.1983, NJW 1984, 967; BGH 3.11.1989, wistra 1990, 65; Kohlmann/*Peters* AO § 398 Rn. 44; vgl. auch BGH 19.9.1989, wistra 1990, 20). Auch in Fällen rechtsstaatswidriger Verfahrensverzögerungen liegt eine Einstellung nahe (*Joecks* StraFo 1997, 2, 5; BGH 3.11.1989, wistra 1990, 65; BGH 16.2.1999, wistra 1999, 190). Dies gilt auch nach der Entscheidung des Großen Senats (BGH 17.1.2008, wistra 2008, 137) zu dieser Problematik. Zwar ist nunmehr anstelle der bisher gewährten Strafmilderung in der Urteilsformel auszusprechen, dass zur Entschädigung für die überlange Verfahrensdauer ein bezifferter Teil der verhängten Strafe als vollstreckt gilt. Es mag aber auch durch die fiktive Anrechnung eines Teils der Strafe eine Menge an Sanktion übrig bleiben, an deren Verfolgung kein öffentliches Interesse (mehr) besteht.

Soweit ein öffentliches Interesse an der Strafverfolgung besteht, kommt nur noch eine 23 Einstellung nach § 153a StPO in Betracht (Kühn/v. Wedelstädt/*Blesinger/Viertelhausen* AO § 398 Rn. 4), für die bei Steuerstraftaten nach der Änderung der Vorschrift die Zustimmung des Gerichts nicht mehr in jedem Fall nötig ist (→ Rn. 4).

5. Geringe Schuld des Täters

Weiterhin setzt eine Einstellung eine **geringe Schuld des Täters** voraus. Die Schuld 24 soll gering sein, wenn sie bei Vergleich mit Vergehen gleicher Art nicht unerheblich unter dem Durchschnitt liegt (Meyer-Goßner/Schmitt/*Schmitt* StPO § 153 Rn. 4; Kohlmann/ *Peters* AO § 398 Rn. 40; Erbs/Kohlhaas/*Hadamitzky/Senge* AO § 398 Rn. 5; vgl. auch Löwe/Rosenberg/*Beulke* StPO § 153 Rn. 24). Dies nötigt dazu, ähnlich wie bei der Strafzumessung, schulderhöhende und schuldmindernde Gesichtspunkte zu betrachten und mit dem gedachten „Durchschnitt" zu vergleichen (ähnl. *Boxdorfer* NJW 1976, 318; Kohlmann/*Peters* AO § 398 Rn. 40). Die Aussage, im Vergleich müsse die Schuld des Täters gering sein, ist aber wenig hilfreich. Da die Schuld auch vom Schaden geprägt wird, können bei geringfügigen Verkürzungen regelmäßig nur solche Täter gemeint sein, die wenig Schuld aufweisen; eine Vergleichsgröße ist daher oft nicht zu ermitteln.

Schuldmindernd wirken etwa die Hinterziehung nur auf Zeit, Handeln aus Not, im 25 vermeidbaren Verbotsirrtum sowie der Umstand, dass die Tat im Versuchsstadium steckengeblieben ist (→ Rn. 26). **Schulderhöhend** kommen zB in Betracht: Einschlägige Vorstrafen, raffinierte Tatausführung (*Harbusch* ddz 1980, F 40) oder das Maß der Pflichtwidrigkeit (Kohlmann/*Peters* AO § 398 Rn. 41, Erbs/Kohlhaas/*Hadamitzky/Senge* AO § 398 Rn. 5).

Regelmäßig geht es um Fälle, in denen – vom Schuldgehalt her – eine Geldstrafe von 26 höchstens 10 bis 20 Tagessätzen in Betracht käme (vgl. GJW/*Allgayer* AO § 398 Rn. 21, HHS/*Hellmann* AO § 398 Rn. 28; ähnl. *Kaiser* ZStW 90 [1978], 901; *Boxdorfer* NJW 1976, 319; Schwarz/Pahlke/*Nikolaus* AO § 398 Rn. 25a). Auf die Höhe des einzelnen Tagessatzes kommt es in diesem Zusammenhang nicht an; nur die Zahl der Tagessätze, nicht ihre Höhe hat etwas mit der Schuld des Täters zu tun (HHS/*Hellmann* AO § 398 Rn. 28; SK-StGB/*Horn* StGB § 40 Rn. 4); das Maß der Schuld steigt nicht mit der Höhe des Einkommens und damit des Tagessatzes (zust. Schwarz/Pahlke/*Nikolaus* AO § 398 Rn. 25a).

27 **Ist die Tat im Versuchsstadium steckengeblieben,** wird die Schuld oftmals nicht als gering einzuschätzen sein, wenn der Täter erhebliche Steuervorteile erreichen oder erhebliche Steuerverkürzungen bewirken wollte (→ Rn. 21).

28 **Die Ermittlung der zu beurteilenden Schuld** bis zur Anklagereife ist nicht nötig (KK-StPO/*Diemer* StPO § 153 Rn. 11). Es genügt die Prognose, dass die Schuld – bei abschließenden Ermittlungen – „als gering anzusehen wäre". Ist diese Prognose nicht möglich, muss nach § 170 II StPO das Verfahren mangels Tatverdachts eingestellt werden (Kohlmann/*Peters* AO § 398 Rn. 39). Im Übrigen ist die Einstellung in jedem Stadium der Ermittlungen denkbar (*Lohmeyer* S. 94). Kommt jedoch nach dem bisherigen Stand der Ermittlungen eine Unschuld des Beschuldigten ernsthaft in Betracht, so ist ggf. weiter zu ermitteln; dies gebietet die prozessuale Fürsorgepflicht (*Vogler* ZStW 89 [1977], 784 f.; zT anders Meyer-Goßner/Schmitt/*Schmitt* StPO § 153 Rn. 3). Dies gilt jedenfalls dann, wenn der Beschuldigte ein berechtigtes Interesse daran hat. Die Wahrscheinlichkeit der Schuld ist nicht nötig; dies würde die Voraussetzungen der Einstellung denen der Anklageerhebung (§ 170 I StPO) angleichen und dem Zweck des § 398 AO zuwiderlaufen (HHS/*Hellmann* AO § 398 Rn. 20).

6. Einstellung und Absehen von Strafe

Schrifttum: vor → § 371 Rn. 240.

29 Gemäß § 46a StGB idF des Art. 1 Nr. 1 Verbrechensbekämpfungsgesetz kann das Gericht von Strafe absehen, wenn der Täter

„*1. in dem Bemühen, einen Ausgleich mit dem Verletzten zu erreichen (Täter-Opfer-Ausgleich), seine Tat ganz oder zum überwiegenden Teil wiedergutgemacht oder deren Wiedergutmachung ernsthaft erstrebt oder*

2. in einem Fall, in welchem die Schadenswiedergutmachung von ihm erhebliche persönliche Leistungen oder persönlichen Verzicht erfordert hat, das Opfer ganz oder zum überwiegenden Teil entschädigt,

und

… Keine höhere Strafe als Freiheitsstrafe bis zu einem Jahr oder Geldstrafe bis zu dreihundertsechzig Tagessätzen verwirkt ist, …."

Unter diesen Voraussetzungen kann die Staatsanwaltschaft – im selbstständigen Verfahren auch die FinB – gem. § 153b StPO *mit Zustimmung des Gerichts* von der Erhebung der öffentlichen Klage absehen (vgl. → § 371 Rn. 240 und *Fischer* StGB § 46a Rn. 6). Soweit diese Voraussetzungen zwar nicht vollständig erfüllt sind, vor dem Hintergrund der Wertung des § 398 AO jedoch ein Sanktionsbedürfnis nicht besteht, kann ebenfalls nach § 398 AO eingestellt werden. Dies kommt namentlich in solchen Fällen in Betracht, in denen die Voraussetzungen des § 46a StGB „fast" erfüllt sind und insbes. das öffentliche Interesse an der Strafverfolgung nach Zahlung der Steuerschuld entfällt. Dass § 46a StGB im Rahmen der Nachzahlung hinterzogener Steuern nicht unbedingt einschlägig sein mag (vgl. BGH 25.10.2000, wistra 2001, 22), ändert an dieser Aussage nichts.

30 Ein Vorgehen nach § 398 AO kommt auch in Betracht, wenn eine missglückte Selbstanzeige vorliegt, die verkürzten Steuern bezahlt wurden und die in Rede stehenden Beträge nicht signifikant mehr als geringwertig sind (vgl. Kohlmann/*Peters* AO § 398 Rn. 41).

7. Zeitliche Grenzen

31 § 398 AO gilt nur im **Ermittlungsverfahren.** Ist bereits Anklage erhoben oder ein Strafbefehl beantragt worden, kann das Verfahren nur noch nach § 153 II StPO mit Zustimmung des Gerichts eingestellt werden (→ § 406 Rn. 7 f.).

8. Zuständigkeit und Verfahren

Zuständig für die Entscheidung über die Einstellung des Verfahrens ist die StA. **32** Soweit die FinB gem. § 386 II AO die Ermittlungen selbstständig durchführt, steht auch ihr das Recht zur Einstellung gem. § 399 I AO zu (vgl. BMR SteuerStR/*Möller/Retemeyer* D Rn. 459; HHS/*Hellmann* AO § 398 Rn. 38; Kohlmann/*Peters* AO § 398 Rn. 21; Kühn/v.Wedelstädt/*Blesinger/Viertelhausen* AO § 398 Rn. 2; Schwarz/Pahlke/*Nikolaus* AO § 398 Rn. 21; Erbs/Kohlhaas/*Hadamitzky/Senge* AO § 398 Rn. 2; KK-StPO/*Diemer* StPO § 153 Rn. 20). In den anderen Fällen ist die FinB vor einer Einstellung des Verfahrens zu hören (§ 403 IV AO). Zollfahndungsämter und Dienststellen der Steuerfahndung sind zur Einstellung nicht befugt (RKR/*Rolletschke* AO § 398 Rn. 18; s. auch → § 404 Rn. 89).

Bei Vorliegen der Voraussetzungen des § 398 AO *kann* die StA oder FinB einstellen. **33** Dies bedeutet nicht, dass die Verfolgungsbehörde frei über die Fortführung der Ermittlungen entscheiden könnte; sie muss einstellen. „Kann" bezieht sich auf die Ausnahme vom Legalitätsprinzip (HHS/*Hellmann* AO § 398 Rn. 39; s. auch *Mattern* DStZ 1956, 92; HK-StPO/*Krehl* StPO § 153 Rn. 12).

Einer Zustimmung des Beschuldigten bedarf es nicht (HHS/*Hellmann* AO § 398 **34** Rn. 40); er soll jedoch von der Einstellung in Kenntnis gesetzt werden (*Harbusch* ddz 1980, F 40). Rechtsmittel sind weder gegen die Ablehnung noch gegen die Durchführung der Einstellung statthaft; möglich sind allein Gegenvorstellung oder Dienstaufsichtsbeschwerde.

9. Wirkungen der Einstellung

Soweit und sobald das Verfahren nach § 398 AO eingestellt ist, finden weitere Ermitt- **35** lungen nicht statt. Die Ermittlungsbehörde kann jedoch das Verfahren – falls die Tat nicht inzwischen verjährt ist – wieder aufnehmen, ohne dass neue Gesichtspunkte für die Beurteilung der Tat vorliegen müssten (so auch Schwarz/Pahlke/*Nikolaus* AO § 398 Rn. 18). Auch auf eine Zustimmung des Gerichts kommt es insoweit nicht an. Anders ist dies nur bei einer Einstellung nach Anklageerhebung gem. § 153 II StPO mit Zustimmung der StA durch das Gericht. Hier erwächst der Beschluss in (beschränkte) Rechtskraft (vgl. Kohlmann/*Peters* AO § 398 Rn. 50). Hingegen hat eine Einstellung nach § 153 I StPO oder § 398 AO keine solche Wirkung.

Auch Einstellungsbeschlüsse nach § 153a StPO entfalten Rechtskraft (§ 153a I 4 StPO; **36** Löwe/Rosenberg/*Beulke* StPO § 153a Rn. 91). Aus Gründen des Vertrauensschutzes entsteht bei einer vorläufigen Verfahrenseinstellung durch die FinB gemäß § 153a I StPO auch dann ein bedingtes Verfahrenshindernis, wenn die FinB die erforderliche Zustimmung des Gerichts nicht einholt. Das bedingte Verfahrenshindernis wird nicht dadurch beseitigt, dass die FinB das Ermittlungsverfahren vor Ablauf der dem Beschuldigten zur Erfüllung der Auflagen bzw. Weisungen gesetzten Frist fortsetzt. Setzt der Beschuldigte die Erfüllung zunächst im Hinblick auf das rechtswidrige Vorgehen der FinB aus, kann er auch noch nach Ablauf der ursprünglichen Frist das endgültige Verfahrenshindernis herbeiführen (vgl. OLG Stuttgart NStZ 2007, 540; *Joecks* StPO § 153a Rn. 8a).

Unberührt bleibt die Möglichkeit, die Tat bei Vorliegen der entsprechenden Voraus- **37** setzungen als Ordnungswidrigkeit, etwa nach § 378 AO, zu ahnden (vgl. aber OLG Frankfurt 4.5.1995, wistra 1995, 279, zur Einstellung nach § 154 I Nr. 1 StPO sowie BGH 19.12.1995, wistra 1996, 180).

§ 398a Absehen von Verfolgung in besonderen Fällen

(1) In Fällen, in denen Straffreiheit nur wegen § 371 Absatz 2 Satz 1 Nummer 3 oder 4 nicht eintritt, wird von der Verfolgung einer Steuerstraftat abgesehen, wenn der an der Tat Beteiligte innerhalb einer ihm bestimmten angemessenen Frist

1. die aus der Tat zu seinen Gunsten hinterzogenen Steuern, die Hinterziehungszinsen nach § 235 und die Zinsen nach § 233a, soweit sie auf die Hinterziehungszinsen nach § 235 Absatz 4 angerechnet werden, entrichtet und
2. einen Geldbetrag in folgender Höhe zugunsten der Staatskasse zahlt:
   a) 10 Prozent der hinterzogenen Steuer, wenn der Hinterziehungsbetrag 100.000 Euro nicht übersteigt,
   b) 15 Prozent der hinterzogenen Steuer, wenn der Hinterziehungsbetrag 100.000 Euro übersteigt und 1.000.000 Euro nicht übersteigt,
   c) 20 Prozent der hinterzogenen Steuer, wenn der Hinterziehungsbetrag 1.000.000 Euro übersteigt.

(2) Die Bemessung des Hinterziehungsbetrags richtet sich nach den Grundsätzen in § 370 Absatz 4.

(3) Die Wiederaufnahme eines nach Absatz 1 abgeschlossenen Verfahrens ist zulässig, wenn die Finanzbehörde erkennt, dass die Angaben im Rahmen einer Selbstanzeige unvollständig oder unrichtig waren.

(4) ¹Der nach Absatz 1 Nummer 2 gezahlte Geldbetrag wird nicht erstattet, wenn die Rechtsfolge des Absatzes 1 nicht eintritt. ²Das Gericht kann diesen Betrag jedoch auf eine wegen Steuerhinterziehung verhängte Geldstrafe anrechnen.

Schrifttum: *Joecks,* Aktuelle Fragen zur Selbstanzeige, SAM 210, 144; *Adick,* Zur Neuregelung der Selbstanzeige (§ 371 AO) im Jahr 2011, HRRS 2011, 197; *Beckemper/Schmitz/Wegner/Wulf,* Zehn Anmerkungen zur Neuregelung der strafbefreienden Selbstanzeige durch das „Schwarzgeldbekämpfungsgesetz", wistra 2011, 281; *Beyer,* Auswirkungen der Neuregelung der Selbstanzeige anhand von Beispielen, AO-StB 2011, 150; *Erb/Schmitt,* Ausschluss der Selbstanzeige bei Hinterziehungsbeträgen über 50.000 EUR, PStR 2011, 144; *Füllsack/Bürger,* Die Neuregelung der Selbstanzeige, BB 2011, 1239; *Groß,* Die Verschärfungen der Selbstanzeige, StuB 2011, 498; *Habammer,* Die Neuregelung der Selbstanzeige nach dem Schwarzgeldbekämpfungsgesetz, StBW 2011, 310; *Hechtner,* Die strafbefreiende Selbstanzeige nach den Änderungen durch das Schwarzgeldbekämpfungsgesetz, DStZ 2011, 265; *Hunsmann,* Das Absehen von Strafverfolgung nach § 398a AO in der Verfahrenspraxis, BB 2011, 2519; *ders.,* Die Novellierung der Selbstanzeige durch das Schwarzgeldbekämpfungsgesetz, NJW 2011, 1482; *ders.,* Praxishinweise zur Einstellung nach § 398a AO, PStR 2011, 227; *Mintas,* Die Novellierung der strafbefreienden Selbstanzeige, DB 2011, 2344; *Obenhaus,* Die Verschärfung der Selbstanzeige, Stbg 2011, 166; *Pegel,* Neue Haftungsfalle für Steuerberater durch Änderungen bei der strafbefreienden Selbstanzeige, Stbg 2011, 348; *Prowatke/Felten,* Die „neue" Selbstanzeige, DStR 2011, 899; *Ransiek/Hinghaus,* Die taktische Selbstanzeige nach der Neuregelung des § 371 AO, BB 2011, 2271; *Roth,* Steuerliche Absetzbarkeit des Strafzuschlags im Sinne des § 398a Nr. 2 AO?, DStR 2011, 1410; *Spatscheck/Höll,* Die Neuregelung der Selbstanzeige bei der Steuerhinterziehung und leichtfertiger Steuerverkürzung, AG 2011, 331; *dies.,* Die Verschärfung der Selbstanzeige durch das Schwarzgeldbekämpfungsgesetz, GmbHR 2011, R 129; *Wagner,* Umgang mit der strafbefreienden Selbstanzeige „2. Klasse", DStZ 2011, 875; *Wollmann,* Straffreiheit gemäß §§ 371, 398a AO zum Nulltarif?, ZInsO 2011, 1521; *Zanzinger,* Die Einschränkungen der Selbstanzeige durch das Schwarzgeldbekämpfungsgesetz, DStR 2011, 1397; *Belcke/Westermann,* Praxisrelevante Hinweise zu Zweifelsfragen bei der Besteuerung öffentlicher Unternehmen, BB 2012, 2473; *Bruschke,* Reform der Selbstanzeige durch das Schwarzgeldbekämpfungsgesetz, StB 2012, 39; *Burkhard,* Selbstanzeigen bei Steuerhinterziehungen großen Ausmaßes, StC 2012, 24; *Hunsmann,* Rechtsschutz im Rahmen des Absehens von Strafverfolgung gemäß § 398a AO, NZWiSt 2012, 102; *Joecks,* Einstellung nach Selbstanzeige (§ 398a AO), SAM 2012, 128; *Pflaum,* Keine „Neujustierung der Steuerhinterziehung großen Ausmaßes", wistra 2012, 376; *Roth,* Der persönliche Anwendungsbereich des § 398a AO bei Selbstanzeige des Teilnehmers, NZWiSt 2012, 23; *Külz/Maurer,* Die Unwägbarkeiten des § 398a AO und deren Auswirkungen in der Praxis, PStR 2013, 150; *Bülte,* § 398a AO im Lichte des europäischen Grundsatzes „ne bis in idem", NZWiSt 2014, 321; *Habammer/Pflaum,* Bleibt die Selbstanzeige noch praktikabel?, DStR 2014, 2267; *Joecks,* Der Regierungsentwurf eines Gesetzes zur Änderung der Abgabenordnung und des Einführungsgesetzes zur Abgabenordnung, DStR 2014, 2261; *Madauß,* Selbstanzeige und Berechnung des Zuschlags nach § 398a Nr. 2 AO, NZWiSt 2014, 21; *Buse,* Die Selbstanzeige ab dem

1.1.2015, DB 2015, 89; *Hunsmann*, Neuregelung der Selbstanzeige im Steuerstrafrecht, NJW 2015, 113; *Hunsmann*, Zur Bestimmung des Geldbetrages der hinterzogenen Steuer und des Hinterziehungsbetrages in § 389a Absatz 1 Nr. 2 AO, NZWiSt 2015, 130; *ders.*, Gesetzliche Klarstellungen, fortbestehende und neue Probleme der Selbstanzeige iSd § 371 AO nF – der Versuch einer Bestandsaufnahme, NZWiSt 2015, 41; *Wulf*, Reform der Selbstanzeige – Neue Klippen auf dem Weg zur Strafbefreiung, wistra 2015, 161; *Roth*, § 398a IV AO – Verfall „wirkungsloser" Strafzuschläge und Anrechnung auf Geldstrafen in Selbstanzeigefällen, wistra 2015, 295; *Seer*, Der sog. Strafzuschlag nach § 398a AO im Bereich von Unternehmenssteuern, FS Wessing, 2015, 353; *Höpfner*, Neuer Anwendungserlass des FinMin NRW zu §§ 371, 398a AO, PStR 2016, 147; *Roth*, Bemessungsgrundlage für den Strafzuschlag-Prozentsatz des § 398a I Nr. 2 AO: „hinterzogene Steuer" oder „Hinterziehungsbetrag"?, wistra 2017, 304; *Webel*, Anmerkung zu LG Hamburg 20.3.2017, wistra 2017, 284, 286; *Beckemper*, Das Verhältnis von § 398a AO und § 153a StPO, GS Joecks, 2018, 671; *Carlé*, Der Strafzuschlag des § 398a AO im Spannungsfeld zwischen Berichtigung gem. § 153 AO und der Selbstanzeige, AO-StB 2019, 123; *Roth*, Rechtsschutzbedürfnis trotz Zahlung des Strafzuschlags nach § 398a AO?, wistra 2019, 399.

Übersicht

	Rn.
1. Inhalt und Ziel der Regelung	1, 2
2. Entstehungsgeschichte	3–6b
3. Einordnung und Probleme der Norm	7, 8
4. Voraussetzungen der Einstellung	9–20
a) An sich wirksame Selbstanzeige	9
b) Ermittlung der Zahlungsverpflichtung	10–17a
c) Persönliche Reichweite	18–20
5. Verfahren und Rechtsschutz	21–22b
6. Wiederaufnahme des Strafverfahrens (Abs. 3)	23
7. Anrechnung bei Wiederaufnahme (Abs. 4)	24–25b
8. Steuerliche Abzugsfähigkeit des Zuschlags	26

1. Inhalt und Ziel der Regelung

Die Vorschrift ist Teil der Neuregelung des Rechts der Selbstanzeige, die am 3.5.2011 in Kraft getreten ist (→ Einl Rn. 106; → § 371 Rn. 12 f.). Sie sieht eine verpflichtende Einstellung vor, wenn eine an sich wirksame Selbstanzeige (nur) daran scheitert, dass der verkürzte Betrag über 50.000 EUR (ab 1.1.2015: 25.000 EUR) liegt (§ 371 II Nr. 3 AO; → § 371 Rn. 341 ff.). Mit Gesetz vom 19.12.2014 (BGBl. I 888) wurde die Regelung weiter verschärft. Sie sieht nunmehr einen gestaffelten Zuschlag vor und ordnet die Geltung des § 370 IV AO bei der Bemessung des Zuschlags nach Abs. 1 Nr. 2 an (dazu *Joecks* DStR 2014, 2265; *Wulf* wistra 2015, 161). **1**

Gesetzestechnisch muss die Vorschrift – nicht erst nach der Änderung – als Missgriff gewertet werden (vgl. MüKoStGB/*Kohler* AO § 398a Rn. 3). Das betrifft die Fixierung auf eine absolut bestimmte Summe der hinterzogenen Steuern, aber auch weitere Einzelvoraussetzungen und andererseits eine fehlende Regelung zum Rechtsschutz gegen die Festsetzung des Zuschlags (HHS/*Rüping* AO § 398a Rn. 3). Ob die Regelung gar verfassungswidrig ist (so *Wulf* wistra 2015, 161), kann dahingestellt bleiben, da sich das BVerfG mangels eines Beschwerdeführers kaum je mit der Problematik beschäftigen wird. **2**

2. Entstehungsgeschichte

Der gesetzlichen Regelung waren Diskussionen um die Abschaffung oder Einschränkung der strafbefreienden Selbstanzeige vorausgegangen (vgl. *Joecks* SAM 2010, 144). Erstmals in den Empfehlungen des Bundesrates zum Entwurf eines JStG 2010 im Juni 2010 (BR-Drs. 318/1/7) war von einem Zuschlag die Rede. Insbesondere von Vertretern des Bundesrates war der Wunsch geäußert worden, die Straffreiheit nach § 371 AO durch eine Änderung des Abs. 3 allgemein von der Zahlung eines fünfprozentigen Zuschlags auf die hinterzogenen Steuern abhängig zu machen (vgl. BT-Drs. 17/4802, Anl. 3, 1 f.; BR-Drs. 851/1/10, 1; RKR/*Rolletschke* AO § 398a Rn. 2). **3**

4 Der Zuschlag sollte pauschal in allen Fällen der Selbstanzeige erfolgen und als steuerliche Nebenleistung in § 3 IV AO aufgeführt werden. Der Zuschlag solle generalpräventiv zur Abgabe richtiger und vollständiger Steuererklärungen bewegen. Er stelle aber auch ein Entgelt für den durch die Steuerhinterziehung und ihre spätere Anzeige veranlassten Zusatzaufwand der Verwaltung dar. Noch in der Sitzung des Bundesrates vom 11. Februar 2011 ordnete der baden-württembergische Finanzminister Reinhart den Zuschlag als einen solchen ohne Strafcharakter ein. Der Zuschlag sei typisierendes Äquivalent des Mehraufwandes der Verwaltung. Er werde als steuerliche Nebenleistung ausgestaltet und im Besteuerungsverfahren erhoben. Die Behandlung des Zuschlags als Gebühr für Mehraufwand und seine Einordnung als steuerliche Nebenleistung hätte dazu geführt, dass der Bundesrat dem Gesetz hätte zustimmen müssen. Nach dem BGBl. sind aber lediglich die „Rechte des Bundesrates ... gewahrt", die Novelle wurde als Einspruchsgesetz behandelt. Also wird man den Zuschlag kaum in eine steuerrechtliche Kategorie einordnen können (*Joecks* SAM 2012, 128).

5 Mit der Ausgestaltung des Zuschlags als steuerliche Nebenleistung wäre aber das Gesetzgebungsvorhaben von einer Zustimmung des Bundesrates abhängig gewesen, die nicht zu erwarten war. Daher erfolgte schließlich eine Ausgestaltung in Anlehnung an § 153a StPO (vgl. BT-Drs. 17/5067 [neu], 20; RKR/*Rolletschke* AO § 398a Rn. 1). Schließlich wurde ein Kompromiss geschlossen dergestalt, dass der Zuschlag lediglich für Hinterziehungen großen Ausmaßes Anwendung finden sollte und es im Übrigen mit der Festsetzung von Hinterziehungszinsen sein Bewenden haben sollte.

6 In der Anhörung im Februar 2011 wurde sehr deutlich, dass der Finanzausschuss insbes. solche Steuerhinterzieher vor Augen hatte, die seit Jahren die im Ausland erzielten Kapitalerträge nicht ordnungsgemäß versteuert hatten und nach den Regeln über Hinterziehungszinsen besser wegkamen als diejenigen, die Säumniszuschläge zu entrichten hatten. Einwände der Sachverständigen, es gäbe immerhin bei der Umsatzsteuer einen sehr frühen Vollendungszeitpunkt, wurden nicht gehört. Zwischenzeitlich hatte die Verwaltung mit einem koordinierten Ländererlass bzw. einer Änderung der AStBV (St) reagiert. Hintergrund war wohl, dass es in Nordrhein-Westfalen fast zu einem Zusammenbruch der Arbeit der Bußgeld- und Strafsachenstellen kam, weil diese sich mit hunderttausenden verspätet eingereichten Umsatzsteuer-Voranmeldungen beschäftigen sollten. Mit einer Neuregelung in Abs. 2a wird die Praxis bei Selbstanzeigen bezüglich Voranmeldungen nunmehr gesetzlich geregelt (vgl. *Habammer/Pflaum* DStR 2014, 2269; *Joecks* DStR 2014, 2264).

6a Mit **Wirkung zum 1.1.2015** wurde § 398a AO durch das Gesetz zur Änderung der Abgabenordnung und des Einführungsgesetzes zur Abgabenordnung (v. 22.12.2014, BGBl. I 2415) neu gefasst. Die Höhe des Strafzuschlages wurde von 5 % der hinterzogenen Steuer auf ein Stufenmodell mit Strafzuschlägen zwischen 10–20 % angehoben und die Pflicht, die Steuern zu entrichten, dahingehend erweitert, dass auch Zinsen zu entrichten sind. Während die Fassung vor dem 1.1.2015 noch die Möglichkeit des § 398a AO vorsah, wenn Straffreiheit nicht eingetreten ist, weil der Hinterziehungsbetrag 50.000 EUR überstieg, ist nunmehr der § 398a AO eröffnet, wenn die Straffreiheit wegen § 371 II 1 Nr. 3 oder 4 AO nicht eintritt. Der persönliche Anwendungsbereich wurde klargestellt, indem der Begriff „Täter" durch den „an der Tat Beteiligten" geändert wurde. Auch hat der Gesetzgeber die Abs. 2–4 aufgenommen.

6b Bestehende **Anwendungsfragen** wurden zum Teil durch das FinMin NRW mit einem ersten Erlass v. 26.1.2015 zu §§ 371, 398a AO beantwortet (FM NRW 26.1.2015, DB 2015, 280), der in einem weiteren Anwendungserlass v. 12.1.2016 ergänzt wurde (S 0702 – 8f – V A 1, BeckVerw 333636; siehe auch *Höpfner* PStR 2016, 147) und auch dabei auch ein Positionspapier des BMF einbezogen hat (BMF IV A 4 – S 0702/13/10001-12, FR 2015, 244).

3. Einordnung und Probleme der Norm

Die **Einordnung des Zuschlags** in das System staatlicher Reaktion ist unklar; von ihr 7 hängt aber die Auslegung der Vorschrift ab. Es soll sich um eine besondere nicht strafrechtliche Sanktion handeln (HHS/*Rüping* AO § 398a Rn. 13; Kohlmann/*Schauf* AO § 398a Rn. 4), zum Teil wird ein Vergleich mit anderen Zuschlägen, wie denen nach §§ 152, 162 IV AO, § 32 III ZollVG bemüht (RKR/*Rolletschke* AO § 398a Rn. 4). Letzteres überzeugt nicht (Flore/Tsambikakis/*Quedenfeld* AO § 398a Rn. 11). *Jäger* (Klein/*Jäger* AO § 398a Rn. 27) begreift die Regelung offenbar als eine Vorschrift neben der Einstellungsregelungen in Fällen geringer Schuld gegen Auflage (§ 153a StPO; ähnlich MüKoStGB/*Kohler* AO § 398a Rn. 5). Das Gesetz enthalte eine Einstellungsregelung, bei deren Bemessung der Quasi-Auflage an die (strafbestimmende) Höhe der Verkürzung angeknüpft würde. Die damit erfolgte Pauschalierung könne der Betreffende vermeiden, indem er sich dem Verfahren stelle. Im Rahmen einer Einstellung nach § 153a StPO könnten weitere für die Strafzumessung erhebliche Umstände vorgetragen und berücksichtigt werden, etwa die Verkürzung für kurze Zeit. Eine solche Verortung der Regelung mag erklären, warum *Jäger* – der auch § 371 eher einschränkend auslegen will (Klein/*Jäger* AO § 371 Rn. 2) – nicht eben dazu tendiert, die Vorschrift restriktiv und damit zu Gunsten der Betroffenen auszulegen.

Die **Auslegung der Vorschrift** ist gleich mehrfach erschwert. Sie hinterlässt Fragen 8 nach den Zuschlagspflichtigen namentlich, weil ihre Einordnung in das System steuerlicher Nebenleistungen und staatlicher Sanktionen fraglich ist. Andererseits ist eine Regelung über eine strafbefreiende Selbstanzeige von Verfassungs wegen nicht zwingend. Insofern könnte man die Auffassung vertreten, ein Gesetzgeber, der die Selbstanzeige streichen oder zumindest für Hinterziehungen großen Ausmaßes abschaffen könnte, könnte auch eine Einstellung bei Hinterziehung großen Ausmaßes an (unsinnige) Bedingungen knüpfen. Dies ist offenbar die Einschätzung von *Jäger* (Klein/*Jäger* AO § 398a Rn. 27). *Jäger* sieht offenbar kein Problem darin, dass ein Zuschlag im Übermaß entstehen kann, weil allein auf den (bestimmenden) Strafzumessungsgrund des Umfangs der Steuerhinterziehung abgestellt sei. In einem Strafverfahren könnte man alle einschlägigen Strafzumessungserwägungen iSd § 46 II StGB ins Spiel bringen.

4. Voraussetzungen der Einstellung

a) An sich wirksame Selbstanzeige

Die Voraussetzungen einer strafbefreienden Selbstanzeige müssen im Grunde erfüllt sein. 9 Es müssen also für alle nicht verjährten Taten einer Steuerart vollständige Berichtigungen erfolgen (Klein/*Jäger* AO § 371 Rn. 10; MüKoStGB/*Kohler* AO § 398a Rn. 8) und die Berichtigung muss rechtzeitig erfolgen, dh, es darf keine Sperrwirkung nach § 371 II 1 Nr. 1–2 AO vorliegen. Lediglich die Sperrwirkung nach § 371 II Nr. 3 und/oder Nr. 4 AO darf der Wirksamkeit der Selbstanzeige entgegenstehen (→ § 371 Rn. 341 ff.). Die Nachzahlungspflicht für die Steuern, die der Täter zu seinen Gunsten hinterzogen hat, und die darauf entfallenden Zinsen ergeben sich aus § 398a I Nr. 1 AO sowie bereits aus § 371 III AO.

Vollständigkeit ist nicht erforderlich, soweit eine Teilselbstanzeige nach § 371 IIa AO zugelassen ist, dh in Fällen der Umsatzsteuervoranmeldungen und Lohnsteueranmeldungen.

b) Ermittlung der Zahlungsverpflichtung

Von der Verfolgung einer Steuerstraftat ist nur dann abzusehen, wenn neben den Steuern 10 und Zinsen auch ein Geldbetrag zugunsten der Staatskasse gezahlt wird. Dieser richtet sich nach dem Hinterziehungsbetrag. Stufenweise erhöht sich der Prozentsatz, der auf die hinterzogene Steuer zu zahlen ist, dh 10 % bei nicht mehr als 100.000 EUR, 15 % bei einem Hinterziehungsbetrag von mehr als 100.000 EUR, aber nicht mehr als 1.000.000 EUR und 20 % bei mehr als 1.000.000 EUR. Wie der Bezug zur Hinterziehung deutlich macht, kann nur der Betrag gemeint sein, der auch vom Vorsatz des Täters umfasst war. Im Übrigen stellen sich einige Zweifelsfragen, etwa ob bei gleichzeitiger Abgabe mehrerer Steuererklärungen eine Addition der Einzelbeträge erfolgen soll (→ § 371 Rn. 345 und *Joecks* SAM 2012, 128 ff.) und welche Rolle das Kompensationsverbot spielt.

11 Für die **Nachzahlungspflicht nach Nr. 1** besteht Einvernehmen, dass es um die wirklich zu zahlende Steuer geht, das Kompensationsverbot also nicht anwendbar ist (Kohlmann/*Schauf* AO § 398a Rn. 5; Flore/Tsambikakis/*Quedenfeld* AO § 398a Rn. 32a; HHS/*Rüping* AO § 398a Rn. 8; Schwarz/Pahlke/*Webel* AO § 398a Rn. 10; *Pegel* Stbg 2011, 349). Auch *Jäger* (Klein/*Jäger* AO § 398a Rn. 20) will bei Anwendung von § 398a Nr. 1 AO – ebenso wie bei der Nachzahlungspflicht nach § 371 III AO – das Kompensationsverbot nicht anwenden, stellt also auf den tatsächlich zu zahlenden Betrag ab. Dass eine Anwendung des Kompensationsverbots hier unsinnige Konsequenzen hat, liegt auf der Hand: Wer einen körperschaftsteuerlichen Gewinn von 1.000 EUR erzielt hat, der sich aus 101.000 EUR Einnahmen und aus Aufwendungen von 100.000 EUR (die nicht mit den Einnahmen in einem wirtschaftlichen Zusammenhang stehen) zusammensetzt, müsste dann, um die Wirksamkeit der Selbstanzeige zu erreichen, einen tatsächlich nicht geschuldeten Steuerbetrag auf 101.000 EUR an das Finanzamt zahlen, den er im regulären Veranlagungsverfahren ohnehin zurückbekäme. Darüber hinaus wäre dann der Zuschlag von 15 % auf einen fiktiven Steuerbetrag zu entrichten, was dann nicht mehr als „Zuschlag" zu qualifizieren ist, sondern tatsächlich einen Strafcharakter hätte und insofern unzulässig wäre (vgl. HHS/*Rüping* AO § 398a Rn. 8).

11a Seit dem 1.1.2015 ist die Nachzahlungspflicht nicht mehr auf den **Täter beschränkt**, sondern bezieht sich auf alle „an der Tat Beteiligten" und damit auch auf Teilnehmer und Mittäter. Die einzige Einschränkung ist der Höhe nach. Demnach besteht die Nachzahlungspflicht soweit die Steuer „**zu seinen Gunsten**" hinterzogen wurde. Zu eigenen Gunsten setzt voraus, dass bei wirtschaftlicher Betrachtung dem Betroffenen ein eigener Vorteil zugeflossen ist (Kohlmann/*Schauf* AO § 398a Rn. 19). Mittelbare Vorteile sind dafür aber nicht ausreichend.

11b Auch wird durch die Formulierung „zu eigenen Gunsten hinterzogenen Steuern" klargestellt, dass sich die Nachzahlungspflicht für § 398a AO nur so weit erstreckt, wie **Steuern vorsätzlich verkürzt** wurden; Fahrlässigkeit oder Leichtfertigkeit reicht nicht aus (Kohlmann/*Schauf* AO § 398a Rn. 17). Dabei erstreckt sich die Pflicht auf Steuern und Zinsen des gesamten Berichtigungsverbunds nach § 371 I 2 AO, unabhängig davon, ob die Taten noch strafbefangen sind (FinMin NRW 12.1.2016 – S 0702 – 8f – V A1, BeckVerw 333636; Kohlmann/*Schauf* AO § 398a Rn. 17).

12 Für Selbstanzeigen, die vor dem 1.1.2015 abgegeben wurden, galt ein Zuschlag von 5 % gem. § 398a Nr. 2 AO aF. Ob der **Zuschlag nach § 398 Nr. 2 AO** vor der Änderung zum 1.1.2015 an die wirkliche Steuerlast oder eine Steuerverkürzung iSd § 370 IV 3 AO anknüpft, war hingegen umstritten. Teilweise wurde die Auffassung vertreten, bei einer Verkürzung auf Zeit könne es nur um Zinsverluste gehen, das Kompensationsverbot finde keine Anwendung. Demgegenüber wollte *Jäger* bei § 398a Nr. 2 AO auf den „verkürzten Betrag" auch iSd § 370 IV 3 AO abstellen (Klein/*Jäger* AO § 398a Rn. 26). *Schauf* wollte im Hinblick auf den Schwellenbetrag nach § 371 II Nr. 3 AO zwar das Kompensationsverbot anwenden (Kohlmann/*Schauf* AO § 371 Rn. 249.5), hingegen wohl bei der Bemessungsgrundlage für den Zuschlag differenzieren (Kohlmann/*Schauf* AO § 398a Rn. 5, 7).

13 Für Selbstanzeigen **seit dem 1.1.2015** gilt ein Stufentarif. Für einen Hinterziehungsbetrag (je Tat) bis zu 100.000 EUR ist der Zuschlag 10 % auf die hinterzogene Steuer, bei 100.001 bis 1.000.000 ist der Zuschlag 15 % und darüber hinaus 20 %. Die Höhe des so errechneten Zuschlags gilt stets für den gesamten Betrag und nicht nur für die entsprechende Teilmenge („wenn" statt „soweit"; Tipke/Kruse/*Seer* AO § 398a Rn. 16). Dh, bei einem Hinterziehungsbetrag von 2.000.000 sind 20% auf die gesamte hinterzogene Steuer fällig, nicht nur 10% auf die ersten 100.000 EUR, 15% auf die Menge von 100.001 bis 1.000.000 und 20% auf den übrigen Teil.

Das Gesetz verwendet zwei unterschiedliche Begrifflichkeiten, den **„Hinterziehungs-** 14 **betrag" und die „hinterzogene Steuer"** zur Berechnung des Zuschlages. § 398a II AO regelt, dass die Grundsätze der Verkürzungsberechnung nach § 370 IV AO – also einschließlich des Kompensationsverbotes, § 370 IV 3 AO – auf die Bemessung des Hinterziehungsbetrages anzuwenden sind. Der Hinterziehungsbetrag bestimmt die Tarifeinordnung, wobei der jeweilige Tarif dann auf die hinterzogene Steuer anzuwenden ist.

Der **Hinterziehungsbetrag** bemisst sich nach jeder materiellen Tat, nicht durch Ad- 15 dition aller Besteuerungszeiträume (BT-Drs. 18/3018, 14; Tipke/Kruse/*Seer* AO § 398a Rn. 18). Wird der Tatbestand der Steuerhinterziehung mehrfach tateinheitlich verwirklicht, will *Jäger* die Verkürzungsbeträge addieren (Klein/*Jäger* AO § 398a Rn. 14 gegen RKR/*Rolletschke* AO § 398a Rn. 7). Dem war der BGH zu § 398a AO aF gefolgt und will bei tateinheitlicher Begehung die entsprechenden Verkürzungsbeträge addieren (BGH 15.12.2011, wistra 2012, 191; Kohlmann/*Schauf* AO § 398a Rn. 24). Dies ist insofern bemerkenswert, als dies in der Beschlussempfehlung des Finanzausschusses (BT-Drs. 17/5067, 21) explizit abgelehnt worden war (so in der Gesetzesbegründung zum § 398a AO nF, BT-Drs. 18/3018, 14; Tipke/Kruse/*Seer* AO § 398a Rn. 18). Dementsprechend wird diese Ansicht auch in der Literatur weitgehend abgelehnt (vgl. Kohlmann/*Schauf* AO § 398a Rn. 24; Tipke/Kruse/*Seer* AO § 398a Rn. 18 mwN). Da die Verkürzung des Solidaritätszuschlages eine eigene Tat in Tateinheit zur Steuerhinterziehung darstellt, ist auch der Solidaritätszuschlag bei der Bemessung des Hinterziehungsbetrages nicht zu addieren (vgl. Kohlmann/*Schauf* AO § 398a Rn. 24). Durch den expliziten Verweis auf § 370 IV AO ist klar, dass sich der Hinterziehungsbetrag bei der Steuerhinterziehung auf Zeit nach dem nominellem Verkürzungsbetrag bemisst und nicht nach dem Zinsschaden (Tipke/Kruse/*Seer* AO § 398a Rn. 17).

Da die Erstreckung der Selbstanzeige auf zehn Jahre zwingend ist, war anfangs unklar, ob 16 der Zuschlag nur auf die noch strafrechtlich unverjährten Jahre bezieht oder aber strafrechtlich bereits verjährte Taten umfasst (vgl. *Madauß* NZWiSt 2015, 41, 49; *Buse* DB 2015, 89; s. auch *Hunsmann* NJW 2015, 113). Hätte der Gesetzgeber eine Erstreckung des Zuschlags auch auf strafrechtlich verjährte Taten gewollt, hätte er dies in der Vorschrift deutlich zum Ausdruck bringen müssen. Da dies nicht der Fall ist, bezieht sich der Zuschlag nur auf strafrechtlich unverjährte Taten. Die Aufdeckung bereits verjährter Taten dient dagegen lediglich Besteuerungszwecken (Tipke/Kruse/*Seer* AO § 398a Rn. 19).

Der Zuschlag iHv 10%, 15% oder 20% erfolgt auf den Betrag der **hinterzogenen** 17 **Steuer,** nicht auf den Hinterziehungsbetrag. Das zwischen diesen beiden Begrifflichkeiten eine unterschiedliche Bedeutung steckt, wird teilweise negiert (etwa Klein/*Jäger* AO § 398a Rn. 29; LG Hamburg 20.3.2017, wistra 2017, 284). Diese Auffassung ignoriert nicht nur die vom Gesetzgeber gewählte Unterscheidung („Hinterziehungsbetrag" ggü. „hinterzogener Steuer" und § 398a II AO, der sich explizit nur auf den Hinterziehungsbetrag bezieht), sondern auch die unverhältnismäßige Folge, die mit dieser Auffassung einhergeht. *Seer* beschreibt zu Recht, dass sich die Folgen zwar minimiert haben, seitdem der BGH das Kompensationsverbot bei Vorsteuer und Umsatzsteuer (weitestgehend) für nicht mehr anwendbar hält (BGH 13.9.2018, BGHSt 63, 210), aber immer noch unverhältnismäßig hohe Zuschläge bei der Hinterziehung auf Zeit drohen, wenn auf den nominellen Verkürzungsbetrag und nicht auf den entstanden (Zins-)Schaden abgestellt wird (Tipke/Kruse/*Seer* AO § 398a Rn. 20). Die Wiedergutmachung des § 398a I Nr. 1 AO bezieht sich nach einhelliger Auffassung auf den entstanden (Steuer-)Schaden (→ Rn. 10) zzgl. der Zinsen. Auch wenn Nr. 2 nicht die Einschränkung enthält, dass die „zu eigenen Gunsten" hinterzogene Steuer betroffen ist, so ist der gewählte Wortlaut der „hinterzogenen Steuer" identisch mit Nr. 1 (so auch Tipke/Kruse/*Seer* AO § 398a Rn. 21). Es ist nicht davon auszugehen, dass es sich bei der Wahl des Wortlautes um ein gesetzgeberisches Versehen handelt und daher ist von einer sinngleichen Bedeutung auszugehen. So stellt auch die interne Verwaltungsvorschrift der Finanzbehörden in Nr. 82 IV AStBV (St) 2020 darauf ab, dass sich die hinterzogene Steuer nach der tatsächlich entstandenen Steuerschuld oder Zahllast ermittelt und das Kompensationsverbot – anders als bei der Bestimmung des Hinterziehungsbetrags – unberücksichtigt bleibt. Bei der **Hinterziehung auf Zeit** ist auf den Verzögerungsschaden abzustellen (Tipke/Kruse/*Seer* AO § 398a Rn. 21; Kohlmann/*Schauf* AO § 398a Rn. 26). *Seer* begründet dies damit, dass es sich bei dem Zuschlag um eine Art Strafsurrogat handelt, welches sich quantitativ-pauschaliert an der Schuld orientiert und daher berücksichtigen muss, inwieweit überhaupt ein Steuerschaden eingetreten ist (Tipke/Kruse/*Seer* AO § 398a Rn. 21).

17a Wie bei der Erschleichung von Steuervorteilen die Bemessung des Zuschlags erfolgen soll, liegt im Dunkeln. Dies gilt jedenfalls in solchen Fällen, in denen etwa ein Feststellungsbescheid vom BGH als steuerlicher Vorteil begriffen wird (→ § 370 Rn. 64). Wenn der BGH (BGH 22.11.2012, BGHSt 58, 50) eine genaue Quantifizierung für entbehrlich hält, stößt er doch im Hinblick auf §§ 376 I, 371 II Nr. 3 AO und § 398a I Nr. 2 AO deutlich an Grenzen (*Joecks* SAM 2014, 78). § 398a I Nr. 2 AO bemisst den Strafzuschlag an der hinterzogenen Steuer, nicht jedoch am Steuervorteil. Man könnte sich mit der Erkenntnis behelfen, wo es keine Nachzahlungspflicht gibt, könne es auch keine Zuschläge geben. Nach dem von *Jäger* und dem 1. Strafsenat bevorzugten Modell, das die Ähnlichkeit mit § 153a StPO betont, wäre aber eine Quantifizierung der Bemessungsgrundlage für den Zuschlag geboten. Auch dies lässt daran zweifeln, dass die Linie des BGH richtig ist. *Seer* stellt für die Bemessung des Zuschlags auf den wirtschaftlichen Wert des Steuervorteils ab. Bei einem Feststellungsbescheid wäre die Auswirkung anhand des individuellen Einkommensteuersatzes zu ermitteln (Tipke/Kruse/*Seer* AO § 398a Rn. 22).

c) Persönliche Reichweite

18 **Die an der Tat Beteiligten sind zuschlagspflichtig.** Der Gesetzeswortlaut erwähnte andere Beteiligte wie Anstifter und Gehilfen in der bis 1.1.2015 geltenden Fassung nicht. Inwiefern damit auch Anstifter und Gehilfen erfasst waren, ist angesichts des Verweises des § 369 II AO auf die §§ 25 ff. StGB zweifelhaft gewesen (HHS/*Rüping* AO § 398a Rn. 11; Kohlmann/*Schauf* AO § 398a Rn. 3). Der Zweifel ist durch die Wortlautanpassung seit dem 1.1.2015 ausgeräumt.

19 Ob **bei mehreren Tatbeteiligten** jeden von ihnen die Pflicht trifft, den Zuschlag zu entrichten, oder ob hier nach den Regeln über die Gesamtschuld insgesamt ein einmaliger Zuschlag in Höhe von 10–20% fällig ist, ist zweifelhaft (*Joecks* SAM 2012, 128, 131). Die Entscheidung hängt davon ab, wo man den Zuschlag verortet. Ist er Kompensation für nicht hinreichende Hinterziehungszinsen, kann der Betrag nur einmal angefordert werden. Geht es um eine Sanktion, mit der der Verzicht auf ein förmliches Strafverfahren „erkauft" werden kann, mag der Zuschlag auch mehrfach anfallen (vgl. Klein/*Jäger* AO § 398a Rn. 58; Kohlmann/*Schauf* AO § 398a Rn. 4; MüKoStGB/*Kohler* AO § 398a Rn. 26; LG Aachen 27.8.2014, wistra 2014, 486 mAnm *Reichling*). Sind mehrere Täter oder Teilnehmer nebeneinander vorhanden, kann jeder einzelne von Ihnen für sich die Rechtsfolge des § 398a AO nur dadurch herbeiführen, dass er selbst den Geldbetrag in Höhe von 10–20% der hinterzogenen Steuern an die Staatskasse abführt. Die Finanzverwaltung geht davon aus, dass bei mehreren Tatbeteiligten jeder der an der Tat Beteiligten den Zuschlag in voller Höhe entrichten muss, vgl. Nr. 82 IV AStBV (St) 2020 (so auch Klein/*Jäger* AO § 398a Rn. 63; *Hunsmann* NZWiSt 2015, 130; aA Kohlmann/*Schauf* AO § 398a Rn. 13; *Heuel/Beyer* AO-StB 2015, 129, die sich jeweils für eine einmalige, gesamtschuldnerische Belastung aussprechen, um unverhältnismäßige Vervielfältigungen zu vermeiden). Es sei rechtlich nicht bedenklich, wenn der Staat bei mehreren Tatbeteiligten auch ein Mehrfaches der 10–20% der hinterzogenen Steuer zusätzlich zu den verkürzten Steuern erhalte. Ähnlich sei es bei der Regelung des § 153a StPO, wo ebenfalls keine niedrigere Geldauflage festzusetzen sei, weil mehrere Tatbeteiligte vorhanden seien. Die Nähe des

§ 398a AO zu § 1 StPO und seiner Eigenschaft als persönliches Strafverfolgungshindernis sprechen für eine Mehrfachbelastung (vgl. Tipke/Kruse/*Seer* AO § 398a Rn. 24). Eine Beschränkung auf den eigenen Steuervorteil erfolgt bei der Bemessung des Strafzuschlages nicht, wie sich aus dem Vergleich zwischen § 398 I Nr. 1 und Nr. 2 AO ergibt. Allerdings müsste dies im Ergebnis dazu führen, dass der Zuschlag als verkappte Auflage bzw. Strafe qualifiziert wird, was sich so aber im Gesetzgebungsverfahren nicht widerspiegelt. Begründet wurde der Zuschlag mit dem erhöhten Verwaltungsaufwand, der durch die erneute Bearbeitung des Steuerfalls entsteht (vgl. BR-Drs. 318/1/10, 82). Das spricht aber dafür, dass der Zuschlag nicht an die Zahl der Beteiligten gekoppelt wird.

Zweifelhaft ist, inwiefern analog den Regeln über die **Aufteilung einer Gesamtschuld** 20 (§§ 267 ff. AO) zB bei Ehegatten eine Aufteilung der Verkürzungsbeträge dergestalt erfolgen kann, dass sich die Bemessungsgrundlage für den Zuschlag reduziert. Zumindest für die Nachzahlungspflicht nach § 398a Nr. 1 AO ist eine Aufteilung denkbar, da der Betroffene jeweils nur die „zu seinen Gunsten" hinterzogene Steuer nachzuentrichten hat. Haben also die Eheleute gemeinschaftlich eine Steuerhinterziehung begangen, von der er mit 100.000 EUR, sie mit 1.000 EUR profitierte, kann sie durch einen entsprechenden Antrag erreichen, dass sie lediglich 1.000 EUR schuldet (und für den restlichen Betrag nach § 71 AO haftet). Ob man dies auch für den Zuschlag nach § 398a Nr. 2 AO akzeptieren will, hängt davon ab, ob man die Vorschrift in ihrer unsinnigen Rigidität für richtig hält oder aber versucht, ihr einen vernünftigen Anwendungsbereich zu belassen.

5. Verfahren und Rechtsschutz

Ein Rechtsschutz gegen die Anforderung des Zuschlags ist vom Gesetz nicht vorgesehen. 21 Diese Lücke ist mit Rücksicht auf die verfassungsrechtliche Garantie eines effizienten Rechtsschutzes (Art. 19 IV GG) zu schließen (HHS/*Rüping* AO § 398a Rn. 16). Wenn teilweise darauf verwiesen wird, der Betroffene könne immerhin in einem gerichtlichen Strafverfahren eine Überprüfung des Zuschlags erreichen, spräche dies den verfassungsrechtlichen Anforderungen an den Rechtsschutz Hohn (HHS/*Rüping* AO § 398a Rn. 16). Der Rechtsschutz erfolgt analog § 98 II 2 StPO (LG Aachen 27.8.2014, wistra 2014, 486 m. Anm. *Reichling*; LG Hamburg 20.3.2017, wistra 2017, 284). Der gerichtlichen Überprüfung unterliegen sowohl die Angemessenheit der Fristsetzung als auch die Zahlungspflicht nach § 398a I Nr. 1 und Nr. 2 AO dem Grunde und der Höhe nach (vgl. LG Köln 6.1.2020, wistra 2020, 349). Aufgrund der Bindung der Verwaltung an die gesetzmäßige Ordnung ist ein bereits geleisteter Betrag bei einer gerichtlichen Entscheidung zu Gunsten des Betroffenen zurückzuerstatten (LG Köln 6.1.2020, wistra 2020, 349, Rn. 18). Die Ansicht des LG Stuttgart 30.6.2017 – 10 Qs 2/17, PStR 2018, 43, welches im Falle mit Zahlung des Zuschlages das Rechtsschutzbedürfnis entfallen lässt, kann nicht überzeugen. Eine solche Annahme würde bedeuten, dass dem Betroffenen der Rechtsschutz *de facto* genommen würde, da er letztlich wählen müsste, ob er durch die Zahlung sein Rechtsschutzbedürfnis verliert oder durch Verstreichenlassen der Frist – mangels Suspensionseffekt des § 98 II 2 StPO – seine Zahlungspflicht nicht erfüllt und sich somit der Gefahr einer Hauptverhandlung aussetzt (vgl. Tipke/Kruse/*Seer* AO § 398a Rn. 26).

Zuständig für die Verhängung des Zuschlags ist die für die Strafverfolgung zuständige 22 Finanzbehörde gem. § 386 II AO, dh die Staatsanwaltschaft und in geeigneten Fällen die Strafsachenstellen der Finanzverwaltung. Da diese aber bei Fällen großen Ausmaßes regelmäßig die Sache an die StA abgeben wird (Klein/*Jäger* AO § 398a Rn. 60 unter Hinweis auch auf BGH 20.5.2010, BGHSt 55, 180 Rn. 38), wird letztlich die Anforderung durch die Staatsanwaltschaft erfolgen. Auch aus diesem Grund liegt es nahe, § 98 II 2 StPO in diesem Fall anzuwenden (vgl. HHS/*Rüping* AO § 398a Rn. 16; *Beckemper/Schmitz/Wegner/Wulf* wistra 2011, 281, 288; *Joecks* SAM 2012, 128, 132). Die hier zuständige Behörde setzt auch die angemessene Frist, Nr. 82 IV 5 AStBV (St) 2020, vgl. auch Kohlmann/*Schauf* AO § 398a Rn. 31). Dem Festsetzungsverfahren ist es dabei geschuldet, dass eigentlich zwei Fristen zu setzen sind, da die Festsetzung der Hinterziehungszinsen erst nach Festsetzung der (zu eigenen Gunsten hinterzogenen) Steuern erfolgen kann. Gesetzlich ist nicht vorgesehen, wann die Frist zur Zahlung des Zuschlags gesetzt werden soll. Aufgrund der abweichenden Empfänger, Justizfiskus statt Finanzbehörde, liegt eine eigenständige Fristsetzung nahe (so auch Hüls/Reichling/*Hüls/Reichling* AO § 398a Rn. 26).

22a Über die **Höhe der festzusetzenden Steuer und der Hinterziehungszinsen** entscheidet die im Besteuerungsverfahren zuständige Finanzbehörde und der Rechtsschutz richtet sich nach den Regelungen der Abgabenordnung.

22b Liegen die übrigen Voraussetzungen des § 398a AO vor, richten sich die **Rechtsfolgen** nach der Erfüllung der Zahlungspflicht. Lässt der Betroffene die Frist zur Nachzahlung der Steuern, Zinsen und des Zuschlages verstreichen, ohne dass gezahlt oder eine Fristverlängerung gewährt wird, scheidet eine Verfahrenseinstellung nach § 398a AO aus (zur Anrechnung von Teilbeträgen → Rn. 24 f.). Erfolgt eine Zahlung auf die Steuern, Hinterziehungszinsen und des Zuschlags auf einige der materiellen Taten, aber nicht auf alle, so ist das Verfahren hinsichtlich der Taten einzustellen, auf die die Zahlung erfolgte (Kohlmann/*Schauf* AO § 398a Rn. 31). Erfolgt eine vollständige Zahlung, so ist das Ermittlungsverfahren einzustellen. Es besteht (nur) für die Steuerstraftaten ein Verfahrenshindernis und für ein Ermessen der Behörde verbleibt insoweit kein Raum (Kohlmann/ *Schauf* AO § 398a Rn. 32). Wird erst nach Klageerhebung festgestellt, dass alle Voraussetzungen des § 398a AO erfüllt wurden, so hat eine Einstellung durch gerichtlichen Beschluss gem. § 206a StPO außerhalb der Hauptverhandlung zu erfolgen oder aber ein Einstellungsurteil gem. § 260 III StPO im Rahmen der Hauptverhandlung (Hüls/Reichling/*Hüls/Reichling* AO § 398a Rn. 31 mwN).

6. Wiederaufnahme des Strafverfahrens (Abs. 3)

23 Einen Strafklageverbrauch bewirkt die Einstellung nach § 398a AO nicht (HHS/*Rüping* AO § 398a Rn. 18; *Rolletschke/Roth* Stbg 2011, 207; *Wagner* DStZ 2011, 876, 878; *Wollmann* ZInsO 2011, 1525). Sollte sich später herausstellen, dass die Selbstanzeige nicht vollständig war, bewirkt dies ebenso keine Grenzen für die Verfolgung wie bei einer sonst später als unvollständig erkannte Selbstanzeige. Eine dem § 153a I 5 StPO enthaltene Regelung fehlt, so dass diese Einstellung ebenso wenig die weitere Strafverfolgung hindert wie eine solche nach § 398 AO, § 153 StPO. Die in Abs. 3 geregelte Möglichkeit der Wiederaufnahme ist mithin überflüssig (ähnl. MüKoStGB/*Kohler* AO § 398a Rn. 19, aA Tipke/Kruse/*Seer* AO § 398a Rn. 30, der die Wiederaufnahmemöglichkeit auf Verstöße gegen das Vollständigkeitsgebot sachlich begrenzen möchte, so auch Kohlmann/*Schauf* AO § 398a 36 f.).

7. Anrechnung bei Wiederaufnahme (Abs. 4)

24 Stellt sich erst später heraus, dass die Selbstanzeige den Schwellenbetrag von über 25.000 EUR überstiegen hat, stellt sich die Frage, ob bereits geleistete Geldbeträge angerechnet werden können. *Jäger* erwog insofern eine Anrechnung entsprechend § 56f III 3 StGB (Klein/*Jäger* AO § 398a Rn. 38). Nunmehr ist dies in Abs. 4 explizit geregelt.

25 Der in Satz 1 vorgesehene Verfall von Leistungen ist jedenfalls in solchen Fällen bedenklich, in denen die Selbstanzeige unbewusst unvollständig war. Die nach Satz 2 vorgesehene Anrechnung auf eine Geldstrafe ist dem § 153a I 7 StPO nachempfunden und bedenklich; dies nicht deshalb, weil es offenbar eine Ermessensentscheidung des Gerichts ist, sondern weil sich die Anrechnungsmöglichkeit auf eine Geldstrafe beschränkt. Nicht bedacht ist der Fall, dass das Gericht eine Freiheitsstrafe verhängt, diese zur Bewährung aussetzt und eine Bewährungsauflage anordnet (so möchte Kohlmann/*Schauf* AO § 398a Rn. 40 zu eine Anrechnung auch bei der Bewährungsauflage ermöglichen, ebenso bei einer Auflage nach § 153a StPO und bei der Freiheitsstrafe entsprechend § 56f III StPO). Der Wortlaut des Abs. 4 Satz 2 lässt es nicht zu, die entsprechenden Beträge auf eine Bewährungsauflage anzurechnen. Hierin könnte ein Verstoß gegen Art. 3 I GG liegen, wenn man sich nicht mit der Erkenntnis behilft, dass das Gericht die „verfallene" Zahlung des Zuschlags bei der Bemessung der Bewährungsauflage berücksichtigen kann. Es bleibt aber ein Problem, wenn das Gericht (nur) eine Freiheitsstrafe von mehr als zwei Jahren verhängt, insbes. dann, wenn die unwirksame Selbstanzeige nur aus Nachlässigkeit nicht vollständig war (*Joecks* DStR 2014, 2266). Geleistete Zahlung sind – von § 398a IV AO abgesehen – jedenfalls bei der Strafzumessung nach § 46 II StGB zu berücksichtigen (Kohlmann/*Schauf* AO § 398a Rn. 40).

Eine Anrechnung erfolgt über die sog. **Fiktion der Strafvollstreckung.** Dh, dass diese im Urteil oder Strafbefehl nach allgemeinen Grundsätzen bemessen wird und die Verkürzung der Vollstreckungshöhe in Höhe des bereits gezahlten Geldbetrages durch weiteren Ausspruch erfolgt (*Roth* wistra 2015, 295, 298; Tipke/Kruse/*Seer* AO § 398a Rn. 37). **25a**

Ein die Geldstrafe übersteigender Geldbetrag verfällt und ist nicht erstattungsfähig (Tipke/Kruse/*Seer* AO § 398a Rn. 40). Davon ausgenommen sollen laut *Seer* die Fälle sein, in denen sich bei einer Hauptverhandlung herausstellt, dass *„die Rechtsfolge des Abs. 1 in gesteigerter Form"* eingetreten ist, dh, in denen etwa kein Vorsatz vorlag, unerkannt Strafverfolgungsverjährung eingetreten ist oder ein Freispruch statt einer Einstellung aufgrund eingetretener Straffreiheit erfolgt, weil etwa der Schwellenwert von 25.000 EUR (§ 370 II 1 Nr. 3 AO) nicht überstiegen wurde (Tipke/Kruse/*Seer* AO § 398a Rn. 40). **25b**

8. Steuerliche Abzugsfähigkeit des Zuschlags

Die steuerliche Abzugsfähigkeit der Zuschlagszahlung ist bislang ungeklärt. Da es sich bei dieser „freiwilligen" Zahlung weder um eine Strafe noch um eine Auflage oder Geldbuße handelt (s. §§ 12 Nr. 4, 4 V Nr. 8 EStG) wäre ein Abzug als zB Betriebsausgabe bei Zuschlägen zu betrieblichen Steuern denkbar. Zu § 153a StPO ist entschieden, dass eine Auflage nicht abziehbar ist, wenn sie nicht lediglich der Wiedergutmachung des durch die Tat verursachten Schadens dient (BFH 22.7.2008, BFHE 222, 448 = wistra 2009, 122). Aus den Motiven ergibt sich aber, dass den Abgeordneten des Finanzausschusses insbes. ein Steuerpflichtiger vor Augen stand, der über Jahre hinweg Kapitaleinkünfte nicht ordnungsgemäß erklärt hatte. Der Zuschlag sollte u. a. den Umstand kompensieren, dass Säumniszuschläge nach § 240 AO deutlich höher sind als Hinterziehungszinsen nach § 233 AO. Zur steuerlichen Behandlung liegt es daher nahe, wie bei der Auflage nach § 153a StPO, die Abzugsfähigkeit zu verneinen (Flore/Tsambikakis/*Quedenfeld* AO § 398a Rn. 59; Klein/*Jäger* AO § 398a Rn. 40; Kohlmann/*Schauf* AO § 398a Rn. 38). **26**

II. Verfahren der Finanzbehörde bei Steuerstraftaten

§ 399 Rechte und Pflichten der Finanzbehörde

(1) Führt die Finanzbehörde das Ermittlungsverfahren auf Grund des § 386 Abs. 2 selbständig durch, so nimmt sie die Rechte und Pflichten wahr, die der Staatsanwaltschaft im Ermittlungsverfahren zustehen.

(2) ¹Ist einer Finanzbehörde nach § 387 Abs. 2 die Zuständigkeit für den Bereich mehrerer Finanzbehörden übertragen, so bleiben das Recht und die Pflicht dieser Finanzbehörden unberührt, bei dem Verdacht einer Steuerstraftat den Sachverhalt zu erforschen und alle unaufschiebbaren Anordnungen zu treffen, um die Verdunkelung der Sache zu verhüten. ²Sie können Beschlagnahmen, Notveräußerungen, Durchsuchungen, Untersuchungen und sonstige Maßnahmen nach den für Ermittlungspersonen der Staatsanwaltschaft geltenden Vorschriften der Strafprozessordnung anordnen.

Schrifttum: *Bittmann,* Das Beiziehen von Kontounterlagen im staatsanwaltlichen Ermittlungsverfahren, wistra 1990, 325; *Küpper,* Tagebücher, Tonbänder, Telefonate, JZ 1990, 416; *Bilsdorfer,* Auswertung von CpD-Konten, StBp 1991, 12; *Klinger,* Die Zuständigkeit der StA für Maßnahmen nach § 95 StPO, wistra 1991, 17; *Nelles,* Strafprozessuale Eingriffe in das Hausrecht von Angehörigen, StV 1991, 488; *Otto,* Das Zeugnisverweigerungsrecht des Angehörigen im Verfahren gegen mehrere Beschuldigte, NStZ 1991, 220; *Ranft,* Bemerkungen zu den Beweisverboten im Strafprozeß, FS Spendel, 1992, 719; *Roxin,* Das Zeugnisverweigerungsrecht des Syndikus-Anwalts, NJW 1992, 1129; *Schmidt,* Die strafprozessuale Verwertbarkeit von Tagebuchaufzeichnungen, Jura 1993, 591; *Bär,* Die Überwachung des Fernmeldeverkehrs, CR 1993, 578; *Joerden,* Verbotene Vernehmungsmethoden – Grundfragen des § 136a StPO, JuS 1993, 927; *Blau,* Beweisverbote als rechtsstaatliche Begrenzung der Aufklärungspflicht im Strafprozeß, Jura 1993, 513; 1267; *Herzog/Britting,* Telefax-Aufzeichnung – ein Fall der Überwachung des Fernmeldeverkehrs gemäß § 100a StPO, wistra 1994, 86; *Klos,* Gerichts- und Behördenakten als Informationsquelle für die Finanzbehörden, DStZ 1996, 32; *Papier/Dengler,* Verfassungsrechtliche Fragen im Zusammenhang mit Steuerfahndungsmaßnahmen bei Banken, BB 1996, 2541, 2593; *Burhoff,* Anordnung einer Telefonüberwachung allein wegen Steuerstraftat zulässig?, PStR 1999, 151; *Joecks,* Die Stellung der Kreditwirtschaft im Strafverfahren gegen Kunden, Beilage 1 zu WM IV 1998; *ders.,* Iura novit Curia? Iudex non calculat? – Der Finanzbeamte als Zeuge in der Hauptverhandlung, FS „Der Fachanwalt für Steuerrecht im Rechtswesen", hrsg. v. Arbeitsgemeinschaft der Fachanwälte für Steuerrecht e. V., 1999, 661; *Maurer,* Vernehmung, Durchsuchung und Beschlagnahme im Steuerstrafverfahren, StuB 1999, 701; *Park,* Der Haftgrund der Verdunkelungsgefahr in Wirtschafts- und Steuerstrafsachen, wistra 2001, 247; *Park,* Die prozessuale Verwertbarkeit verschiedener Formen der Beschuldigteneinlassung im Strafverfahren, StV 2001, 389; *Dörn,* Vorfeldermittlungen der Steuerfahndung gemäß § 208 Abs. 1 Nr. 3 AO während Durchsuchungsmaßnahmen bei Kreditinstituten, DStR 2002, 574; *Rüping,* Ermittlungen der Steuerfahndung und ihre Schranken, DStR 2002, 2020; *Ossenbühl,* Staatliche Finanzgewalt und Strafgewalt, in: Staat, Wirtschaft, Finanzverfassung, FS Selmer, hrsg. v. Osterloh/Schmidt/Weber, 2004, 859; *Vogelberg,* Zuständigkeit und Befugnisse der Finanzverwaltung, PStR 2005, 20; *Rolletschke,* Die finanzbehördlichen Strafverfolgungsorgane, Stbg 2006, 379; *Rolletschke,* Verfahrenseinleitung auf Grund einer Selbstanzeige, wistra 2007, 89; *Buse/Bohnert,* Steuerstrafrechtliche Änderungen zur Bekämpfung des Umsatz- und Verbrauchsteuerbetrugs, NJW 2008, 618; *Matt/Dierlamm/Schmidt,* Das (neue) Recht vom Zeugenbeistand und seine verfassungswidrigen Einschränkungen, StV 2009, 715; *Müller-Jacobsen/Peters,* Schwarzmalerei in Steuerstrafakten, wistra 2009, 458; *Püschel,* Zur Verwendung von Untersuchungshaft, StraFo 2009, 134; *Webel,* Die Beschlagnahmefreiheit der Handakte, PStR 2009, 138; *Allgayer/Klein,* Verwendung und Verwertung von Zufallserkenntnissen, wistra 2010, 130; *Bittmann,* Telefonüberwachung im Steuerstrafrecht und Steuerhinterziehung als Vortat der Geldwäsche seit dem 1.1.2008, wistra 2010, 125; *Neuhaus,* Ungeschriebene Belehrungspflichten im Rahmen des § 136 Abs. 1 S. 2 StPO und die Folgen ihrer Verletzung, StV 2010, 45; *Obenhaus,* Cloud Computing als neue Herausforderung für Strafverfolgungsbehörden und Rechtsanwaltschaft, NJW 2010, 651; *Mahlstedt,* Die verdeckte Befragung des Beschuldigten im Auftrag der Polizei: informelle Informationserhebung und Selbstbelastungsfreiheit, 2011; *Krause,* Befugnis zur Entbindung von der Schweigepflicht bei juristischen Personen nach personellen Wechseln in den Organen – »Gegen« Thesen zum Beitrag von VorsRiLG Dr. Tully, NStZ 2012, 663; *Tully/Kirch-Heim,* Zur Entbindung von Rechtsbeiständen juristischer Personen von der Verschwiegenheitspflicht gemäß § 53 Abs. 2 Satz 1 StPO, NStZ 2012, 657; *Dose,* Übermittlung und verfahrensübergreifende Verwertung von Zufallserkenntnissen, 2013; *Gehm,* Zur Rechtmäßigkeit der Verwertung von Beweismitteln im Zuge des Ankaufs von „Steuersünder-CDs", StBW 2014, 228; *Peters,* Immer häufiger Untersuchungshaft bei § 370 AO?, ZWH 2014, 1; *Kusnik,* Sammelauskunftsersuchen der Steuerfahndung zu Kunden von Unternehmen: Was darf die Finanzbehörde?, DB 2015, 697; *Tormöhlen,* Pflichtverteidigung im Steuerstrafverfahren, AO-StB 2015, 207; *Hoffmann/Riveiro,* Pflicht zur Anwesenheit von Betroffenen bei Durchsuchungen?, ZWH 2016, 275; *Lorenz,* Die Zulässigkeit der Vertraulichkeitszusage gegenüber Vertrauenspersonen und Informanten sowie deren Auswirkung auf das Strafverfahren, StraFo 2016, 316; *Weisser,* Strafprozessuale Auskunftsersuchen über Postsendungen, wistra

2016, 387; *Gehm*, Die Verständigung im Steuerstrafverfahren, ZWH 2017, 196; *Piel*, Verwertungsfragen bei Verstößen gegen den Richtervorbehalt, StraFo 2017, 54; *Schneider*, Zur strafprozessualen Verwertbarkeit des Schweigens von Beschuldigten – Allgemeiner Teil –, NStZ 2017, 73; *Tormöhlen*, Akteneinsicht im Steuerstrafverfahren, AO-StB 2017, 53; *Burhoff*, Beiordnung eines Pflichtverteidigers bei richterlicher Vernehmung – ein erster Schritt, StRR 2018, 4; *Soiné*, Erweiterte Zeugenpflichten gegenüber der Polizei im Ermittlungsverfahren, NStZ 2018, 141; *Burhoff*, Verfahrenstipps und Hinweise für Strafverteidiger, ZAP 2019, 1301; *Kirkpatrick*, Zeugenschutz im Steuerstrafverfahren, wistra 2019, 264; *Lind*, Der Haftgrund der Fluchtgefahr nach § 112 Abs. 2 Nr. 2 StPO in der Praxis: Zur rechtstatsächlichen Überprüfung von Fluchtprognosen, StV 2019, 118; *Mommsen*, U-Haft schafft Rechtskraft, StraFo 2019, 89; *Wieneck*, Der Haftgrund der Wiederholungsgefahr, NStZ 2019, 702; *Arnemann*, Vernehmung und Verhaftung anlässlich der Durchsuchung, StraFo 2021, 142; *Bleckat*, Die Beschuldigtenvernehmung nach neuem Recht, StV 2021, 820; *Burhoff*, „Fortentwicklung der StPO" – Änderungen in der StPO 2021, StraFo 2021, 398; *Ladiges*, Neue Eingriffsbefugnisse durch das Gesetz zur Fortentwicklung der Strafprozessordnung, GSZ 2021, 203; *Petzsche*, Belehrungspflichten vor der ersten Vernehmung: Verwertbarkeit von Spontanäußerungen revisited, ZStW 2021, 502; *Rath*, Quellen-TKÜ – praktisch irrelevant, DRiZ 2021, 448; weiteres Schrifttum s. vor → Rn. 50, 251 u. 351.

Übersicht

	Rn.
I. Allgemeines	1–4
1. Entstehungsgeschichte	1, 2
2. Zweck und Bedeutung der Vorschrift	3, 4
II. Die Finanzbehörde als Ermittlungsbehörde	5–250
1. Allgemeines	5–15
2. Vernehmung	16–49
a) Allgemeines	16
b) Beschuldigtenvernehmung	17–29
c) Zeugenvernehmung	30–45
d) Folgen des Fernbleibens	46–49
3. Durchsuchung und Beschlagnahme	50–185
a) Allgemeines	50–52
b) Durchsuchung nach Beweismitteln	53–84
c) Sicherstellung und Beschlagnahme von Beweismitteln	85–99
d) Herausgabepflichten	100–109
e) Grenzen der Beschlagnahme	110–170
aa) Beschlagnahmefreie Gegenstände	111–135
bb) Beschlagnahme von Behördenakten	136–138
cc) Besonderheiten bei Durchsuchung und Beschlagnahme im EDV-Bereich	139–150
dd) E-Mail-Verkehr	151–160
ee) Sonstiges	161–170
f) Grenzen der Verwertbarkeit	171–185
4. Sicherstellung zur Einziehung oder Unbrauchbarmachung	186–189
5. Festnahme, Haftbefehl, Identitätsfeststellung	190–210
6. Postbeschlagnahme	211, 212
7. Überwachung der Telekommunikation	213–230
8. Weitere heimliche Ermittlungsmaßnahmen	231–240
9. Sonstige Maßnahmen und Erkenntnisse	241–245
10. Abschluss des Ermittlungsverfahrens	246–250
III. Ermittlungen im Ausland	251–340
1. Allgemeines	251–260
2. Besitz- und Verkehrsteuern	261–330
a) Rechtshilfe	261–310
aa) Allgemeines	261–275
bb) Grundprinzipien	276–280
cc) Übereinkommen über die Rechtshilfe	281
dd) Schengener Durchführungsabkommen	282, 283
ee) EU-RhÜbK	284–289
ff) Europäische Ermittlungsanordnung	290, 291
gg) Schweiz	292–299
hh) Österreich	300, 301
ii) Luxemburg	302–304
jj) Liechtenstein	305–310
b) Amtshilfe in Fiskalangelegenheiten	311–322
c) Zusammenarbeits-VO	323–330

	Rn.
3. Zölle und Verbrauchsteuern	331–340
IV. Rechte anderer Finanzbehörden (§ 399 II AO)	341–350
1. Recht des ersten Zugriffs	341
2. Einzelne Befugnisse der anderen Finanzbehörden	342–344
3. Bedeutung der Regelung	345–350
V. Rechtsschutz gegen Maßnahmen im Ermittlungsverfahren	351–361

I. Allgemeines

1. Entstehungsgeschichte

1 **§ 399 AO 1977** entspricht § 433 RAO, jedoch wurden die Begriffe *„Finanzamt"* und *„Finanzämter"* jeweils in *„Finanzbehörde"* bzw. *„Finanzbehörden"* geändert. § 399 II 2 AO unterscheidet sich von § 433 II 2 RAO dadurch, dass die Finanzbehörden auch die Befugnis zu *„sonstigen Maßnahmen"* haben.

2 **§ 433 RAO 1967** wurde durch Art. 1 Nr. 1 AOStrafÄndG v. 10.8.1967 (BGBl. I 877) eingefügt. Vorläufer waren § 406 RAO 1919 und § 441 RAO 1931. Die Rechtslage vor dem AOStrafÄndG war gekennzeichnet durch das Recht der Finanzbehörde, bei allen Steuervergehen (Geld-)Strafen festzusetzen. Nach § 445 RAO 1931 konnte das Finanzamt seine Strafbefugnis im Wege der Unterwerfung durchsetzen, nach § 447 I RAO 1931 Strafbescheide erlassen. Nachdem das BVerfG diese Regelung durch Urteil v. 6.6.1967 (BVerfGE 22, 49) unter Hinweis auf Art. 92 Hs. 1 GG für verfassungswidrig erklärt hatte, wurde die mit § 433 RAO getroffene Regelung notwendig (ausf. → Einl Rn. 81 ff.). Mit dem 1. JuMoG v. 24.8.2004 (BGBl. 2004 I 2198, 2208) wurde in § 399 II das Wort „Hilfsbeamte" durch „Ermittlungspersonen" ersetzt (→ Einl Rn. 109).

2. Zweck und Bedeutung der Vorschrift

3 **§ 399 AO** ergänzt § 386 II AO und präzisiert die Rechte und Pflichten, die die Finanzbehörde bei selbstständiger Bearbeitung der Strafsache im Ermittlungsverfahren hat. Der Finanzbehörde stehen nach § 399 I AO die Kompetenzen der StA zu. Es handelt sich hier um ein abgeleitetes, nicht etwa ein originäres Recht (Flore/Tsambikakis/*Webel* AO § 399 Rn. 5, Kohlmann/*Tormöhlen* AO § 399 Rn. 10), wenn auch die Finanzbehörde an Weisungen der StA nicht gebunden ist. Indessen kann die StA das Verfahren jederzeit an sich ziehen (§ 386 IV 2 AO). § 399 I AO wird ergänzt durch die §§ 398, 400, 401 und 407 AO.

4 **Ist einer Finanzbehörde die Zuständigkeit mehrerer Finanzbehörden** aufgrund § 387 II AO übertragen worden, so haben diese im Grundsatz ihre Ermittlungsbefugnisse verloren. § 399 II AO ordnet an, dass trotz der Konzentration auf eine Gemeinsame Strafsachenstelle die an sich zuständige Finanzbehörde das Recht des ersten Zugriffs behält und Maßnahmen nach den für Hilfsbeamte (Ermittlungspersonen, → Einl Rn. 109) der StA geltenden Vorschriften der StPO ergreifen darf. Ihre Position entspricht damit derjenigen der Gemeinsamen Strafsachenstelle in den Fällen der §§ 385 II, 386 III, 402 AO.

II. Die Finanzbehörde als Ermittlungsbehörde

1. Allgemeines

5 **Kompetenzen der StA** stehen der Finanzbehörde nur zu, sofern sie nach § 386 II AO die Ermittlungen selbstständig führt (→ § 386 Rn. 21 ff.). Zuständig für die Ermittlungen anstelle der StA sind die in § 386 I 2 AO genannten Behörden, dh das Hauptzollamt, das Finanzamt, das Bundeszentralamt für Steuern und die Familienkasse (→ § 386 Rn. 6). Der insoweit zuständige Amtsträger bedarf nicht der Befähigung zum Richteramt iSd §§ 5 bis

7 DRiG, wie sie für Staatsanwälte nach § 142 GVG iVm § 122 I DRiG erforderlich ist. Dies gilt auch, wenn er strafprozessuale Ermittlungsmaßnahmen anordnet oder beantragt (vgl. BVerfG 5.5.1994, wistra 1994, 263; BVerfG 14.3.1996, wistra 1996, 225; RKR/ *Grommes* AO § 399 Rn. 9).

Die Oberfinanzdirektionen und die obersten Finanzbehörden des Bundes und der Länder sind keine Strafverfolgungsbehörden iSd AO und damit auch keine Finanzbehörden iSd § 399 AO (→ § 397 Rn. 19). Sie sind auch nicht befugt, den im Strafverfahren zuständigen Finanzbehörden inhaltliche Weisungen zu erteilen (ebenso HHS/*Tormöhlen* AO § 399 Rn. 24; RKR/*Grommes* AO § 399 Rn. 11; aA → § 397 Rn. 22; HHS/*Tormöhlen* AO § 386 Rn. 12; RKR/*Kemper* AO § 386 Rn. 19 ff.; Kohlmann/*Peters* AO § 386 Rn. 36). Die im Steuerstrafverfahren strafprozessuale Aufgaben wahrnehmende Finanzbehörde untersteht in fachlicher Hinsicht dem staatsanwaltschaftlichen Dienst- und Organisationsrecht. Allerdings darf mit dem Blick auf die Praxis nicht verkannt werden, dass der jeweilige Amtsträger unter der Personalhoheit des Finanzamtes, der OFD bzw. der obersten Finanzbehörde steht und er auch steuerrechtlich der Fachaufsicht durch die vorgesetzten Finanzbehörden unterliegt. Ungeklärt ist weiterhin, inwiefern eine Einflussnahme mittels der sog. *„Anweisungen für das Straf- und Bußgeldverfahren"* erfolgen darf (Kohlmann/*Hilgers-Klautzsch* AO vor § 385 Rn. 25 ff.), wobei vor dem dargestellten Hintergrund die Verbindlichkeit dieser Regelungen zumindest in hohem Maße zweifelhaft ist. 6

Zollfahndungsämter und die Dienststellen der Steuerfahndung sind keine Finanzbehörden iSv § 399 I AO. Ihre rechtlichen Befugnisse ergeben sich aus §§ 208, 404 AO. Folglich stehen weder ihnen noch ihren *Beamten* selbstständige Ermittlungsrechte nach § 399 AO zu; sie sind nach § 404 S. 2 AO Ermittlungspersonen (→ Einl Rn. 109) der StA (s. auch → § 397 Rn. 27 f.). Ihnen kommen im Strafverfahren nie die Rechte der StA zu, sondern lediglich die der Behörden und Beamten des Polizeidienstes nach den Vorschriften der StPO. Sie haben keine Antragsrechte bzgl. richterlicher Untersuchungshandlungen (→ § 404 Rn. 80). 7

Die Finanzbehörde unterliegt im Strafverfahren dem Legalitätsprinzip, da ihr die staatsanwaltschaftliche Rechtsstellung zukommt. Dies wirkt sich insbes. im Hinblick auf die Einleitung von strafrechtlichen Ermittlungsverfahren aus, da die Finanzbehörde nach § 385 I AO iVm § 152 II StPO verpflichtet ist, wegen aller Straftaten einzuschreiten, soweit ein Anfangsverdacht besteht und sie ihrer selbstständigen Ermittlungskompetenz unterliegen. Folglich muss sie – unabhängig zB von Zweckmäßigkeitserwägungen – bei Vorliegen eines strafprozessualen Anfangsverdachts das strafrechtliche Ermittlungsverfahren einleiten und durchführen. Diese Rechtspflicht zur Einleitung des Steuerstrafverfahrens steht allerdings unter dem Vorbehalt der gesetzlich vorgesehenen Opportunitätsentscheidungen (zB §§ 153, 153a StPO, § 398 AO). 8

Die Finanzbehörde hat gem. § 160 I StPO den Sachverhalt zu ermitteln, dh die Tatsachen, die Schlüsse auf Schuld oder Unschuld des Täters zulassen oder für die Bestimmung der Rechtsfolgen der Tat (§ 160 III 1 StPO) bedeutsam sind. Sie hat zu diesem Zweck alle zulässigen Maßnahmen zu ergreifen, die geeignet und erforderlich sind, die Straftat aufzuklären (BVerfG 18.9.1995, NStZ 1996, 45). Auch insoweit unterliegt sie dem Legalitätsprinzip (RKR/*Grommes* AO § 399 Rn. 17 ff.; Schwarz/Pahlke/*Klaproth* AO § 399 Rn. 5). Die Finanzbehörde ist zur Objektivität verpflichtet und muss belastende und entlastende Umstände ermitteln (Meyer-Goßner/Schmitt/*Köhler* StPO § 160 Rn. 14; KK-StPO/*Griesbaum* StPO § 160 Rn. 22). Die Pflicht, Ermittlungen aufzunehmen, bezieht sich auf Fälle dienstlicher Kenntniserlangung zB durch Informationen aus den Veranlagungsdienststellen, Kontrollmitteilungen oder Anzeigen. Private Erkenntnisse lösen Ermittlungspflichten nur bei schweren Straftaten und somit in Fällen der Steuerhinterziehung idR nicht aus (Klein/*Jäger* AO § 399 Rn. 4; RKR/*Grommes* AO § 399 Rn. 18; vgl. auch BGH 3.11.1999, wistra 2000, 92 m. Anm. *Wollweber* wistra 2000, 340). 9

Die Finanzbehörde kann die ihr geboten erscheinenden Ermittlungsmaßnahmen selbst durchführen und **den Sachverhalt selbstständig ermitteln;** sie kann sich gem. 10

§§ 386, 399 I AO iVm § 161 StPO auch der Ermittlungsbehörden der StA, insbes. der Beamten der Steuerfahndung, aber auch der Hilfe der Polizei bedienen (RKR/*Grommes* AO § 399 Rn. 20). Zudem kann sie von *Behörden* Auskunft verlangen (Meyer-Goßner/ Schmitt/*Köhler* StPO § 161 Rn. 1b). Die Behörde ist zu Auskünften jedoch nicht verpflichtet, wenn eine Auskunftserteilung nach einer Erklärung der obersten Dienstbehörde (§ 96 StPO) nicht in Frage kommen soll; s. auch → Rn. 138.

11 **Der Finanzbehörde stehen die Befugnisse zu,** die die StA im Ermittlungsverfahren hat (→ Rn. 16 ff.). Insbes. kann sie – anders als die Steuerfahndung (→ § 404 Rn. 80) – richterliche Untersuchungshandlungen (§ 162 StPO; RKR/*Grommes* AO § 399 Rn. 21), namentlich Durchsuchungs- und Beschlagnahmebeschlüsse, beantragen, soweit sie deren Vornahme für erforderlich hält. Dabei haben sich die Ermittlungsmöglichkeiten in den letzten 15 Jahren aus Sicht der Finanzbehörde deutlich verbessert. So wurde mit dem TKÜG die Möglichkeit geschaffen, in einigen Fällen der Steuerhinterziehung eine Überwachung der Telekommunikation durchzuführen (→ Rn. 213). Auch andere Ermittlungsmöglichkeiten wie zB Observationen (→ Rn. 234 ff.), Internetsuchen (→ Rn. 242) oder die akustische Überwachung außerhalb von Wohnräumen (→ Rn. 231) stehen in Steuerstrafsachen zur Verfügung. Überdies ist mit dem Kontenabrufverfahren eine wichtige Ermittlungsmöglichkeit in den letzten Jahren ausgebaut worden (vgl. §§ 93, 93b AO).

12 Im Gegensatz zur staatsanwaltschaftlichen Rechtsstellung der Finanzbehörde im Ermittlungsverfahren sind ihre Befugnisse im Hinblick auf den **Abschluss des Verfahrens** eingeschränkt. Kommt nach dem Ergebnis der Ermittlungen die Erhebung der öffentlichen Klage nicht in Betracht, so kann die Finanzbehörde zwar gem. § 399 I AO iVm § 398 AO das Verfahren ohne Mitwirkung der StA einstellen. Besteht hingegen aufgrund der Ermittlungen ein **ausreichender Anlass zur Anklageerhebung,** so kann die Finanzbehörde dies lediglich in der Form eines **Strafbefehlsantrags** selbstständig tun (→ § 400 Rn. 7 ff.). Ist die Angelegenheit jedoch nicht zum Abschluss im Strafbefehlsweg geeignet, so muss die Finanzbehörde die Sache gem. § 386 IV 1 AO an die StA abgeben (→ § 386 Rn. 41 ff.). Dadurch verliert die Finanzbehörde ihre Rechtsstellung nach § 399 I AO und die StA wird Herrin des Strafverfahrens. Folglich kann die StA ab diesem Zeitpunkt das Verfahren nach ihrer eigenen Entscheidung und – unter Missachtung des Anhörungsrechts der Finanzbehörde – ohne weitere Beteiligung der Finanzbehörde abschließen (→ § 403 Rn. 16).

13–15 *einstweilen frei*

2. Vernehmung

a) Allgemeines

16 Unter rechtlichen Gesichtspunkten ist zu unterscheiden zwischen der Vernehmung des Beschuldigten (§ 399 I AO iVm § 163a I StPO; → Rn. 17 ff.) und der Vernehmung von Zeugen und Sachverständigen (§ 399 I AO iVm § 161a StPO; → Rn. 30 ff.).

b) Beschuldigtenvernehmung

17 Wie sich aus dem Recht auf rechtliches Gehör gem. Art. 103 I GG und dem Rechtsstaatsprinzip ergibt, ist der **Beschuldigte** gem. § 163a I StPO spätestens vor Abschluss der Ermittlungen zu vernehmen, wobei es in einfachen Sachen auch genügt, ihm Gelegenheit zu einer schriftlichen Äußerung zu geben (vgl. Nr. 52 AStBV (St) 2020). Wer Beschuldigter ist, bestimmt sich nach dem subjektiven Verfolgungswillen der Strafverfolgungsbehörde, der sich objektiv in einem Willensakt manifestiert haben muss (BGH 3.7.2007, NStZ 2007, 653; BGH 18.7.2007, NStZ 2008, 48; vgl. *auch* Meyer-Goßner/Schmitt/*Schmitt* StPO Einl. Rn. 76 ff.).

18 Bei einer **Vernehmung** iSd §§ 136, 136a StPO wirkt der Vernehmende durch Fragen, Vorhalte usw. aktiv auf die Klärung eines Sachverhalts hin und verlangt vom Beschuldigten in dienstlicher Funktion Auskunft. Dies ist zB immer dann der Fall, wenn – schriftlich oder mündlich – weiterführende Fragen zu einem Tatvorwurf gestellt werden (BGH 13.5.1996,

BGHSt 42, 139; Radtke/Hohmann/*Kretschmer* StPO § 136 Rn. 4; Meyer-Goßner/Schmitt/*Schmitt* StPO § 136a Rn. 4). Es bestehen folglich erhebliche Unterschiede zu einer Anhörung oder zu einer informatorischen Befragung. Es darf aber nicht übersehen werden, dass auch Äußerungen außerhalb einer Vernehmungssituation grundsätzlich gegen den Beschuldigten verwertbar sind (BGH 27.9.1989, NJW 1990, 461; BGH 27.10.1982, NStZ 1983, 86).

Der **Ablauf einer Beschuldigtenvernehmung** gestaltet sich wie folgt (vgl. auch **19** RKR/*Grommes* AO § 399 Rn. 27; Meyer-Goßner/Schmitt/*Schmitt* StPO § 136 Rn. 4 ff.): Dem Beschuldigten ist zu eröffnen, welche Tat ihm zur Last gelegt wird und welche Verdachtsgründe bestehen (§§ 136 I 1, 163a IV StPO; vgl. auch BVerfG 8.11.1983, NStZ 1984, 228). Daraufhin wird der Beschuldigte gem. § 136 I 2 StPO über sein Aussageverweigerungsrecht belehrt, er erhält einen Hinweis auf die Möglichkeit, einen Verteidiger hinzuzuziehen (§ 136 I 2 StPO), ggf. erfolgt noch eine Belehrung gem. § 136 I 3 StPO, dass einzelne Beweiserhebungen beantragt werden können, und ein ausländischer Beschuldigter ist ggf. über sein Recht auf konsularischen Beistand gem. Art. 36 I Wiener Konsularübereinkommen (WKÜ) zu belehren (BVerfG 19.9.2006, NJW 2007, 499). Daraufhin beginnt die Vernehmung zur Person inkl. deren wirtschaftlichen Verhältnissen und im Anschluss die Vernehmung zur Sache gem. § 136 II StPO. Abschließend wird dem Beschuldigten die Vernehmungsniederschrift zum Gegenlesen und Unterzeichnen übergeben (Nr. 51 III, IV AStBV (St) 2020). Zu den Rechtsfolgen der unterlassenen Belehrung → § 393 Rn. 57 ff.

Der **Beschuldigte** ist gem. § 399 I AO iVm § 163a III 1 StPO verpflichtet, **auf 20 Ladung der Finanzbehörde** zu einer Vernehmung zu **erscheinen,** wenn er von der das Verfahren selbstständig durchführenden Bußgeld- und Strafsachenstelle geladen wurde. Zu den Folgen des Fernbleibens → Rn. 46 ff. Auf eine **Ladung der Steuerfahndung** hin ist der Beschuldigte demgegenüber nicht verpflichtet, zu erscheinen, da die Steuerfahndung keine staatsanwaltschaftlichen Rechte wahrnimmt (RKR/*Grommes* AO § 399 Rn. 26; vgl. auch Radtke/Hohmann/*Kretschmer* StPO § 163a Rn. 9).

Der Beschuldigte hat **Angaben zur Person** zu machen, wie sich aus der Verpflichtung **21** des § 111 OWiG und dem lediglich auf die „Beschuldigung" beziehenden Wortlaut des § 136 I 2 StPO ergibt. Die Angaben zur Person sind allerdings nicht erzwingbar (BGH 29.8.1972, BGHSt 25, 13 (17); KK-StPO/*Diemer* StPO § 136 Rn. 7; Meyer-Goßner/Schmitt/*Schmitt* StPO § 136 Rn. 5; gegen eine Verpflichtung Löwe/Rosenberg/*Gleß* StPO § 136 Rn. 17).

Zur Sache hat der Beschuldigte hingegen gem. § 136 I 2 StPO die Möglichkeit, zu **22** schweigen. Dieses Recht beruht auf dem verfassungsrechtlich garantierten Nemo-tenetur-Prinzip (→ § 393 Rn. 8), wurzelt somit in Art. 1 I GG und stellt das Kernstück des fairen Verfahrens iSd Art. 6 I EMRK dar (EGMR 3.5.2001, NJW 2002, 499). **Schweigt der Beschuldigte** zur Sache, so dürfen im Strafverfahren daraus keinerlei für ihn nachteiligen Schlüsse gezogen werden (BGH 22.11.1999, BGHSt 45, 363; BGH 19.1.2000, BGHSt 45, 367). Dies gilt aber nach hM nicht bei teilweisem Schweigen, wenn der Beschuldigte also in einigen Teilpunkten an der Aufklärung des Sachverhalts mitwirkt, auf einzelne Fragen oder Vorhalte aber keine oder unvollständige Antworten gibt. Dieses Verhalten kann als Beweiszeichen verwertet werden. Insoweit ist jeder Tatvorwurf einzeln zu betrachten, so dass kein Teilschweigen vorliegt, wenn sich der Beschuldigte nur zu einem von mehreren Vorwürfen einlässt (BGH 19.1.2000, BGHSt 45, 367; Meyer-Goßner/Schmitt/*Schmitt* StPO § 261 Rn. 15 ff.; gegen die Verwertung *Park* StV 2001, 591).

Macht der Beschuldigte **Angaben zur Sache ohne vorherige Belehrung,** so besteht **23** im Strafverfahren ein **Beweisverwertungsverbot** bzgl. dieser Angaben. Dies gilt jedoch nicht, wenn sicher feststeht, dass der Beschuldigte sein Schweigerecht trotz fehlender Belehrung kannte oder es sich um ein Spontangeständnis handelte (Radtke/Hohmann/*Kretschmer* StPO § 136 Rn. 5, 29 ff.). Die Berufung auf ein Beweisverwertungsverbot macht der BGH idR davon abhängig, dass der Beschuldigte oder sein Verteidiger in der

Hauptverhandlung der Verwertung des verfahrensfehlerhaft gewonnenen Beweisergebnisses widerspricht (BVerfG 7.12.2011, NJW 2012, 907, 911; BGH 9.11.2005, BGHSt 50, 272; BGH 12.1.1996, BGHSt 42, 15; vgl. auch Meyer-Goßner/Schmitt/*Schmitt* StPO § 136 Rn. 25; zu Recht krit. Radtke/Hohmann/*Kretschmer* StPO § 136 Rn. 30).

24 Der **Verteidiger des Beschuldigten** hat gem. § 163a III 2 iVm § 168c I 1 StPO ein **Anwesenheitsrecht** bei der Vernehmung, wenn die Vernehmung im selbstständigen Verfahren durch die Bußgeld- und Strafsachenstelle durchgeführt wird (Meyer-Goßner/Schmitt/*Schmitt* StPO § 163a Rn. 20). Seit 2017 (vgl. BGBl. 2017 I 3202, 3209) ist durch den in § 163a IV 3 StPO aufgenommenen Verweis auf § 168c I StPO auch klargestellt, dass auch bei einer Vernehmung durch die Steuerfahndung ein Anwesenheitsrecht des Verteidigers besteht (anders noch zur alten Rechtslage BVerfG 5.6.2006, NJW 2007, 204 und BVerfG 10.6.1997, BVerfGE 96, 68).

25–29 *einstweilen frei*

c) Zeugenvernehmung

30 Der **Zeuge** ist ein sog. **persönliches Beweismittel,** eine Beweisperson, die Auskunft über die Wahrnehmung von Tatsachen geben soll, nicht hingegen über Rechtsfragen, Erfahrungssätze, allgemeine Eindrücke, Vermutungen und Schlussfolgerungen. Der Zeuge ist verpflichtet, iRd Vernehmung **wahrheitsgemäß auszusagen** und seine Aussage ggf. gem. § 59 StPO auf Verlangen zu beeiden. In den §§ 52 bis 55 StPO sind jedoch verschiedene **Weigerungsrechte** geregelt, die dem Zeugen die Befugnis geben, die Aussage ganz oder teilweise zu verweigern. Von Bedeutung sind im Steuerstrafverfahren insbes. das Zeugnisverweigerungsrecht naher Angehöriger (§ 52 StPO), das Zeugnisverweigerungsrecht der Berufsgeheimnisträger und weiterer mitwirkender Personen gem. §§ 53, 53a StPO sowie das Auskunftsverweigerungsrecht bei drohender eigener Verfolgung (§ 55 StPO). Über diese Weigerungsrechte ist der Zeuge idR zu belehren, sobald Anhaltspunkte für das Bestehen eines solchen Rechts erkennbar werden. Dies kann schon am Anfang der Vernehmung sein, sich aber auch jederzeit während der Vernehmung ergeben (Meyer-Goßner/Schmitt/*Köhler* StPO § 161a Rn. 7). Ausnahmen gelten jedoch zB im Hinblick auf Berufsgeheimnisträger, da insoweit davon ausgegangen werden kann, dass sie ihre Berufsrechte und -pflichten kennen (BGH 4.2.2010, NStZ-RR 2010, 178; BGH 19.3.1991 NJW 1991, 2844; Meyer-Goßner/Schmitt/*Köhler* StPO § 161a Rn. 44). Eine Belehrung ist insoweit nur geboten, wenn die Unkenntnis offensichtlich ist (OLG Dresden 16.4.1997, NStZ-RR 1997, 238).

31 Sofern der Zeuge unberechtigt die Aussage verweigert, kann gegen ihn gem. § 161a II StPO iVm § 70 I StPO ein **Ordnungsgeld** verhängt werden und zugleich können ihm die durch seine Weigerung verursachten Kosten auferlegt werden (Meyer-Goßner/Schmitt/*Köhler* StPO § 161a Rn. 17). Ferner besteht die Möglichkeit für die StA bzw. Bußgeld- und Strafsachenstelle eine richterliche Vernehmung zu beantragen (§ 162 I 1 StPO).

32 Den Zeugen trifft gem. §§ 48, 51 StPO die **Verpflichtung,** auf die Ladung hin zur Vernehmung **zu erscheinen,** wenn er von der das Verfahren selbstständig durchführenden Bußgeld- und Strafsachenstelle geladen wird, § 399 I AO iVm § 161a I 1 StPO. Zu den Folgen des Nichterscheinens → Rn. 46 ff. Will der Zeuge sich auf ein Zeugnisverweigerungs- oder ein Auskunftsverweigerungsrecht berufen und deshalb nicht erscheinen, so muss er einen Antrag auf Entbindung vom Erscheinen stellen.

33 Die **Pflicht zum Erscheinen** im Falle einer **Ladung durch die Steuerfahndung** hat sich im Jahr 2017 (vgl. BGBl. 2017 I 3202, 3209) geändert. Gem. § 163 III 1 StPO sind Zeugen nun verpflichtet, auf Ladung vor Ermittlungspersonen der StA zu erscheinen und zur Sache auszusagen, wenn der Ladung ein Auftrag der die staatsanwaltschaftliche Funktion wahrnehmenden Behörde – StA oder in selbständig geführten Verfahren die BuStra – zugrunde liegt. Die Erscheinens- und Aussagepflicht von Zeugen vor den Ermittlungsbeamten ist dementsprechend von einer vorherigen Entscheidung der staatsanwaltschaftlichen Behörde abhängig. Nach dem Wortlaut des § 163 III 1 StPO kann die Ladung zur Zeugenvernehmung vor eine Ermittlungsperson auch durch die Fahndung erfolgen. Bei der Vernehmung reicht es aus, wenn bei mehreren an der Vernehmung beteiligten Beamten die Person, die die Vernehmung leitet, Ermittlungsperson der Staatsanwaltschaft ist (BT-Drs. 18/11277, 30); Bsp.: In einem staatsanwaltschaftlichen Verfahren leitet der Fahnder die Vernehmung und ein Beamter der BuStra nimmt daran teil.

Bei der Vernehmung hat der Zeuge – wie sich aus § 163 III 2 StPO iVm § 68b StPO **34** ergibt – Anspruch auf die Anwesenheit eines **anwaltschaftlichen Zeugenbeistands,** wofür in Steuerstrafverfahren sowohl Rechtsanwälte als auch Steuerberater in Frage kommen. Der Zeugenbeistand kann selbst dann nicht zurückgewiesen werden, wenn seine Anwesenheit nach Ansicht der Strafverfolgungsbehörden den Ermittlungszweck gefährdet (vgl. BVerfG 17.4.2000, NJW 2000, 2660). Bei dem Zeugenbeistand kann es sich – vorbehaltlich der Ausschlussgründe in § 68b I 3 und 4 StPO – auch um den Steuerberater oder den Verteidiger des Beschuldigten handeln. Der Zeugenbeistand hat nicht mehr Befugnisse als der Zeuge selbst. Der Zeugenbeistand hat folglich zB kein Recht auf Akteneinsicht (BGH 4.3.2010, NStZ-RR 2010, 246; KG 14.8.2015, StraFo 2015, 459, 460).

Daraus, dass eine Person als Zeuge und nicht als Beschuldigter geladen wurde, ergibt **35** sich, dass für den Zeugen eine **Selbstanzeige** noch nicht nach § 371 II 1 Nr. 2 AO wegen der Entdeckung der Tat ausgeschlossen ist. Er hat folglich die Möglichkeit, während der laufenden Vernehmung eine Selbstanzeige abzugeben, sofern ihm nicht während der Vernehmung die Verfahrenseinleitung gegen ihn mitgeteilt wird.

Der **Ablauf der Zeugenvernehmung** gestaltet sich so, dass der Zeuge zunächst über **36** sein Zeugnisverweigerungsrecht zu belehren ist, wenn Anhaltspunkte für ein solches Recht zu erkennen sind (vgl. § 52 III 1 StPO). Dann ist der Zeuge gem. § 57 StPO zur Wahrheit zu ermahnen, über die strafrechtlichen Folgen einer unrichtigen oder unvollständigen Aussage zu belehren und auf die Möglichkeit der Vereidigung hinzuweisen. Nach den Angaben zur Person (§ 68 StPO) ist dem Zeugen dann die Möglichkeit zu geben, einen zusammenhängenden Bericht über seine Erinnerung an den Aussagegegenstand zu geben, ehe konkrete Fragen gestellt werden (zustimmend RKR/*Grommes* AO § 399 Rn. 45). Es besteht ferner die Möglichkeit, auf eine persönliche Einvernahme zu verzichten und den Zeugen stattdessen schriftlich zu vernehmen (vgl. Nr. 52 AStBV (St) 2020).

einstweilen frei **37–45**

d) Folgen des Fernbleibens

Erscheint der Beschuldigte oder Zeuge auf **Ladung der StA oder im selbstständigen** **46** **Verfahren der BuStra** nicht, so ist zunächst zu klären, ob eine ordnungsgemäße Ladung erfolgte, deren Zugang nachweisbar ist und das Fernbleiben des zu Vernehmenden nicht ausreichend und rechtzeitig entschuldigt war (vgl. § 51 II StPO). Sind diese Voraussetzungen nicht alle erfüllt, so wird der Zeuge idR erneut geladen. Sind die Voraussetzungen hingegen vollständig erfüllt, so kommt es zur Anordnung der in § 51 I StPO gesetzlich vorgesehenen Ungehorsamsfolgen.

Es ist zwingend vorgeschrieben, dem Beschuldigten oder Zeugen die **Kosten aufzuer- 47 legen,** die durch sein Fernbleiben verursacht wurden, zB die Kosten eines vergeblich zum vorgesehenen Vernehmungstermin erschienen Dolmetschers, einer Ersatzordnungshaft oder einer polizeilichen Vorführung, vgl. § 51 I 1 StPO. Daneben ist – ebenfalls zwingend – ein **Ordnungsgeld** festzusetzen, das gem. Art. 6 I EGStGB bis zu 1.000,00 € betragen kann, vgl. § 51 I 2 StPO. Nur in Fällen geringen Verschuldens, oder in denen eine Ahndung nicht erforderlich ist, kann in entsprechender Anwendung der §§ 153 StPO und 47 II OWiG von der Festsetzung abgesehen werden (zB geringe Verspätung oder mehrere Monate zurückliegende Ladung; OLG Dresden 24.2.2015, NStZ-RR 2015, 191; OLG Koblenz 30.10.1978, MDR 1979, 424; Meyer-Goßner/Schmitt/*Schmitt* StPO § 51

Rn. 17; Radtke/Hohmann/*Otte* StPO § 51 Rn. 11). Die Auferlegung der Kosten wird dadurch nicht berührt (KG 7.7.1994, JR 1995, 174).

48 Ist das Ordnungsgeld nicht einbringlich, ist durch die StA oder BuStra **Ersatzordnungshaft** mit einer Dauer von einem Tag bis zu 6 Wochen beim AG zu beantragen, § 51 I 2 StPO iVm Art. 6 II EGStGB. Daneben besteht auch die Möglichkeit, die **polizeiliche Vorführung** des Zeugen oder Beschuldigten anzuordnen, § 161a II StPO iVm § 51 I 3 StPO. Da es Voraussetzung der Vorführung ist, dass der zu Vernehmende voraussichtlich auch zum nächsten Termin nicht erscheinen wird, ist idR frühestens ab dem zweiten unentschuldigten Nichterscheinen mit einer Vorführung zu rechnen (vgl. Meyer-Goßner/Schmitt/*Schmitt* StPO § 51 Rn. 20; Radtke/Hohmann/*Otte* StPO § 51 Rn. 13).

49 *einstweilen frei*

3. Durchsuchung und Beschlagnahme

Schrifttum: *Ronsdorf,* Die Beschlagnahme von Zufallsfunden bei Durchsuchungen, 1993; *Schreiber,* Die Beschlagnahme von Unterlagen beim Steuerberater, 1993; *Lemcke,* Die Sicherstellung gem. § 94 StPO und deren Förderung durch die Inpflichtnahme Dritter als Mittel des Zugriffs auf elektronisch gespeicherte Daten, 1995; *Dibbert,* Durchsuchungen in Großunternehmen, 1999; *Matzky,* Zugriff auf EDV im Strafprozeß, 1999; *Görtz-Leible,* Die Beschlagnahmeverbote des § 97 Abs. 1 StPO im Lichte der Zeugnisverweigerungsrechte, 2000; *Benfer,* Rechtseingriffe von Polizei und Staatsanwaltschaft, 2005; *Röwer,* Erscheinungsformen und Zulässigkeit heimlicher Ermittlungen, 2007; *Roggan,* Online-Durchsuchungen, 2008; *Weiss,* Online-Durchsuchungen im Strafverfahren, 2009; *Vogelberg,* Durchsuchung und Beschlagnahme im Steuerrecht, 2010; *Holzner,* Die Online-Durchsuchung, 2015; *Park,* Durchsuchung und Beschlagnahme, 4. Aufl. 2018; *Hasslinger,* Die Entwicklung der strafprozessualen Durchsuchung, 2021; *Kroll,* Kernbereichsschutz bei Durchsuchungen, 2021.

Aufsätze: *Dahs,* Die Beschlagnahme von Verteidigungsmaterial und die Ausforschung der Verteidigung, GS Meyer 1990, 61; *Dörn,* Sicherstellung von Geld durch die Finanzbehörde im Steuerstrafverfahren, wistra 1990, 18; *Stahl,* Beschlagnahme der Anderkonten von Berufsgeheimnisträgern bei Kreditinstituten, wistra 1990, 94; *Anton,* Wohnungsdurchsuchungen im Rahmen von Überholungen, ZfZ 1991, 370; *R. Schmidt,* Die Beschlagnahme von (Geschäfts-)Unterlagen beim Zeugnisverweigerungsberechtigten, wistra 1991, 245; *Bandisch,* Formulare und Formeln in der Praxis der Durchsuchung, AnwBl 1992, 355; *Meier/Böhm,* Strafprozessuale Probleme der Computerkriminalität, wistra 1992, 166; *Krekeler,* Verwertungsverbot bei der Durchsuchung, AnwBl 1992, 356; *Müller,* Die Durchsuchungspraxis – Unterwanderung eines Grundrechts, AnwBl 1992, 349; *Schroth/Schneider,* Probleme der Sichtung von Datenträgern vor Ort, CR 1992, 173; *Sommermeyer,* Die materiellen und formellen Voraussetzungen der strafprozessualen Hausdurchsuchung, Jura 1992, 449; *Krekeler,* Beweisverwertungsverbote bei fehlerhaften Durchsuchungen, NStZ 1993, 263; *Schmidt,* Die strafprozessuale Verwertbarkeit von Tagebuchaufzeichnungen, Jura 1993, 591; *Schuhmann,* Durchsuchung und Beschlagnahme im Steuerstrafverfahren, wistra 1993, 93; *Bilsdorfer,* Steuerliche Ermittlungen bei Kreditinstituten, InfStW 1994, 545; *Carl/Klos,* Schwarzgeldtransfer nach Luxemburg – Zur Rechtmäßigkeit der Durchsuchung von Kreditinstituten durch die Steuerfahndung, wistra 1994, 211; *Leisner,* Ausforschungsdurchsuchung?, BB 1994, 1941; *Trzaskalik,* Die Strafrechtspflege und das Steuerrecht, DB 1994, 550; *Bär,* Durchsuchungen im EDV-Bereich, CR 1995, 158, 227; *ders.,* Polizeilicher Zugriff auf kriminelle Mailboxen, CR 1995, 489; *Leisner,* Ausforschungsbeschlagnahme?, BB 1995, 525; *Schuhmann,* Zur Beschlagnahme von Mandantenunterlagen bei den Angehörigen der rechts- und steuerberatenden Berufe, wistra 1995, 50; *Krekeler/Schütz,* Die Durchsuchung von beziehungsweise in Unternehmen, wistra 1995, 296; *Flore,* Risiken der Entdeckung der Steuerhinterziehung, StraFo 1996, 162; *Messner,* Durchsuchungen und Beschlagnahmen bei Kreditinstituten – Materiell-rechtliche Folgen und Handlungsmöglichkeiten für unmittelbar und mittelbar Betroffene, DB 1996, 2196; *Joecks,* Die Stellung der Kreditwirtschaft im Strafverfahren gegen Kunden, Beilage 1 zu WM IV 1998; *Salditt,* Ersuchen statt durchsuchen? Neues von der Suche nach Kapitalvermögen in Luxemburg und in der Schweiz, PStR 1998, 63; *K. Volk,* Der Tatbegriff und die Bestimmtheit von Durchsuchungsbeschlüssen im Steuerstrafrecht, wistra 1998, 281; *Burhoff,* Durchsuchung bei Banken und Strafbarkeit von Bankmitarbeitern, PStR 1999, 148; *Dörn,* Vernichtung beschlagnahmter Unterlagen bei fehlender Rückgabemöglichkeit?, wistra 1999, 175; *Kruis/Wehowsky,* Verfassungsgerichtliche Leitlinien zur Wohnungsdurchsuchung, NJW 1999, 682; *Rolletschke,* Die Hinzuziehung eines Betriebsprüfers bei einer Durchsuchungsmaßnahme der Steuerfahndung, DStZ 1999, 444; *Cremers,* Nur Vernichtung oder auch Hinterlegung beschlagnahmter Beweisunterlagen bei fehlender Rückgabemöglichkeit?, wistra 2000, 130; *Flore/Schwedtmann,* Beschlagnahmefreiheit von E-Mails, PStR 2000, 87; *Kunz,* Durchsuchung und Beschlagnahme in Steuerstrafverfahren, StB 2000, 13; *Park,* Der Anwendungsbereich des § 110 StPO bei Durchsuchungen in Wirtschafts- und Steuerstrafsachen, wistra 2000, 453; *Spatscheck/Spatscheck,* Beschlagnahme und Auswertung von verschlüsselten Computerdaten, PStR 2000, 188; *Amelung,* Die Entscheidung des BVerfG zur „Gefahr im Verzug" i. S. des Art. 13 II GG, NStZ 2001, 337; *Bittmann,* Gefahr im Verzug, wistra 2001,

451; *Burkhard,* Beschlagnahmeprivileg von Steuerberater-Handakten, Stbg 2001, 449; *Einmahl,* Gefahr im Verzug und Erreichbarkeit des Ermittlungsrichters, NJW 2001, 1393; *Amelung/Wirth,* Die Rechtsprechung des Bundesverfassungsgerichts seit 1990 zum Schutz der materiellen Grundrechte im Strafverfahren, StV 2002, 161; *Dörn,* Vorfeldermittlungen der Steuerfahndung gemäß § 208 Abs. 1 Nr. 3 AO während Durchsuchungsmaßnahmen bei Kreditinstituten, DStR 2002, 574; *Ransiek,* Durchsuchung, Beschlagnahme und Verwertungsverbot, StV 2002, 565; *Rüping,* Ermittlungen der Steuerfahndung und ihre Schranken, DStR 2002, 2020; *Schroer,* Beschlagnahme von Unterlagen des Steuerberaters, Information StW 2002, 757; *Beichel/Kieninger,* „Gefahr im Verzug" auf Grund Selbstausschaltung des erreichbaren, jedoch „unwilligen" Bereitschaftsrichters?, NStZ 2003, 10; *Hofmann,* Der „unwillige" Bereitschaftsrichter und Durchsuchungsanordnungen wegen Gefahr im Verzug, NStZ 2003, 230; *Höfling,* Fernmündliche Durchsuchungsanordnungen durch den Richter gem. §§ 102 ff. StPO, JR 2003, 408; *Krehl,* Richtervorgehalt und Durchsuchungen außerhalb gewöhnlicher Dienstzeiten, NStZ 2003, 461; *Kropp,* Der Durchsuchungs- und Beschlagnahmebeschluss, JA 2003, 688; *Oellerich,* Auskunftsersuchen, Beschlagnahme und Durchsuchung bei unbeteiligten Unternehmen zur Beweisgewinnung im Besteuerungs- und Steuerstrafverfahren, InfStW 2003, 63, 99; *S. Harms,* Kann ein richterlicher Durchsuchungsbeschluss auch mündlich erlassen werden?, DRiZ 2004, 25; *Mildeberger/Riveiro,* Zur Durchsicht von Papieren gemäß § 110 StPO, StraFo 2004, 43; *Schmechel,* Zufallsfunde bei Durchsuchungen im Steuerstrafverfahren, 2004; *Kemper,* Die Beschlagnahmefähigkeit von Daten und E-Mails, NStZ 2005, 538; *ders.,* Rückgabe beschlagnahmter Gegenstände – Bringschuld oder Holschuld?, NJW 2005, 3679; *Kutzner,* Die Beschlagnahme von Daten beim Berufsgeheimnisträger, NJW 2005, 2652; *Wulf,* Dinglicher Arrest: Tatbestandsvoraussetzungen und Verteidigungsmöglichkeiten, PStR 2006, 10; *Bittmann,* Grundrechtsschutz durch vermehrte Eingriffe und überbordende Bürokratie?, DRiZ 2007, 115; *Eich,* Durchsuchung und Beschlagnahme durch die Steuerfahndung, KÖSDI 2007, 15524; *Jahn,* Strafprozessuale Eingriffsmaßnahmen im Lichte der aktuellen Rechtsprechung des BVerfG, NStZ 2007, 255; *Kemper,* Die Voraussetzungen einer Wohnungsdurchsuchung in Steuerstrafsachen, wistra 2007, 249; *Kutscha,* Verdeckte »Online-Durchsuchung« und Unverletzlichkeit der Wohnung, NJW 2007, 1169; *Rux,* Ausforschung privater Rechner durch die Polizei- und Sicherheitsbehörden, JZ 2007, 285; *Baldus,* Der Kernbereich privater Lebensgestaltung – absolut geschützt, aber abwägungsoffen, JZ 2008, 218; *Graulich,* Telekommunikationsgesetz und Vorratsdatenspeicherung, NVwZ 2008, 485; *Hornicek,* Staatlicher Zugriff auf elektronische Medien, StraFo 2008, 282; *Schlegel,* Online-Durchsuchung light – Die Änderung des § 110 StPO durch das Gesetz zur Neuregelung der Telekommunikationsüberwachung, HRRS 2008, 23; *Graulich,* Die Sicherstellung von elektronischen Daten auf während einer Durchsuchung aufgefundenen Gegenständen – Beispiel Steuerstrafverfahren, wistra 2009, 299; *Hölzle,* Maßnahmen nach § 100a ff. StPO im steuerstrafrechtlichen Ermittlungsverfahren, PStR 2009, 143; *Klein,* Offen und (deshalb) einfach – Zur Sicherstellung und Beschlagnahme von E-Mails beim Provider, NJW 2009, 2996; *Herrmann/Soine,* Durchsuchung persönlicher Datenspeicher und Grundrechtsschutz, NJW 2011, 2922; *Joecks,* Die Verwertung „illegal" beschaffter Daten, SAM 2011, 21; *Priebe,* Die Entbindung des Wirtschaftsprüfers und des Steuerberaters von der Schweigepflicht durch den Insolvenzverwalter, ZIP 2011, 312; *Bittmann,* Zur Befreiung eines für eine juristische Person tätigen Berufsgeheimnisträgers von der Schweigepflicht, wistra 2012, 173; *Peters/Klingberg,* Die Entbindung von der Schweigepflicht bei Wirtschaftsprüfern und gemischten Sozietäten durch juristische Personen, ZWH 2012, 11; *Kretschmer,* „Lagen Sie das Telefon weg!" – oder: Telefonsperre bei der strafprozessualen Durchsuchung, StRR 2013, 164; *Wicker,* Durchsuchung in der Cloud, MMR 2013, 765; *Michalke,* Durchsuchung und Beschlagnahme – Verfassungsrecht im Alltag, StraFo 2014, 89; *Dann,* Durchsuchung und Beschlagnahme in der Anwaltskanzlei, NJW 2015, 2609; *Höring,* Die Verwertung einer angekauften Steuerdaten-CD im strafrechtlichen Ermittlungsverfahren, DStZ 2015, 341; *Meyer-Mews,* Die Verwendung im Strafverfahren erlangter Erkenntnisse aus der Telekommunikationsüberwachung im Besteuerungsverfahren, DStR 2015, 204; *Zerbes/El-Ghazi,* Zugriff auf Computer: Von der gegenständlichen zur virtuellen Durchsuchung, NStZ 2015, 425; *Hiéramente,* Durchsuchung und „Durchsicht" der Unternehmens-IT – Betrachtungen zu §§ 103, 110 StPO, wistra 2016, 432; *Schwarz,* Die Durchsuchung bei Steuerberatern – Ein Beitrag zur praktischen Umsetzung von § 160a Abs. 2 in Steuerstrafsachen, wistra 2017, 4; *Warken,* Elektronische Beweismittel im Strafprozessrecht, NZWiSt 2017, 417; *Beukelmann,* Durchsuchung bei Anwälten, NJW-Spezial 2018, 504; *Soiné,* Die strafprozessuale Online-Durchsuchung, NStZ 2018, 497; *Graßie/Hiéramente,* Praxisprobleme bei der IT-Durchsuchung, CB 2019, 191; *Glock,* Unterlagen, deren richterliche Beschlagnahme noch nicht angeordnet oder bestätigt wurde, dürfen seitens der Ermittlungsbehörden nicht verwendet werden, NStZ 2019, 248; *Arnemann,* Vernehmung und Verhaftung anlässlich der Durchsuchung, StraFo 2021, 142; *Bleckat,* Inhaltliche Anforderungen an den staatsanwaltschaftlichen Antrag auf Anordnung eines Durchsuchungsbeschlusses, NJ 2021, 16; *Buchholz,* Die Anwesenheit bei der Durchsicht von Datenbeständen nach § 110 Abs. 1 StPO, NZWiSt 2021, 369; *Hiéramente,* „Räumliche" Grenzen von (IT-)Durchsuchungen in Unternehmen – ein Beitrag zur Abgrenzung zwischen § 102 StPO und § 103 StPO, NStZ 2021, 390; *Niemann,* Zur Verhältnismäßigkeit der Durchsuchung von Anwaltskanzleien, Banken und Behörden, wistra 2021, 13; *Wegner,* Anforderungen an einen Durchsuchungsbeschluss in Steuerstrafsachen, PStR 2022, 104; *Wulf/Peters,* Richtiges Verhalten bei Durchsuchung und Beschlagnahme in der Beraterkanzlei, Stbg 2022, 16.

a) Allgemeines

Der FinB steht wie der StA das Recht zur **Anordnung und Durchführung von** 50 **Durchsuchung und Beschlagnahme** bei Gefahr im Verzuge zu (§§ 94 ff. StPO). Gegenstände der Sicherstellung oder Beschlagnahme sind solche, die für das Verfahren als Beweismittel bedeutsam sein können (§ 94 I StPO) oder die der Einziehung unterliegen bzw. unbrauchbar zu machen sind (§ 111b StPO). Der Zweck ist unterschiedlich: Zum einen geht es um die Verhinderung eines Beweisverlustes, zum anderen um die Sicherung der staatlichen Ansprüche auf Wertersatzeinziehung bzw. Einziehung von Tatmitteln, Tatprodukten und Tatobjekten.

51 Die entsprechenden Bestimmungen waren seit ihrer Verkündung im Jahre 1877 im Wesentlichen unverändert geblieben. Weder das Grundgesetz noch die Entscheidung des BVerfG zur informationellen Selbstbestimmung (BVerfG 15.12.1983, BVerfGE 65, 1) hatten zu Änderungen geführt, mit denen man den Normen mehr Bestimmtheit vermittelt hätte. Während neue Eingriffsbestimmungen (vgl. §§ 100a, 100c StPO) regelmäßig Vorschriften über die Grenzen der Verwertung usw. enthalten, schwiegen sich die §§ 94 ff., 102 ff. StPO praktisch aus. Dass Beweismittel zT nur noch als Daten existieren, hatte das Gesetz insoweit nicht zur Kenntnis genommen. Dass diese Rechtslage noch verfassungsgemäß war, ist zu bezweifeln (vgl. *Papier/Dengler* BB 1996, 2541, 2545 f.; *Papier* BB 1999, 2541, 2547). Letztendlich war insbes. im Hinblick auf die Weitergabe personenbezogener Daten die Rechtslage nicht mehr haltbar (vgl. auch BVerfG 3.3.2004, BVerfGE 110, 33).

52 Folgerichtig hat mittlerweile das BVerfG anerkannt, dass § 94 StPO die Sicherstellung und Beschlagnahme von Datenträgern und hierauf gespeicherten Daten als Beweisgegenstände im Strafverfahren erlaubt (BVerfG 12.4.2005, BVerfGE 113, 29; BVerfG 2.3.2006, BVerfGE 115, 166). Überdies gestattet der durch das TKÜG eingefügte § 110 III StPO nun ausdrücklich den Zugriff auf die in einem Computernetzwerk vorhandenen Ressourcen (→ Rn. 74, 155).

b) Durchsuchung nach Beweismitteln

53 **Zum Zwecke des Auffindens** beschlagnahmefähiger Beweismittel dürfen beim Verdächtigen und – in engeren Grenzen – bei Dritten Durchsuchungen von Räumen, Sachen und Personen durchgeführt werden (sog. **Ermittlungsdurchsuchung**). Gem. § 105 I 1 Hs. 1 StPO (ebenso – allerdings beschränkt auf Wohnungen – Art. 13 II GG) stehen Durchsuchungen grds. unter **Richtervorbehalt.** Der Richter muss – als Kontrollinstanz ggü. den Strafverfolgungsbehörden – auf Grundlage der bisherigen Ermittlungsergebnisse eigenverantwortlich prüfen, ob die Voraussetzungen der Durchsuchung gegeben sind (BVerfG 20.2.2001, BVerfGE 103, 142; BVerfG 8.3.2004, NJW 2004, 1517; BVerfG 14.7.2016, StV 2017, 361; Radtke/Hohmann/*Ladiges* StPO § 105 Rn. 5; Meyer-Goßner/Schmitt/*Köhler* StPO § 105 Rn. 2). Eine bewusste Missachtung des Richtervorbehalts bzw. eine willkürliche Annahme von Gefahr im Verzug kann zu einem Beweisverwertungsverbot führen (vgl. BGH 21.4.2016, NJW-Spezial 2016, 441; BGH 17.2.2016, NStZ 2016, 551; BGH 18.4.2007, NJW 2007, 2269 sowie → Rn. 63).

54 Der richterliche **Durchsuchungsbeschluss** wird **idR schriftlich** ausgefertigt und ist dem Beschuldigten zu Beginn der Durchsuchung auszuhändigen (BVerfG 20.2.2001, BVerfGE 103, 142; Radtke/Hohmann/*Ladiges* StPO § 105 Rn. 6; Meyer-Goßner/Schmitt/*Köhler* StPO § 105 Rn. 3). Da für die Durchsuchungsanordnung jedoch keine Form vorgeschrieben ist, kann der Richter – insbes. in Eilfällen – auch mündlich entscheiden, zB wenn keine Möglichkeit zur Übermittlung der schriftlichen Entscheidung per Telefax oder E-Mail besteht (BbgVerfG 21.11.2002, NJW 2003, 2305; BGH 18.4.2007, BGHSt 51, 285; BGH 13.1.2005, NJW 2005, 1060; Radtke/Hohmann/*Ladiges* StPO § 105 Rn. 6; RKR/*Grommes* AO § 399 Rn. 62; aA SK-StPO/*Wohlers/Jäger* StPO § 105 Rn. 29; *Trück* JZ 2010, 1113; *Harms* DRiZ 2004, 25). Tatsächlich ist auch ein **mündlicher Beschluss** zulässig. Entgegen der Annahme von *Harms* (DRiZ 2004, 25) ist er auch nicht ohne Sinn. Zwar fehlt ohne schriftliche Durchsuchungsanordnung eine für den Betroffenen bedeutsame Informationsgrundlage, die auch für die Unterbrechung der Verfolgungsverjährung und die Sperrwirkung bei der Selbstanzeige bedeutsam sein mag. Entscheidend für die Beteiligung des Richters ist aber, dass sonst jede präventive Kontrolle durch eine unabhängige und neutrale Instanz wegfallen würde (vgl. BVerfG 20.2.2001, BVerfGE 103, 142, 151; Radtke/Hohmann/*Ladiges* StPO § 105 Rn. 6), die jedoch auch im Fall von mündlichen Beschlüssen gegeben ist. Während im Fall der richterlichen Anordnung einer Durchsuchung idR zunächst die Steufa, die die Durchführung der Durchsuchung bei der BuStra anregt, dann die BuStra, die nach § 162 I 1 StPO ihre Anordnung beim Amtsgericht beantragt, und schließlich der Ermittlungsrichter prüft, ob die Voraussetzungen für die Maßnahme vorliegen, beschränkt sich die Kontrolle bei der Annahme von **Gefahr im Verzug** auf eine Prüfung durch die Steufa, allenfalls zusätzlich durch die BuStra. Von diesen Institutionen kann aber – im Hinblick auf ihre Aufgabe, beim Verdacht von Straftaten den Sachverhalt zu erforschen (§§ 160 I 1, 2, 163 I StPO) – nicht, wie vom Richter, strikte Neutralität erwartet werden.

Der **richterliche Beschluss** ist bei dem AG zu beantragen, in dessen Bezirk durchsucht werden soll. Soll jedoch in mehreren Bezirken durchsucht werden, so sind die Anträge bei dem Gericht zu stellen, in dessen Bezirk die beantragende Stelle ihren Sitz hat (§ 162 I 2 StPO). **55**

Voraussetzung eines Durchsuchungsbeschlusses ist der Verdacht einer (Steuer-) Straftat oder (Steuer-)Ordnungswidrigkeit. § 152 II StPO verpflichtet die Staatsanwaltschaft, „*wegen aller verfolgbaren Straftaten einzuschreiten, sofern zureichende tatsächliche Anhaltspunkte vorliegen*". Für ein Einschreiten müssen zureichende tatsächliche Anhaltspunkte vorliegen, wenn ein gewisser **Anfangsverdacht** gegeben ist (KK-StPO/*Diemer* StPO § 152 Rn. 7; BVerfG 18.1.1994, NJW 1994, 783, 784). Dabei genügt die Möglichkeit, dass – nach kriminalistischer Erfahrung – eine verfolgbare Straftat vorliegt. Der Staatsanwaltschaft soll dabei kein Ermessens-, wohl aber ein gewisser **Beurteilungsspielraum** zustehen (KK-StPO/*Diemer* StPO § 152 Rn. 8; Meyer-Goßner/Schmitt/*Schmitt* StPO § 152 Rn. 4; BGH 21.4.1988, NStZ 1988, 510, 511). Folglich ist es dieser Verdacht, der einerseits die Ermittlungspflicht auslöst, andererseits zugleich zu massiven Eingriffen in Grundrechte ermächtigt (*Joecks* WM 1998, Beil. 1, 5, 18). Dabei darf auch nicht übersehen werden, dass die Grenze zwischen „Vermutung" und „Verdacht" oft fließend ist (vgl. → § 404 Rn. 49). Dies birgt vor dem Hintergrund eine gewisse Problematik, dass die Durchsuchung der Wohnung einen erheblichen Eingriff in das Grundrecht auf Unverletzlichkeit der Wohnung gem. Art. 13 GG und die Durchsuchung der Person einen solchen in das allgemeine Persönlichkeitsrecht gem. Art. 2 I GG iVm Art. 1 I GG darstellt. **56**

Weitere Voraussetzung eines rechtmäßigen Durchsuchungsbeschlusses ist, dass er hinreichend genau sein muss. Er muss durch tatsächliche Angaben den Tatvorwurf konkretisieren, so dass bei Steuerstraftaten oder -ordnungswidrigkeiten Angaben zu den betroffenen Steuerarten und Veranlagungszeiträumen erforderlich sind (BVerfG 4.4.2017, DStR 2017, 982; BVerfG 9.2.2005, NStZ-RR 2005, 203; BGH 5.4.2000, NStZ 2000, 427; Radtke/Hohmann/*Ladiges* StPO § 105 Rn. 10; zum sog. „abgedeckten" Beschluss → Rn. 58). Darüber hinaus muss der Durchsuchungsbeschluss die zu durchsuchenden Räumlichkeiten spezifizieren (BVerfG 3.9.1991, NStZ 1992, 91) und die Art der gesuchten Beweismittel – ggf. in Form einer beispielhaften Aufzählung – beschreiben (BVerfG 17.3.2009, NJW 2009, 2516; BVerfG 9.2.2005, NStZ-RR 2005, 203; Radtke/Hohmann/*Ladiges* StPO § 105 Rn. 9; Meyer-Goßner/Schmitt/*Köhler* StPO § 105 Rn. 5; zur Anordnung im Steuerstrafverfahren *Matthes* wistra 2008, 11; vgl. auch BVerfG 5.3.2012, BFH/NV 2012, 1085). Durch diese Erfordernisse soll so weit wie möglich sichergestellt werden, dass der Eingriff in die Grundrechte des Betroffenen im Rahmen des Möglichen und Zumutbaren messbar und kontrollierbar bleibt und im Vorwege richterlich überprüft wird. Folglich sind eine nur schlagwortartige Beschreibung der aufzuklärenden Straftaten (zB keine Angabe von Steuerart oder Zeitraum), eine Beschreibung der zu durchsuchenden Räumlichkeiten als „die Wohnung des Betroffenen und seine anderen Räume" oder die Bezeichnung der gesuchten Beweismittel als „alle beweiserheblichen Unterlagen" nicht ausreichend. Zu den zeitlichen Grenzen der Vollziehung eines Durchsuchungsbeschlusses → Rn. 69. **57**

58 Ausnahmsweise kann es jedoch aus **ermittlungstaktischen Gründen** erforderlich und zulässig sein, bestimmte Tatsachen im Durchsuchungsbeschluss nicht zu erwähnen. Zur Vermeidung der Gefährdung des Untersuchungszwecks darf in sehr seltenen Ausnahmefällen die **Bekanntmachung der Gründe auch vollständig zurückgestellt werden.** In derartigen Fällen ist dies jedoch aktenkundig zu machen (LG Berlin 18.3.2004, wistra 2004, 319; Klein/*Jäger* AO § 399 Rn 28a). Weiterhin muss in diesen Fällen der Betroffene aus Gründen eines effektiven Rechtsschutzes darauf hingewiesen werden, dass die Gründe (vollständig bzw. teilweise) weggelassen wurden (BGH 7.11.2002, wistra 2003, 69). Vgl. dazu auch → Rn. 178.

59 Aus dem **Verhältnismäßigkeitsprinzip** ergibt sich darüber hinaus, dass die Durchsuchung den Erfolg versprechen muss, geeignete Beweismittel zu erbringen, es kein milderes Mittel zur Verfolgung und Aufklärung der Straftat geben darf und sie in einem angemessenen Verhältnis zur Schwere der verfolgten Straftat und des Tatverdachts stehen muss (Meyer-Goßner/Schmitt/*Köhler* StPO § 102 Rn. 15 ff.; Klein/*Jäger* AO § 399 Rn. 37).

60 Liegt **Gefahr ist im Verzuge** vor, so kann ausnahmsweise die Durchsuchung auch von der Finanzbehörde – oder gem. § 404 iVm § 399 II 2 AO von der Steuerfahndung (→ § 404 Rn. 86) – angeordnet werden, wenn die richterliche Anordnung nicht eingeholt werden kann, ohne dass der Zweck der Maßnahme gefährdet wird (allgM BVerfG 20.2.2001, NJW 2001, 1121; BGH 30.8.2011, wistra 2010, 231; Radtke/Hohmann/*Ladiges* StPO § 105 Rn. 14). Dies ist in der Praxis insbes. der Fall, wenn erst während der Durchsuchung weitere nah gelegene Räumlichkeiten bekannt werden, in denen sich Beweismittel befinden, und bei Zuwarten der Verlust von Beweismitteln droht. Dasselbe gilt, wenn bei einer einvernehmlich begonnenen Durchsuchung der Betroffene sein Einverständnis während der Durchsuchung widerruft und unmittelbar Beweismittelverlust zu besorgen ist (BGH 15.10.1985, NStZ 1986, 84). Die Anordnung erfolgt dann idR mündlich, muss jedoch grundsätzlich später in den Akten dokumentiert werden (BGH 13.1.2005, NStZ 2005, 392; OLG Karlsruhe 3.7.1981, Justiz 1981, 482; Meyer-Goßner/Schmitt/*Köhler* StPO § 105 Rn. 3; → Rn. 61). Aufgrund der insoweit sehr restriktiven Rechtsprechung des BVerfG dürften Durchsuchungen wegen Gefahr im Verzug in Steuerstrafsachen allerdings nur selten vorkommen.

61 Auslegung und Anwendung des **unbestimmten Rechtsbegriffs der „Gefahr im Verzuge"** unterliegen einer unbeschränkten gerichtlichen Kontrolle (BVerfG 20.2.2001, BVerfGE 103, 142). Nach zutreffender Ansicht des BVerfG ist der Begriff in Art. 13 II GG eng auszulegen; die richterliche Anordnung einer Durchsuchung ist die Regel, die nichtrichterliche die Ausnahme. Sollte die Einschaltung eines Richters nicht möglich sein, muss folglich die „Gefahr im Verzuge" mit Tatsachen begründet werden, die auf den Einzelfall bezogen sind. Reine Spekulationen, hypothetische Erwägungen oder lediglich auf kriminalistische Alltagserfahrung gestützte, fallunabhängige Vermutungen reichen nicht aus. Der die Durchsuchung anordnende Beamte muss folglich alle Tatsachen, die im Einzelfall Gefahr im Verzug begründen bzw. dagegensprechen, in seine Entscheidungsfindung einbeziehen. Die entsprechenden Erwägungen müssen dokumentiert werden. Eine wirksame gerichtliche Nachprüfung der Annahme von „Gefahr im Verzug" setzt voraus, dass sowohl das Ergebnis als auch die Grundlagen der Entscheidung in unmittelbarem zeitlichen Zusammenhang mit der Durchsuchungsmaßnahme in den Ermittlungsakten dargelegt werden.

62 Darüber hinaus muss in jedem Fall **vor einer Anordnung wegen Gefahr im Verzug** zunächst versucht werden, eine **richterliche Durchsuchungsanordnung** zu erwirken (BVerfG 28.9.2006, NJW 2007, 1444; *Amelung* NStZ 2001, 337). Vor diesem Hintergrund ist die Strafjustiz gehalten, „*im Rahmen des Möglichen tatsächliche und rechtliche Vorkehrungen zu treffen, damit die in der Verfassung vorgesehene Regelzuständigkeit des Richters auch in der Masse der Alltagsfälle gewahrt bleibt*" (BVerfG 28.9.2006, NJW 2007, 1444; BVerfG 20.12.2001, BVerfGE 103, 142). Der damit einzurichtende **Bereitschaftsdienst**

Ist jedoch die Anordnung einer **Durchsuchung zu Recht auf Gefahr im Verzug** 63 gestützt worden, so besteht während der laufenden Durchsuchung keine Pflicht mehr, noch eine richterliche Genehmigung zu erwirken (BGH 15.3.2017, NJW-Spezial 2017, 409). Ein tatsächlicher oder rechtlicher Irrtum über das Vorliegen dieser Gefahr macht die Anordnung noch nicht unwirksam (BGH 18.4.2007, NJW 2007, 2269; siehe auch RKR/*Grommes* AO § 399 Rn. 81). Die **willkürliche Annahme** des Vorliegens von Gefahr im Verzug oder die beabsichtigte **Provokation** einer entsprechenden Situation – zB durch Hinausschieben der Antragstellung bis Beweismittelverlust droht – begründet hingegen grds. ein **Verwertungsverbot** (BVerfG 12.4.2005, BVerfGE 113, 29; BVerfG 2.7.2009, NJW 2009, 3225; BVerfG 16.3.2006, NJW 2006, 2684; BGH 30.8.2011, NStZ 2012, 104; KK-StPO/*Bruns* StPO § 105 Rn. 22; Radtke/Hohmann/*Ladiges* StPO § 105 Rn. 19; *Roxin* NStZ 2007, 616).

Mit **Antragstellung bei Gericht endet die Eilkompetenz** der Ermittlungsbehörden. 64 Wird der Richter erreicht, so muss er entscheiden und darf seine Mitwirkung nicht verweigern. Lehnt er ab, einen Beschluss zu erlassen – zB weil er sich trotz plausibler Schilderung des Sachverhalts nicht in der Lage sieht, ohne die aus Zeitgründen unmögliche Vorlage der Akten zu entscheiden –, so ist eine Anordnung wegen Gefahr im Verzug nicht zulässig, da die Eilkompetenz nicht wieder auflebt. Ein Wiederaufleben ist dann höchstens denkbar, wenn sich nach der Befassung des Richters neue Umstände ergeben, die einen Beweismittelverlust bedeuten würden, wenn man eine erneute richterliche Entscheidung abwarten würde (BVerfG 16.6.2015, NStZ 2015, 529; BGH 6.10.2016, NStZ 2017, 367; OLG Köln 25.10.2016, StraFo 2017, 156).

Bei einem **Verdächtigen** darf eine **Durchsuchung** seiner **Person,** seiner **Wohn- und** 65 **Geschäftsräume** und seiner **Sachen** sowohl zum **Zwecke der Ergreifung** als auch des **Auffindens von Beweismitteln** durchgeführt werden (§ 102 StPO). Die Ermittlungsdurchsuchung muss aufgrund von Schlussfolgerungen aus den Umständen des konkreten Falles oder kriminalistischen Erfahrungen nötig erscheinen; ein gefühlsmäßig bestimmtes Vorgehen wäre nicht zulässig (Meyer-Goßner/Schmitt/*Köhler* StPO § 102 Rn. 2; KK-StPO/*Bruns* StPO § 102 Rn. 3). Das BVerfG (3.7.2006, wistra 2006, 377 m. Anm. *Wiese* wistra 2006, 417 und *Kemper* wistra 2007, 249) hatte insbes. für die Wohnungsdurchsuchung angemahnt, dass Verdachtsgründe vorhanden sein müssen, die über vage Anhaltspunkte und bloße Vermutungen hinausreichen. Dabei ist auch zu beachten, dass für bestimmte Berufsgruppen an den subjektiven Tatbestand erhöhte Anforderungen zu stellen sind. Wird etwa ein Steuerberater der Beihilfe zur Steuerhinterziehung verdächtigt, sind die subjektiven Voraussetzungen erst erfüllt, wenn er um die Unrichtigkeit der Vorgaben des Mandanten weiß oder deren Unrichtigkeit für möglich hält und sich dabei die Förderung eines erkennbar *tatgeneigten* Täters angelegen sein lässt (→ § 370 Rn. 515, 518 ff.; → Rn. 127 und BVerfG 5.5.2008, wistra 2008, 301).

Verdächtig ist eine Person, wenn der Schluss auf die Begehung einer Straftat gerecht- 66 fertigt ist und Anhaltspunkte vorliegen, die eine Strafbarkeit des Betroffenen möglich erscheinen lassen (Meyer-Goßner/Schmitt/*Köhler* StPO § 163b Rn. 4). Hieran fehlt es bei Kindern oder bei nicht behebbaren Verfahrenshindernissen (→ § 397 Rn. 72 ff.).

Bei einem **unverdächtigen Dritten** ist eine Durchsuchung nur zulässig, wenn das 67 Auffinden von Beweismitteln nicht nur zu vermuten ist, sondern aufgrund *bestimmter bewiesener Tatsachen* die Annahme gerechtfertigt ist, dass eine Durchsuchung zum Auffinden *bestimmter Spuren oder Beweismittel* führen wird (§ 103 StPO; OLG Düsseldorf 26.2.2008, wistra 2008, 318). Eine Durchsuchung bei Dritten ist nur möglich, wenn das konkrete Beweismittel (Radtke/Hohmann/*Ladiges* StPO § 103 Rn. 7), das gesucht werden soll, auch der Beschlagnahme unterliegt und nicht nach § 97 StPO beschlagnahmefrei ist

(Kohlmann/*Hilgers-Klautzsch* AO § 385 Rn. 246; Meyer-Goßner/Schmitt/*Köhler* StPO § 103 Rn. 7; → Rn. 111 ff.). Erleichtert ist die Durchsuchung von Räumen, die der Beschuldigte während seiner Verfolgung betreten hat (§ 103 II StPO). Die pauschale, allgemeine Erwartung, irgendein relevantes Beweismittel zu finden, rechtfertigt für sich allein jedoch eine Durchsuchung beim unverdächtigen Dritten nicht (LG Limburg 15.2.2011, PStR 2011, 112).

68 Abgrenzungsprobleme gibt es hier namentlich bei **Durchsuchungen in Unternehmen** (vgl. *Krekeler/Schütz* wistra 1995, 296; *Leisner* BB 1984, 1941). Besteht ein Verdacht gegen Organe der juristischen Person, so kann die Durchsuchung der Räumlichkeiten der juristischen Person sowohl auf § 102 StPO als auch § 103 StPO gestützt werden (BVerfG 9.2.2005, NStZ-RR 2005, 203; Löwe/Rosenberg/*Tsambikakis* StPO § 102 Rn. 11). Besteht ein Tatverdacht hingegen nur gegen einen einzelnen Mitarbeiter des Unternehmens, kann auf § 102 StPO nur die Durchsuchung solcher Räumlichkeiten gestützt werden, an denen dieser Beschuldigte Gewahrsam hat (*Krekeler/Schütz* wistra 1995, 297; Klein/*Jäger* AO § 399 Rn. 61; *Dibbert* 1999, 23, 122 ff.; aM *Warda* 1986, 262 ff.). Alle anderen Räumlichkeiten könnten nur nach § 103 StPO durchsucht werden. Die Praxis versucht, sich damit zu behelfen, dass sie im Regelfall bei einem konkreten Tatverdacht gegen einen einzelnen Mitarbeiter zugleich davon ausgeht, die Organe des Unternehmens hätten von diesem strafbaren Verhalten Kenntnis und seien insofern an der Tat beteiligt (vgl. auch BGH 22.8.1996, wistra 1997, 107). Demnach stützt man ggf. die Durchsuchung auch anderer Unternehmensteile, an denen der einzelne Mitarbeiter unstreitig keinen Gewahrsam hat, auf § 102 StPO (vgl. *Leisner* BB 1994, 1941). In diesen Fällen liegen jedoch teilweise Ermittlungen „ins Blaue" vor, die rechtlich unzulässig sind. Denkbar erscheint allein, dass bei der Durchsuchung des konkret verdächtigen Mitarbeiters gem. § 102 StPO Anhaltspunkte dafür gefunden werden, dass Vorgesetzte die Straftat mitgetragen haben. Insofern wird sich die Möglichkeit der Durchsuchung nach § 102 StPO in mehreren Teilen ergeben, wenn die vorhergehende Durchsuchung Anhaltspunkte für die Verantwortlichkeit weiterer Mitarbeiter bzw. Organe ergeben hat (*Joecks* 1998, 122). Jedenfalls gibt es keinen Erfahrungssatz des Inhalts, dass ein einzelner Mitarbeiter Straftaten zugunsten des Unternehmens oder von Kunden nur mit Kenntnis oder gar Billigung seiner Vorgesetzten begeht.

69 **Zuständig für die Durchführung der Durchsuchung** ist gem. § 36 II 1 StPO die StA bzw. im selbständigen Verfahren die Bußgeld- und Strafsachenstelle gem. § 399 I AO iVm § 36 II 1 StPO, die ihre Ermittlungspersonen (Polizei, Zoll, Steuerfahndung) damit beauftragen können. Der Durchsuchungsbeschluss muss von der das Verfahren leitenden Behörde (StA oder Bußgeld- und Strafsachenstelle) nicht direkt nach Erlass vollzogen werden. Um eine wirksame Kontrolle des Richters über die Ermittlungsbehörden sicherzustellen, muss die geplante Durchsuchung allerdings vom Richter nach der aktuellen Sachlage beurteilt werden. Wird der **zeitliche Abstand zwischen der richterlichen Entscheidung und der Vollziehung des Beschlusses** zu groß, so besteht die Gefahr, dass die für die richterliche Entscheidung maßgebliche Entscheidungsgrundlage nicht mehr den tatsächlichen Gegebenheiten entspricht. Die Vollstreckung einer Durchsuchungsanordnung wird folglich unzulässig, wenn sie später als 6 Monate nach dem Erlass des Durchsuchungsbeschlusses erfolgt (BVerfG 27.5.1997, BVerfGE 96, 44; LG Braunschweig 21.2.2007, StraFo 2007, 288; Radtke/Hohmann/*Ladiges* StPO § 105 Rn. 25; Meyer-Goßner/Schmitt/*Köhler* StPO § 105 Rn. 8a; vgl. aber auch LG Zweibrücken 23.9.2002, NJW 2003, 156, wonach die Überschreitung der 6-monatigen Frist um 2 Tage unschädlich sein soll), oder wenn sich die Ermittlungslage derart geändert hat, dass sie eine Durchsuchung nicht mehr gerechtfertigt erscheinen lässt (BVerfG 26.6.2005, StraFo 2005, 377; LG Leipzig 6.6.2008, StraFo 2008, 294; Meyer-Goßner/Schmitt/*Köhler* StPO § 105 Rn. 8a).

70 Ein **Anwesenheitsrecht** hat der Beschuldigte nicht, als Inhaber der Räumlichkeiten ist er jedoch nach § 106 I 1 StPO berechtigt, der Durchsuchung beizuwohnen (vgl. auch

Rengier NStZ 1981, 375). Der Verstoß gegen dieses Recht begründet jedoch kein Beweisverwertungsverbot (BGH 31.1.2007, NJW 2007, 930). Der Verteidiger und der Steuerberater haben hingegen kein Recht, der Durchuchung beizuwohnen. Ihnen kann die Anwesenheit jedoch gestattet werden. Wurde ein Betriebsprüfer zuvor an die Steuerfahndungsstelle abgeordnet, kann er auch bei der Durchsuchung hinzugezogen werden. Unter den Voraussetzungen des § 105 II 1 StPO ist außerdem die Anwesenheit von **Durchsuchungszeugen** vorgeschrieben, um einem möglichen Fehlverhalten der Durchsuchungsbeamten vorzubeugen und gleichzeitig diese vor unberechtigten Vorwürfen zu schützen (BGH 9.5.1963, NJW 1963, 1461). Die Zuziehung eines Zeugen ist zB nicht erforderlich, wenn hierdurch ein Zeitverlust entsteht, der den Erfolg der Durchsuchung gefährdet (BGH 15.10.1985, NStZ 1986, 84). Der Betroffene kann auf die Zuziehung verzichten, nicht hingegen die Durchsuchungsbeamten (KK-StPO/*Bruns* StPO § 105 Rn. 14; RKR/*Grommes* AO § 399 Rn. 86). Wie sich aber aus dem Sinn und Zweck der Zuziehung von Zeugen ergibt, hat der Verzicht des Betroffenen nicht zur Folge, dass die Zuziehung von Zeugen unterbleiben muss. Vielmehr steht die Zuziehung im Ermessen der zuständigen Beamten, wenn ein Verzicht des Betroffenen vorliegt (KK-StPO/*Bruns* StPO § 105 Rn. 14; Löwe/Rosenberg/*Tsambikakis* StPO § 105 Rn. 118). Ein Verstoß gegen § 105 II 1 StPO begründet kein Beweisverwertungsverbot (BVerfG 1.3.2002, NStZ 2002, 371; BGH 31.1.2007, NJW 2007, 930; Klein/*Jäger* AO § 399 Rn. 41).

Das Recht des Betroffenen, seinen **Verteidiger** (telefonisch) von der Ermittlungshandlung zu unterrichten, darf nur beschnitten werden, soweit der Verteidiger der Beteiligung an der Straftat verdächtig ist (→ Rn. 51 und § 138a StPO) oder *konkrete* Anhaltspunkte bestehen, dass die Benachrichtigung zu einer Störung der Durchsuchung führen würde. Nur unter diesen Voraussetzungen kann dem Verteidiger die Anwesenheit in den Räumlichkeiten des Beschuldigten während der Durchsuchung verwehrt werden (ähnl. *Rengier* NStZ 1981, 375). 71

Die von § 102 StPO ebenfalls umfasste **Durchsuchung der Person** ist die aktive Suche nach Beweisgegenständen unter der Kleidung, am Körper und in natürlichen Körperöffnungen des Betroffenen, die ohne medizinische Hilfsmittel einzusehen sind (OLG Celle 5.11.1996, NdsRpfl 1997, 163; Radtke/Hohmann/*Ladiges* StPO § 102 Rn. 13; Meyer-Goßner/Schmitt/*Köhler* StPO § 102 Rn. 9). Sie ist im Hinblick auf die geringe Größe von Datenträgern (USB-Sticks, Speicherkarten usw.) idR unabdingbar und in nahezu jedem Durchsuchungsbeschluss mit angeordnet. Die eigentliche, über die abgelegte Kleidung hinausgehende körperliche Durchsuchung soll aufgrund der möglichen Verletzung des Schamgefühls gem. § 81d I 1 StPO durch eine im Verhältnis zum Betroffenen gleichgeschlechtliche Person oder einen Arzt erfolgen. Auf Wunsch der zu durchsuchenden Person soll ferner gem. § 81d I 3 StPO eine weitere Person ihres Vertrauens hinzugezogen werden. Wird ein diesbezüglicher Wunsch geäußert, so ist bis zum Eintreffen dieser Person zu warten, sofern dies in einem vertretbaren zeitlichen Rahmen liegt. Die körperliche Untersuchung des Beschuldigten richtet sich hingegen nach § 81a StPO, wird im Steuerstrafverfahren aber idR allenfalls bei verschluckten Beweismitteln relevant sein. 72

Der Durchsuchungsbeschluss berechtigt nur zu einer **einmaligen, einheitlichen Durchsuchung** (vgl. aber → Rn. 75), die allerdings mit Pausen (zB während der Nachtzeit) durchgeführt werden kann (BGH 5.2.1989, NStZ 1989, 375; Radtke/Hohmann/*Ladiges* StPO § 105 Rn. 33). Die **Durchsuchung endet** mit der diesbezüglichen Mitteilung des Einsatzleiters ggü. dem Betroffenen oder indem die Beamten den Durchsuchungsort verlassen, wenn sie nicht ihren Willen deutlich machen, die Durchsuchung nur kurzfristig zu unterbrechen (Radtke/Hohmann/*Ladiges* StPO § 105 Rn. 34; *Rengier* NStZ 1981, 372). Damit ist der Durchsuchungsbeschluss verbraucht, so dass es für eine erneute Durchsuchung eines erneuten Beschlusses oder einer erneuten Anordnung wegen Gefahr im Verzug bedarf (BVerfG 12.2.2004, StV 2004, 633). Der Durchsuchungsbeschluss ist ebenso verbraucht, wenn der Betroffene die gesuchten Beweismittel freiwillig 73 herausgibt und freiwillig die Einsichtnahme gewährt (Radtke/Hohmann/*Ladiges* StPO § 105 Rn. 33; *Rengier* NStZ 1981, 372).

74 Die Durchsuchung ist jedoch im Fall der **Durchsicht der vorgefundenen Papiere gem. § 110 I StPO** noch nicht abgeschlossen, da es sich dabei noch um einen Teil der Durchsuchung handelt. Die StA bzw. in selbständigen Verfahren die BuStra sowie die Steufa (gem. § 404 S. 2 AO iVm § 110 I StPO, vgl. dazu → § 404 Rn. 94 ff.) haben das Recht, bei der Durchsuchung aufgefundene Papiere daraufhin durchzusehen, ob sie als Beweismittel in Betracht kommen und ein Antrag auf Beschlagnahme gestellt werden soll. Der Vorschrift unterfallen gem. § 110 III StPO auch auf Speichermedien befindliche Daten (vgl. Nr. 69 I AStBV (St) 2020). Wird bei der Durchsicht festgestellt, dass es sich um beschlagnahmefreie Unterlagen handelt, so sind sie umgehend ungelesen zurückzugeben (BVerfG 30.1.2002, NJW 2002, 1410; KK-StPO/*Bruns* StPO § 110 Rn. 4; vgl. aber auch OLG Stuttgart 26.3.2016, wistra 2018, 402). Es besteht hingegen kein Anspruch auf richterliche Prüfung während der in Form der Durchsicht fortgesetzten Durchsuchung, ob es sich um beschlagnahmefreie Papiere handelt (LG Oldenburg 7.2.2002, PStR 2002, 95; Klein/*Jäger* AO § 399 Rn 38; RKR/*Grommes* AO § 399 Rn. 89). Die Ermittler dürfen im Wege der Sicherstellung die Unterlagen zur Durchsicht mitnehmen, wenn **aufgrund der Menge oder Beschaffenheit eine Durchsicht vor Ort nicht möglich** ist. Abgeschlossen ist die Durchsuchung in derartigen Fällen erst mit Rückgabe der Papiere (BGH 13.8.1973, NJW 1973, 2035). Die Durchsicht muss jedoch nicht binnen sechs Monaten abgeschlossen sein, da es in dieser Phase zu keinem weiteren – am aktuellen Sachverhalt zu messenden – Eingriff in Art. 13 GG kommt, denn die bloße Fortdauer des Sachentzugs birgt nicht die Gefahr, dass der Richtervorbehalt verletzt wird (BVerfG 30.1.2002, NStZ 2002, 377; BGH 5.8.2003, NStZ 2003, 670; KK-StPO/*Bruns* StPO § 110 Rn. 9). Das bedeutet jedoch nicht, dass während der Durchsicht noch jederzeit Durchsuchungsmaßnahmen auf der Grundlage der ursprünglichen Anordnung durchgeführt werden können (Radtke/Hohmann/*Ladiges* StPO § 105 Rn. 34).

75 Ob **Mehrfachdurchsuchungsbeschlüsse** zulässig sind, ist umstritten (vgl. LG Hamburg 5.5.2003, wistra 2004, 36 m. Anm. *Webel*). Will die Strafsachenstelle zur Aufklärung zurückliegender Straftaten im gewerblichen Bereich eine Durchsuchung durchführen mit dem Ziel, die aktuellen Kassenbestände bzw. Umsätze der Gegenwart zu ermitteln, ist dies grundsätzlich zulässig, weil aus der Relation zwischen Wareneinsatz und Umsatz der Gegenwart auch Schlüsse für vergangene Zeiträume möglich sind (*Webel* wistra 2004, 37). Die von einigen Landgerichten für zulässig erachtete Anordnung mehrerer Durchsuchungen in einem Beschluss (vgl. zB LG Münster 5.2.2003, PStR 2003, 125, weitere Nachweise bei *Webel* wistra 2004, 36) ist zwar in der StPO nicht ausdrücklich vorgesehen, aber mit dem Wortlaut des § 105 StPO vereinbar. Der Eingriff in Art. 13 GG ist zwar intensiver als bei einer einzelnen Durchsuchung, jedoch geringer als bei mehreren einzelnen Beschlüssen. Deshalb dürfte ein entsprechendes Vorgehen zulässig sein (ebenso Klein/*Jäger* AO § 399 Rn 36; RKR/*Grommes* AO § 399 Rn. 67; aA Meyer-Goßner/Schmitt/*Köhler* StPO § 105 Rn. 14), wenn im Einzelfall beachtet wird, dass ein Durchsuchungsbeschluss nicht mehr vollzogen werden darf, wenn sich die Ermittlungslage derart geändert hat, dass sie eine Durchsuchung nicht mehr gerechtfertigt erscheinen lässt (vgl. → Rn. 69).

76 **Die Nachschau** (bundesrechtlich § 27b UStG, § 42g EStG, §§ 146b und 210 AO sowie landesrechtliche Nachschauen) ist neben der Durchsuchung denkbar, da sie zur *Steueraufsicht* gehört. Gegen den Beschuldigten dürfen jedoch Zwangsmittel zur Durchführung der Nachschau nicht eingesetzt werden (§ 393 I 2 AO; → § 393 Rn. 18 und 24).

77–84 *einstweilen frei*

c) Sicherstellung und Beschlagnahme von Beweismitteln

85 **Sichergestellt** werden können Gegenstände, die als Beweismittel in Betracht kommen können (§ 94 I StPO). Ein Gegenstand kann als **Beweismittel** von Bedeutung sein, wenn nach einer Ex-ante-Prognose die Möglichkeit besteht, dass der Gegenstand geeignet ist, unmittelbar oder mittelbar für die Tat oder ihre Umstände Beweis zu erbringen (BVerfG 13.12.1994, NJW 1995, 2839; BGH 27.6.1997, BGHR StPO § 94, Beweismittel 4; Radtke/Hohmann/*Joecks* StPO § 94 Rn. 9). Im Zeitpunkt der Beschlagnahme ist es hingegen unbedeutend, für welche Beweisführung der Gegenstand im Einzelnen in Betracht kommt und ob er später tatsächlich Beweismittel wird (BGH 27.6.1997, BGHR StPO § 94, Beweismittel 4; KK-StPO/*Greven* StPO § 94 Rn. 7). Es besteht somit ein erheblicher Spielraum für die die Beschlagnahme durchführenden Beamten, so dass bei Durchsuchungen der Steufa idR umfassend alle mit dem Zeitraum der Straftat in Zusammenhang stehenden Unterlagen beschlagnahmt werden, um zB Zu- und Abflüsse (vgl. BVerfG 13.12.1994, wistra 1995, 139), aber auch die Mittelverwendung umfassend untersuchen zu können. Lediglich Unterlagen, die eindeutig in keinem Zusammenhang mit dem verfahrensgegenständlichen Zeitraum stehen, können idR als Beweismittel nicht von Bedeutung sein. Ebenso kommt eine Beschlagnahme von Unterlagen aus strafrechtlich verjährten Zeiträumen nur ausnahmsweise in Betracht, wenn sie Beweisbedeutung für die strafrechtlich unverjährten Zeiträume haben können. Ist dies nicht der Fall, steuerlich nach § 169 II 2 AO jedoch noch keine Verjährung eingetreten, so kann die Finanzbehörde nur nach § 208 I 1 Nr. 3 AO ermitteln (→ § 404 Rn. 36 f., 137).

Neben der Sicherstellung von Beweismitteln ist Sicherstellung im Rahmen der **Einziehung** und der **Unbrauchbarmachung** denkbar (§§ 111 b ff. StPO; Kohlmann/*Hilgers-Klautzsch* AO § 385 Rn. 309).

86 Zu den **sicherzustellenden Gegenständen** gehören auch Grundstücke oder Grundstücksteile sowie Datenträger, EDV-Anlagen und digital gespeicherte Informationen (BVerfG 16.6.2009, BVerfGE 124, 43; Meyer-Goßner/Schmitt/*Köhler* StPO § 94 Rn. 4; Radtke/Hohmann/*Joecks* StPO § 94 Rn. 6 ff.). **Sicherstellung** ist der Oberbegriff für die Beschlagnahme und die anderweitige Herstellung staatlicher Gewalt über den als Beweismittel in Betracht kommenden Gegenstand (Meyer-Goßner/Schmitt/*Köhler* StPO § 94 Rn. 11; Radtke/Hohmann/*Joecks* StPO § 94 Rn. 16). Sicherheit hinsichtlich der Beweisbedeutung ist nicht nötig (OLG München 5.2.1977, NJW 1978, 601). Eine Sicherstellung kann schon dann erfolgen, wenn hinsichtlich der Straftat ein bloßer Anfangsverdacht gegeben ist (BGH 27.6.1997, BGHR StPO § 94, Beweismittel 4; BGH 22.9.1999, BGHR StPO § 94, Beweismittel 5; Meyer-Goßner/Schmitt/*Köhler* StPO § 94 Rn. 8; Kohlmann/*Hilgers-Klautzsch* AO § 385 Rn. 310; SK-StPO/*Wohlers/Greco* StPO § 94 Rn. 15; s. aber auch LG Köln 31.8.1982, StV 1983, 56; LG Köln 25.4.1983, StV 1983, 275).

87 **Wird der Gegenstand nicht freiwillig herausgegeben** oder muss dessen **Herausgabe** nach § 95 II StPO **erzwungen** werden, bedarf es der Beschlagnahme (§ 94 II StPO). **Beschlagnahme** ist die Wegnahme von Gegenständen aus dem Gewahrsam des Eigentümers oder Besitzers und ihre Überführung in amtliche Verwahrung oder sonstige Sicherstellung – zB durch Versiegelung oder Verfügungsverbot – auf Grund ausdrücklicher Anordnung (Kohlmann/*Hilgers-Klautzsch* AO § 385 Rn. 318; zu den Möglichkeiten einer Sicherstellung in anderer Weise Meyer-Goßner/Schmitt/*Köhler* StPO StPO § 94 Rn. 16). Die Anordnung der Beschlagnahme nach § 98 StPO und deren Vollstreckung gem. § 36 II StPO können zusammentreffen. Regelmäßig erfolgt das dienstliche Inbeschlagnehmen durch Überführung in amtlichen Gewahrsam, indem der Gegenstand in den Besitz der StA bzw. der Bußgeld- und Strafsachenstelle oder einer von ihr beauftragten Stelle – insbes. der Steuerfahndung – überführt wird (Meyer-Goßner/Schmitt/*Köhler* StPO § 94 Rn. 15).

88 **Eine Beschlagnahme erfolgt in der Regel auf Anordnung des Richters** (§ 98 I StPO), der ein Antrag der Finanzbehörde zugrunde liegt (→ Rn. 11). Der im Ermittlungsverfahren zuständige Ermittlungsrichter darf die Beschlagnahme – außer im Fall des § 165 StPO – nur auf Antrag der StA bzw. im selbständigen Verfahren der BuStra anordnen, und nicht über deren Antrag hinausgehen (LG Kaiserslautern 19.3.1981, NStZ 1981, 438; Meyer-Goßner/Schmitt/*Köhler* StPO § 98 Rn. 4). Die Steuerfahndung darf einen Beschlagnahmebeschluss nicht beantragen (→ Rn. 11). Zuständig für die richterliche Anordnung der Beschlagnahme in Verfahren nach § 399 I AO ist der Ermittlungsrichter (§§ 162, 169 StPO). Jedoch kann die Finanzbehörde – oder die Steuerfahndung gem. § 404 AO iVm § 399 II 2 AO bzw. jeder im Finanzamt tätige Finanzbeamte gem. § 399 II 2 AO – bei Gefahr im Verzuge die Beschlagnahme selbstständig anordnen (§ 98 I 1 Hs. 2 StPO; zur Gefahr im Verzug → Rn. 60 ff.). Ggf. ist dann der Richter zu informieren (§ 98 II 1 StPO). Zu den inhaltlichen Anforderungen an einen Antrag vgl. LG Chemnitz 15.1.1999, wistra 1999, 154, zu denen eines Durchsuchungsbeschlusses → Rn. 56 f.

89 Die **Zuständigkeit der Ermittlungspersonen** greift nach hM nur bei Unerreichbarkeit der StA ein (Meyer-Goßner/Schmitt/*Köhler* StPO § 98 Rn. 6; KK-StPO/*Greven* StPO § 98 Rn. 11). Nach dem Wortlaut des § 98 I StPO und dem Sinn und Zweck des Richtervorbehalts bzw. seiner Durchbrechung dürfte eine solche Nachrangigkeit hingegen zu verneinen sein (ebenso *Kuhlmann* DRiZ 1978, 240).

90 Im **Antrag auf Beschlagnahmeanordnung** sind – wie auch im späteren Beschluss – die **Gegenstände,** die beschlagnahmt werden sollen, so **konkret zu bezeichnen,** dass keine Zweifel bei den die Beschlagnahme durchführenden Beamten aufkommen kann, welche Gegenstände von der Anordnung erfasst sind, da nur auf diesem Wege der Richter vorab über den Umfang der Beschlagnahme bestimmt (BVerfG 3.9.1991, NStZ 1992, 91; BVerfG 9.11.2001, NStZ 2002, 212). Die Beweismittel sind – zB im Wege einer beispielhaften Aufzählung – so genau zu bezeichnen, dass unzweifelhaft ist, welche Beweisgegenstände von der Maßnahme erfasst sind (OLG Koblenz 19.6.2006, NStZ 2007, 285; LG Frankfurt (Oder) 5.5.2008, StraFo 2008, 330; LG Berlin 15.1.2004, StV 2004, 198). Sammelbezeichnungen sind zulässig, nicht hingegen zB die Anordnung, *alle aufgefundenen Beweismittel* zu beschlagnahmen (BVerfG 3.9.1991, NJW 1992, 551; BVerfG 9.11.2001, NStZ 2002, 212).

91 Darüber hinaus muss sowohl im Antrag als auch im Beschluss der **Tatvorwurf konkretisiert** werden (BVerfG 9.11.2001, NStZ 2002, 212; LG Halle 5.5.2008, wistra 2008, 280) und sie müssen die Feststellung enthalten, dass die zu beschlagnahmenden Gegenstände als Beweismittel benötigt werden (OLG Düsseldorf 4.2.1983, StV 83, 407; Meyer-Goßner/Schmitt/*Köhler* StPO § 98 Rn. 9). Der Beschlagnahmebeschluss ergeht häufig gemeinsam mit dem Durchsuchungsbeschluss (sog. **Kombibeschluss**).

92 **Gefahr ist im Verzuge,** wenn die richterliche Anordnung nicht eingeholt werden kann, ohne dass der Zweck der Maßnahme gefährdet wird (allgM BVerfG 20.2.2001, NJW 2001, 1121; BGH 30.8.2011, wistra 2010, 231; Radtke/Hohmann/*Ladiges* StPO § 105 Rn. 14; vgl. auch → Rn. 60 ff.). Dies ist in der Praxis insbes. der Fall, wenn erst während der Durchsuchung die Möglichkeit besteht, zu entscheiden, welche Gegenstände zu beschlagnahmen sind, oder andere als die benannten Gegenstände beschlagnahmt werden sollen. Die Anordnung erfolgt dann idR mündlich, sie muss jedoch grundsätzlich später in den Akten dokumentiert werden (OLG Karlsruhe 3.7.1981, Justiz 1981, 482; Meyer-Goßner/Schmitt/*Köhler* StPO § 98 Rn. 8; vgl. auch → Rn. 93). Auslegung und Anwendung des Begriffs „Gefahr im Verzug" unterliegen jedoch einer **unbeschränkten gerichtlichen Kontrolle** (BVerfG 20.2.2001, BVerfGE 103, 142). Nach Ansicht des BVerfG ist der Begriff in Art. 13 II GG eng auszulegen. Sollte die Einschaltung eines Richters nicht möglich sein, muss die „Gefahr im Verzuge" mit Tatsachen begründet werden, die auf den **Einzelfall** bezogen sind. Reine Spekulationen, hypothetische Erwägungen oder lediglich auf kriminalistische Alltagserfahrung gestützte, fallunabhängige Vermutungen reichen nicht aus. Die entsprechenden Erwägungen müssen dokumentiert werden. Eine wirksame gerichtliche Nachprüfung der Annahme von „Gefahr im Verzug" setzt voraus, dass sowohl das Ergebnis als auch die Grundlagen der Entscheidung **in unmittelbarem zeitlichen Zusammenhang** mit der Durchsuchungsmaßnahme in den Ermittlungsakten dargelegt werden. Diese zu § 105 StPO ergangene Rechtsprechung ist auf andere gesetzliche Fälle der Gefahr im Verzug zu übertragen (*Amelung* NStZ 2001, 337, 342; *Müller/Trurnit* StraFo 2008, 146). Vgl. des Weiteren zur Gefahr im Verzug → Rn. 60 ff.

Auch im Rahmen von Beschlagnahmen ist das **Verhältnismäßigkeitsprinzip** zu 93
beachten. Die Beschlagnahme muss somit nicht nur zur Erreichung des verfolgten Zwecks
geeignet und erforderlich sein, sondern sie muss auch in einem angemessenen Verhältnis
zur Schwere des Tatvorwurfs und zum Grad des Tatverdachts stehen (BVerfG 5.8.1966,
BVerfGE 20, 162, 186; BVerfG 11.7.2008, NJW 2009, 281; BVerfG 11.1.2016, NJW
2016, 1645; BVerfG 10.11.2017, NJW 2018, 1240; BGH 13.11.1997, BGHSt 43, 300;
KK-StPO/*Greven* StPO § 94 Rn. 13). Als mildere Maßnahme kommt u. a. ein **Auskunftsverlangen** (etwa ggü. Banken oder Behörden) in Betracht, so dass in entsprechenden Fällen die Beschlagnahme nicht erforderlich und folglich unzulässig ist
(OLG Köln 31.2.1982, StV 1983, 56; Radtke/Hohmann/*Joecks* StPO § 94 Rn. 23).
Auch das **Herausgabeverlangen** nach § 95 StPO kann insbes. im Fall von Durchsuchungen nach § 103 StPO ein milderes Mittel darstellen, da auf diesem Wege ggf. eine
Durchsuchung vermieden werden kann (Radtke/Hohmann/*Joecks* StPO § 94 Rn. 231;
RKR/*Grommes* AO § 399 Rn. 97). Ebenso ist bei Urkunden zu prüfen, ob die Anfertigung von Fotokopien genügt (BVerfG 11.7.2008, NJW 2009, 281; OLG München
5.12.1977, NJW 1978, 601). Ist die Originalurkunde als Beweismittel unentbehrlich, so
ist es jedoch nicht erforderlich, dem Betroffenen kostenlos **Fotokopien** zur Verfügung zu
stellen, sondern es reicht aus, wenn ihm gestattet wird, Kopien auf eigene Kosten
anfertigen zu lassen (LG Aachen 31.5.1989, MDR 1989, 1014; KK-StPO/*Greven* StPO
§ 94 Rn. 13). Werden größere Aktenmengen beschlagnahmt, so gebietet der Grundsatz
der Verhältnismäßigkeit die zügige Durchsicht und die sukzessive und zeitnahe Rückgabe
der nicht mehr benötigte Unterlagen an den Betroffenen (LG Koblenz 30.3.2021, wistra
2022, 41; LG Dresden 18.10.2002, NStZ 2003, 567; Radtke/Hohmann/*Joecks* StPO
§ 94 Rn. 26).

Im Gegensatz zur Beschlagnahme kann die **Sicherstellung** auch **formlos** (durch Real- 94
akt) erfolgen, wenn der Gewahrsamsinhaber die Sache ausdrücklich oder stillschweigend
freiwillig zur Verfügung stellt oder ein Gewahrsamsinhaber nicht bekannt ist (Radtke/
Hohmann/*Joecks* StPO § 94 Rn. 15; Meyer-Goßner/Schmitt/*Köhler* StPO § 94 Rn. 12).
Damit die **Herausgabe freiwillig** ist, ist es erforderlich, dass der Gewahrsamsinhaber
weiß, dass eine Pflicht zur Herausgabe nicht besteht, eine diesbezügliche Belehrung soll
allerdings nicht erforderlich sein (Radtke/Hohmann/*Joecks* StPO § 94 Rn. 15; Meyer-
Goßner/Schmitt/*Köhler* StPO § 94 Rn. 12). Aus welchem Grund die Herausgabe erfolgt –
zB zur Abwendung einer Durchsuchung und Beschlagnahme – ist ohne Bedeutung
(Radtke/Hohmann/*Joecks* StPO § 94 Rn. 15; Meyer-Goßner/Schmitt/*Köhler* StPO § 94
Rn. 12). Steht eine Sache im Gewahrsam mehrerer **Mitgewahrsamsinhaber,** müssen alle
Mitgewahrsamsinhaber in die Sicherstellung einwilligen; ist einer der Mitgewahrsamsinhaber allein verfügungsberechtigt, genügt dessen Einverständnis. Bei Minderjährigen ist das
Einverständnis des gesetzlichen Vertreters erforderlich (KK-StPO/*Greven* StPO § 94
Rn. 15; Meyer-Goßner/Schmitt/*Köhler* StPO § 94 Rn. 12).

Umstritten ist, ob der Widerruf des Einverständnisses als Antrag gem. § 98 II 2 StPO
(→ Rn. 356 f.) anzusehen ist (bejahend für die hM Meyer-Goßner/Schmitt/*Köhler* StPO
§ 94 Rn. 12; SK-StPO/*Wohlers*/*Greco* StPO § 94 Rn. 9; zu Recht zweifelnd Radtke/
Hohmann/*Joecks* StPO § 94 Rn. 16; verneinend Löwe/Rosenberg/*Menges* StPO § 94
Rn. 38).

Die Durchsicht von Papieren steht der FinB gemäß § 110 StPO auch ohne Zu- 95
stimmung des Berechtigten zu. Nach § 404 S. 2 AO haben auch die Beamten der
Steuerfahndung – abw. von § 110 II StPO – dieses Recht. Ein Recht der Verteidigung
oder des Beschuldigten zur Beteiligung bei der Durchsicht von Papieren besteht nicht
(OLG Koblenz 30.3.2021, wistra 2022, 41; OLG Jena 20.11.2000, NJW 2001, 1240; aA
Buchholz NZWiSt 2021, 369). Vgl. zur Durchsicht von Papieren umfassend → Rn. 74
sowie → § 404 Rn. 94 ff. Zur Durchsicht bei EDV-Anlagen → Rn. 139 ff.

einstweilen frei **96–99**

d) Herausgabepflichten

100 Nach § 95 I StPO sind **Gegenstände, die als Beweismittel für die Untersuchung von Bedeutung sein können,** auf Anforderung herauszugeben. Ein bedeutsamer Fall ist die Herausgabe von Geschäftsunterlagen, etwa durch Banken (vgl. Klein/*Jäger* AO § 399 Rn. 48). Insoweit gelten keinerlei Einschränkungen aufgrund des **„Bankgeheimnisses".** Der Gesetzgeber hatte versucht, durch § 30a AO (Steuerreformgesetz 1990 v. 25.7.1988, BGBl. I 1093; Text vgl. → 8. Aufl. § 404 Rn. 68) wirtschaftlichen Interessen Rechnung zu tragen und dem besonderen Vertrauensverhältnis zwischen den Kreditinstituten und ihren Kunden einen gewissen Schutz zukommen zu lassen. Ein „Bankgeheimnis", das über die zivilrechtliche Verschwiegenheitspflicht der Banken hinausgehend die Geschäftsverbindung auch gegenüber staatlichen Stellen abschirmte, wurde damit allerdings schon damals nicht statuiert (*Miebach* 1999, S. 24 ff.). Durch die **Aufhebung des § 30a AO** durch das Gesetz zur Bekämpfung der Steuerumgehung und zur Änderung weiterer steuerlicher Vorschriften (Steuerumgehungsbekämpfungsgesetz) v. 23.6.2017 (BGBl. I 1682) hat der Gesetzgeber mit Wirkung vom 25.6.2017 klargestellt, dass Kreditinstitute bei der Mitwirkung zur Aufklärung des steuerlichen Sachverhalts gegenüber den Finanzbehörden dieselben Rechte und Pflichten haben wie andere auskunftspflichtige Personen, die keine gesetzliche Verschwiegenheitspflicht beachten müssen (BT-Drs. 18/11132, 23). Es bestehen folglich keine Besonderheiten mehr im Fall von Bankersuchen (*Tormöhlen* AO-StB 2019, 25), so dass es auch im Hinblick auf Herausgabeverlangen gegenüber inländischen Kreditinstituten keine Einschränkungen gibt (→ § 404 Rn. 65 f.; ebenso KG 23.8.1988, NStZ 1989, 192; LG Lübeck 3.2.2000, NJW 2000, 3148; KK-StPO/*Greven* StPO § 95 Rn. 2; vgl. auch LG Limburg 18.2.2019, NZWiSt 2019, 158, 159).

101 Das Herausgabeverlangen kann **schriftlich oder mündlich** gestellt werden (KG 23.8.1988, NStZ 1989, 192; RKR/*Grommes* AO § 399 Rn. 102). Bei einer Weigerung können **Ordnungs- und Zwangsmittel** durch das Gericht festgesetzt werden (§ 95 II 1 StPO), wenn der Gewahrsam des Betroffenen feststeht, er weiß, dass er Gewahrsam hat, und er die Herausgabe des Gegenstandes unberechtigt verweigert (Meyer-Goßner/Schmitt/*Köhler* StPO § 95 Rn. 9). Insoweit wird jedoch keine Zuständigkeit der StA oder Bußgeld- und Strafsachenstelle zur Festsetzung eines Ordnungs- oder Zwangsmittels durch § 161a StPO begründet (KK-StPO/*Greven* StPO § 95 Rn. 4). Das Herausgabeverlangen kann mit einem Durchsuchungs- und Beschlagnahmebeschluss verbunden sein (LG München I 15.3.1968, DStZ/B 264).

102 Herausgabepflichtig ist der den Gewahrsam inhabende Zeuge (KK-StPO/*Greven* StPO § 95 Rn. 2; Meyer-Goßner/Schmitt/*Köhler* StPO § 95 Rn. 4), auch wenn es sich bei ihm um den **Insolvenzverwalter** handelt (LG Dresden 27.11.2013, NZI 2014, 236; LG Saarbrücken 2.2.2010, NStZ 2010, 534; SK-StGB/*Wohlers/Greco* StPO § 95 Rn. 10). Es ist nicht erforderlich, dass der Eigentümer Gewahrsamsinhaber ist oder der Herausgabe zustimmt. Bei **juristischen Personen** besteht die Herausgabepflicht für deren Organe (LG Limburg 18.2.2019, NZWiSt 2019, 158; Löwe/Rosenberg/*Menges* StPO § 95 Rn. 13). Der Beschuldigte ist hingegen auch dann nicht zur Herausgabe verpflichtet, wenn er den Alleingewahrsam an dem Gegenstand hat, da er nach dem nemo-tenetur-se-ipsum-accusare-Grundsatz nicht verpflichtet ist, durch die Herausgabe von Gegenständen, die als Beweismittel gegen ihn von Bedeutung sein könnten, an seiner eigenen Überführung mitzuwirken (KK-StPO/*Greven* StPO § 95 Rn. 3; Meyer-Goßner/Schmitt/*Köhler* StPO § 95 Rn. 5; SK-StGB/*Wohlers/Greco* StPO § 95 Rn. 10). Aus Verhältnismäßigkeitsgründen sollte jedoch in geeigneten Fällen auch dem Beschuldigen die Möglichkeit eingeräumt werden, eine Durchsuchung auf diese Weise abzuwenden (Meyer-Goßner/Schmitt/*Köhler* StPO § 95 Rn. 5; RKR/*Grommes* AO § 399 Rn. 102). Soweit ein Gegenstand nach § 97 StPO beschlagnahmefrei ist (→ Rn. 111 ff.), kann die Herausgabe nicht erzwungen werden (KK-StPO/*Greven* StPO § 95 Rn. 2).

Das Herausgabeverlangen kann unstrittig jedenfalls stellen, wer im konkreten Fall auch zur Anordnung der Beschlagnahme befugt ist (KK-StPO/*Greven* StPO § 95 Rn. 3; Meyer-Goßner/Schmitt/*Köhler* StPO § 95 Rn. 2; *Schäfer* wistra 1983, 102). Umstritten ist, ob auch **StA bzw. BuStra und Ermittlungspersonen** dazu in Fällen befugt sind, in denen keine Gefahr im Verzuge gegeben ist. Teilweise wird dies verneint, da die Beschlagnahme ohne Vorliegen von Gefahr im Verzug dem Richtervorbehalt unterliege (KG 23.8.1988, NStZ 1989, 192; LG Düsseldorf 8.1.1993, wistra 199; LG Stuttgart 19.11.1991, NStZ 1992, 249; LG Bonn 11.1.1982, NStZ 1983, 326 m. abl. Anm. *Kurth* aaO und abl. Anm. *Schäfer* wistra 1983, 102; *Braczyk* wistra 1993, 57; Löwe/Rosenberg/*Menges* StPO § 95 Rn. 20; Kohlmann/*Hilgers-Klautzsch* AO § 385 Rn. 314 f. mwN). Diese Ansicht übersieht jedoch, dass mit dem Herausgabeverlangen keine Beeinträchtigung der Rechtsstellung des Betroffenen verbunden ist und die Entscheidung über die Ordnungs- und Zwangsmittel – und damit auch über die Rechtmäßigkeit des Herausgabeverlangens – in jedem Fall nur beim Gericht liegt. Da ferner der Richtervorbehalt ausdrücklich nur für § 98 I StPO gilt, sind StA bzw. BuStra und deren Ermittlungspersonen unabhängig vom Vorliegen von Gefahr im Verzug immer berechtigt, wirksame Herausgabeverlangen zu stellen (LG Koblenz 31.10.2001, wistra 2002, 359; LG Gera 30.9.1999, NStZ 2001, 276; LG Halle 6.10.1999, NStZ 2001, 276; LG Lübeck 3.2.2000, NJW 2000, 3148; Radtke/Hohmann/*Joecks* StPO § 95 Rn. 7; KK-StPO/*Greven* StPO § 95 Rn. 3; Meyer-Goßner/Schmitt/*Köhler* StPO § 95 Rn. 2; RKR/*Grommes* AO § 399 Rn. 102; *Bittmann* wistra 1990, 327; *Klinger* wistra 1991, 17; *Schäfer* wistra 1983, 102). **103**

Wird zu Unrecht ein Zwangsmittel gegen eine Person eingesetzt, die das Recht zur Zeugnisverweigerung (§§ 52 ff. StPO) hat, dann darf das nach § 97 StPO nicht der Beschlagnahme unterliegende Beweismittel nach der Herausgabe nicht verwertet werden (hM, vgl. Löwe/Rosenberg/*Menges* StPO § 95 Rn. 37; KK-StPO/*Greven* StPO § 95 Rn. 7; Meyer-Goßner/Schmitt/*Köhler* StPO § 95 Rn. 11; SK-StGB/*Wohlers/Greco* StPO § 95 Rn. 39; KMR-StPO/*Müller* StPO vor § 94 Rn. 22; s. auch → § 393 Rn. 57 ff. und jetzt § 160a I 2 StPO). Unterliegen die Beweisgegenstände hingegen der Beschlagnahme, so gelten die Grundsätze des hypothetischen Ersatzeingriffs (→ Rn. 218; KK-StPO/*Greven* StPO § 95 Rn. 7; KMR-StPO/*Müller* StPO vor § 94 Rn. 22; weiter Meyer-Goßner/Schmitt/*Köhler* StPO § 95 Rn. 11). Wird unzulässig Zwang ausgeübt, obwohl die Weigerung nach § 55 StPO berechtigt ist, so begründet dies kein Verwertungsverbot zugunsten des Beschuldigten, da § 55 StPO nicht den Rechtskreis des Beschuldigten schützt (KK-StPO/*Greven* StPO § 95 Rn. 7; Meyer-Goßner/Schmitt/*Köhler* StPO § 95 Rn. 11; aA SK-StGB/*Wohlers/Greco* StPO § 95 Rn. 39). Etwas anderes gilt nur, wenn der Zeuge selbst zum Beschuldigten wird. **104**

einstweilen frei **105–109**

e) Grenzen der Beschlagnahme

In einigen Fällen unterliegen Durchsuchung und Beschlagnahme engeren Grenzen. Dies gilt insbes. für beschlagnahmefreie Gegenstände. Die jeweiligen Beschlagnahmeverbote können sich aus § 97 StPO oder ausnahmsweise unmittelbar aus dem Grundgesetz ergeben. Vgl. ferner → Rn. 161 ff. **110**

aa) Beschlagnahmefreie Gegenstände. Grundrechtliche Beschlagnahmeverbote bestehen insbes., wenn die spätere Verwertung Grundrechte verletzen würde (BVerfG 31.1.1973, BVerfGE 34, 238; BVerfG 12.4.2005, NJW 2005, 1922; BGH 13.11.1997, BGHSt 43, 300). Es handelt sich insoweit um Ausnahmen, die vor allem im Hinblick auf den Schutz des allgemeinen Persönlichkeitsrechts aus Art. 2 I iVm Art. 1 I GG in Frage kommen (BVerfG 27.10.2003, NStZ-RR 2004, 83). So können zB Tagebuchaufzeichnungen im Kernbereich privater Lebensgestaltung liegen, der aufgrund seiner Nähe zur Menschenwürde einem staatlichen Zugriff – und damit auch der Beschlag- **111**

nahme – absolut entzogen ist. Die ggf. in den Schutzbereich des allgemeinen Persönlichkeitsrechts eingreifende Beschlagnahme von Tagebüchern ist folglich unzulässig, wenn eine Verwertung des gesamten Inhaltes von vornherein ausgeschlossen ist (zutreffend Meyer-Goßner/Schmitt/*Köhler* StPO § 94 Rn. 20; RKR/*Grommes* AO § 399 Rn. 119; Löwe/Rosenberg/*Menges* StPO § 94 Rn. 87). Insoweit ist allerdings nicht die Form der Niederschrift maßgeblich, sondern es ist nach deren Inhalten, dh nach dem Vorliegen eines Geheimhaltungswillens und danach, ob das Niedergeschriebene einen höchstpersönlichen Charakter hat, zu differenzieren (vgl. auch BVerfG 26.6.2008, StraFo 2008, 421; BVerfG 17.11.2007, BeckRS 2007, 28275).

112 **Nach § 97 StPO unterliegen bestimmte Gegenstände nicht der Beschlagnahme.** Das Beschlagnahmeverbot knüpft dabei an die Zeugnisverweigerungsrechte nach den §§ 52, 53, 53a StPO an und soll deren Umgehung verhindern. Gegenstand des Beschlagnahmeverbots sind der Schriftverkehr zwischen dem Beschuldigten und den nach §§ 52, 53, 53a StPO Zeugnisverweigerungsberechtigten sowie Aufzeichnungen oder Erkenntnisse der in §§ 53, 53a StPO genannten Personen. Der Begriff „Beschuldigter" ist dabei weit iSv „Verdächtiger" zu verstehen (*Görtz-Leible* 2000, 224). Auch die Anordnung und Durchführung einer Durchsuchung zur Sicherstellung von Gegenständen, die unter § 97 StPO fallen, sowie deren einstweilige Beschlagnahme nach § 108 I StPO sind unzulässig (vgl. BVerfG 30.11.2021, StraFo 2022, 67).

113 **Neben dem Beschuldigten** müssen von etwaigen Beschlagnahmemaßnahmen solche Personen betroffen sein, denen Zeugnisverweigerungsrechte zustehen (vgl. *Görtz-Leible* 2000, 140 ff.). In Betracht kommt zunächst das Zeugnisverweigerungsrecht des Angehörigen nach § 52 StPO. Bedeutsamer sind im Steuerstrafverfahren die Zeugnisverweigerungsrechte bestimmter Berufsgruppen nach § 53 I Nr. 1–3a StPO. Hierzu gehören namentlich der Verteidiger des Beschuldigten (→ § 392 Rn. 113 ff.; vgl. auch LG Frankfurt 17.12.1992, StV 1993, 351; Schwarz/Pahlke/*Klaproth* AO § 404 Rn. 29), Rechtsanwälte, Notare, Wirtschaftsprüfer, vereidigte Buchprüfer, Steuerberater (BVerfG 30.11.2021, StraFo 2022, 64) und Steuerbevollmächtigte (§ 53 I Nr. 2, 3 StPO) sowie deren Hilfspersonen wie Steuerfachangestellte, Referendare oder Bürogehilfen (§ 53a StPO).

114 **Beschlagnahmefrei** sind schriftliche Mitteilungen zwischen dem Beschuldigten und den in → Rn. 113 genannten Personen. Schriftliche Mitteilungen sind alle Gedankenäußerungen, die ein Absender einem anderen zukommen lässt, damit dieser davon Kenntnis nimmt (BGH 25.2.1998, NJW 1998, 1963; KK-StPO/*Greven* StPO § 97 Rn. 11). Mitteilungen auf Ton- oder Bildträgern stehen den schriftlichen Mitteilungen ebenso gleich wie auch elektronisch gespeicherte Mitteilungen (vgl. BVerfG 30.1.2002, NJW 2002, 1410). Zu den schriftlichen Mitteilungen gehören namentlich auch Briefe, und zwar nicht nur die Originale, sondern auch Fotokopien (Meyer-Goßner/Schmitt/*Köhler* StPO § 97 Rn. 28), Durchschriften und Abschriften. Weiterhin sind beschlagnahmefrei die Aufzeichnungen der in § 53 I Nr. 1–3a StPO Genannten, insbes. des Verteidigers oder des Steuerberaters, soweit sich diese Aufzeichnungen auf vom Beschuldigten anvertraute Mitteilungen beziehen oder aber auf Umstände, auf die sich ihr Zeugnisverweigerungsrecht erstreckt (§ 97 I Nr. 2 StPO). Gemeint sind solche Vermerke usw., die sich auf Umstände beziehen, die dem Berufsträger entweder anvertraut worden oder auch nur zufällig im Rahmen seiner Berufstätigkeit bekannt geworden sind (BGH 18.2.2014, NJW 2014, 1314; Meyer-Goßner/Schmitt/*Schmitt* StPO § 53 Rn. 8 f.). Hieran fehlt es etwa bei Kenntnissen, die der Rechtsanwalt oder Steuerberater in seiner Eigenschaft als Aufsichtsratsmitglied einer Firma erlangt (OLG Celle 13.12.1982, NdsRpfl 1983, 124). Für die Beschlagnahmefreiheit ist es jedoch ohne Bedeutung, ob die Gegenstände vom Beschuldigten, dem Zeugnisverweigerungsberechtigten oder einem Dritten herrühren (OLG Frankfurt 21.6.2005, NStZ-RR 2005, 270; RKR/*Grommes* AO § 399 Rn. 112).

115 Weiterhin sind **beschlagnahmefrei „andere Gegenstände"**, auf die sich das **Zeugnisverweigerungsrecht** iSd § 53 StPO erstreckt (→ Rn. 116 ff.). Andere Gegenstände iSd Auffangtatbestandes § 97 I Nr. 3 StPO sind solche, die im Zusammenhang mit der das

Zeugnisverweigerungsrecht begründenden Berufstätigkeit des Zeugnisverweigerungsberechtigten stehen (Radtke/Hohmann/*Joecks* StPO § 97 Rn. 27). Erfasst werden somit nicht nur solche Gegenstände, die erst im Rahmen des Vertrauensverhältnisses entstanden sind, sondern auch solche, die der Mandant dem Zeugnisverweigerungsberechtigten übergeben hat (Klein/*Jäger* AO § 399 Rn. 53; Meyer-Goßner/Schmitt/*Schmitt* StPO § 53 Rn. 9; *Schreiber* 1993, 53; vgl. auch BGH 8.8.2018, BGHSt 63, 174; LG Fulda 12.10.1999, wistra 2000, 155). Etwas anderes gilt nur dann, wenn die Unterlagen dem Berufsgeheimnisträger nicht im Rahmen eines Beratungsverhältnisses übergeben wurden, sondern praktisch zur „Aufbewahrung" (Klein/*Jäger* AO § 399 Rn. 53; KK-StPO/*Greven* StPO § 97 Rn. 20; → Rn. 128 ff.). Entscheidend ist also der Sinn der Informations*übermittlung* (*Görtz-Leible* 2000, 247).

Nur Gegenstände im Gewahrsam (= in der tatsächlichen Verfügungsmacht) **des** **116** **Zeugnisverweigerungsberechtigten** unterliegen nicht der Beschlagnahme (§ 97 II StPO). Ein Alleingewahrsam des Zeugnisverweigerungsberechtigten ist nicht nötig (BGH 4.8.1964, BGHSt 19, 374; Meyer-Goßner/Schmitt/*Köhler* StPO § 97 Rn. 12). Bei einem Gewahrsam oder Mitgewahrsam des Beschuldigten gilt § 97 I StPO nicht (BVerfG 12.1.2016, NJW 2016, 700 Rn. 76; BGH 21.3.2017, NJW-RR 2017, 684; LG Stuttgart 26.3.2018, wistra 2018, 402; KK-StPO/*Greven* StPO § 97 Rn. 8; Meyer-Goßner/Schmitt/*Köhler* StPO § 97 Rn. 12; zum Sonderfall Syndikusanwalt LG Frankfurt 17.12.1992, StV 1993, 351), selbst dann nicht, wenn sich eine Fotokopie oder gar das Original der entsprechenden Mitteilung usw. im Alleingewahrsam des Verteidigers oder Steuerberaters befindet. Anderes gilt nur für Verteidigerpost; sie darf auch bei dem Beschuldigten nicht beschlagnahmt werden (BGH 24.3.1982, NJW 1982, 2508; KK-StPO/*Greven* StPO § 99 Rn. 12). Unterlagen zu Rechtsanwalts- oder Notaranderkonten dürfen hingegen zwar beim Rechtsanwalt nicht beschlagnahmt werden, sehr wohl jedoch bei der kontoführenden Bank, da – im Gegensatz zu den Erfordernissen des § 97 StPO – der Berufsgeheimnisträger die dortigen Unterlagen nicht im Gewahrsam hat (BVerfG 9.10.1989, wistra 1990, 97; LG Chemnitz 2.7.2001, wistra 2001, 399; Klein/*Jäger* AO § 399 Rn. 58; Meyer-Goßner/Schmitt/*Köhler* StPO § 97 Rn. 12; aA LG Darmstadt 9.6.1989, DNotZ 1991, 560; AG Münster 8.8.1997, StV 1998, 181; *Kretschmer* wistra 2009, 181; vgl. auch → Rn. 163).

Endet der Gewahrsam des Zeugnisverweigerungsberechtigten, besteht das Be- **117** schlagnahmeverbot nicht mehr. Dies gilt jedoch im Rahmen des § 53 StPO nicht, wenn ein Weigerungsberechtigter derselben Kategorie (Rechtsanwalt, Arzt usw.) den Gegenstand erhält, zB wenn Akten einem spezialisierten Rechtsanwalt übergeben werden oder ein Steuerberater seine Kanzlei aufgibt und die Akten auf seinen Nachfolger übergehen (Meyer-Goßner/Schmitt/*Köhler* StPO § 97 Rn. 13). Dies soll auch bei unfreiwilligem Verlust des Gewahrsams gelten (KK-StPO/*Greven* StPO § 97 Rn. 8; vgl. auch BGH 15.12.1976, NJW 1977, 540; Meyer-Goßner/Schmitt/*Köhler* StPO § 97 Rn. 13 mwN; aM Radtke/Hohmann/*Joecks* StPO § 97 Rn. 11). Sofern die Sache an den Zeugnisverweigerungsberechtigten wieder zurückkommt, soll es zulässig sein, den zwischenzeitlichen Inhaber als Zeugen über den Beweisgegenstand und seinen Inhalt zu vernehmen. Es ist aber wenig überzeugend, dass ein gestohlenes Schriftstück, das beim Dieb beschlagnahmt wird, verwertbar ist, während es bei einer Aufbewahrung bei dem Diebstahlsopfer – dem Rechtsanwalt – beschlagnahmefrei war. Folglich dürfte im Fall eines unfreiwilligen Gewahrsamsverlusts des Zeugnisverweigerungsberechtigten von einem Fortbestehen des Beschlagnahmeverbots auszugehen sein.

Werden bei einer Durchsuchung Unterlagen sichergestellt, bei denen streitig ist, ob sie **118** nach § 97 StPO beschlagnahmefrei sind, hat der Betroffene während der Durchsuchung **keinen Anspruch auf Durchsicht der Papiere durch den Ermittlungsrichter** (LG Oldenburg 7.2.2002, PStR 2002, 95; Klein/*Jäger* AO § 399 Rn. 38; RKR/*Grommes* AO § 399 Rn. 89, 115; zur Durchsicht der Papiere → Rn. 74). Anderseits ist es ein *nobile officium* der durchsuchenden Beamten, bei fundierten Einwänden gegen die Beschlagnahmefähigkeit etwa von anwaltlichen Unterlagen diese zu versiegeln und den Richter entscheiden zu lassen, bevor eine entsprechende Durchsicht erfolgt, wenn nicht ausnahmsweise wegen Gefahr im Verzuge eine unverzügliche Auswertung geboten scheint.

119 **Trotz des Gewahrsams ist eine Beschlagnahme möglich,** wenn der **Berufsträger** der Teilnahme oder der Begünstigung, Strafvereitelung, Datenhehlerei oder Hehlerei verdächtig ist oder wenn es sich um Gegenstände handelt, die durch eine Straftat hervorgebracht sind, oder um solche, die zur Begehung einer Straftat gebraucht oder bestimmt sind oder die aus einer Straftat herrühren (§ 97 II 2 StPO). Insoweit gilt der Tatbegriff des § 264 StPO (BGH 23.1.1963, BGHSt 18, 227; RKR/*Grommes* AO § 399 Rn. 113). Ausreichend ist eine rechtswidrige Tat, die schuldhafte Begehung ist nicht erforderlich (Meyer-Goßner/Schmitt/*Köhler* StPO § 97 Rn. 20; SK-StPO/*Wohlers/Greco* StPO § 97 Rn. 38). Es müssen jedoch konkrete Anhaltspunkte für eine entsprechende Beteiligung des Zeugnisverweigerungsberechtigten vorliegen (KK-StPO/*Greven* StPO § 97 Rn. 35; Meyer-Goßner/Schmitt/*Köhler* StPO § 97 Rn. 20). Dass eine Strafvereitelung des Berufsträgers die Rechte des Angeklagten berühren soll, mag angesichts der Schutzrichtung des § 97 II StPO nicht ohne weiteres nachvollziehbar sein, erscheint in der Sache aber zutreffend. In den genannten Fällen ist der Zeugnisverweigerungsberechtigte vorsätzlich in die dem Beschuldigten zur Last gelegte Tat verstrickt, so dass er in seiner durch § 97 iVm §§ 52 ff. StPO geschützten Position nicht mehr schutzwürdig ist. Die in der Vorauflage (→ 8. Aufl. Rn. 51) aufgestellte Anforderung, dass der Angeklagte dahingehend mit dem Berufsträger (kollusiv) zusammengewirkt haben muss, ist zu weitgehend und findet keine Grundlage im Normtext. Überdies ist der Grundsatz der **Verhältnismäßigkeit** von erheblicher Bedeutung (BVerfG 5.5.2008, wistra 2008, 301; siehe auch § 160a II 1 StPO), so dass u. a. je stärker sich die Beschlagnahme auf den Betroffenen auswirkt, desto stärker muss der Verdacht konkretisiert sein (Meyer-Goßner/Schmitt/*Köhler* StPO § 97 Rn. 20; vgl. auch im Folgenden).

120 Angesichts der Beeinträchtigung der Rechte des Beschuldigten durch **Durchsuchungen bei seinem Verteidiger oder Steuerberater** und der insoweit bestehenden Vertrauensbeziehung sind zudem an die Voraussetzungen des Verdachts der Teilnahme äußerst strenge Maßstäbe anzulegen (vgl. § 160a I StPO; *Krekeler* NJW 1977, 1426). Es ist erforderlich, hier – wie bei § 103 StPO – einen Teilnahmeverdacht aufgrund *bestimmter Tatsachen* vorauszusetzen (KK-StPO/*Greven* StPO § 97 Rn. 35; Meyer-Goßner/Schmitt/*Köhler* StPO § 97 Rn. 20; *Krekeler* NJW 1977, 1426; ähnl. Kohlmann/*Hilgers-Klautzsch* AO § 385 Rn. 954; vgl. auch § 160a IV 1 StPO; aM *Görtz-Leible* 2000, 283 ff.). Die § 160a StPO zugrunde liegende gesetzgeberische Wertung lässt jedoch deutlich erkennen, dass weitergehende Einschränkungen wie zB das Erfordernis eines hinreichenden Tatverdachts iSd § 170 I StPO (ablehnend BVerfG 20.5.2010, NJW 2010, 2937), der vorherigen Einleitung eines Ermittlungsverfahrens (ablehnend BT-Drs. 16/6979, 42) oder des vorherigen Ausschlusses des Verteidigers nach §§ 138a ff. StPO (ablehnend BGH 20.10.1982, NStZ 1983, 85; aA Löwe/Rosenberg/*Menges* StPO § 97 Rn. 98) nicht angezeigt sind (wie hier Meyer-Goßner/Schmitt/*Köhler* StPO § 97 Rn. 38). Ein qualifizierter Teilnahmeverdacht dürfte insoweit ausreichend sein (BGH 28.6.2001, NStZ 2001, 604, 606; *Wohlers* JZ 2009, 524). Im jeweiligen Einzelfall verdienen darüber hinaus noch das Ausmaß der Beeinträchtigung der beruflichen Tätigkeit sowie der Schutz der Vertrauensbeziehung (vgl. BVerfG 12.4.2005, BVerfGE 113, 29, 48 ff.) bei der Angemessenheitsprüfung Beachtung (vgl. BVerfG 18.3.2009, NJW 2009, 2518; BVerfG 6.5.2008, NJW 2008, 1937). Darüber hinaus hat das BVerfG im Zusammenhang mit der Strafbarkeit von Strafverteidigern wegen Geldwäsche klargestellt, dass gesteigerte Anforderungen an die subjektive Tatseite auch schon im Zusammenhang mit dem Anfangsverdacht und prozessualen Maßnahmen zu berücksichtigen sind (BVerfG 30.3.2004, BVerfGE 110, 226 zu BGH 4.7.2001, BGHSt 47, 68, 71 ff.). Ergibt sich der Verdacht aus der Einlassung des (mitbeschuldigten) Mandanten, wird dies regelmäßig nicht genügen; dem Mandanten steht es frei, über eine Entbindung von der Verschwiegenheitspflicht (→ Rn. 121) den Zugriff auf die Unterlagen zu ermöglichen. Es ist jedoch unzulässig, eine Sicherstellung durchzuführen, um erst durch die Auswertung der dabei gewonnenen Erkenntnisse möglicherweise einen Tatverdacht gegen den Berufsgeheimnisträger zu begründen und dadurch die Voraussetzungen für § 97 II 2 zu schaffen (BVerfG 30.11.2021, StraFo 2022, 67).

Das Verbot des § 97 StPO ist hinfällig, wenn der Gewahrsamsinhaber die Gegenstände freiwillig herausgibt oder nicht mehr zur Verweigerung des Zeugnisses berechtigt ist. Dies ist in den Fällen des § 53 I Nr. 2–3b StPO der Fall, wenn der **Gewahrsamsinhaber von der Verpflichtung** durch den Berechtigten **entbunden** worden ist und somit für ihn und seine mitwirkenden Personen iSd § 53a StPO eine Aussagepflicht entsteht (str. für Rechtsanwälte und Verteidiger, vgl. BGH 24.11.2009, StraFo 2010, 69; Meyer-Goßner/Schmitt/*Schmitt* StPO § 97 Rn. 45). Eine Ausnahme besteht u. a. für Geistliche (§ 53 II StPO). Sind **mehrere Personen durch die Schweigepflicht geschützt,** so müssen folglich alle Personen den Gewahrsamsinhaber von seiner Schweigepflicht entbinden. Für die Bestimmung derjenigen, die den Berater entbinden müssen, ist auf den tatsächlichen Umfang der Schutzwirkung der Verschwiegenheitspflicht abzustellen (Meyer-Goßner/Schmitt/*Schmitt* StPO § 53 Rn. 46; Radtke/Hohmann/*Otte* StPO § 53 Rn. 40). Dabei sind allerdings die jeweiligen berufsrechtlichen Regelungen zu berücksichtigen, so dass es sich bei Wirtschaftsprüfern insoweit idR nur um den Auftraggeber handelt (BGH 27.11.2020, BGHSt 65, 278).

Zur **Entbindung von Berufsgeheimnisträgern** im Fall, dass der Mandant ausschließlich eine **juristische Person** ist, ist ausschließlich die juristische Person befugt. Folglich müssen für eine GmbH die rechtlichen und faktischen Geschäftsführer die Erklärung abgeben (LG Hamburg 4.7.2005, wistra 2005, 394; AG Bonn 12.3.2010, NStZ 2010, 536), für eine AG der Vorstand. Kommt es zu einem Wechsel in der Geschäftsführung oder dem Vorstand der juristischen Person, muss die Erklärung nur von dem aktuell zuständigen Organ im Namen der juristischen Person abgegeben werden. Die Erklärung der früheren Organwalter ist nicht erforderlich (*Tully/Kirch-Heim* NStZ 2012, 657; Meyer-Goßner/*Schmitt* StPO § 53 Rn. 46a; Klein/*Jäger* AO § 399 Rn. 59b; aA AG Bonn 12.3.2010, NJW 2010, 1390). Folglich ist es für die Entbindung durch einen zwischenzeitlich eingesetzten **Insolvenzverwalter** nicht erforderlich, dass alle gegenwärtigen und ehemaligen (formellen und faktischen) Organmitglieder zustimmen. Sofern die Insolvenzmasse von der Entbindung betroffen sein kann, kann sie wirksam allein durch den Insolvenzverwalter erfolgen (OLG Köln 1.9.2015, NZWiSt 2016, 285; OLG Nürnberg 18.6.2009, NJW 2010, 690; OLG Oldenburg 28.5.2004, NJW 2004, 2176; LG Bonn 13.2.2012, NStZ 2012, 712; LG Hamburg 6.8.2001, NStZ-RR 2002, 12; *Tully/Kirch-Heim* NStZ 2012, 659; Meyer-Goßner/*Schmitt* StPO § 53 Rn. 46b; KK-StPO/*Greven* StPO § 97 Rn. 6; *Madauß* NZWiSt 2013, 262; aA OLG Düsseldorf 14.12.1992, StV 1993, 346; Radtke/Hohmann/*Otte* StPO § 53 Rn. 40). Die Differenzierung nach vertraulichen und nicht vertraulichen Informationen (so OLG Nürnberg 18.6.2009, NJW 2010, 690) weiß hingegen nicht zu überzeugen, da eine entsprechende Differenzierung praktisch kaum möglich sein dürfte.

Die Entbindung von der Schweigepflicht ist allerdings auf das Verfahren beschränkt, in dem sie erteilt wurde, und wirkt von ihrer Erteilung bis zur Rechtskraft des Urteils. Eine im steuerrechtlichen Verfahren erteilte Entbindung gilt somit nicht auch gleichzeitig für das Steuerstrafverfahren. Die Schweigepflichtentbindung kann zwar in analoger Anwendung des § 52 III 2 StPO **widerrufen** werden, so dass die §§ 53, 53a StPO wieder einschlägig sind. Die vorher nach § 97 StPO beschlagnahmten Unterlagen verbleiben jedoch im amtlichen Gewahrsam.

Die **Beschlagnahmefähigkeit von Buchführungsunterlagen** ist umstritten (vgl. Kohlmann/*Hilgers-Klautzsch* AO § 385 Rn. 962 ff.; Radtke/Hohmann/*Joecks* StPO § 97 Rn. 34). Fraglich ist, ob es sich insoweit um „*andere Gegenstände*" iSd § 97 I Nr. 3 StPO mit der Folge handelt, dass sie im Grundsatz beschlagnahmefrei wären (so zB LG Aachen 1.10.1979, MDR 1981, 160; LG München 14.12.1983, NJW 1984, 1191; *Glashoff* StB

1980, 80; *Heilmaier* DStR 1980, 519; *Gülzow* NJW 1981, 265; aA LG Aachen 16.3.1981, MDR 1981, 603; LG Saarbrücken 6.4.1984, wistra 1984, 200; LG Stuttgart 5.8.1983, wistra 1985, 41; LG München I 3.8.1984, wistra 1985, 41; LG Stuttgart 14.9.1987, wistra 1988, 40; LG Darmstadt 18.3.1988, NStZ 1988, 286; KK-StPO/*Greven* StPO § 97 Rn. 15 f.; Klein/*Jäger* AO § 399 Rn. 54; Meyer-Goßner/Schmitt/*Köhler* StPO § 97 Rn. 40; RKR/*Grommes* AO § 399 Rn. 117; *Stypmann* wistra 1982, 13). Im Ergebnis dürfte darauf abzustellen sein, dass § 97 I Nr. 3 StPO nur Gegenstände erfasst, die einen spezifischen Bezug zur das Zeugnisverweigerungsrecht begründenden Tätigkeit des Zeugnisverweigerungsberechtigten aufweisen. Folglich sind die Unterlagen, die noch der Anfertigung von Jahresabschlüssen oder Steuererklärungen dienen, (vorläufig) beschlagnahmefrei.

125 Ebenfalls sind beschlagnahmefrei all die Unterlagen, die die **Grundlage des Beratungsvertrages** zwischen Mandanten und Steuerberater bilden, denn sie sind integraler Bestandteil der durch § 97 StPO geschützten Vertrauensbeziehung (vgl. BGH 20.2.1985, NJW 1985, 2203; vgl. auch BFH 14.5.2002, BStBl. II 2002, 712). Es handelt sich dabei um alle vertragsgegenständlichen Erklärungen – zB Aufstellungen, Anregungen für die Erstellung der Bilanz oder Bilanzentwürfe –, bei denen es sich um Beratungsgrundlagen handelt (zutreffend KK-StPO/*Greven* StPO § 97 Rn. 16). Ob die jeweiligen Unterlagen innerhalb des Vertrauensverhältnisses entstanden sind oder es sich zB um ältere Unterlagen handelt, ist insoweit unbedeutend (LG Fulda 12.10.1999, NJW 2000, 1508).

126 **Beschlagnahmefähig** sind Buchführungsunterlagen, soweit sie **Tatwerkzeuge** *(instrumenta sceleris)* sind (§ 97 II 2 StPO). Dies ist nicht schon dann der Fall, wenn sie nach dem Täterplan bei der Tatausführung *„in breitestem Sinne"* (*Freund* NJW 1976, 2004) Verwendung gefunden haben, etwa Grundlage für die unrichtige Steuererklärung waren. Tatwerkzeuge sind sie nur, soweit sie inhaltlich falsch bzw. manipuliert sind (OLG Hamburg 8.1.1981, MDR 1981, 603; RKR/*Grommes* AO § 399 Rn. 117; *Stypmann* wistra 1982, 13; *Schmitz/Tillmann* S. 70). Allerdings müssen sie bei der Tat Verwendung gefunden haben (vgl. auch Meyer-Goßner/Schmitt/*Köhler* StPO § 97 Rn. 22; *Bauwens* wistra 1985, 182).

127 **Ist der Steuerberater der Teilnahme verdächtig,** ergibt sich die Beschlagnahmefähigkeit der Unterlagen aus § 97 II 2 StPO (→ Rn. 119; zu weit *Gehre* NJW 1977, 710, der den Anfangsverdacht schon bei objektiv unrichtiger Bilanz bejahen will; dagegen zu Recht *Stypmann* wistra 1982, 13 Fn. 16; vgl. auch LG Berlin 14.7.1992, NStZ 1993, 146). Auch hier muss sich der Verdacht auf wissentliche Mitwirkung beziehen oder darauf, dass der bedingt vorsätzlich handelnde Berater sich die Förderung eines erkennbar tatgeneigten Täters angelegen sein ließ (→ Rn. 120; → § 370 Rn. 518 ff.).

128 Die Beschlagnahmefähigkeit dieser Unterlagen ist gegeben, wenn sie der Steuerberater **lediglich aufbewahrt** bzw. Aufgaben übernommen hat, die **nicht steuerliche Beratungstätigkeit** darstellen (→ Rn. 129 f.). Dienen die Unterlagen noch der Anfertigung der Jahresabschlüsse bzw. Steuererklärungen, sind sie (vorläufig) beschlagnahmefrei (LG Berlin 10.11.1976, NJW 1977, 725; LG Hildesheim 21.4.1988, wistra 1988, 327; LG Hamburg 4.7.2005, wistra 2005, 394; LG Dresden 22.1.2007, NJW 2007, 2709; KK-StPO/*Greven* StPO § 97 Rn. 15 f.; Meyer-Goßner/Schmitt/*Köhler* StPO § 97 Rn. 40). Soweit teilweise hiergegen eingewandt wird, die Buchhaltungsunterlagen stünden nicht im Alleingewahrsam des steuerlichen Beraters (LG Aachen 11.10.1984, NJW 1985, 338; *Biermanns* MDR 1981, 102) ist dies eine bloße Behauptung (zutr. LG Fulda 12.10.1999, NJW 2000, 1508; Kohlmann/*Hilgers-Klautzsch* AO § 385 Rn. 975; *Höser* MDR 1982, 536). Ebenso unzutreffend ist ein Rückgriff auf die Dispositionsbefugnis des Mandanten (*Schmidt* wistra 1991, 245), denn mit diesem Argument liefe § 97 I Nr. 3 StPO gänzlich – und nicht nur in Fällen der Buchhaltungsunterlagen – leer (vgl. Kohlmann/*Hilgers-Klautzsch* AO § 385 Rn. 975).

129 Wurden die Unterlagen dem Steuerberater übergeben, damit dieser (lediglich) die **Buchführung erledigt,** sind die Unterlagen beschlagnahmefähig, da **kein Buchfüh-**

rungsprivileg der steuerberatenden Berufe mehr besteht und somit diese Tätigkeit nicht zum aktuellen Berufsbild des Steuerberaters gehört (vgl. BVerfG 18.6.1980, BVerfGE 54, 301; BVerfG 27.1.1982, BVerfGE 59, 302). Die Unterlagen wurden dem Steuerberater folglich nicht aufgrund des besonderen Vertrauensverhältnisses übergeben, das die Grundlage des Zeugnisverweigerungsrechts und der Beschlagnahmefreiheit darstellt (LG München I 22.4.1988, NJW 1989, 536; LG Stuttgart 14.9.1987, wistra 1988, 40; KK-StPO/*Greven* StPO § 97 Rn. 15; Meyer-Goßner/Schmitt/*Köhler* StPO § 97 Rn. 40; *Schwarz* wistra 2017, 4; aA Kohlmann/*Hilgers-Klautzsch* AO § 385 Rn. 977). Dasselbe gilt für Unterlagen, die dem Steuerberater ausschließlich zur **Kontierung** überlassen wurden (LG Hildesheim 21.4.1988, wistra 1988, 327; Klein/*Jäger* AO § 399 Rn. 54). Beschlagnahmefähig sind darüber hinaus auch die Unterlagen, die dem Steuerberater zur Durchführung einer **Außenprüfung** in dessen Praxis ausgehändigt wurden (LG Essen 12.8.2009, wistra 2010, 78).

Nach Erstellung des Abschlusses bzw. der Erklärung nimmt der Steuerberater lediglich **130** die Aufgabe eines reinen **Verwahrer** wahr, ohne dass ein spezifischer Bezug zu seiner das Zeugnisverweigerungsrecht begründenden Tätigkeit besteht. Eine Beschlagnahme – zB der endgültig fertiggestellten Jahresabschlüsse – ist somit statthaft (BVerfG 18.6.1980, BVerfGE 54, 301; Klein/*Jäger* AO § 399 Rn. 54).

einstweilen frei **131–135**

bb) Beschlagnahme von Behördenakten. Behördenakten gehören zu den be- **136** schlagnahmefähigen Gegenständen iSd § 94 StPO (BGH 18.3.1992, BGHSt 38, 237; KG 22.6.1989, NStZ 1989, 541; LG Koblenz 22.7.1982, wistra 1983, 166; KK-StPO/*Greven* StPO § 96 Rn. 1; Klein/*Jäger* AO § 399 Rn. 72; RKR/*Grommes* AO § 399 Rn. 123; *Kramer* NJW 1984, 1502; aM LG Wuppertal 14.10.1977, NJW 1978, 902; Löwe/Rosenberg/*Menges* StPO § 96 Rn. 5 ff.). Dies gilt auch für Akten der Finanzbehörde und sogar für Pflegschaftsakten, wobei der Schutz der Persönlichkeitssphäre aus Art. 2 I iVm 1 I GG zu beachten ist (LG Kassel 19.11.1998, wistra 1999, 315).

Auch in diesem Bereich bedarf jedoch das **Verhältnismäßigkeitsprinzip** besonderer **137** Beachtung, da davon auszugehen ist, dass Behörden sich rechtmäßig verhalten. Folglich ist bei ihnen in aller Regel zunächst ein Herausgabeverlangen nach § 95 I StPO angezeigt (OLG Jena 20.11.2000, NJW 2001, 1290). In diesen Fällen ist mithin die Beschlagnahme nicht erforderlich und folglich unzulässig (OLG Köln 31.2.1982, StV 1983, 56; Radtke/Hohmann/*Joecks* StPO § 94 Rn. 23). Kommt es zu einer rechtmäßigen Beschlagnahme, so ist gesondert zu klären, inwieweit der Akteninhalt zur Grundlage strafgerichtlicher Entscheidungen gemacht werden darf (→ § 393 Rn. 83 ff.).

Soweit eine Sperrerklärung von der obersten Dienstbehörde (§ 96 StPO) abgegeben **138** wurde, kann die Herausgabe von Akten und anderen in amtlicher Verwahrung befindlicher Schriftstücke verweigert werden, Sollte die Beschlagnahme bereits erfolgt sein, so ist eine Aufrechterhaltung der Beschlagnahme unzulässig (BGH 18.3.1992, BGHSt 38, 237; *Kramer* NJW 1984, 1506; zum Rechtsweg vgl. BGH 24.6.1998, wistra 1998, 349). Eine Auswertung der Akte ist erst zulässig, wenn die oberste Dienstbehörde Gelegenheit hatte, eine Sperrerklärung abzugeben (glA *Kramer* NJW 1984, 1506). Die Anordnung der Beschlagnahme ist bei Behördenakten dem Richter vorbehalten, da eine **Gefahr im Verzuge** kaum gegeben sein wird (Göhler/*Seitz*/*Bauer* OWiG Vor § 59 Rn. 79). Eine Beschlagnahme soll trotz Sperrerklärung zulässig sein, wenn diese offensichtlich willkürlich oder missbräuchlich ist (BGH 18.3.1992, NJW 1992, 1973; KG 22.6.1989, NStZ 1989, 541; Meyer-Goßner/Schmitt/*Köhler* StPO § 96, Rn. 2; aA Löwe/Rosenberg/*Menges* StPO § 96 Rn. 8 ff.). Auch einem Auskunftsverlangen an eine Behörde kann eine Sperrerklärung nach § 96 StPO entgegenstehen. Da die Post hingegen nicht mehr den Status einer Behörde hat, kann von **Unternehmen der Post und Telekommunikation** keine „behördliche" Auskunft verlangt werden. Zur Postbeschlagnahme vgl. → Rn. 211 f.

139 cc) **Besonderheiten bei Durchsuchung und Beschlagnahme im EDV-Bereich.** Bei **Computer-Hard- und Software** handelt es sich um Gegenstände iSv § 94 StPO, so dass insbes. **Datenträger** (CDs, DVDs, Festplatten, USB-Sticks usw.) und Ausdrucke beschlagnahmt werden können, wenn sie als Beweismittel in Betracht kommen. Auch **gespeicherte Daten** stellen Gegenstände iSd § 94 StPO dar (BVerfG 16.6.2009, NJW 2009, 2431; BVerfG 12.4.2005, NJW 2005, 1917; Klein/*Jäger* AO § 399 Rn 40a; Meyer-Goßner/Schmitt/*Köhler* StPO § 102 Rn 10a; RKR/*Grommes* AO § 399 Rn. 120; *Herrmann/Soine* NJW 2011, 2922; krit. *Böckenförde* JZ 2008, 925, 930; aA *Spatscheck/Spatscheck* PStR 2000, 188), so dass auch sie – ggf. ohne die Beschlagnahme des Datenträgers durch Übermittlung vom Datenträger des Betroffenen auf den Computer der StA – beschlagnahmt werden können (Meyer-Goßner/Schmitt/*Köhler* StPO § 94 Rn. 16a; *Möhrenschlager* wistra 1991, 329; *Kemper* NStZ 2005, 538). Urheberrechtlich ist der dafür ggf. erforderliche Zugriff auf fremde Computerprogramme zulässig (vgl. § 45 UrhG; *Bär* DRiZ 2007, 220).

140 Hat der Beschuldigte **Alleingewahrsam** an der Hard- oder Software, ist die Durchsuchung gem. § 102 StPO bzw. die Beschlagnahme nach § 94 StPO ohne weiteres möglich (*Bär* CR 1995, 228). Daten werden idR durch das **Reproduzieren** „in anderer Weise" sichergestellt. Sofern die Erstellung von Kopien möglich ist, ist dies nach dem Verhältnismäßigkeitsprinzip der Beschlagnahme einer gesamten Computeranlage zB eines Unternehmens vorzuziehen (BVerfG 25.7.2007, NJW 2007, 3343; LG Konstanz 27.10.2006, MMR 2007, 193; *Michalke* NJW 2008, 1490, 1492). Wurde der Rechner bzw. der Datenträger zum Zwecke der Reproduktion der Daten beschlagnahmt, so ist er nach der Reproduktion dem Beschuldigten zurückzugeben, wenn er nicht selbst als Beweismittel in Betracht kommt. Zu beachten ist, dass Standard-Hardware und -Software idR selbst keine Beweisbedeutung hat. Die Beschlagnahme eines Datenträgers oder eine vollständige Kopie zur späteren Sichtbarmachung von verborgenen, verschleierten oder verschlüsselten Daten sind nur zulässig, wenn im Einzelfall konkrete Anhaltspunkte für diese Gefahr bestehen (BVerfG 12.4.2005, BVerfGE 113, 29; Meyer-Goßner/Schmitt/*Köhler* StPO § 94 Rn. 18a).

141 Kann im Rahmen der Beschlagnahme bestimmt werden, welche von mehreren Dateien als Beweismittel infrage kommen, so ist im Hinblick auf das Verhältnismäßigkeitsprinzip die **Beschlagnahme** auf diese zu **beschränken.** Der Zugriff auf weitergehende, für das Verfahren bedeutungslose Informationen ist idR unzulässig, wenn er mit vertretbarem Aufwand zu vermeiden ist (BVerfG 12.4.2005, BVerfGE 113, 29; BGH 24.11.2009, NJW 2010, 1297, 1298; Radtke/Hohmann/*Joecks* StPO § 94 Rn. 25; Meyer-Goßner/Schmitt/*Köhler* StPO § 94 Rn. 18a). Um eine solche Trennung zu ermöglichen, können zB Suchprogramme eingesetzt werden. Die **Durchsicht der** jeweiligen **Daten** ist ferner **nach § 110 StPO** zulässig (BGH 23.11.1987, StV 1988, 90; LG Dessau-Roßlau 3.1.2017, StraFo 2017, 108), wobei gem. § 110 III StPO nicht nur die Durchsicht der im Durchsuchungsobjekt vorgefundenen Datenbestände zulässig ist, sondern auch von Datenbeständen, die sich zB auf ausgelagerten Servern oder in von Drittanbietern zur Verfügung gestellten Speichern befinden (→ Rn. 155). Für die Auswertung nach § 110 StPO gibt es auch insoweit keine starren zeitlichen Grenzen (LG Dessau-Roßlau 3.1.2017, StraFo 2017, 108; LG Ravensburg 2.7.2014, NStZ-RR 2014, 348; Meyer-Goßner/Schmitt/*Köhler* StPO § 94 Rn. 18a).

142 Steht der Rechner im **Gewahrsam Dritter,** ist eine Durchsuchung nur nach Maßgabe des § 103 StPO zulässig (vgl. KK-StPO/*Greven* StPO § 94 Rn. 4b). Dementsprechend darf nur gesucht werden, wenn das Ziel der Durchsuchung hinreichend individualisiert ist, also wenigstens der Gattung nach näher bestimmt werden kann. Darüber hinaus sind in diesen Fällen meist auch Daten Dritter betroffen, für die sich im Hinblick auf den Grundsatz der Verhältnismäßigkeit Einschränkungen ergeben. Die in der Praxis verbreitete Reproduktion des gesamten Datenstandes ist idR rechtswidrig (*Joecks* WM 1998 Beil. 1, 20, 25; *Kemper* NStZ 2005, 538; RKR/*Grommes* AO § 399 Rn. 128).

143 Besonders hohe Anforderungen sind im Hinblick auf den **Datenbestand von Berufsgeheimnisträgern** zu stellen. So ist die Beschlagnahme des Servers einer Rechtsanwaltskanzlei insoweit unzulässig, als die darauf befindlichen Daten auch Daten der nicht beschuldigten Berufsgeheimnisträger und anderer Mandanten umfassen, gegen die das konkrete Ermittlungsverfahren nicht gerichtet ist. Eine Kopie des gesamten Datenbestandes ist nur zulässig, wenn eine materielle Zuordnung der Daten nach Mandanten, Verfahren usw. aufgrund der Datenstruktur des Bestandes trotz entsprechender umfassender Bemühungen nicht möglich ist (BVerfG 16.6.2009, NJW 2009, 2431; BGH 22.11.2009, NJW 2010, 1297; Meyer-Goßner/Schmitt/*Köhler* StPO § 94 Rn. 18a). Im Rahmen des Möglichen muss der Zugriff auf für das Verfahren nicht bedeutsame Daten unterlassen werden (BVerfG 12.4.2005, NJW 2005, 1917; BVerfG 17.7.2002, BVerfGE 105, 365; *Seer* FS Raupach, 2006, 107 ff.; *Kutzner* NJW 2005, 2652).

144 § 110 III StPO gibt den Strafverfolgungsorganen die Möglichkeit, von einem Endgerät aus auf Netzwerkressourcen zuzugreifen. Danach darf die Durchsicht eines elektronischen Speichermediums bei dem von der Durchsuchung Betroffenen auch auf hiervon **räumlich getrennte Speichermedien** – zu denken ist nicht nur an Server, sondern zB auch an sog. smarte Geräte – erstreckt werden, *„wenn anderenfalls der Verlust der gesuchten Daten zu besorgen ist"*. Denkbar ist dies insbesondere dann, wenn zu erwarten ist, dass vor einer physischen Sicherstellung des externen Datenträgers die auf diesem befindlichen Daten gelöscht werden könnten. Zur Durchsicht der externen Speicher mit dem Ziel der Feststellung, ob dort beweiserhebliche Daten gespeichert sind, ist auch das **Überwinden von Zugangssperren** zB durch das „Knacken" von Passwörtern zulässig, da es sich insoweit um eine Form des im Rahmen von Durchsuchungen zulässigen unmittelbaren Zwangs handelt (*Peters* NZWiSt 2017, 465).

145 § 110 III 2 StPO erlaubt die **Sicherung auf einem Datenträger der Strafverfolgungsorgane**. Innerhalb von drei Werktagen muss eine gerichtliche Bestätigung eingeholt werden, so dass der Inhaber des externen Speichermediums von der Maßnahme Kenntnis erlangt (BT-Drs. 16/6979, 66). Wird die Bestätigung nicht erteilt, sind gespeicherte Daten zu löschen (Meyer-Goßner/Schmitt/*Köhler* StPO § 110 Rn. 8). § 110 III StPO schafft damit zwar keine Rechtsgrundlage für eine verdeckte Online-Durchsuchung, wohl aber für den – nachträglich offenzulegenden – Online-Zugriff auf Daten (*Störing* MMR 2008, 187). Im Übrigen vgl. zur Durchsicht von Daten → Rn. 155 sowie → § 404 Rn. 94 ff.

146 §§ 94 ff. StPO ermächtigen im Sinne eines einmaligen und punktuellen Datenerhebung auch zur **Sicherstellung und Beschlagnahme von E-Mails**, die auf dem Mailserver des Providers zwischen- oder endgespeichert sind (→ Rn. 151 ff.; ebenso BVerfG 16.6.2009, NJW 2009, 2431; Meyer-Goßner/Schmitt/*Köhler* StPO § 94 Rn. 16a; *Klein* NJW 2009, 2996; krit. *Brodowski* JR 2009, 402, 406; *Gercke* StV 2009, 624). Zur Internet-Aufklärung → Rn. 242.

einstweilen frei **147–150**

151 dd) **E-Mail-Verkehr.** Die Beschlagnahme von **elektronischer Post** (= E-Mail) kommt aufgrund deren großer praktischer Bedeutung häufig vor. Um die Überwachung des E-Mail-Verkehrs mit dem Ziel der Beschlagnahme der E-Mails rechtlich korrekt beurteilen zu können, sind **fünf verschiedene Phasen zu unterscheiden** (3 Phasen: KK-StPO/*Bruns* StPO § 100a Rn. 18 f. sowie Meyer-Goßner/Schmitt/*Köhler* StPO § 100a Rn. 6b; 4 Phasen: KMR-StPO/*Bär* StPO § 100a Rn. 27; 7 Phasen: *Brodowski* JR 2009, 402): 1. Die E-Mail wird vom Absender geschrieben. 2. Die E-Mail wird vom Absender verschickt und geht beim Mailbox-Betreiber ein. 3. Die E-Mail liegt auf dem Server des Mailbox-Betreibers. 4. Die E-Mail wird durch den Empfänger abgerufen und geht ihm zu. 5. Die E-Mail wird im Posteingang des Empfängers gespeichert.

152 Die Beurteilung der **Phasen 1 und 5** ist eindeutig, da der **Kommunikationsvorgang noch nicht begonnen** hat **bzw.** bereits **abgeschlossen** ist. Dementsprechend sind die Vorschriften über die Beschlagnahme anwendbar wie zB auch auf einen noch nicht abgeschickten oder bereits dem Empfänger zugegangenen Brief (BVerfG 16.6.2009, NJW 2009, 2431; BVerfG 2.3.2006, NJW 2006, 976; KK-StPO/*Bruns* StPO § 100a Rn. 20 f.; *Klein* NJW 2009, 2996). Die Phase des Verfassens der E-Mail ist ebenso wie das Abspeichern im Posteingang kein Fall der Überwachung der Telekommunikation. Dies gilt auch für E-Mails, die nach dem Zugang auf dem Mailserver des Providers gespeichert sind, da es keinen Unterschied macht, wo die Nachrichten gespeichert werden. Insoweit ist allerdings zu berücksichtigen, dass Sicherstellung und Beschlagnahme gem. §§ 94 ff. StPO in aller Regel offen und nicht verdeckt vollzogen werden, selbst wenn der Untersuchungszweck dadurch gefährdet wird (BGH 4.8.2015, NStZ 2015, 704; BGH 24.11.2009, NJW 2010, 1297; KK-StPO/*Bruns* StPO § 100a Rn. 20; Meyer-Goßner/Schmitt/*Köhler* StPO § 94 Rn. 16a mwN). Die Beschlagnahme von E-Mails ist somit dem Inhaber des betroffenen E-Mail-Kontos mitzuteilen. Eine Ausnahme davon regelt mittlerweile allerdings der neu eingeführte und zum 1.7.2021 in Kraft getretene § 95a StPO, der die Möglichkeit vorsieht, die **Benachrichtigung zurückzustellen**. Danach sind die Zurückstellung der Benachrichtigung sowie die Auferlegung einer **Schweigepflicht** für den Gewahrsamsinhaber gem. § 95a VI StPO nicht generell, sondern nur unter bestimmten, einschränkenden Voraussetzungen möglich, die in § 95a I StPO geregelt sind. Zudem hat die zeitlich nur befristet mögliche Anordnung durch das Gericht zu erfolgen (§ 95a II StPO). Da der jeweiligen Straftat nach § 95a I Nr. 1 StPO im Einzelfall eine erhebliche Bedeutung zukommen muss, die insbes. in den Fällen der in § 100a II StPO genannten Straftaten vorliegen kann, kommt eine Zurückstellung der Benachrichtigung in Steuerstrafverfahren praktisch nur im Fall einer bandenmäßigen Steuerhinterziehung iSd § 370 III 2 Nr. 1 AO, einer solchen iSd § 370 III 2 Nr. 5 AO, eines gewerbsmäßigen, gewaltsamen und bandenmäßigen Schmuggels nach § 373 AO sowie einer Steuerhehlerei iSd § 374 II AO in Frage (vgl. § 100a II Nr. 2 StPO).

153 Bei den **Phasen 2 und 4** (→ Rn. 151) handelt es sich hingegen um **Kommunikationsvorgänge**. Folglich sind insoweit die §§ 100a, 100b StPO anwendbar (BGH 14.3.2003, NStZ 2003, 668; BGH 31.7.1995, NJW 1997, 1934; KK-StPO/*Bruns* StPO § 100a Rn. 20; Meyer-Goßner/Schmitt/*Köhler* StPO § 100a Rn. 6b; → Rn. 213 ff.).

154 Die rechtliche Behandlung der **Phase 3** war jedoch lange Zeit umstritten (vgl. KK-StPO/*Bruns* StPO § 100a Rn. 21 mwN; Meyer-Goßner/Schmitt/*Köhler* StPO § 100a Rn. 6b mwN). Einerseits wurde vertreten, dass die Nachricht zwar beim Empfänger noch nicht angekommen sei, dass sie jedoch beim Provider wie bei einem Empfangsboten für den Empfänger bereitliege. Folglich sei eine Beschlagnahme nach dem – von der technischen Entwicklung überholten aber nach Sinn und Zweck anwendbaren – § 94 StPO möglich (so LG Ravensburg 9.12.2002, NJW 2003, 2112). Eine aA ging hingegen davon aus, dass die Phasen 2 bis 4 einen einheitlichen Kommunikationsvorgang bilden (so LG Hanau 23.9.1999, NJW 1999, 3647). Das **BVerfG** hat im Jahr 2009 klargestellt, dass der zugangsgeschützte Kommunikationsinhalt in einem E-Mail-Postfach dem **Schutzbereich des Fernmeldegeheimnisses** unterliegt (BVerfG 16.6.2009, NJW 2009, 2431). Diese Daten seien mangels technischer Beherrschbarkeit durch den Absender oder Empfänger vor einer Weitergabe durch den Provider an Dritte nicht hinreichend geschützt, was eine typische Gefahr des Fernmeldeverkehrs darstelle. Unerheblich sei insoweit, ob die E-Mails in dem Postfach zwischengespeichert oder für eine längerfristige Endspeicherung abgelegt ist. Ein Zugriff auf diese gespeicherten Daten könne allerdings auf Grundlage der §§ 94 ff. StPO erfolgen, die den verfassungsrechtlichen Anforderungen an eine Ermächtigung für Eingriffe in das Fernmeldegeheimnis genügen würden (BVerfG 16.6.2009, NJW 2009, 2431; BVerfG 2.3.2006, NJW 2006, 976; BGH 31.3.2009, NJW 2009, 1828; *Klein* NJW 2009, 2996). Eine generelle Beschränkung des Zugriffs auf beim Provider gespeicherte Daten auf bestimmte schwere Straftaten ist nach zutreffender Ansicht des BVerfG auch unter Verhältnismäßigkeitsgesichtspunkten nicht erforderlich. Es ist jedoch der Bedeutung des Fernmeldegeheimnisses durch eine **möglichst konkrete und eindeutige Fassung des jeweiligen Beschlusses** – zeitliche und inhaltliche Spezifizierung der sicherzustellenden E-Mails – sowie der Vermeidung des Zugriffs auf komplette Datenbestände Rechnung zu tragen (vgl. auch Meyer-Goßner/Schmitt/*Köhler* StPO § 94 Rn. 19a). Darüber hinaus bedarf es aus Verhältnismäßigkeitsgründen konkreter Anhaltspunkte für die potentielle Beweisbedeutung des gesamten E-Mail-Bestands, um alle Nachrichten zu beschlagnahmen (BGH 24.11.2009, NJW 2010, 1297; Meyer-Goßner/Schmitt/*Köhler* StPO § 94 Rn. 19a; *Brandt/Kukla* wistra 2010, 415).

Auf die **Durchsicht der Daten** findet § 110 StPO Anwendung (so schon BGH 23.11.1987, StV 1988, 90), was sich auch aus § 110 III StPO ergibt. Ziel der Durchsicht ist auch insoweit, über den Umfang der Beschlagnahme entscheiden zu können (BVerfG 16.6.2009, NJW 2009, 2431; BGH 24.11.2009, NJW 2010, 1297). Vor diesem Hintergrund ist die Sicherstellung zur Durchsicht aller oder eines großen Teils der gespeicherten E-Mails ein gegenüber der Beschlagnahme geringerer Eingriff, wenn die Umstände eine unverzügliche Zuordnung nicht erlauben. Eine im Vorwege getroffene abstrakte zeitliche Befristung der Durchsicht ist hingegen weder rechtlich erforderlich noch unter praktischen Gesichtspunkten sinnvoll (vgl. LG Saarbrücken 14.7.2016, NStZ 2016, 751). Die Durchsicht iSd § 110 StPO ist bei der Beschlagnahme von elektronisch gespeicherten Daten erst dann abgeschlossen, wenn sämtliche Datenbestände zumindest auf der Ebene der Inhaltsverzeichnisse („directories") gesichtet worden sind (*Bär* CR 1995, 231, mwN). Dies gilt jedenfalls für solche, die mit Hilfe eines Rechners visuell wahrnehmbar gemacht werden können (BGH 3.8.1995, wistra 1995, 348). Zur Durchsicht von Datenbeständen vgl. im Übrigen → Rn. 74. 155

Demgegenüber bleibt es für das Absenden der Nachricht bis zum Ankommen im Speicher des Mailbox-Betreibers (Phase 2) und das Abrufen der Nachricht durch den Empfänger (Phase 4) bei der Anwendung des § 100a StPO, so dass im Regelfall in Steuerstrafsachen der E-Mail-Verkehr nicht überwacht werden kann (vgl. jedoch Kohlmann/*Hilgers-Klautzsch* AO § 385 Rn. 407). Im Übrigen ist dieses Problem für den Rechtsschutz des Betroffenen mittlerweile von sekundärer Bedeutung (→ Rn. 351 ff.). Zur Grundproblematik bei drittbezogenen Daten s. oben → Rn. 143. 156

einstweilen frei 157–160

ee) Sonstiges. Nach der Beendigung der Durchsuchung müssen dem Betroffenen auf sein Verlangen eine schriftliche Bestätigung und ein **Verzeichnis** der sichergestellten Gegenstände überlassen werden (§§ 107, 168b StPO; Kohlmann/*Hilgers-Klautzsch* AO § 385 Rn. 333). Dies gilt auch bei der Beschlagnahme von EDV-Unterlagen. Die Bezeichnung muss dabei möglichst genau erfolgen (vgl. § 109 StPO), da der Betroffene dadurch die Möglichkeit erhält, nach der Durchsuchung festzustellen, welche Gegenstände überhaupt mitgenommen wurden, und oft nur mittels eines solchen Verzeichnisses ein Auffinden von bestimmten Beweismitteln in der Gesamtmenge möglich ist, zB wenn der Betroffene nach der Durchsuchung die Kopie einer bestimmten Unterlage benötigt. Die gängige Praxis, die beschlagnahmten Unterlagen sehr pauschal zu bezeichnen („1 Karton mit losen Unterlagen" oder „1 Umschlag mit diversen Unterlagen"), ist rechtswidrig. Zum Rechtsweg bei einer Weigerung der FinB vgl. LG Gießen 12.8.1999, wistra 2000, 76. 161

Notarielle Urkunden können regelmäßig beschlagnahmt werden, da sie nicht geheimhaltungsbedürftig, sondern zur Kenntnisnahme im Geschäftsverkehr bestimmt sind (LG Darmstadt 12.12.1986, wistra 1987, 232; LG Stuttgart 21.4.1988, wistra 1988, 245; LG Freiburg 22.9.1997, wistra 1998, 35; LG Kiel 6.8.1999, wistra 2000, 194; Kohlmann/*Hilgers-Klautzsch* AO § 385 Rn. 1005; Klein/*Jäger* AO § 399 Rn. 57). Entwürfe von Verträgen sind, soweit sie sich bei dem betreffenden Notar befinden, beschlagnahmefrei nach § 97 I Nr. 2 StPO (Kohlmann/*Hilgers-Klautzsch* AO § 385 Rn. 1005). 162

Anderkonten eines Rechtsanwalts oder eines Notars unterfallen dem Zeugnisverweigerungsrecht nach § 53 I Nr. 3 StPO und sind grundsätzlich beschlagnahmefrei (Kohlmann/*Hilgers-Klautzsch* AO § 385 Rn. 1004.1; AG Münster 8.8.1997, wistra 1998, 237). 163

Möglich ist hingegen eine Beschlagnahme der das Anderkonto betreffenden Unterlagen bei dem kontoführenden Kreditinstitut (BVerfG 9.10.1989, wistra 1990, 97; LG Chemnitz 2.7.2001, wistra 2001, 399; Klein/*Jäger* AO § 399 Rn. 58; Meyer-Goßner/Schmitt/*Köhler* StPO § 97 Rn. 12; aA LG Darmstadt 9.6.1989, DNotZ 1991, 560; AG Münster 8.8.1997, StV 1998, 181; Kohlmann/*Hilgers-Klautzsch* AO § 385 Rn. 1004.1; *Kretschmer* wistra 2009, 181). **Testamente** sind beschlagnahmefrei, sofern sie nicht Angaben über begangene oder geplante schwere Straftaten enthalten (vgl. BGH 30.3.1994, wistra 1994, 196; LG Arnsberg 23.10.1992, wistra 1993, 199; LG Freiburg 22.9.1997, wistra 1998, 35; Kohlmann/*Hilgers-Klautzsch* AO § 385 Rn. 1006; Klein/*Jäger* AO § 399 Rn. 59; *Ost* wistra 1993, 177).

164 **Tagebücher bzw. tagebuchartige Aufzeichnungen** unterliegen dem Kernbereich privater Lebensgestaltung (BVerfG 14.9.1989, NJW 1990, 563). Sie sind deshalb dem staatlichen Zugriff in der Regel entzogen, was die Möglichkeit, eine Sichtung insoweit vorzunehmen, unberührt lässt (vgl. *Blau* Jura 1993, 520; *Ranft* FS Spendel, 1992, 719, [730]; *Baldus* JZ 2008, 218). Die Entscheidung des BVerfG v. 14.9.1989 (NJW 1990, 563), die wegen Stimmengleichheit die Verfassungswidrigkeit der Entscheidung des BGH 9.7.1987 (NJW 1988, 1037) verneinte, stellt jedenfalls klar, dass im Hinblick auf die Verwertung abzuwägen ist, ob dem Erfordernis einer wirksamen Rechtspflege der Vorrang vor dem Grundrecht auf freie Entfaltung der Persönlichkeit einzuräumen ist. Um dies im jeweiligen Einzelfall zu klären, ist danach zu unterscheiden, ob einerseits ein Geheimhaltungswille vorliegt, und andererseits ist darauf abzustellen, ob der jeweilige Sachverhalt nach seinem Inhalt höchstpersönlichen Charakter besitzt und in welcher Art und Intensität er die Sphäre anderer oder die Belange der Gemeinschaft berührt (BVerfG 14.9.1989, BVerfGE 80, 367). Diese Abwägung wird regelmäßig nur bei erheblichen Straftaten dazu führen, dass der Strafverfolgung der Vorrang zukommt und die strafprozessuale Verwertung von Tagebucheinträgen zulässig ist, zB bei Straftaten, bei denen nach der Art der Tat auch nicht ausgeschlossen werden kann, dass es zu einer Wiederholung mit gravierenden Folgen für Individuen kommt (vgl. Meyer-Goßner/Schmitt/*Schmitt* StPO Einl Rn. 56a; OLG Schleswig 11.10.1999, StV 2000, 11). Im Zusammenhang mit Steuerstraftaten wird regelmäßig dem allgemeinen Persönlichkeitsrecht des Beschuldigten Vorrang einzuräumen sein, so dass Tagebücher und tagebuchähnliche Aufzeichnungen in aller Regel unverwertbar sein dürften (vgl. *Hofmann* JuS 1992, 592; *Schmidt* Jura 1993, 594; *Küpper* JZ 1990, 416 ff.). Fotoalben dürften diesem Kernbereich idR allerdings nicht unterfallen, da sich in ihnen im Gegensatz zu Tagebüchern oder tagebuchähnlichen Aufzeichnungen niemand mit seinen innersten und persönlichsten Gedanken auseinandersetzt.

165 **Ein Bankgeheimnis** kennen Steuerstrafverfahren und StPO nicht (LG Hamburg 10.1.1978, NJW 1978, 958; Meyer-Goßner/Schmitt/*Schmitt* StPO § 53 Rn. 3; KK-StPO/*Bader* StPO § 53 Rn. 2; Kohlmann/*Hilgers-Klautzsch* AO § 385 Rn. 163 ff.; *Kretschmer* wistra 2009, 180). Durch die **Aufhebung des § 30a AO** durch das Gesetz zur Bekämpfung der Steuerumgehung und zur Änderung weiterer steuerlicher Vorschriften (Steuerumgehungsbekämpfungsgesetz) v. 23.6.2017 (BGBl. I 1682) hat der Gesetzgeber mit Wirkung vom 25.6.2017 klargestellt, dass Kreditinstitute bei der Mitwirkung zur Aufklärung des steuerlichen Sachverhalts gegenüber den Finanzbehörden dieselben Rechte und Pflichten haben wie andere auskunftspflichtige Personen, die keine gesetzliche Verschwiegenheitspflicht beachten müssen (BT-Drs. 18/11132, 23; → § 404 Rn. 65 f.; ebenso KG 23.8.1988, NStZ 1989, 192; LG Lübeck 3.2.2000, NJW 2000, 3148; KK-StPO/*Greven* StPO § 95 Rn. 2; vgl. auch LG Limburg 18.2.2019, NZWiSt 2019, 158, 159). Dementsprechend unterliegt die Durchsuchung und Beschlagnahme bei Banken nicht den Grenzen des § 97 StPO (→ § 404 Rn. 65 f.; ebenso KG 23.8.1988, NStZ 1989, 192; LG Lübeck 3.2.2000, NJW 2000, 3148; KK-StPO/*Greven* StPO § 95 Rn. 2; vgl. auch LG Limburg 18.2.2019, NZWiSt 2019, 158, 159).

166–170 *einstweilen frei*

f) Grenzen der Verwertbarkeit

Zufallsfunde, dh Gegenstände, die zwar keinen unmittelbaren Bezug zur Untersuchung **171** haben, aber auf die Verübung einer anderen Straftat hindeuten, sind nach § 108 I 1 StPO in Beschlag zu nehmen. Es bedarf insoweit nicht einmal eines Anfangsverdachts bzgl. einer anderen Straftat, sondern ein nur ungewisser Verdacht einer Straftat oder ein mutmaßlicher Zusammenhang mit einer anderen Tat wird als ausreichend angesehen (Löwe/Rosenberg/ *Tsambikakis* StPO § 108 Rn. 8; Meyer-Goßner/Schmitt/*Köhler* StPO § 108 Rn. 2; aA Radtke/Hohmann/*Joecks* StPO § 108 Rn. 5). Insoweit wird das Vorliegen von Gefahr im Verzug gesetzlich vermutet (BGH 4.8.1964, BGHSt 19, 374; Meyer-Goßner/Schmitt/ *Köhler* StPO § 108 Rn. 6). Von der Beschlagnahme ist die StA in Kenntnis zu setzen (§ 108 I 2 StPO), damit sie über die Freigabe der beschlagnahmten Gegenstände oder die Beantragung eines richterlichen Beschlagnahmebeschlusses entscheiden kann. Die Beschlagnahme von Zufallsfunden ist auch zulässig, wenn in dem jeweiligen Durchsuchungs- und/oder Beschlagnahmebeschluss die zu beschlagnahmenden Gegenstände im Einzelnen aufgeführt sind (Meyer-Goßner/Schmitt/*Köhler* StPO § 108 Rn. 1; *Hentschel* NStZ 2000, 274; aA LG Freiburg 4.3.1999, NStZ 1999, 582). Sofern die staatsanwaltschaftliche Behörde – zB weil sie in Unkenntnis der Beschlagnahme ist – nicht in angemessener Frist ein neues Verfahren einleitet und die endgültige Beschlagnahme beantragt, so kann dies zur Rechtswidrigkeit einer weiteren Beschlagnahme nach Kenntniserlangung (AG Bremen 23.5.2011, StV 2012, 14) und zu einem steuerlichen Verwertungsverbot (FG Baden-Württemberg 20.2.2008, EFG 2008, 1092) führen.

Inwieweit solche **Zufallsfunde** bei einer Durchsuchung **durch die Finanzbehörde** **172** sicherzustellen oder zu verwerten sind, ist umstritten. Teilweise wird davon ausgegangen, dass die im Rahmen einer Durchsuchung erlangten Kenntnisse vom Vorhandensein von Gegenständen iSd § 108 StPO bei Ermittlungen durch die Finanzbehörde dem Steuergeheimnis unterfallen und eine Weitergabe dieser Kenntnisse nur im Rahmen des § 30 IV, V AO zulässig sei (Meyer-Goßner/Schmitt/*Köhler* StPO § 108 Rn. 4; Radtke/Hohmann/ *Ladiges* StPO § 108 Rn. 12). Dabei ist der Blick auf § 30 IV Nr. 5 AO im Hinblick auf Straftaten zu richten, die so schwer wiegen, dass ein öffentliches Interesse an der Strafverfolgung besteht, und insbes. auf § 30 IV Nr. 4 Buchst. a AO, der in aller Regel einschlägig sein dürfte, wenn anlässlich einer Durchsuchung der Steuerfahndung Zufallsfunde gemacht werden, die auf eine Straftat hindeuten, die keine Steuerstraftat ist. Werden Zufallsfunde gemacht, die auf eine (weitere) Steuerstraftat hindeuten, so ergibt sich die Offenbarungsmöglichkeit unmittelbar aus § 30 IV Nr. 1 iVm II Nr. 1 Buchst. b AO. Sei hingegen keine Offenbarungsbefugnis gegeben, so sei eine Weitergabe der im Rahmen der Durchsuchung erlangten Informationen nicht zulässig und folglich sei auch eine Beschlagnahme nicht möglich.

Überwiegend hält man jedoch den § 108 StPO für unbeschränkt anwendbar, da sich aus **173** § 393 II AO ergebe, dass einer Weitergabe an die StA das Steuergeheimnis nicht entgegenstehe (KK-StPO/*Bruns* StPO § 108 Rn. 2; Kohlmann/*Hilgers-Klautzsch* AO § 385 Rn. 264; Löwe/Rosenberg/*Tsambikakis* StPO § 108 Rn. 12; *Jobski* ZfZ 1980, 302; vgl. auch BVerfG 1.3.2002, NStZ 2002, 371). Die Strafverfolgungsorgane können dementsprechend in einem Steuerstrafverfahren Beweisgegenstände unabhängig davon sicherstellen, ob diese auf ein anderes Steuerdelikt oder ein nichtsteuerliches Delikt hindeuten. Im Ergebnis ist festzustellen, dass die beiden vertretenen Meinung in aller Regel im Hinblick auf die zur Verfügung stehenden Offenbarungsmöglichkeiten zu den gleichen Ergebnissen kommen werden. In der Sache ist jedoch festzustellen, dass die Kenntnis vom Vorhandensein von Gegenständen iSd § 108 StPO bei jeder Durchsuchung durch Bedienstete der Finanzbehörde *„in einem Strafverfahren wegen einer Steuerstraftat"* (§ 30 II Nr. 1 Buchst. b AO) erlangt wurde und damit im Grundsatz dem Steuergeheimnis unterfällt. Die sich daraus ergebenden Folgerungen gelten selbstverständlich auch für jeden anderen beteiligten Amtsträger iSd § 7 AO, mithin zB auch für StA und Polizeibeamte.

174 Von der Frage, ob die erlangten Informationen übermittelt werden dürfen, ist die Frage zu unterscheiden, ob die **Steuerfahndung bzw. die BuStra** eine **Beschlagnahme** auch von solchen Zufallsfunden anordnen darf, die **ausschließlich Nicht-Steuerstraftaten** betreffen. Dies könnte zweifelhaft sein, da sie wegen dieser Straftaten weder selbstständig (§ 399 I StPO) noch unselbstständig (§ 402 StPO) ermitteln dürfen. Insoweit räumt jedoch § 108 StPO das Recht ein, auch im Hinblick auf Straftaten zu beschlagnahmen, für deren Verfolgung keine Zuständigkeit gegeben wäre (KK-StPO/*Bruns* StPO § 108 Rn. 2; Löwe/Rosenberg/*Tsambikakis* StPO § 108 Rn. 12; aA Kohlmann/*Hilgers-Klautzsch* AO § 385 Rn. 264). Eine Einschränkung der Befugnisse des § 108 StPO ergibt sich – über § 30 AO hinaus – nicht aus der AO (ebenso wohl RKR/*Grommes* AO § 399 Rn. 90, 122). Sollte man hingegen – wie die Vorauflage (→ 8. Aufl. Rn. 84) – in den vorgenannten Fällen die Beschlagnahme grundsätzlich als unzulässig ansehen, so bestände ein Verwertungsverbot, das allerdings nur eine sehr begrenzte Reichweite hätte, da eine neuerliche Beschlagnahme durch die StA nach gerichtlicher Aufhebung der Beschlagnahme der Finanzbehörde durchaus möglich wäre.

175 Insbesondere in Fällen einer **Durchsuchung bei Dritten** ist Zurückhaltung geboten, wenn es um Gegenstände geht, die nicht unschwer als *instrumentum* oder *productum sceleris* zu erkennen sind (vgl. auch *Dibbert* 1999, 34). § 108 StPO ist nicht etwa Ausdruck einer gewissen Verfahrensökonomie. Verdachtsschwellen haben nicht die Funktion, den Aufgabenbereich der Justiz zu beschränken, sondern schützen den Bürger. Insofern kann man nicht etwa die Auffassung vertreten, die Schwelle für die Beschlagnahme eines Zufallsfundes könne deshalb geringer sein, „weil die Beamten ja schon einmal da sind". Immer muss ein Verdacht vorhanden sein, der auch eine Durchsuchung iSd §§ 102, 103 StPO legitimiert (*Joecks* WM 1998 Beil. 1, 26).

176 Wird die Durchsuchung so angelegt und ausgeführt, dass die im richterlichen Durchsuchungsbeschluss ausdrücklich festgelegte Beschränkung des Durchsuchungszwecks unbeachtet bleibt, und eine **gezielte Suche nach anderen Beweismitteln** durchgeführt wird, so sind die erwarteten bzw. erhofften „Zufallsfunde" keine Zufallsfunde iSd § 108 StPO (BGH 14.12.1999, CR 1999, 292; LG Baden-Baden 16.5.1989, wistra 1990, 118; LG Bonn 1.7.1980, NJW 1981, 292; KK-StPO/*Bruns* StPO § 108 Rn. 1; Meyer-Goßner/Schmitt/*Köhler* StPO § 108 Rn. 1; Radtke/Hohmann/*Ladiges* StPO § 108 Rn. 6). Gleiches gilt, wenn bei einer Durchsuchung **wegen des Verdachts einer Nicht-Steuerstraftat ein Beamter der Steuerfahndung hinzugezogen** wird, ohne dass auch nur der Anfangsverdacht einer Steuerstraftat bestünde, und der Beamte systematisch Geschäftsunterlagen durchsieht (LG Bremen 13.7.1984, wistra 1984, 241; zur unbegründeten Berufung auf „Gefahr im Verzuge" vgl. LG Darmstadt 12.8.1993, StV 1993, 573). Dass man die Beamten dann zu „Sachverständigen für Buchführungsfragen" macht (so LG Stuttgart 10.6.1997, wistra 1997, 279; vgl. auch OLG Bremen 23.10.1998, wistra 1999, 74 zur Hinzuziehung eines Betriebsprüfers), ändert an der Rechtswidrigkeit des Vorgehens nichts (vgl. *Rolletschke* DStZ 1999, 447).

177 **Wird die mit dem richterlichen Durchsuchungsbeschluss eingeräumte Befugnis bewusst überschritten,** können erlangte Beweismittel unverwertbar sein (LG Bonn 1.7.1980, NJW 1981, 292; LG Bremen 13.7.1984, wistra 1984, 241; LG Baden-Baden 16.5.1989, wistra 1990, 118; LG Berlin 15.1.2004, NStZ 2004, 571). Dies ist nicht nur der Fall, wenn gezielt nach Zeiträumen oder Steuerarten gesucht wird, die nicht vom Durchsuchungsbeschluss umfasst sind, sondern zB auch, wenn bei einer Durchsuchung wegen einer Steuerstraftat ohne einen diesbezüglichen Anfangsverdacht ein Beamter des Staatsschutzes hinzugezogen wird und die vorgefundenen Unterlagen durchsieht. Zu den inhaltlichen Anforderungen an einen Durchsuchungs- bzw. einen Beschlagnahmebeschluss → Rn. 56 f.

178 Inwiefern das **Steuergeheimnis** bei der Durchsuchung nach § 103 StPO einer Begründung des Beschlusses entgegensteht, ist zweifelhaft. So wird teilweise vertreten, dass wegen § 30 AO im Hinblick auf die Daten des Täters der Beschluss knapp zu formulieren sei und im Zweifel keine Angaben zum Sachverhalt zu enthalten habe. In die gleiche Richtung geht eine Entscheidung des LG Konstanz 17.12.1998 (wistra 2000, 118 m. abl. Anm. *Burkhard* wistra 2000, 118; offengelassen in BVerfG 6.3.2002, NJW 2002, 1941). Diese Auffassung ist jedoch unzutreffend. Auch der Dritte hat einen Anspruch darauf, zu erfahren, warum in seine Grundrechte eingegriffen wird. Insbesondere muss er dem Beschluss entnehmen können, dass auch tatsächlich der Verdacht einer Steuerhinterziehung besteht und warum gerade bei ihm welche Unterlagen gesucht werden (*Burkhard* wistra 2000, 118 ff.). Erhielte er diese Informationen nicht, so könnte er nicht in angemessener Weise über die Inanspruchnahme von Rechtsschutz entscheiden. Vgl. aber auch → Rn. 58.

Die Rechtswidrigkeit der Durchsuchung führt nicht ohne weiteres auch zu einer **179** Rechtswidrigkeit der darauf beruhenden Beschlagnahme (Kohlmann/*Hilgers-Klautzsch* AO § 385 Rn. 599). Immerhin wäre es denkbar, den beschlagnahmten Gegenstand einerseits zurückzugeben und andererseits eine sofortige (rechtmäßige) Beschlagnahme zu verfügen. Insofern wird sich ein Verwertungsverbot für beschlagnahmte Gegenstände nur ergeben, wenn iRd Durchsuchung besonders schwerwiegende Mängel aufgetreten sind (Kohlmann/*Hilgers-Klautzsch* AO § 385 Rn. 1106), die Durchsuchung zB objektiv willkürlich war (LG Saarbrücken 28.4.2003, wistra 2004, 34; OLG Hamm 19.10.2007, wistra 2008, 75). Daher ist es wenig überzeugend, wenn das LG Mannheim (30.11.2001, StV 2002, 242 m. abl. Anm. *Jäger* StV 2002, 243) beim Fehlen der erforderlichen richterlichen Anordnung ein Verwertungsverbot hinsichtlich der durch einen Zugriff auf die in einer Mailbox gespeicherten Daten gewonnenen Erkenntnisse verneint. Vgl. weiterhin → Rn. 53, 63.

einstweilen frei **180–185**

4. Sicherstellung zur Einziehung oder Unbrauchbarmachung

Zur **Sicherung des staatlichen Anspruchs auf Einziehung** (zB aus §§ 73, 73a, 73b, **186** 74, 74a, 74b, StGB) und Unbrauchbarmachung (zB aus § 74d I 2 StGB) können Gegenstände ebenfalls sichergestellt werden (§ 111b I 1 StPO). Mindestvoraussetzung der Sicherstellung ist, dass Gründe für die Annahme vorhanden sind, dass die Voraussetzungen für die Einziehung oder Unbrauchbarmachung vorliegen. Erforderlich ist damit nach § 111b I 1 StPO eine Prognose, die dem einfachen Tatverdacht entspricht (BGH 12.7.2007, NStZ 2008, 419; KK-StPO/*Spillecke* StPO § 111b Rn. 9; vgl. auch BT-Drs. 18/9525, 75). Die Sicherstellung ist insoweit jedoch nicht zwingend, sie „kann" angeordnet werden.

Gem. § 111b I 2 StPO wird die **Sicherstellung** erst zum **gesetzlichen Regelfall,** wenn **187** dringende Gründe für die Annahme der Einziehung oder Unbrauchbarmachung eines Gegenstandes gegeben sind (BT-Drs. 18/9525, 49 und 75; Meyer-Goßner/Schmitt/*Köhler* StPO § 111b Rn. 11). **Dringende Gründe** für die Annahme der Voraussetzungen für Einziehung und Unbrauchbarmachung sind gegeben, wenn bestimmte Tatsachen mit großer Wahrscheinlichkeit erwarten lassen, dass das Gericht in einem Urteil die materiellrechtlichen objektiven und subjektiven Voraussetzungen für die Anordnung der Einziehung oder der Unbrauchbarmachung bejahen und die Anordnung treffen wird (OLG Düsseldorf 16.6.2008, BeckRS 2009, 10132; KK-StPO/*Spillecke* StPO § 111b Rn. 10; Meyer-Goßner/Schmitt/*Köhler* StPO § 111a Rn. 2; → § 401 Rn. 6). Ob sachlich-rechtlich die Voraussetzungen für Einziehung oder Unbrauchbarmachung gegeben sind, ist nach den sie jeweils anordnenden Vorschriften – zB § 375 II AO – zu beurteilen (→ § 401 Rn. 3).

In Steuerstrafsachen war vor der Reform der strafrechtlichen Vermögensabschöpfung **188** zum 1.7.2017 zu bedenken, dass wegen § 73 I 2 StGB aF einerseits regelmäßig eine Anordnung des Verfalls unterbleiben musste, andererseits aber nach § 111b V StPO aF eine Rückgewinnungshilfe zugunsten des Verletzten erfolgen konnte. Damit trat der strafprozessuale dingliche Arrest neben den steuerlichen dinglichen **Arrest nach § 324 AO.** Teilweise ging die Rspr davon aus, dass es ggf. Sache der Finanzbehörde sei, für einen solchen steuerlichen Arrest zu sorgen und nahm ein fehlendes Sicherungsbedürfnis an, wenn etwa nach 15 oder mehr Monaten das Finanzamt nicht seinerseits einen dinglichen Arrest ausgebracht hatte (vgl. OLG Oldenburg 26.11.2007, wistra 2008, 119; LG Bochum 5.12.2007, wistra 2008, 237 m. Anm. *Alvermann/Talaska;* LG Saarbrücken 19.3.2008, wistra 2008, 240). Durch die Reform im Jahre 2017 wird die Wertersatzeinziehung nun durch den Vermögensarrest (§§ 111e–111g StPO) gesichert. Dadurch soll auch die eigenständige Rolle der strafrechtlichen Vermögenssicherung ausgedrückt werden (BT-Drs. 18/9525, 75). Diesem Gedanken folgend ergibt sich aus § 111e VI StPO nun, dass die Möglichkeit der für die Steuerfestsetzung zuständigen Finanzbehörde, den steuerlichen dinglichen Arrest nach § 324 AO anzuordnen, einer Anordnung des Vermögensarrestes nicht entgegensteht. Vielmehr sind beide Sicherungsinstrumente nach dem Willen des Gesetzgebers gleichrangig (BT-Drs. 18/9525, 77 f.; vgl. auch OLG Stuttgart 25.10.2017, NJW 2017, 3731; LG Hamburg 16.5.2018, wistra 2018, 446; *Ohlmeier/Struckmeyer* wistra 2018, 419), so dass der dargestellten Rspr zur alten Regelungslage nun die Grundlage entzogen ist.

189 **Drohender Verderb, Wertverlust oder Pflegebedürftigkeit** eines Gegenstandes stehen seiner Sicherstellung nicht entgegen. Es besteht ggf. nach § 111p StPO die Möglichkeit der Notveräußerung. Der Erlös tritt dann gem. § 111p I 2 StPO an die Stelle des veräußerten Gegenstandes.

5. Festnahme, Haftbefehl, Identitätsfeststellung

190 Durch die **vorläufige Festnahme nach § 127 StPO** (→ Rn. 191 ff.) und die **Verhaftung sowie die Anordnung der Untersuchungshaft nach den §§ 112 ff. StPO** (→ Rn. 195 ff.) wird einer Person zur Sicherung des strafrechtlichen Erkenntnisverfahrens und der späteren Strafvollstreckung die **persönliche Freiheit entzogen, obwohl noch keine rechtskräftige Verurteilung vorliegt.** Dabei handelt es sich um einen besonders schwerwiegenden Eingriff in das durch Art. 2 II 2, 104 GG geschützte Recht auf Freiheit der Person des noch als unschuldig geltenden Beschuldigten, da insoweit ausnahmsweise dem Interesse an einer wirksamen Strafverfolgung der Vorrang eingeräumt wird (BVerfG 27.7.1966, BVerfGE 20, 144; BVerfG 29.11.2005, NJW 2006, 668; Meyer-Goßner/Schmitt/*Köhler* StPO vor § 112 Rn. 1 ff.; Radtke/Hohmann/*Tsambikakis* StPO § 112 Rn. 7 ff.).

191 Nach **§ 127 I StPO** hat jedermann auch ohne richterlichen Haftbefehl das Recht, einen anderen **vorläufig festzunehmen,** der erstens auf frischer Tat betroffen oder verfolgt wird und der zweitens der Flucht verdächtig ist oder dessen Identität nicht sofort festgestellt werden kann. Der Zweck der Festnahme darf ausschließlich darin liegen, den **Täter der Strafverfolgung zuzuführen,** nicht jedoch zB in der Verhinderung weiterer Straftaten (Meyer-Goßner/Schmitt/*Schmitt* StPO § 127 Rn. 8). Im Steuerstrafrecht wird jedoch eine Festnahme auf dieser Grundlage kaum infrage kommen, da der Täter einer Steuerhinterziehung normalerweise nicht bei der Begehung der Steuerhinterziehung oder unmittelbar danach am Tatort und damit auf frischer Tat (Radtke/Hohmann/*Tsambikakis* StPO § 127 Rn. 6) angetroffen werden wird. Darüber hinaus kommt auch eine Festnahme zur Identitätsfeststellung nach § 127 I 2 StPO durch die StA bzw. im selbständigen Verfahren die BuStra und die Beamten der Steufa bzw. des Polizeidienstes in Steuerstrafverfahren kaum vor, da auch insoweit erforderlich ist, dass der Verdächtige auf frischer Tat betroffen wird.

192 Die Festnahme nach § 127 I StPO **bedarf keiner bestimmten Form.** Sie erfolgt, indem der Beschuldigte ergriffen wird, ihm erkennbar gemacht wird, dass es sich um eine vorläufige Festnahme handelt und welche Tat dazu den Anlass gibt. Das Festnahmerecht umfasst auch das Recht, den Betroffenen festzuhalten bzw. ihn einzusperren, ihm Dinge wegzunehmen, sein Fahrzeug zu blockieren oder körperliche Gewalt anzuwenden, wenn dies im konkreten Einzelfall erforderlich und angemessen ist (KK-StPO/*Schultheis*

StPO § 127 Rn. 24 ff.; Meyer-Goßner/Schmitt/*Schmitt* StPO § 127 Rn. 12 ff.). Im Fall einer Steuerhinterziehung, bei der es sich per se nicht um eine schwerwiegende Straftat handelt, darf es allerdings nicht zu einer ernsthaften Beschädigung der Gesundheit des Betroffenen oder zu einer Gefährdung seines Lebens kommen (vgl. BGH 3.7.2007, NStZ-RR 2007, 303). Ein Recht zur Durchsuchung der Wohnung des Betroffenen ergibt sich aus § 127 II StPO nicht (Meyer-Goßner/Schmitt/*Schmitt* StPO § 127 Rn. 12).

193 In Steuerstrafverfahren kann es jedoch durchaus zu einer vorläufigen Festnahme nach § **127 II** StPO kommen, wonach bei Gefahr im Verzug (→ Rn. 60 ff.) die StA bzw. im selbständigen Verfahren die BuStra und die Beamten der Polizei bzw. der Fahndung eine Person festnehmen können, wenn die **Voraussetzungen eines Haftbefehls oder eines Unterbringungsbefehls** vorliegen. Zu den Voraussetzungen eines Haft- oder Unterbringungsbefehls → Rn. 196 ff. Auch die Festnahme nach dieser Norm bedarf keiner bestimmten Form, sie muss dem Beschuldigten nicht explizit eröffnet werden, sie muss nur als amtliche Entziehung der Freiheit erkennbar sein (OLG Oldenburg 7.6.1966, NJW 1966, 1764). Auch § 127 II StPO ermächtigt die Beamten zur Anwendung von Zwang, inkl. körperlicher Gewalt, der nicht angekündigt werden muss. Die Wohnung des Verdächtigen darf allerdings im Fall des § 127 II StPO durchsucht werden, wenn konkrete Anhaltspunkte dafür vorliegen, dass er sich dort aufhält (Meyer-Goßner/Schmitt/*Schmitt* StPO § 127 Rn. 20; RKR/*Grommes* AO § 399 Rn. 128).

194 Der Festgenommene ist gem. § 128 I 1 StPO **unverzüglich**, spätestens aber am Tag nach der Festnahme, dem **zuständigen Haftrichter vorzuführen**. Dies bedeutet jedoch nicht, dass er körperlich vor den zuständigen Richter gebracht wird, sondern lediglich, dass er – zB durch das Verbringen in das Gerichtsgefängnis – der Verfügungsgewalt des Richters unterstellt wird (Meyer-Goßner/Schmitt/*Schmitt* StPO § 115 Rn. 3; SK-StPO/*Graf* StPO § 115 Rn. 2; zweifelnd Radtke/Hohmann/*Tsambikakis* StPO § 115 Rn. 3). Ausgehend vom Zeitpunkt der Vorführung ist der Beschuldigte gem. § 115 II StPO unverzüglich danach, spätestens aber am Tag nach der Vorführung zu den gegen ihn erhobenen Vorwürfen durch den Richter zu vernehmen. Dieser prüft nach der Vernehmung, ob die Voraussetzungen für den Erlass eines Haftbefehls im Augenblick der Vorführung vorliegen, nicht hingegen, ob die vorläufige Festnahme im Augenblick der Festnahme gerechtfertigt war (Meyer-Goßner/Schmitt/*Schmitt* StPO § 128 Rn. 12; Radtke/Hohmann/*Tsambikakis* StPO § 128 Rn. 6).

195 Zweck der **Verhaftung nach §§ 112 ff.** StPO ist nicht die Bestrafung, sondern ausschließlich die **Sicherung der Durchführung eines geordneten Strafverfahrens und der Vollstreckung** der ggf. verhängten Strafe (BVerfG 13.10.1971, BVerfGE 32, 87; BVerfG 29.6.1995, StV 1996, 156; Radtke/Hohmann/*Tsambikakis* StPO § 112 Rn. 3). Dementsprechend spielt hier die Berücksichtigung des in § 112 I 2 StPO ausdrücklich angesprochenen **Verhältnismäßigkeitsgrundsatzes** eine herausgehobene Rolle, so dass zB die Anordnung der Untersuchungshaft nicht außer Verhältnis zur Schwere der Tat und zur zu erwartenden Strafe stehen darf (vgl. OLG Frankfurt am Main 9.2.1989, StV 1989, 486; KK-StPO/*Graf* StPO § 112 Rn. 45 ff.; Meyer-Goßner/Schmitt/*Schmitt* § 112 Rn. 8 ff.; Radtke/Hohmann/*Tsambikakis* StPO § 112 Rn. 64 ff.).

196 Ein **vorheriger richterlicher schriftlicher Haftbefehl** gem. § 114 StPO ist die Grundlage einer Verhaftung. Dessen Voraussetzungen sind erstens ein dringender Tatverdacht, zweitens das Vorliegen eines Haftgrundes (→ Rn. 197 ff.) und drittens, dass die Anordnung der Haft zur Bedeutung der Sache in einem angemessenen Verhältnis steht. Ein dringender Tatverdacht iSd § 112 I 1 StPO liegt vor, wenn die Wahrscheinlichkeit groß ist, dass der Beschuldigte Täter oder Teilnehmer einer bestimmten Straftat ist, wobei ein strafbarer Versuch ausreichend ist (BVerfG 12.9.1995, NJW 1996, 1049; BGH 5.5.1992, NStZ 1992, 449; OLG Dresden 14.3.2006, StV 2006, 700; StPO-KK/*Graf* StPO § 112 Rn. 6). Dieser dringende Tatverdacht muss auf bestimmten Tatsachen basieren und nicht nur auf bloßen Vermutungen (LG Frankfurt 2.4.2009, StV 2009, 477; Meyer-Goßner/Schmitt/*Schmitt* StPO § 112 Rn. 7).

197 In **Steuerstrafverfahren** kommen die **Haftgründe** Flucht (§ 112 II Nr. 1 StPO), Fluchtgefahr (§ 112 II Nr. 2 StPO) und Verdunkelungsgefahr (§ 112 II Nr. 3 StPO) in Betracht. Daneben gibt es noch sog. ungeschriebene Haftgründe (→ Rn. 201). Der jeweilige Haftgrund muss sich ebenfalls auf bestimmte Tatsachen stützen und Eingang in die Ermittlungsakten gefunden haben.

198 Der **Haftgrund der Flucht** gem. § 112 II Nr. 1 StPO besteht, wenn der Beschuldigte flüchtig ist oder sich verborgen hält. **Flüchtig** ist, wer sich zumindest auch aus dem Grund von seinem bisherigen Lebensmittelpunkt absetzt, in einem gegen ihn anhängigen Strafverfahren unerreichbar zu sein und dem behördlichen Zugriff zu entgehen (OLG Bremen 12.6.1997, NStZ-RR 1997, 334; Meyer-Goßner/Schmitt/*Schmitt* StPO § 112 Rn. 13; Radtke/Hohmann/*Tsambikakis* StPO § 112 Rn. 35). Dasselbe gilt nach herrschender Meinung, wenn ein **deutscher Beschuldigter** aus dem Ausland nicht mehr zurückkehren will (OLG Frankfurt am Main 9.6.1974, NJW 1974, 1835; OLG Koblenz 11.7.1984, NStZ 1985, 88; Graf/*Krauß* StPO § 112 Rn. 8; Meyer-Goßner/Schmitt/*Schmitt* StPO § 112 Rn. 13; aA SK-StPO/*Paeffgen* StPO § 112 Rn. 22a). Sofern sich hingegen ein **ausländischer Beschuldigter** in sein Heimatland begibt, in dem er seinen Wohnsitz hat, so ist er der Flucht nur verdächtig, wenn dies mit seiner Straftat im Zusammenhang steht (OLG Saarbrücken 26.1.2000, NStZ 2001, 74; OLG Bremen 12.6.1997, NStZ-RR 1997, 334; OLG Naumburg 10.10.1996, wistra 1997, 80; Meyer-Goßner/Schmitt/*Schmitt* StPO § 112 Rn. 13). Hält er sich dort hingegen unter einer bekannten Adresse auf und hält sich zur Verfügung für das Strafverfahren, so ist er nicht flüchtig (BGH 20.11.1989, StV 1990, 309; OLG Köln 13.3.1998, StV 1998, 269; LG Hamburg 1.3.2002, StV 2002, 205). Es hält sich **verborgen,** wer unangemeldet, unter falschem Namen oder an einem unbekannten Ort lebt oder in anderer Weise bewirkt, dass er unauffindbar ist, um sich dem Verfahren dauernd oder auf längere Zeit zu entziehen (OLG Saarbrücken 26.1.2000; OLG Stuttgart 11.3.1998, NStZ 1998, 427).

199 **Fluchtgefahr** iSd § 112 II Nr. 2 StPO besteht, wenn die Würdigung der Umstände des Einzelfalls es wahrscheinlicher macht, dass sich der Beschuldigte dem Strafverfahren entziehen wird, als dass er sich zur Verfügung halten wird (BGH 8.5.2014, NJW 2014, 2372; OLG Hamburg 16.5.2018, StraFo 2018, 513 Rn. 135; OLG Stuttgart 10.6.2016, StV 2016, 815; Meyer-Goßner/Schmitt/*Schmitt* StPO § 112 Rn. 17). Das Sich-Entziehen ist nur im Hinblick auf den Erfolg zu definieren, so dass jedes Verhalten erfasst ist, das dazu führt, dass der Fortgang des Verfahrens dauernd oder vorübergehend durch die Aufhebung der Bereitschaft des Beschuldigten verhindert wird, für Ladungen und Vollstreckungsmaßnahmen zur Verfügung zu stehen. Ob der Beschuldigte diesen Erfolg beabsichtigt oder nur in Kauf genommen hat, ist ohne Bedeutung (BGH 4.11.1970, BGHSt 23, 380; OLG Düsseldorf 20.3.1986, NJW 1986, 2204; vgl. auch OLG Köln 20.12.2012, StV 2013, 518; LG Kleve 7.6.2011, NStZ-RR 2011, 342). Ob eine Fluchtgefahr vorliegt, ist nicht schematisch, sondern nach den Gegebenheiten des jeweiligen Einzelfalls zu bestimmen, wobei insbes. die Art der Straftat, die Persönlichkeit und das Vorleben des Beschuldigten sowie sein Verhalten vor und nach der Tat zu berücksichtigen sind (KG 13.9.2016, StV 2017, 450; OLG Hamm 28.2.2008, StV 2008, 258; OLG Köln 21.7.1995, StV 1995, 475; KK-StPO/*Graf* StPO § 112 Rn. 16). Indizien für Fluchtgefahr sind zB Reisevorbereitungen des Beschuldigten, außergewöhnliche, große Vermögensumschichtungen, familiäre Beziehungen oder größere Vermögenswerte im Ausland, Fehlen einer festen familiären oder beruflichen Bindung im Inland oder Flucht in einem vorherigen Verfahren/Verfahrensabschnitt (vgl. KK-StPO/*Graf* StPO § 112 Rn. 19 ff.; Meyer-Goßner/Schmitt/*Schmitt* StPO § 112 Rn. 20 ff.). Allein eine hohe Straferwartung kann keine Fluchtgefahr begründen (KG 3.11.2011, StV 2012, 350; OLG Köln 20.12.2012, StV 2013, 518; OLG Koblenz 22.4.2004, StV 2004, 491). Gegen Fluchtgefahr sprechen hingegen eine enge familiäre oder berufliche Bindung im Inland (BGH 29.6.2017, NStZ-RR 2017, 275), hohes Alter und die Mitwirkung an der Tataufklärung (OLG Frankfurt 21.11.1996, StV 1997, 138; OLG Bremen 1.6.1994, StV 1995, 85).

Verdunkelungsgefahr besteht, wenn aufgrund bestimmter Tatsachen das Verhalten des **200** Beschuldigten den dringenden Verdacht begründet, dass durch bestimmte Handlungen auf sachliche oder persönliche Beweismittel eingewirkt und dadurch die Ermittlung der Wahrheit erschwert werden wird (OLG Köln 10.9.1996, StV 1997, 27; OLG München 25.1.1996, NStZ 1996, 403; Meyer-Goßner/Schmitt/*Schmitt* StPO § 112 Rn. 26; Radtke/Hohmann/*Tsambikakis* StPO § 112 Rn. 55). Als Verdunklungshandlungen kommen somit zB das Vernichten, Verändern, Beiseiteschaffen, Unterdrücken oder Fälschen von Beweismitteln bzw. das unlautere Einwirken – selbst oder durch Dritte – auf Mitbeschuldigte, Zeugen oder Sachverständige in Frage. Eine Verdunkelungsgefahr kann nicht schon aus der Eigenart des vorgeworfenen Delikts abgeleitet werden (OLG Hamm 6.2.2002, wistra 2002, 236). **Prozessordnungsgemäßes Verhalten** kann ebenfalls keine Verdunklungsgefahr begründen. Folglich begründen die Verweigerung einer Aussage, das – auch wahrheitswidrige – Bestreiten eines Tatvorwurfs, der Widerruf eines Geständnisses, die Nichtbenennung von Mittätern, die Suche nach Entlastungszeugen und die Besprechung mit Zeugen zur Ermittlung ihres Wissens keinen Haftgrund (vgl. Meyer-Goßner/Schmitt/*Schmitt* StPO § 112 Rn. 29; Radtke/Hohmann/*Tsambikakis* StPO § 112 Rn. 55).

In der Praxis gibt es darüber hinaus **ungeschriebenen Haftgründe** (sog. **apokryphe** **201** **Haftgründe**), die jedoch nicht mit der abschließenden Aufzählung der §§ 112 ff. StPO vereinbar und folglich **rechtswidrig** sind. Trotzdem werden in der Praxis Haftentscheidungen teilweise von ihnen getragen, wobei diese Gründe aber keinen ausdrücklichen Eingang in die Anträge finden, sondern nur im Hintergrund ihre Wirkung entfalten (vgl. *Paeffgen* NJW 1990, 537; *Lemme* wistra 2004, 288; Radtke/Hohmann/*Tsambikakis* StPO § 112 Rn. 6). Es handelt sich dabei insbes. um die Förderung der Geständnisbereitschaft, die Förderung der Mitwirkung bei der Sachverhaltsermittlung, obwohl dazu für den Beschuldigten keine Verpflichtung besteht, die Verhängung einer vorweggenommenen Strafe und die Berücksichtigung des öffentlichen Drucks, der schnelle Ergebnisse verlangt und oft erst nach einer Verhaftung nachlässt. Diese rechtswidrigen Erwägungen können sich im Einzelfall in der Praxis hinter schablonenhaften Formulierungen zum Haftgrund verbergen.

Ein Haftbefehl wird grundsätzlich auf Antrag der StA erlassen (vgl. §§ 126 I, 128 **202** II 2 StPO) und kann nach § 116 StPO außer Vollzug gesetzt werden. In Steuerstrafverfahren wird die BuStra das Verfahren idR an die StA abgeben, wenn die Voraussetzungen eines Haftbefehls erfüllt sind (Nr. 22 I 2 Nr. 2, 73 I 1 AStBV (St) 2020). Die StA wird daraufhin idR einen Antrag auf Haftbefehl stellen. Soweit die FinB das Ermittlungsverfahren selbstständig durchführt, kann jedoch auch sie in staatsanwaltschaftlicher Funktion den Erlass eines Haftbefehls selbst beantragen. § 386 III AO steht dem nicht entgegen, da er den *Erlass* des entsprechenden Haft- oder Unterbringungsbefehls voraussetzt (ähnl. Kohlmann/*Hilgers-Klautzsch* AO § 385 Rn. 507). Jedoch wird die FinB den Antrag auf Erlass eines Haftbefehls mit der zuständigen StA abstimmen, da diese nach § 386 III AO vom Erlass des Haftbefehls an die Ermittlungen weiterführt.

Darüber hinaus hat die FinB nach § 163b I StPO zum Zwecke der Verfolgung und **203** Aufklärung einer bestimmten Straftat das **Recht zur Feststellung der Identität von verdächtigen und unverdächtigen Personen.** Ein Verdacht iSd § 163b I StPO besteht schon, wenn der Schluss auf die Begehung einer Straftat gerechtfertigt ist und Anhaltspunkte vorliegen, die die Täterschaft oder Teilnahme des Betroffenen als möglich erscheinen lassen (BVerfG 7.3.1995, BVerfGE 92, 191; BGH 17.2.2016, NStZ 2016, 551; KK-StPO/*Griesbaum* StPO § 163b Rn. 9). Es ist somit nicht erforderlich, dass bereits gegen den Betroffenen förmlich als Beschuldigter ermittelt wird. Der Verdächtige kann gem. § 163b I 1 StPO angehalten werden, er kann nach Belehrung aufgefordert werden, sich durch Vorlegung seiner Ausweispapiere auszuweisen (vgl. § 111 OWiG). Er kann ferner gem. § 163b I 2 StPO auch festgehalten und zu einer polizeilichen Dienststelle verbracht werden, sofern die Identität sonst nicht oder nur unter erheblichen Schwierigkeiten festgestellt werden kann (OLG Hamburg 23.3.2007, StV 2008, 12; Meyer-Goßner/Schmitt/

Köhler StPO § 163b Rn. 8). Ebenso sind die **Durchsuchung der Person** einschließlich der mitgeführten Sachen (→ Rn. 72) und erkennungsdienstliche Maßnahmen (§ 163b I 3 StPO) zulässig. Eine Identitätsfeststellung ist gem. § 163b II StPO auch ggü. Personen möglich, gegen die kein Tatverdacht besteht. Der Unverdächtige ist jedoch darüber zu unterrichten, welche Straftat durch seine Identifizierung aufgeklärt werden soll, sofern ihm der Grund der Maßnahme nicht bekannt ist (§ 163b II 1 Hs. 2 iVm § 69 I 2 StPO).

204–210   *einstweilen frei*

6. Postbeschlagnahme

211   Nach den §§ 99 I, 100 StPO ist die Beschlagnahme der **noch auf dem Postweg** befindlichen und an den Beschuldigten gerichteten oder für ihn bestimmten Postsendungen oder Telegramme auch bei Steuerdelikten möglich. Ebenso können die Sendungen beschlagnahmt werden, bei denen Anhaltspunkte dafür gegeben sind, dass sie vom Beschuldigten herrühren oder für diesen bestimmt sind und ihr Inhalt für die Untersuchung Bedeutung hat. Da eine freiwillige Herausgabe durch das Postunternehmen ein gem. § 206 II StGB strafbarer Verstoß gegen § 39 PostG darstellen würde (OLG Koblenz 12.6.2017, StrFo 2017, 329), gestattet § 99 StPO den Eingriff in das Brief-, Post-, und Fernmeldegeheimnis (Art. 10 GG) und erlaubt den Erbringern von Post- und Telekommunikationsdiensten unter Durchbrechung des Post- (§ 39 PostG) und des Fernmeldegeheimnisses (§ 88 TKG) die Mitwirkung an der Beschlagnahme (Radtke/Hohmann/ *Joecks* StPO § 99 Rn. 1).

212   **Die Postbeschlagnahme** nach § 99 I StPO ist grundsätzlich nur durch den Richter, bei Gefahr im Verzuge (→ Rn. 60 ff.) auch durch die StA möglich (§ 100 I StPO). Sofern die Finanzbehörde die Ermittlungen nach § 399 I AO selbstständig führt, kann auch sie eine Postbeschlagnahme anordnen. Es muss jedoch bei Anordnungen durch die StA oder die Finanzbehörde binnen drei Tagen eine Bestätigung des Richters herbeigeführt werden (§ 100 II StPO). Unterbleibt die rechtzeitige gerichtliche Bestätigung, so tritt die Beschlagnahme außer Kraft. Eine Öffnung der ausgelieferten Postsendungen steht dem Richter zu. Dieser kann jedoch die Befugnis der StA oder der FinB übertragen, wenn dies erforderlich ist, um den Untersuchungszweck nicht durch Verzögerung zu gefährden (§ 100 III StPO; BT-Drs. 7/551, 65). Die **Verteidigerpost** ist wegen § 148 StPO von der Beschlagnahme ausgenommen, wenn nicht gegen den Verteidiger ein Verdacht der Tatbeteiligung besteht (BGH 24.3.1982, NJW 1982, 2508; KK-StPO/*Greven* StPO § 99 Rn. 12). Dieser Verdacht muss sich freilich auf bestimmte Tatsachen stützen (→ Rn. 52; Meyer-Goßner/ Schmitt/*Köhler* StPO § 97 Rn. 38). Von der Postbeschlagnahme wird in Steuerstrafverfahren kaum Gebrauch gemacht. Die Beschlagnahme der bereits beim Empfänger angekommenen Post richtet sich hingegen nach den allgemeinen Beschlagnahmegrundsätzen (→ Rn. 85 ff.).

7. Überwachung der Telekommunikation

213   **Telekommunikation** ist gem. § 3 Nr. 59 und 60 TKG der technische Vorgang des Aussendens, Übermittelns und Empfangens von Signalen mittels technischer Einrichtungen, Systeme oder Server, die als Nachrichten identifizierbare, elektromagnetische oder optische Signale oder Daten senden, übertragen, vermitteln, empfangen, steuern oder kontrollieren können. Die Überwachung bezieht sich mithin u. a. auf das Abhören von Festnetz- und Mobilfunkanschlüssen, aber auch auf die reinen Standortdaten eines Mobiltelefons, bestimmte Stadien des E-Mail-Verkehrs (→ Rn. 151 ff.) und Internet-Telefonie (vgl. BVerfG 16.6.2009, NJW 2009, 2431; BVerfG 2.3.2006, NJW 2006, 976; BGH 31.7.1995, NJW 1997, 1934; RKR/*Grommes* AO § 399 Rn. 142; *Klein* NJW 2009, 2996).

214   Seit 1.1.2008 kann nach **§ 100a II Nr. 2a StPO** auch in **bestimmten Fällen der Steuerhinterziehung**, des **gewerbsmäßigen, gewaltsamen und bandenmäßigen**

Schmuggels nach § 373 AO und der **Steuerhehlerei** im Fall des § 374 II AO die Telekommunikation überwacht und aufgezeichnet werden. Im Hinblick auf die Steuerhinterziehung handelt es sich um den Fall des § 370 III 2 Nr. 5 AO sowie den Fall des § 370 III 2 Nr. 1 AO, sofern der Täter als Mitglied einer Bande, die sich zur fortgesetzten Begehung von Taten nach § 370 I AO verbunden hat, handelt. Folglich ist insbes. in Fällen des Bandenschmuggels, der Umsatzsteuerbetrügereien und der bandenmäßigen Hinterziehung anderer Steuerarten damit die Möglichkeit zur Überwachung der Telekommunikation eröffnet. Überdies war es in der Vergangenheit im Einzelfall auch denkbar, auf den Verdacht der Geldwäsche (§ 261 StGB) zurückzugreifen (§ 100a II Nr. 1m StPO). Dies dürfte jedoch seit der Aufnahme des § 370 III 2 Nr. 1 AO in den Katalog des § 100a StPO im Jahr 2021 unter gleichzeitiger Beschränkung auf Fälle der bandenmäßigen Begehung nicht mehr erforderlich sein, da § 100a II Nr. 1m StPO nun auf die in § 100a II Nr. 1 bis 11 StPO genannten Vortaten und damit auch auf die in § 100a II Nr. 2a StPO genannten verweist. Folglich dürfte § 100a II Nr. 2a StPO in aller Regel eine ausreichende Grundlage für eine Überwachung der Telekommunikation darstellen. Daneben könnte es allerdings auch Fälle geben, in denen wegen der Bildung einer kriminellen Vereinigung (§ 129 StGB) ermittelt wird und die Bildung der Vereinigung zu dem Zweck erfolgte, Steuerhinterziehungen zu begehen, ohne dass die Fälle des § 100a II Nr. 2a StPO eingreifen. In diesem Fall ist eine Telefonüberwachung gem. § 100a Nr. 1c StPO zulässig (Schwarz/Pahlke/*Klaproth* AO § 404 Rn. 33).

215 Neben dem Vorliegen des Verdachts einer Katalogtat iSd § 100a II StPO (§ 100a I 1 Nr. 1 StPO) sind weitere Voraussetzungen, dass die Tat auch im **Einzelfall schwer wiegt** (§ 100a I 1 Nr. 2 StPO) und dass die **Erforschung des Sachverhalts auf andere Weise wesentlich erschwert** oder aussichtslos wäre (ultima ratio, § 100a I 1 Nr. 3 StPO; vgl. iE Meyer-Goßner/Schmitt/*Köhler* StPO § 100a Rn. 8 ff.; Radtke/Hohmann/*Röwer* StPO § 100a Rn. 4 ff.). Die **Anordnungsbefugnis** für die Maßnahme liegt gem. § 100e I StPO beim Richter und bei Gefahr im Verzug auch bei der StA. Erfolgt die Anordnung durch die StA, so muss sie innerhalb von drei Werktagen durch das Gericht bestätigt werden, da sie sonst außer Kraft tritt (§ 100e I 3 StPO). Weitere Voraussetzungen der erforderlichen richterlichen Anordnung – die grds. nur auf einen Antrag der StA hin ergehen darf – sind in § 100e StPO geregelt. Zu beachten ist, dass die Maßnahme auf höchstens 3 Monate zu begrenzen ist. Die Maßnahme kann jedoch gem. § 100e I 4 StPO bei Fortbestehen der Voraussetzungen unter Berücksichtigung der gewonnenen Ermittlungsergebnisse verlängert werden.

216 Im Fall einer Telekommunikationsüberwachung bei **Berufsgeheimnisträgern** (zB Rechtsanwalt, Verteidiger, Steuerberater) sind aufgrund des bestehenden und von der Rechtsordnung geschützten Vertrauensverhältnisses die Anforderungen für die Zulässigkeit einer solchen Maßnahme besonders hoch (BVerfG 30.4.2007, NJW 2007, 2752; BVerfG 18.4.2007, StV 2007, 399; Radtke/Hohmann/*Röwer* StPO § 100a Rn. 25). Es ist eine umfassende Abwägung im Einzelfall erforderlich (RKR/*Grommes* AO § 399 Rn. 149).

217 Die **Verwertbarkeit der Erkenntnisse** aus einer Überwachung der Telekommunikation wirft schwierige Rechtsprobleme auf. Die in § 479 II StPO geregelten Verwendungsbeschränkungen lösen diese nur begrenzt. Die Vorschrift regelt allgemein die Verwertbarkeit von Zufallserkenntnissen aus Maßnahmen, die nur unter engeren Voraussetzungen als etwa Durchsuchung und Beschlagnahme zulässig sind.

218 Das **Prinzip der Wiederholbarkeit** bzw. des hypothetischen Ersatzeingriffs liegt der Regelung in § 479 II 1 iVm § 161 III StPO zugrunde (BT-Drs. 16/5846, 64; Meyer-Goßner/Schmitt/*Köhler* StPO § 161 Rn. 18a). Ist eine Maßnahme wie die Überwachung der Telekommunikation nur beim Verdacht bestimmter Straftaten zulässig, dürfen ohne Einwilligung des von der Maßnahme Betroffenen die aufgrund einer solchen Maßnahme erlangten personenbezogenen Daten zu Beweiszwecken in anderen Strafverfahren nur zur Aufklärung solcher Straftaten verwendet werden, zu deren Aufklärung eine solche Maßnahme hätte angeordnet werden dürfen. Die Regelung wird durch § 100i II 2 StPO und § 108 II, III 3 StPO überlagert; diese Vorschriften bleiben unberührt.

219 **War die Anordnung der Telefonüberwachung rechtmäßig,** sind die daraus gewonnenen Erkenntnisse jedenfalls verwertbar, wenn sie den Verdacht der Straftat bestätigen, deretwegen die Überwachung angeordnet worden war. Dann kann der gesamte Inhalt der Aufzeichnung genutzt werden, einschließlich der Hintergrundgeräusche und -gespräche (BGH 24.4.2008, wistra 2008, 268). Bestätigt sich also der Verdacht der bandenmäßigen Erschleichung von Steuervorteilen (bandenmäßige Begehung des § 370 III 2 Nr. 1 AO oder § 370 III 2 Nr. 5 AO), können die Erkenntnisse im Strafprozess verwertet werden. Angesichts der bisherigen Rechtsprechung ist davon auszugehen, dass dies auch dann der Fall ist, wenn sich zwar der Verdacht der bandenmäßigen Begehung nicht bestätigt hat, aber immerhin entsprechende Steuervorteile erschlichen wurden (vgl. BGH 20.6.1990, BGHR § 100a StPO, Verwertungsverbot 4; BGH 30.8.1978, BGHSt 28, 122; Meyer-Goßner/Schmitt/*Köhler* StPO § 100a Rn. 32; RKR/*Grommes* AO § 399 Rn. 334; str.). Inwiefern dies dann auch für eine mit der Katalogtat in Tateinheit stehende Tat gilt, ist zweifelhaft (dafür *Welp* Jura 1981, 477).

220 **Betreffen die Zufallserkenntnisse Dritte** und ist die zufällig erkannte Straftat eine Katalogtat im Sinne des § 100a II StPO, dürfen Zufallserkenntnisse uneingeschränkt verwertet werden (§ 477 II 2 StPO). Dabei kommt es nicht darauf an, ob die Strafverfolgung den Beschuldigten betrifft oder einen beliebigen Dritten (BGH 30.8.1978, BGHSt 28, 122, 129; BGH 16.6.1983, BGHSt 32, 10, 15; BGH 11.12.1990, wistra 1991, 146).

221 Für **Erkenntnisse über eine Nicht-Katalogtat eines Dritten** oder einer solchen des Beschuldigten, die keinen hinreichenden Bezug zur Anordnungstat aufweist (→ Rn. 218) verbleibt es gem. § 479 II 1 iVm § 161 III StPO bei einem Verwertungsverbot. Die Erkenntnisse dürfen nicht unmittelbar zum Beweis (BGH 22.2.1978, BGHSt 27, 355; BGH 30.8.1978, BGHSt 28, 122, 127; OLG Düsseldorf 5.2.2001, NStZ 2001, 657) und auch nicht zu Vorhalten (BGH 22.2.1978, BGHSt 27, 355) benutzt werden. Dieser Regelung liegt das Prinzip der Wiederholbarkeit bzw. des hypothetischen Ersatzeingriffs zugrunde (→ Rn. 218).

222 Davon zu trennen ist die Frage, inwiefern solche Zufallserkenntnisse **Anlass für Folgeermittlungen** sein können. Grundsätzlich entfaltet das Verwertungsverbot nach § 479 II StPO keine Fernwirkung. Daher dürfen entsprechende Erkenntnisse durch die Steuerfahndung ausgewertet werden, entdeckte Bankkonten untersucht und weitere Ermittlungen vorgenommen werden. Die so beschafften Beweismittel könnten ohne weitere Restriktion in eine Hauptverhandlung eingeführt werden (vgl. Meyer-Goßner/Schmitt/*Schmitt* StPO § 479 Rn. 5; KK-StPO/*Bader* StPO Vor § 48 Rn. 44; Schwarz/Pahlke/*Klaproth* AO § 404 Rn. 33; *Allgayer/Klein* wistra 2010, 130; BT-Drs. 16/5846, 66). Nach Auffassung des OLG München (21.8.2006, wistra 2006, 472) werden Informationen „*zu Beweiszwecken*" nur verwendet, wenn sie zur **Beurteilung der Schuld- oder Straffrage** und nicht nur als Spur oder Ermittlungsansatz herangezogen werden. Die Erkenntnisse könnten jedoch Anlass zu weiteren Ermittlungen zur Gewinnung neuer Beweismittel sein. Zu den weiteren Ermittlungen gehörten auch Zwangsmaßnahmen, beispielsweise Durchsuchungsbeschlüsse. Daher sei ein Durchsuchungsbeschluss zulässig. In den in → Rn. 221 zitierten Entscheidungen des BGH findet sich aber nichts dazu, dass solche Erkenntnisse als solche bereits hinreichende Bedingung für Zwangsmaßnahmen wären. Es ist nicht überzeugend, wenn man die Begrifflichkeiten auf die Beurteilung der Schuld- oder Straffrage reduziert. Vieles spricht dafür, dass verdachtsbegründende Tatsachen, die als solche im Prozess unverwertbar bleiben, den Grundrechtseingriff einer Durchsuchung nicht legitimieren können (ebenso RKR/*Grommes* AO § 399 Rn. 152; s. auch OLG Karlsruhe 3.6.2004, NStZ 643).

223 Man wird daher jedenfalls solche Beweismittel ausschließen müssen, die ausschließlich und unmittelbar auf Grund der Telefonüberwachung, deren Ergebnisse unverwertbar sind, erlangt wurden (KK-StPO/*Bruns* StPO § 100a Rn. 49 ff.). So ist zB eine durch Vorhalt unverwertbarer Erkenntnisse erlangte Aussage unverwertbar (BGH 22.12.1981, NJW 1982, 455; BGH 22.2.1978, NJW 1978, 1390).

Im **Besteuerungsverfahren** dürfen nach § 393 III AO die Erkenntnisse, die die Finanzbehörde oder die Staatsanwaltschaft rechtmäßig im Rahmen strafrechtlicher Ermittlungen gewonnen hat, verwendet werden. Dies gilt auch für Erkenntnisse, die dem Brief-, Post- und Fernmeldegeheimnis unterliegen, soweit die Finanzbehörde diese rechtmäßig im Rahmen eigener strafrechtlicher Ermittlungen gewonnen hat oder soweit nach der StPO Auskunft an die Finanzbehörde erteilt werden darf (→ § 393 Rn. 118 ff.; Schwarz/Pahlke/*Klaproth* AO § 393 Rn. 64 ff.).

Das Stellen einer sog. Hörfalle ist hingegen keine Telefonüberwachung (Schwarz/Pahlke/*Klaproth* AO § 404 Rn. 34; BGH GrS 13.5.1996, wistra 1996, 309 mwN). Initiiert der Fahndungsbeamte den Anruf eines Dritten bei dem Beschuldigten, um über einen Zweithörer mitzuhören, so handelt es sich nicht um eine Vernehmung und es liegt kein Einsatz unzulässiger Vernehmungsmethoden iSd § 136a StPO vor (KK-StPO/*Diemer* StPO § 136a Rn. 26). Der BGH hat aber zugleich entschieden, dass die Verwertung solcher Erkenntnisse im Wege der Zeugenvernehmung idR nur bei Straftaten erheblicher Bedeutung in Frage käme und verweist insoweit auf die Kataloge in §§ 98a, 100a, 110a StPO, die freilich nicht abschließend seien (BGH GrS 13.5.1996, wistra 1996, 309, 313 f.). Überdies müssen die Ermittlungen ohne eine solche Maßnahme weniger erfolgreich aufgeklärt werden können. Insoweit wird eine Verwertung solcher Erkenntnisse nur in Fällen besonders gravierender Steuerstraftaten in Betracht kommen, also idR wenn ein schweres Delikt iSd § 100a II Nr. 2 StPO vorliegt (ebenso Schwarz/Pahlke/*Klaproth* AO § 404 Rn. 34).

einstweilen frei 226–230

8. Weitere heimliche Ermittlungsmaßnahmen

Weitere (heimliche) Ermittlungsmaßnahmen, die iSd § 479 II StPO nur bei dem Verdacht „bestimmter Straftaten" zulässig sind, stehen in Grenzen auch in steuerstrafrechtlichen Verfahren bzw. der Finanzbehörde zur Verfügung. Schlechthin ausgeschlossen ist die Anordnung der **Überwachung von Wohnräumen** iSd § 100c StPO, da Steuerhinterziehung keine besonders schwere Tat iSv § 100c I Nr. 1 iVm § 100b II StPO darstellt. Es wäre allenfalls möglich, dass Steuerdelikt zusammen mit der Bildung einer kriminellen Vereinigung nach § 129 StGB, einem besonders schweren Fall der Geldwäsche nach § 261 StGB oder einem besonders schweren Fall der Bestechung begangen werden (vgl. § 100c I Nr. 1 iVm § 100b II c, m oder o StPO). **Akustische Überwachungen außerhalb von Wohnräumen** (§ 100f StPO) dürfen hingegen bei dem Verdacht einer Tat im Sinne des § 100a II StPO erfolgen, also in solchen Fällen, in denen die Steuerhinterziehung eine Qualität erreicht, bei der auch eine Anordnung der Überwachung der Telekommunikation zulässig wäre (→ Rn. 213 ff.). Insbesondere ist eine Überwachung auch in Kraftfahrzeugen möglich. Dabei ist das in einem Kraftfahrzeug mittels akustischer Überwachung aufgezeichnete Selbstgespräch eines sich unbeobachtet fühlenden Beschuldigten im Strafverfahren – auch gegen Mitbeschuldigte – jedoch unverwertbar, da es dem durch Art. 2 I GG iVm Art. 1 I 1 GG absolut geschützten Kernbereich der Persönlichkeit zuzurechnen ist (BGH 22.12.2011, BGHSt 57, 71; *Mosbacher* JuS 2012, 705). Die Anordnung unterliegt im Übrigen der üblichen Subsidiaritätsklausel (§ 100f I StPO aE).

Online-Durchsuchungen, dh Suche und Zugriff von außen auf den betreffenden Computer mittels einer bestimmten zuvor installierten Remote Forensic Software (sog. „Trojaner" oder „Backdoor-Programme"; vgl. *Hornick* StraFo 2008, 282; *Kutscha* NJW 2007, 1169), wurden durch das Gesetz zur effektiveren und praxistauglicheren Ausgestaltung des Strafverfahrens vom 17.8.2017 rechtlich ermöglicht. Voraussetzung dafür ist der Verdacht einer in § 100b II StPO aufgeführten schweren Straftat, die auch im Einzelfall besonders schwer wiegt und bzgl. derer die Erforschung des Sachverhalts oder die

Ermittlung des Aufenthaltsortes des Beschuldigten auf andere Weise wesentlich erschwert wäre. Diese Voraussetzungen werden im Fall einer Steuerhinterziehung nur erfüllt sein, wenn die Tat mit anderen, im Katalog des § 100b II StPO genannten Taten zusammenfällt (→ Rn. 231). Von der Online-Durchsuchung ist jedoch die reine Internet-Aufklärung zu unterscheiden, → Rn. 242.

233 Unter vergleichbaren Voraussetzungen ist die **Erhebung von Verkehrsdaten** (§ 100g StPO; vgl. auch → Rn. 238) zulässig, wobei zu beachten ist, dass das BVerfG im Rahmen einer einstweiligen Anordnung Grenzen gezogen hat (BVerfG 11.3.2008, NStZ 2008, 290; vgl. OVG Münster 22.6.2017, NVwZ-RR 2018, 43 zur anlasslosen Vorratsdatenspeicherung, anhängig beim EuGH unter C 794/19). **Bildaufnahmen** sind in der Regel zulässig (§ 100h I Nr. 1 StPO), wobei danach zu unterscheiden ist, ob sich die Maßnahme gegen den Beschuldigten oder eine andere Person richtet, vgl. § 100h II StPO. Der **Einsatz besonderer für Observationszwecke bestimmter technischer Mittel** – zB Peilsender oder Drohnen – ist hingegen nur zulässig, wenn es um eine Straftat von erheblicher Bedeutung geht (§ 100h I 2 StPO). Der Einsatz eines **IMSI-** bzw. **IMEI-Catchers** ist ebenfalls zulässig, wenn es um eine im Einzelfall schwerwiegende, etwa in § 100a II StPO bezeichnete Straftat, zB nach § 370 III 2 Nr. 5 AO, geht. Die mit diesen Geräten durchgeführte Erhebung und kurzzeitige Speicherung der IMSI- und IMEI-Kennung einzelner Telekommunikationsgeräte stellt insbes. keine unzulässige Verletzung des Rechts unbeteiligter Dritter auf informationelle Selbstbestimmung aus Art. 2 I GG iVm Art. 1 I GG dar und die Datenerhebung fällt nicht in den Schutzbereich von Art. 10 I GG (BVerfG 22.8.2006, NJW 2007, 351).

234 Eine weitere verdeckte Ermittlungsmaßnahme ist die in der Praxis immer häufigere **verdeckte Ausforschung von Örtlichkeiten und Personen** durch die Fahndung. Unter rechtlichen Gesichtspunkten ist zu unterscheiden zwischen kurzfristigen Observationen, zB um festzustellen, zu welcher Baustelle der Beschuldigte morgens fährt oder wo er sich bei Beginn einer Durchsuchung befindet, und der längerfristigen Observation iSd § 163f StPO.

235 Wie sich aus § 163f I 1 StPO ergibt, liegt eine **längerfristige Observation** vor, wenn sie durchgehend mehr als 24 Stunden dauert oder an mehr als zwei Tagen stattfindet. Eine solche Maßnahme kann vom Gericht oder bei Gefahr im Verzug von der StA bzw. im selbstständigen Verfahren gem. § 399 I AO auch von der Finanzbehörde oder von der Fahndung angeordnet werden (§ 163f III 1 StPO). Sie darf nur angeordnet werden, wenn tatsächlicher Anhaltspunkte für eine Straftat mit erheblicher Bedeutung vorliegen, was insbes. bei besonders schweren Fällen der Steuerhinterziehung gem. § 370 III AO zu bejahen ist (ebenso RKR/*Grommes* AO § 399 Rn. 160; vgl. auch KK-StPO/*Moldenhauer* StPO § 163f Rn. 15; Meyer-Goßner/Schmitt/*Köhler* StPO § 163f Rn. 4). Ferner muss ein Anordnungsgrund iSd Subsidiaritätsklausel des § 163f II 2 und 3 StPO vorliegen und die Observation ist auf max. drei Monate zu begrenzen. Allerdings kann die Maßnahme gem. § 163f III 3 StPO iVm § 100e I 4 und 5 StPO bei Fortbestehen der Voraussetzungen unter Berücksichtigung der gewonnenen Ermittlungsergebnisse um bis zu drei Monate verlängert werden.

236 Wie sich aus dem Umkehrschluss aus § 163f I 1 StPO ergibt, darf eine **kurzfristige Observation** nicht länger als 24 Stunden dauern. Sie ist gem. §§ 161, 163 StPO ohne Einschränkung und ohne richterliche Anordnung jederzeit möglich (BVerfG 2.7.2009, StraFo 2009, 453; KK-StPO/*Moldenhauer* StPO § 163f Rn. 5; Meyer-Goßner/Schmitt/ *Köhler* StPO § 163f Rn. 1). Allerdings handelt es sich um eine längerfristige Observation iSd § 163f StPO auch dann, wenn sich erst während einer kurzfristigen Beobachtung die Notwendigkeit einer Fristüberschreitung ergibt (OLG Hamburg 29.6.2007, NStZ-RR 2008, 144). Dadurch werden jedoch nicht rückwirkend die bereits erfolgten kurzfristigen Ermittlungsmaßnahmen zu einer langfristigen Observation (BVerfG 2.7.2009, StraFo 2009, 453; Meyer-Goßner/Schmitt/*Köhler* StPO § 163f Rn. 1a). § 163f StPO ist ebenfalls nicht anwendbar, wenn sich im Laufe eines Ermittlungsverfahrens in nicht vor-

hersehbarer Weise mehrfach die Notwendigkeit einer kurzfristigen und vorübergehenden Observation ergibt (BVerfG 2.7.2009, StraFo 2009, 453; OLG Hamburg 29.6.2007, NStZ-RR 2008, 144; Meyer-Goßner/Schmitt/*Köhler* StPO § 163f Rn. 1a).

Der **Einsatz verdeckter Ermittler** ist nach § 110a StPO bei Steuerhinterziehungen nach § 370 III 2 Nr. 5 AO oder im Fall der bandenmäßigen Begehung einer Steuerstraftat nach § 370 III 2 Nr. 1 AO zwar grundsätzlich denkbar, hat jedoch praktisch nahezu keine Relevanz (ebenso RKR/*Grommes* AO § 399 Rn. 162).

Darüber hinaus wurde mit der Einführung des § 163g StPO im Jahr 2021 eine spezialgesetzliche Befugnis der Strafverfolgungsbehörden zur **automatischen Kennzeichenerfassung** im öffentlichen Verkehrsraum und zur Nutzung dieser Daten zu Fahndungszwecken geschaffen (vgl. auch → Rn. 233). Diese Daten, die seit 2005 zur Durchsetzung der Mautpflicht und seit 2019 auch zur Überprüfung der Einhaltung von Verkehrsbeschränkungen/-verboten zum Schutz vor Immissionen beziehungsweise Abgasen sowie in einigen Bundesländern zum Zwecke der Gefahrenabwehr genutzt wurden, waren nach der vorherigen Rechtslage nicht im Strafverfahren verwertbar (zur alten Rechtslage LG Magdeburg 3.2.2006, NJW 2006, 1073; *Göres* NJW 2004, 195). Voraussetzungen der strafprozessualen Nutzung der Daten aus der automatischen Kennzeichenerfassung sind **zureichende tatsächliche Anhaltspunkte** für das Vorliegen einer Straftat von erheblicher Bedeutung (vgl. dazu → Rn. 235) sowie die **tatsächliche Erfolgsaussicht**, dass die Maßnahme zur Ermittlung der Identität oder des Aufenthaltsorts des Beschuldigten führen kann. Ein Abgleich der erhobenen Kennzeichendaten darf gem. § 163g II StPO nur mit solchen Halterdaten von Kfz erfolgen, die dem Beschuldigten oder mutmaßlichen Kontaktpersonen im Zeitpunkt der Anordnung der Maßnahme eindeutig zugeordnet werden können. Die Anordnungskompetenz liegt gem. § 163g III 1 StPO bei der StA bzw. im selbstständigen Verfahren der Finanzbehörde und ihren Ermittlungspersonen. Im Hinblick auf Steuerstrafverfahren mag zwar eine Straftat von erheblicher Bedeutung in Form der in § 100a II Nr. 2 StPO genannten Taten zu bejahen sein, aber das Ziel der Maßnahme – Ermittlung der Identität oder des Aufenthaltsortes des Beschuldigten – ist in Steuerstrafverfahren in aller Regel nicht relevant. Zum Beispiel die Nachverfolgung vor Fahrtstrecken bei Lieferungen ist – entgegen der von Sachverständigen im Gesetzgebungsverfahren geäußerten Argumente – aufgrund der in § 163g StPO vorgesehenen Zweckbestimmung hingegen nicht zulässig.

einstweilen frei

9. Sonstige Maßnahmen und Erkenntnisse

Die Finanzbehörde kann die **Entnahme von Blutproben**, die **Aufnahme von Lichtbildern und Fingerabdrücken** sowie die **körperliche Untersuchung des Beschuldigten** (und dritter Personen) anordnen (§§ 81ac StPO). Im Steuerstrafverfahren kommen solche Maßnahmen namentlich beim Schmuggel in Betracht (vgl. *Bender/Möller/Retemeyer* = BMR, SteuerSfR D 336). Untersuchungen nach den §§ 81a, 81c StPO darf die Finanzbehörde nur bei Gefahr im Verzuge (→ Rn. 60 ff.) anordnen (§ 81a II, § 81c V StPO), sonst ist der Richter zuständig. Von geringerer Bedeutung sind das Recht der Finanzbehörde, eine Suchnachricht im Bundeszentralregister zu hinterlegen (§ 27 BZRG) und der Ausschreibung zur Festnahme; → § 404 Rn. 90.

Eine weitere Ermittlungsmethode in Strafverfahren ist der Online-Zugriff auf allgemein zugängliche Datenbestände, die sog. **Internet-Aufklärung.** Sie ist ohne besondere rechtliche Ermächtigungsgrundlage zulässig (BVerfG 10.3.2008, BVerfGE 120, 351; BVerfG 27.2.2008, BVerfGE 120, 274; Meyer-Goßner/Schmitt/*Köhler* StPO § 100a Rn. 7; *Kudlich* StV 2012, 560, 566; BT-Drs. 16/5846, 64; krit. *Petri* DuD 2008, 443). Dies gilt auch für **soziale Netzwerke** wie Facebook, **offene Internet-Chats** und **offene Cloud-Inhalte**, selbst wenn diese nur registrierten Nutzern zugänglich sind, sofern für die Registrierung keine besonderen Zugangsschranken gelten (BVerfG 27.2.2008, BVerfGE 120,

§ 399   243–250   Rechte und Pflichten der Finanzbehörde

274; KK-StPO/*Bruns* StPO § 100a Rn. 23; Meyer-Goßner/Schmitt/*Köhler* StPO § 94 Rn. 16b, § 110 Rn. 7a; *Dalby* CR 2013, 367). Unter § 100a StPO fallen hingegen die Erhebung von Daten in **zugangsgesicherten Chats** (zB Instant Messaging-Dienste wie WhatsApp und Twitter) und **Chatrooms** sowie von Daten, die unter Nutzung einer auf Dauer angelegten Legende durch das Überwinden von Zugangsschlüsseln – zB durch das auf der Legende basierende Freischalten durch den Inhaber eines Accounts oder Aufnahme als „Freund" – erlangt werden (KK-StPO/*Bruns* StPO § 100a Rn. 23; Meyer-Goßner/Schmitt/*Köhler* StPO § 100a Rn. 7; aA AG Reutlingen 31.10.2011, StV 2012, 462, das § 99 StPO für einschlägig hält; insoweit nur auf §§ 161, 163 StPO abstellend KK-StPO/*Bruns* StPO § 100a Rn. 24 f.). Zu den Voraussetzungen des § 100a StPO → Rn. 214 f.

243–245 *einstweilen frei*

10. Abschluss des Ermittlungsverfahrens

246 **Fehlt nach Durchführung der Ermittlungen** aus rechtlichen oder tatsächlichen Gründen der genügende Anlass zur Erhebung der öffentlichen Klage, stellt die Finanzbehörde das Verfahren ein (§ 170 II StPO). Der Beschuldigte ist, wenn er verantwortlich vernommen worden ist oder einen Bescheid erbeten hat, zu unterrichten (§ 170 II 2 StPO). Eine Einstellung kann auch **wegen Geringfügigkeit** (§ 398 AO, § 153 StPO) bzw. gem. § 153a StPO gegen Auflagen erfolgen (→ § 398 Rn. 7 ff.). Auch eine vorläufige Einstellung nach §§ 154f, 205 StPO ist möglich. Ebenso kann die Strafverfolgung nach den §§ 154, 154a StPO beschränkt werden.

247 **Besteht Anlass zur Anklageerhebung,** vermerkt die Finanzbehörde dies in der Akte (§ 169a StPO; vgl. Nr. 79 II 3, 87 I AStBV (St) 2020) und prüft, ob eine Erledigung durch Strafbefehl in Betracht kommt. Ist dies der Fall, stellt sie einen entsprechenden Antrag (§ 400 AO). Ist die Erledigung durch Strafbefehl nicht möglich, übersendet die Finanzbehörde die Akten an die StA. Diesem Abschlussvermerk kommt im Hinblick auf das **Akteneinsichtsrecht des Verteidigers** erhebliche Bedeutung zu, da dieses Recht ab dem Abschlussvermerk geringeren Restriktionen unterliegt (vgl. § 147 II StPO).

248–250 *einstweilen frei*

III. Ermittlungen im Ausland

Schrifttum: *Dannecker*, Der Schutz der Beteiligten beim internationalen Auskunftsverfahren in Steuerstrafsachen, StV 1990, 124; *Carl/Klos*, Das Luxemburger Bankgeheimnis aus der Sicht des EG-Bürgers, DStZ 1991, 577; *dies.*, Das Schweizer Bankgeheimnis, DStR 1991, 1285; *Carl/Klos*, Rechtsschutzprobleme bei steuerlichen Spontanauskünften an ausländische Finanzbehörden, DStR 1992, 528; *Kerwat*, Das EG-Amtshilfegesetz und der Europäische Binnenmarkt, DStZ 1992, 729; *Schomburg/Lagodny*, Neuere Entwicklungen der internationalen Rechtshilfe in Strafsachen, NStZ 1992, 353; *Carl*, Internationale Rechtshilfe in Steuerstrafsachen, Inf 1993, 653; *Kurz/Leitner*, Das österreichische Bankgeheimnis im Steuerstrafverfahren, IStR 1994, 506; *Schomburg/Lagodny*, Neuere Entwicklungen im Recht der internationalen Rechtshilfe in Strafsachen, StV 1994, 393; *Carl/Klos*, Bankenermittlungen in Österreich im Rahmen der Amts- und Rechtshilfegewährleistung in Steuersachen, wistra 1995, 95; *dies.*, Internationale Kontrollmitteilungen zwischen Steuerbehörden, CR 1995, 235; *Pieper*, Rechts- und Amtshilfe in Steuerangelegenheiten durch die Schweiz insbesondere im Hinblick auf das schweizerische Bankgeheimnis, 1995; *Klinkhammer*, Amts- und Rechtshilfe im Bereich der Steuerhinterziehung und des Subventionsbetrugs, ZfZ 1996, 37; *Klos*, Aktuelle Probleme der europäischen Amts- und Rechtshilfe in Steuersachen unter besonderer Berücksichtigung des deutsch-österreichischen Rechtshilfeverkehrs, Aktuelles 1996, 29; *ders.*, Neues zur Schweizer Rechtshilfe in Fällen des Abgabenbetrugs, wistra 1998, 96; *Seelmann*, Die schweizerische Rechtshilfe in Strafsachen und der Abgabenbetrug, NJW 1998, 732; *Lanser*, Österreichische Rechtshilfe in Strafsachen, insbesondere im Zusammenhang mit dem Bankgeheimnis, wistra 1999, 213; *Schomburg*, Internationale vertragliche Rechtshilfe in Strafsachen, NJW 1999, 550; *Binder*, Rechtshilfe durch die Schweiz bei Steuerhinterziehung mittels einer falschen Einnahmenüberschußrechnung, wistra 2000, 254; *de Werth*, Zur Zulässigkeit von Spontanauskünften in der Europäischen Union, IStR 2000, 462; *Gleß*, Zur Verwertung von Erkenntnissen aus verdeckten Ermittlungen im Ausland in inländischen Strafverfahren, NStZ 2000, 57; *Spiegel/Wiese*, Theorie und Praxis der Rechtshilfegewährung durch die Schweiz bei Fiskaldelikten, wistra 2000, 409; *Spatscheck/Alvermann*, Steuerfahndung ohne Grenzen?, IStR 2001, 33; *Rose*, Auslandszeugen im Strafprozess: Aktuelle Gesetzeslage und jüngere Rechtsprechung, wistra 2001, 290; *Esskandari,* Luxemburg: Amts- und Rechtshilfe in Steuer- und Steuerstrafsachen, wistra 2002, 87; *Holenstein,* Schweizerische Bankauskünfte an den ausländischen Fiskus, AJP 2003, 1045; *Blumers/Kinzl,* Kapitaltransfer über die Grenze und Vermutung der Steuerhinterziehung, DB 2004, 401; *Holenstein,* Amts- und Rechtshilfe mit Drittstaaten, insbesondere der Schweiz – oder: das schweizerische Bankgeheimnis zwischen Mythos und Wirklichkeit, in: Leitner (Hrsg.), Finanzstrafrecht 2006, 123; *Hamdan/Hamdan,* Das französische Steuerstrafrecht und Steuerverwaltungsstrafrecht, IStR 2007, 390; *Seer,* Steuerverfahrensrechtliche Bewältigung grenzüberschreitender Sachverhalte, FS Schaumburg, 2009, 151; *Weigell,* Vom Misstrauen im Steuerrecht – Die steuerliche Informationsquellen im Überblick, FS Volk 2009, 847; *Czakert,* Der internationale Informationsaustausch bei der Festsetzung und Beitreibung von Steuern, IStR 2010, 567; *Eich,* Grenzüberschreitende Amtshilfe in Steuersachen, KÖSDI 2010, 17041; *Eimermann,* Steueroasen, IStR 2010, 561; *Hecht/Lampert/Schulz,* Das Auskunftsabkommen zwischen der Bundesrepublik Deutschland und dem Fürstentum Liechtenstein, BB 2010, 2727; *Schwörer,* Der Datenaustausch mit Liechtenstein und Jersey nach den TIEA, DStZ 2010, 236; *Seer/Gabert,* Der internationale Auskunftsverkehr in Steuersachen, StuW 2010, 3; *Burki,* Informationswege und -quellen der Finanzverwaltung bei Schweizer Bankkonten, JbFSt 2010/2011, 618; *Gabert,* Die neue EU-Amtshilferichtlinie, IWB 2011, 250; *Geuenich/Lang,* Verbesserte Amtshilfemöglichkeiten im Deutsch-Österreichischen Verhältnis, IWB 2011, 210; *Holenstein,* Verfahrensbestimmung zur Amtshilfe der Schweiz nach OECD-Standard, IWB 2011, 12; *Jacob,* Änderungsprotokoll zum DBA-Schweiz: Mehr als nur Amtshilfe, SAM 2011, 170; *Schwartz/Tippelhofer,* Informationsaustausch in Steuersachen mit der Schweiz, IStR 2011, 249; *Wagner/Plüss,* Neue Entwicklungen im schweizerischen Wirtschafts- und Steuerrecht, RIW 2011, 191; *Wichmann,* Anmerkungen zur deutschen Abkommenspolitik, FR 2011, 1082; *Beier/Schulte,* Die zwischenstaatlichen Musterabkommen zur FATCA-Implementierungen, die Änderungen des Artikel 26 OECD-MA und die Position der Artikel 29-Gruppe, RIW 2012, 683; *Holenstein,* Das Steuerabkommen mit der Schweiz: ein Meilenstein oder roter Teppich für Steuersünder – oder beides?, DStR 2012, 153; *ders.,* Identifikation durch Schilderung eines Verhaltensmusters?, IWB 2012, 17; *ders.,* Nachbesserung des Steuerabkommens Deutschland-Schweiz, PStR 2012, 126; *ders.,* Schweiz: Sukzessive Öffnung auch bei der Auslieferung in Steuerstrafsachen, PStR 2012, 151; *Hosp/Langer,* Die Steuerabkommen der Schweiz: Wer erhielt den besten Deal?, RIW 2012, 347; *Jacob,* Highlights des neuen Doppelbesteuerungsabkommens Deutschland – Luxemburg 2012, SAM 2012, 167; *Rose,* Beweisanträge auf Vernehmung von Auslandszeugen: Entwicklung und Tendenzen der neueren Rechtsprechung, NStZ 2012, 18; *Steichen/Böing,* Neuerungen zum Informationsaustausch in Steuersachen zwischen Deutschland und Luxemburg auf der Grundlage von Artikel 23 des deutsch-luxemburgischen DBA, IStR 2012, 104; *Bülte,* Verwertung im Ausland erlangten Beweismitteln und Anwendungsvorrang des Unionsrechts als Grenze von Verfahrensrechten im nationalen Strafprozess, ZWH 2013, 219; *Obenhaus,* Die Novelle der gegenseitigen Amtshilfe in Steuersachen zwischen den EU-Mitgliedstaaten durch das JStG 2013, Stbg 2012, 391; *Biesgen/Noel,* Die aktuelle Entwicklung im grenzüberschreitenden Informationsaustausch, SAM 2014, 5; *Roth,* Steuerfahndung: Internationale Gruppenanfragen im Ausland, Stbg 2014, 405; *Herrmann,* Automatischer Informationsaustausch als Allheilmittel gegen Steuerhinterziehung?, PStR 2015, 147; *Holenstein,* Cum-Ex-Geschäfte: Wird die Schweiz Deutschland Strafrechtshilfe leisten?, PStR 2015, 147; *Perkams,* Schweizer Amts- und Rechtshilfe in Steuersachen – Status quo und Ausblick, wistra 2015, 456; *Frommelt/Lampert u.a.,* Zeitenwende ich Liechtenstein – Aufgabe des generellen Fiskalvorbehalts bei der kleinen Rechtshilfe, ZWF 2016, 87; *Krug/Püschel,* Internationale Rechtshilfe, PStR 2017, 226, 259 und 278; *Beukelmann,* Die Europäische Staatsanwaltschaft, NJW-Spezial 2020, 376; *Heger,* Einführung der Europäischen Staatsanwaltschaft in das deutsche Recht, ZRP 2020, 115; *Adick,* Verteidigung in internationalen Steuerstrafverfahren, ISR 2021, 399; *Brodowski,* Strafrechtsrelevante Entwicklungen in der Europäischen Union – ein Überblick, ZIS 2021, 373; *Spatschek/Wimmer/Wuschko,* Eine Staatsanwaltschaft soll ein Gericht sein – aber die BuStra keine Justizbehörde?, ZWH 2022, 33.

1. Allgemeines

Ermittlungen deutscher Strafverfolgungsbehörden im Ausland stellen idR einen **251** Eingriff in die Souveränität des ausländischen Staates dar. Originäre Ermittlungsmöglichkeiten deutscher Behörden enden an der Staatsgrenze (BVerfG 22.3.1983, BVerfGE 63, 343; RKR/*Grommes* AO § 399 Rn. 163). Weder die Staatsanwaltschaft noch die Finanzbehörde dürfen selbstständig im Ausland ermitteln; umgekehrt dürfen ausländische Behörden keine Ermittlungen im Inland anstellen. Abgesehen von steuerrechtlichen Regelungen, die gegebenenfalls der Finanzbehörde hilfreich zur Seite stehen (zB § 90 II, III, § 160, § 162 II–IV AO) und den Ermittlungsmöglichkeiten der Informationszentrale Ausland beim Bundeszentralamt für Steuern (vgl. dazu BVerfG 10.3.2008, wistra 2008, 255; vgl. auch → § 404 Rn. 16) kann die Aufklärung von Auslandssachverhalten nur mit Unterstützung des jeweiligen ausländischen Staates erfolgen. Dies gilt auch für den Fall, dass der Betroffene den Ermittlungsmaßnahmen zustimmt, da das **Territorialprinzip** nicht zu Disposition des Einzelnen steht. Soweit es um die strafrechtliche Seite des Verhaltens des

Steuerpflichtigen geht, kann sich die Staatsanwaltschaft bzw. Finanzbehörde des Mittels der **Rechtshilfe** bedienen. Im Hinblick auf steuerrechtliche Fragen besteht die Möglichkeit der Gewährung von **Amtshilfe** durch ausländische Staaten. Die damit gewonnenen Erkenntnisse sind regelmäßig – vorbehaltlich der Grenzen des strafprozessualen Beweisverfahrens – auch im Strafverfahren verwertbar.

252 Die **Kooperation der Staaten in Fiskalangelegenheiten** nimmt ständig zu. Dies gilt nicht nur vor dem Hintergrund der Bemühungen um eine faire und transparente Besteuerung von international tätigen Konzernen und der Trockenlegung von Steueroasen, sondern es spielt dabei zB auch die Bekämpfung des Terrorismus eine Rolle, die auch die damit zusammenhängenden Geldströme im Blick hat und darauf reagieren muss. Die diesbezügliche Entwicklung zeigt sich deutlich an der in den letzten Jahren erheblich gesteigerten Wahrnehmung der Öffentlichkeit und der immer größeren Zahl von internationalen Abkommen. Vor dem Hintergrund der mittlerweile zT auf fünfzehn Jahre verlängerten Verfolgungsverjährungsfrist (§ 376 I AO) kann sich heute niemand mehr darauf verlassen, dass bis zum Jahr 2037 die Rechtslage so bleibt, wie sie nach heutigem Verständnis ist – vielmehr dürfte man dies als ausgeschlossen ansehen dürfen.

253 **Amtshilfe** ist die Hilfe, die eine Behörde einer anderen in Verwaltungssachen gewährt, so dass diese im **steuerrechtlichen Bereich** Anwendung findet. Gegenüber den Ermittlungsmöglichkeiten im Inland ist die Amtshilfe grundsätzlich subsidiär, so dass zunächst alle inländischen Ermittlungsmöglichkeiten auszuschöpfen sind (Kohlmann/*Peters* AO § 399 Rn. 788). Amtshilfe bei der Ermittlung bzw. Abgrenzung von Einkünften wird der Bundesrepublik Deutschland auf der Grundlage unionsrechtlicher Rechtsakte sowie bilateraler oder multilateraler Verträge gewährt (vgl. BMF 23.1.2014, BStBl. I 2014, 188). Beispiele für Amtshilfe sind etwa Auskunftserteilung, Übersendung von Akten, die Erstattung von Gutachten, die Befragung eines Zeugen oder die Anhörung eines Beteiligten sowie die Vollstreckungshilfe (Klein/*Rätke* AO § 111 Rn. 9). Die im Wege der Amtshilfe gewonnenen Erkenntnisse sind grundsätzlich auch im Steuerstrafverfahren verwertbar (RKR/*Grommes* AO § 399 Rn. 164). Am weitesten reicht die Zusammenarbeit auf EU-Ebene. Die Mitgliedsstaaten der EU gewähren sich Amtshilfe insb. nach der **EU-Amtshilferichtlinie (EUAHiRL)** vom 15.2.2011, umgesetzt durch das EUAHiG v. 26.6.2013 (zuletzt geändert durch das Gesetz zur Umsetzung der Änderungen der EU-Amtshilferichtlinie und von weiteren Maßnahmen gegen Gewinnkürzungen und -verlagerungen v. 20.12.2016, BGBl. I 3000 (sog. Anti-BEPS-Umsetzungsgesetz) sowie durch das Gesetz zur Einführung einer Pflicht zur Mitteilung grenzüberschreitender Steuergestaltungen v. 21.12.2019, BGBl. I 2875) und das **Gesetz zum automatischen Austausch von Informationen über Finanzkonten in Steuersachen (FKAustG)** v. 21.12.2015. Es ist zu erwarten, dass sich dieser Prozess fortsetzen wird und die Zusammenarbeit weiter ausgebaut werden wird, um insbes. bei grenzüberschreitenden Sachverhalten mehr Transparenz zu erreichen. Darüber hinaus wurde für Kapitalerträge ein relativ umfassender Auskunftsaustausch durch den Abschluss von **Informationsaustauschabkommen** (Tax Information Exchange Agreement, **TIEA**) eingeführt, von denen mittlerweile zahlreiche geschlossen wurden. Zum aktuellen Stand ab 1.1.2022 vgl. zuletzt BMF 19.1.2022 (BStBl. I 2022, 147).

254 Bei der **Rechtshilfe** handelt es sich nicht um Unterstützung einer Behörde durch eine andere im Rahmen von Verwaltungssachen, sondern um die Unterstützung im Rahmen der **Rechtspflege**. Strafprozessuale Maßnahmen wie die Durchsuchung oder die Vernehmung von Personen können folglich nicht im Wege der Amtshilfe erfolgen, sondern es bedarf insoweit der Rechtshilfe. Nach Einleitung eines Steuerstrafverfahrens kann um diese grundsätzlich ersucht werden. Rechtshilfe ist ferner im Bereich der Ordnungswidrigkeiten möglich. Rechtshilfe ist als „große" in Form der Aus- oder Durchlieferung bzw. der Vollstreckungshilfe möglich, die „kleine" umfasst Ermittlungsmaßnahmen – auch mit Hilfe prozessualer Zwangsmaßnahmen – im ersuchten Staat (siehe BMF 16.11.2006, BStBl. I 2006, 698). Die traditionelle Herausnahme fiskalisch strafbarer Handlungen von der Verpflichtung zur Leistung der „kleinen" Rechtshilfe ist hier zumindest innerhalb der Europäischen Union weitgehend zurückgedrängt worden (vgl. *Joecks* FS Schaumburg, 2009, 1225). Schließlich haben die hohen Schadenssummen bei der Hinterziehung der Umsatzsteuer und die damit tangierten Interessen der EU zu einer verstärkten Rechtshilfe bei den indirekten Steuern geführt, in die auch Staaten wie Luxemburg und die Schweiz intensiv eingebunden sind und in der sie Hinterziehungen von USt ab einer bestimmten Größenordnung wie einen „normalen" Betrug behandeln, also etwa ausliefern (vgl. auch → Rn. 297). Das Bankgeheimnis, das bei vielen ersuchten Staaten einer Amts- oder Rechtshilfe entgegenstand, ist deutlich auf dem Rückzug (*Biesgen/Noel* SAM 2014, 5).

Im Hinblick auf Steuerstrafverfahren ist zu berücksichtigen, dass die **Steuerfahndung** 255 sowohl im steuerlichen wie auch im Strafverfahren tätig werden kann. Führt die Steuerfahndung Vorfeldermittlungen nach § 208 I Nr. 3 AO durch, mit denen sie sich außerhalb des Anwendungsbereichs des § 385 AO bewegt, so kann sie Auslandsermittlungen nur im Wege der Amtshilfe nach § 117 AO durchführen. Wurde hingegen bereits ein **Strafverfahren eingeleitet,** so sind idR die Regularien der Rechtshilfe in Strafsachen anzuwenden, die gem. § 385 I AO auch für das Steuerstrafverfahren gelten, da die Regelvermutung nach Verfahrenseinleitung für ein strafrechtliches Handeln spricht (RKR/*Grommes* AO § 399 Rn. 164; *Bilsdorfer* StraFo 1999, 145, 148; vgl. auch Schwarz/Pahlke/*Klaproth* AO § 385 Rn. 13). Allerdings ist auch nach Einleitung eines Ermittlungsverfahrens noch Amtshilfe möglich, wenn die Steuerfahndung die Rechtsgrundlage, auf die sie sich beruft, offenlegt und dadurch keine Schutzrechte des Betroffenen umgangen werden (BFH 29.10.1986, BStBl. II 1987, 440).

Rechtsgrundlagen für die Amts- und Rechtshilfe finden sich in Unionsrechtlichen 256 Rechtsakten, multilateralen Abkommen und bilateralen Abkommen Deutschlands mit ausländischen Staaten, die starke Unterschiede aufweisen (vgl. *Biesgen/Noel* SAM 2014, 5). Da die Rechtsgrundlagen überwiegend nicht aufeinander abgestimmt sind und sich in vielfältiger Weise überschneiden, kommt es immer wieder zu Abstimmungsproblemen. Grundsätzlich lässt sich feststellen, dass jeweils die Schranken gelten, denen die größte Reichweite zugunsten des Betroffenen zukommt (Kohlmann/*Peters* AO § 399 Rn. 704 mwN). Eine Zusammenstellung der jeweils aktuellen Amts- und Rechtshilfepraxis der einzelnen Staaten ist müßig, weil dieser Bereich einem permanenten Wandel unterworfen ist. Immerhin können die Strukturen dargestellt und für einige Länder(-Gruppen) zumindest die Tendenzen festgehalten werden.

Im Hinblick auf steuerstrafrechtliche Verfahren ist im Fall von **grenzüberschreitenden** 257 **Umsatzsteuerhinterziehungen großen Ausmaßes** von Bedeutung, dass seit dem 1.6.2021 die Möglichkeit besteht, dass sie von der **Europäischen Staatsanwaltschaft (EUStA)** verfolgt werden können (vgl. https://www.eppo.europa.eu/). Die EUStA wurde von bzw. für 22 Mitgliedstaaten der Europäischen Union gem. Art. 86 I UAbs. 2 AEUV im Wege der verstärkten Zusammenarbeit gegründet (vgl. *Brodowski* ZIS 2021, 373, 374 f.). Sie ist zuständig für die strafrechtliche Untersuchung und Verfolgung sowie die Anklageerhebung in Bezug auf **Straftaten zum Nachteil der finanziellen Interessen der EU** (vgl. *Magnus* HRRS 2018, 143 ff.), wozu neben Betrug, Korruption und Geldwäsche auch grenzüberschreitende Umsatzsteuerhinterziehungen gehören (vgl. Art. 86 I AEUV und Art. 22 I EUStA-VO iVm der PIF-Richtlinie (EU) 2017/1371 des Europäischen Parlaments und des Rates vom 5. Juli 2017). Darüber hinaus ist die EUStA für die Verfolgung der organisierten Kriminalität im Zusammenhang mit den vorgenannten Taten zuständig (Art. 22 II EUStA-VO). Die EUStA führt in diesem Rahmen allerdings grenzüberschreitende Ermittlungen bei Betrug zulasten von EU-Mitteln nur bei Beträgen von mehr als 10.000 € (Art. 25 II EUStA-VO) oder in Fällen von grenzüberschreitendem Mehrwertsteuerbetrug mit einem Schaden von mehr als 10 Mio. € durch (Art. 22 I 2 EUStA-VO). Sie arbeitet nicht nur eng mit den nationalen Strafverfolgungsbehörden zusammen, sondern auch mit weiteren Einrichtungen wie Eurojust und Europol. Gem. Art. 22 IV 1 EUStA-VO ist die EUStA in keinem Fall zuständig für Betrugstaten im Hinblick auf direkte nationale Steuern. Die Anklageerhebung erfolgt nicht in einem Mitgliedsstaat nach der freien Wahl des zuständigen Delegierten Europäischen StA, sondern hat sich gem. Art. 26 IV EUStA-VO am Schwerpunkt der strafbaren Handlung zu orientieren. Eine Abweichung von diesem Grundsatz ist nur unter Berücksichtigung des gewöhnlichen Aufenthaltsortes des Verdächtigen oder Beschuldigten, der Staatsangehörigkeit des Verdächtigen oder Beschuldigten sowie des Ortes, an dem der Hauptteil des finanziellen Schadens eingetreten ist, zulässig.

258–260 *einstweilen frei*

2. Besitz- und Verkehrsteuern

a) Rechtshilfe

261 aa) Allgemeines. Die **Rechtshilfe durch die Bundesrepublik Deutschland** richtet sich unter anderem nach dem **IRG** und den ergänzend heranzuziehenden **Richtlinien für den Verkehr mit dem Ausland in strafrechtlichen Angelegenheiten (RiVASt**, → Rn. 266). Darüber hinaus sind die **Europäische Ermittlungsanordnung (EEA**, → Rn. 290 f.) – soweit sie vom jeweiligen Mitgliedstaat bereits umgesetzt wurde (vgl. dazu www.ejn-crimjust.europa.eu) – sowie in Steuerstrafverfahren die Abkommen über die Unterstützung in Steuer- und Steuerstrafsachen durch Informationsaustausch (**Tax Information Exchange Agreement, TIEA**, → Rn. 318 ff.) zu berücksichtigen. Die durch Rechtshilfevereinbarung begründeten Rechte und Pflichten bedürfen jeweils eines innerstaatlichen Transformationsgesetzes als Ermächtigungsgrundlage, um den Verpflichtungen nach außen nachkommen zu können (Klein/*Jäger* AO § 385 Rn. 34; RKR/*Grommes* AO § 399 Rn. 172).

262 Die **Rechtshilfe für die Bundesrepublik Deutschland** richtet sich nach dem **Europäischen Übereinkommen über die Rechtshilfe in Strafsachen (EuRhÜbK)** und über die **Auslieferung (EuAuslÜbk)**, dem **Schengener Durchführungsabkommen (SDÜ)**, dem **Übereinkommen über die Rechtshilfe zwischen den Mitgliedstaaten der Europäischen Union** vom 29.5.2000 (**EU-RhÜbK**, ABl. EG 2000 C-197/01; → Rn. 281), der **Europäischen Ermittlungsanordnung,** den Abkommen über die Unterstützung zu Steuer- und Steuerstrafsachen durch Informationsaustausch (**TIEA**, → Rn. 318 ff.) sowie nach diversen bilateralen und multilateralen Verträgen bzw. nationalen gesetzlichen Regelungen. Neben der justiziellen Rechtshilfe besteht auch noch die Möglichkeit des Informationsaustauschs im Wege der polizeilichen Rechtshilfe, vor allem iRd sog. **Schwedischen Initiative** (→ Rn. 267).

263 Die anderen Staaten leisten dabei entweder „große" oder „kleine" Rechtshilfe. Die **kleine Rechtshilfe** umfasst die Befragung von Zeugen, die Sicherstellung von Unterlagen und Akten, auch im Wege der Durchsuchung von Personen oder Räumen, Gegenüberstellungen, Zustellungen und Vermögenssicherung (Kohlmann/*Peters* AO § 399 Rn. 903).

264 Die **große Rechtshilfe** umfasst neben der kleinen Rechtshilfe auch die Aus- und Durchlieferung sowie die Vollstreckungshilfe. Unter der **Auslieferung** versteht man die zwangsweise Überstellung eines Verdächtigen zwecks Strafverfolgung oder -vollstreckung von der Strafgewalt eines Staates in die eines anderen. Zwischen den Mitgliedstaaten der EU richtet sich die Auslieferung nach dem **Rahmenbeschluss über den Europäischen Haftbefehl (RB-EUHb**, ABl. 2002 L 190, 1). Grundsätzlich ist eine Auslieferung nur im Fall der beiderseitigen Strafbarkeit zulässig (→ Rn. 278), jedoch regelt Art. 4 Nr. 1 RB-EUHb, dass die Vollstreckung eines europäischen Haftbefehls nicht mit der Begründung abgelehnt werden darf, dass im ersuchten Staat keine gleichartige Steuer existiere oder es in dem ersuchten Staat keine gleichartigen Steuer- oder Zollbestimmungen gäbe. Darüber hinaus gehört auch die Unterstützung bei der Durchsetzung vollstreckbarer Einziehungsentscheidungen als Fall der Vollstreckungshilfe zur großen Rechtshilfe.

265 Inwiefern Prozessbeteiligte bei den Ermittlungshandlungen im ersuchten Staat ein **Anwesenheitsrecht** haben, richtet sich nach dem Recht des ersuchten Staates (Art. 4 S. 2

EuRhÜbk; zu einer Ausnahme im Verhältnis zwischen der Bundesrepublik Deutschland und der Schweiz, nach der die Anwesenheit von Prozessbeteiligten auch dann gestattet ist, wenn das Recht des ersuchten Staates eine solche nicht vorsieht, sie aber nach den Vorschriften des ersuchenden Staates zulässig ist vgl. BGH 19.3.1996, wistra 1996, 315).

Der **Verkehr mit den ausländischen Behörden** richtet sich nach den Richtlinien über den Verkehr mit dem Ausland in strafrechtlichen Angelegenheiten **(RiVASt),** die in den dazugehörigen zahlreichen Anhängen die vorhandenen wesentlichen Erkenntnisse über die Rechtshilfepraxis ausländischer Staaten relativ zeitnah dokumentieren. Die RiVASt sind mit dem jeweils aktuellsten Stand auf den Internetseiten des Bundesjustizministeriums einzusehen (http://www.bmj.de mit dem Suchbegriff „RiVASt"). Auch Finanzbehörden dürfen im Rahmen ihrer Zuständigkeit Rechtshilfeersuchen erledigen und stellen sowie kriminaltechnische Gutachten erstatten (RiVASt Nr. 127). Ist ein ausgehendes Ersuchen durch eine Justizbehörde weiterzuleiten, so leitet die Finanzbehörde dieser das Ersuchen zu (vgl. auch → Rn. 289, 291). Zu beachten sind in diesem Bereich auch bi- oder multilaterale Verträge zur grenzüberschreitenden Zusammenarbeit. 266

Darüber hinaus wurde der (ausschließlich polizeiliche) Auskunftsverkehr durch die sog. **Schwedische Initiative** vereinfacht, auf die die §§ 117a, 117b AO zum grenzüberschreitenden Informationsaustausch zum Zwecke der Verhütung und Verfolgung von (Steuer-)Straftaten zurückgehen. Hiernach können die deutschen Steuerfahndungsstellen personenbezogene Daten, die im Zusammenhang mit den Aufgaben der Steufa nach § 208 I AO stehen, an Strafverfolgungsbehörden anderer EU-Mitgliedstaaten übermitteln (vgl. dazu ausführlich Kohlmann/*Peters* AO § 399 Rn. 979 ff.). Derzeit ist auf EU-Ebene eine umfassende Neuregelung des Informationsaustauschs zwischen Strafverfolgungsbehörden der EU-Mitgliedstaaten und zur Aufhebung des Rahmenbeschlusses 2006/960/JI auf den Weg gebracht worden (sog. Schwedische Initiative in Planung, vgl. COM (2021) 782 final sowie Interinstitutionelles Dossier 2021/0411 (COD) v. 16.6.2022). 267

Die **verfahrenstechnische Abwicklung** der Rechtshilfe ist unterschiedlich (vgl. RiVASt). 268

Die **große Rechtshilfe** in Form der Aus- oder Durchlieferung bzw. der Vollstreckungshilfe richtet sich zwischen den Mitgliedstaaten der EU nach dem Rahmenbeschluss über den Europäischen Haftbefehl (RB-EUHb, ABl. 2002 L 190, 1), das EuAuslÜbk und das SDÜ (→ Rn. 282 f., 298). Vertragspartner des EuAuslÜbk sind die meisten europäischen Staaten, aber zB auch Albanien, Armenien, Aserbaidschan, Finnland, Georgien, Israel, Südkorea, Moldau, die Schweiz, Serbien, Südafrika und die Türkei. Nach Art. 5 des Abkommens wird in Abgaben-, Steuer-, Zoll- und Devisenstrafsachen die Auslieferung nur bewilligt, wenn dies zwischen den Vertragsparteien für einzelne oder Gruppen von strafbaren Handlungen dieser Art vereinbart worden ist. Im zweiten Zusatzprotokoll zum EuAuslÜbk (Art. 2) ist geregelt, dass auch bei Delikten die Auslieferung bewilligt wird *„wegen Handlungen, ... die nach dem Recht der ersuchten Vertragspartei einer strafbaren Handlung derselben Art entsprechen"*. Auf der Grundlage bilateraler Verträge oder vertragsloser Grundlage erfolgt eine Auslieferung bzw. ist sie durch eine Vielzahl weiterer Staaten möglich. Den jeweils (fast) aktuellen Stand dokumentieren die RiVASt (→ Rn. 266). 269

Einen **Rechtsschutz gegen Rechtshilfeersuchen** der Bundesrepublik Deutschland gibt es – weil es sich um schlichte Ermittlungshandlungen handelt – regelmäßig nicht. Rechtsschutz kann nur vor Ort, im ersuchten Staat, stattfinden. 270

Davon unabhängig ist jedoch die Frage, **inwieweit im Ausland erlangte Erkenntnisse im Inland verwertbar** sind, wenn die rechtlichen Regeln nicht eingehalten wurden. Grundsätzlich schützen völkerrechtliche Verträge nur die zwischenstaatlichen Beziehungen, so dass Rechte des Einzelnen aus ihnen in aller Regel nicht abgeleitet werden können (BGH 30.5.1985, NStZ 1985, 464; BGH 2.8.1984, NStZ 1984, 563). Trotzdem hat ein unzulässiger Eingriff in die Souveränität eines anderen Staates ein **Beweisverwertungsverbot** zur Folge, wenn die Regelungen – zumindest als Schutzreflex – auch individualschützenden Charakter haben (BGH 21.11.2012, NZWiSt 2013, 458; BGH 271

30.4.1990, NJW 1990, 1801; Kohlmann/*Peters* AO § 399 Rn. 1250, 1255 ff.; Gleß NStZ 2000, 57, 58). Wie auch bei innerstaatlichen Maßnahmen ergibt sich ein Beweisverwertungsverbot insbes., wenn allgemeine rechtsstaatliche Grundsätze missachtet werden oder die Rechtshilfe bewusst umgangen wird (RKR/*Grommes* AO § 399 Rn. 184). Dies führt dazu, dass zB Protokolle einer Zeugenvernehmung im Ausland, die deutsche Behörden unter Umgehung des Rechtshilfeweges direkt von ausländischen Behörden erlangt haben, unverwertbar sind, wenn die zuständige ausländische Behörde der Verwertung widerspricht und berechtigterweise die Rechtshilfe verweigert (BGH 8.4.1987, NJW 1987, 2168; vgl. auch → Rn. 276).

272 Die **Verwertbarkeit von Beweismitteln,** die mittels Rechtshilfe eines ausländischen Staates erlangt wurden, bestimmt sich auch in Steuerstrafsachen nach dem Recht des ersuchenden Staates (BGH 21.11.2012, NStZ 2013, 596; BGH 4.3.1992, NStZ 1992, 394; Kohlmann/*Peters* AO § 399 Rn. 1251 ff.). Zumindest wenn die Rechtshilfe durch einen Mitgliedstaat der Europäischen Union geleistet wurde, darf bei der Beurteilung der Beweisverwertung im Inland nur in eingeschränktem Umfang geprüft werden, ob die Beweise nach dem innerstaatlichen Recht des ersuchten Mitgliedstaates rechtmäßig gewonnen wurden. Insoweit kann sich die Unverwertbarkeit von im Ausland erhobenen Beweisen ergeben, wenn die Beweiserhebung unter Verletzung völkerrechtlich verbindlicher und dem Individualrechtsgüterschutz dienender Garantien (zB Art. 3 EMRK) oder unter Verstoß gegen die allgemeinen rechtsstaatlichen Grundsätze im Sinne des **ordre public** (vgl. § 73 IRG) erfolgt ist. Trotz Nichteinhaltung der maßgeblichen rechtshilferechtlichen Bestimmungen unterliegen die gewonnen Beweise keinem Beweisverwertungsverbot, wenn die Beweise auch bei Beachtung des Rechtshilferechts durch den ersuchten und den ersuchenden Staat hätten erlangt werden können (BGH 21.11.2012, NStZ 2013, 596).

273–275 *einstweilen frei*

276 bb) **Grundprinzipien. (1) Spezialitätsvorbehalt.** Die Rechtshilfe wird nicht nur von der Schweiz von einem **Spezialitätsvorbehalt** (vgl. BGH 8.4.1987, NJW 1987, 2168; Kohlmann/*Peters* AO § 399 Rn. 909, 1160 ff., 1258) abhängig gemacht, an den ein Verwertungsgebot gekoppelt ist. Die im Rechtshilfeverfahren erlangten Beweise dürfen nur in dem **Strafverfahren** verwendet werden, das im Rechtshilfeersuchen genannt ist. Kommt es im Strafverfahren zu einem Schuldspruch, können insoweit auch die Ergebnisse der Rechtshilfe im **Veranlagungsverfahren** berücksichtigt werden. Erfolgt ein Freispruch oder wird das Strafverfahren eingestellt, ist eine Verwendung der übermittelten Auskünfte im Veranlagungsverfahren unzulässig (Klein/*Jäger* AO § 385 Rn. 42). Strafprozessual besteht ein **Verwertungsverbot,** wenn der ausländische Staat der Verwertung von „auf dem kleinen Dienstweg" überlassenen Unterlagen widerspricht und berechtigterweise die Rechtshilfe verweigert (BGH 8.4.1987, wistra 1987, 259). Dasselbe gilt, wenn die im Rechtshilfeverfahren erlangten Beweise in einem Strafverfahren wegen anderer Taten verwendet werden sollen und der Rechtshilfe leistende Staat dieser Verwendung widerspricht. Im Fall einer **Auslieferung** aufgrund eines europäischen Haftbefehls entsteht hingegen kein Verfahrens-, sondern nur ein Vollstreckungshindernis (EuGH 1.12.2008, NStZ 2010, 35 – Leymann und Pustovarov; RKR/*Grommes* AO § 399 Rn. 177).

277 (2) **Gegenseitigkeit.** Aus dem allgemeinen **völkerrechtlichen Prinzip der Gegenseitigkeit** (Reziprozität; vgl. Kohlmann/*Peters* AO § 399 Rn. 906 ff.) ergibt sich, dass Rechtshilfe nur dann geleistet wird, wenn aufgrund einer vom ersuchenden Staat gegebenen Zusicherung davon auszugehen ist, dass der ersuchende Staat in einem vergleichbaren Fall dem ersuchten Staat ebenfalls in diesem Umfang Hilfe gewähren würde. Für den Bereich der Auslieferung ist dieses Prinzip zB in § 5 IRG niedergelegt. Bedeutung erlangt dieses Prinzip vorrangig im Hinblick auf die Länder, mit denen keine Rechtshilfeverträge geschlossen wurden (sog. **vertragslose Rechtshilfe**). Da dadurch der Anwendungsbereich der Reziprozität jedoch verhältnismäßig gering ist, dürfte sie in der Praxis auch nicht zu größeren negativen Auswirkungen auf die Effektivität der Strafverfolgung führen. Was die Gegenseitigkeit angeht, so reicht eine positive Prognose aus, in die zB auch das frühere Verhalten des ersuchenden Staates mit einbezogen werden kann.

(3) Beiderseitige Straf- und Verfolgbarkeit. In § 3 I IRG findet ein weiteres wichtiges Grundprinzip Ausdruck, nach dem von Bedeutung ist, ob die **Tat bei „sinngemäßer Umstellung des Sachverhalts" auch im ersuchten Staat strafbar wäre.** Vergleichbare Strafbarkeitsvoraussetzungen oder Strafdrohungen sind insoweit nicht erforderlich, sondern es reicht aus, wenn sich die Strafbarkeit der Tat im ersuchten Staat aus irgendeinem Straftatbestand ergibt. Weitergehend macht es § 3 II IRG zur Voraussetzung einer Auslieferung aus Deutschland, dass die Tat nach deutschem Recht mit einer Freiheitsstrafe von mindestens einem Jahr bedroht ist. Dies heißt allerdings nicht, dass geprüft werden müsste, ob der Verfolgte die Tat tatsächlich begangen hat, da der ersuchte Staat – abgesehen von Ausnahmen – den gegen den Verfolgten bestehenden materiellen Schuldverdacht nicht überprüft. Es ist vielmehr ausreichend, wenn nach dem vom ersuchenden Staat vorgetragenen Sachverhalt alle Tatbestandsmerkmale des Rechts des ersuchenden Staates und des Rechts des ersuchten Staates erfüllt sind. Die Tat muss auch nur „bei sinngemäßer Umstellung des Sachverhalts" den Anforderungen des Rechts des ersuchten Staates genügt, so dass straf-, staats- oder völkerrechtliche Besonderheiten der Rechtsordnung des jeweiligen Staates berücksichtigt werden können, zB wenn es um zivilrechtliche Vorfragen geht oder um die Subsumtion des Täters unter bestimmte Begriffe (Bsp.: „Amtsträger").

(4) Rechtliches Gehör. Auch im Bereich der Rechts- und Amtshilfe gilt grundsätzlich der **Grundsatz des rechtlichen Gehörs** (vgl. Kohlmann/*Peters* AO § 399 Rn. 900, 1063). Danach muss der Betroffene im Besteuerungsverfahren Kenntnis erlangen sowie die Möglichkeit erhalten, Tatsachen vorzutragen, zu beweisen und die eigene Rechtsansicht zu äußern. Gem. § 117 IV AO gilt § 91 AO für den inländischen Beteiligten bei der zwischenstaatlichen Rechts- und Amtshilfe durch deutsche Finanzbehörden entsprechend (vgl. BMF 29.5.2019, BStBl. I 2019, 480; Schwarz/Pahlke/*Schmitz* AO § 91 Rn. 4; *Carl/Klos* INF 1995, 456), wobei die Ausnahmen des § 91 II, III AO zu berücksichtigen sind. Ferner gilt § 117 AO nicht für Fälle des Informationsaustauschs aufgrund des EU-AmtshilfeG und für die USt. Im Rahmen der Rechtshilfe wird jedoch vom Grundsatz des rechtlichen Gehörs gem. § 77 I IRG iVm § 33 StPO – wie bei entsprechenden inländischen Ermittlungen – häufig abgesehen, wenn dies den Zweck des Ersuchens ernstlich gefährden oder vereiteln würde. Ferner unterbleibt die Anhörung beim automatischen Auskunftsaustausch.

(5) Verhältnismäßigkeit. Auch im Rahmen der Rechtshilfe ist der – für jedes staatliche Handeln geltende – **Grundsatz der Verhältnismäßigkeit** zu berücksichtigen. Folglich darf eine Eingriffsmaßnahme nur erfolgen, wenn es sich um eine zulässige Maßnahme handelt, sie zum Erreichen des mit ihr verfolgten Zwecks geeignet ist, es kein milderes, aber ebenso gut geeignetes Mittel zur Zielerreichung gibt und das mit der Maßnahme verfolgte Ziel nicht außer Verhältnis zur Schwere des jeweiligen Eingriffs steht.

cc) Übereinkommen über die Rechtshilfe. Die Mitgliedstaaten der Europäischen Gemeinschaft leisten einander Rechtshilfe nach dem **Übereinkommen über die Rechtshilfe in Strafsachen zwischen den Mitgliedstaaten der Europäischen Union** v. 29.5.2000 – EU-RhÜbK (ABl. EG 2000 C-197/01; vgl. auch BGBl. II 2005, 650 sowie BGBl. II 2006, 1379), das am 2.2.2006 in Kraft getreten ist und nicht mit dem EuRhÜbk (→ Rn. 284 ff.) verwechselt werden darf. Mit einem Zusatzprotokoll zum EU-RhÜbK v. 16.10.2001 (ABl. C 326 v. 21.11.2001, 2) sind die Ermittlungsmöglichkeiten bei Banken erweitert worden. Damit kann nun detailliert festgestellt werden, welche Bankverbindungen in anderen Staaten bestehen oder bestanden haben. Eingeführt wurde hierzu eine Auskunftspflicht über Bankkonten (Art. 1 EU-RhÜbk) und Bankgeschäfte (Art. 2 EU-

RhÜbk). Die Auskünfte müssen auch für „*fiskalisch strafbare Handlungen*" erteilt werden (Art. 8 EU-RhÜbk). Grenze ist allein, dass die Mitgliedstaaten die Auskünfte von denselben Bedingungen abhängig machen können, „*die für Ersuchen um Durchsuchung und Beschlagnahme gelten*" (Art. 1 V, Art. 2 IV EU-RhÜbk). Auf Wunsch kann das Verfahrensrecht des ersuchenden Staates Anwendung finden, wenn dies nicht den fundamentalen Rechtsgrundsätzen des ersuchten Staates entgegensteht (sog. **Ordre-Public-Vorbehalt**, vgl. Art. 4 I EU-RhÜbk). Eine Besonderheit des EU-RhÜbk ist, dass sich Vernehmungen nach dem Recht des ersuchenden Staates richten (BGH 15.3.2007, NStZ 2007, 417). Dies ist namentlich für Anwesenheitsrechte des Verteidigers von Bedeutung.

282 dd) **Schengener Durchführungsabkommen.** Ergänzt wird das Abkommen durch das **Schengener Durchführungsabkommen (SDÜ).** Dieses sieht in Artikel 50 eine Auslieferungsverpflichtung bei einer Hinterziehung von „*Verbrauchsteuern, der Mehrwertsteuern und des Zolls*" bei einem „*verkürzten oder erschlichenen Betrag*" von voraussichtlich mehr als 25.000 EUR oder einem „*Wert der unerlaubt ein- oder ausgeführten Waren*" von voraussichtlich mehr als 100.000 EUR vor. Durch entsprechende Abkommen ist auch die Schweiz zur Auslieferung in solchen Fällen verpflichtet (→ Rn. 298).

283 Ein weiterer wichtiger Aspekt des SDÜ ist der in Art. 54 SDÜ geregelte **transnationale Grundsatz ne bis in idem.** Dadurch sollen die Probleme gelöst werden, die sich durch Konflikte zwischen den nicht harmonisierten Strafrechtsordnungen innerhalb der EU bzw. den dortigen Jurisdiktionen ergeben können. Nach Art. 54 SDÜ darf derjenige, der in einem Mitgliedstaat der EU wegen einer Tat verurteilt oder freigesprochen wurde, nach den Maßgaben der Norm in keinem der anderen Mitgliedstaaten wegen dieser Tat nochmals bestraft oder auch nur strafrechtlich verfolgt werden. Entsprechend der Regelung des Art. 103 III GG besteht somit auch gem. Art. 54 SDÜ ein Verfolgungshindernis, wenn erstens eine rechtskräftige Aburteilung durch eine Vertragspartei gegeben ist, zweitens die Verfolgung dieselbe Tat betrifft und drittens die Vollstreckung einer Sanktion bereits vollzogen, andauernd oder nach dem Recht des verurteilenden Staates nicht mehr möglich ist. Diese dritte Voraussetzung – das sog. **Vollstreckungselement bei Verurteilungen** – stellt einen deutlichen Unterschied zum nur national geltenden Art. 103 III GG dar (vgl. *Heger* HRRS 2008, 413). Mit dem Vertrag von Amsterdam erlangte der EuGH auch die Befugnis, gemäß Art. 35 EUV aF über die Auslegung des Art. 54 SDÜ zu entscheiden (vgl. BGH 30.6.2005, wistra 2005, 461). Sie folgt heute aus Art. 19 III Buchst. b EUV, Art. 267 UAbs. Buchst. b AEUV, Art. 54 SDÜ.

284 ee) **EU-RhÜbK.** Die **Mitgliedstaaten des EU-RhÜbK** gewähren einander die „*sonstige Rechtshilfe*" iSv sämtlichen zwischenstaatlich unterstützenden Maßnahmen. Das Abkommen v. 20.4.1959 ist seit 1.1.1977 in Kraft (BGBl. II 1964, 1369; BGBl. II 1976, 1799). Art. 1 des Übereinkommens ermöglicht die Rechtshilfe in Strafsachen, Art. 2a) sieht die Möglichkeit vor, Rechtshilfe im Rahmen von fiskalisch strafbaren Handlungen zu verweigern. Durch ein Zusatzprotokoll zu diesem Übereinkommen (BGBl. 1990 II S. 124, 125) üben die Vertragsparteien dieses Recht „*zur Verweigerung der Rechtshilfe nicht allein aus dem Grund aus, dass das Ersuchen eine strafbare Handlung betrifft, welche die ersuchte Vertragspartei als eine fiskalische strafbare Handlung ansieht*" (Art. 1 EU-RhÜbK). Rechtshilfe wird dann durchgeführt, „*wenn die Handlung nach dem Recht der ersuchenden Vertragspartei strafbar ist und einer strafbaren Handlung derselben Art nach dem Recht der ersuchten Vertragspartei entspricht*" (Art. 2 I EU-RhÜbK). Das Abkommen ist in einer Vielzahl europäischer Staaten in Kraft. Das Zusatzprotokoll vom 17.3.1978, mit dem die Gewährung von Rechtshilfe bei fiskalischen strafbaren Handlungen nicht mehr in das Ermessen des ersuchten Staates gestellt ist, ist ebenfalls fast europaweit in Kraft.

285 Rechtshilfe in Fiskalangelegenheiten gewähren auch weitere europäische und außereuropäische Staaten. Der aktuelle Stand ergibt sich jeweils aus dem Länderteil der RiVASt (→ Rn. 266). Im Verhältnis zu den ehemaligen britischen Kolonien ist ein Rechtshilfeverkehr in Anlehnung an deutsch-britische Vereinbarungen teilweise möglich. Rechtshilfe

durch eine große Zahl weiterer Staaten ist „*nicht ausgeschlossen*". Zudem ändern sich die Verhältnisse praktisch jährlich und gelegentlich führt ein Interesse des anderen Staates an Kooperation in anderen Fragen zu einer unerwarteten Konzilianz.

Ein Gesetz zur **Umsetzung des „Protokolls vom 16.10.2001"** zu dem Übereinkommen über die Rechtshilfe in Strafsachen zwischen den Mitgliedstaaten der Europäischen Union (in Kraft getreten am 2.2.2006; dazu *Apitz* StBp 2006, 333; *Kutzner* DStR 2006, 639) ermöglicht den Verfolgungsbehörden – auch den Steuerfahndungsstellen –, das Bestehen von Bankkonten inklusive Kontenbewegungen und Empfängerkonten im europäischen Ausland zu erfragen. Art. 1 I des Protokolls verpflichtet die Vertragsstaaten, „*auf Antrag in konkreten Fällen in ihrem Gebiet bestehende Bankkonten ausfindig zu machen; damit sind sie indirekt verpflichtet, einen Mechanismus einzurichten, über den sie die beantragten Informationen zur Verfügung stellen können*" (Erläuternder Bericht zum Protokoll ABl. C 257 v. 24.10.2002, 1). 286

Außer Deutschland haben 14 weitere Länder das Protokoll umgesetzt, darunter Österreich, Spanien und Ungarn. Die Ausforschung verläuft in drei Stufen. Auf der ersten Ebene werden die Bankkonten im EU-Ausland gesucht (Art. 1). Ist das Konto bekannt, wird auf der zweiten Ebene das Bankkonto durchsucht (Art. 2). Geliefert werden dann auch Informationen zu Empfängerkonten im Ausland, so dass grundsätzlich die Möglichkeit besteht, über Ersuchen nach Art. 1 und 2 des Protokolls auch Konten in Drittstaaten zu entdecken. Auch die Prüfung von Konten unverdächtiger Dritter ist möglich. Auf der dritten Ebene werden die Konten einer weitergehenden Überwachung unterworfen (Art. 3). 287

Konten „des Beschuldigten" sind solche, die dem Beschuldigten unmittelbar oder mittelbar zuzurechnen sind, aber auch solche, für die er nur eine Verfügungsbefugnis besitzt, soweit das Gesuch darauf Bezug nimmt. Ob auch aufgelöste Bankkonten in den Anwendungsbereich des Protokolls fallen, ist zweifelhaft (vgl. *Kutzner* DStR 2006, 639, 641). Die Straftat muss im ersuchenden Staat mit einer Höchststrafe von mindestens vier Jahren und im ersuchten Staat mit einer Höchststrafe von mindestens zwei Jahren Freiheitsstrafe bedroht sein. Hinzu treten Straftaten nach Art. 2 des Europol-Übereinkommens und solche, die durch Rechtsakte abgedeckt sind, die sich auf den Schutz der finanziellen Interessen der Europäischen Gemeinschaften beziehen. Im Verhältnis zu Österreich gilt dies zB auch für die „einfache" Steuerhinterziehung (vgl. *Kutzner* DStR 2006, 639, 644). 288

Gem. Art. 24 Eu-RhÜbk **bestimmt jeder Vertragsstaat selbst, welche Behörden er als Justizbehörden im Sinne des Übereinkommens betrachtet.** In Deutschland konnten Finanzbehörden früher keine entsprechenden Ersuchen stellen oder erledigen, sondern mussten nach § 386 IV AO die Staatsanwaltschaft einschalten (vgl. BGBl. II 1976, 1799; RKR/*Grommes* AO § 399 Rn. 173). Gem. dem am 22.5.2017 in Kraft getretenen Vierten Gesetz zur Änderung des Gesetzes über die internationale Rechtshilfe in Strafsachen v. 5.1.2017 als Umsetzung der Richtlinie 2014/41/EU des Europäischen Parlaments und des Rates v. 3.4.2014 über die Europäische Ermittlungsanordnung in Strafsachen kann die Finanzbehörde jedoch nun nach Ansicht der Bundesrepublik selber tätig werden (BGBl. I 2017, 31; vgl. dazu → Rn. 291). 289

ff) Europäische Ermittlungsanordnung. Im Bereich der Beweiserhebung wurden die bisherigen Regelungen weitgehend durch die **Europäische Ermittlungsanordnung (EEA)** ersetzt, die auf der Richtlinie des Europäischen Parlaments und des Rates 2014/41/EU v. 3.4.2014 basiert und in Deutschland durch das Vierte Gesetz zur Änderung des Gesetzes über die internationale Rechtshilfe in Strafsachen v. 7.1.2017 (BGBl. 2017 I 31 ff.) umgesetzt wurde. Die Richtlinie gilt für alle EU-Staaten außer Dänemark und Irland und ist auch im Bereich des Zoll- und Steuerstrafrechts anwendbar (vgl. § 91b II IRG). Eine EEA ist nach Art. 1 I der Richtlinie eine „*Entscheidung, die von einer Justizbehörde eines Mitgliedstaats („Anordnungsstaat") zur Durchführung einer oder mehrerer spezifischer Ermittlungsmaßnahme(n) in einem anderen Mitgliedstaat („Vollstreckungsstaat") zur Erlangung von Beweisen* 290 *gemäß dieser Richtlinie erlassen oder validiert wird."* Sie erfasst alle Ermittlungsmaßnahmen in sämtlichen Phasen des Strafverfahrens mit Ausnahme der Bildung einer gemeinsamen Ermittlungsgruppe, grenzüberschreitende Observationen sowie die Vernehmung von Beschuldigten im Wege der Telefonkonferenz (vgl. § 91a II IRG). Die Mitgliedstaaten sind verpflichtet, eine EEA ohne jede weitere Formalität anzuerkennen und zu vollstrecken. Die Anerkennung und Vollstreckung einer EEA kann nur in Ausnahmefällen versagt werden, beispielsweise aufgrund wesentlicher nationaler Sicherheitsinteressen und zur Wahrung von Grundrechten. Darüber hinaus enthält die Richtlinie strenge zeitliche Vorgaben für die Durchführung der Ermittlungsmaßnahmen.

291 Problematisch ist jedoch die Frage der **Anordnungsbehörde im Steuerstrafrecht**. „Anordnungsbehörde" iSd Art. 2c) i) RL 2014/41/EU ist ein Richter, ein Gericht, ein Ermittlungsrichter oder ein Staatsanwalt, der bzw. das in dem betreffenden Fall zuständig ist. Darüber hinaus kommt als Anordnungsbehörde nach Art. 2c) ii) RL 2014/41/EU auch jede andere vom Anordnungsstaat bezeichnete zuständige Behörde in Frage, die in dem betreffenden Fall in ihrer Eigenschaft als Ermittlungsbehörde in einem Strafverfahren nach nationalem Recht für die Anordnung der Erhebung von Beweismitteln zuständig ist. Im Fall einer solchen Behörde muss jedoch die EEA vor ihrer Übermittlung an die Vollstreckungsbehörde von einem Richter, einem Gericht, einem Ermittlungsrichter oder einem Staatsanwalt im Anordnungsstaat validiert werden, nachdem dieser bzw. dieses die Voraussetzungen für den Erlass einer EEA überprüft hat. Der Hintergrund dieser Regelung ist, dass es sich bei strafprozessualen Ermittlungsmaßnahmen idR um einschneidende Maßnahmen handelt, so dass sie auch einer entsprechenden unabhängigen Kontrolle unterliegen sollen. Da die Behörden im Vollstreckungsstaat die jeweilige Maßnahme auf Aufforderung aus dem EU-Ausland ausführt, sollen sie davon ausgehen dürfen, dass es sich um eine ausreichend abgesicherte Entscheidung handelt. Daraus ergibt sich die Frage, ob die **BuStra** in der Lage ist, selbständig eine EEA zu erlassen. Nach deutschem Recht nimmt die BuStra die Rechte und Pflichten der Staatsanwaltschaft wahr, so dass die Finanzbehörde als zuständige Behörde iSd Art. 2c) i) RL 2014/41/EU benannt wurde. Die Frage, ob es sich bei der BuStra nicht vielmehr um eine zuständige Behörde iSd Art. 2c) ii) RL 2014/41/EU handelt, so dass es der anderweitigen Validierung einer EEA bedarf, hat der EuGH allerdings bisher offengelassen (vgl. EuGH 2.9.2021, ZWH 2021, 380). Der Generalanwalt ging hingegen in seinen Schlussanträgen davon aus, dass die BuStra nicht berechtigt sei, selbständig eine EEA zu erlassen. Diese Ansicht erscheint jedoch vor dem Hintergrund der staatsanwaltschaftlichen Funktion der BuStra bei angemessener Würdigung der deutschen Rechtslage nicht überzeugend. Vgl. dazu das aktuelle, beim EuGH anhängige Verfahren C-16/22 und *Spatschek/Wimmer/Wuschko* ZWH 2022, 33.

292 gg) **Schweiz.** Die **Schweizerische Eidgenossenschaft** gewährte Rechtshilfe vor dem Inkrafttreten des Schweizer Bundesgesetzes vom 20.3.1981 über internationale Rechtshilfe in Strafsachen (IRSG) am 1.1.1983 lediglich zur Entlastung des Beschuldigten (vgl. *Habenicht* wistra 1982, 173 ff.). Seit dem Inkrafttreten des Gesetzes gewährt sie Rechtshilfe auch dann, wenn es sich bei dem Fiskaldelikt um einen Bannbruch handelt, der nach schweizerischem Recht keine Steuerstraftat darstellt, oder um eine Steuerhinterziehung, die nach schweizerischem Strafrecht als *„Abgabebetrug"* einzuordnen ist (vgl. Art. 3 III IRSG). Das schweizerische Steuerstrafrecht unterscheidet zwischen der (einfachen) Steuerhinterziehung, die vorsätzlich oder fahrlässig begangen werden kann, und dem Abgabe- bzw. Steuerbetrug, der vorsätzliches Handeln voraussetzt. Die **einfache Steuerhinterziehung** ist die Herbeiführung einer Steuerverkürzung durch inhaltlich unwahre Angaben, etwa durch das Verschweigen (schweizerischer) Kapitaleinkünfte in der Steuererklärung (vgl. SchwBG 14.2.1997, wistra 1998, 78; SchwBG 14.4.1999, wistra 1999, 438; *Binder* wistra 2000, 254 ff.; *Lotz* RiW 2004, 276). Bei einfachen Steuerhinterziehungen leistet die Schweiz grundsätzlich keine Rechtshilfe (Kohlmann/*Peters* AO § 399 Rn 1183; *Perkams* wistra 2015, 456; *Holenstein* PStR 2005, 16).

Ein Abgabebetrug liegt hingegen vor, wenn der Täter durch **arglistiges Verhalten** 293 bewirkt, dass dem Gemeinwesen unrechtmäßig und in einem erheblichen Betrag eine Abgabe, ein Beitrag oder eine andere Leistung vorenthalten oder dass es sonst am Vermögen geschädigt wird (Art. 14 des Schweizerischen Bundesgesetzes über das Verwaltungsstrafrecht). Dies setzt die Täuschung der Steuerbehörden mit betrügerischen Mitteln voraus, was zB durch die Verwendung von gefälschten, verfälschten oder inhaltlich unwahren Urkunden geschehen kann, aber auch bloßes Schweigen kann arglistig sein (SchwBG 14.2.1997, wistra 1998, 78; vgl. auch Klein/*Jäger* AO § 385 Rn. 37). Arglistig kann auch die Anstiftung von Dritten zur Abgabe von falschen Bestätigungen oder Aussagen sein (zusammenfassend *Dreßler* wistra 1989, 161 ff.; *Pieper* 1995, 67 ff.; *Binder* wistra 2000, 254 ff.) Ob ein arglistiges Verhalten vorliegt und folglich ein Abgabebetrug iSd Art. 3 III IRSG gegeben ist, bestimmt sich ausschließlich nach schweizerischem Recht, und den dortigen Rechtsgrundsätzen (vgl. zu den sich daraus aus deutscher Sicht ergebenden Unstimmigkeiten Klein/*Jäger* AO § 385 Rn. 37; *Lotz* RiW 2004, 276; *Hillenbrand/Brosig* Stbg 2001, 165). Die Schweiz ist folglich nicht an die Einschätzung des ersuchenden Staates gebunden, sondern überprüft selbst, ob nach ihrer Rechtsordnung ein Fall des Abgabebetrugs vorliegt (Klein/*Jäger* AO § 385 Rn. 40; RKR/*Grommes* AO § 399 Rn. 188; *Seelmann* NJW 1998, 732). So ist zB zu berücksichtigen, dass nach schweizerischem Recht die Buchführung und ihre Bestandteile Urkunden darstellen. Die mangelnde Übereinstimmung tatsächlicher Geschäftsvorfälle mit den Buchungseintragungen, wie zB die Nichtbuchung von Einnahmen oder Ausgaben, fiktive Transaktionen usw. ist nach schweizerischem Recht daher stets als strafrechtlich relevante Urkundenfälschung (Herstellung einer inhaltlich unwahren Urkunde) zu qualifizieren. Die Verwendung einer solchen Buchführung im Veranlagungsverfahren ist Abgabebetrug, der zur Rechtshilfe durch die Schweiz führt (zusammenfassend *Dreßler* wistra 1989, 161 ff.). Die Konsequenz wäre letztlich, dass jede erhebliche Steuerhinterziehung, die mittels einer unrichtigen Steuererklärung und unter Beifügung inhaltlich unrichtiger Unterlagen begangen wird, die Rechtshilfe auslöst (*Binder* wistra 2000, 255). Dem ist das SchwBG insoweit entgegengetreten, als die Beifügung einer inhaltlich unrichtigen Einnahmenüberschussrechnung nicht für einen Abgabebetrug iSd Art. 3 III IRSG, Art. 14 II VStR ausreichen soll (SchwBG 14.4.1999, wistra 1999, 438). Freilich wird die Rechtslage bei umsatzsteuerpflichtigen Unternehmern und testierten Einnahmenüberschussrechnungen anders zu beurteilen sein (*Binder* wistra 2000, 255 f.). Jüngst hat das Schweizer Bundesgericht im Zusammenhang mit den **Cum-Ex-Verfahren** entschieden, dass der Täter einen gemeinrechtlichen Betrug gemäß Art. 146 StGB begeht, wenn er nicht als Steuerpflichtiger in einem gegen ihn eingeleiteten Veranlagungsverfahren oder ihm durch den vorangehenden Quellensteuerabzug aufgezwungenen Rückerstattungsverfahren betrügerische Handlungen begangen hat, sondern sich aus eigener Initiative entschlossen hat, durch Irreführung der Behörden sich unrechtmäßig zu bereichern, indem er auf raffinierte Weise systematisch fiktive Rückerstattungsansprüche geltend macht und mittels falscher Urkunden die Auszahlung erwirkt (vgl. BGer 16.2.2022 1C_3/2022). Davon ausgehend hat das Gericht die Auslieferung eines in Deutschland Angeklagten bestätigt, da insoweit „prima facie" ein auslieferungsfähiger Steuerbetrug vorliege.

Als **Rechtshilfemaßnahmen im Rahmen der kleinen Rechtshilfe** kommen gem. 294 Art. 63 II IRSG in Betracht die Zustellung von Schriftstücken, die Beweiserhebung, insbes. durch die Durchsuchung von Personen und Räumen, die Beschlagnahme, die Einvernahme sowie die Gegenüberstellung von Personen, die Herausgabe von Akten und Schriftstücken sowie die Herausgabe von Gegenständen oder Vermögenswerten zur Einziehung. Es besteht ferner auch die Möglichkeit, eine in der Schweiz wohnhafte Person zum Erscheinen als Zeuge vor einem deutschen Gericht zu laden. Sofern der Zeuge als Entlastungszeuge aufgeboten wird oder es sich um einen Fall des Abgabenbetrugs handelt, kann die Ladung nach dem schweizerischen Rechtshilfegesetz zugestellt werden. Es besteht jedoch gem. Art. 8 EU-RhÜbk keine Möglichkeit, die geladene Person zum Erscheinen vor dem deutschen Gericht zu zwingen.

295 Im Rahmen eines **Strafprozesses** ist zwingend zu berücksichtigen, dass sich die Schweiz in Art. 63 V IRSG vorbehalten hat, **Rechtshilfe zugunsten des Verfolgten** zu leisten. Zwar bedarf es einer Entscheidung nach dem Ermessen der schweizerischen Behörden darüber, aber für ein in Deutschland betriebenes Steuerstrafverfahren bedeutet dies, dass sich die Ermittlungen auch auf in der Schweiz befindliche Beweismittel erstrecken müssen. Diesbezügliche Beweisanträge können nicht wegen der Unerreichbarkeit der Beweismittel abgelehnt werden (§ 244 III 3 Nr. 5 StPO; vgl. Klein/*Jäger* AO § 385 Rn. 41), sondern es ist im jeweiligen Einzelfall zu klären, ob die Schweiz zur Rechtshilfe gewillt und ein ggf. dort lebender Zeuge zum Erscheinen in der Hauptverhandlung bereit ist. Ist dies der Fall, so muss der Zeuge durch das erkennende Gericht vernommen werden. Ist der Zeuge jedoch nur zur Vernehmung in der Schweiz im Wege der Rechtshilfe bereit, so kann von einer Vernehmung im Hinblick auf die Unerreichbarkeit des Beweismittels abgesehen werden, wenn zur Erforschung der Wahrheit sein persönliches Erscheinen zwingend erforderlich ist. Dies gilt hingegen nur sehr eingeschränkt, wenn der Zeuge eine audiovisuelle Vernehmung anbietet (BGH 18.7.2016, StraFo 2016, 470; BGH 28.1.2010, BGHSt 55, 11; *Rose* NStZ 2012, 18).

296 Die **Verwertung von im Rechtshilfeverfahren mit der Schweiz erlangten Beweisen** darf aufgrund des **Spezialitätsvorbehalts** der Schweiz nur für die Verfolgung der Taten verwendet werden, für die die Rechtshilfe bewilligt wurde (§ 72 IRG sowie Art. 67 I IRSG; → Rn. 276). Eine anderweitige Verwendung – zB für Taten in Bezug auf andere Steuern – bedarf gem. Art. 67 II IRSG der Zustimmung des schweizerischen Bundesamtes. Einer ausdrücklichen Zusicherung durch die Bundesrepublik bedarf es insoweit nicht (vgl. BGH 12.11.2004, BGHSt 49, 317).

297 **Mit dem Betrugsbekämpfungsabkommen** v. 26.10.2004 hat sich die Schweizerische Eidgenossenschaft gegenüber der Europäischen Gemeinschaft zur Zusammenarbeit verpflichtet. Mit einem Schengener Assoziierungsabkommen vom 26.10.2004 ist die Assoziierung bei der Umsetzung, Anwendung und Entwicklung des Schengen-Besitzstandes vereinbart worden. Konsequenz ist, dass auch die Schweiz bei einer Umsatzsteuerhinterziehung von mindestens 25.000 EUR ausliefert. Weiterhin ist das für Auslieferungen entscheidende zuständige Bundesamt für Justiz der Schweiz mit dem Segen des Schweizerischen Bundesgerichtes dazu übergegangen, Steuerdelikte in einen auslieferungsfähigen Betrug nach Art. 146 StGB umzudeuten. Insbes. bei der organisierten Vorsteuererschleichung besteht schon deshalb die Möglichkeit der Auslieferung (SchwBG 22.2.2002 – 1A. 189/2001/mde „Europäisches Handykarussell"; SchwBG 28.10.2002 – 1A 189/2002, www.begr.ch; vgl. auch *Holenstein* PStR 2012, 151) Schon bald nach dem Inkrafttreten des IRSG zeigte sich die Tendenz, Fiskaldelikte auf Konstellationen zu beschränken, in denen der Staat dem Bürger fordernd gegenüber steht, und Fälle, in denen Leistungen durch den Bürger (dolos) abgefordert werden, nach gemeinrechtlichen Grundsätzen zu behandeln (vgl. SchwBG 18.1.1984, BGE 112 Ib 55 ff. zum Subventionsbetrug).

298 Die **Auslieferung durch die Schweiz** erfolgt nach Maßgabe des Art. 63 iVm Art. 50 I SDÜ auch wegen fiskalischer Straftaten sowie in Verfahren wegen fiskalischer Ordnungswidrigkeiten nach Maßgabe des Art. 50 V SDÜ. Hinzu tritt in Verfahren wegen der Hinterziehung indirekter Steuern die Rechtshilfe (nach Maßgabe des Art. 2 I Betrugsbekämpfungsabkommen EG/CH) zur Bekämpfung von Betrug und sonstigen rechtswidrigen Handlungen, die die finanziellen Interessen beeinträchtigen. Vgl. dazu auch jüngst das Schweizer Bundesgericht im Zusammenhang mit den Cum-Ex-Verfahren (BGer 16.2.2022 1C_3/2022), das in diesem Fall die Auslieferung eines in Deutschland Angeklagten bestätigt, da in solchen und vergleichbaren Verfahren „*prima facie*" ein auslieferungsfähiger Steuerbetrug vorliege (→ Rn. 293).

299 Darüber hinaus leistet die Schweiz nach Art. 51 Buchst. a SDÜ v. 19.6.1990 bei **Zoll- und Verbrauchsteuerhinterziehungen** auch dann Rechtshilfe, wenn die Tat nur für eine Vertragspartei eine Straftat, für die andere hingegen lediglich eine Ordnungswidrigkeit darstellt.

hh) Österreich. Die **Rechtshilfe durch Österreich** wurde über lange Zeit durch die 300 dortigen Bestimmungen über das Bankgeheimnis erschwert. Nach einer entsprechenden Änderung der Rechtsprechung (vgl. OGH 16.12.1993, wistra 1995, 38 und *Lanser* wistra 1999, 213, [218]) steht dieses mittlerweile der Leistung von Rechtshilfe nicht mehr entgegen. Parallel erfolgte eine Einschränkung der Möglichkeit einer anonymen Kontoführung (*Kurz/Leitner* IStR 1994, 510; *Klos* Aktuelles 1996, 64). Auf Druck der OECD wurde mWv 1.11.2000 das anonyme Sparbuch abgeschafft (vgl. *Heinrich* IStR 2000, Länderbericht 13, S. 1 f.) und die Abhebungen von bestehenden anonymen Sparbüchern sind seit dem 1.7.2002 erst nach Identifizierung möglich (*Scholtisek* DStZ 2000, 744). Zu verfahrensrechtlichen Fragen vgl. *Lanser* wistra 1999, 213, 218 ff.

Österreich differenziert zwischen der Rechtshilfe im verwaltungsbehördlichen Finanz- 301 strafverfahren und dem gerichtlichen Finanzstrafverfahren. Eine **Verpflichtung zur Rechtshilfeleistung** besteht auch gem. Art. 50 I SDÜ für indirekte Steuern und Zölle. Mit dem EU-Rechtshilfeübereinkommen stehen Möglichkeiten der Kontoauskunft, Kontoeröffnung und Kontoüberwachung zur Verfügung. Im Verhältnis zu Österreich ist eine Auslieferung wegen fiskalischer Straftaten möglich. Rechtshilfe wird in fiskalischen Strafsachen sowie in Verfahren wegen fiskalischer Ordnungswidrigkeiten nach Maßgabe des Art. 50 V SDÜ geleistet. In Österreich ist überdies der europäische Haftbefehl umgesetzt worden. Seit 1.1.2009 müssen auch von Österreich eigene Staatsangehörige grundsätzlich einem anderen Mitgliedstaat ausgeliefert/übergeben werden.

ii) Luxemburg. Die **Rechtshilfe durch Luxemburg** ähnelte derjenigen der Schweiz. 302 Zwar ermöglicht das innerstaatliche Recht, zB auf Bankunterlagen zuzugreifen. Im Wege der Rechtshilfe erfolgte zB der Zugriff auf Bankunterlagen aber nur, wenn sich das Verhalten des Beschuldigten auch nach Luxemburger Recht als Straftat darstellte (vgl. *Esskandari* wistra 2002, 93). Da die „einfache" Steuerhinterziehung nach Luxemburger Recht aber nicht Straftat ist, erfolgte in solchen Fällen eine Rechtshilfe nicht (vgl. *Spatscheck* AO-StB 2003, 245). Nötig war – ähnlich der Schweizer Rechtslage – ein Steuerbetrug als qualifizierter Fall der Steuerhinterziehung, also eine Tat mit besonderem Ausmaß, und unter systematischer Begehung, etwa unter Verwendung von „Abdeckrechnungen" oder unter Einsatz von Domizilgesellschaften (*Spatscheck* AO-StB 2003, 245).

Schon unter dieser Rechtslage war die Rechtshilfe bei indirekten Steuern, also auch der 303 Umsatzsteuer, aufgrund der Zugehörigkeit zum Schengen-Raum ohne größere Schwierigkeiten möglich (*Spatscheck* AO-StB 2003, 244). Insofern wird auch ausgeliefert (RKR/ *Grommes* AO § 399 Rn. 193). Auch eine **Auslieferung durch Luxemburg** wegen fiskalischer Straftaten war schon damals hinsichtlich der USt möglich. Diese Auslieferung richtet sich nach Maßgabe des Art. 63 iVm Art. 50 I SDÜ. Nach Maßgabe des Art. 50 V SDÜ wird Rechtshilfe auch in fiskalischen Strafsachen sowie in Verfahren wegen fiskalischer Ordnungswidrigkeiten geleistet.

Darüber hinaus änderte sich durch die Umsetzung der **Europäischen Ermittlungs-** 304 **anordnung** in Luxemburg die Rechtslage erheblich, so dass die Erfordernisse einer qualifizierten Steuerhinterziehung sowie der Prüfung der beiderseitigen Strafbarkeit nun entfallen sind. Einer entsprechenden Rechtshilfe steht somit nichts mehr entgegen.

jj) Liechtenstein. Die **Rechtshilfe durch Liechtenstein** dokumentiert anschaulich 305 die Veränderungen der letzten Jahre. Sie richtete sich über lange Zeit nach dem sehr restriktiven Rechtshilfegesetz aus dem Jahr 1992. Nachdem auch im Hinblick auf Geldwäscheproblematiken von ausländischen Staaten massiv Druck ausgeübt wurde, kam es zum Gesetz über die internationale Rechtshilfe in Strafsachen vom 15.9.2000 (LR 351). Voraussetzung der Rechtshilfe war danach, dass beidseitige Strafbarkeit bestand. Überdies durfte es sich nicht um politische, militärische oder fiskalische Handlungen handeln. Die Rechtshilfe war unzulässig, wenn die nach der liechtensteinischen Strafprozessordnung erforderlichen Voraussetzungen für bestimmte Untersuchungshandlungen – insbes. bei der Beschlagnahme und Öffnung von Briefen sowie der Überwachung des Fernmeldeverkehrs – nicht vorliegen, oder eine nach liechtensteinischem Recht zu wahrende Geheimhaltungspflicht verletzt würde. Allerdings war im Mai 2007 (LGBl. 2007 Nr. 189 v. 23.5.2007) § 51 RHG um einen Abs. 1a erweitert worden, wonach bei Bannbruch nach Art. 120 des schweizerischen Zollgesetzes und Steuerbetrug nach Art. 76 des Mehrwertsteuergesetzes bei Vorteilen von über 75.000 Schweizer Franken Rechtshilfe ermöglicht wurde.

306 Im Jahr 2015 hat Lichtenstein hingegen seinen Fiskalvorbehalt im Hinblick auf die kleine Rechtshilfe aufgehoben (LGBl. 2015 Nr. 367 v. 5.11.2015). Folglich sind **strafbare Fiskaldelikte auf Basis der Gegenseitigkeit rechtshilfefähig**. Es ist allerdings davon auszugehen, dass im Fall (einer einfachen) Steuerhinterziehung von Liechtenstein keine Rechtshilfe geleistet werden wird, da es sich insoweit nach liechtensteinischem Recht lediglich um eine Übertretung handelt, die mit einer Buße zu ahnden ist (RKR/*Grommes* AO § 399 Rn. 190; vgl. aber auch Klein/*Jäger* AO § 385 Rn. 41, nach dem noch nicht klar ist, ob Rechtshilfe geleistet werden wird).

307 Im Hinblick auf die Hinterziehung von **Zoll-, Verbrauch- und Umsatzsteuern** ist Lichtenstein aufgrund seines Beitritts zum Schengen-Raum gem. Art. 51 Buchst. a des Schengener Durchführungsübereinkommens v. 19.6.1990 auch dann zur Rechtshilfe verpflichtet, wenn die Tat nur für eine Vertragspartei eine Straftat, für die andere hingegen lediglich eine Ordnungswidrigkeit darstellt.

308–310 *einstweilen frei*

b) Amtshilfe in Fiskalangelegenheiten

311 **Amtshilfe in Fiskalangelegenheiten** wird der Bundesrepublik Deutschland auf der Grundlage bilateraler oder multilateraler Verträge gewährt (vgl. BMF 23.11.2015, BStBl. I 2015, 928). Beispiele für Amtshilfe sind etwa Auskunftserteilung, Übersendung von Akten, die Erstattung von Gutachten, die Befragung eines Zeugen oder die Anhörung eines Beteiligten sowie die Vollstreckungshilfe (Klein/*Rätke* AO § 111 Rn. 9). Am weitesten reicht die Zusammenarbeit auf EU-Ebene. Die Finanzbehörden der EU-Mitgliedstaaten leisten sich gegenseitig Amtshilfe durch Auskunftsaustausch nach Maßgabe der EG-Amtshilfe-Richtlinie, die 2011 geändert und mit dem EUAHIG v. 26.6.2013 (BGBl. I 1809) umgesetzt worden ist (vgl. *Biesgen/Noel* SAM 2014, 5). Die Amtshilfe erstreckt sich insbes. auf direkte Steuern (vgl. § 1 II EUAHIG). Im Übrigen gründet sich die Amtshilfe durch ausländische Staaten auf Doppelbesteuerungsabkommen, die für den Auskunftsaustausch eine **kleine oder große Auskunftsklausel** vorsehen. Diese in Anwendungsbereich und Inhalt weitgehend zwar typisierten, aber doch im Detail weit auseinandergehenden Vereinbarungen basieren in aller Regel auf Art. 26 **OECD-MA**. Aus Art. 26 I OECD-MA ergibt sich jedoch für alle Auskunftsanfragen, dass die ersuchte Information für die Besteuerung erheblich ist (*Czakert* IStR 2016, 986). Ferner bedarf es stets eines konkreten Anlasses für eine Anfrage, denn reine Vermutungen reichen nicht aus (Schwarz/Pahlke/*Klaproth* AO § 117 Rn. 23). Folglich sind Anfragen ohne konkreten steuerlichen Bezug im Einzelfall (vgl. zB FG Köln 7.9.2015, EFG 2015, 1769) oder allein auf Verdacht bzw. zur Beweisausforschung (sog. **fishing expeditions**) ausgeschlossen. Zulässig sind hingegen **Gruppenanfragen,** sofern diese notwendig sind und nicht zu einer fishing expedition führen (vgl. zB zu Anfragen in Sachen Airbnb VG Berlin 23.6.2021, NVwZ-RR 2021, 934 sowie *Webel* PStR 2021, 60). Voraussetzung einer Gruppenanfrage ist, dass die betroffenen Personen anhand spezifischer Suchkriterien identifiziert werden können. Bei diesen Kriterien kann es sich um Name und/oder Anschrift, aber auch um jede Information handeln, die eine Identifizierung des Steuerpflichtigen ermöglicht (EuGH 25.11.2021, NZG 2022, 226; vgl. auch Art. 26 OECD-MA).

312 Nach der sog. **kleinen Auskunftsklausel** werden Auskünfte erteilt, die zur Durchführung des jeweiligen Doppelbesteuerungsabkommens selbst – und somit nur im Hinblick auf die vom Abkommen erfassten Steuern – notwendig sind. Hierzu gehören Informationen, die für eine zutreffende Abgrenzung der Besteuerungsrechte der beiden Vertragsstaaten erforderlich sind bzw. solche, die eine dem Abkommen widersprechende Vermeidung einer Doppelbesteuerung oder einer doppelten Steuerbefreiung der von dem Doppelbesteuerungsabkommen erfassten Einkommen dienen. Beispielhaft sind insoweit die Fälle zu nennen, in denen der Quellenstaat einem in dem anderen Staat ansässigen Stpfl nach dem DBA einbehaltene Abzugsteuern teilweise zurückgewährt hat und sich beim anderen Staat erkundigt, ob diese Erträge dort versteuert werden. Selbiges gilt auch für die im Hinblick auf die Anwendung des Progressionsvorbehalts erforderlichen Auskünfte.

Nach der **großen Auskunftsklausel** können für die unter das Abkommen fallenden Steuern alle Informationen übermittelt werden, die für die zutreffende Steuerfestsetzung im anderen Staat erheblich sein können. Namentlich mit Hilfe der großen Auskunftsklausel kann von Seiten der Finanzbehörde eine Vielzahl von Informationen auf steuerlicher Grundlage gewonnen werden, etwa durch Auskünfte ausländischer Finanzbehörden oder aber durch steuerliche Ermittlungen in dem Betrieb des ausländischen Geschäftspartners. Darüber hinaus können zB auch Informationen über die Richtigkeit von Tatsachenbehauptungen oder über Beweismittel angefordert werden, die zur steuerlichen Beurteilung erforderlich sind. 313

Die **große Auskunftsklausel** liegt mittelbar der **EG-Richtlinie über die gegenseitige Amtshilfe** zwischen den Mitgliedstaaten aus dem Jahr 1979 zugrunde und ist im **EG-Amtshilfegesetz** umgesetzt worden. Im Rahmen der großen Auskunftsklausel werden auch Auskünfte erteilt, die nicht der Durchführung des Abkommens dienen, sondern der Durchführung des innerstaatlichen Steueranspruchs der Vertragsstaaten. Überdies ist ein Informationsaustausch für Steuern jeder Art und Bezeichnung und nicht mehr allein für unter das Abkommen fallende Steuern vorgesehen (HHS/*Söhn* AO § 117 Rn. 50l). Es findet ein umfänglicher Auskunftsaustausch – auch in Form von Spontanauskünften – im Verhältnis zu einer großen Zahl von Staaten statt. Der Auskunftsaustausch erstreckt sich primär auf den Bereich der Einkommen-, Körperschaft-, Gewerbe- und Vermögensteuer. Die zuständige Behörde jedes Mitgliedstaats übermittelt nach der **EUAHiRL** im Wege des **automatischen Austauschs** der Behörde jedes anderen Mitgliedstaats Informationen zu den fünf in Art. 8 EUAHiRL 2011/16/EU genannten Kategorien (u. a. Vergütungen aus unselbständiger Arbeit, Lebensversicherungsprodukte und Ruhegehälter). Das EUAHiG sieht darüber hinaus neben Spontanauskünften (§ 8 EUAHiG) auch Ersuchen der deutschen Finanzbehörden auf Informationsaustausch (§§ 4, 6 EUAHiG) vor und enthält in § 7 EUAHiG eine Grundlage für den automatischen Informationsaustausch für Besteuerungszeiträume ab 1.1.2016 (vgl. das Gesetz zum automatischen Informationsaustausch über Finanzkonten in Steuersachen v. 21.2.2015, BGBl. 2015 I 2531). Hinzu tritt in vielen Fällen die Möglichkeit von Gruppenanfragen (vgl. HHS/*Söhn* AO § 117 Rn. 51 ff.). Das EUAHiG ist allerdings nicht auf die Umsatzsteuer, die Einfuhrumsatzsteuer, Zölle und die harmonisierten Verbrauchsteuern anzuwenden. Es umfasst ebenso nicht Beiträge, Umlagen und Gebühren. 314

Die **kleine Auskunftsklausel** ist hingegen ein „Auslaufmodell" (vgl. auch *Biesgen/Noel* SAM 2014, 5). Insbesondere bei den ehemaligen Staatshandelsländern wurden nach den gesellschaftlichen Umbrüchen im Rahmen der Neuverhandlung von Doppelbesteuerungsabkommen große Auskunftsklausel aufgenommen. Die Zahl der Staaten nimmt zu, mit denen entsprechende Abkommen abgeschlossen werden (vgl. BMF 25.5.2012, BStBl. I 2012, 599). Kleine Auskunftsklauseln finden sich insbes. in den Doppelbesteuerungsabkommen mit Entwicklungs- und Staatshandelsländern. 315

Der Austausch der **FATCA-Daten** geht auf ein Abkommen zwischen den **USA** und der BRD zurück, auf dessen Basis die Daten deutscher meldepflichtiger Finanzinstitute über das BZSt direkt an die Bundessteuerbehörde der USA (Internal Revenue Service, IRS) weitergeleitet werden. Umgekehrt erhalten die deutschen Finanzämter über das BZSt die durch den IRS übermittelten Kontoinformationen von US-amerikanischen meldepflichtigen Finanzinstituten. Die Notwendigkeit zum Abschluss dieses Abkommens entstand dadurch, dass die USA im Jahr 2010 einseitig ihre Gesetzgebung dahingehend 316 änderten, dass ausländische Kreditinstitute für sämtliche Konten amerikanischer Staatsbürger automatisiert Informationen an die IRS zu liefern hatten, oder alternativ eine Steuer auf Zahlungen an die ausländischen Kreditinstitute von 30% auf amerikanische Quellen einbehalten wurde. Insbes. aufgrund der sich daraus für inländische Finanzinstitute ergebenden datenschutzrechtlichen Probleme, schlossen Deutschland, Frankreich, Italien, Spanien und Großbritannien mit den USA jeweils bilaterale sog. FATCA-Abkommen, die den automatischen Austausch von Finanzkonten auf rechtliche Grundlagen stellte (vgl. dazu Schwarz/Pahlke/*Klaproth* AO § 117c Rn. 1 ff.).

317 Die EU-Zinsrichtlinie v. 3.6.2003, RL 2003/48 EG, und die darauf beruhende Zinsinformationsverordnung (ZIV v. 26.1.2004, BGBl. I 128) legten über die EU-Amtshilferichtlinie hinaus einen grenzüberschreitenden Informationsaustausch unter den EU-Mitgliedstaaten für Zwecke der Besteuerung von Zinserträgen fest. Sie wurden auf Ebene der EU zum 1.1.2016 bzw. mit Verordnung vom 18.7.2016 aufgehoben. Der Grund dafür liegt im Einstieg in den – an den FATCA-Abkommen angelehnten – automatischen Finanzkontenaustausch mit gleichem Standard (**CRS – Common Reporting Standard,** ABl. EU L 359/1 v. 16.12.2014). Ziel dieser Vereinbarung ist die Bekämpfung von grenzüberschreitender Steuerverkürzung und die Förderung der Steuerehrlichkeit. Die – mittlerweile deutlich mehr als 100 – Vertragsparteien verpflichten sich, Informationen über Finanzkonten gemäß einem gemeinsamen technischen und inhaltlichen Standard automatisch auszutauschen. Nach §§ 7–26 FKAustG sind inländische Finanzinstitute verpflichtet, die in § 2 FKAustG näher definierten Daten über in einem anderen Vertragsstaat steuerlich ansässige Kontoinhaber sowie zum jeweiligen meldepflichtigen Konto zu sammeln. Diese Daten sind dann gem. § 27 II FKAustG an das BZSt nach amtlich vorgeschriebenem Datensatz elektronisch zu melden. Das BZSt gibt die erhaltenen Daten an den jeweiligen Vertragsstaat zum Zwecke der Besteuerung automatisiert weiter, in dem die gemeldete Person steuerlich ansässig ist. Umgekehrt erhält das BZSt aus den anderen Vertragsstaaten die Daten über im Inland ansässige Personen. Zu den meldeverpflichteten Finanzinstituten zählen neben Banken zB auch Investmentunternehmen oder Versicherungen (vgl. § 19 FKAustG). Zu melden sind Konten von natürlichen Personen und von Rechtsträgern, zu denen auch Trusts und Stiftungen gehören.

318 Daneben hat die Bundesrepublik zahlreiche bilaterale Abkommen über den Austausch von Informationen in Steuersachen (sog. **Tax Information Exchange Agreement – TIEA**) abgeschlossen. Vgl. zum diesbezüglichen OECD-Musterabkommen http://www.oecd.org/tax/exchange-of-tax-information/2082215.pdf. Vertragspartner sind idR Staaten, mit denen kein DBA besteht, insbes. sog. **Steueroasen** (zB Andorra, Bahamas, Bermuda, Britische Jungferninseln, Cayman Islands, Gibraltar, Insel Man, Jersey, Monaco und San Marino). Die von Deutschland geschlossenen Abkommen über den steuerlichen Informationsaustausch bieten die Rechtsgrundlage, behördliche Unterstützung durch Informationsaustausch auf Ersuchen im Einzelfall für Zwecke des Besteuerungsverfahrens oder des Steuerstraf- und Bußgeldverfahrens in Anspruch zu nehmen oder zu gewähren. Ein spontaner oder automatischer Informationsaustausch ist in diesen Abkommen jedoch ursprünglich nicht vorgesehen gewesen (BMF 10.11.2015, BStBl. I 2016, 138). Aufgrund einer Ergänzung des Musterabkommens im Jahr 2015 wurden die Art. 5a und 5b OECD-MA eingefügt, die nunmehr die Möglichkeit der Vereinbarung eines automatischen Informationsaustausches und der Spontanauskunft vorsehen.

319 Der Informationsaustausch, den die Bundesrepublik im Rahmen der abgeschlossenen **TIEA** gewährt, bezieht sich auf **individuell vereinbarte Steuerarten,** idR auf ESt, KSt, GewSt und ErbSt, teilweise auch auf USt und Versicherungsteuer sowie die darauf erhobenen Zuschläge. Darüber hinaus wird auf Basis des jeweiligen TIEA auch justizielle Rechtshilfe gewährt, die selbständig neben etwaig vorhandenen Rechtshilfevereinbarungen steht. Grundlage für jedes der Abkommen ist der in Art. 5 geregelte Informationsaustausch. Dieser entspricht der **großen Auskunftsklausel des Art. 26 OECD-MA,** so dass die zuständige Behörde der ersuchten Vertragspartei auf Ersuchen der ersuchenden Vertrags-

partei Auskünfte für die in Art. 1 genannten (steuerlichen) Zwecke erteilt. Um dem Ersuchen nachzukommen, kann der ersuchte Staat entweder auf die bei ihm vorhandenen Informationen zurückgreifen oder – wenn diese nicht ausreichen – die nach eigenem Ermessen geeignete Maßnahmen zur Beschaffung der erbetenen Informationen ergreifen. Dies gilt selbst dann, wenn die ersuchte Vertragspartei diese Informationen nicht für eigene steuerliche Zwecke benötigt. Das Bankgeheimnis steht einem so gestellten Auskunftsersuchen nicht entgegen und darf vom ersuchten Staat auch nicht als Ablehnungsgrund des Auskunftsersuchens herangezogen werden (vgl. Art. 5 IV (a) iVm Art. 7 II 2 TIEA-MA). Allerdings sind in Art. 8 vereinbarte Geheimhaltungsregeln zu beachten.

Inhaltlich beziehen sich die **auszutauschenden Auskünfte** gem. Art. 1 S. 2 TIEA-MA auf Informationen, die der Festsetzung und Erhebung, der Vollstreckung und den Ermittlungen in oder der Verfolgung von Steuerstrafsachen dienen. Steuerliche Auskunftsersuchen im Rahmen eines TIEA dürfen sich nur auf solche Veranlagungszeiträume beziehen, die **nach dem Inkrafttreten der Vereinbarung** beginnen. Sofern sich die erhaltenen Informationen jedoch auf Zeiträume erstrecken, die vor dem Inkrafttreten liegen, besteht kein Verwendungsverbot. Neben dem Informationsaustausch sehen die von Deutschland geschlossenen TIEA gem. Art. 6 TIEA-MA die Möglichkeit vor, dass Bedienstete des ersuchenden Staates mit Zustimmung der Bundesrepublik einreisen und Verfahrensbeteiligten mit deren Zustimmung eigenständig Fragen stellen und Unterlagen einsehen. Voraussetzung dafür ist, dass während der gesamten Zeit der Diensthandlungen des ausländischen Steuerbediensteten stets ein inländischer Steuerbediensteter zugegen ist. Unter den gleichen Voraussetzungen darf ein ausländischer Bediensteter bei einer steuerlichen Außenprüfung zugegen sein. Da die Abkommen bilateral sind, gelten die **Anwesenheitsrechte** auch für deutsche Bedienstete bei der Vornahme von Amtshandlungen im Ausland.

Soweit die steuerliche vertragliche Regelung enger ist als die über die strafrechtliche Rechtshilfe wird letztere nicht durch das Vorhandensein entsprechender Abkommen über die Amtshilfe eingeengt.

Rechtsschutz gegen Amtshilfehandlungen kann auf dem Finanzgerichtsweg erreicht werden, ggf. auch im Wege der einstweiligen Anordnung nach § 114 FGO, mit der die Erteilung von Auskünften vorläufig untersagt werden kann (RKR/*Grommes* AO § 399 Rn. 186).

c) Zusammenarbeits-VO

Nach Einführung des innergemeinschaftlichen Warenverkehrs und Abschaffung steuerlicher Grenzkontrollen an den Binnengrenzen der EG-Mitgliedstaaten zum 1.1.1993 ist zur Sicherstellung der ordnungsgemäßen Besteuerung an die Stelle der Grenzkontrollen ein EDV-gestütztes Informationssystem zwischen den Mitgliedstaaten getreten. Grundlage dieses „Kontrollverfahrens" waren die „Richtlinie des Rates vom 16.12.1991 zur Ergänzung des gemeinsamen Mehrwert-Steuersystems und zur Änderung der Richtlinie 77/388/EWG im Hinblick auf die Beseitigung der Steuergrenzen – 91/680/EWG" und zum anderen die „Verordnung (EWG) Nr. 218/92 des Rates vom 27.1.1992 über die Zusammenarbeit der Verwaltungsbehörden auf dem Gebiet der indirekten Besteuerung (MwSt)" – Amtshilfeverordnung. Mittlerweile stützt sich die Zusammenarbeit auf die seit dem 1.1.2012 geltende EU-Verordnung über die Zusammenarbeit der Verwaltungsbehörden und die Betrugsbekämpfung auf dem Gebiet der Mehrwertsteuer (VO [EU] Nr. 904/2010 v. 7.10.2010, ABl. EU 2010 Nr. L 268, 1) sowie die §§ 18a bis 18e und § 27a UStG, die die Rechtsgrundlage für den EDV-gestützten Informationsaustausch darstellen.

Danach sind die ersuchten Behörden verpflichtet, **möglichst rasch,** aber nach maximal drei Monaten die Informationen, um die eine Behörde eines anderen Mitgliedsstaates ersucht hat, zu übersenden (Art. 10 VO [EU] Nr. 94/2010). Darüber hinaus besteht auch die Möglichkeit eines automatisierten oder spontanen Informationsaustausches ohne vorheriges Ersuchen, wenn „*die Besteuerung im Bestimmungsmitgliedstaat erfolgen soll und die vom Herkunftsmitgliedstaat übermittelten Informationen für die Wirksamkeit der Kontrollen des Bestim-*

mungsmitgliedstaats notwendig sind, oder b) ein Mitgliedstaat Grund zu der Annahme hat, dass in dem anderen Mitgliedstaat ein Verstoß gegen die Mehrwertsteuervorschriften begangen oder vermutlich begangen wurde oder in einem anderen Mitgliedstaat die Gefahr eines Steuerverlusts besteht" (Art. 13 I VO [EU] Nr. 94/2010). Diese Regelungen sind erforderlich, da die durch Zusammenfassende Meldungen gem. § 18a UStG gespeicherten Daten nicht ausreichen. Die Zusammenarbeitsverordnung lässt in Art. 28 darüber hinaus bei Einvernehmen zwischen ersuchender und ersuchter Behörde auch die Anwesenheit ordnungsgemäß befugter Beamter der ersuchenden Behörde in den Amtsräumen der ersuchten Behörde sowie die Teilnahme an deren behördliche Ermittlungen zu.

325–330   *einstweilen frei*

3. Zölle und Verbrauchsteuern

331   Die Rechtshilfe für Zölle und Verbrauchsteuern entsprach über lange Zeit der bei Besitz- und Verkehrsteuern (vgl. *Klinkhammer* ZfZ 1996, 37 ff.). Als Besonderheit war zu beachten, dass nach schweizerischem Recht der Bannbruch kein Fiskaldelikt darstellt, so dass insofern eine Auslieferung denkbar wäre.

332   Deutschland unterhält mit praktisch allen wichtigen Handelspartnern (außer der Schweiz) ein dichtes Netz multilateraler oder bilateraler Abkommen über die Zusammenarbeit bei der Verfolgung von Zollzuwiderhandlungen (HHS/*Söhn* AO § 117 Rn. 394 ff.), die sich auf den kleinen Rechtshilfeverkehr (→ Rn. 261) beschränken; vgl. auch die Zusammenstellung in RiVASt Anhang II Nummer 4 (= Anlage I zu Anhang II), Stand Dezember 2016. Zunehmend gewinnt dabei der Einfluss von Rat und Kommission an Bedeutung.

333   **Auf EG-Ebene** wird die Amtshilfe der Zollverwaltung von der Generalzollverwaltung geleitet und richtet sich nach der Unterstützungs-VO der EG (Verordnung (EWG) Nr. 1468/81 v. 19.5.1981), der Unterstützungs-VO der EG (Verordnung (EG) Nr. 515/91 v. 13.3.1997), der Zollinformations-VO sowie dem Neapel-II-Abkommen (ABl. EG Nr. C 24/1 v. 23.1.1998). Regelmäßig steht das Steuergeheimnis der Amtshilfe hier nicht entgegen.

334   Das **Gesetz über die gegenseitige Amtshilfe und Zusammenarbeit der Zollverwaltungen** – in Umsetzung eines Übereinkommens vom 18.12.1997 – ist am 11.6.2002 in Kraft getreten (BGBl. II 2002, 1387). Das Übereinkommen sieht Spontanauskünfte vor (Art. 17; vgl. auch BFH 16.11.1999, BFH/NV 2000, 531). Die Verwendung außerhalb von Zollsachen richtet sich nach dem innerstaatlichen Recht des Anwendungsstaates (Art. 18 Neapel II-Übereinkommen), so dass über § 30 AO auch die für die Besitz- und Verkehrsteuern zuständigen Finanzämter von Erkenntnissen profitieren können. Hinzu kam das EU-weite **Zollinformationssystems** (ZIS), das Zollinformationen zentralisiert, um Verstöße gegen das Zoll- oder Agrarrecht der Gemeinschaft zu verhindern, zu untersuchen und strafrechtlich zu verfolgen (vgl. BT-Drs. 15/1969, BGBl. II 2005, 581 sowie BGBl. II 2008, 790). Das CIS besteht aus einer zentralen Datenbank, auf die in jedem Mitgliedstaat zugegriffen werden kann. Die eingegebenen Daten beziehen sich auf Waren, Transportmittel, Unternehmen und Personen, die mit solchen Verstößen in Verbindung stehen. Sie beziehen sich auch auf Betrugstrends, verfügbare Kompetenzen, beschlagnahmte Waren und beschlagnahmtes Bargeld. Die EU-weite Datenbank zur Identifizierung von Zollakten („FIDE") wird im Rahmen des CIS verwendet. Sie besteht aus Ermittlungsaufzeichnungen, die vom Zoll der Mitgliedstaaten und anderen Ermittlungsbehörden zu Verwaltungszwecken sowie zu Zwecken strafrechtlicher Ermittlungen und Strafverfolgungsmaßnahmen im Zollbereich erstellt wurden.

335   Des Weiteren unterhält die Bundesrepublik **zweiseitige Abkommen** über die wechselseitige Unterstützung der Zollverwaltungen mit einer großen Zahl von Staaten. Soweit es um die Bekämpfung von Zollzuwiderhandlungen geht, entsprechen diese bilateralen Abkommen inhaltlich im Wesentlichen dem EG-Übereinkommen einschließlich der ergän-

zenden Entschließung über die Bekämpfung des Rauschgiftschmuggels und des Schmuggels mit Wasserfahrzeugen. Fragen wirft dabei die Gerichtsverwertbarkeit bei verdeckten Ermittlungen auf (vgl. *Gleß* NStZ 2000, 57). Unterschiedlich geregelt ist die Zusammenarbeit auf dem Gebiet des Besteuerungsverfahrens sowie der Vollstreckung.

Auch bei **vertragslosem Zustand** findet eine Kooperation der Zollverwaltungen (entsprechend § 117 AO) statt. Überdies ist zu bedenken, dass die EU mit mehreren Drittländern Abkommen geschlossen hat, die zumindest teilweise Amtshilfe (einschließlich Spontanauskünften) erlauben. Hierzu gehört auch die Schweiz, da sie kein Mitglied der Europäischen Zollunion ist. Darüber hinaus leistet die Schweiz nach Art. 51 Buchst. a des Schengener Durchführungsübereinkommens v. 19.6.1990 bei Zoll- und Verbrauchsteuerhinterziehungen auch dann Rechtshilfe, wenn die Tat nur für eine Vertragspartei eine Straftat, für die andere hingegen lediglich eine Ordnungswidrigkeit darstellt.

einstweilen frei

IV. Rechte anderer Finanzbehörden (§ 399 II AO)

1. Recht des ersten Zugriffs

Die Zuständigkeitskonzentration nach § 387 II AO lässt das Recht und die Pflicht anderer Finanzbehörden unberührt, bei einem entsprechenden Verdacht den Sachverhalt zu erforschen und alle unaufschiebbaren Anordnungen zu treffen, um im Sinne einer Notzuständigkeit die Verdunkelung der Sache zu verhüten (→ § 387 Rn. 17). Die damit beschriebene Aufgabe der Finanzbehörde entspricht fast wörtlich derjenigen, die § 163 I StPO für die Polizei aufstellt. Die Erforschungspflicht beginnt, sobald die Finanzbehörde Kenntnis von dem (Anfangs-)Verdacht hat (KK-StPO/*Griesbaum* StPO § 163 Rn. 8; Meyer-Goßner/Schmitt/*Köhler* StPO § 163 Rn. 20). Sie trifft die ohne die Zentralisierung zuständigen Finanzbehörden, also grds. das für die Besteuerung zuständige Finanzamt und die anderen Ämter, die zB im Wege einer Zuständigkeitsübertragung ebenfalls für das Besteuerungsverfahren zuständig sind (RKR/*Grommes* AO § 399 Rn. 242). Die Notzuständigkeit der Finanzbehörden besteht unabhängig davon, ob das Ermittlungsverfahren durch die StA oder die gem. § 387 II AO zuständige Finanzbehörde geführt wird. Die Kompetenzen der gem. § 387 II AO zuständigen Finanzbehörde werden durch die Notkompetenz der anderen Finanzbehörde nicht berührt. Befugnisse für schwerwiegendere Grundrechtseingriffe gibt § 399 II 1 AO der FinB jedoch nicht, da es dafür einer gesonderten Eingriffsbefugnis bedarf (ähnl. Meyer-Goßner/Schmitt/*Köhler* StPO § 163 Rn. 1).

2. Einzelne Befugnisse der anderen Finanzbehörden

Nach § 399 II 2 AO haben die anderen Finanzbehörden Befugnisse nach den für **Ermittlungspersonen** (→ Einl Rn. 109) **der StA** geltenden Vorschriften der StPO. Durchsuchungen nach § 105 I StPO und Beschlagnahmen nach § 98 I 1 StPO darf die Finanzbehörde anordnen, sofern Gefahr im Verzuge vorliegt (→ Rn. 60 ff.). Richterliche Untersuchungshandlungen kann sie jedoch nicht beantragen.

Notveräußerungen von nach § 111c StPO beschlagnahmten oder nach § 111f StPO gepfändeten Gegenständen darf die Finanzbehörde nach § 399 II 2 AO anordnen, „wenn ihr Verderb droht, bevor die Entscheidung der StA herbeigeführt werden kann" (§ 111p II 2 StPO). Gegenstände idS sind bewegliche Sachen, Forderungen, Immaterialgüterrechte und andere Vermögensrecht wie zB Aktiendepots (KK-StPO/*Spillecke* StPO § 111p Rn. 2).

Zu den Untersuchungen und sonstigen Maßnahmen gehören insbes. die **körperliche Untersuchung** des Beschuldigten (§ 81a StPO) sowie die **erkennungsdienstliche Behandlung** (§ 81b StPO). Bei Gefahr im Verzuge kann die Finanzbehörde auch eine vorläufige Festnahme nach § 127 II StPO durchführen (Kohlmann/*Hilgers-Klautzsch*

AO § 385 Rn. 537; RKR/*Grommes* AO § 399 Rn. 243; Schwarz/Pahlke/*Klaproth* AO § 399 Rn. 12).

3. Bedeutung der Regelung

345 Es darf nicht übersehen werden, dass die **praktische Bedeutung** des § 399 II AO ausgesprochen gering ist. Entsprechende Fälle treten in den Veranlagungsfinanzämtern kaum auf, jedoch kann es im Rahmen einer Außenprüfung durchaus zu Situationen kommen, in denen ein „Erster Zugriff" gem. § 399 II AO angezeigt wäre. Ein Betriebsprüfer kann zB wegen Verdunklungsgefahr Unterlagen strafprozessual beschlagnahmen, wenn der Steuerpflichtige während einer Außenprüfung versucht, dem Betriebsprüfer zuvor vorgelegte Unterlagen wieder zu entreißen, um sie zu vernichten. Selbiges gilt, wenn der Anfangsverdacht besteht, dass es sich um gefälschte Urkunden handelt. Es darf jedoch nicht verkannt werden, dass Betriebsprüfer im „Normalfall" gehalten sind, vor Durchführung der in § 399 II AO genannten Maßnahmen Rücksprache mit der gem. § 387 II AO zuständigen Finanzbehörde zu halten (vgl. Nr. 130, 131 AStBV (St) 2020). Rein faktisch besteht darüber hinaus in der Außenprüfung auch eine große Zurückhaltung bzgl. der Einleitung von Steuerstrafverfahren und der Durchführung von Maßnahmen gem. § 399 II AO (zutreffend RKR/*Grommes* AO § 399 Rn. 244). Darüber hinaus steht die Vorschrift zu Recht in der Kritik, da sie strafrechtlich nicht ausgebildeten Finanzbeamten Rechte und Pflichten auferlegt, mit denen diese oftmals überfordert sind und sich ggf. sogar bei Untätigkeit einer Strafvereitelung im Amt nach § 258a StGB strafbar machen können (HHS/*Tormöhlen* AO § 399 Rn. 14; RKR/*Grommes* AO § 399 Rn. 244).

346–350 *einstweilen frei*

V. Rechtsschutz gegen Maßnahmen im Ermittlungsverfahren

Schrifttum: *Jorzik/Kunze*, Rechtsschutz gegen Maßnahmen der Ermittlungsbehörden, Jura 1990, 294; *Rüping*, Rechtsprobleme der Durchsuchung, insbesondere in Steuerstrafsachen, StVj 1991, 322; *Wohlers*, Das berechtigte Interesse der Feststellung der Rechtswidrigkeit eines erledigten strafprozessualen Zwangsmitteleinsatzes, GA 1992, 214; *Bachmann*, Probleme des Rechtsschutzes gegen Grundrechtseingriffe im strafrechtlichen Ermittlungsverfahren, 1994; *Streck*, Der Rechtsschutz in Steuerstrafsachen, in: Christoph Trzaskalik (Hrsg.), Der Rechtsschutz in Steuersachen, 1995, 173; *Burhoff*, Rechtsschutz nach Durchsuchung beim Beschuldigten im Steuerstrafverfahren, PStR 1998, 114; *Kruis/Wehowsky*, Verfassungsgerichtliche Leitlinien zur Wohnungsdurchsuchung, NJW 1999, 682; *Achenbach*, Anfechtbarkeit der erledigten richterlichen Anordnung einer Durchsuchung bei Presse und Rundfunk – BVerfG, NJW 1998, 2131, JuS 2000, 27; *Amelung*, Die Entscheidung des BVerfG zur „Gefahr im Verzug" i. S. des Art 13 II GG, NStZ 2001, 337; *Krach*, Rechtsschutz gegen strafprozessuale Zwangsmaßnahmen, Jura 2001, 737; *Laser*, Das Rechtsschutzsystem gegen strafprozessuale Zwangsmaßnahmen, NStZ 2001, 120; *Krach*, Einheitlicher Rechtsschutz gegen die erkennungsdienstliche Behandlung des Beschuldigten, JR 2003, 140; *Biernat*, Rechtsschutz gegen Zwangsmaßnahmen im Ermittlungsverfahren, JuS 2004, 401; *Benfer*, Rechtseingriffe durch Polizei und Staatsanwaltschaft, 3. Aufl. 2005; *Jahn*, Strafprozessuale Eingriffsmaßnahmen im Lichte der aktuellen Rechtsprechung des BVerfG, NStZ 2007, 255; *Kruse*, Rechtsschutz im Haftverfahren aus anwaltlicher Sicht, JA 2008, 219; *Löffelmann*, Der Rechtsschutz gegen Ermittlungsmaßnahmen, StV 2009, 379; *Singelnstein*, Rechtsschutz gegen heimliche Ermittlungsmaßnahmen nach Einführung des § 101 Abs. 7 Satz 2 – 4 StPO, NStZ 2009, 481; *Burghardt*, Der Rechtsschutz gegen Zwangsmittel im Ermittlungsverfahren, JuS 2010, 605; *Engländer*, Die Rechtsbehelfe gegen strafprozessuale Zwangsmaßnahmen, Jura 2010, 414; *Schenke*, Rechtsschutz gegen doppelfunktionale Maßnahmen der Polizei, NJW 2011, 2838; *Schoch*, Doppelfunktionale Maßnahmen der Polizei, Jura 2013, 1115; *Waszczynski*, Rechtsschutzmöglichkeiten gegen erkennungsdienstliche Maßnahmen unter besonderer Berücksichtigung der Rechtsnatur des § 81b Alt. 2 StPO, JA 2013, 60; *Rettke*, Rechtsschutz nach Vollziehung einer Beschlagnahme oder eines Vermögensarrests, NJW 2019, 2898.

351 **Maßnahmen der FinB im strafrechtlichen Ermittlungsverfahren** unterliegen ebenso wie solche der StA einer (beschränkten) gerichtlichen Kontrolle. Die Rechtsbehelfe der AO stehen dem Beschuldigten nicht zu, da es sich insoweit nicht um Abgabenangelegenheiten handelt (§ 347 II 2 AO; BFH 21.8.1990, BFH/NV 1991, 142; FG Saarland 23.5.1990, EFG 1990, 641). Zuständig sind vielmehr nach § 385 I AO iVm § 13 GVG die ordentlichen Gerichte. Möglich bleiben die Anrufung des Gerichts nach § 98 II 2 StPO und die Beschwerde nach § 304 StPO. Nach Abschluss des Strafverfahrens ändert sich jedoch der Rechtscharakter der Maßnahmen, da die Finanzbehörde dann nicht mehr Justizbehörde iSd § 23 I EGGVG ist. Folglich ist gegen Maßnahmen wie zB die Versagung der Einsichtnahme in Strafakten nach Abschluss des Verfahrens gem. § 33 I FGO der Rechtsweg zum FG eröffnet (Schwarz/Pahlke/*Klaproth* AO § 399 Rn. 19; HHSp/*Braun* FGO § 33 Rn. 90).

Eine Beschwerde nach § 304 StPO ist möglich gegen richterliche Entscheidungen, „*soweit das Gesetz sie nicht ausdrücklich einer Anfechtung entzieht*" (vgl. zum Ausschluss der Beschwerde Meyer-Goßner/*Schmitt* StPO § 304 Rn. 5; Radtke/Hohmann/*Merz* StPO § 304 Rn. 8 f.). Insofern besteht die Beschwerdemöglichkeit insbes. gegen Haftbefehle sowie Durchsuchungs- und Beschlagnahmebeschlüsse. Einzulegen ist die Beschwerde gem. § 306 I StPO bei dem Gericht, das die angefochtene Entscheidung erlassen hat (iudex a quo). **Beschwerdeberechtigt** ist, wer durch die Maßnahme in seinen eigenen Rechten betroffen ist (KK-StPO/*Zabeck* StPO § 304 Rn. 26 ff.; Meyer-Goßner/Schmitt/*Schmitt* StPO § 304 Rn. 6 f.; Radtke/Hohmann/*Merz* StPO § 304 Rn. 18 f.). Dies kann bei Versagen einer entsprechenden Entscheidung auch die Staatsanwaltschaft/BuStra sein, da sie Verfahrensbeteiligter ist, vgl. § 296 I StPO. Die Beschwerde ist nicht fristgebunden, wenn es sich nicht laut Gesetz um eine sofortige Beschwerde nach § 311 StPO handelt. 352

Hält das Gericht die Beschwerde für **begründet,** hebt es seinen eigenen Beschluss auf und hilft der Beschwerde ab (§ 306 II Hs. 1 StPO). Anderenfalls ist die Beschwerde spätestens nach 3 Tagen dem Beschwerdegericht (dh dem übergeordneten Gericht) vorzulegen, § 306 II Hs. 2 StPO. Das Beschwerdegericht entscheidet nicht über die Rechtmäßigkeit der Maßnahme, sondern darüber, ob zum Zeitpunkt seiner Entscheidung die Maßnahme aufrechtzuerhalten ist. Gem. § 309 I StPO ergeht die Entscheidung über die Beschwerde ohne mündliche Verhandlung. Erachtet das Beschwerdegericht die Beschwerde für begründet, kann es die erforderliche Entscheidung nach § 309 II StPO selber erlassen. Ist es dazu aus Rechtsgründen nicht in der Lage, weil zB ein vom Beschwerdegericht nicht behebbarer Verfahrensmangel vorliegt, so verweist es die Sache an das Ausgangsgericht zurück mit der Weisung, die begehrte Maßnahme vorzunehmen. Ob diese Weisung bindend ist, ist umstritten (bejahend BVerfG 6.4.1976, BVerfGE 42, 91; OLG Braunschweig 16.4.2015, StV 2016, 102; OLG Düsseldorf 18.6.2002, NJW 2002, 2963; RKR/*Grommes* AO § 399 Rn. 206; verneinend MüKoStPO/*Neuheuser* StPO § 309 Rn. 36; Meyer-Goßner/Schmitt/*Schmitt* StPO § 309 Rn. 10). Die Beschwerde hemmt den Vollzug der jeweiligen Maßnahme gem. § 307 I StPO nicht. Es kommt nur in seltenen Ausnahmefällen gem. § 307 II StPO eine Aussetzung von Amts wegen oder auf Antrag infrage. 353

Nur in den Fällen des § 310 I StPO ist eine **weitere Beschwerde** gegen die Entscheidung des Beschwerdegerichts möglich, also wenn es um eine Verhaftung, eine einstweilige Unterbringung oder eine Anordnung eines Vermögensarrests nach § 111e StPO über einen Betrag von mehr als 20.000 EUR geht. In allen anderen Fällen wie zB im Hinblick auf Durchsuchungen und Beschlagnahmen ist die weitere Beschwerde gem. § 310 II StPO ausgeschlossen, so dass lediglich die Möglichkeit einer **Verfassungsbeschwerde** beim BVerfG besteht (→ Rn. 360). 354

Teilweise kann die Beschwerde erst eingelegt und/oder entschieden werden, wenn die jeweilige **strafprozessuale Maßnahme bereits erledigt** ist, so dass keine aktuelle Beschwer mehr vorliegt. Da jedoch Art. 19 IV GG auch insoweit einen effektiven Rechtsschutz erfordert, hat der Betroffene nach der zutreffenden Rechtsprechung des BVerfG auch dann einen Anspruch auf gerichtliche Entscheidung, wenn es sich um Fälle tiefgreifender, tatsächlich jedoch nicht mehr fortwirkender Grundrechtseingriffe handelt, wenn die Belastung durch die Maßnahme sich nach dem typischen Verfahrensablauf auf eine Zeitspanne beschränkt, in der der Betroffene keine gerichtliche Entscheidung erlangen kann (BVerfG 12.4.2005, BVerfGE 113, 29; BVerfG 30.4.1997, wistra 1997, 219; 355

BGH 5.8.1998, wistra 1998, 355). Dasselbe gilt, wenn eine Wiederholungsgefahr oder ein Rehabilitationsinteresse besteht oder die Maßnahme willkürlich war. Folglich ist gerade in Fällen von erledigten Durchsuchungsbeschlüssen aufgrund des erheblichen Eingriffs in Art. 13 GG in aller Regel die Beschwer auch nach Erledigung der Maßnahme zu bejahen.

356   Wird eine **Beschlagnahme wegen Gefahr im Verzuge** nicht durch den Richter, sondern **durch Ermittlungspersonen** (→ Einl Rn. 109) der StA oder durch den StA angeordnet, sieht § 98 II 2 StPO einen **Antrag auf richterliche Entscheidung** vor. Antragsberechtigt sind der Eigentümer, der Besitzer und der Gewahrsamsinhaber der Sache, wobei es ohne Bedeutung ist, ob die beschlagnahmte Sache freiwillig herausgegeben wurde (BVerfG 25.7.2007, NJW 2007, 3343; Meyer-Goßner/Schmitt/*Köhler* StPO § 98 Rn. 20; Radtke/Hohmann/*Joecks* StPO § 98 Rn. 17). Auch im Hinblick auf die **vorläufige Sicherstellung von** Zufallsfunden (→ Rn. 171 ff.) kann eine richterliche Entscheidung nach § 98 II 2 StPO beantragt werden. Darüber hinaus gilt § 98 II 2 StPO in analoger Anwendung auch für **wegen Gefahr im Verzug** angeordneten **Durchsuchungen** und wenn die Durchsuchung noch andauert, weil zB die Durchsicht der Papiere noch nicht abgeschlossen ist, und der Betroffene die Maßnahme im Hinblick auf ihre konkrete Durchführung überprüfen lassen will. So kann sich der Beschwerdeführer mit einem Antrag auf gerichtliche Entscheidung gem. § 98 II 2 StPO zB gegen die unterlassene Hinzuziehung von Zeugen, den Zeitpunkt der Durchsuchung oder die unterlassene bzw. fehlerhafte Anfertigung eines Verzeichnisses iSd § 107 StPO wenden.

357   Im Rahmen der **Entscheidung nach § 98 II 2 StPO** überprüft das Gericht, ob die Maßnahme im Zeitpunkt der Entscheidung (noch) gerechtfertigt ist, ob die Anordnungskompetenz der StA, der staatsanwaltschaftliche Aufgaben wahrnehmenden Finanzbehörde oder ihrer Ermittlungspersonen wegen Gefahr im Verzug vorlag und ob die anordnende Person ggf. Ermittlungsperson der StA war. Ein Antrag nach § 98 II 2 StPO in analoger Anwendung ist auch bei bereits erledigten Maßnahmen möglich, wenn aufgrund eines erheblichen Grundrechtseingriffs, Wiederholungsgefahr oder Rehabilitierungsinteresse ein **fortdauerndes Feststellungsinteresse** besteht. Ein Rückgriff auf den Rechtsschutz nach § 23 EGGVG ist damit heute ausgeschlossen (BGH 16.10.2020, NStZ-RR 2021, 52; BGH 25.8.1999, NJW 1999, 3499; Radtke/Hohmann/*Hagemeyer* EGGVG § 23 Rn. 11; Meyer-Goßner/Schmitt/*Schmitt* EGGVG § 23 Rn. 9).

Bestätigt der Richter die Anordnung, so kann gegen diesen Beschluss Beschwerde gem. § 304 StPO eingelegt werden (→ Rn. 352).

358   Wird auf den Rechtsbehelf (§ 98 II 2 StPO) bzw. auf die Beschwerde die **Unzulässigkeit der Durchsuchung oder Beschlagnahme festgestellt,** ist zu unterscheiden. Sofern die Angelegenheit „erledigt" ist, bleibt es bei dieser Feststellung. Sofern die Wirkungen der Maßnahme noch andauern (Durchsicht der Papiere, Beschlagnahmeanordnung), sind weitere Maßnahmen nicht mehr möglich bzw. bereits durchgeführte Maßnahmen im Grundsatz rückgängig zu machen. Davon unberührt bleibt jedoch die Möglichkeit, die jeweilige Maßnahme erneut durchzuführen, die den Makel der angefochtenen Beschlagnahme nicht trägt.

359   **Für heimliche Ermittlungsmaßnahmen** (§§ 98a, 99, 100a–100f, 100h, 100i, 110a, 163d–163g StPO) sieht § 101 StPO explizit die nachträgliche Überprüfung der Rechtmäßigkeit der Maßnahme sowie der Art und Weise ihres Vollzugs vor (§ 101 VII 2 StPO).

360   Der von der jeweiligen strafprozessualen Maßnahme Betroffene hat – nach der Ausschöpfung des Rechtsweges – auch die Möglichkeit einer **Verfassungsbeschwerde,** in der allerdings ausschließlich die Verletzung spezifischen Verfassungsrechts überprüft wird. Maßgeblich ist somit nicht die Verletzung zB der strafprozessualen Regelungen, sondern es ist auf eine Verletzung des Beschwerdeführers in seinen Grundrechten oder seinen grundrechtsgleichen Rechten aus Art. 20 IV, 33, 38, 101, 103 oder 104 GG abzustellen (vgl. §§ 90 ff. BVerfGG).

361   Der Betroffene kann auch gegen die Art und Weise der Vollziehung der strafprozessualen Maßnahme im Hinblick auf das Verhalten des Beamten eine **Dienstaufsichtsbeschwerde**

erheben, sofern ein schwerwiegendes Fehlverhalten des jeweiligen Beamten vorliegt. Über sie entscheidet der Dienstvorgesetzte des Amtsträgers, also die Amtsleitung der jeweiligen Finanzbehörde (vgl. RKR/*Grommes* AO § 399 Rn. 210). Ferner ist eine **Sachaufsichtsbeschwerde** möglich, mit der die Sachbehandlung als solche gerügt wird. Sie hat allerdings lediglich Erfolg bei absolut willkürlichen Maßnahmen (Schwarz/Pahlke/*Klaproth* AO § 399 Rn. 26).

§ 400 Antrag auf Erlass eines Strafbefehls

Bieten die Ermittlungen genügenden Anlass zur Erhebung der öffentlichen Klage, so beantragt die Finanzbehörde beim Richter den Erlass eines Strafbefehls, wenn die Strafsache zur Behandlung im Strafbefehlsverfahren geeignet erscheint; ist dies nicht der Fall, so legt die Finanzbehörde die Akten der Staatsanwaltschaft vor.

Vgl. auch Nrn. 84–88 AStBV (St) 2020

Schrifttum: *Burkhardt,* Der Strafbefehl in Steuerstrafsachen, 1997; *Dißars,* Der Antrag auf Erlaß eines Strafbefehls als Abschluß eines Steuerstrafverfahrens, wistra 1997, 331; *Joecks,* Erledigung von Steuerstrafverfahren, StraFo 1997, 2; *Burhoff,* Der Strafbefehl im Steuerstrafverfahren, PStR 1999, 52; *Mester,* Die Sanktionspraxis der Finanzämter, PStR 1998, 71; *Burhoff,* Der Strafbefehl im Steuerstrafverfahren, PStR 1999, 52; *Mester,* Die Strafzumessung im Strafbefehl, PStR 1999, 57; *Geis,* Überzeugung beim Strafbefehlerlaß?, Diss., 2000; *Hoffmann/Wißmann,* Verurteilung durch Strafbefehl und berufsrechtliche Konsequenzen, PStR 2000, 279; *Ranft,* Grundzüge des Strafbefehlsverfahrens, JuS 2000, 633; *Fleig,* Der Strafbefehl im Beamtenrecht und im Disziplinarrecht, ZBR 2000, 121; *Wölfl,* Aus der Praxis – Der Strafbefehl gegen den Heranwachsenden, JuS 2002, 75; *Zähres,* Erlass eines Strafbefehls gem. § 408a StPO in der gem. § 408 III 2 StPO anberaumten Hauptverhandlung?, NStZ 2002, 296; *Burhoff,* Das Strafbefehlsverfahren in der Praxis, PStR 2003, 222; *Burkhard,* Umgrenzungs-, Informations- und Akzeptanzfunktion im Strafbefehl im Steuerstrafrecht, StraFo 2004, 342; *Eich,* Praxishinweise zur außergerichtlichen Erledigung von Steuerstrafverfahren, KÖSDI 2004, 14141; *Kaligin,* Erfahrungen und Beobachtungen in Steuerstrafverfahren, Stbg. 2004, 85; *Weßlau,* Absprachen im Strafverfahren, ZStW 116 (2004), 150; *Fleindl,* Das Erste Justizmodernisierungsgesetz – Änderungen der StPO, JA 2005, 371; *I. M. Meyer,* Erledigung von Steuerstrafverfahren außerhalb einer Hauptverhandlung – Praxishinweise, DStR 2005, 1477; *Neuhaus,* Die Änderungen der StPO durch das Erste Justizmodernisierungsgesetz vom 24.8.2004, StV 2005, 47; *Rolletschke,* Verteidigung im Steuerstrafrecht, Stbg 2005, 404; *Vogelberg,* Zuständigkeit und Befugnisse der Finanzverwaltung, PStR 2005, 20; *Hentschel,* Staatsanwalt und Polizist in Personalunion?, NJW 2006, 2300; *Loos,* Probleme des neuen Adhäsionsverfahrens, GA 2006, 195; *Kropp,* Erweiterung des schriftlichen Einspruchsverfahrens bei Strafbefehlen, ZRP 2007, 46; *Webel,* Staatsanwaltschaft und Polizist in Personalunion?, AO-StB 2007, 137; *Mitsch,* Der Strafklageverbrauch des rechtskräftigen Strafbefehls, NZV 2013, 63; *Tormöhlen,* Die Stellung der BuStra im Steuerstraf- und Ordnungswidrigkeitenverfahren, AO-StB 2013, 316.

Übersicht

	Rn.
1. Entstehungsgeschichte	1
2. Zweck und Bedeutung der Vorschrift	2, 3
3. Genügender Anlass zur Erhebung der öffentlichen Klage	4–6
4. Antrag auf Erlass eines Strafbefehls	7–37
a) Eignung zur Erledigung	8–20
b) Antragsinhalt	21–24
c) Zuständigkeit	25
d) Verfahren	26–28
e) Rechtsbehelfe des Angeklagten	29–33
f) Rechtskraft	34–37

1. Entstehungsgeschichte

1 § **400 AO 1977** geht zurück auf § 435 RAO; mit der AO 1977 wurden lediglich die Begriffe „Finanzamt" in „Finanzbehörde" und „Amtsgericht" in „Richter" geändert. § **435 RAO** wurde durch Art. 1 Nr. 1 AOStrafÄndG v. 10.8.1967 (BGBl. I 877) eingefügt. Vorläufer waren die Regelungen der RAO über die Strafbefugnisse der Finanzämter (§§ 410, 412 I RAO 1919; §§ 445, 447 I RAO 1931), die das BVerfG mit Urteil v. 6.6.1967 (BVerfGE 22, 49) für verfassungswidrig erklärt hat (ausf. → Einleitung Rn. 81 ff.).

2. Zweck und Bedeutung der Vorschrift

2 § 400 AO ergänzt die **Regelungen über die selbstständige Ermittlungsbefugnis der FinB** (§ 386 II, § 399 AO), so dass die Norm nicht anwendbar ist, wenn die Ermitt-

lungsbefugnis nach § 386 III, IV AO bei der StA und nicht bei der FinB liegt. Liegt die Ermittlungsbefugnis hingegen bei der FinB, so kann sie nach Durchführung der Ermittlungen das Verfahren mangels Tatverdachts (§ 170 II 1 StPO) oder wegen Geringfügigkeit, ggf. mit Zustimmung des Gerichts (§ 398 AO; §§ 153, 153a StPO) einstellen. Besteht genügender Anlass zur Erhebung der öffentlichen Klage, so kann entweder eine Anklage erhoben oder ein Antrag auf Erlass eines Strafbefehls gestellt werden. Soll eine Anklage erhoben werden, so muss die FinB die Sache an die StA abgeben, da sie nach dem eindeutigen Wortlaut des § 400 AO nicht das Recht hat, die Sache anzuklagen. § 400 AO gibt jedoch der FinB zum Zwecke der Verfahrensbeschleunigung und zur Entlastung der StA das Recht, das Ermittlungsverfahren ggf. selbstständig mit einem Strafbefehlsantrag abzuschließen. Daneben wird auch dem Interesse des Beschuldigten Rechnung getragen, das Verfahren im Hinblick auf das damit verbundene Aufsehen und die Kosten schnell und ohne öffentliche Hauptverhandlung zu beenden (vgl. BVerfG 21.1.1969, NJW 1969, 1103; BT-Drs. 6/3478, 135; vgl. auch Kohlmann/*Hilgers-Klautzsch* AO § 400 Rn. 17f.).

Ergänzt wird § 400 AO durch § 406 I AO (→ § 406 Rn. 3ff.).

Ebenso wie die **Einstellung nach § 153a StPO** (→ § 398 Rn. 7) hat das Strafbefehls- **3** verfahren zT die Funktion des früheren Unterwerfungsverfahrens (→ § 399 Rn. 2) übernommen (vgl. Kohlmann/*Hilgers-Klautzsch* AO § 400 Rn. 7f.). Zwar muss der Beschuldigte nicht vor Beantragung und Erlass des Strafbefehls zu dessen Inhalt gehört werden, da seinem Grundrecht auf rechtliches Gehör aus Art. 103 I GG durch die Möglichkeit eines Einspruchs und einer folgenden Hauptverhandlung ausreichend Rechnung getragen wird (§ 407 III StPO; KK-StPO/*Maur* StPO § 407 Rn. 20; Meyer-Goßner/Schmitt/*Schmitt* StPO § 407 Rn. 24; Klein/*Jäger* AO § 400 Rn. 2; aA RKR/*Schützeberg* AO § 400 Rn. 11; auch nach Nr. 84 IV AStBV (St) 2020 ist vor Beantragung eines Strafbefehls rechtliches Gehör zu gewähren). Indessen sind Strafbefehle mit höheren Strafen oftmals das Ergebnis von „Verhandlungen" zwischen StA, FinB und Gericht einerseits, Beschuldigtem und Verteidiger andererseits (ebenso HHS/*Tormöhlen* AO § 400 Rn. 6). Diese Tendenz wird durch die erweiterte Einstellungsbefugnis der FinB (→ § 398 Rn. 4ff.) ebenso verstärkt, wie durch die erweiterten Bestrafungsmöglichkeiten, die mit dem Rechtspflegeentlastungsgesetz im Jahr 1993 geschaffen wurden (BGBl. I 1993, 50; → Rn. 10ff.; zur tatsächlichen Verständigung → § 404 Rn. 150ff.).

3. Genügender Anlass zur Erhebung der öffentlichen Klage

Ein genügender Anlass zur Erhebung der öffentlichen Klage besteht, wenn der **4** Beschuldigte der betreffenden Steuerstraftat hinreichend verdächtig ist (Meyer-Goßner/ Schmitt/*Schmitt* StPO § 407 Rn. 8; HHS/*Tormöhlen* AO § 400 Rn. 15; vgl. auch BGH 20.5.2010, wistra 2010, 304). Es handelt sich um eine Prognose: Nach dem gesamten Akteninhalt muss bei vorläufiger Tatbewertung (BGH 22.7.1970, BGHSt 23, 304, 306) die Verurteilung des Beschuldigten wahrscheinlich sein (BGH 22.4.2003, BGHR StPO § 210 Abs. 2 Prüfungsmaßstab 2; RKR/*Schützeberg* AO § 400 Rn. 10; Schwarz/Pahlke/*Klaproth* AO § 400 Rn. 11).

Bei der Beurteilung der Wahrscheinlichkeit ist zwar der Grundsatz in dubio pro reo **5** nicht unmittelbar anwendbar; zu berücksichtigen ist aber, ob die Beweismittel für eine Verurteilung in der Hauptverhandlung ausreichen werden (Meyer-Goßner/Schmitt/ *Schmitt* StPO § 203 Rn. 2; Klein/*Jäger* AO § 400 Rn. 3; *Dißars* wistra 1997, 331, 332f.; s. auch Nr. 84 II AStBV (St) 2020). Insoweit besteht für die FinB ein gewisser Beurteilungsspielraum (BGH 18.6.1970, NJW 1970, 1543).

Die FinB ist allerdings nicht verpflichtet, einen Strafbefehl zu beantragen. Sie kann vielmehr jederzeit das Verfahren nach § 386 IV AO an die StA abgeben. Der Beschuldigte hat keinen Anspruch auf Abschluss des Verfahrens im Strafbefehlsweg (Kohlmann/*Hilgers-Klautzsch* AO § 400 Rn. 54; vgl. auch Nr. 84 V AStBV (St) 2020).

6 **Fehlt die Wahrscheinlichkeit einer Verurteilung,** ist das Verfahren gem. § 170 II 1 StPO einzustellen. Diese Befugnis steht der Finanzbehörde zu (vgl. aber *App* wistra 1990, 261). Kein genügender Anlass besteht auch, wenn zB Strafaufhebungsgründe (insbes. § 371 AO und § 24 StGB) oder Verfahrenshindernisse der Verurteilung entgegenstehen (Verjährung, Eingreifen des § 32 ZollVG) oder eine Einstellung nach § 398 AO, §§ 153, 153a StPO geboten ist (ähnl. HHS/*Tormöhlen* AO § 400 Rn. 17). Dasselbe gilt, wenn der Beschuldigte länger abwesend ist oder in seiner Person ein anderes Hindernis besteht, da die FinB das Verfahren in diesem Fall nach § 154f StPO vorläufig einstellt und den Beschuldigten im Fall einer längeren Abwesenheit dann idR gem. § 131a StPO zur Fahndung ausschreibt (vgl. auch Nr. 175 II RiStBV).

4. Antrag auf Erlass eines Strafbefehls

7 **Kommt nach Abschluss der Ermittlungen eine Einstellung des Verfahrens nicht in Betracht,** besteht also genügender Anlass zur Erhebung der öffentlichen Klage, dann muss die FinB (nicht die Zoll- oder Steuerfahndung; → § 399 Rn. 246 f. sowie → § 404 Rn. 91) die Akten der StA zur weiteren Erledigung übersenden (§ 400 Hs. 2 AO). Anders ist dies, *„wenn die Sache zur Behandlung im Strafbefehlsverfahren geeignet erscheint"*; dann beantragt die FinB – nachdem sie gem. § 169a StPO den Abschluss der Ermittlungen in den Akten vermerkt hat – den Erlass eines Strafbefehls. Geboten erscheint, dass der Antrag von einem Beamten unterzeichnet wird, der die Befähigung zum Richteramt (AG Braunschweig 8.11.1994, wistra 1995, 34; vgl. auch wistra 1992, 243 und BVerfG 5.5.1994, wistra 1994, 263), oder aber eine dem Amtsanwalt (dazu *Grohmann* ZRP 1986, 166 [167]) vergleichbare rechtliche Ausbildung hat (vgl. BVerfG 14.3.1996, wistra 1996, 225; HHS/*Tormöhlen* AO § 400 Rn. 7).

a) Eignung zur Erledigung

8 **Eine Erledigung im Strafbefehlsverfahren** setzt voraus, dass Gegenstand des Verfahrens ein Vergehen iSd § 12 I StGB ist (§ 407 I StPO). Bei den § 399 AO unterliegenden Taten ist dies immer der Fall, da das Steuerstrafrecht keine Verbrechen kennt; auch die Steuerhinterziehung in einem besonders schweren Fall (§ 370 III AO) ist Vergehen (§ 12 III StGB). Zur erweiterten Wiederaufnahmemöglichkeit für den Fall, dass sich die Tat nachträglich doch als Verbrechen herausstellt vgl. § 373a StPO.

Nach § 408a StPO besteht auch die Möglichkeit, erst nach Eröffnung der Hauptverhandlung einen Strafbefehlsantrag zu stellen, wenn sich zB nachträglich herausstellt, dass die Durchführung einer Hauptverhandlung nicht möglich oder angemessen ist.

9 Weiterhin soll die **Strafsache tatsächlich und rechtlich so einfach gelagert** sein, dass dem Gericht eine summarische Prüfung reicht, um einen hinreichenden Tatverdacht zu bejahen. Ungeeignet sind folglich Verfahren, die tatsächlich noch nicht vollständig aufgeklärt sind, sowie solche, bei denen aus spezial- oder generalpräventiven Gründen die Erhebung einer Anklage durch die Staatsanwaltschaft angezeigt ist (zB Wiederholungstätern).

Nach Nr. 175 II RiStBV soll der Erlass eines Strafbefehls nur beantragt werden, wenn der Aufenthalt des Beschuldigten bekannt ist, so dass in der regelmäßigen Form zugestellt werden kann. Nr. 84 III AStBV [St] 2020 (zur Wirksamkeit → Einl. Rn. 116) verzichtet auf dieses Erfordernis. Daraus wird man jedoch nicht schließen können, dass in Steuerstrafsachen Strafbefehlsanträge auch dann erfolgen sollen, wenn der Aufenthalt des Beschuldigten unbekannt ist. Im Übrigen bleibt es bei der Grundregel (Nr. 84 III 3 und 4 AStBV [St] 2020 sowie Nr. 175 III RiStBV), dass von dem Antrag auf Erlass eines Strafbefehls nur abgesehen werden soll, wenn die vollständige Aufklärung aller für die Rechtsfolgenbestimmung wesentlichen Umstände oder Gründe der Spezial- oder Generalprävention die Durchführung einer Hauptverhandlung geboten scheinen lassen. Dass ein Einspruch zu erwarten ist, soll den Strafbefehlsantrag nicht hindern (Nr. 175 III 4 RiStBV).

Zudem muss nach Ansicht der FinB für die Ahndung dieser Steuerstraftat eine (oder **10** mehrere) der in § 407 II StPO vorgesehenen **Rechtsfolgen** in Betracht kommen, die im Strafbefehlsantrag aufgeführt werden müssen (§ 408 I 1 StPO).

Neben der Geldstrafe ist auch eine Freiheitsstrafe auf Bewährung möglich **11** (→ Rn. 15). Die von der Finanzbehörde im Strafbefehlsantrag vorzuschlagende Sanktion ist nach Maßgabe der §§ 46, 47, 56 ff. StGB zu bestimmen. Hält die Finanzbehörde die Verhängung einer Geldstrafe für ausreichend und erforderlich, ist diese nach § 40 StGB zu bemessen: Zunächst ist entsprechend den Grundsätzen der Strafzumessung (§ 46 StGB) die Anzahl der Tagessätze (mindestens 5, höchstens 360, vgl. § 40 I 2 StGB) festzulegen. Danach ist anhand der Einkommensverhältnisse des Beschuldigten die Höhe des einzelnen Tagessatzes (1 bis 30.000 EUR, vgl. § 40 II 3 StGB) zu ermitteln. In diesem Rahmen kann das für die ESt-Festsetzung des Beschuldigten zuständige Finanzamt im Hinblick auf seine Einkommensverhältnisse um Auskunft ersucht werden, da § 30 IV Nr. 1 AO eine Auskunft für Zwecke eines Steuerstrafverfahrens – und damit auch der Strafzumessung – ausdrücklich zulässt. Erforderlichenfalls besteht gem. § 40 III StGB auch die Möglichkeit, zu schätzen.

Die Spannbreite der zu beantragenden Geldstrafe liegt also zwischen 5 Tagessätzen je 1 EUR und 360 Tagessätzen je 30.000 EUR (→ § 369 Rn. 138 f.). Tatsächlich wird bei einer sehr geringen Tagessatzzahl oftmals eine Einstellung nach § 398 AO oder § 153a StPO in Betracht kommen (→ § 398 Rn. 26). Bei einer sehr hohen Tagessatzzahl wird die Sache zur Erledigung im Strafbefehlsverfahren vielfach nur geeignet sein, wenn eine „Unterwerfung" des Beschuldigten zu erwarten ist, weil das Strafmaß praktisch „ausgehandelt" wurde (→ Rn. 3; → § 404 Rn. 150 ff.).

Hat der Beschuldigte mehrere Steuerstraftaten begangen, die in Tatmehrheit **12** (§ 53 StGB) zueinander stehen, so ist die Sanktion für jede Tat gesondert festzulegen und danach eine Gesamtstrafe zu bilden (§ 54 StGB). Hier ist dann eine Gesamtgeldstrafe von bis zu 720 Tagessätzen möglich (§ 54 II 2 StGB).

Da bei **Uneinbringlichkeit der Geldstrafe** an deren Stelle eine Ersatzfreiheitsstrafe **13** tritt, bei der ein Tagessatz einem Tag Freiheitsstrafe entspricht (§ 43 StGB), hat die FinB mittelbar die Möglichkeit, Strafen von bis zu einem Jahr, in den Fällen der → Rn. 12 bis zu zwei Jahren, zu erwirken. Der Hinweis auf die im Fall der Uneinbringlichkeit eingreifende Ersatzfreiheitsstrafe ist zwar empfehlenswert, aber unter rechtlichen Gesichtspunkten nicht erforderlich (Meyer-Goßner/Schmitt/*Schmitt* StPO § 407 Rn. 12).

Beim **Antrag auf Verhängung einer Geldstrafe** hat die FinB die Möglichkeit, die **14** Gewährung von Zahlungserleichterungen zu prüfen (§ 42 StGB); diese sind abhängig von den persönlichen und wirtschaftlichen Verhältnissen des Verurteilten und namentlich bei hohen Tagessatzzahlen geboten. Finden die Zahlungserleichterungen weder in den Strafbefehlsentwurf der FinB noch in die Entscheidung des Gerichts Eingang, so können sie noch nachträglich gem. § 459a StPO vom Rechtspfleger der StA als Vollstreckungsbehörde genehmigt werden.

Gemäß § 407 II 2 StPO können im Strafbefehlswege auch **Freiheitsstrafen bis zu** **15** **einem Jahr** festgesetzt werden, wenn deren Vollstreckung zur Bewährung ausgesetzt wird und der Beschuldigte einen Verteidiger hat (vgl. Nr. 84 III AStBV (St) 2020). Da Freiheitsstrafen bis zu sechs Monaten nur in Ausnahmefällen in Betracht kommen (§ 47 StGB), wird der Antrag auf Verhängung einer Freiheitsstrafe im Wege des Strafbefehls regelmäßig (nur) in Betracht kommen, wenn der Verhängung einer hohen Geldstrafe etwa einschlägige Vorstrafen des Täters entgegenstehen. Hat der Beschuldigte keinen Verteidiger, muss ihm gem. § 408b StPO ein Pflichtverteidiger bestellt werden (Klein/*Jäger* AO § 400 Rn. 6).

Enthält der Strafbefehlsentwurf der FinB eine Freiheitsstrafe, so sollten zugleich geeignete Auflagen und Weisungen vorgeschlagen werden (vgl. Nr. 176 I 3 RiStBV)

Die Verhängung von **Geldstrafe neben Freiheitsstrafe** ist nach § 41 StGB zulässig. Da **16** mehrere der im Strafbefehlsverfahren zulässigen Sanktionen nebeneinander verhängt werden können und *„auch"* (§ 407 II 2 StPO) Freiheitsstrafe verhängt werden kann, kann im Strafbefehlswege auch neben der Freiheitsstrafe eine Geldstrafe verhängt werden. Damit besteht die Möglichkeit, Sanktionen von mehr als einem Jahr Freiheitsstrafe bzw. den entsprechenden Tagessätzen im Strafbefehlswege zu verhängen, wenn etwa ein Fall tatmehrheitlicher Tatbegehung vorliegt und der Täter sich – was im Steuerstrafrecht regelmäßig der Fall ist – durch die Tat bereichert hat (vgl. § 41 StGB). Dass die damit mögliche Menge an Sanktion regelmäßig nur dann nicht auf den Widerstand des Betroffenen stoßen wird, wenn die Rechtsfolgen mit ihm zuvor besprochen sind, liegt auf der Hand. Die damit geschaffene **Möglichkeit der *„diskreten"* Erledigung mittlerer Kriminalität** ohne jegliche Transparenz ist allerdings nicht unproblematisch.

17   Im Strafbefehlsverfahren wegen einer Steuerstraftat können gem. § 407 II StPO weiterhin angeordnet werden:
– *die Verwarnung mit Strafvorbehalt* (§ 59 StGB). Gegen den Täter, gegen den eine Geldstrafe von bis zu 180 Tagessätzen zu verhängen wäre, kann die Verurteilung zu einer entsprechenden Strafe vorbehalten werden. Praktisch handelt es sich somit um eine Geldstrafe auf Bewährung, die im Steuerstrafrecht nur im Ausnahmefall angezeigt sein dürfte (Kohlmann/*Hilgers-Klautzsch* AO § 400 Rn. 76);
– das *Absehen von Strafe* (§ 60 StGB);
– *das Fahrverbot* (§ 44 StGB) *und die Entziehung der Fahrerlaubnis* (§§ 69–69b StGB). Da diese Nebenstrafe bzw. Maßregel der Besserung und Sicherung nur in Betracht kommt, wenn eine Steuerstraftat bei oder im Zusammenhang mit dem Führen eines Kfz oder unter Verletzung der Pflichten eines Kfz-Führers begangen wurde, wird sie für die FinB nur bei Schmuggel anwendbar sein (Kohlmann/*Hilgers-Klautzsch* AO § 400 Rn. 77);
– die *Einziehung* (→ § 401 Rn. 3 f.);
– *die Geldbuße gegen eine juristische Person oder Personenvereinigung* (→ § 401 Rn. 26 ff.) bzw. Geldbußen wegen sonstiger, mit der Steuerstraftat eine Tat (§ 264 StPO) bildende Ordnungswidrigkeiten (Kohlmann/*Hilgers-Klautzsch* AO § 400 Rn. 81; siehe → § 377 Rn. 41 ff.).

Vernichtung, Unbrauchbarmachung und die *Bekanntgabe der Verurteilung* kommen in Steuerstrafverfahren hingegen nicht in Betracht (ebenso HHS/*Tormöhlen* AO § 400 Rn. 29; RKR/*Schützeberg* AO § 400 Rn. 24).

18   **Allein oder nebeneinander** können die Rechtsfolgen festgesetzt werden. Entscheidend sind dabei die Regelungen des materiellen Rechts (HHS/*Tormöhlen* AO § 400 Rn. 32). So darf ein Fahrverbot oder die Entziehung der Fahrerlaubnis nicht neben der Verwarnung mit Strafvorbehalt, sondern nur neben einer Geldstrafe angeordnet werden (§ 59 III StGB; Kohlmann/*Hilgers-Klautzsch* AO § 400 Rn. 95). Die isolierte Anordnung der Einziehung muss im objektiven Verfahren nach § 401 AO iVm § 440 StPO erfolgen (→ § 401 Rn. 3 ff.).

19   **Anders als § 407 StPO** *(„kann bei Vergehen die Strafe durch schriftlichen Strafbefehl ... festgesetzt werden")* spricht § 400 AO davon, dass die FinB den Erlass eines Strafbefehls beantragt, wenn die Sache zur Behandlung im Strafbefehlsverfahren geeignet erscheint. Bei § 407 StPO besteht also (für das Gericht) ein Ermessen. § 400 AO gibt dieses Ermessen nicht (arg. *„beantragt"*). Die FinB hat jedoch hinsichtlich der Eignung zur Erledigung einen Beurteilungsspielraum (zust. HHS/*Tormöhlen* AO § 400 Rn. 34; Kohlmann/*Hilgers-Klautzsch* AO § 400 Rn. 54). Einen Anspruch auf Erledigung im Strafbefehlsverfahren hat der Beschuldigte nicht (Kohlmann/*Hilgers-Klautzsch* AO § 400 Rn. 54; vgl. auch Nr. 84 V AStBV (St) 2020).

20   **Gegen Jugendliche** darf ein Strafbefehl nicht beantragt oder erlassen werden (§ 79 I JGG). Jugendlicher ist nach § 1 II JGG, wer zur Tatzeit 14, aber noch nicht 18 Jahre alt ist. Gegen einen **Heranwachsenden** – zur Tatzeit 18, aber noch nicht 21 Jahre alt – ist ein Strafbefehl ausnahmsweise zulässig, wenn er in seiner Entwicklung einem Erwachsenen gleichsteht (§ 105 iVm § 109 II 1 JGG). Regelmäßig ist das Strafbefehlsverfahren hier aber

unangemessen (ähnl. HHS/*Tormöhlen* AO § 400 Rn. 22). Im Hinblick auf Jugendliche und Heranwachsende ist das Strafverfahren gem. Nr. 154 S. 1 AStBV (St) 2020 an die StA abzugeben.

Gegen einen **sprachunkundigen Ausländer** ist ein Strafbefehl zwar zulässig, diesem ist er jedoch mit einer Übersetzung in einer ihm verständlichen Sprache bekanntzugeben (Nr. 181 II RiStBV; vgl. auch Art. 6 IIIa MRK). Dies muss auch die Rechtsbehelfsbelehrung umfassen (BVerfG 10.6.1975, BVerfGE 40, 95; RKR/*Schützeberg* AO § 400 Rn. 13).

b) Antragsinhalt

§ 409 StPO Inhalt des Strafbefehls

(1) ¹Der Strafbefehl enthält
1. die Angaben zur Person des Angeklagten und etwaiger Nebenbeteiligter,
2. den Namen des Verteidigers,
3. die Bezeichnung der Tat, die dem Angeklagten zur Last gelegt wird, Zeit und Ort ihrer Begehung und die Bezeichnung der gesetzlichen Merkmale der Straftat,
4. die angewendeten Vorschriften nach Paragraph, Absatz, Nummer, Buchstabe und mit der Bezeichnung des Gesetzes,
5. die Beweismittel,
6. die Festsetzung der Rechtsfolgen,
7. die Belehrung über die Möglichkeit des Einspruchs und die dafür vorgeschriebene Frist und Form sowie den Hinweis, daß der Strafbefehl rechtskräftig und vollstreckbar wird, soweit gegen ihn kein Einspruch nach § 410 eingelegt wird.

²Wird gegen den Angeklagten eine Freiheitsstrafe verhängt, wird er mit Strafvorbehalt verwarnt oder wird gegen ihn ein Fahrverbot angeordnet, so ist er zugleich nach § 268a Abs. 3 oder § 268c Satz 1 zu belehren. ³§ 267 Abs. 6 Satz 2 gilt entsprechend.

(2) ...

Der Inhalt des Antrags auf Erlass eines Strafbefehls (dazu umfassend *Burkhard* 1997) entspricht auch bei der Verfolgung von Steuerstraftaten dem Üblichen. In der Praxis werden Vordrucke benutzt, die alle in § 409 I StPO geforderten Angaben enthalten (vgl. auch Nr. 87 I AStBV (St) 2020). Die Verweisung auf § 268a III, § 268c S. 1 StPO für die Fälle der Verwarnung mit Strafvorbehalt oder der Anordnung eines Fahrverbots bedeutet, dass der Täter über Einzelheiten der Bewährungszeit bzw. über den Beginn des Fahrverbots zu belehren ist. Der Verweis auf § 267 VI 2 StPO (in § 409 S. 3 StPO) bedeutet, dass das Absehen von der Fahrerlaubnisentziehung nach § 69 StGB oder von der Verhängung einer isolierten Sperre nach § 69a I 3 StGB zu begründen ist, weil die Verwaltungsbehörde nach § 3 IV StVG an die Entscheidung im Strafverfahren gebunden ist. Eine formelhafte Begründung soll ausreichen (Meyer-Goßner/Schmitt/*Schmitt* StPO § 409 Rn. 11).

Der Strafbefehlsantrag wird regelmäßig in der Form gestellt, dass die Strafsachenstelle bzw. die StA einen Strafbefehlsentwurf einreicht und beantragt, einen Strafbefehl diesen Inhalts zu erlassen. Dem Entwurf ist die zur Zustellung des Strafbefehls und die für etwa vorgeschriebene Mitteilungen nötige Zahl von Durchschlägen beizufügen (RiStBV 176; HHS/*Tormöhlen* AO § 400 Rn. 53). Wird eine Freiheitsstrafe beantragt, so bereitet die Strafsachenstelle bzw. die StA auch einen Bewährungsbeschluss vor, der idR Bewährungsauflagen – insbes. Schadenswiedergutmachung und Geldauflage – enthält.

Gemeinsam mit dem Entwurf des Strafbefehls werden die entstandenen Steuerstrafakten übersandt. Da ein Strafbefehlsentwurf übersandt wird, ist als ausstellende Institution nicht die FinB, sondern das zuständige Gericht anzugeben.

Der Antrag hat den bzw. die Beschuldigten, die ihm/ihnen zu Last gelegte Tat, Zeit und Ort ihrer Begehung, die gesetzlichen Merkmale der Straftat und die anzuwendenden Strafvorschriften zu bezeichnen (§ 200 I 1 StPO), ferner die Beweismittel und ggf. den Verteidiger anzugeben (§ 200 I 2 StPO). Die Bezeichnung der Tat erfordert eine Konkretisierung des Tatvorwurfs. *Tat* ist das Tatgeschehen als historischer Vorgang, in dem die strafbare Handlung gesehen wird. Dieses ist durch Angabe bestimmter Tatumstände so genau zu bezeichnen, dass keine Unklarheit darüber möglich ist, welche Handlungen dem Beschuldigten zur Last gelegt werden (sog. Umgrenzungsfunktion, vgl. BGH 24.1.2012, NJW 2012, 867; vgl. auch HHS/*Tormöhlen* AO § 400 Rn. 42; Schwarz/Pahlke/*Klaproth* AO § 400 Rn. 19). Bei einem Strafbefehl wegen Steuerhinterziehung erfordert dies die – wenn auch kurze – Darstellung der tatsächlichen Grundlagen des materiellen Steueranspruchs über dessen Verkürzung entschieden werden soll, die Angabe, durch welches Täterverhalten und welchen in Frage kommenden Steuerabschnitt/Veranlagungszeitraum die Erklärungs- und/oder Anmeldepflichten verletzt wurden und den Vergleich der gesetzlich geschuldeten Steuer (Sollsteuer) mit derjenigen, die aufgrund der unrichtigen oder unvollständigen Angaben des Täters gegenüber der Behörde nicht, nicht in voller Höhe oder nicht rechtzeitig angemeldet oder festgesetzt wurden (Iststeuer) (OLG Düsseldorf 30.10.1990, wistra 1991, 32; Kohlmann/*Hilgers-Klautzsch* AO § 400 Rn. 105; RKR/ *Schützeberg* AO § 400 Rn. 17; vgl. auch Nr. 87 I AStBV (St) 2020). Handelt es sich – wie häufig in Verfahren wegen Steuerstraftaten – um eine Vielzahl von Taten, so kann der konkrete Tatvorwurf in verständlicher und unverwechselbarer Form auch zB in Tabellenform dargestellt werden.

Zweifelhaft ist allerdings, inwiefern ein Strafbefehl bzw. Anklage und Eröffnungsbeschluss unwirksam sind, wenn nur die Höhe der durch die jeweilige Hinterziehungshandlung verkürzten Steuer, nicht aber deren Berechnung durch den Vergleich der gesetzlich geschuldeten Steuer mit der tatsächlich festgesetzten mitgeteilt ist (so OLG Düsseldorf 30.10.1990, wistra 1991, 32; aM BayObLG 24.3.1992, wistra 1992, 238; s. auch OLG Karlsruhe 17.2.1994, wistra 1994, 319; BGH 22.2.1995, wistra 1995, 265; BGH 9.2.2012, BGHSt 57, 138; zum Bußgeldbescheid OLG Düsseldorf 3.8.2007, NStZ-RR 2008, 51).

24 **Gegen mehrere Beschuldigte** ist ein einziger Strafbefehl(santrag) zulässig. Das Gericht kann dann entscheiden, ob die beantragten Rechtsfolgen entweder in einem Strafbefehl gegen die mehreren Beschuldigten zusammengefasst festgesetzt werden oder die Verfahren getrennt und gesonderte Strafbefehle erlassen werden (HHS/*Tormöhlen* AO § 400 Rn. 41; Kohlmann/*Hilgers-Klautzsch* AO § 400 Rn. 115).

c) Zuständigkeit

25 **Sachlich zuständig** ist das Amtsgericht (§ 407 I StPO). Gegebenenfalls ist dies das AG iSd § 391 II AO, da hier das Erkenntnisverfahren beginnt (→ § 391 Rn. 12). Angesichts der Strafgewalt des Amtsrichters von zwei Jahren ist regelmäßig dieser zuständig (vgl. §§ 24, 25 GVG), bei Heranwachsenden (→ Rn. 20) der Jugendrichter. Eine Zuständigkeit des Schöffengerichts besteht nicht mehr (*Burkhard* 1997, 88; Schwarz/Pahlke/*Klaproth* AO § 400 Rn. 25; vgl. aber auch RKR/*Schützeberg* AO § 400 Rn. 39 f.) bzw. nur noch nach § 408a StPO (vgl. auch *Ranft* JuS 2000, 633, 636).

Sofern sich das Gericht für sachlich unzuständig hält, hat es den Antrag der Finanzbehörde unter Hinweis auf die sachliche Unzuständigkeit abzulehnen. Da es sich insoweit nicht um eine Entscheidung in der Sache handelt, kann weiterhin Anklage beim zuständigen Gericht erhoben werden, ohne dass ein begrenzter Strafklageverbrauch eintritt (OLG Rostock 10.8.2010, NStZ-RR 2010, 382; Schwarz/Pahlke/*Klaproth* AO § 400 Rn. 28; aA KK-StPO/*Maur* StPO § 408 Rn. 8).

Die **örtliche Zuständigkeit** richtet sich nach § 391 I AO. Die StA hat bei mehreren örtlich zuständigen Gerichten ein praktisch nicht überprüfbares Wahlrecht (OLG Frankfurt a. M. 24.1.2014, NZWiSt 2014, 109).

d) Verfahren

26 **Der zuständige Richter prüft den Antrag summarisch nach dem Akteninhalt** dahingehend, ob der Angeschuldigte der in dem Strafbefehlsentwurf vorgeworfenen Tat hinreichend verdächtig ist (§ 408 II StPO). Hat er keine Bedenken, so hat er den Strafbefehl antragsgemäß zu erlassen und er wird dem Angeschuldigten oder seinem Verteidiger

zugestellt (§ 409 StPO iVm § 36 I StPO sowie § 145a I StPO). Eine vorherige Anhörung durch das Gericht ist nicht geboten (§ 407 III StPO), aber durchaus möglich (so zu Recht HHS/*Tormöhlen* AO § 400 Rn. 63). Soll Freiheitsstrafe verhängt werden, ist dem Angeschuldigten ein Verteidiger zu bestellen (§ 408b StPO; vgl. auch → Rn. 15). Legt der Angeschuldigte keinen Einspruch (→ Rn. 29) ein, wird der Strafbefehl rechtskräftig (§ 410 StPO). Ist Einspruch eingelegt, wird ein Termin zur Hauptverhandlung anberaumt (§ 411 StPO). Damit endet gem. § 406 I AO die alleinige Sachbefugnis der FinB (vgl. iE → § 406 Rn. 3 ff.).

Will der Richter den Strafbefehl nicht antragsgemäß erlassen, so wird er seine 27 abweichende Beurteilung, etwa hinsichtlich des Strafmaßes, der FinB mitteilen (vgl. § 408 II StPO und *Lohmeyer* S. 102). Ebenso kann der Richter die Sache mit der Anregung von Nachermittlungen an die FinB zurückgeben, wenn er den Sachverhalt nicht für ausreichend aufgeklärt und weitere Ermittlungen für erforderlich hält. Die FinB kann dann weitere Ermittlungen durchführen und unter Umständen den Antrag zurücknehmen (vgl. HHS/*Tormöhlen* AO § 400 Rn. 55); sie ist aber nicht verpflichtet, dem Ansinnen des Gerichts Folge zu leisten. Der Richter kann aber auch, weil ihm die Sache zur Behandlung im Strafbefehlsverfahren ungeeignet erscheint, sofort einen Termin zur Hauptverhandlung anberaumen. Damit ist die selbstständige Ermittlungsbefugnis der FinB, die insoweit auch kein Beschwerderecht hat, beendet (HHS/*Tormöhlen* AO § 400 Rn. 71) und die FinB auf ihre Mitwirkungsrechte nach § 407 AO beschränkt (→ § 407 Rn. 5 ff.).

Lehnt das AG den Erlass des Strafbefehls ab, steht der FinB hiergegen die **sofortige** 28 **Beschwerde** entsprechend § 210 II, § 408 II 2 StPO zu (HHS/*Tormöhlen* AO § 400 Rn. 65; Meyer-Goßner/Schmitt/*Schmitt* StPO § 408 Rn. 9; vgl. auch → § 406 Rn. 6). Maßgebend für den Beginn der einwöchigen Frist ist die Bekanntgabe gegenüber der Finanzbehörde, nicht gegenüber der Staatsanwaltschaft.

e) Rechtsbehelfe des Angeklagten

Rechtsbehelf gegen den Strafbefehl ist der Einspruch, der schriftlich oder zu Pro- 29 tokoll der Geschäftsstelle innerhalb von zwei Wochen ab Zustellung einzulegen ist (§ 409 I Nr. 7, § 410 I StPO; zum Strafbefehl mit Auslandsberührung s. *Greßmann* NStZ 1991, 216). Zweifel hinsichtlich des Zeitpunktes der Zustellung wirken zu Gunsten des Beschuldigten (BayObLG 9.12.1965, NJW 1966, 947). Für die Fristberechnung ist § 43 StPO maßgeblich.

Wird ein form- und fristgerechter Einspruch eingelegt, so terminiert das Gericht, das den Strafbefehl erlassen hat, gem. § 411 I 2 StPO die Hauptverhandlung. Der Strafbefehl verliert insoweit seine Wirkung als aufschiebend bedingtes Straferkenntnis und hat stattdessen die Wirkung eines Eröffnungsbeschlusses.

Die Beschränkung des Einspruchs auf bestimmte Beschwerdepunkte – zB einzelne 30 Taten oder den Rechtsfolgenausspruch – ist gem. § 410 II StPO bis zur Verkündung des Urteils im ersten Rechtszug in gleichem Maße möglich wie die Beschränkung einer Berufung oder Revision. Diese Beschränkung kann noch in der Hauptverhandlung erklärt werden (Meyer-Goßner/Schmitt/*Schmitt* StPO § 410 Rn. 4). Für den Angeklagten ergeben sich daraus ggf. zwei Vorteile: Einerseits erwachsen die nicht vom Einspruch erfassten Punkte in Rechtskraft, so dass eine Verböserung im Rahmen der Hauptverhandlung dann insoweit nicht mehr möglich ist. Andererseits stellt sich im Rahmen der Hauptverhandlung die Vermögenslage des Angeklagten in aller Regel schlechter dar als bei Erlass des Strafbefehls.

Der Einspruch kann bis zur Verkündung des Urteils im ersten Rechtszug 31 **zurückgenommen oder begrenzt werden** (§ 411 III StPO). Nach § 303 StPO ist hierzu die Zustimmung der StA nötig, sobald die Hauptverhandlung begonnen hat. Auch die StA kann nach Beginn der Verhandlung den Strafbefehlsantrag nur noch mit Zustimmung des Angeklagten zurücknehmen. Bei Anträgen gem. § 408a StPO ist die Rücknahme gänzlich ausgeschlossen (§ 411 III 2 StPO). Bei unentschuldigtem Ausbleiben des

Angeklagten in der Verhandlung über seinen Einspruch kann der Einspruch verworfen und der Strafbefehl damit rechtskräftig werden (§ 412 StPO). Zu den Beteiligungsrechten der FinB → § 407 Rn. 5 ff.

32 Das **Verbot der** *reformatio in peius* gilt für das Strafbefehlsverfahren nicht (§ 411 IV StPO). Der Richter ist auch nicht gezwungen, auf die Absicht hinzuweisen, die Strafe gegenüber dem Strafbefehl zu schärfen (OLG Hamm 6.12.1979, NJW 1980, 1587; Meyer-Goßner/Schmitt/*Schmitt* StPO § 411 Rn. 11).

33 **Ist nach Verhandlung über den Einspruch ein Urteil ergangen,** steht dieses anderen erstinstanzlichen Urteilen des AG gleich. Als Rechtsmittel stehen mithin grundsätzlich Berufung (§ 312 StPO) und (Sprung-)Revision (§ 335 StPO) zur Verfügung. Anders als beim objektiven Verfahren nach § 401 AO iVm § 440 StPO ist gegen das Berufungsurteil des LG noch Revision möglich.

f) Rechtskraft

34 Nach § 410 StPO erlangt ein Strafbefehl, gegen den nicht rechtzeitig Einspruch eingelegt worden ist, die Wirkung eines rechtskräftigen Urteils. Dasselbe gilt – vorbehaltlich der Möglichkeit einer Wiedereinsetzung – auch, wenn der Angeklagte nach wirksam erhobenem Einspruch dem Termin zur Hauptverhandlung unentschuldigt fernbleibt (§§ 412, 329 StPO).

Der Strafbefehl ist Grundlage der Strafvollstreckung und verbraucht die Strafklage. Die Eintragung im Bundeszentralregister unterliegt den gleichen Regeln wie bei Urteilen. (Erstmalige) Verurteilungen zu einer Geldstrafe von nicht mehr als neunzig Tagessätzen oder die Verwarnung mit Strafvorbehalt werden nicht in ein allgemeines Führungszeugnis aufgenommen (§ 32 II BZRG; vgl. auch *Pfeiffer* NStZ 2000, 402).

35 Nachdem das BVerfG (BVerfG 7.12.1983, BVerfGE 65, 377 m. krit. Anm. *Kühne* JZ 1984, 374) bereits entschieden hatte, dass eine Verschärfung einer Strafe nicht möglich ist, wenn der die Strafschärfung ermöglichende Umstand erst nach Rechtskraft des Strafbefehls eingetreten ist, ist mit dem Inkrafttreten des StVÄG 1987 durch die Neufassung des § 410 III StPO eine völlige Gleichstellung des rechtskräftigen Strafbefehls mit einem rechtskräftigen Urteil normiert worden. Denkbar ist jedoch eine Wiederaufnahme nach § 362 bzw. § 373a StPO, wenn die Steuerhinterziehung mit einem Verbrechen außerhalb des Steuerstrafrechts eine (prozessuale) Tat bildet (HHS/*Tormöhlen* AO § 400 Rn. 72; Klein/*Jäger* AO § 400 Rn. 15).

36 **Keine Rechtskraft** entfaltet ein Strafbefehl, der keine Rechtsfolge enthält (OLG Düsseldorf 30.3.1984, wistra 1984, 200; Kohlmann/*Hilgers-Klautzsch* AO § 400 Rn. 189).

37 Die **berufsrechtlichen Konsequenzen** einer Ahndung der Tat durch Strafbefehl unterscheiden sich von einer Verurteilung durch ein Strafurteil (Klein/*Jäger* AO § 400 Rn. 17). Anders als die tatsächlichen Feststellungen in Urteilen sind die in Strafbefehlen für die Berufsgerichtsbarkeit nicht bindend (so BGH 12.4.1999, NStZ 1999, 410; dagegen mit guten Argumenten VG Gießen 23.8.2012, GesR 2013, 111; vgl. auch § 118 III BRAO, § 109 III StBerG, § 83 II WPO). Auch der Verlust der Beamtenstellung nach Verurteilung zu einer Freiheitsstrafe von mindestens einem Jahr (§ 41 BBG) greift nicht bei einer Verurteilung durch Strafbefehl (BVerwG 8.6.2000, NJW 2000, 3297). Im Hinblick auf das folgende Disziplinarverfahren kann somit für den Berufsträger ein Verfahrensabschluss im Strafbefehlswege von Vorteil sein.

§ 401 Antrag auf Anordnung von Nebenfolgen im selbständigen Verfahren

Die Finanzbehörde kann den Antrag stellen, die Einziehung selbständig anzuordnen oder eine Geldbuße gegen eine juristische Person oder eine Personenvereinigung selbständig festzusetzen (§§ 435, 444 Abs. 3 der Strafprozessordnung).

Schrifttum: *Bittmann,* Vom Annex zur Säule: Vermögensabschöpfung als 3. Spur des Strafrechts, NZWiSt 2016, 131; *Tormöhlen,* Das neue Recht der Vermögensabschöpfung im steuerstrafrechtlichen Kontext, AO-StB 2017, 380; *Madauß,* Das neue Recht der strafrechtlichen Vermögensabschöpfung und Steuerstrafverfahren, NZWiSt 2018, 28; *Rönnau/Begemeier,* Wider die Entgrenzung der Vermögenseinziehung gemäß § 76a Abs. 4 StGB durch die Geldwäschedogmatik, JZ 2018, 443; *Bach,* Das erlangte Etwas i. S. v. § 73 Abs. 1 StGB bei einer Steuerhinterziehung, NZWiSt 2019, 62; *Kraushaar,* Die Einziehung nach § 76a Abs. 4 StGB – Zivilprozess im Strafprozess?, NZWiSt 2019, 288; *Madauß,* Vermögensabschöpfung und Steuerstrafrecht – weiter streitige Einzelaspekte, NZWiSt 2019, 49; *Britz,* Geschichte wiederholt sich nicht …, oder doch? Der BGH und die „formlose Einziehung", JM 2020, 83; *Madauß,* Aktuelle Rechtsprechung zur Einziehung in Steuerstrafverfahren und deren Bedeutung für die Praxis, ZWH 2020, 93; *Schneider,* Abschöpfung des Taterlangten bei Organen juristischer Personen, wistra 2020, 92.
S. ferner die Angaben zu §§ 375, 377 AO.

Übersicht

	Rn.
1. Entstehungsgeschichte	1
2. Zweck und Bedeutung der Vorschrift	2
3. Selbstständige Anordnung der Einziehung	3–25
a) Allgemeines	3
b) Materielle Voraussetzungen	4–12
c) Verfahren	13–25
4. Geldbuße gegen eine juristische Person oder eine Personenvereinigung	26–29

1. Entstehungsgeschichte

§ 401 AO 1977 geht zurück auf § 436 RAO, der die Befugnisse des Finanzamts auf *„die Einziehung einer Sache oder des Wertersatzes"* beschränkt hatte. Die Möglichkeit der selbstständigen Festsetzung einer Geldbuße gegen eine juristische Person oder eine Personenvereinigung ist erst mit der AO 1977 eröffnet worden. 1

§ 436 RAO wurde durch Art. 1 Nr. 1 AOStrafÄndG v. 10.8.1967 (BGBl. I 877) in die AO eingefügt. Im RegE (BT-Drs. V/1812) war eine solche Regelung noch nicht vorgesehen. Regelungen über die Einziehung enthielten zuvor § 386 II, III, § 408 II, § 412 IV RAO 1919 und § 421 II, III, § 443 III, § 447 III RAO 1931. Eine Erweiterung des § 436 RAO 1967 auf die Geldbuße war erstmals im EAO 1974 vorgesehen (§ 385 EAO 1974; BT-Drs. VI/1982, 200).
Durch das am 1.7.2017 in Kraft getretene **Gesetz zur Reform der strafrechtlichen Vermögensabschöpfung** (BGBl. 2017 I 872) wurde § 401 AO geändert (vgl. *Korte* wistra 2018, 1), da die vorherige Differenzierung von Einziehung und Verfall nicht mehr erforderlich war. Durch die Reform erfasst der Begriff der Einziehung nunmehr sowohl Tatmittel, Tatprodukte und Tatobjekte als auch Taterträge, die nach der alten Gesetzeslage unter den Begriff des Verfalls fielen (BT-Drs. 18/9525, 106).

2. Zweck und Bedeutung der Vorschrift

§ 401 AO erweitert – ebenso wie § 400 AO – die Befugnisse, die § 386 II und § 399 AO der FinB für Verfahren gewähren, denen ausschließlich Steuerstraftaten iSd § 369 AO zugrunde liegen. Ebenso wie die FinB nach Abschluss der Ermittlungen einen Strafbefehl beantragen darf, kann sie nach § 401 AO die selbständige Anordnung der Einziehung (1. Alt.) bzw. die Festsetzung einer Geldbuße gegen eine juristische Person oder eine Personenvereinigung (2. Alt.) beantragen. Die selbständige Anordnung erfolgt im sog. 2

objektiven Verfahren, das – im Gegensatz zum sog. subjektiven Verfahren – nicht gegen einen konkreten Tatbeteiligten mit dem Ziel eines Schuldspruchs gerichtet ist. Es ermöglicht folglich ohne Verurteilung eines Täters die selbständige Anordnung von Einziehung oder Geldbuße. Die Finanzbehörde nimmt mit ihren sich aus § 401 AO ergebenden Möglichkeiten somit die **Rechte und Pflichten der StA** wahr, solange nicht eine mündliche Verhandlung beantragt oder vom Gericht angeordnet wird, vgl. § 406 II AO. Wird eine Hauptverhandlung anberaumt, so geht die Zuständigkeit auf die StA über und der FinB stehen die Rechte aus § 407 AO zu.

Diese Befugnis soll der **Beschleunigung des Verfahrens** und der **Entlastung der StA** dienen (zust. Klein/*Jäger* AO § 401 Rn. 1; zT anders HHS/*Tormöhlen* AO § 401 Rn. 5). Ergänzt wird § 401 AO durch § 406 II AO (→ § 406 Rn. 9 f.); im Vorfeld sind die §§ 73 ff. StGB, 111b ff. StPO (→ § 399 Rn. 186 ff.) zu beachten. Größere praktische Bedeutung hat die Vorschrift nicht, zumal der Großteil der Anwendungsfälle bereits von § 394 AO erfasst wird (Schwarz/Pahlke/*Klaproth* AO/FGO § 401 AO Rn. 1). Es kann allerdings nicht übersehen werden, dass insb. im Bereich des Schmuggels der Vorschrift eine gewisse Bedeutung zukommt, wenn der Täter unbekannt ist, so dass ihm gegenüber nicht im Rahmen eines Strafbefehls oder Strafurteils (sog. subjektives Verfahren) eine Nebenfolge angeordnet werden kann (HHS/*Tormöhlen* AO § 401 Rn. 8).

3. Selbstständige Anordnung der Einziehung

§ 435 StPO Selbständiges Einziehungsverfahren

(1) ¹Die Staatsanwaltschaft und der Privatkläger können den Antrag stellen, die Einziehung selbständig anzuordnen, wenn dies gesetzlich zulässig und die Anordnung nach dem Ergebnis der Ermittlungen zu erwarten ist. ²Die Staatsanwaltschaft kann insbesondere von dem Antrag absehen, wenn das Erlangte nur einen geringen Wert hat oder das Verfahren einen unangemessenen Aufwand erfordern würde.

(2) ¹In dem Antrag ist der Gegenstand oder der Geldbetrag, der dessen Wert entspricht, zu bezeichnen. ²Ferner ist anzugeben, welche Tatsachen die Zulässigkeit der selbständigen Einziehung begründen. ³Im Übrigen gilt § 200 entsprechend.

(3)–(4) …

a) Allgemeines

3   Normalerweise wird über die Anordnung der Einziehung bereits im Rahmen des Strafverfahrens – des subjektiven Verfahrens – mit dessen Abschlussentscheidung wie zB einem Strafbefehl oder -urteil entschieden. Kann jedoch aus tatsächlichen Gründen wegen der Straftat keine bestimmte Person verfolgt oder verurteilt werden, so besteht die Möglichkeit, dass das Gericht die selbständige Einziehung des Gegenstands anordnet, wenn die Voraussetzungen, unter denen die Maßnahme vorgeschrieben oder zugelassen ist, im Übrigen vorliegen, vgl. § 76a I 1 StGB. **Die sachlichen Voraussetzungen der Einziehung** im selbständigen Verfahren sind nicht in § 401 AO, sondern in anderen Vorschriften geregelt. So ergibt sich bei Steuerstraftaten die Möglichkeit der Einziehung aus § 375 II AO (→ § 375 Rn. 28 ff.). Weiterhin ist die Einziehung in §§ 73 ff. StGB geregelt. Auch in Fällen der Steuerhinterziehung ist regelmäßig die Einziehung anzuordnen. Bei der Fälschung von Steuerzeichen ist gem. § 150 StGB die Einziehung der Tatwerkzeuge und -erzeugnisse vorgeschrieben.

b) Materielle Voraussetzungen

4   Im Hinblick auf die Voraussetzungen der Einziehung ist zu unterscheiden zwischen formellen und materiellen Voraussetzungen.

Die **materiellen Voraussetzungen der Einziehung** ergeben sich – vorbehaltlich der speziellen Regelung des § 375 II AO – aus § 369 II AO iVm §§ 73–76b StGB, wobei zwischen der Einziehung von Taterträgen (vormals: Verfall; §§ 73–73e StGB) und der Einziehung von Tatprodukten, Tatmitteln und Tatobjekten (§§ 74–75 StGB) zu unterscheiden ist. Einige gemeinsame Vorschriften für beide Formen der Einziehung finden sich in §§ 76–76b StGB.

Sinn und Zweck der Einziehung ist, dem durch die Tat Begünstigten die Tatvorteile – im Bereich des Steuerstrafrechts also insb. ersparte Steuern und Sozialabgaben sowie Steuererstattungen – unabhängig von seiner Schuld zu entziehen und damit die rechtswidrig geschaffene Bereicherung rückgängig zu machen und diese Mittel der Staatskasse zuzuführen. Anschließend wird der durch die Tat Verletzte entschädigt. Folglich handelt es sich nicht um eine Strafe, sondern um eine Ausgleichsmaßnahme eigener Art mit zumeist quasi-kondiktioneller Ausgleichswirkung (BVerfG 14.1.2004, BVerfGE 110, 1, 14 ff.; BGH 28.8.2002, BGHSt 47, 369).

Die **materiellen Voraussetzungen der Einziehung von Taterträgen** setzen zunächst am Begriff der Taterträge an, wobei § 73 I StGB alles erfasst, was in Form eines wirtschaftlich messbaren Vorteils durch oder für die rechtswidrige Tat erlangt wurde. Das Gesetz geht bei der Bestimmung des Erlangten vom Bruttoprinzip aus. Im Hinblick auf Steuerstraftaten ist der Einziehungsgegenstand idR in der hinterzogenen Steuer zu sehen, also in den ersparten Steuern oder in Steuererstattungen. Im Bereich der Verbrauchssteuern ist nach der Rspr. des BGH erforderlich, dass der Täter den Vorteil zB in Form eines Vermarktungsgewinns realisiert hat (BGH 23.5.2019, wistra 2019, 450; str.). Hat der Täter das im Rahmen der (Steuer-)Straftat Erlangte zB verbraucht, so erfolgt die Einziehung nach § 73c StGB. 5

Nachdem der Wert des Erlangten bestimmt wurde, sind in einem zweiten Schritt gem. § 73d I 1 StGB nicht inkriminierte konkrete Aufwendungen des Täters oder Teilnehmers (zB Material- oder Personalkosten) abzuziehen. Dies gilt gem. § 73d I 2 StGB hingegen nicht für die Aufwendungen, die der Täter oder Teilnehmer im Rahmen der Vorbereitung oder Begehung bewusst und willentlich für die verbotene Tat einsetzte.

Die Einziehung wird im **Wege der Beschlagnahme nach §§ 111b–111d StPO gesichert**, die Einziehung des Wertersatzes erfolgt hingegen im Wege des Vermögensarrests nach §§ 111e–111h StPO. Im Hinblick auf den Vermögensarrest ist danach zu unterscheiden, ob ein Anfangsverdacht vorliegt, so dass der Arrest angeordnet werden „kann", oder dringende Gründe für die Annahme einer rechtswidrigen Bereicherung vorliegen, so dass die Sicherung erfolgen „soll" (§§ 111b I 1, 111e I StPO). 6

Durch die gesetzliche Neuregelung des § 111e VI StPO ist nun auch klargestellt, dass die Möglichkeit der Anordnung eines **Arrests nach § 324 AO** nicht den Erlass eines strafrechtlichen Arrests ausschließt, so dass die BuStra in von ihr geführten Verfahren die Möglichkeit hat, beim Amtsgericht gem. § 73c StGB, §§ 111b–111e StPO den Vermögensarrest zur vorläufigen Sicherung der Steueransprüche zu beantragen (ebenso Kohlmann/*Hilgers-Klautzsch* AO § 401 Rn. 15). Daneben und davon unabhängig kann die für die Veranlagung zuständige FinBeh im Wege des dinglichen Arrests gem. § 324 AO selbst die vorläufige Sicherung seiner Ansprüche betreiben, was jedoch im Ergebnis nicht dazu führen darf, dass der Steuerfiskus die jeweilige Steuer mehrfach erhält (BGH 21.3.2002, BGHSt 47, 260; kritisch dazu *Bach* wistra 2006, 46). Es käme nämlich zu einer Doppelbelastung des Täters, wenn ihm einerseits die Taterträge durch die Einziehung entzogen werden würde, er aber andererseits auch die Einnahmen der Besteuerung unterwerfen müsste. Steuerlich ist dadurch für Abhilfe zu sorgen, dass die eingezogenen Beträge bei änderbaren Steuerbescheiden als Werbungskosten oder Betriebsausgaben berücksichtigt werden (BT-Drs. 18/9525, 78 f.). § 12 Nr. 4 EStG schließt diesen Abzug nicht aus, da die Einziehung – mit Ausnahme der Einziehung von Tatmitteln – keinen strafrechtlichen Charakter hat. Sofern für einen bilanzierender Stpfl. eine bevorstehende Einziehungsanordnung zu erwarten ist, hat er eine entsprechende Rückstellung zu bilden (BFH 6.4.2000, BStBl. II 2001, 536). Sind die Steuerbescheide hingegen nicht mehr änderbar, so kommt die Anwendung von § 73d StGB oder § 73e StGB in Betracht. 7

Eine Anordnung der Einziehung von Taterträgen kann sich gem. § 73b StGB auch gegen **Dritte** richten, wenn der Vermögensvorteil nicht dem Täter selbst, sondern dem 8

Dritten zugeflossen ist. Hat der Täter oder Teilnehmer somit für eine juristische Person oder eine Personenvereinigung gehandelt, so kann auch dort die Sicherung erfolgen. Die Einziehung ist zulässig, wenn der Täter oder Teilnehmer für den Dritten gehandelt hat (sog. **Vertretungsfall**), er dem Dritten das Erlangte unentgeltlich oder rechtsgrundlos zugewandt hat (sog. **Verschiebungsfall**, BGH 29.2.2012, wistra 2012, 264), der Dritte erkannt hat oder hätte erkennen können, dass das Erlangte aus einer rechtswidrigen Tat herrührt (sog. Verschiebungs- oder **Erfüllungsfall**) oder der Dritte das Erlangte durch Erbfolge oder als Pflichtteil erhalten hat **(Erbfall)**. Der Ausschluss der Dritteinziehung kann sich aus §§ 73b I 2, 73e II StGB ergeben.

9 Die **Voraussetzungen der Einziehung von Tatprodukten, Tatmitteln und Tatobjekten** ergeben sich aus § 369 II AO iVm §§ 74 ff. StGB. Der Einziehung unterliegen demnach diejenigen Gegenstände, die zur Begehung der Tat benutzt worden sind oder die aus der Tat hervorgegangen sind (*Fischer* StGB § 74 Rz. 9, 11). Mit der Einziehung geht gem. § 74e I StGB das Eigentum auf den Staat über. In diesem Bereich kommt in der Praxis jedoch für die Steuerhinterziehung, den Bannbruch und die Steuerhehlerei § 375 II AO eine größere Bedeutung zu. Danach ist die Einziehung von Erzeugnissen, Waren und anderen Sachen möglich, auf die sich die Hinterziehung von Verbrauchsteuer oder Einfuhr- und Ausfuhrabgaben bezieht. Auch die Einziehung von Beförderungsmitteln ist möglich, wenn sich – zB im Fall des Schmuggels – zur Tat genutzt wurden (→ § 375 Rn. 35 ff.). Die Einziehung gefälschter Steuerzeichen ist gesondert in §§ 148, 150 II StGB geregelt.

Sind die dem Täter gehörigen Tatprodukte, Tatmittel oder Tatobjekte nicht mehr vorhanden, weil er sie zB veräußert hat, so fällt der jeweilige Erlös nicht unter § 375 II AO. Vielmehr besteht nach § 74c StGB die Möglichkeit zur Einziehung des Wertersatzes.

10 Die Rechtsinstitute der Einziehung von Taterträgen gem. §§ 73 ff. StGB und der Einziehung von Tatprodukten, Tatmitteln und Tatobjekten gem. §§ 74 ff. StGB schließen sich gegenseitig aus (HHS/*Hellmann* AO § 401 Rn. 47; Kohlmann/*Hilgers-Klautzsch* AO § 401 Rn. 22.2). Es kann nur in einigen Sonderfällen zu Überschneidungen kommen, zB wenn der Täter den der Einziehung unterliegenden Gegenstand als Belohnung an einen Tatbeteiligten weitergegeben hat und dieser bei dem Beteiligten einen Tatvorteil darstellt. In diesem und vergleichbaren Fällen hat die Einziehung gem. § 73 StGB Vorrang.

11 Im Hinblick auf aus einer Straftat herrührendes **Vermögen unklarer Herkunft** hat der Gesetzgeber für den Bereich des Terrorismus und der organisierten Kriminalität in Form von § 76a IV StGB die Möglichkeit der Einziehung eröffnet. Gem. § 76a IV 3 StGB ist diese Regelung im Bereich des Steuerstrafrechts anwendbar im Fall von bandenmäßigen Steuerhinterziehungen iSd § 370 III Nr. 5 AO, gewerbs-, bandenmäßigen oder gewaltsamen Schmuggels iSd § 373 AO oder Steuerhehlerei iSd § 374 II AO.

12 Die selbständige Einziehung von Taterträgen kommt bei **Steuerordnungswidrigkeiten** gem. §§ 27, 29a V OWiG in Betracht. Sie erfolgt gem. § 87 III 1 OWiG durch Einziehungsbescheid, für den gem. § 87 III 3 OWiG die FinB zuständig ist, die auch für die Ahndung der Steuerordnungswidrigkeit zuständig wäre, oder in deren Bezirk ein Gegenstand sichergestellt wurde. Da aber der wirtschaftliche Vorteil bei der Bemessung der Geldbuße nach § 17 IV OWiG zu berücksichtigen ist, spielt die selbständige Anordnung der Einziehung des Wertes von Taterträgen nach § 29a OWiG nur in Ausnahmefällen eine Rolle (zutreffend Schwarz/Pahlke/*Klaproth* AO § 401 Rn. 6c). Dasselbe gilt für die selbständige Einziehung von Gegenständen nach § 27 OWiG, obwohl die Norm auch den Fall erfasst, dass kein Tatverdächtiger ermittelt werden kann, ein Gegenstand aber zweifelsfrei in einziehungsrelevanter Weise mit einer Ordnungswidrigkeit zusammenhängt (Göhler/*Gürtler* OWiG § 27 Rn. 4).

c) Verfahren

13 **Zulässig ist die selbstständige Anordnung** der Einziehung (sog. objektives Verfahren), soweit § 76a StGB dies ausdrücklich gestattet. Sie kommt in Betracht, wenn wegen der tatbestandsmäßigen, rechtswidrigen und schuldhaften Tat aus *tatsächlichen oder rechtlichen Gründen* keine bestimmte Person verfolgt oder verurteilt werden kann. Dies ist der Fall, wenn das Gericht von Strafe absieht oder wenn das Verfahren nach einer Vorschrift eingestellt wird, die dies nach dem Ermessen der StA oder des Gerichts oder im Einvernehmen beider zulässt (§ 76a I, III StGB; → § 375 Rn. 82 ff.). Die selbständige Einziehung des Tatertrags und des Wertes des Tatertrags ist gem. § 76a II 1 auch StGB zulässig, wenn die Verfolgung der Straftat verjährt ist.

Im Fall eines **subjektiven Verfahrens** erfolgt die Entscheidung über die Einziehung hingegen im Urteil oder Strafbefehl, so dass die BuStra den Antrag auf Erlass eines Strafbefehls (§ 400 AO) auch auf die in § 401 AO genannten Nebenfolgen der Tat erstrecken kann, vgl. § 407 II Nr. 1 StPO.

Neben die allgemeine Zulässigkeit der selbstständigen Anordnung der Einziehung muss die *Erwartung* treten, dass eine entsprechende Anordnung durch den Richter erfolgen wird (§ 35 I 1 StPO). Die Anordnung ist nach dem Ergebnis der Ermittlungen zu erwarten, wenn sie bei vorläufiger Bewertung wahrscheinlich ist (Kohlmann/*Hilgers-Klautzsch* AO § 401 Rn. 36; Meyer-Goßner/Schmitt/*Köhler* StPO § 435 Rn. 4). **14**

Die FinB **kann** nach § 401 AO – ebenso wie im Fall des § 435 StPO – bei Vorliegen der Voraussetzungen den Antrag stellen. Die Antragsbefugnis liegt nur bei der FinB und innerhalb der FinB bei der BuStra, wenn sie das Verfahren in eigener Zuständigkeit führt. Für die Antragstellung gilt das Opportunitätsprinzip (Meyer-Goßner/Schmitt/*Köhler* StPO § 435 Rn. 6; Schwarz/Pahlke/*Klaproth* AO § 401 Rn. 15; Kohlmann/*Hilgers-Klautzsch* AO § 401 Rn. 27), wobei sich das Ermessen nicht nur auf die Entschließung über die Antragstellung, sondern auch auf dessen Umfang bezieht. Erst durch diesen Antrag, der eine Art Klageerhebung darstellt, beginnt das Verfahren. Unterbleiben kann die Durchführung des Verfahrens nach § 435 I 2 StPO insbes. dann, wenn es um geringwertige Gegenstände oder Vermögensvorteile geht, so dass ein Verfahren unverhältnismäßig aufwendig wäre (Meyer-Goßner/Schmitt/*Köhler* StPO § 435 StPO Rn. 6; Kohlmann/*Hilgers-Klautzsch* AO § 401 Rn. 27; MüKoStPO/*Scheinfeld/Langlitz* § 435 Rn. 25). Eine Rücknahme des Antrags ist analog § 391 StPO möglich, solange – vgl. § 156 StPO analog – das selbstständige Einziehungsverfahren noch nicht eröffnet wurde (KK-StPO/*Schmidt* StPO § 435 Rn. 13; Meyer-Goßner/Schmitt/*Köhler* § 435 StPO Rn. 7; Kohlmann/*Hilgers-Klautzsch* AO § 401 Rn. 28; Schwarz/Pahlke/*Klaproth* AO § 401 Rn. 16). Zum Ermessen der FinB vgl. HHS/*Tormöhlen* AO § 401 Rn. 16 f. **15**

Im Antrag muss gem. § 401 AO iVm §§ 435 II, 200 StPO der Gegenstand der Einziehung oder des Verfalls so genau bezeichnet werden, dass die Vollstreckung ohne weiteres möglich ist (Meyer-Goßner/Schmitt/*Köhler* StPO § 260 Rn. 39, § 435 Rn. 8). Weiterhin sind die Zulässigkeitsvoraussetzungen der selbstständigen Einziehung darzulegen, so dass anzugeben ist, warum eine Anordnung im subjektiven Verfahren nicht möglich ist, dh inwiefern die Voraussetzungen des § 76a StGB vorliegen (Kohlmann/*Hilgers-Klautzsch* AO § 401 Rn. 29; MüKoStPO/*Scheinfeld/Langlitz* StPO § 435 Rn. 26; KK-StPO/*Schmidt* StPO § 435 Rn. 3 ff.). Im Übrigen richtet sich der Antrag nach § 200 StPO; wie bei einer Anklageschrift sind also bestimmte, die Tat und die Beteiligten kennzeichnende Angaben zu machen, Beweismittel anzugeben usw. (HHS/*Tormöhlen* AO § 401 Rn. 12; OLG Karlsruhe 19.10.1973, NJW 1974, 711; → § 400 Rn. 21 f.). Das wesentliche Ergebnis der Ermittlungen ist von den übrigen Teilen des Antrags zu trennen, wenn es nicht ohnehin nach § 200 II 2 StPO verzichtbar ist, da es sich um einen Antrag zum Strafrichter handelt (Meyer-Goßner/Schmitt/*Köhler* StPO § 435 Rn. 8; Kohlmann/*Hilgers-Klautzsch* AO § 401 Rn. 29). **16**

Örtlich zuständig für die Entscheidung über die selbstständige Anordnung ist das Gericht, in dessen Bezirk der Gegenstand sichergestellt worden ist (§ 436 I 2 StPO) oder das im Falle der Strafverfolgung einer bestimmten Person zuständig wäre (§ 436 I 1 StPO); § 391 II AO ist zu beachten. **17**

18 **Sachlich zuständig** ist nicht notwendig das „**Steuer-Amtsgericht**", dessen örtliche Zuständigkeit sich nach § 392 AO richtet (so jetzt auch RKR/*Schützeberg* AO § 401 Rn. 14). Würde der (aus tatsächlichen Gründen) nicht verfolgbare Täter aufgrund einer Straferwartung zwischen zwei und vier Jahren Freiheitsstrafe (§§ 24 I Nr. 2, 28, 29 I GVG) vor dem Schöffengericht beim AG angeklagt werden oder wegen des besonders großen Umfangs der Sache (§ 29 II 1 GVG) bei dem erweiterten Schöffengericht, so sind auch diese Gerichte im selbständigen Verfahren zuständig. Würde die Anklage beim LG erfolgen, weil eine Strafe von mehr als vier Jahren zu erwarten oder die Sache von besonderer Bedeutung ist (§§ 74 I, 74c I Nr. 3 GVG), ist das LG auch für die Anordnung iSd § 401 AO zuständig (HHS/*Tormöhlen* AO § 401 Rn. 54; Kohlmann/*Hilgers-Klautzsch* AO § 401 Rn. 39; Schwarz/Pahlke/*Klaproth* AO § 401 Rn. 18; Löwe/Rosenberg/*Gössel* § 441 StPO aF Rn. 3; s. auch Meyer-Goßner/Schmitt/*Köhler* StPO § 436 Rn. 5 ff.; KK-StPO/ *Schmidt* StPO § 436 Rn. 3). Die FinB ist auch befugt, den Antrag an das LG zu richten (Kohlmann/*Hilgers-Klautzsch* AO § 401 Rn. 29); § 401 AO sieht eine Beschränkung der Antragsbefugnis der FinB nicht vor. Aus dem Umstand, dass § 401 AO den § 400 AO ergänzt, kann eine Begrenzung auf Anträge zum AG ebenfalls nicht hergeleitet werden. Im Übrigen steht es der FinB im Rahmen des pflichtgemäßen Ermessens frei, unter mehreren, für die sachliche Zuständigkeit erheblichen Gesichtspunkten denjenigen zu wählen, der die Zuständigkeit des Gerichts niederer Ordnung begründet (OLG Celle 17.3.1966, NJW 1966, 1135; Meyer-Goßner/Schmitt/*Köhler* StPO § 435 Rn. 8, § 436 Rn. 6; KK-StPO/ *Schmidt* StPO § 436 Rn. 3).

19 **Stattgeben** wird der Richter dem Antrag, wenn nach seiner Auffassung die Voraussetzungen des objektiven Verfahrens gegeben sind. Umstritten ist allerdings, ob das Gericht auch bzgl. der gem. § 76a StGB erforderlichen Feststellung, dass keine bestimmte Person verfolgt oder verurteilt werden kann, eine unbeschränkte Prüfungskompetenz hat (so Löwe/Rosenberg/*Gössel* StPO § 440 aF Rn. 34, 35) oder ob das Gericht insoweit nur eine eingeschränkte Überprüfungsmöglichkeit hat (so Meyer-Goßner/Schmitt/*Köhler* StPO § 435 Rn. 15; offengelassen von BGH 5.5.2011, wistra 2011, 375).

Die Entscheidung erfolgt durch Beschluss (§ 436 III iVm § 434 II StPO), gegen den die sofortige Beschwerde statthaft ist (§ 436 III iVm §§ 434 III 1, 311, 35a StPO). Die diesbezügliche Frist beträgt gem. § 311 II StPO lediglich eine Woche ab Bekanntgabe.

20 **Eine mündliche Verhandlung** findet auf Antrag der FinB oder eines anderen Beteiligten oder auf Anordnung des Gerichts statt (§ 436 II iVm § 434 III 1 StPO). Dann erfolgt die Entscheidung durch Urteil (§ 434 III 1 StPO). Gegen dieses Urteil ist entweder Berufung oder Revision möglich. Wer zulässig Berufung eingelegt hat, kann gegen das Berufungsurteil nicht mehr Revision einlegen (§ 434 III 2 StPO).

21 **Zu beteiligen** sind am Verfahren diejenigen Personen, die von der Einziehung ggf. betroffen werden (sog. Einziehungsbeteiligte; § 435 III iVm § 424 I 1 StPO). Ihnen wird die Antragsschrift zur Äußerung zugestellt bzw. Nachricht von der mündlichen Verhandlung gegeben (§ 429 StPO; OLG Karlsruhe 19.10.1973, NJW 1974, 709). Einziehungsbeteiligte sind unter den Voraussetzungen des § 426 StPO anzuhören, gem. § 427 StPO stehen Ihnen die gleichen Befugnisse zu, die einem Angeklagten zustehen und sie können sich gem. § 428 StPO durch einen Rechtsanwalt oder einen Verteidiger vertreten lassen.

22 **Die selbstständige Kompetenz der FinB endet,** wenn eine mündliche Verhandlung beantragt oder vom Gericht angeordnet ist oder aber gegen den stattgebenden Beschluss nach § 436 III iVm §§ 434 III 1, 311, 35a StPO sofortige Beschwerde eingelegt worden ist, da ab diesem Zeitpunkt die Zuständigkeit auf die Staatsanwaltschaft übergeht (§ 406 II AO; → § 406 Rn. 10).

23 **Wird die ablehnende oder anordnende Entscheidung des Gerichts nicht angefochten,** so wird sie wie jedes andere Urteil bzw. jeder andere Beschluss rechtskräftig, so dass eine selbständige Einziehung ausgeschlossen ist (vgl. BT-Drs. 18/9525, 72). Die selbständige Einziehung von Erträgen kann jedoch zulässig sein, wenn der Verfolgung der Straftat im subjektiven Verfahren der Strafklageverbrauch entgegensteht (vgl. OLG Celle

18.12.2018, wistra 2019, 294; Meyer-Goßner/Schmitt/*Köhler* StPO § 435 Rn. 12). Ebenso ist mit der Sachentscheidung im objektiven Verfahren, bei dem u. a. die Schuldfrage keine Rolle spielt, kein Strafklageverbrauch für ein späteres subjektives Verfahren – zB nach Ergreifung des Täters – verbunden (MüKoStPO/*Scheinfeld/Langlitz* StPO § 436 Rn. 15; SSW-StGB/*Burghart* StPO § 435 Rn. 5; Löwe/Rosenberg/*Gössel* StGB § 440 aF Rn. 29; aA SK-StPO/*Weßlau* StPO § 440 aF Rn. 14).

Im Falle einer ablehnenden Entscheidung des Gerichts sind bei Entscheidung durch **24** Beschluss die sofortige Beschwerde (auch der FinB; HHS/*Tormöhlen* AO § 401 Rn. 57) und bei Entscheidung durch Urteil entweder die Berufung oder die Revision gegeben. Die FinB kann gegen das Urteil kein Rechtsmittel einlegen, da nach § 406 II AO ihre selbstständigen Befugnisse mit der Anberaumung der mündlichen Verhandlung erloschen bzw. auf die StA übergegangen sind. Ebenso wie bei § 400 AO (→ § 400 Rn. 27 f.; vgl. Meyer-Goßner/*Schmitt* StPO § 210 Rn. 2) steht ihr aber die sofortige Beschwerde gegen eine Entscheidung durch Beschluss zu (→ § 406 Rn. 6).

In einem Nachverfahren nach rechtskräftigem Abschluss des Verfahrens kann ein von **25** der Einziehung Betroffener geltend machen, dass ihm gegenüber die Einziehung nicht gerechtfertigt sei (§ 435 III iVm § 433 StPO). Voraussetzung ist, dass der Antragsteller ein die Einziehung hinderndes Recht hatte und seine Rechte ohne Verschulden im Verfahren nicht geltend machen konnte (§ 433 I StPO; ausf. Meyer-Goßner/Schmitt/*Köhler* StPO § 433 Rn. 3 ff.).

4. Geldbuße gegen eine juristische Person oder eine Personenvereinigung

§ 444 StPO Verfahren

(1) ¹Ist im Strafverfahren über die Festsetzung einer Geldbuße gegen eine juristische Person oder eine Personenvereinigung zu entscheiden (§ 30 des Gesetzes über Ordnungswidrigkeiten), so ordnet das Gericht deren Beteiligung an dem Verfahren an, soweit es die Tat betrifft. ²§ 424 Absatz 3 und 4 gilt entsprechend.
(2) ¹Die juristische Person oder die Personenvereinigung wird zur Hauptverhandlung geladen; bleibt ihr Vertreter ohne genügende Entschuldigung aus, so kann ohne sie verhandelt werden. ²Für ihre Verfahrensbeteiligung gelten im übrigen die §§ 426 bis 428, 429 Absatz 2 und 3 Nummer 1, § 430 Absatz 2 und 4, § 431 Absatz 1 bis 3, § 432 Absatz 1 und, soweit nur über ihren Einspruch zu entscheiden ist, § 434 Absatz 2 und 3 sinngemäß.
(3) ¹Für das selbständige Verfahren gelten die §§ 435, 436 Absatz 1 und 2 in Verbindung mit § 434 Absatz 2 oder 3 sinngemäß. ²Örtlich zuständig ist auch das Gericht, in dessen Bezirk die juristische Person oder die Personenvereinigung ihren Sitz oder eine Zweigniederlassung hat.

Durch die selbständige Anordnung einer Geldbuße wird eine juristische Person oder **26** eine Personenvereinigung im Ergebnis für ein sanktionsbewehrtes Handeln ihres Repräsentanten bestraft. **Die sachlichen Voraussetzungen** der selbständigen Anordnung der Geldbuße gegen eine juristische Person oder eine Personenvereinigung (Personenhandelsgesellschaft, nicht rechtsfähiger Verein) ergeben sich aus § 30 OWiG (→ § 377 Rn. 44). Nötig ist zunächst, dass die juristische Person oder die Personenvereinigung nach § 30 I OWiG ein Bußgeld trifft, weil eines ihrer Organe eine Straftat oder Ordnungswidrigkeit begangen hat, durch die Pflichten der juristischen Person oder der Personenvereinigung verletzt wurden oder aber die juristische Person oder die Personenvereinigung bereichert worden ist oder bereichert werden sollte. Damit § 401 AO anwendbar ist, muss es sich bei der Anknüpfungstat um eine Steuerstraftat iSd § 369 I AO handeln. Handelt es sich bei der (steuerlichen) Anknüpfungstat hingegen um eine Steuerordnungswidrigkeit iSd § 377 AO oder eine Aufsichtspflichtverletzung nach § 130 OWiG, so setzt die FinB die Verbandsgeldbuße selbst fest (→ § 377 Rn. 75).

Die selbstständige Anordnung einer Geldbuße setzt darüber hinaus – ebenso wie die **27** selbstständige Anordnung der Einziehung (→ Rn. 5) – voraus, dass eine bestimmte Person aus tatsächlichen Gründen nicht verfolgt werden konnte, das Verfahren gegen sie eingestellt wurde oder von Strafe abgesehen wurde (§ 30 IV 1 OWiG). Anders als im Normalfall wurde somit keine Geldbuße anlässlich des subjektiven Verfahrens gegen eine natürliche Person verhängt. Folglich ist ein Antrag auf selbständige Festsetzung einer Geldbuße auch zulässig, wenn das Verfahren aus Opportunitätsgründen eingestellt wurde (Zweifel bzgl. § 153a StPO bei KK-OWiG/*Rogall* OWiG § 30 Rn. 170) oder nach § 398a AO von Strafe abgesehen wurde (wie hier aufgrund der Ähnlichkeit zu § 153a StPO Kohlmann/*Hilgers-Klautzsch* AO § 401 Rn. 70; Schwarz/Pahlke/*Klaproth* AO § 401 Rn. 11; aA *Reichling* NJW 2013, 2233). Der selbständigen Anordnung kommt darüber hinaus auch in Verfahren gegen Personenvereinigungen Bedeutung zu, in denen zwar die Verwirklichung der Anlasstat durch einen von mehreren Repräsentanten ausreichend sicher ist, der konkrete Repräsentant jedoch nicht mit hinreichender Sicherheit festgestellt werden kann (sog. anonyme Verbandsgeldbuße; vgl. Göhler/*Gürtler* OWiG § 30 Rn. 40; Kohlmann/*Hilgers-Klautzsch* AO § 401 Rn. 66). Dies gilt auch im Fall einer Aufsichtspflichtverletzung nach § 130 OWiG, bei der nicht feststellbar ist, welche Leitungsperson zuständig war, und dies auf einen Organisationsmangel zurückzuführen ist (KK-OWiG/*Rogall* OWiG § 30 Rn. 165; Kohlmann/*Hilgers-Klautzsch* AO§ 401 Rn. 66).

28 Ein Antrag auf selbständige Anordnung einer Verbandsbuße ist hingegen – anders als ein Antrag auf Einziehung – ausgeschlossen, wenn rechtliche Gründe – zB eine wirksame Selbstanzeige, Strafverfolgungsverjährung der Anlasstat oder Schuldunfähigkeit – gegen die Durchführung des subjektiven Verfahrens sprechen (§ 30 IV 3 OWiG, Kohlmann/*Hilgers-Klautzsch* AO § 401 Rn. 71 ff.).

Aus dem Erfordernis, dass keine bestimmte Person verfolgt werden konnte, folgt, dass ein Antrag auf selbständige Anordnung einer Verbandsbuße solange unzulässig ist, wie ein Verfahren gegen eine natürliche Person schwebt (Kohlmann/*Hilgers-Klautzsch* AO § 401 Rn. 48). Fällt hingegen erst nach Rechtskraft des Bußgeldbescheides der Grund weg, aus dem kein subjektives Verfahren durchgeführt werden konnte, indem zB ein flüchtiger Repräsentant sich der Strafverfolgung stellt, so hat dies weder Auswirkungen auf die Wirksamkeit der selbständig festgesetzten Geldbuße, noch ist die Strafbarkeit der Person dadurch eingeschränkt (Schwarz/Pahlke/*Klaproth* AO § 401 Rn. 13; Krenberger/Krumm/*Bohnert* § 30 OWiG Rn. 46).

Wir eine Verbandsgeldbuße verhängt, so ist gem. § 30 V OWiG die Anordnung der Einziehung wegen derselben Tat ausgeschlossen.

29 Für das Verfahren gelten nach § 444 III StPO die §§ 435, 436 I–II StPO sinngemäß. Der Inhalt des Antrags entspricht dem bei der selbstständigen Anordnung der Einziehung (→ Rn. 16); Art und Weise der Entscheidung sowie die Rechtsmittel sind gleich (→ § 406 Rn. 3 ff.). Ein Unterschied zur Einziehung besteht nur insoweit, als nach § 444 III 2 StPO örtlich zuständig auch das Gericht ist, in dessen Bezirk die juristische Person oder die Personenvereinigung ihren Sitz oder eine Zweigniederlassung hat. Damit wird die Regelung in § 436 I StPO ergänzt.

III. Stellung der Finanzbehörde im Verfahren der Staatsanwaltschaft

§ 402 Allgemeine Rechte und Pflichten der Finanzbehörde

(1) Führt die Staatsanwaltschaft das Ermittlungsverfahren durch, so hat die sonst zuständige Finanzbehörde dieselben Rechte und Pflichten wie die Behörden des Polizeidienstes nach der Strafprozessordnung sowie die Befugnisse nach § 399 Abs. 2 Satz 2.

(2) Ist einer Finanzbehörde nach § 387 Abs. 2 die Zuständigkeit für den Bereich mehrerer Finanzbehörden übertragen, so gilt Absatz 1 für jede dieser Finanzbehörden.

Vgl. § 63 I OWiG; vgl. auch Nr. 91 und Nr. 40 I 1, Nr. 97 II 3 AStBV (St) 2020.

Schrifttum: *Hellmann*, Das Neben-Strafverfahrensrecht der Abgabenordnung, 1995; *Hardtke/Westphal*, Die Bedeutung der strafrechtlichen Ermittlungskompetenz der Finanzbehörde für das Steuergeheimnis, wistra 1996, 91; *Vogelberg*, Zuständigkeiten und Befugnisse, PStR 2005, 20; *Webel*, Staatsanwalt und Polizist in Personalunion?, AO-StB 2007, 137; *Theile*, Zur Ermittlungs- und Abschlusskompetenz in Steuerstrafsachen, ZIS 2009, 446; *Reichling*, Strafprozessuale Ermittlungen bei Kreditinstituten, JR 2011, 12; *Schaaf*, Die Rolle der Finanzbehörde im gerichtlichen Steuerstrafverfahren, AO-StB 2011, 317; *Jesse*, das Nebeneinander von Besteuerungs- und Steuerstrafverfahren, DB 2013, 1803; *Tormöhlen*, Die Stellung der BuStra im Steuerstraf- und Ordnungswidrigkeitenverfahren, AO-StB 2013, 316; *Sediqi*, Die Ermittlungskompetenz der Finanzbehörde bei Zusammentreffen von Steuerstraftat und Allgemeindelikt, wistra 2017, 259.

1. Entstehungsgeschichte

§ 402 AO 1977 entspricht dem § 437 RAO; mit der Neuregelung wurde lediglich der Begriff *„Finanzamt"* in *„Finanzbehörde"* geändert. **1**

§ 437 RAO wurde durch Art. 1 Nr. 1 AOStrafÄndG v. 10.8.1967 (BGBl. I 877) in die AO eingefügt (Begr. BT-Drs. V/1812, 36). Diese Regelung wurde erforderlich, da das BVerfG im Jahr 1967 die Kriminalstrafengewalt der Finanzbehörde für verfassungswidrig erklärte (BVerfG 6.6.1967, NJW 1967, 1219).

Nach § 405 RAO 1919 hatten die Beamten der Finanzämter *„Steuerzuwiderhandlungen zu erforschen und innerhalb ihrer Zuständigkeit alle keinen Aufschub gestattenden Anordnungen zu treffen, um die Verdunkelung der Sache zu verhüten"*. Nach § 406 III RAO 1919 durften die Finanzämter *„Ermittlungen jeder Art selbst anstellen oder durch ihre Hilfsstellen oder Beamten vornehmen lassen"*. Die RAO 1931 enthielt in den §§ 440, 441 III entsprechende Regelungen (→ § 399 Rn. 2).

2. Zweck und Bedeutung der Vorschrift

Die Ermittlungskompetenz liegt im Fall einer Steuerstraftat gem. § 386 I AO idR bei der FinB iSd § 386 I 2 AO. Das Verfahren wird somit normalerweise vom Finanzamt in Form der BuStra (vgl. § 387 II AO), dem Hauptzollamt oder der Familienkasse geführt. Da die StA aber trotzdem die Herrin des Verfahrens ist und u. a. jederzeit die Möglichkeit hat, das Verfahren an sich zu ziehen, bedarf es einer Regelung, welche (untergeordneten) **allgemeinen Rechte und Pflichten der FinB**, die das Verfahren sonst selbständig führen würde, **im von der Staatsanwaltschaft geführten Verfahren** zukommen. Dementsprechend regelt **§ 402 AO** die Stellung der FinB für den Fall, dass die StA das Ermittlungsverfahren im Rahmen des § 386 III, IV AO führt (→ § 386 Rn. 10 ff.). Die FinB soll hier den Behörden und Beamten des Polizeidienstes gleichstehen und insbes. die Befugnisse des § 399 II AO behalten, die auch der Steuerfahndung regelmäßig zustehen (§ 404 S. 2; BT-Drs. V/1812, 36). **2**

Sofern das Verfahren von der StA gem. § 386 IV 3 AO im Einvernehmen mit der FinB an diese zurückgegeben wird, erlangt die FinB wieder ihre Stellung als „Steuerstaatsanwaltschaft". Folglich stehen ihr die Rechten und Pflichten nach §§ 399 ff. AO zu, so dass die

§ 402 3–7 Allgemeine Rechte und Pflichten der Finanzbehörde

§§ 402, 403 AO keine Anwendung mehr finden (ebenso Kohlmann/*Hilgers-Klautzsch* AO § 402 Rn. 3; Schwarz/Pahlke/*Klaproth* AO § 402 Rn. 2).

3 **§ 402 II AO stellt klar,** dass trotz einer Zuständigkeitskonzentration nach § 387 II AO (→ § 387 Rn. 16 ff.) jede einzelne, zu dem Bezirk gehörende FinB – gemeint ist insoweit die für die Festsetzung zuständige Stelle – die Rechte und Pflichten nach § 402 I AO hat; diese für die Festsetzung zuständigen FinBen behalten insoweit die in § 399 II 1 AO eingeräumte Rechtsstellung auch im Ermittlungsverfahren der StA (→ Rn. 15).

4 **§ 402 wird ergänzt durch § 403 AO.** Während § 402 AO die allgemeinen *Rechte und Pflichten* der FinB im Ermittlungsverfahren der StA regelt, behandelt § 403 AO deren *Beteiligung* am Verfahren.

3. Ermittlungsverfahren der Staatsanwaltschaft

5 **Die FinB ist Ermittlungsorgan der StA,** wenn diese das Ermittlungsverfahren führt. Die Ermittlungen werden von der StA (und nicht der FinB, § 386 II AO) geführt, wenn es innerhalb derselben prozessualen Tat iSd § 264 StPO nicht allein um eine Steuerstraftat geht, gegen einen Beschuldigten ein Haft- oder Unterbringungsbefehl erlassen worden ist (§ 386 III AO), die FinB die Sache an die StA abgegeben (§ 386 IV 1 AO) oder aber die StA die Sache an sich gezogen hat (§ 386 IV 2 AO; → § 386 Rn. 10 ff.). Liegt im Hinblick auf eine Steuerstraftat keiner dieser Fälle vor, so führt die FinB iSd § 386 I 2 AO das Ermittlungsverfahren als „Steuerstaatsanwaltschaft".

4. Rechte und Pflichten der Finanzbehörde

6 **Sonst zuständige FinB** ist im Grundsatz diejenige FinB, die funktional (§ 386 I 2 AO), sachlich (§ 387 AO) und örtlich (§§ 388, 389 AO) zuständig wäre, wenn nicht die StA das Ermittlungsverfahren nach § 386 III, IV AO führen würde (Göhler/*Seitz*/*Bauer* OWiG § 63 Rn. 3; Klein/*Jäger* AO § 402 Rn. 3; Flore/Tsambikakis/*Ebner* AO § 402 Rn. 2). Es handelt sich dabei in der Steuerverwaltung um die BuStra bzw. StraBu. Einzelheiten ergeben sich aus den §§ 387 ff. AO. *„Sonst zuständig"* ist die FinB nicht nur dann, wenn die Voraussetzungen des § 386 IV AO vorliegen. Die Beteiligungsrechte bestehen auch, wenn die StA das Ermittlungsverfahren durchführt, weil gegen einen Beschuldigten wegen einer Tat ein Haftbefehl oder ein Unterbringungsbefehl erlassen worden ist (§ 386 III AO; ebenso HHS/*Tormöhlen* § 402 Rn. 8). Nach § 402 II AO sind auch andere FinBen als das FA, zu dem die Gemeinsame Strafsachenstelle gehört, eine *„zuständige FinB"* (vgl. → Rn. 15 und → § 403 Rn. 5).

7 Der BuStra stehen im staatsanwaltschaftlichen Verfahren die **Rechte und Pflichten der Behörden des Polizeidienstes** nach der StPO zu. Die Behörden des Polizeidienstes haben nach § 163 I 1 StPO *„Straftaten zu erforschen und alle keinen Aufschub gestattenden Anordnungen zu treffen, um die Verdunkelung der Sache zu verhüten"* (→ § 399 Rn. 7 ff., 341). Für die FinB beinhaltet dies neben der Heranziehung von Sachverständigen und der vorläufigen Festnahme gem. § 127 II StPO u. a. auch die Befugnis zur Durchführung von Vernehmungen. Eine *Pflicht zum Erscheinen* besteht jedoch, anders als in den Fällen des § 399 I AO (→ § 399 Rn. 33), nicht, wenn der Ladung nicht ein Auftrag der Staatsanwaltschaft zugrunde liegt. Darüber hinaus hat die FinB iSd § 386 I 2 AO gem. § 163 I 2 Hs. 1 StPO die Möglichkeit, andere Behörden um Auskunft zu ersuchen, was jedoch keine Verpflichtung zur Auskunftserteilung auf Seiten der ersuchten Behörde beinhaltet. Bei Gefahr im Verzug hat die FinB das weitergehende Recht, Auskunft zu verlangen, so dass in diesem Fall eine Auskunftspflicht der Behörde besteht (Meyer-Goßner/Schmitt/*Schmitt* StPO § 163 Rn. 1a). Darüber hinaus darf die FinB bei Gefahr in Verzug Durchsuchungen und Beschlagnahmen anordnen (vgl. → Rn. 10). Da die StA jedoch Herrin des Verfahrens ist, sind solche Maßnahmen auf das Notwendigste zu beschränken (Schmitz/Tillmann S. 50). Dieses *„Recht des ersten Zugriffs"* korrespondiert mit der Pflicht der FinB, Erkenntnisse unverzüglich der StA mitzuteilen (§ 163 II StPO).

Die FinB hat **Weisungen der StA zu befolgen** (§ 402 I AO iVm §§ 160, 161, 163 **8**
StPO). Ihre Beamten sind Ermittlungspersonen (vgl. → Einleitung Rn. 109) der Staatsanwaltschaft. Auf deren Ersuchen hat sie Ermittlungen wegen der Steuerstraftat vorzunehmen (Meyer-Goßner/Schmitt/*Schmitt* StPO § 160 Rn. 13) und erforderlichenfalls auch *einzelne* Maßnahmen – zB die Berechnung der verkürzten Steuer – durchzuführen (Kohlmann/*Hilgers-Klautzsch* AO § 402 Rn. 5; RKR/*Schützeberg* AO § 402 Rn. 7). Auch insoweit entspricht die Position der FinB derjenigen der Steuerfahndung im Allgemeinen (→ § 404 Rn. 32 ff.). Die StA hat somit ein Weisungsrecht gegenüber der FinB, die ihrerseits in eigener Zuständigkeit einzelne Bedienstete beauftragen kann (Meyer-Goßner/ *Schmitt* StPO § 161 Rn. 11). Davon abweichende Weisungen der OFD oder des Finanzministeriums sind unbeachtlich, da ihnen angesichts des klaren Wortlautes des § 161 I 2 StPO insoweit keine Kompetenz zusteht (ebenso Flore/Tsambikakis/*Ebner* AO § 402 Rn. 11; Schwarz/Pahlke/*Klaproth* AO § 402 Rn. 10).

Die Verweisung des § 402 I AO auf § 399 II 2 AO bewirkt, dass die Gemeinsame **9** Strafsachenstelle im Ermittlungsverfahren der StA die Rechte hat, die bei selbstständiger Ermittlungstätigkeit der FinB die im Bezirk einer Gemeinsamen Strafsachenstelle befindlichen Finanzämter behalten würden (→ § 399 Rn. 341). Es handelt sich insoweit um strafprozessuale Kompetenzen, die sonst den Ermittlungspersonen der Staatsanwaltschaft vorbehalten sind.

Da die BuStra die Rechte einer Ermittlungsperson (→ Einleitung Rn. 109) der StA hat, **10** darf sie bei Gefahr im Verzuge bzw. auf richterliche Anordnung Durchsuchungen und Beschlagnahmen durchführen, soweit es um Gegenstände geht, die als Beweismittel von Bedeutung sein können oder möglicherweise der Einziehung unterliegen (§§ 94, 98, 111b, 111c, 111d StPO); gem. § 399 II 2 AO darf sie die Notveräußerung beschlagnahmter Verfall- und Einziehungsgegenstände durchführen usw. (→ § 399 Rn. 343). Da die Befugnisse der BuStra aus § 399 II 2 AO nicht weiter reichen als diejenigen der Ermittlungspersonen der Staatsanwaltschaft, ist die Finanzbehörde nicht berechtigt, einen Antrag auf Anordnung von Ermittlungshandlungen beim Ermittlungsrichter zu stellen; LG Freiburg (Breisgau) 4.9.2000 StV 2001, 268; Kohlmann/*Hilgers-Klautzsch* AO § 402 Rn. 9 f.; Meyer-Goßner/Schmitt/*Schmitt* StPO § 163 Rn. 26). Ein Recht zur Durchsicht der Papiere ohne Zustimmung des Betroffenen (§ 110 I StPO) hat sie, anders als die Steuerfahndung nur, wenn eine diesbezügliche Anordnung der StA erfolgt (ebenso Nr. 91 III S. 3 AStBV (St) 2020 sowie RKR/*Schützeberg* AO § 402 Rn. 9; aA Flore/Tsambikakis/ *Ebner* AO § 402 Rn. 9 unter Verweis auf ein vermutetes Redaktionsversehen).

5. Grenzen der Mitwirkung der Finanzbehörde

Im Hinblick auf eine **Verpflichtung zur Mitwirkung** im Verfahren der StA ist zu **11** unterscheiden zwischen der FinB iSd § 386 I 2 AO als „sonst zuständige Finanzbehörde" iSd § 402 I AO und der Steuerfahndung.

Die sich aus § 402 AO ergebende Verpflichtung der **FinB iSd § 386 I 2 AO ist sowohl unter zeitlichen als auch unter inhaltlichen Gesichtspunkten zu begrenzen**. **Zeitlich** ergibt sich aus der systematischen Stellung des § 402 AO und aus dem Wortlaut der Norm, dass die Pflichten der Bediensteten der FinB iSd § 386 I 2 AO als Ermittlungsbeamte der Staatsanwaltschaft nur auf das **Ermittlungsverfahren** beschränkt sind. Das Ermittlungsverfahren endet jedoch mit der Erhebung der öffentlichen Klage oder aber der Einstellung des Verfahrens (§ 170 StPO). Hält das Gericht vor der Entscheidung über die Eröffnung des Hauptverfahrens weitere Ermittlungen für geboten (§ 202 StPO) und werden diese auf seine Bitte durch die StA durchgeführt, so ist die FinB iSd § 386 I 2 AO zu einer Mitwirkung nicht verpflichtet (glA Schwarz/Pahlke/*Klaproth* AO § 402 Rn. 12; vgl. auch Meyer-Goßner/Schmitt/*Schmitt* StPO § 202 Rn. 3).

Inhaltlich ist die FinB iSd § 386 I 2 AO zur Mitwirkung am von der StA geführten **12** Verfahren verpflichtet, soweit es um Steuerstraftaten oder diesen nach § 385 II AO gleichgestellte Taten geht oder falls die Anwendbarkeit des § 402 AO ausdrücklich angeordnet ist (→ § 385 Rn. 37). Treffen diese Taten mit allgemeinen Straftaten im Rahmen einer **prozessualen Tat** iSd § 264 StPO tateinheitlich (§ 52 StGB) oder tatmehrheitlich (§ 53 StGB) zusammen, ist die Verpflichtung zur Mitwirkung strittig. So soll sich die Mitwirkungspflicht der BuStra auf die *Steuer*straftat beschränken und sie könne sich allenfalls auf tateinheitlich begangene Allgemeindelikte erstrecken, soweit dies für das Steuerdelikt geboten erscheine (Kohlmann/*Hilgers-Klautzsch* AO § 402 Rn. 7). Dem ist jedoch entgegen zu halten, dass sich eine entsprechende Einschränkung der Verpflichtung der BuStra nicht aus dem Wortlaut des § 402 I AO entnehmen lässt und gänzlich unpraktikabel wäre. Handelt es sich um eine prozessuale Tat, so ist auch der für ein Allgemeindelikt relevante Sachverhalt zu ermitteln (OLG Braunschweig 24.11.1998, wistra 1998, 71; Klein/*Jäger* AO § 402 Rn. 2; HHS/*Tormöhlen* AO § 402 Rn. 11; Hüls/Reichling/*Krug* AO § 402 Rn. 9). Dementsprechend kann die BuStra auch für ein Allgemeindelikt die Verjährung nach § 78c StGB unterbrechen (BGH 24.10.1989, BGHSt 36, 283).

13 Erteilt die StA hingegen der FinB iSd § 386 I 2 AO den Auftrag, im Hinblick auf ein **Allgemeindelikt** Ermittlungen durchzuführen, das **nicht im Rahmen einer prozessualen Tat** mit einer Steuerstraftat begangen worden ist, so ist die Finanzbehörde sachlich nicht zuständig und somit nicht zur Ermittlung verpflichtet. Dies ergibt sich daraus, dass die §§ 386 ff. AO nur für Strafverfahren wegen Steuerstraftaten gelten (Klein/*Jäger* AO § 402 Rn. 2; Schwarz/Pahlke/*Klaproth* AO § 402 Rn. 13). Demgegenüber will *Tormöhlen* (HHS/*Tormöhlen* AO § 402 Rn. 12) eine Verfolgungspflicht sogar in den Fällen annehmen, in denen die Nichtsteuerstraftat eine andere Tat iSd § 264 StPO darstellt. Voraussetzung sei weiterhin, dass das Steuergeheimnis die Verwendung dieser Information zulasse. Dem ist jedoch entgegen zu halten, dass damit die Anforderungen an die Aufgaben der BuStra und deren Pflichten ebenso überspannt werden wie die Anforderungen an die praktischen Fähigkeiten der Finanzbeamten, die nicht dafür ausgebildet sind, das Vorliegen nichtsteuerlicher Taten einzuschätzen (vgl. → § 399 Rn. 345; Kohlmann/*Hilgers-Klautzsch* AO § 402 Rn. 7; Schwarz/Pahlke/*Klaproth* AO § 402 Rn. 13).

Die BuStra ist allerdings berechtigt, Erkenntnisse über nicht steuerliche Straftaten zB an die StA weiterzugeben, soweit die entsprechende Offenbarung gem. § 30 IV, V AO zulässig ist.

14 Die Rechte und Pflichten der **Steuerfahndung** ergeben sich hingegen nicht aus § 402 AO, sondern aus §§ 208, 404 AO. Die Bediensteten der Steuerfahndung müssen folglich im gesamten Strafverfahren und nicht nur im Ermittlungsverfahren Ermittlungsaufträgen der Staatsanwaltschaft nachkommen (Meyer-Goßner/Schmitt/*Schmitt* GVG § 152 Rn. 1).

6. Inhalt des § 402 II AO

15 Soweit einer Gemeinsamen Strafsachenstelle (§ 387 II AO) die selbstständige Durchführung des Ermittlungsverfahrens (§ 399 I AO) übertragen worden ist, hat jede der FinBen, also sowohl die jeweils für die Besteuerung als auch die für die Strafsachen zuständige FinB, die Rechte und Pflichten gemäß Abs. 1 (Klein/*Jäger* AO § 402 Rn. 5; Schwarz/Pahlke/*Klaproth* AO § 402 Rn. 14; krit. *Hellmann* 1995, 356). Insbesondere dürfen die Bediensteten all dieser FinBen Beschlagnahmen, Notveräußerungen usw. nach den für Ermittlungspersonen (→ Einleitung Rn. 109) der StA geltenden Vorschriften der StPO anordnen (§ 399 II 2 AO). § 402 II AO stellt klar, dass die Zuständigkeitskonzentration nach § 387 II AO das Recht *und* die Pflicht der einzelnen FinB unberührt lässt, als Hilfsorgan auch für die StA tätig zu werden (BT-Drs. V/1812, 36). So kann etwa die FinB, welche die Steuer verwaltet, von der StA ersucht werden, den gesamten Lebenssachverhalt im Rahmen einer prozessualen Tat zu ermitteln. Da § 402 II AO keine über § 402 I AO hinausgehende Beschränkung der Ermittlungskompetenz auf Steuerstraftaten enthält, bestünde zB auch die Pflicht zu Ermittlungen im Hinblick auf in Tateinheit oder -mehrheit stehende Allgemeindelikte (Klein/*Jäger* AO § 402 Rn. 5; HHS/*Tormöhlen* AO § 402

Rn. 14; aA Kohlmann/*Hilgers-Klautzsch* AO § 402 Rn. 7, 11). Dies erscheint jedoch wenig zielführend, da die Bediensteten der für die Besteuerung zuständigen FinBen in aller Regel weder straf- noch strafverfahrensrechtlich hinreichend geschult sind, so dass von Ihnen getroffene Ermittlungshandlungen unter rechtsstaatlichen Gesichtspunkten problematisch sind (HHS/*Tormöhlen* AO § 399 Rn. 14 ff.; Schwarz/Pahlke/*Klaproth* AO § 402 Rn. 14). Sinnvoll erscheint es allenfalls, das Veranlagungsfinanzamt im Rahmen der Ermittlung der verkürzten Steuer und der steuerlichen Auswertung sichergestellter Unterlagen in Anspruch zu nehmen.

§ 403 Beteiligung der Finanzbehörde

(1) ¹Führt die Staatsanwaltschaft oder die Polizei Ermittlungen durch, die Steuerstraftaten betreffen, so ist die sonst zuständige Finanzbehörde befugt, daran teilzunehmen. ²Ort und Zeit der Ermittlungshandlungen sollen ihr rechtzeitig mitgeteilt werden. ³Dem Vertreter der Finanzbehörde ist zu gestatten, Fragen an Beschuldigte, Zeugen und Sachverständige zu stellen.

(2) Absatz 1 gilt sinngemäß für solche richterlichen Verhandlungen, bei denen auch der Staatsanwaltschaft die Anwesenheit gestattet ist.

(3) Der sonst zuständigen Finanzbehörde sind die Anklageschrift und der Antrag auf Erlass eines Strafbefehls mitzuteilen.

(4) Erwägt die Staatsanwaltschaft, das Verfahren einzustellen, so hat sie die sonst zuständige Finanzbehörde zu hören.

Vgl. § 63 II, III OWiG; vgl. auch Nr. 92 AStBV (St) 2020.

Schrifttum: *Klos/Weyand,* Ermittlungszuständigkeit und Beteiligungsrechte der Finanzbehörde im Steuerstrafverfahren, DStZ 1988, 615; *Weyand,* Die neue „Anordnung über Mitteilungen in Strafsachen", InfStW 1998, 458; *Niemöller/Schlothauer/Weider,* Gesetz zur Verständigung im Strafverfahren, 2010; *Schaaf,* Die Rolle der Finanzbehörde im gerichtlichen Steuerstrafverfahren, AO-StB 2011, 317; *Tormöhlen,* Die Stellung der BuStra im Steuerstraf- und Ordnungswidrigkeitenverfahren, AO-StB 2013, 316; *Sediqi,* Die Ermittlungskompetenz der Finanzbehörde bei Zusammentreffen von Steuerstraftat und Allgemeindelikt, wistra 2017, 259; *Duda/Schubert,* Die Stellung der Finanzbehörde im gerichtlichen Verfahren – Rechte und Pflichten in den einzelnen Verfahrensabschnitten, NWB 2020, 1624.

1. Entstehungsgeschichte

1 **Vorläufer des § 403 AO 1977** war § 438 RAO 1967, dessen Absatz 1 inhaltlich dem § 403 I 1 und 2 AO entsprach. Mit der AO 1977 neu eingefügt wurde § 403 I 3 AO. § 438 II RAO hatte dem FA ein Beteiligungsrecht nur für das Schlussgehör nach § 169b StPO aF eingeräumt, während § 403 II AO dieses Recht auf sämtliche richterliche Handlungen erstreckt, bei denen auch der StA die Anwesenheit gestattet ist. § 403 III, IV AO entsprechen inhaltlich § 438 III, IV RAO. **§ 438 I, II RAO 1967** (= § 428 EAOStrafÄndG, Begr. BT-Drs. V/1812, 8) wurde durch Art. 1 Nr. 1 AOStrafÄndG v. 12.8.1967 (BGBl. I 877) neu geschaffen, Abs. 2 jedoch mit der Abschaffung des Schlussgehörs durch das 1. StrVRG v. 9.12.1974 (BGBl. I 3393, 3533) wieder gestrichen. Die Absätze 3 und 4 wurden durch Art. 1 Nr. 1 des 2. AOStrafÄndG v. 12.8.1968 (BGBl. I 953) eingefügt und rückten infolge der Streichung des ursprünglichen Abs. 2 auf. Eine Beschränkung der FinB auf Informationsrechte sah schon § 441 RAO 1967 vor. Die weitergehende Stellung eines Nebenklägers (§§ 467, 472 RAO 1931), die noch im RegE des AOStrafÄndG vorgesehen war (BT-Drs. V/1812, 37), wurde nach lebhaften Erörterungen im Verlauf des Gesetzgebungsverfahrens gem. Art. 1 Nr. 1 AOStrafÄndG v. 10.8.1967 (BGBl. I 877) abgeschafft. Auch das Klageerzwingungsverfahren steht der FinB zur Durchsetzung ihrer von der der StA abweichenden Auffassung nicht zu Gebote (→ Rn. 19). Zur **RAO 1919** und **RAO 1939** → § 402 Rn. 1.

2. Zweck und Bedeutung der Vorschrift

2 **§ 403 AO regelt** iVm § 402 AO die Stellung und die Rechte der FinB, wenn das Ermittlungsverfahren von der StA geführt wird. Während § 402 AO die Ermittlungspersoneigenschaft der FinB anordnet, gibt § 403 AO der FinB gewisse Beteiligungsrechte. Ziel ist es im Wege der frühen und umfassenden Beteiligung der FinB zum einen, sowohl die besondere steuerliche Sachkunde der FinB als auch ihre ggf. in vorherigen oder parallelen Ermittlungsverfahren erlangten Kenntnisse im Ermittlungsverfahren zu nutzen (*Lohmeyer* S. 105; *Schwarz/Pahlke/Klaproth* AO § 403 Rn. 2; *Kohlmann/Hilgers-Klautzsch*

AO § 403 Rn. 5; HHS/*Tormöhlen* AO § 403 Rn. 6; BT-Drs. V/1812, 36). Dem dient etwa das Gebot, die FinB vor Einstellung des Verfahrens zu hören (§ 403 IV AO). Zum anderen soll durch die Beteiligung der FinB gesichert werden, dass verkürzte Steuerbeträge möglichst bald festgesetzt und nacherhoben werden können (BT-Drs. V/1812, 36). Zwar gehört *„die Durchsetzung konkreter Steueransprüche ... nicht zu den Aufgaben des Steuerstrafrechts"* (so Kohlmann/*Hilgers-Klautzsch* AO § 403 Rn. 8 unter Bezugnahme auf das Prinzip der strikten Verfahrenstrennung), dem Gesetzgeber steht es jedoch frei, die Ergebnisse des strafrechtlichen Ermittlungsverfahrens (in gewissen Grenzen; → § 404 Rn. 120 ff.) für das Besteuerungsverfahren nutzbar zu machen (zust. HHS/*Tormöhlen* AO § 403 Rn. 8; Schwarz/Pahlke/*Klaproth* AO § 403 Rn. 3). Mit § 393 III AO hat er dies hinreichend deutlich getan (→ § 393 Rn. 118 ff.).

Es steht im Ermessen der FinB, ob sie die ihr durch § 403 AO eingeräumten Rechte wahrnimmt, wobei allerdings die ermessensleitende Regelung der Nr. 92 I 3 AStBV (St) 2020 zu beachten ist. Danach soll eine Teilnahme der FinB erfolgen, wenn es sich um Fälle von Gewicht handelt oder der Beschuldigte dies beantragt. Ein subjektives Recht auf Teilnahme der FinB hat der Beschuldigte hingegen nicht (→ Rn. 17).

§ 403 AO wird ergänzt durch § 395 AO, nach dem der FinB ein Akteneinsichtsrecht in die Ermittlungsakten zusteht (→ § 395 Rn. 7 ff.). Daneben regeln §§ 406, 407 AO die Rechte der FinB im gerichtlichen Verfahren (insbes. → § 407 Rn. 5 ff.).

3. Befugnisse der Finanzbehörde

a) Allgemeine Voraussetzungen

Bei Ermittlungen der StA oder der Polizei hat die FinB Teilnahme-, Informations- 3 und Anhörungsrechte. § 403 AO ergänzt insoweit den § 402 AO. Eigene Ermittlungstätigkeiten des StA sind nicht nötig; auch Ermittlungshandlungen der Polizei im Rahmen des § 163 I StPO sind ausdrücklich erfasst. Darüber hinaus wird man die in § 403 AO enthaltenen Rechte der FinB schon dann bejahen müssen, wenn eine Ermittlungsperson (→ Einl Rn. 109) iSd § 152 GVG für die StA ermittelnd tätig wird (ähnl. Schwarz/Pahlke/*Klaproth* AO § 403 Rn. 5). § 403 AO ist somit z. B. auch anwendbar auf die Auswertung sichergestellter Unterlagen, Vernehmungen, die Überwachung der Telekommunikation oder Observationen.

Da § 403 AO, anders als § 402 AO, nicht von „Ermittlungs*verfahren*", sondern von 4 „*Ermittlungen*" spricht, sind die sich aus § 403 AO ergebenden Rechte der FinB zu beachten, sobald die StA ein Steuerstrafverfahren einleitet oder ein bereits eingeleitetes Verfahren von der FinB übernimmt. Darüber hinaus bestehen die Rechte der FinB auch dann, wenn die StA auf Ersuchen des Gerichts im Zwischenverfahren einzelne Nachermittlungen durchführt (s. aber → § 402 Rn. 10, 12). Der Anwendungsbereich des § 403 AO endet erst mit der Zulassung der öffentlichen Klage, der Anberaumung eines Termins zur Hauptverhandlung von Amts wegen nach Erlass eines Strafbefehls, der Rückgabe des Verfahrens an die FinB gem. § 386 IV 3 AO oder die Entscheidung der StA über einen Verfahrensabschluss (ebenso Schwarz/Pahlke/*Klaproth* AO § 403 Rn. 1).

„**Sonst zuständige Finanzbehörde**" ist jeweils diejenige FinB, die (funktional, sach- 5 lich und örtlich) zuständig wäre, wenn nicht die StA nach Maßgabe des § 386 III, IV AO die Ermittlungen selbst durchführen würde (→ § 402 Rn. 6). Dies richtet sich nach den §§ 387 ff. AO. Besteht nach § 387 II AO eine Gemeinsame Strafsachenstelle, so ist ausschließlich diese *„zuständige FinB"* iSd § 403 AO, da eine dem § 402 II AO entsprechende Regelung in § 403 AO fehlt (ebenso HHS/*Tormöhlen* AO § 403 Rn. 22). Die für das Besteuerungsverfahren zuständige Finanzbehörde wird von § 403 AO nicht erfasst. *„Zuständige FinB"* ist auch die Strafsachenstelle des Hauptzollamts.

Die Ermittlungen müssen Steuerstraftaten betreffen. Hierzu gehören alle Taten 6 iSd § 369 I AO. Kraft ausdrücklicher gesetzlicher Anordnung gilt § 403 AO aber auch für Ermittlungen bei sog. Vorspiegelungstaten (§ 385 II AO) und bei Straftaten, die Sondergesetze betreffen und für welche die Anwendbarkeit des § 403 AO ausdrücklich angeordnet ist (→ § 385 Rn. 36 ff.).

Trifft eine solche Straftat tateinheitlich oder tatmehrheitlich mit einer allgemeinen Straftat zusammen, was in der Praxis häufig bei fingierten Betriebsausgaben im Hinblick auf Steuerhinterziehung und Urkundenfälschung der Fall ist, so beschränken sich die Befugnisse und Rechte der FinB auf die Steuerstraftat (ebenso HHS/*Tormöhlen* AO § 403 Rn. 21; RKR/*Kemper* AO § 403 Rn. 6).

7 **Die Steuer- und die Zollfahndung** sind nicht FinB iSd § 403 AO (glA Schwarz/Pahlke/*Klaproth* AO § 403 Rn. 4). Die §§ 402 f. AO regeln ausdrücklich die Stellung der FinB und trennen davon die im § 404 AO geregelte Steuer- und Zollfahndung. Zollfahndungsämter und Steuerfahndung sind auf die in § 404 AO eingeräumten Befugnisse beschränkt (→ § 404 Rn. 74 ff.). Unter praktischen Gesichtspunkten kann eine Beteiligung der Steuer- oder Zollfahndung jedoch angezeigt sein, wenn es sich um ein Ermittlungsverfahren der jeweiligen Fahndungsdienststelle handelt (zutreffend RKR/*Kemper* AO § 403 Rn. 4).

Auch die die Fach- und Dienstaufsicht ausübenden vorgesetzten Finanzbehörden sind von der Beteiligung ausgeschlossen, da sie nicht für die Strafverfolgung originär zuständig sind.

b) Teilnahmerechte

8 **An Ermittlungshandlungen der StA oder der Polizei** darf die sonst zuständige FinB teilnehmen (§ 403 I 1 AO). Zur Sicherung dieses Rechts ist die ermittelnde Behörde gehalten, der FinB Ort und Zeit der Ermittlungen rechtzeitig mitzuteilen (vgl. RKR/*Kemper* AO § 403 Rn. 7). Dies gilt auch für den Fall, dass die ermittelnde Behörde aus dem Recht des ersten Zugriffs heraus tätig wird, da auch in diesem Fall die StA oder die BuStra als Herrin des Verfahrens zu informieren sind. *Rechtzeitig* ist die Mitteilung, wenn es der zuständigen FinB möglich bleibt, sich auf die Teilnahme an der Ermittlungshandlung einzurichten. In diesem Rahmen ist eine bestimmte Form der Mitteilung ebenso wenig erforderlich wie die Wahrung von Fristen (ebenso HHS/*Tormöhlen* AO § 403 AO Rn. 31).

9 Die Unterrichtung **soll** erfolgen. Der StA oder – falls die StA die Information delegiert – der Polizei steht insoweit kein Ermessen zu. Die Unterrichtung kann allerdings unterbleiben, wenn sie sinnlos ist, weil die entsprechende Ermittlungshandlung zur Vermeidung einer Gefährdung des Untersuchungserfolges (vgl. § 168c V 2 StPO) so schnell erfolgen muss, dass eine Teilnahme von Vertretern der FinB nicht mehr möglich ist (vgl. KK-StPO/*Griesbaum* StPO § 168c Rn. 17 und Meyer-Goßner/Schmitt/*Schmitt* StPO § 168c Rn. 5a; HHS/*Tormöhlen* AO § 403 Rn. 29; Kohlmann/*Hilgers-Klautzsch* AO § 404 Rn. 16; Schwarz/Pahlke/*Klaproth* AO § 403 Rn. 5b).

10 **Auch bei einigen richterlichen Untersuchungshandlungen** ist die FinB zu informieren (§ 403 II). Das Gesetz spricht von *„richterlichen Verhandlungen, bei denen auch der StA die Anwesenheit gestattet ist"*. Gemeint sind damit praktisch alle Ermittlungshandlungen, da die StA Herrin des Ermittlungsverfahrens ist, was erst mit dem Beschluss über die Eröffnung der Hauptverhandlung endet. Insbes. sind zu nennen der richterliche Augenschein (§ 168d I StPO), die Anordnung von Untersuchungshaft, deren Aufrechterhaltung sowie der Haftprüfung (§§ 112 ff. StPO), Verhandlungen über die Anordnung und Aufrechterhaltung von Durchsuchungs- und Beschlagnahmebeschlüssen (§§ 105, 98 StPO) sowie die Vernehmung von Beschuldigten, Zeugen und Sachverständigen (vgl. § 168c I, II StPO; s. HHS/*Tormöhlen* AO § 403 Rn. 19; Schwarz/Pahlke/*Klaproth* AO § 403 Rn. 6).

11 **Ein Anwesenheitsrecht** hat die FinB auch dann, wenn ihr Ort und Zeit der Ermittlungshandlungen entgegen § 403 I 2 AO nicht rechtzeitig mitgeteilt worden sind, sie aber dennoch von dem Termin erfahren hat.

12 **Das Fragerecht nach § 403 I 3 AO,** das auch für richterliche Untersuchungshandlungen iSd § 403 II AO gilt (*Schmitz/Tillmann* S. 50), ergänzt das Teilnahmerecht der FinB

(vgl. Nr. 92 I 3 AStBV (St) 2020). Dem von der FinB entsandten Amtsträger ist nicht nur die Anwesenheit, sondern auch die aktive Befragung von Beschuldigten, Zeugen und Sachverständigen zu gestatten, jedoch können ungeeignete oder nicht zur Sache gehörende Fragen entsprechend §§ 168c I 3, 241 II StPO zurückgewiesen werden (Meyer-Goßner/Schmitt/*Schmitt* StPO § 168c Rn. 1; KK-StPO/*Griesbaum* StPO § 168c Rn. 15). Nicht zur Sache gehören auch solche Fragen, die sich nicht auf Steuerstraftaten im oben (→ Rn. 6) beschriebenen Sinne beziehen.

Der Vertreter der FinB kann die Beteiligten unmittelbar befragen. Seine Fragen 13 sind nicht etwa *durch* den ermittelnden StA oder Polizeibeamten zu stellen (ebenso Schwarz/Pahlke/*Klaproth* AO § 403 Rn. 5). Dies ist nur nötig, soweit es sich um einen Zeugen unter 16 Jahren handelt (§ 241a StPO). Ein unmittelbares Fragerecht war zum alten Recht umstritten, da § 438 RAO lediglich von einem Anwesenheitsrecht sprach. Nunmehr ordnet § 403 I 3 AO ein Fragerecht des Vertreters der FinB ausdrücklich an. Dieses – anders als bei anderen Verfahrensbeteiligten – auf ein nur mittelbares Fragerecht zu beschränken, besteht kein Anlass (s. auch BT-Drs. VI/1982, 200; → § 407 Rn. 14).

c) Informationsrechte

Anklageschrift und Antrag auf Erlass eines Strafbefehls sind der sonst zuständigen 14 FinB mitzuteilen (§ 403 III AO). Der StA steht insoweit kein Ermessen zu. Die Unterrichtungspflicht dient zum einen dazu, der FinB eine rechtzeitige (Vorbereitung auf ihre) Mitwirkung im gerichtlichen Verfahren (§ 407 I AO) zu ermöglichen (vgl. auch HHS/*Tormöhlen* AO § 403 Rn. 27). So kann die FinB etwa vor Erlass des Strafbefehls dem Gericht Gesichtspunkte aufzeigen, „*die von ihrem Standpunkt für die Entscheidung von Bedeutung sind*" (§ 407 I AO). Zum anderen wird die FinB vom Abschluss der Ermittlungen in Kenntnis gesetzt, um ggf. auf das Ergebnis der Ermittlungen im Rahmen ihres Akteneinsichtsrechts nach § 395 AO zur Festsetzung der verkürzten Steuer zurückgreifen zu können (→ Rn. 2). Eine Anhörung der FinB vor Einreichung der Anklage oder vor Beantragung eines Strafbefehls ist, wie sich mittelbar aus § 403 IV AO ergibt, nicht erforderlich. Sie kann jedoch im Rahmen einer vertrauensvollen Zusammenarbeit durchaus sinnvoll sein.

Die Informationspflicht des § 403 III AO besteht auch dann, wenn die FinB die von 15 ihr ermittelte Strafsache anklagereif nach § 400 AO an die StA abgegeben hat. Neben dem klaren Wortlaut des § 403 III AO ergibt sich dies auch daraus, dass ohne ausreichende Vorbereitungszeit und Kenntnis des vollständigen Akteninhalts einschließlich der Vorgänge nach Übersendung der Akten von der FinB an die StA eine effektive Mitwirkung im gerichtlichen Verfahren nicht möglich ist.

d) Anhörungsrechte

Erwägt die StA eine Einstellung des Verfahrens, ist die sonst zuständige FinB 16 anzuhören. Der Begriff der Einstellung umfasst neben der nach § 398 AO auch eine solche wegen fehlenden Tatverdachts (§ 170 II StPO), wegen Geringfügigkeit nach §§ 153, 153a StPO, bei Teilverzicht auf eine Strafverfolgung (§§ 154, 154a StPO) und andere (HHS/*Tormöhlen* AO § 403 Rn. 36; Kohlmann/*Hilgers-Klautzsch* AO § 403 Rn. 31; RKR/*Kemper* AO § 403 Rn. 12f.; BT-Drs. VI/1982, 200). Kommt es zu Gesprächen über einen Verfahrensabschluss nach § 257c StPO, ist die Finanzbehörde auch daran zu beteiligen. Das Anhörungsrecht dient der Kontrolle der StA und soll der FinB ermöglichen, etwaige Bedenken gegen die von der StA geplante Maßnahme zu äußern (ähnl. Göhler/*Seitz/Bauer* OWiG § 63 Rn. 10; *Schmitz/Tillmann* S. 51). Die FinB kann jedoch die Entscheidung der StA nicht verhindern oder die Anklage erzwingen, sondern lediglich versuchen, durch sachdienliche Hinweise die beabsichtigte Entscheidung der StA in Frage zu stellen (vgl. Nr. 92 IV AStBV (St) 2020).

Eine Verletzung des Anhörungsrechts macht die Entscheidung der StA nicht anfechtbar, da es sich lediglich um ein Anhörungsrecht handelt. Die StA hat die FinB jedoch über die

Einstellung des Verfahrens zu unterrichten (Kohlmann/*Hilgers-Klautzsch* AO § 403 Rn. 36).

4. Verstöße gegen § 403 AO

17 Eine Beeinträchtigung der Beteiligungsrechte der FinB berührt die Verwertbarkeit der Ermittlungen oder die Wirksamkeit der das Verfahren abschließenden Handlung (§ 403 III, IV AO) regelmäßig nicht. Zwar ist eine Zeugenaussage vor dem Ermittlungsrichter nur beschränkt verwertbar, wenn der Beschuldigte entgegen § 168c V StPO nicht benachrichtigt wurde (BGH 26.11.1986, BGHSt 34, 231; BGH 9.7.1997, StV 1997, 512; BGH 24.4.2019, NStZ-RR 2019, 222; Meyer-Goßner/Schmitt/*Schmitt* StPO § 168c Rn. 6 f. und KK-StPO/*Griesbaum* StPO § 168c Rn. 22). Kennzeichnend dafür ist, dass eine Beeinträchtigung der Rechte des Beschuldigten nicht ausgeschlossen werden kann. Eine solche liegt bei der Verletzung der Beteiligungsrechte der FinB aber relativ fern (s. jedoch zu einer Ausnahme → § 407 Rn. 20, wenn bei Wahrnehmung der Rechte der FinB mit einer weiteren Sachaufklärung zu rechnen gewesen wäre). Da die Beteiligungsrechte der FinB ihren Grund insbes. in der Einbeziehung steuerlichen Sachverstands in das Strafverfahren haben (→ Rn. 2), besteht insoweit kein subjektives Recht für den Beschuldigten.

18 Gegen die Beeinträchtigung ihrer Beteiligungsrechte kann die FinB (nur) **Gegenvorstellung oder Dienstaufsichtsbeschwerde** erheben, da sie der StA untergeordnet ist und es sich somit letztendlich um eine behördeninterne Streitigkeit handelt (HHS/*Tormöhlen* AO § 403 Rn. 41; RKR/*Kemper* AO § 403 Rn. 15; Schwarz/Pahlke/*Klaproth* AO § 403 Rn. 13).

5. Klageerzwingungsverfahren durch die Finanzbehörde

19 Bei einer ihrer Meinung nach unrichtigen Sachbehandlung kann die FinB nicht mit dem Mittel des Klageerzwingungsverfahrens (§ 172 StPO) intervenieren (ebenso Klein/*Jäger* AO § 403 Rn. 7; Kohlmann/*Hilgers-Klautzsch* AO § 403 Rn. 39; Schwarz/Pahlke/*Klaproth* AO § 403 Rn. 13). Ein Klageerzwingungsverfahren setzt voraus, dass jemand einen *„Antrag auf Erhebung der öffentlichen Klage"* (§ 171 StPO) gestellt hat und zugleich durch die Straftat *verletzt* worden ist (§ 172 I StPO). Nun mag man in der Abgabe an die StA nach § 400 AO einen Antrag iSd § 171 StPO sehen können, jedoch ist die FinB nicht *„Verletzte"* iSd § 172 I StPO. Zwar ist dieser Begriff weit auszulegen (KK-StPO/*Moldenhauer* StPO § 172 Rn. 18; Meyer-Goßner/Schmitt/*Schmitt* StPO § 172 Rn. 10), und der Fiskus kann durchaus als Verletzter einer Steuerstraftat angesehen werden (so im Rahmen eines Arrestverfahrens nach § 73 StGB a. F. BGH 13.7.2010, wistra 2010, 406). Doch es darf im Hinblick auf § 403 AO nicht verkannt werden, dass die Finanzbehörde bei Steuerstraftaten als Strafverfolgungsorgan und Justizbehörde tätig wird. Eine (Finanz-)Behörde, die selbst zur Wahrung des Legalitätsprinzips verpflichtet ist (§ 399 AO) und ggf. zT selbständig die Ermittlungen geführt hat, kann nicht auf diese Weise die Wahrung des Legalitätsprinzips durch andere (Strafverfolgungs-)Behörden überprüfen lassen (HHS/*Tormöhlen* AO § 403 Rn. 43 ff.; Schwarz/Pahlke/*Klaproth* AO § 403 Rn. 13; ebenso Kohlmann/*Hilgers-Klautzsch* AO § 403 Rn. 39 sowie § 407 Rn. 23; vgl. auch KK-StPO/*Moldenhauer* StPO § 172 Rn. 19 f.; Abg. *Genscher*, Sten. Ber. der 116. Sitzung des BT in der V. Wahlperiode, S. 5783 D). Folglich fällt das FA unter den Begriff des Verletzten iSd § 172 I StPO ebenso wenig wie die Naturschutzbehörde bei einer Straftat gegen ein Naturschutzgesetz (OLG Celle 30.12.1966, MDR 1967, 515), die Ausländerbehörde bei Verstößen gegen das Aufenthaltsgesetz (OLG Karlsruhe 20.2.1987, NJW 1987, 1835), der Dienstherr eines bestochenen Amtsträgers (OLG Nürnberg 16.1.1997, NJW 1997, 1320) oder ein Halter/Eigentümer bzw. Tierschutzverein bei Tierquälerei (Braunschweig 29.8.2013, NStZ 2014, 174; OLG Hamm 18.12.1969, MDR 1970, 946).

IV. Steuer- und Zollfahndung

§ 404 Steuer- und Zollfahndung

¹Die Behörden des Zollfahndungsdienstes und die mit der Steuerfahndung betrauten Dienststellen der Landesfinanzbehörden sowie ihre Beamten haben im Strafverfahren wegen Steuerstraftaten dieselben Rechte und Pflichten wie die Behörden und Beamten des Polizeidienstes nach den Vorschriften der Strafprozessordnung. ²Die in Satz 1 bezeichneten Stellen haben die Befugnisse nach § 399 Abs. 2 Satz 2 sowie die Befugnis zur Durchsicht der Papiere des von der Durchsuchung Betroffenen (§ 110 Abs. 1 der Strafprozessordnung); ihre Beamten sind Ermittlungspersonen der Staatsanwaltschaft.

AStBV (St) 2020, Nr. 122–127.

Schrifttum: Monographien: *Wendeborn,* Das Recht der Steuerfahndung gemäß §§ 208, 404 AO, 1989; *Müller-Brühl,* Ermittlungen bei Kreditinstituten in Steuerverfahren ihrer Kunden, 1990; *Hellmann,* Das Nebenstrafverfahrensrecht der Abgabenordnung, 1995; *Schmidt-Troje,* Steuerfahndung, 2. Aufl. 1997; *Miebach,* Das Bankgeheimnis, 1999; *Lübke/Müller/Bonenberg,* Steuerfahndung, 2008; *Ambos,* Bankenermittlungen der Steuerfahndung im In- und Ausland, 2012; *Webel,* Steuerfahndung – Steuerstrafverteidigung, 3. Aufl. 2016; *Streck/Spatscheck/Talaska,* Die Steuerfahndung, 5. Aufl. 2017; *Müller/Fischer,* Steuerfahndung Beratung und Verteidigung, 2020; *Kaligin,* Betriebsprüfung und Steuerfahndung, 2021.

Aufsätze: *Pütz,* Steuer- und Zollfahnder als Hilfsbeamte der Staatsanwaltschaft, wistra 1990, 213; *Reiche,* Die strafrechtliche Ermittlungskompetenz der Zollfahndung, wistra 1990, 90; *Weyand,* Rechtschutzmöglichkeiten gegen die Auswertung von CpD-Konten durch die Steuerfahndung, wistra 1990, 294; *Müller-Brühl,* Eine Aufsichtsbehörde für die Steuerfahndung muß geschaffen werden, DStZ 1991, 712; *Rüping,* Rechtsprobleme der Durchsuchung, insbes. in Steuerstrafsachen, StVj 1991, 322; *Dörn,* Übermacht der Steuerfahndung?, BB 1992, 2407; *ders.,* Betriebsprüfung – Strafverfahren – Steuerfahndung, Stbg 1993, 257; *ders.,* Befugnisse der Steuerfahndung, StB 1993, 444; *Mewes,* Rechtliche Erfassung von Vollzugstätigkeit allgemeinpolizeilicher Art durch Beamte des Zolldienstes, ZfZ 1993, 130; *Tormöhlen,* Befugnisse der Steuerfahndung bei Sachverhalten, bei denen Strafverfolgungsverjährung aber noch keine Festsetzungsverjährung nach § 169 AO eingetreten ist, wistra 1993, 174; *Gosch,* Durchführung von Steufa-Maßnahmen bei einem Handlungsunfähigen, StBp 1994, 241; *Streck,* Die Auswirkungen des Wegfalls des strafrechtlichen Fortsetzungszusammenhangs auf Besteuerungs- und Prüfungssituationen, DStR 1994, 1723; *Wamers,* Marktbeobachtung – Aufgabe des Zollfahndungsdienstes, ZfZ 1993, 70 m. Erw. *Ringling,* ZfZ 1994, 109; *Rößler,* Recht auf Einsicht in Akten eines abgeschlossenen Verfahrens wegen Steuerhinterziehung?, DStR 1994, 192; *Dörn,* Feststellungen von Steuerverkürzungen durch die Außenprüfung, DStR 1995, 558; *Jäger,* Vorfeldermittlungen – Reizwort und Streitgegenstand, Kriminalistik 1995, 189; *Messner,* Strafrechtliche und steuerliche Bedeutung des Abschied vom Fortsetzungszusammenhang im Steuerstrafrecht, DB 1995, 1735; *Streck/Mack,* Banken und Bankkunden im Steuerfahndungsverfahren, BB 1995, 2137; *Gilgan,* Die „Handakte" des Steuerberaters, Stbg 1995, 208; *Scheja,* Bekämpfung der grenzüberschreitenden Produktpiraterie durch die Zollbehörden, CR 1995, 714; *Papier/Dengler,* Verfassungsrechtliche Fragen im Zusammenhang mit Steuerfahndungsmaßnahmen bei Banken, BB 1996, 2541, 2593; *Tönsgerlemann,* Informationsgewinnung im Zollfahndungsdienst – Das Rad neu erfinden?, ddz 1996, F 45; *Stahl,* Beschlagnahme von Unterlagen für strafrechtlich verjährte Zeiträume, wistra 1997, 238; *Burkhard,* Die Strategie der Staatsanwaltschaft bei der Vernehmung von Bankkunden, PStR 1998, 154; *Dücker/Keune,* Zuständigkeit der Steuerfahndung nach Ablauf der Strafverfolgungsverjährung, DStR 1998, 14; *Heine,* Die Arbeit der Steuerfahndung – Neue Entwicklungen und gegenwärtige Schwerpunkte, Harzburger Steuerprotokoll 1998, 303; *ders.,* Zur aktuellen Situation der Prüfungsdienste der Finanzverwaltung, Stbg 1998, 241; *Kahlen,* „Friedensangebote" der Steuerfahndung, PStR 1998, 180; *Kottke,* Schleppnetzfahndung nach nicht deklarierten Inlandszinsen als Folge der Steuerfahndungen bei Banken?, Information StW 1998, 648; *Peulen,* Bekämpfung organisierter Kriminalität durch den Zollfahndungsdienst, ddz 1998, F 71; *Joecks,* Die Stellung der Kreditwirtschaft im steuerstrafrechtlichen Ermittlungsverfahren gegen Kunden, WM 1998, Beil. 1; *Rolletschke,* Die Hinzuziehung eines Betriebsprüfers bei einer Durchsuchungsmaßnahme der Steuerfahndung, DStZ 1999, 444; *Marx,* Das Geldwäschegesetz als „Einfallstor" der Steuerfahndung, PStR 1999, 16; *Moritz,* Rechtssicherheit – quo vadis? PStR 2001, 122; *Mösbauer,* Steuerfahndung – ein besonderer Prüfdienst der Finanzverwaltung zur Bekämpfung der Steuerkriminalität, StB 2003, 214; *Schmitz,* Grenzüberschreitender Bargeldtransfer – Kritische Betrachtung der aktuellen Rechtsprechung zu § 12a ZollVG und § 12a a. F. FVG, DStZ 2003, 606; *Vogelberg,* Finanzverwaltung – Zuständigkeiten und Befugnisse, PStR 2005, 20; *Rolletschke,* Die finanzbehördlichen Strafverfolgungsorgane, Stbg 2006, 379; *Hentschel,* Staatsanwalt und Polizist in Personalunion? Zur Abschaffung fundamentaler Prinzipien des Strafverfahrensrechts bei der Verfolgung von Steuerstrafsachen, NJW 2006, 2300; *Graf/Bisle,* Internationaler Informationsaustausch und internationale Zusammenarbeit im Steuerstrafverfahren, IWB 2007, 1155; *Webel,* Staatsanwalt und Polizist in Personalunion, AO-StB 2007, 137; *Beyer,*

Die Dauer der Durchsicht gemäß § 110 StPO – So lässt sich eine unzumutbar lange Durchsicht vermeiden!, AO-StB 2009, 147; *Kaligin,* Rechtswidrige Strukturen im finanzbehördlichen Steuerstrafverfahren, Stbg 2010, 126; *Joecks,* Die Verwertung »illegal« beschaffter Daten, SAM 2011, 21; *Kaiser,* Zulässigkeit des Ankaufs deliktisch erlangter Steuerdaten, NStZ 2011, 383; *Löwe-Krahl,* Der Finanzbeamte als Geldwäschekontrolleur, PStR 2011, 63; *v. Wedelstädt,* Sammelauskunftsersuchen – Zulässigkeit, Rechtsschutz, AO-StB 2011, 19; *Anders,* Kontrollbesuche durch den „Flankenschutzfahnder", DStR 2012, 1779; *Buse,* Übernahme der Ermittlungen der Außenprüfung durch die Steuerfahndung, AO-StB 2012, 216; *Eisolt,* Zulässigkeit von Sammelauskunftsersuchen zu den Nutzern einer Internethandelsplattform, DStR 2012, 1840; *Tormöhlen,* Das neue deutsch-schweizerische Steuerabkommen und seine steuerstrafrechtlichen Aspekte, AO-StB 2012, 219; *Webel,* Angriff auf Behördenstruktur: Einheitssachgebiete rechtswidrig?, PStR 2012, 201; *Dusch,* Vermischung von Steufa und Bustra als rechtswidrige Konstruktion? – Zur behaupteten Rechtswidrigkeit von Mischsachgebieten in der Finanzverwaltung –, wistra 2013, 129; *Schilling/Rudolph/Kuntze,* Sicherstellung elektronischer Daten und »selektive Datenlöschung«, HRRS 2013, 207; *Rau,* Verhältnismäßigkeit eines Auskunftsersuchens der Steufa nach eingestelltem Steuerstrafverfahren, PStR 2013, 99; *Tormöhlen,* Die Stellung der BuStra im Steuerstraf- und Ordnungswidrigkeitenverfahren, AO-StB 2013, 316; *Madauß,* Außenprüfung und Steuerstrafverfahren, NZWiSt 2014, 296; *Roth,* Der „Flankenschutz-Fahnder" – Ein unzulässiges Kontrollinstrument?, StBW 2013, 320; *Steinhauff,* Das Nebeneinander von Besteuerungs- und Steuerstrafverfahren, AO-StB 2013, 309; *Roth,* Steuerfahndung: Internationale Gruppenanfragen ins Ausland, Stbg 2014, 405; *Schwedhelm,* Der Eingriff der Steuerfahndung: Sieben Regeln zum wichtigsten Verhalten von Mandant und Berater, DStR 2014, 2; *Herrmann,* Doppelfunktion der Steuerfahndung als Steuerkriminalpolizei und Finanzbehörde, DStJG Band 38 – Steuerstrafrecht an der Schnittstelle zum Steuerrecht 2015, 249; *Höring,* Die Verwertung einer angekauften Steuerdaten-CD im strafrechtlichen Ermittlungsverfahren, DStZ 2015, 341; *Kusnik,* Sammelauskunftsersuchen der Steuerfahndung zu Kunden von Unternehmen: Was darf die Finanzbehörde?, DB 2015, 697; *Wenzler,* Steuergeheimnis, Verhältnismäßigkeitsgrundsatz und Ermittlungsmaßnahmen der Steuerfahndung, AO-StB 2015, 146; *Franke-Roericht/Gehm,* Risikokontrolle durch systematische Steueraufsicht: Task Force, ServiSta & Co, AO-StB 2016, 167 ff., 204 ff.; *Hieramente,* Durchsuchung und »Durchsicht« der Unternehmens-IT – Betrachtungen zu §§ 103, 110 StPO, wistra 2016, 432; *Roth,* Informationsquellen der Steuerfahndung, DStZ 2017, 496; *Roth,* Wirkungen einer Fahndungsprüfung, StBp 2017, 271; *Schelling,* Ist die Anordnung einer Außenprüfung bei Verdacht einer Steuerstraftat zulässig?, PStR 2018, 32; *Tormöhlen,* Bedeutung und Konsequenzen des Abschaffung des steuerlichen Bankgeheimnisses (§ 30a AO a. F.), AO-StB 2019, 25; *Buchholz,* Das Anwesenheitsrecht bei der Durchsicht von Datenbeständen nach § 110 Abs. 1 StPO, NZWiSt 2021, 369.
S. auch die Nachweise vor → Rn. 150 und das Schrifttum zu → § 399 AO.

Übersicht

	Rn.
1. Entstehungsgeschichte	1–3
2. Zweck und Bedeutung der Vorschrift	4–6
3. Organisation der Steuer- und Zollfahndung	7–20
a) Zollfahndung	7–11
b) Steuerfahndung	12–20
4. Aufgaben der Steuer- und Zollfahndung	21–60
a) Allgemeines	21–27
b) Steuerstrafrechtliche Ermittlungen (§ 208 I 1 Nr. 1 AO)	28–31
c) Ermittlung der Besteuerungsgrundlagen (§ 208 I 1 Nr. 2 AO)	32–40
d) Aufdeckung und Ermittlung unbekannter Steuerfälle (§ 208 I 1 Nr. 3 AO)	41–57
e) Sonstige Aufgaben der Steuerfahndung (§ 208 II AO)	58–60
5. Befugnisse der Fahndung im Besteuerungsverfahren	61–73
6. Kompetenzen der Fahndung im Steuerstrafverfahren	74–119
a) Allgemeines	74–77
b) Geltung der Strafprozessordnung	78–91
c) Geltung des § 399 II 2 AO	92, 93
d) Durchsicht der Papiere	94–99
e) Weisungsbefugnisse der Staatsanwaltschaft (§ 404 S. 2 Hs. 2 AO)	100–104
f) Örtliche Zuständigkeit der Fahndung	105–119
7. Verhältnis von Besteuerungs- und Steuerstrafverfahren	120–134
8. Rechtsschutz gegen Maßnahmen der Steuerfahndung	135–149
9. Tatsächliche Verständigung	150–183
a) Tatsächliche Verständigung im Besteuerungsverfahren	151–163
b) Absprachen im Anwendungsbereich des Zollkodex	164
c) Absprachen im Steuerstrafverfahren	165–183

1. Entstehungsgeschichte

§ 404 AO 1977 geht zurück auf § 439 RAO. Mit der AO 1977 wurden lediglich die Begriffe „*Zollfahndungsstelle*" in „*Zollfahndungsämter*" und „*Steuervergehen*" in „*Steuerstraftaten*" geändert. § 439 S. 2 RAO lautete zuletzt: „*Die in Satz 1 bezeichneten Stellen haben die Befugnisse nach § 433 Abs. 2 Satz 2 sowie die Befugnis zur Durchsicht der nach Gesetz aufzubewahrenden Geschäftspapiere (§ 110 der Strafprozessordnung), wenn der Richter die Durchsuchung angeordnet hat; ihre Beamten sind Hilfsbeamte der Staatsanwaltschaft.*" Das Recht zur Durchsicht der Papiere war erst durch Art. 8 I Nr. 2 des 1. StVRG v. 9.12.1974 (BGBl. I 3393, 3413) in die AO eingefügt worden. 1

§ 439 RAO selbst wurde – ohne das Recht auf Durchsicht der Geschäftspapiere – durch Art. 1 Nr. 1 **AOStrafÄndG** v. 10.8.1967 (BGBl. I 877) eingefügt. Vorschriften über die Zollfahndungsstellen und die Beamten des Steuerfahndungsdienstes waren zuvor nur in den §§ 1, 19, 22 S. 2, 3 FVG aF enthalten; die Einfügung sollte der besseren Übersicht dienen, musste aber die unterschiedliche Organisation der Steuer- und Zollfahndung berücksichtigen (BT-Drs. V/1812, 36; ferner → Rn. 22 f.).

Die **Zollfahndung** hat ihre Ursprünge im Zoll- und Steueraufsichtsdienst (HHS/*Tormöhlen* AO § 404 Rn. 1). Durch Art. 1 Nr. 2 G v. 4.7.1939 (RGBl. I 1181) wurden dann in einem neuen § 17 IV RAO den Oberfinanzpräsidenten *Zollfahndungsdienststellen* unterstellt. Sie sollten im Steuerstrafverfahren bei der Untersuchung mitwirken und hatten insoweit die gleichen Befugnisse wie die Hauptzollämter. § 1 I Nr. 2 FVG v. 6.9.1950 (BGBl. 448) führte dann *Zollfahndungsstellen* als örtliche Bundesbehörden ein. Die Aufgaben und steuerlichen Befugnisse der Zollfahndung waren in § 15 I FVG aF geregelt, der durch § 208 AO 1977 abgelöst wurde (→ Rn. 24). 2

Die **Steuerfahndung** wird amtlich zuerst in dem RdF-Erlass v. 25.7.1934 über die „*Rechtsstellung von Strafverfolgungsbeamten der Reichsfinanzverwaltung*" (RStBl. 868) erwähnt. Gesetzlich wurde die Bezeichnung „Steuerfahndung" erstmals verwendet in § 22 FVG aF (→ Rn. 1), der später durch § 439 RAO 1967 ersetzt wurde. Weitere Befugnisse der Steuerfahndung enthielt § 17 II FVG aF, der durch § 208 AO 1977 abgelöst wurde (→ Rn. 22). 3

2. Zweck und Bedeutung der Vorschrift

Nach § 208 I 1 Nr. 1 AO ist es eine der Aufgaben der Steuer- und Zollfahndung, Steuerstraftaten zu erforschen. § 404 AO stellt klar, welche Kompetenzen die Steuer- und Zollfahndung zu diesem Zweck innehat. Dabei werden Steuer- und Zollfahndung den Behörden und Beamten des Polizeidienstes gleichgestellt. Nach § 404 S. 2 AO stehen ihr zudem die Rechte des § 399 II 2 AO zu. Ferner dürfen – über § 110 II StPO hinaus – die Papiere des von der Durchsuchung Betroffenen ohne dessen Zustimmung durchgesehen werden (§ 404 S. 2 AO iVm § 110 I StPO). 4

Tatsächlich beschreibt § 404 AO die **Kompetenzen der Steuer- und Zollfahndung** nur äußerst unvollkommen. Zu erfassen sind sie nur, wenn man die §§ 208, 393 AO in die Betrachtung einbezieht (ähnl. Kohlmann/*Matthes* AO § 404 Rn. 10). Die Fahndung hat im Zusammenhang mit der Erforschung von Steuerstraftaten auch die Besteuerungsgrundlagen zu ermitteln (§ 208 I 1 Nr. 2 AO) und nach § 208 I 1 Nr. 3 AO „*unbekannte Steuerfälle*" aufzudecken und zu ermitteln; ihr sind über die Befugnisse nach § 404 AO hinaus in § 208 I 2 AO die Kompetenzen der Finanzbehörde im Besteuerungsverfahren eingeräumt, zT sind diese sogar noch erweitert (§ 208 I 3 AO). § 393 AO klärt – ebenfalls unzureichend – die Frage, wie die Steuerfahndung mit ihren im Besteuerungsverfahren gewonnenen Erkenntnissen zu verfahren hat und in welchem Verhältnis steuerliche und strafverfahrensrechtliche Befugnisse zueinander stehen. 5

6 **§ 404 AO als Teil des Steuerstrafverfahrensrechts** beschreibt Rechte und Pflichten der Steuer- und Zollfahndung als Kriminalpolizei in Steuer- und Zollsachen. Abgesehen von der Erweiterung einiger Kompetenzen gegenüber der Kriminalpolizei ist dies nichts Ungewöhnliches. Die eigentliche Problematik der Fahndung liegt im Nebeneinander von Finanz*polizei und* Finanz*behörde*. Weder die Tätigkeit der Fahndung im Besteuerungsverfahren noch ihr Einsatz im strafprozessualen Bereich sind an sich problematisch; erst das von § 208 AO zugelassene Nebeneinander der Ermittlungen im Besteuerungs- und Strafverfahren oder der Auftrag zu sog. Vorfeldermittlungen in § 208 I 1 Nr. 3 AO lässt Bedenken entstehen (ähnl. *Schick* JZ 1982, 130 und HHS/*Tormöhlen* AO § 208 Rn. 2), da es nicht fernliegt, dass fiskalische Interessen zu stark wahrgenommen werden (vgl. *Streck* Rn. 3). Der Bürger läuft dadurch Gefahr, sich mit seiner steuerlichen Mitwirkung selbst zu belasten (→ Rn. 120 ff. u. → § 393 Rn. 4).

3. Organisation der Steuer- und Zollfahndung

a) Zollfahndung

7 Die **Zollfahndungsämter** treten nach § 1 Nr. 3 FVG als örtliche Behörden neben die Hauptzollämter. Auch in § 6 II Nr. 5 AO sind die Zollfahndungsämter neben den Hauptzollämtern genannt. Das Zollfahndungsamt ist selbstständige Behörde mit einer eigenen Organisation; seit dem 24.8.2002 stehen die Zollfahndungsämter nicht mehr unter der Leitung der OFD, sondern unter der Leitung des Zollkriminalamtes (vgl. § 1 Zollfahndungsdienstgesetz (ZFdG); Tipke/Kruse/*Seer* AO § 208 Rn. 2; zu den Hauptzollämtern s. auch → § 387 Rn. 6, 17); Finanzbehörde iSd § 386 I 2 AO ist sie jedoch nicht.

8 Die **Regelungen über die Zollfahndung** finden sich im ZFdG, das durch das Zollfahndungsneuregelungsgesetz (ZFnrG) v. 16.8.2002 (BGBl. I 3202) geschaffen wurde. Behörden des Zollfahndungsdienstes sind das Zollkriminalamt – bis zum 1.1.2016 als eigenständige Mittelbehörde – und die ihm unterstehenden Zollfahndungsämter als örtliche Behörden im Geschäftsbereich des BMF (§ 1 I, V ZFdG).

9 In Ausfüllung des § 12 I FVG hatte der BdF mit Erlass vom 8.8.1992 (VSF 03 610-5 Abs. 4) Bezirke und Sitze der Zollfahndungsämter neu bestimmt und denen der damaligen 21 Oberfinanzdirektionen angeglichen. Im Rahmen der Konzentration der Bundesaufgaben durch den BdF in 1998 wurde die Zahl der Bundesabteilungen der Oberfinanzdirektionen auf insgesamt acht verringert. Dementsprechend bestehen nunmehr **Zollfahndungsämter** in *Berlin-Brandenburg, Dresden, Essen* mit Dienstsitz *Düsseldorf, Frankfurt a. M., Hamburg, Hannover, München* und *Stuttgart* mit 24 Außenstellen.

10 Zum 1.1.2016 wurde die **Generalzolldirektion** mit Sitz in Bonn gegründet (Gesetz zur Neuorganisation der Zollverwaltung v. 3.12.2015, BGBl. I 2178). Bei ihr handelt es sich gem. § 1 Nr. 2 FVG um eine Bundesoberbehörde, die im zweistufigen Behördenaufbau die Leitungsaufgaben des Zolls übernimmt (Tipke/Kruse/*Krumm* FVG § 5a Rn. 1). Die Generalzolldirektion gliedert sich in zehn Direktionen, zu denen nach § 5a II 2 FVG als Direktion VIII auch der Zollfahndungsdienst (**Zollkriminalamt** – ZKA) gehört. Folglich besteht die Bundeszollverwaltung aus der Generalzolldirektion und den örtlichen Behörden, wozu auch die Zollfahndungsämter gehören. Das ZKA kann den Zollfahndungsämtern einerseits gem. § 25 ZFdG Weisungen erteilen und hat andererseits die Aufgabe, die anderen Behörden der Zollverwaltung in vielfältiger Weise durch Information, Koordination, Datensammlung und -verarbeitung zu unterstützen (vgl. § 3 ZFdG; vgl. auch Schwarz/Pahlke/*Klaproth* AO § 404 Rn. 4). In besonders bedeutenden Fällen kann das ZKA gem. § 4 I 1 ZFdG auch selbst Ermittlungen durchführen.

11 Die Zuweisung bestimmter **Bezirke** für einzelne Zollfahndungsämter durch die Generalzolldirektion (vgl. § 12 I FVG) lässt die Möglichkeit, notwendige Amtshandlungen auch außerhalb des eigenen Bezirks – aber innerhalb der Grenzen der Bundesrepublik Deutschland – vornehmen zu können, unberührt (→ Rn. 105).

b) Steuerfahndung

Nach **§ 17 II 3 Nr. 2 FVG** ist es möglich, einer besonderen Landesfinanzbehörde oder **12** einem besonderen FA bestimmte **Zuständigkeiten** für den Bereich mehrerer Finanzämter zu **übertragen**. Bislang wurde jedoch nur teilweise von der Möglichkeit Gebrauch gemacht, etwa ein Sonderfinanzamt für Fahndungsdienste zu bilden: In Berlin (FÄZustVO, GVBl. 2018, 689) und Niedersachsen (ZustVO-FinB, Nds. GVBl. 2005, 411) wurden *„Finanzämter für Fahndung und Strafsachen"* eingerichtet, in Nordrhein-Westfalen *„Finanzämter für Steuerstrafsachen und Steuerfahndung"* (FA-ZVO, GV. NRW. 2013, 335 FÄZustVO), in Hamburg das *„Finanzamt für Prüfungsdienste und Strafsachen"* (FAZustAnO HA v. 28.10.1997) und in Schleswig-Holstein wurde ein *„Finanzamt für Zentrale Prüfungsdienste"* errichtet (GVOBl S-H 2016, 402). Im Übrigen geht die AO offenbar nicht von einer eigenständigen Funktion der Steuerfahndung aus; sie spricht in § 208 I 2, II und § 404 S. 1 von *„mit der Steuerfahndung betrauten Dienststellen"*. Dementsprechend sind die Steuerfahndungsstellen Teil der jeweiligen Landesfinanzbehörde und nicht per se selbstständige Behörden (Tipke/Kruse/*Seer* AO § 208 Rn. 4; RKR/*Roth* AO § 404 Rn. 25; Schwarz/Pahlke/*Klaproth* AO § 404 Rn. 5; HHS/*Tormöhlen* AO § 208 Rn. 27 ff.; ebenso BT-Drs. V/1812 v. 30.5.1967, 36).

Die **Organisation** der *„mit der Steuerfahndung betrauten Dienststellen"* ist in den einzelnen **13** Bundesländern unterschiedlich ausgeprägt (HHS/*Tormöhlen* AO § 208 Rn. 20; Tipke/Kruse/*Seer* AO § 208 Rn. 5 ff.; RKR/*Roth* AO § 404 Rn. 27 ff.). Die **Steuerfahndung** ist

– *unselbstständige Dienststelle eines Finanzamts* in Baden-Württemberg, Bayern, Brandenburg, Bremen, Hessen, Mecklenburg-Vorpommern, Rheinland-Pfalz, Saarland, Sachsen, Schleswig-Holstein, Thüringen und in Sachsen-Anhalt (Schwarz/Pahlke/*Klaproth* AO § 404 Rn. 6);
– *Teil des Finanzamts für Fahndung und Strafsachen* in Niedersachsen, Berlin, Nordrhein-Westfalen und Hamburg (Tipke/Kruse/*Seer* AO § 208 Rn. 7).

Die Zulässigkeit der Zusammenfassung von Steuerfahndungsstelle und Strafsachenstelle **14** in sog. **Einheitssachgebieten** ist auf Grund der Vereinigung von polizeilichen und staatsanwaltlichen Befugnissen umstritten, vgl. dazu *Dusch* wistra 2013, 129; *Webel* AO-StB 2007, 137. Als unzulässig wird diese Organisationsform angesehen von *Hentschel* NJW 2006, 2300 und *Kaligin* Stbg 2010, 126, die einen Verstoß gegen die gesetzlichen Vorgaben der §§ 386 ff. AO und damit gegen den aus dem Rechtsstaatsprinzip abgeleiteten Grundsatz des Vorrangs des Gesetzes gem. Art. 20 III GG annehmen. Dies jedoch unzutreffend, da es sich bei der Strafsachenstelle ebenso wie bei der Staatsanwaltschaft um ein der Exekutive zugeordnetes Organ der Rechtspflege handelt. Ebenso handelt es sich bei der Steufa um eine zur Exekutive gehörige Justizbehörde im funktionellen Sinn, deren Hauptaufgabe in der Verfolgung von Steuerstraftaten besteht. Folglich ist nicht ersichtlich, inwieweit eine organisatorische Zusammenfassung dem Gewaltenteilungsprinzip widersprechen sollte, da beide Aufgaben in den Bereich der Exekutive gehören. Auch vor dem Hintergrund des § 152 I GVG ergibt sich keine andere Bewertung, da danach die Ermittlungsbeamten funktionell der Staatsanwaltschaft unterstellt werden. Aus dieser fragmentarischen Regelung der Staatsanwaltschaft gegenüber ihren Ermittlungspersonen kann aber nicht geschlussfolgert werden, dass es unzulässig wäre, Staatsanwaltschaft und Ermittlungspersonen organisatorisch zusammenzufassen (ebenso Schwarz/Pahlke/*Klaproth* AO § 404 Rn. 6a). Dies entspricht darüber hinaus auch der Ansicht der Rspr., die von der Zulässigkeit der Finanzämter für Fahndung und Strafsachen sowie der Einheitssachgebiete ausgeht (vgl. zB BFH v. 5.10.2006, BStBl. II 2007, 155; LG Bremen 17.3.2009, 31 KLs 800 Js 33902/03 (13/08); FG Hamburg 17.1.12, ZWH 2012, 367).

Die **örtliche Zuständigkeit** der in den einzelnen Ländern unterschiedlich geregelten **15** Steuerfahndungsdienststellen ist gem. § 17 I, II 3 FVG Gegenstand des Landesrechts und dort in Form von Rechtsverordnungen geregelt (vgl. Kohlmann/*Matthes* AO § 404 Rn. 24

und 36; HHS/*Tormöhlen* § 208 Rn. 20). Da die Steuerfahndungsdienststellen jeweils in dem gesamten Bundesland ermitteln dürfen, zu dem sie gehören, kommt es auf die konkrete Zuordnung nicht entscheidend an (→ Rn. 106 f.).

16 Eine **Informationszentrale für den Steuerfahndungsdienst (IZ-Steufa)** wurde 1976/1977 durch Vereinbarung der Bundesländer beim FA Wiesbaden II geschaffen (→ Einl Rn. 114) und hatte den Zweck, die Ermittlungstätigkeiten von Steuerfahndungsstellen in Fällen überregionaler Bedeutung zu koordinieren (HHS/*Tormöhlen* AO § 404 Rn. 28). Sie wurde jedoch 2004 aufgelöst. Darüber hinaus wurde beim Bundeszentralamt für Steuern (BZSt) eine **Informationszentrale Ausland (IZA)** eingerichtet (vgl. BMF 6.2.2012, BStBl. I 2012, 241). Deren Aufgabe ist es, bei Auslandssachverhalten Informationen zu beschaffen sowie auszuwerten und die Außenprüfungs- und Steuerfahndungsdienste zu unterstützen (§ 5 I Nr. 6 FVG iVm BMF 9.9.2019, BStBl. I 2019, 907; vgl. auch HHS/*Tormöhlen* AO § 404 Rn. 29). Diese Informationen werden sowohl auf Vorrat als auch auf konkrete Anfrage der Finanzbehörden beschafft. Die Finanzverwaltung ist berechtigt und verpflichtet, im konkreten Einzelfall zur Auswertung des Sachverhalts die Informationen der IZA heranzuziehen. Die Länderfinanzbehörden haben einen Zugang zu dieser Datenbank über das Informationssystem „ISI" (Informationssystem der Informationszentrale IZA). Die Auskünfte der IZA haben Beweischarakter. Der Steuerpflichtige kann jedoch den Gegenbeweis erbringen.

17 Darüber hinaus versorgt das **BZSt** die Bundes- und Landesfinanzbehörden auch auf anderen Wegen mit steuerlich relevanten **Daten** (vgl. z. B. § 5 I Nrn. 5–6, 9, 13, 15–17, 28, 28a FVG). Im Hinblick auf die Bekämpfung des **USt-Betruges** sind z. B. die folgenden Datenbanken vorhanden (BT-Drs. 18/568, 7 ff.): „USEG – Umsatzsteuer EG", in der über das europäische Mehrwertsteuer-Informationsaustauschsystem (MIAS) nach unionsrechtlichen Vorgaben zu Kontrollzwecken ausgetauschte Daten gespeichert sind. Diese können über das Verfahren „USLO" (Umsatzsteuer Länder Online) von den Landesfinanzbehörden einschließlich der Steuerfahndung abgerufen werden. Davon gesondert werden konkrete Betrugsfälle in der „Zentralen Datenbank zur Speicherung und Auswertung von Umsatzsteuer-Betrugsfällen und Entwicklung von Risikoprofilen (ZAUBER)" erfasst. Ferner wird in der Datenbank „Länderumfassende Namensauskunft – LUNA" der Grunddatenbestand länderübergreifend festgehalten. Darüber hinaus existiert eine „Zentrale Stelle zur Koordinierung von Prüfungsmaßnahmen in länder- und staatenübergreifenden Umsatzsteuer-Betrugsfällen (KUSS)". Soweit es sich um bei der Zollabwicklung von Ein- oder Ausfuhren gewonnene Informationen handelt, werden diese in der Datenbank „ATLAS" (Automatisiertes Tarif- und Lokales Zoll-Abwicklungs-System) gespeichert. Fortlaufend kommen auch weitere Datenbanken hinzu, wie zB EUCARIS, eine automatisierte Abfragemöglichkeit von Fahrzeugregisterakten der EU-Mitgliedsstaaten zur Bekämpfung der grenzüberschreitenden USt-Hinterziehung (vgl. VO (EU) 2018, 1541).

18 Ein großer **Teil der Steueraufsicht** wird in Sonderbereichen der für die Strafverfolgung zuständigen Dienststellen der Finanzverwaltung mit der Bezeichnung „Servicestelle Steueraufsicht" **(ServiSta)** geleistet. Diese Stellen arbeiten unter anderem risikoträchtigen Prüffelder systematisch auf und erschließen sämtliche dazu verfügbaren Informationen im Rahmen der Steueraufsicht gem. § 208 I Nr. 3 AO. Diese Informationen werden dann ausgehend von der jeweiligen rechtlichen Bewertung des Einzelfalls der BuStra/Steufa, der jeweils zuständigen Betriebsprüfung oder den zuständigen Veranlagungsdienststellen zur weiteren Bearbeitung zur Verfügung gestellt. Die Tätigkeit der ServiSta erfolgt häufig in Zusammenarbeit bzw. Abstimmung auf Bundesebene beziehungsweise im Länderverbund.

So ist eine strukturierte Bearbeitung bestimmter Prüffelder zu erreichen, bei denen es sich in der Vergangenheit zB um „Chinarestaurants", „Vermietung von Dachflächen an Aufsteller von Mobilfunkmasten" oder „Vermietung über AirBnB" handelte. Die Ansätze dazu sind vielschichtig, die wichtigsten dürften aber die Nutzung von Risikomanagementsystemen, die Verknüpfung verschiedener (Fremd-)Daten und Auskunftsersuchen sein.

19, 20 *einstweilen frei*

4. Aufgaben der Steuer- und Zollfahndung

a) Allgemeines

Nach § 85 AO haben die Finanzbehörden die Steuern *gleichmäßig* festzusetzen und zu **21** erheben. Dabei müssen sie sicherstellen, dass Steuern nicht verkürzt oder Steuererstattungen und Steuervergütungen nicht zu Unrecht gewährt werden. Die Aufgaben der Steuer- und Zollfahndung (nachfolgend: Steuerfahndung) in diesem Zusammenhang ergeben sich aus § 208 AO, der mit der AO 1977 eingefügt wurde und die Regelungen in § 15 I, § 17 II FVG aF abgelöst hat (Begr. BT-Drs. 7/4292, 36).

§ 208 AO Steuerfahndung (Zollfahndung)

(1) ¹Aufgabe der Steuerfahndung (Zollfahndung) ist
1. die Erforschung von Steuerstraftaten und Steuerordnungswidrigkeiten,
2. die Ermittlung der Besteuerungsgrundlagen in den in Nummer 1 bezeichneten Fällen,
3. die Aufdeckung und Ermittlung unbekannter Steuerfälle.

²Die mit der Steuerfahndung betrauten Dienststellen der Landesfinanzbehörden und die Behörden des Zollfahndungsdienstes haben außer den Befugnissen nach § 404 Satz 2 erster Halbsatz auch die Ermittlungsbefugnisse, die den Finanzämtern (Hauptzollämtern) zustehen. ³In den Fällen der Nummern 2 und 3 gelten die Einschränkungen des § 93 Abs. 1 Satz 3, Abs. 2 Satz 2 und des § 97 Absatz 2 nicht; § 200 Abs. 1 Satz 1 und 2, Abs. 2, Abs. 3 Satz 1 und 2 gilt sinngemäß, § 393 Abs. 1 bleibt unberührt.

(2) Unabhängig von Absatz 1 sind die mit der Steuerfahndung betrauten Dienststellen der Landesfinanzbehörden und die Behörden des Zollfahndungsdienstes zuständig
1. für steuerliche Ermittlungen einschließlich der Außenprüfung auf Ersuchen der zuständigen Finanzbehörde,
2. für die ihnen sonst im Rahmen der Zuständigkeit der Finanzbehörden übertragenen Aufgaben.

(3) Die Aufgaben und Befugnisse der Finanzämter (Hauptzollämter) bleiben unberührt.

Die Steuerfahndung hat im Steuerstrafverfahren sowie im Besteuerungsverfahren **22** mehrere Aufgabenbereiche, die sich abschließend aus § 208 I 1 Nr. 1–3, II AO ergeben: **Strafverfahrensrechtlich** hat die Steuerfahndung Steuerstraftaten und Steuerordnungswidrigkeiten zu erforschen (§ 208 I 1 Nr. 1 AO). Diese Aufgabe ergibt sich schon aus § 163 StPO iVm § 404 S. 1 AO (bei Straftaten) bzw. (bei Ordnungswidrigkeiten) aus § 53 I OWiG iVm §§ 410 I Nr. 9, 404 S. 1 AO, so dass die Regelung nur eine klarstellende Wirkung hat (*Hellmann* 1995, S. 19). Selbstverständlich besteht bei Steuerstraftaten eine Bindung an das *Legalitätsprinzip,* wohingegen bei Steuerordnungswidrigkeiten das *Opportunitätsprinzip* Anwendung findet.

Hinsichtlich der **Besteuerung** hat die Steuerfahndung unbekannte Steuerfälle aufzudecken **23** und zu ermitteln (§ 208 I 1 Nr. 3 AO; → Rn. 41 ff.). Zugleich hat sie die Besteuerungsgrundlagen in den Fällen zu ermitteln, in denen eine Steuerstraftat oder Steuerordnungswidrigkeit begangen worden ist (§ 208 I 1 Nr. 2 AO). Darüber hinaus oblagen der Steuerfahndung auch Aufgaben im Bereich der Bekämpfung der Geldwäsche, die allerdings mittlerweile auf die Zentralstelle für Finanztransaktionsuntersuchungen (FIU) übergegangen sind.

Im Gegensatz zu den vorgenannten Aufgaben aus § 208 I 1 Nr. 1–3 AO, bei denen es **24** sich um originäre Aufgaben der Steuer- und Zollfahndung handelt, leiten sich die in § 208 II AO genannten Aufgaben von den Zuständigkeiten anderer Behörden ab. Folglich nimmt die Steuerfahndung **übertragene Aufgaben** wahr, wenn sie auf Ersuchen der zuständigen Finanzbehörde steuerliche Ermittlungen durchführt oder andere Aufgaben wahrnimmt (→ Rn. 58 f.).

Die **Behörden des Zollfahndungsdienstes** haben die Aufgabe, Straftaten und Besteuerungsgrundlagen im Bereich der Zölle und Verbrauchsteuern zu ermitteln. Gem. § 39 **25** ZFdG treffen im Zuständigkeitsbereich der Zollverwaltung – mit Ausnahme der Bekämpfung von Schwarzarbeit und illegaler Beschäftigung – die Behörden des Zollfahndungsdienstes alle geeigneten, erforderlichen und angemessenen Maßnahmen zur Verhütung von Straftaten und Ordnungswidrigkeiten sowie zur Aufdeckung unbekannter Straftaten. Hinzu kommt die Erforschung von Straftaten in weit gefächerten anderen Gebieten, z. B. bei der Bekämpfung der grenzüberschreitenden Geldwäsche (§ 1 V 1 ZollVG), im Außenwirtschafts- (§ 21 AWG), Betäubungsmittel- (§ 8 GÜG) und Naturschutzrecht (§ 73 BNatSchG) sowie beim Schutz von Kulturgütern (§ 87 KGSG); vgl. Tipke/Kruse/*Seer* AO § 208 Rn. 63 ff. Die Zuständigkeit im Hinblick auf Besitz- und Verkehrssteuern liegt hingegen bei der Steuerfahndung (HHS/*Tormöhlen* AO § 404 Rn. 32 ff.). Nicht zulässig ist es, die Behörden des Zollfahndungsdienstes zu Ermittlungen bei der ausschließlichen Hinterziehung solcher Steuern einzusetzen, welche die Länder verwalten; ebenso darf die Steuerfahndung nicht zur Aufklärung von Sachverhalten eingesetzt werden, bei denen es ausschließlich um Zölle und Verbrauchsteuern geht (ähnl. HHS/*Tormöhlen* AO § 404 Rn. 41 ff.).

26 Die Aufgaben nach **§ 208 I 1 Nr. 1, 2 AO sind miteinander verzahnt;** so erscheint es nur konsequent, wenn die die Steuerstraftat aufklärende Stelle der Finanzbehörde zugleich die – für die Feststellung des Verkürzungserfolges ohnehin nötigen – Besteuerungsgrundlagen ermittelt. Tatsächlich liegt hierin aber unter dem Aspekt der Rechtsstaatlichkeit ein gewisses Problem, da Verfahren mit unterschiedlicher rechtlicher Stellung des Betroffenen parallel laufen und u. U. miteinander vermischt werden könnten (→ Rn. 50, 120 ff. sowie HHS/*Tormöhlen* AO § 208 Rn. 6). Es ist folglich unverzichtbar, dass die ermittelnde Dienststelle jeweils in leicht verständlicher Weise sehr deutlich macht, in welchem Verfahren sie gerade tätig ist.

27 Zur Erfüllung der Aufgaben gibt das Gesetz der Fahndung Kompetenzen, die der Finanzbehörde im Allgemeinen nicht zustehen, oder befreit sie von bestimmten Beschränkungen (→ Rn. 61 ff.).

b) Steuerstrafrechtliche Ermittlungen (§ 208 I 1 Nr. 1 AO)

28 Die **Erforschung von Steuerstraftaten und -ordnungswidrigkeiten** stellt faktisch den Schwerpunkt der Aufgaben der Steuer- und Zollfahndung dar (vgl. auch BT-Drs. 7/4292, 36). Die Zuweisung dieser Aufgabe ergibt sich bereits aus §§ 404, 410 I Nr. 9 AO iVm § 163 I StPO. **Steuerstraftaten** sind solche iSd § 369 I AO (→ § 369 Rn. 5 ff.). Andere Straftaten gehören hierzu auch dann nicht, wenn sie einen steuerlichen Bezug haben (HHS/*Tormöhlen* § 208 Rn. 80 mwN). Eine Erweiterung der Ermittlungskompetenz ergibt sich für nichtsteuerliche Delikte jedoch aus §§ 385 II, 386 II Nr. 2 AO (→ § 386 Rn. 27), aus gesetzlichen Verweisungen im Hinblick auf Prämien- und Zulagenverstößen (vgl. AStBV (St) 2020 Nr. 19) und soweit sie mit Allgemeindelikten tateinheitlich zusammentreffen (vgl. BGH 24.10.1989, wistra 1990, 59; BGH 28.11.1990, NJW 1991, 1764; *Pütz* wistra 1990, 212, 216; RKR/*Roth* § 404 Rn. 56) bzw. Teil derselben Tat iSd § 264 StPO sind (*Hellmann* 1995, S. 305; aM HHS/*Tormöhlen* AO, § 404 Rn. 34; Kohlmann/*Matthes* AO § 404 Rn. 62). Im Hinblick auf eine ungeschriebene Zuständigkeitszuweisung für die Fälle einer prozessualen Tat iSd § 264 StPO ist allerdings festzustellen, dass dieser Frage keine größere Bedeutung mehr zukommt, da gem. Nr. 21 I AStBV (St) 2020 entsprechende Fälle an die StA abzugeben sind. **Steuerordnungswidrigkeiten** sind nur solche iSd § 377 I AO (→ § 377 Rn. 3 ff.).

29 Die **Erforschungspflicht** beinhaltet sämtliche Ermittlungen, die zur Entscheidung der Frage, ob Anklage erhoben werden soll, nötig sind. § 208 I 1 Nr. 1 AO knüpft an einen entsprechenden Begriff in §§ 160 I, 163 I StPO an (→ § 399 Rn. 9 sowie unten → Rn. 82). Die Erforschungspflicht setzt einen *Anfangsverdacht* iSd § 152 II StPO (→ § 397 Rn. 38 ff.) voraus. Liegen gewisse Vermutungen bzgl. einer Steuerhinterziehung vor, ohne dass bereits hinreichend tatsächliche Anhaltspunkte für einen Anfangsverdacht gegeben sind, ist die Fahndung auch berechtigt, Vorermittlungen durchzuführen (→ § 397 Rn. 67; AStBV (St) 2020 Nr. 13; vgl. auch BFH v. 29.4.2008, BFHE 222, 1; RKR/*Roth* AO § 404 Rn. 63 ff.). Der Umfang der Handlungsbefugnisse im Rahmen von Vorermittlungen ist schwierig zu bestimmen. In jedem Fall sind alle Maßnahmen ausgeschlossen, die einen Anfangsverdacht voraussetzen und es ist unzulässig, den Beschuldigten unter Verwendung *steuerrechtlicher Mittel* zur Lieferung von Tatsachen zu zwingen, die ihn belasten.

Der **Umfang** der auf einem Anfangsverdacht basierenden **Ermittlungen** ergibt sich aus dem gem. § 397 II AO unverzüglich niederzulegenden Einleitungsvermerk (vgl. AStBV (St) 2020, Nr. 30; § 397 → Rn. 87). In ihm sind alle steuerstrafrechtlichen Taten darzulegen, bzgl. derer ein Anfangsverdacht iSd § 152 II StPO bejaht wird, und der Beschuldigte, die Steuerart, das Steuerjahr und die Tathandlung sind so genau wie möglich anzugeben. Daraus ergibt sich der äußere Rahmen der Erforschungshandlungen, da sie unzulässig sind, wenn und soweit kein Anfangsverdacht angenommen worden ist und keine Vorermittlung vorliegt. Trotzdem vorgenommene Maßnahmen sind rechtswidrig, wenn sich nicht kurzfristig ein neuer und über den Einleitungsvermerk hinausgehender Anfangsverdacht kurzfristig ergeben hat. **30**

Die Ermittlungen erstrecken sich auf alle für den **Tatnachweis** und eine etwaige **Aburteilung notwendigen Tatsachen.** Folglich sind auch Sachverhalte aufzuklären, die die Schuldfrage oder Strafzumessungsgründe betreffen. Den genauen Umfang der Ermittlungen bestimmt die StA bzw. die BuStra als Herrin des Verfahrens. Die Ermittlungstätigkeit der Fahndung nach § 208 I 1 Nr. 1 AO endet nach Abschluss mit der Abgabe des Verfahrens an die StA bzw. die BuStra, die dann über den Fortgang des Verfahrens – Einstellung, Strafbefehlsantrag oder im Fall der StA Anklageerhebung – entscheidet. **31**

c) Ermittlung der Besteuerungsgrundlagen (§ 208 I 1 Nr. 2 AO)

Die Ermittlung der Besteuerungsgrundlagen (§ 208 I 1 Nr. 2 AO) steht im **Zusammenhang** mit der Aufgabe nach § 208 I 1 Nr. 1 AO (Erforschung von Steuerstraftaten und Steuerordnungswidrigkeiten). Da eine abschließende Beurteilung des Vorliegens einer Steuerstraftat oder -ordnungswidrigkeit oftmals die Feststellung eines Verkürzungserfolges voraussetzt (→ § 370 Rn. 33 f.), schien es dem Gesetzgeber geboten, der Steuerfahndung in diesem Zusammenhang auch die Ermittlung der Besteuerungsgrundlagen zuzuweisen (BT-Drs. 7/4292, 36; Tipke/Kruse/*Seer* AO § 208 Rn. 22; krit. Kohlmann/*Matthes* AO § 404 Rn. 52 ff.; zur *sachlichen Zuständigkeit* der Steuer- und Zollfahndung → Rn. 25) und somit die Aufgabenzuweisung nach Nr. 1 um die mit dem jeweiligen Fall zusammenhängenden steuer- und steuerverfahrensrechtlichen Fragen zu erweitern. **32**

Es geht auch um **Ermittlungen für das Besteuerungsverfahren;** die Ermittlung der *Besteuerungsgrundlagen* erschöpft sich nicht in dem für das Straf- bzw. Bußgeldverfahren Nötigen (BFH 16.12.1997, BStBl. II 1998, 231; Schwarz/Pahlke/*Klaproth* AO § 208 Rn. 38 ff.; Tipke/Kruse/*Seer* AO § 208 Rn. 24; Klein/*Rüsken* AO § 208 Rn. 30; RKR/ *Roth* AO § 208 Rn. 72 ff.). Bezieht sich der strafrechtliche **Anfangsverdacht** nur auf einen bestimmten Sachverhalt, so ist die Steuerfahndung bereits nach § 208 I 1 Nr. 1 AO in ihren Ermittlungen nicht darauf beschränkt, den verdächtigen Sachverhalt aufzuklären. Vielmehr ist sie schon nach der Nr. 1 berechtigt und ggf. sogar verpflichtet, alle für die Feststellung der in Betracht kommenden Straftat oder Ordnungswidrigkeit erforderlichen Besteuerungsgrundlagen vollumfänglich zu ermitteln, um z.B. das Vorliegen des Tatbestandes des § 370 AO bejahen oder verneinen zu können (BFH 9.3.2010, BFH/NV 2010, 1777; Klein/*Rüsken* AO § 208 Rn. 24a). Davon können auch bereits nach der Nr. 1 steuerliche Fragen umfasst sein, die sich auf Einkunftsarten oder Teilbereiche des Steueranspruchs beziehen, die nicht Gegenstand des Strafverfahrens sind, aber in die Berechnung der Steuerverkürzung mit einfließen. **33**

Im Hinblick auf die Zuständigkeit nach Nr. 2 ergibt sich aus dem Wortlaut der Norm, dass ein **Zusammenhang** mit einem strafrechtlichen Sachverhalt bestehen muss (Klein/ *Rüsken* AO § 208 Rn. 30 f.), aus welchen Gründen es nicht zur Ahndung kommt, ist unerheblich. Es darf aber nicht übersehen werden, dass § 208 I 1 Nr. 2 AO **steuerlichen Rechtscharakter** hat, wie sich aus dem Wortlaut („Besteuerungsgrundlagen"), der syste- **34** matischen Stellung der Norm, dem Bezug zu § 171 V AO und der Bezugnahme auf steuerliche Befugnisnormen in § 208 I 3 AO ergibt (vgl. auch BT-Drs. 7/4292, 36; BFH 16.12.97, BFHE 184, 266; RKR/*Roth* AO § 208 Rn. 72 ff.; Tipke/Kruse/*Seer* AO § 208 Rn. 24 f.).

35 Demgegenüber wird teilweise die **Ansicht vertreten,** dass § 208 I 1 Nr. 2 AO auf die Ermittlung solcher Besteuerungsgrundlagen zu beschränken sei, die notwendige Bedingung für die Erfüllung der Aufgaben nach § 208 I 1 Nr. 1 AO sind: Nr. 2 gehe nicht über die Aussage von Nr. 1 hinaus (entsprechende Zweifel bei HHS/*Tormöhlen* AO § 208 Rn. 95 ff.; vgl. auch Kohlmann/*Matthes* AO § 404 Rn. 70). Diese Interpretation beruht auf einem Vorverständnis der Regelungen über die Steuerfahndung (*Schick* JZ 1982, 125), das mit der eindeutigen gesetzlichen Regelung nicht vereinbar ist (ähnl. *Hamacher* DStZ 1983, 495). Sie verfolgt das berechtigte Anliegen, das Spannungsfeld zwischen der Tätigkeit der Fahndung im Straf- und Besteuerungsverfahren zu reduzieren oder gar zu beseitigen, schießt dabei jedoch über das Ziel hinaus; entscheidend ist nicht der Umstand, dass auch die (vollständigen) Besteuerungsgrundlagen ermittelt werden, sondern *welche Befugnisse* die Fahndung in diesem Zusammenhang hat (→ Rn. 120) bzw. welches Verhältnis zwischen Steuerstraf- und Besteuerungsverfahren allgemein besteht.

36 **Umstritten** ist der Rückgriff auf § 208 I 1 Nr. 2 AO, wenn ein Strafverfahren nicht (mehr) anhängig ist (verneinend Kohlmann/*Matthes* AO § 404 Rn. 70; bejahend BFH 16.12.1997, wistra 1998, 230; Klein/*Rüsken* AO § 208 Rn. 30), es sich also um sog. **isolierte Fiskalermittlungen** handelt. Dies betrifft vielfach Fälle, in denen zwar die verlängerte Festsetzungsfrist gem. § 169 II 2 AO noch nicht abgelaufen, strafrechtlich aber bereits Verfolgungsverjährung (→ § 376 Rn. 10) eingetreten ist. Dieselbe Problemlage besteht, wenn für den relevanten Zeitraum ein Strafklageverbrauch gegeben ist, eine wirksame Selbstanzeige vorliegt oder der Beschuldigte verstorben ist. Ein Rückgriff auf § 208 I 1 Nr. 1 AO ist in diesen Fällen nicht möglich, weil die jeweiligen Ermittlungen aufgrund der gegebenen Verfahrenshindernisse nicht mehr der Erforschung von Steuerstraftaten oder -ordnungswidrigkeiten dienen können. Damit ist jedoch nicht der Rückgriff auf § 208 I 1 Nr. 2 AO ausgeschlossen, da der Norm kein strafrechtlicher, sondern ein steuerlicher Charakter zukommt. Würde man in dem Fall, dass ein Verfahrenshindernis eingreift, die Anwendbarkeit des § 208 I 1 Nr. 2 AO verneinen, so würde dies dazu führen, dass der Regelung neben der Nr. 1 kein eigenständiger Anwendungsbereich zukäme, was weder mit der Gesetzeshistorie noch mit dem Wortlaut der Norm und ihrer Systematik vereinbar wäre (BFH 16.12.1997, BFHE 184, 266; BFH 15.6.2001, BFHE 195, 40; BFH 2.12.2008, ZSteu 2009, 246; BFH 9.3.2010, PStR 2010, 236; Schwarz/Pahlke/ *Klaproth* AO § 208 Rn. 19; Tipke/Kruse/*Seer* AO § 208 Rn. 24; HHS/*Tormöhlen* AO § 404, Rn. 76a; aA Kohlmann/*Matthes* AO § 404 Rn. 74).

37 Für die **Befugnisse der Steuerfahndung** ergibt sich damit die Konsequenz, dass sie auf den steuerlichen Rechtsgrundlagen der Abgabenordnung basieren müssen, *strafprozessuale* Mittel hingegen aufgrund des Verfahrenshindernisses nicht mehr zur Verfügung stehen. Dies gilt im Hinblick auf die Ermittlungen nach Nr. 2 auch in den Fällen, in denen Nr. 1 und Nr. 2 nebeneinander zur Anwendung kommen, da es auch dann unzulässig ist, Unterlagen außerhalb des strafrechtlich relevanten Zeitraums nach strafprozessualen Regeln zu beschlagnahmen oder anderweitige strafprozessuale Maßnahmen vorzunehmen (LG Köln 21.4.1997, wistra 1997, 237 mit Anm. *Stahl*; Tipke/Kruse/*Seer* AO § 208 Rn. 25; HHS/*Tormöhlen* AO § 404 Rn 76a; aA LG Düsseldorf 17.9.2010, wistra 2011, 37). Etwas anderes gilt lediglich in den Fällen, in denen gegenständliche Beweismittel aus den nicht strafbefangenen Zeiträumen auch Beweiskraft für den strafbefangenen Zeitraum entfallen oder die **strafrechtlich verjährten Taten** auch für die Strafzumessung der noch zu ahndenden Steuerhinterziehungszeiträume von Bedeutung sind (LG Düsseldorf 17.9.2010, wistra 2011, 37; LG Düsseldorf 11.10.2010, NStZ-RR 2011, 84).

38–40 *einstweilen frei*

d) Aufdeckung und Ermittlung unbekannter Steuerfälle (§ 208 I 1 Nr. 3 AO)

Im Vorfeld des Steuerstrafverfahrens und der Einleitung eines solchen nach § 397 **41** AO liegt der Aufgabenbereich der Steuerfahndung nach § 208 I 1 Nr. 3 AO, unbekannte Steuerfälle aufzudecken und zu ermitteln (sog. **steuerrechtliche Vorfeldermittlungen;** Tipke/Kruse/*Seer* AO § 208 Rn. 27; RKR/*Roth* AO § 404 Rn. 84). Nach Verfahrenseinstellung gem. § 170 II StPO abgeschlossene strafverfahrensrechtliche Ermittlungen gemäß § 208 I 1 Nr. 1 und Nr. 2 AO hindern die Steuerfahndung nicht an weitergehenden Tätigkeiten nach § 208 I 1 Nr. 3 AO (FG Köln 15.12.2009, EFG 2010, 551). Zwar gibt es ein (Steuer-)Strafverfahren gegen Unbekannt, nicht jedoch ein Besteuerungsverfahren gegen Unbekannt. Nun sind Fälle denkbar, in denen die Begehung einer Steuerstraftat oder -ordnungswidrigkeit nicht fernliegt, der für eine Einleitung des Strafverfahrens nötige Anfangsverdacht (→ § 397 Rn. 38 ff.) jedoch noch nicht gegeben ist. Es sind also Anhaltspunkte gegeben, die schon über einen reinen Ausforschungseingriff (*fishing expeditions*, vgl. → Rn. 49) hinausgehen, aber eine weitergehende strafrechtliche Qualität (noch nicht) aufweisen.

In diesen Fällen kommen aber auch Ermittlungen durch die Finanzbehörde im Rahmen **42** ihrer allgemeinen Ermittlungs- und Überwachungskompetenz gem. § 85 AO nicht in Frage, da diese nur in einem konkreten Steuerverwaltungsverfahren erfolgen, bei dem bereits die Verfahrensbeteiligten (§ 78 AO) bekannt sind. Die §§ 85 f. AO enthalten hingegen für den steuerverfahrensrechtlichen Regelfall keine Aufgaben- und Befugniszuweisung für die allgemeine Finanzbehörde, von sich aus unbekannte Stpfl zu ermitteln (zutreffend RKR/*Roth* AO § 208 Rn. 84; vgl. auch FG Niedersachsen v. 30.6.2015, BB 2015, 2196).

Etwas anderes gilt hingegen durch die Einführung des § 93 Ia AO im Hinblick auf **Sammelauskunftsersuchen,** da durch diese Vorschrift nun auch den allgemeinen Finanzbehörden Sammelauskunftsersuchen zur Aufdeckung unbekannter Steuerfälle ermöglicht werden. Diese Auskunftsersuchen können nach § 93 Ia 3 AO unmittelbar an Dritte gerichtet werden, ohne dass die Subsidiaritätsklausel des § 93 I 3 AO eingreift.

Wie an der Nähe zu den in § 93 Ia AO geregelten steuerlichen Sammelauskunftsersuchen deutlich wird, handelt es sich bei der Aufgabenzuweisung des § 208 I 1 Nr. 3 AO in **43** erster Linie um eine solche im Rahmen der **Steueraufsicht** mit dem Ziel der steuerlichen Belastungsgleichheit iSd § 85 AO. Ausgehend von der möglichen steuerlichen Relevanz eines bestimmten Tatbestandes können frühzeitig Vorfeldermittlungen aufgenommen werden. Anhaltspunkte für das Vorliegen einer Steuerstraftat oder -ordnungswidrigkeit sind nicht erforderlich. Es kann jedoch nicht übersehen werden, dass § 208 I 1 Nr. 3 AO auch in den Fällen eingreift, in denen die Möglichkeit einer Steuerstraftat oder -ordnungswidrigkeit vorliegt, aber noch kein Anfangsverdacht gegeben ist. In diesen Fällen handelt es sich zwar weiterhin um steuerliche Vorfeldermittlungen, aber es besteht doch eine gewisse Nähe zu strafprozessualen Vorermittlungen. Folglich kommt dieser Aufgabenzuweisung auf gewisse Art und Weise ein Doppelcharakter zu (Schwarz/Pahlke/*Klaproth* AO § 208 Rn. 23 ff.; RKR/*Roth* AO § 208 Rn. 84).

Es ist jedoch trotz dieses Doppelcharakters erforderlich, den **Rechtscharakter der 44 Aufgabenzuweisung** nach § 208 I 1 Nr. 3 AO eindeutig zu bestimmen, da sich daraus ebenso die Gestaltung des Rechtswegs bei Maßnahmen in diesem Aufgabenbereich ergibt wie auch die Rechtsstellung des Bürgers im Verfahren, die ihren Ausdruck insb. im Umfang der jeweiligen Mitwirkungspflichten findet. Schon der Gesetzgeber hat diese Aufgabe als Teil der allgemeinen Steueraufsicht dem Besteuerungsverfahren zugeordnet (BT-Drs. 7/4292, 36), was durch den Wortlaut der Nr. 3 ebenso bestätigt wird, wie durch die Tatsache, dass gem. § 208 I 2 und 3 AO die allgemeinen steuerlichen Verwaltungsverfahrensvorschriften insoweit anwendbar sind (ebenso BVerfG v. 6.4.1989, NJW 1990, 701; BFH v. 29.10.1986, BStBl. II 1987, 336; BFH v. 6.2.2001, BStBl. II 2001, 306; BFH v. 29.6.2005, PStR 2006, 123; Tipke/Kruse/*Seer* AO § 208 Rn. 26; Klein/*Rüsken* AO § 208 Rn. 71; Schwarz/Pahlke/*Klaproth* AO § 208 Rn. 25; RKR/*Roth* AO § 208 Rn. 84).

45 Im steuerlichen Verfahren bedient sich die Finanzbehörde der **Beweismittel,** die sie nach pflichtgemäßem Ermessen für erforderlich hält (§ 92 S. 1 AO) und die in § 92 S. 2 AO beispielhaft aufgezählt sind. Voraussetzung einer Beweiserhebung ist, dass die jeweilige Tatsache für die Rechtsanwendung aufklärungsbedürftig ist und ein konkreter Anlass vorliegt. Selbst wenn dies der Fall ist, ist die Finanzbehörde aber nicht frei bei der Auswahl des jeweiligen Beweismittels. Insb. muss die Beweiserhebung geeignet und notwendig sein, um den Sachverhalt aufzuklären, die Pflichterfüllung muss für den Betroffenen möglich und seine Inanspruchnahme erforderlich, verhältnismäßig und zumutbar sein (NdsFG 23.2.2012, DStRE 2013,177; BFH 4.12.2012, NJW 2013, 1119; FG Hamburg 18.4.2013, EFG 2013, 1195). Daraus ergibt sich eine **Reihenfolge der Beweismittel,** die iRd Ermessensausübung zu berücksichtigen ist:

Zunächst sind die **Beteiligten** im Rahmen ihrer Auskunftspflicht in Anspruch zu nehmen, wobei auch insoweit eine Abstufung nach der Eingriffsintensität vorzunehmen ist. Zuerst sind fernmündliche oder schriftliche Auskünfte von den Beteiligten gem. § 93 I AO einzuholen. Sofern dies nicht erfolgreich ist, da die Beteiligten keine ausreichende Auskunft erteilen, sind sie gem. § 93 V AO vorzuladen. Ist auch dies nicht ausreichend, so ist die Vorlage von Büchern, Aufzeichnungen, Geschäftspapieren und anderen Urkunden gem. § 97 II AO bzw. die Vorlage von Wertsachen gem. § 100 AO zu verlangen. Das Vorlageverlangen des § 97 II AO ist subsidiär gegenüber dem Auskunftsersuchen nach § 93 I AO (BFH 24.2.2010, NJW 2010, 1997).

Die Beteiligten haben gem. § 93 I 1 AO der Finanzbehörde die zur Feststellung eines für die Besteuerung erheblichen Sachverhalts erforderlichen Auskünfte zu erteilen. Dies gilt nach § 93 I 2 AO auch für nicht rechtsfähige Vereinigungen, Vermögensmassen, Behörden und Betriebe gewerblicher Art der Körperschaften des öffentlichen Rechts.

46 **Andere Personen als die Beteiligten** sollen gemäß § 93 I 3 AO erst dann zur Auskunft angehalten werden, wenn die Sachverhaltsaufklärung durch die Beteiligten nicht zum Ziel führt oder keinen Erfolg verspricht (vgl. BFH v. 29.7.2015, BFH/NV 2016, 258), wobei auch insoweit eine Abstufung vorzunehmen ist. Zunächst sind von den anderen Personen fernmündliche oder schriftliche Auskünfte einzuholen (§ 93 I 3 AO). Ist dies nicht erfolgreich, so sind die anderen Personen gem. § 93 V AO an Amtsstelle vorzuladen. Führt auch dies nicht zum Erfolg, so ist die Vorlage von Büchern, Aufzeichnungen, Geschäftspapieren und anderen Urkunden gem. § 97 II AO bzw. die Vorlage von Wertsachen gem. § 100 AO durch den Dritten zu verlangen. Auch Dritte haben der Finanzbehörde die zur Feststellung eines für die Besteuerung erheblichen Sachverhalts erforderlichen Auskünfte zu erteilen.

Ist auch die Inanspruchnahme der Dritten nicht erfolgreich, so stehen als letzte Möglichkeit im Besteuerungsverfahren noch die Versicherung an Eides statt des Beteiligten gem. § 95 I 2 AO und die eidliche Vernehmung von Dritten gem. § 94 I 1 AO zur Verfügung. Der Beteiligte oder ein Dritter müssen jedoch auch im Besteuerungsverfahren nicht in jedem Fall Auskünfte erteilen oder Sachen vorlegen, wobei die Auskunfts- und Vorlageverweigerungsrechte des Steuerpflichtigen deutlich schwächer ausgeprägt sind als die des Dritten. Er ist lediglich nicht verpflichtet, sich selbst wegen einer von ihm begangenen Steuerstraftat oder Steuerordnungswidrigkeit zu belasten (§ 393 I 2 AO; vgl. aber auch §§ 101–106 AO).

47 **Die Ermittlungen** richten sich auf die Feststellung *unbekannter Steuerpflichtiger* (FG Hamburg 18.4.2013, EFG 2013, 1195; Schwarz/Pahlke/*Klaproth* AO § 208 Rn. 24). Daneben kann auch die Erforschung *unbekannter Sachverhalte* treten, die für die Besteuerung bei bekannten Steuerpflichtigen bedeutsam sein könnten (FG Hamburg 18.4.2013, EFG 2013, 1195; BFH 25.7.2000, BStBl. II 643; Schwarz/Pahlke/*Klaproth* AO § 208 Rn. 24; Kohlmann/*Matthes* AO § 404 Rn. 82; RKR/*Roth* AO § 404 Rn. 84). In der Praxis sind auch Fälle häufig, in denen die Finanzbehörde weder vom Steuerpflichtigen noch vom Sachverhalt Kenntnis hat, wenn aufgrund allgemeiner Verwaltungserfahrung ein Sachverhalt die Verwirklichung eines steuerlichen Tatbestandes nahelegt, jedoch noch nicht feststeht, ob der Sachverhalt tatsächlich von einer erst zu ermittelnden Anzahl von Personen verwirklicht wurde. Gerade für die Aufgabe der systematischen Aufarbeitung risikoträchtiger Prüffelder und der Erschließung sämtlicher dazu verfügbarer Informationen wurden bei den Steuerfahndungsdienststellen sog. Servicestellen Steueraufsicht (ServiSta, → Rn. 18) eingerichtet. Diese Ermittlungen dürfen aber nicht dazu führen, dass der Steuerpflichtige zu einer Selbstbelastung gezwungen wird.

Unbekannt ist ein Steuerfall, wenn die Finanzbehörde vom steuerlichen Sachverhalt **48** und/oder vom Steuerpflichtigen keine Kenntnis hat (BT-Drs. 7/4292, 36; RKR/*Roth* AO § 404 Rn. 87; Tipke/Kruse/*Seer* AO § 208 Rn. 29). Dies ist der Fall, wenn trotz der vorliegenden Hinweise noch ungewiss ist, ob durch einen – ggf. noch unbekannten – Steuerpflichtigen ein Sachverhalt verwirklicht wurde, der einen – ggf. noch nicht geltend gemachten – Anspruch aus dem Steuerschuldverhältnis begründet hat (*Klos* wistra 1988, 92, 94). Der Steuerfall ist hingegen *nicht unbekannt,* wenn die Fahndung aufgrund einer Kontrollmitteilung von einem steuerlich erheblichen Sachverhalt und von dem Steuerpflichtigen bereits Kenntnis erlangt hat.

Allerdings ist aufgrund des auch im Rahmen der AO zu berücksichtigenden Rechts- **49** staatsprinzips und des Verhältnismäßigkeitsgebotes trotz des weiten Wortlauts des § 208 I 1 Nr. 3 AO nicht von einer uneingeschränkten **Aufgabenzuweisung** auszugehen. Vielmehr bedarf sie einer **sachgerechten Beschränkung** durch die Anforderungen, die an den Anlass für das Tätigwerden der Steuerfahndung zu stellen sind. Es besteht Einigkeit, dass Ermittlungen „ins Blaue hinein" nicht zulässig sind. Es bedarf vielmehr nach zutreffender Rechtsprechung eines hinreichenden Anlasses, der gegeben ist, wenn aufgrund **konkreter Anhaltspunkte** – zB der Besonderheit des Objekts oder der Höhe des Werts – **oder aufgrund allgemeiner Erfahrung** die Möglichkeit der Verwirklichung eines Steuertatbestands oder einer Steuerverkürzung in Betracht kommt und daher Anordnungen bestimmter Art angezeigt sind (BFH 9.12.2008, BStBl. II 2009, 509; BFH 29.6.2005, PStR 2006, 123; BFH 11.3.1992, BFHE 167, 266; OVG NRW 26.4.2021, NVwZ-RR 2021, 684; Klein/*Rüsken* AO § 208 Rn. 41; RKR/*Roth* AO § 404 Rn. 87). Konkrete Anhaltspunkte können sich ergeben aus Tatsachen, Kenntnissen und aufgedeckten Sachverhaltsgestaltungen. Allgemeine Erfahrungen liegen vor, wenn Erkenntnisse aus gleich gelagerten Sachverhaltskonstellationen oder Besonderheiten aufgrund des Steuerobjekts, dessen Wert, der agierenden Personengruppe oder bestimmter Verhaltensweisen fahndungsspezifische Schlussfolgerungen im Hinblick auf eine mögliche Steuerverkürzung zulassen. Die allgemeine, nach der Lebenserfahrung gerechtfertigte Vermutung, dass Steuern nicht selten verkürzt und steuerpflichtige Einnahmen nicht erklärt werden, genügt hingegen nicht (BFH 16.1.2009, NJW 2009, 1998). Hierfür bedarf es vielmehr der Darlegung einer über die bloße allgemeine Lebenserfahrung hinausgehenden, erhöhten Wahrscheinlichkeit, unbekannte Steuerfälle zu entdecken (BFH 16.1.2009, NJW 2009, 1998).

Ein **strafrechtlicher Anfangsverdacht** iSd § 152 II StPO muss jedoch noch nicht **50** vorliegen, da § 208 I 1 Nr. 3 AO unabhängig von den Nr. 1 und 2 anwendbar ist. Sollte jedoch ein Anfangsverdacht gegeben sein, so sind die Nr. 1, 2 und 3 zwar nebeneinander anwendbar (BFH 29.6.2005, PStR 2006, 123; BFH 25.7.2000, BFHE 192, 44; BFH 28.10.1997, wistra 1998, 110), aber die Fahndung muss exakt und deutlich kenntlich machen, in welchem Verfahren und dementsprechend mit welchen Befugnissen sie tätig wird bzw. welche Rechte dem Steuerpflichtigen zustehen. So ist es z. B. zulässig, wenn die Fahndung parallel zu strafrechtlichen Ermittlungen nach § 208 I 1 Nr. 1 AO auch nach § 208 I 1 Nr. 3 AO tätig wird, indem sie z. B. ein (Sammel-)Auskunftsersuchen bzgl. weiterer Personen an Dritte richtet oder durch ein solches Ersuchen einen neuen Sachverhalt, der noch nicht strafbefangen ist, steuerlich aufklärt. Kommt es insoweit zu Konflikten, so sind diese durch die Anwendung des § 393 AO zu lösen (→ § 393 Rn. 19).

Es handelt sich um eine nach pflichtgemäßem Ermessen zu treffenden **Prognoseent- 51 scheidung,** die auf einer vorweggenommenen Beweiswürdigung basiert (BFH 5.10.2006,

BStBl. II 2007, 155; BFH 29.10.1986, BStBl. II 1988, 359). Die Finanzverwaltung muss zu dem Ergebnis gelangt, dass die im Einzelfall erbetene Auskunft zu steuererheblichen Tatsachen zu führen vermag (BFH 16.5.2013, BFHE 241, 211; BFH 5.10.2006, BFHE 215, 40). Es handelt sich dabei mithin um eine für den jeweiligen Einzelfall durchzuführende Abwägung zwischen dem Interesse der Allgemeinheit an einer gleichmäßigen Besteuerung und der Aufdeckung von Steuerdelikten einerseits sowie andererseits den durch die Ermittlungen betroffenen Rechten des Steuerpflichtigen.

52 Folglich ist eine eindeutige und trennscharfe Definition in abstrakter Form nicht möglich (zutreffend Klein/*Rüsken* AO § 208 Rn. 41). Somit ist es erforderlich, aber auch hilfreich, sich an **Fallgruppen** zu orientieren (Bsp. bei RKR/*Roth* AO § 404 Rn. 98 f.; Tipke/Kruse/*Seer* AO § 208 Rn. 29 ff.). Ein **hinreichender Anlass** wurde von der Rspr. zB bejaht im Hinblick auf hohe Geldüberweisungen in die Schweiz (BFH 29.6.2005, BFH/NV 2006, 1), Anfragen von Saalmietern im Gastronomiebereich zum Engagement von privaten Musikkapellen (BFH 4.10.2006, BStBl. II 2007, 227), die Sammelauskunftsverpflichtung von Internethandelsplattformen bezüglich Online-Händler mit über 17.500 € Jahresumsatz bei Datenhaltung im Ausland ohne Zugriffsberechtigung des Inland-Schwesterunternehmens (BFH 16.5.2013, BStBl. II 2014, 225), Auskunftsersuchen nach Luxemburg aufgrund von Erkenntnissen aus angekauften Daten-CDs (FG Köln 28.12.2020, DStR 2021, 6), Anfragen an Online-Portale für (private) Vermieter über Airbnb (vgl. OVG NRW 26.4.2021, NVwZ-RR 2021, 684; *Webel* PStR 2021, 60 ff.) sowie Auskunftsersuchen an eine Rezeptabrechnungsstelle aufgrund bei einer Außenprüfung aufgefallenen Kalkulationsdifferenzen bei einer Apotheke (BFH 14.4.2021, BB 2021, 2213). Ein hinreichender Anlass wurde hingegen verneint im Hinblick auf die Inhaberschaft von Tafelpapieren, die in legitimationsgeprüfte Sammeldepotverwahrung eingeliefert wurden (BFH 25.7.2000, BStBl. II 2000, 643) oder die Vorlage der Kontoauszüge für vier Jahre, wenn es nur in einem Jahr zu hohen ungebundenen Entnahmen des Steuerpflichtigen kam (BFH 23.10.1990, BStBl. II 1991, 277).

53 Demgegenüber will *Hellmann* (1995, S. 248 ff.) die Norm als Zuschreibung einer rein steuerstrafverfahrensrechtlichen Aufgabe der Steuer- und Zollfahndung verstehen (ebenso HHS/*Tormöhlen* AO § 208 Rn. 133). Er hält die Regelung für „an sich" überflüssig, da bereits § 208 I 1 Nr. 1 AO der Steuerfahndung die Erforschung von Steuerstraftaten und -ordnungswidrigkeiten übertrage. Der Steuerfahndung stünde auch im Rahmen der Ermittlungen nach § 208 I 1 Nr. 3 AO allein das strafprozessuale Befugnisinstrumentarium zur Verfügung (*Hellmann* 1995, S. 271 ff.), so dass § 208 I 2 AO keine Anwendung findet.

54 *Hellmanns* Lösung ist wenig überzeugend, da sie im Widerspruch dazu steht, dass der Gesetzgeber die Regelung des § 208 I 1 Nr. 3 AO überhaupt geschaffen und es im Hinblick auf Wortlaut und systematische Stellung wenig überzeugend ist, ihr jeglichen steuerlichen Bezug abzusprechen. Darüber hinaus beruht *Hellmanns* Ansicht nicht zuletzt auf der These, Vorfeldermittlungen iSd § 208 I 1 Nr. 3 AO stellten bereits eine verfahrenseinleitende bzw. strafprozessuale Maßnahme dar. Diese Annahme ist jedoch zu weitgehend, da die Verfahrenseinleitung einen Anfangsverdacht voraussetzt und dieser schon auf konkreten Tatsachen beruhen muss (Meyer-Goßner/Schmitt/*Schmitt* StPO § 152 Rn. 4). Es gibt also ein Vorfeld, in dem ggf. Vermutungen verifiziert werden müssen, um konkrete Anhaltspunkte für einen Verdacht zu erlangen, der wiederum Anlass für die Einleitung des Strafverfahrens ist. In dieser Phase der Ermittlungstätigkeit der Steuerfahndung gibt es noch keine strafprozessualen, sondern allein die nach § 208 I 2 AO gewährten steuerverfahrensrechtlichen Befugnisse. *Hellmann* ist freilich zuzugeben, dass in vielen Fällen oftmals die Intensität dieser „Vorfeldermittlungen" so erheblich ist, dass es sich tatsächlich um eine Maßnahme handelt, die erkennbar darauf abzielt, gegen jemanden wegen einer Steuerstraftat strafrechtlich vorzugehen (→ § 397 Rn. 85). Ist dies aber der Fall, stehen der Finanzverwaltung die Befugnisse nach § 208 I 1 Nr. 1 *und* 2 AO zu Gebote.

55 **Verstirbt der Steuerpflichtige/Beschuldigte** oder ist die **Verfolgungsverjährung eingetreten,** so ist ein weiteres Vorgehen nach § 208 I 1 Nr. 1 AO unzulässig bzw. ein

Steuerstrafverfahren nach § 170 II StPO einzustellen. Da es sich bei § 208 I 1 Nr. 3 AO jedoch um eine steuerliche Aufgabenzuweisung handelt (→ Rn. 44), können entsprechende Ermittlungen auch nach Abschluss eines Strafverfahrens durchgeführt werden, wenn die Möglichkeit besteht, dass ein Steuertatbestand verwirklicht wurde (FG Köln v. 15.12.2009, EFG 2010, 551; RKR/*Roth* AO § 404 Rn. 103). Dass es sich um rein steuerliche Maßnahmen handelt, wird für den Betroffenen schon durch die Einstellung des vorhergehenden Strafverfahrens deutlich. Eine Ausschlusswirkung für nachfolgende Ermittlungen auf der Basis des § 208 I 1 Nr. 3 AO ergibt sich auch nicht aus einer Einstellungsverfügung nach § 170 II StPO, da diese rein strafprozessualen Charakter hat und sich aus ihr selbst in strafprozessualer Hinsicht kein Verbot weiterer Ermittlungen ergibt (BGH 4.5.2011, NJW 2011, 2310; Meyer-Goßner/Schmitt/*Schmitt* StPO § 170 Rn. 9). Wenn aber sogar strafrechtliche Ermittlungen jederzeit wieder aufgenommen werden dürfen, wenn ein Anlass dazu besteht, dann können erst recht steuerliche Ermittlungen durchgeführt werden.

Verhältnis zu § 371 AO. Solange die Ermittlungsbehörde ihre Nachforschungen auf **56** § 208 I 1 Nr. 3 AO stützt, ist eine Selbstanzeige nach § 371 AO (noch) möglich. Eine Sperre nach § 371 II Nr. 2 AO setzt voraus, dass die Tat entdeckt ist. Eine Tatentdeckung erfordert zwar nicht, dass eine qualifizierte Verdachtslage iSv § 203 StPO anzunehmen ist, es muss aber bei vorläufiger Tatbewertung die Wahrscheinlichkeit eines verurteilenden Erkenntnisses gegeben sein. Dies kann der Fall sein, wenn die Tat, aber noch nicht der Täter entdeckt oder unklar ist, ob vorsätzliches Handeln anzunehmen ist, BGH 20.5.2010, BGHSt 2011, 180. Eine derart entdeckte Tat ist aber gerade kein „unbekannter" Steuerfall mehr. Ermittlungen nach § 208 I 1 Nr. 3 AO schließen daher eine Tatentdeckung gerade aus. Sofern die Behörde zur Mitwirkung nach § 208 I 1 Nr. 3 AO ohne Belehrung auffordert, sich dann aber auf den Standpunkt stellt, diese könne nicht mehr strafbefreiend berücksichtigt werden, unterliegen die vom Steuerpflichtigen gemachten Angaben einem umfassenden Verwertungsverbot.

Zur Frage, ob Vorfeldermittlungen iSd § 208 I 1 Nr. 3 AO „steuerliche Prüfungen" iSd Ausschlussgrundes des § 371 II 1 Nr. 1c) AO darstellt, → § 371 Rn. 222 f.

§ 208a AO Steuerfahndung des Bundeszentralamts für Steuern

(1) Dem Bundeszentralamt für Steuern obliegt, soweit Aufgaben der Steuerverwaltung übertragen wurden, die Aufgabe nach § 208 Absatz 1 Satz 1 Nummer 3.

(2) ¹Hierzu hat es die Ermittlungsbefugnisse, die den Finanzämtern (Hauptzollämtern) zustehen. ²Die Einschränkungen des § 93 Absatz 1 Satz 3, Absatz 2 Satz 2 und des § 97 Absatz 2 gelten nicht; § 200 Absatz 1 Satz 1 und 2, Absatz 2 und 3 Satz 1 und 2 gilt sinngemäß, § 393 Absatz 1 bleibt unberührt.

(3) Die Aufgaben und Befugnisse des Bundeszentralamts für Steuern im Übrigen bleiben unberührt.

Eine Neuerung im Normgefüge der AO stellt § 208a AO dar, wonach dem **BZSt** seit **57** dem 29.12.2020 (JStG 2020, BGBl. 2020 I, 3096, 3134) die Aufgabe nach § 208 I 1 Nr. 3 obliegt, soweit Aufgaben der Steuerverwaltung übertragen wurden. Die sich daraus ergebende Aufgabenzuweisung für das BZSt ist allerdings im Hinblick auf die Ermittlungsmaßnahmen nicht umfassend. Einerseits ist sie beschränkt auf **steuerliche Vorfeldermittlungen** iSd § 208 I 1 Nr. 3 AO, so dass Ermittlungen nach § 208 I 1 Nr. 1 und 2 sowie II AO nicht davon umfasst werden. Diese Vorfeldermittlungen dürfen sich andererseits auch nur auf die Bereiche erstrecken, für die **dem BZSt Aufgaben der Steuerverwaltung übertragen** wurden. Die dem BZSt übertragenen Steuerverwaltungsaufgaben ergeben sich aus § 5 I FVG und betreffen insb. Teilbereiche bei Gemeinschaftsteuern sowie die ausschließliche Verwaltungskompetenz für die Versicherung- und Feuerschutzsteuer. Diese Zuständigkeiten werden jedoch grundlegend wieder durch § 5 Ia 2 FVG eingeschränkt, wonach in zahlreichen Fällen keine Vorfeldermittlungen zulässig sind. Zu den Tätigkeiten des BZSt in diesem Zusammenhang → Rn. 16 f. In den Bereichen, in denen das BZSt berechtigt ist, steuerliche Vorfeldermittlungen durchzuführen, stehen ihm zur Aufgabenerledigung alle steuerlichen **Ermittlungsbefugnisse** zu, die den FÄ bzw. den HZÄ zustehen. Damit sind insbesondere auch sog. Sammelauskunftsersuchen/Gruppenanfragen möglich. Es ist jedoch zu berücksichtigen, dass die Einschränkungen des § 93 I 3, § 93 II 2 AO sowie § 97 II AO nicht gelten. Folglich gilt die Subsidiaritätsklausel nicht, nach der vor einem Auskunftsersuchen an Dritte zunächst der Steuerpflichtige um Auskunft zu bitten ist, und Auskunftsersuchen müssen nicht auf Verlangen des Betroffenen schriftlich ergehen.

e) Sonstige Aufgaben der Steuerfahndung (§ 208 II AO)

58 **Auf Ersuchen der zuständigen Finanzbehörde** haben die Steuerfahndung und die Behörden des Zollfahndungsdienstes sonstige steuerliche Ermittlungen einschließlich der Außenprüfung im Wege der internen finanzbehördlichen Amtshilfe zu übernehmen (§ 208 II Nr. 1 AO). Die Fahndung wird mithin kraft besonderen Auftrags der sachlich zuständigen Finanzbehörde tätig. Durch das Ersuchen der sonst zuständigen Finanzbehörde wird eine eigene Zuständigkeit der Fahndung begründet, allerdings ohne, dass die ersuchende Behörde dadurch ihre Zuständigkeit verliert (Schwarz/Pahlke/*Klaproth* AO § 208 Rn. 27). Es handelt sich insoweit nur um eine Ermittlungs-, nicht hingegen um eine steuerliche Entscheidungskompetenz. Die Inanspruchnahme der Fahndung stellt eine Ermessensentscheidung der (sonst) zuständigen Finanzbehörde dar (BFH 11.12.1991, BStBl. II 1992, 595). Zulässig sind ermittlungstaktische Erwägungen bei der Ermessensausübung, sofern sie nach Abwägung aller Umstände voraussichtlich insgesamt nicht zu einer unverhältnismäßigen Rufschädigung des Steuerpflichtigen führen (vgl. Klein/*Rüsken* AO § 208 Rn. 51). Es liegt hingegen ein schwerer Ermessensfehlgebrauch vor, der zu einem steuerlichen Verwertungsverbot der so gewonnenen Erkenntnisse führt, wenn die Beauftragung der Fahndung allein zu dem Zweck erfolgt, bei dem Steuerpflichtigen oder gar einem Dritten den Eindruck zu erwecken, es werde strafrechtlich ermittelt (BFH 4.12.2012, BStBl. II 2014, 220). Für diese Aufgabe gelten die §§ 88 ff., 193 ff. AO (Tipke/Kruse/*Seer* AO § 208 Rn. 37), so dass die Fahndung bei Erfüllung des Auftrags alle Mittel nach der AO nutzen kann, derer sich die beauftragende Behörde bedienen darf. Folglich gilt § 208 II Nr. 1 AO nur für die Durchführung steuerlicher Ermittlungen, deren Zulässigkeit und Durchführung nach den allgemeinen Vorschriften der AO zu beurteilen sind.

59 **Sonst im Rahmen der Zuständigkeit der Finanzbehörde übertragene Aufgaben** (§ 208 II Nr. 2 AO) sind solche, die iSd Art. 108 GG die Verwaltung von Steuern betreffen. Umstritten ist, ob die Übertragung der jeweiligen Zuständigkeit durch Verwaltungsanweisung erfolgen kann (so BT-Drs. 7/4292, 36; Klein/*Rüsken* AO § 208 Rn. 53) oder ob es eines besonderen Gesetzes bedarf (Kohlmann/*Matthes* AO § 404 AO Rn. 92; Schwarz/Pahlke/*Klaproth* AO § 208 Rn. 23; Tipke/Kruse/*Seer* AO § 208 Rn. 39). Da die Norm aber praktisch keine Bedeutung hat (zutreffend HHS/*Tormöhlen* AO § 208 Rn. 160), kann dieser Streitstand dahinstehen. Jedenfalls können der Steuerfahndung nur solche Aufgaben übertragen werden, die ohnehin in den Zuständigkeitsbereich der Finanzverwaltung fallen (BT-Drs. 7/4292, 36).

60 *einstweilen frei*

5. Befugnisse der Fahndung im Besteuerungsverfahren

61 Soweit die Fahndung im Besteuerungsverfahren tätig ist (§ 208 I 1 Nr. 2, 3; II Nr. 1, 2 AO), stehen ihr die üblichen Befugnisse der Finanzbehörde zu. Dabei übt die Fahndung grundsätzlich eigene Befugnisse aus. Etwas anderes gilt nur für steuerliche Auftragsermittlungen nach § 208 II Nr. 1 AO (→ Rn. 54), da die Fahndung insoweit fremde Ermittlungsbefugnisse wahrnimmt. Diese allgemeinen Befugnisse sind jedoch gem. § 208 I 2, 3 AO (Wortlaut vor → Rn. 22) modifiziert.

62 **Die Erweiterungen des § 208 I 2 und 3 AO** gelten nicht für die Aufgabenbereiche der Fahndung nach § 208 II Nr. 1, 2 AO (→ Rn. 58 f.). In diesem Rahmen stehen der Fahndung nur die Befugnisse der Auftragsbehörde zu.

Steuerfahndung und die Behörden des Zollfahndungsdienstes haben im Besteuerungsverfahren gem. § 208 I 2 AO die gleichen Ermittlungsbefugnisse, die den zuständigen Finanzämtern/Hauptzollämtern zustehen. Es gelten vor allem: 63
die allgemeinen Besteuerungsgrundsätze (§§ 85 ff. AO) zu denen der Untersuchungsgrundsatz (§ 88 AO), die Mitwirkungspflicht der Beteiligten (§ 90 AO) und die Regelungen über die Anhörung Beteiligter (§ 91 AO) sowie die Beweismittel (§ 92 AO) gehören sowie *die Regelungen über den Beweis durch Auskünfte und Sachverständigengutachten* (§§ 93 ff. AO), insbes. die Auskunftspflicht der Beteiligten und anderer Personen (§ 93 AO), die Pflicht zur Vorlage von Urkunden (§ 97 AO), die Regelung über das Betreten von Grundstücken und Räumen (§ 99 AO); → Rn. 45 f.

Aus dem weit gefassten Wortlaut des § 208 I 2 AO ergibt sich, dass der Fahndung auch die **Befugnisse** der Finanzämter bei **der Außenprüfung zustehen,** wenn sie funktionell die Aufgaben der Außenprüfung wahrnimmt (BFH 28.10.1997, BFH/NV 1998, 424; Klein/*Rüsken* AO § 208 Rn. 45a; für jede Tätigkeit der Fahndung RKR/*Roth* AO § 404 Rn. 131). Dies ergibt sich auch aus § 208 I 3 AO, nach dem beim Tätigwerden der Fahndung die Außenprüfungs-Mitwirkungspflichten des § 200 AO anwendbar sind. Folglich kann die Fahndung zB gem. § 194 III AO ermittelte Verhältnisse Dritter steuerlich auswerten und Kontrollmaterial an andere Finanzämter weiterleiten (BFH 29.6.2005, BFH/NV 2006, 1; BFH 28.10.1997, BFH/NV 1998, 424; FG Nürnberg 15.1.2009, BeckRS 2009, 26026933; Tipke/Kruse/*Seer* AO/FGO § 208 AO Rn. 33 mwN; *Dörn* Stbg 2002, 156). 64

Die Gegenmeinung, die davon ausgeht, dass die Vorschriften über die Außenprüfung im 4. Abschnitt des 4. Teils der AO für die Fahndung grundsätzlich nicht gelten, fand eine ihrer Begründungen und ihre praktische Stütze in der Frage, welche mit den Befugnissen einhergehenden Schranken die Fahndung in den Bankenfällen zu beachten hatte. § 30a III AO (hervorgegangen aus dem früheren Bankenerlass) erlegte den Außenprüfern Zurückhaltung bei der Fertigung von Kontrollmitteilungen auf (dazu und zur abw. Ansicht des 1. Senat des BFH 4.9.2000, BStBl. II 648).

Mit dem sog. **Bankenerlass** v. 31.8.1979 (BStBl. I 590) war bei Ermittlungen gegenüber Kreditinstituten eine Einschränkung der Rechte der Finanzverwaltung festgeschrieben worden (Text vgl. 3. Aufl. § 404 Rn. 38). Eine solche Restriktion durch eine Verwaltungsvorschrift, die als ein *„strukturelles Vollzugshindernis"* (BVerfG 27.6.1991, BStBl. II 654) wirkte, war jedoch überaus problematisch. Zwischenzeitlich hatte der Gesetzgeber versucht, wirtschaftlichen Interessen durch die Einfügung des damaligen § 30a AO (Steuerreformgesetz 1990 v. 25.7.1988, BGBl. I 1093; Text vgl. → 8. Aufl. Rn. 68) Rechnung zu tragen. Damit sollte dem besonderen Vertrauensverhältnis zwischen den Kreditinstituten und ihren Kunden ein gewisser Schutz zukommen. Ein „Bankgeheimnis", das über die zivilrechtliche Verschwiegenheitspflicht der Banken hinausgehend die Geschäftsverbindung auch gegenüber staatlichen Stellen abschirmte, wurde damit allerdings nicht statuiert (*Miebach* 1999, S. 24 ff.). 65

Durch die **Aufhebung des § 30a AO** durch das Gesetz zur Bekämpfung der Steuerumgehung und zur Änderung weiterer steuerlicher Vorschriften (Steuerumgehungsbekämpfungsgesetz) v. 23.6.2017 (BGBl. I 1682) hat der Gesetzgeber mit Wirkung vom 25.6.2017 klargestellt, dass Kreditinstitute bei der Mitwirkung zur Aufklärung des steuerlichen Sachverhalts gegenüber den Finanzbehörden dieselben Rechte und Pflichten haben wie andere auskunftspflichtige Personen, die keine gesetzliche Verschwiegenheitspflicht beachten müssen (BT-Drs. 18/11132, 23). Es bestehen folglich keine Besonderheiten mehr im Fall von Bankersuchen (*Tormöhlen* AO-StB 2019, 25). Durch die Aufhebung der im alten § 30a AO geregelten Ermittlungsbeschränkungen ist es nun auch möglich, dass die Finanzbehörden bei hinreichendem Anlass nach Maßgabe des § 93 AO Auskunftsersuchen – auch Sammelauskunftsersuchen nach § 93 Ia AO – an inländische Kreditinstitute richten, um Informationen über deren Kunden und deren Geschäftsbeziehungen zu Dritten zu erlangen. 66

67 Wie sich darüber hinaus aus der weiten Fassung des § 208 I 2 AO ergibt, stehen der Fahndung auch die den Finanzämtern zugewiesenen **Vollstreckungsrechte** der §§ 328 ff. AO zu, um im Rahmen ihrer Tätigkeit im steuerlichen Verfahren eben die steuerlichen Befugnisse effektiv durchsetzen zu können. Folglich hat die Fahndung insoweit z. B. die Möglichkeit, den Steuerpflichtigen mittels Zwangsgeldes zur Beantwortung eines Auskunftsersuchens anzuhalten (BFH 29.10.1986, BStBl. II 1988, 359; RKR/*Roth* AO § 404 Rn. 134; zweifelnd Klein/*Rüsken* AO § 208 Rn. 45a). § 393 AO ist insoweit allerdings zu beachten (dazu → Rn. 72 ff.). Die Gegenmeinung, die davon ausgeht, dass die Steuerfahndung die Auskunft verlangen könne, für die Vollstreckung gem. § 328 AO hingegen ausschließlich das FA zuständig sei (Kohlmann/*Matthes* AO § 404 Rn. 168) mag zwar inhaltlich nachvollziehbar sein, findet aber keine Grundlage im Gesetz oder in der Gesetzeshistorie. Darüber hinaus gelten im Hinblick auf die Tätigkeit der Fahndung im Besteuerungsverfahren auch die Vorschriften zu den allgemeinen **Mitwirkungs- und Auskunftspflichten** gem. §§ 90, 93 ff. AO (vgl. zB BFH v. 29.10.1986, BStBl. II 1988, 359) – auch hier unter Beachtung des § 393 AO – sowie zur **Amtshilfe**.

68 **§ 208 I 3 Hs. 1 AO erweitert die Kompetenzen** der allgemeinen Finanzbehörde punktuell erheblich, wobei auch diese Regelungen nur iRd steuerlichen Verfahrens Anwendung finden. Die Fahndung hat somit im steuerlichen Verfahren die Möglichkeit,

- dritte Personen um Auskunft anzuhalten, ohne vorher den Steuerpflichtigen befragen zu müssen,
- Auskunftsersuchen formlos zu stellen,
- die Vorlage von Urkunden ohne vorherige Befragung des Vorlagepflichtigen zu verlangen und
- die Einsichtnahme in diese Urkunden ohne Einverständnis des Vorlagepflichtigen zu erwirken.

Diese Eingriffserleichterungen dienen dazu, ohne Beteiligung des Steuerpflichtigen eine steuerliche Aufklärung unbekannter Sachverhalte zu ermöglichen, weil *„andernfalls im Hinblick auf den möglichen straf- oder bußgeldrechtlichen Bezug der Erfolg der Ermittlungen gefährdet werden könnte"* (so *Hurst* ZfZ 1976, 354, 360). Für den Fall, dass die rein steuerlichen Ermittlungen aufgrund des Ermittlungsfortschritts in strafrechtliche Ermittlungen umschlagen, wird dem Steuerpflichtigen die Möglichkeit genommen, die folgenden strafrechtlichen Ermittlungen zu vereiteln.

69 Da es sich insoweit allerdings um ein **steuerliches Verfahren** handelt (→ Rn. 44), hat die um Auskunft ersuchte oder zur Vorlage von Urkunden ersuchte dritte Person die Möglichkeit, den jeweiligen Steuerpflichtigen über das Ersuchen zu informieren. Für den Dritten ergibt sich daraus kein Strafbarkeitsrisiko und auch für das Besteuerungsverfahren ergeben sich daraus keine Folgen. Im Fall von vertraglichen Geschäftsbeziehungen kann zivilrechtlich sogar eine Pflicht zur Warnung des vom Ersuchen betroffenen Kunden bestehen (vgl. *Ransiek* wistra 1999, 401; RKR/*Roth* AO § 404 Rn. 139).

70 **§ 208 I 3 Hs. 2 AO** ordnet die *„sinngemäße"* Geltung einiger Regelungen über die **Außenprüfung** an. So hat der Steuerpflichtige bei der Sachverhaltsfeststellung mitzuwirken (§ 200 I 1 AO), insbes. Auskünfte zu erteilen, Unterlagen vorzulegen und Erläuterungen zu geben (§ 200 I 2 AO). Er muss diese Unterlagen der Steuerfahndung vorlegen und ihr einen *„zur Außenprüfung geeigneten Raum oder Arbeitsplatz ... unentgeltlich"* zur Verfügung stellen (§ 200 II AO). Die Beamten der Steuerfahndung und der Behörden des Zollfahndungsdienstes sind nach § 200 III 2 AO berechtigt, Grundstücke und Betriebsräume zu betreten und zu besichtigen. Schließlich ordnet § 200 III 1 AO an, dass auch die steuerlichen Ermittlungen der Steuerfahndung oder der Behörden des Zollfahndungsdienstes während der üblichen Geschäfts- oder Arbeitszeit stattfinden.

71 Der Verweis auf § 200 AO ist nötig, da steuerliche **Fahndungsprüfungen** – mit Ausnahme der Außenprüfung auf Ersuchen gem. § 208 II Nr. 1 – grundsätzlich keine Außenprüfungen iSd §§ 193 ff. darstellen (BFH 4.9.2000, BStBl. II 2000, 648; Schwarz/

Pahlke/*Klaproth* AO § 208 Rn. 40 mwN). Folglich wäre es ohne entsprechende Regelungen in § 208 I 3 Hs. 2 AO denkbar zu argumentieren, dass die Mitwirkungspflichten des § 200 AO bei steuerlichen Fahndungsprüfungen nach § 208 AO nicht gelten. Auch im Hinblick auf die in § 208 I 3 Hs. 2 AO für sinngemäß anwendbar erklärten Normen ist allerdings § 393 AO zu beachten (→ Rn. 120 ff.). Es handelt sich bei einer steuerlichen Fahndungsprüfung aber um eine „steuerliche Prüfung i. S. v. § 371 II Nr. 1a AO", durch die eine Selbstanzeige der Steuerhinterziehung ausgeschlossen sein kann (→ § 371 Rn. 222).

Im Rahmen der steuerlichen Ermittlungen muss entsprechend dem Hinweis in § 208 I 3 **72** Hs. 2 AO der § 393 I AO unberührt bleiben. So darf die Steuerfahndung die ihr zustehenden **Zwangsmittel** (§§ 328 ff. AO; → Rn. 67) nur einsetzen, wenn der Stpfl oder sonst Betroffene dadurch nicht dazu gezwungen würde, sich selbst wegen einer von ihm begangenen Steuerstraftat oder Steuerordnungswidrigkeit zu belasten (§ 208 I 3 aE iVm § 393 I 2 AO). Ebenso dürfen niemals unter Verweis auf die Mitwirkungsverpflichtung strafrechtlich relevante Sachverhalte aufgeklärt werden. Der entsprechende Hinweis in § 208 I 3 AO kann angesichts des aus dem Rechtsstaatsprinzip abzuleitenden Grundsatzes *„nemo tenetur se ipsum accusare"* nur klarstellende Funktionen haben, da § 208 AO keinen Zwang zur Selbstbelastung – ohne Anordnung eines entsprechenden Verwertungsverbotes – aufstellen könnte.

Damit ist aber noch nichts dazu gesagt, welche Folgen es hat, wenn der Stpfl die **73** Mitwirkung im Besteuerungsverfahren wegen eines laufenden steuerstrafrechtlichen Ermittlungsverfahrens verweigert. Zutreffender Weise darf das FA hieraus für den Stpfl **nachteilige steuerliche Schlüsse** ziehen (FG München 27.2.1996, EFG 1996, 570; FG Baden-Württemberg 27.1.2011, PStR 2011, 300), da die fehlende Mitwirkung nicht dazu führen darf, dass der Steuerhinterzieher bessergestellt wird als der Steuerehrliche, bei dem es im Fall fehlender Mitwirkung anerkanntermaßen zu negativen steuerlichen Rückschlüssen kommen kann (BFH 15.2.1989, BStBl. II 1989, 462; FG Münster 9.6.2021, EFG 2021, 1906). Vielmehr reicht es für den Schutz des Steuerpflichtigen aus, dass seine Mitwirkung gem. § 393 I 2 AO nicht erzwungen werden kann.

6. Kompetenzen der Fahndung im Steuerstrafverfahren

a) Allgemeines

Neben die **Kompetenzen** der Fahndung im Besteuerungsverfahren nach § 208 I AO **74** treten **Befugnisse** nach § 404 AO, soweit sie in einem Strafverfahren wegen Steuerstraftaten (→ § 385 Rn. 6 ff. und 31 ff.) tätig wird. Steuerfahndung und Behörden des Zollfahndungsdienstes haben im Steuerstrafverfahren die Befugnisse und die Pflichten, welche die StPO den Beamten des Polizeidienstes aufgibt (§ 404 S. 1; für die Behörden des Zollfahndungsdienstes zudem § 39 ff. ZFdG); ihre Beamten (zum Begriff HHS/*Tormöhlen* AO § 404 Rn. 23) sind gem. § 404 S. 2 Hs. 2 AO Ermittlungspersonen (vgl. → Einl Rn. 109) der StA. Im Umkehrschluss kommen den Fahndungsdienststellen keine staatsanwaltschaftlichen Funktionen zu, so dass sie auch nicht zur Ausübung selbstständiger staatsanwaltschaftlicher Ermittlungstätigkeiten gem. § 386 II 1 AO iVm § 399 I (vgl. Nr. 17 III AStBV (St) 2020; vgl. auch RKR/*Roth* AO § 404 Rn. 146) befugt sind. Staatsanwaltschaftliche Befugnisse nehmen allein die **Straf- und Bußgeldsachenstellen** bzw. die **Hauptzollämter** oder bei staatsanwaltschaftlichen Verfahren die ordentliche Staatsanwaltschaft wahr. Die staatsanwaltschaftlich tätige Dienststelle kann aber selbstverständlich die Vorbereitung durch die Fahndung in Anspruch nehmen, ist jedoch zur selbständigen Prüfung der Vorarbeiten verpflichtet.

Daneben stehen der Steuerfahndung die **Befugnisse** zu, die der Finanzbehörde nach **75** § 399 II 2 AO auch dann verbleiben, wenn die Zuständigkeit für die Verfolgung von Steuerstraftaten nach § 387 II AO bei einer anderen Finanzbehörde konzentriert ist (§ 404 S. 2 1. Alt.). Anders als sonstige Ermittlungspersonen der StA hat die Steuerfahndung zudem das Recht, selbstständig die Papiere des von der Durchsuchung Betroffenen durchzusehen.

76 § 404 AO trennt **zwischen** Befugnissen der **Behörden** des Zollfahndungsdienstes und der Steuerfahndungsdienststelle einerseits und denen ihrer **Beamten** andererseits; nur diese sind Ermittlungspersonen der StA. Da Ämter und Dienststellen durch ihre Beamten handeln, ist diese Differenzierung – insbes. wegen der Verweisung auf § 399 II 2 AO – vorwiegend theoretischer Natur, wenn sich aus ihr auch ergibt, dass die Beamten selbständig und ohne Auftrag ihrer Dienststelle tätig werden können und müssen (vgl. Klein/ *Jäger* AO § 404 Rn. 12).

77 Die in § 404 AO beschriebenen Befugnisse hat die Steuerfahndung **unabhängig** davon, ob die Finanzbehörde das Ermittlungsverfahren **selbstständig** führt (§ 399 I AO) oder aber das Verfahren in der Hand der StA liegt (§ 402 I AO). Zur Weitergeltung von Befugnissen der Steuerfahndung im Besteuerungsverfahren → Rn. 120 ff.

b) Geltung der Strafprozessordnung

78 Die **Behörden des Zollfahndungsdienstes und die Steuerfahndung** haben die Befugnisse und unterliegen den Pflichten, welche die **StPO** sonst für die Behörden und Beamten des Polizeidienstes aufstellt (§ 404 S. 1 AO); ihre Beamten sind Ermittlungspersonen (vgl. → Einl Rn. 109) der StA. Dies deckt sich mit den Rechten und Pflichten, die das Gesetz der Finanzbehörde einräumt, wenn die StA das Ermittlungsverfahren selbstständig führt (§ 402 I AO), und entspricht sachlich im Wesentlichen den Befugnissen und Pflichten, die die Finanzbehörde bei selbstständiger Durchführung des Ermittlungsverfahrens hat (§ 399 I AO). Unterschiede zu den Rechten nach § 399 I AO bestehen nur insoweit, als die StPO bestimmte Rechte teilweise der StA vorbehält oder ihren Ermittlungspersonen nur einräumt, sofern Gefahr im Verzuge gegeben ist (→ § 399 Rn. 60 ff.).

79 Grundsätzlich ist somit festzustellen, dass die Fahndungsstellen im Rahmen ihrer strafrechtlichen Tätigkeit das sich aus § 152 StPO ergebende **Legalitätsprinzip** zu beachten haben. Folglich ist die Steuerfahndung grundsätzlich zur Verfolgung verpflichtet, sofern ihr der Verdacht einer Straftat bekannt wird, für die sie zuständig ist und bzgl. der die strafrechtlichen Ermittlungen nicht allein von der Straf- und Bußgeldsachenstelle weitergeführt werden.

80 Da die Beamten der Steuerfahndung auf den **Status einer Ermittlungsperson** (vgl. → Einl Rn. 109) beschränkt sind und ihnen keine staatsanwaltschaftliche Funktion zukommt, haben sie kein Recht zur Anordnung der Postbeschlagnahme (§ 100 I StPO; vgl. Nr. 61 AStBV (St) 2020; vgl. auch → § 399 Rn. 211 f.). Der Beschuldigte ist nicht verpflichtet, auf Ladung vor der Steuerfahndung zu erscheinen. Etwas anderes gilt hingegen für Zeugen, die nach § 163 III StPO verpflichtet sind, auch auf Ladung von Ermittlungspersonen zu erscheinen und auszusagen, wenn der Ladung ein Auftrag der das Verfahren in staatsanwaltschaftlicher Funktion führenden Behörde zugrunde liegt (vgl. → § 399 Rn. 20, 32 f.). Auch das Recht zur Beantragung eines Durchsuchungs- und Beschlagnahmebeschlusses steht der Steuerfahndung nicht zu (Kohlmann/*Matthes* AO § 404 Rn. 96; HHS/*Tormöhlen* AO § 404 Rn. 21; RKR/*Roth* AO § 404 Rn. 146; Schwarz/Pahlke/ *Klaproth* AO § 404 Rn. 21; aM noch AG Kempten 24.3.1986, wistra 1986, 271 sowie *Cratz* wistra 1986, 272). Die Fahndung kann keine Absprachen (sog. „Deals") zur weiteren Verfahrenserledigung gem. §§ 160b, 257c StPO treffen (dazu → Rn. 165 ff.), nicht gem. § 147 V StPO über die Akteneinsicht entscheiden und weder einen Vermögensarrest selbst beantragen noch ihn bei Gefahr im Verzug gem. § 111j StPO selbst anordnen. § 404 S. 1 AO gibt der Steuerfahndung nicht mehr Befugnisse als die, welche eine Finanzbehörde nach § 402 I Hs. 1 AO in den Fällen hat, in denen die StA das Ermittlungsverfahren führt. Dies ändert sich auch nicht durch die Einführung sog. Einheitssachgebiete (→ Rn. 14), da in diesen Einheitssachgebieten genau danach zu unterscheiden ist, ob ein BuStra-Sachbearbeiter oder ein Fahnder tätig wird. Einheitssachgebiete beinhalten nämlich nicht die

Einführung von Einheitssachbearbeitern, die sowohl die staatsanwaltschaftliche als auch die polizeiliche Funktion wahrnehmen.

Im Übrigen hängen die entsprechenden Handlungsbefugnisse entscheidend von der **behördeninternen Organisation** des Finanzamts ab. Ist der Vorsteher eines Finanzamts für Strafsachen und Fahndung einerseits Leiter eines Steuerfahndungssachgebietes, andererseits Vertreter des Leiters der Strafsachenstelle, kann er bei dessen Verhinderung in seiner Funktion als (stellvertretender) Sachgebietsleiter der BuStra entsprechende Anträge stellen (LG Stuttgart 25.6.1987, wistra 1988, 328). Dennoch wird im Einzelfall vom Amtsrichter darauf zu achten sein, ob tatsächlich ein nach der Geschäftsordnung Vertretungsbefugter den entsprechenden Antrag unterzeichnet hat. Folglich ist es unabdingbar, dass in solchen Situationen die handelnde Person nach außen eindeutig darlegt, in welcher Funktion sie handelt. Dasselbe gilt auch für die Leitung von Einheitssachgebieten (→ Rn. 14). 81

In ihrer gegenüber § 399 I AO eingeschränkten Funktion nehmen Steuerfahndung und die Behörden des Zollfahndungsdienstes Strafanzeigen entgegen, erforschen den Sachverhalt und treffen alle keinen Aufschub duldenden Anordnungen, um die Verdunkelung der Sache zu verhüten (§ 163 StPO); die Ergebnisse sind der StA, in den Fällen des § 399 I AO der Finanzbehörde zu übersenden. 82

Die Vernehmung von Beschuldigten und Zeugen (→ § 399 Rn. 6 ff.) ist der Fahndung möglich. Im Hinblick auf die Pflicht zum Erscheinen ist insoweit allerdings seit 2017 (vgl. BGBl. 2017 I, 3202, 3209) zu differenzieren: Für den Beschuldigten besteht keine Pflicht, vor der Fahndung zu erscheinen. Führt das Ermittlungsverfahren jedoch nicht zur Einstellung, so ist der Beschuldigte gem. § 163a I 1 StPO vor Abschluss der Ermittlungen zu vernehmen. Dadurch wird sein verfassungsrechtlich verbürgter **Anspruch auf rechtliches Gehör** aus Art. 102 I GG ebenso sichergestellt wie die Information des Beschuldigten über das gegen ihn geführte Verfahren. Die **Ladung zur Vernehmung** erfolgt gem. § 133 I StPO regelmäßig schriftlich und über sie ist nach § 163a III 2 StPO iVm § 168c V StPO dessen Verteidiger zu unterrichten. Einer Ladung der Fahndung muss der Beschuldigte jedoch nicht folgen. Etwas anderes gilt gem. § 163a III StPO nur, wenn die StA oder die BuStra in von ihr geführten Verfahren vorlädt oder gem. § 133 II StPO eine richterliche Vernehmung durchgeführt werden soll. Bei der Vernehmung durch die Fahndung hat der Verteidiger des Beschuldigten – ebenfalls seit 2017 (BGBl. 2017 I, 3295) – ein Anwesenheitsrecht nach § 163a IV 2 StPO iVm § 168c I StPO. Findet die Vernehmung bei der Staatsanwaltschaft/Bußgeld- und Strafsachenstelle bzw. vor dem Ermittlungsrichter statt, hat der Verteidiger ein uneingeschränktes Teilnahmerecht gem. § 168c I StPO. 83

Für **Zeugen** stellt sich die Rechtslage hingegen anders dar: Gem. § 163 III 1 StPO sind Zeugen verpflichtet, auf Ladung vor Ermittlungspersonen der StA zu erscheinen und zur Sache auszusagen, wenn der Ladung ein Auftrag der die staatsanwaltschaftliche Funktion wahrnehmenden Behörde – StA oder in selbständig geführten Verfahren die BuStra – zugrunde liegt. Die Erscheinens- und Aussagepflicht von Zeugen vor den Ermittlungsbeamten ist dementsprechend von einer vorherigen Entscheidung der Staatsanwaltschaft abhängig. Nach dem Wortlaut des § 163 III 1 StPO kann die Ladung zur Zeugenvernehmung vor eine Ermittlungsperson auch durch die Fahndung oder die die staatsanwaltschaftliche Funktion wahrnehmende Behörde erfolgen. Bei der Vernehmung reicht es aus, wenn bei mehreren an der Vernehmung beteiligten Beamten die Person, die die Vernehmung leitet, Ermittlungsperson der Staatsanwaltschaft ist (BT-Drs. 18/11277, 30); Bsp.: In einem staatsanwaltschaftlichen Verfahren leitet der Fahnder die Vernehmung und ein Beamter der BuStra nimmt daran teil. Bei der Vernehmung hat der Zeuge – wie sich aus § 163 III 2 StPO iVm § 68b StPO ergibt – Anspruch auf die Anwesenheit eines anwaltschaftlichen Zeugenbeistands, so dass insoweit in Steuerstrafverfahren sowohl Rechtsanwälte als auch Steuerberater in Frage kommen. Bei dem Zeugenbeistand kann es sich – vorbehaltlich der Ausschlussgründe in § 68b I 3 und 4 StPO – auch um den Steuerberater oder den Verteidiger des Beschuldigten handeln. Der Zeugenbeistand hat hingegen kein 84

Recht auf Akteneinsicht (BGH 4.3.2010, NStZ-RR 2010, 246; KG 14.8.2015, StraFo 2015, 459, 460).

85 Wird der **Beschuldigte** von der StA oder im selbständigen Verfahren von der BuStra geladen, findet er dann aber lediglich Beamte der Steuerfahndung als Vernehmungsbeamte vor, ist er zur Anwesenheit nicht verpflichtet. Überlässt die verfahrensleitende Behörde dem Fahndungsbeamten die Befragung, ohne selbst anwesend zu sein, liegt ein Missbrauch vor, der die entsprechende Aussagepflicht entfallen lässt. Selbiges gilt, wenn die Ladung eines Zeugen ohne staatsanwaltschaftlichen Auftrag erfolgt ist. Für den Zeugen bestehen dann weder eine Erscheinens-, noch eine Aussagepflicht.

86 Durchsuchung und Beschlagnahme dürfen gem. §§ 98, 102 ff., 105 I 1 Alt. 3 StPO angeordnet werden, soweit Gefahr im Verzuge vorliegt (→ § 399 Rn. 60 ff.). Dies ist jedoch aufgrund des strikten Richtervorbehalts eine absolute Ausnahme. Die Beamten der Fahndung haben jedoch kein Recht, richterliche Durchsuchungs- und Beschlagnahmebeschlüsse zu beantragen (→ Rn. 88); zur Durchsuchung bei Überwachung des grenzüberschreitenden Bargeldverkehrs durch Zollbeamte (§ 10 ZollVG) s. *Schmitz* DStZ 2003, 606.

87 Ein eigenständiges Mittel der Gewinnung von Beweismitteln ist das **Herausgabeverlangen** nach § 95 StPO. Danach sind Gegenstände, die als Beweismittel von Bedeutung sein können, auf Anforderung herauszugeben. Verpflichtet zur Herausgabe ist jeder Gewahrsamsinhaber; bei einer unberechtigten Weigerung können gem. § 95 II StPO gerichtlich Ordnungs- und Zwangsmittel festgesetzt werden. Ein Herausgabeverlangen nach § 95 StPO darf die Fahndung zwar stellen, auf eine Verweigerung kann aber nicht nach § 95 II StPO mit einem Ordnungsgeld oder einem Zwangsmittel reagiert werden. Die Regelung in § 95 StPO knüpft an die Zeugenpflicht an (→ § 399 Rn. 100 ff.). Da Zeugen vor der Fahndung strafverfahrensrechtlich ohne entsprechenden staatsanwaltschaftlichen Auftrag nicht erscheinen müssen und diese auch keinen Antrag auf richterliche Untersuchungshandlungen stellen kann (→ Rn. 80), ist auch ein Herausgabeverlangen nicht erzwingbar.

88 Die Fahndung hat das Recht zur vorläufigen Festnahme, wenn die Voraussetzungen für einen Haftbefehl vorliegen und Gefahr im Verzug gegeben ist (§ 127 II StPO; → § 399 Rn. 193 ff.). Die Fahndung ist hingegen nicht berechtigt, einen Antrag auf Erteilung eines richterlichen Haftbefehls zu stellen. Dies ist der Staatsanwaltschaft vorbehalten. Bei Steuerstraftaten kann die BuStra in von ihr geführten Verfahren ebenfalls einen Antrag auf Erteilung eines Haftbefehls bei Gericht stellen, allerdings geht in diesem Fall gem. § 386 II, III AO nach Erteilung des beantragten Haftbefehls die Zuständigkeit auf die Staatsanwaltschaft über. Die Fahndung darf darüber hinaus eine *erkennungsdienstliche Behandlung* des Beschuldigten (Lichtbilder, Fingerabdrücke, Messungen, vgl. § 81b StPO) durchführen.

89 Nach § 132 StPO darf sie bei Gefahr im Verzuge eine *Sicherheitsleistung* für Verfahrenskosten und zu erwartende Geldstrafe fordern (HHS/*Tormöhlen* AO § 404 Rn. 52). Zur *Durchsicht der Papiere* → Rn. 94 ff., zur *Telefonüberwachung* → § 399 Rn. 213 ff.

90 Die Fahndung hat in Eilfällen die Möglichkeit zur **Ausschreibung zur Festnahme** gem. § 131 II StPO. Darüber hinaus besteht auch die Möglichkeit zur **Niederlegung von Suchvermerken im Bundeszentralregister** gem. § 27 BZRG, wobei zwischen Behörden des Zollfahndungsdienstes und Steuerfahndung zu differenzieren ist. Die Behörden des Zollfahndungsdienstes dürfen unstrittig entsprechende Suchvermerke niederlegen und gem. § 41 I Nr. 4 BZRG von dort **Auskünfte** einholen (Klein/*Jäger* AO § 404 Rn. 31; RKR/*Roth* AO § 404 Rn. 149). Für die Steuerfahndung soll dies ebenfalls erlaubt sein, wenn sie als selbstständige Behörde organisiert ist (Klein/*Jäger* AO § 404 Rn. 31; HHS/ *Tormöhlen* AO § 404 Rn. 53). Dabei darf aber nicht übersehen werden, dass sich die Steuerfahndung (auch) auf die Rechtsgrundlage des § 41 I Nr. 5 BZRG berufen kann („den Kriminaldienst verrichtende Dienststellen der Polizei"), da sie gem. § 404 AO entsprechende polizeiliche Befugnisse wahrnimmt (ebenso HHS/*Tormöhlen* AO § 404 Rn. 53; RKR/*Roth* AO § 404 Rn. 149). Darüber hinaus ergeben sich in der Praxis idR keine Probleme, da Suchvermerke im Bundeszentralregister meist von der **BuStra** in staatsanwaltschaftlicher Funktion niedergelegt werden.

Einen Antrag auf Erlass eines Strafbefehls (§ 400 AO) darf die Steuerfahndung 91 ebenso wenig stellen, wie einen Antrag auf Erhebung der Anklage. Auch eine Einstellung eines Steuerstrafverfahrens nach §§ 153 ff., 170 II StPO, §§ 398 f. AO fällt unstreitig nicht in ihren Kompetenzbereich (HHS/*Tormöhlen* AO § 404 Rn. 22; RKR/*Roth* AO § 404 Rn. 146). Generell darf sie verfahrensabschließende Verfügungen nicht vornehmen, auch dürften Beamte der Fahndung nicht über die Abgabe der Sache an die StA entscheiden (HHS/*Tormöhlen* AO § 404 Rn. 20 f.).

c) Geltung des § 399 II 2 AO

Da die Beamten der Steuerfahndung Ermittlungspersonen (→ Einl Rn. 109) der StA 92 sind (§ 404 S. 2 Hs. 2 AO), hat die Verweisung auf § 399 II 2 AO überwiegend klarstellende Wirkung, da es sich dabei um die unaufschiebbaren Maßnahmen im Rahmen des Rechts des ersten Zugriffs handelt. Darüber hinaus bewirkt sie aber auch, dass die Zollfahndungsämter und Steuerfahndungsdienststellen den Finanzbehörden iSd § 399 II 2 AO gleichgestellt werden.

Der Steuerfahndung stehen in diesem Zusammenhang das Recht auf Beschlagnahme, 93 Notveräußerung, Durchsuchung, Untersuchung und sonstige Maßnahmen nach Maßgabe der StPO zu Gebote (zu den unaufschiebbaren Anordnungen iRd ersten Zugriffs zB → § 399 Rn. 50 f.).

d) Durchsicht der Papiere

Führt die Finanzbehörde die Ermittlungen im Steuerstrafverfahren selbstständig, so hat 94 sie nach § 110 I StPO das Recht auf **Durchsicht der Papiere** des von der Durchsuchung Betroffenen (vgl. OVG Hamburg 3.7.2012, NVwZ-RR 2012, 845; *Beyer* AO-StB 2009, 147 sowie → § 399 Rn. 74 und 139 ff.). § 404 S. 2 AO erstreckt diese Kompetenz auf die Zollfahndungsämter und die Dienststellen der Steuerfahndung; dabei ist gleichgültig, ob die Finanzbehörde oder die StA die Ermittlungen führt. Die Steuerfahndung hat damit mehr Rechte als die Finanzbehörde im Verfahren der StA nach § 402 AO (→ § 402 Rn. 10).

Ein **Durchsichtsrecht der StA über Geschäftspapiere hinaus** ist der Steuerfahndung 95 erst durch das 1. StVRG eingeräumt worden (→ Rn. 1). Der Begriff der Papiere ist nach Sinn und Zweck weit auszulegen. Gegenstand der Durchsicht sind neben Buchführungsunterlagen und Bilanzen Aufzeichnungen, Briefe, aber auch Fotos, Tonträger, Magnetbänder u. ä. (HHS/*Tormöhlen* AO § 404 Rn, 59; Meyer-Goßner/Schmitt/*Köhler* StPO § 110 Rn. 1; *Schmitz/Tillmann* S. 63; vgl. auch Nr. 69 AStBV (St) 2020). Nach Abs. 3 wird die Durchsicht auf vernetzte – aber räumlich getrennte – Speichermedien erweitert. Dies aber nur dann, wenn auf sie von dem Computer bei den von der Durchsuchung Betroffenen aus zugegriffen werden kann und andernfalls der Verlust der gesuchten Datei zu besorgen ist (sog. Online-Sichtung). Für Privatpapiere gilt § 110 StPO aber nur, wenn anzunehmen ist, dass sie über die Steuerstraftat Aufschluss geben (RKR/*Roth* AO § 404 Rn. 158). Ziel der „*Durchsicht*" ist die Feststellung, ob das Papier für das Strafverfahren bedeutsam und daher zu beschlagnahmen ist. Unzulässig ist daher die „*vorsorgliche*" Beschlagnahme zum Zwecke der Durchsicht (glA HHS/*Tormöhlen* AO § 404 Rn. 59); es handelt sich vielmehr um eine vorläufige Sicherstellung zum Zwecke der Durchsicht, nicht hingegen bereits um eine Beschlagnahme. Zur vergleichbaren Problematik der Beschlagnahme von EDV-Anlagen → § 399 Rn. 139 ff.

Die **Erweiterung** des Rechts nach § 110 I StPO auf die Fahndungsdienststellen hält 96 *Rüping* (Grundfragen S. 277; StVj 1991, 327) für verfassungswidrig; nach seiner Meinung verletzt „*die Regelung den Grundsatz der Waffengleichheit, widerspricht dem dahinter stehenden Prinzip eines fairen Verfahrens*". Darüber hinaus werden Zweifel geltend gemacht, ob diese Teilregelung nicht wegen Verstoßes gegen den Grundsatz der Verhältnismäßigkeit verfassungswidrig ist (ebenso *Rüping* StVj 1991, 327). Diese Einwände vermögen jedoch nicht zu überzeugen. Der Grundsatz der Waffengleichheit wird bei einer Durchsicht durch Beamte der Steuerfahndung nicht stärker berührt als bei einer Durchsicht durch die StA. Dass die bei der Steuerfahndungsdienststelle durchsehende Person nicht die Befähigung zum Richteramt hat und auch keine Beamteneigenschaft aufweisen muss, kann für die Verhältnismäßigkeit der Maßnahme nicht bedeutsam sein. Die Feststellung der Beweisbedeutung eines bestimmten Gegenstandes setzt nicht die Befähigung zum Richteramt voraus; auch die Beamteneigenschaft, die im Übrigen nicht notwendige Bedingung für eine Bestrafung wegen Verletzung des Steuergeheimnisses ist (vgl. § 355 II Nr. 1 StGB iVm § 11 I Nr. 4 StGB), garantiert nicht, dass die Intimsphäre des Betroffenen gewahrt wird. Da die Durchsicht der Papiere dazu dient, die als Beweismittel in Betracht kommenden Papiere inhaltlich darauf zu prüfen, ob die richterliche Beschlagnahme angezeigt ist oder ob die zunächst im Rahmen der Durchsuchung sichergestellten Unterlagen/Daten zurückzugeben sind, ist es nur folgerichtig, diese Aufgabe den Bediensteten der Strafverfolgung zu übertragen, die mit der notwendigen Sachkunde ausgestattet eine entsprechende Auswahl sinnvoll treffen können.

97 Im Übrigen bedarf insbesondere die **Durchsicht persönlicher Unterlagen,** wie etwa von Briefen und Tagebüchern, besonderer Zurückhaltung, da diese in Fällen der Wirtschaftskriminalität uU nicht verwertet werden dürfen (vgl. BVerfG 14.9.1989, BVerfGE 80, 367 ff.; *Störmer* NStZ 1990, 397; BGH 9.7.1987, NStZ 1987, 569; vgl. *Plagemann* NStZ 1987, 570; → § 399 Rn. 111, 164).

98 **Das Recht zur Durchsicht der Papiere** steht allein den Behörden des Zollfahndungsdienstes und den Steuerfahndungsdienststellen zu. Der einzelne Fahndungsbeamte hat dieses Recht nicht. Jedoch kann der einzelne Fahndungsbeamte im Auftrag seiner Dienststelle für diese tätig werden (HHS/*Tormöhlen* AO § 404 Rn. 66; Kohlmann/*Matthes* AO § 404 Rn. 147; RKR/*Roth* AO § 404 Rn. 154).

99 Führt die **BuStra** gem. § 386 II AO das Ermittlungsverfahren selbständig durch, so kommen ihr gemäß §§ 386 II, 399 I AO die Rechte und Pflichten der Staatsanwaltschaft zu, wozu auch die Befugnis zur Durchsicht von Papieren nach § 110 I StPO gehört. Im selbständigen Ermittlungsverfahren haben daher auch die BuStra-Beamten die originäre Befugnis zur Durchsicht. Etwas anderes gilt hingegen, wenn das Verfahren von der StA geleitet wird, da dann die Beamten der Bußgeld- und Strafsachenstelle mit den Rechten und Pflichten der Polizeibeamten und den Befugnissen der Ermittlungspersonen der Staatsanwaltschaft (§ 402 I AO) sowie den Befugnissen nach § 399 II 2 AO tätig werden. Folglich besteht für die BuStra in einem unselbständigen Verfahren nur die Befugnis zur Durchsicht von Papieren iSd § 110 StPO, wenn die StA dies ausdrücklich anordnet (vgl. Nr. 91 III 3 AStBV (St) 2020).

e) Weisungsbefugnisse der Staatsanwaltschaft (§ 404 S. 2 Hs. 2 AO)

100 Als Ermittlungspersonen (vgl. → Einl Rn. 109) der StA unterliegen die Beamten der Behörden des Zollfahndungsdienstes und der Steuerfahndungsdienststellen im Steuerstrafverfahren den Weisungen der StA (RKR/*Roth* AO § 404 Rn. 150; Schwarz/Pahlke/*Klaproth* AO § 404 Rn. 17); denn die Beamten – nicht die Behörden des Zollfahndungsdienstes und die Steuerfahndungsdienststellen selbst – sind Ermittlungspersonen der StA. Dies ist eindeutig, wenn die StA die Ermittlungen übernommen hat.

101 **Ermittelt das Finanzamt den Sachverhalt selbstständig** (§ 386 II AO), behalten die Beamten der Fahndung die Rechte einer Ermittlungsperson der StA (HHS/*Tormöhlen* AO § 404 Rn. 70, Klein/*Jäger* AO § 404 Rn. 11). Ihre Befugnisse auf die Fälle zu beschränken, in denen die StA selbstständig ermittelt, besteht kein Anlass. Auch sind sie in den Fällen des §§ 386 II, 399 I AO nicht Hilfsbeamte der Finanzbehörde: Sie bleiben Ermittlungspersonen der StA, nur nimmt die Finanzbehörde in diesem Fall Funktion der StA wahr (→ § 386 Rn. 21 ff.). Hierzu gehört auch das Weisungsrecht (HHS/*Tormöhlen* AO § 404 Rn. 70 ff.; Schwarz/Pahlke/*Klaproth* AO § 404 Rn. 17).

Die StA – die Finanzbehörde in den Fällen des § 399 I AO – richtet ihren Auftrag 102
grundsätzlich an die Behörde des Zollfahndungsdienstes oder an die Steuerfahndungsdienststelle (Meyer-Goßner/Schmitt/*Schmitt* GVG § 152 Rn. 4) Bei Eilbedürftigkeit oder einem anderen wichtigen Grund ist ausnahmsweise auch ein spezieller Auftrag an einen bestimmten Beamten möglich (Meyer-Goßner/Schmitt/*Schmitt* GVG § 152 Rn. 3; RKR/*Roth* AO § 404 Rn. 150).

Eine Weisungsbefugnis besteht in sachlicher Hinsicht nur, soweit die Fahndung 103
sachlich zuständig ist. Soweit Steuerstraftaten mit anderen Straftaten zusammentreffen, bezieht sich die Weisungsbefugnis nicht auf die anderen Taten; anders nur, wenn sie kraft ausdrücklicher gesetzlicher Anordnung (→ § 385 Rn. 38) in die Ermittlungskompetenz der Fahndung fallen (HHS/*Tormöhlen* AO § 404 Rn. 32 f.; Kohlmann/*Matthes* AO § 404 Rn. 60; Schwarz/Pahlke/*Klaproth* AO § 404 Rn. 17) oder deren Ermittlung notwendige Voraussetzung für die Prüfung der Steuerstraftat ist.

Bei Weisungskonflikten zwischen StA und den der jeweiligen Fahndung vorgesetzten Dienststellen ist zugunsten der StA zu entscheiden, wenn diese die Ermittlungen führt (Tipke/Kruse/*Seer* AO § 208 Rn. 11; RKR/*Roth* AO § 404 Rn. 150; *Kreutziger* DStZ 1987, 346). Demgegenüber hat die StA bei *selbstständiger* Ermittlungstätigkeit der Finanzbehörde nach §§ 386 II, 399 I AO kein Weisungsrecht, sondern lediglich die Möglichkeit, im Wege der Evokation das *gesamte* Verfahren nach § 386 IV 2 AO an sich zu ziehen. Damit die StA dieses Recht jedoch sachgerecht ausüben kann, sind Fahndung und BuStra verpflichtet, die StA über alle bei ihr anhängigen Ermittlungsverfahren frühzeitig zu unterrichten, bei denen eine Evokation nicht fern liegt (BGH v. 30.4.2009, NStZ 2009, 514; auch → § 386 Rn. 58 f.).

f) Örtliche Zuständigkeit der Fahndung

Die örtliche Zuständigkeit der Zollfahndungsämter wird aufgrund der Ermächtigung des § 12 I FVG durch die Generalzolldirektion bestimmt. Unberührt bleibt dabei die Möglichkeit eines Zollfahndungsamtes, Amtshandlungen auch außerhalb seines Bezirks vornehmen zu können.

Ermittlungen im gesamten Bundesgebiet darf das Zollfahndungsamt vornehmen, da es sich bei ihm um eine Bundesbehörde handelt (Schwarz/Pahlke/*Klaproth* AO § 404 Rn. 9). Ermittlungshandlungen im Ausland sind hingegen nur im Wege der Rechtshilfe durch den anderen Staat zulässig.

Die örtliche Zuständigkeit der Steuerfahndungsdienststellen in den einzelnen 106
Bundesländern ist Gegenstand verschiedener Landesgesetze bzw. Ländererlasse (→ Rn. 15). Sie erstreckt sich idR über den Bereich mehrerer Finanzamtsbezirke. Unstreitig darf die Steuerfahndung innerhalb des Bundeslandes, dem sie angehört, umfassend ermitteln (HHS/*Tormöhlen* AO § 404 Rn. 78; Tipke/Kruse/*Seer* AO § 208 Rn. 41).

Es ist umstritten, ob **Ermittlungen der Steuerfahndung im gesamten Bundes-** 107
gebiet zulässig sind.

Teilweise wird dies mit dem Hinweis darauf verneint, dass es sich bei der Steuerfahndung um einen Teil der jeweiligen Landesfinanzverwaltung handelt und dass eine ausdrückliche gesetzliche Regelung der Zuständigkeiten der Finanzbehörden für den Bereich der Steuerfahndung nach § 17 IV FVG bisher unterblieben ist (Wannemacher/*Maurer* Rn. 2192; HHS/*Tormöhlen* AO § 404 Rn. 78; Kohlmann/*Matthes* AO § 404 Rn. 40; so auch → 8. Aufl. Rn. 104). Es kann aber nicht übersehen werden, dass die AO das Bundesgebiet als **Steuerverwaltungseinheit** betrachtet. Zumindest in von der StA geleiteten Steuerstrafverfahren kann es regionale Einschränkungen bei der Zuständigkeit nicht geben, soweit ein Gerichtsstand iSd §§ 7 ff. StPO im jeweiligen Bezirk einer Staatsanwaltschaft gegeben ist. Als Ermittlungspersonen der Staatsanwaltschaft müssen die Fahnder stets deren Anordnungen folgen und ihre Zuständigkeit richtet sich nach der Zuständigkeit der örtlichen Staatsanwaltschaft (Schwarz/Pahlke/*Klaproth* AO § 404 Rn. 10; vgl. auch Meyer-Goßner/ Schmitt/*Schmitt* GVG § 152 Rn. 75). Dies gilt allerdings auch für die von der BuStra geführten Verfahren, da nicht verkannt werden darf, dass sowohl Fahndung als auch BuStra zwar organisatorisch in die jeweilige (Landes-)Finanzverwaltung eingegliedert sind, es ich jedoch funktional um Strafverfolgungsbehörden handelt. Liegt der Tatort in ihrem Zuständigkeitsbereich, so kommt ihnen auch eine **umfassende Strafverfolgungszuständigkeit** zu (Klein/*Rüsken* AO § 208 Rn. 11 mwN; Schwarz/Pahlke/*Klaproth* AO § 404 Rn. 10; RKR/*Roth* AO § 404 Rn. 40; einschränkend Tipke/Kruse/*Seer* AO § 208 Rn. 41). Dies entspricht auch der Regelung der Nr. 124 S. 1 AStBV (St) 2020, wobei in Satz 2 angeordnet wird, dass bei Amtshandlungen außerhalb des Bezirks einer Fahndungsdienststelle die für den anderen Bezirk zuständige Dienststelle vorab um Amtshilfe ersucht oder unterrichtet werden *soll*. Dies entspricht auch der täglichen Übung, ist aber als Weisung der Finanzverwaltung für die strafprozessuale Tätigkeit der Fahndung nicht bindend (vgl. → Einl Rn. 116).

108 Selbst wenn man mit der in der Vorauflage vertretenen **Gegenmeinung** jedoch davon ausginge, dass Fahndungsbeamte strafprozessuale Maßnahmen in anderen Bundesländern nur im Benehmen mit der dort örtlich zuständigen Steuerfahndungsdienststelle vornehmen dürfen, so hat dies keinerlei praktische Auswirkung, da sich aus einer fehlenden örtlichen Zuständigkeit grundsätzlich keine Unwirksamkeit der getroffenen strafprozessualen Maßnahme ergibt (→ § 388 Rn. 41 f.; ebenso RKR/*Roth* AO § 404 Rn. 41). Folglich würde auch diese Ansicht die jeweilige Ermittlungsmaßnahme als wirksam ansehen.

109 **Ermittlungen im Ausland** sind nur mit Zustimmung des entsprechenden Staates und unter Beachtung des jeweiligen strafrechtlichen Rechtshilfeabkommens zulässig, da die Hoheitsbefugnisse deutscher Behörden an der bundesdeutschen Grenze enden (Meyer-Goßner/Schmitt/*Schmitt* Einl. Rn. 210; HHS/*Tormöhlen* AO § 404 Rn. 79; → § 399 Rn. 251 ff.; vgl. auch BMF 16.11.2006, BStBl. I 2006, 698 zur zwischenstaatlichen Rechtshilfe in Steuersachen und dazu *Graf/Bisle* IWB 2007, 1155). Dies ist unabhängig davon, ob der Beschuldigte oder Zeuge den Auslandsermittlungen zugestimmt hat, da die völkerrechtliche Souveränität der Nationalstaaten nicht zur Disposition einzelner (betroffener) Personen steht (Tipke/Kruse/*Seer* AO § 208 Rn. 40). Das Gebot der Verfahrenstrennung (→ § 393 I AO) muss auch bei Auslandsberührungen beachtet werden. Folglich können auch nach Einleitung eines Straf- oder Bußgeldverfahrens noch Auskünfte auf dem Amtshilfeweg zum Zweck der Ermittlung der Besteuerungsgrundlagen unter Beachtung des § 393 AO eingeholt und erteilt werden (zB Auskünfte aus den Steuerakten). Ermittelt die Fahndung hingegen ausschließlich im Straf- oder Bußgeldverfahren, sind die Möglichkeiten des steuerrechtlichen Auskunftsaustausches nach DBA oder Amtshilfeabkommen gesperrt (BMF 3.2.1999, BStBl. I 1999, 228 [230]).

110 Ob allerdings eine diesbezügliche Missachtung durch eigenmächtige Auslandsermittlungen ein strafrechtliches **Verwertungsverbot** nach sich zieht, ist bisher unklar. Insoweit dürfte sich eine pauschale Antwort verbieten (so aber → 8. Aufl., die von einem generellen Verwertungsverbot ausging), da durch das Territorialprinzip nicht die Rechte des Betroffenen, sondern ausschließlich die Souveränität des betroffenen Staates und die zwischenstaatlichen Beziehungen geschützt werden (BGH 30.5.1985, NStZ 1985, 464; BGH 2.8.1984, NStZ 1984, 563). Auch innerstaatliche Zuständigkeitsverstöße führen im Strafverfahren nicht zur Unwirksamkeit der jeweiligen Ermittlungsmaßnahme (→ § 388 Rn. 40 ff.). Vielmehr kann sich ein Angeklagter nicht auf Verstöße gegen Rechtshilfeabkommen oder vergleichbare völkerrechtliche Verträge berufen, um ein Beweisverwertungsverbot herzuleiten (vgl. BVerfG 17.7.1985, NStZ 1986, 178; BGH 30.4.1990, BGHSt 37, 30; vgl. im Hinblick auf die „Lichtenstein-CD" auch BVerfG v. 9.9.2010, DStR 2010, 2512; LG Bochum 7.8.2009, NStZ 2010, 351). Verstöße der ausländischen Bediensteten bei zulässigen Durchsuchungen etc. gegen die Verfahrensregeln im Ausland können jedoch ein Beweisverwertungsverbot im Inland begründen (BGH 8.4.1987, NJW 1987, 2168, 2171), sofern im Ausland gegen die Ermittlungen rechtlich vorgegangen wird. Ein Beweisverwertungsverbot kann sich auch ergeben, wenn allgemeine rechtsstaatliche Grundsätze missachtet werden oder die Rechtshilfe bewusst umgangen wird (BGH

8.4.1987, NJW 1987, 2168; BGH 15.3.2007, NStZ 2007, 417). Im Ergebnis kann sich somit durchaus im konkreten Einzelfall ein Beweisverwertungsverbot ergeben (RKR/ *Grommes* AO § 399 Rn. 184).

einstweilen frei   111–119

7. Verhältnis von Besteuerungs- und Steuerstrafverfahren

Die Durchführung des Steuerstrafverfahrens soll nach § 393 I 1 AO die Befugnisse **120** der Finanzbehörde zur Ermittlung der Besteuerungsgrundlagen nicht berühren. Nach Abs. 3 dürfen die von der Finanzbehörde oder Staatsanwaltschaft rechtmäßig gewonnenen Erkenntnisse auch im Besteuerungsverfahren verwendet werden. Diese Verwertbarkeit ist rechtlich zweifelsfrei, da ansonsten Personen, gegen die sich strafrechtliche Ermittlungsmaßnahmen richten und die ihren steuerlichen Pflichten nicht ordnungsgemäß nachgekommen sind, steuerlich im Ergebnis besser stehen würden als Personen, die ihre steuerlichen Pflichten ordnungsgemäß erfüllen (vgl. BVerfG 12.4.1996, wistra 1996, 227). Tatsächlich bewirkt die Einleitung und Durchführung des Steuerstrafverfahrens, dass die Mitwirkungspflichten des Beschuldigten faktisch entfallen (→ § 393 Rn. 6). Es gibt zwar keinen Vorrang des Strafverfahrens vor dem Besteuerungsverfahren (BFH 19.10.2005, BFH/NV 2006, 15; BFH 14.5.2008, BFH/NV 2008, 1371; HHS/*Tormöhlen* AO § 393 AO Rn. 11 ff.; Kohlmann/*Hilgers-Klautzsch* AO § 393 Rn. 15; aA für einen Vorrang des Strafverfahrens vor dem Besteuerungsverfahren noch *Rengier* BB 1985, 720; *Seer* StB 1987, 128; für einen Vorrang des Besteuerungsverfahrens vor dem Strafverfahren noch *Isensee* NJW 1985, 1007; *Kirchhof* NJW 1985, 2977). Die Einforderung der steuerlichen Mitwirkung darf jedoch nicht dazu führen, dass die zum Schutz des Beschuldigten geschaffenen Regelungen des Strafverfahrensrechts überspielt werden (→ § 393 Rn. 18). Nicht zulässig ist es, dass sich die Fahndung nach dem Prinzip der Meistbegünstigung jeweils die Ermächtigungsgrundlage aussucht, die aussichtsreicher ist (aM Klein/*Rüsken* AO § 208 Rn. 25, der aber andererseits auch dann nicht den Finanzrechtsweg eröffnen will, wenn es um steuerverfahrensrechtliche Befugnisse geht, vgl. Klein/*Rüsken* AO § 208 Rn. 73; ebenso BFH 6.2.2001, BFH/NV 2001, 709). Dabei geht es nicht darum, den steuerunehrlichen Beschuldigten besser zu stellen als den Steuerehrlichen, wie immer wieder befürchtet wird (→ § 393 Rn. 5). Ziel muss sein, zu verhindern, dass der Beschuldigte wegen der steuerrechtlichen Regelungen schlechter gestellt wird als andere Beschuldigte und wegen der strafprozessualen Regelungen schlechter gestellt wird als andere Steuerpflichtige (vgl. auch Kohlmann/*Matthes* § 404 Rn. 53 ff.). Im Zweifel ist davon auszugehen, dass die Steuerfahndung im strafprozessualen Ermittlungsverfahren tätig ist. Ein Rückgriff auf die Befugnisse nach der AO ist in für den Betroffenen nachvollziehbarer Art und Weise deutlich zu machen (BFH 29.10.1986, BStBl. II 1987, 440; BFH 6.2.2001, BFH/NV 2001, 709; FG Köln 28.12.2020, DStR 2021, 6).

Die Fahndung darf dementsprechend steuerliche Befugnisse in Anspruch nehmen (vgl. **121** BFH 12.1.2010, BFH/NV 2010, 598), soweit damit Rechte des Beschuldigten im Strafprozess nicht unterlaufen werden (→ § 393 Rn. 18). So steht es ihr frei, Zeugen nach der AO zu laden, so dass diese zum Erscheinen verpflichtet sind und nach Maßgabe der §§ 101 ff. AO aussagen müssen. Der Rechtskreis des Beschuldigten wird hierdurch nicht berührt; dass die Fahndung insoweit Befugnisse hat, die ihr im strafrechtlichen Ermittlungsverfahren *nicht* zustehen, ist vom Gesetz beabsichtigt. Auch der Umstand, dass die Ergebnisse der steuerlichen Ermittlungen mittelbar Eingang in das Strafverfahren finden, bewirkt nicht, dass die Ermittlungsbefugnisse der AO insoweit entfallen müssen.

Der im Besteuerungsverfahren ermittelte Sachverhalt kann im Strafverfahren nach **122** Maßgabe des § 393 AO verwertet werden (→ § 393 Rn. 70 ff.; vgl. auch BVerfG 21.4.1988, wistra 1988, 302); dies muss jedoch in der strafverfahrensrechtlich vorgeschriebenen Form geschehen. Lässt die Steuerfahndung nach §§ 93 V, 94 AO einen Zeugen in Abwesenheit des Beschuldigten vernehmen, so kann eine Verlesung des Protokolls

(§§ 249 ff. StPO) in der Hauptverhandlung nur erfolgen, wenn auch bei einer strafprozessualen Vernehmung eine Benachrichtigung des Beschuldigten hätte unterbleiben dürfen. Unter dem Deckmantel des Besteuerungsverfahrens vor Einleitung des Strafverfahrens erzielte Erkenntnisse sind unverwertbar, soweit die Nichteinleitung eines Strafverfahrens missbräuchlich war (→ § 393 Rn. 60). Dies gilt auch für Aussagen von Zeugen im Besteuerungsverfahren, die von ihrem Weigerungsrecht nach § 52 I, III StPO Gebrauch gemacht hätten, wenn ein Strafverfahren eingeleitet worden wäre. Umgekehrt ist eine Zeugenaussage im Ermittlungsverfahren, über die der Beschuldigte nicht unterrichtet worden war, im steuerlichen Rechtsbehelfsverfahren wegen § 365 II AO nicht verwertbar.

123 Im Hinblick auf die Frage, ob **steuerliche Verwertungsverbote** auch zu einer Unverwertbarkeit im Strafverfahren führen, ist zunächst zu berücksichtigen, dass im Besteuerungsverfahren kein allgemeines gesetzliches Verwertungsverbot für Tatsachen besteht, die unter Verletzung von Verfahrensvorschriften ermittelt worden sind (BFH 23.1.2002, BStBl. II 2002, 328 mwN; BFH 3.4.2007, BFH/NV 2007, 1273; BFH 30.5.2008, BFH/NV 2008, 1441). Ein Beweisverwertungsverbot, das auch nicht durch zulässige, erneute Ermittlungsmaßnahmen geheilt werden kann, kommt als Folge einer fehlerhaften Maßnahme vielmehr nur in Betracht, wenn die zur Fehlerhaftigkeit der Ermittlungsmaßnahme führenden Verfahrensverstöße schwerwiegend waren oder bewusst oder willkürlich begangen wurden (zutreffend zB BVerfG 2.7.2009, NJW 2009, 3225; BFH 4.10.2006, BStBl. II 2007, 227; BFH 4.12.2012, BStBl. II 2014, 220; BFH 15.4.2015, wistra 2015, 479). Auch eine **Fernwirkung von Verwertungsverboten** kommt allenfalls bei qualifizierten, grundrechtsrelevanten Verfahrensverstößen in Betracht (vgl. BFH 4.10.2006, BStBl. II 2007, 227 mwN) Mithin führt ein steuerliches Verwertungsverbot, etwa wegen der Rechtswidrigkeit der Außenprüfung (vgl. zB BFH 24.6.1982, wistra 1983, 36; BFH 4.10.1991, BStBl. II 1992, 59; BFH 28.6.2007, BFH/NV 2007, 1807), nur zu einer strafrechtlichen Unverwertbarkeit, soweit der Grund des Verwertungsverbots ein allgemeiner, auch im Strafprozessrecht geltender ist (insb. § 136a StPO), zB bei Verstoß gegen Belehrungsvorschriften nach § 52 III StPO, § 101 I AO; → § 393 Rn. 67.

124 Umgekehrt lehnt es der BFH (BFH 23.1.2002, BStBl. II 2002, 328; 29.8.2017, BStBl. II 2018, 408 mwN). ab, das bei einem Verstoß gegen die Pflicht zur **Belehrung über das Schweigerecht** (§ 136 StPO, § 393 I 4 AO) bestehende Verwertungsverbot für das Strafverfahren (BGH 27.2.1992, BGHSt 38, 214; dazu → § 393 Rn. 59) auch im Besteuerungsverfahren anzuerkennen, da infolge der Verfahrenstrennung die steuerlichen Mitwirkungspflichten gerade fortbestehen (§ 393 I 1, 2 AO). Auch aus § 393 III 1 AO ist nicht der Umkehrschluss zu ziehen, dass unter strafprozessualen Gesichtspunkten rechtswidrig gewonnene Erkenntnisse einem grundsätzlichen steuerrechtlichen Verwendungsverbot unterliegen (ebenso RKR/*Roth* AO § 393, Rn. 180; Klein/*Jäger* AO § 393 Rn. 62; → § 393 Rn. 119; aA Kohlmann/*Hilgers-Klautzsch* AO § 393 Rn. 265). Die Annahme eines grundsätzlichen steuerlichen Verwendungsverbots würde einerseits dem allgemeinen Grundsatz widersprechen, dass sich die Frage nach dem Vorliegen und dem Umfang eines Verwertungsverbots im Strafprozess- wie im Steuerrecht nur im jeweiligen Einzelfall nach den anwendbaren Verfahrensvorschriften und Verfassungsgrundsätzen beantworten lässt (vgl. zB BFH 28.10.2009, BFH/NV 2010, 432; BFH 23.2.2002, BStBl. II 2002, 328) und andererseits hatte der Gesetzgeber auch keinen entsprechenden Willen, da er die Entwicklung steuerrechtlicher Verwertungsverbote der Rechtsprechung überlassen wollte (BT-Drs. 7/4292, 25). Dem ist jedoch entgegen zu halten, dass der in der strafprozessualen Rechtsprechung und Literatur aufgestellte und unstrittige Grundsatz, dass eine unterlassene Belehrung über die Aussagefreiheit ein Beweisverwertungsverbot nach sich zieht (statt aller BGH 3.7.2007, NStZ 2007, 653 sowie Meyer-Goßner/Schmitt/*Schmitt* GVG § 136 Rn. 20a), nicht auf einer ausschließlich strafprozessualen Regelung basiert, sondern auf dem die gesamte Rechtsordnung prägenden Nemo-tenetur-Prinzip. Dies gilt auch im Steuerrecht, so dass folglich im Falle einer unterlassenen Belehrung idR ein Verwertungsverbot anzunehmen ist (ebenso Klein/*Jäger* AO § 393 Rn. 41; HHSp/*Tormöhlen* AO § 393

Rn. 123 ff.; *Müller* AO-StB 2009, 20, 21). Eine Ausnahme greift hingegen ein, wenn sicher feststeht, dass der Befragte sein Schweigerecht trotz fehlender Belehrung kannte oder wenn es sich um ein Spontangeständnis bzw. eine spontane Aussage handelte (vgl. LG Hamburg 17.7.2020, BeckRS 2020, 11862, Rn. 99 ff.). Eine Differenzierung danach, ob die Belehrung absichtlich oder versehentlich unterlassen wurde, verbietet sich aufgrund des einheitlichen Schutzzwecks der gesetzlichen Regelungen zur Belehrungspflicht und der mit einer solchen Unterscheidung verbundenen Nachweisprobleme.

Bei **Anwendung verbotener Vernehmungsmethoden** (§ 136a StPO) muss über die ausdrückliche Regelung des § 136a III 2 StPO hinaus auch ein steuerliches Verwertungsverbot angenommen werden, da auch im Besteuerungsverfahren Zwangsmittel verboten sind, sobald gegen den Betroffenen strafrechtlich ermittelt wird (ebenso Kohlmann/*Matthes* AO § 404 Rn. 54). Der Grund dafür liegt in der Schwere des Verstoßes, da es sich bei § 136a StPO um eine Ausformung des Art. 1 I GG handelt und die schrankenlos gewährleistete Menschenwürde bei jedem staatlichen Handeln und somit in jedem Verfahren zu beachten ist (RKR/*Roth* AO § 393 Rn. 107; HHS/*Söhn* AO § 88 Rn. 309a; Tipke/Kruse/*Seer* AO § 88 Rn. 28). Ob dies Ergebnis mit dem Übergreifen des § 136a StPO ins Steuerrecht, einer analogen Anwendung oder der unmittelbaren Wirkung der Verfassung begründet wird, ist letztendlich unerheblich. Der BFH hat diese Frage bislang ausdrücklich offengelassen (vgl. BFH 30.5.2008, BFH/NV 2008, 1441). 125

Andererseits können Erkenntnisse steuerlich nicht verwertet werden, wenn sie zwar nach den Regeln der StPO rechtmäßig erlangt wurden, die **AO** jedoch **keine entsprechende Befugnis kennt** (so zB vor der Einführung des § 393 III 2 AO für die Telefonüberwachung nach § 100a StPO BFH 26.2.2001, wistra 2002, 31). 126

Fraglich ist, ob bei **Ermittlungen nach § 208 I 1 Nr. 3 AO** gegen einen bekannten Steuerpflichtigen eine Belehrung erforderlich ist. Dies wurde in der Vorauflage mit dem Argument bejaht, dass die konkrete Gefahr bestehe, dass der Betroffene sich mit einer Erfüllung seiner steuerlichen Pflichten selbst belasten würde. Dem ist jedoch entgegenzuhalten, dass diese Gefahr bei jeder Befragung besteht, ohne dass für jede Form der Befragung gleich eine Belehrung gefordert wird. Vielmehr handelt es sich bei Ermittlungen nach § 208 I 1 Nr. 3 AO um Vorfeldermittlungen, die statt einem Anfangsverdacht nur einen hinreichenden Anlass voraussetzen und die eindeutig dem Besteuerungsverfahren zuzuordnen sind (→ Rn. 44). Mangels eines Anfangsverdachtes ist eine Belehrung in diesem Verfahren somit nicht erforderlich. Mit Blick auf die Praxis ist jedoch festzustellen, dass die Grenze zum Anfangsverdacht fließend ist und an sein Vorliegen keine hohen Anforderungen zu stellen sind. Folglich kann es sinnvoll sein, wenn die Fahndung im Einzelfall frühzeitigen ein Strafverfahren einleitet und keinen Gebrauch mehr von der Befugnisnorm des § 208 I 1 Nr. 3 AO macht. 127

Wird die Finanzbehörde formal noch im Besteuerungsverfahren tätig, kann dieses mit den weit reichenden Auskunfts- und Mitwirkungspflichten zur „Ausforschung" der steuerlichen Verhältnisse der Betroffenen missbraucht werden. Es widerspricht dem Gebot der Verfahrenstrennung, wenn anschließend die Erkenntnisse strafrechtlich verwertet werden, obwohl sie im Strafverfahren nach der StPO so nicht hätten erlangt werden können. Diese Gefahr besteht aber auch in umgekehrter Richtung, wenn die Steuerfahndung bei der Gelegenheit einer Durchsuchung alle dabei zu sichtenden Unterlagen ohne Differenzierungen auch im Hinblick auf die steuerliche Relevanz für unbeteiligte Personen auswertet. Fehlen jegliche Anhaltspunkte für steuerliche Ermittlungen gegen Dritte, wird der Anlass der Durchsuchung ignoriert und eine im Besteuerungsverfahren unzulässige Rasterfahndung geführt (BFH 25.7.2000, BStBl. II 2000, 643; ähnlich für Ermittlungen des Betriebsprüfers in Bezug auf Dritte ohne sachlichen Zusammenhang zur Außenprüfung BFH 4.11.2003, DStR 2004, 452). 128

Soweit ein Strafverfahren anhängig ist, ist der Beschuldigte nicht verpflichtet, Steuererklärungen für denselben Besteuerungszeitraum und dieselbe Steuerart, wegen der ermittelt wird, abzugeben, soweit für diese Tat keine Selbstanzeige mehr möglich ist; die **Erklä-** 129 rungspflicht ist bis zum Verfahrensabschluss suspendiert (BGH 26.4.2001, wistra 2001, 341; BGH 23.1.2002, wistra 2002, 150; BGH 17.3.2005, wistra 2005, 228). Die Besteuerungsgrundlagen können gleichwohl geschätzt werden (BFH 19.9.2001, BStBl. II 2002, 4); ggf. ist Aussetzung der Vollziehung wegen unbilliger Härte zu gewähren (→ § 393 Rn. 37). Auf diese Weise wird der Gefahr begegnet, dass sich der Steuerpflichtige durch wahrheitsgemäße Angaben, die Indizwirkung haben, strafrechtlich selbst belastet. Es besteht jedoch **kein Recht auf Schaffung neuen Unrechts** durch die Abgabe falscher Erklärungen, auch wenn es sich z. B. um die Wiederholung der in den Umsatzsteuervoranmeldungen enthaltenen unrichtigen Angaben im Rahmen der Umsatzsteuerjahreserklärung handelt. Es besteht lediglich ein Recht auf Passivität (BGH 17.3.2005, wistra 2005, 228; OLG Frankfurt a. M. 11.7.2005, wistra 2006, 198).

130 Die gleiche Problematik einer **(mittelbaren) Selbstbelastung** stellt sich auch, wenn es darum geht, Steuererklärungen für Folgejahre oder Altjahre einzureichen (→ § 370 Rn. 252 ff.; → § 393 Rn. 45 ff.), aus denen sich auf die Einkünfte der strafbefangenen Jahre schließen lässt. Dennoch soll der Steuerpflichtige nach Ansicht des BGH (BGH 26.4.2001, wistra 2001, 341; 10.1.2002, wistra 2002, 149) zur Abgabe einer Steuererklärung verpflichtet sein, ansonsten verwirklicht er neues Hinterziehungsunrecht (durch Unterlassen), wozu das Selbstbelastungsverbot nicht berechtigt. Um das Recht zur reinen Passivität im Strafverfahren dennoch zu wahren, nimmt der BGH (nach Maßgabe des Gemeinschuldnerbeschlusses des BVerfG 13.1.1981, BVerfGE 56, 37, 41 ff.) ein strafrechtliches Verwendungsverbot bzgl. derjenigen Angaben an, die zu einer mittelbaren Selbstbelastung für die bereits von einem Ermittlungsverfahren erfassten Veranlagungszeiträume und Steuerarten führen (BGH 2.12.2005, BGHSt 50, 299; 10.1.2002, wistra 2002, 149; 26.4.2001, BGHSt 47, 8; Kohlmann/*Hilgers-Klautzsch* AO § 393 Rn. 124; Klein/*Jäger* AO § 393 Rn. 33).

131–134 *einstweilen frei*

8. Rechtsschutz gegen Maßnahmen der Steuerfahndung

Schrifttum: Siehe vor → § 399 Rn. 351.

135 **Die Möglichkeiten des Rechtsschutzes** gegen strafprozessuale Maßnahmen der Steuerfahndung entsprechen im Wesentlichen denen gegen Maßnahmen der Finanzbehörde (→ § 399 Rn. 182 ff.). Eine Beschwerde nach § 304 StPO ist insbes. gegen Durchsuchungs- und Beschlagnahmebeschlüsse sowie Haft- und Vorführungsbefehle möglich, zuvor ist jedoch ggf. die richterliche Entscheidung (§ 98 II 2 StPO) zu beantragen (→ § 399 Rn. 352 ff.). Wendet sich der Betroffene gegen die Art und Weise erledigter Ermittlungshandlungen, ist ebenfalls § 98 II 2 StPO einschlägig. Die frühere Auffassung der Rechtsprechung, es sei der Rechtsweg nach § 23 EGGVG zum OLG eröffnet, da die Steuerfahndung als Justizbehörde tätig werde, ist überholt (→ § 399 Rn. 357; vgl. auch BGH 7.12.1998, NJW 1999, 730; *Schenke* NJW 2011, 2838 mwN). Wie bei Rechtsmitteln gegen Maßnahmen der Finanzbehörde ist eine Beschwer nötig, die bei prozessualer Überholung zwar fehlen kann, die aber angesichts der Rechtsprechung des BVerfG idR zu bejahen ist (vgl. auch Kohlmann/*Matthes* § 404 Rn. 198 f.). Maßgeblich ist zur Gewährleistung eines effektiven Rechtsschutzes allein, dass der Eingriff stattgefunden hat (Flore/ Tsambikakis/*Webel* AO § 399 Rn. 287 mwN).

136 Welcher Rechtsweg bei **Auskunftsersuchen der Steuerfahndung** gegeben ist, entscheidet sich danach, welchen Zweck die Ermittlungen verfolgen. Gegen steuerliche Vorfeldermittlungen (§ 208 I 1 Nr. 3 AO) sind der Einspruch nach §§ 347 ff. AO und der Finanzrechtsweg gem. § 33 I Nr. 1 FGO gegeben (BFH 29.10.1986, BStBl. II 1988, 359; HHS/*Schick* AO § 208 Rn. 201; Tipke/Kruse/*Seer* AO § 208 Rn. 51). Geht es um die Aufklärung der Straftat, ist der ordentliche Rechtsweg, nicht hingegen der Weg zum Finanzgericht eröffnet (BFH 20.4.1983, BStBl. II 1983, 482; FG Schleswig-Holstein 3.11.1981, EFG 1982, 284). Dies gilt auch, wenn die Fahndung die Besteuerungsgrund-

lagen nach § 208 I 1 Nr. 2 AO ermittelt, da dann eindeutig die strafrechtliche Funktion im Vordergrund steht und die Aufgabenzuweisung nicht teilbar ist (Schwarz/Pahlke/*Klaproth* AO § 404 Rn. 58).

Diese Abgrenzung ist auch beim Rechtsschutz gegen die **Verwertung von Unterlagen,** die anlässlich einer Durchsuchung sichergestellt wurden, vorzunehmen. Sollen darauf gestützt Kontrollmitteilungen bzgl. bislang Unverdächtiger gefertigt werden, kann sich der Betroffene gegen diese Maßnahmen iSd § 208 I 1 Nr. 3 AO vor dem Finanzgericht wehren (BFH 6.2.2001, BStBl. II 2001, 306). Gleiches gilt, wenn die Erkenntnisse auf Grund eingetretener Strafverfolgungsverjährung nur noch steuerlich relevant sind (BFH 15.6.2001, BStBl. II 624). 137

Der Rechtsweg zum Finanzgericht ist ebenfalls eröffnet, soweit das Strafverfahren abgeschlossen ist. Die Steuerfahndung wird dann nicht mehr als Justizbehörde tätig, so dass bei Versagung der Akteneinsicht das Verfahren nach § 23 EGGVG nicht in Betracht kommt (→ § 399 Rn. 351). Auch für Angriffe gegen ein Auskunftsersuchen, das *im Besteuerungsverfahren* in das europäische Ausland weitergeleitet werden soll, ist der Finanzrechtsweg eröffnet (BFH 29.10.1986, BStBl. II 1987, 440). 138

Dienstaufsichtsbeschwerden, die sich gegen das persönliche Fehlverhalten von Beamten der Steuerfahndung richten, werden vom Dienstvorgesetzten des Amtsträgers beschieden; zur Problematik von Dienstaufsichtsbeschwerden s. Schwarz/Pahlke/*Klaproth* AO § 404 Rn. 65. **Sachaufsichtsbeschwerden,** mit denen nicht das persönliche (Fehl-)Verhalten eines Amtsträgers, sondern die Sachbehandlung gerügt werden soll, sind denkbar. Sie versprechen aber nur bei absolut willkürlichen Maßnahmen Erfolg, indem sie zu einer Korrektur bzw. Rücknahme verfahrensleitender Schritte führen. Über sie entscheidet die StA oder im selbständigen Verfahren die BuStra. 139

einstweilen frei 140–149

9. Tatsächliche Verständigung

Schrifttum: *Rönnau,* Die Absprache im Strafprozeß, 1990; *Bilsdorfer,* Die tatsächliche Verständigung – Ein Mittel zur Streitvermeidung, InfStW 1991, 195; *Geimer,* Zuständige Amtsträger für eine tatsächliche Verständigung, DStZ 1991, 279; *Mack,* Die bindende Verständigung über den Sachverhalt – Ein Weg mit Gefahren, DStR 1991, 272; *v. Wedelstädt,* Tatsächliche Verständigung – Rechtslage, Voraussetzungen, Inhalt, Folgen, DB 1991, 515; *Eich,* Die tatsächliche Verständigung im Steuerverfahren und Steuerstrafverfahren, 1992; *Gerlach,* Absprachen im Strafverfahren, 1992; *Carl/Klos,* Tatsächliche Verständigung zwischen Finanzverwaltung und Steuerpflichtigem, AnwBl 1995, 338; *Schuhmann,* Die tatsächliche Verständigung im Steuerverfahren, DStZ 1995, 34; *Seer,* Verständigung im Steuerverfahren, 1996; *Joecks,* Erledigung von Steuerstrafverfahren, StraFo 1997, 2; *St. Schmidt,* Tatsächliche Verständigungen im Steuerverfahren und ihre Auswirkungen auf das Steuerstrafverfahren, DStR 1998, 1733; *V. Schmidt,* Verständigungen in Steuerstrafverfahren, StuW 1998, 278; *Schwedhelm,* Deal und Verständigung, Der Eingriff der Steuerfahndung 1998, 129; *Vernekohl,* Tatsächliche Verständigung im Steuerstrafverfahren, PStR 1998, 51; *Bornheim,* Tatsächliche Verständigung – Möglichkeiten und Grenzen im Lichte der Rechtsprechung, PStR 1999, 219; *Kaetzler,* Absprachen im Strafverfahren und Bewährungsauflagen, wistra 1999, 253; *Spatscheck/Mantas,* Tatsächliche Verständigung als Steuerhinterziehung?, PStR 1999, 198; *Mösbauer,* Die tatsächliche Verständigung – ein vages Beweismittel-Surrogat im Besteuerungsverfahren, BB 2003, 1037; *Pump/Fittkau,* Checkliste zur tatsächlichen Verständigung, AO-StB 2007, 129 und 154; *Jahn/Müller,* Das Gesetz zur Regelung der Verständigung im Strafverfahren – Legitimation und Reglementierung der Absprachenpraxis, NJW 2009, 2625; *Geuenich/Höwer,* Die neue gesetzliche Normierung strafrechtlicher Verständigungen – Berührungspunkte und Parallelen zu steuerlichen Absprachen, DStR 2009, 2320; *Bruschke,* Konfliktlösung durch eine tatsächliche Verständigung mit dem Finanzamt, DStR 2010, 2611; *Wegner,* Die Tatsächliche Verständigung – Ein Überblick, SteuK 2011, 31; *Buse,* Auswirkungen der Regelungen des Gesetzes zur Verständigung im Strafverfahren auf das steuerstrafrechtliche Ermittlungsverfahren, Stbg 2011, 414; *Roth,* Drohung durch Steuerfahndung: Anfechtung der tatsächlichen Verständigung?, AO-StB 2012, 213; *Höll,* Die Entscheidung des BVerfG zum „Deal" im Strafprozess aus Sicht des Steuerstrafverteidigers – Ein Appell zur Rückbesinnung auf strafprozessuale Ziele, NZWiSt 2013, 134; *Moosbacher,* Praktische Auswirkungen der Entscheidung des BVerfG zur Verständigung, Zugleich Anmerkung zu BVerfG, Urt. v. 19.3.2013 – 2 BvR 2628/10 u. a., NZWiSt 2013, 201; *Kudlich,* Grenzen der Verfassungsgerichtsbarkeit – die Entscheidung des BVerfG zur strafprozessualen Verständigung, NStZ 2013, 379; *Knauer,* Die Entscheidung des BVerfG zur strafprozessualen Verständigung (Urteil vom 19.3.2013 – 2 BvR 2628/10 - 2 BvR 2883/10, 2 BvR 2155/11, NStZ 2013, 295) – Paukenschlag oder Papiertiger?, NStZ 2013, 433; *Mosbacher,* Praktische Auswirkungen der Entscheidung des BVerfG zur Verständigung, NZWiSt 2013, 201; *Just*, Der Mehrwert bei Vergleich und tatsächlicher Verständigung, DStR 2014, 2079; *Krüger*, Die tatsächliche Verständigung: als »Ding an sich« ein »Unding in sich«? – Die Rechtsnatur der tatsächlichen Verständigung, DStZ 2015, 478; *Mosbacher*, Aktuelles Strafprozessrecht, JuS 2015, 701; *Seer*, Verständigungen an der Schnittstelle von Steuer- und Steuerstrafverfahren, BB 2015, 214; *Bittmann*, Rechtsprechung zum Verständigungsgesetz 2015/16, ZWH 2016, 261; *Hartman*, Aktuelles zur tatsächlichen Verständigung – Bestehende Streitfragen und anhängige BFH-Verfahren, NWB 2016, 1014; *Tormöhlen*, Neues zur Verständigung im Steuerstrafverfahren, AO-StB 2016, 287; *Bittmann*, Rechtsprechung zum Verständigungsgesetz 2017, ZWH 2018, 239; *Ordner*, Die Verständigungseignung von vermögensabschöpfenden Rechtsfolgen, wistra 2017, 50; *Roth*, Verständigung in Steuer(straf)verfahren, Stbg 2017, 124; *Wilke*, Die Auswirkungen der tatsächlichen Verständigung im Steuerrecht auf das parallel geführte Steuerstrafverfahren, DStR 2018, 108; *Schmidt-Leonardy*, Verständigung als gelungene Strategie im Umgang mit Informalisierungstendenzen im Strafverfahren?, KrimJ 2019, 213; *Spatschek/Spilker*, Tatsächliche Verständigung als Ausschlussgrund für die Einziehung im Steuerstrafrecht, NStZ 2019, 508; *Bruschke*, Tatsächliche Verständigung mit dem Finanzamt, AO-StB 2020, 87; *Pieske-Kontny*, Die tatsächliche Verständigung im Rahmen der Außenprüfung, StBp 2020, 88; *Roth*, Einziehung trotz tatsächlicher Verständigung, PStR 2020, 20; *Steinhauff*, Die tatsächliche Verständigung im Rahmen der Außenprüfung, AO-StB 2020, 269; *Nötzel/Klauck*, Die Absprache im Ermittlungsverfahren: Ein „kleiner Deal"?, NStZ 2021, 577.

150 Schwierigkeiten der Sachaufklärung, zT aber auch der Rechtslage, führen in der Praxis zu vielfältigen Absprachen zwischen Steuerfahndung und dem beschuldigten Steuerpflichtigen. Diese betreffen zum einen die Verständigung über die Besteuerungsgrundlagen im Rahmen der Steuerfahndungsprüfung, zum anderen die Einigung über den gleichzeitigen Abschluss des Strafverfahrens. Auch wenn in der Praxis steuerliche und strafrechtliche Verständigungen häufig in engem Zusammenhang stehen, ist unter rechtlichen Gesichtspunkten streng zwischen beiden zu unterscheiden, da sie unterschiedlichen Voraussetzungen unterliegen.

a) Tatsächliche Verständigung im Besteuerungsverfahren

151 Die Erledigung einer Betriebs- oder Steuerfahndungsprüfung ist in vielfältiger Form Gegenstand von **Absprachen zwischen Steuerpflichtigen und Finanzverwaltung** (vgl. Kohlmann/*Matthes* AO § 404 Rn. 183 ff.) und allgemein anerkannt. Im Jahr 2008 hat das BMF eine Vorgabe erarbeitet, die die Einzelheiten einer tatsächlichen Verständigung näher umschreibt (BMF 30.7.2008, BStBl. I 2008, 831). Dass dies steuerrechtlich zulässig ist, hat der BFH bereits mit einem Urteil vom 11.12.1984 (BStBl. II 1985, 354) entschieden und zugleich deren Bindungswirkung begründet (vgl. BFH 31.7.1996, BStBl. II 1996, 625: bindend mit Abschluss der Verständigung, nicht erst mit Erlass der Steuerbescheide; BFH 17.10.1996, BFH/NV 1997, 525; BFH 30.7.1997, BFH/NV 1998, 188). Die Rechtsprechung geht davon aus, dass es sich um eine am Grundsatz von Treu und Glauben zu messende Übereinkunft handelt (BFH 6.2.1991, BStBl. II 1991, 673, 675; BFH 7.7.2004, BStBl. II 2004, 975, 977; ebenso BMF 30.7.2008, BStBl. I 2008, 831, Tz. 6). Die ganz herrschende Meinung im Schrifttum sieht in der tatsächlichen Verständigung hingegen einen öffentlich-rechtlichen Vertrag (Klein/*Rüsken* AO § 162 Rn. 30a; Tipke/Kruse/*Seer* AO vor § 118 Rn. 15 jeweils mwN). Da eine tatsächliche Verständigung nach beiden Ansichten durch übereinstimmende Erklärungen von Finanzbehörde und Steuerpflichtigem zustande kommt und einen beiderseitigen Bindungswillen voraussetzt, kommt diesem Streit keine größere praktische Bedeutung zu.

152 Die Zulässigkeit einer tatsächlichen Verständigung bzw. deren Bindungswirkung setzt eine erschwerte Sachverhaltsermittlung voraus (vgl. dazu *Wegner* SteuK 2011, 31, 32 f.). Sie kann nicht im Hinblick auf Rechtsfragen erfolgen (BFH 22.7.2008, BFH/NV 2008, 1908; BFH 28.6.2001, BStBl. II 2001, 714). Grundsätzlich bleibt das **Prinzip der Amtsermittlung** unberührt. Daher kann eine bindende Verständigung nur erfolgen, wenn sich einzelne in der Vergangenheit realisierte Sachverhalte oder Vorgänge, die mit einem Spielraum hinsichtlich der Schätzung, Bewertung, Beurteilung oder Beweiswürdigung verbunden sind, nur mit überdurchschnittlichem Arbeits- oder Zeitaufwand ermitteln lassen. In diesem Rahmen ist auch der vermutete Arbeitsaufwand zum zu erwartenden steuerlichen Erfolg der Aufklärung ins Verhältnis zu setzen. Allein die Kompliziertheit eines Sachverhaltes begründet jedoch noch nicht eine erschwerte Sachverhaltsermittlung (BMF 30.7.2008, BStBl. I 2008, 831, Tz. 3). Die Unsicherheiten bei steuerlich relevanten Tatsachen werden anhand von Wahrscheinlichkeitserwägungen überbrückt (*Mösbauer* BB 2003, 1037, 1039).

Für das Strafverfahren stellt eine tatsächliche Verständigung über den steuerlichen Sachverhalt **kein Geständnis** dar. In beiden Verfahren gelten unterschiedliche Beweislastregeln (→ § 370 Rn. 92 ff.; → § 385 Rn. 22). Das Strafgericht muss stets selbstständig die hinterzogenen Steuern berechnen und darf nicht einfach die Feststellungen der Finanzbehörde übernehmen (BGH 29.8.2018, wistra 2019, 205; BGH 17.3.2005, wistra 2005, 311; BGH 26.4.2001, wistra 2001, 266; BGH 25.10.2000, wistra 2001, 22). Die Verständigung legt weder einen Vorsatz noch das Hinterziehungsvolumen dar. **153**

Es gibt **keine Verständigung über Rechtsfragen** (vgl. dazu *Buse* Stbg 2011, 414). Verständigungen, die allein die rechtlichen Folgen des festgestellten Sachverhalts betreffen, also zur Klärung zweifelhafter Rechtsfragen, über den Eintritt bestimmter Rechtsfolgen oder über die Anwendung bestimmter Rechtsvorschriften, sind nicht wirksam (BFH 1.2.2001, BStBl. II 2001, 520; BFH 31.7.1996, BStBl. II 1996, 625; *Wegner* SteuK 2011, 31). Eine Ausnahme gilt hingegen, wenn Tatsachen und Rechtsfolgen derart miteinander verbunden sind, dass die Rechtsfrage nicht ohne die tatsächliche (Vor-)Frage beurteilt werden kann. Möglich bleibt somit zB die Verständigung über eine rechtliche Beurteilung, zB die Angemessenheit der Ausstattung eines Geschäftsführers (BFH 13.8.1997, BFH/NV 1998, 498) oder Vorliegen einer Gewinnerzielungsabsicht (*Hartman* NWB 2016, 1014). Eine tatsächliche Verständigung über Hinterziehungszinsen kann hingegen nicht geschlossen werden, da es sich dabei um eine Rechtsfrage handelt (FG RhPf 12.4.2018, EFG 2018, 994). **154**

Das vereinbarte Ergebnis darf kein **offensichtlich unzutreffendes** sein, wie es durch den Verstoß gegen die Regeln der Logik oder allgemeine Erfahrungssätze zustande kommt (BFH 11.4.2017, BStBl. II 2017, 1155; BFH 22.6.2008, BFH/NV 2008, 1908; BFH 7.7.2004, BStBl. II 2004, 975; BMF 30.7.2008, BStBl. I 2008, 831, Tz. 2, 3). Es führt hingegen nicht zur Unwirksamkeit einer tatsächlichen Verständigung, wenn sie zu einer von einem Beteiligten nicht vorhergesehenen Besteuerungsfolge führt und dadurch die vor der Verständigung offengelegten Beweggründe des Beteiligten zum Abschluss der Verständigung – zB die Erwartung der steuerlichen Neutralität des Vereinbarten oder das Unterbleiben strafrechtlicher Ermittlungen – entwertet werden (BFH 8.10.2008, BFH/NV 2009, 243; BFH 1.9.2009, BFH/NV 10, 593). **155**

Der **Anwendungsbereich einer tatsächlichen Verständigung** ist insbesondere dann eröffnet, wenn es darum geht, einen **156**

– Schätzungs-,
– Bewertungs-,
– Beurteilungs- oder
– Beweiswürdigungsspielraum

auszufüllen.

Sie dient ebenfalls dazu, in Fällen nicht einfach zu behebender Sachverhaltsunklarheit den für die Besteuerung maßgeblichen Besteuerungssachverhalt einvernehmlich festzulegen (BFH 1.9.2009, HFR 2010, 562).

Die tatsächliche Verständigung bezieht sich ausschließlich auf **abgeschlossene Sachverhalte** (*Hartman* NWB 2016, 1014 mwN; *Krüger* DStZ 2015, 478). Wirkt sie sich allerdings auch auf die Zukunft aus und soll sie sich hierauf erstrecken, tritt insoweit ebenfalls eine Bindung ein. Dies kann zB der Fall sein bei Dauersachverhalten, soweit die tatsächlichen Verhältnisse gleich bleiben und ein überperiodischer Bindungswille der Beteiligten klar erkennbar ist (BFH 13.8.1997, BFH/NV 1998, 498; *Seer* BB 1999, 78; *v. Wedelstädt* AO-StB 2013, 219). **157**

158 Hingegen ist die tatsächliche Verständigung dann **unwirksam,** wenn sie unter Ausübung unzulässigen Drucks auf den Steuerpflichtigen oder durch dessen unzulässige Beeinflussung zu Stande gekommen ist (BMF 30.7.2008, BStBl. I 2008, 831 Tz. 8). Nach zutreffender Auffassung des BMF soll eine Willenserklärung des Steuerpflichtigen, die zu einer tatsächlichen Verständigung mit dem FA geführt hat, nicht deshalb angefochten werden – auch wenn die Anfechtungsvorschriften der §§ 119, 123 BGB auf tatsächliche Verständigungen im Steuerstrafverfahren grundsätzlich anwendbar sind (BFH 1.9.2009, HFR 2010, 562) –, weil die Erklärung nur aus Sorge vor weiteren lästigen Ermittlungen und unter dem Druck eines laufenden Steuerstrafverfahrens abgegeben worden ist (ebenso RKR/*Roth* AO § 404, Rn. 342; vgl. auch BFH 8.4.2010, BFH/NV 2010, 1616 und FG Köln 20.10.2011, EFG 2012, 574). Für letzteres trifft das aber dann nicht zu, wenn der Abschluss einer tatsächlichen Verständigung zur Bedingung gemacht wird, um ein Strafverfahren zur Einstellung zu bringen (insbesondere nach § 153a StPO). Wird das laufende Strafverfahren daher im Wege unzulässiger Willensbeeinflussung für den Abschluss einer Verständigung instrumentalisiert, ist diese unwirksam (vgl. *Roth* AO-StB 2012, 213).

159 Bei der tatsächlichen Verständigung muss die für die Steuerfestsetzung **zuständige Behörde** durch mindestens einen der für die Entscheidung über die Steuerfestsetzung bzw. -feststellung zuständigen, dh der zur sachlich abschließenden Zeichnung berechtigten, Amtsträger persönlich beteiligt sein (BFH 31.7.1996, BStBl. II 1996, 625; BMF 30.7.2008, BStBl. I 2008, 831 Tz. 5.3). Zuständige Amtsträger in diesem Sinne sind die Amtsleitung des zuständigen Veranlagungsfinanzamtes, die Sachgebietsleitung des betreffenden Veranlagungsbezirks, im Falle der veranlagenden Außenprüfung die für die Außenprüfung zuständige Sachgebietsleitung und bei tatsächlichen Verständigungen im Rahmen des Rechtsbehelfsverfahrens die zuständige Sachgebietsleitung der Rechtsbehelfsstelle (BFH 5.10.1990, BStBl. II 1991, 45; BFH 25.11.1997, BFH/NV 1998, 580). Soweit die Steuerfahndungsprüfung neben der persönlichen Veranlagung des Steuerpflichtigen auch dessen Unternehmen bzw. eine Personengesellschaft betrifft, für die das Ergebnis gesondert und einheitlich festzustellen ist, müssen gegebenenfalls die entscheidungsbefugten Amtsträger mehrerer Finanzämter beteiligt werden. Für den Vertreter des Steuerpflichtigen muss eine entsprechende Vollmacht vorliegen. Die jeweiligen Vertreter müssen persönlich an der Verhandlung teilnehmen, eine unterbliebene Teilnahme kann nur dann durch eine nachträgliche Zustimmung geheilt werden, wenn in der tatsächlichen Verständigung ein Hinweis auf die schwebende Unwirksamkeit bis zur Genehmigung enthalten ist und die tatsächliche Verständigung in entsprechender Anwendung von §§ 177, 184 BGB nachträglich genehmigt wird (vgl. BFH 27.6.2018, PStR 2019, 51 sowie BMF 15.4.2019, BStBl. 2019, 447; für die Möglichkeit der Genehmigung auch NdsFG 19.9.2007, EFG 2008, 180; Schwarz/Pahlke/*Frotscher* AO § 162 Rn. 178; Klein/ *Rüsken* AO § 162 Rn. 32; HHS/*Söhn* AO § 78 Rn. 135 f.; dagegen BFH 28.7.1993, BFH/NV 1994, 290; BFH 11.6.2014, BFH/NV 2014, 1496; FG RhPf 21.9.2012, EFG 2013, 186).

160 Eine mit einem **Steuerfahnder** oder **Betriebsprüfer** und ohne Beiziehung der zuständigen Veranlagungsfinanzämter getroffene „*Vereinbarung*" ist nicht bindend, sollte aber als schwebend unwirksam anzusehen sein, wenn in der Vereinbarung auf die schwebende Unwirksamkeit hingewiesen wird und es zu einer nachträglichen Genehmigung kommt (vgl. BFH 27.6.2018, BFH/NV 2019, 97 sowie BMF 15.4.2019, BStBl. I 2019, 447; anders noch das FG Düsseldorf 19.9.2016, EFG 2017, 1635, das einen entsprechenden Hinweis als verzichtbar ansah). Die tatsächliche Umsetzung der in dem Steuerfahndungsbzw. Betriebsprüfungsbericht festgestellten Besteuerungssachverhalte durch den Erlass entsprechender Steuerbescheide führt daher zur Genehmigung (FG Hamburg 4.12.1991, EFG 1992, 379; FG BaWü 26.3.1992, EFG 1992, 706; *Seer* 1996, 328; offengelassen durch BFH 28.7.1993, BFH/NV 1994, 290; BFH 25.11.1997, BFH/NV 1998, 580). Zur Personengesellschaft vgl. BFH 12.7.1989, BFH/NV 1990, 366; vgl. auch FG Münster 29.1.1996, EFG 464.

Aus dem Erfordernis der Beteiligung des Veranlagungsbezirks ergibt sich, dass Zusagen – **161** auch schriftlicher Form – **durch vorgesetzte Behörden** (OFD, FinMin) nicht bindend sind (vgl. FG Baden-Württemberg 21.2.1990, EFG 1990, 454; FG Düsseldorf 23.11.1983, EFG 1984, 409). Eine andere Frage ist, ob man gegebenenfalls die Zusage eines Finanzministeriums oder einer Oberfinanzdirektion als Weisung an das zuständige FA ansehen kann und dieses nach Treu und Glauben an die Auskunft bzw. an die Zusage der Oberbehörde gebunden ist (vgl. *Hauber* DB 1991, 1640). Die Auskunft der Oberbehörde als vorweggenommene Weisung zum rechtswidrigen Verhalten anzusehen und hieraus eine Bindungswirkung zu konstruieren, ist jedoch überaus problematisch.

Ist die tatsächliche Verständigung wirksam zustande gekommen, so **bindet sie ab dem** **162** **Zeitpunkt des wirksamen Abschlusses** die an ihrem Zustandekommen Beteiligten bzw. deren Gesamtrechtsnachfolger, nicht hingegen Dritte (Tipke/Kruse/*Seer* AO Vor §§ 118–129 Rn. 34). Ein einseitiger Widerruf der eigenen Verständigungserklärung ist selbst dann nicht möglich, wenn der Steuerpflichtige bei ihrem Abschluss steuerlich nicht vertreten war (BFH 1.9.2009, BFH/NV 2010, 593); die tatsächliche Verständigung kann aber von den Beteiligten einvernehmlich aufgehoben oder abgeändert werden (BFH 1.9.2009, HFR 2010, 562; Schwarz/Pahlke/*Frotscher* AO § 162 Rn. 198). Sie ist darüber hinaus unwirksam bei Einigungsmängeln (§ 154 BGB), Vertretungsmängeln (§§ 164 ff. BGB) und bei Vorliegen eines Scheingeschäfts (§ 117 BGB), vgl. BMF 30.7.2008, BStBl. I 2008, 831, Rz. 8.2.

Kommt es dadurch zum Abschluss einer wahrheitswidrigen tatsächlichen Verständigung, **163** dass der Steuerpflichtige **bewusst entscheidungserhebliche Tatsachen bei den Verhandlungen zurückhält,** und bewirkt er dadurch eine der Wahrheit zuwiderlaufende, für ihn günstige tatsächliche Verständigung, so begeht er eine **Steuerhinterziehung** (BGH 26.10.1998, wistra 1999, 103; FG Münster 20.4.2012, EFG 2012, 1516, 1518; *Krüger* DStZ 2015, 478). Dasselbe gilt, wenn eine tatsächliche Verständigung dadurch herbeigeführt wird, dass Tatsachen verfälscht oder verschleiert werden, um den Sachverhalt als schwer aufklärbar darzustellen (BGH 26.10.1998, wistra 1999, 103, 106; *Buse* Stbg 2011, 414, 416).

b) Absprachen im Anwendungsbereich des Zollkodex

Für den Anwendungsbereich des Zollkodex hat das BMF geregelt, dass insoweit der **164** Abschluss einer tatsächlichen Verständigung nicht zulässig sei (AO-DV Zoll zu § 88 AO sowie Anlage 2 zur AO-DV Zoll). Die hL ist insoweit anderer Ansicht (RKR/*Roth* AO § 404 Rn. 347; Rüsken/*Weymüller* ZK Art. 19 Rn. 18), was in der Praxis jedoch keine Auswirkungen hat, da die Zollverwaltung nicht verpflichtet ist oder verpflichtet werden kann, im Anwendungsbereich des Zollkodes tatsächliche Verständigungen abzuschließen.

c) Absprachen im Steuerstrafverfahren

Eine tatsächliche Verständigung im Strafverfahren ist als Absprache v. a. über das Straf- **165** maß insbesondere in **Wirtschaftsstrafsachen** nicht ungewöhnlich. Um langwierige Beweisaufnahmen zu vermeiden und den Prozessstoff überschaubar zu halten, wird dem Angeklagten für seine Mitwirkung ein Strafnachlass in Aussicht gestellt. Der „Deal" fand spätestens mit der Einführung des § 153a StPO im Jahre 1975 Eingang in die Verfahrenswirklichkeit. Dass der „Handel mit Gerechtigkeit" darüber hinaus in vielfältiger Form praktiziert wird, ist nicht nur der Strafjustiz, sondern auch der öffentlichen Meinung mittlerweile als Problem bewusst geworden.

Trotz der praktischen Bedürfnisse für ein Institut der Verständigung müssen stets die **166** **rechtsstaatlichen Grundsätze des Strafprozesses** gewahrt bleiben (BVerfG 27.1.1987, NJW 1987, 2662). Die „Gegenleistung" des Betroffenen muss eine gewisse Konnexität zum anhängigen Verfahren aufweisen; er darf sich nicht einfach mit irgendeinem anzuerkennenden und strafmildernd wirkenden Verhalten „freikaufen" (BGH 19.2.2004, NJW 2004, 1396 zur Zahlung von aus einer Vortat stammenden rückständigen Steuern). Bewährungsauflagen können Gegenstand eines Deals sein (dazu OLG Köln 16.1.1998, wistra 1998, 272 m. Anm. *Kaetzler* wistra 1999, 253).

§ 160b StPO Erörterung des Verfahrensstands mit den Verfahrensbeteiligten

¹Die Staatsanwaltschaft kann den Stand des Verfahrens mit den Verfahrensbeteiligten erörtern, soweit dies geeignet erscheint, das Verfahren zu fördern. ²Der wesentliche Inhalt dieser Erörterung ist aktenkundig zu machen.

§ 257b StPO Erörterung des Verfahrensstands mit den Verfahrensbeteiligten

Das Gericht kann in der Hauptverhandlung den Stand des Verfahrens mit den Verfahrensbeteiligten erörtern, soweit dies geeignet erscheint, das Verfahren zu fördern.

§ 257c StPO Verständigung zwischen Gericht und Verfahrensbeteiligten

(1) ¹Das Gericht kann sich in geeigneten Fällen mit den Verfahrensbeteiligten nach Maßgabe der folgenden Absätze über den weiteren Fortgang und das Ergebnis des Verfahrens verständigen. ²§ 244 Absatz 2 bleibt unberührt.

(2) ¹Gegenstand dieser Verständigung dürfen nur die Rechtsfolgen sein, die Inhalt des Urteils und der dazugehörigen Beschlüsse sein können, sonstige verfahrensbezogene Maßnahmen im zugrundeliegenden Erkenntnisverfahren sowie das Prozessverhalten der Verfahrensbeteiligten. ²Bestandteil jeder Verständigung soll ein Geständnis sein. ³Der Schuldspruch sowie Maßregeln der Besserung und Sicherung dürfen nicht Gegenstand einer Verständigung sein.

(3) ¹Das Gericht gibt bekannt, welchen Inhalt die Verständigung haben könnte. ²Es kann dabei unter freier Würdigung aller Umstände des Falles sowie der allgemeinen Strafzumessungserwägungen auch eine Ober- und Untergrenze der Strafe angeben. ³Die Verfahrensbeteiligten erhalten Gelegenheit zur Stellungnahme. ⁴Die Verständigung kommt zustande, wenn Angeklagter und Staatsanwaltschaft dem Vorschlag des Gerichtes zustimmen.

(4) ¹Die Bindung des Gerichts an eine Verständigung entfällt, wenn rechtlich oder tatsächlich bedeutsame Umstände übersehen worden sind oder sich neu ergeben haben und das Gericht deswegen zu der Überzeugung gelangt, dass der in Aussicht gestellte Strafrahmen nicht mehr tat- oder schuldangemessen ist. ²Gleiches gilt, wenn das weitere Prozessverhalten des Angeklagten nicht dem Verhalten entspricht, das der Prognose des Gerichtes zugrunde gelegt worden ist. ³Das Geständnis des Angeklagten darf in diesen Fällen nicht verwertet werden. ⁴Das Gericht hat eine Abweichung unverzüglich mitzuteilen.

(5) Der Angeklagte ist über die Voraussetzungen und Folgen einer Abweichung des Gerichtes von dem in Aussicht gestellten Ergebnis nach Absatz 4 zu belehren.

167 **Für die Staatsanwaltschaft** wurden auf der Arbeitstagung des Generalbundesanwalts und der Generalstaatsanwälte in Karlsruhe am 24./25.11.1992 „Hinweise an die Staatsanwälte für die Verständigung im Strafverfahren" verabschiedet (StV 1993, 280). Die Staatsanwaltschaft kann den Stand des Verfahrens nunmehr im Ermittlungsverfahren nach § 160b StPO mit den Verfahrensbeteiligten erörtern, soweit dies geeignet erscheint, das Verfahren zu fördern (vgl. neben § 160b StPO auch §§ 202a, 212 StPO). Der wesentliche Inhalt dieser Erörterung ist danach aktenkundig zu machen. § 257c StPO regelt hingegen Urteilsabsprachen vor Gericht. Eine Anwendung dieser Vorschrift auf das Ermittlungsverfahren scheidet im Hinblick auf den klaren Wortlaut der Norm und ihre systematische Stellung aus.

168 Der BGH hatte zunächst eine **deutliche Zurückhaltung** signalisiert (vgl. etwa BGH 4.7.1990, wistra 1990, 358; BGH 23.1.1991, NStZ 1991, 346; BGH 19.10.1993, NJW 1994, 1293; BGH 25.10.1995, wistra 1996, 68). Immerhin wurde anerkannt, dass eine Verständigung des Strafrichters mit einzelnen Angeklagten die Besorgnis der Befangenheit der anderen begründen könne (BGH 23.1.1991, wistra 1991, 183) und eine Bindungswirkung vor dem Hintergrund der prozessualen Fürsorgepflicht insofern besteht, als ein Strafrichter vor einer Abweichung von der gemachten Zusage den Angeklagten darauf hinweisen muss, dass er seine Auffassung geändert hat oder sich mit seiner Meinung im Spruchkörper nicht durchsetzen konnte. Dann hatte der Angeklagte Gelegenheit, ggf. ergänzende Beweisanträge zu stellen, die seiner Entlastung dienen können bzw. sich sonst auf die veränderte Verfahrenssituation einzustellen.

In der Folge hatte der BGH das Institut der Höchststrafenabrede als solches anerkannt **169** und mit seiner Entscheidung (BGH 28.8.1997, wistra 1997, 341) praktisch eine „Verfahrensordnung" (vgl. *Weigend* NStZ 1999, 57) für **Absprachen im Strafprozess** aufgestellt (vgl. auch BGH 20.6.1997, wistra 1997, 311; BGH 12.1.1999, wistra 1999, 227; BGH 20.4.1999, wistra 1999, 300, 303; BGH 21.4.1999, wistra 1999, 306, 308).

Nach der Rechtsprechung waren damals die **folgenden Voraussetzungen** bezüglich **170** Absprachen im Strafprozess erforderlich: Soweit es eine Absprache in der Hauptverhandlung betraf, musste diese Verständigung unter Mitwirkung aller Verfahrensbeteiligten (Gericht, Staatsanwaltschaft, Verteidiger, Angeklagter) in öffentlicher Hauptverhandlung zustande gekommen sein und ins Protokoll aufgenommen worden sein. Dies schloss Vorgespräche außerhalb der Hauptverhandlung nicht aus. Das Gericht durfte vor der Urteilsberatung keine bestimmte Strafe zusagen, konnte jedoch für den Fall eines Geständnisses eine Strafobergrenze angeben, die es nicht überschreiten werde. An eine solche Zusage war das Gericht gebunden, wenn die weitere Beweisaufnahme nicht neue, den Angeklagten belastende Umstände zu Tage förderte. Das Gericht musste dann auf die Abweichung von der Absprache hinweisen (BGH 21.1.2003, wistra 2003, 234). Bei der Zusage der Strafobergrenze waren die allgemeinen Strafzumessungsgesichtspunkte zu beachten. Ein Geständnis, das auf seine Glaubhaftigkeit hin zu überprüfen war, durfte dabei auch dann strafmildernd berücksichtigt werden, wenn es im Rahmen einer Absprache abgelegt worden war. Unzulässig war es, dass der Angeklagte vor der – auf der Absprache basierenden – Urteilsverkündung auf Rechtsmittel verzichtete (BGH 19.10.1999, StV 2000, 4; BGH 24.7.2003, NJW 2003, 3426). In jedem Fall musste der Angeklagte nach einer Absprache „qualifiziert belehrt" werden. Es musste mitgeteilt werden, dass trotz der Absprache Rechtsmittel eingelegt werden konnten. Dies galt auch, wenn ein Rechtsmittelverzicht nicht Gegenstand der Absprache war (vgl. dazu auch GrS des BGH für Strafsachen v. 3.3.2005, NJW 2005, 1440). Unterblieb eine solche Belehrung war ein dennoch erklärter Verzicht unwirksam (BGHGrS NJW 2005, 1440).

Inwiefern diese Grundsätze auf **Absprachen im Ermittlungsverfahren** übertragbar **171** waren, war zweifelhaft (vgl. *Buse* Stbg 2011, 414 f.; *Joecks* 1998, 195) und ist seit dem Jahr 2009 teilweise durch § 160b StPO geregelt. Ausweislich des Wortlauts der Norm sind Zusagen der Staatsanwaltschaft – anders als in § 257c StPO für das Gericht geregelt – nicht bindend (BGH 12.7.2016, StRR 2016, 8; BGH 18.4.1990, NStZ 1990, 399). Relevant wird die Frage allerdings nur, wenn die Zusage nicht eingehalten wird, weil etwa ein anderer Staatsanwalt zuständig geworden ist. Hält sich die StA oder im selbständigen Verfahren die BuStra nicht an die Zusage und kommt es zu einem gerichtlichen Verfahren, so ist zu überlegen, ob sich aus dem Grundsatz des fairen Verfahrens Strafmilderungsgründe ergeben (BGH 12.3.2008, NStZ 2008, 416; BGH 18.4.1990, NStZ 1990, 399). In entsprechenden Konstellationen wäre es z.B. im Hinblick auf ein abgegebenes Geständnis auch denkbar, dass §§ 136, 136a StPO eingreifen.

Über **strafrechtliche Verfahrensabschlüsse** kann im steuerstrafrechtlichen Ermitt- **172** lungsverfahren nur die Behörde entscheiden, die im jeweiligen Verfahren die staatsanwaltschaftliche Funktion wahrnimmt, also die StA oder die BuStra. Insbesondere sind Zusagen der Steuerfahndung in diesem Zusammenhang nicht bindend, da sie keine verfahrensabschließenden Entscheidungen treffen darf. Die Steuerfahndung kann eine Verständigung nur anregen oder die Strafsachenstelle bzw. die Staatsanwaltschaft entsprechend involvieren (vgl. auch Schwarz/Pahlke/*Klaproth* AO § 404 Rn. 50). In der Praxis wird häufig über eine Einstellung des Verfahrens nach §§ 153 ff. StPO bzw. § 398 AO und ggf. die Auflagen im Rahmen des § 153a StPO verhandelt. Es ist zulässig, dass der Abschluss einer tatsächlichen Verständigung (→ Rn. 151 ff.) und die Zahlung der sich daraus ergebenden Mehrsteuer zum Gegenstand einer Auflage nach § 153a I 2 Nr. 1 StPO gemacht werden (*Seer* BB 2015, 214). Dabei ist allerdings zu berücksichtigen, dass in den Fällen, in denen es einer **Zustimmung des Gerichts** bedarf, dieses nicht an die von der StA oder BuStra getroffenen Absprachen gebunden ist.

Betrachtet man die Rechtsprechung des Bundesfinanzhofs zur tatsächlichen Verständigung (oben → Rn. 151 ff.), setzen bindende Zusagen jedenfalls voraus, dass die zuständigen Amtsträger sämtlich involviert waren. Dazu gehört bei einer zugesagten Einstellung gegen Auflage mit Zustimmung des Gerichts, dass auch der zuständige Richter beteiligt war.

173 Durch Gesetz vom 29.7.2009 (Gesetz zur Regelung der Verständigung im Strafverfahren, BGBl. I 2353) mWv 4.8.2009 wurde auch für das **gerichtliche Verfahren** die strafprozessuale Grauzone des „Handels mit der Gerechtigkeit" (so *Geuenich/Höwer* DStR 2009, 2324) in § 257c StPO gesetzlich normiert (vgl. dazu BVerfG 19.3.2013, NStZ 2013, 295 ff.; *Höll* NZWiSt 2013, 134). Die gesetzliche Regelung der Verständigung ist deutlich umfangreicher als die Regelung für das Ermittlungsverfahren und abschließend; informelle Absprachen außerhalb des gesetzlichen Regelungskonzepts sind nicht zulässig (BVerfG 19.3.2013, NStZ 2013, 295, 297). Das Gericht kann sich gemäß § 257c 1 1 StPO in geeigneten Fällen mit den Verfahrensbeteiligten über den weiteren Fortgang und das Ergebnis des Verfahrens verständigen. Es besteht allerdings kein Anspruch auf eine Urteilsabsprache (statt aller Meyer-Goßner/Schmitt/*Schmitt* StPO § 257c Rn. 6).

174 Das **BVerfG** gibt aber einschränkend zu bedenken, dass das im Grundgesetz verankerte Schuldprinzip und die Pflicht zur Erforschung der materiellen Wahrheit sowie der Grundsatz des fairen, rechtsstaatlichen Verfahrens, die Unschuldsvermutung und die Neutralitätspflicht des Gerichts es ausschließen, die Handhabung der Wahrheitserforschung, die rechtliche Subsumtion und die Grundsätze der Strafzumessung zur freien Disposition der Verfahrensbeteiligten und des Gerichts zu stellen (BVerfG 19.3.2013, NStZ 2013, 295; vgl. dazu *Mosbacher* NZWiSt 2013, 201 ff.). Das Verständigungsgesetz – trotz des zum Teil defizitären Vollzugs – entspricht nach Auffassung des BVerfG „noch" den verfassungsrechtlichen Vorgaben (BVerfG 19.3.2013, NStZ 2013, 295, 298; zust. *Höll* NZWiSt 2013, 134).

175 Die **Aufklärungspflicht des § 244 II StPO** bleibt unberührt (vgl. § 257c I 2 StPO). Das Gericht hat also zur Erforschung der Wahrheit weiterhin die Beweisaufnahme von Amts wegen auf alle Tatsachen und Beweismittel zu erstrecken, die für die Entscheidung von Bedeutung sind. Das BVerfG (BVerfG 19.3.2013, NStZ 1993, 295, 296; vgl. auch die Anm. *König/Harrendorf* AnwBl 2013, 321 ff.; *Höll* NZWiSt 2013, 134; krit. *Kudlich* NStZ 2013, 379, 380; vgl. auch *Knauer* NStZ 2013, 433, 434) hat dies bestätigt. Somit kann eine Verständigung als solche keine alleinige Urteilsgrundlage darstellen. Die Zulässigkeit des Inhalts solcher Verständigungen regeln die Absätze 2 und 3 des § 257c StPO. Das Gericht gibt bekannt, welchen Inhalt die Verständigung haben könnte; die Verfahrensbeteiligten erhalten Gelegenheit zur Stellungnahme.

176 Maßgeblicher Bestandteil eines sog. Deals soll dabei das **Geständnis** sein (vgl. § 257c II 2 StPO). Das Geständnis ist allerdings auf seine Richtigkeit zu überprüfen (BVerfG 19.3.2013, NJW 2013, 1058; KG Berlin 16.1.2015, wistra 2015, 288).

Inhaltlich darf die Verständigung nach § 257c II 1 StPO die Rechtsfolgen enthalten, die Inhalt des Urteils und der dazugehörigen Beschlüsse sein können sowie sonstige verfahrensbezogene Maßnahmen im zugrundeliegenden Erkenntnisverfahren und das Prozessverhalten der Verfahrensbeteiligten (vgl. dazu *Geuenich/Höwer* DStR 2009, 2320, 2321 f.). Das Gericht kann unter freier Würdigung aller Umstände des Falles sowie der allgemeinen Strafzumessungserwägungen auch eine Ober- und Untergrenze der Strafe angeben (vgl. § 257c III 2 StPO). Da sich die Verständigung folglich nur auf die dem aktuellen Verfahren zu Grunde liegenden Sachverhalte und Prozesshandlungen beziehen darf, sind sich auf andere Bereiche beziehende Bedingungen und die Einbeziehung andere Verfahren unzulässig, zB die Begleichung der Steuerschuld in einem anderen Verfahren (BGH 19.2.2004, BGHSt 49, 84; vgl. auch OLG Oldenburg 28.6.2017, StV 2018, 340). Ausnahmsweise kann eine verfahrensübergreifende Verfahrensbeschränkung aber zulässig sein, wenn sich die Vereinbarung auf eine andere, bei demselben Spruchkörper anhängige Tat bezieht (OLG Nürnberg 11.8.2017, StraFo 2017, 456).

Der Schuldspruch sowie die Anordnung von Maßregeln der Besserung und Sicherung **177** dürfen gemäß § 257c II 3 StPO nicht Gegenstand der Verständigung sein (BGH 22.6.2011, StV 2011, 647). Die einem Entscheidungsspielraum unterliegenden Folgeentscheidungen der Maßregelanordnung können hingegen Gegenstand einer Verständigung sein (für die Sperrfrist nach § 69a StGB OLG Nürnberg 10.8.2016, StraFo 2016, 473). Unzulässig sind weiterhin Absprachen zum Verzicht auf ein Rechtsmittel gegen das einer Verständigung zugrunde liegende Urteil (§§ 35a S. 3, 302 I 2 StPO, vgl. auch OLG Nürnberg 10.8.2016, StraFo 2016, 473). Zulässig dürfte jedoch sein, wenn die Abgabe einer (teilweisen) Rechtsmittelrücknahmeerklärung in einem anderen Verfahren im Rahmen einer Verständigung vereinbart wird (BGH 24.11.2015, NStZ 2016, 177; OLG Hamburg 31.10.2016, NStZ 2017, 307, 309; Meyer-Goßner/Schmitt/*Schmitt* StPO § 257c Rn. 15b; a. M. *Mosbacher* JuS 2015, 701).

Eine Strafrahmenverschiebung (krit. *Kudlich* NStZ 2013, 379, 380 unter Hinweis darauf, dass eine Strafrahmenverschiebung systematisch zum Bereich der Rechtsfolgen und nicht zum Schuldspruch gehört) ebenso wie Zusagen der Staatsanwaltschaft, andere Ermittlungsverfahren einzustellen, können ebenfalls nicht in einer Verständigung geregelt werden (BVerfG 19.3.2013, NStZ 2013, 295, 296 f.; krit. *Knauer* NStZ 2013, 433, 435).

Die **Verständigung kommt zustande,** wenn Angeklagter und Staatsanwaltschaft dem **178** Vorschlag des Gerichtes zustimmen (vgl. § 257c III 4 StPO). Da die Zustimmung eine **Prozesshandlung** darstellt, muss sie zwingend in der Hauptverhandlung abgegeben werden. Die Zustimmung der Staatsanwaltschaft muss explizit erfolgen (BGH 7.12.2016, NJW 2017, 1336). Gem. § 257c III 3 StPO erhalten die übrigen Verfahrensbeteiligten lediglich Gelegenheit zur Stellungnahme. Da die Zustimmung eine Prozesshandlung ist, ist sie im laufenden Verfahren nicht mehr anfechtbar, widerruflich oder zurückzunehmen (BGH 21.6.2012, NStZ 2013, 51).

Die **Bindung des Gerichtes** an eine Verständigung entfällt nach § 257c IV 1 StPO, **179** wenn rechtlich oder tatsächlich bedeutsame Umstände übersehen worden sind oder sich neu ergeben haben und das Gericht deswegen zu der Überzeugung gelangt, dass der in Aussicht gestellte Strafrahmen nicht mehr tat- oder schuldangemessen ist. Die Bindungswirkung entfällt ebenso nach § 257c IV 2 StPO, wenn das weitere Prozessverhalten des Angeklagten nicht dem Verhalten entspricht, das der Prognose des Gerichtes zugrunde gelegt worden ist (vgl. *Geuenich/Höwer* DStR 2009, 2320, 2323). Wenn die Bindungswirkung entfällt, darf das Geständnis des Angeklagten nicht verwertet werden; das Gericht hat eine Abweichung unverzüglich mitzuteilen (vgl. § 257c IV 3, 4 StPO). Das Verwertungsverbot bzgl. des Geständnisses dürfte auch gelten, wenn die Verständigung scheitert, der Angeklagte aber in Vorleistung geht und ein Geständnis ablegt, obwohl die Absprache nicht bindend ist, weil zB die Staatsanwaltschaft nicht beteiligt wurde (aA BGH 7.5.2003, StV 2003, 481 mit krit. Anm. *Schlothauer*). Dies folgt aus dem Gebot der Fairness des Verfahrens, da die Bindung des Gerichts und das Geständnis des Angeklagten in einer unauflösbaren Wechselbeziehung stehen.

Der Angeklagte ist gemäß § 257c V StPO über die Voraussetzungen und Folgen einer **180** Abweichung des Gerichtes von dem in Aussicht gestellten Ergebnis **nach § 257c IV StPO zu belehren** (vgl. BGH 19.8.2010, StV 2011, 76; BGH 11.5.2016, StRR 2016, 2; BGH 9.10.2018, StV 2019, 380). Die Belehrung muss vor einer in Aussicht genommenen Verständigung erfolgen, nicht erst, wenn die Verständigung bereits erfolgt ist (BGH 8.11.2018, NStZ 2019, 169). Ist die Belehrung unterblieben, so ist dieser Verstoß durch eine qualifizierte Belehrung heilbar, indem einerseits ein ausdrücklicher Hinweis auf den Fehler und auf die daraus folgende Unverbindlichkeit der Zustimmung des Angeklagten gegeben wird und andererseits die Belehrung und die Einholung der Zustimmung nachgeholt werden (BGH 21.3.2017, NStZ-RR 2017, 151).

Verstöße gegen die **gesetzlichen Transparenz- und Dokumentationspflichten** **181** führen zur Rechtswidrigkeit der Verständigung (BVerfG 19.3.2013, NStZ 2013, 295, 298). Um den gesetzlichen Transparenz- und Dokumentationspflichten zu entsprechen, muss das Gericht gem. § 257 III 1 StPO den genauen Inhalt der Verständigung bekannt geben. Insofern sind etwa die Unter- und Obergrenze der Strafe, etwaige Bewährungsauflagen oder die vom Angeklagten zu erbringenden Gegenleistungen konkret anzugeben. Darüber hinaus müssen gem. §§ 243 IV, 273 Ia StPO der wesentliche Ablauf, der Inhalt und das Ergebnis der Verständigung ausreichend dokumentiert werden (vgl. BVerfG 9.12.2015, NJW-Spezial 2016, 121). Auch alle im Zwischen- und Hauptverfahren (außerhalb der Hauptverhandlung) erfolgten Erörterungen sind mit ihrem wesentlichen Inhalt zu protokollieren, nicht hingegen diejenigen, die vor Anklageerhebung erfolgten und somit der Regelung des § 160b StPO unterfallen (BGH 23.7.2015, NJW 2016, 513).

182 Die Auswirkungen auf **Rechtsmittel** sind nicht in § 257c StPO, sondern in §§ 35a, 302 StPO normiert. Nach § 302 I 2 StPO ist ein Rechtsmittelverzicht ausgeschlossen, wenn dem Urteil eine Verständigung vorausgegangen ist. Ist einem Urteil eine Verständigung vorausgegangen, ist der Betroffene auch gemäß § 35a S. 3 StPO qualifiziert darüber zu belehren, dass er in jedem Fall frei in seiner Entscheidung ist, ein Rechtsmittel einzulegen.

183 Wird das Verfahren von der Staatsanwaltschaft geführt, ist fraglich, inwiefern eine **Verletzung der Beteiligungsrechte der Finanzbehörde** die Wirksamkeit der Zusage berührt. Zwar können Verstöße gegen § 407 AO idR nicht mit der Revision gerügt werden (→ § 407 Rn. 20), man wird einer Zusage aber die Wirksamkeit absprechen müssen, wenn der Strafsachenstelle nicht zumindest rechtliches Gehör gewährt worden ist (aA *Wilke* DStR 2018, 108; RKR/*Roth* AO § 404 Rn. 362).

V. Entschädigung der Zeugen und der Sachverständigen

§ 405 Entschädigung der Zeugen und der Sachverständigen

¹ Werden Zeugen und Sachverständige von der Finanzbehörde zu Beweiszwecken herangezogen, so erhalten sie eine Entschädigung oder Vergütung nach dem Justizvergütungs- und -entschädigungsgesetz. ² Dies gilt auch in den Fällen des § 404.

Vgl. auch Nr. 55 AStBV (St) 2020.

Schrifttum: *Hirsch,* Auskünfte durch Kreditinstitute im straf- und steuerstrafrechtlichen Ermittlungsverfahren, 1991; *Müller-Brühl,* Rechtsmittel gegen die Festsetzung einer Entschädigung nach dem Gesetz zur Entschädigung von Zeugen und Sachverständigen, DStZ 1993, 289; *Bleutge,* Der Aufwendungsersatz für Hilfskräfte nach dem ZuSEG, JurBüro 1998, 340; *Krekeler,* Der Sachverständige im Steuerstrafverfahren, PStR 2001, 146; *Schroer,* Rechte und Pflichten des Steuerberaters als Zeuge, InfStW 2001, 213, 245; *Bleutge,* Eckpunkte für eine Novellierung des ZSEG, WiVerw 2002, 44; *Hansens,* Kostenmodernisierungsgesetz – Änderungen im GKG und das neue JVEG, AnwBl 2004, 142; *Hartung,* Das neue Rechtsanwaltsvergütungsgesetz, NJW 2004, 1409; *Bruschke,* Die Entschädigung der Auskunftspflichtigen und Sachverständigen im steuerlichen Verfahren, ZSteu 2005, 324; *Bund,* Der Übergang vom ZSEG und EhrRiEG zum JVEG, RPfleger 2005, 132; *Müller,* Der Zeuge im Steuerstrafverfahren (Teil II), AO-StB 2007, 191; *Hommerich/Reiß,* Justizvergütungs- und Entschädigungsgesetz, 2010; *Bittmann,* Rechtsfragen um den Einsatz des Wirtschaftsreferenten, wistra 2011, 47; *Wolf,* Der Sachverständige im Wirtschaftsstrafverfahren, ZWH 2012, 125; *Meyer,* Zum Anfall der Dokumentenpauschale für die Überlassung großer Mengen elektronisch gespeicherter Daten, JurBüro 2013, 9; *Roth,* Erweiterter Kostenersatz bei Vorlageersuchen, ZWH 2013, 443; *Weglage,* Die Vergütung des Sachverständigen, 3. Aufl. 2014; *Meyer/Höver/Bach/Oberlack,* JVEG – Die Vergütung und Entschädigung von Sachverständigen, Zeugen, Dritten sowie von ehrenamtlichen Richtern, Kommentar, 27. Aufl. 2017; *Binz/Dörndorfer/Zimmermann,* Gerichtskostengesetz, Gesetz über Gerichtskosten in Familiensachen, Justizvergütungs- und -entschädigungsgesetz, Kommentar, 4. Aufl. 2019; *Hartmann/Toussaint,* Kostenrecht, 50. Aufl. 2020.

1. Entstehungsgeschichte und Bedeutung der Vorschrift

§ 405 AO ist mit der AO 1977 neu eingefügt worden (Begr. BT-Drs. 7/4292, 47); eine entsprechende Regelung war in der RAO nicht vorhanden. **1**

Wird innerhalb des Strafverfahrens ein Zeuge oder ein Sachverständiger vom Gericht oder von der StA zu Beweiszwecken herangezogen, wurde er vor Einführung der Norm nach dem Gesetz über die Entschädigung von Zeugen und Sachverständigen (ZSEG) idF v. 1.10.1969 (BGBl. I 1756) entschädigt. Mit dem 1.7.2004 wurde das ZSEG durch das Justizvergütungs- und Entschädigungsgesetz (JVEG; vgl. BGBl. I 718) abgelöst. Gleiches gilt gem. § 107 S. 1 AO, sofern die FinB *„Auskunftspflichtige und Sachverständige"* im Besteuerungsverfahren zu Beweiszwecken heranzieht (vgl. RKR/*Roth* AO § 405 Rn. 3; BFH 30.3.2011, wistra 2011, 357; BFH 8.8.2006, BStBl. II 2007, 80). **2**

§ 405 S. 1 AO ordnet ausdrücklich an, dass das **JVEG** auch dann Anwendung findet, wenn ein Zeuge oder Sachverständiger **durch die FinB in Anspruch genommen** wird. Dabei ist es gleichgültig, ob die FinB selbständig ermittelt (§ 386 II, § 399 I AO) oder im Ermittlungsverfahren der StA (§ 402 I AO) tätig wird (Schwarz/Pahlke/*Klaproth* AO § 405 Rn. 1a). Aufgrund § 405 S. 2 AO gilt das JVEG auch bei einer Inanspruchnahme von Zeugen und Sachverständigen durch die *Steuer- und Zollfahndung.* **3**

2. Voraussetzungen des Anspruchs

Zeuge ist eine Person, die in einem gegen einen anderen gerichteten Prozess eine persönliche Wahrnehmung über in der Vergangenheit – dh vor seiner Vernehmung – liegende Tatsachen bekundet (Meyer-Goßner/Schmitt/*Schmitt* StPO vor § 48 Rn. 1). Soweit sich der Zeuge bei seiner Vernehmung eines Beistands oder eines Bevollmächtigten bedient, sind die dadurch entstehenden Kosten *nicht* nach dem JVEG erstattungsfähig (Schwarz/Pahlke/*Klaproth* AO § 405 Rn. 3). Ist dem Zeugen jedoch zur Wahrnehmung seiner Rechte nach § 68b II StPO ein rechtlicher Berater beigeordnet, so können dessen **4**

Kosten nach dem RVG erstattungsfähig sein (OLG Hamburg 5.5.2010, NStZ-RR 2010, 327). **Sachverständiger** ist eine Person, die aufgrund ihrer besonderen Sachkunde berufen ist, im Strafverfahren über Erfahrungssätze einer Wissenschaft oder eines Lebenssachverhalts auszusagen und idR aus ihnen Schlussfolgerungen auf konkrete Tatsachen zu ziehen (Schwarz/Pahlke/*Klaproth* AO § 405 Rn. 4). Anders als ein Zeuge ist der Sachverständige grundsätzlich auswechselbar (Meyer-Goßner/Schmitt/*Schmitt* StPO § 74 Rn. 1). Treffen fehlende Auswechselbarkeit (aufgrund eines selbst wahrgenommenen Sachverhalts) und Sachkunde zusammen, so handelt es sich um einen **sachverständigen Zeugen,** der nach § 85 StPO Zeuge ist und auch als Zeuge nach dem JVEG entschädigt wird. **Dolmetscher** und **Übersetzer** werden im Grundsatz wie Sachverständige entschädigt (§ 8 JVEG); zur Entschädigung von Kreditinstituten, Telekommunikations- und anderen Unternehmen für Auskunftsersuchen → Rn. 12 ff.

5 Zu (strafprozessualen) **Beweiszwecken wird herangezogen,** wer nach den Vorschriften der StPO (§§ 161a, 163 iVm §§ 48 ff. bzw. §§ 72 ff. StPO) in Anspruch genommen wird. Dies ist nicht der Fall, wenn jemand *auf Veranlassung des Beschuldigten* ein Gutachten erstattet oder eine Auskunft erteilt (Schwarz/Pahlke/*Klaproth* AO § 405 Rn. 7a). Gleichgültig ist, ob die Zeugenaussage oder das Sachverständigengutachten von der FinB verwertet oder gar zur Grundlage der Entscheidung gemacht wird (HHS/ *Tormöhlen* AO § 405 Rn. 11). Soweit die Steuerfahndung nach § 208 I 1 Nr. 2 AO die Besteuerungsgrundlagen ermittelt, ist aufgrund der praktisch kaum möglichen Trennung von einer Inanspruchnahme zu *strafprozessualen* Beweiszwecken auszugehen; § 107 AO ist nicht anwendbar. Unterschiede ergeben sich lediglich im Hinblick auf die möglichen Rechtsmittel gegen die Kostenentscheidung (→ Rn. 18), da beide Vorschriften auf das JVEG verweisen (wie hier Schwarz/Pahlke/*Klaproth* AO § 405 Rn. 1a; Tipke/Kruse/*Seer* AO § 107 Rn. 9; aA HHS/*Tormöhlen* AO § 405 Rn. 9; vgl. auch Tipke/Kruse/*Brandis* AO § 405 Rn. 10). Bei der Aufdeckung und Ermittlung unbekannter Steuerfälle nach § 208 I 1 Nr. 3 AO handelt es sich hingegen – trotz des (abgeschwächten) Bezugs zum Strafverfahren – um eine steuerliche Ermittlungstätigkeit, so dass sich insoweit der Aufwendungsersatz nach § 107 AO richtet.

6 Zu Beweiszwecken herangezogen ist auch ein Zeuge, der nach §§ 52, 53, 53a StPO die **Aussage verweigert**. Entscheidend ist, dass der Zeuge durch die FinB geladen worden ist und dieser Ladung Folge geleistet hat (Schwarz/Pahlke/*Klaproth* AO § 405 Rn. 8). Dasselbe gilt entsprechend, wenn ein Sachverständiger berechtigt die Gutachtenerstellung verweigert.

3. Geltendmachung des Anspruchs

7 Die Entschädigung setzt einen **Antrag des Zeugen oder Sachverständigen** voraus (§ 2 I JVEG). Der Zeuge muss diesen Antrag binnen 3 Monaten nach Beendigung der Zuziehung stellen (§ 2 I 1 JVEG); diese Frist gilt auch für Sachverständige (vgl. OLG Celle 8.6.2012, IBR 2012, 550). Der Beginn der Frist ergibt sich aus § 2 I 2 und 3 JVEG. Die Verlängerung der Frist ist unter den in § 2 I 4 JVEG genannten Voraussetzungen möglich; vgl. auch § 2 II JVEG zur Wiedereinsetzung.

4. Umfang der Entschädigung

a) Entschädigung von Zeugen

8 **Die Entschädigung eines Zeugen richtet sich nach den §§ 19 ff. JVEG.** Danach erhält er gem. § 22 JVEG Verdienstausfall, Erstattung der Fahrtkosten (§§ 5, 19 I JVEG), Entschädigung für Aufwand (§§ 6, 10, 19 I JVEG), Ersatz sonstiger Aufwendungen, zB der Kosten für eine notwendige Vertretung oder eine notwendige Begleitperson (§§ 7, 19 I JVEG) sowie Entschädigung für Nachteile bei der Haushaltsführung (§§ 19 I, 21 JVEG). Dabei richtet sich die Verdienstausfallentschädigung nach dem regelmäßigen Bruttover-

dienst des Zeugen, ist aber auf höchstens 21 EUR/Stunde (§ 22 JVEG) und auf 10 Stunden pro Tag (§ 19 II JVEG) begrenzt. Nicht erwerbstätige Zeugen können unter den Voraussetzungen des § 21 JVEG eine Entschädigung von 14 EUR/Stunde erhalten.

Der Ersatz für Auslagen (insbes. Kopien und die Überlassung elektronisch gespeicherter Daten) richtet sich nach § 7 JVEG. Für die Benutzung von Werkzeugen, Geräten oder technischen Einrichtungen, die ohnehin im Gewerbe bzw. für die Berufsausübung des Entschädigungsberechtigten genutzt werden, entsteht kein Erstattungsanspruch nach dem JVEG (RKR/*Roth* AO § 405 Rn. 11).

b) Entschädigung von Sachverständigen, Dolmetschern und Übersetzern

Sachverständige, Dolmetscher und Übersetzer erhalten eine **Leistungsentschädigung** **9** **nach §§ 8 ff. JVEG.** Sie liegt für Sachverständige zwischen 65 und 100 EUR pro Stunde (§ 9 I JVEG) für die *erforderliche* Zeit (§ 8 II JVEG). *Erforderlich* ist nur die Zeit, die ein Sachverständiger mit durchschnittlichen Kenntnissen und Fähigkeiten für das Gutachten benötigt (OLG Hamm 31.2.2000, wistra 2001, 40; Schwarz/Pahlke/*Klaproth* AO § 405 Rn. 11c). Die Höhe des Stundenhonorars richtet sich je nach Berufsgruppe des Sachverständigen gem. § 9 JVEG iVm Anlage 1 zu § 9 JVEG, bzw. für besondere Berufsgruppen nach §§ 10 und 11 JVEG. Eine besondere Vergütung ist denkbar (§ 13 JVEG). Daneben erhält auch der Sachverständige – wie ein Zeuge – Fahrtkosten usw. erstattet. Darüber hinaus werden ihm bestimmte Aufwendungen ersetzt (§§ 7, 8, 12 JVEG).

Das Stundenhonorar für **Dolmetscher** beträgt gem. § 9 III JVEG 70 EUR/Stunde **10** bzw. im Fall des simultanen Dolmetschens 75 EUR/Stunde. Das Honorar des **Übersetzers** bemisst sich nach § 11 JVEG und orientiert sich insbes. an der Zahl der Anschläge. Insoweit sich auch Leerzeichen mitzuzählen, sofern sie nicht missbräuchlich verwandt werden (OLG Zweibrücken 2.10.2013, BeckRS 2014, 8945).

Zu einem Verlust oder einer Kürzung des Vergütungsanspruchs kann es für den **11** Sachverständigen, Dolmetscher oder Übersetzer in den Fällen des § 8a JVEG kommen. Dies kann zB der Fall sein, wenn er eine mangelhafte Leistung erbringt (§ 8a II Nr. 2 JVEG) oder er durch grobe Fahrlässigkeit oder Vorsatz die Unverwertbarkeit seines Gutachtens aufgrund einer Ablehnung wegen der Besorgnis der Befangenheit herbeigeführt hat (§ 8a II Nr. 3 JVEG; zur Rechtslage vor der Einführung des § 8a JVEG zum 1.8.2013 vgl. BGHZ 15.12.1975, NJW 1976, 1154 mwN).

c) Entschädigung von Dritten, insbesondere von Banken, Kreditinstituten und Telekommunikationsunternehmen

Werden Angestellte von Unternehmen formal als Zeugen oder Sachverständige ver- **12** nommen, steht ihnen unstreitig ein Anspruch auf Entschädigung nach dem JVEG zu. Darüber hinaus werden in Steuerstrafverfahren aber auch **Dritte** herangezogen, deren Entschädigung sich nach § 23 JVEG richtet. Dies ist zB der Fall im Hinblick auf Maßnahmen der Telekommunikationsüberwachung (vgl. § 23 I JVEG) oder wenn ein Kreditinstitut zur Abwendung einer Beschlagnahmeanordnung (§ 94 StPO) oder in Erfüllung eines Auskunftsersuchens (§ 95 StPO) Kopien von Unterlagen fertigt (vgl. § 23 II JVEG).

§ 23 JVEG Entschädigung Dritter

(1) Soweit von denjenigen, die Telekommunikationsdienste erbringen oder daran mitwirken (Telekommunikationsunternehmen), Anordnungen zur Überwachung der Telekommunikation umgesetzt oder Auskünfte erteilt werden, für die in der Anlage 3 zu diesem Gesetz besondere Entschädigungen bestimmt sind, bemisst sich die Entschädigung ausschließlich nach dieser Anlage.

(2) ¹Dritte, […] die aufgrund eines Beweiszwecken dienenden Ersuchens der Strafverfolgungs- oder Verfolgungsbehörde

1. Gegenstände herausgeben (§ 95 Abs. 1, § 98a der Strafprozessordnung) oder die Pflicht zur Herausgabe entsprechend einer Anheimgabe der Strafverfolgungs- oder Verfolgungsbehörde abwenden oder

2. in anderen als den in Absatz 1 genannten Fällen Auskunft erteilen,

werden wie Zeugen entschädigt. ²Bedient sich der Dritte eines Arbeitnehmers oder einer anderen Person, werden ihm die Aufwendungen dafür (§ 7) im Rahmen des § 22 ersetzt; § 19 Abs. 2 und 3 gilt entsprechend.

(3), (4) [...]

13 **Banken oder Kreditinstitute werden gem. § 23 II JVEG wie Zeugen entschädigt,** wenn sie aufgrund eines Ersuchens der Strafverfolgungsorgane Unterlagen heraussuchen und herausgeben, zur Abwendung der Beschlagnahme Kontounterlagen heraussuchen und kopieren oder entsprechende Auskünfte erteilen. Werden Banken oder Kreditinstitute von der Finanzbehörde im Rahmen von Verfolgungsmaßnahmen in Anspruch genommen, ist es unbeachtlich, ob dem Ersuchen eine gerichtliche Beschlagnahmeanordnung zugrunde liegt oder nicht (OLG Schleswig SchlHA 1991, 170). Zu entschädigen sind neben der Herausgabe körperlicher Gegenstände (zB Geschäfts- oder Kontounterlagen) auch die Fertigung von Kopien oder Abdrucken der Unterlagen oder die Ausdrucke von gespeicherten Daten (vgl. § 7 II JVEG). Für die Überlassung elektronisch gespeicherter Daten anstelle von Ausdrucken oder Ablichtungen wird eine Dokumentenpauschale gem. § 7 III JVEG gewährt (vgl. *Meyer* JurBüro 2013, 9; RKR/*Roth* AO § 405 Rn. 21).

14 Bedient sich der in Anspruch genommene Dritte bei der Bearbeitung des Ersuchens eines Arbeitnehmers oder einer anderen Person, so werden ihm die Aufwendungen dafür gem. § 7 I JVEG ersetzt. Dabei gilt der Höchstbetrag nach § 22 JVEG, so dass nicht mehr als 21 EUR bei höchstens zehn Stunden pro Tag (§ 19 II JVEG) erstattet werden. Der Umfang der eingesetzten Arbeitsstunden ist allerdings in der Praxis kaum nachprüfbar und kann ggf. zu erheblichen Erstattungsbeträgen führen (RKR/*Roth* AO § 405 Rn. 22).

Darüber hinaus können aufgrund der den Zeugen entsprechenden Entschädigung des Dritten auch alle für Zeugen geltenden Entschädigungsansprüche vom Dritten geltend gemacht werden (§ 23 II iVm § 19 I JVEG; vgl. dazu → Rn. 8).

15 Häufig werden Dokumente zB in Form von Mikrofilmen, Mikrofiche oder elektronisch archiviert, so dass die Medien vor der Herausgabe an die Ermittlungsbehörden sichtbar gemacht werden müssen. Die Fertigung von Ablichtungen von Datenträgern ist im Rahmen des § 7 II JVEG ebenfalls entschädigungsfähig. Auch hat der Dritte in Ermangelung einer entsprechenden Regelung wie § 261 HGB und § 147 V AO sowie ausgehend vom Rechtsgedanken des § 7 I JVEG die Mehrkosten nicht selbst zu tragen, die dadurch entstanden sind, dass er die Unterlagen statt im Original zulässigerweise auf Datenträger archiviert hat (HHS/*Tormöhlen* AO § 405 Rn. 31 f.; Flore/Tsambikakis/*Wenzler* AO § 405 Rn. 7; aM OLG Hamm 27.3.2007, BeckRS 2009, 28942; OLG Koblenz 8.9.2005, wistra 2006, 73; OLG Düsseldorf 21.10.2003, BeckRS 2007, 14953; RKR/*Roth* AO § 405 Rn. 22).

16 Werden die Fotokopien nicht auf Ersuchen der Strafverfolgungsbehörde, sondern im Interesse sonst von einer Beschlagnahme Betroffener erstellt, findet § 7 II JVEG keine unmittelbare Anwendung. Insofern hat sich an der Rechtslage nichts geändert (vgl. OLG Bamberg 19.3.1979, JurBüro 1686 m. zust. Anm. *Mümmler;* OLG München 29.5.1979, Rpfleger 79, 358; OLG Braunschweig 3.2.1982, ZIP 1982, 830; OLG Nürnberg 12.5.1980, NJW 1980, 1861). Zu prüfen bleibt dann aber, ob nicht das Verhältnismäßigkeitsprinzip im Einzelfall gebietet, sich mit der Sicherstellung von Fotokopien zu begnügen, weil die Wegnahme der Unterlagen die Funktionsfähigkeit des Kreditinstituts gefährden würde (ähnl. *Koch* wistra 1983, 66; s. auch → § 399 Rn. 93). In diesen Fällen würde das Beharren der Finanzbehörde auf einer Beschlagnahme der Originalunterlagen missbräuchlich sein, so dass § 7 II JVEG Anwendung fände.

17 Der **Entschädigungsanspruch für Telekommunikationsunternehmen** im Hinblick auf Maßnahmen zur Kommunikationsüberwachung zB im Rahmen der Verfolgung von USt-Karussellen ergibt sich ausschließlich aus § 23 I JVEG iVm Anlage 3 zu § 23 I JVEG. Danach ist zB zu unterscheiden zwischen der Einrichtung von Überwachungsmaßnahmen, deren Abschaltung sowie der Übermittlung von Bestands- und Verkehrsdaten.

Die **Anbieter von Diensten nach dem Telemediengesetz** (§ 2 Nr. 1 TMG) sind hingegen aufgrund des klaren Wortlautes des § 23 I JVEG weiterhin entsprechend den Zeugen nach § 23 II JVEG zu entschädigen (OLG Thüringen 8.10.2012, BeckRS 2013, 14473). Aufgrund der Vielfältigkeit der technischen Möglichkeiten ist auch die Rechtsprechung hierzu vielfältig, vgl. zB OLG Düsseldorf 29.3.2016, MMR 2016, 424 zur Entschädigung eines Netzbetreibers für die Überwachung eines Mobiltelefons; OLG Köln 19.10.2015, ZD 2016, 228 zur Erstattung von Leitungskosten bei überwachten Breitbandanschlüssen; OLG Thüringen 14.8.2013, BeckRS 2013, 14474 zu erfolglosen Anwahlversuchen und mehrmonatiger Überwachung; OLG Frankfurt 31.10.2011, NStZ-RR 2012, 95 zur Überwachung von UMTS-Mobilfunkanschlüssen. Werden Dritte im Rahmen von – in Steuerstrafverfahren in aller Regel nicht vorkommenden – **Rasterfahndungen** herangezogen, so bemisst sich ihr Anspruch nach § 23 III, IV JVEG. Dabei wird jeweils auf die Nutzungsdauer der jeweiligen Datenverarbeitungsanlagen abgestellt.

5. Festsetzung der Entschädigung

Festgesetzt wird die Entschädigung auf Antrag (§ 2 I 1 JVEG) durch diejenige FinB, **18** die den Zeugen oder Sachverständigen beauftragt oder herangezogen hat (Klein/*Jäger* AO § 405 Rn. 7). Erfolgt die Festsetzung durch Verwaltungsakt der heranziehenden/beauftragenden FinB, so ist ein Einspruch nach § 347 AO nur in den Fällen des § 107 AO statthaft (BFH 23.12.1980, BStBl. II 1981, 349; Tipke/Kruse/*Brandis* AO § 405 Rn. 13). Daher ist im Einzelfall die Feststellung wichtig, ob die FinB im Besteuerungs- oder Strafverfahren tätig geworden ist (s. → Rn. 5 und *Bilsdorfer* DStZ 1984, 422).

Unter den Voraussetzungen des § 4 I JVEG – also zB auf Antrag im Fall eines Streits über die Höhe des Anspruchs – kann die Festsetzung der Entschädigung aber auch durch Gerichtsbeschluss erfolgen (Klein/*Jäger* AO § 405 Rn. 7; Kohlmann/*Hilgers-Klautzsch* AO § 405 Rn. 25). Zuständig ist das Gericht, bei dem die StA errichtet ist, die zuständig wäre, führte nicht die FinB das Verfahren selbstständig, also das Landgericht (HHS/*Tormöhlen* AO § 405 Rn. 47 und Kohlmann/*Hilgers-Klautzsch* AO § 405 Rn. 25). Gegen die gerichtliche Entscheidung ist Beschwerde gem. § 304 StPO durch die Beweisperson und die Staatskasse (HHS/*Tormöhlen* AO § 405 Rn. 49; Tipke/Kruse/*Brandis* AO § 405 Rn. 14) zulässig, nicht hingegen durch die nicht am Verfahren beteiligte Finanzbehörde. Der Gegenstandswert der Beschwerde muss gem. § 4 III JVEG 200 EUR übersteigen oder das Gericht muss die Beschwerde wegen grundsätzlicher Bedeutung zulassen.

6. Umsatzsteuerpflicht der Entschädigung

Bei der **Entschädigung des Zeugen** handelt es sich um eine **Leistung mit Schaden-** **19** **ersatzcharakter**. Da es insoweit an einem Leistungsaustausch fehlt, ist sie nicht umsatzsteuerpflichtig (Abschnitt 1.3 Abs. 9 UStAE). Dasselbe gilt auch für die Entschädigung eines Dritten nach § 23 JVEG. Da es sich auch insoweit um echten Schadenersatz im umsatzsteuerlichen Sinne handelt, ist der Dritte auch nicht berechtigt, die USt in Rechnung zu stellen (LG Saarbrücken 23.2.1981, WM 1981, 782). Etwas anderes gilt hingegen für die **Vergütung von Sachverständigen, Dolmetschern und Übersetzern,** die grundsätzlich umsatzsteuerpflichtig ist (Abschnitt 1.3 Abs. 15 UStAE; zu ärztlichen Sachverständigen OFD Karlsruhe 19.2.2015, UR 2015, 645). Sofern nicht die Kleinunternehmerregelung des § 19 I UStG eingreift, ist die auf die Vergütung von Sachverständigen, Dolmetschern und Übersetzern entfallende USt aufgrund § 12 I 2 Nr. 4 JVEG als besondere Aufwendung erstattungsfähig.

3. Unterabschnitt. Gerichtliches Verfahren

§ 406 Mitwirkung der Finanzbehörde im Strafbefehlsverfahren und im selbständigen Verfahren

(1) Hat die Finanzbehörde den Erlass eines Strafbefehls beantragt, so nimmt sie die Rechte und Pflichten der Staatsanwaltschaft wahr, solange nicht nach § 408 Abs. 3 Satz 2 der Strafprozessordnung Hauptverhandlung anberaumt oder Einspruch gegen den Strafbefehl erhoben wird.

(2) Hat die Finanzbehörde den Antrag gestellt, die Einziehung selbständig anzuordnen oder eine Geldbuße gegen eine juristische Person oder eine Personenvereinigung selbständig festzusetzen (§ 401), so nimmt sie die Rechte und Pflichten der Staatsanwaltschaft wahr, solange nicht mündliche Verhandlung beantragt oder vom Gericht angeordnet wird.

Schrifttum: *App,* Vorgehen gegen einen Strafbefehl oder Bußgeldbescheid in Steuersachen, INF 1992, 251 ff.; *Burhoff,* Der Strafbefehl im Steuerstrafverfahren, PStR 1999, 52; *Mester,* Die Strafzumessung im Strafbefehl, PStR 1999, 57; *Schaaf,* Die Rolle der Finanzbehörde im gerichtlichen Steuerstrafverfahren, AO-StB 2011, 317; *Tormöhlen,* Die Stellung der BuStra im Steuerstraf- und Ordnungswidrigkeitenverfahren, AO-StB 2013, 316; *Tormöhlen,* Das neue Recht der Vermögensabschöpfung im steuerstrafrechtlichen Kontext AO-StB 2017, 380.

1. Entstehungsgeschichte

1 § 406 I AO 1977 entspricht inhaltlich dem § 440 RAO. § 406 II AO wurde erst mit der AO 1977 eingeführt.

§ 440 RAO wurde durch Art. 1 Nr. 1 AOStrafÄndG v. 10.8.1967 (BGBl. I 877) gemeinsam mit den §§ 435, 436 RAO (§§ 400, 401 AO 1977) in die RAO aufgenommen. Eine dem § 406 II AO entsprechende Regelung war schon in § 389 II EAO 1974 vorgesehen, um § 401 AO (§ 436 RAO) zu ergänzen (BT-Drs. VI/1982, 201). Redaktionelle Anpassung erfolgten im Hinblick auf die Änderung des § 408 StPO mit Gesetz v. 27.1.1987 (BGBl. I 475) und durch das Gesetz zur Reform der strafrechtlichen Vermögensabschöpfung v. 13.4.2017 (BGBl. I 872).

2. Zweck und Bedeutung der Vorschrift

2 § 406 AO ergänzt die §§ 399–401 AO. § 399 AO gibt der FinB iSv § 386 I AO Rechte nur für das strafrechtliche Ermittlungsverfahren, das mit dem Antrag auf Erlass eines Strafbefehls (§ 400 AO) oder dem Antrag auf Anordnung von Nebenfolgen im selbständigen Verfahren (§ 401 AO) beendet ist. §§ 406, 407 AO übertragen der FinB weitere Rechte und Pflichten im zeitlich folgenden Verfahren in Steuerstrafsachen, also im Zwischen- und im Hauptverfahren. § 406 AO geht über § 407 AO hinaus und regelt den Zeitraum bis ggf. das summarische Strafbefehls- oder Anordnungsverfahren in das ordentliche Verfahren übergeht. In dieser Phase soll die FinB, die den gesamten Vorgang bearbeitet hat, nicht schon auf die Beteiligungsrechte des § 407 AO beschränkt sein, sondern unmittelbarer Gesprächspartner des Gerichts bleiben. § 406 I AO ergänzt insoweit den § 400 AO und § 406 II AO den § 401 AO (HHS/*Tormöhlen* AO § 406 Rn. 5a; Schwarz/Pahlke/*Klaproth* AO § 406 AO Rn. 1a f.).

Dadurch, dass der FinB ihre staatsanwaltschaftliche Rechtsstellung im gerichtlichen Zwischenverfahren erhalten bleibt, richten sich gerichtliche Aufträge zur Nachermittlung des Sachverhalts direkt an die FinB iSd § 386 I AO, die sich zur deren Erfüllung der Steufa bedienen kann.

§ 406 AO dient mithin der Entlastung der StA.

3. Mitwirkung im Strafbefehlsverfahren

Die FinB hat nach Maßgabe des § 400 AO das Recht, einen Strafbefehl zu beantragen. **3** Will der **Richter den Strafbefehl nicht antragsgemäß erlassen,** weil er eine Hauptverhandlung für nötig hält, eine andere Rechtsfolge als die von der FinB beantragte festsetzen will (§ 408 II StPO) oder Bedenken rechtlicher oder tatsächlicher Art hat (§ 408 I 2 StPO), weist er die FinB darauf hin (RKR/*Kemper* AO § 406 Rn. 6; vgl. auch RiStBV Nr. 178 I). Schließt sich die FinB daraufhin den Bedenken des Strafrichters an oder erlangt sie im Rahmen weiterer Ermittlungen neue Erkenntnisse, so kann sie den Strafbefehlsantrag, etwa hinsichtlich der Rechtsfolgen, ändern; sie kann auch den Antrag zurücknehmen (Kohlmann/*Hilgers-Klautzsch* AO § 406 Rn. 4; RKR/*Kemper* AO § 406 Rn. 6, 9).

Teilt die Finanzbehörde die Bedenken des Strafrichters nicht, so wird sie die **4** Akten mit unverändertem Strafbefehlsentwurf und ggf. einer ergänzenden Erklärung an den Strafrichter zurücksenden. Dieser kann nunmehr seine Bedenken zurückstellen und den beantragten Strafbefehl erlassen; er kann aber auch Termin zur Hauptverhandlung anberaumen (§ 408 II 2 StPO) oder bei der StA anregen, die Sache nach § 386 IV 2 AO zu übernehmen (RKR/*Kemper* AO § 406 Rn. 7). Bei Anberaumung eines Termins zur Hauptverhandlung übernimmt der Strafbefehlsantrag die Funktion der Anklageschrift (BVerfG 23.2.1972, DStZ 1972, 187); er wird dem Angeschuldigten ohne die beantragte Rechtsfolge mit der Ladung zugestellt (§§ 215, 408 III 3 StPO; Meyer-Goßner/Schmitt/ *Schmitt* StPO § 408 Rn. 14). Zu der Anberaumung eines Hauptverhandlungstermins wird es kommen, wenn der Richter zwar einen hinreichenden Tatverdacht bejaht und die beantragte Rechtsfolge für vertretbar hält, aber der Strafbefehlsantrag aus anderen Gründen bedenklich erscheint (vgl. Nr. 175 III 1 RiStBV; Meyer-Goßner/Schmitt/*Schmitt* StPO § 408 Rn. 12).

Sind die **Bedenken des Richters hinsichtlich der Zulässigkeit** (etwa bei Vorliegen **5** der Voraussetzungen des § 32 ZollVG) **oder der Begründetheit** (etwa im Hinblick auf den hinreichenden Tatverdacht) des Strafbefehlsantrags nicht ausgeräumt worden, wird er entsprechend § 204 I StPO den Erlass eines Strafbefehls durch Beschluss ablehnen und auch keinen Termin zur Hauptverhandlung anberaumen (Meyer-Goßner/Schmitt/*Schmitt* StPO § 408 Rn. 8). Meint der Richter, das Verhalten des Angeschuldigten erfülle nicht den Straftatbestand des § 370 AO, sondern es stelle sich als Ordnungswidrigkeit nach § 378 AO dar, muss er, wenn die FinB auf ihrer Auffassung beharrt, die Hauptverhandlung anberaumen (Göhler/*Seitz* OWiG § 82 Rn. 6; KK-OWiG/*Lutz* OWiG § 82 Rn. 16; Löwe/Rosenberg/*Gössel* StPO § 408 Rn. 19).

Bei Zurückweisung des Strafbefehlsantrags durch den Strafrichter hat die FinB **6** entsprechend § 210 II StPO das Recht zur sofortigen Beschwerde (Kohlmann/*Hilgers-Klautzsch* AO § 406 Rn. 4; Meyer-Goßner/Schmitt/*Schmitt* StPO § 408 Rn. 9). Diese muss gem. §§ 306 I, 311 II StPO binnen einer Woche ab Bekanntmachung der Entscheidung (§ 35 StPO) beim AG eingelegt werden. Das Beschwerdegericht kann selbst keinen Strafbefehl erlassen, wohl aber eine Hauptverhandlung durch das AG anordnen (RKR/*Kemper* AO § 406 Rn. 11).

Weicht der Richter vom Strafbefehlsantrag der Staatsanwaltschaft bzw. Finanzbehörde ab, ist der Strafbefehl gleichwohl wirksam (vgl. BayObLGSt 1958, 130; Meyer-Goßner/ Schmitt/*Schmitt* StPO § 408 Rn. 11; *Rieß* JR 1989, 438). Freilich wird der Finanzbehörde jedoch auch im Fall einer inhaltlichen Abweichung ein Beschwerderecht iSd § 210 II StPO zustehen.

Eine Einstellung des Verfahrens aus Opportunitätsgründen nach §§ 153 II, 153a 7 II StPO kann das AG auch in dieser Phase des Verfahrens vornehmen, jedoch ist die Zustimmung der FinB und des Angeschuldigten nötig (§§ 153 II 1, 153a II StPO iVm § 399 I AO; Kohlmann/*Hilgers-Klautzsch* AO § 406 Rn. 4; RKR/*Kemper* AO § 406 Rn. 10; Meyer-Goßner/Schmitt/*Schmitt* StPO § 408 Rn. 16).

Die Mitwirkung der FinB ist ebenfalls erforderlich, wenn der Richter einzelne Tatteile ausscheiden oder die Strafverfolgung beschränken will (§§ 154 II, 154a II 2 StPO iVm § 406 I AO).

8 **Die Mitwirkungsbefugnis der FinB endet,** wenn der Strafrichter einen Termin zur Hauptverhandlung anberaumt oder Einspruch (→ § 400 Rn. 27) gegen den Strafbefehl eingelegt wird (HHS/*Tormöhlen* AO § 406 Rn. 8; Schwarz/Pahlke/*Klaproth* AO § 406 Rn. 2f). Die StA übernimmt dann die Rechte und Pflichten der Anklagebehörde und der FinB stehen dann nur noch die Rechte nach § 407 AO zu. Insbesondere kommt es, wie § 407 I 2 AO zeigt, bei einer Einstellung *in der Hauptverhandlung* nicht auf die Zustimmung der FinB an.

4. Mitwirkung im selbstständigen Verfahren (§ 406 II AO)

9 Hat die FinB nach § 401 AO den Antrag auf **Anordnung von Nebenfolgen im selbstständigen Verfahren** gestellt, so soll sie – wie im Strafbefehlsverfahren – in engen Grenzen weiterhin gestaltend am Verfahren mitwirken. Ihre Stellung entspricht der im Strafbefehlsverfahren, so dass sie anstelle der StA beantragen kann, die Einziehung selbständig anzuordnen oder gegen eine juristische Person oder eine Personenvereinigung eine Geldbuße selbständig festzusetzen. Die FinB ist Gesprächspartner des Gerichts, sofern es im Beschlusswege (§ 441 II StPO) entscheidet.

10 **Die Mitwirkungsbefugnis der FinB endet,** wenn sie selbst oder ein Beteiligter eine mündliche Verhandlung beantragt oder das Gericht diese anordnet (Schwarz/Pahlke/*Klaproth* § 406 AO Rn. 3). Dann verbleiben der FinB lediglich die Beteiligungsrechte nach § 407 AO (→ § 407 Rn. 5 ff.).

§ 407 Beteiligung der Finanzbehörde in sonstigen Fällen

(1) ¹Das Gericht gibt der Finanzbehörde Gelegenheit, die Gesichtspunkte vorzubringen, die von ihrem Standpunkt für die Entscheidung von Bedeutung sind. ²Dies gilt auch, wenn das Gericht erwägt, das Verfahren einzustellen. ³Der Termin zur Hauptverhandlung und der Termin zur Vernehmung durch einen beauftragten oder ersuchten Richter (§§ 223, 233 der Strafprozessordnung) werden der Finanzbehörde mitgeteilt. ⁴Ihr Vertreter erhält in der Hauptverhandlung auf Verlangen das Wort. ⁵Ihm ist zu gestatten, Fragen an Angeklagte, Zeugen und Sachverständige zu richten.

(2) Das Urteil und andere das Verfahren abschließende Entscheidungen sind der Finanzbehörde mitzuteilen.

Vgl. § 76 OWiG; vgl. auch Nr. 94 AStBV (St) 2020.

Schrifttum: *Rüping*, Der Mißbrauchsgedanke im Strafprozeß und sein Mißbrauch, JZ 1997, 865; *Joecks*, Iura novit Curia? Iudex non calculat?, Der Finanzbeamte als Zeuge in der Hauptverhandlung, FS FAStR, 1999, 661; *Werner*, Der Finanzbeamte als Vertreter und Zeuge in der Hauptverhandlung, PStR 2000, 36; *Krekeler*, Der Sachverständige im Steuerstrafverfahren, PStR 2001, 146; *Harms*, Die Stellung des Finanzbeamten im Steuerstrafverfahren, GS Schlüchter, 2002, 451; *Schaaf*, Die Rolle der Finanzbehörde im gerichtlichen Steuerstrafverfahren, AO-StB 2011, 317; *Beyer*, Neues zur Zuständigkeitskonkurrenz zwischen Finanzamt und Steuerfahndung, AO-StB 2013, 159; *Tormöhlen*, Die Stellung der BuStra im Steuerstraf- und Ordnungswidrigkeitenverfahren, AO-StB 2013, 316; *Tormöhlen*, Beweisanträge im Steuerstrafprozess, AO-StB 2017, 237.

1. Entstehungsgeschichte

§ 407 AO 1977 entspricht inhaltlich im Wesentlichen dem § 441 RAO 1967, jedoch 1 fehlte diesem eine dem § 407 I 5 AO (Fragerecht) entsprechende Regelung. Eine solche war erstmals in § 390 I 4 EAO 1974 vorgesehen (BT-Drs. VI/1982). Im Übrigen wurde mit § 407 AO 1977 jeweils der Begriff „*Finanzamt*" in „*Finanzbehörde*" geändert.

§ 441 RAO 1967 war durch Art. 1 Nr. 1 AOStrafÄndG v. 10.8.1967 (BGBl. I 877) eingefügt worden. Zuvor hatte die FinB nach den §§ 432, 437 RAO 1919 und den §§ 467, 472 RAO 1931 nicht nur die Stellung einer Nebenklägerin, sondern sie war auch befugt selbständig öffentliche Klage zu erheben, wenn die StA ein Einschreiten ablehnte (→ Einl Rn. 32, 51; HHS/*Tormöhlen* AO § 407 Rn. 1).

Im Entwurf des AOStrafÄndG war das **Nebenklagerecht** des Finanzamts noch vor- 2 gesehen (§ 431 EAO, BT-Drs. V/1812, 37). Nachdem Bedenken hiergegen im Rechtsausschuss erhoben worden waren, die Länder aber das Nebenklagerecht beibehalten wissen wollten, kam es zu einer Abstimmung im Bundestag, bei der das Nebenklagerecht des Finanzamts abgelehnt wurde (Sten. Ber. der 116. Sitzung des Bundestages in der 5. Wahlperiode, S. 5783).

2. Zweck und Bedeutung der Vorschrift

§ 407 AO gibt der FinB **Anhörungs- und Mitwirkungsrechte** auch im gericht- 3 lichen Verfahren, um sowohl ihre besondere steuerliche Sachkunde als auch ihre im Ermittlungsverfahren erlangten Kenntnisse für das gerichtliche Verfahren nutzbar zu machen (HHS/*Tormöhlen* AO § 407 Rn. 4; RKR/*Kemper* AO § 407 Rn. 2). Darüber hinaus können dadurch im Einzelfall Konflikte zwischen StA und der FinB iSd § 386 I 2 AO geringgehalten werden. Die Rechte der FinB sind jedoch sehr beschränkt. Während vor Einführung des § 441 RAO 1967, des Vorläufers von § 407 AO, die FinB als Nebenklägerin auftreten konnte (§ 472 I RAO 1931) und damit eine starke Position hatte, sind ihre Rechte nunmehr *im gerichtlichen Verfahren* nicht stärker als bei Ermittlungshandlungen der StA oder der Polizei iSd § 403 AO (→ § 403 Rn. 3 ff.).

Dem Mitwirkungsrecht der FinB steht die spiegelbildliche Pflicht des Gerichts gegenüber, diese Mitwirkung zu ermöglichen.

4 Die Beteiligung der FinB steht – anders als im allgemeinen Bußgeldverfahren (§ 76 II OWiG) – *nicht im Ermessen des Gerichts* (Kohlmann/*Hilgers-Klautzsch* AO § 407 Rn. 3; Schwarz/Pahlke/*Klaproth* AO § 407 Rn. 2a). Im Übrigen stellt § 407 AO nicht allein eine Fortsetzung der Rechte der FinB aus § 403 AO dar; die Regelung bildet zugleich eine Ergänzung zu § 406 AO.

3. Teilnahmerechte der Finanzbehörde (§ 407 I AO)

a) Anwesenheits- und Anhörungsrechte

5 **Von Amts wegen** muss das Gericht der FinB Gelegenheit geben, vorzutragen, was sie bei der Entscheidung für bedeutsam hält (§ 407 I 1 AO). *Entscheidung* ist nicht nur die das Verfahren abschließende Entscheidung, sondern *jede* Entscheidung, bei deren Erlass die Sachkunde der FinB Bedeutung erlangen *kann* (Göhler/*Seitz*/*Bauer* OWiG § 76 Rn. 3; HHS/*Tormöhlen* AO § 407 Rn. 25 f.; Kohlmann/*Hilgers-Klautzsch* AO § 407 Rn. 10; RKR/*Kemper* AO § 407 Rn. 12). Die FinB ist aber nicht etwa vor *jeder* richterlichen Entscheidung zu hören. Auszuscheiden sind nach dem Sinn und Zweck der Norm (vgl. → Rn. 2) namentlich rein prozessuale Zwischenfragen ohne Bezug zur Sachentscheidung wie zB die Entscheidung über die Wiedereinsetzung gem. § 46 I StPO oder Ordnungsbeschlüsse gegen Zeugen (Kohlmann/*Hilgers-Klautzsch* AO § 407 Rn. 10; HHS/*Tormöhlen* AO § 407 Rn. 26; aA Schwarz/Pahlke/*Klaproth* AO § 407 Rn. 12, der eine Anhörungspflicht für jede gerichtliche Entscheidung annimmt).

6 **Eine Anhörung muss auch erfolgen,** wenn das Gericht die *Einstellung oder die Beschränkung des Verfahrens* erwägt. Insoweit ergänzt § 407 I 2 AO den § 403 IV AO. Abgesehen von der Einstellung nach § 170 II StPO kommen die Einstellungsmöglichkeiten in Betracht, die auch der StA zur Verfügung stehen (insb. §§ 153 II, 153a II, 153b II, 154 II, 154a II StPO; vgl. → § 403 Rn. 15). Auch kann das Gericht nach § 205 StPO (vorläufige Einstellung), nach § 206a StPO (Einstellung bei Verfahrenshindernissen) und nach § 206b StPO (Einstellung wegen Gesetzesänderung) einstellen (Kohlmann/*Hilgers-Klautzsch* AO § 407 Rn. 14). Die Finanzbehörde kann jedoch die gerichtliche Entscheidung nicht verhindern oder die Anklage erzwingen, sondern lediglich versuchen, durch sachdienliche Hinweise die beabsichtigte Entscheidung des Gerichts in Frage zu stellen. Sie ist jedoch nach Ansicht des BGH verpflichtet, offensichtliche Unrichtigkeiten klarzustellen (BGH 22.5.1984, BStBl. II 1984, 697).

7 **Die Anhörung der FinB kann schriftlich oder mündlich erfolgen** und ist auch bei Entscheidungen außerhalb der Hauptverhandlung nötig (RKR/*Kemper* AO § 407 Rn. 12). In der Hauptverhandlung erfolgt die Anhörung zweckmäßigerweise mündlich, jedoch besteht kein Formzwang (RKR/*Kemper* AO § 407 Rn. 13). Allerdings kann der Vertreter der FinB nach § 407 I 4 AO in der Hauptverhandlung verlangen, dass ihm das Wort erteilt wird (→ Rn. 9).

8 **Auch das Berufungs- und das Revisionsgericht sind Gerichte iSd § 407 I AO,** nicht nur das Tatgericht (ebenso BGH 17.12.2014, wistra 2015, 192 Rn. 36; HHS/*Tormöhlen* AO § 407 Rn. 21; Kohlmann/*Hilgers-Klautzsch* AO § 407 Rn. 11; Schwarz/Pahlke/*Klaproth* AO § 407 Rn. 4; ähnl. Göhler/*Seitz*/*Bauer* OWiG vor § 79 Rn. 8; aM Erbs/Kohlhaas/*Hadamitzky*/*Senge* AO § 407 Rn. 2 mit einer Beschränkung auf das Tatgericht).

9 Die FinB hat das **Recht auf Anwesenheit** in der Hauptverhandlung. Ihr Vertreter, der nicht eine behördenfremde Person sein darf (Göhler/*Seitz*/*Bauer* OWiG § 76 Rn. 16), kann Erklärungen abgeben (§ 407 I 4 AO). Ihm muss hierzu auch dann Gelegenheit gegeben werden, wenn das Gericht dies für überflüssig hält (vgl. Kohlmann/*Hilgers-Klautzsch* AO § 407 Rn. 16). Etwas anderes gilt nur, wenn der Vertreter der FinB sein Äußerungsrecht missbraucht, zB indem er sich nicht zur Sache äußert, ständig abschweift oder mehrfach wiederholt. Liegt kein Missbrauch vor, so kann das Gericht nur auf die Äußerung der FinB einwirken, indem es gem. § 238 I StPO den Zeitpunkt der Äußerung bestimmt (BGH 12.11.1968, NJW 1969, 437). Die FinB ist hingegen nicht berechtigt, irgendwelche Anträge, etwa Beweisanträge, zu stellen oder Rechtsmittel einzulegen (Klein/*Jäger* AO § 407 Rn. 4; Kohlmann/*Hilgers-Klautzsch* AO § 407 Rn. 19). Sie kann lediglich Anregungen und Empfehlungen geben sowie Bedenken äußern. Zur Wahrnehmung des Rechts aus § 407 I AO ist die FinB nicht verpflichtet (Schwarz/Pahlke/*Klaproth* AO § 407 Rn. 2c; ähnl. Göhler/*Seitz/Bauer* OWiG § 76 Rn. 9; von einer Pflicht zur Teilnahme spricht hingegen RKR/*Kemper* AO § 407 Rn. 5). Auch aus Nr. 94 I AStBV (St) 2020 ergibt sich insoweit nichts anderes, da sich das in dieser internen Dienstanweisung beschriebene Verwaltungshandeln in der Praxis nicht derart verfestigt hat, dass von einer Selbstbindung der Verwaltung auszugehen ist.

Hauptverhandlung iSd § 407 I AO ist die (öffentliche) Hauptverhandlung. Erfasst **10** wird aber, wie sich aus § 407 I 3 AO ergibt, auch die Vernehmung durch einen beauftragten oder ersuchten Richter. Das Äußerungsrecht besteht in jedem Stadium des Verfahrens, so dass sich die FinB auch noch nach dem Schlussvortrag und den Anträgen der StA sowie nach denen des Angeklagten bzw. seines Verteidigers und vor dem letzten Wort des Angeklagten (§ 258 II StPO) auf Wunsch äußern kann. Sofern kein Missbrauch iSd → Rn. 9 vorliegt, ist das Äußerungsrecht der FinBeh inhaltlich nicht beschränkt, so dass sie sich neben steuerlichen Themen zB auch zu prozessualen Fragen oder dem Strafmaß äußern kann (Kohlmann/*Hilgers-Klautzsch* AO § 407 Rn. 12; aA HHS/*Tormöhlen* AO § 407 Rn. 25 f.; RKR/*Kemper* AO § 407 Rn. 14). Eine inhaltliche Bindung an die Auffassung der StA besteht nicht.

Zur Sicherung des Anwesenheits- und Anhörungsrechts ist das Gericht gehalten, **11** der FinB den Termin der Hauptverhandlung oder der Vernehmung durch einen beauftragten oder ersuchten Richter mitzuteilen (§ 407 I 3 AO). Anders als § 403 I AO lässt § 407 I AO keine Ausnahme von dieser Benachrichtigungspflicht zu. Kommt es zu Gesprächen über einen Verfahrensabschluss nach § 257c StPO, ist die Finanzbehörde folglich auch daran zu beteiligen.

b) Fragerecht der Finanzbehörde

Der Vertreter der FinB darf Fragen an Angeklagte, Zeugen und Sachverständige **12** richten (§ 407 I 5 AO). Unerheblich ist, ob das Gericht die Fragen für sachdienlich hält. Jedoch können ungeeignete oder nicht zur Sache gehörende Fragen nach § 241 II StPO zurückgewiesen werden (→ § 403 Rn. 12).

Auch bei der Vernehmung durch einen beauftragten oder ersuchten Richter **13** (§§ 223, 233 II StPO) hat der Vertreter der FinB ein Fragerecht (glA HHS/*Tormöhlen* AO § 407 Rn. 33, Kohlmann/*Hilgers-Klautzsch* AO § 407 Rn. 20; Schwarz/Pahlke/*Klaproth* AO § 407 Rn. 18 f.). Dieses Recht auf die Hauptverhandlung zu beschränken, besteht kein Anlass. Zum einen handelt es sich bei diesen Vernehmungen um vorgezogene Teile der Hauptverhandlung (ebenso Kohlmann/*Hilgers-Klautzsch* AO § 407 Rn. 20; Schwarz/Pahlke/*Klaproth* AO § 407 Rn. 18 f.). Zum anderen wäre es widersinnig, der FinB ein solches Fragerecht im Ermittlungsverfahren (§ 403 I 2 AO) und in der Hauptverhandlung einzuräumen, sie jedoch in den Fällen der §§ 223, 233 II StPO auf das bloße Anwesenheitsrecht zu beschränken.

§ 407 I 5 AO gestattet die unmittelbare Befragung des Angeklagten, der Zeugen **14** und der Sachverständigen (HHS/*Tormöhlen* AO § 407 Rn. 34, RKR/*Kemper* AO § 407 Rn. 17; → § 403 Rn. 12 f.). Nicht nötig ist, dass die Fragen über den Vorsitzenden gestellt werden oder dieser dem Vertreter der FinB die Befragung im Rahmen seiner Sachleitungsbefugnis gestattet (HHS/*Tormöhlen* AO § 407 Rn. 34; aM Göhler/*Seitz/Bauer* OWiG § 76 Rn. 18; zu § 441 RAO 1967 s. auch OLG Celle 13.2.1969, MDR 1969, 780). Unberührt bleibt das Recht des Vorsitzenden, den Zeitpunkt oder die Reihenfolge von Befragungen festzulegen (HHS/*Tormöhlen* AO § 407 Rn. 34). Das Fragerecht endet mit der formalen

Entlassung der Beweisperson gem. § 248 StPO, sofern die Beweisperson in der Folge nicht erneut vernommen wird (Meyer-Goßner/Schmitt/*Schmitt* StPO § 240 Rn. 8).

c) Zeugenvernehmung des Vertreters der Finanzbehörde

15 Der Vertreter der FinB kann als Zeuge vernommen werden, wenn die von ihm mitgeteilten Tatsachen nicht durch die Befragung des Betroffenen oder eines anderen Zeugen zum Gegenstand der Beweisaufnahme gemacht werden können (LG Dresden 10.11.1997, NStZ 1999, 313; Meyer-Goßner/Schmitt/*Schmitt* StPO vor § 48 Rn. 23; Göhler/*Seitz*/*Bauer* OWiG § 76 Rn. 11; aM *Peters* S. 322), wobei es einer Aussagegenehmigung (§ 54 StPO) bedarf (Göhler/*Seitz*/*Bauer* OWiG § 76 Rn. 11). Wenn das Gericht die ständige Anwesenheit des zum Zeugen gewordenen Vertreters der FinB für untunlich hält, muss es diesem die Gelegenheit geben, ggf. bei der FinB die Entsendung eines anderen Vertreters zu erwirken, da die FinB einen Anspruch auf ständige Anwesenheit in der Hauptverhandlung hat (ebenso HHS/*Tormöhlen* AO § 407 Rn. 13). Weitergehend hält *Werner* (PStR 2000, 36) einen Verzicht auf die Anwesenheit vor der Vernehmung insbesondere dann für geboten, wenn der Vertreter der Finanzbehörde nicht nur zu allgemeinen Tatsachen als (sachverständiger?) Zeuge gehört, sondern zu einzelnen konkreten Umständen der angeklagten Tat angehört werden soll.

16 Wird der Vertreter der Finanzbehörde als **Sachverständiger** vernommen, kann er entsprechend § 74 StPO abgelehnt werden, wenn er selbst an den Ermittlungen teilgenommen hat (HHS/*Tormöhlen* AO § 407 Rn. 14; *Krekeler* PStR 2001, 146). Ebenso ist eine Verlesung seiner Stellungnahme nach § 256 I 1 StPO nicht möglich, wenn er als Strafverfolgungsorgan tätig geworden ist.

17 Welche Rolle **sonstige Finanzbeamte** spielen, die in der Hauptverhandlung vernommen werden, ist zweifelhaft. Dass eine Vernehmung von Beamten der Steuerfahndung, die die Ermittlungen betrieben haben, zulässig ist, ist nicht zweifelhaft (HHS/*Tormöhlen* AO § 407 Rn. 12). Freilich ist die Beurteilung der Rechtslage Sache des Gerichts. Das Urteil muss erkennen lassen, ob der Tatrichter die Steuerverkürzung und den Schuldumfang aufgrund eigener Feststellungen ermittelt hat (BGH 15.5.1997, wistra 1997, 302; Klein/*Jäger* AO § 407 Rn. 6). Insoweit genügt weder die Bezugnahme auf den Fahndungsbericht noch auf die Aussage eines Finanzbeamten in der Hauptverhandlung (BGH 29.8.2018, wistra 2019, 205; BGH 19.4.2007, wistra 2007, 346; BGH 13.10.2005, wistra 2006, 66; BGH 15.3.2005, wistra 2005, 307). Soweit Finanzbeamte zur Steuerrechtslage angehört werden, handelt es sich nicht um eine Zeugenaussage. Auch die Vernehmung als sachverständiger Zeuge kommt nicht in Betracht, da die Kenntnis des inländischen Rechts Sache des Gerichts ist *(„iura novit curia")*. Die Beamten können daher nur zu den *Tatsachen* befragt werden, die sie während des Verfahrens zur Kenntnis erfahren haben. Im Einzelfall kann sich die Besorgnis der Befangenheit ergeben, wenn sich das Gericht einerseits weigert, einen als Sachverständigen benannten Steuerberater zur Steuerrechtslage anzuhören, andererseits aber den Fahndungsbeamten intensiv zur Rechtslage befragt (*Joecks* FS FAStR, 1999, 661 ff.; *Harms* GS Schlüchter, 2002, 451 ff.).

4. Informationsrechte (§ 407 II AO)

18 **Die das gerichtliche Verfahren abschließenden Entscheidungen,** insbes. das Urteil, sind der FinB mitzuteilen (§ 407 II AO). Diese Mitteilungspflicht besteht unabhängig davon, ob sich die FinB an dem Verfahren beteiligt hat bzw. in der Hauptverhandlung vertreten war (Kohlmann/*Hilgers-Klautzsch* AO § 407 Rn. 21). Nach Nr. 6 VII MiStra wird die Verpflichtung des § 407 II AO durch Übersendung einer Ausfertigung oder Abschrift der Entscheidung erfüllt.

19 **Die Unterrichtung über die abschließende Entscheidung des Gerichts** soll – ebenso wie die Information nach § 403 III AO (→ § 403 Rn. 14 f.) – Maßnahmen im Besteuerungsverfahren ermöglichen (zB Inhaftungnahme gem. § 71 AO, Änderung gem.

§ 173 AO). Weiterhin kann die FinB aus der Beurteilung dieses Falles Schlüsse für die künftige Behandlung vergleichbarer Taten ziehen und die Grundlage für eine zukunftsorientierte Abstimmung mit der StA bilden. Soweit darüber hinaus die Ansicht vertreten wird, der FinB solle die Möglichkeit gegeben werden, bei der StA im konkreten Einzelfall die Einlegung eines Rechtsmittels anzuregen (so Kohlmann/*Hilgers-Klautzsch* AO § 407 Rn. 21; *Schwarz/Pahlke/Klaproth* AO § 407 Rn. 9), ist dies wenig überzeugend. Die Rechtsmittelfrist ist idR bereits verstrichen, wenn das Urteil abgesetzt wird und der FinB zugeht (ähnl. HHS/*Tormöhlen* AO § 407 Rn. 19).

5. Verstöße gegen § 407 AO

Verstöße gegen § 407 AO kann die FinB nur mit **Gegenvorstellung oder Dienstaufsichtsbeschwerde** rügen. Richter unterliegen gem. § 26 DRiG nur einer eingeschränkten Dienstaufsicht (Meyer-Goßner/Schmitt/*Schmitt* StPO vor § 296 Rn. 22). In Ausnahmefällen können Angeklagter oder StA iRd Aufklärungsrüge nach § 344 II StPO entsprechende Verstöße mit der Revision geltend machen, wenn bei Wahrnehmung der Rechte der FinB mit einer weiteren Sachaufklärung zu rechnen gewesen wäre (Kohlmann/*Hilgers-Klautzsch* AO § 407 Rn. 23; RKR/*Kemper* AO § 407 Rn. 23; *Schwarz/Pahlke/Klaproth* AO § 407 Rn. 6). Dies gilt jedoch lediglich für § 407 I AO.

Verstöße gegen § 407 II AO können nur mit der Dienstaufsichtsbeschwerde gerügt werden (*Klos/Weyand* DStZ 1988, 620). Eine Revision ist hier ausgeschlossen, da das Urteil nicht auf einem Verstoß gegen § 407 II AO beruhen kann.

4. Unterabschnitt. Kosten des Verfahrens

§ 408 Kosten des Verfahrens

¹Notwendige Auslagen eines Beteiligten im Sinne des § 464a Abs. 2 Nr. 2 der Strafprozessordnung sind im Strafverfahren wegen einer Steuerstraftat auch die gesetzlichen Gebühren und Auslagen eines Steuerberaters, Steuerbevollmächtigten, Wirtschaftsprüfers oder vereidigten Buchprüfers. ²Sind Gebühren und Auslagen gesetzlich nicht geregelt, so können sie bis zur Höhe der gesetzlichen Gebühren und Auslagen eines Rechtsanwalts erstattet werden.

Schrifttum (Auswahl): *Feuerborn*, Zur Kostenerstattung bei Inanspruchnahme von Kreditinstituten im Rahmen strafrechtlicher Ermittlungen gegen Kunden, Sparkasse 1982, 353; *Pannicke*, Über die Notwendigkeit von Auslagen für Rechtsanwalt und Steuerberater bei gemeinschaftlicher Verteidigung im gerichtlichen Steuerstraf- und Steuerordnungswidrigkeitenverfahren, StB 1982, 132; *Masthoff*, Entschädigung von Geldinstituten für Auslagen bei Beschlagnahmeanordnungen oder Auskunftsersuchen, wistra 1982, 100; *Maas*, Probleme bei der gemeinschaftlichen Verteidigung durch Rechtsanwälte und Angehörige der steuerberatenden Berufe, Diss. Köln 1983; *Gilgan*, Notwendige Auslagen bei gemeinschaftlicher Verteidigung von Rechtsanwalt und Steuerberater im Steuerstrafverfahren, Stbg 1989, 189; *Sommermeyer*, Die Erstattbarkeit von Reisekosten des auswärtigen Verteidigers, NStZ 1990, 267; *Bornheim*, Rechtliche und praktische Aspekte bei der Steuerstrafverteidigung in Gemeinschaft von Rechtsanwalt und Steuerberater, wistra 1997, 212; *Hütt*, Die Kosten der Steuerfahndung, AO-StB 2003, 320; *Otto*, Die angemessene Rahmengebühr nach dem RVG, NJW 2006, 1472; *Burhoff*, Aktuelle Streitfragen zum Begriff der Angelegenheiten im Straf-/Bußgeldverfahren, RENOpraxis 2008, 2; *Ebner*, Der Steuerberater in der Strafverteidigung (§ 392 AO), SteuerStud 2008, 577; *Höpfner*, Außer Spesen nichts gewesen – Zur Absetzbarkeit der Kosten eines Steuerstrafverfahrens, PStR 2015, 127; *Toussaint*, Kostenrecht, 51. Aufl. 2021; *Binz/Dörndorfer/Zimmermann*, GKG, JVEG, Kommentar, 5. Aufl. 2021; *Burhoff/Volpert*, RVG Straf- und Bußgeldsachen, 6. Aufl. 2021; *Gerold/Schmidt*, Rechtsanwaltsvergütungsgesetz: RVG, 25. Aufl. 2021.

Übersicht

	Rn.
1. Entstehungsgeschichte	1
2. Zweck und Anwendungsbereich	2, 3
3. Kosten- und Auslagenentscheidung	4–9
4. Kosten des Strafverfahrens	10, 11
5. Notwendige Auslagen	12–25
a) Erstattungsberechtigte	12–15
b) Umfang der Erstattung	16–25

1. Entstehungsgeschichte

1 Die Vorschrift geht zurück auf **§ 444 RAO,** eingefügt durch das 2. AOStrafÄndG v. 10.8.1967 (BGBl. I 877), redaktionell geänd. durch Art. 161 Nr. 29 EGStGB v. 2.3.1974 (BGBl. I 469), der seinerseits die kostenrechtlichen Konsequenzen aus § 427 RAO (→ § 392 Rn. 1) gezogen hatte. Die **AO 1977** übernahm die Vorschrift mit unverändertem Wortlaut.

2. Zweck und Anwendungsbereich

2 **§ 408 AO ist eine kostenrechtliche Sondervorschrift** für das Strafverfahren wegen einer Steuerstraftat. Sie ergänzt über § 385 I AO die allgemeinen Regelungen der §§ 464 ff. StPO, §§ 74, 104 I Nr. 13, 109 II 1 JGG und trägt der Besonderheit Rechnung, dass es anstelle oder neben einer anwaltlichen Beratung im Steuerstrafrecht aufgrund der Besonderheiten der Materie notwendig sein kann, einen Angehörigen der steuerberatenden Berufe, der gem § 392 AO als Verteidiger gewählt werden kann, in die Verteidigung einzubeziehen. Für diese Personen stellt § 408 AO eine Sonderregelung für die Kosten dem Grunde und der Höhe nach dar (HHS/*Tormöhlen* AO § 408 Rn. 3).

§ 410 I Nr. 12 AO schreibt **die Anwendung des § 408 AO im Bußgeldverfahren** 3 vor (vgl. → § 410 Rn. 33). Die Gebühren und Auslagen der Verwaltungsbehörde im Bußgeldverfahren regelt § 107 III OWiG: Eine Gebühr wird – abgesehen von § 107 II OWiG – aber nur erhoben, wenn das Verfahren durch rechtskräftigen Bußgeldbescheid abgeschlossen wurde (*Göhler* OWiG, 17. Aufl. 2017, § 107 Rn. 3).

3. Kosten- und Auslagenentscheidung

Jedes Urteil, jeder Strafbefehl und jede eine Untersuchung einstellende Entscheidung 4 muss darüber befinden, wer die Kosten des Verfahrens und die verfahrensbedingten notwendigen Auslagen eines Verfahrensbeteiligten zu tragen hat (§ 464 I, II StPO). Dabei handelt es sich jedoch lediglich um die Entscheidung über die Pflicht zur Kosten- und Auslagentragung. Über die Höhe wird im Rahmen der Kostenfestsetzung gem. § 464b StPO entschieden.

Das **Erfordernis einer Kosten- und Auslagenentscheidung** gem. § 464 I, II StPO gilt allerdings nur für die das *gerichtliche* Verfahren endgültig abschließenden Entscheidungen. Dazu gehören zB die Ablehnung der Eröffnung des Hauptverfahrens (§ 204 StPO), die Einstellung wegen eines Verfahrenshindernisses (§§ 206a, 260 III StPO) sowie Einstellungsbeschlüsse nach § 153 II, § 153b II StPO. Ob und unter welchen Voraussetzungen bei vorläufigen Einstellungen nach § 154 II StPO sowie bei Beschlüssen nach § 153b IV StPO eine Kosten- und Auslagenentscheidung getroffen werden muss, war streitig. Mittlerweile geht jedoch die hM davon aus, dass – trotz der gesetzlichen Fassung als „vorläufig" – auch insoweit eine Kostenentscheidung getroffen werden muss (BGH 25.1.2012, NStZ-RR 2012, 159; Meyer-Goßner/Schmitt/*Schmitt* StPO § 464 Rn. 6; vgl. aber zB auch KK-StPO/*Gieg* StPO § 464 Rn. 2). Keine die Untersuchung einstellende Entscheidung sind zB die Aussetzung der Hauptverhandlung (BGH 16.11.1967, BGHSt 21, 373), die vorläufige Einstellung nach § 153a II StPO und § 205 sowie bei Verfolgungsbeschränkungen nach § 154a II (BGH 17.3.1992, StV 1993, 135) sofern nicht einzelne materiellrechtlich selbständige Teile einer Tat iSd § 264 StPO ausgeschieden werden.

Eine ausdrückliche Kostenentscheidung ist auch dann erforderlich, wenn sich die 5 Kostenfolge einer gerichtlichen Maßnahme unmittelbar aus dem Gesetz ergibt, denn der gerichtliche Ausspruch als solcher ist Titel und Grundlage der Kostenfestsetzung gem. § 464b S. 3 StPO iVm § 103 I ZPO (ebenso HHS/*Tormöhlen* AO § 408 Rn. 4). Die Kostenentscheidung ist zu begründen (§ 34 StPO) und mit einer Rechtsmittelbelehrung zu versehen (§ 35a StPO). Gegen die Entscheidung über die Kosten ist die sofortige Beschwerde gem. § 464 III 1 StPO zulässig. Die Beschwerdefrist beträgt gem. § 311 II 1 StPO eine Woche und der Beschwerdewert muss gem. 304 III StPO 200 € übersteigen. Ist die Beschwerde unzulässig, besteht auch die Möglichkeit, gem. § 11 II RPflG Erinnerung binnen zwei Wochen einzulegen.

Eine fehlende Kostenentscheidung kann nicht – auch nicht im Wege der „Berichti- 6 gung" – nachgeholt werden, sobald die Verkündung beendet und die Verhandlung geschlossen ist (BGH 25.1.2012, NStZ-RR 2012, 159; BGH 24.7.1996, NStZ-RR 1996, 352; OLG Frankfurt a.M. 8.1.1970, NJW 1970, 1432); Abhilfe kann nur im Wege des zulässigen Rechtsmittels herbeigeführt werden (OLG Hamm 3.9.1973, NJW 1974, 71; OLG Karlsruhe 17.2.1976, NJW 1976, 1549). Eine Berichtigung der Entscheidung außerhalb des Beschwerdeverfahrens ist nur im Fall offensichtlicher Unrichtigkeiten zulässig (OLG Hamm, JMBl. NW 1976, 105). Enthält eine rechtskräftige verfahrensbeendende Entscheidung keinen Kostenausspruch, fallen die Verfahrenskosten der Staatskasse zur Last, und der Beschuldigte trägt seine notwendigen Auslagen selbst (KK-StPO/*Gieg* StPO § 464 Rn. 4; Meyer-Goßner/Schmitt/*Schmitt* StPO § 464 Rn. 6).

Inhaltlich bezieht sich die Kostenentscheidung nur auf die Verpflichtung zur Kosten- 7 tragung dem Grunde nach. Die ziffernmäßige Festlegung der zu tragenden Kosten und der zu erstattenden notwendigen Auslagen erfolgt erst im Kostenfestsetzungsverfahren gem. § 464b StPO.

8 Im Hinblick auf die **Auslagenentscheidung** trifft § 464 II StPO lediglich eine Entscheidung darüber, wo diese Entscheidung zu treffen ist – nicht hingegen über den Zeitpunkt der Entscheidung. Danach erfolgt dies in dem verfahrensabschließenden Urteil oder Beschluss, nicht hingegen in einem gesonderten Beschluss. Der Regelung des § 464 I StPO kommt insoweit keine Bedeutung zu. Folglich ist eine Auslagenentscheidung dann verzichtbar, wenn es nach der gesetzlichen Regelung die Auslagen zu tragen hat. Folglich muss der Angeklagte, der in vollem Umfang verurteilt wurde oder dessen Berufung vollumfänglich verworfen wurde, seine notwendigen Auslagen auch ohne Entscheidung zu den Auslagen selbst tragen (BGH 15.11.1988, BGHSt 36, 27, 28).

9 **Fehlt eine ausdrückliche Auslagenentscheidung,** so trägt die notwendigen Auslagen derjenige, dem sie entstanden sind. Aus der Kostenentscheidung gem. § 464 I StPO können insoweit keine Rückschlüsse gezogen werden, so dass zB die Kostentragung durch die Staatskasse in Ermangelung einer ausdrücklichen Feststellung zu den Auslagen nicht dazu führt, dass die Staatskasse auch die notwendigen Auslagen des Angeschuldigten übernimmt (KG 26.2.2004, NStZ-RR 2004, 190; OLG Düsseldorf 17.7.1985, MDR 1986, 76; Meyer-Goßner/Schmitt/*Schmitt* StPO § 467 Rn. 20; HHS/*Tormöhlen* AO § 408 Rn. 4a; aA OLG Naumburg 17.1.2001, NStZ-RR 2001, 189). Eine nachträgliche Ergänzung der verfahrensabschließenden Entscheidung um einen Auslagenbeschluss ist unzulässig (KG 26.2.2004, NStZ-RR 2004, 190). Eine diesbezügliche Ergänzung ist nur im Wege der sofortigen Beschwerde nach § 464 III StPO möglich.

4. Kosten des Strafverfahrens

10 **Kosten des Verfahrens** sind im gerichtlichen Strafverfahren entstandene Gebühren und Auslagen der Staatskasse (§ 464a I 1 StPO) einschließlich der Vergütung des Pflichtverteidigers (§ 45 RVG). Grundlage der Gebührenbemessung ist die rechtskräftig erkannte Strafe (§ 40 GKG iVm Nr. 3110 ff. KVGKG). Auslagen sind Einzelaufwendungen, die sich einem konkreten Strafverfahren zuordnen lassen wie zB ein Sachverständigengutachten durch den Wirtschaftsreferenten der Staatsanwaltschaft (OLG Koblenz 4.12.1997, NStZ-RR 1998, 127 f.) Sie können nur erhoben werden, wenn sie in Anlage 1 zum GKG aufgeführt werden, vgl. Nr. 9000 ff. KVGKG. Entsprechendes gilt gem. § 410 Nr. 12 AO iVm §§ 46, 105, 107 OWiG für das Bußgeldverfahren).

11 **Auslagen, die im Ermittlungsverfahren** – also zur Vorbereitung der öffentlichen Klage – **entstanden sind,** gehören ebenfalls zu den Verfahrenskosten (§ 464a I 2 StPO, § 107 OWiG). Davon umfasst sind somit die Kosten der Polizei oder der Finanzbehörde inkl. Zoll- und Steuerfahndung. Beispielhaft sind Sachverständigenkosten (OLG Zweibrücken 23.10.1995, wistra 1996, 199) oder die Kosten einer Telefonüberwachung (OLG Koblenz 21.11.2001, NStZ-RR 2002, 160) zu nennen. Auslagen von Außenprüfern fallen hingegen nicht unter den Begriff der Kosten des Strafverfahrens, da die Außenprüfung Teil des Besteuerungsverfahrens ist (BFH 2.12.1976, BStBl. II 1977, 318). Sie wird nicht dadurch zum Strafverfahren, dass im Besteuerungsverfahren festgestellte Mehrergebnisse strafrechtlich ausgewertet werden (glA HHS/*Tormöhlen* AO § 408 Rn. 5a; Kohlmann/ *Hilgers-Klautzsch* AO § 408 Rn. 8). Daher kommt auch eine (schätzungsweise) Aufteilung entsprechender Kosten im Falle einer Verurteilung nicht in Betracht (aA *Henneberg* INF 1970, 471). Entscheidend sollte sein, in welchem Verfahren die Kosten entstanden sind (ebenso HHS/*Tormöhlen* AO § 408 Rn. 24). Die Auslagen der Steuerfahndung zählen daher auch dann zu den Strafverfahrenskosten, wenn die Feststellungen der Steuerfahndung der Besteuerung zugrunde gelegt werden. Das gilt – unabhängig von etwaigen Verwertungsverboten (s. → § 393 Rn. 57 ff.) – auch dann, wenn ein Außenprüfer im Rahmen des § 208 I Nr. 2 AO für die Steuerfahndung tätig wird. Eine andere Beurteilung ist jedoch geboten, wenn die Steuerfahndung gem. § 208 I Nr. 3 AO Besteuerungsgrundlagen für rein steuerliche Zwecke ermittelt, zB wenn Zeiträume ermittelt werden, für die nur die strafrechtliche Verfolgung, nicht aber die steuerliche Festsetzung verjährt ist. Laufende Sach- oder Personalkosten von Fahndungsdienststellen sind nicht berücksichtigungsfähig.

5. Notwendige Auslagen

a) Erstattungsberechtigte

Notwendige Auslagen werden dem Angeschuldigten gem. § 467 I StPO grundsätzlich **12** ersetzt, wenn er freigesprochen, die Eröffnung des Hauptverfahrens abgelehnt oder das Verfahren gegen ihn durch das Gericht eingestellt wird. Die Erstattungsfähigkeit wird nicht dadurch ausgeschlossen, dass der Beteiligte einen Dritten, zB eine Rechtsschutzversicherung, einen Berufsverband oder eine Gewerkschaft in Anspruch nehmen kann (OLG Frankfurt 19.2.1970, NJW 1970, 1694 f.; OLG Hamm 4.10.1971, JMBl. NW 1971, 237; HHS/*Tormöhlen* AO § 408 Rn. 6). Besondere Auslagen aus Untersuchungen, die zugunsten des Angeklagten geendet haben, sind gem. § 465 II StPO auch trotz Verurteilung der Staatskasse aufzuerlegen, wenn es unbillig wäre, den Angeklagten damit zu belasten. Nimmt die StA die öffentliche Klage (oder die FinB den Antrag auf Erlass eines Strafbefehls) zurück und stellt sie das Verfahren ein, so hat das Gericht, bei dem die öffentliche Klage erhoben war, die dem Angeschuldigten erwachsenen notwendigen Auslagen gem. § 467a I StPO auf Antrag der Staatskasse aufzuerlegen. § 467 II–V StPO normiert Ausnahmen, in denen die notwendigen Auslagen trotz Freispruchs oder Verfahrenseinstellung nicht erstattet werden.

§ 467a StPO enthält nach hM eine abschließende Regelung (BGH 9.6.1981, BGHSt **13** 30, 152, 157; BGH 18.9.1975, BGHZ 65, 170, 176; Meyer-Goßner/Schmitt/*Schmitt* StPO § 467a Rn. 2 mwN; aA *Bohlander* AnwBl. 1992, 161). Eine **Auslagenerstattung bei Einstellung** des Ermittlungsverfahrens *vor* Erhebung der öffentlichen Klage bzw. *vor* dem Antrag auf Strafbefehl durch die FinB kommt daher nicht in Betracht. Es gibt auch unter verfassungsrechtlichen Gesichtspunkten kein allgemein gültiges Prinzip, nach dem einem nicht verurteilten Beschuldigten sämtliche Auslagen erstattet werden müssten (BVerfG 6.11.1984, NJW 1985, 727). Der Auslagenersatz ist in diesen Fällen nur nach dem Gesetz über die Entschädigung wegen Strafverfolgungsmaßnahmen möglich, soweit Maßnahmen unter § 2 StrEG fallen und dann auch die für die Aufhebung erforderlichen Auslagen umfassen.

In einigen Fällen mag es indes unbefriedigend erscheinen, dass die notwendigen Auslagen in diesen Situationen idR nicht erstattungsfähig sind, wenn sich die Haltlosigkeit eines strafrechtlichen Vorwurfs in einem früheren Stadium erweist. Gerade in steuerstrafrechtlichen Ermittlungsverfahren, die sich oftmals über sehr lange Zeiträume erstrecken und nicht selten mit erheblichem Verteidigungsaufwand verbunden sind, kann die möglichst frühe Einschaltung eines Verteidigers auch durchaus im öffentlichen Interesse liegen. *Tormöhlen* (in HHS/*Tormöhlen* AO § 408 Rn. 12) bezeichnet die geltende Gesetzeslage daher als „*völlig unbefriedigend und dringend reformbedürftig*" (iE ebenso Kohlmann/*Hilgers-Klautzsch* AO § 408 Rn. 20). Diese Kritik ist ohne Frage nachvollziehbar, da die Praxis zeigt, dass die Auffassung, dass die Zuziehung eines Rechtsanwalts im Ermittlungsverfahren nicht unbedingt erforderlich und daher vom Beschuldigten selbst zu tragen sei (LG München I 5.7.1973, NJW 1973, 2305), in der Praxis immer wieder widerlegt wird. Dies ändert aber nichts an der geltenden Rechtslage, die der Gesetzgeber in Kenntnis der Kritik bisher nicht geändert hat.

Stellt das Gericht das Verfahren nach einer Vorschrift ein, die dies nach seinem **Ermes- 14 sen** zulässt (zB § 47 OWiG), so liegt es gem. § 467 IV StPO auch im *Ermessen* des Gerichts, die notwendigen Auslagen des Angeschuldigten (Betroffenen) der Staatskasse aufzuerlegen. Bei der Ermessensausübung ist auf das Maß der Gewissheit oder Wahrscheinlichkeit der Schuld, also darauf abzustellen, ob der Beschuldigte nach dem zZ der Einstellung gegebenen Sachstand mit an Sicherheit grenzender Wahrscheinlichkeit als überführt anzusehen ist oder ob seine Schuld nur mehr oder weniger wahrscheinlich ist (EGMR 25.8.1987, NJW 1988, 3257; BVerfG 29.5.1990, BVerfGE 82, 106; BGH 5.11.1999, NStZ 2000, 330; Meyer-Goßner/Schmitt/*Schmitt* StPO § 467 Rn. 19 mwN). § 467 StPO ist mit dem Grundgesetz vereinbar (BVerfG 15.4.1969, NJW 1969, 1163).

15 Die Auslagenerstattungspflicht beschränkt sich nicht auf die Auslagen des Angeschuldigten selbst, sondern erstreckt sich auch auf Aufwendungen solcher Personen, die kraft eigenen Rechts der Verurteilung entgegenzutreten befugt sind (§ 361 II StPO; § 67 JGG). **Dritte** können idR keine Ansprüche geltend machen. Ausnahmen gelten hingegen – zB bei Kreditinstituten in Verfahren gegen Bankkunden oder Telekommunikationsunternehmen im Fall einer TKÜ –, wenn sie Unterlagen herausgeben oder Auskünfte erteilen, so dass sie nach § 23 JVEG für ihren Arbeitsaufwand und Personaleinsatz entschädigt werden (→ § 405 Rn. 12 ff.; vgl. auch OLG Düsseldorf 10.4.1984, wistra 1985, 123).

b) Umfang der Erstattung

16 Der Begriff der notwendigen Auslagen ist gesetzlich nicht definiert. § 464a II StPO führt nur die häufigsten Beispiele der notwendigen Zeitversäumnis und der Gebühren und Auslagen eines Rechtsanwalts auf. In Anlehnung an § 91 I 1 ZPO werden unter notwendigen Auslagen auch im Strafverfahren diejenigen Aufwendungen verstanden, die zur zweckentsprechenden Rechtsverfolgung oder Rechtsverteidigung des Angeschuldigten oder eines anderen Beteiligten bei einer Ex-ante-Betrachtung notwendig waren (Kohlmann/*Hilgers-Klautzsch* AO § 408 Rn. 26). Folglich ist es insoweit ohne Bedeutung, ob die jeweilige Maßnahme Erfolg hatte.

17 Zu den **eigenen erstattungsfähigen Aufwendungen** des Angeklagten zählt gem. § 464a II Nr. 1 StPO die Entschädigung für notwendige Zeitversäumnis nach den Vorschriften, die für die Entschädigung von Zeugen gelten. Bei diesem Verweis auf das JVEG handelt es sich um eine Rechtsfolgenverweisung im Hinblick auf Umfang und Höhe der Entschädigung (ebenso Meyer-Goßner/Schmitt/*Schmitt* StPO § 467 Rn. 6; Kohlmann/ *Hilgers-Klautzsch* AO § 408 Rn. 27). Folglich muss der Beteiligte nicht formal iSd § 1 I 1 Nr. 3 JVEG zu Beweiszwecken herangezogen worden sein, sondern lediglich in der Sache den Zeitaufwand als notwendig darlegen können. Ist dies der Fall, wird neben dem Verdienstausfall im Rahmen der Heranziehung durch Gericht oder StA/BuStra auch der Verdienstausfall durch Vorladung durch die Polizei oder Steuerfahndung, Informationsreisen des Angeklagten zu seinem Verteidiger (OLG Zweibrücken 23.10.1995, MDR 1996, 318) sowie Kosten der Reise des Angeklagten zur Hauptverhandlung erstattet (auch dann, wenn er von der Verpflichtung zum Erscheinen entbunden ist; LG Augsburg 8.2.1979, AnwBl. 1979, 162). Kosten der Teilnahme des Angeklagten an der Hauptverhandlung vor dem Revisionsgericht sind dagegen nur dann erstattungsfähig, wenn es sich um ein Verfahren von herausgehobener und existentieller Bedeutung handelt und er davon ausgehen konnte, dass auch er aufgrund eigener Sach- und Rechtskenntnisse sachdienlich zur Hauptverhandlung würde beitragen können (OLG Celle 12.6.1995, Rpfleger 1996, 170).

18 Kosten für **Rechtsgutachten** sind regelmäßig nicht erstattungsfähig (Meyer-Goßner/ Schmitt/*Schmitt* StPO § 464a Rn. 16 mwN). Aufwendungen für private Ermittlungen, also auch für die Kosten eines Privatgutachtens, sind regelmäßig nicht notwendig, da der Angeklagte im Ermittlungsverfahren und gerichtlichen Verfahren Beweisanregungen geben und Beweisanträge stellen kann (Meyer-Goßner/Schmitt/*Schmitt* StPO § 464a Rn. 16 mwN). Die Kosten für ein von der Verteidigung privat in Auftrag gegebenes **Sachverständigengutachten** können aber dann erstattungsfähig sein, wenn nachvollziehbar dargetan ist, dass es aus der Sicht des Angeklagten notwendig war (OLG Celle 5.1.2005, StV 2006, 32; OLG Köln 16.11.1991, NJW 1992, 586; OLG Koblenz 27.4.1995, JurBüro 1996, 90). Diese Möglichkeit erscheint insbes. in Steuerstrafsachen denkbar (zB betr. Bilanzierungsfragen), zumal die Staatsanwaltschaft ihrerseits gelegentlich Aufträge an Private (zB Wirtschaftsprüfungsgesellschaften) vergibt, deren Gutachten dann nicht selten

besonderes Gewicht beigemessen wird. Erstattungsfähigkeit ist auch dann zu bejahen, wenn sich der Verteidiger als Rechtsanwalt über den steuerstrafrechtlich erheblichen Sachverhalt ein Gutachten durch einen Angehörigen der steuerberatenden Berufe erstellen lässt. Das folgt aus der vom Gesetz eingeräumten Möglichkeit der Doppelverteidigung (vgl. auch → Rn. 22).

Gebühren und Auslagen des Rechtsanwalts, die der Angeklagte/Betroffene für Beratung, Verteidigung oder Vertretung aufgewendet hat, gehören insoweit zu den notwendigen Auslagen (§ 464a II Nr. 2 StPO iVm § 91 II ZPO), als sie auf Gesetz beruhen (RVG Anlage 1 Teil 4 bis 6). Völlig zwecklose Tätigkeiten des Verteidigers – zB das Erscheinen des Verteidigers zu einer wegen schuldhafter Abwesenheit des Angeklagten ausgesetzten Hauptverhandlung (LG Osnabrück 16.9.1997, NdsRpfl 1997, 312) – werden nicht erstattet. Umstritten ist, ob dies auch gilt, wenn der Verteidiger zwischen Einlegung und Begründung oder Zurücknahme der Berufung oder Revision der StA beratend oder schriftsätzlich tätig wird. Im Ergebnis dürften die entsprechenden Kosten jedoch erstattungsfähig sein, da in diesen Fällen bei einer Ex-ante-Betrachtung die Zuziehung eines Verteidigers durchaus zweckentsprechend iSd § 91 II ZPO ist (ebenso Meyer-Goßner/ Schmitt/*Schmitt* StPO § 464a Rn. 10 mwN; HHS/*Tormöhlen* AO § 408 Rn. 21 mwN). Sind die gesetzlich bestimmten Gebühren wegen des besonderen Umfangs oder der besonderen Schwierigkeit nicht zumutbar, so können der Wahl- und gerichtlich bestellte oder beigeordnete Rechtsanwalt für das ganze Verfahren oder einzelne Verfahrensabschnitte die Feststellung einer Pauschgebühr beantragen (§§ 42, 51 RVG; vgl. auch BGH 3.4.2007, JurBüro 2007, 531; OLG Stuttgart 24.4.2008, Justiz 2008, 229; OLG Jena 10.3.2008, BeckRS 2008, 141232). Vergütungsvereinbarungen (§§ 3a, 4 RVG) bleiben außer Betracht, so dass der Mandant den über die gesetzlichen Gebühren hinausgehenden Betrag selber tragen muss (OLG Düsseldorf 27.7.1985, MDR 1986, 167). In besonders gelagerten Einzelfällen kann der Dienstherr verpflichtet sein, einem freigesprochenen Beamten Verteidiger-Mehrkosten aus dem Gesichtspunkt der Fürsorgepflicht zu erstatten (BVerwG 9.7.1984, NJW 1985, 1041). **In eigener Sache** werden dem Rechtsanwalt keine Gebühren und Auslagen erstattet. Die gegenteilige Regelung des § 91 II 3 ZPO ist im Strafverfahren nicht anwendbar (BVerfG 26.2.1980, NJW 1980, 1677; BVerfG 1.4.1993, NJW 1994, 242; Meyer-Goßner/Schmitt/*Schmitt* StPO § 464a Rn. 14).

Auf die als Verteidiger gewählten **Hochschullehrer** (vgl. → § 392 Rn. 21) ist § 408 AO nicht anwendbar; sie können jedoch für ihre Tätigkeit die Vergütung beanspruchen, die sich aus der sinngemäßen Anwendung des RVG ergibt (OLG Düsseldorf 27.9.1994, wistra 1995, 78, noch zur Geltung der BRAGO).

Höhe und Umfang erstattungsfähiger **Reisekosten** sind in Nr. 7003 ff. Anlage 1 RVG geregelt. Sie umfassen Fahrtkosten, Tage- und Abwesenheitsgelder sowie Übernachtungskosten. Kosten für die Anfertigung von **Ablichtungen** und Ausdrucken aus Behörden- und Gerichtsakten sind ebenso erstattungsfähig wie die Kosten für deren **Einscannen** (OLG Bamberg 26.6.2006, StraFo 2006, 389), soweit dies zur sachgemäßen Verteidigung geboten war (RVG Anlage 1 Teil 7). In Steuerstrafsachen, denen zumeist komplexe Sachverhalte zugrunde liegen, dürfte dies regelmäßig der Fall sein (ebenso HHS/*Tormöhlen* AO § 408 Rn. 20b). Kosten für **Dolmetscher** und notwendige Übersetzungen sind im Hinblick auf Art. 6 III MRK, §§ 185, 187 GVG erstattungsfähige Auslagen. Sie dürfen dem Angeschuldigten nur in Fällen schuldhaften Verhaltens nach § 464c StPO auferlegt werden. Dies gilt analog auch für den Fall, dass Übersetzungen ausländischer Unterlagen in einem hiesigen Strafverfahren notwendig sind (LG Trier 13.10.2008, NStZ-RR 2009, 159; HHS/*Tormöhlen* AO § 408 Rn. 20a). Folglich sind auch Aufwendungen erstattungsfähig, die zB in Form von Dolmetscherkosten entstehen, wenn zB eine Besprechung außerhalb der Hauptverhandlung mit einem der deutschen Sprache nicht mächtigen Mandanten erforderlich ist (BVerfG 27.8.2003, NStZ 2004, 161). Die **Umsatzsteuer** ist keine zu erstattende Kostenposition, wenn der Erstattungsgläubiger sie als Vorsteuer abziehen kann (§ 104 II 3 ZPO). Im Kostenfestsetzungsverfahren genügt zur Berücksichtigung von

Umsatzsteuerbeträgen die Erklärung des Antragstellers, dass er die Beträge nicht abziehen kann.

21 Umstritten ist, ob die Mehrkosten eines **auswärtigen Verteidigers** sind im Rahmen der gesetzlichen Gebühren einschl. der notwendigen und angemessenen Fahrtkosten, Tage- und Abwesenheitsgelder sowie Übernachtungsgelder (vgl. Nrn. 7003 ff. der Anl. 1 zu § 2 II RVG) erstattungsfähig sind. Die hM will unter Verweis auf § 464a II Nr. 2 StPO iVm § 91 II 2 ZPO eine Erstattung lediglich dann zulassen, wenn die Zuziehung des nicht am Prozessort wohnenden Verteidigers zB aufgrund besonderer Fachkenntnisse notwendig war (OLG Jena 18.12.2000, StraFo 2001, 387; LG Potsdam 22.2.2013, NStZ-RR 2013, 327; Kohlmann/*Hilgers-Klautzsch* AO § 408 Rn. 24). Dabei wird jedoch verkannt, dass der Beschuldigte einen verfassungsrechtlichen Anspruch auf freie Verteidigerwahl hat (BVerfG 28.3.1984, BVerfGE 66, 313), so dass er bis zur Grenze der missbräuchlichen Rechtsausübung auch auswärtige Verteidiger wählen darf. Folglich sind die sich daraus ergebenden gesetzlichen (Mehr-)Kosten auch erstattungsfähig (ebenso HHS/*Tormöhlen* AO § 408 Rn. 22a; KK-StPO/*Gieg* StPO § 464a Rn. 12).

22 Auch wenn der Beschuldigte nach § 137 I 2 StPO bis zu drei Wahlverteidiger haben darf, sind Kosten für **mehrere Verteidiger** nach der allgemeinen Vorschrift des § 464a II Nr. 2 StPO iVm § 91 II 2 ZPO nur insoweit notwendig und daher zu erstatten, als sie die Kosten eines Rechtsanwalts nicht übersteigen oder als in der Person des Rechtsanwalts ein Wechsel eintreten musste. Dies ist auch verfassungsrechtlich nicht zu beanstanden (BVerfG 30.7.2004, NJW 2004, 3319). Eine Besonderheit gilt, wenn die Mitwirkung von zwei Verteidigern aus Gründen der gerichtlichen Fürsorge oder zur Sicherung des Verfahrensfortgangs notwendig war (KG 2.5.1994, NStZ 1994, 451). Dann kann der durch zwei Wahlverteidiger vertretene Freigesprochene ausnahmsweise neben der Erstattung der Kosten für einen Wahlverteidiger die hypothetisch festzusetzende Vergütung für einen Pflichtverteidiger verlangen.

23 § 408 AO ergänzt die Regelung des § 392 AO, nach der auch **Angehörige steuerberatender Berufe** im selbständigen Verfahren der Finanzbehörde die Verteidigung übernehmen können, sie im Übrigen aber nur gemeinschaftlich mit einem Rechtsanwalt oder Rechtslehrer führen können. Die Vergütung des Steuerberaters im Straf- und Bußgeldverfahren ergibt sich dem Grunde nach aus § 64 I StBG und der Höhe nach sind gem. § 45 StBV die Vorschriften des RVG sinngemäß anwendbar (vgl. OLG Düsseldorf 10.6.2003, DStRE 2003, 1419). Wirtschaftsprüfer und vereidigte Buchprüfer sind gem. § 3 Nr. 2 iVm § 1 II Nr. 1 StBerG ebenfalls zur geschäftsmäßigen Hilfeleistung in Steuerstrafsachen und Bußgeldsachen befugt. Mangels einer gesetzlichen Regelung ihrer Gebühren und Auslagen ist deren Erstattungsfähigkeit gem. § 408 S. 2 AO begrenzt, und zwar bis zur Höhe der gesetzlichen Gebühren und Auslagen eines Rechtsanwalts.

Hat der Beteiligte mehrere Angehörige der steuerberatenden Berufe hinzugezogen, so sind auch insoweit gem. § 91 II 2 ZPO nur die Kosten von einem erstattungsfähig (vgl. → Rn. 22; ebenso Klein/*Jäger* AO § 408 Rn. 3). Zur Verfassungsmäßigkeit dieser Einschränkung vgl. BVerfG 30.7.2004, NJW 2004, 3319.

24 Aus der Regelung des § 408 AO (Wortlaut „*auch*") ergibt sich für den Fall, dass die **Verteidigung gemeinschaftlich** sowohl durch einen **Angehörigen der steuerberatenden Berufe** als auch durch einen **Rechtsanwalt** oder Rechtslehrer erfolgt, dass die Kosten für beide erstattungsfähig sind (KG 16.10.1981, NStZ 1982, 207; Meyer-Goßner/Schmitt/*Schmitt* StPO § 464a Rn. 13; aA LG Münster 31.8.1988, Stbg 1989, 189; Göhler/*Gürtler* OWiG Vor § 105 Rn. 44). Dies entspricht der durch § 392 AO anerkannten besonderen Lage in Steuerstrafverfahren, die sowohl strafrechtliche und strafprozessuale Kenntnisse in der Person des Rechtsanwalts als auch steuerliches Fachwissen eines Angehörigen der steuerberatenden Berufe erfordert. Nur wenn der Beschuldigte die Möglichkeit hat, beide Aspekte in seine Verteidigung einzubringen, ist im Steuerstrafverfahren Waffengleichheit zwischen ihm und den Strafverfolgungsbehörden – die steuerkundige Finanzbehörde und ggf. die strafrechts- und strafprozessrechtskundige StA – gegeben (ebenso Klein/*Jäger* AO

§ 408 Rn. 3; Kohlmann/*Hilgers-Klautzsch* AO § 408 Rn. 44; Schwarz/Pahlke/*Klaproth* AO § 408 Rn. 13). Im Fall der gemeinsamen Verteidigung ist somit eine Erstattung bis zur Grenze der gesetzlichen Gebühren und Auslagen eines Rechtsanwalts sowohl für den Rechtsanwalt als auch für den Angehörigen der steuerberatenden Berufe angezeigt. Eine Prüfung der **Erforderlichkeit** im jeweiligen Einzelfall ist nicht notwendig, da sie in Steuerstrafverfahren generell zu bejahen ist. Der vom Gesetzgeber angestrebten Waffengleichheit wird nur Genüge getan, wenn die für eine gemeinschaftliche Verteidigung nach § 392 I Hs. 2 AO aufgewendeten Kosten stets als notwendige Auslagen iSd § 464a II Nr. 2 StPO qualifiziert werden.

Hat ein Angehöriger der steuerberatenden Berufe im Ermittlungsverfahren allein die Verteidigung übernommen und wird im sich anschließenden gerichtlichen Verfahren ein Rechtsanwalt mit der Verteidigung beauftragt ist, so handelt sich um einen notwendigen Wechsel der Verteidigung iSd § 91 II 2 ZPO. Folglich sind neben den im Vorverfahren entstandenen Auslagen des steuerlichen Beraters auch diejenigen des Rechtsanwalts im gerichtlichen Verfahren erstattungsfähig (ebenso Kohlmann/*Hilgers-Klautzsch* AO § 408 Rn. 44).

Ist der Verteidiger zugleich Steuerberater oder Wirtschaftsprüfer, ist nur eine Gebühr „notwendig" und damit erstattungsfähig (HHS/*Tormöhlen* AO § 408 Rn. 29; Kohlmann/*Hilgers-Klautzsch* AO § 408 Rn. 45; ebenso zu § 139 FGO FG Saarland 29.7.1994, EFG 1995, 396). Das gilt jedoch nicht, wenn Anwalt und Steuerberater Sozien sind und der Mandant von beiden in ihrer jeweiligen Funktion betreut wird (ebenso HHS/*Tormöhlen* AO § 408 Rn. 30; Kohlmann/*Hilgers-Klautzsch* AO § 408 Rn. 45).

Vierter Abschnitt. Bußgeldverfahren

§ 409 Zuständige Verwaltungsbehörde

¹Bei Steuerordnungswidrigkeiten ist zuständige Verwaltungsbehörde im Sinne des § 36 Abs. 1 Nr. 1 des Gesetzes über Ordnungswidrigkeiten die nach § 387 Abs. 1 sachlich zuständige Finanzbehörde. ²§ 387 Abs. 2 gilt entsprechend.

1. Entstehungsgeschichte

1 § 409 AO 1977 entspricht – abgesehen von dem Begriff „*Finanzbehörde*" anstelle von „*Finanzamt*" – wörtlich dem § 446 RAO, der zusammen mit der Einführung von Steuerordnungswidrigkeiten durch Art. 1 Nr. 1 des 2. AOStrafÄndG v. 12.8.1968 (BGBl. I 953) in das Gesetz aufgenommen worden war.

2. Zweck der Vorschrift

2 § 409 S. 1 AO dient dem Zweck, die für die Verfolgung von Steuerordnungswidrigkeiten (§ 377 AO) **sachlich zuständige Verwaltungsbehörde** gem. § 36 I Nr. 1 OWiG zu bestimmen. Dies geschieht auf dem Wege einer Verweisung auf diejenige FinB, die nach § 387 I AO für die Ermittlung von Steuerstrafsachen (§ 369 AO) zuständig ist (s. dazu ausf. → § 387 Rn. 2 ff.).

3 § 409 S. 2 AO dient dem Zweck, durch eine zusätzliche Verweisung auf § 387 II AO die Voraussetzung dafür zu schaffen, dass die sachliche Zuständigkeit für die Verfolgung von Steuerordnungswidrigkeiten durch RechtsVO auf derselben Ermächtigungsgrundlage und nach denselben Zweckmäßigkeitsgesichtspunkten auf eine andere als die nach § 387 I AO zuständige FinB übertragen werden kann. Von dieser Konzentrationsmöglichkeit haben alle Bundesländer Gebrauch gemacht.

Durch die **Kombination von Satz 1 und 2** wird die Grundlage für die Vermeidung unterschiedlicher Behördenzuständigkeiten für die Beurteilung desselben (steuerstraf- oder -bußgeldrechtlich relevanten) Sachverhalts geschaffen. Das ist bei steuerlichen Verfehlungen besonders bedeutsam, weil sich zB der Straftatbestand der Steuerhinterziehung (§ 370 AO) von dem Bußgeldtatbestand der leichtfertigen Steuerverkürzung (§ 378 AO) nur in subjektiver Hinsicht unterscheidet und sich gerade die Beurteilung des subjektiven Tatbestandes im Verlauf eines Verfahrens verhältnismäßig leicht und ggf. auch mehrfach ändern kann (vgl. auch Hüls/Reichling/*Apfel* AO § 409 Rn. 2; Kohlmann/*Hilgers-Klautzsch* AO § 409 Rn. 2).

4 Die Übertragung der Verfolgungs- und Ahndungsbefugnis auf Verwaltungsbehörden ist **verfassungsrechtlich unbedenklich.** Der Rechtsschutzgarantie des Art. 19 IV GG ist hinreichend dadurch Rechnung getragen, dass der Betroffene gegen den Bußgeldbescheid Einspruch einlegen kann und dass dann das Gericht – frei in der Feststellung und rechtlichen Würdigung – entscheidet, wobei es nach eigenem Ermessen über die Unrechtsfolgen befindet (BVerfG 16.7.1969, BVerfGE 27, 18).

3. Inhalt der Regelung

5 § 409 S. 1 und 2 AO bewirken (Satz 1) oder ermöglichen (Satz 2), dass die sachliche Zuständigkeit einer bestimmten FinB im Ergebnis nicht davon abhängt, ob ein konkreter Sachverhalt gegen eine Person den Verdacht und den Vorwurf einer Steuerstraftat oder einer Steuerordnungswidrigkeit begründet.

6 **Ein Auseinanderfallen der sachlichen Zuständigkeit** wird indessen durch die gesetzliche Regelung nicht ausgeschlossen. Beispielsweise ist es denkbar und wäre es zulässig,

− dass Steuerstrafsachen auf Grund § 387 II AO bei einer bestimmten FinB konzentriert werden, Bußgeldsachen wegen Steuerordnungswidrigkeiten hingegen bei den nach § 409 S. 1 iVm § 387 I AO zuständigen einzelnen FinBn verbleiben oder
− dass nach einer RechtsV auf Grund § 409 S. 2 iVm § 387 II AO nur Bußgeldsachen wegen leichtfertiger Steuerverkürzung nach § 378 AO derjenigen FinB übertragen werden, die nach einer RechtsV auf Grund § 387 II AO für Steuerstrafsachen zuständig ist (vgl. auch Gosch AO/FGO/*Wannemacher/Seipl* AO § 409 Rn. 10).

Insoweit handelt es sich jedoch um theoretische Möglichkeiten, denen keine praktische Relevanz zukommen dürfte.

Der Anwendungsbereich des § 409 AO ist allerdings auf Steuerordnungswidrigkeiten iSd § 377 AO beschränkt (vgl. Nr. 105 AStBV; aA Hüls/Reichling/*Apfel* AO § 409 Rn. 6 f., der auch alle in Nr. 106 ff. AStBV genannten Steuerordnungswidrigkeiten einbeziehen will). Die Zuständigkeit der Finanzbehörde bei **anderen Ordnungswidrigkeiten** ergibt sich zB aus §§ 36 I, 131 III OWiG iVm §§ 387, 409 AO für die fahrlässige Verletzung der Aufsichtspflicht in Betrieben und Unternehmen iSd § 130 OWiG, wenn die nicht durch gehörige Aufsicht verhinderte Zuwiderhandlung eine Steuerstraftat oder eine Steuerordnungswidrigkeit darstellt. Zuständige Verwaltungsbehörde für Ordnungswidrigkeiten, die *Marktordnungswaren* betreffen, ist das Hauptzollamt (§ 38 III 1 MOG). Gem. § 164 S. 1 StBerG ist die Finanzbehörde ferner zuständig für die Verfolgung und Ahndung von Ordnungswidrigkeiten nach den §§ 160–163 StBerG. Darüber hinaus ist das Finanzamt auch zuständige Verwaltungsbehörde für Bußgeldverfahren nach dem Geldwäschegesetz gegen Lohnsteuerhilfevereine iSd § 4 Nr. 11 StGB (§ 56 Va, V 1 iVm § 50 Nr. 7a GwG). 7

4. Zuständigkeit der Staatsanwaltschaft

Der Staatsanwaltschaft steht keine originäre Verfolgungskompetenz bei Ordnungswidrigkeiten zu. Eine Ausnahme greift hingegen ein, wenn die **StA wegen einer Straftat ermittelt**. In diesem Fall ist sie nach § 40 OWiG für die Verfolgung der Tat auch unter dem rechtlichen Gesichtspunkt einer (Steuer-)Ordnungswidrigkeit zuständig (vgl. auch Nr. 273 RiStBV). Dies ergibt sich daraus, dass dem Strafverfahren stets Vorrang zukommt und die Staatsanwaltschaft das Ermittlungsverfahren und die rechtliche Würdigung unter allen rechtlichen Gesichtspunkten durchzuführen hat. 8

Stellt die StA das Verfahren wegen der Straftat ein, gibt sie die Sache nach § 43 I OWiG an die FinB ab, wenn Anhaltspunkte dafür vorliegen, dass die Tat als Steuerordnungswidrigkeit verfolgt werden kann (vgl. ferner die Möglichkeit einer Abgabe nach § 43 II OWiG). Umgekehrt kann die StA unter den Voraussetzungen des § 42 OWiG die Verfolgung einer Steuerordnungswidrigkeit übernehmen, wenn sie eine damit zusammenhängende Straftat verfolgt; die Straftat und die Steuerordnungswidrigkeit können dann einheitlich verfolgt werden (vgl. auch Nr. 110 AStBV).

Darüber hinaus kann der Staatsanwaltschaft auch die Zuständigkeit für die Vollstreckung einer gerichtlichen Bußgeldentscheidung zukommen, vgl. § 91 OWiG iVm § 451 I StPO.

§ 410 Ergänzende Vorschriften für das Bußgeldverfahren

(1) Für das Bußgeldverfahren gelten außer den verfahrensrechtlichen Vorschriften des Gesetzes über Ordnungswidrigkeiten entsprechend:
1. die §§ 388 bis 390 über die Zuständigkeit der Finanzbehörde,
2. § 391 über die Zuständigkeit des Gerichts,
3. § 392 über die Verteidigung,
4. § 393 über das Verhältnis des Strafverfahrens zum Besteuerungsverfahren,
5. § 396 über die Aussetzung des Verfahrens,
6. § 397 über die Einleitung des Strafverfahrens,
7. § 399 Abs. 2 über die Rechte und Pflichten der Finanzbehörde,
8. die §§ 402, 403 Abs. 1, 3 und 4 über die Stellung der Finanzbehörde im Verfahren der Staatsanwaltschaft,
9. § 404 Satz 1 und Satz 2 erster Halbsatz über die Steuer- und Zollfahndung,
10. § 405 über die Entschädigung der Zeugen und der Sachverständigen,
11. § 407 über die Beteiligung der Finanzbehörde und
12. § 408 über die Kosten des Verfahrens.

(2) Verfolgt die Finanzbehörde eine Steuerstraftat, die mit einer Steuerordnungswidrigkeit zusammenhängt (§ 42 Abs. 1 Satz 2 des Gesetzes über Ordnungswidrigkeiten), so kann sie in den Fällen des § 400 beantragen, den Strafbefehl auf die Steuerordnungswidrigkeit zu erstrecken.

Schrifttum: *Lohmeyer,* Die Vernehmung des Beschuldigten im Steuerstraf- und Bußgeldverfahren, Stbg 1989, 355; *ders.,* Die Anfechtung des Bußgeldbescheides, StB 1990, 365; *Göhler,* Zur Rechtskraftwirkung von Bußgeldentscheidungen, wistra 1991, 91; *Bauer,* Kann der Einspruch gegen den Bußgeldbescheid auf materiell-rechtlich selbständige Taten beschränkt werden?, wistra 1993, 329; *Göhler,* Zur Beschränkung des Einspruchs gegen einen Bußgeldbescheid, wistra 1994, 54; *Weyand,* Auswirkungen der Neuregelungen im Ordnungswidrigkeitenrecht auf das steuerliche Bußgeldrecht, INF 1998, 359; *ders.,* Straf- und Bußgeldverfahren bei Steuerdelikten, LSW Gruppe 22, 147; *ders.,* Auskünfte des Finanzamtes an Gewerbebehörden, INF StW 2005, 317; *Joecks,* Iura novit Curia? Iudex non calculat? – Der Finanzbeamte als Zeuge in der Hauptverhandlung, FA-FS 1999, 661; *Mösbauer,* Verdacht einer Steuerordnungswidrigkeit während einer steuerlichen Außenprüfung, StBp 2004, 229; *Hentschel,* Die Bedeutung des Steuerordnungswidrigkeitenrechts bei grenzüberschreitender Umsatzsteuerhinterziehung, wistra 2005, 371; *Burhoff,* Steuerordnungswidrigkeiten in der Praxis, PStR 2006, 233; *Wessing,* Steuerordnungswidrigkeiten – Gefahr und Chance für die Verteidigung, SAM 2007, 9; *Cordes/Reichling,* Verbandsgeldbußen trotz Verfahrenseinstellung gegenüber Leitungspersonen, NJW 2016, 3209. Vgl. auch die Nachweise vor § 377.

Übersicht

	Rn.
1. Entstehungsgeschichte	1
2. Zweck und Anwendungsbereich	2–4
3. Geltung des allgemeinen Verfahrensrechts	5–11
a) OWiG	5–7
b) StPO und Nebengesetze	8–11
4. Besonderheiten des Verfahrens wegen Steuerordnungswidrigkeiten	12–19
a) Zuständigkeiten	12–16
b) Verteidigung	17, 18
c) Beteiligung der Finanzbehörde im gerichtlichen Verfahren	19
5. Ablauf des Bußgeldverfahrens	20–35

1. Entstehungsgeschichte

1 § 410 AO 1977 entspricht sachlich der Vorschrift des § 447 RAO idF des 2. AO-StrafÄndG v. 12.8.1968 (BGBl. 1968 I, 953). Neu ist, dass auch § 399 II AO im Bußgeldverfahren sinngemäß anwendbar ist. Damit sollte ein Redaktionsversehen der vorhergehenden Vorschrift beseitigt werden (Begr. BT-Drs. VI/1982). Ferner wurde die Nr. 10 in den Verweisungskatalog aufgenommen um klarzustellen, dass die neu eingefügte Re-

gelung über die Entschädigung von Zeugen und Sachverständigen nach § 405 AO auch für das Bußgeldverfahren gilt (BT-Drs. 7/4292).

2. Zweck und Anwendungsbereich

In der AO hat der Gesetzgeber **kein eigenständiges Verfahren** zur Verfolgung und Ahndung von Steuerordnungswidrigkeiten geregelt. Ergänzend zu den in §§ 409–412 AO getroffenen Sonderregelungen wird durch § 410 I AO **klargestellt,** dass die verfahrensrechtlichen Vorschriften des OWiG und damit die allgemeinen Gesetze über das Strafverfahren – insbes. StPO, GVG, JGG und JVEG (vgl. § 46 OWiG) – für das Verfahren wegen einer Steuerordnungswidrigkeit **entsprechend** gelten. Diese allgemeinen Vorschriften treten jedoch zurück, wenn und soweit § 410 I AO für das Bußgeldverfahren die sinngemäße Anwendung des speziellen Steuerstrafverfahrensrechts anordnet. Durch die Verweisungen im Katalog des § 410 I AO wird sichergestellt, dass die auf die Besonderheiten des Steuerrechts zugeschnittenen Verfahrensvorschriften der AO sinngemäß auch bei der Verfolgung von Steuerordnungswidrigkeiten gelten. Die Anwendung des § 395 AO ist in § 410 I AO nicht vorgeschrieben; das Akteneinsichtsrecht der FinB folgt jedoch aus § 49 OWiG; auch → § 395 Rn. 4.

§ 410 AO ist anwendbar auf das **Verfahren wegen Steuerordnungswidrigkeiten,** also auf Zuwiderhandlungen, die nach den Steuergesetzen mit Geldbuße geahndet werden können (§ 377 I AO). Dazu zählen zB neben den §§ 378–383a AO, §§ 39 IX, 50e I, 50f und 96 VII EStG, § 33 IV ErbStG, §§ 26a und 26b UStG auch die den Steuerordnungswidrigkeiten gleichgestellte Ordnungswidrigkeiten nach den Prämien- und Zulagengesetzen (zB § 8 II WoPG, § 14 III 5. VermBG, § 6 InvZulG 1999). Daneben gibt es **weitere Ordnungswidrigkeitentatbestände,** bei denen es sich nicht um Steuer- bzw. Zollordnungswidrigkeiten handelt, für deren Verfolgung jedoch trotzdem die Finanzbehörde zuständig ist. Insoweit sind insbes. zu nennen Ordnungswidrigkeiten von Steuerberatern und Lohnsteuerhilfevereinen gem. §§ 160 ff. StBerG sowie einige Ordnungswidrigkeiten nach dem Geldwäschegesetz (§ 56 GwG) und die Ordnungswidrigkeiten nach § 130 OWiG.

Das Verfahren betrifft auch dann Steuerordnungswidrigkeiten, wenn der Sachverhalt – die jeweilige Tat iSd § 264 StPO – bei *rechtlich zutreffender* Würdigung als Steuerordnungswidrigkeit zu qualifizieren wäre (RG 17.12.1936, RGSt 70, 396).

§ 410 II AO betrifft Steuerordnungswidrigkeiten (§ 377 AO), die **mit einer Steuerstraftat** (§ 369 AO) **zusammenhängen.** Das ist der Fall, wenn jemand sowohl einer Straftat als auch einer Ordnungswidrigkeit oder wenn hinsichtlich derselben Tat eine Person einer Straftat und eine andere einer Ordnungswidrigkeit beschuldigt wird (§ 42 I 2 OWiG; → § 389 Rn. 6 ff.).

Ist dies der Fall, so besteht für die Finanzbehörde die Möglichkeit, beide Taten in einer einheitlichen Entscheidung abzuhandeln, indem sie die steuerliche Ordnungswidrigkeit in ihren Antrag auf Erlass eines Strafbefehls gem. § 400 AO einbezieht. Handelt es sich um einen Fall mit mehreren Beteiligten, so kann im Rahmen des Strafbefehlsantrags auch der Antrag gestellt werden, dem weiteren Betroffenen eine Geldbuße aufzuerlegen. Die Entscheidung darüber wird durch das für den Erlass eines Strafbefehls in Steuerstrafsachen zuständige Gericht getroffen und erfolgt in Form eines Strafbefehls gegen mehrere Beschuldigte oder durch gesonderte Strafbefehle für die einzelnen Beteiligten.

Liegt ein Fall der **Tateinheit zwischen Steuerstraftat und Steuerordnungswidrigkeit** vor, so findet gem. § 21 I 1 OWiG nur das Strafgesetz Anwendung.

3. Geltung des allgemeinen Verfahrensrechts

a) OWiG

5 In der Abgabenordnung ist das **Bußgeldverfahren nicht abschließend geregelt.** Wie sich aus § 410 I AO ergibt, gelten die verfahrensrechtlichen Vorschriften des OWiG für das Bußgeldverfahren in Steuersachen entsprechend.

Für die Verfolgung von Ordnungswidrigkeiten gilt folglich der **Opportunitätsgrundsatz** (§ 47 OWiG). **Geldbuße** ist eine Unrechtsfolge für eine tatbestandsmäßige, rechtswidrige und vorwerfbare Handlung. Sie ist jedoch keine (Kriminal-)Strafe. Das Bußgeldverfahren dient nicht der Ahndung kriminellen Unrechts, sondern der verwaltungsrechtlichen Pflichtenmahnung (BVerfG 21.6.1977, BVerfGE 45, 272; BGH 19.8.1993, NJW 1993, 3081). Zweck des Verfahrens ist es, die Wiederholung der Zuwiderhandlung zu verhindern und die vom Gesetz verlangte Ordnung durchzusetzen, nicht dagegen, Taten des Betroffenen zu sühnen (Göhler/*Gürtler* OWiG vor § 1 Rn. 9 mwN). Daher ist die Verfolgungsbehörde, anders als im Strafverfahren (→ § 385 Rn. 18), nicht in jedem Fall verpflichtet, ein Bußgeldverfahren einzuleiten und durchzuführen; sie entscheidet darüber nach pflichtgemäßem *Ermessen*. Der sachliche Grund für den Opportunitätsgrundsatz liegt darin, dass Ordnungswidrigkeiten die Rechtsordnung weniger stark gefährden und einen geringeren Unrechtsgehalt aufweisen als Straftaten. Die **Ermessensentscheidung** ist unter Berücksichtigung aller Umstände des Einzelfalles nach sachlichen Gesichtspunkten zu treffen. Dabei sind der Gleichheitsgrundsatz, der Grundsatz der Verhältnismäßigkeit (→ § 385 Rn. 18f.), das Übermaßverbot, Bedeutung und Auswirkung der Tat, der Grad der Vorwerfbarkeit sowie die Wiederholungsgefahr (zB bei Abweichung des Stpfl von bestimmten Hinweisen in Prüfungsberichten) zu berücksichtigen. Auch bei Verdacht einer Ordnungswidrigkeit kann aus Opportunitätsgründen von deren Verfolgung abgesehen werden (Nr. 104 I 2 AStBV). Der Gleichheitsgrundsatz gebietet es aber nicht, ein ordnungswidriges Verhalten zu dulden, weil in vergleichbaren oder schwereren Fällen nicht eingeschritten worden ist (OLG Hamburg 7.7.1988, NJW 1988, 2630). Auch die unterschiedliche Verfolgungs- und Ahndungspraxis verschiedener Behörden soll grundsätzlich nicht gleichheitssatzwidrig sein (BVerfG 13.6.1952, NJW 1952, 1129; Göhler/*Seitz/Bauer* OWiG § 47 Rn. 9 mwN; HHS/*Tormöhlen* AO § 410 Rn. 52).

6 Im Steuerrecht sollen die **gleichlautenden Erlasse** (AStBV) der einheitlichen Handhabung der Gesetze dienen und die reibungslose Zusammenarbeit der Verfolgungsbehörden gewährleisten (krit. HHS/*Tormöhlen* AO § 410 Rn. 47). Nach Nr. 104 III AStBV kann von der Verfolgung abgesehen werden, wenn der verkürzte oder gefährdete Betrag (§ 380 AO, § 26a I bzw. § 26b aF UStG) insgesamt weniger als 5.000 EUR beträgt, sofern nicht *ein besonders vorwerfbares Verhalten* für die Durchführung des Bußgeldverfahrens spricht. Gleiches gilt, wenn der insgesamt gefährdete Betrag unter 10.000 EUR liegt und der gefährdete Zeitraum 3 Monate nicht übersteigt. Im **Lohnsteuerrecht** sollte bei den Ermessenserwägungen nach § 47 OWiG auch nicht außer Acht gelassen werden, dass dem Arbeitgeber hier vom Gesetzgeber zahlreiche, noch dazu unentgeltlich auszuübende Pflichten bezüglich fremder Steuerschulden auferlegt worden sind, deren Einhaltung ihn gerade in kleinen Betrieben mitunter stark belasten kann. Insoweit jedoch von einer Überschreitung der Grenze der Zumutbarkeit auszugehen (vgl. *Trzaskalik* DStJG 2012, 157; *Winter*, Der Arbeitgeber im Lohnsteuerrecht, 1998 S. 170ff.), dürfte überzogen sein.

7 Die **Einstellung des Bußgeldverfahrens** darf gem. § 47 III OWiG – abweichend von § 153a StPO – nicht von der Zahlung eines Geldbetrages abhängig gemacht oder damit in Zusammenhang gebracht werden. Daher ist es unzulässig, die Einstellung des Verfahrens von der Erfüllung etwaiger Steuerschulden abhängig zu machen.

b) StPO und Nebengesetze

8 Wie sich aus § 410 AO ergibt, gelten die verfahrensrechtlichen Vorschriften des OWiG für das Bußgeldverfahren in Steuersachen entsprechend. Aufgrund § 46 I OWiG sind somit auch die **allgemeinen Vorschriften über das Strafverfahren** – namentlich die StPO, das GVG, das JGG – subsidiär sinngemäß anwendbar. Es handelt sich insoweit wohlgemerkt aber lediglich um eine **sinngemäße Anwendung** der allgemeinen Strafverfahrensgesetze. Dadurch wird dem unterschiedlichen Gewicht des Straf- und des Bußgeldanspruchs Rechnung getragen. Maßnahmen, die im Strafverfahren erlaubt sind, müssen im Bußgeldverfahren nicht gerechtfertigt sein. Andererseits kann es der Grundsatz der Verhältnismäßigkeit (→ § 385 Rn. 19) gebieten, Vorschriften, die dem besonderen Schutz des Angeklagten im Strafverfahren dienen, im Bußgeldverfahren weniger streng zu handhaben (Göhler/*Seitz*/*Bauer* OWiG § 46 Rn. 10). Art. 6 III MRK ist im Bußgeldverfahren der Verwaltungsbehörde nicht anwendbar (EGMR 21.2.1984, NStZ 1984, 269; Göhler/ *Seitz*/*Bauer* OWiG § 46 Rn. 10a).

Neben den in § 46 I OWiG besonders aufgeführten Gesetzen gelten für das Strafverfahren und mithin sinngemäß auch für das Bußgeldverfahren verschiedene andere gesetzliche Regelungen (→ § 385 Rn. 11 ff.). Hinzu kommen, soweit nicht durch spezielle Vorschriften ausgenommen (→ Rn. 12 ff.), verschiedene allgemeine Verfahrensgrundsätze (→ § 385 Rn. 13 ff.). 9

Im Bußgeldverfahren ist neben den **Zwangsmaßnahmen** gem. § 399 II 2 AO – zB Durchsuchung und Beschlagnahme, Vernehmung, Maßnahmen der Vermögenssicherung – somit auch die Durchsicht der Papiere anlässlich einer Durchsuchung zulässig. **Unzulässig** sind Verhaftung, vorläufige Festnahme, Postbeschlagnahme sowie Auskunftsersuchen über Umstände, die dem Post- und Fernmeldegeheimnis iSd Art. 10 GG unterliegen (§ 46 III OWiG; Nr. 102 I AStBV (St) 2020). Kommen der Betroffene oder Zeugen einer Ladung der FinB nicht nach, kann ihre Vorführung nur vom Richter angeordnet werden (§ 46 V OWiG). 10

Dem Betroffenen ist Gelegenheit zur Äußerung zu geben (§ 55 I OWiG). Im Gegensatz zum Strafverfahren ist eine *Vernehmung* im Bußgeldverfahren nicht vorgeschrieben. 11

4. Besonderheiten des Verfahrens wegen Steuerordnungswidrigkeiten

a) Zuständigkeiten

Sachlich zuständig für die Verfolgung von Steuerordnungswidrigkeiten ist gem. § 36 I 1 OWiG die durch Gesetz bestimmte Verwaltungsbehörde. Für Steuerordnungswidrigkeiten wird durch § 409 AO der **FinB** die sachliche Zuständigkeit zugewiesen. Über die Zuständigkeitskonzentrationen → § 387 AO Rn. 6; über *mehrfache Zuständigkeit* → § 390 Rn. 4 ff. Die Zuständigkeit zur Verfolgung umfasst neben der Mitwirkung an gerichtlichen Entscheidungen (→ Rn. 19) die selbstständige und eigenverantwortliche Ermittlungstätigkeit (Göhler/*Gürtler* OWiG § 35 Rn. 4). 12

Der **StA** steht im Ordnungswidrigkeitenrecht prinzipiell keine originäre Verfolgungskompetenz zu. Sie ist für die Verfolgung der Tat im Strafverfahren auch unter dem rechtlichen Gesichtspunkt einer Ordnungswidrigkeit zuständig (§ 40 OWiG), da sie die rechtliche Würdigung unter allen rechtlichen Gesichtspunkten durchzuführen hat (vgl. auch Nr. 110 III AStBV (St) 2020). Fällt der Verdacht der Straftat während des schwebenden Ermittlungsverfahrens weg oder wird das Ermittlungsverfahren wegen der Straftat im Gegensatz zum steuerlichen Bußgeldverfahren eingestellt, so entfällt die Ermittlungskompetenz der Staatsanwaltschaft. Sie muss folglich gem. § 43 OWiG das Verfahren an die zuständig gewordene Finanzbehörde abgeben.

Abweichend von dem allgemeinen Bußgeldverfahren (§ 41 OWiG) ist die FinB wegen ihrer Ermittlungskompetenz gem. § 386 II AO jedoch nicht zur Abgabe der Sache an die StA verpflichtet (glA Kohlmann/*Hilgers-Klautzsch* AO § 410 Rn. 12; RKR/*Kemper* AO § 410 Rn. 15; vgl. auch Nr. 110 IV AStBV(St) 2020). Bei Meinungsverschiedenheiten über die Beurteilung einer Tat als Straftat oder als Ordnungswidrigkeit ist die FinB an die Entschließung der StA gebunden (§ 44 OWiG).

13 **Die FinB ist sachlich zuständig für die Ahndung,** soweit hierzu nicht das Gericht berufen ist (§ 35 II OWiG). Der Mangel der sachlichen Zuständigkeit hat nur in Ausnahmefällen die Nichtigkeit des Bußgeldbescheides zur Folge (→ § 387 Rn. 25). Unter Ahndung versteht man die Befugnis, die dem Betroffenen zur Last gelegte Handlung zu beurteilen und die für diese Ordnungswidrigkeit angedrohte Rechtsfolge festzusetzen (Göhler/*Gürtler* OWiG § 35 Rn. 10).

14 **Das Gericht ist für die Ahndung zuständig,** wenn der Betroffene Einspruch eingelegt hat (§§ 70 ff. OWiG), wenn die StA die Verfolgung übernommen hat (§ 45 OWiG), wenn die FinB einen Antrag nach § 410 II AO gestellt hat, im Wiederaufnahmeverfahren (§ 85 IV 1 OWiG), im Nachverfahren (§ 87 IV 2 OWiG) sowie im Strafverfahren, soweit das Gericht die Tat zugleich unter dem rechtlichen Gesichtspunkt einer Ordnungswidrigkeit beurteilt (§ 82 OWiG).

15 **Die örtliche Zuständigkeit** der *FinB* folgt aus **§ 410 I Nr. 1** iVm §§ 388–390 AO (vgl. → § 388 Rn. 8), so dass die §§ 37–39 OWiG als allgemeine Vorschriften zurücktreten. Folglich richtet sich die Zuständigkeit der FinB gem. § 388 AO primär nach dem Tatort (I Nr. 1 Alt. 1), dem Ort der Entdeckung (I Nr. 1 Alt. 2), der Zuständigkeit im Zeitpunkt der Verfahrenseinleitung (I Nr. 2) oder dem Wohnsitz des Betroffenen zur Zeit der Einleitung des Verfahrens (I Nr. 3). Daneben regelt § 388 II, III AO noch subsidiäre Anknüpfungspunkte. Aus § 389 AO ergibt sich die Zuständigkeit bei zusammenhängenden Ordnungswidrigkeiten. Sollten mehrere FinB zuständig sein, so greift § 390 AO ein.

16 Die örtliche Zuständigkeit des *Gerichts* folgt aus **§ 410 I Nr. 2** iVm § 391 AO. Danach ist – abweichend von § 68 OWiG – das AG zuständig, in dessen Bezirk das LG seinen Sitz hat (BGH 5.8.1983, ZfZ 1984, 54; → § 391 Rn. 4 ff.). Im gerichtlichen Verfahren entscheiden beim AG gem. § 46 VII OWiG Abteilungen für Bußgeldsachen (zu der Sollvorschrift des § 391 III AO → § 391 Rn. 27 ff.).

b) Verteidigung

17 **Die Vorschrift des § 392 AO** über die Verteidigung gilt auch für das Bußgeldverfahren **(§ 410 I Nr. 3 AO).** Dementsprechend können mit bestimmten Einschränkungen (→ § 392 Rn. 23 ff.) auch die Angehörigen der steuerberatenden Berufe zur Verteidigung des Betroffenen tätig werden. Sie können somit gem. § 392 I Hs. 1 AO den Betroffenen alleine verteidigen, wenn die Finanzbehörde – wie im steuerrechtlichen Ordnungswidrigkeitenverfahren üblich – die Ermittlungen selbständig führt. Die Angehörigen der steuerberatenden Berufe können jedoch in Fällen notwendiger Verteidigung nicht gem. § 60 OWiG zum Pflichtverteidiger bestellt werden, denn § 392 iVm § 410 I Nr. 3 AO ergänzt nur § 138 I StPO, nicht aber § 142 StPO (*Rebmann/Roth/Herrmann* OWiG § 60 Rn. 17b; Göhler/*Seitz* OWiG § 60 Rn. 31; differenzierend Hüls/Reichling/*Apfel* AO § 410 Rn. 11). Im gerichtlichen Bußgeldverfahren über Steuerordnungswidrigkeiten können – ab der Übersendung der Akten an die StA (§ 69 III, IV OWiG) – Angehörige steuerberatender Berufe die Verteidigung nur in Gemeinschaft mit einem Rechtsanwalt oder einem Rechtslehrer führen. Rechtsmittelerklärungen können sie – anders als im Bußgeldverfahren der FinB – allein nicht wirksam abgeben (OLG Hamburg 21.1.1981, NJW 1981, 934). Unter den Voraussetzungen des § 60 OWiG hat die FinB einen Pflichtverteidiger zu bestellen. Hat die StA das Strafverfahren wegen einer Steuerstraftat eingestellt und die Sache gem. § 43 I OWiG zur Verfolgung einer Steuerordnungswidrigkeit an die FinB abgegeben, so handelt es sich nach § 17 Nr. 10 Buchst. b RVG um verschiedene Angelegenheiten.

18 **Abweichend vom Strafverfahren** braucht der Betroffene auf sein Recht, auch schon vor seiner Vernehmung einen Verteidiger zu befragen, nicht hingewiesen zu werden (§ 55 II OWiG). Hat der Betroffene einen Verteidiger gewählt, so muss das Gericht in den Fällen des § 72 OWiG auch ihn auf die Möglichkeit einer schriftlichen Entscheidung und des Widerspruchs gegen sie aufmerksam machen. Das gilt selbst dann, wenn die Bestellungsanzeige des Verteidigers beim AG bereits eingereicht wurde, als das Verfahren dort noch nicht anhängig war und sie auch nicht nachträglich zu den Akten genommen wurde (BayObLG 20.7.1970, BayObLGSt 1970, 150).

c) Beteiligung der Finanzbehörde im gerichtlichen Verfahren

Die Mitwirkungs- und Beteiligungsrechte der FinB folgen aus § 407 AO und sind gem. § 410 I Nr. 11 AO auch im Ordnungswidrigkeitenverfahren zu berücksichtigen. Die Stellung der FinB im Bußgeldverfahren wegen einer Steuerordnungswidrigkeit ist damit wesentlich stärker als die der anderen Verwaltungsbehörden (§ 35 OWiG) im allgemeinen Verfahrensrecht. Abweichend von § 76 II OWiG ist das Gericht nicht befugt, von einer Beteiligung der FinB an der Hauptverhandlung oder an Vernehmungsterminen abzusehen. Ist die StA Verfolgungsbehörde, so hat die FinB ein unbegrenztes Recht auf Akteneinsicht (§ 410 I AO iVm § 49 OWiG) – anders die Verteidigung gem. § 410 I AO, § 46 I OWiG, § 147 II StPO. In Zollordnungswidrigkeiten sollten Verwarnungsgelder grundsätzlich nur zur Reaktion auf einfache Ordnungswidrigkeiten an Ort und Stelle gegen natürliche Personen erhoben werden. Dabei sollte stets geprüft werden, ob nicht eine mündliche oder schriftliche Belehrung des Betroffenen oder eine Verwarnung ohne Verwarnungsgeld ausreicht.

5. Ablauf des Bußgeldverfahrens

Das Ermittlungsverfahren (Vorverfahren) beginnt mit der Einleitung (§ 410 I Nr. 6 AO iVm § 397 AO). Das **Verfahren** ist **eingeleitet,** wenn eine der in § 397 AO erwähnten Behörden erkennbar wegen einer Steuerordnungswidrigkeit eine Maßnahme trifft, die darauf abzielt, gegen jemanden vorzugehen. Aufgrund der Bekanntgabe der Einleitung des Ermittlungsverfahrens bzw. der Anordnung dieser Bekanntgabe wird gem. § 33 I Nr. 1 OWiG iVm § 377 II AO bei Steuerordnungswidrigkeiten der Lauf der Verfolgungsverjährung unterbrochen. Darüber hinaus hemmt die Bekanntgabe den Lauf der steuerlichen Festsetzungsfrist (§ 171 V 2 AO).

Desweiteren verliert der Betroffene durch die Bekanntgabe der Verfahrenseinleitung die Möglichkeit der bußgeldbefreienden Selbstanzeige (§ 378 III AO) und der strafbefreienden Selbstanzeige (§ 371 II Nr. 1b AO).

Im Hinblick auf die Rechtsstellung der Finanzbehörde im Bußgeldverfahren ist zwischen einem selbständigen und einem staatsanwaltschaftlichen Ermittlungsverfahren zu unterscheiden.

In einem **selbständigen Ermittlungsverfahren** ist gem. § 410 I 1 AO iVm § 46 I, II OWiG das Bußgeldverfahren bei Steuerordnungswidrigkeiten in vielen Beziehungen dem Steuerstrafverfahren und dem allgemeinen Strafverfahren angeglichen, so dass der zuständigen FinB im Bußgeldverfahren **dieselben Rechte und Pflichten wie der StA** bei der Verfolgung von Straftaten zukommen, soweit sich aus der AO und dem OWiG nichts anderes ergibt (Nr. 103 I AStBV (St) 2020; vgl. auch → § 399 Rn. 5, 11). Aus **§ 410 I Nr. 7** iVm § 399 II AO ergibt sich ferner, dass bei **Zuständigkeitskonzentrationen** auf eine einzige Finanzbehörde für den Bereich mehrerer Finanzbehörden (sog. Bußgeld- und Strafsachenstelle) nur die danach gemeinsam zuständige Finanzbehörde die staatsanwaltschaftliche Rechtsstellung nach § 399 I AO innehat. Von der Möglichkeit einer solchen Zuständigkeitskonzentration haben alle Bundesländer Gebrauch gemacht.

Führt ausnahmsweise die StA, zB nach einer Übernahme gem. § 42 OWiG, das Ermittlungsverfahren wegen einer Steuerordnungswidrigkeit durch, so hat die sonst in der Bußgeldsache zuständige FinB gem. **§ 410 I Nr. 8** iVm § 402 AO **dieselben Rechte und Pflichten wie die Behörden des Polizeidienstes** nach der StPO sowie die Befugnisse nach § 399 II S. 2 AO. Dadurch soll erreicht werden, dass auch im staatsanwaltschaftlichen Ermittlungsverfahren die besondere Sachkunde sowie die personellen und sachlichen Mittel der FinB nutzbar gemacht werden (BT-Drs. V/1269, 31 f.). Dementsprechend ist die StA gem. § 410 I Nr. 8 iVm § 403 III AO verpflichtet, der sonst zuständigen FinB die Anklageschrift oder den Antrag auf Erlass eines Strafbefehls zu übermitteln. Dadurch ist die FinB über den Ausgang des Ermittlungsverfahrens unterrichtet und hat die Möglichkeit, auf weitere uU bedeutsame Gesichtspunkte hinzuweisen (BT-Drs. V/1269, 89).

23 Die Rechtsstellung der **Steuer- und Zollfahndung** im Ordnungswidrigkeitenverfahren ergibt sich aus **§ 410 I Nr. 9** iVm § 404 S. 1 und S. 2 Hs. 1 AO. Die gem. § 208 I Nr. 1 AO auch für die Erforschung von Steuerordnungswidrigkeiten zuständigen Steuer- und Zollfahndungsstellen sowie ihre Beamten stehen folglich im Bußgeldverfahren wegen Steuerordnungswidrigkeiten dieselben Befugnisse wie den Behörden und Beamten des Polizeidienstes zu. Besonderheiten ergeben sich allerdings daraus, dass die Fahndungsbeamten im Ordnungswidrigkeitenverfahren wegen des fehlenden Verweises auf § 404 S. 2 Hs. 2 AO keine Ermittlungspersonen der Staatsanwaltschaft sind. Folglich unterliegen sie nicht der Weisungsbefugnis der StA nach § 152 GVG. Hat indes die Staatsanwaltschaft die Ermittlungen wegen einer Steuerordnungswidrigkeit übernommen, so sind die mit der Ermittlung betrauten Fahndungsbeamten verpflichtet, auf Ersuchen der Staatsanwaltschaft tätig zu werden und ihre Aufträge auszuführen, vgl. § 161 I 2 StPO.

24 Ist das Verfahren eingeleitet, so besteht abweichend vom Strafverfahren keine Verpflichtung der Behörde, den Betroffenen förmlich zu hören. Es muss ihm gem. § 55 I OWiG lediglich die Möglichkeit gegeben werden, sich – ggf. auch schriftlich – zu der Beschuldigung zu äußern. Für den Betroffenen besteht keine **Aussagepflicht** zur Sache, wohl aber gem. § 111 OWiG im Hinblick auf die Angaben zur Person. Der Betroffene muss ferner nicht auf die Rechte, einen Verteidiger hinzuzuziehen oder Beweisanträge zu stellen, hingewiesen werden. Die **Bestellung eines Pflichtverteidigers** gem. § 60 OWiG iVm § 140 II 1 StPO ist nur unter engen Voraussetzungen angezeigt.

Der Betroffene ist prinzipiell verpflichtet, bei der Verwaltungsbehörde auf Ladung zu erscheinen (§ 46 I, II OWiG iVm § 163a III 1 StPO). Im Falle der Nichtbeachtung der **Ladung** bleibt die Anordnung seiner zwangsweisen Vorführung gem. § 46 V 1 OWiG allein dem Richter vorbehalten. Dasselbe gilt für Zeugen und Sachverständige.

25 Im Ermittlungsverfahren ist darüber hinaus zu berücksichtigen, dass die **Ermittlungsbefugnisse** im steuerlichen Bußgeldverfahren gem. § 46 III–V OWiG im Gegensatz zum Strafverfahren auf wenige intensive Eingriffe beschränkt sind, vgl. → Rn. 10 sowie auch Nr. 102 AStBV (St) 2020.

26 Erweist sich der Verdacht als unbegründet oder zeigt sich ein endgültiges Verfahrenshindernis, wird das **Verfahren eingestellt** (§ 46 I OWiG iVm § 170 II StPO; vgl. Nr. 113 I 1 Hs. 1 AStBV (St) 2020). Darüber hinaus kann das Verfahren auch gem. § 47 I OWiG eingestellt werden, wenn die Verfolgung trotz Verwirklichung des Tatbestands aus Opportunitätsgründen zB wegen geringer Schuld oder wegen der Unverhältnismäßigkeit der Fortsetzung des Verfahrens nicht angemessen erscheint (vgl. Nr. 113 I 1 Hs. 2 AStBV (St) 2020). Eine solche Einstellung darf jedoch gem. § 47 III OWiG nicht von der Zahlung eines Geldbetrags abhängig gemacht werden.

27 Hält die FinB nach Abschluss der Ermittlungen die Ordnungswidrigkeit für erwiesen und die Ahndung mit einer Geldbuße für geboten (→ Rn. 5), vermerkt sie den Abschluss der Ermittlungen in den Akten (§ 61 OWiG) und erlässt einen **Bußgeldbescheid** (§§ 65, 66 OWiG; vgl. Nr. 113 I 2 AStBV (St) 2020). Bei geringfügigen Ordnungswidrigkeiten (s. auch → § 398 Rn. 16 ff.) kann sie den Betroffenen verwarnen und ein Verwarnungsgeld von 5–55 EUR erheben (§ 56 I OWiG), was allerdings kaum praktische Bedeutung erlangt.

28 Der Bußgeldbescheid ergeht schriftlich. Zum **wesentlichen Inhalt des Bußgeldbescheids** (§ 66 OWiG) gehören die Bezeichnung der Person, gegen die Rechtsfolgen angeordnet werden sollen, die Kennzeichnung der Tat, die dem Betroffenen zur Last gelegt wird, die Beweismittel sowie die angeordneten Rechtsfolgen. Ferner enthält der Bescheid Hinweise auf Rechtsbehelfe und Vollstreckbarkeit sowie eine Kostenentscheidung (§ 464 I StPO, § 105 OWiG). Die Gründe für die Zumessung der Geldbuße brauchen im Bußgeldbescheid – im Gegensatz zur gerichtlichen Bußgeldentscheidung – nicht dargelegt zu werden (vgl. Göhler/*Gürtler* OWiG § 17 Rn. 35 mwN).

Zur Bemessung der Geldbuße vgl. → § 377 Rn. 31 ff. sowie Nr. 114 AStBV (St) 2020. Die **Geldbuße** soll allerdings den *wirtschaftlichen Vorteil,* den der Täter aus der Ordnungswidrigkeit gezogen hat, übersteigen (§ 17 IV OWiG). Im Hinblick auf die auf den wirtschaftlichen Vorteil entfallenen Ertragsteuern gilt dabei jedoch, dass der Betroffene nicht doppelt belastet werden darf (Göhler/*Gürtler* OWiG § 17 Rn. 43). Der allgemeine Gleichheitssatz verlangt, dass entweder die Geldbuße mit dem Abschöpfungsbetrag bei der Einkommensbesteuerung abgesetzt werden kann oder ihrer Bemessung nur der um die abziehbare Einkommensteuer verminderte Betrag zugrunde gelegt wird (BVerfG 23.1.1990, BVerfGE 81, 228). Dementsprechend gilt gem. § 4 V 1 Nr. 8 S. 4 EStG das Abzugsverbot für Geldbußen nicht, soweit der wirtschaftliche Vorteil, der durch den Gesetzesverstoß erlangt wurde, abgeschöpft worden ist, wenn die Steuern vom Einkommen und Ertrag, die auf den wirtschaftlichen Vorteil entfallen, nicht abgezogen worden sind (vgl. auch → § 377 Rn. 33 f.).

Gegen den Bußgeldbescheid kann der Betroffene Einspruch einlegen (Zwischenverfahren) (§ 67 OWiG). Die Einspruchsfrist beträgt gem. § 67 I S. 1 OWiG zwei Wochen ab Zustellung des Bescheids. Der Einspruch kann auf bestimmte Beschwerdepunkte beschränkt werden (§ 67 II OWiG), zB auf die Höhe der Geldbuße. Eine solche Beschränkung kann – ebenso wie eine Rücknahme des Einspruchs – auch nachträglich erfolgen (Göhler/*Seitz/Bauer* OWiG § 67 Rn. 34 ff.). Ein Begründungszwang besteht nicht. Aufgrund des Einspruchs hat die FinB den Bescheid zu überprüfen. Sie kann den Bescheid als unzulässig zurückweisen (§ 69 I 1 OWiG), wogegen innerhalb von zwei Wochen der Antrag auf gerichtliche Entscheidung zulässig ist.

Ist der **Einspruch zulässig,** so entscheidet die Finanzbehörde nach erneuter Überprüfung, ob sie den Bußgeldbescheid aufrechterhält oder zurücknimmt (§ 69 II S. 1 OWiG). Die Möglichkeit einer teilweisen Rücknahme gibt es nicht, aber die Behörde kann den angegriffenen Bescheid zurücknehmen und einen neuen – anders als im gerichtlichen Verfahren (§ 72 III 2 OWiG) –, auch verbösernden Bußgeldbescheid erlassen (Göhler/*Seitz/Bauer* OWiG vor § 67 Rn. 5) oder die Sache an die StA abgeben (§ 69 I 1 OWiG). Gegen einen verbösernden Bußgeldbescheid kann der Betroffene wiederum Einspruch einlegen. Daher ist die Abgabe an die StA dem Erlass eines solchen Bescheides vorzuziehen, wenn – was regelmäßig der Fall sein dürfte – der Betroffene die erschwerenden Umstände bestreitet.

Mit dem **Eingang der Akten bei der StA** übernimmt diese gem. § 69 IV OWiG die Verfahrensherrschaft, so dass sie in eigener Verantwortung entscheidet, ob sie weitere Ermittlungen durchführt, das Verfahren einstellt oder – wie in der Regel – die Akten ohne weitere umfangreiche Prüfung dem Gericht vorlegt.

Im Hauptverfahren trifft das Gericht eine Entscheidung durch *Beschluss,* wenn es den Einspruch für unzulässig (§ 70 I OWiG) oder – im Einvernehmen mit der StA und dem Betroffenen – eine Hauptverhandlung nicht für erforderlich hält (§ 72 OWiG). Gegen den Beschluss nach § 72 OWiG ist Rechtsbeschwerde zulässig (§ 79 OWiG; → Rn. 33). Für die Hauptverhandlung gelten im Wesentlichen die Vorschriften der StPO (§§ 71, 46 I OWiG), die allerdings durch die §§ 72–78 OWiG modifiziert werden. Der Betroffene ist – abweichend von § 230 StPO – nicht verpflichtet, in der Hauptverhandlung zu erscheinen (§ 73 I OWiG); er kann sich, falls das Gericht sein persönliches Erscheinen nicht angeordnet hat, durch einen schriftlich bevollmächtigten Verteidiger vertreten lassen (§ 73 IV OWiG). Das Gericht darf, auch *zuungunsten* des Betroffenen, von dem Bußgeldbescheid abweichen (§ 71 OWiG, § 411 IV StPO). Gem. § 77 I 2 OWiG ist im Hinblick auf den Umfang der Beweisaufnahme die Bedeutung der Sache zu berücksichtigen, so dass es unter diesem Gesichtspunkt zur Ablehnung von Beweisanträgen kommen kann (BGH 23.11.2004, NJW 2005, 1381). Das Gericht ist an die Beurteilung der Tat als Ordnungswidrigkeit nicht gebunden, jedoch darf es auf Grund eines Strafgesetzes nur entscheiden, wenn der Betroffene zuvor auf die Veränderung des rechtlichen Gesichtspunktes hingewiesen und ihm Gelegenheit zur Verteidigung gegeben worden ist (§ 81 I OWiG).

32 Gem. § 410 I Nr. 11 iVm § 407 AO ist die **Finanzbehörde** im Gegensatz zur Regelung des § 76 II OWiG **zwingend am gerichtlichen Verfahren** (inkl. Rechtsmittelzug) **zu beteiligen.** Ihr ist in der Hauptverhandlung das Wort zu erteilen und sie ist zu hören, wenn das Gericht das Verfahren gem. § 47 II OWiG einstellen will.

33 Das **gerichtliche Bußgeldverfahren** ist auf eine Tatsacheninstanz beschränkt. Im Rechtsmittelverfahren kann *lediglich fehlerhafte Rechtsanwendung* gerügt werden. Die Rechtsbeschwerde an das OLG (Göhler/*Seitz*/*Bauer* OWiG § 79 Rn. 35) ist unter den Voraussetzungen des § 79 OWiG oder nach Zulassung durch das Beschwerdegericht (§ 80 OWiG) innerhalb einer Woche nach Zustellung des Urteils oder des Beschlusses (§ 79 IV OWiG) statthaft. Binnen eines weiteren Monats ist die Rechtsbeschwerde zu begründen, § 79 III 1 OWiG iVm § 345 I 1 StPO. Das Beschwerdegericht entscheidet durch Beschluss; es kann aber auch, falls sich die Rechtsbeschwerde gegen ein Urteil richtet, auf Grund einer Hauptverhandlung durch Urteil entscheiden (§ 79 V OWiG). Hebt das Beschwerdegericht die angefochtene Entscheidung auf, so kann es selbst eine Sachentscheidung treffen oder die Sache an dasselbe oder an ein anderes AG desselben Landes zurückverweisen (§ 79 VI OWiG).

34 **Der Bußgeldbescheid wird rechtskräftig,** wenn kein Einspruch eingelegt, wenn der Einspruch zurückgenommen oder verworfen wird oder wenn das Gericht letztinstanzlich über die Tat als Ordnungswidrigkeit oder als Straftat rechtskräftig entschieden hat (§ 84 I OWiG). In diesen Fällen kann die Tat nicht mehr als Ordnungswidrigkeit verfolgt werden (§ 84 I OWiG) und der Bescheid ist vollstreckbar (§ 89 OWiG, § 412 II AO). Außerhalb des Steuerordnungswidrigkeitenrecht gilt grundsätzlich, dass die Rechtskraftwirkung eines Bußgeldbescheides nur so weit reichen kann wie die Ahndungsbefugnis der Verwaltungsbehörde, so dass die Tat, wegen der ein Bußgeldbescheid der Verwaltungsbehörde ergangen ist, trotz des Bußgeldbescheides durch die Staatsanwaltschaft als Straftat verfolgt werden kann (Göhler/*Seitz*/*Bauer* OWiG § 84 Rn. 13), denn nur ein rechtskräftiges Urteil über die Tat als Ordnungswidrigkeit steht auch ihrer Verfolgung als Straftat entgegen (§ 84 II OWiG). Das gilt aber nicht, wenn die FinB das Verfahren selbstständig betrieben und mit einem Bußgeldbescheid abgeschlossen hat (glA *Brenner* ZfZ 1978, 270; HHS/*Tormöhlen* AO § 410 Rn. 35; Kohlmann/*Hilgers-Klautzsch* AO § 410 Rn. 134.1; RKR/*Kemper* AO § 410 Rn. 14; aA Klein/*Jäger* AO § 410 Rn. 46). Dies folgt aus der besonderen Rolle der FinB, die eigenständige staatsanwaltliche Befugnisse hat und den Sachverhalt unter straf- und bußgeldrechtlichen Gesichtspunkten zu würdigen hat. Andernfalls wäre auch die Regelung des § 410 II AO unverständlich.

35 Gemäß **§ 410 I Nr. 12** iVm § 408 AO gelten auch im steuerlichen Bußgeldverfahren die **Gebühren und Auslagen** für einen Steuerberater, Steuerbevollmächtigten, Wirtschaftsprüfer oder vereidigten Buchprüfer als notwendige Auslagen der Beteiligten (vgl. die Erl. zu → § 408 Rn. 1 ff.).

Bußgeldbescheide wegen Steuerordnungswidrigkeiten werden im Gewerbezentralregister eingetragen. Voraussetzung ist allerdings, dass die Ordnungswidrigkeit im Zusammenhang mit einem Gewerbe begangen wurde und dass die festgesetzte Geldbuße mehr als 200 EUR beträgt (§ 149 II Nr. 3 GewO). Eintragungen im **Bundeszentralregister** erfolgen nicht, selbst wenn die Geldbuße im Strafverfahren verhängt oder eine Nebenfolge angeordnet wurde.

§ 411 Bußgeldverfahren gegen Rechtsanwälte, Steuerberater, Steuerbevollmächtigte, Wirtschaftsprüfer oder vereidigte Buchprüfer

Bevor gegen einen Rechtsanwalt, Steuerberater, Steuerbevollmächtigten, Wirtschaftsprüfer oder vereidigten Buchprüfer wegen einer Steuerordnungswidrigkeit, die er in Ausübung seines Berufs bei der Beratung in Steuersachen begangen hat, ein Bußgeldbescheid erlassen wird, gibt die Finanzbehörde der zuständigen Berufskammer Gelegenheit, die Gesichtspunkte vorzubringen, die von ihrem Standpunkt für die Entscheidung von Bedeutung sind.

Schrifttum: Zu 448 RAO 1968: *Lohmeyer*, Das Bußgeldverfahren gegen Angehörige der rechts- und steuerberatenden Berufe, DStR 1974, 681.
Zu § 411 AO 1977: *Gräfe/Lenzen/Schmeer*, Steuerberaterhaftung, 6. Aufl. 2017; *Bilsdorfer*, § 411 AO – Eine „Muß"-, eine „Soll"- oder eine „Kann"-Vorschrift?, DStR 1983, 26; *ders.*, Die steuerstraf- und bußgeldrechtliche Verantwortung des steuerlichen Beraters, NWB Fach 13, 975 (3/2001), *Lohmeyer*, Verfahrensrechtliche Besonderheiten vor Erlaß eines Bußgeldbescheides gegen einen Angehörigen der rechts- und steuerberatenden Berufe, RWP AO SG 2.5, 45; *Weyand*, Anhörungs- und Mitteilungspflichten der Finanzbehörde bei berufswidrigem Verhalten steuerlicher Berater, INF StW 1990, 241; *Carl/Klos*, Neue Zuständigkeiten der Bußgeld- und Strafsachenstellen zur Verfolgung von Ordnungswidrigkeiten nach dem Geldwäschegesetz, StWa. 1995, 66; *Kutzner*, Strafrechtliche Relevanz steuerberatender Tätigkeit, NWB Fach 30, 1543 (8/2005); *Podewils/Hellinger*, Strafrechtliche Risiken für steuerliche Berater, DStZ 2013, 662; *Wegner*, Berufsrechtliche Risiken nach Strafurteil, PStR 2015, 214.

1. Entstehungsgeschichte

Die Vorschrift geht zurück auf **§ 423 RAO 1931,** aufgehoben durch das AOStrafÄndG 1 v. 10.8.1967 (BGBl. I 877), und **§ 448 RAO,** eingefügt durch das 2. AOStrafÄndG v. 12.8.1968 (BGBl. I 953). Während § 423 RAO 1931 die Einleitung eines Steuerstrafverfahrens gegen Rechtsanwälte an eine ehrengerichtlich festgestellte Berufspflichtverletzung knüpfte, machte § 448 RAO den Erlass eines Bußgeldbescheides wegen einer Steuerordnungswidrigkeit gegen einen Rechtsanwalt, Steuerberater, Steuerbevollmächtigten, Wirtschaftsprüfer oder vereidigten Buchprüfer davon abhängig, dass gegen ihn zuvor eine ehren- oder berufsgerichtliche Maßnahme verhängt oder ihm durch den Vorstand der Berufskammer eine Rüge erteilt worden war. Durch diese Vorschrift, die bereits im Gesetzgebungsverfahren heftig umstritten war, sollte der Anschein vermieden werden, die Tätigkeit der Angehörigen der steuerberatenden Berufe unterliege einer Aufsicht durch die FinB (BT-Drs. V/2928, 4). Die Kritik verstummte auch nach Inkrafttreten des § 448 RAO nicht. Die Regelung, für die es in der Rechtsordnung keine Parallele gab, wurde vor allem deshalb zu Recht kritisiert, weil sie den Ehren- und Berufsgerichten letztlich die Entscheidung darüber übertrug, ob der auch dem Bußgeldrecht zugrunde liegende staatliche Strafanspruch verwirklicht werden konnte (*Bock* DB 1968, 1332; *Henneberg* BB 1968, 911; *Lohmeyer* DStR 1974, 681).

§ 411 AO 1977 hat die Kritik gegen § 448 RAO 1968 insofern berücksichtigt, als der 2 Erlass eines Bußgeldbescheides wegen einer Steuerordnungswidrigkeit gegen einen Angehörigen der steuerberatenden Berufe verfahrensrechtlich nur noch die Anhörung der zuständigen Berufskammer voraussetzt. Die Vorschrift stellt somit klar, dass den **staatlichen Sanktionen** der **Vorrang** vor berufsrechtlichen Maßnahmen zukommt (vgl. auch § 115b BRAO; § 92 StBerG). Inhaltlich ist die Vorschrift allerdings aufgrund der einzigartigen Möglichkeit der berufsständischen Vertretung, am Verfahren mitzuwirken, nach wie vor bedenklich (vgl. *Bilsdorfer* DStR 1983, 26; HHS/*Tormöhlen* AO § 411 Rn. 4; sowie → Rn. 10).

2. Zweck und Anwendungsbereich

Zweck der Vorschrift ist es, den Sachverstand der Berufskammern für das Bußgeld- 3 verfahren nutzbar zu machen (BT-Drs. 7/4292). Angehörige der steuerberatenden Berufe müssen ständig zwischen den Interessen ihres Mandanten einerseits und ihren öffentlich-rechtlichen Berufspflichten andererseits abwägen, so dass die Grenze zwischen (bedingt) vorsätzlicher und leichtfertiger Steuerverkürzung oft nur schwer erkennbar ist. Ein bestimmtes Verhalten kann aus der Sicht der die Standesaufsicht ausübenden Berufskammer anders zu werten sein als aus der Sicht der FinB (s. aber auch → Rn. 10).

4 Der **persönliche Anwendungsbereich** des § 411 AO beschränkt sich auf Rechtsanwälte, Steuerberater, Steuerbevollmächtigte, Wirtschaftsprüfer und vereidigte Buchprüfer (vgl. § 3 StBerG). Die Aufzählung ist abschließend. Personen, die gem. § 4 StBerG lediglich zur beschränkten Hilfeleistung in Steuersachen befugt sind, werden von dem eindeutigen Wortlaut nicht erfasst (Kohlmann/*Hilgers-Klautzsch* AO § 411 Rn. 4). Dazu zählen insbesondere Notare. Warum allerdings das Verhalten eines Rechtsanwalts, zB bezüglich eines grunderwerbsteuerbaren Rechtsvorgangs, verfahrensrechtlich anders zu beurteilen sein soll als das entsprechende Verhalten eines (Nur-)Notars, erscheint nicht verständlich, und zwar umso weniger, als sich die Verpflichtung der FinB, den Berufskammern Tatsachen mitzuteilen, die den Verdacht einer Berufspflichtverletzung begründen, ausdrücklich auch auf die in § 4 Nr. 1 u. 2 StBerG genannten Personen erstreckt (§ 10 StBerG).

§ 411 AO ist auch anwendbar im Falle gleichzeitiger Zugehörigkeit zu mehreren der genannten Berufe (etwa als Rechtsanwalt und Steuerberater). Gehört der Betroffene allerdings **mehreren Berufskammern** an, ist jeder von ihnen Gelegenheit zur Stellungnahme zu geben.

5 Nach dem klaren Wortlaut des § 411 AO ist die Norm nur in einem finanzbehördlichen Bußgeldverfahren anwendbar. Im **gerichtlichen Bußgeld- bzw. Strafverfahren** (§§ 45, 82 OWiG) sowie im durch die Finanzbehörde geführten Strafverfahren ist § 411 AO hingegen nicht anwendbar (glA HHS/*Tormöhlen* AO § 411 Rn. 9, Kohlmann/*Hilgers-Klautzsch* AO § 411 Rn. 3, RKR/*Kemper* AO § 411 Rn. 5). Gleiches gilt, wenn das Verfahren von der FinB eingestellt oder ein Strafbefehl beantragt wird.

3. Voraussetzungen für die Anhörung der Berufskammer

6 Materiell-rechtliche Voraussetzung für die Anhörung einer Berufskammer nach § 411 AO ist die Begehung einer **Steuerordnungswidrigkeit iSd § 377 AO** (vgl. → § 377 Rn. 3 ff.). Im Gegensatz dazu werden zB Verstöße gegen Berufs- oder Standespflichten von § 411 AO nicht erfasst.

7 **In Ausübung seines Berufes** handelt nicht nur, wer entsprechend den Vorschriften des einschlägigen Berufsrechts tätig wird, sondern jeder, der durch wiederholte Übernahme bestimmter Aufgaben zu erkennen gibt, dass die Erfüllung solcher Aufgaben Inhalt seines Beschäftigungsbereichs ist (RG 12.4.1943, RGSt 77, 15). Private Gefälligkeiten gehören nicht dazu. Unentgeltlichkeit genügt für sich allein nicht, um die Beistandsleistung als außerberuflich zu kennzeichnen (BGH 6.10.1964, BGHSt 20, 10), dürfte aber regelmäßig als Indiz für eine außerberufliche Gefälligkeit zu werten sein.

Ebenso werden Handlungen „bei Gelegenheit" einer Hilfeleistung in Steuersachen von § 411 AO nicht erfasst (RKR/*Kemper* AO § 411 Rn. 7).

8 **Der Begriff Steuersachen** folgt aus § 1 StBerG. Er umfasst zB auch Monopolsachen sowie Steuern und Vergütungen, die durch das Recht der Europäischen Gemeinschaften geregelt sind, ferner das Steuerstraf- und -ordnungswidrigkeitenrecht sowie Buchführungsangelegenheiten, soweit die Aufzeichnungen für die Besteuerung bedeutsam sind.

9 **Beratung in Steuersachen** setzt eine Leistung für einen Dritten voraus. Steuerordnungswidrigkeiten in eigener Sache werden folglich durch § 411 AO nicht erfasst, obwohl sie zugleich Berufspflichtverletzungen darstellen können (§ 43 BRAO, § 57 StBerG, § 43 WiPrO). Das Tatbestandsmerkmal *Beratung* ist weit auszulegen (HHS/*Tormöhlen* AO § 411 Rn. 11).

10 **Ob ein Auftrag für eine konkrete Beratung vorliegt,** ist unerheblich. Es genügen zB steuerliche Hinweise anlässlich der auftragsgemäßen Überprüfung von Verträgen unter gesellschaftsrechtlichen Aspekten oder eine Beratung im Zusammenhang mit einem Strafverfahren (HHS/*Tormöhlen* AO § 411 Rn. 11); vgl. aber auch Klein/*Jäger* AO § 411 Rn. 5 sowie RKR/*Kemper* AO § 411 Rn. 7, die auf die Schwierigkeiten einer Abgrenzung zB im Rahmen einer Testamentsvollstreckung oder Vormundschaft hinweisen.

4. Anhörung der zuständigen Berufskammer

Vor Erlass des Bußgeldbescheides erhält die zuständige Berufskammer Gelegenheit, sich zu äußern. Die Einleitung des Verfahrens ist daher nicht von einer Anhörung der Kammer abhängig.

Die **Finanzbehörde informiert die zuständige Kammer** über die gegen den Berufsangehörigen erhobenen Vorwürfe sowie die beabsichtigte bußgeldrechtliche Würdigung. In diesem Rahmen ist der Berufskammer die Bußgeldakte vorzulegen (vgl. Nr. 115 I 1 AStBV (St) 2020). Danach ist der zuständigen Berufskammer die **Gelegenheit zur Stellungnahme zu geben,** indem ihr eine angemessene Frist zur Abgabe der Stellungnahme eingeräumt wird (vgl. Nr. 115 II 1 AStBV (St) 2020). Für die Finanzbehörde besteht zwar gem. Nr. 115 II 2 AStBV (St) 2020 eine **Pflicht zur Berücksichtigung** der Stellungnahme bei der Entscheidung über den Bußgeldbescheid, sie ist jedoch inhaltlich nicht an die Auffassung oder Einwendungen der Kammer gebunden.

Ob **auf die Anhörung der zuständigen Kammer verzichtet** werden kann, wenn der Betroffene dies beantragt (verneinend Klein/*Jäger* AO § 411 Rn. 1; Nr. 115 III AStBV (St) 2020; vgl. auch HHS/*Tormöhlen* AO § 411 Rn. 14 f.; bejahend Kohlmann/*Hilgers-Klautzsch* AO § 411 Rn. 8; RKR/*Kemper* AO § 411 Rn. 12), lässt sich dem Wortlaut des § 411 AO nicht eindeutig entnehmen. Hätte der Gesetzgeber der FinB einen Ermessensspielraum zubilligen wollen, so hätte es nahegelegen, das Wort „*kann*" zu verwenden (*Bilsdorfer* DStR 1983, 26). Der Zweck der Vorschrift, den Sachverstand der Berufskammern zu nutzen (→ Rn. 3), dürfte für eine Vorlagepflicht sprechen; denn gerade in Bezug auf die Beurteilung einer etwaigen Leichtfertigkeit sollte die FinB – auch wenn sie selbst keine Zweifel hat – diejenigen Gesichtspunkte, welche die Berufskammer für erheblich hält, zumindest hören müssen. Selbst wenn man die Sinnhaftigkeit der Beteiligung der jeweiligen Berufskammer bejaht, erscheint es aber sinnvoll, dem Betroffenen – mit bindender Wirkung für die FinB – das Recht zuzubilligen, auf die Einschaltung der Berufskammer zu verzichten (so wohl auch *Bilsdorfer* DStR 1983, 26, der eine alternative Neufassung der Vorschrift empfiehlt). Da es sich bei § 411 AO primär um eine Schutzvorschrift zugunsten der Berufsangehörigen handelt, ist nicht einzusehen, warum der Betroffene nicht auf diesen Schutz verzichten kann. Die schutzwürdigen Interessen der Berufskammern als Aufsichtsorgane sind in jedem Fall gewahrt, denn ein Verzicht des Beraters auf Anhörung der Kammer im Rahmen des § 411 AO entbindet die FinB nicht von ihrer Mitteilungspflicht gem. § 10 StBerG (vgl. dazu Schwarz/Pahlke/*Webel* AO § 411 Rn. 13).

Da der zuständigen Berufskammer (erst) vor dem **Erlass eines Bußgeldbescheides** Gelegenheit zu Äußerung zu geben ist, ist die **Beendigung des Verfahrens durch Einstellung** nicht von der Anhörung der Kammer abhängig.

Unterlässt die FinB die Anhörung oder wird die Entscheidung der Kammer nicht abgewartet, so berührt das die Wirksamkeit des Bußgeldbescheides nicht (§ 125 III Nr. 4 AO, § 44 II Nr. 4 VwVfG analog). Die Anhörung kann ggf. auch nachgeholt werden (§ 126 I Nr. 5 AO, § 45 I Nr. 5 VwVfG; vgl. HHS/*Tormöhlen* AO § 411 Rn. 22; Kohlmann/*Hilgers-Klautzsch* AO § 411 Rn. 9).

5. Steuergeheimnis

Die zuständige Berufskammer kann die **Bußgeldakten des Beraters** einsehen. Das gilt auch für die Teile der Akte, die den Stpfl oder einen sonst Beteiligten betreffen, wenn sie für die Beurteilung des Falles von Bedeutung sind (glA Klein/*Jäger* AO § 411 Rn. 1;

RKR/*Kemper* AO § 411 Rn. 1). Die Offenbarung ist durch § 30 IV Nr. 1 u. 2 iVm § 411 AO gedeckt. Dementsprechend sind jedoch solche Informationen von der zuständigen Finanzbehörde aus den der Kammer vorgelegten Akten zu entfernen, die nicht in Verbindung zu dem Bußgeldverfahren wegen der Steuerordnungswidrigkeit stehen.

§ 412 Zustellung, Vollstreckung, Kosten

(1) ¹ Für das Zustellungsverfahren gelten abweichend von § 51 Abs. 1 Satz 1 des Gesetzes über Ordnungswidrigkeiten die Vorschriften des Verwaltungszustellungsgesetzes auch dann, wenn eine Landesfinanzbehörde den Bescheid erlassen hat. ² § 51 Abs. 1 Satz 2 und Absatz 2 bis 5 des Gesetzes über Ordnungswidrigkeiten bleibt unberührt.

(2) ¹ Für die Vollstreckung von Bescheiden der Finanzbehörden in Bußgeldverfahren gelten abweichend von § 90 Abs. 1 und 4, § 108 Abs. 2 des Gesetzes über Ordnungswidrigkeiten die Vorschriften des Sechsten Teils dieses Gesetzes. ² Die übrigen Vorschriften des Neunten Abschnitts des Zweiten Teils des Gesetzes über Ordnungswidrigkeiten bleiben unberührt.

(3) Für die Kosten des Bußgeldverfahrens gilt § 107 Absatz 4 des Gesetzes über Ordnungswidrigkeiten auch dann, wenn eine Landesfinanzbehörde den Bußgeldbescheid erlassen hat; an Stelle des § 19 des Verwaltungskostengesetzes in der bis zum 14. August 2013 geltenden Fassung gelten § 227 und § 261 dieses Gesetzes.

Schrifttum: *Bock,* Die Reform des Steuerstrafrechts, DB 1968, 1326; *Günther,* Wer vollstreckt das Bußgeld?, NJW 1969, 2273 mit Erwiderung von *Baldauf* NJW 1970, 460; *Pfaff,* Das Zustellungsverfahren im Steuerstraf- und Bußgeldrecht, DStZ 1970, 377; *ders.,* Kosten im Steuerstraf- bzw. Bußgeldverfahren, DStZ 1970, 119; *Buschmann,* Steuerstrafen und Steuerbußen, BlStA 1972, 91; *Körner,* Die Kosten des Steuerstrafverfahrens und des Bußgeldverfahrens wegen Steuerordnungswidrigkeiten, ZfZ 1972, 234; *Lohmeyer,* Die Vollstreckung von Bußgeldentscheidungen, DStR 1974, 489; *Kretzschmar,* Finanzbehördliche Kosten im Steuerstraf- und Steuerordnungswidrigkeitenverfahren, NWB Fach 13, 635 (Stand: 1984); *Dörn,* Anordnung der Erzwingungshaft, wistra 1995, 93; *Seltmann,* Zustellung durch die privatisierte Post, AnwBl 1996, 403; *Viefhues,* Das Gesetz über die Verwendung elektronischer Kommunikationsformen in der Justiz, NJW 2005, 1009; *Wieser,* Erzwingungshaft wegen Geldbußen während Insolvenz- und Restschuldbefreiungsverfahren, DZWiR 2007, 72; *App,* Anordnung der bußgeldrechtlichen Erzwingungshaft nach Eröffnung des Insolvenzverfahrens über das Vermögen des Schuldners?, ZVI 2008, 197; *Klaproth,* Ausgewählte Auswirkungen der Insolvenz des Beschuldigten auf ein Steuerstrafverfahren, wistra 2008, 174; *Krumm,* Die zusätzliche Verfahrensgebühr bei Einziehung im Bußgeldverfahren (Nr. 5116 VV RVG), wistra 2018, 499; s. auch das Schrifttum zu § 408 AO.

1. Entstehungsgeschichte

§ 412 AO 1977 entspricht inhaltlich weitgehend § 449 RAO. **§ 449 I, II RAO** wurde 1 mit dem 2. AOStrafÄndG v. 12.8.1968 (BGBl. 1968 I 953) eingeführt (vgl. § 437 EAO, BT-Drs. V/1812, 10). Die Regelung war Teil einer Reform der AO (Einführung von Steuerordnungswidrigkeiten), die insoweit durch das OWiG ausgelöst worden war (ausf. → Einl Rn. 86 ff.). § 449 III RAO, der § 412 III AO 1977 entspricht, wurde durch § 24 VwKostG v. 23.6.1970 (BGBl. 1970 I 821) eingefügt.

2. Zweck und Bedeutung der Vorschrift

Die **verfahrensrechtlichen Vorschriften des OWiG** (§§ 35–110 OWiG) – und damit 2 mittelbar auch die allgemeinen Gesetze über das Strafverfahren – gelten nach § 410 I AO für das Bußgeldverfahren wegen einer Steuerordnungswidrigkeit entsprechend. Darüber hinaus sind einige Regelungen des Steuerstrafverfahrensrechts heranzuziehen (vgl. § 410 I Nr. 1–12 AO). In Form des § 412 AO hat der Gesetzgeber jedoch abweichende Sonderregelungen getroffen: Absatz 1 ändert das Zustellungsverfahren, Absatz 2 die Regelung über die Vollstreckung von Bußgeldbescheiden und Absatz 3 trifft eine Sonderregelung für die Kosten des Bußgeldverfahrens.

Die durch § 412 I, III AO verdrängten allgemeinen Vorschriften ordnen an, dass 3 bei Bußgeldbescheiden von Landesbehörden *landes*rechtliche Regelungen anzuwenden sind. § 412 I und III AO haben hingegen zur Folge, dass auch die *Landes*finanzbehörden die einheitlichen bundesrechtlichen Regelungen des VwZG und des VwKostG anzuwenden haben. Für HZA und Bundeszentralamt für Steuern gilt dies ohnehin, da es sich bei ihnen um *Bundes*behörden handelt. § 412 I und III AO vereinheitlichen insoweit und vereinfachen damit das Verfahren bei Steuerordnungswidrigkeiten.

3. Zustellung von Bußgeldbescheiden

4 Bei Zustellungen durch das **HZA** oder das **Bundeszentralamt für Steuern** ist nach § 51 I 1 OWiG das VwZG anzuwenden. Nach § 412 AO gilt dies – entgegen § 51 I 1 Hs. 2 OWiG – auch, soweit eine Landesfinanzbehörde den Bußgeldbescheid erlassen hat (Klein/*Jäger* AO § 412 Rn. 2). § 412 AO gilt hingegen nicht für Zustellungen im staatsanwaltschaftlichen und im Gerichtsverfahren. Insoweit sind aufgrund der Generalverweisungsnorm des § 46 OWiG die Vorschriften der §§ 36 ff. StPO anwendbar (Kohlmann/ *Hilgers-Klautzsch* AO § 412 Rn. 2; HHS/*Tormöhlen* AO § 412 Rn. 4a).

5 Die FinB hat die Auswahl unter den verschiedenen Zustellungsarten (Göhler/ *Seitz/Bauer* OWiG § 51 Rn. 7; RKR/*Kemper* AO § 412 Rn. 6). IdR erfolgt die Zustellung durch die Post mit Zustellungsurkunde (§ 3 VwZG; vgl. Nr. 116 S. 2 AStBV (St) 2020). Im Einzelfall kann allerdings die Zustellung auch mittels eingeschriebenen Briefes (§ 4 VwZG) bewirkt werden, der Bußgeldbescheid kann dem Betroffenen gegen Empfangsbekenntnis ausgehändigt werden (§ 5 VwZG) und selbst die Zustellung im Ausland ist möglich (§ 9 VwZG; vgl. dazu im Folgenden). Die elektronische Zustellung gem. § 5a VwZG hat bisher keine größere Bedeutung erlangt. Unter bestimmten Umständen (Göhler/*Seitz/Bauer* OWiG § 51 Rn. 31) kann ausnahmsweise auch durch **öffentliche Bekanntmachung** zugestellt werden (§ 10 VwZG; vgl. auch HHS/*Tormöhlen* AO § 412 Rn. 14). Gegen die öffentliche Zustellung im Rahmen des Bußgeldverfahrens ergeben sich aus dem **Steuergeheimnis** keine durchgreifenden Bedenken, da eine Offenbarung in diesem Fall gem. § 30 II Nr. 1b, IV Nr. 1 AO zulässig ist. Es ist allerdings zu berücksichtigen, dass es durch eine öffentliche Zustellung zu einer Beeinträchtigung des rechtlichen Gehörs des Betroffenen kommen kann. Folglich ist eine öffentliche Zustellung nur nach einer sorgfältigen Interessenabwägung und nur für den Fall zulässig, dass eine andere Art der Zustellung aus sachlichen Gründen nicht oder nur schwer durchführbar ist (BVerfG 26.10.1987, NJW 1988, 2361).

6 **Zustellungen im Ausland** erfolgen durch Ersuchen der zuständigen ausländischen Behörde (§ 9 I VwZG), soweit entsprechende Rechts- und Amtshilfeverträge bestehen oder dies – meistens aus Anlass eines Einzelfalles – durch Notenwechsel vereinbart ist (Göhler/*Seitz* OWiG § 51 Rn. 28 ff.). Die Zustellung an Ausländer in Zollangelegenheiten ist Gegenstand einer Reihe von Verträgen (vgl. Göhler/*Seitz/Bauer* OWiG vor § 59 Rn. 28) oder erfolgt – in engen Grenzen – nach dem Europäischen Übereinkommen über die Amtshilfe in Verwaltungssachen im Ausland (Göhler/*Seitz/Bauer* OWiG vor § 59 Rn. 28a). Notfalls muss eine öffentliche Zustellung bewirkt werden (Göhler/*Seitz/Bauer* OWiG § 51 Rn. 31).

7 **Zustellungsempfänger** ist gem. § 412 I 2 AO iVm § 51 II OWiG der Betroffene, ggf. auch sein Verteidiger (§ 412 I 2 AO iVm § 51 III OWiG, Schwarz/Pahlke/*Webel* AO § 412 Rn. 4). Bei Zustellung an den Verteidiger ist der Betroffene zugleich durch Übersendung einer Abschrift des Bescheides formlos zu unterrichten (§ 51 III 2 OWiG). Die Regelung in § 412 I 2 AO entspricht im Übrigen dem letzten Halbsatz in § 51 I 1 OWiG; bei Steuerordnungswidrigkeiten werden mithin die Regelungen des VwZG teilweise für das Bußgeldverfahren modifiziert. Auch bei Bußgeldbescheiden wegen Steuerordnungswidrigkeiten genügt es nach § 51 I 2 OWiG, wenn der Bußgeldbescheid keine Unterschrift trägt. Wird die Ausfertigung mittels automatischer Einrichtungen hergestellt, kann der Bescheid sogar ohne Dienstsiegel zugestellt werden (HHS/*Tormöhlen* AO § 412 Rn. 18).

8 Mit der Zustellung wird gem. § 67 I 1 OWiG die **Rechtsmittelfrist** in Lauf gesetzt. Sofern an mehrere Empfangsberechtigte zugestellt wird, etwa an den Betroffenen *und* seinen Verteidiger, beginnt die Frist erst mit der *zuletzt* bewirkten Zustellung (§ 51 IV

OWiG; Kohlmann/*Hilgers-Klautzsch* AO § 412 Rn. 5.3). Gemäß § 412 I 2 AO iVm § 51 V 5 OWiG finden § 6 I VwZG (Zustellung an den gesetzlichen Vertreter bei Geschäftsunfähigkeit) sowie § 7 I 1 und 2 VwZG (Zustellung an Bevollmächtigte) keine Anwendung.

Ist das Verfahren bei der **Staatsanwaltschaft** oder bei dem **Gericht** anhängig, so richtet sich die Zustellung gem. § 46 I OWiG nach §§ 35, 36 ff. StPO, §§ 166 ff. ZPO. § 412 I AO ist insoweit nicht anwendbar.

Zum Rechtsmittelverfahren s. → § 410 Rn. 27 ff.

4. Vollstreckung von Bußgeldbescheiden

Die Vollstreckung von Bußgeldbescheiden, Ordnungsgeldern und Kosten des Buß- **9** geldverfahrens richtet sich bei Bundesbehörden gem. § 90 I OWiG idR nach dem VwVG. Bei Landesfinanzbehörden würden nach § 90 I OWiG an sich die jeweiligen landesrechtlichen Regelungen gelten. Aus Gründen der Zweckmäßigkeit ordnet § 412 II 1 AO zur Vereinheitlichung jedoch an, dass die Vollstreckung bei Steuerordnungswidrigkeiten *in jedem Falle* nach den §§ 249–346 AO zu erfolgen hat (Klein/*Jäger* AO § 412 Rn. 6). Die sonstigen Regelungen im 9. Abschnitt des 2. Teils des OWiG (§§ 89–104 OWiG) sollen davon unberührt bleiben (§ 412 II 2 AO).

Vollstreckungsbehörde für steuerliche Bußgeldbescheide ist diejenige FinB, die den **10** Bußgeldbescheid erlassen hat (§ 412 II 2 AO iVm § 92 OWiG, §§ 409, 387 AO; RKR/ *Kemper* AO § 412 Rn. 16). Wie sich aus Nr. 121 II 1 AStBV (St) 2020 ergibt, ist grundsätzlich die **Bußgeld- und Strafsachenstelle** die Vollstreckungsbehörde iSd § 92 OWiG, so dass sie Entscheidungen über Vollstreckungsmaßnahmen iSd §§ 93 ff. OWiG trifft. Die Durchführung der Vollstreckung obliegt hingegen der **Vollstreckungsstelle** iSd §§ 249 ff. AO (vgl. § 121 II 2 AStBV (St) 2020). Die vorherige Erhebung erfolgt gem. Nr. 120 AStBV (St) 2020 ggf. durch die Finanzkasse.

Liegt eine gerichtliche Entscheidung über den Bußgeldbescheid vor, erfolgt die Vollstreckung durch StA oder Gericht (§ 91 OWiG, § 451 I StPO; Göhler/*Seitz/Bauer* OWiG § 91 Rn. 2 ff.; Kohlmann/*Hilgers-Klautzsch* AO § 412 Rn. 9.1), für die allein das VwVG gilt, hingegen nicht die Vollstreckungsvorschriften der §§ 249–346 AO. Keine „gerichtliche Entscheidung" in diesem Sinne ist die Verwerfung eines Einspruchs als unzulässig (Göhler/*Seitz/Bauer* OWiG vor § 89 Rn. 4; Kohlmann/*Hilgers-Klautzsch* AO § 412 Rn. 9.2; RKR/*Kemper* AO § 412 Rn. 17).

Der **Bußgeld- und Strafsachenstelle** als Vollstreckungsbehörde obliegt somit zB auch **11** die Entscheidung über Zahlungserleichterungen (§ 93 OWiG), die Verrechnung von Teilbeträgen (§ 94 OWiG), die (vorläufige) Einstellung der Vollstreckung gem. § 95 II OWiG (Kohlmann/*Hilgers-Klautzsch* AO § 412 Rn. 10; RKR/*Kemper* AO § 412 Rn. 20 ff.) oder die Stellung eines Antrages auf Erzwingungshaft (§ 96 OWiG).

Die Vollstreckung setzt – im Gegensatz zu Steuerbescheiden – **die Rechtskraft des** **12** **Bußgeldbescheides** bzw. der zu vollstreckenden sonstigen Entscheidung voraus (§ 89 OWiG; vgl. Abschn. 22 I 2 VollstrA). Rechtskräftig ist die Entscheidung, wenn sie mit einem Rechtsbehelf nicht mehr angefochten werden kann, also *formell* rechtskräftig ist (ausf. Göhler/*Seitz/Bauer* OWiG § 89 Rn. 2). Ist die Vollstreckungsverjährung eingetreten, so besteht gem. § 410 I AO iVm § 34 OWiG ein Vollstreckungshindernis.

Die Beitreibung beginnt frühestens nach Ablauf einer Schonfrist von zwei Wochen ab **13** Rechtskraft der Bußgeldentscheidung (§ 95 I OWiG) oder mit Ablauf einer nach §§ 18, 93 OWiG bewilligten Zahlungsfrist (vgl. HHS/*Tormöhlen* AO § 412 Rn. 39). Eine sofortige Beitreibung ist jedoch zulässig, soweit aufgrund bestimmter Tatsachen erkennbar ist, dass sich der Betroffene der Zahlung entziehen will (§ 95 I OWiG, letzter Halbsatz, Bsp.: Verlagerung des Wohnsitzes ins Ausland). Die Beitreibung richtet sich nach den Regeln, welche die AO für die Vollstreckung von Verwaltungsakten, die eine Geldleistung fordern, aufstellt. Ein **Ermessen** kommt der Vollstreckungsbehörde nicht zu, so dass sie von der

Vollstreckung nicht absehen kann (vgl. § 90 I 1 OWiG). Die Vollstreckungsbehörde hat jedoch gem. § 95 II OWiG die Möglichkeit, die Vollstreckung aus Opportunitätsgründen einzustellen, wenn der Betroffene auf absehbare Zeit nicht in der Lage ist, die ihm auferlegte Buße zu zahlen. Eine solche **Einstellung der Vollstreckung** bedeutet jedoch keinen Verzicht auf die Geldbuße, da die Beitreibung bis zum Eintritt der Vollstreckungsverjährung jederzeit wieder aufgenommen werden kann.

14 Zur Vollstreckung einer Geldbuße ist zudem die Anordnung von **Erzwingungshaft** möglich (§ 96 I OWiG), die allein das Gericht anordnen kann, da gem. Art. 104 II 1 GG nur ein Richter über die Zulässigkeit einer Freiheitsentziehung entscheiden darf (Göhler/ Seitz/Bauer OWiG § 96 Rn. 16). Die Erzwingungshaft zielt darauf ab, einen zahlungsfähigen Betroffenen (§ 96 I Nr. 4 OWiG) zur Bezahlung der Geldbuße zu zwingen (vgl. *Klaproth* wistra 2008, 174, 177; LG Berlin 3.7.2006, NJW 2006, 1541). Der Staat ist nicht gehalten, die Buße wie ein gewöhnlicher Gläubiger beizutreiben (Göhler/*Seitz*/*Bauer* OWiG § 96 Rn. 2). Ein (erfolgloser) Beitreibungsversuch muss nicht vorausgegangen sein (*Lohmeyer* DStR 1974, 489; RKR/*Kemper* AO § 412 Rn. 25), jedoch ist im Rahmen der Beantragung von Erzwingungshaft gegen einen zahlungsunwilligen Schuldner, dessen Zahlungsfähigkeit sicher feststeht, das Verhältnismäßigkeitsprinzip zu beachten. Es handelt sich insoweit folglich nicht um eine Regelmaßnahme, sondern Erzwingungshaft dürfte nur ausnahmsweise in Betracht kommen (glA Kohlmann/*Hilgers-Klautzsch* AO § 412 Rn. 13; aA wohl Nr. 121 IV 1 AStBV (St) 2020). Die Haft befreit den Betroffenen nicht von der Zahlungspflicht, da es sich lediglich um ein Beugemittel handelt. Der Betroffene kann die Vollstreckung der Erzwingungshaft aber jederzeit durch die Bezahlung der Geldbuße abwenden.

5. Kosten des Bußgeldverfahrens

15 **Die Kosten des Bußgeldverfahrens** sind in § 410 I Nr. 12 iVm § 408 AO und in § 410 I Hs. 1 AO iVm §§ 105 ff. OWiG geregelt. Bei den Kosten des Verfahrens handelt es sich um die Gebühren und Auslagen, die sich aus § 107 I, III, V OWiG ergeben (vgl. Göhler/*Gürtler* OWiG § 107 Rn. 3 ff., 7 ff., 23a sowie *Kretzschmar* NWB 2013, 635). Ein finanzbehördlicher Bußgeldbescheid ist zwingend mit einer **Kostenentscheidung** zu versehen (vgl. Nr. 119 AStBV (St) 2020), aus der sich ergeben muss, wer die Kosten des Verfahrens zu tragen hat. Dabei handelt es sich gem. § 105 I OWiG iVm § 465 StPO idR um den Betroffenen, wenn es zur Festsetzung eines Bußgeldbescheides kommt (zur Verfassungsmäßigkeit BVerfG 13.10.2015, NJW 2016, 861). Die Verfahrenskosten und die notwendigen Auslagen des Betroffenen fallen hingegen gem. § 105 I OWiG iVm § 467a I StPO der Staatskasse zur Last, wenn die Verwaltungsbehörde den Bußgeldbescheid zurücknimmt oder das Verfahren einstellt.

Zur Zuständigkeit für die Kostenentscheidung s. LG Limburg 18.5.1984, MDR 1984, 778.

16 **Stundung, Erlass und Niederschlagung** richten sich für HZA und Bundeszentralamt für Steuern gem. § 410 AO, § 107 IV OWiG nach § 14 II, §§ 19–21 VwKostG v. 23.6.1970 (BGBl. 1970 I 821; inzwischen aufgehoben durch das Bundesgebührengesetz v. 7.8.2013, BGBl. 2013 I 3154) in der bis zum 14.8.2013 geltenden Fassung. Damit dieselben Normen auch in einem durch eine Landesfinanzbehörde geführten Bußgeldverfahren gelten, sind die vorgenannten bundesrechtlichen Regelungen gem. § 412 III AO auch dann anzuwenden, wenn der Bußgeldbescheid von einer Landesfinanzbehörde erlassen worden ist; insoweit ähnelt die Regelung der in Abs. 1.

Abweichend von § 107 IV OWiG iVm § 19 VwKostG in der bis zum 14.8.2013 geltenden Fassung ordnet der letzte Halbsatz in § 412 III AO an, dass die *Voraussetzungen* von Stundung, Niederschlagung und Erlass sich nicht aus § 59 BHO, sondern aus §§ 227 I, 261 AO ergeben (HHS/*Tormöhlen* AO § 412 Rn. 82; Kohlmann/*Hilgers-Klautzsch* AO § 412 Rn. 18). Die Geldbuße wird folglich ebenso behandelt wie Ansprüche aus dem

Steuerschuldverhältnis. Die Stundung (§ 222 AO) ist nicht erwähnt, weil gem. § 93 I OWiG die Vollstreckungsbehörde über Zahlungserleichterungen entscheidet (Klein/*Jäger* AO § 412 Rn. 8).

Anhang I: § 32 ZollVG

§ 32 ZollVG Nichtverfolgung von Steuerstraftaten und Steuerordnungswidrigkeiten, Erhebung eines Zuschlags

(1) Steuerstraftaten und Steuerordnungswidrigkeiten (§§ 369, 377 der Abgabenordnung) sollen als solche nicht verfolgt werden, wenn durch die Tat selbst oder die Vortat Einfuhr- oder Ausfuhrabgaben oder Verbrauchsteuern von insgesamt nicht mehr als 250 Euro verkürzt wurden oder deren Verkürzung versucht wurde.

(2) Absatz 1 gilt nicht in den in § 370 Absatz 3, den §§ 373 und 374 Absatz 2 der Abgabenordnung genannten Fällen.

(3) Wird eine Steuerstraftat oder Steuerordnungswidrigkeit nach Absatz 1 nicht verfolgt oder wird von der Verfolgung einer Steuerstraftat, die sich auf Einfuhr- oder Ausfuhrabgaben oder Verbrauchsteuern bezieht, nach § 398 der Abgabenordnung oder nach § 153 der Strafprozessordnung abgesehen, so kann ein Zuschlag bis zur Höhe der festzusetzenden Einfuhr- oder Ausfuhrabgaben oder Verbrauchsteuern, höchstens jedoch bis zu 250 Euro erhoben werden.

Schrifttum: *Schübel,* Strafverfolgung von kleinen Zollvergehen, ZfZ 1961, 289; *Rümelin,* Zollzuschlag und Nichtverfolgung kleiner Zollvergehen im Reiseverkehr, ddz 1961 F 116; *Schwarz,* Der Zollzuschlag im Reiseverkehr, ZfZ 1963, 267; *Leyser,* § 80 ZG 1961 im Spiegel der Rechtsprechung, ZfZ 1964, 36; *Stobbe,* Die Ausnahmen vom Strafverfolgungszwang, ddz 1964 F 112; *Bender,* Wann ist eine Ware an „schwer zugänglichen Stellen versteckt" (§ 80 Abs. 2 Nr. 1 ZG), ZfZ 1972, 69; *Harbusch,* Der Wert der Ware im Sinne von § 80 Zollgesetz, ddz 1984 F 49; *Bender,* Schmuggelprivileg und Zollzuschlag bei Einfuhren über unbesetzte Zollämter, ddz 1988 F 129; *Anton,* Zum Begriff des Entziehens aus der zollamtlichen Überwachung, ZfZ 1995, 2; *Bender,* Schmuggelprivileg und Zuschlag, ZfZ 1997, 110; *Bilsdorfer,* Steuerstrafrecht, NJW 1997, 928; *Janovsky,* Die Strafbarkeit des illegalen grenzüberschreitenden Warenverkehrs, NStZ 1998, 117; *Bender,* Neuigkeiten im Steuerstrafrecht 2002 für die Zollverwaltung, ZfZ 2002, 146; *Görtz,* Zollrechtliche Behandlung vorausgesandter oder nachgesandter persönlicher Gebrauchsgegenstände, ddz 2003, F 65; *Alexander,* Zollzuschlag im grünen Ausgang, ddz 2007 F 55; *Witte,* Benutzung des „grünen Ausgangs", AW-Prax 2007, 420; *Bender,* Böses Erwachen hinterm grünen Ausgang – Zollrechtliche und strafrechtliche Aspekte von Rückwaren und Einkäufen aus Drittstaaten am Beispiel von Schmuck, AW-Prax 2016, 201; *Möller/Retemeyer,* Eine Reform des Schmuggelprivilegs, ZfZ 2017, 235; *Möller/Retemeyer,* Zollverwaltungsgesetz: Schmuggelprivileg wird erweitert, PStR 2017, 121; *Ebner,* Steuerstrafrechtliche Bagatell-Entkriminalisierungstatbestände unter besonderer Berücksichtigung des reformierten Schmuggelprivilegs, GS Joecks, 2018, 401 = DStR 2018, 2559; *Wegner,* Tabaksteuer: Schmuggelprivileg in Kleinfällen, PStR 2019, 214; *Tormöhlen,* Aktuelle Rechtsprechung zum Steuerstrafrecht, AO-StB 2020, 288, 290.

Übersicht

	Rn.
1. Entstehungsgeschichte	1
2. Zweck und Bedeutung der Norm	2–5
3. Rechtsnatur der Norm	6–9
4. Sachlicher Anwendungsbereich der Norm	10–28
a) Steuerstraftaten und Steuerordnungswidrigkeiten	11–27
aa) Hinterziehung von Einfuhr- oder Ausfuhrabgaben (§ 370 AO)	11–16
bb) Hinterziehung von Verbrauchsteuern (§ 370 AO)	17–19
cc) Steuerhehlerei (§ 374 AO)	20–22
dd) Steuerordnungswidrigkeiten	23–25
ee) Nicht: Bannbruch (§ 372 AO)	26, 27
b) Kein Verfolgungshindernis hinsichtlich anderer Tatbestände	28
5. Zeitlicher Anwendungsbereich der Norm	29
6. Betragsgrenze verkürzter Abgaben	30, 31
7. Ausschließungsgründe nach § 32 II ZollVG	32–39
a) Überblick	32, 33
b) Hinterziehung in besonders schweren Fällen (§ 370 III AO)	34, 35
c) Gewerbsmäßiger, gewaltsamer und bandenmäßiger Schmuggel (§ 373 AO)	36, 37
d) Gewerbs- oder bandenmäßige Steuerhehlerei (§ 374 II AO)	38, 39

Entstehungsgeschichte   1 **Anhang I**

Rn.
8. Wirkung des § 32 ZollVG im Hinblick auf Mittäter und Teilnehmer 40–42
9. Zuschlag nach § 32 III ZollVG 43–47
10. Verfahrensrechtliche Fragen 48–50

1. Entstehungsgeschichte

Als Vorläufer des § 32 ZollVG wurde mit **§ 80 ZollG 1961** v. 14.6.1961 (BGBl. I 737) **1**
eine Vorschrift für das Strafverfahren wegen Zollvergehen eingeführt, die weder in der
RAO noch im ZollG 1939 ein Vorbild hatte (Begr. BT-Drs. III/2201, 76; krit. zum
Standort *Sellnick* ZfZ 1961, 226 mit Erwiderung von *Bail* ZfZ 1961, 356 Fn. 3). Durch
Art. 10 des 2. AOStrafÄndG v. 12.8.1968 (BGBl. I 953, 962) wurde der Anwendungs-
bereich auf Bußgeldverfahren wegen Zollordnungswidrigkeiten ausgedehnt.
Die ursprüngliche, für Waren geltende Wertgrenze von 200 DM wurde durch Art. 1
Nr. 13 des 9. ÄndGZG v. 13.12.1967 (BGBl. I 1205) auf 240 DM erhöht (Begr. BT-
Drs. V/1749, 6), und zwar entsprechend der Erhöhung der Wertgrenze nach § 79 I ZollG
iVm § 148 I AZO für die Anwendung pauschalierter Abgabensätze gem. § 1 Nr. 20 der
5. ÄndVAZO v. 21.5.1965 (BGBl. I 435). Durch Art. 33 Nr. 18 EGAO v. 14.12.1976
(BGBl. 1976 I 3341, 3364) wurde der Begriff der *„Zollvergehen"* durch den der *„Zoll-
straftaten"* ersetzt und die Klammerhinweise an die Paragraphenfolge der AO 1977 ange-
passt. Mit der Neufassung in Gestalt des § 32 ZollVG durch das Gesetz vom 21.12.1992
(BGBl. I 2125) wurde die Wertgrenze mit Wirkung vom 1.1.1994 auf 600 DM angehoben. Eine weitere Neufassung erhielt die Vorschrift durch das Gesetz vom 2.12.1996
(BGBl. I 230). Die Begriffe *„Zollstraftaten und Zollordnungswidrigkeiten"* wurden durch die
Begriffe *„Steuerstraftaten und Steuerordnungswidrigkeiten"* ersetzt, um damit auch Verstöße im
Zusammenhang mit Verbrauchsteuern zu erfassen (zur Gesetzgebung vgl. *Möhrenschlager*,
wistra 1997, Heft 2 S. V). An die Stelle des Warenwerts von 600 DM trat die Steuerverkürzung. Die Befugnis zur Erhebung eines Zuschlags wurde auf die Fälle der Einstellung
nach § 398 AO erweitert. Durch das 12. Euro-Einführungsgesetz wurden die in den
Absätzen 1 und 3 angeführten DM-Beträge auf jeweils 130 EUR umgestellt
(BGBl. 2001 I 2081). Die Vorschrift des § 32 ZollVG, die sich auf Steuerdelikte im grenzüberschreitenden Reiseverkehr bezog, hatte dann vom 1. Januar 2002 bis 15. März 2017
folgende Fassung:

**§ 32 ZollVG Nichtverfolgung von Steuerstraftaten und Steuerordnungswidrigkeiten; Erhe-
bung eines Zuschlags**
(1) Steuerstraftaten und Steuerordnungswidrigkeiten (§§ 369, 377 der Abgabenordnung), die im
grenzüberschreitenden Reiseverkehr begangen werden, werden als solche nicht verfolgt, wenn sich
die Tat auf Waren bezieht, die weder zum Handel noch zur gewerblichen Verwendung bestimmt sind
und der verkürzte Einfuhrabgabenbetrag oder der Einfuhrabgabenbetrag, dessen Verkürzung versucht
wurde, 130 Euro nicht übersteigt.
(2) Absatz 1 gilt nicht, wenn der Täter
1. die Waren durch besonders angebrachte Vorrichtungen verheimlicht oder an schwer zugänglichen
Stellen versteckt hält oder
2. durch die Tat den Tatbestand einer Steuerstraftat innerhalb von sechs Monaten zum wiederholten
Male verwirklicht.
(3) Liegt eine im grenzüberschreitenden Reiseverkehr begangene Steuerstraftat oder Steuerordnungswidrigkeit vor, kann in den Fällen einer Nichtverfolgung nach Absatz 1 oder einer Einstellung
nach § 398 der Abgabenordnung ein Zuschlag bis zur Höhe der Einfuhrabgaben, höchstens jedoch bis
zu 130 Euro erhoben werden.
(4) Die Absätze 1 bis 3 gelten auch bei der Einreise aus einer Freizone.

Hinsichtlich der Kommentierung dieser Gesetzesfassung wird auf → 8. Auflage verwiesen.
Durch Art. 1 Nr. 27 des Gesetzes zur Änderung des Zollverwaltungsgesetzes vom
10.3.2017 (BGBl. I 825) erhielt § 32 ZollVG mWv 16.3.2017 seine aktuelle Fassung.

2. Zweck und Bedeutung der Norm

2 Die in § 32 I ZollVG enthaltene Regelung wird wegen des früher auf den grenzüberschreitenden Reiseverkehr beschränkten Anwendungsbereichs überwiegend auch heute noch als **Schmuggelprivileg** bezeichnet. Sie soll es den Verfolgungsbehörden ermöglichen, auf bestimmte Steuerdelikte mit geringem Unrechtsgehalt im grenzüberschreitenden Warenverkehr und bei sonstiger Verkürzung von Verbrauchsteuern statt mit Strafe oder Geldbuße mit einem Zuschlag auf die festzusetzenden Abgaben zu reagieren. Mit § 32 ZollVG wird somit das Ziel verfolgt, „massenhaft vorkommende Fälle der **Kleinkriminalität aus dem Bereich des Strafrechts herauszunehmen** und einem System vergleichsweise unauffälliger, schnell realisierbarer außerstrafrechtlicher Sanktionen zu unterstellen" (*Bender* wistra 2001, 114, 115), die bezogen auf den Tätertyp aber gleichwohl spezial- und generalpräventiv wirken.

3 **Die gesetzgeberischen Motive für § 80 ZollG**, der Vorgängervorschrift des § 32 ZollVG, wurden in der Gesetzesbegründung (BT-Drs. III/2201, 76) wie folgt dargelegt:

„Der Täter gerät mehr oder weniger ungewollt, vor allem aber außerhalb seiner normalen Lebens- und Berufsverhältnisse in die Rolle des Steuerpflichtigen, den besondere Pflichten treffen …
Tatmotiv ist nicht so sehr der Wunsch, Geld zu ersparen. Dieser Vorteil wird zwar durchaus erstrebt, wichtiger für den Täter ist aber oft der Wunsch, ohne große Scherereien seine Reise fortzusetzen, noch öfter der bekannte Reiz, ‚dem Zoll ein Schnippchen zu schlagen', und sich damit womöglich später zu brüsten. …
Ohne eine drastische Personalvermehrung ist es nicht möglich, die hier in Betracht kommenden Straftaten in angemessenem Umfang aufzudecken oder – wenn sie schon aufgedeckt werden – beim Aufgriff so zu verfahren, wie es gesetzlich vorgeschrieben ist. … Jeder einzelne Aufgriff erfordert beträchtlichen Arbeitsaufwand und entzieht für diese Zeit das Abfertigungspersonal seiner eigentlichen Tätigkeit. Bei Zollstellen mit großem Reiseverkehr führt dies zu so großen Belastungen und sogar Stauungen, dass sich die Beamten gedrängt sehen, kleinere Verstöße einfach zu ‚übersehen'. Damit setzen sie sich aber der Gefahr aus, selbst wegen Begünstigung im Amt (§ 346 Strafgesetzbuch) bestraft zu werden. Ihren Vorgesetzten, die ein solches Verhalten dulden, droht u. U. eine Bestrafung nach § 357 des Strafgesetzbuchs. In einem Rechtsstaat kann ein solcher Zustand nicht geduldet werden. …"

4 **Die Bedeutung des § 32 ZollVG** ist nicht zu unterschätzen. Ein großer Anwendungsbereich dieser Vorschrift ist die Einfuhr abgabenpflichtiger Waren im Reisegepäck durch Flugreisende, die am Flughafen den „grünen Ausgang" für anmeldefreie Waren (Art. 141 I Buchst. a UZK-DelVO) benutzen (vgl. BFH 16.3.2007, wistra 2007, 319; FG München 6.9.2012, BeckRS 2013, 94232). Typische Anwendungsgebiete des § 32 ZollVG sind neben dem Reiseverkehr auch Waren in Postsendungen, insbes. im Versandhandel, und Falschanmeldungen von kleineren Mengen verbrauchsteuerpflichtiger Waren (vgl. Rüsken/*Weerth* ZollVG § 32 Rn. 11). Durch die Erweiterung des Anwendungsbereichs über die Verkürzung von Einfuhrabgaben hinaus auf andere Fälle der Verkürzung von Verbrauchsteuern wird die Vorschrift zukünftig auch für die regelwidrige Beförderung verbrauchsteuerpflichtiger Waren innerhalb des Steuergebiets der Europäischen Union Bedeutung erlangen. Hinzu kommt die Hinterziehung von Energiesteuer im Hinblick auf Kraftstoffe (vgl. § 21 EnergieStG).

5 *einstweilen frei*

3. Rechtsnatur der Norm

6 Die bis zum 15.3.2017 geltende Fassung des § 32 ZollVG normierte wie die Vorgängervorschrift des § 80 ZollG ein Verfahrenshindernis (BayObLG 22.8.2000, wistra 2001, 113 und BayObLG 23.6.1981, ZfZ 1981, 312, mwN). Sie typisierte Bagatellverfehlungen, für die im Strafverfahren eine Ausnahme vom Legalitätsprinzip (§§ 152 II, 163 I StPO) und im Bußgeldverfahren eine Ausnutzung des Opportunitätsprinzips (§ 47 OWiG) zugunsten der Täter geringfügiger Schmuggeltaten angeordnet wurde. Unter der Geltung dieser Gesetzesfassung blieb für eine Ermessensentscheidung der zuständigen Behörden und Gerichte kein Raum.

Seit Umgestaltung des § 32 ZollVG in eine „Soll-Vorschrift" handelt es sich bei dieser Norm um eine **Opportunitätsvorschrift** (zutr. *Ebner* GS Joecks, 2018, 401, 413 f. und DStR 2018, 2559, 2563; ihm folgend LG Nürnberg-Fürth 15.5.2019, ZfZ 2019, 313), bei der die Verfolgung im Ermessen der Verfolgungsbehörde bzw. des Gerichts steht. Sie stellt **kein Verfahrenshindernis** auf. Dem steht nicht entgegen, dass das Ergebnis der Ermessensentscheidung für den Regelfall vom Gesetzgeber vorgegeben ist (glA Erbs/Kohlhaas/ *Häberle* ZollVG § 32 Rn. 4 und Kohlmann/*Matthes* AO § 382 Rn. 61). 7

Unionsrechtlich ist die Nichtverfolgung unbedenklich. Zwar sind die Mitgliedstaaten gemäß Art. 4 III EUV, Art. 291 und 325 AEUV grundsätzlich verpflichtet, strafrechtliche, strafrechtsähnliche oder verwaltungsrechtliche Sanktionen zu verhängen, soweit dies erforderlich ist, um die volle Wirksamkeit des Unionsrechts in den Mitgliedstaaten zu gewährleisten (vgl. EuGH 2.2.1977 – C-50/76, Slg. 1977, 137 – Amsterdam Bulb; EuGH 21.9.1989 – C-68/88, Slg. 1989, 2985 Rn. 23 – Kommission/Griechenland; EuGH 26.10.1995 – C-36/94, Slg. 1995, I-3573 – Siesse; EuGH 18.10.2001 – C-354/99, Slg. 2001, I-7657 – Kommission/Irland; EuGH 16.10.2003 – C-91/02, ZfZ 2004, 54 – Hannl + Hofstetter) und um die finanziellen Interessen der EU zu schützen (EuGH 8.7.1999 – C-186/98, Slg. 1999, I-4883 – Nunes u. de Matos; EuGH 8.9.2015 – C-105/14, NZWiSt 2015, 390). Angesichts der Geringfügigkeit der von der Regelung des § 32 ZollVG betroffenen Abgaben stellt jedoch die Nichtverfolgung der von dieser Vorschrift erfassten Steuerstraftaten und Steuerordnungswidrigkeiten noch keine Verletzung von Art. 291 oder 325 AEUV dar (vgl. auch BFH 29.7.1981, BFHE 135, 95). 8

einstweilen frei 9

4. Sachlicher Anwendungsbereich der Norm

§ 32 ZollVG erfasst Steuerstraftaten iSd § 369 I AO und Steuerordnungswidrigkeiten gem. § 377 I AO, wenn durch die Tat selbst oder die Vortat Einfuhr- oder Ausfuhrabgaben oder Verbrauchsteuern verkürzt wurden oder deren Verkürzung versucht wurde. Betroffen sind folgende Tatbestände: 10

a) Steuerstraftaten und Steuerordnungswidrigkeiten

aa) Hinterziehung von Einfuhr- oder Ausfuhrabgaben (§ 370 AO). Erfasst werden zunächst Fälle der versuchten oder vollendeten Steuerhinterziehung (§ 370 I, II AO), welche die **Verkürzung von Einfuhr- oder Ausfuhrabgaben** zum Gegenstand haben. Bei diesen Abgaben handelt es sich um die für die Einfuhr oder Ausfuhr zu entrichtenden Abgaben (Art. 5 Nr. 20 und 21 UZK). Gemäß § 3 III AO sind Einfuhr- und Ausfuhrabgaben Steuern im Sinne der Abgabenordnung. Die Einfuhrabgaben bestehen idR aus den *Zöllen*, der *EUSt* sowie ggf. weiteren bei der Einfuhr in das Zollgebiet der EU erhobenen *Verbrauchsteuern* (→ § 370 Rn. 445; → § 373 Rn. 10 ff.). 11

Die Entstehung und Erhebung der **Zölle** bestimmt sich EU-einheitlich nach dem Unionszollkodex (UZK), der durch die UZK-DVO und die UZK-DelVO ergänzt wird. *Abschöpfungen,* auf die früher ebenfalls die Vorschriften über Zölle anzuwenden waren (§ 2 I AbschG), werden seit dem 1.7.1995 nicht mehr erhoben (vgl. → § 373 Rn. 11). 12

Für die **Einfuhrumsatzsteuer** (§ 21 II UStG) und die bei der Einfuhr aus Drittländern zu erhebenden besonderen **Verbrauchsteuern** gelten die Vorschriften für Zölle in wesentlichen Teilen entsprechend. Allerdings enthalten die Verbrauchsteuergesetze für die Einfuhr von verbrauchsteuerpflichtigen Waren aus Drittländern keine generellen Verweisungen auf die zollrechtlichen Vorschriften; vielmehr bestimmen sie einheitlich, dass die 13

Steuer mit der Überführung in den steuerrechtlich freien Verkehr entsteht, und damit auch bei einer Einfuhr, wenn sich kein Steueraussetzungsverfahren anschließt. Für das Steuerverfahren – und damit auch für die steuerlichen Erklärungs- bzw. Anmeldpflichten – gelten jedoch jeweils die Vorschriften für Zölle sinngemäß (vgl. § 21 III TabStG, § 22 III AlkStG, § 18 III BierStG, § 18 III SchaumwZwStG, § 19b III EnergieStG und § 15 III KaffeeStG). Unionsrechtliche Grundlage der im Jahr 2009 durch G v. 15.7.2009 (BGBl. I 1870) umfassend neu gestalteten Verbrauchsteuergesetze ist die Richtlinie 2008/118/EG des Rates vom 16. Dezember 2008 über das allgemeine Verbrauchsteuersystem und zur Aufhebung der Richtlinie 92/12/EWG – *Verbrauchsteuersystemrichtlinie* (ABl. 2009 L 9, 12, zuletzt geändert durch Art. 56 RL (EU) 2020/262 v. 19.12.2019, ABl. 2020 L 58, 4).

14   Für alle Waren, die in ein Zollverfahren übergeführt werden sollen, ist gemäß Art. 158 I UZK eine Zollanmeldung abzugeben. Hierzu gehört auch die Anmeldung zur Überlassung zum zollrechtlich freien Verkehr. Wird eine **Zollanmeldung** pflichtwidrig nicht oder mit unrichtigem Inhalt abgegeben und werden dadurch Einfuhrabgaben verkürzt, erfüllt dies den Tatbestand der Steuerhinterziehung iSv § 370 AO.

15   Hauptanwendungsfall des § 32 I ZollVG ist nach wie vor die **im grenzüberschreitenden Reiseverkehr** mit Drittländern verwirklichte Verkürzung von Einfuhrabgaben.

Eine Tathandlung iSd § 370 AO liegt allerdings nicht vor, wenn der Reisende mit im persönlichen **Reisegepäck** befindlichen abgabenfreien Waren an einer Zollstelle (zB im Flughafen) ohne weitere Erklärung den *grünen Ausgang* „anmeldefreie Waren" benutzt (Art. 141 I Buchst. a UZK-DelVO) oder – sei es zu Fuß oder im Pkw – eine Zollstelle ohne getrennte Kontrollausgänge passiert (Art. 141 I Buchst. b UZK-DelVO). Insbesondere Waren zu nichtkommerziellen Zwecken im Gepäck von Reisenden, die von den Einfuhrabgaben befreit sind, gelten hierbei mit Passieren der Zollstelle als angemeldet (Art. 138 Buchst. a UZK-DelVO). Anmeldefrei sind auch Reisemitbringsel, wenn sie die in der Einreise-Freimengen-Verordnung angegebenen Höchstmengen und Wertgrenzen nicht überschreiten (§ 2 EF-VO). Die Waren gelten dann als zum freien Verkehr überlassen. Nicht angemeldete Waren, die die *Freimengen* übersteigen, sind demgegenüber vorschriftswidrig in das Zollgebiet mit der Folge der Entstehung der Einfuhrabgaben verbracht. Hierdurch werden die Einfuhrabgaben verkürzt. Solche Fälle werden von § 32 I ZollVG erfasst.

16   § 32 ZollVG erfasst auch Taten, die **auf dem Weg über die grüne Grenze,** dh durch Überschreiten der Zollgrenze außerhalb der Zollstraße oder eines zugelassenen Grenzübergangs, begangen werden (vgl. BayObLG 16.6.2003, ZfZ 2003, 281). Die frühere Anwendungsvoraussetzung eines „Zusammenhangs mit der Zollbehandlung" hat der Gesetzgeber gestrichen.

17   **bb) Hinterziehung von Verbrauchsteuern (§ 370 AO).** Seit der mWv 16.3.2017 in Kraft getretenen Gesetzesänderung (BGBl. I 825) werden von § 32 I ZollVG allgemein Steuervergehen erfasst, die die Verkürzung von **Verbrauchsteuern** zum Gegenstand haben. Einbezogen werden daher auch Verbrauchsteuern, die nicht im Zusammenhang mit einer Einfuhr in die Europäische Union entstanden sind und deshalb keine Einfuhrabgaben darstellen.

18   Auch im **Warenverkehr zwischen den Mitgliedstaaten** begangene Hinterziehungen von Verbrauchsteuern fallen daher in den Anwendungsbereich des § 32 I ZollVG.

Voraussetzung einer solchen Tat ist, dass überhaupt ein Besteuerungstatbestand erfüllt wurde. Das Verbringen von verbrauchsteuerpflichtigen Waren aus dem freien Verkehr anderer Mitgliedstaaten der Europäischen Union durch Privatpersonen für ihren Eigenbedarf (private Zwecke) ist – abgesehen von einzelnen Ausnahmen (zB § 16 I 2 EnergieStG) – abgabenfrei (vgl. § 22 TabStG, § 23 I AlkStG; § 19 I BierStG, § 19 I SchaumwZwStG, §§ 16 I 1 EnergieStG, § 16 I KaffeeStG).

19   § 32 I ZollVG erfasst auch **sonstige Fälle der Hinterziehung von Verbrauchsteuern im Erhebungsgebiet.** In Betracht kommen etwa Taten im Zusammenhang mit

Unregelmäßigkeiten im Verkehr unter Steueraussetzung (zB §§ 17, 18 AlkStG, §§ 13, 14 BierStG).

cc) Steuerhehlerei (§ 374 AO). Mit Wirkung vom 16. März 2017 (BGBl. I 825) hat **20** der Gesetzgeber die Anwendbarkeit des § 32 ZollVG auf diejenigen Steuerstraftaten und Steuerordnungswidrigkeiten erstreckt, bei denen die **Steuerverkürzung Gegenstand der Vortat** war. Damit erfasst § 32 I ZollVG auch den Straftatbestand der Steuerhehlerei gem. § 374 AO.

Im Falle der Steuerhehlerei bezogen auf **Zigaretten** ist zu beachten, dass § 374 AO **21** nicht anzuwenden ist, wenn der Täter vorsätzlich oder fahrlässig Zigaretten in Verpackungen erwirbt, an denen ein gültiges Zeichen nicht angebracht ist, soweit der einzelnen Tat nicht mehr als 1000 Zigaretten zugrunde liegen. Solche Fälle der Kleinhehlerei wurden zur Ordnungswidrigkeit herabgestuft (§ 37 I 2 TabStG). Dieser für bestimmte Bagatellfälle des Ankaufs von „Schmuggelzigaretten" vorgesehene Tatbestandsausschluss (sog Hehlerprivileg) verdrängt in seinem Anwendungsbereich die Regelung des § 32 ZollVG (LG Nürnberg-Fürth 15.5.2019, ZfZ 2019, 313).

einstweilen frei **22**

dd) Steuerordnungswidrigkeiten. Hauptanwendungsfall der von § 32 ZollVG erfass- **23** ten Steuerordnungswidrigkeiten dürfte die **leichtfertige Steuerverkürzung** gem. § 378 AO sein. Sie kann etwa darin liegen, dass ein Reisender mit Waren aus einem Drittland bei der Einreise nach Deutschland am Flughafen den „grünen Ausgang" benutzt. Wer mit Waren einreist, bei denen er zumindest für möglich hält, dass sie angemeldet werden müssen und dass für sie Einfuhrabgaben zu entrichten sind, muss sich über die Bedeutung des „roten" und des „grünen Ausgangs" Kenntnis verschaffen, wenn er diese nicht bereits besitzt. Tut er dies nicht und benutzt er gleichwohl den „grünen Ausgang", begeht er im Allgemeinen zumindest eine leichtfertige Steuerverkürzung (BFH 16.3.2007, wistra 2007, 319).

Zu den Steuerordnungswidrigkeiten zählen auch die **Gefährdungstatbestände** der **24** §§ 379 ff. AO. Erfasst wird damit etwa auch die Gefährdung der Einfuhrabgaben gemäß § 382 I Nr. 1 AO iVm § 30 IV ZollV bei Benutzung des Ausgangs für „anmeldefreie Waren" am Flughafen bei fahrlässiger Verkennung der Anmeldepflicht (vgl. FG München 6.9.2012, BeckRS 2013, 94232).

einstweilen frei **25**

ee) Nicht: Bannbruch (§ 372 AO). Auf Bannbruch ist das „Schmuggelprivileg" des **26** § 32 ZollVG **nicht anwendbar** (str.; glA BMF, Dienstvorschrift Zollschuldrecht – Z 09 01 – idF v. 23.6.2017, Nr. 701; 16; BeckOK AO/*Hauer* AO § 372 Rn. 84; Flore/Tsambikakis/*Klötzer-Assion* AO § 372 Rn. 39; Klein/*Jäger* AO § 372 Rn. 25 f.; Tipke/Kruse/ *Loose* AO § 372 Rn. 14; aA BMR SteuerStR/*Bender/Möller/Retemeyer* C Rn. 651 und 1229a; Erbs/Kohlhaas/*Hadamitzky/Senge* AO § 372 Rn. 3; Erbs/Kohlhaas/*Häberle* ZollVG § 32 Rn. 4; HHS/*Hübner* AO Vor § 372 Rn. 33 zu § 80 ZollG; Hüls/Reichling/*Corsten/ Tute* AO § 372 Rn. 44; → AO § 372 Rn. 101 und MüKoStGB/*Ebner* AO § 372 Rn. 107; Kohlmann/*Hilgers-Klautzsch* AO § 372 Rn. 115).

Zwar handelt es sich kraft ausdrücklicher gesetzlicher Definition (§ 369 I Nr. 2 AO) auch beim Straftatbestand des Bannbruchs um eine Steuerstraftat im Sinne des § 32 I ZollVG. Indem der Gesetzgeber die Begriffe der Zollstraftaten und Zollordnungswidrigkeiten durch G v. 2.12.1996 (BGBl. I 230) durch diejenigen der Steuerstraftaten und -ordnungswidrigkeiten ersetzt hat, sollte lediglich der Anwendungsbereich von den Zöllen auf alle Einfuhrabgaben iSd § 1 I 3 ZollVG erweitert werden. Eine Ausdehnung des „Schmuggelprivilegs" auf andere Straftatbestände, die weder die Verkürzung noch die Gefährdung von Einfuhrabgaben zum Gegenstand haben, war vom Gesetzgeber erkennbar nicht gewollt. Dies hat auch im aktuellen Gesetzeswortlaut des § 32 I ZollVG Niederschlag gefunden, der die Beschränkung des Anwendungsbereichs des „Schmuggelprivilegs" auf

Tatbestände, die sich auf Einfuhr- und Ausfuhrabgaben sowie Verbrauchsteuern beziehen, klar zum Ausdruck bringt; er macht die Nichtverfolgung der Tat davon abhängig, dass „durch die Tat selbst oder die Vortat Einfuhr- oder Ausfuhrabgaben oder Verbrauchsteuern von insgesamt nicht mehr als 250 Euro verkürzt wurden oder deren Verkürzung versucht wurde."

Selbst als der Gesetzgeber durch G v. 10.3.2017 die Steuerhehlerei (§ 374 AO), bei der „schon begrifflich keine Steuern verkürzt werden" (BR-Drs. 453/16, 40 f.), in den Anwendungsbereich des § 32 ZollVG einbezog, um die Fälle zu erfassen, bei denen die Steuerverkürzung durch die Vortat entstanden ist, erwähnte er den Bannbruch (§ 372 AO) aus gutem Grund nicht. Denn der Unrechtsgehalt der Verletzung der durch den Bannbruchtatbestand geschützten Einfuhrverbote hängt – im Gegensatz zur Steuerhehlerei – nicht von der Höhe der möglicherweise verkürzten Einfuhrabgaben, sondern von der Verletzung andersartiger Rechtsgüter ab, deren Gefährdung sich allein nach der Art, Beschaffenheit und Verbreitung der Bannware bemisst (→ § 372 Rn. 2). Ein Abgabenzuschlag gemäß § 32 III ZollVG könnte insoweit keine angemessene Sanktion für die Verletzung eines Einfuhrverbots darstellen, weil seine Höhe auf die der festzusetzenden Abgaben begrenzt ist. Sind aber keine Abgaben festzusetzen, kommt schon von vornherein kein Zuschlag in Betracht. Der Grund für die Gleichstellung des Bannbruchs mit den Steuerstraftaten in § 369 I AO besteht allein darin, dass die Zollbehörden, die zugleich über die Einhaltung der steuerlichen Vorschriften und der Verbote und Gebote des grenzüberschreitenden Warenverkehrs zu wachen haben, für beiderlei Zuwiderhandlungen dieselben strafverfahrensrechtlichen Befugnisse haben (→ § 369 Rn. 9).

27 Der Frage, ob der Bannbruch als solcher vom „Schmuggelprivileg" erfasst wird, kommt allerdings – abgesehen von der Ermittlungszuständigkeit – **keine große praktische Bedeutung** zu, da § 32 ZollVG die Verfolgung des Verstoßes gegen das Einfuhrverbot unter einem anderen rechtlichen Gesichtspunkt nicht hindert. So steht etwa die Nichtverfolgung von Steuerstraftaten oder Steuerordnungswidrigkeiten „als solche" gemäß § 32 I ZollVG bei der unerlaubten Einfuhr von Betäubungsmitteln oder Waffen einer Bestrafung nach den Straftatbeständen des BtMG oder des WaffG nicht entgegen.

b) Kein Verfolgungshindernis hinsichtlich anderer Tatbestände

28 Die **Verfolgung anderer Straftaten oder Ordnungswidrigkeiten,** die mit einer Steuerstraftat oder Steuerordnungswidrigkeit, die gem. § 32 I ZollVG nicht verfolgt wird, tateinheitlich oder tatmehrheitlich zusammentreffen, wird durch § 32 ZollVG **nicht gehindert.** Von der Nichtverfolgung erfasst wird nur die Steuerstraftat oder Steuerordnungswidrigkeit „als solche" (glA Rüsken/*Weerth* ZollVG § 32 Rn. 4).

5. Zeitlicher Anwendungsbereich der Norm

29 Die aktuelle Fassung des § 32 ZollVG ist am 16.3.2017 in Kraft getreten. Für vor diesem Zeitpunkt begangene Taten, für die noch keine Entscheidung über die Verfolgung getroffen wurde, ist nach dem Meistbegünstigungsprinzip (§ 2 III StGB, § 4 III OWiG) die für den Betroffenen günstigste Fassung des § 32 ZollVG anzuwenden (glA MüKoStGB/*Ebner* AO § 372 Rn. 116).

6. Betragsgrenze verkürzter Abgaben

30 Zur Abgrenzung der von § 32 ZollVG erfassten Bagatelltaten von verfolgungsbedürftigen Steuerstraftaten oder Steuerordnungswidrigkeiten hat der Gesetzgeber eine **Betragsgrenze** für verkürzte Einfuhrabgaben **von 250 EUR** festgelegt. Überschreiten die tatsächlich verkürzten Einfuhrabgaben diese Grenze oder hat der Täter versucht, einen höheren Abgabenbetrag zu hinterziehen, scheidet die Anwendung des § 32 ZollVG aus. Bei der Berechnung des Verkürzungsbetrages bleiben *Freimengen* nach Art. 41 ZollbefrVO iVm

§ 2 EF-VO außer Ansatz (vgl. BayObLG 22.8.2000, wistra 2000, 113 u. BayObLG 16.6.2003, ZfZ 2003, 281).

Haben **mehrere Personen gemeinschaftlich** gehandelt, wird der gesamte Verkürzungsbetrag nach den Grundsätzen der Mittäterschaft allen Tätern zugerechnet. Liegt der Gesamtverkürzungsbetrag über 250 EUR, ist § 32 ZollVG nicht anwendbar. Haben mehrere Personen Schmuggelware bei sich, ist allerdings sorgfältig zu prüfen, ob tatsächlich Mittäterschaft vorliegt oder ob die Personen jeweils für sich selbst gehandelt haben. Im letzteren Fall ist für jeden Täter gesondert die von diesem bewirkte Abgabenverkürzung an der Betragsgrenze von 250 EUR zu messen. 31

7. Ausschließungsgründe nach § 32 II ZollVG

a) Überblick

Mit der am 16.3.2017 in Kraft getretenen Änderung des § 32 ZollVG wurden die **Ausschlussgründe** in Absatz 2 **grundlegend umgestaltet.** Bis dahin war der Ausschluss an bestimmte Verhaltensweisen des Täters geknüpft, in denen erhöhtes Unrecht zum Ausdruck kommt (Nr. 1: Verheimlichen der Waren durch besonders angebrachte Vorrichtungen oder Versteckthalten der Waren an schwer zugänglichen Stellen; Nr. 2: Wiederholungstat binnen sechs Monaten). Nun scheidet die Nichtverfolgung der Tat aufgrund der Vorschrift des § 32 I ZollVG von vornherein aus, wenn die Strafrahmenverschiebung für einen besonders schweren Fall der Steuerhinterziehung eingreift (§ 370 III AO) oder das strafbare Verhalten einen Qualifikationstatbestand erfüllt (§§ 373, 374 II AO). Der hierin zum Ausdruck kommende erhöhte Unrechtsgehalt erlaubt nach der Gesetzesbegründung „keine gesetzliche Privilegierung der Täter" (BR-Drs. 543/16, 41). 32

Eine **hohe Rückfallgeschwindigkeit** steht der Anwendung des „Schmuggelprivilegs" nicht von vornherein entgegen. Sie kann aber bei der gebotenen Ermessensausübung, ob von der Verfolgung der Tat abgesehen werden soll, Bedeutung erlangen. 33

b) Hinterziehung in besonders schweren Fällen (§ 370 III AO)

Nach § 32 II ZollVG kommt die Nichtverfolgung einer Steuerhinterziehung gemäß § 32 I ZollVG **„in den in § 370 Absatz 3 genannten Fällen"** nicht in Betracht. Eine ausdrückliche Unterscheidung zwischen benannten und unbenannten besonders schweren Fällen trifft das Gesetz nicht. Im Hinblick auf die abweichende Formulierung bei der Verjährungsvorschrift des § 376 I AO „In den in § 370 Absatz 3 Satz 2 Nummer 1 bis 6 genannten Fällen besonders schwerer Steuerhinterziehung" ist davon auszugehen, dass nach dem Willen des Gesetzgebers – sofern diese Frage überhaupt in den Blick genommen worden ist – der Sperrgrund auch bei unbenannten besonders schweren Fällen eingreifen soll. Die sich hieraus ergebende Notwendigkeit, für die Frage des Eingreifens des Sperrgrundes zunächst eine Strafzumessung vorzunehmen, erschwert zumindest die Handhabung des für die Anwendung im Massenverfahren gedachten „Schmuggelprivilegs" (vgl. *Ebner* DStR 2018, 2559, 2563). 34

einstweilen frei 35

c) Gewerbsmäßiger, gewaltsamer und bandenmäßiger Schmuggel (§ 373 AO)

Hat der Täter einer Steuerhinterziehung die **Qualifikationsmerkmale des Schmuggels** gem. § 373 AO erfüllt, ist wegen des höheren Unrechtsgehalts die Nichtverfolgung der Tat gem. § 32 I ZollVG ausgeschlossen (§ 32 II ZollVG). Eine Rückausnahme für minder schwere Fälle des Schmuggels (§ 373 I 2 AO) sieht das Gesetz nicht vor. 36

Mangels abweichender gesetzlicher Anordnung erfasst der Ausschlussgrund **auch Fälle des Versuchs** (§ 373 II AO). 37

d) Gewerbs- oder bandenmäßige Steuerhehlerei (§ 374 II AO)

Hat der Täter einer Steuerhehlerei (§ 374 AO) die **Qualifikationsmerkmale der gewerbs- oder bandenmäßigen Steuerhehlerei** gem. § 374 II AO erfüllt, ist die 38

Nichtverfolgung der Tat gemäß § 32 I ZollVG wie im Falle des Schmuggels ausgeschlossen (§ 32 II ZollVG). Eine Rückausnahme für minder schwere Fälle der gewerbs- oder bandenmäßigen Steuerhehlerei (§ 374 II 2 AO) sieht das Gesetz nicht vor.

39 Mangels abweichender gesetzlicher Anordnung erfasst der Ausschlussgrund **auch Fälle des Versuchs** (§ 374 II AO).

8. Wirkung des § 32 ZollVG im Hinblick auf Mittäter und Teilnehmer

40 Auf **Anstifter und Gehilfen** ist § 32 ZollVG ebenfalls anwendbar, sofern der Verkürzungsumfang 250 EUR nicht übersteigt. Das Verfahrenshindernis wirkt sogar gegenüber Teilnehmern, die nicht wissen, dass für die Waren nur Abgaben von weniger als 250 EUR zu erheben sind. Andererseits ist auch der *Irrtum* über die Anwendungsvoraussetzungen des § 32 ZollVG *unbeachtlich*.

41 Die **Ausschließungsgründe** für die Anwendung des § 32 ZollVG *wirken gegen alle Mittäter und Teilnehmer*. Hierzu gehört auch die Überschreitung der Betragsgrenze des § 32 I ZollVG.

42 *einstweilen frei*

9. Zuschlag nach § 32 III ZollVG

43 **Die Regelung des § 32 III ZollVG ergänzt § 32 I u. II ZollVG.** § 32 III ZollVG ermöglicht in den Fällen der Nichtverfolgung nach Absatz 1 die *Erhebung eines Zuschlags* bis zur Höhe der Abgaben, höchstens jedoch bis zu 250 EUR. Ein Zuschlag kann ferner erhoben werden, wenn gem. § 398 AO oder § 153 StPO von der Verfolgung der Tat abgesehen worden ist. In jedem Fall setzt der Zuschlag aber voraus, dass eine Steuerstraftat oder Steuerordnungswidrigkeit iSv § 32 ZollVG festgestellt worden ist; die fahrlässige Gefährdung von Einfuhrabgaben (§ 382 AO) reicht aus.

44 **Der Zuschlag ist ein abgabenrechtliches Mittel,** das den Beteiligten zur Erfüllung seiner steuerlichen Pflichten anhalten soll (vgl. BR-Drs. 543/16, 41: „Abgabe eigener Art mit sanktionsähnlichem Charakter"). Er ist weder Strafe noch Geldbuße, weil er erhoben wird, obwohl das Fehlverhalten nach § 32 I ZollVG gerade nicht als Straftat oder Ordnungswidrigkeit verfolgt wird (vgl. BFH 29.7.1981, BFHE 135, 95). Auch ist er *kein Zoll und keine Steuer,* weil er nicht nach Maßgabe des Zolltarifs und der Steuergesetze erhoben wird. Am engsten sind die Beziehungen zu sonstigen abgabenrechtlichen Sanktions- und Druckmitteln, zB den Verspätungszuschlägen nach § 152 AO.

45 Die Frage der Rechtsnatur des Zuschlags ist bedeutsam im Hinblick auf dessen **Vereinbarkeit** mit dem **europäischen Unionsrecht.** Bedenken bestehen indes insoweit nicht (vgl. auch EuGH 16.10.2003 – C-91/02, ZfZ 2004, 54 – Hannl + Hofstetter betr. nationale Säumniszinsen). Die Mitgliedstaaten sind berechtigt und gemäß Art. 4 III EUV, Art. 291 und 325 AEUV sogar verpflichtet, Maßnahmen zur Durchsetzung des Gemeinschaftsrechts zu treffen, soweit das Unionsrecht keine eigenständigen Vorschriften enthält. Zu diesen den Mitgliedstaaten vorbehaltenen Aufgaben gehören insbesondere die Bestimmung von Strafen und anderen Sanktionen, die Durchsetzung des Unionsrechts unterstützen. Die Sanktionen müssen wirksam, verhältnismäßig und abschreckend sein (EuGH 16.10.2003, ZfZ 2004, 54 – Hannl + Hofstetter).

46 **Die Festsetzung des Zuschlags** liegt dem Grunde und im gesetzlichen Rahmen der Höhe nach im **Ermessen der Zollbehörde.** Bei der Ermessensausübung ist auch auf subjektive Umstände des Fehlverhaltens Rücksicht zu nehmen. Die **Dienstvorschrift Zollschuldrecht des BMF** (III B 1 – Z 0901/07/0005) idF v. 23.6.2017 besagt zu § 32 III ZollVG Folgendes:

„*(700) Der Zuschlag nach § 32 Abs. 3 ZollVG wird bei Steuerstraftaten im Regelfall in Höhe der Abgaben erhoben, die verkürzt wurden oder deren Verkürzung versucht wurde. In begründeten Einzelfällen (z. B. bei Jugendlichen/Heranwachsenden) sowie bei Steuerordnungs-*

widrigkeiten kann auch ein niedrigerer Zuschlag festgesetzt oder von der Erhebung eines Zuschlags abgesehen werden."

Dies ist nicht zu beanstanden. Nach der Rspr des Bundesfinanzhofs wäre nicht einmal eine allgemeine Weisung gegenüber den Flughafenzollstellen, von Reisenden, die mit zollpflichtigen Waren den grünmarkierten Ausgang eines Flughafens benutzen, im Regelfall einen Zuschlag in voller Höhe der Einfuhrabgaben zu erheben, ermessensfehlerhaft (BFH 29.7.1981, BFHE 135, 95 zu § 80 ZollG).

einstweilen frei **47**

10. Verfahrensrechtliche Fragen

Da § 32 I ZollVG im Gegensatz zu den früheren Gesetzesfassungen kein Verfahrenshindernis normiert, muss selbst dann eine **verfahrenseinleitende Maßnahme** nicht unterbleiben, wenn von vornherein feststeht, dass die Voraussetzungen des § 32 I ZollVG vorliegen und kein Ausschlussgrund gemäß § 32 II ZollVG eingreift. Es ist deshalb stets erforderlich, dass eine Entscheidung hinsichtlich der Nichtverfolgung oder Verfahrensbeschränkung hinsichtlich der vom „Schmuggelprivileg" erfassten Tat getroffen wird (vgl. auch *Ebner* DStR 2018, 2559 Fn. 67). **48**

Die allgemeinen Vorschriften der StPO und des OWiG über die Einstellung des Verfahrens werden nicht durch § 32 ZollVG verdrängt. Auch wenn die Voraussetzungen des § 32 ZollVG nicht vorliegen, kann eine Verfahrenseinstellung nach § 398 AO oder § 153 AO (vgl. § 32 III ZollVG), eine solche nach §§ 153a, 154 StPO oder eine Verfahrensbeschränkung nach § 154a StPO in Betracht kommen (→ § 397 Rn. 149). **49**

Auf die **Festsetzung des Zuschlags** sind die Vorschriften der Abgabenordnung anwendbar. Denn es handelt sich um die Erhöhung der Steuerbeträge iSv § 3 AO. Unerheblich ist, dass der Zuschlag in erster Linie ein Sanktionsmittel ist, weil er – als Nebenzweck (vgl. § 3 I AO) – auch der Erzielung von Einnahmen dient. Gegen die Festsetzung des Zuschlags ist der Einspruch (§ 347 I Nr. 1 AO) gegeben; gegen die Einspruchsentscheidung kann Klage beim Finanzgericht erhoben werden. Da es sich um eine nationale Abgabe handelt, ist Art. 44 UZK nicht einschlägig. **50**

Anhang II: §§ 26a, 26c UStG

§ 26a UStG Bußgeldvorschriften

(1) Ordnungswidrig handelt, wer entgegen § 18 Absatz 1 Satz 4, Absatz 4 Satz 1 oder 2, Absatz 4c Satz 2, Absatz 4e Satz 4 oder Absatz 5a Satz 4, § 18i Absatz 3 Satz 3, § 18j Absatz 4 Satz 3 oder § 18k Absatz 4 Satz 3 eine Vorauszahlung, einen Unterschiedsbetrag oder eine festgesetzte Steuer nicht, nicht vollständig oder nicht rechtzeitig entrichtet.

(2) ...

(3) Die Ordnungswidrigkeit kann in den Fällen des Absatzes 1 mit einer Geldbuße bis zu dreißigtausend Euro ... geahndet werden.

(4) ...

§ 26c UStG Strafvorschriften

Mit Freiheitsstrafe bis zu fünf Jahren oder mit Geldstrafe wird bestraft, wer in den Fällen des § 26a Absatz 1 gewerbsmäßig oder als Mitglied einer Bande, die sich zur fortgesetzten Begehung solcher Handlungen verbunden hat, handelt.

§ 26b UStG Schädigung des Umsatzsteueraufkommens [in der bis zum 30.6.2021 geltenden Fassung]

(1) Ordnungswidrig handelt, wer die in einer Rechnung im Sinne von § 14 ausgewiesene Umsatzsteuer zu einem in § 18 Absatz 1 Satz 4 oder Abs. 4 Satz 1 oder 2 genannten Fälligkeitszeitpunkt nicht oder nicht vollständig entrichtet.

(2) Die Ordnungswidrigkeit kann mit einer Geldbuße bis zu fünfzigtausend Euro geahndet werden.

Schrifttum: *Joecks,* Steuerstrafrechtliche Risiken in der Praxis. Ermittlungsschwerpunkte und Verschärfung der Rechtslage, DStR 2001, 2184; *Bender,* Neuigkeiten im Steuerstrafrecht 2002 für die Zollverwaltung, ZfZ 2002, 146; *Gotzens/Wegner,* Das Steuerverkürzungsbekämpfungsgesetz: Eine erste Einschätzung, PStR 2002, 32; *Heerspink,* Änderungen durch das Steuerverkürzungsbekämpfungsgesetz. Verlust der Selbstanzeige kontraproduktiv?, AO-StB 2002, 88; *ders.,* Steuerhinterziehung als Vortat zur Geldwäsche, AO-StB 2002, 132; *Heil,* Das Steuerverkürzungsbekämpfungsgesetz, StuB 2002, 221; *Hillmann-Stadtfeld,* Umsatzsteuernachschau und Verschärfung der Strafrechtslage durch das Steuerverkürzungsbekämpfungsgesetz, DStR 2002, 434; *dies.,* Die strafrechtlichen Neuerungen nach dem Steuerverkürzungsbekämpfungsgesetz (StVBG), NStZ 2002, 242; *Joecks,* Strafvorschriften im Steuerverkürzungsbekämpfungsgesetz, wistra 2002, 201; *Kruhl,* Reichen die Maßnahmen des Steuerverkürzungsbekämpfungsgesetzes zur Betrugsbekämpfung aus oder ist eine Änderung des Umsatzsteuersystems notwendig?, BB 2002, 1018; *Lührs,* Auswirkungen des Steuerverkürzungsbekämpfungsgesetzes (StVBG) auf die strafrechtliche Praxis, BuW 2002, 711; *Maier/Weigl,* Steuerverkürzungsbekämpfungsgesetz, WPg 2002, 461; *Nieskens,* Die Änderungen in der Umsatzsteuer zum 1.1.2002, UStB 2002, 46; *ders.,* Steueränderungsgesetz 2001 und Steuerverkürzungsbekämpfungsgesetz, UR 2002, 53; *Reiß,* Vorsteuerabzug – Achillesferse der Mehrwertsteuer?, UR 2002, 561; *Stahl,* Steuerverkürzungsbekämpfungsgesetz: Umsatzsteuerhaftung, Nachschau, Steuerhinterziehung als Verbrechenstatbestand, KÖSDI 2002, 13 204; *Weyand,* Neue Strafgeldtatbestände und Bußgeldtatbestände infolge des Steuerverkürzungsbekämpfungsgesetzes, Information, StW 2002, 183; *Widmann,* Die umsatzsteuerrechtlichen Rechtsänderungen zum 1.1.2002, DB 2002, 166; *Bielefeld,* Schützen die §§ 26b, 26c UStG das Umsatzsteueraufkommen?, BB 2004, 2441; *Nöhren,* Die Hinterziehung von Umsatzsteuer, 2005; *Webel,* Schädigung des Umsatzsteueraufkommens, PStR 2005, 259; *Wilhelm,* Schutz des Umsatzsteueraufkommens durch §§ 26b, 26c UStG, UR 2005, 474; *Kußmaul/Hillmer,* Umsatzsteuerbetrug – Ausprägungsformen und bisherige Maßnahmen des Gesetzgebers, SteuerStud 2006, 525; *Tormöhlen,* Steuerstraf- und bußgeldrechtliche Reaktion auf Umsatzsteuer-Karussellgeschäfte, UVR 2006, 207; *Friedrich,* Schädigung des Umsatzsteueraufkommens, PStR 2007, 82; *Wessing,* Steuerordnungswidrigkeiten – Gefahr und Chance für die Verteidigung, SAM 2007, 9; *A. Müller,* Die Umsatzsteuerhinterziehung, AO-StB 2008, 80; *Pump/Fittkau,* Luftrechnungen des Lieferanten als Ursache seines finanziellen Ruins und seiner Bestrafung wegen Steuerhinterziehung, UStB 2008, 112 und 143; *Kemper,* Mehr als 15 Jahre Umsatzsteuerbinnenmarkt und die Umsatzsteuer-Karusselle – Entwicklung des Umsatzsteuerbetrugs im Binnenmarkt, seine Auswirkungen und Abhilfe, UR 2009, 751; *Muhler,* Die Umsatzsteuerhinterziehung, wistra 2009, 1; *Gaede,* Leerlauf der gewerbs- oder bandenmäßigen Schädigung des Umsatzsteueraufkommens?, PStR 2011, 233; *Roth,* Verfassungswidrigkeit des § 26c UStG wegen Verstoßes gegen das Zitiergebot, wistra 2017, 1; *Kemper,* Die Ordnungswidrigkeitstatbestände des Umsatzsteuergesetzes, UR 2014, 673; *Gmeiner,* § 26c UStG und das Zitiergebot, wistra 2019, 17; *Roth,* § 26c und das Zitiergebot, wistra 2019, 18; *Sterzinger,* Änderungen des UStG, der UStDV und der EUStBV durch das sog. Jahressteuergesetz 2020, UR 2020, 941; *Grommes,* Die neue Bedeutung von Umsatzsteuer-Identifikationsnummer und Zusammenfassender Meldung bei innergemeinschaftlichen Lieferungen und deren steuerstrafrechtliche Auswirkung sowie Neufassung des § 26a UStG, UR 2021, 461; *Kemper,* Der neue Bußgeldtatbestand der Nichtzahlung der Umsatzsteuer in § 26a Abs. 1 UStG, UR 2021, 142; *Rademacher/Prommer,* Jahressteuergesetz 2020: Straf- und Bußgeldvorschriften des UStG, MwStR 2021, 485; *Widmann,* Jahressteuergesetz 2020: Die umsatzsteuerlichen Änderungen, MwStR 2021, 6; *Kußmaul/Naumann/Granat,* Innergemeinschaftliche Reihengeschäfte – Neuregelung in Theorie und Praxis, UStB 2021, 51; *Roth,* Änderungen des JStG 2020: § 208a AO und §§ 26a bis 26c UStG, PStR 2021, 89; *Wäger,* Digitalpaket – Neuregelungen zum 1.7.2021 für den Bereich der Lieferungen – Besondere Besteuerungsverfahren und Änderungen des materiellen Rechts, UStB 2021, 76.

Übersicht

	Rn.
1. Allgemeines	1–8a
a) Entstehungsgeschichte	1, 2
b) Zweck und Gegenstand der Regelung	3–8a
2. Der Ordnungswidrigkeitentatbestand	9–32
a) Objektiver Tatbestand	9–21
aa) Allgemeines	9, 10
bb) Nichtentrichtung der Umsatzsteuer	11–14
cc) Zahlungsfähigkeit	15–18
dd) Opportunitätsprinzip	19–21
b) Subjektiver Tatbestand	22, 23
c) Täterschaft und Teilnahme	24
d) Sanktionen	25, 26
e) Konkurrenzen	27–29
f) Keine Selbstanzeige	30
g) Verjährung	31
h) Verfahren	32
3. Der Straftatbestand	33–61
a) Allgemeines	33, 34
b) Die Qualifikationsmerkmale	35–41
aa) Allgemeines	35
bb) Bandenmäßige Begehung	36, 37
cc) Gewerbsmäßiges Handeln	38–41
c) Subjektiver Tatbestand	42
d) Rechtsfolgen	43
e) Täterschaft und Teilnahme	44–46
f) Konkurrenzen	47–55
g) Keine Selbstanzeige	56, 57
h) Verjährung	58–60
i) Verfahren	61

1. Allgemeines

a) Entstehungsgeschichte

Die §§ 26b, 26c aF UStG sind – gemeinsam mit § 370a AO aF – durch das Gesetz zur **1** Bekämpfung von Steuerverkürzungen bei der Umsatzsteuer und zur Änderung anderer Steuergesetze (**Steuerverkürzungsbekämpfungsgesetz** – StVBG) v. **19.12.2001** (BGBl. 2001 I 3922) in das UStG eingefügt worden und zum 1.1.2002 in Kraft getreten (Art. 9 II StVBG). Im Gesetzentwurf der Bundesregierung v. 10.9.2001 (BT-Drs. 14/6883) waren die Regelungen noch nicht enthalten. Wie bei § 370a AO aF wurden die

Bestimmungen dann auf Initiative des Bundesrates bzw. im Finanzausschuss in das Gesetzesvorhaben aufgenommen (BT-Drs. 14/7085, 14/7470, 14/7471).

Mit § 26c UStG wurde erstmalig ein Straftatbestand geschaffen, der die Schädigung des USt-Aufkommens erfasst.

2   Zum 1.7.2021 wurde § 26b UStG durch das **Jahressteuergesetz 2020** (BGBl. 2020 I 3096) aufgehoben. Damit entfiel der vorher in § 26b I UStG geregelte Bußgeldtatbestand der Schädigung des Umsatzsteueraufkommens jedoch nicht, sondern er wurde inhaltlich modifiziert in den neuen § 26a I UStG eingefügt. Der Anstoß für die Änderungen ergab sich aus einer Prüfung des Bundesrechnungshofs zur Sicherung des Umsatzsteueraukommens (vgl. Jahresbericht 2017 des Bundesrechnungshofs, S. 295 f., Bemerkung Nr. 24), in der insb. Probleme bei der praktischen Umsetzung der Norm festgestellt wurden, die mit dem Tatbestandsmerkmal *„in einer Rechnung iSv § 14 ausgewiesene Umsatzsteuer"* des § 26b UStG aF zusammenhingen (vgl. auch BT-Drs. 19/22850, 149). Ferner wurde der in § 26a III UStG integrierte Bußgeldrahmen verringert und an den Bußgeldrahmen der Gefährdung der Abzugssteuern nach § 380 AO angepasst.

b) Zweck und Gegenstand der Regelung

3   Bei der **USt** handelt es sich um die Steuer mit dem höchsten Aufkommen, so dass ihr für die Finanzierung von Bund, Ländern und Gemeinden eine ausgesprochen hohe Bedeutung zukommt (vgl. Art. 106 GG). Vor diesem Hintergrund führte der Gesetzgeber die §§ 26b, 26c UStG aF ein, um auf die **Betrugsanfälligkeit des bestehenden USt-Systems** zu reagieren und steuerehrliche Wettbewerber vor Wettbewerbsverzerrungen zu schützen. Durch diese Normen sollte der Missbrauch des Vorsteuerabzugs (zB durch Karussellgeschäfte) bekämpft und die wirtschaftliche Neutralität der USt gewahrt werden, sodass zB die Schöpfung von Liquidität durch die verspätete Zahlung der USt sanktioniert wurde (vgl. BT-Drs. 14/7471, 7 f.).

4   Das bloße **Nichtzahlen von Steuern** war allerdings bis zur Einführung des § 26b UStG aF regelmäßig nicht als Ordnungswidrigkeit zu erfassen und erst recht nicht strafbar. Eine Ausnahme stellte die Ordnungswidrigkeit des § 380 AO für den Bereich der LSt dar (vgl. → AO § 380 Rn. 2 ff.). Dabei ist zu bedenken, dass die einbehaltene LSt als ESt der Arbeitnehmer praktisch vom Arbeitgeber treuhänderisch einbehalten wird. Die Sanktionierung der Nichtentrichtung einer eigenen Steuerschuld war ein Novum im deutschen Steuerrechtsgefüge (OSL/*Zugmaier/Sauter* UStG § 26a Rn. 3). Bis zu diesem Zeitpunkt begnügte sich der Gesetzgeber bei säumigen Steuerzahlern mit der Erhebung eines Säumniszuschlags (§ 240 AO). Dass § 26b UStG aF damit § 240 AO überlagerte, wurde im Gesetzgebungsverfahren von den Vertretern der Opposition im Finanzausschuss thematisiert (BT-Drs. 14/7471, 5). Die Ausschussmehrheit verwies dann lediglich auf die Möglichkeit, das Verfahren nach dem Opportunitätsprinzip einzustellen, *„wobei auch die in § 266a V StGB genannten Umstände als Maßstab für die diesbezüglichen Ermessensentscheidungen in Betracht kommen können"* (BT-Drs. 14/7471, 8; vgl. dazu auch → Rn. 20).

5   Die Fälle, in denen durch **Nichtzahlung der Umsatzsteuer** Liquidität geschöpft wird, sind unterschiedlich. In einer ersten Fallgruppe werden USt-Voranmeldungen eingereicht, die unzutreffende Angaben zur Höhe der Umsätze bzw. zur Höhe der Vorsteuer enthalten. Hier ist im Regelfall schon der Tatbestand des § 370 AO erfüllt (OSL/*Zugmaier/Sauter* UStG § 26a Rn. 6). Gleiches gilt, wenn schon keine Anmeldung der Steuer erfolgt (→ AO § 370 Rn. 60 ff.). Bei den Karussellgeschäften (dazu *Reiß* UR 2002, 561, 565) ist idR ebenfalls § 370 I AO einschlägig, weil entweder schon keine Ware bewegt wird und damit unberechtigt Vorsteuern erschlichen werden oder der sog. *missing trader* die Umsätze nicht anmeldet.

6   **Strafbarkeitslücken** bestanden vor der Einführung der §§ 26b, 26c UStG aF allein in der Konstellation, dass der Unternehmer Leistungen erbringt, die entsprechenden Anmeldungen korrekt einreicht, aber die betreffenden Beträge nicht entrichtet. Hier sollten § 26b

Allgemeines 7–8a **Anhang II**

bzw. § 26c UStG eingreifen (BT-Drs. 14/7471, 6; OSL/*Zugmaier/Sauter* UStG § 26a Rn. 7). Dabei ging es nicht um das bloße Nichtzahlen von USt schlechthin. Der Gesetzgeber wollte verhindern, dass eine wirksame Rechnung im Sinne des § 14 UStG den Leistungsempfänger zum Vorsteuerabzug berechtigt, während andererseits die in Rechnung gestellte (und idR vereinnahmte) USt nicht entrichtet wird. Die damit vorgegebene Anknüpfung an die in Rechnung gestellte USt führte zu einer erheblichen, aber ausgehend von der dargestellten Entwicklung der Norm durchaus sinnvollen Einschränkung des Anwendungsbereichs des Tatbestandes (→ Rn. 10 ff.).

Durch die **Neufassung des Ordnungswidrigkeitentatbestandes** durch das Jahressteuergesetz 2020 und die in diesem Rahmen erfolgte Streichung des Tatbestandsmerkmals *„in einer Rechnung im Sinne von § 14 ausgewiesene Umsatzsteuer"* macht der Gesetzgeber jedoch deutlich, dass sich Sinn und Zweck des neuen § 26a I UStG im Gegensatz zu § 26b UStG erweitert haben. Der Gesetzgeber stellt insoweit klar, dass Haushaltsausfälle und Wettbewerbsverzerrungen vermieden werden sollen. Vor diesem Hintergrund sei die Nichtentrichtung bzw. nicht vollständige oder nicht rechtzeitige Entrichtung der Umsatzsteuer nicht sanktionslos hinzunehmen (BT-Drs. 19/22850, 149). Das Regelungsziel des § 26b UStG aF werde *„dem Grunde nach weiterverfolgt"*, wobei aber durch die Aufhebung des Rechnungserfordernisses jetzt jede Form der Nichtentrichtung der Umsatzsteuer konsequent sanktioniert werden soll (BT-Drs. 19/22850, 150). Dies wird ferner dadurch deutlich, dass § 26a I UStG – im Gegensatz zu § 26b UStG aF – nun auch die nicht rechtzeitige Entrichtung sanktioniert, so dass ausdrücklich auch Unternehmer erfasst werden, die sich (nur) in Zahlungsschwierigkeiten befinden. Da der Gesetzgeber sich insoweit ein Stück weit von der ursprünglichen Motivation zur Einführung der §§ 26b, 26c UStG aF entfernt hat, ist die Streichung des Erfordernisses einer Rechnung iSd § 14 UStG folgerichtig. § 26a I UStG ist somit keine Norm, die auf die Bekämpfung des USt-Betrugs ausgerichtet ist, sondern es handelt sich um eine **allgemeine Sanktionsmöglichkeit im Fall der Nichtzahlung fälliger Umsatzsteuern** (ebenso SWR/*Kemper* UStG § 26a Rn. 46).

Erfolgt die Nichtzahlung von Umsatzsteuer gewerbsmäßig oder im Rahmen einer 8 Bande, wird aus der Ordnungswidrigkeit ein **Straftatbestand**, der mit Geldstrafe oder Freiheitsstrafe bis zu fünf Jahren bestraft werden kann (§ 26c UStG; dazu → Rn. 33 ff.).

Die §§ 26a, 26c UStG greifen in die Grundrechte der von Ausführung dieser Vorschriften betroffenen Personen ein. Dementsprechend ergibt sich aus dem Wortlaut des Art. 19 I 2 GG (sog. **Zitiergebot**), dass das Gesetz – hier das UStG – das verletzte Grundrecht unter Angabe des Artikels nennen müsste. Eine entsprechende Regelung enthielt jedoch weder das UStG aF noch enthält sie das UStG nach den Änderungen durch das Jahressteuergesetz 2020. Zutreffend haben jedoch das BVerfG (BVerfG 30.10.2016 1 BvR 1858/16, zit. in BFH 25.5.2016, juris) und der BFH (BFH 9.4.2014, BFH/NV 2014, 1227; BFH 25.5.2016, BFH/NV 2016, 1310) entschieden, dass dies nicht zur Verfassungswidrigkeit des gesamten UStG führt. Teilweise wird jedoch aufgrund der fehlenden Zitierung von einer Verfassungswidrigkeit des § 26c UStG ausgegangen (*Roth*, wistra 2017, 1; *Roth* wistra 2019, 18; *Gast-de Haan* PStR 2002, 264). Im Hinblick auf § 26a UStG dürfte ausgehend von der Rechtsprechung des BVerfG 29.6.1959, BVerfGE 10, 89, 99; BVerfG 1.12.2020, BVerfGE 156, 182 Rn. 231) eine Zitierung nicht erforderlich sein, da in den Fällen, in denen eine Norm ledigglich die in einem Grundrecht selbst angelegten Grenzen nachzieht, ohne es über seine Grenzen hinaus einzuschränken, das Zitiergebot nicht beachtet werden muss. Folglich ist im Hinblick auf die Einschränkung des Art. 2 I GG durch § 26a UStG die Beachtung des Art. 19 I 2 GG nicht erforderlich. Etwas anderes könnte hingegen im Hinblick auf § 26c UStG gelten, der als Strafnorm durchaus die Grundlage für eine nach Art. 2 II GG zu beurteilende Freiheitsstrafe darstellen kann (insoweit zustimmend *Roth* wistra 2019, 18; aA *Gmeiner* wistra 2019, 17). Der Gesetzgeber hat hier jedoch offensichtlich kein Problem erkannt, da er trotz der Kenntnis von diesem Streitstand im Jahressteuergesetz 2020 von einer entsprechenden Zitierung absah. Der

Grund dafür liegt erneut in der Rechtsprechung des BVerfG (BVerfG 30.5.1973, BVerfGE 35, 185, 189; BVerfG v. 1.12.2020, BVerfGE 156, 182 Rn. 230), nach der sich in Fall von offenkundigen Grundrechtseingriffen ein gesetzlicher Hinweis auf den grundrechtsbeschränkenden Charakter der Regelung erübrigt. Ein solch offenkundiger Eingriff liegt in Form des § 26c UStG jedoch aufgrund des Wortlautes der Norm, ihrer Überschrift („*Strafvorschriften*") und ihrer systematischen Stellung vor. Diese restriktive Interpretation des Zitiergebotes durch das BVerfG mag man mit guten Gründen bedauern, ausgehend von der Rspr des BVerfG muss man jedoch wohl die Frage nach der Verfassungswidrigkeit des § 26c UStG aufgrund der Nichtanwendung des Zitiergebotes verneinen.

2. Der Ordnungswidrigkeitentatbestand

a) Objektiver Tatbestand

aa) Allgemeines

9   Die Steuerordnungswidrigkeit des § 26a I UStG enthält ein **Unterlassungsdelikt.** Der Vorwurf geht dahin, dass jemand die fällige USt nicht, nicht vollständig oder nicht rechtzeitig entrichtet. Dieser Vorwurf kann nur erhoben werden, wenn der Täter auch in der Lage war, die entsprechenden Beträge zu bezahlen (→ Rn. 15 ff.); dies entspricht der einhelligen Auffassung zu § 266a StGB (vgl. nur *Fischer* StGB § 266a Rn. 30 mwN.). Der entsprechend seinem Wortlaut sehr weite Anwendungsbereich des § 26 I UStG kann effektiv nur über den im Ordnungswidrigkeitenrecht anwendbaren Opportunitätsgrundsatz eingegrenzt werden (vgl. → Rn. 19 ff.).

10 Nach der bis zum 30.6.2021 anwendbaren Vorgängervorschrift des § 26b UStG aF musste der Täter im Vorfeld der Nichtentrichtung die USt in einer **Rechnung** iSd § 14 UStG ausgewiesen haben. Dieses Tatbestandsmerkmal wurde jedoch in der Nachfolgevorschrift des § 26a I UStG gestrichen, da der Gesetzgeber – entsprechend dem Jahresbericht 2017 des Bundesrechnungshofs, S. 295 f., Bemerkung Nr. 24 – verschiedene mit diesem Tatbestandsmerkmal verbundene rechtliche Fragen und praktische Probleme beseitigen wollte. So war es im Hinblick auf das Rechnungserfordernis des § 26b UStG aF strittig, ob § 26b UStG aF das Vorliegen sämtlicher Rechnungsmerkmale nach § 14 IV UStG verlangte oder an den Rechnungsbegriff in § 14 I UStG anknüpfte, ob Abrechnungsdokumente iSv § 14c II 2 UStG überhaupt von § 26b UStG erfasst wurden und darüber hinaus waren die jeweiligen Rechnungen mitunter im Verfahren schwer zu erlangen. Durch die Streichung des Rechnungserfordernisses wird ab dem 1.7.2021 allein die vorsätzliche Nichtzahlung bzw. nicht vollständige oder nicht fristgerechte Zahlung der festgesetzten und zu entrichtenden Umsatzsteuer bis zum Ablauf des Fälligkeitstages geahndet. Dadurch will der Gesetzgeber eine **konsequente Sanktionierung der Nichtentrichtung** der Umsatzsteuer bei Unternehmern ermöglichen, die ihren Zahlungspflichten nicht vollumfänglich nachkommen (BT-Drs. 19/22850, 150).

bb) Nichtentrichtung der Umsatzsteuer

11 Den objektiven Tatbestand des § 26a I UStG verwirklicht, wer entgegen § 18 I 4, IV 1 oder 2, IVc 2, IVe 4 oder Va 4, § 18i III 3, § 18j IV 3 oder § 18k IV 3 eine Vorauszahlung, einen Unterschiedsbetrag oder eine festgesetzte Steuer nicht, nicht vollständig oder nicht rechtzeitig entrichtet. Folglich ist der Tatbestand erfüllt, wenn die **USt bei ihrer Fälligkeit entgegen der vorgenannten Entrichtungsgebote nicht bezahlt** wird. Daraus folgt, dass schon der erstmalige Verstoß – theoretisch selbst bei einer Überschreitung der Fälligkeit von nur einem Tag – geahndet werden kann (vgl. BT-Drs. 19/22850, 150), so dass der Anwendungsbereich der Norm ausgesprochen weit ist. Er kann entsprechend der Gesetzesbegründung letztendlich nur durch die Anwendung des im Ordnungswidrigkeitsrecht geltenden Opportunitätsgrundsatzes beschränkt werden (vgl. → Rn. 19 ff.). Der Verweis auf die Entrichtungsgebote des § 18 I 4, IV 1 oder 2, IVc 2,

IVe 4 oder Va 4, des § 18i III 3, des § 18j IV 3 sowie des § 18k IV 3 UStG führt hingegen nicht zu einer Begrenzung des Tatbestandes des § 26a I UStG (SWR/*Kemper* UStG § 26a Rn. 40).

§ 26a I UStG stellt auf den **zu entrichtenden Steuerbetrag** ab, da auch nur dieser **12** Betrag zur Zahlung fällig wird. Der Unternehmer schuldet zum Fälligkeitszeitpunkt nicht die Umsatzsteuer als solche, sondern das Ergebnis einer Steuerberechnung, bei der eine Saldierung mit Vorsteuern (§ 15 I UStG) erfolgt (vgl. § 16 I 3, II 1 UStG). Mangels Anknüpfung an die Zahllast ist damit der Fall denkbar, dass der in Rechnung gestellten Umsatzsteuer Vorsteuerbeträge in nämlicher Höhe entgegenstehen, die die Zahllast auf Null bringen oder gar zu einem Erstattungsanspruch führen. Von einer in der Gesetzesüberschrift angesprochenen „Schädigung des Umsatzsteueraufkommens" kann dann nicht die Rede sein; überdies muss der Unternehmer dann auch nicht „entrichten". Der Tatbestand des § 26a I UStG greift folglich nur ein, wenn die Summe der in Rechnungen ausgewiesenen USt höher ist als die der anrechenbaren Vorsteuerabzugsbeträge.

Die Verwirklichung des Tatbestands des § 26a I UStG setzt ferner voraus, dass die **13** **Fälligkeitszeiträume** der in der Norm genannten Vorschriften **überschritten** worden sind. In der Neufassung des § 26a I UStG sieht das Gesetz seit dem 1.7.2021 sechs zT unterschiedliche Fälligkeiten vor, von denen den drei ersten in der Praxis die größte Bedeutung zukommt. So sind gem. § 18 I 4 UStG bei **USt-Voranmeldungen** die Zahlungen am 10. Tag nach Ablauf des Voranmeldungszeitraums fällig und zu entrichten, wobei zu berücksichtigen ist, dass vielen Unternehmern bei der Abgabe der USt-Voranmeldungen gem. §§ 46 ff. UStDV eine einmonatige Dauerfristverlängerung eingeräumt ist. Zahlungen aus **Umsatzsteuer-Jahresanmeldungen** sind hingegen gem. § 18 IV 1 UStG einen Monat nach Eingang der Anmeldung beim FA fällig und zu entrichten. Für den Fall, dass die **USt durch Steuerbescheid festgesetzt** wurde, ist die daraus geschuldete Steuer gem. § 18 IV 2 UStG einen Monat nach Bekanntgabe des Bescheids fällig und zu entrichten. Darüber hinaus sehen die weiteren in § 26a I UStG in Bezug genommenen Regelungen für **weitere besondere Besteuerungsverfahren** jeweils gesonderte Fälligkeitsregelungen und entsprechende Entrichtungsgebote vor.

Werden die aus diesen Voranmeldungen oder Erklärungen geschuldete Zahlungen nicht innerhalb der gesetzlichen Fristen der jeweiligen Fälligkeitsregelungen durch den Steuerpflichtigen entrichtet, so ist der objektive Tatbestand des § 26a I UStG insoweit erfüllt.

Ob die **Zahlung rechtzeitig** erfolgt ist, richtet sich nach den §§ 224 ff. AO. Im Falle **14** einer Aufrechnung nach § 226 AO muss die Aufrechnungslage im Zeitpunkt der Fälligkeit der Steuer bestanden haben (OSL/*Zugmaier*/*Sauter* UStG § 26a Rn. 26). Durch eine Stundung gem. § 222 AO kann der Fälligkeitszeitpunkt hinausgeschoben worden sein, so dass keine Fristüberschreitung vorliegt und damit auch nicht der Tatbestand des § 26a I UStG erfüllt ist. Wird eine Stundung jedoch nachträglich ausgesprochen, so hebt dies den einmal verwirklichten Tatbestand des § 26a I UStG nicht nachträglich wieder auf (aA SWR/*Kemper* UStG § 26a Rn. 54).

Die Schonfrist des § 240 III 1 AO hat hingegen keinen Einfluss auf die Fälligkeit und beseitigt nicht die Ordnungswidrigkeit einer Fristüberschreitung (OSL/*Zugmaier*/*Sauter* UStG § 26a Rn. 27; SWR/*Kemper* UStG § 26a Rn. 60 mwN; aA Flore/*Tsambikakis*/*Gaede* UStG § 26c Rn. 23 mwN). Im Falle einer nach § 46 ff. UStDV gewährten Dauerfristverlängerung verschieben sich die Anmeldungs- und Zahlungsfristen um einen Monat (OSL/*Zugmaier*/*Sauter* UStG § 26a Rn. 28).

cc) Zahlungsfähigkeit

Nicht sanktionswürdig sind die Fälle, in denen der Unternehmer im Fälligkeitszeitpunkt **15** aus rechtlichen oder tatsächlichen Gründen **unverschuldet** gehindert war, die fällige USt rechtzeitig an das FA zu entrichten, so dass der Unternehmer schon nicht tatbestandsmäßig handelt (vgl. BGH 11.8.2011, wistra 2011, 426; OLG Hamm 7.10.2002, wistra 2003, 73 zu § 266a StGB). Sanktionswürdiges Unrecht liegt nur dann vor, wenn der Unternehmer tatsächlich fähig ist bzw. war, die Steuer bei Fälligkeit zu tilgen (OSL/*Zugmaier/Sauter* UStG § 26a Rn. 46 f.; RKR/*Roth* UStG § 26a Rn. 17; *Nöhren* 2005, 81). Nur in diesem Fall kann der Zweck der Norm, den Unternehmer dazu anzuhalten, seine Steuern pünktlich und vollständig zu zahlen, erreicht werden. Der Unternehmer ist darüber hinaus zur Erstellung einer Rechnung mit offenem Steuerausweis bereits zivilrechtlich verpflichtet (§ 14 II 1 UStG). Insofern kann der Vorwurf nicht schon lauten, man habe eine Rechnung mit offenem Steuerausweis erteilt, wissend, dass man die damit entstandene Steuer (bei Besteuerung nach vereinbarten Entgelten) nicht werde entrichten können. Ein Vorwurf kann also nur erhoben werden, wenn der Stpfl keine Möglichkeit zu pflichtgemäßem Alternativverhalten hatte und auch sein Unvermögen nicht vorwerfbar herbeigeführt hat.

16 Versetzt sich der Unternehmer jedoch durch ein pflichtwidriges Vorverhalten in eine Situation, in der er den Schaden nicht mehr abwenden kann, für dessen Abwendung er sanktionsrechtlich einzustehen hat (sog. omission libera in causa), so ist eine Sanktion nicht ausgeschlossen. Dies ist zB der Fall, wenn er eine im Inland steuerpflichtige Lieferung oder sonstige Leistung an einen anderen Unternehmer ausführt und sich zumindest **bedingt vorsätzlich außer Stande setzt,** die erklärte und zu entrichtende USt zum Ablauf des Fälligkeitstages an die Finanzbehörde vollständig abzuführen, oder sich auf andere Weise einer Inanspruchnahme für die vollständige Zahlung der erklärten und zu entrichtenden USt entzieht. Dies ist zB der Fall, wenn der Unternehmer die vereinnahmte Gegenleistung für einen von ihm ausgeführten steuerpflichtigen Umsatz verbraucht, verschenkt oder überträgt, ohne über entsprechendes Vermögen zu verfügen, aus dem er die fällige Umsatzsteuer zahlen könnte. Dasselbe gilt, wenn der Unternehmer die vereinnahmte Gegenleistung für einen steuerpflichtigen Umsatz beiseiteschafft und damit einen Zugriff des FA darauf verhindert oder wesentlich erschwert (BT-Drs. 19/22850, 150; *Sterzinger* UR 2020, 941).

17 In diesem Zusammenhang ist fraglich, ob die im Rahmen des § 380 AO geklärte Verpflichtung des Arbeitgebers aus **§ 38 IV EStG,** bei Schwierigkeiten mit der Zahlung der LSt die (Brutto-)Löhne zu kürzen, um so die Mittel zur Tilgung der entstandenen Lohnsteuer zu erhalten (→ § 380 Rn. 8), auf § 26a I UStG zu übertragen ist. Zu berücksichtigen ist dabei, dass § 38 IV EStG eine explizite Regelung enthält, die im Umsatzsteuerrecht fehlt. Ferner zahlt der Arbeitgeber bei der LSt auf die Schuld des Arbeitnehmers, wohingegen es sich bei der USt um eine eigene Steuerschuld des Unternehmers handelt. Folglich sind die zu § 38 IV EStG entwickelten Kriterien zur anteiligen Lohnkürzung nicht auf § 26a I UStG zu übertragen.

18 Inwiefern die für **§ 69 AO** entwickelten **Grundsätze über die quotale Befriedigung** aller Gläubiger auch für § 26a I UStG Anwendung finden können, ist zweifelhaft. Im Rahmen der Geschäftsführerhaftung nach § 69 AO gilt der – mittlerweile allgemein anerkannte – Grundsatz, dass ein Geschäftsführer nur dann haftet, wenn er es versäumt, die Steuern aus den vorhandenen Mitteln in etwa gleicher Weise zu tilgen, wie die Forderungen anderer Gläubiger (BFH 26.8.1992, BStBl. II 1993, 8; Tipke/Kruse/*Loose* AO § 69 Rn. 34 ff. mwN; OSL/*Zugmaier/Sauter* UStG § 26a Rn. 59). Teilweise wird die Anwendung dieses Grundsatzes auch im Rahmen des § 26a I UStG befürwortet (Flore/Tsambikakis/*Gaede* UStG § 26c Rn. 27 mwN). Dagegen spricht jedoch, dass den Stpfl. regelmäßig eine Mittelvorsorgepflicht trifft (BFH 20.5.2014, BFH/NV 2014, 1353; BFH 7.9.2007, BFH/NV 2007, 2233; vgl. auch BFH 5.2.1985, BFH/NV 1987, 2; BFH 4.3.1986, BStBl. II 577; BFH 5.11.1991, BFH/NV 1992, 575). Darüber hinaus hat der Gesetzgeber durch die bußgeldrechtliche Bewehrung der Verpflichtung zur Entrichtung der USt deutlich gemacht, dass dieser Anspruch vorrangig vor anderen allgemeinen (privatrechtlichen) Ansprüchen ist (so für den insoweit vergleichbaren § 266a StGB BGH 30.7.2003, BGHSt 48, 307). Diese Gesichtspunkte können nicht ohne gesetzliche Grundlage durch eine als gerecht empfundene quotale Befriedigung konterkariert werden, so dass eine Teilzahlung der USt tatbestandsmäßig ist (ebenso OSL/*Zugmaier/Sauter* UStG § 26a Rn. 60 f.; RKR/*Roth* UStG § 26c Rn. 49).

Eine weitere Ansicht, die die Anwendung des Grundsatzes der quotalen Befriedigung nur für den Fall ablehnt, dass der Stpfl die Beträge nicht nur in Rechnung gestellt hat, sondern auch die entsprechenden Beträge vereinnahmt hat (so → 8. Aufl. und *Nöhren* 2005, S. 85) ist hingegen abzulehnen, da sie verkennt, dass sich aus der neuen Fassung des § 26a I UStG und der diesbezüglichen Gesetzesbegründung (BT-Drs. 19/22850, 149 ff.) ergibt, dass es sich bei der USt unabhängig von der Frage der Vereinnahmung um eine vorrangig zu befriedigende Verbindlichkeit handelt.

dd) Opportunitätsprinzip

19 Der Gesetzgeber hat selbst festgestellt, dass aufgrund des weiten Tatbestandes des § 26a I UStG insoweit dem Opportunitätsprinzip eine besondere Bedeutung zukomme. Dementsprechend könne in den Fällen, in denen die unterlassene Entrichtung der USt entschuldbar ist, die FinBeh auf die Ahndung verzichten. In jedem Einzelfall sei das Verhältnismäßigkeitsprinzip besonders zu beachten, so dass ein erstmaliger Verstoß nicht zwingend eine Sanktionierung zur Folge haben müsse (BT-Drs. 19/22850, 150).

Gem. § 47 I OWiG liegt die Verfolgung von Ordnungswidrigkeiten im pflichtgemäßen Ermessen der Verfolgungsbehörde, so dass sie das Verfahren – solange es bei ihr anhängig ist – auch einstellen kann. Kritisch ist allerdings zu vermerken, dass sich aus dem Verweis auf das Opportunitätsprinzip wie auch aus dem in der Gesetzesbegründung vorhandenen Hinweis auf § 266a StGB zumindest für die Mehrzahl der Anwendungsfälle des § 26a I UStG wenig Konkretes ergibt.

20 Die Finanzverwaltung ist insoweit allerdings schon einen (kleinen) Schritt weiter, da sich aus **Nr. 104 AStBV (St) 2020** konkretere Anhaltspunkte ergeben. Nach Abs. 2 dieser Regelung sind bei der jeweiligen Ermessensentscheidung über die Durchführung eines Verfahrens und seinen Abschluss neben dem Gleichheitssatz, dem Grundsatz der Verhältnismäßigkeit und dem Übermaßverbot bzw. in deren Rahmen, die Bedeutung der Tat, der Grad der Vorwerfbarkeit und das öffentliche Interesse an der Verfolgung zu berücksichtigen, das zB von der Häufigkeit derartiger Verstöße und der Wiederholungsgefahr abhängen kann. Darüber hinaus werden in Abs. 3 konkrete Grenzen genannt, nach denen von der Verfolgung abgesehen werden kann, wenn der gefährdete Betrag insgesamt weniger als 5.000 EUR beträgt oder der insgesamt gefährdete Betrag unter 10.000 EUR liegt und der gefährdete Zeitraum 3 Monate nicht übersteigt. Diese konkreten Beträge machen die Norm für den Steuerpflichtigen berechenbarer, da die AStBV als allgemeine Verwaltungsanweisung die Finanzbehörden binden, wenn sie auch keine Außenwirkung zB gegenüber den Gerichten oder dem Stpfl. entfalten.

21 Die in **§ 266a VI StGB** genannten und vom Gesetzgeber ausdrücklich in Bezug genommenen (BT-Drs. 19/22850, 151) Umstände helfen jedoch als Maßstab für die Ermessensentscheidung nur im Ausnahmefall. Danach ist es nämlich erforderlich, dass der betroffene Unternehmer dem FA *unverzüglich plausibel* darlegt und nachweist, weshalb ihm eine fristgerechte Entrichtung trotz *ernsthaften Bemühens* nicht möglich war (zur Unmöglichkeit → Rn. 15 ff.) *und* er innerhalb der ihm gesetzten Frist die USt *nachentrichtet* und dadurch die Gefährdung des Umsatzsteueraufkommens beseitigt. Nur wenn diese sehr engen Voraussetzungen gegeben sind, wird es nach den Grundsätzen des § 266 VI StGB insbes. in Fällen nur geringfügiger Fristüberschreitungen idR zu einem Absehen von der Verfolgung der Ordnungswidrigkeit kommen. Dies ist jedoch nicht zwingend zB für Fälle, in denen der Unternehmer immer wieder mit der Bezahlung der fälligen USt in Verzug gerät.

b) Subjektiver Tatbestand

22 Der subjektive Tatbestand des § 26a I UStG erfordert **Vorsatz** (§ 10 OWiG, § 377 AO). Dolus eventualis genügt (vgl. SWR/*Kemper* UStG § 26a Rn. 80). Der Täter muss also wissen oder es zumindest für möglich halten, dass ein Umsatzsteuer-Anspruch besteht, fällig ist und die USt von ihm im Fälligkeitszeitpunkt nicht abgeführt wird. Ggf. kann bei fehlendem Vorsatz nach § 130 OWiG vorgegangen werden (OSL/*Zugmaier/Sauter* UStG § 26a Rn. 42; siehe auch → AO § 377 Rn. 53 ff.). Im Fall einer grob fahrlässigen „Vergesslichkeit" greift § 26a I UStG – im Gegensatz zu §§ 378, 379 AO – hingegen nicht ein (SWR/*Kemper* UStG § 26a Rn. 80).

Sofern sich der Stpfl. über das Vorliegen einzelner Tatbestandsmerkmale irrt, so handelt er gem. § 11 I 1 OWiG nicht vorsätzlich.

23 In den Fällen, in denen es sich nicht um Karussellgeschäfte handelt, in denen der Stpfl. aber mehrfach bzw. über einen längeren Zeitraum mit der Zahlung der von ihm angemeldeten USt in Verzug gerät, weiß er, dass ein USt-Anspruch besteht, fällig ist und die USt von ihm im Fälligkeitszeitpunkt nicht abgeführt wurde. Er erfüllt somit den subjektiven Tatbestand des § 26a I UStG – ebenso wie auch den objektiven Tatbestand – in vollem Umfang. Insoweit wäre allenfalls die Anwendung des Opportunitätsgrundsatzes nach § 47 OWiG zu erwägen (→ Rn. 19 f.).

c) Täterschaft und Teilnahme

24 **Täter** einer Ordnungswidrigkeit nach § 26b UStG ist jeder, der durch sein Verhalten dazu beiträgt, dass die Ordnungswidrigkeit begangen wird. Anders als im Strafrecht gilt der Einheitstäterbegriff (→ AO § 377 Rn. 22). Jeder, der vorsätzlich an einer nicht nur von ihm allein begangenen vorsätzlichen Tat mitwirkt, ist **Beteiligter** (→ AO § 377 Rn. 23 ff.). § 9 OWiG ist zu beachten (→ § 377 Rn. 25). So trifft den Insolvenzverwalter nach § 34 III AO nur die Pflicht, Steuern nach Maßgabe der insolvenzrechtlichen Regelungen abzuführen. Insofern hat § 251 II AO ggf. Vorrang.

d) Sanktionen

25 Die Ordnungswidrigkeit des § 26b UStG aF konnte mit einer Geldbuße bis zu 50.000 EUR geahndet werden. Durch das Jahressteuergesetz 2020 wurde zum 1.7.2021 im Rahmen der Modifikation des ursprünglichen § 26b UStG und seiner Überführung in den neuen § 26a I UStG auch der Bußgeldrahmen modifiziert und in den neuen § 26a III 3 UStG integriert. Dabei nahm der Gesetzgeber eine Anpassung an den Bußgeldtatbestand des § 380 AO (Gefährdung der Abzugsteuern) vor, so dass der **Bußgeldrahmen auf aktuell 30.000 EUR gemindert** wurde. Eine Überschreitung dieses Rahmens ist möglich, wenn dies nötig ist, um die wirtschaftlichen Vorteile der Tat abzuschöpfen (§ 17 IV OWiG), was jedoch wegen § 240 I AO eher selten der Fall sein dürfte.

26 Nach Maßgabe des § 30 OWiG kann auch eine juristische Person oder Personenhandelsgesellschaft mit einem Bußgeld belegt werden. Erfasst werden sämtliche rechtsfähigen Personengesellschaften, also neben den Gesellschaften des Aktienrechts, Genossenschaften, eingetragenen Vereinen und Stiftungen auch Personenhandelsgesellschaften und sämtliche Personengesellschaften mit Rechtsfähigkeit wie zB Partnerschaftsgesellschaften und BGB-Außengesellschaften. Das Höchstmaß der Geldbuße liegt bei einer fahrlässigen Tat gem. § 30 II 1 Nr. 2 OWiG bei 5.000.000 EUR.

e) Konkurrenzen

27 § 26a I UStG ist als Ordnungswidrigkeit subsidiär, wenn die Tat sich gleichzeitig als Straftat darstellt (§ 21 I OWiG). Dann wird nur das Strafgesetz angewendet. Als anwendbares Strafgesetz kommt hier § 26c UStG in Betracht. Kann hingegen eine Strafe nicht verhängt werden, so darf die Handlung gem. § 21 II OWiG als Ordnungswidrigkeit geahndet werden. Dies gilt zB, wenn die Ermittlungen in der Strafsache – gleichgültig aus welchem Grund – eingestellt werden, jedoch nicht im Fall des § 153a StPO, da es sich insoweit um eine mit einer Sanktion verbundene Sachentscheidung in einem vereinfachten

Der Ordnungswidrigkeitentatbestand 28–31 **Anhang II**

Verfahren handelt (Göhler/*Gürtler* OWiG § 21 Rn. 27; SWR/*Kemper* UStG § 26a Rn. 217).

Tateinheit liegt nach § 19 I OWiG vor, wenn dieselbe Handlung ein Gesetz mehrmals 28
verletzt oder mehrere Gesetze, nach denen sie als Ordnungswidrigkeit geahndet werden kann. In diesen Fällen wird nur eine einzige Geldbuße festgesetzt (→ § 377 Rn. 37). Beim Vorliegen mehrerer Handlungen (Tatmehrheit) wird hingegen nach § 20 OWiG für jede Gesetzesverletzung eine Geldbuße selbständig festgesetzt.

Unterlässt der Stpfl. mehrmals die Begleichung fälliger Umsatzsteuerverbindlichkeiten, 29
handelt es sich um einen Fall der **Tatmehrheit**. Da der Vorwurf sich jeweils auf einen konkreten Zeitraum bezieht und die verletzte Pflicht nicht durch eine Handlung zu erfüllen gewesen wäre, liegt ein Fall des § 20 OWiG vor (vgl. auch OSL/*Zugmaier*/*Sauter* UStG § 26a Rn. 48). Dabei ist zu beachten, dass aufgrund mehrmaliger Nichtentrichtung auch der Straftatbestand des § 26c UStG im Hinblick auf ein gewerbsmäßiges Handeln eingreifen kann.

f) Keine Selbstanzeige

Sollte man von einem Nebeneinander des § 370 AO und des § 26a UStG ausgehen, 30
stellt sich die Frage, wie es mit der Anwendbarkeit des § 26a UStG steht, wenn der Täter die Erklärung später nachholt und damit eine strafbefreiende Selbstanzeige iSd § 371 AO erstattet. Dann ist die sonst vorrangige Tat der Steuerhinterziehung nicht mehr verfolgbar. Fraglich ist folglich, ob die typische Begleittat nach § 26a UStG dann Anwendung finden kann. § 26a UStG kennt jedoch keine den §§ 371, 378 III AO entsprechende Regelung, so dass die Ahndung als Ordnungswidrigkeit zulässig ist. Das in § 47 OWiG niedergelegte Opportunitätsprinzip bietet jedoch ggf. die Möglichkeit, in diesen Fällen das Verfahren einzustellen.

g) Verjährung

Gem. § 31 II Nr. 1 OWiG beträgt die Verjährungsfrist für die Ordnungswidrigkeit 31
des § 26a I UStG drei Jahre, da sie nach § 26a III UStG mit einer Geldstrafe bis zu 30.000 EUR bedroht ist. Es besteht folglich – ohne erkennbaren sachlichen Grund – eine Abweichung im Verhältnis zu den Steuerordnungswidrigkeiten nach den §§ 378–380 AO, für die gem. § 384 AO eine fünfjährige Verjährungsfrist gilt (OSL/*Zugmaier*/*Sauter* UStG § 26a Rn. 69a; RKR/*Roth* UStG § 26c Rn. 137; SWR/*Kemper* UStG § 26a Rn. 91). Im Hinblick auf den **Beginn der Verjährung** ist allerdings zu beachten, dass gem. § 31 III OWiG die Verjährungsfrist erst mit der Beendigung der Tat zu laufen beginnt. Bei einem pflichtwidrigen Unterlassen – hier der Zahlung der geschuldeten Steuer – ist die Tat aber nach hM erst beendet, wenn die Handlungspflicht entfällt, also mit dem Erlöschen der Schuld (vgl. BT-Drs. 14/7471, 8). Die Gründe für das Erlöschen der Zahlungsverpflichtung – insb. Zahlung, Aufrechnung, Erlass, Verjährung – ergeben sich aus § 47 AO. Im Rahmen des § 26a I UStG ist insoweit in aller Regel die Verjährung der Steuerschuld maßgeblich, die gem. § 228 S. 2 AO frühestens nach fünf Jahren eintreten kann. Dies führt zu einer Verjährungsfrist von mindestens acht Jahren. Im Hinblick auf diese im Vergleich mit anderen steuerlichen Ordnungswidrigkeitstatbeständen lange Verjährungsdauer ergeben sich jedoch einige Bedenken. Deshalb dürfte es zutreffend sein, ausgehend von der neuen Rechtsprechung des BGH (BGH 1.9.2020, BGHSt 65, 136 und BGH 16.9.2020, wistra 2021, 149) auch im Hinblick auf § 26a I UStG davon auszugehen, dass die Verjährung bereits taggenau mit dem Verstreichenlassen des Fälligkeitstermins beginnt, → Rn. 58 ff.

h) Verfahren

32 Zuständig für das Bußgeldverfahren ist nach § 409 iVm § 387 I AO die FinB, deren Aufgaben regelmäßig bei Straf- und Bußgeldsachenstellen bzw. bei besonderen Finanzämtern für Steuerstrafsachen und Steuerfahndung konzentriert sind. Rechtsbehelf gegen den Bußgeldbescheid ist der Einspruch nach § 67 OWiG, der innerhalb von zwei Wochen nach Zustellung eingelegt werden muss.

3. Der Straftatbestand

a) Allgemeines

33 Die Ordnungswidrigkeit nach § 26a I UStG wird zur Straftat, wenn die Tat gewerbsmäßig begangen wird oder der Betroffene als Mitglied einer Bande handelt, die sich zur fortgesetzten Begehung solcher Handlungen verbunden hat (§ 26c UStG). In Fällen, in denen Täter im Rahmen von sogenannten Umsatzsteuerkarussellen die betreffende Steuer korrekt anmeldeten, aber nicht entrichteten und vor entsprechenden Vollstreckungsmaßnahmen unerkannt verschwinden, war dieses Verhalten zumindest auf der Seite des Rechnungsausstellers bis zum Inkrafttreten des § 26c UStG aF am 1.1.2002 im Grundsatz nicht strafbar. Zu einer Strafbarkeit konnte man allenfalls kommen, wenn man in den Antrag auf Erstattung der Vorsteuern durch den *missing trader* die Erklärung hinein interpretierte, er sei auch zur Entrichtung der aus späteren Umsätzen resultierenden Steuer jetzt bereit und entschlossen (vgl. *Reiß* UR 2002, 561, 566). Denkbar war auch, das Verschwinden des *missing traders* mit der vereinnahmten Steuer, also der Beute, unter dem Aspekt des § 283 II StGB (Herbeiführung der Überschuldung) zu betrachten, weil spätestens mit der Aufteilung der Umsatzsteuer im Zweifel ein Insolvenzgrund herbeigeführt wird (vgl. BGH 22.2.2001, wistra 2001, 306 zur Privatinsolvenz).

34 Eine andere Frage war die **Teilnahme an der Tat des Rechnungsempfängers,** wenn es tatsächlich nicht zur Ausführung von Umsätzen kam und daher der dort vorgenommene Vorsteuerabzug unberechtigt und die Geltendmachung der Vorsteuern strafbare Steuerhinterziehung war (vgl. auch BGH 11.7.2002, wistra 2002, 384). Nicht erfasst war bei an sich ordnungsgemäßen Umsätzen die Nichtzahlung nach Anmeldung. Insofern schließt § 26c UStG eine Strafbarkeitslücke, indem bestimmte besondere persönliche Merkmale aus einer Ordnungswidrigkeit − 26b UStG aF bzw. jetzt § 26a I UStG − einen Straftatbestand machen. Die teilweise geführte Diskussion, ob das gesetzgeberische Ziel, die Verkürzung von USt effizienter zu bekämpfen, auch auf einem anderen Wege zu erreichen gewesen wäre, erscheint müßig, da der Gesetzgeber eben diesen Weg gewählt hat.

b) Die Qualifikationsmerkmale

aa) Allgemeines

35 Die Merkmale, die aus der Ordnungswidrigkeit des § 26a I UStG eine Straftat machen, finden sich auch in anderen allgemeinen Tatbeständen des StGB und der AO (§§ 370 III Nr. 5, 373 AO). Folglich kann für die Auslegung dieser Begriffe auf allgemeine strafrechtliche Definitionen Bezug genommen werden, wenn auch der spezielle Kontext des § 26c UStG zu beachten ist (vgl. BGH 22.7.2004, NJW 2004, 2990 mwN). Bei der bandenmäßigen und der gewerbsmäßigen Begehung im Rahmen des § 26c UStG handelt es sich um **besondere persönliche Merkmale iSd** § 28 StGB. Es sind keine strafverschärfenden, sondern **strafbegründende Merkmale** nach § 28 I StGB, da es sich bei dem Grundtatbestand des § 26a I UStG nur um eine Ordnungswidrigkeit handelt.

bb) Bandenmäßige Begehung

Die bandenmäßige Begehung setzt wie auch sonst die Beteiligung von mindestens **drei** **36** **Personen** voraus. Diese Personen müssen sich durch **ausdrückliche oder stillschweigende Abrede** „zur fortgesetzten Begehung solcher Handlungen verbunden" haben. Gemeint ist damit also eine Tätergruppe, die sich darauf „spezialisiert" hat, fällige USt-Beträge nicht zu entrichten. Da § 26a I UStG jedoch ein Unterlassen in Form der Nichtzahlung der USt sanktioniert (→ Rn. 10 f.), erfasst der Tatbestand des § 26c UStG mithin ein „bandenmäßiges Unterlassen" (SWR/*Kemper* UStG § 26c Rn. 48; RKR/ *Roth* UStG § 26c Rn. 40), obwohl jeder Steuerpflichtige nur für die Erfüllung seiner eigenen steuerlichen Verpflichtungen verantwortlich ist. Ohne dass die Bandenmitglieder selbst Täter des Grunddelikts des § 26a I UStG sein müssen und ohne, dass sie selbst Unternehmer sind, muss ihnen aber bekannt sein, dass Taten in der Form der Nichtzahlung der USt begangen werden. Ausreichend ist folglich, wenn *ein* Unternehmer täterschaftlich seine USt nicht zahlt und die weiteren Bandenmitglieder an dieser Tat mitwirken. Dies dürfte in der Praxis idR nur in Form der gezielten Einschaltung eines oder mehrerer missing trader im Rahmen von USt-Karussellen und Kettengeschäften oder des organisierten Zusammenwirkens mehrerer Personen innerhalb eines Unternehmens vorkommen, für das die USt nicht entrichtet werden soll (Wannemacher/*Kemper* Rn. 1199).

Weitere Voraussetzung des § 26c UStG ist die Realisierung der Bandenabrede in min- **37** destens einer vollendeten oder realisierten Tat iSd § 26a I UStG. Ein räumliches und zeitliches Zusammenwirken mit mindestens einem anderen Bandenmitglied ist hingegen nicht erforderlich. Da die Erstattung der Vorsteuer weder Tatbestandsvoraussetzung des § 26a I UStG noch des § 26c UStG ist, kann eine bandenmäßige Begehung auch in den Fällen vorliegen, in denen keine Vorsteuer geltend gemacht bzw. erstattet wird, die sonstigen Voraussetzungen einer bandenmäßigen Begehung aber gegeben sind.

Die Begehung der Taten iSd § 26c UStG muss zumindest Nebenzweck der Bande sein (OSL/*Zugmaier/Sauter* UStG § 26c Rn. 20; SWR/*Kemper* UStG § 26c Rn. 50). Dabei bedarf es allerdings keines „gefestigten Bandenwillens" oder eines „Tätigwerdens in einem übergeordneten Bandeninteresse", sondern es reicht schon eine stillschweigende Übereinkunft aus (BGH 22.3.2001, NJW 2001, 2266; BGH 14.6.2017, NStZ-RR 2017, 340). Im Übrigen wird auf die Erläuterungen zu § 370 III Nr. 5 AO (→ § 370 Rn. 577 ff.) verwiesen.

cc) Gewerbsmäßiges Handeln

Herkömmlich wird **Gewerbsmäßigkeit** definiert als ein Handeln in der Absicht, sich **38** durch wiederholte Begehung von Straftaten der fraglichen Art eine fortlaufende Einnahmequelle von einigem Gewicht zu verschaffen (→ § 373 Rn. 31; stRspr seit BGH 8.11.1951, BGHSt 1, 383 f.; *Fischer* StGB vor § 52 Rn. 61 ff.; Klein/*Jäger* AO § 373 Rn. 16). Die Wiederholungsabsicht muss sich auf den verwirklichten Tatbestand, vorliegend also auf die Schädigung des USt-Aufkommens beziehen. Es muss sich allerdings nicht um eine ständige oder hauptsächliche Erwerbsquelle des Täters handeln. Es ist nicht erforderlich, dass der Täter vorhat, aus seinem Tun ein „kriminelles Gewerbe" oder eine ständig fließende Einnahmequelle zu machen. Jedoch muss es sich um eine Nebeneinnahmequelle von einiger Höhe und einigem Gewicht handeln, wobei auch die Ersparnis von Aufwendungen und mittelbare Vermögensvorteile genügen (BGH 10.9.1986, wistra 1987, 30; BGH 1.7.1998, wistra 1999, 25). Diese sich aus der stRspr des BGH ergebenden Tatbestandsmerkmale der Gewerbsmäßigkeit sind nach Ansicht des BGH über § 369 AO auch im Steuerstrafrecht zugrunde zu legen (vgl. BGH 22.7.2004, NJW 2004, 2990), was jedoch nicht unproblematisch ist.

Die **„Einnahmequelle"**, die die Definition der Gewerbsmäßigkeit erfordert, ist näm- **39** lich nicht das Nichtabführen der Umsatzsteuer, sondern das Vereinnahmen von nicht abgeführten fälligen Umsatzsteuerbeträgen. Damit ist die Norm dahingehend zu interpretieren, dass es verboten ist, eine Rechnung mit ausgewiesener USt auszustellen oder USt zu vereinnahmen, wenn man zugleich nicht die Absicht hat, die in Rechnung gestellte bzw. vereinnahmte Umsatzsteuer ordnungsgemäß (anzumelden und) abzuführen. Folglich erfasst das Tatbestandsmerkmal der Gewerbsmäßigkeit neben Straftätern in Umsatzsteuerkarussellen auch andere säumige Steuerzahler, wie zB den Unternehmer, der seine Umsatzsteueranmeldungen zwar pünktlich einreicht, aber weiß, dass er die daraus geschuldete Umsatzsteuer nicht bezahlen kann (vgl. SWR/*Kemper* UStG § 26c Rn. 24).

40 Aufgrund dieses weiten Anwendungsbereichs der Norm wurde in der Vorauflage vertreten, dass § 26c UStG auf solche Fälle zu beschränken sei, in denen der Kern des Vorwurfs letztlich darin liegt, dass der Täter gezielt das Mehrwertsteuersystem zur Liquiditätsschöpfung ausnutzt. Dies sollte erst der Fall sein, wenn der Täter – wie in den Fällen der Umsatzsteuerkarusselle üblich – nie beabsichtigt hat, die in Rechnung gestellte USt zu entrichten. Letztlich ging es also um Fälle, in denen eine „Wertschöpfung" durch Umsatzsteuer zum Gewerbe gemacht wird (vgl. auch *Joecks* wistra 2002, 201 ff.). Teilweise wird zur Einschränkung des Tatbestandes auch verlangt, dass der Täter sich durch die Tat einen Wettbewerbsvorteil verschaffen will (so Hartmann/Metzenmacher/*Küffner* UStG § 26c Rn. 20; SWR/*Kemper* UStG § 26c Rn. 27). Beiden Ansichten ist jedoch entgegen zu halten, dass durch sie der Anwendungsbereich des § 26c UStG faktisch sehr stark und über den Willen des Gesetzgebers hinaus eingeschränkt wird, da sowohl eine gezielte Ausnützung des Mehrwertsteuersystems zur Liquiditätsschöpfung als auch der Wille, sich einen Wettbewerbsvorteil zu verschaffen, nur in Ausnahmefällen nachweisbar sein werden. Der Gesetzgeber wollte jedoch nicht nur einen Ausnahmetatbestand schaffen und hat in der Norm keine entsprechenden Einschränkungen angelegt.

Diese Absicht des Gesetzgebers wird auch deutlich anhand der Materialien zum JStG 2020, in denen darauf abgestellt wird, dass der leistende Unternehmer die USt nicht an den Fiskus zahle oder der Fiskus mit seiner Steuerforderung ganz oder teilweise ausfalle, der Fiskus jedoch die Vorsteuer erstatten müsse, so dass es zu Haushaltsausfällen und Wettbewerbsverzerrungen komme. Durch §§ 26a I, 26c UStG solle somit der Missbrauch des USt-Systems dadurch verhindert werden, dass die ausbleibende oder nicht vollständige Entrichtung der USt zum Fälligkeitszeitpunkt sanktioniert wird (BT-Drs. 19/22850, 149). Im Hinblick auf § 26a UStG wird – ohne Bezugnahme auf USt-Karusselle – die nicht vollständige Erfüllung der Zahlungsverpflichtungen als tatbestandsmäßig angesehen und Zahlungsschwierigkeiten werden als Beispiel genannt (BT-Drs. 19/22850, 149). Für eine Einschränkung des Tatbestandes im oben beschriebenen Sinn besteht mithin außer den Wünschen einiger Rechtsanwender keine Grundlage. Entsprechend dem Wortlaut der Norm handelt somit derjenige iSd § 26c UStG **gewerbsmäßig, der die Absicht hat, wiederholt die fällige USt nicht, nicht vollständig oder nicht rechtzeitig zu entrichten und dadurch Steuern „zu sparen".**

41 Die Anwendung des § 26c UStG setzt zudem die **Eigennützigkeit der Tatbeteiligung** voraus, wobei es ausreicht, wenn sich der Täter mittelbare Vorteile aus der Tathandlung verspricht (BGH 19.12.2007, wistra 2008, 104; Flore/Tsambikakis/*Gaede* UStG § 26c Rn. 14). Der Wille des Täters muss ferner auf **Wiederholung der Tatbegehung** gerichtet sein. Es ist allerdings aufgrund der subjektiven Prägung der Definition der Gewerbsmäßigkeit nicht erforderlich, dass es auch tatsächlich zur Wiederholung kommt, wenn die einzelne Handlung nur den nach der ursprünglichen Planung auf Wiederholung gerichteten Willen erkennen lässt (BGH 19.12.2007, NStZ 2008, 282; BGH 7.9.2011, wistra 2011, 462). Aufgrund der in der Praxis bzgl. des Vorliegens der Gewerbsmäßigkeit bei § 26c UStG bestehenden Beweisprobleme wird man jedoch idR erst beim zwei- oder dreimaligen Verstreichenlassen von Fälligkeitsterminen von gewerbsmäßigem Handeln ausgehen können (ebenso SWR/*Kemper* UStG § 26c Rn. 21; RKR/*Roth* UStG § 26c Rn. 18).

c) Subjektiver Tatbestand

Der subjektive Tatbestand erfordert nach § 369 II AO, § 15 StGB **vorsätzliches Handeln.** Der Täter muss insofern zunächst die objektiven Voraussetzungen des § 26a I UStG vorsätzlich erfüllt haben (→ Rn. 22 f.). Überdies müssen (als subjektive Merkmale) die Voraussetzungen der Gewerbsmäßigkeit auch im Vorstellungsbild des Täters vorhanden sein bzw. die Umstände, die das Vorgehen zu einem bandenmäßigen machen. Im Hinblick auf die gewerbsmäßige Begehung muss sich der Täter der wiederholten Begehung des Grundtatbestands des § 26a I UStG bewusst sein und sich dadurch eine fortlaufende Einnahmequelle von einiger Dauer und einigem Umfang verschaffen wollen. Im Fall einer bandenmäßigen Begehung muss der Täter wissen, dass sich mit ihm zumindest zwei weitere Personen zusammengeschlossen haben, um künftig für eine gewisse Dauer mehrere selbstständige, im Einzelnen noch ungewisse Straftaten des im Gesetz genannten Deliktstyps zu begehen. 42

Im Hinblick auf die Gewerbsmäßigkeit und/oder die bandenmäßige Begehung bedarf es nicht nur des Eventual-, sondern des direkten Vorsatzes, denn der Täter muss sich entweder zielgerichtet mit Wiederholungsabsicht eine Einnahmequelle verschaffen wollen oder eine bandenmäßige Begehung anstreben (SWR/*Kemper* UStG § 26c Rn. 58; RKR/*Roth* UStG § 26c Rn. 40; RKL UStG/*Tormöhlen* UStG § 26c Rn. 12).

d) Rechtsfolgen

Als Rechtsfolgen kommen Freiheitsstrafe bis zu fünf Jahren und/oder Geldstrafe in Frage. Der Strafrahmen entspricht damit dem der einfachen Steuerhinterziehung nach § 370 I AO (→ § 370 Rn. 601 ff.). Insb. eine Schadenswiedergutmachung durch die Nachzahlung der geschuldeten Umsatzsteuer dürfte sich beim Vorliegen einer Straftat nach § 26c UStG strafmildernd auswirken (ebenso RKR/*Roth* UStG § 26c Rn. 61a). 43

e) Täterschaft und Teilnahme

Da § 26c UStG als echtes Unterlassungsdelikt das Unterlassen der Zahlung unter Strafe stellt, kann gem. § 13 I StGB nur **Täter** sein, wer zu dieser Zahlung (selbst) verpflichtet ist. Dies ist zunächst einmal der Schuldner der entsprechenden USt, also bei natürlichen Personen der leistende Unternehmer (§ 13a I UStG; Ausnahme: Der iRd § 26c UStG wenig praxisrelevante § 13b UStG). Soweit es sich um eine juristische Person handelt, ist entscheidend, wer diese im Hinblick auf ihre steuerlichen Pflichten vertritt (§§ 34, 35 AO) bzw. ob eine Zurechnung angezeigt ist (§ 14 StGB; vgl. RKR/*Roth* UStG § 26c Rn. 53; OSL/*Zugmaier/Sauter* UStG § 26c Rn. 29 ff.). Der Täter muss als weitere Voraussetzung das besondere persönliche Merkmal der des gewerbsmäßigen Handelns und/oder der Bandenmitgliedschaft in eigener Person verwirklichen. 44

Teilnahme (Anstiftung oder Beihilfe) ist nach allgemeinen Grundsätzen möglich. Da die Bestrafung als Täter iSe besonderen Pflichtenstellung voraussetzt, dass die jeweilige Person selbst als *Steuerpflichtiger* oder als dessen Vertreter für die Zahlung der Steuer verantwortlich ist, können Bandenmitglieder, die diese Pflicht nicht selbst trifft, folglich nur wegen Beihilfe bestraft werden. 45

Anders als bei § 370a AO aF handelt es sich bei den Merkmalen der Gewerbsmäßigkeit und der bandenmäßigen Begehung nicht um strafmodifizierende Merkmale, sondern um **strafbegründende Merkmale,** da der zu Grunde liegende Tatbestand des § 26a I UStG lediglich eine Ordnungswidrigkeit enthält. Es ist jedoch umstritten, ob § 28 I StGB anwendbar ist, soweit der Teilnehmer selbst nicht Mitglied der Bande ist oder seinerseits nicht gewerbsmäßig handelt. Würde man dies bejahen (RKL UStG/*Tormöhlen* UStG § 26c Rn. 13.0; OSL/*Zugmaier/Sauter* UStG § 26c Rn. 38), so wäre die Strafe des Gehilfen einerseits nach §§ 28 I, 49 I StGB zu mildern und andererseits würde die Reduzierung nach § 27 II StGB hinzukommen. Gegen diese doppelte Strafmilderung spricht jedoch

§ 14 IV OWiG, nach dem nur eine Bestrafung aus dem Ordnungswidrigkeitentatbestand des § 26a I UStG möglich ist, da in Person des Gehilfen die besonderen Merkmale nicht vorliegen. Für die Anwendbarkeit des § 14 IV OWiG und gegen die Anwendbarkeit des § 28 I StGB spricht, dass es sich bei § 14 IV OWiG um eine lex specialis für Mischtatbestände handelt, bei denen ein bußgeldrechtlicher Grundtatbestand (hier § 26a I UStG) mittels Qualifikationsmerkmale zur Straftat (hier § 26c UStG) heraufgestuft wird (zutreffend GJW/*Bülte* UStG § 26c Rn. 45a; RKR/*Roth* UStG § 26c Rn. 58a). Darüber hinaus wirkt § 14 IV OWiG begünstigend, so dass ihm durch eine Anwendung des § 28 I StGB nicht nur der gesamte Anwendungsbereich genommen werden würde, sondern auch ein Verstoß gegen Art. 103 II GG vorliegen würde (ebenso Flore/Tsambikakis/*Gaede* UStG § 26c Rn. 37).

46   § 14 IV OWiG kann allerdings auch zulasten wirken, wenn der **Täter keine besonderen Merkmale** verwirklicht (mithin nur § 26a I UStG begeht), der **Gehilfe jedoch selbst gewerbsmäßig bzw. als Mitglied einer Bande** tätig geworden ist. Zwar wäre es denkbar, zu argumentieren, dass in diesem Fall keine vorsätzliche rechtswidrige Haupttat vorliegt, da der Täter nicht § 26c UStG, sondern lediglich § 26a I UStG erfüllt. Ohne die Anwendung des § 14 IV OWiG käme man mithin zu dem Ergebnis, dass der Gehilfen nur eine „Beihilfe" zum Bußgeldtatbestand des § 26a I UStG begangen hat. Die Berücksichtigung des § 14 IV OWiG führt hingegen dazu, dass es – hier *zulasten des Gehilfen* – zu einer *strafschärfenden Tatbestandsverschiebung* vom Grundtatbestand des § 26a I UStG zur Qualifikation des § 26c UStG kommt. Folglich kann durchaus der gewerbsmäßig handelnde Teilnehmer nach § 26c UStG strafbar sein, während der nicht gewerbsmäßig handelnde Täter (nur) eine Ordnungswidrigkeit begeht (GJW/*Bülte* UStG § 26c Rn. 45a; RKR/*Roth* UStG § 26c Rn. 58a).

f) Konkurrenzen

47   Da **§ 26a I UStG** als Ordnungswidrigkeit gem. § 21 I OWiG subsidiär ist, wenn die Tat sich gleichzeitig als Straftat darstellt, ist das Verhältnis zwischen dem Straftatbestand des § 26c UStG und der Ordnungswidrigkeit klar. Nur falls keine Strafe verhängt werden kann, ist die Ahndung der Handlung als Ordnungswidrigkeit gem. § 21 II OWiG zulässig.

48   Da § 26a I UStG den Grundtatbestand des § 26c UStG darstellt, liegt in jeder unterlassenen Begleichung fälliger Umsatzsteuerverbindlichkeiten ein Fall von **Tatmehrheit,** da sich der Vorwurf jeweils auf einen konkreten Zeitraum bezieht und die verletzte Pflicht nicht durch eine Handlung zu erfüllen gewesen wäre. Voraussetzung dafür ist allerdings, dass die Qualifikationsmerkmale jeweils verwirklicht wurden. Diese Qualifikationsmerkmale des gewerbsmäßigen Handelns und der bandenmäßigen Begehung, die bei mehreren Einzeltaten verwirklicht werden, verbinden die Einzeltaten nicht zu einer Gesamttat (ebenso RKR/*Roth* UStG § 26c Rn. 64; Flore/Tsambikakis/*Gaede* UStG § 26c Rn. 38).

49   Im Hinblick auf die beiden Qualifikationstatbestände der gewerbsmäßigen und der bandenmäßigen Begehung ist festzustellen, dass sie nebeneinander vorliegen können, da Mitglieder einer Bande idR auch die Absicht der gewerbsmäßigen Begehung haben dürften. Teilweise wird vertreten, dass in diesen Fällen die gewerbsmäßige Begehung von der bandenmäßigen Begehung im Wege der Konsumtion verdrängt wird (OSL/*Zugmaier/Sauter* UStG § 26c Rn. 46).

50   Das **Verhältnis des § 26c UStG zu § 370 I AO** ist allerdings umstritten, wobei diesem Streit in der Praxis keine größere Bedeutung zukommt. Im Ausgangspunkt ist zunächst festzustellen, dass es sich bei § 370 AO und § 26c UStG um zwei selbständige Straftatbestände handelt, wobei es sich bei der Steuerhinterziehung um ein Erklärungsdelikt handelt, § 26c UStG hingegen auf die Nichtzahlung abstellt (BGH 22.7.2014, HFR 2015,194). Folglich schließen sich die beiden Normen tatbestandlich nicht aus (ebenso RKR/*Roth* UStG § 26c Rn. 68).

Dies gilt einerseits im Hinblick auf **USt-Jahreserklärungen** nach § 18 I 1 UStG. Gibt 51
der Stpfl keine Steuererklärung ab, dann sind aufgrund der *Erweiterung des § 18 IV UStG*
(spätestens) seit der Neufassung durch das JStG 2020 nunmehr §§ 26a I, 26c UStG auch
auf diese Konstellation anwendbar (BT-Drs. 19/22850, 149; aA SWR/*Kemper* UStG § 26c
Rn. 78). Gibt der Stpfl. dagegen eine falsche (zu niedrige) Jahreserklärung ab und entrichtet die erklärte USt nicht, so liegt hinsichtlich des deklarierten Betrags keine Steuerhinterziehung vor, so dass insoweit der Anwendungsbereich der §§ 26a I, 26c UStG bei
Nichtzahlung der angemeldeten Steuer eröffnet ist. Bezüglich des nicht erklärten Betrags
liegt – vorsätzlichen Handeln vorausgesetzt – eine Steuerhinterziehung iSd § 370 I Nr. 1
AO vor. Zwischen diesen Taten besteht Tatmehrheit, da es sich einerseits um die Falschanmeldung (§ 370 I Nr. 1 AO) und andererseits um die Nichtzahlung (§ 26c UStG)
handelt. Darüber hinaus handelt es sich auch um unterschiedliche Tatzeitpunkte und es
sind verschiedene Steuerbeträge betroffen (OSL/*Zugmaier*/*Sauter* UStG § 26c Rn. 44;
RKR/*Roth* UStG § 26c Rn. 66; SWR/*Kemper* UStG § 26c Rn. 78). Verfahrensrechtlich
liegt jedoch nur eine Tat im prozessualen Sinne vor, da jeweils derselbe Steueranspruch
verletzt wird.

Im Hinblick auf **USt-Voranmeldungen** ist zu beachten, dass gem. § 18 I 4 UStG die 52
Fälligkeit der Vorauszahlung kraft Gesetzes auf den zehnten Tag nach Ablauf des Voranmeldezeitraums festgelegt ist, ohne dass es auf die Abgabe einer Voranmeldung oder die
Kenntnisnahme durch das FA ankommt. Das Gesetz bestraft nicht die Nichtzahlung fälliger
Beträge, sondern sanktioniert denjenigen, der die Steuer zu einem in den in Bezug genommenen Regelungen genannten Fälligkeitszeitpunkt nicht oder nicht vollständig entrichtet.
Damit ist der Tatbestand offenbar nicht davon abhängig, dass die betreffende Steuer bereits
angemeldet worden ist. Folglich kann der Tatbestand der §§ 26a I, 26c UStG auch ohne
Erklärungsabgabe verwirklicht werden.

Die Gegenmeinung, die immer das Vorliegen einer Steueranmeldung für die Anwendbarkeit der §§ 26a I, 26c UStG fordert (Hartmann/Metzenmacher/*Küffner* UStG § 26c
Rn. 29; RKL UStG/*Tormöhlen* UStG § 26c Rn. 14), steht hingegen nicht nur im Widerspruch zum eindeutigen Wortlaut des § 18 I 4 UStG, sondern übersieht auch, dass selbst
ohne Anmeldung der Betrag fällig ist, der bei ordnungsgemäßer Anmeldung und Kenntnis
des tatsächlichen Sachverhalts als fällige Steuer zu entrichten ist (RKR/*Roth* UStG § 26c
Rn. 67; GJW/*Bülte* UStG § 26c Rn. 19). Der Kenntnis der Finanzbehörden von der
fälligen USt bzw. deren konkreter Höhe kommt keine Bedeutung für die Verwirklichung
des Tatbestands des § 26c UStG zu, da es sich insoweit um eine Steuer handelt, die idR im
Wege der Selbstveranlagung festgesetzt wird.

Teilweise wird ein **tatbestandliches Ausschließlichkeitsverhältnis** zwischen § 370 53
AO und § 26c UStG auch (historisch) damit begründet, dass mit § 26c UStG lediglich
Gesetzeslücken geschlossen werden sollten (OSL/*Zugmaier*/*Sauter* UStG § 26c Rn. 44;
RKL UStG/*Tormöhlen* UStG § 26c Rn. 14.1; ähnlich → 8. Aufl.). Diese Ansicht entspricht
aber einerseits nicht den dargestellten Regelungen und auch nicht dem im Jahr 2020 deutlich
gewordenen Regelungswillen des Gesetzgebers. Selbst ob ein entsprechender Wille des
Gesetzgebers bei der Schaffung der §§ 26b, 26c UStG aF bestand, ist nicht eindeutig. Aber
selbst wenn man dies unterstellt, kann ein – mittlerweile überholter – Wille des Gesetzgebers
aus dem Jahr 2001 nicht zu einer Abweichung vom klaren Wortlaut des § 18 I 4 UStG und
der §§ 26a I, 26c UStG führen. Hätte der Gesetzgeber dies gewollt, so hätte er – zur
Konterkarierung seines eigenen Zieles einer effektiven Bekämpfung des Umsatzsteuerbetrugs – eine Subsidiaritätsklausel vergleichbar § 380 II AO einfügen können. Ein tatbestandliches Exklusivitätsverhältnis zwischen § 370 AO und § 26c UStG ist somit abzulehnen (ebenso GJW/*Bülte* UStG § 26c Rn. 2; RKR/*Roth* UStG § 26c Rn. 68).

Geht man davon aus, dass sich § 370 AO und § 26c UStG tatbestandlich nicht ausschließen, sondern nebeneinander anwendbar sind, so ist noch zu klären ob und welcher 54
Tatbestand ggf. im Konkurrenzwege zurücktritt. Insoweit ist zwischen einer Tatbegehung
durch Unterlassen und einer solchen durch aktives Tun zu unterscheiden.

Liegt eine USt-Hinterziehung nach **§ 370 I Nr. 2 AO** vor, so tritt § 26c UStG zurück, da es sich insoweit um eine **mitbestrafte Nachtat** handelt (*Wegner* wistra 2002, 205). Der Täter sichert durch die Nichtzahlung seine vorherige Hinterziehungstat ab ohne dabei ein neues Erfolgsunrecht zu schaffen oder es zu vertiefen, da derselbe Steueranspruch betroffen ist.

Begeht der Täter hingegen eine USt-Hinterziehung gem. **§ 370 I Nr. 1 AO** durch die Abgabe einer zu niedrigen Anmeldung, so begeht er dadurch in Höhe des nicht erklärten Betrages eine Steuerhinterziehung und bei Nichtzahlung des angemeldeten Betrages verwirklicht er in **Tatmehrheit** den Tatbestand des § 26a I UStG bzw. bei Vorliegen der Merkmale der gewerbs- oder bandenmäßigen Begehung den Tatbestand des § 26c UStG. Dies ergibt sich daraus, dass es sich um zwei unterschiedliche Beträge – den nichterklärten und den erklärten, aber nicht gezahlten – handelt und zum Handlungsunrecht der (teilweisen) Nichterklärung noch das Handlungsunrecht des Nichtentrichtens hinzukommt (OSL/*Zugmaier*/*Sauter* UStG § 26c Rn. 44; RKR/*Roth* UStG § 26c Rn. 68).

55 Im Fall der gewerbsmäßigen Schädigung des Umsatzsteueraufkommens kann es zur Tateinheit mit §§ 129, 129b StGB **(Bildung einer kriminellen Vereinigung)** kommen (BGH 16.3.2004, NStZ 2004, 574). Tatmehrheitliche Begehung ist hingegen denkbar mit §§ 283 ff. StGB **(Bankrott)** und **Insolvenzdelikten** gem. § 15a IV InsO, da der typische missing trader aufgrund der USt-Forderungen des FA idR bereits mit seinen ersten Umsätzen zahlungsunfähig ist.

g) Keine Selbstanzeige

56 Inwiefern in diesen Fällen durch die Nachentrichtung der Steuer Straffreiheit nach Maßgabe des **§ 371 AO** erlangt werden kann, ist umstritten. Entscheidend ist zunächst einmal die Vorfrage, ob man (§ 26a I und) § 26c UStG anwenden will, wenn es schon nicht zu einer Anmeldung der Steuer gekommen ist (→ Rn. 10, 50 ff.). Lehnt man die Anwendbarkeit des § 26c UStG in solchen Fällen ab, ist allein § 370 I AO einschlägig und der Täter kann durch vollständige Nacherklärung und Nachentrichtung gem. § 371 I AO Straffreiheit erlangen. Hält man die Anwendung der §§ 26a I, 26c UStG zutreffenderweise auch dann für möglich, wenn keine Steuererklärung eingereicht wurde, dann stellt sich auch insoweit die Frage nach der Reichweite der befreienden Selbstanzeige.

57 Teilweise wird die **analoge Anwendbarkeit** des persönlichen Strafaufhebungsgrunds des **§ 371 AO** auf § 26c UStG mit anderenfalls auftretenden Wertungswidersprüchen begründet (*Joecks* wistra 2002, 201, 203; Flore/Tsambikakis/*Gaede* UStG § 26c Rn. 33). Dem steht jedoch der klare Wortlaut des § 371 I AO ebenso entgegen wie die Tatsache, dass der Gesetzgeber um diese Problematik wissend bei der Modifizierung der §§ 26a I, 26c UStG im Jahr 2020 keine Selbstanzeigemöglichkeit eingeführt hat. Eine ungewollte Regelungslücke dürfte insoweit zu verneinen sein. Vielmehr enthält schon der neu gefasste Grundtatbestand des § 26a I UStG keine Möglichkeit einer Selbstanzeige und auch § 378 III AO findet nach seinem klaren Wortlaut keine Anwendung (→ Rn. 30). Ebenso ist im Hinblick auf § 26c UStG eine (analoge) Anwendung der Selbstanzeigeregelungen nicht angezeigt (SWR/*Kemper* UStG § 26c Rn. 83; Hartmann/Metzenmacher/*Küffner* UStG § 26c Rn. 35; RKR/*Roth* UStG § 26c Rn. 70; RKL UStG/*Tormöhlen* UStG § 26c Rn. 13.2).

Die von der Gegenmeinung behaupteten Wertungswidersprüchen, wenn im Hinblick auf die Steuerhinterziehung die Möglichkeit der Straffreiheit besteht, nicht hingegen im Hinblick auf § 26c UStG, überzeugt demgegenüber nicht, da die Ergänzung, Berichtigung oder Nachholung iSd § 371 I AO nicht geeignet ist, den Taterfolg des § 26c UStG zu beseitigen, da insoweit das Zahlungs- und nicht das Erklärungsverhalten tatbestandlich ist. Die Nachzahlung iSd § 371 III ist hingegen nicht in jedem Fall erforderlich, um Straf-

h) Verjährung

Die Verjährungsfrist einer Straftat nach § 26c UStG beträgt nach der allgemeinen **58** Regelung des § 78 III Nr. 4 StGB **fünf Jahre**. Es ist jedoch umstritten, wann der **Lauf der Verjährungsfrist beginnt**. Geht man auch insoweit von den allgemeinen Regelungen aus, so beginnt die strafrechtliche Verjährung einer Tat nach § 78a StGB, sobald die jeweilige Tat beendet ist. Im Hinblick auf § 26c UStG ist insoweit zu berücksichtigen, dass die Tat erst vollendet ist, wenn die angemeldete USt mit Ablauf des Fälligkeitstags nicht entrichtet worden ist. Die Tat ist hingegen nach hM nicht beendet, solange die Zahlungspflicht fortbesteht (Flore/Tsambikakis/*Gaede* UStG § 26c Rn. 42 mwN; OSL/*Zugmaier*/ *Sauter* UStG § 26c Rn. 50b; vgl. auch *Fischer* StGB § 78a Rn. 14). Dies ist jedoch im Rahmen des § 26c UStG in aller Regel erst mit dem Eintritt der Zahlungsverjährung iSd § 47 AO der Fall, so dass die Steuerschuld erst frühestens fünf Jahre nach dem Verstreichenlassen des Fälligkeitstermins erlischt. Folgt man dieser Argumentation, so beläuft sich die Verjährungsfrist mithin auf mindestens zehn Jahre, wodurch es faktisch jedoch zu einer Angleichung an die in § 78 III Nr. 3 StGB erfassten (schwereren) Delikte kommt, was teilweise als unangemessen angesehen wird (Bedenken bei SWR/*Kemper* UStG § 26c Rn. 75). Darüber hinaus entstehen erhebliche Unterschiede zum im Hinblick auf das Strafmaß mit § 26c UStG identischen § 370 I AO.

Ausgehend von diesen Bedenken wurde in der Vorauflage die Ansicht vertreten, dass die **59** Verjährung mit dem Verstreichenlassen des Fälligkeitstermins beginne, nicht erst, wenn die Pflicht zur Entrichtung (durch Zahlung oder zahlungsgleiche Vorgänge) erloschen sei. Diese nur am Tatbestand des § 26c UStG ausgerichtete Argumentation vermag jedoch nicht zu überzeugen, da zwar das Ergebnis mitunter dem Rechtsanwender nicht behagen mag, aber kein hinreichender sachlicher Grund ersichtlich ist, warum gerade bei diesem Tatbestand vom klaren Wortlaut des § 78a StGB und der allgemeinen Dogmatik der Unterlassungsdelikte abgewichen werden sollte. Vielmehr hat der Gesetzgeber trotz Kenntnis von den Folgen der Orientierung an diesen allgemeinen Regelungen im Rahmen der Änderungen der §§ 26c, 26c UStG aF keine abweichende Regelung geschaffen. Eine diesbezügliche tatbestandsspezifische Regelung für § 26c UStG ist folglich – entgegen der Vorauflage – abzulehnen (ebenso Flore/Tsambikakis/*Gaede* UStG § 26c Rn. 42; RKR/ *Roth* UStG § 26c Rn. 63; SWR/*Kemper* UStG § 26c Rn. 75).

Trotzdem dürfte es zutreffend sein, dass die **Verjährung mit dem Verstreichenlassen** **60** **des Fälligkeitstermins** beginnt und nicht erst mit dem Erlöschen der Pflicht zur Entrichtung. Dies ergibt sich aber nicht aus den Besonderheiten des § 26c UStG, sondern aus der allgemeinen Dogmatik der Unterlassungsdelikte. Insoweit dürfte nämlich zutreffenderweise davon auszugehen sein, dass die Verjährungsfrist bereits mit dem Verstreichenlassen des Fälligkeitszeitpunkts beginnt (so jetzt der BGH 1.9.2020, BGHSt 65, 136 und BGH 16.9.2020, wistra 2021, 149 im Hinblick auf § 266a I, II Nr. 2 StGB). Durch einen entsprechenden Verjährungsbeginn werden bei zahlreichen echten Unterlassungsdelikten allgemein Verwerfungen im Hinblick auf das Verjährungssystem verhindert. Ferner können auch zB Benachteiligungen von Teilnehmern gegenüber Tätern verhindert werden. Ausgehend von dieser zutreffenden allgemeinen Neujustierung des Verjährungsbeginns bei echten Unterlassungsdelikten beginnt – in Übereinstimmung mit der Vorauflage – auch im Fall des § 26c UStG die Verjährung bereits taggenau mit dem Verstreichenlassen des Fälligkeitstermins.

i) Verfahren

Da es sich bei § 26c UStG um eine Steuerstraftat iSd § 369 I Nr. 1 AO handelt, ist die **61** sachlich und örtlich zuständige Finanzbehörde gem. §§ 386 I, 387 I AO auch zuständig für

Anhang II 61

die Verfolgung von Straftaten nach § 26c UStG. Es handelt sich dabei um die jeweils zuständige Bußgeld- und Strafsachenstellen. Sofern ein Steuerstrafverfahren jedoch gem. § 386 II–IV AO in die Zuständigkeit der Staatsanwaltschaft fällt bzw. übergeht, ist diese auch zur Verfolgung einer Tat nach § 26c UStG zuständig.

Anhang III: Einziehung im Steuerstrafrecht

§ 73 StGB Einziehung von Taterträgen bei Tätern und Teinehmern

(1) Hat der Täter oder Teilnehmer durch eine rechtswidrige Tat oder für sie etwas erlangt, so ordnet das Gericht dessen Einziehung an.

(2) Hat der Täter oder Teilnehmer Nutzungen aus dem Erlangten gezogen, so ordnet das Gericht auch deren Einziehung an.

(3) Das Gericht kann auch die Einziehung der Gegenstände anordnen, die der Täter oder Teilnehmer erworben hat
1. durch Veräußerung des Erlangten oder als Ersatz für dessen Zerstörung, Beschädigung oder Entziehung oder
2. auf Grund eines erlangten Rechts.

§ 73a StGB Erweiterte Einziehung von Taterträgen bei Tätern und Teilnehmern

(1) Ist eine rechtswidrige Tat begangen worden, so ordnet das Gericht die Einziehung von Gegenständen des Täters oder Teilnehmers auch dann an, wenn diese Gegenstände durch andere rechtswidrige Taten oder für sie erlangt worden sind.

(2) Hat sich der Täter oder Teilnehmer vor der Anordnung der Einziehung nach Absatz 1 an einer anderen rechtswidrigen Tat beteiligt und ist erneut über die Einziehung seiner Gegenstände zu entscheiden, berücksichtigt das Gericht hierbei die bereits ergangene Anordnung.

§ 73b StGB Einziehung von Taterträgen bei anderen

(1) ¹Die Anordnung der Einziehung nach den §§ 73 und 73a richtet sich gegen einen anderen, der nicht Täter oder Teilnehmer ist, wenn
1. er durch die Tat etwas erlangt hat und der Täter oder Teilnehmer für ihn gehandelt hat,
2. ihm das Erlangte
   a) unentgeltlich oder ohne rechtlichen Grund übertragen wurde oder
   b) übertragen wurde und er erkannt hat oder hätte erkennen müssen, dass das Erlangte aus einer rechtswidrigen Tat herrührt, oder
3. das Erlangte auf ihn
   a) als Erbe übergegangen ist oder
   b) als Pflichtteilsberechtigter oder Vermächtnisnehmer übertragen worden ist.

²Satz 1 Nummer 2 und 3 findet keine Anwendung, wenn das Erlangte zuvor einem Dritten, der nicht erkannt hat oder hätte erkennen müssen, dass das Erlangte aus einer rechtswidrigen Tat herrührt, entgeltlich und mit rechtlichem Grund übertragen wurde.

(2) Erlangt der andere unter den Voraussetzungen des Absatzes 1 Satz 1 Nummer 2 oder Nummer 3 einen Gegenstand, der dem Wert des Erlangten entspricht, oder gezogene Nutzungen, so ordnet das Gericht auch deren Einziehung an.

(3) Unter den Voraussetzungen des Absatzes 1 Satz 1 Nummer 2 oder Nummer 3 kann das Gericht auch die Einziehung dessen anordnen, was erworben wurde
1. durch Veräußerung des erlangten Gegenstandes oder als Ersatz für dessen Zerstörung, Beschädigung oder Entziehung oder
2. auf Grund eines erlangten Rechts.

§ 73c StGB Einziehung des Wertes von Taterträgen

¹Ist die Einziehung eines Gegenstandes wegen der Beschaffenheit des Erlangten oder aus einem anderen Grund nicht möglich oder wird von der Einziehung eines Ersatzgegenstandes nach § 73 Absatz 3 oder nach § 73b Absatz 3 abgesehen, so ordnet das Gericht die Einziehung eines Geldbetrages an, der dem Wert des Erlangten entspricht. ²Eine solche Anordnung trifft das Gericht auch neben der Einziehung eines Gegenstandes, soweit dessen Wert hinter dem Wert des zunächst Erlangten zurückbleibt.

§ 73d StGB Bestimmung des Wertes des Erlangten; Schätzung

(1) ¹Bei der Bestimmung des Wertes des Erlangten sind die Aufwendungen des Täters, Teilnehmers oder des anderen abzuziehen. ²Außer Betracht bleibt jedoch das, was für die Begehung der Tat oder für ihre Vorbereitung aufgewendet oder eingesetzt worden ist, soweit es sich nicht um Leistungen zur Erfüllung einer Verbindlichkeit gegenüber dem Verletzten der Tat handelt.

(2) Umfang und Wert des Erlangten einschließlich der abzuziehenden Aufwendungen können geschätzt werden.

§ 73e StGB Ausschluss der Einziehung des Tatertrages oder des Wertersatzes

(1) ¹Die Einziehung nach den §§ 73 bis 73c ist ausgeschlossen, soweit der Anspruch, der dem Verletzten aus der Tat auf Rückgewähr des Erlangten oder auf Ersatz des Wertes des Erlangten erwachsen ist, erloschen ist. ²Dies gilt nicht für Ansprüche, die durch Verjährung erloschen sind.

(2) In den Fällen des § 73b, auch in Verbindung mit § 73c, ist die Einziehung darüber hinaus ausgeschlossen, soweit der Wert des Erlangten zur Zeit der Anordnung nicht mehr im Vermögen des Betroffenen vorhanden ist, es sei denn, dem Betroffenen waren die Umstände, welche die Anordnung der Einziehung gegen den Täter oder Teilnehmer ansonsten zugelassen hätten, zum Zeitpunkt des Wegfalls der Bereicherung bekannt oder infolge von Leichtfertigkeit unbekannt.

Schrifttum: *Beckemper,* Grundfälle zur strafrechtlichen Gewinnabschöpfung, ZJS 2020, 17; *Bittmann,* Die Rechtsprechung des BGH zum Steuerstrafrecht 2019, ZWH 2020, 41; *ders.,* § 73b StGB: Die Einziehung beim Dritten in ihren Verästelungen, wistra 2020, 265; *ders./Tschakert,* Der Bereicherungszusammenhang beim Quasi-Durchgangserwerb gem. § 73b Abs. 1 S. 1 Nr. 2, ggf. iVm § 73c StGB, und die Haftung des Täters oder Teilnehmers dabei als anderer, wistra 2020, 217; *Burghart,* Das erlangte „Etwas" (§ 73 I S. 1 StGB) nach strafbarer Vertragsanbahnung Zugleich Besprechung von BGH wistra 2010, 477, wistra 2011, 241; *Eberbach,* Zwischen Sanktion und Prävention – Möglichkeiten der Gewinnabschöpfung nach dem StGB –, NStZ 1987, 486; *Ewert/Rettke,* Entreicherung nach Wertersatzeinziehung, wistra 2020, 312; *Feindt/Rettke,* Die Auswirkungen der Reform der strafrechtlichen Vermögensabschöpfung auf das Steuerrecht, DStR 2018, 2357, *dies.,* Die Auswirkungen des Zweiten Corona-Steuerhilfegesetzes auf die Verjährung der strafrechtlichen Einziehung im Steuerstrafrecht und auf die Festsetzungsverjährung im Steuerrecht, DStR 2021, 79; *Gehm,* Neuerungen des Steuerstrafrechts aufgrund des Zweiten Corona-Steuerhilfegesetzes, NZWiSt 2020, 368; *Greeve,* Das neue Recht der strafrechtlichen Vermögensabschöpfung Ausgewählte Aspekte aus Sicht der Strafverteidigung, ZWH 2017, 277; *Hieramente/Schwerdtfeger,* Das Unternehmen im Fokus der Vermögensabschöpfung im Wirtschaftsstrafrecht – Risiken und Chancen der Gesetzesreform, BB 2018, 834; *Hüls* Zur Reform des Rechts der Vermögensabschöpfung im Strafrecht, ZWH 2017, 242; *Köhler,* Die Reform der strafrechtlichen Vermögensabschöpfung – Teil 1/2 – Überblick und Normverständnis für die Rechtspraxis – NStZ 2017, 497; *ders./Burkhard,* Die Reform der strafrechtlichen Vermögensabschöpfung – Teil 2/2 – Überblick und Normverständnis für die Rechtspraxis –, NStZ 2017, 666; *Köllner/Mück,* Reform der strafrechtlichen Vermögensabschöpfung, NZI 2017, 593; *Korte,* Vermögensabschöpfung reloaded, wistra 2018, 1; *Lange/Borgel,* Der Ausschluss der Einziehung nach § 73e Abs. 1 StGB bei Steuerstraftaten, ZWH 2020, 76; *Maciejewski,* Rückwirkende Gesetzesverschärfungen im Steuerstrafrecht, wistra 2020, 441; *Madauß,* Das neue Recht der strafrechtlichen Vermögensabschöpfung und Steuerstrafverfahren – Fragen aus der Sicht der Praxis, NZWiSt 2018, 28; *ders.,* Vermögensabschöpfung und Steuerstrafrecht – weiter streitige Einzelaspekte, NZWiSt 2019, 49; *ders.,* Aktuelle Rechtsprechung zur Einziehung in Steuerstrafverfahren, ZWH

2020, 93; *Meisterernst/Vergho,* Lebensmittelrechtliche Verstöße und ihre Konsequenzen – neue Koordinaten für die Lebensmittelwirtschaft, ZLR 2019, 45; *Peters,* Erste Praxiserfahrungen nach der Neuregelung der Vermögensabschöpfung im Steuerstrafrecht, AO-StB 2018, 144; *Reh,* Ausgewählte Probleme des Vermögensabschöpfungsrechts im Zusammenhang mit der Steuerhinterziehung und der Steuerhehlerei, wistra 2018, 414; *Reichling/Lange,* Gesetzgebung: Strafrechtliche Aspekte des Zweiten Corona-Steuerhilfegesetzes; PStR 2020, 176; *Reichling/Lange/Borgel,* Gesetzgebungsverfahren: „Lex Cum-Ex" – Erneute Änderung des Verjährungs- und Einziehungsrechts, PStR 2021, 31; *Rettke,* Das normative Bruttoprinzip – Erläuterungen anhand von Beispielen aus dem Wirtschaftsstrafrecht –, wistra 2018, 234; *Rönnau/Begemeier,* Die Vermögensabschöpfung ist keine Strafe!?, NStZ 2021, 705; *Roth,* Beschlagnahme in „nicht inkriminiertes" Vermögen beim Drittbeteiligten im Verschiebefall, PStR 2020, 126; *Spatscheck/Spilker,* Tatsächliche Verständigung als Ausschlussgrund für die Einziehung im Steuerstrafrecht, NStZ 2019, 508; *Tormöhlen,* Das neue Recht der Vermögensabschöpfung im steuerstrafrechtlichen Kontext, AO-StB 2017, 380; *Trüg,* Die Reform der strafrechtlichen Vermögensabschöpfung, NJW 2017, 1913; *Ullenboom,* Die Einziehung von Taterträgen in Mehrpersonenverhältnissen, wistra 2020, 233; *Wegner,* Schneeballsystem: Einziehung von Taterträgen bei Dritten nach Vermögensverschiebungen, PStR 2019, 43; *Wilke,* Notwendiger Abstimmungsbedarf zwischen Steuerstraf- und Besteuerungsverfahren bei der strafrechtlichen Vermögenseinziehung, wistra 2019, 81; *Wulf,* Vermögensabschöpfung: Das neue Einziehungsrecht – ein Gesetz zur Entlastung der Finanzgerichtsbarkeit, PStR 2018, 150; *ders.,* Wann stellen die durch Steuerhinterziehung „ersparten Aufwendungen" einen einziehbaren Vermögensvorteil dar?, Stbg 2020, 150; *ders.,* Aushebelung der Festsetzungsverjährung als „Corona-Soforthilfe"?, wistra 2020, 353.

Übersicht

	Rn.
I. Grundlagen der Einziehung nach §§ 73 ff. StGB	1–104
1. Die Einziehung nach § 73 StGB	6–38
a) Das Erlangte iSv § 73 I StGB	11–14
b) Einziehung von Surrogaten nach § 73 III StGB	15–17
c) Das erlangte „Etwas" bei Steuerstraftaten	18–29
d) Die „faktische Steuerersparnis" als Etwas iSv § 73 I StGB	30–36
e) Zeitpunkt des Erlangens und versuchte Steuerhinterziehung	37, 38
2. Die Einziehung des Wertes von Taterträgen (§ 73c StGB)	39–42a
3. Die Bestimmung des Wertes des Erlangten (§ 73d StGB)	43–51
4. Erweiterte Einziehung von Taterträgen bei Tätern und Teilnehmern (§ 73a StGB)	52–57
5. Einziehung von Taterträgen bei Drittbegünstigten (§ 73b StGB)	58–94
a) Vertreterfälle (§ 73b I 1 Nr. 1 StGB)	62–70
b) Verschiebe- und Erbschaftsfälle (§ 73b I 1 Nr. 2, 3 StGB)	71–80
c) Einziehung von Surrogaten und Nutzungen beim Dritten (§ 73b III StGB)	81
d) Einziehung des Wertes beim Dritten (§ 73b II StGB)	82–94
6. Ausschluss der Einziehung des Tatertrages oder Wertersatzes (§ 73e StGB)	95–104
a) Erlöschen des Anspruchs des Verletzten (§ 73e I StGB)	97–100
b) Entreicherung des Drittbegünstigten (§ 73e II StGB)	101–104
II. Ausschluss der Einziehung durch Verjährung	105–134
1. Grundlagenfehler des ursprünglichen Abschöpfungsrechts	105–110
2. Nachbesserung des Gesetzgebers	111–123a
3. Änderung durch das Jahressteuergesetz 2020	124–134
III. Vorschriften über das Einziehungsverfahren	135, 136

I. Grundlagen der Einziehung nach §§ 73 ff. StGB

Für das Steuerstrafrecht ist einer Darstellung der Einziehungsregelungen in §§ 73 ff. StGB vorauszuschicken, dass die **Bedeutung** der **Einziehung** in der **Praxis** auf einige wenige Sonderfälle beschränkt sein dürfte. Soweit Steuerstraftaten im Kontext von Allgemeindelikten begangen werden, kommt der Einziehung wegen Steuerstraftaten kaum praktische Bedeutung zu, weil nicht selten eine doppelte Einziehung droht, wenn illegal erlangte Vermögensvorteile eingezogen werden und zusätzlich eine Einziehung des durch die Steuerstraftat Erlangten erfolgt (vgl. auch BGH 5.9.2019, NJW 2019, 3799 mAnm *Rettke*). Darüber hinaus wird von der Möglichkeit eines Absehens von der Einziehung nach § 421 StPO großzügig Gebrauch gemacht, weil die Finanzbehörden in der Lage sind ihre Steueransprüche auch über die Mittel der AO effektiv geltend zu machen und zu vollstrecken (vgl. → Rn. 109).

2 Relevanz hat die Einziehung im Steuerstrafrecht vor allem in Fällen unklarer Vermögenslagen, weil hier weitergehende Zugriffsmöglichkeiten bestehen als nach dem Steuerrecht, bei den heftig umstrittenen **Verschiebefällen nach § 73b I 1 Nr. 2 StGB** (→ Rn. 74) und bei Beteiligung von Auslandsvermögen, auf die im Wege der Rechtshilfe effektiver zugegriffen werden kann als über die steuerliche Amtshilfe. Insbesondere mit Blick auf diese Konstellationen soll hier ein Überblick über die Einziehungsvorschriften gegeben werden, wobei die steuerstrafrechtlichen Fragen im Zentrum der Betrachtung stehen, während für die Details und das Verfahrensrecht auf die Kommentierungen zu §§ 73 ff. StGB verwiesen sei.

3 Um sicherzustellen, dass „Straftaten sich nicht lohnen", der Kriminalität die wirtschaftliche Grundlage zu entziehen und eine Ungleichbehandlung und sonstige Benachteiligung von Verletzten im sog. Windhundrennen zu verhindern (BT-Drs. 18/9525, 1 f., 45 ff.; vgl. bereits BT-Drs. 16/700, 8), hat der Gesetzgeber am 13.4.2017 das **Gesetz zur Reform der strafrechtlichen Vermögensabschöpfung** erlassen, das zum 1.7.2017 in Kraft getreten ist. Das als zu kompliziert und unzweckmäßig angesehene alte Abschöpfungsrecht (BT-Drs. 18/9525, 45) sollte damit „vollständig neu gefasst" werden. Der Begriff des Verfalls – und damit eine bewährte und sinnvolle Differenzierung – wurde aufgegeben, um sich der internationalen Begrifflichkeit „confiscation" anzunähern, und vom Prinzip der Rückgewinnungshilfe, also der Obliegenheit des Verletzten sich selbst um seine Schadloshaltung zu bemühen, Abstand genommen (vgl. *Meisterernst/Vergho* ZLR 2019, 45, 53).

4 Ferner wurde die – wenig treffend – als „Totengräber des Verfalls" (vgl. bereits *Eberbach* NStZ 1987, 486) bezeichnete Regelung des § 73 I 2 StGB aufgegeben, die einen Verfall ausschloss, wenn einem durch die Tat Verletzten ein Anspruch entstanden war, dessen Erfüllung dem Täter oder Teilnehmer den Wert des aus der Tat Erlangten entziehen würde (vgl. für das Steuerstrafrecht BGH 23.8.2016, wistra 2017, 144). Dem Strafgericht ist nun die Aufgabe übertragen, zunächst ohne **Rücksicht auf zivilrechtliche Ansprüche der Verletzten,** die Einziehung zu betreiben und im Strafverfahren an die Verletzten zurückzugeben oder zu verwerten und an sie auszukehren. Auf diese Weise sollten „erhebliche Abschöpfungslücken" geschlossen werden (BT-Drs. 18/9525, 48).

5 Für den zeitlichen Anwendungsbereich der neuen §§ 73 ff. StGB hat der Gesetzgeber in **§ 316h EGStGB** eine **Sonderregelung** geschaffen (vgl. → Rn. 6 ff.), die eine beschränkte (unechte) Rückwirkung (sog. tatbestandliche Rückanknüpfung, BVerfG 3.12.1997, BVerfGE 97, 67, 87 ff.) vorsieht (vgl. auch OLG Celle 14.6.2019, NZWiSt 2019, 432 mAnm *Gehm*). Soweit über die Einziehung wegen einer vor dem 1.7.2017 begangenen Tat entschieden wird, ist abweichend von § 2 V StGB das neue Abschöpfungsrecht anzuwenden. Ist in einem Verfahren vor dem 1.7.2017 bereits eine Entscheidung über die Anordnung des Verfalls oder des Verfalls von Wertersatz ergangen, so kommt in diesem Verfahren das **alte Recht zur Anwendung.** Da es sich bei dieser Entziehung der Vorteile aus der Tat nach der Rechtsprechung (BGH 19.10.1999, BGHSt 45, 235, 238 f.; 21.3.2002, 47, 260, 265) auch bei Anwendung des Bruttoprinzips **nicht** um eine **Nebenstrafe** handelt (str. vgl. nur BGH 27.2.2020, NStZ-RR 2020, 168; *Fischer* StGB § 73 Rn. 4 ff. mwN; aA *Rönnau/Begemeier* NStZ 2021, 705 ff.), sei durch die Rückwirkung weder Art. 103 II GG noch der Schuldgrundsatz (BGH 15.5.2018, NStZ-RR 2018, 241, 242) oder das allgemeine Rechtsstaatsprinzip aus Art. 20 III GG verletzt (BGH 22.3.2018, wistra 2018, 427).

1. Die Einziehung nach § 73 StGB

6 In § 73 I StGB findet sich die Grundregel, nach der das Gericht **zwingend** die Einziehung dessen anordnet, was ein Täter oder Teilnehmer **durch** die **rechtswidrige Tat** oder **für** sie (ggf. auch aus einem Versuch, BGH 3.12.2013, HRRS 2014 Nr. 201) **erlangt** hat. Auf die Schuldhaftigkeit der Tatbegehung kommt es nicht an. Auch das Vorliegen eines persönlichen Strafausschließungsgrundes wie der strafbefreienden Selbstanzeige steht einer Einziehung grundsätzlich nicht entgegen, wenn auch die Zahlung der Steuerschuld und damit ihr Erlöschen Wirksamkeitsvoraussetzung der Selbstanzeige ist, so dass die Einziehung nicht in Betracht kommen dürfte. Auch eine mitbestrafte Nachtat kann Grundlage einer Einziehung sein (vgl. *Bittmann* ZWH 2020, 41, 60).

Die **Suspendierung der strafbewehrten Erklärungspflicht** wegen drohender Selbstbelastung hat der BGH (23.5.2019, wistra 2019, 509, 510) aber (wohl) bereits als Grund für einen Tatbestandausschluss angesehen und daher in diesem Fall eine Einziehung mangels Rechtswidrigkeit verneint (krit. *Bittmann* ZWH 2020, 41, 49). 7

Nach § 73 II StGB sind – wie nach § 818 I BGB – auch tatsächlich gezogene **Nutzungen** aus dem unmittelbar Erlangten oder einem Ersatzgegenstand (§ 73 III StGB) einzuziehen (*Fischer* StGB § 73 Rn. 31). Für die Einziehung der Nutzungen und der Surrogate (→ Rn. 29) bedarf es einer **gesonderten gerichtlichen Entscheidung** (BT-Drs. 18/9525, 62). In § 73 I StGB findet sich der einfache Grundfall der Einziehung, also die – untechnisch gesprochen – unmittelbare Wegnahme des aus der Tat unmittelbar erlangten Gegenstandes (vgl. *Beckemper* ZJS 2020, 17, 18). 8

Das Erlangen durch eine Tat ist auch bei einem Versuch möglich, solange dem Täter oder Beteiligten bereits aus diesem **Versuch** etwas zugeflossen ist (BT-Drs. 18/9525, 47). Es reicht insofern aus, dass der Täter nach § 22 StGB nach seiner Vorstellung von der Tat unmittelbar zu ihrer Begehung angesetzt hat (OLG Celle 14.6.2019, NZWiSt 2019, 432; aber → Rn. 40). 9

Die Anordnung der Einziehung nach § 73 StGB ist jedoch nur dann möglich, wenn die Tat, durch die das Etwas erlangt wurde, auch angeklagt oder vom selbständigen Verfahren nach §§ 435 ff. StPO erfasst und damit **Gegenstand der Entscheidung des Gerichts** ist (vgl. BGH 10.6.2020, BeckRS 2020, 14446). 10

a) Das Erlangte iSv § 73 I StGB

Mit dem **Erlangten** ist nach der Begründung des Gesetzesentwurfs (BT-Drs. 18/9525, 61 f.) – die oft verwendete Bezeichnung als „Gesetzesbegründung" ist irreführend und beruht auf einem Missverständnis der Gewaltenteilung – die Gesamtheit der wirtschaftlich messbaren Vorteile gemeint, die dem Täter oder Teilnehmer durch oder für die Tat zugeflossen sind. Damit sollen der Einziehung nicht nur Sachen und Rechte unterliegen, sondern jede Art von wirtschaftlichem Vorteil, also auch Dienstleistungen, Nutzungen oder vorteilhafte Markpositionen. Ebenfalls einziehungsfähig sollen nach hM lediglich tatsächlich erlangte Aufwendungsersparnisse sein (aber → Rn. 33 ff.). 11

Unter **Erlangen** wird dabei der **tatsächliche Vorgang** verstanden, durch den der Täter oder Teilnehmer unabhängig von den zivilrechtlichen Verhältnissen die tatsächliche Verfügungsgewalt über das Etwas erhält (BGH 1.6.2022, BeckRS 2022, 20022). Die Formulierung des Gesetzes „durch" – statt vorher „aus" – eine rechtswidrige Tat soll zum Ausdruck bringen, dass es allein auf die reine Kausalitätsbeziehung zwischen Tat und dem Erlangen des Etwas nach den Grundsätzen des Bereicherungsrechts (BT-Drs. 18/9525, 62; vgl. auch BGH 14.10.2020, wistra 2021, 275 Rn. 3; einschr. jedoch BGH 20.7.2022 – 3 StR 390/21 zum Erlangen aus illegalen Bankgeschäften) ankommt (BT-Drs. 18/9525, 2, 46 ff. spricht jedoch weiterhin von der „aus der Tat" erlangten Sachen). Der sprachliche Unterschied ist jedoch marginal und die rein redaktionelle Anpassung an § 812 BGB rechtfertigt in der Auslegung keine Erweiterung des Anwendungsbereichs. 12

Soweit der BGH (14.10.2020, wistra 2021, 275 Rn. 3) ausführt, es fehle am erforderlichen Kausalzusammenhang mit der rechtswidrigen Tat, wenn Vermögenswerte erst durch nicht tatbestandsmäßige Handlungen oder Rechtsgeschäfte zufließen, ist das zumindest ungenau; es fehlt an der Unmittelbarkeit (vgl. auch *Zöller* LTZ-StGB § 73 Rn. 23 ff.). Der BGH geht jedoch im Ergebnis konsequent davon aus, dass bei einer Marktmanipulation nur der Teil des Erlöses aus einem Aktienverkauf, der unmittelbar aus der rechtswidrigen Tat erlangt wird, einziehungsfähig ist (BGH 14.10.2020, wistra 2021, 275 Rn. 5 ff.). Das sei bei informations- und handlungsgestützten Marktmanipulationen (§§ 38 II Nr. 1, 39 I Nr. 2, II Nr. 1, 20a I 1 Nr. 1 und 3 WpHG idF vor dem 2.7.2016) nur für den Ver- 13 äußerungsgewinn der Fall. Bei handelsgestützter Manipulation (§§ 38 II Nr. 1, 39 I Nr. 1, 20a I 1 Nr. 2 UpHG aF) sei der Veräußerungserlös betroffen, weil der Verkauf selbst von der rechtswidrigen Tat betroffen ist, er beruht auf der strafbewehrten Manipulationsabrede (zum Verbot des Aufwendungsabzugs der Erwerbskosten der Aktien BGH 14.10.2020, wistra 2021, 275 Rn. 6).

14 Erlangen **mehrere Personen** etwas aus der Tat, so ist die Einziehung gegen sie – auch im Tenor des Urteils oder Strafbefehls (§ 432 StPO) – als **Gesamtschuldner** anzuordnen (BGH 5.6.2019, NJW 2020, 79, 80; *Ullenboom* wistra 2020, 223, 224 mwN). Voraussetzung ist jedoch, dass jede dieser Personen – mag ihre Identität auch noch unbekannt sein – zumindest vorübergehend **(Mit-)Verfügungsgewalt** über das aus der Tat erlangte Etwas innehatte (BGH 5.6.2019, StV 2019, 736; noch zu §§ 73 ff. StGB aF 28.10.2010, BGHSt 56, 39). Das gilt auch, wenn das Erlangte zunächst einem Drittbegünstigten (zB einer juristischen Person) zufließt und dann an den Täter weitergeleitet wird (BGH 5.9.2019, wistra 2020, 24 f.). Jedoch darf nicht ohne weiteres von einer mittäterschaftlichen Begehung der rechtswidrigen Tat auf eine Erlangung durch alle Mittäter geschlossen werden. Voraussetzung ist vielmehr, dass sich die Mittäter darüber einig sind, dass allen die Mitverfügungsgewalt zukommen soll. Es erlangt damit nur der etwas aus der Tat, dem die faktische oder wirtschaftliche Verfügungsmöglichkeit zukommt. Ein „transitorisches" Erlangen, also ein nur **vorübergehender kurzfristiger Erwerb** der Verfügungsgewalt **reicht nicht aus** (BGH 21.8.2018, NStZ 2019, 20 f.; BGH 27.10.2011, NJW 2012, 92, 93; *Ullenboom* wistra 2020, 223, 224 mwN; zur Abgrenzung vom Erlangen BGH 1.6.2022, BeckRS 2022, 20022).

b) Einziehung von Surrogaten nach § 73 III StGB

15 Nach § 73 III StGB (§ 73 II 2 StGB aF) *können* (nicht müssen) auch Gegenstände eingezogen werden, die der Täter oder Teilnehmer durch Veräußerung des Erlangten oder als Ersatz für dessen Zerstörung, Beschädigung oder Entziehung oder aufgrund eines erlangten Rechts erworben hat (vgl. auch § 818 I BGB). Diese Vorschrift erfasst also **Surrogate** für bestimmte Vermögensgegenstände, setzt jedoch voraus, dass ein konkreter **Gegenstand** (eine Sache, ein Recht etc.) erlangt wurde (vgl. auch *Burghart* wistra 2011, 241, 247). Nicht erfasst ist mittelbarer Gewinn aus dem Surrogat, wie etwa durch Einsatz beim Glückspiel oder Investition (BGH NStZ 2006, 334 f.; *Fischer* StGB § 73 Rn. 33 mwN).

16 Auf nur tatsächlich **ersparte Aufwendungen** wie bei der Steuerhinterziehung ist diese Regelung nicht anwendbar, weil eine Veräußerung dieser faktischen Besserstellung ebenso wenig möglich ist, wie eine Ersatzleistung für sie. Es fehlt an einer Verkörperung und Übertragbarkeit des Erlangten (aber → Rn. 30 ff.). Daher sind Gegenstände, die aufgrund ersparter Aufwendungen durch Steuerhinterziehungen erlangt worden sind, keine Surrogate (BGH 18.12.2018, wistra 2019, 333, 334). Denkbar ist dagegen eine Anwendung von § 73 III Nr. 1 StGB auf **abgetretene Steueransprüche** (§ 46 AO).

17 Eine Einziehung nach **§ 73 III StGB** ist gegenüber derjenigen nach **§ 73 I StGB nachrangig,** so dass die (vollständige) Einziehung des unmittelbar aus der Tat erlangten Etwas die Einziehung des Surrogats sperrt (vgl. *Bittmann* ZWH 2020, 41, 56).

c) Das erlangte „Etwas" bei Steuerstraftaten

18 Als **durch** eine **Steuerstraftat** erlangt sieht die Rspr. (BGH 21.8.2019, wistra 2020, 33, 34) jeden Vermögenswert an, der einem Tatbeteiligten durch die Tat zugeflossen ist. Dazu sei alles zu rechnen, *„was in irgendeiner Phase des Tatablaufs in seine tatsächliche Verfügungsgewalt übergegangen ist und ihm so aus der Tat unmittelbar messbar zugekommen ist"* (vgl. auch BGH 11.7.2019, BGHSt 64, 146, 150 = NJW 2019, 3012, 3013; 5.6.2019, NJW 2020, 79 f.; 15.1.2020, NStZ 2020, 404 f.; 10.6.2020, BeckRS 2020, 9338; 14.10.2020, NStZ 2021, 355 Rn. 3; BGH 25.3.2021, wistra 2021, 395 f.).

19 Bei einer **Umsatzsteuerhinterziehung** durch „Luftrechnungen" ist das erlangte Etwas der ausgezahlte Vorsteuerüberhang, bei einer Einkommensteuerhinterziehung, die zu einer Erstattung führt, dieser **Erstattungsbetrag.** Bei der Steuerhehlerei nach § 374 AO erlangt der Täter das **Hehlereigut** (zB die unversteuerten Zigaretten) und einen durch den Verkauf erzielten **Erlös,** nicht aber die durch den Lieferanten hinterzogene Steuer (BGH 11.7.2019, BGHSt 64, 152, 161; vgl. auch BGH 23.5.2019, wistra 2019, 509, 510; 11.2.2020, wistra 2020, 332 Rn. 5). Dagegen sind Waren, auf die sich eine **Verbrauchsteuerhinterziehung** bezieht, nicht selbst durch die Steuerhinterziehung erlangt und können nicht nach §§ 73 ff. StGB, sondern nur nach § 375 II AO iVm § 74 II StGB eingezogen werden (vgl. BGH 11.5.2016, wistra 2016, 412, 413 f.; 23.8.2016, wistra 2017, 144, 145 noch zu §§ 73 ff. StGB aF).

Der BGH hat insbes. in seiner jüngeren Rspr. betont, dass es darauf ankomme, welcher **20 Vermögensvorteil** dem Täter oder Teilnehmer aufgrund der Tat **tatsächlich zugeflossen** ist. Ein der Einziehung unterliegendes Etwas müsse sich als tatsächlicher Vorteil im Vermögen des Täters oder Teilnehmers widerspiegeln (BGH 21.8.2019, wistra 2020, 33, 34; 22.10.2019, BeckRS 2019, 35917). Die Abschöpfung müsse spiegelbildlich dem entsprechen, was der Täter gerade aus dieser Tat gezogen hat (BGH 18.12.2018, wistra 2019, 333, 334).

Das LG Hamburg (6.5.2018, wistra 2018, 446, 447) hat angenommen, der Geschäfts- **21** führer einer GmbH erlange durch eine Steuerhinterziehung zugunsten der Gesellschaft auch selbst Etwas aus der Tat, nämlich die **faktische Befreiung von der Verbindlichkeit der persönlichen Haftung** für die Steuer aus §§ 69, 71 AO. Dem ist in der Literatur (*Mosiek* wistra 2019, 90; *Schneider* wistra 2020, 92, 94; *Ullenboom* wistra 2020, 223, 226) zutreffend entgegengehalten worden, dass die Befreiung von einer Verbindlichkeit, die erst aus der Tat entsteht, nicht durch diese erlangt sein kann. Letztlich steht die Entscheidung des LG Hamburg nicht nur im Widerspruch zum Gesetzeswortlaut, sondern auch zur Rspr. des BGH zur Steuerhehlerei bei der Tabaksteuer (BGH 4.7.2018, wistra 2018, 471, 472; zur Untauglichkeit der Befreiung von einer nichtigen Forderung als erlangtes Etwas BGH 18.5.2022 – 1 StR 19/22, Rz. 8 ff.; → Rn. 28).

Auch das **Gehalt eines Mitarbeiters** eines steuerhinterziehenden Unternehmers ist **22** (regelmäßig) bei diesem nicht nach § 73 StGB einziehbar, soweit es nicht für die konkrete Tat gewährt wird (vgl. BGH 22.10.2019, wistra 2020, 333 Rn. 22; *Bittmann* ZWH 2020, 41, 60). Etwas anderes kann aber dann gelten, wenn etwa dem Geschäftsführer ein Betrag nur unter dem Deckmantel einer Gehaltszahlung aus der Tat zufließt (BGH 28.11.2019, wistra 2020, 197, 201; vgl. BGH 23.10.2013, NStZ 2014, 89; *Ullenboom* wistra 2020, 223, 225; zur Einziehung der Lohnsteuer BGH 10.3.2021, wistra 2021, 358).

Aufgrund des Erfordernisses des tatsächlichen Zuflusses scheidet eine Einziehung beim **23 Teilnehmer** an einer Steuerhinterziehung regelmäßig ebenso aus wie beim Täter einer **Schenkungsteuerhinterziehung,** der als Schenkender die Pflicht aus § 30 ErbStG verletzt (vgl. *Wulf* Stbg 2020, 223, 227).

Beim **Steuerberater,** der an einer Steuerhinterziehung des Mandanten beteiligt war, **24** kann zwar das Honorar eingezogen werden, aber nicht der Wert des allein dem Mandanten zugeflossenen Steuervorteils. Auch das **Beratungshonorar** eines Steuerberaters, der den Steuerpflichtigen so berät, dass dieser unvorsätzlich Umsatzsteuern verkürzt, ist nach der Rspr. nicht einziehbar, weil der Vermögensvorteil durch die Nichtentrichtung der Umsatzsteuer beim Steuerpflichtigen, nicht beim Berater eintritt. Das Honorar sei mangels vorsätzlicher Tatbegehung durch den Steuerpflichtigen nicht für eine rechtswidrige Tat iSv § 73 StGB erlangt, sondern als nicht einziehungsfähige Gegenleistung auf der Grundlage des Steuerberatervertrages (§ 675 I BGB) und der Steuerpflichtige sei finanzkräftig genug gewesen, um den Steuerberater unabhängig von der Steuerstraftat zu entlohnen (BGH 10.7.2019, BB 2020, 926, 933).

Bei der **Tabaksteuerhinterziehung** ergibt sich nach der Rspr (BGH 11.7.2019, **25** BGHSt 64, 146, 150 f.; vgl. bereits 28.6.2011, wistra 2011, 394 f.) ein einziehungsfähiges Etwas nur, soweit sich im Vermögen des Täters tatsächlich ein wirtschaftlich messbarer Vorteil niederschlägt, der auch in der konkreten Möglichkeit bestehen kann, nicht versteuerte Zigaretten zu vermarkten. Ein solcher Vorteil und damit ein einziehbares Etwas fehle aber, wenn der Täter oder Teilnehmer „*lediglich gegen das Versprechen eines – ihm tatsächlich nicht gezahlten – Entgelts für den Transport der unversteuerten Zigaretten gesorgt*" hat, ohne einen wirtschaftlichen Vorteil in Form einer Verwertungsmöglichkeit zu erhalten (vgl. auch BGH 22.10.2019, BeckRS 2019, 35917). Daraus und aus weiteren Entscheidungen des BGH hat *Tschakert* (wistra 2020, 25, 26) zu Recht abgeleitet, dass der BGH eine Einziehung ohne reale Zuflüsse kategorisch ablehnt. Einziehungsfähig wäre in vergleichbaren Fällen nur der – ggf. zu schätzende (BGH 22.10.2019, BeckRS 2019, 35917) – Kurierlohn, soweit er ausgezahlt worden ist (BGH 23.5.2019, wistra 2019, 450 f.; vgl. auch 11.7.2019, BGHSt 64, 146, 150 f.; 24.7.2019, NZWiSt 2020, 73; 8.8.2019, NStZ-RR 2019, 348; 15.1.2020, NStZ 2020, 404 f.; 31.3.2020, NStZ-RR 2020, 315; *Bittmann* ZWH 2020, 41, 58). Ferner hat *Bittmann* (ZWH 2020, 41, 56) aus der Rspr des BGH (5.6.2019, NJW 2020, 79, 80) hergeleitet, dass eine **Einziehung von Zigaretten oder deren Wertes** neben der **Einziehung** der **Steuerersparnis** bei derselben Person **unzulässig** sein dürfte. Zur Begründung beruft er sich – unter ausdrücklichem Hinweis auch auf die steuerrechtlich gegenteilige Regelung des § 21 TabStG – zutreffend auf die Parallele zu Art. 124 UZK, der im Falle der verwaltungsrechtlichen Beschlagnahme einer zu verzollenden Ware, das Erlöschen der Abgabenforderung anordnet.

26   Diese Grundsätze präzisierend hat der BGH (22.10.2019, wistra 2020, 333, Rn. 10 f.) ausgeführt, die Annahme eines Vermögenszuwachses setze voraus, dass der Täter eine Möglichkeit zum wirtschaftlichen Zugriff und zur Verwertung der Waren erlangt hat, die der **Verbrauchsteuer** unterliegt. Verliert der Täter, der diese Verfügungsmöglichkeit zunächst vorübergehend erlangt hat, diese umgehend wieder (in dem vom BGH entschiedenen Fall nach 14 Tagen), so dass die wirtschaftliche Verwertung ausgeschlossen ist, so liege kein solcher Vermögenszufluss vor, weil bei den Verbrauch- und Warensteuern allgemein auf diese Verwertungsmöglichkeit als Entstehungstatbestand abgestellt werde. Die enge Verknüpfung der Ware mit der auf sie bezogenen Verbrauchsteuer sei nicht nur für die Bestimmung des erlangten Etwas relevant, sondern auch für den **Umfang des Wertes der ersparten Aufwendungen,** die eingezogen werden können sollen. Für die Begrenzung dieses Umfangs sei es maßgeblich, dass der Täter die Ware aus einem Umstand nicht verwerten konnte, den er nicht zu vertreten hatte. Insofern zeigt der Senat eine Parallele zu § 74c I StGB auf, der eine Einziehung des Wertes nur zulässt, wenn den Täter an der Unmöglichkeit der Einziehung des Beziehungsgegenstandes ein Verschulden trifft (vgl. auch BGH 31.3.2020, wistra 2020, 335).

27   Auch bei der **Umsatzsteuerhinterziehung** durch **Scheinrechnungen** oder **-gutschriften (§ 14c UStG)** kann beim Rechnungsteller nicht einfach der ausgewiesene Umsatzsteuerbetrag eingezogen werden (BGH 14.5.2020, wistra 2020, 464 f.). Der Buffer in einem Umsatzsteuerkarussell, dem allein die Aufgabe der Rechnungstellung zukommt, ohne dass er eine reale Geschäftstätigkeit durchführte, erlangt durch die pflichtwidrige Nichtabgabe der Umsatzsteuererklärung kein Etwas iSv § 73 StGB. Das leitet der BGH (5.6.2019, NJW 2020, 79, 80 mAnm *Bach* BB 2020, 2984; *Bittmann* ZWH 2019, 296 ff.) aus der Sonderstellung der Umsatzsteuer kraft Rechnung nach § 14c II UStG her (vgl. auch BGH 14.5.2020, NStZ-RR 2020, 348 Rn. 10 ff.). Diese Vorschrift diene nicht primär der Erhebung von Steuern, sondern dazu einer Gefährdung des Steueraufkommens vorzubeugen (vgl. auch GJW/*Bülte* AO § 370 Rn. 362 ff.; *ders.* in Leitner, Finanzstrafrecht 2019, S. 129, 132 ff.). Einen tatsächlichen wirtschaftlichen Vorteil habe daher nur der Rechnungsempfänger, der aus der vom Täter ausgestellten Rechnung die Vorsteuer „zieht". Diese Auffassung ist vor dem Hintergrund, dass der BGH die Hinterziehung dieser Umsatzsteuer kraft Rechnung mit Blick auf § 370 AO in der Vergangenheit als „normale Steuerhinterziehung" betrachtet und eine „Steuer zweiter Klasse" abgelehnt hat, überraschend. Dennoch entspricht diese Lösung dem Sinn und Zweck von § 14c UStG (vgl. auch *Tschakert* wistra 2020, 25, 26; aA *Bittmann* ZWH 2020, 41, 58).

28   Auch für die Einkommensteuerhinterziehung im Zusammenhang mit einer **Bestechung im geschäftlichen Verkehr** hat der BGH (5.9.2019, NJW 2019, 3799) fest-

gestellt, dass die Einziehung von dem tatsächlichen wirtschaftlichen Vorteil für den Tatbeteiligten abhänge. Daher komme eine Einziehung des Wertes von Taterträgen aus einer Steuerhinterziehung nicht *neben* der Einziehung des durch die Bestechlichkeit Erlangten (Schmiergeld) in Betracht, wenn die Zahlung genau dieses Bestechungsgeldes den Steuertatbestand des § 22 Nr. 3 EStG erfüllt. In diesem Fall würde dem Betroffenen nicht nur der Vorteil genommen, den er durch die Tat erlangt hat, sondern zusätzlich eine Einziehung in Höhe des persönlichen Steuersatzes für das Bestechungsgeld angeordnet. So käme es in dieser Höhe zu einer verfassungsrechtlich unzulässigen Doppelbelastung durch Besteuerung und Abschöpfung (vgl. BVerfG 23.1.1990, BVerfGE 81, 228). Diese Lösung ist konsequent und richtig, mag sie auch der vom Rechtsausschuss zugrunde gelegten – sie als „vom Gesetzgeber vorgesehen" (so *Tschakert* wistra 2020, 25, 27) zu bezeichnen, dürfte unzutreffend sein – „steuerrechtlichen Lösung" (BT-Drs. 18/11640, 79) zuwiderlaufen. Doch wäre die steuerrechtliche Lösung mit dem Sinn und Zweck der §§ 73 ff. StGB ebenso wenig zu vereinbaren wie mit dem Verhältnismäßigkeitsgrundsatz. Ferner führt der strafrechtliche Ansatz entgegen der Annahme des Rechtsausschusses nicht zwangsläufig zu größeren Schwierigkeiten bei der Handhabung des Verfahrens, wie die Entscheidung des BGH zeigt (vgl. auch *Tschakert* wistra 2020, 25, 27).

Bei der Einziehung im Kontext von **verdeckten Gewinnausschüttungen** ist zu beachten, dass nicht die gesamte Ausschüttung der Einziehung unterliegt, sondern nur der Wert der ersparten Steueraufwendungen als Differenz zwischen Soll- und Istbetrag (BGH 8.5.2019, NZWiSt 2019, 461, 462). **29**

d) Die „faktische Steuerersparnis" als Etwas iSv § 73 I StGB

Von der hM wird als selbstverständlich vorausgesetzt, dass auch die ausschließlich **faktische Ersparnis** bei der Steuerhinterziehung ein erlangtes Etwas iSv § 73 I StGB sein kann, soweit die Tat durch Herbeiführung einer unterbliebenen, unvollständigen oder nicht rechtzeitigen Festsetzung des Steueranspruchs, aber ohne Auszahlung einer Erstattung etc. begangen wird (vgl. nur BGH 25.3.2021, wistra 2021, 395 f.; 22.10.2019, wistra 2020, 333 Rn. 7; 22.10.2019, BeckRS 2019, 35917 Rn. 13; 21.8.2019, wistra 2020, 24, 25; 33, 34; 11.7.2019, BGHSt 64, 146, 152; 4.7.2018, wistra 2018, 471 f.; 28.6.2011, wistra 2011, 394 f.; *Fischer* StGB § 73 Rn. 20; *Köhler* NStZ 2017, 497, 503 f.; *Reh* wistra 2018, 414, 415). Das OLG Celle (14.6.2019, NZWiSt 2019, 432, 434) hat daher das Erlangte bei der Einkommensteuerhinterziehung in „den ersparten Einkommensteuern" gesehen. Bei der Umsatzsteuerhinterziehung wird die verkürzte Umsatzsteuer als erlangtes Etwas betrachtet (OLG Hamburg wistra 2019, 348; *Tormöhlen* AO-StB 2017, 380). **30**

Insbesondere *Wulf* (PStR 2018, 150; *ders.* Stbg 2020, 223, 228) hat dem entgegengehalten, der Steuerpflichtige erlange in diesen Fällen nichts, weil er lediglich erreicht, dass der **Steueranspruch** gegen ihn **nicht tituliert** wird. Damit werde sein Vermögen nicht vermehrt (vgl. auch *Bach* PStR 2019, 62, 64). Es handle sich hierbei nicht um einen wirtschaftlich messbaren Vorteil (iSv BT-Drs. 18/9525, 60 f.), der ihm zufließt. Der Steueranspruch bestehe unabhängig von der Festsetzung, so dass eine Vermögensmehrung nicht feststellbar sei. Ersparte Aufwendungen seien kein Tatterfolg des § 370 AO. Ob Steuern hätten *gezahlt* werden können oder nicht, ist für den Erfolg der Steuerhinterziehung irrelevant. **31**

Diese Argumentation ist im Ansatz völlig zutreffend, überzeugt aber dennoch nicht gänzlich. Auch ein durch Täuschung erwirkter **Verzicht auf die Durchsetzung einer Forderung** stellt einen **faktischen Vermögensvorteil** für den nicht mehr mit einer Inanspruchnahme bedrohten Steuerpflichtigen dar. Die tatsächliche (vorläufige) Verhinderung der Inanspruchnahme durch einen Gläubiger ist ein Vermögensvorteil. Es kommt bei der Bestimmung des Etwas iSv § 73 StGB auf die wirtschaftliche Betrachtungsweise an. Derjenige ist wirtschaftlich besser gestellt, der vor einem Gläubiger effektiv verbirgt, dass dieser eine Forderung gegen ihn geltend machen kann (vgl. *Pelz* jurisPR-Compl 4/2019 Anm. 3). Dieser Vorteil ergibt sich auch unmittelbar kausal durch die Steuerhinterziehung. **32**

Hätte der Steuerpflichtige die Erklärung pflichtgemäß abgegeben, so wären im regulären Geschäftsgang eine Steuerfestsetzung und gegebenenfalls auch die Beitreibung erfolgt. Damit liegt das erlangte Etwas in der „vorläufigen" Verschonung von der Durchsetzung des Steueranspruchs (zutr. *Pelz* jurisPR-Compl 4/2019 Anm. 3), also in einer faktischen Stundung.

33 Dennoch weist *Wulf* auf einen wichtigen Aspekt hin: Die Bestimmung des Einzuziehenden schlicht nach der Höhe des Steueranspruchs greift zu kurz. Der Wert des Erlangten bestimmt sich nach § 73d StGB (→ Rn. 52 ff.) und wird im Zweifel in Höhe der Zahlungspflicht angenommen – das Kompensationsverbot des § 370 IV 3 AO ist hier nicht anwendbar – und wäre daher mit dem Nominalwert der Aufwendungsersparnis identisch. Dagegen wird man zunächst einwenden können, dass der **wirtschaftliche Vorteil** durch die „Verschleierung" einer Forderung mit Blick auf Entdeckungsrisiko etc. nicht beim Nennwert der Forderung liegen, sondern nur einen Bruchteil ausmachen kann, der sich auch nach dem Entdeckungsrisiko und der Beitreibungswahrscheinlichkeit richtet. Wenn hier ausweislich der Begründung des Gesetzesentwurfs eine wirtschaftliche Bewertung gewollt sein sollte (vgl. nur BGH 22.10.2019, wistra, 2020, 333), muss diese auch konsequent erfolgen.

34 Den vollen Betrag der hinterzogenen Steuer wird man vor diesem Hintergrund wohl erst dann als erlangtes Etwas ansetzen können, wenn der **Steueranspruch verjährt** ist (§ 47 AO). In diesem Fall hat der Täter durch die Tat und den Zeitablauf die endgültige Befreiung sowohl vom Steueranspruch als auch von seiner Beitreibung erlangt. Der Steueranspruch lebt nicht durch die Tatentdeckung wieder auf, so dass ein wirtschaftlicher Vorteil verbleibt. Dieser kann nun nach § 76a I StGB abgeschöpft werden, weil die **neue Sonderregelung des § 73e I 2 StGB** die Einziehung auch über die Verjährung des Steueranspruchs und der Steuerstraftat hinaus ermöglicht (→ Rn. 104 ff.).

35 Problematisch ist die Handhabung der Einziehung durch die hM ferner, wenn der Steuerpflichtige schon bei Abgabe der unrichtigen Erklärung **nicht in der Lage** ist, die **geschuldete Steuer** zu **entrichten.** Dann ist ein Vermögenszufluss zweifelhaft. Für den insolventen Täter macht es keinen vermögenswirksamen Unterschied, ob er nicht zahlen kann, obwohl gegen ihn vollstreckt wird oder ob die Vollstreckung mangels Festsetzung nicht stattfindet (vgl. auch *Bittmann* ZWH 2019, 295). Insofern muss man sich dessen bewusst sein, dass man mit einer Vermutung oder Fiktion der Leistungsfähigkeit operiert, wenn man von den ersparten Aufwendungen als Zufluss und damit erlangtes Etwas ausgeht.

36 Im Ergebnis geht auch der BGH (18.12.2018, wistra 2019, 333, 334 f. noch zu §§ 73 ff. StGB aF) davon aus, dass eine **Einziehung von ersparten Steueraufwendungen über § 73 StGB letztlich unmöglich** ist, da sich die Einziehung nur auf das unmittelbar erlangte Etwas erstrecke. Es komme hier nur ein Wertersatzverfall nach § 73a S. 1 StGB aF (heute Werteinziehung nach § 73c StGB) in Betracht. Ein Verfall von Surrogaten nach § 73 II 2 StGB aF (heute Einziehung nach § 73 III StGB) sei nur bei mittelbar durch die Verwertung der Tatbeute erlangten Vermögenszuwächsen möglich. Die Anwendung dieser Vorschrift setze jedoch voraus, dass der erlangte Vermögenswert in einem bestimmten Gegenstand besteht, dessen Eigentümer oder Rechtsinhaber der Täter geworden ist. Dies sei nicht der Fall, wenn aufgrund der „ersparten" Steueraufwendungen Anschaffungen von Gegenständen getätigt werden. Daher sei es unzulässig, eventuelle Wertsteigerungen durch Geschäfte mit der durch die Tat erlangten Aufwendungsersparnis der Einziehung zu unterwerfen (BGH 18.12.2018, wistra 2019, 333, 334).

e) Zeitpunkt des Erlangens und versuchte Steuerhinterziehung

37 Zudem ergibt sich bei der Steuerhinterziehung durch zu niedrige, verspätete oder Nichtfestsetzung die Frage nach dem **Zeitpunkt** des „Zuflusses". Das wird insbes. beim **Versuch der Steuerhinterziehung** relevant. Hier soll der Täter nach dem OLG Celle (14.6.2019, NZWiSt 2019, 432, 434 f.) bereits mit Versuchsbeginn einen Vermögensvorteil erlangen, in casu mit der Nichtabgabe der Steuererklärung zum Ablauf der gesetzlichen Frist, um eine Steuerfestsetzung zu verhindern oder die Festsetzung eines zu niedrigen

Steueranspruchs zu bewirken. Das begründet der Senat damit, dass der Steueranspruch nicht erst mit der Festsetzung, sondern bereits mit der Verwirklichung des Steuertatbestandes entsteht. Der in der Steuerersparnis bestehende Vermögensvorteil fließe daher bereits mit der Entstehung der Steuer zu.

Diese Argumentation greift trotz richtigen Ansatzes zu kurz. Für die wirtschaftliche Betrachtung kann es nicht auf das Entstehen des Steueranspruchs, sondern nur auf dessen **Fälligkeit durch Festsetzung** (§ 220 I AO, § 36 IV EStG) ankommen (vgl. *Gehm* NZWiSt 2019, 434, 435). Ein einziehungsfähiger Vermögensvorteil „durch" die Tat entsteht daher nicht mit Ablauf der Frist ohne Abgabe einer ordnungsgemäßen Steuererklärung, sondern erst dann, wenn die Steuer bei Pflichterfüllung durch den Täter von der Finanzbehörde festgesetzt worden wäre. Vorher muss der Steuerpflichtige – gleichgültig wie er sich verhält – die Steuer nicht entrichten und erspart noch nichts. Daher kommt eine Einziehung richtigerweise zumindest bei der Einkommensteuer erst ab Tatvollendung in Betracht. Die Annahme des 1. Strafsenats (zB BGH 18.12.2018, wistra 2019, 333, 334), durch die Steuerhinterziehung seien (bereits) die ersparten Aufwendungen in Höhe „nicht gezahlter Steuern" erlangt, ist daher unpräzise.

2. Die Einziehung des Wertes von Taterträgen (§ 73c StGB)

§ 73c S. 1 StGB regelt den Fall, dass die Einziehung eines Gegenstandes wegen der **Beschaffenheit des Erlangten** oder **aus einem anderen Grund nicht möglich** ist und auch kein Ersatzgegenstand eingezogen wird (§§ 73 III, 73b III StGB). Diese Vorschrift verlangt – anders als § 73 III StGB – nicht, dass der Vermögensvorteil zu irgendeinem Zeitpunkt in einem Gegenstand verkörpert gewesen ist (vgl. LK-StGB/*Lohse* StGB § 73c Rn. 6). In diesem Fall ordnet das Gericht obligatorisch die Einziehung eines Geldbetrages an, der dem Wert des Erlangten entspricht. Gleiches gilt ergänzend, wenn ein Surrogat im Wert hinter dem des ursprünglich erlangten Etwas zurückbleibt (§ 73c S. 2 StGB). Eine Einziehung des Wertes ist nur möglich, wenn keine Einziehung des Erlangten selbst stattfindet; eine kumulative Einziehung ist unzulässig (BGH 23.5.2019, wistra 2019, 509, 510 mAnm *Rolletschke*). Das „auch" in § 73 III StGB ist demnach als „anstatt" zu verstehen (*Bittmann* ZWH 2020, 41, 56).

Ist ein durch Steuerhinterziehung erlangter Gegenstand nicht mehr beim Täter vorhanden, weil er den Gegenstand verkauft hat (zB durch Steuerhehlerei erlangte Zigaretten), so käme zwar eine Einziehung nach § 73 III Nr. 1 StGB in Betracht. Da aber regelmäßig kaum auszumachen sein wird, welche Geldscheine der Täter genau dafür erhalten hat, ist der Wertes des Taterträges nach **§ 73c StGB** einzuziehen. Dieser Wert dürfte sich typischerweise nach dem Verkaufserlös richten (BGH 23.5.2019, wistra 2019, 509, 510), es sei denn, der Hehler hat die Ware aus irgendeinem Grund zu einem günstigeren Preis verkauft (vgl. *Bittmann* ZWH 2020, 41, 56). Der BGH (9.10.2019, NZWiSt 2020, 128) hat jedoch im Revisionsverfahren auch schon den Einkaufspreis als Wert akzeptiert.

Nach der Rspr (BGH 18.12.2018, wistra 2019, 333, 334 f.) kommt zur Einziehung ersparter Steueraufwendungen mangels gegenständlichen Surrogats ausschließlich eine Einziehung des Wertes von Taterträgen nach § 73c StGB, nicht aber die Anwendung von § 73 III StGB in Betracht. Damit gewinnt **§ 73c StGB im Steuerstrafrecht große Bedeutung.** Denn oftmals erlangt der Täter oder Teilnehmer einer Steuerhinterziehung keinen tatsächlichen Gegenstand; vielmehr wird es um die Hinterziehung von Abgaben durch die Nichterklärung von Einkünften und damit um die Erlangung einer faktischen Aufwendungsersparnis gehen, weil der Steuerpflichtige eine Steuerhinterziehung durch (gänzliches) Unterlassen begeht. Er gibt keine Erklärung ab oder erklärt unrichtig oder unvollständig und verursacht so die verspätete Festsetzung, die Festsetzung eines zu niedrigen Steueranspruchs oder die gänzliche Nichtfestsetzung der Steuer. Der Täter erlangt so die (teilweise) Nichtfestsetzung und damit letztlich eine faktische vorläufige Stundung von Vermögenswert (→ Rn. 40 ff.). Diese Aufwendungsersparnis als solche kann nicht eingezogen werden, weil sie nicht in irgendeiner Weise verkörpert ist.

42 Ein solches erlangtes Etwas unterliegt nach der Rspr (18.12.2018, wistra 2019, 333, 334) von vornherein der Einziehung des Wertes des Tatertrages nach § 73c StGB „*in entsprechender Höhe, da sich ersparte Aufwendungen als nichtgegenständliche Vorteile bereits mit ihrer Inanspruchnahme verbrauchen (vgl. Schmidt in Leipziger Kommentar, StGB, 12. Aufl., § 73 Rn. 22; Fischer, StGB, 66. Aufl., § 73c Rn. 6)*". Diese Feststellung ist zumindest unpräzise. Die These, ersparte Aufwendungen „*verbrauchen sich mit der Inanspruchnahme*" hat *Schmidt* (aaO) für das Ersparen von Kosten für Sondermüllbeseitigung durch Ableiten giftiger Abfallstoffe in ein Gewässer formuliert. Dort ist sie zutreffend, denn es fallen hier für den Unternehmer die Kosten für die fachgerechte Entsorgung endgültig und faktisch nicht an. Er erlangt durch die Tat die Entsorgung, ohne dafür die Kosten tragen zu müssen. Auf die **Steuerhinterziehung** bereitet eine **Übertragung dieser Überlegung aber Schwierigkeiten** (insofern zu unkritisch *Köhler* NStZ 2017, 497, 503). In Fällen unrichtiger Angaben mag man ein Inanspruchnehmen und Verbrauchen vielleicht noch annehmen können, wenn der Täter die verbliebene zu niedrige Steuerschuld begleicht, bzw. sie beigetrieben wird und die Angelegenheit damit erst einmal abgeschlossen erscheint. Bei unterbliebener Festsetzung wegen unterlassener Erklärung nähme der Täter dann wohl die Aufwendungsersparnis in Anspruch, wenn es bei Erfüllung der Erklärungspflicht nach dem zu erwartenden Verfahrensverlauf zu einer Festsetzung des Steueranspruchs und ggf. zu einer Beitreibung gekommen wäre.

42a Dieser Zeitpunkt ist aber kaum exakt bestimmbar. Der nach dem BGH (18.12.2018, wistra 2019, 333, 334) für die Wertbestimmung bei der Einziehung nach § 73c StGB relevante Wert „im Zeitpunkt der Erlangung" müsste jedoch genau dieser (bisweilen kaum bestimmbare) Zeitpunkt sein, in dem die Begleichung der bei Pflichterfüllung festgesetzten Steuer erfolgt wäre oder hätte erfolgen müssen. Auf diese Differenzierung geht die Judikatur jedoch nicht ein und bestimmt das Erlangte schlicht nach der Differenz zwischen dem festgesetzten und dem festzusetzenden Steueranspruch. Mit der ansonsten vom BGH (→ Rn. 28 ff.) zur Bestimmung des Erlangten herangezogenen Maßstabs des tatsächlichen wirtschaftlichen Zuflusses ist diese Vorgehensweise schwer vereinbar.

3. Die Bestimmung des Wertes des Erlangten (§ 73d StGB)

43 Wird der Wert von Taterträgen eingezogen (§ 73c StGB), so muss ein **Geldbetrag festgelegt** und dieser zunächst einmal bestimmt werden. Dieser Geldbetrag wird **nach § 73d StGB ermittelt.** § 73d I 1 StGB legt zunächst fest, dass bei der Bestimmung des Wertes des Erlangten die Aufwendungen des Täters, Teilnehmers oder des anderen (§ 73b StGB) abzuziehen sind. Das klingt nach der Anwendung des Nettoprinzips und einer Begrenzung der Vorschrift auf den Gewinn durch die Tat. § 73 I 2 StGB schränkt diesen Grundsatz jedoch insofern ein, dass alle Aufwendungen außer Betracht bleiben, die für die Begehung der Tat oder für ihre Vorbereitung aufgewendet oder eingesetzt worden sind, soweit es sich nicht um Leistungen zur Erfüllung einer Verbindlichkeit gegenüber dem Verletzten der Tat handelt.

44 Die Vorschrift orientiert sich nach der Begründung des Gesetzesentwurfs an der bereicherungsrechtlichen Vorschrift des § 817 S. 2 BGB und an dem Grundsatz, dass alles „unwiederbringlich verloren sein" müsse, was in ein verbotenes Geschäft investiert worden sei (BT-Drs. 18/9525, 67 unter Verweis auf BGH 30.5.2008, BGHSt 52, 227, 248; BT-Drs. 18/11640, 79; vgl. aber auch BGH 19.10.1999, BGHSt 45, 235, 236 ff.; 21.3.2002, BGHSt 47, 369, 374).

45 Es soll darauf abgestellt werden, ob die Handlung oder das Geschäft, das unmittelbar zu der Vermögensmehrung geführt hat, selbst verboten war. Was der Täter oder Teilnehmer **bewusst** und **willentlich** für die **Vorbereitung** oder **Begehung** einer Straftat **aufgewendet** hat oder **einsetzt,** dürfe nicht abgezogen werden. Wenn dieser Zusammenhang jedoch fehle, seien Aufwendungen abzuziehen. Daher seien „Aufwendungen für nicht zu beanstandende Leistungen" in Abzug zu bringen, „selbst wenn sie demselben tatsächlichen

Verhältnis wie der strafrechtliche Vorgang entstammen" (BT–Drs. 18/9525, 68 unter Bezugnahme auf BGHZ 75, 299, 305). Auch Aufwendungen zur Erfüllung von Verbindlichkeiten gegenüber dem Verletzten seien abziehbar.

Daraus folgt nach den Erläuterungen des Gesetzesentwurfs, dass Aufwendungen für den Kauf, die Lagerung und den Transport von Betäubungsmitteln nicht abgezogen werden dürfen. Hier sei der **gesamte Verkaufserlös einzuziehen.** Das gelte auch für Fälle, in denen das Geschäft nicht per se verboten, aber in der konkreten Ausführung unzulässig sei; zB wenn Waren (Zigarettenpapier) unter vorsätzlichem und strafbarem Verstoß gegen Embargovorschriften exportiert werden. Hier sei in Fortsetzung der Rspr des BGH (21.8.2002, BGHSt 47, 369, 374 f.) der gesamte Erlös einzuziehen; Abzüge für Anschaffungs- oder Herstellungskosten seien unzulässig. Gleiches sei bei dem Anschaffungswert von Aktien anzunehmen, die für ein verbotenes Insidergeschäft angeschafft wurden (BT-Drs. 18/9525, 68). Dem hat der BGH (14.10.2020, wistra 2021, 275 Rn. 6) zugestimmt, jedoch eine Differenzierung bereits auf der Ebene des Erlangens angenommen, so dass bei Marktmanipulationen zu unterscheiden sei (vgl. → Rn. 13) 46

Kein Abzugsverbot bestehe dagegen, wenn das durch betrügerische Täuschung erwirkte Geschäft zwar zivilrechtlich anfechtbar, aber nicht unwirksam sei. Hier sei die Lieferung der verkauften Sache zwar Teil der Betrugstat, dennoch sei die **Leistung des verkehrsfähigen Gegenstandes an den Getäuschten** nach § 73d StGB abzugsfähig, weil der Täter nicht in ein verbotenes, sondern ein wirksames Geschäft investiert habe (BT-Drs. 18/9525, 68). Darüber hinaus seien nach § 73d I StGB auch alle Aufwendungen abzugsfähig, die nicht für die Vorbereitung und Begehung der Straftat selbst getätigt worden sind. Daher sei bei einem durch Korruption erlangten Werkauftrag nicht der Werklohn insgesamt einzuziehen, sondern Aufwendungen für die Erbringung des Werks abzuziehen (BT-Drs. 18/9525, 68). Auch bei einer durch Bestechung erwirkten Ausweisung eines Grundstücks als Bauland sei der Kaufpreis des Grundstücks vom einzuziehenden Verkaufserlös der Immobilie abzugsfähig, weil der Kauf nicht der Begehung oder Vorbereitung der Straftat diente, sondern nur dem Weiterverkauf (vgl. BGH 21.3.2002, BGHSt 47, 260, 269; ferner BGH 2.12.2005, BGHSt 50, 299, 309 ff.). 47

Zudem komme es für die Abzugsfähigkeit darauf an, ob die Investitionen **bewusst für eine strafbare Handlung** erfolgt sind. Habe der Betroffene keine Kenntnis von dem Verbot gehabt, sondern insofern fahrlässig gehandelt, seien die Aufwendungen zu berücksichtigen. Gleiches gelte bei fahrlässigen Straftaten. Hier bleibt allerdings der Maßstab für die Fahrlässigkeit ebenso offen wie ihr Bezugspunkt, also die Frage, ob es um eine Rechtsfahrlässigkeit hinsichtlich der Unzulässigkeit geht oder um die Fahrlässigkeit hinsichtlich der tatsächlichen Voraussetzung der Tatbestandserfüllung (BT-Drs. 18/9525, 69). 48

Dementsprechend hat der BGH in seiner neueren Rechtsprechung festgestellt, der **Umfang** des **Erlangten** sei nach dem **Bruttoprinzip** zu bestimmen. Damit sei alles erfasst, was der Täter aus der Tat erhalten oder was er erspart habe, ohne dass gewinnmindernde Abzüge vorzunehmen seien (BGH 21.8.2019, wistra 2020, 33, 34). Im Lebensmittelstrafrecht hat der BGH (BGH 22.4.2020, BeckRS 2020, 8564) angenommen, dass ein Abzug der Kosten für Einkauf, Einfuhr und Lagerung von Lebensmitteln nicht in Betracht komme, wenn diese unter Verstoß gegen das Verbot der Irreführung (§ 59 Abs. 1 Nr. 7, § 11 I LFGB) in Verkehr gebracht wurden und damit so nicht verkehrsfähig waren. Das dürfte für den Schmuggel von Zigaretten etc. ebenso gelten (vgl. BGH 18.12.2018, NStZ-RR 2019, 153, 154; ferner LG Stuttgart 5.8.2020, ZLR 2020, 808, 810 mAnm *Vergho*; zu Ausnahmen in der Vollstreckung § 459g StPO OLG Schleswig-Holstein 30.1.2020, wistra 2020, 347 f.; OLG Nürnberg 13.2.2020, StraFo 2020, 393 f.). 49

Im Kontext der Umsatzsteuerhinterziehung durch **Scheinrechnungen** oder **-gutschriften** hat der BGH (5.6.2019, NJW 2020, 79, 80 f.) festgestellt, dass es sich weder bei den erklärten Ausgangsumsätzen aus den Scheinrechnungen noch bei den für die jeweiligen Besteuerungszeiträume gezahlten Umsatzsteuern um nach § 73d I StGB relevante Aufwendungen handelt, die bei der Bestimmung des Einziehungsbetrages bei der zu 50

Unrecht geltend gemachten Vorsteuer abgezogen werden dürfen. Die Ausgangsumsätze seien keine Aufwendungen, weil mit der Anmeldung allein die Pflicht aus § 14c UStG erfüllt werde, die Umsatzsteuerzahlungen seien keine Aufwendungen für die Taten durch die Geltendmachung der unrichtigen Vorsteuer, weil sie von dieser Tat unabhängig waren (iE ebenso *Bittmann* ZWH 2020, 41, 58 f.: Aufwendungen, aber nach § 73d I S. 2 Var. 1 StGB nicht abziehbar).

51 Soweit es die konkrete Wertbestimmung eines konkreten Gegenstandes angeht, hat der BGH (16.12.2020, BeckRS 2020, 38342, Rn. 2) zutreffend ausgeführt, der maßgebliche Wert sei nicht der Neuwert. *„Maßgebend für die Bestimmung des der Einziehung unterliegenden Geldbetrages ist vielmehr der gewöhnliche Verkaufspreis für Waren gleicher Art und Güte, dessen Höhe sich nach dem Verkehrswert der Sache bestimmt".*

4. Erweiterte Einziehung von Taterträgen bei Tätern und Teilnehmern (§ 73a StGB)

52 Das Gesetz geht jedoch über die Einziehung von unmittelbar aus der konkret verfolgten Tat Erlangtem weit hinaus, gestaltet den – ehemals als Instrument zur Bekämpfung der organisierten Kriminalität geschaffenen – erweiterten Verfall des § 73d StGB aF neu und funktioniert ihn zum **Instrument der allgemeinen Bekämpfung von Straftaten** um. Nach dieser Vorschrift war es auch nach altem Recht zulässig, den Verfall von Gegenständen des Täters oder Teilnehmers einer Straftat anzuordnen, wenn die Umstände die Annahme rechtfertigten, dass diese Gegenstände aus (irgend-)einer rechtswidrigen Tat oder für sie erlangt wurden. Voraussetzung war jedoch die ausdrückliche Anordnung des erweiterten Verfalls im Besonderen Teil des StGB. Dabei handelte es sich um als typischerweise mit der Organisierten Kriminalität zusammenhängend angesehene Delikte (vgl. §§ 129b, 150, 181c, 233b, 256, 282, 286, 260, 261 StGB). Im Steuerstrafrecht gab es keinen Verweis auf § 73d StGB aF.

53 Im Zuge der **Umsetzung der Richtlinie 2014/42/EU,** die eine effektive Einziehung von Erträgen der in Art. 3 genannten Straftaten (Korruption, Geldfälschung, Betrug im Zusammenhang mit unbaren Bezahlungsmitteln, Geldwäsche, Terrorismus, Drogenhandel, organisierte Kriminalität, Menschenhandel, sexuelle Ausbeutung, Kinderpornografie und Angriffe auf Informationssysteme) vorgibt, waren die Verfasser des Entwurfs des Gesetzes zur Reform des Abschöpfungsrechts der Auffassung, die Verweisungssystematik könne nicht mehr aufrecht erhalten werden. Ferner sei es vor *„dem Hintergrund der vermögensordnenden und normstabilisierenden Ziele der erweiterten Einziehung von Taterträgen"* folgerichtig die *„Systematik vollständig aufzubrechen und den Anwendungsbereich der erweiterten Einziehung auf alle Straftatbestände zu erstrecken"* (BT-Drs. 18/9525, 65). Auf diese Weise soll sichergestellt werden, dass in einem Strafverfahren – gleichgültig wegen welcher Straftat – jeder Vermögensgegenstand eingezogen werden kann, der aus einer Straftat stammt.

54 Hierbei macht die Begründung des Gesetzesentwurfs deutlich, dass es **nicht Voraussetzung** für die Einziehung sein soll, dass der einzuziehende Vermögensgegenstand einer **konkreten Straftat** zugeordnet werden kann. Trotz des gegenüber § 73d StGB aF geänderten Wortlauts soll es nach der Entwurfsbegründung (BT-Drs. 18/9525, 65 f. unter Bezugnahme auf die Entscheidung des BGH vom 7.7.2012, BGHR StGB § 73d Anwendungsbereich 3) ausreichen, wenn *„das Gericht nach erschöpfender Beweiserhebung und -würdigung von der deliktischen Herkunft der betreffenden Gegenstände überzeugt ist".* Nicht erforderlich sei dagegen, dass die Erwerbstat im Einzelnen festgestellt werde; an die Überzeugung von dieser Tat dürften keine *„überspannten Anforderungen gestellt werden"* (vgl. auch BT-Drs. 18/9525, 73).

55 Abgesehen davon, dass *überspannte* Anforderungen per definitionem unangemessen sind, lässt der Wortlaut des Gesetzes eine Interpretation im Sinne der Rechtsprechung des BGH zu § 73d StGB aF durchaus zu. Wenn also mit der für eine Verurteilung hinreichenden Sicherheit festgestellt werden kann, dass der Vermögenswert aus einer rechtswidrigen Tat

iSv § 11 I Nr. 5 StGB stammt, weil andere vernünftige Erklärungen ausscheiden, kann eine Einziehung des Gegenstandes angeordnet werden. Soweit die Erläuterungen des Gesetzesentwurfs zu § 73a StGB nF jedoch auf § 437 StPO hinweisen und dort (BT-Drs. 18/9525, 92) die Schaffung einer Darlegungs- und Beweislast andeutet, ergibt sich hierfür weder aus § 73a StGB noch aus § 76a StGB oder § 437 StPO ein Anhaltspunkt. Es kann also nicht nur bei „bewiesener Unschuld" **nicht eingezogen** werden, sondern bereits dann nicht, wenn die **plausible Möglichkeit** besteht, dass der **Vermögensgegenstand nicht** aus einer **rechtswidrigen Tat** herrührt.

Diese Regelung bringt im Steuerstrafrecht insofern Neuerungen, als nunmehr in jedem Verfahren, das Beschuldigte betrifft, die vornehmlich kriminellen Aktivitäten nachzugehen scheinen, die Frage gestellt und beantwortet werden muss, woher das **(gesamte) bei ihnen gefundene Vermögen** stammt. Das gilt insbes. bei organisierter Umsatzsteuerkriminalität und Schmuggel. Soweit sich hier keine Hinweise auf legale Einkunftsquellen finden oder diese von den Beschuldigten angegeben werden, ist eine erweiterte Einziehung nach § 73d StGB zu prüfen. Insofern gilt der strafprozessuale Zweifelsgrundsatz, weil es sich um eine Maßnahme im Strafverfahren handelt und § 261 StPO die Vorgaben auch für die Feststellung dieser Umstände beinhaltet. Da es sich aber bei der erweiterten Einziehung nicht um eine Strafe handelt, gilt hier nicht der verfassungsrechtliche Grundsatz in dubio pro reo, vielmehr ergibt er sich hier aus dem einfachen Recht, er kann ausschließlich aus § 261 StPO hergeleitet werden. Zum anderen gebietet der Zweifelsgrundsatz nicht auch höchsttheoretische Möglichkeiten, für die es keinerlei sachliche Anhaltspunkte gibt, in die Überzeugungsbildung einzubeziehen (BGH 8.9.2011, NStZ 2012, 160, 161). **56**

Der BGH hat jedoch bereits die Grenzen des § 73a StGB dahingehend abgesteckt, dass eine **erweiterte Einziehung** des **Wertes** von **Taterträgen** bei **§ 73 III StGB nicht zulässig** ist. Die erweiterte Einziehung sei auf den durch die andere rechtswidrige Tat unmittelbar erlangten Gegenstand beschränkt und damit die erweiterte Einziehung des Surrogats ausgeschlossen, weil es hierfür an einer gesetzlichen Anordnung fehle. § 73a StGB enthalte weder eine ausdrückliche Ermächtigung für die erweiterte Einziehung des Surrogats, noch – anders als § 73d StGB aF – einen Verweis auf die Surrogateinziehung nach § 73 III StGB. **57**

5. Einziehung von Taterträgen bei Drittbegünstigten (§ 73b StGB)

Auch bei Personen, die weder als Täter noch als Teilnehmer an der Tat beteiligt waren (sog. **Drittbegünstigte**), können nach § 73b StGB (§ 73 III StGB aF) Taterträge eingezogen werden. Mit der Neufassung des § 73b StGB wurde die bisherige Rechtsprechung (insbes. BGH 19.10.1999, BGHSt 45, 235, 237 ff.) ausdrücklich gesetzlich geregelt (vgl. *Madauß* NZWiSt 2018, 28, 30 ff.). In den in § 73b StGB genannten Fällen ist die Einziehung gegen den begünstigten Dritten anzuordnen. Adressat dieser Einziehungsanordnung kann jede natürliche oder juristische Person (auch des öffentlichen Rechts), aber auch ein Personenverband sein (LK-StGB/*Lohse* StGB § 73b Rn. 12). § 73b StGB wird als zwingend notwendig angesehen, um **Wirtschafts- und Verbandskriminalität** und das organisierte Verbrechen auch im Wege der Abschöpfung zu bekämpfen (LK-StGB/*Lohse* StGB § 73b Rn. 11). **58**

Auf Täter und Tatbeteiligte ist § 73b StGB nicht anwendbar, es kommt hier auf eine **formale Abgrenzung** an (vgl. nur BGH 15.1.2020, NStZ 2020, 404 f.; *Ullenboom* wistra 2020, 223, 226). *Bittmann/Tschakert* wollen **funktional abgrenzen** und in Fällen des Durchgangserwerbs § 73b StGB auch auf Tatbeteiligte anwenden (wistra 2020, 217, 219; zuvor bereits *Bittmann* NStZ 2019, 383, 390). Eine solche Lösung mag oftmals zu vergleichbaren Ergebnissen führen, dürfte aber zumindest dann nicht der Konzeption der §§ 73 ff. StGB entsprechen, die kategorisch zwischen Tatbeteiligten und Dritten trennt, wenn die Weitergabe des Etwas bei der Tatbegehung bereits geplant war. **59**

60 Der Zugriff auf Dritte muss als **subsidiäres Mittel der Abschöpfung** angesehen werden. Wenn es ohne weiteres möglich ist, die Einziehung umfänglich beim Tatbeteiligten durchzusetzen, wäre es unverhältnismäßig den Drittbegünstigten in die Haftung zu nehmen, zumindest solange nicht der Originalgegenstand bei diesem einziehbar ist (*Bittmann/Tschakert* wistra 2020, 217, 221; *Rönnau*, Vermögensabschöpfung in der Praxis, Rn. 286; aA OLG Köln 19.6.2019, StV 2020, 776 Rn. 6). Daher ist die Annahme von Gesamtschuldnerschaft zwischen Tatbeteiligtem aus § 73 StGB und Drittbegünstigtem aus § 73b StGB abzulehnen, die die hM unterstellt (*Köhler/Burkhard* NStZ 2017, 665, 666 ff.; *Korte* wistra 2018, 1,6; vgl. bereits *Baretto de Rosa* NJW 2009, 1702, 1704; *Rhode* wistra 2012, 85, 86 f.). Der Verweis auf die Begründung des Entwurfs zur Reform des StGB 1962 (*Köhler/Burkhard* NStZ 2017, 665, 668 Fn. 32) ist unergiebig. Dort (BT-Drs. IV/650, 245) heißt es: Der Entwurf *„regelt auch nicht den Fall, daß der Verfall des Wertersatzes gegen mehrere an der Tat Beteiligte zugleich angeordnet wird, sondern geht davon aus, daß die Gerichte in diesem Fall auch ohne ausdrückliche Vorschrift die gesamtschuldnerische Haftung der Beteiligten aussprechen werden"*. Ein Hinweis auf die Gesamtschuldnerschaft von Tatbeteiligten und Dritten ergibt sich daraus nicht (so wohl auch BGH 28.5.2020, wistra 2020, 412 Rn. 28).

61 Doch hat sich der BGH zunächst noch zum alten Recht für eine **Gesamtschuldnerschaft** zwischen dem **Tatbeteiligten** und dem **Drittbegünstigten** ausgesprochen, wenn bei beiden nur noch die Einziehung des Wertersatzes möglich war, weil das aus der Tat Erlangte körperlich nicht mehr vorhanden war (BGH 30.5.2008, BGHSt 52, 227; 29.2.2012, NZWiSt 2012, 349, 350; 7.6.2018, BeckRS 2018, 13999 Rn. 3). Der 3. Strafsenat (BGH 28.5.2020, wistra 2020, 412 Rn. 17 ff.) hat eine parallele Abschöpfung darüber hinaus auch dann angenommen, wenn eine Einziehung des Originalgegenstandes beim Drittbegünstigten noch möglich ist. Dann sei bei diesem der Originalgegenstand und beim Tatbeteiligten der Wert des Erlangten einzuziehen. Dafür spreche zunächst, dass sich aus dem Wortlaut der maßgeblichen Vorschriften kein Rangverhältnis ergebe, weil § 73c StGB nur die Vorrangigkeit der Einziehung bei einer Person und nicht im Verhältnis zwischen mehreren möglichen Einziehungsbetroffenen regelt. Vielmehr sehe § 73b StGB die Einziehung zwingend vor, wenn die Voraussetzungen vorliegen, ohne dass sich aus dem Wortlaut etwas über die Einziehung beim Tatbeteiligten ergebe. Auch aus Entstehungsgeschichte und unionsrechtlichen Vorgaben lasse sich eine Beschränkung auf den Drittbegünstigten, der im Besitz des erlangten Etwas ist, nicht herleiten. Zwar lege die Parallele zu § 822 BGB einen Vorrang der Inanspruchnahme des Tatbeteiligten nahe, aber der zwingende Wortlaut des § 73b StGB stehe dem entgegen. Außerdem könne nur so der Sinn und Zweck der umfassenden Einziehung hinreichend erfüllt werden, um keine Anreize für Straftaten und keine Möglichkeit der Reinvestition in kriminelle Geschäfte zu geben. Es sei gerade ein wichtiges Ziel der Reform gewesen, schwierige zivilrechtliche Fragen aus dem Erkenntnisverfahren auszulagern. Eine nachrangige Haftung des Tatbeteiligten auf Wertersatz laufe diesem Interesse zuwider, weil dann in der Hauptverhandlung stets abschließend geklärt werden müsse, ob die Voraussetzungen der Einziehung nach § 73b StGB vorliegen, um die Wertersatzeinziehung beim Tatbeteiligten anordnen zu können. Letztlich stützt sich der Senat damit vor allem auf das Argument, es könnten **Abschöpfungslücken** entstehen, wenn der Verbleib einer aus der Tat erlangten Sache nicht aufzuklären sei.

a) Vertreterfälle (§ 73b I 1 Nr. 1 StGB)

62 Die Einziehung bei Drittbegünstigten ist zunächst möglich, wenn der Dritte – auch eine juristische Person – durch die Tat etwas erlangt hat oder ein an der Tat Beteiligter für den Dritten gehandelt hat (**Vertretungsfall:** § 73b I 1 Nr. 1 StGB; vgl. BT-Drs. 18/9525, 67; ferner *Peters* AO-StB 2018, 144, 149). Das ist dann der Fall, wenn die rechtswidrige Tat bewirkt, dass der Dritte unmittelbar bereichert wird (OLG Köln 25.9.2007, NStZ-RR 2008, 107) und der Handelnde dies bewusst herbeigeführt hat (BGH 28.11.2005, NStZ-RR 2006, 266). Nach dem Wortlaut des Gesetzes ist es zur Erfüllung der Voraussetzungen von § 73b I Nr. 1 StGB nicht ausreichend, wenn der Täter ausschließlich eigene Interessen verfolgt und unbeabsichtigt einen Vorteil für den Dritten herbeiführt (LK-StGB/*Lohse* StGB § 73b Rn. 16; vgl. auch BGH 19.10.1999, BGHSt 45, 235, 246). Jedoch hat die Rspr bereits ein nur faktisches Handeln im Interesse des Dritten ausreichen lassen (OLG Düsseldorf 2.4.2009, BeckRS 2012, 22520), solange ein Bereicherungszusammenhang besteht Die Einziehung ist dann ausschließlich gegen den Dritten zu richten (BGH 31.7.2018, wistra 2019, 22, 26).

Demnach ist ein **Kausalzusammenhang** im tatsächlichen Sinne Voraussetzung für die Anwendung von § 73b I Nr. 1 StGB. Fälle des Durchgangserwerbs, bei denen der Dritte tatsächlich keine Verfügungsgewalt erlangt, sind von dieser Vorschrift nicht erfasst, können aber unter § 73b I Nr. 2 StGB fallen (LK-StGB/*Lohse* StGB § 73b Rn. 14; *Bittmann/ Tschakert* wistra 2020, 21 f.). Der Erwerb kann durch **rechtsgeschäftliche** oder auch **tatsächliche Handlungen** erfolgen (LK-StGB/*Lohse* StGB § 73b Rn. 16). Als Täter, die für einen Dritten handeln, kommen Organe einer juristischen Person, gesetzliche oder gewillkürte Vertreter, Angestellte oder Betriebsangehörige aber auch externe Beauftragte in Betracht (LK-StGB/*Lohse* StGB § 73b Rn. 17 mN zu Einschränkungsvorschlägen aus der Literatur). 63

Der Täter muss nicht im Einflussbereich des Dritten gestanden haben, um *„für einen Dritten"* zu handeln; ebenso wenig kommt es auf ein Vertretungsverhältnis im zivilrechtlichen Sinne (§§ 164 ff. BGB) oder iSv § 14 StGB an. Es kann auch eine Geschäftsführung ohne Auftrag ausreichen (BGH 19.10.1999, BGHSt 45, 235, 239 f.). Zudem muss es sich bei dem Erlangten nicht um einen unmittelbar aus der Tat stammenden Gegenstand handeln, vielmehr muss nur zwischen Tat und Erlangtem ein **Bereicherungszusammenhang** bestehen (BT-Drs. 18/9525, 65; vgl. auch BGH 19.10.1999, BGHSt 45, 235, 244; BGH 20.6.2007, NStZ-RR 2007, 12), der in diesen Konstellationen durch das zielgerichtete Handeln für einen Dritten gegeben ist (LK-StGB/*Lohse* StGB § 73b Rn. 15). Jedoch scheidet eine Einziehung regelmäßig aus, wenn einem Vermögenstransfer ein nicht bemakelter Vertrag zugrunde lag, der mit der Straftat in keinem Zusammenhang steht (BGH 28.11.2019, wistra 2020, 197, 201). 64

Das OLG Hamburg hatte (10.12.2004, wistra 2005, 157, 159) ausgeführt, für wirtschaftsstrafrechtliche Großverfahren sei es typisch, dass die Täter sich um die Verschleierung des Verbleibs der Tatbeute bemühen. Daher sei nicht im Sinne einer „Murmeltheorie" die gesamte Verfügungskette in jedem einzelnen Schritt vom Anfang bis zum Ende aufzuklären, sondern nur in einer Gesamtschau festzustellen, ob zwischen dem ursprünglichen Taterlös und dem bei dem Dritten zu sichernden Betrag der **Bereicherungszusammenhang** bestehe oder ob eine Zäsur durch eine nicht bemakelte Forderung eingetreten sei. Diese Gesamtwürdigung des OLG Hamburg läuft letztlich auf eine Plausibilitätsbetrachtung hinaus: Erscheint es nachvollziehbar, dass es aufgrund der Tatbegehung des Vertreters zu dem Zufluss beim Vertretenen gekommen ist? Der Auffassung, die davon ausgeht, dass bei einer Vermischung von inkriminiertem und nicht inkriminiertem Vermögen – soweit rechnerisch möglich – stets das legale Vermögen übertragen wird, folgte der Strafsenat damit zu Recht nicht. Denn die zB im Strafverfahren wegen Geldwäsche zutreffende Annahme, dass im Zweifel stets eine Verfügung über nicht inkriminiertes Vermögen vorliegt (vgl. → StGB § 261 Rn. 87), ist bei der Feststellung eines Vertreterfalls nach § 73b I Nr. 1 StGB nicht zwingend. Hier geht es nicht um die Weitergabe von Gegenständen und ihren Surrogaten wie bei § 261 StGB (so zu Recht OLG Hamburg 10.12.2004, wistra 2005, 157, 159), sondern um die **wirtschaftliche Fortsetzung eines erlangten Etwas,** die nicht unmittelbar mit der Legalität des konkreten Vermögensbestandteils zusammenhängt (vgl. LK-StGB/*Lohse* StGB § 73b Rn. 35). Solange das Strafgericht die notwendige Überzeugung von dieser Kontinuität gewinnen kann, ist die Einziehung beim Drittbegünstigten zulässig. 65

Nach § 73b I Nr. 1 StGB können die durch den **Geschäftsführer faktisch ersparten Aufwendung** für Abgaben bei der juristischen Person oder auch eines Personenverbandes 66

(BGH 10.7.2019, wistra 2020, 154, 158), für die er tätig ist, eingezogen werden (*Madauß* NZWiSt 2019, 49, 51); Gleiches gilt für die Steuer, die der Steuerberater durch seine Steuerstraftat zugunsten des Unternehmers hinterzogen hat.

67 **Kein Fall der (reinen) Drittbegünstigung** dürfte dagegen vorliegen, wenn der Alleingeschäftsführergesellschafter einer GmbH Steuerstraftaten begeht, die zu einem ungerechtfertigten Steuervorteil für die Gesellschaft führen, über deren Vermögen er allerdings frei verfügen kann und eine Trennung der Vermögensmassen faktisch nicht erfolgt. Dann erlangt er selbst zumindest auch diesen Vorteil aus der Tat, und es ist vorrangig nach § 73 StGB abzuschöpfen (vgl. *Madauß* NZWiSt 2019, 49, 51 f.).

68 Diesen Ansatz hat der BGH im Ergebnis in einer Entscheidung zur **Organträgerschaft** (BGH 6.6.2019, wistra 2019, 411 f. zuvor auch BGH 23.10.2018, NZWiSt 2019, 195, 197) bestätigt. Dort stellte der 1. Strafsenat fest, dass eine Einziehung nach § 73 StGB beim Täter zu erfolgen habe, wenn die zu Unrecht erlangten Vorsteuerzahlungen für die Gesellschaft auf das Konto des Organträgers geflossen sind. Soweit die Zahlungen jedoch auf ein Konto der juristischen Person erfolgten, sei ggf. eine Dritteinziehung nach § 73b I 1 Nr. 1 StGB anzuordnen. Hier sei die Drittabschöpfung grundsätzlich vorrangig. Eine Einziehung beim Organträger selbst nach § 73 StGB erfordere die Feststellung, dass bei ihm eine Änderung der Vermögenslage eingetreten sei. Das sei bei Zuflüssen bei der Gesellschaft etwa dann der Fall, wenn eine Trennung von Vermögen des Organträgers und der Organgesellschaft faktisch nicht stattfindet, die juristische Person also nur als formaler Mantel missbraucht werde und der Alleingeschäftsführergesellschafter das Vermögen der Gesellschaft nicht achtet (vgl. auch BGH 24.3.2021, NZWiSt 2021, 353 f.; 28.11.2019, wistra 2020, 197, 199; ferner *Bittmann/Tschakert* wistra 2020, 217 mwN; mit einem gesellschaftsrechtlichen Ansatz *Schneider* wistra 2020, 92, 96).

69 Soweit nicht feststellbar ist, dass die juristische Person nur einen formalen Mantel ohne tatsächliche eigenständige Bedeutung darstellt, kann eine Einziehung beim Täter aber dennoch erfolgen, soweit die juristische Person **Vermögenswerte umgehend** – innerhalb weniger Tage – an den Tatbeteiligten **weiterleitet** (*Ullenboom* wistra 2020, 223, 225; vgl. auch BGH 24.3.2021, NZWiSt 2021, 353 f.).

70 Darüber hinaus lässt es die Rspr ausreichen, wenn das **Etwas** durch die **juristische Person** ganz oder zum Teil **weitergeleitet wird,** auch wenn ein enger zeitlicher Zusammenhang nicht gegeben ist. Denn das Erlangen aus der Tat verlange keine sich *unmittelbar* aus der Tat ergebende Verfügungsgewalt (BGH 28.11.2019, wistra 2020, 197, 199; vgl. auch BayObLG 8.11.2019, ZJusO 2019, 2573 Rn. 17). Jedoch ist in jedem Einzelfall festzustellen, ob der Vermögenswert aus der rechtswidrigen Tat stammt; ist dies nicht der Fall, so kann nicht von einer *Weiter*leitung die Rede sein. Zudem schließt ein auf einem nicht bemakelten Vertrag beruhender Transfer von Vermögen die Einziehung aus (→ Rn. 87).

b) Verschiebe- und Erbschaftsfälle (§ 73b I 1 Nr. 2, 3 StGB)

71 Gegen einen Dritten kann die Einziehung auch angeordneten werden, wenn ihm das aus der Tat Erlangte auf nicht schützenswerte Weise übertragen wurde (§ 73b I 1 Nr. 2 StGB). Diese als **Verschiebungsfälle** bezeichneten Konstellationen sind durch den unentgeltlichen, rechtsgrundlosen oder bemakelten Erwerb gekennzeichnet und dienen oftmals der Verschleierung der Tat oder der Vermögensherkunft (vgl. BGH 19.10.1999, BGHSt 45, 235, 246; OLG Düsseldorf 12.12.1978, NJW 1979, 992). Unter Übertragung ist – ebenso wie unter Erlangen in § 73 StGB – vorrangig das Verschaffen der tatsächlichen Verfügungsmacht zu verstehen (*Köhler/Burkhard* NStZ 2017, 665, 666). Doch wird angenommen, dass auch die rein formale Übertragung einer Eigentümerposition zu Verschleierungszwecken erfasst sei (LK-StGB/*Lohse* StGB § 73b Rn. 24).

72 Für die Übertragung des Gegenstandes von Todes wegen (**Erbschaftsfälle**) gilt § 73 I 1 Nr. 3 StGB (vgl. BT-Drs. 18/9525, 66; m. Bsp. WJS WirtschaftsStrafR-HdB/*Podolsky/Veith* Kap. 30 Rn. 103 ff.).

Der **unentgeltliche Erwerb** nach § 73b I Nr. 2a Var. 1 StGB orientiert sich an der **73** bereicherungsrechtlichen Wertung des § 822 BGB (BT-Drs. 18/9525, 56; LK-StGB/*Lohse* StGB § 73b Rn. 22), die den unentgeltlichen Erwerber als nur eingeschränkt schutzwürdig ansieht. Auch den **rechtsgrundlosen Erwerb** iSv § 73b I Nr. 2a Var. 2 StGB sieht das Gesetz als weniger schutzwürdig an. Letzteres überzeugt in dieser Pauschalität angesichts der Vielzahl möglicher Gründe für die Unwirksamkeit eines Verpflichtungsgeschäfts, die für den Erwerber nicht erkennbar sind, allerdings nicht ohne weiteres, so dass eine teleologische Reduktion erwogen werden muss, wenn ein gutgläubiger entgeltlicher Erwerber, der unter erheblichen wirtschaftlichen Aufwendungen das Erlangte erworben hat, Adressat der Einziehung vom Drittbegünstigten wird (LK-StGB/*Lohse* StGB § 73b Rn. 23).

In Fällen der **Kenntnis oder des Kennenmüssens** der Herkunft einer Sache aus einer **74** rechtswidrigen Tat im Zeitpunkt ihres Erwerbs liegt die geringere Schutzwürdigkeit auch des entgeltlichen Erwerbs nahe (LK-StGB/*Lohse* StGB § 73b Rn. 28, 31). Für die Wissenszurechnung gelten §§ 31, 166, 278 BGB entsprechend (BT-Drs. 18/9525, 66; ferner *Hieramente/Schwerdtfeger* BB 2018, 834, 846; *Ullenboom* wistra 2020, 223, 226), so dass dem Vertretenen, insbes. der juristischen Person, das Wissen bzw. die fahrlässige Unkenntnis ihrer Vertreter, Organe und Erfüllungsgehilfen zuzurechnen ist.

Voraussetzung für diese Bösgläubigkeit ist, dass der Drittbegünstigte die inkriminierte **75** Herkunft „erkannt hat oder hätte erkennen müssen". In der Literatur wird die Auffassung vertreten, ein bloßes Erkennen können reiche hier nicht aus; vielmehr verlange „kennen müssen" **Leichtfertigkeit** (*Fleckenstein*, S. 226 f.; Schönke/Schröder/*Eser/Schuster* StGB § 73b Rn. 8; LK-StGB/*Lohse* StGB § 73b Rn. 30). Diese erhöhten Anforderungen würden zum einen dem öffentlich-rechtlichen Vertrauensgrundsatz und der Verhältnismäßigkeit besser gerecht. Zum anderen sei diese Beschränkung auf dies schwerwiegende Form der Fahrlässigkeit aus dem Wortlaut und der Wertung des § 73e II StGB herzuleiten.

Das Wortlautargument überzeugt nicht, weil ein „Erkennen können" keine Fahrlässig- **76** keit bedeuten würde; vielmehr setzt Fahrlässigkeit stets einen Pflichtverstoß voraus, der im „müssen" zum Ausdruck kommt. Das Wort „müssen" zeigt also keinen höheren Grad an Fahrlässigkeit an, sondern verlangt neben der Erkennbarkeit die Sorgfaltspflichtverletzung. Das systematische Argument, wie bei § 932 II BGB müsse zumindest grobe Fahrlässigkeit vorliegen, ist ebenso wenig zwingend, weil es keinen Grund dafür gibt, dass der gutgläubige Erwerb des Eigentums aus dem bürgerlichen Recht auch für den bereicherungsrechtlich geprägten § 73b I Nr. 2b StGB relevant sein sollte. Auch weitere systematische Argumente lassen sich aus den §§ 812 ff. BGB nicht herleiten, weil es eine entsprechende Haftungsregelung, die an eine zuvor begangene rechtswidrige Tat anknüpft, im Bereicherungsrecht nicht gibt. Letztlich spricht der Wortlaut des Gesetzes eher für eine **Anwendung** auch auf **Fälle einfacher Fahrlässigkeit:** In § 73e II StGB soll die Einziehung trotz Entreicherung nur bei Leichtfertigkeit erfolgen. Hätte der Gesetzgeber gewollt, dass Fahrlässigkeit in § 73b I Nr. 2b StGB nicht erfasst ist, so hätte er auch hier ausdrücklich die Leichtfertigkeit verlangen können (iErg ebenso *Fischer* StGB § 73b Rn. 11; *Korte* wistra 2018, 231, 223; *Madauß* NZWiSt 2018, 28, 31; *Ullenboom* wistra 2020, 223, 226).

Die Voraussetzungen des § 73b I Nr. 2 können auch vorliegen, wenn mehrere Erwerber **77** in einer ununterbrochenen **Kette bei der Verschiebung** mitgewirkt haben; sie kann sich auch nur auf Teile des Erlangten beziehen (OLG Celle StraFo 2018, 206; LK-StGB/*Lohse* StGB § 73b Rn. 25). Dabei kommt § 73b I 1 Nr. 2 Buchst. a, Nr. 3 StGB auch dann zur Anwendung, wenn der Erwerber bei Erlangen des Gegenstands gutgläubig war (BT-Drs. 18/9525, 65; vgl. bereits BGH 19.10.1999, BGHSt 45, 235, 240). Eine Vermischung von legal und illegal erlangtem Vermögen beim Tatbeteiligten, soll die Bereicherungskette nicht unterbrechen (vgl. nur OLG Hamburg wistra 2005, 157, 158 f.; OLG Celle StraFo 2018, 206; *Fischer* StGB § 73b Rn. 9; *Ullenboom* wistra 2020, 223, 227). Das überzeugt jedoch insofern nicht, als bei einer Vermischung *vor der Weitergabe* nicht mehr ohne

Weiteres angenommen werden kann, dass „das Erlangte" weitergegeben wird. In diesen Fällen kommt nur eine Einziehung nach § 73b II StGB in Betracht (vgl. auch *Bittmann* wistra 2020, 265, 266).

78 Erwirbt jedoch ein Gutgläubiger den Gegenstand **entgeltlich** und **mit Rechtsgrund,** so scheidet eine Einziehung des Gegenstandes nach § 73b I 2 StGB aus (vgl. hierzu *Bittmann* KriPoZ 2016, 125; LK-StGB/*Lohse* StGB § 73b Rn. 25). Auch wenn der Gegenstand später unentgeltlich oder ohne Rechtsgrund weitergegeben wird, ist die Kette unterbrochen (*Köhler/Burkhard* NStZ 2017, 665, 668) und eine Einziehung beim Inhaber nicht mehr möglich.

79 Soweit die **Verschiebung des Gegenstandes selbst eine Straftat** darstellt (§§ 257, 259, 261, 288 StGB), ist eine Einziehung nach § 73 III StGB beim Erwerber unmittelbar als Täter möglich, der den Gegenstand aus der Tat erlangt hat (vgl. zu § 288 StGB und § 73 III StGB aF LG Münster 12.4.2010 – 7 KLs 44 Js 67/09) Daher scheidet die Einziehung beim Dritten nach dem Auffangtatbestand des § 73b I StGB (vgl. LK-StGB/ *Lohse* StGB § 73b Rn. 29) in diesen Fällen aus (BGH 3.12.2013, ZWH 2014, 305 noch zu § 73 III StGB aF).

80 In den Verschiebefällen hatte die Rspr bislang verlangt, dass die Übertragung erfolgt ist, *um* das Erlangte dem Zugriff des Gläubigers zu entziehen (BGH 19.10.1999, BGHSt 45, 235, 246). Dieses Tatbestandsmerkmal hat in der Formulierung des neu gefassten § 73b StGB keinen Niederschlag gefunden, so dass angenommen wird, eine solche **Vermeidungs- oder Verschleierungsabsicht** sei nicht erforderlich, um einen einziehungsbegründenden Verschiebefall anzunehmen. Für diese Lösung spricht auch das systematische Argument, dass eine solche Absicht in den Erbschaftsfällen nicht verlangt werden kann (LK-StGB/*Lohse* StGB § 73b Rn. 26). Daher ist ein **Bereicherungszusammenhang** in dem Sinne, dass der Erwerber bösgläubig gewesen sein muss, nach hM nach neuem Recht nicht erforderlich (vgl. *Köhler/Burkhard* NStZ 2017, 665, 666; näher LK-StGB/*Lohse* StGB § 73b Rn. 27).

c) Einziehung von Surrogaten und Nutzungen beim Dritten (§ 73b III StGB)

81 Betrifft die Verschiebung oder Erbschaft nicht das aus der Straftat unmittelbar Erlangte, sondern ein **Surrogat** oder die **Nutzungen** aus einem **Erlangten** (vgl. § 73 II StGB), so sind nach § 73b III StGB auch diese Gegenstände einzuziehen.

d) Einziehung des Wertes beim Dritten (§ 73b II StGB)

82 Soweit der Dritte in einem der in § 73b I Nr. 2 StGB genannten Fälle nicht einen Gegenstand unmittelbar aus der Tat erlangt, sondern einen Gegenstand, der dem **Wert des Erlangten oder der Nutzungen entspricht,** so ist nach § 73b II StGB auch dieser Wert einzuziehen. Diese Vorschrift soll klarstellen, dass nicht nur bei Verschiebung des deliktisch erlangten Gegenstandes selbst, sondern auch seines Werts und des Werts seiner Nutzungen einzuziehen ist (BT-Drs. 18/9525, 67; vgl. auch BGH 13.7.2010, wistra 2010, 406). Für die Vertretungsfälle des § 73b I Nr. 1 StGB ist eine solche Regelung nicht notwendig, weil der Dritte das Etwas unmittelbar erlangt (BT-Drs. 18/9525, 67). Auch auf § 73b I Nr. 3 StGB dürfte eine Anwendung ausscheiden, weil zwar im Vermögen des Erblassers auch eine „faktische Steuerstundung" enthalten sein kann, doch ist sie nicht in einem Gegenstand verkörpert, den der Erbe nach § 73b II StGB erlangen könnte.

83 Die Einziehung des Wertes bei Dritten nach § 73b II StGB ist im Steuerstrafrecht von zentraler Bedeutung, weil zwar Zahlungen des Finanzamtes aufgrund durch Hinterziehung erlangter Steuererstattungen oder Vorsteueransprüche etc. weiterverschoben werden können, nicht aber reine **Aufwendungsersparnisse** durch zu niedrig festgesetzte Steuern. Wendet nun der Täter einem Dritten einen Vermögensgegenstand zu, um den Zugriff der Finanzverwaltung oder der Strafverfolgungsbehörden auf sein Vermögen zu verhindern, so findet § 73b I 1 Nr. 2, 3 StGB keine Anwendung, weil hier nicht „das Erlangte" zugewendet wird. Doch kommt eine **Einziehung des Wertes des Erlangten nach § 73b II**

StGB in Betracht. Ob und inwieweit diese Vorschrift auch auf die Ersparnisfälle anwendbar ist, hängt davon ab, ob auch nach neuem Recht der von der Rechtsprechung nach § 73 III StGB aF geforderte **Bereicherungszusammenhang** zwischen dem aus der Tat Erlangten und dem abzuschöpfenden Vermögensgegenstand (vgl. BGH 3.12.2013, wistra 2014, 219, 221 f.) zu verlangen ist. Nimmt man dies an, so muss eine Einziehung von (insbes. zuvor) legal erlangtem Vermögen nach § 73b II StGB ausscheiden.

Die maßgebliche Frage in diesem Zusammenhang ist, ob auch dann ein einzuziehender 84 Wert nach § 73b II StGB festgesetzt werden kann, wenn zwar eine **Verfügung zugunsten des Dritten** feststellbar ist, es aber an dem **Bereicherungszusammenhang fehlt**, der nach herkömmlicher Auffassung erforderlich war. Der Täter wendet hier also einem Dritten einen Vermögenswert zu, der nicht mit der Tat im Zusammenhang steht. Denkbar sind sowohl Konstellationen der unentgeltlichen oder rechtsgrundlosen Übertragung nach § 73b I Nr. 2a StGB als auch Fälle, in denen der Drittbegünstigte die Herkunft kennt oder kennen müsste.

Das OLG Celle (2.3.2018, wistra 2018, 440, 441 mAnm *Fleckenstein*) hat die Anwendung 85 von § 73b II StGB in einem Fall abgelehnt, in dem auf das Konto der Ehefrau des wegen Betruges Angeklagten Einzahlungen eingegangen waren. Abgesehen davon, dass nicht festgestellt werden konnte, wer die Einzahlungen vorgenommen hatte, und eine Einziehung bereits deswegen unzulässig war, hat der Strafsenat angenommen, dass die Einziehung des Wertes beim Dritten nur bei Vorliegen eines **spezifischen Bereicherungszusammenhangs** erfolgen darf. Zwischen der Tat und dem übertragenen Vermögen müsse auch nach neuem Recht der von der Rspr zu § 73 III StGB aF entwickelte Bereicherungszusammenhang bestehen.

Aus dem Wortlaut des Gesetzes ergebe sich nicht, dass der Gesetzgeber von diesem 86 Erfordernis habe abrücken wollen. Zwar sei es nicht ausgeschlossen, die neue Formulierung des § 73b II StGB so zu lesen, dass auf einen solchen Zusammenhang verzichtet werde und lediglich Wertgleichheit gemeint sei. Aus der Begründung des Gesetzesentwurfs werde jedoch deutlich, dass bei der Vermögensabschöpfung beim Drittbegünstigten weiterhin ein **Bedürfnis** für eine **Begrenzung** der **Verschiebungsfälle** – die unter Bezugnahme auf BGH 19.10.1999, BGHSt 45, 235 ff. definiert wurden – bestehe. In dieser Rechtsprechung werde ausdrücklich auf das Kriterium des Bereicherungszusammenhangs abgestellt. Ein Hinweis darauf, dass der Gesetzesentwurf von diesem Erfordernis habe Abstand nehmen wollen, finde sich dort nicht (ebenso *Madauß* NZWiSt 2018, 28; *Trüg* NJW 2017, 1913; *Köllner/Muck* NZI 2017, 593).

Zudem spreche **systematisch** gegen eine Anwendung von § 73b II StGB ohne Berei- 87 cherungszusammenhang, dass die Vorschrift auf § 73b I 1 Nr. 2 und 3 StGB verweist und kaum Fälle denkbar seien, in denen § 73b II iVm I 1 Nr. 2b StGB zur Anwendung käme. Denn § 73b I Nr. 2b StGB setzt seinem Wortlaut nach die Herkunft aus einer Straftat voraus, weil das Wissen oder fahrlässige Nichtwissen des Drittbegünstigten sich genau darauf bezieht (vgl. *Fleckenstein* wistra 2018, 443, 444). Zwar seien die Drittempfänger des § 73 I 1 Nr. 2 und 3 StGB weniger schutzwürdig, aber die Abschöpfung müsse ihre Grenze dort finden, wo ein Zusammenhang zu den Tatvorteilen nicht mehr erkennbar sei und mit der Verschiebung weder das Ziel verfolgt werde, das durch die Tat unmittelbar begünstigte Vermögen des Täters oder eines Dritten dem Zugriff der Gläubiger zu entziehen oder die Tat zu verschleiern. Dies entspreche auch den Vorgaben der RL 2014/42/EU (ABl. 2014 L 127, 39; ABl. 2014 L 138, 114), die nur die Einziehung verlange, soweit mit der Weitergabe des Vermögenswertes bezweckt wird, die Einziehung zu vermeiden (OLG Celle 2.3.2018, wistra 2018, 440, 443).

Auch der 2. Strafsenat des BGH (31.7.2019, wistra 2020, 27) deutet an, dass er die 88 **Einziehung von legal erworbenem Vermögen beim Dritten nicht für zulässig** hält. So hat der Senat eine Einziehungsentscheidung nach § 73b StGB gegenüber der Ehefrau eines Tatbeteiligten aufgehoben, weil die Strafkammer ohne hinreichende Feststellungen angenommen hatte, die Mittel zur Begleichung von Rechnungen für Handwerksarbeiten an dem in ihrem Eigentum stehenden Einfamilienhaus könnten nicht aus legalen Quellen gestammt haben und seien daher inkriminiert. Die Einkünfte- und Vermögensaufstellung des Angeklagten und der von der Einziehung betroffenen Nebenbeteiligten zeigten aber, dass die Bezahlung dieser Rechnung aus legalen Mitteln durchaus möglich gewesen sei. Daher bedürfe die Einziehungsentscheidung einer erneuten Verhandlung. Diese Aufhebung erscheint nur dann folgerichtig, wenn es nach Ansicht des Senats auf die illegale Herkunft des Vermögens ankommt, also weiterhin ein Bereicherungszusammenhang verlangt wird (zur Notwendigkeit eines illegalen Zuflusses BGH 19.5.2022 – 1 StR 405/21).

89　Dieser engen Auslegung sind das **OLG Düsseldorf** (28.11.2019, ZInsO 2020, 537 ff.; mAnm *Roth* PStR 2020, 126 f.; *Bittmann* ZInsO 2020, 540 f.) und das OLG Hamm (22.4.2020, NZWiSt 2020, 482) sowie das OLG Frankfurt a. M. (28.10.2021, NStZ-RR 2022, 71) entgegengetreten (zuvor bereits *Köhler/Burkhard* NStZ 2017, 665, 667; *Korte* wistra 2018, 1, 6). Das OLG Düsseldorf hat angenommen, **§ 73b II StGB** sei auch **anwendbar,** wenn ein erlangtes Etwas im Vermögen des Drittbegünstigten sich **nicht aus** der **Tat herleiten** lässt. Das Erfordernis des besonderen Bereicherungszusammenhangs nach alter Rechtslage sei lediglich ein Hilfsmittel gewesen, um die Anforderungen an die Abschöpfung an den Gesetzeswortlaut rückzubinden. § 73 III StGB aF setzte voraus, dass der Dritte „dadurch" – das Handeln für einen anderen – etwas erlangt haben müsse. Mit der nunmehr weiteren Formulierung des § 73b II StGB sei dieses Erfordernis entfallen. Das Gesetz verlange nunmehr nur noch, dass der erlangte und einzuziehende Gegenstand dem Wert dessen entspreche, was iSv § 73 I 1 Nr. 2 oder 3 StGB erworben wurde. Der Gesetzgeber habe sich mit der Neufassung zum 1.7.2017 von der bisherigen engen Regelung bewusst und vollständig gelöst, dabei aber die Rechtsprechung des BGH ausdrücklich im Gesetz normiert und auch die Einziehung des Wertersatzes beim Drittbegünstigten geregelt, um der Verhinderung von Einziehungsmaßnahmen durch Vermögensübertragungen entgegenzutreten. Es sei aus dem Wortlaut des § 73b II StGB kein „Erfordernis einer Zugehörigkeit des verschobenen Gegenstandes zu dem durch die Tat unmittelbar begünstigten Vermögen des Täters" herzuleiten; eine solche Einschränkung widerspreche auch dem staatlichen Sicherungsinteresse. Schließlich sei der Erwerber, der einen Vermögensbestandteil unentgeltlich oder ohne rechtlichen Grund erwerbe, nicht schutzwürdig.

90　Das OLG Hamm (22.4.2020, NZWiSt 2020, 482; aA LG Essen 29.8.2019 – 56 Qs 4/19) kam ebenfalls zu diesem Ergebnis, sah den **Wortlaut** als **zwingend** an und erkannte **keine Gründe** für eine **einengende Auslegung** der Vorschrift. Nur wenn der Wortlaut eindeutig über den vom Gesetzgeber gewollten Sinn und Zweck des Gesetzes hinausgehe und daher begrenzt werden müsse, könne eine teleologische Reduktion angenommen werden.

91　Darüber hinaus haben *Köhler/Burkhard* (NStZ 2017, 665, 668; ebenso *Beckemper* ZJS 2020, 18, 21) festgestellt, auch wenn das Ergebnis, der Einziehung legal erworbenen Vermögens „auf den ersten Blick nicht sachgerecht" erscheine, **entspreche es dem Ergebnis,** das auch über **§§ 2, 4 AnfG entstünde.** Die Lösung werde also der zivilrechtlichen Rechtslage gerecht. Diesem Argument kann allerdings entgegengehalten werden, dass nach dem AnfG eine Anfechtung und ein Zugriff auf den Beschenkten nur nach Scheitern der Vollstreckung gegen den Schuldner vorgenommen werden darf und auch nur bis zu vier Jahren nach der Schenkung. Zudem ist die Anfechtung nach § 4 II AnfG bei gebräuchlichen Gelegenheitsgeschenken ausgeschlossen. Der Verweis auf die zivilrechtliche Rechtslage führt daher nur bedingt weiter.

92　Im Ergebnis ist eine so weitgehende Einziehung des Wertersatzes beim Dritten ohne kausalen Zusammenhang mit der Tat **unverhältnismäßig und systematisch nicht mehr nachvollziehbar.** Von einer Einziehung im *Verschiebungs*fall könnte dann auch nur noch bedingt die Rede sein. Außerdem würde – wie vom OLG Celle angedeutet – mit der weiten Auslegung von OLG Düsseldorf und OLG Hamm die im Gesetzgebungsverfahren betonte Parallele der Einziehung beim Drittbegünstigten zum zivilrechtlichen Bereicherungsrecht verloren gehen (§ 822 BGB; vgl. auch BGH 19.10.1999, BGHSt 45,

235, 246). Zu § 73 I 1, III StGB aF hatte der BGH bereits betont, dass die Einziehung beim Drittbegünstigten nicht über die bereicherungsrechtlichen Regelungen des § 822 BGB hinausgehen sollte (BGH 3.12.2013, HRRS 2014, Nr. 201). Soweit nun die Begründung des Gesetzesentwurfs betont, es sollten die von der Rechtsprechung entwickelten Grundsätze für die Einziehung beim Drittbegünstigten in das Gesetz aufgenommen werden, so müssen auch die dort entwickelten Grenzen weiterhin gelten. Es erscheint auch mit Blick auf den Verhältnismäßigkeitsgrundsatz wenig überzeugend, sowohl auf ein subjektives Kriterium der Vermögensentziehungsabsicht als auch auf den Kausalzusammenhang zwischen Tat und Bereicherung zu verzichten. Das kann letztlich zu willkürlichen Ergebnissen führen. Demnach ist die Formulierung in § 73b II StGB „Gegenstand, der dem Wert des Erlangten entspricht" als Surrogat in einer Umwandlungskette zu verstehen.

Diese Lösung führt auch nicht zu unzumutbaren „Abschöpfungslücken"; eine **lückenlose Abschöpfung um jeden Preis ist kein rechtsstaatliches Ziel**. Im Falle der vorsätzlichen Kenntnis von der Herkunft wird nicht selten eine eigene Strafbarkeit des Dritten (insbes. § 261 StGB) vorliegen, so dass eine Einziehung nach § 73 oder § 74 StGB in Betracht kommt (vgl. *Ullenboom* wistra 2020, 223, 228 ff.). Soweit es sich um Fälle der fahrlässigen Verkennung der Herkunft oder der Unentgeltlichkeit handelt und der Bereicherungszusammenhang nicht nachweisbar ist, liegt eine vorrangige Einziehung beim Tatbeteiligten nach § 73c StGB nahe. Führt diese zum Erfolg, so ist die Bereicherung durch die Tat beim Tatbeteiligten beseitigt. Für eine weitergehende Einziehung besteht kein Bedarf, sie wäre unverhältnismäßig. Ist die Einziehung beim Tatbeteiligten erfolglos, zB weil er sein Vermögen weitgehend verschoben hat, so kann nach einer Anfechtung nach dem AnfG der Rückgabeanspruch eingezogen werden, auch wenn dieser Weg in der Praxis sehr ungeliebt und umständlich sein mag.

Nicht **einziehungsfähig** sind **Aufwendungen**, die der **Dritte erspart**, wenn also der Täter für den Dritten Steuerschulden begleicht (so zutreffend *Bittmann* wistra 2020, 265, 266). In diesem Fall erlangt der Dritte keinen Gegenstand, so dass nach dem eindeutigen Wortlaut des Gesetzes § 73b II StGB nicht angewendet werden darf. Zutreffend weist *Bittmann* (wistra 2020, 265, 266). darauf hin, dass in diesem Fall der Fiskus der Drittbegünstigte ist, so dass die Einziehung dort nach § 73b StGB zu beurteilen wäre.

6. Ausschluss der Einziehung des Tatertrages oder Wertersatzes (§ 73e StGB)

Für bestimmte Fälle sieht **§ 73e StGB** ein Verbot der Einziehung vor. Nach § 73e I 1 StGB ist eine Einziehung ausgeschlossen, soweit der Anspruch, der dem Verletzten aus der Tat auf Rückgewähr des Erlangten oder auf Ersatz des Wertes des Erlangten erwachsen ist, **erloschen** ist. In § 73e II StGB ist der Ausschluss der Einziehung bei **Entreicherung** des gutgläubigen Drittbegünstigten geregelt.

Darüber hinaus kommt ein Unterbleiben der Einziehung nach § 459g StPO im Vollstreckungsverfahren in Betracht, soweit der Wert des Erlangten **nicht mehr im Vermögen des Betroffenen vorhanden** ist oder die Vollstreckung **sonst unverhältnismäßig** wäre (zur Entreicherung instruktiv *Ewert/Rettke* wistra 2020, 312 ff.). Bei der Auslegung dieser Vorschrift darf nach der zutreffenden und verfassungsrechtlich überzeugenden Auffassung des OLG Schleswig (30.1.2020, wistra 2020, 347, 348) des Rechtsgedanke der §§ 818 IV, 819 BGB nicht zur Interpretation herangezogen werden (aA Meyer-Goßner/Schmitt/ *Köhler* StPO § 459g Rn. 13). Das ergibt sich zunächst aus dem Wortlaut des § 459g StPO, der keinen Hinweis auf eine strenge Haftung beinhaltet (*Ewert/Rettke* wistra 2020, 312, 313). Ferner muss die scheinbare Parallele des Abschöpfungsrechts zum Bereicherungsrecht dort ihre Grenze finden, wo die Abschöpfung negative Auswirkungen auf Strafzwecke und Vollstreckungsziele hat. Es muss einerseits eine effektive Abschöpfung von Vorteilen aus Straftaten gewährleistet, andererseits müsse aber eine erdrosselnde Wirkung der Abschöpfung verhindert werden (so zutr. OLG Schleswig 30.1.2020, wistra 2020, 347, 348). Wie bei jeder staatlichen Maßnahme ist das **Übermaßverbot** zu beachten. Hiermit ist eine

Übertragung der Grundsätze aus §§ 818 IV, 819 BGB nicht vereinbar. Auch eine effektive Abschöpfung darf dem Einziehungsbetroffenen nicht mehr wegnehmen als ihm aus der Tat noch verblieben ist (so zu Recht *Ewert/Rettke* wistra 2020, 312, 315). Eine Abschöpfung darüber hinaus hätte keine vermögensordnende Wirkung mehr und wäre für die §§ 73 ff. StGB systemfremd.

a) Erlöschen des Anspruchs des Verletzten (§ 73e I StGB)

97 Die Regelung des § 73e I StGB wurde in der Begründung zum Gesetzesentwurf (BT-Drs. 18/9525, 69) als Konsequenz aus dem Wegfall des Vorrangs der Ansprüche des Verletzten nach § 73 I 2 StGB aF beschrieben. Die Streichung des Vorrangs der Ansprüche des Verletzten führt dazu, dass ein **Schadenersatzanspruch** des durch die rechtswidrige Tat Verletzten **der staatlichen Einziehung nicht mehr entgegensteht.** Ohne eine Regelung wie § 73e I StGB sah der Gesetzesentwurf die Gefahr einer doppelten Inanspruchnahme durch den Verletzten einerseits und die staatliche Einziehung andererseits. In der Entwurfsbegründung zum Begriff des Erlöschens wird ausgeführt, dass nicht nur das Bewirken der geschuldeten Leistung nach § 362 I BGB als Ausschlussgrund in Betracht komme (vgl. BGH 5.12.2018, NZWiSt 2019, 119; OLG Zweibrücken 19.12.2018, NZWiSt 2019, 120), sondern auch ein (Teil-)Erlass nach § 397 I BGB oder die Erfüllung des Schadenersatzanspruchs durch Dritte. Die Regelung sei daher vergleichsfreundlich ausgestaltet (vgl. *Fischer* StGB § 73b Rn. 4).

98 Neben der Zahlung (§§ 224, 224a, 225 AO), Aufrechnung (§ 226 AO), Erlass (§ 163, 227 AO) oder sonstigen Möglichkeiten des Bewirkens (vgl. zu weiteren Erlöschenstatbeständen HHS/*Boeker* AO § 47 Rn. 41 ff.) kommt im Steuerrecht insbes. die Festsetzungsverjährung (§§ 169–171) und die Zahlungsverjährung (§§ 228–232 AO) als Grund für das Erlöschen des Steueranspruchs in Betracht (vgl. bereits → Rn. 1 ff.). Anders als im Zivilrecht, das die Entwurfsverfasser bei der Formulierung des § 73e I StGB offenkundig vor Augen hatten, **erlischt** der **Steueranspruch** mit Eintritt der **Verjährung** nach § 47 AO (vgl. auch *Wilke* wistra 2019, 81, 85).

99 Das hier von Beginn an im Abschöpfungsrecht angelegte Problem, dass die Einziehung an der Verjährung der Steuerstraftat und damit auch des Steueranspruchs scheitert (vgl. unten → Rn. 101 f.), hat der Gesetzgeber durch Art. 47 des Jahressteuergesetzes 2020 beseitigt, indem in § 73e I der Satz 2 ergänzt wurde, der den Einziehungsausschluss wiederum seinerseits ausschließt, wenn der Anspruch durch Verjährung erloschen ist (vgl. BT-Drs. 19/25116, 231; zur Behandlung von Altfällen → Rn. 105 ff.).

100 Für ein Erlöschen von Steueransprüchen aufgrund einer **bindenden tatsächlichen Verständigung** (vgl. *Madauß* NZWiSt 2019, 49, 50 f.; *Spatschek/Spilker* NStZ 2019, 508 ff.) gilt § 73e AO nicht. Unabhängig davon, woraus die Bindungswirkung der tatsächlichen Verständigung (Treu und Glauben oder öffentlich-rechtlicher Vertrag) hergeleitet wird, hat sie für die beteiligten Parteien Bindungswirkung und betrifft damit unmittelbar den Steueranspruch. Über den Steueranspruch hinaus, der sich aus einer tatsächlichen Verständigung bindend ergibt, darf eine Einziehung nicht erfolgen. Ansonsten würde nämlich gerade keine Gleichstellung mit dem Schutz anderer Rechtsgüter erreicht, sondern ein übermäßiger Schutz des Steueraufkommens, weil der Abschluss eines Vergleichs, und sei es auch im Wege eines (Teil-)Erlasses, zum Erlöschen des Anspruchs nach §§ 362 I, 397 I BGB führt (OLG Hamm 25.7.2019, BeckRS 2019, 37502). Wenn das zur Folge hat, dass der Täter möglicherweise doch einen Teil des aus der Straftat Erlangten behalten kann, so ist das mit Blick auf den Wortlaut des Gesetzes hinzunehmen (vgl. auch BT-Drs. 18/9525, 69) und nicht eine Abschöpfung um jeden Preis anzustreben.

b) Entreicherung des Drittbegünstigten (§ 73e II StGB)

101 Nach § 73e II StGB ist die Einziehung auch des Wertes gegenüber dem Drittbegünstigten auch dann nicht zulässig, wenn der **Betroffene entreichert** ist. Das setzt voraus, dass sich der Wert des Erlangten nicht mehr im Vermögen des Drittbegünstigten befindet und er zum Zeitpunkt des Wegfalls der Bereicherung keine Kenntnis oder leichtfertige Unkenntnis von den Umständen hatte, die die Einziehung bei einem Tatbeteiligten zugelassen hätte.

Diese Vorschrift ersetzt § 73 I 2 StGB aF und soll nach der Begründung des Gesetzesentwurfs die **Einziehung beim gutgläubigen Dritten verhindern,** wenn dieser entreichert ist, und damit die Entreicherung im Erkenntnisverfahren abschließend regeln. Die Entreicherung von Tatbeteiligten und bösgläubigen Drittbegünstigten soll nur im Vollstreckungsverfahren (§ 459g IV StPO) berücksichtigt werden (BT-Drs. 18/9525, 69; *Fischer* StGB § 73e Rn. 3). Das Fehlen einer Entreicherung ist bei der Einziehung beim Drittbegünstigten eine materielle Voraussetzung und daher vom Gericht von Amts wegen zu prüfen (BGH 12.9.1984, BGHSt 33, 37, 39 f.; 5.11.2002, NStZ-RR 2003, 75; 144; OLG Oldenburg StV 2007, 416 f.). 102

In der Rechtsprechung zu § 73c I 2 StGB aF wurde die Entreicherung sehr eng interpretiert. Zunächst sei das erlangte Etwas festzustellen, dessen Wert dann mit dem Vermögen des Angeklagten – die Rspr (BGH 5.4.2000, wistra 2000, 298; 10.10.2002, BGHSt 48, 40, 42; 16.5.2006, BGHSt 51, 65 ff.; 29.4.2004, NStZ 2005, 454, 455; 8.8.2001, NStZ-RR 2002, 7; 2.12.2004, NStZ-RR 2005, 104 ff.) setzt sich allein mit dem Verfall bei ihm auseinander – zu vergleichen sei. Nur wenn der Gegenwert des Erlangten im Vermögen nicht mehr vorhanden sei, müsse die Anordnung wegen unbilliger Härte unterbleiben. Eine Entreicherung sei dann ausgeschlossen, wenn das verbliebene Vermögen nicht hinter dem Wert des Erlangten zurückbleibe. Es müsse nicht festgestellt sein, dass das verbliebene Vermögen irgendeinen Bezug zu den Straftaten aufweist (BGH 26.5.2006, BGHSt 51, 65, 69). Es gelte vielmehr eine Vermutung, dass der Wert des Erlangten im verbliebenen Vermögen enthalten sei, so dass Nachforschungen über die Herkunft des Vermögens nicht geboten seien, weil sie die Effektivität des Verfalls und seine generalpräventive Wirkung beeinträchtigten (BGH 26.5.2006, BGHSt 51, 65, 70). Die überwiegende Auffassung in der Rspr. hatte allerding für Fälle eine Ausnahme zugelassen, in denen im Einzelfall sicher festgestellt werden könne, dass das vorhandene Vermögen nicht im Zusammenhang mit der verfahrensgegenständlichen Straftat steht (BGH 23.10.2002, BGHSt 48, 44, 50; 25.3.2003, StraFo 2003, 283; 29.4.2004, NStZ 2005, 454; 2.10.2008, NStZ-RR 2009, 234, 235; 27.10.2011, NJW 2012, 92; aA 26.5.2006, BGHSt 51, 65, 71). 103

Diese Rechtsprechung ist nicht uneingeschränkt auf § 73e II StGB übertragbar (aA wohl *Fischer* StGB § 73e Rn. 7). Zum ersten geht es hier nicht um die Einziehung beim Angeklagten, mit der sich die Rspr. des BGH zu § 73c I 1 StGB aF befasst hat, sondern um Drittbegünstigte. Zum zweiten lässt sich die Vermutung für den Verbleib des Wertes im Vermögen beim Drittbegünstigten nicht begründen. Zum Dritten müssen aus systematischen Gründen die zivilrechtlichen Grundsätze der Entreicherung nach § 818 III BGB angewendet werden, wenn man die Konzeption der neuen §§ 73 ff. StGB als nichtstrafrechtliche „quasi-konditionelle" (BT-Drs. 18/9525, 47) Maßnahme ernst nehmen will. Das erfordert eine exakte Feststellung der Vermögensverhältnisse und ihrer Entwicklung. Das gibt letztlich auch der Wortlaut vor, der eine Entreicherung annimmt, wenn nichts mehr aus dem Erlangten im Vermögen des Drittbegünstigten vorhanden ist. Schon vor dem Erwerb des inkriminierten Vermögens erlangte Vermögensgegenstände können dann von der Einziehung betroffen sein, wenn etwa ihr Unterhalt durch das erlangte Etwas oder dessen Wertersatz finanziert wurde. 104

II. Ausschluss der Einziehung durch Verjährung

1. Grundlagenfehler des ursprünglichen Abschöpfungsrechts

Nach dem bis zum 1.7.2017 geltenden Abschöpfungsrecht (BGBl. I 872) konnte die Anordnung des Verfalls nach §§ 73 ff. StGB nur dann erfolgen, wenn die **Tat noch** 105

verfolgbar, also nicht verjährt war. Das ergab sich aus § 76 I StGB, der eine selbständige Anordnung des Verfalls oder der Einziehung nur dann zuließ, wenn tatsächliche Gründe der Verfolgung einer bestimmten Person wegen der Tat entgegenstanden. Da es sich bei der Verjährung Tat allerdings um einen Rechtsgrund handelte, schied der Verfall nach Eintritt der Verjährung der Anlasstat aus. Dieses Ergebnis ließ sich auch aus dem Umkehrschluss aus § 76a II StGB aF herleiten, der bei der Einziehung nach den §§ 74 II Nr. 2, III, 74d I StGB aF eine Einziehung nach Eintritt der Verjährung der Tat ausdrücklich zulässig war. Damit „verjährte" der Verfall mit dem Eintritt der Verjährung der Straftat, also bei den Steuerstraftaten – abgesehen von den Fällen des Ruhens der Verjährung nach § 78b StGB – nach spätestens zehn Jahren (§§ 78 III Nr. 3, 78c III StGB).

106 Das neue Abschöpfungsrecht trennte nun mit Wirkung zum 1.7.2017 die Verjährung der Anlasstat von der **Verjährung der Einziehung,** die eigenständig geregelt wurde. Die Verfolgungsverjährung nach §§ 78 ff. StGB sollte keine Rolle mehr für die Einziehungsverjährung spielen; vielmehr wurde in § 76b I StGB eine einheitliche Verjährung für alle Anordnungen der Einziehung von 30 Jahren normiert, die allerdings nach § 78b StGB ruhen und nach § 78c StGB unterbrochen werden kann, so dass eine Verjährung von bis zu 60 Jahren denkbar ist. Im Steuerstrafrecht führte allerdings die Vorschrift des § 73e I 1 StGB zu Problemen, die vorsieht, dass eine Einziehung ausgeschlossen ist, wenn der Anspruch, der dem Verletzten aus der Tat auf Rückgewähr entstanden ist, erloschen ist (vgl. bereits *Wulf* PStR 2018, 150). Dabei war im Gesetzgebungsverfahren schlicht übersehen worden (vgl. auch *Feindt/Rettke* DStR 2021, 79), dass Steueransprüche mit ihrer Verjährung nicht lediglich mit einer Einrede behaftet werden, sondern nach § 47 AO erlöschen (→ Rn. 95 f.).

107 Für das Steuerstrafrecht führte diese Rechtslage zu einer **Abhängigkeit der Einziehungsverjährung von der Verjährung der Steuerstraftat,** weil auch die Festsetzungsverjährung nach § 169 AO, die zum Erlöschen nach § 47 AO führt, innerhalb einer Frist von zehn Jahren eintritt (§ 169 II 2 AO). Nur soweit über diesen Zeitraum hinaus eine Verfolgung der Steuerstraftat oder Steuerordnungswidrigkeit zulässig ist, kommt nach § 171 VII AO eine weitere Festsetzung in Betracht, weil eine Ablaufhemmung gilt. Damit war typischerweise zehn Jahre nach Tatbeendigung mit der Strafverfolgung auch die Einziehung ausgeschlossen.

108 Zwar hatten hiergegen bereits *Feindt/Rettke* (DStR 2018, 2357, 2360 f.) eingewandt, es bestehe nach **§ 171 VII AO** solange eine Ablaufhemmung für die Verjährung des Steueranspruchs wie noch ein Einziehungsanspruch bestehe. Dieser verjähre gem. § 76b I StGB erst nach 30 Jahren, so dass auch der Steueranspruch erst mit Ablauf dieser Zeitspanne verjähre. Diese Annahme ist jedoch in mehrfacher Hinsicht unzutreffend. Zum Ersten gibt es keinen Einziehungs*anspruch,* denn ein Anspruch ist nach der Legaldefinition des § 194 I BGB das *Recht,* von einem anderen ein Tun oder Unterlassen zu verlangen. Daher besteht ein Einziehungsanspruch ebenso wenig wie ein Strafanspruch, der Staat ist vielmehr verpflichtet im Rahmen der Verhältnismäßigkeit einzuziehen und im Rahmen des Schuldgrundsatzes zu strafen. Zum Zweiten geht es bei der Einziehung nach §§ 73 bis 73e StGB nicht um die Verfolgung von Straftaten, so dass der Anwendungsbereich des § 171 VII StGB nicht eröffnet ist, zumal es in § 76a StGB ausdrücklich um *objektive* Verfahren geht, nicht um Strafverfolgung. Daher wäre es ein Verstoß gegen den Gesetzeswortlaut die Einziehung als Verfolgung iSv § 171 VII AO anzusehen (aA *Bittmann/Tschakert* NZWiSt 2020, 40, 44). Zum Dritten wäre die Einführung des § 375a AO aF bzw. § 73e I 2 StGB angesichts einer so weitgehenden Auslegung des § 171 VII AO überflüssig gewesen (vgl. auch *Bittmann/Tschakert* NZWiSt 2020, 40, 44; BeckOK AO/*Hauer* AO § 375a Rn. 34). § 73e I StGB war in diesen Fällen also anwendbar und führte zu einer kürzeren Verjährungsfrist bei der Einziehung im Kontext von Steuerstraftaten.

109 In der Konsequenz aus dieser Rechtslage hatte der BGH (24.10.2019, NStZ-RR 2020, 46 f.) entschieden, eine **Einziehung** des aus einer Steuerstraftat Erlangten sowie des Ersatzes des Wertes sei **nicht** mehr **zulässig,** wenn der entsprechende Steueranspruch nach § 47 AO erloschen ist. Der gegenteiligen Argumentation des erkennenden Landgerichts (ebenso *Madauß* NZWiSt 2018, 28, 33 f.; *ders.* NRWiSt 2019, 49, 52), § 73e I StGB finde auf den Fall der Steuerhinterziehung keine Anwendung, weil der Anspruch der Finanzbehörde nicht aus der Tat erwachsen sei, sondern aus dem jeweiligen Steuerverhältnis, ist der 1. Strafsenat nicht gefolgt.

Der Täter einer Steuerhinterziehung erspare durch die unrichtigen oder unvollständigen **110** Angaben und die damit verursachte Steuerverkürzung die Aufwendungen. Hierfür könne er, soweit ihm ein wirtschaftlicher Vorteil zugeflossen sei, nach § 73c StGB im Wege der Einziehung in Anspruch genommen werden (vgl. dazu → Rn. 40 ff.). Diese geschuldete und nicht entrichtete Steuer aus dem konkreten Steuerschuldverhältnis könne das Erlangte darstellen, auf das sich der Anspruch auf Rückgewähr bezieht. Der **Begriff des Erlöschens** sei aufgrund des untrennbaren sachlichen Zusammenhangs zwischen § 47 AO und § 73e StGB einheitlich auszulegen. Eine Interpretation des § 73e I StGB dahingehend, ein Erlöschen iS dieser Vorschrift liege nicht vor, wenn der Steueranspruch nach § 47 AO erloschen sei, verstoße gegen Art. 103 II GG. Die Strafgerichte hätten den Gesetzgeber beim Wort zu nehmen, ihn zu korrigieren stehe ihnen nicht zu.

2. Nachbesserung des Gesetzgebers

Gegen diese Entscheidung ist berechtigte Kritik vorgebracht worden, etwa mit Blick auf **111** die Anwendbarkeit von Art. 103 II GG auf Maßnahmen, die keine Strafen sind (zutr. *Lange/Borgel* ZWH 2020, 76, 77; aA *Rönnau/Begemeier* NStZ 2021, 405). Dennoch war sie im Ergebnis richtig, und der Gesetzgeber sah sich zum Handeln gezwungen. Mit dem Zweiten Gesetz zur Umsetzung steuerlicher Hilfsmaßnahmen zur Bewältigung der Corona-Krise vom 29.6.2020 mit Wirkung zum 1.7.2020 (BGBl. 2020 I 1512) kam es zu einer **Nachbesserung der Reform des Abschöpfungsrechts.** Es wurden **Ausnahmeregelungen für das Steuerstrafrecht** geschaffen, um eine Ungleichbehandlung aufzuheben, die dadurch entstanden sei, dass zivilrechtliche Ansprüche auf Schadenersatz etc. mit der Verjährung nicht erlöschen (BT-Drs. 19/20058, 10, 28; 19/20332, 40).

Gegen den ausdrücklichen Widerstand der FDP-Fraktion im Finanzausschuss, die die **112** Streichung der Verlängerung der Verjährungsfristen in § 376 AO und des § 375a aus dem Gesetzesentwurf verlangt hatte (BT-Drs. 19/20332, 38), und unter der Kritik die Strafrechtsverschärfungen seien verschleiert worden (vgl. *Binnewies/Hinz* AG 2020, 583; vgl. zur Kritik auch *Gehm* NZWiSt 2020, 368, 369; *Wulf* wistra 2020, 353) wurde zum einen die Ausnahmevorschrift in § 375a AO eingeführt (zur Begründung BT-Drs. 18/20058, 28, zur Kritik auch BeckOK AO/*Hauer* AO § 375a Rn. 1). Zum anderen enthielt das Reparaturgesetz in Art. 7 die Einführung der Regelung in Art. 97 § 34 EGAO (im Entwurf noch § 33) zur Beschränkung der Rückwirkung einer Einziehung auf zum 1.7.2020 noch nicht verjährte Steueransprüche (BT-Drs. 19/20058, 29), die jedoch im Gesetzgebungsverfahren nur als Klarstellung verstanden worden war.

§ 375a AO Verhältnis zur strafrechtlichen Einziehung (aufgehoben zum 29.12.2020)

Das Erlöschen eines Anspruchs aus dem Steuerschuldverhältnis durch Verjährung nach § 47 steht einer Einziehung rechtswidrig erlangter Taterträge nach den §§ 73 bis 73c des Strafgesetzbuches nicht entgegen.

Art. 97 § 34 EGAO Verhältnis zur strafrechtlichen Einziehung (aufgehoben zum 29.12.2020)

§ 375a der Abgabenordnung in der Fassung des Artikels 6 des Gesetzes vom 29. Juni 2020 (BGBl. I S. 1512) gilt für alle am 1. Juli 2020 noch nicht verjährten Steueransprüche.

Als Ziel der neuen Vorschrift in § 375a AO aF gab die Begründung des Entwurfs (BT- **113** Drs. 19/20058, 28) an, die Vorschrift sorge dafür, *„dass künftig in Fällen der Steuerhinterziehung rechtswidrig erlangte Taterträge – trotz Erlöschens des Steueranspruchs nach § 47 AO – nach § 73 des Strafgesetzbuches (StGB) die Einziehung dieser Erträge angeordnet werden kann. Hierbei ist unerheblich, ob die Verjährung aufgrund der Festsetzungs- oder Zahlungsverjährung eingetreten* ist. [...] Nach der Rechtsprechung des Bundesgerichtshofs ist bei einer Steuerhinterziehung die Einziehung somit nicht mehr möglich, wenn die Ansprüche aus dem Steuerschuldverhältnis verjährt und damit erloschen sind (Beschluss des BGH vom 19. Oktober 2019 – 1 StR 173/19). [...] Durch die Neuregelung wird eine Ungleichbehandlung behoben und steuerrechtliche Ansprüche werden künftig im strafrechtlichen Einziehungsverfahren genauso behandelt wie zivilrechtliche. Gegenüber Steuerhinterziehern kann damit zukünftig die Einziehung von Taterträgen angeordnet werden, auch wenn der steuerrechtliche Anspruch bereits erloschen ist."*

114 *Feindt/Rettke* (DStR 2021, 79, 80 f.) haben die Auffassung vertreten, § 375a AO aF habe an dem Grundsatzfehler gelitten, dass er mangels Verweis auf § 76a StGB über keinen Anwendungsbereich verfüge. Es sei schlicht kein Fall vorstellbar, in dem eine Einziehung nach § 73 bis § 73c StGB – also im subjektiven Verfahren – stattfinde. Die Verfolgung in diesem Verfahren setze eine verfolgbare – also nicht verjährte – Steuerstraftat voraus. Um auch im Verfahren nach § 76a StGB anwendbar zu sein, hätte § 375a AO einen Verweis auf § 76a StGB enthalten müssen. Das überzeugt nicht: Voraussetzung der Einziehung nach § 76a StGB ist die Nichtverfolgbarkeit einer Person wegen der Tat. Das ist bei einer verjährten Steuerstraftat der Fall. Nach § 76a II StGB war die Einziehung „unter den Voraussetzungen der §§ 73 bis 73c StGB" auch bei einer verjährten Straftat zulässig. § 73e I StGB regelte nun den Umgang mit verjährten Forderungen bei der Einziehung nach § 73 bis § 73c StGB. Wenn § 375a AO aF eine Sonderregelung für die Einziehung nach § 73 bis § 73c StGB beinhalte, dann wirke sich das auch auf Verfahren nach § 76a StGB aus, weil diese Vorschrift auf § 73 bis § 73c StGB verweist. Ein unmittelbarer Verweis auf § 76a StGB war weder notwendig noch angebracht.

115 Zur Begründung von Art. 97 § 33 (später dann § 34) führte die Begründung des Gesetzesentwurfs (BT-Drs. 9/20058, 29) aus:

„§ 33 EGAO stellt klar, dass die Neuregelung des Verhältnisses zur strafrechtlichen Einziehung für alle noch nicht verjährten Steueransprüche gilt. Zukünftig kann die Einziehung der Taterträge auch dann angeordnet werden, wenn für die in Satz 1 genannten Steueransprüche im Zeitpunkt der Einziehung bereits die Verjährung eingetreten ist."

Obwohl damit Art. 97 § 34 EGAO schon eine rückwirkende Anwendung des Verjährungsausschlusses auf alle noch nicht verjährten Steueransprüche vorsah und damit in Zukunft Abhilfe geschaffen hätte, geriet die Vorschrift im Kontext der Cum-Ex-Verfahren in die Kritik.

116 *Wegner* (Verfassungsblog, v. 26.7.2020) bezeichnete die Regelung als **„Amnestie durch die Hintertür"**. Eine rückwirkende Anwendung des § 375a AO sei durchaus möglich gewesen, weil die Rechtsauffassung des BGH zur Anwendung von § 73e I StGB auf verjährte Steueransprüche und damit die Annahme einer Rückwirkung zweifelhaft sei. Folge man dem BGH nicht, so handele es sich bei § 375a AO um eine rein deklaratorische Regelung (vgl. aber dagegen BVerfG 17.12.2013, BVerfGE 135, 1, 15).

117 Darüber hinaus sei eine echte Rückwirkung außerhalb des Strafrechts nur grundsätzlich, nicht aber stets ausgeschlossen und richte sich nach Art. 20 III GG. Voraussetzung sei, dass der Eingriff in den Vertrauensschutz zur Erreichung des legitimen Zwecks geeignet, erforderlich und verhältnismäßig ist. Dies sei in der Cum-Ex-Konstellation deswegen zumindest diskutabel, weil „*das Vertrauen der Betroffenen, Vermögen aus Straftaten, deren rechtswidrige Herkunft sie zumindest fahrlässig verkannt haben, behalten zu dürfen, nicht sonderlich schutzwürdig"* sei. Mit Art. 97 § 34 EGAO habe der Gesetzgeber die Einziehung ohne Not gesetzlich begrenzt und dafür gesorgt, dass die Steuerhinterzieher das Erlangte behalten dürfen. Die besondere Vorsicht mit Blick auf das Rückwirkungsverbot sei auch deswegen besonders bemerkenswert, weil der Gesetzgeber mit § 316h EGStGB eine Regelung geschaffen hat, die Rückwirkungen ermöglicht, nämlich durch Anwendung der §§ 73 ff. StGB auf vor der Reform begangene Straftaten. Diese Regelung erschüttert – so *Wegner* – das Normvertrauen der Allgemeinheit in einem *„Fall eines gesetzlich garantierten Behalten-Dürfens der Tatbeute ähnlich"* wie die *„ungerechtfertigten Wettbewerbsvorteile, die sich Finanz-*

marktakteure durch den groß angelegten Steuerbetrug verschafft haben, so dass in der Gesamtschau ein erhebliches Gemeinwohlinteresse besteht, auch in Altfällen Taterträge (bzw. deren Wert) abzuschöpfen".

Diese Argumentation überzeugt nicht (instruktiv und überzeugend *Maciejewski* wistra **118** 2020, 441, 447 ff.). Die Frage, ob der Rechtsprechung des BGH zu § 73e I StGB im Ergebnis zu folgen ist, entscheidet sich zwar tatsächlich nicht nach Art. 103 II GG, sondern nach Art. 20 III GG. Allerdings stellt das **BVerfG** in seiner Rechtsprechung nicht nur die Anforderungen der allgemeinen Verhältnismäßigkeit an die Rückbewirkung von Rechtsfolgen (echte Rückwirkung; BVerfG 23.11.1999, BVerfGE 101, 239, 263 f.; 7.7.2010, BVerfGE 127, 31, 47; 10.10.2012, BVerfGE 132, 302, 318), sondern zeigt **deutlich schärfere Voraussetzungen** auf. Das BVerfG (14.5.1986, BVerfGE 72, 200, 257) stellt dazu fest, dass die rückwirkende Änderung bereits eingetretener Rechtsfolgen (hier der abgeschlossenen steuerlichen Verjährung) grundsätzlich verfassungsrechtlich unzulässig ist (BVerfG 31.5.1960, BVerfGE 11, 139, 145 f.; 23.11.1999, BVerfGE 101, 239, 264; 10.6.2009, BVerfGE 123, 186, 257; 10.10.2012, BVerfGE 132, 302, 318; 17.12.2013, BVerfGE 135, 1, 13). Ausnahmen kommen zum einen dann in Betracht, wenn sich kein schützenswertes Vertrauen auf den Bestand des geltenden Rechts bilden konnte (BVerfG 15.10.1996, BVerfGE 95, 64, 86 f.; BVerfG 23.11.1999, 101, 239, 264). Das hat das Gericht etwa in Bagatellfällen (BVerfG 17.12.2013, BVerfGE 135, 1, 22 f.) bejaht, oder wenn im Zeitpunkt, auf den die Regelung sich bezieht, bereits mit einer Änderung des Gesetzes gerechnet werden musste (BVerfG 30.4.1952, BVerfGE 1, 264, 280; 24.4.1953; BVerfGE 2, 237, 264 f.; 12.11.1958; BVerfGE 8, 274, 304; 19.12.1961, BVerfGE 13, 261, 272), bei der notwendigen Klarstellung einer unklaren oder verworrenen Rechtslage (BVerfG 4.5.1960, BVerfGE 11, 64, 72 f.; 17.12.2013, BVerfGE 135, 1, 22), bei der Neuverabschiedung eines allein aus formellen Gründen nichtigen Gesetzes (BVerfG 24.7.1957, BVerfGE 7, 89, 94) sowie bei der Schließung objektiver Gesetzeslücken (BVerfG 16.10.1957, BVerfGE 7, 129, 151 ff.; 4.5.1960, BVerfGE 11, 64, 72 f.) oder wenn das geltende Recht so systemwidrig oder unbillig war, dass an seiner Verfassungsmäßigkeit ernsthafte Zweifel bestanden (BVerfG 17.12.2013, BVerfGE 135, 1, 22; BVerfG 12.11.2015, NVwZ 2016, 300, 304). Zum anderen hat das Gericht angenommen, dass im Ausnahmefall auch zwingende Gründe des Allgemeinwohls die Rückwirkung unerlässlich machen und das grundsätzlich schützenswerte Vertrauen überwiegen können (BVerfG 1.7.1953, BVerfGE 2, 380, 405; 19.12.1961, BVerfGE 13, 261, 272; 25.5.1993, BVerfGE 88, 384, 404; 23.11.1999, BVerfGE 101, 239, 263 f.).

In diesem Kontext liegt es nahe anzunehmen, dass der **Täter** oder **Teilnehmer** an **119** einer Steuerhinterziehung durch **Cum-ex-Konstruktionen nicht** habe darauf **vertrauen** dürfen, dass er das durch die Tat Erlangte behalten darf. Doch würde ein solcher Ansatz dazu führen, dass das Rückwirkungsverbot im Zusammenhang mit Straftaten weitgehend entwertet würde. Danach dürfte zumindest kein Täter einer schweren Straftat darauf vertrauen, dass irgendwann einmal Verjährung eintritt, weil auch für die strafrechtlichen Verjährungsregelungen nach hM Art. 103 II GG nicht anwendbar ist (BVerfG 26.2.1969, BVerfGE 25, 269, 284 ff.; BGH 7.3.2019, wistra 2019, 323, 326; eingehend LK-StGB/*Dannecker/Schuhr* StGB § 1 Rn. 411 ff.), sondern „nur" das allgemeine rechtsstaatliche Rückwirkungsverbot gilt (Wessels/Beulke/*Satzger* Strafrecht AT, Rn. 66). Im scharfen Gegensatz zu diesem verjährungsnegierenden Ansatz hat der BGH etwa für den zum 1.4.2004 neu eingeführten § 78b I Nr. 1 StGB entschieden, dass die Vorschrift über das Ruhen der Verjährung zwar auf Taten anwendbar ist, die vor diesem Zeitpunkt begangen waren, nicht aber auf solche, die am 1.4.2004 bereits verjährt waren (BGH 24.6.2004, NStZ 2005, 89 f.; 12.12.2012, HRRS 2012 Nr. 135; 13.8.2013, StV 2014, 268 f.; vgl. auch BVerfG 31.1.2000, NStZ 2000, 251). Damit gilt das Rückwirkungsverbot auch für das Ruhen der Verjährung bei bereits verjährten schweren Sexualstraftaten. Die Begründung des Gesetzesentwurfs verkennt, dass sich ein rechtsstaatlich anerkennenswertes Vertrauen auch auf die schlichte Existenz einer Gesetzeslage beziehen kann (so zutr. Hüls/Reichling/*Asholt* AO § 376 Rn. 9; ebenso *Reichling/Lange/Borgel* PStR 2021, 31 ff.).

120 Wegen einer unzulässigen echten Rückwirkung hat auch der BGH (7.3.2019, NJW 2019, 1891, 1892 ff. mAnm *Trüg* = wistra 2019, 323, 326 ff. mAnm *Saliger* ZIS 2020, 210 f.) die Vorschrift des § 316h EGStGB mit Blick auf die Anwendung des neuen Einziehungsrechts auf Fälle verjährter Straftaten als verfassungswidrig angesehen, dem BVerfG vorgelegt und dies eingehend begründet (→ Rn. 123a). Dazu führt der 3. Strafsenat aus, es handele sich bei der rückwirkenden Anwendung des neuen Rechts um eine **grundsätzlich unzulässige echte Rückwirkung,** bei der auch keine der in der Rspr des BVerfG entwickelten Fallgruppen ausnahmsweise zulässiger Rückbewirkung von Rechtsfolgen vorliege. Das alte Abschöpfungsrecht sei mit seinen Verjährungsregeln auch nicht unbillig oder systemwidrig gewesen. Es habe ferner keinen Grund gegeben, dass der Bürger mit einer baldigen Reform der Rechtslage habe rechnen müssen. Zur Bearbeitung der Frage, ob mit einer solchen Änderung zu rechnen war, sei eine objektive Beantwortung für die betroffene Personengruppe vorzunehmen. Für das Abschöpfungsrecht habe man jedoch erst nach der Beschlussempfehlung des Rechtsausschusses vom 22.3.2017 (BT-Drs. 18/11640, 16, 82 ff.) mit einer entsprechenden Änderung rechnen müssen. Auch lasse sich die echte Rückwirkung nicht mit dem pauschalen Argument legitimieren, dass ein Vertrauen in das alte Recht des Verfalls sachlich nicht gerechtfertigt sei. Insbesondere ermögliche die Erwägung, ein etwaiges Vertrauen in den Fortbestand einer strafrechtswidrig geschaffenen Vermögenslage sei nicht schutzwürdig (so BT-Drs. 18/11640, 84), eine solche Wertung nicht. Der 3. Strafsenat stellt darüber hinaus fest, dass das Ziel des Abschöpfungsrechts legitim sei, das Vertrauen der Bevölkerung in die Gerechtigkeit und die Unverbrüchlichkeit der Rechtsordnung zu schützen (vgl. BVerfG 14.1.2004, BVerfGE 110, 1, 29) und Straftätern deliktisch erlangte Vermögensvorteile dauerhaft zu entziehen. Allerdings schöpfe der Gesetzgeber mit der Verjährungsfrist von 30 Jahren in § 76b StGB nF „*den Rahmen des verfassungsrechtlich Möglichen* [gemeint ist Zulässigen] *vollständig*" aus. Eine rückwirkende Anwendung rechtfertige dieser grundsätzlich legitime Zweck aber nicht, weil dieser echten Rückwirkung ein schützenswertes Vertrauen der Bürger entgegenstehe. Derjenige, der einen Vermögensvorteil durch eine rechtswidrige Tat erlangt hat, dürfe sich nach Eintritt der Verjährung auf dieses endgültige Verfahrenshindernis auch mit Blick auf die Vermögensabschöpfung verlassen. Mit der Entscheidung des Gesetzgebers über die Verjährung hat dieser die gegenläufigen Interessen der materiellen Gerechtigkeit einerseits und der Rechtssicherheit andererseits zum Ausgleich gebracht; und auch auf diese Entscheidung darf der Bürger sich verlassen (vgl. *Maciejewski* wistra 2020, 441, 447). Auch dem Zivilrecht sei ein Gedanke, dass derjenige, der sich strafrechtlich relevant bereichert hat, nicht auf die gesetzlich geregelte Verjährung berufen darf, fremd.

121 Diese Begründung des 3. Strafsenats ist auf die steuerlichen Verjährungsfälle übertragbar (so zutr. *Reichling/Lange/Borgel* PStR 2021, 31 ff.), weil auch im Vorlagefall eine Einziehung nach neuem Recht vorgenommen worden werden sollte, obwohl diese nach altem Recht wegen abgeschlossener Verfolgungsverjährung der Anlasstat bereits ausgeschlossen war. Die Ausführungen des BGH zeigen, dass das besondere Gewicht der Steuerstraftaten in den Cum-Ex-Konstellationen kein tragfähiges Argument ist. Es kommt bei der Betrachtung einer echten Rückwirkung durch *Gesetz* nicht darauf an, ob ein individueller von einer Rückwirkung belasteter Täter, auf den Fortbestand des Rechts vertrauen darf, sondern vielmehr darauf, dass der **Adressatenkreis der Vorschrift also alle Täter irgendeiner Steuerhinterziehung,** aber auch alle (ggf. gutgläubigen) Drittbegünstigten nach § 73b StGB dieses Vertrauen haben dürfen. Denn Art. 97 § 34 EGAO galt keineswegs nur für Cum-ex-Fälle – auch wenn dies die maßgeblichen Praxisfälle sind –, sondern für alle anderen Arten der Steuerhinterziehung. Dass nun dieser gesamte Adressatenkreis in seinem Vertrauen auf den Bestand der einmal eingetretenen steuerrechtlichen Verjährung – nach einer nicht unangemessen kurzen Frist von mindestens zehn Jahren – weniger schutzbedürftig sein soll als der Straftäter, der nach ständiger Rspr. auf die Verfolgungsverjährung vertrauen darf, wäre erklärungsbedürftig. Zumal es sich bei den Vorschriften der §§ 73 ff. StGB um Regelungen handelt, die stets an rechtswidrige Verstöße gegen Strafgesetze anknüpfen. Dem Betroffenen nun vorzuhalten, er habe eine rechtswidrige Handlung begangen und sein Vertrauen in die Rechtslage sei daher nicht schutzwürdig, wäre kaum schlüssig.

Auch das Argument, der **Gesetzgeber verhalte** sich **inkonsequent,** weil er mit der Einführung von Art. 97 § 34 EGAO nicht auch § 316h S. 1 EGStGB abgeschafft habe (wohl auch BeckOK AO/*Hauer* § 375a Rn. 2; diff. *Gehm* ZWH 2021, 18 ff.), **überzeugt nicht.** Das gilt zum einen, weil nicht die Verfassungswidrigkeit des § 316h S. 1 StGB insgesamt in Rede steht, sondern nur des Verweises auf § 76b StGB und zum anderen wäre es wenig zielführend die Vorschrift im laufenden Verfahren vor dem Verfassungsgericht abzuschaffen und damit die Klärung der Frage zu verhindern. Aus rechtspolitischer Sicht wäre die Aufhebung des § 316h S. 1 StGB in jedem Fall unklug gewesen. Im Ergebnis sind also keine gewichtigen Gründe dafür erkennbar, dass die Regelung des Art. 97 § 34 EGAO einen zulässigen Rückgriff auf Vermögen aus Steuerstraftaten verhindern würde. Vielmehr handelte es sich um eine **verfassungsrechtlich gebotene Klarstellung** des durch Art. 20 III GG vorgegeben Rechtsstaatsgebots.

Schließlich muss berücksichtigt werden, dass die Regelung nicht den vollständigen Ausfall der Einziehung in Cum-ex-Konstellationen zur Folge hat. Soweit es sich um gewerbs- oder bandenmäßige Steuerhinterziehung handelt, kommt zumindest für **Fälle nach dem 1.1.2008** eine **Einziehung** über **§ 261 I S. 2 Nr. 4b StGB** in Betracht. Mit der Geltendmachung der Ansprüche aus der Steuerstraftat und dem Eingang der Zahlung des Finanzamtes auf dem Konto der Bankkunden, entsteht dort eine inkriminierte Forderung, die nach der – nicht überzeugenden – Rechtsprechung des BGH die Kontaminierung des gesamten Kontobestandes zur Folge hat. Jede Verfügung über das Kontoguthaben oder dessen Surrogate stellt eine Geldwäsche dar, das Innehaben des Kontos ist ein Verwahren von Vermögen aus einer Geldwäschevortat. Die Verjährung bei diesen Taten beginnt erst mit der Tatbeendigung, also mit dem Abschluss einer jeden Transaktion über Surrogate des ursprünglichen Kontoguthabens, bei Verwahren mit dem Aufgeben der Inhaberschaft. Hier sind weitreichende Möglichkeiten der Einziehung gegeben.

Der zweite Senat des **BVerfG** hat jedoch in seiner Entscheidung vom 10.2.2021 (2 BvL 8/19, BVerfGE 156, 354 [387 ff.] = NJW 2021, 1222 mAnm *Asholt* JZ 2021, 464; *Bülte* NZWiSt 2021, 188) die Argumente des BGH nicht hinreichend gewürdigt und ohne belastbaren Begründung angenommen, gegenüber Straftätern sei kein Vertrauensschutz notwendig, so dass einer **echten Rückwirkung keine verfassungsrechtlichen Argumente** entgegenstünden. Seine Pflicht zur Vorlage der Sache an den EuGH hat der Senat nicht erfüllt. Auch einer späteren Entscheidung vom 7.4.2022 (2 BvR 2194/21) auf eine Verfassungsbeschwerde gegen die Entscheidung des BGH in einem Cum-Ex-Verfahren (BGH NJW 2022, 90) hat die 2. Kammer der zweiten Senats festgestellt, dass in der Abschöpfung auf der Grundlage einer echten Rückwirkung weder ein Verstoß gegen Art. 103 II noch gegen Art. 20 III GG zu sehen sei. Die Begründung der Kammer rekurriert im Wesentlichen auf die vorausgegangene Senatsentscheidung und befasst sich daher ebenso wenig wie diese mit den maßgeblichen verfassungsrechtlichen Fragen.

3. Änderung durch das Jahressteuergesetz 2020

Über diese schwerwiegenden **verfassungsrechtlichen Gründe,** die gegen die echte Rückwirkung einer Einziehung nach §§ 73 ff. StGB trotz abgeschlossener Verjährung der Steueransprüche und Straftaten sprechen, hat sich auch das Parlament teilweise hinweggesetzt und eine rückwirkende Einziehung auch für den Fall angeordnet, dass die steuerliche und strafrechtliche Verjährung bereits eingetreten ist. § 375a AO wurde durch das Jahressteuergesetz 2020 vom 21.12.2020 (BGBl. I 3096 ff.) ebenso aufgehoben wie Art. 97

§ 34 EGAO. Es wurde zum einen § 73e I StGB um den Satz 2 ergänzt und zum anderen die Vorschrift des § 316j EGStGB geschaffen.

125 Im September brachte die Linksfraktion (BT-Drs. 19/22119) einen Gesetzesentwurf in den Deutschen Bundestag ein, der eine Aufhebung des Art. 97 § 34 EGAO vorsah. In seiner Begründung stützt sich der Entwurf in seiner Argumentation auf die bereits dargestellte – nicht überzeugende – Darlegung von *Wegner* (→ Rn. 112). Dieser Entwurf hätte jedoch aufgrund des klarstellenden Charakters von Art. 97 § 34 EGAO ohnehin keine rechtliche Wirkung gehabt, er hätte allenfalls zu Rechtsunsicherheit geführt.

126 Im Oktober 2020 legte auch das Land Nordrhein-Westfalen einen Entwurf eines Gesetzes zur Verbesserung der Bekämpfung der besonders schweren Steuerhinterziehung (BR-Drs. 590/20; dazu auch *Reichling/Lange/Borgel* PStR 2021, 31) vor. Dieser sah neben der Streichung von § 375a AO und Art. 97 § 34 EGAO eine Ergänzung des § 73e I StGB um einen Satz vor, der den Fall des Erlöschens wegen Verjährung nach § 47 AO vom Anwendungsbereich des § 73e I StGB ausnehmen sollte. Zudem wurde eine Änderung des EGStGB dahingehend angestrebt, dass der neue § 73e I S. 2 StGB auch rückwirkend zur Anwendung kommen sollte. Ausgenommen sollten Taten sein, die keine Steuerhinterziehungen im besonders schweren Fall nach § 370 III S. 2 Nr. 1 bis 6 AO darstellen. Außerdem sollte keine Rückwirkung auf Fälle angeordnet werden, in denen zum Zeitpunkt des Inkrafttretens der Regelung bereits eine Entscheidung über die Anordnung der Einziehung getroffen worden ist.

127 Begründet wurde der Regelungsvorschlag mit Blick auf § 73e I S. 2 StGB dahingehend, dass die Begründung für § 375a AO (BT-Drs. 19/20058, 28) nach wie vor tragfähig, aber die Vorschrift in das Kernstrafrecht zu verlagern sei, um deutlich zu machen, dass es nicht um die Verjährung des Steueranspruchs selbst, sondern um die Einziehung gehe. Die **echte Rückwirkung** bei der Einziehung in bereits verjährten Fällen der Steuerhinterziehung im besonders schweren Fall wird im Wesentlichen mit den überragenden Belangen des Gemeinwohls begründet. Ohne diese Rückwirkung zumindest bei schweren Fällen der Steuerhinterziehung drohe eine Schädigung des Vertrauens in die Steuergerechtigkeit und der Akzeptanz der Besteuerung der rechtstreuen Steuerpflichtigen, also ein Verlust der Steuerehrlichkeit (BR-Drs. 590/20, 8). Es bestehe kein oder allenfalls ein geringes schützenswertes Vertrauen in den Bestand einer rechtswidrig geschaffenen Vermögenslage (vgl. auch BR-Drs. 503/20, 86).

128 Schließlich brachte – im Ergebnis mit gleicher Begründung – auch die Fraktion Bündnis 90/Die Grünen am 15.10.2020 einen Änderungsantrag in den Finanzausschuss ein, der die Änderungen in das Jahressteuergesetz 2020 integrierte und ebenfalls eine Streichung von § 375a AO und Art. 97 § 34 EGAO und eine Ergänzung von § 73e I StGB um den Satz 2 vorsah. Hier war allerdings eine generelle Rückwirkung der Vorschrift und damit eine umfassende Einziehung trotz abgeschlossener Verjährung vorgesehen.

129 Im Ergebnis wurden die Änderungen dann in das Jahressteuergesetz 2020 vom 21.12.2020 (BGBl. I 3096) einbezogen und sind zum 29.12.2020 in Kraft getreten. § 375a AO und Art. 97 § 34 EGAO wurden aufgehoben und § 73e I um den Satz 2 ergänzt: „*Dies* [der Ausschluss der Einziehung] *gilt nicht für Ansprüche, die durch Verjährung erloschen sind.*"

In Art. 316j EGStGB findet sich nunmehr folgende Regelung:

Art. 316j Übergangsvorschrift zum Jahressteuergesetz 2020

Wird über die Anordnung der Einziehung des Tatertrages oder des Wertes des Tatertrages wegen einer Tat, die vor dem 29. Dezember 2020 begangen worden ist, nach diesem Zeitpunkt entschieden, so ist abweichend von § 2 Absatz 5 des Strafgesetzbuches § 73e Absatz 1 Satz 2 des Strafgesetzbuches in der am 29. Dezember 2020 geltenden Fassung anzuwenden, wenn

1. es sich um eine unter den in § 370 Absatz 3 Satz 2 Nummer 1 der Abgabenordnung genannten Voraussetzungen begangene Tat handelt oder
2. das Erlöschen im Sinne von § 73e Absatz 1 Satz 2 des Strafgesetzbuches durch Verjährung nach § 47 der Abgabenordnung nach dem 1. Juli 2020 eingetreten ist oder

3. das Erlöschen im Sinne von § 73e Absatz 1 Satz 2 des Strafgesetzbuches nach dem 29. Dezember 2020 eingetreten ist.

Diese Regelung basiert auf dem Vorschlag des Finanzausschusses (BT-Drs. 19/25160, **130** 231 ff.). Danach regelt § 73e I S. 2 StGB eine Ausnahme vom Ausschusstatbestand des § 73e I S. 1 StGB. Hier soll die **Abschöpfungslücke** durch die Folgen der Verjährung im Steuerrecht geschlossen werden.

Die Einfügung des § 316j EGStGB soll in Nr. 1 wie im NRW-Entwurf die Rück- **131** wirkung der Einziehungsregeln trotz abgeschlossener Verjährung für Fälle der Steuerhinterziehung die ein Regelbeispiel des § 370 III S. 2 Nr. 1 bis 6 AO erfüllen. Hier folgt die Begründung der sog. Begehungsweisenlösung – wie bei § 376 AO (vgl. HHS/*Bülte* AO § 376 Rn. 37 ff. mwN) –, knüpft also an die Erfüllung der Voraussetzungen des Regelbeispiels an, nicht daran ob es sich im konkreten Fall in der Strafzumessung auch um einen besonders schweren Fall handelt. Dieser Regelung stehe nicht nur Art. 103 II GG nicht entgegen, sondern sie werde auch dem allgemeinen rechtsstaatlichen Rückwirkungsverbot aus Art. 20 III GG gerecht. Die Begründung beruft sich auf die besonders schweren Schäden durch die Steuerhinterziehung in diesen Fällen und das Fehlen eines schutzwürdigen Vertrauens.

Gegen die Verfassungsmäßigkeit dieser Vorschrift bestehen zwar durchgreifende **132** Bedenken, die bereits überzeugend vom BGH (7.3.2019, wistra 2019, 323, 326 ff. mAnm *Saliger* ZIS 2020, 210 f.) dargelegt wurden (→ Rn. 113 ff.; iE hierzu *Maciejewski* wistra 2020, 441, 447 ff.; zweifelnd auch *Feindt/Rettke* DStR 2021, 79, 82). Allerdings hat das BVerfG (BVerfGE 156, 354 [387 ff.]) diese Monita des BGH zurückgewiesen (→ Rn. 123a) und die Vorschrift über die rückwirkende Anwendung der weitgehenden Einziehungsregeln für verfassungsgemäß befunden.

In Nr. 2 soll § 316j EGStGB ersetzt § 375a AO iVm Art. 97 § 34 EGAO und erfasst **133** damit Fälle, die nach diesen Vorschriften bereits dem neuen Einziehungsregime unterfielen. Insofern handelt es sich um eine inhaltlich identische und verfassungsrechtlich unproblematische Nachfolgeregelung.

Nr. 3 erfasst eine Sonderregelung für alle Fälle, die bislang noch nicht von §§ 47, 375a **134** AO erfasst waren. Hier nennt die Begründung des Entwurfs, das Erlöschen infolge von Verjährung nach Art. 124 I Buchst. a Unionszollkodex (*Feindt/Rettke* DStR 2021, 79, 83). In diesen Fällen soll die neue Verjährung erst ab dem 29.12.2020 gelten.

III. Vorschriften über das Einziehungsverfahren

Die verfahrensrechtlichen Regelungen zur Einziehung finden sich in §§ 421 ff. StPO. **135** Hier ist auch das für das Steuerstrafrecht so wichtige Absehen von der Einziehung durch das Gericht geregelt. Typischerweise wird ein **unverhältnismäßiger Aufwand** vorliegen, wenn die Finanzverwaltung vor der Entscheidung über die Einziehung durch die Strafverfolgungsorgane bereits Vollstreckungsmaßnahmen durchgeführt oder erfolglos die Vollstreckung versucht hat. Ferner erscheint ein Absehen von der Einziehung sinnvoll und geboten, wenn bereits Wiedergutmachung vereinbart ist und geleistet wird oder bevorsteht. Insofern hat der BGH (6.6.2019, NStZ 2019, 278) ein Absehen von der Einziehung mit Verweis auf die Vollstreckung durch die Finanzbehörden als gangbaren Weg angesehen.

Für die **selbständige Einziehung** nach § 76a StGB (vgl. → § 375 Rn. 82 ff.) gelten die **136** prozessuale Sonderbestimmung der §§ 435 ff. StPO.

Anhang IV: Geldwäsche

§ 261 StGB Geldwäsche

(1) ¹Wer einen Gegenstand, der aus einer rechtswidrigen Tat herrührt,
1. verbirgt,
2. in der Absicht, dessen Auffinden, dessen Einziehung oder die Ermittlung von dessen Herkunft zu vereiteln, umtauscht, überträgt oder verbringt,
3. sich oder einem Dritten verschafft oder
4. verwahrt oder für sich oder einen Dritten verwendet, wenn er dessen Herkunft zu dem Zeitpunkt gekannt hat, zu dem er ihn erlangt hat,

wird mit Freiheitsstrafe bis zu fünf Jahren oder mit Geldstrafe bestraft. ²In den Fällen des Satzes 1 Nummer 3 und 4 gilt dies nicht in Bezug auf einen Gegenstand, den ein Dritter zuvor erlangt hat, ohne hierdurch eine rechtswidrige Tat zu begehen. ³Wer als Strafverteidiger ein Honorar für seine Tätigkeit annimmt, handelt in den Fällen des Satzes 1 Nummer 3 und 4 nur dann vorsätzlich, wenn er zu dem Zeitpunkt der Annahme des Honorars sichere Kenntnis von dessen Herkunft hatte.

(2) Ebenso wird bestraft, wer Tatsachen, die für das Auffinden, die Einziehung oder die Ermittlung der Herkunft eines Gegenstands nach Absatz 1 von Bedeutung sein können, verheimlicht oder verschleiert.

(3) Der Versuch ist strafbar.

(4) Wer eine Tat nach Absatz 1 oder Absatz 2 als Verpflichteter nach § 2 des Geldwäschegesetzes begeht, wird mit Freiheitsstrafe von drei Monaten bis zu fünf Jahren bestraft.

(5) ¹In besonders schweren Fällen ist die Strafe Freiheitsstrafe von sechs Monaten bis zu zehn Jahren. ²Ein besonders schwerer Fall liegt in der Regel vor, wenn der Täter gewerbsmäßig handelt oder als Mitglied einer Bande, die sich zur fortgesetzten Begehung von Geldwäsche verbunden hat.

(6) ¹Wer in den Fällen des Absatzes 1 oder 2 leichtfertig nicht erkennt, dass es sich um einen Gegenstand nach Absatz 1 handelt, wird mit Freiheitsstrafe bis zu zwei Jahren oder mit Geldstrafe bestraft. ²Satz 1 gilt in den Fällen des Absatzes 1 Satz 1 Nummer 3 und 4 nicht für einen Strafverteidiger, der ein Honorar für seine Tätigkeit annimmt.

(7) Wer wegen Beteiligung an der Vortat strafbar ist, wird nach den Absätzen 1 bis 6 nur dann bestraft, wenn er den Gegenstand in den Verkehr bringt und dabei dessen rechtswidrige Herkunft verschleiert.

(8) Nach den Absätzen 1 bis 6 wird nicht bestraft,
1. wer die Tat freiwillig bei der zuständigen Behörde anzeigt oder freiwillig eine solche Anzeige veranlasst, wenn nicht die Tat zu diesem Zeitpunkt bereits ganz oder zum Teil entdeckt war und der Täter dies wusste oder bei verständiger Würdigung der Sachlage damit rechnen musste, und
2. in den Fällen des Absatzes 1 oder des Absatzes 2 unter den in Nummer 1 genannten Voraussetzungen die Sicherstellung des Gegenstandes bewirkt.

(9) Einem Gegenstand im Sinne des Absatzes 1 stehen Gegenstände, die aus einer im Ausland begangenen Tat herrühren, gleich, wenn die Tat nach deutschem Strafrecht eine rechtswidrige Tat wäre und
1. am Tatort mit Strafe bedroht ist oder
2. nach einer der folgenden Vorschriften und Übereinkommen der Europäischen Union mit Strafe zu bedrohen ist:
    a) Artikel 2 oder Artikel 3 des Übereinkommens vom 26. Mai 1997 aufgrund von Artikel K.3 Absatz 2 Buchstabe c des Vertrags über die Europäische

Union über die Bekämpfung der Bestechung, an der Beamte der Europäischen Gemeinschaften oder der Mitgliedstaaten der Europäischen Union beteiligt sind (BGBl. 2002 II S. 2727, 2729),
b) Artikel 1 des Rahmenbeschlusses 2002/946/JI des Rates vom 28. November 2002 betreffend die Verstärkung des strafrechtlichen Rahmens für die Bekämpfung der Beihilfe zur unerlaubten Ein- und Durchreise und zum unerlaubten Aufenthalt (ABl. L 328 vom 5.12.2002, S. 1),
c) Artikel 2 oder Artikel 3 des Rahmenbeschlusses 2003/568/JI des Rates vom 22. Juli 2003 zur Bekämpfung der Bestechung im privaten Sektor (ABl. L 192 vom 31.7.2003, S. 54),
d) Artikel 2 oder Artikel 3 des Rahmenbeschlusses 2004/757/JI des Rates vom 25. Oktober 2004 zur Festlegung von Mindestvorschriften über die Tatbestandsmerkmale strafbarer Handlungen und die Strafen im Bereich des illegalen Drogenhandels (ABl. L 335 vom 11.11.2004, S. 8), der zuletzt durch die Delegierte Richtlinie (EU) 2019/369 (ABl. L 66 vom 7.3.2019, S. 3) geändert worden ist,
e) Artikel 2 Buchstabe a des Rahmenbeschlusses 2008/841/JI des Rates vom 24. Oktober 2008 zur Bekämpfung der organisierten Kriminalität (ABl. L 300 vom 11.11.2008, S. 42),
f) Artikel 2 oder Artikel 3 der Richtlinie 2011/36/EU des Europäischen Parlaments und des Rates vom 5. April 2011 zur Verhütung und Bekämpfung des Menschenhandels und zum Schutz seiner Opfer sowie zur Ersetzung des Rahmenbeschlusses 2002/629/JI des Rates (ABl. L 101 vom 15.4.2011, S. 1),
g) den Artikeln 3 bis 8 der Richtlinie 2011/93/EU des Europäischen Parlaments und des Rates vom 13. Dezember 2011 zur Bekämpfung des sexuellen Missbrauchs und der sexuellen Ausbeutung von Kindern sowie der Kinderpornografie sowie zur Ersetzung des Rahmenbeschlusses 2004/68/JI des Rates (ABl. L 335 vom 17.12.2011, S. 1; L 18 vom 21.1.2012, S. 7) oder
h) den Artikeln 4 bis 9 Absatz 1 und 2 Buchstabe b oder den Artikeln 10 bis 14 der Richtlinie (EU) 2017/541 des Europäischen Parlaments und des Rates vom 15. März 2017 zur Terrorismusbekämpfung und zur Ersetzung des Rahmenbeschlusses 2002/475/JI des Rates und zur Änderung des Beschlusses 2005/671/JI des Rates (ABl. L 88 vom 31.3.2017, S. 6).

(10) ¹Gegenstände, auf die sich die Straftat bezieht, können eingezogen werden. ²§ 74a ist anzuwenden. ³Die §§ 73 bis 73e bleiben unberührt und gehen einer Einziehung nach § 74 Absatz 2, auch in Verbindung mit den §§ 74a und 74c, vor.

[idF bis 17.3.2021:]
§ 261 StGB Geldwäsche; Verschleierung unrechtmäßig erlangter Vermögenswerte
(1) ¹ Wer einen Gegenstand, der aus einer in Satz 2 genannten rechtswidrigen Tat herrührt, verbirgt, dessen Herkunft verschleiert oder die Ermittlung der Herkunft, das Auffinden, die Einziehung oder die Sicherstellung eines solchen Gegenstandes vereitelt oder gefährdet, wird mit Freiheitsstrafe von drei Monaten bis zu fünf Jahren bestraft. ² Rechtswidrige Taten im Sinne des Satzes 1 sind
1. *Verbrechen,*
2. *Vergehen nach*
    a) *den §§ 108e, 332 Absatz 1 und 3 sowie § 334, jeweils auch in Verbindung mit § 335a,*
    b) *§ 29 Abs. 1 Satz 1 Nr. 1 des Betäubungsmittelgesetzes und § 19 Abs. 1 Nr. 1 des Grundstoffüberwachungsgesetzes,*
3. *Vergehen nach § 373 und nach § 374 Abs. 2 der Abgabenordnung, jeweils auch in Verbindung mit § 12 Abs. 1 des Gesetzes zur Durchführung der Gemeinsamen Marktorganisationen und der Direktzahlungen,*
4. *Vergehen*
    a) *nach den §§ 152a, 181a, 232 Absatz 1 bis 3 Satz 1 und Absatz 4, § 232a Absatz 1 und 2, § 232b Absatz 1 und 2, § 233 Absatz 1 bis 3, § 233a Absatz 1 und 2, den §§ 242, 246, 253, 259, 263 bis 264, 265c, 266, 267, 269, 271, 284, 299, 326 Abs. 1, 2 und 4, § 328 Abs. 1, 2 und 4 sowie § 348,*

b) nach § 96 des Aufenthaltsgesetzes, § 84 des Asylgesetzes, nach § 370 der Abgabenordnung, nach § 119 Absatz 1 bis 4 des Wertpapierhandelsgesetzes sowie nach den §§ 143, 143a und 144 des Markengesetzes, den §§ 106 bis 108b des Urheberrechtsgesetzes, § 25 des Gebrauchsmustergesetzes, den §§ 51 und 65 des Designgesetzes, § 142 des Patentgesetzes, § 10 des Halbleiterschutzgesetzes und § 39 des Sortenschutzgesetzes,

die gewerbsmäßig oder von einem Mitglied einer Bande, die sich zur fortgesetzten Begehung solcher Taten verbunden hat, begangen worden sind, und

5. *Vergehen nach den §§ 89a und 89c und nach den §§ 129 und 129a Abs. 3 und 5, jeweils auch in Verbindung mit § 129b Abs. 1, sowie von einem Mitglied einer kriminellen oder terroristischen Vereinigung (§§ 129, 129a, jeweils auch in Verbindung mit § 129b Abs. 1) begangene Vergehen.*

³ *Satz 1 gilt in den Fällen der gewerbsmäßigen oder bandenmäßigen Steuerhinterziehung nach § 370 der Abgabenordnung für die durch die Steuerhinterziehung ersparten Aufwendungen und unrechtmäßig erlangten Steuererstattungen und -vergütungen sowie in den Fällen des Satzes 2 Nr. 3 auch für einen Gegenstand, hinsichtlich dessen Abgaben hinterzogen worden sind.*

(2) Ebenso wird bestraft, wer einen in Absatz 1 bezeichneten Gegenstand
1. *sich oder einem Dritten verschafft oder*
2. *verwahrt oder für sich oder einen Dritten verwendet, wenn er die Herkunft des Gegenstandes zu dem Zeitpunkt gekannt hat, zu dem er ihn erlangt hat.*

(3) Der Versuch ist strafbar.

(4) ¹ In besonders schweren Fällen ist die Strafe Freiheitsstrafe von sechs Monaten bis zu zehn Jahren. ² Ein besonders schwerer Fall liegt in der Regel vor, wenn der Täter gewerbsmäßig oder als Mitglied einer Bande handelt, die sich zur fortgesetzten Begehung einer Geldwäsche verbunden hat.

(5) Wer in den Fällen des Absatzes 1 oder 2 leichtfertig nicht erkennt, daß der Gegenstand aus einer in Absatz 1 genannten rechtswidrigen Tat herrührt, wird mit Freiheitsstrafe bis zu zwei Jahren oder mit Geldstrafe bestraft.

(6) Die Tat ist nicht nach Absatz 2 strafbar, wenn zuvor ein Dritter den Gegenstand erlangt hat, ohne hierdurch eine Straftat zu begehen.

(7) ¹ Gegenstände, auf die sich die Straftat bezieht, können eingezogen werden. ² § 74a ist anzuwenden.

(8) Den in den Absätzen 1, 2 und 5 bezeichneten Gegenständen stehen solche gleich, die aus einer im Ausland begangenen Tat der in Absatz 1 bezeichneten Art herrühren, wenn die Tat auch am Tatort mit Strafe bedroht ist.

(9) ¹ Nach den Absätzen 1 bis 5 wird nicht bestraft,
1. *wer die Tat freiwillig bei der zuständigen Behörde anzeigt oder freiwillig eine solche Anzeige veranlasst, wenn nicht die Tat zu diesem Zeitpunkt bereits ganz oder zum Teil entdeckt war und der Täter dies wusste oder bei verständiger Würdigung der Sachlage damit rechnen musste, und*
2. *in den Fällen des Absatzes 1 oder des Absatzes 2 unter den in Nummer 1 genannten Voraussetzungen die Sicherstellung des Gegenstandes bewirkt, auf den sich die Straftat bezieht.*

² *Nach den Absätzen 1 bis 5 wird außerdem nicht bestraft, wer wegen Beteiligung an der Vortat strafbar ist.* ³ *Eine Straflosigkeit nach Satz 2 ist ausgeschlossen, wenn der Täter oder Teilnehmer einen Gegenstand, der aus einer in Absatz 1 Satz 2 genannten rechtswidrigen Tat herrührt, in den Verkehr bringt und dabei die rechtswidrige Herkunft des Gegenstandes verschleiert.*

Schrifttum: *Ackermann,* Geldwäsche – Money Laundering Eine vergleichende Darstellung des Rechts und der Erscheinungsformen in den USA und der Schweiz, Diss. Zürich 1992; *Altenhain,* Das Anschlußdelikt: Grund, Grenzen und Schutz des staatlichen Strafanspruchs und Verfallsrechts nach einer individualistischen Strafrechtsauffassung, Habil. Tübingen 2002; *Altenhain/Fleckenstein,* Der Gesetzentwurf zur Neufassung des § 261 StGB, JZ 2020, 1045; *Ambos,* Annahme „bemakelten" Verteidigungshonorars als Geldwäsche?, JZ 2002, 70; *Arzt,* Dolus eventualis und Verzicht, FS Rudolphi, 2004, 3; *Arzt/Weber/Heinrich/Hilgendorf,* Strafrecht Besonderer Teil, 4. Aufl. 2021; *Aschke,* Der Straftatbestand der Geldwäsche im Lichte zivilrechtlicher Erwerbsprinzipien, Diss. Frankfurt a. M. 2012; *Barreto da Rosa,* Strafbare Selbstgeldwäsche, JR 2017, 105; *Barton,* Das Tatobjekt der Geldwäsche – Wann rührt ein Gegenstand aus einer in dem Katalog des § 261 I Nr. 1–3 StGB bezeichneten Straftaten her?, NStZ 1993, 159; *ders.,* Sozial übliche Geschäftstätigkeit und Geldwäsche (§ 261 StGB), StV 1993, 156; *Bauer,* Der Geldwäschetatbestand gem. § 261 StGB einschließlich der Probleme seiner Anwendung, FS Maiwald, 2003, 127; *Beckschäfer/Baumeister,* Der Wegfall der Regelung des § 261 Abs. 1 S. 3 StGB aF, ZWH 2021, 363; *Bergmann,* Materiell-rechtliche und verfahrensrechtliche Überlegungen zur Strafbarkeit der Selbstgeldwäsche, NZWiSt 2014, 448; *Bernsmann,* Geldwäsche und Vortatkonkretisierung, StV 1998, 46; *ders.,* Im Zweifel: Geldwäsche? Überlegungen zum Verhältnis von materiellem und Prozess-Recht bei der Geldwäsche, FS Amelung, 2009, S. 381; *Berthold,* Der neue § 261 StGB aus Sicht der Strafverfolgung, GWuR 2021, 111; *Bischofberger,* Zur Auslegung des Tatbestandsmerkmals „Herrührens" im Rahmen des Straftatbestandes § 261 StGB, Diss. Baden-Baden 2010; *Bittmann,* 82 Millionen Straftäter – Zur Neuregelung des Straftatbestands der Geldwäsche, ZWH 2021, 157; *ders.,* Tatertrag – Das unbekannte Wesen – Abgrenzung zu von § 74 StGB erfassten tatbedingten Zuflüssen, NZWiSt 2021, 133; *Böhme/Busch,* Das Gesetz zur Verbesserung der strafrechtlichen Bekämpfung der Geldwäsche: Richtlinienumsetzung und Neuausrichtung von § 261 StGB, wistra 2021, 169; *Bottke,* Teleologie und Effektivität der Normen gegen Geldwäsche, wistra 1995, 121; *Brüning,* Die Strafbarkeit des Insolvenzverwalters wegen Geldwäsche gem. § 261 StGB, wistra 2006, 241; *Bülte,* Die Geldwäschegesetzgebung als Ermächtigungsgrundlage für den Informationsaustausch zwischen den Steuerbehörden und den Strafverfolgungsorganen, Diss. Frankfurt a. M. u. a. 2007; *ders.,* Der strafbefreiende Rücktritt vom vollendeten Delikt: Partielle Entwertung der strafbefreienden Selbstanzeige gemäß § 371 AO durch § 261 StGB, ZStW 122 (2010), 550; *ders.*, Finanzverbrechen als Vortaten der Geldwäscherei, in: Leitner (Hrsg.), Finanzstrafrecht 2012, 163; *ders.*, Möglichkeiten und Grenzen beweiserleichternder Tatbestandsfassungen im Strafrecht, JZ 2014, 603; *ders.*, Geldwäschetauglichkeit als Vermögensnachteil, NStZ 2014, 680; *ders.*, § 29 Geldwäsche-Compliance, in: Rotsch (Hrsg.) Criminal Compliance Handbuch, 2015; *ders.*, Die Geldwäsche als universelles Kontaktdelikt am Beispiel der leichtfertigen Geldwäsche durch Finanzagenten, ZWH 2016, 377; *ders.*, Zu den Gefahren der Geldwäschebekämpfung für Unternehmen, die Rechtsstaatlichkeit und die Effektivität der Strafverfolgung, NZWiSt 2017, 276; *ders.*, Geldwäsche: Beteiligung an der leichtfertigen Tat und leichtfertige Beteiligung, FS Rengier, 2018, 181; *ders.*, Grundlagen der Geldwäschestrafbarkeit und Geldwäschecompliance für Notare, notar 2019, 75; *ders.*, Verpflichtung des Geldwäschebeauftragten zu rechtzeitigen Verdachtsmeldungen, ZWH 2019, 105; *ders.*, Reform des § 261 StGB: Vermeintlich effektive Abschöpfung statt Rechtsstaatlichkeit, GWuR 2021, 8; *ders./Hagemeier*, Vergabe unwirtschaftlicher Aufträge als strafbare Teilnahme?, NStZ 2015, 317; *Burger*, Die Einführung der gewerbs- und bandenmäßigen Steuerhinterziehung sowie aktuelle Änderungen im Bereich der Geldwäsche, wistra 2002, 1; *Burr*, Geldwäsche: eine Untersuchung zu § 261 StGB, Diss. Siegburg 1995; *Bussmann/Veljovic*, Die hybride strafrechtliche Verfolgung der Geldwäsche – Schlussfolgerungen aus einer bundesweiten Studie, NZWiSt 2020, 417; *Bussmann/Vockrodt*, Geldwäsche-Compliance im Nicht-Finanzsektor: Ergebnisse aus einer Dunkelfeldstudie, CB 2016, 138 (143); *Carl/Klos*, Regelungen zur Bekämpfung der Geldwäsche und ihre Anwendung in der Praxis, Berlin, 1994; *dies.*, Zur Anwendbarkeit des § 261 StGB bei Auslandstaten NStZ 1995, 167; *Cebulla*, Gegenstand der Geldwäsche, wistra 1999, 281; *Dannecker/Hagemeier*, Grenzen der Beteiligung an Finanzvergehen unter besonderer Berücksichtigung europäischer und völkerrechtlicher Vorgaben, in: Leitner (Hrsg.), Finanzstrafrecht 2008, 63; *Dienstbach/Mühlenbrock*, Haftungsfragen bei Pishing-Angriffen, K&R 2008, 151; *Dierlamm*, Geldwäsche und Steuerhinterziehung als Vortat – die Quadratur des Kreises, FS Mehle, 2009, S. 177; *Dionyssopoulou*, Der Tatbestand der Geldwäsche. Eine Analyse der dogmatischen Grundlagen des § 261 StGB, Diss. Frankfurt a. M. u. a. 1999; *El-Ghazi/Laustetter*, Das Gesetz zur Verbesserung der strafrechtlichen Bekämpfung der Geldwäsche – Ein Überblick über die wichtigsten Änderungen beim Straftatbestand des § 261 StGB und bei der selbständigen Einziehung nach § 76a Abs. 4 StGB, NZWiSt 2021, 209; *El-Ghazi/Marstaller/Zimmermann*, Die erweiterte selbständige Einziehung gem. § 76a Abs. 4 StGB nach der Reform des Geldwäschestrafrechts, NZWiSt 2021, 297; *Fabel*, Geldwäsche und tätige Reue: eine Untersuchung zu Auslegung und Anwendung der besonderen Rücktrittsregelungen in § 261 Abs. 9 und 10 StGB, Diss. Marburg 1997; *Fahl*, Grundprobleme der Geldwäsche (§ 261 StGB), Jura 2004, 160; *ders.*, Zur Strafbarkeit wegen Geldwäsche, JZ 2009, 747; *Fertig*, Grenzen der Inkriminierung des Wahlverteidigers wegen Geldwäsche: Ein Beitrag zur praktischen Konkordanz im Strafrecht, Diss. Frankfurt a. M. u. a. 2007; *Fernandez/Heinrich*, Die Strafbarkeit des Strafverteidigers wegen Geldwäsche durch Annahme des Honorars nach südafrikanischem und deutschem Recht, ZStW 126 (2014), 382; *Fischer, Eva Susanne*, Die Strafbarkeit von Mitarbeitern der Kreditinstitute wegen Geldwäsche, Diss. Frankfurt a. M. u.a. 2011; *Fülbier*, Das Geldwäschegesetz – ein Überblick mit kritischen Anmerkungen, DStR 1994, 827; *Gercke/Jahn/Paul*, Sorgenkind außer Kontrolle: Paradigmenwechsel der Geldwäsche-„Bekämpfung" mit der Neufassung des § 261 StGB, StV 2021, 330; *Glaser*, Der neue Geldwäscherei-Straftatbestand, ZWF 2021, 179; *Gotzens/Schneider*, Geldwäsche durch Annahme von Strafverteidigerhonoraren, wistra 2002, 121; *Grüner/Wasserburg*, Geldwäsche durch die Annahme des Verteidigerhonorars?, GA 2000, 430; *Hamm*, Geldwäsche durch die Annahme von Strafverteidigerhonorar?, NJW 2000, 636; *Haurand*, Das Geldwäschegesetz und seine Bedeutung bei der Verfolgung der organisierten Kriminalität, DuD 1994, 204; *Härtl-Meißner*, Die tätige Reue im deutschen und österreichischen Strafrecht: Eine rechtsvergleichende Betrachtung, und ein Ausblick auf Reformmöglichkeiten, Diss. Baden-Baden/Zürich 2020; *Heghmanns*, Strafbarkeit des „Phishing" von Bankkontendaten und ihrer Verwertung, wistra 2007, 167; *Helmers*, Zum Tatbestand der Geldwäsche (§ 261 StGB): Beispiel einer rechtsprinzipiell verfehlten Strafgesetzgebung, ZStW 121 (2009), 509; *Hetzer*, Geldwäsche und Steuerhinterziehung, Kriminalistik 1999, 1306; *Herzog/Hoch*, Bitcoins und Geldwäsche: Bestandsaufnahme strafrechtlicher Fallgestaltungen und regulatorischer Ansätze, StV 2019, 412; *Hund*, Der Geldwäschetatbestand – mißglückt oder mißverstanden?, ZRP 1996, 163; *Höreth*, Die Bekämpfung der Geldwäsche unter Berücksichtigung einschlägiger ausländischer Vorschriften und Erfahrungen, Diss. Tübingen 1996; *Hüttemann*, Die Rechtswidrigkeit der Haupttat und der Vorsatz des Teilnehmers – ein ungeklärtes Verhältnis, ZStW 133 (2021), 936; *Hütwohl*, Die Zentralstelle für Finanztransaktionsuntersuchungen (FIU) – Bekämpfung der Geldwäsche und Terrorismusfinanzierung nach dem neu gefassten Geldwäschegesetz, ZIS 2017, 680; *Jahn/Ebner*, Die Anschlussdelikte – Geldwäsche (§§ 261-262 StGB), JuS 2009, 597; *Kargl*, Probleme des Tatbestands der Geldwäsche (§ 261 StGB), NJ 2001, 57; *Kert/Kodek*, Das große Handbuch Wirtschaftsrecht, 2. Aufl., Wien 2022; *Kindhäuser/Böse*, Strafrecht Besonderer Teil II, 10. Aufl., Baden-Baden 2018; *Kirch-Heim/Samson*, Vermeidung der Strafbarkeit durch Einholung juristischer Gutachten, wistra 2008, 81; *Kögel*, Die Strafbarkeit des „Finanzagenten" bei vorangegangenem Computerbetrug durch „Phishing", wistra 2007, 206; *Kraatz*, Die Geldwäsche (§ 261 StGB), Jura 2015, 699; *Kraushaar*, Die „kontrollierte Weiterleitung" inkriminierter Gelder – Zur Frage der Strafbarkeit nach § 261 StGB beim Handeln für Strafverfolgungsbehörden, wistra 1996, 170; *Kreß*, Das neue Recht der Geldwäschebekämpfung – Eine Bestandsaufnahme nach nationaler und europäischer Rechtsetzung sowie höchstrichterlicher Rechtsfindung, wistra 1998, 121; *Krey/Dierlamm*, Gewinnabschöpfung und Geldwäsche, JR 1992, 353; *Kulisch*, Strafverteidigerhonorar und Geldwäsche, StraFo 1999, 337; *Lampe*, Der neue Tatbestand der Geldwäsche (§ 261 StGB), JZ 1994, 124; *Leip*, Der Straftatbestand der Geldwäsche: zur Auslegung des § 261 StGB, 2. Aufl., Diss. Berlin/Baden-Baden 1999;

ders./Hardtke, Der Zusammenhang von Vortat und Gegenstand der Geldwäsche unter besonderer Berücksichtigung der Vermengung von Giralgeld, wistra 1997, 281; *Löwe-Krahl,* Die Strafbarkeit von Bankangestellten wegen Geldwäsche nach § 261 StGB, wistra 1993, 123; *Lütke,* Geldwäsche bei Auslandsvortaten und nachträgliche Gewährung rechtlichen Gehörs, wistra 2001, 85; *Maiwald,* Auslegungsprobleme im Tatbestand der Geldwäsche, FS Hirsch, 1999, 631; *Mayer,* Die Entdeckung der Tat bei § 261 Abs. 9 S. 1 Nr. 1 StGB, ZWH 2019, 208; *Meyer,* Steuerhinterziehung und Geldwäsche – Folgewirkungen der Reform des § 261 StGB, GWuR 2021, 61; *Meyer-Abich,* Die Unzulässigkeit der Telefonüberwachung bei Vergehen gegen §§ 373, 374 AO vor dem Hintergrund der neueren BGH-Rechtsprechung zur Geldwäsche, NStZ 2001, 465; *Modlinger,* Geldwäschestrafbarkeit aufgrund einer steuerlichen Selbstanzeige?, PStR 2011, 316; *Möhrenschlager,* Das OrgKG – eine Reform nach amtlichen Materialien, wistra 1992, 281; *Müller,* Neufassung des Geldwäschetatbestands – Der „all-crimes-approach", NJW-Spezial 2021, 312; *Müssig,* Strafverteidiger als „Organ der Rechtspflege" und die Strafbarkeit wegen Geldwäsche, wistra 2005, 201; *Müther,* Verteidigungshonorar und Geldwäsche, Jura 2001, 318; *Nestler/Cornelius,* Der Bundesgerichtshof und die Strafbarkeit des Verteidigers wegen Geldwäsche, StV 2001, 641; *Nestler, Nina,* Strafanwendungsrechtliche Probleme des reformierten Geldwäschetatbestandes, Jura 2022, 169; *Neuheuser,* Die Strafbarkeit des Geldwäschebeauftragten wegen Geldwäsche durch Unterlassen bei Nichtmelden eines Verdachtsfalles gemäß § 11 I GWG, NZWiSt 2015, 241; *ders.,* Die begrenzte Straflosigkeit der Selbstgeldwäsche (§ 261 IX 2, 3 StGB), NZWiSt 2016, 265; *Otto,* Geldwäsche, § 261 StGB, Jura 1993, 329; *ders.,* Geldwäsche und das strafrechtliche Risiko von Bankmitarbeitern, ZKredW 1994, 63; *Petropoulos,* Der Zusammenhang von Vortat und Gegenstand in § 261 StGB, wistra 2007, 241 ff.; *Radermacher,* Risiken und Nebenwirkungen bei steuerlichen Nachmeldungen nach § 153 AO als Folge des geänderten § 261 StGB im Überblick – Teil I, AO-StB 2022, 54; Teil II, AO-StB 2022, 91; *Raschke,* Strafverteidigung als „privilegiertes" Berufsbild – „privilegium" oder „a minore ad maius", NStZ 2012, 606; *ders.,* Geldwäsche und rechtswidrige Vortat – eine Analyse der Irrtumsproblematik am Beispiel der Geldwäsche, Diss. Baden-Baden 2014; *Roth,* Steuerhinterziehung: Ersparte Aufwendungen sind keine Vortat der Geldwäsche mehr, PStR 2021, 179; *Ruhmannseder,* Die Reform des deutschen Straftatbestandes der Geldwäsche, ZWF 2021, 188; *Salditt,* Die Schlingen des neuen Steuerstrafrechts, StV 2002, 214; *Scherp/Wrocklage,* Gesetz zur Verbesserung der strafrechtlichen Bekämpfung der Geldwäsche tritt in Kraft, CB 2021, 186 ff.; *Schiemann,* „Bekämpfungsstrafrecht" außer Rand und Band – Zur unverhältnismäßigen Reform des Geldwäschetatbestands, KRiPoZ 2021, 151; *Scaraggi-Kreitmayer,* Steuerberater als Sondertäter der Geldwäsche: Die neue Qualifikation im § 261 StGB und weitere Änderungen im Geldwäsche-Straftatbestand, DStR 2021, 885; *Schindler,* Ist § 261 StGB noch zu retten? Anmerkungen zur Geldwäschebekämpfung im Lichte des Referentenentwurfs vom 11.8.2020, NZWiSt 2020, 457; *ders.,* Geldwäschegesetzgebung und Steuerrecht, 2021, Diss. Köln 2021; *Schittenhelm,* Alte und neue Probleme der Anschlußdelikte im Lichte der Geldwäsche, FS Festschrift Lenckner, 1998, S. 519; *Schneider,* Der Umfang der Geldwäsche in Deutschland und weltweit – Einige Fakten und eine kritische Auseinandersetzung mit der Dunkelfeldstudie von Kai Bussmann, 2016; *Schork/Groß,* Bankstrafrecht, 2013; *Schorn/v. Hebell,* Die Verwertung von Massegegenständen im Spannungsfeld zwischen Geldwäsche und strafrechtlicher Einziehung, NZI 2021, 465; *Schramm,* Zum Verhältnis von (gewerbsmäßiger) Hehlerei (§§ 259, 260 StGB) und Geldwäsche (§ 261 StGB), wistra 2008, 245; *Schröder,* Erweiterung des Vortatenkatalogs der Geldwäsche um Marktmanipulation und Insiderhandel – Risiken für die Kreditwirtschaft und die Kapitalmärkte, WM 2011, 769; *ders./Bergmann,* Warum die Selbstgeldwäsche straffrei bleiben muss, 2013; *ders./Blaue,* Die erste Richtlinie über die strafrechtliche Bekämpfung der Geldwäsche – Auswirkungen in Deutschland, NZWiSt 2019, 161; *Sebastian,* Die Schutzgesetzeigenschaft des § 261 StGB, ZBB 2014, 382; *Siska,* Geldwäsche in Österreich, Deutschland, der Schweiz und Liechtenstein, 2. Aufl., Wien 2007; *Sotiriadis,* Die Entwicklung der Gesetzgebung über Gewinnabschöpfung und Geldwäsche, Diss. Berlin 2010; *Spiske,* Pecunia olet? Der neue Geldwäschetatbestand § 261 StGB im Verhältnis zu den §§ 257, 258, 259 StGB, insbes. zur straflosen Ersatzhehlerei, Diss. Frankfurt a. M. 1998; *Spitzer,* Bekämpfung von Geldwäsche – auf dem bestmöglichen Weg?, ZRP 2020, 216; *Stam,* Das Konkurrenzverhältnis zwischen Geldwäsche und Hehlerei, wistra 2016, 143; *Suendorf,* Geldwäsche – eine kriminologische Untersuchung, Neuwied/Kriftel 2001; *Teixeira,* Die Strafbarkeit der Selbstgeldwäsche, NStZ 2018, 634; *Vogel, Benjamin,* Stellungnahme zum Entwurf des Bundesministeriums der Justiz und für Verbraucherschutz zur Verbesserung der strafrechtlichen Bekämpfung der Geldwäsche v. 7.9.2020; *Travers/Michaelis,* Der neue § 261 StGB – die deutsche Umsetzung der EU-Richtlinie über die strafrechtliche Bekämpfung der Geldwäsche, NZWiSt 2021, 125; *Tsakalis,* Die Verflechtung zwischen Geldwäsche und Steuerhinterziehung, Diss. Baden-Baden 2022; *ders.,* Strafbarkeit der Geldwäsche als Firewall der legalen Wirtschaft, ZRP 2020, 111; *Vogel, Joachim,* Geldwäsche – ein europaweit harmonisierter Straftatbestand?, ZStW 109 (1997), 335; *Voß,* Die Tatobjekte der Geldwäsche, Diss. Köln 2007; *Webel,* Selbstanzeige: Geldwäsche und Selbstanzeigen, PStR 2022, 86; *Weißer,* Expertokratie? – Über Macht und Ohnmacht von Experten im Hinblick auf die Strafrechtsentwicklung, ZStW 129 (2017), 961; *Winkler,* Die Strafbarkeit des Strafverteidigers jenseits der Strafvereitelung. Zugleich ein Beitrag zur Auslegung des § 261 StGB, Diss. Hamburg 2005; *Wolf,* Das Verbot der Geldwäsche und seine Reform aus dem Blickwinkel der Vermögensabschöpfung, NJOZ 2021, 1025; *Wulf,* „Schwere Steuerhinterziehung" gemäß § 370a AO. Zwischenbilanz zur Diskussion über eine missglückte Strafvorschrift, NJW 2002, 2983; *ders.,* Telefonüberwachung und Geldwäsche im Steuerstrafrecht, wistra 2008, 321; *ders.,* Zur Reform von § 261 StGB aus steuerstrafrechtlicher Sicht – eine Wutrede, SAM 2021, 58; *Zentes/Glaab,* Geldwäschegesetz, 2. Aufl. 2020; *Zöller,* Beteiligung an kriminellen und terroristischen Vereinigungen als Vortat der Geldwäsche, FS Roxin II, 2011, 1033.

§ 261 StGB

Anhang IV

Übersicht

	Rn.
I. Begriff, Gesetzeshistorie und Schutzzweck	1–25
1. Begriff	3–8
2. Entstehungsgeschichte	9–20
3. Politische Zielsetzungen und Rechtsgut	21–25
II. Tatbestand	26–201
1. Tatobjekt	27–105
a) Einzelfragen zum Vortatenkatalog des § 261 I 2 StGB aF	31–45
(1) Allgemeine Straftaten und Wirtschaftsstraftaten	34–40
(2) Steuerstraftaten	41–45
b) Auslandsvortaten	46–52
c) Zeitlicher Anwendungsbereich bei Änderungen im Vortatenkatalog	53, 54
d) Tatobjekt der Geldwäsche	55–65
(1) Begriff	56–59
(2) Steuerersparnis als Tatobjekt der Geldwäsche nach § 261 I 3 StGB aF	60–65
e) Herrühren aus der Vortat	66–90
(1) Herrühren als Kausalzusammenhang	67–73
(2) Surrogate	74–79
(3) Weiterverarbeitung	80–84
(4) Vermischung	85–87
(5) Steuerhinterziehung als Vortat	88–90
f) Dekontamination	91–105
(1) Reinigung durch Erwerb ohne rechtswidrige Tat, § 261 I 2 StGB (§ 261 VI StGB aF)	92–99
(a) Beschränkung auf vollständig straflosen Vorerwerb	94, 95
(b) Erwerb durch den Vortäter nach straflosem Zwischenerwerb	96, 97
(c) Analoge Anwendung auf § 261 I StGB aF	98, 99
(2) Sicherstellung, Beschlagnahme und Schadenersatz	100, 101
(3) Verjährung	102–105
2. Tatbestände	106–143
a) Verbergenstatbestand (§ 261 I 1 Nr. 1 StGB)	109–111
b) Vereitelungstatbestand nach § 261 I 1 Nr. 2 StGB	112–121
(1) Verletzungstatbestand nach § 261 I 1 StGB aF	113, 114
(2) Gefährdungstatbestand nach § 261 I 1 StGB aF	115–117
(3) Vereitelungstatbestand nach § 261 I 1 Nr. 2 StGB	118–121
c) Isolierungstatbestand (§ 261 I 1 Nr. 3, 4 StGB)	122–134
(1) Sich- oder einem Dritten-Verschaffen (§ 261 I 1 Nr. 3)	124–131
(2) Verwahren und Verwenden (Nr. 4)	132–134
d) Verheimlichungs- und Verschleierungstatbestand nach § 261 II StGB (§ 261 I 1 StGB aF)	135–143
(1) Verschleierungstatbestand des § 261 I 1 StGB aF	135–137
(2) Verschleierungs- und Vereitelungstatbestand nach § 261 II StGB	138–143
3. Unterlassen	144–149
4. Vorsatz und Leichtfertigkeit	150–171
a) § 261 I und II StGB	151–163
(1) Inkriminierungsvorsatz	152–159
(2) Vorsatz bei Erlangen der Verfügungsbefugnis in § 261 I 1 Nr. 4 StGB	160
(3) Subjektive Voraussetzungen der Tathandlung	161–163
b) Leichtfertigkeit	164–171
5. Sozialadäquanz	172–201
a) Honorarannahme durch Berater	173–191
(1) Strafbarkeit der Honorarannahme durch Strafverteidiger (§ 261 I 3 StGB)	174–191
(a) Geldwäsche durch Strafverteidiger nach BVerfGE 110, 226 ff.	177–182
(b) Strafbarkeit von anderen Rechtsberatern	183–191
b) Alltagsgeschäfte und hoheitliche Tätigkeit	192–197
c) Erfüllung staatlicher Aufgaben	198–200
d) Kein Angehörigenprivileg	201
III. Qualifikation (§ 261 IV StGB)	202–206
IV. Täterschaft und Teilnahme	207, 208
V. Strafanwendungsrecht und grenzüberschreitende Verfolgung	209, 210
VI. Versuch	211–213

Bülte

	Rn.
VII. Strafausschließungsgrund nach § 261 VII StGB	214–227
1. Voraussetzungen der Straffreiheit	215–220
2. Strafbarkeit der sog. Selbstgeldwäsche	221–227
a) Voraussetzungen der Strafbarkeit	221–224
b) Verfassungsrechtliche Bedenken	225–227
VIII. Tätige Reue (§ 261 VIII/§ 261 IX 1 StGB aF)	228–241
1. Grundlagen	229–239
a) Freiwillige Anzeige (§ 261 VIII Nr. 1)	231–235
b) Bewirken der Sicherstellung (§ 261 VIII Nr. 2 StGB)	236–239
2. Verhältnis zu § 371 AO	240, 241
IX. Zeitliche Anwendung von § 261 StGB und § 261 StGB aF	242
X. Konkurrenzen	243–250
XI. Rechtsfolgen	251–269
1. Freiheits- und Geldstrafe	251–253
2. Besonders schwere Fälle (§ 261 V StGB)	254–257
3. Einziehung	258–268
a) Anwendung der §§ 73 ff. StGB auf Taten vor dem 1.7.2017	262
b) Einziehung nach § 73 StGB bei Vortat und Geldwäsche	263, 264
c) Erweiterte und selbständige erweiterte Einziehung (§§ 73a, 76a StGB)	265–268
4. Zivilrechtliche Folgen	269
XII. Verfolgungsverjährung	270, 271
XIII. Prozessuale Besonderheiten	272–298
1. Feststellungen	273–280
a) Vortat und Herrühren	274–277
b) Vorsatz	278, 279
c) Leichtfertigkeit	280
2. Durchsuchung	281, 282
3. Spezifische Ermittlungsmaßnahmen	283–293
a) Telekommunikationsüberwachung	284–290
(1) Geldwäsche als Katalogtat der Telekommunikationsüberwachung	285–287
(2) Schwere Tat im konkreten Einzelfall	288, 289
(3) Anordnung der TKÜ als Gefahrenabwehrmaßnahme	290
b) Andere Ermittlungsmaßnahmen mit Verweis auf § 100a II	291
c) Anordnung der Online-Durchsuchung	292
d) Akustische Wohnraumüberwachung	293
4. Einschränkung des Zeugnisverweigerungsrechts von Journalisten	294, 295
5. Datenweitergabe	296
6. Zuständigkeiten	297, 298
(1) Wirtschaftsstrafkammer	297
(2) Steuerbehörden	298

I. Begriff, Gesetzeshistorie und Schutzzweck

1 § 261 StGB ist eine Strafvorschrift, die in ihrer Konzeption und Stoßrichtung dem US-amerikanischen System entlehnt und dem deutschen Strafrecht fremd ist (vgl. GJW/*Eschelbach* StGB § 261 Rn. 2, 4, 5: *"auf einer Illusion basierendes nicht realisierbares Regelungskonzept"*; vgl. ferner *Schindler* NZWiSt 2020, 457 [460 ff.]). Sie folgt nach der **Konzeption** des Gesetzgebers nicht den Grundsätzen eines rechtsstaatlichen auf Verhältnismäßigkeit und das Schuldprinzip ausgerichteten Strafrechts, sondern dient vielmehr einer Kriminalpolitik, die das Strafrecht ausschließlich unter dem **Gesichtspunkt** der **Effektivität** betrachtet (vgl. auch GJW/*Eschelbach* StGB § 261 Rn. 21). Die Frage nach dem strafwürdigen Unrecht von Geldwäschehandlungen gerät dabei immer mehr aus dem Blick. So ist § 261 StGB zum Instrument der Bekämpfung mittlerer Alltagskriminalität geworden (vgl. GJW/*Eschelbach* StGB § 261 Rn. 1; BGH NJW 2003, 1880 [1881]), erhebt aber weiterhin den Anspruch, unverzichtbares Mittel zur Rettung von Wirtschaft und Gesellschaft vor internationaler Organisierter Schwerkriminalität (zur Organisierten Kriminalität als Kampfbegriff vgl. *Kinzig*, Organisierte Kriminalität, S. 83 ff.; vgl. ferner *Aschke* S. 13 ff.) zu sein. Dieser Nimbus der Geldwäschebekämpfung verdeckt bisweilen den Blick darauf, dass der Sammelbegriff

Geldwäsche mittlerweile von materieller Bagatellkriminalität bis zur Finanzierung grenzüberschreitender Organisierter Kriminalität vieles umfassen kann (Lackner/Kühl/*Kühl* StGB § 261 Rn. 2 bezeichnet die Vorschrift als „rechtsstaatlich vertretbar", obwohl sie ernste Bedenken wecke; krit. *Bülte* NZWiSt 2017, 276 ff.; GJW/*Eschelbach* StGB § 261 Rn. 5; *Fischer* StGB § 261 Rn. 6, 7; SSW-StGB/*Jahn* StGB § 261 Rn. 8; *Schindler* NZWiSt 2020, 457 [460 ff.]). Die Strafvorschrift hatte angesichts des unbestreitbar wichtigen Ziels der Bekämpfung schwerer Formen der Kriminalität bereits bei ihrer Schaffung „*einen Legitimationsvorschuss erhalten, der aber längst verbraucht ist*" (treffend GJW/*Eschelbach* StGB § 261 Rn. 1). § 261 StGB hat sich zur Ausprägung einer erdrosselnden Geldwäschegesetzgebung entwickelt, die der Rechtssicherheit, der Freiheit und der Rechtsstaatlichkeit mehr schadet als nutzt (GJW/*Eschelbach* StGB § 261 Rn. 1; iE auch *Fischer* § 261 Rn. 6 f.).

In der Praxis wird die **Effektivität** der Strafvorschrift des § 261 StGB einhellig als sehr **gering** (so etwa Matt/Renzikowski/*Dietmeier* StGB § 261 Rn. 4.; GJW/*Eschelbach* StGB § 261 Rn. 1; SSW-StGB/*Jahn* StGB § 261 Rn. 6) und ihre **Konzeption** als **gescheitert** eingeschätzt (anschaulich *Bittmann* ZWH 2021, 157 f.; ferner *Fischer* StGB § 261 Rn. 9 („*Konzeption weist Züge von Irrationalität auf*"); vgl. auch Herzog/*El-Ghazi* GwG, § 261 StGB Rn. 15 ff. mwN; *Samson* in FS Kohlmann, 263 ff.). Dem versucht die Gesetzgebung unter erheblichem europäischem und internationalem Druck (ausführlich GJW/*Eschelbach* StGB § 261 Rn. 3) mit weitreichenden Vorschriften zur Geldwäschecompliance im GwG abzuhelfen (Matt/Renzikowski/*Dietmeier* StGB § 261 Rn. 5), was in eine Repressionsspirale und damit zu weiteren elementaren Schäden für Rechtssicherheit und Rechtsstaatlichkeit führt. Auch die martialische Sprache in diesem Kontext, wenn etwa von „Ausmerzen" der Geldwäsche die Rede ist (Schlussfolgerungen des Vorsitzes des Europäischen Rates zur Sondertagung des Europäischen Rats in Tampere vom 15./16.10.1999, Bulletin 84–99 der Bundesregierung, Ziff. 51, abgedruckt in NJW 2000, 339) und Geldwäsche damit zum politischen Kampfbegriff wird, ist für ein rechtsstaatliches Strafrecht unangemessen und verhindert oftmals eine sachliche Befassung mit der Geldwäsche (vgl. SSW-StGB/*Jahn* StGB § 261 Rn. 2; vgl. auch die Kritik von *Bittmann* ZWH 2021, 157 f.). Schließlich wird man auch konstatieren müssen, dass die vielzitierte Schadensdimension der Geldwäsche in Höhe von geschätzt 100 Mrd. Euro (*Bussmann/Vockrodt* CB 2016, 139, 143) nicht unwidersprochen geblieben ist (eingehend und kritisch zu den Schätzungen *Schneider*, Umfang der Geldwäsche, 2016; vgl. auch die pointierte Kritik bei *Schindler* NZWiSt 2020, 457 [458] mwN).

1. Begriff

§ 261 StGB war mit „Geldwäsche, Verschleierung unrechtmäßig erlangter Vermögenswerte" und ist seit dem 18.3.2021 nur noch mit „Geldwäsche" überschrieben. Diese Überschrift hat – damals wie heute – Potenzial zur Irreführung, denn die Strafvorschrift erfasst, auch Handlungen, die weder der Verschleierung dienen noch anderweitig nach allgemeinem Sprachgebrauch als Geldwäsche zu bezeichnen wären (vgl. auch BT-Drs. 12/989, 26; in Österreich (§ 165 öStGB; vgl. *Glaser* ZWF 2021, 179 ff.; *Ackermann* S. 8 f.) und der Schweiz (Art. 305bis chStGB) spricht man im Strafrecht differenzierter von Geldwäscherei). Denn unter dem Schlagwort Geldwäsche wurde und wird traditionell ein Vorgang verstanden, der darauf ausgerichtet ist, die Herkunft von **Vermögensgegenständen,** die aus **organisierten Straftaten** stammen, zu **verschleiern** oder diese selbst zu **verbergen** (vgl. auch *Hoyer/Klos* S. 9; Lackner/Kühl/*Kühl* StGB § 261 Rn. 2; Herzog/*El-Ghazi* GwG, § 261 StGB Rn. 1; zu den Problemen bei der Definition des Begriffes insbesondere *Schindler* NZWiSt 2020, 457 [458]). Die klassische kriminologische Beschreibung der Geldwäsche geht dabei von einem Dreiphasenmodell aus, beginnt mit dem *placement,* der ersten Einspeisung des Vermögenswerts in die legale Wirtschaft, entwickelt sich über das *layering,* die Verschleierungshandlung und endet im Erfolgsfall mit der *integration* der Vermögenswerte, der möglichst unauffälligen Rückführung des Vermögens durch Reinvestierung (GJW/*Eschelbach* StGB § 261 Rn. 2; Herzog/*El-Ghazi* GwG, § 261 StGB Rn. 1; NK-

WiStR/*Reichling* StGB § 261 Rn. 2 ff.; Schork/Groß/*Reichling* BankStrafR § 29 Rn. 1183 ff.; *Siska* S. 45 ff.; *Tsakalis* S. 36 ff.; zu den Handlungsmodellen *Ackermann* S. 8 ff.; *Flatten* S. 7 ff.; vgl. ferner *Suendorf* S. 145). Diese Vorgehensweise setzt ein Mindestmaß an Organisation und Vorbereitung voraus und wird daher oftmals mit der Organisierten Kriminalität in Verbindung gebracht. Doch im deutschen Recht ist dieser Bezug schon seit langem kein notwendiges Kriterium der Strafbarkeit wegen Geldwäsche mehr (Herzog/*El-Ghazi* GwG, § 261 StGB Rn. 4; vgl. bereits *Schoreit* StV 1991, 353 [359]).

4   Wenn der BGH insofern feststellt, es sei nicht zu beanstanden, dass in den Vortatenkatalog des § 261 aF (→ Rn. 31 ff.) – nur Gegenstände, die aus bestimmten Straftaten herrühren, können Gegenstand der Geldwäsche sein (vgl. hierzu und zu den Ungereimtheiten bereits im ursprünglichen Vortatenkatalog *Maiwald* in FS Hirsch, 632 [634]) – auch Straftaten aufgenommen wurden, die nicht (unmittelbar) der organisierten Kriminalität zuzurechnen sind, dann ist das aus verfassungsrechtlicher Sicht zutreffend (einschränkend *Schittenhelm* in FS Lenckner, 519 [529]; dagegen BGHSt 50, 347 [354]; GJW/*Eschelbach* StGB § 261 Rn. 19; SSW-StGB/*Jahn* StGB § 261 Rn. 19). Der Gesetzgeber hat es in der Hand festzulegen, was er unter Geldwäsche versteht und entsprechend mit Strafe bedroht. Insofern steht der Legislative eine weitreichende Einschätzungsprärogative zu (vgl. nur BVerfGE 105, 135 [177 f.] mwN). Doch ist zu beachten, dass die **Bekämpfung leichter** und **mittlerer Alltagskriminalität** deutlich weniger weitreichende Maßnahmen und auch Strafen zulässt als die Bekämpfung der Organisierten Kriminalität, so dass eine Ausweitung des Vortatenkatalogs des § 261 StGB dazu führt, dass der Unrechtsgehalt des Delikts stetig diffuser und unspezifischer wird. Die Feststellung, „die Geldwäsche" gefährde den legalen Wirtschaftsverkehr und die Stabilität des Finanzsystems etc. ist damit so nicht mehr haltbar (vgl. *Bülte* Vorgesetztenverantwortlichkeit, S. 884 f.), weil schlicht unpräzise und zu pauschal (zur ökonomischen Kritik an § 261 StGB *Vogel* ZStW 109 [1997], 335, Fn. 2).

5   Als **Mittel** der **Bekämpfung** der **Organisierten Kriminalität** wurden seit den 1980er Jahren internationale Maßnahmen zur Bekämpfung der Geldwäsche, zunächst im Kontext des unerlaubten Betäubungsmittelhandels, später auch anderer organisierter Kriminalität ergriffen (vgl. auch *Maiwald* in FS Hirsch, 631; eingehend zur Entwicklung des § 261 NK-StGB/*Altenhain* StGB § 261 Rn. 1 ff.; *Tsakalis* S. 48 ff.). Zweck aller Maßnahmen zur Geldwäschebekämpfung war es, die Verwendung kriminell erlangter Mittel zur Begehung weiterer Straftaten und die damit einhergehende Gefährdung der legalen Wirtschaft zu verhindern (vgl. Lackner/Kühl/*Kühl* StGB § 261 Rn. 2). Die Bundesrepublik Deutschland ging zur Umsetzung dieses Ziels zunächst völkerrechtliche Verpflichtungen zur effektiven Bekämpfung der Geldwäsche ein (Übereinkommen der Vereinten Nationen gegen den unerlaubten Verkehr mit Suchtstoffen und psychotropen Stoffen vom 20.12.1988, BGBl. 1993 II 1136; Übereinkommen über Geldwäsche sowie Ermittlung, Beschlagnahme und Einziehung von Erträgen aus Straftaten, v. 8.11.1990). Es folgten unionsrechtliche Vorgaben zur verwaltungsrechtlichen (Richtlinie des Rates vom 10. Juni 1991 zur Verhinderung der Nutzung des Finanzsystems zum Zwecke der Geldwäsche [91/308/EWG], ABl. EG v. 26.6.1991, L 166, 77) und später auch zur strafrechtlichen Bekämpfung (RL [EU] 2018/1673 des Europäischen Parlaments und des Rates vom 23. Oktober 2018 über die strafrechtliche Bekämpfung der Geldwäsche, ABl. EU v. 12.11.2018, L 284, 22) der Geldwäsche, die heute im Wesentlichen nicht nur die Struktur, sondern auch Details des § 261 StGB und des Geldwäschegesetzes (GwG) bestimmen (Schönke/Schröder/*Hecker* StGB § 261 Rn. 1; vgl. auch BeckOK StGB *Ruhmannseder* StGB § 261 Rn. 5). Daher ist bei der Auslegung der Strafvorschrift stets der unionsrechtliche Zusammenhang zu beachten und eine unionsrechtskonforme und **unionsrechtsfreundliche Auslegung** geboten (BGHSt 50, 354 ff.; Schönke/Schröder/*Hecker* StGB § 261 Rn. 1; *Kraatz* Jura 2015, 699 [700]). Das bedeutet insbes., dass bei der Anwendung von § 261 StGB die Grundrechte der Europäischen Grundrechtecharta und ihre Standards maßgebend sind (vgl. nur *Bergmann* NZWiSt 2014, 451; eingehend hierzu WJS WirtschaftsStrafR-HdB/*Dannecker*/*Bülte* Kap. 2 Rn. 202 ff.).

Die Vorgaben des Unionsrechts für die Geldwäschebekämpfung beruhen im Wesentlichen auf Empfehlungen der **Financial Action Taskforce** (FATF), einem 1989 gegründeten zwischenstaatlichen Gremium, das internationale Standards zur Bekämpfung der Geldwäsche entwickelt. Das Gremium ist der OECD angegliedert und ihre Mitglieder (u. a. auch die EU) entsenden Delegationen zur FATF, die die Empfehlungen (The FATF Recommendation) entwickeln, die zwar nur als politische Empfehlungen bezeichnet werden, aber von den mehr als 200 Jurisdiktionen, die sich zur Einhaltung dieser Standards verpflichtet haben, als unbedingt einzuhaltende Vorgaben verstanden werden (instruktiv hierzu *Weißer* ZStW 129 [2017], 961 [968 ff.]). Im Falle der Nichteinhaltung drohen den betreffenden Staaten erhebliche Konsequenzen (vgl. auch BT-Drs. 14/5638, 17 ff.). Insofern ist meist die Veröffentlichung (vermeintlicher) Defizite bei der Umsetzung ausreichend, um Staaten angesichts der drohenden wirtschaftlichen Nachteile zur Befolgung der „Empfehlungen" zu bewegen (vgl. *Weißer* ZStW 129 [2017], 961 [971 f.]). Auch die Bundesrepublik Deutschland orientiert sich in ihrer Gesetzgebung streng an den Empfehlungen und Vorgaben der FATF, ohne die Erforderlichkeit oder Verhältnismäßigkeit jeder einzelnen Vorgabe zu prüfen. Ein demokratischer Rechtssetzungsprozess findet insofern allenfalls noch eingeschränkt statt. Die Frage nach der Legitimation der Strafe und nach dem Unrecht der konkreten Geldwäschehandlungen wird nicht mehr gestellt (GJW/*Eschelbach* StGB § 261 Rn. 8). *Weißer* hat insofern zutreffend von einer „Expertokratie" gesprochen und berechtigte **demokratietheoretische Bedenken** gegen das Vorgehen der FATF geäußert (*Weißer* ZStW 129 [2017], 961 [994]).

Bereits in **Art. 1 RL 91/308/EWG** findet sich eine sehr weitgehende Definition der Geldwäsche, die neben Verschleierungs- und Verheimlichungshandlungen bereits den Erwerb, Besitz und die Verwendung von Vermögensgegenständen aus kriminellen Tätigkeiten im Sinne der Richtlinie als Geldwäsche erfasst. Trotz dieser früheren europäischen Prägung des Rechts der Geldwäschebekämpfung ist zu berücksichtigen, dass die Geldwäscherichtlinien der Europäischen Union bis zur RL (EU) 2018/1673 nur die Verpflichtung enthielten, die Geldwäsche zu verbieten, nicht aber zwingend vorsahen sie mit Kriminalstrafe zu bedrohen (vgl. aber Art. 2 des Zweiten Protokolls zum PIF-Übereinkommen, ABl. EG v. 19.7.1997, Nr. C 221/12), so dass auch insofern Unterschiede zwischen dem europäischen Recht der Geldwäschebekämpfung und dem nationalen Strafrecht auftreten konnten und können, weil die genannte strafrechtliche Richtlinie bis Dezember 2020 umzusetzen war.

Damit wird deutlich, dass bei der Verwendung des Begriffs der Geldwäsche Differenzierungen danach geboten sind, ob man es mit **Geldwäsche im kriminologischen, verwaltungsrechtlichen, unionsrechtlichen** oder **strafrechtlichen** Sinn zu tun hat. Deutlich wird dieses Problem etwa auch an der Ersten Nationalen Risikoanalyse der Bundesregierung, die feststellt, dass weitere Straftaten in den Vortatenkatalog des § 261 I 2 StGB aufgenommen werden müssten, um die Geldwäsche effektiver zu bekämpfen. Diese Forderung kann nur dann in sich widerspruchsfrei erhoben werden, wenn sie von einem ausschließlich kriminologischen und nicht strafrechtlichen Begriff der Geldwäsche ausgeht (vgl. auch *Fischer* StGB § 261 Rn. 5).

2. Entstehungsgeschichte

Mit § 261 StGB wurde mit dem **OrgKG** vom 15.7.1992 (BGBl. 1992 I 1302) erstmals eine **Strafvorschrift** gegen die **Geldwäsche** geschaffen (BT-Drs. 11/7763, 24 ff.; 12/989, 26 ff.). Die Vorschrift ist seitdem bis zum 18.3.2021 27-mal geändert worden, hier soll nur auf die bedeutsamsten Änderungen hingewiesen werden (zu Details NK-StGB/*Altenhain* StGB § 261 Rn. 1 ff.; NK-WiStR/*Reichling* StGB § 261 Rn. 9 ff.; BeckOK StGB/*Ruhmannseder* StGB § 261 Rn. 1 ff.; *Fischer* StGB § 261 Rn. 1).

Bei der Gestaltung der Vorschrift orientierte sich der Gesetzgeber an der Struktur der sog. Anschlussdelikte der §§ 257 ff. StGB (krit. zum Charakter als Anschlussdelikt GJW/

Eschelbach StGB § 261 Rn. 7; ferner *Bülte* ZWH 2016, 377 [384 ff.]), ohne allerdings auf das weite Vortatenverständnis dieser Regelungen zurückzugreifen und alle Straftaten zu Vortaten der Geldwäsche zu erklären; eine Ausuferung des Tatbestandes sollte verhindert werden (BT-Drs. 12/989, 27; 12/6853, 27; NK-StGB/*Altenhain* StGB § 261 Rn. 2). Im Sinne der internationalen Vorgaben wurden zunächst spezifische Delikte als Geldwäschevortaten bestimmt. Das Internationale Suchtstoffübereinkommen vom 20.12.1988 (BGBl. 1993 II 1136 f.) verpflichtete die Bundesrepublik in Art. 3 I Buchst. b) i) ii), c) i) dazu, **Straftaten** nach dem **Betäubungsmittelgesetz** und den **Grundstoffüberwachungsgesetz** als Geldwäschevortaten zu normieren. Auch die GWRL der EG und später der EU sahen zunächst lediglich ein Verbot der Geldwäsche aber keine zwingende Strafbarkeit vor (zur europäischen Entwicklung *Fischer* StGB § 261 Rn. 1b; WJS WirtschaftsStrafR-HdB/*Schnabl* Kap. 6 Rn. 1 ff.). Diese Strafpflicht folgte erst mit Art. 2 des Zweiten Protokolls zum PIF-Übereinkommen (ABl. EG v. 19.7.1997, Nr. C 221/12), das zum 19.5.2009 in Kraft trat (Mitteilung der Kommission [ABl. v. 12.9.2009, EU C 219/1]).

11 Mit Blick auf die Zielrichtung der neuen Strafvorschrift als ein Instrument der Bekämpfung der Organisierten Kriminalität wurden dann aber auch alle **Verbrechen** und von **Mitgliedern krimineller Vereinigungen begangene Vergehen** in den Vortatenkatalog aufgenommen (BT-Drs. 12/989, 20 f.). Aus Gründen der Beweiserleichterung wurden auch Geldwäschehandlungen bei leichtfertiger Unkenntnis der Herkunft unter Strafe gestellt (zur verfassungsrechtlichen Kritik an dieser Vorgehensweise *Bülte* JZ 2014, 603 [606 ff.]; vgl. zur tatsächlichen Notwendigkeit *BRAK* Stellungnahme Nr. 51, September 2020, S. 4 f. mwN). Die rechtsstaatlich bedenkliche Ausweitung (iE ebenso GJW/*Eschelbach* StGB § 261 Rn. 27) der Strafbarkeit zu Zwecken der Beweiserleichterung ist im Übrigen eine Vorgehensweise, die sich als roter Faden durch die Entstehungsgeschichte des § 261 StGB zieht (BT-Drs. 19/24180, 2, 13, 29; 12/989, 27; 12/6853, 27; 13/8651, 10, 11 rekurrieren ausdrücklich auf diesen Zweck; vgl. auch NK-StGB/*Altenhain* StGB § 261 Rn. 43). Sie macht letztlich deutlich, dass § 261 StGB eine Abschöpfungsvorschrift im strafrechtlichen Gewand (vgl. auch *Fischer* StGB § 261 Rn. 5) darstellt und als „enfant terrible des StGB" (SSW-StGB/*Jahn* StGB § 261 Rn. 6; vgl. auch *Helmers* ZStW 121 [2009], 539) oder „legislatorischer Fehlgriff" (*Dierlamm* in FS Mehle, 177 [181]) zutreffend beschrieben ist (vgl. auch *Bernsmann* in FS Amelung, 380).

12 Mit dem **VerbrBG** vom 28.10.1994 (BGBl. I 3186) erfolgte eine **Umstrukturierung** des § 261 StGB und eine grundlegende Ergänzung des Vortatenkatalogs um die §§ 246, 263, 264, 266, 267 und §§ 332, 334 StGB, soweit sie gewerbs- und bandenmäßig begangen wurden (BT-Drs. 12/6853, 27 f.).

13 Der nächste Schritt auf dem Weg des § 261 StGB von der Strafvorschrift gegen die Organisierte Kriminalität zum Universalinstrument gegen Alltagskriminalität erfolgte mit dem **VerbOrgKG** v. 4.5.1998 (BGBl. I 845) durch die **Ausweitung des Vortatenkatalogs** um die §§ 373, 374 AO, § 92a AuslG, § 84a AsylVerfG und weitere Vorschriften des StGB. Eine zentrale Änderung war der allgemeine **Verzicht** auf das Erfordernis der **Kumulation** von **banden-** und **gewerbsmäßiger** Tatbegehung (SSW-StGB/*Jahn* StGB § 261 Rn. 3; *Kreß* wistra 1998, 121 [123]). Bei den **Bestechungsdelikten**, die Katalogtaten wurden, verzichtete man gänzlich auf die Banden- oder Gewerbsmäßigkeit; der Vortäter wurde zum tauglichen Täter des § 261 StGB. **Gegenstände, hinsichtlich** derer **Abgaben hinterzogen** wurden, wurden zu aus der Vortat herrührend erklärt (§ 261 I 3 StGB). Die Mindestfreiheitsstrafe wurde auf drei Monate angehoben und klargestellt, dass auch Auslandstaten als Geldwäschevortaten in Betracht kommen, wenn sie einer Tat aus dem deutschen Vortatenkatalog entsprechen (BT-Drs. 13/8651, 11 f.; *Zöller* in FS Roxin II, 1045 [1051]).

14 Eine für das Steuerstrafrecht wichtige Ausweitung der Strafbarkeit nach § 261 StGB brachte dann Art. 4 StVBG v. 19.12.2001 (BGBl. I 3924). Die neu eingeführte **schwere Steuerhinterziehung** des § 370a AO wurde zur Vortat der Geldwäsche und die Regelung des § 261 I 3 StGB entsprechend angepasst (vgl. zu den verfassungsrechtlichen

Bedenken gegen § 370a AO nur BGH NJW 2004, 1885 [1886]; *Harms* in FS Kohlmann, 413 ff.; *Park* wistra 2003, 328). Nun wurden auch unrechtmäßig erlangte Steuervergütungen, die durch Taten nach § 370a AO aF erlangt wurden, taugliche Tatobjekte (zur Kritik an der Regelung Herzog/*El-Ghazi* GwG, § 261 StGB Rn. 80). Zum 27.7.2002 (BGBl. I 2715) wurde zunächst § 370a AO aF um das Tatbestandsmerkmal gewerbsmäßiger oder bandenmäßiger Begehung ergänzt, um die Verfassungsmäßigkeit herzustellen, und durch erneute Änderung des § 261 StGB zusätzlich die durch Steuerhinterziehung nach § 370a AO aF ersparten Aufwendungen zu tauglichen Tatobjekten erklärt.

Zum 1.1.2008 (BGBl. 2007 I 3198; BT-Drs. 16/5846, 19 f., 74 f.) wurde **§ 370a AO** **15** wieder **abgeschafft, § 370** und **§ 373 AO umstrukturiert** und der Vortatenkatalog des § 261 StGB auf die Steuerhinterziehung nach § 370 AO, soweit **gewerbs-** oder **bandenmäßig** begangen, erweitert. Ferner sollten auch durch solche Taten unrechtmäßig erlangte Steuererstattungen und ersparte Aufwendungen Tatobjekte der Geldwäsche sein.

Es folgten weitere Ausweitungen des Vortatenkatalogs zum 21.8.2008 in Umsetzung der **16** 3. GW-RL EG um §§ 271, 348 StGB (BR-Drs. 168/08, 60; BT-Drs.16/9038, 28 f.), zum 4.8.2009 um § 89a StGB (BGBl. 2009 I 2437; BR-Drs. 69/09, 21; BT-Drs. 16/12428, 18), zum 3.5.2011 (BGBl. 2011 I 676; BT-Drs. 17/4182, 5; 17/5067, 11; krit. *Schröder* WM 2011, 769 [773]) um Delikte aus dem **Nebenstrafrecht** (WpHG, MarkenG, UrhG etc.) und zum 1.9.2014 um § 108e StGB (BGBl. 2014 I 410). Es schloss sich eine Vielzahl an weiteren Änderungen mit zum Teil nur redaktioneller Bedeutung an.

Eine der bedeutenden neueren Änderungen war zweifelsfrei die Aufnahme gewerbs- **17** oder bandenmäßig begangener Straftaten nach **§ 299 StGB** (hierzu *Bülte* NZWiSt 2015, 280 f.) – nicht aber §§ 299a, 299b StGB – und die Beseitigung der Straflosigkeit der sog. **Selbstgeldwäsche** bei Verschleierungshandlungen durch Ergänzung von § 261 IX 3 aF StGB (BGBl. 2015 I 2025; BT-Drs. 18/4350, 13, 18 f.).

Der bislang letzte Schritt auf dem Weg zum zweifelhaften Gebrauch des Strafrechts als **18** Mittel der Einziehung von Vermögenswerten wurde mit dem **Gesetz zur Verbesserung der strafrechtlichen Bekämpfung der Geldwäsche vom 9.3.2021** (BGBl. 2021 I 327) gemacht. Ziel des Gesetzes war im Wesentlichen, der Strafvorschrift des § 261 StGB aus außenpolitischen Gründen – um den Vorgaben der Financial Action Task Force (FATF) gerecht zu werden und wirtschaftliche Sanktionen zu vermeiden – zu einem größeren Anwendungsbereich zu verhelfen, also Verurteilungen zu „produzieren". Auf die Frage nach dem Unrecht der nunmehr kriminalisierten Taten kam es den Verfassern des Gesetzesentwurfs wohl nicht an. Daher müssen die Motive für die Novelle des § 261 StGB mit besonderer Skepsis im Hinblick auf ihre Sachgerechtigkeit betrachtet werden. Die Umsetzung der Richtlinie (EU) 2018/1673 war nur der Anlass für die Reform.

Im Mittelpunkt der Novelle steht das Konzept des sog. **All-Crime-Ansatzes** (vgl. **19** *Böhme/Busch* wistra 2021, 169 ff.; *Bülte* Ausschuss für Recht und Verbraucherschutz Protokoll – Nr. 19/117, S, 51; *Gazeas* NJW 2021, 1041 ff; *Gercke/Jahn/Paul* StV 2021, 330 ff.; *Müller* NJW-Spezial 2021, 312; *Schiemann* KriPoZ 2021, 151; *Schindler* S. 402 ff.). Danach ist nicht mehr nur eine bestimmte Gruppe von Straftaten, die sich durch besonderes Gewicht oder spezifische Nähe zur Organisierten Kriminalität auszeichnen Vortaten und damit Anknüpfungspunkt der Geldwäsche, sondern jede rechtswidrige Tat iSv § 11 I Nr. 5 StGB (vgl. BT-Drs. 19/24180, 42). Damit kann auch eine Fahrlässigkeitstat Vortat der Geldwäsche sein (vgl. hierzu nur → Rn. 29). § 261 StGB ist so endgültig zu einem Instrument der Bekämpfung von Bagatellkriminalität geworden (NK-WiStR/*Reichling* StGB § 261 Rn. 16; *Gezeas* NJW 2021, 1041, 1043). Die Unverhältnismäßigkeit dieser weitgreifenden Strafbarkeit liegt auf der Hand (*Bittmann* ZWH 2021, 157 [158]: Verstoß gegen die Menschenwürde) und wird insbes. deutlich, wenn man die Ausführungen des Gesetzesentwurfs (BT-Drs. 19/24180, 29) in den Blick nimmt. Die Strafbarkeit wurde nicht etwa ausgeweitet, um Handlungen mit Unrechtsgehalt, die man als strafwürdig angesehen hat, mit Strafe zu bedrohen oder europäische Vorgaben umzusetzen (vgl. *Böhme/Busch* wistra

2021, 169 f.), sondern um mehr Verurteilungen wegen Geldwäsche zu erreichen und den Beweis der Straftat zu erleichtern. Der Gesetzesentwurf setzt hier eine höhere Zahl an Verurteilungen mit einer besseren Bekämpfung der Kriminalität gleich. Dass jedoch mehr Verurteilungen (zu den derzeitigen Zahlen *Bussmann/Veljovic* NZWiSt 2020, 417 f.) nicht per se ein Anzeichen von effektiverer Kriminalitätsbekämpfung sind, ist trivial. Sie können genauso gut ein Zeichen schlechter bzw. unterlassener Prävention oder von Überkriminalisierung sein, wie sie die Neufassung des § 261 StGB konsequent umgesetzt hat.

20   Mit dieser Vorgehensweise des Gesetzesentwurfs wird die Strafbarkeit nicht strafwürdiger Handlungen missbraucht, um die Verfolgung anderer, tatsächlich für strafwürdig gehaltener Handlungen zu fördern (zur Kritik auch BeckOK StGB *Ruhmannseder* StGB § 261 Rn. 10 mwN; *ders.* ZWF 2021, 188 [189]; zum Folgenden ferner *Bülte* Ausschuss für Recht und Verbraucherschutz Protokoll – Nr. 19/117, S. 21 ff.; *Tsakalis* S. 285 ff.). Das Konzept des Gesetzesentwurfs erweckt beinahe den Eindruck, als folge er dem Grundsatz: Besser wird ein Unschuldiger bestraft, als dass ein Schuldiger seiner „gerechten Strafe" entgeht (kritisch zu diesem Prinzip bereits *von Spee,* cautio criminalis, 1632, Frage 13 III). Ziel des Gesetzesentwurfs ist damit die Beseitigung oder Aufweichung von Verfahrenssicherungen, die die Durchführung eines fairen und rechtsstaatlichen Prozesses garantieren sollen, nur um eine höhere Zahl von Verurteilungen zu erreichen. Dabei wird die Zahl der Verurteilungen wegen Geldwäsche ohne nachvollziehbaren Grund als Erfolg bei der Bekämpfung der Kriminalität bezeichnet. Dass die Gesetzesänderung einen Schritt auf dem Weg zur effektiven Bekämpfung der Organisierten Kriminalität darstellen soll, ist unplausibel. Denn durch die uferlose Ausweitung der Strafbarkeit wird lediglich eine Zersplitterung der Kräfte von Polizei und Justiz erreicht (vgl. auch *Vogel,* Stellungnahme, S. 4 mwN; ähnl. *Schindler* NZWiSt 2020, 457 [459]). *Fischer* (StGB § 261 Rn. 11) kritisiert die Neufassung des § 261 StGB nicht zu Unrecht als auf das „Prinzip der Willkür" gestützt (krit. auch *Spitzer* ZRP 2020, 216 f.).

3. Politische Zielsetzungen und Rechtsgut

21   Die gesetzgeberische Zielsetzung der Strafvorschrift in § 261 StGB war ursprünglich, die Einschleusung von Vermögensgegenständen aus der Organisierten Kriminalität in den legalen Wirtschafts- und Finanzkreislauf zu verhindern (BT-Drs. 12/989, 26; 13/8651, 11; BGHSt 50, 347 [354]; *Bülte* S. 181 ff.; *Kraatz* Jura 2015, 699; MüKoStGB/*Neuheuser* StGB § 261 Rn. 4). Hier sah man einen Ansatz, um diese schweren Formen der Kriminalität effektiv zu bekämpfen, indem zum einen die **Strukturen** der **Organisierten Kriminalität aufgedeckt** würden und zum anderen ihre wirtschaftliche Grundlage angegriffen und damit der Anreiz für Straftaten vermindert würde. Es sollten die Spuren des Vermögens (sog. **Paper Trail**) offengelegt werden, indem die Verschleierung der Herkunft von Vermögen unter Strafe gestellt wird. Ferner wurden Handlungen mit Strafe bedroht, die die staatliche Abschöpfung von Vermögenswerten aus Katalogstraftaten beeinträchtigen (vgl. Schönke/Schröder/*Hecker* StGB § 261 Rn. 2; vgl. auch LK-StGB/*Schmidt/Krause* StGB § 261 Rn. 2). Schließlich sollten Vermögensgegenstände, die aus solchen Straftaten stammen „*praktisch verkehrsunfähig*" (BT-Drs. 12/989, 27) gemacht werden (Isolationswirkung), indem der Umgang mit ihnen unter Strafe gestellt wurde (vgl. BGHSt 55, 36 [49], Rz. 57; NK-StGB/*Altenhain* StGB § 261 Rn. 7 f.; Matt/Renzikowski/*Dietmeier* StGB § 261 Rn. 1). Zu all diesen Zwecken sah man die bisherigen Strafvorschriften der §§ 257 ff. StGB als unzureichend an (BT-Drs. 12/989, 26).

22   Die Bestimmung des **Schutzgutes des § 261 StGB** bereitet erhebliche Schwierigkeiten und ist letztlich noch nicht gelungen (Herzog/*El-Ghazi* GwG, § 261 StGB Rn. 21; Zentes/Glaab/*Ballo* GwG, § 261 StGB Rn. 23; vgl. auch *Bülte* S. 183 ff.; GJW/*Eschelbach* StGB § 261 Rn. 7; NK-WiStR/*Reichling* StGB § 261 Rn. 12), weil die Tatbestände sehr unterschiedlich strukturiert und an vagen kriminalpolitischen Zielen ausgerichtet sind, es der Begründung der Gesetzesentwürfe an Präzision, Struktur und Stringenz fehlt (Herzog/

El-Ghazi GwG, § 261 StGB Rn. 22), und sich schließlich Gesetzeszweck und Rechtsgut mit Blick auf die Rspr des BVerfG (vgl. BVerfGE 120, 224 [238 ff.]) nur schwer trennen lassen (aA wohl *Neuheuser* NZWiSt 2016, 265 [266]). Der BGH (BGHSt 50, 347 [357]) spricht daher von einem eigenständigen Unrechtsgehalt der Geldwäsche, ohne diesen näher zu konkretisieren (Matt/Renzikowski/*Dietmeier* StGB § 261 Rn. 2; *Fischer* StGB § 261 Rn. 2). Das BVerfG hat die durch die Strafvorschrift geschützten Rechtsgüter als weit und vage bezeichnet (BVerfGE 110, 226 [251]).

Die hM (BT-Drs. 12/989, 27; BGH NStZ-RR 2013, 253; Lackner/Kühl/*Kühl* StGB **23** § 261 Rn. 1; *Kraatz* Jura 2015, 699 [700]) ging mit Blick auf § 261 StGB vor dem 18.3.2021 davon aus, dass **Absatz 1 dem Schutz der inländischen Strafrechtspflege** dient – letztlich eine nichtssagende Tautologie (so zutreffend GJW/*Eschelbach* StGB § 261 Rn. 8) –, während **Absatz 2** (auch) das durch die **Vortat verletzte Rechtsgut** schützen sollte (BT-Drs. 12/989, 27; BGH NJW 2018, 2743; OLG Hamburg NJW 2000, 674; SSW-StGB/*Jahn* StGB § 261 Rn. 11; Lackner/Kühl/*Kühl* StGB § 261 Rn. 1; *Kraatz* Jura 2015, 699 [700]; MüKoStGB/*Neuheuser* StGB § 261 Rn. 15; *Petropulos* wistra 2007, 242; LK-StGB/*Schmidt/Krause* StGB § 261 Rn. 4; krit. NK-StGB/*Altenhain* StGB § 261 Rn. 12: „zu unbestimmt"; ebenso Herzog/*El-Ghazi* GwG, § 261 StGB Rn. 22; *Otto* GK § 96 Rn. 27). Andere Auffassungen sehen nur die Rechtspflege, das Schutzgut der Vortat, und/oder auch die abschreckende Wirkung der Vortatstraftatbestände (NK-StGB/*Altenhain* StGB § 261 Rn. 14), die innere Sicherheit (*Barton* NStZ 1993, 156 [160]; *Knorz* S. 125; LK-StGB/*Schmidt/Krause* StGB § 261 Rn. 4; dagegen Herzog/*El-Ghazi* GwG, § 261 StGB Rn. 26), den legalen Wirtschafts- und Finanzkreislauf (*Bülte* S. 185; *Lampe* JZ 1994, 123 [125]; auch BT-Drs. 18/6389, 11 nennt die Integrität des Wirtschaftskreislaufs als Schutzgut; ähnlich *Forthauser* S. 148, 159; dagegen *Burr* S. 27; SSW-StGB/*Jahn* StGB § 261 Rn. 12; Herzog/*El-Ghazi* GwG, § 261 StGB Rn. 25), die staatliche Ermittlungstätigkeit (NK-StGB/*Altenhain* StGB § 261 Rn. 13) oder die legale Wirtschaft als geschützt an (Nachweise bei NK-StGB/*Altenhain* StGB § 261 Rn. 10 f.), oder kombinieren diese Schutzrichtungen (NK-StGB/*Altenhain* StGB § 261 Rn. 31; Herzog/*El-Ghazi* GwG, § 261 StGB Rn. 31 f.). Das Gesetzgebungsverfahren macht deutlich, dass es nicht um den Schutz bestimmter Güter oder Institutionen gegangen ist, sondern um die Erreichung (kriminal)politischer Ziele, anfangs um die Bekämpfung der Organisierten Kriminalität, später ausschließlich noch um die Erfüllung internationaler und europäischer Vorgaben (vgl. auch GJW/*Eschelbach* StGB § 261 Rn. 8). Aufgrund dieser mangelnden Reflexion der Gründe für die Strafbarkeit der Geldwäsche ist die Bestimmung des Schutzgutes des § 261 StGB über die Gesetzesmaterialien und damit vielfach auch die Auslegung der Vorschrift insgesamt ausgesprochen schwierig. Denn nach der gesetzgeberischen Konzeption soll § 261 StGB insbes. den Grundsatz absichern, dass Verbrechen sich nicht lohnen soll. Dass es sich damit nicht um ein Rechtsgut im herkömmlichen Sinn handelt, sondern lediglich um eine Phrase der Kriminalpolitik, liegt auf der Hand.

Wenn man die Tatbestände des § 261 StGB vor diesem Hintergrund auf klassische **24** Rechtsgüter beziehen wollte, käme hier am ehesten der **Schutz der Strafrechtspflege** in Betracht, auch wenn sich dann mit Blick auf Auslandsvortaten (§ 261 IX StGB) die Frage stellt, ob auch die ausländische Strafrechtspflege geschützt sein soll. Die Rspr ging weiterhin davon aus, dass durch § 261 II StGB aF bzw. I Nr. 3 und 4 StGB auch die **Rechtsgüter der Vortat** geschützt wurden, also eine Prolongierung des Rechtsgüterschutzes stattfinden sollte (vgl. BT-Drs. 12/8989, 27; 12/3533, 13; BGHSt 55, 36 [49], Rn. 57; dagegen *Barton* StV 1993, 156 [159], der den Zweck des § 261 StGB in dem Schutz aller Rechtsgüter vor durch die illegal erlangten Vermögenswerte ermöglichter künftiger Kriminalität sieht). Mit der Idee des Gesetzesentwurfs, es handele sich bei § 261 II StGB um einen Auffangtatbestand, der dann zum Tragen komme, wenn ein Verschleiern oder Verbergen nicht vorliege und ein Gefährdungsvorsatz nicht nachweisbar sei (BT-Drs. 12/3533, 13; ebenso BGH NStZ 2017, 169 [170]), ist dieser Rechtsgutswechsel freilich kaum vereinbar.

25 Auch das BVerfG hat deutlich gemacht, dass es sich mit der Bestimmung des Rechtsguts des § 261 StGB schwer tut. So hat es von einer besonderen „Weite und Vagheit" der durch die Strafvorschrift möglicherweise geschützten Rechtsgüter gesprochen (BVerfGE 110, 226 [251]). Der 5. Strafsenat des BGH hat mit Blick auf den verfassungsrechtlichen Bestimmtheitsgrundsatz (Art. 103 II GG) eine **restriktive Auslegung der Strafvorschrift** gefordert (zum Gebot der restriktiven Auslegung des § 261 StGB auch Herzog/*El-Ghazi* GwG, § 261 StGB Rn. 19 f., 33): „*Durch die Kombination von einerseits Katalogtaten (mit teilweise zusätzlichen Erfordernissen) mit einer Vielfalt von Tathandlungen, die nahezu jedweden Umgang mit dem deliktsbehafteten Gegenstand unter Strafe stellen [...], bewegt sich dieser Straftatbestand an der Grenze der Verständlichkeit. Um eine noch ausreichende Bestimmtheit und Übersichtlichkeit dieser Strafvorschrift sicherzustellen, ist eine restriktive Auslegung der Tatbestandsmerkmale geboten. Dies bedeutet, dass nur solche Handlungen als tatbestandsmäßig angesehen werden können, die sich ohne Weiteres und sicher dem Wortlaut der Bestimmung unterordnen lassen*" (BGH NJW 2008, 2516 [2517]). Dieses rechtsstaatliche Monitum wird jedoch von der Rechtsprechungspraxis, auch der höchstrichterlichen, vielfach ignoriert, wie etwa die Entscheidung des 1. Strafsenats zum Giralgeld (→ Rn. 68) zeigt (vgl. aber AG Tiergarten, Beschluss v. 5.6.2013 – (249) 241 Js 757/12 (38/13), Rn. 7 ff.).

II. Tatbestand

26 Der Tatbestand der Geldwäsche kann von jedermann erfüllt werden. Die Geldwäsche ist ein **Allgemeindelikt** (Herzog/*El-Ghazi* GwG, § 261 StGB Rn. 5).

1. Tatobjekt

27 Taugliches Tatobjekt des § 261 StGB ist stets nur ein Gegenstand (→ Rn. 51 ff.), der aus einer rechtswidrigen Tat iSd § 11 I Nr. 5 StGB, also irgendeiner Straftat herrührt. Damit sind insbes. auch alle Steuerstraftaten Vortaten der Geldwäsche.

28 Bis zur Reform des § 261 StGB war es erforderlich, dass der Gegenstand aus einer sog. Katalogtat herrührte, also aus einer bestimmten rechtswidrigen Tat, die in einem Katalog abschließend aufgezählt war, den § 261 I 3 StGB enthielt.

29 Dabei kommt es nicht darauf an, ob die **Vortat** schuldhaft begangen wurde oder gar bestraft werden kann (NK-StGB/*Altenhain* StGB § 261 Rn. 32; Lackner/Kühl/*Kühl* StGB § 261 Rn. 4); vielmehr ist die rechtswidrige Erfüllung des Tatbestandes ausreichend (GJW/*Eschelbach* StGB § 261 Rn. 19). Es kann sich auch um eine **fahrlässig begangene Tat** handeln (zB § 401 II AktG; § 95 IV AMG; § 4 VI AntiDopG; § 17 V AWG; § 29 IV BtMG; §§ 27 IV, 27b IV ChemG; § 84 II GmbHG; § 148 II GenG; § 19 IV GüG; § 15a V InsO; § 339 III KAGB; §§ 54a II, 55 II KWG; § 19 V KrWaffKontrG; § 59 I LFGB; § 92 VII MPDG; § 119 VII WpHG; § 82 II WplG).

30 **Wer die Tat begangen hat, ist nicht entscheidend**. Das in der ursprünglichen Fassung des § 261 I StGB (1992) enthaltene Erfordernis, dass die Vortat von einem anderen begangen worden ist, wurde mit Gesetz zur Verbesserung der Bekämpfung der Organisierten Kriminalität (BGBl. 1998 I 845; BT-Drs. 13/8651, 10) gestrichen. Mit der Änderung sollte verhindert werden, dass eine Bestrafung ausscheidet, weil die Begehung der Vortat weder zur Überzeugung des Gerichts festgestellt noch als negatives Tatbestandsmerkmal der Geldwäsche ausgeschlossen werden kann. Ein Strafausschließungsgrund bei Vortatbeteiligung ist jedoch in § 261 VII StGB (§ 261 IX 2 aF) erhalten geblieben (→ Rn. 214 ff.).

a) Einzelfragen zum Vortatenkatalog des § 261 I 2 StGB aF

31 Mit Blick darauf, dass § 2 I StGB die Geltung des Rechts anordnet, das zum Zeitpunkt der Tatbegehung gegolten hat, werden sich für eine erhebliche Zeitspanne noch Fragen zum alten Geldwäschestrafrecht stellen. Daher soll auf die Rechtslage vor dem 18.3.2021 an dieser Stelle und später noch eingegangen werden.

Die Bestimmung der Vortat bereitet aufgrund des eindeutigen Katalogs in § 261 I 2 **32** StGB aF grundsätzlich keine Schwierigkeiten. Der unsystematische und extrem weite (Herzog/*El-Ghazi* GwG, § 261 StGB Rn. 6) Vortatenkatalog des § 261 I 2 StGB aF (krit. zum Vortatenkatalog GJW/*Eschelbach* StGB § 261 Rn. 19, 21; AWHH/*Heinrich* § 29 Rn. 10: „konzeptioneller Bruch") war abschließend und durfte nicht durch Analogie erweitert werden (vgl. LG Koblenz NStZ 1997, 549 [550]; *Kraatz* Jura 2015, 699 [702]; Lackner/Kühl/*Kühl* StGB § 261 Rn. 4; LK-StGB/*Schmidt/Krause* StGB § 261 Rn. 8). Ein tatsächlicher Zusammenhang mit Organisierter Kriminalität war – und ist heute erst recht – nicht erforderlich (BGHSt 50, 347 [354]; BGH wistra 1999, 25 [26]; NK-StGB/*Altenhain* StGB § 261 Rn. 35; SK-StGB/*Hoyer* StGB § 261 Rn. 7; Herzog/*El-Ghazi* GwG, § 261 StGB Rn. 35; aA *Schittenhelm* in FS Lenckner, 519 [529]), er wurde durch den Gesetzgeber vermutet bzw. fingiert (vgl. auch NK-StGB/*Altenhain* StGB § 261 Rn. 35). Die Geldwäsche war – abgesehen von den Fällen des § 261 I 2 Nr. 5 StGB aF – keine Vortat der Geldwäsche, musste sie jedoch auch nicht sein, weil ihr zwingend eine Katalogtat vorausgehen musste (NK-StGB/*Altenhain* StGB § 261 Rn. 35; *Höreth* S. 112). Nach aktueller Rechtslage ist die **Geldwäsche** natürlich wie jede andere rechtswidrige Tat iSd § 11 I Nr. 5 StGB auch **Vortat zur Geldwäsche.**

Umstritten war jedoch, ob ein geldwäschetauglicher Gegenstand vorlag, wenn der **33** **Haupttäter keine Katalogtat** beging, während ein Beteiligter sich wegen Anstiftung oder Beihilfe zur Katalogtat strafbar gemacht hatte, etwa weil nur er ein besonderes persönliches Merkmal erfüllte oder mit einer bestimmten Absicht handelte etc. Der **BGH** hatte eine **Katalogtat** für den Fall **abgelehnt,** dass einem nicht gewerbsmäßig oder als Bandenmitglied handelnden Haupttäter gewerbsmäßig Hilfe geleistet wurde (BGH NJW 2008, 2516; BGH wistra 2015, 18 [20]; Lackner/Kühl/*Kühl* StGB § 261 Rn. 4; Herzog/*El-Ghazi* GwG, § 261 StGB Rn. 39; aA *Burger* wistra 2002, 1 [7]; NK-StGB/*Altenhain* StGB § 261 Rn. 30; SSW-StGB/*Jahn* StGB § 261 Rn. 22). Dazu verwies der BGH auf vier Argumente: Zum Ersten sei in § 261 I 1 StGB aF nur von Tat die Rede gewesen und nicht ausdrücklich auf Teilnehmer Bezug genommen. Dieses Argument war nicht valide, weil auch die Beteiligung an einer Tat eine eigene Tat iSd § 11 I Nr. 5 StGB war. Es bedurfte des Hinweises auf §§ 26, 27 StGB nicht. Zum Zweiten werde durch den Verweis des § 261 I 2 Nr. 3 StGB aF auf § 374 II AO, wo es hieß „*handelt der Täter*", deutlich, dass nur eine gewerbsmäßige Tat des Täters gemeint sein könne. Damit galt für § 374 II AO zweifellos, dass die Beihilfe eines gewerbsmäßig Handelnden die Tat nicht zur Katalogtat werden lässt. Die Übertragung auf § 261 I 2 Nr. 4 StGB aF war naheliegend, aber nicht zwingend. Auch das dritte Argument, der erforderliche Konnex des Herrührens des Vermögensgegenstands bestehe nur zur Haupttat, war nicht zwingend, weil auch der gewerbsmäßige Gehilfe für sein Hilfeleisten etwas erhalten kann. Doch ist dem BGH in seinem vierten Argument und im Ergebnis zuzustimmen: § 261 StGB aF war mit seinen Kombinationen von Katalogen, in seiner extensiven Fassung so unübersichtlich und „*an der Grenze der Verständlichkeit*" angesiedelt, dass – soweit möglich – stets eine restriktive Auslegung der Strafvorschrift verfassungsrechtlich geboten war (BGH NJW 2008, 2516 [2517]; SSW-StGB/*Jahn* StGB § 261 Rn. 56).

(1) Allgemeine Straftaten und Wirtschaftsstraftaten. In den Vortatenkatalog fielen **34** zunächst nach § 261 I 2 Nr. 1 StGB aF alle **Verbrechen** iSv § 12 I StGB (krit. Lackner/Kühl/*Kühl* StGB § 261 Rn. 2), einschließlich ihres Versuchs und der Verabredung zu solchen Taten (NK-StGB/*Altenhain* StGB § 261 Rn. 30; GJW/*Eschelbach* StGB § 261 Rn. 22; Herzog/*El-Ghazi* GwG, § 261 StGB Rn. 36). Dabei war § 12 III StGB zu beachten, so dass § 95 III AMG trotz des auf ein Jahr erhöhten Mindeststrafrahmens nicht Vortat der Geldwäsche war, weil es sich um ein Regelbeispiel handelt (vgl. auch *Jahn* in FS Kühne, 107 [120]). Die Anwendung eines unbenannten minder schweren Falls (§§ 146 III, 152b II, 154 II, 249 II StGB etc.) ändert nach § 12 III StGB ebenfalls nichts an der

Verbrechenseigenschaft und damit am Katalogtatcharakter einer Tat (NK-StGB/*Altenhain* StGB § 261 Rn. 37).

35 Ferner waren nach **§ 261 I 2 Nr. 2a StGB aF** die Bestechungsdelikte der §§ 332 I und III, 334, 108e StGB – § 332 II StGB ist ein Verbrechen, für das Nr. 1 galt – erfasst, auch soweit es sich um Auslandstaten nach § 335a StGB handelte (vgl. BGHSt 53, 205). Nicht Vortaten zur Geldwäsche waren dagegen §§ 331, 333 StGB und § 48 WStG. Nach **§ 261 I 2 Nr. 2 Buchst. b** aF waren zudem alle relevanten Betäubungsmitteldelikte (§ 29 I 1 Nr. 1 BtMG und § 19 I Nr. 1 GÜG) erfasst, soweit es sich nicht ohnehin um Verbrechen handelte (zu den Einzelheiten SSW-StGB/*Jahn* StGB § 261 Rn. 29).

36 Ebenfalls zu den Katalogtaten zählten nach **§ 261 I 2 Nr. 4 Buchst. a StGB aF** gewerbsmäßig (vgl. auch KG BeckRS 2012, 20283; zum Begriff BGHSt 49, 177 [181]; ferner → § 373 Rn. 31 ff.) oder bandenmäßig (zu den Begriffen → § 373 Rn. 31 ff.; 64 ff.) begangene Vermögensstraftaten im weitesten Sinne wie die Fälschung von Zahlungskarten, Schecks oder Wechseln (§ 152a StGB), Diebstahl und Unterschlagung (§§ 242, 246 StGB), Erpressung (§ 253 StGB), Betrug, Computerbetrug und Subventionsbetrug (§§ 263 bis 264 StGB), Wettbetrug (§ 265c StGB), Untreue (§ 266 StGB), bestimmte Urkundendelikte (§§ 267, 269, 271, 284, 348 StGB), die Bestechung im geschäftlichen Verkehr (§ 299 StGB) und bestimmte Umweltdelikte (§§ 326 I, III und IV, 328 I, II und IV StGB). Diese Einbeziehung einer Vielzahl von oftmals im Unternehmenskontext begangenen Straftaten führte dazu, dass das Risiko einer Geldwäschestrafbarkeit in Wirtschaftsunternehmen erheblich geworden war (vgl. NK-StGB/*Altenhain* StGB § 261 Rn. 42; *Bülte* NStZ 2014, 680 [682]; ders. NZWiSt 2017, 276 [278 ff.]; zum Finanzsektor *Schröder* ZBB 2013, 312 ff.).

37 Hinzu kamen **gewerbsmäßig** oder **bandenmäßig** begangene Straftaten der Zuhälterei (§ 181a StGB), **Menschenhandel** (§ 232 StGB), **Zwangsprostitution** und **Zwangsarbeit,** Ausbeutung der Arbeitskraft und die Ausbeutung unter Ausnutzung einer Freiheitsberaubung (§§ 232a, 232b, 233, 233a StGB). Hier ging es also um Straftaten im sog. Rotlichtmilieu, aber auch um andere Bereiche, in denen Menschen strafbar ausgebeutet werden.

38 Nach **§ 261 I 2 Nr. 4 Buchst. b StGB aF** waren zudem die gewerbsmäßig oder bandenmäßig begangenen Vergehen nach § 96 AufenthG, § 84 AsylG, § 119 I bis IV WpHG (zum WpHG aF *Schröder* WM 2011, 769), §§ 143 bis 144 MarkenG, §§ 106 bis 108b UrhG, § 25 GebrMG, § 51 und § 65 DesignG, § 142 PatG, § 10 HalblSchutzG und § 39 SortG erfasst.

39 Bei allen Taten nach **§ 261 I 2 Nr. 4 StGB aF** war entscheidend, dass zumindest ein beteiligter **Täter gewerbsmäßig** oder **bandenmäßig** gehandelt hat. Auch die Geschäftsführer oder Mitarbeiter eines Unternehmens konnten eine Bande in diesem Sinne bilden, sofern sie den Willen bildeten, statt oder – auch untergeordnet – neben ihrer legalen Tätigkeit Straftaten der relevanten Art zu begehen (NK-StGB/*Altenhain* StGB § 261 Rn. 43). Aus der Formulierung des § 261 I 2 Nr. 4 StGB aF „von einem Mitglied einer Bande" und nicht „als Mitglied einer Bande" wurde zum Teil hergeleitet, die Vortat müsse nicht im Rahmen der Bandenabrede begangen worden sein (NK-StGB/*Altenhain* StGB § 261 Rn. 43a; Schönke/Schröder/*Hecker* StGB § 261 Rn. 5). Zu dieser Interpretation zwingt weder der Wortlaut noch überzeugt das Ergebnis angesichts der Gesetzeshistorie. Die abweichende Formulierung in § 261 I 2 Nr. 4 StGB aF ließ sich auch damit erklären, dass die Bandenbegehung sich hier auf die Vortat bezog und daher eine verkürzte Formulierung gewählt worden war. In den Gesetzesmaterialien wurde zudem nur allgemein auf die bandenmäßige Begehung verwiesen, ohne eine Ausweitung auf Taten ohne konkreten Bandenbezug zu betonen (BT-Drs. 12/6853, 28; BT-Drs. 13/8651, 12). Mit Blick auf die ohnehin unverhältnismäßige Ausdehnung der Strafbarkeit nach § 261 StGB schien daher eine extensive, die Anforderungen an die Vortat weiter absenkende und damit primär der Beweiserleichterung dienende (NK-StGB/*Altenhain* StGB § 261 Rn. 43a) Auslegung nicht geboten (GJW/*Eschelbach* StGB § 261 Rn. 28; Herzog/*El-Ghazi* GwG, § 261 StGB Rn. 46).

Nach § 261 I 2 Nr. 5 StGB aF waren auch Vergehen im Kontext des **Terrorismus** 40 (§§ 89a, 89c, 129, 129a StGB; krit. *Zöller* in FS Roxin II, 1033 [1035 ff.]) erfasst, auch in Verbindung mit § 129b I StGB (vgl. *Zöller* in FS Roxin II, 1033 [1038 ff.]) und Vergehen, die von Mitgliedern einer kriminellen oder terroristischen Vereinigung begangen worden waren. Bei Letzteren war nicht relevant, ob die Tat Organisationsbezug aufwies, also „als Mitglied" der Organisation begangen worden war. Damit war jede Tat taugliche Vortat, die von einem Mitglied einer kriminellen oder terroristischen Vereinigung begangen wurde (Schönke/Schröder/*Hecker* StGB § 261 Rn. 5; SK-StGB/*Hoyer* StGB § 261 Rn. 9; krit. GJW/*Eschelbach* StGB § 261 Rn. 30; *Zöller* in FS Roxin II, 1036).

(2) Steuerstraftaten. Nach § 261 I 2 Nr. 4 Buchst. b aF waren taugliche Vortaten 41 auch die **Steuerhinterziehung** (§ 370 AO) und die **Steuerhehlerei** (§ 374 II AO; vgl. BGH NJW 2000, 3725 f.), soweit sie gewerbsmäßig oder bandenmäßigen begangen wurden, sowie der **gewerbsmäßige, bandenmäßige** oder **gewaltsame Schmuggel** (§ 373 AO; vgl. BGHSt 63, 268 ff.), ggf. auch iVm § 12 MOG (vgl. *Burger* wistra 2002, 4; *Salditt* StV 2002, 215 f.; ferner BT-Drs. 13/8651, 13). Diese Ausweitung auch auf Steuerstraftaten nach § 370 AO, die oft ohne jeden Zusammenhang mit organisierter Kriminalität gewerbsmäßig begangen werden, wurde in der Literatur teils als bedenklich (SSW-StGB/*Jahn* StGB § 261 Rn. 33; vgl. auch *Fischer*[68] StGB § 261 Rn. 23), teils als übermäßig kritisiert (GJW/ *Eschelbach* StGB § 261 Rn. 29). Hier wäre es zur Erfassung der relevanten Fälle in der Tat zweifellos ausreichend gewesen, die bandenmäßige Begehung in den Vortatenkatalog aufzunehmen.

Mit Blick auf die **gewerbsmäßige Steuerhinterziehung** ging die hM davon aus, dass 42 auch eine Begehung durch fortgesetzte Steuerhinterziehung durch **Ersparen von Aufwendungen** durch Steuerzahlungen ausreichend sein sollte (*Harms* in FS Kohlmann, 422; ferner *Bülte* S. 215 ff.; eingehend hierzu *S. Schneider* S. 50 ff.). Dem wurde im Kontext von § 370a AO aF entgegengehalten, eine ausschließlich auf die faktische Verringerung der Steuerlast gerichtete Tatbegehung sei nach herkömmlicher Definition, die auf Einnahmen, also auf Vermögenszuflüsse gerichtet sei, nicht vereinbar. Eine solche Einschränkung mag wünschenswert gewesen sein, entsprach aber weder der Konzeption des § 261 StGB noch dem Wortlaut des Gesetzes, der ausdrücklich auf die Tatobjektqualität von Ersparnissen bei § 370 AO hinwies. Daher kann § 261 StGB aF grundsätzlich auch auf gewerbsmäßige Taten Anwendung finden, die nicht zu tatsächlichen Zuflüssen beim Täter führen.

Im Ergebnis kam es auf diese Frage aber letztlich wegen der **weitgehenden Un-** 43 **anwendbarkeit** der Regelung des **§ 261 I 3 StGB aF** niemals an (→ Rn. 60 ff.). Diese Sonderregelung zu ersparten Aufwendungen als tauglichen Tatobjekten wurde mit dem Gesetz zur Verbesserung der strafrechtlichen Bekämpfung der Geldwäsche aus genau diesem Grund (BT-Drs. 19/24180, 17 f.) aufgehoben (hierzu *Beckschäfer/Baumeister* ZWH 2021, 363 ff.). Das stellt mit Blick auf § 2 III StGB damit auch für Altfälle klar, dass eine Geldwäsche an faktischen Steuervorteilen durch die reine Nichtzahlung nicht tauglicher Gegenstand der Geldwäsche sein kann.

Nicht erfasst war und ist weiterhin die – im Inland begangene – **Hinterziehung** 44 **ausländischer Steuern** durch Inlandstaten, die keine Steuern der Union sind (vgl. § 370 VI AO), weil es sich insofern nicht um eine Straftat iSv § 11 I Nr. 5 StGB handeln kann: Das deutsche Strafrecht schützt den ausländischen Steueranspruch nicht. Die Hinterziehung ausländischer Steuern ist in Deutschland nicht strafbar, so dass bereits keine rechtswidrige Tat iSv § 11 I Nr. 5 StGB vorliegt (eingehend hierzu *Bülte*, Finanzstrafrecht, 2012, S. 163 [179 ff.]; iE ebenso *Dierlamm* in FS Mehle, 177 [181]).

Zur Hinterziehung ausländischer Steuern im Ausland → Rn. 48.

Steuerhinterziehungen nach § 370 AO, die allein im Ausland begangen werden, dürfte 45 es kaum geben, weil der **Erfolgsort der Steuerhinterziehung** als konkretem Gefährdungsdelikt (→ § 370 Rn. 27) nach §§ 3, 9 I StGB stets in Deutschland liegt.

b) Auslandsvortaten

46 Für im **Ausland begangene Vortaten** findet sich in § 261 IX StGB eine Sonderregelung (zu Geldwäschehandlungen im Ausland bei Inlandsvortaten, *Nestler* Jura 2022, 169 [173 ff.]). Danach ist geldwäschetauglich auch ein Gegenstand, der aus einer im Ausland begangenen Tat herrührt, die nach deutschem Strafrecht eine rechtswidrige Tat wäre und entweder **am Tatort mit Strafe bedroht** ist oder für die eine **Strafpflicht** nach den in § 261 IX 1 StGB genannten Vorschriften und Übereinkommen der **Europäischen Union** gilt (zu den Problemen bei Auslandsermittlungen wegen Vortaten *Berthold* GWuR 2021, 111 [112]). Es ist insofern also zunächst zu prüfen, ob die Tat – wäre sie in Deutschland begangen worden – eine rechtswidrige Tat wäre. Zusätzlich muss sie am Tatort strafbar sein oder eine unionsrechtliche Strafpflicht hinzukommen (doppelte Strafbarkeit, vgl. BeckOK StGB/*Ruhmannseder* StGB § 261 Rn. 14). Insofern geht es um die Pflicht der Mitgliedstaaten, Bestechungs-, Aufenthalts-, Drogendelikte, organisierte Kriminalität, Menschenhandel, sexuellen Missbrauch und sexuelle Ausbeutung von Kindern, das Verbreiten von Kinderpornographie und Terrorismus unter Strafe zu stellen.

47 Die erste Variante entspricht mit ihrem Erfordernis der doppelten Strafbarkeit dem typischen Muster des Strafanwendungsrechts (§ 7 StGB). Das bedeutet aber nicht, dass diese Lösung verfassungsrechtlich unbedenklich wäre. Denn die Vorschrift des § 261 IX StGB hat den materiellen Straftatbestand zum Gegenstand, so dass die Bestimmtheit der Strafvorschrift – hier des tauglichen Tatobjekts – an Art. 103 II GG zu messen ist. Hier ergibt sich letztlich das regelmäßig bei dem Erfordernis der doppelten Strafbarkeit entstehende Problem der Unvorhersehbarkeit ausländischen Strafrechts, das auch § 7 StGB immanent ist. Grundsätzliche verfassungsrechtliche Bedenken stehen § 261 IX Nr. 1 StGB dennoch nicht entgegen, weil das Erfordernis der doppelten Strafbarkeit und damit der Bezug zum deutschen Strafrecht die Vorhersehbarkeit der Strafe weitgehend absichert. Im Einzelfall sind zwar Fälle unklarer Strafbarkeit nach ausländischem Recht denkbar, aber hier kommt die Anwendung von §§ 16, 17 StGB in Betracht.

48 § 261 IX Nr. 1 AO ist **nicht** auf Fälle der **Hinterziehung ausländischer Steuern** im Ausland anwendbar (*Tsakalis* S. 276 f. mwN; aA wohl *Radermacher* AO-StB 2022, 91 [93]). Die Begründung des Gesetzesentwurfs führt zur Neufassung der Auslandsvortatenregelung des § 261 IX StGB aus, dass auch solche Handlungen, die im Hoheitsgebiet eines anderen Staates begangen worden sind, Geldwäschevortaten sein können. *„Voraussetzung hierfür ist lediglich, dass die Tat, wäre sie im Inland begangen worden, eine Vortat wäre"* (BT-Drs. 19/24180, 16). Die Formulierung des § 261 IX, *„wenn die Tat nach deutschem Strafrecht eine rechtswidrige Tat wäre"*, ist also strafanwendungsrechtlich und nicht materiellrechtlich zu verstehen. Soweit es in der Begründung des Gesetzesentwurfs heißt, es komme darauf an, *„dass eine vergleichbare Inlandstat die Voraussetzungen des Absatzes 1 erfüllt"* (BT-Drs. 19/24180, 35), ist insofern nicht ein ausländischer Vergleichstatbestand anzuwenden (zB §§ 33 ff. öFinStrG), es geht vielmehr allein um die Frage des Tatorts (Schönke/Schröder/*Hecker* StGB § 261 Rn. 4 mwN). Wollte man die ausländische Steuerhinterziehung bei Taten im Ausland als Geldwäschevortat iSv § 261 StGB ansehen, so hätte dies zudem einen grundlegenden Wertungswiderspruch zur Folge: Die im Ausland begangene Hinterziehung ausländischer Steuern wäre tauglicher Vortat der Geldwäsche, die (auch) im Inland begangene Hinterziehung ausländischer Steuern aber nicht (→ Rn. 44).

49 Die zweite Variante, die anstatt der ausländischen Tatortstrafbarkeit auf **unionsrechtliche Strafpflichten** Bezug nimmt, ist dagegen verfassungsrechtlich nicht unproblematisch. Hier wird zwar auf unionsrechtliche Vorschriften verwiesen, die § 261 IX Nr. 2 StGB nur in einer bestimmten Fassung in Bezug nimmt, so dass eine statische Verweisung gegeben ist. Damit ist durch den deutschen Gesetzgeber zwar wohl abschließend vorgegeben, in welchen Fällen eine Strafpflicht und dementsprechend ein taugliches Tatobjekt der Geldwäsche vorliegen soll. Das ändert aber nichts daran, dass im Einzelfall nicht sicher bestimmbar sein dürfte, welche konkreten Taten in diesen umfangreichen und komplizierten Katalog von tauglichen Auslandstaten fallen (NK-WiStR/*Reichling* StGB § 261 Rn. 27). Es ist daher in jedem einzelnen Fall zu untersuchen, ob die konkrete Beurteilung als taugliche Vortat für den Normadressaten im Sinne von Art. 103 II GG vorhersehbar war, also die freiheitsgewährleistende Funktion des Bestimmtheitsgrundsatzes (vgl. BVerfGE 143, 38, 53) eine Bestrafung zulässt.

Einen wichtigen praktischen Anwendungsbereich könnte § 261 IX Nr. 2 StGB im Bereich der Herstellung von Bauteilen durch **ausländische Zulieferer** erhalten, die unter menschenunwürdigen Bedingungen herstellen lassen. Denn hier kommt eine Anwendung von § 261 IX Nr. 2 Buchst. f) in Betracht (vgl. *Bülte* GWuR 2021, 8 [12]). Dabei kommt es nicht darauf an, ob die Tat im Ausland strafbar ist.

Für Geldwäschetaten, die **vor dem 18.3.2021** begangen worden sind, galt § 261 VIII StGB a. F. Dort war bereits eine **Sonderregelung für Auslandstaten** enthalten (vgl. BT-Drs. 13/8651, 12), die dem § 261 IX Nr. 1 StGB vergleichbar ist und letztlich unter demselben Mangel litt, denn auch sie verwies auf eine ausländische Strafbarkeit. Aber auch diese Regelung hatte letztlich nur klarstellende und einschränkende Bedeutung. Danach waren auch solche Gegenstände taugliche Tatobjekte der Geldwäsche, die aus einer Katalogtat herrühren (Ergänzung der weiteren Fassung durch BGBl. 1998 I 845), die im Ausland begangen wurde, wenn die Tat dort ebenfalls mit Strafe bedroht war (vgl. BGHSt 53, 205 [208]). Mit der Regelung sollte einerseits sichergestellt werden, dass auch Gegenstände aus Taten, die im Ausland begangen worden sind, taugliche Tatobjekte des § 261 StGB sein können. Anderseits sollte aber auch einer in der Rspr und Literatur (*Carl/Klos* NStZ 1995, 167 ff.; *dies.* S. 159; *Fülbier* DStR 1994, 827; *Lampe* JZ 1994, 124 [125] Fn 26; *Löwe-Krahl* wistra 1993, 123 [124]) aufgekommenen Auffassung entgegengetreten werden, dass jede Straftat im Ausland taugliche Vortat sei, ohne dass es darauf ankomme, ob die Auslandstat nach deutscher Beurteilung in den Vortatenkatalog falle (BT-Drs. 13/8651, 12; vgl. auch *Bülte* S. 206; SSW-StGB/*Jahn* StGB § 261 Rn. 26). Die Tat musste nicht deutscher Strafgewalt unterliegen oder im Ausland (noch) verfolgbar sein. Ebenso wenig war erforderlich ist, dass es sich auch nach dem Recht des Tatorts um eine Vortat der Geldwäsche handelte (vgl. BGH wistra 2019, 235 [237] Rn. 18; *Zöller* in FS Roxin II, 1045 [1051]).

Offen ist – sowohl nach altem als auch nach neuem Recht –, was unter Strafe idS zu verstehen ist, ob also eine **Verwaltungsstrafe** ausreichen würde, die nach deutschem Verständnis als Geldbuße im Sinne des Ordnungswidrigkeitenrechts zu klassifizieren wäre. Aus Gründen der Verhältnismäßigkeit muss es sich aber wohl im Zweifel um eine Vortat handeln, die im Ausland (auch) mit Freiheitsstrafe bedroht ist. Darüber hinaus kommt es auf die rechtliche Einordnung der Tat im Ausland nicht an.

c) Zeitlicher Anwendungsbereich bei Änderungen im Vortatenkatalog

Durch die ständigen **Änderungen des Vortatenkatalogs** und letztlich den Übergang zum All-Crime-Ansatz ergibt sich die Frage, wie zu verfahren ist, wenn der Geldwäsche eine Vortat zugrunde liegt, die im Zeitpunkt ihrer Begehung noch keine Vortat der Geldwäsche war, zum Zeitpunkt der Geldwäschehandlung jedoch durch das Gesetz zur Vortat bestimmt wurde. Dies gilt etwa, wenn eine Steuerhinterziehung (§ 370 I AO) am 1.3.2021 begangen und die Geldwäschehandlung an der ausgezahlten Vergütung am 1.5.2021 vorgenommen wurde (zur vergleichbaren Rechtslage in Österreich *Bülte* Finanzstrafrecht 2012, S. 163 [171 f.]). Hier steht Art. 103 II GG einer Bestrafung der Tat als Geldwäsche nicht entgegen, denn im Zeitpunkt dieser Handlung (Geldwäsche) war gesetzlich bestimmt, dass diese Handlung strafbar war. Es kommt allein auf die Bewertung im Tatzeitpunkt an.

Würde eine **Vorschrift aufgehoben,** die die Strafbarkeit einer Vortat regelt, würde das dazu führen, dass es am Tatbestand des § 261 StGB mangels rechtswidriger Tat fehlt. Soweit der Gesetzgeber eine Handlung nicht mehr als strafbar bewertet, kann auch der Umgang mit aus ihr erlangten Gegenständen keine Geldwäsche mehr sein (vgl. NK-StGB/

Altenhain StGB § 261 Rn. 31; *Bülte* Finanzstrafrecht 2012, S. 163 [171 f.]). Gleiches würde für den – unwahrscheinlichen – Fall einer **Einschränkung des Vortatenkatalogs** gelten. Soweit die Aufhebung der Strafbarkeit oder Beschränkung des Vortatenkatalogs zwischen Tatbegehung und Verurteilung erfolgt, ist § 2 III StGB anzuwenden (vgl. zu § 257 BGH StV 2003, 166 = BeckRS 2003, 341; aA NK-StGB/*Altenhain* StGB § 261 Rn. 31; SSW-StGB/*Jahn* StGB § 261 Rn. 23).

d) Tatobjekt der Geldwäsche

55 Die Geldwäsche kann nur an einem **Gegenstand** begangen werden, der aus einer tauglichen Vortat herrührt. Insofern muss hier zunächst der Begriff des Gegenstandes erörtert werden.

56 **(1) Begriff.** Dieser Begriff ist weit zu verstehen (vgl. auch KG NZWiSt 2021, 74 [80] mAnm *Viljovic*) und umfasst – bereits ausweislich der Überschrift des § 261 StGB aF – nicht nur körperliche Gegenstände, sondern auch alle anderen **verkörperten Vermögenswerte** also solche, die übertragen werden können (*Heghmanns* StrafR BT² Rn. 1926; Lackner/Kühl/*Kühl* StGB § 261 Rn. 3; Herzog/*El-Ghazi* GwG, § 261 StGB Rn. 34). Neben Sachen (Betäubungsmittel, Geld, Schmuck, Falschgeld, Kunstfälschungen etc.) sind daher auch Rechte und andere tatsächlich übertragbaren Werte (SSW-StGB/*Jahn* StGB § 261 Rn. 19) potenzielle Tatobjekte der Geldwäsche (vgl. BT-Drs. 12/6853, 28; BGH NJW 2013, 1158; Matt/Renzikowski/*Dietmeier* StGB § 261 Rn. 7; Schönke/Schröder/*Hecker* StGB § 261 Rn. 4; *Kraatz* Jura 2015, 699 [701]; nach BT-Drs. 19/24180, 20 sollte der Begriff Gegenstand durch Vermögensgegenstand ersetzt werden). Erfasst sind auch elektronische Zahlungsmittel wie Paysafe-Codes (BGH NStZ-RR 2019, 112, 113).

57 Auch der Unternehmenswert, ein Kundenstamm (aA GJW/*Eschelbach* StGB § 261 Rn. 14), Lizenzen, Patente (SSW-StGB/*Jahn* StGB § 261 Rn. 19), oder andere Vermögenswerte können taugliche Tatobjekt sein (vgl. BGH NStZ 2017, 169). Auch eine Vertragsposition ist ein tauglicher Gegenstand der Geldwäsche (vgl. *Petropoulos* wistra 2007, 241 [243]), aber auch Kryptowerte wie Bitcoins oder Ethereum (vgl. Herzog/*Hoch* StV 2019, 412 ff.). Ebenso kann die Bild- oder Tonaufnahme einer Straftat nach §§ 176a, 5, 201a, 238, 177 StGB, sofern sie irgendwie verkörpert ist (Ausdruck, mglw. auch in einer Datei) Tatobjekt der Geldwäsche werden (vgl. GJW/*Eschelbach* StGB § 261 Rn. 13). Nach dem Wortlaut sind nicht nur Vermögensgegenstände erfasst, so dass diskutiert wurde, ob auch das Vergraben eines Ermordeten eine Geldwäsche nach § 261 I Alt. 1 aF sein könne (vgl. *Lampe* JZ 1993, 123 [126]; ferner GJW/*Eschelbach* StGB § 261 Rn. 12; Herzog/*El-Ghazi* GwG, § 261 StGB Rn. 34); auch diskutiert für Fußballspieler, deren Ablöse mit inkriminiertem Vermögen geleistet wird, vgl. SSW-StGB/*Jahn* StGB § 261 Rn. 18). Doch ergibt sich aus der Gesetzeshistorie, dass nur vermögenswerte Gegenstände von dem Gesetz erfasst sein sollten und daher insofern eine einschränkende Auslegung geboten ist (BT-Drs. 11/7763, 7; 12/989, 53; NK-StGB/*Altenhain* StGB § 261 Rn. 25, 27; GJW/*Eschelbach* StGB § 261 Rn. 12 mwN). Daher sind wirtschaftlich wertlose Gegenstände keine tauglichen Tatobjekte der Geldwäsche (NK-StGB/*Altenhain* StGB § 261 Rn. 27; GJW/*Eschelbach* StGB § 261 Rn. 13; *Fahl* JZ 2009, 747 [748]; *Jahn/Ebner* JuS 2009, 597 [598]; taugliches Tatobjekt der Geldwäsche ist dagegen ein unter Verstoß gegen § 17 TierSchG getötetes Tier, das weiterverarbeitet werden soll). Das gilt aber nicht für Gegenstände, die zerstört werden, um ihre Einzelteile zu verwerten (NK-StGB/*Altenhain* StGB § 261 Rn. 66; so aber wohl GJW/*Eschelbach* StGB § 261 Rn. 39); denkbar wäre jedoch die Geldwäschetauglichkeit eines illegal entnommenen Organs. Ob für die Gegenstände Verkehrsbeschränkungen gelten wie für Betäubungsmittel und Waffen, ist dagegen nicht relevant (Herzog/*El-Ghazi* GwG, § 261 StGB Rn. 34; SSW-StGB/*Jahn* StGB § 261 Rn. 20; aA *Burr* S. 59, 64; *Lampe* JZ 1994, 126 f.).

58 Der **funktionale Gegenstandsbegriff,** der auch nicht verkörperte Vermögenswerte wie Know-how oder nicht patentierte Software erfassen will (*Cebulla* wistra 1999, 281

[285]; zust. *Aschke* S. 145), ist **abzulehnen,** weil er weder mit dem Wortsinn noch der Struktur des § 261 StGB vereinbar wäre (Herzog/*El-Ghazi* GwG, § 261 StGB Rn. 34; SSW-StGB/*Jahn* StGB § 261 Rn. 21). Es geht allein um übertragbare Gegenstände (vgl. NK-StGB/*Altenhain* StGB § 261 Rn. 26; GJW/*Eschelbach* StGB § 261 Rn. 14; Schönke/ Schröder/*Hecker* StGB § 261 Rn. 4; SSW-StGB/*Jahn* StGB § 261 Rn. 21; MüKoStGB/ *Neuheuser* StGB § 261 Rn. 34 f.), so dass auch Betriebsgeheimnisse, Persönlichkeits-, Familien- und unselbständige Gestaltungsrechte nicht Tatobjekte sein können (NK-StGB/ *Altenhain* StGB § 261 Rn. 26). Ebenfalls nicht erfasst, sind nichtige Forderungen, weil sie nicht wirksam übertragen werden können (GJW/*Eschelbach* StGB § 261 Rn. 13; Schönke/ Schröder/*Hecker* StGB § 261 Rn. 4; SK-StGB/*Hoyer* StGB § 261 Rn. 5; Herzog/*El-Ghazi* GwG, § 261 StGB Rn. 34; *Voß* S. 20; aA NK-StGB/*Altenhain* StGB § 261 Rn. 26; Lackner/Kühl/*Kühl* StGB § 261 Rn. 3). Dem kann auch nicht entgegengehalten werden, dass § 261 StGB andernfalls mit Blick auf § 134 BGB weitgehend leerliefe, denn ein Rechtsgeschäft ist nicht bereits deswegen nichtig, weil es eine Geldwäschehandlung darstellt. Es kommt auf den Inhalt des Rechtsgeschäfts an und darauf, ob sich alle Beteiligten strafbar machen (vgl. MüKoBGB/*Armbrüster* BGB § 134 Rn. 67 ff.).

Nicht Gegenstand der Geldwäsche sind reine Vermögensvorteile, wie etwa eine **erspar- 59 te Aufwendung,** die nicht verkörpert sind und daher schon rein faktisch nicht Gegenstand einer Tathandlung iSd § 261 StGB sein können (GJW/*Eschelbach* StGB § 261 Rn. 10; LTZ/*Sommer* StGB § 261 Rn. 7; aA LK-StGB/*Schmidt/Krause* StGB § 261 Rn. 13).

(2) Steuerersparnis als Tatobjekt der Geldwäsche nach § 261 I 3 StGB aF. Im 60 Steuerstrafrecht hatte der Gesetzgeber eine **Fiktionsregelung** zum tauglichen Tatobjekt geschaffen – Gegenstände, die nicht aus einer Katalogtat herrühren, werden als aus ihr herrührend behandelt (Lackner/Kühl/*Kühl* StGB § 261 Rn. 4) –, die jedoch im Gesetzgebungsverfahren als Klarstellung (so BT-Drs. 14/7571, 9) teilweise missverstanden worden ist (ebenso GJW/*Eschelbach* StGB § 261 Rn. 15). Nach § 261 I 3 StGB aF waren auch ersparte Aufwendungen und unrechtmäßig erlangte Steuererstattungen und -vergütungen sowie Gegenstände, hinsichtlich derer durch Taten nach § 261 I 2 Nr. 3 StGB aF Abgaben hinterzogen worden sind, erfasst (krit. zur Beschränkung auf § 370 AO NK-StGB/*Altenhain* StGB § 261 Rn. 83).

Im Ergebnis sollten damit zunächst zwei Fälle des § 370 AO geregelt werden. Zum einen 61 der unproblematische Fall der Steuererstattung oder -vergütung als Gegenstand der Geldwäsche. Hier ist der inkriminierte Vermögenswert durch die Auszahlung seitens der Finanzbehörde klar bestimmbar und die Vorschrift tatsächlich eine reine Klarstellung (vgl. BGH HRRS 2016, 797). Es entsteht aber das Problem der Vermischung mit legal erlangtem Giralgeld (→ Rn. 86) bei Überweisung durch die Finanzbehörde.

Kommt es dagegen zu einer Verrechnung durch die Finanzbehörde, so liegt **kein** 62 **verkörperter Vermögenswert,** mithin kein Vermögensgegenstand iSv § 261 I 1 StGB vor, so dass grundsätzlich die zweite Regelung greifen konnte. Gleiches war der Fall, wenn es aufgrund der Vortat zu einer Steuerverkürzung dergestalt kam, dass die Steuerschuld zu niedrig festgesetzt wurde, der Steuerpflichtige mithin faktisch durch die Steuerhinterziehung Aufwendungen ersparte. Für diesen Fall war die Regelung des § 261 I 3 StGB aF geschaffen, der die Geldwäschetauglichkeit auch dieser ersparten Aufwendung aufgrund von Taten nach § 370 AO – nicht aber nach §§ 373, 374 AO (GJW/*Eschelbach* StGB § 261 Rn. 17; zu diesem Widerspruch NK-StGB/*Altenhain* StGB § 261 Rn. 83; *Voß* S. 166) – vorsah.

Die Vorschrift hatte jedoch keinen praktischen Anwendungsbereich (zu den verfassungs- 63 rechtlichen Bedenken *Burger* wistra 2002, 1 [4]; Schönke/Schröder/*Hecker* StGB § 261 Rn. 12; SSW-StGB/*Jahn* StGB § 261 Rn. 31; *Schindler* S. 410 f.), weil es zur Begehung einer Geldwäsche eines Handlungsobjekts, eines Gegenstandes, bedarf, dessen Herkunft verschleiert, der verborgen, verwendet wird etc. An einer reinen Verbesserung der Vermögenslage kann eine solche Handlung jedoch nicht begangen werden, der reine Ver-

Anhang IV 64, 65 § 261 StGB

mögensvorteil ist zu unbestimmt (NK-StGB/*Altenhain* StGB § 261 Rn. 83; *Bülte* S. 234; GJW/*Eschelbach* StGB § 261 Rn. 16; *Samson* in FS Kohlmann, 263 [268 ff.]; *Voß* S. 118 ff.; *Wulf* wistra 2008, 321 [327 f.]; *Bittmann* wistra 2003, 161: „gegenständliches Nichts"; vgl. auch *Fischer*[68] StGB § 261 Rn. 25). Versuche in der Literatur (*Bittmann* wistra 2003, 161 [168]; *Voß* S. 124), der Vorschrift dadurch einen Anwendungsbereich zu geben, dass darauf abgestellt werden sollte, aus welchen Mitteln die Steuern bezahlt worden wären, folgten – abgesehen von dem Fall, dass die Steuerersparnis das gesamte Vermögen ausmacht – einem spekulativen Konzept, das rechtsstaatlich bedenklich gewesen wäre. Gleiches gilt für den Ansatz eines bemakelten Sockelbetrages des Vermögens (*Stahl* KÖSDI 23002, 13390 [13394]). Soweit man nicht zu dem als evident unverhältnismäßig und willkürlich zu betrachtenden Ergebnis (einhellige Auffassung zB: NK-StGB/*Altenhain* StGB § 261 Rn. 83; *Bülte* S. 233 ff.; GJW/*Eschelbach* StGB § 261 Rn. 16; Schönke/Schröder/*Hecker* StGB § 261 Rn. 12; *Wulf* wistra 2008, 321 [328]) kommen wollte, dass mit der Steuerhinterziehung stets das gesamte Vermögen des Steuerpflichtigen inkriminiert sein sollte, dürfte eine **Anwendung** dieser Sonderregelung **praktisch regelmäßig ausgeschlossen** gewesen sein (GJW/*Eschelbach* StGB § 261 Rn. 16; *Fischer*[68] StGB § 261 Rn. 13; LTZ/*Sommer* StGB § 261 Rn. 8; SSW-StGB/*Jahn* StGB § 261 Rn. 31, 82; *Radermacher* AO-StB 2022, 91). Denkbar war eine Anwendung wohl nur, wenn die Ersparnis das gesamte Vermögen des Täters (NK-StGB/*Altenhain* StGB § 261 Rn. 84) oder einen so hohen Anteil ausmachte, dass legale Quellen als Tatobjekte sicher ausgeschlossen werden konnten (vgl. *Bittmann* wistra 2010, 125 [128]).

64 Die dritte in § 261 I 3 StGB aF enthaltene Regelung, die für §§ 373, 374 II AO – **Gegenstand hinsichtlich dessen Abgaben hinterzogen worden sind** – das Herkunftsprinzip durchbrach (NK-StGB/*Altenhain* StGB § 261 Rn. 24), bereitete trotz der (möglichen) sprachlichen Ungenauigkeit geringe Probleme. Hier war nicht allein die Steuerersparnis taugliches Tatobjekt, sondern die Gegenstände, denen die Gestellungspflicht (§ 373 AO) galt bzw. die Gegenstände hinsichtlich derer nach § 374 II AO die Verbrauchsteuer, Einfuhr- oder Ausfuhrabgabe hinterzogen worden sind. Das führt zu einer weitgehenden Inkriminierung eines Gegenstandes, der vollständig verkehrsunfähig wird, auch wenn die hinterzogene Abgabe nur einen Bruchteil des Wertes des Gegenstandes ausmacht. Hier wurden Einziehung und Strafbarkeit willkürlich vermischt, sodass die Geldwäschetauglichkeit letztlich selbst strafähnlichen Charakter erhielt (GJW/*Eschelbach* StGB § 261 Rn. 18; *Fischer*[68] StGB § 261 Rn. 12 sahen darin einen Verstoß gegen den Schuldgrundsatz).

65 Durch das Gesetz zur Verbesserung der strafrechtlichen Bekämpfung der Geldwäsche vom 9.3.2021 (BGBl. I 327) wurde die Regelung **ersatzlos gestrichen.** In der Begründung des Gesetzesentwurfs wird deutlich, dass auch die Verfasser des Gesetzesentwurfs die Unbrauchbarkeit der Regelungen festgestellt hatten. Unter Verweis auf die Kommentarliteratur heißt es dort (BT-Drs.19/24180, 17 f.), es sei regelmäßig unmöglich, die ersparten Aufwendungen im Vermögen des Täters zu konkretisieren. Die Ersparnis sei integraler Bestandteil des Gesamtvermögens und lasse sich nicht von ihm trennen. Der Vermögensvorteil schlage sich nicht in bestimmten abtrennbaren Vermögensbestandteilen nieder. Daher könne man ein taugliches Tatobjekt in diesen Fällen nicht identifizieren. Unrechtmäßig erlangte Steuererstattungen seien bereits ohne Klarstellung taugliches Tatobjekt des § 261 StGB, daher könne der rein deklaratorische § 261 I 3 StGB aF entfallen. Soweit es die Vermischung mit der Einziehung bei §§ 373, 374 AO betrifft, zeigt die Begründung des Gesetzesentwurfs Einsicht in das Problem und bezeichnet die Inkriminierung der Tatobjekte der Steuerstraftaten als weder folgerichtig noch praxisrelevant. Die Aufhebung der Vorschrift war auch insofern folgerichtig (*Schindler* S. 410 f.; aA BDK Stellungnahme v. 7.9.2020, 5; krit. auch MüKoStGB/*Neuhauser* StGB § 261 Rn. 32i). Trotz der klaren Regelung musste das OLG Saarbrücken (NZWiSt 2021, 397 mAnm *Bülte*; vgl. auch *Roth* PStR 2021, 179 f.) eine landgerichtliche Entscheidung aufheben und feststellen, dass eine **durch Steuerhinterziehung ersparte Aufwendung kein taugliches Tatobjekt des**

§ 261 I StGB (mehr) ist. Das gilt auch für Vortaten und Taten nach § 261 StGB, die vor dem 18.3.2021 begangen worden sind.

Zur Steuerhinterziehung als Vortat → Rn. 88 ff.

e) Herrühren aus der Vortat

Voraussetzung für die Eignung als Geldwäschetatobjekt ist das **Herrühren** des Gegenstandes aus der Vortat. 66

(1) Herrühren als Kausalzusammenhang. Wie *Burr* (1994, S. 66 f.) bereits zutreffend angemerkt hat, bereitet der weitgehend **unbestimmte Begriff** deswegen Auslegungsschwierigkeiten, u. a. weil er mit § 261 StGB neu in das StGB eingeführt wurde, der Gesetzesentwurf aber keine Umschreibung dessen beinhaltet, was unter Herrühren zu verstehen sein soll (zur verfassungsrechtlichen Kritik GJW/*Eschelbach* StGB § 261 Rn. 32; *Fahl* JZ 2009, 747; SSW-StGB/*Jahn* StGB § 261 Rn. 35; zur sprachlichen Kritik *Kuhlen* JR 2010, 271 [272]). Daher und mit Blick auf die weiteren Ausführungen der Gesetzesmaterialien liegt es jedoch nahe, unter Herrühren grundsätzlich jeden kausalen Zusammenhang zwischen der Tat und dem Erlangen eines Gegenstandes zu verstehen (BGHSt 53, 205 [208 f.]; BGH NStZ-RR 2010, 109; KG NZWiSt 2021, 74 [78]; vgl. auch SK-StGB/*Hoyer* StGB § 261 Rn. 14). *Kuhlen* weist zutreffend darauf hin, dass der Gegenstand selbst nicht durch die Tat verursacht sein muss, sondern es um das Erlangen des Gegenstandes geht: *„Ein Gegenstand rührt damit im Sinne des § 261 Abs. 1 S. 1 jedenfalls dann aus einer Straftat her, wenn ihn jemand unmittelbar durch eine Katalogtat gem. § 261 Abs. 1 S. 2 erlangt"* (*Kuhlen* JR 2010, 271 [272]). Damit ist der Begriff des Herrührens „denkbar weit gefasst" (SSW-StGB/*Jahn* § 261 Rn. 35) und eine Beschränkung notwendig. Insofern werden in der Literatur Konzeptionen vertreten, die eine Beschränkung des Kausalzusammenhangs über den Gedanken der Adäquanz (*Barton* NStZ 1993, 913 [914]; vgl. *Bischofberger* S. 93), objektiven Zurechnung (*Hetzer* Kriminalistik 1999, 1306 [1314]) oder nach zivilrechtlichen Kriterien (SK-StGB/*Hoyer* StGB § 261 Rn. 12 ff.) vornehmen (in diese Richtung auch SSW-StGB/*Jahn* § 261 Rn. 36). Gegen den Begriff des Herrührens wird zudem vorgebracht, er verstoße gegen den Bestimmtheitsgrundsatz aus Art. 103 II GG (vgl. nur SSW-StGB/*Jahn* StGB § 261 Rn. 35 mwN). 67

Herrühren kann der Gegenstand zunächst **unmittelbar** aus der Tat als Tatbeute (auch Lösegeld), als Lohn für die Tat oder als Tatprodukt (zB Falschgeld; NK-StGB/*Altenhain* StGB § 261 Rn. 61 ff.; *Burr* S. 68; Lackner/Kühl/*Kühl* StGB § 261 Rn. 5). **Nicht erfasst** sind Tatmittel also Gegenstände, die ausschließlich zur Tatbegehung gebraucht wurden oder bestimmt waren oder auf die sich die Tat nur bezogen hat (**Beziehungsgegenstände**; NK-StGB/*Altenhain* StGB § 261 Rn. 64; *Bischofberger* S. 100; *Burr* S. 68; GJW/*Eschelbach* StGB § 261 Rn. 34; MüKoStGB/*Neuheuser* § 261 Rn. 55; BeckOK StGB/*Ruhmannseder* StGB § 261 Rn. 16; aA *Fischer* StGB § 261 Rn. 15; Lackner/Kühl/*Kühl* StGB § 261 Rn. 5), was sich aus dem Umkehrschluss aus § 261 I 3 StGB aF ergibt (NK-StGB/*Altenhain* StGB § 261 Rn. 64). Diese Vorschrift wäre mit ihrer Bezugnahme auf Gegenstände, hinsichtlich deren die Abgabe hinterzogen wurde, ansonsten überflüssig. 68

Dabei führt der Begriff des Beziehungsgegenstandes im Einzelfall zu Problemen, weil hier die Perspektive fraglich sein kann. Mit Blick auf die Amtsträgerbestechung ist zwar einleuchtend, dass das **Bestechungsgeld** aus einer Bestechlichkeit iSv § 332 StGB herrührt (vgl. nur BGHSt 53, 205 [208]; krit. *Rettenmaier* NJW 2009, 1619). Streitig ist jedoch, ob Bestechungsgeld auch dann aus einer Vortat herrührt, wenn nur eine **Bestechung** nach § 334 StGB vorliegt (hier wurde die aktive Bestechung als Vortat angesehen, während die Angeklagte auf Seiten des Bestochenen tätig wurde). Dies hat der BGH mit der Begründung bejaht, dass sich das Bestechungsgeld nach der in § 261 StGB anzulegenden wirtschaftlichen Betrachtungsweise im Sinne eines Kausalzusammenhangs auf die Tat zurückführen lasse (BGHSt 53, 205 [208]; ebenso Schönke/Schröder/*Hecker* StGB § 261 Rn. 9; *Kuhlen* JR 2010, 272 f.; *Rengier* BT I § 23 Rn. 7). Einer solchen Auslegung stehe 69 auch der Wortlaut des § 261 StGB nicht entgegen und diese Auslegung sichere die effektive Bekämpfung der Geldwäsche ab, ein allgemein anerkanntes Ziel, zu dessen Erreichung sich Deutschland völkerrechtlich verpflichtet habe. Es bestehe insofern eine Strafpflicht.

70 Dem ist in der Literatur entgegengehalten worden, dass es sich aus **Sicht des Bestechenden** nicht um einen Taterlös, sondern um ein **Tatmittel** handle, das nicht *aus* der Tat herrühre, sondern allein *für* ihre Begehung genutzt worden sei (vgl. NK-WiStR/ *Reichling* StGB § 261 Rn. 30). Ein solcher Gegenstand rühre nicht aus der Tat her, und das ändere sich auch nicht durch die wirtschaftliche Betrachtung. Zudem entspreche es nicht dem Schutzzweck des § 261 StGB, der die Vorteilssicherung und Vorteilsverlagerung unter Strafe stellen wolle, einen solchen Gegenstand als Tatobjekt anzusehen (*Rettenmaier* NJW 2009, 1619; ebenso MüKoStGB/*Neuheuser* StGB § 261 Rn. 55 mwN).

71 Dass die Argumentation des BGH **tautologisch** und **rechtsstaatlich bedenklich** ist, liegt auf der Hand. Hier wird die Strafbarkeit damit begründet, dass eben jene so begründete Straftat effektiv verfolgt werden müsse. Einen sehr weit gefassten Straftatbestand aus völkerrechtlichen Gründen extensiv auszulegen, mag zudem politisch opportun sein, ist aber nicht rechtsstaatsfreundlich. Die weite Auslegung lässt sich auch nicht mit dem systematisch kaum begründbaren Charakter des § 261 StGB als Auffangtatbestand begründen. Zudem stellt sich die Frage, inwiefern ein Auffangen notwendig ist, obwohl auch Auslandstaten nach deutschem Strafrecht Geldwäschevortaten sein können.

72 Im Ergebnis ist dem **BGH** trotz allem **zuzustimmen.** Zunächst ergibt sich aus der Aufnahme des § 334 StGB in den Vortatenkatalog, dass man zumindest seitens des Gesetzgebers davon ausgegangen ist, dass auch dieses Delikt Gegenstände hervorbringen kann. Auch wenn natürlich einzuräumen ist, dass dieses Argument mit Blick auf die geringe gesetzgeberische Sorgfalt bei der Schaffung und Änderung des § 261 StGB nur untergeordnete Bedeutung haben kann. Doch spricht auch der Wortlaut des § 261 I 1 StGB für die Ansicht des BGH, denn – anders als etwa § 165 öStGB – verlangt das Gesetz nicht, dass der *Täter* etwas aus der Tat erlangt. Es reicht vielmehr aus, wenn etwas aus der Tat erlangt wird, gleichgültig, wer es erlangt, solange es im Einvernehmen und mit dem Willen des Täters erfolgt. Daher wurde im Gesetz der weite Begriff des Herrührens verwendet. Es gibt also keinen Grund hier auf den aktiv Bestechenden abzustellen (so aber *Rettenmaier* NJW 2009, 1619). Damit wird auch keineswegs anerkannt, dass auch Beziehungsgegenstände stets Gegenstände sein könnten, die aus der Tat herrühren (aA LK-StGB/*Schmidt*/*Krause* § 261 Rn. 11), denn es handelt sich hier *auch* um ein Produkt der Tat.

72a Der BGH (v. 25.4.2022 – 5 StR 100/22, BeckRS 2022, 9850) hat jedoch angenommen, dass eine **Rücklastschrift** nicht aus der Tat nach § 263 StGB herrührt, die der Täter dadurch erlangt, dass er eine berechtigte Lastschrift für eine erbrachte Leistung (Werbeanzeigen) – wie bereits bei Vertragsabschluss geplant – widerruft. In einem solchen Fall seien bei wirtschaftlicher Betrachtungsweise nur die geldwerten Werbeanzeigen aus der rechtswidrigen Tat erlangt, nicht aber die auf einem grundsätzlich legalen Erstattungsverlangen nach § 675x II, IV BGB basierenden Rücküberweisungen. Diese gutgeschriebenen Buchgelder seien daher keine tauglichen Tatobjekte der Geldwäsche.

73 Ausreichend ist als Vortat der **strafbare Versuch** einer Tat (BGH NJW 2000, 3725; LG Köln NZWiSt 2013, 429 [432]; NK-StGB/*Altenhain* StGB § 261 Rn. 30; Schönke/ Schröder/*Hecker* StGB § 261 Rn. 5; unklar BGH 1.6.2022, BeckRS 2022, 20022 Rn. 26), auch wenn hierzu kritisch angemerkt wird, ob ein Gegenstand überhaupt aus einer versuchten Tat herrühren könne (GJW/*Eschelbach* StGB § 261 Rn. 19). Doch denkbar ist das durchaus, etwa wenn der Täter für die Begehung der Tat im Voraus bezahlt wurde, die Tat dann aber im Versuch steckenbleibt (NK-StGB/*Altenhain* StGB § 261 Rn. 30). Nicht ausreichend ist es dagegen, wenn eine Verschleierungshandlung erst zum erstmaligen Erlangen des Gegenstandes führen soll, so zB wenn der Vortäter ein leichtfertiges Werkzeug zur Begehung eines Betruges einsetzt und damit gleichzeitig die Papierspur verwischt (so der Fall des LG Köln NZWiSt 2013, 429 ff.; ebenso LG Frankfurt v. 1.7.2021, BeckRS 2021, 20603).

(2) Surrogate. Darüber hinaus sind aber auch **Surrogate** dieser unmittelbar aus der 74
Vortat stammenden Gegenstände geldwäschetauglich, soweit sie **„bei wirtschaftlicher
Betrachtung"** (BGHSt 53, 205 [208]; BGH NStZ-RR 2010, 109 [111]; BGH
10.11.2021, BeckRS 2021, 43778 Rn. 24; vgl. auch Herzog/*El-Ghazi* GwG, § 261 StGB
Rn. 67; BeckOK StGB/*Ruhmannseder* StGB § 261 Rn. 17) als Ergebnis von Austausch-
oder Umwandlungsprozessen an die Stelle des ursprünglich Erlangten getreten sind (BT-
Drs. 12/989, 27; BGH NStZ 2017, 280; OLG Karlsruhe NJW 2005, 767 [768]). Damit ist
nicht gemeint, dass das Surrogat dem vorherigen Gegenstand auch im Wert entsprechen
muss, dieser muss sich lediglich im Surrogat wirtschaftlich wiederfinden (vgl. NK-StGB/
Altenhain StGB § 261 Rn. 69), also noch identifizierbar sein (OLG Frankfurt NJW 2005,
1727 [1732]; Lackner/Kühl/*Kühl* StGB § 261 Rn. 5; *Vogel* ZStW 109 [1997], 335 [354]),
so dass auch ein deutlich unter oder über Wert des Ursprungsgegenstandes erlangtes Surrogat
erfasst ist (NK-StGB/*Altenhain* StGB § 261 Rn. 69). Wem der Gegenstand wirtschaftlich
zusteht, ist irrelevant (OLG Karlsruhe NJW 2006, 767 [769]; Lackner/Kühl/*Kühl* StGB
§ 261 Rn. 5). Die Beschränkung auf Surrogate, die einem Anspruch des Staates auf Einziehung oder des Verletzten auf Schadensersatz unterliegen (SK-StGB/*Hoyer* StGB § 261
Rn. 5), ist vom Ansatz her sinnvoll, dürfte aber mit Blick auf die erhebliche Ausweitung der
§§ 73 ff. StGB durch die Reform 2017 kaum noch eine Beschränkung bringen.

Das Tatbestandsmerkmal der „Herrührens" soll nach dem Willen des Gesetzgebers aber 75
auch eine **Kette von Verwertungshandlungen** (Austauschgeschäfte) erfassen, bei denen
der ursprüngliche Gegenstand durch einen anderen ersetzt wird, damit der strafrechtliche
Zugriff nicht nach dem ersten Waschvorgang verloren geht (BT-Dr. 12/989, 27; 12/
3533, 12; vgl. auch BGHSt 62, 268 NJW 2019, 533 [534], NZWiSt 2019, 148 ff.; BGH v.
10.11.2021, BeckRS 2021, 43778, Rn. 24). Daher müsse auch das Surrogat des ursprünglichen Gegenstandes geldwäschetauglich sein. Das soll selbst dann gelten, wenn der Wert
des im Austausch erlangten Gegenstandes höher ist als der des ursprünglichen. Als Beispiele
nennt der Gesetzesentwurf Bankguthaben aus eingezahlten Drogengeldern, von diesem
Bankguthaben bezahlter Schmuck oder Wertpapiere, ein Darlehen das durch die erworbenen Wertpapiere gesichert wird, ein Grundstück, das von dem so gesicherten Darlehen
erworben wird (BT-Drs. 12/3522, 12; NK-StGB/*Altenhain* StGB § 261 Rn. 71; BeckOK
StGB/*Ruhmannseder* StGB § 261 Rn. 17.2).

Diese Bemakelung der gesamten Kette führt zu einer **Vervielfachung der inkrimi-** 76
nierten Vermögensgegenstände (vgl. hierzu *Barton* NStZ 1993, 159 [161 ff.]; *Bittmann*
ZWH 2021, 157 ff.; *Burr* S. 70; *Carl/Klos* S. 159; *Haurand* DuD 1994, 204 [205]). Jedes
der Surrogate wird zum tauglichen Tatobjekt. In der endgültigen Konsequenz müsste
dieses Inkriminierungskonzept zu einer umfassenden Geldwäschetauglichkeit nahezu aller
Vermögensgegenstände einer Volkswirtschaft führen. Eine solche unbegrenzte Kontaminierung der gesamten Wirtschaft in kürzester Zeit sieht der Gesetzesentwurf aber ausdrücklich auch nicht als Ziel des § 261 StGB an (BT-Drs. 12/989, 27).

Daher wird in der Literatur angenommen, die **Inkriminierung** sei von der **Ver-** 77
fügungsgewalt des **Täters abhängig,** so dass ein Surrogat – nicht der Ursprungsgegenstand – die Geldwäschetauglichkeit verliere, wenn es aus der Verwertungskette ausscheide,
weil ein Gutgläubiger ihn erwerbe (vgl. NK-StGB/*Altenhain* StGB § 261 Rn. 56). Für den
ursprünglich aus der Tat stammenden Gegenstand besteht dabei Einigkeit, dass er – abgesehen von § 261 VI StGB – grundsätzlich dauerhaft bemakelt bleibt (OLG Düsseldorf
NJW 2005, 767 [769]; NK-StGB/*Altenhain* StGB § 261 Rn. 65; Schönke/Schröder/
Hecker StGB § 261 Rn. 10 mwN), auch wenn insofern eine Dekontaminierung durch
staatliche Zugriffe oder Zwangsversteigerung angenommen werden kann (→ Rn. 101).
Ferner wurde eine strenge Orientierung an den Einziehungsregeln vorgeschlagen (*Arzt* JZ
1993, 913 [914]; vgl. auch *Vogel* ZStW 107 [1997], 335 [355]; dagegen bereits *Altenhain*
Anschlussdelikte, S. 405 ff.; MüKoStGB/*Neuheuser* StGB § 261 Rn. 56), die jedoch insbes.
mit Blick auf die umfangreichen Möglichkeiten der Dritteinziehung kaum zu einer Beschränkung der Strafbarkeit führen dürfte (vgl. Herzog/*El-Ghazi* GwG, § 261 StGB

Rn. 59). In der Literatur wurde zT angenommen, dass § 261 VI StGB extensiv auszulegen und auch auf § 261 I StGB anzuwenden sei, um dieses Problem zu lösen (→ Rn. 98).

78 In der Praxis stellt die **„Gesamtbemakelung"** des Wirtschaftsverkehrs durch die Vervielfachung der Surrogate zwar kein ernsthaftes Problem dar, weil der Nachweise der Vortat regelmäßig unmöglich sein dürfte (vgl. auch *Burr* S. 72). Auch wenn also die Üblichkeit eines Geschäfts nicht die Geldwäschetauglichkeit beseitigt (NK-StGB/*Altenhain* StGB § 261 Rn. 66), mindert sie dennoch die Nachverfolgbarkeit und damit das Strafbarkeitsrisiko. Eine konsequente Anwendung von § 261 III StGB auf jeden untauglichen Versuch könnte jedoch in Fällen allgemein bekannter Straftaten in Unternehmen (zB Dieselskandal, Cum-Ex) zu erheblichen Problemen führen, weil es keiner Kenntnis der Herkunft bedarf, sondern lediglich ein Erkennen der ernsthaften Möglichkeit und ein billigendes Inkaufnehmen der illegalen Herkunft, auch aufgrund von Vermischung, erforderlich ist, um eine Versuchsstrafbarkeit zu begründen.

79 Daher ist die Frage relevant, ob ein Gegenstand dann nicht mehr aus der Vortat herrührt, wenn er **wirtschaftlich kein Ersatz des ursprünglichen Gegenstandes** mehr ist, sondern für einen Erwerber ein Surrogat für seine Gegenleistung darstellt, die ihrerseits an die Stelle des ursprünglichen Gegenstandes tritt (Herzog/*El-Ghazi* GwG, § 261 StGB Rn. 68). Die Konzeption des wirtschaftlichen Äquivalents spricht also für ein Ausscheiden des Surrogats aus der Kontaminationskette, das von einer außerhalb der Verwertungsreihe stehenden Person erworben wird. Gegen diese Lösung kann natürlich eingewandt werden, dass § 261 VI StGB eine Regelung für den gutgläubigen Erwerb vorsieht und die Dekontamination auf diese Fälle beschränkt sei. Zwingend ist das aber nicht, weil dieser Vorschrift für die unmittelbar aus der Vortat stammenden Gegenstände ein eigenständiger Anwendungsbereich verbleibt (NK-StGB/*Altenhain* StGB § 261 Rn. 79). Außerdem spricht für ein Ausscheiden dieser Vermögensgegenstände aus der Bemakelungskette, dass es einer Isolation des ersetzten Surrogats beim gutgläubigen Erwerber nicht bedarf; sie wäre sogar unverhältnismäßig und würde zu einer (zumindest theoretischen) kaskadenartigen Kontaminierung einer Vielzahl von Wirtschaftsgütern führen (ebenso NK-StGB/*Altenhain* StGB § 261 Rn. 79 ff.).

80 **(3) Weiterverarbeitung.** Auch im Entwurf zur Erstfassung des § 261 StGB vom 25.7.1991 hatte man die Gefahr einer umfassenden Inkriminierung durch den weiten § 261 StGB nicht ausgeblendet. Daher habe der *„Rückgriff auf die Herkunft seine Grenze dort, wo der Wert des hier in Betracht kommenden Gegenstandes durch Weiterverarbeitung im wesentlichen auf eine selbständige spätere Leistung Dritter zurückzuführen ist. Auch diese Fälle mit dem Merkmal „Herrühren" erfassen zu wollen, würde nicht nur dem üblichen Sprachgebrauch zuwiderlaufen, sondern auch dazu führen können, daß der legale Wirtschaftsverkehr in kürzester Zeit mit einer Vielzahl inkriminierter Gegenstände belastet wird"* (BT-Drs. 12/ 989, 27). Deshalb ging man im Gesetzgebungsverfahren davon aus, dass durch inkriminiertes Vermögen finanzierte Unternehmensanteile selbst geldwäschetauglich sind, **nicht** aber die von dem Unternehmen **produzierten Waren** (BT-Drs. 12/3522, 12; vgl. auch *Heghmanns* StrafR BT Rn. 1732; *Hormbrecher* JA 2005, 67 [69]; *Otto* GK 96/31; BeckOK StGB/*Ruhmannseder* StGB § 261 Rn. 17.3; kritisch GJW/*Eschelbach* StGB § 261 Rn. 39: „inkonsequent").

81 Dementsprechend überzeugt es nicht, auch **Nutzungen,** die aus dem Ursprungsgegenstand oder dem Surrogat gezogen werden, wie Miete, Dividenden oder Zinsen entgegen der hM (NK-StGB/*Altenhain* StGB § 261 Rn. 72; *Dionyssopoulou* S. 108; *Leip* S. 105; Herzog/*El-Ghazi* GwG, § 261 StGB Rn. 71) als **geldwäschetauglich** anzusehen. Es würde zwar dem Rechtsgedanken des § 73 II StGB entsprechen, auch Nutzungen als geldwäschetauglich anzusehen, aber sie sind nur kausale Folge und nicht Surrogat des ursprünglichen Gegenstandes, sie treten nicht an dessen Stelle. Die rein wirtschaftliche Zuordnung zu dem aus der Tat herrührenden Gegenstand reicht hier nicht aus (aA Herzog/*El-Ghazi* GwG, § 261 StGB Rn. 71).

82 Die Rspr hat angenommen, ein Herrühren aus der Vortat scheide bei kausalem Zusammenhang mit der Tatbegehung erst dann aus, *„wenn aufgrund von Weiterverarbeitung der*

Wert eines neuen Gegenstandes trotz dessen Teilidentität mit dem Ursprungsgegenstand im Wesentlichen auf eine selbstständige spätere Leistung Dritter zurückzuführen ist" (BGHSt 62, 268 mwN). Es kommt also darauf an, dass das Surrogat (nur) ein **wirtschaftliches Äquivalent** zu dem ursprünglich aus der Tat erlangten Gegenstand darstellt. Das ist nicht der Fall bei einem Lotteriegewinn aus einem mit inkriminierten Vermögen erworbenen Lotterielos (vgl. Barton NStZ 1993, 159 [162]; Schönke/Schröder/*Hecker* StGB § 261 Rn. 10; *Hormbrecher* JA 2005, 67 [69]; *Krey/Dierlamm* JR 1992, 359; *Oswald* S. 66; diff. SK-StGB/*Hoyer* StGB § 261 Rn. 16). Anders wird dies jedoch beurteilt, wenn sich der Täter durch den Einsatz erheblicher Finanzmittel bei einem Glücksspiel signifikant gesteigerte Gewinnchancen verschafft, weil es sich dann bei dem Gewinn um ein Äquivalent handelte (Schönke/Schröder/*Hecker* StGB § 261 Rn. 10; *Barton* NStZ 1993, 159 [162]; BeckOK StGB/*Ruhmannseder* StGB § 261 Rn. 17.3).

Keine selbständige Leistung Dritter liegt naturgemäß vor, wenn der Täter selbst eine 83 Sache weiterverarbeitet, also etwa durch gewerbsmäßigen Bestellbetrug erlangte Rohstoffe weiterverarbeitet. Hier mag zwar ein aliud im Vergleich zum ursprünglich erlangten Gegenstand entstanden und der Wert des neuen Gegenstandes auch im Wesentlichen auf die Leistung des Täters zurückzuführen sein. Dennoch ist in der verarbeiteten Sache zweifellos der inkriminierte Rohstoff enthalten, so dass eine (auch) bemakelte Sache entstanden ist. Hier eine Reinigung des Ausgangsstoffs anzunehmen, widerspräche dem Wortlaut des Gesetzes und würde auch – bei aller von Verfassungs wegen gebotenen Vorsicht gegenüber der teleologischen Auslegung in diesem Zusammenhang – dem Sinn und Zweck des § 261 StGB nicht gerecht, weil dann eine einfache Möglichkeit zur effektiven Geldwäsche eröffnet würde (Schönke/Schröder/*Hecker* § 261 Rn. 11; NK-StGB/*Altenhain* StGB § 261 Rn. 78).

Der **Begriff** der selbständigen **späteren Leistung Dritter** ist jedoch noch nicht abschließend geklärt, obwohl er für die Praxis erhebliche Bedeutung haben dürfte. Denn gerade bei Beteiligung juristischer Personen oder von Personenverbänden und in Korruptionsfällen, wenn also ein Auftrag durch Bestechung erlangt wurde, droht eine vollständige Kontaminierung der Leistungskette und aller involvierten Konten von der Auftragserteilung bis zur Zahlung des Entgelts und darüber hinaus (vgl. *Bülte* NStZ 2014, 680 [681 ff.]). Nimmt man die Ausführungen der Gesetzesmaterialien beim Wort, so bleibt das aufgrund einer Leistung (Lieferung, Werkleistung etc.) im Rahmen eines durch Bestechung erlangten Vertragsverhältnisses erlangte Entgelt inkriminiert (vgl. NK-StGB/*Altenhain* StGB § 261 Rn. 68). Es handelt sich zwar bei diesem Entgelt um einen Vermögenswert, der typischerweise zu einem weit überwiegenden Teil aus der selbständigen Leistung des Unternehmens hervorgegangen ist. Doch ist das **Unternehmen nicht Dritter** in diesem Sinne, weil es bereits den unmittelbar aus der Katalogtat stammenden Gegenstand (Vertragsposition) erlangt hatte. Auch die Unerheblichkeitsgrenze in der Giralgeldentscheidung des BGH (→ Rn. 86) hilft hier nicht unmittelbar weiter, weil es hier nicht um eine tatsächliche Vermischung geht, rührt doch das Entgelt kausal vollständig aus der Vortat her. Hier könnten allenfalls die Überlegungen des BGH übertragen und in Anlehnung an den Rechtsgedanken aus § 73d I 2 StGB angenommen werden, es komme nicht zu einer Kontaminierung des gesamten Entgelts, wenn der Gewinn durch den illegal erlangten Vertragsschluss in Relation zum Gesamtvolumen unerheblich ist (zB bei einer Gewinnmarge von weniger als 5 %) und soweit der weit überwiegende Teil nur Ersatz für zur Vertragserfüllung aufgewendete Vermögenswerte ist.

(4) Vermischung. Schwerwiegende Probleme bereiten Fällen, in denen eine **Vermischung von inkriminiertem Vermögen** mit nicht bemakeltem Vermögen stattfindet 85 (vgl. NK-WiStR/*Reichling* StGB § 261 Rn. 33). Hier führt der Gesetzesentwurf aus, in Vermischungsfällen rühre der erworbene Gegenstand insofern aus der Vortat her, wie er mit inkriminiertem Vermögen finanziert sei (BT-Drs. 12/3533, 12; vgl. auch *Barton* NStZ 1993, 159 [162]). In der Literatur sind insoweit unterschiedliche Quoten (zu den einzelnen

Ansätzen NK-StGB/*Altenhain* StGB § 261 Rn. 77) – ohne Anknüpfungspunkte im Gesetz (GJW/*Eschelbach* StGB § 261 Rn. 37; vgl. auch NK-StGB/*Altenhain* StGB § 261 Rn. 75) – vertreten worden, nach denen sich die Inkriminierung des Gesamtgegenstandes bestimmen soll und die von mehr als 1% (Wessels/Hillenkamp/Schuhr BT II Rn. 901), 5% (*Barton* NStZ 1993, 159 [163]), über 25% (*Leip/Hardtke* wistra 1997, 281 [285]; *Dionyssopoulou* S. 108) bis zu mehr als 50% (*Saldit* StraFo 1992, 121 [124]; vgl. auch *Voß* S. 52) reichen (vgl. ferner Matt/Renzikowski/*Dietmeier* StGB § 261 Rn. 13), um den Gesamtgegenstand zu inkriminieren. *Petropoulos* hat eine Teilkontamination von Gegenständen vorgeschlagen (*Petropoulos* wistra 2007, 241 [246]), was bei der Abschöpfung weiterhelfen mag, aber nicht zu einer Beschränkung der Geldwäschestrafbarkeit führen dürfte, weil über Teilgegenstände nicht tatsächlich verfügt wird. Aus dem im Verhältnis zum Erlangen im Abschöpfungsrecht weiteren Begriff des Herrührens leitet sich jedoch letztlich ab, dass ein einheitlicher untrennbarer Gegenstand (ein Pkw, ein Schmuckstück, ein Kunstwerk etc.), der mit Mitteln erworben wurde, die auch nur zu einem minimalen Anteil inkriminiert waren (sog. Verdünnung) (NK-StGB/*Altenhain* StGB § 261 Rn. 52), seinerseits inkriminiert ist. Es kommt also zu einer Totalkontamination des Gegenstandes (OLG Karlsruhe NJW 2005, 767 [769]; OLG Frankfurt aM NJW 2005, 1727 [1732]; *Hormbrecher* JA 2005, 67 [68]; Lackner/Kühl/*Kühl* StGB § 261 Rn. 5). Die sachenrechtliche Überlegung *Michalkes* (FS AG Strafrecht, 346 [355]; zust. NK-WiStR/*Reichling* StGB § 261 Rn. 33), die zu einer Reinigung des gesamten Gegenstandes führt, weil das Sachenrecht keine Bemakelung kenne, ist mit dem Wortlaut des nicht sachenrechtlich zu verstehenden Begriffs des Herrührens schwer vereinbar.

86 Diese Folge hat der BGH in seiner **Giralgeldentscheidung** (BGH NJW 2015, 3254; ferner NStZ 2017, 167 [169]; NZWiSt 2019, 148 [150]; NStZ-RR 2019, 145 [146]; BGH 10.11.2021, BeckRS 2021, 43778, Rn. 25) scheinbar konsequent umgesetzt und zur Frage der Kontaminierung von Bankguthaben entschieden, dass Giralgeld, das „sowohl aus rechtmäßigen Zahlungseingängen als auch aus von § 261 I 2 StGB erfassten Straftaten hervorgegangen" ist, insgesamt einen Gegenstand darstellt, der aus einer Vortat herrührt. Es kommt also bei der Einzahlung oder Überweisung inkriminierter Vermögenswerte auf ein noch nicht kontaminiertes Bankkonto zur vollständigen Kontamination dieses Kontos (vgl. auch BGH NStZ 2017, 167 [169]). Etwas anderes gilt nach der Rspr des BGH nur dann, wenn der aus inkriminierten Quellen stammende Anteil bei wirtschaftlicher Betrachtung völlig unerheblich ist (vgl. auch BGH NJW 2022, 1028 [1031]). Das hat der BGH jedoch bei einer Quote von 5,9% im konkreten Fall noch verneint (krit. *Bittmann* ZWH 2021, 157). So sehr diese Rechtsprechung den Anwendungsbereich des § 261 StGB ausweitet, so deutlich zeigt sie auch die Möglichkeiten eines geschickten Cash-Poolings mit möglichst hohen Beträgen auf. Der BGH (NJW 2022, 1028 [1031 f.]) hat diese Judikatur auf andere Fälle der Vermischung übertragen und sich damit wohl der Ansicht angeschlossen, die von einer Inkriminierung eines Gegenstandes (hier Immobilien und Pkw) ausgeht, wenn er zu einem Anteil aus illegalen Quellen stammt, der nicht wirtschaftlich völlig unerheblich ist.

87 Gegen diesen Ansatz und für eine **Teilkontamination** (vgl. auch *Ambos* JZ 2002, 70 [71]; *Barton* NStZ 1993, 159 [163]; *Burr* S. 76; SSW-StGB/*Jahn* StGB § 261 Rn. 31, GJW/*Eschelbach* StGB § 261 Rn. 38) spricht jedoch, dass es sich bei einem Bankguthaben nicht um einen einheitlichen Gegenstand handelt und hier keine Vermischung oder Vermengung stattfindet, sondern lediglich eine Zusammenfassung der Forderung. Nach wirtschaftlicher Betrachtung, die der Gesetzesentwurf stets anlegt (vgl. auch BGH NJW 2022, 1028 [1031]), ist eine Teilung eines Bankguthabens in einen inkriminierten und einen „sauberen" Teil unproblematisch möglich. Die implizite Annahme des BGH, das Bankguthaben rühre insgesamt aus der Vortat her, ist unzutreffend, vielmehr rührt nur der inkriminierte Anteil aus der Vortat her (vgl. *Hormbrecher* JA 2005, 67 [68]; aA wohl *Leip/Hardke* wistra 1997, 281 [284]). Problematisch ist insofern, dass bei einer Überweisung nur dann sicher feststellbar ist, ob sie sich auch auf den inkriminierten Teil des Bankguthabens bezogen hat, wenn der Überweisungsbetrag den Anteil des nicht bemakelten Vermögens übersteigt. Denn im Strafverfahren muss ansonsten im Zweifel stets zugunsten des Beschuldigten angenommen werden, dass sich die Überweisung ausschließlich auf die nicht geldwäschetaugliche Forderung bezog. Dass diese Differenzierung zu unlösbaren prozessualen Beweisproblemen führen kann, liegt auf der Hand, ist aber aus verfassungsrechtlichen Gründen hinzunehmen (ebenso Schönke/Schröder/*Hecker* StGB § 261 Rn. 11; *Hormbrecher* JA 2005, 67 [68]; *Maiwald* FS Hirsch, 632 [641 f.]). Die Giralgeldrechsprechung des BGH ist also nichts anderes als eine materielle-rechtliche Umgehung des Zweifelsgrundsatzes.

(5) Steuerhinterziehung als Vortat. Grundsätzlich konnte bereits nach der alten Rechtslage, nun durch den Wegfall des Vortatenkatalogs noch häufiger, durch eine Steuerhinterziehung ein geldwäschetauglicher Gegenstand hervorgebracht werden. Voraussetzung ist lediglich, dass es zu einer **Auszahlung durch das Finanzamt** kommt, also ein übertragungsfähiger Gegenstand in Form einer Bankforderung entstanden ist. 88

Insofern sind grundsätzlich zwei Fälle denkbar. Zum einen der Fall, in dem ausschließlich ein nicht gerechtfertigter Steuervorteil erlangt wird, etwa durch Vorsteuererstattungen bei vorgetäuschten Eingangsumsätzen oder auch bei der nicht gerechtfertigten Erstattung von angeblich geleisteten Steuern (zB Cum-Ex).

Denkbar sind zum anderen Fälle, in denen es eher zufällig zu einer Auszahlung kommt, weil die Steuer zu niedrig festgesetzt wird und der Steuerpflichtige in Vorleistung gegangen war. Das kann dann der Fall sein, wenn der Steuerpflichtige unrichtige Angaben zu Einkünften, Werbungskosten oder Betriebsausgaben und dadurch wegen vermeintlich zu hoher Vorauszahlungen oder Lohnsteuerabzüge eine **Erstattung** erhält. Denkbar ist eine geldwäschetaugliche Forderung auch bei unrichtigen Angaben in der Erklärung von Vorsteuern, die mit Umsatzsteuern aus Ausgangsumsätzen verrechnet wird und zur **Auszahlung eines Vorsteuerüberhangs** führt. Hier hat *Wulf* (SAM 2021, 58 [61]) die Frage aufgeworfen, ob in diesen „Umwandlungs- und Vermengungsfällen" der Zahlungsbetrag tatsächlich aus der Tat herrührt. Durch die unrichtigen Angaben werde zunächst nur die Steuer zu niedrig festgesetzt. Der Vorteil aus dieser Tat sei nicht verkörpert, aus der Tat werde also kein Gegenstand erlangt, so dass es auch kein Surrogat geben könne. Diese Auffassung geht aber wohl von einem zu engen Begriff des Herrührens aus. Nach der hM verlangt das Herrühren keine unmittelbare Kausalität, also eine Entstehung des Gegenstandes durch die Tathandlung selbst, sondern nur eine wirtschaftliche Kausalkette (BGH NJW 2022, 1028 [1031]). Das bedeutet, dass auch ein Gegenstand, der noch im Stadium zwischen Vollendung und Beendigung der Tat entsteht, Tatobjekt sein kann. Das gilt sowohl für den Betrug, bei dem die tatsächliche Bereicherung des Täters regelmäßig erst nach Tatvollendung erfolgt, als auch für die Steuerhinterziehung, bei der der finanzielle Vorteil durch eine Auszahlung erst nach formalem Abschluss der Tatbestandsverwirklichung entsteht. Die Auszahlung mag mit dem faktischen Steuervorteil nicht identisch sein, aber sie rührt aus der Tat her. 89

Probleme bei der Bestimmung des inkriminierten Gegenstandes können im Kontext von Steuererstattungen dann entstehen, wenn nur ein **Anteil der Steuererstattung auf der Steuerhinterziehung beruht,** wenn also der Stpfl aufgrund unrichtiger Angaben eine höhere Erstattung erhält. Insofern ist davon auszugehen, dass die Inkriminierung sich trotz einer einheitlichen Auszahlung/Überweisung nur auf den tatsächlich inkriminierten Anteil bezieht. Die Auszahlung ist also nicht im Sinne des Giralgeldbeschlusses als insgesamt inkriminiert anzusehen, wenn sie zu einem nicht nur unwesentlichen Anteil auf der Steuerhinterziehung beruht. Denn der Giralgeldbeschluss soll einem Dilemma aus dem Zweifelsgrundsatz entgegnen, das dazu führt, dass letztlich alle Überweisungen von einem teilinkriminierten Konto als im Zweifel den legalen Teil betreffend anzusehen wären. Dieses Problem kann aber erst mit der Gutschrift auf dem Konto entstehen. Daher ist – selbst wenn man dieser Judikatur folgt – eine Inkriminierung des Gesamtbestandes eines Kontos nur anzunehmen, wenn der Verkürzungsbetrag als Teil des Überweisungsbetrages einen nicht nur unwesentlichen Teil des Kontobestandes ausmacht. Erlangt der Täter also 90 durch die Steuerhinterziehung eine Auszahlung von 10.000 anstatt 9.000 Euro und geht die Einzahlung auf seinem Bankkonto mit einem Bestand von 10.000 Euro ein, so macht der inkriminierte Teil 5 % des Kontobestandes und damit eher einen unwesentlichen Teil aus. Hätte der Täter ohne die Tat nach § 370 AO keine Steuererstattung erhalten, so ist die tatbedingte Erstattung und Auszahlung dagegen vollumfänglich inkriminiert, und die Grundsätze der **Giralgeldentscheidung** – vorbehaltlich der verfassungsrechtlichen Bedenken – wären anwendbar.

f) Dekontamination

91 Für die Praxis besonders bedeutsam ist die Frage, unter welchen Bedingungen ein inkriminierter Gegenstand die Eigenschaft als taugliches Tatobjekt wieder verliert.

92 **(1) Reinigung durch Erwerb ohne rechtswidrige Tat, § 261 I 2 StGB (§ 261 VI StGB aF).** Nicht wegen Geldwäsche kann nach § 261 I 2 StGB bestraft werden, wer eine Handlung nach § 261 I 1 Nr. 3 und 4 StGB an einem zunächst inkriminierten Gegenstand vornimmt, den ein **Dritter** erlangt hat, **ohne hierdurch** eine **rechtswidrige Tat** zu **begehen** (zur Begründung des Gesetzesentwurfs BT-Drs. 12/3533, 14 f.). Ein zivilrechtlich wirksamer Erwerb ist nicht Voraussetzung, so dass auch ein abhandengekommener Gegenstand in den Anwendungsbereich fallen kann (NK-WiStR/*Reichling* StGB § 261 Rn. 50).

93 Diese Regelung – die nur für den unmittelbar aus der Straftat stammenden Gegenstand Bedeutung hat – war zunächst in § 261 VI StGB aF enthalten und verwies auf § 261 II StGB aF (NK-StGB/*Altenhain* StGB § 261 Rn. 87). Sie beruht auf dem Gedanken, dass der Wirtschaftsverkehr nicht durch lange Erwerbsketten dauerhaft beeinträchtigt werden und ein Gegenstand nicht endgültig bemakelt sein darf. Mit dieser Begrenzung der Strafbarkeit durch ein negatives Tatbestandsmerkmal (BGHSt 55, 35 [36]; NK-StGB/*Altenhain* StGB § 261 Rn. 85; SSW-StGB/*Jahn* StGB § 261 Rn. 58; SK-StGB/*Hoyer* StGB § 261 Rn. 24) trägt das Gesetz zumindest notdürftig (SSW-StGB/*Jahn* StGB § 261 Rn. 56 „unzureichend") dem Grundsatz der Verhältnismäßigkeit Rechnung. Bereits aus dem Wortlaut des Gesetzes ergibt sich, dass es nicht auf die zivilrechtliche Wirksamkeit des Erwerbs des Gegenstandes ankommt (BGHSt 4, 68 [69]; *Möhrenschlager* wistra 1992, 281 [286]; SSW-StGB/*Jahn* StGB § 261 Rn. 58). Maßgeblich ist allein die tatsächliche Verfügungsmacht (NK-StGB/*Altenhain* StGB § 261 Rn. 87). Auch lebt die Strafbarkeit nicht etwa wieder auf, wenn nach dem gutgläubigen Erwerb eine bösgläubige Person den Gegenstand erlangt.

94 **(a) Beschränkung auf vollständig straflosen Vorerwerb.** Umstritten war, ob § 261 VI StGB aF bereits dann zur Anwendung kommen sollte, wenn der Dritte den Gegenstand nicht durch eine **Straftat nach § 261 StGB** erlangt hatte (NK-StGB/*Altenhain* StGB § 261 Rn. 88; Matt/Renzikowski/*Dietmeier* StGB § 261 Rn. 18; Schönke/Schröder/*Hecker* StGB § 261 Rn. 17; Lackner/Kühl/*Kühl* StGB § 261 Rn. 6; *Maiwald* FS Hirsch, 631 [645]) oder nur dann, wenn es sich um einen **gänzlich straflosen Erwerb** handelt (*Fischer*[68] StGB § 261 Rn. 43; SSW-StGB/*Jahn* StGB § 261 Rn. 58; *Rengier* BT II § 23 Rn. 16; vgl. auch BT-Drs. 19/24180, 5). Die Begründung des Gesetzesentwurfs spricht für ein weites Verständnis der Dekontaminationswirkung, denn dort heißt es (BT-Drs. 12/3533, 14), die Vorschrift habe zur Folge, dass *„ein Gegenstand, den ein Dritter erworben hat, ohne sich nach Absatz 2 strafbar zu machen, auch von anderen Personen jeweils straffrei erworben werden kann"*. Dem wird entgegengehalten, eine solche Lösung entspreche nicht Sinn und Zweck der Vorschrift, die nur dem „redlichen" Erwerber eines bemakelten Gegenstandes die Weiterveräußerung ermöglichen wolle (SSW-StGB/*Jahn* StGB § 261 Rn. 8). Die Begründung des Entwurfs spricht jedoch nicht von „redlich", sondern von gutgläubig und meint damit offenkundig die Herkunft der Sache aus der Vortat. *Hoyer* (SK-StGB/*Hoyer* StGB § 261 Rn. 37) vertritt insofern eine differenzierende und am Telos des § 261 StGB ausgerichtete Auffassung und will § 261 VI StGB dann nicht anwenden, wenn der Erwerber die Sache auf strafbare Weise und im kollusiven Zusammenwirken mit dem Vortäter oder Inhaber erlangt hat. Das sei etwa dann der Fall, wenn die Sache durch

Hehlerei in Unkenntnis der Inkriminierung verschafft wurde, nicht aber bei Diebstahl oder Raub. In diesem letzteren Fall werde die organisierte Kriminalität nicht einmal abstrakt gefördert. Dieses Abgrenzungskriterium überzeugt allerdings nicht, weil § 261 StGB bereits seit langem aus dem Kontext der Organisierten Kriminalität gelöst ist (vgl. auch BGHSt 50, 347 [354]). Die Vorschrift dient auch der Bekämpfung von Alltagskriminalität ohne Zusammenhang zu dieser schweren Kriminalitätsform (vgl. aber BVerfG NJW 2015, 2949 [2952]). Es sprach letztlich mehr dafür, § 261 VI auch beim strafbaren Erwerb anzuwenden, solange dabei keine Tat nach § 261 StGB begangen wurde (ebenso NK-StGB/*Altenhain* StGB § 261 Rn. 88).

In der Neufassung des § 261 VI StGB aF in § 261 I 2 StGB wurde eine Änderung **95** vorgenommen, die dazu führt, dass ab dem Inkrafttreten des Gesetzes zur Verbesserung der strafrechtlichen Bekämpfung der Geldwäsche als Voraussetzung für die Straflosigkeit des weiteren Umgangs mit einem Gegenstand aus der Vortat ein **vollständig strafloser Erwerb** zu fordern ist. Denn nunmehr heißt es dort statt ohne hierdurch „eine Straftat" zu begehen, ohne hierdurch eine „rechtswidrige Tat" zu begehen. Damit sollte ausweislich der Begründung der Beschlussempfehlung des Rechtsausschusses (BT-Drs. 19/26602, S. 8) klargestellt werden, dass nur der Erwerb ohne Begehung irgendeiner rechtswidrigen Tat zur Tatbestandlosigkeit führt.

(b) Erwerb durch den Vortäter nach straflosem Zwischenerwerb. Auf einen **96** (erneuten) **Erwerb durch den Vortäter** ist § 261 I 2 StGB (§ 261 VI StGB aF) grundsätzlich anzuwenden. Er ist Dritter im Sinne des Gesetzes (aA SSW-StGB/*Jahn* StGB § 261 Rn. 58; vgl. zum Streit über den Vortäter als Dritter bei § 259 StGB *Fischer* StGB § 259 Rn. 24), doch ist beim Erwerb durch den Vortäter stets eine Strafbarkeit nach § 261 I Nr. 1 und 2 sowie II StGB in Betracht zu ziehen. Auch ein anderer bösgläubiger Erwerber ist durch § 261 I 2 StGB grds geschützt (NK-WiStR/*Reichling* StGB § 261 Rn. 50).

Die Vorschrift eröffnet auch nicht ohne weiteres einen Weg zur Reinigung inkriminier- **97** ter Vermögensgegenstände (aA *Hamm* NJW 2000, 636 [638]). Zahlt der Vortäter bemakeltes **Bargeld auf sein Bankkonto** ein, so erwirbt er eine inkriminierte Forderung gegen die Bank (aA wohl *Maiwald* FS Hirsch, 632 [640]). Durch die Überweisung an einen bösgläubigen Dritten mag dieser nicht exakt diese Forderung erwerben, weil es sich nach §§ 675ff. BGB nicht um eine Abtretung handelt (darauf weist SSW-StGB/*Jahn* StGB § 261 Rn. 60 hin; ebenso GJW/*Eschelbach* StGB § 261 Rn. 55; NK-WiStR/*Reichling* StGB § 261 Rn. 51). Doch tritt die Gutschrift auf dem Konto des Dritten an die Stelle der Forderung des Vortäters gegen die Bank, die im Gegenzug erlischt. Es handelt sich um ein wirtschaftliches Surrogat, so dass die erlangte Forderung des Überweisungsempfängers gegen die Bank wegen der gebotenen wirtschaftlichen – nicht zivilrechtlichen – Betrachtungsweise (NK-StGB/*Altenhain* StGB § 261 Rn. 67) geldwäschetauglich ist (BGHSt 55, 36 [56] Rn. 83 ff.; BT-Drs. 19/24180, 32; NK-StGB/*Altenhain* StGB § 261 Rn. 89; Matt/Renzikowski/*Dietmeier* StGB § 261 Rn. 19; *Fischer* StGB § 261 Rn. 35; Schönke/Schröder/*Hecker* StGB § 261 Rn. 21; *Gotzes/Schneider* wistra 2002, 121 [123]; *Hormbrecher* JA 2005, 67 [69]; SK-StGB/*Hoyer* StGB § 261 Rn. 36; Lackner/Kühl/*Kühl* StGB § 261 Rn. 6; Herzog/*El-Ghazi* GwG, § 261 StGB Rn. 122; *Otto* JZ 2001, 436 [439]; *Ranft* Jura 2004, 759 [Fn. 3]); BeckOK StGB/*Ruhmannseder* StGB § 261 Rn. 35.1).

(c) Analoge Anwendung auf § 261 I StGB aF. In der Literatur wurde vertreten, dass **98** § 261 VI StGB aF auch auf **§ 261 I StGB aF** Anwendung finde (AWHH/*Heinrich* § 29 Rn. 18; Lackner/Kühl/*Kühl* StGB § 261 Rn. 5; Herzog/*El-Ghazi* GwG, § 261 StGB Rn. 124; *Rengier* BT I § 23 Rn. 19; *Wessels*/Hillenkamp/Schuhr BT 2 Rn. 901; Zentes/Glaab/*Ballo* GwG, § 261 StGB Rn. 65). Dies wurde damit begründet, dass § 261 VI StGB aF andernfalls faktisch leerlaufe, weil die Tatvarianten der Verwendung und Verwahrung oftmals auch Verbergens- und Verschleierungshandlungen beinhalten (*Gotzes/Schneider* wistra 2002, 121 [123]; Schönke/Schröder/*Hecker* StGB § 261 Rn. 21; *Rengier* BT I § 23 Rn. 19). Ferner sei nicht nachvollziehbar, dass eine zivilrechtlich wirksam erworbene

Rechtsposition immer noch strafrechtlich bemakelt sei (GJW/*Eschelbach* StGB § 261 Rn. 41; *Maiwald* FS Hirsch, 631 [642 ff.]). So berechtigt diese Kritik sein mag, stand der Ausdehnung des § 261 VI StGB aF auf die Varianten des § 261 I StGB aF doch der eindeutige Wortlaut des Gesetzes ebenso entgegen wie die Ausführungen in der Begründung des Gesetzesentwurfs (BT-Drs. 12/3533, 15; vgl. auch BGHSt 47, 68 [80]; BGH NStZ 2017, 28 [29]; OLG Karlsruhe 2005, 767 [768 f.]; NK-StGB/*Altenhain* StGB § 261 Rn. 85; GJW/*Eschelbach* StGB § 261 Rn. 56; *Fischer* StGB § 261 Rn. 34; SSW-StGB/*Jahn* StGB § 261 Rn. 57 m w N; *Jahn/Ebner* JuS 2009, 597 [601]). Zudem relativiert sich das Problem durch den begrenzten Anwendungsbereich des § 261 VI StGB auf das ursprüngliche Tatobjekt.

99 Im Rahmen der Novelle des § 261 StGB durch das Gesetz zur Verbesserung der strafrechtlichen Bekämpfung der Geldwäsche war im Entwurf zunächst eine Neufassung des § 261 I 2 StGB vorgesehen, die jede Strafbarkeit wegen Geldwäsche an einem zuvor straflos erworbenen Gegenstand ausschließen sollte (BT-Drs. 19/24180, 8, 19, 31 f.). Die Entwurfsverfasser waren insofern der Kritik aus der Literatur gefolgt, die eine Ausweitung der Reinigungswirkung auf jede Form der Geldwäsche gefordert hatte. Dem stellten sich die Koalitionsfraktionen im Rechtsausschuss entgegen; es bedürfe keiner weiteren Einschränkung der Strafbarkeit (BT-Drs. 19/26602, 8). Damit wurde die Regelung wieder auf die alte Reichweite und allein auf die **Tatvarianten des Isolationstatbestandes beschränkt.**

100 **(2) Sicherstellung, Beschlagnahme und Schadenersatz.** Wird der Gegenstand **beschlagnahmt** oder nach § 111b StPO **sichergestellt,** so erlangt die Strafverfolgungsbehörde den Gegenstand und die Voraussetzungen des § 261 I 2 StGB sind erfüllt (vgl. *Brüning* wistra 2006, 241 [242]). Dem hat *Altenhain* entgegengehalten, eine solche Reinigung widerspreche dem Sinn und Zweck des § 261 StGB, weil strafprozessuale Handlungen keine Teilnahme am Wirtschaftsverkehr darstellen und so die Geldwäsche durch den Strafprozess stattfinden könne, wenn die Gegenstände nach Ende der Maßnahme an den Vortäter zurückgegeben werden müssen. Doch diese Argumente ändern nichts daran, dass es dem Wortlaut widerspräche anzunehmen, die Strafverfolgungsbehörden hätten den betreffenden Gegenstand nicht erlangt. Der Ausschluss dieser Fälle aus dem Anwendungsbereich des § 261 VI StGB wäre eine nach Art. 103 II GG unzulässige teleologische Reduktion eines tatbestandsausschließenden Merkmals (vgl. aber auch → Rn. 192 ff.).

101 Leistet der Vortäter mit dem aus der Vortat erlangten Gegenstand selbst oder mit einem Surrogat **Schadenersatz** gegenüber dem durch diese Vortat Verletzten, so wird der Gegenstand dekontaminiert (NK-StGB/*Altenhain* StGB § 261 Rn. 81; vgl. auch AWHH/ *Heinrich* § 29 Rn. 46). Das gilt auch bei der Zahlung von **Steuern** und **Zuschlägen** bei der Steuerhinterziehung (NK-StGB/*Altenhain* StGB § 261 Rn. 81; *Bülte* ZStW 121 [2010], 550 [597 ff.]). Auch beim **Erwerb eines Gegenstandes durch Hoheitsakt** (Zwangsversteigerung) hat die Rspr zu Recht ein Ende der Inkriminierung angenommen (LG Aachen StV 2019, 57 f.; zust. NK-WiStR/*Reichling* StGB § 261 Rn. 31).

102 **(3) Verjährung.** Ebenfalls umstritten ist, ob sich die **Verjährung der Vortat** auf die Geldwäschetauglichkeit des aus ihr erlangten Gegenstandes oder der Surrogate auswirkt. Mit Blick auf den Schutzzweck des § 261 StGB ist das jedoch zu verneinen. Zwar dient § 261 StGB dem Schutz der effektiven Rechtspflege, so dass man erwägen könnte, die Legitimation für die Bestrafung einer Geldwäschehandlung, die nicht mehr zu einer Beeinträchtigung der Strafrechtspflege führen kann, sei entfallen. Doch ist § 261 StGB nicht allgemein auf die Strafverfolgung ausgerichtet, sondern zumindest auch auf den Schutz der effektiven Abschöpfung illegal erlangter Vermögenswerte (§§ 73 ff. StGB). Letztlich ist die Bedeutung dieser Frage in Zukunft jedoch gering, weil die Verjährung für die erweiterte und die selbständige Einziehung mit der Reform des Abschöpfungsrechts zum 1.7.2017 in **§ 76b StGB auf 30 Jahre** verlängert wurde.

Altfälle sind natürlich denkbar, bei denen die Verjährung der Vortat bereits eingetreten 103 ist und nun die Frage der Geldwäsche im Raum steht. Sie beschränkt sich insofern aber auf § 261 II StGB aF, weil § 261 I StGB aF die Gefährdung der Abschöpfung voraussetzte, die bei verjährten Delikten nach § 76a II Nr. 1 StGB nur bei der Sicherungseinziehung zulässig war. Soweit also die Vortat verjährt, aber eine Sicherungseinziehung noch möglich war und durch die Geldwäschehandlung beeinträchtigt wurde, erschien eine Strafbarkeit nach § 261 I StGB aF möglich. Die wohl hM (*Aschke* S. 172 f.; *Bischofberger* S. 108; *Burr* S. 66; GJW/*Eschelbach* StGB § 261 Rn. 19; Schönke/Schröder/*Hecker* StGB § 261 Rn. 11; SSW-StGB/*Jahn* StGB § 261 Rn. 32; *Leip* S. 90 f.; MüKoStGB/*Neuheuser* StGB § 261 Rn. 70; LK-StGB/*Schmidt/Krause* StGB § 261 Rn. 9) nimmt an, die Verjährung wirke sich nicht auf die Geldwäschetauglichkeit des aus der verjährten Tat herrührenden Gegenstandes aus. Begründet wird dies mit zwei Argumenten: Bei **Hehlerei** und **Begünstigung** sei dies ebenfalls so (MüKoStGB/*Neuheuser* StGB § 261 Rn. 70), und die Koppelung an die Verjährung führe insbes. mit Blick auf die Möglichkeit der Verjährungsunterbrechung zu einer **kaum überschaubaren Situation** (vgl. Schönke/Schröder/*Hecker* § 261 Rn. 11). Der erste Begründungsansatz verlagert die Frage jedoch nur. Zudem bezieht sich § 257 StGB auf die Begünstigung einer Person, und § 259 StGB ist anders strukturiert, weil er Surrogate nicht erfasst (vgl. *Barton* NStZ 1993, 159 [164]). Das zweite Argument ist zwar zutreffend, doch dürfte die Vermeidung einer komplexen Rechtslage kaum ein Argument für die Strafbarkeit nach § 261 II StGB aF sein.

Für die Geldwäscheuntauglichkeit eines Gegenstandes nach Abschluss der Verfolgungs- 104 verjährung spricht folgendes: § 261 I Nr. 3 und 4 StGB (§ 261 II StGB aF) StGB sollen nach hM den Schutz des durch die Vortat betroffenen Rechtsguts prolongieren. Damit ist der **Schutzzweck** der § 261 I Nr. 3 und 4 StGB (§ 261 II StGB aF) StGB identisch mit dem der Vorschrift über die Vortat. Entscheidet der Gesetzgeber aber durch die Verjährungsregel, dass insofern **Rechtsfrieden** eintreten soll, so würde eine weitere Verfolgung der Geldwäsche nach § 261 StGB diese Entscheidung der Legislative konterkarieren (vgl. auch NK-StGB/*Altenhain* StGB § 261 Rn. 33, 66; *Barton* NStZ 1993, 159 [164 f.]; *Höreth* S. 114); iE auch Schork/Groß/*Reichling* BankStrafR § 29 Rn. 1205). Sieht man dagegen den Schutz des Wirtschafts- und Finanzkreislaufs als Ziel des § 261 StGB an, so kommt es auf die Verjährung der Vortat nicht an.

Auf die **zivilrechtliche Verjährung** kam es bei der Beurteilung der Geldwäschestraf- 105 barkeit auch bei § 261 II aF StGB nicht an (NK-StGB/*Altenhain* StGB § 261 Rn. 34; LK-StGB/*Schmidt/Krause* StGB § 261 Rn. 9; aA SK-StGB/*Hoyer* StGB § 261 Rn. 6; Herzog/El-Ghazi GwG, § 261 StGB Rn. 38), wenn man mit der wohl hM annimmt, dass die Strafvorschrift nicht allein die Rechtsgüter des Verletzten schützt, sondern auch die Rechtspflege.

2. Tatbestände

§ 261 StGB aF beinhaltet von jeher nominell **vier Tatbestände:** den Verschleierungs-, 106 den Vereitelungs-, den Gefährdungstatbestand (echte Geldwäsche) (so AWHH/*Heinrich* § 29 Rn. 20, 23) und den Isolierungstatbestand (nach hM drei Tatbestände vgl. *Härtl-Meißner* S. 126; Schönke/Schröder/*Hecker* StGB § 261 Rn. 3; *Kraatz* Jura 2015, 699 [700]; mit grundlegend anderem Verständnis der Struktur NK-StGB/*Altenhain* StGB § 261 Rn. 91 ff.) (unechte Geldwäsche). Dabei umschrieb der **Verschleierungstatbestand** ein Verhalten, das man im politischen Diskurs als Geldwäsche verstehen würde, während der **Vereitelungs-** und **Gefährdungstatbestand** Handlungen bestimmen, die sich unmittelbar gegen die Abschöpfung richten. Der **Isolierungstatbestand** beinhaltet das universelle Kontaktdelikt, das durch jede Verwendung oder Verwertung eines inkriminierten Gegenstandes begangen werden kann (vgl. *Bülte* ZWH 2016, 377 ff.).

Im Einzelfall kann die **Abgrenzung** der Geldwäsche von der **Beihilfe zur Haupttat** 107 relevant sein, insbes., wenn die Hilfe leichtfertig geleistet wird und daher als Hilfeleisten iSv § 27 StGB nicht strafbar wäre. Wird die Hilfe ursächlich für die Vortat, so liegt allein Beihilfe vor. Wirkt sich die Hilfe nach der Vollendung der Vortat aus, so wird man Geldwäsche annehmen können (NK-StGB/*Altenhain* StGB § 261 Rn. 92). Bei einer vor der Begehung der Vortat zugesagten und später geleisteten Verschleierungshandlung kann dann sowohl Beihilfe zur Vortat als auch Geldwäsche vorliegen.

108 Bis zum Gesetz zur Verbesserung der strafrechtlichen Bekämpfung der Geldwäsche waren der Verschleierungs-, der Gefährdungs- und der Vereitelungstatbestand in § 261 I 1 StGB aF enthalten und der Isolationstatbestand in § 261 II StGB aF. Mit der Neufassung des Strafgesetzes wurde auch die Tatbestandsstruktur neu gefasst, der Verschleierungstatbestand erweitert und der Gefährdungs- bzw. Vereitelungstatbestand umgestaltet. Nunmehr sind in Absatz 1 die Tathandlungen des **Verbergens**, des **Umtauschens, Übertragens** oder **Verbringens in Vereitelungsabsicht** (§ 261 I 1 StGB aF) und **das Sich- oder einem Dritten Verschaffen** und das **Verwahren** und **Verwenden** (§ 261 II StGB aF) enthalten. Die umformulierte **Verschleierungsvariante** (§ 261 I 1 StGB aF) findet sich in § 261 II StGB.

a) Verbergenstatbestand (§ 261 I 1 Nr. 1 StGB)

109 Mit der Schaffung der Tatvariante des § 261 I 1 Nr. 1 StGB sollte die Vorgabe von Art. 3 I Buchst. b der Richtlinie (EU) 2018/1673 umgesetzt werden, auch wenn mit Blick auf die bisherige Fassung des Gesetzes kein Umsetzungsbedarf erkennbar war. Nach § 261 I 1 Nr. 1 StGB kann die Geldwäsche zunächst durch das Verbergen eines inkriminierten Gegenstandes begangen werden. Ein Einvernehmen mit dem Vortäter muss nicht vorliegen (Schönke/Schröder/*Hecker* StGB § 261 Rn. 13). Unter **Verbergen** ist das tatsächliche Verstecken des Tatobjekts (BGH NJW 1999, 436: Geld in einem ausgehöhlten Buch) durch Vergraben, Ablegen an einen ungewöhnlichen oder unzugänglichen Ort, Unkenntlichmachen etc. zu verstehen (BGH NJW 1999, 436; BT-Drs. 19/24180, S. 30; GJW/*Eschelbach* StGB § 261 Rn. 44; Schönke/Schröder/*Hecker* StGB § 261 Rn. 14; Lackner/Kühl/*Kühl* StGB § 261 Rn. 7); auch das Überweisen ins Ausland kommt als Tathandlung in Betracht (BeckOK StGB/*Ruhmannseder* StGB § 261 Rn. 23.1). Dabei betont die Begründung des Gesetzesentwurfs (BT-Drs. 19/24180, 30) unter Berufung auf die Rspr des BVerfG (NJW 2015, 2949 [2953] Rn. 49), die „bewusst gewählte finale Verbform" bringe zum Ausdruck, dass eine manipulative Tendenz erforderlich sei (vgl. auch *Ruhmannseder* ZWF 2021, 188 [190]). Das Merkmal des Verbergens sei handlungsorientiert und – die Handlung – solle den Zugang zu dem Vermögensgegenstand erschweren. Es sei nicht zwingend ein heimliches Vorgehen erforderlich.

110 Nicht erforderlich ist ferner, dass die Maßnahme das Auffinden tatsächlich erschwert hat. Es handelt sich um ein **abstraktes Gefährdungsdelikt** (zu § 261 I 1 Var. 1 StGB aF: BGH NStZ 2017, 28 [29]; BT-Drs. 19/24180, 30; GJW/*Eschelbach* StGB § 261 Rn. 44; Kindhäuser/*Böse* StrafR BT II § 49 Rn. 11; MüKoStGB/*Neuheuser* StGB § 261 Rn. 17; aA NK-StGB/*Altenhain* StGB § 261 Rn. 100, 102; SK-StGB/*Hoyer* StGB § 261 Rn. 16; LK-StGB/*Schmidt/Krause* StGB § 261 Rn. 16, 19; SSW-StGB/*Jahn* StGB § 261 Rn. 45).

111 Ein **Verbergen ohne Verschleiern** (§ 261 II StGB/§ 261 I 1 StGB aF) wird man oftmals nur beim schlichten Verstecken des Gegenstandes beim Vortäter selbst annehmen können. Denn bei der Übergabe an einen Nichtvortatbeteiligten zur Aufbewahrung wird es typischerweise auch zu weiteren Unklarheiten über die Herkunft des Gegenstandes kommen. Denn durch die Übergabe an einen Dritten wird regelmäßig nicht nur die Existenz des Gegenstandes geleugnet, sondern auch dessen Herkunft verdeckt (*Neuheuser* NZWiSt 2016, 265 [267]; vgl. auch *Altenhain/Fleckenstein* JZ 2020, 1045 [1050]).

b) Vereitelungstatbestand nach § 261 I 1 Nr. 2 StGB

112 Der vormals als Verletzungsdelikt gefasste Vereitelungstatbestand ist ebenso grundlegend umstrukturiert worden wie der Gefährdungstatbestand. Mit Blick auf Altfälle – Tathandlung vor dem 18.3.2021 – und § 2 II StGB soll hier zunächst die Rechtslage bis 2021 dargestellt werden.

(1) Verletzungstatbestand nach § 261 I 1 StGB aF. Der Vereitelungstatbestand als **113** **Verletzungsdelikt** war dadurch geprägt, dass der Täter den Zugriff der Strafverfolgungsbehörden auf inkriminiertes Vermögen – durch Einziehung (§§ 73 ff. StGB) oder Sicherstellung (§§ 111b ff. StPO) – verhinderte, indem er die Ermittlung der Herkunft, das Auffinden eines Tatobjektes oder dessen Einziehung oder Sicherstellung unmöglich machte, also zum Scheitern brachte (vgl. Schönke/Schröder/*Hecker* StGB § 261 Rn. 15; Lackner/Kühl/*Kühl* StGB § 261 Rn. 7). Dies konnte u. a. durch Überweisungen ins Ausland, Fälschen oder Vernichten von Akten, Einsatz von Luftrechnungen über Beraterverträge oder Falschangaben gegenüber Ermittlungsbehörden geschehen (Schönke/Schröder/*Hecker* StGB § 261 Rn. 15). Nach dem Gesetzeswortlaut konnte auch das Vernichten des Tatobjekts eine Vereitelungshandlung darstellen, weil auch diese Handlung den Gegenstand dem Einziehungsverfahren entzog (NK-StGB/*Altenhain* StGB § 261 Rn. 102). Doch stand dem entgegen, dass bei einer Vernichtung des Tatobjekts der Zweck der Einziehung – soweit es die staatliche Strafrechtspflege betrifft – erfüllt war, der Gegenstand wurde dem Täter entzogen, konnte nicht mehr kriminellen Zwecken dienen und die legale Wirtschaft nicht mehr kontaminieren (iE ebenso Schönke/Schröder/*Hecker* StGB § 261 Rn. 15).

Für die Erfüllung des Tatbestandes war es entscheidend, dass der **Zugriff der Straf- 114 verfolgungsbehörden** – zumindest teilweise – **unterbunden** wurde (*Fischer*[68] StGB § 261 Rn. 36). Eine schlichte Erschwerung oder Verzögerung des Zugriffs – auch für geraume Zeit – war keine Vereitelung (GJW/*Eschelbach* StGB § 261 Rn. 47; Schönke/Schröder/*Hecker* StGB § 261 Rn. 15; LK-StGB/*Schmidt/Krause* StGB § 261 Rn. 16; diff. SSW-StGB/*Jahn* StGB § 261 Rn. 48), konnte jedoch den Gefährdungstatbestand erfüllen. Daher wurde zu Recht angenommen, dass der Vereitelungstatbestand im Ergebnis überflüssig war, weil die Vereitelung des Zugriffs stets ihre Gefährdung beinhaltete (vgl. Schönke/Schröder/*Hecker* StGB § 261 Rn. 3; *ders.* GS Heine, 163 [169]; Lackner/Kühl/*Kühl* StGB § 261 Rn. 7).

(2) Gefährdungstatbestand nach § 261 I 1 StGB aF. Der Gefährdungstatbestand als **115** **konkretes Gefährdungsdelikt** (GJW/*Eschelbach* StGB § 261 Rn. 45) war erfüllt, wenn die Handlung eine konkrete Gefahr für den Zugriff der Strafverfolgungsbehörden auf den Gegenstand herbeiführte (vgl. BGH NStZ 2016, 538 [539]; NJW 1999, 436 f.; OLG Hamm wistra 2004, 73; OLG Karlsruhe NStZ 2009, 269; Lackner/Kühl/*Kühl* StGB § 261 Rn. 7). Dies konnte durch die hier bereits zum Vereitelungstatbestand genannten Handlungen erfolgen, wenn diese nicht zum „endgültigen" Erfolg führten, sondern nur eine Gefährdung durch Verzögerung oder Erschwerung des Zugriffs zur Folge hatten. Das Auffinden wurde durch jede Handlung gefährdet, die den tatsächlichen Zugriff auf einen Gegenstand gefährdete, etwa durch Verbringen ins Ausland (BGH NJW 1999, 436; Lackner/Kühl/*Kühl* StGB § 261 Rn. 7), aber auch die Warnung vor einer Durchsuchung (GJW/*Eschelbach* StGB § 261 Rn. 47). Der Täter musste den Gegenstand zu diesem Zweck nicht selbst erlangen. Jedoch reichte allein das Versprechen, auf einem Konto **eingehende inkriminierte Gelder weiterzuleiten,** nicht aus (so aber LG Darmstadt wistra 2006, 468; GJW/*Eschelbach* StGB § 261 Rn. 47; wie hier NK-StGB/*Altenhain* StGB § 261 Rn. 130b; *Neuheuser* NStZ 2008, 492 [495]). Auch bei einer kurzzeitigen Gutschrift von Geldern aus Betrugstaten war im Einzelfall zu prüfen, ob es zu einer konkreten Gefährdung gekommen war (vgl. OLG Karlsruhe NStZ 2009, 269 [270]; zum Meinungsbild SSW-StGB/*Jahn* StGB § 261 Rn. 49). Das **Zurverfügungstellen eines Bankkontos** reichte dann nicht als Geldwäschehandlung aus, wenn die Nutzung des Kontos erst der Durchführung der Vortat dienen sollte und der zu „waschende" Gegenstand im Zeitpunkt der Tathandlung noch nicht existierte (LG Frankfurt 1.7.2021, BeckRS 2021, 20603 Rn. 14 ff.).

Nach dem OLG Bamberg (OLG Bamberg NStZ 2015, 235 [236 f.]; eingehend und krit. **116** *Hecker* GS Heine, 163 ff.) stand es der Erfüllung des Gefährdungs- oder Vereitelungstatbestandes nicht entgegen, wenn die deutschen **Strafverfolgungsbehörden** (noch) keine Möglichkeit des Zugriffs auf das Tatobjekt hatten, sondern diese erst im Wege der **Rechtshilfe** erlangen mussten. Dem wurde in der Literatur (*Hecker* GS Heine, 163 [167 ff.]; Schönke/Schröder/*Hecker* StGB § 261 Rn. 15) mit dem Argument entgegengetreten, § 261 I StGB habe in der Gefährdungsalternative die Verursachung einer konkreten Gefahr erfordert, dass die Herkunftsermittlung, das Auffinden, die Einziehung etc. unterbleibe (so auch BGH NStZ 1999, 83 [84]; offengelassen in BGH wistra 2016, 190 [192]). Letztlich komme es hier auf die konkrete Gefahrenlage an. Maßgeblich sei, ob überhaupt eine Möglichkeit des Zugriffs auf den Gegenstand bestanden hatte. Wenn eine solche Aussicht praktisch nicht bestand, könne auch von einer Gefährdung nicht die Rede sein, ansonsten komme es zu einer Ausweitung des Tatbestandes und einer Uminterpretation des konkreten Gefährdungsdelikts in ein abstraktes Gefährdungsdelikt (insofern unklar OLG Bamberg NStZ 2015, 235 [236 f.]: „schlichtes Gefährdungsdelikt").

117 Der Charakter als konkretes Gefährdungsdelikt führte auch dazu, dass eine Strafbarkeit nach § 261 I StGB in dieser Variante bereits tatbestandlich dann ausschied, wenn der Handelnde die Einziehung oder Sicherstellung deswegen nicht gefährdete, weil zB sein **Konto bereits überwacht** wurde (OLG Karlsruhe NJW 2009, 270; Schönke/Schröder/*Hecker* StGB § 261 Rn. 15; aA wohl LG Darmstadt wistra 2006, 468 [470]). Hier kam dann aber ebenso ein untauglicher Versuch in Betracht wie in dem Fall, dass der Täter bei seinen Bemühungen mit einem **verdeckt operierenden Polizeibeamten** zusammenarbeitet, der jederzeit verhindern kann, dass der Zugriff der Strafverfolgungsbehörde erschwert wird (GJW/*Eschelbach* StGB § 261 Rn. 48; *Fischer*[68] § 261 Rn. 36; Schönke/ Schröder/*Hecker* StGB § 261 Rn. 15).

118 **(3) Vereitelungstatbestand nach § 261 I 1 Nr. 2 StGB.** Mit der Neufassung des § 261 I 1 Nr. 2 StGB sollen die Vorgaben von Art. 3 I Buchst. a der Richtlinie (EU) 2018/1673 umgesetzt werden. Darin werden die Mitgliedstaaten dazu verpflichtet „*den Umtausch oder Transfer von Vermögensgegenständen in Kenntnis der Tatsache, dass diese Gegenstände aus einer kriminellen Tätigkeit stammen, zum Zwecke der Verheimlichung oder Verschleierung des illegalen Ursprungs der Vermögensgegenstände*" ebenso unter Strafe zu stellen wie die „*Unterstützung einer Person, die an einer solchen Tätigkeit beteiligt ist, damit diese den Rechtsfolgen ihrer Tat entgehen*".

119 Nach der neu formulierten Vorschrift werden bestimmte Handlungen (Umtauschen Übertragen und Verbringen) bestraft, die in der **Absicht** vorgenommen werden, das **Auffinden, Einziehen** eines geldwäschetauglichen Gegenstandes oder die **Ermittlung** seiner **Herkunft** zu vereiteln (*Fischer*[68] StGB § 261 Rn. 27). Aus dem Erfolgsdelikt ist ein **abstraktes Gefährdungsdelikt** in der Form eines Absichtsdelikts geworden. Die Gefahr oder Eignung zur Vereitelung von Maßnahmen zur Wiederbeschaffung wurde durch die Vereitelungsabsicht ersetzt, die Entwurfsbegründung spricht insofern davon, dass eine manipulative Tendenz des Täters erforderlich sei (BT-Drs. 19/24180, 30; vgl. auch *Fischer*[68] StGB § 261 Rn. 27). Die in § 261 I 1 Var. 3 und 4 StGB aF noch enthaltene Bezugnahme auf die Sicherstellung ist wegen der Änderungen des Abschöpfungsrechts obsolet geworden und daher entfallen.

120 Unter **Umtausch** eines Gegenstandes versteht die Begründung des Gesetzesentwurfs (BT-Drs. 19/24180, 30) eine Weggabe eines Gegenstandes bei gleichzeitiger oder auch „zeitlich versetzter" Erlangung einer Gegenleistung. Unter **Verbringen** ist der Transport einer Sache in der tatbestandlichen Absicht zu verstehen. Eine **Übertragung** kommt vornehmlich bei Rechten in Betracht und betrifft aber auch die tatsächlichen Nutzungsmöglichkeiten.

121 Zwar äußert sich das Gesetz nicht zu der Frage, ob mit Auffinden und Ermittlung der Herkunft nur **Maßnahmen** in **staatlichen Strafverfahren** gemeint sind oder auch ein Ermitteln durch einen Privaten (zB den Geschädigten). Doch lässt sich aus der Systematik und der Entstehungsgeschichte der Vorschrift schließen, dass nur das **Vereiteln staatlicher**

Maßnahmen im Strafverfahren durch § 261 I 1 Nr. 2 StGB erfasst ist. Nach zutreffender Auffassung des OLG Oldenburg (20.6.2022, BeckRS 2022, 14806 Rn. 11 ff.) ist die Vernichtung eines Tatobjekts (Verbrennen von BtM) keine Geldwäschehandlung, weil sie die Einschleusung des Gegenstandes in den legalen Wirtschafts- und Finanzkreislauf nicht ermöglicht, sondern gerade endgültig verhindert.

c) Isolierungstatbestand (§ 261 I 1 Nr. 3, 4 StGB)

122 Deutlich weiter – aber auch mit anderer Zielrichtung – als die Tatbestände des § 261 I 1 StGB aF war bereits der alte Isolierungstatbestand des § 261 II StGB aF gefasst, der heute in § 261 I 1 Nr. 3 und 4 StGB geregelt ist. Es handelt sich also um eine Tat, die auch als **Vermögens- oder Nutzhehlerei** (Schönke/Schröder/*Hecker* StGB § 261 Rn. 3; *Vogel* ZStW 109 [1997], 335 [345]) bezeichnet wird. Die Neufassung in § 261 I 1 Nr. 3 und 4 StGB ist inhaltlich identisch mit dem § 261 II StGB aF (BT-Drs. 19/24180, 31).

123 In den Isolierungstatbeständen wird das **Sich-Verschaffen** (Nr. 3) ebenso unter Strafe gestellt wie das **Verwahren** oder **Verwenden** (Nr. 4) eines tauglichen Tatobjekts. Diese Strafbarkeit soll zur völligen **Verkehrsunfähigkeit** des Tatobjekts und damit zu seiner Isolation führen. Da es sich um abstrakte Gefährdungsdelikte handelt, kommt es auch nicht darauf an, ob die Handlung die Situation des Verletzten tatsächlich verschlechtert oder die Beeinträchtigung des Rechtsguts vertieft hat oder auch nur konkret dazu geeignet war (vgl. GJW/*Eschelbach* StGB § 261 Rn. 50; SSW-StGB/*Jahn* StGB § 261 Rn. 39; Lackner/Kühl/*Kühl* StGB § 261 Rn. 8; MüKoStGB/*Neuheuser* StGB § 261 Rn. 73).

124 **(1) Sich- oder einem Dritten-Verschaffen (§ 261 I 1 Nr. 3).** Unter Sich- oder einem Dritten-Verschaffen versteht der BGH (BGHSt 43, 149 [151 f.]; 55, 36 [49] Rn. 58 mwN) in Anlehnung an § 259 I StGB (vgl. BT-Drs. 12/989, 27; Lackner/Kühl/*Kühl* StGB § 261 Rn. 8; krit. zu dieser Parallele NK-StGB/*Altenhain* StGB § 261 Rn. 114) das **Erlangen der Verfügungsgewalt** über einen Gegenstand im Einvernehmen mit dem Vorbesitzer (Schönke/Schröder/*Hecker* StGB § 261 Rn. 18; iE auch *Fischer* StGB § 261 Rn. 28; MüKoStGB/*Neuheuser* StGB § 261 Rn. 81; BT-Drs. 19/24180, 31: „*im Wege des abgeleiteten Erwerbs*"). Der Täter muss sich oder dem Dritten die Möglichkeit verschaffen, mit dem Gegenstand nach eigenem Belieben zu verfahren und ihn wirtschaftlich zu nutzen (Fülbier/Aepfelbach/Langweg/*Schröder*/*Textor* StGB § 261 Rn. 42). Das kann durch Ankaufen oder Annahme von Geldern als Einlage durch Kreditinstitute, aber auch durch Honorarannahme durch Rechtsanwälte oder Steuerberater (vgl. BVerfGE 110, 226 ff.; BGH NJW 2004, 1305) erfolgen, nicht aber durch bloße Besitzüberlassung bei Miete, Leihe, Verwahrung oder vorübergehender Nutzung (BT-Drs. 12/3533, 13; NK-StGB/*Altenhain* StGB § 261 Rn. 112; GJW/*Eschelbach* StGB § 261 Rn. 51; SSW-StGB/*Jahn* StGB § 261 Rn. 41; Fülbier/Aepfelbach/Langweg/*Schröder*/*Textor* StGB § 261 Rn. 42). In diesen Fällen kommt aber ein Verwahren oder Verwenden nach Nr. 4 in Betracht. Bei Kautionszahlungen ist (entgegen BeckOK StGB/*Ruhmannseder* StGB § 261 Rn. 26.3) danach zu unterscheiden, ob sie in eigenem Namen geleistet werden (OLG Frankfurt a. M. NJW 2005,1727 [1733]: tatbestandlich; vgl. auch *Fischer* StGB § 261 Rn. 30; aA LG Gießen NJW 2004, 1966 f.) oder im Namen des Mandanten (nicht tatbestandlich).

125 Nach der Rspr (BGHSt 55, 36 ff.) ist das Sich-Verschaffen nicht dadurch ausgeschlossen, dass eine **zivilrechtlich bestehende Forderung** durch Leistung mit bemakeltem Vermögen erfüllt wird. Dem wird entgegengehalten, dass zumindest im Falle der Zwangsvollstreckung nicht von einem Einvernehmen mit dem Vorbesitzer gesprochen werden könne (NK-WiStR/*Reichling* StGB § 261 Rn. 40). Doch wird man hier auf den tatsächlichen Willen der Beteiligten abstellen müssen. Soweit die Zwangsvollstreckung auf einer Vereinbarung beruht, dürfte ein grundsätzlich tatbestandsmäßiges Sichverschaffen vorliegen.

126 Auf ein kollusives Zusammenwirken mit dem Vortäter kommt es nicht an (vgl. BVerfGE 110, 226 [249]; BGHSt 55, 36 [48]; NK-StGB/*Altenhain* StGB § 261 Rn. 114; Schönke/Schröder/*Hecker* StGB § 261 Rn. 18; Lackner/Kühl/*Kühl* StGB § 261 Rn. 8; *Schramm* wistra 2008, 245 [247]; Fülbier/Aepfelbach/Langweg/*Schröder*/*Textor* StGB § 261

Rn. 42). Diese Beschränkung des Verschaffensbegriffs wird mit dem Sinn und Zweck des § 261 I 1 Nr. 3 und 4 StGB (§ 261 II StGB aF) begründet, den Vortäter wirtschaftlich zu isolieren und den inkriminierten Gegenstand wirtschaftlich verkehrsunfähig zu machen. Bei einem **Erlangen ohne Einverständnis des Vorbesitzers** (§§ 242, 249 StGB) fehle der *„innere Zusammenhang zwischen dem Isolierungszweck des § 261 Abs. 2 und der Ächtung des Tatobjekts"* (BGH NStZ-RR 2010, 53 [54]). Ein solches Einverständnis verlange allerdings keine mangelfreie Willensbildung, so dass Täuschung oder Nötigung dem Verschaffen nicht entgegenstehe (BGHSt 55, 36 [49 ff.]). Der Gesetzgeber habe sich bei Schaffung des § 261 II StGB aF (§ 261 I 1 Nr. 3 und 4 StGB) entschieden, nicht nur den Erwerb unter Strafe zu stellen, sondern die umfassendere Formulierung „Verschaffen" gewählt, die nach der damaligen Rspr zu § 259 StGB noch weit verstanden wurde. Die später entwickelte Beschränkung für den Hehlereitatbestand (BGHSt 42, 196 [198]) wegen des Zusammenhangs mit der Tatvariante des „Ankaufens" sei auf § 261 II StGB aF nicht übertragbar, weil das Verschaffen dort nicht systematisch auf Erwerbsgeschäfte beschränkt sei. Der Zweck des § 261 StGB könne nur dann erreicht werden, wenn alle wirtschaftlichen Transaktionen im Zusammenhang mit Katalogtaten weitgehend erfasst seien (zust. *Rengier* StrafR BT I § 23 Rn. 13a; kritisch *Jahn* JuS 2010, 650 [651 f.]).

127 Dieser Differenzierung wird entgegengehalten, die täuschungs- oder nötigungsbedingte Vermögensübertragung sei **keine freiwillige Teilnahme am Wirtschaftsverkehr,** die die Isolation des Tatobjekts durchbricht, es fehle an dem vom BGH geforderten inneren Zusammenhang (Schönke/Schröder/*Hecker* StGB § 261 Rn. 18; vgl. auch Fülbier/Aepfelbach/Langweg/*Schröder*/*Textor* StGB § 261 Rn. 44). Diese Argumentation greift allerdings zu kurz, weil die Freiwilligkeit im Strafrecht nach hM nicht bereits deswegen ausscheidet, weil der Entscheidende getäuscht oder bedroht wird (vgl. Wessels/Hillenkamp/Schuhr StrafR BT II Rn. 714, 723; ferner BGHSt 18, 221 [223]). Zudem findet bei einer auf Erpressung oder Täuschung basierenden Veräußerung eines Gegenstandes zumindest eine (auch zivilrechtlich wirksame, wenn auch anfechtbare) Teilnahme am Wirtschaftsverkehr statt, was bei Raub und Diebstahl nicht der Fall ist.

128 Auf der anderen Seite wurde der Begriff des Verschaffens von manchen Stimmen aus der Literatur als zu eng und **jedes Erlangen der Verfügungsmacht** als tatbestandlich angesehen. Der Gesetzeswortlaut gebe eine solche Einschränkung nicht vor, und der Vergleich zu § 259 StGB passe nicht, weil es sich bei § 261 StGB, anders als bei § 259 StGB, nicht um ein Hilfeleisten nach der Tat handele (NK-StGB/*Altenhain* StGB § 261 Rn. 114). Zudem verkürze die Beschränkung des Tatbestandes auf Erwerbsgeschäfte den Rechtsgüterschutz, weil auch die Wegnahme die Papierspur verwischen und eine Gewinnabschöpfung beeinträchtigen könne. § 261 II StGB diene nicht allein der Isolierung, sondern auch dem Schutz der Rechtspflege durch Absicherung der Abschöpfung.

129 Richtig ist daran sowohl, dass die Parallele von § 259 StGB und § 261 StGB nicht über den Gesetzeswortlaut hinausgeht und keine materielle Basis im Rechtsgut hat, als auch dass die Durchführung des Abschöpfungsverfahrens auch durch die Wegnahme der Sache gefährdet werden kann. Doch ist zu beachten, dass der Gesetzgeber sich in § 261 I 1 StGB aF dafür entschieden hatte, soweit kein absichtsvolles Verbergen oder Verschleiern vorliegt, ausschließlich die konkrete Gefährdung unter Strafe zu stellen. Es hätte diese rechtsstaatlich gebotene Restriktion der Geldwäschestrafbarkeit konterkariert, wenn in § 261 II StGB aF Handlungen mit dem Argument des Auffindens etc. unter Strafe gestellt worden wären, die lediglich abstrakt geeignet waren, den staatlichen Zugriff zu gefährden. Zudem ist zu beachten, dass hinter dem neuen strengen Abschöpfungsregime der Gedanke steht, dass „Verbrechen sich nicht lohnen dürfen". Dieser Zweck ist ersichtlich auch dann erreicht, wenn der Verfügungsinhaber bestohlen worden ist und so den wirtschaftlichen Vorteil verliert. Daher ist der differenzierenden Auffassung des BGH zu folgen.

130 Beim **Dritt-Verschaffen** erlangt der Täter die Gewalt über das Tatobjekt nicht selbst, sondern vermittelt die Verfügungsgewalt einem anderen. Anders als bei der Hehlerei ist das Absetzen oder Absetzenhelfen in § 261 StGB nicht mit Strafe bedroht. Daher kommt es bei der Subsumtion unter die Verschaffensvariante darauf an, für wen der Täter aktiv wird. Beteiligt er sich auf Seiten des Erwerbers oder erwirbt er die Sache für sich selbst, so begeht er die Tathandlung. Wirkt er auf Seiten des Verkäufers mit, so liegt kein Verschaffen vor (vgl. *Bülte* FS Rengier, 181 [184 f.]). Es kommt dann natürlich ein Verwenden in Betracht, wenn auch hier typischerweise nur eine Beihilfe vorliegen dürfte. In Betracht kommen als tatbestandliche Handlungen aber auch die Einzahlung bemakelter Fremdgelder auf Anderkonten (vgl. *Spiske* S. 136 f.), die Annahme von Geldern als Einlage oder Investition (BGH NJW 1997, 3322) oder die Weiterleitung von Mandantengeldern an Dritte (NK-StGB/ *Altenhain* § 261 Rn. 112).

Ein tatbestandliches **Verschaffen** scheidet aus, wenn der Handelnde sich die Verfügungsgewalt über den Gegenstand allein zu dem Zweck verschafft, um ihn der **Strafverfolgungsbehörde zu übergeben** (Schönke/Schröder/*Hecker* StGB § 261 Rn. 18; Fülbier/ Aepfelbach/Langweg/*Schröder*/*Textor* StGB § 261 Rn. 44) oder die **rechtmäßige Vermögenslage wiederherzustellen,** also etwa eine gestohlene oder durch Betrug erlangte Sache an den Verletzten zurückgelangen zu lassen. Gleiches gilt für den Erwerb eines inkriminierten Gegenstandes durch den Verletzten selbst, selbst wenn dadurch der Vortäter oder ein anderer Dritter Vorteile aus der Vortat zieht. In diesen Fällen wird weder die Strafrechtspflege beeinträchtigt noch das durch die Vortat verletzte Rechtsgut oder ein sonst durch § 261 StGB geschütztes Interesse (Schönke/Schröder/*Hecker* StGB § 261 Rn. 18). **131**

(2) Verwahren und Verwenden (Nr. 4). Die Tathandlungen des **Verwahrens** und **132 Verwendens** werden weit verstanden und erfassen im Ergebnis jede Inobhutnahme oder Inobhuthalten eines Gegenstandes für die eigene zukünftige Verwendung oder die eines Dritten (BT-Drs. 19/24180, 31; BGH NStZ 2017, 167 [169] Rn. 23; NJW 2005, 1727 [1733]; GJW/*Eschelbach* StGB § 261 Rn. 53; SSW-StGB/*Jahn* StGB § 261 Rn. 54; aA NK-StGB/*Altenhain* StGB § 261 Rn. 115). Es geht also um die bewusste Ausübung der Sachherrschaft (BT-Drs. 19/24180, 31; BGH NStZ 2017, 167 [169] Rn. 23; NStZ 2012, 321; NJW 2013, 1158) unter Berücksichtigung der Verkehrsanschauung (*Leip* S. 143). Auch das Verwahren setzt ein Einvernehmen mit dem Vorbesitzer voraus, so dass das Stehlen und Aufbewahren einer Sache weder ein Sichverschaffen iSv § 261 I 1 Nr. 3 StGB noch ein Verwahren iSv § 261 I 1 Nr. 4 StGB ist (vgl. Schönke/Schröder/*Hecker* StGB § 261 Rn. 20).

Das **Verwahren** kann durch das Aufbewahren der Tatbeute (vgl. BGH 15.8.2019, **133** NZWiSt 2019, 148 [150]; Fülbier/Aepfelbach/Langweg/*Schröder*/*Textor* StGB § 261 Rn. 45; *Otto* ZKW 1994, 63 [65]), durch Anlegen von Geld in fremdem Namen oder ähnliche Handlungen erfolgen. Auch das Ausleihen eines inkriminierten Gegenstandes kann ein Verwahren sein (Schönke/Schröder/*Hecker* StGB § 261 Rn. 19). Der BGH hat insofern mit Blick auf das Verwahren von Buchgeld festgestellt, es komme darauf an, ob der Täter eine *„der unmittelbaren Sachherrschaft entsprechende tatsächliche Verfügungsgewalt über die Forderung"* habe (BGH NStZ 2017, 167 [169] Rn. 23; BGH NJW 2013, 1158). Insofern reiche bei **Bankkonten** die **alleinige Inhaberschaft** aus (BGH NStZ 2017, 167 [169] Rn. 23; Schönke/Schröder/*Hecker* StGB § 261 Rn. 19; *Neuheuser* NStZ 2008, 492 [496]; MüKoStGB/*Neuhauser* StGB § 261 Rn. 69), wobei insofern auch ein Verschaffen vorliegen dürfte. Nicht ausreichend ist die reine Existenz des Gegenstandes innerhalb der Verfügungsmacht einer Person, so dass das Verbleiben durch gewerbsmäßigen Betrug erlangter Waren in einer Wohngemeinschaft auch dann kein Verwahren darstellt. Erforderlich ist eine Tathandlung, eine *„wie auch immer geartete Übernahmehandlung, durch die der Wille zur Sachherrschaft zum Ausdruck"* kommt (BGH NStZ 2012, 321 [322]; Schönke/Schröder/ *Hecker* StGB § 261 Rn. 19). Denkbar wäre bei Existenz einer entsprechenden Garantenpflicht zwar ein Verwahren durch Unterlassen, aber insofern wäre fraglich, ob die Modalitätenäquivalenz iSd § 13 I StGB gegeben ist.

Unter **Verwenden** ist jede **wirtschaftliche Nutzung** eines Gegenstandes im Einver- **134** nehmen mit dem Vorbesitzer zu verstehen (NK-StGB/*Altenhain* StGB § 261 Rn. 116; *Otto* GK BT 96/35). Die hM formuliert enger und geht von einem Verwenden als bestimmungsgemäßem Gebrauch aus (BGH NStZ 2017, 167 [169] Rn. 24; NZWiSt 2016, 157 [158]; ebenso BT-Drs. 19/24180, 31; GJW/*Eschelbach* StGB § 261 Rn. 53; *Fischer* StGB § 261 Rn. 30; Matt/Renzikowski/*Dietmeier* StGB § 261 Rn. 17; Lackner/Kühl/*Kühl* StGB § 261 Rn. 8; MüKoStGB/*Neuheuser* StGB § 261 Rn. 84), begründet aber nicht, warum eine Zweckentfremdung keine Tathandlung darstellen soll, soweit eine wirtschaftliche Nutzung erfolgt. Von dem Merkmal des Verwendens seien bei Bargeld und Buchgeld alle Arten von Geldgeschäften (BGH NStZ 2017, 167 [169] Rn. 24; vgl. BT-Drs. 12/989, 27), also auch die Verfügung über Guthaben durch Überweisung (BGH NZWiSt 2016, 157 [158]; BGH NStZ 2017, 167 [169] Rn. 24) ebenso erfasst wie jede andere Weitergabe inkriminierter Gegenstände an Dritte (BT-Drs. 12/3533, 13). Nicht tatbestandlich sind auch hier Verwendungen gegen den Willen des Inhabers der Verfügungsmacht, etwa eine Schwarzfahrt mit einem durch Raub erlangten oder mit Drogengeldern erworbenen Fahrzeug (Schönke/Schröder/*Hecker* StGB § 261 Rn. 20; Fülbier/Aepfelbach/Langweg/*Schröder*/*Textor* StGB § 261 Rn. 46). Zur Besonderheit im subjektiven Tatbestand → Rn. 160 ff.

d) Verheimlichungs- und Verschleierungstatbestand nach § 261 II StGB (§ 261 I 1 StGB aF)

135 **(1) Verschleierungstatbestand des § 261 I 1 StGB aF.** Nach § 261 I 1 StGB aF konnte die Geldwäsche zunächst bis zum 18.3.2021 durch das Verschleiern der Herkunft eines Gegenstandes begangen werden. Während das Verbergen nach § 261 I 1 Var. 1 StGB aF dabei das tatsächliche Verstecken des Tatobjekts erfasste – und in § 261 I Nr. 1 StGB noch erfasst (→ Rn. 109) – bezog sich das **Verschleiern** auf die **Herkunft** eines Gegenstandes. Es waren darunter zielgerichtete Handlungen zu verstehen, die verdecken sollten, unter welchen illegalen Umständen der Gegenstand erlangt wurde (BT-Drs. 12/3533, 11; Herzog/*El-Ghazi* GwG, § 261 StGB Rn. 91). Das Verschleiern konnte durch jede irreführende Handlung geschehen, die dazu geeignet (vgl. zu der objektiven Eignung zur Zugriffserschwerung *Müther* Jura 2001, 318 [324]) und darauf gerichtet war, die wahre Herkunft des Tatobjekts zu verbergen und ihm den Anschein eines anderen insbes. legalen Erwerbs zu verleihen (vgl. BT-Drs. 18/6389, 14; BGH NStZ 2017, 29; NK-StGB/*Altenhain* StGB § 261 Rn. 104; SSW-StGB/*Jahn* StGB § 261 Rn. 45; MüKoStGB/*Neuheuser* StGB § 261 Rn. 74; *ders.* NZWiSt 2016, 267). Dieses **klandestine Element, die manipulative Tendenz** (so BVerfG NJW 2015, 2949 [2953]) und entsprechende Absicht (vgl. *Müther* Jura 2001, 318 [324]) waren bereits deswegen elementar für den Tatbestand, weil man ansonsten nahezu jede Weitergabe eines inkriminierten Gegenstandes als Verschleierung ansehen könnte, sofern sie geeignet sein konnte, den Zugriff der Strafverfolgungsbehörden zu erschweren (vgl. *Maiwald* FS Hirsch, 631 [643]; aA wohl NK-StGB/*Altenhain* StGB § 261 Rn. 23c).

136 Nicht erforderlich war, dass die Maßnahme die Herkunftsermittlung oder das Auffinden tatsächlich erschwerte; es handelte sich um ein **abstraktes Gefährdungsdelikt** (BGH NStZ 2017, 28 [29]; GJW/*Eschelbach* StGB § 261 Rn. 44; *Kindhäuser/Böse* StrafR BT 2 § 49 Rn. 11; MüKoStGB/*Neuheuser* StGB § 261 Rn. 17; aA NK-StGB/*Altenhain* StGB § 261 Rn. 100, 102; SK-StGB/*Hoyer* StGB § 261 Rn. 16; LK-StGB/*Schmidt*/*Krause* StGB § 261 Rn. 16, 19; SSW-StGB/*Jahn* StGB § 261 Rn. 45). Die Abgrenzung der Verschleierung vom schlichten Verbergen war oftmals schwierig: Im Einzelfall war sie aber notwendig, weil § 261 IX 3 StGB aF ausschließlich Verschleierungshandlungen von der Straffreiheit der Selbstgeldwäsche ausnahm (→ Rn. 221 ff.). Diese Abgrenzung ist mit Blick auf § 261 VII StGB weiterhin notwendig.

137 **Verschleierungshandlungen** konnten sein: Falschbuchungen, Führen von Konten unter falschen Namen (*Jahn*/*Ebner* JuS 2009, 597 [600]; Schönke/Schröder/*Hecker* StGB § 261 Rn. 14), Umwechseln von Geld bei Spielbanken oder gezieltes Einbringen in Unternehmen mit hohem Bargeldaufkommen (GJW/*Eschelbach* StGB § 261 Rn. 44), Tausch bemakelten Lösegelds bei einer Bank in nicht registrierte Scheine (BGH NStZ

1995, 500), Zurverfügungstellen eines Kontos zum Empfang oder zur Weiterleitung inkriminierter Bankforderungen (AG Essen ZIP 1994, 699 f.; wistra 1995, 31), unrichtige Darstellung oder Gestaltung der Vermögensverhältnisse durch einen notariellen Ehevertrag, der inkriminiertes Immobilienvermögen auf einen Ehepartner überträgt (vgl. BGH NStZ 2017, 28 ff.; vgl. auch Schönke/Schröder/*Hecker* StGB § 261 Rn. 14) oder der Abschluss eines Mietvertrages für den Täter und die Einrichtung eines Kontos für die Mietzahlungen aus inkriminiertem Vermögen (BGH NJW 2019, 533 ff.; Neuzulassung entwendeter Pkw unter Eintragung einer falschen Fahrzeugidentifizierungsnummer (BGH NStZ 2020, 273 [276]). Ferner kam eine Verschleierung durch unrichtige Angaben gegenüber einem nach **§ 2 GwG** Verpflichteten über Identität, Herkunft des Vermögens oder Geschäftszwecke in Betracht, wenn dessen Leistungen dazu genutzt werden sollen, inkriminierte Vermögenswerte zu Transaktionen zu verwenden (BT-Drs. 18/6389, 14).

(2) Verschleierungs- und Vereitelungstatbestand nach § 261 II StGB. Der Verschleierungstatbestand wurde durch das Gesetz zur Verbesserung der strafrechtlichen Bekämpfung der Geldwäsche neu gefasst und in Absatz 2 verschoben. Nunmehr erfasst er das **Verschleiern** oder **Verheimlichen** von **Tatsachen,** die für das **Auffinden,** die **Einziehung** oder die **Ermittlung** der Herkunft eines geldwäschetauglichen Gegenstandes von Bedeutung sein können.

Mit dieser Neufassung des Gesetzes sollten die nach dem **Unionsrecht** (Art. 3 I Buchst. b Richtlinie [EU] 2018/1673) **unter Strafe zu stellenden Handlungen abgedeckt** werden, die nicht bereits durch den neuen § 261 I 1 Nr. 1 StGB erfasst sind (BT-Drs. 19/24180, 33). In der Richtlinienvorgabe ist ausdrücklich gefordert, dass *„die Verheimlichung oder Verschleierung der wahren Natur, Herkunft, Lage, Verfügung oder Bewegung von Vermögensgegenständen oder von Rechten oder Eigentum an Vermögensgegenständen in Kenntnis der Tatsache, dass diese Gegenstände aus einer kriminellen Tätigkeit stammen"* unter Strafe gestellt wird. Daraus folgert die Begründung des Gesetzesentwurfs, es sei erforderlich die Vorschrift neu zu fassen und auch das Verheimlichen ausdrücklich in den Tatbestand aufzunehmen. Zur Erfüllung dieses Tatbestandes sei – ebenso wie bei § 261 I 1 StGB aF – ein manipulatives Verhalten des Täters, durch das den Ermittlungsbehörden der Zugang zum Tatobjekt oder dessen Einziehung erschwert werden soll. Es sei ein zielgerichtetes und konkret geeignetes Handeln erforderlich, ohne dass die Bemühungen des Täters zu einem Vereitelungserfolg führen müssten. Anders als bei § 261 I 1 Nr. 1 StGB wird hier aber nicht auf die Absicht des Täters, sondern auf die Handlung abgestellt, die für sich betrachtet manipulativen Charakter haben muss und daher immanent gefährlich sei, während diejenige in § 261 I 1 Nr. 1 StGB auch neutral sein könne. Erforderlich seien *„konkret irreführende und aktiv unterdrückende Machenschaften bezogen auf alle Tatsachen, die den Ermittlungsbehörden bei den Ermittlungen und der Einziehung von Bedeutung sein können"* (BT-Drs. 19/24180, 33).

Soweit es die Tathandlungen selbst betrifft, dürfte der Tatbestand verfassungsrechtlich hinreichend bestimmt sein, wenn auch die Abgrenzung zwischen dem Verheimlichen und Verschleiern von Tatsachen nicht ohne weiteres einsichtig ist (zur Kritik BeckOK StGB/ *Ruhmannseder* StGB § 261 Rn 31.1 mwN). Problematisch ist dagegen das – für § 261 VII StGB relevante – Merkmal der *„Tatsachen, die für das Auffinden […] von Bedeutung sein könnten".* Hier bleibt offen, worauf sich der Konjunktiv bezieht, also unter welcher Bedingung sie von Bedeutung sein könnten. Es ist also unklar, ob die Tatsachen allgemein oder im konkreten Fall für das Auffinden von Gegenständen von Bedeutung sein müssen. Die Begründung des Entwurfs führt hierzu aus, dass nicht festgestellt werden müsse, *„dass die konkret in Rede stehenden Tatsachen und Informationen für die Ermittlungen und die Einziehung im Einzelfall erforderlich waren".* Es sei ausreichend, wenn die Kenntnis der verschleierten oder verheimlichten Tatsachen *„hilfreich gewesen wäre".*

Dieser Ansatz weckt grundlegende verfassungsrechtliche Bedenken (ebenso NK-WiStR/*Reichling* StGB § 261 Rn. 44; *Ruhmannseder* ZWF 2021, 188 [191]; *Tsakalis* S. 391 f.; krit. auch *Altenhain/Fleckenstein* JZ 2020, 1045 [1049]), weil ein solches Verständnis des Tatbestands nicht mit dem Bestimmtheitsgrundsatz in seiner Ausprägung des Gebots der Vorhersehbarkeit der Strafe vereinbar ist. Ob die Kenntnis einer Tatsache bei den Ermittlungen hilfreich gewesen wäre, kann der Täter regelmäßig nicht sicher erkennen. Er mag bei bestimmten Tatsachen regelmäßig erkennen können, dass sie typischerweise für das Auffinden, die Einziehung oder die Ermittlung der Herkunft relevant sein könnten, wird das aber im Einzelfall kaum sicher einschätzen können. Problematisch ist insofern der im Gesetz verwendete Konjunktiv, der den Tatbestand auf alle Umstände bezieht, die bei den Ermittlungen möglicherweise hilfreich gewesen wären.

142 Aus verfassungsrechtlichen Gründen ist der Tatbestand daher eng auszulegen (vgl. nur BGH NStZ 2009, 326; *Hecker* GS Heine, 163) und nur dann anwendbar, wenn mit an Sicherheit grenzender Wahrscheinlichkeit feststeht, dass eine bestimmte Information die Ermittlungen gefördert hätte. Es ist also eine Quasikausalität erforderlich (aA *Fischer* StGB § 261 Rn. 37: potenziell von Bedeutung reicht aus). Nur auf diese Weise ist die Vorschrift verfassungsrechtlich haltbar. Dass damit die Grenze der zulässigen verfassungsrechtlichen Auslegung und Restriktion durch Verletzung des gesetzgeberischen Willens überschritten wäre, ist nicht erkennbar. Der Begründung des Gesetzesentwurfs kommt hier keine nennenswerte Bedeutung zu, weil sie keine zureichenden Anhaltspunkte für eine verfassungskonforme Auslegung zu bieten vermag.

143 Im Gesetzgebungsverfahren (BT-Drs. 19/24180, 8, 33) war zunächst eine Ausweitung der Straffreiheit für den straflosen Zwischenerwerb (§ 261 I 2 StGB, § 261 VI StGB aF) vorgesehen. Im Rechtsausschuss setzte sich jedoch die Auffassung durch, dass es einer Straffreiheit in diesen Fällen nicht bedürfe, soweit es sich um manipulative Tathandlungen handle (BT-Drs. 19/26602, 8). Damit kehrte der Entwurf zum § 261 VI StGB aF zurück.

3. Unterlassen

144 Die Geldwäsche kann auch durch Unterlassen begangen werden. Insofern gelten die allgemeinen Regeln über Unterlassungsdelikte. Da jedoch alle Varianten des § 261 StGB handlungsbezogene Delikte darstellen, ist zu prüfen, inwiefern die Begehungsweise durch den potenziellen Täter tatsächlich iSd **Modalitätenäquivalenz** des § 13 I StGB vergleichbar mit dem aktiven Tun ist (aA wohl *E. S. Fischer* S. 117). Ein Verschleiern und Verheimlichen nach § 261 II StGB (§ 261 I 1 StGB aF) erfordert etwa eine zielgerichtete Handlung, die durch Unterlassen nur begangen werden kann, wenn eine spezifische Aufdeckungspflicht besteht (weitergehend SSW-StGB/*Jahn* StGB § 261 Rn. 99 mwN: keine Begehung durch Unterlassen). Hier geht es nicht um einen konkreten Erfolg, sondern um eine spezifische Tathandlung (vgl. auch SSW-StGB/*Jahn* StGB § 261 Rn. 99; *Kraatz* Jura 2015 699 [706]; MüKoStGB/*Neuheuser* StGB § 261 Rn. 119; aA NK-StGB/*Altenhain* StGB § 261 Rn. 93). Insbesondere führt nicht jede Verletzung einer Pflicht zur Mitwirkung bei der Geldwäschebekämpfung zu einer Strafbarkeit wegen Geldwäsche. Jedoch kommt hier oftmals eine Ordnungswidrigkeit iSv § 56 GwG in Betracht.

145 Voraussetzung für die Unterlassungsstrafbarkeit ist das Bestehen einer **Garantenstellung** und die Verletzung einer sich daraus ergebenden **Garantenpflicht**. Eine Garantenstellung kann sich im Kontext von § 261 StGB aus einer Meldepflicht nach § 43 GwG (*Neuheuser* NZWiSt 2015, 241 ff.; aA NK-StGB/*Altenhain* StGB § 261 Rn. 93; Schönke/Schröder/ *Hecker* StGB § 261 Rn. 13; SSW-StGB/*Jahn* StGB § 261 Rn. 100; *Otto* wistra 1995, 323 [325]; LK-StGB/*Schmidt/Krause* StGB § 261 Rn. 15; Fülbier/Aepfelbach/Langweg/*Schröder/Textor* StGB § 261 Rn. 66) oder § 31b AO ggf. iVm § 14 StGB ergeben, der bestimmte Berufsgruppen und Unternehmer zur Meldung von verdächtigen Transaktionen verpflichtet. Diese **Verpflichtung** dient nach der Konzeption des **GwG** ausdrücklich sowohl der **Verhinderung** von **Geldwäschehandlungen** als auch der **Bekämpfung** der **Vortaten** und **Geldwäschestraftaten** (vgl. GJW/*Bülte* StGB § 258 Rn. 32; *Bülte* Vorgesetztenverantwortlichkeit, S. 231 f.) und trifft die unmittelbar aus dem Gesetz Verpflichteten oder entsprechend spezifisch beauftragte Personen. Dagegen lässt sich auch nicht einwen-

den, dass § 56 I Nr. 69 GwG die Verletzung der Verdachtsmeldepflicht ausdrücklich als Ordnungswidrigkeit mit Geldbuße bedroht (so aber GJW/*Eschelbach* StGB § 261 Rn. 58). Denn die Erfüllung dieses Tatbestandes hängt allein von der Verletzung der Meldepflicht nach § 43 GwG ab, verlangt aber nicht, dass eine Geldwäschehandlung vorgenommen oder gefördert wurde. Der Tatbestand kann auch erfüllt sein, wenn mangels tauglicher Vortat keine Geldwäsche begangen werden kann (vgl. auch Herzog/*El-Ghazi* GwG, § 261 StGB Rn. 118; vgl. auch *Burr* S. 86 ff.; MüKoStGB/*Neuheuser* StGB § 261 Rn. 93).

Soweit in der Literatur vertreten wird, ein **Bankangestellter,** der eine verdächtige **146** Überweisung ohne Nachricht an den Geldwäschebeauftragten einfach unterlässt, könne sich nicht nach §§ 261, 13 StGB strafbar machen (Herzog/*El-Ghazi* GwG, § 261 StGB Rn. 117; BeckOK StGB/*Ruhmannseder* StGB § 261 Rn. 49), so ist das grundsätzlich zutreffend. Regelmäßig wird der „einfache" Bankmitarbeiter selbst keine Pflicht nach § 43 GwG haben und § 14 StGB auf ihn auch nicht anwendbar sein (vgl. auch *E. S. Fischer* S. 120). Zudem dürften bei der Geldwäsche durch Nichtanzeige oftmals die Voraussetzungen der Entsprechensklausel nicht erfüllt und die Kausalität des Unterlassens schwer nachzuweisen sein. Aber auf den nach § 7 GwG bestellten **Geldwäschebeauftragten** ist § 14 II 1 Nr. 2 GwG anwendbar, so dass die Pflicht zur Erfüllung der Aufgabe nach § 43 I GwG ihm persönlich obliegt. Die Verletzung dieser Garantenpflicht kann durchaus eine Beihilfe durch Unterlassen zur Geldwäsche darstellen, wenn die Nichtmeldung die Begehung der Geldwäsche erleichtert; im Einzelfall ist sogar eine täterschaftliche Geldwäsche durch Unterlassen denkbar (vgl. auch *E. S. Fischer* S. 135; Herzog/*El-Ghazi* GwG, § 261 StGB Rn. 117). Dem kann auch nicht entgegengehalten werden, die Annahme einer Garantenstellung widerspreche den gesetzlichen Strukturen (so mit Blick auf § 138 StGB Fülbier/Aepfelbach/Langweg/*Schröder*/*Textor* § 261 Rn. 63 ff.) und führe dazu, dass der Ordnungswidrigkeitentatbestand des § 56 I Nr. 69 GwG leerlaufe (vgl. NK-WiStR/*Reichling* StGB § 261 Rn. 48). Zum einen überzeugt aber der Vergleich mit § 138 StGB nicht, weil es dort um ein Jedermannsdelikt geht und hier Unternehmer auf Posten gestellt sind, um ausdrücklich an der Verhinderung von Geldwäschetaten mitzuwirken (aA Herzog/*Nestler* GwG, 2. Aufl. 2014, § 261 Rn. 109). Zum anderen läuft der Bußgeldtatbestand der Verletzung der Meldepflicht keineswegs leer, weil er von der tatsächlichen Begehung einer Geldwäsche unabhängig ist; für die Sanktionierung reicht die reine Pflichtverletzung aus (vgl. Herzog/*El-Ghazi* GwG, § 261 StGB Rn. 118).

Auch wird in der Literatur angenommen, dass ein **Ermittlungsbeamter,** der pflicht- **147** widrig nicht tätig wird, sich wegen Geldwäsche durch Unterlassen strafbar machen könne (SSW-StGB/*Jahn* StGB § 261 Rn. 99; *Neuheuser* NZWiSt 2015, 241 [242]; Matt/Renzikowski/*Dietmeier* StGB § 261 Rn. 30). Hier dürfte aber regelmäßig nur eine Beihilfe durch Unterlassen in Betracht kommen, weil es bei der reinen Nichtermittlung an der Vergleichbarkeit mit der aktiven Begehung fehlt. Aus der Stellung als Tatzeuge ergibt sich keine Rechtspflicht zur Verhinderung einer Geldwäsche (SSW-StGB/*Jahn* StGB § 261 Rn. 99; aA NK-StGB/*Altenhain* StGB § 261 Rn. 93).

Ferner ist eine Strafbarkeit wegen Unterlassen aufgrund von **pflichtwidrigem Vor-** **148** **verhalten** denkbar, etwa, wenn der Täter erkennt, dass er durch sein Verhalten (zB Beratung oder Dienstleistung) fahrlässig dazu beigetragen hat, die Gefahr der Verschleierung zu schaffen oder zu erhöhen. Denn für die Ingerenz kommt es ausschließlich auf die Pflichtwidrigkeit des Vorverhaltens, nicht auf die Strafbarkeit an.

Eine **täterschaftliche Geldwäsche** durch Unterlassen dürfte praktisch vornehmlich in **149** Fällen des § 261 I Nr. 1 und 2 StGB möglich sein, wenn der Täter durch die Verletzung seiner Melde- und Aufklärungspflicht dazu beiträgt, dass ein Tatgegenstand unauffindbar bleibt, seine Herkunft nicht ermittelt werden kann oder der Zugriff der Strafverfolgungsorgane auf andere Weise unmöglich oder behindert wird. Vorrangig wird jedoch in vielen Konstellationen zu prüfen sein, ob nicht eine Geldwäsche durch aktives Tun in Betracht kommt, wenn der Meldepflichtige nicht nur keine Verdachtsmeldung erstattet, sondern auch die gewünschte Dienstleistung (Beratung, Überweisung, Anlage etc.) erbringt.

4. Vorsatz und Leichtfertigkeit

150 Mit Blick auf den „inneren Tatbestand" ist in § 261 StGB zwischen I und II einerseits und VI (ehemals V) andererseits zu unterscheiden.

a) § 261 I und II StGB

151 Die Taten nach § 261 I und II StGB können nur **vorsätzlich** begangen werden. Dabei muss sich der Vorsatz nach §§ 15, 16 StGB auf alle Merkmale des gesetzlichen Tatbestandes beziehen (vgl. nur KG 26.9.2019, BeckRS 2019, 39846, Rn. 9).

152 **(1) Inkriminierungsvorsatz.** Zum Tatbestand des Strafgesetzes gehört in § 261 StGB insbes. die **Inkriminierung** (eingehend *Bülte* ZWH 2016, 377 [380 ff.]; *Radermacher* AO-StB 2022, 91 [92]). Durch den Wegfall des Vortatenkatalogs und die Einbeziehung aller Gegenstände aus rechtswidrigen Taten iSv § 11 I Nr. 5 StGB in den Kreis der geldwäschetauglichen Taten muss der Täter nur noch Eventualvorsatz dahingehend haben, dass der Gegenstand aus einer solchen rechtswidrigen Tat iSv § 11 I Nr. 5 StGB herrührt.

153 Nach alter Rechtslage – also für Taten, die **vor dem 18.3.2021 begangen** worden sind – musste der **Vorsatz** auch den Umstand umfassen, dass der Gegenstand, auf den sich die Tathandlung bezieht, aus einer **Katalogtat** des § 261 I 2 StGB herrührte (eingehend *Raschke* S. 83 ff.). Der Täter musste demnach die Möglichkeit erkannt und ernsthaft in Rechnung gestellt haben, dass die Tat, durch die der Gegenstand erlangt oder hervorgebracht worden war, eine Katalogtat darstellte (BGH wistra 2013, 19; NZWiSt 2021, 360 [361 f.]), nicht aber die konkrete Tat nach Ort, Zeit und Tätern kennen (BGHSt 43, 158 [165]; BGH StraFo 2016, 214 Tz. 6; BGH NStZ-RR 2020, 80 [81]; OLG Köln, 13.9.2012, BeckRS 2013, 01466; NK-StGB/*Altenhain* StGB § 261 Rn. 132; *Kirch-Heim/Samson* wistra 2008, 81 [87]; MüKoStGB/*Neuheuser* StGB § 261 Rn. 104; NK-StGB/*Altenhain* StGB § 261 Rn. 132; Schönke/Schröder/*Hecker* StGB § 261 Rn. 26). Der BGH hatte in diesem Zusammenhang betont, dass es für die Annahme des Vorsatzes hinsichtlich der Vortat in § 261 I und II StGB aF **nicht ausreiche,** wenn der Täter die Möglichkeit erkennt, dass das Tatobjekt aus *irgendeiner illegalen* Handlung (zB einem Betrug) stammt (vgl. auch *Kögel* wistra 2007, 206 [210]; *Heghmanns* wistra 2007, 167 [169]; aA mglw. BGH NZWiSt 2021, 360 [361]). Er musste zudem die Umstände erkennen, aus denen sich ergab, dass es sich bei der Vortat um eine Katalogtat (zB gewerbsmäßiger Betrug) handelte. Es war insofern *„die Feststellung konkreter Umstände erforderlich, aus denen sich in groben Zügen bei rechtlich richtiger Bewertung durch die Angeklagte eine Katalogtat des Geldwäschetatbestandes als Vortat ergibt"* (BGH wistra 2003, 260 [261]; ferner BGHSt 50, 347 [351]; BGH NStZ-RR 2020, 80 [81]; Schönke/Schröder/*Hecker* StGB § 261 Rn. 26).

154 Allerdings stellte der BGH insofern **keine hohen Anforderungen,** ließ es doch der 5. Senat ausreichen, um dem Wissenselement des Vorsatzes Genüge zu tun, dass der Angeklagte *„die ‚illegale Herkunft' der Geldeingänge für möglich hielt, ohne dabei bestimmte gesetzeswidrige Machenschaften auszuschließen"* (BGH NStZ-RR 2020, 80 [81]; ähnlich Lackner/Kühl/*Kühl* StGB § 261 Rn. 9). Die Gleichgültigkeit gegenüber der für möglich gehaltenen Herkunft sei für die Bejahung des Willenselements des bedingten Vorsatzes ausreichend. Hier ist jedoch Vorsicht geboten, um die Gleichgültigkeit hinsichtlich der Tatbestandsverwirklichung nicht mit der Tatsachenkenntnis zu verwechseln. Wer sich keine Gedanken über die Tatbestandserfüllung macht, weil ihm die Umstände gleichgültig sind, weist nicht bereits deswegen die Wissenskomponente des Vorsatzes auf (zur Willenskomponente beim Eventualvorsatz auch außerhalb des Gewaltstrafrechts etwa BGH NStZ 2021, 747 f.).

155 Bei dem Merkmal der **rechtswidrigen Tat** (iSd § 261 I 2 StGB) handelt es sich um ein **normatives Tatbestandsmerkmal,** das bis zum 18.3.2021 zudem über ein Blankett in § 261 I 2 StGB aF ausgefüllt wurde. Daher umfasst der Vorsatz nicht nur die reine Tatsachenkenntnis, sondern auch die Erkenntnis des sozial normativen Bedeutungsgehalts der Vortat als rechtswidrig und bis zum 18.3.2021 auch als Katalogtat (aA *Kögel* wistra 2007, 206 [210]; SSW-StGB/*Jahn* StGB § 261 Rn. 75). Dementsprechend formulierte der BGH (BGHSt 43, 158 [165]; BGH wistra 2019, 235 [237] Rn. 14) der Täter müsse die rechtlich richtige Bewertung „laienhaft erfasst haben". Wie dieses laienhafte Erfassen – besser das Erkennen des sozial-normativen Bedeutungsgehalts – des Merkmals der rechtswidrigen Tat im Einzelfall aussehen soll, bleibt allerdings offen. Insofern war hier nämlich problematisch, ob der Täter auch die Bewertung der Katalogtat als besonders schwerwiegend nachvollziehen musste (dagegen wohl Lackner/Kühl/*Kühl* StGB § 261 Rn. 9; NK-StGB/*Altenhain* StGB § 261 Rn. 132). Der reine Irrtum über die Erfüllung des Tatbestandes der Vortat (ein Raub wird für einen Diebstahl gehalten; vgl. Lackner/Kühl/*Kühl* StGB § 261 Rn. 4) konnte nach hM jedoch allenfalls einen Verbotsirrtum nach § 17 StGB darstellen (SSW-StGB/*Jahn* StGB § 261 Rn. 79; *Raschke* S. 204 ff.; i. Erg. wohl auch *Bauer* in FS Maiwald, 127 [129]; zur Vermeidbarkeit des Verbotsirrtums eingehend *Raschke* S. 181 ff.).

In der Literatur wird vertreten, der **Täter** der Geldwäsche müsse **nicht wissen,** dass die Handlung, aus der der Gegenstand herrührt, **rechtswidrig** und **strafrechtlich relevant** sei (NK-StGB/*Altenhain* StGB § 261 Rn. 132; *Kögel* wistra 2007, 206 [210]; wohl auch *Raschke* S. 152; BeckOK StGB/*Ruhmannseder* StGB § 261 Rn. 53). Diese Auffassung steht mit dem Wortlaut des Gesetzes in Konflikt – auch nicht nach neuem Recht –, weil sie in die überholte Trennung zwischen Sach- und Rechtsirrtum verfällt (deutlich bei *Raschke* S. 142 ff.). Der Vorsatz muss sich auf alle Merkmale des **objektiven Tatbestandes** beziehen, und die Rechtswidrigkeit der Vortat ist ein solches Tatbestandsmerkmal (in diesem Sinne wohl auch BGH wistra 2003, 260; instruktiv zur Rechtswidrigkeit der Haupttat als Tatbestandsmerkmal der Teilnahme *Hüttemann* ZStW 133 [2021], 936 ff.). Wer die Rechtswidrigkeit nicht kennt, kann auch die Herkunft aus einer rechtswidrigen Tat – die Tatbestandsmerkmal ist – nicht kennen (ausführlich hierzu LK-StGB/*Vogel/Bülte* StGB § 16 Rn. 22 ff.). Kennt der Täter dagegen die Inkriminierung, hält aber den Umgang mit dem Gegenstand dennoch für zulässig, so kommt nur ein Verbotsirrtum nach § 17 StGB in Betracht (NK-StGB/*Altenhain* StGB § 261 Rn. 133; NK-WiStR/*Reichling* StGB § 261 Rn. 60; BeckOK StGB/*Ruhmannseder* StGB § 261 Rn. 53).

Die hM (BGH NZWiSt 2021, 360, 361 f.; Schönke/Schröder/*Hecker* StGB § 261 Rn. 26; SSW-StGB/*Jahn* StGB § 261 Rn. 79) ging zum alten Recht davon aus, dass der Inkriminierungsvorsatz auch dann gegeben war, wenn der Täter sich eine **andere Vortat vorstellt** (zB gewerbsmäßige Umsatzsteuerhinterziehung) als diejenige, aus der der Gegenstand tatsächlich stammte (zB gewerbsmäßiger Betrug). Es schadete dem Vorsatz – auch nach Ansicht des BGH – daher nicht, wenn der Täter sich eine andere Vortat vorstellte als diejenige, aus der der Gegenstand tatsächlich stammt (NStZ-RR 2020, 80 [81]). Hier eine Differenzierung zwischen den Tatbeständen des § 261 I 2 Nr. 1 bis Nr. 5 StGB vorzunehmen, stellte nach *Altenhain* eine *„Überwertung der schlichten Gesetzestechnik"* (NK-StGB/*Altenhain* StGB § 261 Rn. 132) dar. Dieses Argument berücksichtigt nicht, dass das normative Tatbestandsmerkmal der rechtswidrigen Tat über den Verweis in § 261 I 2 StGB aF und die Verweise in den jeweiligen Katalognummern als Blankettverweis ausgefüllt wurde. Damit wurden – anders als bei § 257 oder § 258 StGB – unterschiedliche Tatbestände gebildet, auf die sich jeweils auch der Vorsatz beziehen muss (*Bülte* ZWH 2016, 377 [380], zuvor aber bereits *Leip* S. 158). Daraus folgt, dass ein Tatbestandsirrtum und eine versuchte Geldwäsche (→ Rn. 149) dann vorlagen, wenn der Täter sich eine Katalogtat als Ursprung des Tatgegenstandes vorstellte, die tatsächlich begangene Katalogtat aber in einer anderen Vorschrift, also einer anderen Nummer des § 261 I 2 StGB geregelt war (aA SSW-StGB/*Jahn* StGB § 261 Rn. 79; Schönke/Schröder/*Hecker* StGB § 261 Rn. 21).

Diese Irrtumsfragen haben sich mit der Umsetzung des All-Crime-Ansatzes und dem Wegfall des Vortatenkatalogs zwar für die Zukunft erledigt, bleiben aber für Altfälle weiterhin relevant.

Anhang IV 159–164 § 261 StGB

159 Zu einem **Tatbestandsirrtum** nach § 16 I 1 StGB führt die Überzeugung des Täters einer Tat nach § 261 I 1 Nr. 3 und 4 StGB (§ 261 II StGB aF), es liege ein Fall des **§ 261 I 2 StGB** (§ 261 VI StGB aF) vor (NK-StGB/*Altenhain* StGB § 261 Rn. 133; SSW-StGB/*Jahn* StGB § 261 Rn. 78; aA *Flatten* S. 110: Verbotsirrtum). Nimmt er also an, es habe zuvor bereits jemand den Gegenstand erworben, ohne eine Straftat zu begehen, so fehlt es nach der Vorstellung des Täters von der Tat an einem Herrühren aus einer rechtswidrigen Tat. Das gilt aber nur dann, wenn der Täter der Geldwäsche die Möglichkeit, dass der Erwerb eine Straftat darstellen könnte, nicht erkannt, ernsthaft in Rechnung gestellt und billigend in Kauf genommen hatte.

160 **(2) Vorsatz bei Erlangen der Verfügungsbefugnis in § 261 I 1 Nr. 4 StGB.** Mit Blick auf die Verwendungs- und Verwahrungsalternative des § 261 I 1 Nr. 4 StGB (§ 261 II Nr. 2 StGB aF) ist zu beachten, dass der **Vorsatz** nicht nur im Zeitpunkt der Tathandlung vorliegen muss, sondern zusätzlich in dem Moment, in dem **der Täter die Verfügungsmacht über die Sache erlangt** hat. Eventualvorsatz ist nach hM (Schönke/Schröder/*Hecker* StGB § 261 Rn. 21 mwN) hier ausreichend, so dass der Täter, der bei Erwerb des Gegenstandes die Möglichkeit der Inkriminierung erkennt, sie ernsthaft in Rechnung stellt und sich oder einem Dritten den Gegenstand dennoch verschafft, den subjektiven Tatbestand erfüllt. Zwar könnte man aus dem Wortlaut „gekannt hat" schließen, dass es um Wissen im Sinne direkten Vorsatzes geht (*Bottke* wistra 1995, 121 [123]; *Ambos* JZ 2002, 70 [72]). Aber zum einen ist das kein zwingender Schluss und zum anderen ergäbe sich hier ein systematischer Widerspruch zu den anderen Varianten des § 261 I und II StGB (GJW/*Eschelbach* StGB § 261 Rn. 54; *Fischer* StGB § 261 Rn. 54; Lackner/Kühl/*Kühl* StGB § 261 Rn. 8; BeckOK StGB/*Ruhmannseder* StGB § 261 Rn. 29). Erkennt er die inkriminierte Herkunft erst später, so kommt nur eine Strafbarkeit nach § 261 VI StGB (§ 261 V StGB aF) in Betracht, wenn sich die Inkriminierung aufdrängte (vgl. auch GJW/*Eschelbach* StGB § 261 Rn. 54).

161 **(3) Subjektive Voraussetzungen der Tathandlung.** Neben dem Inkriminierungsvorsatz ist **Vorsatz** hinsichtlich der **Tathandlung** erforderlich. In den Tatvarianten des § 261 I 1 Nr. 3 und 4 StGB dürfte dies typischerweise unproblematisch sein, weil die Tathandlungen sehr weit gefasst sind. Vom Vorsatz muss jedoch auch das Handeln im Einvernehmen mit dem Vortäter umfasst sein (Schönke/Schröder/*Hecker* StGB § 261 Rn. 26).

162 Irrtumsfragen konnten nach altem Recht bei § 261 I StGB aF auftreten. Denn der Vorsatz musste sich in diesen Varianten auch darauf beziehen, dass durch die Handlung die **Strafverfolgung** in der tatbestandlichen Weise **beeinträchtigt** wurde. Der Täter musste sich also dessen bewusst sein, dass seine Handlung zum Verbergen des Gegenstandes, zur Verschleierung der Herkunft etc. führen konnte. Daran fehlte es etwa, wenn er eine Einziehung oder Sicherstellung von vornherein für aussichtslos hielt.

163 § 261 I 1 Nr. 1 StGB verlangt für die Erfüllung des Tatbestandes eine bestimmte **Zielrichtung der Tathandlung**. § 261 I 1 Nr. 2 StGB setzte eine besondere Vereitelungsabsicht voraus. In beiden Fällen muss der Täter daher zielgerichtet handeln. Dennoch ist hier zu unterscheiden: Nach dem Wortlaut des § 261 I 1 Nr. 1 StGB ist keine Absicht erforderlich, die Ermittlungen der Herkunft, das Auffinden etc. zu behindern. Es reicht vielmehr das Handlungsziel aus, den Gegenstand vor Dritten zu verbergen. Es muss hierbei nicht mit Blick auf ein staatliches Verfahren gehandelt werden. In § 261 I 1 Nr. 2 StGB ist dagegen der zielgerichtete Wille zur Vereitelung von Maßnahmen zur Herkunftsermittlung zu verlangen.

b) Leichtfertigkeit

164 Soweit im Zusammenhang mit § 261 VI StGB (§ 261 V StGB aF) von leichtfertiger Geldwäsche gesprochen wird, ist das ungenau (vgl. *Bülte* FS Rengier, 181 [182]). Der Tatbestand des § 261 VI iVm I und II StGB kann nicht insgesamt leichtfertig erfüllt werden (LTZ/*Sommer* StGB § 261 Rn. 5). Vielmehr bezieht sich das **Leichtfertigkeits-**

erfordernis ausschließlich auf die Inkriminierung, bzgl. der weiteren Merkmale der Tathandlung ist Vorsatz erforderlich. § 261 VI StGB beinhaltet somit einen Vorsatz-Fahrlässigkeits-Mischtatbestand (vgl. *Bülte* FS Rengier, 181 f.). Der typische Anwendungsbereich des § 261 VI StGB dürfte die Tathandlungen des § 261 I Nr. 1 und 2 sowie II StGB nicht erfassen, weil regelmäßig nur derjenige auf Verbergen und Herkunftsverschleierung aus sein wird, der zumindest um die Illegalität eines Gegenstandes weiß (NK-StGB/*Altenhain* StGB § 261 Rn. 138; vgl. aber den Sachverhalt bei OLG Frankfurt NStZ 2020, 173 ff.). Denkbar waren jedoch nach alter Rechtslage durchaus Fälle, in denen der Täter die Tatbeute in dem Glauben versteckte oder die Einziehung gefährdete, sie stamme aus einem Diebstahl (Nichtkatalogtat), während tatsächlich ein Bandendiebstahl (Katalogtat) begangen worden war. Diese Frage hat sich durch den Wegfall des Vortatenkatalogs für die Zukunft erledigt, weil nunmehr der Vorsatz hinsichtlich irgendeiner rechtswidrigen Tat iSv § 11 I Nr. 5 StGB ausreicht.

Die Leichtfertigkeitsvariante des § 261 VI StGB – ursprünglich war die Strafbarkeit jeder **165** Fahrlässigkeit geplant (BT-Drs. 11/5313, 3, 5; dagegen aber BT-Drs. 12/270, 43) – wurde nach der Entwurfsbegründung in das Gesetz aufgenommen, um **Beweisschwierigkeiten zu vermeiden** (kritisch zu dieser Vorgehensweise *Bülte* JZ 2014, 603 [606 ff.]; *Kargl* NJ 2001, 57 [59 f.]; SSW-StGB/*Jahn* StGB § 261 Rn. 80; *Lampe* JZ 1994, 123 [129]; BeckOK StGB/*Ruhmannseder* StGB § 261 Rn. 5.3) und auch nur vor dem Hintergrund eines engen Vortatenkatalogs als gerechtfertigt angesehen (BT-Drs. 12/6853, 27; 13/8651, 12; NK-StGB/*Altenhain* StGB § 261 Rn. 2). Andere Gründe für diese Strafbarkeit werden in der Begründung des Gesetzesentwurfs nicht genannt, insbes. bestand und besteht bis heute keine unionsrechtliche Pflicht zur Schaffung einer solchen Strafbarkeit, wie sich ausdrücklich aus Erwägungsgrund 13 RL 2018/1673 (EU ABl. v. 12.11.2018, L 284/22) ergibt (vgl. ferner NK-StGB/*Altenhain* StGB § 261 Rn. 137; *Bülte* S. 261; *Schramm* wistra 2008, 245 [247 f.]; *Sotiriadis* S. 228 f.; Fülbier/Aepfelbach/Langweg/*Schröder*/*Textor* StGB § 261 Rn. 81 Fn. 164; *Vogel* ZStW 109 [1997], 335 [347]; aA *Spitzer* ZRP 2020, 217 f. der aus der unionsrechtlichen Möglichkeit strengerer Maßnahmen den Willen des Unionsgesetzgebers hierzu herleitet). Daher drängt sich der Eindruck auf, dass hier – auch aus Sicht der Verfasser des Gesetzesentwurfs – **nicht strafwürdiges Handeln unter Strafe gestellt** wurde, um strafwürdiges Handeln sanktionieren zu können. Damit wird zwar weder ein Systembruch begangen, weil § 261 StGB kein Vermögensdelikt ist (krit. insofern aber *Fischer* StGB § 261 Rn. 56; Herzog/*El-Ghazi* GwG, § 261 StGB Rn. 129; *Arzt* in FS Rudolphi, 2004, 3 ff.), oder eine mit dem Schuldgrundsatz unvereinbare Verdachtsstrafe begründet (in diese Richtung GJW/*Eschelbach* StGB § 261 Rn. 66; *Dionyssopoulou* S. 155 ff.), noch verstößt die Regelung gegen den Bestimmtheitsgrundsatz (so aber LTZ/*Sommer* StGB § 261 Rn. 57). Dennoch ist diese Vorgehensweise rechtsstaatlich unvertretbar, führt sie doch zu unverhältnismäßiger und damit dem Schuldgrundsatz widersprechender Bestrafung (*Bülte* Geldwäschegesetzgebung, S. 257 ff.; *ders.* JZ 2014, 603 [606 f.]; krit. auch Achenbach/Ransiek/Rönnau/*Herzog* 13. Teil Rn. 109; *Leip* S. 149; aA Krey/*Dierlamm* JR 1992, 353 [359]). **§ 261 VI StGB** ist aus diesem Grund entgegen der hM (vgl. zu § 261 V StGB aF nur BGHSt 50, 158 [165 ff.]; Schönke/Schröder/*Hecker* StGB § 261 Rn. 28; Lackner/Kühl/*Kühl* StGB § 261 Rn. 13; MüKoStGB/*Neuheuser* StGB § 261 Rn. 106) **verfassungswidrig** (iE auch *Knorz* S. 169 ff.).

Verschärft wird der Verfassungsverstoß zudem durch die Umsetzung des **All-Crime-** **166** **Ansatzes** durch das Gesetz zur Verbesserung der strafrechtlichen Bekämpfung der Geldwäsche vom 9.3.2021. Im Referentenentwurf des Bundesministeriums für Justiz und Verbraucherschutz vom 11.8.2020 (S. 11, 19 f.) war noch ausgeführt, die erhebliche Ausweitung der Strafvorschrift mache es *„aus Gründen der Eingrenzung und Ausgewogenheit der Strafandrohung notwendig, die weiteren Voraussetzungen der Regelung zu präzisieren und einzuschränken. Insbesondere kann nicht an der Strafbarkeit der bloß leichtfertigen Geldwäsche festgehalten werden"*. Der Leichtfertigkeitstatbestand war auch bereits deswegen nicht mehr erforderlich, weil das Problem des Vorsatzes hinsichtlich der Katalogtat mit dem Wegfall des Katalogs als erledigt angesehen wurde (so ausdrücklich RefE S. 19; vgl. auch *Ruhmannseder* ZWF 2021, 188 [193]). Man war also der Auffassung, dass insbes. der All-Crime-Ansatz in Kombination mit der Leichtfertigkeitsstrafbarkeit zu einer verfassungsrechtlich nicht mehr vertretbaren Ausuferung des Straftatbestandes führe (vgl. auch *Jahn* Ausschuss für Recht und Verbraucherschutz Protokoll-Nr. 19/117, 10; ebenso BeckOK StGB/*Ruhmannseder* StGB § 261 Rn. 54.2; *ders.* ZWF 2021, 188 [194]). Auch wenn das Problem der Unverhältnismäßigkeit der Strafe von den Entwurfsverfassern insbes. vor dem Hintergrund gesehen wurde, dass eine Streichung der strafbefreienden tätigen Reue (§ 261 IX 1 aF) vorgesehen war (die letztendlich nicht gestrichen wurde), bleibt die Feststellung zutreffend, dass die Ausweitung des Tatobjekts unter Beibehaltung der Leichtfertigkeitsstrafbarkeit – insbes. mit der Begründung über die Beweiserleichterung – verfassungsrechtlich durchgreifenden Bedenken ausgesetzt ist. Über diese Monita ist der Entwurf der Bundesregierung ohne jede Äußerung hinweggegangen und hat die Geldwäschetauglichkeit jedes aus einer rechtswidrigen Tat herrührenden Gegenstandes auch bei leichtfertiger Unkenntnis der Herkunft normiert. Auch wenn die Möglichkeit der strafbefreienden Selbstanzeige beibehalten wurde, handelt es sich um eine Strafvorschrift, die gegen den Grundsatz der Verhältnismäßigkeit von Strafrechtssetzung verstößt (vgl. auch *Schröder/Blaue* NZWiSt 2019, 161 [163]; *Jahn* Ausschuss für Recht und Verbraucherschutz Protokoll-Nr. 19/117, S. 10, 19). Der Einwand, die Streichung der Leichtfertigkeitsvariante führe zu Strafbarkeitslücken (Stellungngnahme *Ruhland*, GenStA München, Recht und Verbraucherschutz Protokoll – Nr. 19/117, S. 148), überzeugt nicht. Abgesehen davon, dass der Begriff der Strafbarkeitslücke selbst einem grundrechtsaversen flächendeckenden ausnahmslosen Strafrecht das Wort redet, fehlt es der These von der „Strafbarkeitslücke" sowohl an empirischen Evidenz als auch an rechtsstaatlicher Plausibilität. Die Strafvorschrift gegen die leichtfertige Geldwäsche findet überwiegend im Bereich der Bagatellkriminalität Anwendung (vgl. *Jahn* Ausschuss für Recht und Verbraucherschutz Protokoll – Nr. 19/117, S. 10; SSW-StGB/*Jahn* StGB § 261 Rn. 82 mN; MüKoStGB/*Neuheuser* StGB § 261 Rn. 32g argumentiert, die Leichtfertigkeitsstrafbarkeit sei notwendig, weil die überwiegende Zahl der Verurteilungen wegen Geldwäsche Leichtfertigkeitsfälle betreffe). Auch mit differenzierten Begrenzungen der Leichtfertigkeitsstrafbarkeit durch Wertgrenzen (dazu *Hund* ZRP 1996, 163 [165] oder einem Vortatenkatalog für diese Variante (MüKoStGB/*Neuheuser* StGB § 261 Rn. 32f) hat man sich nicht befasst.

167   Der BGH (BGHSt 43, 158 [165 ff.]) hatte die Strafvorschrift des § 261 V StGB aF verfassungsrechtlich nicht beanstandet, allerdings – insbes. später mit Blick auf verfassungsrechtliche Vorgaben (BGH NJW 2008, 2516 [2517]) – eine **vorsatznahe Auslegung des Leichtfertigkeitserfordernisses** angemahnt. In Anlehnung an die Definition der Leichtfertigkeit bei den erfolgsqualifizierten Delikten sei der Tatbestand des § 261 V StGB aF nur dann erfüllt, „*wenn sich die Herkunft aus einer Katalogtat nach der Sachlage geradezu aufdrängt und der Täter gleichwohl handelt, weil er dies aus besonderer Gleichgültigkeit oder grober Unachtsamkeit außer acht läßt*" (BGHSt 43, 158 [168]; 50, 347 [351]; MüKoStGB/*Neuheuser* StGB § 261 Rn. 108).

168   Voraussetzung der Leichtfertigkeit nach § 261 VI StGB ist also, dass der Täter bereits mit einem **Mindestmaß an Sorgfalt** die Möglichkeit der Herkunft aus einer Katalogtat erkannt hätte (vgl. NK-StGB/*Altenhain* StGB § 261 Rn. 139). Daher handelt zB der Bankmitarbeiter regelmäßig nicht leichtfertig, der sich auf die Einschätzung des Geldwäschebeauftragten verlässt, es liege kein Geldwäscherisiko vor (NK-StGB/*Altenhain* StGB § 261 Rn. 139a). Gegen die subjektive Leichtfertigkeit soll auch eine besondere Unerfahrenheit des Handelnden im Geschäftsverkehr oder besondere Naivität gegenüber kriminellen Handlungen sprechen (OLGR Schleswig 2007, 800 ff.). Die emotionale Verstrickung in ein Geschäft soll ebenfalls gegen die Leichtfertigkeit sprechen können (*Dienstbach/Mühlenbrock* K&R 2008, 151 [152 f.]).

169   Für die Leichtfertigkeit kommt es – im Unterschied zum zivilrechtlichen Begriff der groben Fahrlässigkeit – nach der Rspr darauf an, ob der konkrete Täter nach seinen individuellen Fähigkeiten nicht nur hätte erkennen müssen, dass der Gegenstand aus einer illegalen Quelle stammt, sondern dass er seine Herkunft aus **grober Unachtsamkeit oder besonderer Gleichgültigkeit** verkannt hat, obwohl sich für ihn persönlich aufdrängte, dass der Gegenstand aus einer illegalen Quelle stammte (vgl. auch BGHSt 50, 347 [352]; BGH NJW 2008, 2516; ferner OLG Karlsruhe NZWiSt 2016, 396; ebenso Schönke/Schröder/ *Hecker* StGB § 261 Rn. 28; Lackner/Kühl/*Kühl* StGB § 261 Rn. 13; BeckOK StGB/*Ruhmannseder* StGB § 261 Rn. 55). Bezugspunkt der Leichtfertigkeit seien *„dabei auch die Umstände, auf die sich sonst der Vorsatz zur Vornahme der Tathandlung bezüglich des aus einer Katalogtat herrührenden Gegenstands richten muß"* (BGHSt 43, 158 [168]; BGH NZWiSt 2019, 393 [394]). Daher können für die Leichtfertigkeit nur schwer objektive Kriterien benannt werden (kritisch daher LTZ/*Sommer* StGB § 261 Rn. 61), es muss vielmehr jedes Geschäft im Einzelfall auf seine Auffälligkeit untersucht werden, die sich zB aus wirtschaftlicher Sinnlosigkeit, verschleiernden Vertragsgestaltungen, offensichtlichen Unrichtigkeiten, deutlich zu hohen Provisionen oder nicht mehr nachvollziehbaren Geschäftsrisiken ergeben können. Insofern können die in Anlage 2 des GwG genannten Risikofaktoren als grobe Orientierung dienen (vgl. ferner *Bülte* Handbuch Criminal Compliance, § 29 Rn. 133 ff.).

Einer der in der Praxis typischen Anwendungsbereiche des § 261 VI StGB ist der sog. **170 Finanzagent** (vgl. auch *Jahn* Ausschuss für Recht und Verbraucherschutz Protokoll-Nr. 19/117, S. 10; SSW-StGB/*Jahn* StGB § 261 Rn. 82; ferner *Fischer* StGB § 261 Rn. 8). Dabei handelt es sich um Personen, die aufgrund ihrer – untechnisch gesprochen – Gutgläubigkeit und Unerfahrenheit von den Vortätern – oftmals geht es um Computerbetrug durch Phishing (vgl. NK-StGB/*Altenhain* StGB § 261 Rn. 130b f.) – angeworben werden, um durch Täuschung erlangte inkriminierte Bankguthaben über das eigene Konto weiter ins Ausland zu überweisen. Dafür wird den Finanzagenten oft eine ungewöhnlich hohe Gebühr geboten, die in keiner Relation zu der erbrachten Leistung steht, zumal es für die Notwendigkeit ihrer Leistung regelmäßig auch keine plausible Erklärung gibt (eingehend OLG Karlsruhe NZWiSt 2016, 396; vgl. ferner BGH NZWiSt 2015, 195 ff.; NStZ-RR 2020, 175; OLG Hamburg NStZ 2011, 523 [524]; vgl. auch GJW/*Eschelbach* StGB § 261 Rn. 67; zu pauschal: LG Frankfurt 1.7.2021, BeckRS 2021, 20603 Rn. 13: Beutesicherung durch Finanzagenten grundsätzlich leichtfertig). Wer Unbekannten sein Konto zur Verfügung stellt, indem er diesen die Kontodaten mit der Versicherung mitteilt, eingehende Gelder weisungsgemäß weiter zu transferieren, handelte demnach regelmäßig leichtfertig (so auch LG Darmstadt wistra 2006, 468 ff.; *Heghmanns* wistra 2007, 167 [169]; NK-StGB/*Altenhain* StGB § 261 Rn. 130b). Doch sind in der Rspr auch Fallkonstellationen als leichtfertige Geldwäsche beurteilt worden, in denen ein Rechtsanwalt auf seinem Geschäftskonto eingegangene **Geldbeträge unbekannter Herkunft unter Abzug einer Provision** unter sehr ungewöhnlichen Umständen ohne nähere Prüfung an einen Dritten in Bar auskehrt (OLG Dresden ZInSO 2020, 671 ff.; LG Darmstadt wistra 2006, 468 ff.; vgl. auch Matt/Renzikowski/*Dietmeier* StGB § 261 Rn. 27).

Nicht leichtfertig handelt jedoch regelmäßig, wer etwa auf die **valide Einschätzung 171 des Geldwäschebeauftragten** eines Unternehmens oder eines versierten Rechtsanwalts vertraut und daher annimmt, die fraglichen Mittel stammten nicht aus einer tauglichen Vortat (vgl. BeckOK StGB/*Ruhmannseder* StGB § 261 Rn. 55.2). Auch bei Geschäften zur Deckung des Bedarfs des täglichen Lebens wird es regelmäßig an Leichtfertigkeit fehlen (NK-StGB/*Altenhain* StGB § 261 Rn. 139a; BeckOK StGB/*Ruhmannseder* StGB § 261 Rn. 55.3).

5. Sozialadäquanz

Die weite Umschreibung der Tathandlungen in § 261 II StGB führt dazu, dass per **172** definitionem auch **unrechtsneutrale alltägliche Handlungen** vom Tatbestand der Geldwäsche erfasst sind. Mit Blick auf den vom Gesetzgeber verfolgten Zweck der umfassenden Isolierung von Vermögensgegenständen, wäre eine solche Erfassung aller Arten von (auch unverdächtigen) Tathandlungen konsequent (daher gegenüber solchen Einschränkungen ablehnend *Aschke* S. 168 ff.; NK-StGB/*Altenhain* StGB § 261 Rn. 120 ff.). Insbesondere die Annahme von Entgeltzahlungen für eine Dienstleistung kommt hier als Tathandlung des Sich-Verschaffens in Betracht. Insofern wird die Frage diskutiert, ob die Annahme inkriminierter Vermögensgegenstände im Einzelfall straflos, weil sozialadäquat sein kann. Das ist eine Frage, die im Kontext der Beihilfe seit langem (vgl. nur RGSt 39, 44 ff.; BGHSt 46, 107 ff.) aus der Perspektive der Leistung erörtert wird, hier betrifft sie die Gegenleistung.

a) Honorarannahme durch Berater

173   Die Honorarannahme durch Rechtsberater wirft im Kontext des § 261 StGB oftmals gewichtige praktische Probleme auf.

174   **(1) Strafbarkeit der Honorarannahme durch Strafverteidiger (§ 261 I 3 StGB).** Praktisch relevant wurde die Frage nach der Sozialadäquanz oder professionellen Adäquanz potenzieller Geldwäschehandlungen zunächst im Kontext der **Strafverteidigung.** Hier besteht tätigkeitsbedingt eine erhöhte Gefahr des Kontakts mit inkriminierten Vermögensgegenständen und der Begehung einer Tathandlung nach § 261 I 1 Nr. 3 StGB (§ 261 II Nr. 1 StGB aF). Eine Verschleierung oder ein Verheimlichen iSv § 261 II StGB liegt in der reinen Honorarannahme regelmäßig nicht, weil es dem Verteidiger – ggf. auch als **Steuerberater** nach § 392 AO (*Radermacher* AO-StB 2022, 91 [92]) – nicht auf die Irreführung, sondern auf die Entlohnung seiner Tätigkeit ankommen wird, aber die Verschaffensvariante nach § 261 I 1 Nr. 3 StGB steht ebenso im Raum wie das Verwahren und Verwenden § 261 I 1 Nr. 4 StGB.

175   Aufgrund dieses besonderen Risikos des Strafverteidigers mit illegalem Vermögen in Kontakt zu kommen, hat der Gesetzgeber in § 261 I 3 StGB eine neue Regelung geschaffen, die den Strafverteidiger vor der Strafbarkeit gemäß § 261 I 1 Nr. 3 und 4 StGB durch die **Annahme von Honorar** schützt. Strafbar macht er sich nur, soweit er bei der Honorarannahme mit dem sicheren Wissen von der Herkunft des Honorars – gemeint ist dem Herrühren aus einer rechtswidrigen Tat iSv § 11 I Nr. 5 StGB – handelt. Diese Regelung setzt unter Rückgriff u. a. auf § 43 II 2 GwG, aber auch unter Verkürzung des Schutzbereichs dieser Vorschrift (vgl. → Rn. 184), die Rspr des BVerfG vom 30.3.2004 (BVerfGE 110, 226 ff.) um.

176   Unter **sicherem Wissen** ist die positive Kenntnis von der Inkriminierung zu verstehen. Eine gewisse Wahrscheinlichkeit reicht ebenso wenig aus wie eine Ahnung. Zu verlangen ist die Überzeugung des Täters von einer an Sicherheit grenzenden Wahrscheinlichkeit (vgl. RGSt 31, 211 [217]; LK-StGB/*Vogel/Bülte* StGB § 15 Rn. 92). Soweit der Verteidiger also keine vernünftigen Zweifel an der Inkriminierung hat, handelt er wissentlich diesbezüglich.

177   **(a) Geldwäsche durch Strafverteidiger nach BVerfGE 110, 226 ff.** Die erste Entscheidung des BVerfG zu diesem Thema resultierte aus einem Verfahren vor dem OLG Hamburg (OLG Hamburg NJW 2000, 673 ff. mit Bespr. *Müther* Jura 2001, 324 ff.; eingehend *Winkler* S. 246 ff.). Das Gericht hatte angenommen, dass ein Strafverteidiger den objektiven Tatbestand des **§ 261 II Nr. 1 StGB nicht erfülle,** wenn er **Honorar** aus inkriminierten Mitteln **annimmt,** solange dadurch nicht die Befriedigung von durch die Vortat entstandenen Ansprüchen beeinträchtigt werde. Der BGH (NJW 2001, 2891 [2892 ff.]) hatte diese einschränkende Auslegung des objektiven Tatbestandes (zu weiteren Ansätzen objektiver Einschränkung über das Kriterium der Berufsadäquanz *Löwe-Krahl* wistra 1995, 201; *Müssig* wistra 2005, 201 ff.; *Otto* ZKredW 1994, 63 [66]; Wessels/Hillenkamp/Schuhr StrafR BT II Rn. 900) abgelehnt und in einem anderen Strafverfahren eine Strafbarkeit bejaht, soweit der Strafverteidiger weiß, dass das von ihm angenommene Honorar aus einer Geldwäschevortat herrührt (für die Unschuldsvermutung als Rechtfertigungsgrund *Bernsmann* StV 2000, 40 ff.).

178   Das **BVerfG** hatte schließlich den Anwendungsbereich des § 261 II Nr. 1 StGB aF für die Honorarannahme durch den Strafverteidiger mit Rücksicht auf das Recht auf ein **faires**

Verfahren des Beschuldigten und die **Berufsfreiheit** des Rechtsanwalts im **subjektiven Tatbestand** auf Fälle des sicheren Wissens des Verteidigers um die Herkunft des Honorars durch verfassungskonforme Auslegung beschränkt (BVerfGE 110, 226 [263]; abl. NK-StGB/*Altenhain* StGB § 261 Rn. 128). Der Verteidiger sei zudem nicht verpflichtet Nachforschungen anzustellen, woher die Mittel stammen, mit denen sein Mandant die Honorarrechnung begleicht (BVerfGE 110, 226 [276]). Eine weitergehende Strafbarkeit des Verteidigers greife einerseits unverhältnismäßig in das Berufsgrundrecht des Verteidigers ein und verletze ihn in seinem Recht aus Art. 12 GG. Andererseits würde das für eine effektive Verteidigung essentielle Vertrauensverhältnis zwischen Mandant und Verteidiger grundlegend gestört, wenn dieser stets fürchten müsse sich durch die Honorarannahme strafbar zu machen (eingehend *Winkler* S. 289 ff.).

Diese Privilegierung des Verteidigers ist jedoch auf die **Honorarannahme** beschränkt. **179** Sie gilt nicht, wenn der Verteidiger (auch) im Interesse des Mandanten mit dessen Vermögen umgeht, also etwa inkriminiertes Vermögen des Mandanten über das Anwaltskonto dem Gericht als Kautionsleistung im eigenen Namen zuleitet (OLG Frankfurt NJW 2005, 1733; Schönke/Schröder/*Hecker* StGB § 261 Rn. 24), selbst wenn dieses Handeln der Sicherung des Verteidigerhonorars dient.

In einer späteren Entscheidung hatte das Gericht (BVerfG NJW 2015, 2949 ff. m. Anm. **180** *Raschke* NZWiSt 2015, 476 ff.) diese sog. **Vorsatzlösung** auch auf § 261 II Nr. 1 StGB aF in der Variante der Vereitelung oder Gefährdung ausgeweitet. Während es im Verschleierungstatbestand (§ 261 II 1 StGB aF – § 261 II StGB) einer manipulativen Zielrichtung bedürfe, die es von Verfassung wegen nicht gebiete, den Tatbestand zu reduzieren, wurde ein solches klandestines Element (so *Barton* StV 1993, 156 [159]) im Vereitelungs- und Gefährdungstatbestand nicht gefordert, so dass die schlichte Honorarannahme durch den Strafverteidiger bei uneingeschränkter Anwendung des § 261 I 1 StGB aF strafbar sein konnte. Damit drohte die vom BVerfG entwickelte Beschränkung des § 261 II StGB aF auf Fälle des *dolus directus* leerzulaufen, weil der Strafverteidiger stets damit habe rechnen müsse, dass er mit der Annahme des Honorars die Einziehung beeinträchtigte.

Diese Strafbarkeitsbeschränkung durch **teleologische Reduktion** des subjektiven Tat- **181** bestandes **widersprach dem Wortlaut,** methodisch fragwürdig war sie jedoch nicht (so aber NK-StGB/*Altenhain* StGB § 261 Rn. 128; iE auch Matt/Renzikowski/*Dietmeier* § 261 Rn. 25; GJW/*Eschelbach* StGB § 261 Rn. 4). Die These, der Gesetzgeber hätte, wenn er sich das Problem der Strafverteidigung auch in seiner verfassungsrechtlichen Dimension bewusst gemacht hätte, eine entsprechende Ausnahmeregelung geschaffen, mag sehr optimistisch sein, ist aber schwer zu widerlegen (aA *Fischer*[68] StGB § 261 Rn. 53, dessen Hinweise auf das Gesetzgebungsverfahren nicht belegen, dass das Problem in seiner verfassungsrechtlichen Tragweite erkannt worden ist). Hiergegen spricht auch nicht, dass der Gesetzgeber in den vielen Gesetzesänderungen trotz der Diskussion in Wissenschaft und Rspr keine entsprechende Einschränkung vorgenommen hat (so NK-StGB/*Altenhain* StGB § 261 Rn. 128), denn dieses Argument unterstellt eine Aufmerksamkeit des Gesetzgebers für praktische Probleme des Geldwäscherechts, für die es keine Anhaltspunkte gibt. Auch der Umstand, dass die Frage im Gesetzgebungsprozess diskutiert wurde, belegt nicht, dass die verfassungsrechtlichen Probleme tatsächlich erkannt und zutreffend eingeordnet wurden (so aber wohl MüKoStGB/*Neuheuser* StGB § 261 Rn. 93). Die **Vorsatzlösung** mag eine **Notlösung** sein (insofern die berechtigte Kritik von NK-StGB/*Altenhain* StGB § 261 Rn. 128), aber eine „Patentlösung" zu bieten, ist Aufgabe des Gesetzgebers, nicht eines Verfassungsgerichts, das nur im Einzelfall die gröbsten Mängel des bereits damals verunglückten § 261 StGB zu beseitigen hatte. Daher war dieser Ansatz aus verfassungsrechtlicher Sicht kein unerlaubter Übergriff des Verfassungsgerichts, sondern akzeptabel und geboten. Letztlich hat der Gesetzgeber auch genau diese vom BVerfG vertretene Auffassung in § 261 I 3 StGB gesetzlich fixiert (vgl. BT-Drs. 19/24180, 32).

Die Vorsatzlösung hat in der Literatur auch deswegen Kritik erfahren, weil sie durch die **182** Lozierung der Problematik im subjektiven Tatbestand **Freiräume für eine Strafverfol-**

gung gegen Verteidiger eröffne. Insbesondere um eine Friktion mit § 137 StPO zu vermeiden, müsse bereits eine Beschränkung des objektiven Tatbestandes erfolgen (*Jahn/Ebner* JuS 2009, 597 [601 f.]; *Brüning* wistra 2006, 241 [243 ff.]; *Müssig* wistra 2004, 201 [206]). Das Argument, der Strafverteidiger könne unter Strafverfolgungsdruck geraten, wenn die Staatsanwaltschaft allein mit Blick auf das objektive Vorliegen von Geldwäschehandlungen ermittelt, ist durchaus zutreffend. Doch dürfte der Hinweis auf solche Missbrauchsmöglichkeiten kaum Grund genug sein, den Tatbestand auch in Fällen nicht anzuwenden, in denen sich der Verteidiger in dem sicheren Wissen, dass das angenommene Honorar aus Vortaten stammt, in unzulässiger Weise mit dem Täter der Vortat solidarisiert.

183   **(b) Strafbarkeit von anderen Rechtsberatern.** Offen war insofern auch, ob diese **Beschränkung der Strafbarkeit** ausschließlich für den Verteidiger gilt oder auch auf **Rechtsanwälte und Steuerberater** (bejahend *Kraatz* Jura 2015, 699 [708] für den Steuerberater als Steuerstrafverteidiger; allgemein für den Steuerberater bejahend *Raschke* NStZ 2012, 606 [607 ff.]; NZWiSt 2015, 476 ff.; ablehnend *Herzog/El-Ghazi* GwG, § 261 StGB Rn. 114) allgemein angewendet werden kann oder muss (dagegen spricht entgegen NK-StGB/*Altenhain* StGB § 261 Rn. 127 nicht, dass das BVerfG (BVerfGE 110, 226 ff.) sich mit diesen Berufsgruppen nicht befasst hat; für eine Übertragung GJW/*Eschelbach* StGB § 261 Rn. 4). Einerseits sprachen gegen eine solche Gleichbehandlung des zivilrechtlich tätigen Rechtsanwalts oder des Steuerberaters mit dem Verteidiger das Fehlen einer vergleichbaren Gefährdungslage und das besondere verfassungsrechtliche Gewicht des Instituts der Wahlverteidigung (krit. insofern *Grüber/Wasserburg* GA 2000, 430 [437 f.]). In der Ausnahmesituation des Strafverfahrens hat das Vertrauensverhältnis zwischen Mandanten und Verteidiger eine besondere Bedeutung, um die existenziellen Rechte des Beschuldigten zu wahren (vgl. auch *Fertig* S. 210 f., 225; Fülbier/Aepfelbach/Langweg/*Schröder/Textor* StGB § 261 Rn. 56; MüKoStGB/*Neuheuser* StGB § 261 Rn. 91; Schönke/Schröder/*Hecker* StGB § 261 Rn. 25). Andererseits ist der Berufsträger selbst nicht selten einem vergleichbaren Risiko ausgesetzt, wenn er eine Person zivilrechtlich oder steuerrechtlich berät, gegen die strafrechtliche Vorwürfe erhoben werden (Schönke/Schröder/*Hecker* StGB § 261 Rn. 25). Dies ist etwa denkbar, wenn er den Beschuldigten gegen (angebliche) Verletzte zivilrechtlich vertritt, die Schadenersatzforderungen geltend machen (Schönke/Schröder/*Hecker* StGB § 261 Rn. 25).

184   Der BGH hatte es zudem in einem weiteren Fall als „bedenkenswert" bezeichnet, dass eine Geldwäschestrafbarkeit ausscheidet, nämlich wenn ein **Rechtsanwalt im Auftrag eines Gläubigers** eine **(nicht bemakelte) Forderung eintreibt** und dabei in Kauf nimmt, auf anderweitig iSd § 261 I StGB inkriminiertes Vermögen des Schuldners zuzugreifen (BGHSt 55, 36 [53]). Für diese Restriktion hat der BGH insbes. auf die Rspr des EuGH (EuGH 26.6.2007, NJW 2007, 2387) verwiesen, der die Privilegierung der Angehörigen von Rechtsberufen bei ihrer Rechtsberatungstätigkeit betont hat (§ 43 II GwG, vgl. auch BeckOK StGB/*Ruhmannseder* StGB § 261 Rn. 41). Bei sicherem Wissen um die Inkriminierung müsse eine Restriktion jedoch ausscheiden, weil dann auch die Privilegierung der verkammerten Rechtsberatungsberufe entfalle (vgl. §§ 6 VI 3, 4; 10 IX S. 3; 30 III 3, 4; 43 II; 52 V GwG). Dementsprechend hat das AG Cloppenburg (Urt. v. 13.2.2021 – 3 Cs 132/20, wistra 2021, 495 mAnm *Reichling*) für einen Altfall zutreffend angenommen, auch der Rechtsanwalt in Zivilsachen sei in die Privilegierung einzubeziehen.

185   Das LG Hildesheim hatte dagegen eine Strafbarkeit des **Steuerberaters** nach § 261 StGB aF bejaht, der **Treuhandkonten einrichtet** und darauf Gelder aus dem Ausland empfängt, die aus Katalogtaten herrühren, wenn damit der Zugriff der Strafverfolgungsbehörden erschwert wird, die mit Aussicht auf Erfolg beabsichtigt hatte, im Wege der Rechtshilfe auf die Auslandskonten zuzugreifen (LG Hildesheim NdsRpfl 2010, 64 ff. = BeckRS 2009, 28107; zur Strafbarkeit des Verteidigers bei Hinterlegung von inkriminierten Kautionszahlungen OLG Frankfurt a. M. NJW 2005, 1727).

Die **Neuregelung in § 261 I 3 StGB** nimmt **ausschließlich den Strafverteidiger** **186**
von der Strafbarkeit aus. Eine Begründung für diese enge Ausnahme bleibt der Gesetzesentwurf schuldig. Offenkundig war man sich des Problems der Risiken in anderen Bereichen der Rechtsberatung nicht bewusst und hat lediglich die Vorgaben des BVerfG übernommen und insofern insbes. auf Art. 6 III Buchst. c EMRK verwiesen. Diese Beschränkung des § 261 I 3 StGB ist bereits im Gesetzgebungsverfahren auf Kritik gestoßen (vgl. *Martens* Ausschuss für Recht und Verbraucherschutz Protokoll-Nr. 19/117, S. 15), ohne dass es zu einer Änderung der Vorschrift gekommen wäre. *Jahn* (Ausschuss für Recht und Verbraucherschutz Protokoll-Nr. 19/117, S. 20) hat daraus den naheliegenden und validen Schluss gezogen, dass die Straflosigkeit nicht für Rechtsanwälte, Steuerberater, Notare und Wirtschaftsprüfer gelten könne, soweit sie nicht als Verteidiger aktiv werden.

Insofern wird man den Wortlaut tatsächlich als eindeutig ansehen müssen. Es liegt auch – **187**
gerade wegen der im Gesetzgebungsverfahren deutlich gewordenen Gleichgültigkeit gegenüber diesem und anderen Problemen der Neuregelung – nicht nahe, dass der Gesetzgeber dieses Problem übersehen hat und dementsprechend von einer unbeabsichtigten Regelungslücke auszugehen wäre. Dennoch ist die Anwendung der Vorschrift auf andere verkammerte Beratungsberufe nicht ausgeschlossen. Im Rahmen einer menschenrechts- und unionsrechtskonformen Auslegung der Vorschrift kann man durchaus zu einer Ausdehnung der Straffreiheit über den Wortlaut hinaus kommen. Denn die Argumente, die bereits zuvor für ein solches Verständnis gesprochen haben, greifen weiterhin. Zwar ist einerseits einzuräumen, dass nunmehr gegen den (eindeutigen) Wortlaut des Gesetzes argumentiert werden muss, auf der anderen Seite aber hat sich mit dem **All-Crime-Ansatz das Risiko jedes Beraters** mit inkriminiertem Vermögen in Kontakt zu kommen deutlich erhöht.

Der Wegfall des Vortatenkatalogs führt in weiteren Bereichen des Zivilrechts, insbes. der **188**
Insolvenzverwaltung, der Abwehr von Schadenersatzforderungen und des Familienrechts sowie des Steuerrechts zu erheblichen Gefahren bei der Annahme von Honorar, wenn bereits Eventualvorsatz oder gar Leichtfertigkeit die Strafbarkeit begründen können.

Bereits die Behauptung eines Prozessgegners, ein Vermögensgegenstand sei illegal er- **189**
langt, kann zum Verdacht einer Geldwäsche führen und die Vertretung aus wirtschaftlichen Gründen unmöglich machen. Denn schon die Gefahr, wegen des Verdachts der Geldwäsche verfolgt zu werden, stellt einen schwerwiegenden Eingriff in das Recht aus Art. 12 I GG dar, für den keine Rechtfertigung erkennbar ist. Hinzu kommt die **wenig überzeugende Abweichung zum sonstigen Geldwäschebekämpfungsrecht.** Während im Geldwäschegesetz (§ 6 VI 3, § 10 IX 3, § 30 III 3, § 43 II, 52 V GwG) das Beratungsgeheimnis und damit der Schutz der Berufsfreiheit und des Mandatsverhältnisses in Umsetzung des Unionsrechts für alle verkammerten Rechtsberatungsberufe besondere Berücksichtigung findet, soll in § 261 StGB etwas anders gelten. Das stellt einen **Verstoß** gegen das in Erwägungsgrund 10 Richtlinie (EU) 2015/849 verankerte **Gleichbehandlungsgebot** der Rechtsberatungsberufe dar. Zwar könnte man diesem Argument entgegenhalten, dass die Strafverteidigung etwas grundlegend anderes ist als die Rechtsberatung im Arbeits-, Steuer-, Zivil- oder Verwaltungsrecht, aber mit Blick auf das für alle diese Berufe mittlerweile vergleichbare Risiko des Kontakts mit geldwäschetauglichen Vermögensgegenständen, dürfte dieser Unterschied so marginal sein, dass er eine Ungleichbehandlung mit Blick auf die durch den All-Crimes-Ansatz neu geschaffenen Risiken nicht mehr rechtfertigen kann.

Zur Begründung der Beschränkung einer Straffreiheit auf Strafverteidiger kann auch **190**
nicht angeführt werden, dass Art. 6 EMRK sich ausschließlich auf die Verteidigung gegen eine Anklage bezieht. Denn diese Argumentation blendet aus, dass das Recht auf rechtliche Beratung und ein faires Verfahren auch außerhalb des Strafprozesses als Grundsatz der Rechtsstaatlichkeit nicht nur von Art. 20 III GG garantiert ist (vgl. nur Dreier/*Schultze-Fielitz* GG, 3. Aufl. 2015, Art 20 III Rn. 24, 208), sondern auch zu den Europäischen Grundrechten gehört. **Art. 47 II EU-Grundrechte-Charta** garantiert jeder Person das Recht, dass ihre Rechtsangelegenheiten von einem unabhängigen, unparteiischen und

zuvor durch Gesetz errichteten Gericht in einem fairen Verfahren, öffentlich und innerhalb angemessener Frist verhandelt wird. Zudem hat jede Person das Recht auf Beratung, Verteidigung und Beratung (vgl. *Pieper* Handbuch des EU-Wirtschaftsrechts, 50. EL März 2020 B I Rn. 113). Dieses Recht wird verletzt, wenn es Rechtsberatern außerhalb des engen Bereichs der Strafverteidigung verwehrt wird, Beratung zu leisten, ohne der nicht nur theoretischen Gefahr der Verfolgung wegen Geldwäsche ausgesetzt zu sein. Durch die Beschränkung der Straffreiheit auf den Strafverteidiger wird die prozessuale Waffengleichheit in allen anderen Gebieten der Rechtsberatung und der Prozessführung erheblich beeinträchtigt.

191 Aus diesen verfassungs- und unionsrechtlichen Gründen muss § 261 I 3 StGB über den Wortlaut des Gesetzes dahingehend ausgelegt werden, dass er auch für andere Rechtsberatungsberufe gilt, wenn sie im Rahmen der Rechtsberatung oder Prozessvertretung tätig werden und Honorare für diese Leistungen entgegennehmen (iE ebenso AG Cloppenburg 13.2.2021, wistra 2021, 495 mAnm *Reichling*).

b) Alltagsgeschäfte und hoheitliche Tätigkeit

192 Auch für Alltagsgeschäfte wie den **Kauf von Lebensmitteln** wird diskutiert, ob der Tatbestand teleologisch zu reduzieren ist (vgl. nur Wessels/Hillenkamp/Schuhr StrafR BT II Rn. 900 f.). Eine solche generelle Ausnahme für Alltagsgeschäfte lehnt die hM jedoch ab (BGHSt 47, 68 [74]; *Bottke* wistra 1995, 121 [122]; *Fahl* Jura 2004, 160 [162]; MüKoStGB/*Neuheuser* StGB § 261 Rn. 91; Matt/Renzikowski/*Dietmeier* StGB § 261 Rn. 22; NK-StGB/*Altenhain* StGB § 261 Rn. 120; BeckOK-StGB/*Ruhmannseder* § 261 Rn. 43 ff.; LK-StGB/Schmitt/Krause StGB § 261 Rn. 25; GJW/*Eschelbach* StGB § 261 Rn. 51, 60; aA *Barton* StV 1993, 156 [161 f.]; *Hund* ZRP 1996, 163; *Löwe-Krahl* wistra 1993, 123 [125]; *Kulisch* StraFo 1999, 337 [338]; LTZ/*Sommer* StGB Rn. 44). Sie sei im Gesetzgebungsverfahren ausdrücklich nicht gewollt gewesen. Das ergebe sich daraus, dass eine Ausnahmeregelung für die Bewirkung kraft Gesetzes geschuldeter Leistungen und für den täglichen Bedarf zum Bestreiten des „notdürftigen Unterhalts" im Entwurf des OrgKG (BT-Drs. 11/7663, 7) vom 10.8.1990 noch enthalten war, aber mit der Begründung gestrichen wurde, dass auch solche Alltagsgeschäfte strafwürdig sein könnten (BT-Drs. 11/7663, 50; vgl. auch NK-StGB/*Altenhain* StGB § 261 Rn. 121; SSW-StGB/*Jahn* StGB § 261 Rn. 63). Gegen eine Ausnahme für alle Alltagsgeschäfte soll also das Ziel der effektiven – oftmals fraglos sehr weitreichenden (vgl. nur *Bülte* NStZ 2014, 680 [681 ff.]) – Isolation inkriminierten Vermögens sprechen (vgl. Matt/Renzikowski/*Dietmeier* StGB § 261 Rn. 22; *Rengier* StrafR BT I § 23 Rn. 22). Zudem stellt sich das Problem der trennscharfen Definition alltäglicher Geschäfte (GJW/*Eschelbach* StGB § 261 Rn. 51; *Fischer* StGB § 261 Rn. 40; vgl. auch SSW-StGB/*Jahn* StGB § 261 Rn. 63).

193 Bis zur Ausweitung des § 261 I 1 StGB durch das Gesetz zur Verbesserung der strafrechtlichen Bekämpfung der Geldwäsche dürften in der **Praxis** die **geringfügigen Alltagsgeschäfte kaum geldwäscherelevant** gewesen sein, weil der Lebensmittelhändler kaum in Gefahr geraten wird, sich wegen Geldwäsche strafbar zu machen. Es dürfte der sehr seltene Ausnahmefall gewesen sein, dass sich ihm bei der Entgegennahme von Bargeld die Inkriminierung aufdrängen muss (so auch NK-StGB/*Altenhain* StGB § 261 Rn. 139a). Etwas anderes konnte allerdings für die Entgegennahme von Honorar für eine erforderliche **ärztliche Behandlung** gelten, soweit eine anderweitige Finanzierung der Behandlung nicht möglich war (*Rengier* StrafR BT I § 23 Rn. 22). Hier wird man eine Straflosigkeit bejahen müssen, weil es ansonsten tatsächlich zu der von *Heghmanns* befürchteten menschenunwürdigen Ächtung des Betroffenen kommen könnte (*Heghmanns* StrafR BT Rn. 1743; vgl. auch GJW/*Eschelbach* StGB § 261 Rn. 7; aA NK-StGB/*Altenhain* StGB § 261 Rn. 123). Vergleichbares musste für die Annahme von Unterhaltsleistungen gelten (Wessels/Hillenkamp/Schuhr/*Schuhr* StrafR BT II Rn. 900), weil hier der Mindestbedarf der unterhaltsberechtigten Person betroffen ist und diese praktisch in existenzielle Nöte geriete, wenn sie die Unterhaltsleistung ablehnte (so auch AWHH/*Heinrich* § 29 Rn. 50).

Durch die **Ausweitung der Geldwäschetauglichkeit auf alle Gegenstände,** die aus 194
rechtswidrigen Taten herrühren, hat das Problem nun aber eine neue Dringlichkeit
erhalten. Nunmehr reicht es zum einen aus, wenn die Person, die Geld oder andere
Gegenstände entgegennimmt, die Möglichkeit erkennt und sich damit abfindet, dass ein
Gegenstand aus einer illegalen Quelle stammt oder die sich aufdrängende Möglichkeit aus
besonderer Sorglosigkeit nicht erkennt, um eine Strafbarkeit wegen Geldwäsche zu begründen. Zum anderen würde bereits die irrige Vorstellung des Täters ausreichen, der
Gegenstand könne aus einer Straftat herrühren, um die Strafbarkeit wegen **untauglichen
Versuchs** der Geldwäsche (vgl. → Rn. 211 ff.) auszulösen. Damit nimmt das Problem eine
neue Dimension an, die in ihrer Bedeutung auch über die der neutralen Beihilfe hinausgeht, denn mangels Strafbarkeit der versuchten Beihilfe entsteht letzteres Problem im
Kontext von § 27 StGB nicht.

Daher ist es zur Vermeidung einer unverhältnismäßigen Strafbarkeit geboten, die 195
Grundsätze der neutralen Beihilfe auch auf die Strafbarkeit nach § 261 I 1 Nr. 3 und 4
StGB anzuwenden, und so insbes. in Fällen eventualvorsätzlicher Tatbegehung die Straflosigkeit zu begründen. Nach der Rspr (vgl. nur BGHSt 46, 107 [112]; NJW 2001, 2410;
NStZ 2000, 34; 2004, 43; 2017, 338; wistra 2014, 176; 2022, 22 f.; LG Bochum NJW
2000, 1430 ff.; zum Streitstand und anderen Ansätzen in der Literatur nur *Dannecker/
Hagemeier* Finanzstrafrecht, 2008, S. 63 ff.) macht sich der Gehilfe, der eine äußerlich
unauffällige Alltagshandlung vornimmt, insbes. im beruflichen Kontext, nur strafbar, wenn
er sicher weiß, dass er mit seiner Handlung zu einer rechtswidrigen Tat beiträgt oder die
Gefahr der Mitwirkung an einer rechtswidrigen Tat so hoch ist, dass er sich die Beihilfe
„angelegen sein lässt" (*Roxin* StrafR AT II § 26 Rn. 224). Nur in diesem besonderen Fall
verlasse der Gehilfe den Bereich der Neutralität und solidarisiere sich mit dem Haupttäter,
weil er das evidente Risiko eingehe, diesen bei der Begehung einer Straftat zu unterstützen
(BGHSt 46, 107 [112]).

Bejaht man diese **Einschränkung bei der Beihilfe,** so muss dies für die deutlich 196
weitergehende Strafbarkeit wegen Geldwäsche nach § 261 I 1 Nr. 3 und 4 StGB erst recht
gelten. Die Gebotenheit einer solchen Beschränkung der Strafbarkeit ergibt sich insbes. für
nach § 2 GwG zur Compliance verpflichtete Unternehmer und Personen, die für sie tätig
werden. Für diese Unternehmen insbes. der Kredit-, Versicherungs- und Glücksspielwirt-
schaft, aber auch für Güterhändler gelten nämlich nach § 6 IX GwG spezifische Pflichten
zur Unterlassung und zum Abbruch von Geschäftsbeziehungen bzw. nach § 43 I GwG zur
Verdachtsanzeige (vgl. BeckOK StGB/*Ruhmannseder* StGB § 261 Rn. 5 ff.). Wenn aber
die Voraussetzungen solcher Vorsichtsmaßnahmen nicht vorliegen und der Verpflichtete
alle seine weiteren Geldwäsche-Compliance-Pflichten erfüllt, wäre es nicht nachvollziehbar
eine Strafbarkeit wegen Geldwäsche anzunehmen. Zumindest soweit weder eine Pflicht
zum Abbruch der Vertragsbeziehung noch – mangels objektiver Anhaltspunkte für eine
Vortat – zur Verdachtsmeldung gegeben ist, kann eine Strafbarkeit, insbes. wegen Versuchs
nicht in Betracht kommen.

In diesem Zusammenhang ist es entscheidend, dass man zur Begründung einer Über- 197
schreitung der Berufsneutralität auf tatsächliche Hinweise auf eine Vortat und nicht auf die
Auffassung der Aufsichtspraxis und Rspr abstellt, die einen **Verdachtsfall** iSv § 43 I GwG
contra legem bereits dann bejaht, wenn nicht ausgeschlossen werden kann, dass ein Vermögensgegenstand illegal erworben ist (exemplarisch OLG Frankfurt a. M. NStZ 2020,
173 [174 ff.]; mit abl. Anm. *Barreto da Rosa/Diergarten; Bülte* ZWH 2019, 223 ff.; *Peukert*
NZWiSt 2019, 223 ff.; *Reichling* wistra 2019, 164 ff.; eingehend *Herzog/Barreto da Rosa*
GwG, § 43 StGB Rn. 19a).

c) Erfüllung staatlicher Aufgaben

Die Erfüllung der Tatbestände des § 261 I, II und VI StGB durch Amtsträger und andere 198
hoheitlich tätige Personen, die dem Staat oder einem Dritten in **Erfüllung ihrer hoheitlichen Aufgaben** inkriminierte Gegenstände verschaffen, wird zu Recht abgelehnt (vgl.

auch BT–Drs. 13/8651, 9; LK-StGB/*Schmidt/Krause* StGB § 261 Rn. 29; SSW-StGB/*Jahn* StGB § 261 Rn. 72; BeckOK StGB/*Ruhmannseder* StGB § 261 Rn. 45). Die Beschlagnahme inkriminierter Vermögensgegenstände in einem Strafverfahren kann also keine Geldwäschehandlung sein, weil ansonsten der Schutzzweck des § 261 StGB konterkariert würde (vgl. AWHH/*Heinrich* § 29 Rn. 47; Matt/Renzikowski/*Dietmeier* StGB § 261 Rn. 20). Das gilt ebenfalls für die Annahme inkriminierter Vermögensgegenstände zur Leistung einer Kaution (Fall des LG Gießen NJW 2004, 1966 [1967]; GJW/*Eschelbach* StGB § 261 Rn. 44; SSW-StGB/*Jahn* StGB § 261 Rn. 36), zur Zahlung von Geldstrafen oder Geldbußen oder Begleichung von Verfahrenskosten (SSW-StGB/*Jahn* StGB § 261 Rn. 72). Auch der **Gerichtsvollzieher,** der im Rahmen und gemäß des Vollstreckungsauftrages inkriminierte Vermögensgegenstände an sich bringt und verwertet, macht sich nicht wegen Geldwäsche strafbar. Ebenso straflos sind Amtsträger der **Finanzverwaltung,** die im Rahmen ihrer Steuerverwaltungstätigkeit Zahlungen entgegennehmen, wenn auch eine Mitteilungspflicht nach § 31b AO (→ Rn. 296) entstehen kann. Dies wird daraus abgeleitet, dass das Steuerrecht ausdrücklich auch eine Besteuerung illegaler Einkünfte vorsieht (AWHH/*Heinrich* § 29 Rn. 48). Letztlich dürfte es hier aber darauf ankommen, dass die Tätigkeit des Finanzbeamten den gesetzlichen Vorgaben folgt und er zur Besteuerung und zum Vollzug rechtlich verpflichtet ist (SSW-StGB/*Jahn* StGB § 261 Rn. 73; iE auch AWHH/*Heinrich* § 29 Rn. 48).

199 Zudem wird man auch Handlungen, die zwar eine Weitergabe oder ein Verschaffen inkriminierter Gegenstände darstellen, aber durch die **Strafverfolgungsbehörden kontrolliert** nur „zum Schein" vorgenommen werden, aus dem Tatbestand ausnehmen müssen (so ausdrücklich BT-Drs. 13/8651, 9 f.; ferner *Kraushaar* wistra 1996, 168 [170]; Matt/Renzikowski/*Dietmeier* StGB § 261 Rn. 20; GJW/*Eschelbach* StGB § 261 Rn. 48; zu kontrollierten Banktransaktionen NK-WiStR/*Reichling* StGB § 261 Rn. 58). Schließlich ist die Rückgabe einer Sache an den Berechtigten sowie die Wiederherstellung einer rechtmäßigen Vermögenslage, die durch die Tat gestört wurde, keine strafbare Geldwäsche. Daher macht sich auch derjenige nicht wegen Geldwäsche strafbar, der eine Sache in Kenntnis der Inkriminierung erwirbt, um sie dem **Eigentümer zurückzugeben,** wenn eine solche Vorgehensweise auch beachtliche Strafverfolgungsrisiken mit sich bringen dürfte.

200 Ungeklärt ist noch, inwiefern sich auch der **Insolvenzverwalter** durch Verwaltungshandlungen im Insolvenzverfahren strafbar machen kann, wenn sich in der Masse inkriminierte Vermögensgegenstände befinden. Insofern ist zu bedenken, dass der Insolvenzverwalter nach § 148 InsO verpflichtet ist, die Insolvenzmasse in Gewahrsam zu nehmen und nach § 159 InsO zu verwerten. Da es sich auch beim Insolvenzverfahren um ein staatlich angeordnetes und gerichtlich kontrolliertes Verfahren handelt, wird man hier ebenso wie bei den Amtsträgern eine Straffreiheit annehmen müssen, soweit der Insolvenzverwalter nach geltendem Insolvenzrecht vorgeht (SSW-StGB/*Jahn* StGB § 261 Rn. 74; *Brüning* wistra 2006, 242 [244]; NK-StGB/*Altenhain* StGB § 261 Rn. 130a: (mangels anderer legaler Handlungsalternativen gerechtfertigt). Dies ergibt sich auch daraus, dass das Insolvenzverfahren grundsätzlich gegenüber der staatlichen Abschöpfung vorrangig ist und der Insolvenzverwalter mit seiner gesetzlich vorgegebenen Tätigkeit keine Anreize zur Begehung von Straftaten setzt (ebenso SSW-StGB/*Jahn* StGB § 261 Rn. 74; vgl. auch SK-StGB/*Hoyer* StGB § 261 Rn. 33). Daher ist hier bereits die Erfüllung von Tatbeständen des § 261 StGB durch die gesetzlich vorgesehene Ausübung der Tätigkeit des Insolvenzverwalters zu verneinen (vgl. auch *Brüning* wistra 2006, 241; offengelassen bei Lackner/Kühl/*Kühl* StGB § 261 Rn. 8). Soweit angenommen wird, der Insolvenzverwalter mache sich durch die Verwertung wegen Geldwäsche strafbar (NK-StGB/*Altenhain* StGB § 261 Rn. 130a; MüKoStGB/*Neuheuser* StGB § 261 Rn. 101), ist diese Ansicht mit § 159 InsO kaum vereinbar, der die gesetzliche Verwertungspflicht und damit eine Sonderstellung des Insolvenzverwalters statuiert (*Brüning* wistra 2006, 241 [245]; *Wessing* NZI 2015, 913 [917]; i. Erg. auch SSW-StGB/*Jahn* StGB § 261 Rn. 74; NK-WiStR/*Reichling* StGB § 261 Rn. 57).

d) Kein Angehörigenprivileg

Angehörige des Vortäters oder eines anderen Inhabers des inkriminierten Gegenstandes können sich nach § 261 StGB strafbar machen, wenn sie mit dem Tatobjekt umgehen, etwa indem sie Geschenke annehmen. Eine dem § 258 VI StGB entsprechende Regelung enthält § 261 StGB nicht (Schönke/Schröder/*Hecker* StGB § 261 Rn. 16). Angehörige können sich zudem wegen Verschleierungshandlungen oder sonstigen Behinderungen des Zugriffs der Strafverfolgungsbehörden nach § 261 I StGB strafbar machen (GJW/*Eschelbach* StGB § 261 Rn. 49). **201**

III. Qualifikation (§ 261 IV StGB)

Neben der bereits seit der ersten Fassung des § 261 StGB aus dem Jahr 1992 bestehenden Strafschärfungsvorschrift des § 261 V StGB (§ 261 IV StGB aF) wurde durch das Gesetz zur Verbesserung der strafrechtlichen Bekämpfung der Geldwäsche nun eine **Qualifikation** eingeführt (zur Anwendung bei Steuerberatern *Scaraggi-Kreitmayer* DStR 2021, 885 ff.). § 261 IV StGB bedroht nunmehr Personen, die eine Tat nach § 261 I oder II StGB als Verpflichtete nach § 2 GwG begehen, mit der erhöhten Freiheitsstrafe von drei Monaten bis zu fünf Jahren (vgl. auch *Travers/Michaelis* NZWiSt 2021, 125 [129]). Eine Geldstrafe ist hier nur unter den Bedingungen des § 47 StGB möglich. **202**

Diese Neuregelung soll die Vorgabe des Art. 6 I Buchst. b RL (EU) 2018/1673 umsetzen, die eine Strafschärfung für Fälle vorgibt, in denen die Tat von einem „Verpflichteten" iSv Art. 2 RL (EU) 2015/849 (umgesetzt in § 2 GwG) „in Ausübung seiner beruflichen Tätigkeit" begangen wird. Die deutsche Strafvorschrift formuliert lakonisch, die Strafschärfung solle für den gelten, der die Tat als Verpflichteter nach § 2 GwG begeht. Diese eigenständige Regelung der Strafschärfung wäre **aus unionsrechtlicher Sicht nicht erforderlich** gewesen. Eine Berücksichtigung der beruflichen Stellung nach § 46 StGB durch das erkennende Gericht hätte mangels spezifischer Vorgaben in der Richtlinie ausgereicht. **203**

Doch ist gegen den Ansatz, einen Täter, der zur Abwehr einer bestimmten Gefahr auf Posten gestellt ist, schwerer zu bestrafen, wenn er das zu verhindernde Unrecht selbst aktiv herbeiführt, nichts einzuwenden. Allerdings ist insofern zu berücksichtigen, dass sich die Garantenpflicht der nach § 2 GwG Verpflichteten – neben Banken, Versicherungen, Gewerbetreibenden, Immobilienmaklern, Kunstvermittlern auch Rechtsanwälte, Notare, Steuerberater und Wirtschaftsprüfer (vgl. → Rn. 196) – nicht generell daraus ergibt, dass diese Unternehmer eine besondere originäre Gefahr für die Allgemeinheit geschaffen haben, sondern dass es sich bei ihrer **Mitwirkung** an der Geldwäschebekämpfung um ein **erhebliches Sonderopfer** handelt. Die Unternehmer werden verpflichtet bei der Verfolgung von Straftaten und der Verhinderung illegaler Handlungen Dritter mitzuwirken. Die Verpflichteten werden auf ihre Kosten zur Erfüllung vornehmlich gesellschaftlicher Aufgaben herangezogen, weil sie diejenigen sind, die diese Aufgabe am wirksamsten erfüllen können und ihre Dienstleistungen missbraucht zu werden drohen. Die Gefahr geht also nicht unmittelbar von ihrer Dienstleistung aus, sondern vom Missbrauch durch Dritte. Diese Personen nunmehr nicht nur mit der Mitwirkung an dieser Aufgabe zu belasten, sondern ihnen auch noch bei Nichterfüllung durch Unterlassen verschärfte Strafe anzudrohen, wäre kaum verhältnismäßig und würde die Garantenstellung doppelt verwerten. Daher ist bei einer Tatbegehung durch Unterlassen zumindest die Strafmilderung nach § 13 II StGB als obligatorisch anzusehen. **204**

Soweit die Vorschrift im Gesetzgebungsverfahren als nicht weitgehend genug kritisiert worden ist, weil sie nur den Verpflichteten selbst, nicht aber den unmittelbar Handelnden Mitarbeiter eines Unternehmens treffe (BDK Stellungnahme v. 7.9.2020, S. 5), ist einzuräumen, dass § 14 StGB nicht anzuwenden ist, weil die Vorschrift nur auf strafbegründende besondere persönliche Merkmale Anwendung findet (zutr. BeckOK StGB/*Ruh-* **205** *mannseder* StGB § 261 Rn. 47). Damit dürfte die Anwendung von § 261 IV StGB im Unternehmenskontext – bei Beteiligung von Gesellschaften – ausscheiden und der Geldwäschebeauftragte oftmals nicht in den Anwendungsbereich der Qualifikation fallen. Zu einer relevanten Schutzlücke führt diese Beschränkung des Anwendungsbereichs nicht, mag sie auch aufzeigen, wie unpraktikabel und unausgewogen der neue § 261 IV StGB ist. Die besondere Stellung eines Geldwäschebeauftragten, der sich an einer Tat nach § 261 StGB beteiligt, hat das Gericht nach § 46 StGB zu würdigen (vgl. *Böhme/Busch* wistra 2021, 169 [171]).

206 Die Qualifikation des § 261 IV StGB ist nach § 1 StGB und Art. 103 II GG nur auf Taten anwendbar, die nach dem 18.3.2021 begangen und beendet worden sind.

IV. Täterschaft und Teilnahme

207 Für die Täterschaft und Teilnahme gelten bei § 261 I und II StGB die allgemeinen Regeln. Der BGH hat bei der Bestimmung der Täterschaft festgestellt, dass der Gesetzgeber in § 261 StGB auch solche Handlungen als täterschaftlich eingeordnet habe, bei denen es sich nach den allgemeinen Regeln des Strafrechts um Beihilfe handeln würde (BGH wistra 2016, 190). Daher sei **Täter** und nicht Gehilfe der Geldwäsche, **wer den Tatbestand in vollem Umfang verwirklicht,** auch dann, wenn er nicht im eigenen, sondern **ausschließlich im Interesse eines Dritten** handelt. Das ist insbesondere bei unmittelbar fremdnützigem Verschleiern iSv § 261 II StGB naheliegend.

208 Doch ergeben sich im Zusammenhang mit der **Leichtfertigkeitsvariante** des § 261 VI StGB **Besonderheiten.** Denn es handelt sich hier um ein Delikt, das weder gänzlich vorsätzlich begangen wird noch nach § 11 II StGB als Vorsatzdelikt behandelt werden dürfte, weil die Fahrlässigkeitskomponente nicht eine schwere Folge, sondern die Tauglichkeit des Tatobjekts betrifft (*Bülte* FS Rengier, 181 [186]). Daher ist eine Teilnahme an der leichtfertigen Geldwäsche nicht möglich, weil es an der Vorsätzlichkeit der Haupttat fehlt. Eine leichtfertige Teilnahme an einer Geldwäsche scheidet mit Blick auf §§ 26, 27 StGB offenkundig aus. Denkbar wäre allenfalls die eigenständige täterschaftliche Geldwäsche nach § 261 VI StGB durch Mitwirkung an der leichtfertigen Geldwäsche eines anderen. Doch setzt dies die Begehung einer tauglichen Tathandlung voraus, so dass etwa die Beratung des Täters unter leichtfertiger Verkennung der Inkriminierung nicht als taugliche Tathandlung ausreicht. Anders kann dies freilich sein, wenn die Beratung mit Verschleierungshandlungen einhergeht (vgl. *Bülte* FS Rengier, 181 [187 ff.]).

V. Strafanwendungsrecht und grenzüberschreitende Verfolgung

209 Für die Frage nach der Anwendbarkeit deutschen Geldwäschestrafrechts auf Fälle mit Auslandsbezug gelten die **allgemeinen Regeln der §§ 3 ff. StGB.** Daher kommt es bei § 261 StGB auf den Handlungsort an, weil abstrakte Gefährdungsdelikte keinen gesonderten tatbestandlichen Erfolg erfordern und damit keinen Erfolgsort aufweisen (BGH NStZ-RR 2013, 253; NJW 2018, 2742 mAnm *Ceffinato* wistra 2018, 467). Das führt dazu, dass auf eine Handlung eines Finanzagenten, der einen durch eine inländische Betrugstat erlangten Vermögenswert im Ausland über ein ausländisches Konto weiterleitet, deutsches Strafrecht nicht nach § 3 StGB anwendbar ist. Soweit die Vortat jedoch gegen einen Deutschen begangen worden ist und auch im Ausland strafbar ist, kommt eine Anwendung deutschen Strafrechts nach § 7 I StGB in Betracht (BGH NStZ-RR 2013, 253). Das setzt aber voraus, dass es sich bei dem Verletzten um eine natürliche Person handelt (BGH NJW 2018, 2742).

210 Zu einer möglichen **Doppelverfolgung** nach Art. 54 SDÜ und einer Ausnahme des entsprechenden Verbots nach Art. 55 SDÜ hat das LG Frankfurt (wistra 2021, 254 ff.

mAnm *Reichling*) entschieden. Eine Strafverfolgung komme nur in Betracht, wenn die Tat, die dem ausländischen Urteil zugrunde lag, ganz oder teilweise im Inland und nicht zumindest teilweise im Urteilsstaat begangen wurde. Eine aus Österreich begangene Geldwäsche könne daher nicht mehr in Deutschland abgeurteilt werden, wenn die StA in Österreich das Verfahren mangels Geldwäschevorsatz eingestellt hat. Das gilt auch, wenn die Einstellung darauf basiert, dass der Vorsatz nicht festgestellt werden konnte und die leichtfertige Geldwäsche in Österreich nicht strafbar ist. Eine Ausnahme sei nur denkbar, wenn bei der Einstellung keine Sachprüfung erfolgt sei (vgl. EuGH 29.6.2016, NJW 2016, 2939 ff. – Kossowski).

VI. Versuch

Der Versuch der Geldwäsche ist nach § 261 III StGB strafbar (krit. insofern *Lampe* JZ 1994, 123 [131], insbes., weil die Versuchsstrafbarkeit zu einer generellen Prüfungspflicht führen könne). Das gilt auch für den **untauglichen Versuch** (vgl. *Bittmann* wistra 2010, 125 [129 f.]; NK-WiStR/*Reichling* StGB § 261 Rn. 64: aber ohne Geständnis nicht nachweisbar), der insbes. dann in Betracht kommt, wenn der Täter irrig Umstände annimmt, nach denen, wenn sie vorlägen, der Gegenstand seiner Handlung aus einer Vortat herrührte oder er verkennt, dass der Gegenstand – in Fällen des § 261 I 1 Nr. 3 und 4 StGB – bereits durch einen Dritten straflos erworben wurde (NK-StGB/*Altenhain* StGB § 261 Rn. 90), so dass § 261 I 2 StGB Anwendung findet (NK-StGB/*Altenhain* StGB § 261 Rn. 136; Schönke/Schröder/*Hecker* StGB § 261 Rn. 29; MüKoStGB/*Neuheuser* StGB § 261 Rn. 120; Fülbier/Aepfelbach/Langweg/*Schröder*/*Textor* StGB § 261 Rn. 148). Gleiches gilt nach der Rspr des BGH, wenn der Täter den Gegenstand einem verdeckten Ermittler verschafft (BGH NJW 1999, 436 [437]; ebenso NK-StGB/*Altenhain* StGB § 261 Rn. 136; Schönke/Schröder/*Hecker* StGB § 261 Rn. 29; MüKoStGB/*Neuheuser* StGB § 261 Rn. 120; Fülbier/Aepfelbach/Langweg/*Schröder*/*Textor* StGB § 261 Rn. 149). Der Versuchsbeginn bestimmt sich bei der Geldwäsche nach den allgemeinen Kriterien, ist also nach § 22 StGB dann gegeben, wenn der Täter nach seiner Vorstellung von der Tat unmittelbar zu ihrer Begehung ansetzt.

Ein **strafloses Wahndelikt** liegt dagegen vor, wenn der Täter zwar die Umstände der vermeintlichen Vortat kennt, jedoch eine rechtlich unrichtige Subsumtion vornimmt (vgl. GJW/*Eschelbach* StGB § 261 Rn. 68; SSW-StGB/*Jahn* StGB § 261 Rn. 85) und deswegen von einer tauglichen Haupttat ausgeht, weil er etwa in einem Altfall einen Betrug wegen des Schadensumfangs für ein Verbrechen hält (vgl. insofern etwa §§ 17 I, 147 III öStGB).

Eine Tat nach **§ 261 VI StGB** ist im **Versuch nicht strafbar** (NK-StGB/*Altenhain* StGB § 261 Rn. 137; *Fischer* StGB § 261 Rn. 55; *Heimann* NZWiSt 2012, 429 [432]), weil es sich um ein Fahrlässigkeitsdelikt handelt und § 11 II StGB nicht anwendbar ist (vgl. *Bülte* in FS Rengier, 181 [186]).

VII. Strafausschließungsgrund nach § 261 VII StGB

Nach § 261 VII StGB (§ 261 IX 2 StGB aF) wird nicht wegen Geldwäsche bestraft, wer wegen Beteiligung an der Vortat strafbar ist. Gemeint ist hier nach hM nur die Strafbarkeit nach **deutschem Recht** (BGHSt 53, 205 [207]; GJW/*Eschelbach* StGB § 261 Rn. 73; *Fahl* JZ 2009, 747; *Kuhlen* JR 2010, 271), ein Verstoß gegen das Doppelbestrafungsverbot aus Art. 54 SDÜ oder Art. 50 GRCh liegt darin nicht (aA wohl *Rettenmaier* NJW 2009, 1619; dagegen zutreffend *Fahl* JZ 2009, 747). Allerdings leuchtet es kaum ein, wenn die Auslandsvortat einerseits die Geldwäschestrafbarkeit begründen kann (§ 261 IX StGB), andererseits aber bei der Anwendung von § 261 VII StGB irrelevant sein soll (krit. auch NK-WiStR/*Reichling* StGB § 261 Rn. 67). Es liegt damit nahe, dass eine tatsächliche ausländische Bestrafung wegen der Vortat bei der Bestrafung wegen der sich anschließenden Geldwäsche zumindest in der Strafzumessung oder bei der Vollstreckung Berücksichtigung finden sollte. Eine Auslieferung wegen der Geldwäschetat soll trotz mangelnder Verfolgbarkeit in Deutschland möglich sein (OLG Köln NStZ 2011, 471; *Fischer* StGB § 261 Rn. 23).

1. Voraussetzungen der Straffreiheit

215   Diese Vorschrift über den persönlichen Strafausschließungsgrund (BGHSt 63, 268 [269]; BGH v. 1.6.2022, BeckRS 2022, 20022 Rn. 26; *Fernandez/Heinrich* ZStW 126 [2014], 382 [396]) wurde mit dem Gesetz zur Verbesserung der Bekämpfung der Organisierten Kriminalität vom 4.5.1998 im Zuge der Ausweitung des Tatbestandes auf den Vortäter in 261 IX 2 StGB eingeführt. Die neue Vorschrift sollte an § 257 III 1 StGB angelehnt sein und auf dem Gedanken der mitbestraften Nachtat beruhen (BT-Drs. 13/8651, 11; BGH NStZ 2017, 168 [170]; *Neuheuser* NZWiSt 2016, 265; *Hombrecher* JA 2005, 67 [70]; BeckOK StGB/*Ruhmannseder* StGB § 261 Rn. 12; aA NK-StGB/*Altenhain* StGB § 261 Rn. 21: „formelle Subsidiarität"). Doch macht die Begründung des Gesetzesentwurfs (vgl. auch BT-Drs. 19/24180, 34) zugleich deutlich, dass es auch um die Straffreiheit der Selbstbegünstigung und die **Vermeidung von Doppelbestrafungen** – genauer Doppelverwertungen – in Fällen geht, in denen ein Vortatbeteiligter selbst die Geldwäsche begangen hat. Dies wurde durch den allgemeinen Grundsatz der mitbestraften Nachtat als nicht hinreichend abgesichert angesehen, da nicht allein die durch die Vortat verletzten Rechtsgüter Schutzgüter des § 261 StGB seien, sondern auch die Rechtspflege und die Unversehrtheit des Wirtschaftskreislaufs. Um eine (zusätzliche) Bestrafung wegen Geldwäsche in diesen Fällen zu verhindern, werde ein Strafausschließungsgrund geschaffen (vgl. auch BGH NStZ 2017, 168 [170]). Daher hat der BGH eine Verurteilung wegen Geldwäsche ausgeschlossen, wenn der Täter bereits wegen gewerbsmäßiger Hehlerei oder gewerbsmäßigen Diebstahls (Wahlfeststellung) verurteilt ist (BGH NStZ 2017, 93 ff.; vgl. auch Lackner/Kühl/*Kühl* StGB § 261 Rn. 18).

216   Jedoch ist eine Verurteilung wegen Geldwäsche nach hM (BT-Drs. 13/8651, 11; vgl. auch NK-StGB/*Altenhain* StGB § 261 Rn. 23; *Fischer* StGB § 261 Rn. 23; MüKoStGB/ *Neuheuser* StGB § 261 Rn. 132) möglich, wenn sich die **Beteiligung an der Vortat nicht nachweisen** lässt oder wegen **Schuldunfähigkeit** nicht oder wegen eines Tatbestandsirrtums nur wegen eines milderen Gesetzes bestraft werden kann. Es entspricht zweifellos der gesetzgeberischen Konzeption § 261 VII 2 StGB als Konkurrenzregel zu verstehen (vgl. auch BGHSt 46, 107 [112]; BGH NJW 2000, 3725; NK-WiStR/*Reichling* StGB § 261 Rn. 65; BeckOK StGB/*Ruhmannseder* StGB § 261 Rn. 13). Daher ist auch die Annahme des BGH und in der Begründung des Gesetzesentwurfs, dass eine Verurteilung wegen Geldwäsche möglich sei, wenn die Beteiligung an der Vortat nicht nachweisbar ist, systematisch geboten und kriminalpolitisch konsequent (vgl. auch BGH NStZ 2016, 538 [539]; NK-StGB/*Altenhain* StGB § 261 Rn. 21 ff.; SK-StGB/*Hoyer* StGB § 261 Rn. 3). Diese Lösung entspricht insbs. dem Charakter einer Konkurrenzregel und die von *Altenhain* genannten materiellen Argumente für diese Auffassung sind alle zutreffend (NK-StGB/*Altenhain* StGB § 261 Rn. 23).

217   Mit dem **Wortlaut des Gesetzes** ist dieser **Ansatz** dennoch **schwerlich vereinbar.** § 261 VII StGB formuliert nämlich gerade nicht, dass nicht wegen Geldwäsche bestraft wird, wer bereits wegen Beteiligung an der Vortat „*bestraft wird*", sondern wer deswegen „*strafbar ist*". Daher steht auch eine Beteiligung an der Vortat, deren Verfolgung verjährt oder für die Strafklageverbrauch eingetreten ist, nach zutreffender Auffassung einer Bestrafung wegen Geldwäsche entgegen (LTZ/*Sommer* StGB § 261 Rn. 81). Das muss auch für den Fall gelten, dass der Tatrichter die Beteiligung an der Vortat nicht mit der erforderlichen Überzeugung auszuschließen vermag (LTZ/*Sommer* StGB § 261 Rn. 84; Herzog/*El-Ghazi* GwG, § 261 StGB Rn. 149; ebenso *Bernsmann* in FS Amelung, 381 [392], der

deswegen eine Streichung des § 261 IX 2 StGB aF vorgeschlagen hatte; wohl auch SSW-StGB/*Jahn* StGB § 261 Rn. 95). Ist die Nichtstrafbarkeit wegen Irrtums oder Schuldlosigkeit sicher festgestellt, ist eine Bestrafung wegen Geldwäsche dagegen möglich.

Damit droht die mangelhafte Fassung des § 261 VII (wie des § 261 IX 2 StGB aF) die **218** „unbefriedigende" Situation, die man durch die Streichung der Worte „ein anderer" in § 261 I StGB beseitigen wollte (vgl. *Bernsmann* FS Amelung, 381 [383 ff.]), wieder zurückzubringen. Dem hätte man mit etwas mehr Sorgfalt bei der Formulierung des Gesetzeswortlauts abhelfen können. So setzt sich die Rspr nun über den Wortlaut im Wege einer **teleologischen Reduktion des Strafausschließungsgrundes** aus § 261 VII StGB unter Berufung auf den Willen des Gesetzgebers hinweg, obwohl dieser im Gesetz nicht zum Ausdruck kommt. Daran ändert auch die Interpretation der Vorschrift als Konkurrenzregel nichts, zumal die Gesetzesmaterialien ausdrücklich und mehrfach von einem Strafausschließungsgrund sprechen (BT-Drs. 13/6389, 1, 11, 13, 16).

Im Bereich der **steuerstrafrechtlichen Selbstanzeige** könnte § 261 VII StGB kaum **219** nachvollziehbare Folgen haben: Der Täter einer Steuerhinterziehung, der eine unberechtigte Erstattung erhalten und eine Überweisung erlangt hat, über die er später verfügt (Verwenden) und nun eine wirksame Selbstanzeige nach § 371 AO abgibt, könnte möglicherweise wegen Geldwäsche bestraft werden, weil die Strafbarkeit nach § 370 I AO beseitigt ist (so MüKoStGB/*Neuheuser* StGB § 261 Rn. 124; aA *Bülte* ZStW 122 [2010], 555 ff.; Schönke/Schröder/*Hecker* StGB § 261 Rn. 34). Wirkt die Selbstanzeige dagegen wegen des Sperrgrundes aus § 371 II Nr. 3 AO nicht strafbefreiend, sondern entsteht nur ein Strafverfolgungshindernis nach § 398a AO, weil der Täter die hinterzogene Steuer einschließlich des Zuschlags nach § 398a I AO entrichtet, so bleibt die Tat strafbar und die Geldwäschestrafbarkeit ist blockiert, soweit man nicht mit dem BGH (vgl. → Rn. 216) eine Anwendung von § 261 VII StGB ablehnt und wegen Geldwäsche bestraft, weil die Verfolgbarkeit wegen der Tat § 370 AO ausscheidet. Die Straflosigkeit wegen Geldwäsche nach einer strafbefreienden Selbstanzeige nach § 371 AO oder verfolgungshindernden Anzeige nach §§ 371, 398a AO ist materiell gerechtfertigt, weil der Täter mit der Entrichtung der Steuer und der Zuschläge jeden Grund für eine weitere Einziehung beseitigt und den Steuerschaden durch die Vortat mehr als wiedergutgemacht hat. Nun wegen Geldwäsche zu bestrafen, wäre evident unverhältnismäßig. Diese gebotene Straflosigkeit ergibt sich in Fällen des § 398a AO unmittelbar aus dem Gesetz, in Fällen der wirksamen strafbefreienden Selbstanzeige können dagegen nur eine parallele Erklärung der tätigen Reue bei der Staatsanwaltschaft oder eine analoge Anwendung von § 261 VIII StGB weiterhelfen (→ Rn. 240 ff.).

Soweit der Steuerpflichtige oder ein nach §§ 34, 35 AO Verpflichteter **irrtümlich** davon **220** ausgeht, eine Erklärung nach **§ 153 AO** zu berichtigen, weil er die zuvor begangene Steuerstraftat nicht erkannt hat, scheidet eine Geldwäsche bereits mangels Inkriminierungsvorsatz aus. Es liegt ein Tatbestandsirrtum vor (*Radermacher* AO-StB 2022, 91 [92]).

2. Strafbarkeit der sog. Selbstgeldwäsche

a) Voraussetzungen der Strafbarkeit

Die Anwendung dieser „erweiterten Konkurrenzregel" wurde durch das Gesetz zur **221** Bekämpfung der Korruption beschränkt (BGBl. 2015 I 2025; dabei wurde diese Änderung erst nach Beschlussempfehlungen des Ausschusses für Recht und Verbraucherschutz in das Gesetz [BT-Drs. 18/6389, 11] aufgenommen) und eine **Rückausnahme von der Straffreiheit der sog. Selbstgeldwäsche** eingeführt (vgl. *Neuheuser* NZWiSt 2016, 265 ff.). Danach ist die Straflosigkeit ausgeschlossen und die Selbstgeldwäsche strafbar, wenn der Täter oder Teilnehmer einen inkriminierten Gegenstand in den Verkehr bringt und dabei die rechtswidrige Herkunft des Gegenstandes verschleiert. Unter **Inverkehrbringen** ist in Anlehnung an § 146 I StGB jede Handlung zu verstehen, die dazu führt, dass der Täter die Verfügungsgewalt über den Tatgegenstand aufgibt und sie einem Dritten überträgt, den

Gegenstand also in den Wirtschaftsverkehr bringt (BT-Drs. 18/6389, 14; BGH 1.6.2022, BeckRS 2022, 20022 Rn. 20; vgl. auch BeckOK StGB/*Ruhmannseder* StGB § 261 Rn. 67). Das Inverkehrbringen soll jedoch noch weiter verstanden werden, weil § 146 StGB sich nur auf Sachen bezieht und der Gesetzesentwurf Beispiele nennt, die darüber hinausgehen (vgl. NK-StGB/*Altenhain* StGB § 261 Rn. 23b): das Einzahlen von Bargeld auf ein Bankkonto und das Veräußern einer Sache. Bei Forderungen und Rechten seien die Aufgabe der rechtlichen Verfügungsgewalt und deren Übergang an den Empfänger notwendig, etwa durch Überweisung von Buchgeld (BT-Drs. 18/6389, 14).

222 Die Differenzierung zwischen dieser auch für den Vortäter strafbaren Tathandlung und anderen weiterhin straflosen Begehungsweisen wurde damit begründet, dass zwar das typische Nachtatverhalten des Verbergens der Tatbeute keinen eigenständigen Unrechtsgehalt aufweise, vielmehr werde diese durch die Verurteilung durch die Vortat erfasst. Dies sei jedoch anders, soweit inkriminiertes Vermögen in den Wirtschaftskreislauf eingebracht und dabei Verschleierungshandlungen vorgenommen werden (BT-Drs. 18/6389, 11). Hierin liege ein **eigenes spezifisches Unrecht,** das den legalen Wirtschaftskreislauf beeinträchtige und nicht von der Sanktionierung wegen der Vortat erfasst sei.

223 Diese Rückausnahme von der Straflosigkeit für Verschleierungen nach § 261 VII StGB führt dazu, dass auch Beteiligte an der Vortat wegen einer Geldwäschehandlung, die *auch* eine Verschleierung darstellt, bestraft werden können. Daher muss sorgfältig abgegrenzt werden, ob eine Handlung (auch) darauf gerichtet ist, **die inkriminierte Herkunft der Sache zu verschleiern oder nur der wirtschaftlichen Verwertung** dient. Die Regelung bringt mithin zusätzliche Rechtsunsicherheit. Die Befürchtung, dass § 261 VII StGB damit für die Praxis auf wenige Fälle reduziert werden könnte (NK-StGB/*Altenhain* StGB § 261 Rn. 23c), ist daher nicht unberechtigt.

224 § 261 IX 2 StGB aF nahm mit den Worten „dessen Herkunft verschleiert" auf § 261 I 1 Alt. 1 StGB aF Bezug. Der Verschleierungstatbestand wurde mit dem Gesetz zur Verbesserung der strafrechtlichen Geldwäschebekämpfung in § 261 II StGB verschoben und um die Variante der Verheimlichung – auf die § 261 VII StGB nicht verweist – ergänzt. Außerdem ist nicht mehr die **Verschleierung der Herkunft** des Gegenstandes, sondern von Tatsachen relevant, die für das Auffinden, die Einziehung oder Ermittlung der Herkunft des Gegenstandes bedeutsam sein können (vgl. *Altenhain/Fleckenstein* JZ 2020, 1046 [1051]). § 261 VII StGB vollzieht diese Textänderung nicht nach und geht damit in gewisser Weise fehl (vgl. auch *Ruhmannseder* ZWF 2021, 188 [195]). Auch in der Entwurfsbegründung wird lediglich wiederholt, was zu § 261 IX 3 StGB aF bereits judiziert worden war. Daher beschränkt sich der Anwendungsbereich des § 261 VII StGB nur auf einen Ausschnitt der möglichen Tathandlungen, nämlich auf das Verschleiern der Herkunft des Gegenstandes. Also auf „*zielgerichtete, irreführende Machenschaften mit dem Zweck, einem Vermögensgegenstand den Anschein einer anderen (legalen) Herkunft zu verleihen oder zumindest seine wahre Herkunft zu verbergen (BGH, Beschluss vom 27. November 2018 – 5 StR 234/18 – NJW 2019, 533, 535 Rn. 23"* (BT-Drs. 19/24180, 34), die in den Anwendungsbereich des § 261 VII StGB fallen. Andere Handlungen, die etwa bei bekannter Herkunft eines Gegenstandes das Auffinden oder Einziehung verhindern sollen, kommen nicht als strafbegründend in Betracht. Die Verschleierung von Tatsachen, die für die Ermittlung der Herkunft bedeutsam sein können, reicht nach dem Wortlaut des § 261 VII StGB ebenfalls dann nicht aus, wenn nicht mit der Handlung auch gleichzeitig die Herkunft des Gegenstandes selbst verschleiert wird (vgl. auch *Ruhmannseder* ZWF 2021, 188 [195]).

b) Verfassungsrechtliche Bedenken

225 Der BGH hat die gegen § 261 IX 3 StGB aF vorgebrachten **verfassungsrechtlichen Bedenken zurückgewiesen** und die Ausnahmevorschrift als verfassungsgemäß angesehen. Einen Verstoß gegen Art. 103 III GG hat der erkennende 5. Senat zu Recht verneint, weil es hier um unterschiedliche Taten geht, die sanktioniert werden und die maßgeblichen Handlungen auch nicht untrennbar miteinander verbunden sind, weil nur das Inverkehrbringen in Verbindung mit einer Verschleierungshandlung unter Strafe steht. Mit dieser Regelung werde die Straflosigkeit auf die Selbstgeldwäsche ohne Unrechtssteigerung beschränkt. Schließlich entspreche § 261 IX 3 StGB aF auch der unionsrechtlichen Vorgabe aus Art. 3 V RL (EU) 2018/1673.

Im Ergebnis ist dem BGH zuzustimmen, weil die vorgebrachten verfassungsrechtlichen **226** Einwände gegen die Strafbarkeit der Selbstgeldwäsche nach § 261 IX 3 StGB aF (eingehend *Schröder/Bergmann* 2013, passim) nicht überzeugen. Ein Verstoß gegen den Grundsatz der Doppelbestrafung ist nicht ersichtlich, allenfalls wäre eine **verbotene Doppelverwertung** denkbar (so i. Erg. auch zutreffend *Bergmann* NZWiSt 2014, 448 [452], der einen Verstoß gegen den Verhältnismäßigkeitsgrundsatz annimmt). Doch kommt dies dann nicht in Betracht, wenn sich die Strafe wegen Geldwäsche auf neues Unrecht bezieht. Es steht dem Gesetzgeber insofern frei, das Inverkehrbringen von inkriminierten Gegenständen auch durch den Vortäter eigenständig als Unrecht zu bewerten.

Verfassungsrechtliche Bedenken gegen die Regelung bestehen aber dennoch. Aus dem **227** Ablauf des Gesetzgebungsverfahrens ergibt sich, dass der Gesetzgeber keine eigene Entscheidung über diese Regelung getroffen hat (in diese Richtung auch SSW-StGB/*Jahn* StGB § 261 Rn. 97: „formelhafte Begründung des Gesetzgebers"), sondern der weitgehend sachfremden Kritik der FATF an der deutschen Strafgesetzgebung gegen Geldwäsche (zu den Mängeln der Evaluation der FATF *Bülte* NZWiSt 2017, 276 [284 f.]) gehorchend externe Vorgaben umgesetzt hat, ohne seiner demokratischen Entscheidungsverantwortung nachzukommen (krit. auch *Weißer* ZStW 129 [2017], 961 [994]). Insofern bestanden **demokratietheoretische Zweifel an der hinreichenden Legitimation** des § 261 IX 3 StGB aF, die gegen die Ausnahme in § 261 VII StGB aF fortgelten.

VIII. Tätige Reue (§ 261 VIII/§ 261 IX 1 StGB aF)

§ 261 VIII 1 StGB (§ 261 IX 1 StGB aF) sieht für denjenigen Täter oder Teilnehmer **228** der Geldwäsche zwingend Straffreiheit vor, der tätige Reue übt (zum Zweck der Vorschrift auch *Härtl-Meißner* S. 84). Nach hM handelt es sich um einen **persönlichen Strafaufhebungsgrund** (BT-Drs. 12/989, 28; *Fabel* S. 73; Schönke/Schröder/*Hecker* StGB § 261 Rn. 34; Lackner/Kühl/*Kühl* StGB § 261 Rn. 17; *Mayer* ZWH 2019, 208; WJS WirtschaftsStrafRHdB Kap. 5 Rn. 16). Diese Regelung sollte ebenso wie der mittlerweile in § 46b StGB enthaltene § 261 X aF (hierzu näher Schönke/Schröder/*Hecker* StGB § 261 Rn. 35) zur wirksameren Bekämpfung der Organisierten Kriminalität beitragen, indem durch die Anzeige der Geldwäschetaten auch eine Aufklärung der Vortaten ermöglicht würde (BT-Drs. 12/989, 28). § 24 und § 261 VIII StGB stehen parallel nebeneinander: § 261 VIII StGB ist auf die versuchte Geldwäsche nach Absatz 3 anwendbar ohne § 24 StGB oder § 46b StGB zu sperren (vgl. Lackner/Kühl/*Kühl* StGB § 261 Rn. 17; *Mayer* ZWH 2019, 208 [209]). Denkbar sind daher Fälle, in denen ein strafbefreiender Rücktritt wegen Fehlschlag des (untauglichen) Versuchs unmöglich ist, weil der Täter seinen Irrtum über die Vortat erkennt, er aber dennoch durch die Sicherstellung des Gegenstandes Straffreiheit erlangen kann (vgl. Schönke/Schröder/*Hecker* StGB § 261 Rn. 34). Andererseits ist ein Rücktritt von der versuchten Geldwäsche auch dann noch möglich, wenn der Täter die Tatvollendung freiwillig aufgibt oder verhindert, ohne dass die Voraussetzungen des § 261 VIII StGB vorliegen. Das ist etwa dann der Fall, wenn der Täter eine Tat aufgibt, die er glaubt noch vollenden zu können, obwohl sie tatsächlich bereits entdeckt ist und der Täter damit rechnen musste.

1. Grundlagen

Voraussetzung für die Strafaufhebung ist erstens, dass der Täter die Tat **freiwillig** bei der **229** zuständigen Behörde **anzeigt** oder freiwillig eine solche Anzeige veranlasst, solange die Tat zu diesem Zeitpunkt noch nicht ganz oder zum Teil entdeckt war (etwa durch eine

Mitteilung nach § 31b AO, vgl. *Radermacher* AO-StB 2022, 91 [94]) und der Täter dies wusste oder bei verständiger Würdigung der Sachlage mit der Entdeckung rechnen musste. Dabei muss nur das Geschehen der Geldwäschehandlung zur Anzeige gebracht werden. *Mayer* (ZWH 2019, 208) geht davon aus, dass dies nicht die Anzeige der Vortat umfasse, doch stellt sich dann die Frage, wie eine Geldwäschetat ohne Kenntnis der Vortat aufgeklärt werden soll. Daher wird man auch die Mitteilung der Grundzüge der Vortat verlangen müssen (vgl. SSW-StGB/*Jahn* StGB § 261 Rn. 90). Aus dem Sachzusammenhang heraus kann die Offenbarung natürlich auch andere Straftaten betreffen, aber eine Selbstanzeige verlangt keinen „reinen Tisch" gegenüber den Strafverfolgungsbehörden (vgl. auch *Mayer* ZWH 2019, 208 Fn. 3 mwN). Zweitens muss der Täter, soweit er die Tat vorsätzlich begangen hat, die Sicherstellung des Gegenstandes bewirken, auf den sich Geldwäsche bezogen hat.

230 Eine tätige Reue eines Geheimnisträgers stellt zumindest dann keine Straftat nach § 203 StGB dar, wenn der Täter damit auch die Erfüllung seiner Pflicht nach § 43 I GwG nachholt. Denn aus § 48 GwG ergibt sich eine **umfassende Haftungsbefreiung,** die auch die strafrechtliche Haftung für die Offenbarung umfasst. Das wurde durch die Neufassung der Vorschrift zum 1.8.2021 klargestellt. Soweit jedoch keine Pflicht nach § 43 I GwG bestand, weil § 43 II GwG eingreift, kommt nur eine Rechtfertigung über eine Pflichtenkollision in Betracht (*Radermacher* AO-StB 2022, 91 [95 f.]).

a) Freiwillige Anzeige (§ 261 VIII Nr. 1)

231 Die tätige Reue setzt damit zunächst **freiwilliges Erstatten einer Anzeige** bei der zuständigen Behörde nach § 158 StPO, also Polizeibehörden, Staatsanwaltschaft, Amtsgerichte und Zoll- und Steuerfahndungsbehörden voraus (NK-StGB/*Altenhain* StGB § 261 Rn. 151; Matt/Renzikowski/*Dietmeier* StGB § 261 Rn. 34; eingehend *Fabel* S. 90 ff.). Auch eine Verdachtsmeldung nach § 43 GwG, bei der Zentralstelle für Finanztransaktionsuntersuchungen ist ausreichend (*Hütwohl* ZIS 2017, 680 ff.). Eine interne Anzeige beim Geldwäschebeauftragten eines Unternehmens reicht dagegen dann nicht aus, wenn dieser nicht seinerseits eine Verdachtsmeldung erstattet (vgl. NK-StGB/*Altenhain* § 261 Rn. 152; *Carl/Klos* wistra 1994, 161 [165]; BeckOK StGB/*Ruhmannseder* StGB § 261 Rn. 70; aA *Burr* S. 99 f.; *Löwe/Krahl* wistra 1993, 123 [126]). Denn die Straffreiheit findet ihre Rechtfertigung darin, dass der *Täter* einen objektiven Beitrag zur Geldwäschebekämpfung leistet.

232 Nicht nur der Anzeigende selbst kommt in den Genuss der Straffreiheit, sondern auch derjenige, der die **Anzeige freiwillig veranlasst,** so dass nicht nur der Entscheidungsträger einer Bank, der die Verdachtsanzeige unterschreibt, sondern auch der Bankmitarbeiter, der die Anzeige in die Wege geleitet hat, straffrei werden kann (so BT-Drs. 12/989, 28; Fülbier/Aepfelbach/Langweg/*Schröder/Textor* StGB § 261 Rn. 106 ff.; zu den Details der tätigen Reue durch Bankmitarbeiter bereits *Fabel* S. 155 ff.). Der Täter muss die Anzeige auch nicht selbst erstatten, er kann die Tat auch durch einen Strafverteidiger anzeigen lassen (GJW/*Eschelbach* StGB § 261 Rn. 70). **Nicht straffrei** wird jedoch der Bankmitarbeiter, wenn er die Geldwäsche leichtfertig begangen hat und der Geldwäschebeauftragte der Bank die Anzeige erstattet (Lackner/Kühl/*Kühl* StGB § 261 Rn. 17; krit. *Fabel* S. 165; *Flatten* S. 178; *Fülbier* ZIP 1994, 700) oder wenn der Bankmitarbeiter dem Geldwäschebeauftragten lediglich die Tat mitteilt, ohne eine Anzeige anzuregen, dieser sich dann aber eigenständig zur Anzeige entschließt (GJW/*Eschelbach* StGB § 261 Rn. 70). Auch derjenige erlangt keine Straffreiheit, dessen Verteidiger ohne Rücksprache „eigenmächtig" – und nach § 203 StGB mangels Pflicht nach § 43 GwG regelmäßig strafbar (vgl. SSW-StGB/*Jahn* § 261 Rn. 91) – die Anzeige erstattet, denn diese Anzeige führt zur Tatentdeckung iSv § 261 VIII Nr. 1 StGB (GJW/*Eschelbach* StGB § 261 Rn. 72).

233 Voraussetzung für eine strafbefreiende Anzeige ist, dass der Täter alle **Informationen** mitteilt, die notwendig sind, um die Geldwäschetat **ohne weitere Mitwirkung des Anzeigenden** festzustellen (vgl. Matt/Renzikowski/*Dietmeier* StGB § 261 Rn. 34;

Schönke/Schröder/*Hecker* StGB § 261 Rn. 34; SSW-StGB/*Jahn* StGB § 261 Rn. 90). Weitere mit der Geldwäsche zusammen begangene Taten müssen nicht offenbart werden, um Straffreiheit zu erreichen (Schönke/Schröder/*Hecker* StGB § 261 Rn. 34; SSW-StGB/ *Jahn* StGB § 261 Rn. 90).

Den **Freiwilligkeitsbegriff** hat der Gesetzesentwurf aus den §§ 24, 31, 129 VI, 330b 234 StGB entlehnt (BT-Drs. 12/989, 28) und wie dort als aus autonomen Gründen handelnd bestimmt (vgl. *Fabel* S. 113 ff.). Mit Blick auf die Rspr des BGH (NStZ 2020, 341 [342] mwN) zu § 24 StGB ist die Freiwilligkeit weit auszulegen. Es steht also insbes. der Freiwilligkeit nicht entgegen, wenn der Täter die Entdeckung in Zukunft fürchtet, sich aber noch nicht entdeckt glaubt (GJW/*Eschelbach* StGB § 261 Rn. 71; LTZ/*Sommer* StGB § 261 Rn. 73). Das ergibt sich auch aus dem Umkehrschluss aus § 261 VIII Nr. 1 StGB. Eine Pflicht zur Verdachtsmeldung nach §§ 43, 44 GwG steht der Freiwilligkeit nicht entgegen.

Den Sperrgrund der **Tatentdeckung** wurde dem § 371 II Nr. 2 AO entnommen 235 (BT-Drs. 12/989, 28; vgl. auch *Flatten* S. 80 ff.; eingehend hierzu → § 371 Rn. 301 ff.; vgl. auch Schönke/Schröder/*Hecker* StGB § 261 Rn. 34; zu den Auswirkungen des Selbstanzeigebeschlusses des BGH (BGHSt 55, 180 ff.) NK-WiStR/*Reichling* StGB § 261 Rn. 74 Fn. 239). Entdeckung liegt vor, wenn die zuständigen Strafverfolgungsbehörden über Informationen verfügen, die eine strafrechtliche Verfolgung der Tat aussichtsreich erscheinen lassen (BGH NStZ 1983, 415; *Burr* S. 96; eingehend *Mayer* ZWH 2019 208 [210 ff.] auch zur Übertragbarkeit der steuerstrafrechtlichen Judikatur). Ein Anfangsverdacht – der ja lediglich die Möglichkeit der Begehung einer Tat erfordert – reicht noch nicht aus (BeckOK StGB/*Ruhmannseder* StGB § 261 Rn. 71; ferner NK-WiStR/*Reichling* StGB § 261 Rn. 74; aA *Mayer* ZWH 2019, 208 [211]). Eine Entdeckung durch Privatpersonen oder eine ausländische Behörde ist entgegen der hM (BGH NJW 1988, 1679 f.; Schönke/Schröder/*Hecker* § 261 Rn. 34; *Mayer* ZWH 2019, 208 [212]) nicht ausreichend. § 261 VIII Nr. 1 StGB kann sinnvollerweise mit „Entdeckung der Tat" nur die Entdeckung durch die zuständige Behörde meinen; nur die Entdeckung durch diese führt zur strafrechtlichen Verfolgung, die der Anzeige die Freiwilligkeit nimmt. Daher dürfte es mit dem Wortlaut des § 261 VIII Nr. 1 StGB schwer vereinbar sein, bereits dann eine Entdeckung anzunehmen, wenn sie bevorsteht, weil mit der Weiterleitung einer Information an die Strafverfolgungsbehörde zu rechnen ist. Bei einer inländischen Behörde erscheint es vertretbar, mit Blick auf die Möglichkeiten des Informationsaustauschs eine Entdeckung anzunehmen, bevor die Strafverfolgungsbehörde Kenntnis erlangt. Teilweise entdeckt ist die Tat, wenn lediglich abtrennbare Teile eines umfassenderen Geldwäschegeschehens entdeckt worden sind (*Mayer* ZWH 2019, 208 [212]). Erstattet der Täter die Anzeige der Geldwäsche zu spät, so kommt zwar keine Straffreiheit nach § 261 VIII StGB mehr in Betracht, aber eine Anwendung von § 46b StGB (Schönke/Schröder/*Hecker* StGB § 261 Rn. 34). Gleiches gilt, wenn die Sicherstellung bereits bewirkt wurde, so dass der Täter die Voraussetzungen des § 261 VIII Nr. 2 StGB nicht mehr erfüllen kann.

b) Bewirken der Sicherstellung (§ 261 VIII Nr. 2 StGB)

Der Täter einer vorsätzlichen Geldwäsche muss nicht nur die Anzeige erstatten, sondern 236 auch die **Sicherstellung des Tatobjekts bewirken,** mithin einen Schadensausgleich leisten (vgl. *Härtl-Meißner* S. 85). Das setzt voraus, dass der Täter eine Handlung vornimmt, die es zulässt, ihm die Sicherstellung objektiv zuzurechnen. Er muss die Sicherstellung – die typischerweise über §§ 111b ff. StPO erfolgt – nicht eigenhändig bewirken, sie muss auch im Moment der Anzeige noch nicht bewirkt sein. Es ist vielmehr ausreichend, wenn er den Strafverfolgungsbehörden alle Informationen mitteilt, damit diese die Sicherstellung durchführen können. Das ernsthafte Bemühen um die Sicherstellung genügt grundsätzlich nicht (Lackner/Kühl/*Kühl* StGB § 261 Rn. 17). Dennoch ist von einem Bewirken der Sicherstellung auch dann noch auszugehen, wenn es aus Gründen, die allein in der Sphäre der Strafverfolgungsbehörden liegen, nicht zu einer Sicherstellung kommt. Denn dem Begriff des Bewirkens kommt auch die Wortbedeutung „veranlassen" zu (Duden Stichwort „bewirken"; vgl. auch NK-WiStR/*Reichling* StGB § 261 Rn. 75; aA NK-StGB/*Altenhain* StGB § 261 Rn. 155; SSW-StGB/*Jahn* StGB § 261 Rn. 89; enger auch *Fabel* S. 147), so dass nach dem Gesetzeswortlaut – auch wenn es naheliegt – nicht zwingend der Sicherstellungserfolg gefordert ist und in Fällen, in denen allein die Behörde die unterlassene Sicherstellung zu vertreten hat, Straffreiheit gegeben ist (SSW-StGB/*Jahn* StGB § 261 Rn. 89 befürwortet eine Anwendung von § 46b StGB mit der Folge des Absehens von Strafe). Auch wenn der Begriff Sicherstellung in § 261 IX 1 StGB wohl das Verfahren der §§ 111b ff. StPO meint, wird man auch andere Maßnahmen der faktischen Sicherstellung ausreichen lassen müssen, zB wenn ein geraubter Gegenstand an den Verletzten zurückgegeben oder die hinterzogene Steuer nachentrichtet wird. Daher ist es auch nicht unbedingt erforderlich, dass die Anzeige kausal mit der Sicherstellung verbunden ist; es ist vielmehr ausreichend, wenn beides vorliegt (offengelassen von *Fabel* S. 149).

237 Grundsätzlich müssen **alle tauglichen Tatobjekte sichergestellt** werden. Schwierigkeiten kann die Frage bereiten, in welchem Umfang die Sicherstellung stattgefunden haben muss, insbes., ob es der Straffreiheit entgegensteht, wenn nur Teile des Gegenstandes sichergestellt werden können. Anlass zu dieser Frage gibt die Regelung des § 165a öStGB. Danach reicht es aus, wenn „*wesentliche Bestandteile*" der kontaminierten Gegenstände sichergestellt werden können. Hier wird zum Teil eine Sicherstellungsquote von mindestens 80 % als notwendig angesehen, andere lassen bereits 25 % ausreichen (vgl. Kert/Kodek/*Glaser* 7.89). Die deutsche Regelung bietet im Gesetzeswortlaut keinen Anhaltspunkt dafür, dass weniger als die vollständige Sicherstellung des Gegenstandes zur Straffreiheit führen könnte und bei einem Vergleich mit dem österreichischen Recht ist zu beachten, dass dort die Wiedergutmachung als eigenständiger Strafgrund eine gewichtigere Rolle spielt als im deutschen Strafrecht (eingehend *Härtl-Meißner* S. 240 ff.).

238 Dennoch hat *Fabel* (S. 150 ff.) zu § 261 IX 1 StGB zu Recht zu bedenken gegeben, dass der mit der Regelung beabsichtigte Erfolg der **Aufklärung von Geldwäschehandlungen** und Vortaten auch davon abhängt, inwieweit der Täter der Geldwäsche die Straffreiheit auch realistisch erreichen kann. Wenn hier zu hohe Anforderungen gestellt werden, kann das abschreckend wirken und die Effektivität der Selbstanzeigemöglichkeit beeinträchtigen (vgl. auch *BDK* Stellungnahme v. 7.9.2020, S. 6). Hier müsse das Interesse der Strafverfolgungsbehörden an der Erlangung wertvoller Ermittlungsansätze (vgl. *Härtl-Meißner* S. 127) gegen das verbliebene Erfolgsunrecht der Geldwäschehandlung abgewogen werden. In diesem Kontext muss allerdings berücksichtigt werden, dass über § 46b StGB Lösungen gefunden werden können, die je nach Sicherstellungsquote zu einer Milderung der Strafe bis zum Absehen führen können, wenn auch die Folgen einer solchen Aufklärungshilfe für den Täter nicht hinreichend abschätzbar sind. Im Ergebnis wird man § 261 VIII StGB nicht nur auf Fälle anwenden müssen, in denen die Sicherstellung vollumfänglich erfolgt ist, sondern auch dann, wenn geringfügige Teile nicht sichergestellt werden konnten. In Anlehnung an die Entscheidung des BGH zum Giralgeld (BGH NJW 2015, 3254) liegt es nahe, zumindest bei einer **Sicherstellungsquote von mindestens 95 %** die Erfüllung der Voraussetzungen des § 261 IX 1 Nr. 2 StGB zu bejahen und den Täter nicht auf den unsicheren § 46b StGB zu verweisen.

239 In Fällen der leichtfertigen Geldwäsche ist auf das **Erfordernis der Sicherstellung verzichtet** worden. Daher muss der Bankmitarbeiter, der im Nachhinein erkennt, dass er aus grober Sorglosigkeit bei einer Geldwäsche mitgewirkt oder sie selbst begangen hat, keine Sicherstellung bewirken, um straffrei zu werden (vgl. BT-Drs. 12/989, 28; *Härtl-Meißner* 128). Oftmals wird in diesen Fällen keine Sicherstellung mehr möglich sein, so dass man, um die Aufklärungsmöglichkeit zu erhalten, auf das Sicherstellungserfordernis verzichtet hat (vgl. auch *Fabel* S. 69 f.).

2. Verhältnis zu § 371 AO

Soweit eine Steuerhinterziehung als Vortat einer Geldwäsche begangen wurde, kann die **240** Erstattung einer Selbstanzeige nach § 371 AO zu weiteren Problemen führen (vgl. bereits → Rn. 219; zu den Einzelheiten *Bülte* ZStW 122 [2010], 550 ff.; *Modlinger* PStR 2011, 316 ff.; *Tsakalis* S. 275 ff.; zur Bedeutung bei § 153 AO *Radermacher* AO-StB 2022, 54 ff.). Erstattet zB der Täter einer gewerbsmäßigen Umsatzsteuerhinterziehung, der wegen der Tat eine Überweisung über den Vorsteuerüberhang erhalten hat, eine **Selbstanzeige,** nachdem er mit dem Überweisungsbetrag Waren gekauft hat, so wird er – soweit nicht der Sperrgrund des § 370 II 1 Nr. 3 AO eingreift – von der Strafbarkeit nach § 370 AO frei. Diese Straffreiheit führt dazu, dass die Strafbarkeit wegen Geldwäsche wiederauflebt, weil es an einer Strafbarkeit wegen der Vortat iSv § 261 VII StGB fehlt. Wenn er seine Selbstanzeige ausschließlich bei der Finanzbehörde erstattet hat, hätte dies zur Folge, dass die Geldwäsche als entdeckt angesehen und § 261 VIII StGB gesperrt sein könnte und eine Bestrafung wegen Geldwäsche möglich wäre.

Dieses Ergebnis hat *Neuheuser* befürwortet, weil es sich um zwei selbständige rechts- **241** widrige und schuldhafte Taten mit zwei selbständigen Rechtsgütern handele, an die daher auch unterschiedliche Anforderungen gestellt werden dürften (MüKoStGB/*Neuheuser* StGB § 261 Rn. 124). Doch diese Begründung berücksichtigt nicht, dass es hier lediglich um die Frage des richtigen Adressaten der Selbstanzeige geht und nicht um materielle Voraussetzungen. Mit einer solchen Geldwäschestrafbarkeit trotz Offenlegung aller notwendigen Informationen und **umfassender Sicherstellung und Wiedergutmachung** würde die Strafe zum Selbstzweck und damit letztlich als schwerer Eingriff in die Grundrechte des Bürgers zum unverhältnismäßigen Eingriff (iE ebenso Schönke/Schröder/*Hecker* StGB § 261 Rn. 34). Daher muss die strafbefreiende Selbstanzeige wegen einer Steuerstraftat auch zur Straffreiheit wegen Geldwäsche führen (*Bülte* ZStW 122 [2010], 550 [596]; ebenso Hüls/*Reichling* AO § 371 Rn. 275 ff.; Schönke/Schröder/*Hecker* StGB § 261 Rn. 34; aA MüKoStGB/*Neuheuser* StGB § 261 Rn. 124).

IX. Zeitliche Anwendung von § 261 StGB und § 261 StGB aF

Mit Blick auf die erhebliche Ausweitung der Strafbarkeit durch die Neufassung des § 261 **242** StGB stellt sich naturgemäß die Frage nach dem zeitlichen Anwendungsbereich. Insofern gilt § 1 I StGB, so dass § 261 StGB auf alle Taten anwendbar ist, die nach dem 18.3.2021 begangen worden sind. Soweit die Tat vor diesem Tag begonnen wurde, aber erst nachher beendet wurde – insbes. bei § 261 I 1 Nr. 3 und 4 StGB naheliegend – gilt nach § 2 II StGB die neue mildere Strafdrohung (lex mitior). Das ist insbesondere für laufende Verfahren, auch in der Rechtsmittelinstanz von zentraler Bedeutung (vgl. BGH 10.11.2021, NJW 2022, 1028). Es kommt hier auch nicht zur Straflosigkeit von Altfällen, da auch die für die Anwendung des neuen Rechts auf Altfälle erforderliche Unrechtskontinuität (vgl. LK-StGB/*Dannecker/Schuhr* StGB § 2 Rn. 69) zwischen § 261 I, II und VI StGB einerseits und § 261 II, II und V StGB aF andererseits gegeben ist. Hinsichtlich der Voraussetzungen der Strafbarkeit gilt das Rückwirkungsverbot (vgl. nur LK-StGB/*Dannecker/Schuhr* StGB § 2 Rn. 52). Eine an einem Gegenstand aus einer Nichtkatalogtat des § 261 I 3 StGB aF vor dem 18.3.2021 begangene und abgeschlossene Handlung bleibt straffrei, für bereits nach altem Strafrecht strafbare Handlungen gilt die gemilderte Strafdrohung des neuen Rechts (vgl. auch *Radermacher* AO-StB 2022, 91 [93]). Wird eine mangels tauglicher Vortat straflose Handlung unter altem Recht begonnen (zB Verwahren) und unter Geltung des neuen Rechts – nun wegen Wegfall das Katalogs – strafbar fortgesetzt, so begründet das die Strafbarkeit. Denn nach § 2 II StGB gilt das Recht der Tatbeendigung (LK-StGB/*Dannecker/Schuhr* StGB § 2 Rn. 57). Allerdings könnten hier verstärkt Vorsatzprobleme entstehen.

X. Konkurrenzen

243 Wird die Geldwäsche durch **mehrere Handlungen** begangen oder bezieht sie sich auf mehrere Gegenstände, so liegt **nur eine Tat** – Handlungseinheit nicht Tateinheit (SSW-StGB/*Jahn* StGB § 261 Rn. 102) – vor, auch wenn mehrere Tatbestandsvarianten erfüllt sind (diff. *Radermacher* AO-StB 2022, 91 [95]). Soweit hier angenommen wird, eine einheitliche Handlung scheide bei längeren Unterbrechungen (mehrere Wochen) aus, so überzeugt das nicht, weil sich durch den zeitlichen Ablauf die Ausrichtung an einem einheitlichen Tatziel und die Unselbständigkeit der einzelnen Geldwäschehandlungen nicht ändert.

244 Wurden sowohl § 261 I StGB aF als auch § 261 II StGB aF erfüllt, so sollte allein aus § 261 I StGB aF zu bestrafen sein (BGH NStZ 2017, 167 [170]; NK-StGB/*Altenhain* StGB § 261 Rn. 159; SSW-StGB/*Jahn* StGB § 261 Rn. 102; Lackner/Kühl/*Kühl* StGB § 261 Rn. 18). Nach der Neuregelung durch das Gesetz zur Verbesserung der strafrechtlichen Bekämpfung der Geldwäsche könnte demnach die Erfüllung der Tatbestände in § 261 I 1 Nrn. 3 und 4 StGB nachrangig sein. Doch handelt es sich nunmehr einheitlich um abstrakte Gefährdungsdelikte, so dass man auch (klarstellende) Idealkonkurrenz annehmen könnte, wenn alle Handlungen den Zweck verfolgen, die Entziehung des Gegenstandes zu verhindern.

245 **Mehrere Tathandlungen,** durch die sich der Täter mehrere Gegenstände verschafft, oder die mehrfache Verwendung eines Gegenstandes führen dagegen auch dann zu mehreren Taten iSv § 53 StGB, wenn sie einem einheitlichen Zweck dienen oder die Gegenstände aus einer Vortat herrühren (BGHSt 43, 149 [151]; 43, 158 [165]; GJW/*Eschelbach* StGB § 261 Rn. 76; Schönke/Schröder/*Hecker* StGB § 261 Rn. 36; Herzog/*El-Ghazi* GwG, § 261 StGB Rn. 158; aA *Krack* JR 2006, 435 [436]). Jedoch ist hier – etwa beim sog. *smurfing* (zum Begriff *Siska* S. 61 ff.; *Suendorf* S. 328 f.), bei dem größere Beträge zur unauffälligeren Tatbegehung aufgesplittet werden – auch eine **tatbestandliche Bewertungseinheit** in Betracht zu ziehen (GJW/*Eschelbach* StGB § 261 Rn. 76; SSW-StGB/*Jahn* StGB § 261 Rn. 102).

246 Die **Steuerhinterziehung** steht zur Geldwäsche typischerweise im Verhältnis der **Tatmehrheit.** Dies gilt etwa, wenn aus der Steuerhinterziehung erlangte Vermögenswerte (Bankguthaben) verwendet oder verschoben werden (vgl. *Radermacher* AO-StB 2022, 91 [95]). Eine tateinheitliche Begehung ist denkbar, wenn die Abgabe einer unrichtigen Steuererklärung auch dazu dient bereits zuvor inkriminierte Vermögenswerte zu verschleiern etc.

247 **Tateinheit** kommt zu § 257 (LG Mönchengladbach wistra 1995, 157; Lackner/Kühl/*Kühl* StGB § 261 Rn. 18), § 258 und § 259 (BGHSt 50, 358; BGH NStZ 1999, 84; *Stam* wistra 2016, 146; aA *Schramm* wistra 2008, 249) StGB in Betracht (Schönke/Schröder/*Hecker* StGB § 261 Rn. 36), aber auch zu §§ 263, 267 StGB und zu § 129 StGB (BGH wistra 2012, 109; SSW-StGB/*Jahn* StGB § 261 Rn. 102). Der BGH (BGH NJW 2019, 1311 [1315]) hat zutreffend deutlich gemacht, dass zwischen § 259 StGB und § 261 StGB kein Verhältnis der Spezialität besteht, insbes. die Strafbarkeit gem. § 261 StGB nicht durch diejenige nach § 259 StGB verdrängt werde. Die Gesetzesmaterialien lassen erkennen, dass sich die Entwurfsverfasser der Überschneidungen der Tatbestände des 21. Abschnitts sehr wohl bewusst waren und keine Sperrwirkung des § 259 StGB gegenüber § 261 StGB gewollt war (vgl. BT-Drs. 12/3533, 12; 18/6389, 14). Auch gegenüber § 261 I 1 Nr. 3, VI StGB entfaltet § 259 StGB nach der zutreffenden Rspr des BGH keine Sperrwirkung (BGHSt 50, 347 [353]; Matt/Renzikowski/*Dietmeier* StGB § 261 Rn. 35). Ungeachtet der verfassungsrechtlichen Bedenken gegen § 261 VI StGB allgemein (→ Rn. 165 ff.), enthält die Vorschrift die gesetzgeberische Entscheidung, bestimmte Fälle der fahrlässigen Hehlerei als Geldwäsche unter Strafe zu stellen.

248 In der Literatur wird angenommen, dass **mitverwirklichte Tatbestände** dann die **Geldwäsche** im Wege der Gesetzeskonkurrenz **verdrängen,** wenn sie mit **Blick auf das**

Tatobjekt demselben Ziel dienen (SSW-StGB/*Jahn* StGB § 261 Rn. 103). Für § 374 AO hat auch der BGH dies angenommen und in seiner Entscheidung zum Ausdruck gebracht, dass bei Handlungen, insbes. zB Erwerbshandlungen, die sowohl eine Katalogtat darstellen als auch eine Geldwäsche, kein kriminalpolitisches Bedürfnis bestehe, wegen beider Taten zu bestrafen (BGH NJW 2000, 3725 f. unter Berufung auf BT-Drs. 13/8651, 11). Dementsprechend hat auch der BGH eine Verdrängung der Geldwäsche durch unerlaubtes Handeltreiben mit Betäubungsmitteln angenommen (BGHSt 43, 158 [164]). Hier ist es allerdings wichtig zu betonen, dass dies nur bei identischer Schutzrichtung der Strafvorschriften der Fall sein kann, nicht dagegen, wenn sie wie etwa § 267 I Var. 3 oder § 184b StGB einerseits und § 261 I 1 Nr. 4 StGB andererseits unterschiedliche Schutzrichtungen haben (aA GJW/*Eschelbach* StGB § 261 Rn. 13).

Für § 29 I Nr. 1 BtMG und § 19 I Nr. 1 GüG erscheint eine **Sperrwirkung gegen- 249 über Geldwäsche dagegen zwingend** (i. Erg. auch Schönke/Schröder/*Hecker* StGB § 261 Rn. 36), weil ansonsten die Konstruktion der faktischen Straffreiheit des § 31a BtMG über die Geldwäsche beseitigt würde, was zu einer Verletzung des verfassungsrechtlichen Übermaßverbots führen könnte (vgl. BVerfGE 90, 145 [187 ff.]; vgl. auch *Kindhäuser/Böse* StrafR BT II § 49 Rn. 15). Für eine Sperrwirkung von § 146 I Nr. 3 und § 257 StGB gegenüber § 261 II StGB spricht dagegen wenig, weil die Strafvorschriften unterschiedliche Schutzrichtungen haben. Hinsichtlich § 257 StGB hat der BGH Tateinheit angenommen (BGH NStZ-RR 1997, 359).

Schließlich hat der BGH angenommen, dass die **Geldwäschestrafbarkeit** dann **zu- 250 rücktritt,** wenn die **Geldwäschehandlung identisch** mit der **Beihilfe zur Vortat** ist (BGH NStZ-RR 1998, 25 [26]; BGHSt 43, 158, [164]). Das ergibt sich aber letztlich bereits aus § 261 VII StGB, soweit es nicht Verschleierungshandlungen betrifft.

XI. Rechtsfolgen

1. Freiheits- und Geldstrafe

§ 261 I und II StGB drohen Freiheitsstrafe bis zu **fünf Jahren** oder **Geldstrafe** an. Die 251 in § 261 I StGB aF vorgesehene Mindeststrafe wurde gestrichen (BT-Drs. 19/24180, 19). Diese Strafsenkung sollte einen Ausgleich für die erhebliche Ausweitung der Strafbarkeit wegen des Wegfalls des Vortatenkatalogs und der damit erfolgenden Erfassung auch *„weniger schwerwiegender Kriminalität"* als Vortaten darstellen. Ferner sollte auch ein Ungleichgewicht im Verhältnis mit den Strafdrohungen der § 257 bis § 259 StGB vermieden werden. Damit kann nun auch jenseits der Fälle des § 47 II StGB eine Geldstrafe verhängt werden.

Die **Strafdrohung orientiert** sich damit nach wie vor nicht an derjenigen für die 252 Haupttat und wird durch diese nicht begrenzt. Dennoch hat der BGH (BGH NJW 2000, 3725 [3726]) mit Blick auf die „Rechtsähnlichkeit zur Begünstigung" (BT-Drs. 13/8651, 11) erwogen, die Begrenzung der Strafe in **§ 257 II StGB analog anzuwenden,** und so eine höhere Strafe als für die Vortat auszuschließen. Doch gibt es für diese Rechtsähnlichkeit keinen materiellen Anhaltspunkt, weil es bei § 261 StGB gerade nicht um die Unterstützung des Vortäters, sondern um den Gegenstand aus der Vortat und seine wirtschaftliche Nutzung geht. Daher ist die entsprechende Anwendung von § 257 II StGB nicht überzeugend (ebenso NK-StGB/*Altenhain* StGB § 261 Rn. 140).

Die abgesenkte Strafdrohung ist nach § 2 III StGB auch auf solche Taten anzuwenden, 253 die vor dem 18.3.2021 begangen und beendet worden sind. Daher kommt die erhöhte Strafdrohung des § 261 I StGB aF gar nicht mehr zur Anwendung. Aus der Absenkung folgt prozessual, dass eine Einstellung des Verfahrens nach §§ 153 ff. StPO nunmehr auch ohne Zustimmung des Gerichts möglich ist.

2. Besonders schwere Fälle (§ 261 V StGB)

254 In besonders schweren Fällen nach § 261 I und II StGB ist die Geldwäsche nach § 261 V 1 StGB (§ 261 IV 1 StGB aF) mit Freiheitsstrafe von sechs Monaten bis zu zehn Jahren bedroht. Auf die leichtfertige Geldwäsche ist die Vorschrift nicht anwendbar. § 261 V 2 StGB bestimmt als Regelbeispiele, bei deren Vorliegen typischerweise ein besonders schwerer Fall gegeben ist, die **gewerbsmäßige Geldwäsche** und die Begehung als **Mitglied einer Bande,** die sich zur fortgesetzten Begehung von Geldwäschetaten – andere Taten, mögen sie auch Geldwäschevortaten sein, reichen nicht aus – verbunden hat. Diese Regelbeispieltechnik entbindet das Gericht nicht von der Pflicht im Wege der **Gesamtwürdigung** der Tat zu prüfen, ob im **konkreten Einzelfall** Strafmilderungsgründe vorliegen, die die Vermutung des § 261 V 2 StGB entkräften, so dass der Regelstrafrahmen von § 261 I 1 StGB anzuwenden ist (vgl. MüKoStGB/*Neuheuser* StGB § 261 Rn. 146; ferner GJW/*Eschelbach* StGB § 261 Rn. 74). Ein solcher Milderungsgrund kann sich etwa aus einem geringen Wert ergeben, der dem Täter zufließen sollte (BGH NStZ 1998, 622 [623]). Bei der Wertbestimmung in der Strafzumessung ist bei kontaminierten Gegenständen stets nur auf den kontaminierten Anteil abzustellen, nicht auf den Gesamtwert (GJW/*Eschelbach* StGB § 261 Rn. 74). Strafschärfend soll sich dagegen das besondere Gewicht der Vortat auswirken (BGH wistra 1995, 310 [311]; NK-StGB/*Altenhain* StGB § 261 Rn. 141).

255 Für die Definitionen der Begriffe des Regelbeispiels gelten die allgemeinen Grundsätze. Daher handelt **gewerbsmäßig** (→ § 373 Rn. 31), wer sein Handeln darauf ausrichtet, sich aus der fortgesetzten Begehung von Geldwäschetaten eine nicht nur vorübergehende Einkunftsquelle nicht nur untergeordneter Bedeutung zu verschaffen. Es muss sich dabei aber nicht um ein organisiertes kriminelles Gewerbe handeln. Problematisch ist die Gewerbsmäßigkeit, wenn der Täter unmittelbar nur einen Vorteil für einen Dritten erstrebt. Gewerbsmäßigkeit setzt nach der Rspr stets eigennütziges Handeln und damit tätereigene Vorteile voraus. Daher reichen Vorteile für den Arbeitgeber nur dann aus, wenn dem Täter diese mittelbar, etwa über das Gehalt oder Beteiligung am Betriebsgewinn zufließen (BGH NStZ 1998, 622 [623]; NStZ 2008, 282 [283]). Bei Finanzagenten liegt die gewerbsmäßige Begehung nahe, soweit vorsätzliche Begehung vorliegt.

256 Die **bandenmäßige Begehung** (→ § 373 Rn. 66 ff.) setzt voraus, dass der Täter die Tat als Mitglied einer Verbindung von mindestens drei Personen (BGHSt 46, 321; GJW/*Eschelbach* StGB § 261 Rn. 28) begangen hat, die sich für eine gewisse Dauer aufgrund einer entsprechenden Vereinbarung zur fortgesetzten Begehung von Geldwäschetaten verbunden hat. Voraussetzung für die erhöhte Strafbarkeit ist die Mitwirkung mindestens eines anderen Bandenmitglieds an der Tat (NK-StGB/*Altenhain* StGB § 261 Rn. 10). Auch ein Beteiligter an der Vortat, der nach § 261 VIII StGB nicht wegen Geldwäsche strafbar ist, kann Mitglied der Geldwäscherbande sein, und seine Mitwirkung die Anwendung des erhöhten Strafrahmens aus § 261 V 1 StGB begründen, wenn er an der Geldwäsche selbst mitwirkt (BGHSt 50, 224 [229 f.]; Lackner/Kühl/*Kühl* StGB § 261 Rn. 12).

257 Ein gefestigter Bandenwille ist ebenso wenig erforderlich wie ein Handeln im übergeordneten Bandeninteresse, aber die Taten müssen **im Rahmen einer Bandenabrede** begangen worden sein (BGH NStZ 2007, 339). Dabei kommt es nicht darauf an, dass die Bandenmitglieder eine gleichberechtigte Stellung innerhalb der Bande innehaben oder gleichmäßig an der Tat beteiligt waren. Der Annahme einer Bandenbegehung steht nach dem BGH nicht entgegen, dass verschiedene Täter einer international tätigen Organisation unterschiedliche Tatbeiträge leisten und nicht jedes einzelne Bandenmitglied konkrete Kenntnis von den Tatbeiträgen jedes anderen Beteiligten hat oder nur eine Person aus der Bande – die jeweilige Kontaktperson – überhaupt nur kennt (BGH StV 1997, 590).

3. Einziehung

258 Auch für die Geldwäsche nach § 261 StGB gelten seit dem 1.7.2017 zunächst die allgemeinen Vorschriften über die Einziehung nach **§§ 73 ff. StGB** (vgl. NK-WiStR/ *Reichling* StGB § 261 Rn. 83 ff.). Die Einziehung nach diesen Vorschriften geht nach § 261 X 2 StGB der Einziehung nach § 74a StGB vor, die nach § 261 X 1 StGB zulässig ist. Diese Regelung soll klarstellen, dass für die Einziehung nicht die strengeren Vorgaben der §§ 74 ff. StGB, sondern die umfassenden Einziehungsmöglichkeiten der §§ 73 ff. StGB gelten (BT-Drs. 19/26602, 9).

259 § 261 X 3 StGB stellt zudem fest, dass die §§ 73 bis 73c StGB unberührt bleiben und die Einziehung nach diesen Vorschriften derjenigen nach § 74 II, auch in Verbindung mit § 74a und § 74c StGB vorgehen. Damit soll die effektive Einziehung von Taterträgen abgesichert werden. Hier soll die Einziehung des Tatobjekts nicht der Einziehung von Taterträgen entgegenstehen, sie nicht sperren (BT-Drs. 19/24180, 37). Die Entwurfsbegründung macht deutlich, dass entgegen der Auffassung von *Köhler/Burkhard* (NStZ 2017, 665, 681; vgl. auch BGH NJW 2019, 533 [535] unter Berufung auf § 261 VII StGB aF) nun Tatobjekte der Geldwäsche nicht mehr nur über §§ 74, 74a StGB eingezogen werden können. Vielmehr soll nun klargestellt sein, dass „die Frage, ob ein Gegenstand Tatertrag, Tatobjekt oder Tatmittel ist, allein tatsächlich und aus der Sicht des jeweiligen Täters und des jeweiligen Tatzeitpunkts zu beurteilen ist" (BT-Drs. 19/24180, 37). Damit kann ein Gegenstand, den der Täter sich bei Begehung der Geldwäschetat verschafft hat, nun auch nach §§ 73 ff. StGB eingezogen werden, wenn er iSv § 73 StGB durch die Tat erlangt wurde (vgl. auch BGH 25.5.2021, wistra 2021, 360, BeckRS 2021, 13986). Auch § 73b StGB ist „ausnahmsweise" (BT-Drs. 19/24180, 37) anwendbar. Dieser neue Vorrang von §§ 73 ff. StGB hat insbesondere deswegen große Bedeutung, weil das BVerfG (NJW 2021, 1222) für die Einziehung nach §§ 73 ff. StGB das Rückwirkungsverbot grundsätzlich in Frage gestellt hat (*Bülte* NZWiSt 2021, 203 ff.; aA *Weinbrenner* NStZ 2022, 65) und rückwirkende Einziehungen umfassend zulässt (vgl. → Anh. III Rn. 123a).

260 Der BGH (NJW 2022, 1028 [1031]) hat allerdings deutlich gemacht, dass nach § 261 VII 1 StGB aF der durch die Geldwäsche erlangte **Vermögensgegenstand nur als Tatobjekt nach § 74 II Nr. 1, IV StGB aF eingezogen** werden konnte; eine ersatzweise Einziehung nach §§ 73, 73c StGB sei unzulässig gewesen (BGHSt 63, 268; BGH NJW 2019, 2182 [2183]). In solchen Fällen führe zwar die Einziehung von durch Vermischung zu Tatobjekten gewordenen Gegenstände dazu, dass dem Täter mehr entzogen werde als der illegale Anteil. Doch dies stehe mit dem gesetzgeberischen Willen im Einklang und übermäßige Härten seien im Rahmen der Verhältnismäßigkeitsprüfung nach § 74b StGB aF bzw. § 74f StGB aF zu berücksichtigen und ggf. im Rahmen der Strafzumessung auszugleichen. Bei der Bemessung der **Bemakelungsquote** sei insofern auf den Zeitpunkt der Tatbegehung und nicht der Einziehung abzustellen (BGH NJW 2022, 1028 [1032]).

261 Im Rahmen der **Reform des Geldwäschestrafrechts** wurde zudem auch § 76a IV 1 StGB dahingehend geändert, dass nunmehr auch Nutzungen eingezogen werden können, etwa die aus der Vermietung einer inkriminierten Immobilie erlangten Mietzahlungen bzw. deren Wertersatz. Ferner wollte klargestellt werden, dass eine Einziehung nach § 76a IV StGB auch dann möglich ist, wenn der erforderliche Verdacht einer Katalogtat (hierzu AG Frankfurt a. M. 27.2.2020, BeckRS 2020, 45333) nach § 76a IV 3 StGB erst nach der Sicherstellung eintritt (BT-Drs. 19/26602, 7; *Ruhmannseder* ZWF 2021, 188 [194]).

a) Anwendung der §§ 73 ff. StGB auf Taten vor dem 1.7.2017

262 Für die Einziehung nach den §§ 73 ff. StGB gilt Art. 316h S. 1 EGStGB, so dass auf Einziehungsentscheidungen, die nach dem 1.7.2017 ergehen, das zu diesem Zeitpunkt

b) Einziehung nach § 73 StGB bei Vortat und Geldwäsche

263 Insbesondere sind gemäß § 261 X 3 StGB nicht nur die tauglichen Tatobjekte des § 261 StGB selbst nach § 73 StGB bei Tätern und Teilnehmern und bei anderen nach **§ 73b StGB** einzuziehen, sondern auch der Wert der Taterträge (§ 73c StGB, soweit sie „durch die Tat erlangt" wurden). Bei der Anwendung der Einziehungsvorschriften auf Gegenstände mit Bezug zu Geldwäschetaten ist wegen ihrer erheblichen Kontaminierungswirkung exakt zwischen dem **Tatobjekt** und dem **Tatertrag der Geldwäsche** zu differenzieren. Erlangt der Täter durch eine Tat – zB für die Beihilfe bei einer Steuerhinterziehung – ein Honorar, das der Haupttäter auf das Konto des Gehilfen überweist, so kann dies nach dem Giralgeldbeschluss des BGH (NJW 2015, 3254) zur Kontamination des gesamten Kontobestandes führen. Der Wert des Honorars ist nach § 73c StGB zweifellos einziehungsfähig. Es unterliegt hier jedoch nicht der Gesamtbestand des Kontos der Einziehung, denn es ist nicht der Kontobestand durch die Tat erlangt, sondern ausschließlich der Honoraranteil. Hier gibt es auch keinen Grund, die Einziehung auf den Gesamtbestand auszuweiten. Es droht wegen der Möglichkeit der Werteinziehung keine Umgehung der Einziehung durch den Zweifelsgrundsatz. Alternativ kann man dieses Ergebnis aus § 73d StGB herleiten. Denn bei der Honorareinziehung kommt nur eine Einziehung des Wertes in Betracht und dabei muss, wenn man den Kontogesamtbestand als Erlangtes Etwas ansähe, der legale Bestand des Kontos als Aufwendung iSv § 73c I 1 StGB angesehen werden. Dass der legale Anteil nicht zur Begehung oder Vorbereitung der Tat aufgewendet oder eingesetzt wurde (§ 73c I 2 StGB), liegt auf der Hand.

264 Weist der vormalige Gehilfe von seinem Konto die **Bezahlung für eine Sache** (Immobilie, Pkw, Luxusgüter etc.) oder **Werkleistung** (Bau oder Renovierung eines Hauses) an, so geht die hM davon aus, dass diese Gegenstände u U wiederum taugliche Tatobjekte der Geldwäsche sind, weil der Kontobestand inkriminiert war (vgl. BGH NStZ 2017, 28). Hier stellt sich nun die Frage nach dem Tatertrag. Kausal durch die Geldwäschetat erlangt der Täter die gekaufte Sache. Sie könnte nach § 73 I StGB einzuziehen sein, ohne dass der Kaufpreis in Anrechnung zu bringen wäre (vgl. BGHSt 47, 369 [370]; 51, 65; *Fischer* § 73 Rn. 14). In diesem Fall wäre neben dem Wert des Honorars aus der Beihilfe zur Steuerhinterziehung die Kaufsache einzuziehen. Es käme zu einer **doppelten Einziehung** eines Vorteils aus der Vortat, der auch Gegenstand der Geldwäsche war, ohne dass sich durch diese das Vermögen des Täters gemehrt hätte. Dass eine solche doppelte Einziehung unverhältnismäßig und mit den Grundsätzen des Bereicherungsrechts, dem die Abschöpfung der §§ 73 ff. verpflichtet sein soll, nicht vereinbar wäre, liegt auf der Hand. Zwar wäre eine Lösung über das Vollstreckungsrecht nach § 459g StPO denkbar, diese würde – weil § 459g V StPO nur auf § 459g II StPO und damit auf Geldforderungen anwendbar ist – aber dazu führen, dass nur die Einziehung des Honorars unterbleibt, auch wenn die einzuziehende Sache (zB Immobilie, Pkw) einen erheblich höheren Wert hat als das aus der Vortat Erlangte und nachweislich überwiegend mit Vermögen aus legalen Quellen erworben wurde. Daher muss hier in unmittelbarer Anwendung des verfassungs- und unionsrechtlichen Verhältnismäßigkeitsgrundsatzes die Einziehung der gekauften Sache unterbleiben, während der Wert des aus der Vortat Erlangten (der Honorarbetrag) eingezogen werden kann.

c) Erweiterte und selbständige erweiterte Einziehung (§§ 73a, 76a StGB)

265 Schließlich ist eine erweiterte Einziehung nach § 73a StGB (→ § 375 Rn. 52 ff.) ebenso möglich wie die erweiterte selbständige Einziehung nach **§ 76a IV 1 und 3 Nr. 1 Buchst. f StGB** (zu § 76a StGB → § 375 Rn. 82 ff.).

266 § 76a IV StGB sollte nach der Begründung des Entwurfs des Gesetzes zur Reform der strafrechtlichen Vermögensabschöpfung vom 13.4.2017 (BGBl. I 872) ein Abschöpfungsinstrument nach angloamerikanischem Vorbild schaffen, das es ermöglicht, **Vermögen unklarer Herkunft** unabhängig vom Nachweis einer konkreten rechtswidrigen Tat selbständig abzuschöpfen (BT-Drs. 18/9525, 73). Danach soll – nicht muss – ein aus einer rechtswidrigen Tat herrührender Gegenstand, der in einem Verfahren wegen Geldwäsche sichergestellt worden ist, auch dann eingezogen werden, wenn der Betroffene nicht wegen Geldwäsche verfolgt oder verurteilt werden kann. Zur Feststellung, ob der Gegenstand aus einer rechtswidrigen Tat herrührt, gilt § 437 StPO. Die Straflosigkeit nach § 261 VII StGB steht der Einziehung nicht entgegen (GJW/*Eschelbach* StGB § 261 Rn. 75).

Mit § 76a IV StGB sollte „*für schwere Straftaten aus dem Bereich des Terrorismus und der organisierten Kriminalität das bestehende Abschöpfungsinstrumentarium*" ergänzt und „*einem kriminalpolitischen Bedürfnis Rechnung*" getragen werden (BT-Drs. 18/9525, 73). Daher sollte diese weitergehende Abschöpfung möglich sein, wenn in Ermittlungsverfahren wegen bestimmter Katalogtaten Vermögensgegenstände sichergestellt worden sind, die wahrscheinlich aus einer Straftat herrühren. Um dem Verhältnismäßigkeitsgrundsatz gerecht zu werden, hatte das Gesetz die Anlassverfahren im Katalog des § 76a IV 3 StGB auf „*schwere Straftaten aus dem Bereich des Terrorismus oder der organisierten Kriminalität*" (BT-Drs. 18/9525, 73) beschränkt. Im Katalog der schwerwiegenden Taten war zunächst auch die Geldwäsche enthalten, was die These einer Beschränkung auf schwere Straftaten widerlegte. Die Abschöpfung nach § 76a IV StGB war von Beginn an auch in Verfahren wegen zumindest Straftaten mittleren Gewichts (BVerfGE 109, 279 [343ff.]) ohne jede Verbindung zur Organisierten Kriminalität möglich (eingehend zur selbständigen erweiterten Einziehung bei Geldwäsche KG Berlin NZWiSt 2021, 74 ff. mAnm *Veljovic*). **267**

Die noch bestehende minimale Beschränkung hat der Gesetzgeber durch das Gesetz zur Verbesserung der strafrechtlichen Bekämpfung der Geldwäsche faktisch aufgegeben, indem nunmehr bei jedem Verfahren wegen Geldwäsche auch eine Abschöpfung nach § 76a IV 3 Nr. 1 Buchst. f StGB möglich ist (vgl. auch *Böhme/Busch* wistra 2021, 169 [173]). Mit Blick auf den Wegfall des Vortatenkatalogs und darauf, dass jeder aus irgendeiner rechtswidrigen Tat herrührende Gegenstand nunmehr taugliches Tatobjekt der Geldwäsche ist, wird jedes Strafverfahren zum potentiellen Geldwäscheverfahren. Der Gesetzesentwurf der Bundesregierung sah noch eine Beschränkung auf Geldwäscheverfahren vor, die sich auf ein Verbrechen oder ein banden- oder gewerbsmäßig begangenes Vergehen bezogen (BT-Drs. 19/24180, 19), um „*die Verhältnismäßigkeit der jeweiligen Regelungen zu wahren*". Die Empfehlung des Rechtsausschusses sah eine Streichung der Beschränkung vor und stellte hierzu lediglich fest, „*der Anwendungsbereich der selbstständigen Einziehung [werde] gegenüber dem Gesetzentwurf erweitert*" (BT-Drs. 19/26602, 8). Die verfassungsrechtlichen Bedenken der Bundesregierung teilte die Mehrheit des Rechtsausschusses offenkundig nicht. **268**

4. Zivilrechtliche Folgen

Nach hM handelt es sich bei § 261 I 1 Nr. 3 und 4 StGB um ein **Schutzgesetz iSv § 823 II BGB,** soweit es sich bei der Vortat um Betrugstaten handelt (BGH NJW 2013, 1158 f.; OLG Dresden ZInsO 2020, 671 ff.; OLGR Frankfurt 2004, 209 ff.; OLG Brandenburg NJW-RR 2018, 733 ff.; LG Berlin WM 2016, 2262; *Fischer* StGB § 261 Rn. 3; eingehend *Sebastian* ZBB 2014, 382 ff.). Daher haftet insbes. der leichtfertige Finanzagent nach der zivilrechtlichen Rspr für den Schaden, den der durch die Vortat Verletzte erlitten hat, weil ein Geldbetrag vom Finanzagenten weitergeleitet worden ist. **269**

XII. Verfolgungsverjährung

Die Frist zur Verfolgungsverjährung beträgt bei allen Formen des § 261 StGB **fünf Jahre,** weil die Strafdrohung zwischen einem und fünf Jahren beträgt (§ 78 III Nr. 4 StGB; BGH NStZ-RR 2019, 145). Die Strafschärfungen in § 261 IV und V StGB ändern daran nichts, weil erstere nur die Mindeststrafe heraufsetzt und es sich bei letzterer um eine **270**

Regelung für einen besonders schweren Fall nach § 78 IV StGB handelt, die sich nicht auf die Verjährung auswirkt (vgl. BGH NStZ 2006, 32 [33]). Jedoch findet das Ruhen der Verjährung nach § 78b IV StGB auf § 261 StGB Anwendung, sofern ein Verfahren wegen vorsätzlicher Geldwäsche vor dem Landgericht eröffnet worden ist.

271 Der Lauf der Frist beginnt nach § 78a StGB mit der Beendigung der Tat, also wenn das Geschehen tatsächlich zum Abschluss gekommen ist. Das führt dazu, dass bei handlungsbezogenen Delikten wie in § 261 II StGB die Verjährung mit dem **Abschluss der Verschleierungshandlung** selbst beginnt, bei Taten, die sich in der Übertragung erschöpfen (§ 261 I Nr. 2 und 3 StGB) findet das Geschehen mit dieser Übertragung seinen tatsächlichen Abschluss. Im Falle der **Verwahrungsvariante** des § 261 II Nr. 2 aF hatte der BGH (NStZ-RR 2019, 145; ebenso MüKoStGB/*Neuheuser* StGB § 261 Rn. 156) angenommen, dass die fortgesetzte Verwahrung als Tathandlung dem Beginn der Verjährung entgegensteht, weil das Geschehen nicht zu einem Abschluss kommt. Das wird man wohl auf die Varianten des § 261 I 1 Nr. 1 und 4 StGB übertragen müssen, solange der Gegenstand weiter verborgen bleibt, verwahrt oder verwendet wird. Gerade beim Verbergen kann das aber dazu führen, dass eine Tat nicht beendet wird, obwohl der Gegenstand schon allseits in Vergessenheit geraten ist. Werden mehrere Geldwäschehandlungen in Handlungseinheit begangen, so beginnt die Verjährung erst mit Abschluss der letzten Handlung (→ Rn. 243)

XIII. Prozessuale Besonderheiten

272 Der prozessuale Umgang mit § 261 StGB wirft Sonderprobleme auf. Zum einen gilt dies, weil die Struktur des Tatbestandes durch ihre zwei Ebenen mit Vortat und Tat **besondere Anforderungen** an die **gerichtlichen Feststellungen** stellt. Zum anderen hat die pauschale Einordnung der Geldwäsche als Instrument der Organisierten Kriminalität und die besonderen Maßnahmen zu ihrer Bekämpfung im Geldwäschegesetz spezifische prozessrechtliche Folgen.

1. Feststellungen

273 Die Verurteilung wegen Geldwäsche stellt an das Gericht **besonders hohe Anforderungen** bei der **Überzeugungsbildung** und **Abfassung** des Urteils. Dabei geht es insbes. um die Feststellungen zur Vortat und den Vorsatz sowie die Voraussetzungen der Leichtfertigkeit.

a) Vortat und Herrühren

274 Da die Geldwäschevortat und damit die Eignung des Gegenstandes als Tatobjekt des § 261 StGB von der Begehung einer rechtswidrigen Tat abhängt, ist das Tatgericht verpflichtet, sich auch über die **Tatbestandsvoraussetzungen der Vortat** ggf. auch ihre Strafbarkeit im Ausland (NK-StGB/*Altenhain* StGB § 261 Rn. 48) die für eine Verurteilung nach § 261 StPO notwendige **Überzeugung** zu **verschaffen** und die Gründe für diese Überzeugung im Urteil darzulegen (BGH NStZ 2016, 538; KG NStZ-RR 2013, 13; OLG Hamburg NStZ 2011, 523; vgl. auch BT-Drs. 19/24180, 3; NK-StGB/*Altenhain* StGB § 261 Rn. 49).

275 Das Gericht muss die Voraussetzungen der Vortat daher **selbständig prüfen** und **darlegen,** die bloße Bezugnahme auf eine rechtskräftige Verurteilung des Vortäters ist nicht hinreichend (KG BeckRS 2012, 20283 Rn. 15). Der Nachweis der konkreten Vortat ist unerlässlich (BVerfG NJW 2006, 2974 [2975]; *Bernsmann* StV 1998, 46 [47]; *Kreß* wistra 1998, 121 [125]; Lackner/Kühl/*Kühl* § 261 Rn. 4; *Lütke* wistra 2001, 85 [86 f.]), dabei aber nach der Rspr ausreichend, „*wenn sich aus den festgestellten Umständen jedenfalls in groben Zügen bei rechtlich zutreffender Bewertung eine Katalogtat nach § 261 Abs. 1 StGB als Vortat ergibt*" (BGHSt 43, 158 [165]; BGH StV 2000, 67; wistra 2003, 260 [261]; NStZ 2016,

538; NZWiSt 2019, 148 ff. mAnm *Raschke;* OLG Hamm 5.1.2005, BeckRS 2011, 19638 Rn. 6). Es müsse jedoch ohne vernünftigen Zweifel sowohl eine legale Quelle als auch – nun aber nur noch für Altfälle die Herkunft aus einer Nichtkatalogtat – ausgeschlossen werden können (BGH wistra 2000, 67; Lackner/Kühl/*Kühl* StGB § 261 Rn. 4). Daher war es auch – nach alter Rechtslage – bei rechtsfehlerfreier Feststellung einer Untreue entscheidend, dass auch die gewerbsmäßige Begehung der Tat als zur Katalogvortat qualifizierendes Merkmal hinreichend geprüft und im Urteil dargelegt wurde (BGH wistra 2015, 18 [20]).

Die Überzeugung von der Herkunft des Gegenstandes wird sich regelmäßig nur durch **276** Rückverfolgung der Papierspur bilden lassen (GJW/*Eschelbach* StGB § 261 Rn. 20). Lassen sich keine hinreichend sicheren Feststellungen diesbezüglich treffen, so ist in dubio pro reo freizusprechen (BGH StV 2000, 67; GJW/*Eschelbach* StGB § 261 Rn. 20). Wenn das zur Ineffektivität der Vorschrift führt (so die Kritik des BDK Stellungnahme v. 7.9.2020, 3), dann ist dies vom Rechtsanwender hinzunehmen und darf nicht durch Verletzung von Verfahrensgrundsätzen oder Justizgrundrechten „korrigiert" werden (GJW/*Eschelbach* StGB § 261 Rn. 20). Um hier **unerwünschte Straflosigkeit** zu vermeiden, bedürfte es eines völlig neuen Ansatzes, der die Tathandlungen als selbständige Pflichtverletzungen in den Mittelpunkt rückt (vgl. *Vogel* ZRP 2020, 111 ff.).

Neben der Begehung der Vortat muss das Tatgericht sich von der **Herkunft** des **277** **konkreten Gegenstandes** aus dieser Tat die hinreichende von vernünftigen Zweifeln freie Überzeugung verschaffen und die maßgeblichen Umstände auch im Urteil niederlegen. Gegebenenfalls muss sich das Gericht auch vom **Nichtvorliegen der Voraussetzungen des § 261 I 2** und **VIII StGB** die hinreichende Überzeugung verschaffen und die entsprechenden Tatsachen im Urteil darlegen.

b) Vorsatz

Neuralgischer Punkt der Urteilsfeststellungen in Geldwäschestrafverfahren ist oftmals die **278** Überzeugung des Gerichts vom Vorsatz des potenziellen Geldwäschetäters hinsichtlich der Vortat und die entsprechende Darstellung im Urteil (hierzu KG NStZ-RR 2013, 13; OLG Hamburg NStZ 2011, 523). Hier muss das Tatgericht darlegen, aus welchen Umständen es zu der Überzeugung gelangt ist, dass der Täter der Geldwäsche **Kenntnis** von der **Möglichkeit** hatte, dass der konkrete Gegenstand unmittelbar oder als Surrogat **aus einer Vortat** – bei Taten vor dem 18.3.2021 aus einer **Katalogtat** – **herrührte** und billigend in Kauf nahm. Bei Taten vor dem 18.3.2021 muss das Gericht auch die rechtliche Einschätzung der Tat als Katalogtat durch den Angeklagten – zumindest in groben Zügen und in laienhafter Art – darlegen (vgl. KG BeckRS 2012, 20283).

Soweit es die **Wissentlichkeit des Verteidigers** hinsichtlich der Inkriminierung betrifft, hat *Radermacher* (AO-StGB 2022, 90 [93]) vertreten, dass eine Strafbarkeit nur in **279** Betracht komme, wenn der Rechtsberater weiß, dass der Täter Geld aus einer Vortat erlangt hat und nur über ein Konto verfügt. Das ist im Ansatz zutreffend, sollte aber dahingehend präzisiert werden, dass darüber hinaus das Wissen des Verteidigers erforderlich ist, dass der gesamte Kontobestand durch den inkriminierten Zufluss infiziert worden ist (→ Rn. 86).

c) Leichtfertigkeit

Bei einer Verurteilung wegen leichtfertiger Geldwäsche muss das Tatgericht im Urteil **280** insbes. auf die **Gründe eingehen,** die es rechtfertigen, das Handeln des Täters in der **Gesamtwürdigung** als besonders **gleichgültig** oder **grob unachtsam** anzusehen und anzunehmen, dass sich die Herkunft aus der konkreten Vortat geradezu aufdrängte (hierzu eingehend OLG Karlsruhe NZWiSt 2016, 395 mAnm *Floeth;* ferner *Bülte* ZWH 2016, 377 ff.). Stellt das Tatgericht lediglich fest, dass die Vortäter den Täter bewusst und gezielt im Unklaren gelassen haben, so reicht das nicht aus, zumal dies – bei Altfällen – gerade nicht für eine sich aufdrängende Herkunft aus einer Katalogtat spricht (BGH NZWiSt 2015, 195 [196] mAnm *Floeth*). Ebenso wenig reiche – zumindest in Altfällen – die

Feststellung aus, es habe die illegale Herkunft des Gegenstandes auf der Hand gelegen, denn damit ist noch nichts über die Herkunft aus einer spezifischen Straftat im Sinne von § 261 I 3 aF StGB gesagt.

2. Durchsuchung

281 Mit Blick auf die Regelung des **§ 43 I GwG,** der die Pflicht zur Meldung des Verdachts von Geldwäsche und Terrorismusfinanzierung für bestimmte verpflichtete Berufsgruppen regelt, ist in der Rspr angenommen worden, eine solche **Verdachtsmeldung begründe bereits einen strafprozessualen Anfangsverdacht** der **Geldwäsche.** Dem ist das BVerfG (NJW 2020, 1351 [1352], vgl. aber bereits BVerfG NJW 2006, 2974 [2975]; zu den praktischen Auswirkungen *Berthold* GWuR 2021, 111) zu Recht entgegengetreten und hat zur Rechtslage **vor dem 18.3.2021** ausgeführt, für die Anordnung einer Wohnungsdurchsuchung reiche ein Anfangsverdacht einer Geldwäsche*handlung* allein nicht aus (BVerfG NJW 2020, 1351 [1352]; 2391 [2393], 2021, 1452 [1453]). Es müsse ein **doppelter Anfangsverdacht** gegeben sein (vgl. nur NK-StGB/*Altenhain* StGB § 261 Rn. 47 mwN), der sich auch auf die Herkunft des fraglichen Gegenstandes aus einer Katalogtat iSv § 261 I 2 StGB aF bezieht. Das setzt nachvollziehbare Anhaltspunkte dafür voraus, dass zum einen eine taugliche Vortat begangen wurde und zum anderen der Gegenstand auch aus dieser Tat herrührt (aA offenbar LG Saarbrücken wistra 1995, 32; m. abl. Anm. *Carl/Klos*). Die Vortat muss zwar nicht im Einzelnen bekannt, aber doch in groben Zügen konkretisierbar sein (vgl. BVerfG NJW 2020, 1351 [1352]; 2391 [2932], 2021, 1452 [1453]; LG Marburg StV 2003, 67 [68]; LG Ulm BeckRS 2011, 26954; SSW-StGB/*Jahn* StGB § 261 Rn. 113; NK-StGB/*Altenhain* StGB § 261 Rn. 47; MüKoStGB/*Neuheuser* StGB § 261 Rn. 157b). Hinweise auf die fehlende Plausibilität einer Zahlung oder auf die unterlassene Versteuerung von Vermögenszuflüssen reichten also nicht aus, um einen Anfangsverdacht des § 261 StGB zu begründen (NK-StGB/*Altenhain* StGB § 261 Rn. 47). Auch wenn nach der Neufassung des § 261 StGB nunmehr jede rechtswidrige Tat als Vortat der Geldwäsche in Betracht kommt, sind tatsächliche Anhaltspunkte für eine Vortat erforderlich. Der Fund von Bargeldsummen, die in einem auffälligen Missverhältnis zu ihrem Besitzer stehen, reicht hier noch nicht aus. In solchen Fällen ist die Vermutung einer illegalen Herkunft naheliegend, aber für einen Anfangsverdacht fehlen tatsächliche Hinweise auf eine Straftat (aA *Berthold* GWuR 2021, 111: nach kriminalistischer Erfahrung könne häufig auf irgendeine Straftat geschlossen werden).

282 Grundsätzlich **nicht ausreichend zur Begründung einer Ermittlungshandlung wegen Geldwäsche** ist damit eine **Geldwäscheverdachtsmeldung** nach § 43 I GwG (§ 11 GwG aF), die nach der Rspr (OLG Frankfurt aM BeckRS 2013, 6607; BeckRS 6608; vgl. auch *Herzog/Baretto da Rosa* GwG § 43 Rn. 22 f., 38) keinen Anfangsverdacht für eine Geldwäschevortat, sondern lediglich objektive Anhaltspunkte erfordert, dass durch eine Transaktion illegale Gelder dem Zugriff der Strafverfolgungsbehörden entzogen oder die Herkunft illegaler Vermögenswerte verdeckt werden soll und ein krimineller Hintergrund nicht ausgeschlossen werden kann (weit über den Wortlaut des § 11 I GwG aF hinausgehend hier OLG Frankfurt a. M. NStZ 2020, 173 m. krit. Anm. *Barreto da Rosa/ Diergarten; Peukert* NZWiSt 2019, 219; *Reichling* wistra 2019, 164). Diese Anforderungen erfüllen ersichtlich nicht die Voraussetzungen, die an einen strafprozessualen Anfangsverdacht zu stellen sind. Es handelt sich bei Durchsuchungsanordnungen, die auf einen so geringen Vermutungsgrad gestützt werden, um Handlungen, die erst zur Begründung eines Tatverdachts dienen sollen und daher unzulässig sind (BVerfG NJW 2020, 1351 [1352]). Der meldepflichtige Verdacht des § 43 I GwG ist zumindest in der Praxis der Geldwäschebekämpfung nicht identisch mit dem strafprozessualen Anfangsverdacht (zur Kritik an der extensiven Auslegung von § 43 GwG durch Rspr und Behörden *Bülte* ZWH 2019, 105 ff.).

3. Spezifische Ermittlungsmaßnahmen

Zur Verfolgung von Geldwäschestraftaten können besondere Ermittlungsmaßnahmen **283** zulässig sein, so etwa die Überwachung der Telekommunikation (§ 100a StPO), die Online-Durchsuchung (§ 100b StPO), die akustische Wohnraumüberwachung (§ 100c StPO), Akustische Überwachung außerhalb von Wohnräumen (§ 100f StPO) und die Erhebung von Verkehrsdaten (§ 100g StPO).

a) Telekommunikationsüberwachung

Nach § 100a I, II Nr. 1 Buchst. m StPO darf seit dem Gesetz zur Verbesserung der **284** strafrechtlichen Bekämpfung der Geldwäsche bei Verdacht der Täterschaft oder Teilnahme oder des Versuchs einer Geldwäsche nach § 261 I StGB oder ihrer Vorbereitung durch eine Straftat eine **Überwachung der Telekommunikation** (TKÜ) angeordnet werden.

(1) Geldwäsche als Katalogtat der Telekommunikationsüberwachung. Voraus- **285** setzung ist jedoch nunmehr seit der Neufassung, dass die in Betracht kommende Vortat der Geldwäsche eine der Katalogtaten des § 100a II Nr. 1 bis 11 StPO ist. Diese Bedingung galt zuvor wegen des noch vorhandenen Vortatenkatalogs nur in Fällen der strafbaren Selbstgeldwäsche nach § 261 IX 3 StGB aF. Es war vielmehr nur erforderlich, dass die Geldwäsche vorsätzlich begangen worden war. Für § 100a I, II Nr. 1 Buchst. m StPO aF hatte der BGH (NJW 2003, 1880 [1881 ff.]) jedoch mit Blick auf die besondere Beziehung zwischen Geldwäsche als Anlasstat und der Katalogtat eine Anordnung der TKÜ dann nicht zugelassen, wenn **die Vortat** selbst keine **taugliche Anlasstat** nach § 100a I Nr. 1 StPO war (vgl. auch OLG Hamburg StV 2002, 590; *Meyer-Abich* NStZ 2001, 465) und eine Verurteilung wegen Geldwäsche tatsächlich nicht in Betracht kam, weil der Strafausschließungsgrund des § 261 IX StGB aF (§ 261 VII StGB) vorlag. Es sei nicht allein auf die formelle Erfüllung des Tatbestandes von § 261 StGB abzustellen. Vielmehr sei die Beurteilung nach der Katalogvortat des § 261 I 2 StGB aF vorrangig und maßgebend. Der BGH (vgl. auch OLG Hamburg StV 2002, 590) führt ferner aus: *„Die hier notwendige restriktive Auslegung, die bei einem derart erheblichen Grundrechtseingriff geboten ist, muß deshalb zu dem Ergebnis führen, daß die Geldwäsche eine Telefonüberwachung jedenfalls dann nicht mehr legitimieren darf, wenn eine Verurteilung wegen Geldwäsche nach § 261 Abs. 9 S. 2 StGB nicht mehr ernsthaft in Betracht kommt."* Diese einschränkende Auslegung sah der BGH auch mit Blick auf den schwerwiegenden Eingriff in Art. 10 GG durch die TKÜ als „verfassungsrechtlich geboten" an. Es sei unverhältnismäßig, diese schweren Grundrechtseingriffe auf die Ermittlung wegen einer Straftat zu stützen, die nicht sanktioniert werden darf (BGH NJW 2003, 1880 [1882]). Daraus lässt sich ableiten, dass nur dann eine TKÜ in Betracht kommen sollte, wenn sowohl die Verurteilung wegen Geldwäsche möglich ist als auch eine schwerwiegende Vortat im Raum steht.

Diese Rspr wurde durch Art. 9 Nr. 1 des Gesetzes zur Bekämpfung der Korruption vom **286** 20.11.2015 (BGBl. I 2025) bestätigt. Der Ausschuss für Recht und Verbraucherschutz (BT-Drs. 18/6389, 15 f.) empfahl eine – dann auch umgesetzte – Sonderregelung für die ausnahmsweise strafbare Selbstgeldwäsche, die nur dann Anlass für eine TKÜ sein sollte, wenn die Vortat eine andere Katalogtat des § 100a II StPO war. TKÜ-Maßnahmen gegen Vortatbeteiligte, die wegen der Straffreiheit der Selbstgeldwäsche nicht bestraft werden konnten, sollten unterbleiben.

Diese Sonderregelung ist durch die Neufassung und Beschränkung des § 100a StPO in **287** Strafverfahren wegen Geldwäsche mit Vortaten aus dem Katalog des § 100a II Nr. 1 bis 11 StPO überflüssig geworden. Allerdings hat der Gesetzgeber es versäumt, die vom BGH als von Verfassungs wegen geboten angesehene Beschränkung des Anwendungsbereiches der TKÜ auf Fälle der Geldwäsche, in denen auch eine Verurteilung droht, in das Gesetz aufzunehmen. Mit Blick auf die Begründung des Gesetzesentwurfs liegt es nahe, dass dieses Problem übersehen wurde. Die **Verfassung gebietet** auch nach heutiger Gesetzeslage eine solche **Beschränkung der Anordnung der TKÜ**: Soweit eine Strafbarkeit wegen Geldwäsche nach § 261 VII StGB ausscheidet, kommt die Anordnung einer TKÜ wegen des Verdachts der Geldwäsche – gleichgültig bei welcher Vortat – nach wie vor nicht in Betracht. Anknüpfen kann man hier durchaus an den Wortlaut des § 100a StPO und annehmen, dass eine Straftat nach § 261 StGB, die nicht bestraft werden kann, keine schwere Tat iSv § 100a I 1 Nr. 1 StPO sein kann.

288 (2) **Schwere Tat im konkreten Einzelfall.** Neben dem Vorliegen einer Katalogtat nach § 100a II Nr. 1 bis 11 StPO muss diese Tat nach § 100 I 1 Nr. 1 StPO nämlich im **konkreten Fall schwer wiegen**. Damit scheidet eine Anordnung der TKÜ bei Taten nach § 261 VI StGB aus. Ferner muss die Erforschung des Sachverhalts oder die Ermittlung des Aufenthaltsorts des Beschuldigten auf andere Weise wesentlich erschwert oder aussichtslos sein (zu den technischen Einzelheiten MüKoStPO/*Günther* StPO § 100a Rn. 122 ff.). Eine Geldwäsche ist nicht schon deswegen eine schwerwiegende Tat, weil sie die Voraussetzungen des § 261 IV oder V StGB erfüllt; ansonsten wäre die Nennung von § 261 IV StGB aF in § 100a II Nr. 1m StPO aF überflüssig gewesen. Mit Blick auf die besonderen Anforderungen aus dem Verhältnismäßigkeitsgrundsatz ist eine eingehende Prüfung jedes einzelnen Falls notwendig, die die Schutzwürdigkeit der betroffenen Rechtsgüter im Einzelfall, den Grad der Bedrohung für die Allgemeinheit, die Art der Begehung der Tat, die Zahl der Geschädigten und das Schadensausmaß in den Blick nimmt (vgl. BVerfGE 109, 279 [322 ff.]). Das führt dazu, dass bei einer TKÜ wegen Geldwäsche zwingend auch das Gewicht der Vortat betrachtet werden muss.

289 Bei der **Bewertung des Gewichts der Einzeltat** ist zu berücksichtigen, dass die Geldwäsche nach der Rspr des BVerfG nicht zu den „besonders schweren Straftaten" gehört, weil die Höchststrafe „nur" fünf Jahre Freiheitsstrafe beträgt (vgl. BVerfGE 109, 279 [343 ff.]). § 261 StGB ist mit Blick auf die Strafdrohung ein Fremdkörper im Katalog des § 100a II StPO, weil die anderen Katalogtaten durchweg mit Höchstfreiheitsstrafen von mindestens bis zu zehn Jahren bedroht sind. Daher dürfte die Anordnung einer TKÜ ausgeschlossen sein, wenn sich der Geldwäscheverdacht nicht auf eine Tat nach § 261 V StGB – sei es auch ein unbenannter besonders schwerer Fall – bezieht. Man mag einer solchen Auslegung den Wortlaut des Gesetzes entgegenhalten, der ausdrücklich auf § 261 I, II und IV StGB verweist, doch das **Gebot der Verhältnismäßigkeit** gibt hier eine besonders zurückhaltende Auslegung von § 100a II Nr. 1m StPO vor.

290 (3) **Anordnung der TKÜ als Gefahrenabwehrmaßnahme.** Die Anordnung einer TKÜ ist darüber hinaus nach § 100a I 1 Nr. 1 Var. 2 StPO nur dann grundsätzlich möglich, wenn der Verdacht besteht, dass eine vorsätzliche **Geldwäschetat** begangen oder **versucht** wurde, sondern bereits dann, wenn der Verdacht besteht, dass zur **Vorbereitung** der **Geldwäsche** irgendeine – „*ihrerseits nicht notwendig schwere*" (BR-Drs. 275/07, 87) – Straftat begangen wurde. Das bedeutet, dass also eine mögliche Urkundenunterdrückung, die zur Vorbereitung einer Geldwäsche begangen worden sein könnte, bereits eine Telekommunikationsüberwachung rechtfertigen können soll. Diese vorbereitende Straftat muss jedoch nach dem Wortlaut des Gesetzes vollendet sein.

b) Andere Ermittlungsmaßnahmen mit Verweis auf § 100a II

291 Der Verdacht der Geldwäsche lässt auch die akustische Überwachung außerhalb von Wohnräumen und die Erhebung von Verkehrsdaten zu. Insofern verweisen §§ 100f I, 100g I Nr. 1, 100i I StPO auf § 100a II StPO. Es gelten also auch insofern die dargelegten Beschränkungen.

c) Anordnung der Online-Durchsuchung

292 Zudem ist die sog. **Onlinedurchsuchung** nach § 100b I StPO zulässig, soweit der Verdacht eines besonders schweren Falls der Geldwäsche nach § 261 V 2 StGB besteht, also einer der in der Vorschrift genannten Strafschärfungsgründe vorliegen könnte

(§ 100b II Nr. 1 Buchst. l StPO). Soweit der Verdacht einer Geldwäsche in einem unbenannten besonders schweren Fall gegeben ist, scheidet eine Online-Durchsuchung aus. Zudem muss es sich bei der Vortat der gewerbs- oder bandenmäßigen Geldwäsche, derer der Betroffene verdächtigt wird, um eine Katalogtat des § 100b II Nr. 1 bis 7 StPO handeln und die allgemeinen Voraussetzungen des § 100b StPO müssen vorliegen.

d) Akustische Wohnraumüberwachung

Wegen des Verdachts der Geldwäsche darf in Einzelfällen grundsätzlich auch eine akustische Wohnraumüberwachung nach § 100c I StPO angeordnet werden, weil die Vorschrift auf den Katalog des § 100b II verweist. **293**

4. Einschränkung des Zeugnisverweigerungsrechts von Journalisten

In Verfahren wegen Geldwäsche mit einer im Mindestmaß erhöhten Freiheitsstrafe bedrohten Tat als Vortat gelten insofern Besonderheiten, als das in § 53 I 1 Nr. 5 S. 2 StPO für **Journalisten** vorgesehene **Zeugnisverweigerungsrecht** nach § 53 II 2 dann eingeschränkt ist, wenn die Erforschung des Sachverhalts oder die Ermittlung des Beschuldigten auf andere Weise aussichtslos oder wesentlichen erschwert wäre. Diese Einschränkung wird dann in § 53 II 3 StPO wiederum suspendiert, wenn die Aussage zur Offenbarung der Person des Verfassers oder Einsenders von Beiträgen und Unterlagen oder des sonstigen Informanten oder der ihm im Hinblick auf seine journalistische Tätigkeit gemachten Mitteilungen oder deren Inhalts führen würde. Das bedeutet also, dass in einer erheblichen Zahl von Verfahren wegen Geldwäsche für den Journalisten die Pflicht besteht, über die eigenen Recherchen Auskünfte zu geben (zu den Einzelheiten und zur Abgrenzung MüKoStPO/*Percic* StPO § 53 Rn. 51). Das kann zu einer weitgehenden Entwertung des Berufsgeheimnisses führen. **294**

Ob diese Einschränkung des Zeugnisverweigerungsrechts auch bei Verdacht einer Geldwäsche nach **§ 261 VI StGB** gelten kann, ist zu bezweifeln. Auch bei einer im Mindestmaß erhöhten Freiheitsstrafe bedrohten Tat als Vortat rechtfertigt die Verfolgung einer Straftat deren Unrechtsgehalt mit Freiheitsstrafe von bis zu zwei Jahren oder Geldstrafe angesiedelt ist, nicht die Durchbrechung des Geheimnisschutzes bei Journalisten. **295**

5. Datenweitergabe

Die Ausweitung der Geldwäschestrafbarkeit hat erhebliche Auswirkungen für alle Vorschriften, die an § 261 StGB anknüpfen. Insofern nimmt **§ 31b AO** im Kontext der Steuerhinterziehung eine zentrale Rolle ein. Nach § 31b I Nr. 1 AO ist die Offenbarung von durch das Steuergeheimnis geschützten Daten an die zuständige Stelle zulässig, wenn die Datenübermittlung der Durchführung eines Strafverfahrens wegen Geldwäsche dient. Nach § 31b II Nr. 1 AO haben die Finanzbehörden zudem unverzüglich eine Mitteilung an die Zentralstelle für Finanztransaktionsuntersuchungen (FIU) zu erstatten, wenn Tatsachen vorliegen, die die darauf hindeuten, dass es sich bei Vermögensgegenständen, die mit dem mitzuteilenden Sachverhalt im Zusammenhang stehen, um den Gegenstand einer Straftat nach § 261 StGB handelt. Das führt letztlich dazu, dass die Finanzbehörden insbesondere in jedem Auszahlungsfall einer Steuerhinterziehung (→ Rn. 88 ff.) davon ausgehen müssen, dass mit der Überweisung durch die Finanzbehörde ein tauglicher Geldwäschegegenstand entstanden ist und eine Meldung erfolgen muss. Inwiefern die Finanzbehörden in solchen Fällen dazu übergehen werden, Steuerhinterziehungen in Erstattungsfällen grundsätzlich der FIU zu melden (in diese Richtung *Meyer* GWuR 2021, 61 [63]) oder sogar steuerstrafrechtliche Selbstanzeigen nach § 371 AO und steuerliche Nachmeldungen nach § 153 AO zur Vermeidung einer Strafbarkeit gem. §§ 258, 13 StGB routinemäßig an die Staatsanwaltschaft zu übermitteln (vgl. *Radermacher* AO-StB 2022, 91 [94]), wird sich zeigen müssen. **296**

6. Zuständigkeiten

297 **(1) Wirtschaftsstrafkammer.** Nach § 74c I 1 Nr. 6 GVG gehört die Geldwäsche nunmehr zu den Katalogtaten für deren Beurteilung bei grundsätzlicher Zuständigkeit des Landgerichts (§ 74 I, III GVG) die Wirtschaftsstrafkammer zuständig sind, soweit zur Beurteilung des Falles besondere Kenntnisse des Wirtschaftslebens erforderlich sind. Dagegen ist eingewandt worden (*Spitzer* ZRP 2020, 216 [218]), dass die Wirtschaftsstrafkammer damit mittelbar die Zuständigkeit für komplizierte Fälle von Drogen- und Waffenhandel oder Autoschieberei erhält und so einer erheblichen Mehrbelastung ausgesetzt wird. Abgesehen von dieser berechtigten praktischen Kritik, ist die Einordnung als potenzielles Wirtschaftsdelikt aber auch systematisch nicht plausibel. Mit dem All-Crime-Ansatz ist die **Geldwäsche zum Allgemeindelikt** geworden, so dass für ihre pauschale Zuordnung zur Wirtschaftskriminalität auch nicht mehr spricht als beim „einfachen" Diebstahl oder Betrug.

298 **(2) Steuerbehörden.** Das Entstehen eines Geldwäscheverdachts im Kontext steuerstrafrechtlicher Ermittlungen kann mit Blick auf **§ 386 II AO** zu Problemen führen. Denn die Finanzbehörden sind zur selbständigen Führung von strafrechtlichen Ermittlungen nach § 399 I AO nur berechtigt, wenn die Tat (als prozessuale Tat, vgl. HHS/*Peters* AO § 386 Rn. 68) ausschließlich eine Steuerstraftat darstellt oder andere zugleich verletzte Strafgesetze öffentlich-rechtliche Abgaben betreffen. Hier muss die Finanzbehörde zunächst prüfen, ob die mögliche Geldwäschehandlung mit der Steuerhinterziehung – die nur in Auszahlungsfällen Vortat des § 261 StGB sein kann – in einem untrennbaren historischen Zusammenhang steht, der die Annahme einer prozessualen Tat iSv § 264 StPO rechtfertigt. Sollte dies der Fall sein, sind die Akten der Staatsanwaltschaft vorzulegen.

Sachverzeichnis

Die halbfetten Zahlen verweisen auf die Einleitung bzw. die Paragraphen der AO, die mageren auf die Nummern am Rande des Textes.

Aberkennung
– Amtsfähigkeit **374** 75; **375** 8 ff.
– Wählbarkeit **374** 75; **375** 8 ff.
Abfallbeseitigung
– Nachweisbuch **379** 75
Abfragepflicht 379 186
Abführung
– von Lohnsteuer **380** 11
Abgabe
– an Staatsanwaltschaft **386** 41 ff.
Abgabebetrug
– Schweiz **399** 141
Abgabeerklärung 386 45
Abgaben
– ausländische **379** 102
– europäischer Staaten **370** 55; **374** 10 f.; **379** 102
– zollgleicher Wirkung **373** 15 ff.; **374** 7
– s. auch Kommunalabgaben
Abgabenordnung
– Verfahrensvorschriften **385** 2
Ablauf
– Bußgeldverfahren **410** 18
– Steuerstrafverfahren **385** 31 ff.
Absatzhilfe
– Steuerhehlerei **374** 41 ff.
Abschluss
– Ermittlungsverfahren **399** 246 ff.
– Steuerstrafverfahren **393** 44; **397** 149 ff.
Abschöpfung
– von Vermögensvorteilen **377** 41
Abschöpfungen 374 6
Abschöpfungsabgabe
– Hinterziehung **385** 8
Absehen
– von Strafverfolgung **398a** 1 ff.
Absetzen
– Steuerhehlerei **374** 33 ff.
Absorptionsprinzip 369 126
Absprachen
– im Besteuerungsverfahren **404** 150 ff.
– im Ermittlungsverfahren **404** 171
– im Strafprozess **404** 165 ff.
Abtretung
– einer Forderung **370** 487
Abzugsteuergefährdung 380 1 ff.
– Konkurrenzen **380** 49 ff.
– Subsidiarität **380** 5
– Verjährung **380** 56
– Vorsatz **380** 35
Abzugsverbot
– Geldbußen und Geldstrafen **370** 643

– Hinterziehungszinsen **370** 630 ff.
– Schmiergelder **370** 644
Adäquanztheorie 369 46
Adressat
– der Selbstanzeige **371** 118 ff.
Agrarmarktordnung 372 64
Agrarmarktpolitik
– gemeinsame **372** 43
Ahndung
– einer Ordnungswidrigkeit nach Selbstanzeige **371** 381
Akteneinsicht
– Beschränkung **392** 90
– Beschuldigter **392** 79
– durch Verteidiger **392** 78 ff.
– Finanzbehörde **395** 1 ff.
– Versagung **392** 90; **399** 351
Aktenvermerk
– bei Verfahrenseinleitung **397** 116 ff.
Aktenversendung 392 94
Alkoholsteuer 381 22
– Steuerhinterziehung **370** 421 ff.
Amtsfähigkeit
– Aberkennung **374** 75; **375** 8 ff.
Amtsgericht
– gemeinsames **391** 15
Amtshaftung
– wegen Verfahrenseinleitung **397** 70
Amtshilfe
– Fiskalangelegenheiten **399** 311 ff.
– Zollverwaltung **399** 333 f.
Amtsträger
– Einleitung des Steuerstrafverfahrens **397** 15
– leichtfertige Steuerverkürzung **378** 11
– Missbrauch der Befugnisse **370** 574
– Selbstanzeige **371** 216 ff.
Analogieverbot 369 19
– bei Selbstanzeige **371** 41
Anderkonto
– Rechtsanwalt **399** 163
Änderung
– Steuerbescheid **370** 622
– Wohnsitz **388** 31 ff.
Anerkennen
– des Betriebsprüfungsergebnisses **378** 72
Anfangsverdacht 397 38 ff.; **399** 56; **404** 41
– Anonymisierung bei Bankgeschäften **397** 42
– auf Grund Selbstanzeige **397** 51
– auf Grund strafbefreiender Erklärung **397** 52
– gefälschte Belege **397** 42
– Tafelgeschäfte **397** 42

1265

Sachverzeichnis

halbfette Zahlen = §§ der AO

Anfechtung
– Aussetzung des Verfahrens **396** 48 ff.
– s. auch Rechtsschutz
Anfertigung
– von Fotokopien **405** 16
Angabe
– unrichtige **370** 197
– unvollständige **370** 197
Angehöriger 392 5
Angestellter
– Steuerhinterziehung **370** 520
Anhängigkeit
– des Besteuerungsverfahrens **396** 22
Anhörungsrecht
– Finanzbehörde **403** 16
Animus-Theorie 369 72
Ankaufen
– Steuerhehlerei **374** 29
Anlass
– zur Erhebung der öffentlichen Klage **400** 4
Anonymisierung bei Bankgeschäften
– Anfangsverdacht **397** 42
– Geldtransfer ins Ausland **379** 180
Anordnung
– Beschlagnahme **399** 50
– Durchsuchung **399** 50
– von Nebenfolgen **401** 1 ff.
Anrechnungsverfahren
– Körperschaftsteuer **370** 320
Anstiftung
– Bestrafung **369** 84
– Steuerhinterziehung **370** 511 ff.
Anwartschaftsrecht
– Einziehung **375** 56
Anweisungen
– an die Verwaltung **385** 13 ff.
– für das Straf- und Bußgeldverfahren **385** 15 ff.
Anwesenheitsrecht
– Verteidiger **392** 100
Anzeige
– anonyme **397** 50
Anzeigepflicht 370 270
Apotheker
– Betäubungsmittelbuch **379** 77
Apothekerkammer 386 34
Approbation
– Widerruf **370** 708
Arbeitgeber
– Einbehalten und Abführen von Lohnsteuer **380** 7
– Ordnungswidrigkeit **377** 26
– Zahlungsschwierigkeiten **380** 39
Arbeitnehmer
– Begriff **370** 296
Arbeitnehmersparzulage Einl 104; **370** 152
Arbeitslohn
– Begriff **380** 8
Architektenliste
– Streichung aus der **370** 692
Arrest 399 188

Ärzte
– Aufzeichnung über radioaktive Stoffe **379** 77
Ärztekammer 386 34
Asperationsprinzip 369 128
Assoziationsabkommen 374 10; **379** 106
Aufbewahrungspflicht 379 25, 54
Aufenthaltsort
– gewöhnlicher **388** 35 ff.
Aufgaben
– der Steuer- und Zollfahndung **404** 21 ff.
Auflage 379 193
Aufnahme
– von Lichtbildern **399** 241
Aufrechnung
– bei Abzugsteuern **380** 22
– bei Selbstanzeige **371** 170
Aufsichtsmaßnahme
– gebotene **377** 66
Aufsichtspflicht
– Verletzung **377** 61 ff.; **384** 4, 12
Aufsichtsrat
– Ordnungswidrigkeit **377** 50
Aufteilung
– des Rechnungspreises **370** 451
Aufwandsteuern 381 6
Aufzeichnung
– fehlende **371** 62 f.
– fehlerhafte **379** 50 ff.
– unvollständige **379** 59
Aufzeichnungspflicht 370 238; **379** 70 ff.
– Verletzung **379** 25, 55 f.
Aufzeichnungssystem
– elektronisches **379** 90 ff.
Ausforschungseingriff 404 41
Ausfuhr 372 21
Ausfuhrabgaben 370 446; **373** 14; **379** 102; **382** 3; **388** 21
– Begriff **374** 11
Ausfuhrbescheinigung 379 32
Ausfuhrverbot 372 40 ff.; **386** 13
Auskunft
– unrichtige **370** 233 ff.
Auskunftsklausel
– große **399** 264
– kleine **399** 263
Auslagen
– notwendige **408** 10 f.
Ausländer
– Ausweisung **370** 682
Auslandsbeziehungen
– Meldepflicht **Einl** 94; **379** 110 ff.
– Steuerhinterziehung **370** 324 ff.
Auslegung 369 18 ff.
Auslieferung
– bei Steuerhinterziehung **399** 262 ff.
Ausmaß
– großes **370** 566 ff.
Ausschließung
– des Verteidigers **392** 56 ff.

1266

magere Zahlen = Randnummern

Sachverzeichnis

Ausschluss
- von öffentlichen Aufträgen **370** 681

Außenprüfung 404 64
- abgekürzte **371** 242
- Anfangsverdacht **397** 68
- Belehrung des Steuerpflichtigen **393** 55
- Kontrollmitteilungsverbot **404** 64

Aussetzung
- Dauer **396** 46
- des Strafverfahrens **396** 1 ff.
- überlange **396** 62
- Unzulässigkeit **396** 12

Aussetzungskompetenz 396 43

Ausstellen
- unrichtiger Belege **379** 30 ff.

Auswahl
- von Hilfspersonen **378** 47

Ausweisung
- von Ausländern **370** 682

Bagatellschmuggel
- Nichtverfolgung **397** 81; **Anh I** 1 ff.

Bandenmäßigkeit 370 577 ff.; **373** 66
- Schädigung des Umsatzsteueraufkommens **Anh II** 37
- Schmuggel **Anh I** 36 f.
- Steuerhehlerei **374** 71; **Anh I** 38

Bandenschmuggel 373 64

Bankangestellter
- Beihilfe **370** 525 ff.

Bankenerlass 404 65

Bankenverfahren 371 116
- Verjährung **376** 58 ff.

Bankgeheimnis 399 165; **404** 65

Bannbruch 369 9 f., 34; **370** 742; **372** 1 ff.; **385** 7; **386** 13; **Anh I** 26 f.
- Anwendungsbereich **372** 8
- Branntweinmonopol **372** 87
- Objekt **372** 15
- Qualifikation **373** 1 ff.
- Schmuggelprivileg **372** 101
- Schutzgüter **372** 54 ff.
- Selbstanzeige **371** 46; **372** 96
- Subsidiarität **372** 83 ff.; **373** 22
- Teilnahme **372** 80 f.
- Verjährung **372** 102; **376** 61
- Vollendung **372** 74 ff.
- Vorbereitung **372** 71
- Vorsatz **372** 70
- Zuständigkeit **372** 103

Bargeldverkehr
- grenzüberschreitender **404** 83

Basisgesellschaft 370 212

Bauabzugsteuer 370 339 ff.; **380** 15

BDSG 384a 13

Beamtenverhätnis
- Ende **370** 706

Beauftragte
- sonstige **377** 29

Beauftragung
- eines Sachverständigen **376** 82

Beförderungsmittel
- Einziehung **375** 35 ff.

Begehen
- und Unterlassen **369** 88

Beginn
- der Verjährung **377** 73; **384** 13

Begünstigung 369 12, 185 ff.
- durch Unterlassen **369** 192
- Konkurrenzen **369** 208
- Rechtsnatur **369** 17, 185
- Selbstanzeige **369** 206; **371** 45
- Strafmaß **369** 200
- und Beihilfe **369** 188 ff.
- unversteuerte Gelder **369** 196 ff.
- Verjährung **376** 61
- Verteidiger **392** 10

Behältnisse
- Einziehung **375** 34

Behandlung
- erkennungsdienstliche **399** 344

Behördenakten
- Beschlagnahme **399** 136 ff.
- Sperrerklärung **399** 138

Behördenprivileg 384a 19 ff.

Beihilfe 369 78 ff.
- Bankangestellter **370** 525 ff.
- Bannbruch **372** 81
- physische **369** 79
- psychische **369** 79
- Stärkung des Tatentschlusses **369** 79
- Steuerberater **370** 524 ff.
- Steuerhinterziehung **370** 515 ff.
- Verjährung **376** 58 ff.

Beitragsvorenthaltung
- und Steuerhinterziehung **370** 752

Beitreibungsverfahren
- Steuerhinterziehung **376** 53
- Strafklageverbrauch **370** 484a

Bekanntgabe
- Strafverfahren gegenüber Vertreter **371** 278
- Verfahrenseinleitung **371** 261 ff.; **378** 74; **397** 123 ff.

Bekanntmachung
- Bestrafung **Einl** 50
- öffentliche **394** 9

Beleg
- Ausstellen **379** 35
- Begriff **379** 30 ff., 41
- In-Verkehr-Bringen **379** 42
- nachgemachter **370** 576
- unrichtiger **379** 33 f.
- Urkunde **379** 31
- verfälschter **370** 576

Belehrung
- in der Außenprüfung **393** 55
- Steuerpflichtiger **393** 55 ff.

Belehrungspflicht
- Verstoß **393** 57

1267

Sachverzeichnis
halbfette Zahlen = §§ der AO

Bereicherung
– Ordnungswidrigkeit **377** 53
Bereicherungsabsicht
– Steuerhehlerei **374** 55 ff.
Bergmannsprämie Einl 104; **370** 152
Berichtigung
– leichtfertige Steuerverkürzung **378** 71
– von Erklärungen **370** 271 ff.; **371** 400
Berichtigungserklärung
– Selbstanzeige **371** 54 ff.
Berichtigungsmöglichkeit
– Wiederaufleben **371** 354 ff.
Berichtigungspflicht 370 271 ff.; **376** 48
– Gesamtrechtsnachfolger **371** 402
– Konkursverwalter **371** 402
Berufskammer
– Einschaltung in Bußgeldverfahren **411** 6
Berufsrechtliche Folgen
– Steuerhinterziehung **370** 706 ff.
Berufsverbot
– Anordnung **392** 40
– nach Steuerhinterziehung **370** 606 f.
Beschlagnahme
– Anfertigung von Fotokopien **399** 93
– Anordnung **399** 50
– Behördenakten **399** 136 ff.
– Buchführungsunterlagen **399** 124
– Computer **399** 139 ff.
– durch Finanzbehörde **399** 50 ff.
– E-Mails **399** 146 ff.
– Grenzen **399** 110 ff.
– notarielle Urkunde **399** 162
– Tagebuch **399** 164
– Verhältnismäßigkeit **399** 93
– Zeugnisverweigerungsrecht **399** 112 ff.
– Zufallsfunde **399** 171
Beschlagnahmeanordnung
– richterliche **376** 85
Beschuldigter
– Akteneinsicht **392** 79
– Tod **404** 55
– Vernehmung **376** 75
Beschwerde 399 352; **404** 135 ff.
Besichtigung
– sichergestellter Unterlagen **395** 3
Besonders schwerer Fall
– Vorsatz **370** 585
Bestechungsgeld
– Abzugsverbot **370** 332 f., 644
Besteuerungsgrundlagen
– Ermittlung **404** 29 ff.
Besteuerungsverfahren
– und Steuerstrafverfahren **393** 1 ff.; **404** 120 ff.
– Verwendung von Erkenntnissen **399** 224
Bestimmtheitsgebot 369 21; **370** 215; **376** 23
Betäubungsmittelbuch 379 77
Betäubungsmitteldelikt
– und Steuerhinterziehung **391** 34
Beteiligung Einl 177q; **369** 69 ff.
– am Unterlassen **369** 93

– durch Unterlassen **369** 93
– Finanzbehörde **403** 1 ff.
– leichtfertige Steuerverkürzung **378** 10
– Ordnungswidrigkeit **377** 22; **380** 33
Beteiligungsrechte
– Finanzbehörde **407** 1 ff.; **410** 17
Betriebsaufnahme 370 258
Betriebsbesichtigung 393 25
Betriebsinhaber
– Ordnungswidrigkeit **377** 26
Betriebsleiter Einl 67
– Begriff **377** 28
Betriebsprüfer
– Verdacht **397** 68
Betriebstagebuch 379 75
Betriebsvorgänge 379 52
Betrug 370 145
– und Steuerhinterziehung **385** 36 ff.
Bewährungsstrafe 396 136
Beweislastregeln Einl 129
– steuerliche **370** 92 ff.; **385** 22
– strafrechtliche **385** 22
Beweismittel
– Sicherstellung **399** 94
Beweisverwendungsverbot 384a 16
Bewertung
– von Forderungen **370** 218
Bewirken
– einer unrichtigen Steuerfestsetzung **378** 31
Bewirkungsäquivalenz 369 92
Biersteuer 381 22
Bilanzberichtigung
– und Selbstanzeige **371** 425
Bindung
– an steuerrechtliche Vorentscheidungen
Einl 80
Binnenmarkt 370 12
Blankettstrafrecht Einl 5, 130; **369** 26, 105 f.;
380 6
– Bannbruch **372** 3
– Eingangsabgabengefährdung **382** 26
– Steuerhinterziehung **370** 30
– Steuerordnungswidrigkeiten **377** 6
– Verbrauchsteuergefährdung **381** 4
Blutprobe
– Entnahme **399** 241
Branntweinmonopolabgaben 381 4 f.
Briefkastenfirma 370 212
Bruttoprinzip 377 41b
Buchführung
– durch Steuerberater **378** 58
– unvollständige **379** 59
Buchführungspflicht 379 70 ff.
– Verletzung **379** 25, 55 f.
Buchführungsunterlagen
– Beschlagnahme **399** 124
Buchprüfer
– Bußgeldverfahren **411** 1 ff.
Bundesamt
– für Steuern **Einl** 114; **387** 10

magere Zahlen = Randnummern

Sachverzeichnis

Bundesgrenzschutz 397 23
Bundeszentralregister 397 98
Bußgeld
– Abzugsteuergefährdung **380** 46
– leichtfertige Steuerverkürzung **378** 67
– Schädigung des Umsatzsteueraufkommens **Anh II** 25 f.
– Steuergefährdung **379** 210
Bußgeldbescheid
– gegen Rechtsanwalt **378** 76
– Gewerbezentralregister **410** 33
– Rechtskraft **410** 32
– Vollstreckung **412** 9 ff.
– wesentlicher Inhalt **410** 26
– Zustellung **412** 4 ff.
Bußgeldverfahren Einl 126; **388** 8
– Ablauf **410** 18
– gegen Rechtsanwälte **411** 1 ff.
– Kosten **412** 15 f.
– Übergang zum Strafverfahren **378** 77
– Verteidigung **392** 6
– Vollstreckung **412** 9 ff.
– Vorschriften **410** 1 ff.
– wegen Steuerordnungswidrigkeiten **387** 26
– Zuständigkeit **409** 1 ff.
– Zustellung **412** 4 ff.

Common Reporting Standard 370 18
Compliance Einl 31
Computer
– Beschlagnahme **399** 139 ff.
Computerausdruck
– Akteneinsicht **392** 85
Cum-Ex Einl 117g; **376** 94c; **Anh III** 117 ff.

Daten
– personenbezogene **384a** 8
Datenschutz
– Verstoß **384a** 1 ff.
Demokratieprinzip 377 7
Dienstaufsichtsbeschwerde 399 361; **404** 139; **407** 20
Disziplinarverfahren 371 388 ff.; **393** 79
Drei-Säulen-Theorie 382 2
Drittanzeige 371 400
– analoge Anwendung **371** 413
Drittbegünstigter
– Einziehung **401** 8; **Anh III** 58 ff.
Dritteigentum
– Einziehung **375** 61 ff.
Drittländer 382 42
DSGVO 384a 2
– Anwendungsvorrang **384a** 5
– Ziel **384a** 4
Durchbrechung
– des Steuergeheimnisses **393** 93 ff.; s. auch Steuergeheimnis
Durchfuhr 372 22
Durchfuhrverbote 372 40 ff.

Durchsicht
– Papiere **399** 74; **404** 94 ff.
– persönliche Unterlagen **404** 97
Durchsuchung
– Anordnung **399** 50
– bei Dritten **399** 67
– beim Verdächtigen **399** 65
– durch Finanzbehörde **399** 50 ff.
– im Unternehmen **399** 68
– nach Beweismitteln **399** 53 ff.
– Unterbrechung der Verjährung **384** 21
Durchsuchungsanordnung
– Aushändigung **399** 54
– inhaltliche Anforderungen **399** 57
– mündliche **399** 54
– richterliche **376** 85
– Unterbrechung der Verjährung **384** 24

Ehegatten
– Steuerhinterziehung **370** 44
– Zusammenveranlagung **370** 522
Eigennutz
– grober **370** 564 f.
Eigentum
– Übergang **375** 89 ff.; **394** 1 ff.
Eigentumsgarantie
– und Einziehung **375** 47 ff.
Einbehalten
– Kapitalertragsteuer **380** 13
– Lohnsteuer **380** 9 f.
Einfuhr 372 16
Einfuhrabgaben 370 441 ff.; **373** 10 ff.; **379** 102; **388** 21
– ausländische **374** 10
– Begriff **374** 11; **382** 3
– Gefährdung **382** 1 ff.
Einfuhrabgabengefährdung 382 1 ff.
– abstraktes Gefährdungsdelikt **382** 4
– Ermächtigungsgrundlage für Rückverweisungen **382** 18
– Konkurrenzen **382** 48 ff.
– Täterschaft **382** 24
– Verbrauchsteuer **382** 39 ff.
– Verweisungskatalog **382** 36 f.
– Vorsatz **382** 44
Einfuhrverbot 372 40 ff.; **386** 13
– nach EG-Recht **372** 43
Eingangsabgaben 370 56
– ausländische **369** 35
– Steuerhinterziehung **370** 139; **371** 418
Einheitsbewertung
– hinterzogene Steuern **370** 641
Einheitstäterbegriff
– im Ordnungswidrigkeitenrecht **377** 22
Einkommensteuer
– Selbstanzeige **371** 97
Einleitung
– Steuerstrafverfahren **376** 79; **393** 27; **397** 1 ff.
– Straf- oder Bußgeldverfahren **371** 261 ff.
– s. auch Verfahrenseinleitung

Sachverzeichnis

halbfette Zahlen = §§ der AO

Einsatz
– von Zwangsmitteln **393** 7
Einschreitungspflicht
– Steuerhinterziehung **370** 171
Einspruch
– gegen Strafbefehl **400** 29 ff.
– Rücknahme **400** 31
Einstellung
– durch Finanzbehörde **398** 1 ff.
– gegen Auflage **398** 7
– Verfahren **376** 93; **397** 152
– wegen fehlendem öffentlichen Interesse **398** 21 ff.
– wegen Geringfügigkeit **398** 1 ff.
– Wirkung **398** 35 ff.
– Zuständigkeit **398** 32 ff.
Einziehung Einl 77, 117x
– Ausschluss **Anh III** 95 ff.
– bei Selbstanzeige **371** 387a ff.
– bei Verjährung **376** 9
– bei Versuch **Anh III** 9
– beim Drittbegünstigten **Anh III** 58 ff.
– Beschränkung **375** 69
– des Wertes **Anh III** 39 ff.
– des Wertes beim Dritten **Anh III** 82 ff.
– Drittbegünstigter **401** 8
– Dritteigentum **375** 61 ff.
– durch Strafbefehl **400** 17
– Entschädigung **375** 93
– Erlangtes **Anh III** 11 ff.
– erweiterte **Anh III** 52 ff.
– erweiterte selbstständige **375** 87a ff.
– Geldwäsche **Anh IV** 242 ff.
– Grundlagen **Anh III** 1 ff.
– Ordnungswidrigkeit **377** 39 f.
– Rechtsnatur **375** 30 ff.
– selbständige **375** 82 ff.; **401** 3 ff.
– Sicherstellung **399** 186
– Steuerhehlerei **374** 76 f.
– Steuerzeichen **369** 159
– Strafzumessung **375** 69a
– Surrogate **Anh III** 15 ff.
– Systematik **375** 28 ff.
– Tatprodukt **375** 42 f.
– und Verjährung **Anh III** 105 ff.
– unter Vorbehalt **375** 67 ff.
– Veräußerungsverbot **375** 91a
– Verfahren **Anh III** 135 f.
– Verschiebe- und Erbschaftsfälle **Anh III** 71 ff.
– Vertreterfälle **Anh III** 62 ff.
– Wertersatz **375** 70 ff.
– Wirkung **375** 88
– Zweck **375** 30 f.
Einziehungsverfahren
– selbständiges **375** 82 ff.; **401** 3 ff.
E-Mail
– Beschlagnahme **399** 146 ff.
Empfängerbenennung 370 222
Energiesteuer 381 3, 22
– Steuerhinterziehung **370** 426 ff.

Entdeckungsort
– Zuständigkeit **388** 12
Entschädigung
– Dolmetscher **405** 9 ff.
– Festsetzung **405** 18
– Kreditinstitute **405** 12 ff.
– nach Einziehung **375** 93 ff.
– Sachverständige **405** 1 ff.
– Telekommunikationsunternehmen **405** 17
– Übersetzer **405** 9 ff.
– Umsatzsteuerpflicht **405** 19
– Zeugen **405** 1 ff.
Erbschaftsteuer
– Steuerhinterziehung **370** 344 ff.
– Zuständigkeit **388** 25
Erfassung
– zollamtliche **382** 30
Erfassungspflicht 370 258
Erhebung
– der öffentlichen Klage **376** 88
– von Verkehrsdaten **399** 233
Erhebungsverfahren
– Steuerhinterziehung **370** 481 ff.
Erklärungsrecht
– Verteidiger **392** 100
Erkundigungspflicht
– des Steuerpflichtigen **378** 44
Erlass
– Erschleichen **370** 482
– und Selbstanzeige **371** 176
Erlöschen
– Eigentum **375** 94
– Verbrauchsteuer **370** 284 ff.
Ermächtigungsgrundlage
– AStBV **385** 17
Ermessen
– Aussetzung des Verfahrens **396** 32
– Beschränkung der Akteneinsicht **392** 90
Ermittlung
– der Besteuerungsgrundlagen **404** 32 ff.
Ermittlungen
– Ausforschung **404** 128
– gegen Unbekannt **397** 44
– im Ausland **399** 251 ff.; **404** 109
– steuerstrafrechtliche **404** 28 ff.
– strafrechtlich verjährte Zeiträume **404** 37
Ermittlungsakten
– Begriff **395** 7
Ermittlungskompetenz
– Finanzbehörde **386** 21 ff.
– Übergang **386** 49
Ermittlungsmonopol
– Staatsanwaltschaft **386** 7
Ermittlungsperson
– der Staatsanwaltschaft **Einl** 109; **397** 27; **404** 80
– kraft Gesetzes **397** 28
Ermittlungsverfahren 385 32
– Abschluss **399** 246 ff.
– Rechtsschutz **399** 351 ff.

magere Zahlen = Randnummern

Sachverzeichnis

Eröffnungsbeschluss
– Verjährungsunterbrechung **376** 89
Ersatzeingriff
– hypothetischer **399** 218
Erscheinen
– Amtsträger **371** 215 ff.
Erstattung
– notwendige Auslagen **408** 10 f.
– Umfang **408** 16
Erstattungsanspruch
– s. Steuererstattungsanspruch
Erwerb
– Steuererstattungsanspruch **Einl** 99; **383** 9
– Steuervergütungsanspruch **Einl** 99
Erzeugnisse
– Einziehung **375** 33
Europäische Ermittlungsanordnung 386 15
Europäische Rechtsanwälte 392 22
Europäischer Gerichtshof 396 20
Europäisches Gemeinschaftsrecht
– Drei-Säulen-Theorie **382** 2
– Europäische Atomgemeinschaft **382** 2
– Europäische Gemeinschaft für Kohle und Stahl **382** 2
– Europäische Union **382** 2
– unmittelbare Wirkung **382** 29
EU-Zinsrichtlinie 399 142, 317
Evokationsrecht
– der Staatsanwaltschaft **386** 52 ff.
Exterritorialität 397 76

Fachhochschullehrer
– als Strafverteidiger **392** 21
Fahrlässigkeit 369 85
– Begriff **377** 18
– bei Ordnungswidrigkeit **377** 17
– bewusste **378** 38
– Steuergefährdung **379** 201
Fahrschulen
– Aufzeichnungen **379** 80
Fahrverbot
– durch Strafbefehl **400** 17
– nach Steuerhinterziehung **370** 605
Faktische Organperson
– Steuerhinterziehung **370** 46
Fall
– besonders schwerer **370** 23, 564 ff.; **398** 14
Fälligkeitsteuern 370 291
– Steuerhinterziehung **370** 72
– Verjährung **376** 34 ff.
Feilhalten
– von Steuerzeichen **369** 166
Fernmeldeverkehr
– s. Telefonüberwachung
Fernwirkung 384a 18
– des Verwertungsverbots **393** 64 ff., 90
Festnahme
– vorläufige **399** 190 ff.; **404** 88
Festsetzung
– Entschädigung **405** 19

– selbständige Festsetzung der Geldbuße **377** 55
– von Hinterziehungszinsen **370** 626 ff.
Festsetzungsfrist
– verlängerte **370** 622
– Zinsschuldner **370** 632
Feststellungsbescheid 376 33
Fiktion
– der Strafvollstreckung **398a** 25a
Finanzbeamter
– als Zeuge **407** 15 ff.
– Steuerhinterziehung **370** 43
Finanzbehörde
– Abgabe an Staatsanwaltschaft **386** 41 ff.
– Akteneinsicht **395** 1 ff.
– Anhörungsrecht **403** 3 ff., 16
– Beschlagnahme **399** 50 ff.
– Beteiligungsrechte **407** 1 ff.; **410** 17
– Durchsuchung **399** 50 ff.
– Einleitung des Steuerstrafverfahrens **397** 14
– Ermittlungsbehörde **399** 1 ff.
– Ermittlungspersonen der Staatsanwaltschaft **397** 27
– Ermittlungspersonen (Hilfsbeamte) der Staatsanwaltschaft **402** 10
– Fragerecht **403** 11; **407** 12 ff.
– Grenzen der Mitwirkung **402** 11
– im Verfahren der Staatsanwaltschaft **402** 1 ff.
– Informationspflicht **386** 65
– Informationsrecht **403** 3 ff., 14 f.; **407** 18 f.
– Klageerzwingungsverfahren **403** 19
– Kompetenzen **399** 5 ff.
– Mitwirkung im selbständigen Verfahren **406** 9 f.
– örtliche Zuständigkeit **388** 1 ff.
– Rechte und Pflichten **393** 13 ff.; **399** 341 ff.
– sachliche Zuständigkeit **387** 1 ff.
– Strafbefehlsantrag **400** 1 ff.
– Teilnahmerecht **403** 3 ff.
– Übernahmeersuchen **390** 14
– Vernehmungen **399** 16 ff.
– Zuständigkeit nach Verhaftung **386** 35
Finanzverwaltung
– Organisation **Einl** 113
Fingerabdrücke 399 241
Fluchtgefahr 399 199
Flugreiseverkehr 372 23
Forderungen
– Bewertung **370** 219
Form
– der Selbstanzeige **371** 90 ff.
– der Übermittlung **383b** 6
Forstbetriebe 379 120
Fortsetzungszusammenhang 369 115 ff.; **388** 14
– Steuerhinterziehung **370** 733 f.
– Verjährung **376** 56
Fotokopien
– bei Akteneinsicht **395** 9
Fragerecht
– der Finanzbehörde **403** 12; **407** 12 ff.

1271

Sachverzeichnis

halbfette Zahlen = §§ der AO

Freihafen 381 21
Freihandelsabkommen 374 10
Freiheitsstrafe 369 134 ff.
– durch Strafbefehl 400 15
Freispruch
– nach Selbstanzeige 371 41
Freistellung
– von einer Steuer 370 154
Freistellungsbescheinigung 370 341
– bei Bauabzugsteuer 380 15
Freiwilligkeit
– der Selbstanzeige 371 18
Freizonen 381 21; 382 33
Fristsetzung
– bei Selbstanzeige 371 154 ff.
– Rechtsmittel 371 165
– Rechtsweg 371 166
– Zuständigkeit 371 163

Garantenstellung 369 89 ff.
– und Steuerhinterziehung 370 246
Garantiefunktion
– des Tatbestandes 369 37
Gebrauchsgegenstände
– von Reisenden Anh I 4
Gebrauchszolltarif 372 53
Gebühren
– des Rechtsanwalts 408 19
– mehrere Verteidiger 408 22 f.
– Steuerberater 408 23 ff.
Gefahr
– im Verzug 399 60
– Steuerverkürzung 379 101
– Strafverfolgung 393 22 ff.
Gefährdung
– Einfuhrabgaben 382 1 ff.
– Möglichkeit der Steuerverkürzung 379 100 ff.
– Verbrauchsteuern 381 2
Gegenstand
– beschlagnahmter 395 11
– sichergestellter 395 10
Gegenvorstellung 407 20
Gehilfe
– Selbstanzeige 371 71, 232
Geld
– Begriff 379 173
Geldbuße
– Abzugsteuergefährdung 380 46
– Bemessung 377 31
– gegen juristische Person 377 43; 401 26 ff.
– gegen Personenvereinigungen 377 43
– Pflichtverletzung bei Vollmachtsdatenübermittlung 383b 18
– selbständige Festsetzung 377 55
– Steuergefährdung 379 210
– und Ertragsteuern 370 643
– unzulässiger Erwerb von Steuererstattungsansprüchen 383 15
– Zahlungserleichterungen 377 36

Geldstrafe 369 137 ff.
– neben Freiheitsstrafe 400 16
– und Ertragsteuern 370 645
Geldverkehrsrechnung
– Steuerhinterziehung 370 105 f.
Geldwäsche Anh IV 1 ff.
– Aufzeichnungen 379 78
– Begriff Anh IV 3
– Bekämpfung 404 23
– Dekontamination Anh IV 86 ff.
– durch Unterlassen Anh IV 136 ff.
– Einziehung Anh IV 242 ff.
– Ermittlungsmaßnahmen Anh IV 260 ff.
– Herrühren Anh IV 64 ff.
– Konkurrenzen Anh IV 229 ff.
– Leichtfertigkeit Anh IV 155 ff.
– Mitteilungspflicht 393 11, 69
– Qualifikation Anh IV 191 ff.
– Rechtsfolgen Anh IV 235 ff.
– Rechtsgut Anh IV 21 ff.
– Sozialadäquanz Anh IV 162 ff.
– Strafausschließungsgrund Anh IV 202 ff.
– Surrogate Anh IV 72 ff.
– Tatbestand Anh IV 26 ff.
– Täterschaft Anh IV 196 ff.
– Tätige Reue Anh IV 215 ff.
– Vermischung Anh IV 83 ff.
– Versuch Anh IV 199 ff.
– Vorsatz Anh IV 141 ff.
– Weiterverarbeitung Anh IV 78 ff.
Geltungsbereich
– des Ordnungswidrigkeitengesetzes 377 11 f.
– räumlicher 377 12
– zeitlicher 377 11
Gemeindesteuern Einl 128
Gemeinschaften
– europäische 382 2
Gemeinschuldnerbeschluss 393 91; 404 130
Generalbevollmächtigter
– Ordnungswidrigkeit 377 48
Gericht
– Zuständigkeit 391 1 ff.
Geringwertigkeit
– der Steuerverkürzung 398 16
Gesamthandseigentum
– Einziehung 375 54
Gesamtrechtsnachfolger
– Berichtigungspflicht 371 402
Gesamtstrafenbildung
– nachträgliche 369 129
Geschäftsführer
– Sorgfaltspflicht bei Abzugsteuern 380 35 ff.
Geschäftsmäßigkeit 383 10
Geschäftsvorfälle 379 52
Gesellschaft
– bürgerlichen Rechts 377 27, 45
– faktische 377 46
Gesetz
– milderes 369 23
Gesetzeskonkurrenz 369 118 ff.

magere Zahlen = Randnummern

Sachverzeichnis

Gestaltungsmissbrauch 370 206 ff.
Gestellung 382 20
Gestellungspflichtiger
– Ordnungswidrigkeit **377** 26
Gewalt
– bei Schmuggel **373** 42 ff.
Gewaltsamer
– Schmuggel **Anh I** 36 f.
Gewerbesteuer
– Steuerhinterziehung **370** 357
Gewerbesteuermessbetrag 386 32
Gewerbeuntersagung 370 671 ff.
Gewerbsmäßigkeit 370 577 ff.
– Schädigung des Umsatzsteueraufkommens **Anh II** 36
– Schmuggel **373** 31 ff.; **Anh I** 36 f.
– Steuerhehlerei **374** 72; **Anh I** 38
Gewinnausschüttung
– verdeckte **370** 308
Gewinnermittlung
– unrichtige **370** 217
Gewissenlosigkeit 378 36
Glaubhaftmachung 393 26
Gläubigerstaaten 370 60
Grenzaufsicht 382 34
Grenzen
– der Beschlagnahme **399** 110 ff.
– grenznaher Raum **382** 34
Großbetriebsprüfung
– Einleitung des Steuerstrafverfahrens **397** 20
Grundsatz
– der Priorität **390** 8 ff.

Haftbefehl
– Gründe **399** 193 ff.
– Verjährungsunterbrechung **376** 87
Haftung
– Steuerhehler **374** 78
– Steuerhinterzieher **370** 630 ff.
Halbeinkünfteverfahren 370 317
Handakten
– der Staatsanwaltschaft **395** 8
Handeln
– für einen anderen **377** 26
– gesetzwidriges **370** 140
Handelspolitik nach EG-Recht 372 43
Handlung
– Begriff **369** 41
– fortgesetzte **369** 115 f.
Handlungsbevollmächtigter
– Ordnungswidrigkeit **377** 48
Handlungseinheit 369 111 ff.
Handlungslehre
– finale **369** 41
– kausale **369** 41
Hauptverfahren 385 34
Hauptverhandlung
– Anberaumung **376** 90
Hauptzollamt 387 7
Haushaltshilfe 370 298; **378** 5

Heimarbeit
– Aufzeichnungen **379** 76
Helgoland
– Ausschluss vom Zollgebiet **372** 29
Herabsetzung
– Vorauszahlungen **370** 157
Herausgabepflicht 399 100 ff.
Herausgabeverlangen
– Finanzbehörde **399** 100
– Steuerfahndung **404** 87
Hilfeleistung
– in Steuersachen **Einl** 98; **370** 745
Hilfsbeamter
– der Staatsanwaltschaft s. *Ermittlungsperson*
Hinterziehung
– s. *Steuerhinterziehung*
Hinterziehungsbetrag 398a 15b
Hinterziehungszinsen 370 626 ff.
– Selbstanzeige **371** 182 f.
– trotz Selbstanzeige **370** 630
Hinzurechnungsbesteuerung 370 329
Höchststrafenabrede 404 169
Hörfalle 399 225

Idealkonkurrenz
– s. *Tateinheit*
Identifikationsprüfung
– Pflicht **379** 184
Identitätsfeststellung 399 203
Immunität 376 96
– Abgeordnete **397** 78
In dubio pro reo 385 22
Inanspruchnahme
– eines steuerlichen Beraters **378** 46
Informationspflicht
– Finanzbehörde **386** 65
Informationsrecht
– Finanzbehörde **403** 14 f.; **407** 18 f.
Informationszentrale
– Ausland **404** 16
– für den Steuerfahndungsdienst **404** 16
Informationszentrale Ausland Einl 114
Inhaber
– eines Betriebes oder Unternehmens **377** 65
Inhalt
– Bußgeldbescheid **410** 26
– Strafbefehl **400** 21 ff.
Innehaben
– einer Wohnung **388** 30
Insolvenz
– Buchführungs- und Bilanzierungspflichten **379** 51
– Restschuldbefreiung **370** 702
– und Selbstanzeige **371** 180
Insolvenzverwalter
– Berichtigungspflicht **371** 402
– Buchführungspflicht **379** 51
Interesse
– öffentliches **398** 21
– zwingendes öffentliches **393** 116

1273

Sachverzeichnis

halbfette Zahlen = §§ der AO

Irrtum 369 101 ff.
– Ordnungswidrigkeit **377** 14
– über rechtfertigende Umstände **369** 103

Jagdschein
– Verlust **370** 691
Jugendlicher
– Strafbefehl **400** 20
Jugendstrafrecht Einl 123; **369** 14, 149 ff.
– Sanktionen **369** 152 ff.

Kaffeesteuer 381 22
– Steuerhinterziehung **370** 436
Kapitalertragsteuer 380 13 f.
Kapitalflucht Einl 58
Kapitalgesellschaft
– ausländische **370** 327
– Selbstanzeige **371** 115
Kassenführung
– manipulierte **379** 90 ff.
Kassennachschau 379 90
Kassenzettel 379 32
Kausalität 369 45 ff.
– bei leichtfertiger Steuerverkürzung **378** 27
Kenntnis
– aus Steuerakte **393** 83 ff.
Kennzeichnungspflicht 381 19
Kettenschenkung 370 212
Kirchenlohnsteuer 380 4
Kirchensteuer 387 13
– Selbstanzeige **371** 52
– Steuerhinterziehung **370** 54; **386** 30
Klage
– öffentliche **376** 88
Klageerzwingungsverfahren
– Finanzbehörde **386** 49; **403** 19
Kommunalabgaben
– Selbstanzeige **371** 50
Kompensationsverbot 370 112 ff.
– Umsatzsteuer **Einl** 117d
– Verlustvortrag **370** 118
– Vorsteuern **370** 118
– Zahlungspflicht **370** 129
Kompetenzen
– Finanzbehörde **399** 5 ff.
Kongruenz 369 56
Konkurrenzen Einl 117v; **370** 721 ff.; **Anh II** 27 ff., 48
– Abzugsteuergefährdung **380** 49 ff.
– Einfuhrabgabengefährdung **382** 48 ff.
– Geldwäsche **Anh IV** 229 ff.
– Ordnungswidrigkeiten **377** 37 f.
– Schmuggel **373** 101 ff.
– Steuergefährdung **379** 220 ff.
– Steuerhehlerei **374** 81 ff.
– unzulässiger Erwerb von Steuererstattungsansprüchen **383** 18
– Verbrauchsteuergefährdung **381** 30
Konkurrenzlehre 369 110 ff.

Konkursverwalter
– s. Insolvenzverwalter
Kontenabruf 399 11
Kontenwahrheit 379 170
Konto
– auf den Namen eines Dritten **379** 177
– auf falschen Namen **379** 170
– CpD-Konto **379** 179
– Errichten **379** 172
– s. auch Nummernkonto
Kontrollvergehen Einl 38
Konzentration
– bei Geschäftsverteilung **391** 27 ff.
Konzentrationsgrundsatz 391 3
– Beschränkung **391** 12
Konzern
– Selbstanzeige **371** 248 ff.
– Wiederaufleben der Berichtigungsmöglichkeit **371** 354
Konzernbetriebsprüfung
– Einleitung des Steuerstrafverfahrens **397** 20
Körperschaftsteuer
– Anrechnungsverfahren **370** 320
– Begriff **370** 306
– Steuerhinterziehung **370** 307 ff.
– verdeckte Gewinnausschüttung **370** 305
– Verkürzung **370** 307 ff.
Korruption 393 11, 75
Kostbarkeiten 379 173
Kosten
– Bußgeldverfahren **412** 15 f.
– Verfahren **408** 1 ff.
Kostenentscheidung 408 4
Kraftfahrzeugsteuer 387 12; **391** 37 f.
Kreditinstitut
– Entschädigung **405** 12 ff.
– Errichten von Konten auf falschen Namen **379** 170 ff.
– Pflichten **379** 185 ff.
Kriegswaffenbücher 379 83
Kriminalstrafe Einl 85
Kriminologie
– Steuerstrafrecht **Einl** 12 ff.

Landessteuern Einl 128
Landgerichtsbezirk 391 16 ff.
Landwirtschaft
– Aufzeichnungen **379** 79
Landwirtschaftskammer 386 33
Legalitätsprinzip 386 7; **397** 10, 38; **398** 2
Leichtfertigkeit
– Abzugsteuergefährdung **380** 35 f.
– Begriff **378** 34, 42a
– Geldwäsche **Anh IV** 155 ff.
– steuerlicher Berater **378** 52 ff.
Leistungsmissbrauch 393 11
Lichtbilder 399 241
Lieferschein 379 32
Lohnsplitting
– Steuerhinterziehung **370** 300

magere Zahlen = Randnummern

Sachverzeichnis

Lohnsteuer 380 7
– Abführung **380** 11
– Einbehaltung **380** 9 f.
– Steuerhinterziehung **370** 296 ff.
– Zuständigkeit **388** 24
Lohnsteueranmeldung
– verspätete **370** 299
Lohnsteuerverein 383 2; **383b** 13
– Aufzeichnungen **379** 81
Lohnsteuerverfahren 380 7
Luftverkehrsrechtliche Nebenfolge 370 692

Makler
– Aufzeichnungen **379** 82
Mängel
– der Zuständigkeit **389** 15
– örtliche Zuständigkeit **388** 40 ff.
– sachliche Zuständigkeit **387** 23 ff.
Marktordnungsabgabe
– Hinterziehung **374** 6; **385** 9
Marktordnungsrecht 386 14
Marktordnungswaren 379 26
Maßregeln
– der Besserung und Sicherung **369** 31
Mehrergebnis
– steuerliches **397** 43
Mehrfachverteidigung
– Verbot **392** 64 ff.
Meistbegünstigung 393 19
Meldepflicht 379 27
– bei Auslandsbeziehungen **Einl** 94; **379** 110 ff.
Merkmal
– besonderes persönliches **369** 83; **377** 25 ff.
Mineralölsteuer 370 285; **381** 23
Miteigentum
– Einziehung **375** 54
Mithilfe
– eines Amtsträgers **370** 575
Mittäterschaft 369 77
– Selbstanzeige **371** 148
Mitteilung
– an Beschuldigten **386** 61
Mitwirkung
– der Finanzbehörde **406** 1 ff.
Mitwirkungspflicht
– und Selbstbelastung **393** 4 f.; **404** 129 f.
Modalitätenäquivalenz 369 92
Möglichkeit
– der Steuerverkürzung **379** 100 ff.
Monopolordnungswidrigkeit 381 5
Monopolstrafrecht Einl 123
Multiplarstrafensystem Einl 38

Nacherklärung
– von Einkünften **Einl** 106
Nacherklärungspflicht 371 420 ff.
Nachmachen
– von Steuerzeichen **369** 160
Nachschau 393 25
– Selbstanzeige **371** 224, 243

Nachtat
– mitbestrafte **369** 121; **370** 738
– straflose **376** 7
Nachverfahren 401 25
Nachzahlung
– hinterzogener Steuern **371** 140 ff.
Nachzahlungsfrist
– Fälligkeitsteuern **371** 155
– Fristsetzung **371** 156
– Selbstanzeige **371** 154 ff.
Nachzahlungspflicht
– Ehegatte **371** 146
– Erlass hinterzogener Steuern **371** 176
– leichtfertige Steuerverkürzung **378** 75
– Mittäterschaft **371** 148
– Stundungsantrag **371** 168
– Verrechnung gezahlter Beträge **371** 172
– wirtschaftlicher Vorteil **371** 144
– Zahlung durch Dritte **371** 177 ff.
– Zahlung durch Scheck **371** 171
– Zweck **371** 140 ff.
Nationalsozialismus Einl 62 ff.
Nebenbestimmungen 379 192 ff.
Nebenfolge
– Anordnung **401** 1 ff.
– verwaltungsrechtliche **370** 671 ff.
Nebenleistung
– steuerliche **370** 52; **371** 147
Nemo-tenetur-Prinzip 379 24; **393** 7 ff.
Nettolohnabrede
– Steuerhinterziehung **370** 302
Neutrale Handlungen
– Steuerhinterziehung **370** 514
Nichtabführen 380 20
Nichteinbehalten 380 20
Nichtmitteilung 383b 7
Nicht-Steuerstraftat 393 71 ff.
Nichtverbuchen 379 55
Nichtverfolgbarkeit
– eines Zollvergehens **398** 8; **Anh I** 1 ff.
Nichtzahlung
– von Steuern **370** 50
– von Umsatzsteuer **370** 753; **Anh II** 2 ff.
Niederschlagung
– und Selbstanzeige **371** 175
Notveräußerung 394 11; **399** 189
Notzuständigkeit 388 39
Nulla poena sine lege 369 18; **370** 215; **382** 1a
Nummernkonto 370 526; **379** 176

Oberfinanzdirektion
– Einleitung des Steuerstrafverfahrens **397** 19
– Kompetenzen **399** 6
Öffentliche Aufträge
– Ausschluss **370** 681
Omissio libera in causa 380 39; **393** 48
Opportunitätsprinzip 380 10, 34; **397** 149; **398** 2; **401** 15; **Anh I** 6 f.; **Anh II** 19 ff.
– bei Ordnungswidrigkeit **377** 59

1275

Sachverzeichnis

halbfette Zahlen = §§ der AO

Ordnungswidrigkeit Einl 87
– Beteiligung **377** 22
– Einziehung **377** 39 f.
– Fahrlässigkeit **377** 18
– Geldbuße **377** 31; **381** 27 f.; **382** 46
– Irrtum **377** 14
– Leichtfertigkeit **381** 26
– Ort der Handlung **377** 12
– Rechtfertigungsgründe **377** 30
– Täterschaft **377** 22; **381** 25
– Verfall **377** 40
– Verjährung **377** 60; **381** 34; **382** 53
– Versuch **377** 21
– Vorwerfbarkeit **377** 13
Ordnungswidrigkeitengesetz 410 5
– Geltung für Steuerordnungswidrigkeiten **377** 9 ff.
– räumliche Geltung **377** 12
– zeitliche Geltung **377** 11
Organ
– vertretungsberechtigtes **377** 47
Ort
– Tat **369** 34
– Teilnahme **388** 10
– *s. auch Entdeckungsort*
Österreich
– Steuerstrafrecht **Einl** 66

Parallelwertung
– in der Laiensphäre **370** 501
Partnerschaftsgesellschaft 377 47
Passversagung 370 685
Personenbeförderungserlaubnis
– Entzug **370** 692
Personengesellschaft
– Selbstanzeige **371** 115
Personenstandsaufnahme 370 258
Personenvereinigung
– Geldbuße **377** 43; **401** 26 ff.
Pflegeheim
– Aufzeichnungen **379** 77
Pflicht
– betriebsbezogene **377** 68
– *s. auch Aufbewahrungspflicht*
– *s. auch Aufzeichnungspflicht*
– *s. auch Buchführungspflicht*
Pflichtverletzung
– bei Vollmachtsdatenübermittlung **383b** 1 ff.
Polizei
– Einleitung des Steuerstrafverfahrens **397** 23
Postbeschlagnahme 399 211 ff.
Postsendungen Anh I 4
Präferenzabkommen 379 106
Prioritätsgrundsatz 390 8 ff.
Prokurist
– Ordnungswidrigkeit **377** 48
Prüfung
– an Amtsstelle **371** 228
– steuerliche **371** 215 ff.

Prüfungsmaßnahme
– rechtswidrige **371** 214

Qualifikation
– zum Bannbruch **373** 1 ff.
– zur Steuerhinterziehung **373** 1 ff.
Quittung 379 32

Rasterfahndung 404 128
Rat
– der Europäischen Union **382** 2
Raum
– grenznaher **382** 34
Realkonkurrenz
– *s. Tatmehrheit*
Realsteuern 387 11
Rechnung 379 32
Recht
– des ersten Zugriffs **399** 341
Rechte
– Einziehung **375** 33a
Rechtsansicht
– unzutreffende **370** 190 ff.
Rechtsanwalt 383b 13
– als Verteidiger **392** 21
– ausländischer **392** 22
– Bußgeldverfahren **411** 1 ff.
– Gebühren **408** 19
– mit Verfügungsberechtigung **380** 31
– *s. auch Verteidiger*
Rechtsauffassung
– abweichende **378** 57
Rechtsbehelf
– förmlicher **386** 50
– gegen Ablehnung der Akteneinsicht **395** 15
Rechtsfolgen
– der Verfahrenseinleitung **397** 139 ff.
Rechtsgut
– der Steuerhinterziehung **Einl** 8; **370** 26 ff.
Rechtshilfe
– in Fiskalangelegenheiten **399** 261 ff.
– Liechtenstein **399** 305 ff.
– Luxemburg **399** 302 ff.
– Österreich **399** 300 f.
– Schweiz **399** 292 ff.
– Zölle und Verbrauchsteuern **399** 331 ff.
Rechtskraft
– des Strafbefehls **400** 34
Rechtslehrer
– als Verteidiger **392** 21
Rechtsmittel
– gegen Fristsetzungen **371** 165
– Zulässigkeit **399** 351
– *s. auch Rechtsschutz*
Rechtsmittelverfahren 385 35
Rechtsnachfolger
– *s. Gesamtrechtsnachfolger*
Rechtsnatur
– Einleitung des Strafverfahrens **397** 7 ff.
– Selbstanzeige **371** 39 ff.

magere Zahlen = Randnummern

Sachverzeichnis

Rechtsquellenlehre 369 90
Rechtsschutz
– Einleitung des Strafverfahrens 397 7
– Ermittlungsverfahren 399 351 ff.
– Maßnahmen der Steuerfahndung 404 135 ff.
Rechtsstaatsprinzip 392 2
Rechtsverordnung
– Wirksamkeit 381 9 ff.
Rechtsweg
– Selbstanzeige 371 166
Rechtswidrigkeit
– Ordnungswidrigkeit 377 30
– Unterlassungsdelikt 369 95 ff.
Rechtswidrigkeitszusammenhang
– bei leichtfertiger Steuerverkürzung 378 49 ff.
Reform
– der Reichsabgabenordnung Einl 100
Regelbeispielstechnik 370 561
Reichsabgabenordnung Einl 47 ff.
Reichsfluchtsteuer Einl 59
Reisekosten
– Verteidiger 408 20
Reiseverkehr
– Verfahren im Reiseverkehr Anh I 15 f.
Relevanztheorie 369 47
Reue
– tätige 371 14
Richtigstellung
– in der Öffentlichkeit 393 115
Richtsatzprüfung
– und Selbstanzeige 371 217
Richtsatzsammlung des BMF
– Steuerhinterziehung 370 106
Risiko
– erlaubtes 377 20
Risikoerhöhungsprinzip 369 48; 377 70
Rückdatierung 370 209
Rückfall Einl 69
Rückgabe
– der Strafsache an Finanzbehörde 386 60
Rückstellung
– für hinterzogene Steuern 370 641
Rücktritt
– bei Beteiligung mehrerer Personen 369 68
– Selbstanzeige 369 64
– Versuch 369 64 ff.; 370 554; 371 415 ff.
Rückwirkungsverbot 369 22 ff.
– Ausnahme 369 32
– Verjährung 376 18
Ruhen
– Verfahren 376 101
– Verjährung 376 95 ff.; 396 56 ff.

Sachaufsichtsbeschwerde 399 361
Sachverständiger
– Entschädigung 405 1 ff.
Sammelauskunftsersuchen 404 42
Säumniszuschlag 370 52
Schadenswiedergutmachung 398 9, 29
– Selbstanzeige 371 30, 423

Schätzung
– der Besteuerungsgrundlagen 370 100 ff.; 393 36 ff.
Schätzungsbescheid
– Verjährung 376 47
Schaumweinsteuer 381 22
Scheingeschäft 370 206 ff.
– Steuerhinterziehung 370 327
Scheinvertrag 370 701
Scheinwaffe 373 54
Schenkungssteuer
– Steuerhinterziehung 370 344 ff.
Schiffsgefährdung
– durch Bannware 372 89
Schließfächer 379 174
Schmiergelder
– Abzugsverbot 370 332 f., 644
– Steuerhinterziehung 370 223
Schmuggel 370 139; 373 1 ff.
– Bandenschmuggel 373 64
– gewaltsamer 373 42 ff.
– gewerbsmäßiger 373 31 ff.
– im Reiseverkehr Anh I 4
– Konkurrenzen 373 101 ff.
– mit Schusswaffen 373 45
– mit sonstigen Waffen 373 52 ff.
– Privileg Anh I 2
– Verfahrensfragen 373 108 ff.
Schmuggelprivileg Anh I 1 ff.
– Ausschlussgründe Anh I 32 ff.
– Bannbruch 372 101
– Beitragsgrenze Anh I 30 f.
Schuld
– geringe 398 24
Schuldtheorie
– eingeschränkte 370 538
Schusswaffe 373 45
Schwarzarbeit 370 297; 378 5
Schwere
– der Tat 392 44
Schwerpunkt
– der Vorwerfbarkeit 369 88
Schwerpunktstaatsanwaltschaft Einl 115
Schwierigkeit
– der Sachlage 392 45
Selbstanzeige Einl 6, 48, 117w; 369 16; 371 1 ff.
– Abzugsteuergefährdung 380 47
– Adressat 371 118 ff.
– Ahndbarkeit anderer Ordnungswidrigkeiten 371 381
– Analogieverbot 371 41
– angemessene Frist 371 157
– Aufrechnung 371 170
– Bankenfälle 371 116
– Bannbruch 371 46; 372 96
– Begriff 371 14 ff.
– Begründung eines Verdachts 397 51
– Begünstigung 369 206 f.; 371 45

1277

Sachverzeichnis

halbfette Zahlen = §§ der AO

- Bekanntgabe der Verfahrenseinleitung **371** 261 ff.
- Berichtigung von Zollanmeldungen **371** 425
- Berichtigungserklärung **371** 54 ff.
- Bertiebsausgabe **370** 647
- Betriebe, mehrere **371** 230
- betriebsnahe Veranlagung **371** 242
- des Gehilfen **371** 71
- Drittanzeige **371** 400
- durch Beauftragte **378** 73
- durch Dritte **371** 109
- durch Steuerberater **371** 114
- durch Steuererklärung **371** 93
- durch Vertreter **371** 108 ff.
- Einfuhrabgabengefährdung **382** 47
- Einkommensteuer **371** 97
- Ein-Mann-GmbH **371** 145
- Einziehung **371** 387a ff.
- Entdeckung des Täters **371** 314
- Erlass hinterzogener Steuern **371** 176
- Erscheinen eines Amtsträgers **371** 215 ff.
- Festsetzung von Hinterziehungszinsen **370** 626
- Form **371** 90 ff.
- Freispruch **371** 429
- Freiwilligkeit **371** 18
- Fristsetzung **371** 156
- Gebühren des Steuerberaters **371** 431 ff.
- gegenüber Betriebsprüfern **371** 122
- gegenüber Fahndungsbeamten **371** 122
- gegenüber Staatsanwaltschaft **371** 121
- Grund der Regelung **371** 20 ff.
- Hinterziehungszinsen **371** 182 f.
- in Großbetrieben **371** 248 ff.
- Kapitalgesellschaft **371** 115
- Kenntnis von der Entdeckung **371** 322
- Kirchensteuer **371** 52
- Kommunalabgaben **371** 50
- Konkurrenzfragen **371** 415 ff.
- Konzern **371** 231, 248 ff.
- koordinierte **371** 116 ff.
- Kostenfragen **371** 427
- Lästigkeitsprinzip **371** 172
- Materiallieferung **371** 56
- missglückte **398** 30
- nach leichtfertiger Steuerverkürzung **378** 68 ff.
- Nachschau **371** 224, 243
- Nachzahlung durch Dritte **371** 177 ff.
- Nachzahlung durch Scheck **371** 171
- Nachzahlungsfrist **371** 154
- Nachzahlungspflicht **371** 140 ff.
- nichtsteuerliche Straftat **371** 51
- Person des Anzeigeerstatters **371** 107 ff.
- Personengesellschaft **371** 115
- persönlicher Umfang der Sperrwirkung **371** 232
- Pflichtverletzung bei Vollmachtsdatenübermittlung **383b** 19
- Prüfung an Amtsstelle **371** 228
- Rechtsmittel gegen Fristsetzung **371** 165
- Rechtsnatur **371** 39 ff.
- rechtswidrige Prüfungsmaßnahme **371** 213
- Richtsatzprüfung **371** 217
- sachliche Sperrwirkung **371** 235
- sachlicher Anwendungsbereich **371** 44 ff.
- Schadenswiedergutmachung **371** 30, 423
- Schädigung des Umsatzsteueraufkommens **Anh II** 30, 56
- Scheinhandlungen des Prüfers **371** 226
- Sperrwirkung **371** 200 ff.
- Steuergefährdung **379** 230
- Steuerhehlerei **374** 67
- steuerliche Prüfung **371** 217 ff.
- stillschweigende Nachzahlung **371** 101
- Systematik **371** 14 ff.
- Tatentdeckung **371** 301 ff.
- Teilselbstanzeige **371** 102
- Umsatzsteuer **371** 94
- und Berichtigung **371** 420
- und Bilanzberichtigung **371** 425
- und Einleitung des Verfahrens **397** 145
- und Gefährdungshandlungen **378** 69
- und Insolvenz **371** 181
- und Rücktritt vom Versuch **371** 415
- und strafrechtliche Nebenfolgen **371** 387
- unrichtige **371** 74
- unzulässiger Erwerb von Steuererstattungsansprüchen **383** 16
- Verbrauchsteuergefährdung **381** 29
- Verfahrensfragen **371** 427
- Verfassungsmäßigkeit **371** 37 ff.
- Verrechnungsvertrag **371** 179
- Vollständigkeitsgebot **371** 104
- Vorlage der Buchführung **371** 65
- während Steuerfahndungsprüfung **371** 244
- Wettbewerbsregister **371** 397
- Widerruf **371** 124 f.
- Wiederaufleben der Berichtigungsmöglichkeit **371** 354 ff.
- Wirkungen **371** 380 ff.
- zeitlicher Anwendungsbereich **371** 53
- Zielsetzung **371** 20 ff.
- Zuschlag **398a** 1 ff.
- Zuständigkeit für Fristsetzung **371** 163

Selbstbegünstigung 369 202
Selbstbelastung
- mit Steuerstraftat **393** 21 ff.

Selbstbestimmung
- informationelle **399** 51

Servicestelle Steueraufsicht 404 18
Sicherstellung
- Beweismittel **399** 94
- zur Einziehung **399** 186

Sicherungseigentum
- Einziehung **375** 55

Sichverschaffen
- Steuerhehlerei **374** 30 ff.
- Steuerzeichen **369** 164

Solidaritätszuschlag
- Steuerhinterziehung **370** 51

magere Zahlen = Randnummern

Sachverzeichnis

Soziale Netzwerke 399 242
Sozialversicherung
– Vorenthaltung von Arbeitnehmerbeiträgen **380** 9
Sparprämie Einl 104
Spekulationsgewinne 369 29
Spendenbescheinigung
– unrichtige **379** 101
Sperrerklärung
– Behördenakten **399** 138
Sperrwirkung
– persönliche **371** 232, 285
– sachliche **371** 235, 286
– Tatentdeckung **371** 289 ff.
Spezialität 369 119
Spontanäußerungen 393 78
Sprengstoffe
– Aufzeichnungen **379** 83
Staatsanwaltschaft
– Einleitung des Steuerstrafverfahrens **397** 25
– Ermittlungsmonopol **386** 7
– Evokationsrecht **386** 52 ff.
– Unterrichtungspflicht **386** 58
– Weisungsbefugnisse **404** 100 ff.
– Zuständigkeit **409** 8
Stellungnahme
– der Berufskammer **411** 11
Stellvertretung
– verdeckte **371** 110
Steuerabzugspflichten 380 6 ff.
Steuerakte
– Beiziehung zur Bestimmung der Tagessatzhöhe **369** 140
– Verwertbarkeit **393** 83 ff.
Steueramnestie Einl 57
Steueramnestiegesetz Einl 106
Steueramtsgericht 391 3 f.; **401** 18
Steueranmeldung 370 69
– Nichtabgabe **370** 264 ff.
Steueranspruchstheorie Einl 117a; **370** 502
Steuerberater
– als Verfügungsberechtigter **380** 31
– als Verteidiger **392** 23
– Beihilfe **370** 524 ff.
– Buchführung **378** 58
– Bußgeldverfahren **411** 1 ff.
– Leichtfertigkeit **378** 52 ff.
– Selbstanzeige **371** 114
– Steuerhinterziehung **370** 38 ff.
– Teilnahmeverdacht **399** 127
– *s. auch Verteidiger*
Steuerberatungsgesellschaft 378 21
Steuerbevollmächtigter
– Bußgeldverfahren **411** 1 ff.
– *s. auch Steuerberater*
Steuererklärung
– Abgabepflicht im Strafverfahren **404** 129 f.
– als Selbstanzeige **371** 93 f.
– elektronisch übermittelte **378** 32a

– Nichtabgabe **370** 264 ff.
– verspätete **370** 267
Steuererstattung 370 158
Steuererstattungsanspruch
– unzulässiger Erwerb **383** 1 ff.
Steuerfahndung 399 7; **403** 7; **404** 1 ff.
– Aufgaben **404** 21 ff.
– Befugnisse **404** 1 ff.
– Durchsicht der Papiere **404** 94 ff.
– Durchsuchung und Beschlagnahme **404** 86
– Einleitung des Steuerstrafverfahrens **397** 20
– Erforschungspflicht **404** 29
– Ermittlung der Besteuerungsgrundlagen **404** 32 ff.
– Ermittlungspersonen der Staatsanwaltschaft **404** 80
– Herausgabeverlangen **404** 87
– Kompetenzen im Steuerstrafverfahren **404** 74 ff.
– örtliche Zuständigkeit **404** 105 ff.
– Rechtsschutz **404** 135 ff.
– steuerliche Ermittlungen **404** 58 ff.
– steuerstrafrechtliche Ermittlungen **404** 28 ff.
– Strafbefehlsantrag **404** 91
– Suchvermerk **404** 90
– vorläufige Festnahme **404** 88
– Weisungsbefugnisse der Staatsanwaltschaft **404** 100 ff.
– Zuständigkeit **404** 12 ff.
Steuerfahndungsprüfung
– Selbstanzeige **371** 244
Steuerfall
– unbekannter **404** 41 ff.
Steuerflucht Einl 58 f.
– *s. auch Reichsfluchtsteuer*
Steuergefährdung 379 1 ff.
– fahrlässige **379** 201
– Konkurrenzen **379** 220 ff.
– Selbstanzeige **379** 230
– Verjährung **379** 240
Steuergeheimnis 371 388 ff.; **385** 5; **386** 62 ff.; **393** 3, 93; **411** 15
Steuergesetz
– Steuerordnungswidrigkeiten **377** 4
Steuerhehlerei 369 35; **370** 744; **374** 1 ff.; **Anh I** 20
– Absatzhilfe **374** 41 ff.
– Absetzen **374** 33 ff.
– Ankaufen **374** 29
– bandenmäßige **374** 71
– Bannbruch **374** 8, 15
– Bereicherungsabsicht **374** 55 ff.
– durch Unterlassen **374** 45
– Einziehung **374** 76 f.
– Ersatzsachen **374** 9
– gewerbsmäßige **374** 71
– Haftung **374** 78
– Konkurrenzen **374** 81 ff.
– kriminalpolitische Bedeutung **374** 4
– Marktordnungsabgaben **374** 6

1279

Sachverzeichnis

halbfette Zahlen = §§ der AO

- Rechtsgut **374** 3
- Sichverschaffen **374** 30 ff.
- Strafaufhebung bei Zigarettenschmuggel **374** 66
- Strafrahmen **374** 71
- Tabaksteuer **374** 66
- Verfahrensfragen **374** 100 ff.
- Verjährung **376** 61
- Versuch **374** 61 ff.
- Vorsatz **374** 51 ff.
- Vortat **374** 15 ff.
- Wahlfeststellung **374** 95 ff.
- zeitliches Verhältnis zur Vortat **374** 21

Steuerhinterziehung 370 1 ff.
- Abschöpfungsabgaben **385** 8
- Abtretung einer Forderung **370** 487
- Alkoholsteuer **370** 421 ff.
- Änderungsbescheid **370** 235
- Angaben über Tatsachen **370** 187 ff.
- Anrechnungsverfahren **370** 320
- Anstiftung **370** 511 ff.
- ausländische Zinseinkünfte **370** 325
- außerstrafrechtliche Folgen **371** 388 ff.
- Ausweisung von Ausländern **370** 682
- Bedeutung **370** 18 ff.
- Begriff der Verkürzung **370** 48 f.
- bei Auslandsbeziehungen **370** 324 ff.
- Beihilfe **370** 515 ff.
- Berichtigung von Erklärungen **370** 271 ff.
- Berufsrechtliche Folgen **370** 706 ff.
- Berufsverbot **370** 606 f.
- besonders schwerer Fall **370** 561 ff.
- Blankettstraftatbestand **370** 30
- Dunkelfeld **Einl** 13
- durch Angestellten **370** 520
- durch Ehegatten **370** 522 ff.
- durch Handeln **370** 180 ff.
- durch Nichtabgabe von Voranmeldungen **370** 260 ff.
- durch Steuerumgehung **370** 212
- durch Unterlassen **370** 239 ff., 279; **376** 39; **393** 45 ff.
- eidesstattliche Versicherung **370** 488
- Einfuhr- und Ausfuhrabgaben **370** 57
- Eingangsabgaben **371** 418
- Einschreitungspflicht **370** 171
- Einstellung wegen Geringfügigkeit **398** 1 ff.
- Einziehung **375** 28 ff.
- Energiesteuer **370** 426 ff.
- Erbschaftssteuer **370** 344 ff.
- Gewerbesteuer **370** 357
- Haftung **370** 611 ff.
- Kaffeesteuer **370** 436
- Lohnsplitting **370** 300
- Lohnsteuer **370** 108
- neutrale Handlungen **370** 514
- Qualifikation **373** 1 ff.
- Schenkungssteuer **370** 344 ff.
- Schmiergeldzahlung **370** 223
- Solidaritätszuschlag **370** 51

- Spekulationsgewinne **369** 29
- Statistik **370** 19 f.
- Steueranmeldung **370** 69
- Steueranspruch **370** 51 f.
- Steuererstattung **370** 158
- steuerlich erhebliche Tatsache **370** 200
- Steuerunehrlichkeit **370** 167
- Steuervergütung **370** 159
- Steuerverkürzung **370** 48 ff., 307
- Strafe **370** 601 ff.
- strafrechtliche Nebenfolgen **370** 605 ff.
- Stromsteuer **370** 437
- Systematik **370** 21 ff.
- Tabaksteuer **Einl** 49; **370** 376 ff.
- Täterkreis **Einl** 22
- Täterschaft **370** 31 ff.
- Täuschung durch Handeln **370** 168
- Täuschung durch Unterlassen **370** 168
- Teilnahme **370** 511 ff.
- Umsatzsteuer **370** 57, 358 ff.
- und Abzugsteuer **370** 83
- und Bannbruch **370** 742
- und Betäubungsmittelstraftat **391** 34
- und Betrug **370** 145, 751; **385** 36 ff.
- und leichtfertige Steuerverkürzung **378** 63
- und Ordnungswidrigkeit **370** 746 f.
- und Steuerhehlerei **370** 744
- und Steuerzeichenfälschung **370** 745
- und Subventionsbetrug **370** 146
- und Unzumutbarkeit normgemäßen Verhaltens **393** 45 ff.
- und Urkundenfälschung **370** 752
- Unkenntnis des Finanzbeamten **370** 75, 291 ff.
- unrichtige Auskünfte **370** 233 ff.
- unrichtige Gewinnermittlung **370** 217
- unrichtige Tarifierung **370** 452
- Unzumutbarkeit der Erklärung **370** 255 ff.
- unzutreffende Rechtsansicht **370** 190 ff.
- Veranlagungssteuern **370** 70 ff.
- verdeckte Gewinnausschüttung **370** 308
- Verfolgungsverjährung **Einl** 7; **376** 1 ff.
- Verkürzungserfolg **370** 67 ff.
- Verlagerung von Einkünften **370** 324 ff.
- Versuch **370** 23, 531 ff.; **398** 20
- Veruntreuungen **370** 225 ff.
- verwaltungsrechtliche Nebenfolgen **370** 671 ff.
- Vollendung der Vorteilserlangung **370** 165
- von Verbrauchssteuern **370** 370 ff.
- Vorlage einer unrichtigen Buchführung **370** 232
- Vorsatz **370** 501 ff.
- Waffenbesitzkarte **370** 690
- Wahlfeststellung **374** 95 ff.
- Zinsen **370** 52 f.
- zivilrechtliche Folgen **370** 701
- Zölle **370** 58
- zweckwidrige Verwendung **370** 282

Steuerordnungswidrigkeit Einl 124; **369** 6
- Begriff **377** 3

magere Zahlen = Randnummern

Sachverzeichnis

– Bußgeldverfahren **387** 26
– Verfolgungsverjährung **384** 1 ff.
– Verteidigung **410** 15
– Zuständigkeit **409** 1 ff.; **410** 12
– *s. auch Ordnungswidrigkeit*
Steuerordnungswidrigkeiten Anh I 23 f.; **Anh II** 9 ff.
Steuerpflicht
– beschränkte **380** 16
– unbeschränkte **370** 324
Steuerpflichtiger
– Begriff **378** 13
– Belehrung **393** 54 ff.
– Rechte und Pflichten **393** 15 f.
– Verwertbarkeit der Angaben **393** 70 ff.
Steuerrechtliche Nebenfolge
– Steuerhinterziehung **370** 611 ff.
Steuersteckbrief Einl 59
Steuerstempler
– Steuerhinterziehung **370** 287
Steuerstrafrecht
– Begriff **Einl** 1
– Besonderheiten **Einl** 4 ff.
– Europäisierung **Einl** 117f
– Geschichte **Einl** 38 ff.
– und Steuerrecht **Einl** 3
– und Strafrecht **Einl** 2
Steuerstraftaten Anh I 15 f.
– Begriff **369** 5 ff.
Steuerstrafverfahren Einl 125
– Ablauf **385** 31 ff.
– Aussetzung **396** 1 ff.
– Besonderheiten **Einl** 32 ff.
– Besteuerungsverfahren **393** 1 ff.
– Einleitung **393** 27; **397** 1 ff.
– Geschichte **Einl** 38 ff.
– Kompetenzen der Steuerfahndung **404** 74 ff.
– und Besteuerungsverfahren **404** 120 ff.
– Verfahrensgrundsätze **385** 18 ff.
– Verteidigung **392** 1 ff.
Steuerumgehung
– *s. Gestaltungsmissbrauch*
Steuerunehrlichkeit 370 167
Steuervergehen 369 7
Steuervergünstigung 370 154 ff.
Steuervergütung 370 154 ff.
Steuervergütungsanspruch 383 7
– unzulässiger Erwerb **383** 1 ff.
Steuerverkürzung 370 48 ff.
– auf Zeit **370** 131 ff.
– Aufteilung **370** 109 ff.
– Begriff **370** 48 f.
– Erscheinungsformen **370** 76 ff.
– fahrlässige **378** 3
– Feststellung des Verkürzungserfolges **370** 91 ff.
– Geringwertigkeit **398** 16
– Kompensationsverbot **370** 112 ff.
– leichtfertige **378** 1 ff.
– mehrfache **378** 61 ff.
– Möglichkeit **379** 101

– Umfang **370** 86 ff.; **398** 19
– unrichtige Festsetzung **370** 69
– Vorbereitung **379** 20
– *s. auch Steuerhinterziehung*
Steuervoranmeldung
– Nichtabgabe **370** 260 ff.
Steuervorteil
– Begriff **370** 142 f.
– Geringwertigkeit **398** 16
Steuerzeichen 369 159
– Steuerhinterziehung **370** 287
Steuerzeichenfälschung 369 1, 159
– ausländische Steuerzeichen **369** 177
– Verjährung **376** 61
Strafanzeige
– Begründung eines Verdachts **397** 45
Strafbefehl
– Eignung zur Erledigung **400** 8 ff.
– gegen Jugendlichen **400** 20
– Inhalt **400** 21 ff.
– ohne Rechtsfolge **400** 36
– Rechtsbehelf **400** 29 ff.
– Rechtskraft **400** 34
– Verfahren **400** 26
– Verjährungsunterbrechung **376** 91
– Zuständigkeit **400** 25
Strafbefehlsantrag
– Finanzbehörde **400** 1 ff.
– Steuerfahndung **404** 91
– Zurückweisung **406** 6
Strafbescheid Einl 51
Strafe
– Begriff **369** 132
Strafgesetzbuch
– räumliche Geltung **369** 33 ff.
Strafklageverbrauch 397 75
– durch Bußgeldentscheidung **378** 78
Strafprozess
– Absprachen **404** 165 ff.
Strafrecht
– internationales **369** 33 ff.
Strafrechtliche Nebenfolge
– Steuerhinterziehung **370** 605 ff.
Strafrechtsreformen Einl 92 ff.
Strafrichter 397 32 ff.
– Unabhängigkeit **396** 5
Strafsachen
– zusammenhängende **389** 1 ff.
Strafsachenstelle
– gemeinsame **Einl** 113; **387** 22; **402** 15; **403** 5
Straftatbestand
– Bestimmtheitsgebot **369** 21; **370** 215
– Umwandlung in Bußgeldtatbestand **369** 24
Strafvereitelung 369 184
– durch Bezahlung einer Geldstrafe **370** 702
– Verteidiger **392** 12
Strafverfahren
– Abschluss **397** 149 ff.
– Geltung der Verfahrensvorschriften **385** 1 ff.
– und Bußgeldverfahren **397** 153 ff.

1281

Sachverzeichnis

halbfette Zahlen = §§ der AO

Strafverfahrensrecht
- allgemeines **410** 8

Strafzumessung Einl 117i ff.
- bei Verjährung **376** 8
- Einziehung **375** 69a
- Steuerstrafrecht **369** 132 ff.

Strafzumessungsregel 370 586

Strohmann
- Steuerhinterziehung **370** 45

Stromsteuer 381 22
- Steuerhinterziehung **370** 437

Stundung 370 157
- von Abzugsteuern **380** 34

Stundungsantrag
- und Nachzahlungspflicht bei Selbstanzeige **371** 168

Subsidiarität 369 120
- Bannbruch **372** 83 ff.

Subventionsbetrug 370 146

Suchvermerk
- im Bundeszentralregister **404** 90

Tabaksteuer Einl 55; **370** 287; **381** 22
- Kleinschmuggel (Zigaretten) **373** 86; **374** 66
- Steuerhinterziehung **370** 376 ff.

Tabaksteuerbanderole 369 156

Tafelgeschäfte 379 180; **397** 42

Tagebuch
- Beschlagnahme **399** 164
- Durchsicht **404** 97

Tagessatzhöhe 369 139

Tagessatzsystem Einl 88; **369** 137 ff.

Tagessatzzahl 369 138

Tankquittung 397 40

Tarifierung
- unrichtige **370** 452

Tat
- frische **394** 5
- rechtswidrige **370** 334

Tatbestand
- Garantiefunktion **369** 37
- Leitbildfunktion **369** 37

Tatbestandsbestimmtheit 369 18 ff.

Tatbestandsirrtum 370 504a ff.

Tatbestandsmerkmal
- deskriptives **369** 53
- normatives **369** 53; **370** 536

Tateinheit 369 124
- beim Gehilfen **369** 126a
- Steuerhinterziehung **370** 722

Tatentdeckung 371 314
- Begriff **371** 303
- durch ausländische Behörde **371** 318
- durch Privatperson **371** 317; **388** 16
- Teilentdeckung **371** 319

Täter
- Mittäter **369** 77
- mittelbarer **369** 76

Täter-Opfer-Ausgleich 398 9, 29

Täterschaft 369 70 ff.
- Abzugsteuergefährdung **380** 30 ff.
- Ausstellen unrichtiger Belege **379** 36
- Bannbruch **372** 80 f.
- Einfuhrabgabengefährdung **382** 24
- fehlerhafte Buchungen und Aufzeichnungen **379** 60
- Geldwäsche **Anh IV** 196 ff.
- leichtfertige Steuerverkürzung **378** 9
- Pflichtverletzung bei Vollmachtsdatenübermittlung **383b** 12 f.
- Schädigung des Umsatzsteueraufkommens **Anh II** 24, 44
- Steuerhinterziehung **370** 31 ff.
- und Teilnahme **369** 78 ff.
- unzulässiger Erwerb von Steuererstattungsansprüchen **383** 12

Tatherrschaftslehre 369 73

Tatmehrheit 369 127 ff.
- Steuerhinterziehung **370** 721 ff.

Tatort 369 34
- Teilnahme **396** 35a
- Zuständigkeit **388** 9

Tatprodukt
- Einziehung **375** 42 f.

Tatsache
- Begriff **370** 187
- steuerlich erhebliche **370** 200

Tatsächliche Verknüpfungen
- s. Absprachen

Tatumstandsirrtum 369 101

Täuschung
- durch Handeln **370** 168
- durch Unterlassen **370** 168
- über Rechtsauffassungen **378** 57

Teilnahme
- Begehungsort **388** 10
- Geldwäsche **Anh IV** 196 ff.
- Schädigung des Umsatzsteueraufkommens **Anh II** 24
- Steuerhinterziehung **370** 511 ff.
- Verjährung **376** 57 ff.
- Vorsatz **369** 81

Teilnahmeverdacht
- Steuerberater **399** 127

Telekommunikationsüberwachung 399 213 ff.
- Zufallserkenntnisse **399** 217

Territorialprinzip 369 35

Überführung
- in ein Zollverfahren **382** 31

Übergang
- des Eigentums **394** 1 ff.

Übernahme
- durch andere Finanzbehörde **390** 13 ff.

magere Zahlen = Randnummern

Sachverzeichnis

Übersendung
– der Akten **395** 13
Überwachung
– stichprobenartige **378** 51
– von Hilfspersonen **378** 48; **380** 38
Umfang
– der Steuerverkürzung **398** 19
Umsatzsteuer
– Abzugsverfahren **380** 19
– Binnenmarkt **379** 105
– Karussell **370** 363
– Selbstanzeige **371** 94
– Steuerhinterziehung **370** 358 ff.
– s. auch Vorsteuern
Umsatzsteueraufkommen
– Schädigung des **Anh II** 1 ff.
Unabhängigkeit
– des Strafrichters **396** 5
Unbedenklichkeitsbescheinigung 380 58
Unbedingtwerden
– der Verbrauchsteuer **370** 284
Unkenntnis
– der Finanzbehörde **370** 214, 241 ff.
Unrechtsbewusstsein 370 505
Unrechtselemente
– sonstige subjektive **369** 55
Unrichtigkeit
– von Belegen **379** 33 f.
Unterbrechung
– der Verfolgungsverjährung **376** 62 ff.; **384** 24; **397** 146
Unterbrechungshandlung
– Eignung **376** 72
– Verjährung **376** 64 ff.
Unterbringung
– des Beschuldigten **386** 35
Unterbringungsbefehl
– Verjährungsunterbrechung **376** 87
Unterlassen
– Geldwäsche **Anh IV** 136 ff.
– Steuerhehlerei **374** 45
– und Begehen **369** 88
– Versuch **369** 94
Unterlassungsdelikt 369 86
– Abzugsteuergefährdung **380** 39
Unternehmer
– Ordnungswidrigkeit **377** 26
Unterrichtungspflicht
– Staatsanwaltschaft **386** 58
Untersagung
– der Gewerbeausübung **370** 671
Untersuchungshandlung
– im Ausland **376** 94
Unterwerfungsverfahren Einl 51 f., 86; **400** 3
Untreue
– und Steuerhinterziehung **370** 225 ff.
Unverzüglichkeit
– der Mitteilung **383b** 9
Unzulässigkeit
– von Zwangsmitteln **393** 20 ff.

Unzumutbarkeit
– normgemäßen Verhaltens **369** 99; **393** 8
Unzuverlässigkeit
– gewerberechtliche **370** 671 ff.
Urkunde
– notarielle **399** 162
Urkundenfälschung
– Steuerhinterziehung **370** 752
– Verwertungsverbot **393** 74

Veranlagung
– betriebsnahe **371** 242
Veranlagungsteuern
– Steuerhinterziehung **370** 70 ff.
Veräußerungsverbot
– Einziehung **375** 91a
Verbandseigentum
– Einziehung **375** 58
Verbandssanktionengesetz
– Verjährung **376** 10a
Verbot
– der Mehrfachverteidigung **392** 63 ff.
Verbotsirrtum 369 101 ff.
– bei Nichteinbehaltung von Lohnsteuern **380** 35
– bei Ordnungswidrigkeit **377** 15
Verbrauchssteuerhinterziehung 370 370 ff.
Verbrauchsteueraufkommen 381 2
Verbrauchsteuergefährdung 381 1 ff.
– Anwendungsbereich **381** 2 ff.
– gesetzliche Ermächtigung für rückverweisende RechtsV **381** 9
– Konkurrenzen **381** 30
– Pflichtenkatalog **381** 2 ff.
– Rechtsverordnung **381** 9
– Rückverweisungskatalog **381** 22
– Selbstanzeige **381** 29
– Verjährung **381** 34
– Vorsatz **381** 26
Verbrauchsteuern Einl 117t; **381** 4; **382** 42
– Erlöschen **370** 284 ff.
– harmonisierte **370** 55
– Unbedingtwerden **370** 284
Verbrechen
– Begriff **393** 106
Verbringen 372 25
Verbringenlassen 372 26
Verbringungsverbot
– Rechtsgrundlagen **372** 53
– wettbewerbsrechtlicher Natur **372** 8
– Wirksamkeit **372** 50
Verbürgung
– der Gegenseitigkeit **370** 58
Verdacht
– Begriff **397** 38 ff.
– Begründung durch Selbstanzeige **397** 51
– Beurteilungsspielraum **397** 39
– durch Betriebsprüfer **397** 68
– durch Strafanzeige **397** 49
– einer Straftat **398** 15

1283

Sachverzeichnis

halbfette Zahlen = §§ der AO

- Ermittlungen gegen Unbekannt **397** 44
- Kenntniserlangung **397** 47
- und Rechtsfragen **397** 84
- s. auch Anfangsverdacht

Verderb
- drohender **399** 189

Verdunkelungsgefahr 399 200

Vereitelung
- der Einziehung **375** 73

Verfahren
- selbständiges **375** 83; **401** 1 ff.; **406** 9 f.
- Strafbefehl **400** 26
- Zuständigkeitsstreit **390** 18 ff.

Verfahrenseinleitung 371 261 ff.
- Aktenvermerk **397** 116 ff.
- Bekanntgabe **397** 123 ff.
- durch Beschlagnahme **371** 269
- durch Polizei **397** 24
- Rechtsfolgen **397** 139 ff.
- Verdacht als Voraussetzung **397** 38 ff.
- verfahrenseinleitende Maßnahmen **397** 85 ff.
- Vorprüfung **397** 66 ff.
- Zeitpunkt **397** 112 ff.

Verfahrensgrundsätze
- Steuerstrafverfahren **385** 18 ff.

Verfahrenshindernis
- Einleitung des Strafverfahrens **397** 81
- Verjährung **376** 6

Verfahrenskosten 408 1 ff.
- Betriebsausgabe **370** 646

Verfahrenstrennung 404 124, 128

Verfall
- Wirkung **375** 88 ff.

Verfälschen 369 161

Verfassungswidrigkeit
- eines Steuergesetzes **369** 29
- Selbstanzeige **371** 20 ff.
- verweisender Rechtsverordnungen **381** 10; **382** 18

Verfolgungshindernis
- Selbstanzeige **371** 401

Verfolgungsverjährung
- s. Verjährung

Verfügung
- begünstigende **370** 160

Verfügungsbefugter 379 178; **380** 31; **382** 25

Vergütung
- von Umsatzsteuer **370** 150

Vergütungsanspruch
- s. Steuervergütungsanspruch

Verhaftung
- des Beschuldigten **386** 35

Verhältnismäßigkeit
- Einziehung **375** 65 ff.
- verfahrenseinleitende Maßnahme **397** 104

Verjährung Einl 112e, 177p; **376** 1 ff.; **384** 1 ff.
- Abzugsteuergefährdung **380** 56
- Anmeldungsteuern **376** 52

- Anordnung einer Maßnahme **376** 73
- Aufsichtspflichtverletzung **377** 72
- Bannbruch **372** 102; **376** 61
- Beginn **376** 26 ff.; **377** 73; **384** 3, 13
- Begünstigung **376** 61
- Beihilfe **376** 57 ff.
- Dauerordnungswidrigkeit **384** 15
- Einleitung eines Ermittlungsverfahrens **397** 85
- Einziehung **376** 9
- Fälligkeitsteuern **376** 34 ff.
- Haftbefehl **376** 87
- leichtfertige Steuerverkürzung **376** 4
- Ordnungswidrigkeit **377** 60
- Pflichtverletzung bei Vollmachtsdatenübermittlung **383b** 20 f.
- Rückwirkungsverbot **376** 18
- Ruhen **376** 95 ff.; **384** 20; **396** 56 ff.
- Schädigung des Umsatzsteueraufkommens **Anh II** 31, 58 ff.
- Schätzungsbescheid **376** 47
- Steuerfahndungsermittlungen **404** 37
- Steuergefährdung **379** 240
- Steuerhehlerei **376** 61
- Steuerhinterziehung **Einl** 7; **376** 10 ff.
- Steuerordnungswidrigkeiten **376** 4; **384** 1 ff.
- Steuerzeichenfälschung **376** 61
- Strafbefehl **376** 91
- Strafverfolgung **376** 3
- Strafvollstreckung **376** 3
- Teilnahme **376** 57
- und Strafzumessung **376** 87
- Unterbrechung **376** 62 ff.; **384** 21 ff.; **397** 146
- Unterbrechungshandlung **376** 75
- Unterbringungsbefehl **376** 87
- Unterlassen **376** 39 ff.
- unzulässiger Erwerb von Steuererstattungsansprüchen **383** 17
- Veranlagungsteuern **376** 40 ff.
- Verbrauchsteuergefährdung **381** 34
- Versuch **376** 54
- Vorführungsbefehl **376** 87
- Vorrang des Unionsrechts **376** 10b
- Wesen **376** 5
- Wirkung **376** 6; **384** 25

Verjährungsbeginn 376 26 ff.
- Gewerbesteuern **376** 26a
- Veranlagungsteuern **376** 26 ff.

Verjährungsfrist
- absolute **376** 101
- Beginn **376** 11 ff.
- Steuerhinterziehung **376** 10 ff.
- Unterbrechung **376** 62 ff.; **397** 146
- Vergehen **376** 16 ff.

Verkehrsdaten 399 233

Verkürzung
- fiktive **376** 41
- s. auch Steuerverkürzung

Verletzung
- Aufsichtspflicht in Betrieben und Unternehmen **377** 61 ff.

magere Zahlen = Randnummern

Sachverzeichnis

– Kennzeichnungspflicht **381** 19
– Verpackungspflicht **381** 19
Verlustfeststellung
– gesonderte **370** 81
Verlustvortrag
– Kompensationsverbot **370** 118
Vermögensteuer
– Strafbarkeit der Hinterziehung **370** 491 ff.
– Verfassungswidrigkeit **369** 30
– Wiederaufnahme des Verfahrens gem. § 79 BVerfGG **396** 55
Vermögensverwalter 382 25
Vermutung
– verbrauchssteuerrechtliche **370** 438
– zollrechtliche **370** 460
Vernehmung
– Beschuldigter **376** 75
– durch Finanzbehörde **399** 16 ff.
– richterliche **376** 81
Vernehmungsmethode
– unzulässige **393** 61; **404** 125
Verpackungspflicht 381 19
Verrechnungsvertrag
– Selbstanzeige **371** 179
Versagung
– der Akteneinsicht **392** 90
Verschlechterungsverbot 400 32
Verschleierungsabsicht 370 584 f.
Versicherung
– eidesstattliche **370** 488
Verständigung
– tatsächliche **404** 150 ff.
Verstoß
– gegen Belehrungspflicht **393** 57; **404** 124
– gegen Datenschutz **384a** 1 ff.
Versuch 369 57
– Anfang der Ausführung **369** 61; **370** 539 f.
– Bannbruch **372** 71 ff.
– durch positives Tun **370** 543 f.
– Einziehung **Anh III** 9
– Geldwäsche **Anh IV** 199 ff.
– Rücktritt **369** 64 ff.; **370** 554
– Schmuggel **373** 85
– Steuerhehlerei **374** 61 ff.
– Steuerhinterziehung **370** 23, 531 ff.
– Steuerordnungswidrigkeit **377** 21
– Tatentschluss **370** 533 ff.
– und Vorbereitungshandlung **370** 541
– und Wahndelikt **369** 63, 109; **370** 534 ff.
– unmittelbares Ansetzen **370** 539 f.
– untauglicher **369** 62
– Unterlassungsdelikt **369** 94, 109; **370** 545 ff.
– unzulässiger Erwerb von Steuererstattungsansprüchen **383** 14
– Verjährung **376** 54
Verteidiger
– Akteneinsicht **392** 78 ff.
– Anwesenheitsrecht **392** 100
– Ausschließung **392** 56 ff.

– Befugnisse **392** 3
– Begünstigung **392** 10
– Bußgeldverfahren **392** 6
– Erklärungsrecht **392** 100
– Steuerberater **392** 23
– Strafvereitelung **392** 12
– Vollmacht **392** 69
– Wahlverteidiger **392** 28 f.
– Wirtschaftsprüfer **392** 23
– Zeugnisverweigerungsrecht **392** 113
– *s. auch Rechtsanwalt*
Verteidigung
– Kosten **392** 116
– notwendige **392** 38 ff.
– Steuerordnungswidrigkeiten **410** 15
– Steuerstrafverfahren **392** 1 ff.
Verteidigungskosten
– Betriebsausgabe **370** 646
– Erstattung **370** 646
Vertreter
– gesetzlicher **380** 31; **382** 25; **392** 4
– Selbstanzeige **371** 282 ff.
Vertretung
– eines Steuerpflichtigen **378** 22
Verwaltungsakt
– Auflage **379** 193
Verwaltungsstrafverfahren
– Verfassungsstreit **Einl** 81 ff.
Verwarnung
– mit Strafvorbehalt **400** 17
Verwarnungsgeld
– bei Ertragsteuern **370** 643
Verweigerung
– der Mitwirkung **393** 26 ff.
Verwendung
– zweckwidrige **370** 282
Verwendungsverbot 393 31
Verwertbarkeit
– Angaben des Steuerpflichtigen **393** 70 ff.
Verwertungsverbot
– Auslandsermittlungen **404** 110
– Fernwirkung **393** 90, 649 ff.
– nach unterlassener Mitteilung der Verfahrenseinleitung **397** 129
– steuerliches **404** 123 ff.
– Urkundenfälschung **393** 74
Verzeichnis
– nach Beschlagnahme **399** 161
Verzinsung
– hinterzogene Steuern **Einl** 79; **370** 626 ff.
Vollendung
– der Vorteilserlangung **370** 165
– Steuerhinterziehung **Einl** 117o
Vollmacht
– des Verteidigers **392** 69
Vollmachtsdatenbank 383b 1 ff.
Vollmachtsdatenübermittlung
– Pflichtverletzung **383b** 1 ff.
Vollständigkeitsgebot
– der Selbstanzeige **371** 102

1285

Sachverzeichnis

halbfette Zahlen = §§ der AO

Vollstreckung
– im Bußgeldverfahren **412** 9 ff.
Vollstreckungsverfahren
– Steuerhinterziehung **370** 481 ff.
Vorauszahlungen
– Herabsetzung **370** 157
Vorbehalt
– der Rückverweisung **381** 7 f.; **382** 16
– Einziehung **375** 67 ff.
– in der Schlussbesprechung **397** 100
Vorbereitung
– der Fälschung von Steuerzeichen **369** 171 ff.
Vorenthaltung
– von Sozialversicherungsbeiträgen **380** 9, 39
Vorfeldermittlungen 397 66; **404** 43 ff.
Vorfrage
– entscheidungserhebliche **396** 26 ff.
Vorführungsbefehl
– Verjährungsunterbrechung **376** 87
Vorgesellschaft 377 46
Vorprüfung
– bei Verfahrenseinleitung **397** 66 ff.
Vorsatz 396 91; **Anh II** 22 ff., 42
– Abzugsteuergefährdung **380** 35
– Bannbruch **372** 70
– besonders schwerer Fall **370** 585
– Einfuhrabgabengefährdung **382** 44
– Eventualvorsatz **370** 506
– Formen **369** 50 ff.
– Gegenstand **369** 53
– Geldwäsche **Anh IV** 141 ff.
– Pflichtverletzung bei Vollmachtsdatenübermittlung **383b** 14 ff.
– Steuergefährdung **379** 200
– Steuerhehlerei **374** 51 ff.
– unzulässiger Erwerb von Steuererstattungsansprüchen **383** 13
– Verbrauchsteuergefährdung **381** 26
– Voraussetzungen **369** 52
Vorspiegelungstat 370 150; **385** 4, 36; **386** 25
Vorstandsmitglied
– Ordnungswidrigkeit **377** 47
Vorsteuern
– Kompensationsverbot **370** 118
Vortat
– der Steuerhehlerei **374** 15 ff.
– mitbestrafte **369** 123; **370** 738
Vortäuschen
– von Betriebsausgaben **370** 221
– von Verbindlichkeiten **370** 220
Vortäuschung
– unternehmerischer Tätigkeit **370** 150; **385** 4, 36; **386** 25
Vorteil
– bei Begünstigung **369** 195
– wirtschaftlicher **371** 144; **377** 33
Vorteilsausgleichsverbot
– s. Kompensationsverbot
Vorwerfbarkeit
– einer Ordnungswidrigkeit **377** 13

Waffen
– Begriff **373** 52
– Schusswaffen **373** 45 ff.
– sonstige Waffen **373** 52 ff.
Waffenrecht 370 690
Wählbarkeit
– Aberkennung **374** 75; **375** 8 ff.
Wahlfeststellung 369 130
– Steuerhinterziehung und Steuerhehlerei **374** 95 ff.
Wahlrechte
– steuerliche **370** 126
Wahlverteidiger 392 28 ff.
Wahndelikt 369 29, 108
– Versuch **370** 534 ff.
Wahrheitspflicht 383b 5
Wahrnehmung
– der Angelegenheiten eines Steuerpflichtigen **378** 15; **382** 25
Waren
– Begriff **372** 15
– Einziehung **375** 33
Wareneigenschaft Anh I 25 ff.
Warenverkehr
– innergemeinschaftlich **Anh I** 18
– innergemeinschaftlicher **382** 42; **399** 323 ff.
– Verbote und Beschränkungen **372** 53 ff.
– zollamtliche Erfassung **382** 30
Wehrstrafrecht Einl 123; **369** 14, 154
Weltrechtsprinzip 370 64
Wertersatz
– Einziehung **375** 70 ff.
– Höhe **375** 77 ff.
Wertpapier
– Begriff **379** 173
Wertsachen
– Begriff **379** 173
Wertverlust
– drohender **399** 189
Wertzeichenfälschung 369 11, 155 ff.
Wettbewerbsregister
– Selbstanzeige **371** 397
Widerruf
– der Gaststättenerlaubnis **370** 680
– der Selbstanzeige **371** 124 f.
Wiederaufleben
– Mitwirkungspflicht **393** 44
– Selbstanzeige **371** 354 ff.
Wiederaufnahme
– des Verfahrens **396** 52 ff.
Wiederaufnahmekosten
– keine Werbungskosten **370** 648
Wiederverwenden
– von Steuerzeichen **369** 169
Wirkung
– Einstellung **398** 35 ff.
– Einziehung **375** 88 ff.
– Selbstanzeige **371** 380 ff.

magere Zahlen = Randnummern

Sachverzeichnis

Wirtschaftsprüfer
– als Verteidiger **392** 23
– Bußgeldverfahren **411** 1 ff.
Wirtschaftsprüfungsgesellschaft 378 21
Wirtschaftsreferent
– als Sachverständiger **376** 83
Wirtschaftsstrafkammer Einl 115; **391** 3 ff., 21 ff.
– Zuständigkeit **393** 109
Wirtschaftsstraftat 391 21 ff.
– gravierende **393** 109
Wohnbauprämie 383 4
Wohnsitz
– Änderung **388** 31 ff.
– Zuständigkeit **388** 27 ff.
Wohnung
– Begriff **388** 28
Wohnungsbauprämie Einl 104; **385** 42; **387** 14

Zahlungserleichterungen
– bei Geldbußen **377** 36
– Einziehung **375** 81a
Zahlungsfähigkeit Anh II 15 ff.
Zahlungsschwierigkeiten
– bei Abzugsteuern **380** 39
Zeitgesetz 369 25
Zeitpunkt
– der Verfahrenseinleitung **397** 112 ff.
– des Erlangens **Anh III** 37 ff.
Zeuge
– Anwalt als Beistand **392** 101; **404** 83
– Entschädigung **405** 1 ff.
Zeugenvernehmung 404 83 f.
– Finanzbeamter **407** 15 ff.
Zeugnisverweigerungsrecht
– und Beschlagnahme **399** 112 ff.
– Verteidiger **392** 113
Zielgebiet
– Ein-, Aus- und Durchfuhr **372** 27
Zinsen
– s. Hinterziehungszinsen
Zinsersparnisse
– als wirtschaftlicher Vorteil **377** 35
Zoll 370 441 ff.
Zollanmeldung Anh I 14
– Berichtigung **371** 425
Zollbehandlung Anh I 16
Zölle 373 11; **Anh I** 11 ff.
Zollfahndung 404 7 ff.
– Aufgaben **404** 25 ff.
– Befugnisse **404** 1 ff.
– s. auch Steuerfahndung
Zollfahndungsamt 386 8; **387** 8
Zollgesetz Einl 76; **382** 27
Zollhinterziehung 370 139
Zollkriminalamt Einl 113; **397** 14; **404** 10
Zollordnungswidrigkeit 382 36
– Begriff **377** 8

Zollstelle
– vorgeschobene **372** 29
Zollstrafrecht Einl 39
Zollstraftat 369 8; **370** 447 ff.
Zollverfahren 382 31
– Reiseverkehr **Anh I** 15
Zollzuschlag Anh I 43 ff.
Zufallserkenntnisse
– Telekommunikationsüberwachung **399** 217
Zufallsfund
– Beschlagnahme **399** 171
– Verwertbarkeit **399** 172
Zurechnung
– objektive **369** 48; **370** 518 ff.
Zurückverweisung
– einer Strafsache **391** 30
Zusammenhang
– Auflösung **389** 13
– Begriff **389** 6
– kombinierter **389** 12
– persönlicher **389** 7
– sachlicher **389** 9
Zusammenveranlagung
– von Ehegatten **370** 522 ff.
Zuschlag
– Anrechnung bei Wiederaufnahme **398a** 24
– Bemessungsgrundlage **398a** 10
– Erhebung **Anh I** 43 ff.
– persönliche Reichweite **398a** 18 ff.
– Rechtsschutz **398a** 21
– Selbstanzeige **398a** 1 ff.
– steuerliche Abzugsfähigkeit **398a** 26
– Stufenmodell **398a** 6a
Zuständigkeit
– abgabenrechtliche **388** 17 ff.
– Änderung **386** 40
– Bußgeldverfahren **409** 1 ff.
– Einstellung des Strafverfahrens **398** 32 ff.
– Finanzbehörde **386** 1 ff.; **387** 1 ff.
– Gericht **388** 6 ff.; **391** 1 ff.
– Mängel **387** 23 ff.; **388** 40 ff.
– mehrfache **390** 1 ff.
– nach dem Entdeckungsort **388** 12
– nach dem Tatort **388** 9
– nach dem Wohnsitz **388** 27 ff.
– örtliche **388** 1 ff.; **404** 105 ff.
– Staatsanwaltschaft **388** 6; **409** 8
– Steuerordnungswidrigkeiten **377** 75; **409** 1 ff.; **410** 12
– Strafbefehl **400** 25
– Übertragung **387** 6 ff.
– Wirtschaftsstrafkammer **393** 109
Zuständigkeitskonkurrenz 390 4 ff.
Zuständigkeitskonzentration 399 341
Zuständigkeitsstreit
– Verfahren **390** 18 ff.
Zustellung
– an den Verteidiger **392** 112
– Bußgeldverfahren **412** 4 ff.

Sachverzeichnis

halbfette Zahlen = §§ der AO

Zutritt
– zu Geschäftsräumen **393** 25
Zuwiderhandlung
– gegen betriebliche Pflichten **377** 69; *s. auch Pflicht*
Zwangsgeld 370 52
Zwangsmittel
– Begriff **393** 35
– Steuerfahndung **404** 67
– Unzulässigkeit **393** 20 ff.
Zwangsmitteleinsatz 393 10
Zwangsmittelverbot 393 5, 30; **397** 140; **404** 125
– Angehörige **393** 39
Zwischenverfahren 385 33